中国信托业

2021—2022

中国信托业协会 编

上卷

中国财经出版传媒集团
中国财政经济出版社

图书在版编目（CIP）数据

中国信托业年鉴. 2021—2022：全二册 / 中国信托业协会编. --北京：中国财政经济出版社，2023.2
ISBN 978-7-5223-1810-3

Ⅰ.①中… Ⅱ.①中… Ⅲ.①信托业－中国－2021－2022－年鉴 Ⅳ.①F832.49-54

中国版本图书馆CIP数据核字（2022）第247697号

责任编辑：郁东敏　张莹　等　　　责任印制：刘春年
封面设计：中通世奥　　　　　　　　责任校对：胡永立

中国信托业年鉴2021—2022
ZHONGGUO XINTUOYE NIANJIAN2021—2022

中国财政经济出版社 出版

URL：http：//www.cfeph.cn
E-mail：cfeph@cfeph.cn

（版权所有　翻印必究）

社址：北京市海淀区阜成路甲28号　邮政编码：100142
营销中心电话：010-88191522
天猫网店：中国财政经济出版社旗舰店
网址：https：//zgczjjcbs.tmall.com
北京时捷印刷有限公司印刷　各地新华书店经销
成品尺寸：210mm×285mm　16开　119.5印张　3 960 000字
2023年2月第1版　2023年2月北京第1次印刷
定价（上、下卷）：780.00元
ISBN 978-7-5223-1810-3
（图书出现印装问题，本社负责调换，电话：010-88190548）
本社图书质量投诉电话：010-88190744
打击盗版举报热线：010-88191661　QQ：2242791300

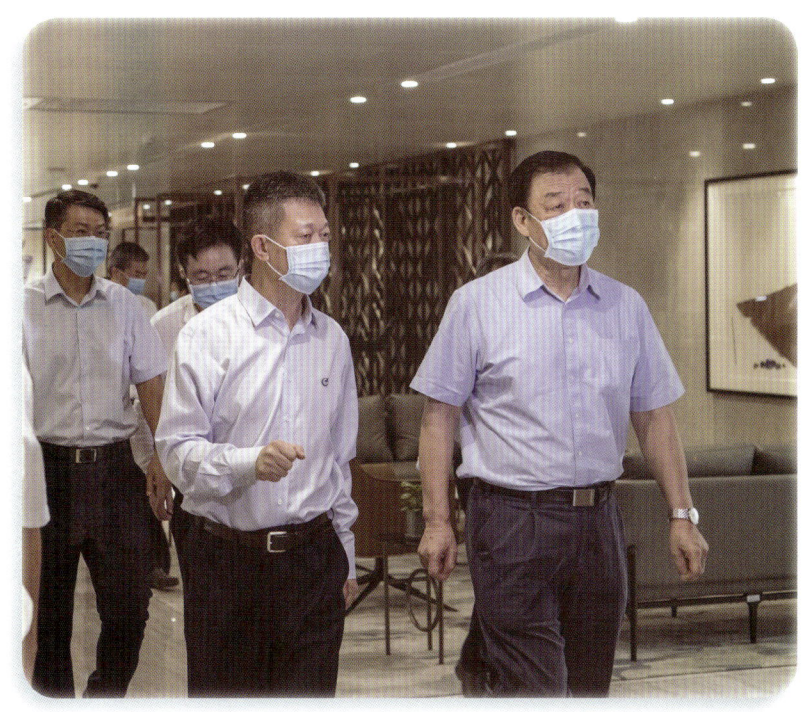

2021年8月24日,全国人大环资委副主任委员、时任江西省委书记刘奇莅临中航信托调研。

2021年9月27日,民政部副部长王爱文一行莅临万向信托调研。

2021年4月8日,上海市金融工作党委书记严旭一行莅临中海信托调研。

2021年10月21日，安徽省国资委党委书记、主任李中莅临国元信托调研。

2021年1月5日，杭州市委常委、警备区政委唐春所同志莅临万向信托调研。

2021年12月15日，上海市黄浦区区长沈山州莅临爱建信托调研。

2021年6月23日，北京银保监局一级巡视员逯剑一行莅临北京信托调研。

2021年8月23日，北京银保监局一级巡视员逯剑一行莅临金谷信托调研。

2021年10月26日，北京银保监局一级巡视员逯剑一行莅临英大信托调研。

2021年10月9日,青岛银保监局党委委员、副局长林洁一行莅临陆家嘴信托调研。

2021年3月12日,湖北银保监局二级巡视员胡继红一行出席辖内信托公司审慎监管会议。

2021年3月24日,广东银保监局二级巡视员刘云海一行莅临粤财信托调研。

2021年8月17日，中国人民银行昆明中心支行副行长朱斌莅临云南信托调研。

2021年4月1日，上海市黄浦区区委常委、统战部部长沈权一行莅临中海信托调研。

2021年7月20日，上海市黄浦区副区长王鼐一行莅临中海信托调研。

2021年8月17日,北京市东城区人民政府副区长赵海东莅临中诚信托调研。

2021年10月15日,江苏省国资委副主任胡建斌一行莅临江苏信托调研。

2021年7月21日,三亚市副市长吴海峰一行莅临昆仑信托调研。

2021年6月4日，青岛崂山区区长王锋莅临陆家嘴信托调研。

2021年10月，山西省大同市政府金融工作办公室主任李志刚一行莅临山西信托调研。

2021年11月17日，陕西省民政厅慈善社工处副处长吴永健一行莅临长安信托调研。

2021年1月,中国信托业协会编制的《中国信托业年鉴(2019—2020)》正式出版发行。

2021年3月,在监管部门指导下,由中国信托业协会组织制作的《信托投资者教育视频》正式发布。

2021年4月27日,中国信托业协会举办党史教育专题培训会。

2021年5月20日，中国信托业协会组织召开信托业支持绿色低碳转型专题调研座谈会。

2021年6月10日，中国信托业协会第四届会员大会第五次会议暨"信托公司转型发展座谈会"在武汉召开。

2021年6月16日，由中国人民银行条法司、中国银保监会法规部主办，中国信托业协会承办的"《信托法》立法后评估暨修改意见征求座谈会"在北京召开。

2021年7月21日至23日,中国信托业协会会同十余家会员单位赴甘肃和政县、临洮县开展定点帮扶工作调研,并在临洮县召开信托业助力乡村振兴座谈会。

2021年9月,由中国信托业协会组织编著的《信托法务(第二版)》正式完成修订并出版发行。

2021年10月,由中国信托业协会组织编著的《中国信托业发展报告(2020—2021)》正式发布。

2021年11月,由中国信托业协会组织编著的《中国信托业社会责任报告(2020—2021)》正式发布。

2021年12月,中国信托业协会编制的《中国信托业年鉴(2020—2021)》正式出版发行。

2021年1月2日,交银国际信托冠名"交银国际信托之夜——中国歌剧舞剧院民族乐团新年音乐会"在上海大剧院隆重举行。

2021年2月8日,粤财信托向广州市越秀公安民警基金会捐赠防护物资。

2021年2月,华澳信托党员志愿者在花旗大厦办公楼宇开展防疫安检工作。

2021年3月3日,陆家嘴信托党支部与结对帮扶金石村开展党建交流活动。

2021年3月3日，中航信托开展普及金融知识下乡志愿服务活动。

2021年3月5日，英大信托开展"悦动人生·幸福同行"妇女节手工活动。

2021年3月8日，紫金信托举办"紫金·妇女微家"揭牌仪式暨"巾帼奋进新时代 百年辉煌颂党恩"诗歌朗读活动。

2021年3月9日,国民信托博士后科研工作站举行导师聘任仪式。

2021年3月11日,中诚信托举办首届中诚公益林植树节抚育活动。

2021年3月12日,国元信托组织员工积极参加2021年度无偿献血活动。

2021年3月12日,昆仑信托开展"有树可栖 未来可期"植树活动。

2021年3月15日,华宸信托开展"3·15"金融消费者权益保护宣传教育活动。

2021年3月15日,山东国信走进济南全运村社区,开展"3·15金融消费者权益保护"宣传活动。

2021年3月15日,外贸信托开展"消保"宣教进社区活动。

2021年3月20日,山东国信举办"不负众托、毅路同行"迎接建党100周年主题健步走活动。

2021年3月22日,由万向信托参与发起的龙坞水源保护项目受益者付费机制正式启动。

2021年3月24日，财信信托开展"学史增信"专题学习活动。

2021年3月26日，安信信托开展"追寻红色印记 砥砺初心使命"庆祝建党百年红色定向活动。

2021年3月26日，昆仑信托组织北京员工参加无偿献血活动。

2021年3月27日,五矿信托组织党员领导干部开展"传承红色基因,赓续红色血脉"党史学习教育主题活动。

2021年3月27日,厦门国际信托"星之助"公益讲堂慈善信托走进福州开展公益巡讲。

2021年3月,万向信托开展"弘扬信托文化,重温红色记忆"主题系列活动。

2021年4月2日,大业信托广州员工赴深圳莲花山公园向邓小平同志雕塑敬献花束。

2021年4月8日,中建投信托赴枫桥经验陈列馆开展党史学习教育活动。

2021年4月9日,交银国际信托赴宝山烈士陵园开展党史学习教育活动。

2021年4月13日，建信信托工作组赴安康市汉滨区大竹园镇粮茶村开展乡村振兴帮扶座谈。

2021年4月20日，北京信托党委领导班子成员和部分党员代表赴天安门广场组织开展"忆百年党史、传红色精神"主题党日活动。

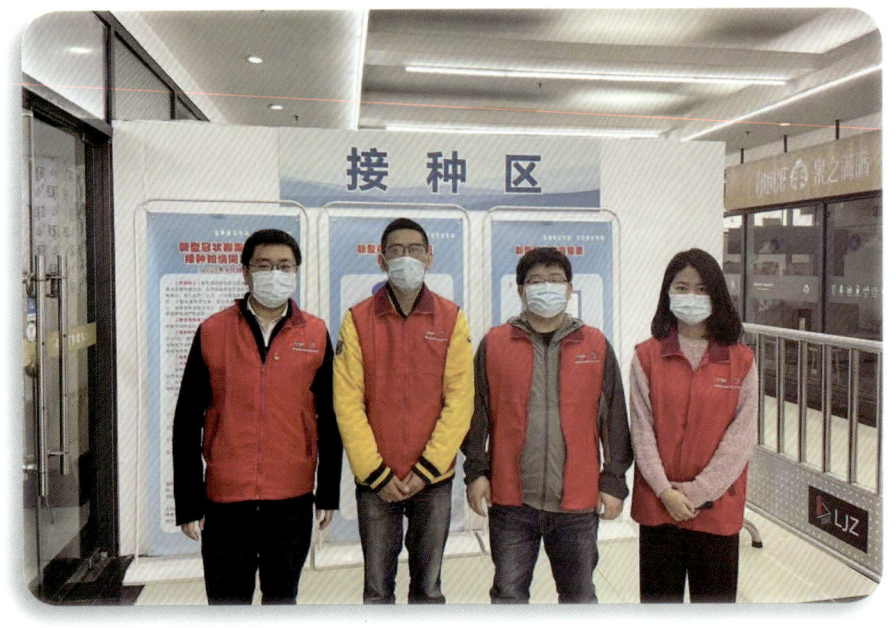

2021年4月20日，陆家嘴信托员工在上海浦东疫苗接种点进行志愿服务。

2021年4月21日,信托业保障基金公司董事长肖璞莅临中诚信托调研。

2021年4月21日,中海信托成功发行全国首单CCER碳中和服务信托。

2021年4月22日,信托业保障基金公司总裁白伟群一行莅临交银国际信托调研。

2021年4月23日,财信信托组织青年员工开展读书分享会活动。

2021年4月24日,北方信托开展"重走红军长征路"党史学习教育主题党日活动。

2021年4月29日,国元信托党委在巢湖李克农故居开展"学党史、祭先烈、守初心、担使命"主题党日活动。

2021年4月29日,中原信托党委组织党员前往河南省人民会堂参观学习党史学习教育专题图片展。

2021年4月,华能信托职工向官房村捐赠物资。

2021年4月,兴业信托赴宁蒗彝族自治县开展"兴公益"乡村振兴助学行活动。

2021年5月10日,北京信托被授予2021北京城市副中心马拉松首席战略合作伙伴。

2021年5月10日,国联信托赴荡口古镇廉政教育基地参观学习。

2021年5月14日,昆仑信托党委组织开展"弘扬吕梁精神 开启新的征程"党史专题学习活动。

2021年5月15日，华鑫信托赴中国人民抗日战争纪念馆举办"牢记历史、不忘过去、珍爱和平、开创未来"主题党日活动。

2021年5月17日，光大信托在浙江红船干部学院举办管理人员"学党史 悟思想 提素质"专题培训班。

2021年5月21日，华澳信托组织开展红色观影活动。

2021年5月21日，华润信托举办剑河华润希望小镇红色公益行活动。

2021年5月21日，陕国投献礼建党100周年，联合出品电影《柳青》全国公映。

2021年5月22日，重庆信托党委举办"不忘初心·红色之旅"主题党日活动。

2021年5月27日,长城新盛信托赴冉庄地道战纪念馆开展党史学习教育活动。

2021年5月27日,平安信托发起"以爱共守护 温暖见吾心"为主题的2021守护者行动。

2021年5月29日,五矿信托向地震灾区果洛州玛沁县红十字会捐赠物资。

2021年5月30日,北方信托设立"有爱·不再孤单"关爱困境儿童慈善信托。

2021年5月30日,上海信托举办公司成立40周年健步走活动。

2021年5月31日,杭州工商信托在浙江省丽水市遂昌县湖山乡中心小学开展"六一微心愿"公益活动。

2021年6月1日,爱建信托团委开展"六一"关爱残疾儿童慰问活动。

2021年6月1日,重庆信托党委副书记、监事长雷万亚带领员工向天一新城小学赠送文具礼包。

2021年6月2日,金谷信托开展"红色足迹"主题党日活动。

2021年6月3日,交银国际信托和湖北交投集团共同出资援建的唐家铺村"党员教育实践基地"正式启用。

2021年6月3日,雪松国际信托党委开展以"不忘初心担使命 凝心聚力再出发"为主题的党史学习教育活动。

2021年6月4日,大业信托组织北京职工开展以"绿色低碳"为主题的骑行活动。

2021年6月4日，国投泰康信托召开企业文化宣贯会。

2021年6月5日，国投泰康信托在京举行以"粽意国投，龙游雁栖"为主题的年度全员拓展培训。

2021年6月5日，华澳信托工会举办"大手拉小手，滨江亲子公益行"活动。

2021年6月7日,华宸信托与呼和浩特市东风路小学开展校企共建活动,向该校捐赠红色经典教育读本。

2021年6月8日,华润信托首批博士后出站。

2021年6月10日至11日,平安信托赴宁夏固原六盘山开展以"长缨在手踏征途 凝心聚力缚苍龙"为主题的党建教育活动。

2021年6月11日,百瑞信托举行庆祝建党100周年党史知识竞赛活动。

2021年6月15日,雪松国际信托设立"大爱雪松2号乐善医疗救助公益慈善信托计划",向贫困病患人群提供帮助。

2021年6月16日,雪松国际信托开展金融知识普及活动。

2021年6月18日,中建投信托开展"金融知识进社区"活动。

2021年6月18日,中铁信托联合中国信托业协会、西南财经大学,在成都举办中国信托业高质量发展论坛。

2021年6月23日,浙金信托开展"传承红色金融基因 践行服务为民使命"党史学习教育志愿服务暨"我为群众办实事"实践活动。

2021年6月23日,浙金信托组织开展投资者教育活动。

2021年6月24日,国联信托开展"聚焦老年客户、守护金融安全"金融知识宣传活动。

2021年6月24日,浙金信托党委组织参观"百年潮涌——浙江省庆祝中国共产党成立100周年大型展览"。

2021年6月24日,紫金信托举办"守初心 担使命 奋斗紫金"2021年度员工拓展活动。

2021年6月28日,西部信托党委组织党员参观西安事变纪念馆。

2021年6月29日,华融信托组织开展"党旗映天山"主题党日活动。

2021年6月29日，中诚信托举办"建党百年 清廉有我"主题诗文朗诵比赛。

2021年6月30日，吉林信托举办"礼赞百年·同心向党"文艺汇演活动。

2021年6月，兴业信托开展党史学习教育专题培训。

2021年6月,中融信托向西藏自治区拉萨市尼木县捐赠学习物资。

2021年7月1日,爱建信托举办庆祝中国共产党成立100周年大会。

2021年7月1日,东莞信托举办"庆祝建党100周年摄影展"。

2021年7月1日，华宸信托开展"七一"表彰大会暨庆祝中国共产党成立100周年合唱比赛。

2021年7月1日，西藏信托开展"聆听党史 学习红船精神""七一"活动。

2021年7月2日，陕国投召开庆祝中国共产党成立100周年文艺演出暨两优一先表彰大会。

2021年7月14日,杭州工商信托成立"阳光16号母亲微笑慈善信托",并联合"母亲微笑行动"远赴新疆阿克苏举办公益活动。

2021年7月16日,华宝信托党委与华宝证券党委开展结对共建活动,聚焦"融融合作",发挥"牌照优势",共筑"华宝品牌"。

2021年7月21日至23日,五矿信托财务总监、董事会秘书刘雁参与中国银保监会定点扶贫地区甘肃省和政县、临洮县扶贫工作调研。

2021年7月22日,由中国慈善联合会慈善信托委员会和光大信托共同发起成立的中国首个慈善信托创新实践基地在甘肃兰州顺利揭牌。

2021年7月24日,"百瑞仁爱·灾害救助慈善信托"工作小组前往汤阴进行慈善救助活动。

2021年7月25日,中粮信托组织参观中粮集团庆祝建党100周年主题展览。

2021年7月27日,粤财信托组织党员在黄花岗公园开展抗疫志愿服务活动。

2021年7月29日,渤海信托组织党员干部赴西柏坡开展"不忘初心跟党走,牢记使命开新局"主题学习参观活动。

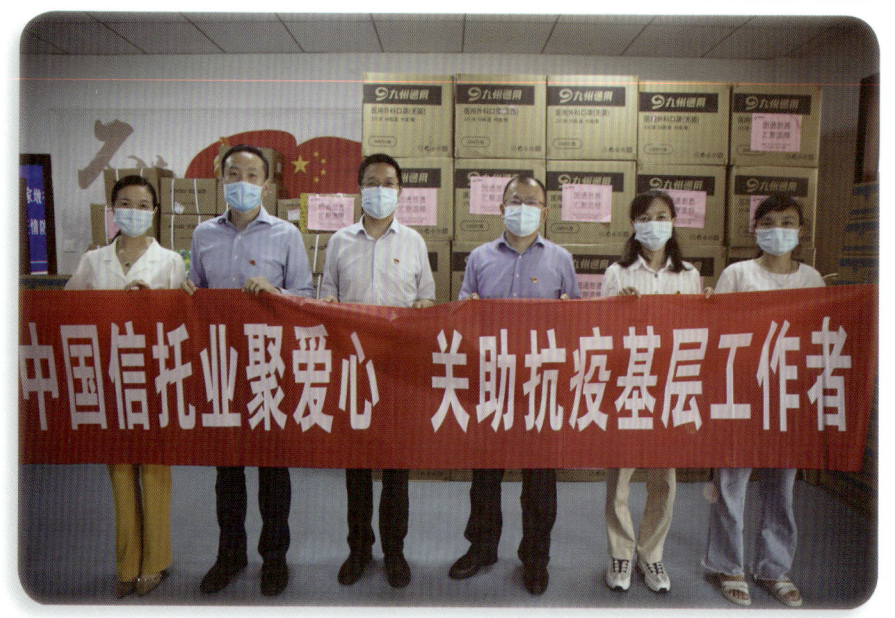

2021年8月7日,国通信托助力中国信托业抗疫慈善信托向韩家墩捐赠防疫物资。

2021年8月9日,云南信托开展"大爱星火"植树造林公益活动。

2021年8月11日,光大信托联合中国妇女发展基金会为蓝天救援队员和受灾村民捐赠2 250份爱心防疫包。

2021年9月4日,英大信托举办"爱在英大·共创美好"家庭日活动。

2021年9月6日,助力十四运会,长安信托董事长高成程完成安康站第29棒火炬传递任务。

2021年9月15日,云南信托联合民警开展金融知识进社区宣传活动。

2021年9月15日,中航信托向江西省永新县曲白乡汗江村、三湾乡、三湾红军医院等捐赠防疫物资。

2021年9月16日,建信信托董事长王宝魁会见卡塔尔驻华大使穆罕默德·杜希米一行。

2021年9月17日,财信信托青年志愿者在湖南平江起义历史陈列馆开展金融知识宣传活动。

2021年9月17日,华润信托支援河南浚县灾后重建医疗物资运抵灾区。

2021年9月22日,天津信托捐赠25万元参与天津市福老基金会"智能健康设备走进社区"项目。

2021年9月23日,北方信托走进天津市蓟州区出头岭镇擂鼓台村普及公众金融知识。

2021年9月23日,西藏信托开展金融知识普及活动。

2021年9月26日，平安信托"金融反诈知识进校园活动"走进深圳福新小学。

2021年9月26日，苏州信托"2021年金融知识宣传月"活动走进苏州吴中区城南街道南港社区。

2021年9月27日，建信信托与北京广播电视台《微财经》栏目联合制作的《建信信托消费者保护宣传片》登陆BRTV财经频道。

2021年9月28日，厦门国际信托发起设立省内首支绿色抗疫慈善信托——"壹'鹭'同安抗击疫情慈善信托"。

2021年9月，华能信托开展"打击电信诈骗，治理跨境赌博"宣传活动。

2021年10月12日，外贸信托旗下信诺公益基金会为西藏岗巴县捐赠"数字图书馆"。

中共国投泰康信托有限公司总支部党性锤炼培训班

2021年10月12日至16日，国投泰康信托40名党员赴江西上饶方志敏干部学院开展本年度第二期党性锤炼培训。

2021年10月13日，山西信托组织开展防汛救灾募集捐款活动。

2021年10月13日，西部信托党委书记、董事长徐谦一行赴白水县北塬镇杨武村进行走访慰问。

2021年10月14日，安信信托党总支与机场投资公司党支部在浦东滨江联合开展"红色骑行寻初心，丈量城市添动力"党建联建主题活动。

2021年10月14日，长安信托"关爱农村三留守群体慈善信托项目"走进佳县活动。

2021年10月22日，中铁信托组织中层干部和关键岗位人员开展廉洁警示教育现场会。

2021年10月28日，苏州信托举办首届"读书月"暨共建苏信书屋活动正式启动。

2021年10月29日，国民信托举办"责任成就卓越，奋斗激发潜能"主题健步行活动。

2021年10月29日，中粮信托开展"传承长征精神，重走雪山草地"主题党日活动。

2021年10月29日,中粮信托筹集13万多元物资赴阿坝红原开展暖冬帮扶行动。

2021年11月2日,上海信托参与"重走院士路,善医乡村行"慈善活动。

2021年11月7日,大业信托与东方资产管理公司联合举办"激发新活力 逐梦新百年"全民健身运动会。

2021年11月9日，安信信托组织员工参加志愿献血活动。

2021年11月13日，厦门国际信托为家族信托客户举办高定珠宝鉴赏会。

2021年11月18日，国联信托作为受托人参与无锡市校外培训预收费资金监管全面启动。

2021年11月19日,紫金信托发起"童年梦想盒约"公益活动。

2021年11月26日,金谷信托开展旧衣捐赠活动。

2021年11月26日,上海信托倾情呈现音乐剧《罗密欧与朱丽叶》登陆上海文化广场。

2021年11月30日,渤海信托举办助学公益行活动,筹集善款资助贫困学子。

2021年12月3日,英大信托举办青年志愿者服务队成立启动会。

2021年12月10日,中信信托结构融资部党支部赴北京太阳村开展慰问交流和爱心捐赠活动。

2021年12月15日,东莞信托抗疫志愿服务队支援横沥镇核酸检测工作。

2021年12月15日,山东国信联合鲁信义工赴济南市明天儿童康复中心,开展"我为群众办实事"公益捐赠活动。

2021年12月28日,中铁信托弘文2号慈善信托资助的"弘扬李杜精神校园行2021年公益活动"在崇州市大划小学举行捐赠仪式。

2021年12月28日，中信信托信托五部党支部赴党史展览馆开展主题党日活动。

2021年12月31日，长安信托助力中国信托业抗疫慈善信托，向抗疫一线捐赠百万元物资。

2021年12月，陕国投通过"春苗公益慈善信托"向因疫情滞留校园的西安高新一中实验中学师生捐赠生活保障物资。

上 卷

重要文献与政策法规 ········· 1

重要文献 ········· 3

2021年信托业监管工作综述
  中国银保监会信托部 ········· 3

政策法规 ········· 5

银行保险机构声誉风险管理办法（试行）
  银保监发〔2021〕4号 ········· 5

中国银保监会办公厅关于进一步规范商业银行互联网贷款业务的通知
  银保监办发〔2021〕24号 ········· 10

金融机构反洗钱和反恐怖融资监督管理办法
  中国人民银行令〔2021〕第3号 ········· 12

关于推进信托公司与专业机构合作处置风险资产的通知
  银保监办发〔2021〕55号 ········· 19

关于开展银行业保险业"内控合规管理建设年"活动的通知
  银保监发〔2021〕17号 ········· 23

关于印发非银行金融机构行政许可事项申请材料目录及格式要求的通知
  银保监办发〔2021〕83号 ········· 31

关于清理规范信托公司非金融子公司业务的通知
  银保监办发〔2021〕85号 ········· 32

关于持续深入做好银行机构"内控合规管理建设年"有关工作的通知
  银保监办发〔2021〕123号 ········· 34

公司发展与创新 ………………………………………………………………… 37

- 中航信托股份有限公司 …………………………………………………………… 39
- 英大国际信托有限责任公司 ……………………………………………………… 43
- 华能贵诚信托有限公司 …………………………………………………………… 46
- 华润深国投信托有限公司 ………………………………………………………… 50
- 平安信托有限责任公司 …………………………………………………………… 55
- 上海国际信托有限公司 …………………………………………………………… 59
- 中国对外经济贸易信托有限公司 ………………………………………………… 64
- 中融国际信托有限公司 …………………………………………………………… 69
- 中信信托有限责任公司 …………………………………………………………… 73
- 安徽国元信托有限责任公司 ……………………………………………………… 77
- 安信信托股份有限公司 …………………………………………………………… 82
- 北京国际信托有限公司 …………………………………………………………… 86
- 长安国际信托股份有限公司 ……………………………………………………… 90
- 重庆国际信托股份有限公司 ……………………………………………………… 94
- 国投泰康信托有限公司 …………………………………………………………… 100
- 华宝信托有限责任公司 …………………………………………………………… 104
- 华融国际信托有限责任公司 ……………………………………………………… 108
- 建信信托有限责任公司 …………………………………………………………… 111
- 江苏省国际信托有限责任公司 …………………………………………………… 116
- 交银国际信托有限公司 …………………………………………………………… 121
- 山东省国际信托股份有限公司 …………………………………………………… 125
- 苏州信托有限公司 ………………………………………………………………… 129
- 五矿国际信托有限公司 …………………………………………………………… 133
- 兴业国际信托有限公司 …………………………………………………………… 139
- 中诚信托有限责任公司 …………………………………………………………… 142
- 中海信托股份有限公司 …………………………………………………………… 146
- 百瑞信托有限责任公司 …………………………………………………………… 150
- 陕西省国际信托股份有限公司 …………………………………………………… 156
- 云南国际信托有限公司 …………………………………………………………… 162
- 中铁信托有限责任公司 …………………………………………………………… 166
- 北方国际信托股份有限公司 ……………………………………………………… 171
- 渤海国际信托股份有限公司 ……………………………………………………… 176

长城新盛信托有限责任公司	181
大业信托有限责任公司	186
东莞信托有限公司	191
光大兴陇信托有限责任公司	195
广东粤财信托有限公司	200
国联信托股份有限公司	204
国民信托有限公司	208
国通信托有限责任公司	212
杭州工商信托股份有限公司	216
湖南省财信信托有限责任公司	221
华澳国际信托有限公司	225
华宸信托有限责任公司	229
华鑫国际信托有限公司	232
吉林省信托有限责任公司	236
昆仑信托有限责任公司	240
陆家嘴国际信托有限公司	244
山西信托股份有限公司	248
上海爱建信托有限责任公司	252
天津信托有限责任公司	257
万向信托股份公司	261
西部信托有限公司	265
西藏信托有限公司	269
厦门国际信托有限公司	274
雪松国际信托股份有限公司	279
浙商金汇信托股份有限公司	284
中国金谷国际信托有限责任公司	288
中国民生信托有限公司	292
中建投信托股份有限公司	297
中粮信托有限责任公司	301
中泰信托有限责任公司	305
中原信托有限公司	309
紫金信托有限责任公司	315

协会发展与成效 319

第一部分 信托行业季度评析 321

2021年第一季度中国信托业发展评析
　　中国信托业协会特约研究员　陈 进 321

2021年第二季度中国信托业发展评析
　　西南财经大学信托与理财研究所　翟立宏 332

2021年第三季度中国信托业发展评析
　　中国信托业协会特约研究员　周 萍 342

2021年度中国信托业发展评析
　　中国信托业协会专家理事　周小明 352

第二部分 中国信托业协会2021年度工作总结和2022年度工作计划 359

中国信托业协会2021年工作总结 359

中国信托业协会2022年工作计划 365

大事记 369

下　卷

2021年度中国信托公司信息披露分析报告 391

2021年度各公司年度报告 605

安徽国元信托有限责任公司 607

安信信托股份有限公司 630

百瑞信托有限责任公司 635

北方国际信托股份有限公司 669

北京国际信托有限公司 685

渤海国际信托股份有限公司 709

长安国际信托股份有限公司 731

长城新盛信托有限责任公司 749

重庆国际信托股份有限公司	775
大业信托有限责任公司	796
东莞信托有限公司	812
光大兴陇信托有限责任公司	829
广东粤财信托有限公司	853
国联信托股份有限公司	872
国民信托有限公司	889
国通信托有限责任公司	905
国投泰康信托有限公司	919
杭州工商信托股份有限公司	938
湖南省财信信托有限责任公司	955
华澳国际信托有限公司	980
华宝信托有限责任公司	1006
华宸信托有限责任公司	1033
华能贵诚信托有限公司	1048
华融国际信托有限责任公司	1060
华润深国投信托有限公司	1079
华鑫国际信托有限公司	1102
建信信托有限责任公司	1118
江苏省国际信托有限责任公司	1133
交银国际信托有限公司	1148
昆仑信托有限责任公司	1162
陆家嘴国际信托有限公司	1179
平安信托有限责任公司	1208
山东省国际信托股份有限公司	1234
山西信托股份有限公司	1255
陕西省国际信托股份有限公司	1269
上海爱建信托有限责任公司	1293
上海国际信托有限公司	1328
苏州信托有限公司	1349
天津信托有限责任公司	1386
万向信托股份公司	1410
五矿国际信托有限公司	1434
西部信托有限公司	1446

西藏信托有限公司	1471
厦门国际信托有限公司	1495
兴业国际信托有限公司	1524
雪松国际信托股份有限公司	1545
英大国际信托有限责任公司	1566
云南国际信托有限公司	1589
浙商金汇信托股份有限公司	1614
中诚信托有限责任公司	1631
中国对外经济贸易信托有限公司	1653
中国金谷国际信托有限责任公司	1668
中国民生信托有限公司	1689
中海信托股份有限公司	1718
中航信托股份有限公司	1739
中建投信托股份有限公司	1751
中粮信托有限责任公司	1772
中融国际信托有限公司	1795
中泰信托有限责任公司	1810
中铁信托有限责任公司	1828
中信信托有限责任公司	1849
中原信托有限公司	1867
紫金信托有限责任公司	1883

重要文献与政策法规

重要文献

2021年信托业监管工作综述

中国银保监会信托部

2021年，中国银保监会坚决贯彻落实党中央、国务院决策部署，坚持稳中求进工作总基调，信托业治理乱象、防范风险、推进转型、深化改革工作取得新进展。截至2021年末（如无特殊说明，下同），68家信托公司受托管理信托资产20.55万亿元，同比增长0.29%，受托管理信托资产趋于稳定。行业利润水平略有上升，全年实现营业收入1 207.69亿元、同比下降0.25%，实现净利润453亿元、同比增长2.41%。2021年开展重点工作如下。

一、深入整治信托市场乱象

一是持续推进资管新规整改。不符合资管新规要求的信托项目资产余额较资管新规出台时下降86.28%。二是推进非金融子公司清理。部署信托公司压缩非金融子公司层级，严禁新设，清理存量。三是强化股东违规行为治理。公开重大违法违规股东名单，严厉惩治违法违规股东，联合公安机关对部分信托公司实际控制人和关联方进行排查，进一步遏止违法违规关联交易。四是严格监管处罚。全年就各类违规问题对20家信托公司实施行政处罚，处罚金额合计7 106万元。

二、严守行业风险底线

一是持续强化风险监测与防控。进一步完善风险监测、排查与报告常态化工作机制，提升风险分析、风险排查、行业通报等相关工作质效。二是加大信托风险资产化解力度。督导信托公司在做实资产质量，准确真实反映风险基础上，积极探索、灵活创新风险资产处置方式。印发通知推动信托公司与信保基金公司等专业机构加强合作，推进存量风险实质性化解，构建风险资产处置市场化机制。三是落实各方风险处置责任。压实信托公司及股东主体责任，推动地方党委政府落实风险处置属地责任。

三、积极服务实体经济

一是引导服务实体经济发展。信托业直接投入实体经济领域的信托资产余额14.82万亿元，占全部信托资产余额的72.14%，基本覆盖了实体经济主要行业。二是持续推动加大对重点领域和薄弱环节支持力度。全年新增绿色信托项目280笔，新增绿色信托规模1 411亿元。投向小微企业余额2.89万亿元，同比增长19.92%。

四、健全体制机制，推动行业转型发展

一是加快相关法律制度建设。启动《信托法》立法后评估工作，起草信托公司条例代拟稿，研究修订信保基金相关制度。二是引领信托公司转型发展。完善信托业审慎监管和行为监管框架，对信托公司业务进行全面梳理。推动信托公司试点参与高收益债市场、预付类资金管理服务。三是推动信托公司本源业务较快发展。资产证券化业务余额3.51万亿元、同比增长20.74%，家族信托资产余额3 494.81亿元、同比增长25.31%，慈善信托规模39.35亿元、同比增长18.56%。四是研究优化信托公司展业模式。研究起草规范信托公司异地展业的有关规定，按照"合理布局、分类施策、宽严适度"原则规范信托公司异地部门设置，强化属地监管职责。

2022年，中国银保监会将坚持稳中求进工作总基调，深入推进信托业改革转型，坚决守住不发生系统性金融风险底线。继续强化监管，引导信托业规范发展，增强风险防控主动性，做到风险早识别、早预警、早处置。加快转型步伐，实施信托业务分类改革，探索实施机构分类管理，推动信托公司拓展本源业务，引导信托业发挥制度优势，加大对实体经济支持力度。加强信托制度建设，营造良好发展环境。

政策法规

银行保险机构声誉风险管理办法（试行）

银保监发〔2021〕4号

第一章 总 则

第一条 为提高银行保险机构声誉风险管理水平，有效防范化解声誉风险，维护金融稳定和市场信心，根据《中华人民共和国银行业监督管理法》《中华人民共和国商业银行法》《中华人民共和国保险法》《中华人民共和国信托法》等法律法规，制定本办法。

本办法所称银行保险机构，是指在中华人民共和国境内依法设立的中资商业银行、中外合资银行、外商独资银行、信托公司、保险集团（控股）公司、保险公司。

第二条 本办法所称声誉风险，是指由银行保险机构行为、从业人员行为或外部事件等，导致利益相关方、社会公众、媒体等对银行保险机构形成负面评价，从而损害其品牌价值，不利其正常经营，甚至影响到市场稳定和社会稳定的风险。

声誉事件是指引发银行保险机构声誉明显受损的相关行为或活动。

第三条 银行保险机构声誉风险管理应遵循以下基本原则：

（一）前瞻性原则。银行保险机构应坚持预防为主的声誉风险管理理念，加强研究，防控源头，定期对声誉风险管理情况及潜在风险进行审视，提升声誉风险管理预见性。

（二）匹配性原则。银行保险机构应进行多层次、差异化的声誉风险管理，与自身规模、经营状况、风险状况及系统重要性相匹配，并结合外部环境和内部管理变化适时调整。

（三）全覆盖原则。银行保险机构应以公司治理为着力点，将声誉风险管理纳入全面风险管理体系，覆盖各业务条线、所有分支机构和子公司，覆盖各部门、岗位、人员和产品，覆盖决策、执行和监督全部管理环节，同时应防范第三方合作机构可能引发的对本机构不利的声誉风险，充分考量其他内外部风险的相关性和传染性。

（四）有效性原则。银行保险机构应以防控风险、有效处置、修复形象为声誉风险管理最终标准，建立科学合理、及时高效的风险防范及应对处置机制，确保能够快速响应、协同应对、高效处置声誉事件，及时修复机构受损声誉和社会形象。

第四条　银行保险机构承担声誉风险管理的主体责任，中国银行保险监督管理委员会（以下简称银保监会）及其派出机构依法对银行保险机构声誉风险管理实施监管。

第二章　治理架构

第五条　国有、国有控股的银行保险机构，要坚持以党的政治建设为统领，充分发挥党组织把方向、管大局、保落实的领导作用，把党的领导融入声誉风险管理各个环节。已建立党组织的民营资本或社会资本占主体的银行保险机构，要积极发挥党组织政治核心作用，把党的领导与声誉风险管理紧密结合起来，实现目标同向、互促共进。

第六条　银行保险机构应强化公司治理在声誉风险管理中的作用，明确董事会、监事会、高级管理层、声誉风险管理部门、其他职能部门、分支机构和子公司的职责分工，构建组织健全、职责清晰的声誉风险治理架构和相互衔接、有效联动的运行机制。

第七条　银行保险机构董事会、监事会和高级管理层分别承担声誉风险管理的最终责任、监督责任和管理责任，董事长或主要负责人为第一责任人。

董事会负责确定声誉风险管理策略和总体目标，掌握声誉风险状况，监督高级管理层开展声誉风险管理。对于声誉事件造成机构和行业重大损失、市场大幅波动、引发系统性风险或影响社会经济秩序稳定的，董事会应听取专门报告，并在下一年听取声誉风险管理的专项报告。

监事会负责监督董事会和高级管理层在声誉风险管理方面的履职尽责情况，并将相关情况纳入监事会工作报告。

高级管理层负责建立健全声誉风险管理制度，完善工作机制，制定重大事项的声誉风险应对预案和处置方案，安排并推进声誉事件处置。每年至少进行一次声誉风险管理评估。

第八条　银行保险机构应设立或指定部门作为本机构声誉风险管理部门，并配备相应管理资源。声誉风险管理部门负责牵头落实高级管理层工作部署，指导协调其他职能部门、分支机构和子公司贯彻声誉风险管理制度要求，协调组织开展声誉风险的监测报告、排查评估、应对处置等工作，制定并实施员工教育和培训计划。

其他职能部门及分支机构负责执行声誉风险防范和声誉事件处置中与本部门（机构）有关的各项决策，同时应设置专职或兼职的声誉风险管理岗位，加强与声誉风险管理部门的沟通协调，筑牢声誉风险管理第一道防线。

银行保险机构应指导子公司参照母公司声誉风险管理基本原则，建立与自身情况及外部环境相适应的声誉风险治理架构、制度和流程，落实母公司声誉风险管理有关要求，做好本机构声誉风险的监测、防范和处置工作。

第三章 全流程管理

第九条 银行保险机构应建立声誉风险事前评估机制，在进行重大战略调整、参与重大项目、实施重大金融创新及展业、重大营销活动及媒体推广、披露重要信息、涉及重大法律诉讼或行政处罚、面临群体性事件、遇到行业规则或外部环境发生重大变化等容易产生声誉风险的情形时，应进行声誉风险评估，根据评估结果制定应对预案。

第十条 银行保险机构应建立声誉风险监测机制，充分考虑与信用风险、保险风险、市场风险、流动性风险、操作风险、国别风险、利率风险、战略风险、信息科技风险以及其他风险的关联性，及时发现和识别声誉风险。

第十一条 银行保险机构应建立声誉事件分级机制，结合本机构实际，对声誉事件的性质、严重程度、传播速度、影响范围和发展趋势等进行研判评估，科学分类，分级应对。

第十二条 银行保险机构应加强声誉风险应对处置，按照声誉事件的不同级别，灵活采取相应措施，可包括：

（一）核查引发声誉事件的基本事实、主客观原因，分析机构的责任范围；

（二）检视其他经营区域及业务、宣传策略等与声誉事件的关联性，防止声誉事件升级或出现次生风险；

（三）对可能的补救措施进行评估，根据实际情况采取合理的补救措施控制利益相关方损失程度和范围；

（四）积极主动统一准备新闻口径，通过新闻发布、媒体通气、声明、公告等适当形式，适时披露相关信息，澄清事实情况，回应社会关切；

（五）对引发声誉事件的产品设计缺陷、服务质量弊病、违法违规经营等问题进行整改，根据情节轻重进行追责，并视情公开，展现真诚担当的社会形象；

（六）及时开展声誉恢复工作，加大正面宣传，介绍针对声誉事件的改进措施以及其他改善经营服务水平的举措，综合施策消除或降低声誉事件的负面影响；

（七）对恶意损害本机构声誉的行为，依法采取措施维护自身合法权益；

（八）声誉事件处置中其他必要的措施。

第十三条 银行保险机构应建立声誉事件报告机制，明确报告要求、路径和时限。对于符合突发事件信息报告有关规定的，按要求向监管部门报告。

第十四条　银行保险机构应强化考核问责，将声誉事件的防范处置情况纳入考核范围，对引发声誉事件或预防及处置不当造成重大损失或严重不良影响的相关人员和声誉风险管理部门、其他职能部门、分支机构等应依法依规进行问责追责。

第十五条　银行保险机构应开展全流程评估工作，对相关问题的整改情况进行跟踪评价，对整个声誉事件进行复盘总结，及时查缺补漏，进一步完善制度、规范流程，避免同类声誉事件再次发生。

第四章　常态化建设

第十六条　银行保险机构应定期开展声誉风险隐患排查，覆盖内部管理、产品设计、业务流程、外部关系等方面，从源头减少声誉风险触发因素，持续完善声誉风险应对预案和相关内部制度。

第十七条　银行保险机构应定期开展声誉风险情景模拟和应急演练，检视机构应对各种不利事件特别是极端事件的反应能力和适当程度，并将声誉风险情景纳入本机构压力测试体系，在开展各类压力测试过程中充分考虑声誉风险影响。

第十八条　银行保险机构应建立与投诉、举报、调解、诉讼等联动的声誉风险防范机制，及时回应和解决有关合理诉求，防止处理不当引发声誉风险。

第十九条　银行保险机构应主动接受社会舆论监督，建立统一管理的采访接待和信息发布机制，及时准确公开信息，避免误读误解引发声誉风险。

第二十条　银行保险机构应做好声誉资本积累，加强品牌建设，承担社会责任，诚实守信经营，提供优质高效服务。

第二十一条　银行保险机构应将声誉风险管理纳入内部审计范畴，定期审查和评价声誉风险管理的规范性和有效性，包括但不限于：

（一）治理架构、策略、制度和程序能否确保有效识别、监测和防范声誉风险；

（二）声誉风险管理政策和程序是否得到有效执行；

（三）风险排查和应急演练是否开展到位。

第二十二条　银行保险机构应加强同业沟通联系，相互吸收借鉴经验教训，不恶意诋毁，不借机炒作，共同维护银行业保险业整体声誉。

第五章　监督管理

第二十三条　银保监会及其派出机构应将银行保险机构声誉风险管理纳入法人监管体系，加强银行业保险业声誉风险监管。

第二十四条　银保监会机构监管部门和各级派出机构承担银行保险机构声誉风险的监管责任，办公厅承担归口和协调责任。

第二十五条　银保监会及其派出机构通过非现场监管和现场检查实施对银行保险机构声誉风险的持续监管，具体方式包括但不限于风险提示、监督管理谈话、现场检查等，并将其声誉风险管理状况作为监管评级及市场准入的考虑因素。

第二十六条　银保监会及其派出机构发现银行保险机构存在以下声誉风险问题，依法采取相应措施：

（一）声誉风险管理制度缺失或极度不完善，忽视声誉风险管理；

（二）未落实各项工作制度及工作流程，声誉风险管理机制运行不畅；

（三）声誉事件造成机构和行业重大损失、市场大幅波动；

（四）声誉事件引发系统性风险、影响社会经济秩序稳定或造成其他重大后果。

对于上述情形，可采取监督管理谈话、责令限期改正、责令机构纪律处分等监管措施，并可依据《中华人民共和国银行业监督管理法》《中华人民共和国商业银行法》《中华人民共和国保险法》等法律法规实施行政处罚。

第二十七条　中国银行业协会、中国信托业协会、中国保险行业协会等行业社团组织应通过行业自律、维权、协调及宣传等方式，指导会员单位提高声誉风险管理水平，妥善应对处置行业性声誉事件，维护行业良好声誉。

第六章　附　则

第二十八条　银行保险机构应当依照本办法制定本机构（系统）声誉风险管理制度。

第二十九条　银保监会及其派出机构批准设立的其他金融机构参照本办法执行，省级农村信用社联合社可参照本办法制定本省（区）农合机构声誉风险管理制度。

第三十条　本办法由银保监会负责解释修订，自印发之日起执行。《商业银行声誉风险管理指引》（银监发〔2009〕82号）和《保险公司声誉风险管理指引》（保监发〔2014〕15号）同时废止。

中国银保监会办公厅关于进一步规范商业银行互联网贷款业务的通知

银保监办发〔2021〕24号

各银保监局，各大型银行、股份制银行、外资银行：

为推动商业银行有效实施《商业银行互联网贷款管理暂行办法》（以下简称《办法》），进一步规范互联网贷款业务行为，促进业务健康发展，经银保监会同意，现就有关事项通知如下：

一、落实风险控制要求。商业银行应强化风险控制主体责任，独立开展互联网贷款风险管理，并自主完成对贷款风险评估和风险控制具有重要影响的风控环节，严禁将贷前、贷中、贷后管理的关键环节外包。

二、加强出资比例管理。商业银行与合作机构共同出资发放互联网贷款的，应严格落实出资比例区间管理要求，单笔贷款中合作方出资比例不得低于30%。

三、强化合作机构集中度管理。商业银行与合作机构共同出资发放互联网贷款的，与单一合作方（含其关联方）发放的本行贷款余额不得超过本行一级资本净额的25%。

四、实施总量控制和限额管理。商业银行与全部合作机构共同出资发放的互联网贷款余额不得超过本行全部贷款余额的50%。

五、严控跨地域经营。地方法人银行开展互联网贷款业务的，应服务于当地客户，不得跨注册地辖区开展互联网贷款业务。无实体经营网点、业务主要在线上开展，且符合银保监会其他规定条件的除外。

六、本通知第二条、第五条自2022年1月1日起执行，存量业务自然结清，其他规定过渡期与《办法》一致。银保监会及其派出机构按照"一行一策、平稳过渡"的原则，督促商业银行对不符合本通知要求的互联网贷款业务制定整改计划，在过渡期内整改完毕。鼓励有条件的商业银行提前达标。

七、银保监会及其派出机构可根据辖内商业银行经营管理、风险水平和业务开展情况等，在本通知规定基础上，对出资比例、合作机构集中度、互联网贷款总量限额提出更严格的审慎监管要求。

八、外国银行分行、信托公司、消费金融公司、汽车金融公司开展互联网贷款业务参照执行本通知和《办法》要求，银保监会另有规定的，从其规定。

中国银保监会办公厅

2021年2月19日

金融机构反洗钱和反恐怖融资监督管理办法

中国人民银行令〔2021〕第3号

第一章 总 则

第一条 为了督促金融机构有效履行反洗钱和反恐怖融资义务，规范反洗钱和反恐怖融资监督管理行为，根据《中华人民共和国反洗钱法》《中华人民共和国中国人民银行法》《中华人民共和国反恐怖主义法》等法律法规，制定本办法。

第二条 本办法适用于在中华人民共和国境内依法设立的下列金融机构：

（一）开发性金融机构、政策性银行、商业银行、农村合作银行、农村信用合作社、村镇银行；

（二）证券公司、期货公司、证券投资基金管理公司；

（三）保险公司、保险资产管理公司；

（四）信托公司、金融资产管理公司、企业集团财务公司、金融租赁公司、汽车金融公司、消费金融公司、货币经纪公司、贷款公司、银行理财子公司；

（五）中国人民银行确定并公布应当履行反洗钱和反恐怖融资义务的其他金融机构。

非银行支付机构、银行卡清算机构、资金清算中心、网络小额贷款公司以及从事汇兑业务、基金销售业务、保险专业代理和保险经纪业务的机构，适用本办法关于金融机构的监督管理规定。

第三条 中国人民银行及其分支机构依法对金融机构反洗钱和反恐怖融资工作进行监督管理。

第四条 金融机构应当按照规定建立健全反洗钱和反恐怖融资内部控制制度，评估洗钱和恐怖融资风险，建立与风险状况和经营规模相适应的风险管理机制，搭建反洗钱信息系统，设立或者指定部门并配备相应人员，有效履行反洗钱和反恐怖融资义务。

第五条 对依法履行反洗钱和反恐怖融资职责或者义务获得的客户身份资料和交易信息，应当予以保密，非依法律规定不得对外提供。

第二章 金融机构反洗钱和反恐怖融资内部控制和风险管理

第六条 金融机构应当按照规定，结合本机构经营规模以及洗钱和恐怖融资风险状况，建立健全反洗钱和反恐怖融资内部控制制度。

第七条 金融机构应当在总部层面建立洗钱和恐怖融资风险自评估制度，定期或不定期评估洗钱和恐怖融资风险，经董事会或者高级管理层审定之日起10个工作日内，将自评估情况报送中国人民银行或者所在地中国人民银行分支机构。

金融机构洗钱和恐怖融资风险自评估应当与本机构经营规模和业务特征相适应，充分考虑客户、地域、业务、交易渠道等方面的风险要素类型及其变化情况，并吸收运用国家洗钱和恐怖融资风险评估报告、监管部门及自律组织的指引等。金融机构在采用新技术、开办新业务或者提供新产品、新服务前，或者其面临的洗钱或者恐怖融资风险发生显著变化时，应当进行洗钱和恐怖融资风险评估。

金融机构应当定期审查和不断优化洗钱和恐怖融资风险评估工作流程和指标体系。

第八条 金融机构应当根据本机构经营规模和已识别出的洗钱和恐怖融资风险状况，经董事会或者高级管理层批准，制定相应的风险管理政策，并根据风险状况变化和控制措施执行情况及时调整。

金融机构应当将洗钱和恐怖融资风险管理纳入本机构全面风险管理体系，覆盖各项业务活动和管理流程；针对识别的较高风险情形，应当采取强化措施，管理和降低风险；针对识别的较低风险情形，可以采取简化措施；超出金融机构风险控制能力的，不得与客户建立业务关系或者进行交易，已经建立业务关系的，应当中止交易并考虑提交可疑交易报告，必要时终止业务关系。

第九条 金融机构应当设立专门部门或者指定内设部门牵头开展反洗钱和反恐怖融资管理工作。

金融机构应当明确董事会、监事会、高级管理层和相关部门的反洗钱和反恐怖融资职责，建立相应的绩效考核和奖惩机制。

金融机构应当任命或者授权一名高级管理人员牵头负责反洗钱和反恐怖融资管理工作，并采取合理措施确保其独立开展工作以及充分获取履职所需权限和资源。

金融机构应当根据本机构经营规模、洗钱和恐怖融资风险状况和业务发展趋势配备充足的反洗钱岗位人员，采取适当措施确保反洗钱岗位人员的资质、经验、专业素质及职业道德符合要求，制定持续的反洗钱和反恐怖融资培训计划。

第十条 金融机构应当根据反洗钱和反恐怖融资工作需要，建立和完善相关信息系统，并根据风险状况、反洗钱和反恐怖融资工作需求变化及时优化升级。

第十一条 金融机构应当建立反洗钱和反恐怖融资审计机制，通过内部审计或者独立审计等方式，审查反洗钱和反恐怖融资内部控制制度制定和执行情况。审计应当遵循独立性原则，全面覆盖境内外分支机构、控股附属机构，审计的范围、方法和频率应当与本机构经营规模及洗钱和恐怖融资风险状况相适应，审计报告应当向董事会或者其授权的专门委员会提交。

第十二条 金融机构应当在总部层面制定统一的反洗钱和反恐怖融资机制安排，包括为开展客户尽职调查、洗钱和恐怖融资风险管理，共享反洗钱和反恐怖融资信息的制度和程序，并确保其所有分支机构和控股附属机构结合自身业务特点有效执行。

金融机构在共享和使用反洗钱和反恐怖融资信息方面应当依法提供信息并防止信息泄露。

第十三条 金融机构应当要求其境外分支机构和控股附属机构在驻在国家（地区）法律规定允许的范围内，执行本办法；驻在国家（地区）有更严格要求的，遵守其规定。

如果本办法的要求比驻在国家（地区）的相关规定更为严格，但驻在国家（地区）法律禁止或者限制境外分支机构和控股附属机构实施本办法的，金融机构应当采取适当的补充措施应对洗钱和恐怖融资风险，并向中国人民银行报告。

第十四条 金融机构应当按照规定，结合内部控制制度和风险管理机制的相关要求，履行客户尽职调查、客户身份资料和交易记录保存、大额交易和可疑交易报告等义务。

第十五条 金融机构应当按照中国人民银行的规定报送反洗钱和反恐怖融资工作信息。金融机构应当对相关信息的真实性、完整性、有效性负责。

第十六条 在境外设有分支机构或控股附属机构的，境内金融机构总部应当按年度向中国人民银行或者所在地中国人民银行分支机构报告境外分支机构或控股附属机构接受驻在国家（地区）反洗钱和反恐怖融资监管情况。

第十七条 发生下列情况的，金融机构应当按照规定及时向中国人民银行或者所在地中国人民银行分支机构报告：

（一）制定或者修订主要反洗钱和反恐怖融资内部控制制度的；

（二）牵头负责反洗钱和反恐怖融资工作的高级管理人员、牵头管理部门或者部门主要负责人调整的；

（三）发生涉及反洗钱和反恐怖融资工作的重大风险事项的；

（四）境外分支机构和控股附属机构受到当地监管当局或者司法部门开展的与反洗钱和反恐怖融资相关的执法检查、行政处罚、刑事调查或者发生其他重大风险事件的；

（五）中国人民银行要求报告的其他事项。

第三章　反洗钱和反恐怖融资监督管理

第十八条　中国人民银行及其分支机构应当遵循风险为本和法人监管原则，合理运用各类监管方法，实现对不同类型金融机构的有效监管。

中国人民银行及其分支机构可以向国务院金融监督管理机构或者其派出机构通报对金融机构反洗钱和反恐怖融资监管情况。

第十九条　根据履行反洗钱和反恐怖融资职责的需要，中国人民银行及其分支机构可以按照规定程序，对金融机构履行反洗钱和反恐怖融资义务的情况开展执法检查。

中国人民银行及其分支机构可以对其下级机构负责监督管理的金融机构进行反洗钱和反恐怖融资执法检查，可以授权下级机构检查由上级机构负责监督管理的金融机构。

第二十条　中国人民银行及其分支机构开展反洗钱和反恐怖融资执法检查，应当依据现行反洗钱和反恐怖融资规定，按照中国人民银行执法检查有关程序规定组织实施。

第二十一条　中国人民银行及其分支机构应当根据执法检查有关程序规定，规范有效地开展执法检查工作，重点加强对以下机构的监督管理：

（一）涉及洗钱和恐怖融资案件的机构；

（二）洗钱和恐怖融资风险较高的机构；

（三）通过日常监管、受理举报投诉等方式，发现存在重大违法违规线索的机构；

（四）其他应当重点监管的机构。

第二十二条　中国人民银行及其分支机构进入金融机构现场开展反洗钱和反恐怖融资检查的，按照规定可以询问金融机构工作人员，要求其对监管事项作出说明；查阅、复制文件、资料，对可能被转移、隐匿或者销毁的文件、资料予以封存；查验金融机构运用信息化、数字化管理业务数据和进行洗钱和恐怖融资风险管理的系统。

第二十三条　中国人民银行及其分支机构应当根据金融机构报送的反洗钱和反恐怖融资工作信息，结合日常监管中获得的其他信息，对金融机构反洗钱和反恐怖融资制度的建立健全情况和执行情况进行评价。

第二十四条　为了有效实施风险为本监管，中国人民银行及其分支机构应当结合国家、地区、行业的洗钱和恐怖融资风险评估情况，在采集金融机构反洗钱和反恐怖融资信息的基础上，对金融机构开展风险评估，及时、准确掌握金融机构洗钱和恐怖融资风险状况。

第二十五条　为了解金融机构洗钱和恐怖融资风险状况，中国人民银行及其分支机构可以对金融机构开展洗钱和恐怖融资风险现场评估。

中国人民银行及其分支机构开展现场风险评估应当填制《反洗钱监管审批表》（附1）及

《反洗钱监管通知书》(附2),经本行(营业管理部)行长(主任)或者分管副行长(副主任)批准后,至少提前5个工作日将《反洗钱监管通知书》送达被评估的金融机构。

中国人民银行及其分支机构可以要求被评估的金融机构提供必要的资料数据,也可以现场采集评估需要的信息。

在开展现场风险评估时,中国人民银行及其分支机构的反洗钱工作人员不得少于2人,并出示合法证件。

现场风险评估结束后,中国人民银行及其分支机构应当制发《反洗钱监管意见书》(附3),将风险评估结论和发现的问题反馈被评估的金融机构。

第二十六条 根据金融机构合规情况和风险状况,中国人民银行及其分支机构可以采取监管提示、约见谈话、监管走访等措施。在监管过程中,发现金融机构存在较高洗钱和恐怖融资风险或者涉嫌违反反洗钱和反恐怖融资规定的,中国人民银行及其分支机构应当及时开展执法检查。

第二十七条 金融机构存在洗钱和恐怖融资风险隐患,或者反洗钱和反恐怖融资工作存在明显漏洞,需要提示金融机构关注的,经中国人民银行或其分支机构反洗钱部门负责人批准,可以向该金融机构发出《反洗钱监管提示函》(附4),要求其采取必要的管控措施,督促其整改。

金融机构应当自收到《反洗钱监管提示函》之日起20个工作日内,经本机构分管反洗钱和反恐怖融资工作负责人签批后作出书面答复;不能及时作出答复的,经中国人民银行或者其所在地中国人民银行分支机构同意后,在延长时限内作出答复。

第二十八条 根据履行反洗钱和反恐怖融资职责的需要,针对金融机构反洗钱和反恐怖融资义务履行不到位、突出风险事件等重要问题,中国人民银行及其分支机构可以约见金融机构董事、监事、高级管理人员或者部门负责人进行谈话。

第二十九条 中国人民银行及其分支机构进行约见谈话前,应当填制《反洗钱监管审批表》及《反洗钱监管通知书》。约见金融机构董事、监事、高级管理人员,应当经本行(营业管理部)行长(主任)或者分管副行长(副主任)批准;约见金融机构部门负责人的,应当经本行(营业管理部)反洗钱部门负责人批准。

《反洗钱监管通知书》应当至少提前2个工作日送达被谈话机构。情况特殊需要立即进行约见谈话的,应当在约见谈话现场送达《反洗钱监管通知书》。

约见谈话时,中国人民银行及其分支机构反洗钱工作人员不得少于2人。谈话结束后,应当填写《反洗钱约谈记录》(附5)并经被谈话人签字确认。

第三十条 为了解、核实金融机构反洗钱和反恐怖融资政策执行情况以及监管意见整改情况,中国人民银行及其分支机构可以对金融机构开展监管走访。

第三十一条 中国人民银行及其分支机构进行监管走访前,应当填制《反洗钱监管审批表》及《反洗钱监管通知书》，由本行（营业管理部）行长（主任）或者分管副行长（副主任）批准。

《反洗钱监管通知书》应当至少提前5个工作日送达金融机构。情况特殊需要立即实施监管走访的，应当在进入金融机构现场时送达《反洗钱监管通知书》。

监管走访时，中国人民银行及其分支机构反洗钱工作人员不得少于2人，并出示合法证件。

中国人民银行及其分支机构应当做好监管走访记录，必要时，可以制发《反洗钱监管意见书》。

第三十二条　中国人民银行及其分支机构应当持续跟踪金融机构对监管发现问题的整改情况，对于未合理制定整改计划或者未有效实施整改的，可以启动执法检查或者进一步采取其他监管措施。

第三十三条　中国人民银行分支机构对金融机构分支机构依法实施行政处罚，或者在监管过程中发现涉及金融机构总部的重大问题、系统性缺陷的，应当及时将处罚决定或者监管意见抄送中国人民银行或者金融机构总部所在地中国人民银行分支机构。

第三十四条　中国人民银行及其分支机构监管人员违反规定程序或者超越职权规定实施监管的，金融机构有权拒绝或者提出异议。金融机构对中国人民银行及其分支机构提出的违法违规问题有权提出申辩，有合理理由的，中国人民银行及其分支机构应当采纳。

第四章　法律责任

第三十五条　中国人民银行及其分支机构从事反洗钱工作的人员，违反本办法有关规定的，按照《中华人民共和国反洗钱法》第三十条的规定予以处分。

第三十六条　金融机构违反本办法有关规定的，由中国人民银行或者其地市中心支行以上分支机构按照《中华人民共和国反洗钱法》第三十一条、第三十二条的规定进行处理；区别不同情形，建议国务院金融监督管理机构依法予以处理。

中国人民银行县（市）支行发现金融机构违反本规定的，应报告其上一级分支机构，由该分支机构按照前款规定进行处理或提出建议。

第五章　附　则

第三十七条　金融集团适用本办法第九条第四款、第十一条至第十三条的规定。

第三十八条　本办法由中国人民银行负责解释。

第三十九条　本办法自2021年8月1日起施行。本办法施行前有关反洗钱和反恐怖融资规定与本办法不一致的，按照本办法执行。《金融机构反洗钱监督管理办法（试行）》（银发〔2014〕344号文印发）同时废止。

附1：反洗钱监管审批表（略）
附2：反洗钱监管通知书（略）
附3：反洗钱监管意见书（略）
附4：反洗钱监管提示函（略）
附5：反洗钱约谈记录（略）

关于推进信托公司与专业机构合作处置风险资产的通知

银保监办发〔2021〕55号

各银保监局（辽宁、广西、海南、宁夏除外），信托保障基金公司、信托登记公司，各金融资产管理公司：

为推进信托业风险资产化解，促进信托行业转型发展，经银保监会同意，现就信托公司与中国信托业保障基金有限责任公司（以下简称信托保障基金公司）、金融资产管理公司和地方资产管理公司（以下统称资产管理公司）等专业机构合作处置信托公司固有不良资产和信托风险资产（以下统称信托业风险资产）有关事项通知如下：

一、探索多种模式处置信托业风险资产

（一）向专业机构直接转让资产。信托公司向专业机构直接卖断信托业风险资产后，由专业机构独立处置或与信托公司合作处置。

（二）向特殊目的载体转让资产。信托公司向信托保障基金公司、资产管理公司等专业机构合作设立的特殊目的载体卖断信托业风险资产，整合各类机构在资金实力、专业人才、服务网络和信息资源等方面优势，共同推进风险资产处置。

（三）委托专业机构处置资产。信托公司委托专业机构提供风险资产管理和处置相关服务，如债权日常管理、债务追偿、债务重组等，充分利用专业机构优势，在资产出险早期开展风险处置，以提高处置效率，实现风险处置关口前移。

（四）信托保障基金公司反委托收购。信托保障基金公司收购信托业风险资产，并委托信托公司代为管理和处置，以缓解信托公司流动性压力，助力其风险资产化解。

（五）其他合作模式。鼓励信托公司与专业机构探索其他处置模式，通过多种手段降低行业风险水平，如专业机构批量买断信托业风险资产包，并通过批量转让、证券化、财务重组或管理重组等方式进行后续处置。

二、构建信托业风险资产处置市场化机制

（一）加强资产估值管理。信托公司应当按照企业会计准则及相关监管制度规定，对固有资产及信托资产进行价值评估。其中，对于以摊余成本计量的资产等，依规计提减值准备；对于以公允价值计量的资产，采用市值或运用估值技术，及时反映资产价值变化情况。必要时委托会计师事务所、律师事务所、评估机构等独立第三方机构出具专业意见。通过合理估算资产价值，为资产转让定价提供依据。

（二）引入市场化竞争机制。支持信托保障基金公司、资产管理公司等市场主体在依法合规的前提下，积极参与信托业风险资产处置，通过引入多元化市场参与主体，增强市场交易活跃度，更好促进资产价值发现、提升和实现。信托公司卖断式转让资产要优先选择招标、竞价、拍卖等公开转让方式，按照竞争择优原则开展交易，以实现资产转让价值最大化。

（三）明确损失分担机制。信托公司应当按照"卖者尽责、买者自负""卖者失责、依责赔偿"的原则，做好信托产品风险承担主体确认、损失认定和划分工作。对于已经或预期发生信用损失的信托资产，依规在信托产品资产负债表中计提减值准备，并在信托产品损益表中确认减值损失；若信托资产转让价格低于其账面价值，在信托产品损益表中确认资产处置损失。

对于信托产品发生的损失，信托公司还应当基于受托履职情况，依据协商结果或司法裁定，区分应由自身承担的赔偿责任和应由投资者承担的投资损失，并在信托公司资产负债表中就赔偿责任确认预计负债。

（四）增强损失抵补能力。信托公司因承担固有资产减值损失、固有资产处置损失或信托赔偿损失等原因，导致其资本水平下降的，应当按照监管要求及时补充资本。专业机构买断式收购信托业风险资产，应当在其资产负债表内确认收购标的，并依规加强拨备和资本管理。

三、规范信托业风险资产转让业务

（一）明确标的资产范围。支持信托保障基金公司从信托公司收购固有不良资产或信托风险资产；为落实资管新规整改要求，也可收购存在流动性风险的非标资金池和其他融资类信托产品项下资产。信托公司固有资产及信托资产的信用风险分类参照国务院银行业监督管理机构关于贷款风险分类的规定。资产管理公司收购资产范围另有规定的，从其规定。

（二）切实化解行业风险。专业机构与信托公司开展买断式资产收购业务，应当遵守真实性、

洁净性、整体性原则，通过规范的估值程序进行市场公允定价，实现资产和风险的真实、完全转移。双方不得在资产转让合同之外达成改变风险承担和收益分配的约定，为信托公司隐匿风险或隐性加杠杆经营提供便利。信托公司向特殊目的载体卖断资产，不得对特殊目的载体形成控制。

（三）坚持依法合规展业。专业机构开展资产收购业务应当加强尽职调查，不得以业务创新为名义，协助信托公司变相规避监管展业，削弱国家宏观调控政策实施效果。信托公司应当依法合规开展信托业务，若存在违法违规情形，即使已经对外转让相关资产，监管部门有权依法查处。信托公司与专业机构开展资产转让业务时不得违规进行利益输送。

信托公司开展资产转让业务，应当按照监管制度规定和信托文件约定，获得信托受益人授权并向其充分披露信息。

（四）规范各方会计核算。信托公司与专业机构开展资产转让业务，应当严格遵守企业会计准则关于"金融资产转移"的规定及其他相关规定，标的资产不符合终止确认条件的，不应将其移出信托公司或信托产品资产负债表，对于继续涉入的情形应当充分进行信息披露。受让方、信托公司和信托产品作为三类独立的会计核算主体，对资产的转出和转入应当做到衔接统一，风险承担主体在任何时点上均不得落空。

（五）发挥登记平台作用。信托登记公司可依托其信息系统，为交易各方提供信息登记、挂牌展示等服务，探索通过高效、有序、活跃的市场化交易，促进交易主体提升风险定价能力，为信托行业风险化解提供有力支持。

信托公司转让信托资产或固有项下信托受益权后，应当在信托登记公司进行信托产品变更登记。

（六）加强授信集中度管理。信托保障基金公司反委托收购业务若存在信托公司差额补足等类似安排，需纳入授信集中度管理。信托保障基金公司使用自营资金对单家信托公司的各类授信业务总规模不得超过自身净资产的30%。信托保障基金公司开展买断式资产收购业务时，应当按照穿透原则识别债权融资方，并从单一客户、行业等维度加强风险集中度管理。

四、严格压实各方工作责任

（一）压实信托公司主体责任。信托公司要落实风险资产处置的主体责任，积极探索风险资产处置的新方法新手段，切实提高风险处置质效。对于采取有效措施真实化险的信托公司，在监管评级、市场准入等方面，可给予适当的监管激励。

（二）落实其他主体协同责任。支持信托保障基金公司、资产管理公司等专业机构发挥各自优势，探索以多种方式加强合作，助力信托业切实降低风险水平，不得通过虚假处置方式协助信托公司隐匿风险。支持信托登记公司发挥市场监督作用，分析监测信托业资产转让业务开展情况。

（三）强化各级监管责任。各银保监局要加强跟踪督导，准确识别信托公司通过虚假处置方式隐匿风险的违规行为，并采取相应监管措施，及时评估资产处置效果，推动风险化解取得实效，按季向信托部报告辖内信托公司资产处置相关情况。

中国银保监会办公厅

2021年4月28日

关于开展银行业保险业"内控合规管理建设年"活动的通知

银保监发〔2021〕17号

各银保监局，机关各部门，各政策性银行、大型银行、股份制银行、外资银行、直销银行、金融资产管理公司、理财公司，各保险集团（控股）公司、保险公司、保险资产管理公司，银行业协会、信托业协会、财务公司协会、保险业协会、保险资管业协会：

为深入贯彻落实党中央、国务院关于金融工作的决策部署，巩固拓展乱象整治成果，强化内控合规管理建设，厚植稳健审慎经营文化，夯实银行业保险业高质量发展根基，推动"十四五"时期经济社会发展开好局、起好步，银保监会决定组织开展银行业保险业"内控合规管理建设年"活动。现就相关事项通知如下：

一、深刻认识开展内控合规管理建设活动的重要意义

2017年以来，银行业保险业市场乱象整治工作取得明显成效，行业经营乱象得到坚决遏制，重点领域风险得到有效管控，金融生态得到积极净化，为统筹疫情防控和经济社会恢复发展奠定了坚实基础。当前经济金融环境下，防范化解金融风险任务仍然艰巨，部分银行保险机构公司治理不健全、重效益轻合规，对业务潜在风险评估不足，对重要岗位关键人员缺乏有效约束，内控要求常常为业务发展让路，部分领域问题屡查屡犯、屡禁不止，乱象新形式新变种花样翻新、层出不穷，迫切需要强基固本，激发银行保险机构合规经营的内生动力，推动问题的根源性整改和乱象的深层次治理，牢牢守住不发生系统性风险的底线。

开展"内控合规管理建设年"活动，是市场乱象整治走向纵深的必然要求，推动从规范业务经营行为转向更加注重健全内控合规管理，引领自觉守法、审慎经营的银行业保险业新

生态；是压实银行保险机构合规经营主体责任的客观需要，引导从"被动合规"转向"主动合规"，牢固树立"内控优先、合规为本"的理念；是促进"当下改"与"长久立"的重大举措，内控合规管理建设必须常抓不懈、久久为功，当前重在着力补齐内控合规机制明显短板，坚决破解屡查屡犯顽瘴痼疾，大力整治人民群众反映强烈的行业陋习，持续提升防范化解重大风险能力，为银行业保险业稳健发展提供重要支撑和坚实保障。

银行保险机构和各级监管部门要坚持以习近平新时代中国特色社会主义思想为指导，立足新发展阶段、贯彻新发展理念，全面贯彻党的十九大和十九届二中、三中、四中、五中全会以及中央经济工作会议精神，扎实开展内控合规管理建设活动，实现内控体系更加健全、内控效能持续提升、合规意识更加牢固、合规文化持续厚植的建设目标，逐步构筑"不敢违规、不能违规、不想违规"的有效机制，为构建新发展格局提供有力金融支持。

二、着力压实银行保险机构内控合规管理的主体责任

（一）突出党建引领，确保重大决策部署落到实处。各银行保险机构要坚持党对金融工作的集中统一领导，提高贯彻落实党中央决策部署的自觉性、主动性，将党中央、国务院关于经济金融工作各项要求转化为银行保险机构发展战略、内控目标和管理行动。坚定银行业保险业正确发展方向，积极履行社会责任，继续推动小微企业金融服务增量扩面、提质增效，把更多金融资源配置到乡村振兴的重点领域和薄弱环节，大力创新绿色金融产品和服务，着力提升服务实体经济质效。

（二）突出顶层合规，强化公司治理主体履职尽职。各银行保险机构要依法规范大股东行为，督促其依法履行义务、规范行使权利，防止越权干预经营管理。提升内控合规治理层级，"两会一层"要构建与经营范围、组织结构、业务规模、风险状况相适应的内控合规管理体系，完善动态优化机制，切实提升三道防线的独立性、协同性和有效性。大力倡导"合规创造价值"的理念，高管带头合规、率先垂范，促进内控合规要求内化于心、外化于行，使合规成为一种习惯和品德。

（三）突出问题导向，破解重点领域屡查屡犯顽瘴痼疾。各银行保险机构要紧紧围绕重大风险防范化解任务，有针对性地加强内控合规管理建设。对股权管理、授信业务、影子银行和交叉金融、互联网业务等乱象频发领域，要深入挖掘业务问题背后的内控合规缺陷，明确风险控制点、控制要求和应对措施，完善激励机制设计。开展屡查屡犯问题集中整治，认真梳理2017年以来乱象整治监管检查、非现场监管通报和自查发现的问题库，制定识别标准，锁定问题范围，深入自查自纠，量化压降目标，确保2021年各类屡查屡犯问题发生率显著低于2020年。屡查屡犯问题的整改问责要坚持更严标准和更高要求，明确整改责任部门、监督部门和验证部门，打造全闭环治理机制；界定直接责任、管理责任和监督责任，提升问责层

级，解决好"问题在基层、根子在总部"和"问下不问上"的问题。

（四）突出关键少数，狠抓重要岗位关键人员教育管理。各银行保险机构要紧盯重要岗位关键人员，严格任职履职要求，规范流程机制，形成有效的制衡和监督。强化重要岗位关键人员约束，落实好重要岗位轮换、强制休假及任职回避等监管要求，执行好绩效薪酬延期支付和追索扣回规定，建立更为严格的异常行为排查机制。对重大违规和重大风险事件建立倒查机制，对失职渎职等行为严肃追责问责。推进清廉文化建设，加强内控、风险、审计、财会、巡视与纪检监察之间的信息共享和贯通合作，严查金融风险背后的腐败问题，对从业人员腐败行为零容忍，管住人、看住钱、筑牢制度的防火墙。

（五）突出常态治理，深化内控合规管常管长机制建设。各银行保险机构要强化管理制度化、制度流程化、流程信息化的内控理念，将合规要求嵌入各项业务流程中。结合业务特点、风险状况和案防情况等，开展常态化的内控检查排查和内部控制评价，切实将内控评价监督作为提升风险管理和内控有效性的重要抓手，做到防患于未然。要配备充足的、具备履行职责所需知识、技能和经验的内控合规管理人员。突出绩效考核中内控合规因素的比重和正向激励，杜绝业绩考核过于激进导致合规风险隐患。深化内控合规文化建设，开展多样化的合规教育宣导，加强案件警示教育，提升规矩意识和风险意识，夯实银行保险机构稳健合规经营的根基。

三、切实加强对内控合规管理建设的指导监督

（一）指导推进内控合规管理建设。各级监管部门要督促银行保险机构从发展战略和核心文化高度认识强内控、促合规的重大意义。结合日常监管掌握的机构经营情况和风险状况，有针对性地指导机构识别、弥补自身内控管理缺陷，分析问题症结，消除风险隐患。督促机构开展屡查屡犯问题集中整治，重点关注问题识别的准确性、纠正措施的针对性、整改压降的真实性、压降目标的科学性和完成情况，对同质同类问题屡查屡犯、边查边犯的加大查处力度。

（二）深入推动乱象整治发现问题的整改问责。各级监管部门要继续狠抓2017年以来乱象整治监管检查、非现场监管通报和自查发现问题的整改问责，要求机构建立问题台账，明确整改时限和责任部门，规范内部问责标准、程序和要求，确保责任落实到人。重点关注整改浮于表面、内部问责偏松偏软、简单以经济处罚代替纪律处分等问题，督促机构深挖内控合规根源，加强对整改情况的评价，严肃各项问责要求，推动整改问责落到实处。

（三）注重与日常监管工作统筹衔接。各级监管部门要对照工作要点，把内控合规管理充分性和有效性融入2021年各现场检查项目和专项整治中，深入揭示内控管理存在的问题。与近期已开展的相关工作相结合，在日常监管工作中重点关注机构发现问题、揭示风险的能

力和落实整改、强化问责的力度，透过违规和风险表象看内控薄弱本质，透过分支机构违规看法人治理缺失，透过业务发展异化看战略目标管理错位，将内控合规管理情况作为市场准入、监管评级和公司治理评估等的重要参考因素，推动银行保险机构内控合规长效机制建设迈上新台阶。

（四）加强与纪检监察部门的联动。各级监管部门要加强与派驻银行保险机构的纪检监察部门、属地纪检监察机关、机构内部纪检部门、上级单位或股东单位纪检监察部门的信息共享、监督贯通和协作惩治。推进监管、监督关注问题整改，强化重大风险和监管处罚追责及高管履职规范，严厉打击风险背后的利益勾连和关系纽带，切实做好金融反腐和处置金融风险的统筹衔接，形成金融监管和纪检监察监督合力，推动清廉金融文化在银行业保险业落地生根。

四、深入开展内控合规管理建设的教育宣导

（一）强化教育培训。各银行保险机构要把加强从业人员思想道德、职业操守和党纪国法教育作为促进内控合规管理建设的重要内容，加大内部合规教育培训力度，创新教育形式，用身边人身边事开展警示教育，促进内控合规要求内化于心、外化于行，切实提升合规廉洁自律意识。

（二）强化行业自律。各行业自律组织要加强监管政策宣讲，完善自律规范，就内控合规管理建设发出行业倡议。组织开展内控机制与信息化建设、屡查屡犯整治、员工行为管理和案例示警等专题的经验交流与培训，提升行业整体内控合规管理水平。逐步建立黑名单制度，做好与监管部门的信息共享，防止行业从业人员"带病流动"。

（三）强化典型示范。各级监管部门要加强与行业自律组织的联合协作，及时总结推广银行保险机构在内控合规管理建设方面的好经验、好做法，发挥先进典型的引领示范作用。加强重点领域典型问题的警示通报，督促机构以案为戒、以案促改，营造浓厚的合规文化氛围。

五、扎实抓好内控合规管理建设活动的组织保障

（一）加强组织领导。各银行保险机构要落实一把手负责制，制定具体工作方案，对照工作要点明确活动的牵头部门和各领域的责任部门，总行（公司）要对各部门和各分支机构工作组织、问题排查及整改问责情况进行跟踪督促，确保思想认识到位、组织领导到位、检视问题到位、整改落实到位。各银保监局要把内控合规管理建设与推动重大金融风险防范化解紧密结合、与服务实体经济高质量发展紧密结合，严格审阅机构报送的工作方案，对机构活动部署不及时、不到位、消极应付的，要严肃处理，力戒形式主义，确保活动要求落到实处。

（二）深化自查自纠。各银行保险机构要对照工作要点开展自查，深入查找内控合规薄弱环节，建立问题清单制和整改责任制，做到摸清底数、即查即改、防堵漏洞。活动牵头部门要督促落实本行（公司）工作方案，内部审计部门、其他部门或专门工作组要对问题整改情况进行评估验收。各级监管部门对机构自查发现问题不力、整改缓慢、问责不到位、屡查屡犯问题压降不达标的，要采取重点督促、监管约谈等措施；逾期未整改、弄虚作假的，要依法进行监管问责；对主动自查自纠、整改效果良好且未导致严重后果的，可以依法从轻、减轻或免予处罚。

（三）构筑监管合力。银行机构检查局和非银行机构检查局分别负责统筹推进银行领域和非银行领域"内控合规管理建设年"活动。各机构监管和功能监管部门指导推动本条线、本领域的内控合规管理建设活动，持续完善监管制度，补齐监管短板。机构监管部门要督促本条线机构切实承担主体责任，落实2017年以来乱象整治发现问题的整改问责，并将监管检查发现问题的整改落实情况按规定抄送相关检查部门。对屡查屡犯问题整改不力的，要及时移送纪检监察。

各银行保险机构和各银保监局按照活动进度安排，做好相关材料报送。保险专业中介机构根据实际情况参照相关内控标准执行。

附件：银行业保险业"内控合规管理建设年"活动工作要点

2021年6月7日

附 件

银行业保险业"内控合规管理建设年"活动工作要点

一、健全内控合规治理架构。依法规范大股东行为，防止大股东越权干预银行保险机构经营管理活动。董事（理事）会负责建立并实施充分有效的内部控制，高级管理层负责内部控制的日常运行，监事会对董事（理事）会和高级管理层履行内部控制职责进行监督，构建起分工合理、职责明确、制约有效、报告关系清晰的内控组织体系，优化内控合规履职环境。业务部门要强化内控合规的直接责任，推动业务流程和管理的重检与规范；内控管理职能部门要牵头做好内控体系的统筹规划、组织落实和检查评估；内部审计部门要夯实内控监督职责，开展内控充分性和有效性审计并监督整改。要配备充足的、具备履行职责所需专业知识、技能和经验的内控合规管理人员，总行（公司）和分支机构层面均应设立内控合规管理职能部门或岗位，切实提升三道防线的独立性、协同性和有效性。

二、完善内控合规的制度流程系统。要开展现有内部制度规定的"立改废"工作，对重要合同范本进行重检，及时、动态地将监管规定转化为内部规章制度，持续更新完善内部制度体系，确保覆盖所有业务领域和关键管理环节。要把合规性审核作为制定或修订内部重要制度和合同范本的必经程序。要建立从机构授权到岗位授权的精细化授权体系，明确各级机构、部门、岗位和人员的业务权限，根据业务发展、合规风险状况等实施差异化授权管理，做实授权管理后评价和动态调整。要强化管理制度化、制度流程化、流程信息化的内控理念，将各项业务制度的合规管理要求嵌入业务流程中。要积极利用大数据、云计算、人工智能等技术提升内控合规管理的数字化和智能化水平，强化业务系统关键节点的刚性控制，减少人为操纵因素，实现实时监测和自动预警，确保各项经营管理决策和执行活动可控、可追溯、可检查。

三、加强银行保险集团并表管理。要强化顶层设计，指定集团层面并表管理的职能部门，明确并表管理的范围、内容和管理机制。要聚焦主业、压缩层级，坚决退出偏离主责主业领域，清理子公司之间的交叉持股，提高股权投资决策层级，相关管理权限应随企业层级延伸逐渐递减。要建立集团层面的统一风险视图，将集团范围内各类信用风险业务纳入统一授信管理体系，做好关联交易和内部交易管理，重点关注集团内部跨境、跨业、跨机构的风险传染、风险隐匿、延迟暴露和监管套利，持续加强内部防火墙体系建设。内部审计部门要定期对集团并表管理的有效性进行审计。要指导子公司建立健全公司治理和内控合规体系，规范人员交叉任职，存在潜在利益冲突的岗位不得由一人兼任。要深入推动境外合规长效机制建设，统筹推进境内外反洗钱合规工作。

四、紧盯重点风险领域的内控合规建设。要加强风险研判，明确重要业务的风险控制点、控制要求和应对措施，完善激励机制设计。股东股权领域，要加强股东穿透管理和关联交易管理，防止大股东操纵掏空机构和违规利益输送。授信业务领域，要加强统一授信管理和贷款"三查"力度，夯实资产质量，严防违规新增地方政府隐性债务和资金违规流入股市、房地产等领域，警惕信用债违约风险。要加大理财存量资产处置力度，平滑处置进度，加强理财新产品合规审批和授权管理，落实信托业同业通道业务和融资类业务压降任务，加大非标资金池信托清理力度，坚决清理规避信贷业务监管的"名实不符"金融产品，严防高风险影子银行的新形式新变种；对于债券承销业务要落实主承销商职责，提高尽职调查和信息披露工作质量，加强债券存续期风险管理。保险领域，要防范保险产品激进定价导致的利差损风险；加强承保理赔关键环节管控，防范化解保险欺诈风险；规范融资性信用保证保险业务操作流程，严防金融风险交叉传导；坚持安全审慎稳健原则，规范投资行为，防范资金运用风险；加强数据治理，确保业务财务数据真实、准确、完整。创新业务领域，要落实对新业务、新产品的合规性审查，明确控制要求和风险应对措施；规范开展互联网贷款业务，与互联网等第三方平台合作要审慎选择交易对手，严格落实合规要求。

五、狠抓重要岗位关键人员管理。要严格遵守董事（理事）和高级管理人员任职资格管理监管要求，董事（理事）和高级管理人员要专业、高效地勤勉履职。要指定总行（公司）层面负责重要岗位关键人员管理的职能部门，制定完善相关制度，做好人员岗位轮换的部署统筹，督促各责任部门落实制度要求。要制定在前台经营、业务管理、资源配置、内控管理和风险防范等方面具有重要影响力的岗位名录，实现决策审批与执行、执行与监督检查等不相容岗位的分离，明确重要岗位轮换及强制休假的期限和方式以及任职回避相关要求，不得以强制休假代替岗位轮换。要定期督促检查各级机构重要岗位轮换情况，将执行情况纳入各责任部门内控考核评价中。针对重要岗位关键人员，要建立更为严格的异常行为常态化排查机制，通过远程审计、大数据筛查、反洗钱监测等手段排查隐蔽性强的风险问题，防止引发各类案件。国有银行保险机构要配合纪检监察派驻机构改革，构建内控与风险、审计、财会、巡视、纪检监察等联合监督机制，严查金融风险背后的腐败问题，严防利益输送和道德风险，对从业人员腐败行为零容忍。

六、细化内部问责标准与流程体系。要按照教育和惩戒并重、尽职免责和违规追责并举的原则，区别违规行为的性质、情节、影响和损失情况，建立全面系统、科学精准、及时高效的问责体系，规范问责标准、程序和要求，确保责任落实到人。要扎实做好案件、不良资产、内外部检查有关责任人的责任认定和追究工作，严格执行绩效薪酬延期支付和追索扣回规定。要强化高级管理人员约束，根据岗位职责和管理权限，界定直接责任、管理责任和监督责任，提升问责层级，加大问责力度，解决好"问下不问上"的问题。对监管部门责令给予纪律处分的，要根据相关法律法规给予警告、记过、记大过、降级、撤职、留用察看和开除等形式处分，不得以诫勉谈话、扣减积分、经济处理或其他方式代替纪律处分。对处于或应当处于问责过程中的责任人员，不得以辞职逃避追责、以劝退代替开除，防止"带病流动""带病上岗"。对重大违规和重大风险事件要建立倒查机制，聚焦内控管理缺陷和金融风险形成过程中的关键环节，针对存在的失职渎职等行为要严肃追责问责，涉嫌犯罪的，要移送司法机关依法追究刑事责任。

七、推动屡查屡犯顽疾根源性治理。要分别在总行（公司）和分支机构层面开展屡查屡犯问题集中整治，认真梳理2017年以来乱象整治监管检查、非现场监管通报和自查发现问题库，综合考虑政策与战略偏离度、问题发生机构覆盖面、业务范围、损失情况等因素，制定屡查屡犯问题识别标准，锁定问题范围，据此确定屡查屡犯问题类型和台账。对照本行（公司）屡查屡犯问题类型，深入开展自查自纠，坚持即查即改、立查立改。其中，违反金融支持民营及小微企业服务政策、房地产金融政策、金融服务乡村振兴政策、疫情金融政策等宏观政策的，或者导致重大监管处罚、重大资产损失、重大声誉风险事件的，应当集中力量优先整改。在深挖屡查屡犯问题根源的基础上，分别确定总行（公司）层面和分支机构层面的整改责任部门，强化总行（公司）部门的条线管理职责，科学量化整改目标，明确整改纪律、整改措施和完成时限，确保2021年各类屡查屡犯问题发生率显著低于2020年。整改问责要坚持更严标准和更高要求，责任部门要就整改情况进行自评，内控管理职能部门要做好后续跟踪监督，内部审计部门要开展整改验证，打造"揭示问题–落实整改–警示问责–检验成效–完善管理"的全闭环治理机制。

八、做实内部控制评价监督的动态体系。要指定总行（公司）层面负责对内控体系建设、实施和运行结果进行评价的职能部门，建立并持续完善覆盖总行（公司）各部门、境内外各分支机构和附属机构、覆盖各项业务流程和管理活动的内控评价制度体系，内控评价的内容、结构和侧重点应当与评价对象和岗位职责相匹配。要强化内控评价工作全流程质量控制，丰富现场及非现场评价手段，制定完善并动态更新内控缺陷认定标准与等级，重点关注制度、流程、系统设计缺陷以及多发性执行缺陷，明确各类型内控缺陷的整改责任部门和纠正措施，规范整改验收工作流程。要建立健全内控评价监督结果的信息反馈和报告机制，明确内部报告路径，年度内控评价结果经董事（理事）会审议后按规定报送监管部门。要持续加强内控评价结果的运用，内控评价结果应与被评对象的绩效考评和授权等挂钩，切实将内控评价监督作为提升风险管理和内控有效性的重要抓手，做到防患于未然。

九、强化消费者权益保护与履行社会责任。要紧盯涉众型金融产品的设计开发、定价管理、协议制定等环节，加强产品评估及合规审查，强化关键信息披露，防止以金融创新为名损害消费者合法权益。要严格执行销售适当性与可回溯管理，加强消费者教育，严格区分公募与私募、委托与自营等，防止误导消费者购买与其风险承受能力不相匹配的金融产品，严禁以多人集合等方式变相降低投资门槛。要加强银行业保险业销售从业人员管理，切实规范从业人员的销售行为。要持续整治不合理和违规收费，对人民群众反映强烈的误导销售、捆绑搭售、霸王条款等违规问题加大治理和问责力度。要改进保险理赔服务，杜绝恶意拖赔惜赔、无理拒赔。要强化消费者信息安全保护，建立健全客户投诉处理机制，促进争端解决，对投诉量大、风险突出的机构和业务推进投诉溯源整改，将消保工作从后端投诉处理逐步扩展至经营全流程。要将落实宏观政策纳入战略发展目标，积极履行社会责任，继续推动小微企业金融服务增量扩面、提质增效，把更多金融资源配置到乡村振兴的重点领域和薄弱环节，大力创新绿色金融产品和服务，支持经济社会绿色转型发展。

十、深化银行业保险业合规文化建设。要高度重视内控合规文化建设，制定合规培训长期规划，开展多样化的合规教育活动，促进内控合规要求内化于心、外化于行，确保业务、岗位、职责、人员全覆盖。要加强重点领域案件警示教育，定期梳理问责处罚情况，开展典型案例全员通报，引导员工引以为戒，增强规矩意识和风险意识。要切实加强员工行为的日常管理，编制员工行为守则，创新构建"线下网格化""线上智能化"的员工异常行为管理模式，抓早抓小、防微杜渐。要推动建立公开透明的薪酬制度与公平公正的考核制度，突出绩效考核中内控合规因素的比重和正向激励，切实杜绝业绩考核过于激进导致的合规隐患，避免单纯追求效益、盲目追求规模的短期行为。对内控合规管理职能部门的绩效考核不得妨碍其独立履行职责，大力倡导合规创造价值的理念，打造风清气正的行业生态。

关于印发非银行金融机构行政许可事项申请材料目录及格式要求的通知

银保监办发〔2021〕83号

各银保监局、金融资产管理公司：

《中国银保监会非银行金融机构行政许可事项实施办法》（中国银行保险监督管理委员会令2020年第6号，以下简称《办法》）已于2020年3月印发。经银保监会同意，现将与之相配套的《非银行金融机构行政许可事项申请材料目录及格式要求》（以下简称《目录》）印发给你们，并就有关事项通知如下：

一、《目录》是配合《办法》实施的规范性文件。自发布之日起，非银行金融机构（含金融资产管理公司等六类机构及境外非银行金融机构驻华代表处，以下简称非银机构）许可事项申请人应按《目录》要求提供申请材料。

二、银保监会将根据非银机构改革发展情况及监管工作需要适时对《目录》进行调整和完善，调整和完善后的《目录》将通过银保监会网站对外公布。

三、本通知印发前有关行政许可事项申请材料目录及格式要求的规定与本通知不一致的，按照本通知执行。

附件：非银行金融机构行政许可事项申请材料目录及格式要求（2021年版）（略）

中国银保监会办公厅
2021年7月12日

关于清理规范信托公司非金融子公司业务的通知

银保监办发〔2021〕85号

各银保监局（辽宁、广西、海南、宁夏除外）：

近年来，部分信托公司通过非金融子公司进行监管套利、隐匿风险；开展违规关联交易、进行不当利益输送，给信托业发展造成潜在风险。为治理市场乱象，助力打好防范化解金融风险攻坚战，促进信托业改革和转型发展，现就清理规范信托公司非金融子公司业务的有关事项通知如下：

一、本通知所指信托公司境内一级非金融子公司，是指信托公司在境内以固有资产直接投资设立或以投资资管产品等方式间接投资设立的，具有控制权且未持有金融业务许可证的公司。

二、自本通知印发之日起，信托公司不得新增境内一级非金融子公司，已设立的境内一级非金融子公司不得新增对境内外企业的投资。

三、信托公司可选择保留一家目前经营范围涵盖投资管理或资产管理类业务的境内一级非金融子公司。该公司仅可作为私募基金管理人受托管理私募股权投资基金，且不得控制、共同控制被投资方或对被投资方施加重大影响，不得参与被投资方的日常经营，投资年限不得超过5年。

前款中"控制、共同控制被投资方或对被投资方施加重大影响"，根据《企业会计准则》有关规定进行判断。

基金业务不符合本条要求的，到期后不得直接或变相新增和续作，其余业务在合同期满或项目结束后不得继续开展。

四、信托公司应当有计划地以转让股权等方式清理对以下企业的投资，清理期限不得超过3年：一是信托公司按照本通知第三条规定选择保留的境内一级非金融子公司在境内外投资的企业；二是信托公司其余境内一级非金融子公司及其在境内外投资的企业。上述企业有存续基金业务的，应当于相关项目清算后1年内完成清理。清理工作完成前，上述企业原则上不得新增业务。

清理确有困难的，信托公司应当在清理期限届满前2个月向属地银保监局提交延长清理期限报告。清理延期不得超过一次，延长期限不得超过1年。

五、信托公司应当全面梳理境内一级非金融子公司及其在境内外投资企业的基本情况，合理拟定清理规范工作方案，列明时间节点安排，明确存续子公司并表管理措施等，并于4个月内将方案报送至属地银保监局，经审查后实施。各信托公司应当加强存续非金融子公司并表管理，按季度向属地银保监局报送方案实施进展情况，并在依法合规完成清理规范工作后，及时上报经董事长签字确认的工作报告。

六、各银保监局应当切实承担属地监管责任，加强全程督导跟踪，认真审查方案内容，严防信息漏报瞒报；通过现场检查、督导等方式，适时查验阶段性工作进展与质量；加强辖内信托公司并表监管，发现非金融子公司与母公司之间违法违规交易行为的，依法依规对信托公司采取监管措施或进行行政处罚；清理规范工作完成后，组织专项验收，并向银保监会报送正式报告。

七、本通知中"企业"的组织形式适用《中华人民共和国公司法》《中华人民共和国合伙企业法》等法律的规定。

中国银保监会办公厅
2021年7月21日

关于持续深入做好银行机构"内控合规管理建设年"有关工作的通知

银保监办发〔2021〕123号

各银保监局，各政策性银行、大型银行、股份制银行、直销银行、外资银行：

今年以来，各银行机构和各级监管部门认真贯彻落实"内控合规管理建设年"相关部署，聚焦重点领域、瞄准薄弱环节、强化整治、补齐短板，将狠抓内控合规管理与提升金融风险防控能力、服务实体经济高质量发展紧密结合，取得了阶段性成效。

但应清醒看到，当前银行业面临的经济金融环境复杂严峻，一些长期积累的矛盾和问题集中暴露。有的银行落实国家宏观政策不力，有的银行授信管理领域问题屡查屡犯，有的银行监管套利手段花样翻新。特别是近期发生的存单质押票据业务、个人信息安全等风险事件，社会影响恶劣，损害了银行业的整体声誉，暴露了相关银行风险合规意识淡薄、业务潜在风险评估不足、核心管理制度与控制措施缺失、内部员工道德风险突出等问题。亟需汲取教训、举一反三，加快弥补管理缺陷和漏洞，从根本上扭转重效益轻合规、内控要求为业务发展让路的局面。

为督促银行机构筑牢内控合规"防火墙"，切实维护金融消费者合法权益，夯实银行业高质量发展根基，经银保监会同意，现将有关事项通知如下：

一、坚守主责主业，坚定贯彻落实中央重大决策部署。总体上看，银行机构能够自觉主动将党中央、国务院关于经济金融工作各项要求转化为自身发展战略、内控目标和管理行动。但仍有银行落实重大决策部署不力，虚报普惠金融指标数据，资金违规流入房地产领域，违规新增地方政府隐性债务，减费让利措施执行不到位。各银行机构要进一步提高站位，坚决把思想和行动统一到党的十九届六中全会精神上来，坚决摈弃偏离主业、脱实向虚、盲目扩张等错误观念和粗放经营模式，坚持正确发展方向，积极履行社会责任。要努力探索促进科技创新的金融服务，加大对先进制造业和自主可控产业链、供应链的支持力度，围绕实现"双碳"目标创新绿色金融产品和服务。要大力发展普惠金融，不断改善小微企业和民营企业金融服务，把更多金融资源配置到乡村振兴的重点领域和薄弱环节，确保服务实体经济各项政策要求落到实处。

二、聚焦风险漏洞，加快补齐内控合规管理短板。从机构自查和监管检查情况看，贷款"三查"不尽职、统一授信管理不到位、销售适当性要求执行不力等问题仍然突出。各银行机构要把常态化的强内控、促合规与阶段性的补短板、除顽疾相结合，聚焦问题多发环节和人民群众反映强烈的领域，明确重要业务的风险控制点和管控措施，增强系统关键节点的刚性控制，强化制度执行和监督评价，加强声誉风险管理。要围绕近期风险事件，深入排查内控缺陷，加大日常检查巡查力度，强化对分支机构和各经营单位的管理约束，对屡查屡犯、整改进度缓慢的要督促处理，从根源上整治虚构贸易背景、授信审查不严等顽瘴痼疾，切实提升风险管控水平，彰显内控合规管理建设成效。

三、狠抓人员管理，强化常态化异常行为监测排查。不少银行机构运用智能化、网格化手段加强员工行为的精细化管理，今年以来，员工网格覆盖率、格长日常排查履职率和排查记录异常人数均有显著增长。但部分银行重要岗位关键人员管理有效性不足，案件风险事件频发。各银行机构要进一步加强岗位有效制衡，规范不相容岗位管理，严格落实重要岗位轮换、强制休假及任职回避等监管要求，将相关执行情况纳入绩效考评中。要强化员工劳动合同管理，严厉打击参与民间借贷、非法集资、充当资金掮客、经商办企业等行为。要提升操作风险的监测预警能力，抓早抓小、防微杜渐。针对重要岗位关键人员，要丰富监测手段建立更为严格的异常行为排查机制，对有章不循、违规操作的要严肃处理，提升从业人员风险意识和规矩意识。

四、严肃内部问责，切实增强惩戒震慑效果。随着银行业市场乱象整治的持续深入，银行机构自我纠偏、整改问责的自觉性不断增强。但当前银行内部问责层级总体偏低，屡查屡犯问题集中整治中，有银行甚至对总行人员"零问责"。各银行机构要切实扭转当前内部问责"宽松软"的状况，建立健全从总行到分支行的责任认定与追究机制，不得以诫勉谈话、扣减积分、经济处理等方式替代纪律处分，要下大力气解决"问下不问上""问前不问后"等问题。对屡查屡犯问题的整改问责，要坚持更严标准和更高要求。对监管部门责令内部问责的，要在规定时间内对直接负责的董事、高级管理人员和其他直接责任人员给予纪律处分。对重大信用风险事件、重大违法违规或重大案件中存在的失职渎职行为，要严肃追究总行相关人员的领导责任和管理责任。

五、注重管常管长，完善内控合规长效机制。2017年市场乱象整治工作开展以来，银行机构累计修订制度8.35万项，完善系统4 766个，开展了案例警示、问题通报及合规培训等形式多样的教育活动，合规稳健经营的行业文化持续厚植。但内控合规管理资源不足、独立性不高、条线话语权不够等情况仍不同程度存在，部分银行治理管控薄弱，"两会一层"履职不充分，个别银行甚至监督制衡机制失效、内控合规管理形同虚设。各银行机构必须深刻认识稳健合规是商业银行经营的底线要求，要持续开展自查自纠和屡查屡犯问题整治，对突出问题必须心中有数、持续跟踪整改。要以今年的建设年活动为契机，以"当下改"促"长久立"，突出绩效考核中内控合规因素的比重和正向激励，开展常态化的内控检查排查和内部控制评价，做到防患于未然。

六、注重统筹施策，推进内控合规管理常抓不懈。各级监管部门坚持对违法违规行为严查严处，全系统2017年以来累计处罚银行业金融机构9 579家次，处罚责任人员1.22万人次，罚没合计104.36亿元，超以往十几年总和，有力促进了银行机构牢固树立"内控优先、合规为本"的理念。各级监管部门要把推动内控合规管理建设作为深化银行治理改革、提升风险防控能力的重要抓手。督促银行机构落实内控合规主体责任，对机构自查问题畸少、避重就轻的，应加强监管检查、督促查摆问题；对反映问题较多的，应有针对性地指导弥补缺陷、消除风险隐患，确保金融领域不发生影响经济社会稳定的风险事件。要加强与纪检监察部门的贯通协作，一体推进合规文化与清廉金融文化建设，构筑"不敢违规、不能违规、不想违规"的长效机制，为构建新发展格局提供有力金融支持。

中国银保监会办公厅

2021年11月23日

公司发展与创新

中航信托股份有限公司

一、2021年经营概况

2021年，中航信托股份有限公司（以下简称公司）积极落实"十四五"规划相关要求，立足金融服务实体经济高质量发展功能定位，坚持回归信托本源，紧紧围绕公司年度经营目标，统筹推进各项经营管理工作，加快推动转型发展，有效防范和化解金融风险，保障了各项工作总体平稳有序发展。

2021年，公司聚焦本单位"十四五"发展规划，以"转型创新年"为主题，立足成为"高品质受托人"的发展定位，不断推动业务创新、机制创新，以创新推动转型发展。截至2021年底，公司管理信托资产规模6 588.33亿元，其中，投资类项目存续规模4 071.08亿元，占比61.79%；融资类存续规模1 197.73亿元，占比18.18%；事务管理类存续规模上升至1 319.53亿元，占比12.49%。全年实现财务报表营业收入40.84亿元、利润总额22.33亿元、净利润16.99亿元。

二、创新业务案例

2021年，公司在业务转型创新发展方面迈出了更大的步伐，启动转型升级"五大攻坚工程"，持续完善敏捷型组织建设，建立"揭榜挂帅"机制，在绿色信托、服务信托、家族信托等领域取得了创新突破。

（一）绿色信托方面

2021年度公司新增绿色信托项目10个，新增规模58.85亿元，综合运用绿色信贷、股权投资、资产证券化、产业基金等多元化绿色金融工具，创新碳信托产品与服务，与中国节能协会碳交易产业联盟、上海宝碳新能源环保科技有限公司联合设立了全国首单"碳中和"主题绿色信托计划，投资于全国统一碳市场交易的碳资产，并通过信托服务帮助所投企业运用绿色循环经济生产模式扩大稀散金属产能，发挥碳信托的制度功能优势，有效体现碳资产的商业价值和社会价值。

（二）服务信托方面

成功落地国内首单社区发展基金管理服务信托，为社区发展基金会提供独立建账、流动性管理以及慈善资金的保值增值服务；落地首单"双受托制"物业管理服务信托，助力社区发展与共治，进一步拓展信托制度在涉众性资金管理方面的运用场景和服务内涵；发布"航殊恒爱特殊需要信托"，致力于通过受托服务模式为失能失智、心智障碍等特殊需要人群及其家庭提供综合解决方案。

（三）家族信托方面

成功落地永续型开放式慈善信托产品"君子伙伴慈善信托"，将慈善信托和家族信托相衔接，推动慈善模式从点到面、从个人到平台的升级；依托鲲鹏家族办公室，先后开拓了股权信托、不动产信托、慈善信托、员工福利信托等家族信托新领域，创新性地满足家族客户多元金融与服务需求，为企业/家族提供一站式家企综合服务解决方案。2021年全年，公司新增家族信托服务规模125.25亿元，同比增长108%。

三、社会责任履行情况

公司秉承航空报国、航空强国的初心使命，以履行社会责任为己任，努力发挥自身优势，在满足社会发展和解决共同挑战中寻找机遇，谋求共同发展，创造与利益相关方的共享价值。积极履行社会责任，以人为本、构建和谐企业，回馈社会，致力于实现经济、环境和社会三大责任的有机统一，努力成为更具财富创造力、品牌影响力和社会感召力的优秀企业公民。

（一）在可持续发展、绿色低碳转型方面

公司持续关注特殊群体发展、性别平等、生物多样性、绿色低碳等可持续发展目标。发布首份《2020年度ESG报告》；与玛娜数据基金会合作，共同举办"性别影响力与ESG价值"专题线上公益讲座；举办"航殊恒爱·特殊需要信托主题峰会""中航信托·绿色生态慈善信托"；支持"云南特有珍稀濒危植物此碧莲资源调查和人工培育"项目。此外，航信大厦荣获由中国节能协会、中国质量认证中心、上海环境能源交易所三方分别颁发的《中航信托航信大厦2020年度碳中和证书》。

（二）在乡村振兴、为民生服务方面

一是重新选派3名优秀青年干部驻扎永新县三湾乡汗江村，巩固脱贫攻坚成果与实施乡村振兴，通过乡村振兴信托与慈善基金拨付65万元实施基础建设与产业发展。积极探索"公司+

农户+合作社"的合作模式建立中草药种植基地，以高规格蜂场标准打造"三湾蜂语蜂场"。二是持续支持"永新黄桃"发展，向航信黄桃合作社再次投入10万元产业扶持资金，提高黄桃及生态水稻种植技术，助力整合社会资源实现产业发展升级，实现黄桃销售额超30万元。

（三）在公益倡导，社会价值共享方面

热心参与公益事业，坚持开展捐资助学、赈灾救危和员工志愿者活动，通过社会项目引入，支持地方经济社会发展，为促进经济和社会和谐发展贡献航信力量。一是持续开展爱心捐赠、航空科普、夏日送清凉、无偿献血等各类扶贫助困献爱心活动，践行航空报国精神、弘扬社会正能量；公司"吴大观"志愿者与上栗县贫困学童开展结对帮扶；策划推出国内首个"航空主题美术课——航空小卫士"艺术创作课，并把课程送入社区、小学等，开展系列公益课堂。连续5年冠名善行者公益徒步活动，连续6年组织员工和客户参加善行者公益徒步活动，公司累计动员公众筹集善款1 500余万元。二是整合社会力量，为贵州省紫云县、关岭县、镇宁县、普定县，陕西省西乡县引入并落实爱心包裹、新长城高中生助学、爱心月嫂培训等公益项目，累计投入600余万元。

（四）在深入推进金融消费者权益保护工作方面

公司不断完善金融消费者权益保护工作体制机制，运用漫画、视频、消保专栏、送教上门、财富百科、消保第一课、消保有奖竞答等方式，以通俗易懂、生动活泼的形式传播金融消保知识。邀请知名学者、行业专家相继推出"消费者享有的权益与法律责任保障""警惕洗钱陷阱，保护自身利益""信托登记对投资者保护、投资者服务的作用""信托法二十年"等精彩纷呈、内容翔实的直播公开课，累积近1万人次参与。

（五）在服务员工发展，加强文化建设方面

公司坚持以人为本，强化民主管理，通过建设多层次培训体系、完善职工晋升通道、丰富职工文体活动、强化职工健康保障等举措，不断提升职工的安全感、获得感和幸福感。突出文化赋能，深化企业文化建设，创新开展信托文化普及年文化建设"蒲公英计划"，以"送文化"到"种文化"为年度文化理念，确立"1314"文化建设体系，持续增强组织的使命感和责任感。

四、2022年发展规划

2022年，公司将积极贯彻落实党的十九届六中全会与中央经济工作会议精神，遵循公司"十四五"规划及2035年远景目标总体部署，坚持"稳字当头、稳中求进"的总基调，以

"守正创新，转型变革"为主题，以服务实体经济、服务航空主责主业为导向；以满足客户需求为中心，以构建资产配置思维下的优质产品体系为基础，以整合服务框架下的优质受托服务能力提升为保障；坚定信心，守正创新，主动求变，深化转型，加快回归信托本源，通过组织调整、人员优化、不断创新，提升公司组织管理能力、业务发展能力与风险处置能力，优化改善公司业务结构与盈利结构，谱写公司高质量发展的新篇章。

英大国际信托有限责任公司

一、2021年经营概况

2021年,英大国际信托有限责任公司(以下简称公司)以"1235"发展战略为统领,坚持"根植主业、服务实业、以融强产、创造价值"战略定位,坚持稳中求进工作总基调,坚持服务电网主业、服务能源行业、服务绿色低碳发展,不断提高价值创造能力和核心竞争力,以深化产融协同为主线,以深化融融协同为支撑,以深化金融科技协同为动力,坚决防控金融风险,致力于"建设具有能源特色、行业领先的现代信托公司"。

2021年,公司优质高效做好电网系统内服务业务,切实保障电网保供稳价,进一步深化服务内涵,电网业务规模突破新高。创新业务取得多项首单记录,年内成功发行国内首单碳中和资产证券化产品、首单公募碳中和ABCP、首单生物质发电ABN,并斩获了一系列优秀产品奖项,发行公司首个TOF项目,首单乡村振兴慈善信托成功落地,完成可再生能源国补证券化项目审批发行,参与"南网e链"全流程线上供应链金融项目,固有资金参投的"绿色能源混改股权投资基金"成功上市,"首单、首发、首创"推广效应持续显现。落实监管政策导向,如期完成"两项业务"压降工作,推进历史存续风险项目出清取得显著成效,有效化解涉众风险,金融品牌形象实现根本性重塑以及大幅度提升。

截至2021年末,公司资产管理总规模6 762亿元,同比增长超过15%,达到历史新高;全年实现营业总收入(包括投资收益、公允价值变动损益等)19.1亿元,其中,手续费及佣金收入21.2亿元,同比增长25%;全年实现利润总额16.0亿元,同比增长6%;实现净利润12.3亿元,同比增长7%;净资产收益率11%,同比保持平稳。

二、创新业务案例

(一)填补国内市场空白,首单生物质发电ABN项目落地

公司作为发行载体管理机构于2021年9月发行了国内首单生物质发电类ABN项目——"国能生物发电集团有限公司2021年度第一期绿色资产支持票据(碳中和债)",获得了金融

市场投资者的高度关注和认可。

该项目创新采用绿色金融新模式，积极助力"双碳"目标，是市场上首单以生物质电站可再生能源补贴款为底层资产发行的资产支持票据项目，发行规模5.26亿元，其中优先级5亿元，债项评级为AA+，发行利率4%/年，创同期限同评级ABN产品利率最低纪录。该项目由国能生物发电集团有限公司承担发起机构角色、国网综合能源服务集团有限公司承担差额补足机构角色。该项目的成功发行进一步解决了综能集团、国能生物融资方式单一的问题，降低了企业融资成本，同时灵活运用金融工具助力清洁能源企业缓解补贴拖欠压力。

（二）成功发行英大信托TOF集合资金信托计划

2021年9月23日，"英大信托TOF集合资金信托计划"成功发行，这是公司在标品信托领域落地的首单项目。未来3年，依托战略发展布局，公司将继续深度研究投资类标品信托，优化投资策略，做好过程管控。为了丰富TOF产品投资条线，除首单落地投资公募类TOF产品外，公司将同步推进量化私募类TOF产品和纯债类TOF产品，并且配合后期银行、券商代销规划尽快做大规模。

三、社会责任履行情况

2021年，公司主动承担社会责任，统筹推进疫情防控和经济社会发展各项部署，坚持服务实体经济和产融结合，立足"根植主业、服务实业、以融强产、创造价值"，紧扣"一体四翼"发展布局，开启信托高质量可持续发展新阶段，积极服务电力能源发展，为全面建设社会主义现代化国家、推动经济高质量发展作出积极贡献。

坚持服务实体经济，支持国家新基建项目建设和中小企业发展。坚持产融结合，充分发挥信托制度的优势和灵活性，大力支持我国能源互联网、特高压、智能电网建设和农村电网改造升级工程，服务电网规模超过4千亿元。

充分发挥金融业优势，不断巩固脱贫攻坚成果，将服务乡村振兴工作放在重要位置，通过信托专属服务模式，助力农业农村现代化。成立公司首单以乡村振兴为专项信托目的的慈善信托"东城德融乡村振兴慈善信托"，着力帮扶内蒙古化德县的教育、卫生、基础设施建设，通过为居民社区安装路灯提升当地宜居程度，通过设置教师奖励基金激励教师队伍人才建设，通过提供医疗急救设备为新生命保驾护航，通过扶持产业发展推动当地经济发展，持续推动脱贫攻坚成果巩固，拓展同乡村振兴有效衔接，以信托力量支持内蒙古化德县实现乡村振兴。持续加大慈善信托研究和实践，在现有法规制度政策框架下积极探索，争取更多慈善信托项目落地，惠及社会。

支持清洁能源发展，助推我国经济结构调整和发展方式转变。实行基金化、平台化运作，更好地为我国经济社会发展和环境保护贡献力量。成功发行碳中和资产证券化产品，深耕绿色信托，绿色金融业务多向发力，高效支持实现"双碳"目标和新型电力系统建设。

四、2022年发展规划

2022年是党的二十大召开之年，是实施"十四五"规划承上启下的重要一年，更是英大信托谋求根本性转型发展的关键之年。公司既要关注外部机遇挑战，也要积累提升自身独特的资源要素优势。

公司新时期核心竞争力：为电网主业能源行业提供高质量信托服务的能力。即坚持"根植主业、服务实业、以融强产、创造价值"价值定位，重点提升服务电网主业、能源行业的专业能力，加快业务突破、加大价值创造、夯实专属优势，赢得价值认同。

公司将主动对接并融入新型电力系统建设，围绕绿色信托、综合金融、服务信托和风险管控实现"三转型一升级"，加快实现英大信托的根本性转型和跨越式发展，打造电力行业的产融结合典范、能源绿色发展的金融服务排头兵、信托行业的专业化发展标杆的台柱脊梁。

一是服务"双碳"大局，向绿色信托转型。加强对新型电力系统建设有关问题的思考，积极调研金融服务需求，及时跟进做好信托供给。围绕电力能源产业链，专注绿色产业领域，加快清洁能源业务升级做优，为清洁能源国补、分布式光伏提供专业化金融服务。与产业基金平台做好联动，助力提升优质项目资源的储备、锁定及获取能力。加强低碳环保、综合能源领域的业务嵌入，探索开展碳金融业务，塑造绿色信托品牌。

二是聚焦主责主业，向综合金融转型。提高系统内部资金运作效率效益，提升服务水平。落实"电e金服"保链稳链，开拓线上供应链金融新模式新领域。落实"五统一"工作部署，与各金融单位发挥牌照互补优势，拓宽展业区域，延伸服务链条。丰富产品体系，灵活应用信贷、股权投资、股债结合、产业基金等金融工具，促进降负债、降成本、改革改制和处僵治困，提供全方位、多层次的"量体裁衣"综合服务。

三是坚持回归本源，向服务信托转型。顺应监管要求，以服务为主导，积极拓展绿电交易服务信托，创新资产证券化服务。积极培育支撑公司长期发展的战略性本源业务，结合系统内外各类型委托人需求，稳步推进家族（家庭）信托、乡村振兴领域公益慈善信托等产品开发，做优专业金融。

四是筑牢风险防线，向"引领型"管理升级。指引业务方向、提升专业能力、提高管理效率、弘扬敬业精神，引领打造公司业务文化。做好对于新数据、新工具、新技术的开发和应用，打造智慧风控平台，提高金融风控精准性。进一步建立完善全面风险管理体系，优化业务清单，切实提升风险管控、投后管理、风险处置和资产保全能力，严格执行内控合规管理要求。

华能贵诚信托有限公司

一、2021年经营概况

2021年，是华能贵诚信托有限公司（以下简称公司）承接转型攻坚成果、推进高质量发展的关键之年。面对国内新冠肺炎疫情散发、产业波动加剧、经济增长动能减弱等严峻形势，公司上下按照年初确定的"瞄准并深度切入高质量发展的前端产业和领域，紧盯并快速融入高端引领型产业和企业生态圈，努力率先走出信托公司高质量发展新路"的工作总要求，以创新引领发展，以规范强化经营，沉着应对，主动作为，严明责任，狠抓落实，全面超额完成了年度目标任务，实现"十四五"良好开局。

截至2021年末，公司资产总额285亿元，实现营业收入60.4亿元，实现利润总额50.2亿元，净资产收益率15.61%，年内为股东分红超过14亿元。年末公司受托管理信托资产总额8 068.5亿元，到期信托项目全部实现安全兑付，行业评级、监管评级、公开市场主体评级继续保持行业最优等级，再次荣获"中国优秀信托公司"称号。公司综合实力继续保持全行业领先地位。

一是围绕快速切入高端引领型产业和领域、融入"生态圈"的要求，以新思维带动新突破，不断做深做透产业链，积极拓展新产业、新领域、新赛道。在清洁能源、新能源汽车、消费电子、现代农业、医药医疗等领域，巩固"生态圈"布局，与一批行业龙头企业深化长期合作，并以其为中心向产业链上下游延伸，不断完善产业布局。还初步切入了精细化工、数据通信、半导体封测、电子陶瓷等新赛道，与一批新经济的"专精特新"企业建立合作关系。公司持续推进能力建设，通过引入产业博士、成立产业研究小组、建立常态化的产业培训机制等方式，不断深化对产业发展规律的认识和把握，公司服务以高端引领型产业为代表的实体经济能力持续增强。

二是围绕优化业务结构，不断推动业务创新和变革，资产端转型工作更加坚定而精准。公司坚决压降传统房地产业务，年末房地产业务规模占比大幅低于行业平均水平；主动管理类政信业务已全部清零。公司秉承金融服务民生的理念，积极推进普惠金融战略，全年为小微企业主、个体工商户发放贷款金额同比增长119%，并建立起与业务特点相适配的自主风控体系，服务小微经济主体的作用不断增强。公司在银行间市场发行ABN受托规模、交易所

ABS发起规模均继续保持行业首位，还发行了市场首单知识产权信贷资产证券化产品、首单民企高成长债、新能源碳中和债等多项有影响力的创新产品，规范化、线上化、智能化管理水平迈上新台阶。公司不断丰富资本市场业务"工具箱"，通过差异化工具和创新服务，提升资本市场业务竞争力，资本市场业务成为公司业务发展新的重要增长极。

三是着力加强多层次营销体系建设，推动委托客户重构向纵深发展。通过持续引导，委托客户发起型业务的管理规模持续增加，与资产端需求匹配度持续提升。不断提升财富管理水平，全年为委托客户创造收入462亿元，委托客户服务质效进一步提升。

四是紧扣穿越周期目标，不断强化风险防控保障能力。面对经济领域出现的系统性波动及结构性政策变化，加强宏观趋势研判，严格执行风险排查常态化机制，实现"一户一策"精准防控，牢牢守住不发生重大风险的底线。

五是围绕增强发展合力，着力推进公司党建工作和内部治理体系建设。

二、创新业务案例

（一）发行银行间市场首单民企高成长债资产支持票据

北京东方雨虹防水技术股份有限公司（以下简称东方雨虹）2021年第一期应收账款资产支持票据（高成长债）于2021年11月22日成立，发行规模5亿元。该项目交易结构合理清晰，有效实现了基础资产的破产隔离。该项目是银行间市场首单民企高成长债资产支持票据，在丰富市场产品类型方面具有创新意义。在国家政策响应方面，发起机构东方雨虹是一家集防水材料研发、制造、销售及施工服务于一体的防水系统服务商，获批建设特种功能防水材料国家重点实验室，拥有国家认定的企业技术中心、院士专家工作站、博士后科研工作站等，致力于解决影响重大基础设施建设安全持久运行的防水技术瓶颈问题，引领防水行业科学创新，带动行业技术进步。该项目助力东方雨虹盘活存量资产，符合国家支持专精特新"小巨人"企业发展的政策导向，在引导行业支持创新型民企融资方面起到一定示范作用。该项目同时实现了基础资产的出表，帮助发起机构优化资产负债表结构。

（二）发行银行间市场首单知识产权信贷资产支持证券

隆和2021年第四期微小企业贷款资产支持证券于2021年12月15日成立，发行规模1亿元。在产品结构方面，该项目基础资产为浙江泰隆商业银行股份有限公司持有的小微企业经营者贷款债权，是银行间市场首单知识产权信贷资产证券化产品，在丰富市场基础资产类型方面具有创新意义。在国家政策响应方面，该项目入池资产均涉及质押担保，质押物多为商标和专利等知识产权类，为小微企业融资提供了更多可能性，符合国家支持小微企业发展的政策导向，在促进企业知识产权成果转化、助力科创企业盘活无形资产方面起到一定示范作用。该项目同时实现了资产出表，是商业银行金融资产结构调整的代表性范例。

（三）发行多个碳中和债，支持国家"碳达峰""碳中和"战略实施

中国华能集团有限公司2021年度新能源1号第一期绿色定向资产支持商业票据（碳中和债）于2021年12月30日成立，发行规模16.14亿元。在产品结构方面，该项目基础资产为华能集团体系内发电企业所运营的17个风力发电项目产生的应收电费补贴收益权，资产池分散度高。该项目交易结构合理清晰，有效实现了基础资产的破产隔离。在国家政策响应方面，该项目基础资产全部为风力发电项目，通过可再生的风能资源发电，所发电量替代以化石燃料为主导的电网电量，减少火力发电过程中温室气体及污染物的排放，减缓全球变暖趋势，在节能减排方面具有极好的环境效益。该项目同时实现了基础资产的部分出表，助力发起机构优化资产负债表结构。

公司在2021年还发行了5期以大唐集团体系内发电企业所运营的风力发电、光伏发电等可再生能源发电项目产生的可再生能源电价附加补贴补助收益为基础资产的绿色定向资产支持商业票据（碳中和债）。

2021年公司共发行绿色资产证券化（碳中和债）6单产品，共计发行资金46.5亿元，助力可再生能源类发电企业顺利盘活资产，有效缓解可再生能源企业的资金压力。上述碳中和债的发行是公司运用资产证券化工具支持国家"碳达峰""碳中和"战略实施的重要工作实践，为引导产业结构和能源结构向绿色低碳转型提供有力的金融支持。

三、社会责任履行情况

公司以"为客户提供最佳的增值服务，为股东创造最大的价值，为职工搭建实现自我价值的平台，为社会做出最大的贡献"为使命，积极践行《信托公司社会责任公约》，不断丰富企业社会责任的实践内容。

一是全力支持实体经济发展。到报告期末，向实体经济领域的企业或项目投入资金余额5 871亿元，占公司投融资存续规模的74.4%；同时，通过完善服务手段、创新服务模式、提升服务效率等措施，优化了服务实体经济的质效。

二是坚持以客户为中心，为客户提供丰厚的投资回报。报告期内为委托客户创造的收益达462亿元，不断提升财富管理水平，受益人合法利益充分实现。

三是依法履行纳税义务。报告期内，为贵州贡献税收总额达36.41亿元，是全省名列前茅的税收贡献优秀企业。

四是参与国家重大灾害援助，为河南洪水灾区捐款2 000万元。

五是以高度的政治责任感落实央企乡村振兴的要求，报告期内，投入资金220万元，支持贵州省贵阳市修文县索桥村、毕节市赫章县发科村和官房村的乡村振兴发展和红色美丽村庄建设。

六是主动参与多项公益慈善工作。报告期内，慈善信托新发行两期，新增慈善信托资金95万元，有效助力教育扶贫等公益事业。

七是维护和保障员工的切身利益，为员工创造便捷的职业培训平台，通过完善绩效考核机制，优化考核内容，推进"举手制"，不断启用有理想、有能力、有担当的年轻人，增强公司创新的活力，同时积极保障员工福利，为员工构建和谐、进取的企业氛围。

四、2022年发展规划

2022年，在坚定地迈出高质量发展新步伐的基础上，面对更加复杂多变的外部形势，面对注定不会一帆风顺的高质量发展新路，公司上下要统一思想、迎难而上、脚踏实地、稳扎稳打，以更有力的统筹协调、更务实的工作措施、更坚定的必胜信念，筑牢走出高质量发展新路的根基。

当前公司工作的指导思想是：要坚决贯彻党中央决策部署，坚持稳字当头、稳中求进。要对更趋复杂、严峻和不确定的外部环境和困难有充分估计和把握，趋利避害，善作善为。要夯实初步形成的以融入高端引领型产业链、生态圈为总牵引的业务基本盘，不断深化转型发展成果；要服从服务于国家大局，守正创新，确保公司行稳致远；要把完善内部治理上升到新的高度，真正把公司锻造成能够持续创新精进，战胜种种艰难险阻的优秀集体。要坚定不移地朝着高质量发展的目标发力挺进。

公司2022年工作的目标任务是：

一是全面完成上级单位和公司董事会下达的年度经营目标，全年实现利润不低于47.8亿元，行业评价、监管评级继续保持最优等级，综合实力继续保持行业领先。

二是公司资产端业务基本盘更加稳固，在高端引领型产业和领域的产业覆盖面、客户数量以及业务规模显著增加，在既有产业"生态圈"内的地位进一步巩固，对产业认知和行业发展趋势的把握更加深入。

三是委托客户合作客群、客户数量、合作规模实现增长，公司高端引领型产业和领域资产的募资能力显著提高。

四是紧扣穿越周期防控目标，预期管理水平进一步增强，合规与内控体系更趋完善，牢牢守住不发生风险的底线，确保公司行稳致远。

五是公司层面的统筹协调和组织推动作用更加明显，人才结构、绩效考核、金融科技、党建工作更适应高质量发展的要求。

华润深国投信托有限公司

一、2021年经营概况

2021年是中国共产党成立100周年，是"十四五"规划的开局之年，是信托行业转型和文化建设的关键之年，也是深圳全面建设先行示范区的奋进之年。在华润集团、华润金控、深圳市国资委和深圳市投资控股有限公司的指导帮助与大力支持下，在全体员工的不懈奋斗与共同努力下，华润深国投信托有限公司（以下简称公司）积极应对大资管行业转型带来的挑战，践行"656"战略，全力支持实体经济，坚持做好受托服务，筑牢风险管理体系，圆满完成了核心业绩指标，保持了平稳健康的发展势头。

2021年，公司全年实现合并口径营业收入45.92亿元，同比增长15%，归属于母公司净利润34.09亿元，同比增长24%。主要财务指标超额完成全年预算。公司管理规模、净利润、人均净利润、营业收入等指标，均稳居行业前列。

（一）深化党史学习、坚持党建引领

公司秉承新时代华润党建7C体系，扎实推进党建体系建设，重点抓好规范化、标准化、特色化、品牌化、融合化建设，引领企业实现高质量发展。通过大监督导图和看板，从公司、职能和基层三个层面，持续构建常态化、全覆盖、有效的大监督体系，形成与业务相融合的体制机制。

2021年，公司贯彻落实党史学习教育和庆祝建党100周年等重大决策部署，加强党建引领；深入扎实开展"我为群众办实事"系列活动，组建"润信未来"青年志愿服务队，加强团青工作，助力推进防疫抗疫、参加各类公益活动，服务民众超10万人次，并获学习强国和国资委平台刊登。

（二）坚守风险底线、强化体系建设

随着第七次信托行业整顿逐渐深入，行业风险还将持续暴露。在严监管态势持续，房地产业务风险集中暴露的恶劣环境下，公司持续完善政策指导体系，加强投后管控深度，完善全面风险管理体系，尽可能防范风险事件的发生，减轻投资者损失。

一是重构全面风险管理架构，完善政策工具。2021年，公司累计发布全面风险管理相关制度7个，拟定8个制度，完善治理架构；优化流程、授权体系，助力业务转型；持续完善风险管理政策与工具，多层次覆盖风险全口径管控需求；更新资产风险分类体系，由过去仅覆盖非标融资扩展为全业务覆盖。

二是夯实内部控制体系，建立操作风险管控机制。2021年公司启动操作风险和内控管理项目，聘请普华永道咨询团队作为第三方专业机构协助和指导开展工作：梳理23个流程，覆盖380余项控制活动，发现潜在问题27个，新增制度46项、修订58项、废止22项，多维度提出管理提升建议。

三是启动洗钱风险自评估试点，提升管理水平。公司被人民银行深圳市中心支行选定为信托行业试点单位推进自评估工作，最终评定公司洗钱剩余风险为中低风险。通过新增两项自评估制度，搭建近600个评估指标模型，确立评估方法论和取数开发规则，构建洗钱风险自评估体系，有效识别风险管理漏洞。

（三）促进科技赋能、提升服务能力

科技是战略转型的第一生产力，公司运用前沿科技，以信托业务为核心，打通前中后台，打造数据一体化的信托数字化生态圈，支撑公司"平台化"战略顺利实施。

2021年，公司一是上线新一代运营系统，以崭新的技术架构做大做强运营中台，实现特色运营线上自动化，提高清算效率和业务承载力，满足客户多样化需求；二是升级证券数据集市项目，在数据中心、风控平台、报表中心进行了全面升级建设，解决了当前证券业务条线多头数据源，互联互通不足的问题，并为未来打造统一风控平台奠定了基础；三是搭建家族办公室业务管理系统，实现产品生命周期全流程管理，产品类型全覆盖；四是优化财富智能APP，实现全产品、全流程、全天候的产品交易与资产查询，有效提升客户体验。

二、创新业务案例

（一）新能源融资租赁财产权信托项目

近年来，随着风电、水电、光伏等新能源业务的快速发展，融资租赁公司在绿色新能源领域选取优质交易对手大力发展新能源设备租赁融资业务。出于强化增信及未来处置便捷性的考虑，公司与融资租赁公司共同开发设计了"融资租赁财产权信托"业务模式，实质目的是将项目公司股权纳入信托结构为融资租赁债权提供增信。

本项目模式为监管鼓励的服务类信托，回归到信托本源业务。本项目是融资租赁业务的一种风险缓释措施，不是以保值增值为目的的资产管理产品。信托方案从自益信托到他益信托，成功将他益信托扩展到家族、慈善信托之外的营业信托领域。

（二）绿色定向资产支持票据（碳中和债）

公司协助华润电力于2021年7月成功发行2021年度第一期绿色定向资产支持票据（碳中和债），该产品注册额度60亿元，首期规模20.05亿元，其中优先级票据期限2年，票面利率仅为3.2%。该产品以华润电力下属72个风电项目、2个光伏发电项目的可再生能源电价附加补助收益应收账款作为基础资产，并创新性地引入碳中和评估认证，基础资产所属发电项目年二氧化碳减排量606.94万吨。

该项目具有较多的创新性，首先是截至发行日国内电力行业发行规模最大的碳中和主题的资产支持票据（ABN）；涉及的清洁能源项目数量最多，包括72个风电项目、2个光伏发电项目；发行利率创同类型、同期限产品的最低水平；是广东地区首单碳中和的资产支持票据（ABN）；是华润集团内部首个碳中和概念的绿色资产证券化产品。

（三）普惠金融润业系列项目

在润业系列项目中，公司以小微企业贷款债权为基础资产，通过以发行资产证券化产品作为整体业务的后端交易安排，基于将小而分散的小微企业贷款打包设立财产权信托，通过现金流重构安排实现了资产信用与结构增信互为补充的优化方案，构建了小微企业全链条金融服务路径，实现了小微融资需求与公募市场资金的有效对接，公募市场的资金成本优势在价格传导机制的作用下使得小微企业融资成本降低成为可能，小微企业金融服务的可得性进一步提高。

三、社会责任履行情况

（一）客户责任

公司坚持"以客户为中心"的服务理念，坚守信托人信守，以受益人利益最大化为己任，为投资者创造价值，2021年为投资者分配收益188.98亿元。公司保障消费者权益，保护客户隐私安全，建立信息披露常态化机制，开展各类金融宣教活动；公司加大对金融科技的投入，拓展金融应用场景，以科技创新引领发展，让资产更智慧。

（二）伙伴责任

公司致力于打造互利共赢的伙伴关系，坚持开放共享，搭建行业交流平台，与政府、企业、行业组织开展多元化合作，引领行业发展；公司秉承以人为本的理念，搭建全面的人才培养体系，关心关爱员工，做好疫情期间员工疫情防控工作，实现公司与个人的双向共赢。

（三）民生责任

公司坚持把服务实体经济放到更加突出的位置，创新金融服务模式，为实体经济提供有力有效的金融支持，助力产业可持续发展；公司落实国家战略，支持国家区域发展战略的脚步，投入资金588亿元支持京津冀一体化战略，投入825亿元支持长江经济带战略，投入786亿元支持粤港澳大湾区战略，投入1 526亿元支持"一带一路"建设。

（四）社会责任

公司以实际行动积极落实和支持政府疫情防控，成立"润信未来"青年志愿服务队，开展志愿活动40余批次，累计服务民众10余万人次，积极投身于疫情防控一线；打造了"益点点"特色"党建＋慈善"品牌和"润心慈善信托"公益慈善品牌，投入50万元慈善基金，通过"资金帮扶＋培训赋能"方式，全面助力延安华润希望小镇的乡村振兴；公司公益项目涉及防汛救灾、产业帮扶、公益捐赠等多领域、多方面，汇聚爱心力量，以真诚奉献之心，建设美好家园。

四、2022年发展规划

2022年，公司将以"强基固本、二次转型"为管理主题，沿着三大业务群、六大业务线进一步分解细化，加强"三基建设"，夯实"五大能力"，实现每一个业务群"孵化与反哺"双轮驱动，推进"二次转型"行稳致远。

（一）标品业务群

证券投资服务业务方向为提升服务能力、拓宽"护城河"：通过科技赋能，建设证券管理平台、委外管理系统、风控整合平台、证券全能管家等系统，从而实现服务速度比别人快、准确度比别人高、成本比别人低、风险比别人稳，提供"人有我优""人无我有"的增值服务，特别是向客户和标品资管输送归因分析、投顾筛选等投研能力。

标品资管业务方向为分解投研能力，逐一攻克：一是通过大类资产配置能力获取配置层面的α收益，设计稳健型、平衡型、进取型等不同风格的FOF产品；二是通过润（RUN）私享私募评价体系，甄选白名单，建立核心池和卫星池；三是联合外部券商共同开发，开拓能够准确表达团队投资观点的金融工具库，具备不同金融工具的交易资格和能力；四是依托公司阳光私募资源，结合全市场数据，为FOF投前筛选、投后组合管理及评价等提供信息化支持，穿透资产进行归因分析、风险评估、组合模拟等，进一步提升专业研究能力。

（二）非标及转标业务群

资产证券化业务方向为延展价值链，突破头部客户：在内部建立协同机制，助力打通和普惠金融/结构金融在资产端非标转标、和标品资管/固有业务在资金端跟投/承销的价值链，形成公司合力；在外部对头部客户进行分门别类，逐一突破，提高钱包份额。

结构金融业务方向为复制转型模式，做强产业金融：一是地产股权/基金业务，将华润置地业务模式复制至其他央企地产公司；二是供应链金融，将华润医疗成熟模式复制至华润万家、啤酒、置地等产业机构；三是普惠金融，以微众银行"放款+流转"模式敲开头部消金公司合作之门；四是特资信托业务，积极探索行业风险暴露的阶段性纾困并购机会。

（三）财富管理与家族信托业务群

财富管理与家族信托业务方向为个人、机构、渠道并举，线上线下齐发，发展以账户为中心的家族信托，打造以投顾为中心的财富管理：在监管整顿信托公司异地部门的背景下，尽快填补江苏、湖北的网点空白，线上"客户触达"和渠道"借船出海"两手抓；加大全委家族信托开拓力度，吸引长期资金，提升资产配置能力。

（四）固有资金业务

固有资金业务发展方向为一方面通过资金融入、股票市值管理开源渠道，提高资金可用额度；另一方面调整资产配置，支持标品资管、服务信托、股权基金业务转型。

2022年是党的二十大召开之年，是落实"十四五"战略规划的攻坚之年。公司将在华润集团、华润金控、深圳市国资委和深投控的大力支持下，进一步坚定战略定力，回归信托本源，加快转型步伐，深化内部协同，为实现"十四五"规划目标打牢坚实基础，为信托行业健康发展做出应有的贡献，为股东、员工、客户和社会创造更大价值。

平安信托有限责任公司

一、2021年经营概况

2021年，平安信托有限责任公司（以下简称公司）经受住宏观环境变化及资管新规等政策冲击，积极转型并主动调整业务结构，压缩融资类、地产类业务，发展家族信托、阳光私募等转型业务。截至2021年末，公司实现营业收入232.91亿元，手续费及佣金净收入130.40亿元，净利润48.19亿元，归属母公司所有者净利润28.28亿元，整体经营业绩保持稳健态势。

公司顺应市场趋势和监管导向，以客户为中心，重点聚焦产业投资、产品与服务信托两大业务板块，坚决推动业务回归信托本源，服务实体经济高质量发展和人民美好生活。

同时，公司紧密围绕公司战略，全面深化科技赋能。全面梳理标品业务流程断点，优化系统，搭建标品投研平台、支持标品净增超1 500亿元，大力支持标品业务发展；积极拓展资金渠道和本源业务，新增代销渠道近30家，进一步优化渠道对接功能，提升业务募资效率；家族信托进行全流程优化，大幅提升运营效能，保险金信托新增客户数量超4 000家，达到行业第一，家族信托客户新增超380家，达到行业第四，产品成立时效从1个月提升至10天（保险金信托2天），投资时效由5天提升至2天，实现业内领先；持续提升和完善系统风控功能，优化投后管理，实现业务全流程操作系统化、风控智能化，在"2021卓越竞争力金融机构评选"活动中，公司荣获2021年度卓越竞争力风险控制信托公司。

公司严格遵照监管要求，定期监控与净资本相关的各类指标，包括净资本、净资本与风险资本之比、净资本净资产之比。截至2021年12月31日，公司净资本规模220.81亿元，净资本与各项业务风险资本之和的比例为317.60%，净资本与净资产比例为80.82%，均符合监管要求。

二、创新业务案例

（一）发起设立国内首只碳中和绿色金融发展慈善信托项目

2021年12月14日，由公司受托设立的"平安碳中和绿色金融发展慈善信托"正式成立，该慈善信托初始规模为590万元，作为国内首只碳中和主题慈善信托，旨在围绕碳中和目标，促进生态文明建设，包括但不限于资助、支持和推广绿色低碳优秀项目；为倡导和普及绿色金融理念传播、组织、开展相关领域公益活动；通过资金、物资等多种方式补贴贫困群体使用清洁能源等。

（二）创新设立全国首单"破产重整中的他益财产权信托"

2021年，公司协助平安集团参与方正集团重整，创新设立全国首单"破产重整中的他益财产权信托"，有效助力方正破产风险化解。

该项目首创"出售式重整+他益财产权信托"运作模式，有效解决破产重整场景下的三大痛点，实现多方共赢，从而从多个方面发挥信托制度优势及平安的综合实力优势，为受托人提供全流程、全生命周期的高度定制化服务。

（三）成立国内首支支持西藏乡村振兴与可持续发展慈善信托

2021年12月9日，华林证券携手平安信托、北京语泽基金会在西藏拉萨市正式宣布成立"平安华林乡村振兴可持续发展慈善信托"，初始规模为600万元。这是国内首支支持西藏乡村振兴与可持续发展的慈善信托计划，也是证券公司依托旗下公益基金会与信托公司开展合作的创新之举。

（四）创新金融宣教形式

2021年，公司依托深圳银行保险业"小明小白"金融宣教IP形象，推出"金融明白人"系列创新消费者保护宣教主题传播，通过围绕金融消费者知识的薄弱环节、聚焦一老一少，策划小明小白讲信托系列漫画、系列科普课堂、《明白信托科普记》真人情景剧、"金融明白人"表情包等，系列宣传荣获深圳市银行业社会责任优秀案例、深圳优秀政务新媒体作品大赛二等奖。

三、社会责任履行情况

（一）发挥党的政治引领作用

公司高度重视党建工作，充分发挥党的政治引领与政治核心作用，2021年，为热烈庆祝中国共产党建党100周年，公司党委组织开展"学党史 话长征"系列活动，开展书记讲党课、主题党课学习、长征精神解读、长征精神青年说、支部书记研讨会、党员亮身份作表率、守护者行动等学习活动，强化党内理论学习，号召党员担当作为，充分发挥党组织战斗堡垒作用。

（二）践行ESG责任投资服务实体经济

2021年，公司积极响应绿色金融的供给侧结构性改革要求，深耕ESG责任投资，聚焦中西部民生项目，健康、环保及现代制造等重点行业，累计投入实体经济规模近3 500亿元，助力实体经济高质量发展。同时，成功落地国内首支碳中和主题绿色金融慈善信托和年内最大规模单一个人慈善信托，积极发挥信托制度优势，促进国家共同富裕目标。

（三）助力国家乡村振兴

2021年，公司积极响应"乡村振兴"号召，通过购买扶贫农产品等方式，助力全国15个扶贫点产业发展，涉及扶贫金额206余万元，为全国决战决胜脱贫攻坚贡献力量。此外，公司携手华林证券、北京语泽基金会成立"平安华林乡村振兴可持续发展慈善信托"，是国内首支支持西藏乡村振兴与可持续发展的慈善信托计划，初始规模为600万元，该信托以ESG绿色发展理念为指导，专注开展西藏乡村振兴与可持续发展公益事业，未来将持续助力智慧教育、医疗救助、绿色金融、新农村建设等多个领域的公益活动。

（四）重视文化驱动培育信托文化

2021年是"信托文化普及年"。公司坚持以受益人合法利益最大化为目标，以更好地服务实体经济高质量发展和满足人民群众对美好生活的向往为使命，通过强化受托人定位，树立以客户需求为导向、"先服务、后金融"经营理念，积极回归信托本源，不断构建与行业监管导向、良好社会形象相契合的转型战略与经营管理模式，将信托文化建设贯穿于业务发展的各个环节，从公司治理、风险防控、客户服务、理念文化等多方面发力，做好信托文化建设的"顶层设计"。

（五）倾听员工心声、解决员工诉求

面对新冠肺炎疫情常态化现状，公司以凝聚员工共识、实现团队融合、保障员工健康安全为方向，重点解决员工诉求，提升员工凝聚力、归属感、安全感与体验感。2021年全年为员工申请新冠肺炎疫情防控物资68.7万元；公司工会推出守初心、助安心、促舒心、更暖心、献爱心的"五心+工会"品牌，全年组织开展25余场主题活动、657次俱乐部活动、4次健康课堂、3次员工代表大会，"五心工会，五星体验"口号深入人心，并荣获深圳市财贸金融工会"先进职工之家"称号。

（六）"守护者行动"公益实践

公司启动"守护者行动"公益行动，以"守护社区金融安全""守护特殊儿童成长""守护乡村教育发展"三项为方向，开启公司第13年公益爱心旅程。全年共计开展公益活动9场、公司志愿者共计124人次。

四、2022年发展规划

（一）坚定转型，积极发展优势业务

2022年，公司将积极顺应监管导向、主动把握市场趋势，依托信托财产多样性、风险隔离、事务性安排、产品设计灵活等独特的法律制度优势，充分发挥平安集团综合金融优势，重点聚焦PE、家族信托等核心优势业务，坚定"做精""做轻""做稳"，打造信托"精品店"模式，实现稳健可持续发展。

（二）完善专业的中后台支持体系

1.深入优化风险管理体系，为业务发展保驾护航

2022年，公司将继续秉持"风险引领业务"的理念，持续完善风险治理架构，提升风险管理能力。

第一，助力业务加速转型，强化风险管控的引导支持。

第二，常态化风险排查，加强风险信息共享，化解潜在风险资产。

第三，推动系统功能升级，打造全覆盖的标品智能风控体系。

2.法律合规引领业务发展，实现合规与发展两不误

2022年，公司将充分结合信托业务实际特点，在落实董事会战略部署、支持公司战略转型和创新业务发展等方面提供更加专业的法律合规服务。

第一，合规经营为本，顺应监管导向，强化受托履责。

第二，加强诉讼风险防范，预判案件走势，举一反三、降低法律风险。

（三）科技赋能业务

公司聚焦公司战略，加大科技赋能，从促转型、优投产、控风险三方面入手，通过数字化、智能化促进中后台人员效能提升、风险下降，让系统和平台成为产品与服务打开市场的核心竞争力，支持公司业务模式升级。

（四）践行ESG责任投资，推动高质量可持续发展

2022年，公司将紧跟国家战略布局，积极响应绿色金融供给侧结构性改革要求，深入践行平安集团ESG发展理念，聚焦新基建、"双碳"节能环保、医疗健康等新兴产业，助力产业结构升级，服务实体经济高质量发展，驱动公司业务可持续增长。同时，积极服务民生，大力发展本源业务，不断提升资产管理和配置能力，在满足人民群众财富管理需求的同时，以慈善信托、责任投资等方式，践行扶贫济困，助力乡村振兴，促进国家共同富裕目标，为了全面建成社会主义现代化强国的第二个百年奋斗目标，为了实现中华民族伟大复兴的中国梦贡献更大的力量。

上海国际信托有限公司

一、2021年经营概况

2021年,上海国际信托有限公司(以下简称公司)严守监管红线,坚持稳中求进,强化创新引领,努力围绕信托投行、证券投资信托、家族和家庭信托、资产证券化、普惠金融和慈善信托、私募股权信托"5+1"业务转型方向,不断丰富公司服务实体经济、服务国家战略的方式,打造从规模优先到质量优先的全新增长模式。截至2021年末,公司资产总额达203.70亿元,净资产达182.21亿元,管理资产规模达6 272.58亿元。2021年,公司实现营业收入27.98亿元,实现净利润14.22亿元。

2021年,公司进一步推动转型发展创新,加强前瞻性研究,优化组织架构和激励机制,突出战略重点,努力将创新成果转化为实际效益,建立新的业务结构和可持续发展模式,回归信托本源,服务实体经济发展。具体来看,面对监管严控主动融资类和金融同业信托规模的困难情形,公司强化创新产品供给,证券业务新增单数同比增长2倍,规模近1 200亿元;ABS新增单数同比增长1倍,规模近2 000亿元;FOF规模近170亿元,较年初规模增长4.7倍,资产管理业务创新取得阶段性成效。一是利用传统资源禀赋,加速投行业务创新,推动传统融资类业务由增量向存量资产转型、由非标向标准化业务转型,成立公司首单交易所证券化产品和首单非标转标证券化产品。主动与客户谋求股权合作,落地旭辉、金辉、绿城等多单房地产股权项目。二是打造闭环经营模式,推进资产证券化赋能,资产证券化业务规模近2 000亿元,引入资产支持商业票据、完成"添越"主动投资类产品改造以及专户"一对一"产品落地;与农业银行合作发行银行间市场规模最大的个人住房抵押贷款证券化项目。三是提升投资研究水平,助力资本市场业务,成立首支代销类指数增强策略FOF产品、首支直销类TOF产品;基金化产品从利差模式调整为管理费模式,长三角主题投资产品、固收+产品、单一专户定向产品取得突破;延伸产业上下游、打造价值生态圈,建立聚焦大科技、医疗健康、大消费、军民融合四大领域的优质投资版图,公司各支私募股权基金持续服务战略新兴产业,部分基金已进入退出和收益分配期,多个投资项目入选年度最佳投资案例;指数投资类产品实现常态化发行,成为多元化拓展公司资产配置范围的全新产品线。四是强化ESG投资理念,支持绿色低碳发展,制定《上海信托ESG信托业务展业指引》,

相继推出全市场首单和国内规模最大的绿色车贷ABS项目，并积极探索涉众资金信托落地方案，公司荣获年度ESG最佳社会案例奖。五是客户驱动科技赋能，普惠金融实现破冰，成立公司历史上首个事业部，通过"外部获客+自主风控"模式落地五个普惠金融信托项目，验证了事业部独立承担项目全生命周期的管理能力，全力擦亮"上信普惠"的业务品牌。六是把握机遇合理配置，控制回撤锁定收益，对公募基金和FOF组合投资策略进行深入研究并探索产品化落地，以公募基金和专户等形式参与市场新投资机会并把握收益。

2021年上海信托的创新发展获得了各方的肯定，多次获得创新类奖项：

1. 公司下属子公司浦耀信晔于2021年2月获得上海股权投资协会颁发的2021年度最佳投资案例奖、年度科创之星。

2. 公司获得由财联社颁发的2021年中国企业ESG"最佳社会案例奖"。

3. 公司获得由银行家杂志颁发的十佳家族信托管理创新奖。

4. 公司获得由经济观察报颁发的十佳家族信托管理创新奖2021年度中国杰出ESG案例奖。

二、创新业务案例

（一）盛世融迪2021年第二期个人汽车抵押贷款绿色证券化信托

"盛世融迪2021年第二期个人汽车抵押贷款绿色证券化信托"是由公司作为受托机构与比亚迪合作发起设立的绿色资产支持证券。本期绿色资产支持证券发行规模20亿元，是目前国内银行间债券市场发行规模最大的绿色车贷资产证券化项目，基础资产来源及募集资金投向全部为新能源汽车贷款，是资产端与用途端的"双绿"产品。同时，本期绿色资产支持证券获得惠誉国际评级授予的"AAAsf"评级结果，为国内首单具有国际评级的绿色车贷资产支持证券。根据专业第三方评估认证机构联合赤道环境评价有限公司的《盛世融迪2021年第二期个人汽车抵押贷款绿色资产支持证券发行前独立评估认证报告》，本期绿色资产支持证券基础资产预计每年可减少排放2.04万吨，可节约标准煤1.53万吨；募投项目预计每年可减少排放1.53万吨，可节约标准煤1.14万吨。在"双碳"目标驱动绿色发展的宏观背景下，公司将积极践行母行浦发银行"十四五"重大发展战略要求，躬身入局全行集团化、立体式绿色金融服务体系，以资产证券化业务为抓手推动绿色金融业务落地，将绿色产业作为自身转型发展的新发力点。

（二）上信——基金组合投资（TOF）产品系列

公司积极响应金融行业服务实体经济发展和居民美好生活需求、加快转型创新、支持科技创新和资本市场建设的监管要求和市场需求，围绕资本市场标准化投资业务，进行组织架构和激励创新、决策机制创新、产品系列创新，不断将研究成果落地，围绕基金产品投资创设了一系列产品。

公司围绕信托行业高质量发展的要求，优化组织架构和激励机制；创新和重构信托公司投资类业务的决策体系；搭建专业化的标品信托投资团队，构建"自上而下"的研究体系，覆盖宏观经济政策，大类资产配置模型，股票、债券、商品和金融衍生品等各类资产，多头、中性、CTA等各种策略，公募基金公司和私募基金等各类公司。公司充分发挥信托在大类资产配置方面的优势，聚焦于选资产、选策略和选基金产品，并将不同基金产品进行科学组合，利用信托架构创设了围绕私募基金投资的产品线：上悦系列（固收+）、上悦系列（稳健策略）、上容系列（均衡策略）、信识系列（指增策略），以及围绕公募基金投资的产品系列的：优选系列（保守型）、优选系列（平衡）。截至2021年末，公司该系列产品规模近170亿元，较年初规模增长4.7倍，发展成效明显，是信托行业高质量发展的典范，是大资管行业的公认的优质合作伙伴。

（三）睿赢家庭信托

公司面向高净值及大众富裕人群全新推出的普惠财富品牌——睿赢家庭信托，可为不同层级、不同需求的客户提供信托工具，走信托特色的资产管理之路。相比于以往1 000万元家族信托的门槛，家庭信托的创新推出，为40万元起步的客户创设睿赢家庭信托产品及服务，可以帮助大众用好信托工具，通过科学配置规划幸福人生。

睿赢系列产品由"产品服务层"和"资产配置层"两个层面共同构成。"产品服务层"定位于信托工具的社会应用，将信托工具向普惠大众推广应用，起点低、受众面广，还可以融入保险金信托。"资产配置层"委托给公司内部或外部的专业机构做长期配置，满足个性化财富传承。当前，"资产配置层"由公司内部专业化团队独立管理，以公募基金和ABS资产作为主要投资标的，发挥公司在以上两个方面的专业优势；未来持续迭代更新投资范围，充分发挥信托灵活架构优势，实现全球大类资产配置。

（四）上信鑫月丰利系列集合资金信托计划——长三角主题精选

为响应国家长三角一体化战略，更好地服务长三角地区经济发展，公司基于自身在债券投资领域丰富的展业经验，设立长三角主题投资信托——上信鑫月丰利系列集合资金信托计划。该信托计划主要投资于长三角区域（江浙沪皖）的债权类资产，且投资比例高于信托财产的50%。

截至2021年末，鑫月丰利管理资产规模达7.61亿元，主要投向江苏、安徽等多地债券，为当地的基础设施建设和城市发展提供了资金支持，较好地支持了当地的经济发展，为长三角一体化进一步发展贡献公司力量。

三、社会责任履行情况

2021年，公司在严守风险合规底线、提升经营管理水平的同时，将社会责任理念融入发展战略、经营管理与日常工作中，在支持实体经济、支持小微企业和民营企业发展、改善民生、环境保护、客户服务、社会共建等领域积极践行社会责任。公司坚持回归金融必须服务实体经济的方针，加大在基础设施建设以及实体企业方面的资源投入。公司持续聚焦上海"四个中心"建设，积极响应上海地区国企改革，参与设立以国企改革为主题的母基金，致力于为上海地区国企混合所有制改革提供全方位的金融服务以及资金支持。公司积极响应"碳达峰""碳中和"号召，不断强化ESG投资理念，努力在自身业务可持续发展的同时推动"双碳"目标达成，利用信托架构灵活的优势，利用绿色债券投资、绿色资产支持证券化项目，积极对绿色能源、碳捕集/碳封存等技术及基础设施进行投融资。公司制定了《ESG信托业务展业指引》，为绿色信托的规模化开展奠定了体制机制基础；公司积极研发资产端与资金用途端的"双绿"信托产品，与上汽车财务有限公司在银行间市场合作设立了"上和2021年第一期绿色个人汽车抵押贷款证券化信托"，成为全国首单绿色个人汽车抵押贷款资产支持证券项目；设立"盛世融迪2021年第二期个人汽车抵押贷款绿色证券化信托"，成为目前国内银行间债券市场发行规模最大的绿色车贷资产证券化项目；设立"上善"系列上信中西部地区绿色新能源职业教育帮扶慈善信托，为中西部地区清洁能源领域专业年轻骨干教师和大专院校学生来沪培训、举办新能源论坛等提供资金支持。截至2022年5月，公司绿色金融业务存续规模合计32.53亿元，并正在努力探索碳交易集合资金信托计划和环保硬科技主题信托，为绿色低碳发展贡献信托力量。

四、2022年发展规划

2022年，公司将不断强化战略目标——建设全球资产和财富管理提供商，推动公司成为新时代信托业高质量发展的排头兵和先行者的统筹引领，促进战略发展的重要部署得到全面贯彻落实，推动公司成为：客户信赖的首选信托公司，浦发集团的核心子公司，广大员工共享发展成果的温馨家园，合规稳健、监管放心的信托公司，令人尊敬和信任的优秀企业公民，实现企业价值和社会价值的统一。

规划期间公司发展要努力实现以下目标：

第一，服务实体经济迈上新层次。服务国家重大战略、上海重大任务覆盖更广领域、取得更大成效。服务科技创新、企业发展、绿色发展、乡村振兴等重点领域涵盖更多市场主体、提供更大金融支持。服务创新驱动，助力我国打造自主创新新高地、塑造发展新优势。服务国家加快构建现代产业体系，助力经济体系优化升级，服务扩大内需，助力畅通国内大循环和国内国际双循环。

第二，高质量发展取得新成效。发展结构不断优化，发展质量效益明显提升，资产规模、收入利润稳步增长，业务结构更加可持续。核心竞争优势进一步凸显，形成参与长期市场竞争的"护城河"，行业地位和市场价值实现更大突破。

第三，业务创新实现新突破。围绕财富管理市场发展新趋势，重点业务创新领域改革深入推进，适应新发展要求的新体制机制基本形成。创新成为公司发展的主要驱动力，资产管理和财富管理循环驱动的业务模式加快形成，产品、服务和品牌具备核心竞争力。

第四，投研和数字化水平明显增强。研究对业务的支撑能力进一步提升，形成横向覆盖各类资产的深度研究能力，纵向涵盖产品创设、投资管理和研究一体化的深度融合协同能力。基于数据驱动的经营体系、管理体系、风控体系日益完善，金融科技支撑能力明显增强。

第五，治理效能得到新提升。党的领导与公司治理各个环节融合更加紧密，权责对等、运转协调、有效制衡的治理机制更加健全，党的建设推进有力，活力动力明显增强，公司治理效能明显提升。风险治理更加科学、系统、有效，重点领域风险化解取得突破性进展。业务治理的协同性、综合化、数字化水平得到更大提升。

第六，企业文化和品牌建设形成新特色。品牌宣传建设将紧紧围绕公司战略发展转型目标，强化业务品牌宣传，赋能前台业务转型发展，将品牌力和文化力转化为生产力和创造力。顺应数字传播趋势，为公众打造立体化、多维度、全方位的公司形象，推动品牌美誉度的持续提升，促进品牌资产价值不断突破。

中国对外经济贸易信托有限公司

一、2021年经营概况

（一）经营业绩稳健发展

2021年，面对复杂严峻的外部环境和行业转型压力，中国对外经济贸易信托有限公司（以下简称公司）以"转型升级、稳健发展"为核心，平衡好业务转型、风险防控与高质量发展，公司业务结构不断优化，转型创新取得一定成效，最终实现稳健增长。截至2021年末，公司注册资本80亿元，信托资产管理规模11 051.38亿元，营业收入（合并）33.48亿元，利润总额（合并）21.32亿元。

（二）创新转型加快推进

公司聚焦服务实体经济、资本市场、财富管理等领域，顺应政策导向，加快推进业务创新转型。在小微金融领域，拓展优质客群，深化合作内涵，连接全价值链各环节。在产业金融领域，推动农业金融创新，发行全国首单乡村振兴票据。在资本市场领域，持续加强科技能力建设，赋能证券信托规模快速增长，主动管理FOF、"固收+"等标品持续突破。在财富管理领域，打造标品营销体系，加速标品转型。

（三）数字化战略逐步深化

数字化战略是公司核心发展战略之一，公司在科技引领业务转型发展与质效提升、赋能经营管理等方面实现突破。围绕主动标品投资与证券运营服务，建成拥有自主知识产权、行业领先的主动FOF投资决策管理系统，上线"N+1清算"二期等，促进证券运营服务提质增效。围绕提升财富直销与配置能力，重点聚焦合规保障、创新业务、体验优化等三个方面突破升级，升级财富系统集群。同时，公司持续加强客户管理、运营服务、风险合规管控等重点领域的科技覆盖，推进数据标准落地，完成历史数据治理，实现客户集中统一管理，按时按质保障EAST等监管报送工作。

（四）管理质效持续提升

公司深化全面风险管理体系建设、持续推进组织优化、人才流动、流程效率提升等，增强组织力和体系力。第一，深化全面风险管理体系建设，夯实三道防线职责。第二，立足发展战略，动态调整公司组织架构，打造公司链式竞争优势。第三，推行"我行·ICAN"计划，盘活人才存量，激发组织活力。第四，启动流程效率提升专项工作，合同审批、清算拨款、信息披露等流程效率大幅提升。

（五）品牌形象不断提升

公司多年稳健经营，获得股东、客户、行业专家以及合作伙伴广泛认可，也荣获权威媒体的多项奖项，品牌形象不断提升。2021年，公司连续第六年获得中国信托业协会的A类行业评级，还荣获《证券时报》优秀信托公司评选的"2021年度优秀财富管理品牌"、《上海证券报》的"诚信托·卓越公司奖"、《中国银行保险报》的"2020年度十佳社会责任机构"和"中国金融年度影响力新媒体"、《金融电子化》杂志社的"2021金融业渠道创新突出贡献奖"等奖项。

二、创新业务案例

（一）标品投资及营销体系化创新

1.不断完善主动管理标品产品线

公司自主投资FOF业务经过9年发展，已逐步确立策略类型完备、风险收益特征明确的FOF产品线。截至2021年末，主动管理FOF业务规模突破200亿元，业绩长期稳定，多次荣获业内大奖，赢得投资人与代销机构的高度认可。2021年，公司先后上架主动管理的"五行元景宏观配置FOF系列""五行睿元固收+产品系列"以及"元景星享利公募MOM系列"。多元化的产品货架支撑更好地为投资人匹配风险收益相适配的产品，满足客户特色化、个性化的财富管理需求。

2.标品营销体系转型升级

公司基于财富管理业务标品营销体系升级转型的战略要求，于2021年启动"星选计划"，涵盖标品评价管理、团队培育、品牌赋能等多层面内容。在公司前中后台的一并努力下，财富标品发行实现突破，品牌形象与市场影响力显著增强。

（二）积极创新实体经济服务模式

1.为中小微企业提供专业金融服务

公司依托中国中化的产业背景及长期服务普惠金融领域的经验，深挖中小微企业在生产经营、销售流通等供应链环节的融资需求，积极探索基于数据风控的供应链金融服务模式。以"场景金融+大数据支持"为核心，针对中化塑料有限公司下游采购商，依托真实产业场景，通过对产业链条上的采购商与核心企业之间购销交易的基本信息、订单及履约情况等相关数据分析、建立风控模型，为下游采购商提供定制化金融服务，着力解决塑料产业链下游中小微企业资金需求。

2.积极深化"三农"金融服务内涵

公司依托中国中化农业产业背景优势，广泛开展针对农业产业链上下游农户和中小微涉农企业的金融服务，结合农业生产场景提供农资贷、农地贷、农机贷、收粮贷等多个贷款产品，满足客户农资采购、农机购置及租赁、收粮、土地承包、消费分期等多种生产经营和消费需要，为信托服务"三农"，支持乡村振兴打开了新局面。同时，加快农业产业金融方向的探索和尝试，提供更加深入、高效的金融服务，加快推进农业金融业务向2.0模式升级。

（三）科技创新引领标品转型

2021年，公司清算运营自动化提速项目（N+1）成功上线，为信托行业内首创。通过提升系统的智能化程度，实现公司运营清算管理工作的科技引领。清算运营自动化提速项目有效提高了证券基金运营服务业务清算的准确性和及时性，客户体验显著增强。在FOF业务方面，公司已建成自主知识产权行业领先的主动FOF投资决策管理系统，实现投研分析、资产配置、投资决策、组合管理、投资执行、头寸管理、流动性管理、投后评价、投资监督等系统功能，支撑主动FOF规模化发展，为下一步智能投顾功能奠定坚实的基础。

三、社会责任履行情况

（一）坚持党建引领，统筹发展与安全

2021年，公司党委团结带领公司各党支部，直面内外部挑战，扎实开展党史学习教育和"我为群众办实事"实践活动，以高质量党建引领高质量发展。政治建设方面，通过中心组学习研讨、党委会集中学习等，深入学习领会习近平新时代中国特色社会主义思想，持续提高班子的"政治三力"。思想建设方面，公司党委发起"党徽闪亮　党员闪光"主题行动等，带动全员坚定信心、不怕困难、奋勇争先。组织建设方面，通过五项举措抓"三基建设"，切实强化基层党支部的组织战斗力。作风建设及纪律建设方面，构建大监督体系，严肃执纪问责，坚持廉洁从业宣教，夯实"不想腐"的思想根基。

（二）开展公益慈善事业

公司充分发挥全额捐赠成立的北京信诺公益基金会的平台作用，在教育援扶、灾害救助等方面担当作为。开展"防汛抗洪驰援河南"项目向河南捐赠善款214万元；开展中国中化"圆梦行动"，通过慈善信托方式运作项目，捐款总额超过500万元，同比增长140%，参与员工超万人，同比增长400%，帮助更多受援地孩子实现"求知梦"；开展"数字图书馆"项目，在西藏岗巴2所学校建成落地，成为海拔最高的"数字图书馆"之一，让更多的孩子读上更多的书；投入帮扶资金为内蒙古地区修缮文化广场及购置生态免冲厕所，助力美丽乡村建设；开展"衣旧情深"捐衣活动，向河南浚县捐献冬衣上百件。2021年全年对外捐赠总额共计741.69万元，同比增长162%，助力乡村振兴和共同富裕。

四、2022年发展规划

2022年，公司将积极把握国家大政方针，心怀"国之大者"，以"转型升级、稳健发展"为核心，坚持党建引领、顺应政策导向、落实集团要求、回归信托本源，致力于服务实体经济、服务资本市场与财富管理市场，聚焦投资信托、服务信托、产业金融、小微金融、财富管理等业务领域，为客户提供专业化的综合金融服务，推动实现"平稳、健康、可持续、高质量"的发展目标。

投资信托领域，公司将标品投资、产业投资作为转型发展重点，持续提升体系化的投研、风控、产品创设与资金对接能力，培育投资文化。在标品投资方面，进一步丰富投资品类与策略，构建不同风险收益特征的产品线，提升投研能力。在产业投资方面，围绕战略新兴产业、"专精特新"领域，探索多种类型的投资业务。

服务信托领域，公司将坚定回归信托本源，提升服务内涵，践行"服务+"，夯实本源业务与服务信托的发展优势。证券信托业务以运营服务为价值牵引，打造机构客户服务特色优势，拓展多渠道多产品综合化经营模式，以数字化转型赋能业务发展，打造独立、专业、高效、领先的基金行政服务商；资产证券化业务以客户为中心，在受托服务基础上，强化全链条服务能力；围绕委托人多元需求，积极探索各类创新型服务信托。

产业金融领域，公司将立足国家经济建设主战场，依托股东产业背景，服务产业升级和产业链的强链、补链、延链需求，服务乡村振兴、新型城镇化、新型基础设施建设等投融资需求，提升产业投研与多金融工具组合运用能力，创新探索股权、基金、标准化债券、资产证券化等模式，提升对实体经济综合服务能力。

小微金融领域，公司将基于"双循环"格局下扩大内需的战略基点，深耕价值链各环节，提升资产服务、资产管理水平，以"链"扩"圈"，构筑共建共生的消费金融生态圈。围绕中小微企业在生产经营、销售流通等供应链环节的融资需求，通过科技赋能提升服务质效，打造中小微企业新型融资模式，助力中小微企业发展。立足于乡村振兴战略，依托两化背景，在农业金融场景持续深耕，不断创新模式与产品，将普惠金融发展到田间地头。

财富管理领域，公司将围绕"共同富裕"的目标，以客户为中心，丰富产品货架，提升投顾、配置能力，为客户提供综合、全面、可持续的财富管理方案。加强科技赋能，构建高效营销与服务流程，打造信托行业领先的财富管理平台。家族信托领域，积极服务委托人多维需求，构建专业服务体系、提升资产配置能力和科技能力，提供全方位、一体化、长周期的方案，成为行业领先，值得托付的家族财富管理服务商。

中融国际信托有限公司

一、2021年经营概况

2021年，中融国际信托有限公司（以下简称公司）结合国内外宏观经济形势与金融监管环境变化，稳妥落实新冠肺炎疫情防控要求，积极部署战略转型发展，依托专业的资产管理和投资研究团队，通过综合金融服务为企业提供个性化投融资解决方案。

按照合并口径，2021年公司实现营业收入58.58亿元，总利润18.71亿元，净利润总额约14.87亿元。公司自有资产规模稳定上升，合并总资产327.16亿元，公司合并净资产217.07亿元。受托管理资产方面，公司存续信托计划1 187个，公司及各子公司合并受托管理资产总规模约8 123亿元，其中公司管理信托资产6 387亿元，子公司受托管理资产1 736亿元。公司净资本充足率144.55%，净资本盈余46.47亿元。

二、创新业务案例

2021年，公司转型发展工作得到有效落实，业务模式创新取得良好成效。公司积极推进绿色信托业务发展，标准化证券投资业务产品条线更加丰富，涵盖阳光私募、货币型、纯债型、券商收益凭证、TOF等产品类型。

（一）绿色制造案例：某集合资金信托计划

公司通过设立集合资金信托计划向某西部省份某县级市内平台公司发放贷款贷，信托资金主要用于当地某航空创新中心项目建设以及某航空科技孵化园项目建设。融资人主体评级为AA，是所属城市最主要的基础设施建设主体之一，实际控制人为该市国资委。

该航空创新中心修建占地约60亩，建筑面积约41 100平方米，其中，科研研究中心用房24 000平方米，一号实验用房2 160平方米，二号实验用房5 940平方米。航空科技孵化园项目包括车间、展览馆、孵化楼等。通过上述项目建设解决了航空动力产业功能区的人才和智库储备问题，以及有助于推动航空项目产业孵化，为航空动力产业功能区的发展创造了良好条件。

该项目于2021年1月21日成立，目前运行情况良好，信托公司通过该项目为当地的航空产业发展提供有效助力。

（二）服务"双碳"目标，绿色信托案例：某集合资金信托计划

在全国上下落实"碳达峰、碳中和"目标下，公司积极探索与碳交易相关的绿色信托模式。公司通过设立某集合资金信托，聘请上海某新能源环保科技有限公司担任市场顾问，将信托资金投资于碳排放权交易所上市的中国核证自愿减排量（CCER），参与碳市场交易。该项目于2021年7月9日成立，存续期间运行良好，2021年12月20日已通过CCER资产清仓实现退出。

（三）服务国家战略，助力区域协调发展案例：某集合资金信托计划

公司设立集合资金信托计划向项目公司增资，资金用于深圳某工业用地改保障房建设用地项目，由项目公司原股东负责项目经营管理，原股东所属集团公司为本项目提供流动性支持。当发生股权投资退出情形时，由项目公司原股东受让信托计划持有的股权实现退出。标的项目所在位置交通便捷，配套完善，景观资源丰富，总建设面积约13万平方米，包括安居房、公租房和配套商业，其中人才住房和保障性住房总建筑面积约8.5万平方米，共1376套。

该项目于2020年9月成立，2021年3月正常到期，信托公司通过该项目积极参与深圳市城市更新，推动宜居城市建设。

（四）创新资本市场业务：某TOF集合资金信托

该量化多策略TOF集合资金信托计划是一款底层投向全市场优质私募量化基金的创新TOF产品，由公司进行主动管理并投向各类私募量化基金获取浮动收益。公司通过对二级市场的综合判断，选取将信托财产配置于股票、债券及金融衍生品等标准化资产的不同投资策略，进行组合式投资；同时甄选外部优秀管理人，通过设立产品专户的方式由外部管理人对信托资金进行投资管理。

该项目的创新性体现在母基金层面通过科学的定性加定量筛选办法，在全市场精选不同策略私募量化基金，投资标的具有低波动中高收益的属性，同时在配置上通过量化模型对资产进行大类资产配置，在大类资产、策略、配置上，做到科学合理的分散，在尽可能降低风险控制回撤的同时，从模型预测上为投资者带来最大化收益。

三、社会责任履行情况

2021年，公司认真落实上级单位巩固脱贫攻坚、助力乡村振兴、推进共同富裕的有关要求，持续在企业公益慈善委员会的指导下，大力发展慈善信托与公益活动，在服务社会、困

难帮扶、灾害救助、捐资助学、乡村振兴、消费助农等方面，积极开展公益慈善捐赠工作，全年各类慈善捐赠达161万元。

第一，在慈善捐赠方面，为响应"就地过年"的号召，公司在农历新年期间在两市四地设置"中融·暖心驿站"帮扶春节期间仍坚守岗位的社会服务者，为其提供简餐、热水、防疫用品等物资；组织"爱心一日捐"用于帮扶因病、因事故导致家庭生活困难的群众；通过"中融乐童"公益品牌分别向西藏自治区拉萨市尼木县及广西壮族自治区百色市德保县捐赠衣物书籍、电脑等物资，用于教育帮扶。

第二，在消费助农方面，公司从山西省运城市平陆县采购当地滞销农产品，帮助农民增产增收。

第三，在慈善信托方面，年内公司成立慈善信托3单，信托财产规模超过300万元。此外还通过存续"中融·乐享康宁医疗慈善信托计划"向河南慈善总会捐赠资金，助力"7·21"河南水灾后的防疫工作开展；向彭丽媛教授发起的"春蕾计划 梦想未来"项目捐赠资金，用于低收入家庭女童医疗卫生救助；"中融·至善有恒慈善信托计划"向山西省运城市平陆县财政局捐赠资金，用于巩固脱贫攻坚成果，助力乡村振兴。

四、2022年发展规划

2022年，公司将以习近平新时代中国特色社会主义思想为指导，坚持金融服务实体经济的基本定位，贯彻新发展理念，扎实推进业务转型，坚守不发生系统性风险的管理底线。公司将密切关注市场变化，严格落实风险合规要求，在公司董事会与管理层的带领下，努力保持业务和业绩平稳发展。

第一，在战略规划方面，公司将坚持以"十四五"战略发展规划为指导，紧密围绕一个中心，聚焦三大业务板块，推动三大变革，完成三项提升，打造五大品牌形象，简称"13335"工程。2022年公司将出台"十四五"人力资源战略规划，推进职级改革落地，在组织架构、人才结构、流程管理、制度管理、薪酬激励管理、绩效管理、培训发展、员工关系管理等全方面进行改革及更新完善，不断提升产业研究能力、客户服务能力和业务风险的管控能力，提炼公司在财富管理、资产管理、私募投行三大板块的优势与特色，继续打造责任中融、合规中融、科技中融、专业中融、文化中融的品牌形象。

第二，在创新业务方面，公司将按照监管引导方向和公司发展目标，稳妥有序推进业务转型，进一步优化业务结构。一是大力推动股权投资、证券投资等业务发展。持续强化自身投研体系的建设，同时加强和同业机构的沟通、交流与合作，在合规前提下，拓展多元化展业思路；进一步推进优势业务、特色业务规模化。二是合理调整融资类业务规模。合理有序控制公司融资类业务规模，择优开展融资类项目。三是做大做强家族信托业务品牌。不断提高专业化服务水平，注重对家族信托资产的长期科学管理，不断推进公司家族信托业务品牌化、规模化运营，为客户提供满意的综合服务方案。四是做大债券分销业务规模。充分发挥分销业务与ABN业务联动作用，为公司申请做市商资格、ABN的B类主承资格做准备。五是积极发展服务信托业务，在破产重整、企业年金、养老金、保险金、员工持股、账户管理等服务信托领域探索新的业务模式。

第三，在风险合规建设方面，公司将持续提升依法合规经营和抗风险能力，推动业务转型关键时期的高质量发展。一是进一步完善公司制度体系，将内控合规要求有效嵌入公司管理全流程并覆盖落实在具体工作岗位上，以制度指导并规范业务健康开展。二是进一步加强信息技术建设，实现内控体系全流程信息化管理，由"人防人控"向"技防技控"转型升级。三是将全面风险管理工作进一步向事前延伸，相关职能部门进一步支持前线业务转型与问题解决。四是针对内外部检查发现的不足，及时总结吸取教训，不断提升内控合规建设成效。

第四，在客户服务体系建设上，不断提升客户管理与服务品质。一是坚持以客户需求为中心，持续提升客户满意度。公司将紧跟市场动态，运用大数据分析，取长补短，从服务端反向带动公司业务结构优化。同时，通过科技赋能，不断完善服务流程与效率，提高客户良好体验。二是多渠道积极引导客户对转型产品的关注，持续培养客户良好、规范的投资理念。通过公司微信公众号、中融财富APP等各种增值内容，进一步增加客户黏性，结合公司优质产品的持续推出，有效引导客户转型。

第五，在信托文化建设方面，2022年是信托文化确立年，公司将以践行ESG理念为指引，加大信托文化建设力度。公司将依据信托文化建设规划与配套方案，重点完善组织架构、制度体系和工作流程，同时深入开展文化建设的其他各项工作措施，确立有中融特色的信托文化理念，协同公司对ESG理念的实践，共同推动业务转型高质量发展。

中信信托有限责任公司

一、2021年经营概况

中信信托有限责任公司（以下简称公司）2021年实现营业总收入85.85亿元，手续费及佣金收入57.81亿元，净利润35.02亿元，上缴国家各项税金39.44亿元。新增信托项目2 225个，实收信托规模3 300亿元；为受益人分配信托收益455亿元。2021年公司归母净利润排名信托行业第二，连续14年净利润位居行业前三名，最近七年净利润一直保持在30亿元以上。

公司主动收缩房地产和城投融资业务规模，信托资产规模较年初下降了20.1%；大力拓展创新转型业务，家族信托、标品信托、资产证券化信托等创新业务规模期末达人民币3 014亿元；自主决策型TOF全系列规模在2021年9月突破100亿元，总规模行业领先；主动发挥信托结构灵活优势，全力开拓特殊资产服务信托业务广阔市场，受托规模近160亿元。

2021年公司实现投资收益23.68亿元，较上年增长45.0%。公司是信托行业拨备最充分的信托公司。截至2021年末，公司不良资产合计3.10亿元，较年初减少13.31亿元，下降81.1%；不良资产率2.44%，较年初下降4.62个百分点。2021年公司核销信用类不良资产10.58亿元，较上年增加7.38亿元。

二、创新业务案例

（一）企业破产受托服务信托

受经济下行、债务周期叠加等因素影响，社会不良资产快速增长。通过引入信托公司搭建资产处置信托平台，作为大型企业集团破产重整的创新模式，得到越来越多的认可与推进。2021年，"中信信托·永泰财产权信托计划"成功落地，业务规模156亿元。该项目是公司首次尝试运用服务类财产权信托参与企业破产重整，通过信托架构实现普通债权人的债权利益受偿，助力永泰集团破产风险化解。

该项目充分发挥信托财产独立、结构灵活、风险隔离等特点，将信托优势与重整各方需求高效组合，在短期内协调地方政府、法院、债权人、债务人、出资人和战投方的利益诉求，实现多方共赢。破产服务信托是信托制度不断自我突破，也是信托法规与企业破产法、公司法的深度整合，更是信托公司参与服务实体经济的经典例证。此外，与企业破产制度相结合的企业破产受托服务信托，是积极开展监管鼓励的信托本源业务的一次重要尝试，也为公司转型和高质量发展作出贡献。

（二）涉众性社会资金受托服务信托

自2017年起，公司与泰康旗下殡葬服务子公司北京同泰投资管理有限公司合作设立单一保管服务信托，将生前契约产品消费者的预付款项作为信托财产交付，并指定消费者作为他益受益人。该项目使得行权周期长的殡葬预付金得以安全保管，将客户的预付款与商家本身的经营风险、财务风险、道德风险相隔离，让客户在世时能按照自己意愿提前规划安葬事宜，百年后按照客户自己的意愿提供高品质殡葬服务。项目成立至今，累计处理交易订单4 956笔，保管资金余额约1.71亿元。已经累计为公司贡献收入近900万元。

为帮助委托人提升服务品质，2021年，公司对该项目进行进一步的结构调整和系统优化，逐步构建围绕特定涉众性社会资金场景的服务信托业务体系。一是优化商务条款，如灵活调整资金保管比例以满足不同客户需求，支持分期缴付以提升客户购买意愿等。二是完善运营要素，如将受益人安排调整为非特定他益受益人模式，提升客户体验。三是持续升级信息系统，提升服务效率与业务各方满意度，公司以该项目为基础，自主研发打造保管服务信托业务管理系统，构建了场景交易与信托运营之间的纽带。

（三）2021年国内备案规模最大的慈善信托

百年大计，教育为本；教育大计，教师为本。2021年，"中信信托·2021芳梅教育慈善信托"在北京市民政局完成备案。该慈善信托由字节跳动创始人张一鸣和龙岩市慈善总会共同发起，由公司担任受托人，初始规模为2.1亿元，期限为永久存续，信托目的为助力龙岩提升教育质量和培养优秀人才。该慈善信托在当前中国教育领域的慈善信托中规模位居前列，也是2021年全国备案的规模最大的慈善信托。

该慈善信托资助的芳梅教育教学奖项目由龙岩市教科院设立，针对龙岩市各中小学校在职公办教师（含教研机构人员）发放奖教金，用以奖励为龙岩市教育事业作出贡献的教师。芳梅教育教学奖分设芳梅教育奖和芳梅教学奖，芳梅教育奖奖励金额为每人5万元；芳梅教学奖奖励金额为每人1万元。以德育工作、专业成长及教育教学成果作为衡量教师能力和水平的标准，以奖励优秀教师为抓手，坚持师德为先、业绩为重、倾斜一线、公开透明的原则，引领全社会尊师重教、优绩优奖的良好教育风尚。引导教师注重教育教学，热心教学，形成以教学育人为荣的良好教育风气。

三、社会责任履行情况

公司自觉参照香港联交所《环境、社会及管治报告指引》（ESG报告）要求，引导全员贯彻绿色发展和创新发展理念，参与建设资源节约型、环境友好型社会，更好地协调公司展业、经济发展与环境可持续发展之间的关系。

在绿色金融方面，公司努力践行中信集团"双碳"路线图，助力国家"碳达峰、碳中和"目标实现，通过主营业务重点扶持相关产业及企业，推动资源节约型、环境友好型产业的发展。

在公益扶贫领域，公司通过十余年的身体力行和探索创新，逐步形成全员参与、全链条覆盖、全社会共振的公益慈善生态，创立出了"双受托人""投资+扶贫"、中国版DAF、"慈善+金融"等多种富有信托特色的公益扶贫模式，提升公司慈善行为的社会辐射力和聚合力。

按照中信集团部署，2021年12月，公司以固有资金向中信集团定点帮扶的元阳县捐赠资金30万元，用于元阳县返贫监测基金项目，确保不稳定脱贫户不返贫、非建档立卡贫困边缘户不致贫，守牢防止规模性返贫底线，巩固拓展脱贫攻坚成果同乡村振兴有效衔接。同时，公司工会号召职工及下属公司积极购买脱贫县农产品，助力脱贫地区经济发展。

2021年4月，公司组织开展"弘扬雷锋精神、引领青年成长"主题党日、团日活动，向北京市顺义区南法信镇大江洼村光爱学校捐赠价值2万余元的物资；2021年7月，河南多地遭受强降雨袭击，公司第一时间发起"驰援河南抗洪救灾爱心募捐"活动，通过中国红十字基金会捐款4万余元；2021年12月，公司连续三年积极参与"情暖冬日"与"一张纸献爱心救助贫困患病儿童行动"爱心捐赠活动，以实际行动为对口帮扶的困难家庭及患病儿童奉献爱心。公司积极支援抗击新冠肺炎疫情工作，先后荣膺"年度十佳社会责任机构""抗击新冠肺炎疫情突出贡献奖"等奖项。

四、2022年发展规划

（一）稳住经营势头

面向新时代金融行业高质量发展的核心要求，公司以习近平新时代中国特色社会主义思想为指引，全面推进政治生态体系建设，积极贯彻党中央稳字当头、稳中求进的工作总基调，践行中信集团"五五三"战略，以高质量党建引领保障高质量发展，以优异成绩迎接党的二十大胜利召开。公司领导班子带领全体员工一起攻坚克难，加快推进各项改革工作，稳住经营发展势头。

（二）持续优化业务结构

2022年，公司将深刻领会国家发展战略和政策导向，深耕行业和产业研究，提升专业服务能力，时刻关注监管政策动向，等待新发展机会，审时度势地做好资本筹划。同时，公司将更加集约化、精细化地管理和使用资本，持续优化固有及信托业务结构。

（三）加快协同创新步伐

公司将依托中信金控成立的有利契机，加快业务转型和创新的步伐，实现金控与信托的"双向赋能"。2022年，公司将深入挖掘信托本源功能，积极协同中信集团各兄弟公司，整合资源，扎实推进协同创新。

（四）加固风险管理防线

2022年，公司综合运用各种创新手段积极稳妥地化解项目风险，一方面，加大预防和应对群体事件的投入，管理好舆情风险，继续夯实资产质量。另一方面，公司将建立长效机制，防范增量风险，持续完善风险战略规划和风险偏好，提升风险防控的系统性和前瞻性，坚持底线思维，坚决守住不发生系统性金融风险的底线。

（五）科技赋能，注入数字化驱动力

2022年要延续公司既定的数字化转型工作思路，回归信托本源，聚焦信托的服务功能，满足创新和协同的业务需求，依托金融科技构建数字化能力。一方面，通过网络协同、服务延伸、个性化定制促进业务模式创新；另一方面，通过公司中后台运营管理过程的数字化、网络化、智能化，提升运营管理水平。

（六）继续提升管理质效

严格落实巡视整改工作，全方位推动改革冲刺攻坚，继续补强管理短板弱项。在业务运营管理方面，进一步提升运营风险管理和内控水平，有效支撑各类转型创新业务落地。在数据治理方面，明确数据责任，优化数据管理流程。在人力管理改革方面，补强专业人才队伍，继续探索长效激励机制与约束问责机制。

（七）落实中信集团专项任务

继续把"开源节流、降本增效""压降层级、瘦身健体"两项工作继续融入到日常经营管理活动中，将其转化为公司的核心竞争力。

（八）推动子公司纵深发展

2022年，公司继续坚持"分类管理，一司一策"的基本原则，加强下属公司党建工作，开展全面业务梳理和整改落实情况督查，支持下属公司发展各自优势业务。

安徽国元信托有限责任公司

一、2021年经营概况

（一）主要经营成绩

2021年是"十四五"开局之年，恰逢安徽国元信托有限责任公司（以下简称公司）成立20周年。这一年，公司积极服务国家战略，顺应行业发展趋势，加强公司治理、推进班子建设、狠抓经营管理，各项工作都得到了很好的推进。2021年4月，公司成功召开2020年度股东会，完成了新一届董事会、监事会换届，组建了新一届经营班子；11月，胜利召开全体党员大会，选举产生了新一届党委和纪委班子，夯实了公司持续稳定健康发展的基础。全年公司实现各项业务收入11.88亿元、利润总额8.22亿元、净利润6.85亿元，分别同比增长35%、22%、25%，顺利实现"十四五"良好开局。

（二）主要经营举措

1.在提质增效中扩新量

2021年，公司不断加大研发创新力度，着力开发创新产品，积极做加法、扩新量。持续加快业务推进节奏，全年共审查过会项目170个，其中发行102个，较上年同期分别增长55%和70%，为做大业务"增量"提供了源源不断的项目支撑。持续加快新型项目孵化，加大力度支持创新项目立项，全年公司新增及存续创新项目共36个，资产类型涵盖公开市场发行交易的资产支持证券和票据、银行中期票据、可转债、国债、企业债等多种金融产品，投资领域和范围进一步丰富。标品信托加快扩量发展。全年新增标品信托规模占新增主动管理类信托规模的23%，较年初提高了21个百分点；新增标品信托项目收入占新增信托项目收入的45%，对业务收入增长的贡献越来越大。资产证券化等已有创新产品发展优势持续巩固，在2021年度中债成员业务发展质量评价中，公司再次获评"优秀ABS发行人"称号，为前十位获评"优秀"的信托公司中唯一一家地方信托机构。此外，公司积极发展绿色信托、家族信托业务，研究开展消费权益信托、预收款信托、养老信托等服务信托业务，加快拓展新的增长点。

2. 在优化结构中降规模

2021年，公司按照监管要求，持续压降融资类及金融同业通道类信托业务规模。通过对传统信托业务"做减法"，公司腾出了更多资源用于加大优质资产获取，提高主动管理能力，进一步提升投入产出收益。截至2021年末，公司存续主动管理类项目规模占存续信托规模的28%，较年初增长12%，信托业务结构不断优化。

3. 在改革赋能中增动能

充分发挥改革布局对于激活发展动力的"乘法"效应，围绕全国展业，深化财富管理中心改革，以合肥为中心，深耕安徽、辐射长三角；持续提升芜湖、蚌埠财富管理服务深度；聚焦长三角、京津冀、粤港澳等核心区域，以"客户需求"为导向，持续提升财富管理能力和高净值客户服务水平。一系列扎实有效的改革举措，打开了营销局面，激活了发展动能，全年公司营销规模同比增长42%；新增机构投资者客户数量同比增长2倍。

4. 在守住底线中防风险

始终把守住风险"底线"作为推进业务可持续发展的重要前提。2021年，公司积极建章立制，从业务发展、财务管理、风险控制、稽核审计等方面着手，新制定及修订制度24项，筑牢风险防控的制度保障。全年公司未新增信托风险项目，截至2021年末，存续信托风险项目已全部清零。公司将继续坚持"依法合规、稳健经营"理念，把风险防范摆在更加突出的位置，持续加强制度建设，构建更加完善的合规内控体系，实现对各种潜在风险的全归口管理和全流程覆盖，确保业务发展稳健运行。

5. 在党建引领中见成效

公司按照新时代党的建设总要求，坚持党的领导，加强党的建设，全面压紧压实党建工作责任，严格履行"一岗双责"，认真贯彻落实国有企业"三重一大"决策程序，严格落实重大问题党委前置研究讨论要求，聚焦公司经营管理和党建工作中的重点难点等问题，充分发挥党委把关定向作用，一以贯之学懂弄通做实习近平新时代中国特色社会主义思想，认真落实中央及省委关于加强政治建设的各项部署，把党的领导贯穿各项工作的全过程、各方面，做到"把方向、管大局、促落实"。

6. 在落实国企改革中见真招

按照2022年底前全面完成国企改革重点任务的要求，公司及时召开党委理论学习中心组会议，传达学习贯彻有关工作要求，制定国企改革三年行动方案，倒排目标进度，强化保障措施，落实工作举措。深化三项制度改革，公司党委制定实施方案，明确总体要求、重点任务、实施步骤、保障措施和具体措施等。认真开展"四个专项整治"等专项工作，加强制度建设，提升公司内控治理水平，为公司持续稳定健康发展提供有力支撑。

二、创新业务案例

（一）支持企业绿色发展方面

公司不断加深对绿色信托理论、绿色信托标准、绿色产业的理解，通过持续性的绿色创新业务实践，为实体企业绿色升级提供新路径和新动能。2021年3月，由公司担任发行载体管理机构的徐州市公共交通集团有限公司2021年度第一期绿色资产支持票据在银行间债券市场成功发行，总规模5.25亿元，其中优先级资产支持票据发行规模5亿元、评级AAAsf，基础资产为公交客票收费收益权。该项目是公司响应国家"碳达峰、碳中和"号召，助力实现"碳中和"的一次成功实践。

（二）支持"两新企业"发展方面

公司围绕创新链布局产业链，围绕产业链配置资金链，积极与产业投资基金、股权投资基金、科技创新基金、科技成果转化引导基金等建立市场化长期性合作机制，构建全方位、多层次金融服务体系，积极对接科技成果转化全过程、企业生命全周期和产业形成全链条，推动科技创新企业发展壮大，加速战略性新兴产业核心竞争力提升，为形成强大国内市场、构建新发展格局提供有力金融支撑。截至2021年末，公司共向安徽徽元新兴产业投资基金、中电科国元产业投资基金、青岛尚顾汇铸战新产业投资基金等投资1.32亿元，服务"两新企业"发展的质效不断提升。上述三只基金规模合计31.3亿元。截至2021年末，已向高端设备和新材料、生物和大健康、绿色低碳、信息科技、智能互联等领域的39家科技型企业提供了总额超过20亿元的融资支持，有效提升了"两新企业"的创新活力和创业能力。

三、社会责任履行情况

（一）树立良好的品牌形象

作为安徽省唯一一家省级信托公司和中国信托业协会理事单位，公司秉持"合规经营，稳健发展"理念，以务实的精神、稳健的作风和完善的服务，为客户、股东、员工和社会创造最大价值，公司严格遵守法律法规、监管规定、协会公约、公司章程，树立了良好的国有金融企业品牌形象。2021年，公司在全省金融机构支持地方经济发展经营业绩考核中获评"优秀"等级；在中央国债登记结算有限责任公司年度优秀成员评选中第5次荣获"优秀ABS发行机构奖"；在《上海证券报》主办的第十四届"诚信托"奖项评选中，公司荣获"诚信托"管理团队奖，公司党委荣获省国资委"先进基层党组织"荣誉称号；公司财富管理中心荣获安徽省"巾帼文明岗"表彰。

（二）服务实体经济和地方建设

2021年，公司认真学习贯彻习近平总书记有关重要讲话精神，围绕长三角一体化发展、"一带一路"倡议等国家重大战略，聚焦省委省政府"一圈五区"发展新格局，充分发挥信托功能优势，募集资金支持实体经济和地方建设发展。全年，新增支持长三角区域一体化信托规模350亿元，存续388亿元；新增支持安徽建设信托项目规模220亿元，存续305亿元；新增支持实体企业信托项目规模160亿元，存续599亿元；新增支持中小微企业信托项目规模304亿元，存续624亿元。资金广泛应用于基础设施、乡村振兴和实体经济等领域。

（三）关注社会公益，履行国企责任

2021年，公司受安徽大学教育基金会委托，设立"国元信托·2021安大筑梦慈善信托"，规模1 100万元，信托财产及其收益通过安徽大学教育基金会进行助学捐赠。同时，设立"国元信托·2021美好小岗慈善信托"，规模340万元，信托财产及其收益投向小岗村的扶老捐赠。截至2021年末，国元爱心慈善公益信托项目存续规模545万元，资金主要用于支持沙堰希望小学和沙河中心小学贫困学生的助学帮扶。

2021年，公司通过安徽省红十字会向安徽省中小学及少年儿童捐赠150套安全书包，价值44 250元。

四、2022年发展规划

2022年，公司将坚持以行业一流机构为"靶向"，拉升发展标杆，实施"二次创业"，奋力实现"十四五"提质、扩量、增效。

（一）坚持党建引领，夯实发展基础

以党的建设为统领，为公司改革发展提供坚强政治保障。进一步突出党要管党、全面从严治党，持续强化理论武装，持续提升基层党建工作水平，持续巩固拓展良好政治生态，以高质量党建保障公司高质量发展，做到党建与发展"两手抓、两促进"。

（二）坚持"双轮驱动"，推动业务转型

坚持固有业务和信托业务"双轮驱动"，积极打造全方位、多层次、立体化的全能资产管理服务。固有业务方面，加快引战增资步伐，积极引入若干实力强劲的境内外投资机构作为战略投资者，利用资本市场完善长效资本补充机制，显著提升资本规模新实力。以风险可控、效益优先为原则，持续优化投资布局，加大多层次资本市场资产配置，提高固有业务投资收益水平。信托业务方面，一是发挥信托功能优势，加大对先进制造业、战略性新兴产业

等国家重点领域支持力度，支持长三角、京津冀、粤港澳大湾区、成渝西部金融中心等重大战略区域建设，落实国家"双碳"工作要求，探索开展绿色信托等新型业务，加大对实体经济和地方建设的支持力度。二是加快推进新型信托业务提速扩量，紧跟市场需求，加快发展风险等级相对较低、收益相对稳健的"固收+"类业务，继续发展TOF类业务，搭建债券投资、FOF/MOM等立体化产品线，形成品类齐全、结构合理、均衡发展的业务新体系，为投资者提供全方位、多层次的金融服务。三是拓展业务渠道，提升产品销售能力。进一步加快全国展业布局，拓展展业深度，提升业务增量；同时，持续深化财富中心市场化改革，加大专业化销售团队建设，加强与银行、证券等同业机构合作，拓宽销售渠道，提升直销能力。

（三）严守风险底线，筑牢发展基础

严格落实2022年信托监管会议精神，牢固树立"依法合规、稳健经营"理念，建立和完善财务审计、风控合规、纪检监察协同推进的大监督体系，实现对各种潜在风险的全归口管理和全流程覆盖。落实重点领域风险防控工作要求，严格筛选实力较好的企业开展合作，优化项目审批决策流程，强化项目管理，履行受托职责，确保业务发展稳健运行。严格落实隐性债务管理政策，做好地方政府债务领域的风险防控，积极探索灵活创新的风险资产处置方式，推进存量风险处置，提升合规经营管理水平。

（四）坚持人才强企，深化全国展业

围绕全国展业，建立健全科学选人用人机制，规范履行干部选拔任用程序，优化干部人才资源配置，建立能上能下、能进能出的选人用人机制，加快年轻干部选拔使用，促进干部全面成长，激发干部队伍活力。加快实施人才引进专项计划，制定业务团队展业考核方案，将任期制和契约化管理的理念移植到业务一线，打破职级、资历限制，以"揭榜挂帅"方式面向市场择优选聘业务团队负责人。

（五）坚持改革驱动，落实全面保障

一是坚持改革驱动，全面贯彻落实国企改革三年行动方案，落实三项制度改革，持续深化改革赋能。二是着力提升客户服务能力，以客户为中心，完善分类管理，聚焦高净值客户核心需求，构建差异化信托服务，加强财富管理能力建设，全面提升营销水平。三是强化科技"赋能"，实施科技金融战略，大幅提升信息科技对公司战略发展和新型业务开展的驱动能力，加快推进恒生一体化综合业务信息系统建设，近期将加快推进净值化等功能上线运行，通过数字化技术为转型升级赋能增效。四是坚持激励与约束并重，树立干事创业正向激励导向，营造担当作为干事创业的浓厚氛围；着力建设良好的信托文化，尽职履行受托责任，为推动实现高质量发展奠定坚实基础。

安信信托股份有限公司

一、2021年经营概况

2021年度安信信托股份有限公司(以下简称公司)实现营业总收入22 467.56万元,实现归属于母公司所有者的净利润-112 920.96万元。截至2021年12月31日,公司总资产1 696 132.45万元,归属于母公司所有者权益24 955.33万元,每股净资产0.0456元,资产负债率94.36%。根据立信会计师事务所(特殊普通合伙)出具的2021年度审计报告,截至2021年12月31日,公司合并报表未分配利润为-10 532 824 817.60元,公司实收股本5 469 137 919元,未弥补亏损超过实收股本总额。

(一)业务开展情况

固有业务方面,公司2021年度亏损金额较上年度有较大幅度收窄,主要原因为公司与中国银行及信保基金就公司部分债务达成和解,相关债务重组利得增加,导致本年度亏损减少。信托业务方面,截至报告期末,存续信托项目212个,受托管理信托资产规模1 453.63亿元;2021年度已完成清算的信托项目37个,清算信托规模60.71亿元;本年度新增设立信托项目1个,新增信托规模0.05亿元。其中,新增单一类信托项目1个,实收信托规模0.05亿元。

(二)重大风险化解情况

本报告期内,公司继续严格按照相关法律、法规及规范性文件的要求,积极推进风险化解重大事项的各项工作。

1.制定非公开发行股票方案,推动股权重组相关事项

报告期内,公司正式推出非公开发行股票方案,拟向特定对象上海砥安投资管理有限公司(以下简称上海砥安)非公开发行股票不超过4 375 310 335股,本次非公开发行后上海砥安将持有公司44.44%的股份,成为公司的控股股东。2022年2月18日,公司召开2022年第一次临时股东大会,审议通过了非公开发行股票方案的相关事项。关于本次非公开发行股票的行政审批申请等相关工作正在有序推进。

2. 协商达成表内债务和解，推动和解方案落地实施

公司与相关各方经过前期商务谈判，就重大资产重组和总体风险化解的方案逐渐形成一致意见。2021年7月23日，公司召开第八届董事会第十次会议，审议通过了《关于公司和中国银行、信保基金签署〈债务和解协议〉的议案》及相关议案。公司拟与信托保障基金、信托保障基金公司和中国银行分别签订《债务和解协议》。《债务和解协议》签署后，各协议项下所列各项抵债资产的权利将分别转移给信托保障基金和信托保障基金公司、中国银行，以此抵偿公司分别对信托保障基金、信托保障基金公司和中国银行负有的全部或部分债务。

3. 着力推动机构投资者和解

2021年以来，在有关部门指导下，经充分协商，大量保底承诺持有人与公司达成了和解。根据2022年4月22日公司发布的《关于与保底承诺函持有人达成和解的进展公告》，已消除保底承诺732.69亿元，尚余保底承诺20.07亿元。

4. 配合自然人受益权转让工作

自然人信托投资者风险化解是安信信托风险处置工作的重要组成部分。2021年12月27日起至2022年1月28日期间，公司接受上海维安投资管理有限公司委托组织了面向全体自然人信托投资者信托受益权转让工作。截至2022年1月28日受让工作结束，自然人投资者总体签约率超过94%。对于已经签约转让信托受益权的自然人客户，在协议约定的条件成就后，信托受益权将登记至受让方，自然人信托投资者取得转让资金实现退出；对未转让信托受益权的自然人客户，公司将继续履行受托人义务，从其信托利益最大化角度，争取信托计划的较优处置，同时及时对特定投资者披露信托计划相关信息，继续做好客户服务工作。

（三）加强内部管理、提升科学决策水平

第一，2021年公司增补高管完善组织架构、市场化招聘法律合规、特资管理等专业人才充实团队；建立联席经营办公会工作机制，完善信托业务决策委员会、固有业务决策委员会、特殊资产处置委员会（新设）管理；针对底层资产逾期严重的实际情况，对资产保全部进行定位提升，将其从原单纯诉讼案件被动管理提升为诉讼和特资管理双重职能，实现了从风险控制"第二道防线"迈前一步的改革；报告期内，公司制定颁布《规章制度管理办法》《非法律中介机构服务管理办法》《案件处置管理办法》《业务人员对外业务行为管理规范及操作规程》《特殊资产管理业务管理办法》等一系列制度，对原制度体系进行查遗补缺，提升管理规范。

第二，为强化第三道防线的监督职能，公司建立稽核审计部列席的工作规范，全程参与所有固有、信托、特资业务的决策委员会会议，对公司的重要业务、重点事项进行动态监督和评价，并尝试性开展飞行检查、专项检查等专项工作，且监督责任部门落实对工作中发现的管理漏洞和操作风险点的整改工作，以期达到闭环管理。

第三，为强化全员风险意识、提升团队专业度，公司多次组织开展培训工作，培训内容覆盖法规解读、制度培训，以及破产、担保等领域的专业知识。

二、社会责任履行情况

（一）加强投资者关系管理

公司继续加强与广大投资者的沟通交流，为公司战略推进进行了大量基础工作。公司通过"上证e平台"、投资者关系热线与投资者开展交流、答疑解惑。对于投资者关切的问题，及时将信息传达给市场，有理有据地引导投资者合理预期，传递正能量并维护公司资本市场形象。

同时，公司严格履行信息披露义务，保障股东的信息知情权。按照"公平、公正、公开"的原则严格履行信息披露义务，确保信息披露的真实、及时、准确、完整，增强信息披露的透明度，确保全体股东有平等的机会获取信息。

（二）主动承担社会责任

公司把感恩社会、回馈社会的理念根植于企业文化，积极主动承担社会责任，把向社会传递金融企业对社会责任的担当作为己任之一。2021年，安信信托在推进风险化解和公司重组的过程中，努力践行信托文化建设，并改进公司企业文化，提出了"感恩、守正、奉献"的价值观。

作为一家上市的金融公司，安信信托始终积极履行投资者教育与保护的义务。2021年就全民国家安全教育日、金融消费权益保护、防范非法集资宣传月、金融知识普及月等方面做了系列宣传。

三、2022年发展规划

2022年将是公司发展历程中的重要一年。公司将在有关部门指导下，积极推进非公开发行股票，实现公司股权重组；加强资产清收，争取受益人利益最大化；力争早日恢复主动管理业务，回归信托本源。在此过程中，不断提升内控和风险管理水平，夯实未来经营发展的基石。积极服务实体经济，服务投资者，为上海国际金融中心建设添砖加瓦。

（一）加强党建引领，统一思想

公司将在风险化解临时党支部指导下，加强党建引领和思想政治教育，统一思想，全力开展工作，以确保重组顺利实施，实现风险的有效化解。

（二）全面推进非公开发行工作

非公开发行引入战略投资者，实现控制权变更和股权重组是公司整体风险化解工作的重要基础。公司将在有关部门指导和支持下，全面推进非公开发行涉及的相关工作，争取早日能完成非公发实施、控制权变更，实现经营、决策与监督等三会运作机制的顺利过渡。

（三）继续聚焦风险化解，强化资产清收处置

公司将继续强化资产清收处置，加强诉讼管理，采取多种手段相结合的方式对底层资产进行变现，落实资产转让、资产重组、司法保全、诉讼等方案，切实落实好资产清收工作，努力实现受益人利益最大化。

（四）提升公司运营能力

第一，公司提供持续完善公司治理，厘清和压实各层级的管理职责，建立完善有效的三会一层相互独立的运作机制，形成管理决策、执行、监督相互制约、有效衔接的机制。

第二，公司将继续强化和细化业务操作规范，持续修订制度、优化流程，从源头控制操作风险，提升内控管理。

第三，公司将继续加强审计及内控管理，以着眼于积极配合公司实现战略和重组目标为宗旨，探索和建设新形势下信托公司配套的稽核审计体系为导向，以实现审计监督评价、内控体系搭建的核心目标。

第四，公司将继续加强合规文化建设和信托文化建设，增强公司全员合规风险防控意识，培育和树立谨慎管理受托文化，提升公司依法合规经营管理能力和风险防控水平。

北京国际信托有限公司

一、2021年经营概况

2021年，北京国际信托有限公司（以下简称公司）全年实现营业收入18.29亿元，实现利润总额14.61亿元，同比增长12.9%；净利润11.08亿元，同比增长11.6%。截至2021年末，公司资产总额174.8亿元，净资产109.9亿元。信托规模1 966.3亿元，同比增加3%；信托规模中主动管理占比74.48%，同比提升4.82个百分点。全年累计清算项目109个，规模1 545.46亿元，向受益人分配信托收益88.27亿元。各项监管指标均符合监管要求。

（一）认真学习习近平新时代中国特色社会主义思想，坚决贯彻新发展理念

坚决践行习近平经济思想，把公司发展融入国家、首都发展大局来考量，坚定转型决心，探索服务实体经济的有效路径，立足本源业务，坚定不移推进向资产、资金双轮驱动转型升级。以公司"十四五"规划为指引，从更高站位谋划实施改革，推动规划的分解落实落地。

（二）持续优化展业布局和产品结构，推动构建转型发展新业务格局

结合公司资源禀赋，围绕国家重大战略和区域发展，优化调整展业布局。证券投资业务涵养培育成效初步显现。积极探索服务信托新模式，加大服务信托业务研究，牵头组织完成年度行业重点课题《信托参与社会治理的模式及机制研究》，荣获行业评审第一名。成立"北京信托·城市副中心职住平衡系列服务信托"项目，形成可复制的模式。稳步推进财富管理向利润中心转型。坚持做精固有业务，优化投资布局，固有业务税后收入实现较好增长。

（三）加强全面风险管理，提升风险管理水平

完善风险管控顶层设计，制定公司《风险管理三年行动实施方案暨风险管理策略》及具体落实方案。不断完善风险管理指标体系，动态更新业务制度和指引，持续丰富风险管理工具。结合内控合规管理建设年、信托文化建设和公司"十四五"规划要求，加强风险管理文

化建设。深入开展乱象治理，构建稳健合规经营的长效机制。推动项目集中管理精细化，做精做细资产端和信托端项目管理措施。贯彻新金融工具相关会计准则要求，稳妥推进公司新旧准则平稳转换。强化内部审计监督作用，加强审计结果运用。

（四）推动全面从严治党向纵深发展

推进党的领导与公司治理融合。严格落实"三重一大"决策制度和党委前置研究决策程序，进一步厘清了党委、董事会、经营层等权责边界。坚决把政治建设放在首位，严格落实意识形态工作责任制。圆满完成公司党委换届工作，顺利产生新一届党委领导班子。严格落实全面从严治党主体责任。积极涵养清廉金融文化，将清廉金融文化的理念要义嵌入公司文化，教育全体员工提升纪律意识、合规意识、风险意识、道德意识。

二、创新业务案例

（一）北京信托·唐山市迁西县矿业废弃地修复项目

2021年，公司践行绿色发展理念，联合北京建工集团有限责任公司等机构共同投资河北省迁西县环保类项目，在矿业废弃地修复、水资源修复等方向开展战略合作，覆盖唐山市迁西县渔户寨乡等16个乡镇，土地总面积逾2.3万亩。

该项目中，公司搭建绿色产业投资基金（合伙企业）作为绿色产业投资平台，并设立资金信托认购该合伙企业的LP份额，为绿色产业提供资金支持。合伙企业以"股+债"的方式投资项目公司，由项目公司具体负责实施矿业废弃地修复项目，实现矿业废弃地复绿。经过废矿土地整治，预计项目区可新增耕地约1.9万亩，有力补充国家耕地储备，彰显项目的绿色价值与社会效益。

（二）北京信托·城市副中心职住平衡系列服务信托

2021年，公司响应北京市非首都功能疏解战略，创新信托服务实体企业的方式，联合北京城市副中心投资建设集团有限公司（以下简称北投集团），探索以服务信托方式解决部分搬迁企业员工的职住平衡问题，形成可复制的模式。

该项目中，北京通州区宋庄镇疃里村合作社以集体土地使用权出资、中交一公局集团有限公司以现金出资共同设立项目公司。公司设立系列服务信托，通过资源整合和优势互补，以盘活利用集体经营性建设用地的方式，运用信托资金受让项目公司股权收益权及资产收益权等权益，给数百名进入副中心工作的人才提供特定租赁住房的优先承租权和优先续租权。

三、社会责任履行情况

2021年，公司切实践行国企社会责任，积极响应国家号召，重点围绕国家重大发展战略、地方基础设施建设、民生保障等领域开展投融资金融服务，有力支持了经济社会发展；发展财富管理业务，为投资人提供理财及财富传承服务，助力人民美好生活。牢记受托人职责，坚守信托文化"受人之托，忠人之事"的核心与内涵，切实履行受托人职责，所有到期项目均实现了安全兑付，保证了投资人和受益人的合法权益，全年缴纳税款7.69亿元。贯彻落实脱贫攻坚、乡村振兴等工作部署，继续与延庆区四海镇郭家湾村开展"一企一村"结对帮扶，并派驻了第一书记驻村开展帮扶工作。发挥信托制度作用，持续开展公益服务、支持乡村振兴、抗击新冠肺炎疫情等，截至2021年末，公司存续慈善信托5个，规模1 036万元。

四、2022年发展规划

坚持以习近平新时代中国特色社会主义思想为指导，全面贯彻党的十九大和十九届历次全会及中央经济工作会议精神，认真落实党中央、国务院决策部署、国家金融监管和北京市委市政府要求，全面加强党的领导，坚持稳中求进工作总基调，坚持信托本源，认真贯彻公司"十四五"发展战略规划，立足长远、深化改革，统筹发展和风险防控，踔厉奋发、赓续前进，奋力推动公司高质效发展迈向新台阶。

第一，深入学习贯彻习近平新时代中国特色社会主义思想。严格执行第一议题制度，坚持不懈用习近平新时代中国特色社会主义思想武装头脑、指导实践、推动工作。把深入学习宣传贯彻党的十九届六中全会精神作为当前和今后一个时期的重大政治任务，认真贯彻落实六中全会精神宣传工作方案，持续兴起学习贯彻热潮。建立党史学习教育常态化机制，把党史学习教育不断引向深入，引导广大党员干部从党的百年奋斗历程中汲取智慧和力量。按照中央、北京市委的统一部署，全力抓好党的二十大精神和北京市第十三次党代会精神的学习宣传贯彻。

第二，坚定六个主要业务发展方向。坚定不移打造标品信托特色业务，继续做强做大证券业务。重点培育产业基金和PE投资业务。积极探索特色化服务信托，深入研究养老服务信托，构建养老服务信托新业务。推动财富管理向利润中心转型。坚持全委型家族信托定位，自主获客，承揽承做，提高资产配置能力。提升固有业务的收入贡献。

第三，强化业务引领支撑体系建设。持续推动"十四五"规划的实施，探索开展规划的重检和评估。全力争取现有股东支持，增强资本实力，提高风险抵御力，推动业务转型发展。持续完善风险运营管理体系。整合综合研发体系，为公司业务转型提供专业支持。提升保障能力体系建设。加强制度建设系统化，建立常态化的制度评估和检视机制。构建与转型相匹配的组织机构和文化体系，牢固树立敬畏规则、合规经营的理念，强化受托人定位，加强消费者权益保护，将"守正、忠实、专业"的信托文化嵌入受托管理各个环节，打造通过高质量金融服务的业务生态。

第四，深入推进全面从严治党。始终把党的政治建设放在首位，坚持和捍卫"两个确立"，切实增强"四个意识"、坚定"四个自信"、做到"两个维护"，不断增强政治判断力、政治领悟力、政治执行力。严格落实党委第一议题制度，不折不扣贯彻落实党中央重大决策部署和习近平总书记重要讲话指示批示精神，严格落实重大事项请示报告制度。加强党建工作与业务工作的有机融合。持之以恒加强作风建设。深入学习贯彻中纪委十九届六次全会精神和北京市纪委十二届七次全会精神。紧盯重点领域和环节，一体推进不敢腐、不能腐、不想腐。持续深化以案为鉴、以案促改，抓好警示教育和廉洁文化建设，营造风清气正政治生态。

长安国际信托股份有限公司

一、2021年经营概况

2021年，长安国际信托股份有限公司（以下简称公司）在信托行业回归信托本源、服务实体经济、强化主动管理能力的大趋势下，公司积极通过业务转型紧跟行业发展新形势。但是，面对较为严峻的外部宏观经济形势，以及较大的自身业务转型压力，在多重因素叠加影响下，公司经营情况与2020年相比有所下滑。

（一）营业收入

截至2021年末，公司实现营业收入21.79亿元，同比下降33.73%。其中手续费及佣金净收入为17.86亿元，同比下降17.89%；投资收益为5亿元，同比下滑30.07%。

（二）盈利水平

截至2021年末，公司实现净利润为5.20亿元，同比小幅下滑2.99%。在2021年度，公司计提信用减值损失2.15亿元，同比下降76.93%，虽然信托项目风险带来的资产减值损失对公司的盈利带来一定不利影响，但是公司资产质量得到了一定的提升，有利于夯实未来的发展基础。

（三）资产规模

在宏观经济复苏缓慢、监管强化以及竞争日益激烈的背景下，信托公司的管理资产规模普遍被动压缩，主业增长的压力非常大。在此背景下，2021年度公司资产管理规模为2 489.28亿元，同比下滑33.64%。截至2021年末，公司信托资产总额为107.99亿元，同比下滑3.29%；在净资产方面，公司净资产规模为76.11亿元，同比下滑2.55%。

二、创新业务案例

2021年是"十四五"开局之年，也是"资管新规"过渡期的收官之年。面对经济复苏的不确定性以及资产管理业务的转型压力,公司坚持回归信托本源,不断提高主动管理能力,在多个领域探索出具有转型意义的业务案例。

(一)标品固收类业务案例

2021年,公司设立了以可交换债券为投资标的的信托计划,在资产端通过投资企业可交换债券的方式,将债权的安全性和股权的高收益性进行有机结合;在资金端通过结构化安排,既满足了安全性诉求较高的金融机构资金投资需求,又满足了收益性诉求较高的私募资金投资需求。此类标品固收类业务既有债权的安全性的特点,也有股权高收益性的特点,与信托公司资金端风险收益要求相匹配,为公司开展标品固收类业务提供了新的展业思路。

(二)产业投行业务案例

2021年,公司创设了优先级资本模型下工商企业股权投资类项目的交易模式,发力大健康产业。该业务模式依托具有明确退出路径的确定性优质资产,通过增资的方式以较高折价进入项目公司,完成信托计划对优质资产的控制,进而通过项目公司为合作方提供资金支持,形成了合作方对信托计划下属主体的债权债务法律关系。同时,该模式以信托收益存续期间税收递延功能为切入点,同步借鉴期权理念,引入超额收益权转让概念,为合作方留存收益兑现后的再投资提供了信托解决方案。

(三)定制化家族信托业务案例

2021年,公司设立了国内第一单"祖母信托"(Granny Trust)项目,该项目架构由中国境内受托机构搭建,从客户需求出发,充分评估业务风险,应用最前沿的跨境税务理念,融合高水准专业法律服务,最终形成一套客户跨境税务筹划需求的定制化解决方案,树立了该类创新业务的行业标杆。

三、社会责任履行情况

公司秉持"长安心、百年业"的可持续发展理念,始终坚守着对股东的回报之心、对客户的诚挚之心、对员工的关爱之心、对社会的奉献之心,坚持把积极履行企业社会责任作为实现战略愿景的重要路径和依托。2021年,公司积极投身抗击疫情、乡村振兴、救灾赈灾等领域,发挥信托功能优势,切实履行企业社会责任。

在支持乡村振兴方面,2021年公司新设立3单慈善信托,在做好从"脱贫攻坚"到"乡村振兴"衔接的基础上,加大探索助力乡村振兴新路径。2021年,"关爱农村三留守慈善信托项目"在陕西佳县4个乡镇10个村社区项目点，开展能力建设培训54场，为447位老人提供公益性居家养老服务超过1.2万人次，组织开展各类社区公益活动59场。

在支持救灾赈灾方面，公司积极发扬"一方有难八方支援"的人道主义精神，组织员工慷慨解囊、传递爱心，设立了"长安慈——爱心献三秦·教育助学公益慈善信托"，向灾区伸出援助之手，给灾区人民献出一份真诚的爱心。

在支持体育运动方面，公司成立了全国首单助力全运会的慈善信托，"长安慈——青春、健康、活力，助力14运体育公益慈善信托"，并向第十四届运动会、第十一届残运会暨第八届特奥会赞助600万元。

在支持疫情防控方面，公司通过"长安慈——抗疫与共慈善信托"向西安市慈善会捐赠防疫抗疫资金10万元。同时，积极协调各方资源，调动价值130余万元的防疫物资火速送到抗疫一线。

此外，公司始终以国家利益为重，在谋求自身稳健、创新发展的同时，恪守诚信之道，合法经营，坚持依法按时缴纳税款、积极履行扣缴义务人代扣代缴税款的义务，连续多年被税务机关评为"纳税信用A级纳税人"，树立了诚信纳税的良好企业形象和品牌信誉。

经过多年的实践累积，公司已经形成了以自身专业化的金融服务能力为核心，以信托产品为驱动的履行社会责任的企业特色，并保持与时俱进，不断创新，塑造了负责任的资产管理和财富管理品牌形象，成为推动提高企业履行社会责任的积极力量。

四、2022年发展规划

"十四五"规划为我国未来五年的经济社会发展指明了方向。在经济复苏基础仍需巩固以及持续推动经济结构转型升级的背景下，未来信托业应紧紧围绕"十四五"规划，加大服务实体经济的力度，有效满足实体经济高质量发展的需求，切实提高服务实体经济的质效。随着2021年一系列监管文件的陆续发布，信托行业的监管框架已趋于完善。

公司积极贯彻落实党的十九届六中全会精神，坚持稳中求进，严格落实监管要求，完成压缩融资和通道类业务的目标，紧密围绕"十四五"规划制定公司未来的经营计划，调整经营策略，在更好服务经济发展和居民财富管理需要的同时，推动发展模式从粗放增长向高质量发展的转型。结合相关政策要求和在"做高净值客户的最佳金融生活服务商"的战略目标指引下，公司积极谋求业务转型，组建了七大事业部，分别是房地产事业部、政信事业部、资本市场事业部、金融同业与固收事业部、长安财富中心、家族信托事业部和私募股权事业部。各事业部聚焦细分市场，形成专业化分工协作，为客户提供全生命周期、全天候具有竞争优势的产品及服务。

公司以《信托公司资金信托管理暂行办法（征求意见稿）》（以下简称《办法》）为开展

业务操作指引，后续将积极推进服务类信托业务，其中公司在公益/慈善信托领域一直走在全国同业的最前沿，多次创新性地落地新的慈善信托模式。《办法》明确了信托公司可以开展债券回购业务，这将使信托公司产品与基金公司、证券公司产品具有了同样的竞争优势，公司将大力布局"固收+"策略产品线，扩大直接融资规模。针对资产证券化信托，涉及到非标转标业务，只有将标准化业务规模做大，与之匹配的传统业务才能继续做大，为此公司已经成立了资本市场事业部，大力发展相关业务。

随着《办法》和深圳证券交易所主板与中小板合并等重磅政策的出台，监管层正在推进金融市场改革，大力发展直接融资。只有发展好直接融资尤其是股权融资，才能够减少对银行债权融资的过度依赖，从而实现在稳住杠杆率的同时，保持金融对实体经济支持力度不减的目标。结合相关政策要求和在"做高净值客户的最佳金融生活服务商"的战略目标指引下，公司在2020年成立了多个事业部，同时与之匹配的是完善中后台项目审批、运营与处置。公司将积极布局投资银行、资产管理和财富管理三大业务板块。以资本市场为依托，利用现有外汇额度资源，充分满足客户多元化的投融资需求以及居民的全方位资产配置需求，公司将积极探索这其中的业务机会。

重庆国际信托股份有限公司

一、2021年经营概况

2021年是中国共产党百年华诞,是第一个百年奋斗目标达成之年,"两个一百年"的交汇铸就了党和国家历史上具有里程碑意义的一年。2021年,重庆国际信托股份有限公司(以下简称公司)始终坚持党的集中统一领导,一脉秉承"诚信、稳健、创新、求精"的经营宗旨,坚定不移响应国家战略、统筹推进服务实体经济,在保持传统信托业务规模稳健增长的基础上,不断强化风险防控,完善管理体系制度,提升核心竞争力,向高质量发展看齐,各项业务稳中求进。

2021年,公司归属于母公司净资产282.93亿元,实现营业收入77.42亿元,利润总额38.69亿元,净利润20.52亿元。

二、创新业务案例

(一)资产证券化业务

2021年,公司继续在资产证券化领域积极探索,大力发展ABS、CMBS、ABN等资产证券化业务,不断拓宽资产证券化业务的广度与深度。截至2021年12月末,公司存续资产证券化信托业务13笔,规模289.84亿元。2021年3月,公司设立"兴渝2021年第一期个人住房抵押贷款资产证券化信托",受托财产规模20亿元,以重庆三峡银行个人住房抵押贷款为基础资产在银行间市场发行信贷资产支持证券。2021年8月,公司设立"长融2021年第一期个人汽车抵押贷款资产证券化信托",受托财产规模约20亿元,与长安汽车金融有限公司合作,为其发行抵押贷款资产支持证券提供基础资产受托服务,帮助盘活汽车消费贷款资产,提振地方汽车消费市场。

(二)慈善信托业务

截至2021年12月末,公司在重庆地区存续慈善/公益信托4笔,存续规模2.85亿元,与重庆市慈善总会、重庆市妇联、重庆市妇女儿童基金会等组织建立了深度合作关系。2021年8月，公司设立"重庆信托·春蕾圆梦3号慈善信托"，信托资金主要捐赠用于重庆市贫困女高中生、女大学生，以及从事相关事业的慈善组织/机构。

（三）消费信托

2021年，公司与万达集团强强联合，在前期探索的基础上，全新推出"重信·汉秀尊享"消费信托，让客户在获得投资收益的同时，尊享三重消费权益，消费场景覆盖全国多家万达影城、万达酒店以及武汉汉秀剧场，既满足了全国各地客户的投资理财+消费需求，也为相关实体商家获得了稳定的客源，促进消费拉动增长，实现多方共赢。

（四）家族信托

为持续推进信托业务转型发展，公司在2021年继续加大财富管理能力的打造，通过提升服务品质增加高端客户黏性，以打造私人订制理财为特征的家族信托得到快速发展。截至2021年12月末，公司存续家族信托19单，2021年新增"臻善传家锦盛家业"系列家族信托5单，为委托人提供财产规划、风险隔离、资产配置、子女激励、养老等事务管理和金融服务。

三、社会责任履行情况

公司始终坚持党的集中统一领导，积极贯彻落实国家宏观经济和产业政策，以助力经济发展和服务民生为己任，在深化供给侧结构性改革背景下，以"十四五"时期经济社会发展的主要目标和基本理念为指引，利用信托制度的灵活性服务国家重大战略，助推国家经济结构调整，积极构建以国内大循环为主体、国内国际双循环相互促进的新发展格局，主动提高服务实体经济发展质效，在新资管时代充分发挥信托制度动态能效。

截至2021年末，公司累计为地方经济建设募集资金超1 910亿元，利税等贡献超380亿元，为人民群众创造财产性收入超914亿元，为促进重庆长江上游经济中心建设和成渝地区双城经济圈建设发挥了重要作用。公司主动响应"一带一路"倡议，主动对接京津冀协同发展、长江经济带建设、粤港澳大湾区建设等国家重大战略部署，提供综合金融支持，大力拓展公司服务社会、服务实体、服务民生的广度与深度。截至2021年末，公司服务实体经济的存续信托业务规模1 361.02亿元，其中服务成渝双城经济圈、京津冀地区、粤港澳大湾区建设存续信托规模分别达384.68亿元、742.43亿元和131.66亿元。

为积极响应国家支持中小微企业发展，纾困民营企业，打通融资难点的问题，公司在强化风险控制的基础上，集中金融资源成立了多个信托产品，以支持科创及中小微企业转型发展。2021年1—12月，公司新增服务实体经济信托业务规模297.38亿元；新增服务民营企业信托业务规模306.33亿元、新增服务小微企业信托业务规模151.76亿元，为大批小微企业提供了资金支持，帮助其改善经营，升级产品技术，充分激发小微企业发展活力，持续为区域经济发展、稳民生、稳就业、促转型作出积极贡献。

公司始终高度重视并坚定履行社会责任，一方面积极响应国家战略号召、切实助力实体经济，另一方面坚持践行脱贫帮扶活动，持续多年开展慈善公益项目，担当社会使命、体现责任意识，身体力行回报社会。截至2021年末累计向各类慈善活动捐款近2.88亿元，主要包括："金色盾牌·重庆人民警察英烈救助基金公益信托"慰问救助捐款、"春蕾圆梦行动"、酉阳县扶贫捐款、奉节县扶贫捐款等。其中，截至2021年末，公司发起设立的"金色盾牌·重庆人民警察英烈救助基金公益信托"已累计拨付慰问救助金1.91亿元，共救助慰问公安干警及其家属和相关人员近15 000人次；公司持续开展"春蕾圆梦行动"，打造品牌化慈善活动，已累计资助297名重庆当地贫困女大学生。此外，公司作为重庆市政府办公厅扶贫集团成员，累计为酉阳县脱贫攻坚捐款超166万元，为奉节县脱贫攻坚捐款92万元。公司还积极探索与慈善机构的合作，截至2021年末，公司共设立了13单慈善/公益信托，存续规模2.85亿元，涉及扶危济困、产业扶贫、民生普惠、爱心助学等多个方面，充分履行社会责任。

2021年，公司为响应国家推进复工复产号召，在新冠肺炎疫情期间持续加大对各类实体企业的融资支持，按照"向社会提供必要金融服务，维护金融稳定"的精神指示，为多家经营运转受疫情影响的企业提供资金保障。其中，专门设立"重庆信托·长投永续集合资金信托计划"，募集资金15亿元，用于向湖北省长江产业投资集团有限公司发放信托贷款，该资金对助力疫情重点地区恢复日常生产建设、保障国家高新区基础设施及工程项目建设、运行发挥了重要作用。

2021年，公司坚持将消费者权益保护纳入企业文化建设和经营发展规划中，构筑消费者权益保护工作理念，完善消费者权益保护工作体系，建立消费者权益保护需求的纵向传导机制及横向沟通机制。结合公司经营实际，不断创新方式方法，持续提升服务质效，推进消费者权益保护各项工作制度的构建与完善，切实保护消费者的合法权益。公司按照监管部门的统一要求，有序开展了"3·15消费者权益保护教育宣传周""金融知识进万家"和"普及金融知识万里行"等多项消费者宣传教育活动，设立线上"消保专区"发布优质宣教材料，并推出"重信文化·财富新风尚"系列直播活动。公司坚持主题教育与日常教育相结合、线上线下相结合的活动方式，以丰富活动层次、扩充宣传受众，旨在切实提高广大消费者的金融意识和金融素养。本年度未发生负面舆情及重大突发事件情况，未产生侵害消费者基本合法权益的情形。

四、2022年发展规划

2022年是党的二十大召开之年，是向第二个百年奋斗目标新征程进军之年，积极推进第二个百年奋斗目标各项战略起航，以优异成绩迎接二十大的胜利召开是2022年工作的重点。公司坚持以习近平新时代中国特色社会主义思想为指引，全面贯彻党的十九大和十九届历次全会精神，弘扬伟大建党精神，坚持稳中求进工作总基调，加快构建新发展格局，推动高质量发展，顺应供给侧结构性改革路线，进一步提升服务实体经济质效，积极响应国家建设成渝地区双城经济圈、打造高质量发展重要增长极的重大决策部署，充分落实系统改革，持续回本溯源，不断驱动业务创新，推动公司高质量发展，为全面建设社会主义现代化国家、实现中华民族伟大复兴的中国梦作出新的更大贡献。

（一）坚决贯彻党的领导，提升党组织战斗堡垒作用

坚定不移地加强党中央集中统一领导，深学笃用习近平新时代中国特色社会主义思想，武装头脑、指导工作，推动公司党的建设高质量发展。公司在党建过程中进一步提高党员政治站位，以深刻认识中国特色社会主义最本质的特征是中国共产党领导、中国特色社会主义制度的最大优势是中国共产党领导，切实领会"两个确立"的重大意义，增强"四个意识"、坚定"四个自信"、做到"两个维护"，紧紧围绕迎接党的二十大胜利召开这个大局，认真谋划党建工作重点任务，不断开创党的建设工作新局面。其中，倡导党员善用"互联网+"思维，利用学习强国APP、支部微信群等线上学习平台开展政治学习，以推进党史学习教育充分融入新时代政治生活，建立起常态化长效机制；不定期组织"不忘初心·红色之旅"等主题党日活动，通过参观革命纪念馆以感悟红色文化；举办"强党建·树清风·精业务"等知识抢答赛或党史知识竞赛，将党建活动与公司业务深入融合，促使党史理论深入人心。

（二）强化风险管理，严控项目风险

在全行业金融风险潜在上升、监管督导进一步深化细化的背景下，公司将坚守"宁可错过，不可做错"的风控原则，常态化开展"内控合规建设年"工作，坚持贯彻全面风险管理战略，以深化整治银行业市场乱象为抓手，以全面风险排查工作为契机，依法合规经营，严控项目风险，严守风险底线。查漏补缺、举一反三，梳理内部业务流程与制度建设情况。采取包括但不限于合理配备专业人员、合规知识竞赛、合规专题培训等方式，持续提升制度执行力与内控有效性。加强对国家宏观经济政策、货币信贷政策、财政政策、监管政策等领域的研究，密切关注市场及政策变化，准确判断行业发展趋势，着力加强风险防范的前瞻性；进一步完善风险控制组织架构与管理流程，提高审批效率，全面梳理重点行业和重点项目管理情况，确保不发生重大项目风险；认真从近年来行业发生的风险事件中吸取教训，做到警钟长鸣，加强公司项目尽职管理能力，提升风险防范意识；加强风险项目管控，通过多种措施多种渠道化解项目风险。

（三）落实监管及行业新规，进一步提升公司治理水平

严格按照监管部门及监管法律法规的最新要求，不断明晰合法合规展业边界，积极补齐治理短板、堵塞治理漏洞，制定有效措施。根据《公司法》《信托公司治理指引》等法律法规的规定，梳理《信托公司股权管理暂行办法》《银行保险机构关联交易管理办法》等监管新规要求，加强股权管理，优化股权结构，规范股东行为；完善履职考评体系，推动"三会一层"依法合规科学履职。梳理、修订相关制度，进一步规范和完善履职方法、路径和流程，提升董事会的运行效率与效果，促进公司治理水平再上台阶，加快实施中长期战略调整与转型发展。

（四）持续回归信托本源，坚持服务实体经济

公司积极落实监管政策，进一步深化市场乱象治理，主动调整业务结构，坚持信托本业为主体、固有和其他中间业务为补充的总体思路。认真研究《关于调整信托业务分类有关事项的通知（征求意见稿）》，深入分析市场需求，适应行业发展趋势，提升资产管理的专业化水平，用好用足信托公司综合经营优势，融合各类业务模式和工具，为企业提供一揽子、一站式金融服务，满足企业全生命周期需求，打造共赢发展模式，切实提高服务企业质效，为信托业的根深本固发展贡献力量。坚持金融是服务实体经济的血脉、服务实体经济是金融天职的宗旨，以更好地服务实体经济为出发点和落脚点，以提升实体经济发展的质量和效益为中心，以深化供给侧结构性改革为主线，实现公司与实体经济的良性互动、协调发展。

（五）培育壮大新动能，创新发展新路径

公司主动创新适应市场需求的业务和产品，积极响应国家号召，坚持政策导向，积极参与构建"双循环"体系，在新能源汽车、节能环保等领域主动作为，践行绿色信托导向。为各类企业提供贴身化的融资服务，创新普惠金融服务，不断优化产品设计，在消费金融领域打造个性化的产品，为满足人民群众对美好生活的向往，服务国家发展增添新动能。形成资产管理信托、资产服务信托、公益/慈善信托齐头并进、稳步发展的良好局面。

（六）精耕财富管理市场，提升财富品牌内涵

中国财富管理市场是一片广阔蓝海，公司将持续回归"受人之托、代客理财"本源，充分利用信托制度法定资产隔离、跨市场资产配置、灵活设计与综合服务三大独特优势，打造"真善美"的财富品牌。

"真"是坚持真诚守信。坚持客户为中心，以"最靠谱"为行为标准，发挥信托优势和创新基因，为客户提供更高质量服务。

"善"是弘扬慈善文化。通过慈善信托、养老信托、涉众资金管理信托等产品和服务创新，助力实现共同富裕，放大财富管理社会正能量。

"美"是创造美好生活，建设美好世界。发挥专业资产管理能力，实现资产保值增值，努力增加居民财产性收入；践行绿色发展理念，加大对新能源、节能环保、低碳发展的支持，为"双碳"目标贡献信托力量。

同时，配合公司财富管理整体营销需求，完善营销服务模式，强化品牌渠道建设与管理，加强信息科技投入力度，进一步提升公司品牌的认知度，增强客户黏性，最终实现财富管理业务的转型升级。

（七）加强信托文化建设，打造行业标杆企业

以全行业信托文化建设为契机，结合公司实际，统筹规划、建章立制、分步实施，通过在公司治理环节、战略引导环节、考核机制环节的不断完善，持续提升信托文化在公司的普及性、重要性，在受托文化建设、合规文化建设、创新文化建设、品牌文化建设领域不断加强。

2022年为"信托文化确立年"。公司将在"信托文化教育年""信托文化普及年"的基础上，深入开展合规文化、服务文化、创新文化、组织文化、品质文化、责任文化等方面的建设，以打造"受托人文化"为核心，确立"重信文化"这一品牌标识。

国投泰康信托有限公司

一、2021年经营概况

2021年，国投泰康信托有限公司（以下简称公司）坚持"稳中有进"，不断精进专业化水平，深入推进"大中台"建设，在保持业绩稳定发展的前提下加快转型，发力探索业务创新模式，推动综合竞争力、盈利能力稳步提高，品牌价值与社会影响力与日俱增。

（一）稳中有进　业绩创近五年新高

公司2021年实现营业收入20.86亿元，同比增长14.36%；实现净利润12.36亿元，同比增长16.35%，创近五年业绩新高。截至2021年末，公司净资本82.78亿元，净资产100.98亿元，总资产110.04亿元。

公司全年为投资者分配收益83.77亿元，持续为服务人民群众财富增长和美好生活创造价值。

（二）转型提速　助力实体经济发展

近年来，公司积极响应监管要求，不断加强主动管理能力，积极发展投资类业务，成效显著。截至2021年末，公司业务资产余额1 600.70亿元，同比下降4.43%。其中，主动管理信托业务规模达1 013.42亿元，占比63.31%，占比同比增长19.32%。主动管理信托业务的增长，体现出公司转型的进一步提速。

公司注重发挥信托股权投资专业优势，赋能实体经济高质量发展，在半导体、生物医药、新能源汽车、大消费、5G、新一代显示、人工智能等多个赛道中深度布局，构建起了"战略性投资+财务性投资+基金业务"的股权投资生态圈。公司前期投资的长远锂科、泰坦科技等项目已在科创板上市，早期的股权项目也已进入回报期，为公司带来了较为丰厚的投资收益。

（三）聚焦客户　创新资产管理模式

公司自主搭建全品类的资管产品体系，丰富产品供给；积极发展标准化证券投资业务，实现净值化管理，为客户提供了专业化、多元化、精细化的资产配置服务。

截至2021年末，公司发行股票、债券、固收增强、FOF等各种标准化证券资管产品规模超过717亿元，进一步巩固了公司在标准化证券资管业务的行业领先优势。推出了FOF、固收+、混合净值型产品等多元化产品，其中固收类业务年末余额突破340亿元，同比增长39.23%，在业内积累了一定的影响力。

（四）财富引领　打造"一站式"财富管理新体验

公司强调发挥财富引领作用，加强"国投财富"服务品牌建设，致力于以客户服务为中心，以资产配置为手段，以全产品矩阵为抓手，为客户提供"一站式"财富管理服务。

2021年，公司财富管理销售规模再创新高，总规模达1 152亿元，同比增长22%，其中直销规模512亿元，代销规模543亿元。同时，财富管理产品结构不断优化，标准化信托产品销售规模占比已超50%。

为更好满足高净值客户财富与生活的全方位需求，公司推出"赫奕家族办公室"品牌，聚焦客户家族保障、家族理财、家族投行、家族传承需求，形成以"赫奕中和·家族信托"为核心的产品服务矩阵。2021年，公司成功落地上市公司股权家族信托和首款养老信托产品。

（五）载誉前行　品牌影响力提升

2021年，公司荣获中国银行保险报·年度十佳社会责任机构、证券时报·2021年度优秀风控信托公司、上海证券报·"诚信托"成长优势奖、金融界2021领航中国年度评选·杰出潜力信托公司奖、当代金融家·最佳公众品牌奖、普益标准·卓越综合竞争力信托公司等权威奖项。

同时，公司结合受众习惯的改变，通过微信公众号、微信视频号、百家号等各大信息平台，运用丰富的内容、创新的传播方式，贯通线上和线下，为消费者带来了多元化的品牌体验，品牌知名度得到良好的提升。

二、创新业务案例

案例一：公司成功落地首单"惠农"主题绿色信托

2021年6月，公司联合中投保发起实施"光萤计划"，落地首单"惠农"主题绿色信托。该信托通过自主研发的小微系统向农户提供普惠贷款，资金用于采购光伏设备，并安装于农户屋顶进行并网发电。通过屋顶光伏发电为农户提供长期且稳定收益，在助力农户收益提升、保持绿色低碳运营的同时为乡村振兴贡献力量。

案例二：公司成功落地首单上市公司股权家族信托

2021年9月，公司成功落地首单上市公司股权家族信托，受托信托财产规模约3亿元。此单家族信托将助力委托人家族实现企业的长久治理，也可实现家庭成员保障、财产隔离保护、资产多元配置和财富有序传承等多种信托功能。

案例三：公司参与集创北方E轮融资，积极布局半导体行业

2021年12月，公司参与了北京集创北方科技股份有限公司（以下简称集创北方）E轮融资，本轮融资总规模超65亿元，公司估值超300亿元。集创北方是一家聚焦于显示领域的芯片设计公司。自2008年成立以来，集创北方一直以持续创新为核心，聚焦显示芯片设计领域的技术突破，在中国"缺芯少屏"的显示领域中，闯出了一条中国特色的自主创新之路。

案例四：公司推出首款养老信托产品

2021年12月，公司推出首款养老信托产品——"赫奕·祈年一号养老信托"。该款养老信托产品除注重养老资金的保值增值，还聚焦养老资金保值增值后"去哪儿养老"等关键问题，打通金融+养老服务的"最后一公里"。相对普遍的市郊养老，该产品服务"嫁接"的国投健康长者公寓位于北京市的核心区域，无论在交通及医疗资源方面都尤其具有独特的优势。

三、社会责任履行情况

作为央企控股的信托公司，公司始终秉承"有道而正、信则人任"的核心价值观，以务实的精神、稳健的作风以及细致的服务，为客户、为员工、为股东、为社会创造最大价值。公司严格遵守国家法律法规、监管部门规章、规范性文件以及《信托公司社会责任公约》、公司章程等规定，坚守合规底线，实现稳健经营，公司所有主动管理产品均实现平稳运行，树立了良好的社会形象。2021年荣获年度十佳社会责任机构、优秀风控信托公司、最佳公众品牌、卓越综合竞争力信托公司、杰出潜力信托公司等十余个重量级奖项。

公司积极履行社会责任，助力乡村振兴。2021年6月，公司联合中投保发起实施的"光萤计划"，通过屋顶光伏发电为农户提供长期且稳定收益，现运营的信托产品"国投泰康信托光萤惠农1号单一资金信托"兼具"惠农+绿色+科技金融"特色，在助力农户收益提升、保持绿色低碳运营的同时为乡村振兴贡献力量。

公司持续开展公益慈善信托业务，以慈善信托为抓手，紧扣时代主题及社会关切，围绕教育、乡村振兴、产业扶贫等主题，自2016年以来已成立五单慈善信托，包括"国投慈善1号慈善信托""真爱梦想1号教育慈善信托""真爱梦想2号教育慈善信托""甘肃临洮产业扶

贫慈善信托"及"国投泰康信托2020年国投教育1号慈善信托",公司现仍有4单慈善信托存续运作。

公司高度重视利益相关方的权益保护工作,在经营过程中,公司注重风险管理体系建设,持续推进在风险管控过程中组织结构、人员配置、制度建设、标准制定、流程优化、方法创新、系统建设等优化工作,审慎管理信托资产,切实维护客户权益,年内到期项目全部顺利清算,未出现兑付风险,为客户提供了必要保障;公司不断健全客户服务体系,以实际行动践行"普惠金融"的理念;公司高度重视客户投诉,持续完善客户投诉受理机制,客户投诉得到妥善处理;公司重视并保护员工合法权益,定期组织职业培训与相关技能培训,关心员工成长;公司按照监管部门要求,积极开展反洗钱、案件防控等工作,为维护社会安定和金融秩序贡献力量。

四、2022年发展规划

2022年是公司推进"十四五"规划的深化之年,也是攻坚克难、充满挑战的一年,在新的历史起点,公司上下将踔厉奋发赴新程,笃行不怠向未来,为建设成为行业领先信托公司努力奋进。

具体而言,公司将重点开展以下工作:一是加强党建工作,深入学习党的百年建党历史经验,引领公司发展;二是强化战略执行对标,确保转型发展效果;三是精进专业化水平,深入推进"大中台"建设;四是在保持业绩稳定发展的前提下加快转型,发力探索业务创新模式;五是强化财富管理能力建设,构建集聚各类资源的财富开放平台;六是加强文化、品牌建设,不断提升公司凝聚力和影响力。

华宝信托有限责任公司

一、2021年经营概况

华宝信托有限责任公司（以下简称公司）成立于1998年，是中国宝武钢铁集团有限公司（以下简称中国宝武）旗下的产业金融业板块成员公司，中国宝武持股98%，舟山市国有资产投资经营有限公司持股2%。公司注册资本金47.44亿元。

公司立足产业生态圈专业化信托服务，为上下游机构和高端客户提供差异化财富管理和综合金融解决方案。公司产品利用多种结构和工具覆盖了资本市场、货币市场、实体经济等各大投资领域，并在产业金融深度服务、现金管理、金融市场、境外投资、薪酬福利、家族信托等业务领域不断探索创新。截至2021年末，公司管理的信托资产规模3 690亿元。

公司拥有受托境外理财业务、企业年金账户管理人、私募基金管理人、大宗交易系统合格投资者、资产证券化业务、新股发行询价对象等业务资格。自成立以来，公司为投资者创造了良好收益，连续24年实现盈利，累计为客户实现收益2 470亿元。

2021年，公司在中国信托业协会2020年度行业评级中荣获A类评级，并在各类外部评选中荣获多项荣誉。公司荣获"2019—2020年度（第二十届）上海市文明单位"称号、"2020年度浦东新区金融业突出贡献奖"、《上海证券报》第十四届"诚信托"创新领先奖和最佳家族信托产品奖、《证券时报》第十四届中国优秀信托公司评选"2021年度优秀风控信托公司"和"2021年度优秀家族信托计划"奖、《21世纪经济报道》第十四届"金贝奖"2020卓越竞争力信托公司奖。

二、创新业务案例

2021年，在"双循环"新发展格局下，在中国宝武的战略指引和公司党委的坚强领导下，公司扎实落实行业监管要求，围绕"全面对标找差，争创行业一流"目标，坚持严守风控合规底线，服务经济实体，回归信托本源，弘扬信托文化，加快转型升级，努力铸就供应链金融服务引领者。

作为中国宝武的产业金融业板块成员单位，公司贯彻落实金融服务实体要求，为"一基五元"产业板块提供融资、金融咨询、资金撮合等一体化综合金融服务。通过资产证券化模式拓展生态圈客户服务范围，推广ABN资产证券化服务；开展多期"金融服务进宝武"活动，把财富管理服务送到集团内兄弟单位；完善"荣耀130系列"产品布局，按照客户资信情况和财务状况定制个性化服务方案，发挥信托制度优势，赋能高质量产业生态圈建设。

公司重点布局家族信托、证券服务信托等服务信托业务，加大投入，打造长期发展战略业务。2021年，华宝家族信托业务继续保持逐年增长态势，落地股权信托等创新模式，并与业内多家头部私行、券商、保险机构达成战略合作，年末公司家族信托全口径管理资产规模（含保险金信托）超过100亿元。公司大力提升证券服务信托能力，各部门协作打造高质量的证券服务信托体系，为金融机构各类标准化净值化产品提供全面专业的证券投资服务；截至2021年末，公司证券服务类信托业务规模达900亿元，整体运营模式初具规模，为未来业务开展打下坚实基础。

公司积极拓展资本市场业务布局和发展投资类业务，满足客户不断增长的财产保值增值和财富传承需求。发展基金中的信托（TOF）投资业务，丰富产品投资策略，形成系列化产品发行；发行"招财进宝"系列"固收、固收+"产品，细化大类资产配置；发行公司首款境外"固收+"产品，为客户提供"波动率可控、收益率可期"的、符合信托客户风险偏好的海外"固收+"类信托产品。

2021年，公司制定《华宝信托碳达峰、碳中和绿色信托行动方案》，创新金融新模式，助力实现"双碳"目标。2021年4月，公司发行"社会责任投资（ESG）系列——碳中和集合资金信托计划"，该信托计划是我国宣布碳达峰、碳中和目标以来，信托行业首批直接参与碳排放配额交易的投资型信托。同时，公司发挥信托跨市场资产配置的优势，从废钢采购环节入手，提供供应链金融服务，协助废钢供应商降低运营成本，对区域节能减排切实降低碳排放发挥了积极作用。

三、社会责任履行情况

（一）探索绿色信托业务

绿色金融作为推动我国实体经济发展的新模式，对于我国经济实现可持续发展有着十分重要的意义。中国宝武承诺：宝武集团2023年力争实现碳达峰，2035年力争减碳30%，2050年力争实现碳中和。

公司作为集团公司金融板块的重要组成之一，也是中国宝武绿色金融体系的重要组成之一。公司将战略发展与绿色信托紧密结合起来，探索绿色信托的实质：充分发挥信托制度及股东背景优势，为现有及拓展的生态圈客户提供专业化和综合化生态圈金融服务，促进绿色产业发展和升级。

目前，公司成立了ESG系列——碳中和集合资金信托计划和"荣耀系列"绿色信托贷款计划：

ESG信托资金主要投资于国内碳排放权交易所上市交易的碳排放配额及国家核证自愿减排量，该产品是我国宣布"碳达峰、碳中和"目标以来，国内信托行业首批直接参与碳排放配额交易的投资型信托，对底层新兴品种采用创新的估值方式，增加国内碳排放权交易市场的流动性，支持"碳达峰、碳中和"的国家战略，以实现金融机构服务实体经济的目标。

"荣耀系列"绿色信托贷款计划，对产业生态圈废钢供应商提供金融服务产品，协助相关废钢产业企业发展，无论从绿色环保角度还是服务生态圈企业角度，都取得了良好效果。

后续，公司将在现有基础上持续深化绿色信托的业务开展，其中碳中和系列将关注各试点交易量在全国市场启动后的变化情况，控制持有总量。同时，密切关注全国市场的动态，力争在交易市场开放后成为首批进入主体，并研究和寻找CCER（国家核证自愿减排量）的开发以及投资机会，不断提升公司在该领域内的专业能力及影响力。"荣耀系列"将继续深耕产业生态圈客户，以前期八钢成功模式为模板，持续发掘更多供应商企业，将符合节能减排低碳高效的供应链金融模式在集团内进行推广。

（二）加强企业文化建设

紧密围绕公司使命、愿景和战略定位，将信托文化建设与企业文化建设相结合，建设良好受托人文化，一方面在全公司开展"信托文化普及年"活动，推动信托从业人员系统、全面地了解信托文化内涵特征，牢固树立受托人意识；另一方面在日常工作中进一步发挥企业文化的支撑和引领作用，弘扬企业文化、奋发前进动力，加深员工对信托文化和企业文化的认同感，持续提升公司软实力。

（三）助力推进乡村振兴

落实中国宝武乡村振兴工作领导小组印发的《关于明确2021年中国宝武定点帮扶工作成效考核评价指标任务及责任分工的通知》要求和《中国宝武乡村振兴"授渔"计划》精神，通过华宝（普洱）产业扶贫基金投资200万元用于"广南药王谷项目"，落实"助力特色农品优势区创建行动"。

与本来生活网合作，通过对内蒙古自治区赤峰市翁牛特旗特色农产品进行"产业重塑+推广销售+品牌共建"，引入无偿帮扶资金30万元。通过年节慰问品采购，直接购买或帮助销售中国宝武定点帮扶地区特色农产品45万元，履行社会责任，助力共同富裕。

四、2022年发展规划

公司保持与集团公司高度一致的使命共建高质量生态圈，战略定位于立足产业生态圈专业化信托服务，以"产品+服务"双轮驱动，为上下游机构和高端客户提供差异化财富管理和综合金融解决方案。

公司经营指导方针：聚焦产业生态圈，做精融资业务、做强投研力量、做优产品体系、做大服务信托、提升销售能力。

做精融资业务：服务实体经济，解决融资难困境；加快固定收益类产品体系建设；做强主动管理资产证券化业务。

做强投研力量：协同集团产业领域内的研究积淀，以及融融之间的投研支撑，围绕产业生态圈上下游相关产业、核心主题赛道进行深度研究；依靠体系的力量提升公司整体投研能力；投研体系建设聚焦与产品定位和客户需求的匹配性。

做优产品体系：提高主动管理能力，打造有梯度的标品产品体系，全面开发产品线，覆盖到各种类别、各种期限，重点打造固收及固收+标品布局，形成"周周有产品"的发行机制。

做大服务信托：探索服务信托业务的转型与创新，实现不同业务类型、业务资源、业务领域的融合和转换。

提升销售能力：体系化建设财富业务，通过线上、线下联动，建设直销和代销相结合，个人、机构并进的全面销售生态体系。

重点统筹好六个方面关系：一是统筹发展和安全；二是经营与管理；三是统筹规模与效益；四是统筹标品与非标；五是统筹资产与资金；六是统筹表内与表外。

在转型发展过程中，公司牢牢把握高质量发展主线，坚持稳中求进的工作总基调，坚持走创新驱动、特色化、差异化发展道路，坚持严守风控合规底线。公司将坚定探索供应链金融服务，致力于打造成为行业领先、富有品牌影响力的综合金融解决方案的提供商、多种金融功能的集成者和供应链金融服务的引领者。

华融国际信托有限责任公司

一、2021年经营概况

截至2021年12月31日,华融国际信托有限责任公司(以下简称公司)总资产1 346 078.02万元,总负债993 200.98万元,净资产352 877.04万元,净利润49 952.68万元。

截至2021年12月31日,公司共有存续信托项目120个,实收信托规模937.68亿元。全年新增项目18个,新增规模86.74亿元。从行业分布来看,存续项目主要投向工商企业、房地产行业和基础产业,占比分别为41.27%、26.01%、13.64%,房地产业务占比大幅压降。

2021年,公司受推迟披露年报、股权重组等一系列影响,正常业务面临的困难和挑战加剧。公司努力克服各种不利因素,坚持主业转型不放松,继续坚定回归信托本源并取得较好成绩。一是加大业务转型力度。公司克服舆情困难,新增投放了证券化项目14.10亿元(另有部分储备项目因重组舆情影响未能落地);家族信托项目0.19亿元;慈善信托项目20万元。二是积极服务实体经济和供给侧结构性改革,相关项目投放规模合计近30亿元。三是持续加强存续项目的贷后管理工作,在资管行业持续爆雷的市场环境下,存续信托项目未出现一单新增风险。

二、创新业务案例

案例一:慈善信托

为深入贯彻公司帮扶乡村振兴的战略部署,充分运用金融工具助力精准帮扶,2021年公司成立了"华融·定点帮扶2号慈善信托"(以下简称帮扶2号)。帮扶2号由律师事务所担任信托监察人,并且不收取信托报酬。公司通过积极对接新疆地区有关政府机构、帮扶机构、公益组织等,与江苏省无锡市某服装企业开展合作,向新疆塔什库尔干县马尔洋乡捐助服装、口罩、防护衣等物资20万元。

案例二：资产证券化

2021年3月25日，公司受托运作的上海合生财富广场财产权信托项目成立，项目以上海合创持有的债权设立财产权信托，信托规模不超过人民币14.1亿元，上海合创持有信托收益权，华鑫证券作为计划管理人发起设立华鑫—海通—上海合生财富广场资产支持专项计划（CMBS），CMBS募集资金用于受让上海合创持有的信托收益权，帮助企业提高资金周转率，降低融资成本，有力支持实体经济发展。

三、社会责任履行情况

2021年，公司将对口属地新疆的乡村振兴工作列入工作重点，物资支持方面，通过帮扶2号向新疆塔什库尔干县马尔洋乡定点扶贫村捐助服装、口罩、防护衣等物资20万元。帮扶指导方面，2021年1—3月公司选派人员参加新疆维吾尔自治区巩固拓展脱贫攻坚成果同乡村振兴有效衔接重点工作的第三实地指导组前往洛浦县、策勒县，按照自治区巩固拓展脱贫攻坚成果同乡村振兴有效衔接重点工作的要求，围绕"宣传培训、项目资产、巩固拓展、问题整改"四项重点工作进行为期四个月的全面深入指导，加快推进洛浦县、策勒县乡村产业、人才、文化、生态、组织等全面振兴。人员支持方面，2018年以来公司积极贯彻落实新疆自治区党委、新疆银保监局关于"访惠聚"精准扶贫驻村工作的要求，切实履行国有企业社会责任，每年向和田县阿瓦提乡塔格艾日克村"访惠聚"工作队派驻一名人员担任第一书记助理，协助第一书记做好驻村服务和扶贫工作，配合新疆银保监局扎实推进"访民情，惠民生，聚民心"及精准扶贫工作。2021年5月经新疆银保监局批准同意公司完成了第四批驻村人员的轮换和交接。

绿色金融方面，2021年公司组织了全员绿色信托业务培训，以提高公司员工对绿色信托相关政策和商业模式的了解，推进公司绿色信托业务开展；向新疆金融学会提交绿色金融研究课题，通过分析绿色金融政策、市场数据并调研绿色信托业务，探索目前信托业在绿色金融领域的业务模式、投向领域等，研究信托业在绿色领域的业务切入点。

四、2022年发展规划

（一）坚持主业转型不放松，继续坚定回归信托本源

根据银保监会2022年度信托监管工作会议精神，公司业务拓展将积极主动、担当作为，并坚持"服从监管、回归本源、依法合规、风险可控、不留隐患"的原则，重点推进"资产服务信托"和"公益/慈善信托"两大类业务。一是继续推动资产证券化业务落地；二是推

进风险资产受托管理业务，切换新的利润赛道；三是积极深化大客户合作，争取批量化的业务机会；四是进一步挖掘高净值客户需求，积极拓展家族信托业务；五是继续促进慈善信托与定点帮扶工作相结合，推动慈善信托落地，积极践行社会责任。

（二）进一步提升风险防控水平，保障业务稳健拓展

进一步提高投后管理科学性、有效性，建立多维度项目监测体系，对存续项目进行分类风险监测，因项目施策，加强重点项目现场走访，严防新增风险；高度重视外部环境变化对行业发展、客户财务、资产价值等多方面的影响，审慎衡量还款来源和风控措施情况，做实尽调，夯实风控基础，保障业务稳健拓展。

（三）强管理不放松，持续提升内部管理和内控水平

一是针对各类问题继续加大整改、完善力度；二是进一步推动制度落地执行，强化流程管控；三是提升合规宣导质效，将合规文化融入工作各个方面；四是持续深入做好日常管理工作，尽最大可能为业务拓展、风险防控提供服务保障。

（四）持续加强队伍建设，进一步强化激励机制

一是做实员工管理，加强培训，提升队伍凝聚力和战斗力；二是完善激励约束机制，确保"多劳多得、不劳不得"；三是进一步加大问责力度，对工作不力的按照标准严格问责追责。

建信信托有限责任公司

一、2021年经营概况

2021年，建信信托有限责任公司（以下简称公司）积极应对经济增速下行、新冠肺炎疫情冲击、行业风控形势异常严峻等诸多挑战和困难，坚持党建引领，持续深化转型创新，坚决守牢风险底线，全面完成各项压降指标，业务结构、收入结构明显优化，圆满完成全年经营计划。信托资产规模达到16 977亿元，继续保持行业首位，较上年增长1 716亿元。全年实现营业收入41.13亿元，净利润23.51亿元。资管新规整改、资金池清理等整体顺利完成，融资类和通道类信托业务压降均达到监管要求。所有信托项目均按期足额兑付。

（一）业务转型全面提速，核心业务强势增长

1.股权投资结出科创硕果

2021年，子公司建信北京成功推进实体化经营，细分九大赛道实施专业化分工，呈现良好发展态势。全年新募集盲池基金约40亿元，同比增长60%；投资落地项目66.48亿元，涉及锂电、氢电、风光发电系统元器件、半导体、新材料、高端设备等领域，多个项目在突破"卡脖子"技术上取得实质性进展。累计投资科创企业已超150家，其中37家上市，20余家正在上市进程中。

2.证券市场业务增长迅猛

主动管理产品规模增至1 906亿元，较上年增长超1.32倍，主动管理收入增长150%；"固收+"产品规模237亿元，增长近9倍；主动管理类资产配置FOF产品快速突破上量，年末存量规模达到247亿元，位居行业首位，比年初增长近27倍。

3.破产重整服务信托绽放异彩

彩蝶系列产品陆续设立6单，规模超2 300亿元，获得监管充分肯定和各相关方普遍好评，为信托行业转型发展、回归本源开拓了新的赛道。

4.财富管理持续增长

存量规模达到820亿元，产品体系持续完善；携手胡润百富发布首部《中国家庭信托研究报告》；连续第四年入选《亚洲银行家》"全球财富与社会奖项计划"并荣膺机构大奖；斩

获《银行家》"十佳家族信托管理创新奖"。

5.资产证券化稳坐行业龙头，债券承销发展迅速

信贷ABS年度新发行规模2 700亿元，累计发行突破1.2万亿元；在服务科创战略、"碳中和"、公募REITs和网商银行"承接池"等方面落地多个创新产品。债券承销业务取得显著突破，承销规模超过616亿元。

6.传统融资业务加速转型

基础设施、住宅投资、公寓投资及商办、物流、新能源等领域落地项目8个，新增投放65.7亿元。推动资金端拓展，打通总行代销外资（主权基金）、家族基金、个人直销等不动产投资的长期限，以配置为主的资金募集新渠道。此外，在深交所发行了非标转标ABS项目，金额达35.25亿元；创新推出了首单银行间市场由多笔资产打包发行的"非标转标"ABN产品。

此外，公司还充分发挥信托优势，通过多种方式开展绿色金融业务，在全国各地、各领域落地了一批优质的绿色信托项目，助力实现"碳达峰""碳中和"。

（二）核心能力建设全面加强，运营管理水平显著提升

一是数字化建设取得显著进展。实施证券业务、财富管理、市场营销三大业务线门诊建设，销售中心、建信尊享、智能客服、证券数据中台、财富工作台、FAST系统、服务信托平台等一系列系统投产运行，业务运行驶入线上化、数字化轨道。

二是完善运营体系取得阶段性成果。建立差异化业务流程，制定55项公司级制度、112项部门规程；优化重点环节业务流程，完成89项急诊项目，解决了痛点堵点；集中运营业务高频事项，实现运营专业化；强化后期管理和风险监测，建立产品信披体系，加强操作差错管理，提升精细化管理水平。

三是风险防控与处置能力持续升级。严格落实集团统一风险偏好及并表授信管理要求，持续完善风险管理制度，有效化解多个重点项目风险；强化证券业务风险管理，开展专题风险排查。

四是构建投研网络体系，培育内部智库。积极推动"两张网"规划建设，产生行业研究报告逾40篇；服务股权投资业务，全年跟踪服务投资类项目逾300个，提供立项报告逾200份；持续做好宏观研究、内部智力支持。非标转型方面，坚持投研驱动、商业落地的总体方向，督导提升投研工作质量，持续支持非标部门转型项目投资。

五是推进财务工作转型取得阶段性成果。对标国内外领先机构，推动战略管理专项工作；探索重构经营计划、考核激励、价格管理等机制；分类制定托管工作规程，支撑业务转型发展；新金融工具准则、资管产品会计新规顺利切换实施；信托财务管理智能化水平稳步提升。

二、创新业务案例

案例一：成功发行国内首单绿色汽车分期资产支持证券

为积极落实"碳达峰、碳中和"战略部署，支持北京打造绿色金融国际中心，在人民银行和银保监会的指导下，2021年9月14日，工商银行作为发起机构，公司作为受托机构，在银行间市场发行"工元致远2021年第一期绿色汽车分期资产支持票据"，发行规模1.32亿元。

该项目为全国商业银行首单绿色汽车分期资产支持证券，并通过债券通引入跨境资金，进一步促进了境内外机构的金融合作和我国绿色债券市场的双向开放。

该项目的基础资产均为工商银行发放的个人新能源汽车分期贷款，符合绿色项目标准，且募集资金将全部投向新的新能源汽车贷款，是基础资产端和资金用途端的"双绿"产品，获得绿色认证机构中债资信给予的绿（G2）等级绿色认证。

案例二：以金融科技打造数字化供应链金融服务

公司积极拓展金融科技应用场景，成功开发业内领先的"高频业务自动化处理系统（FAST系统）"，支持有特色的供应链金融业务——"链通宝"系列产品。

"链通宝"业务由信托计划向核心企业上游供应商提供供应链金融服务，使核心企业和供应商同时受益，从而为客户提供更加优质的综合金融服务。

FAST系统于2021年4月上线，功能强大，可满足供应链业务小额、高频的业务特点，同时支持增值税自动计提、收益自动分配、增值税发票线上开立等个性化需求。

目前，公司已与三一重工内部供应链管理平台成功直连并成功落地"链通宝"项目，并与徐工机械达成合作。

案例三：创新普惠信托助力财富管理飞入寻常百姓家

为响应金融机构加强普惠金融服务的政策号召，满足市场需求，作为国内最大的家族信托受托机构，公司在总结服务高净值和超高净值人群财富管理经验的基础上，结合广泛深入的市场调研，历经半年精心打磨推出国内首款普惠家庭信托——爱予信托。

其中，"爱予信托·关爱成长"系列作为"爱予信托"系列的首款产品，聚焦于大众富裕家庭最为关注的子女教育和投资理财两大"焦虑"，以40万元为设立门槛，通过他益型的信托结构设计，帮助中产阶级客户实现子女权益保障、定制化投资、财富保全与风险隔离功能等财富管理功能。同时，采用全线上化的运营模式，为客户提供一站式"掌上信托"专属服务，打造了特色的财富管理新场景，进一步丰富了财富客户服务工具箱。

三、社会责任履行情况

公司认真贯彻落实党中央、建设银行总行党委的决策部署，以国有大行信托的使命担当，积极履行社会责任，推动社会共同富裕。

站位"信托国家队"，助推实体经济发展。持续深耕一级市场投资，聚焦支持科技自立自强，助力突破"卡脖子"技术，投资的科技创新型企业150余家，其中已上市37家，还有20余家正在上市进程中；在业界首创破产重整服务信托，创新性地以信托模式参与企业破产重整、风险化解，成立受托规模超过2 300亿元，树立了行业标杆；通过子公司建信融通助力建行供应链金融业务做大做强，打造供应链金融互联网平台，服务链条企业超过25万户，其中小微企业占比超90%；创新推出"链通宝"产品，累计向384家供应商提供1 703笔融资服务，规模10.61亿元。

发挥信托特色推动共同富裕。成立"建信联合定点帮扶慈善信托"，首批募集资金达200万元，帮助陕西省安康地区农村生活环境改造、重点疾病筛查和预防等公益事业，防止脱贫地区因病致贫、因病返贫；以"财富管理+慈善捐赠"模式，通过捐资辉县市红十字会，为河南洪水灾害中受损严重的乡镇卫生院提供医疗设备。

多措并举助力乡村振兴事业。对口帮扶安康市汉滨区粮茶村，捐资购置防汛应急物资、医疗设备，支持当地防汛工作与卫生事业；向全村近50名建筑工人赠送累计保金近5 000万元的意外险，改善当地农村建筑工人劳务生态；开设乡村振兴实习专岗，为粮茶村大学生提供社会实践机会；向天津市蓟州区乡村学校捐赠计算机设备，提升当地小学多媒体教学水平。

以ESG理念引领推动业务发展。在ESG框架指导下，通过设立信托计划、产业基金等，采取股权投资、并购重组、资产证券化等方式，积极开展绿色金融业务。绿色金融股权投资规模累计超过20亿元；投资首钢生物质REITs项目7 000余万元；支持北京门头沟区鲁家山首钢鲁矿南区的垃圾焚烧、餐厨垃圾及残渣暂存场项目；落地了绿色信贷资产证券化业务，发生额59.8亿元；落地上海地区首单绿色"碳中和"资产支持商业票据。

四、2022年发展规划

（一）工作思路

2022年坚持以习近平新时代中国特色社会主义思想为指引，全面贯彻落实党的十九大和十九届历次全会及中央经济工作会议精神，以新发展理念引领业务转型向纵深推进，创新体制机制、加强内外协同、优化组织架构、配强人才资源，挖掘新的增长点，进一步增强各条线、各板块的综合价值创造能力，构建一流全能型资管机构核心竞争力，推动公司实现可持续高质量发展。

（二）精准发力，推动各类业务高质量发展

1.通过持续创新、协同联动、深化转型，发挥一级市场、二级市场投资和另类投资的重要"支柱"作用，进入规模上量、收入增长、发展稳定的良性轨道。

2.在业内保持并扩大财富管理、服务信托、资产证券化等领先优势，做到百尺竿头更进一步，不断磨砺提升专业服务能力，扩大市场影响和品牌声誉，进一步提升价值贡献度。

3.对标同业先进机构，充分挖掘债券承销、国际业务等业务特色和潜力，尽快培育形成较成熟的业务形态。

4.进一步优化募资结构，提升机构募资能力；优化固有业务配置结构，加大优质项目投放力度，加快低效资产清退，提高整体回报率。

5.将ESG理念与业务发展进一步结合，积极把握绿色发展机遇，在股权投资、证券投资、财富管理、ABS等领域积极探索应用ESG投资和绿色发展理念，大力加强落地绿色金融产品和业务。

（三）为业务转型提供坚强支撑

一是统筹优化资源配置，全方位服务转型进程；二是全面开展战略解码，推进高质量管理体系建设、提升战略管控水平；三是建设与各转型业务相适应的运营模式和运营系统，进一步完善产品信息披露体系；四是提高风险管理的针对性，提升风险管理智能化水平；五是加强法律合规能力建设，推进法务工作模式全方位升级改造。

江苏省国际信托有限责任公司

一、2021年经营概况

2021年，江苏省国际信托有限责任公司（以下简称公司）守住不发生系统性金融风险的底线，大力发展标品投资类信托业务，不断提升自有资金使用质效，主动管理能力稳步提升，公司高质量发展不断迈上新台阶。截至2021年末，公司受托管理信托资产规模3 865.18亿元，固有资产规模278.69亿元。2021年实现营业收入25.22亿元，实现手续费收入8.50亿元，实现利润总额22.53亿元，实现净利润20.40亿元。

2021年，江苏信托荣获"2020年度南京市网络安全等级保护工作先进单位"称号、上海证券报社"诚信托"优秀"管理团队奖"、证券时报"2021年度优秀风控信托公司"称号等奖项。

（一）推进资产端转型，产品体系更加丰富

公司不断推动被动向主动转型，推动融资向投资转型，推动利差收入向服务收费转型。截至2021年末，公司主动管理类信托资产规模达到了3 493.58亿元，占比首次达到90%以上。

（二）推进财富管理转型，营销能力稳步提升

公司由资产驱动型销售向资金驱动型销售转变，强调投资类、标准化净值型产品销售能力建设，进一步提升服务能力，现已初步形成以总部南京为中心，辐射上海、深圳及省内经济发达城市苏州、无锡的"财富分中心+财富团队"的展业新格局。

（三）优化自有资金运用，自营业务提质增效

公司股权投资管理不断优化，创投项目收益良好，资本市场运作取得良好成效。截至2021年末，公司共持有10家金融机构股权。参与发起设立的四支创业投资基金，以及以自有资金参与基金专户理财均有良好收益。

（四）守牢风险底线，保持持续稳健经营

1.完善业务审核标准，不断修订完善各类业务指引，不断提升创新业务的"安全性"和

规范性。

2.强化风险防控早期干预，建立了按周风险监察与报告的常态化工作机制，做到风险早发现早处置。

3.积极推进风险项目处置，认真落实风险处置的主体责任，加强与委托人沟通，积极探索风险处置方式。

截至2021年末，公司所有信托项目、包括房地产项目均正常运行，固有业务不良率为0。

（五）强化合规经营，公司发展更加规范

1.推进内控合规体系建设。进一步优化审批流程，完善制度流程和评价体系建设，先后制定了《江苏信托产品风险等级评定管理暂行办法》等展业制度和管理制度，为业务转型、高效运营提供制度基础和保障。

2."两项业务"压降全力推进，金融同业通道压降以及风险资产处置已达成预期目标。

3.贯彻落实合规经营要求，及时开展资管新规自评估、监管通报问题自查等工作。作为上市公司的重要组成部分，公司严格贯彻上市公司要求，强化信息披露的责任意识、信息保密的合规意识，做好信息披露相关工作。

（六）优化内部管理，转型基础进一步夯实

1.公司治理进一步优化，人才队伍建设稳步推进。截至2021年12月末，公司员工总数为220人，员工98%为本科及以上学历，平均年龄为35岁；具有注册会计师、律师资格、CFA职业资格的人员共37人次；公司已形成一支年轻化、专业化的人才队伍。

2.信息化水平逐步提升。公司相继开展了现金流管理系统、家族信托系统等多项系统建设，使信息系统建设再上新台阶。公司自主研发的"江苏信托基金业务投资管理系统"获得软件著作权。

（七）全面加强党的建设，确保高质量发展正确方向

过去一年，公司始终聚焦新时代党的建设总要求，认真贯彻落实上级党委的各项部署，全面履行党委主体责任和纪委监督责任，持之以恒改进作风，为深化改革和转型发展提供了坚强的政治纪律保障。

二、创新业务案例

公司在严守风控底线、不碰合规红线的前提下，加大业务创新力度，在现金管理类/固收类证券投资信托、资产证券化、家族信托等业务领域取得了一定成果。相关特色领域业务成

果如下：

（一）标品投资领域

公司以"安鑫添利"及"现金添利"为代表的固收类产品规模迅速扩大，客群数量增长加快，产品影响力逐渐突显。公司推出以长江尊享系列为代表的固收+产品以及多种指数增强类产品，证券类投资品种更加丰富。

（二）资产证券化领域

公司成功在中国银行间市场发行公司首支碳中和债"大唐租赁绿色ABN"，首期规模逾10亿元，基础资产涉及全国12省共22家风电、水电、光伏等新能源企业，先后落地了多笔"徐工集团/机械租赁ABN"资产证券化项目。此外，在业内首创交易所城投资产证券化业务，盘活企业资产，为实体经济输入金融活水。

（三）家族信托领域

加强研发协同，挖掘匹配客户需求，与利安人寿合作落地了首单保险金信托业务，丰富家族信托业务品种。

三、社会责任履行情况

公司秉承"发展 创新 高效 稳健"的经营理念，以及"客户价值的持续化，股东价值的最大化，员工价值的最优化"的企业使命，坚守受托人定位，持续增强社会责任理念意识，建立健全社会责任管理体系，推动社会责任管理与企业经营管理体系融合。

公司始终把服务实体经济作为出发点和落脚点，充分发挥信托制度优势，全面提升金融服务效率和水平，先后落地多笔徐工集团系产业链相关公司资产证券化项目，为相关公司转型发展提供了资金支持，为实体经济发展注入金融活水，助力地方经济发展。积极响应国家"双碳"政策号召，报告期内公司成功在中国银行间市场发行公司首单碳中和债——"大唐融资租赁有限公司2021年度第一期能源租赁绿色资产支持商业票据"。本次债券基础资产涉及全国12省共22家新能源发电企业，涵盖风电、水电、光伏等领域，将进一步提高金融支持新能源企业发展的资金实力和效率，助力"双碳"事业。

2021年，在抗击新冠肺炎疫情的特殊情况下，公司密切关注属地疫情防控需求，第一时间下发了《同心抗击疫情、争做发展先锋——致江苏信托全体党员的倡议书》，并向属地社区捐赠抗疫物资，为奋战在抗疫一线的社区工作者提供安全保障。

四、2022年发展规划

2022年，公司将以稳中求进为总基调，树立江苏信托高质量党建品牌，打造"金融持股平台、资产管理平台、财富管理平台、信托服务平台"等四大业务平台，纵深推进改革转型，持续优化和完善体制机制、业务矩阵、组织架构和展业模式，守牢合规红线和风控底线，实现经营业绩稳步增长，行业地位稳步提升。

（一）坚持全面从严治党，不断加强党的建设

一是以习近平新时代中国特色社会主义思想为指导，全面贯彻党的十九大和十九届历次全会精神，深入领会习近平总书记视察江苏重要讲话指示精神，筑牢思想根基。二是认真落实全面从严治党主体责任，围绕公司转型发展和风险防控，以深化教育为基础、以制度建设为主线、以纪律监督为抓手，一体推进不敢腐、不能腐、不想腐，持之以恒抓好作风建设，持续营造风清气正的良好政治生态。三是切实践行国有企业社会责任。发挥信托制度优势和自身专业管理能力，结合信托文化建设，在慈善信托、绿色信托等方面寻求机会，打造具有公司自身特色的品牌业务，以实际行动展现国有企业担当。

（二）深入推动转型发展，构建信托业务新体系

以监管政策为指引，以创新为突破，以服务实体经济、促进美好生活、助力"双碳"目标等为出发点，回归信托本源，融入和服务新发展格局，加快落实资产管理和财富管理双轮驱动的发展战略。深化业务转型，加快形成一批可推广、可复制的业务模式，进一步提升经营质效。

在资产管理信托方面，从标品信托、证券信托、特殊资产业务等入手，优化升级资产管理业务体系。在资产服务信托方面，重点在涉众资金受托管理服务、资产证券化、企业重组和企业破产受托服务等方面加大展业力度，争取取得突破。财富管理方面以家族信托业务为发展重点，以家庭资产账户管理为重要抓手，全面推动财富管理业务由"零售"模式向"资产配置+增值服务"模式转变。

（三）充分发挥金融持股平台优势，探索协同联动机制

依托公司自身以及集团的持股平台优势，积极推动"信托+保险+银行+证券"资源整合。围绕行业转型发展重点，充分发挥信托的跨市场投资功能，与江苏银行、利安人寿、华泰证券等金融机构进一步加强资源整合，深化战略合作关系。在资产管理和财富管理业务层面加强信息沟通、产品业务互补，共同发掘优质资产和展业机会。

（四）落实合规风控体系建设，加强立体防控能力

深入贯彻落实中央经济工作会议和银保监会工作会议精神，始终坚持稳字当头，牢牢守

住合规风险底线。加强统筹协调，准确掌握监管政策走向，把握展业节奏。统筹好监管指标合规和新业务落地，确保公司依法合规经营。一是将信托文化建设融入公司战略和日常。二是打造"立体式"内控体系，不断健全和完善由事前防范、事中控制、事后管理组成的三阶段风险管理与控制系统。三是扎实做好重点领域风险防控工作。

（五）持续深化市场化改革，构建先进人力体系

一是加强人才引进。根据业务体系建设需要，持续推进市场化招聘，引入紧缺人才，带动业务资源导入，推进创新产品体系建设。二是加强梯队建设，完善激励机制，在公司营造重视人才、尊重人才、关爱人才的良好氛围。三是建立健全多层次培训体系，推进培训工作常态化、制度化。

（六）加强基础设施建设，助力公司转型发展

一是坚持科技赋能，加强数据治理。搭建信息数据中台，加强数据统计协调性、提升穿透式监测能力。二是扎实开展信托文化建设。通过顶层规划、有序组织、分步实施、同步完善的工作路径，将信托文化贯彻进信托创设、产品销售、运营管理、风险处置等各环节。三是实施公司品牌提升策略，以"明星产品""特色服务""创新经营"为抓手，诠释、塑造品牌。

交银国际信托有限公司

一、2021年经营概况

2021年是中国共产党成立100周年，也是"十四五"开局之年。一年来，交银国际信托有限公司（以下简称公司）党委班子、董事会及高管层努力克服疫情对展业的不利影响，坚持回归信托本源，加大服务实体经济力度，持续打造"最值得信赖的一流信托公司"。实现主要经营指标逆势增长、利润贡献保持稳定、资产质量与同业相比排在前列，总体呈现结构优、动能足、机制顺、可持续的高质量发展态势。全年实现营业收入21.02亿元，实现净利润12.35亿元，同比增长1.39%；年末净资产144.78亿元，同比增长8.82%；信托资产存量规模5 914.87亿元，基本保持稳定。

（一）心怀"国之大者"，服务"民之所向"

大力支持实体经济，通过信托贷款、证券投资、资产证券化等形式支持企业投融资993亿元，在新增信托规模中占比92.03%。发行标品和非标信托产品445亿元，同比实现翻番，满足人民群众财产性收入增长需求。积极参与乡村振兴，多方引入资金46.23万元支持甘肃天祝藏族自治县巩固脱贫攻坚成果，荣获交通银行"脱贫攻坚先进集体"。承担新华信托托管任务，为打赢防范化解重大金融风险攻坚战贡献力量。

（二）践行初心使命，服务国家战略

积极参与国家军民融合基金、联仁健康大数据、上海票据交易所、国家绿色发展基金管理公司等重点股权投资项目，优先将非标融资及债券投资额度向长三角等重点区域倾斜，发行长三角一号债券投资信托等专项产品，服务国家重大战略推进实施。创新金融服务方式，持续加大对工商企业、基础产业等的支持力度。成功注册银行间市场首单"N+N+N"模式ABN，储架额度100亿元，引进公开市场资金，服务小微企业融资。

（三）坚持回归本源，转型发展稳步推进

公司加快推动业务由非标向标品、融资向投资和服务信托转型。积极探索标品投资业

务，完善产品种类，打造现金管理、定开固收、TOF权益、证券服务等产品线。落地市场首单新能源补贴"碳中和"ABN项目（三峡新能源）及首单外资CCER碳资产服务信托（东亚电力）。年内发行公募信贷资产证券化规模380.26亿元，位列行业第8位。落地行业首单儿童人文医疗慈善信托（新华医院）和华西医院儿童救助慈善信托，设立交银集团首单非遗文化传承类保险金信托。

（四）坚守风险底线，持续强化风险管控

坚决落实监管"两压一降"（压融资、压通道、降风险）要求，严格管控房地产信托规模。把好项目准入和风险评估关口，加强交易对手集中度管理，持续做好贷后投后监控和临期管理。持续提升创新业务风险识别和防控能力，积极防范转型业务特有风险。深入开展"信托文化普及年"活动，弘扬受托人文化。全年无处罚及重大风险事件，未发生各类案件。固有信贷业务五级分类正常，信托资产质量整体较优，信托资产风险率远低于行业平均水平。

（五）加强消费者权益保护，口碑形象持续提升

持续开展金融知识宣传教育活动，切实履行消费者权益保护职责，引导金融消费者合理选择金融产品和服务，努力提升客户服务水平，保持客户服务零投诉。在信托业协会开展行业评级以来连续6年被评为A级（最高级）。荣获《上海证券报》"诚信托"卓越信托公司奖、连续六年荣获《证券时报》"优秀风控信托公司"奖、荣获2021年银行间本币市场"年度市场影响力奖"、荣获中国资产证券化论坛"杰出机构奖"。

二、创新业务案例

2021年，公司进一步回归业务本源，加快转型发展步伐，持续推动绿色金融、慈善信托、证券投资信托等业务落地。公司主要推出如下创新产品。

（一）绿色金融

公司积极服务国家"双碳"目标，践行绿色发展理。2021年公司落地了行业首单新能源补贴"碳中和"ABN"中国三峡新能源（集团）股份有限公司2021年度第一期绿色资产支持票据（碳中和债）"、首单外资CCER碳资产服务信托（东亚电力）等绿色金融产品；参与发起成立绿色发展基金管理公司。公司受托发行的"国电电力发展股份有限公司2020年度第1期/第2期绿色资产支持票据"荣获《证券时报》"2021年度优秀绿色投资信托计划"奖。

（二）慈善信托

公司积极弘扬信托文化，不断拓展慈善信托应用领域。2021年，公司落地行业首单儿童

人文医疗慈善信托"交银国信·瑞禾—儿童人文医疗1号慈善信托",为患病儿童提供人文关怀;落地先心病儿童救助项目"交银国信·德阳—华西儿童救助1号慈善信托",为先心病患儿提供救助。

（三）证券投资信托

公司积极探索资本市场业务机遇,在证券服务领域实现多点突破。成功发行"蓝色宝鼎""蓝色港湾"等多单固定收益型证券投资产品,成功发行风云、乐享、睿享系列等权益型证券投资产品。

三、社会责任履行情况

2021年,公司践行国有金融机构责任担当,积极履行社会责任,持续推动社会进步。一是践行绿色发展理念,通过绿色信托贷款、绿色发展基金、绿色资产证券化、绿色债券投资等多种方式,助力实现"双碳"目标。发行全国首单新能源补贴绿色公募"碳中和"ABN项目（三峡新能源）、全国首单外资CCER碳资产服务信托（东亚电力）,参与发起设立绿色发展基金,积极推动绿色产业发展。二是助力精准扶贫和乡村振兴战略实施。落实帮扶资金46.23万元,支持甘肃天祝藏族自治县农产品销售等。联合小股东湖北交投集团在湖北恩施鹤峰县唐家铺村建成党员教育实践基地,并开展"送农技知识下乡、送金融宣传下乡、送慰问下乡、送消费下乡、送金融知识进校园"等系列活动。三是弘扬大爱精神,支持公益慈善事业。联合爱佑慈善基金会设立行业首单儿童人文医疗慈善信托,共同建设"爱佑·交银国信童乐园",打造人文医疗多元服务活动空间;设立专项慈善信托,参与全世界规模最大的先心病儿童救助项目,努力为公益慈善事业贡献力量。

四、2022年发展规划

2022年,公司将以习近平新时代中国特色社会主义思想为指导,坚持稳中求进的工作总基调,以"最值得信赖的一流信托公司"为目标,顺应监管导向,聚焦转型发展,统筹疫情防控和经营管理,以高质量发展的优异成绩迎接党的二十大胜利召开。

（一）牢记使命,积极服务国家战略

把握宏观政策和监管导向,发挥信托制度与风险管控优势,积极服务"双循环"新发展格局,支持实体经济发展。对接长三角一体化、粤港澳大湾区、长江经济带、成渝双城经济圈、雄安新区等重点区域发展,支持创新企业发展和传统企业升级改造,以"融资+投资""境内+境外（QDⅡ）""对公+对私+慈善"综合化服务落实国家大政方针。

（二）坚持创新，激发转型发展活力

围绕绿色金融、养老金融、产业升级、城市改造等重点领域，以REITs、产业基金、员工持股、"固收+"等为突破口，扎实推进业务转型。加大对优秀企业债券投资力度，进一步支持资本市场发展，提升企业直接融资效率。提升个性化服务能力，满足客户财富传承、奉献慈善的需求，推动家族信托、公益慈善信托业务规模化发展。

（三）强化风控，保障业务稳健运行

加强对宏观政策、区域政策和监管政策的研读，提升交叉风险识别能力和综合应对能力，对市场风险、流动性风险保持高度警惕，坚决守牢不发生系统性风险的底线。深化内控管理，完善案防履职、监督检查制度，进一步强化反洗钱、征信、消保工作。圆满完成新华信托托管工作，助力打好防范化解重大风险攻坚战。

（四）科技赋能，夯实转型发展基础

持续加大数字化建设资源投入，强化标品业务、投资业务、财富管理系统化建设，加快运营流程数字化和智能化建设。持续做好数据治理工作，推动数据采集、使用和统计等系统化、线上化，逐步发挥数据资产对业务转型的驱动作用。

山东省国际信托股份有限公司

一、2021年经营概况

2021年,山东省国际信托股份有限公司(以下简称公司)坚持稳中求进总基调,以增强金融供给、服务高质量发展为己任,以机构改革、转型创新、风险防控为抓手,深入开展党史学习教育,统筹推进疫情防控和企业发展,公司总体保持"保稳有序、推进有力"的发展态势,高质量发展基础不断夯实。截至2021年末,公司资产总额公司合并资产总额人民币190.63亿元,合并负债总额人民币84.11亿元,合并所有者权益人民币106.52亿元;全年实现除税前合并利润总额人民币4.65亿元,归属于母公司股东的净利润人民币4.69亿元;受托管理的信托规模为人民币1 564.50亿元,全年实现信托报酬收入人民币8.30亿元。

(一)业务转型提质增效

紧抓标品业务发展机遇,初步搭建完成主动管理标品全产品线;发力主动管理型业务,"随鑫稳利""泰山宝""山东建设发展基金"等多支净值化产品陆续落地,2021年底存续规模突破人民币449亿元;积极拓展资产证券化业务,助力实体企业直接融资;加强与银行、银行理财子公司、证券公司等金融机构合作,着力构建全方位同业合作体系。大力拓展投贷联动和股债结合类业务,持续提升传统业务创收能力。重点推动基于账户管理的家族信托等服务类信托业务发展,2021年底累计合同金额接近人民币220亿元,继续保持行业领先地位,回归信托本源步伐坚定有力。积极践行普惠金融,着力解决银行信贷难以覆盖长尾客群、融资难等问题。扎实稳妥做好固有资金运用,积极开展多元化投资,不断优化资产配置,主动培育业务转型新引擎,与信托业务协同效应持续提升。

(二)坚定财富管理转型方向

深入推进财富管理业务变革,设立财富管理事业部,持续加强自主营销体系建设,2021年自主营销规模超过人民币161.7亿元,同比增长45.7%;加快推进异地财富网点和营销团队搭建工作,新设北京、上海、西安、东莞等财富中心,形成覆盖华北、华东、西北、东北、华南的全国财富网络，进一步便利客户投资理财。积极开展消费者权益保护公益宣传工作，经常性开展金融知识宣讲活动，不断提升投资者教育工作实效。

（三）提升金融科技支撑能力

强化金融科技应用，完成智能风控系统建设，全面提升风险预判、风险管理和风险处置能力；制定标品AM4.0全资产管理平台重构升级方案并推进落地，持续提升信息系统对资本市场业务的支撑能力；完成公司APP2.0版本升级上线，全面优化系统交互体验，推进财富端系统优化，满足财富端快速迭代要求；优化业务系统功能，深挖业务需求场景，提升线上化、标准化、智能化水平；稳步实施家族信托2.0系统重构升级方案，实现家族信托账户体系管理、客户全生命周期管理功能。

（四）持续增强转型发展内生动力

采用"事业部+大部制"思路调整公司组织架构、优化运行机制，设立财富管理、家族信托及资本市场三大事业部和六大业务中心以及信托财务部（运营中心）、信息科技部、资产监控中心等职能部室，持续提升服务支撑能力；稳妥实施职业经理人机制改革，通过外部引进、内部竞聘等方式组建新的经营班子；全面推动薪酬考核体系改革，大力引进专业人才，加大对财富管理、资本市场及回归本源业务的支持力度，切实完善"强激励与硬约束"相融合的市场化管理机制，形成良性竞争、稳健发展的企业氛围。

（五）不断加强风险管理与内控合规建设

2021年，公司正式上线自主开发设计的智能风控系统，实现对房地产业务风险的量化管理，有效提升公司投资决策能力和风险管理水平。认真开展"规范建设提升年""内控合规建设年"等专项治理工作，制定活动方案，做好自查评估，扎实推进整改。积极做好反洗钱和反恐怖融资工作，加快推进反洗钱系统建设。坚守受托人定位，大力弘扬信托文化，深入开展信托文化建设工作，制定实施"信托文化普及年"活动方案。

二、社会责任履行情况

公司坚持用"改革深化、管理创新"的思维贯彻新发展理念，进一步完善组织架构、优化运行机制，设立三大事业部、六大业务中心，加快营销体系布局，迈开全国展业新步伐。坚持"以客户为中心"的服务宗旨，持续加强消费者权益保护和投资者教育工作，构建良好的金融消费环境。

公司立足回归本源、服务实体的根本宗旨，积极引导社会资金投向实体经济，支持国家和区域重点产业发展。融入区域发展战略，成立山东发展建设基金，通过创投基金，积极服务新旧动能转换重大工程，助力黄河流域生态保护和高质量发展。

公司将绿色信托纳入"十四五"战略规划，将"绿色"理念渗透进公司的经营观念之中，加大绿色金融供给和对ESG投资的创新研究。截至2021年末，存续绿色信托业务规模13.52亿元。将ESG纳入风险管理及业务流程，营造绿色发展的企业文化，全力迎接"双碳时代"。

公司积极履行社会责任，深耕慈善信托，致力于为乡村振兴和共同富裕贡献力量，全年慈善信托支出200多万元，直接受益近1 200人。在抗击新冠肺炎疫情、决战决胜脱贫攻坚、助力乡村振兴等领域贡献信托力量，彰显"有温度、负责任"的国企担当。

公司坚持与员工共同成长，合力创造美好未来。完成职业经理人机制改革，完善人力资源制度体系，大力引进市场化专业人才。持续优化员工培训体系，服务员工需求，为员工搭建成长平台，营造暖心职场环境。

三、2022年发展规划

2022年，公司将牢牢把握"稳字当头、稳中求进"工作总基调，顺应监管导向和市场需求，以深入开展"精细化管理提升年"活动为契机，统筹推进疫情防控、改革发展与风险管控，全面推进组织体系科学化、业务流程系统化、规章制度标准化，努力实现高质量发展。

（一）聚焦主业转型创新，加快推动转型业务发展

坚定市场化改革方向，聚焦主业、强基提质，推动业务结构向融资与投资并重、非标与标品并重转型，着力提升专业投资能力和标准化产品配置水平；积极开展面向机构的定制化业务，巩固提升家族信托、普惠金融竞争优势；围绕现金管理、债券投资、组合投资、资产证券化等重点业务发力，加强投研能力建设，进一步拓宽合作渠道，持续做大业务规模，有效提升市场竞争力。

（二）立足财富管理转型，发挥账户管理核心牌照优势

聚焦"个人+机构""标品+非标""线上+线下"三大策略推动公司财富管理转型；大力拓展机构客户业务，扩展金融机构代销渠道；坚持落实全国展业布局和理财师队伍市场化、专业化发展思路，持续加大公司财富网点建设力度，全面提升展业能力和营销实力；有序推进产品系列化和财富品牌化建设，全力打造客户自助一站式服务平台及客户体验优的"有温度"的网点，提升财富品牌知名度和影响力。

（三）践行金融国企使命，持续服务实体经济发展

积极响应国家、监管政策要求，坚定不移履行国有企业责任，立足自身资源禀赋、发挥比较优势，多措并举支持实体经济发展。全面衔接金融机构与企业客户，充分调动多方资源，围绕新基建、战略性新兴产业、绿色金融、中小微等重点领域，通过贷款、债权投资、股权投资、产业基金等方式，助力企业拓宽融资渠道、降低融资成本。

（四）持续提升金融科技能力，积极助推业务转型

着力构建以能力提升为依托、以稳态与敏捷双态融合为驱动的服务型科技模式，重构IT系统架构，完成标品资产管理系统、资产证券化系统、家族信托系统建设；持续优化财富APP功能，实现家族信托移动展业，推动综合管理平台、登记过户系统、数据中心等升级版本落地，为公司转型发展提供坚实支撑。

（五）全面提升精细化管理水平，防范化解重大风险

公司将以"精细化管理提升年"活动为契机，遵循"本部专业化，异地综合化"思路，持续对组织架构、人力资源体系进行优化升级，以工作流程和岗位职责为切入点，健全完善公司各项制度、流程、系统，突破发展瓶颈，夯实管理根基，充分释放改革红利。全面推行"全面、全员、全过程"的风险管理文化，完善以业务拓展、风险合规、稽核审计、纪检监察"四道防线"为组织基础的全面风险管理体系；压实风险化解主体责任，多措并举加大风险项目处置。

苏州信托有限公司

一、2021年经营概况

（一）经营目标、方针、战略

公司经营目标：苏州信托有限公司（以下简称公司）继续理顺治理机制；完善以规划为导向、以人才为基础、以制度为标准的科学发展模式；积极探索利用股东资源和开发战略联盟资源进行合作的方式，拓宽和加深核心业务的开发培育；逐步建立更加有效的绩效考核和激励机制，吸引更多更优秀的人才为公司发展服务；进一步提升市场营销与项目拓展能力，加大客户开发、产品供给的力度，为客户提供更丰富的产品和更优质的服务；努力实现由地方性中小机构向全国性信托公司转变，最终成为独具特色的信托理财专业机构。

公司经营方针：坚持依法合规和稳健经营，坚持以健康可持续发展为导向、以"诚信、创新、协作、敬业、自律"为核心理念的发展路径，通过规范的公司治理和不断完善的经营管理机制，以及依靠外部引进的高层次人才，推进信托主业的转型和全面发展。

公司战略规划：以"独具特色的财富受托人"为愿景，打造特色化的信托产品、综合的理财服务，以及全国性的影响力，成为地方信托公司中的标杆型企业。

（二）公司所经营业务的主要内容

表1　　　　　　　　　　　自营资产运用与分布表

资产运用	金额（万元）	占比（%）	资产分布	金额（万元）	占比（%）
货币资产	138 848	20.65	基础产业	—	—
贷款及应收款	43 922	6.53	房地产业	54 792	8.15
交易性金融资产	301 981	44.91	证券市场	105 898	15.75
其他权益工具投资	102 995	15.32	实业	40 240	5.98
长期股权投资	—	—	金融机构	423 391	62.97
其他	84 663	12.59	其他	48 088	7.15
资产总计	672 409	100.00	资产总计	672 409	100.00

表2　　　　　　　　　　　　　　信托资产运用与分布表

资产运用	金额（万元）	占比（%）	资产分布	金额（万元）	占比（%）
货币资金	124 369.73	1.95	基础产业	302 943.00	4.76
贷款	1 920 999.98	30.19	房地产	201 980.82	3.17
交易性金融资产	863 952.20	13.58	证券	1 296 736.75	20.38
持有至到期投资	2 832 494.19	44.51	金融机构	125 050.85	1.96
长期股权投资	368 998.86	5.80	工商企业	3 458 560.93	54.35
长期应收款	0	0	其他	978 481.04	15.38
买入返售金融资产	47 600.00	0.75			
应收款项	16 307.57	0.25			
其他资产	189 830.86	2.98			
减：各项资产减值准备	800.00	0.01			
信托资产总计	6 363 753.39	100.00	信托资产总计	6 363 753.39	100.00

二、创新业务案例

（一）TOF业务实现突破

2021年，在公司业务部门及其他相关部门的积极努力下，成功落地了公司首单TOF项目：价值均衡A2101X集合资金信托计划，首期规模5 000万元，实现了公司TOF业务的突破。

2021年，随着中证500指数和中证1000指数走出趋势性行情，中小盘个股表现活跃。在震荡行情下，具有更好策略配置和风险分散能力的产品类型开始受到市场追捧，投资者的目光也由单个基金策略转向了组合基金策略，其中私募FOF等资产逆势走强，成为资产配置中增长较快的类别。相比于单一的产品投资而言，多资产多策略解决方案思路的FOF基金，可以根据市场环境的变化来实现动态组合、动态管理，以此来实现客户中长期的收益风险偏好目标。

在此背景下，为了增强主动投资管理能力，丰富产品线，更好地满足客户多样化配置需求，公司相关业务部门团队优选市场上的资管产品，搭建了这一TOF产品。该产品包括多个策略，能够将波动和回撤控制在相对较小水平下，同时获取稳健收益，从而使公司实现了TOF产品的最终落地。

（二）慈善信托持续推进

截至2021年12月底，公司共设立12单慈善信托，规模共计12 012.5万元，共计捐助金额1 052.2万元。2021年，新成立2单慈善信托，分别为苏信·善举10号慈善信托，资产规模为2 000万元；苏信·善举7号慈善信托，资产规模为500万元。本年度的慈善信托捐赠共计542.6万元，主要用于慰问贫困老人、捐助困难学生、帮助困难群众购买医疗保险及支持文化艺术事业的发展。

（三）涉众资金管理服务信托

为发挥制度优势，创新服务社会治理，经过公司上下一同努力，于2021年11月成功落地了公司首单校外培训服务信托——苏信服务·新科教育众安1号服务信托计划。公司按照市委市政府进一步加强校外培训机构预收费行为管理的要求，在苏州市地方金融监督管理局和苏州市教育局的指导和配合下积极行动，利用信托制度优势建立苏州市预付式消费资金管理平台，并作为受托人运行管理校外培训预付资金信托管理系统。以此为标志，公司在积极履行受托人职责的同时，服务信托的业务领域也得到了有效扩展。

三、社会责任履行情况

2021年，公司贯彻落实"三重一大"决策制度，进一步完善法人治理结构、内控体系及风险管理，有效控制各类风险；积极发展主动管理类信托业务，完善客户服务体系，优化产品结构；紧跟政策指引，顾全大局，充分发挥国有金融机构功能，积极支持实体经济发展；支持苏州地方经济转型发展，提供优质的信托金融服务；加强党风廉政建设；保障员工基本权益，提供各类专项培训、健全的保险保障和丰富的活动；推行绿色金融，支持低碳环保经济；积极投身金融知识宣传和消费者权益保护工作，构建立体化投教体系，切实保障投资者各项合法权益。开展金融知识普及月、消费者权益保护、防范非法集资和反洗钱等主题宣传；积极开展疫情防控相关工作，履行疫情防控责任；积极发展以慈善信托和涉众资金监管信托为代表的服务信托，获得良好社会成效；积极有效开展案件防控和反洗钱相关工作，保障公司业务运行平稳。

四、2022年发展规划

（一）继续推动增资扩股，支持公司转型发展

公司注册资本金12亿元，不仅在江苏省内四家信托公司中垫底，在全行业68家信托公司中也居于末游。公司部分业务开展因而受限，同时不利于公司在行业中地位的提升。

2022年，公司将在苏州市国资委、财政局和国发集团等多方的关心支持下，继续努力推动增资扩股工作，完成相关任务。无论从监管政策、业务资格还是行业发展的情况来看，增资扩股都已成为信托公司壮大自身实力、探索创新型业务的发力点。增资扩股可以改变公司目前资本规模偏小的状况、优化股权结构，满足监管政策要求，并为公司业务转型发展提供有力支持。

（二）推动传统业务向标品投资转型

近年来，标品业务成为很多信托公司重点开展的业务领域。从监管要求来看，资管新规

与资金信托新规等一系列政策，促进了信托研究非标转标，并发力标品业务。

公司需要深度挖掘信托自身的优势：首先，财富管理需要多种资产进行组合配置，信托账户可以有效对接多种资产，这是信托的优势之一；其次，信托公司在融资项目领域有一定基础，对发债主体较为熟悉，以债券为主的固定收益业务符合信托公司的实际能力；最后，信托公司可以借助房地产、政府平台等非标债权业务中积累的客户资源及风控基础，打造自身在特定领域标品的专业投资优势。

非标转标是大势所趋，股票、债券市场的建设更是历史性机遇，信托公司需要加快推动标品投资业务的发展，以更好地适应未来市场的竞争状况。

（三）加快财富管理能力建设

财富管理能力是大资管行业竞争的一大核心能力。2022年，公司将继续提升主动投资配置能力。目前，公司已经构建以平衡配置、增强配置、积极配置等投资策略的华荣系列信托产品、以单一专户财富管理服务的华彩华丽系列产品，以及以特定需求定制的华丰信托产品，开放式估值管理的华冠信托产品四大财富管理类信托产品体系。

其中，华冠信托产品作为短期开放式的现金管理类信托理财产品，在业内和客户中已有一定认识和良好口碑。在华冠资金投资配置管理中，坚持以安全性、流动性、收益性为原则进行投资配置，在满足资产安全、收益稳健的前提下，做好流动性资产的准备和配置。华荣信托产品作为公司首个净值化管理的信托产品，信托计划已成功开放11期，其中4期信托计划已实现收益分配，信托产品运行稳健。

未来，公司将推动构建大类资产配置格局，着力打造更强的财富管理团队，更好地提供财富管理服务。

（四）探索扩大服务信托业务范围

预计未来几年，服务信托将继续成为信托公司业务转型的方向之一。公司在2021年成功落地了涉及预付款管理的苏信服务·新科教育众安1号服务信托计划，继慈善信托后，进一步延伸了服务信托的范围。目前，公司已经构建了服务信托专门部门，配备了专职人员，负责对服务信托业务的开发工作。

公司在2021年对存续慈善信托进行了良好的后续管理，并与委托人、慈善基金会等保持沟通交流，确保各项目正常运行。

未来，公司将继续推动包括慈善信托在内的服务信托的业务范围，继续在商超预付卡、住房租赁、体育健身、物业管理等领域探索，从而更好地发挥信托制度的优势，更好地承担受托人角色。

五矿国际信托有限公司

一、2021年经营概况

2021年，五矿国际信托有限公司（以下简称公司）坚持"稳中求进"发展总基调，严格落实监管要求，紧抓资管新规过渡期窗口，明确转型方向，沉着应对市场波动，主动缓释风险影响，为二次转型打下坚实基础。

一是狠抓业务转型，稳住了发展的基本盘。营业收入累计实现45.97亿元；利润总额实现31.34亿元、净利润23.62亿元。业务结构稳中有升。信托资产规模结束了一年多的下降趋势，从2月开始企稳回升，增至8 174.05亿元、增长16.30%。其中，主动管理类资产规模7 169.26亿元、增长19.95%，规模占比87.71%，较年初增加2.67个百分点。业务转型初见成效，分母型业务规模3 415.40亿元，为年初的3.47倍，占比增至51.19%。定增项目投资规模16.5亿元，慈善信托新增42单，累计规模升至7 177.57万元，首单QDⅡ项目正式发行，五好家庭社区账户试点业务等服务信托实现落地。资金渠道齐头并进。主动管理类资金累计落地规模2 647.12亿元、增长4.06%。其中，家族信托存续管理规模113.40亿元，在股权信托、养老信托、艺术品信托等领域取得新突破。

二是狠抓汇智创新，稳住了发展的驱动力。为深入推进二次转型，公司及时从战略设计、组织创新和人才文化建设等方面推出系列配套举措，调整业务机构、加快转型升级，蓄势发展新动能。产品线有序丰富。首创标品专班、PE专班，在多个专项领域实现从0到1的关键突破。大运营平台持续发力。建立重点项目、主体的动态跟踪和量化管理体系，切实增强了中后期精细化管理水平。人才培养有的放矢。完成投研序列职级体系构建，丰富"翔雁"人才培训和学习资源，探索信托助理统筹培养，人才梯队建设渐成体系。持续构建文化品牌。积极开展信托文化普及年活动，全年共荣获权威奖项25个，其中，"五矿信托——三江源系列慈善信托"荣获最高规格奖项——民政部"中华慈善奖"。积极践行ESG发展理念，引入ESG授信评审评价机制，推出行业内首份ESG报告，树立示范标杆。

三是狠抓赋能增势，稳住了发展的发动机。严格落实监管和股东要求，持续完善风险管理和科技建设，为平稳转型提供了重要保障。风险管控有效赋能。完善"一体八面"全面风险管理体系，健全分级授权体系和分类审批机制，推进差异化评审体系升级，持续优化集中度管理。坚决落实监管督导事项。高质量完成"内控合规管理建设年"等专项活动，健全消费者权益保护机制，全方位提升合规经营和消保工作水平。信息科技有效赋能。以"可感知、能共享、有温度"为发展目标，持续加强资源统筹，各板块整体需求落地效率提升20%以上，全年上线科技项目78个、申请软件著作权35个，为历年最高。重点领域支撑更加有效。夯实公司资产质量，共完成主动管理类信托风险资产处置27.11亿元，化解事务管理类信托风险资产规模48亿元。

四是狠抓党的建设，稳住了发展的航向标。在学习党的百年奋斗历程中，全方位将党建工作融入日常经营，为二次转型稳舵远航提供有力支撑。高质量推进党史学习教育。认真学习贯彻习近平总书记重要讲话精神、参加党的十九届五中、六中全会精神学习班、上线党史学习教育系列课程，开展形式多样的主题党日和"我为群众办实事"实践活动，推进党史学习教育走深、走实。高质量完善基层组织建设。将原有六个支部扩充为十个党支部，选强配齐党务干部，特别是基层党支部书记，全部由一级部门负责人兼任，建强了基层"战斗堡垒"。高质量对接外部审计检查。积极做好审计署、国资委、集团公司、五矿资本先后五次现场审计以及巡视巡察工作，全面、客观地向各检查单位反映公司经营和发展情况，认真落实整改意见，促进内部管控水平持续提升。

二、创新业务案例

（一）信托行业首个与国际资管巨头深度合作的跨境投资项目成功发行

"五矿信托——锋裕汇理全球创新动力基金集合资金信托计划"是北京金融办审批并首个成立的QDLP项目，是信托行业首个与国际资管巨头深度合作发行、并涉足境外证券市场投资的均衡型权益类标品项目。该项目的成功发行，标志着我国信托行业与欧洲最大资管公司东方汇理资产管理公司（Amundi）首次成功合作（此前该公司与我国银行业、基金业都有着深度合作，合资成立了汇华理财和农银汇理）。该项目顺应国家政策导向，获得中法两国官方的高度认可，产品发布仪式由法国驻华使馆经济参赞David Karmouni代大使主持、国家外管局资本司及北京金融办等多方代表参加，为中法合作经贸金融作出贡献。该项目开创了信托行业与国际资管巨头的深度合作模式的先河，打破了信托公司被动参与QDLP产品投资的局面，开创性地为信托的高净值客户的海外投资配置提供主动管理服务，产生了极好的示范效应；多家国际一流金融机构都主动与公司洽谈进一步合作，不仅提升了公司在国内外市场的知名度及影响力，还代表中国信托行业在国际市场打开了声誉。公司在投研和审批过程中深入研究了国际市场风险、境外金融监管制度、境外资管产品结构设计和投研管理、国际大型资管巨头的风控措施等，为信托行业培养了一批跨境金融市场投资的前中后台人才。

（二）信托行业首个与施工企业合作的基础设施领域股权投资项目落地

"五矿信托——基建23号投资集合资金信托计划"以公司基建2.0模式与五矿二十三冶合作，拟由公司与五矿二十三冶、江苏建筑设计院组成联合体，参与"新沂经济开发区2020第一批FEPC项目"的招投标。项目中标后，公司通过该信托计划募集资金用于投资设立项目公司并发放股东借款，资金用于支付施工企业工程款，五矿二十三冶负责项目的设计施工建设。项目估算总建安投资22亿元，建设内容主要包括产业园区、学校及配套设施等，投资收益率为7%/年。建设期按照工程确认产值量的70%进行计息（不付息），回购期按照确认工程量的100%计息，建设期收益在回购期一次性支付，回购期收益分期支付。

该信托计划存续规模不超过13.5亿元，最终以实际募集的资金为准，按子项目分批分期发行，信托总期限不超过10年。用于对"新沂经济开发区2020第一批FEPC项目"的项目公司进行"股+债"投资。项目竣工验收合格后由新沂经济开发区建设发展有限公司（以下简称新沂经开）分3年，按照4:3:3的比例进行回购。

该项目主要的亮点在于，信托计划资金直接运用于项目的建安工程款支付，避免平台公司将信托计划资金挪为他用，避免资金用违规。同时在与施工企业的合作中，信托计划资金只支付施工进度款的60%，在平台公司支付回购款时，优先偿还信托计划支付项目公司的股东借款，施工企业垫付的资金劣后退出，保证信托计划资金的安全。故信托计划资金是在既合规又安全的情况下进行运用和获得收益的。

（三）设立"信保基金服务信托项目"

公司发起设立"五矿信托信保基金服务信托项目"，由信保基金缴纳义务人（受托人或融资人）将其按照《保障基金管理办法》《信保基金实施细则》规定应认缴信保基金的资金款项委托给公司设立信托。公司按照信托合同的约定承担账户开立、资金划转、结算及向委托人/信保基金认购人提供认缴、分配等服务。

通过设立公司信保基金服务信托项目，开展信保基金认购款项的项目制管理，将信保基金认购款与信托公司固有财产进行区分管理和风险隔离，并以各笔信保基金缴纳款为子期进行独立核算，提升了信托公司管理信保基金缴纳款的专业及规范程度；同时，也将信保基金纳入了信托公司受托财产的标准统一管理，将信保基金服务信托项目数据合并计入1104报表，定期上报监管部门，便于监管部门统筹指导。

三、社会责任履行情况

2021年是"十四五"开局年。公司站在历史新起点，积极响应"服务实体、服务人民、服务社会"的行业转型主旋律，贯彻和履行公司追本溯源、不忘初心、服务社会的长期承诺，实施符合ESG标准的可持续发展战略，携手社会各界，共同努力，致力于为建设文明、和谐、绿色的美丽中国贡献自己的力量。

（一）全面加强党的领导

公司认真学习习近平总书记重要讲话精神和党的十九届六中全会精神，全面贯彻"两个一以贯之"，深入推进全面从严治党总要求，着力提高"三基建设"，为实现全年工作目标提供坚强的政治保障和组织保证。

（二）有效防控金融风险

公司严格贯彻落实信托公司经营管理的各项法律规定及监管合规要求，压实法律责任，依法治企水平不断提升。严格遵守监管部门、股东单位的工作要求，坚持"实质合规"；深入贯彻落实银保监局关于开展"内控合规管理建设年"活动的要求，不断健全建立内控制度、规范制度执行、努力提升内控管理水平。

（三）服务实体经济发展

公司立足行业、回归本源，大力开展主动管理业务，紧扣国家战略，通过债权融资、股权融资、投贷联动、资产证券化等多种工具和手段，积极服务"一带一路"、粤港澳大湾区、京津冀协同发展和长江经济带建设；支持战略新兴产业，关注新一代信息技术、新材料、生物医药等领域；支持传统产业优化升级，优化其资本结构，增强整体资本实力和竞争力。

（四）服务人民美好生活

公司坚守"受人之托，代人理财"的初心，坚持"专业、勤勉、尽职"的发展理念，忠实履行受托责任、践行责任金融、普惠金融，提供家族信托、养老信托、保险金信托等精细化、专业化服务，坚持满足人民群众日益增长的财富管理需求。家族办公室联合国家金融与发展实验室发布《家族财富管理调研报告2021》，以"老龄化进程中信托的普惠担当与破局"为题，聚焦养老机构、市场与服务。

（五）积极投身公益慈善事业

公司积极践行央企社会责任，将慈善信托作为践行社会公益的重要平台，2021年，公司设立14单慈善信托，项目覆盖扶贫济困、生态环保、疫情防控、教育人文、文化传承等多个领域。公司持续深入一线，力求实效，关注欠发达地区、民族地区的可持续发展，支持特色产业、教育事业及基础设施建设，为欠发达地区筑起希望之桥，为实现新时代共建、共荣、共享的公益慈善事业贡献自己的力量。在青海地震后，紧急采购防寒物资和食品送往灾区。

郑州暴雨期间，第一时间组织动员员工捐款，并与当地红十字会联系提供帮助。

（六）始终坚持绿色发展

公司始终坚持绿色发展，践行绿色运营，积极探索以ESG为代表的绿色金融发展路径，助力实现国家绿色金融发展目标。公司于2021年4月正式启动ESG授信评审评价机制，有效推动客户、合作伙伴及利益相关方提升ESG表现，拓展绿色金融的广度与深度。7月，在行业率先发布ESG暨社会责任报告，展现公司绿色金融责任担当。公司绿色信托项目共计存续38个，存续规模合计96.44亿元，较2021年年初增长13%。公司绿色信托重点涵盖生态农林牧渔业、生态保护、生态修复、绿色交通、节能低碳服务和节水服务等领域。

（七）有效提升人本价值

公司坚持"以人为本"的人才理念，高度重视人才梯队建设与员工发展。不断完善人才发展平台，打造"四纵五维"人才培养体系，推动人才与公司共同成长。努力创造"以人为本、健康生活、快乐工作"的人本文化环境。举办形式多样、内容丰富的专题培训，激励员工自我提升，全年培训参与达3 156人次。

（八）持续推进消保工作

公司持续健全消费者投诉机制、渠道和流程，加强消费者投诉管理，依法合规、便捷高效地妥善处理消费者投诉，在处理投诉中充分尊重和考虑消费者的合理诉求，并做好舆论引导和负面舆情监测，提高消费者投诉处理质量和效率，塑造良好的行业形象。公司持续开展消费者权益保护内部培训工作，不断强化员工消保意识。全年共组织9场相关培训，通过专家授课、案例分析等培训形式，涵盖消保政策、内部制度等内容，持续提升消费者权益保护工作能力水平。

四、2022年发展规划

公司上下要锚定航向、凝心聚力、随风调帆、拥抱变化，以变革管理思想和业务模式为工作主线，做到"三稳""三转""一通""一融"，努力将二次转型推入新的阶段。

一是稳定底线，以风险防控为本的思想不懈怠。按照集团公司要求，公司将把防风险摆在最突出的位置，努力做好风险防控化解和新增业务全流程风险把控，积极融入集团公司"1+N"全面风险管理体系建设，着力防范化解各类风险。

二是稳定方向，深入推进二次转型的步伐不停歇。面对二次转型难度和压力与日俱增，公司将推进组织架构和薪酬考核优化，实施"三化一制"改革，即"专业化、精准化、无界化、双轨制"。同时，同步组织推进人才队伍建设和企业文化建设。

三是稳定使命，服务集团主业的决心不动摇。公司将提高站位，坚持"聚焦主业，迈小步不停步"，深刻理解集团公司金属品种谱系、前瞻性战略布局、产业链培育、产业能级提升、人才强企五大行动计划的内涵，充分落实集团公司优化调整专项行动要求，进一步聚焦服务主责主业，用资本为产业发展插上翅膀。

四是转换轨道，找准战略型业务的突破点。把标品业务、财富管理、实业投行和服务信托等业务作为二次转型的战略型业务，按照"明确信托特色、精选转型赛道、坚持长久投入"的思路大力开展。

五是转换模式，找准成熟型业务的平衡点。公司将把地产、政信、基建、消金和固有等业务作为二次转型的成熟型业务，按照"顺应监管导向、持续改进完善、稳定收入贡献"的思路优化开展。

六是转换理念，找准优化服务的关键点。配套开展数字化转型及"大运营"平台等一系列配套举措，通过变革管理模式为二次转型增添动力。

七是通惠和畅，扎实推动战略规划与执行互进共成。按照"任务目标化、目标项目化、项目责任化、责任实效化"的要求，把"通惠工程"作为贯穿全局的战略工作，重点是解决公司内服务的"堵点"、打通管理的"断点"、激发创新的"热点"。

八是融合互促，扎实推动党建与经营同频共振。公司将坚持加强党的全面领导，真抓实干，把各上级党委的决策部署贯彻到日常经营中的方方面面，以更好地立足新发展阶段、贯彻新发展理念、构建新发展格局。

兴业国际信托有限公司

一、2021年经营概况

2021年，兴业国际信托有限公司（以下简称公司）坚定不移推进转型发展战略，积极应对信托业新旧动能转换、业务模式重塑重建时期的各类风险挑战，坚定回归信托本源，服务实体经济，全力抓好风险化解，调整优化业务结构，保持资产质量安全稳健，持续强化绿色信托品牌，在转型发展上取得新成效。

主动服务国家重点战略。充分发挥信托独特功能和多牌照优势，加大对先进制造业、战略性新兴产业等国家重点领域和薄弱环节的支持力度，主动服务于绿色低碳、蓝色经济、乡村振兴战略和重点区域建设，践行国有信托公司的责任与使命担当。积极支持长三角一体化、粤港澳大湾区建设等国家重点区域建设，已累计提供信托合同金额超45亿元。大力服务乡村振兴，围绕粮食收储、乡村产业升级和基础设施改造等方面提供金融支持服务，在乡村振兴领域年内新增投放9.52亿元。积极发挥子公司私募股权投资平台作用，年内在多个重点领域新增落地PE基金及并购基金类项目，积极支持实体经济转型升级。

持续强化内控管理水平。有效开展"两项业务"压降，组织开展内控检查工作，开展兴航程"法制体系建设年"活动，建立全流程风险管控机制，加强风险应急预案及处置研究。每年度定期开展内控自评工作，根据评估结果，优化风险控制措施，确保风险可控。积极发挥内部审计监督作用，提高审计工作质量，充分发挥内部审计在防范风险、完善管理和提高前中后台运营效率等方面的作用。进一步加强内部控制管理，定期发布法律法规汇编、有效制度清单，不定期组织开展法律法规、内部控制制度和内部控制流程、风险管理等方面培训，全面强化内部控制制度及操作流程的有效贯彻和执行。

加速推动数字化转型。强化信息科技顶层设计，制定公司"十四五"科技规划，加强系统前瞻布局，深化数字化转型实践。严格落实监管数据治理要求，完善数据治理基础建设，进一步提高公司监管数据报送质量。结合公司业务转型需求，稳步推进重点科技系统等建设，优化升级系统性能，减少人工操作干预，以科技赋能提升服务效率，提升客户体验。夯实信息基础环境，加强科技风险管理，提升信息安全水平，有效保障业务运行的连续性、安全性和稳定性。

稳步加强投资者教育，践行信托文化理念。2021年，公司按照投教宣传工作部署，以"线上+线下"组合宣传模式，有效推进公益性金融知识宣传普及活动的开展。投教宣传工作以3月、6月、9月为主并贯穿全年，先后开展了"3·15"金融消费者权益日、"美好生活·民法典相伴""打击治理电信网络诈骗犯罪集中宣传月""普及金融知识守住'钱袋子'""金融知识普及月"等宣传活动。持续探索金融知识普及宣传新形式，通过推出公司消保形象IP、携手新闻广播电台等主流媒体平台开展金融知识普及直播活动、推动消保宣传与公益活动有机结合等，持续提升消保宣传影响力及公司品牌形象。公司金融宣教多篇自主创作文章和视频被八闽金融微信公众号、信托业协会官方网站、金融消费者权益保护协会视频号与抖音号等平台采用，并被评为"福建银行业保险业2021年集中开展消费者教育宣传活动优秀组织单位"。

二、创新业务案例

公司认真贯彻落实国家宏观政策和金融监管要求，以推动业务转型与结构调整为契机，特色转型业务快速发展。

（一）绿色信托业务继续保持行业前列

报告期内，成功落地福建省首单碳排放权绿色信托计划和行业首单ESG主题证券投资信托；与中华环境保护基金会开展合作成立国内首个以生物多样性保护为主题的绿色慈善信托。在蓝色海洋经济领域落地福建省内首单"蓝色债券"投资业务，积极参与绿色客户债券产品分销工作。截至2021年末，绿色业务存续规模416亿元，继续保持行业前列。

（二）标品信托产品体系日渐成熟，服务信托本源业务迅速发展

现金管理类产品存续余额接近230亿元，较年初实现增幅16.46%，产品七日年化收益率位居市场同类产品首位；服务信托持续推进，家族信托实现快速增长，截至2021年末，存量管理规模超过160亿元，客户数超过1 000户，业务规模及客户数均实现翻倍增长。薪酬递延业务迅速增长，存续规模较年初增长252%。

（三）股权投资业务发展势头良好

报告期内，旗下兴业国信资产管理有限公司投资效益和品牌效应不断增强，投资范围覆盖新能源、高端制造、生物医药、绿色环保等重点领域，新增落地多项PE基金及并购基金类项目，参投企业晶科能源成功登陆科创板上市，孚能科技项目顺利退出。

三、社会责任履行情况

公司大力倡导以"可持续发展为导向，实施社会责任管理，提升核心竞争力"的发展

理念，积极履行社会责任，打造责任文化。注重发挥信托制度功能优势，加强金融创新与履行社会责任相结合，积极承担信托公司的经济功能和社会责任，将社会责任工作融入企业价值观、企业文化、战略规划和经营管理当中，推动公司积极服务国家战略导向、服务实体经济，并在推动开展社会保障事业、社会公益事业发展等方面积极发挥作用。

主动服务于碳中和、绿色低碳、蓝色经济、乡村振兴等国家重大战略。2021年度，公司成功发行福建省首单碳排放权绿色信托计划和行业首单ESG主题证券投资信托，与中华环境保护基金会开展合作成立国内首个以生物多样性保护为主题的绿色慈善信托，在蓝色海洋经济领域落地福建省内首单"蓝色债券"投资业务，积极参与绿色客户债券产品分销工作。截至2021年末，公司（含子公司）绿色业务存续规模416.13亿元，在行业保持前列。围绕粮食收储，乡村产业升级和基础设施改造等方面提供金融支持服务，在乡村振兴领域年内累计投放9.52亿元。

积极助力实体经济和国家重点领域及重点区域建设。报告期内，发挥信托独特功能和多牌照优势，支持长三角一体化、大湾区建设等国家重点区域建设。发挥兴业国信资管私募股权投资平台作用，聚焦新能源、医疗健康、大数据和人工智能等重点领域加大产业链资源的整合力度，积极助力实体企业转型升级和新兴产业可持续发展。

持续深入开展希望小学援建及公益捐赠，助力乡村振兴。2021年，公司继续助力对口捐助的希望小学开展年度"优秀教师"和"三好学生"评选活动，对63名优秀师生发放捐资助学款3.9万元，关心支持山区教育事业；积极依托兴业银行"兴公益"品牌，与非营利组织开展合作冠名，开展"三进"（进学校、进社区、进企业）活动，助力乡村振兴工作。2021年4月，公司协同兴业银行总行，赴云南宁蒗彝族自治县翠玉乡开展"兴公益"乡村振兴助学行活动，通过探访助学、中国传统文化推广、普及金融知识、建设爱心电脑教室等形式，为当地二坪完小的小朋友和留守儿童送去温暖。

四、2022年发展规划

2022年，公司将坚持以习近平新时代中国特色社会主义思想为指导，深入学习贯彻党的十九届历次全会、中央经济工作会议和金融监管政策精神，积极融入兴业银行集团"商行+投行"战略布局，着力调整优化业务结构、培育转型业务专业能力，坚定回归信托本源；持续推进数字化转型和信托文化建设，强化全面风险管理，积极做好消费者权益保护工作。积极应对深度变革的行业形势，创新求变、赢得主动，牢牢把握信托转型发展的重要战略机遇期，坚持稳中求进工作总基调，强化风险底线思维，围绕"轻资本、轻资产、高效率"转型方向加快转型、稳健转型，持续推进实施数字化战略，加强业务能力、组织能力、人才资源等核心能力建设和信托文化等保障体系建设，打造"功能型、特色化、创新型"信托公司，开创公司高质量发展新局面。

中诚信托有限责任公司

一、2021年经营情况

2021年，中诚信托有限责任公司（以下简称公司）公司口径实现营业收入23.32亿元，净利润10.29亿元；截至2021年12月31日，公司固有总资产217.10亿元，管理信托资产规模2352亿元，多项经营数据稳中有进。

二、创新业务案例

面对国内经济复苏放缓、房地产等重点领域风险暴露增加、信托行业持续严监管和传统业务压降、新冠肺炎疫情反弹冲击等复杂形势和困难，公司锚定"十四五"战略部署及规划目标，加快推进业务结构调整与转型布局。

公司在业务创新方面，持续发挥信托功能，坚持回归信托本源，积极推进保险金信托、慈善信托等本源业务领域创新，积极运用信托制度服务国家战略。一是充分发挥人保股东协同资源，积极推进保险金信托业务发展，与中国人保寿险实现首单保险金信托业务落地。二是在慈善信托领域持续创新业务模式，以"诚善"为公司慈善信托主打品牌，注重与家族信托业务结合，围绕高净值客户需求创新业务模式。三是强化与央企合作，落地基础设施领域股权投资项目，积极推进与中铁股份下属单位开展股权投资项目。四是不断探索信托服务科技创新与绿色环保等国家战略，为高新技术产业园区和新兴产业投资项目提供资金支持，积极推动在绿色环保领域，如新能源、污水处理等领域的项目落地。

在经营转型方面，一是严格执行监管压降要求，持续压降融资类信托业务规模。二是大力推进标品信托业务发展，优化投研支持职能并初步构建了信用评级体系及信用债风险预警机制，优化标品信托运营管理职能。三是股权投资信托业务模式不断丰富，依托在房地产领域专业基础，积极探索股权投资业务开展。四是高端财富管理业务快速发展，紧抓高端财富管理需求快速发展的市场机遇，加大与各类渠道合作力度，家族信托业务规模同比增长超200%。

三、社会责任履行情况

2021年，公司在助推乡村振兴、落地慈善信托、落实公益捐赠及公益活动等方面积极履行社会责任，并在《中诚信托有限责任公司2021年度报告》专门章节披露：2021年，公司切实履行社会责任，努力实现经济、社会和环境的全面协调可持续发展。一是充分发挥信托功能，服务实体经济；二是通过公益捐赠、慈善信托等多种形式支持巩固脱贫攻坚与助推乡村振兴工作；三是开展特色公益活动，打造中诚公益领跑品牌，支持教育事业发展；四是推动绿色发展，设立中诚公益林，积极开展节能降耗绿色办公活动，打造资源节约型和环境友好型企业。

（一）助推乡村振兴

1.扩大董事会公益慈善授权额度。为了贯彻落实国家乡村振兴战略，进一步提升企业社会责任，2021年4月29日，公司第六届董事会第四次会议审议并通过了《关于调整公益慈善事项授权额度的议案》，即董事会授权董事长决定每年公益慈善金额上限由300万元调整为700万元（含），用于公司开展乡村振兴等公益慈善事项，并每年在董事会通报公司公益慈善事项的实施和资金使用情况。

2.完善组织领导。为进一步加强公司助推乡村振兴工作的组织领导，推动工作落实，将公司扶贫工作领导小组改设为助推乡村振兴工作领导小组，指定公司综合部为助推乡村振兴工作领导小组主办部门。

3.落实集团公司定点帮扶工作。公司按照集团和公司有关要求，于2021年7月29日向乐安县捐款100万元；于2021年8月2日向吉安县捐款150万元。

4.牵头落实第三方帮扶资金。2021年8月30日，公司完成三方捐赠协议签署工作，8月31日，由第三方合作伙伴向乐安县捐赠划款400万元，完成引进第三方帮扶资金的工作任务。

5.牵头落实消费帮扶及帮助销售任务。2021年9月17日，公司及下属子公司完成消费帮扶各项工作。

（二）落地慈善信托

截至2021年底，公司慈善信托办公室存续管理慈善信托项目10单，慈善目的涉及疫情防控、乡村振兴、教育发展、生态保护、公益创新等慈善领域。

2021年公司设立5单慈善信托，涵盖乡村振兴、艺术事业、教育发展、公益创新等领域。全年落地7个慈善信托帮扶项目，覆盖三区三州的甘肃临夏和政县、云南怒江泸水市，以及新疆吐鲁番市、甘肃临洮县、北京延庆区等地区，帮扶金额116.41万元，惠及脱贫群众和学生共1.3万余户。公司持续推动慈善信托模式创新，创设家族永续慈善、家庭亲子慈善等新模式，发挥了慈善信托在家庭教育、家风传承方面的积极作用。公司在乡村振兴中积极与股东人保集团业务协同，通过为群众提供防贫保险，持续打造"慈善信托+保险保障"的业务特色。

（三）公益捐赠及公益活动

1.举办中诚公益跑，落实公益捐赠。2021年9月25日，双庆主题的第四届公益跑在北京举办，参加人数168人。公司向中国发展研究基金会捐赠20万元，用于支持慧育中国山村入户早教计划，旨通过该计划支持国家乡村振兴战略，履行企业社会责任。

2.打造中诚公益林。围绕"全民义务植树40周年"主题，公司开展春季义务植树工作。在延续2020年捐资认养形式的基础上创新活动方式，将支部党日活动（已举办4次）与植树抚育相结合，首次活动于2021年3月12日植树节当日在柳荫公园举行，开展了以绿地浇水、拔草、开树堰为主的抚育活动。本次共认养公园内绿地1500平方米，柳树等树木40株。

四、消费者保护工作

公司高度重视消费者权益保护工作。2021年，公司严格落实监管及上级部门要求，确保消费者权益保护工作落实的实效性。

（一）制度建设

公司设立了消费者权益保护工作制度体系框架并不断更新完善，现行相关制度37项。2021年度制定及修订制度9项，涉及销售行为、信息披露、消保考核、集合资金信托文件签约、产品发行营销宣传、计划发行销售、多元化解实施细则、个人信托贷款业务及外包、信息技术系统数据管理等方面。

（二）在产品与服务管理

一是严控合作机构资质，确保产品准入符合标准。二是对发行产品的风险等级评定、投资者的评估与分类等工作做了进一步规范，制定产品风险评级管理、投资者适当性管理、销售人员行为管理等制度文件。三是规范对特殊群体的销售行为，修订信托计划文件中与消保权益相关的条款内容，给予投资者更多的考虑时间等相关内容。四是对营销行为进行引导教育，不断提升消保工作管理水平，年内共计开展内部培训16次。五是各部门协同运营客户服务APP，提高了客户黏合度及忠诚度，增强了客户服务体验感。

（三）宣传教育

一是制定了年度消保工作宣传教育计划，定期举行金融知识普及宣教活动，将投资者教育活动贯穿全年，年内开展消费者宣教活动18次，参与人数5.4万余人。二是统一印制并发放消保宣传资料3 500册，发放2 000余册。三是充分利用营业场所做好消保宣传工作，常态化开展消费者权益保护宣传。此外，增设了消费者权益保护专区。公司获评北京银保监局金融联合宣教活动表现突出组织单位。

五、2022年发展规划

公司坚定"受人之托、代人理财"的职能定位，准确把握新发展阶段，深入贯彻新发展理念，加快构建新发展格局，坚持以服务实体经济为方向，积极发展具有直接融资特点的资金信托、以受托管理为特点的服务信托、体现社会责任的公益信托，打造综合信托服务能力和差异化投资管理能力，为客户创造价值，为人保集团战略服务，努力做强、做优、做大，致力于成为综合实力一流、具有核心竞争力、高质量发展的优秀信托公司。

2022年，公司将继续坚持"稳字当头、稳中求进"总基调，积极融入中国人保集团发展全局，加快风险出清，加快业务转型，系统谋划、精准推进风险应对与化解、转型创新发展"两大攻坚战"，深化体制机制改革，优化资源调配保障，努力实现"三稳三进"目标：发展战略要稳，坚持一张蓝图绘到底，保持"十四五"规划战略方向和目标不变；风险底线要稳，加强房地产风险排查识别，管好流动性风险、信用风险、市场风险和舆情风险；经营业绩要稳，紧跟信托行业发展趋势，实现业务规模、盈利的稳定增长；创新发展取得新进展，聚焦信托服务、资产管理、特殊资产处置三大能力建设，丰富创新业务布局，培育和形成新的业务和盈利模式；资产处置取得新进展，加快风险项目处置，妥善应对和处置重点项目风险；体制机制改革取得新进展，优化完善治理机制，深化市场化体制机制改革，推进重点领域改革创新。

中海信托股份有限公司

一、2021年经营概况

2021年，中海信托股份有限公司（以下简称公司）坚持以习近平新时代中国特色社会主义思想为指导，全面贯彻党的十九大、十九届历次全会和中央经济工作会议精神，在中国海洋石油集团有限公司（以下简称中国海油或集团公司）党组的坚强领导下，始终秉承"诚信稳健、忠人所托"的经营理念，坚持"风控优先"原则，持续推进转型创新，业务发展取得积极成果。

截至2021年底，公司资产总额55.44亿元，负债总额9.19亿元，净资产46.25亿元。2021年，公司营业总收入9.36亿元，同比增长38.46%，增幅明显。剔除川信长期股权投资减值因素影响，公司2021年利润总额为8.04亿元，净利润6.28亿元，保持了良好的发展态势。

截至2021年底，公司存续信托规模3 499亿元，较2020年末增加58亿元，信托资产规模稳中有升。2021年，公司大力推进信托业务转型创新，加强标品投资业务的发展力度，积极开拓供应链、绿色金融等新业务领域，取得良好成效。全年，公司新增标品信托业务收入4.18亿元，同比增长69.92%，整体业务重心向标品投资方向进一步转移。年内，公司落地全国首单CCER碳中和服务信托，有效助力国家"双碳"目标，获得了业内外的广泛关注。全年公司新成立供应链金融业务34期，新增业务规模2.30亿元，创历史新高。在信托行业转变发展方式，回归本源的大背景下，公司业务始终保持稳中有进，稳健转型。

2021年，公司屡获各类荣誉。4月，公司荣获"上海市黄浦区2020年度百强重点企业"第八位。7月，公司荣膺第十四届"诚信托——管理团队奖"，"中海油供应链金融债权投资集合资金信托计划"荣获"最佳创新信托产品奖"。10月，在证券时报社主办的2021（第十四届）中国优秀信托公司评选活动中，"中海油供应链金融债权投资信托计划"荣获"2021年度优秀服务实体信托计划"奖。此外，2021年公司还有多名同志分获"上海市优秀党务工作者""上海金融系统优秀共产党员""上海金融系统优秀党务工作者"荣誉称号，公司第七党支部荣获"上海金融系统先进基层党组织"称号并被列为"上海市党支部建设示范点"。

二、创新业务案例——中海蔚蓝CCER碳中和服务信托

公司作为中国海油所属信托公司,充分结合自身的产业背景特色,认真落实国家关于"碳达峰""碳中和"的重大战略部署,深入挖掘中国海油及上下游企业在能源、环保等产业的资源优势和减排需求。2021年4月,公司与兄弟中海油能源发展股份有限公司(以下简称海油发展)合作,发行全国首单以CCER(国家核证碳减排量,Chinese Certified Emission Reduction)为基础资产的碳中和服务信托,充分运用信托制度灵活性优势,持续在碳金融领域推进业务创新和服务创新,努力探索金融服务实体产业、服务"双碳"目标的有益发展路径。

该信托计划交易结构为:海油发展作为该项目的原始权益人,将其持有的104.30万吨CCER作为信托基础资产交由公司设立信托计划,再通过信托份额转让的形式募集资金3 000万元,全部运用于节能环保项目,达到以绿生绿、以绿增绿的目的。在项目运营过程中,公司作为信托资产的受托人,在向原始权益人提供资金支持的同时,还负责开展碳资产的管理与交易,为实体企业在碳中和领域提供全方位的金融服务。

要达成"3060"目标,需要大规模的节能减排投资,而资本市场和金融机构是联结碳中和产业和社会资本的关键枢纽。在这其中,以信托形式进行碳资产管理,能够良好地发挥信托制度的灵活性和信托公司资产管理能力的专业性优势,为实体企业更好地实现碳资源的价值。

一是能够提高大型企业的碳资产使用效率。碳中和服务信托充分发挥信托制度可以灵活分配资产权利义务,平衡各方利益诉求的独特优势,找到一条可以将大型企业集团拥有的碳资产集约利用、实现价值的路径。通过将集团内部不同板块、不同区域、不同单位之间的资产、资金、生产需求有机结合,可以打造联通各方的碳资产(权益)管理平台,有力提高大型企业整体的碳资产使用效率,利用市场手段促进尽早实现"碳达峰""碳中和",从而间接降低了实现"双碳"行动目标的成本。

二是有助于解决碳资产持有企业未来价值实现与现实资金需求之间的矛盾。碳中和服务信托将原本难以在当前实现经济价值的碳资产,通过信托方式提前获取一定的当期资金,并同时保留了在碳资产价格上涨时分享收益的权利。运用信托财产独立、风险隔离、分配灵活的特点,解决了碳资产未来价值实现与企业现实资金需求之间的矛盾,更大限度地体现了运用市场手段、金融手段鼓励节能减排的作用,为持有碳资产的企业提供了碳资产管理的有效方法。

三是降低碳资产管理成本、增强议价能力和抗风险能力。当前,国内碳资产交易市场尚处于起步阶段,碳资产价格波动大、风险高、管理手段相对复杂。控排企业若以各自为战的方式分散在外部市场进行碳配额、自愿减排量、碳汇等碳资产交易,难以避免投入成本高、议价能力弱、抗风险能力差等问题。通过信托平台,可以灵活统筹大型企业内部资源,既可

以优先满足自身控排需求,也可以在外部市场及时获取低价的碳资产,实现内部小市场和外部大市场的"双循环",为碳资产管理开辟更广阔的操作空间。特别是通过信托公司金融平台能够对碳资产进行集约化管理,在外部市场发挥规模优势、专业优势,进一步为控排企业降低碳资产管理成本、增强议价能力和抗风险能力。

三、社会责任履行情况

公司始终坚持把维护受益人的合法权益放在首位,切实履行诚实、信用、谨慎、有效管理的义务,把好风险关,承担起国有金融企业维护金融稳定的社会责任。截至2021年底,公司存续信托规模3 498.86亿元,未发生因公司违反信托目的处分信托财产或者因违背管理职责、处理信托事务不当而损害委托人、受益人利益的情况。同时,公司发挥信托制度优势,成立了一批规模大、期限长的信托项目,有效支持了实体经济发展。

公司积极响应国家"双碳"目标,不断探索碳金融业务,落地了全国首单CCER碳中和服务信托,产生了良好的社会效果。在此基础上,公司趁势而上,成立碳中和金融服务中心,在集团内外部积极拓展碳金融业务资源,目前已有多个项目同时推进,并将于2022年陆续落地。

公司积极响应国家号召,助力乡村振兴建设,向内蒙古卓资县旗下营中心学校提供援助资金,与崇明区建设镇富安村党支部开展党组织结对帮扶,为崇明区建成世界级生态岛作出贡献。公司积极组织公益活动和"蔚蓝力量"青年志愿服务活动,推出手机APP"惠老版"模式,切实承担起央企社会责任,用心用情办好民生实事。

公司积极回归信托本源,探索"信托公司+公益组织"的双受托人慈善信托模式。2021年,河南特大洪涝灾害发生后,公司通过"中海信托——伴你成长慈善信托"向3名河南省大病儿童完成40 707元捐款,用以灾后大病儿童的治疗和生活救助。

公司深入贯彻落实全国金融工作会议、中央经济工作会议以及习近平总书记关于大力支持民营企业发展壮大的讲话精神,致力于缓解小微企业金融服务供给不充分问题。2021年,公司小微金融业务成立规模12.73亿元,支持小微企业主2 605户,以优质金融服务履行信托公司社会责任,有效促进了地方经济可持续发展。

四、2022年发展规划

2022年,公司将切实加强党建引领,加大服务实体经济力度,有力提高转型创新维度,提升风险防控理念和防范能力,力争取得更大的发展成绩。

一是深入学习党的十九届六中全会精神,以高质量党建引领公司高质量发展。把深入学习贯彻党的十九届六中全会精神作为重大任务，结合公司自身实际，充分做好十九届六中全会精神学习贯彻工作。增强党建引领，锚定中国海油"1534"总体发展思路，坚持学做结合，把学习贯彻十九届六中全会精神的成果转化为实现公司高质量发展的成效。

二是持续加大产融结合力度，更好地服务中国海油主业发展。2022年，公司将持续推进"双碳"金融业务拓展。在成功落地全国首单CCER碳中和服务信托的基础上，力争落地发行合同能源管理（EMC）资产证券化产品，并建立具有示范效果的碳资产管理信托模式。同时，推动供应链金融业务在规模和业务模式上取得新突破。

三是紧贴信托行业发展趋势，持续做大做强标品业务。进一步发挥现有标品投资产品的优势和特点，孵化带动更多新产品。在资金端积极探索机构直投、私募定制、银行代销等多种模式。在资产端进一步加强对债券市场久期策略研究，有效管控流动性风险和利率市场风险，确保收益率稳定，为投资者持续贡献价值。

四是大力推进财富中心建设。将销售重心要进一步向标品投资类产品倾斜，力争打造明星产品。结合三项制度改革，积极扩展财富获客区域。持续完善符合市场和公司特色的财富销售激励机制，优化财富团队管理效率。进一步深化财富APP的建设和应用，提高客户操作便捷性。

五是守牢风险底线，坚持合规稳健经营。要牢固树立"风控优先"的原则。贯彻全面风险管理理念，全面识别和充分评估各类风险，筑牢"事前防范、事中控制、事后评价"的全流程风险管理机制。优化风险管理运营体系，重点推进一体化运作、专业化分工、多层次协调和多角度防范，建立起各部门通力合作的管理局面。加强存续项目风险排查，开展信托项目压力测试，使用风险评级工具，大力推进存量风险项目处置化解，丰富化解风险手段。

百瑞信托有限责任公司

一、2021年经营概况

2021年，百瑞信托有限责任公司（以下简称公司）实现营业收入15.41亿元，净利润8.41亿元，净资产收益率7.89%。截至2021年末，公司资产总额114亿元，净资产111亿元，同比增幅均为8%；管理信托项目规模3 921亿元，其中创新业务存续规模2 519亿元，占比64%，较年初增加12个百分点。在中国信托业协会组织的行业评级中，公司连续第六年获评最高等级A级。

（一）业务转型

一是产业金融业务成效突出。服务产业发展是信托公司服务实体经济的重要路径。2021年，公司以服务国家电投集团为基础，不断扩大服务产业半径，致力于提供"一站式、全方位、综合化"金融服务，先后落地了资产证券化、永续债权投资、供应链金融、股权信托、财产权信托等多种业务类型，形成了体系化、可复制的产业金融业务模式，并首次落地了新能源产业并购股权信托、银行间市场首单类REITs及首单绿色兼能源行业类REITs，协助国家电投集团成功发行了市场规模最大的绿色ABN/ABCP（碳中和债）等。

二是资产证券化业务突飞猛进。逐步完善资产证券化人员配置，拓展业务模式，成功加入股份制银行资产证券化业务受托机构库，并发行全国首单乡村振兴对公信贷资产流转业务。探索以资产证券化产品次级档为单一投资标的的证券投资信托，助力全链条资产证券化业务的拓展。2021年，资产证券化ABN业务发行规模排名行业第三，ABCP业务发行规模排名行业第一。

三是证券投资业务发展基础进一步夯实。逐步完善证券投资事业部组织架构和考核体系，持续加强投研和风控体系建设，逐渐形成主动管理与证券服务并行的业务体系，创设固定收益类驱动的"百瑞至诚"、资产配置类驱动的"百瑞至臻"、权益类驱动的"百瑞至远"三个维度产品线，所有产品均实现净值化管理。

四是绿色信托快速发展。积极响应"碳达峰""碳中和"战略，深入研究绿色金融、碳金融、碳中和债、绿色资产管理等业务路径。打造"百瑞绿享"绿色信托品牌，业务模式涵盖类REITs、新能源产业服务信托、股权投资信托、绿色资产支持商业票据信托等，推动绿色信托规模快速增长。首次获得银行间市场清算所颁发的2021年度"绿色金融奖"，是该奖项17家上榜机构中唯一一家信托公司。

（二）风险控制

2021年，公司主动应对宏观经济恢复趋缓、金融风险高发的外部环境，以审计检查、监管政策落实、业务转型发展为契机，以建设"风险合规一流"优秀企业为目标，不断提升风险管理工作的主动性和有效性，各项风险得到有效控制，整体保持平稳运行。

一是持续夯实全面风险管理。进一步优化宏观风险监测体系、重点行业关键指标监测体系和全面风险监测预警模型，及时预警、应对各类潜在风险因素；深入研判房地产、基础设施行业形势变化，修订风险控制标准并完善风控量化模型，组织开展13次专项风险排查，加强传统业务风险管控力度；新建7项创新业务风险管控标准和机制，推动证券风控部有效发挥管理职能，筑牢创新业务风险防控基础；有效运用风险评价工具，落实"评价——整改——提升"管理闭环要求，从八大方面29个指标开展全面风险管理情况评价，甄别公司管理薄弱环节，推动持续整改完善。

二是不断加强内控合规管理。以风险管理为导向，围绕业务创新转型战略方向，升版规章制度181项，进一步完善内控合规管理制度体系；按照"模板化、清单化"的思路，梳理全流程节点存在的风险及管控措施，优化操作标准、操作指引和操作模板，细化各类管理规范落实要求；围绕业务开展重点方向和受托管理职责核心要求，针对风险高发领域开展内控合规排查，强化监督问责及整改提升；深入开展"内控合规管理建设年"系列活动，组织自查自纠、内控合规培训、"法治合规知识竞赛"等公司全员活动30余次，通过"3·15消保普及日""金融知识进万家"等教育宣传活动，持续推动金融知识普及，多措并举加强内控合规文化建设。

（三）信托文化建设

公司积极落实信托文化普及年工作部署，以坚守受托人定位为出发点，推动信托文化建设重心向基层下沉，将文化理念转化为行动自觉，有计划、有步骤地推进信托文化建设工作的开展。

一是文化融入制度，树立对受托责任的敬畏感。信托文化的落实离不开良好的制度土壤。2021年，公司根据信托文化建设方案，加快完善与信托文化相匹配的业务规章、内控规范、风险合规制度；通过规则构建加深员工对信托文化的认识与理解，促使前台、中台、后台部门树立起对信托受托责任的敬畏感，确保信托文化约束作用深入公司日常运营和信托事务管理的各个环节。

二是文化引领创新，以受托服务为导向调整业务方向。公司以提升受托服务能力为导向，坚持"脱虚向实""优质服务"路径，聚焦投资类和服务类信托，业务开展涉及资产证券化、现金管理、证券投资、慈善信托、家族信托、产融结合等多个方向。公司围绕"碳中和、碳达峰"目标，大力拓展绿色金融，结合国家电投集团的股东背景优势，助力主责主业，产融结合效果不断显现。

三是文化结合理论，夯实信托文化建设基础。为打造行业良好的信托文化，公司积极参与信托业协会《信托公司受托人定位及文化建设研究》的课题研究，剖析受托人文化建设中的现实问题，探讨受托人文化建设的方案及具体举措，以夯实文化建设基础，实现公司和行业的高质量发展。积极开展题为"夯实受托人定位，切实尽职履责"信托文化专项培训，组织开展"信托文化常识"全员学习活动，制作信托文化学习日历，助推信托文化学习教育常态化。

二、创新业务案例

项目名称：国家电投集团广东电力有限公司2021年度第一期绿色定向资产支持票据（类REITs）信托。

项目简介：2021年11月1日，国家电投集团广东电力有限公司（以下简称广东公司）将其合法持有的中电（四会）热电有限责任公司的标的股权和标的债权作为基础资产，底层资产为项目公司运营的热电冷联产机组，以信托方式交付公司，由公司担任发行载体管理机构，发起设立"国家电投集团广东电力有限公司2021年度第一期绿色定向资产支持票据（类REITs）信托"，并作为发行人在银行间债券市场发行市场上首单绿色类REITs产品——"国家电投集团广东电力有限公司2021年度第一期绿色定向资产支持票据（类REITs）"，发行规模25亿元，期限30年（3+N）。

项目创新点：

1.本项目为银行间市场上电力行业首单绿色类REITs产品，也是国家电投集团首单类REITs产品，开创了银行间市场类REITs产品的先河，以及公司类REITs产品的先河。

2.本项目为广东公司有效盘活存量不动产资产，有助于落实党中央、国务院深化投融资体制改革、积极稳妥降杠杆等决策部署。类REITs通过盘活存量不动产帮助降低实体经济杠杆率，以基础设施为底层资产的类REITs还能盘活地方政府平台在负债过程中积累的优质资产，助力化解地方政府债务风险。

3.本项目的发行推动了广东公司由重资产向"轻资产、重管理"的业务模式转型。类REITs为基础设施等持有大量优质不动产的企业提供了规范化的退出渠道，促进加快不动产建设资金周转和提高企业经营效率，有利于推动企业轻资产转型，促进不动产建设行业健康发展。

4.本项目的发行丰富了不动产投融资工具和投资人结构，有助于推动银行间多层次资本市场建设。类REITs为企业提供契合不动产领域权益融资渠道的同时，亦为银行理财、保险资管等专业投资机构提供了配置长期资产的新工具和新机遇，为培育银行间市场多元化机构投资者提供了创新土壤。

三、社会责任履行情况

2021年，公司持续强化使命担当，积极服务实体经济发展，慎终如始做好常态化疫情防控，为河南灾区捐赠和助力灾后重建，为经济社会发展和民生事业改善添柴加薪。

一是积极服务实体经济。响应国家政策，围绕实体经济发展需求，为社会企业提供综合化金融服务，持续加大对重大民生项目的金融支持力度，助力实体经济和绿色经济高质量发展。2021年，支持实体经济的信托规模3 381亿元。公司全年纳税总额9.42亿元（其中信托税收4.85亿元），较好履行了纳税人义务，为地方经济建设和财政收入水平的持续提升作出积极贡献。

二是参与河南水灾救助。在河南遭遇"7·20"特大暴雨灾害时，公司迅速设立"百瑞仁爱·灾害救助慈善信托"，公司、工会、员工累计捐赠资金超过95万元。第一时间将救灾物资送往郑州、新乡、安阳等受灾严重区域，捐赠水域救援设备，助力河南抢险救灾和灾后重建工作。同时，及时掌握职工受灾情况，安排专人为受灾职工及其家属送去生活物资，发放专项资金，保障受灾职工生活需要。

三是持续提升风控水平。严格落实监管压降、地产规模管控、资管新规整改等监管政策要求，持续完善全面风险管理体系，推动受托责任机制建设，提高各环节尽职履责能力，强化房地产、基础设施、证券投资等重点风险领域管控，有效运用风险识别、风险监控和风险处置等管理手段，勤勉尽责做实全流程风险管控，全面有效防范金融风险。持续提升依法治企管理水平，深化内控合规文化建设，促进形成全员防风险、全员重合规的内控文化氛围，保障各项经营活动合法合规，维护投资人合法权益。

四是不断加强金融知识宣教质效。始终坚持"受人之托，代人理财"的专业价值，以受益人利益最大化为己任，不断完善消费者权益保护制度体系，加强信息披露与风险揭示，保障公平交易，维护消费者合法权益。同时，积极通过各类平台开展金融知识普及教育，提高金融消费者对金融产品和服务的认知能力，提升金融素养和诚实守信意识。通过编制《大学生金融知识手册》并送到大学生手中、走进老人聚集社区开展"严防骗老族，保障幸福晚年"主题知识讲座、结合社会热点拍摄《送你一朵小红花之消保篇》音乐短视频等，不断丰富金融知识宣传方式，提升覆盖范围。在2021年河南省银保监局组织的"金融知识普及月

金融知识进万家　争做理性投资者　争做金融好网民"金融知识教育宣传活动中，公司荣获"活动优秀组织单位"。

五是有效保障职工权益。持续抓好常态化疫情防控，安排专项预算资金，为职工免费提供防疫物资、进行核酸检测等，保障职工劳动安全。持续开展立体化、全覆盖式培训，拓宽职工职业发展通道。推出亲子团辅、意念缓解等小型化、针对性强的团辅活动，辅以一对一专场心理咨询，有效促进职工心理健康。持续开展职工关怀慰问活动，拓宽职工保障渠道，设立较为灵活的带薪休假和奖励休假制度，及时足额为职工缴纳各项社会保险费、住房公积金等，积极保障职工权益。

四、2022年发展规划

一是坚持服务实体经济，大力发展产业金融。公司将不断提高政治站位，深化"以融促产"，围绕实体经济发展需求，加强对接，促进业务落地。丰富产业金融业务类型，加快资产证券化、类REITs、股权投资信托、资金服务信托的复制推广，持续提升产业金融业务规模，实现增收创效。努力打造绿色产融"名片"，探索绿色信托业务新路径、新模式，逐步建立"碳信托"业务体系，提升绿色信托规模和占比，助力"双碳"目标实现。

二是聚焦提质创效，持续深化创新业务。坚持资产证券化业务全链条服务的发展定位，不断充实资产证券化团队，做大业务规模，实现产品全品类、服务全流程。形成证券业务长效发展机制，将研究、产品、风控、投资、交易运营等职能进行细分整合，实现专业化分工。全面推动财富管理业务转型，坚持以客户为中心，充分借助财富中心的辐射带动作用，拓展潜在优质客户，实现财富管理规模实质性提升。

三是坚持风控强基，优化项目评审机制。持续完善风控体系建设，重新审视现有风险管理机制、制度、流程，完善业务准入、风险评审、预警应对等体制机制。加快推进受托责任机制建设，将"守正、忠实、专业"的受托人文化落实在业务全流程风险管控中。在继续做好传统业务评审的基础上，进一步优化创新业务评审体系，及时梳理、总结创新业务代表性业务模式的关键风控要点，形成操作手册，提升评审效率。

四是优化管理效能，持续夯实基础保障。探索更加符合业务发展需要的考核激励机制，逐步形成更加科学的薪酬分配制度。充分利用JYKJ管理工具，发挥好预算管理作用，保障目标逐级承接分解，推动战略规划落地。加快数字化转型，推进创新业务份额登记管理、家族信托业务管理、资产证券化业务等信息系统建设，为创新业务开展提供科技支撑。

五是加强党的建设，营造浓厚发展氛围。始终坚持政治建设统领，把加强政治建设作为一切工作的"生命线"，在业务谋划、工作推进上进一步聚焦加强党的全面领导。深入贯彻"两个一以贯之"，不断推动党建工作与生产经营相融合，不断增强抵御和防范化解金融风险的能力，构建公司转型发展新格局。

　　六是持续做好信托文化建设，将信托文化嵌入公司转型发展。公司认真研究制定了《百瑞信托有限责任公司2022年信托文化建设年度工作规划》和《百瑞信托有限责任公司2022年信托文化建设年度工作规划配套方案》，主要在完善法人治理制度体系、大力发展信托本源业务、深入推进消费者权益保护工作、提升内控合规管理水平、持续优化评审工作、整体提升受托人服务效能、采取差异化处置策略、加强内部审计工作、将党建工作与信托文化建设紧密结合等九个方面加压奋进，推动公司加快转型高质量发展，更好地服务实体经济和人民群众幸福生活。

陕西省国际信托股份有限公司

一、2021年经营概况

2021年,陕西省国际信托股份有限公司(以下简称公司)面对复杂严峻的宏观经济形势特别是新冠肺炎疫情的严重冲击,公司坚持稳中求进工作总基调,紧扣高质量发展推动转型创新,迎难而上保持经营业绩稳中向好,超额完成了各项目标任务,实现"十四五"良好开局。

(一)经营效益稳中有增

截至2021年末,公司资产总额172.44亿元,注册资本39.64亿元,净资产为122.64亿元,信托资产规模1 993.32亿元,同比下降22.45%,全年实现营业收入19.09亿元,利润总额为9.77亿元,同比增长6.43%;实现净利润7.32亿元,同比增长6.71%,利润总额、净利润等主要指标再创历史新高,实现了规模降但效益增的良好态势。主动管理类信托资产规模1 534.64亿元,占比超过70%。

(二)信托业务转型升级

在业务转型创新方面,2021年,公司以转型过程中的"堵点、难点、痛点"为抓手,以顶层制度设计为引领,以薪酬激励为动力,以专业能力强基础,推动转型取得新成效。一是强化指引优化机制。公司进一步完善了资产证券化、家族信托、TOF、房地产股权投资信托等一系列创新业务风控与操作指引,简化优化相关流程,积极推动信托业务转型。二是积极拓展创新业务。公司固定收益事业部、证券信托事业部积极谋求转型提升,主动拓展并落地ABS、ABN、TOF等信托业务,有效拓宽展业范围。2021年,公司固定收益事业部落地资产证券化产品135.5亿元,同时储备了数百亿元规模的项目,组织成立资产证券化小组合力推动业务落地。证券信托事业部及固定收益事业部等10余个部门先后共报审通过TOF类项目30余个,市场影响力有效扩大。三是完善分类考核机制。以业务转型为导向,发挥绩效考核指挥棒作用,加大创新业务的计奖比例,精准支持不同类型的产品创新,同时强化专业人才对转型的引领作用,坚持外引与内培并举,以市场化机制激发全员转型的积极性、主动性。

从具体成果来看,公司主动管理TOF产品破题落地,资产证券化业务发力赶超,国际资产配置业务稳步推进，股权投资产品不断丰富，家族信托及慈善信托业务持续拓展，转型创新成效显著。

（三）固有业务提质增效

在固有业务方面，公司应势强化固有业务多元化运作，为信托主业转型创造宽松环境。一是战投财务投资并举，积极开发权益市场。在跟踪多个金融股权标的的同时，开发储备一批新的PE投资项目。二是协同支持信托业务，协力助推公司转型。全年使用14.95亿元配置了20多个固收和非标类信托产品，着眼公司战略转型提供有力支持。三是自主开发融资项目，积极创造当期效益。开发运作贷款等项目67.6亿元，实现5.06亿元收入。四是深入把握证券市场机会，精心操作再获良好效益。证券投资部深研市场，把握节奏和仓位，精心布局博取收益，全年收益率22.2%，连续三年领跑行业。

（四）风险管理能力持续增强

公司全面风险管理体系不断完善，识别、应对、化解风险能力不断提升，牢牢守住不发生重大风险的底线，确保公司稳健运营。一是有序推进全风体系建设，有效构筑风险防火墙。公司持续建设和完善全面风险管理体系，制定系统性风险管理制度；针对资产证券化、房地产股权投资、标品TOF等创新业务制定风险管理指引及操作细则，建立起了"标准化＋差异化""专业化＋精细化"风险管理模式。二是加强风险识别预警，有效规避重大风险。公司积极探索前置风险管理、嵌入式风险管理，加强投后管理和动态化管理，确保风险预警及化解工作有效开展。三是多措并举处置风险，卸载压力轻装前行。综合运用转让、诉讼、债务重组等方式加快风险资产清收与处置，超额完成目标任务。

（五）财富条线持续升级

在财富管理方面，公司持续深入推进财富管理革命，提升财富条线服务质量水平。一是承压发行保落地，调优结构促转型。受压降政策影响，融资类产品锐减、客户流失严重，财富条线迎难攻坚，募集资金超额完成全年目标任务。二是提升客户服务水平，有效维护客户权益。举办财富公开课、客户沙龙、项目路演等活动，在公众号发布宏观经济分析预测、大类资产配置等报告，财经早报服务总计触达客户10万余次，出版发行《信托财富管理业务研究》，客户端APP、双录系统平台持续完善，客户体验度、满意度不断提升。三是财富管理产品线不断丰富，产品结构持续优化。围绕客户多元化服务需求，初步建立起涵盖固定收益类、现金及货币类、信托债权类、权益类、公募基金类、跨境投资类甚至商品类、金融衍生品类等丰富多样的产品供给线。投资类产品发行实现大跨越，现金管理类及债券投资类募集126亿元，较上年增长65%。

（六）内控管理质效不断提升

2021年是中国银保监会确立的"内控合规建设年"，也是"信托文化普及年"，公司以合规能力建设为抓手，将信托文化融入公司经营管理各环节，确保内控质效不断提升。一是加强教育融合效度，提升思想文化素质。将党史学习教育与信托文化建设年活动、企业文化建设、内控合规建设自查评估、省级文明单位成果巩固等有机融合，有侧重、有结合、有互动地强化多重效果。二是内外结合强监督，积极整改补短板。借银保监局现场检查、人行反洗钱评估、派驻纪检组日常监督反馈等专项监督检查之机，结合内审情况，全面整改填补管理漏洞，完善制度强内控。三是加强精益化管理，开源同时重节流。首次实行全面预算管理，围绕"保重点、保运转、保转型"，在费用管理、资源配置、资金管理、后勤保障、档案管理等方面稳步推行预算管理，通过精益化提升管理效能。四是加强金融科技投入，积极支撑业务运行。上线、优化了资产管理、家族信托、普惠金融、净值化管理等系统，改善提升软硬件，确保经营管理信息化、数字化运行。

二、创新业务案例

2021年，公司认真贯彻落实监管政策要求，多措并举推动信托业务转型创新，部分创新业务案例如下：

（一）陕国投·大唐传世保险金信托069号

2021年，公司作为受托机构根据委托人意愿设立保险金信托，信托资产为保险金请求权，规模预计为人民币1 000万元整。本信托生效后，经受托人同意，委托人可追加信托资产。本信托无固定期限，自本信托生效之日（含）起始，若出现信托合同约定的终止事由时，本信托终止。在财富传承方面，本项目通过向指定受益人分配信托利益，满足受益人未来生活的支出需要，以尽可能实现专业化财富管理及有序传承。在投资管理方面，委托人指定某投资管理有限公司担任本信托投资顾问。公司作为受托人仅根据委托人基于投资顾问的管理运用建议作出的信托财产管理运用指令进行信托财产的管理、运用和处分。

（二）陕国投·华发广州股权投资集合资金信托计划

公司设立华发广州股权投资集合资金信托计划，总募集金额不超过19.6亿元，可分期成立，总期限不超过18个月。信托资金用于向广州华欣房地产开发有限公司（以下简称广州华欣）增资，取得广州华欣49%股权后继续计入其资本公积，信托计划的增资款项最终用于项目开发建设支出（见图1）。股权投资信托为房地产企业提供了更丰富的金融解决方案，也能满足公司对基本收益的诉求，保留获取部分超额收益的权利。

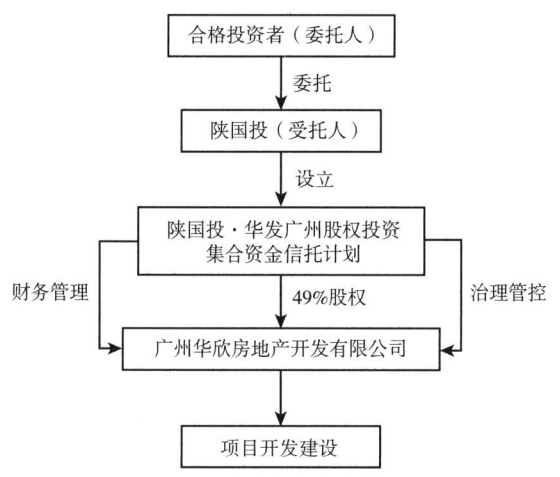

图1 陕国投·华发广州股权投资集合资金信托计划交易结构

（三）陕国投·汇福宝1号集合资金信托计划

为财富高净值个人客户和非金融机构的企业客户提供短期流动性产品，增强客户的资金沉淀和黏性，提升客户体验度，进一步丰富标准化产品线，设立"陕国投·汇福宝1号集合资金信托计划"，规模不超过200亿元，期限为120个月，每7日开放一次，开放日办理申购、赎回，T+1日合并运作和兑付资金划转，非开放日可随时预约申购、赎回。本信托计划是公司自主研发的具有低风险和高流动性特点的现金管理型信托计划，由公司自主决定投资策略，将资金投资于合同约定的债券、股票等流动性强的标准化资产（见图2）。

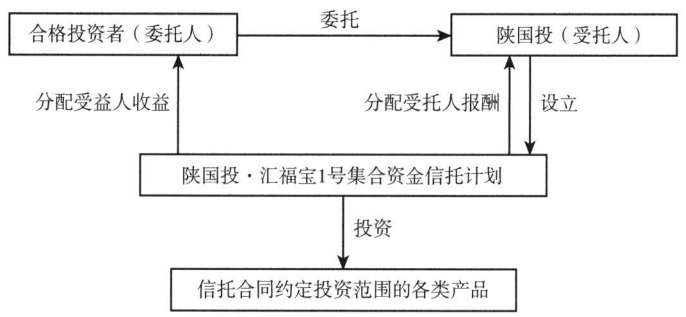

图2 陕国投·汇福宝1号集合资金信托计划交易结构

三、社会责任履行情况

（一）精准扶贫方面

1.定点帮扶。承担陕西省渭南市澄城县赵庄镇武安村定点帮扶任务，全年投入69.62万元帮扶武安村发展。

2.产业扶贫。承担陕西省咸阳市淳化县产业帮扶任务,为产业扶贫项目——百姓乐大药房发放3 000万元低息贷款支持企业做大做强。

3.消费扶贫。在陕西省总工会帮扶平台、省银行业协会帮扶点等采购扶贫产品31.50万元用于消费扶贫。

(二)抗击疫情方面

在2021年末至2022年初西安新冠肺炎疫情期间,积极响应省委组织部号召,第一时间组建了"陕国投疫情防控青年突击队",为西安疫情实现"社会面清零"作出了突出贡献。除此之外,设立6单抗击新冠肺炎疫情的慈善信托,实现抗疫捐款及捐资共计184.1万元,全方位助力疫情防控。

(三)公益慈善方面

多年来,设立30多单公益/慈善信托资助抗美援朝军人、农村留守儿童、山区贫困儿童、失明儿童、洪灾家园重建等公益事业,仅2021年全年规模就超200万元。

(四)环境保护方面

公司将绿色信贷理念融入战略决策、组织架构、管理制度和业务流程,积极发挥信托优势,主动创新绿色金融产品服务,持续加大对新能源、新技术产业建设的支持力度,大力支持培育新的经济增长点,助力节能减排、循环经济、清洁能源等节能环保企业和项目的发展。

四、2022年发展规划

2022年是"十四五"承上启下的关键一年,公司立足新发展阶段、贯彻新发展理念、构建新发展格局,以回归信托本源为依托,力争实现转型发展量的合理增长和质的稳步提升。

(一)全面强化党建引领

高举习近平新时代中国特色社会主义思想伟大旗帜,全面贯彻党的十九大和十九届历次全会会议精神,坚持稳中求进工作总基调,完整、准确、全面贯彻新发展理念,着眼国家发展大局,解放思想改革创新谱写高质量发展新篇章。

(二)推动业务转型升级

夯实资本实力,推动固有业务和信托业务协同发展。稳推传统业务创新,加大标品信托转型力度,不断提升投研与主动管理能力。践行"信托服务+"战略,不断提升服务信托规模，创造价值增值。财富管理板块构建多元化全策略产品平台，提升综合服务优势。

（三）科技赋能转型创新

积极把握金融科技和信托行业转型创新趋势，优化公司信息化战略规划。运用数字化、智能化新成果与创新管理、创新业务有机嫁接融合，实现内部运营管理全流程数据化、业务运行信息化、全面风险管理数智化、财富管理智能化，有效引领和支撑业务转型升级。

（四）持续深化风险管理

推动全面风险管理建设成效深化与巩固，牢牢守住不发生重大金融风险底线。基于全面风险管理体系明确新职责、新流程，进一步扎牢各道防线，实现各类业务尤其是创新业务全流程管控和各类风险的全面管控。

（五）提升公司治理能力

深入推进管理质效变革，夯实公司持续发展基础，将信托文化深度嵌入公司发展战略、业务实践和企业文化中。全面深化体制机制改革，以创新为第一驱动，通过人才强企、数智化管理与市场化机制有力保障公司高质量发展。

云南国际信托有限公司

一、2021年经营概况

2021年，云南国际信托有限公司（以下简称公司）继续贯彻监管的要求，加速转型，回归信托业务本源，积极支持实体经济和民生发展。截至2021年末，公司的注册资本12亿元，存续信托业务规模总额3 312亿元，其中，投入实体经济的信托资金规模占比73.82%；公司净资产36.67亿元，同比增加12.80%；实现营业收入9.03亿元，同比增幅20.94%，净利润3.80亿元，同比增加19%。

2021年，公司大力发展家族信托、资产配置、标品资管、汽车金融等战略培育型业务，夯实资本市场综合服务、Pre-ABS等战略基石型业务，同时，在特殊资产服务信托、资产证券化、普惠金融、慈善信托等细分市场领域，积极创新，形成了一系列亮点。

二、创新业务案例

（一）典型案例之———员工激励信托

1.客户情况

某上市公司根据董事会及股东大会审议通过了《超额利润激励方案》。依据该方案，上市公司从超额利润中提取奖金发放给激励对象。发放金额在5亿元左右。

2.客户诉求

强化激励导向的企业文化，建立股东与经营团队间的利益共享与约束机制，将短期的激励长期化；完善企业人力资源的激励机制与约束机制，帮助企业有效吸引人才与保留人才。公司虽技术全球领先，但地处二线城市，避免高额奖金发放后核心人员的流失；建立为受益员工全面服务的机制，同时，保证财富增值、保值与有效传承。

3.云信方案

（1）建立中长期激励信托，将大部分资金缴至信托计划，并设置中长期考核目标，达标后由信托计划直接发放，建立保留人才的重要抓手。

（2）由中长期激励信托出资，按监管规定实施员工持股计划及投资于上市公司培育期项目，建立员工与企业长期共同发展的机制。

（3）在中长期激励信托项下，为每个受益员工建立个人账户，并提供实时查询，帮助员工及时了解权益变化，提升员工的满意度。

（4）利用信托的制度优势，投资于固定收益类产品、银行理财等产品，实现信托计划的增值保值。

4.实现效果

（1）将短期激励变成了中长期激励，协助企业完善人力资源的约束机制与激励机制。

（2）利用信托制度将中长期激励从企业固有财产中隔离出来，并通过信托约定了明确的支付条件，提升了劳资双方的信任机制，同时，通过实时查询帮助企业与员工及时了解自身权益，提高了员工满意度。

(二)典型案例之二——薪酬福利业务受益人签约系统

1.业务情况及诉求

在他益型信托计划的管理模式中，委托人出资，受益人符合事先约定条件后享受信托受益，由受托人向受益人支付信托收益。在实务中，由于受益人众多，人员组织与材料收集工作量巨大，让受益人一一表决约定条件难以操作，且表决过程对信托公司难以全程参与，难以保证真实性与有效性，但从风控的角度，上述事项又不可或缺。因此，大部分业务都采取由受益人大会、职代会、工会等方式进行集中表决，但集中表决往往难以代表每一个受益人的真实意愿，尤其是在集体决策机制不完善的机构更为突出，也出现过多起受益人事后不认可集体表决决议的案例。上述问题一直是行业在他益信托管理中的难题。

2.云信方案

公司利用科技手段开发了"薪酬福利业务受益人签约系统"，将需受益人表决的文件置入系统，同时通过网签的方式，对受益人进行实名认证、身份证认证、人脸识别、短信验证与文件阅读。

3.实现效果

最终实现所有受益人在线签署与表决的效果，同时，在签署与表决的过程中，通过系统完成了材料收集与材料归档等步骤，在保证有效性与完整性的基础上，极大提升了文件签约效率，获得客户的高度评价，也解决了行业管理的痛点。

三、社会责任履行情况

(一)慈善信托积极服务民生

2021年6月，公司发行的抗疫专项慈善信托——云慈济善慈善信托向昆明市儿童医院呼吸科定向捐赠了一批规格为TF30和TF42的可视电子软镜。11月，昆明市儿童医院呼吸科依托电子软镜的助力和医务人员的高超医术，成功挽救了一名儿童的生命。

（二）党建引领定点扶贫及公益活动

公司以党建夯实思想政治文化工作，引领定点扶贫及公益活动。2022年，公司通过爱心稳健公益信托为大理祥云县云里厂小学购买LED屏，向该小学的优秀学生、三好学生、脱贫户学生和留守儿童共49人发放两期爱心助学金10 700元。截至2021年12月，公司累计为263名学生发放了九期爱心助学金共53 950元。

2021年7月，在（由中国银保监会领导同时接受中宣部中国思想政治工作研究会指导的）中国金融思想政治工作研究会与中央和国家机关工委机关党建研究杂志社组织的"新时代全国金融系统党建百优案例"评选中，公司党建品牌案例成功入选百优案例，成为信托业内唯一获此殊荣的信托公司；同时，该案例被收录《中国金融业党的建设与思想文化建设调研成果库》。

2021年12月，新华社旗下上海证券报选取了公司定点扶贫案例进行文字和视频采访报道，并纳入"资本市场巩固拓展脱贫攻坚成果报道"典范之一，展示了公司联合县、镇、村不同层级开展脱贫攻坚的成效，对外提升了信托业精准扶贫的社会口碑。

2021年8月，公司党委联合工会在昆明市五华区西翥街道办事处桃园社区龙池山植树点开展了第四个年头的"大爱星火"植树造林公益活动。

2021年12月，在中国金融思想政治工作研究会组织的"2020—2021年全国金融系统思想政治工作优秀单位"等级评定评选中，公司荣获"2020—2021年全国金融系统思想政治工作优秀单位"称号，也是获此殊荣的193家金融机构中唯一一家信托公司。

（三）开展绿色信托、强化理论研究，支持碳达峰碳中和事业

公司2021年3月成立了"广甲云成14号单一资金信托"，信托资金最终投资于某上市公司发行的可转换债券，该上市公司通过可转换债券融资用于400吨PTA（精对苯二甲酸）项目和功能性纤维项目的建设。项目建成投产后，企业PTA产能将达1 000万吨，通过智能化控制和自动化生产，可大大改善产品品质、降低能耗，能源综合循环利用系统可最大程度对废水、废气、余热进行再利用，节能环保系数较高。2021年12月，在金融界网主办的第十届领航中国"金智奖"年度评选中，该项目荣获"杰出绿色信托产品奖"。

2021年7月，在银保监会指导下，中国银行业协会与60余家会员单位共同发起设立了中国银行业支持实现碳达峰碳中和目标专家工作组。公司成为信托业内首家进入专家工作组的信托公司，公司战略客户总部总经理徐曦入选专家名单，并于2021年9月向课题组报送了《信托支持碳达峰碳中和目标实践及建议》，为信托业支持实现碳达峰碳中和目标的理论研究工作积极献计献策。

2021年10月15日，由中国银行业协会、中国人民大学国家发展与战略研究院、联合国开发计划署共同承办的"银行业金融机构支持生物多样性保护主题论坛"在云南昆明成功召开。公司作为信托业内唯一代表单位，签署了《银行业金融机构支持生物多样性保护共同宣示》。

（四）投资者教育

2021年9月1日，公司联合中国网财经开辟了《云信家族信托知识专栏》，是信托业内第一个家族信托知识普及栏目，每月刊发一期。

2021年9月，针对老年人防骗意识薄弱、是网络电信诈骗的高危群体的实际情况，公司金融知识普及月宣传小组特别邀请了昆明五华区护国派出所民警，一起走进南屏社区，为老年群众成功举办了别开生面的防范网络电信诈骗讲座。此外，2021年，公司还开展了"大学生金融消费风险警示宣传教育活动""3·15消费者权益保护教育宣传活动周""2021年'金融知识普及月 金融知识进万家 争做理性投资者 争做金融好网民'活动""《防范和处罚非法集资条例》宣传活动""反洗钱宣传""6·14信用记录关爱日"等集中宣传活动。公司充分利用官网、微信、微博等多媒体渠道传播高效性和广泛性的特点，向公众推送与活动主题相关的宣传内容，普及实用易懂的金融及消费者权益保护知识，全年共计发送推文300余篇，内容既包括反洗钱知识、个人征信知识、信托知识等金融知识教育宣传信息，也包括防范非法集资、防范电信网络欺诈、警惕校园贷、监管警示信息、公司消保活动动态等。

2021年5月，在中国银行保险报举办的"金诺·中国金融企业社会责任入选案例评选"中，公司荣获"2020年度杰出社会责任企业奖"。

四、2022年发展规划

2022年，公司将在充分研判外部环境及自身优劣势的基础上，继续围绕"一体两翼四轮"战略规划，在标品资管与服务、另类资产管理与服务、财富管理、服务信托四大板块，积极探索可行的方向与模式，包括主动管理证券、被动管理证券、普惠金融、汽车金融、家族信托、资产配置、资本市场综合服务业务、不良资产处置服务等。

具体而言，在业务方面发展规划包括：聚焦泛金融机构，围绕客户需求提供差异化专业服务；聚焦主动管理+被动服务，打造完善的标品资管布局；聚焦小微业务及消金夹层/劣后级投资，向资管业务转型；围绕二手车汽车金融业务，深化场景金融业务发展；提升资产配置能力，构建资产配置业务专业体系；聚焦B端机构及高净值客户，提升家族信托服务专业性；聚焦上市公司董监高，开展资本市场综合服务；自有资金保值增值方式更多元化，强化业务协同性。

中铁信托有限责任公司

一、2021年经营概况

（一）主要经营指标有序完成

2021年，中铁信托有限责任公司（以下简称公司）全年实现合并营业收入19.12亿元，实现合并净利润8.39亿元，其中，信托母公司实现营业收入16.02亿元，实现净利润7.72亿元；公司合并资产总额188.53亿元，净资产112.07亿元，其中，信托母公司资产总额154.42亿元，净资产103.27亿元，已计提拨备与预计负债合计44.03亿元。全年，在诸多困难和挑战中稳中求进，企业总体运行平稳，行业评级连续6年为A级。

（二）监管指标全面达标

公司始终坚持监管导向，严格贯彻落实监管指标任务，确保经营稳健合规。截至2021年末，公司净资本81.10亿元，净资产103.27亿元，净资本与净资产之比为78.53%，风险资本30.80亿元，净资本与各项业务风险资本之和之比为263.27%，远高于监管标准；贷款比及集中度管理、管控房地产、金融同业通道、非标融资信托业务规模、各项报表时点均符合监管要求，较好地实现了资产端求稳的目标，为公司高质量发展奠定了基础。

（三）业务结构持续优化

努力回归本源、加速转型发展。全年，房地产信托规模压降16.55%、基础产业信托规模压降45.64%，资产证券化规模349亿元、较上年增长6.45倍，落地家族信托业务8只、规模2.14亿元，在北京、上海开发长租房服务信托26亿元，落地慈善信托5单、规模100万元，获得"诚信托—最佳慈善信托产品奖"，业务转型呈现出积极变化。

二、创新业务案例

2021年，公司积极探索标准化资本市场业务，相关业务部门积极与上海证券交易所、中国中铁股份有限公司(以下简称中国中铁)体系内各产业单位及中国中铁总部进行沟通交流,创新发展以中铁信托担任原始权益人的资产证券化项目。

2021年7月22日,"华西证券——中铁信托1期应收账款资产支持专项计划"成功落地,为首单以财产权信托担任原始权益人的应收账款资产证券化项目,为公司体系内应收账款资产证券化业务迎来了一个良好的开局。

(一)项目概述

委托人中铁城市发展投资集团有限公司、中铁五局集团有限公司、中铁十局集团有限公司委托公司设立财产权信托,底层资产为其因向发包方提供工程承包/分包服务等基础交易而对发包方享有的应收账款债权和工程尾款债权及其附属担保权益(如有),或委托人依法取得的应收账款债权和工程尾款债权及其附属担保权益(如有)。受托人接受委托人委托的底层资产成立"中铁信托—建邦1期财产权信托"后,作为专项计划原始权益人将底层资产出售给"华西证券—中铁信托1期应收账款资产支持专项计划",并获取底层资产买卖对价,同时作为专项计划资产服务机构提供相应的服务。

本项目后端为在证券交易所发行的资产支持证券(ABS),为标准化资产证券化产品。本财产权信托的初始总规模为14.34亿元,存续规模不超过15亿元,项目期限为40个月。

(二)交易结构图

中铁信托1期交易结构见图1所示。

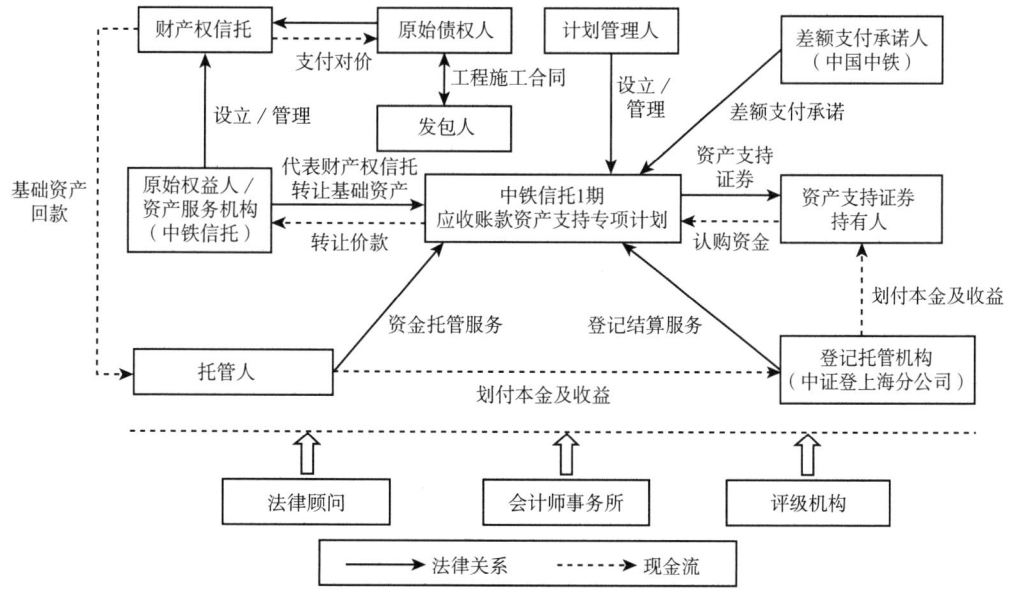

图1　中铁信托1期交易结构图

（三）创新及成果

此种业务模式存在诸多创新之处：首先，能够帮助各产业单位实现国资委对国企单位降杠杆减负债的工作部署和要求，帮助其回笼资金、盘活存量资产和优化资产结构；其次，由信托公司担任原始权益人和资产服务机构，中国中铁各产业单位不再作为原始权益人，简化了各产业单位的决策流程，提高资产证券化项目的发行效率。

截至2021年末，由公司担任原始权益人的应收账款ABS项目已累计发行4期，总规模为138.59亿元，首创的"可复制、可借鉴"资产证券化业务模式有效帮助中国中铁各产业单位降"两金"合计138.59亿元，同时打破公司在证券交易市场资产证券化业务的僵局。

三、社会责任履行情况

（一）发挥慈善信托优势

公司始终重视慈善信托事业，陆续发起设立明德系列、弘文系列、明道系列、致远系列与大同系列等五大系列慈善信托品牌。其中，明德系列慈善信托专注于环保公益，弘文系列与成都杜甫草堂开展合作专注优秀传统文化传播，明道系列慈善信托与成都武侯祠开展合作弘扬"忠诚守信"的武侯精神，致远系列慈善信托与西南财经大学、电子科技大学等高校的信托文化研究开展合作，大同系列慈善信托专注乡村振兴。2021年，设立慈善信托5单，规模总计100万元。

（二）积极参与乡村振兴

2021年，公司积极响应国家和银保监会关于对口帮扶乡村振兴号召，由公司党委书记带队，前往甘孜州得荣县考察调研乡村振兴，并签订合作协议，首批投入20多万元购买农户产品，助农增收致富，中铁信托将在人才帮扶、招商帮扶、慈善信托、基建帮扶、消费帮扶等方面开展帮扶工作，以此促进得荣县乡村振兴发展，谱写新时代"藏汉一家亲"佳话。

（三）关心关爱少年儿童

2021年，公司弘文2号慈善信托资助的"弘扬李杜精神校园行公益活动"先后走进成都列五中学、青白江大湾中学、都江堰向峨小学、成都市草堂小学、崇州市大划镇小学5所中小学校，总计捐赠5块杜甫《茅屋为秋风所破歌》诗刻石、杜甫千诗碑诗集20套、各类书画作品20件、相关书籍200套等。除了助力儿童教育，公司还特别关心贫困儿童。2021年6月1日，公司参与成都市慈善总会2021年第七届"成都儿童保护周"活动，向贫困儿童进行了"小小心愿"爱心捐赠。

（四）积极参与慈善活动

2021年，公司分别参加了四川省民政厅与成都市民政局组织的慈善信托调研座谈。公司应四川省民政厅的邀请，在全省慈善工作培训班举办慈善信托专题讲座，向各地市州民政局及全省慈善组织宣传慈善信托业务模式及功能优势。全年，公司先后拜访了中国青年创业就业基金会、中国志愿服务基金会、四川省残疾福利基金会、成都市慈善总会、四川省完美春天公益慈善促进会、树高集团、汉正家族办公室等10余家慈善组织及爱心企业，共商慈善信托事业发展大计。

（五）保护消费者权益

公司发挥金融知识普及基地作用，进机关、进企业、进校园、进社区，线上线下宣贯消保法律法规30次，举办"金融知识进万家"41场，传播征信与反洗钱、防范非法集资与金融诈骗、投资理财与金融稳定等知识，提高消费者防范风险意识以及使用正规金融服务技能，更好地保护其合法权益，维护社会经济稳定大局。

四、2022年发展规划

2022年公司主要经营目标是：确保实现新签合同额17亿元，营业收入17亿元，净利润7.2亿元。

（一）明确一个年度主题

公司把2022年度主题定为"转型升级提高年"，顺应监管导向，融入行业发展的时代潮流。

（二）突出两大发展重点

一是紧盯市场需求，做大资本市场业务。加快打造标品信托投资业务体系，加快人才团队、运营支持、IT系统、风控系统和业绩考核等相关制度的配套建设，使标品信托形成规模。二要发挥自身优势，扩大产融结合范围。在合规的前提下打造富有中铁信托特色的、具有综合金融服务特征的产融结合业务体系。

（三）抓实三条经营主线

一是通过优化经营结构，转换发展动力，推进业务模式向"资产管理+财富管理"双主业和"服务信托+投资银行"双辅业转换，构建具有市场竞争力的多元业务体系。二是通过优化资产配置，夯实发展基础，持续优化资产配置，将总体资产分布迁移到更具有风险抵御能力的业务版图，坚持常态化风险排查与定期风险排查、流动性风险排查并重，做到对各类风险"早识别、早预警、早发现、早处置"。三是通过着力稳定经营，加强预算引领与考核，抓牢业务宣介、团队建设、系统建设、流程再造、销售支持等着力点，加大内外合作，不断延伸业务链，拓宽发展空间，稳住经营发展大局。

（四）做好六项支撑保障

一是聚力改革创新画面。以打赢国有企业"深化改革三年行动"收官战为契机，抓稳经营体制改革，探索研究构建证券投资事业部制，推进资产管理机构改革，推动业务部门承揽+专业团队承做的联动模式；抓深经营机制改革，完善资本市场业务激励约束、决策审批、营销激励、运营保障、外部协同机制；抓紧创新驱动转型，推动资产管理、财富管理、资产证券化、服务信托和慈善信托全面发展。二是聚力人才建设工程。打造人才"孵化地"，完善人才激励政策和管理长效机制，创新人才发现、选拔、评价、管理等工作举措；形成人才"强磁场"，依靠人才转型升级，加快市场主体团队建设，形成转型发展与人才集聚"双螺旋"上升的"磁效应"。放大人才"场效应"，创新人才流动机制，加强创新型、应用型、技能型人才培养，搭建人才干事平台，将优秀人才充分使用起来。三是聚力金融科技赋能。全面加快信息系统建设和网络安全管理，不断优化理财APP功能、打造"线上直销柜台"，推动企业数字化转型升级。四是聚力合规风控夯实。强化风险防控，打造经得起外部风浪冲击的风控大坝，强化合规管理，打造合规管理"三道防线"，让"人人、事事、时时"的合规经营理念内化于心、践之于行。强化资产管理，优化考核激励，打造优秀团队，切实提高化解能力和处置实效。五是聚力文化品牌提升。大力推动文化引领，深入普及清廉金融，秉持开路先锋文化，积极践行信托文化，将文化软实力转化为转型升级、高质量发展的硬支撑。六是聚力党建业务融合。坚持党建引领强业务，落实"一岗双责"，狠抓思想政治建设、干部作风建设和党风廉政建设，把队伍建强，让干部过硬，确保合规稳健经营和依法廉洁从业。

北方国际信托股份有限公司

一、2021年经营概况

2021年,北方国际信托股份有限公司(以下简称公司)深入学习贯彻习近平新时代中国特色社会主义思想和党的十九大、十九届历次全会精神,坚定不移地把政治建设摆在首位,狠抓全面从严治党主体责任落实,坚持"风险可控,高质量可持续发展"的经营思路,努力克服各种不利因素,业务创新、合规建设、提质增效等重点工作取得新成效。截至2021年末,公司资产总额64.95亿元,同比增加5.91亿元,增幅10.00%;净资产52.08亿元,同比增加2.05亿元,增幅4.11%。管理信托资产831.64亿元,同比减少249.04亿元,降幅23.05%。其中,主动管理类业务228.56亿元,同比增加36.33亿元,增幅18.9%;事务管理类业务603.08亿元,同比减少285.37亿元,降幅32.12%。

2021年度,公司营业收入8.22亿元,同口径增加0.63亿元,增幅8.27%;利润总额4.36亿元,同比增加0.4亿元,增幅10.19%。

二、创新业务案例

2021年6月,公司成立北方信托·关爱困境儿童慈善信托,信托通过为符合条件的困境儿童捐赠意外险和重疾险的形式提高其基础社会保障水平。本慈善信托委托人为天津市慈善协会,信托规模为16.24万元,信托期限至2022年12月31日,受托人不收取信托报酬。截至2021年10月底,本项目全部信托财产捐赠完毕,1083名散居孤儿得到了资助,完成慈善捐赠。本项目属于天津市的"有爱,不再孤单"慈善助孤活动的一部分,已经连续开展了18年,先后获得天津市优秀慈善项目和中华慈善总会的"中华慈善突出贡献项目"奖,社会参与面广、深受百姓支持与关注。本项目还获得2021年度"金誉奖"评选(评奖机构:普益标准)的"优秀慈善信托产品奖"。

三、社会责任履行情况

（一）发挥信托优势、服务实体经济，助力经济社会发展

1. 回归信托本源，服务实体经济

公司坚决立足新发展阶段、贯彻新发展理念、构建新发展格局，着力回归信托本源，持续优化业务结构，提升主动管理能力，服务实体经济和天津地方经济发展。

2. 依法诚信经营，自觉履行纳税义务

公司认真遵守税收法规，积极履行纳税的责任和义务，依照法律、行政法规的规定及时足额缴纳各项税款，做和谐社会建设的积极参与者。全年北方信托累计缴纳各项税费约4.43亿元，为增加国家和地方财政收入、促进地方经济发展和社会进步作出了积极贡献。

（二）坚持恪尽职守、履行受托责任，忠实受益人利益

1. 信托产品全部到期清算

2021年，公司全年到期清算项目累计为受益人实现收益77.72亿元。

2. 积极开展信托文化建设，培育受托人文化

公司深入开展信托文化建设，围绕"信托文化普及年"，以受托文化建设为核心，将信托文化建设重心进一步向部门及普通员工下沉，全面普及信托文化，引导全员树立"守正、忠实、专业"受托意识，切实履行受托人尽职管理责任和义务。同时，公司致力于信托文化的培育建设，以营业网点为依托对客户进行信托知识普及，开展了"以人民为中心增强金融消费者获得感"3·15教育宣传周、"守护您的安全畅通金融消费"2021年普及金融知识万里行活动、"学法用法护小家防非处非靠大家"2021年防范非法集资宣传月、"金融知识普及月，金融知识进万家，争做理性投资者，争做金融好网民"等一系列富有特色的金融知识普及教育宣传活动。此外，公司在落实好疫情防控要求基础上，积极创新金融教育手段，通过线上线下相结合的方式，聚焦"一老一少"带动中间人群，倡导金融消费者理性投资、远离非法金融。

3. 保障客户权益，创新服务方式

公司充分发挥信托制度优势，不断创新服务方式，积极保障客户的合法权益，建立客户投诉受理机制，设置投诉专线，指定专人负责接听，及时妥善处理客户投诉。在营业网点、官方网站、宣传资料及合同文本的醒目位置均公布电话、网络、信函等投诉处理渠道，为客户投诉提供必要的便利。推进"我为群众办实事"的实践活动落地落实，将投诉电话与财富热线、"400"客服来电建立台账，收集客户意见和建议，不断改进服务，提升客户满意度。2021年度继续保持"零"投诉。此外，北方信托建立《个人金融信息安全保护制度》规范收集、使用和对外提供个人金融信息行为，定期对系统信息安全进行风险自查，根据业务实际

需要确定相关岗位调取客户信息的范围，落实金融机构信息安全的责任和担当，多措并举加强个人金融信息保护，让客户更加放心。

（三）强化风险管理、依法合规经营，守住风险底线

1.完善风控体系建设，强化风险管理

公司持续优化全流程风险管理体系，完善从前期尽调到项目审核成立再到后期跟踪的闭环管理机制和多层次评审程序，确保业务审查审批工作的独立性、客观性、科学性，并建立风险自查和风险资产处置常态化工作机制，守好风险底线。此外，公司持续提升舆情风险管控能力，不间断监测、及时处置涉及公司相关舆情信息。

2.不断加强合规管理，规范经营行为

公司深入开展"内控合规管理建设年"活动，健全完善内控合规管理体系，强化制度体系建设，夯实内控管理根基，结合公司转型发展需要，不断梳理存续制度，全年制定、修订制度73项，进一步保障了各项业务活动和管理活动有制可依、有规可守、有序可循。

3.自觉遵守各项规定，履行反洗钱义务

公司始终恪守社会公德，自觉遵守各项规定，积极维护行业市场竞争秩序，并积极履行反洗钱义务。对《北方国际信托股份有限公司洗钱风险自评估管理办法》进行修订；持续开展客户风险等级评定与可疑交易审查工作；积极参加中国人民银行、天津市银行业协会举办的各次反洗钱专题培训；开展"金融知识万里行"有奖答题活动，以及"反洗钱宣传月""6·26国际禁毒日""反走私宣传"等宣传活动。公司反洗钱各项工作实现高质量发展，充分发挥反洗钱在推进国家治理体系和治理能力现代化、保障经济社会稳定和国家安全等方面的重要作用。

（四）坚持以人为本、保障员工权益，促进员工职业发展

1.围绕党史学习教育，实现宣传教育全覆盖

公司坚持以员工为中心，切实为群众办实事，结合党史学习教育，开展"重走红军长征路"主题教育党日活动、"颂歌献给党"庆祝中国共产党成立100周年歌咏朗诵比赛、"永远跟党走　奋进新征程"数字油画活动、党史学习教育主题征文活动、党史学习教育知识竞赛等系列活动，使广大员工深刻领会中国共产党团结带领全国各族人民为实现民族独立、人民解放和国家富强不懈奋斗的光辉历程，学习无数优秀共产党员为中华民族谋独立、为中国人民谋幸福而不畏艰难险阻、勇往直前的大无畏精神和高尚品格。激发员工间学习热情，增加相互间的凝聚力和集体荣誉感。

2.重视员工成长，提高职业素质和从业技能

公司坚持以人为本，服务社会，成就员工，通过搭建知识管理、人才赋能平台，落实

员工培训工作。从聚焦国企党建、业务转型、信托文化建设等主题出发，开展2021年员工培训工作。积极邀请外部专家举办专题培训，选派员工参加外部培训，运用公司"北信E企学""资管云"培训平台并新增自制课程。同时，公司通过组织开展全员"信托文化常识"学习测试、征信岗从业人员学习及能力测评，督促员工深入学习信托基础知识。

3.提供健康、安全的工作环境

面对新冠肺炎疫情的起伏反复，公司严格落实各项防疫要求，按日配发口罩等疫情防护用品，并加大防疫宣传、培训力度，营造公司全员重视疫情、平稳心态、科学应对的常态化防护氛围。

（五）践行国企担当、发展慈善信托，履行公益责任

1.发挥党建引领、践行国企担当

公司深入推进"我为群众办实事"实践活动，与天津市越秀路街惠阳里、增强楼、教师村三个社区结对子开展实践活动，促进党员下沉街道、走进社区；组织党员深入天津市贺余年养老院，深入了解孤寡老人需求，心贴心帮扶孤寡老人；与天津市惠阳里社区对接，进商户宣传疫苗接种，向社区25个单元约500家住户进行全覆盖式宣传。

2.助力脱贫攻坚，实现精准扶贫

为巩固拓展脱贫攻坚成果，春节前对低保户、"五保"户逐户走访慰问，为9户危房改造困难户提供资金。在2021年天津市脱贫攻坚总结表彰大会上，公司荣获"天津市结对帮扶困难村优秀驻村工作组"称号。为助力乡村振兴，选优配强驻村工作组；公司领导带队赴蓟州区与区、镇、帮扶村进行工作对接和调研；初步研究制定《蓟州区扶持经济薄弱村发展总体工作规划》，并逐项推进落实。

3.积极践行国企担当，持续开展慈善信托业务

公司新增设立3笔慈善信托业务，为服务实体经济和助力民生保障提供金融解决方案和智力支持。积极响应"促进共同富裕"号召，成立"北方信托·关爱困境儿童慈善信托"，惠及天津市1083名散居孤儿，并荣获"金誉奖"评选的"优秀慈善信托产品"奖项。在天津市民政局倡导支持下，设立"北方信托·关爱老年认知障碍群体1期慈善信托"，为老年人群体守护记忆健康，为老年人家庭提供专业支持，为关爱认知障碍老年人群体贡献力量。此外，设立"北方信托·养老事业公益培训1期慈善信托"，为提高天津市养老机构的服务水平、推进天津市养老事业的发展、加强天津市养老机构后备管理干部队伍建设提供有力支持。

四、2022年发展规划

2022年公司将始终以习近平新时代中国特色社会主义思想为指导，全面贯彻党的十九大和十九届历次全会精神，全面落实中央经济工作会议和天津市委十一届十二次全会暨经济工

作会议部署，坚持稳字当头、稳中求进，把握新发展阶段，贯彻新发展理念，构建新发展格局，继续坚持"风险可控，高质量可持续发展"的经营思路，继续落实"扬长补短调结构、开源节流增效益"，坚持改革创新驱动，抢抓转型发展机遇，着力在加强党的建设、加快建立现代企业制度、全力推进高质量业务转型、持续完善风险管控体系、务实打造转型保障体系等方面持续用力，奋力开创公司高质量可持续发展新局面，以优异成绩迎接党的二十大胜利召开。

渤海国际信托股份有限公司

一、2021年经营概况

2021年，渤海国际信托股份有限公司（以下简称公司）坚持将党和国家政策作为展业的出发点和立足点，严守合规底线，聚焦风险化解、转型发展、管理重整三大任务，公司的经营质量稳步提升，运营环境不断改善，发展信心持续增强，整体面貌焕然一新。

（一）旗帜鲜明坚持党的领导

旗帜鲜明地坚持党的金融方针。以建党百年为契机，认真开展党史学习教育，全面提高干部员工的政治站位。健全党委议事规则和决策机制，达成了听党话、跟党走是行稳致远根本保证的广泛共识，明确了"风险化解、管理重整、转型发展"三大任务，强化了金融服务实体经济的功能定位，提出了必须坚守合规经营底线的管理要求，形成了团结干事、和谐共事、用心做事的工作局面。

（二）全面推进依法合规治企

以成长为一家干干净净、长长久久、受人尊敬的信托公司为目标，全面推进依法合规治企。下大力气完善公司治理，扎实开展股东承诺管理，制定切实可行的恢复与处置计划；优化完善议事规则，强化以董事会为核心的法人治理结构；全面落实合规展业要求，对照最新的金融监管政策，以"合规优先、兼顾效率"的原则，对重点制度流程进行了全面梳理，制定、修订各类规章制度14项，堵漏洞、补短板，将合规经营落地、落实。

（三）坚定坚决守住风险底线

结合监管政策及市场环境变化，通过调整业务准入标准和操作要求、加强对业务的过程管理要求、开展专项审计等方式，持续深化完善与业务发展、创新转型相适应的风险管控机制，全年主动管理业务实质性风险零新增，牢牢守住了安全经营的底线。

（四）持续健全市场化经营机制

深入拓展市场化用人机制，细化岗位层级设置，组织人才盘点和关键岗位识别，打通员工职业发展通道。加快完善市场化激励机制，在结合自身实际的基础上，对业务激励管理办法进行修订完善，切实提高绩效激励驱动力。优化完善市场化考核机制，以培育差异化、专业化、规模化业务部门为目标，优化现有绩效考核指标体系，进一步强化"干部能上能下、人员能进能出、薪酬能高能低"的机制与氛围。

（五）多举多措加强信托文化建设

在内部制度建设方面，将信托文化融入发展战略，建立了涵盖企业价值观、制度规范、经营运行的文化体系。在对外宣传方面，通过设立常态化宣传区、印制《信托知识百问百答》系列宣传册、开展线上宣传等方式向社会公众普及信托知识，传播信托文化。凭借在信托文化领域突出表现，公司在第十四届"诚信托"评选中入围"行业文化奖"。

（六）发展成绩获得广泛认可

公司服务实体、创新转型、稳健经营的工作成绩得到了社会各界的广泛关注和认可，全年累计获得河北省发展改革委和河北省企业联合会授予的"河北服务业企业100强"、石家庄市社会信用体系建设领导小组办公室授予的"诚信创建示范单位"等各类荣誉奖项7项，并有2人次被河北省中长期青年发展规划联席会议办公室授予"冀青之星"。此外，《经济日报》、凤凰网、长城网等省主流媒体，刊播公司各类正面报道100余篇（条），充分肯定了公司的发展成绩。

二、创新业务案例

（一）锚定"双碳"目标，发展绿色信托

把支持节能环保、新能源等国家战略性新兴产业作为公司创新的重要着力点之一，研究制定了《渤海信托绿色信托业务操作指引》，从制度层面建立了绿色信托业务流程、风险控制、信息系统建设、信息披露等优先发展机制。2021年，完成了公司首单1.6亿元绿色信托项目的落地，用实际行动为绿色产业提供专业化金融服务，持续积累业务经验，开拓绿色和可持续金融市场。

（二）深耕供应链金融，助力传统制造业转型升级

运用现代金融科技，持续升级供应链金融业务模式，研发推出了"胖猫"系列信托产品，推动钢铁等传统产业转型升级。该产品通过找钢网、信托公司两道风控审核，严格把关借款人准入标准，动态监控底层资产质量，通过结构化分层实现产品内部增信，通过平台受让不良债权实现外部增信，通过自研系统实现资金闭环。自成立至今，该产品已累计募集21

期，服务中小微企业近千家。

(三)扎实推进小微金融业务，全面支持居民消费

以基于真实消费场景发展业务为前提，持续加大小微金融产品和服务创新。目前，公司已与多家小微金融领域龙头企业合作研发了"双SPV"资产证券化业务模式，有效降低了消费金融成本。同时，公司高度重视小微金融业务的风险管控，建立了集中统一的个人授信风险限额及额度管理系统，实现了对个人授信业务审批、使用和额度的动态化管理，进一步提升了主动风控能力。

三、社会责任履行情况

坚持"做一家受人尊敬的信托公司"的社会责任理念，努力为社会经济发展和人民美好生活贡献力量。

(一)有效服务实体经济

充分发挥信托优势，服务实体经济、支持"六稳""六保"。截至2021年12月31日，公司管理信托资产规模中投向实体经济领域的规模达2 201.18亿元，规模占比同比增加4.19个百分点，连续第三年保持增长。同时，公司立足国家经济和区域发展大局，积极融入重大项目建设，截至2021年末，公司京津冀协同相关项目存续规模为20.92亿元，服务河北地区项目存续规模为153.71亿元。

(二)全力抗击新冠肺炎疫情

面对2021年初石家庄地区的疫情反复，与石家庄人民并肩作战，把抗击疫情作为政治任务。公司第一时间成立防控新型冠状病毒应急小组，制定应急处置及运营保障预案，对疫情期间的金融服务进行全面部署安排。2021年，在保持"公司零疫情、员工零感染"的基础上，公司通过发挥科技优势、扎实履职尽责、落实监管要求等方式，保障了正常运行，为实体企业、合格投资者提供了及时的金融支持与服务。

(三)积极参与社会公益

发挥平台和渠道优势，关注环保、民生等领域，2021年公司管理信托资产中投入节能环保领域的规模为25.50亿元，投入民生保障领域的规模为6.23亿元。连续三年组织开展"渤海信托助学公益行"，持续定向资助河北省行唐县10位家庭困难、品学兼优的学生；扎实做好金融消费者宣传教育工作，组织开展了"金融知识普及月""金融知识进校园"等各类主题活动10余次。

四、2022年发展规划

2022年公司将以"稳中求进"为总基调，继续推动风险化解、管理重整、转型发展三大任务，争取有更大的进步。

（一）党建引领，提升管理水平

1.加强党的建设。进一步补足党建制度短板，创新党建活动的载体、形式，遴选优秀的党支部书记，大力发展党员，加强纪检与合规内审、业务活动的融合，强化党支部的战斗堡垒作用。

2.完善公司治理。按照法律法规要求，修订完善公司章程，科学划分决策权限与流程；做好股东行为管理，按规定开展股东承诺、股东资本补充能力报告、股东年度评估等工作；制定高标准的职业道德准则，开展履职培训，进一步完善董事、监事履职评价办法及高管考核办法，确保董监高独立履职的专业性和约束性。

3.加强后备干部培养。研究制定后备队伍建设规划，适时开展专项实习生计划、专项校园招聘和专项内部人才选拔，选拔高素质的后备人才队伍；完善后备人才培养机制，通过异地交流、岗位轮换、参与重大项目等方式，提高后备人才的实际工作能力；坚持学习型组织建设，完善教育培训体系，实现人力资源的可持续发展。

4.稳步推进数字化转型。将信息科技与流程、业务、管理紧密结合，根据行业发展趋势及业务变化，加快系统的升级改造、开发建设；加强数据治理，强化数据标准，提升数据统计的准确性、及时性，搭建数据集市，为后续数据分析应用奠定基础。

（二）多方施策，守住风险底线

1.严格防范业务风险。坚持信托项目筛选的高标准，加强市场研究与预判，动态调整风控策略，努力将风险成本降到最低；严格落实监管检查意见，促进业务合规发展；持续打造信托项目全生命周期的"大风控"体系，提高过程管理专业程度。

2.加快历史遗留风险处置。按照严防次生风险、争取最大利益的原则，加强沟通协调，综合运用非诉清收、诉讼清收、融资方重组等多种方式，拓宽风险资产处置渠道，加快风险资产处置进程。

（三）持之以恒，推动创新转型

1.聚焦重点精准发力。有序推进估值改造，探索形成符合公司实际的净值化管理模式；聚焦债券业务、消费金融业务、证券业务，以标品、资产证券化、投资为方向，探索将原有业务模式进行升级拓展；修订完善标品业务操作指引，进一步丰富标品业务产品线。

2.提升自主销售能力。强化财富管理，广泛搭建直销渠道，巩固扩展代销网络，以家族信托、标品业务等为切入点，加强业务与营销的协同互动，提升产品销售和财富管理能力。

3.完善配套制度。建设适应创新业务发展的组织构架，增设投研体系，探索开展事业部制改革；研究制定转型期人才引进与培养方案，引进一批具有开拓创新能力和市场开发能力的专业化人才队伍；探索建立差异化激励机制，针对不同业务类型的特点，进行分类评价；加大科技投入，对标净值化管理要求，推动减值定价系统、全资产估值系统、中信登估值接口、标品业务系统等的建设。

长城新盛信托有限责任公司

一、2021年经营概况

2021年，长城新盛信托有限责任公司（以下简称公司）在各方股东的支持下，面对国内外复杂严峻的经济环境，全体员工坚持以习近平新时代中国特色社会主义思想为指导，深入贯彻党的十九届六中全会精神，同心共筑，砥砺前行，坚决落实防控金融风险、服务实体经济、深化金融改革这三项根本任务，各项工作取得了较好的成效。

（一）公司经营业绩

截至2021年末，公司资产总额129 225.20万元，负债总额28 752.58万元，所有者权益100 472.63万元。新盛信托全年实现营业收入9 613.50万元，净利润-4 311.72万元。净资本/净资产比例为75.38%，超过40%的监管要求，净资本/风险资本比例为664.59%，大于100%的监管要求。

（二）"两压一降"工作取得实质性进展

公司认真贯彻落实监管要求，把防范和化解风险作为全年工作的重中之重。2021年，公司上下一心，多措并举，在"两压一降"工作中取得了较好的成效，有效压降了融资类项目规模。

（三）新业务拓展扎实推进

2021年，公司在标品信托、协同业务、家族信托等方向持续发力，通过一年的探索，确定了以不良资产协同业务为主要发力点、持续提升主动管理能力、大力发展服务信托、积极回归本源业务、加大改革发展力度的发展思路。

公司与大股东长城资产管理股份有限公司（以下简称长城资产）搭建起协同关系，利用信托制度、信托架构、信托投资的广泛性等优势，探索出破产重整与企业纾困、央国企"两非、两资"资产剥离、利用自身资源向集团推荐项目三种协同发展模式，未来将利用信托优势充分服务长城资产主责主业。

(四)制定三年规划,明确发展方向

为顺应行业转型发展,推动公司迈上新台阶,2021年,公司制定了"2022—2024"三年战略规划,明确公司将以专业化、市场化为突破口,从自身资源禀赋出发,发展成为特色化、专业化、市场化的小而精的新型信托公司。三年战略规划的制定使公司明确了发展方向,明晰了发展路径。

(五)健全管理机制

2021年,公司细处着眼,变革创新,运营效率稳步提升。一是对业务审核流程、中介机构管理、员工管理、监管对接、绩效考核等十余项工作进行优化,修订印发了《不良资产协同业务工作指引》《家族信托业务指引》等20余项制度、办法。尤其是绩效考核方面,公司打破大锅饭机制,形成完善的奖惩制度,个人收入与业绩达成紧密挂钩,员工工作积极性得到激发,有效提升公司经营管理水平。二是建立了部门工作周报及重点工作周报机制,并持续落实好风险项目化解周报制度,由分管领导亲自协调、督促各项重点工作、风险项目化解进度,责任落实到人,工作落实到细,有效推动各项工作进度。

(六)完善支持系统

2021年,公司聚焦短板,精准发力,工作氛围积极向上。一是对人员力量薄弱的业务部门,引进了优秀中介机构专业人员进行协助,保证了项目实施进度;二是在2021年底进行了中层干部选拔竞聘,为青年干部员工提供了展示自己的机会和平台,充实了干部队伍力量。对科技系统赋能不足的问题,公司制定了数字化转型发展规划,摸清家底、开门问策,梳理了现有在用模块,重新确定决策机制,明确后续财富端APP、标品业务系统等建设重点。对于研发支持不足的问题,公司对近30家同业公司进行全方位调研,梳理调研情况以提供参考,并邀请十余位业内专家开展专题培训,引导员工积极参加长城资产组织的"双周讲堂",同时,公司抽调骨干人员,组建创新工作小组,对家族信托、标品信托、不良资产信托等6类业务进行重点探索。

(七)进一步强化党建引领作用

2021年,公司在党委的统一领导下,以建党100周年为契机,把抓实党性教育和理想信念教育作为一项重要工作。一是加强理论学习。全年共组织完成13次党委中心组学习,指导基层党支部认真组织开展"三会一课",全面提升干部员工党性修养。二是党史教育丰富多样。公司开展"学史有感"征文、清明祭英烈、参观中国共产党历史展览馆、冉庄地道战纪念馆、孙中山故居、胡耀邦故居、上海周公馆等活动,使全体党员能够更好地把党的历史学

习好，从党史学习教育中进一步坚定理想信念。三是坚持理论联系实际。2021年，在全公司系统内组建重大风险项目化解、业务创新和财富管理三支党员突击队，积极开展"党员冲在第一线"活动，使党建工作与业务经营管理工作同向聚合。四是进一步加强廉政风险防控。2021年，通过开展排查廉洁风险点、制定权力运行图、完善廉洁风险防控措施、制定《经营管理违规行为问责管理办法》《风险资产问责管理办法》、组织观看警示教育片等措施，架起廉洁风险的防护网。

二、创新业务案例

公司于2021年9月设立一单家族信托，规模不超过1亿元，期限20年，信托财产交付形式为包括但不限于现金、债权、金融资产、有限合伙份额等符合国家有关规定的财产或财产权。受益人为委托人本人及其独子。

该家族信托创新性地将现金、债权等多种财产权利作为家族信托财产，实现了家族企业风险隔离、家族财富保值增值以及家族财产传承等多种功能，获得了客户的高度评价。

三、社会责任履行情况

（一）公司照章纳税

公司自觉坚持守法经营、照章纳税、公平竞争、合作共赢等理念，积极贯彻落实党中央对脱贫攻坚工作的要求。2021年全年公司向注册地新疆乌鲁木齐市经济技术开发区交纳各项税费合计4 688.56万元，是重点纳税企业之一。

（二）维护委托人利益

公司恪尽职守，严格履行受托人诚实、信用、谨慎、有效的管理义务，依托自身在资产管理、风险控制等方面的优势，为投资者创造信托财富，为企业提供全面金融服务，截至2021年末，公司已向投资者分配信托利润3.39亿元。

（三）开展投资者教育

2021年9月，公司正式启动2021年"金融知识普及月 金融知识进万家 争做理性投资者 争做金融好网民"活动。为了切合此次活动主题，公司开展了金融古丽说消保（短视频比赛）、金石榴·百团进千村、金融知识进万家—金融知识竞赛等三项主题活动。通过各项活动的开展，公司积极引导消费者利用科技手段，加强风险防范意识，弘扬金融正能量，营造风清气正的清朗金融环境，将消费者权益保护工作践行到底。

（四）助力公益事业

2021年，公司向陕西陇县捐款50万元，购买扶贫产品3.5万元，全体员工自发购买扶贫产品2.4万元，公司立足自身职责，打造有温度、有气息的金融机构，彰显国企担当。

（五）开展员工关爱

一是积极推进员工的正常福利，提升员工工作幸福度，开展春节、三八节、员工生日送温暖活动；二是积极举办文体活动，丰富职工业余生活，为广大职工办理公园年卡、电影卡；三是关注员工身心健康，及时为全体员工发放口罩、消毒液等防疫物资，并完成了办公场所搬迁工作，入驻新办公楼，改善了员工办公环境。

四、2022年发展规划

2022年，公司将全面贯彻落实党中央、银保监会的重大决策部署，坚持"稳字当头、稳中求进"的工作总基调，实现"进中提质，质中见效"的工作成果。

（一）强化依法合规经营，坚决守住风险底线

公司将进一步提高合规意识，带头践行合规经营各项监管要求，严格遵守不破"底线"、不踩"红线"和不碰"高压线"的经营原则，树立"合规创造价值"的经营理念，将其融入经营管理的各个环节和各个层面，形成人人重视合规、人人自觉坚守合规的经营氛围，确保各项经营工作在监管框架下进行。

（二）积极推动业务转型，努力提升发展质效

坚持顺应监管政策导向，以符合国家产业政策支持的行业为主攻方向，加大实体经济支持力度。公司将充分发挥在传统业务领域长期积累的客户资源和专业优势，以挖掘客户需求为切入点，聚焦"不良协同、标品信托、财富管理、实业投资"四大业务板块并持续发力。

（三）加强财富管理队伍建设，打造家族信托品牌

2022年，公司计划以市场化方式建立财富管理团队，引进优秀、富有经验的理财师，同时与长城资产下属各分子公司构建共享机制，通过代销协同、资产配置共享等方式打造长城系统财富管理品牌，提升公司募资能力。同时，公司将进一步深挖客户资源，开拓服务方式，精准刻画客户"肖像"，提升资产配置策略，以特色化、定制化路线打造公司家族信托品牌，做大家族信托规模。

（四）提升标品信托业务投研能力及系统建设水平

加强标品业务投研体系建设，公司计划先行依托券商、头部基金管理人等机构作为投资顾问，辅以其专业的估值能力，实现产品净值化管理，过程中不断搭建业务框架、形成产品大类、提升投研能力，最终向自主筛选底层资产的主动管理TOF业务转型。同时，公司将完善系统建设，最大限度地减少重复性的人工操作过程，打破公司在人员配备上的限制。

大业信托有限责任公司

一、2021年经营概况

2021年，大业信托有限责任公司（以下简称公司）在股东单位的大力支持及公司党建工作引领下，顺利完成本年度业绩指标与任务。全年实现营收5.6亿元，同比增加0.56亿元、增幅11.11%；实现净利润1.18亿元，同比增加0.06亿元、增幅5.36%。截至2021年末，公司存续信托规模565.73亿元，其中主动管理类信托规模232.57亿元，事务管理类信托规模333.16亿元。

（一）积极落实党建主体责任

组织上，2021年6月，公司党委、纪委成立，党建入章程相关工作完成。思想上，公司组织员工集体收看庆祝中国共产党成立100周年大会，举办"支部红讲台"系列党课、"原著读书班"等活动，推动学史爱党在公司蔚然成风。行动上，公司党组织把"我为群众办实事"实践活动作为党史学习教育的重点工作，用心为民办实事。作风上，大业信托通过组织参观学习红色基地、观看警示教育片，开展酒驾醉驾、"吃公函"等问题自查自纠与专项整治，保证了良好的政治生态。

（二）积极协调推进增资扩股

在股东单位的大力支持下，2021年初，三方股东向公司同比例增资9.5亿元，将公司注册资本增至14.85亿元。2021年6月，公司再次以资本公积及未分配利润转增资本5.15亿元。截至2021年12月底，公司注册资本已增至20亿元，资本实力、市场竞争力及抵御风险能力进一步提升。

（三）积极推进信托业务转型

公司按照监管政策要求，持续压降金融通道业务，审慎开展传统融资业务，积极开展标品和股权投资、服务信托和家族信托业务。2021年，公司新增标品业务规模52.89亿元，产品包括货币基金、债券基金、混合型公募基金和私募基金；累计发行房地产股权投资项目

39.54亿元，已完成退出16.97亿元；累计募集资金177.60亿元，其中直销占比60.40%。公司还组建了家族信托业务团队，推出"盛德世家"家族信托产品服务体系，截至2021年12月底家族信托业务存量17亿元。

（四）持续提升风险管控能力

为加强风险管控，公司逐步调整客户结构，对出现风险苗头的交易对手，强化项目管控，有效降低风险敞口；同时根据市场变化及时修订了相关业务标准，业务集中度持续降低。为加强存续项目管理，公司对中后期相关制度进行了完善，进一步提高了投后管理要求。此外，公司还积极开展内控合规管理建设年活动，强化合规管理理念，着力营造合规文化，持续加强公司内部审计监督与整改工作。

（五）不断加强人才队伍建设

公司一方面积极落实转型要求，加强标准化业务人员招聘与培养；另一方面积极推进公司组织结构调整，引进家族办公室和财富管理相关专业人员。同时，根据实际需求，公司还适当引进了法律和合规专业人才，推动公司全面合规文化建设落地、见效。

二、创新业务案例

案例一：大业信托——汇腾集合资金信托计划

本信托计划总规模不超过50亿元，总期限不超过50年，各期信托资金分别单独管理、运用，单独核算。受托人根据各期委托人/受益人的投资确认书签署各项交易文件并履行相应合同义务。本信托计划的投资范围包括：（1）现金类资产（包括但不限于活期存款、定期存款、协议存款等）；（2）货币市场基金；（3）资产支持证券（ABS）；（4）第N期信托单位全体受益人一致同意的其他固定收益类标准化金融产品。

截至2021年12月底，本信托计划存续规模约14.12亿元。委托人均为机构投资者，信托资金均投资于招商银行发行的资产支持证券（ABS）次级档，底层ABS类型包括住房抵押贷款、个人消费贷款、个人汽车贷款等。此项目通过银行间市场认购公开发行的ABS，与招商银行、招商证券等建立了良好的合作关系，认购产品的机构投资者包含了大型央企、地方国企财务公司、上市公司等，项目受到投资者的一致好评。

案例二：大业信托——加盈1号集合资金信托计划

该信托计划投资策略主要采用预测、判断短期市场利率走势，以主动式投资管理为手段，通过优化资产配置和品种选择，在力争本金安全和保证资产高流动性的前提下，最大限度地提升信托资产的投资收益。产品资金来源主要是公司直销，直销占比100%。

在流动性风险、信用风险等方面采取的主要措施是在流动性、收益率以及规模之间做好平衡，并在投资管理角度加大控制。重点关注资金面、供需面及经济基本面。资金面方面主要是央行货币政策、货币政策传导结果及大行资金动向；供需层面主要是债券短中期发行计划（期限和数量）；经济基本面层面主要是各类宏观经济数据监控以及产业政策导向。截至2021年12月底，该产品30天平均年化收益3.671%。

三、社会责任履行情况

2021年，公司在支持社区疫情防控、为群众办实事、慈善公益信托、践行"双碳"目标等方面发力作为，积极履行企业社会责任。

（一）积极落实疫情防控主体责任

2021年5月广州新发疫情后，公司广州党小组10名党员第一时间加入"广金先锋"党员突击队，共支援广州市越秀区、荔湾区抗疫7人次，支援党员所在社区抗疫6人次。在社区加紧构建疫情防控网格化"四图一档"的重要节点，公司党组织积极认领民生微项目，组织13名人员深入社区协助开展工作，有力缓解了社区燃眉之急。

（二）多措并举积极为群众办实事

公司党组织联合属地社区——广州市花都区马鞍山社区党总支共建党内关爱慰问机制，对18户特殊困难居民进行中秋探访慰问，营造了温暖、美好的节日氛围。党员累计到社区服务30余人次，认领"微心愿"近20个，为社区垃圾分类、创文活动、防范电信诈骗等贡献力量，助力社区治理。

（三）发挥信托优势助力慈善公益事业

在信托公司回归本源的大趋势下，公司更是充分发挥信托优势，积极探索慈善公益事业路径，以最直接、最有效的方式回馈社会，彰显公司"负责任、有担当"的企业形象。2021年，公司发起设立慈善信托5只，成立规模总计63万元；发起设立服务信托1只，成立规模30万元。项目具体情况见下表：

序号	项目名称	成立时间	规模（万元）
1	大业信托——善业关爱儿童慈善信托计划	2021年6月15日	10
2	大业信托——关情儿童慈善信托计划	2021年8月25日	10
3	大业信托——棠棣企业关爱服务集合资金信托计划	2021年9月29日	30
4	大业信托——盛德至善2021年济困慈善信托计划	2021年12月22日	10

续表

序号	项目名称	成立时间	规模（万元）
5	大业信托——"未"爱护航慈善信托计划	2021年12月31日	5
6	大业信托——2021年安徽商会助学慈善信托计划	2021年12月31日	28

（四）积极践行"双碳"目标理念

公司积极践行"双碳"目标理念，对外联合广东省有关方面发起成立广东金融学会绿色信托小组，多次参与各种组织和机构举办的绿色金融会议，积极参与绿色金融相关研究。对内举办碳中和行动目标倡议仪式，制定《绿色信托业务操作指引》，制作绿色低碳宣传手册，发布《绿色信托资讯》月刊/季刊，组织、员工参与绿色信托相关知识培训。

四、2022年发展规划

（一）继续扎实推进党建工作

一是提高政治站位，全面落实党建主体责任。公司将组建党委领导班子，构建系统完备、科学规范、运行有效的党建制度体系，推动党委工作规范化开展。二是推进党组织标准化建设，全面实施党建创新。公司将按照《党建品牌创建方案》总体部署，紧扣党建品牌建设"三个目标"，全面实施党建品牌创建举措。三是面向发展新阶段，加强企业文化建设。公司将围绕文化建设五年发展规划，强化党建文化对企业文化的引领，丰富企业文化内涵，加强企业文化宣传。

（二）进一步完善公司治理体系

一是依法依规完成公司章程的系统性修订工作，修订完善《董事会议事规则》《监事会议事规则》。二是持续完善"三会一层"履职规范。三是完善与受托人角色定位相匹配、与信托转型适应的合规风控体系、关联交易治理机制、信息披露制度、激励约束机制等，加强金融消费者权益保护，切实履行好社会责任。

（三）积极有序推进风险化解

2022年，公司将贯彻业务发展和风险处置并重的原则，加大存量风险处置力度，努力实现风险资产的实质性处置和规模大幅压降。大业信托将在诉讼、执行、司法重整、抵债等传统的处置手段基础上，积极拓展处置渠道，尝试综合运用法律诉讼、强制执行、庭外重组、破产重整、债权转让、收购反委托处置等组合手段，推进风险化解工作。

(四）持续推动业务转型

一是继续拓展标品业务，提升标品业务的规模及收入比重。公司将组建TOF专业团队，提升资产配置业务的主动管理能力和转变在标品业务链条中的角色地位。二是由融资业务为主转为投资业务为主。2022年，公司业务重心将向投资业务倾斜，提高投资类业务的收入占比。三是拓展机构客户资金来源，变通道为主动。公司将努力把通道业务原有机构客户发展为公司主动管理项目的资金方。四是提升财富管理职能，由发行功能转向配置职能。公司财富端将从产品发行向买方投顾方向转变。五是加强金融同业之间的合作，打造共赢局面。公司将发挥自身优势，在同业合作中变通道角色为业务协同，互利共赢。

东莞信托有限公司

一、2021年经营概况

截至2021年12月末，东莞信托有限公司（以下简称公司）固有资产总额75.97亿元，比年初（年初数根据年度审计及新金融工具会计准则调整）增加11.86亿元，上升18.5%；固有负债总额17.25亿元，比年初增加12.58亿元，上升269.03%；所有者权益58.72亿元，比年初减少0.71亿元，下降1.2%；公司管理信托资产总额653.57亿元，比年初减少4.76%。2021年，公司实现利润总额0.94亿元，同比减少5.88亿元；累计实现净利润0.61亿元，同比减少4.55亿元，下降88.1%；纳税金额2.01亿元，同比减少0.88亿元。

二、创新业务案例

（一）非标信托业务

打造非标股权投资产品创新业务模式，成立融华东海岸股权投资项目。2021年5月，公司成立了"鼎信——融华东海岸项目"，该项目是经银保监会评审认可的创新类股权投资项目。截至2021年底，该项目信托资产规模4亿元，项目整体销售进展良好。

（二）标品信托业务

一是持续完善证券投资信托产品线，持续提升产品的过程管理能力。通过强化投研能力，持续完善优化股票多头产品、股票FOF产品、量化对冲产品、定期专户产品及债券自主投资五类产品，满足不同风险偏好客户的投资需求。充分深入总结产品管理经验，优选投顾，优化管理，持续提升产品的过程管理能力。二是持续丰富优化投资策略及产品，加大扩增固收类标品业务规模。持续为"聚富稳进1号"投资者推出"月月、双月、季季"产品，完善标品固收投资产品体系。截至2021年末，公司标品信托业务规模82.65亿元，较年初增长2.42亿元，增幅达3.02%。

（三）服务信托业务

2021年，公司积极探索服务信托业务，针对不同场景寻求业务机会，并尝试推进首单保险金服务信托项目申报落地，同时以现有项目为基础不断完善优化公司服务信托IT系统。

（四）家族信托业务

2021年，完善家族信托操作指引，通过培训与客户陪谈，培养家族信托意识，挖掘客户家族信托业务需求，培育家族信托业务。截至2021年末，公司已累计落地18单家族信托业务，合计规模超3亿元。

（五）其他业务

积极开展慈善信托，截至2021年末管理慈善信托5个，余额746万元；同时，2021年结合国家乡村振兴战略主题，成功备案乡村振兴慈善信托，帮助实现困难群体精准帮扶，巩固拓展脱贫攻坚成果。

三、社会责任履行情况

（一）支持地方经济，助力中小企业发展

2021年，公司投向实体企业的资金余额352.40亿元。其中，投向工商企业领域252.81亿元，投向基础产业领域3.34亿元，投向房地产领域96.25亿元。一是积极推动城市更新项目，成立了东莞信托·中堂镇城市更新信托项目，截至2021年末，信托资产规模已达6.71亿元。二是持续优化企业转贷续贷服务，降低资金使用成本，公司设立了"东莞信托·莞企转贷专项扶持单一资金信托计划"，政府成立专项基金，东莞信托作为受托人进行专项事务性管理，截至2021年末，该项目累计运作了1 007笔，累计放贷金额263.77亿元，信托资产规模达5.25亿元。

（二）金融助力乡村振兴

公司积极落实省、市有关省内乡村振兴结对帮扶工作要求，与大朗镇、市发改局组团结对帮扶韶关乐昌市北乡镇，选派一名年轻党员干部担任驻镇工作队队员兼驻村第一书记，大力推动巩固脱贫成果、返贫监测、产业调研等方面工作，积极参与村两委会议、驻村党建及乡村治理等各项工作。此外，公司与大朗镇屏山社区建立了结对帮扶关系，还与贵州省铜仁市心齐村建立了结对帮扶关系，签订了结对帮扶协议，确立以采购农产品的方式开展消费帮扶。

持续探索村组资金的有效利用途径，实现村集体资产的保值增值，发展"投资型"经济。截至2022年4月，全市共有28个镇街，217个村集体组织持有东莞信托有效信托份额共计89.87亿元。

（三）支援抗疫一线

2021年6月21日，公司第一时间响应东莞市委组织部倡议，集结了172名干部职工奔赴望牛墩聚龙江村、福安村、官桥涌村等13个村、社区，全力协助一线做好疫情防控，共计完成8万余人的核酸检测工作。2021年12月15日，公司再次积极响应东莞市委组织部倡议出征，集结了201名干部职工前往横沥镇，协助15个核酸检测点共计完成约15万人的核酸采样工作。此外，公司通过慈善信托的形式，受东莞市慈善会委托为大朗镇抗疫提供100万元慈善资金支持。

四、2022年发展规划

（一）加强党的领导，完善公司治理

一是加强党建引领，深化党建与公司治理的有机融合。优化完善公司重大经营事项管理审核机制，厘清党委会、董事会、经营管理层的权责范围，把风险防控摆在更加突出位置；推进将党的领导融入公司治理各环节，坚持"双向进入、交叉任职"领导体制；落实全面从严治党主体责任，压实"一岗双责"，细化党风廉政建设工作任务，一体推进不敢腐、不能腐、不想腐。二是大力支持纪检监察组开展相关工作。紧紧盯住易滋生腐败问题的关键环节、重点岗位，对违反组织纪律、廉洁纪律的行为零容忍，一查到底、问责到人。认真落实"以案促改""正风肃纪专项治理"工作，加强发挥内部监督作用。

（二）增强资本实力，提升抵御能力

全面排查存量项目，做好流动性缺口测算，完善各类流动性支持及自身资本补充方案，缓释部分流动性压力，适量调整投资方向，提高固有资产流动性。大力推进增资扩股，增强公司资本实力，提高风险抵御能力，夯实公司业务发展基础。

（三）优化风控体系，提升风险防范水平

一是优化业务集体审议机制，充分发挥集体审议委员会的集体讨论和独立评审职能。二是进一步优化公司已建立的风险排查常态化机制，优化自查方式方法，着重分析风险变化、风险成因等。三是持续加强风控管理，推进风险项目化解。针对专项排查出的存量业务风险，"一户一策"制作管理台账，逐个制定应对措施。稳妥处置存量风险项目，积极拓宽风

险项目处置渠道，加快债务重组、司法处置以及债权转让进度，充分运用好审计、评估、法律等手段，依法维护自身合法权益，并为后续追缴清收夯实基础。

（四）做强湾区业务，赋能实体经济

积极发挥信托功能，充分利用"莞企转贷基金"政策，做大受惠规模。围绕粤港澳大湾区国家战略实施，把优势资源向大湾区实体经济倾斜。加大对战略性新兴产业、基础设施建设等方面的金融支持力度，大力拓展东莞七大产业基地和基础设施业务。助力村镇做好资产管理，引导村镇资金助力东莞和大湾区重大项目建设，为东莞和大湾区实体经济发展作出应有贡献。

（五）做强标品业务，推动转型发展

一是稳步发展证券投资业务，打造多策略产品体系。加快发展标品信托业务，充分利用好自身牌照的跨市场投资优势，围绕客户资产配置需求，培育出独具自身特色的差异化证券投资产品和市场业务能力。二是稳妥开展标品固收业务。加强机构合作，积极拓展TOF等合作模式，做大业务规模，完善投研体系和投后管理，打造差异化竞争优势。三是持续探索"服务信托+"模式。推进搭建家族财富管理综合服务体系，加大家族信托、保险金信托推动力度，探索落地预收款信托推出标准模式的家族信托、保险金信托等服务。

（六）打造财富管理品牌，巩固财富管理业务优势

一是建立东莞"六大片区"财富服务网络布局，充分优化整合人力资源，实施区域化管理，服务范围辐射东莞全辖33个镇街园区，深度挖掘东莞本土村镇、国企及企业商会业务合作机会，细化分层管理老客户，深耕圈层拓展新客户，促进管户、管理资产的有效提升。二是适应产品转型需求，促进提高财富管理资产规模。紧密围绕资管新规及公司发展战略，提高非标产品的营销能力，综合运用服务信托提升金融服务能力，充分运用营销工具和活动，培育客户多元化资产配置的财富观念，逐步提高财富管理资产规模。

（七）抓好信托文化建设工作

一是做好信托文化确立年工作。持续优化完善组织架构，围绕公司发展战略定位制定"三定方案"，优化员工队伍结构，进一步提升了队伍的凝聚力和战斗力。持续完善信托业务制度，优化信托业务流程，并编制信托业务全流程操作手册。二是加强清廉文化教育。通过组织干部职工学习典型案例、学习党规党纪及理论知识、观看廉政警示教育片等方式切实增强干部的廉洁自律意识，降低岗位廉政风险。通过廉政文化宣传，传递"廉洁自律文化"，构筑思想防线，增强党员干部践行廉洁自律规范的自觉性。

光大兴陇信托有限责任公司

一、2021年经营概况

2021年，光大兴陇信托有限责任公司（以下简称公司）始终坚持党的领导，坚决落实党中央、国务院重大决策部署，坚决贯彻集团各项工作要求，发扬伟大建党精神，统筹抓好疫情防控和经营管理，制定2021—2025年滚动战略计划，稳步推进高质量发展，荣获中华慈善奖、信托业最具品牌价值奖、卓越信托公司奖等多项荣誉，实现"十四五"良好开局。

公司克服了新冠肺炎疫情、经济下行以及市场竞争加剧等外部挑战，克服了新老班子交替等内部变化，在集团党委大力支持下，公司党委正确领导下，全体干部员工共同努力下，有效应对了复杂困难局面，保持战略定力，有序推进各项经营管理工作，实现营业收入61.80亿元，净利润15.41亿元，信托规模1.07万亿元，加大计提拨备力度，增强了风险抵御能力；顺利配合完成银保监会现场检查、中央巡视和集团审计，较好地落实了集团"管理提升年"工作要求，推动了深化改革，大力推进内外部检查反馈问题整改，保持了平稳发展态势。纵观全年工作，公司在党的建设、公司治理、创新转型、风险管理和选人用人方面有明显进展。

（一）党建工作扎实推进

第一，旗帜鲜明加强党的政治建设，深刻感悟"两个确立"的决定性意义，深化践行"两个维护"，建立学习贯彻落实习近平总书记重要讲话和指示批示精神的工作机制，提升理论学习的示范引领性。第二，扎实开展党史学习教育，落实"四专"要求，组织"永远跟党走"等系列专题活动，深入推进"我为群众办实事"活动，推动党史学习教育走深走实。第三，坚守全面从严治党主体责任，全面落实"三张责任清单"，推动"党建深化年""以案促改、以案促治"专项工作，发挥党建领导小组作用，管党治党责任压得更紧更实。第四，提升基层党组织战斗力，优化调整党支部设置，配齐配强支委班子和支部书记，着力提高规范化水平，发挥党员先锋模范和党支部战斗堡垒作用。

（二）公司治理持续完善

第一，优化公司治理体系，将党的领导融入公司治理各个环节，不断提升党的领导与公司治理有机融合的制度化、规范化和程序化水平。制定《股权管理办法》《股东会、董事会议案办理规则》等制度，完善公司治理程序和运行机制。第二，加强股东沟通，及时交流监管政策要求，沟通增资事宜，推动增资进程。第三，完善董事会决策机制，健全董事会授权、议事制度，发挥各专业委员会的功能和作用，在战略、风险、审计、关联交易管理等领域做深做细，助力董事会科学决策。第四，夯实监事会监督职能，制定《监事会加强监督工作暂行办法》，明确监事会监督重点、监督方式以及监督保障机制，开展履职监督和战略调研评估，加强财务、风控等领域监督。

（三）创新转型初见成效

在稳定信托规模的基础上，公司着力回归本源，优化业务结构，发力创新转型，新增投资类和服务类信托占比达到86%，财富管理、标品信托等业务转型发展取得一定成效。具体来看，财富管理发展加快，信托产品销售规模同比增长，其中权益类信托产品销售突破百亿元。标品信托布局加速，管理规模同比增长，以固收类产品为核心，开始覆盖FOF、打新、指数基金、定增等权益产品，产品体系日渐丰富。资产证券化增长显著，存续规模同比增长，同比增速为50%，ABN发行规模排名行业第5位，巩固了行业头部地位。绿色信托实现突破，管理规模99亿元，已落地行业首单碳中和指数、公司首单绿色ABN。慈善信托引领行业，2021年，光大信托新增慈善信托23单，新增规模6 902万元，慈善信托新增数量和规模均位居行业前三位。

（四）风险管控不断强化

第一，提升风险合规意识，加强监管政策等法律法规培训学习，集中开展风险合规警示教育，构筑"不敢违规、不能违规、不想违规"的有效机制。第二，强化流动性管理工作，成立流动性管理委员会，召开15次会议；严格过程管理，建立资金安排小组，统筹重点项目兑付安排机制，按日滚动更新，按周研究部署。第三，加强项目投后管理，增加风险排查频次，提高房地产等业务驻场管理力度，做好市场形势研判，及时发布地产行业重点客户信用恶化等风险预警。第四，推进存量风险处置，统筹开展政信风险项目、恒大风险项目的专项攻坚，加强责任分解落实，明确专职清收人员考核要求。2021年，顺利完成监管部门和集团下达的化解目标。

（五）选人用人严格规范

第一，树立正确用人导向，把好干部任用基本条件关，严格政治标准，着力防止干部"带病提拔"。第二，狠抓选人用人工作整改，全面梳理、修订和完善选人用人制度；规范选人用人流程管理，党委会集体审议干部员工聘任事项，提高选人用人工作质量；强化干部监督管理，建立绩效考核、任职回避、公务回避、兼职管理、出国（境）管理等制度体系。第三，持续引进专业人才，积极选聘风险管理、标品、财富等转型发展所需人才。第四，优化考核制度，完善各业务条线差异化考核机制，进一步明确标品信托等创新业务考核模式和分配机制。

二、创新业务案例

（一）以信托方式解决心智障碍者家属终极问题，国内首单身心障碍者服务信托成功落地

2021年3月，在公司和身心障碍者家长及其他关心身心障碍者人士的共同努力下，国内首单身心障碍者服务信托在北京成功签署落地，这标志着国内关于身心障碍者终身照护问题多了一条创新性的解决方案。

（二）参与发起设立首家慈善信托创新实践基地

中共中央、国务院《关于支持浙江高质量发展建设共同富裕示范区的指导意见》中明确提出"探索各类新型捐赠方式，鼓励设立慈善信托"。7月20日，浙江共同富裕示范区实施方案对发展慈善信托的政策支持进一步做了细化。公司积极响应国家号召，为更好地助力中国公益慈善事业发展，7月22日，由中国慈善联合会慈善信托委员会和公司共同发起成立的中国首个慈善信托创新实践基地在兰州顺利揭牌，在民政部和中国慈善联合会的支持指导下，通过充分发挥慈善信托创新实践基地平台优势，积极创新，整合资源，为中国慈善事业可持续、高质量发展作出更大贡献。

（三）公司首单"碳中和"ABN成功发行

公司作为受托管理人、发行载体管理机构设立的"宜春市国有资本投资运营集团有限公司2021年度第一期绿色定向资产支持票据（碳中和债）"成功发行，发行规模2.7亿元。

该项目作为交易商协会首单拿函、全国第三单发行、亦是光大集团内部首单落地的"碳中和"资产支持票据，是公司积极履行企业社会责任，助力国家"碳达峰、碳中和"目标实现的有效探索。

（四）公司发布行业首个半导体科学A9窄基指数

公司夯实战略转型基础，加速推进由融资向投资、由简单向专业转型，加大对高新科技产业的支持力度。继2020年成功发布首个行业健康科学窄基特色指数——"光大健康科学A8指数"并取得良好投资回报后，公司持续加强自主研发，首个面向半导体产业的精选指数——"光大半导体科学A9指数"正式发布，有效助力高新科技产业发展。

三、社会责任履行情况

2021年,面对新冠肺炎疫情的冲击和复杂严峻的国内外形势,公司坚决贯彻落实党中央国务院决策部署,锐意进取,在业务实现新发展、迈上新台阶的同时,切实履行社会责任,为美好社会的繁荣发展助力同行,向股东、员工及社会交出了一份良好的成绩单。

(一)积极响应中央号召,助力开展常态化疫情防控工作

自新冠肺炎疫情转入常态化防控新阶段以来,公司党委坚决贯彻落实党中央关于推进疫情防控和经济社会发展各项决策部署,发挥信托制度优势,支持疫情防控,以实际行动践行央企的责任和担当。2021年10月兰州暴发新一轮疫情时,公司第一时间筹集善款,启动绿色流程安排,于48小时内将抗疫善款20万元捐赠至兰州慈善总会,缓解志愿者和社工面临的物资短缺问题。2021年,公司抗疫慈善信托支持抗击疫情和复工复产的慈善支出金额合计86.12万元。

(二)充分发挥金融优势,积极服务乡村振兴

公司党委坚决贯彻落实党中央决策部署,响应国家共同富裕的号召,全力推进落实乡村振兴各项工作。乡村振兴关键要靠产业振兴,公司深入实地调研甘肃省和政县三岔沟蜂蜜养殖场,针对蜂蜜养殖无法实现标准化规模生产、无法形成特色产品产业链问题,协调慈善资金用于蜂蜜包装车间升级改造,提高蜂蜜生产及储藏能力;同时,为提升产品品牌效应,提高市场竞争力,公司协助当地村民进行产品商标注册并统一定制包装,帮扶方式从单纯的输血逐步转变为造血,从单纯资金帮扶转变为金融帮扶。2021年公司新设立6单乡村振兴慈善信托,规模合计1 930.72万元。公司全年服务于乡村振兴的慈善支出合计1 711.41万元。

(三)助力达成双碳目标,绿色信托行稳致远

公司党委积极响应中央及光大集团号召,以国家双碳战略为指导,全面落实绿色发展理念,持续耕耘绿色领域,助力建设"绿色光大"。公司紧跟国家碳中和产业政策的出台,发布了《光大信托关于推动"碳达峰、碳中和" 加快绿色低碳转型的实施方案》,加强绿色金融服务,支持碳中和金融工具的创新,提升绿色金融的专业能力与实体经济服务能力。截至2021年末,绿色信托存续规模93.27亿元,其中投向节能环保、清洁生产、生态环境、基础设施绿色升级产业的规模分别为1.1亿元、24.9亿元、28.28亿元、7.38亿元、31.47亿元。

(四)大力探索慈善信托,积极践行社会责任

公司党委一直将慈善信托作为回归业务本源的重要战略产品,倾斜优质资源推动慈善信托业务高速发展。截至2021年末,公司全年新增备案慈善信托23单、追加信托资产5单,总

规模6 902万元；累计备案慈善信托134单，规模达7.8亿元。2021年公司慈善信托业务成绩斐然：与中国慈善联合会共同发起设立慈善信托创新实践基地，在探索慈善信托发展的新模式、新动能，开拓实现第三次分配和促进共同富裕新思路以及推动慈善信托事业的再次飞跃发展上发挥积极作用；"定点扶贫系列慈善信托"从民生、教育、科技、产业等多方面精准发力，为脱贫攻坚战取得伟大胜利做出贡献，并于2021年9月5日荣获第十一届"中华慈善奖"。

（五）认真履行受托人义务，维护受益人利益

公司以受益人利益最大化为原则，认真履行诚实、信用、专业和有效管理信托财产的受托人义务，全年为受益人分配收益514.6亿元，受益人平均收益率5.09%，充分履行了受托责任，为投资者实现了财产保值增值。

四、2022年发展规划

依托光大集团金控平台优势，紧跟国家重大战略部署，立足新发展阶段，贯彻新发展理念，构建新发展格局，坚持稳中求进，坚定打造中国一流信托公司战略目标。按照"做优、做精、做实中国一流信托公司，实现稳健发展"的总体要求，坚定不移回归信托业本源；聚焦主业提升发展质效，从规模型向质量型转变，树立信托业务特色，盈利能力、资产质量、收入结构协调优化，全面提升发展质量。

一是坚持思想引领，强化政治建设，深化全面从严治党，筑牢基层战斗堡垒。

二是传统业务要做专做精，标品信托要做稳做优，创新业务要做特做活，财富管理业务要做大做强。

三是要推进公司治理、组织架构、重点难点工作的深化改革。

四是要强化风控管理及流程建设，强化合规文化塑造。

五是要提升人力资源管理、科技管理、财务管理、运营管理和服务保障能力。

六是践行家园文化、阳光文化、崇商文化和担当文化，积极搭建各类人才干事创业的广阔平台。

广东粤财信托有限公司

一、2021年经营概况

2021年,广东粤财信托有限公司(以下简称公司)在监管部门的正确指导、股东单位的大力支持和全体员工的共同努力下,认真贯彻新发展理念、构建新发展格局,推进业务转型,提升主动管理水平,取得了较好业绩。

截至2021年末,公司资产总额3 614.24亿元,包括:信托资产规模3 494.32亿元,自营业务资产总额118.26亿元,其他资产规模1.66亿元;累计实现业务收入19.95亿元,同比增长32.82%,其中实际信托手续费及佣金收入6.66亿元,同比增长10.79%;实现利润总额16.32亿元,同比增长44.32%。

2021年,公司进一步提升服务效能,强化对工商企业、中小微企业的金融支持。年末,公司各部门服务实体经济项目规模为1 315.28亿元,服务广东地区实体经济项目规模为661.90亿元,占比为50.32%;其中,投向粤港澳大湾区项目共计95个,规模453.74亿元;公司助力了光谷金控向"国家集成电路产业投资基金二期股份有限公司"出资、制造业优质上市民企特变电工股份有限公司融资、广州白云国际机场三期扩建工程项目资本金出资,支持了我国重大装备制造业核心骨干企业、全球能源系统解决方案服务商的发展,以及大湾区内重大基础设施项目建设。

在行业压缩金融通道、融资类业务的背景下,粤财信托全面开展资产证券化、资本市场投资等标准化业务,不断提升市场竞争力。2021年末,公司资产证券化及类资产证券化业务存续余额1 135.86亿元,业务规模不断扩大,进一步丰富产品类型,开创了鹏雅系列和安金系列产品,参与多单银行间交易商协会的标品投资,打开了围绕一家主承银行参与公开市场发行产品的投资业务模式。此外,公司主动管理固收业务规模和债券承销规模大幅提升,2021年末,公司主动管理固收业务存续产品11只,存续管理规模71.70亿元,增幅达381%,形成了现金管理类、纯债类、固收+产品等大固收产品线;共参加110只银行间市场债券的承销团,完成承销规模50.8亿元,同比增长407.49%,其中,参与了珠海华发集团有限公司2021年度第一期绿色中期票据(碳中和债)的承销,为绿色金融发展贡献一份力量。公司顺利推进T+0估值，成为行业内为数不多的能够实施T+0估值的信托公司，为公司拓展标准化净值型产品提供更好、更专业的估值支持，有力提升资本市场业务市场竞争力。

二、创新业务案例

为推进创新产品创设，公司建立了创新产品小组机制，由前中后台相关部门人员组成专项创新产品小组，针对创新业务涉及的各个环节进行研究，形成产品手册等，为创新产品落地提供有力支持。目前，创新产品小组机制下设立的首个产品（大宗减持与网下打新结合产品）已形成系列成功推广，年内累计落地8.7亿元。

此外，公司积极发挥慈善信托制度优势，深入服务社会民生。2021年10月，粤财信托·2021知行慈善信托计划在广州粤财大厦成功签约，这是广州市首单建筑文化保育类慈善信托，也是全国首单以"资助社区营造及乡村振兴相关领域公益项目和慈善活动"为信托目的的慈善信托计划，信托资金将用于定向支持社区文化保育及空间营造、传统文化保护传承等公益事业，总规模预计为100万元。该慈善信托在多方面进行重要探索，包括慈善信托的财产形成、当事人权利义务健全、内部治理体制完善、良好"公益效率"社会激励机制和约束机制健全等，充分体现各信托参与方的担当和创新意识。

三、社会责任履行情况

2021年，公司严格遵守国家法律法规，认真贯彻国家经济金融政策以及监管要求；有效履行受托人职责与义务，充分维护受益人利益最大化；积极探索"慈善+金融"的创新与改革，助力共同富裕；落实"我为群众办实事"实践活动要求，开展各类志愿帮扶活动。

2021年，公司在监管部门的精心指导以及公司高级管理层的认真部署下，大力推进消费者权益保护工作。一是根据中国人民银行广州分行办公室及广东银保监局办公室的相关要求，开展了2020年度金融消费者权益保护评估工作，认真总结公司消保工作情况。二是年内修订了客户服务手册、合格投资者认定及投资者适当性管理暂行办法、理财产品销售录音录像工作管理暂行办法消费者权益保护工作考核细则等制度指引，不断完善公司的消费者权益保护制度体系。三是持续推进消费者权益保护工作机制建设及运行，建立起产品和服务消费者权益保护审查机制。2021年粤财信托开展了消费者权益保护审查和个人信息保护专项检查工作，持续做好信息披露工作，并在公司内部开展了内部考核及内部审计工作，不断夯实消保主体责任，推动合规稳健经营，确保消费者正当权益得到保障。四是积极开展线上线下金融知识宣传教育活动，按照监管部门、行业协会的统一部署分别组织开展了"3·15消费者权益保护日""防范非法集资宣传月""普及金融知识万里行""普及金融知识，守护'钱袋子'""金

融知识普及月 金融知识进万家 争做理性投资者 争做金融好网民""金融联合宣传教育月"等线上线下金融知识宣传教育等活动，并认真组织全体员工进行了消费者权益保护专题培训以及培训测试。五是不断完善投诉处理流程，建立了较为全面的投诉处理应对机制。

公司积极探索"慈善+金融"的创新与改革，为委托人与公益慈善事业搭建桥梁，自2016年设立广东省首单慈善信托计划——"德睿慈善信托计划"以来，加快推进慈善事业的步伐，先后设立"广东省扶贫开发协会粤财扶贫慈善信托计划""润泽慈善信托计划""爱蕾慈善信托计划""粤财信托·2020抗击新冠肺炎慈善信托计划""粤财信托·2021知行慈善信托计划"等慈善信托，累计已成立慈善信托计划规模1 932.80万元，信托计划投向包括扶贫、助学、医疗公益研究、抗疫、建筑文化保育等领域，用金融为慈善事业贡献坚实力量。2021年，广东省民政厅要求各地市积极开展慈善信托业务，为积极配合省民政厅的要求，公司联合农业银行广东省分行开展了各地市的慈善信托普及工作，积极走访各地市民政局和慈善组织，与多个地市谈成合作意向，对推动广东省慈善信托发展，助力共同富裕有重要意义。

2021年，公司党委坚持把"我为群众办实事"实践活动作为党史学习教育重要内容，组织引导公司广大党员继承发扬优良传统、服务特殊群体，与广东省残疾人联合会开展了"南粤扶残"服务弱势群体系列公益活动。通过公司及广东残联微信公众号等平台，围绕防范非法集资、防范诈骗、用卡安全、合理维权等内容发布金融知识宣传推文，帮助残疾人远离非法金融活动，增强风险防范意识和责任意识；前往广州市越秀区华乐街社区康复站开展"南粤扶残·粤财信托康园慰问行"活动，和广东省残疾人联合会、街道社区有关领导一同看望慰问康复站20余名精神康复者，让社区精神康复者感受到社会各界对其关心和关怀；为残疾人运动员捐赠了一批运动水壶、毛巾等训练保障物资，助力残疾人体育发展。2021年，公司向广东省扶贫开发协会捐赠400万元、向广东省慈善总会扶弱助残关爱基金捐赠30万元，用于广东省内脱贫攻坚、乡村振兴项目以及广东省残疾人就业创业促进会、广东省残疾人新闻宣传促进会开展公益助残项目。

四、2022年发展规划

2022年，公司将坚决守稳风险、合规底线，进一步完善全面风险管理体系；不断增强专业服务能力，加快推动业务转型升级；加快业务创新，拓展新的业务增长点；不断完善公司治理结构，提高治理能力和管理水平，进一步优化激励约束及绩效考核机制，推动公司的高质量发展。

（一）加强风险防控，把好合规底线，进一步完善全面风险管理体系

一是坚持依法合规展业，坚决落实监管意见，不触碰合规底线；二是优化展业准入管

理，加强重点行业前瞻性分析和研判、风险特征识别以及重要环节把控，优化展业指引的主体、区域、项目的筛选标准，根据市场环境变化及行业风险情况，动态调整展业指引；三是加强风险排查和动态监控，跟踪监控市场交易波动和舆情风险，及时预警和响应风险，定期开展重点领域风险专项排查。

（二）加快推动业务转型升级，切实提升服务实体经济能力

一是不断提升服务实体经济，特别是粤港澳大湾区实体经济能力，积极探索信托服务模式，加大对先进制造业、新能源新材料、绿色产业等的支持力度；二是坚持标准化、净值化，大力发展资本市场相关业务，不断增强自身的投研创新能力，做大做强资本市场业务，包括FOF、MOM、主动管理权益业务等；三是抢抓业务机遇，做强做大资产证券化业务，持续拓宽资产证券化业务的广度和深度，打造资产证券化业务的全链条服务；四是回归信托本源，充分发挥信托制度优势，探索多种应用场景下的服务信托模式，如破产清算信托、管理涉众性社会资金等；五是着力发展家族信托、慈善信托、绿色信托、公益信托等业务，更好服务社会大众，履行社会责任。

（三）加快业务创新，拓展新的业务增长点

一是充分利用股指期货业务资格，围绕衍生品拓展创新业务，持续优化资本市场业务的结构，更好满足客户套期保值的需求；二是积极探索与保险公司、担保公司合作的PRE-ABS业务，打造资产证券化全链条服务，增强公司在资产证券化市场的影响力和竞争力；三是抢抓国家和省基础设施适当超前的机遇，积极探索PRE-REITS、REITS业务；四是创新开展绿色金融业务，积极培育私募投行核心竞争优势；五是加快推动破产重组信托等新兴业务落地。

（四）推行精细化管理，不断提高管理水平

一是进一步完善公司治理结构，推动党的领导与公司治理有机融合，持续优化董监高队伍建设和履职管理；二是增强管理意识，推进薪酬等相关管理制度的制定和完善，建立高效的督办、督导制度；三是推行精细化管理，引入过程管理、定量指标考评等，进一步优化公司的激励约束及绩效考核机制；四是按照责权利对等原则，对公司中层和员工充分授权、压实责任，不断提升管理效率，实现业务与管理的双轮驱动。

国联信托股份有限公司

一、2021年经营概况

2021年,国联信托股份有限公司(以下简称公司)主要经营指标及主要工作如下。

(一)主要经营指标

2021年,公司实现营业总收入6.54亿元,实现利润总额5.82亿元,实现净利润5.30亿元。

2021年末,公司资产总额62.90亿元,净资产58.39亿元;信托资产规模527.09亿元,同比下降24.51%,主要是因为监管持续要求压降通道及融资业务,并对传统展业路径加大限制。

(二)主要工作回顾

2021年,信托展业发生巨大变化,信托行业面临巨大的生存发展压力。在此背景下,公司一方面加强合规风险管控,另一方面调整业务方向全力创新转型。围绕2021年目标任务,努力推进各项工作。公司在业务发展、企业改革、党的建设等方面重点开展的工作如下:

1.扎实开展党史学习教育

2021年,公司深入贯彻学习党的各项精神,贯彻落实党史学习教育,把党及政治责任摆在经营管理工作的首位。

在党史学习教育推进中,拓宽渠道、丰富形式,引导员工特别是广大党员切实做到"学史明理、学史增信、学史崇德、学史力行";结合业务、凸显特色,围绕教育服务信托、金融知识进万家等,推动党建与业务相互融合;召开专题组织生活会,检视问题,寻找差距与不足;对照巡察反馈意见和工作薄弱环节,深刻反思存在问题,制定措施整改落实。以"围绕发展抓党建,抓好党建促发展"为目标,不断提高公司业务能力和管理水平。

2.全力推动市场化改革

一是确定方案。因信托业发展态势变化,2021年,对改革方案优化调整;2022年初,市场化改革方案经国联集团党委、公司董事会审议通过,已全面启动实施。二是寻找人选。根据拟定的业务方向，多渠道寻找合适的职业经理人人选，力争早日组建完成职业经理人队伍。三是内部改革。在前期已实施的市场化考核基础上，对财富条线全面市场化改革进行了充分研究并拟定办法、推动实施。

3.全面推进业务创新转型

一是压降"两项业务"存量。2021年"两项业务"压降任务艰巨，公司全力推进。截至2021年末，融资类业务压降26.74亿元，完成压降指标；金融同业通道业务压降168.59亿元，除江苏银行棚改基金项目根据监管要求申请个案处理外，其余均压降完毕。

二是扩大创新转型增量。围绕"标准化、权益类、服务型"三个方向，做大已有创新业务，开拓新的业务领域。第一，做大标品业务规模。2021年末标品信托业务规模81.78亿元，完成年度考核指标，后续将进一步开拓代销机构，同时提升自身产品募集能力。第二，开拓私募投行业务。在存续业务基础上，围绕服务实体经济，用好地域优势、国联资源、信托价值，深挖存量非标债权客户需求，为实体企业提供综合解决方案。第三，推动服务信托实施。国内首创了运用服务信托模式监管校外培训预收费资金，成立业内首单教育培训资金管理服务信托，无锡校外培训预付资金信托监管合作正式签约，梁溪区预付费资金采用信托模式统一监管全行业覆盖进入实施阶段。公司受邀参加银保监会信托部召开的"信托公司涉众性社会资金管理业务座谈会"，作为全行业四家受邀信托公司之一，公司的探索得到银保监会充分肯定，提倡向信托全行业、社会多领域推广。下一步，将切实推动在无锡校外培训行业全面实施，并逐步向体育健身、商业零售、房产租售等其他涉众预付消费领域推广。第四，布局其他创新业务。推动"春华""秋实"等ABS项目，尽快做大资产证券化业务规模；落地首单TOF业务，开拓合作机构范围，把TOF、FOF作为创新转型的一个重要方向推进，后续将做好投研能力建设，做大规模。

二、创新业务案例

全国首创信托模式监管校外培训预收费资金。

为有效防范预付消费领域跑路坑民，2021年，公司在国内首创了运用服务信托模式监管校外培训预收费资金，成立业内首单教育培训资金管理服务信托，无锡校外培训预付资金信托监管合作签约，学科类校外培训预收费资金实现全面监管。

在该模式下，完成"营转非"后的校外培训机构可通过"无锡市民办教育管理服务平台"提交学科类培训课程招生申请，经教育主管部门审核后再推送至政府指定的C端APP，家长可通过APP搜索课程、签约、缴费，所付费用直接进入信托账户，公司根据进度每半月向培训机构划款。期间，家长如提出退费，公司根据培训合同约定向家长退款；培训机构"跑路"的，家长可以通过APP进行举报。

方案利用信托独有的"财产独立、风险隔离"制度优势，从根本上防范了培训机构挪用资金、跑路以及"退费难"等问题。该综合管理模式下，培训机构提交的课程申请包括上课时间、课时单价、课程内容、授课老师以供审核，信托端根据审核通过的要素核对收款金额是否与核定价款一致，即以系统作为抓手，对校外培训收费、上课时间等内容进行管理，以确保"双减"在无锡市得到全面执行。

2022年，公司将在学科类校外培训的基础上，推动在无锡校外培训行业全面实施，并向体育健身、商业零售、房产租售等其他涉众预付消费领域推广，全面推动运用信托机制进行涉众资金管理，更好地发挥金融在服务民生福祉、推动社会治理方面的积极作用。

三、社会责任履行情况

公司自成立以来，始终坚持合规经营、诚实守信的基本原则，根据地区经济发展的要求，发挥信托联结三个市场的优势，积极投身地方经济建设和社会事业的发展，为地方经济和社会事业发展提供了有力的金融支持，助推无锡"产业强市"战略实施，在无锡乃至长三角地区建立了一定的品牌和声誉。

一直以来，公司坚持稳健投资的经营风格，将风险控制放在第一位，发行的所有已到期集合信托产品均按合同约定顺利兑付，实际收益率均达到预期，有效保护了投资者和受益人的合法权益不受损害。

公司始终秉承客户价值优先理念，强调以客户为中心，不断努力提升服务水平，依托国联综合金融平台，在为企业量身定制一揽子金融产品和服务的同时，为百姓的财富收入增长提供了重要的投资渠道。

2021年，在国内首创了运用服务信托模式监管校外培训预收费资金，成立了业内首单教育培训资金管理服务信托，无锡校外培训预付资金信托监管合作签约，学科类校外培训预收费资金实现全面监管。

四、2022年发展规划

2022年，公司将继续严格按照监管要求，坚持政策导向，围绕"标准化、权益类、服务型"三个方向，做大资产管理、私募投行、受托服务业务，创新转型发展。

一是全面改革。继续寻找匹配行业发展趋势和公司发展需要的职业经理人，力争上半年组建完成职业经理人队伍；引进并组建创新业务和市场化的财富团队，提升公司整体活力和水平；持续加强内控合规建设，提高风险管理水平。

二是异地布局。根据业务发展需要，公司将根据政策进行合理的异地布局，完善上海、北京等地异地业务及财富部门配置。

三是业务转型。围绕"标准化、权益类、服务型"三个方向，做大已有创新业务，开拓新的业务领域。第一，继续压降"两项业务"。根据监管要求持续做好"两项业务"压降工作，优化业务结构。第二，做大标品业务规模。提升直销能力，打开渠道资源，确保规模实现质的飞跃。一方面，提升财富团队能力，打开线上销售局面，做大直销规模；另一方面，继续开拓代销渠道，已实现销售的扩大规模，已实现准入的启动销售，沟通商谈中的早日落地，努力实现与更多金融机构的合作。第三，开拓私募投行业务。寻找符合监管要求和市场发展的路径，转变传统业务模式，对存量非标债权客户需求进行深挖，提供综合解决方案。围绕"产业强市"及"综合金融服务商"战略，结合自身资源禀赋，用好国联集团资源、用好已有深度合作的无锡上市公司资源，开拓非传统权益类的私募投行业务。第四，推动教育服务信托全面实施。切实推动教育服务信托在无锡校外培训行业全面实施，并逐步向体育健身、商业零售、房产租售等其他涉众预付消费领域推广，全面推动运用信托机制进行涉众资金管理，更好地发挥金融在服务民生福祉、推动社会治理方面的积极作用。第五，布局其他创新业务。做大资产证券化业务，推动"春华""秋实"等ABS项目尽快落地并继续开拓；做大TOF、FOF等创新业务，做好投研能力建设，在上海建立专业团队，力争做出特色、形成规模、打出品牌。

2021年，面对严峻的行业态势，公司艰难展业、努力转型，营业收入及利润保持平稳发展。2022年，信托将面临更大的转型压力，公司也将全面开启市场化改革，将坚守信托本源，强化合规风控，加快稳健创新，在深化改革、机制保障下更好地转型发展，为实现"十四五"规划目标不断努力。

国民信托有限公司

一、2021年经营概况

2021年，国民信托有限公司（以下简称公司）整体发展较为稳健。截至2021年末，公司总资产38.57亿元，净资产33.05亿元；净资产收益率为8.6%，为近四年来最高（以上财务数据未经审计，下同）。

2021年，公司累计实现营业收入约6.80亿元，同比增长17%。其中，信托业务收入约6.07亿元，同比增长24%；自营业务收入约为0.73亿元，同比下降19%。实现净利润2.71亿元，同比增长21%，创下公司近六年来新高。

（一）固有业务经营情况

截至2021年末，公司固有资产为38.57亿元。其中，高流动性资产包括银行存款、货币基金、债券型基金、T+0银行理财、现金管理类保险资管计划和现金管理类信托计划，合计金额为12.08亿元，占比为31.32%；固定期限信托产品投资4.63亿元，占比12.00%；股权投资（汇丰人寿）15.22亿元，占比合计39.46%；私募基金投资0.15亿元，占比0.39%；根据净资本和财产权信托认缴、信托业务代垫信保基金金额合计4.43亿元，占比11.49%；其他资产（主要为固定资产、无形资产及其他应收款项等）约2.06亿元，占比为5.34%。整体而言，公司自营投资策略较为保守稳健，主要为低风险类业务。

（二）信托业务经营情况

2021年，公司继续大力拓展主动管理类业务。截至2021年12月末，公司存续信托规模1 795.30亿元，同比增长22.60%。其中，被动管理类项目合计约846.56亿元，同比减少22.86%；主动管理类项目合计约948.75亿元，同比增加158.61%，存续主动管理类项目规模占比从2020年底的25.1%提高至2021年末的52.8%，增加27.7个百分点。2021年，公司新增项目规模约1 629.32亿元，其中，新增主动管理类项目合计约1 056.14亿元，在新增业务中的占比约为64.82%；新增被动管理类项目合计约573.18亿元，在新增业务中的占比约为35.18%。业务结构不断优化。

二、创新业务案例

公司积极响应监管信托"回归本源"的号召，大力拓展特殊资产处置等服务信托业务。2021年12月成立的"国民信托·凤凰1号中科建设重整信托计划"，系国内首单由管理人公开招募受托机构的破产重整项目。

在专项信托计划下，中科建设所属资产将划分为主业平台和投资平台。其中主业平台将在信托计划的控制下逐步恢复正常的生产经营秩序，进行有序的资产剥离。非主业平台将致力于实现良性的资产盘活，避免为追求快速变现造成资产价值贬损而导致债权人权益受损。同时，针对中科建设重整案中涉及的众多个人敏感债权，除按照小额债权处置方案进行处置之外，公司通过引入第三方纾困平台，为相关债权人多样化的实现信托权益、灵活退出信托计划提供选项。从而尽可能地减少对相关人民群众的正常生活的影响，并为中科建设后续恢复生产经营及资产盘活创造有利的经营和舆论环境。

在中科建设破产重组项目中，公司创造性地将传统不良资产处置中常用的财产权信托与尚在探索期的消费信托相结合，充分发挥信托制度灵活性优势，以复合信托模式服务单一项目，充分平衡机构投资者和个人投资者的利益，达成了"1+1＞2"的效果。公司在该项目中引入第三方纾困平台，结合自身研发的信息系统，利用"互联网+"思维，将O2O商业平台嵌入传统的针对结构的金融服务方案中，在信托框架下实现了多样化的个人债权人退出机制。债权人在获得信托受益权份额后，可自主决定选择将部分或全部信托受益权份额在线上纾困平台上兑换商品或消费券，以享受与公开市场上类似物品同质、同价商品的方式变相兑现债权人权益，在有效维护自身合法权利的同时，促进消费市场的活跃，拉动社会经济内循环发展，该模式也为P2P、财富管理机构等涉众投资平台的风险化解工作有着借鉴意义。

三、社会责任履行情况

（一）社会公益方面

公司积极支持实体经济建设，年内累计成立投向工商企业和基础设施的信托项目规模合计646.30亿元，同比增长69.26%，其中投向卫生、社会保障和社会福利业的信托项目规模4亿元。

公司致力于继续推动以服务信托为代表的专业化转型，积极响应监管导向，回归信托行业本源，于破产重整信托、企业纾困等领域取得了一系列积极成果，成立破产重整、债务重组和企业纾困类信托63.54亿元，既保护了困难企业持续经营能力、避免了社会资产遭受进一步损失，又保全了债权人、尤其是自然人债权人的合法权益，有力实践了金融机构对服务实体经济和社会稳定的责任。

公司致力于公益慈善、服务社会民生，积极担负起受托责任，有效经营设立于陕西延安、河南新乡、四川甘孜州的三笔永续存在乡村教师奖励公益信托，2021年内向逾150位基层教师发放信托收益激励170余万元；设立"常春藤国民信托医疗人才培养信托计划"，用于选派中西部地区基层医疗工作者赴北京三甲医院接受培训和为当地医疗机构采买必要的医疗设备，以提高中西部地区的医疗水平，首期规模60万元，已选派了内蒙古乌兰察布市等地的5名基层医师，在北京阜外医院等三甲医疗机构分别接受了为期12个月的培训；公司于甘肃省定西市临洮县康家集乡捐建的灌溉系统升级工程已正式完工，预计将为当地药用芍药花种植基地带来每亩2 700元的额外收益，每年增利近36万元，并创造更多工作岗位，以产业帮扶巩固当地脱贫成果。

（二）员工责任方面

公司一直坚持以人为本，维护和保障员工合法权益，关心员工福利和成长。公司通过调研并结合实际情况，制定具有市场竞争力的薪酬激励政策，吸引并留住优秀人才，持续提高人才队伍质量；继续坚持激励与约束并重原则，逐步调整和完善薪酬体系和激励机制，提升全员的合规风险意识，打造积极进取的工作氛围，实现人员的优胜劣汰；通过建立管理序列、专业序列双通道职业发展体系，为员工提供可持续发展的职业发展路径；注重员工培训，持续打造学习型组织，提升员工专业水平和综合素质，以创新精神不断拓展业务边界；积极开展各类文体活动，丰富员工业余文化生活，增加员工对企业的归属感，提升企业的凝聚力，促进公司和谐发展。

（三）消费者权益保护方面

公司持续推进消费者权益保护工作，将消费者权益保护工作纳入公司治理各环节，严格遵循"预防为先、教育为主、依法维权、协调处置"的原则，不断完善与自身业务发展相适应的消费者权益保护工作管理机制，依法维护消费者的合法权益。2021年内，公司积极接待、回应消费者诉求76件，通过线上、线下等形式组织多样化的投资者教育活动，发布、印制金融知识宣传材料、宣传短片、宣教视频累计650余份，连续第七年开展"国民信托·金融消费知识进社区"宣讲活动。

四、2022年发展规划

2022年，公司转型发展进入关键攻关期，创新型业务落地增收和经营管理提质增效至关重要。公司将坚持"改革、转型、发展"的总体战略方针，保持进取灵活的工作基调，持续坚持转型创新，深入推进风险防控，全面深化专业服务能力，积极打造"一个主体（服务信托)、一个基础(标品信托)、一个补充(基础设施和房地产等传统业务)"的业务布局,努力实现"业务结构均衡、风险管控有效、内部管理规范、经营效益稳健"的总体目标。

为实现上述目标,公司将在坚持依法合规稳健经营的原则下,持续推动落实各项改革措施,继续巩固业务转型发展成效,不断提升经营管理水平,同时进一步提升主动管理能力,进一步加强风险处置化解力度,全力防范新增风险,不断提高财富管理与服务能力,通过加强资源整合和提高运营效率,为公司高质量发展提供不竭动力。

国通信托有限责任公司

一、2021年经营概况

2021年，国通信托有限责任公司（以下简称公司）在监管、协会和集团的大力支持指导下，紧紧围绕年度发展目标和工作任务，全力推动"企稳、做实、发展"三大目标，实现经营业绩企稳向好，全面完成集团设定的目标任务。

一是全面落实监管要求。圆满完成增资、"两压一降"及非标资金池整改三项重大监管要求，完善监管沟通汇报机制，监管印象持续向好，监管评价稳步提升。

二是全面完成目标任务。截至2021年末，公司存续信托规模1 843.35亿元，总资产103.2亿元，净资产71.93亿元。全年累计实现收入12.55亿元，同比增长1.19%；利润总额7.52亿元，同比增长23.44%；净利润5.64亿元，同比增长24.81%，经营利润创近年来新高。

三是服务保障扎实有效。成功协办中国信托业协会会员大会等重要会议，妥善处理各类舆情和信访事件，全年未发生重大舆情和信访维稳风险。

（一）加强党的建设，引领改革发展

一是严格落实重大事项党委会前置审议，所有"三重一大"事项均由党委集体把关决策，保证党的领导融入公司治理各环节。二是扎实开展党史学习教育，全年组织开展15次中心组学习，其中4次党史专题学习，营造浓厚学习氛围。深入开展为群众办实事。三是持续加强党组织建设，发展9名新党员，转正3名预备党员，新增16名入党积极分子，开展"两优一先"评选，充分调动党员积极性，激发组织活力。

（二）化解遗留风险，实现经营企稳

一是组建特殊资产管理部，实现风险项目归口管理，进一步充实风险处置队伍力量，优化考核方案，实施奖励机制，全力推进系列风险化解，风险处置效率大幅提升。二是大力推进与信保基金等市场主体合作，已落地首单反委托收购业务，交易对价1亿元。三是持续压降资金池规模，完成资金池非标清理工作。

（三）做实基础管理，提升发展动能

1. 做实报表优化。一是加快推进新会计准则适用工作。二是聘请德勤等专业咨询机构，制定净值化管理工作方案，为2022年信托项目净值化管理做好准备。三是规范采购流程和行为，严控经营成本。

2. 做实风险管理。一是完善风险管理架构，建立完善风险与合规管理委员会、关联交易委员会、固有业务审查委员会，调整组织架构，提高决策专业性和规范性。二是提高平台、房地产项目准入标准，并根据形势变化动态调整，切实控制风险敞口。三是加强项目投后管理，6月启动存续地产项目风险排查，对全国39个城市30个房地产项目进行全方位现场排查，整改风险隐患。

3. 做实合规管控。一是坚持制度先行，累计废改立制度56项，完善公司内控体系。二是强化流程意识，内部管理效率提升。三是强化授权意识，明确职责边界。四是强化规矩意识，有效提高管理规范性和严肃性。

4. 做实文化建设。一是深入推进"受托文化建设年"，持续举办14期"信托文化建设大讲堂"活动，进一步强化受托人定位。二是持续打造强中台，前中后台协同联动持续增强。三是严格落实信披要求，重大事项及时合规披露。

（四）做大做强金融主业，推动转型发展

1. 转型业务加快发展。一是加强存续证券投资项目运营管理和新业务拓展力度，全年新增主动管理证券投资类项目16个。二是推动平台业务转型城投私募债，落地16单、规模23.5亿元。三是持续推进资产证券化业务，新取得100亿元储架额度，年内已发行22亿元，荣获"最佳资产证券化产品创设奖"。四是新设慈善信托4单，其中1单首单双受托人慈善信托，荣获"诚信托"最佳慈善信托产品奖。

2. 财富管理改革发展。一是加大人才招聘和培训力度，新产品销售能力稳步提升，荣获"诚信托"投资回报奖。二是稳定财管队伍，加强延期项目客户安抚，取得较好工作成效。三是加强转型业务培训，年内完成各类培训70余场次，理财经理专业性有效提升。四是家族办公室运行良好。

3. 提升自营投资效率。围绕"保安全、控成本、提收益"，制定完善固有业务操作流程，提升固有资金运用效率持续提升，助力信托主业发展。

二、创新业务案例

（一）设立湖北省首单双受托人慈善信托

2021年12月，公司成功推出湖北省首单双受托人慈善信托——"国通信托·国浩公益慈

善信托"，委托人为国浩律师（武汉）事务所及15名自然人，受托人由国通信托和武汉市慈善总会共同担任，慈善资金主要用于救助困境儿童及相关慈善活动。

近年来，由慈善组织与信托公司联合担任受托人的双受托人模式已逐步发展成为主流模式之一。一方面，由信托公司担任受托人可以充分发挥信托制度优势、资产管理与财富管理能力，使得慈善信托具备财产独立、运行成本低、信息透明及保值增值等特征；另一方面，由慈善组织担任受托人能充分运用慈善组织在慈善项目上的执行经验和项目管理经验，实现更好的执行效果，有效落实银保监会、民政部等政府监管部门鼓励慈善信托发展的初心。

公司自2016年9月1日《慈善法》正式生效以来，认真研究慈善信托理论、制度并积极实践，先后成功设立了6单慈善信托，此次与武汉市慈善总会携手共同成立的双受托人慈善信托，对优化慈善信托法律结构，享受捐赠税收优惠政策，鼓励捐款人参与慈善公益事业具有重要意义，是公司在慈善信托领域迈出的一大步。

（二）推出首只基金投顾信托产品

2021年7月，公司正式推出"国通信托·金牛易方达1号集合资金信托计划"（以下简称金牛易方达1号）。这是行业首只基金投顾信托产品，也是公司转型发展的又一举措。

该款产品由公司与易方达基金联合推出，具有一定首创意义，能够一定程度解决市场痛点，更好地满足客户投资诉求。基金投资顾问业务是证监会于2019年10月推出的全新业务类型，该业务一改以往向卖方收费的模式，转为基金投顾向买方也就是投资者收费，这种模式下投顾和投资者利益更趋一致。同时基金投顾通过提供专业意见试图解决基金业"基金赚钱、基民不赚钱"的问题，较传统模式具备一定优势。

在基金投顾的基础上，基金投顾信托产品进一步实现了信托业、基金业强强联合，既发挥了基金公司投顾团队的资本市场投资能力，也发挥了信托公司强大的财富管理能力。易方达基金是公募领域的佼佼者，是首批获得证监会基金投顾业务资格的公司，组建了独立、专业的基金投顾业务团队，以"客户利益至上"为宗旨，力求为投资者提供长期良好的投资体验。

基金投顾信托产品还具备无封闭期、高流动性等特点，更适合资管新规起售点的高净值客户。据悉，金牛易方达1号采取全天候·增长型投资策略，策略可由投资顾问根据市场环境在0—80%之间灵活调整股/债/商品基金比例，无须投资者判断市场环境，有望解决投资者资产配置、行为指导等问题，以期实现基金投资组合策略资产的长期增值。

三、社会责任履行情况

一是主动融入经济社会发展大局，高度重视服务"一带一路"、长江经济带等国家战略和重大工程，存续投向实体信托规模668.54亿元，新增579.85亿元。二是助力疫情防控，全年组织762人次下沉社区开展信息填报、小区值守等工作累计2 383小时，并向西安及本地捐赠价值超百万元的防疫物资。三是密切关注河南灾情动态，火速设立"风雨同舟共抗灾害慈善信托"，助力河南灾后重建。四是携手蚂蚁集团及武汉有关单位，建设湖北省普惠金融综合服务平台，大力开展招商引资工作，助力引进海葵数字音乐、车好多等项目，服务本土经济建设。五是定向采购爱心助农物资，为全面推进乡村振兴贡献力量。

四、2022年发展规划

2022年公司总体工作思路是：紧密围绕集团、协会和监管要求，以"稳字当头、稳中求进"为工作总基调，守牢底线、打好基础、重新出发，全力推进公司经营效益稳中有升。

（一）稳字当头，筑牢守稳风险底线

始终把"稳"字作为核心，一是严防新增风险。动态完善全面风险管理体系，加强投后管理，定期开展全面风险排查，整改风险隐患。二是处置存量风险，加快风险处置化解和现金回收。三是抓队伍稳客户。把"带队伍"作为年度重点工作，树立信心、提振士气。

（二）稳中求进，全力推动转型发展

在守稳底线基础上，尽早破除转型发展过程中的重难点问题，抓住时机再出发。一是提高固有资金运用效率，调整收入结构。二是提高传统业务客户准入标准，提升资产质量，稳固经营压舱石。三是加快人才招聘和培训，完善评审、销售及考核等配套机制，推出固收+、标债、PE、证券投资等产品，完善新业务产品线，逐步打造公司业绩发展新引擎。

杭州工商信托股份有限公司

一、2021年经营概况

2021年，杭州工商信托股份有限公司（以下简称公司）秉承"专业、精致、恒久"的经营理念，攻坚克难、积极进取，努力为高质量转型发展奠定坚实基础。2021年，公司实现营业收入6.98亿元，实现信托业务收入5.68亿元，净利润3.26亿元（注：合并数）。

2021年，公司党委被杭州市委评为"杭州市先进基层党组织"，公司获评上海证券时报社诚信托"创新领先奖"、第十六届21世纪亚洲金融年会"2021年度品牌建设信托公司"奖等荣誉称号。

二、创新业务案例

2021年，公司董事会审议通过《杭州工商信托股份有限公司2021—2025年发展战略规划暨信托业务发展计划》，公司以综合金融服务商为战略转型目标，积极推动业务转型发展、风险管理与合规建设、业务支持与协同、"四项赋能"建设等工作。公司积极拓展资产管理业务，不断提速财富管理业务，全面推动服务信托业务，持续深化慈善信托业务，为公司转型发展蓄积新动能。

（一）资产管理业务

在房地产业务方面，公司基于对房地产行业信用风险的评估，审慎开展房地产融资业务；在工商企业类业务方面，公司积极推动产业金融业务，合作开展供应链融资合作，为杭州上市公司提供纾困资金；在资本市场业务方面，以培育主动管理能力为目标，循序渐进打造TOF/FOF产品线，形成了景源、光源、恒源系列产品线；在资产证券化业务方面，实现公司首单ABN和CMBS业务的突破，分别在银行间市场及交易所成功发行两单ABN、一单CMBS，规模总计超过20亿元；积极拓展资产证券化项目次级份额投资业务，助力小微企业融资，进一步丰富了公司的产品线；在金融同业合作方面，公司持续与浙江省内法人金融机构开展深入合作，积极开辟为市场同业机构提供短期理财业务服务合作的新渠道。

（二）财富管理业务

在财富管理高端账户业务方面，公司已形成"瑞德""瑞致""瑞泰""瑞昇"四类标准化产品，为客户提供个性化资产配置服务，持续改进服务运营效率，不断优化客户服务界面，提升客户服务体验。在家族信托业务方面，新增家族信托业务规模同比增长22%，部分家族信托已全权委托公司进行资产配置，公司还积极推进与浙江大学共同发起的家族传承服务生态圈建设工作。

（三）慈善信托业务

为整合资源、全面推动慈善信托以及普惠型服务信托的创新业务，公司成立了社会事业发展部，新发起设立慈善信托8个，新增慈善信托规模440万元，资金运用范围涵盖教育、医疗、救助、扶贫以及慈善产业孵化等多个领域，公司已形成"阳光""之江""暖树""春风"等慈善信托系列产品线。

（四）绿色信托业务

公司积极响应国家"双碳"目标战略以及相关政策的号召，成立绿色信托推进工作小组，统一部署并系统性推进绿色信托业务发展；组织召开绿色信托专题研讨会，探讨推进绿色信托业务落地的模式、路径、困难和解决方案。

（五）固有业务

2021年，公司固有业务在保障流动性、支持信托业务发展、实现保值增值等方面发挥了积极作用。

三、社会责任履行情况

（一）拓展慈善信托业务

2021年，公司新发起设立慈善信托8个，新增慈善信托440万元，资金运用范围涵盖教育、医疗、救助、扶贫以及慈善产业孵化等多个领域。2021年，"之江1号生态保护慈善信托"向阿拉善基金会捐赠26万余元。

（二）推动教育事业发展

2021年10月，"杭工信·阳光5号教育助学慈善信托"音乐器材捐赠仪式在杭州建德市上马小学举行。2021年5月，公司党政工团及爱心员工代表前往丽水湖山乡中心小学，完成全校200余名学生的"六一微心愿"爱心活动。

（三）促进"三农"产业发展

公司以信托贷款方式支持某农品公司发展，并为其持续提供全流程的金融服务，支持该公司拓展长三角地区的农产品供应链。2021年公司拓展涉农信贷增信业务，创新使用了林权抵押担保方式向该公司提供融资支持。

（四）支持乡村振兴事业发展

公司自2007年起，连续15年参与杭州市"联乡结村"帮扶活动，积极支持定点帮扶对象建德市梅城镇的乡村建设。2021年，公司向杭州建德市梅城镇捐赠30万元，大力支持贫困农户的脱贫事业。

（五）帮扶贫困残疾群体

结合"杭工信·阳光16号母亲微笑行动慈善信托"的开展，2021年7月，公司员工代表参加"母亲微笑行动"走进新疆阿克苏大型公益活动。7年间公司先后通过3个阳光系列慈善信托，累计帮助230余位贫困唇腭裂患儿进行免费的手术治疗。

（六）构建政企合作机制

2021年12月，在"融合参与 共富先行"温州市国际残疾人日活动中，公司与乐清市鹿城区签订慈善信托合作框架协议；参与"杭州市慈善信托专项改革试点工作"课题组会议，与杭州市民政局、财政局等部门深度研讨慈善信托专项改革工作。

四、2022年发展规划

2022年，资管新规正式实施，信托行业非标融资规模将持续压降，房地产领域经营风险加大，公司将进一步加快转型步伐，加速发展各类创新业务，全力加强风险管控，持续完善决策运营机制和科技支持，支撑创新业务稳健发展。

（一）推动转型发展

公司将加大服务实体经济力度，加强推进绿色金融业务，加大力度推动资产管理业务、财富管理业务、服务信托业务和慈善信托业务，推动转型发展。

1.资产管理业务。在房地产业务方面，落实中央探索房地产行业新发展模式的要求，在融资类业务上，夯实业务发展基础，加大优质房企和优质项目的拓展力度；探索创新股权投资、房地产基金、资产证券化等投资类、服务信托类业务；加强合作渠道建设，重点关注行业整合大背景下的房地产并购业务机会。在资本市场业务方面，做好当前业务的回顾总结，在充分梳理好底层业务逻辑的基础上，进一步加大主动管理类产品线的开拓和布局，围绕财富客户资产配置需求，积极打造符合各类风险收益特征的证券投资类产品。在同业合作方面，重点做好省内金融同业的合作力度，以优化产品结构、服务财富客户为宗旨，大力拓展标品信托、服务信托、家族信托、资产证券化等创新业务。在产业金融业务方面，适度发展基建类业务。根据政策导向，关注"碳达峰""碳中和"等领域存在的业务机会，探索相关的业务合作机会。

2.财富管理业务。根据财富管理子战略，进一步明确业务发展方向以及对应的产品体系，提升财富管理业务的整体性，更好地为客户提供一站式财富管理服务。在财富客户开发方面，探索优化布局和团队扩充的可行性，加大省内高净值客户的开发力度。在家族信托业务方面，推进与外部机构合作，深化合作模式，积极打造具有公司特色的家族信托品牌，为客户提供高质量、可持续的综合服务。在资产配置能力方面，深度研究财富管理与资产管理在展业方面的差异性和互补性，努力增强资产配置投研能力。在社会事业类业务方面，积极推动慈善信托业务创新，组织力量对有前景的重点业务进行攻坚，形成对财富高端账户业务和家族信托业务开拓的有效支撑。

3.固有业务。加快推进增资扩股，增强资本实力，支撑公司战略布局、业务优化和业务拓展，提升企业品牌形象，增强风险抵御能力。

（二）提升内部管理质效

优化完善适合业务转型阶段的考核激励机制；继续理顺各部门职责定位，在此基础上对现有制度进行体系性梳理，持续推进制度建设，完善业务决策、运营和风险管理等环节的管控。进一步完善公司的运营体系支持和科技系统建设，加快推进AM系统落地，加速资产投后管理系统的建设，加强前中后台的业务和管理协同，加强财富管理业务与资本市场业务在金融产品投资方面运行及管理机制的协同，支持业务转型和管理升级。在运营执行方面，着力对项目运营执行工作进行再梳理，防控各类风险。在科技建设方面，持续完善APP功能，丰富线上客户服务功能和内容，持续提高客户服务体验；提升数据治理成效，启动运营管理的数字化建设。在舆情管理方面，完善舆情监测和信息传递工作，建立财富与合规及业务部门的信息互通机制。

（三）加强党建及信托文化建设工作

以"三会一课"、固定主题党日、"走亲连心三服务"等为载体，加强党的组织建设，打造优秀党建品牌；以落实全面从严治党主体责任为发轫，认真执行"一岗双责"，加强党风廉政建设，塑造清廉金融文化；继续高标准开展党史学习教育；深入实施"六个之"凝聚力工程，提升公司团队凝聚力。围绕信托文化建设总体目标，结合企业文化和品牌建设，落实2022年"信托文化确立年"各项要求，相关工作安排，坚持"专业、精致、恒久"的经营理念，通过在"服务、民生、责任、底线、品质"方面实施"五个深化"，聚焦客户、业务、管理、品牌"四维打造"，夯实受托人定位根基，打造具有鲜明公司特色的信托文化品牌。

湖南省财信信托有限责任公司

一、2021年经营概况

截至2021年末，湖南省财信信托有限责任公司（以下简称公司）的资产总额达到163.44亿元，负债总额90.19亿元，资产负债率55.18%，净资产73.25亿元。公司全年实收信托余额为1 252亿元，新增信托产品规模759亿元，其中：集合项目325亿元，单一及财产权项目434亿元。

2021年，公司实现营业收入12.79亿元，净利润7.53亿元，其中，信托业务收入6.47亿元，固有业务收入6.32亿元。

二、创新业务案例

案例名称：中联重科股份有限公司2021年度第二期资产支持票据信托。

2021年11月，由公司担任发行载体管理机构的"中联重科股份有限公司2021年度第二期资产支持票据信托（ABN）"成功发行。该ABN产品发行规模9.44亿元，优先级A1票面利率3.02%，发行利率创湖南省2021年同期限票面利率新低。本次公司与中联重科的合作，是公司创新转型的重要成果。

中联重科是中国工程机械装备制造行业领军企业，也是湖南省内重点支柱企业，与公司携手在公开市场发行ABN引入低成本资金，有效降低了中联重科融资成本，助力了湖南本土实体经济发展，为湖南省大力实施"三高四新"战略，奋力建设现代化新湖南贡献更多金融力量。

（一）信托项目基本情况

本交易的发起机构中联重科以其享有的应收账款债权及其附属担保权（如有）作为基础资产，采用特殊目的的信托载体机制，通过公司设立"中联重科股份有限公司2021年度第二期资产支持票据信托"。公司以受托的基础资产为支持发行优先级资产支持票据（包含有限A1级资产支持票据）、优先A2级资产支持票据和次级资产支持票据。投资者通过购买并持有该资产支持票据取得本信托项下相应的信托收益权。交易结构如图1所示。

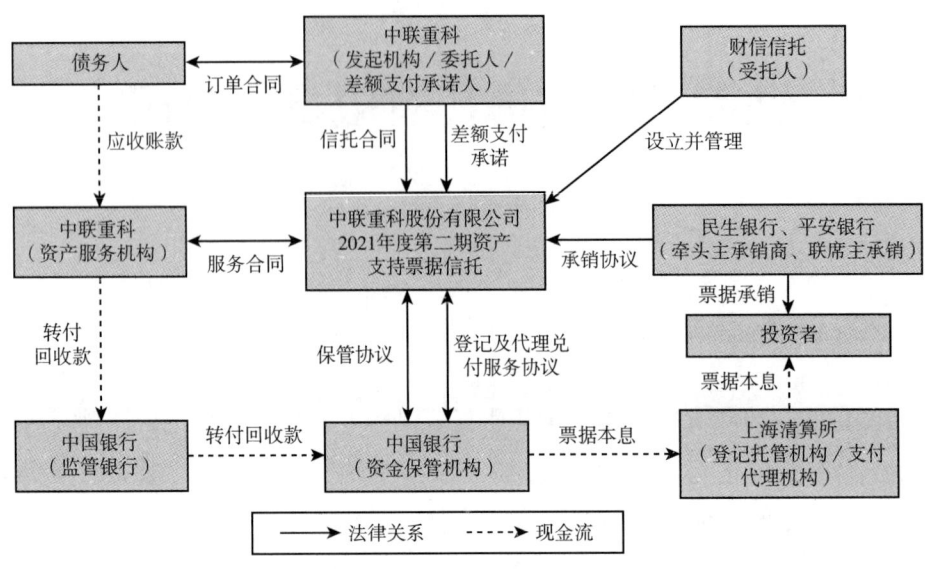

图1　中联重科资产支持票据信托交易结构

（二）资产支持票据情况

本次交易采用优先/次级的顺序偿付结构，劣后受偿票据为优先级较高的票据提供信用支持。优先级资产支持票据（包含优先A1级票据、优先A2级票据、优先A3级票据）均执行固定利率，按季支付利息，票面利率根据簿记建档结果确定。优先级资产支持票据（包含优先A1级票据、优先A2级票据、优先A3级票据）均按季采用过手方式偿付本金。次级资产支持票据不设票面利率，在优先级票据本金全部清偿完毕前按照不超过8.00%/年的预期期间收益率获得期间收益，并在优先级资产支持票据本息兑付完毕后偿付本金。本次发行募集资金用途为补充流动资金。本次资产支持票据概况如表1所示。

表1　资产支持票据概况

票据名称	发行规模（万元）	占比（%）	利率类型	预期到期日	本息偿付方式
优先A1级	56 000.00	59.32	固定	2022年10月25日	按季付息，按季过手摊还本金
优先A2级	30 000.00	31.79	固定	2023年10月25日	
优先A3级	3 600.00	3.81	固定	2024年1月19日	
次级	4 800.00	5.08	浮动	2024年7月18日	按季在优先级票据期间收益兑付后享有不超过8.00%的期间收益率，在优先级票据本金偿还完毕后按约定获得相应比例剩余收益
合计	94 400.00	100.00	—	—	—

（三）基础资产基本情况

本交易基础资产设计发起机构中联重科对1 725户债务人的2 584笔应收账款债权及其附

属担保权益。虽然入池资产行业集中度很高（债务人集中于建筑业），但债务人单户分散度很好（前五大债务人应收账款余额占比3.10%），抵押物易回收处置（主要为工程机械即车辆）中联重科对售出工程机械设备的监控、定位和控制手段，也使得违约应收账款保持了良好的回收记录。因此，资产池整体质量较高，违约风险极低。

三、社会责任履行情况

公司在支持实体经济发展的同时，高度重视公益慈善，履行社会责任。一是支持实体经济建设发展。2021年发行信托计划筹集资金1 252亿元，缴税6.21亿元，服务地方经济社会发展。二是积极服务人民美好生活。2021年，公司为投资者创造收益57亿元，保障了投资者资金的安全和增值。三是推动慈善信托公益事业。2021年3月，公司正式成立慈善信托办公室，6月，"财信信托——南峰助学慈善信托"在湖南省民政厅成功完成备案并发行。截至2021年末，公司慈善信托业务（含公益信托项目）累计成立7单，实收信托规模为3 400万元，所涉及的公益慈善领域涵盖了乡村振兴、助学等。其中，运行"湘信·善达农村医疗援助公益信托计划"，共计投入资金约2 130万元，已援建135个村卫生室和7个乡镇卫生院。运行"自强助学金慈善信托计划"，共捐助了560名高三考入大学的贫困学子，并向对口的湖南、海南8所学校在校学生和教职员工直系亲属中参与一线抗疫的27名医护人员专项奖励27万元，为抗疫医护人员送去了真诚的关怀与慰问，并致以最崇高的敬意。四是积极开展各项公益活动。积极参与财信公益组织的"奔向3060"减碳公益活动，引导"低碳发展""低碳为荣"理念逐渐深入人心，践行低碳生活新风尚。五是大力支持消费帮扶。公司通过集体购买和个人购买相结合的方式，在湖南省消费帮扶示范中心采购特色帮扶农产品82万元；支持十八洞村的乡村振兴项目，定制十八洞村矿泉水作为公司会议接待用水，助力乡村振兴。

四、2022年发展规划

（一）战略规划

一是确定转型的主攻方向，在标品信托和服务信托两大板块选择赛道，转型突破；二是以创新转型为牵引，带动组织、人力、数据等要素和激励的重构和重配；三是持续调整存量资源配置，迅速扩大增量布局，不断优化总量结构。加大资本市场、财富管理等领域投入，引入市场化人才，加强专业团队建设，增强主动管理能力；完善薪酬激励约束机制，加大创新业务倾斜力度，真正实现从"资源型"企业向"能力型"企业迈进。

（二）核心业务发展规划

1.聚焦四大业务板块

公司将围绕发展目标，着力布局四大重点业务板块：第一大板块是市场化地方国企业务，严格落实监管政策要求，积极推进传统业务发展模式转型升级，创新展业模式，稳定传统业务的收入基础。依托原有市政业务基础，构建"五好"园区综合金融服务体系，为园区企业搭建覆盖全方位的投融资服务体系，为传统业务转型打下坚实基础。第二大板块是固定收益类业务，公司将加速推动传统融资模式向投资模式转变，大力开展标债投资业务，持续突破大行代销渠道、稳步提升标债投资规模。第三大板块是资本市场业务，完善产品布局，加强与头部机构的合作，搭建目标收益稳健、风险收益匹配的多层次、多类别产品，丰富公司产品线，不断增强产品营销能力，持续做大标品信托规模。第四大板块是服务信托业务，公司将充分发挥信托制度和功能优势，不断提升受托服务能力，积极开展供应链金融，将三一模式进行复制；稳步提升家族信托和慈善信托服务能力，"双翼齐飞"助力财富管理业务发展，努力实现服务信托管理水平和受托规模双提升。

2.固有业务

公司固有业务定位为，收入的稳定器和创新业务孵化器。固有业务部门的发展方向是，成为一个具有较好主动管理能力的、独立的资金管理部门。一方面，通过提升主动管理能力、合理开展投资配置，固有业务每年可获取稳定可观的投资收益，减缓公司在信托业务端发展环境不好时面临的收入下滑。另一方面，在开展自有资金投资配置时，固有业务部门可运用资金优势，引进业务资源，积极帮助推进公司创新业务的发展。

3.产品营销

公司将持续落实"公司直销+金融机构代销+金融机构直投"的多元营销策略，建立更有效的营销策略和营销体系，推动传统信托产品营销向净值化产品销售转型，财富中心向财富管理方向转型。一是加大直销团队的内部培养和引进力度，加强对机构客户的开拓力度，进一步提升自主营销能力。二是拓展"代销+直销"渠道，多措并举找资金，开拓大行代销布局。三是提升标品信托营销能力，培育理财师团队，推动营销向投顾转型。四是加强内部业务联动，尝试"以销定产"方式，根据高净值客户的个性化需求和风险偏好量身定做资产，提升综合财富管理能力，打造财信财富管理品牌。

华澳国际信托有限公司

一、2021年经营概况

截至2021年末,华澳国际信托有限公司(以下简称公司)信托资产管理规模450.92亿元。其中,存续主动管理资产规模为194.96亿元,主动管理占比43.24%,较年初提高近14.28个百分点。

2021年,公司全年实现收入总额8.98亿元,同比减少19.35%;实现营业收入8.28亿元,同比减少20.17%;净利润3.26亿元,同比减少23.16%。

(一)认清内外环境形势,梳理公司经营概况,坚定战略发展定位

客观看待经营环境及公司自身特点,对战略执行及业务发展做到心有底数。坚定奋进初心,坚守发展定力,为坚定不移抓落实理清思路。积极应对风险,认真处置化解,将风险化解、风险管控作为公司工作重中之重。

(二)做好公司经营规划,守好依法合规底线,把握发展方向节奏

明确"融资业务求效益,保生存;标品业务增规模、稳基础;股权业务谋盈利,可持续"的稳发展、促转型发展之路。将"管好存量风险,严控新增风险"作为公司风险管理工作的底线要求。存续业务做实风险排查,新增业务把握风险实质。2021年第二季度末,在当时市场环境、行业发展背景下,启动信托条线、财富条线以及内控治理"百日攻坚"专项工作。利用行业调整、业务换档的关键期,加强基础能力建设,推进内控治理水平提升。成立"数据治理和流程优化"专项工作小组,制定总体实施方案,按"阶段性出成效"的要求,确定部门职责,明确节点要求,配套奖惩措施,真抓实干,狠抓落实,切实提升公司基础管理水平。

(三)苦练内功管好风险,顺势而为推进落实,不畏困难提振士气

明确"一手抓业务发展,一手抓风险管理""两手抓"工作要求。加强协同业务及战略业务的对接,加快此类业务推进及落地销售。力推各条线各部门服务意识及协同效率提升。

明确公司"整体一盘棋"思想，传达"一荣俱荣，一损俱损""毛之不存，皮将焉附"的公司大局观，要求前中后台加强协同、不畏困难、提升效率，切实发挥民营背景信托公司机制体制活、效率高的优势，提高为重点客户、为战略业务的服务意识和服务效率。

二、创新业务案例

2021年，公司在切实提升风险管控及主动管理能力基础上，坚持稳健经营、有序转型的可持续健康发展路径。在错综复杂的经济、金融及政策监管环境下，公司定位"小而美、精而专"，聚焦"融资向投资转型、非标向标准转型、向服务信托转型"的三大转型目标，打造"小公司服务大客户"的能力，不断提高信托资产的主动管理能力及全面风险管理能力。面对复杂的经济金融形势和强监管态势，公司内部强调顺势而为，及时把握市场环境及监管导向，围绕"三大战略转型目标"，有序推进。坚持"稳发展、控风险、强基础、促转型、增效益"的战略定位，夯实根基、促进转型、狠抓落实，在充分认清市场及自身优劣势的基础上，持续推进机制改革、深化人才战略、全面风险管理、金融科技赋能，并重点做好存量项目风险管控及流动性管理工作，推动各业务板块、管理体系转型升级，推进公司经营稳中求进、有序转型。

公司一直积极响应政策号召，不断提升服务实体经济、民营经济的能力，助力经济社会的稳定发展。截至2021年12月末，公司存续信托项目142个、信托资产管理规模为450.92亿元，其中，投向于基础产业的项目个数为52个，信托规模为136.41亿元，占比总规模30.25%；投向于工商企业的项目个数为27个，信托规模为72.48亿元，占比总规模16.07%。此外，公司存续项目中支持民营企业的信托项目共44个，信托规模合计213.28亿元，占比总规模47.30%。实体经济与信托体系之间相互促进、相辅相成。实体经济的长期可持续发展是信托体系发挥作用并维持稳定的基础和前提，信托体系的良好运转为实体经济提供了有效的资金支持和风险分担机制，是促进长期经济增长的必要条件。公司始终积极提升专业服务能力和主动管理能力，坚持服务实体经济，实现长期可持续发展。

在积极支持实体经济发展的同时，公司也在家族信托、标品信托、股权投资信托业务等创新业务方面着重发力，并取得了一些具体成果。

家族信托：2021年，公司新成立了10笔家族信托业务，新增规模（含增发）2.77亿元。截至2021年末，共存续14笔家族信托产品、存续规模1.91亿元。公司在家族信托业务上的创新和尝试取得了初步成果，为后续开展家族信托积累了实践经验。

标品信托：2021年，公司新成立了2笔标品信托业务，新增规模（含增发）4.76亿元，主要投向债券、货币类资产。公司在标品业务方面一直进行积极的探索及尝试，并配套相应团队设置、专业资源对接等，以及对标品业务的流程、系统、制度等进行了全面梳理及完善。

股权投资信托：2021年，公司新成立了3笔股权投资信托业务，新增规模（含增发）17.59亿元。公司积极引导信托业务部门转变思路，鼓励业务部门积极探索和尝试。一方面加强存量业务存量客户的梳理、新客户的研究及开拓；另一方面在借鉴同业先进经验的基础上，加强"募投管退"的投资能力构建，稳步开展股权投资业务。

公司将持续改进业务模式，加大投资业务的转型力度，拟为投资者提供涵盖现金管理、债券投资、资产配置、TOF/FOF等理财产品的净值型投资类业务。并专门设立专业团队以从资产获取、产品创设、受托管理到产品销售、投资配置全链条模式开展投资类业务。同时加大股权投资业务、标品业务投研力度，并对资产服务信托、慈善信托等进行研究探索，加大各类信托业务的转型力度。

2021年，整体市场环境复杂、地产行业强调控，叠加资管新规过渡期结束，信托行业面临发展环境不确定、政策波动大、风险压力增加，行业行至"严冬期"的特殊发展阶段，行业风险暴露加剧。随着资管新规实施、两项规模压降及房地产业务调控、《信托公司资金信托管理暂行办法（征求意见稿）》等一系列监管政策出台，信托行业监管逐步趋严，信托行业进入转型发展期。

在新的监管环境下，公司将信托文化建设和合规建设作为工作主线，把经营安全作为第一要务，坚定"小而美、精而专"战略目标，加快业务转型，持续提升信托行业资产管理能力和风险防控意识，进一步提高主动管理能力回归信托本源业务，助力实体经济的发展，提升服务人民美好生活的能力，推动公司实现稳健高质量发展。

三、社会责任履行情况

公司积极贯彻国家宏观调控政策，发挥金融杠杆作用，充分发挥信托制度优势，创新业务模式，将金融资本引入实体经济，促进民生改善，助力经济发展。在开展业务的过程中，向国家政策支持的绿色产业、生态农业、中小企业等领域靠拢，以实际行动支持社会可持续发展。并落实监管要求，按照反洗钱风险防控、预警和处理程序，健全反洗钱工作体系，有效履行反洗钱企业义务和社会责任，为维护金融稳定贡献力量。

公司实际缴纳企业所得税20 237.10万元、个人所得税3 319.81万元、增值税19 897.23万元、城建税1 392.81万元、教育费附加994.86万元，共计45 841.81万元。

公司信托资产管理规模450.92亿元，从行业集中度来看，侧重投向基础产业和工商企业等实体经济领域。其中，投向基础产业类的信托管理规模为136.71亿元，占公司总规模的30.32%；投向工商企业类的信托管理规模为72.52亿元，占比16.08%；合计占比公司总规模的46.40%。

公司为受益人创造信托利润39.49亿元，实际分配信托收益34.20亿元。

公司工会举办"大手拉小手，滨江亲子公益行"的"六一"主题活动，为此，公司向上海联劝公益基金会"一个鸡蛋公益项目"捐赠1万元，为改善贫困地区儿童的营养提供帮助。

公司先后荣获《证券时报》"2021年度突破成长信托公司奖"、《21世纪经济报》"卓越品牌建设信托公司奖"、《中国经营报》"2021卓越竞争力信托公司奖""2021卓越竞争力综合服务信托公司奖"、中国财经峰会"2021杰出品牌形象奖"等多项荣誉。

四、2022年发展规划

围绕"小而美、精而专"的四大内涵——"效率高、体制机制活、风控能力强、盈利水平优"，持续完善公司治理和内部控制机制，推动"融资向投资转型、非标向标准转型、向服务信托转型"；强化七个领域的建设："以风险为前提、以客户为根本、以团队为基础、以业务为核心、以效益为中心、以文化为引领、以体制机制为保障"。坚持"依法展业、合规经营"和"风险为本"的基本方针，持续提升公司服务实体企业、满足客户信托需求的资产管理能力、财富管理能力和受托服务能力，努力推动公司发展成为良好信托文化的践行者、先行者。

华宸信托有限责任公司

一、2021年经营概况

（一）2021年主要经营情况

2021年，华宸信托有限责任公司（以下简称公司）公司全年实现利润总额3 940.45万元，实现净利润3 075.17万元。截至2021年12月末，公司资产总额114 805.23万元，负债总额4 101.60万元，所有者权益总额110 703.63万元。

截至2021年末，公司共存续信托项目14个，信托规模65 772.60万元。全年累计新增4个信托项目，信托规模38 440万元。全年累计到期兑付2个信托项目（包括到期清算、分期还本项目），到期清算项目兑付本金37 596.96万元，清收回风险项目本金，以实物资产还本4 113.90万元。全年累计分配受益人收益1 041.80万元。

（二）2021年重点工作开展情况

1.因情施策，化解存量风险。公司年内积极贯彻落实习近平总书记关于防范化解金融风险重要指示精神，结合"清收不良　化解风险"三年行动，制定实施方案，明确工作目标、细化工作要求、强化保障措施，全力推进存续风险项目处置工作。

2.聚焦主责主业，积极推进转型发展。全年共落地4单信托项目，其中3单项目为支持自治区内地方实体经济发展项目。还落地了首单标准化债权投资类信托项目和首单家族信托业务，业务转型初见成效。

3.深化改革加强管理，为发展提供有力支撑。公司围绕发展规划进行了内设机构改革。一是整合风险、合规管理部门职能和人员，进一步推动公司风险管理、内控、合规体系相互融合，并逐步强化市场风险分析能力，严守风控底线和合规红线，保障业务稳步可持续发展。二是调整信托事务管理部职能，增加对业务的全流程把控，在项目立项、决策、实施的不同阶段，逐步构建与风险合规管理相互促进、互相制衡的机制。三是完善标品信托业务部门职能，负责公司标准化金融产品的拓展、投资交易以及标准化产品和非标准化产品的组合运用，对接资产端和资金端需求，健全完善资产配置、构建投资管理策略等相关事务。

4.完善制度建设，强化审计力度，全力推进合规经营。公司结合党史学习教育、"以案促改"工作和"内控合规管理建设年"活动，突出问题导向，深入开展自查自纠，有序推进各项整改工作。一是编制了新版制度汇编，并持续开展制度体系精简优化工作，重点根据新的业务流程调整对应制度，并进行冗余制度合并、废止。二是加强内部审计力度，从事后审计向事中、事前审计转移，重点对新成立项目全流程合规性以及采购管理、重要印鉴管理等关键环节开展专项审计，及时发现问题督促整改落实。三是强化追责问效，依据《问责管理办法》对审计发现问题的部门进行问责，并将结果应用到部门考核中，强化制度落实，培养良好工作习惯。

5.推进信息化建设，助力业务转型升级。公司财富系统APP及CRM（客户关系管理系统）正式上线，有效提升公司客户服务体验，拓宽获客渠道，并实现信托业务资金端交易流程线上化，通过科技手段提高客户关系管理水平。还完成了家族信托项目信息系统、标品业务投资管理信息系统建设，为家族信托业务和标品信托业务这两类创新业务提供了有力支持。

二、社会责任履行情况

2021年，公司认真贯彻执行国家经济金融政策以及各项监管要求，大力支持实体经济发展。坚持诚信经营，自觉履行纳税义务，严格按照税法规定及时、足额缴纳各项税款。主动落实金融机构反洗钱反恐怖融资、案防和消费者权益保护责任，不断完善工作制度体系，设置公共教育宣传区，在做好疫情防控常态化工作的前提下，通过线上线下相结合的方式积极开展金融知识宣传，引导消费者树立正确的投资理念。年内开展了"以人民为中心增强金融消费者获得感"为主题的"3·15"消费者权益保护教育宣传活动以及"普及金融知识万里行""金融知识普及月　金融知识进万家　争做理性投资者　争做金融好网民""金融知识进万家　共度幸福安全年"等宣教活动，取得了良好的效果。

另外，公司积极助推乡村振兴，年内选派一名干部到内蒙古自治区乌兰察布市商都县小海子镇任家村担任驻村第一书记，与村两委班子成员工作和生活在一起，深入田间地头，围绕巩固脱贫攻坚成果和乡村振兴，探讨产业发展和振兴集体经济的有效途径。此外，派出志愿者利用业余时间协助相关包联社区开展全员核酸工作，受到社区好评和主管部门表彰。

三、2022年发展规划

2022年，公司将围绕"强党建促业务"和"谋规划促转型"两条主线开展工作，二者相互配合、支持，共同推动华宸信托走进高质量发展的轨道。

（一）在加强党的建设方面

一是加强班子建设，努力把班子锻造成为一个"对党忠诚、勇于创新、治企有方、兴企有为、清正廉洁"的坚强领导集体，更好地发挥"头雁"作用，引领带动广大干部职工拧成一股绳，推动华宸事业发展。

二是加强作风建设，确定2022年为"作风建设年"，全面提升公司全体员工的学习能力、执行能力、创新能力，在风险化解处置、信托业务转型拓展、内控制度健全完善等重点领域实现突破。

三是加强能力建设，树立"九种意识"，提升"九种能力"，即：树立政治意识，提高政治把握能力；树立学习意识，提高战略谋划能力；树立改革意识，提高开拓创新能力；树立民主意识，提高科学决策能力；树立责任意识，提高担当作为能力；树立聚才意识，提高识才用才能力；树立自律意识，提高拒腐防变能力；树立服务意识，提高凝聚人心能力；树立团结意识，提高互助协作能力。

四是加强制度建设，进一步完善党的建设工作体制机制在加强党建工作的引领下，一方面建立健全激励约束机制、干部评价选拔任用机制、容错纠错和尽职免责机制，全力营造干事创业的积极氛围。另一方面完善追责问效机制、绩效考核机制和违规行为惩处机制，督促全体干部职工严守合规底线、不踩纪律红线、不触法律高压线。

（二）在抓好业务转型发展方面

围绕"四、三、五、六"的工作思路，即：坚持四大战略谋发展，做实三大板块促转型，建设五大机制夯基础，实施六项工程抓实效，全面开拓华宸信托转型发展的新局面。

一是实施四大战略，包括品牌提升战略、人才强企战略、转型升级战略、协同发展战略，明确重点发展方向。

二是聚焦三大业务条线，做强做优资产管理信托，做精做专资产服务信托，做好做实公益/慈善信托，全力推进转型发展。

三是完善五大保障机制，即全面有效的合规风控机制、公正科学的激励约束机制、高效便捷的运转执行机制、灵活有效的沟通协调机制和与时俱进的改革创新机制，着力强化内部管理。

四是构筑六项基础工程，包括党建引领工程、公司治理完善工程、组织架构优化工程、标准化服务能力建设工程、科技支撑保障工程、企业文化建设工程，做实具体工作举措。

华鑫国际信托有限公司

一、2021年经营概况

2021年，华鑫国际信托有限公司（以下简称公司）紧紧围绕贯彻落实华电集团"五三六战略"和"十四五"发展规划，牢牢把握转型升级工作主线，严控金融风险，调整业务结构，提升管理水平，实现全方位提质增效，取得了公司成立以来的最好成绩。公司先后荣获中国华电集团评选的年度"文明单位""三清"创建先进单位，连续第四年荣获北京市西城区发改委评选的"年度西城区经济社会发展综合贡献奖"，荣获《金融时报》"2021金龙奖·年度最佳风险管理信托公司"、《中国经营报》"2021卓越竞争力风险控制信托公司"、《证券时报》"2021年突破成长信托公司"和"2021年优秀财富管理品牌"等多项行业大奖。

截至2021年末，公司资产总额180.42亿元，较年初增长51.03%；净资产132.12亿元，同比增长45.53%。2021年，公司实现营业收入20.13亿元，同比增长20.04%；利润总额14.94亿元，增长31.79%；净利润11.34亿元，增长41.11%；人均净利润539万元，增长36.38%；缴纳税费12.84亿元，增长31.64%。营业收入中，信托业务13.02亿元，增长7.49%；固有业务7.11亿元，增长55.62%。

（一）信托业务加速转型，抢占高质量发展"新赛道"

信托业绩持续创新高，占营业收入比例达65%。创新业务持续推进，标品固收业务同比增长214%，私募债同比增长167%，资产证券化同比增长361%。服务主业能力大幅提升，产融结合项目规模同比增长650%。

（二）固有业务优化升级，打造高质量发展"定海针"

截至2021年12月末，存续固有项目85个，投资余额151亿元，确认收益6.18亿元，年化收益率6.23%。全年共有65个固有项目顺利退出，收回111亿元本息，未出现风险事件。

（三）风险管理扎实有效，筑牢高质量发展"防波堤"

全年未发生风险项目，存量及潜在风险项目化解有力。狠抓全面风险管理。定期开展信用风险、流动性风险压力测试，对主动管理融资类业务进行全面排查分析，保持了优质的资产质量。存量风险项目处置推动有力，实现"轻装上阵"。

（四）财富持续高速增长，激发转型升级"源头活水"

2021年，财富条线合计营销449亿元，同比增长47%。其中，机构直投139亿元，增长79%；机构代销159亿元，增长39%；内部自然人101亿元，增长24%。财富APP正式上线，突破小额认购以及远程双录瓶颈，满足投资者个性化投资需求，为标准化产品销售打下坚实基础。

（五）经营管理狠抓落实，把稳高质量发展"方向舵"

坚持常态化疫情防控。严格落实上级防疫工作要求，落实常态化防控措施，储备必须防疫物资，全面接种疫苗加强针，接种率97%。增强人才队伍效能。落实"三项制度"改革。新组建业务团队2个，引进专业人才32人，合并调整业务团队3个。举办内外部培训56期、3 150人次参加。提升科技赋能水平。建设完善财富管理系统、资管系统和TA系统，应用财务机器人、客服机器人和区块链等新技术，有效提升了运营管理效率和精细化水平。

二、创新业务案例

2021年，公司加快业务创新和经营转型，切实服务实体经济，回归信托本源。截至2021年12月末，标品固收业务共管理产品83个、规模176亿元，同比增长214%；私募债项目57个，规模115亿元，同比增长167%；资产证券化储架规模过千亿元，落地项目17个，规模333亿元，同比增长361%。

落地首单QDII业务，迈出国际化第一步。2021年6月，公司成立了"华鑫信托·鑫菁1号受托境外理财单一资金信托"，规模为1 000万元人民币，该业务以港股主板上市股票为投资标的，为净值化管理。此类业务一方面为境内投资者提供高效的跨境投资服务，另一方面为中国企业境外上市保驾护航。在落地业务的同时，公司将顺了开展QDII业务的运营流程，加强了对权益市场的研究深度，就QDII业务运营的特殊和关键环节建立了工作流程和标准，为公司复制和稳健运营同类跨境业务奠定了基础，助力公司开展多样化的信托业务。

三、社会责任履行情况

一是坚持依法合规经营。报告期内公司严格遵守各项法律法规，认真落实监管要求，积极推进内部控制体系建设，加强自律管理；严格按照有关法律、法规、规章要求，履行信息披露义务；自觉履行纳税义务，依法及时足额纳税；恪守社会公德和商业道德，遵守信托行业自律有关规定，积极践行《信托公司社会责任公约》；履行反洗钱义务，自觉维护国家金融秩序和金融安全；秉承"受人之托、代人理财"的契约精神，忠实履行受托责任。

二是坚持服务实体经济。公司把服务实体经济作为转型发展的立身之本、发展之源，不断完善业务发展规划和市场策略，充分发挥信托擅于整合多种金融工具、灵活设计交易结构等优势，以专业化金融服务保障社会经济健康发展，助力"双碳"目标及电煤保供稳价。至2021年末，公司投向工商企业、基础产业等实体经济的信托资金规模占比约74%。

三是积极支持公益事业。公司热心参与社会公益事业，积极开展捐款赈灾、捐资助学以及扶危济困等公益活动，成立慈善信托，促进经济社会和谐发展。

四是提升信托服务水平。公司组织开展了"3·15"和"金融知识进万家"系列消保活动，全力打造投资者信任品牌，采取举办现场金融知识宣讲活动、厅堂"微沙龙"宣传、制作知识折页、现场咨询服务、微信公众宣传、抖音账号宣传以及制作宣传短片等多种形式，采用线上线下相结合的方式向广大金融消费者、投资者、网民普及基础金融知识和风险防范技能，引导投资者了解信托、理性投资，取得了良好的社会反响。

五是维护投资者和受托人利益。公司高度重视消费者权益保护工作，将消费者权益保护纳入经营发展战略和企业文化建设，持续完善各项体制机制建设，全面推动各项消费者权益保护工作有序开展。报告期内，公司认真履行消保工作义务。公司董事会设立了消费者权益保护委员会，听取了年度消费者权益保护工作，并通过董事会和经营管理层对消保工作进行指导。公司围绕消费者权益保护工作召开了四次季度专项会议，推进年度各项工作的开展。本年度，公司按期、足额清算信托项目，确保了投资安全及受益人利益最大化。

消费者投诉方面，公司在网站、APP及微信公众号等多个客户接触点公布了投诉热线，方便客户查看。报告期内，公司接到1件监管转办投诉，公司积极与客户沟通协调，妥善处理并办结了本次转办投诉。

六是促进国有资产保值增值。报告期内，公司实现净利润11.34亿元，国有资产资保值增值率112.47%。

四、2022年发展规划

2022年，公司的工作思路是：适应国家经济形势、监管政策要求和行业发展趋势，以"建设行业领先的一流信托公司"为愿景，坚持稳中求进工作总基调，把握高质量发展工作主线，坚持依法合规经营、回归信托本源，以全面深化改革、创新驱动引领为根本动力，着力提升价值创造能力、风险合规能力、服务主业能力、投研结合能力、财富管理能力，确保全面完成年度任务目标、抓好各项工作落实落地。

一是加快信托业务转型升级，打造全新利润增长点。持续优化业务结构。在确保不出现流动性风险的基础上，积极与业务、财富协作，形成资金资产联动；坚持产业金融定位，充分发挥信托制度优势，服务集团主业发展；打造多元化产品供应和服务体系，研究具有"受托管理+指令服务"特点的服务信托，提升慈善信托、家族信托、养老信托等新型业务比重，充分体现信托本源价值。

二是推动固有业务优化调整，发挥更大价值创造功能。将风险防控放在首要位置，优选交易品种和交易对手，坚持分散化投资、控制集中度，持续增强价值创造和利润贡献能力。兼顾投资稳健性与较高收益水平，兼顾长远发展和中短期目标，合理配比固收和权益占比，重点发力债权安全性和权益弹性兼备品类，推动固有业务平稳转型。依托固有资产从事股权投资业务资格，布局长期股权投资。

三是增强全面风险防控能力，牢牢守住风险管理底线。坚持风险前置管理，主动研究交易对手，提前研判风险方向，做好对债券投资、资产证券化等新型业务的支持和风险防范。以审慎经营、理性发展为原则，持续完善全面风险管理体系。加强受托人文化建设，强调受托人责任和义务，将防范不当受托行为纳入风控管理流程中，牢固树立风险合规意识。建立风险资产处置常态化工作机制，研究与信托保障基金公司、资产管理公司等专业机构合作，丰富公司不良资产处置手段，拓展资产处置渠道。

四是提升财富管理品牌内涵，培育转型发展新动能。加大财富管理人才的引进、培养力度，打造专业财富团队；完善财富管理制度，推进财富管理系统建设，形成高效、稳定的营销管理机制。做好线上线下品牌推广，提升APP的易用性和用户体验，扩大销售规模。建强自然人营销队伍，拓展自然人直销，重点拓展高净值客户。加快财富管理信息系统一体化建设、应用和推广。以保障金融消费者基本权利为基础，做好各项消保工作；加强投资者宣传教育，引导投资者形成健康、可持续的长期投资理念，打造投资者信任品牌。

吉林省信托有限责任公司

一、2021年经营概况

2021年，吉林省信托有限责任公司（以下简称公司）深入落实中央和省委省政府决策部署，全面践行新发展理念，贯彻高质量发展要求，牢牢把握稳中求进总基调，在深化改革发展、回归信托本源、服务地方经济、强化风险防控、加强党的建设等各方面工作中取得了积极进展，实现了企业平稳运营。截至2021年末，公司合并资产总额86.81亿元，负债总额69.55亿元，所有者权益172 560万元，实现营业收入35 029万元，管理信托资产规模318.70亿元。

（一）坚持政治引领，扎实推进党的建设

一是认真落实中央和省委各项决策部署，强化民主决策，增进班子团结，不断提高工作能力和水平。二是充分发挥党委"把方向、管大局、保落实"的重要作用，不断加强党的领导。三是扎实开展党史学习教育，同时，把开展好"我为群众办实事"实践活动贯穿党史学习教育全过程。精心组织"礼赞百年、同心向党"文艺汇演等庆祝建党100周年系列活动。四是严格落实党风廉政建设责任制，加强廉政警示教育工作。

（二）树牢新发展理念，加快业务转型升级

一是大力拓展信托主业。面对当前信托行业规模整体压降的局面，公司加大市场开发力度，深度挖掘业务资源，加强政、企、银、信合作。二是加快业务结构调整。认真落实"两项业务压降"、房地产规模管控等监管要求，加快推进业务结构、收入结构的优化调整。三是大力推进业务创新。公司制定了《吉林信托标品信托准入指引》，积极探索尝试标品信托业务，并且相继开展了股权投资类信托、碳资产交易权投资类信托、破产重组类财产权信托等创新型产品。四是强化自营业务保障功能。加强对参控股企业的日常管理，积极履行股东职责，股权投资收益实现1.2亿元。

（三）强化大局意识，坚定不移服务地方发展

坚持"吉林优先"的战略导向不动摇，进一步加大资源整合力度，提升金融服务地方经

济的精准性、有效性。全年，投向本省信托28个，规模146.80亿元，占比47.46%，其中本年新增11个，存续规模37.51亿元，本年新增的项目投向省内的占70.87%。

（四）坚持底线思维，全力以赴防范和化解金融风险

坚持把防范化解风险作为各项工作的重中之重，切实加强风险防控机制建设，提升风险管控能力，强化全员风险防控意识，规范业务操作行为，加强风险隐患的排查和整改，多措并举推动风险项目的处置和化解，坚决守住不发生区域性金融风险底线。

（五）强化内部管理，不断提升公司治理效能

一是完善公司治理。2021年初，在省财政厅的大力支持下，补足1.08亿元注册资本金。公司董事会、监事会顺利完成换届工作，董事会设立关联交易委员会，完善董事会职能。二是突出战略引领。公司编制完成了《吉林信托"十四五"发展规划》，明确了公司"十四五"时期发展的总体方针、指导思想和原则，科学谋划公司的发展目标，拟定了公司信托主业的发展战略和保障措施，为公司实现"十四五"时期高质量发展指明了方向。三是加强人力资源管理。大力推进干部选拔任用工作制度化、规范化、科学化，修订完善《吉林信托中层领导干部选拔任用办法》《吉林信托激励干部担当作为实施办法》《吉林信托员工职务职级管理办法》等。四是认真做好审计监督。对公司财务收支、信托业务、内部控制及风险管理等方面开展了全面内审工作，对完善公司治理、实现目标任务发挥了积极作用。五是严格控股子公司管理。制定实施《控股公司领导干部的管理办法》《控股公司权责清单》，对天治基金和天富期货开展常规巡察，强化子公司班子的业绩考核，从严督促问题整改。六是全面加强信息系统建设。做好已建成的23个系统运维，根据客户需求和业务需要，持续完善CRM、网上信托、投资APP、视频双录和数据中心五大客户关系管理和服务系统建设，提升客户管理和服务水平，提高监管数据报送质量，确保所有信息系统高效、安全、平稳运行。

二、创新业务案例

2021年，公司积极响应国家号召，努力追求转型、发展新业务，将碳资产排放权交易与投资类信托相结合，运用信托计划制度、财产托管等业务优势，最大限度地保证信托财产的安全与运作，实现委托人的利益。公司接受合格投资人及海南斯兰低碳投资有限公司的资金委托，设立吉信·海南斯兰碳资产交易权投资集合资金信托计划。该信托计划为吉电股份下属企业吉电国贸开展碳达峰、碳中和业务提供了专业的金融服务，受托人以金融机构身份进入碳排放权交易所，利用信托制度和跨市场投资优势，为委托人提供在交易所开展碳资产交易服务，不仅为省内企业提供更新型的绿色金融产品和参与到建设国家绿色金融体系的市场

渠道，也给碳市场带来更多流动性和金融创新活力，拓宽了"双碳"业务领域，为服务我省"双碳"目标提供了有力支持。

三、社会责任履行情况

（一）深入服务实体经济及重大经济战略

公司立足新发展阶段，贯彻新发展理念，构建新发展格局，在服务国家重大战略、支持经济增长、促进平衡发展、优化服务实体经济模式等方面取得以下成效：投向"一带一路"项目42个，规模2 123 616.80万元；投向"京津冀协同发展"项目22个，规模432 672.93万元；投向"长江经济带"项目14个，规模482 989.59万元；投向"粤港澳大湾区"项目2个，规模232 594.00万元；投向"长三角一体化"项目11个，规模382 989.59万元，为推动高质量发展作出一定贡献。

（二）切实强化受托责任，积极开展投教活动

公司开展针对投资者和消费者的信托知识宣传教育，如针对首次认购信托产品或接受信托服务的消费者举办的提升客户风险防控意识、引导正确投资理念的专题培训、讲座等活动。公司组织员工创作长图、漫画、微视频、情景剧、案例分析等有针对性的金融知识普及宣传作品，通过吉林信托官方网站、手机APP、微信公众号和短视频平台，打造"标准化+特色化"金融知识宣教矩阵，开展有温度、有故事的金融宣教，让大众随时进行金融知识"充电"。在"金融知识普及月"活动中，首次开通官方微信视频号，发布的原创视频获得微信视频号官方推荐，当天就获得3 000余次浏览量，取得了良好的宣传效果。

（三）积极助力乡村振兴

一是重新调整山泉村、龙山村结对帮扶责任人，公司中层以上干部48人与包保帮扶村脱贫户进行结对帮扶，定期通过到村入户走访、电话沟通等方式，为脱贫户提供米面油、小家电、充话费等基本帮助，完成脱贫户微心愿52个。二是投入3万元，对龙山村村部进行修缮，并对已出资建成的卫生室、村部、围栏、庭院蔬菜棚、健身器材、太阳能路灯、广场、铺设水泥路、修建排水边沟等基础设施，进一步加强管护机制，做到专人专管，丰富了乡村振兴内涵。

（四）助力疫情防控、投身公益慈善

公司推出吉信·天和精准扶贫1号、2号、3号慈善信托计划，经委托人同意，用部分捐款和孳息共43 625.00元，购买一次性口罩8万只，定向捐赠敦化市、白山市及洮南市脱贫

户，惠及301人，减轻了脱贫家庭抗击疫情的经济负担，助力全省疫情防控工作，有效巩固了脱贫攻坚成果。

为了向社会传递爱心和正能量，让孤儿学校的孩子和普通家庭孩子一样拥有幸福、温暖的童年，真正帮助他们解决生活、学习中实际困难，同时激发支部党员的社会责任、担当意识和思想境界，9月至10月期间，公司党支部结合实际，到吉林省孤儿学校开展"情系孤儿学校，凝聚爱心力量"志愿服务活动，以"微心愿"搭通暖心桥，为省孤儿学校、儿童福利院学生捐赠练习册、书籍立架、文具盒、记事本等学习用品百余份，服务学生80人，并向学校师生宣传普及金融专业知识，为学生助学送温暖、圆梦开学季。

四、2022年发展规划

公司2022年发展总体方针是以习近平新时代中国特色社会主义思想为指导，全面贯彻中央、省委省政府决策部署和金融监管精神，秉承"支持吉林振兴，服务实体经济，严守风险底线，回归信托本源"的展业原则，全面践行新发展理念，防范化解重大风险，扩充资本实力，积极推动高质量发展，承担践行国企责任，以改革创新为动力，深化全面从严治党，通过持续优化发展战略、治理体系、风控体系、业务结构、资源配置、人才队伍等，使公司发展成为优势明显、核心业务突出、经营业绩稳健、内部管理先进、品牌声誉良好的专业资产管理机构，为股东创造价值，为新时代吉林全面振兴全方位振兴贡献力量。

战略推进措施为加强党的领导，推进廉政建设；健全治理机制，筑牢发展根基；扩充资本实力，增厚发展底气；协同股东资源，优化板块联动；严守监管规定，筑牢合规底线；加强风险管理，保障行稳致远；提升专业能力，锻造细分优势；加大人才保障，适应业务转型；打造特色差异，支持地方经济；依托金融科技，完善支持系统；培育受托文化，凝聚内外共识；提升消保质效，加强投资教育；践行社会责任，发挥国企担当；推进品牌建设，铸造良好形象。

昆仑信托有限责任公司

一、2021年经营概况

2021年是极不平凡的一年，面对严峻复杂的外部形势，昆仑信托有限责任公司（以下简称公司）党委正视风险、直面挑战、勇于担当，准确研判形势，坚定发展信心，精心谋划部署，全体干部员工坚守"低风险偏好"理念，以稳健合规、高质量发展为主题，以改革创新转型为主线，以"专精特优"为主旨，持续深化改革，积极挖潜增效，稳妥推进转型，公司荣获鄞州区标杆企业奖，金融理财杂志"金貔貅"金牌信托公司、金牌成长力金融机构，《上海证券报》第十四届"诚信托"创新领先奖、最佳资产证券化信托产品奖。

面对疫情持续、监管趋严、风险增加、转型艰难等多重影响叠加的严峻形势，公司一手抓疫情防控，坚决贯彻党中央和集团党组决策部署，针对各地多次散发疫情，及时排查、有效防控，严格落实常态化工作方案，重点管控人员和办公场所，减少聚集、加强监测，实现零疫情目标；一手抓经营发展，激发各方面提质增效潜能，"金融街上的石油人"风雨同舟、共渡难关，付出艰苦努力，实现稳健发展。中油资产（合并口径）实现收入26.21亿元，净利润1.42亿元，上缴税费5.65亿元；公司实现收入14.22亿元，净利润3.43亿元，信托规模1924亿元。

二、创新业务案例

2021年，公司各部门积极研究探索，大胆尝试，创新转型落地有声。

（一）"放心充"预付卡服务信托

项目简况：回归本源业务，涉众型服务信托。

本信托委托人为开展预收款消费业务的商户，受益人为提供服务后获得资金对价或者基于预收款的投资收益获得收益分配的商户、支付预付款后因退款获得相应资金返还的消费者。

商户作为委托人，将其收取的预收款交付给公司，公司通过设立一个服务信托对该部分资金实行统一信托监管。在操作中，为了更好地保障预收款资金的安全性，消费者在平台（即"放心充"APP）对特定商户充值时，预收款资金将直接转入信托专户。信托合同中将明确约定，商户作为委托人，消费者充值而产生的预收款资金将直接转入信托专户，这部分消费者支付的资金即为商户作为委托人交付给服务信托的信托资金。

（二）捷氢股权投资项目

项目简况：落实"三新一绿"转型业务。

烟台信贞添盈股权投资中心（有限合伙）（以下简称信贞添盈）拟出资不超过0.5亿元，认购上海捷氢科技有限公司（以下简称捷氢科技）股权，投后股权占比约为1.22%。信贞添盈仅以财务投资者身份加入，不参与捷氢科技的实际运营管理，不派驻董事会人员，只获取捷氢科技分红及资本利得收益。捷氢科技计划2022年上半年报科创板上市（目前保荐机构及律师、会计师团队已经进场），监管规定上市后锁定期3年，信贞添盈预计在2026年5月前退出。

捷氢科技为上汽集团控股子公司，拟引入战略投资者进行混合所有制改革。投前估值32.16亿元，计划融资8.7亿元（以最终增资协议为准），投后估值40.86亿元；本次股权融资全部为新发股份，未披露具体新发股数，根据融资金额及投后估值可计算出本次融资对应目标公司股权占比21.29%；本次股权融资所募资金用途为：4.7亿元用于投资嘉定氢能港的捷氢科技上海新园区，2亿元用于研发，2亿元用于补充流动资金。

三、社会责任履行情况

2021年，公司着力塑造"诚信稳健、分享共赢、服务社会、造福民生"的企业品格，以实际行动履行国有企业社会责任。

公司坚持履行"服务社会、造福民生"的社会责任。

圆满完成"昆仑爱心"系列慈善信托三年捐助计划，助力四川、贵州、宁波等地的教育教学、养老助残等事业，让慈善之光温暖更多心灵。2021年面对新冠肺炎疫情持续波动，公司响应上级号召，积极组织党员、干部、员工落实疫苗接种、原地过年、居家隔离观察等措施，做到了员工"零感染"。积极参与乡村振兴计划，通过消费帮扶等方式帮助边远乡村。各级党组织、群团组织还通过"主题党日""主题团日""志愿服务"等形式积极参与植树造林、无偿献血、环保志愿等社会公益事业。

四、2022年发展规划

2022年是党的二十大召开之年，是公司转型发展深化的重要一年，做好2022年的工作至关重要，2022年工作的总体思路是：以习近平新时代中国特色社会主义思想为指导，深入贯彻党的十九大、十九届历次全会和中央经济工作会议精神，落实党中央"稳字当头、稳中求进"要求，落实监管机构、集团公司和中油资本要求，全面加强党的领导党的建设，推进和坚持阳光信托，防范化解金融风险，着力深化业务转型，加快改革创新、管理提升和人才强企，全力开创高质量发展新局面，以优异成绩迎接党的二十大胜利召开。

（一）切实提高格局站位，涵养阳光境界情怀

一是提高政治站位，塑造"国之大者"胸怀。聚焦忠诚捍卫"两个确立"、坚决做到"两个维护"，巩固党史学习教育成果，深入学习十九届六中全会精神，把学习贯彻全会精神作为干部教育培训的重要政治任务，实现全员覆盖，把广大党员干部的思想和行动统一到中央精神上来，牢固树立在石油金融领域为党工作的理念，听党话跟党走，不断提高政治判断力、政治领悟力、政治执行力，党员干部要带头学习转型业务知识，带头推进转型业务，带头增强"四个意识"、坚定"四个自信"。

二是提高思想站位，为能源转型贡献"信托力量"。要认真思考，作为能源特色的信托公司，该以什么样的角色、使命和担当服务实体经济。要以合作作为契机、以项目为抓手，深入学习能源特别是新能源产业知识，熟悉和掌握油气勘探生产、炼油化工、储运贸易、装备制造、工程设计、工程建设、物流保障、安全环保、市场营销等全产业链业务知识，为国家能源转型升级、石油化工领域的"双碳"目标实现，贡献信托力量。

三是提高使命站位，做行业转型的"引领者"。信托业转型是大势所趋，要主动对标对表，加强同行交流，取长补短。要始终遵法守规，强化合规管理，依法依规"阳光展业"。要坚持低风险偏好，严控各类风险，持之以恒夯实发展基础，不断提高监管评级和行业影响力，改善公司发展环境。要用足政策积极创新，在"专精特新"上狠下功夫，树立品牌形象，在专属领域做行业"领跑者"。

四是提高责任站位，做国有资产的价值"创造者"。要强化国资国企经营者身份认同与管理，增强为国有资产保值增值的责任感、使命感、自豪感。要加强对国资国企政策法规的学习，掌握国资国企管理的规律、特点和文化，努力提升专业能力，提高专业资质和专业技术水平。要拓展信息渠道，加强跨界交流，尊重市场规律，客观分析、全面掌握，要保证信息的及时性、全面性，主动出击、迅速行动、保持自信，在市场变化中把握机遇，为企业创造价值，为股东创造利润，为国家贡献力量。

（二）加快业务转型升级，拓展阳光商业模式

一是要坚持产业金融基本定位，做"靠得住"的业务。坚守产业金融定位，聚焦服务能源主业和实体经济发展，发挥资本和金融的基础支持作用、创新引领作用，推进公司高质

量发展，为做强做优国有资本贡献力量。聚焦产业链、供应链和生态圈，努力拓展"三新一绿"、专精特新、高端制造领域的"阳光业务"机会。

二是要回归信托本源，做"信得过"的业务。对照市场营销三年实施方案具体措施和目标，转变观念思路，提升市场开拓水平，顺应市场与客户需求，提高产品研发能力，提高客户数量和质量，着力构建特色化服务体系。大力拓展慈善信托，与各类慈善组织、公益基金会等开展多层次合作，丰富慈善信托产品模式，树立公司在慈善领域的品牌形象和公信力。持续推进家族信托业务，加强与私人银行、财富管理机构合作，努力提高家族信托规模，持续开展保险金信托，探索开展关爱信托，尝试开展股权家族信托，建设家族信托业务系统，提高服务信托规模、质量和效益。

三是要提升财富管理水平，做"看得懂"的业务。进一步加快丰富标品产品线，探索除"固收+"外的现金管理类产品、高等级债券、TOF、量化对冲基金、指数增强、私募证券投资基金等标准化产品。鼓励创新各类资产证券化业务模式，大力拓展ABS、ABN、CMBS、REITs及非金融事务类业务，扩大和巩固公司信托规模。大力提升证券市场研究能力，深化对资本市场本质和规律的认识，确定重点研究领域，落实重点课题重点研究重点攻破相关工作，进一步汇聚行业研究成果，把握机遇、掌握主动、提高收益能力。

四是要提高专业投研能力，做"想得通"的业务。做强股权投资业务，细化"募、投、管、退"全流程管理，提高业务收益水平。进一步梳理股权投资项目，坚持走特色化、专业化道路，把"三新一绿"发展战略作为股权业务新的投资方向和目标。

陆家嘴国际信托有限公司

一、2021年经营概况

2021年，陆家嘴国际信托有限公司（以下简称公司）信托资管管理规模1 795.19亿元，营业收入24.17亿元，净利润15.86亿元，净资产115.64亿元。

公司作为上海陆家嘴金融发展有限公司的旗舰企业，围绕陆家嘴集团"地产+金融"战略布局，建立专业化、差异化的核心竞争力，立足上海、青岛，面向长三角、环渤海、粤港澳，全面提升品牌影响力和美誉度，致力于成为聚焦城市高质量发展与高品质生活的国内一流综合金融服务机构。

公司贯彻"专业化发展、差异化竞争、精细化管理、品牌化经营"的发展理念，实现合规经营与业务发展并重、市场拓展与战略创新并驱、资产管理与财富管理并行。

二、创新业务案例

（一）陆家嘴信托首个"家账户"财富信托正式发布

公司于2021年4月29日在杭州召开"家"账户产品发布暨创新转型产品专题研讨会。这标志着由公司家族信托办公室主导创设的"家账户"产品正式启动对外募集。

公司充分发挥信托账户的优势，创设发布了首款信托账户产品，构建"家族信托账户—家账户—普通账户"三层账户体系，为客户打造"理财+服务"的专属定制服务。

"家账户"产品的亮点在于通过单一信托计划为客户完成资产配置，兼具理财及账户服务的双重属性，封闭期结束后可根据自身需求灵活支取，为客户打造收益"存钱罐"和财富传承的专属账户，更多专属客户活动和服务权益也将陆续上线推出。

（二）陆家嘴信托落地国内首单城市更新CMBS

2021年9月28日，国内首单城市更新CMBS——"百联资控城市更新CMBS"在上海证券交易所成功发行。项目采用"信托+资产支持专项计划"双SPV交易结构，以信托受益权作为基础资产，储架50亿元，首期发行规模6.5亿元，期限18年，信用评级为AAA。

公司作为财产权信托受托人，与各方合作机构密切配合，优质高效完成项目落地过程中各项工作，专业能力和服务质效获得各方一致肯定。

三、社会责任履行情况

公司一直以来致力于公益慈善事业、践行国有金融企业社会责任。

在助力乡村振兴方面，2021年3月，公司党委前往浦东大团镇金石村开展陆家嘴集团第一届公益慈善"心愿球"暨党建联建活动，向当地老人送去温暖。5月，营销中心在选择积分商城电商平台时，特意开设特色农产品销售平台，旨在通过消费帮扶，促进城乡经济循环。6月，党委与工会联合，助力金石村发展乡村旅游和乡土产品等特色经济建设，结合金石村的实际需求助销农产品。

在助力疫情防控方面，2021年上半年，公司党委还组织党员在CBD公共区域（陆家嘴中心绿地）开展接种疫苗宣传活动，设计打印新冠疫苗宣传材料向周边市民发放。轮流在接种点提供咨询、现场秩序维护等志愿服务工作。

在普及金融知识方面，上海员工走进陆家嘴街道社区开展金融普法宣传，尤其向老年人、外来务工人员宣传金融知识，帮助人民群众守好钱袋子，防范非法集资。青岛员工于9月17日在北宅街道周哥庄社区居委会开展"金融知识进社区"活动，为社区居民解答生活中经常遇到的金融安全问题，避免金融诈骗事故的发生，助力构建和谐社区生活。

此外，公司青年员工还积极参加志愿者活动，组建了100余人的志愿者队伍，投身于浦东美术馆的服务保障工作，高质量完成志愿服务工作，其中5名员工获评"集团优秀志愿者"称号。

四、2022年发展规划

2022年是资管新规正式实施的第一年，也是公司新一轮战略规划实施的第一年。公司将根据集团"一体两翼一助力"战略布局，积极服务浦东"三区"建设，支持"三链"融合，有效推动"非标转标、由融转投、通道转服务"三大转变，重点打造"创收+创新"的双创体系，提升投资管理能力、财富管理能力、风险经营能力、金融科技能力，推进公司高质量转型倍增，赶超行业头部，更好地服务国家战略，引领行业转型。

（一）坚持高质量党建引领，党建优势促进发展优势

加强党的领导与完善公司治理的融合统一，形成公司发展新动力。一要始终把党的政治建设摆在首位。坚持党要管党、全面从严治党，坚持和完善民主集中制，加强政治理论学

习。持续落实好疫情防控责任，落实落细各项长效防控措施机制。二要坚持以一流党建引领一流公司发展。及时把学习成果转化为思想觉悟，推动新发展理念落地生根，推动公司高质量转型发展。三要培育党建品牌，彰显使命担当。丰富完善"陆信弘远"品牌内容，秉持价值创造的初心，积极履行社会责任。

（二）重点打造双创体系，加速推进业务转型发展

公司要着力构建"基石业务+核心业务+精品业务"的多元化业务梯度。以传统业务和标品信托为基石业务，形成稳定创收来源，对公司发展发挥支撑作用；以非标投资和固有投资为核心业务，打造核心竞争力，对公司跨越发挥关键作用；以家族信托、资产证券化、特殊资产管理、证券信托（TOF）等服务信托为精品业务，探索差异化发展路径，对业务转型发挥提升作用。

一是夯实基石业务，形成稳定创收来源。传统信托业务"促转型"。公司将顺应监管政策导向，稳控房地产信托额度，压降融资类业务和通道类业务规模，提升标准化资产投资比例，实现由非标向标品方向转型，紧密贴合实体经济需求，提升自身在标品投资领域专业能力。标品信托业务"上规模"。公司将积极做大标准化服务信托资产管理规模，打造现金管理、标债投资、"固收+"等产品线。

二是强化核心业务，打造核心竞争力非标投资业务"塑品牌"。公司将根据业务基础、能力匹配和资源禀赋，重点布局以基础设施为主的产业基金、以不动产投资为主的夹层投资和股权投资。固有投资业务"增收益"，增强固有业务部门配置，扩充固有业务团队，提升专业化投资配置能力，形成多样化、多品类、多层次的综合投资管理体系。

三是打造精品业务，探索差异化发展路径。家族信托、证券信托（TOF）等新型业务"做精品"。精品业务作为公司产品线的重要类型，要以投研能力为核心、以金融科技为支撑、以品牌塑造为抓手，以业绩表现为根本，获得委托人的信任与托付。

（三）围绕双创体系建设，提升转型业务营销能力

随着非标融资业务持续压降，围绕权益类、标品类的转型业务营销能力和围绕高净值客户生命周期的财富管理能力，成为资金端建设的关键。

一是提升创新转型能力，增强客户服务敏捷力。二是协同股东资金管理，拓展战略客户"总对总"合作。三是提升精细化管理，强化销售纪律及合规意识。四是优化系统功能，提高系统操作便捷度。

（四）围绕双创体系建设，提升中台专业服务能力

在"创收+创新"的双创体系构建中，公司要秉承股东稳健经营的理念，以"稳中求进"

作为经营主基调。经营风险关键在于优异的风险管理和处置能力，公司要加强风险评估、防范、缓释、化解与处置等系统性能力建设，完善专业化、差异化合规风控体系，传统业务要守住风险底线，转型业务要实现风险可控可驭，业务良性可持续发展。

（五）围绕双创体系建设，提升后台保障支撑能力

一是以战略管理和对标管理为两大抓手，引领公司转型发展。二是在新会计准则转换和信托净值化转型背景下，建立数据质量机制。三是加快金融科技建设，提升经营管理效率。四是勇当转型发展引领者，多军种协同作战。

公司要着力打造一支引领者核心团队。在思想上，要传承红色基因，践行新发展理念，推动国企改革创新，彰显担当作为精神。要争做转型发展引领者，强化政治担当、永续学习、管理赋能、业务创新、文化传承。在行动上，打造由常规部队、重装合成军、特种部队等组成的集团化军团，适应各种作战任务，完成不同使命和目标。其中，常规部队主要由信托业务团队构成，紧跟市场需求，拓展大宗业务，占领市场份额。重装合成军主要由业务总部构成，加强业务协同支撑，为客户提供多元化的综合金融服务。特种部队由创新业务部、专业型业务部门构成，针对特定领域开展特种作战，探索转型发展之路。

山西信托股份有限公司

一、2021年经营概况

（一）收入情况

2021年，山西信托股份有限公司（以下简称公司）实现营业收入2.92亿元。其中，信托业务手续费收入1.92亿元，是上年同期的120%。

（二）利润情况

2021年公司在提取减值10 357.61万元的情况下实现净利润2 514.19万元，较上年同期2 089.89万元增长20.3%。

（三）资产状况

截至2021年底，公司资产总额38.78亿元，较2020年增长12.44%，净资产18.07亿元，较2020年增长0.28%。

（四）信托资产情况

截至2021年末，公司管理的信托资产规模为611.16亿元，较上年同期净增加221.72亿元，上涨56.93%。2021全年累计新增规模395.40亿元，是2020年新增规模190.78亿元的2.07倍。

二、创新业务案例

（一）全力支持山西高质量转型发展全局

公司全力打造"本土实体+本土金融"双循环，充分发挥多层次、多领域、多渠道配置资源的优势，服务山西能源革命、国资国企改革，主动扛起保煤保电政治责任，助力省属国企债券一级市场发行与二级市场稳定，以实际行动为省域国企高质量转型发展装上"信托金融引擎"。截至2021年底，公司累计新增信托项目规模中七成资金投向山西省内，新增投向省属国有企业项目规模47.95亿元。

（二）支持中小民营经济发展

以金融信托职能支持中小微及民体倍增工程、发展普惠金融号召的具体举措。公司先后重点支持了振东药业、成功汽车、百信信息、尚宁健康、海玉食品等企业，为中小微企业提供信托资金166.63亿元，为民营企业提供信托资金109.44亿元，有力支持了相关企业的经营发展。

（三）大力发展绿色信托业务

公司以实际行动支持绿色发展，践行绿色金融工作。截至2021年底，服务于清洁能源、再生能源行业企业资金规模约32.74亿元，支持煤炭绿色低碳清洁高效开发利用及清洁能源发展；服务于绿色科技、环保设备行业企业资金规模约2.54亿元，支持新兴行业、中小型科技企业发展；服务于资源循环再利用行业企业资金规模约1.17亿元，积极响应国家供给侧结构性改革的决策部署，为淘汰落后及化解过剩产能提供金融支持。

三、社会责任履行情况

2021年，公司坚持履行社会责任，回归信托本源，不断提升服务实体经济质效，助力山西高质量转型发展，稳步提升对重点领域金融、重要工程的金融服务能力；积极发展普惠金融、消费金融，支持涉及民生保障、科技发展、产业转型升级的行业企业，加大对等薄弱领域和薄弱环节的支持力度，服务人民美好生活；巩固发展绿色金融业务，服务环保生态工作需要；关心员工发展，营造干事创业的工作氛围。

（一）不断提升服务实体经济质效

公司坚持回归信托本源，将服务实体经济作为一项重点工作常抓不懈。截至2021年底，共为各类工商企业提供信托资金规模498.28亿元。

（二）全力支持山西高质量转型发展全局

公司充分发挥多层次、多领域、多渠道配置资源的优势，服务山西能源革命综合改革试点任务，服务"六新"发展等领域。公司积极支持山西"当好能源革命排头兵，全力保障国家能源安全"的重要任务，担当保煤保电政治责任，为省属重点国有煤电企业提供金融支持，引导37.52亿元助力保障发电供热和民生用煤需求。积极响应山西能源革命与"六新"发展战略，金融支持煤炭清洁利用、新材料等行业企业发展。

（三）持续推动普惠金融工作落地

公司将落实普惠金融工作作为一项重点任务持续推进。一是以消费金融支持居民消费需求，截至2021年底，公司已发行服务于教育、3C产品等领域的消费金融类信托产品累计规模约16.30亿元。二是积极支持养老服务、医疗体检等康养行业企业发展，截至2021年底，该类信托项目存续规模约1.21亿元。三是积极支持农业发展，涉农方向信托项目存续规模约2.08亿元。下一步，公司将继续推动服务于人民多样化消费需求、服务需要的信托项目落地，金融支持更广泛的社会群体、市场主体，提升金融服务的可得性、满意度，为大众创业、万众创新贡献金融力量。

（四）助力员工成长发展

公司关注员工合法权益的保障。根据国家各项劳动法律法规政策，公司实行全员劳动合同制管理，严格按照国家规定为员工缴纳"五险一金"，定期组织员工进行健康体检，员工按规定享有带薪年休假、产假、婚假、丧假等假期。

公司坚持党管干部原则与市场化原则，把握正确的选人用人导向，建立"能上能下"的市场化考核机制，强化监督管理，注重合规意识与风险管理能力的培养，全面提升员工队伍的品德素养与专业技能，建立起良性用人机制，为公司可持续发展提供人才支持。

公司通过多元化的培训体系，不断加强员工队伍建设，通过积极构建多渠道职业发展通道，鼓励员工积极进取；通过多种形式、内容的培训活动与交流研讨会议，丰富员工的眼界与认识；通过开展丰富多彩的文体活动，构建团结和谐的职场氛围。

四、2022年发展规划

（一）特色化服务实体经济，专业化提升服务质效

公司计划坚守地方金融机构服务地方经济的责任使命，立足公司国企性质与行业特点，将助力省域国企产业转型升级作为特色化发展路线，努力推动信托成为省属重点国有企业的"必选金融工具"。继续探索公司展业与山西省内重点国企、山西金控集团系统内兄弟企业的工作契合处、事业互补点，力争通过"点"的突破，带动形成"面"的成果，为全省"转型发展蹚新路"的重大历史使命贡献金融信托力量；努力通过业务指引、制度建设、考核导向等方式，积极推动主动管理能力提升，培养标准化资产投资的专业队伍，继续发力专业化消

费金融团队、专业化风险管理团队的人才培养。

（二）落实"六定"改革要求，推进公司治理市场化

2022年，公司将深刻领会改革精神，在薪酬体系改革的基础上完成"六定"改革工作，立足公司实际和行业特点制定改革方案，在考核激励机制、薪酬分配机制等方面与市场接轨，以岗定薪，按绩取酬，加快公司企业治理科学化、合理化、现代化、市场化，最大限度激发每个员工干事创业活力和积极性，营造"人人手上有任务、人人身上有指标、人人肩上有担子"的工作氛围，确保新发展格局全面布局之年迈好第一步、见到新气象。

（三）优化风险防控体系，加大风险处置力度

公司计划构建更加全面的风险管理体系。持续加强风险防范教育，切实提升风险防控能力，严控增量风险，化解存量风险，加大问责力度，切实树立"收回止损、变现减亏"导向，确保已经收回的抵债资产要产生收益，由过去"收抵债资产为主"向"回收现金与收回抵债资产可变现"的方式转变。多措并举、集中攻坚、精准拆弹，压实责任，全力推进剩余风险项目化解与风险资产处置变现，保证安全经营。

（四）强化党建引领作用，指导全方位高质量发展

公司计划坚持问题导向、结果导向，坚持稳中求进、难中求成，坚持"一核引领、两轴驱动、三能支撑"，构建以"高质量党建"为引领，以"改革化险、提质增效"为驱动，以"担当能力、专业能力、执行能力"为支撑的发展格局，苦干实干，推进全面从严治党，全面推进市场化，精准发力，以转型提质凸显公司价值，明确服务省属国企为主业的转型发展格局，支撑公司高质量发展。

上海爱建信托有限责任公司

一、2021年经营概况

2021年，上海爱建信托有限责任公司（以下简称公司）在爱建集团的支持下，在公司董事会、监事会和党委的领导下，公司经营班子团结带领广大干部员工，以集团王均金董事长方法论为指引，严守风控合规底线，探索转型创新道路，落实能级提升任务，提高运营管理质效，主要取得了积极成效。

（一）迎难而上、稳字当头，努力完成各项年度目标

1.积极响应监管导向，严格落实监管目标

公司积极响应监管导向，主动有序压降融资类业务和房地产类业务规模，顺利达成四个方面监管目标：一是基本完成监管现场检查发现问题的整改工作；二是建立长效机制，对房地产规模实施可持续管控，符合监管要求；三是超前完成对融资类业务规模、自然人投资者人数及规模的全年压降目标；四是积极与各委托人沟通，基本实现监管对于金融同业通道业务清理的要求。

2.加强现场监管力度，建立常态化预警机制，确保项目正常兑付

完善客户授信管理体系，对重点客户定期进行授信年检，动态调整授信额度；搭建客户差异化评价体系，对大中型房企，重点进行财务、舆情、债券情况跟踪；对区域房企，基于存续项目整体排查，推断流动性和信用风险。将交易对手划分五个等级，按照等级进行差异化管理，及时调整合作策略。根据风险演变或突发信号，持续开展专项飞行检查或排查。

3.严控地方政府隐性债务，切实把控好整体风险

积极贯彻监管15号文精神，及时调整业务策略，提高准入标准，充分履行主动管理责任，重点拓展与高等级交易对手和保险资金合作业务。加大政信业务主动防御能力，全面压缩了有隐性债务潜在风险的政信业务。一年来，政信业务余额从年初215.67亿元下降至12月末97.12亿元，压降54.97%，其中，主动管理政信业务从年初130.33亿元下降至12月末36.46亿元，压缩比例72.05%，为公司健康发展打下了良好基础。

（二）大力推进标品业务，打造丰富产品线和良好市场口碑

1.产品销售

2021年末，公司权益类标品直销20亿元（同比增长214%）。其中，汇誉TOF系列产品涵盖股票多头、量化指增、量化对冲和CTA等各种策略类型；发行首只单一客户定制型大类资产配置FOF（规模5 000万元），开创公司超高净值客户主动管理型标品资产配置先河；首次在直销端收取"固定前端信托报酬"，优化标品盈利模式和营销手段。

2.产品研究

全年累计发布百余篇《市场简述》报告、产品深度分析报告和月度报告，内容囊括一周市场回顾综述、爱建标品投研观点、产品业绩分析和重点投顾观点等，为理财经理提供研究支持，提升客户体验。

3.产品推动和培训

全年组织8场专业培训，支持各财富中心举办100余场客户沙龙、投资策略会和内部产品培训；完成数10次大客户陪访，从理财经理和客户两个维度，开展标品品牌建设和投资教育；促进信托经理、理财经理的交流沟通、信息共享、专业互动；加强标品直销标准化管理，建立产品上架制度，统一发布推介通知，安排路演活动，为后续加快产品销售打好基础。

（三）家族财富业务稳步推进，品牌塑造初露端倪

家族信托业务全面开展，通过体系搭建、模式探索、品牌建设、系统开发和生态圈建设等多个抓手，促进业务取得实质性进展。一是出台相关制度，搭建运营体系，梳理作业流程，制作标准文本，优化审批流程，建立操作手册，完善档案管理等；二是举办多期家族财富精英训练营，开展系统化培训，提升员工对业务的全面认知，积极探索业务新模式，管家式信托和股权家族信托业务相继落地；三是积极构建家族财富生态圈，与太平洋保险合作启动保险金信托，与邮储银行洽谈家庭信托、服务信托合作，与无锡市残联合作特殊需要信托，与知名律所、税务所和金融机构签订战略协议；四是确立"承玺"家办品牌，并完成相关宣传品设计制作。

（四）把握数字化经营战略思想，推动信息技术赋能业务转型

1.响应数字化转型战略布局，明确"4+1"数字化经营工作方向

在项目设计、技术选型、功能应用上做好长期规划，打造可持续迭代的科技树，确保技术方案的前瞻性和领先性，确保系统架构的功能性和延展性，确保对于信托业务的持续赋能。同时，坚持自主研发路线，注重成本管控，主导技术路径选择、掌握核心知识产权，达到高质量、快响应的系统交付。

2.推进重点项目落地,确保生产稳定运行

资产端,推进一体化核心业务系统的技术架构升级,已成功为项目打造易于扩展、智能开发、便捷可用的分布式系统,全面提升核心业务数字化能力;财富端,APP发布全新数字化版本,推出老年"舒适版",对公众号进行改版,上线财富微信小程序,"智慧双录系统"通过AI赋能签约数字化和智能化;数据中台,以数据收集、数据治理、数据标准化以及数据应用为目标的一系列功能及模块相继落地,为公司风险管理、运营管理、经营分析、监管报送等提供物理基础,数字集控中心于4月揭牌成立。

3.积极探索标品科技赋能,全力支持第二曲线业务开展

组织标品业务体系咨询和开展投研一体化系统建设,第一阶段已完成基金、债券投后跟踪功能模块的开发;打造标品业务"私募精品店",对估值核算、TA份额登记等业务系统开展专项升级,支持私募基金TOF特色功能。与上海银行合作,实现"周周盈"现金管理产品的线上交易和客户资金结算,提升投资资金留存率。

二、创新业务案例

(一)创新型养老地产项目:爱建长盈精英——朱家角养老财产权信托

1.项目背景

本项目为创新型养老项目。经前期研究论证,大西镇位于上海市青浦区朱家角,产权性质为商业酒店的现房资产具备改造为养老资产条件,爱建信托、资产持有方和养老运营服务商发挥各自特长,根据资产现状,由公司创设两个信托实现养老项目落地。

2.交易结构

以爱建信托名义代全体受益人持有并管理标的资产,本次交易结构采用财产权信托方式,信托的目的为保证受益人享有的标的资产的权益实现、遗嘱继承、信托受益权的转让变更以及其他存续期间由信托受益人书面表决通过的信托事务。信托计划的概述如下:本次引入财产权信托受益权转让方式代替传统产权销售方式,公司作为初始委托人拟以SPV公司100%股权作为信托财产设立财产权信托,购房人通过受让财产权信托受益权份额,以此获得对应信托受益权(含标的资产对应物业所有权),因此,财产权信托受益权转让收到资金并扣除财产权信托的信托费用后,向资金信托支付交易对价款。

3.风险控制

(1)成立受益人代表会,以受益人代表会书面表决形式由受托人代为行使信托事务;

(2)SPV公司100%由爱建信托持股,并对SPV公司全封闭管理;

(3)运营服务商对外提供的书面材料包括但不限于法律文件、营销宣传以及产品手册资

料等，需要一律经过爱建信托审核；

（4）项目经营期间，爱建信托有权更换运营服务商；

（5）对于信托受益权再次转让变更的，爱建信托有权进行审核。

（二）家族信托创新

渠道客户案例：

委托人×女士作为单一委托人，委托公司设立"爱建信托——××——××××××氏家族信托"，同时指定上海××××××管理咨询有限公司作为本信托的投资顾问，旨在达到财富传承、风险隔离和资产配置的目的。信托为事务管理信托，信托资金运用是投资代表或者候补投资代表对投资标的自行完成调查分析后所做出的投资决策行为。委托人明确理解信托财产的管理运用方式为投资顾问指令模式，对该方式下的风险收益特征完全理解并承诺承担相关损益；公司按照信托文件的约定和投资顾问指令进行管理，不对投资标的的投资价值及内在风险等进行过推介。公司仅依法履行必须由受托人或必须以受托人名义履行的管理职责，包括：账户管理、清算分配及提供或出具必要文件以配合委托人管理信托财产等事务。公司仅承担一般信托事务的执行职责，不承担主动管理职责。

三、社会责任履行情况

报告期内，公司坚定战略，以"守正创新、合规经营、提质增效、转型发展"为经营指导思想，努力提升经营管理水平，将社会责任理念融入发展战略、经营管理与日常工作中，在支持实体经济、改善民生、客户服务等领域积极践行信托行业的社会责任。一年来，公司不断推出预期收益率较高，风控措施到位的集合信托产品，受到市场欢迎，使新老客户获取较好的理财收益，持续提升客户满意度。2021年，公司蝉联"上海市级文明单位"，并连续获评《证券时报》《上海证券报》《21世纪经济报道》《金融时报》等多家权威机构颁发的"年度优秀财富管理品牌""创新领先奖""年度优秀信托公司""年度最佳财富管理信托公司"等资管界荣誉。公司在做好保障金融服务的同时，为了助力乡村振兴，健全完善国家基层医疗机构的基础医疗设备，提高当地群众的诊疗水平，2021年12月，公司积极履行社会责任，无偿向甘肃省临洮县新添卫生院和辛店卫生院捐赠两辆救护车。

四、2022年发展规划

2022年，宏观经济形势依然严峻，外部环境纷繁复杂，尤其是房地产行业的下行惯性、金融政策的效应延迟性，以及疫情的不确定性等，2022年注定是更为艰辛的一年。公司将按照金融工作会议精神和银保监会的工作要求，结合均瑶集团和爱建集团2022年度工作会议精神，主动顺应信托行业发展方式的变革，坚持回归信托本源，坚持服务实体经济，坚持满足人民群众日益增长的财富管理需求。严格落实监管要求，坚守合规为先，坚持稳字当头，正确把握金融特性和规律；坚持以客户为中心的理念，积极塑造敏捷组织，提升公司客户服务综合能力；持续倡导以人为本，充分激发全体员工积极性，在困境中谋突破，在转型中觅发展，以令人满意的成绩迎接党的二十大胜利召开。

天津信托有限责任公司

一、2021年经营概况

截至2021年末,天津信托有限责任公司(以下简称公司)管理资产总额为1 821.08亿元,其中:自营资产总额100.76亿元;信托资产总额1 720.32亿元。全年公司实现各项预算收入9.46亿元,实现税前利润6.26亿元,净利润5.47亿元。2021年末各项准备24.69亿元;所有者权益67.69亿元。

二、创新业务案例

2021年,公司认真贯彻落实国家宏观政策和金融监管要求,以推动公司转型与结构调整为契机,不断推进业务创新与特色业务发展,主要案例有:

(一)努力探索融产结合,大力发展产业信托

以公司混改新机遇为契机,充分利用集团强大的产业资源优势,结合信托灵活金融服务功能,在合规的前提下,积极推进与集团的融产协同发展。2021年,以医药行业为切入点,从债权融资、股权投资、资本运作等多维度入手,积极推进与上海医药、天津医药以及上海生物医药基金的协同合作;年度内成功参与了轶诺医药首单医药股权投资项目,实现了公司与上海医药产业基金的首次协同尝试。

(二)完善普惠金融模式,助力结构分布优化

遵照最新出台的监管文件要求,公司持续优化普惠金融业务结构。一是积极协调开发短期产品线,提高产品期限灵活性与适配性;二是进一步加强同业机构合作,持续加大符合服务信托导向预期的资产证券化业务投入力度。同时,公司持续加强对普惠金融业务的制度、技术、人力等资源投入,不断提升主动管理能力,以期向消费者和小微经营者提供持续稳定的金融服务。

（三）探索绿色信托创新，践行"双碳"目标战略布局

在当前"碳中和、碳达峰"的政策背景下，公司积极响应国家战略部署，加快绿色信托产品创新，助力我国经济社会绿色健康高质量发展。2021年，公司创新应用区块链技术赋能资金信托产品，对某绿色出行平台提供资金支持。该项目针对绿色共享出行行业资产小额分散的特点，通过结合区块链分布式存证、信息不可篡改等技术优势设计项目方案。同时，运用区块链技术穿透式获取标的资产全息数据并进行全流程精细化风险控制等有效分散产品投资风险，助力绿色出行行业健康发展。此外，创新运用股权投资模式对某功能膜（涵盖太阳能背板基膜、光学基膜等）新材料企业进行股权直投，助力绿色高新制造企业健康成长。

（四）拓展慈善信托模式，积极支持养老服务

自2020年党的十九届五中全会明确提出"实施积极应对人口老龄化国家战略"以来，健全多层次社会保障体系，大力发展普惠养老服务，构建多元化养老服务体系，已成为我国经济社会发展的一项重要课题。公司秉承"普惠金融、服务社会"的经营理念，以服务国家战略为基本宗旨，积极践行企业社会责任，助力养老事业发展。

为更好支持养老慈善事业，公司与天津市福老基金会、天津市慈善协会等机构保持积极合作，全年成功设立了天信世嘉·信德首善上实1号、2号、天信世嘉·信德认知测评等3单养老慈善信托，共计59.82万元。主要用于为困难失能老人提供健康意外险，减轻老人居家养老负担；以及基于失能失智老人的特殊需要，为老年人建立专业认知评估系统，同时协助养老机构内阿尔兹海默病患者照护模式标准化建设，以不断提高老年人基础社会保障水平，助力国家养老服务体系和健康支撑体系不断完善。

三、社会责任履行情况

公司始终坚持服务依法维护信托产品投资者的合法权益，积极参与经济与社会建设，努力发展普惠金融，积极履行社会责任，主要包括：

（一）做好疫情常态化管理，支持企业渡过难关

2021年，国内新冠肺炎疫情呈现总体稳定、局部散发的发展态势，公司贯彻落实上实集团和各职场属地的常态化疫情防控要求，做好疫情防控常态化管理。疫情常态化服务期间，公司继续认真贯彻落实党中央国务院"六稳""六保"的政策，努力在稳金融、稳投资、保市场主体等方面有所作为。遵照人民银行、财政部、银保监会、证监会、外汇局等五部门联合下发的《关于进一步强化金融支持防控新型冠状病毒感染肺炎疫情的通知》有关精神，在风险可控前提下，对履约意愿良好、短期存在还款困难的企业，公司积极与企业就展期方案

进行磋商，切实了解企业需求，提供精准服务，尽量减少企业中间续贷资金周转压力和费用支出；对受疫情影响暂时无法付息的企业采取延长付息期间等举措，与企业共度时艰，支持实体经济复苏。

（二）不断探索慈善信托模式，着力提升业务效能

2021年，在天津银保监局和天津市民政部门的大力支持下，公司不断探索"金融"+"慈善"的新模式，努力提升金融公益质效，实现"1+1＞2"的效果。全年新增设立"天信世嘉·信德首善上实1号、2号""天信世嘉·信德认知测评"等3单养老慈善信托，使天信世嘉系列慈善信托取得持续发展。截至2021年末，公司已设立31单慈善信托，慈善信托单数位列行业前列。

（三）积极参与社会公益，大力促进乡村振兴

公司积极参与公益活动反哺社会，采用"信托"+"公益"方式参与社会公益，帮扶困难群体。一是为困难老人提供意外伤害保障。公司已连续四年开展扶老助困系列慈善信托，为天津市80周岁以上低保、低收入的困难老人提供意外伤害保障。该系列慈善信托四年累计出资近120万元，惠及近3万名老人，累计保额超10亿元，解决了困难老人因意外伤害带来的经济压力。二是为失能失智老年人提供特殊服务。2021年底，公司联合福老基金会设立认知测评慈善信托，信托资金用于为60岁以上老年人建立专业认知评估系统，并帮助养老机构内阿尔兹海默病患者照护模式标准化建设，不断提高老年人基础社会保障水平，助力国家养老服务体系和健康支撑体系不断完善。三是协助两个帮扶村顺利完成换届选举工作，圆满完成驻村帮扶助乡村振兴任务。

（四）牢记使命担当，多方践行社会责任

2021年，公司通过响应无偿献血号召、进行公益捐赠等方式积极践行社会责任。一是响应天津市献血办和卫健委的倡议，积极组织员工参与无偿献血活动，向社会奉献爱心。二是为贯彻落实天津市委关于巩固脱贫攻坚工作决策部署，支持天津市河西区推进东西部协作和支援合作工作，助力巩固脱贫攻坚成果，于2021年9月向河西区红十字会捐赠40万元，用于支持东西部受援地区的对口帮扶，为全力助推受援地区全面打赢脱贫攻坚战，实现全面建成小康社会做出了积极贡献。

四、2022年发展规划

2022年度，公司将以习近平新时代中国特色社会主义思想为指导，紧紧围绕服务实体

经济、防控金融风险、深化转型发展三项任务；紧紧围绕上实集团"再次国际化、深度资本化、聚焦大健康、拓展新边疆"的发展战略，坚持稳中求进的工作总基调，以"责任""业绩"和"创新"为导向；紧紧围绕年度经营目标，对标行业头部公司，以"管理年"为主题，积极推进公司转型创新发展，不断提高经营效益和效率，实现公司高质量、可持续健康发展。

万向信托股份公司

一、2021年经营概况

2021年，万向信托股份公司（以下简称公司）围绕战略转型，培养专业能力、夯实运营基础、顺势而为，各项经营指标再创佳绩，全年共实现营业收入14.60亿元，净利润7.00亿元。截至2021年末，公司资产总额48.32亿元，净资产38.13亿元，资产状况稳健。

（一）推动股权类、净值类信托发展

公司积极推动净值化转型和股权类业务发展，截至2021年末，净值类产品存续规模已站稳50亿元平台，全年新成立组合系列、精选系列TOF产品12只，推出打新系列、收益增强9只证券类产品。股权日均规模为174 626.83万元，地产股权项目存续规模10.52亿元。

（二）财富管理转型创新有成效

公司积极打造体系化财富培训机制，每月组织应知应会小测试，全年共计开展"公司投资顾问分享专业技能展业经验"等产品分析讨论会22场、基金管理人产品交流会30场、主题类培训32场。通过提高"面对面"的交流频率，帮助财富经理深入了解产品，组织公司内部管理团队、基金管理人走近财富团队交流活动共计20余场。通过加强转型创新业务考核激励，实施转型创新竞赛方案，推出多只单项产品营销激励活动，并联合通联数据开展资产配置大赛。

（三）提升客户服务质量、推动资产配置体系

公司注重客户享受移动端服务体验，将体验优化全面流程化，"APP体验官"与"专人全流程客户体验反馈"并行；积极构建客户分类分层方案，以精准匹配客群、提供个性化服务，推进单个客户及客群画像方案，并在此基础上推出客户智能资产配置系统，制定《大客户服务开发支持政策》；通过多样化形式和内容持续推进业务宣传和投资者教育，使用的平

台包括：公司微信视频号、万向信托早班车、特定产品宣传海报、系列投资策略科普公众号等；不断优化升级私人定制账户系统功能，积极推动业务推广，"三个一"工程账户累计开户2 252户。

（四）坚守合规底线、健全风控管理机制

公司持续健全风险管理机制，完善业务管理要求，规范业务合规开展，多次开展风险排查等形式，不断夯实风险管理防控基石。

公司积极落实银保监会"内控合规管理建设年"活动相关要求，整理发布《关于学习〈中国信托业内控合规管理建设倡议书〉的通知》，开展各项风险自查；公司高度重视对员工业务能力和合规意识的培养和提升，2021年共组织各类考试7场，内外训13场，其中财富内部培训106场，并特邀天册律师事务所合伙人开展《信托业务中金融消费者权益保护——制度、规则、案例解读及建议》专题讲座。

2021年，公司通过主动适应当前严峻的市场行情，按季度修订房地产及基础设施建设等主动类信托业务指引，修订《事务管理类项目操作指引》，推动合法合规、高效有序地开展主动类和事务类项目管理；根据市场变化和公司业务转型方向，适时制定专项管理要求，如《房地产股权业务指引（试行）》《地产类客户主办部门管理规定》《城投类单债投资业务指引》等，持续完善和细化各项管理要求。

（五）文化先行，加强团队建设

公司积极围绕信托文化建设"四个一"主题，做好"信托文化普及年"工作；并以建党百年为契机，进一步弘扬信托文化、塑造企业文化，推进公司转型升级，继续开展"弘扬信托文化，重温红色记忆"主题活动，举办"学党史促转型"主题报告会、读书会，组织党员观看建党百年庆典等活动。

公司以"转型升级，迎接财富管理新时代"为主题开展九周年司庆活动，组织全员开展"大学习、大讨论，迎接财富管理新时代"系列学习活动，进一步凝聚团队，鼓舞士气。

（六）提升品牌运营能力，积极履行社会责任

2021年，公司获浙江省人民政府办公厅授予公司"支持浙江经济社会发展先进单位（三等奖）及改革创新优秀单位"；并在《上海证券报》主办的第十四届"诚信托"奖评选活动中荣获"诚信托"投资回报奖，在《证券时报》主办的"2021（第十四届）中国优秀信托公司评选活动"中荣膺"2021优秀科技赋能信托公司"和"2021年度优秀家族信托计划"两项大奖；公司的千岛湖水基金荣获2021年"保尔森可持续发展奖"提名。

二、创新业务案例

（一）积极探索服务信托发展

2021年，公司新增慈善信托61单，新增规模8 826.46万元；累计成立慈善信托117单，累计备案规模10.58亿元；公司受托管理的慈善信托累计完成资助1 619次，总金额达1.1亿元，继续处于行业领先地位；落地全国首单"星语系列"特殊需要信托，通过先行搭建信托框架，接受委托人后续财产分期交付和通过遗嘱身后交付的模式，进一步为特殊需要家庭提供符合实际需求的信托服务。

公司家族信托新增38单，新增规模12.58亿元；存续73单，存续规模21.82亿元。公司加快服务信托落地进程，成立"放心账户1号预付金"信托项目，已为21位消费者提供预付学费资金受托服务，并在成都市武侯区机投桥街道落地国内首单物业信托。

（二）科技金融领域业务创新

2021年，公司在业内首创信托超级账户（"三个一"工程）并正式对外推广应用，实现重要交易线上化，达到"最多签一次"的目标，为用户节约时间超过90%，给公司数万高净值客户提供了高质量的金融服务；基于通联数据智能分析模型，对客户进行分层分类，实现智能化资产配置功能；完成物业服务信托、预付金（校培）信托系统的开发，提出整体化解决方案，协助业务开拓服务信托场景；完成远程智能双录开发，采用人机对话模式，客户服务更加标准、便捷；完成大盈私享微信版（银龄版）开发，实现私人定制账户管理、产品精选、资产总览、专属财富经理一键呼叫等功能；完成大盈私享APP短期理财7×24小时在线交易、多种业务品种一键转换、慈善捐助、家族信托通用指令等功能开发，提升改善用户体验。

三、社会责任履行情况

（一）加强金融服务实体经济力度

公司以回归信托业本源为导向，持续优化业务结构，为服务实体经济助力。截至2021年末，公司投向民营经济的固有业务余额约为29.01亿元；投向民营经济的信托业务余额约为700.59亿元，占存续信托业务余额的83.82%，为推动实体经济提质增效作出了贡献。

（二）大力发展服务信托、促进社会和谐

公司大力发展慈善信托，充分利用信托在重要财产转移以及财产管理制度的优势，积极

发挥金融工具在调节社会财富的重要作用，持续推动慈善信托的发展，促进第三次分配，助力共同富裕。探索落地特殊需要信托。公司关注自闭症家庭等特殊需要群体及其在人身安排、财产管理方面面临的困境，报告期内落地5单特殊需要信托，综合运用监护、遗嘱、信托等制度工具为当事人解决现实需求，帮助特殊需要家庭实现财富传承，满足其对美好生活的向往，助力和谐社会的构建。

（三）消费者权益保护教育工作有成效

公司始终将消费者权益保护教育服务作为长效工作机制，履行好"卖者尽职"义务。2021年，公司进一步强化消保专项制度体系建设、细化各项消保工作要求，公司落实对客信息应披尽披；规范净值类产品审批发行、期间运营、清算分配等各环节流程，做好信息披露工作。加强金融消保宣传，集中开展"3·15金融消费者权益保护日""金融知识万里行""防范非法集资""守住钱袋子""金融知识进万家"等宣传活动，累计发布金融知识宣传教育文章43篇，发布原创短视频6个，开展43场线下主题宣传活动，形成营业场所常态化宣传；实施消保专栏转发考核方案，启用财富违规台账登记系统，明确财富前中后台人员各项展业工作的规范要求。

四、2022年发展规划

2022年，公司力争主要经营指标达到行业前位水平，成长为中国优秀信托公司。

加强党的领导和党的建设，坚持"两个一以贯之"的基本原则，坚持加强党的领导和完善公司治理相统一，把党的领导融入公司治理各环节，推进党建与公司治理有机融合。营造风清气正的企业文化，秉承万向"讲真话、干实事"的企业精神，建立风清气正的企业文化，建立转型决心、信心，以企业文化支持转型。推动信托文化建设，将信托文化与发展战略、经营管理、品牌塑造相结合。

围绕财富管理机构的战略定位，完善公司自有产品体系，并引入外部产品体系，提供场景化服务，搭建财富规划专业团队；建立资产管理和服务类业务体系，形成"服务类业务架构X资产管理产品"的业务矩阵；加强科技、投资、服务三大核心能力建设，为客户提供全面、优质的财富规划和管理服务。

建立健全新形势下的风险防控措施，针对转型业务建立新的业务标准及风险防控措施，动态调整业务结构，通过量化管理提升风险控制能力。

西部信托有限公司

2021年，西部信托有限公司（以下简称公司）积极顺应监管政策和大资管行业变化新趋势，继续秉承"稳健经营、持续发展"的经营理念，统筹推进疫情防控和经营发展的各项决策部署，主动应变求变，实现了"十四五"的良好开局，保持了公司整体经营业绩的稳中有增。

一、2021年经营概况

（一）克艰奋进，公司经营保持总体平稳

2021年1—12月，公司共实现营业收入9.64亿元，完成年度目标的100.13%；实现利润总额5.75亿元，完成年度目标的100.17%；截至2021年12月31日，公司共管理信托规模2 673亿元。从以上数据来看，公司在经济下行和持续压缩传统信托业务的严监管大背景下，通过提质增效实现了经营业绩的平稳增长。

（二）围绕战略规划，积极推进增资工作，为公司长远发展确立方向

2021年，公司通过减持西部证券股票的方式，实现资产变现，增加未分配利润来转增注册资本金。此次增资工作的完成，使得公司的风险抵御能力得到有效增强。

（三）多措并举，大力推进信托业务转型与重点创新业务的开展

公司不断充实创新型人才，革新组织架构，创新业务品种。一是先后成立了固定收益部、证券运营部、资本市场部等，并积极引入房地产监测和信息科技等高素质人才多名，为公司的高质量发展和信托业务的加速转型打下了坚实的基础；二是成功获批了"股指期货交易业务资格"，构建了"债券风控授权体系及信用债评价体系"，并持续完善公司数字化体系及信息系统建设，为新业务的开展提供先决条件；三是积极探索资本市场资产配置型投资业务、有序扩大主动管理债券投资业务规模、并努力培育家族信托业务和房地产股权投资业务。2021年末，公司的资产证券化业务规模达1 875亿元，较上年增长30%。这些创新型业务进一步拓展了公司的业务边界，加速了传统业务的升级，丰富了产品线。

(四)加快转型,不断提升固有业务投资效能和财富体系的运营质效

2021年末,公司总资产63.75亿元,净资产54.45亿元。一是固有业务的开展始终坚持以确保自有资金的安全性和公司经营的流动性为第一要务,同时在协同信托主业发展的前提下,努力提升自身盈利能力。截至2021年底,固有业务共累计实现各项收入1.62亿元;二是财富管理中心紧跟业务发展及转型步伐,全年通过直销共募集信托资金150亿元,其中销售符合监管导向的债券投资类产品47亿元。

(五)强风控、促合规、重期间,持续提升公司全面风险与精细化管理能力

一是在推进业务风险管理标准化的同时,努力为创新业务的落地实施提供先决的风险管理制度体系;二是强化合规建设,新增标品、股权投资等新业务的审核模板,全面提升合规审核质效;三是对存续项目的期间严格审核与考评整改,促进了信托项目期间管理水平的大幅提升。

二、创新业务案例

(一)西部信托·家族信托业务

2021年4月,公司成立了首单对信托受益权进行分类的家族信托业务——"西部信托·恒鑫系列LWJ999号家族信托"。该家族信托委托人为公司财富直销客户,一家民营企业主,已婚,夫妻感情和睦,育有三个孩子,父母健在。受新冠肺炎疫情影响,委托人的家族企业经营可能受到一定冲击,为降低未来不确定事件可能产生的影响,且将企业债务风险与个人资产有效隔离,委托人拟设立家族信托,提前为子女的未来生活以及父母的养老做好财富规划并提供保障。

项目创新点:一是作为信托公司的本源业务,本信托符合监管导向。二是本信托根据委托人的意愿,对受益人进行分类,将信托受益权的收益来源、分配比例、存续期限等进行了差异化设置,充分体现了家族信托的定制化功能及特点。三是本信托为公司开展家族信托等各类财富管理业务积累了实操经验。

(二)西部信托·主动管理指数增强型信托业务

2021年9月,公司成立了首单主动管理指数增强型信托业务——"西部信托·鑫宏系列L01集合资金信托计划"。本信托计划各期期限为3年,各期封闭期为3个月,封闭期过后每周向投资者开放一次可供赎回;信托资金主要投资于中信证券发行的挂钩中证500指数的收益凭证,收益凭证是证券公司以私募方式面向合格投资者发行的约定本金和收益的偿付与特

定标的挂钩的有价证券，证券公司以公司信用承诺到期履约。本信托计划的损益主要由两部分构成，一部分是中证500指数的涨跌幅，另一部分是按照投资者持有时间计算的年化增强收益。

项目创新点：一是符合国家政策及监管导向。近年来，国内股票市场蓬勃发展，居民财富也在加速配置权益资产，本信托计划所投向的收益凭证挂钩中证500指数，该指数成分股行业覆盖面广，涵盖大量科技创新属性行业，贴合国家倡导发展的行业板块，将持续享受经济增长红利。二是期限灵活。本信托计划封闭期后按周开放赎回，为委托人对资金的使用提供了一定的便利性。三是交易对手资质优良。本信托计划所投向的收益凭证由发行机构以其信用背书，发行人中信证券主体信用评级AAA，到期违约概率较小。

三、社会责任履行情况

（一）精准扶贫方面

2021年，公司领导先后4次到杨武村进行调研，了解杨武村乡村振兴进展及公司帮扶项目运行情况，为杨武村长远发展出谋划策。一是公司积极开展消费扶贫，采购各类农副产品共计22万余元。二是公司扶贫工作队协助杨武村向农业局申请产业资金70万元，为杨武村提供10万元的扶贫资金，帮助村上建设12座标准化设施大棚，发展大棚种植产业。三是组织村民开展传统产业（苹果）相关知识培训。11月中旬，组织召开了学习培训会议，村民踊跃参加培训学习，促进来年苹果品质及产量的大步提升。四是公司2021年继续为杨武村爱心超市捐赠1万元，用于补充货物。五是公司组织广大职工为对口帮扶对象杨武村筹集灾后善款2万元，帮助受灾村民渡过难关。

（二）疫情防控方面

公司将疫情防控工作纳入重要日程，能充分认识防控工作的重要性和紧迫性，及时研究、及时落实。作为国有控股金融企业，2021年末，面对突袭而来的新冠肺炎疫情，公司迅速行动，积极践行社会责任。一是设立"西部信托·守望相助"慈善公益信托筹资驰援抗疫一线，通过内部募集资金5.7万余元，为疫情期间坚持在一线工作的出租车"爱心车厢"司机们提供抗疫支持；二是积极发挥资产管理功能，畅通企业融资渠道，缓解企业资金压力，全力支持受疫情影响企业的正常经营，审批或正在发行针对西咸发展集团、沣西新城建设集团等主体的项目，金额合计23.5亿元；三是综合运用多种金融科技手段，加大线上金融服务力度，用最短的时间、以最快的速度，持续做好企业解难纾困，服务企业客户和广大投资者，提升便企惠企服务水平。

（三）公益事业方面

长期以来，公司鼓励员工积极参与志愿服务，以此来提升员工的社会责任感。2021年，公司先后开展了公益捐赠活动、消费者权益保护等系列活动，以实际行动践行社会主义核心价值观，取得了良好的社会效果；组织了客户等参与的插画、团扇制作、采摘、陶艺、香囊制作等40余次活动；开展了"金融知识进万家""金融知识进农村、进校园"以及"守住钱袋子 护好幸福家"系列活动，宣传金融知识、提高风险防范意识，确保金融安全。

四、2022年发展规划

2022年，公司将继续秉承"稳健经营、持续发展"的经营理念，以"控风险、强转型、精管理、稳经营"为工作总基调，把防范化解风险放在第一位，依托已有的市场化改革机制为动力，加快推进公司业务转型与创新。

（一）以更加务实的工作作风，加速推进业务转型与创新

公司将重点提升投资类业务从产品创设、财富营销到期间运营管理各阶段的专业化水平，实现投资类信托业务和资产配置型业务的规模化。

（二）以全面风险管理和精细化管理为抓手，以精固稳，有效提升公司整体发展质量

严控风险，把好传统融资类集合信托业务的准入关，同时紧密围绕公司业务转型，以风险防控为目标，对新的转型业务建立新的风险管控方式，持续提升公司的精细化程度；与此同时，继续加快信息系统建设步伐，为公司转型发展提供更有力的支撑。

（三）强化基础管理，提升综合管理效能，助力转型发展

继续把强化基础管理、提升管理质效，作为增强公司核心竞争力的一项重要工作来开展，各中后台部门要以服务公司转型大局为重，上下形成合力，共同促进转型发展。

西藏信托有限公司

一、2021年经营概况

2021年，西藏信托有限公司（以下简称公司）全年实现营业收入8.80亿元，同比增加0.55亿元，涨幅6.65%，连续三年实现增长；实现净利润4.72亿元，同比增加0.44亿元，涨幅10.34%。截至2021年底，公司净资产达53.86亿元，同比增加4.30亿元，涨幅8.67%，首次突破了50亿元大关。向西藏自治区贡献利税3.06亿元，上缴国有资本经营收益1.16亿元。营业收入实现增长主要来自信托报酬收入同比增加0.90亿元，证券投资收益同比增加0.62亿元，固定收益类收入同比增加0.08亿元。

截至2021年底，存续信托项目442个，存续规模1 336.37亿元，同比下降107亿元，降幅7.41%。调整主要是由于受监管政策影响，传统通道类业务、融资类业务、地产业务规模的大幅压降所致。

截至2021年底，公司主动管理类业务规模622.78亿元，同比增加261.11亿元，涨幅72.20%，占存续规模比例46.60%，同比提高23.83个百分点。因此，在受托规模小幅下降的情况下，主动管理类业务的高额利润率推动公司整体业绩不降反升。

二、创新业务案例

2021年是资管新规过渡期的收官之年，在此背景下，公司进一步加快转型步伐，持续调整结构，各项业务取得了新突破。

（一）回归信托本源，服务信托紧跟新方向

公司积极响应监管政策号召，回归信托本源，大力发展服务信托业务，积极与不动产类客户、券商类客户、小微金融类客户深度沟通合作，在资产证券化领域持续发力。开展资产证券化类服务信托项目9个，项目规模合计88.80亿元，其中已落地项目5个，作为发行载体参与3笔ABN发行，合计规模为17.75亿元，作为特殊目的信托受托人角色参与2笔CMBS业务，合计规模为21.85亿元。

(二)扶持初创成长,股权业务布局新机会

深度布局股权投资业务,密切关注聚焦于硬科技、医疗健康、消费、环保等领域的投资机会。2021年参与了多个优质项目,包括奥琦玮、龙旗科技、华勤通讯、科亚医疗、通美晶体、盛泰光电、合肥新汇成等,其中多个项目将会于2022—2023年内申报上市。2021年实现收入1.2亿元,主动管理类存续项目12个,存续规模15.77亿元。

(三)关注经济热点,证券投资研究新领域

围绕"3060""双碳"目标、新能源、汽车、大消费、食品饮料、电子半导体、军工、传媒、机械等行业开展了大量的研究工作,完成研究报告68篇,为公司投资决策提供了依据和支持。权益投资收益819万元,对应收益率为2.43%,同期沪深300涨幅为-5.20%,超额收益率为7.63%;债券投资收益776万元,对应收益率为12.90%,远超同期的拆借利率2.73%,同时保证了信用债投资零风险;ABS投资领域继续发力,7个产品完成兑付,兑付金额3.9亿元,平均收益率为27.47%。

(四)助力善心善举,慈善信托传递新理念

2021年,作为受托人成功创设"向阳系列"慈善信托计划,用于帮助同业传递善心,关爱病逝同仁家属,实现扶老救孤善举,呼吁关爱身心健康之目的,累计募集金额超过145万元。

三、社会责任履行情况

一是助力脱贫扶贫事业,为切实减轻牧民小孩上大学所带来的生活负担,应拉萨城关区鲁固居委会请求,对贫困大学生达娃卓玛进行捐助,全年捐助14 400元;扶贫尼玛乡琼果村、下地村过冬饲料共40万元。二是深入开展投资者教育宣传活动,开展"全民国家安全教育日""金融知识万里行""全国投资者保护宣传日""健康人生绿色无毒"等多个主题宣传活动,增强广大投资者理性投资、防范诈骗、远离毒品的意识,为构建和谐社会贡献力量。三是配合做好信托业协会课题。积极参与信托业协会年度重点课题工作,作为《中国家族信托发展报告》的参与单位,完成该课题调研及写作任务,助力我国家族信托业务发展。

四、2022年发展规划

2022年是党的二十大召开之年,是西藏信托业务方向确定年、风险控制强化年、资本实力增强年、体系制度完善年、战略引领提升年、金融科技建设年。公司将顺势而上,应势

而动，趁势而为，找准定位，明确目标，强化措施，坚持以业务发展为导向，对标杆、补短板、练内功，全面推进公司各项工作取得新成绩，向高质量发展不断转变。

（一）推动构建"4+1"业务体系

大力推动资产证券化与创新业务、不动产投资业务、权益投资业务、固定收益业务以及家族信托业务，构建和完善公司业务体系，进一步增强专业领域投资能力，绘就持续增长曲线。资产证券化与创新方面，利用好服务信托这一工具，专业化覆盖优质基础资产场景，如供应链金融、汽车消费金融、小微金融、商业地产、物流地产、养老地产等；创新研究养老服务信托、预付款管理信托，拓展有商业复制价值的应用场景以及资产覆盖领域。不动产投资方面，重点维护核心战略客户，全面提升管控手段和标准并严格落实，建立起完整、严格、有分类的投后管理体系。权益投资方面，打造爆品产品，尝试开展TOF业务，持续深化与优质券商、私募基金、投资方、龙头上市公司的长期合作，形成整体资产服务方案。固定收益方面，通过优质资产配置推动固收产品上线，多元化产品期限及起点，进一步完善公司产品体系。家族信托方面，加强与券商、银行、家族办公室合作，借助西藏文化精神内核，推广财富传承服务，借助家族信托推动公司产品体系和财富管理体系的深度融合。

（二）扎实建立财富管理体系

按照《财富管理中心发展规划》，尽快推动建设有西藏信托辨识度的财富管理体系，完善架构设置、业务流程、考核机制、信息系统、分支机构建设等，成立家族信托办公室，设立北京、成都、拉萨三地财富中心，大力提升产品销售能力。长期而言，通过品牌管理、渠道赋能、科技赋能，打造体系化的引流能力，逐步建立财富管理的客户需求分析咨询、资产配置、家族信托、全权委托、投资顾问等在内的服务体系；建立起高效的业务财富协同机制，提升产品创新和资源配置能力，推动公司大业务体系从产品导向逐步向财富管理导向过渡。

（三）分步提升风险管理体系

风险管理能力是信托公司的核心能力，要多措并举逐步实现主动风险管理、体系化管理、标准化管理，分阶段建立全面风险管理体系。从职能角度完善风险管理的架构设置，梳理调整风险审查流程和出台各项业务指引，风控合规部拆分为风险管理部、合规法律部、投后管理部，成立特殊资产管理部，完善项目审查流程，提高合规要求，明确投后管理的各项标准，推出不动产、资产证券化、资本市场相关业务指引，引导业务部门体系化开拓。同时，提升风险管理对业务的主动引导能力，传统业务实现标准化、指标化，构建量化评价体系；主动研究市场动态，协同推进业务转型，指引先行；投后管理逐步完善，借助大数据监控实现有效动态管理。

（四）全面优化人力资源体系

完善建立以人为本、市场化导向的人力资源管理体系。借助人力资源咨询项目建立适应公司发展需要的包括组织架构、岗位设置、职级体系、绩效考核以及激励约束制度等在内的人力资源管理体系，通过优化组织体系进一步提升组织能力。

（五）加速完善信息科技体系

推进《信息科技发展规划》，加强行业调研以及内部沟通，主动规划、提升效率、做好服务，从财富管理、家族信托、标品信托、风控管理等各个方面对业务条线形成有力支撑，推动数字化升级，进一步提高运营管理水平。

（六）着力加快战略能力建设

深化战略意识，培养战略能力，加强内部沟通及调研，建立战略管理工具，做好战略执行及其考核评价。启动企业文化系统建设工作，围绕西藏特有文化元素建立企业宗旨、价值观、员工行为体系、客户服务理念等在内的企业文化体系。

（七）持续巩固内控体系建设

按照新的战略布局、新的业务架构、新的管理流程，进一步梳理完善各个层面、各个条线、各个节点的内部控制措施，力求简单高效、执行有效，真正落实"管理制度化、制度流程化、流程表单化、表单信息化"，推动内部控制体系持续为公司健康发展保驾护航。

（八）切实增强公司资本实力

积极协调股东单位，全力推进增资工作，进一步充实公司资本实力，为业务持续发展提供坚强保障，大幅提升公司市场竞争力。

（九）不断深化全面预算建设

围绕战略发展规划以及业务布局，充分发挥预算在优化资源配置、提高运行效率、加强风险管控中的重要作用，进一步深化全面预算管理，不断增强预算管理工作的系统性和协同性。通过充分发挥全面预算管理的执行效率与效果，推动提高运行质量，有效控制运行成本，进一步实现降本增效。

（十）从严抓好党风廉政建设

进一步深化党风廉政建设，重点抓好业务、采购等方面廉政工作，加强员工廉政教育，建立完善相关制度，加强约束和监督，确保员工管得住小节、经得起考验，确保"业务优良、员工优秀",确保"干成事、不出事",配合做好纪检巡查工作。进一步强化作风建设,坚决防止"四风"反弹和隐形"四风"出现,以朝气蓬勃、团结和谐、创新求实、廉洁高效的良好形象创造新的更大的业绩。

厦门国际信托有限公司

一、2021年经营概况

（一）公司概况

厦门国际信托有限公司（以下简称公司）前身为厦门市政府于1985年1月设立的厦门经济特区财务公司，1986年经中国人民银行总行批准并更名为厦门国际信托投资公司，是具有法人资格的非银行金融机构。2007年8月，经原中国银行业监督管理委员会核准换发新的金融许可证。截至2021年末，公司已稳健成长了36年，注册资本人民币37.5亿元（其中外汇资本金1500万美元），净资产人民币58.11亿元。股东为厦门金圆金控股份有限公司（占股80%）、厦门建发集团有限公司（占股10%）和厦门港务控股集团有限公司（占股10%），三家股东均是国有全资企业。

截至2021年末，公司净资产58.11亿元，净资本38.26亿元，管理的信托总资产1 897.46亿元，实现收入总额14.56亿元，实现净利润7.17亿元。

（二）业务简介

公司扎根厦门、深耕福建、融合两岸、布局全国，坚守受托人忠实义务，持续打造资产管理与投资银行、财富管理、服务信托三大业务体系的专业护城河，守正创新服务新发展格局，致力于成为国内一流的专业化信托机构。业务范围包括：

1. 资产管理与投资银行业务；
2. 财富管理业务；
3. 服务信托业务；
4. 固有业务。

（三）公司使命

公司的使命是受人之托，忠人之事，服务实体，创造价值。

（四）发展愿景

公司的发展愿景是百年厦信、卓越受托。

（五）核心价值观

公司的核心价值观是担当、守正、创新。

二、创新业务案例

（一）组合管理的标准化固定收益类产品

公司金融市场业务条线推出七天定期开放的组合管理标准化固定收益类产品"现金宝系列集合资金信托计划"，投资于货币市场工具以及直接或间接投资标债资产，每七天开放申购赎回，单个信托产品资产分散度较高，风险等级较低，满足短期限偏好的增量客户群体、机构资金的投资需要。

（二）服务信托

公司受托管理的厦门市技术改造基金服务信托，精准扶持中小微企业，企业实际承担的融资成本为2%，该项目获中国中小企业协会、中国银行业协会联合颁发的"2021年金融服务中小微企业优秀案例"荣誉。

（三）慈善信托

2021年新设"壹'鹭'同安抗击疫情慈善信托""小蜗牛爱心托付慈善信托""超宝福建宝马会爱心荟聚慈善信托""江苏紫鑫明德至善慈善信托""可持续发展学科建设慈善信托"等项目，覆盖了抗疫救灾、关爱特需家庭、共同富裕、高校教育等慈善场景。其中，"壹'鹭'同安"项目为近2 000位委托人实现全程线上无纸化捐赠操作，为社会公众助力厦门疫情防控、支援一线社区工作者提供了安全、便捷的爱心渠道。

三、社会责任履行情况

公司主动融入新发展格局，积极践行社会责任，精准对接国家重大战略与地方经济社会发展，积极发挥慈善信托的作用助力抗击疫情与推动共同富裕，多措并举保护金融消费者权益，为员工搭建广阔的成长平台。

(一)服务实体

1.支持重点区域战略

公司基于"扎根厦门、深耕福建、融合两岸、布局全国"的区域战略,大力支持国家发展战略,满足重点领域金融需求。公司支持京津冀协同发展、长江经济带发展,支持对宏观经济和区域经济具有重要带动作用的重点项目和工程。其中,支持京津冀协同发展的信托项目71个,存续信托金额209.71亿元;支持长江经济带信托项目1491个,存续信托金额592.78亿元;支持粤港澳大湾区信托项目3201个,存续信托金额154.28亿元。

2.深化服务地方经济

公司重点推动业务回归厦门、回归福建。公司2021年上缴税收8.1亿元,再获思明区"纳税特大户"嘉奖;运用"展鸿基金""技改基金"两大成熟工具,支持制造业企业技术改造和增资扩产,支持政府部门、国企提升资金管理运用效率。

3.支持中小微企业

公司开展的支持小微企业项目61个,发放567笔,存续信托金额156.99亿元。公司管理的技改基金服务信托荣获由中国中小企业协会、中国银行业协会联合颁发的2021年金融服务中小微企业优秀案例奖。

4."三农"金融服务

公司积极响应国家"乡村振兴战略","三农"相关项目11个,发放21笔,存续金额35.63亿元。公司推动设立了福建省内首支乡村振兴基金——"福建省乡村兴盛投资合伙企业(有限合伙)",担任有限合伙人及投资顾问,首期认缴出资15亿元,并积极引入各层次社会资本,充分挖掘利用福建省属、市属国企掌握的产业资源、金融资源、信息资源,打造开放式资源整合平台,嵌入账户服务。

5.绿色金融

2021年,公司受托管理的绿色信托项目17个,存续信托金额44.94亿元;新增绿色信托项目主要包括通过技改基金服务信托向绿色项目发放信托贷款;通过投资类信托项目,开展绿色资产支持票据、永续债投资等。信托资金运用于清洁生产、绿色交通、生态旅游、污染防治、绿色建筑等领域。

公司与民生银行厦门分行、兴业银行厦门分行、厦门市创投等9家金融机构共同发起了全国首个绿色低碳产业链财政金融服务联盟,从"政策端+资金端+资产端"出发,打通"投资+融资+交易+服务"各环节,为绿色低碳产业链全流程提供"财政+金融"服务。

(二)慈善公益

1.基层共建

公司与厦港街道福海社区签署了共建协议,以党建促进社区基层治理,并开展了公益助学等活动。公司党员带头，80多人次深入全市23个社区开展抗疫志愿工作。

2. 助力抗疫

2021年9月，公司发起设立福建首只绿色抗疫慈善信托——"壹'鹭'同安抗击疫情慈善信托"。项目实现全程线上无纸化操作，运用电子签章、信托凭证编码短信、智能合同等功能，打造出安全、高效、便捷的交易闭环，为公众助力疫情防控、支援一线社区工作提供了安全、便捷的爱心渠道。委托人近2 000名，捐赠金额超30万元。

3. 特需关怀

公司设立福建省内首支专门帮助自闭症、发育迟缓等特需家庭的慈善信托——"星之助公益讲堂慈善信托"，2021年该项目先后走进福州、泉州，开展公益巡讲，服务特需家庭超过2 000户。

4. 共同富裕

公司推出"共同富裕"主题的"江苏紫鑫明德至善慈善信托"，首次引入投顾角色，使慈善资金的效益最大化；公司推出专为扶贫济困慈善活动的"超宝福建宝马车友会爱心荟聚慈善信托"，聚焦"共同富裕、三次分配"主题。

5. 高校学科建设

公司设立以促进高校可持续发展学科建设为目的的"可持续发展学科建设慈善信托"，用于电子科技大学经济与管理学院可持续发展学科的建设发展工作。

（三）消费者权益保护

1. 优化客户服务

公司加强财富端信息化建设，持续完善CRM和APP功能，细化及准确识别客户风险承受水平与产品偏好，夯实产品销售的客户适当性管理；组建数字财富管理部，推动线上财富管理业务，扩大服务范畴。

2. 消费者权益保护

公司将消费者权益保护工作纳入公司战略和企业文化建设中。2021年，公司制定了《消费者权益保护工作战略规划（2021—2025年）》，重点在消费者权益保护的相关内部管理制度、考核等体系化建设进行了巩固和加强。

3. 投资者教育

2021年，公司共开展50场宣教活动，围绕金融市场风险揭示、资产评估、投资策略等话题，覆盖了青年人、老年人和儿童、孤独症家庭等特殊群体。

4. 客户投诉受理

公司设置了外部和公司内部的举报投诉邮箱、400客服电话、消费者意见本，用于收集受理投诉，办公室为客户投诉牵头协调部门，纪检监察室为公司投诉主要承办部门，财富管理中心为现场投诉主办部门。

（四）员工关怀

1.持续学习与员工成长

公司强化持续学习制度，通过新员工培训、业务专题培训、特色培训和网络培训等方式，建立以厦信大讲堂、厦信公开课、厦信业务沙龙、厦信新员工培训等品牌为框架的培训体系，从业务、风控、合规、技能培训等全方位提升员工素质水平，提供员工个人成长和职业发展的平台。

公司多渠道、多方式加强梯队建设。通过优化基础岗位配置与流动机制，经过笔试、面试等标准化程序，促进内部人才流动。公司导入轮值业务总监制度，培养业务管理人才。

2.保障员工权益

公司定期召开职工代表大会，保障员工参与民主管理权力，公司董事会、监事会成员中均有职工代表。

公司实行集体协商制度，通过工会代表职工与经营者展开协商，保障员工权利，构建和谐劳动关系。

3.丰富工会活动

公司关注员工身心健康，为丰富员工文体生活，公司工会完善篮球、足球、羽毛球、游泳、瑜伽、舞蹈、合唱等俱乐部建设，增设了书法俱乐部，为员工营造健康、向上、具有凝聚力的工作氛围。

四、2022年发展规划

2022年公司各项工作的主基调是"稳中求进"，力求在新发展格局下再造一家信托公司的"创新"年。

2022年公司在业务方面将坚定贯彻公司战略定位，扎根厦门、深耕福建、融合两岸、布局全国。

公司将巩固已有的资源及渠道优势，围绕中央经济工作会议提出的"超前开展基建投资"目标，积极把握厦门新一轮城市发展中重点基建项目的金融服务需求，加大对本地关键项目的对接与投入力度；加大福建省基础设施建设投资的拓展力度，深化乡村振兴基金、技改服务基金等成熟业务模式在省内的推广运用；围绕委托人财富服务和资产配置，打造财富管理独立业务形态，以家族信托为抓手服务高净值自然人客户财富管理，围绕保险机构、工商企业客户提供综合财富管理服务，尝试养老金融信托服务开发；积极挖掘对台合作机会，服务两岸融合发展，丰富两岸合资金融牌照；落实银保监会对信托公司异地部门的管控要求，在符合监管要求的省级行政区完善异地业务管理，进一步优化团队布局。

雪松国际信托股份有限公司

一、2021年经营概况

2021年，雪松国际信托股份有限公司（以下简称公司）坚持稳中求进总基调，积极应对复杂严峻的外部环境，转型发展稳步推进，风险防控成效明显，内控合规不断巩固，公司治理日趋规范，内部管理规范提升，队伍建设精简优化，党建引领与业务发展良性互动取得新进展，经营发展内生动力、抵御风险能力、综合竞争力不断增强，公司运营总体平稳，稳中向好态势更加巩固。

（二）业务经营情况

截至2021年12月末，公司管理的信托项目共计211个，实收信托余额617.21亿元，其中，主动管理类信托169个，实收信托余额341.16亿元，事务管理类信托42个，实收信托余额276.05亿元。

（二）内部治理情况

2021年公司继续强化"三会一层"的决策权责，将党的领导与公司治理相结合写入公司章程，建立"双向进入、交叉任职"的领导体制，将党的领导融入公司治理各个环节之中。公司加强董事、高级管理层队伍建设。设立董事会办公室和监事会办公室，安排专人专职负责"三会一层"工作，确保决策部署落地。强化股权管理，扎实开展股权和关联交易专项整治"回头看"工作，组织主要股东承诺践诺规范履行股东义务；组织开展年报信息披露，推动落实公司治理三年行动方案，完成恢复和处置计划制定等工作。

（三）业务转型情况

截至2021年末，标品存续规模25.18亿元；标品项目新增数量23个，新增规模62.00亿元，转型发展扎实推进。

2021年公司坚定按照监管要求，回归信托本源，本源业务不断突破。推动家族信托从无到有，已完成12笔家族信托的立项，完成6笔、1.89亿元家族信托设立；与南昌大学第二附属医院合作设立"大爱雪松2号乐善医疗救助公益慈善信托";推动保险金信托上架,已与一保险机构签署合作框架协议。

二、创新业务案例

2021年,随着经济环境的变化、资管新规的深入实施、资金信托新规全面征求意见以及银保监会对传统融资类和金融同业通道类信托业务规模双压降的要求,信托行业进入道阻且长的转型周期。回归信托本源,围绕"受人之托,代人理财"的信托宗旨,信托行业应充分发挥牌照优势,利用好信托制度,大力发展标品信托、家族财富管理等业务,开创适合自身发展的创新转型之路。

2021年,公司在逆境中求生存,在探索中求发展,紧跟行业发展转型新趋势。在此背景下,充分挖掘自身优势,不断优化业务结构,通过内部研究、外部引入、同业参考等方式,初步实现标品信托、家族信托、保险金信托等创新业务种类的开发及落地。以下为公司典型创新类业务案例展示:

(一)案例一:雪松国际信托·长旺87号金牛FOF量化对冲集合资金信托计划

项目背景:资金信托新规(征求意见稿)发布以来,公司借助财富管理优势,逐步开展标品业务,其中量化投资进入了快速发展阶段,加之量化投资整体持仓较分散,风险度较低,收益相对较高,整体收益区间与非标收益接近,符合信托客户的收益预期。

项目亮点:(1)优选底层标的产品及管理人。(2)底层管理人历史业绩表现优异。(3)精选管理人稀缺策略,市场额度稀缺。(4)多市场、多策略、多盈利来源,灵活使用对冲工具、充分捕捉投资机会,对冲单一市场风险,攻守兼备。(5)高中低频全覆盖,持仓高度分散,严控行业及风险因子暴露,超额收益持续稳定。

交易结构如图1所示。

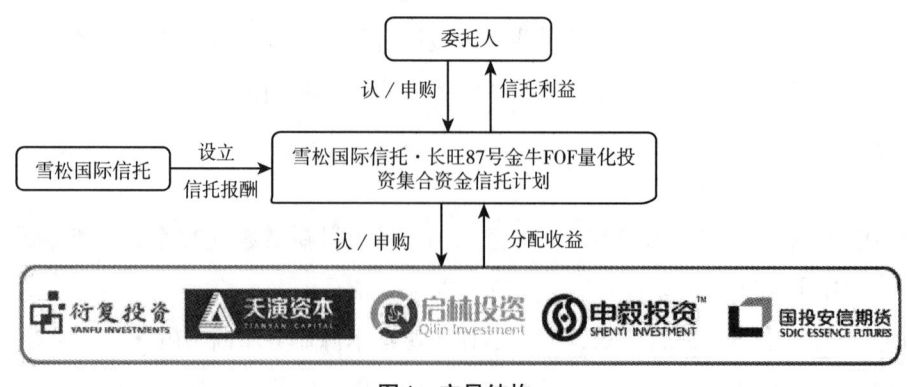

图1 交易结构

(二)案例二:雪松国际信托·松茂727号家族信托

项目背景:在"资管信托"明确信托行业回归信托本源的要求下,为满足财富客户财富传承、资产隔离及投资管理的诉求,公司设立"松茂"家族信托产品系列,为委托人提供定制化的专项财富管理服务。

项目亮点:委托资产类型包括现金和财产权,是公司在回归信托本源业务方面的不断尝试。同时,依据委托人的意愿加之公司的专业化管理,进行分散投资,满足委托人保值增值的财富管理诉求。本项目为公司单笔委托财产最大的一单家族信托业务。

交易结构如图2所示。

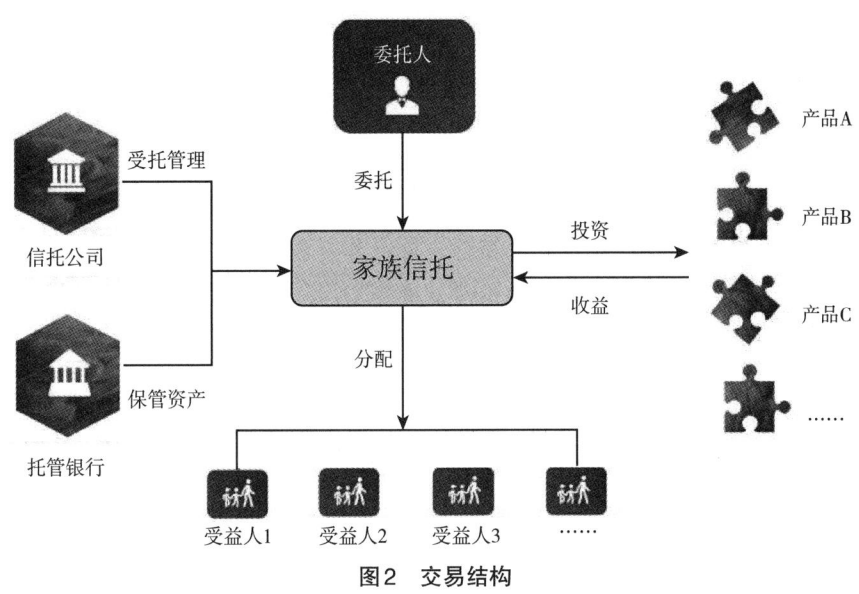

图2 交易结构

(三)案例三:保险金信托产品

项目背景:为满足高净值客户对资产配置、财富传承等多元化和全方位的要求,公司根据客户的需求量身定制、"一对一服务"的全权委托型"保险+信托"模式,即全权委托型保险金信托,根据投资者风险承受能力及投资需求拟定个性化的一对一投资策略,授权家族办公室为其进行资产配置和具体投资组合,实现客户的"私人定制"和资产配置、财富传承。

项目亮点:(1)门槛比较低,受众面比家族信托更广。相较于家族信托1 000万元的设立起点,保险金信托设立起点为100万元,可以体现保险低门槛、高杠杆的优势,更好地盘活客户资产。(2)发挥信托天然的优势,保险金信托在形式上实现了双重风险隔离的效果,有助于更好地实现资产配置、财富传承。(3)定制化服务,投资选择较多。(4)可以突破保险受益人的限制,灵活安排受益金的给付,更好地实现财富保值增值及财产的传承。

交易结构如图3所示。

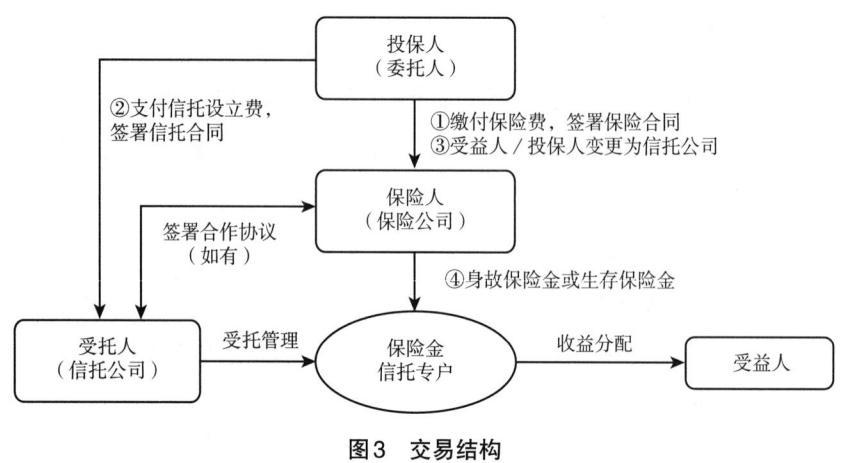

图3 交易结构

三、社会责任履行情况

2021年，公司牢记服务实体经济发展的宗旨使命，积极响应国家重大战略及支持实体经济相关重要政策，不断丰富金融服务场景，进一步扩展资金投向，助力实体经济高质量发展。截至2021年末，公司存续信托项目投入实体经济领域的信托规模512.38亿元，占资金信托总规模的83.02%，存续信托项目支持"一带一路""京津冀协同发展""长江经济带""粤港澳大湾区"等国家重大战略规划的项目规模超过472亿元，基本涵盖电力、水利、交通运输、批发零售、农林牧渔、建筑、制造、文化体育、科技服务等实体经济的各个行业。

公司积极投身社会公益事业，充分发挥信托制度优势，探索打造"慈善信托+专业解决方案"模式，提升慈善项目及资金管理的专业化和精细化水平。2021年，公司携手南昌大学第二附属医院设立医疗救助慈善信托，由雪松国际信托作为受托人，南昌大学第二附属医院作为项目执行机构，帮助在南昌大学第二附属医院接受TAVR手术治疗的贫困病患人群减轻负担。

公司加强金融消费者权益保护宣传教育，线上线下相结合，构建系统化、常态化宣传活动机制。2021年，公司多次参与监管部门组织的集中宣传活动，组织员工走进社区、街头、企业等场所普及金融知识，并通过官方网站、官方微信公众号及雪松国际信托APP等线上渠道开展专题科普活动，提升社会群众的金融素养和安全意识。2021年，公司累计发放金融知识宣传折页、手册等15 000余份，线上线下累计受众人数逾万人。此外，为进一步弘扬信托文化，公司以"信托文化普及年"为契机，在官微开设"信托文化建设简报"专栏，定期推送信托文化建设资讯，加强信托文化宣贯交流，内容涵盖监管、行业、同业及公司动态各方面，报告期内已连续发布5期，累计受众近5 000人次。

四、2022年发展规划

2022年，公司将科学把握宏观经济动向，认真分析行业发展规律，积极应对政策及市场变化调整，坚定不移走稳中求进的转型发展道路，增强资本实力，坚持回归本源，坚守合规意识，筑牢风险底线，加速推进改革，大力弘扬信托文化，强化党建引领，全力打造综合金融服务能力建设，在助力全民共同富裕与经济高质量发展中发挥作用。

（1）立足固本强基，着力增强资本实力。积极应对复杂多变经济形势，多渠道增强资本实力，增强风险防范能力。

（2）致力转型强司，推动高质量转型发展。坚持受托人定位，深化诚信、专业、尽责的受托理念。持续优化标品体制机制，快速推进业务品种和规模实现突破，打造"压舱石"业务。

（3）紧扣合规立司，遵循监管顺势而为。全面夯实公司合规转型发展根基，强化顶层设计，加强精细化管理，进一步加强公司内部制度建设，做到制度先行，不断完善公司治理、运行机制，提高公司业务发展质效。

（4）围绕风控稳司，提升风险管理质效。全力做好项目清收和遏制新增风险工作。拓宽风险资产处置渠道，探索多种模式处置风险资产。全面梳理风险管理制度体系，持续加强风险合规全周期管理机制，不断提高风险管理科技化、精细化能力及管控制度规范化水平。更加审慎展业，提高风险研判能力，前瞻性采取有效措施化解风险。

（5）着眼文化润司，加强信托文化建设。以2022年信托文化确立年为契机，加强信托文化建设，将信托文化与品牌、文化建设、制度建设和投资者教育相结合，充分运用官微、官网发布手册、漫画、短视频等，以喜闻乐见方式促使信托文化入心入脑，使之成为行动理念、共识。

（6）突出党建铸司，加强党的建设。积极拥护"两个确立"、做到"两个维护"，以国家发展的方向作为公司发展的方向，将党中央、国务院和监管部门的政策要求转化为经营管理的具体思路、具体举措、具体行动。加强党组织建设与公司治理的融合，坚持政治引领，教育引导党支部及党员强化高效执行理念，发挥党支部战斗堡垒作用和党员先锋模范作用。

浙商金汇信托股份有限公司

一、2021年经营概况

2021年，浙商金汇信托股份有限公司（以下简称公司）坚持稳中求进，坚定守正创新，以战略规划为指引，以党的建设为统领，加快实施增资扩股，加深全面风险管控，加速推进业务转型，加大管理提升力度，保持稳健发展的良好态势。截至2021年末，公司资产总额45.15亿元。2021年实现营业净收入5.33亿元，实现利润总额2.54亿元。截至2021年末公司管理信托资产规模580.83亿元。

（一）战略方向更加明确

公司总结分析近两年来转型发展的探索实践，进一步对战略规划中的业务定位及要素、核心业务、财务指标进行提炼和完善。明确业务定位为：立足客户需求，深耕浙江，面向全国，坚持创新驱动和科技赋能，聚焦开拓家族信托（+慈善信托）、五大类资金信托（特殊资产投资信托、证券投资信托、基础产业及不动产信托、资产配置信托、私募股权投资信托）、服务信托的"1+5+1"核心业务，实施"服务+产品"双向互动发力，重构经营专业化、客户高端化、管理系统化的"三化协同"运营体系，为广大客户提供优质高效的财富管理综合服务，助力实体经济发展和推进共同富裕。

（二）增资工作圆满完成

公司积极与股东方、监管部门沟通，取得各方支持，在增资扩股方案获得浙江银保监局批复同意后，加快推进增资到位，顺利完成增资扩股工作，注册资本从17亿元增加至28.8亿元（于2022年1月6日完成工商变更登记程序），大大提升了公司资本实力。截至2021年底，公司净资产达41.71亿元。

（三）转型创新稳步推进

公司"1+5+1"核心业务均实现突破。家族信托外部合作生态圈基本搭建完成，业务规模保持稳步上升趋势，成功落地首单澳洲税务居民受益人家族信托。截至2021年12月底，家族信托资产规模225亿元，并积极推进慈善信托，年内成功落地3单，荣获"2021卓越竞争力家族信托管理公司"奖。五大资金信托均实现业务落地，形成了汇鑫系列特殊资产投资、汇裕系列资产配置、汇泉系列证券投资、汇债系列债券投资等转型业务体系，五大资金信托管理资产规模53亿元。积极拓展涉众性社会资金监管、供应链金融、消费金融及支付公司清分资金管理等服务信托业务。企业供应链服务信托已成功落地1单，服务资金近2亿元，服务中小企业150余家。

（四）数字化改革有序开展

公司紧紧围绕浙江省数字化改革大会精神，认真落实浙江省委省政府、集团数字化改革工作部署，立足自身实际，成立数字化改革领导小组，制定《数字化改革方案》，深入实施"数据治理提升工程""创新转型提升工程""内控效能提升工程"三大工程，成立数据治理管理、信息安全护航、家族信托、服务信托、"浙金财富汇"APP、投资管理、全面风险管理七个重点项目工作专班。七大重点项目均按进度有序推进，力争成为公司创新转型的驱动力、引领力和保障力。

二、创新业务案例

公司家族办公室以专业化能力作为市场开拓与客户服务的主要抓手，重视境外受益人信托的研究与实践，与境内外专业服务机构开展广泛合作，于2021年10月签约了首单澳洲税务居民受益人家族信托，公司家族办公室在涉澳项目方面已经走在市场前列，形成了一定的知名度。该家族信托具体情况如图1所示。

（一）家族信托架构

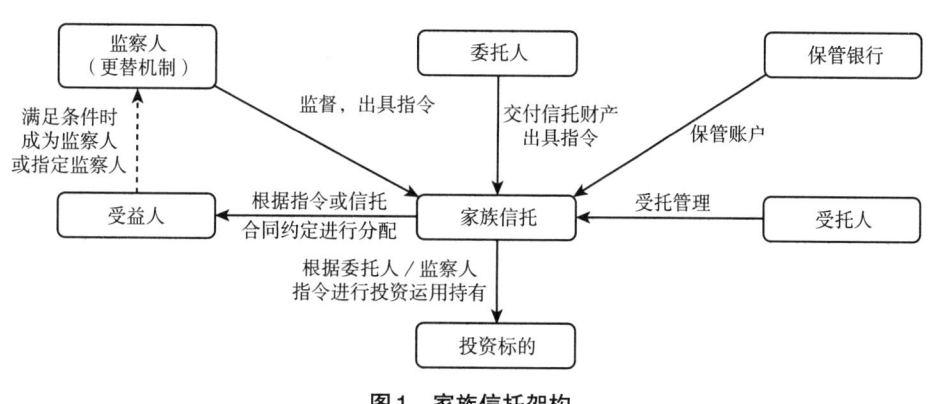

图1 家族信托架构

（二）信托方案概述

该家族信托以委托人家庭的风险隔离、财产传承与分配、资产配置为主要目的而设立，无固定期限，委托人将分批逐步装入资金、私募产品、股权等信托财产，信托总规模不低于1 000万元，公司进行受托管理，商业银行作为保管银行，通过委托人/监察人指令进行信托财产的管理运用，信托受益人包括委托人本人、委托人配偶、委托人儿子及其直系血亲后代，公司为该家族信托设计了监察人及监察人的更替机制。

（三）实现核心功能

第一，财富传承功能，该家族信托存续期限长，涉及跨数代财富传承，公司家族办公室为其定制化设计了监察人更替机制，合理限定风险投资占比，全面规划信托利益分配方案，从而长期有效保障财富传承的信托目的的实现。第二，税务递延功能，澳洲作为一个全球征税的国家，其税务居民在一个年度内应税所得若超过18万澳元，需按45%税率纳税，若不经过合理设计，信托受益人在获得信托利益分配后需立即向税务机关申报纳税，公司家族办公室通过对该家族信托信托利益分配规则的专业设计，成功为信托受益人实现了税务递延功能。

（四）提升涉外信托专业化能力

在涉澳项目之外，公司家族办公室还对涉及美国、加拿大、英国、新加坡、中国香港和中国台湾等国家和地区税务居民身份的家庭设立境内家族信托展开深入的研究，形成了可落地方案。

三、社会责任履行情况

（一）践行社会责任，助推信托事业向"善"而行

公司主动承担企业社会责任，积极开展慈善信托业务，与民政部门、慈善总会、基金会等开展合作，将信托工具应用到环保、扶贫、教育、救灾、抗击疫情、民族文化保护与传承、乡村建设与振兴、扶老扶弱等领域。积极运用慈善信托工具发挥第三次分配作用，促进长三角一体化区域的慈善事业、优秀传统文化发展及生态文明建设。2021年，公司首次与慈善基金会合作设立"浙江省微笑明天慈善基金会浙金信托专项基金"，该专项基金主要用于医疗、教育、环境保护和农村发展，后续将面向信托客户募集善款并开展慈善活动。成立了"浙金——涓流慈善信托"首期规模80.1万元，处于推进中的"横山慈善信托""关爱弱势群体类慈善信托"，信托规模分别为300万元、67万元，较过往年份显著增加，尤其重要的是在

慈善信托领域摸索出了一条可行的路径。

（二）发挥行业优势，助力实体经济高质量发展

一是不断加大在服务实体经济领域的广度和深度，继续支持实体经济重点领域的产业发展、结构调整和转型升级。截至2021年12月31日，存续服务实体经济的信托项目49个，信托规模99.91亿元。按投向分类，投向基础产业的项目41个，信托规模78.23亿元；投向工商企业的项目8个，信托规模21.68亿元。

截至2021年12月31日，公司服务信托规模208.63亿，绿色信托规模21.41亿元，参与资本市场投资的信托规模36.03亿元。

（三）贯彻发展新理念，探索布局绿色金融

公司积极贯彻落实党中央、国务院和银保监会、省委省政府关于生态文明建设和绿色发展相关要求，积极拓展绿色金融业务，与各省市政府共同探索创建绿水青山的"金山银山"。截至2021年末，公司存续的绿色金融信托共10个，信托规模共计21.41亿元，其主要投向为节能环保（自然保护、生态修复及灾害防控）、绿色林业开发、资源循环利用、交通运输环保。公司通过绿色信贷金融产品的开发，积极引导社会资金投向符合产业政策和环保政策的项目，既实现了经济效益，又为长三角一体化发展贡献力量。

（四）聚焦乡村发展，大力服务乡村振兴

截至2021年末，公司现有5个信托计划合计规模4.52亿元投向浙江省和江苏省的相关产业，主要集中在乡村旅游和农业科技提升板块。其中投向乡村旅游的有0.24亿元，主要用于各类乡村旅游景区休闲度假项目的开发建设，整合资源、集中投入，改造提升乡村旅游基础设施，有利于构建宜居的农村环境，促进新农村建设，助推乡村振兴战略的实施。投向农业提升的有4.28亿元，主要用于农业示范园、田园综合体的开发建设，以科技开发、示范、辐射和推广为主要内容，促进区域农业结构调整和产业升级。

四、2022年发展规划

2022年，公司将深入学习贯彻中央、省委省政府指示精神和集团党委决策部署，坚持稳中求进、稳进提质，严格落实监管政策意见，紧紧把握行业发展机遇，统筹安全和发展，强化党建统领和文化融合，稳步推进风险处置，加快核心业务发展，推动内部专业能力、服务水平和管理执行力大提升，力争公司发展的经济效益和社会效益进一步提高，争取监管评级和行业评级迈上新台阶，以优异成绩迎接党的二十大胜利召开。

中国金谷国际信托有限责任公司

一、2021年经营概况

2021年，中国金谷国际信托有限责任公司（以下简称公司）以习近平新时代中国特色社会主义思想为指导，以党建为引领，紧密结合监管导向及行业发展趋势，坚持"稳中求进"工作总基调，全力推动业务转型和高质量发展，取得了较好经营成果。截至2021年末，公司受托资产规模1 742.21亿元，实现营业收入6.81亿元（预算口径），实现净利润1.19亿元。

（一）全面深入开展党史学习教育，党建经营融合取得新进展

2021年，公司以习近平新时代中国特色社会主义思想为指导，深入学习贯彻党的十九届六中全会精神，结合建党百年契机，在公司范围内全面深入开展党史学习教育工作；压实全面从严治党主体责任，全力支持配合中央巡视下沉调研、审计署延伸审计相关工作，切实将巡视、审计工作要求落到实处；全面落实党建工作责任制，深化党建与公司治理、经营管理相融合，切实落实"我为群众办实事"系列建议。在党的二十大召开前夕，较好实现了公司党建与经营相互融合、齐头并进。

（二）战略转型实现新突破，专业化水平不断提高

2021年，公司顺应监管要求和行业趋势，坚持投行化思维，完善资产端业务布局，成功落地F-EPC等创新型业务；着力拓展标品业务，全年发行规模达78.7亿元。机构发行方面，合作机构从2021年前仅1家拓展至22家，渠道发行规模313.38亿元，同比提高108%。自主销售方面，在北京、上海、杭州等发达地区成立专业财富销售团队，发行规模81亿元，同比提高245%。家族信托业务实现零突破，成功设立"金谷·合馨1号家族信托"。科技赋能上台阶，金谷财富APP上线运行，补齐客户服务管理短板。

（三）运营管理实现新提升，高质量发展基础进一步夯实

2021年，公司深植"后台服务前台，前台服务市场"工作理念，突出前台业务拓展，中

台审核风控运营，后台支持服务保障，面向市场要效益。推行审核专业化和标准化，建立审决分离的审核决策体系，进一步优化项目评审流程，提升项目评审质效；开展人才引进和全员双向选择，签订市场化目标协议，实行市场化考核；成立专业评审小组，分类制定业务发展指引；创立"金谷学堂"品牌沙龙，构建学习型组织，打造"雏英""领英""精英"分层人才培养机制；创办公司内刊，弘扬信托文化；聘请德勤系统梳理优化流程、健全完善制度体系，为公司未来发展打下坚实基础。

（四）服务实体经济取得新成效，助力防范化解金融风险能力不断提升

2021年，公司紧密围绕国家政策导向开展业务，为企业复工复产，特别是对实体企业恢复经营加大支持帮扶力度。积极运用纾困信托、资产证券化、慈善信托等特色业务模式，在支持不良资产主业、支持长江经济带基础设施建设、提升"三农"服务、支持民生经济等方面服务实体经济，向实体经济投放规模占全年新增项目规模的51%；投向京津冀、长三角、大湾区等核心区域规模占比94%。

二、创新业务案例

2021年，公司继续围绕控股股东中国信达资产管理股份有限公司（以下简称中国信达）"大不良"主业开展协同业务，以合作投融资、永续债投资、债权财产权、股权他益权、不良资产结构化信托、资产证券化信托等方式，为实体行业的困难企业实现危机救助及金融风险化解。在模式创新方面，公司通过设立结构化财产权信托引入地方政府指定国有企业，共同搭建了不良资产包的处置平台，为地方政府盘活僵尸企业、缓解低效闲置资产。此外，助力中国信达成功在全国银行间债券市场发行近三年最大规模、最低利率的对公不良资产支持证券，该单不良资产证券化项目的顺利发行有助于盘活中国信达的存量资产，更好地发挥金融救助功能，加快金融市场风险化解。

公司顺应行业发展趋势，发展服务信托等本源业务。成功设立首单家族信托"金谷·合馨1号"，标志着公司家族信托业务迈上了新台阶。该产品依据高净值人士需求量身打造，为兼具客户个性化需求，由专属经理一对一服务客户，搭配个性化财富规划、资产配置、后期运营三位一体的全景服务团队形成"1+N服务模式"；慈善信托方面，配合中国信达乡村振兴战略，设立"金谷信托2021信达大爱（乡村振兴）系列慈善信托"，该系列慈善信托品牌创设于2017年，是公司联合中国信达将社会责任践行与慈善信托相结合而创设的慈善公益品牌。信托资金多年来持续在产业、人才、文化、生态等方面开展帮扶，巩固拓展脱贫攻坚成果，助力乡村振兴；资产证券化方面，继续强化自身专业服务优势，2021年设立的"北京朝阳合生汇财产权信托"，规模80亿元，为历史最大规模单体购物中心项目。该项目配合专项

计划向企业注入资金,极大程度上缓解了商场的运营需求,为后疫情时期促进线下实体经济复苏、刺激消费需求提供了有效的金融支持。

三、社会责任履行情况

公司始终以习近平新时代中国特色社会主义思想为指导,全面贯彻党的十九大和十九届历次全会精神,牢记"国之大者",聚焦服务实体经济、防控金融风险、深化金融改革三项任务,切实履行社会责任,促进经济、社会和环境的全面协调可持续发展。

公司积极顺应监管要求和行业转型趋势,紧密围绕国家产业政策导向,将支持京津冀协同发展、长江经济带、粤港澳大湾区、长三角一体化等国家重大战略区域发展作为展业重点,加大对民生领域、实体企业在疫情后的金融扶持力度,立足国内大循环,支持新能源、现代农业、节能环保等新兴产业发展。

公司积极履行国有金融企业的使命担当,将践行社会责任与信托功能有机结合,与控股股东联合创设"信达大爱"慈善信托品牌,通过在产业、人才、文化、生态等方面开展帮扶,坚决贯彻党中央、国务院关于巩固拓展脱贫攻坚成果、助力乡村振兴的决策部署。截至2021年末,"信达大爱"系列共设立9单慈善信托,累计支出慈善款金额超过4 200万元,覆盖新疆、青海、云南、贵州等17个省(自治区、直辖市)。

公司秉承"受人之托、代人理财"理念,以受益人合法利益最大化为原则,忠实履行受托责任,全年为受益人分配收益70.98亿元,为投资者实现了财产保值增值。

公司不断完善员工关爱体系,推动员工与企业共同成长。通过不断完善培训体系、保障员工职业健康、开展员工文体活动及员工帮扶等,切实增强员工福利,保障员工权益。

公司积极践行低碳环保理念,设立绿色信托产品支持绿色产业发展;利用科技手段,完善信息系统建设,拓展线上金融服务,推广电视电话会议;倡导绿色办公,在办公场所设置回收废旧电池纸箱,在打印室、卫生间张贴标识,引导员工树立节能环保理念;积极开展环保公益活动,组织"垃圾分类宣传活动",引导员工逐步养成垃圾分类意识,形成珍惜资源、节约能源的生活习惯。

四、2022年发展规划

2022年,公司以习近平新时代中国特色社会主义思想为指导,深入学习领会十九届历次全会、中央经济工作会议、中国信达2022年度工作会会议精神,积极贯彻落实巡视审计整改意见和监管部门指导意见,心怀"国之大者",坚持"稳中求进,进中谋变"的工作总基调,秉承"特色化、专业化、差异化"发展理念,强化归核战略,聚焦主责主业,深化业务协同，全力落实风险管理新要求，全力培育专业化特色化新能力，全力构建转型发展新机制，为打造高质量发展的信托公司努力奋进。

一是围绕一项中心工作——践行"国之大者"，从政治高度切实抓好巡视审计整改工作。

二是坚持两手发力——抓好资产管理和财富管理。

三是聚焦三项能力——全面风险管理能力、全流程运营服务支持能力和系统性文化驱动能力。

四是打造四大工程——"启航工程""强基工程""三英工程"和"数字金谷工程"。

中国民生信托有限公司

一、2021年经营概况

截至2021年末,中国民生信托有限公司(以下简称公司)实际管理信托资产1 220.89亿元,管理契约型私募基金资产67.73亿元,公司固有资产总额达到101.66亿元(母公司口径)。公司累计向信托受益人支付的投资收益总额达75.83亿元(含私募基金)。公司严格履行受托人的尽职管理职责,最大化地维护受益人利益。

公司在2021年度主要围绕以下几方面积极开展工作。

(一)优化公司治理机制建设工作

根据公司董事成员变动情况,2021年度公司积极调整并优化董事会专门委员会人员构成,对董事会消费者权益保护与信托委员会、风险控制委员会、提名与薪酬委员会、审计委员会的委员设置进行调整,促进董事会下设各个专门委员会能够进一步发挥对公司重大事项的管理职能,持续提升公司治理运作水平。

(二)顺利开展公司股权转让工作

2021年度,公司积极推动股权转让事项,持续优化公司股权结构。2021年8月6日,北京银保监局批复同意武汉中央商务区股份有限公司持有的5.9455%股权转让至江苏洋河酒厂股份有限公司,江苏洋河酒厂股份有限公司成为公司股东。

(三)全力做好客户维稳工作

为全面应对客户维权,公司全力完善维稳机制的建设,协调成立专项工作组,分别负责信息反馈、行政支持、法律支持、现场接待等工作。此外,公司成立了维稳纾困基金,为延期客户中确有重病等亟须资金解决的现实困难的实施人道救助。

(四)及时制定和调整业务策略

公司根据内外部形势变化,及时制定了新的业务策略并对原有策略进行更新。

（五）持续优化组织架构

在整合财富团队工作中，公司进一步明晰管理权责，重新梳理了财富市场事业各部及财富运营管理总部职能，有效提升资金端管理效率。围绕核心信托业务稳定与风险资产处置两大重点任务，公司进行了大范围撤并、整合，精简业务流程，提高管理效率，降低管理成本。

（六）持续完善公司内控管理工作

2021年，公司严格执行"一行两会"监管制度及行业自律管理要求，定期开展专项排查。根据监管指示精神，组织开展全面风险排查、市场乱象整治、股权和关联交易专项整治等工作，并根据监管下发的相关监管意见，认真定制整改方案，督促整改落实。

（七）推动企业文化建设工作

2021年为"信托文化普及年"，公司重点推动文化建设重心向部门及普通员工下沉，推动员工系统、全面地了解信托文化内涵特征和信托文化建设的主要内容。通过深入开展信托文化建设的各项工作，营造浓厚的信托文化建设氛围。同时，加强建设良好受托人的文化，牢固树立受托人意识。

二、创新业务案例

改革开放诞生了中国第一批以企业家为主的高净值人群，中国经济的持续成长，带来了高净值家庭数量和财富体量的快速积累。而伴随中国创富一代逐步步入退休阶段，中国高净值家庭财富传承需求日渐凸显。2018年，银保监会首次在官方文件中明确界定了家族信托业务，为家族信托业务发展奠定了坚实的政策基础。在房地产信托贷款、通道等传统信托业务开展压力较大的情况下，信托公司都在积极探索具有可持续性的业务模式和营利模式，家族信托成为未来重点关注的方向。公司顺应时代潮流，高度重视家族信托业务发展，2019年设立公司一级部门家族信托总部，组建专业团队，建章立制，创新产品服务，积极开展营销服务。截至2021年末，累计受托服务家族信托客户87户，受托资产规模（AUM）近10亿元人民币。2021年家族信托业务的服务模式创新在于推出委托人自主投资决策型家族信托服务，既大大拓宽家族信托金融资产的灵活配置管理品种，又实现资产隔离保护的法律架构。通过家族信托结构设计，帮助委托人实现债务隔离安排，规避婚姻、继承等方面风险；通过家族信托的组合投资，有效分散投资风险，满足不同风险偏好投资者的需求，以专业的信托产品服务为基础，结合法律、税务、子女教育等方面增值服务，全方位满足家族客户需求，为客户提供一站式家族财富管理及传承服务。

三、社会责任履行情况

公司始终秉持"得益于社会,奉献于社会"的核心价值观。2021年,受新冠肺炎疫情反复和宏观政策调整等影响,信托行业面临着严峻的市场环境和展业压力,风险时有发生,公司也面临着复业以来最大的经营压力。面对困难,公司上下一心,以保障委托人的合法权益为原则,贯彻落实监管要求,完成融资类、金融同业通道类业务规模压降任务。在发展节奏上,公司从追求速度转变为讲求质量,在加快存量风险处置化解、积极引进战略投资者的同时,公司还顺应资管时代的发展趋势,加速回归信托本源,深入开展证券市场投资和股权投资等投资类业务,持续发展财富管理业务,积极布局拓展资产证券化、家族信托等服务信托业务,服务实体经济。

2021年,公司在展业过程中始终践行普惠金融的理念,重视发挥作为金融机构的社会责任,积极尝试以开展慈善信托的方式助力脱贫攻坚工作和拥军优属工作:公司发起设立"中国民生信托·2021边防烈士抚恤慈善信托",由30余位自然人捐赠出资并担任委托人,公司担任受托人,信托财产共计12万元,目的用于抚恤国防边防烈士及其家属。2022年初,经由中国退役军人关爱基金会,实现第一笔信托善款10万元的拨付;公司发起设立"中国民生信托·2021拥军优属慈善信托",由2600余名中国泛海集团及其下属子公司员工出资,邀请上海拥军优属基金会担任委托人,信托财产共计50万元,目的用于支持中国人民解放军边防军人抚恤优待。2021年,由公司出资设立的"中国民生信托——2018甘肃临洮民生精准扶贫慈善信托"正常管理和运作,并于当年9月14日支付信托财产13万元,用于临洮县两操场的改造项目,本项目符合本慈善信托帮扶临洮县困难群众和助学之目的。

在职工权益保护方面,本年度共组织员工培训8场,参训200人次,主要培训方向为家族信托产品体系搭建、信托公司信息技术转型、资产证券化非标转标、非住宅热门地产投资与运营、劳动争议案件证据种类及举证规则评析、舆情管理等方面,取得了一定的培训效果,员工通过参与各项专业培训,增强了能力,提升了认同感与归属感。公司通过为员工提供节日慰问、生日祝福、疾病慰问、婚育礼金,组织丰富多彩的员工活动等,提升员工福利水平,同时还为员工投保了补充医疗保险、意外伤害险两种商业保险,每年组织员工进行健康体检,每月为员工提供午餐补贴和通讯补贴等,疫情期间还为员工购买了口罩、酒精、消毒液等防疫用品。

在客户和消费者权益保护方面,2021年公司将切实保护金融消费者的合法权益作为一项重要战略任务,不断完善消费者权益保护机制建设,优化投诉解决机制,进一步通畅客户投诉渠道,积极聆听客户声音。同时,公司高度重视金融知识普及活动,认真履行金融机构义务,围绕"3·15消费者权益保护教育宣传周"与"金融知识普及月 金融知识进万家 争做理性投资者 争做金融好网民"主题活动,认真筹备宣传物料,充分利用线上、线下多种宣传形式，力求内容实用、形式新颖。活动期间，公司通过官网、公司APP、微信公众号、短信等渠道积极向金融消费者宣传宣教，不断提升消费者风险防范意识和自我保护能力。

四、2022年发展规划

百年变局叠加世纪疫情，近年来宏观经济和国际发展形势不断发生变化，2022年将是充满挑战的一年。

面对资管新规过渡期届满，2022年信托业务环境发生着深刻变化，信托公司也面临着全新的挑战和机遇。近期无论是信托公司高层的变更，还是股东结构的调整、重组，以及高额罚单的不断出现，都在见证信托行业不断面临的动荡和洗牌。尤其是近期的房地产行业转向，对多数信托公司的治理能力、资产管理能力和风险管控化解能力都产生了不同程度的挑战。

但与此同时信托公司正在逐步回归本源，以信托文化建设入手，强调守正、忠实、专业的信托受托人文化；带动信托宣传理念调整，倡导卖者尽责、买者自负的务实态度。信托行业服务实体经济质效能得到不断提升。在双循环经济发展新格局中，以高端智造国产替代、科技成果转换、新基建（数字、信息基础设施）、绿色经济（新能源）等为代表的结构性机会将为2022年中国经济注入新的活力，同时也将为信托行业的发展带来巨大的拓展空间。

2022年，公司要顺应新资管时代的发展趋势，加速回归信托本源，持续提升主动管理能力，充分调动自身的资源开展业务，深化新旧动能的转换；要持续检视自身内控管理水平及业务发展方向，及时发现并积极解决存在的问题，以确保公司持续、稳健的发展。

面对时代变局公司决心与国家同呼吸、共命运，积极应对市场环境的剧烈变化和行业的激烈竞争，判大势、谋全局，在严控风险的前提下，坚持突出重点，稳中求进。公司将继续坚持"财富、投资、投行、资管、融资"五大市场定位，重点打造好"自主投资能力、资产管理能力、财富管理能力"三台公司发展的"发动机"，将公司打造成为具有差异化、专业化的"投资银行管理型金融机构"。

在双循环经济发展新格局中，公司致力于构建基于专业能力提升的主动管理能力体系，践行守正、忠实、专业的受托人文化。在稳步发展优势传统业务的同时，公司将进一步着力发展证券投资、股权投资、资产证券化、家族信托（慈善信托）、绿色信托等信托业务，助力国家实现经济高质量发展。

公司将着重关注以下工作内容。

（一）加自身建设，完善公司治理结构

1.坚决贯彻监管部门在信息披露、反洗钱、投资者保护等各个方面的规定。

2.适时梳理评估下属各专门委员会的履职情况，根据需要及时适当调整，切实发挥专门

委员会的作用。

3.根据公司章程的规定和公司经营发展需要，做好授权机制的优化。

（二）探寻未来商业模式，明确公司发展路径

面对复杂多变的境内外营商环境，金融生态在经济、政策的调整中面临重构，信托行业面临着流动性风险以及业务转型的双重压力，公司将更加注重公司发展方向及发展策略的把握。

1.发展方向。2022年，公司要在既有发展和成果的基础上进一步调整优化业务侧重点，坚持以标准化业务、投资类业务为主，进一步压缩融资类业务的比重，大力发展服务信托业务，进一步强化风险管控，充分利用既有资质和投资工具，合理进行资源配置，积极通过市场化手段化解存量业务流动性问题。

2.发展策略。公司要通过定制化、差异化的产品设计来获取客户，做到"强专业、强保障、强管理"三个维度的协调统一，提升公司的专业化水平。

（三）提升业务管理水平，打造专业化竞争能力

提高研判市场的能力，根据现有优势夯实基础，从社会需求找到创新点，丰富资产管理产品种类，继续发展财富管理业务，发挥信息科技的作用，不断提升专业化能力。

2022年，公司将继续贯彻"总结、反思、优化、调整、改变、提升"的工作思路，促使业务管理能力和管理机制达到行业较为成熟的水平。

中建投信托股份有限公司

一、2021年经营概况

2021年，中建投信托股份有限公司（以下简称公司）坚持以习近平新时代中国特色社会主义思想为指导，深入学习贯彻党中央决策部署，主动响应行业政策，坚持稳中求进，持续探索和推动业务转型，积极做好风险资产去存量、遏增量、防变量各项工作，稳妥有序应对外部风险挑战，持续探索和推动业务转型。

2021年，公司实现营业收入15.47亿元，净利润3.01亿元。

（一）强化战略引领，推动公司转型

坚持"四个把握、四个坚定"，推动制定《2021—2025年战略规划》，建立闭环管理框架。进一步提高政治站位，把坚决做好"六稳""六保"工作、服务国家战略作为首要政治任务抓紧抓实，将"服务国家战略，支持实体经济"纳入公司2021—2025年战略规划，实现自身战略与国家发展战略深度融合。助力区域重大发展战略，围绕国家重大区域发展战略提供资金合计125.58亿元。创新信托产品与服务机制，通过供应链商业保理、租赁公司等渠道，为中小微企业提供资金40.43亿元。保持战略定力，持续优化业务结构，着力发展另类投资业务、资本市场业务、服务信托业务和财富管理业务。

（二）强化组织改革，强化管理升级

落实风险管理要求，梳理风险管理机制，优化完善事项清单，显著降低业务风险偏好。开展制度管理体系优化工作，重点评估和完善涉及业务和风险管理的90部制度。加大对新媒体、自媒体的舆情监测，建立与主流财经媒体的良性沟通机制，声誉风险主动防控能力显著增强。强化审计监督，推动提升经营效率和管理水平。搭建专业化一体化的组织体系，从组织架构、职责分工、业务拓展、管控监督、激励约束等维度，制定各业务条线运营优化方案，理清转型发展路径，提升精细化管理水平。重塑人力资源管理体系，全面完成员工岗位职级及薪酬体系改革，进一步拓宽员工职级晋升通道，推行干部竞聘、员工双选等选人用人机制改革。

（三）强化攻坚克难，夯实发展基础

推动风险资产压降攻坚战，通过自主处置、合作处置以及市场化处置等多措并举、分类施策，实现固有不良率和信托资产风险率"双降"，持续完善风险资产压降激励约束机制。积极应对地产市场系统性冲击，细化房地产业务风险防控策略，强化房地产业务信用风险、市场风险以及操作风险管理，严格展业标准及投后管理，重构新市场形势下的业务逻辑和展业策略。强化对资本市场、资产证券化、服务信托等转型业务的科技赋能，并在风险管控、平台搭建、监管报送方面充分运用数据赋能，为打赢风险压降攻坚战、提升管理质效提供有力支持。积极配合中央巡视各项工作，强化自身整改和监督整改一体推进。

（四）聚力发展共识，激发企业活力

持续深化信托文化建设，组织多元化、常态化的信托文化主题活动，组织全员覆盖的合规文化专题培训6场、消保主题培训6场，推出"三国演绎信托"系列的趣味问答36期。连续9年自主编撰出版《中国信托行业研究报告》。加强公司正面形象传播，结合转型业务重点，组织开展绿色金融研讨会暨绿色信托品牌发布会、"钱塘善潮"慈善信托分论坛等活动。

二、创新业务案例

2021年，公司密切关注宏观经济形势及信托行业发展变化，认真贯彻落实各项监管政策要求，加快推动业务转型发展，在资产证券化、债券投资、地产股权、资本市场、慈善信托、财富管理及家族信托等领域取得积极进展。

资产证券化业务方面，公司参与发行的证券化项目涵盖多种基础资产类型，2021年在多领域实现突破：成功发行首笔碳中和资产证券化产品，成功发行数笔ABCP创新产品。此外，公司在2021年成功发行信托产品主动投资于银登中心开展的信贷资产证券化产品，逐步发展成为集资产生成、受托管理、主动投资为一体的专业化参与者。

慈善信托方面，公司积极响应监管部门的号召，2021年设立了专业团队开展公益与慈善信托业务，年度内新增项目5单，覆盖扶贫济困、防汛抗灾、乡村振兴、生态环保等领域。年度内成为杭州市基金会发展促进会会员单位，承办"钱塘善潮——慈善信托分论坛"，受杭州市民政局邀请参加"杭州市慈善信托专项改革试点工作"课题组，共同参与制定慈善信托的工作指引，为扎实推进杭州市高质量发展慈善信托贡献力量。

资本市场业务投资方面，公司聚焦监管导向下的业务模式转型，在固收投资、权益投资、产业投资三个方向持续发力。加深与领先券商、优秀基金管理人等专业机构的合作，搭建专业化团队，完善风控合规体系建设，持续强化主动管理能力，深化多元布局，打造满足

高净值客户需求的资本市场特色品牌产品，积极稳妥把握资本市场投资方向，2021年陆续发行多单固收及"固收+"、TOF/FOF、可交债等创新类产品。

财富管理方面，公司持续推进财富业务总部运营优化工作，打造财富产品体系、客户经营体系、财富团队体系三大体系建设。公司完成家族办公室的初步搭建，成立了首批自主管理的全委型信托。持续丰富优化权益类产品体系，涵盖阳光私募、指数增强、量化私募、可交债等产品；权益类产品募集规模均取得较大突破，2021年权益类产品募集额增长率为197%。

三、社会责任履行情况

公司秉承"价值创造、以人为本、和谐发展"的社会责任理念，立足发展中各利益相关方的普遍诉求，积极服务经济发展、产业转型、结构升级与社会进步的可持续发展大局，致力实现企业发展、员工发展、社会发展的和谐统一。

回归信托本源，积极履行企业发展责任。公司积极服务国家战略，围绕国家重大区域发展战略提供资金合计126亿元。积极提升资本运营和资产经营能力，截至2021年末，公司总资产124.50亿元，较好地实现了国有资产保值增值。发挥信托制度优势，积极服务实体经济，落实"六稳""六保"，不断拓展中小企业融资渠道，降低企业融资成本。

坚持以人为本，认真履行员工发展责任。公司全面优化重塑人力资源体系，拓宽员工职业发展通道，优化完善薪酬考核体系，建立内部人才市场，构建和谐劳动关系。广泛开展员工关爱活动，连续5年组织实施"员工入司周年"（星辰计划）文化纪念活动，推动和提升企业文化凝聚力，培育共商共建共享共担企业文化。

多措并举，保护金融消费者合法权益。2021年，公司认真落实消费者权益保护主体责任，完善消费者权益保护体制机制建设，修订完善《消费者权益保护管理办法》《消费投诉处理实施细则》等管理制度，健全消费者权益保护全流程管控机制，强化完善个人信息保护工作。积极响应监管号召，开展"3·15"宣传周、金融知识普及万里行等宣教活动，并结合"正直力量 诚信信托"主题，通过专家反诈骗直播"金融知识进社区""金融知识进校园"等宣教活动，普及宣传信托文化，强化投资风险意识，提升消费者金融素养，积极履行社会责任。重视客户服务质效，积极回应客户诉求，妥善办结消费投诉6起，持续优化完善产品设计、信息披露、客户服务等工作。

践行社会公益，积极履行社会发展责任。公司充分发挥信托制度优势，2021年新增慈善信托项目5单，合计管理规模1 174.39万元。截至2021年末，公司设立的慈善信托项目涵盖扶贫、防汛抗灾、教育、关爱儿童、环境保护、抗击疫情等领域，充分践行《慈善信托管理办法》中五大慈善目的，助力推动公益慈善事业可持续发展。

四、2022年发展规划

2022年,公司将以习近平新时代中国特色社会主义思想为指导,认真贯彻党的十九大和十九届历次全会、中央经济工作会议精神,深入贯彻落实集团和公司党委各项工作安排,坚持稳字当头、稳中求进,坚决统筹发展和安全,打好防范化解风险的决胜之战和转型发展的突围之战,以优异成绩迎接党的二十大胜利召开。

具体工作中要做到"一个坚持",强化"两个坚守",夯实"三个基础"。

做到"一个坚持",即坚持以"统筹发展与安全"这一主线。

强化"两个坚守",即坚守不发生系统性风险的发展底线;坚守信托阵地,聚焦主责主业,增强可持续发展能力。

夯实"三个基础",即加强体制机制建设、强化人才队伍建设、加强文化与品牌建设。

2022年是公司风险资产压降攻坚战的决胜之年,也是公司转型发展突围战的关键一年。公司将进一步增强责任感、紧迫感、危机感,把握经济所需、金融所能、信托所长,踔厉奋发谋发展,笃行不怠开新局,共同探索建投信托高质量发展的道路。

中粮信托有限责任公司

一、2021年经营概况

2021年，中粮信托有限责任公司（以下简称公司）积极响应国家战略和监管要求，调整业务布局，深化渠道、品牌建设，推动公司财富管理体系发展，完善风控机制，构建全面风险管理能力，优化运营体系架构，不断提升公司运营效率。业务方面，公司响应监管要求，积极调整业务模式，加快向标准化业务转型。产品方面，在固收、权益、资产证券化等领域，布局全产品线，并强调跨部门协同，提升产品力。财富管理方面，公司初步构建精准触达赋能、渠道赋能、品牌赋能、数字化赋能的复合化销售体系；公司财富品牌建设实现了从无到有的发展阶段，2021年公司家族办公室启动商标注册申请，标志着公司家族信托业务品牌化的起步。

截至2021年末，公司资产总额955 928.00万元（合并口径）。2021年，公司营业收入为12.04亿元，同比增长52.06%，其中，手续费及佣金收入9.64亿元，同比增长20.73%；利润总额为8.00亿元，同比增长98.64%，净利润达5.92亿元，同比增长96.83%。

二、创新业务案例

（一）家族办公室——家族信托业务

家族信托作为信托的本源业务，近年来迎来了爆发式增长，家族信托充分发挥信托的服务职能，为社会贡献信托正能量。随着我国民营企业"接班潮"的到来，民营企业的高质量发展面临代际传承的挑战。将家族信托作为民营企业的顶层架构予以推行，可以促进民营企业家财富的平稳传承、有效降低财富传承过程中的财富效用损耗，真正帮助财富家族实现风险隔离、财富保值、继承替代、久远传承等财富目标。

公司"厚德家族办公室"立足信托本源，真正以客户为中心，围绕企业家客群的不同资产类型（家族现金资产、金融资产、保单、不动产、家族企业股权等）提供定制化的家族信托解决方案，满足家族客户的财富管理需求。

（二）资产证券化——"融腾"系列个人汽车抵押贷款资产支持证券

为推动面向个人消费者的汽车贷款业务的健康快速发展，积极拓展支撑汽车金融公司业务长期发展的多元化融资渠道，公司同上汽通用汽车金融有限责任公司（以下简称上汽通用汽车金融）长期合作发行"融腾"系列资产支持证券。具体模式为，由上汽通用汽车金融以其合法拥有的汽车贷款作为信托财产委托公司设立财产权信托，公司作为受托机构和发行人在银行间债券市场发行对应额度的资产支持证券，信托资金用于受让上汽通用汽车金融的个人汽车抵押贷款资产池，上汽通用汽车金融取得资金后用于补充其营运资金。截至2021年12月31日，公司和上汽通用汽车金融合计发行的个人汽车抵押贷款资产支持证券规模已达1 020亿元。

三、社会责任履行情况

2021年，公司坚持服务实体经济、服务民生、服务投资者，认真贯彻国家经济金融政策和监管要求，加快转型和创新步伐，满足客户多样化金融需求，积极践行企业社会责任；公司始终坚持依法合规、稳健经营，不断完善风险防控体系，有效履行受托人职责和义务，维护受益人利益最大化。

（一）金融赋能农业，服务乡村产业发展

公司充分发挥信托制度优势，围绕集团主业，重点在粮食、糖业、棉花、养殖等板块，通过多种金融工具强化金融产品和服务方式创新，为产业链上下游的农业经营主体提供资金支持，切实解决农业经营主体普遍存在的"融资难""融资贵"的问题。

（二）金融知识培训，推动农业产业化

公司2021年为江西修水县进行2次金融知识专场培训，介绍如何运用金融产品推动农业产业化，打造农产品产业链，促进乡村产业的发展，修水县农业农村局和部分村干部、农业技术人员、种养大户、合作社人员超过100人参加了培训。

（三）落实对口支援资金，助力乡村振兴

公司2021年落实助力乡村振兴和对口支援资金计划，向青海门源县拨付99万元；同时采购扶贫产品6万多元。

（四）筹集暖冬物资，开展阿坝红原帮扶行动

2021年10月，公司发起2021年赴阿坝红原暖冬行动倡议，全体员工热烈响应，积极行

动，在中粮集团兄弟公司以及社会爱心人士的参与支持下，共募集了13万多元的物资。10月28日，公司领导带队赶赴红原县，为700名红原麦洼中心校的孩子、16位草原上的单身母亲及退伍军人送去了生活用品和慰问金，让他们能过上一个"暖心"的冬天。

（五）开展主题宣传，践行金融为民理念

2021年3月，公司坚持为群众办实事，践行金融为民理念，通过举办消费者权益保护教育宣传周，多措并举持续开展金融知识普及宣传活动，坚持"行动有力度、宣教有温度"，切实增强消费者的金融决策力、风险防范意识。

2021年4月，公司成功举办"反洗钱反恐怖融资"主题宣传月。本次主题宣传月累计参与宣传活动891人次。通过丰富的活动形式，向广大金融消费者普及了反洗钱反恐怖融资的相关知识，使社会公众对反洗钱反恐怖融资工作有了更加深入的了解，有利于维护金融秩序稳定，增强社会各界的守法意识，形成全社会共同参与反洗钱反恐怖融资、打击洗钱恐怖融资犯罪的良好氛围。

（六）战疫专项慈善信托，资助一线防疫人员

2021年1月，北京出现多点零星散发病例和局部聚集性疫情，忠良慈光1号慈善信托决策委员会紧急启动相关资助流程，筛选了由区社管中心、疾控中心、紧急救援中心推荐的奋战在战疫一线、表现突出的防疫人员作为首批资助对象，给予鼓励。中粮信托·忠良慈光1号2020年战疫关怀专项慈善信托资助首批启动会在朝阳举行，为朝阳区6名奋战在战疫一线、表现突出的防疫人员颁发了资助证书。

（七）消费者权益保护

2021年公司一如既往地奉行"忠实良益，信托托付"的金融消费者权益保护理念，切实保护金融消费者的合法权益。公司不断提高服务质量，完善产品与服务，持续推进消费者权益保护工作深入开展。第一，全面梳理各项消费者保护制度，建立长效工作机制。根据最新监管规定结合工作实际情况，修订或新增了相应的管理办法，清晰职责，明确分工，强化落实，为公司各条线开展工作，提供了坚实的制度依据。第二，在满足新冠肺炎疫情的防疫要求下，公司持续开展金融知识普及宣传活动，不断增强金融消费者自我保护意识。公司重视日常宣教与集中宣教相结合，有效利用线上与线下渠道，坚持原创，不断尝试创新。第三，畅通投诉渠道，不断提升服务水平，持续加强客户投诉管理。第一时间倾听客户投诉或建议，注重投诉工作的溯源整改，不断优化产品与服务，提升客户的满意度。2021年，公司收到监管机构转送消费者投诉1件，自收投诉4件，合计5件，均已妥善解决。第四，规范金融营销行为，强化信息披露管理，加强客户信息安全保护。公司

进一步加强了产品和服务售前、售中及售后的全流程管控，切实保障金融消费者的合法权益。

四、2022年发展规划

2022年公司将顺应宏观经济发展趋势和监管要求，坚守服务实体经济定位，坚定转型方向，加快转型步伐，积极推进体制改革和业务转型，以高质量党建引领高质量发展，建设四大业务体系、四大赋能支撑体系，推进七大保障模块建设，确保主营业务持续稳健发展。

（一）推进四大业务体系建设

2022年，公司将优化行业布局和业务组合，持续推进业务体系重塑，建设基础资产、金融市场、资产管理和财富管理四大业务体系，在聚焦业务领域深耕客户，形成可持续的业务发展模式。基础资产板块专注不动产、基础设施、产业金融和特殊资产领域，通过传统赛道新打法，实现专业赋能、细分领先。金融市场板块聚焦资产证券化、权益、固收等业务，以产品赋能、差异竞争的策略，做大做精金融市场版块业务。资产管理板块从家族办公室、资产配置业务开始，逐步实现大类资产全市场覆盖，并通过特色化赋能，形成公司新的利润增长点。财富管理板块全力推进销售管理、产品管理、客群管理、营销管理和组织管理体系建设，逐步实现从产品销售到财富管理转变，使财富中心从成本中心变为利润中心。

（二）推进四大赋能支撑体系建设

为适应经营转型需要，公司将持续进行组织架构及业务分工的优化调整，推进全面风险管理体系、人力资源管理体系、运营管理体系及数字化体系四大赋能支撑体系建设。公司将持续加强全面风险管理体系2.0建设，强化风险管控和质量控制，提升中台审批质量和效率，努力实现前瞻性风险管控，提高新业务领域风控能力。公司将持续优化选人用人机制，狠抓人才队伍建设，激发组织活力，提升组织能力。公司已确立"大运营"的发展方向，将不断通过优化组织架构设置，推进中央交易室和证券运营部门建设，逐步提高标品领域运营能力。公司根据需求特点及自身实际情况，持续建设更加全面的、服务公司发展战略的数字化体系，升级金融数字化。

（三）推进七大保障模块建设

公司将持续提升公司治理，强化内控管理，不断推进战略管理、资本管理、研究支撑、行政管理、品牌建设、质量控制和纪检监察等七大保障模块建设，为公司发展赋能，实现行稳致远。

中泰信托有限责任公司

一、2021年经营概况

2021年，中泰信托有限责任公司（以下简称公司）继续按照监管要求，加强风险化解，加快转型发展，坚持稳中求进总基调推动公司各项工作。截至2021年末，公司资产总计49.84亿元，同比增长0.4亿元，增幅0.8%；负债总计1.81亿元，同比减少0.32亿元，降幅15.02%；资产负债率为3.63%，较上一年度进一步降低；所有者权益总计48.03亿元，同比增长0.72亿元，增幅1.52%，公司整体资产实力进一步增强。

截至2021年末，公司受托管理信托项目96个，其中单一信托61个，集合信托17个，财产权信托18个。公司受托管理的信托规模总计189.84亿元，其中：集合信托规模50.97亿元，单一信托规模80.02亿元，财产权信托规模58.85亿元。从管理责任看，事务管理类信托规模112.29亿元，主动管理类信托规模77.55亿元。

2021年度，公司受到外部环境复杂、资产管理市场竞争激烈、疫情持续以及监管措施的影响，全年实际提取信托报酬7 100.39万元，比上年同期7 650.76万元减少7.19%，其中单一信托提取3 782.40万元，占比53.27%；集合信托提取2 247.23万元，占比31.65%；财产权信托提取1 070.76万元，占比15.08%。

二、创新业务案例

2021年，公司致力于提升主动管理能力，开展服务信托，不断提升客户服务体验。在国际局势多变、国内疫情反复扰动、宏观经济承压的大背景下，公司顺应监管要求导向，积极回归信托本源业务，服务实体经济。对内，优化内部机制和流程，加强专业团队建设；对外，积极拓展外部合作渠道。公司探索创新以受托服务为核心的服务信托，将金融服务与财富管理服务相结合，探索服务信托、家族信托、标品信托等重要方向。

特别是在家族信托方面积极开拓，完善产品线设置，深挖客户需求，提升管理能力与多样化协调能力，以专业能力获得客户信任为着力点，满足客户除财产保值增值外的其他需求，如资产配置、财务咨询、税务咨询、财产分配、慈善捐赠等，增加客户黏性。如公司某家族信托产品，委托人由最初仅委托6 000万元债权资产，公司持续深挖客户需求，充分利用信托制度优势为委托人提供债权置换管理、税务筹划、风险隔离、隔代传承等一系列综合服务后，委托人逐渐增加委托资产至2021年末的13.94亿元，并准备后续在家族信托下逐步嵌入保险金信托及慈善信托。

三、社会责任履行情况

（一）秉持立体社会责任观

公司坚持以"利益相关者"的丰富内涵和维度承担社会责任，并倡导将企业发展与企业社会责任相结合。公司关注并纳入企业社会责任承担中的"利益相关者"包括公司员工、客户、股东、监管机构、社区、合作伙伴、媒体、社会公众等。公司遵守法律法规和监管要求，坚持可持续发展，以专业能力支持实体经济发展、支持民生保障类实业的发展，妥善履职，维护客户权益，严格落实监管要求，积极应对媒体问询，支持所在社区各项工作，最终为员工的职业发展提供保障，为股东创造价值。

（二）将金融投资者教育与消费者保护有机结合

2021年，在企业社会责任方面，公司以专业能力支持实体经济发展、支持民生保障类事业发展、保护投资者权益等工作。2021年是信托文化建设的普及年，公司在报告期内完成了各利益相关者的宣传引导工作，针对投资者，在9月"投资者教育月"，公司设置了专门的信托文化专题内容宣传。

2021年，公司消费者权益保护工作委员会和消费者权益保护小组积极工作，组织了包括"3·15"消费者权益保护日、"远离非法集资，守好您的钱袋子"防范非法集资宣传月活动、反洗钱宣传教育活动和"金融知识普及月　金融知识进万家　争做理性投资者　争做金融好网民"活动，并在日常工作中审慎、妥善履行企业的社会责任、及时处理投资者的咨询、投诉和建议意见。

四、2022年发展规划

（一）制定公司发展战略时考虑的因素简述

公司在制定战略时主要考虑三方面因素：

1.战略制定是否具有长期性：战略规划作为中泰信托长期经营发展的主要纲领，对业务的开拓和实施起到了引领和推动的积极作用。在当前宏观环境复杂多变的大背景下，信托公司的发展战略不仅要着眼于三至五年的短期发展，而且更要着眼于中长期布局，着力打造并提高自身专业能力。公司将立足受托人本位，探索创新以受托服务为核心的服务信托，将金融服务与财富管理服务相结合，满足客户多元需求，提高信托服务的效率和效果。

2.业务布局是否具有均衡性：经济结构转型为新常态下信托业的转型创新、加速发展提出了全新的要求，同时带来了难得的历史机遇。着眼于未来，公司的长期战略布局需要着眼于体制机制创新，满足新兴发展主题持续产生的投融资需求，同时协调推进自身发展模式改革的深化，提高服务实体经济的效率。

3.转型创新是否注重实用性：信托业转型是大势所趋，转型创新成为未来信托公司发展战略的重要内容。在新的宏观形势和监管要求下，公司将更注重深耕服务信托、回归本源和受托人定位，将公司的转型创新与自身发展将更加紧密结合，稳步向资产管理和财富管理本源转型。

（二）当前发展战略简述

公司秉承诚信服务、专业理财、创新思维、理性投资的精神，坚持与新老客户、核心产业和区域经济一起成长的理念，注重提高创新能力，正确处理发展与规范管理、规模结构与效益之间的关系。在信托业务、创新产品构建、资产管理业务、信托产品销售能力建设、基础管理工作方面充分发展的基础上，深化公司治理及运营体系的优化调整工作。

公司将认真贯彻落实国家宏观经济政策和金融监管要求，建立规范、高效的公司内控体系，不断提高对各种风险的识别、防范和控制能力。以深化信托行业转型、强化创新和夯实管理为抓手，促进业务转型升级和结构调整。始终坚持市场化、差异化、规模化的发展路线，致力于在明晰的发展战略指导下，依托优秀的企业文化和价值观、人力资本体系、法人治理结构，构建运转流畅的资产管理体系和财富管理体系，着力提升资产管理能力、风险控制能力和财富管理能力，真正将"受人之托、代人理财"的理念注入业务实践当中，形成多层次多纬度的信托产品，推动公司信托业务回归信托本源，为实体经济服务，为各利益相关者创造价值。

公司未来将继续贴近市场，加强研发，以业务和产品创新为核心，提高创新能力，形成新的创新业务布局，强化对市场的前瞻性判断和对业务的准确把握，为今后的发展创造条件。公司将立足受托人本位，探索创新以受托服务为核心的服务信托，将金融服务与财富管理服务相结合，在家族信托、家庭信托、员工利益信托、资产证券化信托、账户管理信托等方面积极开拓，运用金融科技结合具体场景，满足客户多元需求，提高信托服务的效率和效果。将公司建设成为制度健全、内控到位、管理科学、经营规范的，具有核心竞争力的专业金融机构。

风险管理方面，公司将继续建立专业化风险防控体系，通过搭建分类、专业风险防控体系，强化前期风险控制和中后期风险管理有机结合，以应对复杂多变的内外部经济环境对信托资产质量的影响冲击。同时，在信托行业整体风险持续出清的背景下，公司将以有效的风险资产处置机制，提高风险处置效率和回收效果，降低风险的不利影响。

组织建设和选人用人方面，公司正逐步建立与业务发展的要求相匹配的考核激励机制。以价值创造为导向，分类建立以创新、质量、贡献为导向的激励机制；并形成与经营业绩紧密挂钩的差异化薪酬决定机制，建立风险共担、利益共享的机制，形成担当负责的文化导向。

中原信托有限公司

一、2021年经营概况

2021年,在河南省委省政府和上级主管部门、监管机构的正确领导和关心支持下,中原信托有限公司(以下简称公司)积极应对经济增速放缓、特大暴雨灾害以及新冠肺炎疫情等困难挑战,扎实开展党史学习教育,深入研究、精心谋划,制定了"十四五"时期进入行业第一方阵的高远目标,确立了全面转型发展的总基调和"守正创新控风险,转型调整促发展"的经营思路,持续强化市场、竞争、创新、质量、担当、效率、服务等七种意识,健全市场化经营机制,激发干部队伍活力,形成了干事创业的浓厚氛围,主要经营指标逆势增长,圆满完成"转型调整"的各项目标。截至2021年末,公司资产总额3 171.39亿元,比年初增加1 030.22亿元,增长48.1%。其中,信托资产3 068.61亿元,比年初增加1 019.51亿元,增长49.8%;固有资产102.78亿元,比年初增加10.71亿元,增长11.6%。全年实现营业收入10.71亿元,同比增长28.6%;其中信托业务收入9.08亿元,同比增长46.7%。实现拨备前利润总额8.28亿元,同比增长34%。实现利润总额4.94亿元,同比增长18.5%;实现净利润3.29亿元,同比增长5.1%。

(一)主要业务健康发展

信托业务转型升级。一是业务转型取得积极成效。新增转型业务规模365.5亿元,同比增加64.8亿元,增长21.5%;新增转型业务存续期可实现收入1.58亿元,同比增加0.66亿元,增长72%。二是低风险的服务信托发展迅速。深化与银行、保险、券商、基金以及银行理财子公司合作,发挥信托功能优势,为一批重大项目和优质客户提供综合金融服务,实现存续规模1 522亿元,同比增长4.6倍。三是标品信托初具雏形。组建了专业团队,制定了基础制度和业务流程,创建了雪球、金石、精益、天添利、丰利等系列产品线,存续规模31亿元,同比增长3倍。四是资产证券化业务多点开花。在上交所、深交所等不同场所均有项目落地,合作机构和基础资产类型也呈现多样化趋势,信托规模302亿元,占转型业务规模的83%。五是薪酬福利信托、委托债券投资等新业务实现"零"的突破。成立2单薪酬福利信托，规模6 369万元，为企业提供了多元化的金融服务。成立15单委托债券投资业务，实现业务规模12亿元，解决了部分机构的投资需求。

固有业务探索前行。一是认真履行股东权责。做好7家参股单位股权管理，密切关注参股企业经营状况、重大事项，及时审议参股企业的重大决策，切实保障公司权益，全年实现股权投资收益2.15亿元。二是做好流动性管理。坚守流动性底线，加强同信保基金的合作，及时完成信保基金授信审批10亿元。三是聚焦私募股权投资业务。业务逐步覆盖半导体、生物医药、新能源、高端制造、数字经济等领域，实施了卫龙控股、睿力集成、晶存科技和磐霖医疗基金等4个项目，认缴出资9 032万元，初步构建了固有业务发展的新模式。

（二）财富管理再上台阶

一是打造多元化产品线。加大产品研发力度，建立现金管理类、固收类、家族信托等产品线，满足客户多元化资产配置需求，实现创新类产品销售规模26.39亿元，增长2.63倍。二是增强资产配置能力。建立全方位、多层次培训体系，提升员工专业素养，逐步实现从产品营销到为客户提供个性化的资产配置服务。三是提升服务水平。优化产品推介，丰富路演形式和内容，开展投后交流，让客户更好了解产品运营情况，提升客户体验。持续做好信托受益权账户代理开户业务，再次获得中国信登2021年度"受益权账户代理开户优秀机构"荣誉称号。四是发展家族信托业务。设立标准化、定制化家族信托产品，为客户提供综合财富管理服务，管理家族信托21单，实现信托规模8.9亿元，增长达12.7倍。

（三）风险管理坚守底线

一是完善全面风险管理体系建设。改组项目审查委员会，业务部门负责人及其分管领导不再担任项审委员，实现审贷分离，保障项审委成员的独立性、客观性；修订《项目评审办法》，优化"两级评审，四级审批"的决策机制，按照"不出一单重大风险项目"的风控标准，把住项目准入关。二是主动适应业务转型要求。成立标品评审小组，引进专业化、成熟型人才，提升评审人员的专业水平。成立私募股权投资项目敏捷评审小组，与业务部门平行作业，同步调研和评审，有效识别和应对风险。三是坚持评审质量与评审效率并重。完善风险防控手段，自主研发了房企评分模型，有效识别多家出现违约事件的房企。对公司柜台自主发行的项目，不因效率牺牲质量，严把项目准入。对低风险业务、转型业务，提升评审效率，打造"专业、高效"优势，提高业务竞争力。四是加强法律合规指导。加强对重点难点项目的法律合规指导，客观分析风险，明确操作建议，梳理合同要点，降低受托责任风险。五是优化风险排查机制。制定风险排查奖惩办法，提高风险排查质量，做好贷后管理工作。

二、创新业务案例

（一）薪酬福利信托

2021年，公司基于企业递延的薪酬福利设立了两笔薪酬福利管理服务信托。两个项目的信托财产为委托人交付的员工延期支付绩效奖金，信托期限为长期。信托为开放式单一信托，委托人可在信托开放期内交付信托财产，原则上每年交付一次。项目运作模式是他益型信托，由企业作为委托人，受益人为委托人指定的全体或部分员工。信托财产的管理主要包括投资管理、账户管理、薪酬发放等。投资管理以安全保值为首要目标，可约定投资方向或由委托人指定投资标的。

该类信托业务可实现递延激励措施与企业经营风险相隔离、完善企业高管的激励机制、增强员工归属感等功能，是信托公司利用制度优势服务实体经济、满足人民美好生活需要的体现。

（二）并表信托ABN业务

2021年12月，公司作为发行人的"华电金泰（北京）投资基金管理有限公司2021年度第一期光穗长和定向资产支持票据"在银行间债券市场成功发行。

21光穗长和ABN为并表信托ABN项目，采用"财产权信托+单一资金贷款信托"双SPV结构。融资人通过认缴有限合伙份额并通过决策委员会实际控制有限合伙企业实现并表；华电金泰作为委托人和发起人，将其持有的对有限合伙企业的份额委托公司设立财产权信托并在银行间市场发行资产支持票据。资产支持票据信托募集资金用于实缴有限合伙份额并由有限合伙企业作为委托人通过单一资金信托向融资人发放贷款。

公司在项目中承担了两个角色：一是作为底层单一资金信托受托人，形成基础资产；二是作为资产支持票据信托发行载体管理机构，形成资产支持票据信托。

（三）固有私募股权业务

2021年，公司将私募股权投资业务作为固有业务转型发展的突破口。通过发展固有资金私募股权投资业务，积极布局半导体、先进制造、新能源和数字经济赛道，相继投资了睿力集成、卫龙食品、磐霖医药基金、晶存科技、复诺健及超聚变等项目，投资金额近2亿元，助力企业创新发展。同时充分发挥金融机构优势，通过资本和资源赋能，统筹规划，打造股权投资综合生态圈。一方面，持续优化内部生态，不断加强自身能力建设，汇聚专业投资人才，完善业务制度，提升股权投资专业能力。另一方面，充分链接外部生态，积极开展与省内机构的业务协同，引入省外优秀机构和产业资源，共同推动公司股权投资业务专业化和规模化。

三、社会责任履行情况

2021年，公司主动融入国家和河南省"十四五"发展大局，坚持服务实体经济和服务人民美好生活两大使命，全面发挥公司社会价值，稳步推进公司战略布局，谱写新时代中原更加出彩绚丽篇章。年度内向京津冀、大湾区、长三角等地区累计发放资金1 275亿元，助力国家打造创新平台和新增长极；投向河南省内地区的信托项目存续规模达到693亿元，为黄河流域生态保护和高质量发展、中部地区高质量发展、高质量建设现代化河南贡献力量，展现了地方国有金融企业的使命担当。

在暴雨灾情面前，公司党委坚持人民至上、生命至上，以上率下、勇毅担当。2021年7月郑州特大暴雨灾情发生后，公司按照省委省政府防汛抗灾部署，启动应急处置预案，临危不乱、积极应对，确保人员安全、业务畅通。最艰难的时刻，公司党委主要负责人与员工坚守在一起，共渡难关。7月22日，公司党委动议发挥信托制度优势，尽快成立抗汛救灾慈善信托；7月23日，经上级同意后，迅速发起设立了"中原信托·中原大爱慈善信托"，短短24小时之内募集捐款564万元，有力支持抗灾抢险和灾后重建。作为此次河南暴雨灾害后设立的规模最大、实际捐款最多的一只慈善信托，中原大爱慈善信托成为了公司履行社会责任担当的闪亮品牌。

2021年，公司秉持"诚信重诺、值得托付"的经营理念，按照"信托文化普及年"的工作要求，将信托文化建设指导思想、核心内容与公司企业文化相结合，把信托文化融入各项制度和流程，坚持"以客户为中心"的服务理念，以维护"受益人合法利益最大化"为根本宗旨，竭诚为客户提供优质、高效、专业的资产管理和财富管理服务。截至2021年末，公司累计管理信托财产11 375亿元，按时足额交付到期信托财产8 325亿元，累计向客户分配信托收益1 036亿元。报告期内，共开通网上信托约1 000个，通过网上信托签约3 700人次，签约规模约79亿元，网上信托签约率和签约规模占比七成左右，开通信托受益权账户和投资者综合服务账户约200个。2021年，先后荣获第十四届诚信托奖"行业文化奖"、2021中国优秀信托公司评选"2021优秀社会责任信托公司"、领航中国"杰出区域影响力信托公司奖"、普益标准GRA金誉奖"卓越资产管理能力信托公司"和"优秀证券投资信托产品"等奖项。

四、2022年发展规划

2022年，公司将以习近平新时代中国特色社会主义思想为指导，坚持稳中求进工作总基调，巩固拓展党史学习教育成果，加强党风廉政建设，深化内部改革，激发公司活力，提升投资管理能力，加快转型发展步伐，加强风险防控，守牢风险底线，提升经营管理水平，推动公司全面转型发展。

（一）加强党的领导

一是推动党的政治建设。把学习贯彻习近平新时代中国特色社会主义思想作为公司各级党组织必修课，严格执行"第一议题"制度，发挥党委理论学习中心组的模范表率作用，着力强化理论武装，提高政治站位，把增强"四个意识"、坚定"四个自信"、做到"两个维护"贯穿到工作的全部。二是拓展党建成效。以巩固拓展党史学习教育成果和大力推进"能力作风建设年"活动为抓手，围绕"提升五种能力"开展党建工作，用党的光荣传统和优良作风砥砺初心、鼓舞斗志、凝聚力量，全面提升服务实体经济、防范化解风险、推动业务转型的能力，锚定"两个确保"奋斗目标，服务"十大战略"深入实施，引导广大党员在新时代赶考之路上展现更大担当作为。三是加强党的领导。准确把握党对国有企业领导的重大政治原则，把党建工作和生产经营同部署、同推进、同考核，以党建"第一责任"引领和保障发展"第一要务"；把党的领导融入公司法人治理结构，发挥好党委把方向、管大局、促落实的领导核心作用，构建党委统一领导下各治理主体独立运作、有效制衡、相互合作、协调运转的治理机制。

（二）加快转型发展步伐

1.信托业务

贯彻落实"推动信托公司加快转型发展"的监管要求，以及"有序实施业务分类制度改革"的工作部署，大力发展资产管理、资产服务、公益/慈善等三大类信托业务，拓展新的发展空间，培育新的发展动能。一是积极顺应监管导向，抓住社会财富从房地产、存款向资管产品转移所蕴含的巨大潜力和增长空间，聚焦多层次资本市场，大力发展标品信托等资产管理类信托业务，满足各类客户的资产配置需求，实现盈利模式从赚取利差向获取资产管理费收入及超额收益分成的转型升级。二是充分发挥信托制度优势，加强与各类资管机构的合作，大力发展符合信托本源特点的家族信托、资产证券化信托以及涉众资金管理信托等资产服务类信托业务，满足人民群众的财富保值增值和财富传承愿望，盘活企事业单位有一定收益的存量资产，解决涉众资金管理方面的社会问题等。三是探索开展以公益慈善为目的的信托业务，为促进共同富裕、构建和谐社会，贡献信托力量。

2.固有业务

一是守住流动性风险底线。统筹兼顾安全性、流动性和收益性要求，合理负债，做好流动性管理和业务布局，丰富资产配置，优化资产结构，守住不发生流动性风险底线。二是提升组合投资管理能力。加强协同配合，探索采取现金管理和"固收+"的组合投资策略，提升金融产品组合投资管理能力，提高投资收益水平。三是发展私募股权投资业务。健全工作机制，加强培训交流，提升投研能力，拓宽合作渠道，建立股权投资生态圈，搭建基金管理架构，构建私募股权投资产品线。

3.财富管理

一是筑牢发展根基。加大老客户维护力度，增强老客户回购意愿和动力。挖掘休眠客户和潜在客户，拓展高端住宅小区等潜在高净值客户群体，探索与金融机构联合开展理财活动，加大新客户拓展力度。二是提升创新类产品销售能力。加大培训力度，举办资产配置大赛、销售经验交流会，营造学先进、强本领的氛围，提高销售人员的专业素养和资产配置能力。加快向投资顾问模式转型，逐步建立标准化的服务流程，提升产品投后服务水平，增强创新类产品的销售能力。三是加大金融机构营销力度。加强对股份制银行、城商行、券商等金融机构的沟通拜访，摸排客户需求，寻找合作切入点，努力实现业务合作。

（三）扎实做好风险合规管理

一是完善全面风险管理体系。牢固树立受托人意识，高度重视业务转型发展可能面临的风险，进一步提升全面风险管理能力，从战略、制度、系统层面强化对各类风险的管控。积极适应业务转型发展需要，大力提升私募股权投资和证券投资类业务的评审水平和效率。二是加强尽职管理。从市场形势、监管形势和业务实际出发，持续做好受托责任防范，从项目评审、法律文本、合同履行等各个环节做好尽职管理。健全风险防范和应急处置机制，加大存续项目风险排查力度，加强存续项目风险管控，坚决守住风险底线。三是强化合规管理。准确理解监管政策，加强监管沟通，不断完善准入标准。牢固树立合规发展理念，深刻认识合规管理与打破刚兑的紧密联系，强化合规管控，推动业务可持续发展。

紫金信托有限责任公司

一、2021年经营概况

2021年是紫金信托有限责任公司（以下简称公司）新十年的开局之年，公司围绕"坚持赛道换工具，坚持方向换思路"的策略，坚定推进战略规划，有序实施年度计划，顺利完成增资扩股，完善产品服务体系，优化组织架构体系。全年实现营业收入14.13亿元，同比增长21.31%；利润总额10.44亿元，同比增长30.25%；净利润7.93亿元，同比增长36.76%；净资产收益率保持较高水平，达到13.99%，处于行业前列；资产总额达到84亿元。公司年内获得江苏省年度金融企业绩效评价AAA级优秀等系列荣誉，"南京市文明单位""南京市五一巾帼标兵岗""南京市三八红旗集体"，优秀信托公司，卓越风险控制信托公司，区域影响力信托公司，优秀风控信托公司，"南京市鼓楼区经济发展突出贡献单位"等系列荣誉。

（一）坚持混改实践，为新十年夯实治理基础

为进一步充实资本实力，提升公司综合竞争力，公司实施公司成立来的第3轮增资扩股。增资后，江苏省唯一在沪港美两地上市三地交易的交通基础设施类公司——江苏宁沪高速公路股份有限公司成为公司新股东，持股比例为20%；公司现外资股东日本三井住友信托银行持股比例增至20%。

公司长期以来建立的完善的公司治理机制、专业的资产管理能力、全面的风险管控体系，以及公司稳步增长的经营业绩为此次增资奠定坚实基础。此次增资作为公司在2013年、2016年两轮增资后的第三轮增资，进一步增强了公司的资本实力与风险抵御能力。同时，新股东江苏宁沪高速在大型基础设施投资、建设、运营及管理方面的经验，也将对公司服务实体经济、助力地方发展起到良好的促进作用。

（二）坚持赛道换工具，为新十年积蓄内生动力

1.在确定性赛道上专业深耕。一是产业金融业务优化结构，标债占比显著提升。根据监管政策顺势应变，创新工具和服务手段，通过标品债券投资、财产权服务信托等工具，优化

资产结构不断增强城市经营的金融服务能力。二是不动产业务做好"三个坚持"——坚持优选国有背景优质头部房企、坚持优选财务稳健的区域龙头、坚持深耕长三角优质项目。完善标准化、立体化、精细化地产业务管控体系建设。三是普惠金融业务不断推进成为"特色鲜明的、综合性小微金融服务商"的步伐，从B端迈向C端。成立面向自然人的第一单自主募集房屋抵押贷款集合信托产品，不断提升服务小微企业、促进消费增长的能力。四是不断探索与实践服务信托运用场景。与南京多家企业制定员工持股信托方案；制定涉众资金管理信托方案，发挥优势解决教培等领域预充值"跑路"难题；在地方产业纾困过程中，制定纾困信托方案，保障债权人利益和企业持续运营。

2.以组合工具满足多元需求。持续做强自主管理的标品固收业务，坚定实施"固收+"战略。一是依托禀赋做特色，彰显资产管理能力。公司标品固收投资类的拳头产品——汇金、汇银，在资产、资金两端同步积极作为。二是从"0"到"1"，打造TOF业务投研体系。首个推出的TOF产品"稳盛1号"。同时，积极孵化以公募基金为底层的绝对收益产品和股票多头产品，持续塑造TOF业务的可持续发展能力。三是用好工具包，助力实体企业穿越周期。发挥信托制度的灵活优势及风险隔离特点，解决破产重整中参与各方的痛点，先后成立多笔南京纾困基金投资单一资金信托，规模共计8.78亿元。

（三）坚持方向换思路，为新十年培育竞争耐力

推动财富管理由资产驱动型向客户驱动型的转变，构建财富管理2.0，持续将财富管理打造成公司核心竞争力的"护城河"。

1.推进组织变革。分设私人财富部、机构拓展部和财富管理部；新设家族信托办公室和慈善信托办公室，持续构建与回归信托本源、加快发展转型相适应的组织架构。

2.从供给端出发，满足客户多层次财富管理需求。一是以家族信托，助力高端客户实现家族财富的规划和传承目标，也为公司将短期产品资金转为长期配置资金提供有效抓手。二是以慈善信托助力第三次分配，服务委托人的慈善意愿，全年设立慈善信托6单，持续打造"厚德"品牌。

（四）坚持精细化管理，为新十年增强发展韧性

1.抓住风控"牛鼻子"，筑牢合规"防火墙"。一是制定《全面风险管理办法》，以及在市场风险及流动性风险管理等方面的专项制度，不断健全风控制度；适应发展转型，不断跟进在标准化债券市场、城投债、房地产业务方面的风控步伐。二是贯彻落实资管新规和监管压降要求，做到"应清尽清，能清尽清"。

2.栽好"梧桐树"，引来"金凤凰"。围绕公司战略，调整组织架构，构建起私募投行、资产管理、固有业务、财富管理四大业务板块，为达成战略目标夯实组织保障。同时，为新

业务发展引进包括标品固收投资、家族信托、数据治理等方面的专业人才29名，连续开展内部竞聘，在公司骨干中选拔3名中层干部。

3.通过数字化转型，打造"科技护城河"。一是以数字化提升用户体验。打造"端到端"的线上财富管理科技服务平台，以"账户+服务"的方式满足客户需求，同时，描绘数据驱动的客户画像，提高场景化获客、活客能力，实现精准、裂变营销。二是以数字化升级支撑体系。借助人工智能和大数据等信息技术优势，推动运营流程自动化。

二、创新业务案例

（一）创新服务乡村振兴

2021年公司坚持贯彻实施中央提出的全面推进乡村振兴战略，聚焦推进农业现代化、加快发展乡村产业、健全现代农业经营体系等重点领域，创设了"振兴系列"产品，以金融活水润泽农业发展。其中具有代表性的"振兴4号"集合资金信托计划，创新性地将现金收益和老淮猪消费权益结合起来，一方面，为现代化养殖设施更新提供了资金支持，推动东海老淮猪特色产业向规模化、集约化和现代化方向迈进；另一方面，以消费权益的形式带动消费，提高了东海老淮猪的市场认知度，给企业提供了综合性金融服务支持。

（二）持续发展绿色信托

在"双碳"目标指引下，公司积极发挥信托制度优势，不断创新产品和服务模式，为国家"双碳"目标达成提供新路径和新动能。

2021年，公司以绿色债券投资的方式为企业光伏发电项目和污水处理管网改造工程项目提供了有力的资金支持，预期投放资金每年可节约标准煤3 395吨、减排二氧化碳7 982吨、二氧化硫2.86吨。

公司受托发行的南京公共交通（集团）有限公司2021年度第一期绿色资产支持票据是行业内首批公募绿色公交客票收费权ABN，发行规模17亿元，基础资产为公交运输收费收益权及相关权益，募集资金用于南京公交集团将部分公交线路的燃油公交车更新为新能源车，有效践行了绿色发展理念，助力南京低碳智慧型城市建设。

（三）探索资产配置业务

伴随行业转型加速，资产配置业务成为行业转型发展的重点方向之一。2021年，公司以TOF业务为切入点持续探索标品业务新路径，不断丰富以资产配置为核心的财富管理业务体系。在研判高净值客户投资需求，以及对投资顾问、子基金管理人广泛调研的基础上，公司推出多资产多策略型TOF产品——稳盛1号。该TOF产品配置了市场中性、套利、CTA和指增四大策略，实现了对股票、债券、商品及金融衍生品等主要资产的有效覆盖，并将根据市场变化动态调整，有效把握资产轮动机会，实现波动控制和收益增强。

三、社会责任履行情况

公司始终秉持"责任、专业、开放、分享"的企业文化，并在"服务、民生、责任、底线、品质"的信托文化指引下不断丰富企业文化内涵。在严格履行受托人职责的同时，积极践行信托责任文化，履行企业公民的社会责任。

作为客户信赖的伙伴，公司围绕"为客户提供定制式服务的财富管理人"的愿景，持续强化综合财富管理能力，为投资者提供立体化的资产管理、财富管理方案，恪守受托定位，严控产品风险，用专业服务为客户的财富增值保驾护航，助力客户生活品质提升。

作为员工成长的家园，公司秉承"以人为本"的人才发展理念，珍视每一个员工的价值，营造良好工作环境，打造员工职业成长通道，增强员工的自我认同，促进员工与公司共成长。

作为地方国有控股企业，公司将为实体经济服务作为出发点和落脚点，充分发挥信托制度优势，推动金融创新，将金融资本引入实体经济，促进民生改善，助力地方经济发展。大力发展绿色金融，运用绿色债券投资、绿色资产证券化等方式，为支持环境改善、应对气候变化和资源节约高效利用提供信托服务。

作为社会的成员，公司持续积极投身慈善事业，积极回馈社会。2021年11月设立"紫金·厚德11号"慈善信托，充分发挥信托专款专用、封闭管理、信息披露严格、财产独立的平台制度优势，汇聚各方力量扶危助困。"紫金·厚德"系列公益慈善信托至今累计成立11期，资金规模近千万元，救助困难家庭大病儿童和残障儿童617人次。

四、2022年发展规划

当前，宏观经济发展面临需求收缩、供给冲击、预期转弱三重压力，公司在发展过程中也面临着市场环境复杂多变、业务转型阵痛加剧、财富管理逻辑重塑的三重挑战。2022年，公司将按照"稳住基本盘，转型谋未来"的总体思路，持续建设"特征鲜明的细分市场领军企业"。公司将充分研究信托业务分类调整，在稳住基本盘的过程中，将在产业金融、不动产、普惠金融等传统资产领域调优业务结构，不断完善全面风险管理体系，结合标准化工具，创设符合可持续发展、与客户风险收益偏好符合的信托产品。在转型谋未来的过程中，公司将加快向财富管理2.0转型，不断优化资产配置，持续强化自身投研能力，不断丰富标品固收和TOF产品线；同时，加快在服务信托领域的探索，坚定回归信托本源，发挥信托在财产独立、破产隔离、机制灵活、管理透明等方面优势。

协会发展与成效

第一部分 信托行业季度评析

2021年第一季度中国信托业发展评析

中国信托业协会特约研究员 陈 进

2021年第一季度,中国经济景气程度加速回升,按可比价格计算的GDP同比增速达到了18.3%,比2020年第四季度环比增长0.6%,经济发展持续向新冠肺炎疫情前水平恢复。随着两会召开、"十四五"规划发布,充分体现新阶段、新理念、新格局的经济社会发展模式日益清晰。2021年第一季度,信托资产规模继续下降,信托资产结构、资金信托的投向和运用方式持续优化,信托业务转型取得一定成效。未来,信托业应坚守受托人定位,坚定推动业务转型,在服务国家经济社会发展的基础上实现行业的高质量发展。

一、信托资产规模平稳压降,信托公司资本实力增强

2021年第一季度,信托资产规模延续了自2018年以来的下降趋势,信托资产的结构进一步优化。信托公司固有资产较2020年第一季度实现正增长,资本实力持续增强。

(一)信托资产规模压降,结构持续优化

根据中国银保监会授权中国信托业协会发布的数据,截至2021年第一季度末,信托资产规模为20.38万亿元,较2017年第四季度末的历史峰值下降了5.87万亿元。从信托资产

规模的下降幅度来看,2021年第一季度,信托资产规模的环比增速为-0.55%,较2020年第四季度的环比增速-1.79%有所收窄;同比增速为、-4.46%,较2020年第一季度的同比增速-5.38%同样有所收窄(见图1)。

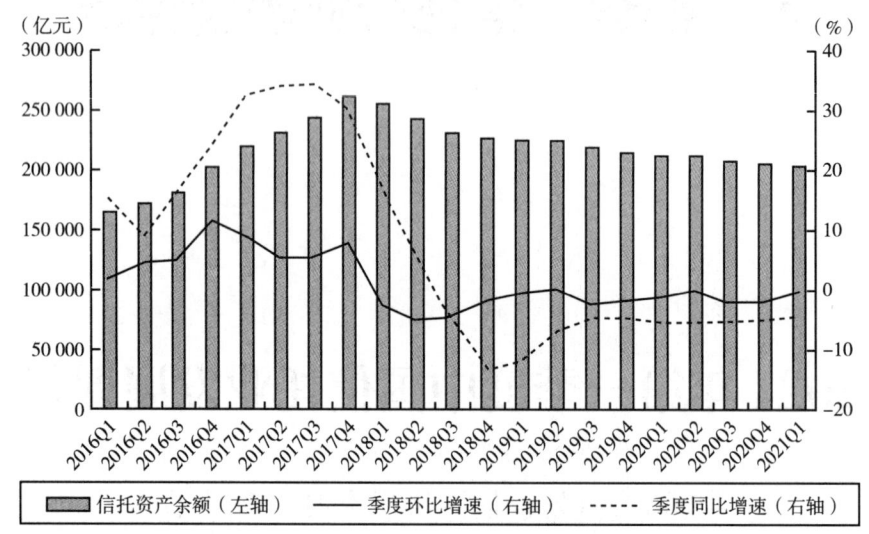

图1 2016Q1至2021Q1信托资产规模变动情况

从资金来源看,截至2021年第一季度末,集合资金信托规模为9.99万亿元,占比为49.05%,同比上升2.06个百分点,环比下降0.6个百分点;单一资金信托规模为5.97万亿元,占比为29.32%,同比下降6.68个百分点,环比下降0.62个百分点;管理财产信托规模为4.41万亿元,占比为21.63%,同比上升4.62个百分点,环比上升1.22个百分点(见图2)。

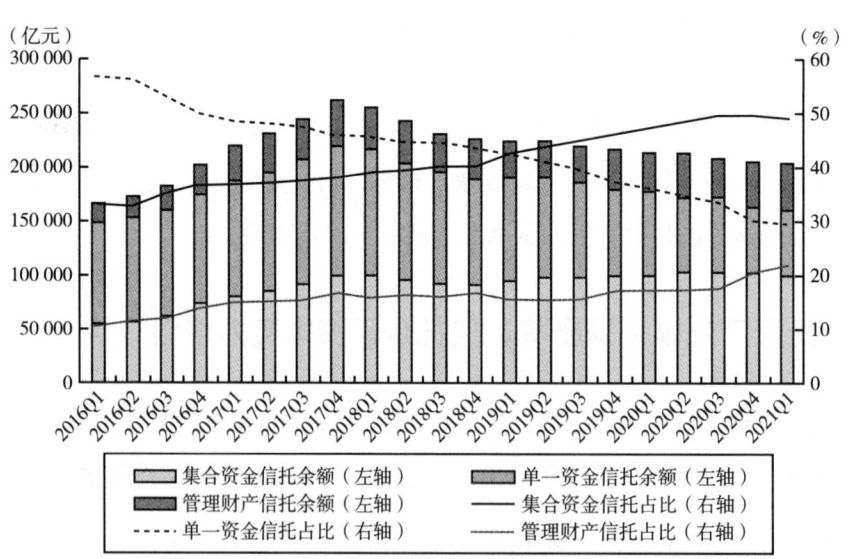

图2 2016Q1至2021Q1信托资产按资金来源分类的规模及其占比

信托资金来源的占比变化可以反映信托业务转型的情况。以通道类业务为主的单一资金信托占比近年来持续下降；集合资金信托占比近年来呈现稳步上升的趋势；与信托公司加大资产证券化信托、财产权信托业务布局力度相关，管理财产信托占比持续上升，这显示出信托财产来源在持续优化。

从信托功能来看，事务管理类信托规模和占比持续下降。截至2021年第一季度末，事务管理类信托规模为8.92万亿元，较2017年第四季度的历史峰值下降6.73万亿元，同比下降1.13万亿元，环比下降0.27万亿元。事务管理类信托占比在2021年第一季度末下降至43.76%，同比下降了3.34个百分点，环比下降1.08个百分点。

融资类信托的规模和占比在2020年上半年增长较快。2020年6月以来，中国银保监会要求信托公司持续压降融资类信托。从2020年第三季度开始，融资类信托的规模和占比开始下降。截至2021年第一季度末，融资类信托的规模和占比分别下降至4.45万亿元和21.85%，同比规模下降1.73万亿元，占比下降7.11个百分点；环比规模下降0.4万亿元；占比下降1.86个百分点，融资类信托的压降已取得一定成效。

投资类信托近年来的发展态势较好。自2020年第二季度以来，投资类信托的规模和占比已连续4个季度保持正增长。截至2021年第一季度末，投资类信托的规模和占比分别达到7.01万亿元和34.39%，同比规模增加1.9万亿元，占比提升10.45个百分点；环比规模增加0.56万亿元，占比提升2.94个百分点。

融资类信托和事务管理类信托规模和占比持续下降，在监管部门对附加回购、收益补偿等担保措施的股权投资，各类资产收（受）益权投资等各类名不副实的投资类业务进行规范后，投资类信托规模和占比仍然持续增长，表明信托业务结构得到优化，主动管理能力有所提升（见图3）。

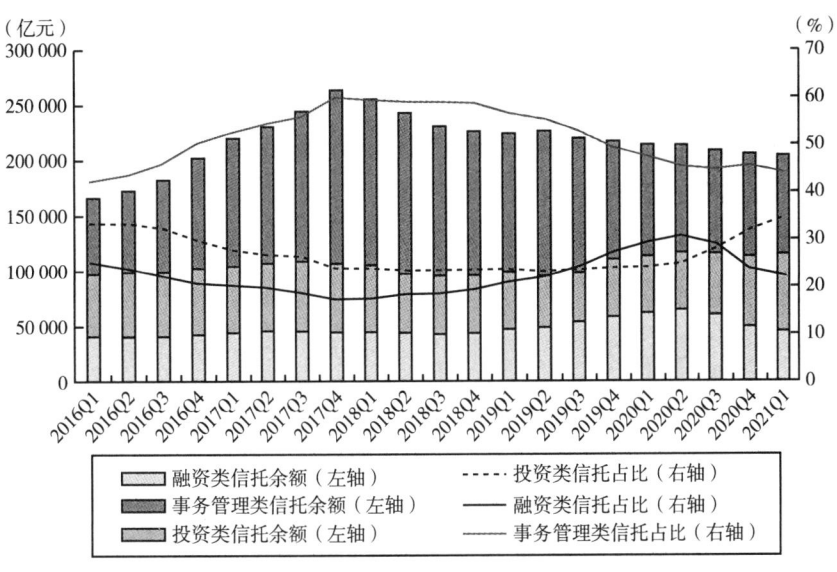

图3　2016Q1至2021Q1信托资产按功能分类的规模及其占比

（二）固有资产负债率下降，资本实力持续增强

截至2021年第一季度末，68家信托公司固有资产总额为8 216.04亿元，较2020年第一季度同比增长5.39%，较2020年第四季度环比小幅下降0.39%。2021年第一季度末，68家信托公司所有者权益总额为6 826.37亿元，同比、环比增速分别为6.18%、1.72%。所有者权益的同比、环比增速均高于固有资产，使68家信托公司的平均资产负债率有所下降，截至2021年第一季度为16.91%，在2016年第一季度至今的6年中处于较低的水平（见图4）。

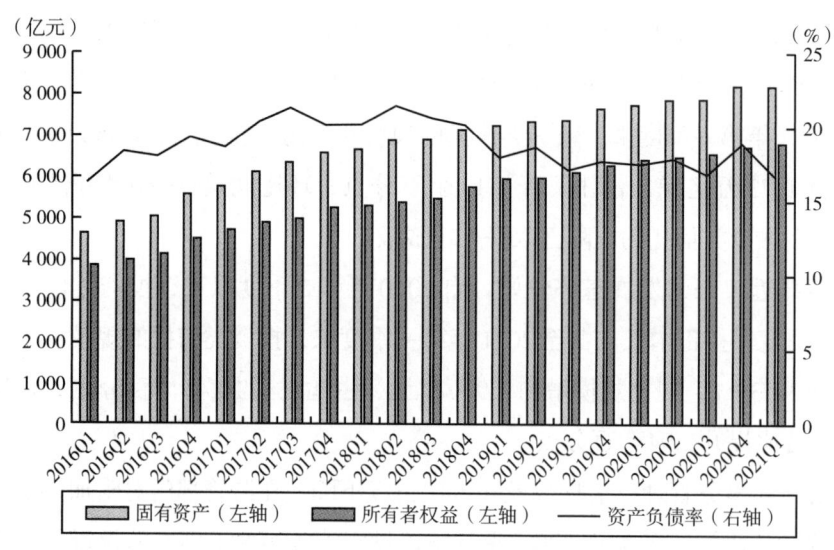

图4　2016Q1至2021Q1固有资产与所有者权益的规模变动趋势

信托公司的所有者权益主要由实收资本、信托赔偿准备、未分配利润等构成。截至2021年第一季度末，68家信托公司的实收资本、信托赔偿准备、未分配利润分别为3 141.67亿元、324.30亿元和1 974.06亿元，占比分别为46.02%、4.75%和28.92%。实收资本、信托赔偿准备、未分配利润较2020年第一季度的同比增速分别为10.34%、9.79%和2.61%（见图5），其中，实收资本和信托赔偿准备金同比增速较高。信托公司资本实力的提升，信托赔偿准备余额的提高，都有利于信托公司提高风险应对的能力，也是信托行业稳健长效发展的基石。

从固有资产的运用方式来看，截至2021年第一季度末，固有资产中投资、贷款和货币类的规模分别为6 605.23亿元、593.03亿元和475.28亿元，较2020年第一季度的同比增速分别为5.77%、45.01%和-1.47%。投资在固有资产的运用方式中始终占据最重要的地位，近年来占比基本稳定地保持在80%左右。贷款也是固有资产重要的运用方式，且在2021年第一季度同比增速较高，使其占比在2021年第一季度达到7.22%，较2020年第一季度提高了1.97个百分点。货币类资产流动性最佳，其在2021年第一季度的占比为5.78%，较2020年第一季度下降0.4个百分点（见图6）。

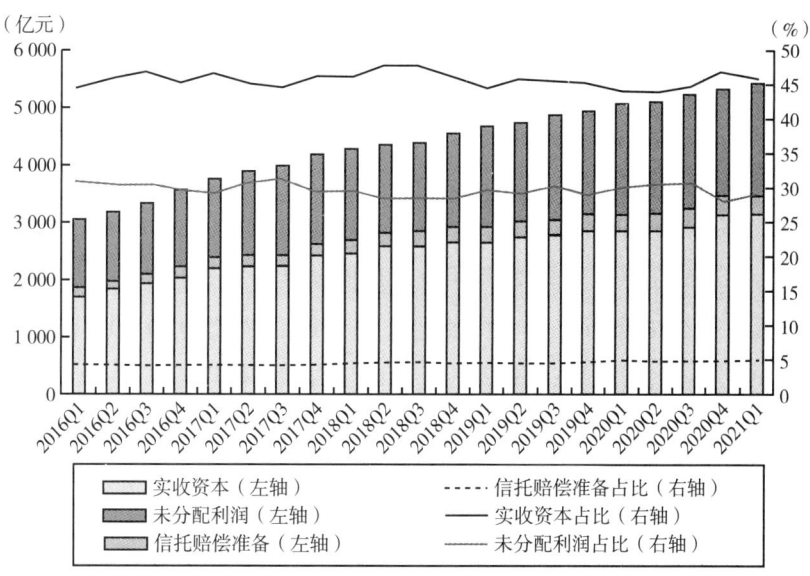

图5 2016Q1至2021Q1信托公司所有者权益的主要构成与占比

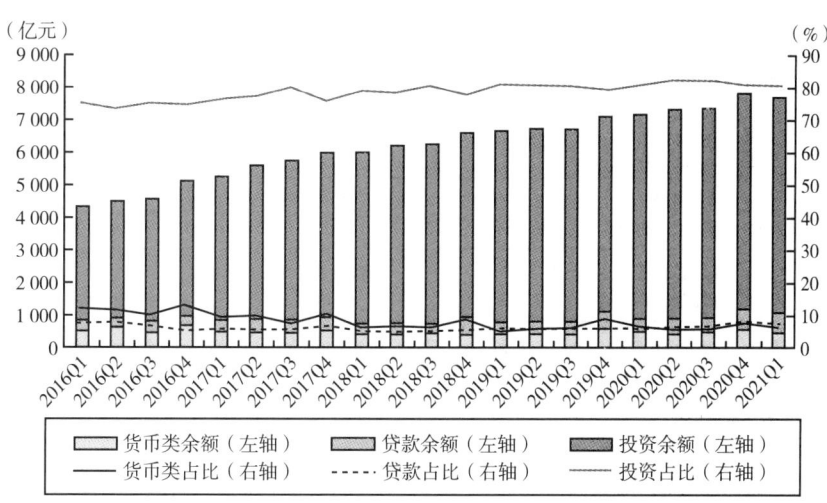

图6 2016Q1至2021Q1固有资产主要运用方式的结构变化

二、信托公司经营业绩稳步增长

2021年第一季度,信托公司经营收入、利润总额均实现了稳步增长。第一季度的良好开局,为信托业2021年全年实现较好的经营业绩打下了良好基础。

(一)经营收入稳步增长,信托业务收入占比稳定

2021年第一季度,68家信托公司实现经营收入285.92亿元,较2020年第一季度同比增长11.84%。在2021年第一季度信托资产规模仍为下降趋势的背景下,经营收入却实现了稳步增长,在一定程度上反映信托业务转型取得的成效。

从收入结构来看，信托业务收入仍是经营收入主要来源。2021年第一季度，68家信托公司实现信托业务收入213.04亿元，较2020年第一季度同比增长11.78%，与总体经营收入的增速基本持平。2021年第一季度，信托业务收入在经营收入中的占比为74.51%，与2020年第一季度的74.55%基本持平。

信托公司另外两项重要的收入来源为利息收入和投资收益。2021年第一季度，68家信托公司实现利息收入14.34亿元，较2020年第一季度同比增长16.88%，占比为5.02%；实现投资收益57.15亿元，较2020年第一季度同比增长26.56%，占比为19.99%（见图7）。利息收入、投资收益实现较快增长，对总体经营收入的增长有积极作用。

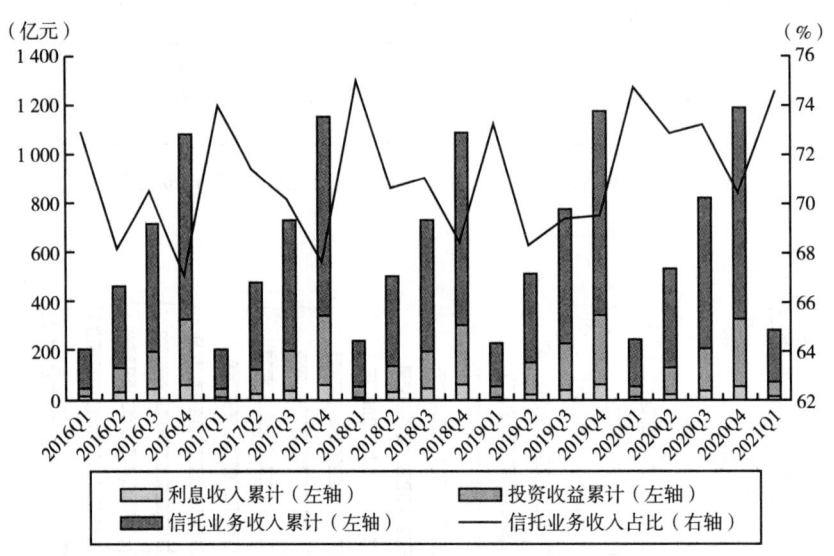

图7 2016Q1至2021Q1信托公司经营收入主要构成与信托业务收入占比

（二）利润总额恢复正增长

2021年第一季度，68家信托公司实现利润总额180.59亿元。2019年第四季度至2020年第四季度，利润总额均为负增长，2021年第一季度利润总额扭转负增长局面，较2020年第一季度同比增长8.73%（见图8）。自2019年第四季度以来，利润总额的增速均落后于经营收入的增速，表明信托公司营业成本同样也有较大幅度的增长，对利润总额的增长产生了不利影响。信托公司营业成本的增长，既有加大各类新业务布局投入（包括人力资源、IT系统等）的原因，也和信托公司加大资产减值损失的计提力度有一定的关系。近年来，信托公司经营业绩呈现分化局面，特别是个别信托公司风险暴露，利润指标转负，这也对利润总额的整体增长产生了不利影响，但行业整体保持了稳健发展态势。

2021年第一季度，68家信托公司人均利润为60.60万元，较2020年第一季度同比增长11.24%，增速高于利润总额，略低于经营收入。人均利润实现较快增长，反映了信托公司具有较高的经营效率。

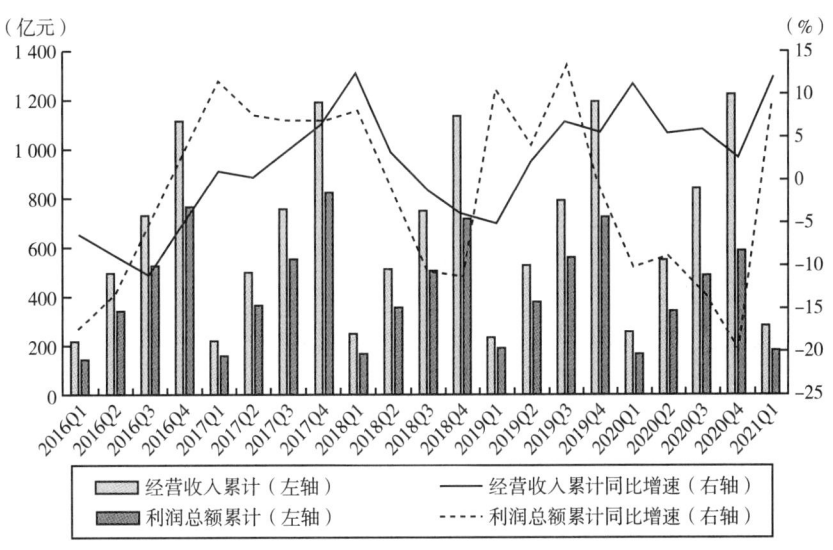

图8　2016Q1至2021Q1信托公司经营收入与利润总额的变化趋势

三、信托资金投向与运用方式进一步优化

截至2021年第一季度末，资金信托规模为15.97万亿元，同比下降9.78%，环比下降2.07%。资金信托按投向分为基础产业、房地产、证券市场、金融机构、工商企业等；按运用方式分为贷款、交易性金融资产、可供出售及持有至到期投资、长期股权投资等。2021年第一季度，资金信托的投向和运用方式均发生了明显的变化，反映了信托业务转型发展的趋势。

（一）资金投向结构优化，证券市场跃居第二大投向领域

近年来，信托业持续积极推动业务转型。从资金信托的投向领域来看，截至2021年第一季度，工商企业稳居第一位，证券市场跃居第二位，房地产、金融同业规模同比继续压降，信托业务转型呈现良好局面（见图9、图10）。

1. 工商企业

自2016年以来，工商企业始终是资金信托的第一大投向领域。截至2021年第一季度末，投向工商企业的资金信托余额为4.89万亿元，较2020年第一季度同比下降10.85%。工商企业信托的同比下降幅度略高于资金信托总体，2021年第一季度末其占比为30.61%，较2020年第一季度小幅下降0.37个百分点，但较2020年第四季度小幅回升了0.2个百分点，仍稳居第一位。工商企业始终为信托资金第一大配置领域，充分体现了信托对实体经济的支持力度，预计未来工商企业的配置比例将保持相对稳定。

2. 证券市场

截至2021年第一季度末，投向证券市场的资金信托余额为2.43万亿元，为唯一实现正增长的投向领域，较2020年第一季度的同比增速高达25.18%。2020年5月发布的《信托公司资

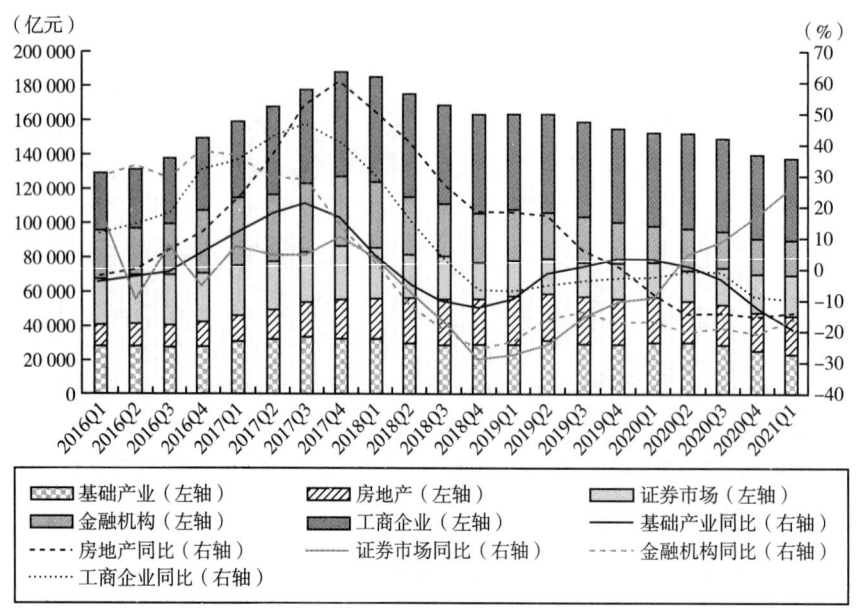

图9　2016Q1至2021Q1资金信托按投向分类的规模及增长情况

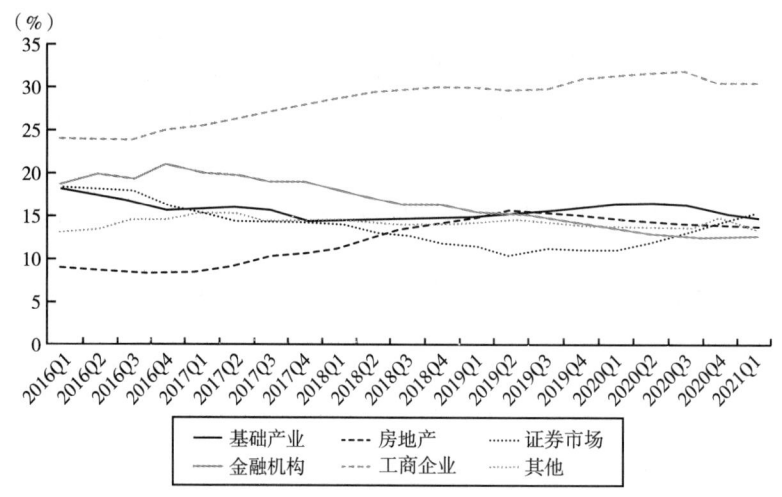

图10　2016Q1至2021Q1资金信托按投向分类的占比变动趋势

金信托管理暂行办法（征求意见稿）》要求信托公司集合资金信托向他人提供贷款或者投资于其他非标准化债权类资产的合计金额不得超过50%。自2020年第二季度以来，投向为证券市场的资金信托规模增长明显提速，已连续四个季度实现正增长，且增速始终领跑各大投向领域。

近一年来，投向证券市场的资金信托占比不断提升，截至2021年第一季度末达到15.22%，已超过投向基础产业信托的占比，跃升为资金信托投向的第二大领域。这也是自2016年以来，投向证券市场的资金信托占比首次位居第二位。未来，信托公司需要进一步提升投研能力，持续提升标准化资产的配置能力，投向证券市场的资金信托有望继续保持良好的发展态势。

投向为证券市场的资金信托可再细分为股票、基金、债券等。截至2021年第一季度末，投向证券市场股票、基金和债券的规模分别为5 891.16亿元、2 532.77亿元和15 876.45亿元，较2020年第一季度的增速分别为25.06%、2.97%、29.70%，在资金信托中的占比分别为3.69%、1.59%和9.94%。股票、基金、债券的规模、增速、占比呈现较大的差异，一定程度上可以反映信托公司发展证券投资类信托业务的路径和方向。

3. 基础产业

截至2021年第一季度末，投向基础产业的资金信托余额为2.32万亿元，较2020年第一季度同比下降19.52%。基础产业信托在2021年第一季度的下降幅度明显高于资金信托整体下降幅度，使基础产业信托占比下降至14.51%，较2020年第一季度下降了1.76个百分点，从占比位居第二位降至第三位。

虽然基础产业信托在2021年第一季度同比降幅较大，但信托公司在基础产业信托领域仍有较大发展空间。特别是5G、工业互联网、人工智能、云计算等新基建领域，仍需大量的资金投入，信托公司可充分发挥支持服务实体经济发展的职能，加大对新基建领域的资金支持力度。同时，信托公司应积极推动基础产业信托业务模式创新，探索以投贷联动、资产证券化、类REITs等模式为基础产业提供信托服务。

4. 房地产业

近年来，我国始终坚持"房住不炒"总基调，坚持不将房地产作为短期刺激经济的手段。信托业认真落实党中央和中国银保监会对于房地产行业和房地产信托业务的政策要求，房地产信托的业务规模、占比稳步下降。截至2021年第一季度末，投向房地产的资金信托余额为2.17万亿元，较2020年第一季度同比下降15.75%；房地产信托占比为13.60%，同比下降0.97个百分点，环比下降0.37个百分点，已降至资金信托投向的第四位。房地产信托业务规模和占比的压降，有助于信托公司积极推动业务转型，避免资金投放过度集中于房地产领域，也有助于更好地发挥信托服务实体经济高质量发展的职能。

5. 金融机构

截至2021年第一季度末，投向金融机构的资金信托余额为1.99万亿元，较2020年第一季度同比下降17.13%；占比为12.49%，较2020年第一季度下降1.11个百分点。投向金融机构的资金信托占比自2017年以来整体呈现不断下降的趋势，表明信托行业积极推动"去嵌套、降通道"已取得明显成效。

（二）资金运用方式优化，贷款占比大幅下降

资金信托的运用方式包括贷款、交易性金融资产投资、可供出售及持有至到期投资、长期股权投资、存放同业等。从占比来看，贷款、交易性金融资产投资、可供出售及持有至到期投资、长期股权投资是最主要的运用方式，这四类的占比合计达85%左右。

资金信托运用方式的变化同样反映了信托业务转型的趋势。与2020年第一季度同期对

比，2021年第一季度运用方式为贷款的占比大幅下降6.24个百分点。运用方式为交易性金融资产投资、可供出售及持有至到期投资的占比分别上升了4.57个百分点、1.97个百分点。运用方式为长期股权投资的占比小幅上升0.1个百分点。贷款占比的大幅下降，表明传统的非标融资业务占比下降；以交易性金融资产、可供出售及持有至到期投资为代表的金融资产投资占比的提升，反映出信托投资功能的重要性正不断提升（见图11）。

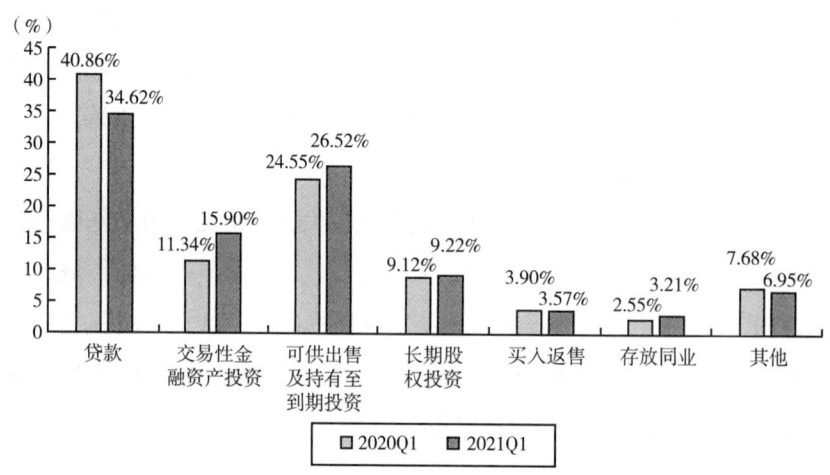

图11 资金信托各类运用方式占比的变化

未来随着信托业持续深化转型，预计贷款的占比将继续下降，交易性金融资产投资、可供出售及持有至到期投资的占比有望继续上升。此外，不少信托公司探索开展股权投资类业务，长期股权投资的占比也有可能进一步上升。

四、坚守受托人定位，实现行业高质量发展

2021年既是"十四五"的开局之年，也是资管新规过渡期的最后一年。信托行业2021年的发展情况，将对行业未来的长期健康发展奠定基础，具有承上启下的重要意义。信托行业应积极落实"十四五"规划，扎实推动受托人文化建设，践行绿色发展理念，在坚守风险合规底线的前提下，实现行业整体的稳健发展，为国家经济社会发展大局贡献信托力量。

（一）落实"十四五"规划，推动行业高质量发展

2021年3月，十三届全国人大四次会议表决通过了关于国民经济和社会发展第十四个五年规划和2035年远景目标纲要的决议，"十四五"规划正式发布。"十四五"规划提出了"建立现代财税金融体制"的目标，要求构建金融有效支持实体经济的体制机制。

信托行业作为金融行业的重要组成部分，应自觉将行业发展与"十四五"规划和2035年远景目标的要求相结合。信托行业应继续积极响应监管号召，继续压降通道类业务和违规开展的融资类业务，同时，进一步加强对实体经济的支持力度，在服务国家经济社会发展的基

础上实现行业自身的高质量发展。

（二）坚持绿色发展，助力碳中和目标实现

"十四五"规划提出了"推动经济社会发展全面绿色转型"的目标，绿色金融将成为"十四五"时期的重点发展方向。开展绿色信托业务，是信托行业践行绿色发展理念的最佳体现。近年来，我国绿色信托的业务规模增长较快。根据中国信托业协会发布的《中国信托业社会责任报告（2019—2020）》，2019年末绿色信托存续项目规模达到3 354.6亿元。然而，绿色信托在整个信托资产规模中的占比还很低，绿色信托具有巨大的增长潜力。

2020年第一季度，信托公司积极探索创新绿色信托业务，多单碳中和资产支持商业票据（ABCP）和碳中和资产支持票据（ABN）成功发行，碳资产服务信托、碳资产投资信托等业务相继落地。未来，信托行业应充分发挥信托制度的灵活性优势，大力发展各类绿色信托业务，包括绿色信托贷款、绿色股权投资、绿色证券投资、绿色资产证券化、碳资产管理等，引导资金流向绿色产业，助力"碳达峰""碳中和"目标实现，践行信托行业服务国家战略发展大局的责任意识。

（三）推进受托人文化建设，促进行业转型发展

2020年中国信托业年会上提出，"信托公司要实现高质量发展，关键是要围绕受托人的中心地位建设良好受托人文化"。2021年是信托文化普及年，信托公司应以此为契机，大力普及受托人文化，使坚守受托人定位成为每一位信托从业人员的行为准则。

受托人文化具有丰富的内涵，但外化于行就是应切实提高资产管理能力。信托公司应当以受托人能力建设为抓手落实受托人文化建设，着力提高投研能力、风控能力、内部管理能力等。信托公司践行受托人文化，提升专业受托能力，将有助于行业回归本源，从以非标债权投资为主向股权投资、证券投资、服务信托等各类创新业务模式并重转型，真正满足委托人和受益人的财富管理和资产管理需求，同时积极支持和服务实体经济高质量发展。

（四）坚守风险合规底线，实现行业稳健转型

"十四五"规划提出了"强化国家经济安全保障"，其中"实施金融安全战略"是其重要组成部分，守住不发生系统性风险是金融行业的发展底线。近年来，我国加强了对信托行业的监管，有序稳妥推动个别高风险信托公司的处置工作，行业整体保持了稳健发展态势。

未来，信托行业应持续探索构建与业务发展相匹配的风控合规体系，持续提升风险管控能力。信托行业切实提升尽责履职能力，提升合规意识和风控能力，是信托文化建设的基本要求，也是贯彻资产管理业务"卖者尽责、买者自负"理念的前提条件。行稳才能致远，未来信托行业应始终坚守风险合规底线，为行业的平稳转型提供坚实基础。

2021年第二季度中国信托业发展评析

西南财经大学信托与理财研究所　翟立宏

2021年第二季度，中国经济持续稳定恢复，第二季度GDP同比增长7.9%，经济发展呈现稳中加固、稳中向好态势。上半年高技术制造业增加值同比增长22.6%，新动能快速成长。随着资管新规过渡期临近结束，信托业的业务转型业已取得一定成效。融资类与通道业务继续压缩，房地产信托规模得到有力管控，资金投向不断优化，支持实体经济的力度不断增强。同时，标准化投资快速发展，主要得益于证券市场信托的持续发展，信托资产规模在第二季度迎来资管新规颁布后的首次回升。随着转型成果的显现，行业发展方向愈加明晰。未来，信托公司应继续积极推动业务转型，以满足实体经济高质量发展和居民财富管理需求。

一、信托资产规模企稳回升，信托公司资本实力持续增强

（一）资管新规颁布后，信托资产规模首次回升

资管新规发布以来，信托业进入艰难转型阶段，信托资产规模从2017年第四季度末的高点持续滑落。随着资管新规过渡期临近结束，信托资产规模渐趋平稳，并在2021年第二季度首次出现回升。截至2021年第二季度末，信托资产规模为20.64万亿元，与2020年第二季度末相比，同比下降0.64万亿元，降幅为3.02%；与2021年第一季度末相比，环比增加0.26万亿元，增幅为1.28%（见图1）。

从资金来源看，截至2021年第二季度末，集合资金信托规模为10.37万亿元，同比增长0.76%，环比增长3.72%；集合资金信托占比为50.23%，同比上升1.89个百分点，环比上升1.19个百分点。单一资金信托规模为5.60万亿元，同比下降23.98%，环比下降6.21%；单一资金信托占比为27.15%，同比降低7.48个百分点，环比降低2.17个百分点。管理财产信托

规模为4.67万亿元,同比增长28.89%,环比增长5.88%;管理财产信托占比为22.61%,同比上升5.60个百分点,环比上升0.98个百分点。

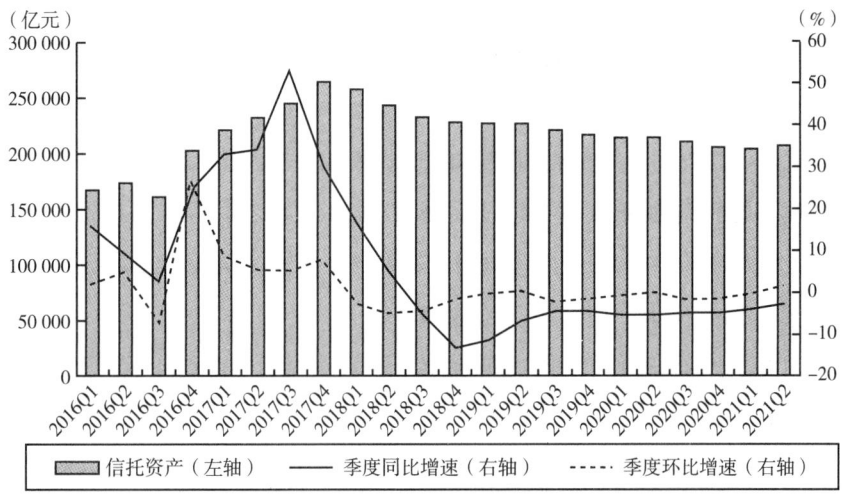

图1 2016Q1至2021Q2信托资产规模变动情况

基于信托资产来源的占比变化,可以明显看到信托业转型的成果。资管新规颁布以来,在信托资产规模持续压缩的背景下,集合资金信托的规模整体保持平稳,但占比持续提高,2021年第二季度末达到50.23%,首次突破50%,较2017年末(37.74%)上升12.49个百分点。同时,相对于资金信托而言,非资金类的资产来源即管理财产信托占比呈现上升趋势,较2017年末(16.53%)上升6.08个百分点。相较之下,以通道类业务为主的单一资金信托的规模和占比则经历了长时间的连续下降。截至2021年第二季度末,单一资金信托的规模已不足2017年末高点时的一半,占比较2017年末(45.73%)大幅降低18.58个百分点(见图2)。

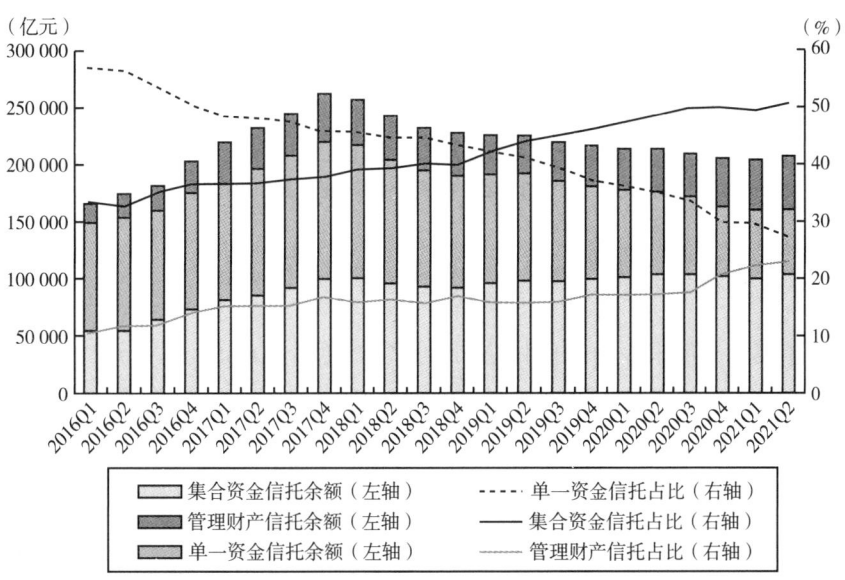

图2 2016Q1至2021Q2信托资产按资金来源分类的规模及其占比

从信托功能来看，事务管理类信托规模和占比持续下降。截至2021年第二季度末，事务管理类信托规模为8.87万亿元，较2017年第四季度的历史峰值（15.65万亿元）下降43.31%，同比下降7.41%，环比下降0.51%；事务管理类信托占比降低至42.98%，同比降低2.04个百分点，环比降低0.77个百分点。尽管事务管理类信托规模较2017年末大幅削减，但目前仍然居于首位。

投资类信托是信托公司向主动管理转型的重要领域。2020年第二季度以来，投资类信托快速发展，规模迅速接近事务管理类信托。截至2021年第二季度末，投资类信托规模增至7.64万亿元，同比大幅增长45.33%，环比增长8.96%；投资类信托占比升至37.00%，同比上升12.31个百分点，环比上升2.61个百分点。

在监管明确要求压缩融资类信托的情况下，融资类信托规模自2020年第三季度以来连续下滑。截至2021年第二季度末，融资类信托规模降至4.13万亿元，同比大幅下降35.92%，环比下降7.24%；融资类信托占比降至20.02%，同比降低10.27个百分点，环比降低1.84个百分点（见图3）。

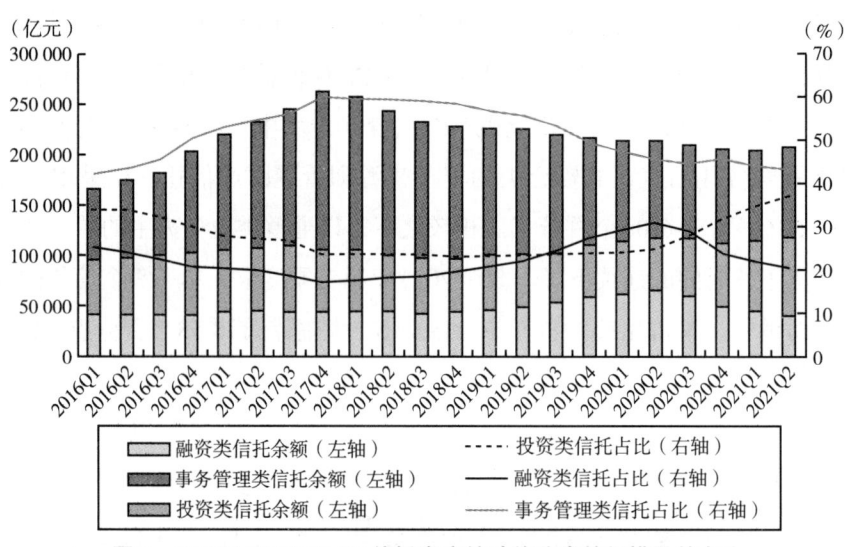

图3　2016Q1至2021Q2信托资产按功能分类的规模及其占比

（二）固有资产持续增加，贷款规模较快增长

截至2021年第二季度末，68家信托公司固有资产总额为8 353.54亿元，同比增长5.86%，环比增长1.67%。

从固有资产的运用方式来看，投资始终占据最重要的地位，且规模和占比都维持整体上升的趋势。截至2021年第二季度末，投资规模为6 824.61亿元，同比增长6.45%，环比增长3.32%；投资占比为81.70%，同比上升0.46个百分点，环比上升1.30个百分点。贷款规模为625.90亿元，同比大幅增长31.26%，环比增长5.54%；贷款占比为7.49%，同比上升1.45个百分点，环比上升0.27个百分点。货币类资产规模为431.76亿元，同比增长5.37%，环比下降9.16%；货币类资产占比为5.17%，同比微降0.02个百分点，环比降低0.62个百分点（见图4）。

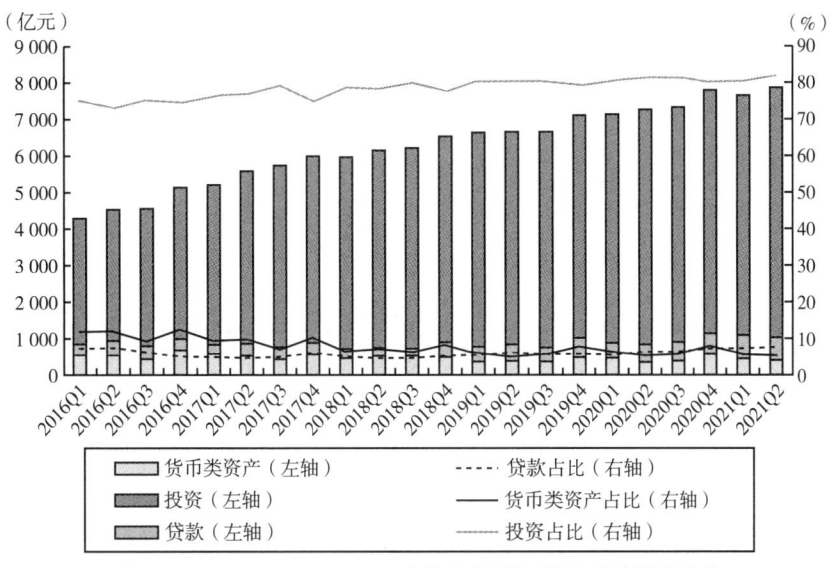

图4　2016Q1至2021Q2固有资产主要运用方式的结构变化

截至2021年第二季度末，68家信托公司所有者权益总额为6 925.22亿元，同比增长6.66%，环比增长1.45%。

从所有者权益的构成来看，实收资本和信托赔偿准备均出现较明显的增长。截至2021年第二季度末，实收资本为3 153.99亿元，同比增长10.78%，环比增长0.39%；实收资本占比为45.54%，同比上升1.69个百分点，环比降低0.48个百分点。

近年来信托赔偿准备呈现缓慢增长的趋势。截至2021年第二季度末，信托赔偿准备为329.66亿元，同比增长11.37%，环比增长1.65%；信托赔偿准备占比为4.76%，同比、环比分别小幅上升0.20和0.01个百分点。在部分信托公司集中暴露消化前期信托项目风险积累的背景下，信托赔偿准备的增加有助于提高信托公司的风险应对能力。

截至2021年第二季度末，未分配利润为2 051.98亿元，同比增长4.28%，环比增长3.95%；未分配利润占比为29.63%，同比降低0.68个百分点，环比上升0.71个百分点（见图5）。

二、信托公司经营业绩改善，盈利能力恢复

随着新冠肺炎疫情加强管控，中国经济运行逐步回到正轨。疫情对信托公司的负面冲击得以减弱，全行业经营收入和利润同步增长。

（一）经营收入稳定增长，投资收益贡献度上升

截至2021年第二季度末，信托公司实现经营收入602.31亿元，同比增长9.41%，保持连

续增长的态势。

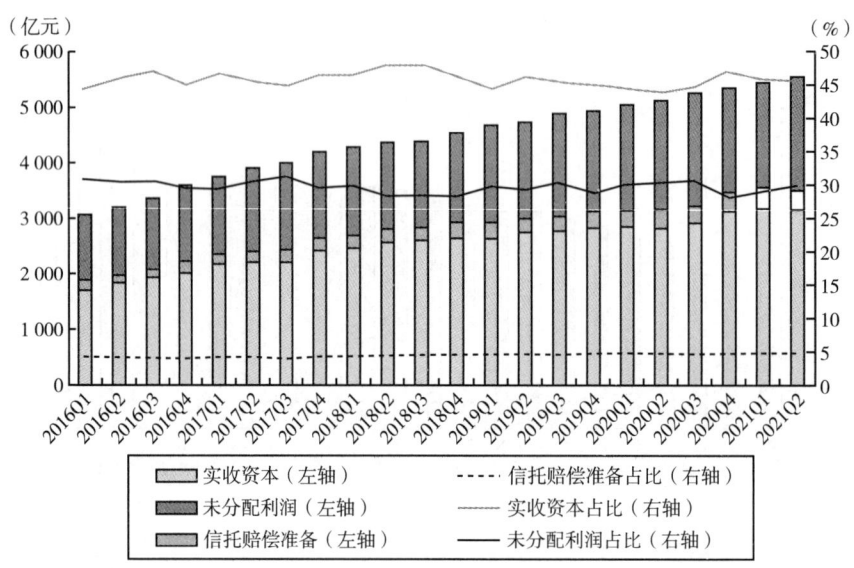

图5　2016Q1至2021Q2信托公司所有者权益的主要构成与占比

从收入结构来看，信托业务收入是信托公司最主要的收入来源，继续保持良好的稳定性。截至2021年第二季度末，信托公司实现信托业务收入435.55亿元，同比增长8.52%；信托业务收入占比为72.31%，同比降低0.59个百分点。

2021年第二季度，投资收益实现较快增长，同时占比也有所上升。截至2021年第二季度末，信托公司实现投资收益133.37亿元，同比增长24.05%；投资收益占比为21.81%，同比上升2.28个百分点。

利息收入同样实现了较快的增长。截至2021年第二季度末，信托公司实现利息收入30.83亿元，同比增长16.42%；利息收入占比为6.58%，同比上升1.76个百分点（见图6）。

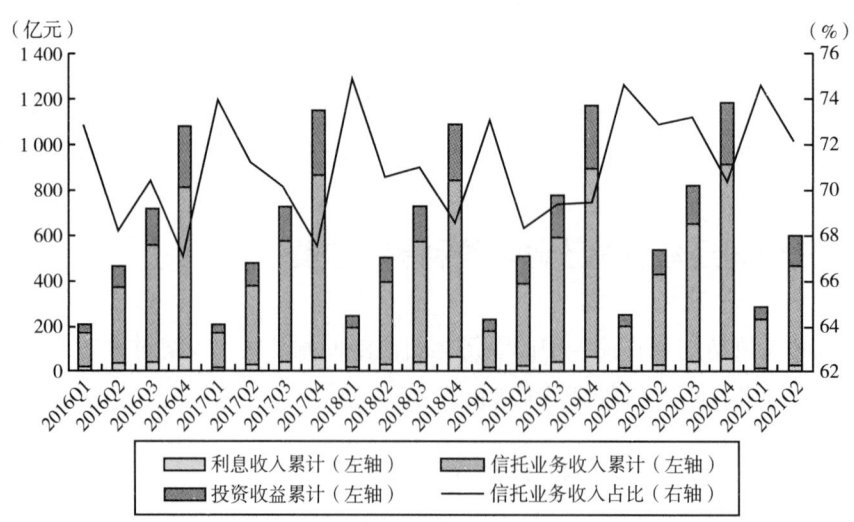

图6　2016Q1至2021Q2信托公司经营收入主要构成与信托业务收入占比

（二）信托公司利润扭转颓势，实现连续正增长

2021年第一季度信托公司利润扭转颓势实现正增长，第二季度信托公司利润增长进一步提速。截至2021年第二季度末，信托公司累计利润为395.86亿元，同比增长16.08%，增速较第一季度提高7.36个百分点。同时，第二季度利润同比增速超过营收增速（8.52%），表明信托公司营业成本有所压缩，经营质效有所提高，转型调整初现成效（见图7）。

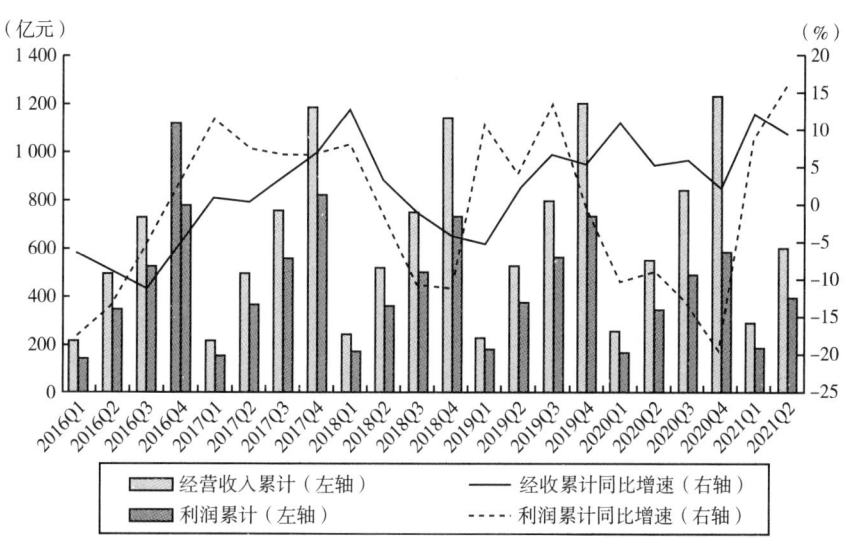

图7　2016Q1至2021Q2营业收入与利润总额当年累计值及其同比增速

三、资金信托投向和运用方式持续优化

2021年是"十四五"规划的开局之年，也是我国第二个百年奋斗目标的起始之年。信托业需要抓住历史机遇，在供给侧结构性改革的大背景下，把握中国经济发展趋势，充分发挥信托优势，不断加大对实体经济的支持力度。

（一）资金投向结构优化，证券市场信托增长显著

截至2021年第二季度末，资金信托规模为15.97万亿元，同比下降9.56%。截至2021年第二季度末，从资金信托在五大领域占比来看（见图8），排序分别是工商企业（30.00%）、证券市场（17.52%）、基础产业（13.42%）、房地产业（13.01%）、金融机构（11.97%）。

1. 工商企业

长期以来，工商企业信托稳定占据资金信托投向的第一位，是信托支持实体经济的直接体现。截至2021年第二季度末，投向工商企业的资金信托余额为4.79万亿元，同比下降13.90%，环比下降2.00%；工商企业信托占比为30.00%，同比降低1.51个百分点，环比降低0.62个百分点。伴随资金信托整体规模的收缩，工商企业信托规模有所减少。尽管如此，作为信托支持实体经济最直接的途径，工商企业信托占比仍稳居第一位。

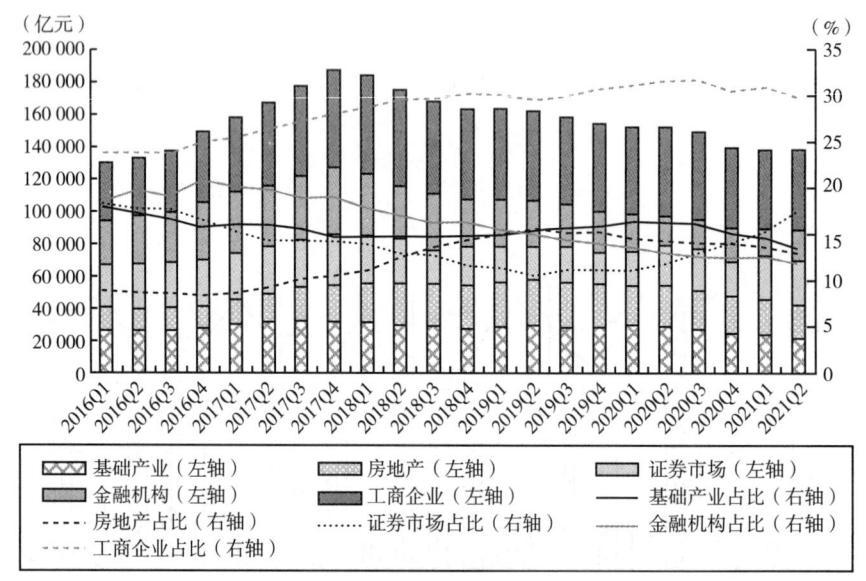

图8 2016Q1至2021Q2资金信托按投向分类的规模及增长情况

2. 证券市场

证券市场是资金信托投向的第二大领域。截至2021年第二季度末，投向证券市场的资金信托余额为2.80万亿元，同比增长35.39%，环比增长15.17%；证券市场信托占比升至17.52%，同比上升5.82个百分点，环比上升2.31个百分点。其中，投向股票、债券和基金的规模分别为0.65万亿元、1.91万亿元和0.24万亿元，同比增长分别为13.07%、51.83%和2.24%，占比分别为4.09%、11.94%和1.50%。可以发现，证券市场信托的增长主要源自投向股票和债券的资金信托产品，尤其是投向债券的资金信托产品同比大幅增长。

标准化是金融行业发展的重要趋势，能够使金融资源得到更高效合理的配置，进而更好地支持实体经济。《信托公司资金信托管理暂行办法（征求意见稿）》对非标资产的投资比例做了明确限制。在政策的引导下，预计证券市场信托的规模和占比将持续提升。

3. 基础产业

截至2021年第二季度末，投向基础产业的资金信托余额为2.14万亿元，同比下降25.87%，环比下降7.52%；基础产业信托占比降至13.42%，同比降低2.95个百分点，环比降低1.09个百分点。

尽管基础产业信托近期发展受到一定的阻碍，但在新基建的发展理念下，基础产业信托仍有较大发展空间。然而，从传统基建领域转向新基建领域转变的过程中，信托公司将面临现有专业能力和专业工具与新基建需求难以匹配的难题。因此，信托公司需要积极推动新基建相关的专业能力建设，并根据新基建的实际需求创新业务模式和专业工具，积极为新基建项目提供资金和服务支持。

4. 房地产业

在"房住不炒"的政策定位下，监管对房地产行业的管控持续加码，融资条件也不断收紧，投向房地产的资金信托持续下滑。截至2021年第二季度末，投向房地产业的资金信托余额为2.08万亿元，同比下降16.94%，环比下降4.39%；房地产业信托占比降至13.01%，同比降低1.16个百分点，环比降低0.60个百分点。

房地产行业调控升级有助于防范金融资源过度集中，避免由此带来的资源浪费和潜在系统性金融风险。同时，房地产信托业务规模和占比的压降，有助于信托公司积极推动业务转型，将更多资金投入经济转型升级的重点领域，更好地发挥信托服务实体经济高质量发展的职能。

5. 金融机构

截至2021年第二季度末，投向金融机构的资金信托余额为1.91万亿元，同比下降15.67%，环比下降4.15%；金融机构信托占比降至11.97%，同比降低0.87个百分点，环比降低0.52个百分点。

资管新规以来，信托行业去通道效果显著。当前投向金融机构的资金信托规模较2017年末的高点（4.11万亿元）已压缩过半，资金空转现象明显减少，在提高金融效率的同时，有助于减少资金链条过长隐匿的风险。

（二）资金运用方式优化，贷款占比继续减少

从资金信托的资金运用方式来看，贷款（32.27%）、可供出售及持有至到期投资（27.48%）和交易性金融资产投资（17.84%）排名前三位。

在信托业务转型的背景下，贷款规模已经持续8个季度缩减。截至2021年第二季度末，贷款规模为5.15万亿元，同比大幅下降27.01%，环比下降6.78%；贷款占比降至32.27%，同比降低7.72个百分点，环比降低2.35个百分点。

买入返售同样出现大幅缩减。截至2021年第二季度末，买入返售规模为0.52万亿元，同比大幅下降27.64%，环比下降9.26%；买入返售占比降至3.24%，同比降低0.81个百分点，环比降低0.33个百分点。

受益于证券市场信托的快速发展，交易性金融资产投资规模自2020年第三季度开始迅速增长。截至2021年第二季度末，交易性金融资产投资规模增至2.85万亿元，同比大幅增长35.17%，环比增长12.15%；交易性金融资产投资占比达到17.84%，同比上升5.90个百分点，环比上升1.93个百分点（见图9）。

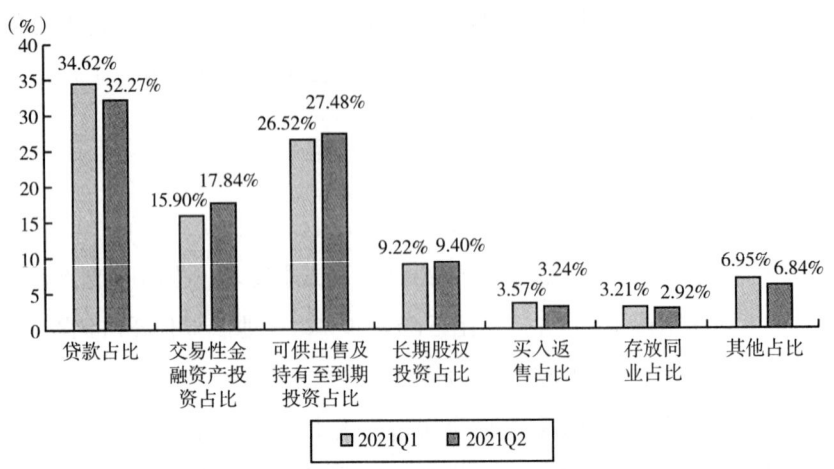

图9 资金信托各类运用方式占比变化情况

四、转型成果显现，行业发展方向日渐明晰

（一）坚定转型方向，稳妥度过资管新规过渡期

资管新规过渡期临近结束，信托业转型已经取得一定成效。不符合监管要求的通道业务持续压缩，非标投资明显减少，资金投向不断优化，标准化投资快速发展，主动管理能力逐步加强。同时，随着新冠肺炎疫情影响的消退，各信托公司的盈利能力也得到修复，行业整体展现出良好的发展态势。在资管新规过渡期的最后关头，信托公司应明确自身定位，坚定转型方向，以满足实体经济高质量发展需求和居民财富管理需求为导向，继续积极推动各项业务的转型升级，稳妥度过资管新规过渡期。

（二）有的放矢，支持实体经济高质量发展

"十四五"规划指出我国发展仍然处于重要战略机遇期，在新一轮科技革命和产业变革深入发展的背景下，我国已转向高质量发展阶段。与此同时，我国发展不平衡不充分问题仍然突出，重点领域关键环节改革任务仍然艰巨。在此背景下，信托业必须抓住中国经济发展的主旋律，针对国家重点发展的"两新一重"等战略性领域的实际需求，创新服务工具，更好地支持实体经济高质量发展，也藉此奠定行业自身可持续健康发展的基础。

（三）提升专业能力，服务居民财富管理需求

财富管理业务是信托公司回归本源的重要依托。中国经济社会的持续发展，带来了居民收入的快速增长，居民财富管理需求也随之增加。凭借资产隔离和灵活性等信托制度优势，信托公司将成为财富管理业务的核心参与主体。然而，客户财富管理需求的复杂性和综合

性，决定了财富管理业务具有相当高的专业门槛，当前信托公司在财富管理方面专业能力的不足将成为限制业务发展的主要桎梏。信托公司需真正树立以客户为中心的服务理念，基于客户全生命周期需求，不断创新服务工具，提升专业服务能力，满足客户多样化的财富管理需求。

（四）提高投研实力，积极发展标准化信托业务

资本市场深化改革的环境为信托公司带来了标准化资产投资机遇，信托公司能够充分发挥信托资产的本源属性，发展直接融资业务，促使金融市场投融资结构与实体经济发展结构相匹配，形成良性互动且高效运转的金融与实体经济资金融通格局。信托公司发展标准化信托需以资金端需求为导向，根据客户的不同特征和不同需求创设个性化的金融产品和服务。同时，信托公司在短期可以集中精力开发资产配置模式，稳步发展底层标的资产的自主投研实力，为长期覆盖全方位资产类别的投资运作能力打好基础。

（五）碳交易市场正式启动，绿色信托空间进一步扩展

实现"碳达峰""碳中和"是中国向世界作出的庄严承诺，也是一场广泛而深刻的经济社会变革。生态优先、绿色发展，协同推进经济高质量发展和生态环境高水平保护，将成为未来中国经济发展的重要命题。2021年2月，中航信托参与设立了首单主要投资于碳市场的"碳中和"主题绿色信托计划。2021年4月21日，中海信托与中海油能源共同宣布，全国首单以CCER为基础资产的"碳中和"服务信托——"中海蔚蓝CCER碳中和服务信托"正式成立。2021年7月11日，中融信托首单碳交易CCER投资信托成功落地，为碳市场的建设和开启提供了助力。兴业信托作为国内首批系统性开展绿色业务的信托公司，目前已形成涵盖绿色信托传统融资、绿色并购投融资、绿色股权投资等多个业务种类的绿色金融产品与服务体系，累计投放绿色投融资规模破1 000亿元。随着绿色发展不断渗入经济社会的各个方面，绿色信托的发展空间将进一步扩展，为信托公司的业务转型带来新的机遇。

2021年第三季度中国信托业发展评析

中国信托业协会特约研究员　周　萍

2021年第三季度，我国经济发展面临更加复杂严峻的外部环境，发达国家经济景气回落，通胀压力持续上升。国内方面，受地产调控、地方政府隐性债务监管、"双限双控"以及新冠肺炎疫情散发等多重因素叠加，我国经济面临一定下行压力，复苏动能有所减弱。国家统计局数据显示，我国第三季度GDP（国内生产总值）同比增长4.9%，跌破5%，工业生产、消费、投资等主要经济数据均有所回落。9月以来，中央多次强调加强跨周期调节，保持经济运行在合理区间，政策重心转向保供稳价、扩能增产，抑制PPI上涨速度等方面。

人民银行2021年第三季度金融统计数据显示，当前金融运行总体平稳，货币供应量和社会融资规模的增速同名义经济增速基本匹配，宏观杠杆率保持稳定，流动性保持合理充裕。作为金融行业的重要组成部分，信托行业面临资管新规过渡期即将结束和"两压一降"严监管的双重压力，行业转型亟待取得实质性进展。进入第三季度，信托资产规模较2021年第二季度末有所回落，资产结构继续优化，经营绩效不断提升，信托公司资本实力持续增强，风险抵御能力逐步夯实。下一阶段，信托业将紧密围绕"十四五"规划，始终坚持稳中求进，以监管导向为遵循，把握行业转型中的新机遇，服务经济高质量发展和人民美好生活。

一、信托资产规模平稳回落，信托资产结构持续优化

（一）信托资产规模小幅回落，规模变化趋向平稳

截至2021年第三季度末，信托业受托管理的信托资产余额为20.44万亿元，同比下降2%，较2021年第二季度末环比下降0.94%，较2017年第四季度末峰值下降22.11%。自资管新规发布以来，信托行业在严监管的引导下，信托资产规模持续压降，2021年第三季度继

2021年第二季度首次出现规模回升后小幅回落，略高于2021年第一季度末资产余额，规模变化趋向平稳（见图1）。

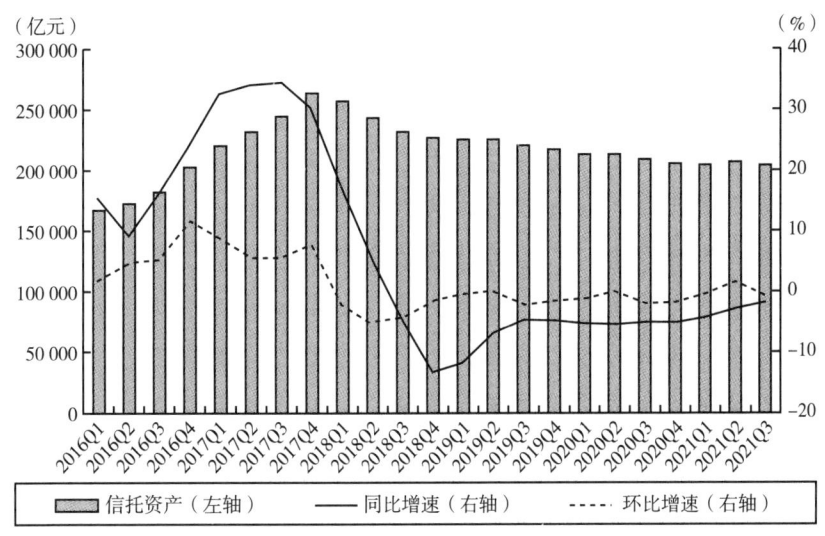

图1　2016Q1至2021Q3信托资产规模变动情况

（二）信托资产结构不断优化，业务转型成效初显

从资金来源看，截至2021年第三季度末，集合资金信托规模为10.55万亿元，同比增长2.37%，环比增长1.81%；集合资金信托占比为51.63%，环比上升1.39个百分点。单一资金信托规模为5.12万亿元，同比下降26.04%，环比下降8.64%；单一资金信托占比为25.04%，环比降低2.11个百分点。管理财产信托规模为4.77万亿元，同比增长31.37%，环比增长2.21%；管理财产信托占比为23.33%，环比上升0.72个百分点（见图2）。

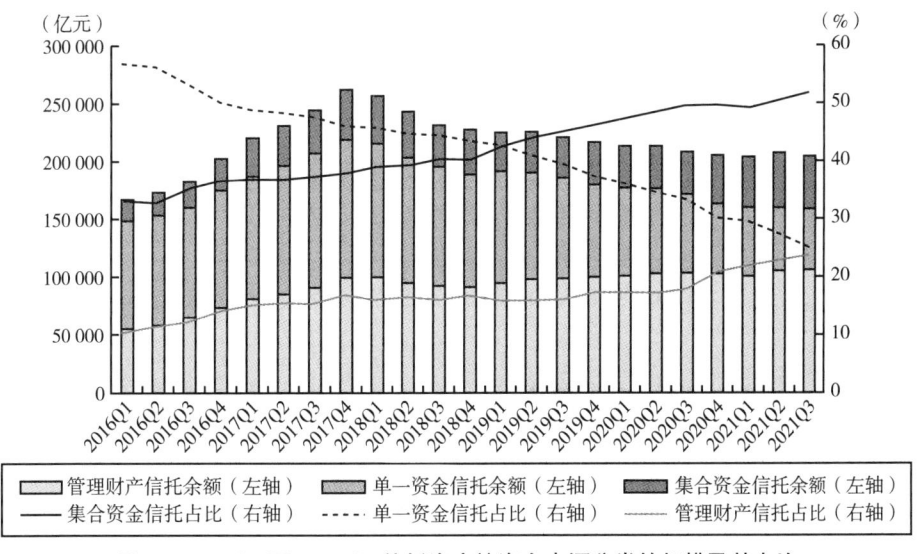

图2　2016Q1至2021Q3信托资产按资金来源分类的规模及其占比

信托业务转型成效在信托资金来源的规模及占比变化上有所体现。2017年第四季度以来，以通道业务为主的单一资金信托规模及占比逐年下降，2021年至今的同比降幅超过20%。集合资金信托、管理财产信托规模保持平稳增长，反映出信托公司在积极谋划业务转型。

从信托功能来看，事务管理类信托规模及占比仍居首位但持续下降。截至2021年第三季度末，事务管理类信托规模为8.55万亿元，同比下降7.38%，环比下降3.6%；事务管理类信托占比为41.83%，同比上升2.43个百分点，环比下降1.15个百分点。

投资类信托呈现快速增长态势，规模占比已接近事务管理类信托。截至2021年第三季度末，投资类信托规模增至8.03万亿元，同比大幅增长41.42%，环比增长5.19%；投资类信托占比升至39.29%，同比上升12.07个百分点，环比上升2.29个百分点。

在监管部门持续压降融资类信托的政策背景下，融资类信托规模自2020年第三季度以来快速回落。截至2021年第三季度末，融资类信托规模为3.86万亿元，同比下降35.13%，环比下降6.57%；融资类信托占比为18.88%，同比下降9.64个百分点，环比下降1.14个百分点（见图3）。

事务管理类、投资类和融资类的信托规模及占比变化表明，信托行业正在符合监管导向下，着力优化业务结构，积极提升主动管理能力。

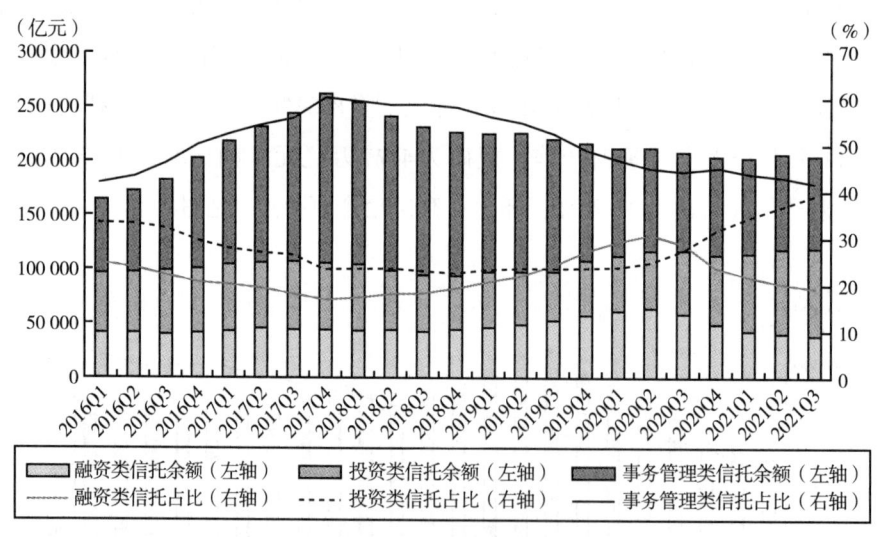

图3　2016Q1至2021Q3信托资产按功能分类的规模及其占比

二、信托资金加速投向证券市场，资金运用方式持续优化

（一）信托资金投向结构优化，证券市场规模持续增长

资管新规过渡期临近结束，通道业务持续压缩，非标投资明显减少，标准化投资快

速发展,信托业转型取得一定成效。截至2021年第三季度末,资金信托规模为15.67万亿元,同比下降9.04%。从资金信托在五大领域占比来看(见图4),排序分别是工商企业(29.02%)、证券市场(19.50%)、基础产业(12.52%)、房地产业(12.42%)、金融机构(12.12%)。

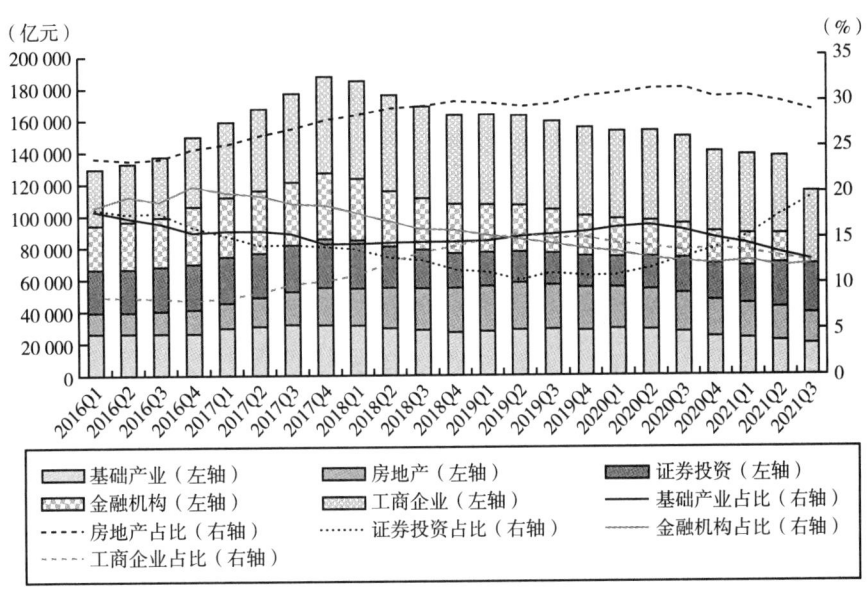

图4 2016Q1至2021Q3资金信托按投向分类的规模及增长情况

1.工商企业

长期以来,工商企业信托稳定占据资金信托投向的第一位,是信托支持实体经济的直接体现。截至2021年第三季度末,投向工商企业的资金信托余额为4.55万亿元,同比下降16.12%,环比下降5.06%;工商企业信托占比为29.02%,同比降低2.45个百分点,环比降低0.98个百分点。伴随资金信托整体规模的收缩,工商企业信托规模有所减少。尽管如此,信托业不断探索发挥行业优势,为区域经济发展和工商企业经营提供更多更好的金融支持和服务。

2.证券市场

证券市场是资金信托投向的第二大领域。截至2021年第三季度末,投向证券市场的资金信托余额为3.06万亿元,同比增长38.12%,环比增长9.22%;证券市场信托占比升至19.50%,同比上升6.66个百分点,环比上升1.98个百分点。其中,投向股票、债券和基金的规模分别为0.65万亿元、2.13万亿元和0.28万亿元,同比增长分别为6.54%、57.36%和10.75%,占比分别为4.12%、13.60%和1.78%。可以发现,证券市场信托的增长主要源自投向股票和债券的资金信托产品,尤其是投向债券的资金信托产品同比大幅增长。

标品信托是信托公司业务转型的重点领域。在政策的引导下,预计证券市场信托的规模和占比将持续提升。与此同时，资本市场深化改革的环境为信托公司带来了标准化资产投资机会，信托公司应充分发挥信托资产的本源属性，发展直接融资业务，促使金融市场投融资结构与实体经济发展结构相匹配，形成良性互动且高效运转的金融与实体经济资金融通格局。

3.基础产业

截至2021年第三季度末，投向基础产业的资金信托余额为1.96万亿元，同比下降28.89%，环比下降8.45%；基础产业信托占比降至12.52%，同比降低3.49个百分点，环比降低0.90个百分点。

2021年上半年，银保监会与财政部联合发文，规范地方政府相关融资业务，防止新增地方政府隐性债务，短期内对基础产业信托业务带来较大影响。但在新基建的发展理念下，基础产业信托仍有较大发展空间。新基建是信托公司转型发展的重要方向，需要不断拓展业务模式，丰富资产端类型，以适应市场不断变化的新需求。

4.房地产业

在"房住不炒"的政策定位下，有关部门对房地产行业的管控持续加码，融资条件也不断收紧，同时房地产企业违约事件频发，信托公司在房地产领域的资金投入持续收紧。截至2021年第三季度末，投向房地产业的资金信托余额为1.95万亿元，同比下降18.13%，环比下降6.30%；房地产业信托占比降至12.42%，同比降低1.38个百分点，环比降低0.59个百分点。

房地产行业调控升级有助于防范金融资源过度集中，避免由此带来的资源浪费和潜在系统性金融风险。同时，房地产信托业务规模和占比的下降，有助于信托公司将更多资金投入经济转型升级的重点领域，更好地发挥信托服务实体经济高质量发展的职能。

5.金融机构

截至2021年第三季度末，投向金融机构的资金信托余额为1.90万亿元，同比下降11.68%，环比下降0.64%；金融机构信托占比降至12.12%，同比降低0.36%个百分点，环比上升0.15个百分点。

在监管部门的指导下，信托业"两压一降"已见成效，当前投向金融机构的资金信托规模较2017年末的高点（4.11万亿元）已压缩过半，资金空转现象明显减少，在提高金融效率的同时，有助于减少资金链条过长隐匿的风险。

（二）信托资金运用方式改善，贷款占比继续减少

从资金信托的资金运用方式来看，贷款（29.99%）、可供出售及持有至到期投资（27.03%）和交易性金融资产投资（20.97%）排名前三位。

在信托业务转型的背景下，贷款规模已经持续9个季度缩减。截至2021年第三季度末，

贷款规模为4.70万亿元，同比大幅下降29.26%，环比下降8.81%；贷款占比降至29.99%，同比降低8.57个百分点，环比降低2.29个百分点。

买入返售同样出现大幅缩减。截至2021年第三季度末，买入返售规模为0.48万亿元，同比大幅下降32.77%，环比下降7.78%；买入返售占比降至3.04%，同比降低1.07个百分点，环比降低0.20个百分点。

受益于证券市场及证券投资信托的快速发展，交易性金融资产投资规模自2020年第三季度开始迅速增长。截至2021年第三季度末，交易性金融资产投资规模增至3.29万亿元，同比大幅增长48.78%，环比增长15.41%；交易性金融资产投资占比达到20.97%，同比上升8.15个百分点，环比上升3.14个百分点（见图5）。

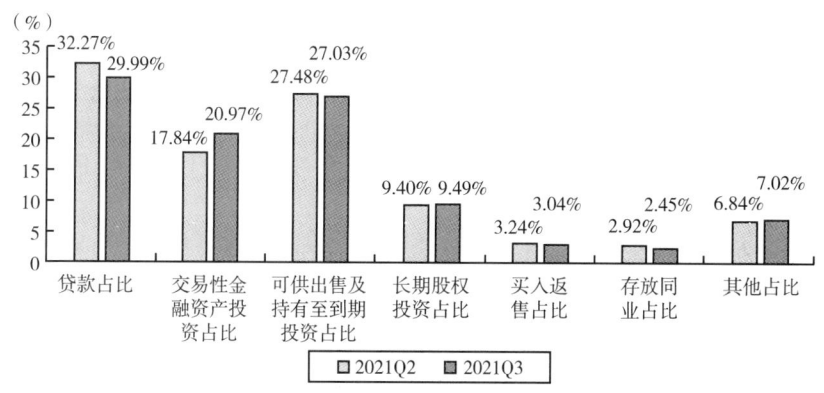

图5 资金信托各类运用方式占比变化情况

三、信托公司资本实力增强，提质增效成果显现

（一）所有者权益增速平稳，资本实力夯实

2021年以来，信托公司的资本实力继续增强。截至2021年第三季度末，全行业68家信托公司所有者权益总额为7 006.08亿元，同比增长6.47%，环比增长1.17%，增速平稳。

从所有者权益的构成来看，实收资本和信托赔偿准备较2020年出现较明显增长，未分配利润小幅上升。截至2021年第三季度末，实收资本为3 187.21亿元，同比增长8.68%，环比增长1.05%，实收资本占比为45.49%，同比上升0.93个百分点，环比小幅下降0.05个百分点；信托赔偿准备为329.66亿元，同比增长11.28%，与第二季度持平；信托赔偿准备占比为4.71%，同比小幅增长0.2个百分点，环比小幅下降0.06个百分点；未分配利润为2 082.27亿元，同比增长3.14%，环比增长1.48%；未分配利润占比为29.72%，同比降低0.96个百分点，环比上升0.09个百分点（见图6）。在经济下行压力较大、监管政策收紧及行业风险加剧暴露的形势下，夯实资本实力是信托公司转型发展的前提和基石。

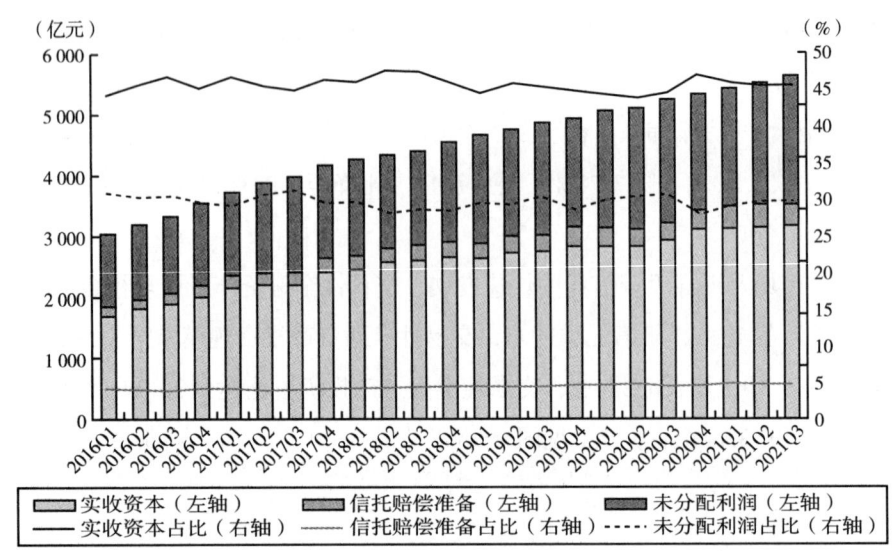

图6　2016Q1至2021Q3信托公司所有者权益的主要构成及占比

（二）固有资产运用以投资为主，结构变化不大

从固有资产的运用方式来看，截至2021年第三季度末，投资规模为6 933.02亿元，同比增长7.69%，环比增长1.59%；投资占比为81.53%，同比上升0.13个百分点，环比小幅下降0.17个百分点。贷款规模为651.31亿元，同比大幅增长43.48%，环比增长4.06%；贷款占比为7.66%，同比上升1.92个百分点，环比上升0.17个百分点。货币类资产规模为424.75亿元，同比下降6.27%，环比下降1.63%；货币类资产占比为4.99%，同比下降0.74个百分点，环比下降0.17个百分点（见图7）。

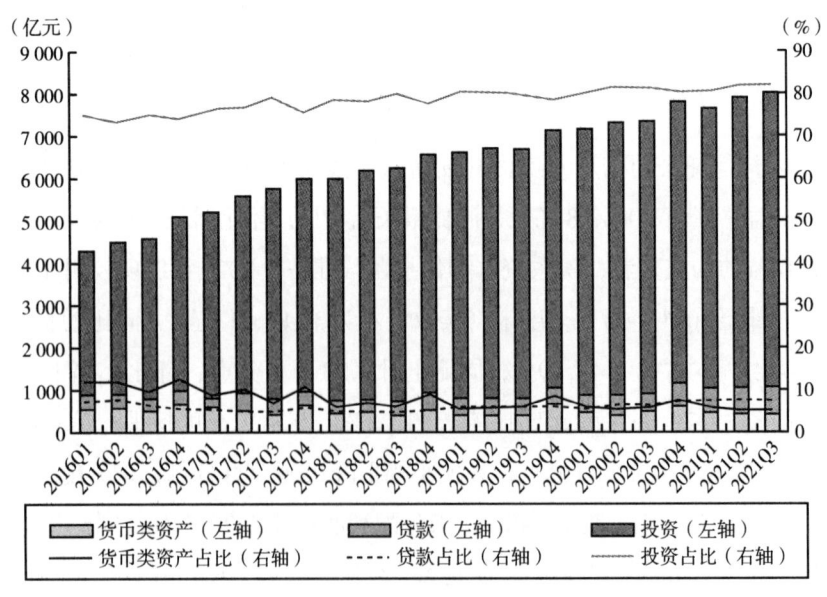

图7　2016Q1至2021Q3固有资产主要运用方式的结构变化

（三）经营收入增速小幅下降，经营业绩企稳增效

信托全行业经营收入增速略有回落，但信托业务整体稳定性良好，提质增效成果显现。

1.信托业务保持良好稳定性

截至2021年第三季度末，信托公司实现经营收入872.64亿元，同比增长3.69%，增速有所放缓。2021年第三季度，信托公司单季营业收入为270.34亿元，同比下降7.13%。

从收入结构来看，信托业务收入是信托公司最主要的收入来源，继续保持良好的稳定性。截至2021年第三季度末，信托公司实现信托业务收入632.29亿元，同比增长2.68%；信托业务收入占比为72.46%。

2021年第三季度，投资收益延续增长态势，但占比略有下降。截至2021年第三季度末，信托公司实现投资收益185.19亿元，同比增长10.44%；投资收益占比为20.97%，同比下降1.05个百分点。

利息收入同样实现了较快的增长。截至2021年第三季度末，信托公司实现利息收入44.44亿元，同比增长12.89%；利息收入占比为5.97%，同比上升1.29个百分点。

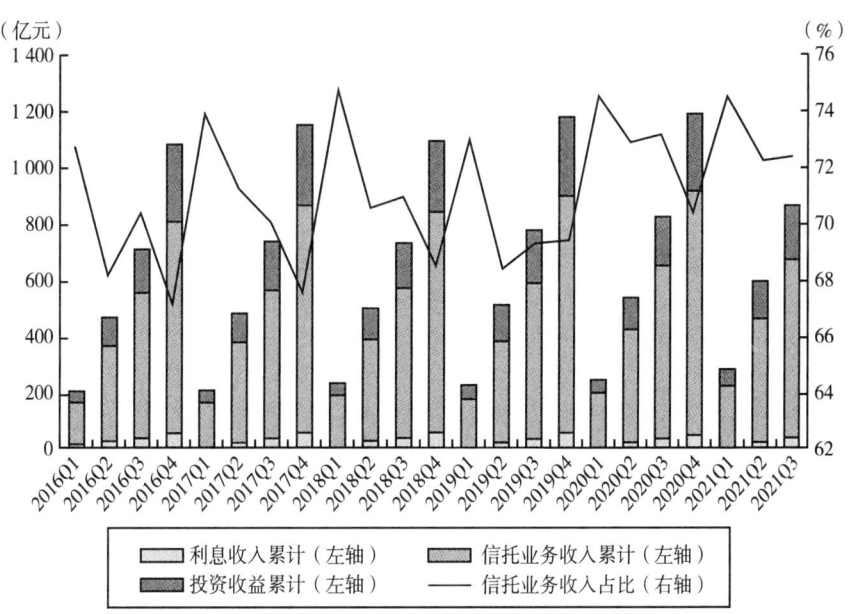

图8　2016Q1至2021Q3信托公司经营收入主要构成与信托业务收入占比

2.提质增效成果显现

2021年第三季度信托公司利润规模延续增长态势。截至2021年第三季度末，信托公司累计利润为556.76亿元，同比增长14.58%，增速较第二季度略降1.50个百分点。同时，第三季度利润同比增速超过营收增速（3.69%）10.90个百分点（见图9），表明信托公司持续压缩营业成本，提高经营质效，转型成效逐步显现。

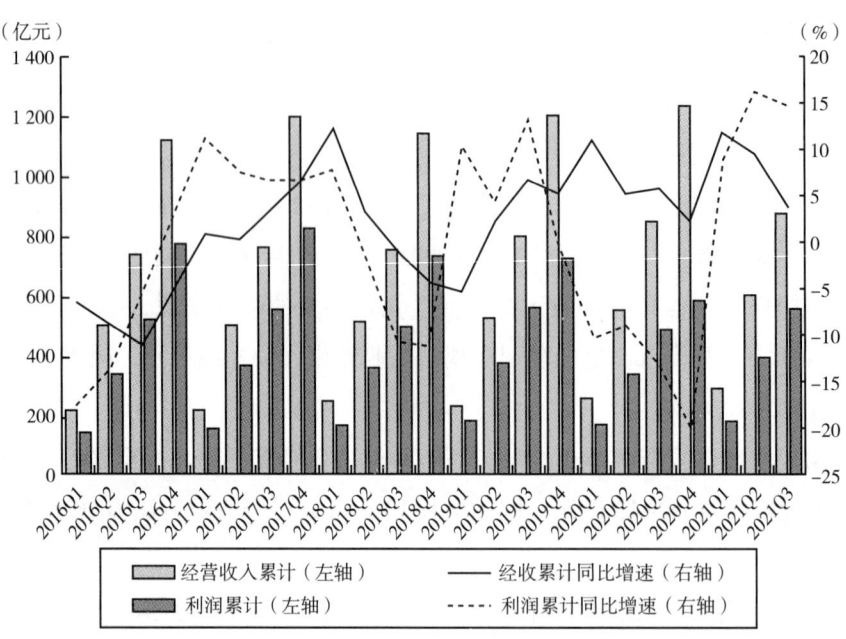

图9　2016Q1至2021Q3营业收入与利润总额当年累计值及其同比增速

四、信托业发展方向日趋明确，业务转型进入攻关期

2021年11月，党的十九届六中全会在北京召开。银保监会在传达学习贯彻党的十九届六中全会精神时指出，金融工作要聚焦服务实体经济、防控金融风险、深化金融改革三项任务，增强金融服务新发展格局的能力，准确贯彻新发展理念，推动构建新发展格局，平衡好稳增长和防风险的关系，坚决守住不发生系统性金融风险底线。信托业应切实把党的十九届六中全会精神贯彻到各项工作中去，在供给侧结构性改革的大背景下，把握经济发展趋势，重塑信托业发展的新优势和新能力，服务实体经济高质量发展。

（一）提高服务实体经济能力，有效支持经济高质量发展

习近平总书记关于金融工作的重要论述指出，服务实体经济是金融工作的出发点和落脚点。信托公司应始终坚持以服务实体经济为导向，积极贯彻落实国家政策，不断优化完善与实体经济结构和融资需求相适应的、多层次且广覆盖的业务结构，为实体经济发展提供高质量金融服务，实现行业与实体经济的良性互动和协调发展。

（二）积极有为促进共同富裕，扎实推进慈善实践

促进共同富裕，要重点关注地区差距、城乡差距、收入差距问题，在不断提高城乡居民收入水平的同时，不断缩小收入分配差距。慈善信托是助力解决贫困问题、缩小收入差距、促进共同富裕的新型慈善工具，是我国慈善事业的重要组成部分，是实现第三次分配的重要

方式。信托公司应持续创新业务模式，更好发挥慈善信托在居民财富管理中的作用，实现更多高净值客户慈善需求落地。

（三）遵循监管导向坚定转型，有序压降融资和通道类业务

压降融资和通道类业务是防范行业风险，避免行业盲目扩张带来风险隐患，促进行业可持续发展的必然要求。信托公司应提高站位，增强大局意识，贯彻监管部署安排，有序压降通道及融资类业务规模。

（四）把握资本市场发展新机遇，构建差异化的资管能力

2018年以来，随着宏观经济和政策的变化，信托行业传统融资类业务展业受限，各信托公司逐步发力资产管理业务，大力开发标准化信托产品。未来，信托公司应积极拥抱资本市场，把握新机遇，提升主动管理能力，依托"投行+资管"的优势，建立具有自身特色的产品线，构筑细分领域的差异化竞争优势。

（五）拓展绿色信托业务实践，支持绿色低碳发展

力争2030年前实现"碳达峰"，2060年前实现"碳中和"，是以习近平同志为核心的党中央作出的重大决策。在"双碳"目标的指引下，中国经济将迎来绿色低碳转型，机遇与挑战并存。信托公司在前期开展绿色信托业务实践与创新的基础上，通过参与碳市场交易、灵活运用资产证券化工具探索绿色供应链金融服务、设立慈善信托支持绿色公益等多种方式，有效支持绿色低碳发展。

2021年度中国信托业发展评析

中国信托业协会专家理事　周小明

2001年《信托法》颁布实施后,我国信托业正式步入主营信托业务的规范发展阶段。在经历了2008—2017年高速发展之后,随着"资管新规"和"两压一降"监管政策的出台,信托业自2018年开始进入了一个负增长的下行发展周期,至2021年底转型发展的主旋律已整整历时四个年头。如何看待这四年的调整成效?中国信托业协会发布的2021年第四季度行业数据表明,行业下行态势已经显示企稳,业务结构也发生显著变化,新发展格局正在形成,2021年度或将成为信托业本轮调整的一个转折时点,从而成为又一个对信托业具有历史意义的关键时间窗口。

一、行业发展态势企稳回升

(一)信托规模止跌回升

2021年末,全行业信托资产规模余额为20.55万亿元,比2020年末的20.49万亿元增加600亿元,同比增长0.29%,比2021年第三季度20.44万亿元增加1 100亿元,环比增长0.52%。增幅虽然不大,却是信托业自2018年步入下行期以来的首年度止跌回升。信托业管理的信托资产规模自2017年达到26.25万亿元峰值以来,2018—2020年一直处于负增长的渐次回落之中,三年间规模分别降至22.70万亿元、21.61万亿元和20.49万亿元,同比降幅分别为13.50%、4.83%和5.17%。这种下行趋势在2021年前3个季度出现了明显的企稳迹象,到2021年第四季度实现了止跌回升。

(二)经营业绩企稳回升

2021年底,全行业实现经营收入1 207.98亿元,相比2020年末1 228.05亿元略降1.63%,

相对平稳。事实上，自2018年调整以来，虽然信托资产规模降幅较大，但信托业经营收入一直保持了相对平稳态势，截至2021年，四年间有增有减但同比增减幅度均不大，分别为-4.20%、+5.22%、+2.33%、-1.63%。

相比经营收入有增有减的平稳态势而言，受各种风险因素的侵蚀，2018—2020年信托业的利润总额则一直处于下滑之中，三年同比降幅分别为11.20%、0.65%、19.79%，但这种下滑趋势在2021年度也同样得以扭转，成功实现了企稳回升。2021年底全行业实现利润总额601.67亿元，同比增长了3.17%，同时实现人均利润199.22万元，同比增长了1.43%，虽然增幅不大，但同样是自2018年以来首年度实现正增长。

（三）主业地位稳定提升

特别需要指出的是，虽然自2018年以来信托业处于转型发展的调整下行期，信托规模持续下降，经营收入时增时减，但作为主业的信托业务收入除2018年度小幅下降2.91%外，其后年度则一直稳中有升，在经营收入中的占比更是逐年稳定提升，信托主业地位相当稳固。2021年底，全行业实现信托业务收入868.74亿元，同比增长0.49%，相比2017年，四年总计增长了7.90%；信托业务收入占比为71.92%，同比提升了1.53个百分点，相比2017年，四年总计提升了4.30个百分点。

（四）资本实力持续增强

2018—2021年，全行业资本实力持续增强，风险抵御能力不断提升。2021年底，全行业固有资产8 752.96亿元，同比增长6.12%，相比2017年，四年总计增长了33.04%；所有者权益7 033.19亿元，同比增长4.80%，相比2017年，四年总计增长了33.95%；实收资本3 256.28亿元，同比增长3.81%，相比2017年，四年总计增长了34.69%；信托赔偿准备金346.28亿元，同比增长7.69%，相比2017年，四年增长了56.60%（见表1）。

表1　2017—2021年信托业规模、业绩和资本变化一览表

项　目	2017年	2018年	2019年	2020年	2021年
信托资产规模（万亿元）	26.25	22.70 ↓	21.60 ↓	20.49 ↓	20.55 ↑
经营收入（亿元）	1 190.69	1 140.63 ↓	1 200.12 ↑	1 228.05 ↑	1 207.98 ↓
信托业务收入（亿元）	805.16	781.75 ↓	833.82 ↑	864.47 ↑	868.74 ↑
信托收入占比（%）	67.62	68.54 ↑	69.48 ↑	70.39 ↑	71.92 ↑
利润总额（亿元）	824.11	731.80 ↓	727.05 ↓	583.18 ↓	601.67 ↑
固有资产（亿元）	6 578.99	7 193.15 ↑	7 677.12 ↑	8 248.36 ↑	8 752.96 ↑
所有者权益（亿元）	5 250.67	5 749.30 ↑	6 316.27 ↑	6 711.23 ↑	7 033.19 ↑
实收资本（亿元）	2 417.70	2 654.15 ↑	2 842.40 ↑	3 136.85 ↑	3 256.28 ↑
信托赔偿准备金（亿元）	221.12	260.71 ↑	291.24 ↑	321.54 ↑	346.28 ↑

数据来源：根据中国信托业协会公开数据整理。

二、业务发展结构调整显著

（一）信托来源发生实质变化

在信托财产来源上，2018—2021年持续呈现"一降两升"趋势，即单一资金信托规模和占比大幅下降，集合资金信托规模和占比稳定提升，而管理财产信托规模和占比则大幅上升。到2021年底，信托来源结构已发生实质性变化。

单一资金信托加速下降。2021年底，单一资金信托规模降至4.42万亿元，比2020年末压降1.72万亿元，降幅达28.00%；占比降至21.49%，比2020年末下降8.45个百分点，规模与占比的年度降幅均为近年来最大。与2017年12.00万亿元规模和45.73%占比相比，单一资金信托四年间规模总计下降了63.20%，占比总计下降了24.24个百分点，到2021年底规模和占比在三大信托来源中均已从2017年位居第一降至居于末尾，表明信托业按监管要求"去通道"已经取得实质效果。

集合资金信托继续稳步增长。2021年底，集合资金信托规模增至10.59万亿元，比2020年末增长4.10%；占比提升到51.53%，比2020年末上升1.89个百分点。与2017年9.91万亿元规模和37.74%占比相比，集合资金信托四年间规模总计增长了6.91%，占比总计提升了13.79个百分点，规模和占比自2019年以来在三大信托来源中均一直稳居第一位，成为本轮调整以来稳定信托业发展的主导力量。

管理财产信托快速增长。2021年底，管理财产信托规模增至5.54万亿元，比2020年末增加了1.36万亿元，增幅高达32.53%；占比进一步提升到26.98%，比2020年末上升6.56个百分点，规模与占比增幅均为近年来最大。与2017年4.34万亿元规模和16.53%占比相比，管理财产信托四年间规模总计增长了27.77%，占比总计提升了10.45个百分点，到2021年底无论是规模还是占比在三大信托来源中更是首次超过了单一资金信托而位居第二，成为本轮调整以来稳定信托业发展的新生力量。

（二）信托功能发生重大变化

在信托管理功能上，2018—2021年，主动管理信托呈现持续上升趋势，事务管理类信托呈现持续下降趋势，但无论是主动管理信托还是事务管理类信托，其内部结构也在持续发生分化，主动管理信托中的融资类信托加速下降，投资类信托则持续上升，事务管理类信托中的通道信托加速下降，而服务信托则快速上升。到2021年底，信托功能已经发生了重大变化。

主动管理信托继续稳步增长。2021年底，主动管理信托（融资类+投资类）规模增至12.08万亿元，比2020年末增长6.91%；占比提升到58.80%，比2020年末上升了3.64个百分点。与2017年10.60万亿元规模和40.38%占比相比，主动管理信托四年间规模总计增长了

14.00%，占比总计提升了18.42个百分点，已经成为信托业的主导业务，同时其内部结构也发生了重大变化，融资类信托加速下降，投资类信托快速增长。

2021年底，融资类信托规模降至3.58万亿元，比2020年末压缩了1.28万亿元，降幅高达26.28%；占比降至17.43%，比2020年末下降了6.28个百分点，规模与占比的年度降幅均为近年来最大。与2019年峰值相比，两年间融资类信托规模总计压降了2.25万亿元，降幅总计达38.60%，占比总计回落了9.57个百分点，压降成效显著，融资类信托已不再是主动管理信托的主导产品。与此同时，2021年底，投资类信托规模则增至8.50万亿元，比2020年末增加了2.06万亿元，增幅高达31.92%；占比则增至41.38%，比2020年末上升了9.92个百分点，规模与占比的年度增幅均为近年来最大。与2017年6.17万亿元规模和23.51%占比相比，投资类信托四年间规模总计增加了2.33万亿元，增幅总计达37.80%，占比总计提升了17.87个百分点，已经成为主动管理信托最主要的产品形式。

事务管理类信托继续平稳下滑。2021年底，事务管理类信托规模降至8.47万亿元，与2020年末相比下降7.85%；占比进一步降至41.20%，比2020年末下降了3.64个百分点。与2017年15.65万亿元规模和59.62%占比相比，事务管理类信托四年间规模总计下降了45.89%，占比总计下降了18.42个百分点，同时其内部结构也发生了重大变化，通道信托驱动的事务管理类信托快速下降，服务信托驱动的事务管理类信托则快速增长。

虽然中国信托业协会发布的数据并没有对事务管理类信托作通道信托和服务信托之分，但我们仍然可以通过分析判断出两者之间的此消彼长。近年来，单一资金信托大幅下滑，但事务管理类信托并没有出现同等幅度的大幅下滑而表现为相对平稳的下滑态势，应该说与服务信托的快速崛起不无关系。

（三）信托投向发生较大变化

2021年底，全行业资金信托规模为15.01万亿元，在投向上也发生了较大变化。总体说来，在2018—2021年，资金信托表现出"一稳、一升、三降"的变化趋势。

"一稳"是资金信托投向工商企业的占比保持相对平稳。因受全球经济复苏缓慢、国内经济转型、压降非标融资等多种因素影响，2021年度资金信托投向工商企业的占比小幅下降为27.73%，同比下降了2.68个百分点，但在所有投向中的占比仍然最高，稳居第一位。从2018—2021年的变化来看，前两年该投向占比保持小幅增长，后两年则出现了小幅下降，但总体比较平稳，也一直保持了在所有投向中位居第一的最高占比地位，信托业仍然持续发挥了对实体经济的直接支持作用。

"一升"是资金信托投向证券市场的占比大幅提升。受资本市场发展、资管产品非标转标、投资者需求多元化等因素影响，资金信托投向证券市场的占比自2020年开始大幅提升，2020年底占比为13.87%，同比提升了2.95个百分点，2021年底占比更是达到了22.37%，同比大幅上升了8.50个百分点,在所有投向中的名次也从2020年的第五位跃至第二位,成为仅次于工商企业的投向。

"三降"是资金信托投向基础产业、房地产和金融机构三大领域的占比呈现持续下降势头。受规范政府平台融资、防控地方政府债务风险等政策影响,资金信托投向基础产业的占比自2020年开始下降,2021年底继续降至11.25%,同比下降了3.88个百分点,在所有投向中的占比名次也从前两年的第二位下降到了位居第六的末位。受房住不炒、规范房地产融资、防控房地产金融风险等因素影响,资金信托投向房地产的占比也自2020年开始下降,2021年底继续降至11.74%,同比下降了2.23个百分点,在所有投向中的占比名次也从前两年的第三位下降到了位居第五的倒数第二。受去通道、去嵌套等政策因素影响,资金信托投向金融机构的占比在2018—2020年的三年间一直持续下降,2021年底略有回升,占比为12.44%,同比回升了0.28个百分点,在所有投向中位居第四(见表2)。

表2　　　　2017—2021年信托业务结构变化一览表

项　　目		2017年	2018年	2019年	2020年	2021年
按来源分类						
单一资金信托	金额(万亿元)	12.00	9.84	8.01	6.13	4.42
	占比(%)	45.73	43.33	37.10	29.94	21.49
集合资金信托	金额(万亿元)	9.91	9.11	9.92	10.17	10.59
	占比(%)	37.74	40.12	45.93	49.65	51.53
管理财产信托	金额(万亿元)	4.34	3.76	3.67	4,18	5.54
	占比(%)	16.53	16.55	16.98	20.41	26.98
按功能分类						
主动管理信托	金额(万亿元)	10.60	9.46	10.95	11.30	12.08
	占比(%)	40.38	41.64	50.70	55.17	58.81
融资类	金额(万亿元)	4.43	4.35	5.83	4.86	3.58
	占比(%)	16.87	19.15	26.99	23.71	17.43
投资类	金额(万亿元)	6.17	5.11	5.12	6.44	8.50
	占比(%)	23.51	22.49	23.71	31.46	41.38
事务管理类	金额(万亿元)	15.65	13.25	10.65	9.19	8.47
	占比(%)	59.62	58.36	49.30	44.84	41.20
按投向分类占比						
工商企业(%)		27.84(1)	29.90(1)	30.60(1)	30.41(1)	27.73(1)
金融机构(%)		18.76(2)	15.99(2)	13.96(4)	12.17(6)	12.44(4)
基础产业(%)		14.49(3)	14.59(3)	15.72(2)	15.13(2)	11.25(6)
证券投资(%)		14.15(5)	11.59(6)	10.92(6)	13.87(5)	22.37(2)
房地产(%)		10.42(6)	14.18(4)	15.07(3)	13.97(4)	11.74(5)
其他(%)		14.33(4)	13.74(5)	13.72(5)	14.45(3)	14.47(3)

注:括号中的数字为各投向占比排名。
数据来源:根据中国信托业协会公开数据整理。

三、新发展格局正在形成

（一）新发展起点已经显现

信托业在2008—2017年十年的高速发展阶段，主要业务是产品化、刚兑化的"融资类信托+通道信托"，主要功能是发挥私募投行功能。这种发展模式弥补了当时融资金融体系的不足并契合了金融创新的需求，具有客观的市场基础和政策空间，但同时也带来了巨大的风险隐患，注定不可持续。随着"资管新规"和"两压一降"监管政策的出台，信托业自2018年开始不得不进入转型发展的艰难调整时期。调整是三方面的，即"压旧""规范"和"增新"。"压旧"是压降旧模式下的融资类信托和通道信托业务，"规范"是按照资管新规要求规范资产管理业务，"增新"是开拓符合信托本源功能的新业务。

如前所述，经过2018—2021年的调整，信托业务的功能和结构已经发生了深刻变化，旧的发展动能日益衰减，新的发展动能日益增强，信托业转型发展日见成效，新发展起点逐步显现，主要体现为本轮调整的两个主旋律内在结构富有成效的此消彼长上。

一是通道信托和非通道信托此消彼长。本轮调整的一个主旋律就是压降通道信托业务，引导发展非通道信托业务，推动通道信托向非通道信托的转型。前面的分析已经表明，本轮调整以来，通道信托的压降已经取得实质效果，四年间单一资金信托规模下降了63.20%，占比下降了24.24个百分点，到2021年底，规模仅剩4.42万亿元，占比仅为21.49%，规模和占比在信托资产中均已从2017年位居第一成功降至居于末尾。与此同时，非通道信托业务中的主动管理信托四年间持续增长，规模总计增长了14.00%，占比总计提升了18.42个百分点，到2021年底规模已达12.08万亿元，占比已达58.80%，主动管理信托已经替代通道信托成为信托业新发展阶段的主导业务。此外，非通道信托业务中的服务信托自2020年以来也得到快速增长，目前已经成为信托业转型发展强劲的新生力量。

二是融资类信托和投资类信托此消彼长。本轮调整的另一个主旋律是在主动管理业务中，压降融资类信托业务，引导发展投资类信托业务，推动融资类信托向投资类信托的转型。前面的分析也充分表明，融资类信托自2020年开始大幅降低，两年间规模总计压降了38.60%，占比总计回落了9.57个百分点，2021年底融资类信托规模已降至3.58万亿元，占比已降至17.43%，已不再是主动管理信托中的主导产品。与此同时，投资类信托自2018年以来一直持续增长，四年规模总计增长37.80%，占比总计提升了17.87个百分点，2021年底投资类信托规模已增至8.50万亿元，占比已增至41.38%，已经成为主动管理信托中的主导产品。

由此，我们可以得出一个基本判断，经过四年的调整，信托业新旧发展动能的转换已经达到了一个相对均衡的临界点，即新业务的增长规模已经可以兜住旧业务的压降规模，而且新业务的增速已经呈现出高于旧业务降速的趋势。2021年度信托资产规模的止跌回升、经营业绩的企稳回升在很大程度上也印证了这个临界点已经显现，它意味着信托业本轮调整或将见底，从而成为信托业新发展阶段的一个起始点。

（二）新发展格局方向渐明

应该承认，在经历了2008—2017年的繁华之后，信托业对于本轮的调整并没有充分的思想准备。习惯于"融资类信托+通道信托"旧有发展模式的信托行业，又赶上了风险暴露的窗口期，对于转型发展的未来方向也曾陷入过迷茫困惑。所幸的是，经过四年艰难的业务调整和转型探索，时至今日，可以说信托业未来发展的迷雾逐渐驱散，新发展格局方向已经日益明晰。

奠定信托业新发展格局的基础来自三个方面。

一是信托的制度价值，它指明了信托业新发展格局的功能定位。我国《信托法》虽然颁布实施已20余年，但社会对于信托制度的价值认知是一个渐进过程。信托制度以其独特的法律构造在社会财富管理方面具有无可比拟的创新价值，内含丰富而灵活的经济管理、金融服务和社会治理等功能。信托业作为践行信托制度、发挥信托价值的核心主体，在2008—2017年的高速发展阶段，立足于当时的市场环境和监管政策，主要发掘了信托制度的私募投行功能，满足社会经济发展对于融资的需求。如今市场和政策环境均已发生根本变化，未来信托的私募投行功能将逐渐淡化，信托的资产管理功能、财富管理功能和社会服务功能将登上历史舞台，成为信托业新发展格局下的主导功能，而这些功能无一不是内生于信托的制度价值之内。

二是信托的监管政策，它指明了信托业新发展格局的业务方向。契合信托业新发展格局下的功能定位，信托业监管"新政"也日渐明朗。本轮调整以来，监管部门通过监管会议、领导讲话、窗口指导等多种方式，指明了信托业转型方向。这些"新政"有效发挥了业务转型的引导作用，在此基础上，更加具有确定性的"新规"也正在紧锣密鼓地制定之中。可以说，新发展格局下信托业务的发展方向渐明，监管框架已基本形成，监管细则也将陆续推出，规范和推动信托业新发展的监管基础正日益成型。

三是信托的市场需求，它指明了新发展格局的良好前景。信托业新发展格局下的功能和业务并非是水中月、镜中花，而是有深厚的市场基础。我国已经步入中高收入阶段，社会财富的规模和增长在全球均为名列前茅，同时我国也正步入老龄化时代、大规模财富代际传承时代和共同富裕国策实施时代，由此催生了巨大的资产管理需求、综合化的财富管理需求以及公益慈善等社会服务需求，而这些需求的满足均离不开信托这一良好的管理工具和服务工具，毫无疑问，信托业新发展格局的前景可谓风光无限。本轮调整以来的四年探索实践也充分证明了这一点。虽然原有的融资类信托和通道信托日渐萎缩，但各种策略驱动的、满足多样化资产管理需求的投资类信托得到了充分发展，以资产证券化信托、家族信托、保险金信托为代表的服务信托更是快速发展，而员工利益信托、破产重整信托、涉众资金管理信托、特殊需要信托等其他类型的服务信托以及慈善信托也显示了良好的发展势头。

第二部分　中国信托业协会2021年度工作总结和2022年度工作计划

中国信托业协会2021年工作总结

2021年是中国共产党成立100周年，是实施"十四五"规划、开启全面建设社会主义现代化国家新征程的开局之年。中国信托业协会（以下简称协会）在习近平新时代中国特色社会主义思想指导下，全面贯彻落实党的十九大和十九届历次全会精神，始终把党的政治建设摆在首位，认真贯彻中央和银保监会决策部署，以求真务实的作风开展各项工作。在引导行业回归信托本源、贯彻落实资管新规、防范化解金融风险、服务实体经济等方面发挥了更加积极的助力作用。

一、加强党的建设，践行建党精神

（一）突出加强政治建设

协会始终坚持把政治建设摆在首位，坚决维护好习近平同志党中央核心地位和全党核心地位，全面贯彻习近平新时代中国特色社会主义思想。切实增强"四个意识"、坚定"四个自信"、做到"两个维护"。认真落实主体责任、第一责任和"一岗双责"。强化意识形态管理，严格落实意识形态工作责任制，加强宣传思想阵地建设。严格落实民主集中制、重大事项请示报告制度。持续强化党对协会各项工作的领导，推进党建工作与业务工作相融合，保证和支持协会会员大会、理事会、常务理事会、监事会、秘书处和专业委员会[①]按照《中国信托业协会章程》独立负责又协调一致地开展工作。

---

① 本年度召开会员大会1次，理事会4次，常务理事会2次，监事会5次。

（二）有效推进党组织建设

强化理论学习和教育培训，着力提升党员队伍政治素质。积极响应中央和银保监会党委号召，以建党百年为契机，不断加强党史学习教育，全面推进党史学习教育在各支部落实落地，各责任部门按时完成重点民生项目。认真学习并严格执行《中国共产党支部工作条例（试行）》《关于新形势下党内政治生活的若干准则》《中国共产党重大事项请示报告条例》等党内法规。坚持党员发展标准，严格执行《中国信托业协会党员培养发展工作制度》，落实党章中"发展党员必须把政治标准放在首位"的要求，建立严格的党员发展考察机制。加强党员队伍建设，发挥党支部战斗堡垒作用和党员先锋模范作用。

（三）持续深化作风建设

协会党委认真执行《中国信托业协会党委贯彻落实中央八项规定精神实施细则》和《中国信托业协会工作人员与服务对象非工作交往规定》等纪律要求，定期开展执行情况排查，于本年度开展了协会收费自查工作及严肃财经纪律专项检查自查自纠工作，接受财务审计、税务审计，结果良好，无重大财务问题。全力支持纪委全面监督，加大党风廉政建设和反腐败斗争的宣传教育力度，增强警示教育和廉洁提醒的针对性和实效性，督促干部职工强化纪律和规矩意识，推动作风建设进一步走深走实。

二、弘扬信托文化，加强行业自律

（一）继续深入推进信托文化建设工程

一是组织开展信托文化普及年工作。2021年是信托文化普及年，协会在全行业开展了"信托文化常识"学习及测试活动，活动对象涵括68家信托公司从业人员。二是举办"信托公司受托人文化建设"主题沙龙活动，与西南财大、中铁信托联合举办"中国信托业高质量发展论坛"。在监管部门指导下，聚行业之力，共谋2021年信托文化建设工作思路与举措、探讨信托公司转型升级的路径与方法。

（二）多措并举做好投资者教育和消费者权益保护工作

一是制作信托投资者教育宣传视频，共8集24分钟，采用动漫视频形式普及信托基础、信托投资及防风险知识。二是组织编制"信托知识百问百答"手册第2册、第3册，包含知识条目200条。向68家信托公司发放行业统一知识手册（电子版）、投教视频等，通过多种方式向行业从业人员、投资者和社会公众普及信托金融知识、宣传信托文化理念。三是配合银保监会开展"3·15"消费者权益保护教育宣传周和金融知识进万家活动。组织主题为"典制时代的资产管理，市场与权利保护"的线上讲座，收效良好。四是与消保局建立沟通联系"1+3"工作联席机制，参加消保局定期召集的专题会议，共同探讨行业投教和消保工作新问题，提出相关意见建议，研究解决思路和办法，提升工作质效。五是认真受理消费者投诉。全年共处理消费者投诉4项。协会本着矛盾不激化、案件不上移，尽可能在协会层面解决的原则，与涉诉单位及时联系沟通并督促妥善处理。

（三）配合监管部门开展内控合规管理建设年活动

2021年，协会积极配合监管部门做好内控合规管理建设年相关工作。组织起草并发布《中国信托业内控合规管理倡议书》，号召全行业强化内控合规管理建设工作。向监管部门报送《中国信托业协会关于"内控合规管理建设年"阶段性工作报告》组织"信托公司内控合规管理建设"主题沙龙活动、专题培训会，邀请监管部门和业内专家就内控合规管理工作作分享。举办行业信托知识竞赛活动以赛促学、以赛促练，不断强化信托从业人员内控合规意识，提升内控合规管理能力。

（四）组织完成2020年度行业评级

协会已连续6年开展行业评级工作，对引领信托公司壮大资本实力，强化风控意识，化解金融风险，提升运营效率，履行社会责任等发挥了积极作用。2021年，协会继续在总结前期经验基础上精心组织、优化程序，恪尽职守、实事求是，完成2020年度行业评级，评级结果及时、客观、准确。

三、推动制度建设，助力行业维权

（一）持续推动信托法制完善工作

协会参与由中国人民银行牵头开展的《信托法》后评估。配合设计并协助开展《信托法》后评估问卷调查，提供信托行业法治建设工作相关材料，介绍信托法制完善和信托公司依法经营情况，提出存在问题和难点。召开专题座谈会，邀请有关专家、学者、信托公司及部分行业代表为《信托法》后评估及修订建言献策。

（二）关注会员单位维权诉求，探索更多维权手段和途径，维护信托公司正当合法权益

一是加强与立法司法机关沟通联系，推进信托相关法律法规以及裁判环境的完善。2021年，协会与北京金融法院建立了协同工作机制，在政策法规资源共享与解读、裁判指引、典型案例发布、多元化纠纷解决等方面进行合作。二是就相关会员单位维权诉求，征求会员权

益保障工作小组意见，并围绕案件争议焦点组织召开线上专题研讨会，为信托公司下一步工作提供参考性指导。三是密切关注相关会员单位所涉案件进展，就部分法律争议问题向法院出具意见函，维护会员单位合法权益、助力行业健康发展。

四、支持重点工作，发挥协调作用

（一）支持中国银保监会定点帮扶和乡村振兴工作

作为中国银保监会定点扶贫领导小组成员单位，协会高度重视并大力支持和配合定点帮扶和乡村振兴工作。2021年5月，协会获得了甘肃省脱贫攻坚先进集体荣誉。2021年7月，协会党委书记带队，组织12家信托机构以及部分中国慈善联合会慈善信托委员会委员赴银保监会定点帮扶县进行调研工作，对接扶贫项目和需求。全年协会直接投入帮扶资金30万元，引导信托公司和社会资源支持帮扶项目11个，落实资金240万元。此外，协会还参与了相关研究项目，开展以巩固建档立卡户脱贫攻坚成果、助力乡村振兴、实现共同富裕为主要内容的研究课题《共同富裕的金融实施路径》并赴甘肃临洮县进行实地调研。协会官网、微信公众号等信息平台持续发布定点帮扶工作动态，运用各种有效途径鼓励、传导行业的帮扶工作和经验。

（二）促进信托业转型发展

一是积极推动信托机制在涉众性社会资金管理方面应用的研究与交流，梳理行业典型案例报全国人大财经委办公室参考。二是发挥养老信托专业委员会组织行业研讨交流与咨询功能。与锦天城律师事务所、人民大学合作召开"比较信托法系列讲座"共3期，并就九三学社拟提出的《关于促进建立老年人与残疾人特殊需要信托的建议（征求意见稿）》发表意见建议，以提高政策针对性和有效性。三是加强与中国慈善联合会的密切联系，推动慈善信托的健康快速发展。

（三）促进信托业数字化转型

2021年，协会金融科技专业委员会正式成立并发挥推动行业加强金融科技研究与战略部署职能。一是专业委员会主任委员单位积极引导行业机构联合成立"金融科技创新联合实验室"，并以"共研、共建、共享、共治"理念，充分凝聚行业各方智慧与资源，深入梳理行业数字化转型痛点，进行行业数字化转型的有益探索，并启动《信托业金融科技应用发展白皮书》撰写工作。二是立足金融科技赋能和生态共建视角，召开"2021年信托业转型发展论坛"积极推动行业开展数字化转型交流研讨。

（四）发挥桥梁纽带作用，组织信托公司交流互鉴和课题研究

在绿色信托方面，持续推进并引导信托公司开展绿色信托研究和业务实践，收集整理2020年度信托业绿色信托相关数据。配合人民银行绿色金融标准工作组开展信托业支持绿色低碳转型专题调研，召开专题座谈会。组织信托公司参与由中国人民银行金标委牵头的《金融机构环境披露指南》及《环境权益融资工具》标准编制工作，为未来绿色信托标准制定和绿色信托绩效评估研究工作奠定基础；在行业报告方面，编制发布《中国信托业2020—2021年社会责任报告》，聚焦"贯彻落实资管新规、化解金融风险、回归信托本源"编制发布《中国信托业发展报告（2020—2021）》；在行业研究方面，关注行业前沿业务，组织开展专题研究并评选出"信托参与社会治理的模式及机制研究""信托公司开展资产配置业务研究""基于信托视角的产业链金融研究""信托参与涉众性社会资金管理研究""中国家族信托专题研究报告（2021）"等10篇有代表性的报告，汇编形成《2021年信托业专题研究报告》，助推行业发展转型与业务创新；在助力新冠肺炎疫情防控和复工复产方面，协调、服务"中国信托业协会抗击疫情慈善信托"管委会快速审批80万元用于武汉一线工作者防疫物资及后勤补给，99.1万元用于支援西安一线防疫，20万元用于陕西重点区域环境消杀，惠及近百万群众。

五、提升服务效能，助推行业转型

（一）继续增进业内外交流

协会在充分征求会员单位意见建议的基础上，举办"信托公司受托人文化建设""信托公司全面风险管理体系建设""信托公司家族信托业务发展""信托公司绿色信托业务发展""养老信托业务机遇与挑战""信托公司内控合规管理"主题沙龙共6期；开展"新金融工具准则实施与应对"工作交流会1期。会后形成6期《信托建言》、1期《会议纪要》，及时报送监管部门、相关机构及信托公司参考。

（二）着力提升培训实效

协会结合疫情防控工作要求，2021年全员培训项目均以在线班的形式开展，截至年底，在线班报名学员共计320人。协会充分考虑会员单位需求及学员调研意见，从课程内容、平台建设、考试形式几方面持续改进全员培训项目，不断提升学员服务质效。着眼于行业转型升级需要，围绕党建引领、人才建设、风险管理、内控合规、热点业务等行业关切主题，邀请相关领域知名专家学者进行授课，组织开展了6场专题培训。加快推进全员培训必修教材和辅助教材的修订出版工作，其中，必修教材《信托公司经营实务（第二版）》于2021年1

月出版发行，辅助教材《信托法务（第二版）》于2021年8月修订出版，《信托监管与自律》的修订工作正在加快推进，并结合教材修订，同步推进题库建设和视频课程录制。开展人才建设与培训工作调研，以区域座谈的形式，邀请北京、上海、中西部地区的24家信托公司进行了座谈交流。充分了解行业现状、听取公司对协会开展人才建设及培训工作的意见建议，形成《信托行业人才建设与培训工作调研报告》。

（三）强化正面宣传导向

协会不断巩固与主流财经媒体的关系，积极引领行业正向舆情。一是做好舆情监测及负面舆情处理工作。坚持每个工作日收集、整理当日涉及信托行业及信托公司的新闻舆情，汇编形成《信托每日舆情》发送监管部门、会员单位。2021年全年，共计监测舆情250天，向监管部门和会员单位、保障基金、信托登记公司发送《信托每日舆情》250期。向涉及负面舆情的信托公司发出77篇负面舆情处理单，并及时进行跟踪反馈。二是每季度发布由中国银保监会信托部授权的信托行业主要业务数据，并邀请协会智库单位专家、特约研究员等分析解读行业动态。三是不断探索新型宣传方式，参加《信托大家谈（第一期）》节目录制，接受"人民网"采访，正面宣传信托业加强文化建设、努力转型发展的情况。四是强化信息平台的宣传引导。坚持每个工作日在协会官网、微信公众号发布行业最新动态。截至2021年底，协会微信公众号用户数达到75 485人，全年推送信息252期。五是出版发行《中国信托业年鉴（2020—2021）》，真实反映中国信托市场运行情况，记录行业阶段性成果。

中国信托业协会2022年工作计划

2022年是我国踏上全面建设社会主义现代化国家、向第二个百年奋斗目标进军新征程的重要一年，是实施"十四五"规划的关键之年。协会将毫不动摇坚持以习近平新时代中国特色社会主义思想为指导，坚持稳中求进工作总基调，全面贯彻新发展理念，精准服务新发展格局。结合监管部门对协会的工作要求及协会自身定位，克服目前国内新冠肺炎疫情的影响，扎实开展各项工作，助力行业高质量发展、转型，以实际行动迎接党的二十大胜利召开。

一、党的建设

一是始终把党的政治建设摆在首位。在思想上政治上行动上同以习近平同志为核心的党中央保持高度一致。自觉把践行"两个维护"体现在坚决贯彻党中央决策部署的行动上来，体现在履职尽责、做好协会工作的实效上。严格执行党内政治生活各项制度，提高党内政治生活质量。切实履行全面从严治党主体责任，持续营造良好政治生态。严格落实意识形态工作责任制，建立完善相关制度机制。

二是加强理论武装，继续深入学习党的十九大和十九届二中、三中、四中、五中、六中全会精神；党的二十大召开后，及时学习党的二十大精神；认真学习习近平重要讲话精神和重要指示批示精神，强化学习贯彻的主动性、自觉性、实效性。坚持用党的创新理论武装头脑、指导实践、推动工作。

三是持续强化党对协会各项工作的领导，不折不扣完成巡视整改任务，完善党建工作管理体制，推动党史学习教育常态化长效化，一体贯通推进党建工作和业务工作。

二、自律方面

一是继续深入推进信托文化建设工程，研究"信托文化建设确立年"工作方案，推动信托公司不断完善符合信托文化建设需要的组织架构、制度体系和工作流程，在全行业确立有中国特色的信托文化理念。

二是继续组织开展信托公司行业评级，根据资管新规、信托监管新规及金融市场变化适时组织研究行业评级指引的修订，确保评级体系在助力行业转型发展方面发挥积极作用。

三是继续引导行业推进绿色信托研究和业务实践工作。

四是根据金标委的工作安排及要求，在信托部指导下，组织行业力量开展《集合资金信托计划文件示范文本》《信托业务分类及编码》两项行业标准的修订工作。

五是研究建立行业自律规则执行情况检查机制，促进自律工作落到实处。

六是继续配合监管部门开展"3·15"金融消费者权益保护和金融知识进万家活动。

七是制定协会投诉受理办法和流程，规范投诉受理行为，定期进行数据统计分析等。

三、维权方面

一是继续辅助监管部门推进信托业法律法规建设。

二是在会员权益保障工作小组支持下，关注行业涉及多家信托公司的风险事件，及时响应会员单位维权诉求，择机就典型、多发问题开展行业性专题研讨，通过《信托建言》等渠道，高频率、多角度反映行业呼声，争取外部平等环境。

四、协调方面

一是做好信托参与涉众性社会资金管理、养老信托及慈善信托等有关工作，组织专题交流研讨、争取有利于行业转型发展政策、提出相关意见建议等，践行以人民为中心的发展思想。

二是支持银保监会定点帮扶和乡村振兴工作。根据银保监会工作部署，完成协会帮扶和调研任务，做好相关支持工作。

三是推动行业加强金融科技建设，从监管政策、数据采集、互联互通、风险防范等多个维度开展专题研究；完成首份《信托业金融科技应用发展白皮书》编撰工作并面向全行业发布。

四是继续发挥"中国信托业抗击新冠肺炎慈善信托"作用，支持疫情常态化防控。

五、服务方面

一是确保协会会员大会、理事会、常务理事会、秘书处和各专业委员会根据《中国信托业协会章程》各司其职、协同高效，形成协会治理合力。

二是做好行业人才建设工作。结合行业调研成果，开展《信托行业人才建设工作规划（2022—2024）》的滚动编制工作，运用人力资源课题报告研究成果，尝试搭建具有战略性、前瞻性的行业人才建设框架。加快教材体系建设、优化师资库、持续推进行业调研常态化、长效化,夯实信托人才建设基础性工作。

三是扎实开展行业培训工作。结合监管要求和会员需求,继续开展高管中层培训、信托业全员培训、信托专题培训。

四是做好媒体宣传工作。巩固与主流财经媒体的合作,积极引领行业正向舆情。继续做好信托行业舆情监测工作,优化舆情统计数据。完善协会自媒体平台建设,实现行业媒体宣传工作机制规范化、常态化、长效化,提升应变能力。

五是继续组织撰写《中国信托业发展报告(2021—2022)》《2022年信托业专题研究报告》《中国信托业年鉴(2021—2022)》《中国信托业2021—2022年度社会责任报告》。

六是引领行业贯彻落实党中央政策、贯彻银保监会有关决策部署,结合行业关注的热点、难点问题,在充分征求会员单位意见建议基础上,充分发挥桥梁纽带作用,围绕回归职能定位、风险防控、文化建设、公司治理等方面组织召开"主题沙龙活动""工作交流会"等。

大事记

1月

1月4日，天津银保监局核准张文栋北方国际信托股份有限公司副总经理的任职资格。

1月4日，西部信托有限公司捐赠8.09万元，用于白水县北塬镇杨武村安装路灯。

1月4日，中原信托有限公司计划财务部和计划财务部员工邓燕被河南银保监局授予河南银行业金融机构监管统计工作"先进集体"和"先进个人"称号。

1月5日，北京银保监局同意中粮信托有限责任公司注册资本由人民币2 300 000 000元增至人民币2 830 954 182元；同意中粮信托有限责任公司变更股权结构。

1月5日，甘肃银保监局核准谢太峰、赵欣光大兴陇信托有限责任公司董事的任职资格。

1月5日，天津银保监局核准黄河北方国际信托股份有限公司总经理的任职资格。

1月7日，上海国际信托有限公司作为受托人和发行人的银行间市场发行的规模最大的个人住房抵押贷款证券化项目"农盈汇寓2021年第一期个人住房抵押贷款资产支持证券"成功发行，发行规模200.15亿元。

1月7日，华宝信托有限责任公司荣获中国人民银行上海分行授予的"2020年度上海市中资法人金融机构统计工作一等奖"。

1月11日，黑龙江银保监局核准中融国际信托有限公司修订后的公司章程。

1月20日，天津银保监局核准杨大宇北方国际信托股份有限公司副总经理的任职资格。

1月21日，甘肃银保监局核准方文彬光大兴陇信托有限责任公司董事的任职资格。

1月26日，北京银保监局核准俞华军英大国际信托有限责任公司董事、总经理的任职资格；核准李芳英大国际信托有限责任公司总会计师的任职资格；核准左土民英大国际信托有限责任公司总经理助理的任职资格。

1月27日，北京银保监局核准林德琼中国民生信托有限公司总裁的任职资格。

1月27日，西部信托有限公司成立"西部信托·守望相助慈善信托"向西安市出租汽车爱心公益慈善基金会捐赠资金5.7万余元。

1月29日，北京银保监局核准李洪江中国金谷国际信托有限责任公司董事、董事长的任职资格。

1月29日，兴业国际信托有限公司成功发行福建省首单碳排放权绿色信托计划"兴业信托·利丰A016碳权1号集合资金信托计划"。

1月，中国信托业协会编制的《中国信托业年鉴（2019—2020）》正式出版发行。

1月，陆家嘴国际信托有限公司荣获人民银行青岛支行授予的2020年金融统计工作"先进单位"二等奖。

2月

2月2日，厦门银保监局核准陈震厦门国际信托有限公司董事的任职资格。

2月2日，万向信托股份公司荣获浙江银保监局授予的2020年度杭州辖内银行业金融机构监管统计工作竞赛三等奖。

2月4日，渤海国际信托股份有限公司获评河北省发展和改革委员会、河北省企业联合会授予的"河北服务业企业100强"。

2月8日，甘肃银保监局核准光大兴陇信托有限责任公司股指期货交易业务资格（非投机目的）。

2月8日，杭州工商信托股份有限公司获浙江省博士后工作办公室批准同意设立浙江省博士后工作站。

2月8日，上海爱建信托有限责任公司向上海万商经济研究院捐赠人民币100万元，助力其进一步发挥新型智库咨政建言、理论创新、舆论引导、社会服务等重要功能。

2月8日，紫金信托有限责任公司慈善信托工作室荣获南京市妇女联合会授予的"2020年度南京市三八红旗集体"称号。

2月9日至26日，中国信托业协会以通讯方式召开四届八次理事会议、二届六次监事会议。

2月9日，上海银保监局核准杨红中泰信托有限责任公司副总裁的任职资格。

2月22日，安徽银保监局同意安徽国元信托有限责任公司变更股权结构。

2月22日，中航信托股份有限公司与中国节能协会碳交易产业联盟、上海宝碳新能源环保科技有限公司联合设立了全国首单"碳中和"主题绿色信托计划，主要投资于全国统一碳市场交易的碳资产。

2月23日，上海银保监局同意中泰信托有限责任公司住所变更至上海市黄浦区北京东路666号F区（西座）32层和33层。

2月23日，天津信托有限责任公司荣获2021年度天津市金融创新示范区"最佳贡献奖"。

2月24日，紫金信托有限责任公司景区文化旅游运营信托项目荣获南京市总工会、南京市地方金融监督管理局、南京金融发展促进会颁发的"2020年度南京金融业支持科创企业'创新案例'"称号。

3月

3月4日，北京银保监局核准陈振军、叶郁文中国金谷国际信托有限责任公司董事的任职资格，核准张鸿波中国金谷国际信托有限责任公司独立董事的任职资格。

3月5日，百瑞信托有限责任公司组织开展"百瑞仁爱·春晖慈善信托"月第三次募捐活动，募集资金696 734元。

3月8日，紫金信托有限责任公司客户服务中心荣获南京市总工会授予的"'五一'巾帼标兵岗"称号。

3月8日，四川银保监局核准王云飞中铁信托有限责任公司副总经理的任职资格。

3月10日，中诚信托有限责任公司公益林植树节抚育活动在北京市东城区柳荫公园举行，以捐赠认养形式在北京市东城区柳荫公园设立"中诚公益林"。

3月11日，中国信托业协会举办"信托公司受托人文化建设"线上主题沙龙活动。

3月11日至4月2日，中国信托业协会召开2021年信托业专题研究课题竞标答辩评审会议线上会。

3月11日，湖北银保监局核准李艳交银国际信托有限公司副总裁的任职资格。

3月11日，浙江银保监局核准费荣富浙商金汇信托股份有限公司董事的任职资格。

3月12日，昆仑信托有限责任公司开展"有树可栖未来可期"植树活动。

3月15日，陕西银保监局核准西部信托有限公司股指期货交易业务资格（非投机目的）。

3月17日至25日，中国信托业协会以通讯方式召开四届六次常务理事会议、二届七次监事会议。

3月17日，黑龙江银保监局核准刘香玉中融国际信托有限公司行政副总裁的任职资格；核准杨莉、郎波中融国际信托有限公司副总裁的任职资格；核准毛得贵中融国际信托有限公司运营总监的任职资格；核准王鹏辉中融国际信托有限公司投资总监的任职资格。

3月18日，广东银保监局核准陈韶辉广东粤财信托有限公司副总经理的任职资格。

3月19日，北京银保监局核准国投泰康信托有限公司股指期货交易业务资格。

3月21日，渤海国际信托股份有限公司荣获河北省红十字会授予"博爱燕赵银奖"。

3月24日，江西银保监局核准王小涛雪松国际信托股份有限公司总裁助理的任职资格。

3月24日，安徽国元信托有限责任公司担任发行载体管理机构的全国首单公募绿色公交客票收费权资产支持票据——徐州市公共交通集团有限公司2021年度第一期绿色资产支持票据在银行间债券市场成功发行，总规模5.25亿元。

3月25日，北京银保监局核准韩波北京国际信托有限公司董事会秘书、职工董事的任职资格。

3月25日，广东银保监局核准骆传朋广东粤财信托有限公司总经理的任职资格。

3月26日，昆仑信托有限责任公司组织北京员工参加无偿献血活动。

3月30日，天津银保监局核准钟振宇北方国际信托股份有限公司副总经理的任职资格。

3月31日，山东银保监局核准方灏山东省国际信托股份有限公司总经理的任职资格。

3月，在监管部门指导下，由中国信托业协会组织制作的《信托投资者教育视频》正式发布。

3月，中航信托股份有限公司荣获中国人民银行南昌中心支行授予的"2020年度金融机构征信工作考核优胜单位"称号。

3月，东莞信托有限公司荣获共青团东莞市委员会、东莞市精神文明建设委员会办公室和东莞市志愿者联合会授予的2020年度东莞市志愿服务先进典型"爱心企业"。

3月，江苏省国际信托有限责任公司荣获南京市信息安全等级保护工作协调小组办公室授予的"2020年度南京市网络安全等级保护工作先进单位"称号。

4月

4月2日，北京银保监局核准于泳中粮信托有限责任公司副总经理的任职资格。

4月2日，浙江银保监局核准程卫东浙商金汇信托股份有限公司独立董事的任职资格。

4月7日，湖北银保监局核准朱明君交银国际信托有限公司副总裁的任职资格。

4月7日，江西银保监局核准李楠雪松国际信托股份有限公司总裁的任职资格。

4月7日，新疆银保监局核准吕超长城新盛信托有限责任公司财务总监的任职资格；核准戴维长城新盛信托有限责任公司独立董事的任职资格。

4月8日，新疆银保监局核准张建中长城新盛信托有限责任公司董事、副董事长的任职资格。

4月9日，甘肃银保监局核准冯翔光大兴陇信托有限责任公司董事、董事长的任职资格。

4月13日，中国信托业协会举办"新金融工具准则实施与应对"线上工作交流会。

4月15日，北京银保监局核准裘骆红中国民生信托有限公司董事会秘书的任职资格。

4月15日，上海国际信托有限公司向"义海健康救助基金"捐赠50万元。

4月15日，重庆国际信托股份有限公司西南事业部荣获重庆市委、市政府授予的"重庆市脱贫攻坚先进集体"称号。

4月16日，青岛银保监局核准倪智勇陆家嘴国际信托有限公司财务总监的任职资格；核准王斐、孙阳陆家嘴国际信托有限公司总经理助理的任职资格。

4月16日，厦门国际信托有限公司吴垠荣获厦门金融团工委授予的"2019—2020年度厦门金融系统优秀共青团员"称号。

4月17日，华宝信托有限责任公司荣获上海市人民政府授予的"2019—2020年度上海市文明单位"称号。

4月19日，北京银保监局核准张亚蔚中国对外经济贸易信托有限公司董事的任职资格。

4月19日，上海银保监局核准汤全荣中海信托股份有限公司董事、董事长的任职资格。

4月20日，中国对外经济贸易信托有限公司发行全国首单乡村振兴资产证券化产品——新希望（天津）商业保理有限公司2021年度普惠1号定向资产支持商业票据（乡村振兴）。

4月21日，中海信托股份有限公司成功发行全国首单CCER碳中和服务信托。

4月21日，上海爱建信托有限责任公司向上海市光彩事业促进会捐赠人民币500万元，用于中国光彩事业基金会在贵州望谟等地实施的公益事业项目。

4月23日，北京银保监局核准李强中国对外经济贸易信托有限公司董事长的任职资格。

4月23日，山东省国际信托股份有限公司荣获山东省国资委、山东省工商联授予的"2020山东社会责任企业"。

4月23日，华能贵诚信托公司荣获贵州省脱贫攻坚先进集体荣誉称号。

4月26日，北京银保监局核准段学平北京国际信托有限公司首席风险官的任职资格。

4月27日，中国信托业协会举办党史学习教育专题培训会。

4月27日，北京银保监局核准林德琼中国民生信托有限公司董事的任职资格。

4月27日，上海爱建信托有限责任公司荣获上海市人民政府授予的"2019—2020年度上海市文明单位"称号。

4月28日，万向信托股份公司荣获浙江省人民政府办公厅授予的"2020年度支持浙江经济社会发展先进单位（三等奖）"及"改革创新优秀单位"荣誉。

4月29日，上海国际信托有限公司荣获上海市精神文明建设委员会授予的2019—2020年度上海市文明单位名单。

4月30日至5月12日，中国信托业协会以通讯方式召开四届九次理事会议、二届八次监事会议。

4月30日，青海银保监局核准任晓晖五矿国际信托有限公司风险总监的任职资格。

4月，厦门国际信托有限公司荣获厦门市直机关文明办授予的"2018—2020年度厦门市直机关文明单位"称号。

5月

5月6日至14日，中国信托业协会以通信方式召开四届七次常务理事会议。

5月8日，广东粤财信托有限公司团支部获评广东省国资系统"五四红旗团支部"。

5月10日，甘肃银保监局核准曹兆兵光大兴陇信托有限责任公司副总裁的任职资格。

5月11日，甘肃银保监局核准李朝霞光大兴陇信托有限责任公司董事的任职资格。

5月12日，江苏银保监局核准苏州信托有限公司修订后的公司章程。

5月13日，中国信托业协会举办"信托公司家族信托业务发展"线上主题沙龙活动。

5月17日，紫金信托有限责任公司荣获中国人民银行南京分行授予的"2020年度江苏省金融统计四星级统计单位"称号。

5月19日，山东银保监局核准方灏山东省国际信托股份有限公司董事的任职资格。

5月19日，湖南省财信信托有限责任公司"湘信·善达农村医疗援助公益信托计划"荣获湖南省人社厅、省民政厅、省慈善总会授予的"最具影响力慈善项目"。

5月20日，中国信托业协会组织召开信托业支持绿色低碳转型专题调研座谈会。

5月21日，新疆银保监局核准李丹华融国际信托有限责任公司总经理的任职资格。

5月21日，雪松国际信托股份有限公司党委组织党员志愿者前往南昌SOS儿童村进行慰问。

5月24日，渤海国际信托股份有限公司员工荣获中国人民银行石家庄中心支行授予的2020年河北省金融机构统计工作"先进个人"。

5月25日，北京银保监局核准建信信托有限责任公司固有资产从事股权投资业务资格。

5月25日，北京银保监局核准徐谦中粮信托有限责任公司副总经理、首席风险官的任职资格。

5月25日，广东粤财信托有限公司下属支部与广州市民政局社会救助处党支部携手，在大塘街党群服务中心共同举办"您的心愿、我的志愿"主题活动。

5月27日，山东省国际信托股份有限公司王亢荣获山东省国资委、山东省发展与改革委员会、山东省扶贫开发办公室授予的山东省属企业脱贫攻坚"先进个人"。

5月28日，浙江银保监局核准黄永庆浙商金汇信托股份有限公司总经理助理的任职资格。

5月31日，黑龙江银保监局核准汤小青、王卫、黄琳中融国际信托有限公司独立董事的任职资格；核准游宇中融国际信托有限公司董事的任职资格；核准王强中融国际信托有限公司董事会秘书的任职资格。

5月31日，广东粤财信托有限公司向广州市残疾人体育运动中心残疾人运动员捐赠训练保障物资，为参加第16届残奥会的广东运动健儿们提供物资保障。

5月，吉林省信托有限责任公司驻山泉村第一书记、扶贫工作队队长常伟荣获吉林省委省政府授予的"吉林省脱贫攻坚先进个人"称号。

6月

6月1日，国投泰康信托有限公司设立市场首单"惠农"绿色信托项目"国投泰康信托光萤惠农1号单一资金信托"，助力乡村振兴。

6月1日，大业信托有限责任公司创设"善业关爱儿童慈善信托"，资助特殊儿童康复教育事业。

6月1日，重庆国际信托股份有限公司向天一新城小学赠送文具礼包。

6月1日，上海爱建信托有限责任公司向民建"爱建梦想专项基金"捐赠人民币50万元，组织青年员工赴上海广慈残疾儿童福利院开展"六一"关爱慰问活动。

6月2日，北京银保监局核准任凯中国民生信托有限公司董事的任职资格。

6月2日，河北银保监局核准卓逸群渤海国际信托股份有限公司董事、董事长的任职资格。

6月2日，北方国际信托股份有限公司驻村工作组在天津市脱贫攻坚总结表彰大会上荣获"天津市结对帮扶困难村优秀驻村工作组"称号。

6月3日，广东银保监局核准廖玉林东莞信托有限公司董事长的任职资格。

6月4日，陕西省国际信托股份有限公司荣获陕西省委、省政府授予的"陕西省脱贫攻坚先进集体"称号。

6月7日，北方国际信托股份有限公司成立"北方信托·关爱困境儿童慈善信托"，惠及天津市1 083名散居孤儿。

6月10日，中国信托业协会第四届会员大会第五次会议暨"信托公司转型发展座谈会"在武汉召开。

6月10日，陕西银保监局核准雷秦西部信托有限公司副总经理的任职资格。

6月10日，四川银保监局核准解义才中铁信托有限责任公司副总经理、董事的任职资格。

6月15日，河南银保监局核准李明中原信托有限公司董事的任职资格。

6月15日，雪松国际信托股份有限公司设立"大爱雪松2号乐善医疗救助公益慈善信托计划"，支持在南昌大学第二附属医院接受TAVR手术治疗的贫困病患人群。

6月16日，由中国人民银行条法司、中国银保监会法规部主办，中国信托业协会承办的"《信托法》立法后评估暨修改意见征求座谈会"在北京召开。

6月16日，北京银保监局核准胡嘉中国金谷国际信托有限责任公司首席风险官的任职资格。

6月16日，北京银保监局核准杨屹中粮信托有限责任公司财务总监的任职资格。

6月18日，中诚信托有限责任公司成立"中诚信托2021诚善·於氏·贺野艺术教育慈善信托"，支持艺术文化交流与宣传。

6月18日，中铁信托联合中国信托业协会、西南财经大学，在成都举办"中国信托业高质量发展论坛"。

6月21日，东莞信托有限公司集结172名干部职工组成抗疫志愿服务队投入望牛墩镇全员核酸检测工作中，共计完成8万余人的核酸检测工作。

6月24日，青岛银保监局同意陆家嘴国际信托有限公司注册资本金由48亿元人民币增至57亿元人民币。

6月24日，中海信托股份有限公司第七党支部荣获上海市金融工作党委授予的"上海市金融系统先进基层党组织"称号；员工汪婧、吴麟莉分别荣获上海市金融工作党委授予的"上海市金融系统优秀共产党员""上海市金融系统优秀党务工作者"称号。

6月25日，中原信托有限公司原第五党支部荣获中共河南省委授予"河南省先进基层党组织"；原第三党支部、财富管理中心李雨丝和人力资源部朱秀娟被河南省政府国资委授予省国资国企系统"先进基层党组织""优秀党务工作者"和"优秀共产党员"。

6月25日，吉林省信托有限责任公司开展"大爱无疆、众志成城"志愿服务活动，慰问奋战在一线的医护人员及东梅社区工作人员。

6月28日，紫金信托有限责任公司荣获南京市财贸金融工会颁发的"中银杯"南京市财贸金融工会系统庆祝中国共产党成立100周年党史知识竞赛二等奖。

6月29日，江苏银保监局核准虞涛、张清苏州信托有限公司董事的任职资格，核准陈琦伟苏州信托有限公司独立董事的任职资格。

6月29日，江西银保监局核准何唐兵中航信托股份有限公司副总经理的任职资格。

6月29日，浙江银保监局核准何平、冯蔚蔚杭州工商信托股份有限公司副总裁的任职资格。

6月30日，湖南省财信信托有限责任公司成功完成备案并发行湖南省首单慈善信托——"财信信托——南峰助学慈善信托"。

6月30日，云南国际信托有限公司发行的抗疫专项慈善信托——"云慈济善慈善信托"向昆明市儿童医院呼吸科定向捐赠了一批规格为TF30和TF42的可视电子软镜。

6月，中国信托业发布"进一步支持武汉经济发展倡议书"。

6月，安徽国元信托有限责任公司在安徽省政府2020年度全省金融机构服务地方实体经济发展评价中，获评"优秀"。

6月，西部信托有限公司荣获陕西省国资委授予的2021年"先进基层党组织"称号。

6月，中航信托股份有限公司黄清源荣获中共江西省委、江西省人民政府授予的"江西省脱贫攻坚先进个人"称号。

7月

7月1日，中海信托股份有限公司白喻竹荣获上海市委授予的"上海市优秀党务工作者"称号。

7月2日，北京银保监局核准邓春岚英大国际信托有限责任公司副总经理的任职资格。

7月2日，江西银保监局同意中航信托股份有限公司注册资本由46.57亿元增加至64.66

亿元；同意中航信托股份有限公司变更股权结构。

7月2日，杭州工商信托股份有限公司党委荣获中共杭州市委授予的"杭州市先进基层党组织"荣誉称号。

7月5日，陕西省国际信托股份有限公司党委被授予"陕西省先进基层党组织"荣誉称号。

7月7日，上海银保监局核准张悦中海信托股份有限公司副总裁的任职资格。

7月8日，上海银保监局核准王成兵上海爱建信托有限责任公司财务总监的任职资格。

7月13日，江西银保监局核准陈健雪松国际信托股份有限公司副总裁的任职资格。

7月14日，杭州工商信托股份有限公司设立"杭工信·阳光16号母亲微笑行动慈善信托"，备案规模22.9万元。

7月19日，北京银保监局核准郑海帆中诚信托有限责任公司副总裁的任职资格。

7月20日，陕西省国际信托股份有限公司设立"陕国投·善行中原水灾专项救助慈善信托"，支援河南防汛抢险救灾及灾后卫生防疫等工作。

7月21日至23日，中国信托协会会同十余家会员单位赴甘肃和政县、临洮县开展定点帮扶工作调研，并在临洮县召开信托业助力乡村振兴座谈会。

7月22日，中国信托业协会举办"信托公司内控合规管理"线上主题沙龙活动。

7月22日，光大兴陇信托有限责任公司与中慈联合作设立的全国首个"慈善信托创新实践基地"揭牌仪式在兰州举行。

7月23日，广东银保监局核准大业信托有限责任公司修订后的公司章程。

7月23日，内蒙古银保监局同意华宸信托有限责任公司变更股权结构。

7月23日，百瑞信托有限责任公司发起设立的"百瑞仁爱·灾害救助慈善信托"在郑州市民政局完成备案，并开展首期慈善救助活动，将救助物资送到白沙镇受灾群众手中。

7月23日，中粮信托有限责任公司落实助力乡村振兴和对口支援资金计划，向青海门源县拨付99万元。

7月26日，紫金信托有限责任公司通过"厚德博爱抗击疫情社区帮扶慈善信托"向南京市鼓楼区湖南路街道送去500套防护服套装以及消毒凝胶、消毒湿巾等防疫急需物资。

7月27日，北京银保监局核准国民信托有限公司特定目的信托受托机构资格。

7月28日，新疆银保监局核准吴映江长城新盛信托有限责任公司董事、董事长的任职资格。

7月28日，陕西省国际信托股份有限公司与陕西省妇女儿童活动中心在西安联合举办"小葵花看西安——城乡儿童手拉手"公益活动。

7月28日，兴业国际信托有限公司"兴慈善1号绿色慈善信托"首期产品正式成立，该项目是我国首个以生物多样性保护为主题的绿色慈善信托。

7月29日，中国对外经济贸易信托有限公司联合北京信诺公益基金会开展防汛抗洪驰援河南捐赠服务，接受来自合作双方公司员工、信诺基金会理事会成员的捐款共计 2 140 951 元，全部捐赠至河南省慈善总会，用于河南洪灾受灾群众困难救助、过渡安置、恢复重建等工作。

7月30日，上海爱建信托有限责任公司与上海市武警一中队七支队开展军企共建，资助1.4万元用于改善部队文化生活条件。

7月，厦门国际信托有限公司党委荣获中国厦门市委市值机关工作委员会授予的"厦门市直机关先进基层党组织"称号。

7月，东莞信托有限公司荣获东莞市金融系统授予的"金融赋能·便企利民"服务项目大赛三等奖。

8月

8月2日，广东银保监局核准广东粤财信托有限公司修订后的公司章程。

8月4日，厦门国际信托有限公司及公司员工分别荣获中国人民银行厦门市中心支行授予的2021年度厦门市金融业网络安全知识技能竞赛"其他金融机构"类别第二名和个人得分第三名。

8月5日，北京银保监局核准李航华鑫国际信托有限公司董事会秘书的任职资格，核准朱勇华鑫国际信托有限公司董事的任职资格。

8月6日，北京银保监局同意中国民生信托有限公司变更股权及调整股权结构。

8月6日，上海银保监局核准朱建高上海爱建信托有限责任公司董事会秘书、副总经理的任职资格。

8月9日，中诚信托有限责任公司成立"中诚信托2021诚善·传递一份爱助学慈善信托"，信托资金用于爱心助学，帮扶困难学生。

8月10日，中国信托业协会举办"信托公司声誉风险管理"线上专题培训会。

8月10日，中国对外经济贸易信托有限公司联合北京信诺公益基金会开展"圆梦行动"助学活动，2021年"圆梦行动"参与捐赠人数近万人，捐赠金额近500万元。

8月11日，湖北银保监局同意国通信托有限责任公司注册资本由人民币3 200 000 000.00元变更为人民币4 158 374 776.08元；同意国通信托有限责任公司调整股权结构。

8月12日，上海银保监局核准朱玲中海信托股份有限公司董事会秘书、运营总监的任职资格。

8月12日，陕西省国际信托股份有限公司获评陕西省委组织部、省乡村振兴局授予的优秀等次省级单位。

8月16日，北京银保监局同意英大国际信托有限责任公司股权变更。

8月16日，中建投信托股份有限公司成立"中建投信托·善泉1号（防汛抗灾）慈善信托"，管理规模103.39万元，用于支持河南省、浙江省等地区灾害预防与灾后重建。

8月17日，湖北银保监局核准陈洪交银国际信托有限公司董事的任职资格。

8月17日，国通信托有限责任公司作为"中国信托业抗击新冠肺炎慈善信托"受托人向武汉市韩家墩街道捐赠防疫物资，助力疫情防控。

8月19日，宁波银保监局核准昆仑信托有限责任公司修订后的公司章程。

8月21日，英大国际信托有限责任公司朱梅荣获中国人民银行征信中心认定的年度征信系统数据质量工作优秀个人。

8月23日至9月10日，中国信托业协会以通信方式召开四届十次理事会议、二届九次监事会议。

8月23日，广东粤财信托有限公司被国家税务总局广州市税务局评定为"2020年度纳税信用A级纳税人"。

8月26日，中国信托业协会举办"信托公司绿色信托业务发展"线上主题沙龙活动。

8月26日，黑龙江银保监局核准中融国际信托有限公司修订后的公司章程。

8月27日，北京银保监局核准王顺江北京国际信托有限公司董事的任职资格。

8月27日，上海银保监局核准高俊安信信托股份有限公司副总裁的任职资格；核准丛树峰安信信托股份有限公司财务总监的任职资格。

8月27日，湖南省财信信托有限责任公司向"湖南省财信公益基金会"捐赠200万元，支援湖南省内抗疫前线。

8月31日，渤海国际信托股份有限公司荣获中国人民银行征信中心授予的2020年度征信系统（企业业务）数据质量工作优秀机构。

8月31日，杭州工商信托股份有限公司设立"杭工信·阳光17号困境家庭救助慈善信托"，备案规模16.7万元，信托财产用于捐助杭州市上城区辖内独生子女困境家庭因疾病、残疾、死亡和发生意外事故的扶贫救困项目。

8月，中国信托业协会、西北工业大学和陕西省国际信托股份有限公司联合举办的第二期"信托金融理论与实务"特色课程圆满结束。

8月，国通信托有限责任公司设立"风雨同舟共抗灾害慈善信托"，救助河南洪灾带来的损害。

8月，中航信托股份有限公司荣获中国人民银行征信中心授予的"2020年度征信系统（企业业务）数据质量工作优秀机构"称号，公司员工万怡娉、白昊龙分别荣获中国人民银行征信中心授予的"2020年度征信系统（企业业务）数据质量工作优秀个人"称号和"2020年度征信系统（个人业务）数据质量工作优秀个人"称号。

9月

9月1日，湖北银保监局核准高莎国通信托有限责任公司财务总监的任职资格。

9月2日，北京银保监局核准周小明华鑫国际信托有限公司独立董事的任职资格。

9月2日，西藏信托有限公司与那曲市驻班戈县尼玛联合制定村脱贫攻坚方案，捐助过冬饲料助力琼果村、下地村脱贫致富和乡村建设。

9月3日，北京银保监局核准王健华鑫国际信托有限公司独立董事的任职资格。

9月3日，中建投信托股份有限公司、杭州工商信托、浙商金汇信托、万向信托股份公司四家信托公司共同签署"发展慈善信托、助力共同富裕"行动倡议。

9月5日，光大兴陇信托有限责任公司荣获民政部授予的第十一届"中华慈善奖"，"定点扶贫系列慈善信托"荣获"慈善项目和慈善信托奖。

9月5日，五矿信托发起设立的"五矿信托——三江源系列慈善信托"荣获民政部授予的"中华慈善奖"。

9月9日，北京银保监局核准安国勇中诚信托有限责任公司总裁的任职资格。

9月9日，浙江银保监局核准邵作民万向信托股份公司董事的任职资格；核准朱杭万向信托股份公司董事的任职资格。

9月10日，中国对外经济贸易信托有限公司联合北京信诺公益基金会开展"衣旧情深·温暖99"公益捐衣活动。

9月13日，西藏信托有限公司捐助生活费帮扶1名西藏贫困家庭大学生完成学业。

9月13日，吉林省信托有限责任公司开展"情系孤儿学校，凝聚爱心力量"志愿服务活动，为省孤儿学校、儿童福利院学生捐赠学习用品百余份，服务学生80人。

9月16日，上海国际信托有限公司荣获中国人民银行上海分行授予的"征信系统（企业业务）数据质量工作优秀机构"，卓建国荣获"征信系统（企业业务）数据质量工作优秀个人"。

9月17日，广东粤财信托有限公司在广州签署全国第一单以"资助社区营造及乡村振兴相关领域公益项目和慈善活动"为信托目的的慈善信托计划——"粤财信托·2021知行慈善信托"。

9月17日，上海国际信托有限公司作为受托机构的国内银行间债券市场发行规模最大的绿色车贷资产证券化项目——"盛世融迪2021年第二期个人汽车抵押贷款绿色证券化信托"成功设立，发行规模20亿元。

9月18日，北京银保监局核准中诚信托有限责任公司修订后的公司章程。

9月22日，湖北银保监局核准张恩蓉国通信托有限责任公司总裁的任职资格。

9月22日，江苏银保监局同意紫金信托有限责任公司注册资本由24.53亿元变更为32.71

亿元；同意紫金信托有限责任公司调整股权结构；核准紫金信托有限责任公司修订后的公司章程。

9月22日，天津信托有限责任公司捐赠25万元参与天津市福老基金会"智能健康设备走进社区"项目。

9月22日，万向信托股份公司落地国内首单物业服务信托——"阳光物业系列"服务信托。

9月23日，中国信托业协会联合中国银行保险报组织开展2021年"信托金融知识进万家"线上主题讲座活动。

9月25日，中诚信托有限责任公司联合中国发展研究基金会举办庆祝建党100周年暨第四届中诚公益跑活动，捐赠20万元用于慧育中国山村入户早教计划。

9月28日，陕西银保监局核准陕西省国际信托股份有限公司股指期货交易业务资格。

9月29日，深圳银保监局核准戴巍平安信托有限责任公司总经理的任职资格。

9月29日，广东粤财信托有限公司前往越秀区华乐街社区康复站开展"南粤扶残·粤财信托康园慰问行"活动。

9月，由中国信托业协会组织编著的《信托法务（第二版）》正式完成修订并出版发行。

9月，平安信托有限责任公司"平安九资河笔架山助学慈善信托"成功落地，规模30万元。

9月，东莞信托有限公司荣获中共广东省委农村工作领导小组授予的2019—2020年广东省脱贫攻坚突出贡献集体。

10月

10月8日，金谷国际信托有限责任公司"金谷信托2021信达大爱（乡村振兴）2号慈善信托"在北京市民政局正式备案成立。

10月9日，厦门国际信托有限公司设立福建首只绿色抗疫慈善信托——"壹'鹭'同安抗击疫情慈善信托"，近2 000位委托人参与捐赠，累计捐赠金额超30万元。

10月12日，中国对外经济贸易信托有限公司通过北京信诺公益基金会参与捐赠的中化资本"数字图书馆"项目在西藏岗巴县中学、岗巴县完全小学正式落地。

10月12日，吉林省信托有限责任公司投入3万元，对龙山村村部进行修缮。

10月13日，中航信托股份有限公司首创的"双受托制"物业管理服务信托在成都正式落地。

10月13日，西部信托有限公司员工捐赠1.2万元用于白水县北塬镇杨武村秋淋灾后恢复。

10月14日，中国信托业协会举办"养老信托业务机遇与挑战"线上主题沙龙活动。

10月14日，山东银保监局核准山东省国际信托股份有限公司修订后的公司章程。

10月14日，上海爱建信托有限责任公司组织青年员工赴上达天平养老院开展重阳节敬老慰问活动。

10月15日，山东银保监局核准赵子坤山东省国际信托股份有限公司董事的任职资格。

10月15日，中粮信托有限责任公司发起2021年赴阿坝红原暖冬行动倡议，共募集价值13万余元物资。

10月18日，山西银保监局核准武旭山西信托股份有限公司董事长的任职资格。

10月20日，北京银保监局核准张圣平中国金谷国际信托有限责任公司独立董事的任职资格。

10月20日，国联信托股份有限公司成立业内首单教育培训资金管理服务信托。

10月22日，广东银保监局同意大业信托有限责任公司注册资本由人民币14.85亿元变更为人民币20亿元。

10月22日，金谷国际信托有限责任公司"金谷信托2021信达大爱（乡村振兴）1号慈善信托"在北京市民政局正式备案成立。

10月23日，江苏银保监局核准韩何紫金信托有限责任公司总裁的任职资格。

10月24日，上海国际信托有限公司"上善"系列乡村振兴慈善信托"启航年"培训顺利结束，来自陕西省乡村地区的51名校长在上海接受了为期半个月的集中授课培训和进校跟岗交流。

10月25日，江西银保监局核准李楠雪松国际信托股份有限公司董事的任职资格。

10月25日，内蒙古银保监局核准苏娜华宸信托有限责任公司董事的任职资格。

10月25日，紫金信托有限责任公司荣获江苏省财政厅评选的2020年度全省地方金融企业绩效评价AAA级。

10月25日，厦门国际信托有限公司荣获中共福建省委宣传部授予的福建省全媒体党史知识竞赛银奖。

10月27日，中国信托业协会举办"信托项目风险化解（法律视角）"线上专题培训会。

10月27日，内蒙古银保监局核准吴潮科华宸信托有限责任公司董事长的任职资格。

10月28日，中粮信托有限责任公司赴阿坝红原县，为700名红原麦洼中心校的孩子、16位草原上的单身母亲及退伍军人送去了生活用品和慰问金。

10月29日，国投泰康信托有限公司荣获"首都精神文明建设委员会"授予的"首都文明单位"称号。

10月29日，渤海国际信托股份有限公司两名员工在河北省中长期青年发展规划联席会议办公室组织开展的新时代冀青之星优秀青春榜样主题选树评选活动中荣获"冀青之星"称号。

10月，由中国信托业协会组织编著的《中国信托业发展报告（2020—2021）》正式发布。

10月，中航信托股份有限公司荣获中国人民银行南昌中心支行授予的江西省金融机构金融消费权益保护评估工作评级A档称号。

11月

11月3日，安徽银保监局核准逄淑学安徽国元信托有限责任公司董事、副董事长的任职资格；核准严新华、孙昂安徽国元信托有限责任公司董事的任职资格；核准唐民松安徽国元信托有限责任公司独立董事的任职资格；核准刘振锋安徽国元信托有限责任公司副总裁的任职资格。

11月3日，杭州工商信托股份有限公司设立"杭工信·善创空间慈善信托"，备案规模80万元，信托财产用于建设和运营杭州"善创空间"慈善基地。

11月3日，杭州工商信托股份有限公司设立"杭工信·阳光18号失独助困慈善信托"，备案规模30万元，信托财产用于萧山区辖区内失独困难家庭的救助。

11月3日，中诚信托有限责任公司成立"中诚信托2021诚善·三一公益创新慈善信托"，用于推动文化教育和助残济困领域的公益慈善项目创新发展。

11月8日，新疆银保监局核准王瑨华融国际信托有限责任公司风险总监的任职资格。

11月10日，四川银保监局核准余赞中铁信托有限责任公司董事的任职资格。

11月12日，青岛银保监局同意陆家嘴国际信托有限公司注册资本金由57亿元增至90亿元。

11月12日，云南银保监局核准云南国际信托有限公司变更股权。

11月12日，苏州信托有限公司成立全国首单校外培训服务信托计划"苏信服务·新科教育众安1号服务信托计划"。

11月15日，山东银保监局核准王增业山东省国际信托股份有限公司董事的任职资格。

11月16日，广东银保监局核准张孟军东莞信托有限公司副总经理的任职资格；核准赵崇健东莞信托有限公司副总经理的任职资格；核准罗炯亮东莞信托有限公司首席风险官的任职资格；核准曾国军东莞信托有限公司首席运营官的任职资格。

11月17日，中粮信托有限公司开展助力修水县乡村振兴工作专业知识培训，修水县县领导、农业农村局和部分村干部、农业技术人员、种养大户、合作社人员等共80余人参加培训。

11月18日，中国信托业协会举办"信托公司全面风险管理体系建设"线上主题沙龙活动。

11月18日，中国信托业协会召开第一届行业发展研究专业委员会第十七次会议暨2021年信托业专题研究课题报告评审会议线上会。

11月18日，新疆银保监局核准胡江华融国际信托有限责任公司董事会董事、副董事长的任职资格。

11月18日，中诚信托有限责任公司成立"中诚信托2021诚善·信托保障基金·临洮乡村振兴慈善信托"，通过开展教育等民生帮扶项目，助力临洮县乡村振兴事业。

11月18日，安徽国元信托有限责任公司财富管理中心荣获安徽省妇女联合会授予的"巾帼文明岗"称号。

11月19日，紫金信托有限责任公司发起"童年梦想盒约"公益活动，募集爱心资金近11万元。

11月19日，西部信托有限公司捐赠1.2万元用于帮扶白水县北塬镇杨武村爱心超市。

11月20日，百瑞信托有限责任公司荣获河南省银保监局授予的"金融知识进万家"活动优秀组织单位。

11月22日，浙江银保监局核准李永良浙商金汇信托股份有限公司副总经理的任职资格。

11月22日，浙江银保监局核准自晓佳中建投信托股份有限公司副总经理的任职资格。

11月22日，杭州工商信托股份有限公司设立"杭工信·暖树1号禧助苍溪陵江小学慈善信托"，备案规模38.62万元，信托财产用于捐助苍溪县辖内因设施设备差缺、落后而影响教学的小学。

11月25日，中建投信托股份有限公司成立"中建投信托·善泉（上善若水）慈善信托"，管理规模20万元。

11月26日，浙江银保监局核准陈凯杭州工商信托股份有限公司首席财务官的任职资格。

11月26日，浙江银保监局核准刘钊浙商金汇信托股份有限公司董事的任职资格。

11月26日，杭州工商信托股份有限公司设立"杭工信·阳光19号困境家庭救助慈善信托"，备案规模50万元，用于捐助杭州市上城区辖内发生疾病、残疾、死亡和意外事故的独生子女困境家庭。

11月26日，杭州工商信托股份有限公司设立"杭工信·暖树2号困难家庭助学慈善信托"，备案规模20万元，主要用于捐助有非义务教育阶段在读学生的困难家庭。

11月28日，紫金信托有限责任公司以自有资金100万元设立"紫金·厚德11号"慈善信托计划，为困难家庭大病儿童和残障儿童提供救助。

11月29日，山东银保监局核准田志国山东省国际信托股份有限公司首席风险官的任职资格。

11月29日，山东银保监局核准孙波涛山东省国际信托股份有限公司总经理助理的任职资格。

11月30日，中国信托业协会举办"信托公司内控合规管理建设"线上专题培训会。

11月30日，渤海国际信托股份有限公司举办助学公益行活动，筹集善款资助贫困学子。

11月，由中国信托业协会组织编著的《中国信托业社会责任报告（2020—2021）》正式发布。

11月,百瑞信托有限责任公司协助国家电投广东公司成功发行了银行间市场首单类REITs,发行规模25亿元。

11月,上海爱建信托有限责任公司向甘肃省临洮县新添卫生院和辛店卫生院捐赠两辆救护车价值合计人民币50万元,以提高基层医疗机构的基础医疗设备。

12月

12月1日,浙江银保监局核准孟世欣中建投信托股份有限公司董事的任职资格;核准王勇华中建投信托股份有限公司副总经理、董事会秘书的任职资格。

12月2日,上海爱建信托有限责任公司向河南特大暴雨受灾地区捐赠价值人民币181.97万元的物资。

12月3日,光大兴陇信托有限责任公司于第30个国际残疾人日在北京总部成功举办"爱心义卖"活动及慈善公益讲座。

12月4日,"中国信托业2021年信托知识竞赛"预赛成功举办、来自全行业68家信托公司的204名选手报名参加。中航信托、英大信托、中信信托、重庆信托、中原信托、紫金信托六家信托公司以优异成绩进入决赛。

12月6日,北京银保监局核准李祝用中诚信托有限责任公司董事长的任职资格。

12月7日,山西银保监局核准牛宝亮山西信托股份有限公司副总经理的任职资格。

12月8日,平安信托有限责任公司成立"平安刘昌琴慈善信托",规模为300万元,聚焦社区信义治理的创新实践。

12月8日,广东粤财信托有限公司定向捐赠广东省慈善总会扶弱助残关爱基金30万元,用于广东省残疾人就业创业促进会、广东省残疾人新闻宣传促进会开展公益助残项目。

12月9日,湖北银保监局核准张恩蓉国通信托有限责任公司董事的任职资格,核准王小舟国通信托有限责任公司副总裁的任职资格。

12月9日,平安信托有限责任公司携手华林证券、北京语泽基金会成立国内首只支持西藏乡村振兴与可持续发展的慈善信托计划"平安华林乡村振兴可持续发展慈善信托",初始规模600万元,专注开展西藏乡村振兴与可持续发展公益事业。

12月9日,中国对外经济贸易信托有限公司在北京银保监局金融联合宣教活动评选中荣获"表现突出组织单位"称号。

12月10日,安信信托股份有限公司召开2021年第一次临时股东大会,审议批准《安信信托股份有限公司重大资产出售方案》,《债务和解协议》正式生效。

12月10日，杭州工商信托股份有限公司设立"杭工信·暖树3号教育救助慈善信托"，备案金额20万元，用于捐助杭州市拱墅区辖内的困难家庭子女入学、幼儿入托。

12月10日，紫金信托有限责任公司《数据赋能的管理会计体系在信托公司数字化转型中的创新设计与实践》课题荣获江苏省财政厅颁发的江苏省管理会计案例一等奖。

12月14日至23日，中国信托业协会以通信方式召开四届十一次理事会议、二届十次监事会议。

12月14日，平安信托有限责任公司设立国内首只碳中和主题慈善信托——"平安碳中和绿色金融发展慈善信托"，初始规模为590万元。

12月14日，中建投信托股份有限公司成立"中建投信托·善泉3号（善行西湖）慈善信托"，管理规模1万元，用于"慈心向善、润心港湾"服务项目等。

12月15日，东莞信托有限公司集结201名干部职工协助横沥镇15个核酸检测点共计完成约15万人的核酸采样工作。

12月16日，百瑞信托有限责任公司举办应急救援装备捐赠仪式，助力河南抢险救灾和灾后重建工作。

12月17日，东莞信托有限公司受托设立"东莞信托·善信——乡村振兴慈善信托"，规模200万元，资金用于扶贫济困、乡村振兴等慈善公益项目。

12月17日，陕西省国际信托股份有限公司西安业务四部荣获中国金融工会全国委员会授予的"全国金融先锋号"荣誉称号。

12月17日，湖南省财信信托有限责任公司荣获中国人民银行征信中心授予的"2020年度征信系统（企业业务）数据质量工作优秀机构"。

12月17日，紫金信托有限责任公司荣获南京市精神文明建设指导委员会颁发的"2021年度南京市文明单位"称号。

12月22日，广东银保监局核准王亮广东粤财信托有限公司副总经理的任职资格；核准王浩鹏广东粤财信托有限公司总经理助理的任职资格。

12月23日，浙江银保监局核准李纪军、王进任中建投信托股份有限公司董事的任职资格。

12月23日，西部信托有限公司捐赠29.7万元用于白水县北塬镇杨武村修建便民服务中心。

12月24日，北京银保监局同意华鑫国际信托有限公司注册资本由人民币5 824 840 420.31元增加至人民币7 395 118 636.30元；同意华鑫国际信托有限公司调整股权结构。

12月24日，北京银保监局核准吴小隆建信信托有限责任公司董事的任职资格。

12月24日，北京银保监局核准石俊志英大国际信托有限责任公司独立董事的任职资格。

12月24日，宁波银保监局核准矫德峰昆仑信托有限责任公司副总裁的任职资格；核准闫志勇昆仑信托有限责任公司总裁助理的任职资格；核准闫志勇、刘坡阳、马向阳昆仑信托有限责任公司总裁助理的任职资格。

12月24日，北京银保监局核准邢科峰中国民生信托有限公司副总裁的任职资格。

12月24日，北京银保监局核准中粮信托有限责任公司修订后的公司章程。

12月27日，中建投信托股份有限公司成立"中建投信托·善建浙行1号（曹村印记）慈善信托"，管理规模50万元，用于助力义乌市后宅街道曹村发展。

12月27日，中建投信托股份有限公司成立"中建投信托·善建浙行2号（同善）慈善信托"，管理规模1 000万元。

12月28日，苏州信托有限公司在常熟成立苏州县级市首单慈善信托"苏信·善举7号"。

12月28日，国投泰康信托有限公司获北京市人力资源和社会保障局批准设立北京市博士后创新实践基地。

12月28日，上海国际信托有限公司荣获中国人民银行上海分行授予的2021年度中资法人金融机构金融统计工作考核一等奖。

12月29日，西藏银保监局核准张勇西藏信托有限公司董事的任职资格。

12月29日，兴业国际信托有限公司成功发行银行间市场首单技术产权资产支持票据——"温州市国有金融资本管理有限公司2021年度第一期技术产权资产支持票据"。

12月29日，陕西省国际信托股份有限公司156名干部员工下沉抗疫一线助力西安疫情防控。

12月29日，紫金信托有限责任公司荣获中国人民银行南京分行颁发的"2021年度江苏省金融统计四星统计单位"称号。

12月30日，北方国际信托股份有限公司设立"北方信托·关爱老年认知障碍群体1期慈善信托"，为关爱认知障碍老年人群体贡献力量。

12月30日，北方国际信托股份有限公司设立"北方信托·养老事业公益培训1期慈善信托"，为推进天津市养老事业的发展提供支持。

12月31日，大业信托有限责任公司首单双受托人结构慈善信托——"大业信托—'未'爱护航慈善信托"在广东省中山市正式签约。

12月31日，西藏信托有限公司创设"向阳系列"慈善信托计划，用于关爱病逝的金融同仁家属，实现扶老救孤善举。

12月31日，交银国际信托有限公司在2021年度银行间本币市场评优中荣获"年度市场影响力奖"。

12月，中国信托业协会编制的《中国信托业年鉴（2020—2021）》正式出版发行。

12月，平安信托有限责任公司成功设立全国首单供应链绿色资产支持商业票据（ABCP）"深圳德远商业保理有限公司2021年度中建一局1号供应链绿色定向资产支持商业票据信托"。

12月，五矿国际信托有限公司孙卓立荣获全国金融总工会授予的2021年度全国金融五一劳动奖章。

12月，陆家嘴国际信托有限公司荣获人民银行青岛支行授予的2021年金融统计工作"先进单位"二等奖，运营管理部冯伟、孙雅娟荣获金融统计工作"先进个人"。

2021年信托业全员培训项目均以在线学习班的形式举办，全年在线参训学员共计320人。

中国信托业

2021—2022

中国信托业协会 编

下 卷

中国财经出版传媒集团
中国财政经济出版社

下 卷

2021年度中国信托公司信息披露分析报告 ······ 391

2021年度各公司年度报告 ······ 605

安徽国元信托有限责任公司 ······	607
安信信托股份有限公司 ······	630
百瑞信托有限责任公司 ······	635
北方国际信托股份有限公司 ······	669
北京国际信托有限公司 ······	685
渤海国际信托股份有限公司 ······	709
长安国际信托股份有限公司 ······	731
长城新盛信托有限责任公司 ······	749
重庆国际信托股份有限公司 ······	775
大业信托有限责任公司 ······	796
东莞信托有限公司 ······	812
光大兴陇信托有限责任公司 ······	829
广东粤财信托有限公司 ······	853
国联信托股份有限公司 ······	872
国民信托有限公司 ······	889
国通信托有限责任公司 ······	905
国投泰康信托有限公司 ······	919

公司名称	页码
杭州工商信托股份有限公司	938
湖南省财信信托有限责任公司	955
华澳国际信托有限公司	980
华宝信托有限责任公司	1006
华宸信托有限责任公司	1033
华能贵诚信托有限公司	1048
华融国际信托有限责任公司	1060
华润深国投信托有限公司	1079
华鑫国际信托有限公司	1102
建信信托有限责任公司	1118
江苏省国际信托有限责任公司	1133
交银国际信托有限公司	1148
昆仑信托有限责任公司	1162
陆家嘴国际信托有限公司	1179
平安信托有限责任公司	1208
山东省国际信托股份有限公司	1234
山西信托股份有限公司	1255
陕西省国际信托股份有限公司	1269
上海爱建信托有限责任公司	1293
上海国际信托有限公司	1328
苏州信托有限公司	1349
天津信托有限责任公司	1386
万向信托股份公司	1410
五矿国际信托有限公司	1434
西部信托有限公司	1446
西藏信托有限公司	1471
厦门国际信托有限公司	1495
兴业国际信托有限公司	1524
雪松国际信托股份有限公司	1545
英大国际信托有限责任公司	1566
云南国际信托有限公司	1589
浙商金汇信托股份有限公司	1614
中诚信托有限责任公司	1631

中国对外经济贸易信托有限公司	1653
中国金谷国际信托有限责任公司	1668
中国民生信托有限公司	1689
中海信托股份有限公司	1718
中航信托股份有限公司	1739
中建投信托股份有限公司	1751
中粮信托有限责任公司	1772
中融国际信托有限公司	1795
中泰信托有限责任公司	1810
中铁信托有限责任公司	1828
中信信托有限责任公司	1849
中原信托有限公司	1867
紫金信托有限责任公司	1883

2021年度中国信托公司信息披露分析报告

编 制 说 明

2021年纳入统计范围的信托公司和2020年一致，共计68家，其中63家已披露相关年报数据。

在进行《2021年度中国信托公司信息披露分析报告》的编制过程中，关注到已披露年报数据的63家信托公司所披露的2021年度审计报告均已执行了最新会计准则。

另外在已披露年报数据的63家信托公司中，共有19家信托公司本年披露的期初净资产与上年披露的年末净资产不一致；2家信托公司本年披露的上年净利润与上年披露的当年净利润不一致。存在差异的公司均自2021年1月1日起采用财政部新发布的金融工具准则、租赁准则及收入准则，上述准则的执行构成重大会计政策变更，且相关金额的调整已经确认在本期财务报表中，未调整上年年末数，上述公司均披露了差异原因。由于年鉴篇幅所限，不可能一一列示其差异产生的原因和数据调整过程，因此在计算本年各项指标排名时以信托公司本年披露的上年数为基期数，同时列报上年净资产数和上年净利润数，以供信息使用者参考。

在对已披露年报数据的63家信托公司报表进行汇总统计时，采用各公司的合并报表进行统计分析，同时注意到信托公司报表所采用的货币单位不一致，大部分公司使用万元为单位，部分公司使用元为单位。为便于汇总合并，我们统一以万元做单位，对于存量部分以元为单位的报表进行折算，由于折算差异可能造成部分表格的明细构成与合计数存在尾差。另外，本年度统计平均值时采用已披露年报数据的63家信托公司作为计算平均值的依据。

2021年，第三章到第五章仍然从资本实力、业务能力、赢利能力、信托理财能力和抗风险能力五方面指标入手，希望借此能建立更加合理的"信托公司综合评价体系"。

2021年度中国信托公司信息披露分析报告

第一章　信托公司的基本信息 ... 399

一、信息披露情况总览 ... 399
（一）信托公司披露户数及其地区分布情况 ... 399
（二）信托公司变更公司名称情况的披露 ... 399
（三）信托公司基本情况的披露 ... 400
（四）信托公司董事会、监事会及高管对年报意见的披露 ... 401
（五）信托公司重大事项临时公告的披露 ... 402

二、信托公司实收资本及股东情况 ... 403
（一）信托公司实收资本及股东2020年、2021年的综合变动情况分析 ... 403
（二）信托公司年末股东和大股东情况分析 ... 404
（三）信托公司股东变更情况分析 ... 409
（四）中国银保监会及其派出机构对公司检查后提出整改意见 ... 410
（五）中国银保监会及其省级派出机构认定的其他有必要让客户及相关利益人了解的重要信息 ... 414

第二章　信托公司年度报告的质量评价——关于审计报告 ... 415

一、信托公司2021年、2020年审计报告类型分类汇总情况 ... 415
二、信托公司2021年、2020年会计师事务所审计情况 ... 415
三、信托公司2021年、2020年执行的会计制度统计 ... 418

第三章　信托公司财务指标排行榜 ... 421

一、信托公司单项财务指标排行榜 ... 422
（一）固有资产相关指标 ... 422
（二）信托资产相关指标 ... 443

二、信托公司一些总体指标排名 ... 459
（一）信托公司总资产排行榜 ... 459
（二）年末信托资产规模资本比例排行榜 ... 461
（三）信托公司总收入排行榜 ... 463
（四）现金比率排行榜 ... 465
（五）流动比率排行榜 ... 467

三、信托公司一些其他指标排名 ... 469
（一）固有资产资产负债率增减变动情况排行榜 ... 469

（二）已清算结束信托项目综合实际年化收益率排行榜 471
（三）信托资产配比分析 473
（四）信托公司人均净利润排行榜 481
（五）信托公司资本利润率排行榜 484
（六）信托公司风控指标排行榜 486
（七）信托风险赔偿率排行榜 488

第四章　固有资产报表总体分析 490

一、合并报表数据 490
（一）固有资产财务状况总体分析 490
（二）固有资产经营成果总体分析 492
（三）固有资产所有者权益总体分析 493
（四）固有资产报表结构比率分析 496

二、母公司报表数据 503
（一）母公司固有资产财务状况总体分析 503
（二）固有资产经营成果总体分析 504
（三）母公司固有资产所有者权益总体分析 505
（四）母公司固有资产报表结构比率分析 507

第五章　信托资产报表的总体分析 512

一、2021年信托资产汇总报表分析 512
（一）信托业务汇总报表 512
（二）信托资产汇总结构分析 514
（三）信托资产经营成果及结构分析 516

二、信托资产管理情况分析 520
（一）信托资产运用及分布情况分析 520
（二）集合类、单一类和财产管理类信托项目变动情况 521

第六章　财务报表附注及其他项目的分析 524

一、或有事项情况 524
（一）对外担保和或有事项情况 524
（二）公司本年发生或存在的重大诉讼仲裁事项 524

二、重要资产转让及其出售的说明 526

三、自营资产风险分类情况 ………………………………………………………… 527

四、资产损失准备计提和覆盖情况 ………………………………………………… 529

 （一）资产损失准备的计提 ……………………………………………………… 529

 （二）资产准备覆盖分析 ………………………………………………………… 533

五、自营股票投资、基金投资、债券投资、长期股权投资和代理业务的分析 …… 537

六、自营贷款分析 …………………………………………………………………… 540

七、关联方关系及其交易的披露 …………………………………………………… 541

 （一）关联方及其交易汇总 ……………………………………………………… 541

 （二）固有资产与关联方关联交易 ……………………………………………… 542

 （三）信托资产与关联方关联交易 ……………………………………………… 543

 （四）固有财产与信托财产相互交易 …………………………………………… 544

 （五）信托资产与信托财产相互交易 …………………………………………… 546

八、子公司、结构化主体及其合并情况 …………………………………………… 547

九、信托公司2021年年报中对经营因素的认可情况分析 ………………………… 549

 （一）关于经营目标 ……………………………………………………………… 549

 （二）关于经营方针 ……………………………………………………………… 549

 （三）关于战略规划 ……………………………………………………………… 549

 （四）关于经济金融形势认识 …………………………………………………… 550

 （五）关于经营有利因素的认识 ………………………………………………… 550

 （六）关于经营不利因素的认识 ………………………………………………… 550

 （七）关于内部控制职能部门的认识 …………………………………………… 550

 （八）关于风险管理可能遇到的风险的认识 …………………………………… 551

 （九）关于风险管理基本原则与政策的认识 …………………………………… 551

 （十）关于风险管理组织机构与职责的认识 …………………………………… 551

 （十一）关于信用风险状况的认识 ……………………………………………… 552

 （十二）关于信用风险管理措施的认识 ………………………………………… 552

 （十三）关于市场风险状况的认识 ……………………………………………… 552

 （十四）关于市场风险管理措施的认识 ………………………………………… 553

 （十五）关于操作风险状况的认识 ……………………………………………… 553

 （十六）关于操作风险管理措施的认识 ………………………………………… 553

 （十七）关于其他风险状况的认识 ……………………………………………… 554

 （十八）关于其他风险管理措施的认识 ………………………………………… 554

第七章　公司治理结构及人员结构 ……………………………………………… 555

一、2021年公司股东会、董事会和监事会情况分析 ……………………………… 555

（一）股东会、董事会和监事会会议次数 ··· 555
　　（二）董事会及其基本情况分析 ·· 556
　　（三）独立董事分析 ·· 577
　　（四）监事会及其基本情况分析 ·· 582
　　（五）信托公司股东派出董事和监事情况分析 ··· 588
二、公司高管情况分析 ·· 590
　　（一）公司高级管理人员变动情况分析 ·· 590
　　（二）公司及其董事、监事和高级管理人员受到处罚的情况 ······························· 595
三、人员结构分析 ··· 596
　　（一）员工数量分析 ·· 596
　　（二）年龄构成分析 ·· 597
　　（三）高级管理人员性别构成分析 ··· 598
　　（四）学历构成分析 ·· 598
　　（五）高管从业年限结构分析 ··· 600
　　（六）员工岗位汇总分析 ·· 601
四、信托公司聘请律师事务所的情况分析 ·· 602

第一章 信托公司的基本信息

一、信息披露情况总览

本章主要介绍已披露年报的63家公司的基本情况,包括信托公司的基本信息、股本、股东情况等。

在原银监会颁发的《信托投资公司信息披露管理暂行办法》的附件《年度报告内容与格式》中要求公司在重要提示及目录中刊登声明:本公司董事会及董事保证本报告所载资料不存在任何虚假记载、误导性陈述或者重大遗漏,并对其内容的真实性、准确性和完整性承担个别及连带责任。公司负责人、主管会计工作负责人及会计机构负责人(会计主管人员)应当声明:保证年度报告中财务报告的真实、完整。2021年所有63家信托公司披露的年度报告都做了这样的声明,因此之后进行的所有分析均是基于这样的假设:所有披露的信息内容都是真实、准确、完整的。

2021年已披露年报信息的63家信托公司固有业务中,62家明确披露已执行《企业会计准则》(2006年、2018年),1家披露已执行《国际会计准则》和《国际财务报告准则》。由于信托公司披露的年度报告没有统一的格式,使得部分公司财务报表格式存在较大的差异:有的公司采用了一般企业的财务报表披露格式,有的公司参考采用了原银监会的财务报表格式,还有的公司根据自身业务的特点对相关报表格式进行了调整和补充,导致财务报表列示的科目差别较大,很难统一到一个格式中。为了使各公司的指标具有可比性,我们在统计这些数据时按照统一的口径做了适当的调整。

2021年信托公司财务报表涉及上年金额和本年金额的披露,部分公司对比较报表年初数进行了调整,但在2021年报中未详细披露数据的调整过程。由于年鉴篇幅所限,无法一一列示其差异原因和数据调整过程,因此本报告中对于公司披露的2020年末数与2021年初数不一致的情况,以2021年初数作为统计口径。

本报告所有的统计都是依据信托公司公开披露的2021年年报内容进行的。以下是信托公司披露的基本信息汇总分析。

(一)信托公司披露户数及其地区分布情况(表1-1-1、表1-1-2)

表1-1-1　　信托公司2019年、2020年、2021年披露户数比较

项目	2019年	2020年	2021年
披露户数	68	63	63

表1-1-2　　披露的信托公司2019年、2020年、2021年在各省、自治区直辖市分布情况表

省份		北京	上海	广东	江苏	山东	陕西	安徽	福建	河南	辽宁	内蒙古	天津	浙江	重庆	甘肃	黑龙江
分布户数	2019年	11	7	5	4	2	3	2	2	2	1	2	2	5	2	1	1
	2020年	11	7	5	4	2	3	2	2	2	0	1	2	5	1	1	1
	2021年	11	7	5	4	2	3	2	2	2	0	1	2	5	1	1	1

省份		湖南	吉林	江西	山西	西藏	新疆	云南	河北	湖北	四川	贵州	青海	广西	宁夏	海南	合计
分布户数	2019年	1	1	2	1	1	1	2	1	2	2	1	1				68
	2020年	1	1	2	1	1	2	1	1	2	1	1	1				63
	2021年	1	0	2	1	1	2	1	1	2	1	1	1				63

注:本年度有5家信托公司尚未披露年度报告,无法获取相关注册地址的信息,故本表中仅统计已披露年报的63家信托公司的相关信息。

(二)信托公司变更公司名称情况的披露

截至2021年12月31日,无公司变更公司名称。

（三）信托公司基本情况的披露（表1-1-3）

表1-1-3　　　　　　　　　　　　披露的信托公司2021年基本情况

公司法定中文名称	公司形式	股本（万元）	法定代表人	注册地址	所在省份
安徽国元信托有限责任公司	有限责任公司	420 000.00	许斌	安徽省合肥市庐阳区宿州路20号	安徽
安信信托股份有限公司	股份有限公司	546 913.79	王少钦	上海市控江路1553号—1555号A座301室	上海
百瑞信托有限责任公司	有限责任公司	400 000.00	赵长利	河南自贸试验区郑州片区（郑东）商务外环路10号中原广发金融大厦	河南
北方国际信托股份有限公司	股份有限公司	100 099.89	韩立新	天津经济技术开发区第三大街39号	天津
北京国际信托有限公司	有限责任公司	220 000.00	周瑞明	北京市朝阳区安立路30号院1、2号楼	北京
中铁信托有限责任公司	有限责任公司	500 000.00	马永红	成都市武侯区航空路1号国航世纪中心B座20、21、22层	四川
东莞信托有限公司	有限责任公司	145 000.00	廖玉林	东莞松山湖高新技术产业开发区创新科技园2号楼	广东
光大兴陇信托有限责任公司	有限责任公司	841 819.05	冯翔	甘肃省兰州市城关区东岗西路555号	甘肃
广东粤财信托有限公司	有限责任公司	380 000.00	莫敏秋	广东省广州市越秀区东风中路481号粤财大厦1楼自编C区、4、14、40楼	广东
国联信托股份有限公司	股份有限公司	300 000.00	周卫平	无锡市滨湖区太湖新城金融一街8号国联金融大厦	江苏
国民信托有限公司	有限责任公司	100 000	肖鹰	北京市东城区安外西滨河路18号院1号	北京
国投泰康信托有限公司	有限责任公司	267 054.55	叶柏寿	北京市西城区阜成门北大街2号楼16层、17层	北京
杭州工商信托股份有限公司	股份有限公司	150 000.00	虞利明	浙江省杭州市江干区迪凯国际中心3801室、4101室、裙房4楼	浙江
建信信托有限责任公司	有限责任公司	1 050 000.00	王宝魁	安徽省合肥市九狮桥街45号	安徽
湖南省财信托有限责任公司	有限责任公司	438 000.00	王双云	长沙市岳麓区芒兰路433号西枢纽商务中心购物中心T3写字楼1801—1809	湖南
华宝信托有限责任公司	有限责任公司	474 400.00	孔祥清	中国（上海）自由贸易试验区世纪大道100号59层	上海
江苏省国际信托有限责任公司	有限责任公司	876 033.66	胡军	江苏省南京市长江路2号22至26层	江苏
雪松国际信托股份有限公司	股份有限公司	300 505.17	祁绍斌	江西省南昌市红谷滩区金融大街777号博能金融中心27—28层	江西
兴业国际信托有限公司	有限责任公司	1 000 000.00	沈卫群	福建省福州市鼓楼区五四路137号信和广场23、25、26楼	福建
华宸信托有限责任公司	有限责任公司	87 911.00	吴潮科	内蒙古自治区呼和浩特市赛罕区如意西街23号	内蒙古
昆仑信托有限责任公司	有限责任公司	1 022 705.89	王增业	浙江省宁波市鄞州区和济街180号1幢24—27层	浙江
平安信托有限责任公司	有限责任公司	1 300 000.00	姚贵平	深圳市福田区益田路5033号平安金融中心29层（西南、西北）、31层（3120室、3122室）、32层、33层	广东
山东省国际信托股份有限公司	股份有限公司	465 885.00	万众	山东省济南市历下区解放路166号	山东
山西信托股份有限公司	股份有限公司	135 700.00	武旭	山西省太原市府西街69号	山西
陕西省国际信托股份有限公司	股份有限公司	396 401.28	薛季民	西安市高新区科技路50号金桥国际广场C座	陕西
上海国际信托有限公司	有限责任公司	500 000.00	潘卫东	中国上海市九江路111号	上海
华融国际信托有限责任公司	有限责任公司	303 565.33	白俊杰	新疆乌鲁木齐市天山区中山路333号	新疆
苏州信托有限公司	有限责任公司	120 000.00	沈光俊	苏州市工业园区苏雅路308号信投大厦18楼—22楼	江苏
天津信托有限责任公司	有限责任公司	170 000.00	周雄	天津市河西区围堤道125—127号天信大厦	天津
长安国际信托股份有限公司	股份有限公司	333 000.00	高成程	西安市高新区科技路33号高新国际商务中心23、24层	陕西
西部信托有限公司	有限责任公司	200 000.00	徐谦	陕西省西安市东新街232号	陕西
西藏信托有限公司	有限责任公司	300 000.00	周贵庆	西藏拉萨市经济开发区博达路1号阳光新城别墅A7栋	西藏
厦门国际信托有限公司	有限责任公司	375 000.00	洪文瑾	厦门市思明区展鸿路82号厦门国际金融中心39—42层	福建
华润深国投信托有限公司	有限责任公司	1 100 000.00	刘小腊	深圳市福田区中心四路1-1号嘉里建设广场第三座第10—12层	广东
英大国际信托有限责任公司	有限责任公司	402 900.60	王剑波	北京市东城区建国门内大街乙18号院1号楼英大国际大厦4层	北京
云南国际信托有限公司	有限责任公司	120 000.00	甘煜	云南省昆明市南屏街（云南国托大厦）	云南
中诚信托有限责任公司	有限责任公司	245 666.67	安国勇	北京市东城区安外大街2号	北京
中国对外经济贸易信托有限公司	有限责任公司	800 000.00	李强	北京市西城区复兴门内大街28号凯晨世贸中心中座6层	北京

续表

公司法定中文名称	公司形式	股本（万元）	法定代表人	注册地址	所在省份
中海信托股份有限公司	股份有限公司	250 000.00	张德荣	上海市蒙自路763号36楼	上海
中融国际信托有限公司	有限责任公司	1 200 000.00	刘洋	哈尔滨市松北区科技创新城创新二路277号	黑龙江
中泰信托有限责任公司	有限责任公司	51 660.00	吴庆斌	上海市黄浦区北京东路666号F区（西座）32层和33层	上海
中信信托有限责任公司	有限责任公司	1 127 600.00	李子民	北京市朝阳区新源南路6号京城大厦	北京
中原信托有限公司	有限责任公司	400 000.00	赵卫华	中国河南省郑州市商务外环路24号中国人保大厦	河南
重庆国际信托股份有限公司	股份有限公司	1 500 000.00	翁振杰	重庆市渝北区龙溪街道金山路9号附7号	重庆
渤海国际信托股份有限公司	股份有限公司	360 000.00	卓逸群	石家庄市新石中路377号B座22—23层	河北
交银国际信托有限公司	有限责任公司	576 470.59	童学卫	湖北省武汉市江汉区建设大道847号瑞通广场B座16—17层	湖北
中建投信托有限责任公司	有限责任公司	500 000.00	刘功胜	杭州市教工路18号世贸丽晶城欧美中心1号楼（A座）18—19层C、D区	浙江
华能贵诚信托有限公司	有限责任公司	619 455.74	田军	贵州省贵阳市观山湖区长岭北路55号贵州金融城1期商务区10号楼23、24层	贵州
浙商金汇信托股份有限公司	股份有限公司	288 000.00	余艳红	浙江省杭州市江干区香樟街39号26—28层	浙江
上海爱建信托有限责任公司	有限责任公司	460 268.46	徐众华	上海市徐汇区肇嘉浜路746号3—8层	上海
中航信托股份有限公司	股份有限公司	646 613.23	姚江涛	江西省南昌市红谷滩新区会展路1009号航信大厦	江西
华澳国际信托有限公司	有限责任公司	250 000.00	吴瑞忠	中国（上海）自由贸易试验区花园石桥路33号花旗集团大厦1702室	上海
大业信托有限责任公司	有限责任公司	200 000.00	陈俊标	广州市花都区迎宾大道163号高晟广场2栋11层	广东
国通信托有限责任公司	有限责任公司	415 837.48	陈建新	武汉市江汉区新华路296号汉江国际1栋1单元32—38层	湖北
华鑫国际信托有限公司	有限责任公司	739 511.86	褚玉	北京市西城区新华里16号院2号楼102、202、302号	北京
中国金谷国际信托有限责任公司	有限责任公司	220 000.00	李洪江	北京市西城区金融大街33号通泰大厦C座10层	北京
陆家嘴国际信托有限公司	有限责任公司	900 000.00	黎作强	青岛市崂山区香港东路195号3号楼青岛上实中心12层	山东
五矿国际信托有限公司	有限责任公司	1 305 106.91	王卓	青海省西宁市城中区创业路108号南川工业园区投资服务中心1号楼4层	青海
中粮信托有限责任公司	有限责任公司	283 095.42	刘燕松	北京市朝阳区朝阳门南大街8号中粮福临门大厦11层	北京
紫金信托有限责任公司	有限责任公司	327 107.55	陈峥	江苏省南京市鼓楼区中山北路2号紫峰大厦30层	江苏
长城新盛信托有限责任公司	有限责任公司	30 000.00	喻林	乌鲁木齐经济技术开发区卫星路475号紫金矿业研发大厦A座11层	新疆
中国民生信托有限公司	有限责任公司	700 000.00	张喜芳	北京市东城区建国门内大街28号民生金融中心C座19层	北京
万向信托有限公司	股份有限公司	133 900.00	肖风	浙江省杭州市下城区体育场路429号天和大厦4—6层及9—17层	浙江

注：本年度有5家信托公司尚未披露年报，故未在本表中披露相关数据。

（四）信托公司董事会、监事会及高管对年报意见的披露

1. 董事会对年报意见的披露

根据原银监会颁发的《信托投资公司信息披露管理暂行办法》的附件《年度报告内容与格式》，要求公司在重要提示及目录中刊登声明：本公司董事会及董事保证本报告所载资料不存在任何虚假记载、误导性陈述或者重大遗漏，并对其内容的真实性、准确性和完整性承担个别及连带责任。63家董事均按要求做了声明保证。

2. 监事会对年报意见的披露

根据原银监会颁发的《信托投资公司信息披露管理暂行办法》的附件《年度报告内容与格式》，要求公司监事会应当对本公司依法运作情况、财务报告是否真实反映公司的财务状况和经营成果等发表独立意见。2021年已披露的年报数据的63家信托公司的监事会均发表了相关意见，认为公司依法运作、财务报告真实反映了公司的财务状况和经营成果。

3. 高管对年报意见的披露

根据原银监会颁发的《信托投资公司信息披露管理暂行办法》的附件《年度报告内容与格式》，要求公司负责人、主管会计工作负责人及会计机构负责人（会计主管人员）应当声明：保证年度报告中财务报告的真实、完整。63家公司均按要求完整披露了高管发表的声明。

（五）信托公司重大事项临时公告的披露（表1-1-4）

表1-1-4　　披露的信托公司2021年临时公告情况表

公司简称	期内临时报告的披露次数（次）	公司简称	期内临时报告的披露次数（次）
安信信托	未披露	中铁信托	1
陕国投	67	杭州工商信托	1
外贸信托	4	华宝信托	1
紫金信托	4	雪松信托	1
百瑞信托	3	山西信托	1
东莞信托	3	华润信托	1
粤财信托	3	中海信托	1
国民信托	3	中信信托	1
兴业信托	3	重庆信托	1
昆仑信托	3	华能信托	1
西部信托	3	国通信托	1
西藏信托	3	北京信托	—
云南信托	3	国联信托	—
中诚信托	3	国投泰康信托	—
渤海信托	3	建信信托	—
金谷信托	3	江苏信托	—
陆家嘴信托	3	华宸信托	—
中国民生信托	3	山东国信	—
国元信托	2	上海信托	—
光大兴陇信托	2	厦门国际信托	—
财信信托	2	英大信托	—
平安信托	2	中原信托	—
苏州信托	2	交银国际信托	—
天津信托	2	中建投信托	—
长安信托	2	爱建信托	—
中融信托	2	华澳信托	—
中泰信托	2	大业信托	—
浙金信托	2	五矿信托	—
中航信托	2	长城新盛信托	—
华鑫信托	2	万向信托	—
中粮信托	2	华融信托	—
北方信托	1		

注：本年度有5家信托公司尚未披露年报，故此表只列示63家信托的数据。

根据《信托投资公司信息披露管理暂行办法》第十八条规定：

信托投资公司发生重大事项，应当制作重大事项临时报告并向社会披露。重大事项包括（但不限于）下列情况：（一）公司第一大股东变更及原因；（二）公司董事长、总经理变动及原因；（三）公司董事报告期内累计变更超过50%；（四）信托经理和信托业务人员报告期内累计变更超过30%；（五）公司章程、股本、注册地和公司名称的变更；（六）公司合并、分立、解散等事项；（七）公司更换为其审计的会计师事务所；（八）公司更换为其服务的律师事务所；（九）法律法规规定的其他重要事项。

上述信托公司中，上市公司安信信托未披露临时公告次数，陕国投披露了67次，外贸信托、紫金信托披露了4次公告，39家公司披露了1—3次不等的临时公告，20家公司期内无临时公告。

二、信托公司实收资本及股东情况

(一)信托公司实收资本及股东2020年、2021年的综合变动情况分析

从整体来说,信托公司平均股本2021年较2020年增加了18 957.79万元,增幅4.09%,平均股东家数较上年基本保持一致,平均持股10%以上的股东家数较上年基本保持一致,第一大股东平均持股比例保持一致,第二大股东平均持股比例略有减少,第三大股东平均持股比例略有增加。总体来说,股本增加而股权构成基本稳定,说明股东对信托公司的发展依然充满信心。信托公司2020年、2021年股本及股东综合情况详见表1-2-1。

表1-2-1　　　　信托公司2020年、2021年股本及股东综合情况表

项目	2020年末	2021年末	增减变动
平均股本(万元)	463 156.32	482 114.11	18 957.79
平均股东家数(家)	5.1	5.12	0.02
平均持股10%以上股东家数(家)	2.11	2.14	0.03
第一大股东平均持股比例(%)	66.89	66.89	0.00
第二大股东平均持股比例(%)	18.79	18.58	-0.20
第三大股东平均持股比例(%)	9.71	9.91	0.20

注:1.2020年末已披露年报的信托公司共63家。计算平均股东家数时不包括陕国投、安信信托和山东国信3家上市公司,共采用60家数据进行平均计算;计算平均持股10%以上股东数时各家全部披露,共采用63家数据进行平均计算;2020年末第一大股东平均持股比例计算的基数是63家信托公司的平均数据,第二大股东平均持股比例计算的基数是63家信托公司的平均数据,第三大股东平均持股比例计算的基数是47家信托公司的平均数据。

2.2021年末已披露年报的信托公司共63家。计算平均股东家数时不包括陕国投、安信信托和山东国信3家上市公司,共采用60家数据进行平均计算;计算平均持股10%以上股东数时各家全部披露,共采用63家数据进行平均计算;2020年末第一大股东平均持股比例计算的基数是63家信托公司的平均数据,第二大股东平均持股比例计算的基数是63家信托公司的平均数据,第三大股东平均持股比例计算的基数是47家信托公司的平均数据。另外,吉林信托2020年披露年报但2021年未披露,华融信托2020年未披露年报但2021年披露,所以表格中2020年末数按2021年披露年报的63家信托公司的期初数来调整。

2021年末,平均股本达到了482 114.11万元。超过平均股本的公司有22家,占全部63家公司的34.92%,低于平均股本的公司占65.08%。信托公司2020年、2021年股本情况详见表1-2-2。信托公司股本变动情况明细详见表1-2-3。

表1-2-2　　　　信托公司2020年、2021年股本情况表(按2021年末股本数进行排序)　　　　单位:万元

排名	公司简称	上期股本	股本增加	股本减少	本期股本	排名	公司简称	上期股本	股本增加	股本减少	本期股本
1	重庆信托	1 500 000.00	—	—	1 500 000.00	19	安信信托	546 913.79	—	—	546 913.79
2	五矿信托	1 305 106.91	—	—	1 305 106.91	20	中铁信托	500 000.00	—	—	500 000.00
3	平安信托	1 300 000.00	—	—	1 300 000.00	21	上海信托	500 000.00	—	—	500 000.00
4	中融信托	1 200 000.00	—	—	1 200 000.00	22	中建投信托	500 000.00	—	—	500 000.00
5	中信信托	1 127 600.00	—	—	1 127 600.00	23	华宝信托	474 400.00	—	—	474 400.00
6	华润信托	1 100 000.00	—	—	1 100 000.00	24	山东国信	465 885.00	—	—	465 885.00
7	建信信托	1 050 000.00	—	—	1 050 000.00	25	爱建信托	460 268.46	—	—	460 268.46
8	昆仑信托	1 022 705.89	—	—	1 022 705.89	26	财信信托	438 000.00	—	—	438 000.00
9	兴业信托	1 000 000.00	—	—	1 000 000.00	27	国元信托	420 000.00	—	—	420 000.00
10	陆家嘴信托	480 000.00	420 000.00	—	900 000.00	28	国通信托	320 000.00	95 837.48	—	415 837.48
11	江苏信托	876 033.66	—	—	876 033.66	29	英大信托	402 900.60	—	—	402 900.60
12	光大兴陇信托	841 819.05	—	—	841 819.05	30	百瑞信托	400 000.00	—	—	400 000.00
13	外贸信托	800 000.00	—	—	800 000.00	31	中原信托	400 000.00	—	—	400 000.00
14	华鑫信托	582 484.04	157 027.82	—	739 511.86	32	陕国投	396 401.28	—	—	396 401.28
15	中国民生信托	700 000.00	—	—	700 000.00	33	粤财信托	380 000.00	—	—	380 000.00
16	中航信托	465 726.71	180 886.52	—	646 613.23	34	厦门国际信托	375 000.00	—	—	375 000.00
17	华能信托	619 455.74	—	—	619 455.74	35	渤海信托	360 000.00	—	—	360 000.00
18	交银国际信托	576 470.59	—	—	576 470.59	36	长安信托	333 000.00	—	—	333 000.00

续表

排名	公司简称	上期股本	股本增加	股本减少	本期股本	排名	公司简称	上期股本	股本增加	股本减少	本期股本
37	紫金信托	245 300.00	81 807.55	—	327 107.55	51	大业信托	120 224.87	79 775.13	—	200 000.00
38	华融信托	303 565.33	—	—	303 565.33	52	天津信托	170 000.00	—	—	170 000.00
39	雪松信托	300 505.17	—	—	300 505.17	53	杭州工商信托	150 000.00	—	—	150 000.00
40	国联信托	300 000.00	—	—	300 000.00	54	东莞信托	145 000.00	—	—	145 000.00
41	西藏信托	300 000.00	—	—	300 000.00	55	山西信托	135 700.00	—	—	135 700.00
42	浙金信托	170 000.00	118 000.00	—	288 000.00	56	万向信托	133 900.00	—	—	133 900.00
43	中粮信托	230 000.00	53 095.42	—	283 095.42	57	苏州信托	120 000.00	—	—	120 000.00
44	国投泰康信托	267 054.55	—	—	267 054.55	58	云南信托	120 000.00	—	—	120 000.00
45	中海信托	250 000.00	—	—	250 000.00	59	北方信托	100 099.89	—	—	100 099.89
46	华澳信托	250 000.00	—	—	250 000.00	60	国民信托	100 000.00	—	—	100 000.00
47	中诚信托	245 666.67	—	—	245 666.67	61	华宸信托	80 000.00	7 911.00	—	87 911.00
48	北京信托	220 000.00	—	—	220 000.00	62	中泰信托	51 660.00	—	—	51 660.00
49	金谷信托	220 000.00	—	—	220 000.00	63	长城新盛信托	30 000.00	—	—	30 000.00
50	西部信托	200 000.00	—	—	200 000.00		合计数	29 178 848.20	1 194 340.93		30 373 189.12

注：1. 本年度有5家信托公司尚未披露年报，故未在本表中披露相关数据。
2. 已披露年报的63家信托公司股本2021年比2020年总体增加了1 194 340.93万元。其中，增资最大的是陆家嘴信托，增加了420 000.00万元。

表1-2-3　　　　　　　　　　　　　　　信托公司股本变动情况明细表

公司简称	上期股本（万元）	本期股本（万元）	增减变动	股本变动原因
华宸信托	80 000.00	87 911.00	7 911.00	未披露
浙金信托	170 000.00	288 000.00	118 000.00	报告期内，公司实施增资扩股，注册资本从17亿元增加至28.8亿元。公司本轮增资由浙江东方金融控股集团股份有限公司认购，增资款于2021年12月7日全部到位。各股东持股金额发生变动，其中，具体股权比例如下：浙江东方金融控股集团股份有限公司持有25.06亿股，占比87.01%，中国国际金融股份有限公司持有2.975亿股，占比10.33%，传化集团有限公司持有0.765亿股，占比2.66%。公司于2022年1月6日完成注册资本变更的工商登记
中航信托	465 726.71	646 613.23	180 886.52	6月30日，根据《江西银保监局关于中航信托股份有限公司注册资本及股权结构变更的批复》（赣银保监复〔2021〕199号）以及江西省市场监督管理局核准，公司注册资本变更为646613.2311万元
大业信托	120 224.87	200 000.00	79 775.13	根据公司股东会决议，并报经中国银行保险监督管理委员会广东监管局《关于大业信托有限责任公司变更注册资本的批复》（粤银保监复〔2021〕477号）批准，公司注册资本金变更为20亿元，公司股东的出资比例保持不变，同时公司章程相关条款作相应修改。上述增加注册资本及章程修改事项已于2021年11月8日完成工商变更登记（备案）手续
国通信托	320 000.00	415 837.48	95 837.48	2021年8月13日，《中国银保监会湖北监管局关于国通信托有限责任公司变更注册资本、调整股权结构的批复》（鄂银保监复〔2021〕387号）核准公司变更注册资本及调整股权结构，注册资本由32亿元变更为41.58亿元
华鑫信托	582 484.04	739 511.86	157 027.82	经股东方同意并报北京银保监局批准，公司注册资本由58.25亿元增至73.95亿元
陆家嘴信托	480 000.00	900 000.00	420 000.00	本报告期内，公司注册资本通过未分配利润转增和股东现金增资，由48亿元增加到90亿元
中粮信托	230 000.00	283 095.42	53 095.42	公司已在《中粮信托有限责任公司2020年度报告》及其摘要披露了公司2020年12月28日获得北京银保监局有关注册资本增加并股权结构调整的批复的情况。公司本次增资并调整股权结构获得批复后，公司注册资本为2 830 954 182元。2021年5月18日，中粮资本投资有限公司向公司实缴的16亿元全部到位。本次增资并调整股权结构立足于公司整体发展战略和信托行业转型背景，有利于公司拓展业务发展空间，推动业务转型、提升盈利能力。公司就本次增资并股权结构调整事项相应修改了公司章程，于2021年2月10日完成了相关事项的工商变更登记及备案手续，并于2021年2月19日在《证券时报》发布了《中粮信托有限责任公司关于增加注册资本并调整股权结构的公告》
紫金信托	245 300.00	327 107.55	81 807.55	2021年9月22日，经中国银保监会江苏监管局批准（苏银保监复〔2021〕404号）公司注册资本由245 300万元增至327 107.55万元，并于9月30日完成了工商变更登记及备案

（二）信托公司年末股东和大股东情况分析

披露的信托公司2021年末股东数量及持股比例10%以上的股东情况汇总见表1-2-4。

表1-2-4　　披露的信托公司2021年末股东数量及持股比例10%以上股东数汇总表　　单位：家

公司简称	股东家数	其中：持股比例10%以上股东家数	公司简称	股东家数	其中：持股比例10%以上股东家数
安信信托	上市公司	1	长城新盛信托	4	3
山东国信	上市公司	3	山西信托	3	1
陕国投	上市公司	2	上海信托	3	1
北方信托	24	2	苏州信托	3	3
西部信托	24	1	厦门国际信托	3	3
中铁信托	16	1	中原信托	3	2
中诚信托	15	3	渤海信托	3	3
北京信托	10	4	浙金信托	3	2
雪松信托	10	2	爱建信托	3	1
杭州工商信托	9	2	大业信托	3	3
国元信托	8	2	国通信托	3	2
百瑞信托	8	3	金谷信托	3	1
华能信托	8	2	陆家嘴信托	3	3
长安信托	7	4	五矿信托	3	2
东莞信托	6	2	中粮信托	3	2
兴业信托	6	1	粤财信托	2	1
华宸信托	6	3	建信信托	2	2
云南信托	6	4	财信信托	2	1
中泰信托	6	3	华宝信托	2	1
紫金信托	6	3	昆仑信托	2	2
中国民生信托	6	2	平安信托	2	1
天津信托	5	2	西藏信托	2	2
重庆信托	5	2	华润信托	2	2
万向信托	5	2	外贸信托	2	1
华融信托	5	2	中海信托	2	1
光大兴陇信托	4	3	中信信托	2	2
国联信托	4	4	交银国际信托	2	2
国民信托	4	4	中建投信托	2	1
国投泰康信托	4	2	中航信托	2	2
江苏信托	4	2	华澳信托	2	2
英大信托	4	2	华鑫信托	2	2
中融信托	4	3	平均数	5.12	2.14

注：1.本年度有5家信托公司尚未披露年报，故未在本表中披露相关数据。
　　2.计算股东平均数时上市公司未包含在内。

49家信托公司的第一大股东持股比例超过了50%，处于绝对控股地位。披露的信托公司2021年末第一大股东的持股比例排序详见表1-2-5。

表 1-2-5　　披露的信托公司2021年末第一大股东的持股比例排序

排名	公司简称	第一大股东名称	持股比例(%)	第一大股东性质
1	平安信托	中国平安保险(集团)股份有限公司	99.8800	股份有限公司
2	爱建信托	上海爱建集团股份有限公司	99.3300	股份有限公司
3	粤财信托	广东粤财投资控股有限公司	98.1400	有限责任公司
4	华宝信托	中国宝武钢铁集团有限公司	98.0000	有限责任公司
5	上海信托	上海浦东发展银行股份有限公司	97.3333	股份有限公司
6	外贸信托	中化资本有限公司	97.2600	有限责任公司
7	财信信托	湖南财信投资控股有限责任公司	96.0000	有限责任公司
8	中海信托	中国海洋石油集团有限公司	95.0000	有限责任公司
9	金谷信托	中国信达资产管理股份有限公司	92.2900	股份有限公司
10	山西信托	山西金融投资控股集团有限公司	90.7000	有限责任公司
11	中建投信托	中国建银投资有限责任公司	90.0500	有限责任公司
12	西藏信托	西藏自治区财政厅	89.4300	机关法人
13	昆仑信托	中油资产管理有限公司	87.1800	有限责任公司
14	交银国际信托	交通银行股份有限公司	85.0000	股份有限公司
15	中航信托	中航投资控股有限公司	84.4200	有限责任公司
16	中信信托	中国中信有限公司	82.2600	有限责任公司
17	江苏信托	江苏国信股份有限公司	81.4904	股份有限公司
18	中粮信托	中粮资本投资有限公司	80.5090	有限责任公司
19	厦门国际信托	厦门金圆金控股份有限公司	80.0000	股份有限公司
20	中铁信托	中国中铁股份有限公司	78.9110	股份有限公司
21	五矿信托	五矿资本控股有限公司	78.0020	有限责任公司
22	浙金信托	浙江东方金融控股集团股份有限公司	78.0000	股份有限公司
23	天津信托	上海上实(集团)有限公司	77.5800	有限责任公司
24	华融信托	中国华融资产管理股份有限公司	76.7900	股份有限公司
25	中国民生信托	武汉中央商务区股份有限公司	76.7616	股份有限公司
26	万向信托	中国万向控股有限公司	76.5000	有限责任公司
27	华鑫信托	中国华电集团资本控股有限公司	76.2500	有限责任公司
28	国通信托	武汉金融控股(集团)有限公司	75.0000	有限责任公司
29	英大信托	国网英大国际控股集团有限公司	73.4900	有限责任公司
30	兴业信托	兴业银行股份有限公司	73.0000	股份有限公司
31	陆家嘴信托	上海陆家嘴金融发展有限公司	71.6060	有限责任公司
32	雪松信托	雪松控股集团有限公司	71.3005	有限责任公司
33	苏州信托	苏州国际发展集团有限公司	70.0100	有限责任公司
34	国联信托	无锡市国联发展(集团)有限公司	69.9190	有限责任公司
35	华能信托	华能资本服务有限公司	67.9200	有限责任公司
36	建信信托	中国建设银行股份有限公司	67.0000	股份有限公司
37	重庆信托	同方国信投资控股有限公司	66.9900	有限责任公司
38	国投泰康信托	国投资本控股有限公司	61.2900	有限责任公司

续表

排名	公司简称	第一大股东名称	持股比例(%)	第一大股东性质
39	东莞信托	东莞金融控股集团有限公司	60.8276	有限责任公司
40	中原信托	河南投资集团有限公司	58.9656	有限责任公司
41	杭州工商信托	杭州市金融投资集团有限公司	57.9920	有限责任公司
42	西部信托	陕西投资集团有限公司	57.7800	有限责任公司
43	安信信托	上海国之杰投资发展有限公司	52.4400	有限责任公司
44	渤海信托	海航资本集团有限公司	51.2300	有限责任公司
45	光大兴陇信托	中国光大集团股份公司	51.0000	股份有限公司
46	华润信托	华润金控投资有限公司	51.0000	有限责任公司
47	紫金信托	南京紫金投资集团有限责任公司	50.6700	有限责任公司
48	百瑞信托	国家电投集团资本控股有限公司	50.2400	有限责任公司
49	华澳信托	北京融达投资有限公司	50.0100	有限责任公司
50	国元信托	安徽国元金融控股集团有限责任公司	49.6933	有限责任公司
51	山东国信	山东省鲁信投资控股集团有限公司	48.1300	有限责任公司
52	大业信托	中国东方资产管理股份有限公司	41.6700	股份有限公司
53	长安信托	西安投资控股有限公司	40.4400	有限责任公司
54	中融信托	经纬纺织机械股份有限公司	37.4700	股份有限公司
55	华宸信托	内蒙古交通投资(集团)有限责任公司	36.5000	有限责任公司
56	长城新盛信托	中国长城资产管理股份有限公司	35.0000	股份有限公司
57	陕国投	陕西煤业化工集团有限责任公司	34.5800	有限责任公司
58	北京信托	北京市国有资产经营有限责任公司	34.3000	有限责任公司
59	中诚信托	中国人民保险集团股份有限公司	32.9206	股份有限公司
60	北方信托	天津泰达投资控股有限公司	32.3300	有限责任公司
61	国民信托	上海丰益股权投资基金有限公司	31.7300	有限责任公司
62	中泰信托	中国华闻投资控股有限公司	31.5700	有限责任公司
63	云南信托	云南省国有金融资本控股集团有限公司	25.0000	机关法人

注：本年度有5家信托公司尚未披露年报，故未在本表中披露相关数据。

经统计，2021年，信托公司第一大股东平均持股比例为66.89%，第二大股东平均持股比例为18.58%，第三大股东平均持股比例为9.91%。前三大股东平均合计持股比例为92.87%。披露的信托公司2021年末前三大股东名称及持股比例详见表1-2-6。

表1-2-6　　　　　披露的信托公司2021年末前三大股东名称及持股比例

公司简称	第一大股东名称	第一大股东持股比例(%)	第二大股东名称	第二大股东持股比例(%)	第三大股东名称	第三大股东持股比例(%)
平安信托	平安集团公司	99.8800	上海市糖业烟酒(集团)有限公司	0.1200	—	—
爱建信托	上海爱建集团股份有限公司	99.3300	上海爱建纺织品有限公司	0.3300	上海爱建进出口有限公司	0.3300
粤财信托	广东粤财投资控股有限公司	98.1400	广东省科技创业投资有限公司	1.8600	—	—
华宝信托	中国宝武钢铁集团有限公司	98.0000	舟山市国有资产投资经营有限公司	2.0000	—	—
上海信托	上海浦东发展银行股份有限公司	97.3333	上海汽车集团股权投资有限公司	2.0000	上海新黄浦实业集团股份有限公司	0.6667
外贸信托	中化资本有限公司	97.2600	中化集团财务有限责任公司	2.7400	—	—

续表1

公司简称	第一大股东名称	第一大股东持股比例(%)	第二大股东名称	第二大股东持股比例(%)	第三大股东名称	第三大股东持股比例(%)
财信信托	湖南财信投资控股有限责任公司	96.0000	湖南省国有投资经营有限公司	4.0000	—	—
中海信托	中国海洋石油集团有限公司	95.0000	中国中信有限公司	5.0000	—	—
金谷信托	中国信达资产管理股份有限公司	92.2900	中国妇女活动中心	6.2500	中国海外工程有限责任公司	1.4600
山西信托	山西金融投资控股集团有限公司	90.7000	太原市海信资产管理有限公司	8.3000	山西国际电力集团有限公司	1.0000
中建投信托	中国建银投资有限责任公司	90.0500	建投控股有限责任公司	9.9500	—	—
西藏信托	西藏自治区财政厅	89.4300	西藏自治区投资有限公司	10.5700	—	—
昆仑信托	中油资产管理有限公司	87.1800	天津经济技术开发区国有资产经营公司	12.8200	—	—
交银国际信托	交通银行股份有限公司	85.0000	湖北交通投资集团有限公司	15.0000	—	—
中航信托	中航投资控股有限公司	84.4200	华侨银行有限公司	15.5800	—	—
中信信托	中国中信有限公司	82.2600	中信兴业投资集团有限公司	17.7400	—	—
江苏信托	江苏国信股份有限公司	81.4904	江苏省苏豪控股集团有限公司	10.9106	江苏省农垦集团有限公司	4.2962
中粮信托	中粮资本投资有限公司	80.5090	蒙特利尔银行	16.2408	中粮财务有限责任公司	3.2502
厦门国际信托	厦门金圆金控股份有限公司	80.0000	厦门建发集团有限公司	10.0000	厦门港务控股集团有限公司	10.0000
中铁信托	中国中铁股份有限公司	78.9110	中铁二局建设有限公司	7.2320	成都产业资本控股集团有限公司	3.4950
五矿信托	五矿资本控股有限公司	78.0020	青海省国有资产投资管理有限公司	21.2040	西宁城市投资管理有限公司	0.7940
浙金信托	浙江东方金融控股集团股份有限公司	78.0000	中国国际金融股份有限公司	17.5000	传化集团有限公司	4.5000
天津信托	上海上实(集团)有限公司	77.5800	天津市泰达国际控股(集团)有限公司	16.1100	大家人寿保险股份有限公司	3.9031
华融信托	中国华融资产管理股份有限公司	76.7900	长城人寿保险股份有限公司	14.6400	珠海市华策集团有限公司	7.3200
中国民生信托	武汉中央商务区股份有限公司	76.7616	浙江泛海建设投资有限公司	10.7143	北京首都旅游集团有限责任公司	6.4500
万向信托	中国万向控股有限公司	76.5000	浙江烟草投资管理有限责任公司	14.4900	北京中邮资产管理有限公司	3.9700
华鑫信托	中国华电集团资本控股有限公司	76.2500	中国华电集团财务有限公司	23.7500	—	—
国通信托	武汉金融控股(集团)有限公司	75.0000	东亚银行有限公司	15.3800	北大方正集团有限公司	9.6200
英大信托	国网英大国际控股集团有限公司	73.4900	南方电网资本控股有限公司	25.0000	济钢集团有限公司	0.8200
兴业信托	兴业银行股份有限公司	73.0000	福建省能源集团有限责任公司	8.4167	厦门国贸集团股份有限公司	8.4167
陆家嘴信托	上海陆家嘴金融发展有限公司	71.6060	青岛国信金融控股有限公司	18.2820	青岛国信发展(集团)有限责任公司	10.1120
雪松信托	雪松控股集团有限公司	71.3005	江西省金融控股集团有限公司	20.7559	江西省江信国际大厦有限公司	5.2951
苏州信托	苏州国际发展集团有限公司	70.0100	苏州文化旅游发展集团有限公司	19.9900	苏州市农业发展集团有限公司	10.0000
国联信托	无锡市国联发展(集团)有限公司	69.9190	无锡市国联地方电力有限公司	12.1950	无锡华光环保能源集团股份有限公司	9.7560
华能信托	华能资本服务有限公司	67.9200	贵州乌江能源投资有限公司	31.4800	人保投资控股有限公司	0.1600
建信信托	中国建设银行股份有限公司	67.0000	合肥兴泰金融控股(集团)有限公司	33.0000	—	—
重庆信托	同方国信投资控股有限公司	66.9900	国寿投资控股有限公司	26.0400	上海淮矿资产管理有限公司	4.1000
国投泰康信托	国投资本控股有限公司	61.2900	泰康保险集团股份有限公司	27.0600	悦达资本股份有限公司	8.2000
东莞信托	东莞金融控股集团有限公司	60.8276	东莞发展控股股份有限公司	22.2069	东莞市东资经济贸易有限公司	4.9655
中原信托	河南投资集团有限公司	58.9656	河南中原高速公路股份有限公司	31.9103	河南省豫粮粮食集团有限公司	9.1241
杭州工商信托	杭州市金融投资集团有限公司	57.9920	绿地金融投资控股集团有限公司	19.9000	百大集团股份有限公司	6.2625
西部信托	陕西投资集团有限公司	57.7800	陕西省产业投资有限公司	8.6600	陕西延长石油(集团)有限责任公司	5.1500
安信信托	上海国之杰投资发展有限公司	52.4400	瀚博汇鑫(天津)投资有限公司	2.8900	日照银行股份有限公司	2.5000

续表2

公司简称	第一大股东名称	第一大股东持股比例(%)	第二大股东名称	第二大股东持股比例(%)	第三大股东名称	第三大股东持股比例(%)
渤海信托	海航资本集团有限公司	51.2300	北京海航金融控股有限公司	26.6700	中国新华航空集团有限公司	22.1000
光大兴陇信托	中国光大集团股份公司	51.0000	甘肃省国有资产投资集团有限公司	23.4200	甘肃金融控股集团有限公司	21.5800
华润信托	华润金控投资有限公司	51.0000	深圳市投资控股有限公司	49.0000	—	—
紫金信托	南京紫金投资集团有限责任公司	50.6700	三井住友信托银行股份有限公司	20.0000	江苏宁沪高速公路股份有限公司	20.0000
百瑞信托	国家电投集团资本控股有限公司	50.2400	摩根大通投资(中国)有限公司	19.9900	郑州市财政局	15.6500
华澳信托	北京融达投资有限公司	50.0100	重庆财信企业集团有限公司	49.9900		
国元信托	安徽国元金融控股集团有限责任公司	49.6933	中建资本控股有限公司	36.6289	安徽皖投资产管理有限公司	8.1649
山东国信	山东省鲁信投资控股集团有限公司	48.1300	香港中央结算(代理人)有限公司	19.5700	中油资产管理有限公司	18.7500
大业信托	中国东方资产管理股份有限公司	41.6700	广州金融控股集团有限公司	38.3300	广东京信电力集团有限公司	20.0000
长安信托	西安投资控股有限公司	40.4400	上海淳大资产管理有限公司	21.8000	上海证大投资管理有限公司	15.6000
中融信托	经纬纺织机械股份有限公司	37.4700	中植企业集团有限公司	32.9900	哈尔滨投资集团有限责任公司	21.5400
华宸信托	内蒙古交通投资(集团)有限责任公司	36.5000	中国大唐集团资本控股有限公司	32.4500	内蒙古自治区财政厅	30.2000
长城新盛信托	中国长城资产管理股份有限公司	35.0000	天瑞集团股份有限公司	35.0000	德阳市国有资产经营有限公司	27.0000
陕国投	陕西煤业化工集团有限责任公司	34.5800	陕西省高速公路建设集团公司	21.6200	中央汇金资产管理有限责任公司	1.2900
北京信托	北京市国有资产经营有限责任公司	34.3000	航天科技财务有限责任公司	15.3200	威益投资有限公司	15.3000
中诚信托	中国人民保险集团股份有限公司	32.9206	国华能源投资有限公司	20.3528	山东能源集团有限公司	10.1764
北方信托	天津泰达投资控股有限公司	32.3300	天津渤海文化产业投资有限公司	25.4300	天津泰达股份有限公司	5.4300
国民信托	上海丰益股权投资基金有限公司	31.7300	上海璟安实业有限公司	27.5500	上海创信资产管理有限公司	24.1600
中泰信托	中国华闻投资控股有限公司	31.5700	上海新黄浦实业集团股份有限公司	29.9700	广联(南宁)投资股份有限公司	20.0000
云南信托	云南省国有金融资本控股集团有限公司	25.0000	涌金实业(集团)有限公司	24.5000	上海纳米创业投资有限公司	23.0000

注：1.本年度有5家信托公司尚未披露年报，故未在本表中披露相关数据。
2.计算平均持股比例时，相关股东情况未披露的信托公司不包含在内。

(三) 信托公司股东变更情况分析

披露的信托公司2021年股东变更次数及期内变更详细列示见表1-2-7所示。

表1-2-7　　　　　　披露的信托公司2021年股东变更次数及期内变更详细列示

公司简称	股东变更次数	期内股东变更详细列示
国元信托	1	根据公司股东深圳中海投资管理有限公司母公司中国建筑股份有限公司安排，经公司股东会2019年第一次临时会议及2020年第三次临时会议审议批准，《中国银保监会安徽监管局关于国元信托变更股权的批复》(皖银保监复〔2021〕33号)同意，公司股东深圳中海投资管理有限公司将持有的公司36.6289%股权转让给中国建筑股份有限公司全资子公司中建资本控股有限公司，并于2021年2月24日完成了相关工商变更登记
安信信托	1	日照银行股份有限公司为2021年新进股东，持股比例为2.5%，截至2021年末为第三大股东
华宸信托	1	报告期内，为改善公司治理结构，提高抗风险能力，实现自治区本级国有金融资本集中统一管理，统筹优化国有金融资本战略布局，按照内蒙古自治区人民政府国有资产监督管理委员会(下称国委)与内蒙古自治区财政厅(下称财政厅)签订的《内蒙古自治区本级国有金融企业股权划转和出资人责任交接协议书》的内容，公司于2021年3月16日召开了股东会会议，审议通过了《华宸信托有限责任公司关于国有股权无偿划转的议案》，公司原第三大股东国委将持有的全部公司股份30.2%通过无偿划转的方式转让给财政厅，财政厅成为第三大股东
苏州信托	1	公司原股东联想控股股份有限公司将所持有10%股权转让给苏州市农业发展集团有限公司，该事项经《中国银行保险监督管理委员会江苏监管局批复》(苏银保监复〔2020〕612号)同意，并于2021年3月完成工商变更
英大信托	1	根据《北京银保监局关于英大国际信托有限责任公司变更股权的批复》(京银保监复〔2021〕687号)，批复同意中国南方电网有限公司将其持有的公司25.00%股权转让至南方电网资本控股有限公司。2021年8月27日，公司完成工商变更登记手续
云南信托	1	根据《云南省财政厅关于云南国际信托有限公司股权划转云南省国有金融资本控股集团有限公司的通知》后，公司召开了2020年度第一次临时股东会议审议通过了股权划转事项，并于2021年11月经《云南银保监局关于云南国际信托有限公司股权变更的批复》同意，原股东云南省财政厅持有的本公司25%的股权划转至云南省国有金融资本控股集团有限公司持有，公司对章程相关条款进行了相应修改。其后，公司完成了工商备案登记及后续信息披露事项

续表

公司简称	股东变更次数	期内股东变更详细列示
紫金信托	2	报告期内，经中国银保监会江苏监管局批复核准，公司完成增资扩股和股权结构调整。公司注册资本新增81 807.55万元，江苏宁沪高速公路股份有限公司作为新股东认购65 421.51万元注册资本，股东三井住友信托银行股份有限公司新增认购16 386.04万元注册资本，公司股东南京紫金投资集团有限责任公司受让公司原股东南京江北新区产业投资集团有限公司、江苏金智科技股份有限公司所持公司全部股份
中国民生信托	1	报告期内，公司股东增至六名。2021年8月6日，《北京银保监局关于中国民生信托有限公司变更股权及调整股权结构的批复》（京银保监复〔2021〕668号）同意，武汉中央商务区股份有限公司持有的5.9455%股权转让至江苏洋河酒厂股份有限公司，江苏洋河酒厂股份有限公司成为公司股东。2021年12月，公司完成工商登记变更

注：2021年内共有8家信托公司发生了股东变更相关事项。

（四）中国银保监会及其派出机构对公司检查后提出整改意见

披露的信托公司2021年对银保监会及其派出机构对公司检查后提出整改意见的详细列示见表1-2-8所示。

表1-2-8　　披露的信托公司2021年对银保监会及其派出机构对公司检查后提出整改意见详细列示

公司名称	整改意见
百瑞信托	2021年，公司针对监管部门提出的监管意见和建议，及时逐项制订整改措施，并通过加强领导、责任到人等手段，认真落实到位。整改意见及整改落实情况如下： （1）坚守信托文化，推动创新转型发展 一是为加强信托文化向部门及普通员工下沉，推动系统、全面了解信托文化内涵特征和信托文化建设的内容，公司制定了《2021年信托文化建设年度工作规划》及《2021年信托文化建设年度规划配套方案》，明确深入开展文化建设的各项工作措施。二是坚持以回归信托本源为导向，充分发挥信托制度优势，不断优化业务结构，加大引进专业人才，丰富新产品线，深化业务创新转型，并对资产证券化、绿色信托、财富管理等业务进行合理布局，为持续、健康发展提前打下基础 （2）加强风险防控机制建设，提升全面风险管控水平 一是做实常规和专项风险排查，按月开展到期前还款排查、按季度开展全面风险排查工作；结合外部政策及宏观环境变化，适时开展重点领域的专项风险排查，及时排查潜在风险隐患。二是加强关键监测指标和全面风险监测指标运用，将指标异常变动作为重点关注和风险排查的重点领域。三是根据资管新规和《信托公司受托责任尽职指引》的要求，从产品设计、尽职调查、风险管控、产品营销、后续管理、信息披露和风险处置等环节入手，厘清信托业务全流程各环节的受托管理职责边界，加强尽职管理，降低合规、法律及操作风险 （3）加强内控合规管理建设，夯实高质量发展基础 公司按照"内控合规管理建设年"活动要求，制定了《内控合规管理建设年工作方案》，围绕方案，结合实际运营情况稳步推进各阶段工作。一是建立健全内控合规管理体系，通过完善管理制度、细化执行标准、加强监督评价、加大考核问责，筑牢内控合规风险防线，确保依法合规经营。二是在"强监管、严问责"的常态化监管趋势下，通过强化监管政策传导，动态调整合规管理制度、机制，确保员工明晰监管动向，认真落实监管要求，严守合规底线。三是定期对规章制度体系合法合规性、有效性进行梳理审查，及时将法律法规、监管规定、股东要求转化为公司规章制度，落实为可操作可执行的具体规范 （4）推进"两项业务"压降，确保完成压降指标 公司严格执行"两项业务"压降要求，加大对金融同业通道项目的清理力度，稳妥推进融资类信托项目压降工作，过程中加强管理，按月跟踪压降计划进度，必要时督促制定应急方案并推动实施，确保压降任务如期完成
北方信托	2021年10月，天津银保监局派出检查组对公司进行了现场检查，并下发《现场检查意见书》，指出了公司在经营管理中存在的问题，提出了监管意见。公司高度重视监管意见和要求，深入剖析问题原因，认真研究制定了整改方案，全力推进整改工作，持续健全完善公司治理机制，加强内控合规管理建设，提升内部控制有效性，强化风险管理与合规经营，保障公司稳健发展
北京信托	北京银保监局对我公司进行了专项稽核调查，并出具了《专项稽核调查的现场检查意见书》，对公司部分固有业务管理、贷款风险分类及监管数据填报等方面提出了监管意见。公司按照《专项稽核调查的现场检查意见书》的要求，认真进行了整改工作，进一步强化业务管理，并已将整改情况上报北京银保监局
中铁信托	2021年6月，公司收到《中国银行保险监督管理委员会现场检查意见书》，提出了以下六项监管意见：一是加强政策理论学习，提高整体合规意识；二是完善公司治理架构，提升公司治理能力；三是严格落实监管要求，加强关联交易管理；四是有效执行内控制度，健全风险管理体系；五是强化业务管控能力，完善信息披露内容；六是切实履行受托责任，审慎开展银信合作 公司对监管指出的现存问题、监管意见和整改要求高度重视，立即组织认真学习，提高政治站位，加强党建引领，突出问题导向，立查立改与持续深化相结合，把落实检查整改作为公司的重点和中心工作，下大力气抓紧抓实，全面深入地落实银保监会的要求。截至2021年末，现场检查指出问题的整改完成率已达到90%
粤财信托	2021年，公司按照中国银行保险监督管理委员会广东监管局要求开展了资管业务整改、"内控合规管理建设年"等自查。结合检查和自查发现的问题，公司通过完善各项制度、优化管控流程、强化操作风险管理等举措，进一步提升了公司治理和内部控制水平，更好保障业务发展
国联信托	2021年4月，无锡银保监分局向公司下发2020年度《监管意见书》，公司针对意见书中提出的问题，逐条制定整改措施落实整改，持续跟踪并按要求及时上报
国民信托	2021年4月，北京银保监局向公司下发了《国民信托有限公司2020年度监管意见书》（京银保监发〔2021〕92号），对公司治理及股权、业务发展、风险治理等方面提出了加强和改进意见。为进一步整改落实监管要求，公司已形成《国民信托有限公司关于报送2020年度监管意见整改落实方案的报告》并按时向北京银保监局报送，同时积极进行整改落实，北京银保监局未对公司的整改落实方案提出进一步意见
杭州工商信托	2021年5月，中国银保监会浙江监管局下发《2020年度监管意见》（浙银保监发〔2021〕151号），评价公司2020年着力完善内控流程和管理制度，加大信息科技投入，新设创新业务团队，转型基础得到一定提升，并初步探索证券投资、资产证券化等创新业务，业务结构得到一定优化。同时，指出公司存在公司治理基础有待完善、风险管控能力有所不足、转型发展亟待提速等问题，并提出了相应的监管要求。公司高度重视监管意见，针对监管提出的问题逐一对照梳理并制定了相应的整改方案。截至目前，监管意见所指出的问题已整改完毕。同时，公司亦通过"强化股东股权管理""持续提升风险管理能力""加快业务转型发展""大力推动信托文化建设""切实强化受托履职""严格落实监管政策"等措施，切实提升合规管理水平，提高防范化解金融风险能力，实现公司规范经营、稳健发展

续表1

公司名称	整改意见
建信信托	2021年4月，北京银保监局向公司下发《建信信托有限责任公司2020年度监管意见书》（京银保监发〔2021〕101号，公司于2021年6月向北京银保监局报送了整改落实方案，并按照方案认真整改落实
财信信托	报告期内，中国银保监会湖南监管局于2021年4月2日出具《湖南银保监局监管会谈纪要》（〔2021〕33号），2021年4月27日出具《湖南银保监局监管会谈纪要》（〔2021〕55号），2021年5月14日出具《湖南银保监局监管会谈纪要》（〔2021〕57号），2021年5月26日出具《中国银保监会湖南监管局关于金融同业通道业务的监管意见》（湘银保监〔2021〕27号），2021年8月30日出具《湖南银保监局监管会谈纪要》（〔2021〕60号），提出了监管意见和要求。公司高度重视，积极落实整改和建议，整改情况如下： 一是坚定不移完成"两项业务"压降。公司连续两年圆满完成压降任务。截至2021年12月31日，融资类业务规模210.77亿元，较年初减少59.65亿元，完成率102.61%。金融同业通道业务规模98.61亿元，较年初301.04亿元减少202.43亿元，存续金融同业通道业务均已向监管部门申请个案处理。二是保持房地产信托严控态势，严格实行额度控制，审慎开展房地产业务，加强对房地产业务的合规审核。2021年任意时点规模未突破监管规定。三是加快资管新规过渡期业务整改进度。公司的信托产品估值核算办法已于2021年12月出台，2022年正式实施。四是推动信托本源业务持续发力。制定了《湖南省财信信托有限责任公司三年中期发展战略规划（2021—2023）》，夯实传统业务，发力标品、服务信托，持续加快财富管理业务转型，回归信托本源。五是在探索业务转型的同时，主动贴近市场，把握行业政策动向，积极谋求新的发展路径。六是切实按照党中央、国务院和银保监会的部署，将党的领导融入公司治理各环节的工作要求落到实处。七是严格按照监管要求，规范关联交易管理。制定关联交易相关制度，加强关联交易制度建设；关联交易控制委员会前置审查关联交易，强化关联交易流程管控。八是严格遵守法律法规、会计制度和监管规定，遵循真实性、准确性、完整性和可比性原则，规范信息披露。九是加快信息系统建设，完善净值管理、风险分类等功能，为业务开展和日常经营提供有效支撑。十是及时精准识别与评估风险。按季做好全面风险排查工作，提高对固有资产和信托资产风险分类的审慎度，对于达到风险标准的项目及时纳入风险项目管理。十一是大力推进风险资产处置。公司按照及时处置、真实处置、分类处置原则，综合运用非诉清收、诉讼清收、债务重组等多种方式，加快存量风险资产实质性化解，完成了银保监会下达的固有业务不良资产、主动管理类信托风险资产和事务管理类信托风险资产年度处置任务。十二是深入推进信托文化建设，制定了《财信信托信托文化建设方案》及《2020年信托文化宣传方案》，扣紧信托文化建设目标，确保落细落实。十三是积极开展关于金融支持经济持续恢复和高质量发展专项督查工作，推动金融支持复工复产、助力决战决胜脱贫攻坚。十四是加强合规管理，持续深入开展乱整治工作，做好业务全流程尽职管理。十五是高度重视监管数据报送工作，梳理规范监管数据填写、审核、报送流程，提高监管数据报送的真实性、准确性和及时性
兴业信托	报告期内，福建银保监局通过对公司的非现场监管及现场检查，对公司进一步加强信托业务合规管理、加强风险防控、深化整治市场乱象等提出了监管意见。公司认真按照监管要求，稳步推进业务转型，逐步回归信托本源，强化风险合规管控，规范公司治理和经营运行机制，提高服务实体经济质效，加强内控建设及强化问题整改，确保合规稳健经营
华宸信托	2021年度，银保监会及其派出机构对公司进行了2次检查，均为非现场检查，分别为"监管数据质量治理"和"内控合规管理建设年"。同时，银保监会及其派出机构对公司进行了1次监管情况通报 公司积极配合检查，坚决贯彻落实各项监管政策，重视监管机构对公司提出的各项意见，并认真落实整改。通过对监管机构监管意见的整改落实，极大地促进了公司治理结构的完善、内控水平的提高，规范了业务操作的流程，进一步提升了公司的内控合规经营水平
昆仑信托	2021年，公司共收到宁波银保监局2份监管意见书，分别是《宁波银保监局关于昆仑信托有限责任公司2020年度的监管意见》《宁波银保监局关于昆仑信托有限责任公司建立不良资产核销制度做好风险资产处置的监管意见》，公司逐一分解、研究、制定贯彻落实计划，现已基本完成整改落实工作
山东国信	2021年4月、7月及9月，山东银保监局对公司的第一、第二、第三季度业务进行现场排查，公司积极配合山东银保监局完成排查工作 2021年，公司收到山东银保监局发出的《非现场监管意见书》共计16份，内容涉及通道业务压降、存续业务风险排查、押品管理等方面，公司按照监管要求积极开展整改工作，相关报告或整改方案及时报送山东银保监局 2021年，山东银保监局向公司下发4份《监管质询书》，公司已按照监管要求及时报送情况说明、排查结果及整改方案 除于本年度报告中所披露的以外，公司于报告期后并无发生任何重大事项
山西信托	报告期内，山西银保监局通过监管通报等形式对公司提出监管意见。公司高度重视，专题研究、周密安排，建立整改台账、制定整改措施，以高度负责的态度、务实过硬的措施，逐条逐项做好整改落实，同时不断建立健全长效机制，为公司改革化险、提质增效夯实基础
华融信托	2021年，针对中国银行保险监督管理委员会新疆监管局检查提出的监管意见，结合公司既有的经营水平、业务开展、业绩目标、内外部监管与约束等实际情况，主要采取了以下执行落实措施：一是牢固树立敬畏监管、服从监管的意识，严格落实监管要求；二是建立风险长效机制，加强内部管控；三是加快合规建设，重视业务实质性合规审查；四是加强监管政策学习，做好全员合规培训工作；五是严格按照监管要求，做好"回头看"；六是进一步加强股权和关联交易管理；七是强化风险责任认定和追责问责，加快建立风控激励约束机制
苏州信托	报告期内，中国银保监会苏州监管分局向公司下发了《中国银保监会苏州监管分局关于苏州信托有限公司2020年度监管情况的通报》《关于苏州信托2021年上半年监管发现问题的监管信息反馈》，公司积极从公司治理、发展转型、风险防控、合规经营等方面进行整改，并取得了相应成效
长安信托	2021年4月，中国银行保险监督管理委员会陕西监管局向公司下发了年度金融监管提示通知书，提出了公司治理、信托项目、固有资产投资等七个方面的问题。公司高度重视，组织了专题学习，并向全体股东、董事以及监事就文件内容进行了传达。同时成立了专项整改工作小组，深耕问题、查找原因，并结合监管意见，从公司党委工作、治理水平、风险防控等七个方面制定改进方案，持续规范公司内部治理，强化业务风险管控，扎实推进信托文化建设，为公司回归本源、平稳发展打牢基础 此外，公司按照中国银行保险监督管理委员会陕西监管局的提示意见，在2021年内组织开展了固有非金融股权投资、证券信托业务等方面的自查，制定切实可行的整改方案，有序推进落实各项监管意见。同时公司严格按照监管要求，落实季度全面风险排查、内控合规管理建设等，坚守合规经营底线，夯实公司稳健经营根基
西藏信托	报告期内，中国银行保险监督管理委员会西藏监管局向公司下发了《关于西藏信托有限公司2020年度监管情况的通报》，要求公司健全公司机制，及时准确识别与评估风险，提高风险处置化解能力，加快固有业务转型发展，持续规范传统信托业务，推动信托本源业务持续发力，深入推进信托文化建设 就西藏银保监局提出的上述整改意见，公司组织员工认真学习，明确了整改落实目标，落实整改的责任部门和责任人，目前各项整改措施均按照公司的既定目标有序进行

续表2

公司名称	整改意见
厦门国际信托	报告期内，厦门银保监局自2021年6月至2021年11月期间对公司开展现场检查。检查组对公司整体经营情况和合规性给予肯定，对总体风险管控态势基本满意，但也指出了一些方面可进一步完善，包括资金管理、流动资金测算、财富端销售行为、个别固有业务企业资本金、业务分类管理及制度、绩效考核比重、关联交易管理等。针对本次现场检查提出的要求，公司立查立改，并建立跟踪管理台账，确保逐项落实到位
英大信托	报告期内，公司高度重视并认真落实各项监管政策及监管要求。收到北京银保监局下发的《英大国际信托有限责任公司2020年度监管意见书》，根据监管意见，逐项落实整改方案，明确期限，责任到人，建账管理，确保实效。根据监管要求，开展存量房地产信托业务风险排查、落实"内控合规管理建设年"系列工作、按目标完成"两项业务"压降及风险资产处置、完成资管新规存量业务过渡期整改，按季度实施全面风险排查，各项工作扎实有效，为公司实现创新转型、继续推进高质量发展夯实了基础
外贸信托	中国银行保险监督管理委员会派出检查组，于2020年对公司进行现场检查，并于2021年向公司下发《中国银行保险监督管理委员会现场检查意见书》。公司已对照监管意见进行各项整改，多措并举强化依法合规经营
中海信托	2021年9月9日至12月20日，上海银保监局对公司进行现场检查。2021年12月，公司收到《上海银保监局关于中海信托股份有限公司2021年全面现场检查的意见》，公司高度重视，积极部署，在公司治理、业务管理、内控管理等方面开展了积极整改，同时开展了严肃问责工作，切实落实各项监管意见
中融信托	2021年，黑龙江银保监局对公司开展了现场检查，检查范围包括公司治理、信托业务、消费者权益保护以及内部控制等。根据检查情况，公司对存在瑕疵的项目制定了相应的整改计划，按照"内控合规建设年"相关文件要求，进一步加强了公司治理、风险处置、信息披露等相关工作，确保公司业务经营管理始终满足监管法规各项要求
中泰信托	2021年11月，公司收到上海银保监局下发的《现场检查意见书》，对公司股东阳光化等15个问题提出了意见，公司收到后立即上报董事会，并认真制订了整改计划，目前已部分完成整改。后续公司将严格落实监管要求，积极推进整改进度。对于监管部门关注的阳光化工作，公司一直高度重视，持续积极敦促公司股东等方面按时落实监管要求，后续将继续按要求推进公司股东阳光化工作
中信信托	报告期内，北京银保监局对公司非现场监管报表质量进行检查，对公司数据质量提出进一步要求。公司已按照监管要求落实整改工作，数据治理能力和水平得到进一步提高
中原信托	报告期内，公司对中国银行保险监督管理委员会河南监管局在监管通报及业务开展中提出的有关监管意见高度重视，逐项制定整改措施，认真整改落实。一是培育良好的内控合规文化。公司坚守受托人职能定位，将守正、忠实、专业等受托人文化嵌入发展战略、业务规划、经营行为中，通过常态化的全员合规教育培训，大力培育受托人文化，不断增强员工的合规意识和红线意识，使合规经营成为内化于心、外化于行的自觉行动。二是加大风控体系建设力度，持续完善风控管理机制，不断提升公司内控合规管理的精细化和专业化水平，确保各类风险有效管控。三是积极推进"金融同业业务""融资业务"压降工作和风险资产处置，完成了压降目标。同时大力开展转型业务，回归信托本源。通过整改落实各项监管意见和建议，公司的内控管理、公司治理、经营管理等各项能力水平进一步提高，公司内部控制体系更加完善，为公司高质量发展打下了坚实基础
重庆信托	报告期内，重庆银保监局根据对公司的现场检查和非现场监管，对公司在风险管理、内控与合规、转型发展等方面提出了监管意见。公司高度重视，认真总结，积极整改，全面落实各项监管要求。在报告期内，公司对规章制度进行了全面修订、补充和完善，健全风险管理制度，提升制度执行力，全面推进信托合规文化建设；根据监管要求，继续强化主动管理，完成融资类信托、金融同业通道业务的有序压降；严控房地产信托，落实穿透管理，精细化管理水平得到提升；强化内部问责机制，确立持续创新，深入推进业务转型，全力发展标品信托、投资类信托，公司各项业务得到规范、持续、稳健发展
渤海信托	2021年7月，河北银保监局组织开展"内控合规管理建设年"活动自查工作。公司对照《银行业保险业"内控合规管理建设年"活动工作要点》，结合公司实际情况制定自查方案并认真开展排查工作，形成的阶段性自查报告、年度自查报告已分别于2021年9月、12月向河北银保监局报送
中建投信托	公司于2021年5月收到《中国银保监会浙江监管局关于中建投信托股份有限公司2020年度监管的意见》（浙银保监发〔2021〕106号）。收到上述监管意见后，公司高度重视，认真研读，积极与监管部门沟通，明确整改任务，提升整改成效，于2021年6月及11月上报了《中建投信托股份有限公司关于2020年度监管意见整改措施制订情况的报告》和《中建投信托股份有限公司关于2020年度监管意见整改落实情况的报告》。公司坚持"当下改"和"长久立"有机结合，坚持举一反三、深化拓展，标本兼治，以改促建。通过对监管意见的贯彻落实，公司治理体系及内控机制进一步健全和完善，各项监管问题整改成效显著
华能信托	报告期内，中国银保监会贵州监管局向公司下发了监管通报等文件，要求公司认真贯彻落实中央经济工作会议、银保监会工作会议精神，严格落实信托监管工作要求，坚持稳中求进工作总基调，坚决守稳风险底线，坚定不移推进转型，不懈强化公司治理，树立良好信托文化，进一步提升公司高质量发展水平。公司高度重视，对照监管意见逐一制定整改落实措施，并按方案认真整改落实，持续夯实依法合规经营基础
浙金信托	浙江银保监局《关于浙商金汇信托股份有限公司2020年度监管的意见》（浙银保监发〔2021〕56号）向公司提出了五方面监管意见：一是强化顶层设计，完善股权结构和公司治理；二是提高政治站位，不折不扣落实监管政策要求；三是健全全周期管理，牢牢守住风险底线；四是守正信托本源，积极塑造转型发展新优势；五是加强内部精细化管理，提升受托履职能力。公司根据监管意见深入开展全面自查，进一步明确努力方向，创新转型稳步推进，"1+5+1"核心业务年内均有突破，细化工作举措，并以此作为内部管理提升的重要抓手，实现了内部管理的全面优化提升，数字化改革全面推进，制度体系更加健全，人力资源管理更加市场化，审计监督更加全面深入，财务管理更加精准，疫情防控、安全生产、节能减排等各项工作均扎实推进，有效保障了公司平稳运营
爱建信托	上海银保监局下发《上海银保监局关于上海爱建信托有限责任公司2020年度的监管意见》（沪银保监发〔2021〕29号）。收到监管意见后，公司领导高度重视、组织研究，逐条对照监管意见及关注重点进行梳理，制定相应的落实方案和计划。公司整改计划落实情况如下：公司持续加强党建引领，通过开展各类反腐倡廉系列活动，推进清廉金融文化建设，同时重点拓展标品业务、财富金融业务，积极推进业务创新转型及"内控合规管理建设年"工作，已开展制度重检、梳理公司治理体系、细化案防操作标准、重点领域检查等，坚定转型步伐、坚持受托人定位。针对现场检查发现问题逐一跟踪整改方案并在年内完成各问题项目的结清和整改，同步落实两项业务压降等监管要求；为严控影子银行业务，防范自然人业务风险，公司已积极拓展机构客户，加大标品业务、家族信托等领域发展投入，稳步推进合格投资者认证工作，并进一步强化房地产投资业务个性化风险揭示、全过程推介销售管理等，加强投资者教育。固有资产配置方面，公司不断加大证券投资及存放同业等投入力度，提高流动性资产配置；且已成立流动性风险管理工作小组，制定《流动性管理办法》，完善流动性指标监测、资产流动性分析和预警机制，逐步精细管理举措，并已初步制定流动性风险应急计划，落实确保充分流动性。公司已落实坚持房地产信托规模管控，加强精细化管理能力，包括在审批、期间管理过程中严控业务合规性，适时调整风险政策且推进期间管理系统建设，逐步实现自动预警、线上审核和系统数据统计，强化数据治理效能，将各项监管要求及意见落到实处

续表3

公司名称	整改意见
中航信托	报告期内，公司高度重视并认真落实监管部门的监管意见要求，及时向江西银保监局报告了公司资管新规整改、"两压一降"、房地产信托业务管控、证券业务排查等多方面的工作措施及成效。报告期内，银保监会及其派出机构未对公司开展现场检查
华澳信托	根据监管要求，公司于报告期内分别完成上海银保监局2020年度现场检查意见和2020年度监管意见的整改计划及整改落实情况反馈工作，截至2021年末，2020年度现场检查发现问题25项、对应监管意见7项，涉及问题已完成整改14项；2020年度监管意见提出问题8项、对应监管意见8项，涉及问题均在整改中
大业信托	（1）2021年3月24日，公司收到《中国银保监会广东监管局行政处罚决定书》（粤银保监罚字〔2021〕9号），就公司在2016年至2018年期间结构化证券投资信托产品杠杆比例违反监管要求、违规开展个人信托贷款业务、违规开展银信业务等事项合计罚款115万元 落实整改情况：针对上述处罚决定书中涉及的项目类型，公司于2018年即已全部停止新增开展相关类型业务，并对存续的项目进行持续清理。上述处罚决定书涉及的违规项目公司已全部清理及整改落实完毕 （2）2021年11月17日，公司收到《中国银保监会广东监管局行政处罚决定书》（粤银保监罚告字〔2021〕65号），就公司于2017年3月至10月间设立的盈富1—5号项目中存在的授信前调查严重失职，未对应收账款的真实性进行认真和全面核实，合同文件签登记表记载与实际情况不符；未落实授信条件即实施授信；对单一集团客户授信余额超过大业信托资本净额的15%等违规行为进行行政处罚，对大业信托违规开展的盈富1—5号信托计划的行为分别罚款40万元，合计罚款200万元 落实整改情况：2018年9月发生盈富系列案件后，公司内部已对盈富系列项目进行了全面排查。上述行政处罚书指出的问题，公司已于2019年对制度、流程等内部管理相关工作体系进行了全面梳理，查漏补缺，完善制度，采取了一系列改进措施： ①加强贷款前尽职调查管理。公司对贷前尽职调查环节进行了重点梳理，对《信托业务尽职调查管理办法》进行修订，严格要求业务部门在实地尽职调查实行双人经办制度和关系人回避制度，双人经办应为业务部门负责人和1名信托经理，业务部门不得指派未转正员工、实习人员和申请离职员工作为信托项目的信托经理。同时要求业务部门负责人及执行项目的业务人员必须固定为信托项目的信托经理，全程跟进项目的尽职调查及全部审批环节，变更信托经理必须经过审批 ②规范合同文件面签要求。为了加强合同面签环节的管理，严格落实面签规则，公司对《合同管理办法》《合同面签与合同原件管理实施细则》进行修订，对事务管理类和主动管理类信托项目合同文件面签范围进一步细化和明确，要求项目所涉合同的面签，面签人员其中一位必须为信托项目信托经理或项目所属部门负责人，并对面签的操作要求进行了细化规定 ③严格控制发行条件审批。公司对《信托项目发行条件审批管理办法》进行了细化调整，并发布了《发行条件审批操作指引》。其一，区分主动管理类和集合事务管理类对发行条件审批进行了细化规定，将终审要求的条件落实性、公司集中度要求符合情况、距离上次审发行时间要求细化列出。其二，要求所有作为发行前提的合同文件原件在审批发行条件时移交发行条件审批人员，由发行条件审批人负责进行归档，做到在发行重要文件原件与业务部门隔离 ④建立客户限额和集中度制度。公司制定了全面的客户评级和限额及集中度管理制度，对于全部客户在开展业务前均要求进行评级打分并测算限额，并根据公司主动管理类信托规模情况，根据不同评级的客户设定相应的集中度额度。在项目实施过程中，由风控部门进行限额和集中度管控，在发行审批环节同时审批额度占用情况，限额和集中度额度作为刚性要求必须执行
国通信托	报告期内，公司高度重视并认真落实监管部门的监管意见要求，及时向湖北银保监局反馈公司重点业务合规管理及风险防控工作措施及成效，切实提升了公司发展质量和风险防控能力
陆家嘴信托	2021年度10月至11月，中国银保监会组成"数据治理稽核检查组数"来公司开展现场检查，是银保监会非银现场检查对信托公司开展的第一次现场检查，是对信托行业开展的第一次数据治理现场检查。公司高度重视，在检查组进场前，一方面积极配合提供各项材料，另一方面组织开展各类管理活动及重点业务的合规自查。现场检查过程中，公司上下积极配合检查组的各项工作要求，一切以现场检查为重、为要、为先，各条线加班加点按要求提供调阅材料，并对相关问题逐一书面反馈，目前检查组已经出具了《事实与评价》，后续将向公司反馈检查意见 青岛银保监局通过金融融管通报等方式对公司加强监管，要求公司进一步完善各项管理机制，包括切实推进治理改革、扎实做好风控合规管理、立足信托本源转型发展等。根据相关意见精神，公司认真总结公司日常经营活动中存在的不足，并通过完善机制、修订制度、优化流程、明确责任、加强培训、优化系统等多种手段积极开展相关整改工作，进一步推进了公司全面的管理机制完善
五矿信托	2021年，中国银保监会青海监管局先后对公司下发了《2020年度监管意见书》《业务监管意见书》等监管文件，监管局在"持续防控信托业风险、促进信托业转型发展、持续推进信托业改革"等方面向公司提出了监管意见、提示了风险。公司高度重视，快速传导，对照监管意见逐一制定整改落实措施，明确责任主体，并动态跟踪执行整改情况，确保整改质效。通过整改落实监管意见，公司的风险管理、公司治理、经营管理等各项能力水平进一步提高，内部控制及法律合规体系更加完善。公司将坚持监管引领的正确转型方向，将监管导向内化为展业标准，确保合规经营、稳健展业
紫金信托	江苏银保监局于2021年5月19日至5月21日对公司开展了监管评级检查，对公司资本要求、资产质量、风险治理等方面提出监管意见。公司已落实整改
中国民生信托	2021年4月28日，北京银保监局下发了《中国民生信托有限公司2020年度监管意见书》。公司对照监管意见制定了整改落实方案，并按照方案认真落实整改 2021年9月1日至11月30日，北京银保监局进行了中国民生信托有限公司风险管理与内控有效性现场检查，并于2021年12月31日下发了现场检查意见书，公司对照监管要求制定了整改方案，认真推动落实
万向信托	2021年1月12日，浙江银保监局（信托处）向公司下发《关于加强数据报送质量的监管提示》（浙银保监信〔2021〕1号）。公司根据监管提示，于2021年1月28日完成整改落实情况报告 2021年5月10日，浙江银保监局正式向公司下发《中国银保监会浙江监管局关于万向信托股份公司2020年度监管的意见》（浙银保监发〔2021〕65号），对公司持续推进转型创新，主动探索预付金信托、监护支援信托等服务信托领域，慈善信托保持全国领先等予以肯定，并对公司治理、风险防控和经营管理中存在的主要问题提出监管意见。公司"两会一层"高度重视，全面审视，认真学习，组织相关部门落实，公司于2021年6月4日制定整改措施并于11月30日报送整改落实情况 2021年12月21日，浙江银保监局正式向公司下发《现场检查意见书》（浙银保监〔2021〕26号），就公司治理、内部控制、风险管理等方面对公司提出监管意见，公司认真研读监管意见，拟定问题整改计划并逐步落实整改情况，进一步实现公司长远稳健发展
东莞信托	报告期内，东莞银保监分局就公司治理、风险管理、内控合规建设等方面对公司提出了监管意见。公司通过完善制度、梳理优化流程、加强风险排查、强化内部审计和问责等措施，贯彻落实监管意见
雪松信托	报告期内，江西银保监局对公司开展风险管理及内控有效性现场检查。公司高度重视此次现场检查及整改工作，按照监管意见，结合公司实际制定整改方案，明确各项问题整改责任人员、整改措施，建立整改台账，定期跟踪整改进展。对能立行立改的问题，迅速行动整改到位，对于历史原因遗留问题，短期内无法整改到位的，制定整改方案，从强化内部控制和风险管理等方面入手，建立长效机制，扎实推进内控合规建设

注：2021年内共有44家信托公司披露了整改事项。

（五）中国银保监会及其省级派出机构认定的其他有必要让客户及相关利益人了解的重要信息

中国银保监会及其省级派出机构认定的其他有必要让客户及相关利益人了解的重要信息见表1-2-9所示。

表1-2-9　　中国银保监会及其省级派出机构认定的其他有必要让客户及相关利益人了解的重要信息

公司简称	重要信息
江苏信托	根据《信托公司净资本管理办法》规定，公司净资本监管风险控制指标（根据审计后数据计算）执行情况如下： 净资本/各项业务风险资本之和=1 980 619.90万元/769 746.20万元×100%=257.31%≥100%（监管标准） 净资本/净资产=1 980 619.90万元/2 418 376.57万元×100%=81.90%≥40%（监管标准）
西藏信托	根据《信托公司净资本管理办法》规定，公司净资本监管风险控制指标执行情况如下： 净资本/各项业务风险资本之和=461 103.33万元/191 976.59万元×100%=240.19%≥100%（监管标准） 净资本/净资产=461 103.33万元/538 580.15万元×100%=85.61%≥40%（监管标准）
云南信托	社会责任履行情况 2021年，公司党委继续发挥在群众中的政治核心作用，党委联合工会引导带动公司员工积极参与公益事业建设，党群工作形成合力和聚合效应。自2018年开展"大爱星火"植树造林志愿者公益活动以来，党委连续四年联合工会组织发起公司员工及家属共260余人次参加植树造林公益活动，在昆明市五华区西翥街道办事处桃园社区长虫山和龙池山山开辟了"云信林"，共植树造林14亩，栽种树木1 000余株，牢固树立了广大员工的社会主义生态文明观和云南信托"大爱星火"公益活动的良好形象，在推动人与自然和谐发展、保护生态环境、履行企业社会责任方面做出贡献。按照党中央、国务院和省委省政府关于乡村振兴工作的决策部署，公司党委切实贯彻"四不摘"原则，脱贫不脱钩，继续做好大理州祥云县普淜镇云里厂村的定点帮扶工作，建立健全巩固拓展脱贫攻坚成果促乡村振兴的长效机制，明确了未来五年的定点帮扶原则、帮扶方向、帮扶策略及整体框架，为新时期新阶段巩固拓展脱贫攻坚成果同乡村振兴有效衔接工作奠定了坚实基础 慈善信托方面，公司和云南省青少年发展基金会担任共同受托人成功设立了"扬梦助学慈善信托"，成为我国慈善法正式实施以来首支在云南省落地的慈善信托，截至2021年末该信托项目已成功发行两期，款项用于购买成都七中网络课程，支持云南省丽江市玉龙纳西族自治县田家炳民族中学的教学工作。田家炳中学从2020年9月入学的初一学生中，筛选了一个班作为实验班使用本信托资助的远程录播课程，经过两个学期的学习，实验班期中、期末和次学年期中三次考试的整体学习成绩有明显提高，与成都育才中学本校成绩差距逐渐缩小。公司成立的抗疫专项慈善信托——云慈济善慈善信托向昆明市儿童医院呼吸科定向捐赠了一批规格为TF30和TF42的可视电子软镜，用于诊断新冠病毒无症状感染者，有效缓解了抗疫一线的物资紧缺 公司作为专业化财富管理机构，充分发挥信托制度优势，积极开发符合社会和市场需求的信托业务及信托理财产品，不断创新服务方式，积极探索盈利模式，以信托功能满足社会理财需求，秉承"受人之托、忠人之事"的原则开展信托业务，恪尽职守，履行诚实、信用、谨慎、有效的管理义务，维护受益人的合法权益。2021年公司向受益人兑付的信托本金及收益共计2 837.21亿元，其中信托收益227.69亿元，涉及信托项目1 262个 公司始终把消费者权益保护工作作为公司经营发展的重要战略，已建立了较为完善的消费者权益保护体系。2021年度我公司严格贯彻监管各项规定，落实消费投诉处理工作的主体责任，畅通渠道，接受社会监督，全年共计受理投诉154件，全部消费投诉均在办理期限内办结并将处理结果告知投诉人，未发生重大投诉和舆情。上述投诉，按照投诉业务办理渠道分类，电话渠道受理43件，第三方渠道转送受理111件；按照投诉业务类型分类，消费金融业务相关投诉144件，其他业务相关投诉10件；全部154件投诉都在公司注册地昆明统一受理、登记、处理并答复 同时，公司坚决履行反洗钱义务，报告年度公司建立组织健全、结构完整、职责明确的反洗钱和反恐怖融资管理架构。持续优化反洗钱系统，加强识别、评估洗钱和恐怖融资风险。进一步加强对社会公众的反洗钱宣传，增强社会公众的反洗钱意识 公司诚信经营，自觉履行纳税义务，以履行社会责任为重要导向，不仅利用信托制度优势向实体企业提供金融服务，还在信托法律文件的签署过程中履行社会责任告知义务。同时，将履行社会责任纳入内部控制体系，从制度层面、业务开展层面确立其重要地位 公司未来会继续在多方面践行企业的社会责任
中海信托	2021年1月4日，在中央国债登记结算有限责任公司发布的《2020年度中债成员综合评定结果》中，中海信托获评"优秀发行机构" 2021年4月26日，中海信托荣获"上海市黄浦区2020年度百强重点企业"第八位 2021年7月13日，在《上海证券报》第十四届"诚信托"奖项评选中，中海信托荣获"管理团队奖"，"中海油供应链金融债权投资集合资金信托计划"荣获"最佳创新信托产品奖" 2021年10月29日，"中海油供应链金融债权投资信托计划"荣获《证券时报》"2021年度优秀服务实体信托计划"
雪松信托	截至本报告披露日，公司收到相关法院送达的协助执行通知书及控股股东通知，获悉控股股东持有的公司全部股权被冻结。上述相关股权被司法冻结事项与公司无关，被冻结事项暂未对公司的控制权、股权结构等产生影响。公司将密切关注上述事项的进展及影响情况

注：2021年内共有5家信托公司披露了重要信息。

第二章 信托公司年度报告的质量评价
——关于审计报告

本章对信托公司被出具的审计报告类型及执行《企业会计准则》的情况进行分析,以此作为后面章节对信托公司进行分析的依据之一。

一、信托公司2021年、2020年审计报告类型分类汇总情况

2021年,68家信托公司中有63家披露了年报信息,会计师事务所对其中62家信托公司年报审计出具了标准无保留意见的审计报告,对1家信托公司出具了保留意见,表明绝大部分的财务报告在重大方面公允反映了被审计信托公司的财务状况和经营成果。2020年,会计师事务所对62家信托公司年报审计出具了标准无保留意见的审计报告,对1家信托公司出具了保留意见的审计报告,从审计意见来看,信托公司财务信息的质量较上年持平(见表2-1-1所示)。

表2-1-1　　　　　信托公司2021年、2020年审计报告意见类型汇总比较

审计意见	2021年		2020年	
	已披露年报信息的份数(份)	百分比(%)	已披露年报信息的份数(份)	百分比(%)
标准无保留意见	62	98.53	62	98.53
无保留意见+强调事项段	—	—	—	—
无保留意见+其他事项段	—	—	—	—
保留意见	1	1.47	1	1.47
无法表示意见				
合计	63	100.00	63	100.00

注:本年度有5家信托公司尚未披露年报,故未在本表中披露相关数据。

按照《中国注册会计师审计具体准则第1501号——审计报告》的相关规定:如果会计师认为财务报表已经按照适用的企业会计准则和相关财务会计法规的规定,在所有重大方面公允反映了被审计单位的财务状况、经营成果和现金流量;并且注册会计师已经按照独立审计准则计划和实施了审计工作,在审计过程中未受到限制;此外也不存在应当调整或披露而被审计单位未予调整或披露的重要事项情形时,注册会计师应当出具无保留意见的审计报告。而如果会计师认为整体财务报表是公允的,但存在会计政策的选用、会计估计的作出或财务报表的披露不符合适用的会计准则和相关会计制度的规定,虽影响重大,但不至于出具否定意见的审计报告;因审计范围受到限制,不能获取充分、适当的审计证据,虽影响重大,但不至于出具无法表示意见的审计报告时,注册会计师应当出具保留意见的审计报告。

二、信托公司2021年、2020年会计师事务所审计情况

经统计分析,2021年度的审计报告绝大部分由有证券期货资格的会计师事务所出具,相对2020年度,对信托公司进行审计的会计师事务所仍有较大的集中。2021年度有信永中和会计师事务所(特殊普通合伙)、安永华明会计师事务所(特殊普通合伙)、立信会计师事务所(特殊普通合伙)、天职国际会计师事务所(特殊普通合伙)、毕马威华振会计师事务所(特殊普通合伙)、大华会计师事务所(特殊普通合伙)、普华永道中天会计师事务所(特殊普通合伙)、大信会计师事务所(特殊普通合伙)、天健会计师事务所(特殊普通合伙)、中审众环会计师事务所(特殊普通合伙)共10家会计师事务所,分别为2—10家信托公司进行了财务报表审计,其中信永中和会计师事务所(特殊普通合伙)为10家信托公司提供审计服务,安永华明会计师事务所(特殊普通合伙)为8家信托公司提供审计服务,立信会计师事务所(特殊普通合伙)为7家信托公司提供审计服务,天职国际会计师事务所(特殊普通合伙)为6家信托公司提供审计服务,毕马威华振会计师事务所(特殊普通合伙)和大华会计师事务所(特殊普通合伙)为4家信托公司提供审计服务,普华永道中天会计师事务所(特殊普通合伙)为3家信托公司提供审计服务,大信会计师事务所(特殊普通合伙)、天健会计师事务所

（特殊普通合伙）和中审众环会计师事务所（特殊普通合伙）为2家信托公司提供了审计服务。这10家事务所共为48家信托公司提供了审计服务，占2021年已披露年报信息的信托公司总户数的76.19%（见表2-2-1所示）。

表2-2-1　　信托公司2021年聘请的会计师事务所资格情况

公司简称	2021年聘请的会计师事务所	资格情况
国元信托	容诚会计师事务所（特殊普通合伙）	证券期货资格
安信信托	立信会计师事务所（特殊普通合伙）	证券期货资格
百瑞信托	立信会计师事务所（特殊普通合伙）	证券期货资格
北方信托	安永华明会计师事务所（特殊普通合伙）	证券期货资格
北京信托	天职国际会计师事务所（特殊普通合伙）	证券期货资格
中铁信托	普华永道中天会计师事务所（特殊普通合伙）	证券期货资格
东莞信托	中审众环会计师事务所（特殊普通合伙）	证券期货资格
光大信托	安永华明会计师事务所（特殊普通合伙）	证券期货资格
粤财信托	致同会计师事务所（特殊普通合伙）	证券期货资格
国联信托	公证天业会计师事务所（特殊普通合伙）	证券期货资格
国民信托	安永华明会计师事务所（特殊普通合伙）	证券期货资格
国投泰康信托	信永中和会计师事务所（特殊普通合伙）	证券期货资格
杭州工商信托	大华会计师事务所（特殊普通合伙）	证券期货资格
建信信托	安永华明会计师事务所（特殊普通合伙）	证券期货资格
财信信托	天职国际会计师事务所（特殊普通合伙）	证券期货资格
华宝信托	天健会计师事务所（特殊普通合伙）	证券期货资格
江苏信托	苏亚金诚会计师事务所（特殊普通合伙）	证券期货资格
雪松信托	中喜会计师事务所（特殊普通合伙）	证券期货资格
兴业信托	毕马威华振会计师事务所（特殊普通合伙）	证券期货资格
华宸信托	信永中和会计师事务所（特殊普通合伙）	证券期货资格
昆仑信托	立信会计师事务所（特殊普通合伙）	证券期货资格
平安信托	安永华明会计师事务所（特殊普通合伙）	证券期货资格
山东国信	信永中和会计师事务所（特殊普通合伙）和信永中和（香港）会计师事务所有限公司	证券期货资格
山西信托	毕马威华振会计师事务所（特殊普通合伙）	证券期货资格
陕国投	信永中和会计师事务所（特殊普通合伙）	证券期货资格
上海信托	毕马威华振会计师事务所（特殊普通合伙）	证券期货资格
华融信托	安永华明会计师事务所（特殊普通合伙）	证券期货资格
苏州信托	天衡会计师事务所（特殊普通合伙）	证券期货资格
天津信托	中审华会计师事务所（特殊普通合伙）	证券期货资格
长安信托	希格玛会计师事务所（特殊普通合伙）	证券期货资格
西部信托	天职国际会计师事务所（特殊普通合伙）	证券期货资格
西藏信托	天健会计师事务所（特殊普通合伙）	证券期货资格
厦门国际信托	中审众环会计师事务所（特殊普通合伙）	证券期货资格
华润信托	大信会计师事务所（特殊普通合伙）	证券期货资格
英大信托	信永中和会计师事务所（特殊普通合伙）	证券期货资格
云南信托	信永中和会计师事务所（特殊普通合伙）	证券期货资格
中诚信托	天职国际会计师事务所（特殊普通合伙）	证券期货资格
外贸信托	毕马威华振会计师事务所（特殊普通合伙）	证券期货资格

续表

公司简称	2021年聘请的会计师事务所	资格情况
中海信托	立信会计师事务所（特殊普通合伙）	证券期货资格
中融信托	大信会计师事务所（特殊普通合伙）	证券期货资格
中泰信托	中审亚太会计师事务所（特殊普通合伙）	证券期货资格
中信信托	信永中和会计师事务所（特殊普通合伙）	证券期货资格
中原信托	中证天通会计师事务所（特殊普通合伙）	证券期货资格
重庆信托	信永中和会计师事务所（特殊普通合伙）	证券期货资格
渤海信托	立信会计师事务所（特殊普通合伙）	证券期货资格
交银国际信托	普华永道中天会计师事务所（特殊普通合伙）	证券期货资格
中建投信托	安永华明会计师事务所（特殊普通合伙）	证券期货资格
华能信托	德勤华永会计师事务所（特殊普通合伙）	证券期货资格
浙金信托	大华会计师事务所（特殊普通合伙）	证券期货资格
爱建信托	立信会计师事务所（特殊普通合伙）	证券期货资格
中航信托	大华会计师事务所（特殊普通合伙）	证券期货资格
华澳信托	信永中和会计师事务所（特殊普通合伙）	证券期货资格
大业信托	广东中穗会计师事务所有限公司	—
国通信托	信永中和会计师事务所（特殊普通合伙）	证券期货资格
华鑫信托	天职国际会计师事务所（特殊普通合伙）	证券期货资格
金谷信托	安永华明会计师事务所（特殊普通合伙）	证券期货资格
陆家嘴信托	普华永道中天会计师事务所（特殊普通合伙）	证券期货资格
五矿信托	天职国际会计师事务所（特殊普通合伙）	证券期货资格
中粮信托	信永中和会计师事务所（特殊普通合伙）	证券期货资格
紫金信托	立信中联会计师事务所（特殊普通合伙）	证券期货资格
长城新盛信托	立信会计师事务所（特殊普通合伙）	证券期货资格
民生信托	中兴华会计师事务所（特殊普通合伙）	证券期货资格
万向信托	大华会计师事务所（特殊普通合伙）	证券期货资格

注：本年度有5家信托公司尚未披露年报，故未在本表中披露相关数据。

在已披露年报信息的信托公司中，有7家在2021年度变更了会计师事务所，占2021年全部信息披露户数的11.11%，相对于2020年的17.46%，该比例有所下降，我们提请监管部门对信托公司会计师事务所变更事项作必要的要求和监管，对会计师事务所变更应该要求信托公司和前任会计师事务所作出专项声明，以避免有的公司可能通过更换会计师事务所实现其特殊目的。信托公司2021年与2020年聘请的会计师事务所变更情况见表2-2-2所示。

表2-2-2　信托公司2021年与2020年聘请的会计师事务所变更情况统计

公司简称	2021年聘请的会计师事务所	2020年聘请的会计师事务所
国联信托	公证天业会计师事务所（特殊普通合伙）	中天运会计师事务所（特殊普通合伙）
平安信托	安永华明会计师事务所（特殊普通合伙）	普华永道中天会计师事务所（特殊普通合伙）
山东国信	信永中和会计师事务所（特殊普通合伙）和信永中和（香港）会计师事务所有限公司	普华永道中天会计师事务所（特殊普通合伙）和罗兵咸永道会计师事务所
西藏信托	天健会计师事务所（特殊普通合伙）	天职国际会计师事务所（特殊普通合伙）
渤海信托	立信会计师事务所（特殊普通合伙）	中兴财光华会计师事务所（特殊普通合伙）
中航信托	大华会计师事务所（特殊普通合伙）	中审众环会计师事务所（特殊普通合伙）
国通信托	信永中和会计师事务所（特殊普通合伙）	中审众环会计师事务所（特殊普通合伙）

三、信托公司2021年、2020年执行的会计制度统计

2021年，已披露年报信息的信托公司固有业务中，62家信托公司均明确披露已执行《企业会计准则》（2006年、2018年），1家披露执行《国际会计准则》和《国际财务报告准则》。

2021年，已披露年报信息的信托公司信托业务中，62家信托公司均明确披露已执行《企业会计准则》（2006年、2018年），1家披露执行《国际会计准则》和《国际财务报告准则》（见表2-3-1所示）。

表2-3-1　　信托公司2021年与2020年执行的会计制度比较

固有业务执行会计制度	2021年家数（家）	2020年家数（家）	信托业务执行会计制度	2021年家数（家）	2020年家数（家）
《企业会计准则》（2006年、2018年）	62	42	《企业会计准则》（2006年、2018年）	62	42
《企业会计准则》（2006年、2010年）	—	1	《企业会计准则》（2006年、2014年）	—	1
《企业会计准则》（2006年）	—	17	《企业会计准则》（2006年）	—	17
《企业会计准则》（2006年、2014年）	—	1	《企业会计准则》和《金融企业会计制度》（2014年）	—	1
《企业会计准则》和《金融企业会计制度》（2014年）	—	1	《企业会计准则》（2006年、2010年）	—	1
《国际会计准则》和《国际财务报告准则》	1	1	《国际会计准则》和《国际财务报告准则》	1	1
合计	63	63	合计	63	63

注：本年度有5家信托公司尚未披露年报，故未在本表中披露相关数据。

2021年已披露年报的63家信托公司披露执行的会计制度统计见表2-3-2所示。

表2-3-2　　2021年已披露年报的63家信托公司披露执行的会计制度统计

公司简称	2021年固有业务执行的会计制度	2021年信托业务执行的会计制度
国元信托	《企业会计准则》（2006年、2018年）	《企业会计准则》（2006年、2018年）
安信信托	《企业会计准则》（2006年、2018年）	《企业会计准则》（2006年、2018年）
百瑞信托	《企业会计准则》（2006年、2018年）	《企业会计准则》（2006年、2018年）
北方信托	《企业会计准则》（2006年、2018年）	《企业会计准则》（2006年、2018年）
北京信托	《企业会计准则》（2006年、2018年）	《企业会计准则》（2006年、2018年）
中铁信托	《企业会计准则》（2006年、2018年）	《企业会计准则》（2006年、2018年）
东莞信托	《企业会计准则》（2006年、2018年）	《企业会计准则》（2006年、2018年）
光大信托	《企业会计准则》（2006年、2018年）	《企业会计准则》（2006年、2018年）
粤财信托	《企业会计准则》（2006年、2018年）	《企业会计准则》（2006年、2018年）
国联信托	《企业会计准则》（2006年、2018年）	《企业会计准则》（2006年、2018年）
国民信托	《企业会计准则》（2006年、2018年）	《企业会计准则》（2006年、2018年）
国投泰康信托	《企业会计准则》（2006年、2018年）	《企业会计准则》（2006年、2018年）
杭州工商信托	《企业会计准则》（2006年、2018年）	《企业会计准则》（2006年、2018年）
建信信托	《企业会计准则》（2006年、2018年）	《企业会计准则》（2006年、2018年）
财信信托	《企业会计准则》（2006年、2018年）	《企业会计准则》（2006年、2018年）
华宝信托	《企业会计准则》（2006年、2018年）	《企业会计准则》（2006年、2018年）
江苏信托	《企业会计准则》（2006年、2018年）	《企业会计准则》（2006年、2018年）
兴业信托	《企业会计准则》（2006年、2018年）	《企业会计准则》（2006年、2018年）
华宸信托	《企业会计准则》（2006年、2018年）	《企业会计准则》（2006年、2018年）

续表1

公司简称	2021年固有业务执行的会计制度	2021年信托业务执行的会计制度
昆仑信托	《企业会计准则》（2006年、2018年）	《企业会计准则》（2006年、2018年）
平安信托	《企业会计准则》（2006年、2018年）	《企业会计准则》（2006年、2018年）
山东国信	《国际会计准则》和《国际财务报告准则》	《国际会计准则》和《国际财务报告准则》
山西信托	《企业会计准则》（2006年、2018年）	《企业会计准则》（2006年、2018年）
陕国投	《企业会计准则》（2006年、2018年）	《企业会计准则》（2006年、2018年）
上海信托	《企业会计准则》（2006年、2018年）	《企业会计准则》（2006年、2018年）
华融信托	《企业会计准则》（2006年、2018年）	《企业会计准则》（2006年、2018年）
苏州信托	《企业会计准则》（2006年、2018年）	《企业会计准则》（2006年、2018年）
天津信托	《企业会计准则》（2006年、2018年）	《企业会计准则》（2006年、2018年）
长安信托	《企业会计准则》（2006年、2018年）	《企业会计准则》（2006年、2018年）
西部信托	《企业会计准则》（2006年、2018年）	《企业会计准则》（2006年、2018年）
西藏信托	《企业会计准则》（2006年、2018年）	《企业会计准则》（2006年、2018年）
厦门国际信托	《企业会计准则》（2006年、2018年）	《企业会计准则》（2006年、2018年）
华润信托	《企业会计准则》（2006年、2018年）	《企业会计准则》（2006年、2018年）
英大信托	《企业会计准则》（2006年、2018年）	《企业会计准则》（2006年、2018年）
云南信托	《企业会计准则》（2006年、2018年）	《企业会计准则》（2006年、2018年）
中诚信托	《企业会计准则》（2006年、2018年）	《企业会计准则》（2006年、2018年）
外贸信托	《企业会计准则》（2006年、2018年）	《企业会计准则》（2006年、2018年）
中海信托	《企业会计准则》（2006年、2018年）	《企业会计准则》（2006年、2018年）
中融信托	《企业会计准则》（2006年、2018年）	《企业会计准则》（2006年、2018年）
中泰信托	《企业会计准则》（2006年、2018年）	《企业会计准则》（2006年、2018年）
中信信托	《企业会计准则》（2006年、2018年）	《企业会计准则》（2006年、2018年）
中原信托	《企业会计准则》（2006年、2018年）	《企业会计准则》（2006年、2018年）
重庆信托	《企业会计准则》（2006年、2018年）	《企业会计准则》（2006年、2018年）
渤海信托	《企业会计准则》（2006年、2018年）	《企业会计准则》（2006年、2018年）
交银国际信托	《企业会计准则》（2006年、2018年）	《企业会计准则》（2006年、2018年）
中建投信托	《企业会计准则》（2006年、2018年）	《企业会计准则》（2006年、2018年）
华能信托	《企业会计准则》（2006年、2018年）	《企业会计准则》（2006年、2018年）
浙金信托	《企业会计准则》（2006年、2018年）	《企业会计准则》（2006年、2018年）
爱建信托	《企业会计准则》（2006年、2018年）	《企业会计准则》（2006年、2018年）
中航信托	《企业会计准则》（2006年、2018年）	《企业会计准则》（2006年、2018年）
华澳信托	《企业会计准则》（2006年、2018年）	《企业会计准则》（2006年、2018年）
大业信托	《企业会计准则》（2006年、2018年）	《企业会计准则》（2006年、2018年）
国通信托	《企业会计准则》（2006年、2018年）	《企业会计准则》（2006年、2018年）
华鑫信托	《企业会计准则》（2006年、2018年）	《企业会计准则》（2006年、2018年）

续表2

公司简称	2021年固有业务执行的会计制度	2021年信托业务执行的会计制度
金谷信托	《企业会计准则》（2006年、2018年）	《企业会计准则》（2006年、2018年）
陆家嘴信托	《企业会计准则》（2006年、2018年）	《企业会计准则》（2006年、2018年）
五矿信托	《企业会计准则》（2006年、2018年）	《企业会计准则》（2006年、2018年）
中粮信托	《企业会计准则》（2006年、2018年）	《企业会计准则》（2006年、2018年）
紫金信托	《企业会计准则》（2006年、2018年）	《企业会计准则》（2006年、2018年）
长城新盛信托	《企业会计准则》（2006年、2018年）	《企业会计准则》（2006年、2018年）
民生信托	《企业会计准则》（2006年、2018年）	《企业会计准则》（2006年、2018年）
万向信托	《企业会计准则》（2006年、2018年）	《企业会计准则》（2006年、2018年）
雪松信托	《企业会计准则》（2006年、2018年）	《企业会计准则》（2006年、2018年）
吉林信托	未披露	未披露
新华信托	未披露	未披露
华信信托	未披露	未披露
新时代信托	未披露	未披露
四川信托	未披露	未披露

注：本年度有5家信托公司尚未披露年报，故未在本表中披露相关数据。

第三章　信托公司财务指标排行榜

2021年，我们汇总统计了信托公司的财务指标，分别对各项指标分别按照金额、比率等大小排序。希望通过这些指标的分析建立信托公司综合评价体系。该体系主要包含五个方面的能力分析：资本实力、业务能力、盈利能力、信托理财能力和抗风险能力。本章仅对指标进行列示和相应的描述，各项指标分别按照金额、比率大小排序，不对公司的综合评价进行排名。

评价标准	评价指标	公式	索引号
资本实力	总资产		见表3-1-1
	净资产		见表3-1-7
盈利能力	营业总收入		见表3-1-3
	营业费用收入比	营业费用/营业收入×100%	见表3-1-13
	净利润		见表3-1-9
	人均净利润	净利润/员工总人数	见表3-3-9
	信托报酬率	信托业务收入/实收信托资产平均余额×100%	见表3-1-27
	资本利润率	净利润/所有者权益平均余额×100%	见表3-3-11
业务能力	信托资产余额		见表3-2-1
	信托资产余额年度增量	期末信托资产余额-期初信托资产余额	见表5-1-4
	年度新增信托业务规模		见表3-3-6
	固有总资产年度增量	固有总资产期末余额-固有总资产期初余额	见表3-1-1
	固有资产增长率	（本期固有资产余额/上期固有资产余额-1）×100%	见表3-1-1
	信托业务收入		见表3-1-22
	信托业务收入增长率	（本期信托业务收入/上期信托业务收入-1）×100%	见表3-1-22
	信托业务收入占比	信托业务收入/营业总收入×100%	见表3-1-24
	自营业务收入		见表3-1-3
	自营业务收入增长率	（本期自营业务收入/上期自营业务收入-1）×100%	见表3-1-3
理财能力	信托产品年度清算综合收益率		见表3-3-3
	集合信托年度清算收益率		见表3-3-3
	主动管理型信托资产余额		见表3-3-8
	主动管理型信托资产占比	主动管理型信托资产余额/信托资产余额×100%	见表3-3-8
	集合信托资产余额		见表3-3-3
	集合信托资产占比	集合信托资产余额/信托资产余额×100%	见表3-3-4
	信托净利润		见表5-1-7
	信托资产利润率	信托净利润/信托总资产平均余额	见表5-1-8
抗风险能力	净资本		见表3-3-13
	净资本/净资产		见表3-3-13
	风险覆盖率	净资本/各项风险资本准备之和	见表3-3-13
	固有资产不良率		见表6-3-1
	信托风险准备金余额	信托赔偿准备金余额+一般风险准备金余额	见表3-1-17
	信托赔偿准备金提取率	信托赔偿准备金余额/股本×100%	见表3-1-18
	信托风险赔偿率	信托风险准备余额/信托资产余额×100%	见表3-3-14

一、信托公司单项财务指标排行榜

（一）固有资产相关指标

2021年，信托行业固有资产总额比2020年增加9.99%，达到14 751.02万亿元。其中资产总额增长的有48家，减少的有15家；其中中粮信托，以增长率77.80%高居榜首。固有资产合并资产总额排行如表3-1-1所示。

表3-1-1　　　　　　　　　　　　固有资产合并资产总额排行榜

排名	公司简称	2021年12月31日（万元）	2020年12月31日（万元）	增长率（%）
1	平安信托	30 524 570.12	24 377 286.77	25.22
2	重庆信托	26 788 269.45	26 017 234.66	2.96
3	兴业信托	6 868 611.48	6 275 168.39	9.46
4	中信信托	4 932 406.88	4 711 415.20	4.69
5	建信信托	4 854 837.78	4 370 229.84	11.09
6	华润信托	3 303 390.89	2 725 585.22	21.20
7	中融信托	3 271 629.05	2 935 577.19	11.45
8	华能信托	2 852 685.27	2 745 605.55	3.90
9	江苏信托	2 786 920.38	2 808 769.64	-0.78
10	五矿信托	2 702 533.44	2 502 254.98	8.00
11	上海信托	2 511 268.16	2 415 719.79	3.96
12	中诚信托	2 219 987.47	2 203 090.17	0.77
13	光大兴陇信托	2 161 744.85	1 808 148.53	19.56
14	外贸信托	2 081 975.08	1 956 092.28	6.44
15	中航信托	1 964 067.96	1 666 665.77	17.84
16	山东国信	1 906 254.70	2 068 382.10	-7.84
17	中铁信托	1 885 309.77	1 982 715.65	-4.91
18	华鑫信托	1 804 187.55	1 194 581.79	51.03
19	北京信托	1 791 179.12	1 542 133.08	16.15
20	交银国际信托	1 724 408.59	1 830 185.87	-5.78
21	陕国投	1 724 392.37	1 651 705.63	4.40
22	安信信托	1 696 132.45	1 993 211.81	-14.90
23	陆家嘴信托	1 652 667.63	1 124 870.42	46.92
24	财信信托	1 634 444.44	1 175 863.21	39.00
25	渤海信托	1 601 446.76	1 546 266.96	3.57
26	昆仑信托	1 587 863.50	1 452 614.54	9.31
27	华宝信托	1 410 379.70	1 321 758.71	6.70
28	国投泰康信托	1 400 806.66	1 205 425.76	16.21
29	华融信托	1 346 078.02	1 444 120.54	-6.79
30	百瑞信托	1 311 750.05	1 217 783.38	7.72
31	中建投信托	1 286 465.79	1 253 275.58	2.65
32	英大信托	1 209 308.44	1 215 370.15	-0.50
33	粤财信托	1 182 617.32	874 516.15	35.23
34	爱建信托	1 056 036.57	1 058 397.65	-0.22

续表

排名	公司简称	2021年12月31日（万元）	2020年12月31日（万元）	增长率（%）
35	国通信托	1 031 962.27	1 012 151.06	1.96
36	中原信托	1 027 758.19	920 669.85	11.63
37	天津信托	1 007 617.30	896 984.07	12.33
38	中国民生信托	1 006 377.43	1 530 478.14	−34.24
39	国元信托	979 990.24	881 436.94	11.18
40	中粮信托	955 927.53	537 647.96	77.80
41	长安信托	936 994.43	1 126 509.68	−16.82
42	紫金信托	844 484.51	522 225.05	61.71
43	东莞信托	756 562.20	631 647.42	19.78
44	厦门国际信托	724 800.00	783 359.00	−7.48
45	苏州信托	672 408.61	613 596.35	9.58
46	金谷信托	662 331.97	476 176.82	39.09
47	北方信托	649 525.56	590 465.26	10.00
48	西部信托	635 703.14	692 797.72	−8.24
49	国联信托	628 962.00	565 292.00	11.26
50	杭州工商信托	593 190.00	577 691.00	2.68
51	西藏信托	579 192.46	535 228.34	8.21
52	华澳信托	560 137.79	530 852.14	5.52
53	中海信托	554 371.32	712 313.87	−22.17
54	中泰信托	498 393.91	493 056.66	1.08
55	云南信托	485 046.92	419 851.39	15.53
56	万向信托	481 841.77	390 433.12	23.41
57	浙金信托	451 873.85	270 830.07	66.85
58	山西信托	387 784.62	344 942.14	12.42
59	雪松信托	386 908.49	525 372.46	−26.36
60	国民信托	385 659.16	347 461.45	10.99
61	大业信托	343 737.18	280 326.95	22.62
62	长城新盛信托	129 225.20	130 646.47	−1.09
63	华宸信托	114 805.23	101 416.10	13.20
64	四川信托	未披露	未披露	未披露
65	华融信托	未披露	未披露	未披露
66	华信信托	未披露	未披露	未披露
67	新华信托	未披露	未披露	未披露
68	新时代信托	未披露	未披露	未披露
	合计	147 510 200.97	134 113 882.44	9.99
	平均	2 341 431.76	2 128 791.78	9.99

注：1. 由于存在会计政策变更等因素造成2021年初的金额和2020年末的金额存在部分调整差异，本年度统计的数据按照各企业在公布的审计报告确认的年初数为准。
2. 本年度5家信托公司尚未披露年报，故未在本表中披露相关数据。

2021年，超过100亿元的信托公司有38家公司，比2020年增加2家，这38家公司占已披露年报的63家信托公司固有资产总额的九成；2021年所有公司固有资产总额均大于10亿元。固有资产总额分布情况见表3-1-2。

表 3-1-2　　固有资产总额分布情况

项目	2021年			2020年		
	家数(家)	资产总额(万元)	占比(%)	家数(家)	资产总额(万元)	占比(%)
100亿元以上	38	133 110 342.87	90.24	36	119 466 645.69	89.08
50亿—100亿元	15	10 734 581.76	7.28	17	11 392 095.59	8.49
10亿—50亿元	10	3 665 276.34	2.48	10	3 255 141.16	2.43
10亿元以下	—	—	0.00	—	—	0.00
合计	63	147 510 200.97	100.00	63	134 113 882.44	100.00

2021年，信托行业营业总收入为1 563.78亿元，相比2020年仅上升了2.85%，其中上涨的有31家，上涨金额最大的为建信信托，增长了30.80亿元，占总增长额的46.62%。固有资产营业总收入排行见表3-1-3。

表 3-1-3　　固有资产营业总收入排行榜

排名	公司简称	2021年度(万元)	2020年度(万元)	增长率(%)
1	平安信托	2 329 147.97	2 143 087.75	8.68
2	建信信托	968 802.80	660 754.50	46.62
3	中信信托	858 506.19	874 585.82	-1.84
4	重庆信托	774 165.21	769 282.46	0.63
5	光大兴陇信托	620 373.42	563 042.36	10.18
6	华能信托	604 039.06	600 087.89	0.66
7	中融信托	585 778.94	549 999.99	6.51
8	上海信托	563 214.61	525 389.38	7.20
9	兴业信托	547 595.87	534 227.29	2.50
10	五矿信托	459 662.70	516 351.98	-10.98
11	华润信托	459 153.72	397 617.12	15.48
12	华宝信托	351 395.72	281 689.78	24.75
13	中航信托	348 804.35	376 851.90	-7.44
14	外贸信托	334 764.53	308 938.28	8.36
15	国投泰康信托	309 833.90	260 096.13	19.12
16	中诚信托	275 319.55	258 461.20	6.52
17	江苏信托	252 219.47	256 268.29	-1.58
18	陆家嘴信托	243 362.85	194 205.95	25.31
19	爱建信托	222 559.91	238 182.32	-6.56
20	长安信托	216 244.90	322 184.96	-32.88
21	交银国际信托	210 200.16	226 593.61	-7.23
22	华鑫信托	201 315.58	167 712.17	20.04
23	北京信托	199 922.29	182 964.44	9.27
24	粤财信托	199 459.43	150 168.61	32.82
25	中铁信托	192 404.51	226 613.47	-15.10
26	英大信托	190 976.07	211 300.05	-9.62
27	陕国投	190 855.64	212 582.25	-10.22
28	厦门国际信托	179 542.00	157 418.00	14.05
29	山东国信	170 792.40	205 398.80	-16.85
30	百瑞信托	156 722.52	195 568.84	-19.86
31	中建投信托	154 671.38	222 741.31	-30.56

续表

排名	公司简称	2021年度（万元）	2020年度（万元）	增长率（%）
32	万向信托	146 005.58	156 712.37	-6.83
33	昆仑信托	142 155.76	205 987.25	-30.99
34	紫金信托	141 342.26	116 517.30	21.31
35	渤海信托	136 665.94	229 699.37	-40.50
36	财信信托	127 945.63	143 362.55	-10.75
37	国通信托	125 503.11	124 021.47	1.19
38	中粮信托	117 363.64	113 494.42	3.41
39	中原信托	107 073.18	83 307.23	28.53
40	苏州信托	102 981.11	105 487.95	-2.38
41	华融信托	99 482.83	-323 251.85	-130.78
42	西部信托	96 363.96	100 268.50	-3.89
43	天津信托	94 612.07	97 806.11	-3.27
44	国元信托	93 871.84	86 534.25	8.48
45	中海信托	93 639.50	67 557.47	38.61
46	云南信托	90 221.34	74 588.89	20.96
47	西藏信托	88 013.16	82 526.78	6.65
48	华澳信托	82 768.67	103 680.87	-20.17
49	北方信托	82 165.96	112 752.24	-27.13
50	东莞信托	74 384.97	116 098.98	-35.93
51	金谷信托	73 936.47	45 402.38	62.85
52	杭州工商信托	69 817.00	114 043.00	-38.78
53	国民信托	67 990.51	58 064.62	17.09
54	国联信托	65 427.00	62 957.00	3.92
55	大业信托	55 990.75	50 367.72	11.16
56	浙金信托	53 401.65	56 753.17	-5.91
57	雪松信托	43 535.26	30 494.24	42.77
58	山西信托	29 194.08	33 710.78	-13.40
59	中泰信托	18 244.11	35 401.65	-48.47
60	安信信托	13 327.08	-126 392.16	-110.54
61	长城新盛信托	9 613.50	17 436.58	-44.87
62	华宸信托	3 931.44	14 409.61	-72.72
63	中国民生信托	-280 962.48	224 738.85	-225.02
64	华融信托	未披露	未披露	未披露
65	四川信托	未披露	未披露	未披露
66	新时代信托	未披露	未披露	未披露
67	华信信托	未披露	未披露	未披露
68	新华信托	未披露	未披露	未披露
	合计	15 637 814.52	15 204 906.49	2.85
	平均	248 219.28	241 347.72	2.85

注：1.由于各家公司的报告格式不一致，在统计利润表时我们对报表项目进行了调整，具体调整结果见第四章、表4-1-3汇总利润表。

2.本年度有5家信托公司尚未披露年报，故未在本表中披露相关数据。

2021年，固有资产营业收入超过50亿元的信托公司共有9家公司，较上年10家略有减少，9家公司占已披露年报的63家信托公司合计数的"半壁江山"，高达50.21%（见表3-1-4所示）。

表3-1-4　　　　　　　　　　　　　　　固有资产营业收入分布情况

项目	2021年			2020年		
	家数(家)	营业总收入(万元)	占比(%)	家数(家)	营业总收入(万元)	占比(%)
50亿元以上	9	7 851 624.07	50.21	10	7 736 809.42	50.88
10亿—50亿元	31	6 667 219.79	42.64	35	7 020 422.61	46.17
5亿—10亿元	16	1 282 087.68	8.20	10	720 463.23	4.74
5亿元以下	7	-163 117.02	-1.04	8	-272 788.78	-1.79
合计	63	15 637 814.52	100.00	63	15 204 906.49	100.00

2021年，信托行业利润总额为720.94亿元，较2020年略有回升，上涨了3.75%，其中增长的有36家，增长幅度最大的为浙金信托，增长了78.14%（见表3-1-5）。

表3-1-5　　　　　　　　　　　　　　　固有资产利润总额排行榜

排名	公司简称	2021年度(万元)	2020年度(万元)	增长率(%)
1	平安信托	653 838.10	820 297.39	-20.29
2	华能信托	502 005.44	500 621.80	0.28
3	中信信托	442 988.34	491 768.81	-9.92
4	华润信托	388 294.87	315 218.88	23.18
5	重庆信托	386 879.40	498 348.21	-22.37
6	建信信托	323 813.44	327 536.05	-1.14
7	五矿信托	313 380.40	370 307.15	-15.37
8	上海信托	272 980.81	231 157.13	18.09
9	江苏信托	225 317.10	220 998.20	1.95
10	中航信托	220 985.79	261 468.78	-15.48
11	外贸信托	213 222.60	184 740.13	15.42
12	陆家嘴信托	211 802.93	153 094.23	38.35
13	光大兴陇信托	208 783.17	350 929.18	-40.51
14	华宝信托	198 780.00	160 004.08	24.23
15	中融信托	187 132.62	170 670.34	9.65
16	国投泰康信托	176 508.55	168 278.96	4.89
17	交银国际信托	164 310.37	161 766.65	1.57
18	粤财信托	163 232.16	113 103.10	44.32
19	英大信托	160 239.46	163 296.05	-1.87
20	华鑫信托	149 421.95	113 380.19	31.79
21	北京信托	148 397.42	133 954.67	10.78
22	爱建信托	130 324.19	161 479.64	-19.29
23	兴业信托	119 162.88	233 506.84	-48.97
24	百瑞信托	112 036.39	148 040.06	-24.32
25	中铁信托	106 901.43	149 507.65	-28.50
26	厦门国际信托	104 927.00	86 907.00	20.73
27	中诚信托	104 445.50	117 605.25	-11.19
28	紫金信托	104 351.42	80 118.52	30.25
29	财信信托	97 882.81	91 917.08	6.49
30	陕国投	97 742.11	91 807.35	6.46
31	万向信托	91 539.07	83 832.25	9.19

续表

排名	公司简称	2021年度（万元）	2020年度（万元）	增长率（%）
32	苏州信托	78 915.57	68 263.88	15.60
33	国元信托	77 244.72	67 140.75	15.05
34	中粮信托	75 748.58	44 269.79	71.11
35	国通信托	75 275.25	60 983.12	23.44
36	长安信托	72 301.81	72 612.40	-0.43
37	华融信托	64 125.09	-572 482.31	-111.20
38	天津信托	62 581.12	52 469.44	19.27
39	国联信托	58 184.00	55 492.00	4.85
40	西部信托	57 545.58	56 943.21	1.06
41	西藏信托	53 730.40	48 630.53	10.49
42	云南信托	50 693.67	42 121.61	20.35
43	中原信托	49 421.07	41 712.00	18.48
44	山东国信	46 514.20	73 297.10	-36.54
45	昆仑信托	44 105.69	165 815.47	-73.40
46	杭州工商信托	44 067.00	85 034.00	-48.18
47	华澳信托	43 586.07	56 849.28	-23.33
48	北方信托	43 584.68	39 553.20	10.19
49	中建投信托	40 231.12	68 551.73	-41.31
50	国民信托	36 094.17	29 498.47	22.36
51	浙金信托	25 376.21	14 245.00	78.14
52	金谷信托	16 009.41	15 448.44	3.63
53	大业信托	15 647.12	14 795.21	5.76
54	东莞信托	11 019.15	68 252.21	-83.86
55	渤海信托	7 702.97	5 151.56	49.53
56	中泰信托	6 050.57	23 415.39	-74.16
57	华宸信托	3 940.44	2 890.73	36.31
58	山西信托	2 640.63	5 471.92	-51.74
59	长城新盛信托	-1 289.22	-8 535.72	-84.90
60	雪松信托	-7 877.89	-72 848.72	-89.19
61	安信信托	-109 230.74	-823 121.49	-86.73
62	中海信托	-139 849.27	51 656.17	-370.73
63	中国民生信托	-476 319.05	-60 434.21	N/A
64	四川信托	未披露	未披露	未披露
65	新时代信托	未披露	未披露	未披露
66	新华信托	未披露	未披露	未披露
67	华信信托	未披露	未披露	未披露
68	吉林信托	未披露	未披露	未披露
	合计	7 209 397.84	6 948 803.81	3.75
	平均	114 434.89	110 298.47	3.75

注：1.由于各家公司的报告格式不一致，在统计利润表时我们对报表项目进行了调整，具体调整结果见第四章、表4-2-1汇总利润表。
2.本年度5家信托公司尚未披露年报，故未在本表中披露相关数据。

2021年，固有资产利润总额超过20亿元的共有13家较2020年减少1家，合计436.43亿元，占利润总额的比重略有减少，但仍达到60.54%；低于1亿元以下的较上年增加1家，部分信托企业亏损较为严重（见表3-1-6）。

表3-1-6　　　　　　　　　　　　　　　固有资产利润总额分布情况

项目	2021年			2020年		
	家数(家)	利润总额(万元)	占比(%)	家数(家)	利润总额(万元)	占比(%)
20亿元以上	13	4 364 292.39	60.54	12	4 622 158.42	66.52
10亿—20亿元	15	2 130 171.33	29.55	15	2 264 736.47	32.59
1亿—10亿元	26	1 429 165.67	19.82	28	1 585 817.15	22.82
1亿元以下	9	−714 231.55	−9.91	8	−1 523 908.24	−21.93
合计	63	7 209 397.84	100.00	63	6 948 803.81	100.00

由于2021年度所有未执行的新准则的企业均需要执行最新的企业会计准则，所以2021年度存在较多的企业使用了新收入准则与新金融资产及新租赁资产准则，导致公司审计报告中披露的期初净资产与上年披露存在差异，共有19家信托公司2021年披露的期初净资产与上年披露的年末净资产不一致，所有公司均披露了政策变更的原因。

2021年信托行业固有资产净资产总额为7 627.35亿元，较2020年有所增长，上升了7.66%，其中增长的58家，增长幅度最大的是浙金信托，增长了82.73%（见表3-1-7）。

表3-1-7　　　　　　　　　　　　　　　固有资产净资产排行榜　　　　　　　　　　　　　　　单位：万元

排名	公司简称	2021年12月31日	本年列报 2020年12月31日	上年列报 2020年12月31日	2020年末与2021年初数差异
1	平安信托	7 257 078.53	6 289 312.71	6 289 312.71	—
2	重庆信托	4 361 856.95	4 114 774.35	4 214 573.81	−99 799.46
3	中信信托	3 585 980.54	3 358 104.81	3 358 104.81	—
4	华润信托	2 803 237.44	2 552 929.94	2 552 929.94	—
5	华能信托	2 551 248.82	2 302 298.02	2 302 298.02	—
6	建信信托	2 469 558.89	2 256 580.71	2 256 580.71	—
7	江苏信托	2 418 376.57	2 230 712.64	2 230 712.64	—
8	五矿信托	2 315 988.42	2 246 786.64	2 246 786.64	—
9	兴业信托	2 241 224.56	2 114 551.99	2 114 551.99	—
10	中融信托	2 170 710.06	2 135 652.63	2 135 652.63	—
11	上海信托	2 106 489.01	1 916 935.20	1 916 935.20	—
12	外贸信托	1 979 082.82	1 909 113.01	1 898 342.79	10 770.22
13	中诚信托	1 865 644.82	1 887 088.96	1 887 292.20	−203.24
14	中航信托	1 737 577.17	1 392 165.09	1 392 165.09	—
15	山东国信	1 593 619.30	1 963 488.10	1 963 488.10	—
16	光大兴陇信托	1 543 375.73	1 466 756.99	1 466 756.99	—
17	交银国际信托	1 447 815.95	1 330 434.82	1 330 434.82	—
18	昆仑信托	1 370 154.37	1 398 599.02	1 398 599.02	—
19	渤海信托	1 327 722.75	1 322 466.13	1 322 466.13	—
20	华鑫信托	1 321 237.95	907 876.10	912 954.14	−5 078.04
21	华宝信托	1 234 634.26	1 165 791.43	1 173 171.16	−7 379.73
22	陕国投	1 225 214.58	1 179 504.85	1 179 504.85	—
23	国投泰康信托	1 169 347.28	1 065 452.56	1 065 452.56	—
24	陆家嘴信托	1 156 270.65	667 489.51	667 489.51	—
25	北京信托	1 124 911.65	1 049 559.77	1 013 728.30	35 831.47
26	中铁信托	1 120 675.93	1 063 894.56	1 063 894.56	—
27	百瑞信托	1 108 756.79	1 022 115.00	1 023 503.35	−1 388.35

续表

排名	公司简称	2021年12月31日	本年列报 2020年12月31日	上年列报 2020年12月31日	2020年末与2021年初数差异
28	英大信托	1 104 651.28	980 566.15	980 566.15	—
29	粤财信托	957 794.53	834 707.05	820 066.32	14 640.73
30	中建投信托	903 261.28	880 506.35	880 506.35	—
31	国元信托	900 853.96	841 985.97	841 985.97	—
32	中原信托	855 378.06	827 143.12	905 729.33	−78 586.21
33	爱建信托	828 336.32	830 803.39	830 803.39	—
34	长安信托	809 854.42	780 915.15	781 370.47	−455.32
35	紫金信托	764 620.83	451 033.48	451 034.48	−1.00
36	财信信托	732 490.30	718 473.36	718 473.36	—
37	国通信托	719 341.21	650 192.61	650 192.61	—
38	中粮信托	699 433.25	483 756.44	483 756.44	—
39	天津信托	676 865.49	622 271.90	622 271.90	—
40	苏州信托	614 568.46	557 332.29	557 332.29	—
41	厦门国际信托	603 389.00	562 520.00	563 385.00	−865.00
42	中国民生信托	584 140.58	984 034.37	984 034.37	—
43	国联信托	583 897.00	495 970.00	495 970.00	—
44	东莞信托	582 361.62	585 521.83	578 592.15	6 929.68
45	西部信托	542 688.74	569 529.57	564 970.69	4 558.88
46	西藏信托	538 580.15	495 606.45	495 606.45	—
47	北方信托	520 755.76	500 213.59	500 213.59	—
48	杭州工商信托	516 032.00	483 424.00	488 882.00	−5 458.00
49	华澳信托	488 195.37	455 581.21	455 581.21	—
50	中泰信托	480 343.71	472 219.64	472 219.63	0.01
51	中海信托	462 440.77	630 953.26	629 411.10	1 542.16
52	金谷信托	425 907.75	415 484.34	415 484.34	—
53	浙金信托	417 159.02	228 298.34	228 298.34	—
54	万向信托	381 334.44	311 310.73	311 315.73	−5.00
55	云南信托	372 762.59	334 739.75	334 207.74	532.01
56	华融信托	352 877.04	304 162.65	未披露	N/A
57	国民信托	330 507.13	303 370.86	303 370.86	—
58	大业信托	313 620.48	246 450.39	246 450.39	—
59	山西信托	180 707.12	180 151.61	180 151.61	—
60	雪松信托	113 715.53	158 304.80	158 304.80	—
61	华宸信托	110 703.64	94 132.93	94 176.28	−43.35
62	长城新盛信托	100 472.63	104 784.35	104 784.35	—
63	安信信托	95 659.58	160 058.65	160 058.65	—
64	吉林信托	未披露	未披露	405 763.20	N/A
65	华信信托	未披露	未披露	未披露	未披露
66	四川信托	未披露	未披露	未披露	未披露
67	新时代信托	未披露	未披露	未披露	未披露
68	新华信托	未披露	未披露	未披露	未披露
	合计	76 273 492.82	70 846 946.10	71 073 004.21	−226 058.11
	平均	1 210 690.36	1 124 554.70	1 128 142.92	−3 588.22

注：1. 报表披露中绝对值差异小于等于1万元的视为尾差，不计入不一致范围。本次排名以公司本年披露的年初数为准，同时列报上年净资产。

2. 本年度有5家信托公司尚未披露年报，故未在本表中披露相关数据。

68家公司固有资产平均净资产为121.07亿元，净资产超过30亿元的有58家，较上年有所回升。仅有1家净资产低于10亿元（见表3-1-8）。

表3-1-8　　　　　　　　　　　　　　　固有资产净资产分布情况

项目	2021年			2020年		
	家数（家）	净利润（万元）	占比（%）	家数（家）	净利润（万元）	占比（%）
30亿元以上	58	71 647 086.02	93.93	56	69 674 765.03	98.35
10亿—30亿元	4	4 530 747.21	5.94	6	1 078 048.14	1.52
1亿—10亿元	1	95 659.58	0.13	1	94 132.93	0.13
1亿元以下	—	—	—	—	—	—
合计	63	76 273 492.82	100.00	63	70 846 946.10	100.00

2021年固有资产净利润较上年度上升了5.69%，同时固有资产净利润金额超过10亿元的有22家，较2020年减少了4家，净利润超过10亿元的22家公司，其合计净利润为452.13亿元，占已披露年报的63家信托公司净利润合计数的82.05%。固有资产净利润排行及分布情况见表3-1-9、表3-1-10所示。

表3-1-9　　　　　　　　　　　　　　　固有资产净利润排行榜　　　　　　　　　　　　　单位：万元

排名	公司简称	2021年	本年列报2020年数	上年列报2020年数	两年列报差异
1	平安信托	481 874.02	640 723.74	640 723.74	—
2	华能信托	380 341.96	376 457.92	376 457.92	—
3	中信信托	350 242.63	385 537.24	385 537.24	—
4	华润信托	341 064.39	275 098.95	275 098.95	—
5	重庆信托	311 653.93	391 086.81	391 086.81	—
6	建信信托	242 732.65	252 942.47	252 942.47	—
7	五矿信托	236 227.24	278 375.77	278 375.77	—
8	上海信托	204 437.69	162 031.17	162 031.17	—
9	江苏信托	203 968.53	194 413.76	194 413.76	—
10	外贸信托	164 492.43	142 061.86	142 061.86	—
11	陆家嘴信托	158 781.14	114 463.43	114 463.43	—
12	中航信托	157 595.32	198 078.31	198 100.09	−21.78
13	光大兴陇信托	155 966.84	261 143.55	261 143.55	—
14	中融信托	148 656.72	137 908.32	137 908.32	—
15	粤财信托	148 340.35	100 560.50	100 560.50	—
16	华宝信托	133 651.67	119 103.00	119 103.00	—
17	国投泰康信托	128 894.72	127 787.81	127 787.81	—
18	交银国际信托	123 533.21	121 838.06	121 838.06	—
19	英大信托	123 234.97	123 764.14	123 764.14	—
20	华鑫信托	113 361.85	79 768.48	79 768.48	—
21	北京信托	112 039.86	102 190.81	102 190.82	−0.01
22	中诚信托	100 179.39	110 915.57	111 118.80	−203.23
23	爱建信托	97 533.41	121 079.19	121 079.20	−0.01
24	兴业信托	93 506.12	176 317.90	176 317.90	—
25	百瑞信托	84 107.96	112 820.30	112 820.30	—
26	中铁信托	83 938.37	113 356.69	113 356.69	—
27	厦门国际信托	81 450.00	62 394.00	62 394.00	—

续表

排名	公司简称	2021年	本年列报2020年数	上年列报2020年数	两年列报差异
28	紫金信托	79 332.35	58 010.16	58 010.16	—
29	财信信托	75 336.26	70 057.51	70 057.51	—
30	陕国投	73 222.47	68 569.08	68 569.08	—
31	万向信托	70 023.70	65 601.91	65 601.91	—
32	国元信托	64 741.96	55 023.14	55 023.14	—
33	苏州信托	59 705.01	50 990.44	50 990.44	—
34	国通信托	56 437.38	45 217.47	45 217.47	—
35	中粮信托	55 676.81	33 203.28	33 203.28	—
36	天津信托	54 734.55	50 485.49	50 485.49	—
37	长安信托	53 991.71	53 596.04	53 596.04	—
38	国联信托	53 001.00	47 818.00	47 818.00	—
39	华融信托	49 952.68	-571 896.70	未披露	N/A
40	西藏信托	47 223.84	42 800.17	42 800.17	—
41	山东国信	46 851.90	62 781.80	62 781.80	—
42	西部信托	43 652.15	42 472.78	42 472.78	—
43	云南信托	38 022.83	31 950.65	31 950.65	—
44	昆仑信托	34 311.48	126 250.56	126 250.56	—
45	中原信托	32 851.25	31 327.59	31 327.59	—
46	北方信托	32 770.21	29 856.16	29 856.16	—
47	华澳信托	32 614.16	42 445.41	42 445.41	—
48	杭州工商信托	32 609.00	64 039.00	64 039.00	—
49	中建投信托	30 145.86	50 144.91	50 144.91	—
50	国民信托	27 136.27	22 501.21	22 501.21	—
51	浙金信托	18 940.68	10 632.95	10 632.95	—
52	金谷信托	11 891.11	11 511.31	11 511.31	—
53	大业信托	11 753.42	11 150.88	11 150.88	—
54	中泰信托	8 635.30	21 599.12	21 599.12	—
55	东莞信托	7 697.07	51 618.22	51 618.22	—
56	渤海信托	5 256.62	1 754.69	1 754.69	—
57	华宸信托	3 075.16	2 251.67	2 251.67	—
58	山西信托	2 514.19	2 089.89	2 089.89	—
59	长城新盛信托	-4 311.72	-9 820.87	-9 820.87	—
60	雪松信托	-7 877.89	-72 848.72	-72 848.70	-0.02
61	安信信托	-112 984.84	-673 851.65	-673 851.65	—
62	中海信托	-157 415.49	29 999.99	29 999.99	—
63	中国民生信托	-383 267.54	-44 906.54	-44 906.54	—
64	吉林信托	未披露	未披露	64.31	-64.31
65	四川信托	未披露	未披露	未披露	未披露
66	新时代信托	未披露	未披露	未披露	未披露
67	新华信托	未披露	未披露	未披露	未披露
68	华信信托	未披露	未披露	未披露	未披露
	合计	5 510 058.27	5 196 646.73	5 768 832.81	-572 186.08
	平均	87 461.24	82 486.46	84 835.78	4 974.79

注：1.报表披露中差异绝对值小于等于1万元的视为尾差，不计入不一致范围。共有2家信托公司本年披露的上年净利润与上年披露的当年净利润不一致，本次排名以公司本年披露的上年数为准，同时列示上年披露的净利润数。

2.本年度有5家信托公司尚未披露年报，故未在本表中披露相关数据。

表 3-1-10　　　　　　　　　　　　　　　　固有资产净利润分布

项目	2021年			2020年		
	家数（家）	净利润（万元）	占比（%）	家数（家）	净利润（万元）	占比（%）
30亿元以上	5	1 865 176.93	33.85	4	1 793 805.71	34.52
10亿—30亿元	17	2 656 094.58	48.20	22	3 472 502.13	66.82
1亿—10亿元	31	1 627 465.90	29.54	29	1 297 567.13	24.97
1亿元以下	10	−638 679.14	−11.59	8	−1 367 228.24	−26.31
合计	63	5 510 058.27	100.00	63	5 196 646.73	100.00

2021年总体的固有资产净资产收益率为7.22%，较上年的7.34%略有下降，其中高于6%的有43家，较上年减少1家。固有资产净资产收益排行及分布情况见表3-1-11、表3-1-12所示。

表 3-1-11　　　　　　　　　　　　　固有资产净资产收益率排行榜　　　　　　　　　　　　　　单位：%

排名	公司简称	2021年	2020年
1	万向信托	18.36	21.07
2	粤财信托	15.49	12.05
3	华能信托	14.91	16.35
4	华融信托	14.16	−188.02
5	陆家嘴信托	13.73	17.15
6	厦门国际信托	13.50	11.09
7	华润信托	12.17	10.78
8	爱建信托	11.77	14.57
9	英大信托	11.16	12.62
10	国投泰康信托	11.02	11.99
11	华宝信托	10.83	10.22
12	紫金信托	10.38	12.86
13	财信信托	10.28	9.75
14	云南信托	10.20	9.54
15	五矿信托	10.20	12.39
16	光大兴陇信托	10.11	17.80
17	北京信托	9.96	9.74
18	建信信托	9.83	11.21
19	中信信托	9.77	11.48
20	苏州信托	9.71	9.15
21	上海信托	9.71	8.45
22	国联信托	9.08	9.64
23	中航信托	9.07	14.23
24	西藏信托	8.77	8.64
25	华鑫信托	8.58	8.79
26	交银国际信托	8.53	9.16
27	江苏信托	8.43	8.72
28	外贸信托	8.31	7.44
29	国民信托	8.21	7.42
30	天津信托	8.09	8.11

续表

排名	公司简称	2021年	2020年
31	西部信托	8.04	7.46
32	中粮信托	7.96	6.86
33	国通信托	7.85	6.95
34	百瑞信托	7.59	11.04
35	中铁信托	7.49	10.65
36	国元信托	7.19	6.53
37	重庆信托	7.14	9.50
38	中融信托	6.85	6.46
39	华澳信托	6.68	9.32
40	长安信托	6.67	6.86
41	平安信托	6.64	10.19
42	杭州工商信托	6.32	13.25
43	北方信托	6.29	5.97
44	陕国投	5.98	5.81
45	中诚信托	5.37	5.88
46	浙金信托	4.54	4.66
47	兴业信托	4.17	8.34
48	中原信托	3.84	3.79
49	大业信托	3.75	4.52
50	中建投信托	3.34	5.70
51	山东国信	2.94	3.20
52	金谷信托	2.79	2.77
53	华宸信托	2.78	2.39
54	昆仑信托	2.50	9.03
55	中泰信托	1.80	4.57
56	山西信托	1.39	1.16
57	东莞信托	1.32	8.82
58	渤海信托	0.40	0.13
59	长城新盛信托	-4.29	-9.37
60	中国民生信托	-4.56	8.52
61	长城新盛信托	-9.37	20.12
62	雪松信托	-46.02	-74.87
63	安信信托	-421.00	-47.90
64	四川信托	未披露	未披露
65	新时代信托	未披露	未披露
66	新华信托	未披露	未披露
67	华信信托	未披露	未披露
68	吉林信托	未披露	未披露
	平均值	7.22	7.34

注：本年度有5家信托公司尚未披露年报，故未在本表中披露相关数据。

表3-1-12　　　　　　　　　　　　　　固有资产净资产收益分布情况

指标	家数（家）	平均净资产收益率（%）
大于等于6%	43	9.33
3%—6%（含3%）	7	2.78
0—3%	8	-6.06
0以下	5	-73.00
合计	63	7.22

2021年已披露年报的63家信托公司总体的成本收入比为29.18%，比2020年略有上升（见表3-1-13），其中仅24家信托公司成本收入比下降。比例超过50%的有8家公司，低于10%的有2家，与上年保持一致（见表3-1-14）。

表3-1-13　　　　　　　　　　　　　　　　成本收入比排行榜

排名	公司简称	2021年			2020年		
		业务及管理费（万元）	营业总收入（万元）	成本收入比（%）	业务及管理费（万元）	营业总收入（万元）	成本收入比（%）
1	安信信托	20 486.99	13 327.08	153.72	36 581.81	-126 392.16	-28.94
2	华宸信托	4 492.10	3 931.44	114.26	3 018.65	14 409.61	20.95
3	雪松信托	45 078.99	43 535.26	103.55	57 400.23	30 494.24	188.23
4	长城新盛信托	6 534.09	9 613.50	67.97	2 089.27	17 436.58	11.98
5	中融信托	391 707.03	585 778.94	66.87	374 170.86	549 999.99	68.03
6	浙金信托	28 799.37	53 401.65	53.93	34 225.58	56 753.17	60.31
7	山西信托	15 359.18	29 194.08	52.61	19 866.20	33 710.78	58.93
8	国民信托	31 844.07	67 990.51	46.84	27 389.24	58 064.62	47.17
9	上海信托	252 631.03	563 214.61	44.86	213 950.90	525 389.38	40.72
10	东莞信托	32 864.27	74 384.97	44.18	45 259.75	116 098.98	38.98
11	华宝信托	150 270.17	351 395.72	42.76	120 621.41	281 689.78	42.82
12	长安信托	91 163.56	216 244.90	42.16	155 551.15	322 184.96	48.28
13	云南信托	35 917.51	90 221.34	39.81	31 532.09	74 588.89	42.27
14	平安信托	874 673.90	2 329 147.97	37.55	783 956.64	2 143 087.75	36.58
15	中铁信托	71 766.68	192 404.51	37.30	66 757.34	226 613.47	29.46
16	西部信托	35 439.12	96 363.96	36.78	29 128.15	100 268.50	29.05
17	国投泰康信托	113 071.17	309 833.90	36.49	89 821.80	260 096.13	34.53
18	大业信托	19 937.14	55 990.75	35.61	18 124.52	50 367.72	35.98
19	杭州工商信托	24 009.00	69 817.00	34.39	28 522.00	114 043.00	25.01
20	国通信托	43 081.35	125 503.11	34.33	42 086.11	124 021.47	33.93
21	中航信托	119 705.83	348 804.35	34.32	105 284.19	376 851.90	27.94
22	中泰信托	6 102.11	18 244.11	33.45	9 360.13	35 401.65	26.44
23	中粮信托	38 588.03	117 363.64	32.88	33 727.92	113 494.42	29.72
24	华澳信托	26 787.28	82 768.67	32.36	30 797.82	103 680.87	29.70
25	金谷信托	23 733.10	73 936.47	32.10	15 203.51	45 402.38	33.49
26	中诚信托	87 959.07	275 319.55	31.95	77 875.55	258 461.20	30.13
27	爱建信托	69 644.26	222 559.91	31.29	69 284.54	238 182.32	29.09
28	五矿信托	143 173.78	459 662.70	31.15	143 107.53	516 351.98	27.72
29	兴业信托	167 779.89	547 595.87	30.64	161 613.73	534 227.29	30.25
30	中建投信托	47 046.58	154 671.38	30.42	56 008.94	222 741.31	25.15
31	北京信托	57 922.28	199 922.29	28.97	50 781.00	182 964.44	27.75
32	光大兴陇信托	172 055.12	620 373.42	27.73	151 659.24	563 042.36	26.94
33	陕国投	51 746.45	190 855.64	27.11	64 638.36	212 582.25	30.41
34	中海信托	24 637.29	93 639.50	26.31	15 233.67	67 557.47	22.55

续表

排名	公司简称	2021年			2020年		
		业务及管理费（万元）	营业总收入（万元）	成本收入比（%）	业务及管理费（万元）	营业总收入（万元）	成本收入比（%）
35	华融信托	25 828.37	99 482.83	25.96	19 717.81	−323 251.85	−6.10
36	厦门国际信托	44 155.00	179 542.00	24.59	34 269.00	157 418.00	21.77
37	天津信托	22 883.41	94 612.07	24.19	15 884.18	97 806.11	16.24
38	山东国信	40 664.90	170 792.40	23.81	25 038.70	205 398.80	12.19
39	万向信托	34 536.53	146 005.58	23.65	43 351.38	156 712.37	27.66
40	紫金信托	33 360.69	141 342.26	23.60	27 544.03	116 517.30	23.64
41	西藏信托	19 562.82	88 013.16	22.23	20 144.04	82 526.78	24.41
42	昆仑信托	31 113.92	142 155.76	21.89	31 190.85	205 987.25	15.14
43	百瑞信托	33 848.31	156 722.52	21.60	32 311.19	195 568.84	16.52
44	中原信托	22 998.86	107 073.18	21.48	20 791.75	83 307.23	24.96
45	华鑫信托	42 302.69	201 315.58	21.01	39 336.79	167 712.17	23.45
46	重庆信托	157 772.43	774 165.21	20.38	137 585.18	769 282.46	17.88
47	外贸信托	64 744.42	334 764.53	19.34	54 580.65	308 938.28	17.67
48	苏州信托	19 679.69	102 981.11	19.11	18 398.06	105 487.95	17.44
49	交银国际信托	36 567.75	210 200.16	17.40	34 853.90	226 593.61	15.38
50	国元信托	15 491.19	93 871.84	16.50	13 918.82	86 534.25	16.08
51	粤财信托	32 723.08	199 459.43	16.41	29 863.79	150 168.61	19.89
52	华能信托	96 500.09	604 039.06	15.98	89 462.98	600 087.89	14.91
53	渤海信托	21 082.31	136 665.94	15.43	13 277.92	229 699.37	5.78
54	财信信托	18 783.45	127 945.63	14.68	15 918.76	143 362.55	11.10
55	英大信托	27 223.65	190 976.07	14.26	22 510.81	211 300.05	10.65
56	中信信托	110 102.49	858 506.19	12.82	200 276.49	874 585.82	22.90
57	华润信托	57 934.18	459 153.72	12.62	54 776.89	397 617.12	13.78
58	陆家嘴信托	29 203.11	243 362.85	12.00	39 649.26	194 205.95	20.42
59	国联信托	6 725.00	65 427.00	10.28	6 648.00	62 957.00	10.56
60	江苏信托	25 924.33	252 219.47	10.28	32 258.89	256 268.29	12.59
61	建信信托	96 436.65	968 802.80	9.95	83 904.36	660 754.50	12.70
62	北方信托	784.78	82 165.96	0.96	688.82	112 752.24	0.61
63	中国民生信托	68 389.99	−280 962.48	−24.34	70 230.61	224 738.85	31.25
64	新华信托	未披露	未披露	未披露	未披露	未披露	未披露
65	四川信托	未披露	未披露	未披露	未披露	未披露	未披露
66	新时代信托	未披露	未披露	未披露	未披露	未披露	未披露
67	华信信托	未披露	未披露	未披露	未披露	未披露	未披露
68	吉林信托	未披露	未披露	未披露	未披露	未披露	未披露
	合计	4 563 331.90	15 637 814.52	29.18	4 393 013.75	15 204 906.49	28.89

注：1. 由于个别信托本年度收入为负数，成本收入比为负数，故统计比例时将其放入超过50%中。

2. 本年度有5家信托公司尚未披露年报，故未在本表中披露相关数据。

表3-1-14　　　　　　　　　　　固有资产成本收入比分布情况

项目	2021年		2020年	
	家数（家）	成本收入比（%）	家数（家）	成本收入比（%）
50%以上	8	328.43	6	244.88
30%—50%	23	35.19	15	36.66
10%—20%	30	18.92	40	20.40
10%以下	2	9.25	2	4.08
合计	63	29.18	63	28.89

2021年，已披露年报的63家信托公司平均固有资产每股净资产2.51元，与2020年比略有上升，除了个别信托公司外，其他信托公司固有资产每股净资产均超过了1.00元，其中39家信托公司固有资产每股净资产超过了2.00元，与上年保持一致（见表3-1-15）。

表3-1-15　　固有资产每股净资产排行榜　　单位：元

排名	公司简称	2021年12月31日	2020年12月31日
1	中泰信托	9.30	9.14
2	中诚信托	7.59	7.68
3	平安信托	5.58	4.84
4	北方信托	5.20	5.00
5	苏州信托	5.12	4.64
6	北京信托	5.11	4.77
7	国投泰康信托	4.38	3.99
8	上海信托	4.21	3.83
9	华能信托	4.12	3.72
10	东莞信托	4.02	4.04
11	天津信托	3.98	3.66
12	渤海信托	3.69	3.67
13	杭州工商信托	3.44	3.22
14	山东国信	3.42	4.21
15	长城新盛信托	3.35	3.49
16	国民信托	3.31	3.03
17	中信信托	3.18	2.98
18	云南信托	3.11	2.79
19	陕国投	3.09	2.98
20	重庆信托	2.91	2.74
21	万向信托	2.85	2.32
22	百瑞信托	2.77	2.56
23	江苏信托	2.76	2.55
24	英大信托	2.74	2.43
25	西部信托	2.71	2.85
26	中航信托	2.69	2.99
27	华宝信托	2.60	2.46
28	华润信托	2.55	2.32
29	粤财信托	2.52	2.20
30	交银国际信托	2.51	2.31
31	外贸信托	2.47	2.39
32	中粮信托	2.47	2.10
33	长安信托	2.43	2.35
34	建信信托	2.35	2.15
35	紫金信托	2.34	1.84
36	中铁信托	2.24	2.13
37	兴业信托	2.24	2.11

续表

排名	公司简称	2021年12月31日	2020年12月31日
38	国元信托	2.14	2.00
39	中原信托	2.14	2.07
40	华澳信托	1.95	1.82
41	国联信托	1.95	1.65
42	金谷信托	1.94	1.89
43	中海信托	1.85	2.52
44	光大兴陇信托	1.83	1.74
45	中融信托	1.81	1.78
46	中建投信托	1.81	1.76
47	爱建信托	1.80	1.81
48	西藏信托	1.80	1.65
49	华鑫信托	1.79	1.56
50	五矿信托	1.77	1.72
51	国通信托	1.73	2.03
52	财信信托	1.67	1.64
53	厦门国际信托	1.61	1.50
54	大业信托	1.57	2.05
55	浙金信托	1.45	1.34
56	昆仑信托	1.34	1.37
57	山西信托	1.33	1.33
58	陆家嘴信托	1.28	1.39
59	华宸信托	1.26	1.18
60	华融信托	1.16	1.00
61	中国民生信托	0.83	1.41
62	雪松信托	0.38	0.53
63	安信信托	0.17	0.29
64	四川信托	未披露	未披露
65	华信信托	未披露	未披露
66	新时代信托	未披露	未披露
67	新华信托	未披露	未披露
68	吉林信托	未披露	未披露
	平均	2.51	2.43

注：本年度有5家信托公司尚未披露年报，故未在本表中披露相关数据。

2021年已披露年报的63家信托公司固有资产货币资金总额为2 099.85亿元，比2020年增加了290.42亿元，增幅为16.05%。其中，有39家公司增长，增长最多为平安信托（见表3-1-16）。

表3-1-16　　　　　　　　　　　　固有资产货币资金排行榜　　　　　　　　　　　　单位：万元

排名	公司简称	2021年12月31日	2020年12月31日	增减
1	平安信托	7 855 216.20	6 694 248.43	1 160 967.77
2	重庆信托	3 589 981.35	3 537 684.02	52 297.33
3	光大兴陇信托	980 237.95	699 364.00	280 873.95

续表1

排名	公司简称	2021年12月31日	2020年12月31日	增减
4	兴业信托	937 227.86	655 999.03	281 228.83
5	中融信托	877 778.52	1 077 480.42	-199 701.90
6	建信信托	845 341.08	646 422.86	198 918.22
7	上海信托	453 354.29	418 130.64	35 223.65
8	中铁信托	437 304.18	617 652.65	-180 348.48
9	中信信托	424 381.98	541 301.68	-116 919.70
10	陆家嘴信托	376 397.94	32 252.48	344 145.46
11	中航信托	342 775.68	235 058.03	107 717.65
12	华宝信托	302 279.77	274 712.27	27 567.50
13	中建投信托	299 134.64	65 971.84	233 162.80
14	交银国际信托	206 598.03	142 662.65	63 935.38
15	外贸信托	189 766.48	25 569.08	164 197.40
16	华能信托	168 645.25	28 293.34	140 351.91
17	北京信托	159 808.17	71 572.43	88 235.74
18	山东信托	158 659.60	96 953.50	61 706.10
19	苏州信托	138 847.57	104 632.99	34 214.58
20	湖南信托	133 222.69	172 045.61	-38 822.92
21	陕国投	130 376.84	43 339.61	87 037.23
22	五矿信托	126 168.51	187 741.14	-61 572.63
23	东莞信托	117 862.22	18 356.99	99 505.23
24	爱建信托	112 678.48	141 288.53	-28 610.05
25	中原信托	104 986.09	38 630.71	66 355.38
26	华润信托	95 655.73	61 089.73	34 566.00
27	安信信托	95 368.44	63 005.60	32 362.84
28	中粮信托	92 531.27	10 083.36	82 447.92
29	长城新盛信托	92 509.26	105 237.17	-12 727.91
30	长安信托	91 234.27	110 236.96	-19 002.69
31	金谷信托	84 759.88	60 663.50	24 096.38
32	昆仑信托	83 391.74	45 443.66	37 948.08
33	国投泰康信托	80 184.57	153 350.57	-73 166.00
34	紫金信托	72 845.54	8 613.87	64 231.67
35	天津信托	71 083.13	87 732.20	-16 649.07
36	厦门国际信托	70 694.00	44 193.00	26 501.00
37	粤财信托	67 311.60	17 813.14	49 498.46
38	中诚信托	64 075.88	63 074.77	1 001.11
39	中海信托	52 218.73	103 031.04	-50 812.31
40	云南信托	39 349.84	32 383.58	6 966.26
41	万向信托	33 754.30	36 206.36	-2 452.05
42	华澳信托	31 714.10	9 699.70	22 014.40
43	华宸信托	29 382.08	28 457.45	924.63
44	中国民生信托	29 128.22	52 799.51	-23 671.29
45	国通信托	28 935.36	11 125.11	17 810.25

续表2

排名	公司简称	2021年12月31日	2020年12月31日	增减
46	北方信托	26 184.33	17 234.80	8 949.53
47	华融信托	24 836.17	40 897.26	−16 061.09
48	西藏信托	19 742.15	1 538.65	18 203.50
49	国元信托	18 734.30	2 570.38	16 163.92
50	国民信托	16 964.70	16 748.59	216.11
51	渤海信托	16 395.58	109 020.35	−92 624.77
52	中江信托	15 330.42	85 997.74	−70 667.32
53	英大信托	14 102.53	28 547.81	−14 445.28
54	江苏信托	12 625.20	23 714.89	−11 089.69
55	中泰信托	11 766.32	12 803.67	−1 037.35
56	百瑞信托	10 806.39	49 219.51	−38 413.12
57	华鑫信托	10 049.08	4 229.85	5 819.23
58	大业信托	8 145.57	9 237.20	−1 091.63
59	山西信托	4 469.39	2 074.96	2 394.43
60	西部信托	4 168.43	2 178.08	1 990.35
61	杭州工商信托	3 970.00	5 325.00	−1 355.00
62	国联信托	3 646.00	6 423.00	−2 777.00
63	浙金信托	1 401.92	4 909.69	−3 507.77
64	四川信托	未披露	未披露	未披露
65	华融信托	未披露	未披露	未披露
66	新华信托	未披露	未披露	未披露
67	华信信托	未披露	未披露	未披露
68	新时代信托	未披露	未披露	未披露
合计		20 998 497.78	18 094 276.63	2 904 221.15
平均		333 309.49	287 210.74	46 098.75

注：1. 为了使各家公司报告对货币资金披露一致，表格中的货币资金包括：货币资金、存放中央银行款项、存放同业款项和其他货币资金。
2. 本年度有5家信托公司尚未披露年报，故未在本表中披露相关数据。

2021年已披露年报的63家信托公司期末信托风险准备金余额为562.57亿元，比2020年增加14.85%，仅有8家公司本年未计提或者调减了风险准备金（见表3-1-17）。

表3-1-17　　　　　　　　　　信托风险准备金余额排行榜

排名	公司简称	2021年12月31日（万元）	2020年12月31日（万元）	增长额（万元）
1	平安信托	917 632.47	805 107.42	112 525.05
2	交银国际信托	234 495.23	136 917.84	97 577.39
3	中信信托	233 098.75	217 110.78	15 987.97
4	中铁信托	212 914.69	191 995.94	20 918.75
5	上海信托	199 844.82	182 225.97	17 618.85
6	江苏信托	166 410.88	156 362.78	10 048.10
7	华润信托	165 886.37	145 675.61	20 210.76
8	重庆信托	156 491.18	111 142.31	45 348.87
9	杭州工商信托	151 808.00	33 281.00	118 527.00
10	华能信托	149 418.62	128 516.22	20 902.40

续表1

排名	公司简称	2021年12月31日（万元）	2020年12月31日（万元）	增长额（万元）
11	五矿信托	130 130.33	116 285.71	13 844.62
12	华宝信托	127 147.20	117 636.29	9 510.91
13	北京信托	121 514.72	121 514.72	—
14	中融信托	121 493.56	133 481.20	−11 987.64
15	外贸信托	116 793.70	107 868.94	8 924.76
16	山东信托	114 106.80	89 269.50	24 837.30
17	国投泰康信托	109 674.73	96 807.15	12 867.58
18	中航信托	103 023.03	94 333.27	8 689.76
19	国通信托	88 520.39	85 698.52	2 821.87
20	爱建信托	87 611.17	77 925.43	9 685.74
21	建信信托	82 091.55	66 843.43	15 248.12
22	兴业信托	75 443.62	72 535.82	2 907.80
23	百瑞信托	75 135.05	69 687.52	5 447.53
24	中建投信托	72 124.87	70 677.17	1 447.70
25	安信信托	72 043.86	72 043.86	—
26	长安信托	69 723.68	66 159.23	3 564.45
27	国元信托	68 057.85	64 817.67	3 240.18
28	昆仑信托	64 468.81	62 753.23	1 715.58
29	粤财信托	64 166.14	51 391.41	12 774.73
30	中海信托	62 218.96	68 009.35	−5 790.39
31	中诚信托	62 198.49	62 198.49	—
32	中粮信托	61 884.08	54 766.52	7 117.56
33	英大信托	61 507.56	54 065.29	7 442.27
34	光大兴陇信托	59 653.01	50 326.98	9 326.03
35	渤海信托	58 997.05	58 734.22	262.83
36	湖南信托	58 614.78	52 416.54	6 198.24
37	华鑫信托	52 826.88	40 910.06	11 916.82
38	陆家嘴信托	50 813.12	42 881.97	7 931.15
39	西部信托	46 998.20	38 776.73	8 221.47
40	厦门国际信托	46 978.00	44 622.00	2 356.00
41	中国民生信托	46 719.11	47 926.25	−1 207.14
42	大业信托	43 388.23	25 190.49	18 197.73
43	华融信托	43 277.25	37 221.67	6 055.58
44	北方信托	43 156.00	40 398.19	2 757.81
45	陕国投	41 926.69	35 532.29	6 394.40
46	天津信托	39 558.40	36 899.02	2 659.38
47	国联信托	38 846.00	35 501.00	3 345.00
48	西藏信托	35 049.57	32 688.38	2 361.19
49	紫金信托	33 219.38	24 413.53	8 805.85
50	东莞信托	31 018.74	30 633.88	384.86
51	苏州信托	30 198.27	29 727.69	470.57
52	中原信托	28 801.60	27 159.03	1 642.57

续表2

排名	公司简称	2021年12月31日（万元）	2020年12月31日（万元）	增长额（万元）
53	云南信托	27 118.72	23 859.12	3 259.60
54	山西信托	24 893.80	24 491.38	402.42
55	万向信托	22 536.47	19 035.29	3 501.19
56	华澳信托	21 694.23	19 552.20	2 142.03
57	中江信托	20 279.80	21 335.72	-1 055.92
58	金谷信托	19 757.54	19 162.99	594.55
59	中泰信托	19 242.08	17 968.82	1 273.26
60	国民信托	16 936.35	15 579.54	1 356.81
61	浙金信托	11 422.19	8 649.82	2 772.37
62	华宸信托	8 239.29	7 236.06	1 003.23
63	长城新盛信托	4 483.56	4 483.56	—
64	吉林信托	未披露	未披露	未披露
65	新华信托	未披露	未披露	未披露
66	四川信托	未披露	未披露	未披露
67	华信信托	未披露	未披露	未披露
68	新时代信托	未披露	未披露	未披露
合计		5 625 725.45	4 898 420.00	727 305.45
平均		89 297.23	77 752.70	11 544.53

注：1.信托风险准备金余额=信托风险准备金余额+一般风险准备余额。
　　2.本年度有5家信托公司尚未披露年报，故未在本表中披露相关数据。

2021年已披露年报的63家信托公司平均信托赔偿准备金提取率为18.52%，有27家公司超过平均值。其中，超过30%的有9家公司，本年度仅有1家低于5%的公司。信托风险准备金余额提取排行及赔偿准备金余额提取率分布情况见表3-1-18、表3-1-19所示。

表3-1-18　　　　　　　　　　　信托风险准备金余额提取率排行榜

排名	公司简称	信托风险准备金（万元）	股本（万元）	提取率（%）
1	杭州工商信托	151 808.00	150 000.00	101.21
2	平安信托	917 632.47	1 300 000.00	70.59
3	北京信托	121 514.72	220 000.00	55.23
4	北方信托	43 156.00	100 099.89	43.11
5	中铁信托	212 914.69	500 000.00	42.58
6	国投泰康信托	109 674.73	267 054.55	41.07
7	交银国际信托	234 495.23	576 470.59	40.68
8	上海信托	199 844.82	500 000.00	39.97
9	中泰信托	19 242.08	51 660.00	37.25
10	华宝信托	127 147.20	474 400.00	26.80
11	中诚信托	62 198.49	245 666.67	25.32
12	苏州信托	30 198.27	120 000.00	25.17
13	中海信托	62 218.96	250 000.00	24.89
14	山东国信	114 106.80	465 885.00	24.49
15	华能信托	149 418.62	619 455.74	24.12
16	西部信托	46 998.20	200 000.00	23.50

续表1

排名	公司简称	信托风险准备金（万元）	股本（万元）	提取率（%）
17	天津信托	39 558.40	170 000.00	23.27
18	云南信托	27 118.72	120 000.00	22.60
19	中粮信托	61 884.08	283 095.42	21.86
20	大业信托	43 388.23	200 000.00	21.69
21	东莞信托	31 018.74	145 000.00	21.39
22	国通信托	88 520.39	415 837.48	21.29
23	长安信托	69 723.68	333 000.00	20.94
24	中信信托	233 098.75	1 127 600.00	20.67
25	爱建信托	87 611.17	460 268.46	19.03
26	江苏信托	166 410.88	876 033.66	19.00
27	百瑞信托	75 135.05	400 000.00	18.78
28	山西信托	24 893.80	135 700.00	18.34
29	国民信托	16 936.35	100 000.00	16.94
30	粤财信托	64 166.14	380 000.00	16.89
31	万向信托	22 536.47	133 900.00	16.83
32	渤海信托	58 997.05	360 000.00	16.39
33	国元信托	68 057.85	420 000.00	16.20
34	中航信托	103 023.03	646 613.23	15.93
35	英大信托	61 507.56	402 900.60	15.27
36	华润信托	165 886.37	1 100 000.00	15.08
37	长城新盛信托	4 483.56	30 000.00	14.95
38	外贸信托	116 793.70	800 000.00	14.60
39	中建投信托	72 124.87	500 000.00	14.42
40	华融信托	43 277.25	303 565.33	14.26
41	财信托	58 614.78	438 000.00	13.38
42	安信信托	72 043.86	546 913.79	13.17
43	国联信托	38 846.00	300 000.00	12.95
44	厦门国际信托	46 978.00	375 000.00	12.53
45	西藏信托	35 049.57	300 000.00	11.68
46	陕国投	41 926.69	396 401.28	10.58
47	重庆信托	156 491.18	1 500 000.00	10.43
48	紫金信托	33 219.38	327 107.55	10.16
49	中融信托	121 493.56	1 200 000.00	10.12
50	五矿信托	130 130.33	1 305 106.91	9.97
51	华宸信托	8 239.29	87 911.00	9.37
52	金谷信托	19 757.54	220 000.00	8.98
53	华澳信托	21 694.23	250 000.00	8.68
54	建信信托	82 091.55	1 050 000.00	7.82
55	兴业信托	75 443.62	1 000 000.00	7.54
56	中原信托	28 801.60	400 000.00	7.20
57	华鑫信托	52 826.88	739 511.86	7.14
58	光大兴陇信托	59 653.01	841 819.05	7.09

续表2

排名	公司简称	信托风险准备金（万元）	股本（万元）	提取率（%）
59	雪松信托	20 279.80	300 505.17	6.75
60	中国民生信托	46 719.11	700 000.00	6.67
61	昆仑信托	64 468.81	1 022 705.89	6.30
62	陆家嘴信托	50 813.12	900 000.00	5.65
63	浙金信托	11 422.19	288 000.00	3.97
64	新华信托	未披露	未披露	未披露
65	四川信托	未披露	未披露	未披露
66	华信信托	未披露	未披露	未披露
67	新时代信托	未披露	未披露	未披露
68	吉林信托	未披露	未披露	未披露
合计		5 625 725.45	30 373 189.12	18.52
平均		89 297.23	482 114.11	18.52

注：本年度有5家信托公司尚未披露年报，故未在本表中披露相关数据。

表3-1-19　　　　　　　　　　　　信托公司赔偿准备金余额提取率分布情况

项目	家数（家）
30%以上	9
15%—30%	27
5%—15%	26
5%以下	1
合计	63

（二）信托资产相关指标

2021年已披露年报的63家信托公司信托资产总额达到了200 332.60亿元，比2020年小幅上升0.87%。其中仅有22家公司增长，增幅最大的为外贸信托（见表3-1-20）。

表3-1-20　　　　　　　　　　　　信托资产资产总额排行榜

排名	公司简称	2021年12月31日（万元）	2020年12月31日（万元）	增长率（%）
1	建信信托	169 772 922.35	152 611 401.11	11.25
2	华润信托	130 893 807.14	102 370 363.20	27.86
3	外贸信托	110 513 845.91	67 512 869.19	63.69
4	光大兴陇信托	109 570 306.56	102 607 617.33	6.79
5	中信信托	97 877 760.11	122 465 894.57	−20.08
6	五矿信托	81 740 492.94	70 285 249.23	16.30
7	华能信托	80 685 092.94	85 040 020.31	−5.12
8	中航信托	67 747 083.00	66 653 016.57	1.64
9	英大信托	66 528 232.00	57 425 385.68	15.85
10	中融信托	63 873 000.51	71 763 023.33	−10.99
11	上海信托	62 725 841.46	60 813 010.87	3.15
12	交银国际信托	59 148 704.21	63 062 386.89	−6.21
13	平安信托	46 131 238.93	39 105 195.33	17.97
14	百瑞信托	40 011 518.15	31 343 221.58	27.66
15	江苏信托	38 651 761.88	37 091 901.12	4.21

续表1

排名	公司简称	2021年12月31日（万元）	2020年12月31日（万元）	增长率（%）
16	华宝信托	36 903 927.53	43 068 598.57	-14.31
17	中海信托	34 988 602.50	34 407 864.17	1.69
18	粤财信托	34 943 217.69	27 052 034.81	29.17
19	云南信托	33 220 188.12	25 254 288.29	31.54
20	渤海信托	31 835 549.06	43 780 987.86	-27.28
21	中原信托	30 686 140.25	20 490 976.32	49.75
22	兴业信托	28 830 686.66	37 846 138.85	-23.82
23	西部信托	26 928 030.68	29 749 117.92	-9.48
24	长安信托	24 892 761.74	37 509 648.40	-33.64
25	中铁信托	24 830 568.00	32 594 756.00	-23.82
26	华鑫信托	24 513 627.02	24 578 587.86	-0.26
27	中诚信托	23 516 496.22	20 772 879.61	13.21
28	北京信托	21 430 830.02	19 309 571.20	10.99
29	重庆信托	20 113 912.00	21 485 193.23	-6.38
30	陕国投	19 933 193.14	25 703 213.30	-22.45
31	昆仑信托	19 575 523.91	22 002 673.43	-11.03
32	厦门国际信托	18 974 606.00	22 107 661.00	-14.17
33	国民信托	18 545 824.59	14 934 147.90	24.18
34	国通信托	18 072 703.05	17 715 692.49	2.02
35	陆家嘴信托	17 951 826.86	21 818 772.27	-17.72
36	金谷信托	17 422 107.26	14 299 741.13	21.84
37	中建投信托	17 216 968.64	15 011 826.32	14.69
38	天津信托	17 203 246.23	22 911 456.98	-24.91
39	山东国信	16 942 022.98	26 012 791.50	-34.87
40	国投泰康信托	16 007 020.97	16 749 470.75	-4.43
41	中粮信托	14 605 187.21	15 759 666.16	-7.33
42	安信信托	14 536 322.70	16 142 323.44	-9.95
43	西藏信托	13 692 028.64	14 663 665.71	-6.63
44	财信信托	12 875 420.00	13 312 214.00	-3.28
45	中国民生信托	12 208 923.25	20 593 926.57	-40.72
46	紫金信托	11 468 405.35	12 607 443.59	-9.03
47	爱建信托	10 700 941.14	12 924 073.40	-17.20
48	国元信托	10 360 518.01	14 100 284.91	-26.52
49	华融信托	9 828 857.64	12 645 494.39	-22.27
50	万向信托	9 746 520.90	10 740 571.12	-9.26
51	北方信托	8 316 357.06	10 806 789.72	-23.05
52	东莞信托	6 535 656.94	6 862 059.95	-4.76
53	苏州信托	6 363 753.39	8 204 759.91	-22.44
54	山西信托	6 342 496.94	4 016 050.88	57.93
55	雪松信托	6 216 973.30	8 131 113.46	-23.54
56	浙金信托	5 808 298.64	7 795 993.61	-25.50
57	大业信托	5 701 680.61	5 962 723.88	-4.38

续表2

排名	公司简称	2021年12月31日（万元）	2020年12月31日（万元）	增长率（%）
58	国联信托	5 270 947.00	6 982 130.00	-24.51
59	华澳信托	4 509 170.56	8 422 812.02	-46.46
60	杭州工商信托	3 927 802.00	4 325 612.00	-9.20
61	中泰信托	1 898 389.70	2 597 601.54	-26.92
62	长城新盛信托	981 777.94	1 038 388.46	-5.45
63	华宸信托	78 397.23	80 577.39	-2.71
64	新时代信托	未披露	未披露	未披露
65	四川信托	未披露	未披露	未披露
66	新华信托	未披露	未披露	未披露
67	华信信托	未披露	未披露	未披露
68	吉林信托	未披露	未披露	未披露
	合计	2 003 326 015.36	1 986 034 922.58	0.87
	平均	31 798 825.64	31 524 363.85	0.87

注：本年度有5家信托公司尚未披露年报，故未在本表中披露相关数据。

信托资产总额超过5 000.00亿元的公司有12家，与2020年保持一致；12家信托公司资产总额达到110 107.71亿元，占整个信托资产总额的54.96%，已披露年报的63家信托公司信托资产总额平均为3 179.88亿元，超过平均值的仅有20家公司（见表3-1-21）。

表3-1-21　　　　　　　　　　　　　　信托资产总额分布情况

项目	2021年			2020年		
	家数（家）	信托资产总额（万元）	占比（%）	家数（家）	信托资产总额（万元）	占比（%）
1万亿元以上	4	520 750 881.96	25.99	4	480 055 276.21	24.17
0.5万亿—1万亿元	8	580 326 207.17	28.97	8	542 554 962.07	27.32
0.1万亿—0.5万亿元	36	820 721 846.38	40.97	39	899 004 861.20	45.27
0.1万亿元以下	15	81 527 079.85	4.07	12	64 419 823.10	3.24
合计	63	2 003 326 015.36	100.00	63	1 986 034 922.58	100.00

2021年已披露年报的63家信托公司信托资产营业收入合计12 024.67亿元。较2020年下降了17.05%。其中上涨仅13家，增幅最大的是金谷信托，增长幅度为29.12%（表3-1-22）。

表3-1-22　　　　　　　　　　　　　　信托资产营业收入排行榜

排名	公司简称	2021年（万元）	2020年（万元）	增长率（%）
1	建信信托	7 567 837.95	7 298 854.16	3.69
2	光大兴陇信托	7 556 877.75	7 046 304.25	7.25
3	外贸信托	6 532 408.97	7 785 088.05	-16.09
4	华润信托	6 351 232.65	10 102 450.12	-37.13
5	五矿信托	6 308 954.50	6 627 628.97	-4.81
6	华能信托	6 014 954.16	5 667 123.67	6.14
7	中信信托	5 799 020.90	10 037 465.07	-42.23
8	中融信托	5 243 649.95	6 484 173.93	-19.13
9	中航信托	4 933 396.20	5 062 488.83	-2.55
10	交银国际信托	3 325 042.65	3 498 558.01	-4.96
11	上海信托	3 324 991.85	3 347 444.90	-0.67

续表1

排名	公司简称	2021年（万元）	2020年（万元）	增长率（%）
12	英大信托	2 429 680.94	2 058 081.66	18.06
13	华鑫信托	2 357 237.39	2 468 798.11	-4.52
14	兴业信托	2 309 339.57	3 489 279.02	-33.82
15	平安信托	2 258 252.66	3 391 785.55	-33.42
16	渤海信托	2 014 171.09	3 504 535.12	-42.53
17	江苏信托	2 011 034.81	2 600 531.64	-22.67
18	华宝信托	1 990 648.03	3 111 121.21	-36.02
19	中海信托	1 912 050.46	1 905 509.84	0.34
20	陕国投	1 907 517.44	2 102 079.90	-9.26
21	粤财信托	1 874 267.12	2 645 474.54	-29.15
22	云南信托	1 803 050.84	1 588 840.04	13.48
23	陆家嘴信托	1 730 127.79	1 737 307.43	-0.41
24	长安信托	1 715 846.88	2 864 995.35	-40.11
25	百瑞信托	1 707 220.85	1 591 956.45	7.24
26	天津信托	1 684 685.80	1 398 903.14	20.43
27	中铁信托	1 635 375.00	2 087 124.00	-21.64
28	西部信托	1 446 524.17	2 462 367.51	-41.25
29	中原信托	1 436 807.33	1 143 310.84	25.67
30	厦门国际信托	1 366 568.00	1 516 360.00	-9.88
31	重庆信托	1 336 624.67	1 077 922.56	24.00
32	国民信托	1 326 858.70	1 122 396.89	18.22
33	中诚信托	1 295 576.94	1 369 654.53	-5.41
34	山东国信	1 205 220.51	1 701 300.75	-29.16
35	国投泰康信托	1 062 386.90	1 358 954.92	-21.82
36	北京信托	1 061 697.99	1 111 105.09	-4.45
37	昆仑信托	1 037 648.76	1 472 175.81	-29.52
38	中粮信托	1 026 569.23	1 106 833.72	-7.25
39	国通信托	981 650.49	1 359 880.38	-27.81
40	万向信托	911 313.54	1 205 421.78	-24.40
41	中建投信托	862 288.80	1 239 977.14	-30.46
42	西藏信托	858 355.04	1 235 086.29	-30.50
43	国元信托	848 946.83	1 119 409.62	-24.16
44	金谷信托	821 464.40	636 197.27	29.12
45	爱建信托	799 257.42	1 148 049.15	-30.38
46	紫金信托	776 627.39	994 852.21	-21.94
47	浙金信托	575 732.93	715 379.37	-19.52
48	北方信托	536 763.01	729 833.01	-26.45
49	苏州信托	522 720.39	645 248.09	-18.99
50	华融信托	475 117.35	745 567.88	-36.27
51	东莞信托	460 972.11	631 375.78	-26.99
52	华澳信托	457 076.01	710 371.06	-35.66
53	国联信托	395 764.00	452 866.00	-12.61

续表2

排名	公司简称	2021年12月31日（万元）	2020年12月31日（万元）	增长率（%）
58	国联信托	5 270 947.00	6 982 130.00	-24.51
59	华澳信托	4 509 170.56	8 422 812.02	-46.46
60	杭州工商信托	3 927 802.00	4 325 612.00	-9.20
61	中泰信托	1 898 389.70	2 597 601.54	-26.92
62	长城新盛信托	981 777.94	1 038 388.46	-5.45
63	华宸信托	78 397.23	80 577.39	-2.71
64	新时代信托	未披露	未披露	未披露
65	四川信托	未披露	未披露	未披露
66	新华信托	未披露	未披露	未披露
67	华信信托	未披露	未披露	未披露
68	吉林信托	未披露	未披露	未披露
	合计	2 003 326 015.36	1 986 034 922.58	0.87
	平均	31 798 825.64	31 524 363.85	0.87

注：本年度有5家信托公司尚未披露年报，故未在本表中披露相关数据。

信托资产总额超过5 000.00亿元的公司有12家，与2020年保持一致；12家信托公司资产总额达到110 107.71亿元，占整个信托资产总额的54.96%，已披露年报的63家信托公司信托资产总额平均为3 179.88亿元，超过平均值的仅有20家公司（见表3-1-21）。

表3-1-21　　　　　　　　　　　　　　信托资产总额分布情况

项目	2021年			2020年		
	家数（家）	信托资产总额（万元）	占比（%）	家数（家）	信托资产总额（万元）	占比（%）
1万亿元以上	4	520 750 881.96	25.99	4	480 055 276.21	24.17
0.5万亿—1万亿元	8	580 326 207.17	28.97	8	542 554 962.07	27.32
0.1万亿—0.5万亿元	36	820 721 846.38	40.97	39	899 004 861.20	45.27
0.1万亿元以下	15	81 527 079.85	4.07	12	64 419 823.10	3.24
合计	63	2 003 326 015.36	100.00	63	1 986 034 922.58	100.00

2021年已披露年报的63家信托公司信托资产营业收入合计12 024.67亿元。较2020年下降了17.05%。其中上涨仅13家，增幅最大的是金谷信托，增长幅度为29.12%（表3-1-22）。

表3-1-22　　　　　　　　　　　　　　信托资产营业收入排行榜

排名	公司简称	2021年（万元）	2020年（万元）	增长率（%）
1	建信信托	7 567 837.95	7 298 854.16	3.69
2	光大兴陇信托	7 556 877.75	7 046 304.25	7.25
3	外贸信托	6 532 408.97	7 785 088.05	-16.09
4	华润信托	6 351 232.65	10 102 450.12	-37.13
5	五矿信托	6 308 954.50	6 627 628.97	-4.81
6	华能信托	6 014 954.16	5 667 123.67	6.14
7	中信信托	5 799 020.90	10 037 465.07	-42.23
8	中融信托	5 243 649.95	6 484 173.93	-19.13
9	中航信托	4 933 396.20	5 062 488.83	-2.55
10	交银国际信托	3 325 042.65	3 498 558.01	-4.96
11	上海信托	3 324 991.85	3 347 444.90	-0.67

续表1

排名	公司简称	2021年(万元)	2020年(万元)	增长率(%)
12	英大信托	2 429 680.94	2 058 081.66	18.06
13	华鑫信托	2 357 237.39	2 468 798.11	-4.52
14	兴业信托	2 309 339.57	3 489 279.02	-33.82
15	平安信托	2 258 252.66	3 391 785.55	-33.42
16	渤海信托	2 014 171.09	3 504 535.12	-42.53
17	江苏信托	2 011 034.81	2 600 531.64	-22.67
18	华宝信托	1 990 648.03	3 111 121.21	-36.02
19	中海信托	1 912 050.46	1 905 509.84	0.34
20	陕国投	1 907 517.44	2 102 079.90	-9.26
21	粤财信托	1 874 267.12	2 645 474.54	-29.15
22	云南信托	1 803 050.84	1 588 840.04	13.48
23	陆家嘴信托	1 730 127.79	1 737 307.43	-0.41
24	长安信托	1 715 846.88	2 864 995.35	-40.11
25	百瑞信托	1 707 220.85	1 591 956.45	7.24
26	天津信托	1 684 685.80	1 398 903.14	20.43
27	中铁信托	1 635 375.00	2 087 124.00	-21.64
28	西部信托	1 446 524.17	2 462 367.51	-41.25
29	中原信托	1 436 807.33	1 143 310.84	25.67
30	厦门国际信托	1 366 568.00	1 516 360.00	-9.88
31	重庆信托	1 336 624.67	1 077 922.56	24.00
32	国民信托	1 326 858.70	1 122 396.89	18.22
33	中诚信托	1 295 576.94	1 369 654.53	-5.41
34	山东国信	1 205 220.51	1 701 300.75	-29.16
35	国投泰康信托	1 062 386.90	1 358 954.92	-21.82
36	北京信托	1 061 697.99	1 111 105.09	-4.45
37	昆仑信托	1 037 648.76	1 472 175.81	-29.52
38	中粮信托	1 026 569.23	1 106 833.72	-7.25
39	国通信托	981 650.49	1 359 880.38	-27.81
40	万向信托	911 313.54	1 205 421.78	-24.40
41	中建投信托	862 288.80	1 239 977.14	-30.46
42	西藏信托	858 355.04	1 235 086.29	-30.50
43	国元信托	848 946.83	1 119 409.62	-24.16
44	金谷信托	821 464.40	636 197.27	29.12
45	爱建信托	799 257.42	1 148 049.15	-30.38
46	紫金信托	776 627.39	994 852.21	-21.94
47	浙金信托	575 732.93	715 379.37	-19.52
48	北方信托	536 763.01	729 833.01	-26.45
49	苏州信托	522 720.39	645 248.09	-18.99
50	华融信托	475 117.35	745 567.88	-36.27
51	东莞信托	460 972.11	631 375.78	-26.99
52	华澳信托	457 076.01	710 371.06	-35.66
53	国联信托	395 764.00	452 866.00	-12.61

续表2

排名	公司简称	2021年（万元）	2020年（万元）	增长率（%）
54	中国民生信托	394 880.46	1 355 110.75	-70.86
55	杭州工商信托	322 865.00	487 931.00	-33.83
56	大业信托	273 638.88	337 000.42	-18.80
57	山西信托	267 225.69	243 003.79	9.97
58	雪松信托	250 798.27	525 800.30	-52.30
59	安信信托	238 869.89	326 242.46	-26.78
60	中泰信托	172 072.44	229 096.32	-24.89
61	财信信托	91 950.00	882 339.00	-89.58
62	长城新盛信托	46 808.19	48 339.63	-3.17
63	华宸信托	2 221.08	7 634.96	-70.91
64	吉林信托	未披露	未披露	未披露
65	华信信托	未披露	未披露	未披露
66	新华信托	未披露	未披露	未披露
67	四川信托	未披露	未披露	未披露
68	新时代信托	未披露	未披露	未披露
	合计	120 246 737.00	144 958 299.24	-17.05
	平均	1 908 678.37	2 300 925.38	-17.05

注：本年度有5家信托公司尚未披露年报，故未在本表中披露相关数据。

信托资产营业收入达到100亿元以上的有38家，较2020年减少7家，38家信托公司占全部信托资产营业收入的89.73%。63家公司平均信托资产营业收入为190.87亿元，超过平均水平的有19家公司（表3-1-23）。

表3-1-23　　　　　　　　　　　　　　信托资产营业收入分布情况

项目	2021年			2020年		
	家数（家）	信托资产总额（万元）	占比（%）	家数（家）	信托资产总额（万元）	占比（%）
500亿元以上	8	51 374 936.83	42.72	9	66 111 577.05	45.61
100亿—500亿元	30	56 526 420.56	47.01	36	69 497 643.64	47.94
10亿—100亿元	22	12 204 400.34	10.15	16	9 293 103.96	6.41
10亿元以下	3	140 979.27	0.12	2	55 974.59	0.04
合计	63	120 246 737.00	100.00	63	144 958 299.24	100.00

2021年已披露年报的63家信托公司业务收入合计882.42亿元，63家公司平均信托收入140.07亿元。超过平均信托业务收入的信托公司总共仅17家，2021年信托业务收入占固有资产营业收入的比重为49.69%（见表3-1-24）。

表3-1-24　　　　　　　　　　　　　　信托业务收入排行榜

排名	公司简称	信托手续费及佣金收入（万元）	其他业务收入中的信托部分收入（万元）	合计（万元）	收入合计（万元）	信托业务收入占比（%）
1	中信信托	564 200.00	—	564 200.00	859 612.06	65.63
2	光大兴陇信托	529 839.37	—	529 839.37	620 373.42	85.41
3	中融信托	517 081.06	—	517 081.06	590 515.02	87.56
4	华能信托	493 772.07	—	493 772.07	618 668.71	79.81
5	五矿信托	452 381.91	—	452 381.91	460 447.67	98.25
6	中航信托	394 803.99	—	394 803.99	350 892.13	112.51
7	平安信托	330 668.15	46 866.26	377 534.41	3 059 350.19	12.34
8	建信信托	321 586.18	—	321 586.18	989 192.67	32.51

续表1

排名	公司简称	信托手续费及佣金收入（万元）	其他业务收入中的信托部分收入（万元）	合计（万元）	收入合计（万元）	信托业务收入占比（%）
9	中铁信托	214 009.53	—	214 009.53	220 440.38	97.08
10	英大信托	211 315.07	—	211 315.07	193 236.22	109.36
11	外贸信托	197 335.51	—	197 335.51	335 586.52	58.80
12	爱建信托	194 709.08	—	194 709.08	231 452.73	84.12
13	渤海信托	180 007.07	—	180 007.07	144 769.80	124.34
14	长安信托	178 569.84	12 225.78	190 795.62	218 839.60	87.19
15	陆家嘴信托	169 073.00	—	169 073.00	264 177.00	64.00
16	华润信托	169 037.08	—	169 037.08	471 472.97	35.85
17	重庆信托	152 996.79	—	152 996.79	1 443 064.26	10.60
18	上海信托	132 832.50	—	132 832.50	566 695.37	23.44
19	华鑫信托	130 212.55	—	130 212.55	207 765.20	62.67
20	中建投信托	127 473.93	—	127 473.93	158 665.43	80.34
21	中诚信托	127 244.17	—	127 244.17	290 007.40	43.88
22	交银国际信托	126 063.48	—	126 063.48	210 200.16	59.97
23	万向信托	124 124.79	—	124 124.79	146 678.01	84.62
24	陕国投	121 662.25	—	121 662.25	215 975.99	56.33
25	北京信托	121 631.00	—	121 631.00	220 707.31	55.11
26	华宝信托	121 045.45	—	121 045.45	353 998.81	34.19
27	厦门国际信托	119 114.00	—	119 114.00	183 404.00	64.95
28	兴业信托	109 857.00	—	109 857.00	670 686.00	16.38
29	国投泰康信托	108 755.00	45 855.00	154 610.00	312 462.00	49.48
30	中粮信托	97 554.80	—	97 554.80	118 978.78	81.99
31	紫金信托	97 226.76	—	97 226.76	148 419.36	65.51
32	国通信托	96 382.46	—	96 382.46	142 102.57	67.83
33	中国民生信托	91 909.93	—	91 909.93	-255 107.13	-36.03
34	中原信托	90 781.57	—	90 781.57	112 254.61	80.87
35	百瑞信托	90 739.54	—	90 739.54	164 137.94	55.28
36	江苏信托	84 994.41	—	84 994.41	261 338.36	32.52
37	山东国信	82 972.70	—	82 972.70	226 002.00	36.71
38	西部信托	76 661.49	—	76 661.49	96 370.50	79.55
39	北方信托	73 269.61	—	73 269.61	85 916.28	85.28
40	云南信托	72 531.46	—	72 531.46	91 695.86	79.10
41	昆仑信托	72 341.42	—	72 341.42	142 509.21	50.76
42	苏州信托	70 661.00	—	70 661.00	103 214.00	68.46
43	财信信托	64 763.07	—	64 763.07	128 110.24	50.55
44	东莞信托	64 327.43	—	64 327.43	74 384.97	86.48
45	粤财信托	62 964.84	—	62 964.84	199 474.86	31.57
46	中海信托	62 524.23	—	62 524.23	93 833.77	66.63
47	国民信托	60 735.15	—	60 735.15	72 518.00	83.75
48	雪松信托	57 393.70	—	57 393.70	63 301.62	90.67
49	杭州工商信托	56 821.00	—	56 821.00	71 552.00	79.41
50	金谷信托	54 673.03	—	54 673.03	76 058.66	71.88

续表2

排名	公司简称	信托手续费及佣金收入（万元）	其他业务收入中的信托部分收入（万元）	合计（万元）	收入合计（万元）	信托业务收入占比（%）
51	天津信托	51 912.95	4 114.98	56 027.93	101 643.83	55.12
52	西藏信托	51 824.67	—	51 824.67	88 063.80	58.85
53	国元信托	51 145.89	—	51 145.89	118 828.13	43.04
54	浙金信托	49 686.55	—	49 686.55	53 835.75	92.29
55	华澳信托	47 197.48	—	47 197.48	89 756.28	52.58
56	大业信托	44 358.35	—	44 358.35	56 142.86	79.01
57	国联信托	23 608.00	—	23 608.00	65 441.00	36.08
58	安信信托	22 030.55	—	22 030.55	136 521.28	16.14
59	山西信托	19 161.80	—	19 161.80	35 651.99	53.75
60	华融信托	17 880.88	—	17 880.88	145 853.69	12.26
61	中泰信托	6 661.38	—	6 661.38	25 179.88	26.46
62	长城新盛信托	5 557.18	—	5 557.18	9 710.29	57.23
63	华宸信托	530.88	—	530.88	3 994.59	13.29
64	四川信托	未披露	未披露	未披露	未披露	未披露
65	华信信托	未披露	未披露	未披露	未披露	未披露
66	新时代信托	未披露	未披露	未披露	未披露	未披露
67	新华信托	未披露	未披露	未披露	未披露	未披露
68	吉林信托	未披露	未披露	未披露	未披露	未披露
	合计	8 715 187.96	109 062.02	8 824 249.98	17 757 026.86	49.69
	平均	138 336.32	1 731.14	140 067.46	281 857.57	49.69

注：1.此部分数据来源于企业自行编制的收入结构表中，由于存在统计口径的不同，我们做了适当的调整，均采用信托手续费及佣金收入的总收入（即未扣除信托手续费及佣金支出）的金额。

2.本年度有5家信托公司尚未披露年报，故未在本表中披露相关数据。

2021年信托资产实收信托总额达到193 212.27亿元，较上年度小幅上升了0.91%，其中下降的有41家公司，增长的仅有22家（见表3-1-25）。

表3-1-25　　　　　　　　　　　　信托资产实收信托排行榜

排名	公司简称	2021年（万元）	2020年（万元）	增减率（%）
1	建信信托	156 977 821.33	142 699 393.83	10.01
2	华润信托	119 915 913.99	93 125 525.51	28.77
3	光大兴陇信托	106 695 514.84	99 983 511.95	6.71
4	外贸信托	100 671 047.23	60 360 333.85	66.78
5	中信信托	96 027 470.02	118 128 026.65	-18.71
6	五矿信托	79 610 608.91	69 116 759.81	15.18
7	华能信托	78 937 727.19	83 194 319.90	-5.12
8	英大信托	66 433 470.59	57 376 746.83	15.78
9	中航信托	65 883 311.87	65 079 579.23	1.23
10	中融信托	64 322 952.49	71 252 080.49	-9.72
11	上海信托	58 945 360.25	58 323 536.70	1.07
12	交银国际信托	56 106 911.85	59 944 164.15	-6.40
13	平安信托	49 735 620.46	37 142 905.71	33.90
14	百瑞信托	39 208 728.71	30 756 172.11	27.48
15	江苏信托	36 887 595.43	35 147 432.67	4.95

续表1

排名	公司简称	2021年（万元）	2020年（万元）	增减率（%）
16	中海信托	34 233 260.42	33 840 037.32	1.16
17	粤财信托	33 933 357.68	24 504 169.48	38.48
18	华宝信托	33 622 348.95	38 574 922.21	−12.84
19	云南信托	33 118 740.72	24 895 090.72	33.03
20	渤海信托	31 164 683.25	42 978 939.17	−27.49
21	中原信托	30 498 922.66	20 249 812.32	50.61
22	兴业信托	27 402 467.87	36 494 095.48	−24.91
23	西部信托	26 730 549.10	29 028 669.58	−7.92
24	中铁信托	24 571 884.00	30 995 466.00	−20.72
25	长安信托	24 495 022.42	37 091 993.70	−33.96
26	华鑫信托	23 889 837.55	24 365 954.16	−1.95
27	中诚信托	22 623 389.56	20 564 626.74	10.01
28	重庆信托	19 744 485.28	20 979 270.46	−5.89
29	北京信托	19 662 990.44	19 090 008.97	3.00
30	昆仑信托	19 239 407.37	21 584 672.32	−10.87
31	陕国投	19 231 978.25	25 943 855.50	−25.87
32	厦门国际信托	18 900 057.00	21 925 404.00	−13.80
33	国通信托	18 494 891.03	17 944 955.57	3.06
34	国民信托	17 953 026.27	14 643 175.69	22.60
35	陆家嘴信托	17 497 720.62	21 593 506.49	−18.97
36	金谷信托	17 306 011.23	14 146 494.95	22.33
37	中建投信托	16 977 665.13	14 759 878.08	15.03
38	天津信托	16 387 326.95	21 920 168.75	−25.24
39	国投泰康信托	15 783 272.00	16 528 980.76	−4.51
40	山东国信	15 645 035.13	24 869 730.03	−37.09
41	安信信托	14 532 066.94	15 777 010.05	−7.89
42	中粮信托	14 289 724.31	15 554 805.36	−8.13
43	西藏信托	13 363 749.31	14 433 652.51	−7.41
44	财信信托	12 524 993.00	13 031 349.00	−3.89
45	中国民生信托	12 079 885.61	20 488 335.03	−41.04
46	紫金信托	11 091 108.59	12 348 369.04	−10.18
47	爱建信托	10 233 614.71	12 510 264.00	−18.20
48	国元信托	9 603 625.28	13 354 910.77	−28.09
49	万向信托	9 600 351.51	10 489 503.76	−8.48
50	华融信托	9 376 805.87	12 087 088.01	−22.42
51	北方信托	8 205 070.25	10 672 523.11	−23.12
52	苏州信托	6 193 222.72	8 030 600.89	−22.88
53	雪松信托	6 172 111.34	8 020 338.46	−23.04
54	东莞信托	6 144 052.54	6 496 505.26	−5.43
55	山西信托	6 111 559.87	3 894 374.95	56.93
56	大业信托	5 657 320.26	5 949 586.65	−4.91
57	浙金信托	5 631 355.08	7 680 919.00	−26.68

续表2

排名	公司简称	2021年（万元）	2020年（万元）	增减率（%）
58	国联信托	5 129 635.00	6 879 390.00	−25.43
59	华澳信托	4 398 249.74	8 215 966.19	−46.47
60	杭州工商信托	3 570 061.00	4 142 373.00	−13.82
61	中泰信托	1 714 083.95	2 399 826.47	−28.57
62	长城新盛信托	965 911.88	1 016 815.38	−5.01
63	华宸信托	65 772.60	69 043.46	−4.74
64	新时代信托	未披露	未披露	未披露
65	四川信托	未披露	未披露	未披露
66	华融信托	未披露	未披露	未披露
67	新华信托	未披露	未披露	未披露
68	华信信托	未披露	未披露	未披露
	合计	1 932 122 717.40	1 914 687 918.19	0.91
	平均	30 668 614.56	30 391 871.72	0.91

注：本年度有5家信托公司尚未披露年报，故未在本表中披露相关数据。

2021年，63家公司平均实收信托总额为3 066.86亿元，超过0.5万亿元的有12家，与2020年保持一致，12家信托公司占全部信托总额的54.37%（见表3-1-26）。

表3-1-26　　　　　　　　　　　　　信托资产实收信托分布情况

项目	2021年			2020年		
	家数（家）	信托权益（万元）	占比（%）	家数（家）	信托权益（万元）	占比（%）
1万亿元以上	4	484 260 297.39	25.06	2	260 827 420.48	13.62
0.5万亿—1万亿元	8	566 267 813.17	29.31	10	717 756 558.42	37.49
0.1万亿—0.5万亿元	35	793 055 417.95	41.05	39	873 308 199.58	45.61
0.1万亿元以下	16	88 539 188.89	4.58	12	62 795 739.71	3.28
合计	63	1 932 122 717.40	100.00	63	1 914 687 918.19	100.00

信托资产2020年及2021年较2018及2019年有所上升，平均报酬率已经从2018年的0.38%提升到目前的0.46%，增长了20.73%（见图3-1-1所示）。信托资产信托报酬率排行情况见表3-1-27所示。

表3-1-27　　　　　　　　　　　　　信托资产信托报酬率排行榜

排名	公司简称	信托业务收入（万元）	实收信托		信托报酬率（%）
			2021年（万元）	2020年（万元）	
1	爱建信托	194 709.08	10 233 614.71	12 510 264.00	1.71
2	杭州工商信托	56 821.00	3 570 061.00	4 142 373.00	1.47
3	万向信托	124 124.79	9 600 351.51	10 489 503.76	1.24
4	东莞信托	64 327.43	6 144 052.54	6 496 505.26	1.02
5	苏州信托	70 661.00	6 193 222.72	8 030 600.89	0.99
6	国投泰康信托	154 610.00	15 783 272.00	16 528 980.76	0.96
7	平安信托	377 534.41	49 735 620.46	37 142 905.71	0.87
8	陆家嘴信托	169 073.00	17 497 720.62	21 593 506.49	0.87
9	紫金信托	97 226.76	11 091 108.59	12 348 369.04	0.83
10	雪松信托	57 393.70	6 172 111.34	8 020 338.46	0.81
11	中建投信托	127 473.93	16 977 665.13	14 759 878.08	0.80

续表1

排名	公司简称	信托业务收入（万元）	实收信托		信托报酬率（%）
			2021年（万元）	2020年（万元）	
12	华宸信托	530.88	65 772.60	69 043.46	0.79
13	北方信托	73 269.61	8 205 070.25	10 672 523.11	0.78
14	中铁信托	214 009.53	24 571 884.00	30 995 466.00	0.77
15	大业信托	44 358.35	5 657 320.26	5 949 586.65	0.76
16	中融信托	517 081.06	64 322 952.49	71 252 080.49	0.76
17	重庆信托	152 996.79	19 744 485.28	20 979 270.46	0.75
18	华澳信托	47 197.48	4 398 249.74	8 215 966.19	0.75
19	浙金信托	49 686.55	5 631 355.08	7 680 919.00	0.75
20	中粮信托	97 554.80	14 289 724.31	15 554 805.36	0.65
21	北京信托	121 631.00	19 662 990.44	19 090 008.97	0.63
22	长安信托	190 795.62	24 495 022.42	37 091 993.70	0.62
23	华能信托	493 772.07	78 937 727.19	83 194 319.90	0.61
24	五矿信托	452 381.91	79 610 608.91	69 116 759.81	0.61
25	中航信托	394 803.99	65 883 311.87	65 079 579.23	0.60
26	中诚信托	127 244.17	22 623 389.56	20 564 626.74	0.59
27	厦门国际信托	119 114.00	18 900 057.00	21 925 404.00	0.58
28	中国民生信托	91 909.93	12 079 885.61	20 488 335.03	0.56
29	长城新盛信托	5 557.18	965 911.88	1 016 815.38	0.56
30	华鑫信托	130 212.55	23 889 837.55	24 365 954.16	0.54
31	陕国投	121 662.25	19 231 978.25	25 943 855.50	0.54
32	国通信托	96 382.46	18 494 891.03	17 944 955.57	0.53
33	中信信托	564 200.00	96 027 470.02	118 128 026.65	0.53
34	光大兴陇信托	529 839.37	106 695 514.84	99 983 511.95	0.51
35	财信信托	64 763.07	12 524 993.00	13 031 349.00	0.51
36	渤海信托	180 007.07	31 164 683.25	42 978 939.17	0.49
37	国元信托	51 145.89	9 603 625.28	13 354 910.77	0.45
38	山东国信	82 972.70	15 645 035.13	24 869 730.03	0.41
39	国联信托	23 608.00	5 129 635.00	6 879 390.00	0.39
40	山西信托	19 161.80	6 111 559.87	3 894 374.95	0.38
41	西藏信托	51 824.67	13 363 749.31	14 433 652.51	0.37
42	国民信托	60 735.15	17 953 026.27	14 643 175.69	0.37
43	中原信托	90 781.57	30 498 922.66	20 249 812.32	0.36
44	昆仑信托	72 341.42	19 239 407.37	21 584 672.32	0.35
45	金谷信托	54 673.03	17 306 011.23	14 146 494.95	0.35
46	兴业信托	109 857.00	27 402 467.87	36 494 095.48	0.34
47	英大信托	211 315.07	66 433 470.59	57 376 746.83	0.34
48	华宝信托	121 045.45	33 622 348.95	38 574 922.21	0.34
49	中泰信托	6 661.38	1 714 083.95	2 399 826.47	0.32
50	天津信托	56 027.93	16 387 326.95	21 920 168.75	0.29
51	西部信托	76 661.49	26 730 549.10	29 028 669.58	0.27

续表2

排名	公司简称	信托业务收入（万元）	实收信托		信托报酬率（%）
			2021年（万元）	2020年（万元）	
52	百瑞信托	90 739.54	39 208 728.71	30 756 172.11	0.26
53	云南信托	72 531.46	33 118 740.72	24 895 090.72	0.25
54	外贸信托	197 335.51	100 671 047.23	60 360 333.85	0.25
55	江苏信托	84 994.41	36 887 595.43	35 147 432.67	0.24
56	上海信托	132 832.50	58 945 360.25	58 323 536.70	0.23
57	交银国际信托	126 063.48	56 106 911.85	59 944 164.15	0.22
58	粤财信托	62 964.84	33 933 357.68	24 504 169.48	0.22
59	建信信托	321 586.18	156 977 821.33	142 699 393.83	0.21
60	中海信托	62 524.23	34 233 260.42	33 840 037.32	0.18
61	华融信托	17 880.88	9 376 805.87	12 087 088.01	0.17
62	华润信托	169 037.08	119 915 913.99	93 125 525.51	0.16
63	安信信托	22 030.55	14 532 066.94	15 777 010.05	0.15
64	四川信托	未披露	未披露	未披露	未披露
65	华信信托	未披露	未披露	未披露	未披露
66	华融信托	未披露	未披露	未披露	未披露
67	新华信托	未披露	未披露	未披露	未披露
68	新时代信托	未披露	未披露	未披露	未披露
	合计	8 824 249.98	1 932 122 717.40	1 914 687 918.19	0.46
	平均	140 067.46	30 668 614.56	30 391 871.72	0.46

注：1.信托报酬率=信托业务收入÷实收信托平均余额×100%。
2.信托业务收入=信托手续费收入+其他业务信托收入。
3.实收信托平均余额=（期初实收信托余额+期末实收信托余额）÷2。
4.本年度有5家信托公司尚未披露年报，故未在本表中披露相关数据。

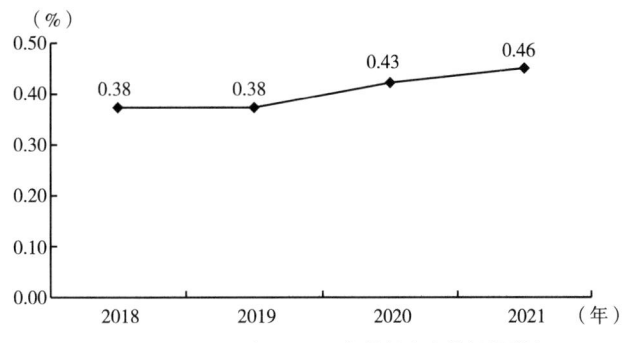

图3-1-1 2018年至2021年信托资产信托报酬率

2021年信托资产信托权益总额为196 647.07亿元，比2020年上升了0.38%。其中，上涨的仅有22家公司，增长幅度最大的为外贸信托，增长比例为64.02%（见表3-1-28）。

表3-1-28　　　　　　　　　　信托资产信托权益（净资产）排行榜

排名	公司简称	2021年（万元）	2020年（万元）	增长率（%）
1	建信信托	162 455 544.92	150 975 888.47	7.60
2	华润信托	125 908 762.23	99 768 973.79	26.20
3	外贸信托	109 156 391.78	66 551 051.12	64.02

续表1

排名	公司简称	2021年（万元）	2020年（万元）	增长率（%）
4	光大兴陇信托	109 101 269.92	100 990 526.97	8.03
5	中信信托	96 868 396.12	121 291 673.44	−20.14
6	五矿信托	80 801 285.99	69 175 223.58	16.81
7	华能信托	80 587 006.53	84 959 088.50	−5.15
8	中航信托	66 606 854.31	65 530 185.66	1.64
9	英大信托	66 467 840.62	57 408 080.27	15.78
10	中融信托	62 549 891.25	70 254 677.21	−10.97
11	上海信托	60 730 651.01	59 469 454.41	2.12
12	交银国际信托	59 035 611.16	62 823 844.89	−6.03
13	平安信托	44 897 076.88	38 628 007.46	16.23
14	百瑞信托	39 299 525.45	30 855 958.21	27.36
15	江苏信托	37 938 732.07	36 470 323.58	4.03
16	华宝信托	35 510 768.97	42 003 240.41	−15.46
17	中海信托	34 771 017.73	34 186 059.83	1.71
18	粤财信托	34 721 322.83	26 931 169.04	28.93
19	云南信托	32 968 657.98	25 046 165.49	31.63
20	渤海信托	31 315 772.07	43 151 490.02	−27.43
21	中原信托	30 575 808.25	20 276 435.15	50.79
22	兴业信托	28 519 598.48	37 413 963.06	−23.77
23	西部信托	26 729 381.51	29 336 733.11	−8.89
24	长安信托	24 661 353.25	37 310 164.56	−33.90
25	中铁信托	24 594 258.00	31 096 566.00	−20.91
26	华鑫信托	23 993 713.89	24 118 640.54	−0.52
27	中诚信托	22 786 034.91	20 588 893.79	10.67
28	重庆信托	19 941 707.97	20 982 989.68	−4.96
29	北京信托	19 859 888.16	19 251 828.07	3.16
30	昆仑信托	19 487 333.31	21 887 229.91	−10.96
31	陕国投	19 486 575.27	25 302 784.81	−22.99
32	厦门国际信托	18 885 717.00	22 030 943.00	−14.28
33	国民信托	18 371 903.55	14 868 401.96	23.56
34	国通信托	17 997 327.24	17 545 677.09	2.57
35	陆家嘴信托	17 724 953.71	21 785 860.28	−18.64
36	金谷信托	17 390 036.92	14 238 414.26	22.13
37	中建投信托	17 140 290.71	14 966 819.60	14.52
38	天津信托	17 053 977.60	22 761 670.24	−25.08
39	山东国信	16 172 029.50	25 430 120.78	−36.41
40	国投泰康信托	15 875 620.19	16 636 057.11	−4.57
41	中粮信托	14 519 931.25	15 686 972.81	−7.44
42	安信信托	14 366 769.25	15 795 102.48	−9.04

续表2

排名	公司简称	2021年（万元）	2020年（万元）	增长率（%）
43	西藏信托	13 469 495.99	14 547 272.72	-7.41
44	财信信托	12 683 491.00	13 115 738.00	-3.30
45	中国民生信托	11 444 413.35	20 278 864.74	-43.56
46	紫金信托	11 398 499.65	12 591 101.99	-9.47
47	爱建信托	10 553 367.01	12 788 573.17	-17.48
48	国元信托	9 784 620.44	13 612 324.50	-28.12
49	万向信托	9 677 304.94	10 679 011.09	-9.38
50	华融信托	8 736 501.27	11 432 334.97	-23.58
51	北方信托	8 205 152.68	10 716 442.87	-23.43
52	东莞信托	6 376 469.44	6 782 157.34	-5.98
53	苏州信托	6 318 875.66	8 140 358.25	-22.38
54	山西信托	6 194 125.33	3 931 042.75	57.57
55	雪松信托	6 165 411.34	8 025 954.52	-23.18
56	浙金信托	5 795 436.10	7 740 153.98	-25.13
57	大业信托	5 646 971.49	5 914 408.05	-4.52
58	国联信托	5 262 543.00	6 979 985.00	-24.61
59	华澳信托	4 357 426.28	8 120 442.54	-46.34
60	杭州工商信托	3 652 569.00	4 220 293.00	-13.45
61	中泰信托	1 873 331.05	2 563 754.85	-26.93
62	长城新盛信托	979 129.25	1 030 734.23	-5.01
63	华宸信托	69 061.81	71 391.60	-3.26
64	吉林信托	未披露	未披露	未披露
65	华信信托	未披露	未披露	未披露
66	新华信托	未披露	未披露	未披露
67	四川信托	未披露	未披露	未披露
68	新时代信托	未披露	未披露	未披露
合计		1 966 470 785.82	1 959 065 690.80	0.38
平均		31 213 822.00	31 096 280.81	0.38

注：本年度有5家信托公司尚未披露年报，故未在本表中披露相关数据。

63家公司平均信托权益3 121.38亿元，超过0.5万亿元的有12家，与2020年持平（见表3-1-29）。

表3-1-29　　　　　　　　　　　信托资产平均信托权益分布情况

项目	2021年			2020年		
	家数（家）	信托权益（万元）	占比（%）	家数（家）	信托权益（万元）	占比（%）
1万亿元以上	3	373 258 088.88	19.12	2	292 656 138.10	14.30
0.5万亿—1万亿元	9	635 940 579.43	32.58	10	726 794 429.04	35.51
0.1万亿—0.5万亿元	38	874 914 011.40	44.82	38	948 259 065.69	46.32
0.1万亿元以下	13	67 993 870.85	3.48	13	79 298 674.51	3.87
合计	63	1 952 106 550.56	100.00	63	2 047 008 307.34	100.00

2021年末信托资产中长期股权投资总额为15 986.24亿元，占全部信托资产的7.98%，较上年7.64%基本保持一致（见表3-1-30）。

表 3-1-30　　长期股权投资占比排行榜

排名	公司简称	长期股权投资（万元）	信托资产总额（万元）	长期股权投资占比（%）
1	长城新盛信托	466 705.10	981 777.94	47.54
2	雪松信托	2 075 932.89	6 216 973.30	33.39
3	爱建信托	3 488 936.71	10 700 941.14	32.60
4	中粮信托	4 429 770.42	14 605 187.21	30.33
5	中融信托	19 290 640.53	63 873 000.51	30.20
6	北京信托	5 056 258.36	21 430 830.02	23.59
7	华融信托	2 165 923.42	9 828 857.64	22.04
8	中铁信托	5 328 561.00	24 830 568.00	21.46
9	长安信托	5 029 566.86	24 892 761.74	20.20
10	安信信托	2 816 301.64	14 536 322.70	19.37
11	中航信托	12 195 833.34	67 747 083.00	18.00
12	国民信托	3 035 627.56	18 545 824.59	16.37
13	华鑫信托	3 982 962.58	24 513 627.02	16.25
14	华澳信托	710 460.37	4 509 170.56	15.76
15	中国民生信托	1 882 772.27	12 208 923.25	15.42
16	大业信托	761 710.68	5 701 680.61	13.36
17	万向信托	1 292 216.13	9 746 520.90	13.26
18	重庆信托	2 583 955.19	20 113 912.00	12.85
19	中诚信托	2 936 963.90	23 516 496.22	12.49
20	兴业信托	3 460 195.95	28 830 686.66	12.00
21	陆家嘴信托	2 130 540.72	17 951 826.86	11.87
22	国通信托	2 065 029.67	18 072 703.05	11.43
23	陕国投	2 246 854.68	19 933 193.14	11.27
24	中泰信托	209 201.92	1 898 389.70	11.02
25	光大兴陇信托	12 000 578.56	109 570 306.56	10.95
26	昆仑信托	2 102 337.25	19 575 523.91	10.74
27	金谷信托	1 772 124.78	17 422 107.26	10.17
28	渤海信托	3 145 118.36	31 835 549.06	9.88
29	中信信托	9 090 319.20	97 877 760.11	9.29
30	建信信托	15 603 326.27	169 772 922.35	9.19
31	国投泰康信托	1 335 737.97	16 007 020.97	8.34
32	百瑞信托	3 168 393.29	40 011 518.15	7.92
33	浙金信托	440 757.18	5 808 298.64	7.59
34	杭州工商信托	255 674.00	3 927 802.00	6.51
35	华能信托	5 229 839.94	80 685 092.94	6.48
36	厦门国际信托	1 210 715.00	18 974 606.00	6.38
37	苏州信托	368 998.86	6 363 753.39	5.80
38	华宝信托	2 136 051.44	36 903 927.53	5.79
39	西部信托	1 232 820.66	26 928 030.68	4.58
40	国元信托	427 621.00	10 360 518.01	4.13
41	中原信托	1 253 258.81	30 686 140.25	4.08
42	粤财信托	1 211 714.42	34 943 217.69	3.47

续表

排名	公司简称	长期股权投资（万元）	信托资产总额（万元）	长期股权投资占比（%）
43	山西信托	204 868.08	6 342 496.94	3.23
44	财信信托	371 082.00	12 875 420.00	2.88
45	中建投信托	492 997.32	17 216 968.64	2.86
46	国联信托	148 088.00	5 270 947.00	2.81
47	紫金信托	267 416.00	11 468 405.35	2.33
48	交银国际信托	1 311 955.25	59 148 704.21	2.22
49	江苏信托	697 217.53	38 651 761.88	1.80
50	山东国信	297 240.51	16 942 022.98	1.75
51	北方信托	143 088.64	8 316 357.06	1.72
52	东莞信托	109 726.16	6 535 656.94	1.68
53	五矿信托	1 304 633.18	81 740 492.94	1.60
54	西藏信托	216 178.82	13 692 028.64	1.58
55	云南信托	502 935.95	33 220 188.12	1.51
56	上海信托	868 377.21	62 725 841.46	1.38
57	平安信托	498 359.39	46 131 238.93	1.08
58	天津信托	178 792.86	17 203 246.23	1.04
59	中海信托	349 676.46	34 988 602.50	1.00
60	英大信托	149 754.17	66 528 232.00	0.23
61	华润信托	97 491.24	130 893 807.14	0.07
62	外贸信托	23 051.80	110 513 845.91	0.02
63	华宸信托	—	78 397.23	0.00
64	新华信托	未披露	未披露	未披露
65	四川信托	未披露	未披露	未披露
66	华信信托	未披露	未披露	未披露
67	新时代信托	未披露	未披露	未披露
68	吉林信托	未披露	未披露	未披露
	合计	159 861 239.45	2 003 326 015.36	7.98

注：本年度有5家信托公司尚未披露年报，故未在本表中披露相关数据。

2021年末信托资产中交易性金融资产总额为37 275.90亿元较上年的22 917.04大幅提升，增长了62.66%，与此同时2021年交易性金融资产总额占全部信托资产总额的18.61%，较2020年的11.59%有较大幅度的增长，已披露年报的63家信托公司中超过平均值的有14家公司。其中，外贸信托占比达到65.30%，排名榜首（见表3-1-31）。另有2家信托公司本年度无交易性金融资产。

表3-1-31　　　　　　　　　　交易性金融资产占比排行榜

排名	公司简称	交易性金融资产（万元）	信托资产总额（万元）	交易性金融资产占比（%）
1	外贸信托	72 169 161.19	110 513 845.91	65.30
2	华润信托	76 204 922.73	130 893 807.14	58.22
3	平安信托	20 729 013.54	46 131 238.93	44.93
4	北方信托	3 513 320.89	8 316 357.06	42.25
5	东莞信托	2 677 939.43	6 535 656.94	40.97
6	江苏信托	15 797 619.85	38 651 761.88	40.87
7	五矿信托	30 826 473.96	81 740 492.94	37.71

续表1

排名	公司简称	交易性金融资产（万元）	信托资产总额（万元）	交易性金融资产占比（%）
8	国投泰康信托	3 983 536.45	16 007 020.97	24.89
9	西藏信托	3 192 479.09	13 692 028.64	23.32
10	国民信托	4 123 560.25	18 545 824.59	22.23
11	山东国信	3 640 822.70	16 942 022.98	21.49
12	交银国际信托	12 707 815.62	59 148 704.21	21.48
13	兴业信托	6 141 485.91	28 830 686.66	21.30
14	陕国投	3 983 090.43	19 933 193.14	19.98
15	中信信托	17 904 302.22	97 877 760.11	18.29
16	中海信托	5 619 723.28	34 988 602.50	16.06
17	光大兴陇信托	17 219 745.25	109 570 306.56	15.72
18	华鑫信托	3 660 233.57	24 513 627.02	14.93
19	苏州信托	863 952.20	6 363 753.39	13.58
20	建信信托	21 230 779.86	169 772 922.35	12.51
21	北京信托	2 410 359.39	21 430 830.02	11.25
22	上海信托	6 880 131.13	62 725 841.46	10.97
23	粤财信托	3 564 633.19	34 943 217.69	10.20
24	国联信托	511 867.00	5 270 947.00	9.71
25	云南信托	3 069 440.34	33 220 188.12	9.24
26	中航信托	6 168 796.09	67 747 083.00	9.11
27	长安信托	2 173 469.80	24 892 761.74	8.73
28	爱建信托	891 137.00	10 700 941.14	8.33
29	陆家嘴信托	1 370 282.76	17 951 826.86	7.63
30	渤海信托	2 335 287.14	31 835 549.06	7.34
31	中诚信托	1 712 200.07	23 516 496.22	7.28
32	财信信托	936 154.00	12 875 420.00	7.27
33	华宝信托	2 503 207.09	36 903 927.53	6.78
34	中泰信托	113 748.30	1 898 389.70	5.99
35	国通信托	912 163.58	18 072 703.05	5.05
36	大业信托	254 387.84	5 701 680.61	4.46
37	浙金信托	249 955.47	5 808 298.64	4.30
38	华融信托	384 783.62	9 828 857.64	3.91
39	中融信托	2 108 570.66	63 873 000.51	3.30
40	雪松信托	204 702.00	6 216 973.30	3.29
41	天津信托	539 745.52	17 203 246.23	3.14
42	金谷信托	507 713.19	17 422 107.26	2.91
43	华能信托	2 297 948.79	80 685 092.94	2.85
44	百瑞信托	1 040 051.31	40 011 518.15	2.60
45	昆仑信托	492 004.53	19 575 523.91	2.51
46	中粮信托	361 385.64	14 605 187.21	2.47
47	中国民生信托	257 214.80	12 208 923.25	2.11
48	厦门国际信托	383 107.00	18 974 606.00	2.02

续表2

排名	公司简称	交易性金融资产（万元）	信托资产总额（万元）	交易性金融资产占比（%）
49	重庆信托	349 489.91	20 113 912.00	1.74
50	长城新盛信托	16 080.65	981 777.94	1.64
51	国元信托	147 500.48	10 360 518.01	1.42
52	华澳信托	60 092.20	4 509 170.56	1.33
53	西部信托	348 900.32	26 928 030.68	1.30
54	中建投信托	221 902.47	17 216 968.64	1.29
55	华宸信托	991.05	78 397.23	1.26
56	英大信托	605 024.04	66 528 232.00	0.91
57	中原信托	134 638.91	30 686 140.25	0.44
58	山西信托	13 391.81	6 342 496.94	0.21
59	中铁信托	33 914.00	24 830 568.00	0.14
60	万向信托	2 678.03	9 746 520.90	0.03
61	安信信托	0.36	14 536 322.70	0.00
62	紫金信托	—	11 468 405.35	0.00
63	杭州工商信托	—	3 927 802.00	0.00
64	四川信托	未披露	未披露	未披露
65	新华信托	未披露	未披露	未披露
66	新时代信托	未披露	未披露	未披露
67	华信信托	未披露	未披露	未披露
68	吉林信托	未披露	未披露	未披露
合计		372 759 029.91	2 003 326 015.36	18.61

注：1. 本年度有5家信托公司尚未披露年报，故未在本表中披露相关数据。
2. 部分企业实行新金融工具准则，导致数据口径的不一致，可能会影响排名。

二、信托公司一些总体指标排名

（一）信托公司总资产排行榜

2021年末总资产达到215 083.62亿元，较2020年的211 128.47亿元上升了8.63%，平均固有资产资产总额占比为6.86%。其中，比例最低的是云南信托仅为1.4%。从2018年开始连续4年固有资产占总资产的比重持续增长。

其中，总资产排名前10的信托公司总资产为84 745.65亿元，占已披露年报的63家信托公司总资产的39.40%；这10家公司固有资产占其总资产的比重为10.49%，各家信托公司占比差异较大，其中重庆信托固有资产占其总资产占比最高为57.12%，华润信托占比最低为2.46%（见表3-2-1）。

表3-2-1　　　　　　　　　　　　　　信托公司总资产排行榜

排名	公司简称	固有资产资产总计（万元）	信托资产资产总计（万元）	总资产总计（万元）	固有资产资产总额占比（%）
1	建信信托	4 854 837.78	169 772 922.35	174 627 760.13	2.78
2	华润信托	3 303 390.89	130 893 807.14	134 197 198.03	2.46
3	外贸信托	2 081 975.08	110 513 845.91	112 595 820.99	1.85
4	光大兴陇信托	2 161 744.85	109 570 306.56	111 732 051.41	1.93
5	中信信托	4 932 406.88	97 877 760.11	102 810 166.99	4.80
6	五矿信托	2 702 533.44	81 740 492.94	84 443 026.38	3.20
7	华能信托	2 852 685.27	80 685 092.94	83 537 778.21	3.41

续表1

排名	公司简称	固有资产资产总计（万元）	信托资产资产总计（万元）	总资产总计（万元）	固有资产资产总额占比（%）
8	平安信托	30 524 570.12	46 131 238.93	76 655 809.05	39.82
9	中航信托	1 964 067.96	67 747 083.00	69 711 150.96	2.82
10	英大信托	1 209 308.44	66 528 232.00	67 737 540.44	1.79
11	中融信托	3 271 629.05	63 873 000.51	67 144 629.56	4.87
12	上海信托	2 511 268.16	62 725 841.46	65 237 109.62	3.85
13	交银国际信托	1 724 408.59	59 148 704.21	60 873 112.80	2.83
14	重庆信托	26 788 269.45	20 113 912.00	46 902 181.45	57.12
15	江苏信托	2 786 920.38	38 651 761.88	41 438 682.26	6.73
16	百瑞信托	1 311 750.05	40 011 518.15	41 323 268.20	3.17
17	华宝信托	1 410 379.70	36 903 927.53	38 314 307.23	3.68
18	粤财信托	1 182 617.32	34 943 217.69	36 125 835.01	3.27
19	兴业信托	6 868 611.48	28 830 686.66	35 699 298.14	19.24
20	中海信托	554 371.32	34 988 602.50	35 542 973.82	1.56
21	云南信托	485 046.92	33 220 188.12	33 705 235.04	1.44
22	渤海信托	1 601 446.76	31 835 549.06	33 436 995.82	4.79
23	中原信托	1 027 758.19	30 686 140.25	31 713 898.44	3.24
24	西部信托	635 703.14	26 928 030.68	27 563 733.82	2.31
25	中铁信托	1 885 309.77	24 830 568.00	26 715 877.77	7.06
26	华鑫信托	1 804 187.55	24 513 627.02	26 317 814.57	6.86
27	长安信托	936 994.43	24 892 761.74	25 829 756.17	3.63
28	中诚信托	2 219 987.47	23 516 496.22	25 736 483.69	8.63
29	北京信托	1 791 179.12	21 430 830.02	23 222 009.14	7.71
30	陕国投	1 724 392.37	19 933 193.14	21 657 585.51	7.96
31	昆仑信托	1 587 863.50	19 575 523.91	21 163 387.41	7.50
32	厦门国际信托	724 800.00	18 974 606.00	19 699 406.00	3.68
33	陆家嘴信托	1 652 667.63	17 951 826.86	19 604 494.49	8.43
34	国通信托	1 031 962.27	18 072 703.05	19 104 665.32	5.40
35	国民信托	385 659.16	18 545 824.59	18 931 483.75	2.04
36	山东国信	1 906 254.70	16 942 022.98	18 848 277.68	10.11
37	中建投信托	1 286 465.79	17 216 968.64	18 503 434.43	6.95
38	天津信托	1 007 617.30	17 203 246.23	18 210 863.53	5.53
39	金谷信托	662 331.97	17 422 107.26	18 084 439.23	3.66
40	国投泰康信托	1 400 806.66	16 007 020.97	17 407 827.63	8.05
41	安信信托	1 696 132.45	14 536 322.70	16 232 455.15	10.45
42	中粮信托	955 927.53	14 605 187.21	15 561 114.74	6.14
43	财信信托	1 634 444.44	12 875 420.00	14 509 864.44	11.26
44	西藏信托	579 192.46	13 692 028.64	14 271 221.10	4.06
45	中国民生信托	1 006 377.43	12 208 923.25	13 215 300.68	7.62
46	紫金信托	844 484.51	11 468 405.35	12 312 889.86	6.86
47	爱建信托	1 056 036.57	10 700 941.14	11 756 977.71	8.98
48	国元信托	979 990.24	10 360 518.01	11 340 508.25	8.64
49	华融信托	1 346 078.02	9 828 857.64	11 174 935.66	12.05

续表2

排名	公司简称	固有资产资产总计（万元）	信托资产资产总计（万元）	总资产总计（万元）	固有资产资产总额占比（%）
50	万向信托	481 841.77	9 746 520.90	10 228 362.67	4.71
51	北方信托	649 525.56	8 316 357.06	8 965 882.62	7.24
52	东莞信托	756 562.20	6 535 656.94	7 292 219.14	10.37
53	苏州信托	672 408.61	6 363 753.39	7 036 162.00	9.56
54	山西信托	387 784.62	6 342 496.94	6 730 281.56	5.76
55	雪松信托	386 908.49	6 216 973.30	6 603 881.79	5.86
56	浙金信托	451 873.85	5 808 298.64	6 260 172.49	7.22
57	大业信托	343 737.18	5 701 680.61	6 045 417.79	5.69
58	国联信托	628 962.00	5 270 947.00	5 899 909.00	10.66
59	华澳信托	560 137.79	4 509 170.56	5 069 308.35	11.05
60	杭州工商信托	593 190.00	3 927 802.00	4 520 992.00	13.12
61	中泰信托	498 393.91	1 898 389.70	2 396 783.61	20.79
62	长城新盛信托	129 225.20	981 777.94	1 111 003.14	11.63
63	华宸信托	114 805.23	78 397.23	193 202.47	59.42
64	四川信托	未披露	未披露	未披露	未披露
65	华信信托	未披露	未披露	未披露	未披露
66	新时代信托	未披露	未披露	未披露	未披露
67	新华信托	未披露	未披露	未披露	未披露
68	吉林信托	未披露	未披露	未披露	未披露
	合计	147 510 200.97	2 003 326 015.36	2 150 836 216.33	6.86

注：1. 总资产＝固有资产资产总计＋信托资产资产总计。
　　2. 本年度有5家信托公司尚未披露年报，故未在本表中披露相关数据。

（二）年末信托资产规模资本比例排行榜

2021年信托资产规模资本比例整体相比2020年的3.59%有所上升（见表3-2-2），其中高于平均值的有36家公司。信托规模资本比例超过10%的公司有6家公司，主要都集中在1%—5%（见表3-2-3）。

表3-2-2　　　　　　　　　　　　　　　信托资产规模资本比例排行榜

排名	公司简称	净资产（万元）	信托资产（万元）	信托规模资本比例（%）
1	华宸信托	110 703.64	78 397.23	141.21
2	中泰信托	480 343.71	1 898 389.70	25.30
3	重庆信托	4 361 856.95	20 113 912.00	21.69
4	平安信托	7 257 078.53	46 131 238.93	15.73
5	杭州工商信托	516 032.00	3 927 802.00	13.14
6	国联信托	583 897.00	5 270 947.00	11.08
7	华澳信托	488 195.37	4 509 170.56	10.83
8	长城新盛信托	100 472.63	981 777.94	10.23
9	苏州信托	614 568.46	6 363 753.39	9.66
10	山东国信	1 593 619.30	16 942 022.98	9.41
11	东莞信托	582 361.62	6 535 656.94	8.91
12	国元信托	900 853.96	10 360 518.01	8.70
13	中诚信托	1 865 644.82	23 516 496.22	7.93
14	兴业信托	2 241 224.56	28 830 686.66	7.77

续表1

排名	公司简称	净资产（万元）	信托资产（万元）	信托规模资本比例（%）
15	爱建信托	828 336.32	10 700 941.14	7.74
16	国投泰康信托	1 169 347.28	16 007 020.97	7.31
17	浙金信托	417 159.02	5 808 298.64	7.18
18	昆仑信托	1 370 154.37	19 575 523.91	7.00
19	紫金信托	764 620.83	11 468 405.35	6.67
20	陆家嘴信托	1 156 270.65	17 951 826.86	6.44
21	北方信托	520 755.76	8 316 357.06	6.26
22	江苏信托	2 418 376.57	38 651 761.88	6.26
23	陕国投	1 225 214.58	19 933 193.14	6.15
24	财信信托	732 490.30	12 875 420.00	5.69
25	大业信托	313 620.48	5 701 680.61	5.50
26	华鑫信托	1 321 237.95	24 513 627.02	5.39
27	北京信托	1 124 911.65	21 430 830.02	5.25
28	中建投信托	903 261.28	17 216 968.64	5.25
29	中粮信托	699 433.25	14 605 187.21	4.79
30	中国民生信托	584 140.58	12 208 923.25	4.78
31	中铁信托	1 120 675.93	24 830 568.00	4.51
32	渤海信托	1 327 722.75	31 835 549.06	4.17
33	国通信托	719 341.21	18 072 703.05	3.98
34	天津信托	676 865.49	17 203 246.23	3.93
35	西藏信托	538 580.15	13 692 028.64	3.93
36	万向信托	381 334.44	9 746 520.90	3.91
37	中信信托	3 585 980.54	97 877 760.11	3.66
38	华融信托	352 877.04	9 828 857.64	3.59
39	中融信托	2 170 710.06	63 873 000.51	3.40
40	上海信托	2 106 489.01	62 725 841.46	3.36
41	华宝信托	1 234 634.26	36 903 927.53	3.35
42	长安信托	809 854.42	24 892 761.74	3.25
43	厦门国际信托	603 389.00	18 974 606.00	3.18
44	华能信托	2 551 248.82	80 685 092.94	3.16
45	山西信托	180 707.12	6 342 496.94	2.85
46	五矿信托	2 315 988.42	81 740 492.94	2.83
47	中原信托	855 378.06	30 686 140.25	2.79
48	百瑞信托	1 108 756.79	40 011 518.15	2.77
49	粤财信托	957 794.53	34 943 217.69	2.74
50	中航信托	1 737 577.17	67 747 083.00	2.56
51	交银国际信托	1 447 815.95	59 148 704.21	2.45
52	金谷信托	425 907.75	17 422 107.26	2.44
53	华润信托	2 803 237.44	130 893 807.14	2.14
54	西部信托	542 688.74	26 928 030.68	2.02
55	雪松信托	113 715.53	6 216 973.30	1.83
56	外贸信托	1 979 082.82	110 513 845.91	1.79

续表2

排名	公司简称	净资产（万元）	信托资产（万元）	信托规模资本比例（%）
57	国民信托	330 507.13	18 545 824.59	1.78
58	英大信托	1 104 651.28	66 528 232.00	1.66
59	建信信托	2 469 558.89	169 772 922.35	1.45
60	光大兴陇信托	1 543 375.73	109 570 306.56	1.41
61	中海信托	462 440.77	34 988 602.50	1.32
62	云南信托	372 762.59	33 220 188.12	1.12
63	安信信托	95 659.58	14 536 322.70	0.66
64	四川信托	未披露	未披露	未披露
65	华信信托	未披露	未披露	未披露
66	新时代信托	未披露	未披露	未披露
67	新华信托	未披露	未披露	未披露
68	吉林信托	未披露	未披露	未披露
	合计	76 273 492.82	2 003 326 015.36	3.81
	平均	1 210 690.36	31 798 825.64	3.81

注：本年度有5家信托公司尚未披露年报，故未在本表中披露相关数据。

表3-2-3　　　　　　　　　　　　　　信托规模资本比例分布情况　　　　　　　　　　　　　　单位：家

项目	2021年
大于10%	8
5%—10%	20
1%—5%以下	34
小于1%	1
合计	63

（三）信托公司总收入排行榜

2021年已披露年报的63家信托公司总收入为13 588.46亿元，2020年总收入16 016.32亿元，下降了15.16%，其中固有资产营业收入上升了2.85%，信托资产营业收入下降了17.05%。

2021年固有资产营业收入与信托资产营业收入之比的平均值为13.00%，比2020年的平均值10.49%有所上升。其中，有29家公司的固有资产营业收入与信托资产营业收入之比超过平均值（见表3-2-4）。

表3-2-4　　　　　　　　　　　　　　信托公司总收入排行榜

排名	公司简称	固有资产营业收入（万元）	信托资产营业收入（万元）	总收入合计（万元）	固有资产营业收入/信托资产营业收入（%）
1	建信信托	968 802.80	7 567 837.95	8 536 640.75	12.80
2	光大兴陇信托	620 373.42	7 556 877.75	8 177 251.17	8.21
3	外贸信托	334 764.53	6 532 408.97	6 867 173.50	5.12
4	华润信托	459 153.72	6 351 232.65	6 810 386.37	7.23
5	五矿信托	459 662.70	6 308 954.50	6 768 617.20	7.29
6	中信信托	858 506.19	5 799 020.90	6 657 527.09	14.80
7	华能信托	604 039.06	6 014 954.16	6 618 993.22	10.04
8	中融信托	585 778.94	5 243 649.95	5 829 428.89	11.17
9	中航信托	348 804.35	4 933 396.20	5 282 200.55	7.07
10	平安信托	2 329 147.97	2 258 252.66	4 587 400.63	103.14
11	上海信托	563 214.61	3 324 991.85	3 888 206.46	16.94

续表1

排名	公司简称	固有资产营业收入（万元）	信托资产营业收入（万元）	总收入合计（万元）	固有资产营业收入/信托资产营业收入（%）
12	交银国际信托	210 200.16	3 325 042.65	3 535 242.81	6.32
13	兴业信托	547 595.87	2 309 339.57	2 856 935.44	23.71
14	英大信托	190 976.07	2 429 680.94	2 620 657.01	7.86
15	华鑫信托	201 315.58	2 357 237.39	2 558 552.97	8.54
16	华宝信托	351 395.72	1 990 648.03	2 342 043.75	17.65
17	江苏信托	252 219.47	2 011 034.81	2 263 254.28	12.54
18	渤海信托	136 665.94	2 014 171.09	2 150 837.03	6.79
19	重庆信托	774 165.21	1 336 624.67	2 110 789.88	57.92
20	陕国投	190 855.64	1 907 517.44	2 098 373.08	10.01
21	粤财信托	199 459.43	1 874 267.12	2 073 726.55	10.64
22	中海信托	93 639.50	1 912 050.46	2 005 689.96	4.90
23	陆家嘴信托	243 362.85	1 730 127.79	1 973 490.64	14.07
24	长安信托	216 244.90	1 715 846.88	1 932 091.78	12.60
25	云南信托	90 221.34	1 803 050.84	1 893 272.18	5.00
26	百瑞信托	156 722.52	1 707 220.85	1 863 943.37	9.18
27	中铁信托	192 404.51	1 635 375.00	1 827 779.51	11.77
28	天津信托	94 612.07	1 684 685.80	1 779 297.87	5.62
29	中诚信托	275 319.55	1 295 576.94	1 570 896.49	21.25
30	厦门国际信托	179 542.00	1 366 568.00	1 546 110.00	13.14
31	中原信托	107 073.18	1 436 807.33	1 543 880.51	7.45
32	西部信托	96 363.96	1 446 524.17	1 542 888.13	6.66
33	国民信托	67 990.51	1 326 858.70	1 394 849.21	5.12
34	山东国信	170 792.40	1 205 220.51	1 376 012.91	14.17
35	国投泰康信托	309 833.90	1 062 386.90	1 372 220.80	29.16
36	北京信托	199 922.29	1 061 697.99	1 261 620.28	18.83
37	昆仑信托	142 155.76	1 037 648.76	1 179 804.52	13.70
38	中粮信托	117 363.64	1 026 569.23	1 143 932.87	11.43
39	国通信托	125 503.11	981 650.49	1 107 153.60	12.78
40	万向信托	146 005.58	911 313.54	1 057 319.12	16.02
41	爱建信托	222 559.91	799 257.42	1 021 817.33	27.85
42	中建投信托	154 671.38	862 288.80	1 016 960.18	17.94
43	西藏信托	88 013.16	858 355.04	946 368.20	10.25
44	国元信托	93 871.84	848 946.83	942 818.67	11.06
45	紫金信托	141 342.26	776 627.39	917 969.65	18.20
46	金谷信托	73 936.47	821 464.40	895 400.87	9.00
47	浙金信托	53 401.65	575 732.93	629 134.58	9.28
48	苏州信托	102 981.11	522 720.39	625 701.50	19.70
49	北方信托	82 165.96	536 763.01	618 928.97	15.31
50	华融信托	99 482.83	475 117.35	574 600.18	20.94
51	华澳信托	82 768.67	457 076.01	539 844.68	18.11
52	东莞信托	74 384.97	460 972.11	535 357.08	16.14
53	国联信托	65 427.00	395 764.00	461 191.00	16.53

续表2

排名	公司简称	固有资产营业收入（万元）	信托资产营业收入（万元）	总收入合计（万元）	固有资产营业收入/信托资产营业收入（%）
54	杭州工商信托	69 817.00	322 865.00	392 682.00	21.62
55	大业信托	55 990.75	273 638.88	329 629.63	20.46
56	山西信托	29 194.08	267 225.69	296 419.77	10.92
57	雪松信托	43 535.26	250 798.27	294 333.53	17.36
58	安信信托	13 327.08	238 869.89	252 196.97	5.58
59	财信信托	127 945.63	91 950.00	219 895.63	139.15
60	中泰信托	18 244.11	172 072.44	190 316.55	10.60
61	中国民生信托	-280 962.48	394 880.46	113 917.98	-71.15
62	长城新盛信托	9 613.50	46 808.19	56 421.69	20.54
63	华宸信托	3 931.44	2 221.08	6 152.52	177.01
64	四川信托	未披露	未披露	未披露	未披露
65	华信信托	未披露	未披露	未披露	未披露
66	新时代信托	未披露	未披露	未披露	未披露
67	新华信托	未披露	未披露	未披露	未披露
68	吉林信托	未披露	未披露	未披露	未披露
合计		15 637 814.52	120 246 737.00	135 884 551.52	13.00

注：1. 总收入 = 固有资产营业收入 + 信托资产营业收入。
2. 本年度有5家信托公司尚未披露年报，故未在本表中披露相关数据。

（四）现金比率排行榜

2021年已披露年报的63家信托公司总体现金比率较2020年上升了0.18，现金比率增长的有40家公司，增长最多的为金谷信托（见表3-2-5）。其中，2021年现金比率大于3的有42家，比2020年增加了5家（见表3-2-6）。

表3-2-5　　　　　　　　　　　　　现金比率排行榜

排名	公司简称	2021年	2020年	较上年增减
1	华融信托	54.25	57.95	-3.70
2	百瑞信托	45.39	29.03	16.36
3	外贸信托	31.63	18.05	13.57
4	西藏信托	25.63	23.66	1.97
5	中航信托	23.49	6.06	17.44
6	金谷信托	22.98	5.13	17.85
7	华宸信托	20.82	8.73	12.09
8	长城新盛信托	20.40	17.13	3.28
9	中泰信托	19.45	11.54	7.91
10	陆家嘴信托	13.72	2.69	11.03
11	英大信托	13.20	7.42	5.78
12	苏州信托	12.16	3.07	9.09
13	华能信托	11.44	2.55	8.89
14	五矿信托	10.22	12.65	-2.43
15	浙金信托	9.97	3.63	6.34
16	交银国际信托	9.35	6.43	2.92
17	华鑫信托	9.01	6.06	2.95
18	北方信托	8.46	0.83	7.63

续表1

排名	公司简称	2021年	2020年	较上年增减
19	华宝信托	8.14	7.82	0.32
20	光大兴陇信托	7.59	7.80	-0.21
21	山西信托	7.57	1.53	6.04
22	云南信托	7.55	8.11	-0.56
23	国民信托	7.29	9.97	-2.68
24	杭州工商信托	6.51	5.42	1.10
25	厦门国际信托	5.94	5.06	0.88
26	上海信托	5.89	3.33	2.56
27	华润信托	5.75	1.98	3.77
28	中诚信托	5.36	0.23	5.12
29	国投泰康信托	5.22	8.54	-3.32
30	陕国投	5.18	6.04	-0.86
31	国元信托	5.09	0.22	4.87
32	爱建信托	5.08	4.99	0.09
33	西部信托	4.89	4.72	0.17
34	中粮信托	4.48	7.31	-2.82
35	国联信托	3.91	1.13	2.78
36	大业信托	3.74	4.39	-0.65
37	中国民生信托	3.66	6.38	-2.72
38	中建投信托	3.62	0.39	3.24
39	中铁信托	3.53	3.73	-0.19
40	国通信托	3.28	2.47	0.82
41	中海信托	3.19	4.51	-1.32
42	昆仑信托	3.18	37.07	-33.89
43	中融信托	2.82	5.70	-2.88
44	紫金信托	2.80	2.41	0.39
45	建信信托	2.74	2.63	0.11
46	东莞信托	2.58	10.93	-8.35
47	中信信托	2.52	2.21	0.31
48	江苏信托	2.43	1.77	0.66
49	粤财信托	2.37	10.88	-8.51
50	天津信托	2.21	1.44	0.77
51	长安信托	2.20	1.61	0.58
52	北京信托	1.84	1.73	0.11
53	兴业信托	1.79	1.69	0.10
54	万向信托	1.62	2.15	-0.53
55	山东国信	1.54	3.13	-1.59
56	平安信托	1.09	1.09	0.01
57	财信信托	1.04	0.61	0.43
58	渤海信托	0.86	4.38	-3.52
59	中原信托	0.80	0.53	0.27
60	华澳信托	0.55	0.66	-0.11

续表2

排名	公司简称	2021年	2020年	较上年增减
61	安信信托	0.37	0.42	-0.05
62	重庆信托	0.37	0.40	-0.03
63	雪松信托	0.13	0.27	-0.14
64	华融信托	未披露	未披露	未披露
65	华信信托	未披露	未披露	未披露
66	新华信托	未披露	未披露	未披露
67	四川信托	未披露	未披露	未披露
68	新时代信托	未披露	未披露	未披露
	平均	1.54	1.36	0.18

注：1.平均值由63家合计数计算得出。
2.计算时货币资金为各家报告中的货币资金、现金及存放中央银行款项、存放同业款项、贵金属、拆出资金、其他货币资金汇总金额。
3.现金比率=（货币资金+交易性金融资产）/流动负债。
4.流动比率=流动资产/流动负债。
5.本年度有5家信托公司尚未披露年报，故未在本表中披露相关数据。

表3-2-6　　　　　　　　　　　　　　信托公司现金比率分布情况　　　　　　　　　　　　　　单位：家

项目	2021年	2020年
大于3	42	37
1—3	15	16
0.5—1	3	4
小于0.5	3	6
合计	63	63

（五）流动比率排行榜

2021年已披露年报的63家信托公司总体流动比率较2020年的1.58上升了0.16，在流动比率增长的38家公司中，增长最多的为中航信托；流动比率减少的有25家公司，减少最多的为昆仑信托（见表3-2-7）；其中，2021年流动比率大于1的有60家，较上年下降了3家（见表3-2-8）。

表3-2-7　　　　　　　　　　　　　　　　流动比率排行榜

排名	公司简称	2021年	2020年	较上年增减
1	华融信托	54.25	57.95	-3.70
2	百瑞信托	45.82	29.32	16.50
3	外贸信托	32.88	19.49	13.39
4	西藏信托	25.63	25.40	0.23
5	中航信托	24.15	6.28	17.88
6	金谷信托	22.98	5.13	17.85
7	华宸信托	22.54	9.41	13.12
8	中泰信托	20.67	14.80	5.87
9	长城新盛信托	20.40	17.13	3.28
10	英大信托	13.88	7.52	6.37
11	陆家嘴信托	13.82	2.77	11.05
12	苏州信托	12.16	4.70	7.46
13	浙金信托	12.13	5.93	6.20
14	华能信托	11.67	2.92	8.75

续表1

排名	公司简称	2021年	2020年	较上年增减
15	五矿信托	10.95	12.65	-1.70
16	北方信托	10.68	4.58	6.10
17	国联信托	10.58	3.79	6.79
18	云南信托	9.65	8.81	0.84
19	交银国际信托	9.35	6.43	2.92
20	华鑫信托	9.01	6.06	2.95
21	华宝信托	8.77	8.10	0.66
22	山西信托	8.50	4.34	4.17
23	光大兴陇信托	7.79	7.92	-0.13
24	国民信托	7.39	10.10	-2.71
25	杭州工商信托	6.73	5.50	1.23
26	厦门国际信托	6.12	5.18	0.93
27	上海信托	6.08	3.46	2.62
28	华润信托	5.91	2.24	3.67
29	国投泰康信托	5.88	8.74	-2.85
30	国元信托	5.85	0.49	5.36
31	爱建信托	5.83	5.16	0.67
32	陕国投	5.77	7.70	-1.93
33	中诚信托	5.75	0.52	5.23
34	西部信托	5.01	6.70	-1.69
35	中粮信托	4.92	9.45	-4.53
36	大业信托	4.82	5.19	-0.37
37	国通信托	4.23	19.01	-14.79
38	天津信托	3.92	3.29	0.63
39	昆仑信托	3.79	49.95	-46.16
40	中国民生信托	3.78	6.51	-2.74
41	中建投信托	3.73	2.73	1.00
42	长安信托	3.57	2.23	1.34
43	东莞信托	3.57	11.33	-7.77
44	中铁信托	3.53	3.73	-0.19
45	中海信托	3.49	4.54	-1.06
46	粤财信托	3.12	10.96	-7.84
47	建信信托	3.06	2.85	0.22
48	中融信托	2.97	5.83	-2.85
49	紫金信托	2.80	2.47	0.33
50	中信信托	2.74	2.55	0.20
51	江苏信托	2.73	1.95	0.78
52	华澳信托	2.53	3.25	-0.72
53	万向信托	1.95	2.40	-0.45
54	兴业信托	1.93	1.85	0.08
55	北京信托	1.91	1.86	0.05
56	山东国信	1.87	3.77	-1.90

续表2

排名	公司简称	2021年	2020年	较上年增减
57	渤海信托	1.61	8.18	-6.57
58	平安信托	1.39	1.34	0.05
59	中原信托	1.11	1.20	-0.08
60	财信信托	1.06	0.62	0.44
61	重庆信托	0.44	0.48	-0.03
62	雪松信托	0.43	0.47	-0.04
63	安信信托	0.42	0.47	-0.05
64	新华信托	未披露	未披露	未披露
65	华融信托	未披露	未披露	未披露
66	华信信托	未披露	未披露	未披露
67	四川信托	未披露	未披露	未披露
68	新时代信托	未披露	未披露	未披露
	平均	1.75	1.58	0.16

注：本年度有5家信托公司尚未披露年报，故未在本表中披露相关数据。

表3-2-8　　　　　　　　　　　信托公司流动比率分布情况　　　　　　　　　　　单位：家

项目	2021年	2020年
大于10	17	12
5—10	17	21
1—5	26	24
小于1	3	6
合计	63	63

三、信托公司一些其他指标排名

（一）固有资产资产负债率增减变动情况排行榜

2021年已披露年报的63家信托公司整体资产负债率为48.29%，较2020年略有上升，其中有37家公司上涨，26家公司下降。其中，上涨最多的是金谷信托，下降最多的是长安信托（见表3-3-1）。

表3-3-1　　　　　　　　　　　固有资产资产负债率增减变动情况排行榜

排名	公司简称	2021年12月31日			2020年12月31日			资产负债率增减变动（%）
		资产总计（万元）	负债总计（万元）	资产负债率（%）	资产总计（万元）	负债总计（万元）	资产负债率（%）	
1	金谷信托	662 331.97	236 424.22	35.70	476 176.82	60 692.48	12.75	22.95
2	中粮信托	955 927.53	256 494.29	26.83	537 647.96	53 891.52	10.02	16.81
3	财信信托	1 634 444.44	901 954.15	55.18	1 175 863.21	457 389.87	38.90	16.29
4	东莞信托	756 562.20	174 200.58	23.03	631 647.42	46 125.58	7.30	15.72
5	粤财信托	1 182 617.32	224 822.79	19.01	874 516.15	39 809.10	4.55	14.46
6	山东国信	1 906 254.70	312 635.40	16.40	2 068 382.10	104 894.00	5.07	11.33
7	昆仑信托	1 587 863.50	217 709.14	13.71	1 452 614.54	54 015.52	3.72	9.99
8	光大兴陇信托	2 161 744.85	618 369.11	28.61	1 808 148.53	341 391.54	18.88	9.72
9	华润信托	3 303 390.89	500 153.45	15.14	2 725 585.22	172 655.28	6.33	8.81
10	中原信托	1 027 758.19	172 380.13	16.77	920 669.85	93 526.73	10.16	6.61
11	中融信托	3 271 629.05	1 100 918.99	33.65	2 935 577.19	799 924.56	27.25	6.40

续表1

排名	公司简称	2021年12月31日			2020年12月31日			资产负债率增减变动(%)
		资产总计(万元)	负债总计(万元)	资产负债率(%)	资产总计(万元)	负债总计(万元)	资产负债率(%)	
12	中国民生信托	1 006 377.43	422 236.85	41.96	1 530 478.14	546 443.78	35.70	6.25
13	山西信托	387 784.62	207 077.50	53.40	344 942.14	164 790.53	47.77	5.63
14	北京信托	1 791 179.12	666 267.46	37.20	1 542 133.08	492 573.30	31.94	5.26
15	中海信托	554 371.32	91 930.55	16.58	712 313.87	81 360.61	11.42	5.16
16	国投泰康信托	1 400 806.66	231 459.38	16.52	1 205 425.76	139 973.21	11.61	4.91
17	北方信托	649 525.56	128 769.81	19.83	590 465.26	90 251.69	15.28	4.54
18	五矿信托	2 702 533.44	386 545.02	14.30	2 502 254.98	255 468.34	10.21	4.09
19	国元信托	979 990.24	79 136.29	8.08	881 436.94	39 450.96	4.48	3.60
20	云南信托	485 046.92	112 284.33	23.15	419 851.39	85 111.63	20.27	2.88
21	华鑫信托	1 804 187.55	482 949.60	26.77	1 194 581.79	286 705.67	24.00	2.77
22	渤海信托	1 601 446.76	273 724.01	17.09	1 546 266.96	223 800.83	14.47	2.62
23	外贸信托	2 081 975.08	102 892.26	4.94	1 956 092.28	46 979.27	2.40	2.54
24	长城新盛信托	129 225.20	28 752.58	22.25	130 646.47	25 862.12	19.80	2.45
25	安信信托	1 696 132.45	1 600 472.86	94.36	1 993 211.81	1 833 153.17	91.97	2.39
26	天津信托	1 007 617.30	330 751.81	32.83	896 984.07	274 712.17	30.63	2.20
27	平安信托	30 524 570.12	23 267 491.59	76.23	24 377 286.77	18 087 974.06	74.20	2.03
28	中诚信托	2 219 987.47	354 342.65	15.96	2 203 090.17	316 001.21	14.34	1.62
29	国民信托	385 659.16	55 152.03	14.30	347 461.45	44 090.59	12.69	1.61
30	兴业信托	6 868 611.48	4 627 386.92	67.37	6 275 168.39	4 160 616.40	66.30	1.07
31	建信信托	4 854 837.78	2 385 278.89	49.13	4 370 229.84	2 113 649.13	48.36	0.77
32	雪松信托	386 908.49	273 192.96	70.61	525 372.46	367 067.66	69.87	0.74
33	华宝信托	1 410 379.70	175 745.42	12.46	1 321 758.71	155 967.30	11.80	0.66
34	万向信托	481 841.77	100 507.33	20.86	390 433.12	79 122.38	20.27	0.59
35	陕国投	1 724 392.37	499 177.79	28.95	1 651 705.63	472 200.78	28.59	0.36
36	爱建信托	1 056 036.57	227 700.25	21.56	1 058 397.65	227 594.26	21.50	0.06
37	中建投信托	1 286 465.79	383 204.51	29.79	1 253 275.58	372 769.23	29.74	0.04
38	西藏信托	579 192.46	40 612.31	7.01	535 228.34	39 621.89	7.40	-0.39
39	重庆信托	26 788 269.45	22 426 412.50	83.72	26 017 234.66	21 902 460.31	84.18	-0.47
40	苏州信托	672 408.61	57 840.15	8.60	613 596.35	56 264.07	9.17	-0.57
41	百瑞信托	1 311 750.05	202 993.26	15.47	1 217 783.38	195 668.38	16.07	-0.59
42	中泰信托	498 393.91	18 050.20	3.62	493 056.66	20 837.03	4.23	-0.60
43	华澳信托	560 137.79	71 942.42	12.84	530 852.14	75 270.94	14.18	-1.34
44	中信信托	4 932 406.88	1 346 426.33	27.30	4 711 415.20	1 353 310.36	28.72	-1.43
45	西部信托	635 703.14	93 014.38	14.63	692 797.72	123 268.11	17.79	-3.16
46	杭州工商信托	593 190.00	77 158.00	13.01	577 691.00	94 267.00	16.32	-3.31
47	大业信托	343 737.18	30 116.70	8.76	280 326.95	33 876.56	12.08	-3.32
48	华宸信托	114 805.23	4 101.60	3.57	101 416.10	7 283.15	7.18	-3.61
49	紫金信托	844 484.51	79 863.69	9.46	522 225.05	71 191.58	13.63	-4.18
50	上海信托	2 511 268.16	404 779.15	16.12	2 415 719.79	498 784.59	20.65	-4.53
51	中航信托	1 964 067.96	226 490.79	11.53	1 666 665.77	274 500.68	16.47	-4.94
52	国联信托	628 962.00	45 065.00	7.16	565 292.00	69 322.00	12.26	-5.10

续表2

排名	公司简称	2021年12月31日			2020年12月31日			资产负债率增减变动(%)
		资产总计(万元)	负债总计(万元)	资产负债率(%)	资产总计(万元)	负债总计(万元)	资产负债率(%)	
53	华融信托	1 346 078.02	993 200.98	73.78	1 444 120.54	1 139 957.89	78.94	-5.15
54	国通信托	1 031 962.27	312 621.06	30.29	1 012 151.06	361 958.45	35.76	-5.47
55	华能信托	2 852 685.27	301 436.46	10.57	2 745 605.55	443 307.53	16.15	-5.58
56	中铁信托	1 885 309.77	764 633.84	40.56	1 982 715.65	918 821.09	46.34	-5.78
57	江苏信托	2 786 920.38	368 543.81	13.22	2 808 769.64	578 056.98	20.58	-7.36
58	浙金信托	451 873.85	34 714.83	7.68	270 830.07	42 531.73	15.70	-8.02
59	陆家嘴信托	1 652 667.63	496 396.98	30.04	1 124 870.42	457 380.91	40.66	-10.62
60	英大信托	1 209 308.44	104 657.17	8.65	1 215 370.15	234 804.00	19.32	-10.67
61	交银国际信托	1 724 408.59	276 592.64	16.04	1 830 185.87	499 751.06	27.31	-11.27
62	厦门国际信托	724 800.00	121 409.00	16.75	783 359.00	220 838.00	28.19	-11.44
63	长安信托	936 994.43	127 140.00	13.57	1 126 509.68	345 594.53	30.68	-17.11
64	四川信托	未披露	未披露	未披露	未披露	未披露	未披露	未披露
65	新华信托	未披露	未披露	未披露	未披露	未披露	未披露	未披露
66	新时代信托	未披露	未披露	未披露	未披露	未披露	未披露	未披露
67	华信信托	未披露	未披露	未披露	未披露	未披露	未披露	未披露
68	吉林信托	未披露	未披露	未披露	未披露	未披露	未披露	未披露
	合计	147 510 200.97	71 236 706.15	48.29	134 113 882.44	63 266 935.27	47.17	1.12

注:本年度有5家信托公司尚未披露年报,故未在本表中披露相关数据。

2021年资产负债率在20%以下的有36家公司,其中外贸信托资产负债率最低,仅为2.17%(见表3-3-2)。

表3-3-2　　固有资产平均资产负债率分布情况

项目	2021年		2020年	
	家数(家)	平均资产负债率(%)	家数(家)	平均资产负债率(%)
40%以上	11	74.79	10	74.71
20%—40%	17	29.27	18	27.67
5%—20%	32	13.89	30	12.69
5%以下	3	4.64	5	3.55
合计	63	48.29	63	47.17

(二)已清算结束信托项目综合实际年化收益率排行榜

2021年已披露年报的63家信托公司整体已清算结束信托项目加权平均实际年化收益率为6.18%,较2020年的6.02%略有上升,高于平均值的有28家公司。本年度仅西藏信托一家超过10%的企业,低于4%的只有3家(见表3-3-3)。

表3-3-3　　已清算结束信托项目综合实际年化收益率排行榜

排名	公司简称	实收信托金额(万元)			加权平均实际年化收益率(%)			综合实际年化收益率(%)
		集合类	单一类	财产管理类	集合类	单一类	财产管理类	
1	西藏信托	1 498 459.00	2 393 720.00	1 791 247.00	5.28	32.98	6.20	17.24
2	云南信托	3 321 433.15	8 998 392.95	5 205 724.13	17.23	5.72	11.77	9.70
3	杭州工商信托	1 628 606.00	15 641.00	—	8.90	8.36	0.00	8.89
4	华融信托	1 304 570.46	6 003 760.62	798 344.55	6.90	8.84	9.20	8.56

续表1

排名	公司简称	实收信托金额（万元）			加权平均实际年化收益率（%）			综合实际年化收益率（%）
		集合类	单一类	财产管理类	集合类	单一类	财产管理类	
5	外贸信托	10 504 953.60	2 513 406.95	2 269 838.17	8.91	10.04	5.17	8.54
6	中粮信托	2 732 728.53	245 700.00	502 496.71	8.51	6.41	7.12	8.16
7	华宸信托			37 596.96	—	—	8.07	8.07
8	中融信托	14 306 127.90	3 437 982.73	1 576 857.69	7.84	10.60	4.55	8.06
9	爱建信托	5 640 290.93	2 166 642.25	1 751 018.40	7.97	5.49	7.58	7.34
10	浙金信托	2 556 997.96	2 859 904.15	1 556 939.29	7.82	6.92	7.08	7.29
11	中建投信托	5 063 738.00	1 516 777.53	1 971 221.28	8.06	7.29	5.22	7.27
12	东莞信托	1 229 282.96	455 016.00	4 948.44	8.57	2.58	7.50	6.95
13	雪松信托	5 949 189.31	4 447 053.32	255 246.70	7.81	6.12	—	6.92
14	华鑫信托	4 582 393.65	8 553 742.66	552 781.08	8.15	6.41	4.41	6.91
15	粤财信托	2 400 986.49	3 633 574.81	3 788 039.84	8.30	7.34	5.56	6.89
16	兴业信托	12 492 121.00	14 300 087.00	6 408 302.00	7.97	6.42	5.61	6.85
17	国投泰康信托	2 644 134.13	1 338 151.50	265 132.65	7.08	6.09	6.06	6.70
18	万向信托	4 543 134.09	2 337 157.69	187 632.32	6.42	6.83	10.44	6.66
19	陕国投	7 368 540.96	5 829 385.96	226 310.00	5.49	8.12	6.43	6.65
20	苏州信托	3 113 265.00	1 857 101.00	50.00	7.54	4.91	-0.10	6.55
21	渤海信托	4 952 476.63	10 702 322.03	1 583 599.53	6.90	6.84	3.34	6.54
22	上海信托	4 918 602.00	4 871 853.04	5 127 494.30	5.55	5.71	8.06	6.46
23	长城新盛信托	159 253.50	50 000.00	—	6.55	5.74	0.00	6.36
24	陆家嘴信托	3 015 492.31	13 111 731.72	678 901.66	6.09	6.39	6.82	6.35
25	中泰信托	19 458.20	766 292.95	—	4.56	6.31	—	6.27
26	华润信托	10 366 435.12	29 759 728.17	10 002 928.15	14.03	3.73	5.68	6.25
27	山西信托	611 354.82	901 089.40	224 378.05	7.00	5.64	6.64	6.25
28	北方信托	1 692 288.54	3 261 166.08	681 004.69	7.72	6.23	2.19	6.19
29	中原信托	3 230 187.22	5 610 006.37	978 056.59	5.99	6.23	6.00	6.13
30	中航信托	34 326 350.62	15 608 110.74	3 500 596.05	6.04	6.30	5.25	6.06
31	交银国际信托	3 935 924.00	3 856 967.56	1 514 876.88	6.16	5.40	7.34	6.03
32	中信信托	26 636 863.03	9 576 766.67	10 460 828.86	6.27	6.17	4.96	5.96
33	紫金信托	7 924 799.91	2 018 150.84	2 672 238.02	5.77	5.63	6.71	5.94
34	昆仑信托	1 593 702.00	1 566 534.00	1 820 276.99	6.64	5.73	5.46	5.92
35	华澳信托	1 660 382.13	3 542 445.16	229 740.00	6.83	5.49	5.88	5.92
36	中国民生信托	5 857 999.47	1 403 680.00	—	6.02	4.69	—	5.76
37	厦门国际信托	6 020 387.00	10 703 857.00	746 847.00	6.76	5.10	6.12	5.72
38	中铁信托	2 907 644.00	12 612 431.00	3 422 067.00	6.89	5.70	4.59	5.68
39	财信信托	3 009 005.00	2 795 945.00	2 292 237.00	4.78	7.07	4.78	5.57
40	大业信托	3 180 551.61	2 858 664.48	839 247.02	5.88	6.73	0.39	5.56
41	中海信托	7 074 134.11	3 090 755.20	1 468 597.91	5.82	5.39	4.71	5.56
42	北京信托	5 550 502.64	9 068 712.36	829 588.93	6.40	4.97	6.23	5.55
43	华能信托	10 896 988.21	4 995 065.29	19 681 369.81	6.31	6.33	4.89	5.53
44	建信信托	5 484 647.83	3 897 714.99	3 230 454.57	6.35	5.02	4.59	5.49
45	重庆信托	5 136 260.52	934 527.50	1 931 199.60	6.62	3.80	2.91	5.40

续表2

排名	公司简称	实收信托金额（万元）			加权平均实际年化收益率（%）			综合实际年化收益率（%）
		集合类	单一类	财产管理类	集合类	单一类	财产管理类	
46	长安信托	11 848 875.84	9 581 442.03	3 854 122.26	6.84	4.87	2.22	5.39
47	山东国信	4 974 694.80	6 053 379.98	3 090 763.60	6.57	6.17	1.61	5.31
48	五矿信托	24 168 007.86	6 577 472.56	6 802 600.00	5.83	4.16	4.20	5.24
49	百瑞信托	6 592 895.68	3 175 790.00	3 901 828.53	6.09	6.47	2.76	5.23
50	英大信托	434 057.49	762 844.79	1 026 399.06	7.39	4.74	4.51	5.15
51	国民信托	1 409 023.11	11 671 095.02	82 550.07	5.51	5.06	—	5.08
52	国联信托	1 622 267.00	1 607 762.00	—	5.18	4.86	—	5.02
53	中诚信托	2 681 831.80	4 286 974.85	3 207 557.00	5.61	7.08	1.50	4.93
54	江苏信托	3 933 465.30	26 620 018.77	2 512 402.60	6.23	4.87	3.41	4.92
55	西部信托	6 305 483.95	6 515 325.75	1 674 345.14	4.97	4.73	5.44	4.92
56	金谷信托	3 726 660.54	1 467 103.58	2 598 712.90	5.05	6.13	2.96	4.56
57	华宝信托	3 306 669.55	15 410 402.63	835 940.50	4.52	4.62	2.73	4.52
58	天津信托	2 791 240.00	583 398.79	7 597 045.68	6.33	4.81	3.70	4.43
59	安信信托	254 232.00	352 889.88	—	5.36	3.49	—	4.27
60	国通信托	21 553 720.74	5 306 782.03	2 311 521.63	3.58	6.27	2.73	4.00
61	国元信托	1 787 917.67	5 156 959.92	6 518 591.45	6.27	3.32	3.29	3.70
62	光大兴陇信托	50 039 880.53	14 808 956.73	4 603 695.63	3.03	4.14	3.25	3.28
63	平安信托	20 389 509.66	10 642 442.81	995 133.55	0.84	0.82	0.08	0.81
64	吉林信托	未披露	未披露	未披露	未披露	未披露	未披露	未披露
65	华信信托	未披露	未披露	未披露	未披露	未披露	未披露	未披露
66	新时代信托	未披露	未披露	未披露	未披露	未披露	未披露	未披露
67	新华信托	未披露	未披露	未披露	未披露	未披露	未披露	未披露
68	四川信托	未披露	未披露	未披露	未披露	未披露	未披露	未披露
	平均	6 680 366.30	5 730 932.66	2 455 229.77	6.57	6.13	4.38	6.18

注：1.已清算结束信托项目综合实际年化收益率=（集合类实收信托合计×集合类加权平均实际年化收益率+单一类实收信托合计×单一类加权平均实际年化收益率+财产权实收信托合计×财产权类加权平均实际年化收益率）/（集合、单一、财产权实收信托合计）。
2.本年度有5家信托公司尚未披露年报，故未在本表中披露相关数据。

（三）信托资产配比分析

1.期末信托资产配比分析

2021年已披露年报的63家信托公司期末信托资产总额为198 930.24亿元，较2020年上升了0.70%，其中上涨的仅有21家公司，涨幅最大的为外贸信托（见表3-3-4）。

表3-3-4　　　　　　　　　期末信托资产增长率排行榜（按类别分类）

排名	公司简称	2021年（万元）				2020年合计（万元）	增长率（%）
		集合类	单一类	财务管理类	合计		
1	外贸信托	86 148 461.80	6 521 697.23	17 843 686.88	110 513 845.91	67 512 869.19	63.69
2	山西信托	1 744 953.92	4 446 963.37	150 579.65	6 342 496.94	4 016 050.88	57.93
3	中原信托	20 127 846.54	2 231 905.31	8 326 388.40	30 686 140.25	20 490 976.31	49.75
4	云南信托	6 984 613.39	21 272 998.41	4 962 576.32	33 220 188.12	25 254 288.29	31.54
5	粤财信托	6 463 560.74	8 607 519.11	19 872 137.84	34 943 217.69	27 052 034.78	29.17

续表1

排名	公司简称	2021年（万元）				2020年合计（万元）	增长率（%）
		集合类	单一类	财务管理类	合计		
6	华润信托	69 961 313.28	28 553 663.44	32 378 830.42	130 893 807.14	102 370 363.20	27.86
7	百瑞信托	22 266 489.30	4 556 957.06	13 188 071.79	40 011 518.15	31 343 221.58	27.66
8	国民信托	9 008 392.39	9 100 039.34	437 392.86	18 545 824.59	14 934 147.90	24.18
9	金谷信托	5 019 120.67	2 073 188.03	10 329 798.56	17 422 107.26	14 299 741.13	21.84
10	平安信托	33 733 878.68	5 332 599.46	7 064 760.79	46 131 238.93	39 105 195.33	17.97
11	五矿信托	69 024 239.39	6 348 425.84	6 367 827.71	81 740 492.94	70 285 249.23	16.30
12	英大信托	897 551.54	9 321 882.19	56 308 798.27	66 528 232.00	57 425 385.67	15.85
13	中建投信托	6 583 619.33	1 759 606.07	8 873 743.24	17 216 968.64	15 011 826.32	14.69
14	中诚信托	10 812 631.26	7 512 633.57	5 191 231.39	23 516 496.22	20 772 879.61	13.21
15	建信信托	38 639 972.51	27 817 744.33	103 315 205.51	169 772 922.35	152 611 401.11	11.25
16	北京信托	13 955 835.93	4 060 138.53	3 414 855.56	21 430 830.02	19 309 571.20	10.99
17	光大兴陇信托	68 439 194.69	22 773 890.62	15 482 429.53	106 695 514.84	99 983 511.94	6.71
18	江苏信托	32 038 594.86	3 812 757.98	2 800 409.04	38 651 761.88	37 091 901.12	4.21
19	上海信托	19 799 886.72	15 570 642.41	27 355 312.33	62 725 841.46	60 813 010.87	3.15
20	国通信托	9 477 208.46	3 481 657.08	5 113 837.51	18 072 703.05	17 715 692.49	2.02
21	中海信托	9 934 900.00	2 379 343.00	22 674 360.00	34 988 603.00	34 407 864.00	1.69
22	华鑫信托	15 824 299.92	5 886 508.59	2 802 818.51	24 513 627.02	24 578 587.86	−0.26
23	中航信托	47 110 320.61	15 276 538.70	4 266 157.26	66 653 016.57	67 747 083.01	−1.61
24	华宸信托	73 060.76	5 336.47	—	78 397.23	80 577.39	−2.71
25	财信信托	6 108 968.00	2 556 566.00	4 209 886.00	12 875 420.00	13 312 214.00	−3.28
26	大业信托	3 234 629.58	1 791 871.47	675 179.53	5 701 680.58	5 962 723.88	−4.38
27	国投泰康信托	11 334 094.19	1 144 532.99	3 528 393.79	16 007 020.97	16 749 470.75	−4.43
28	东莞信托	935 687.56	5 543 012.73	56 956.65	6 535 656.94	6 862 059.93	−4.76
29	华能信托	27 269 680.60	19 920 294.53	33 495 117.81	80 685 092.94	85 040 020.31	−5.12
30	长城新盛信托	1 023.46	974 954.48	5 800.00	981 777.94	1 038 388.46	−5.45
31	交银国际信托	30 440 768.29	11 855 478.61	16 852 457.31	59 148 704.21	63 062 386.89	−6.21
32	重庆信托	14 587 822.93	2 399 559.41	3 126 529.66	20 113 912.00	21 485 193.23	−6.38
33	西藏信托	5 319 089.82	4 839 132.03	3 533 806.79	13 692 028.64	14 663 665.71	−6.63
34	中粮信托	7 632 150.33	3 643 858.35	3 329 178.53	14 605 187.21	15 759 666.16	−7.33
35	紫金信托	6 207 952.58	769 883.68	4 490 569.09	11 468 405.35	12 607 443.59	−9.03
36	杭州工商信托	2 979 135.00	321 957.00	626 710.00	3 927 802.00	4 325 612.00	−9.20
37	万向信托	5 352 964.82	4 169 583.44	223 972.64	9 746 520.90	10 740 571.12	−9.26
38	西部信托	6 609 537.58	9 558 270.54	10 760 222.56	26 928 030.68	29 749 117.92	−9.48
39	安信信托	11 737 398.92	2 316 094.64	482 829.14	14 536 322.70	16 142 323.44	−9.95
40	中融信托	59 711 659.44	1 357 992.35	2 803 348.72	63 873 000.51	71 763 023.33	−10.99
41	昆仑信托	8 778 979.64	8 665 874.30	2 130 669.97	19 575 523.91	22 002 673.43	−11.03
42	厦门国际信托	6 321 821.00	8 242 454.00	4 410 330.00	18 974 605.00	22 107 661.00	−14.17
43	华宝信托	16 951 389.38	14 759 493.51	5 193 044.64	36 903 927.53	43 068 598.58	−14.31
44	爱建信托	7 845 657.99	2 240 169.96	615 113.19	10 700 941.14	12 924 073.40	−17.20

续表2

排名	公司简称	2021年（万元）				2020年合计（万元）	增长率（%）
		集合类	单一类	财务管理类	合计		
45	陆家嘴信托	14 052 787.71	3 459 134.21	439 904.94	17 951 826.86	21 818 772.27	−17.72
46	中信信托	51 572 836.31	33 150 353.83	13 154 569.97	97 877 760.11	122 465 894.57	−20.08
47	华融信托	4 575 012.53	3 519 325.15	1 734 519.96	9 828 857.64	12 645 494.39	−22.27
48	苏州信托	4 256 681.10	1 847 172.00	259 900.29	6 363 753.39	8 204 759.91	−22.44
49	陕国投	14 009 850.22	4 610 267.04	1 313 075.88	19 933 193.14	25 703 213.30	−22.45
50	北方信托	5 290 051.04	1 667 942.73	1 358 363.29	8 316 357.06	10 806 789.72	−23.05
51	雪松信托	3 267 519.80	2 196 330.83	753 122.67	6 216 973.30	8 131 113.46	−23.54
52	中铁信托	8 471 558.00	6 606 872.00	9 752 138.00	24 830 568.00	32 594 756.00	−23.82
53	兴业信托	9 939 199.00	10 667 551.00	8 223 937.00	28 830 687.00	37 846 139.00	−23.82
54	国联信托	1 678 951.00	3 374 236.00	217 760.00	5 270 947.00	6 982 130.00	−24.51
55	天津信托	4 647 015.01	3 890 077.83	8 666 153.39	17 203 246.23	22 911 456.99	−24.91
56	浙金信托	2 694 344.91	1 613 757.53	1 500 196.20	5 808 298.64	7 795 993.61	−25.50
57	国元信托	3 604 852.78	3 539 179.79	3 216 485.53	10 360 518.10	14 100 284.90	−26.52
58	中泰信托	509 677.37	800 211.06	588 501.27	1 898 389.70	2 597 601.54	−26.92
59	渤海信托	10 929 260.12	19 573 692.04	1 332 596.90	31 835 549.06	43 780 987.86	−27.28
60	长安信托	15 685 951.45	5 554 954.56	3 651 855.73	24 892 761.74	37 509 648.40	−33.64
61	山东国信	6 688 124.79	7 473 754.46	2 780 143.73	16 942 022.98	26 012 791.50	−34.87
62	华澳信托	2 462 863.18	5 055 579.63	904 369.21	8 422 812.02	13 220 339.47	−36.29
63	中国民生信托	11 223 600.81	891 173.25	94 149.19	12 208 923.25	20 593 926.57	−40.72
64	新时代信托	未披露	未披露	未披露	未披露	未披露	未披露
65	新华信托	未披露	未披露	未披露	未披露	未披露	未披露
66	四川信托	未披露	未披露	未披露	未披露	未披露	未披露
67	华信信托	未披露	未披露	未披露	未披露	未披露	未披露
68	吉林信托	未披露	未披露	未披露	未披露	未披露	未披露
	合计	1 018 990 494.93	445 267 235.10	539 013 068.54	2 003 270 798.57	1 989 302 411.00	0.70

注：本年度有5家信托公司尚未披露年报，故未在本表中披露相关数据。

2021年期末信托资产中集合类信托资产为101 899.05亿元，单一类信托资产为44 526.72亿元，财务管理类信托资产为53 901.31亿元；单一类与集合类信托资产比重合计为73.09%，比2020年的79.33%有所下降，但仍占有绝对的比重，财务管理类信托资产仍占比较少（见表3-3-5）。

表3-3-5　　　　　　　　　　　　　信托资产分类分布情况　　　　　　　　　　　　　单位：%

项目	2021年	2020年
集合类	50.87	49.28
单一类	22.23	30.05
财务管理类	26.91	20.67
合计	100.00	100.00

2021年期末信托资产中主动管理型信托资产为118 765.46亿元，占比为59.29%，较2020年有所提升，被动管理型信托资产为81 561.62亿元，占比仅为40.71%；在已披露年报的63家信托公司中主动管理型信托资产的占比超过被动管理型信托资产，从2020年22家公司增加到2021年的34家公司（见表3-3-6）。

表 3-3-6　　期末信托资产增长排行榜（类型分类）

排名	公司简称	2021年（万元）			2020年（万元）			合计增长率（%）
		主动管理型	被动管理型	合计	主动管理型	被动管理型	合计	
1	外贸信托	92 015 629.77	18 498 216.14	110 513 845.91	51 571 138.01	15 941 731.18	67 512 869.19	63.69
2	山西信托	1 958 836.04	4 383 660.90	6 342 496.94	1 716 279.60	2 299 771.28	4 016 050.88	57.93
3	中原信托	26 504 242.90	4 181 897.20	30 686 140.10	13 860 920.36	6 630 055.95	20 490 976.31	49.75
4	云南信托	21 814 670.62	11 405 517.50	33 220 188.12	12 334 977.71	12 919 310.58	25 254 288.29	31.54
5	粤财信托	14 293 943.35	20 649 274.34	34 943 217.69	18 290 472.70	8 761 562.10	27 052 034.80	29.17
6	华润信托	88 288 930.69	42 604 876.45	130 893 807.14	54 276 171.83	48 094 191.37	102 370 363.20	27.86
7	百瑞信托	30 786 745.33	9 224 772.82	40 011 518.15	28 138 727.51	3 204 494.07	31 343 221.58	27.66
8	国民信托	9 936 827.00	8 608 997.59	18 545 824.59	3 927 610.02	11 006 537.88	14 934 147.90	24.18
9	金谷信托	6 072 443.14	11 349 664.12	17 422 107.26	4 235 049.10	10 064 692.03	14 299 741.13	21.84
10	平安信托	36 565 458.77	9 565 780.16	46 131 238.93	26 081 977.33	13 023 218.00	39 105 195.33	17.97
11	五矿信托	71 692 558.97	10 047 933.97	81 740 492.94	59 770 486.37	10 514 762.86	70 285 249.23	16.30
12	英大信托	972 323.97	65 555 908.03	66 528 232.00	1 458 831.26	55 966 554.41	57 425 385.67	15.85
13	中建投信托	8 153 371.59	9 063 597.05	17 216 968.64	9 857 525.39	5 154 300.93	15 011 826.32	14.69
14	中诚信托	12 414 482.71	11 102 013.51	23 516 496.22	11 557 902.32	9 214 977.29	20 772 879.61	13.21
15	建信信托	50 135 971.44	119 636 950.91	169 772 922.35	32 880 552.61	119 730 848.50	152 611 401.11	11.25
16	北京信托	14 911 369.91	6 519 460.11	21 430 830.02	13 520 745.74	5 788 825.46	19 309 571.20	10.99
17	光大兴陇信托	77 330 439.68	29 365 075.16	106 695 514.84	73 961 797.73	26 021 714.21	99 983 511.94	6.71
18	江苏信托	34 935 815.40	3 715 946.48	38 651 761.88	22 460 612.87	14 631 288.25	37 091 901.12	4.21
19	上海信托	19 299 352.44	43 426 489.02	62 725 841.46	19 690 502.08	41 122 508.79	60 813 010.87	3.15
20	国通信托	8 021 371.06	10 051 331.99	18 072 703.05	7 272 705.06	10 442 987.43	17 715 692.49	2.02
21	中海信托	9 099 844.00	25 888 759.00	34 988 603.00	12 172 550.00	22 235 314.00	34 407 864.00	1.69
22	华鑫信托	15 590 089.39	8 923 537.63	24 513 627.02	11 751 004.00	12 827 583.86	24 578 587.86	-0.26
23	中航信托	54 094 083.23	12 558 933.34	66 653 016.57	53 897 732.80	13 849 350.21	67 747 083.01	-1.61
24	华宸信托	73 060.14	5 337.09	78 397.23	42 216.45	38 360.94	80 577.39	-2.71
25	财信信托	5 843 525.00	7 031 895.00	12 875 420.00	5 062 249.00	8 249 965.00	13 312 214.00	-3.28
26	大业信托	2 350 377.46	3 351 303.12	5 701 680.58	2 042 090.98	3 920 632.90	5 962 723.88	-4.38
27	国投泰康信托	10 134 173.41	5 872 847.56	16 007 020.97	9 918 382.22	6 831 088.53	16 749 470.75	-4.43
28	东莞信托	5 889 933.08	645 723.86	6 535 656.94	6 225 078.69	636 981.24	6 862 059.93	-4.76
29	华能信托	33 551 562.84	47 133 530.11	80 685 092.95	38 989 854.92	46 050 165.39	85 040 020.31	-5.12
30	长城新盛信托	572 935.45	408 842.49	981 777.94	637 387.32	401 001.14	1 038 388.46	-5.45
31	交银国际信托	26 803 015.53	32 345 688.68	59 148 704.21	21 469 930.55	41 592 456.34	63 062 386.89	-6.21
32	重庆信托	13 854 918.10	6 258 993.90	20 113 912.00	14 583 284.60	6 901 908.63	21 485 193.23	-6.38
33	西藏信托	6 620 909.44	7 071 119.20	13 692 028.64	3 844 945.37	10 818 720.34	14 663 665.71	-6.63
34	中粮信托	6 433 223.13	8 171 964.08	14 605 187.21	6 430 303.27	9 329 362.89	15 759 666.16	-7.33
35	紫金信托	6 535 349.76	4 933 055.59	11 468 405.35	6 524 612.17	6 082 831.42	12 607 443.59	-9.03
36	杭州工商信托	3 141 707.00	786 095.00	3 927 802.00	3 728 180.00	597 432.00	4 325 612.00	-9.20
37	万向信托	3 450 572.40	6 295 948.50	9 746 520.90	4 496 393.40	6 244 177.72	10 740 571.12	-9.26
38	西部信托	11 339 337.95	15 588 692.73	26 928 030.68	11 497 974.51	18 251 143.41	29 749 117.92	-9.48

续表

排名	公司简称	2021年（万元）			2020年（万元）			合计增长率（%）
		主动管理型	被动管理型	合计	主动管理型	被动管理型	合计	
39	安信信托	12 745 492.60	1 790 830.10	14 536 322.70	13 997 263.66	2 145 059.78	16 142 323.44	-9.95
40	中融信托	61 803 239.30	2 069 761.21	63 873 000.51	62 186 584.02	9 576 439.31	71 763 023.33	-10.99
41	昆仑信托	14 537 338.84	5 038 185.07	19 575 523.91	16 797 822.05	5 204 851.38	22 002 673.43	-11.03
42	厦门国际信托	8 960 046.00	10 014 559.00	18 974 605.00	9 913 376.00	12 194 286.00	22 107 662.00	-14.17
43	华宝信托	19 927 668.53	16 976 259.00	36 903 927.53	26 336 742.52	16 731 856.05	43 068 598.57	-14.31
44	爱建信托	7 197 755.56	3 503 185.58	10 700 941.14	7 882 138.65	5 041 934.75	12 924 073.40	-17.20
45	陆家嘴信托	13 222 613.77	4 729 213.09	17 951 826.86	12 694 097.60	9 124 674.67	21 818 772.27	-17.72
46	中信信托	71 523 638.14	26 354 121.97	97 877 760.11	65 890 762.29	56 575 132.28	122 465 894.57	-20.08
47	华融信托	3 947 797.28	5 881 060.36	9 828 857.64	5 014 727.30	7 630 767.09	12 645 494.39	-22.27
48	苏州信托	4 637 328.92	1 726 424.47	6 363 753.39	4 985 747.57	3 219 012.34	8 204 759.91	-22.44
49	陕国投	15 346 448.21	4 586 744.93	19 933 193.14	18 603 547.58	7 099 665.72	25 703 213.30	-22.45
50	北方信托	2 285 555.82	6 030 801.24	8 316 357.06	1 922 238.59	8 884 551.13	10 806 789.72	-23.05
51	雪松信托	3 386 516.77	2 830 456.53	6 216 973.30	3 984 415.12	4 146 698.34	8 131 113.46	-23.54
52	中铁信托	17 327 808.00	7 502 760.00	24 830 568.00	15 666 787.00	16 927 969.00	32 594 756.00	-23.82
53	兴业信托	8 297 616.00	20 533 071.00	28 830 687.00	8 932 811.00	28 913 328.00	37 846 139.00	-23.82
54	国联信托	2 055 027.00	3 215 920.00	5 270 947.00	1 943 476.00	5 038 654.00	6 982 130.00	-24.51
55	天津信托	7 962 370.88	9 240 875.35	17 203 246.23	14 147 892.95	8 763 564.04	22 911 456.99	-24.91
56	浙金信托	4 660 183.11	1 148 115.53	5 808 298.64	4 505 347.36	3 290 646.25	7 795 993.61	-25.50
57	国元信托	2 901 855.74	7 458 662.36	10 360 518.10	2 360 652.69	11 739 632.21	14 100 284.90	-26.52
58	中泰信托	775 487.06	1 122 902.64	1 898 389.70	683 179.58	1 914 421.96	2 597 601.54	-26.92
59	渤海信托	18 750 283.90	13 085 265.16	31 835 549.06	23 579 012.48	20 201 975.38	43 780 987.86	-27.28
60	长安信托	13 973 244.66	10 919 517.08	24 892 761.74	16 316 922.64	21 192 725.76	37 509 648.40	-33.64
61	山东国信	15 645 035.13	1 296 987.85	16 942 022.98	24 869 730.03	1 143 061.47	26 012 791.50	-34.87
62	华澳信托	2 439 645.94	5 983 166.07	8 422 812.01	2 682 011.45	10 538 328.02	13 220 339.47	-36.29
63	中国民生信托	11 861 209.00	347 714.25	12 208 923.25	19 369 959.51	1 223 967.06	20 593 926.57	-40.72
64	华信信托	未披露	未披露	未披露	未披露	未披露	未披露	未披露
65	四川信托	未披露	未披露	未披露	未披露	未披露	未披露	未披露
66	华融信托	未披露	未披露	未披露	未披露	未披露	未披露	未披露
67	新华信托	未披露	未披露	未披露	未披露	未披露	未披露	未披露
68	新时代信托	未披露	未披露	未披露	未披露	未披露	未披露	未披露
	合计	1 187 654 608.25	815 616 190.17	2 003 270 798.42	1 065 446 401.49	923 856 010.52	1 989 302 412.01	0.70
	比重（%）	59.29	40.71	100.00	53.56	46.44	100.00	

注：1.2021年末信托资产按类型分类与类别分类金额存在差异，系尾差造成。
2.2021年有5家信托公司尚未披露年报，故未在本表中披露相关数据。

由于各家公司类型中披露的明细与合计金额存在差异，我们未对信托资产类型中的细分进行统计，仅作出汇总分析（见表5-2-9和表5-2-10）。

2.本期新增信托资产配比分析

2021年已披露年报的63家信托公司本期新增信托资产总额为79 991.07亿元，本期新增类别中集合类占比为56.22%，单一类占比为13.60%，财务管理类占比为30.18%（见表3-3-7）。

表 3-3-7　　本期新增信托资产类别情况表　　单位：万元

排名	公司简称	集合类	单一类	财务管理类	合计
1	华润信托	64 366 831.05	13 271 393.80	16 849 008.93	94 487 233.78
2	外贸信托	63 981 948.44	2 566 765.67	13 214 523.88	79 763 237.99
3	光大兴陇信托	54 559 044.50	10 588 737.37	11 016 753.92	76 164 535.79
4	五矿信托	60 672 490.12	3 706 066.51	5 140 802.59	69 519 359.22
5	上海信托	38 867 217.30	1 239 087.92	23 048 880.84	63 155 186.06
6	华能信托	18 749 421.82	9 199 625.18	27 338 329.53	55 287 376.53
7	建信信托	7 294 448.78	2 362 755.40	41 854 867.93	51 512 072.11
8	中信信托	25 110 553.18	1 909 837.96	5 977 228.62	32 997 619.76
9	百瑞信托	11 771 616.74	2 160 282.35	12 218 328.51	26 150 227.60
10	粤财信托	1 586 961.45	3 950 659.89	20 284 573.21	25 822 194.55
11	平安信托	12 317 464.59	1 293 371.81	11 740 242.10	25 351 078.50
12	云南信托	3 977 983.38	15 996 151.50	4 514 387.48	24 488 522.36
13	华鑫信托	13 754 581.21	5 005 576.89	2 427 572.34	21 187 730.44
14	中航信托	12 562 312.49	2 295 661.61	3 825 676.69	18 683 650.79
15	江苏信托	14 954 130.18	148 137.28	2 025 440.21	17 127 707.67
16	厦门国际信托	7 260 821.00	6 329 762.00	2 302 180.00	15 892 763.00
17	中铁信托	4 359 397.00	4 095 527.00	6 686 120.00	15 141 044.00
18	天津信托	4 642 299.32	3 261 229.45	7 039 370.86	14 942 899.63
19	中海信托	2 457 495.00	169 330.00	11 219 096.00	13 845 921.00
20	北京信托	8 962 331.48	1 328 991.69	2 405 216.65	12 696 539.82
21	陆家嘴信托	10 115 213.98	2 029 371.40	337 300.00	12 481 885.38
22	中融信托	10 697 370.94	379 325.54	898 125.47	11 974 821.95
23	中建投信托	8 648 676.70	712 147.44	2 129 904.25	11 490 728.39
24	中诚信托	3 534 124.25	2 265 385.97	5 257 322.69	11 056 832.91
25	交银国际信托	3 878 860.49	117 089.25	6 795 307.02	10 791 256.76
26	国投泰康信托	7 163 052.82	312 680.56	3 165 885.14	10 641 618.52
27	国民信托	5 709 229.52	4 840 706.75	81 570.00	10 631 506.27
28	国通信托	6 800 366.98	821 353.70	2 590 422.14	10 212 142.82
29	华宝信托	2 849 106.62	2 845 637.30	4 438 169.44	10 132 913.36
30	金谷信托	4 403 055.44	1 098 835.18	4 591 588.40	10 093 479.02
31	中原信托	3 363 418.00	3 103 817.00	3 583 898.00	10 051 133.00
32	兴业信托	3 716 795.00	1 050 621.00	4 267 359.00	9 034 775.00
33	西部信托	2 478 028.04	2 812 639.00	3 109 899.71	8 400 566.75
34	紫金信托	3 293 093.83	628 515.47	4 162 807.25	8 084 416.55
35	爱建信托	7 007 352.85	793 335.87	104 491.96	7 905 180.68
36	财信信托	3 247 538.00	998 984.00	3 344 308.00	7 590 830.00
37	万向信托	4 098 023.39	3 220 053.77	135 408.44	7 453 485.60

续表

排名	公司简称	集合类	单一类	财务管理类	合计
38	中粮信托	2 632 032.80	163 541.32	4 291 358.96	7 086 933.08
39	陕国投	3 980 762.21	1 956 287.17	1 073 825.00	7 010 874.38
40	重庆信托	3 550 230.00	1 642 118.45	1 720 745.29	6 913 093.74
41	西藏信托	3 280 293.27	1 481 569.48	1 086 720.25	5 848 583.00
42	长安信托	3 082 349.89	420 230.25	1 930 912.27	5 433 492.41
43	渤海信托	2 407 809.00	2 588 950.31	427 382.93	5 424 142.24
44	山东国信	2 346 273.02	962 782.00	1 924 000.00	5 233 055.02
45	国元信托	1 598 577.83	316 551.00	2 794 730.09	4 709 858.92
46	浙金信托	1 727 182.59	911 799.40	1 588 502.27	4 227 484.26
47	山西信托	863 802.37	2 845 776.82	244 428.00	3 954 007.19
48	苏州信托	3 401 422.08	372 128.32	—	3 773 550.40
49	中国民生信托	3 598 959.80	127 123.52	44 776.96	3 770 860.28
50	英大信托	5 043.00	304 770.00	3 215 402.28	3 525 215.28
51	大业信托	1 849 300.00	919 200.00	633 900.00	3 402 400.00
52	北方信托	936 259.71	1 237 552.47	478 362.91	2 652 175.09
53	杭州工商信托	1 625 135.00	63 211.00	522 335.00	2 210 681.00
54	雪松信托	1 252 330.13	28 720.02	470 014.91	1 751 065.06
55	昆仑信托	627 325.06	891 422.55	220 300.50	1 739 048.11
56	华澳信托	1 115 729.74	108 887.96	—	1 224 617.70
57	东莞信托	954 861.08	44 348.92	25 770.00	1 024 980.00
58	华融信托	476 121.45	250 220.00	141 020.00	867 361.45
59	国联信托	574 308.00	10 000.00	101 042.00	685 350.00
60	中泰信托	—	129 575.00	255 799.70	385 374.70
61	华宸信托	37 440.00	1 000.00	—	38 440.00
62	长城新盛信托	—	2 050.00	5 800.00	7 850.00
63	安信信托	—	500.00	—	500.00
64	四川信托	未披露	未披露	未披露	未披露
65	新时代信托	未披露	未披露	未披露	未披露
66	新华信托	未披露	未披露	未披露	未披露
67	华信信托	未披露	未披露	未披露	未披露
68	吉林信托	未披露	未披露	未披露	未披露
	平均	565 136 203.91	136 689 766.44	303 319 496.52	1 005 145 466.87
	比重(%)	56.22	13.60	30.18	100.00

注：本年度有5家信托公司尚未披露年报，故未在本表中披露相关数据。

承接表3-3-6，本期新增信托资产类型中，主动管理型信托资产占比为65.94%，与上年的65.74%几乎保持一致，被动管理型信托资产占比为34.06%，新增类型结构以主动管理型信托资产为主，其中主动管理型大于被动管理型的有44家（见表3-3-8）。

表 3-3-8　　本期新增信托资产类型情况表　　单位：万元

排名	公司简称	主动管理型	被动管理型	合计
1	华润信托	73 999 101.63	20 488 132.15	82 133 024.26
2	外贸信托	65 750 463.83	14 012 774.16	55 287 376.53
3	光大兴陇信托	58 761 064.18	17 403 471.61	53 223 373.00
4	五矿信托	64 382 959.15	5 136 400.07	45 423 787.69
5	上海信托	39 499 997.03	23 655 189.03	39 035 777.67
6	华能信托	30 726 304.64	24 561 071.88	33 539 324.89
7	建信信托	8 147 647.64	43 364 424.47	26 076 990.85
8	中信信托	25 678 111.01	7 319 508.75	21 587 084.56
9	百瑞信托	18 039 731.40	8 110 496.20	19 816 405.00
10	粤财信托	5 588 261.45	20 233 933.12	18 863 867.46
11	平安信托	12 881 408.56	12 469 669.94	18 683 650.79
12	云南信托	17 727 310.53	6 761 211.83	18 534 670.55
13	华鑫信托	14 348 908.79	6 838 821.65	16 424 498.40
14	中航信托	17 876 926.63	806 724.16	15 353 557.00
15	江苏信托	15 201 256.21	1 926 451.46	15 105 504.92
16	厦门国际信托	9 667 408.00	6 225 355.00	13 375 295.33
17	中铁信托	9 524 686.00	5 616 358.00	13 084 881.15
18	天津信托	8 408 559.15	6 534 340.49	12 823 961.04
19	中海信托	2 603 195.00	11 242 726.00	12 533 371.54
20	北京信托	9 773 124.25	2 923 415.57	12 404 313.47
21	陆家嘴信托	11 905 214.46	576 670.92	11 490 728.39
22	中融信托	11 142 575.03	832 246.91	11 442 687.00
23	中建投信托	9 341 204.97	2 149 523.42	11 172 596.24
24	中诚信托	5 056 696.47	6 000 136.44	10 871 653.60
25	交银国际信托	3 908 060.49	6 883 196.27	10 740 749.61
26	国投泰康信托	7 518 031.08	3 123 587.43	10 486 498.00
27	国民信托	5 850 182.03	4 781 324.24	10 150 794.41
28	国通信托	6 693 600.14	3 518 542.68	10 051 133.00
29	华宝信托	3 238 938.72	6 893 974.64	9 709 404.55
30	金谷信托	5 436 236.82	4 657 242.20	9 391 959.88
31	中原信托	10 051 133.00	—	9 373 600.51
32	兴业信托	3 595 784.00	5 438 991.00	9 212 367.50
33	西部信托	4 850 199.69	3 550 367.07	9 209 656.00
34	紫金信托	3 595 499.22	4 488 917.33	8 901 217.09
35	爱建信托	7 007 352.85	897 827.83	8 171 187.83
36	财信信托	2 752 821.00	4 838 009.00	8 053 085.69
37	万向信托	3 535 769.94	3 917 715.66	7 707 030.46
38	中粮信托	2 705 786.52	4 381 146.56	7 145 252.44

续表

排名	公司简称	主动管理型	被动管理型	合计
39	陕国投	4 546 714.53	2 464 159.85	7 044 343.66
40	重庆信托	3 930 954.00	2 982 139.74	6 913 093.74
41	西藏信托	4 811 210.96	1 037 372.04	6 865 819.59
42	长安信托	3 285 652.00	2 147 840.41	6 279 062.22
43	渤海信托	3 441 538.48	1 982 603.76	6 164 076.41
44	山东国信	2 733 941.25	2 499 113.77	5 648 999.45
45	国元信托	1 599 577.83	3 110 281.09	5 595 666.14
46	浙金信托	3 416 282.27	811 201.99	4 227 484.26
47	山西信托	902 860.46	3 051 146.73	3 986 424.13
48	苏州信托	3 641 049.08	132 501.32	3 820 248.36
49	中国民生信托	3 664 777.67	106 082.61	3 561 000.00
50	英大信托	5 343.00	3 519 872.28	3 513 008.07
51	大业信托	1 745 400.00	1 657 000.00	3 370 588.11
52	北方信托	1 296 517.22	1 355 657.87	3 017 180.01
53	杭州工商信托	1 775 841.00	434 840.00	2 435 577.76
54	雪松信托	1 220 239.76	530 825.30	2 051 828.25
55	昆仑信托	868 628.05	870 420.06	1 979 646.00
56	华澳信托	1 130 764.08	93 853.62	1 907 823.63
57	东莞信托	859 103.08	165 876.92	1 892 604.00
58	华融信托	476 121.45	391 240.00	1 839 690.85
59	国联信托	675 349.00	10 001.00	778 639.00
60	中泰信托	—	385 374.70	378 473.84
61	华宸信托	37 440.00	1 000.00	46 476.96
62	长城新盛信托	—	7 850.00	500.00
63	安信信托	—	500.00	130.18
64	四川信托	未披露	未披露	未披露
65	新时代信托	未披露	未披露	未披露
66	新华信托	未披露	未披露	未披露
67	华信信托	未披露	未披露	未披露
68	吉林信托	未披露	未披露	未披露
	平均	662 836 816.68	342 308 650.20	1 005 145 466.88
	比重（%）	65.94	34.06	100

注：本年度有5家信托公司尚未披露年报，故未在本表中披露相关数据。

（四）信托公司人均净利润排行榜

2021年已披露年报的63家公司总体的平均人均净利润为261.49万元，与2020年的264.03万元基本持平，其中33家公司增加，30家公司减少（见表3-3-9）。人均利润在1 000万元以上的有2家公司，较2020年减少1家，100万元以下的有16家信托公司，较2020年增加4家（见表3-3-10）。

表3-3-9　　　　　　　　　　　　　　信托公司人均净利润排行榜

排名	公司简称	2021年人数(人)	2020年人数(人)	净利润(万元)	人均净利润(万元)
1	重庆信托	193	199	311 653.93	1 046.88
2	华能信托	374	376	380 341.96	1 017.64
3	江苏信托	220	226	203 968.53	914.66
4	粤财信托	199	212	148 340.35	721.85
5	华润信托	420	389	341 064.39	712.78
6	中融信托	204	232	148 656.72	685.84
7	英大信托	210	197	123 234.97	613.11
8	中航信托	529	478	157 595.32	579.75
9	国联信托	87	89	53 001.00	569.90
10	华鑫信托	223	211	113 361.85	538.54
11	交银国际信托	242	240	123 533.21	512.59
12	中信信托	694	752	350 242.63	489.51
13	五矿信托	671	648	236 227.24	467.03
14	西藏信托	113	110	47 223.84	417.91
15	华宝信托	323	319	133 651.67	416.36
16	紫金信托	197	190	79 332.35	402.70
17	上海信托	433	421	204 437.69	402.57
18	陆家嘴信托	405	380	158 781.14	396.95
19	国元信托	177	169	64 741.96	378.00
20	财信信托	191	201	75 336.26	362.00
21	外贸信托	591	602	164 492.43	360.98
22	百瑞信托	262	228	84 107.96	342.92
23	建信信托	397	406	242 732.65	323.43
24	苏州信托	163	165	59 705.01	322.73
25	北京信托	288	288	112 039.86	301.00
26	中诚信托	341	342	100 179.39	281.21
27	中铁信托	291	283	83 938.37	269.00
28	厦门国际信托	240	231	81 450.00	260.19
29	天津信托	262	170	54 734.55	253.40
30	浙金信托	265	248	18 940.68	229.16
31	华融信托	241	#N/A	49 952.68	207.70
32	中粮信托	267	321	55 676.81	201.36
33	万向信托	346	373	70 023.70	194.78
34	爱建信托	531	554	97 533.41	180.95
35	光大兴陇信托	889	868	155 966.84	177.44
36	国通信托	331	357	56 437.38	163.82
37	华澳信托	222	219	32 614.16	152.40
38	杭州工商信托	231	225	32 609.00	136.00
39	国投泰康信托	275	237	128 894.72	136.00
40	云南信托	281	283	38 022.83	135.00

续表

排名	公司简称	2021年人数（人）	2020年人数（人）	净利润（万元）	人均净利润（万元）
41	山东国信	350	235	46 851.90	133.86
42	北方信托	239	260	32 770.21	129.78
43	西部信托	331	347	43 652.15	128.77
44	昆仑信托	281	272	34 311.48	123.87
45	中原信托	285	267	32 851.25	119.13
46	陕国投	631	671	73 222.47	116.04
47	国民信托	251	247	27 136.27	108.98
48	中泰信托	82	93	8 635.30	98.69
49	平安信托	872	682	481 874.02	90.73
50	中建投信托	390	429	30 145.86	72.52
51	大业信托	175	183	11 753.42	67.16
52	长安信托	976	948	53 991.71	55.59
53	金谷信托	255	177	11 891.11	55.05
54	兴业信托	458	531	93 506.12	36.14
55	华宸信托	98	100	3 075.16	31.06
56	东莞信托	307	379	7 697.07	22.44
57	渤海信托	257	268	5 256.62	19.87
58	山西信托	229	246	2 514.19	11.30
59	雪松信托	902	1 076	-7 877.89	-8.04
60	长城新盛信托	72	81	-4 311.72	-56.00
61	安信信托	283	未披露	-112 984.84	-399.24
62	中海信托	219	213	-157 415.49	-725.42
63	中国民生信托	486	584	-383 267.54	-788.62
64	吉林信托	未披露	未披露	未披露	未披露
65	四川信托	未披露	未披露	未披露	未披露
66	新时代信托	未披露	未披露	未披露	未披露
67	新华信托	未披露	未披露	未披露	未披露
68	华信信托	未披露	未披露	未披露	未披露
	合计	21 248.00	20 895.00	5 510 058.27	261.49

注：1. 人均净利润以各家公司披露金额为准。
2. 陕国投、山东国信、安信信托、英大信托未披露人均净利润，我们采用本期净利润/全年平均人数计算得出。
3. 合计行的人均利润我们也采用本期所有公司净利润合计数/（2020年人数+2021年人数）×2计算得出。
4. 本年度有5家信托公司尚未披露年报，故未在本表中披露相关数据。

表3-3-10　　　　　　　　　　　信托公司人均利润分布情况

项目	2021年	2020年
	家数（家）	家数（家）
1 000万元以上	2	3
500万—1 000万元	9	6
100万—500万元	36	42
100万元以下	16	12
合计	63	63

（五）信托公司资本利润率排行榜

2021年已披露年报的63家信托公司平均资本利润率为7.49%，比2020年降低1%（见表3-3-11），资本利润率增加的信托公司有26家，具体分布情况详见表3-3-12。

表3-3-11　　　　　　　　　　　　　　信托公司资本利润率排行榜　　　　　　　　　　　　　　单位：%

排名	公司简称	2021年	2020年	增减额
1	陆家嘴信托	21.26	18.76	2.50
2	万向信托	20.22	19.44	0.78
3	粤财信托	16.55	13.15	3.40
4	华能信托	15.57	17.38	-1.81
5	华融信托	15.21	未披露	N/A
6	紫金信托	13.99	13.53	0.46
7	华润信托	12.74	11.38	1.36
8	英大信托	11.82	12.86	-1.04
9	爱建信托	11.76	15.38	-3.62
10	华鑫信托	11.70	12.22	-0.52
11	华宝信托	11.14	10.33	0.81
12	厦门国际信托	11.08	11.08	0.00
13	云南信托	10.75	10.04	0.71
14	中航信托	10.73	14.82	-4.09
15	光大兴陇信托	10.36	20.58	-10.22
16	五矿信托	10.35	17.47	-7.12
17	北京信托	10.31	10.43	-0.12
18	建信托	10.27	11.67	-1.40
19	中粮信托	10.25	6.64	3.61
20	苏州信托	10.19	9.57	0.62
21	中信信托	10.09	11.97	-1.88
22	财信信托	9.98	9.24	0.74
23	国通信托	9.88	7.20	2.68
24	国联信托	9.82	10.09	-0.27
25	上海信托	9.14	7.89	1.25
26	西藏信托	9.13	8.92	0.21
27	交银国际信托	8.89	9.57	-0.68
28	江苏信托	8.77	9.09	-0.32
29	国民信托	8.56	7.78	0.78
30	外贸信托	8.45	7.74	0.71
31	天津信托	8.43	8.45	-0.02
32	百瑞信托	7.89	11.58	-3.69
33	西部信托	7.85	7.76	0.09
34	中铁信托	7.67	10.66	-2.99
35	国元信托	7.61	7.31	0.30
36	重庆信托	7.46	9.56	-2.10
37	平安信托	7.11	10.66	-3.55
38	华澳信托	6.91	9.77	-2.86

续表

排名	公司简称	2021年	2020年	增减额
39	中融信托	6.85	6.56	0.29
40	长安信托	6.74	6.88	−0.14
41	杭州工商信托	6.45	13.91	−7.46
42	国投泰康信托	6.45	13.80	−7.35
43	北方信托	6.42	6.16	0.26
44	陕国投	6.09	5.11	0.98
45	浙金信托	5.87	4.77	1.10
46	中诚信托	5.29	6.06	−0.77
47	兴业信托	4.29	8.67	−4.38
48	大业信托	4.20	5.04	−0.84
49	中原信托	3.91	3.51	0.40
50	中建投信托	3.23	6.33	−3.10
51	华宸信托	3.00	2.24	0.76
52	金谷信托	2.83	2.81	0.02
53	山东国信	2.63	4.04	−1.41
54	昆仑信托	2.48	9.29	−6.81
55	中泰信托	1.81	4.66	−2.85
56	山西信托	1.42	0.95	0.47
57	东莞信托	1.32	9.05	−7.73
58	渤海信托	0.40	0.13	0.27
59	长城新盛信托	−4.20	−8.95	4.75
60	雪松信托	−5.79	−45.09	39.30
61	中海信托	−28.79	4.75	−33.54
62	中国民生信托	−48.88	−4.56	−44.32
63	安信信托	−88.37	−80.37	−8.00
64	吉林信托	未披露	未披露	未披露
65	华信信托	未披露	未披露	未披露
66	新华信托	未披露	未披露	未披露
67	新时代信托	未披露	未披露	未披露
68	四川信托	未披露	未披露	未披露
	平均	7.49	8.49	−1.00

注：1.资本利润率=净利润/所有者权益平均余额×100%。
2.我们以各信托公司审计报告中披露的数字为准。
3.本年度有5家信托公司尚未披露年报，故未在本表中披露相关数据，另外山东国信、安信信托，陕国投报告未披露，使用公式计算所得。

表3-3-12　　　　　　　　　　　信托公司平均资本利润率分布情况　　　　　　　　　　单位：家

项目	2021年	2020年
20%以上	1	1
10%—20%	21	23
5%—10%	23	25
5%以下	18	14
合计	63	63

（六）信托公司风控指标排行榜

根据《信托公司净资本管理办法》（中国银行业监督管理委员会令2010年第5号）的有关规定，信托公司需达到以下风险控制指标要求：

（1）信托公司净资本不得低于人民币20 000万元。

（2）信托公司净资本不得低于各项风险资本之和的100%。

（3）信托公司净资本不得低于净资产的40%。

2021年已披露年报数据的已披露年报的63家信托公司均披露其净资本和各项风险资本，除个别信托外，其余61家信托公司全部符合监管要求。

2021年已披露年报的63家信托公司净资本合计5 092.00亿元，仅有个别公司净资本低于10亿元；净资本与各项业务风险资本之比为200.45%，较上年的188.99%有所提高，本年度净资本与净资产之比为66.76%，除个别信托公司外，其他信托公司均超过监管要求（见表3-3-13）。

表3-3-13　　信托公司风控指标排行榜（以风险覆盖率之比大小排序）

排名	公司简称	净资本（亿元）	各项业务风险资本（亿元）	风险覆盖率（%）	净资本与净资产之比（%）
1	中泰信托	40.32	5.24	769.20	83.95
2	华宸信托	6.65	0.92	721.85	60.04
3	长城新盛信托	7.57	1.14	664.59	75.38
4	英大信托	96.22	21.70	443.47	87.11
5	国联信托	54.49	12.91	421.99	86.00
6	苏州信托	45.29	13.26	341.48	83.65
7	国元信托	71.63	21.20	337.81	81.59
8	紫金信托	67.83	20.78	326.43	88.71
9	平安信托	220.81	69.52	317.60	80.82
10	财信信托	55.05	17.86	308.25	76.55
11	华宝信托	84.98	29.73	285.85	68.83
12	兴业信托	149.82	53.66	279.00	81.00
13	北方信托	32.32	11.82	273.52	62.06
14	陆家嘴信托	93.51	34.30	272.62	80.86
15	东莞信托	47.28	17.56	269.17	81.18
16	重庆信托	190.95	71.13	268.45	71.84
17	中铁信托	81.10	30.80	263.27	78.53
18	浙金信托	33.50	12.97	258.22	80.31
19	江苏信托	198.06	76.97	257.31	81.90
20	国民信托	28.75	11.25	255.57	86.98
21	华澳信托	29.23	11.62	251.55	59.87
22	大业信托	25.46	10.43	244.10	81.20
23	杭州工商信托	39.35	16.21	242.74	78.81
24	上海信托	134.36	55.45	242.29	75.55
25	西藏信托	46.11	19.20	240.19	85.61
26	国投泰康信托	82.78	34.59	239.30	70.79
27	昆仑信托	110.80	46.50	238.28	80.87
28	华能信托	227.67	97.18	234.27	89.36
29	华鑫信托	109.22	47.36	230.60	82.66

续表

排名	公司简称	净资本（亿元）	各项业务风险资本（亿元）	风险覆盖率（%）	净资本与净资产之比（%）
30	中诚信托	123.12	53.72	229.20	67.29
31	交银国际信托	124.58	57.37	217.16	87.26
32	中海信托	54.19	16.53	215.21	76.92
33	天津信托	67.69	47.43	213.03	70.08
34	华润信托	146.53	69.84	209.81	53.76
35	粤财信托	76.49	37.46	204.19	81.62
36	中粮信托	55.01	27.08	203.17	80.03
37	陕国投	81.63	41.63	196.07	66.62
38	山东国信	78.69	40.18	195.83	80.61
39	金谷信托	34.84	17.83	195.41	81.79
40	中信信托	221.00	117.00	189.00	69.00
41	百瑞信托	92.11	49.54	185.95	83.29
42	爱建信托	54.00	29.13	185.41	65.19
43	中建投信托	59.11	31.99	184.80	65.10
44	五矿信托	198.75	108.52	183.15	85.82
45	外贸信托	164.86	93.43	176.45	84.49
46	万向信托	29.86	17.17	173.89	78.29
47	北京信托	74.18	44.59	166.34	67.49
48	中航信托	149.78	90.07	166.29	86.19
49	建信信托	163.23	98.32	166.01	72.34
50	西部信托	38.30	23.36	163.94	70.57
51	国通信托	51.77	32.53	159.13	71.97
52	云南信托	27.52	17.32	159.00	82.00
53	山西信托	12.62	8.34	151.32	66.74
54	中原信托	69.42	46.40	149.63	81.16
55	中融信托	150.79	104.32	144.55	78.10
56	长安信托	49.23	35.16	140.00	61.00
57	厦门国际信托	38.26	27.38	139.71	65.83
58	渤海信托	79.42	59.83	132.75	59.82
59	光大兴陇信托	129.82	107.59	120.66	84.12
60	中国民生信托	27.47	31.91	86.09	42.67
61	华融信托	13.31	33.26	40.02	38.89
62	雪松信托	2.94	9.65	30.49	25.15
63	安信信托	-59.61	41.18	-144.75	-1849.56
64	吉林信托	未披露	未披露	未披露	未披露
65	华信信托	未披露	未披露	未披露	未披露
66	新华信托	未披露	未披露	未披露	未披露
67	新时代信托	未披露	未披露	未披露	未披露
68	四川信托	未披露	未披露	未披露	未披露
	合计	5 092.00	2 540.34	200.45	66.76

注：1.合计的净资本与各项业务风险资本之比=63家净资本合计/63家各项业务风险资本。
2.合计的净资本与净资产之比=63家净资本合计/63家公司报表披露净资产之和。
3.本年度有5家信托公司尚未披露年报，故未在本表中披露相关数据。

(七)信托风险赔偿率排行榜

2021年已披露年报的63家信托公司平均信托风险赔偿率为0.281%,较上年的0.249%有所上升,其中34家公司超过平均值(见表3-3-14)。

表3-3-14 信托风险赔偿率排行榜

排名	公司简称	信托风险准备金(万元)	信托资产总额(万元)	信托风险赔偿率(%)
1	华宸信托	8 239.29	78 397.23	10.510
2	杭州工商信托	151 808.00	3 927 802.00	3.865
3	平安信托	917 632.47	46 131 238.93	1.989
4	中泰信托	19 242.08	1 898 389.70	1.014
5	中铁信托	212 914.69	24 830 568.00	0.857
6	爱建信托	87 611.17	10 700 941.14	0.819
7	重庆信托	156 491.18	20 113 912.00	0.778
8	大业信托	43 388.23	5 701 680.61	0.761
9	国联信托	38 846.00	5 270 947.00	0.737
10	国投泰康信托	109 674.73	16 007 020.97	0.685
11	山东国信	114 106.80	16 942 022.98	0.674
12	国元信托	68 057.85	10 360 518.01	0.657
13	北京信托	121 514.72	21 430 830.02	0.567
14	北方信托	43 156.00	8 316 357.06	0.519
15	安信信托	72 043.86	14 536 322.70	0.496
16	国通信托	88 520.39	18 072 703.05	0.490
17	华澳信托	21 694.23	4 509 170.56	0.481
18	东莞信托	31 018.74	6 535 656.94	0.475
19	苏州信托	30 198.27	6 363 753.39	0.475
20	长城新盛信托	4 483.56	981 777.94	0.457
21	财信信托	58 614.78	12 875 420.00	0.455
22	华融信托	43 277.25	9 828 857.64	0.440
23	江苏信托	166 410.88	38 651 761.88	0.431
24	中粮信托	61 884.08	14 605 187.21	0.424
25	中建投信托	72 124.87	17 216 968.64	0.419
26	交银国际信托	234 495.23	59 148 704.21	0.396
27	山西信托	24 893.80	6 342 496.94	0.392
28	中国民生信托	46 719.11	12 208 923.25	0.383
29	华宝信托	127 147.20	36 903 927.53	0.345
30	昆仑信托	64 468.81	19 575 523.91	0.329
31	雪松信托	20 279.80	6 216 973.30	0.326
32	上海信托	199 844.82	62 725 841.46	0.319
33	紫金信托	33 219.38	11 468 405.35	0.290
34	陆家嘴信托	50 813.12	17 951 826.86	0.283
35	长安信托	69 723.68	24 892 761.74	0.280
36	中诚信托	62 198.49	23 516 496.22	0.264
37	兴业信托	75 443.62	28 830 686.66	0.262

续表

排名	公司简称	信托风险准备金（万元）	信托资产总额（万元）	信托风险赔偿率（%）
38	西藏信托	35 049.57	13 692 028.64	0.256
39	厦门国际信托	46 978.00	18 974 606.00	0.248
40	中信信托	233 098.75	97 877 760.11	0.238
41	万向信托	22 536.47	9 746 520.90	0.231
42	天津信托	39 558.40	17 203 246.23	0.230
43	华鑫信托	52 826.88	24 513 627.02	0.216
44	陕国投	41 926.69	19 933 193.14	0.210
45	浙金信托	11 422.19	5 808 298.64	0.197
46	中融信托	121 493.56	63 873 000.51	0.190
47	百瑞信托	75 135.05	40 011 518.15	0.188
48	渤海信托	58 997.05	31 835 549.06	0.185
49	华能信托	149 418.62	80 685 092.94	0.185
50	粤财信托	64 166.14	34 943 217.69	0.184
51	中海信托	62 218.96	34 988 602.50	0.178
52	西部信托	46 998.20	26 928 030.68	0.175
53	五矿信托	130 130.33	81 740 492.94	0.159
54	中航信托	103 023.03	67 747 083.00	0.152
55	华润信托	165 886.37	130 893 807.14	0.127
56	金谷信托	19 757.54	17 422 107.26	0.113
57	外贸信托	116 793.70	110 513 845.91	0.106
58	中原信托	28 801.60	30 686 140.25	0.094
59	英大信托	61 507.56	66 528 232.00	0.092
60	国民信托	16 936.35	18 545 824.59	0.091
61	云南信托	27 118.72	33 220 188.12	0.082
62	光大兴陇信托	59 653.01	109 570 306.56	0.054
63	建信信托	82 091.55	169 772 922.35	0.048
64	吉林信托	未披露	未披露	未披露
65	华信信托	未披露	未披露	未披露
66	新华信托	未披露	未披露	未披露
67	新时代信托	未披露	未披露	未披露
68	四川信托	未披露	未披露	未披露
合计		5 625 725.45	2 003 326 015.36	0.281
平均		89 297.23	31 798 825.64	

注：本年度有5家信托公司尚未披露年报，故未在本表中披露相关数据。

第四章　固有资产报表总体分析

本章分别汇总了2021年已披露年报的63家信托公司固有资产部分的合并报表和单体报表，对于没有合并报表的公司我们在合并报表统计中汇总了单体报表数据；这些报表包括资产负债表、利润表、所有者权益变动表。汇总成报表代表中国信托行业固有资产整体状况，以此来分析中国信托公司固有资产整体的财务状况和经营成果。

一、合并报表数据

（一）固有资产财务状况总体分析

2021年信托行业固有资产总规模为14 751.02亿元（见表4-1-1），比2020年增加了1 339.63亿元，增幅为9.99%。其中，流动资产增加1 579.53亿元，非流动资产减少-239.90亿元，导致资产增长率增长。负债总额为6 222.22亿元，比2020年增加了796.98亿元，增幅为12.60%。所有者权益增加了542.65亿元，主要是实收资本及未分配利润增加所致（见图4-1-1）。

表4-1-1　2021年固有资产汇总资产负债表　　　　　　　　　　　　　　　　　单位：万元

资产	2021年12月31日	2020年12月31日	负债和所有者权益（或股东权益）	2021年12月31日	2020年12月31日
现金及存放中央银行款项	1 956 035.77	2 155 864.04	同业及其他金融机构存放款项	597 343.21	351 079.17
存放同业款项	3 734 438.63	2 975 195.87	向中央银行借款	481 435.35	479 667.49
贵金属	—	—	短期借款	2 644 621.42	2 106 103.74
其他货币资金			拆入资金	17 342 330.13	16 798 434.83
拆出资金	2 177 349.36	1 726 112.17	交易性金融负债	2 611 475.42	1 145 602.08
货币资金	13 130 674.02	11 237 104.54	衍生金融负债	36 243.31	9 117.03
交易性金融资产	51 636 949.36	39 044 838.98	卖出回购金融资产款	6 046 148.75	5 029 755.75
衍生金融资产	22 332.22	15 984.39	存入保证金	978 994.93	799 669.10
买入返售金融资产	4 747 716.28	3 860 827.98	应付款项	500 916.98	343 993.06
应收利息	50 508.10	46 157.23	应付手续费及佣金	11.13	14.15
应收股利	5 553.67	25 601.17	预收款项（合同负债）	672 808.67	535 427.44
分为贷款和应收款类的投资	56 427.88	1 314 954.37	应付职工薪酬	2 669 838.26	2 555 057.35
应收手续费及佣金	4 253.73	16 702.93	应交税费	1 979 016.71	2 038 077.20
应收款项	983 124.72	702 888.73	代理买卖证券款	7 505 015.92	5 995 754.80
结算备付金	1 047 724.52	1 096 581.09	代理业务负债	—	238 130.50
存出保证金	1 291 043.59	874 081.64	应付利息	20.91	306.09
其他应收款	1 301 671.83	1 122 610.85	应付股利	75 393.80	240 584.65
预付款项	17 505.94	11 632.50	其他应付款	2 914 191.58	3 249 235.92
存货	124 750.07	151 704.75	一年内到期的非流动负债	22 866.49	8 843.31
其他流动资产	102 353.27	216 284.74	其他流动负债	134 679.40	94 088.00
流动资产合计	**82 390 412.96**	**66 595 127.98**	**流动负债合计**	**47 213 352.37**	**42 018 941.67**
发放贷款和垫款	24 117 665.71	21 736 261.01	长期借款	274 430.40	123 342.64
债权投资	14 309 094.05	15 012 119.41	租赁负债	492 593.24	359 245.81
其他债权投资	5 888 214.68	4 537 773.13	应付债券	12 301 522.61	11 047 671.06
其他权益工具投资	1 705 269.58	1 584 219.57	递延收益	17 999.52	31 457.48
可供出售金融资产	531 497.01	7 571 210.97	长期应付款	2 802.45	4 146.06
长期股权投资	8 879 778.71	8 663 960.69	预计负债	1 103 512.97	783 657.61
投资性房地产	154 565.72	100 989.89	递延所得税负债	195 809.87	272 526.68
持有至到期投资	96 169.90	446 941.90	其他负债	9 634 682.73	8 625 946.26

续表

资产	2021年12月31日	2020年12月31日	负债和所有者权益（或股东权益）	2021年12月31日	2020年12月31日
固定资产	406 618.40	364 141.02	长期负债合计	24 023 353.79	21 247 993.60
使用权资产	503 515.53	374 133.80	负债合计	71 236 706.15	63 266 935.27
在建工程	257 246.02	91 568.11	所有者权益（或股东权益）：		
无形资产	234 852.26	196 259.88	实收资本（或股本）	30 373 189.12	29 178 848.20
开发支出	8 594.03	5 291.45	资本公积	7 299 460.53	6 553 744.92
长期待摊费用	15 537.63	20 735.97	其他综合收益	181 074.32	483 943.43
递延所得税资产	2 817 840.44	2 194 238.64	盈余公积	5 969 025.53	5 416 237.80
抵债资产	11 697.70	3 279.70	信托赔偿准备金	1 382 527.64	1 268 532.43
代理业务资产	—	—	一般风险准备	4 243 197.82	3 629 887.57
商誉	48 940.52	48 940.52	未分配利润	21 587 949.71	19 487 057.61
信托受益权	—	—	归属于母公司所有者权益合计	71 036 424.66	66 018 251.95
其他非流动资产	5 132 688.14	4 566 687.70	少数股东权益	5 237 068.16	4 828 694.15
非流动资产合计	65 119 786.01	67 518 753.39	所有者权益（或股东权益）合计	76 273 492.82	70 846 946.10
资产总计	147 510 198.97	134 113 881.37	负债和所有者权益（或股东权益）总计	147 510 198.97	134 113 881.37

注：1. 其他非流动资产中包含了报表尾差。
2. 本年度有5家信托公司尚未披露年报，故未在本表中披露相关数据。

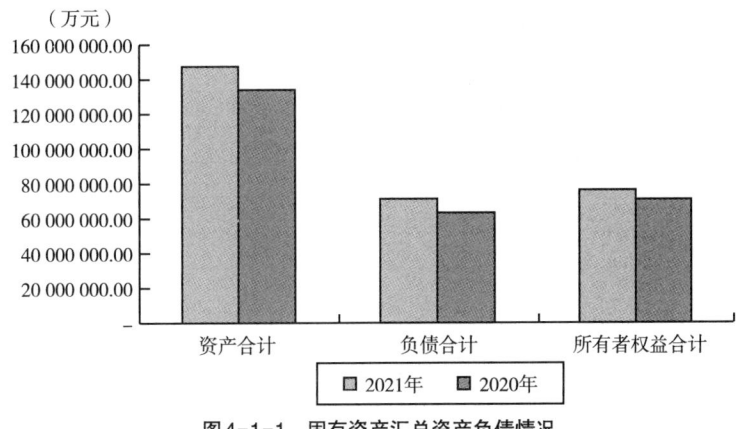

图4-1-1　固有资产汇总资产负债情况

我们对资产负债表按大类进行了分析，其增减变动情况如表4-1-2所示。

表4-1-2　　　　　　　　　2021年固有资产汇总简式资产负债表增减变动明细

项目	2021年（万元）	2020年（万元）	增减额（万元）	增减率（%）	平均每户增减（万元）
流动资产	82 390 412.96	66 595 127.98	15 795 284.97	23.72	250 718.81
非流动资产	65 119 786.01	67 518 753.39	-2 398 967.38	-3.55	-38 078.85
资产合计	147 510 198.97	134 113 881.37	13 396 317.60	9.99	212 639.96
流动负债	47 213 352.37	42 018 941.67	5 194 410.70	12.36	82 450.96
长期负债	24 023 353.79	21 247 993.60	2 775 360.18	13.06	44 053.34
负债合计	71 236 706.15	63 266 935.27	7 969 770.88	12.60	126 504.30
归属于母公司所有者权益	71 036 424.66	66 018 251.95	5 018 172.71	7.60	79 653.54
少数股东权益	5 237 068.16	4 828 694.15	408 374.01	8.46	6 482.13
所有者权益合计	76 273 492.82	70 846 946.10	5 426 546.72	7.66	86 135.66
资产负债率（%）	48.29	47.17	1.12	2.37	

注：本年度有5家信托公司尚未披露年报，故本表合计数未包含5家数据。

2021年信托行业固有资产资产负债率为48.29%，较上年略有上升，主要是负债增长率大于资产增长率所致。

（二）固有资产经营成果总体分析

2021年信托行业汇总利润总额为720.94亿元，较上年的694.88亿元增加了3.75%；汇总综合收益总额为536.76亿元，较上年增加了4.48%（见表4-1-3）。

汇总利润表中，2021年营业总收入为1 563.78亿元，小幅增长2.85%。其中，手续费及佣金净收入1 042.58亿元，占营业总收入的66.67%，投资收益360.24亿元，占营业收入的23.04%；营业总支出为833.50亿元，增长2.86%，其中业务及销售管理费用450.54亿元，占营业总支出的54.75%。

表4-1-3　　　　　　　　　　　　　　　2021年汇总利润表

项目	2021年实际数（万元）	2020年实际数（万元）	增减数 金额（万元）	比例（%）
一、营业总收入	15 637 814.52	15 204 906.49	432 908.03	2.85
1.营业收入	476.88	178.83	298.05	166.67
2.利息净收入	1 060 047.53	839 459.69	220 587.83	26.28
利息收入	2 740 540.42	2 494 157.44	246 382.98	9.88
利息支出	1 680 492.90	1 654 697.75	25 795.15	1.56
3.金融企业往来净收入	—	—	—	—
金融企业往来收入	—	—	—	—
金融企业往来支出	—	—	—	—
4.手续费及佣金净收入	10 425 830.33	9 951 409.13	474 421.20	4.77
手续费及佣金收入	10 809 479.49	10 254 377.65	555 101.84	5.41
手续费及佣金支出	383 649.15	302 968.51	80 680.64	26.63
5.租赁收入	—	—	—	—
6.投资收益（损失以"-"号填列）	3 602 382.84	3 418 771.83	183 611.01	5.37
7.公允价值变动收益（损失以"-"号填列）	-1 082 370.48	-141 862.41	-940 508.08	662.97
8.汇兑收益（损失以"-"号填列）	-4 882.45	-4 164.63	-717.82	17.24
9.其他业务收入	1 430 827.70	974 857.90	455 969.80	46.77
10.资产处置收益（亏损以"-"号填列）	4 668.07	673.23	3 994.84	593.39
11.基金管理收入	—	—	—	—
12.补贴收入（其他收益）	200 834.09	165 582.91	35 251.19	21.29
13.信托业务收入	—	—	—	—
14.担保业务收入	—	—	—	—
15.房地产销售收入	—	—	—	—
二、营业总支出	8 334 953.24	8 103 586.81	231 366.43	2.86
1.营业成本	1 310.84	1 188.82	122.02	10.26
2.营业税金及附加	184 615.62	175 238.76	9 376.87	5.35
3.业务及销售管理费用	4 505 409.62	4 342 232.75	163 176.87	3.76
4.财务费用	—	—	—	—
5.资产减值损失	694 544.85	1 311 866.03	-617 321.18	-47.06
6.其他业务成本	1 287 817.56	709 541.07	578 276.49	81.50
7.信用减值损失	1 661 254.74	1 563 519.38	97 735.36	6.25
三、营业利润（亏损以"-"号填列）	7 302 861.28	7 101 319.69	201 541.60	2.84
加：营业外收入	55 542.73	47 867.34	7 675.39	16.03
减：营业外支出	149 006.18	200 383.22	-51 377.04	-25.64
四、利润总额（亏损总额以"-"号填列）	7 209 397.84	6 948 803.81	260 594.03	3.75
减：所得税费用	1 699 339.57	1 752 157.08	-52 817.51	-3.01

续表

项目	2021年实际数(万元)	2020年实际数(万元)	增减数	
			金额(万元)	比例(%)
五、净利润(净亏损以"-"号填列)	5 510 058.27	5 196 646.73	313 411.54	6.03
其中:被合并方在合并前实现的净利润	952 657.86	1 189 053.66	-236 395.80	-19.88
归属于母公司所有者的净利润	1 834 905.73	1 756 219.44	78 686.28	4.48
少数股东损益	111 633.02	77 644.09	33 988.93	43.78
六、其他综合收益	-142 490.72	-59 112.00	-83 378.71	141.05
七、综合收益总额	5 367 567.55	5 137 534.72	230 032.83	4.48

注:本年度有5家信托公司尚未披露年报,故本表合计数未包含5家数据。

另外,2021年由于会计政策变更等原因,部分公司对年初数进行了追溯调整,各科目的期初数和上年末数有所差异,以本年报告披露数为准。

(三)固有资产所有者权益总体分析

2021年所有者权益为7 627.35亿元,较上年增加542.65亿元,增幅7.66%,其中,股本占比为39.82%,较上年略有下降;资本公积占比为9.57%,较上年略有上升;其他综合收益占比为0.24%,较上年下降62.58%,盈余公积占比为7.64%,较上年略有增长,风险准备金占比为7.38%,较上年有所增长,未分配利润占比为28.30%,较上年略有增长。从表4-1-4及图4-1-2可以看出,本年所有者权益结构与上年基本相同。

表4-1-4　　　　　　　　　　　　　固有资产所有者权益的组成占比

项目	2021年		2020年		2021年增减	
	金额(万元)	比率(%)	金额(万元)	比率(%)	金额(万元)	比率(%)
股本	30 373 189.12	39.82	29 178 848.20	41.19	1 194 340.92	4.09
资本公积	7 299 460.53	9.57	6 553 744.92	9.25	745 715.61	11.38
其他综合收益	181 074.32	0.24	483 943.43	0.68	-302 869.11	-62.58
盈余公积	5 969 025.53	7.83	5 416 237.80	7.64	552 787.73	10.21
风险准备金	5 625 725.45	7.38	4 898 420.00	6.91	727 305.45	14.85
未分配利润	21 587 949.71	28.30	19 487 057.61	27.51	2 100 892.11	10.78
归属于母公司所有者权益合计	71 036 424.66	93.13	66 018 251.95	93.18	5 018 172.71	7.60
少数股东权益	5 237 068.16	6.87	4 828 694.15	6.82	408 374.01	8.46
所有者权益合计	76 273 492.82	100.00	70 846 946.10	100.00	5 426 546.72	7.66

注:本年度有5家信托公司尚未披露年报,故本表合计数未包含5家数据。

已披露年报的63家信托公司2021年股本共增加119.43亿元(见表4-1-5),2021年股本发生变动的情况分析见第一章。

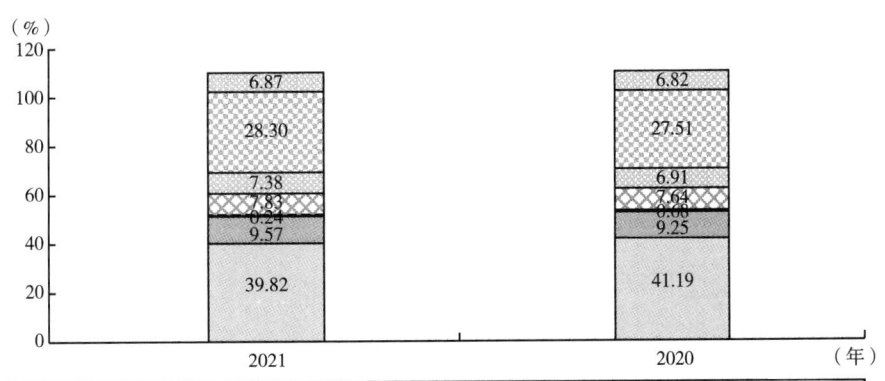

图4-1-2　固有资产所有者权益结构

表4-1-5　2021年汇总所有者权益变动表

单位：万元

项目	本年金额									
	归属于母公司所有者权益								少数股东权益	所有者权益合计
	实收资本（或股本）	资本公积	其他综合收益	盈余公积	信托赔偿准备	一般风险准备	未分配利润			
一、上年末余额	29 178 848.21	6 553 743.92	402 918.27	5 439 227.93	1 279 553.23	3 635 992.61	19 652 224.38		4 828 694.12	70 971 202.66
加：会计政策变更	—	—	41 888.23	−24 408.24	−10 120.97	−6 712.08	−482 200.40		−79.43	−481 632.89
前期差错更正	—	—	−34 061.22	2 523.37	−949.34	1 212.75	51 469.07		—	20 194.63
其他	—	—	—	—	—	—	—		—	—
二、本年年初余额	29 178 848.21	6 553 743.92	410 745.29	5 417 343.06	1 268 482.92	3 630 493.28	19 221 493.05		4 828 614.69	70 509 764.41
三、本年增减变动金额（减少以"−"号填列）	1 194 340.92	745 715.62	−229 669.47	551 683.52	114 044.72	612 704.62	2 383 089.14		408 453.45	5 780 362.51
（一）净利润	—	—	—	—	—	—	5 117 725.39		−1 519.23	5 116 206.17
（二）其他综合收益	90 135.41	90 135.41	−154 457.41	—	—	—	—		−1 519.23	5 051 884.17
1. 可供出售金融资产公允价值变动净额	—	—	−154 457.41	—	—	—	—		—	−64 322.00
2. 权益法下被投资单位其他所有者权益变动的影响	—	1.30	−12 790.91	—	—	—	—		—	−12 790.91
3. 与计入所有者权益项目相关的所得税影响	—	—	10 612.95	—	—	—	—		—	10 614.25
4. 其他	—	90 050.69	−75 104.90	—	—	—	—		—	−75 104.90
5.未披露	—	83.42	−19 394.43	—	—	—	—		—	70 656.26
净利润及其他综合收益小计	—	—	−57 780.12	—	—	—	—		—	−57 696.70
（三）所有者投入和减少资本	935 405.62	813 475.10	—	545 546.56	110 352.70	612 633.00	1 602.12		494 326.83	2 244 809.66
1. 所有者投入资本	935 405.62	824 124.10	—	545 546.56	110 352.70	322.09	—		499 530.45	2 259 060.16
2. 股份支付计入所有者权益的金额	—	−10 592.76	—	—	—	612 310.90	—		−5 544.09	−16 136.85
3. 分立减资（或其他）	—	−56.24	—	—	—	—	1 602.12		340.47	1 886.35
（四）利润分配	—	—	—	545 546.56	3 692.02	71.62	−2 701 227.15		−83 084.71	−1 515 779.61
1. 提取盈余公积	—	—	—	545 546.56	—	—	−545 546.56		—	—
2. 提取信托赔偿准备	—	—	—	—	110 352.70	322.09	−110 674.79		—	—
3. 一般风险准备	—	—	—	—	—	612 310.90	−665 015.54		−5 544.09	−52 704.64
4. 所有者的分配	—	—	−75 212.06	—	—	—	−1 380 461.65		−74 159.24	−1 454 620.89
5. 其他	—	—	−75 212.06	6 136.96	3 692.02	71.62	471.39		−8 925.47	−8 454.08
（五）所有者权益内部结转	258 935.30	−157 894.89	181 075.82	5 969 026.57	—	—	−35 011.22		−1 269.44	−551.71
1. 资本公积转增资本	163 935.30	−163 935.30	—	—	—	—	—		—	—
2. 盈余公积转增资本	—	—	—	6 136.96	—	—	—		—	—
3. 盈余公积弥补亏损	95 000.00	6 040.42	—	—	—	—	−35 011.22		−1 269.44	−551.71
其他	—	—	—	—	—	—	—		—	—
未披露变更原因的调整事项	—	—	—	—	3 692.02	71.62	−16 629.52		—	−16 629.52
四、本年末余额	30 373 189.13	7 299 459.54	—	—	1 382 527.64	4 243 197.90	21 587 952.67		5 237 068.14	76 273 497.40

续表

项目	上年金额								
	归属于母公司所有者权益							少数股东权益	所有者权益合计
	实收资本（或股本）	资本公积	其他综合收益	盈余公积	信托赔偿准备	一般风险准备	未分配利润		
一、上年年末余额	26 234 335.03	7 167 906.05	453 740.59	4 882 113.88	1 167 693.03	3 129 666.78	18 461 798.65	4 362 749.48	65 850 003.50
加：会计政策变更	—	—	−719.54	—	—	−8.61	686.27	—	−55.12
前期差错更正	—	—	—	−13.24	—	—	−9 794.77	—	−9 794.77
其他	—	—	—	—	—	—	−9.16	—	−9.16
二、本年年初余额	26 234 335.03	7 167 906.05	453 021.05	4 882 100.64	1 167 693.03	3 129 658.17	18 452 681.00	4 362 749.48	65 850 144.45
三、本年增减变动金额（减少以"—"号填列）	2 814 513.18	−613 480.41	−50 102.76	557 127.28	111 860.20	506 334.47	1 329 543.38	427 331.85	5 083 127.17
（一）净利润	—	−5 411.38	−51 787.90	—	—	—	4 839 312.24	309 070.72	5 091 183.68
（二）其他综合收益	—	—	−51 787.90	—	—	—	—	309 071.01	5 148 383.25
1. 可供出售金融资产公允价值变动净额	—	−5 411.38	−51 787.90	—	—	—	—	−0.29	−57 199.57
2. 权益法下被投资单位其他所有者权益变动的影响	—	—	−26 345.20	—	—	—	—	—	−26 345.20
3. 与计入其他所有者权益项目相关的所得税影响	—	−384.19	−15 991.32	—	—	—	—	—	−16 375.51
4. 其他	—	1.00	−9 147.11	—	—	—	—	−0.29	−9 146.11
5. 未披露	—	−5 028.19	−2 020.65	—	—	—	—	—	−7 049.13
净利润及其他综合收益小计	—	—	1 716.38	—	—	—	—	—	1 716.38
（三）所有者投入和减少资本	1 729 013.63	193 468.57	—	580 529.20	—	506 317.56	159.77	240 517.00	2 163 158.97
1. 所有者投入资本	1 729 013.63	202 635.10	—	580 529.20	—	5 721.37	230.39	248 673.44	2 180 552.55
2. 股份支付计入所有者权益的金额	—	−14 277.89	—	—	—	500 596.19	−70.61	−6 726.16	−21 004.05
3. 分立减资（或其他）	—	5 111.37	—	—	—	—	—	−1 430.28	3 610.47
（四）利润分配	—	—	—	—	111 860.20	—	−3 340 183.61	−121 265.71	−2 262 742.38
1. 提取盈余公积	—	—	—	580 529.20	—	—	−580 529.20	—	—
2. 提取信托赔偿准备	—	—	—	—	111 860.20	5 721.37	−117 581.57	—	—
3. 一般风险准备	—	—	—	—	—	500 596.19	−500 596.19	—	—
4. 所有者的分配	—	—	—	—	—	—	−2 136 461.10	−116 193.39	−2 252 654.49
5. 其他	—	—	1 685.14	—	—	—	−5 015.56	−5 072.33	−10 087.89
（五）所有者权益内部结转	1 085 499.55	−801 537.60	—	−23 401.92	—	16.91	−169 745.02	−990.16	91 526.90
1. 资本公积转增资本	898 107.09	−898 107.09	—	—	—	—	—	—	—
2. 盈余公积转增资本	23 401.92	—	—	−23 401.92	—	—	—	—	—
3. 盈余公积弥补亏损	—	—	—	—	—	—	—	—	—
4. 其他	163 990.54	96 569.49	1 685.14	—	—	16.91	−169 745.02	−990.16	91 526.90
未披露变更原因的调整事项	50 000.00	−681.73	—	—	—	—	−50 000.00	—	−681.73
四、本年年末余额	29 098 848.21	6 553 743.92	402 918.28	5 439 227.92	1 279 553.23	3 635 992.63	19 732 224.38	4 790 081.33	70 932 589.89

注：1. 在编制汇总所有者权益变动表中，存在部分公司与资产负债表数据上的尾差，故本表格尾差调整。
2. 本年度有5家信托公司尚未披露年报，故总表合计数未包含5家数据。

（四）固有资产报表结构比率分析

1.资产结构分析

2021年信托行业整体固有资产总额为14 751.02亿元，比2020年增长9.99%；其中，流动资产增长23.72%，非流动资产下降3.55%（见表4-1-6）。固有资产比重结构见图4-1-3所示。

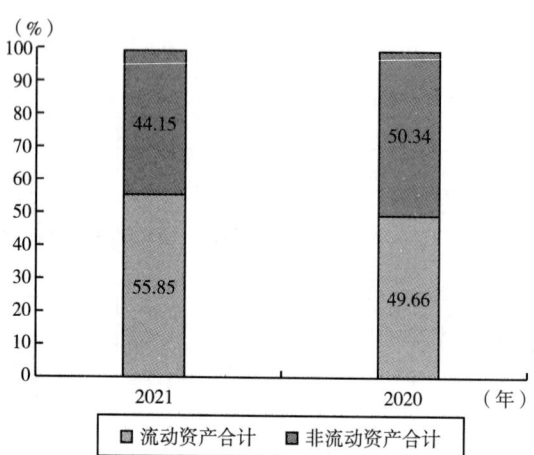

图4-1-3　固有资产资产比重

表4-1-6　　　　　　　　　　　　　固有资产汇总报表资产结构分析

科目	2021年12月31日		2020年12月31日		增减	
	金额（万元）	占比（%）	金额（万元）	占比（%）	金额（万元）	比例（%）
货币资产	20 998 497.78	14.24	18 094 276.63	13.49	2 904 221.15	16.05
金融资产	56 406 997.86	38.24	42 921 651.36	32.00	13 485 346.50	31.42
往来资产	4 757 813.98	3.23	5 211 210.51	3.89	-453 396.53	-8.70
其他流动资产	227 103.34	0.15	367 989.49	0.27	-140 886.15	-38.29
流动资产合计	82 390 412.96	55.85	66 595 127.98	49.66	15 795 284.97	23.72
长期投资等投资资产	55 527 689.64	37.64	59 552 486.70	44.40	-4 024 797.06	-6.76
固定资产等实物资产	1 321 945.66	0.90	930 832.82	0.69	391 112.84	42.02
无形资产等非实物资产	319 622.13	0.22	274 507.53	0.20	45 114.60	16.43
其他非流动资产	7 950 528.58	5.39	6 760 926.34	5.04	1 189 602.24	17.60
非流动资产合计	65 119 786.01	44.15	67 518 753.39	50.34	-2 398 967.38	-3.55
资产合计	147 510 198.97	100.00	134 113 881.37	100.00	13 396 317.60	9.99

注：本年度有5家信托公司尚未披露年报，故本表合计数未包含5家数据。

由于在统计分析过程中，各家公司审计报告的科目设置并不一致，我们根据资产的流动属性将资产重新分类，分类明细如下。

流动资产包括：（1）货币资产。该资产包括现金及存放中央银行款项、存放同业款项、贵金属、其他货币资金、拆出资金、货币资金。（2）金融资产。该资产包括交易性金融资产、衍生金融资产、买入返售金融资产。（3）往来资产。该资产包括应收利息、应收股利、分为贷款和应收款类的投资、应收手续费及佣金、应收款项、结算备付金、存出保证金、其他应收款、预付款项。（4）其他流动资产。该资产包括存货及其他流动资产。

非流动资产包括：（1）长期投资等投资资产。该资产包括发放贷款和垫款、可供出售金融资产、长期应收款、长期股权投资、持有至到期投资、债权投资、其他权益工具投资、其他债权投资。（2）固定资产等实物资产。该资产包括投资性房地产、固定资产、使用权资产、在建工程。（3）无形资产。该资产包括无形资产、开发支出、长期待摊费用、抵债资产、代理业务资产、商誉、信托受益权。（4）其他非流动资产。该资产包括核算递延所得税资产和其他资产项目。

2021年流动资产总额为8 239.04亿元，比上年增长23.72%，主要为金融资产增加；流动资产占资产总额的55.85%，比2020年增加了1 579.53亿元。非流动资产为6 511.98亿元，比上年的6 751.88亿元，下降了-239.90亿元，主要表现在长期投资等投资资产的增长。

从资产项目结构来看，长期投资等长期资产、金融资产占比依然较大（见图4-1-4、图4-1-5）。其中，长期投资等投资资产占比37.64%、金融资产占比38.24%，两者共占总资产的75.88%；与上年的76.41%基本持平。

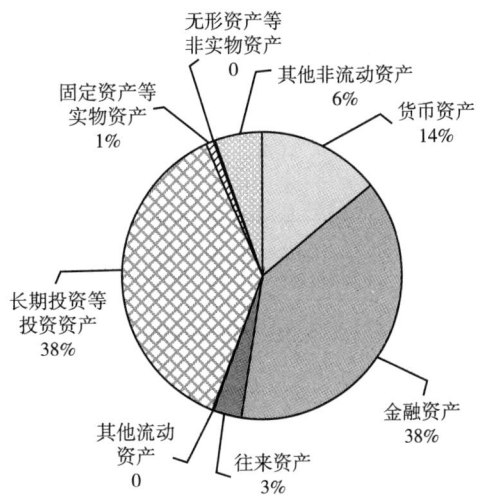

图4-1-4　2021年固有资产汇总报表资产结构

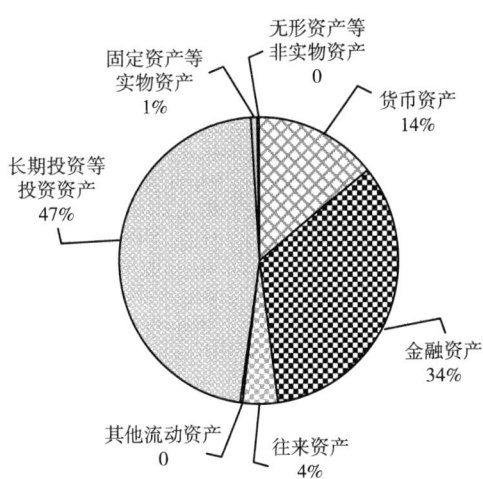

图4-1-5　2020年固有资产汇总报表资产结构

2.负债结构分析

2021年整个信托行业的负债结构并未发生重大变化，整体负债随着资产的增长上升12.60%，其中流动负债增长12.36%，长期负债增加13.06%（见表4-1-7和图4-1-6）。

表4-1-7　　　　　　　　　　　　　固有资产汇总报表负债结构分析

科目	2021年12月31日		2020年12月31日		增减	
	金额（万元）	比例（%）	金额（万元）	比例（%）	金额（万元）	比例（%）
流动负债合计	47 213 352.37	66.28	42 018 941.67	66.42	5 194 410.70	12.36
长期负债合计	24 023 353.79	33.72	21 247 993.60	33.58	2 775 360.18	13.06
合计	71 236 706.15	100.00	63 266 935.27	100.00	7 969 770.88	12.60

注：本年度有5家信托公司尚未披露年报，故本表合计数未包含5家数据。

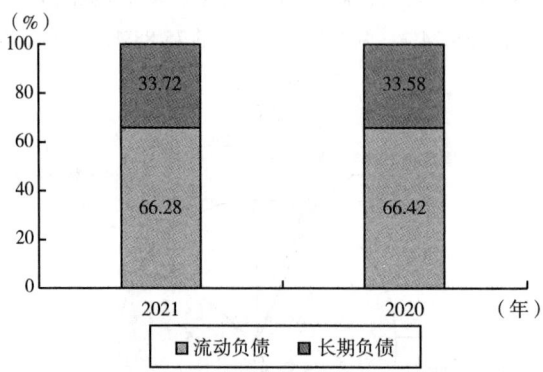

图4-1-6　固有资产汇总报表负债结构

2021年，长期负债比上年增加了277.54亿元，其中仅递延收益、长期应付款及递延所得税负债有所减少（见表4-1-8）。

表4-1-8　　　　　　　　　　　　　固有资产汇总报表长期负债结构分析表

科目	2021年12月31日		2020年12月31日		增减	
	金额（万元）	比例（%）	金额（万元）	比例（%）	金额（万元）	比例（%）
长期借款	274 430.40	1.14	123 342.64	0.58	151 087.76	122.49
租赁负债	492 593.24	2.05	359 245.81	1.69	133 347.43	37.12
应付债券	12 301 522.61	51.21	11 047 671.06	51.99	1 253 851.55	11.35
递延收益	17 999.52	0.07	31 457.48	0.15	-13 457.96	-42.78
长期应付款	2 802.45	0.01	4 146.06	0.02	-1 343.61	-32.41
预计负债	1 103 512.97	4.59	783 657.61	3.69	319 855.36	40.82
递延所得税负债	195 809.87	0.82	272 526.68	1.28	-76 716.81	-28.15
其他负债	9 634 682.73	40.11	8 625 946.26	40.60	1 008 736.47	11.69
长期负债合计	24 023 353.79	100.00	21 247 993.60	100.00	2 775 360.18	13.06

注：本年度有5家信托公司尚未披露年报，故本表合计数未包含5家数据。

3.偿债能力分析

（1）资产负债率分析

2021年信托公司汇总资产负债率为48.29%，较上年略有上升（见表4-1-9）。

资产负债率=汇总负债总额/汇总资产总额×100%。

表4-1-9　　　　　　　　　　　　固有资产汇总报表资产负债率分析　　　　　　　　　　　　单位：%

项目	2021年	2020年	增减
资产负债率	48.29	47.17	1.12

注：本年度有5家信托公司尚未披露年报，故本表合计数未包含5家数据。

（2）流动比率分析

2021年固有资产流动比例为1.75，较上年上升了0.16，企业短期偿债能力有所回升。各家公司中流动比率增长的有38家公司，增长最多的为中航信托；现金比率减少的有25家公司，减少最多的为昆仑信托。其中，2021年流动比率大于1的有60家，低于1的仅有3家（见表4-1-10）。

流动比率=汇总流动资产/汇总流动负债。

表4-1-10　　　　　　　　　　　　固有资产汇总报表流动比率分析　　　　　　　　　　　　单位：%

项目	2021年	2020年	增减
流动比率	1.75	1.58	0.16

注：本年度有5家信托公司尚未披露年报，故本表合计数未包含5家数据。

（3）现金比率分析

现金偿债比率较上年下降0.06（见表4-1-11）。

现金偿债比率=汇总（货币资金+存放中央银行款项+存放同业款项+其他货币资金）/汇总流动负债。

表4-1-11　　　　　　　　　　　　固有资产汇总现金偿债比率分析

项目	2021年	2020年	增减
现金偿债比率	0.44	0.50	-0.06

注：本年度有5家信托公司尚未披露年报，故本表合计数未包含5家数据。

4.盈利能力分析

（1）营业利润分析

2021年度信托行业整体营业利润率与2020年持平仍为46.70%，营业总收入与营业成本增长幅度一致（见表4-1-12）。

表4-1-12　　　　　　　　　　　　固有资产汇总报表营业利润率

项目	2021年（万元）	2020年（万元）	增减（万元）	变动比率（%）
营业总收入	15 637 814.52	15 204 906.49	432 908.03	2.85
营业总成本	8 334 953.24	8 103 586.81	231 366.43	2.86
营业利润	7 302 861.28	7 101 319.69	201 541.60	2.84
营业利润率（%）	46.70	46.70	—	—

注：本年度有5家信托公司尚未披露年报，故本表合计数未包含5家数据。

（2）收入结构分析

2021年营业总收入为1 563.78亿元，较上年的1 520.49亿元增加了43.29亿元，增幅为2.85%。从表4-1-13可以看出，除汇兑收益与公允价值变动损益有所下降，其余均有所上涨。其中手续费及佣金净收入及其他业务收入增加金额最大，合计增长96.96亿元，营业总收入构成中，手续费及佣金净收入占比最大，达到66.67%，其次是投资收益，占比23.04%，总体结构与去年基本保持一致。

表4-1-13　　　　　　　　　　　　固有资产汇总报表营业收入组成明细

项目	2021年		2020年		增减	
	金额（万元）	比例（%）	金额（万元）	比例（%）	金额（万元）	比例（%）
1.营业收入	476.88	—	178.83	—	298.05	166.67
2.利息净收入	1 060 047.53	6.78	839 459.69	5.52	220 587.83	26.28
3.金融企业往来净收入	—	—	—	—	—	—
4.手续费及佣金净收入	10 425 830.33	66.67	9 951 409.13	65.45	474 421.20	4.77
5.租赁收入	—	—	—	—	—	—
6.投资收益	3 602 382.84	23.04	3 418 771.83	22.48	183 611.01	5.37
7.公允价值变动损益	-1 082 370.48	-6.92	-141 862.41	-0.93	-940 508.08	662.97
8.汇兑收益	-4 882.45	-0.03	-4 164.63	-0.03	-717.82	17.24
9.其他业务收入	1 636 329.86	10.46	1 141 114.04	7.50	495 215.83	43.40
营业总收入合计	15 637 814.52	100.00	15 204 906.49	100.00	432 908.03	2.85

注：1.其他业务收入中包含了其他业务收入、补贴收入和资产处置收入等。
　　2.本年度有5家信托公司尚未披露年报，故本表合计数未包含5家数据。

（3）固有业务资产收益率分析

从表4-1-14可以看出，2021年整个信托行业的总资产收益率为3.74%，比2020年减少0.14%；净资产收益为7.22%，比2020年减少了0.11%。主要是因为净利润增长幅度小于净资产增长幅度。58家信托公司净资产收益率为正值，5家净资产收益率为负值，超过6%的公司有43家（详见表3-1-11）。

表4-1-14　　　　　　　　　　　　固有资产汇总报表资产收益率情况

项目名称	2021年（万元）	2020年（万元）	增减（%）
净利润	5 510 058.27	5 196 646.73	6.03
净资产	76 273 492.82	70 846 946.10	7.66
净资产收益率（%）	7.22	7.34	-0.11
总资产	147 510 198.97	134 113 881.37	9.99
总资产收益率（%）	3.74	3.87	-0.14

注：本年度有5家信托公司尚未披露年报，故本表合计数未包含5家数据。

（4）综合收益总额分析

2021年整个信托行业的综合收益总额为536.76亿元，比2020年减少23.00亿元，上升4.48%。其中，净利润上升6.03%，其他综合收益下降141.05%。与2020年相比有小幅上涨（见表4-1-15）。

表4-1-15　　　　　　　　　　　　汇总综合收益总额变动情况

项目	2021年（万元）	2020年（万元）	增减额（万元）	增减率（%）
营业利润	7 302 861.28	7 101 319.69	201 541.60	2.84
营业外收入	55 542.73	47 867.34	7 675.39	16.03
营业外支出	149 006.18	200 383.22	-51 377.04	-25.64
利润总额	7 209 397.84	6 948 803.81	260 594.03	3.75
所得税费用	1 699 339.57	1 752 157.08	-52 817.51	-3.01
净利润	5 510 058.27	5 196 646.73	313 411.54	6.03
其他综合收益	-142 490.72	-59 112.00	-83 378.71	-141.05
综合收益总额	5 367 567.55	5 137 534.72	230 032.83	4.48

注：本年度有5家信托公司尚未披露年报，故本表合计数未包含5家数据。

2021年度已披露年报的63家信托公司中,综合收益出现亏损有7家公司(见表4-1-16)。

表4-1-16　　　　　　　　　　　　　固有资产综合收益的组成占比

排名	公司简称	利润总额(万元)	所得税费用(万元)	净利润(万元)	其他综合收益(万元)	综合收益总额(万元)	占总额比例(%)
1	平安信托	653 838.10	171 964.08	481 874.02	16 067.05	497 941.07	9.28
2	华能信托	502 005.44	121 663.48	380 341.96	—	380 341.96	7.09
3	中信信托	442 988.34	92 745.71	350 242.63	−889.20	349 353.43	6.51
4	华润信托	388 294.87	47 230.48	341 064.39	−6 471.95	334 592.44	6.23
5	重庆信托	386 879.40	75 225.47	311 653.93	4 059.39	315 713.32	5.88
6	建信信托	323 813.44	81 080.79	242 732.65	−565.27	242 167.38	4.51
7	五矿信托	313 380.40	77 153.16	236 227.24	—	236 227.24	4.40
8	江苏信托	225 317.10	21 348.57	203 968.53	9 017.27	212 985.80	3.97
9	上海信托	272 980.81	68 543.12	204 437.69	−1 353.08	203 084.61	3.78
10	陆家嘴信托	211 802.93	53 021.79	158 781.14	—	158 781.14	2.96
11	光大兴陇信托	208 783.17	52 816.33	155 966.84	−1 005.03	154 961.81	2.89
12	外贸信托	213 222.60	48 730.17	164 492.43	−12 081.68	152 410.75	2.84
13	粤财信托	163 232.16	14 891.81	148 340.35	−252.88	148 087.47	2.76
14	中航信托	220 985.79	63 390.47	157 595.32	−22 474.79	135 120.53	2.52
15	华宝信托	198 780.00	65 128.33	133 651.67	−30.61	133 621.06	2.49
16	国投泰康信托	176 508.55	47 613.83	128 894.72	—	128 894.72	2.40
17	中融信托	187 132.62	38 475.90	148 656.72	−21 259.46	127 397.26	2.37
18	英大信托	160 239.46	37 004.49	123 234.97	850.18	124 085.15	2.31
19	交银国际信托	164 310.37	40 777.16	123 533.21	—	123 533.21	2.30
20	华鑫信托	149 421.95	36 060.10	113 361.85	—	113 361.85	2.11
21	北京信托	148 397.42	36 357.56	112 039.86	−962.98	111 076.88	2.07
22	中诚信托	104 445.50	4 266.11	100 179.39	−1 206.79	98 972.60	1.84
23	爱建信托	130 324.19	32 790.78	97 533.41	—	97 533.41	1.82
24	兴业信托	119 162.88	25 656.76	93 506.12	1 178.41	94 684.53	1.76
25	百瑞信托	112 036.39	27 928.43	84 107.96	1 848.24	85 956.20	1.60
26	中铁信托	106 901.43	22 963.05	83 938.37	—	83 938.37	1.56
27	厦门国际信托	104 927.00	23 477.00	81 450.00	−12.00	81 438.00	1.52
28	紫金信托	104 351.42	25 019.07	79 332.35	—	79 332.35	1.48
29	财信信托	97 882.81	22 546.55	75 336.26	−753.65	74 582.61	1.39
30	国元信托	77 244.72	12 502.76	64 741.96	5 573.31	70 315.27	1.31
31	万向信托	91 539.07	21 515.36	70 023.70	—	70 023.70	1.30
32	苏州信托	78 915.57	19 210.56	59 705.01	−1 527.42	58 177.59	1.08
33	陕国投	97 742.11	24 519.65	73 222.47	−15 629.51	57 592.96	1.07
34	国联信托	58 184.00	5 183.00	53 001.00	3 512.00	56 513.00	1.05
35	国通信托	75 275.25	18 837.88	56 437.38	—	56 437.38	1.05
36	天津信托	62 581.12	7 846.57	54 734.55	1 278.86	56 013.41	1.04
37	中粮信托	75 748.58	20 071.77	55 676.81	—	55 676.81	1.04
38	长安信托	72 301.81	18 310.10	53 991.71	−5 072.43	48 919.27	0.91
39	华融信托	64 125.09	14 172.41	49 952.68	−1 238.29	48 714.39	0.91
40	山东国信	46 514.20	−337.70	46 851.90	757.50	47 609.40	0.89

续表

排名	公司简称	利润总额（万元）	所得税费用（万元）	净利润（万元）	其他综合收益（万元）	综合收益总额（万元）	占总额比例（%）
41	西藏信托	53 730.40	6 506.56	47 223.84	—	47 223.84	0.88
42	云南信托	50 693.67	12 670.84	38 022.83	—	38 022.83	0.71
43	北方信托	43 584.68	10 814.47	32 770.21	—	32 770.21	0.61
44	华澳信托	43 586.07	10 971.91	32 614.16	—	32 614.16	0.61
45	杭州工商信托	44 067.00	11 458.00	32 609.00	—	32 609.00	0.61
46	昆仑信托	44 105.69	9 794.21	34 311.48	-2 501.24	31 810.24	0.59
47	中建投信托	40 231.12	10 085.26	30 145.86	-684.87	29 460.99	0.55
48	中原信托	49 421.07	16 569.82	32 851.25	-4 616.31	28 234.94	0.53
49	国民信托	36 094.17	8 957.90	27 136.27	—	27 136.27	0.51
50	浙金信托	25 376.21	6 435.53	18 940.68	—	18 940.68	0.35
51	金谷信托	16 009.41	4 118.30	11 891.11	—	11 891.11	0.22
52	大业信托	15 647.12	3 893.69	11 753.42	—	11 753.42	0.22
53	东莞信托	11 019.15	3 322.08	7 697.07	659.28	8 356.35	0.16
54	中泰信托	6 050.57	-2 584.73	8 635.30	-511.24	8 124.06	0.15
55	渤海信托	7 702.97	2 446.35	5 256.62	—	5 256.62	0.10
56	华宸信托	3 940.44	865.28	3 075.16	—	3 075.16	0.06
57	山西信托	2 640.63	126.44	2 514.19	-314.88	2 199.31	0.04
58	长城新盛信托	-1 289.22	3 022.51	-4 311.72	—	-4 311.72	-0.08
59	西部信托	57 545.58	13 893.43	43 652.15	-49 256.59	-5 604.44	-0.10
60	雪松信托	-7 877.89	—	-7 877.89	-36 711.38	-44 589.27	-0.83
61	安信信托	-109 230.74	3 754.10	-112 984.84	—	-112 984.84	-2.10
62	中海信托	-139 849.27	17 566.22	-157 415.49	88.05	-157 327.44	-2.93
63	中国民生信托	-476 319.05	-93 051.51	-383 267.54	3.28	-383 264.26	-7.14
64	华信信托	未披露	未披露	未披露	未披露	未披露	未披露
65	四川信托	未披露	未披露	未披露	未披露	未披露	未披露
66	新时代信托	未披露	未披露	未披露	未披露	未披露	未披露
67	华融信托	未披露	未披露	未披露	未披露	未披露	未披露
68	新华信托	未披露	未披露	未披露	未披露	未披露	未披露
	合计	7 209 397.84	1 699 339.57	5 510 058.27	-142 490.72	5 367 567.55	100.00

注：本年度有5家信托公司尚未披露年报，故未在本表中披露相关数据。

（5）固有资产人均利润

固有资产汇总报表人均利润最高和最低的前五位公司排名如表4-1-17所示。

表4-1-17　　　　　　　　固有资产汇总报表人均利润最高和最低的前五位公司排名

最高五位			最低五位		
序号	公司简称	人均利润（万元）	序号	公司简称	人均利润（万元）
1	重庆信托	1 364.34	1	雪松信托	-8.04
2	华能信托	1 119.17	2	长城新盛信托	-56.00
3	江苏信托	1 013.00	3	安信信托	-399.24
4	粤财信托	943.76	4	中海信托	-725.42
5	华润信托	654.84	5	中国民生信托	-788.62

注：明细详见：表3-3-9。

二、母公司报表数据

(一)母公司固有资产财务状况总体分析

2021年信托行业母公司固有资产总规模为8 288.37亿元,比2020年增加了520.34亿元,增幅为6.7%。其中,流动资产增加827.23亿元,非流动资产减少306.89亿元是导致资产总额增长的主要因素。负债总额为1 560.46亿元,比2020年增加了57.88亿元,增幅为3.85%,主要因流动负债增加所致。所有者权益增加了462.46亿元,主要是实收资本、盈余公积及未分配利润增加导致(见表4-2-1)。

表4-2-1　　　　　　　　　　　　　　2021年母公司固有资产汇总资产负债表　　　　　　　　　　　　　　单位:万元

资产	2021/12/31	2020/12/31	负债和所有者权益(或股东权益)	2021/12/31	2020/12/31
现金及存放中央银行款项	460 491.53	411 921.17	同业及其他金融机构存放款项	—	—
存放同业款项	2 551 420.91	2 096 268.60	向中央银行借款	—	—
贵金属			短期借款	322 659.14	290 296.44
其他货币资金	—	—	拆入资金	1 686 419.08	1 396 601.38
拆出资金	117 000.00	—	交易性金融负债	89 583.91	23 166.76
货币资金	3 512 892.51	3 294 391.15	衍生金融负债		
交易性金融资产	37 511 701.31	29 057 929.72	卖出回购金融资产款	90 378.19	5 440.00
衍生金融资产			存入保证金		
买入返售金融资产	1 206 399.70	1 373 624.13	应付款项	10 169.86	5 751.51
应收利息	41 642.73	33 302.33	应付手续费及佣金		
应收股利	8 924.50	28 972.00	预收款项(合同负债)	666 802.62	543 084.38
分为贷款和应收款类的投资	56 427.88	1 162 829.71	应付职工薪酬	1 876 319.98	1 933 212.85
应收手续费及佣金	3 374.51	15 003.30	应交税费	1 735 858.92	1 818 981.08
应收款项	623 650.55	438 188.09	代理买卖证券款	—	—
结算备付金	7 008.56	177.02	代理业务负债		
存出保证金	—	—	应付利息	20.91	306.09
其他应收款	1 212 974.89	1 022 108.61	应付股利	67 146.13	232 928.09
预付款项	15 376.45	10 069.97	其他应付款	1 616 227.85	1 685 690.62
存货	—	—	一年内到期的非流动负债	15 599.38	3 232.83
其他流动资产	75 991.85	188 201.01	其他流动负债	191 012.09	73 731.53
流动资产合计	47 405 277.89	39 132 986.82	**流动负债合计**	8 368 198.07	8 012 423.56
发放贷款和垫款	4 819 126.65	4 295 791.04	长期借款	180 000.00	—
债权投资	7 492 186.95	7 080 382.00	租赁负债	390 818.93	271 550.62
其他债权投资	1 663 973.12	827 787.85	应付债券	—	—
其他权益工具投资	1 676 819.00	1 556 509.92	递延收益	10 352.00	29 932.72
可供出售金融资产	530 247.01	7 586 339.57	长期应付款	25 788.48	2 415.70
长期股权投资	11 745 049.71	11 143 529.09	预计负债	1 088 214.95	833 268.90
投资性房地产	61 318.38	59 664.42	递延所得税负债	170 947.87	249 506.07
持有至到期投资	96 704.68	205 521.46	其他负债	5 370 325.28	5 626 753.36
固定资产	279 348.65	252 425.32	**长期负债合计**	7 236 447.51	7 013 427.37
使用权资产	416 474.63	282 694.13	**负债合计**	15 604 645.58	15 025 850.93
在建工程	94 407.26	44 323.70	所有者权益(或股东权益):		
无形资产	171 620.76	141 282.27	实收资本(或股本)	30 373 189.12	29 178 848.20

续表

资产	2021/12/31	2020/12/31	负债和所有者权益（或股东权益）	2021/12/31	2020/12/31
开发支出	8 477.80	5 420.98	资本公积	7 158 428.48	6 405 374.77
长期待摊费用	30 182.99	35 007.82	其他综合收益	154 936.38	432 631.15
递延所得税资产	2 446 752.83	1 922 568.09	盈余公积	5 970 880.49	5 416 736.90
抵债资产	30 467.42	14 215.62	信托赔偿准备金	1 382 527.64	1 268 532.43
代理业务资产	—	—	一般风险准备	3 345 454.28	2 862 660.45
商誉	—	—	未分配利润	18 893 637.29	17 089 687.42
信托受益权			归属于母公司所有者权益合计	67 279 053.68	62 654 471.32
其他非流动资产	3 915 263.53	3 093 872.15	少数股东权益	—	—
非流动资产合计	35 478 421.36	38 547 335.43	所有者权益（或股东权益）合计	67 279 053.68	62 654 471.32
资产总计	82 883 699.25	77 680 322.25	负债和所有者权益（或股东权益）总计	82 883 699.25	77 680 322.25

注：1. 其他非流动资产中包含了报表尾差。
2. 本年度有5家信托公司尚未披露年报，故未在本表中披露相关数据。

我们对资产负债表按大类进行了分析，其增减变动情况如表4-2-2所示。

表4-2-2　　　　　　　2021年母公司固有资产简式资产负债表增减变动明细

项目	2021年（万元）	2020年（万元）	增减额（万元）	增减率（%）	平均每户增减（万元）
流动资产	47 405 277.89	39 132 986.82	8 272 291.07	21.14	131 306.21
非流动资产	35 478 421.36	38 547 335.43	-3 068 914.07	-7.96	-48 712.92
资产合计	82 883 699.25	77 680 322.25	5 203 377.00	6.70	82 593.29
流动负债	8 368 198.07	8 012 423.56	355 774.50	4.44	5 647.21
长期负债	7 236 447.51	7 013 427.37	223 020.14	3.18	3 540.00
负债合计	15 604 645.58	15 025 850.93	578 794.64	3.85	9 187.22
所有者权益合计	67 279 053.68	62 654 471.32	4 624 582.36	7.38	73 406.07
资产负债率（%）	18.83	19.34	-0.52	-2.67	

2021年信托行业固有资产负债率为18.83%，较2020年略有下降，主要是资产总额增长幅度大于负债总额增长幅度所致。

（二）固有资产经营成果总体分析

2021年信托行业母公司汇总净利润为466.83亿元，较上年的420.26亿元减少了11.08%，综合收益总额为451.57亿元，同样较上年减少8.71%。

在母公司汇总利润表中，2021年度的营业总收入为1 120.46亿元，增长幅度为-2.76%。其中，手续费及佣金净收入861.89亿元，占营业总收入的76.92%，投资收益295.30亿元，占营业收入的26.36%；营业总支出为503.87亿元，较上年增长-11.58%，其中业务及销售管理费用294.21亿元，占营业总支出的58.39%（见表4-2-3）。

表4-2-3　　　　　　　　　2021年母公司汇总利润表

项目	本年实际数（万元）	上年实际数（万元）	增减数	
			金额（万元）	比例（%）
一、营业总收入	11 204 614.77	11 525 774.98	-321 160.21	-2.79
1.营业收入	3 509.09	7 876.19	-4 367.10	-55.45
2.利息净收入	322 148.39	188 819.64	133 328.75	70.61
利息收入	740 047.13	673 817.60	66 229.53	9.83
利息支出	417 898.74	484 997.96	-67 099.22	-13.83

续表

项目	本年实际数（万元）	上年实际数（万元）	增减数	
			金额（万元）	比例（%）
3.金融企业往来净收入	—	—	—	—
金融企业往来收入	—	—	—	—
金融企业往来支出	—	—	—	—
4.手续费及佣金净收入	8 618 949.13	8 447 609.37	171 339.76	2.03
手续费及佣金收入	8 713 368.58	8 531 950.26	181 418.32	2.13
手续费及佣金支出	94 419.45	84 340.89	10 078.56	11.95
5.租赁收入	—	—	—	—
6.投资收益（损失以"-"号填列）	2 953 013.16	2 878 209.56	74 803.60	2.60
7.公允价值变动收益（损失以"-"号填列）	-985 470.85	-297 792.94	-687 677.91	230.92
8.汇兑收益（损失以"-"号填列）	-2 230.82	-2 323.84	93.02	-4.00
9.其他业务收入	109 549.62	155 502.59	-45 952.97	-29.55
10.资产处置收益（亏损以"-"号填列）	4 658.81	579.61	4 079.20	703.78
11.基金管理收入	—	—	—	—
12.补贴收入（其他收益）	180 488.23	147 294.79	33 193.44	22.54
13.信托业务收入	—	—	—	—
14.担保业务收入	—	—	—	—
15.房地产销售收入	—	—	—	—
二、营业总支出	5 038 737.80	5 698 396.18	-659 658.38	-11.58
1.营业支出	—	—	—	—
2.营业税金及附加	100 236.55	102 656.84	-2 420.28	-2.36
3.业务（销售、管理）费用	2 942 059.37	3 100 395.60	-158 336.23	-5.11
4.财务费用	—	—	—	—
5.资产减值损失	544 106.44	1 083 882.57	-539 776.13	-49.80
6.其他业务成本	196 050.79	42 118.05	153 932.74	365.48
7.信用减值损失	1 256 284.65	1 369 343.71	-113 058.47	-8.26
三、营业利润（亏损以"-"号填列）	6 165 876.97	5 827 378.80	338 498.17	5.81
加：营业外收入	54 772.64	53 535.67	1 236.97	2.31
减：营业外支出	122 538.94	199 769.07	-77 230.13	-38.66
四、利润总额（亏损总额以"-"号填列）	6 098 110.67	5 681 145.40	416 965.26	7.34
减：所得税费用	1 429 857.17	1 478 585.25	-48 728.08	-3.30
五、净利润（净亏损以"-"号填列）	4 668 253.49	4 202 560.15	465 693.34	11.08
六、其他综合收益	-152 521.25	-48 644.60	-103 876.65	213.54
七、综合收益总额	4 515 732.24	4 153 915.54	361 816.70	8.71

注：本年度有5家信托公司尚未披露年报，故未在本表中披露相关数据。

另外，2021年由于会计政策变更等原因，部分公司对年初数进行了追溯调整，各科目的期初数和上年年末数有所差异，以本年报告披露数为准。

（三）母公司固有资产所有者权益总体分析

2021年所有者权益为6 727.91亿元，较上年增加462.46亿元，增幅7.38%，其中股本占比45.15%，较上年增加4.09%；资本公积占比10.64%，较上年上升11.76%；其他综合收益占比0.23%，较上年下降64.19%，盈余公积占比8.87%，较上年增加10.23%，风险准备金占比7.03%，较上年增加14.55%，未分配利润占比28.08%，较上年增加了

10.56%。从表4-2-4可以看出，除资本公积外所有者权益中各项均有所增长。2021年和2020年固有资产所有者权益结构见图4-2-1和图4-2-2。

表4-2-4　　　　　　　　　　　　　母公司固有资产所有者权益的组成占比

项目	2021年		2020年		2021年增减	
	金额（万元）	比率（%）	金额（万元）	比率（%）	金额（万元）	比率（%）
股本	30 373 189.12	45.15	29 178 848.20	46.57	1 194 340.92	4.09
资本公积	7 158 428.48	10.64	6 405 374.77	10.22	753 053.71	11.76
其他综合收益	154 936.38	0.23	432 631.15	0.69	-277 694.77	-64.19
盈余公积	5 970 880.49	8.87	5 416 736.90	8.65	554 143.59	10.23
风险准备金	4 727 981.92	7.03	4 131 192.88	6.59	596 789.04	14.45
未分配利润	18 893 637.29	28.08	17 089 687.42	27.28	1 803 949.86	10.56
所有者权益合计	67 279 053.68	100.00	62 654 471.32	100.00	4 624 582.36	7.38

注：本年度有5家信托公司尚未披露年报，故未在本表中披露相关数据。

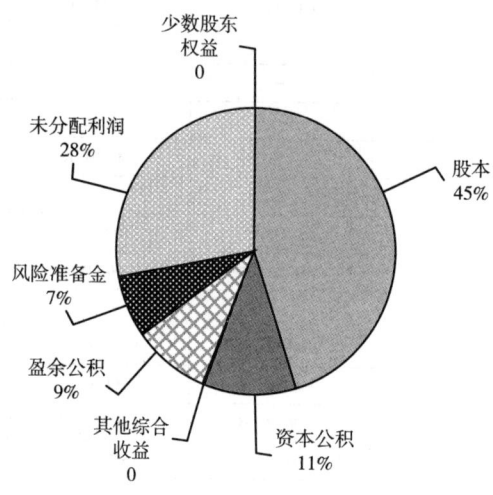

图4-2-1　2021年固有资产所有者权益结构

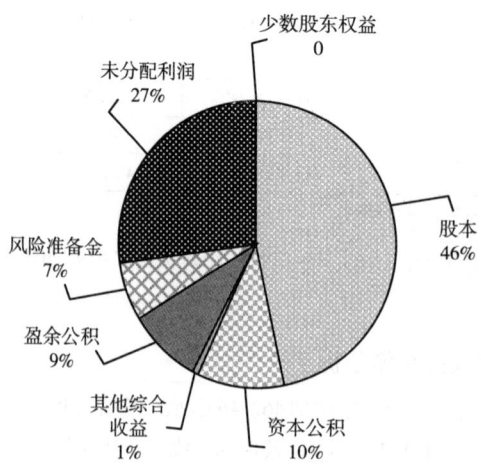

图4-2-2　2020年固有资产所有者权益结构

部分信托未披露母公司所有者权益变动表，我们未单独列示汇总母公司所有者权益变动表。

（四）母公司固有资产报表结构比率分析

1. 母公司资产结构分析

2021年信托行业母公司整体固有资产总额为8 288.37亿元，比2020年增长6.70%；其中，流动资产增长21.14%，非流动资产减少-7.96%（见表4-2-5）。

表4-2-5　　　　　　　　　　　　　　母公司固有资产汇总报表资产结构分析

科目	2021年12月31日		2020年12月31日		增减	
	金额（万元）	比例（%）	金额（万元）	比例（%）	金额（万元）	比例（%）
货币资产	6 641 804.95	8.01	5 802 580.92	7.47	839 224.03	14.46
金融资产	38 718 101.01	46.71	30 431 553.85	39.18	8 286 547.16	27.23
往来资产	1 969 380.07	2.38	2 710 651.04	3.49	-741 270.96	-27.35
其他流动资产	75 991.85	0.09	188 201.01	0.24	-112 209.16	-59.62
流动资产合计	47 405 277.89	57.19	39 132 986.82	50.38	8 272 291.07	21.14
长期投资等投资资产	28 024 107.13	33.81	32 695 860.93	42.09	-4 671 753.80	-14.29
固定资产等实物资产	851 548.92	1.03	639 107.57	0.82	212 441.35	33.24
无形资产等非实物资产	240 748.96	0.29	195 926.69	0.25	44 822.27	22.88
其他非流动资产	6 362 016.35	7.68	5 016 440.25	6.46	1 345 576.10	26.82
非流动资产合计	35 478 421.36	42.81	38 547 335.43	49.62	-3 068 914.07	-7.96
资产合计	82 883 699.25	100.00	77 680 322.25	100.00	5 203 377.00	6.70

注：本年度有5家信托公司尚未披露年报，故未在本表中披露相关数据。

由于在统计分析过程中，各家公司审计报告的科目设置并不一致，我们根据资产的流动属性将资产重新分类，分类规则和合并规则一致。

2021年流动资产总额为4 740.53亿元，比上年增长21.14%，主要为金融资产投资增加所致；流动资产占资产总额的57.19%，比2020年微幅增长（见图4-2-3）。非流动资产为3 547.84亿元，比上年减少306.89亿元，降幅为7.96%，主要体现在长期投资等投资资产的增加。

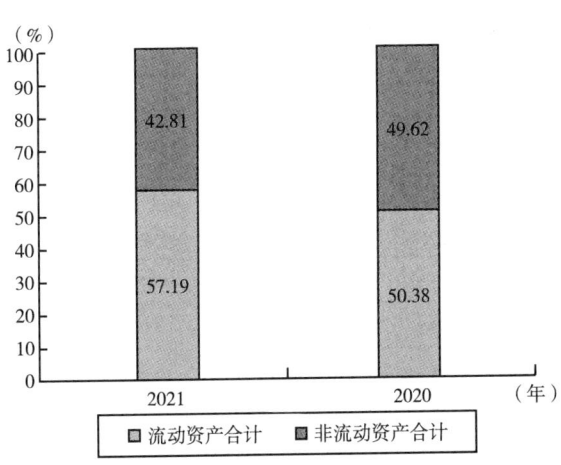

图4-2-3　固有资产资产比重

从资产项目结构来看,金融资产和长期投资占比依然较大。其中,金融资产占比为50.60%,长期投资等投资资产占比为36.62%,两者占总资产的比重为87.22%;与上年的86.88%基本持平(见图4-2-4和图4-2-5)。

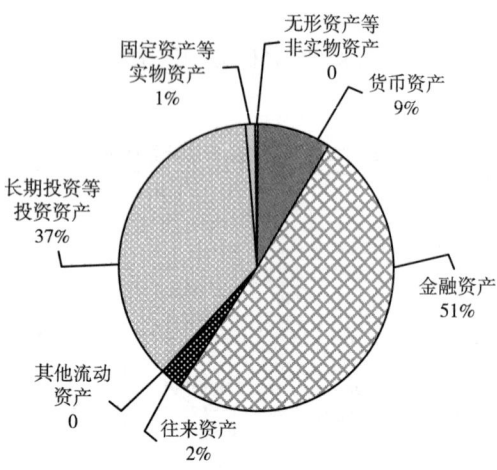

图4-2-4　2021年末固有资产汇总报表资产结构

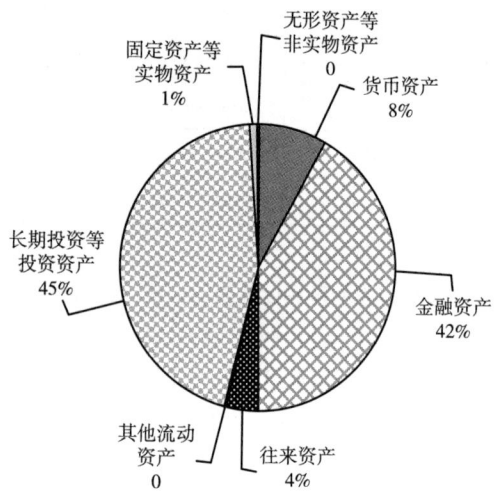

图4-2-5　2020年末固有资产汇总报表资产结构

2.母公司负债结构分析

2021年整个负债结构并未发生重大变化(见图4-2-6),整体负债金额也与上年基本持平,其中流动负债增加4.44%,长期负债增长3.18%,总负债增长3.85%(见表4-2-6)。

表4-2-6　　　　　　　　　　　　母公司固有资产汇总报表负债结构分析

科目	2021年12月31日		2020年12月31日		增减	
	金额(万元)	比例(%)	金额(万元)	比例(%)	金额(万元)	比例(%)
流动负债合计	8 368 198.07	53.63	8 012 423.56	53.32	355 774.50	4.44
长期负债合计	7 236 447.51	46.37	7 013 427.37	46.68	223 020.14	3.18
合计	15 604 645.58	100.00	15 025 850.93	100.00	578 794.64	3.85

注:本年度有5家信托公司尚未披露年报,故未在本表中披露相关数据。

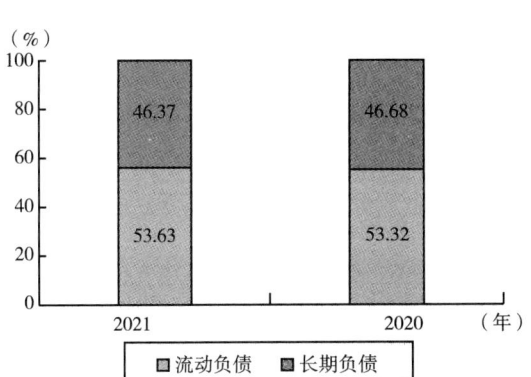

图4-2-6 固有资产汇总报表负债结构

2021年,长期负债比上年增加22.30亿元,其中预计负债增长25.49亿元为长期负债增长的主要因素(见表4-2-7)。

表4-2-7　　　　　　　　　　母公司固有资产汇总报表长期负债结构分析

科目	2021年12月31日		2020年12月31日		增减	
	金额(万元)	比例(%)	金额(万元)	比例(%)	金额(万元)	比例(%)
长期借款	180 000.00	2.49	—	—	180 000.00	—
租赁负债	390 818.93	5.40	271 550.62	3.87	119 268.31	43.92
应付债券	—	—	—	—	—	—
递延收益	10 352.00	0.14	29 932.72	0.43	−19 580.72	−65.42
长期应付款	25 788.48	0.36	2 415.70	0.03	23 372.78	967.54
预计负债	1 088 214.95	15.04	833 268.90	11.88	254 946.05	30.60
递延所得税负债	170 947.87	2.36	249 506.07	3.56	−78 558.20	−31.49
其他负债	5 370 325.28	74.21	5 626 753.36	80.23	−256 428.08	−4.56
长期负债合计	7 236 447.51	100.00	7 013 427.37	100.00	223 020.14	3.18

注:本年度有5家信托公司尚未披露年报,故未在本表中披露相关数据。

3.偿债能力分析

(1)母公司资产负债率分析

2021年信托公司汇总母公司资产负债率为18.83%,较上年下降了0.52%(见表4-2-8)。

资产负债率=汇总负债总额/汇总资产总额×100%。

表4-2-8　　　　　　　母公司固有资产汇总报表资产负债率分析　　　　　　　单位:%

项目	2021年	2020年	增减
资产负债率	18.83	19.34	−0.52

注:本年度有5家信托公司尚未披露年报,故未在本表中披露相关数据。

(2)流动比率分析

2021年固有资产流动比例为5.66,较上年增加了0.78,企业短期偿债能力变弱(见表4-2-9)。

流动比率=汇总流动资产/汇总流动负债。

表4-2-9　　　　　　　　　　固有资产汇总报表流动比率分析

项目	2021年	2020年	增减
流动比率	5.66	4.88	0.78

注:本年度有5家信托公司尚未披露年报,故未在本表中披露相关数据。

（3）母公司现金比率分析

现金偿债比率较上年上升0.07（见表4-2-10）。

现金偿债比率=汇总（货币资金+存放中央银行款项+存放同业款项+其他货币资金）/汇总流动负债。

表4-2-10　　　　　　　　　　　　固有资产汇总现金偿债比率分析

项目	2021年	2020年	增减
现金偿债比率	0.79	0.72	0.07

注：本年度有5家信托公司尚未披露年报，故未在本表中披露相关数据。

4.盈利能力分析

（1）营业利润分析

2021年度信托行业营业总收入下降-2.79%，但营业总成本下降的更多，达-11.58%，故本年度营业利润率为55.03%，较上年上升了8.84%（见表4-2-11）。

表4-2-11　　　　　　　　　　　　固有资产汇总报表营业利润率

项目	2021年（万元）	2020年（万元）	增减（万元）	变动比率（%）
营业总收入	11 204 614.77	11 525 774.98	-321 160.21	-2.79
营业总成本	5 038 737.80	5 698 396.18	-659 658.38	-11.58
营业利润	6 165 876.97	5 827 378.80	338 498.17	5.81
营业利润率（%）	55.03	50.56	4.47	8.84

注：本年度有5家信托公司尚未披露年报，故未在本表中披露相关数据。

（2）收入结构分析

2021年营业总收入为1 120.46亿元，较上年的1 152.58亿元减少了32.12亿元，减少2.79%。其中手续费及佣金收入增长17.13亿元，增长幅度为2.03%。本次收入总额减少主要因素为公允价值变动损益的下降，其减少了68.77亿元，下降幅度230.92%（见表4-2-12）。

营业总收入构成中，手续费及佣金净收入占比最大，达到76.92%，其次是投资收益，占比26.36%。

表4-2-12　　　　　　　　　　　　固有资产汇总报表营业收入组成明细

项目	2021年		2020年		增减	
	金额（万元）	比例（%）	金额（万元）	比例（%）	金额（万元）	比例（%）
1.营业收入	3 509.09	0.03	7 876.19	0.07	-4 367.10	-55.45
2.利息净收入	322 148.39	2.88	188 819.64	1.64	133 328.75	70.61
3.金融企业往来净收入	—	—	—	—	—	—
4.手续费及佣金净收入	8 618 949.13	76.92	8 447 609.37	73.29	171 339.76	2.03
5.租赁收入	—	—	—	—	—	—
6.投资收益	2 953 013.16	26.36	2 878 209.56	24.97	74 803.60	2.60
7.公允价值变动损益	-985 470.85	-8.80	-297 792.94	-2.58	-687 677.91	230.92
8.汇兑收益	-2 230.82	-0.02	-2 323.84	-0.02	93.02	-4.00
9.其他业务收入	294 696.66	2.63	303 376.99	2.63	-8 680.33	-2.86
营业总收入合计	11 204 614.77	100.00	11 525 774.98	100.00	-321 160.21	-2.79

注：1.本期将营业收入单独列示披露。
　　2.本年度有5家信托公司尚未披露年报，故未在本表中披露相关数据。

5.固有业务资产收益率分析

2021年整个信托行业的总资产收益率为5.63%,比2020年减少0.22%;净资产收益为6.94%,比2020年减少了0.23%。其中,净利润增加了46.57亿元,增加了11.08%;净资产增加了462.46亿元,增长7.38%(见表4-2-13)。

表4-2-13　　　　　　　　　　　固有资产汇总报表资产收益率情况

项目名称	2021年(万元)	2020年(万元)	增减(%)
净利润	4 668 253.49	4 202 560.15	11.08
净资产	67 279 053.68	62 654 471.32	7.38
净资产收益率(%)	6.94	6.71	0.23
总资产	82 883 699.25	77 680 322.25	6.70
总资产收益率(%)	5.63	5.41	0.22

6.综合收益总额分析

2021年整个信托行业的综合收益总额为451.57亿元,比2020年增加了36.18亿元,增长8.71%。其中,营业利润较上年增长5.81%,利润总额较上年增长7.34%,故本年综合收益较上年有所上升(见表4-2-14)。

表4-2-14　　　　　　　　　　　汇总综合收益总额变动情况

项目	2021年(万元)	2020年(万元)	增减额(万元)	增减率(%)
营业利润	6 165 876.97	5 827 378.80	338 498.17	5.81
营业外收入	54 772.64	53 535.67	1 236.97	2.31
营业外支出	122 538.94	199 769.07	-77 230.13	-38.66
利润总额	6 098 110.67	5 681 145.40	416 965.26	7.34
所得税费用	1 429 857.17	1 478 585.25	-48 728.08	-3.30
净利润	4 668 253.49	4 202 560.15	465 693.34	11.08
其他综合收益	-152 521.25	-48 644.60	-103 876.65	213.54
综合收益总额	4 515 732.24	4 153 915.54	361 816.70	8.71

第五章 信托资产报表的总体分析

本章我们将2021年已披露年报的63家信托公司披露的信托资产部分的会计报表,包括信托资产负债表和信托项目利润及利润分配表分别汇总成代表中国信托行业信托资产整体状况的汇总报表,对中国信托公司信托资产的整体财务状况和经营成果进行分析。

一、2021年信托资产汇总报表分析

(一)信托业务汇总报表

2021年已披露年报的63家信托公司整体信托项目资产合计200 332.60亿元,比2020年上升0.87%,信托负债较上年上升了36.66%(见表5-1-1)。

表5-1-1　　　　　　　　　　　　　　信托资产的汇总资产负债表

信托资产	年末数(万元)	年初数(万元)	增减额(万元)	增减率(%)
信托资产:				
货币资金	53 272 889.90	44 175 319.78	9 097 570.12	20.59
拆出资金	1 728 132.96	2 447 579.03	-719 446.07	-29.39
存出保证金	204 906.86	313 189.44	-108 282.58	-34.57
交易性金融资产	372 759 029.91	229 693 217.65	143 065 812.26	62.29
衍生金融资产	—	133 249.77	-133 249.77	-100.00
结算备付金	66 619.69	23 474.04	43 145.65	183.80
应收票据	—	0.73	-0.73	-100.00
应收利息	1 169 018.24	720 896.32	448 121.92	62.16
应收股利	185 248.83	101 996.37	83 252.46	81.62
应收款项	79 354 608.08	93 263 729.56	-13 909 121.48	-14.91
买入返售资产	48 961 503.71	68 929 272.19	-19 967 768.48	-28.97
其他应收款	5 232 239.82	4 162 008.75	1 070 231.06	25.71
客户贷款	487 163 526.12	673 760 527.34	-186 597 001.22	-27.69
可供出售金融资产	349 555 785.78	302 557 912.41	46 997 873.37	15.53
持有至到期投资	208 290 064.25	212 164 429.75	-3 874 365.49	-1.83
长期股权投资	159 861 239.45	153 545 233.19	6 316 006.26	4.11
长期应收款	73 277 911.52	55 971 716.87	17 306 194.65	30.92
固定资产	—	—	—	—
投资性房地产	50 157.97	114 203.87	-64 045.90	-56.08
无形资产	42 500.00	44 088.93	-1 588.93	-3.60
长期待摊费用	6 029.97	5 623.53	406.44	7.23
其他资产	162 144 603.58	143 907 253.90	18 237 349.68	12.67
信托资产合计	2 003 326 016.63	1 986 034 923.42	17 291 093.21	0.87
信托负债:				
应付受托人报酬	691 261.36	553 085.20	138 176.16	24.98
应付托管费	102 311.11	106 644.83	-4 333.72	-4.06
应付管理人报酬	—	—	—	—
应付受益人收益	1 436 625.15	2 130 340.68	-693 715.53	-32.56

续表

信托资产	年末数(万元)	年初数(万元)	增减额(万元)	增减率(%)
应付销售服务费	85 315.69	50 865.73	34 449.96	67.73
衍生金融负债	—	—	—	—
卖出回购资产款	4 216 691.37	1 765 663.06	2 451 028.31	138.82
应付股利	334 648.83	272 449.09	62 199.74	22.83
应付账款	909 488.24	763 189.37	146 298.87	19.17
预收账款	5.00	5.00	—	—
应交税金	507 854.73	826 711.46	-318 856.73	-38.57
其他应付款项	24 580 898.38	20 194 673.80	4 386 224.58	21.72
长期应付款	—	—	—	—
其他负债	1 428 650.45	305 391.99	1 123 258.46	367.81
信托负债合计	36 855 230.16	26 969 231.72	9 885 998.44	36.66
信托权益：	—	—	—	—
实收信托	1 932 122 717.40	1 914 687 918.19	17 434 799.21	0.91
资本公积	1 019 621.32	3 916 162.93	-2 896 541.61	-73.96
其他综合收益	590 295.02	290 873.37	299 421.65	102.94
外币报表折算差额	1 537.46	3 580.62	-2 043.16	-57.06
未分配利润	32 734 715.12	40 167 448.87	-7 432 733.75	-18.50
信托权益合计	1 966 470 785.82	1 959 065 690.80	7 405 095.02	0.38
信托负债及信托权益合计	2 003 326 015.98	1 986 034 922.52	17 291 093.46	0.87

注：1. 在统计过程中，由于部分公司报表存在尾差，在汇总报表时将其全部记入"其他负债"科目。
2. 本年度有5家信托公司尚未披露年报，故未在本表中披露相关数据。

2021年度信托行业信托资产负债率为1.84%，较上年有所上升（见表5-1-2），信托资产一般资产负债率都在1%—2%，负债占比较低。

2021年信托资产总额比2020年增加了1 729.11亿元，增加0.87%；其中增加最多的为交易性金融资产，增加了14 306.58元。

相比资产总额的大额减少，信托负债增加988.60亿元，增长36.66%。信托资产的权益合计增长740.51亿元，主要是实收信托增加了1 743.48亿元。

表5-1-2　　　　　　　　　　　　信托资产的汇总简式资产负债表

信托资产	2021年12月31日(万元)	2020年12月31日(万元)	增减额(万元)	增减率(%)
信托资产合计	2 003 326 016.63	1 986 034 923.42	17 291 093.21	0.87
信托负债合计	36 855 230.16	26 969 231.72	9 885 998.44	36.66
信托权益合计	1 966 470 786.47	1 959 065 691.70	7 405 094.77	0.38
信托资产负债率(%)	1.84	1.36	—	—

注：本年度有5家信托公司尚未披露年报，故未在本表中披露相关数据。

2021年信托业务收入120 246.74亿元，比2020年的14 495.83亿元减少了2 471.16亿元，减少了-17.05%（见表5-1-3）。

2021年综合收益为9 675.09亿元，比2020年减少了2 937.94亿元。本年将可供分配利润中76.07%用于分配，比2020年的74.53%略有上升。年末未分配信托利润3 273.47亿元，比2020年减少了1 011.47亿元，下降幅度较大达到了43.42%。

信托利润点依然来自利息收入和投资收益，分别占营业总收入的49.79%和50.97%。

表 5-1-3　　　　　　　　　　　　　信托资产的汇总简式利润表

项目	2021年度（万元）	2020年度（万元）	增减额（万元）	增减率（%）
一、营业收入	120 246 737.00	144 958 299.24	-24 711 562.24	-17.05
利息收入	59 875 399.88	69 281 161.88	-9 405 762.00	-13.58
投资收益	61 291 322.03	64 251 088.42	-2 959 766.38	-4.61
租赁收入	2 889.36	4 556.35	-1 666.99	-36.59
公允价值变动损益	-4 332 501.25	8 440 636.60	-12 773 137.85	-151.33
汇兑损益（损失以"-"号填列）	804 937.58	755 101.31	49 836.27	6.60
其他收入	2 604 689.39	2 225 754.69	378 934.71	17.02
二、营业支出	20 977 130.18	18 535 195.10	2 441 935.08	13.17
三、营业税金及附加	286 984.04	365 429.40	-78 445.36	-21.47
四、营业外收支	-28 825.25	-98 785.78	69 960.53	-70.82
五、扣除资产损失前的信托利润	98 953 797.53	125 958 888.96	-27 005 091.43	-21.44
减：资产减值损失	2 958 095.91	472 433.65	2 485 662.26	526.14
加：其他综合收益	755 207.78	643 898.60	111 309.18	17.29
六、综合收益	96 750 909.40	126 130 353.91	-29 379 444.51	-23.29
加：期初未分配信托利润	40 167 448.89	29 585 251.43	10 582 197.46	35.77
加：未分配信托利润平准金	-1 454 310.02	901 151.41	-2 355 461.43	-261.38
加：其他转入	—	—	—	—
减：其他综合收益	755 207.78	643 898.60	111 309.18	17.29
七、可供分配的信托利润	134 708 840.49	155 972 858.16	-21 264 017.66	-13.63
减：本期已分配信托利润	102 474 479.37	116 247 069.93	-13 772 590.55	-11.85
加：损益平准金	500 352.91	441 661.02	58 691.89	13.29
加：未注明原因的事项	—	—	—	—
八、期末未分配信托利润	32 734 714.03	40 167 449.25	10 114 704.66	43.42

注：1. 对部分未披露上年金额的信托公司，采用2020年报告的数据进行统计。
　　2. 本年度有5家信托公司尚未披露年报，故未在本表中披露相关数据。

（二）信托资产汇总结构分析

从资产结构的构成来看，发放贷款和客户贷款即贷款的占比最高，达总信托资产的24.32%，但相较2020年的33.92%大幅下降，其总金额为48 716.35亿元，其次可供出售金融资产总额达34 955.58亿元，占总资产的17.45%（见表5-1-4）。

2021年信托行业整体信托资产略有减少，下降了0.87%，从减少额上看，最主要的是贷款、应收款项、买入返售资产总额合计比上年合计减少22 047.39亿元；交易性金融资产、持有至到期投资金额较多，其他变动额不大。

表 5-1-4　　　　　　　　　　　　　信托资产汇总报表资产结构分析

项目名称	2021年12月31日		2020年12月31日		增减	
	金额（万元）	占比（%）	金额（万元）	占比（%）	金额（万元）	占比（%）
货币资金	53 272 889.90	2.66	44 175 319.78	2.22	9 097 570.12	20.59
拆出资金	1 728 132.96	0.09	2 447 579.03	0.12	-719 446.07	-29.39
存出保证金	204 906.86	0.01	313 189.44	0.02	-108 282.58	-34.57
交易性金融资产	372 759 029.91	18.61	229 693 217.65	11.57	143 065 812.26	62.29
衍生金融资产			133 249.77	0.01	-133 249.77	-100.00

续表

项目名称	2021年12月31日		2020年12月31日		增减	
	金额(万元)	占比(%)	金额(万元)	占比(%)	金额(万元)	占比(%)
结算备付金	66 619.69	—	23 474.04	—	43 145.65	183.80
应收票据	—	—	0.73	—	-0.73	-100.00
应收利息	1 169 018.24	0.06	720 896.32	0.04	448 121.92	62.16
应收股利	185 248.83	0.01	101 996.37	0.01	83 252.46	81.62
应收款项	79 354 608.08	3.96	93 263 729.56	4.70	-13 909 121.48	-14.91
买入返售资产	48 961 503.71	2.44	68 929 272.19	3.47	-19 967 768.48	-28.97
其他应收款	5 232 239.82	0.26	4 162 008.75	0.21	1 070 231.06	25.71
贷款	487 163 526.12	24.32	673 760 527.34	33.92	-186 597 001.22	-27.69
可供出售金融资产	349 555 785.78	17.45	302 557 912.41	15.23	46 997 873.37	15.53
持有至到期投资	208 290 064.25	10.40	212 164 429.75	10.68	-3 874 365.49	-1.83
长期股权投资	159 861 239.45	7.98	153 545 233.19	7.73	6 316 006.26	4.11
长期应收款	73 277 911.52	3.66	55 971 716.87	2.82	17 306 194.65	30.92
固定资产	—	—	—	—	—	—
投资性房地产	50 157.97	—	114 203.87	0.01	-64 045.90	-56.08
无形资产	42 500.00	—	44 088.93	—	-1 588.93	-3.60
长期待摊费用	6 029.97	—	5 623.53	—	406.44	7.23
其他资产	162 144 603.58	8.09	143 907 253.90	7.25	18 237 349.68	12.67
信托资产运用合计	2 003 326 016.63	100.00	1 986 034 923.42	100.00	17 291 093.21	0.87

注：本年度有5家信托公司尚未披露年报，故未在本表中披露相关数据。

从表5-1-5可以看到，信托资产的权益合计196 646.89亿元，其中，实收信托总额达193 212.27亿元，占信托权益总额的98.25%。信托权益增加的主要原因是实收信托的增加，我们在表5-1-2中也有所阐述。

表5-1-5　　　　　　　　　　　信托资产汇总报表信托权益结构分析

项目名称	2021年12月31日		2020年12月31日		增减	
	金额(万元)	占比(%)	金额(万元)	占比(%)	金额(万元)	占比(%)
实收信托	1 932 122 717.40	98.25	1 914 687 918.19	97.73	17 434 799.21	0.91
资本公积	1 019 621.32	0.05	3 916 162.93	0.20	-2 896 541.61	-73.96
其他综合收益	590 295.02	0.03	290 873.37	0.01	299 421.65	102.94
外币折算差额	1 537.46	—	3 580.62	—	-2 043.16	-57.06
未分配利润	32 734 715.12	1.66	40 167 448.87	2.05	-7 432 733.75	-18.50
信托权益合计	1 966 468 886.32	100.00	1 959 065 983.98	100.00	7 402 902.34	0.38

2021年营业总收入比2020年下降2 471.16亿元，其中：投资收益减少295.98亿元，其他主要项目均有所减少（见表5-1-6）。

从公司收入结构分析，利息收入与投资收益是收入的主要来源，这与资产分布情况有关联。发放贷款和客户贷款合计占资产总额的24.32%，导致利息收入占收入的比例为49.79%；金融资产（包括交易性金融资产、可供出售金融资产和持有至到期投资）占资产总额的46.45%；对外投资（包括短期投资、长期股权投资及其他长期投资）占资产总额的7.98%，导致投资收益占收入总额的比例为50.97%。

表 5-1-6　　　　　　　　　　　　　信托资产汇总报表收入结构分析

项目名称	2021年12月31日		2020年12月31日		增减	
	金额（万元）	占比（%）	金额（万元）	占比（%）	金额（万元）	占比（%）
利息收入	59 875 399.88	49.79	69 281 161.88	47.79	-9 405 762.00	-13.58
投资收益	61 291 322.03	50.97	64 251 088.42	44.32	-2 959 766.38	-4.61
租赁收入	2 889.36	—	4 556.35	—	-1 666.99	-36.59
公允价值变动损益	-4 332 501.25	-3.60	8 440 636.60	5.82	-12 773 137.85	-151.33
汇兑损益	804 937.58	0.67	755 101.31	0.52	49 836.27	6.60
其他收入	2 604 689.39	2.17	2 225 754.69	1.54	378 934.71	17.02
营业收入合计	120 246 737.00	100.00	144 958 299.24	100.00	-24 711 562.24	-17.05

（三）信托资产经营成果及结构分析

信托资产汇总报表利润总额结构如表 5-1-7 所示。

表 5-1-7　　　　　　　　　　　　　信托资产汇总报表利润总额结构　　　　　　　　　　　　　单位：万元

排名	公司简称	营业收入	营业支出	营业税金及附加	营业外收支	减：资产减值损失	其他综合收益	综合收益
1	建信信托	7 567 837.95	798 096.96	18 807.43	—	-201 207.11	—	6 952 140.67
2	光大兴陇信托	7 556 877.75	994 703.17	17 886.49	—	2 025.00	—	6 542 263.09
3	五矿信托	6 308 954.50	1 376 304.22	23 128.35	—	78 325.87	—	4 831 196.06
4	外贸信托	6 532 408.97	1 592 896.63	14 323.64	13 169.33	136 659.15	—	4 801 698.88
5	华能信托	6 014 954.16	1 617 982.35	—	—	—	—	4 396 971.81
6	中融信托	5 243 649.95	1 032 451.66	—	—	—	-44 663.62	4 166 534.67
7	中航信托	4 933 396.20	722 988.45	12 107.29	—	11 044.60	-46 650.00	4 140 605.86
8	华润信托	6 351 232.65	2 276 692.52	13 627.40	-41 994.58	110 100.18	—	3 908 817.97
9	交银国际信托	3 325 042.65	368 120.92	9 480.45	—	4 754.88	2.58	2 942 688.98
10	上海信托	3 324 991.85	477 126.53	10 509.07	—	2 812.17	53 605.48	2 888 149.56
11	中信信托	5 799 020.90	1 152 995.93	16 003.33	—	1 828 683.15	—	2 801 338.49
12	英大信托	2 429 680.94	226 166.70	8 533.57	—	—	—	2 194 980.67
13	华宝信托	1 990 648.03	164 877.05	5 307.55	—	—	302 009.38	2 122 472.81
14	华鑫信托	2 357 237.39	371 008.51	—	—	—	—	1 986 228.88
15	兴业信托	2 309 339.57	348 517.49	—	—	—	—	1 960 822.08
16	渤海信托	2 014 171.09	294 949.30	—	—	1.31	—	1 719 220.48
17	云南信托	1 803 050.84	179 573.05	6 082.30	—	3 964.01	95 632.95	1 709 064.43
18	平安信托	2 258 252.66	521 774.04	7 615.88	—	27 719.49	—	1 701 143.25
19	江苏信托	2 011 034.81	183 272.48	6 719.72	—	138 522.02	—	1 682 520.59
20	陕国投	1 907 517.44	237 929.86	7 456.13	—	—	—	1 662 131.45
21	粤财信托	1 874 267.12	231 842.35	5 375.69	—	286.11	—	1 636 762.97
22	长安信托	1 715 846.88	198 492.53	—	—	—	118 821.38	1 636 175.73
23	中海信托	1 912 050.46	309 871.58	7 241.24	—	—	—	1 594 937.64
24	百瑞信托	1 707 220.85	235 768.55	5 598.59	—	—	—	1 465 853.71
25	陆家嘴信托	1 730 127.79	280 984.61	4 696.73	—	999.00	—	1 443 447.45
26	中铁信托	1 635 375.00	194 355.00	—	—	—	—	1 441 020.00
27	国民信托	1 326 858.70	137 923.40	3 440.15	—	15 603.73	226 115.14	1 396 006.56
28	中原信托	1 436 807.33	157 253.42	4 853.44	—	—	—	1 274 700.47
29	西部信托	1 446 524.17	177 709.38	4 866.24	—	-84.68	—	1 264 033.23

续表

排名	公司简称	营业收入	营业支出	营业税金及附加	营业外收支	减：资产减值损失	其他综合收益	综合收益
30	厦门国际信托	1 366 568.00	169 965.00	4 723.00	—	—	—	1 191 880.00
31	重庆信托	1 336 624.67	166 647.28	3 614.92	—	—	—	1 166 362.47
32	山东国信	1 205 220.51	176 312.44	3 960.97	—	—	54 687.58	1 079 634.68
33	昆仑信托	1 037 648.76	79 290.12	2 800.16	—	—	—	955 558.48
34	中诚信托	1 295 576.94	257 087.83	4 977.38	—	114 551.71	—	918 960.02
35	北京信托	1 061 697.99	175 413.01	3 101.27	—	−450.42	—	883 634.13
36	中粮信托	1 026 569.23	144 670.12	3 324.39	—	—	—	878 574.72
37	国投泰康信托	1 062 386.90	217 805.26	3 351.06	—	3 544.93	—	837 685.65
38	天津信托	1 684 685.80	881 365.68	7 449.51	—	—	6 051.68	801 922.29
39	国通信托	981 650.49	113 640.08	3 279.13	—	85 548.00	—	779 183.28
40	国元信托	848 946.83	81 158.52	2 982.84	—	—	—	764 805.47
41	万向信托	911 313.54	149 310.88	2 974.26	—	—	—	759 028.40
42	金谷信托	821 464.40	116 758.88	2 755.63	—	—	—	701 949.89
43	中建投信托	862 288.80	170 691.96	2 679.01	—	—	—	688 917.83
44	西藏信托	858 355.04	97 774.73	2 065.85	—	82 788.26	—	675 726.20
45	紫金信托	776 627.39	143 158.22	2 742.50	—	—	—	630 726.67
46	爱建信托	799 257.42	175 679.56	1 988.86	—	—	—	621 589.00
47	浙金信托	575 732.93	55 761.63	1 209.34	—	—	4 063.49	522 825.45
48	苏州信托	522 720.39	87 276.62	1 674.21	—	800.00	—	432 969.56
49	北方信托	536 763.01	65 816.99	2 042.73	—	—	−43 407.60	425 495.69
50	华澳信托	457 076.01	60 585.19	1 612.75	—	—	—	394 878.07
51	华融信托	475 117.35	18 890.69	1 225.84	—	82 268.43	—	372 732.39
52	东莞信托	460 972.11	89 800.99	1 350.79	—	—	—	369 820.33
53	国联信托	395 764.00	34 614.00	980.00	—	—	—	360 170.00
54	中国民生信托	394 880.46	124 692.57	1 963.34	—	—	—	268 224.55
55	杭州工商信托	322 865.00	73 196.00	1 071.00	—	—	4 750.00	253 348.00
56	山西信托	267 225.69	27 771.02	701.29	—	—	—	238 753.38
57	大业信托	273 638.88	50 740.98	—	—	—	—	222 897.90
58	雪松信托	250 798.27	49 528.96	1 121.31	—	66 023.66	21 628.34	155 752.68
59	中泰信托	172 072.44	12 261.49	—	—	4 246.04	—	155 564.91
60	财信信托	91 950.00	8 175.00	−905.00	—	19 133.00	2 561.00	68 108.00
61	长城新盛信托	46 808.19	7 117.44	137.14	—	6 394.23	—	33 159.38
62	华宸信托	2 221.08	214.22	11.09	—	—	—	1 995.77
63	安信信托	238 869.89	31 328.17	356.80	—	333 039.19	—	−125 854.27
64	吉林信托	未披露	未披露	未披露	未披露	未披露	未披露	未披露
65	四川信托	未披露	未披露	未披露	未披露	未披露	未披露	未披露
66	新时代信托	未披露	未披露	未披露	未披露	未披露	未披露	未披露
67	新华信托	未披露	未披露	未披露	未披露	未披露	未披露	未披露
68	华信信托	未披露	未披露	未披露	未披露	未披露	未披露	未披露
	合计	144 825 363.50	18 490 589.33	364 487.08	−98 677.78	339 850.07	508 610.718	126 040 369.95

注：本年度有5家信托公司尚未披露年报，故未在本表中披露相关数据。

2021年信托资产汇总综合收益总额合计9 675.09亿元,其中超过500亿元的有2家,金额在100亿—500亿元的有30家公司,10亿元以下的仅有4家公司(见表5-1-8)。

表5-1-8　　　　　　　　　　　　信托资产汇总综合收益总额分布情况

项目	2021年		
	家数(家)	利润总额(万元)	占比(%)
500亿元以上	2	13 494 403.76	13.95
100亿—500亿元	30	68 207 401.83	70.50
10亿—100亿元	27	15 071 694.94	15.58
10亿元以下	4	-22 591.12	-0.02
合计	63	96 750 909.40	100.00

2021年信托资产总资产综合收益率为4.85%(见表5-1-9),其中本年度没有公司超过10%,绝大多数的信托公司平均综合收益率在3%—10%,3%以下的仅有6家信托公司(见表5-1-10)。

表5-1-9　　　　　　　　　　　　信托资产汇总报表总信托资产综合收益率

排名	公司简称	综合收益(万元)	平均信托资产(万元)	总信托资产综合收益率(%)
1	国民信托	1 396 006.56	16 739 986.25	8.34
2	华鑫信托	1 986 228.88	24 546 107.44	8.09
3	浙金信托	522 825.45	6 802 146.13	7.69
4	万向信托	759 028.40	10 243 546.01	7.41
5	陕国投	1 662 131.45	22 818 203.22	7.28
6	陆家嘴信托	1 443 447.45	19 885 299.57	7.26
7	中泰信托	155 564.91	2 247 995.62	6.92
8	五矿信托	4 831 196.06	76 012 871.09	6.36
9	国元信托	764 805.47	12 230 401.46	6.25
10	光大兴陇信托	6 542 263.09	106 088 961.95	6.17
11	中航信托	4 140 605.86	67 200 049.79	6.16
12	中融信托	4 166 534.67	67 818 011.92	6.14
13	杭州工商信托	253 348.00	4 126 707.00	6.14
14	华澳信托	394 878.07	6 465 991.29	6.11
15	苏州信托	432 969.56	7 284 256.65	5.94
16	兴业信托	1 960 822.08	33 338 412.76	5.88
17	国联信托	360 170.00	6 126 538.50	5.88
18	云南信托	1 709 064.43	29 237 238.21	5.85
19	厦门国际信托	1 191 880.00	20 541 133.50	5.80
20	中粮信托	878 574.72	15 182 426.69	5.79
21	重庆信托	1 166 362.47	20 799 552.62	5.61
22	东莞信托	369 820.33	6 698 858.45	5.52
23	外贸信托	4 801 698.88	89 013 357.55	5.39
24	华宝信托	2 122 472.81	39 986 263.05	5.31
25	华能信托	4 396 971.81	82 862 556.63	5.31
26	粤财信托	1 636 762.97	30 997 626.25	5.28
27	爱建信托	621 589.00	11 812 507.27	5.26
28	长安信托	1 636 175.73	31 201 205.07	5.24

续表

排名	公司简称	综合收益（万元）	平均信托资产（万元）	总信托资产综合收益率（%）
29	紫金信托	630 726.67	12 037 924.47	5.24
30	国投泰康信托	837 685.65	16 378 245.86	5.11
31	山东国信	1 079 634.68	21 477 407.24	5.03
32	中铁信托	1 441 020.00	28 712 662.00	5.02
33	中原信托	1 274 700.47	25 588 558.29	4.98
34	交银国际信托	2 942 688.98	61 105 545.55	4.82
35	西藏信托	675 726.20	14 177 847.18	4.77
36	上海信托	2 888 149.56	61 769 426.17	4.68
37	山西信托	238 753.38	5 179 273.91	4.61
38	中海信托	1 594 937.64	34 698 233.34	4.60
39	昆仑信托	955 558.48	20 789 098.67	4.60
40	渤海信托	1 719 220.48	37 808 268.46	4.55
41	西部信托	1 264 033.23	28 338 574.30	4.46
42	北方信托	425 495.69	9 561 573.39	4.45
43	江苏信托	1 682 520.59	37 871 831.50	4.44
44	金谷信托	701 949.89	15 860 924.20	4.43
45	国通信托	779 183.28	17 894 197.77	4.35
46	北京信托	883 634.13	20 370 200.61	4.34
47	建信信托	6 952 140.67	161 192 161.73	4.31
48	中建投信托	688 917.83	16 114 397.48	4.28
49	中诚信托	918 960.02	22 144 687.92	4.15
50	百瑞信托	1 465 853.71	35 677 369.87	4.11
51	天津信托	801 922.29	20 057 351.61	4.00
52	平安信托	1 701 143.25	42 618 217.13	3.99
53	大业信托	222 897.90	5 832 202.25	3.82
54	英大信托	2 194 980.67	61 976 808.84	3.54
55	华润信托	3 908 817.97	116 632 085.17	3.35
56	华融信托	372 732.39	11 237 176.02	3.32
57	长城新盛信托	33 159.38	1 010 083.20	3.28
58	中信信托	2 801 338.49	110 171 827.34	2.54
59	华宸信托	1 995.77	79 487.31	2.51
60	雪松信托	155 752.68	7 174 043.38	2.17
61	中国民生信托	268 224.55	16 401 424.91	1.64
62	财信托	68 108.00	13 093 817.00	0.52
63	安信信托	-125 854.27	15 339 323.07	-0.82
64	华信信托	未披露	未披露	未披露
65	四川信托	未披露	未披露	未披露
66	新华信托	未披露	未披露	未披露
67	新时代信托	未披露	未披露	未披露
68	吉林信托	未披露	未披露	未披露
合计		96 750 909.40	1 994 680 468.97	4.85

注：本年度有5家信托公司尚未披露年报，故未在本表中披露相关数据。

表 5-1-10　　信托资产总资产综合收益率分布情况

项目	2021年	
	家数（家）	平均综合收益率（%）
10%以上	—	—
5%—10%	32	5.94
3%—5%	25	3.71
3%以下	6	2.76
合计	63	4.85

二、信托资产管理情况分析

（一）信托资产运用及分布情况分析

2021年信托资产总额为200 332.60亿元（见表5-2-1），从资产结构情况分析，客户贷款占资产的比重最大，达到24.99%（见图5-2-1）；从资产投向分布分析，主要集中在金融、证券、基础产业、实业、房地产业五大产业占比为73.71%，其他产业占比26.29%（见图5-2-2）。

表 5-2-1　　信托资产分布及运用情况

资产运用情况			资产分布情况		
项目	金额（万元）	比例（%）	项目	金额（万元）	比例（%）
货币资产	53 520 132.99	2.67	基础产业	233 133 522.54	11.64
客户贷款	500 673 792.60	24.99	房地产业	197 911 618.31	9.88
交易性金融资产	372 820 169.07	18.61	证券	403 209 261.98	20.13
应收账款	2 553 045.17	0.13	实业	362 431 560.41	18.09
买入返售金融资产	10 075 936.97	0.50	金融	280 046 230.57	13.98
可供出售金融资产	327 726 226.24	16.36	教育	—	—
持有至到期投资	219 577 571.25	10.96	其他企业	—	—
长期股权投资	159 861 239.59	7.98	工商企业	127 924 560.51	6.39
长期债权投资	817 608.69	—	债券	262 823.23	0.01
长期应收款	1 852 426.17	0.09	基金	431 820.41	0.00
投资性房地产	30 000.00	—	其他	397 974 618.25	19.87
无形资产	—	—			
买入返售资产	381 803.00	0.02			
其他	353 436 064.47	17.64			
信托资产总额	2 003 326 016.21	100.00	信托资产总额	2 003 326 016.21	100.00

注：其他中包含尾差。

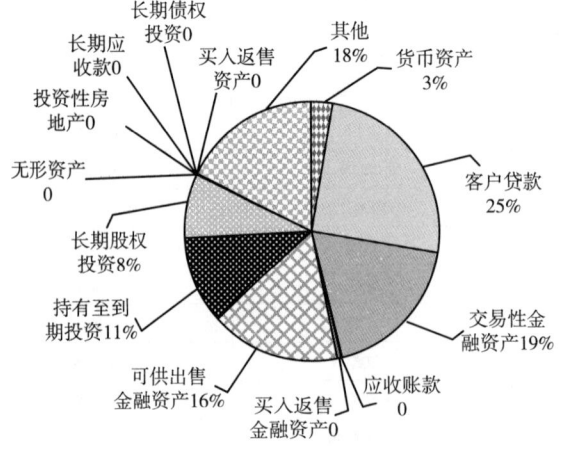

图 5-2-1　信托资产运用分析

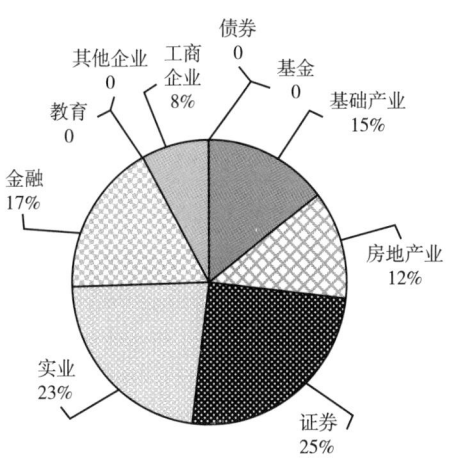

图5-2-2 信托资产分布分析

(二)集合类、单一类和财产管理类信托项目变动情况

2021年中止的信托项目数量比2020年多840个,金额比2020年多5 657.37亿元。其中,集合类和单一类仍占信托项目资产金额的绝大多数,占比合计为83.49%,与2020年基本持平(见表5-2-2)。

2021年中止的信托项目资产加权平均实际年化收益率为6.02%,具体详见表3-3-3。

表5-2-2　　　　2021年中止的集合类、单一类和财产管理类信托项目数量、金额汇总分析

类别	2021年			2020年		
	份数(份)	合计金额(万元)	金额比重(%)	份数(份)	合计金额(万元)	金额比重(%)
集合类	9 368	420 863 077.06	44.94	8 253	393 224 169.19	44.68
单一类	6 716	361 048 757.79	38.55	7 178	338 212 645.08	38.43
财产管理类	1 779	154 679 475.42	16.52	1 592	148 580 802.39	16.88
合计	17 863	936 591 310.27	100.00	17 023	880 017 616.66	100.00

注:1.本年度有5家信托公司尚未披露年报,故未在本表中披露相关数据。
2.2020年数据引用2020年信托年鉴中披露的相关数据。

从披露中止的集合类加权平均实际收益率看,按已披露年报的63家信托公司简单平均计算,实际加权收益率约为6.57%,略低于2020年中止的集合类加权平均实际收益率6.64%,同时高于银行贷款利率(表5-2-3)。

2021年仅有7家信托公司集合类信托项目资产加权平均实际年化收益率低于5%。

表5-2-3　　　　　　2021年中止的集合类加权平均实际收益率前五名

公司简称	加权平均实际收益率(%)
西藏信托	17.23
云南信托	14.03
杭州工商信托	8.91
华融信托	8.90
外贸信托	8.57
总体平均	6.57

注:1.明细表详见表3-3-3。
2.本年度有5家信托公司尚未披露年报,故未在本表中披露相关数据。

从披露中止的单一类加权平均实际收益率看,按63家信托公司简单平均计算,实际加权收益率约为6.13%(表

5-2-4），较集合类项目收益率略低，比上年中止的单一类加权平均实际收益率5.81%有所下降；63家信托公司中有12家信托公司平均收益率均低于5%。

表5-2-4　　　　　　　　　2021年中止的单一类加权平均实际收益率前五名

公司简称	加权平均实际收益率（%）
西藏信托	32.98
中融信托	10.60
外贸信托	10.04
华融信托	8.84
杭州工商信托	8.36
总体平均	6.13

注：1. 明细表详见表3-3-3。
　　2. 本年度有5家信托公司尚未披露年报，故未在本表中披露相关数据。

2021年新增的信托项目中，集合类信托项目占较大份额，占总体的56.22%（见表5-2-5），单一类与财产类信托项目金额合计占比为43.78%。另外，新增项目类型中，主动管理型信托项目仍占比较大，被动管理型信托项目仅占34.06%（详见表3-3-8）。

表5-2-5　　　　2021年新增的集合类、单一类和财产管理类信托项目数量、金额汇总分析

类别	份数（份）	合计金额（万元）	金额比重（%）
集合类	16 097	565 136 203.91	56.22
单一类	11 667	136 689 766.44	13.60
财产管理类	10 433	303 319 496.52	30.18
新增合计	38 196	1 005 145 466.86	100.00
其中：主动管理型	29 565	662 836 816.66	65.94
被动管理型	8 631	342 308 650.20	34.06

注：本年度有5家信托公司尚未披露年报，故未在本表中披露相关数据。

2021年已清算结束的主动管理型信托项目实收信托金额合计47 073.91亿元，其中，融资类信托项目比重最大，占比为43.64%（见表5-2-6）。由于在各家年报披露中，存在未披露加权平均实际年化信托报酬率或加权平均实际年化收益率的情况，我们在本次年鉴中未进行统计分析。

表5-2-6　　　　　　　　　2021年信托公司已清算结束主动管理型资产运用情况

已清算结束信托项目	项目个数（个）	实收信托合计金额（万元）	金额占比（%）
证券投资类	2 470	104 592 833.40	22.22
股权投资类	1 142	76 723 690.01	16.30
融资类	5 316	205 415 841.01	43.64
事务管理类	461	21 544 899.18	4.58
权益类	—	—	—
其他投资类	2 100	62 461 851.59	13.27
合计	11 489	470 739 115.19	100.00

注：本年度有5家信托公司尚未披露年报，故未在本表中披露相关数据。

2021年已清算结束的被动管理型信托项目实收信托金额合计46 585.22亿元，其中，事务管理类信托项目比重最大，占比为76.05%（见表5-2-7）。由于在各家年报披露中，存在未披露加权平均实际年化信托报酬率或加权平均实际年化收益率的情况，我们在本次年鉴中未进行统计分析。

表5-2-7　2021年信托公司已清算结束被动管理型资产运用情况

已清算结束信托项目	项目个数（个）	实收信托合计金额（万元）	金额占比（%）
证券投资类	156	40 650 620.59	8.73
股权投资类	162	10 094 076.67	2.17
融资类	909	53 894 263.74	11.57
事务管理类	4 924	354 258 153.79	76.05
其他投资类	223	6 955 080.27	1.49
合计	6 374	465 852 195.06	100.00

注：本年度有5家信托公司尚未披露年报，故未在本表中披露相关数据。

2021年信托资产期末数总金额为200 327.08亿元，比2020年减少1 396.84亿元，减幅为0.70%（表5-2-8）。其中集合类比重最大，占期末数的49.01%（详见表3-3-4）。

表5-2-8　信托资产的期初数、期末数

信托资产	期初数		期末数	
	金额（万元）	比重（%）	金额（万元）	比重（%）
集合类	975 008 848.56	49.01	1 018 990 494.93	50.87
单一类	596 314 186.02	29.98	445 267 235.10	22.23
财产权类	417 979 376.42	21.01	539 013 068.54	26.91
合计	1 989 302 411.00	100.00	2 003 270 798.57	100.00

注：本年度有5家信托公司尚未披露年报，故未在本表中披露相关数据。

2021年主动管理型信托业务的信托资产期末数总金额为106 348.21亿元，比2020年减少11 990.11亿元，降幅为11.27%（见表5-2-9）；其中融资类比重最大，占期末数的42.38%（详见表3-3-6）。

表5-2-9　主动管理型信托业务的信托资产期初数、期末数

主动管理型信托资产	期初数		期末数	
	金额（万元）	比重（%）	金额（万元）	比重（%）
证券投资类	211 640 165.74	19.90	386 361 539.43	32.65
股权投资类	160 138 122.12	15.06	230 669 037.26	19.49
融资类	450 744 061.66	42.38	348 549 363.22	29.45
事务管理类	55 070 327.63	5.18	48 048 527.52	4.06
权益类	2 390.60	—	—	—
其他投资类	185 887 066.87	17.48	169 754 721.03	14.34
合计	1 063 482 134.62	100.00	1 183 383 188.46	100.00

注：本年度有5家信托公司尚未披露年报，故未在本表中披露相关数据。

2021年被动管理型信托业务的信托资产期末数总金额为92 385.60亿元，比2020年增加10 824.28亿元，增幅为11.72%（见表5-2-10）；其中事务管理类比重最大，占期末数的76.37%（详见表3-3-6）。

表5-2-10　被动管理型信托业务的信托资产期初数、期末数

被动管理型信托资产	期初数		期末数	
	金额（万元）	比重（%）	金额（万元）	比重（%）
证券投资类	42 703 160.67	4.62	18 051 750.18	2.21
股权投资类	34 010 893.71	3.68	19 917 839.87	2.44
融资类	97 783 360.36	10.58	68 124 472.89	8.35
事务管理类	705 586 043.24	76.37	683 948 860.49	83.86
权益类	20 926 390.57	2.27	10 907 152.95	1.34
其他投资类	22 846 161.97	2.47	14 663 146.63	1.80
合计	923 856 010.52	100.00	815 613 223.01	100.00

注：本年度有5家信托公司尚未披露年报，故未在本表中披露相关数据。

第六章　财务报表附注及其他项目的分析

本章对财务报表附注披露的一些重要事项进行了分析,包括或有事项、自营资产风险分类情况、资产损失准备计提情况,以及关联方关系及其交易等各项情况。同时,本章节还对信托公司在2021年年报中对经营因素的认可情况作了详细的统计,以便于相关部门决策参考。

一、或有事项情况

(一)对外担保和或有事项情况

1. 对外担保总额分析

经过对已披露年报的63家信托公司的统计,2021年末涉及对外担保的公司共有3家,对外担保金额约为8.57亿元,比上年减少了1.54亿元(见表6-1-1)。2021年末信托公司对外担保的详细情况见表6-1-2。

表6-1-1　2021年末信托公司担保事项汇总

币种	2021年末担保金额(万元)	2020年末担保金额(万元)	增减额(万元)	增减(%)
人民币	85 656.46	101 026.46	-15 370.000	-15.21

表6-1-2　2021年信托公司涉及对外担保的详细情况　　　　单位:万元

公司简称	被担保单位	年初担保金额	年末担保金额
安信信托	天津方能石油化工销售有限公司	20 000.00	20 000.00
安信信托	天津宏远旺能石油化工科技有限公司	25 000.00	25 000.00
安信信托	天津万能石油化工科技有限公司	4 000.00	4 000.00
北方信托	未披露	14 990.00	—
厦门国际信托	厦门市政项目担保	2 169.00	1 789.00
渤海信托	未披露	34 867.46	34 867.46
合计		101 026.46	85 656.46

注:本年度四川信托等5家信托公司尚未披露年报,故未在本表中披露相关数据。

2. 对外担保与净资产的比较分析

已披露年报的63家信托公司中,2021年末存在担保事项的3家信托公司担保金额合计为8.57亿元,占63家公司自有净资产总额7 627.35亿元的0.112%。有担保事项的公司年末担保额均没有超过净资产;担保额占净资产比例的平均值为4.23%,超过平均值的有1家,情况详见表6-1-3。

表6-1-3　2021年末信托公司担保金额占自有净资产比例情况

公司简称	期末担保金额(万元)	期末净资产(万元)	担保占净资产比(%)
安信信托	49 000.00	95 659.58	51.22
渤海信托	34 867.46	1 327 722.75	2.63
厦门国际信托	1 789.00	603 389.00	0.30
合计	85 656.46	2 026 771.33	4.23

注:本年度四川信托等5家信托公司尚未披露年报,故未在本表中披露相关数据。

(二)公司本年发生或存在的重大诉讼仲裁事项

2021年已披露年报的63家信托公司中,有28家披露没有诉讼仲裁事项,35家公司披露有诉讼仲裁事项,情况详见表6-1-4。

35家披露有诉讼仲裁事项的信托公司合计存在456件诉讼仲裁案件，涉及金额约为853.63亿元，平均每个案件约18 719.86万元。

表6-1-4　　　　　　　　　　　披露信托公司诉讼仲裁事件

公司简称	总诉讼件数（件）	涉诉金额（万元）	件数（起诉）（件）	金额（起诉）（万元）	件数（被诉）（件）	金额（被诉）（万元）
安信信托	131	5 298 200.00	55	3 868 100.00	76	1 430 100.00
百瑞信托	5	164 081.33	5	164 081.33	—	—
东莞信托	5	146 119.00	5	146 119.00	—	—
光大兴陇信托	4	—	4	（1）未披露	—	—
国联信托	3	45 715.00	3	45 715.00	—	—
国投泰康信托	1	12 800.00	1	12 800.00	—	—
杭州工商信托	13	—	13	（2）未披露	—	—
财信信托	20	200 288.43	20	（3）200 288.43	—	—
江苏信托	1	16 605.75	1	16 605.75	—	—
雪松信托	4	82 813.73	4	82 813.73	—	—
华宸信托	9	—	9	（4）未披露	—	—
昆仑信托	10	—	9	（5）未披露	1	（5）未披露
山东国信	10	517 316.00	10	517 316.00	—	—
山西信托	1	22 801.72	—	—	1	22 801.72
苏州信托	1	15 000.00	1	15 000.00	—	—
长安信托	54	—	14	367 566.00	40	（6）未披露
西部信托	4	90 000.00	—	—	4	90 000.00
厦门国际信托	3	—	3	（7）未披露	—	—
云南信托	11	222 917.62	11	222 917.62	—	—
中海信托	1	—	1	（8）未披露	—	—
中泰信托	4	—	3	（9）未披露	1	（9）未披露
中原信托	2	—	1	（10）未披露	1	（10）未披露
重庆信托	9	744 586.00	8	714 586.00	1	30 000.00
渤海信托	1	32 500.00	—	—	1	32 500.00
交银国际信托	2	—	2	（11）未披露	—	—
中建投信托	5	—	5	（12）未披露	—	—
浙金信托	2	—	—	—	2	（13）未披露
爱建信托	2	28 700.00	2	28 700.00	—	—
国通信托	21	—	21	（14）未披露	—	—
金谷信托	6	327 910.00	2	318 910.00	4	（15）9 000.00
五矿信托	5	290 808.63	5	290 808.63	—	—
中粮信托	2	15 217.44	1	7 787.85	1	7 429.59
紫金信托	1	14 173.73	1	14 173.73	—	—
中国民生信托	99	247 699.54	99	247 699.54	—	—
万向信托	4	—	4	（16）未披露	—	—
合计	456	8 536 253.92	323	6 914 422.61	133	1 621 831.31

注：1.光大兴陇信托存在以下4项重大未决诉讼：诉深圳市康居投资发展有限公司、沈兆武、吴海敏金融借款合同纠纷一案；诉西藏金融租赁有限公司、东旭集团有限公司等被告合同纠纷一案；诉龙浩集团有限公司、林春荣、龙浩机场集团有限公司、龙浩航空集团有限公司合同纠纷一案；诉彭水县茂田能源开发有限公司、重庆市茂田实业（集团）有限公司、游兴茂、李晓华等被告合同纠纷一案。以上均未披露明确涉案金额。
2.杭州工商信托存在或发生诉讼案件13起：均为信托项目所涉且由公司作为原告，被告为信托项目所涉的交易对手。以上均未披露明确涉案金额。
3.财信信托在诉陈端华、邓诗蒙、张洪飞、李莉、刘飞、江苏大红鹰恒顺药业有限公司一案中，标的物是江苏大红鹰恒顺药业有限公司77.78%的股权，未披露明确涉案

4. 华宸信托存在重大未决诉讼9件；存量案件大多是由信托融资而引发的融资纠纷，上述案件中，处于审理程序的有3件，处于执行程序的6件。以上均未披露明确涉案金额。

5. 昆仑信托存在重大未决诉讼10件；其中作为被告1件，为中国平安财产保险股份有限公司上海分公司诉武汉金凰珠宝股份有限公司和昆仑信托有限责任公司合同纠纷案；作为原告9件，均为与被执行人的合同纠纷。以上均未披露明确涉案金额。

6. 长安信托被诉案件主要为信集楼俊项目相关被诉案件，涉及40单再审案件，均已被法院依法驳回。同时，信集楼俊项目在风险化解方面，已通过受益人大会表决，加入重整后，拟通过股权转让方式实现项目退出。

7. 厦门国际信托存在或发生诉讼案件3起：公司与浙江蓝天实业集团有限公司等贷款合同纠纷公证债权文书执行一案；公司与海航科技股份有限公司公证债权文书执行案；公司与三亚凤凰国际机场有限责任公司债权确认纠纷仲裁案。以上均未披露明确涉案金额。

8. 中海信托存在重大未决诉讼1件：四川信托股权投资项目出现相关方违法、违约情形，为积极维护公司合法权益，中海信托已提起了相应的民事诉讼。未披露明确涉案金额。

9. 中泰信托存在或发生诉讼案件4起：其中作为原告3件，公司"中泰·弘泰21号集合资金信托计划"交易对手未按合同约定还款，公司向法院起诉遵义和平投资建设有限责任公司等；公司"中泰·贵州遵义播州国投融资租赁集合资金信托计划"因融资出现违约情形，公司向法院起诉遵义市播州区城市建设投资经营（集团）有限公司等；就财富证券恶意起诉我司并保全我司财产、对我司财产造成损失一案，向湖南高院提起诉讼，要求财富证券赔偿我司在财产保全中所遭受的全部损失。作为被告1件：上海新华闻投资有限公司因股东资格确认纠纷向上海金融法院起诉我司并以首都机场集团有限公司作为第三人，要求判令我司9.99%股权及投资权益为原告所有，并要求我司配合办理股权变更登记。以上均未披露明确涉案金额。

10. 中原信托存在或发生诉讼案件2起：本公司作为原告提起重大诉讼案件1件，为本公司向相关债务人追偿债权而提起的诉讼；因抵押权纠纷，本公司作为被告的诉讼案件1件，报告期内原告已撤诉。以上均未披露明确涉案金额。

11. 交银国际信托存在重大未决诉讼2件：公司存在信托项目下发生交易对手违约情况，公司作为受托人主动推进强制执行等司法程序；公司因营业信托纠纷涉及民事诉讼事项正在审理；同时个别事务管理类项目存在代为诉讼或涉诉情形，相关风险均由委托人承担。以上均未披露明确涉案金额。

12. 中建投信托新增未决诉讼案件5件（公司均为原告），均处于一审审理阶段。未披露明确涉案金额。

13. 浙金信托存在重大未决诉讼2件：2020年8月4日，"浙金·汇实10号赤山湖PPP集合资金信托计划"受益人联储证券有限责任公司起诉本公司，2021年10月，本公司已获本案件一审胜诉判决，截至本报告出具之日该案件尚未获得二审判决；2021年9月4日，新纪元期货股份有限公司就认购本公司设立的浙金·欣悦1号财产权信托项下的优先级信托受益权损失投资起诉本公司，此项目属于事务管理类信托，本公司不承担主动管理职责，截至报告日，该案件尚未开庭。以上均未披露明确涉案金额。

14. 国通信托存在重大未决诉讼21件：诉讼标的额在5千万元（不含）至1亿元（不含）的案件有4件，其中有3件尚在一审审理中，有1件在二审审理中；诉讼标的额在1亿元（含）以上的案件有17件，其中有14件尚在一审审理中，有3件在二审审理中。以上均未披露明确涉案金额。

15. 金谷信托作为被告的案件4起，其中1起明确披露了涉案金额为9 000万元，还有3起未明确披露涉案金额：委托人北京世宸房地产开发有限公司将其持有的惠州海宸置业有限公司99%股权作为信托财产，委托公司设立了某财产权信托，2021年5月，北京世宸房地产开发有限公司、惠州市海宸置业有限公司以侵权责任纠纷为由提起诉讼，请求判令公司将惠州市海宸置业有限公司99%的股权过户至北京世宸房地产开发有限公司名下，并主张被告共同支付原告经济损失3 000万元（暂估），该案尚未开庭审理；2020年9月，公司接受平安道远投资管理（上海）有限公司等关联方委托设立某集合资金信托计划，资金用于认购成都浦兴商贸有限责任公司在天府（四川）联合股权交易中心股份有限公司发行的可转债，风控措施包含德州蓝和房地产开发有限公司或四川蓝光发展股份有限公司指定主体以其持有的济南香江置业有限公司99%股权为可转债的还本付息义务提供质押担保等，2021年3月，上海圳澳国际贸易有限公司起诉中国金谷国际信托有限责任公司、德州蓝和房地产开发有限公司，请求确认案涉的《质押合同》无效，该案尚未开庭审理；2016年9月，公司设立某信托计划，向中龙建电力建设股份有限公司发放贷款，包含东莞通明电力有限公司在内等主体提供设备抵押和保证担保，2019年6月，东莞市第一人民法院裁定受理东莞农村商业银行提请的东莞通明电力有限公司破产清算申请，公司立即向破产管理人申报债权，2021年4月，东莞通明电力有限公司向破产法院起诉，诉请不承担相应担保责任，不予执行相应的公证债权文书，该案因原告未按期交纳案件受理费，法院裁定按撤诉处理。

16. 万向信托在报告期内新增4件公司作为原告的重大诉讼案件，均未披露明确涉案金额。

二、重要资产转让及其出售的说明

根据已披露年报的63家信托公司2021年年度报告中披露的重要资产转让及出售说明统计，共有5家信托公司2021年发生了重要资产的转让。详见表6-2-1。

表6-2-1　　　　　　　　　　2021年度信托公司重要资产转让及出售说明

公司简称	金额（万元）	备注
安信信托	未披露	附注1
国民信托	未披露	附注2
国投泰康信托	未披露	附注3
西部信托	未披露	附注4
上海信托	未披露	附注5

注：1. 公司与中国银行股份有限公司上海市分行达成和解，以公司所持信银国际3.4%股权偿还待和解债务。待信银国际完成相应决策程序及获得香港监管部门批复（如需）后，公司将尽快完成与中国银行上海分行资产交割。

2. 公司拟转让所持全部汇丰人寿保险有限公司股权。2022年，我司将按照股权转让协议的约定推进股权交割相关事宜。

3. 公司向国投资本控股有限公司转让全部持有的国投财务有限公司股权。

4. 陕投集团以非公开协议转让的方式受让我司所持有的西部证券股份有限公司（股票代码：002673）256 775 944股股份。

5. 报告期内，上投摩根基金管理有限公司（以下简称上投摩根）由本公司持股51%，摩根资产管理（英国）有限公司（以下简称摩根资产管理）持股49%。本公司持有的2%和49%股权目前正处于转让过程中，买方为摩根资产管理。

6. 本年度四川信托等5家信托公司尚未披露年报，故未在本表中披露相关数据。

三、自营资产风险分类情况

根据已披露年报的63家信托公司在其2021年年度报告中披露的自营信用风险资产及其分类情况统计，2020年末自营资产合计为7 088.81亿元，2020年末正常类自营信用风险资产占比为84.38%，关注类自营信用风险资产占8.45%，不良类自营信用风险资产占7.17%。2021年纳入分类的自营信用风险资产为7 412.52亿元，比2020年增加323.71亿元，增加比例为4.57%；2021年末正常类自营信用风险资产占83.66%，关注类自营信用风险资产占8.23%，不良类自营信用风险资产占8.11%（详见表6-3-1）。

表6-3-1　　　　　　　　　　2021年末与2020年末信托公司自营资产五级分类汇总比较

类别	2021年末		2020年末		增减率（%）
	金额（万元）	比例（%）	金额（万元）	比例（%）	
正常类	62 010 471.74	83.66	59 816 052.57	84.38	3.67
关注类	6 101 595.64	8.23	5 991 414.92	8.45	1.84
次级类	2 725 533.41	3.68	1 968 365.74	2.78	38.47
可疑类	1 820 463.10	2.46	1 310 507.43	1.85	38.91
损失类	1 467 155.63	1.98	1 801 807.71	2.54	-18.57
合计	74 125 219.52	100.00	70 888 148.37	100.00	4.57
不良比例	6 013 152.14	8.11	5 079 362.14	7.17	18.38

2020年末不良资产率情况如表6-3-2所示。

表6-3-2　　　　　　　　2020年末自营资产五级分类不良比例由高到低排序　　　　　　　　单位：%

公司简称	不良率	公司简称	不良率
安信信托	98.47	百瑞信托	1.95
中国民生信托	55.06	上海信托	1.88
雪松信托	39.67	国元信托	1.73
大业信托	36.50	北京信托	1.48
渤海信托	33.76	五矿信托	1.28
中粮信托	29.72	兴业信托	0.86
中建投信托	28.28	中航信托	0.74
长安信托	25.67	外贸信托	0.70
华宸信托	20.57	国联信托	0.61
昆仑信托	17.53	平安信托	0.60
国民信托	17.23	陕国投	0.51
华澳信托	16.34	光大兴陇信托	0.25
万向信托	14.69	爱建信托	0.25
杭州工商信托	13.85	交银国际信托	0.18
中泰信托	11.27	厦门国际信托	0.09
吉林信托	11.18	华能信托	0.08
中诚信托	10.69	东莞信托	0.05
财信信托	9.46	粤财信托	—
天津信托	8.06	国投泰康信托	—
山西信托	8.05	建信信托	—
西藏信托	7.83	江苏信托	—
中信信托	7.06	云南信托	—

续表

公司简称	不良率	公司简称	不良率
浙金信托	6.82	中海信托	—
英大信托	6.15	中融信托	—
长城新盛信托	6.03	重庆信托	—
中铁信托	5.86	华鑫信托	—
国通信托	4.98	紫金信托	—
陆家嘴信托	3.35	山东国信	—
西部信托	2.65	华融信托	—
苏州信托	2.51	新华信托	未披露
华宝信托	2.45	华信信托	未披露
华润信托	2.39	中原信托	未披露
金谷信托	2.34	新时代信托	未披露
北方信托	2.23	四川信托	未披露

注：本年度有5家信托公司尚未披露年报，故未在本表中披露相关数据。

2021年末自营资产五级分类不良资产率由高到低排序情况见表6-3-3。

表6-3-3　　　　　2021年末自营资产五级分类不良比例由高到低排序　　　　　单位：%

公司简称	不良率	公司简称	不良率
安信信托	99.07	浙金信托	2.30
中国民生信托	60.94	重庆信托	1.61
雪松信托	43.74	百瑞信托	1.59
万向信托	42.90	华融信托	1.59
长安信托	40.89	上海信托	1.57
华宸信托	39.28	国元信托	1.10
大业信托	34.19	厦门国际信托	0.96
华澳信托	30.75	北京信托	0.68
中建投信托	26.05	华宝信托	0.66
渤海信托	25.82	平安信托	0.56
兴业信托	21.63	中航信托	0.55
杭州工商信托	21.39	建信信托	0.45
中诚信托	19.56	外贸信托	0.44
中原信托	16.71	国联信托	0.41
山西信托	13.83	英大信托	0.33
昆仑信托	12.47	云南信托	0.28
国民信托	12.45	华润信托	0.24
中泰信托	12.25	光大兴陇信托	0.17
陕国投	11.65	华能信托	0.07
交银国际信托	11.38	东莞信托	0.05
金谷信托	9.85	粤财信托	—

续表

公司简称	不良率	公司简称	不良率
中粮信托	8.19	国投泰康信托	—
财信信托	7.63	江苏信托	—
西藏信托	6.83	中海信托	—
长城新盛信托	6.37	中融信托	—
北方信托	6.30	华鑫信托	—
天津信托	6.29	陆家嘴信托	—
中铁信托	5.58	紫金信托	—
西部信托	5.35	山东信托	未披露
爱建信托	4.95	吉林信托	未披露
国通信托	3.96	新华信托	未披露
五矿信托	3.24	华信信托	未披露
苏州信托	3.16	新时代信托	未披露
中信信托	2.44	四川信托	未披露

注：本年度有5家信托公司尚未披露年报，故未在本表中披露相关数据。

四、资产损失准备计提和覆盖情况

（一）资产损失准备的计提

在已披露2021年报的63家信托公司中，2021年初资产损失准备余额为448.75亿元，2021年计提219.60亿元，其他增加7.68亿元，转回56.19亿元，核销50.50亿元，其他减少18.03亿元，2021年末余额为551.32亿元。汇总的资产损失准备计提详见表6-4-1。

表6-4-1　　　　　　　　　　　信托公司资产损失准备计提情况　　　　　　　　　　　单位：万元

类别	2021期初金额	2021本期计提金额	2021其他增加	2021本期转回金额	2021本期核销金额	2021其他减少	2021年末金额
贷款损失准备	1 369 170.11	244 961.64	90 808.80	86 234.92	187 316.46	21 279.60	1 410 109.57
其他资产减值准备	3 118 285.60	1 951 043.19	-13 965.62	475 623.66	317 652.14	158 987.23	4 103 100.15
其中：债权投资减值准备	1 642 357.13	758 114.90	-54 618.77	199 586.67	203 436.38	87 173.50	1 855 656.71
其他债权投资减值准备	90 236.74	32 967.30	0.00	27.00	—	988.00	122 189.04
长期股权投资减值准备	140 136.06	212 015.01	0.00	3 315.00	9 216.13	30 091.00	309 528.94
坏账准备	782 039.10	251 701.33	10 562.15	65 301.40	84 057.76	4 658.65	890 284.77
固定资产减值准备	26 737.40	—	—	1.54	0.00	—	26 735.86
投资性房地产减值准备	4 009.90	—	—	—	—	—	4 009.90
其他减值准备	432 769.27	696 244.66	30 091.00	207 392.05	20 941.87	36 076.08	894 694.93
合计	4 487 455.71	2 196 004.83	76 843.18	561 858.58	504 968.60	180 266.83	5 513 209.72

注：1.其他减值准备包含存货跌价准备、拆出资金减值准备、抵债资产减值准备等。
　　2.本年度有5家信托公司尚未披露年报，故未在本表中披露相关数据。

对63家信托公司披露的资产准备余额、风险资产准备余额、非风险资产准备余额进行排序，由高到低的排序结果详见表6-4-2、表6-4-3、表6-4-4。

表6-4-2　　信托公司2021年末资产准备合计余额情况　　单位：万元

公司简称	全部准备总额	公司简称	全部准备总额
安信信托	1 041 813.20	外贸信托	26 161.75
中国民生信托	517 733.69	长城新盛信托	23 741.30
中诚信托	335 321.39	五矿信托	23 538.89
中信信托	305 394.19	百瑞信托	19 779.81
渤海信托	299 674.52	中粮信托	18 414.60
长安信托	272 147.59	国元信托	14 994.66
中铁信托	242 420.00	中航信托	14 377.05
中建投信托	224 233.11	国民信托	13 722.01
中原信托	220 705.60	光大兴陇信托	13 441.79
中海信托	208 225.74	北京信托	13 323.00
昆仑信托	167 564.40	紫金信托	13 000.57
兴业信托	112 756.00	浙金信托	9 986.39
雪松信托	110 099.08	华能信托	9 604.91
天津信托	105 403.21	华宝信托	8 630.66
国通信托	99 824.12	苏州信托	8 554.00
华鑫信托	96 100.11	中融信托	7 824.00
大业信托	93 321.33	江苏信托	7 125.80
财信信托	84 101.00	粤财信托	6 616.19
华澳信托	81 698.83	英大信托	4 387.55
金谷信托	55 557.88	云南信托	3 435.27
中泰信托	52 664.33	国联信托	3 140.00
北方信托	51 956.30	杭州工商信托	1 540.00
厦门国际信托	46 644.00	建信信托	1 450.04
华融信托	41 845.47	陆家嘴信托	1 049.00
华润信托	41 401.84	国投泰康信托	—
重庆信托	40 612.86	山东信托	未披露
华宸信托	39 344.21	陕国投	未披露
交银国际信托	35 701.00	万向信托	未披露
山西信托	35 649.41	吉林信托	未披露
东莞信托	32 886.14	新华信托	未披露
平安信托	32 811.27	华信信托	未披露
西部信托	32 431.32	新时代信托	未披露
西藏信托	31 294.64	四川信托	未披露
爱建信托	29 253.57		
上海信托	26 779.13	合计	5 513 209.72

注：本年度有5家信托公司尚未披露年报，故未在本表中披露相关数据。

表6-4-3　　信托公司2021年末风险资产准备合计余额情况　　单位：万元

公司简称	风险资产准备	公司简称	风险资产准备
安信信托	669 175.26	国通信托	280.33
中信信托	161 685.51	杭州工商信托	235.00
渤海信托	107 141.06	昆仑信托	82.71
中原信托	89 072.79	中铁信托	—
中诚信托	60 788.85	东莞信托	—
天津信托	59 785.78	粤财信托	—
中建投信托	56 330.64	国民信托	—
中泰信托	30 716.06	国投泰康信托	—
西藏信托	28 219.78	华宝信托	—
爱建信托	27 232.36	江苏信托	—
交银国际信托	24 607.00	雪松信托	—
国元信托	13 481.82	兴业信托	—
财信信托	11 891.00	上海信托	—
中国民生信托	8 510.00	华融信托	—
北方信托	8 287.20	苏州信托	—
北京信托	8 258.00	英大信托	—
重庆信托	6 459.21	云南信托	—
华润信托	6 116.16	外贸信托	—
华鑫信托	4 727.26	华能信托	—
金谷信托	4 140.00	浙金信托	—
中融信托	3 800.00	大业信托	—
华宸信托	3 062.34	五矿信托	—
光大兴陇信托	2 956.55	中粮信托	—
百瑞信托	2 190.23	紫金信托	—
厦门国际信托	1 890.00	长城新盛信托	—
长安信托	1 708.77	山东信托	未披露
平安信托	1 161.75	陕国投	未披露
陆家嘴信托	1 049.00	万向信托	未披露
建信信托	1 038.73	吉林信托	未披露
华澳信托	1 016.25	新华信托	未披露
西部信托	1 004.79	华信信托	未披露
山西信托	765.99	新时代信托	未披露
国联信托	500.00	四川信托	未披露
中航信托	390.00		
中海信托	351.39	合计	1 410 109.57

注：1.本年度有5家信托公司尚未披露年报，故未在本表中披露相关数据。
　　2.2021年63家披露年报的信托公司中，有22家没有计提风险资产准备，有3家未披露风险资产准备情况。

表6-4-4　　信托公司2021年末非风险资产准备合计情况　　单位：万元

公司简称	债权投资减值准备	其他债权投资减值准备	长期股权投资减值准备	坏账准备	固定资产减值准备	投资性房地产减值准备	其他减值准备	合计
中国民生信托	—	—	—	7 737.89	—	—	501 485.80	509 223.69
安信信托	244 251.70	—	—	102 256.33	26 129.91	—	—	372 637.94
中诚信托	225 038.51	—	1 591.60	47 902.43	—	—	—	274 532.54
长安信托	230 110.88	—	4 814.37	35 183.38	330.19	—	—	270 438.82
中铁信托	—	—	87 684.00	32 727.00	—	—	122 009.00	242 420.00
中海信托	—	—	207 874.35	—	—	—	—	207 874.35
渤海信托	—	—	—	123 702.37	—	2 859.73	65 971.36	192 533.46
中建投信托	167 465.38	—	—	437.09	—	—	—	167 902.47
昆仑信托	109 175.03	—	37.60	58 269.06	—	—	—	167 481.69
中信信托	102 731.06	—	—	40 977.62	—	—	—	143 708.68
中原信托	113 286.98	—	—	18 345.83	—	—	—	131 632.81
兴业信托	107 115.00	4 542.00	—	1 099.00	—	—	—	112 756.00
雪松信托	—	—	—	110 099.08	—	—	—	110 099.08
国通信托	82 068.93	—	—	17 474.86	—	—	—	99 543.79
大业信托	—	89 080.76	—	4 240.57	—	—	—	93 321.33
华鑫信托	—	—	—	1 122.04	—	—	90 250.81	91 372.85
华澳信托	63 922.79	—	—	16 759.79	—	—	—	80 682.58
财信信托	71 242.00	—	—	968.00	—	—	—	72 210.00
金谷信托	47 988.58	—	—	—	—	—	3 429.30	51 417.88
天津信托	38 553.00	—	—	1 085.20	—	—	5 979.23	45 617.43
厦门国际信托	34.00	—	—	—	—	—	44 720.00	44 754.00
北方信托	42 327.71	—	—	—	—	—	1 341.39	43 669.10
华融信托	—	27 009.28	—	14 836.19	—	—	—	41 845.47
华宸信托	14 101.54	—	—	20 453.50	—	—	1 726.83	36 281.87
华润信托	—	—	—	33 036.39	—	1 150.17	1 099.12	35 285.68
山西信托	21 090.42	—	—	13 589.23	203.77	—	—	34 883.42
重庆信托	33 867.33	—	—	286.32	—	—	—	34 153.65
东莞信托	—	—	—	4 808.58	—	—	28 077.56	32 886.14
平安信托	1 174.45	—	—	30 475.07	—	—	—	31 649.52
西部信托	31 243.33	—	—	183.20	—	—	—	31 426.53
上海信托	26 627.95	—	—	—	—	—	151.18	26 779.13
外贸信托	23 811.20	—	401.79	1 948.76	—	—	—	26 161.75
长城新盛信托	—	—	—	23 741.30	—	—	—	23 741.30
五矿信托	—	—	—	23 538.89	—	—	—	23 538.89
中泰信托	10 108.53	—	—	—	—	—	11 839.74	21 948.27
中粮信托	—	—	—	18 414.60	—	—	—	18 414.60
百瑞信托	13 498.24	—	—	4 082.69	—	—	8.65	17 589.58
中航信托	—	—	—	13 987.05	—	—	—	13 987.05
国民信托	—	—	—	13 722.01	—	—	—	13 722.01

续表

公司简称	债权投资减值准备	其他债权投资减值准备	长期股权投资减值准备	坏账准备	固定资产减值准备	投资性房地产减值准备	其他减值准备	合计
紫金信托	13 000.57	—	—	—	—	—	—	13 000.57
交银国际信托	9 876.00	—	—	1 218.00	—	—	—	11 094.00
光大兴陇信托	—	—	—	7 537.64	71.99	—	2 875.61	10 485.24
浙金信托	—	—	—	9 986.39	—	—	—	9 986.39
华能信托	—	—	—	3 096.06	—	—	6 508.85	9 604.91
华宝信托	—	7 066.23	—	1 437.71	—	—	126.72	8 630.66
苏州信托	—	—	—	8 554.00	—	—	—	8 554.00
江苏信托	—	—	—	7 125.80	—	—	—	7 125.80
粤财信托	3 554.30	—	—	2 324.13	—	—	737.76	6 616.19
北京信托	21.00	—	59.00	4 985.00	—	—	—	5 065.00
英大信托	4 060.31	—	—	327.24	—	—	—	4 387.55
中融信托	—	307.00	—	3 533.00	—	—	184.00	4 024.00
云南信托	3 411.65	—	—	23.62	—	—	—	3 435.27
西藏信托	0.00	—	—	—	—	—	3 074.86	3 074.86
国联信托	—	—	—	—	—	—	2 640.00	2 640.00
爱建信托	150.00	1 250.00	—	259.05	—	—	362.16	2 021.21
国元信托	748.34	—	—	764.50	—	—	—	1 512.84
杭州工商信托	—	—	—	1 210.00	—	—	95.00	1 305.00
建信信托	—	—	—	411.31	—	—	—	411.31
国投泰康信托	—	—	—	—	—	—	—	—
陆家嘴信托	—	—	—	—	—	—	—	—
山东信托	未披露	未披露	未披露	未披露	未披露	未披露	未披露	未披露
陕国投	未披露	未披露	未披露	未披露	未披露	未披露	未披露	未披露
万向信托	未披露	未披露	未披露	未披露	未披露	未披露	未披露	未披露
吉林信托	未披露	未披露	未披露	未披露	未披露	未披露	未披露	未披露
新华信托	未披露	未披露	未披露	未披露	未披露	未披露	未披露	未披露
华信信托	未披露	未披露	未披露	未披露	未披露	未披露	未披露	未披露
新时代信托	未披露	未披露	未披露	未披露	未披露	未披露	未披露	未披露
四川信托	未披露	未披露	未披露	未披露	未披露	未披露	未披露	未披露
合计	1 855 656.71	122 189.04	309 528.94	890 284.77	26 735.86	4 009.90	894 694.93	4 103 100.15

注：1.本年度有5家信托公司尚未披露年报，故未在本表中披露相关数据。

2.2021年63家披露年报的信托公司中有2家没有计提非风险资产准备，有3家未披露非风险资产准备情况。

（二）资产准备覆盖分析

根据已披露的63家信托公司2021年年报的汇总分析，2020年末风险资产余额为7 088.81亿元，2021年末风险资产余额为7 412.52亿元；2020年末资产减值准备余额为506.28亿元，2021年末资产减值准备余额为551.32亿元；2020年末风险资产减值准备余额为136.30亿元，2021年末风险资产减值准备余额为141.01亿元。根据上述数据计算2020年末资产准备覆盖率为3.78%，2021年末资产准备覆盖率为3.74%；2020年末风险资产准备覆盖率为1.92%，2021年末风险资产准备覆盖率为1.90%。信托公司的风险资产安全水上升。63家信托公司汇总的资产准备覆盖情况如表6-4-5所示。

表6-4-5　　信托公司资产损失准备覆盖情况分析

项目	2020年末	2021年末
资产总额（万元）	134 113 882.44	147 510 200.97
风险资产总额（万元）	70 888 148.37	74 125 219.52
全部准备总额（万元）	5 062 809.26	5 513 209.72
风险资产准备总额（万元）	1 363 011.42	1 410 109.57
资产准备覆盖率（%）	3.78	3.74
风险资产准备覆盖率（%）	1.92	1.90

注：本年度有5家信托公司尚未披露年报，故未在本表中披露相关数据。

我们对已披露年报的63家信托公司2021年末和2020年末的资产准备覆盖率和风险资产准备覆盖率进行排序，详见表6-4-6和表6-4-7。

表6-4-6　　信托公司2021年末资产准备覆盖率

公司简称	风险资产准备合计（万元）	风险资产总额（万元）	风险资产准备覆盖率（%）
中原信托	89 072.79	27 532.61	323.52
安信信托	669 175.26	861 356.31	77.69
中信信托	161 685.51	1 268 103.69	12.75
渤海信托	107 141.06	1 759 775.00	6.09
中泰信托	30 716.06	523 566.75	5.87
天津信托	59 785.78	1 030 630.44	5.80
西藏信托	28 219.78	610 487.11	4.62
中建投信托	56 330.64	1 363 078.41	4.13
金谷信托	4 140.00	153 149.91	2.70
爱建信托	27 232.36	1 047 398.45	2.60
中诚信托	60 788.85	2 478 076.81	2.45
华宸信托	3 062.34	154 149.46	1.99
交银国际信托	24 607.00	1 724 408.59	1.43
国元信托	13 481.82	961 344.01	1.40
北方信托	8 287.20	664 416.82	1.25
中国民生信托	8 510.00	704 616.67	1.21
财信信托	11 891.00	1 077 400.00	1.10
北京信托	8 258.00	1 728 644.00	0.48
中融信托	3 800.00	997 959.00	0.38
华鑫信托	4 727.26	1 489 258.05	0.32
厦门国际信托	1 890.00	726 588.00	0.26
山西信托	765.99	320 522.72	0.24
重庆信托	6 459.21	3 127 547.33	0.21
百瑞信托	2 190.23	1 129 734.25	0.19
华润信托	6 116.16	3 194 788.14	0.19
华澳信托	1 016.25	598 964.29	0.17
西部信托	1 004.79	645 958.40	0.16
光大兴陇信托	2 956.55	2 020 481.49	0.15
长安信托	1 708.77	1 209 142.02	0.14

续表

公司简称	风险资产准备合计（万元）	风险资产总额（万元）	风险资产准备覆盖率（%）
陆家嘴信托	1 049.00	1 354 578.00	0.08
国联信托	500.00	678 607.00	0.07
中海信托	351.39	542 562.51	0.06
杭州工商信托	235.00	565 776.00	0.04
平安信托	1 161.75	2 903 448.00	0.04
建信信托	1 038.73	2 643 390.51	0.04
国通信托	280.33	1 001 603.42	0.03
中航信托	390.00	1 761 773.12	0.02
昆仑信托	82.71	962 829.17	0.01
中铁信托	—	1 693 060.00	—
东莞信托	—	741 951.22	—
粤财信托	—	1 175 670.70	—
国民信托	—	429 538.36	—
国投泰康信托	—	1 085 908.00	—
华宝信托	—	981 060.99	—
江苏信托	—	2 776 584.59	—
雪松信托	—	346 246.70	—
兴业信托	—	2 331 567.00	—
上海信托	—	1 951 431.04	—
华融信托	—	125 956.04	—
苏州信托	—	596 300.00	—
英大信托	—	1 127 013.55	—
云南信托	—	469 308.74	—
外贸信托	—	2 022 981.60	—
华能信托	—	2 868 073.85	—
浙金信托	—	423 560.78	—
大业信托	—	404 970.02	—
五矿信托	—	2 616 825.76	—
中粮信托	—	854 213.19	—
紫金信托	—	839 256.40	—
长城新盛信托	—	124 271.74	—
陕国投	未披露	1 619 252.90	未披露
万向信托	未披露	506 569.89	未披露
山东信托	未披露	未披露	未披露
吉林信托	未披露	未披露	未披露
新华信托	未披露	未披露	未披露
华信信托	未披露	未披露	未披露
新时代信托	未披露	未披露	未披露
四川信托	未披露	未披露	未披露
合计	1 410 109.57	74 125 219.52	1.90

注：本年度有5家信托公司尚未披露年报，故未在本表中披露相关数据。

表6-4-7　　信托公司2020年末风险资产准备覆盖率

公司简称	风险资产准备合计（万元）	风险资产总额（万元）	风险资产准备覆盖率（%）
安信信托	729 782.32	965 356.31	75.60
中信信托	186 390.93	2 324 223.60	8.02
渤海信托	139 035.30	1 745 856.00	7.96
天津信托	69 775.78	943 783.46	7.39
中泰信托	30 716.06	521 919.96	5.89
陆家嘴信托	30 021.00	946 422.00	3.17
华宸信托	3 000.00	102 219.12	2.93
金谷信托	2 466.55	100 199.44	2.46
中诚信托	53 820.00	2 265 317.44	2.38
中建投信托	24 590.60	1 309 665.06	1.88
吉林信托	11 103.86	720 571.15	1.54
北京信托	21 901.00	1 438 852.00	1.52
北方信托	7 293.10	600 805.47	1.21
国元信托	9 700.00	864 246.40	1.12
爱建信托	7 348.74	1 051 909.91	0.70
华鑫信托	5 243.91	1 102 676.49	0.48
西部信托	2 725.20	686 086.85	0.40
百瑞信托	3 767.00	1 063 004.46	0.35
财信信托	2 942.00	988 811.00	0.30
光大兴陇信托	3 964.05	1 724 069.71	0.23
厦门国际信托	1 390.00	785 473.00	0.18
英大信托	1 867.85	1 154 677.34	0.16
长安信托	1 721.64	1 293 956.44	0.13
杭州工商信托	706	538 560.00	0.13
中国民生信托	1 166.70	898 528.24	0.13
重庆信托	3 653.99	2 942 910.60	0.12
中融信托	1 268.00	1 049 945.60	0.12
华润信托	1 859.12	2 737 712.44	0.07
交银国际信托	1 085.00	1 808 376.33	0.06
建信信托	1 038.18	2 503 531.57	0.04
国联信托	250	604 324.00	0.04
平安信托	893.76	3 396 433.34	0.03
中航信托	350	1 641 245.36	0.02
昆仑信托	116.01	882 372.76	0.01
苏州信托	55	1 092 553.00	0.01
国通信托	2.77	1 061 179.88	—
陕国投	—	1 375 645.91	—
中粮信托	—	567 585.72	

续表

公司简称	风险资产准备合计（万元）	风险资产总额（万元）	风险资产准备覆盖率（%）
中铁信托	—	1 723 374.00	—
华澳信托	—	569 918.45	—
雪松信托	—	415 806.47	—
东莞信托	—	592 588.37	—
粤财信托	—	20 471.60	—
国民信托	—	388 772.42	—
国投泰康信托	—	1 006 628.00	—
华宝信托	—	850 291.68	—
江苏信托	—	2 798 700.96	—
兴业信托	—	2 145 263.00	—
山西信托	—	266 433.40	—
上海信托	—	1 909 986.55	—
西藏信托	—	568 345.65	—
云南信托	—	405 103.93	—
外贸信托	—	1 907 648.02	—
中海信托	—	695 838.09	—
华能信托	—	2 725 865.56	—
浙金信托	—	243 651.12	—
大业信托	—	331 989.08	—
五矿信托	—	2 481 275.51	—
紫金信托	—	544 134.97	—
长城新盛信托	—	128 378.26	—
万向信托	—	366 675.92	—
华融信托	—	—	—
山东国信	未披露	未披露	—
新华信托	未披露	未披露	—
华信信托	未披露	未披露	—
中原信托	未披露	未披露	—
新时代信托	未披露	未披露	—
四川信托	未披露	未披露	—
合计	1 363 011.42	70 888 148.37	5.25

注：本年度有5家信托公司尚未披露年报，故未在本表中披露相关数据。

五、自营股票投资、基金投资、债券投资、长期股权投资和代理业务的分析

根据已披露的63家信托公司2021年年报分析，2021年末自营股票投资、基金投资、债券投资、长期股权投资、其他投资、担保业务和代理业务的总额为5 316.10亿元，2020年末为4 839.20亿元，比2020年末增加476.90亿元，主要是其他投资的增加所致。从构成来看，其他投资业务占60.54%，为主要业务内容。63家公司整体汇总情况见表6-5-1，各信托公司的具体业务情况见表6-5-2。

表6-5-1　信托公司自营股票投资、基金投资、债券投资、长期股权投资和代理业务情况分析

名称	2021年末（万元）	2021年末比例（%）	2020年末（万元）	2020年末比例（%）	变动比例（%）
自营股票	1 833 494.80	3.45	2 133 497.27	4.41	-14.06
基金	6 253 682.68	11.76	3 771 881.20	7.79	65.80
债券	1 358 156.02	2.55	1 138 678.10	2.35	19.27
长期股权投资	11 236 424.83	21.14	11 851 685.28	24.49	-5.19
其他投资	32 183 388.20	60.54	29 157 644.34	60.25	10.38
担保业务	85 656.46	0.16	187 026.46	0.39	-54.20
代理业务(委托业务)	210 162.34	0.40	151 549.58	0.31	38.68
合计	53 160 965.33	100.00	48 391 962.23	100.00	9.85

表6-5-2　　信托公司2021年末具体业务情况　　单位：万元

公司简称	自营股票	基金	债券	长期股权投资	其他投资	担保业务	代理业（委托业务）	合计
国元信托	7 664.92	8 104.46	0.20	442 689.52	122 075.31	—	—	580 534.41
安信信托	未披露	未披露	未披露	未披露	未披露	49 000.00	未披露	49 000.00
百瑞信托	2 315.00	108 687.08	—	251 049.08	544 293.40			906 344.56
北方信托	—	61 237.26	30 430.35	44 124.31	57 762.52			193 554.44
北京信托	—	19 905.00	2 026.00	9 684.00	1 007 966.00			1 039 581.00
中铁信托	97 130.00			96 473.00	—		3 621.00	197 224.00
东莞信托	—	—	—	—	422 869.75			422 869.75
光大兴陇信托	15 178.75	292 105.80	199 705.35	—	461 684.52			968 674.42
粤财信托	—	9 191.46	—	282 972.16	653 359.07		—	945 522.69
国联信托	16 432.00	—		447 738.00	122 744.00			586 914.00
国民信托		70 040.00			237 235.41			307 275.41
国投泰康信托	—	45 005.00		18 693.00	930 111.00			993 809.00
杭州工商信托	268.00	—	1 357.00	36 601.00	392 198.00		4 211.00	434 635.00
建信信托	76.48	—	—	1 081 005.44	1 366 012.50			2 447 094.42
财信信托	6 071.00	47 687.00	—		776 763.00			830 521.00
华宝信托	352.04	739.30	33 733.75	83 413.98	713 013.79			831 252.86
吉林信托	未披露	未披露	未披露	未披露	未披露	未披露	未披露	未披露
江苏信托	10 003.52	39.14	—	1 756 544.26	906 631.78			2 673 218.70
雪松信托	25 739.24	1 657.15	—	112 974.82	131 581.14			271 952.35
兴业信托	6 304.00	402 751.00	—	404 516.00	1 390 465.00			2 204 036.00
华宸信托	—	10 323.24	9 822.91	261.58	33 283.20			53 690.93
昆仑信托	43 759.56	42 350.88	—	2 519.11	—			88 629.55
平安信托	—	498 870.42		673 499.13	1 536 653.86			2 709 023.41
山东信托	未披露	未披露	未披露	未披露	未披露	—	未披露	未披露
山西信托	—	—	56 227.67	52 190.08	25 374.73			133 792.48
陕国投	未披露	未披露	未披露	未披露	未披露		未披露	未披露
上海信托	29 230.01	429 128.10	3 227.37	150 603.73	973 081.40	—	2 864.42	1 588 135.03
华融信托	3 472.80	2 981.03			1 179 971.66			1 186 425.49
苏州信托	101 780.00	4 118.00			299 078.00			404 976.00
天津信托	3 173.12	13 290.99	2 606.00	222 559.04	389 347.68			630 976.83

续表

公司简称	自营股票	基金	债券	长期股权投资	其他投资	担保业务	代理业（委托业务）	合计
长安信托	48 153.84	62 870.56	59 716.24	30 497.81	—	—	—	201 238.45
西部信托	69 402.00	51 483.35	—	—	481 491.44	—	—	602 376.79
西藏信托	37 693.60	2 275.80	—	—	395 044.50	—	—	435 013.90
厦门国际信托	14 228.00	62 008.00	309.00	123 399.00	244 997.00	1 789.00	65 308.00	512 038.00
新华信托	未披露	未披露	未披露	未披露	未披露	未披露	未披露	未披露
华润信托	—	25 782.67	—	1 751 443.09	831 616.50	—	—	2 608 842.26
华信信托	未披露	未披露	未披露	未披露	未披露	未披露	未披露	未披露
英大信托	101 851.86	581 395.85	175 906.24	—	246 917.25	—	—	1 106 071.20
云南信托	—	14 516.00	—	—	197 885.57	—	—	212 401.57
中诚信托	—	78 122.67	—	876 543.14	375 361.61	—	—	1 330 027.42
外贸信托	48 066.49	564 163.92	—	112 062.45	1 059 130.42	—	—	1 783 423.28
中海信托	28 779.43	97 258.48	—	48 054.13	380 279.28	—	—	554 371.32
中融信托	3 174.16	733 095.19	201 491.97	233 828.92	—	—	—	1 171 590.24
中泰信托	31 080.00	134 783.25	10 000.00	224 196.41	46 317.84	—	—	446 377.50
中信信托	59 193.54	945 041.50	52 739.36	395 281.04	1 298 211.19	—	72 527.79	2 822 994.42
中原信托	6 290.20	12 610.22	—	—	528 092.71	—	—	546 993.13
重庆信托	230 502.56	1 922.20	376.94	866 991.06	1 670 488.56	—	—	2 770 281.32
渤海信托	1 424.05	—	—	50 718.31	107 702.28	34 867.46	—	194 712.10
交银国际信托	—	33 702.19	20 302.20	104.60	1 049 300.08	—	—	1 103 409.07
中建投信托	185.39	150.16	12 256.23	7 216.06	743 643.07	—	4 406.16	767 857.07
华能信托	599 110.28	17 733.79	32 678.64	20 000.00	—	—	—	669 522.71
浙金信托	—	—	—	—	405 294.72	—	—	405 294.72
爱建信托	16 829.18	17 743.42	44 954.84	3 905.99	294 227.56	—	57 223.97	434 884.96
新时代信托	未披露	未披露	未披露	未披露	未披露	未披露	未披露	未披露
中航信托	78 919.96	—	1 195.88	196 475.49	1 046 828.11	—	—	1 323 419.44
华澳信托	—	—	—	—	366 381.10	—	—	366 381.10
大业信托	—	—	—	—	—	—	—	—
国通信托	19 882.20	—	268 855.66	—	496 203.53	—	—	784 941.39
华鑫信托	18 376.52	66 899.60	121 208.65	—	1 304 408.27	—	—	1 510 893.04
金谷信托	—	—	—	—	345 321.89	—	—	345 321.89
陆家嘴信托	—	—	1 029.00	—	672 721.00	—	—	673 750.00
四川信托	未披露	未披露	未披露	未披露	未披露	未披露	未披露	未披露
五矿信托	8 476.65	622 897.47	—	62 567.65	1 746 306.41	—	—	2 440 248.18
中粮信托	—	39 405.00	826.78	2 510.00	—	—	—	42 741.78
紫金信托	42 924.45	11 938.17	15 171.79	58 458.04	611 900.44	—	—	740 392.89
长城新盛信托	—	6 704.91	—	—	6 164.30	—	—	12 869.21
中国民生信托	—	—	—	2 060.40	183 515.91	—	—	185 576.31
万向信托	—	966.00	—	—	374 078.94	—	—	375 044.94
合计	1 833 494.80	6 253 682.68	1 358 156.02	11 236 424.83	32 183 388.20	85 656.46	210 162.34	53 160 965.33

注：本年度有5家信托公司尚未披露年报，故未在本表中披露相关数据。

六、自营贷款分析

2021年末，已披露年报的63家信托公司中，有安信信托、雪松信托、山东信托、陕国投、中国民生信托5家公司没有披露前五名自营贷款的信息。在披露自营贷款信息的信托公司中有21家披露无自营贷款。有21家信托公司前五名自营贷款占全部自营贷款的比例为100%，风险非常集中。已披露年报的63家信托公司前五名自营贷款占自营贷款总额的比例情况详见表6-6-1。

表6-6-1　　　　2021年信托公司前五名自营贷款占自营贷款总额的比例情况　　　　单位：%

公司简称	前五名自营贷款占总自营贷款比例	公司简称	前五名自营贷款占总自营贷款比例
光大兴陇信托	100.00	华润信托	64.65
国联信托	100.00	北京信托	55.20
建信信托	100.00	国元信托	26.93
华宸信托	100.00	中铁信托	无自营贷款
昆仑信托	100.00	东莞信托	无自营贷款
山西信托	100.00	粤财信托	无自营贷款
西部信托	100.00	国民信托	无自营贷款
中诚信托	100.00	国投泰康信托	无自营贷款
中融信托	100.00	华宝信托	无自营贷款
中泰信托	100.00	江苏信托	无自营贷款
中信信托	100.00	兴业信托	无自营贷款
中原信托	100.00	上海信托	无自营贷款
重庆信托	100.00	华融信托	无自营贷款
渤海信托	100.00	苏州信托	无自营贷款
中建投信托	100.00	英大信托	无自营贷款
中航信托	100.00	云南信托	无自营贷款
华澳信托	100.00	外贸信托	无自营贷款
华鑫信托	100.00	华能信托	无自营贷款
金谷信托	100.00	浙金信托	无自营贷款
五矿信托	100.00	大业信托	无自营贷款
紫金信托	100.00	国通信托	无自营贷款
西藏信托	98.72	中粮信托	无自营贷款
长安信托	96.53	长城新盛信托	无自营贷款
北方信托	93.49	万向信托	无自营贷款
厦门国际信托	93.39	安信信托	未披露
百瑞信托	90.02	雪松信托	未披露
财信信托	88.48	山东信托	未披露
杭州工商信托	86.70	陕国投	未披露
平安信托	86.03	中国民生信托	未披露
交银国际信托	79.00	吉林信托	未披露
中海信托	73.35	新华信托	未披露
天津信托	70.42	华信信托	未披露
爱建信托	69.59	新时代信托	未披露
陆家嘴信托	65.75	四川信托	未披露

注：本年度有5家信托公司尚未披露年报，故未在本表中披露相关数据。

七、关联方关系及其交易的披露

关联交易一直是公司经营的一个瓶颈,在公司业务发展良好和不良两个阶段均会发生大量的关联交易。在业务发展良好时,公司可能会向关联方输送利益;在业务发展不良时,关联方可能会向公司输送利益。即使在公司业务发展一般时,也会由于种种原因与关联方发生关联交易。因此关联交易也就一直成为公众和监管部门关注的重点。

(一)关联方及其交易汇总

经统计,2021年已披露年报的63家信托公司关联方数量为2 091家,关联交易总金额为14 902.83亿元(见表6-7-1)。

表6-7-1　　　　2021年信托公司关联方交易情况(关联方交易金额由高到低排序)

公司简称	关联交易方数量(家)	关联交易金额(万元)	公司简称	关联交易方数量(家)	关联交易金额(万元)
英大信托	547	40 639 272.90	五矿信托	11	158 565.50
光大兴陇信托	27	17 618 570.37	中航信托	17	158 105.31
兴业信托	18	14 264 089.66	粤财信托	7	132 442.13
华能信托	8	11 483 635.88	江苏信托	5	94 161.12
建信信托	11	11 167 890.31	浙金信托	11	90 418.42
华润信托	26	9 779 197.98	中信信托	34	89 523.46
中诚信托	94	5 206 538.39	国元信托	16	73 915.77
平安信托	57	4 671 568.22	华澳信托	1	66 000.00
百瑞信托	10	4 178 590.06	长城新盛信托	3	56 052.48
华鑫信托	321	3 737 814.17	爱建信托	14	48 413.09
金谷信托	9	3 106 235.86	杭州工商信托	4	43 373.00
中海信托	22	2 869 490.74	外贸信托	15	17 449.47
国投泰康信托	15	2 616 511.71	中泰信托	6	17 233.30
重庆信托	8	2 074 161.98	国民信托	1	10 000.00
陆家嘴信托	12	1 763 377.50	雪松信托	3	9 924.74
财信信托	79	1 485 498.17	云南信托	4	6 329.00
华融信托	4	1 331 050.81	西藏信托	1	3 000.00
中铁信托	13	1 300 668.06	华宸信托	3	2 749.67
中粮信托	15	1 154 830.79	山西信托	3	2 716.11
中原信托	183	1 100 066.74	万向信托	13	2 156.96
昆仑信托	5	1 092 432.32	西部信托	3	605.48
中建投信托	20	1 079 396.99	国联信托	6	604.00
渤海信托	8	668 560.80	天津信托	—	—
苏州信托	247	641 335.70	大业信托	—	—
中融信托	19	513 197.27	上海信托	3	−293 866.01
北方信托	5	507 451.61	安信信托	未披露	未披露
厦门国际信托	24	482 146.00	山东信托	未披露	未披露
长安信托	30	361 252.36	陕国投	未披露	未披露
紫金信托	9	263 141.01	吉林信托	未披露	未披露
交银国际信托	3	228 927.84	新华信托	未披露	未披露

续表

公司简称	关联交易方数量（家）	关联交易金额（万元）	公司简称	关联交易方数量（家）	关联交易金额（万元）
北京信托	3	183 056.00	华信信托	未披露	未披露
中国民生信托	15	180 963.80	新时代信托	未披露	未披露
华宝信托	9	167 133.93	四川信托	未披露	未披露
国通信托	1	161 070.35			
东莞信托	30	159 327.08	合计	2 091	149 028 326.36

注：本年度有5家信托公司尚未披露年报，故未在本表中披露相关数据。

（二）固有资产与关联方关联交易

通过分析表6-7-2发现，固有资产与关联方的交易主要集中在投资和其他两个方面，关于其他的具体内容，信托公司年报中未详细披露。总体看来固有资产与关联方之间的交易比上年有所上涨，其他类大幅上涨。已披露年报的63家信托公司2021年固有资产与关联方交易的汇总表及明细表分别见表6-7-2和表6-7-3。

表6-7-2　　　　　　　　　　　　　　固有资产与关联方关联交易汇总

项目	2020年末余额（万元）	2020年末比例（%）	2021年末余额（万元）	2021年末比例（%）	增减率（%）
贷款	274 715.18	9.34	217 985.90	4.71	−20.65
投资	2 397 002.37	81.52	2 496 589.36	53.99	4.15
租赁	13 233.04	0.45	17 076.78	0.37	29.05
担保	—	—	—	—	—
应收账款	86 006.23	2.93	67 876.02	1.47	−21.08
其他	169 388.75	5.76	1 824 808.03	39.46	977.29
合计	2 940 345.57	100.00	4 624 336.09	100.00	57.27

表6-7-3　　　　　　　2021年末固有资产与关联方关联交易余额明细（由高到低排序）　　　　　　单位：万元

公司简称	关联交易余额	公司简称	关联交易余额
华融信托	697 455.76	山西信托	2 716.11
平安信托	663 265.26	万向信托	1 498.63
北京信托	353 157.00	杭州工商信托	1 150.00
中融信托	305 488.54	浙金信托	991.46
重庆信托	303 070.93	国联信托	604.00
英大信托	273 027.62	中粮信托	434.69
华润信托	249 753.89	中铁信托	240.00
中国民生信托	237 763.29	华能信托	208.01
交银国际信托	228 927.84	东莞信托	11.41
雪松信托	217 997.09	百瑞信托	—
中诚信托	210 760.52	粤财信托	—
上海信托	135 519.77	昆仑信托	—
厦门国际信托	116 578.00	山东信托	—
五矿信托	106 465.54	天津信托	—

续表

公司简称	关联交易余额	公司简称	关联交易余额
光大兴陇信托	105 192.73	西部信托	—
财信信托	99 093.50	西藏信托	—
国投泰康信托	92 364.00	中海信托	—
苏州信托	83 046.65	中原信托	—
长城新盛信托	52 552.28	渤海信托	—
华澳信托	51 800.00	中建投信托	—
北方信托	32 000.00	爱建信托	—
金谷信托	30 791.01	中航信托	—
长安信托	28 563.44	大业信托	—
陆家嘴信托	26 628.23	国通信托	—
建信信托	19 735.85	华鑫信托	—
中泰信托	17 233.30	兴业信托	−214 473.20
紫金信托	16 675.77	安信信托	未披露
国元信托	15 717.00	陕国投	未披露
华宝信托	15 000.00	吉林信托	未披露
外贸信托	12 840.67	新华信托	未披露
国民信托	10 000.00	华信信托	未披露
中信信托	9 224.38	新时代信托	未披露
云南信托	5 729.00	四川信托	未披露
华宸信托	4 000.00		
江苏信托	3 536.12	合计	4 624 336.09

注：本年度有5家信托公司尚未披露年报，故未在本表中披露相关数据。

（三）信托资产与关联方关联交易

通过分析表6-7-4发现，信托资产与关联方的交易主要集中在贷款和其他方面，信托资产与关联方贷款交易约占整个信托资产与关联方交易的8.35%，信托资产与关联方投资交易约占整个信托资产与关联方交易的5.30%，信托资产与关联方其他交易约占整个信托资产与关联方交易的86.13%。已披露年报的63家信托公司2021年信托资产与关联方交易的汇总表及明细表分别见表6-7-4和表6-7-5。

表6-7-4　　　　　　　　　　　信托资产与关联方关联交易汇总分析

项目	2020年末余额（万元）	2020年末比例（%）	2021年末余额（万元）	2021年末比例（%）	增减率（%）
贷款	12 933 060.74	6.65	15 788 613.74	8.35	22.08
投资	6 074 130.26	3.12	10 024 198.58	5.30	65.03
租赁	—	—	—	—	—
担保	5 000.00	—	—	—	−100.00
应收账款	479 599.32	0.25	429 233.68	0.23	−10.50
其他	175 133 294.64	89.98	162 953 852.95	86.13	−6.95
合计	194 625 084.96	100.00	189 195 898.95	100.00	−2.79

表6-7-5　　2021年末信托资产与关联方关联交易余额明细（由高到低排序）　　单位：万元

公司简称	关联交易余额	公司简称	关联交易余额
英大信托	65 083 592.62	爱建信托	95 694.90
建信信托	64 861 783.33	国元信托	65 192.00
兴业信托	14 478 562.86	五矿信托	52 100.00
光大兴陇信托	7 623 940.77	中融信托	42 767.46
华能信托	5 791 258.90	国通信托	40 570.00
交银国际信托	3 382 018.10	杭州工商信托	39 982.00
金谷信托	3 075 444.85	江苏信托	29 090.03
华润信托	3 056 873.27	国民信托	28 200.00
中诚信托	2 968 571.73	中信信托	19 285.19
中海信托	2 247 863.53	东莞信托	17 789.83
百瑞信托	2 152 629.37	浙金信托	12 500.00
华鑫信托	1 931 427.13	中泰信托	10 338.00
平安信托	1 239 098.77	北京信托	10 001.09
陕国投	1 158 300.00	外贸信托	9 000.00
财信信托	1 109 290.51	西藏信托	3 000.00
昆仑信托	1 092 432.32	云南信托	600.00
中建投信托	961 711.01	粤财信托	—
中国民生信托	763 572.40	国联信托	—
西部信托	705 851.73	国投泰康信托	—
渤海信托	668 560.80	雪松信托	—
华融信托	633 595.05	华宸信托	—
陆家嘴信托	549 082.74	山西信托	—
厦门国际信托	365 568.00	苏州信托	—
山东信托	360 696.72	天津信托	—
重庆信托	348 529.00	中原信托	—
长安信托	332 688.92	华澳信托	—
中铁信托	330 500.00	大业信托	—
北方信托	255 375.08	安信信托	未披露
中粮信托	252 376.89	吉林信托	未披露
紫金信托	246 465.24	新华信托	未披露
万向信托	163 854.55	华信信托	未披露
华宝信托	152 133.93	新时代信托	未披露
中航信托	146 549.56	四川信托	未披露
长城新盛信托	129 588.78		
上海信托	99 999.99	合计	189 195 898.95

注：本年度有5家信托公司尚未披露年报，故未在本表中披露相关数据。

（四）固有财产与信托财产相互交易

固有财产与信托财产相互交易汇总及关联交易余额情况见表6-7-6和表6-7-7。

表6-7-6　　　　　　　　　　　　　固有财产与信托财产相互交易汇总分析　　　　　　　　　单位：万元

项目	2021年末
余额	29 621 013.96
发生额	1 463 931.32

表6-7-7　　　　　　　　　　　　　固有财产与信托财产关联交易余额情况　　　　　　　　　单位：万元

公司简称	2021年末	公司简称	2021年末
华融信托	1 806 793.88	大业信托	347 998.70
五矿信托	1 582 754.81	北京信托	343 417.58
华能信托	1 540 497.18	长安信托	324 497.75
建信信托	1 527 961.03	苏州信托	260 400.00
中国民生信托	1 179 307.57	光大兴陇信托	217 372.95
兴业信托	1 017 333.43	陕国投	210 827.23
中铁信托	969 928.06	雪松信托	196 945.49
中航信托	959 786.79	平安信托	195 845.07
华鑫信托	950 282.91	爱建信托	178 197.90
外贸信托	885 103.01	云南信托	162 240.13
昆仑信托	862 907.55	山西信托	154 386.33
重庆信托	813 591.06	渤海信托	111 330.00
国通信托	799 103.06	国民信托	102 106.13
江苏信托	787 984.73	厦门国际信托	100 821.00
中融信托	740 216.75	北方信托	75 162.76
山东信托	703 411.13	国联信托	72 437.00
国投泰康信托	697 478.00	国元信托	70 575.00
交银国际信托	673 162.03	西部信托	68 450.00
华润信托	573 196.45	中海信托	52 830.00
上海信托	563 773.33	华宸信托	30 694.33
中信信托	549 584.43	英大信托	30 121.70
紫金信托	512 070.94	中泰信托	10 766.91
华宝信托	510 084.00	长城新盛信托	6 860.10
百瑞信托	506 569.22	天津信托	—
陆家嘴信托	495 286.57	华澳信托	—
粤财信托	480 848.16	金谷信托	—
中建投信托	461 938.00	安信信托	未披露
万向信托	425 463.37	财信托	未披露
东莞信托	413 456.93	吉林信托	未披露
中诚信托	409 744.89	新华信托	未披露
浙金信托	405 663.35	华信信托	未披露
中粮信托	384 311.24	新时代信托	未披露
杭州工商信托	382 379.00	四川信托	未披露
西藏信托	373 889.27		
中原信托	350 867.77	合计	29 621 013.96

注：本年度有5家信托公司尚未披露年报，故未在本表中披露相关数据。

(五)信托资产与信托财产相互交易

信托资产与信托财产相互交易汇总分析和关联交易余额情况见表6-7-8、表6-7-9。

表6-7-8　信托资产与信托财产相互交易汇总分析　　　　单位：万元

项目	2021年末
余额	90 781 186.47
发生额	17 395 956.90

表6-7-9　信托资产与信托财产关联交易余额情况　　　　单位：万元

公司简称	2021年末	公司简称	2021年末
建信信托	13 221 715.12	国民信托	311 744.40
外贸信托	12 740 542.55	山东信托	264 355.85
光大兴陇信托	9 475 819.22	云南信托	171 389.82
华能信托	7 781 975.24	大业信托	171 275.00
华润信托	5 899 374.37	浙金信托	156 378.78
中信信托	5 290 108.62	陕国投	137 340.00
五矿信托	4 068 885.34	粤财信托	135 707.17
江苏信托	2 914 760.14	山西信托	99 638.74
平安信托	2 573 359.12	国元信托	56 464.00
昆仑信托	2 478 203.85	爱建信托	31 648.15
中融信托	2 302 742.50	天津信托	14 970.00
中国民生信托	1 921 564.88	西部信托	2 167.00
华宝信托	1 776 940.00	长安信托	327.00
交银国际信托	1 568 434.71	北方信托	170.00
百瑞信托	1 519 391.47	中铁信托	—
东莞信托	1 482 538.33	雪松信托	—
万向信托	1 342 453.29	华宸信托	—
上海信托	1 067 379.66	华融信托	—
华鑫信托	856 104.13	中泰信托	—
中海信托	818 476.77	渤海信托	—
中建投信托	777 579.18	中航信托	—
中原信托	749 198.97	金谷信托	—
英大信托	616 973.03	中粮信托	—
重庆信托	608 970.99	长城新盛信托	—
兴业信托	558 988.47	安信信托	未披露
北京信托	555 465.61	财信信托	未披露
紫金信托	544 000.00	中诚信托	未披露
国投泰康信托	534 754.04	华澳信托	未披露
陆家嘴信托	513 678.91	吉林信托	未披露
西藏信托	496 911.56	新华信托	未披露
杭州工商信托	477 807.00	华信信托	未披露

续表

公司简称	2021年末	公司简称	2021年末
国通信托	458 682.17	新时代信托	未披露
厦门国际信托	453 000.00	四川信托	未披露
国联信托	433 291.00		
苏州信托	347 540.32	合计	90 781 186.47

注：本年度有5家信托公司尚未披露年报，故未在本表中披露相关数据。

八、子公司、结构化主体及其合并情况

2021年，已披露年报的63家信托公司中，有23家公司不需要编制合并报表，在需要编制合并报表的40家中，有26家披露了合并范围内子公司及结构化主体的数量，共计合并了72家子公司，212个结构化主体。具体情况详见表6-8-1所示。

表6-8-1　　2021年信托公司对合并范围内的子公司及结构化主体的披露情况

公司简称	是否编制合并报表	合并范围内子公司数量（家）	合并范围内结构化主体数量（家）
财信信托	是	0	47
中粮信托	是	2	36
上海信托	是	3	31
百瑞信托	是	0	26
中航信托	是	0	24
陕国投	是	0	19
中融信托	是	17	0
安信信托	是	0	12
苏州信托	是	10	2
平安信托	是	9	0
中诚信托	是	9	0
英大信托	是	0	6
外贸信托	是	0	6
交银国际信托	是	4	0
建信信托	是	3	0
中铁信托	是	2	0
国联信托	是	2	0
兴业信托	是	2	0
中信信托	是	2	0
浙金信托	是	0	2
国投泰康信托	是	1	0
杭州工商信托	是	1	0
厦门国际信托	是	1	0
华能信托	是	1	0
长城新盛信托	是	0	1
华润信托	是	3	未披露
国元信托	是	未披露	未披露
北京信托	是	未披露	未披露

续表

公司简称	是否编制合并报表	合并范围内子公司数量（家）	合并范围内结构化主体数量（家）
华宝信托	是	未披露	未披露
雪松信托	是	未披露	未披露
山东信托	是	未披露	未披露
山西信托	是	未披露	未披露
华融信托	是	未披露	未披露
重庆信托	是	未披露	未披露
中建投信托	是	未披露	未披露
华鑫信托	是	未披露	未披露
金谷信托	是	未披露	未披露
陆家嘴信托	是	未披露	未披露
五矿信托	是	未披露	未披露
中国民生信托	是	未披露	未披露
北方信托	否	0	0
东莞信托	否	0	0
光大兴陇信托	否	0	0
粤财信托	否	0	0
国民信托	否	0	0
江苏信托	否	0	0
华宸信托	否	0	0
昆仑信托	否	0	0
天津信托	否	0	0
长安信托	否	0	0
西部信托	否	0	0
西藏信托	否	0	0
云南信托	否	0	0
中海信托	否	0	0
中泰信托	否	0	0
中原信托	否	0	0
渤海信托	否	0	0
爱建信托	否	0	0
华澳信托	否	0	0
大业信托	否	0	0
国通信托	否	0	0
紫金信托	否	0	0
万向信托	否	0	0
吉林信托	未披露	未披露	未披露
新华信托	未披露	未披露	未披露
华信信托	未披露	未披露	未披露
新时代信托	未披露	未披露	未披露
四川信托	未披露	未披露	未披露
合计		72	212

注：本年度有5家信托公司尚未披露年报，故未在本表中披露相关数据。

九、信托公司2021年年报中对经营因素的认可情况分析

（一）关于经营目标

2021年总共有63家公司对经营目标作出了表述。

通过对63家披露了经营目标的信托公司的年报分析，如表6-9-1所示，认同目标前五名依次为具有特色、行业一流；高质量可持续发展；实现业务转型升级；支持实体经济和地方发展；公司价值及利益相关者利益最大化。

表6-9-1　　　　　　　　　　　　　认同前五名的经营目标

经营目标	认同公司数（家）
具有特色、行业一流	30
高质量可持续发展	26
实现业务转型升级	20
支持实体经济和地方发展	20
公司价值及利益相关者利益最大化	12

注：本年度有5家信托公司尚未披露年报，故未在本表中披露相关数据。

（二）关于经营方针

2021年，共有63家公司披露了经营方针。

通过对63家披露了经营方针的信托公司的年报分析，经营方针认同前五名如表6-9-2所示。

表6-9-2　　　　　　　　　　　　　认同前五名的经营方针

经营方针	认同公司数（家）
依法合规、稳健经营	43
创新驱动，加快业务转型发展	29
以客户为中心，提供定制化、差异化服务	19
强化风险防控	15
提升管理能力，开展精益管理	13

注：本年度有5家信托公司尚未披露年报，故未在本表中披露相关数据。

（三）关于战略规划

2021年，共有63家公司均披露了战略规划。

通过对63家披露了战略规划的信托公司的年报分析，战略规划认同前五名如表6-9-3所示。说明大部分公司将"搭建具有自身鲜明特色的业务结构和可持续健康发展盈利模式"作为战略规划的重点。

表6-9-3　　　　　　　　　　　　　认同前五名的战略规划

战略规划	认同公司数（家）
搭建具有自身鲜明特色的业务结构和可持续健康发展盈利模式	35
以产品和服务为客户创造财富、为投资者创造价值	28
推动公司业务转型升级	23
坚守受托人定位，回归信托本源	19
推进金融科技在信托领域的应用	9

注：本年度有5家信托公司尚未披露年报，故未在本表中披露相关数据。

（四）关于经济金融形势认识

2021年，共有63家公司披露了对经济形势的认识。

通过对63家披露了对经济金融形势认识的信托公司的年报分析，表6-9-4所示为经济金融形势前五名。

表6-9-4　　　　　　　　　　　　认同前五名的经济金融形势分析

经济金融形势	认同公司数（家）
"十四五"规划，我国的经济活力持续增强，金融市场将朝着更加平稳健康的方向发展	37
国内经济：国内经济运行保持在合理区间	28
我国经济面临着需求收缩、供给冲击、预期转弱的三重压力	27
国际经济：供应链紧张以及通货膨胀	25
国内金融：货币政策将保持灵活适度，保持流动性合理充裕	14

注：本年度有5家信托公司尚未披露年报，故未在本表中披露相关数据。

（五）关于经营有利因素的认识

2021年，共有62家公司均披露了经营有利因素。

通过对62家披露了经营有利因素的信托公司的年报分析，表6-9-5所示为经营有利因素认同前五名。排名前两位的是对"资管新规重塑资产管理行业格局，提供新的发展机遇"及"主动谋求转型，行业发展方向日趋明确"的认同。

表6-9-5　　　　　　　　　　　　认同前五名经营有利因素分析

经营有利因素	认同公司数（家）
资管新规重塑资产管理行业格局，提供新的发展机遇	35
主动谋求转型，行业发展方向日趋明确	35
监管部门推动金融去杠杆，提升信托行业资产管理能力和风险防控意识	19
资产管理优势，抵御风险能力较强	18
地域优势，地域经济发展较快或有丰富的地方业务资源	12

注：本年度有5家信托公司尚未披露年报，故未在本表中披露相关数据。

（六）关于经营不利因素的认识

2021年，共有62家公司均披露了经营不利因素。

通过对62家披露了经营不利因素的信托公司的年报分析，表6-9-6所示为经营不利因素认同前五名。

表6-9-6　　　　　　　　　　　　认同前五名的经营不利因素分析

经营不利因素	认同公司数（家）
行业转型压力大，行业生态不佳，市场竞争更加激烈	51
我国经济面临着需求收缩、供给冲击、预期转弱的三重压力	28
监管政策不确定性加剧展业风险	26
资管新规过渡期结束，公司业务面临变化	20
金融科技对业务转型支撑不足	10

注：本年度有5家信托公司尚未披露年报，故未在本表中披露相关数据。

（七）关于内部控制职能部门的认识

2021年，共有61家公司披露了内部控制职能部门。

通过对61家披露了内部控制职能部门的信托公司的年报分析可以看出，对信托公司内部控制认为有效的、应当建立的职能部门前五名的部门为三会及管理层、董事会审计委员会、董事会风险管理委员会、稽核审查部、风险及合规管理部。认同前五名的对内部控制职能部门认同分析见表6-9-7。

表6-9-7 认同前五名的对内部控制职能部门认同分析

内部控制职能部门	认同公司数（家）
股东会、董事会、监事会及管理层	59
董事会审计委员会	29
董事会风险管理委员会	24
稽核审查部	24
风险及合规管理部	20

注：本年度有5家信托公司尚未披露年报，故未在本表中披露相关数据。

（八）关于风险管理可能遇到的风险的认识

2021年，共有62家公司均披露了可能遇到的风险。

通过对62家披露了可能遇到风险的信托公司的年报分析可以看出，信托公司认为风险管理可能遇到的前四名风险分别为信用风险、市场风险、操作风险、其他风险（见表6-9-8）。

表6-9-8 认同前四名的风险管理可能遇到的风险分析

可能遇到的风险	认同公司数（家）
信用风险	62
市场风险	62
操作风险	62
其他风险	61

注：本年度有5家信托公司尚未披露年报，故未在本表中披露相关数据。

（九）关于风险管理基本原则与政策的认识

2021年，共有40家公司披露了风险管理的基本原则和政策。

通过对40家披露了风险管理的基本原则和政策的信托公司年报分析，表6-9-9所示为风险管理基本原则与政策认同前五名。

表6-9-9 认同前五名的风险管理基本原则与政策的分析

风险管理基本原则与政策	认同公司数（家）
全面性原则	33
审慎性原则	22
独立性原则	22
有效性原则	22
及时性原则	20

注：本年度有5家信托公司尚未披露年报，故未在本表中披露相关数据。

（十）关于风险管理组织机构与职责的认识

2021年，共有61家公司披露了风险管理的组织机构与职责。

通过对61家披露了风险管理的组织机构与职责的信托公司年报分析，表6-9-10所示为风险管理基本组织机构与职责认同前五名。

表 6-9-10　认同前五名的风险管理组织机构与职责的分析

风险管理组织机构与职责	认同公司数（家）
董事会：承担风险管理的最终责任，对公司进行全面风险管理，掌握公司面临的各项重大风险及其风险管理状况，做出有效控制风险的决策	59
高级管理层负责执行公司风险管理政策，审查监督风险管理程序以及具体操作规程	45
公司各职能部门是公司风险控制措施的具体执行部门	39
内审稽核部进行独立的审计检查和监督，对风险管理体系的有效性和执行情况进行监督和评价	27
合规和风险委员会对董事会负责，在董事会授权范围内对审议事项提出意见或决策，为董事会决策提供支持	26

注：本年度有5家信托公司尚未披露年报，故未在本表中披露相关数据。

（十一）关于信用风险状况的认识

2021年，共有62家公司认同信用风险，信用风险主要指交易对手因履约意愿或履约能力发生变化，违约造成不履行义务的可能性。

62家公司均披露了具体风险点。认同前五名的信用风险分析见表6-9-11所示。

表 6-9-11　认同前五名的信用风险状况分析

信用风险	认同公司数（家）
履约承诺造成的不确定性	25
公司贷款业务中贷款对象、债券发行人造成的不确定性	16
投资或资产回购业务中的相关交易方造成的不确定性	16
担保业务中的相关交易方造成的不确定性	16
融资类信托业务和主动管理投资类信托中投资的信用债券的不确定性	10

注：本年度有5家信托公司尚未披露年报，故未在本表中披露相关数据。

（十二）关于信用风险管理措施的认识

2021年，共有61家公司均披露了信用风险管理措施。

通过对61家披露了信用风险管理措施的信托公司年报分析，表6-9-12所示为信用风险管理措施认同前五名，公司基本贯彻了事前、事中、事后风险管理，保持了风险管理的连贯性。针对信贷业务中信用风险较高的情况，大部分信托公司均认真落实了加强对交易对手尽职调查等事前防范。

表 6-9-12　认同前五名的信用风险管理措施的分析

信用风险管理措施	认同公司数（家）
通过对交易对手的尽职调查进行事前控制	45
对交易对手进行动态管理	39
控制不同类型业务规模占比并及时调整各类业务的准入标准	35
采取有效应对措施，解决预警项目潜在风险隐患	32
严格制定项目审批操作流程及放款审查要求来进行风险事中控制	29

注：本年度有5家信托公司尚未披露年报，故未在本表中披露相关数据。

（十三）关于市场风险状况的认识

2021年，共有62家公司均披露了市场风险状况，认为股价、汇率、利率、其他价格等金融市场变量波动对盈利的影响是主要的市场风险。另有个别公司提到了同业竞争风险、通货膨胀和经济周期风险等（见表6-9-13所示）。

表6-9-13　　　　　　　　　　认同前四名的市场风险状况的分析

市场风险	认同公司数（家）
股价波动风险	57
利率风险	55
其他价格波动的影响	53
汇率风险	51

注：本年度有5家信托公司尚未披露年报，故未在本表中披露相关数据。

（十四）关于市场风险管理措施的认识

2021年，共有62家公司均披露了市场风险管理措施。

如表6-9-14所示，大多数公司密切关注经济运行状况，规避宏观政策调控带来的不良影响。

表6-9-14　　　　　　　　　　认同前五名的市场风险管理措施的分析

市场风险管理措施	认同公司数（家）
密切关注经济运行状况，规避宏观政策调控带来的不良影响	46
及时识别、计量、监测和控制市场风险，及时调整投资策略和投资组合	36
分析交易对手所处行业的市场竞争力以及财务状况和资金调剂能力	34
资金投放：多领域业务组合投资分散风险	29
加强投资资产管理，设定证券业务投资标准	24

注：本年度有5家信托公司尚未披露年报，故未在本表中披露相关数据。

（十五）关于操作风险状况的认识

2021年，共有62家公司明确披露了操作风险中可能的风险点。

排名前四位的风险点如表6-9-15所示。

表6-9-15　　　　　　　　　　认同前四名的操作风险状况的分析

操作风险	认同公司数（家）
内控制度不完善或规章制度执行不到位	60
操作者个人原因	56
信息系统还不够全面及时	41
外部事件影响	30

注：本年度有5家信托公司尚未披露年报，故未在本表中披露相关数据。

（十六）关于操作风险管理措施的认识

2021年，共有62家公司均披露了操作风险管理措施。

排名前五位的操作风险管理措施如表6-9-16所示。

表6-9-16　　　　　　　　　　认同前五名的操作风险管理措施的分析

操作风险管理措施	认同公司数（家）
优化内控管理体系：完善规章制度，发现内控缺陷，及时整改	58
建立岗位职责分离、内部牵制制度	41
公司不断加强制度培训，提高员工的规范意识和责任意识	41
强化信息系统约束：将重要内控事项嵌入信息管理系统，提升制度执行力	27
根据国家法律法规和银保监会要求制定公司规章和内控制度，针对监管政策以及信托行业的形势变化，及时调整经营策略，规范业务行为	18

注：本年度有5家信托公司尚未披露年报，故未在本表中披露相关数据。

（十七）关于其他风险状况的认识

2021年，共有61家公司披露了其他风险状况。排名前五名的其他风险状况见表6-9-17。

表6-9-17　　认同前五名的其他风险状况的分析

其他风险状况	认同公司数（家）
声誉风险指由公司经营、管理及其他行为或外部事件导致利益相关方对公司负面评价的风险	54
合规风险主要是指公司未遵循法律、法规和监管规定而受到法律制裁、监管处罚、重大财务损失和声誉损失的风险	41
流动性风险主要指公司清偿能力不足，或虽然有清偿能力，但无法以合理成本及时获得充足资金以应对资产增长或偿付到期债务所引发的风险	37
法律风险指公司所签订合同存在法律瑕疵，从而产生法律纠纷，使公司遭受损失的风险	33
政策风险是指宏观政策以及监管政策的变动对公司经营环境和发展所造成的风险	26

注：本年度有5家信托公司尚未披露年报，故未在本表中披露相关数据。

（十八）关于其他风险管理措施的认识

2021年，共有61家公司披露了其他风险管理措施。

表6-9-18所示为认同前五名的其他风险管理措施。

表6-9-18　　认同前五名的其他风险管理措施的分析

其他风险管理措施	认同公司数（家）
完善舆情管理制度；深化与行业媒体的深度合作；建立声誉风险突发事件应急机制	54
建立健全内控合规管理体系；动态调整合规管理制度；加强合规文化建设	38
定期进行资金需求测算；考虑还款方资金情况合理安排项目期限；建立流动性补足机制；定期开展流动性风险压力测试工作	35
全面推进依法治企，利用法律手段防范业务风险，强化法治文化培育	33
及时跟踪和研究国家宏观政策和行业监管政策，加强与监管部门的沟通	24

注：本年度有5家信托公司尚未披露年报，故未在本表中披露相关数据。

第七章 公司治理结构及人员结构

本章就信托公司的公司治理情况进行分析。

一、2021年公司股东会、董事会和监事会情况分析

(一)股东会、董事会和监事会会议次数

2021年,63家信托公司中有62家公司在年报中披露了"三会"会议的召开情况,详见表7-1-1。

2021年,已披露年报的63家信托公司共召开股东会251次,平均股东会召开次数为4.05次;董事会召开次数为628次,平均董事会召开次数为10.13次;监事会召开次数为290次,平均监事会召开次数为4.68次。2020年此三项平均数字分别为4.13次、9.06次和3.79次。

表7-1-1　　63家信托公司2021年"三会"的会议情况　　单位:次

公司简称	年度股东会会议次数	年度董事会会议次数	年度监事会会议次数
爱建信托	1	2	4
安信信托	2	8	6
百瑞信托	3	14	8
北方信托	3	12	6
北京信托	2	3	2
渤海信托	5	6	8
大业信托	4	8	5
东莞信托	9	16	4
光大兴陇信托	8	13	5
国联信托	1	4	2
国民信托	5	8	3
国通信托	4	10	20
国投泰康信托	4	8	2
国元信托	1	4	4
杭州工商信托	4	8	6
湖南信托	9	33	10
华澳信托	3	16	5
华宝信托	7	14	6
华宸信托	5	7	2
华能信托	3	8	2
华融信托	1	2	2
华润信托	3	9	2
华鑫信托	2	3	2
建信信托	8	9	10
江苏信托	1	10	1
交银国际信托	2	5	4
金谷信托	5	13	12
昆仑信托	6	8	2
陆家嘴信托	5	8	3

续表

公司简称	年度股东会会议次数	年度董事会会议次数	年度监事会会议次数
平安信托	5	8	4
厦门国际信托	未披露	未披露	未披露
山东信托	2	13	4
山西信托	4	7	2
陕国投	3	6	6
上海信托	1	6	4
苏州信托	5	5	4
天津信托	4	11	5
外贸信托	7	11	3
万向信托	1	2	2
五矿信托	5	17	3
西部信托	5	6	10
西藏信托	5	14	9
兴业信托	4	12	5
雪松信托	2	10	4
英大信托	3	4	2
粤财信托	4	14	4
云南信托	2	9	6
长安信托	4	38	6
长城新盛信托	4	18	3
浙金信托	5	12	4
中诚信托	5	5	4
中国民生信托	5	5	2
中海信托	5	15	4
中航信托	4	8	6
中建投信托	7	9	8
中粮信托	4	7	5
中融信托	4	8	2
中泰信托	3	9	5
中铁信托	7	25	7
中信信托	3	26	3
中原信托	5	7	4
重庆信托	4	5	2
紫金信托	4	7	4
合计	251	628	290
平均	4.05	10.13	4.68

注：本年度有5家信托公司尚未披露年报，故未在本表中披露相关数据。

（二）董事会及其基本情况分析

1. 董事的变更分析

经统计，有50家信托公司在2021年内发生了董事会人员的变更；其余13家明确披露了2021年没有发生董事的变更。具体变更情况详见表7-1-2。

表 7-1-2　　信托公司2021年董事变更情况

公司简称	是否变更	变更次数	董事变更详情列示
爱建信托	否		
安信信托	是	1	庄海燕原董事、原财务总监，因个人原因辞职
百瑞信托	是	2	经个人提请并经董事会、股东会审议通过，王振京先生辞去董事会董事长和董事职务 经股东提名、董事会、股东会审议通过及河南银保监局核准通过，赵长利先生当选公司第七届董事会董事、董事长并正式履职
北方信托	是	1	根据公司2021年6月4日召开的2021年第二次临时股东大会，审议通过了《关于北方国际信托股份有限公司第三届董事会董事任免的议案》，公司董事于学昕因工作调动原因提出辞职申请，不再担任北方信托董事，同时辞去公司下属专门委员会委员职务
北京信托	是	1	报告年度，中国银行保险业监督管理委员会北京监管局核准韩波任公司董事会秘书、董事的任职资格（京银保监复〔2021〕234号），王顺江任公司董事的任职资格（京银保监复〔2021〕703号），以上人员均于核准之日起开始履职
渤海信托	是	4	报告期内，海航资本集团有限公司提名卓逸群接替成小云担任公司董事 2021年1月18日，经2021年第一次临时股东大会审议通过，选举卓逸群担任公司董事 2021年3月24日，经第二届董事会第十六次会议审议通过，选举卓逸群担任公司董事长 2021年5月31日，河北银保监局核准卓逸群董事、董事长任职资格
大业信托	否		
东莞信托	是	2	2021年2月，经第五届董事会第十一次会议审议通过《关于黄晓雯同志申请辞去公司董事、董事长职务的议案》，黄晓雯辞任公司董事长及下属委员会相关职务，在新任董事长任职前，继续履行黄晓雯作为法定代表人任职责 2021年3月，经2021年股东会第二次临时会议审议通过《关于黄晓雯同志申请辞去公司董事职务的议案》《关于审议推举廖玉林同志担任公司董事的议案》，经五届董事会第十二次会议审议通过《关于选举公司董事长的议案》，黄晓雯辞任公司董事职务；廖玉林当选为第五届董事会董事长，廖玉林于2021年6月获得监管部门任职资格核准并正式履职 2021年7月，经2021年股东会第四次临时会议审议通过《关于公司董事免职的议案》《关于推举公司董事的议案》，免去陈英董事职务，推举张孟军为第五届董事，张孟军于2021年11月获得监管部门任职资格核准并正式履职
光大兴陇信托	是	3	2021年1月29日，经光大兴陇信托有限责任公司2021年第二次临时股东会、董事会2021年第一次会议审议通过，选举冯翔同志为公司董事、董事长，同桂军同志不再担任公司董事、董事长。2021年4月9日，甘肃银保监局核准冯翔同志董事、董事长任职资格 2021年4月19日，经光大兴陇信托有限责任公司2021年第三次临时股东会议审议通过，选举李朝霞同志为公司董事，秦莉同志不再担任公司董事。2021年5月11日，甘肃银保监局核准李朝霞同志董事任职资格 2020年11月5日，经光大兴陇信托有限责任公司2020年第四次临时股东会议审议通过，选举谢太峰、赵欣、方文彬三位同志为公司独立董事，周小明、苑德军、张萍同志不再担任公司独立董事。2021年1月5日，甘肃银保监局核准谢太峰、赵欣同志董事任职资格。2021年1月21日，甘肃银保监局核准方文彬同志董事任职资格
国联信托	否		
国民信托	否		
国通信托	否		
国投泰康信托	是	1	2021年7月21日，公司2021年第二次临时股东会同意聘任李占爽先生为公司董事，陈冰女士不再担任公司董事；聘任史克通先生、田玲女士为独立董事，付磊先生、童朋方先生不再担任公司独立董事。李占爽先生、史克通先生、田玲女士已经北京银保监局核准任职资格后正式履职
国元信托	是	3	2021年4月27日，公司召开2020年度股东会，会议选举许斌、许植、朱秀玉、逄淑学、严新华、孙昂、王昊、朱艳、唐民松为公司董事（其中王昊、朱艳、唐民松为独立董事），组成公司第七届董事会（朱秀玉、逄淑学、严新华、孙昂、唐民松的董事任职资格经监管部门核准后生效） 2021年4月27日，公司召开董事会七届一次会议，选举许斌为公司董事长，逄淑学为公司副董事长（逄淑学的副董事长任职资格经监管部门核准后生效） 2021年11月，任职资格经安徽银保监局审查核准，逄淑学担任公司董事、副董事长，严新华、孙昂担任公司董事，唐民松担任公司独立董事
杭州工商信托	是	2	2021年1月，公司2021年第一次临时股东大会表决通过《关于公司董事会换届选举的议案》，选举虞利明先生、楼未女士、江龙先生、刘宏远先生、朱虹女士、施征宇先生、梅建平先生、竺福江先生、苏显泽先生为公司第九届董事会董事，其中楼未女士、刘宏远先生、苏显泽先生为新任董事，其任职资格于2021年4月经中国银保监会浙江监管局核准 2021年11月，因朱虹女士、竺福江先生由于个人原因辞去董事职务，经公司2021年第二次临时股东大会审议通过，选举裴刚先生、傅伟光先生为新任董事，其任职资格于2021年12月经中国银保监会浙江监管局核准
湖南信托	否		
华澳信托	是	1	2021年11月17日，公司2021年第二次临时股东会同意董事会换届。公司续聘吴瑞忠先生、罗宇星先生为公司第四届董事会股权董事，续聘翟立宏先生为公司第四届董事会独立董事；选举郑海山先生为公司第四届董事会股权董事（2022年2月7日上海银保监局核准任职资格），选举聂明先生为公司第四届董事会独立董事（2022年2月7日上海银保监局核准任职资格）。原第三届董事会股权董事彭蔺江先生、毛彪勇先生，独立董事王家祥女士届满不再连任。为确保董事会正常运作，在第四届董事会新任董事、独立董事任职资格核准前，第三届董事会成员继续履行职责，直至新任董事、独立董事上任之日自动卸任

续表1

公司简称	是否变更	变更次数	董事变更详情列示
华宝信托	是	2	2021年4月8日,华宝信托2021年股东会第二次临时会议以通信方式召开。会议批准《关于变更董事、监事的议案》,选举路巧玲、郑舟帆为公司董事,任期自监管部门核准其任职资格之日起至本届董事会任期届满止,朱永红、胡爱民自监管部门对路巧玲、郑舟帆任职资格核准通过之日起不再担任华宝信托有限责任公司董事 2021年9月17日,华宝信托2021年股东会第五次临时会议以通信方式召开。会议批准《关于变更独立董事的议案》。选举高华声、丁相顺为华宝信托独立董事(第七届),任期自监管部门核准其任职资格之日起至本届董事会任期届满止,赵欣舸、廖海自监管部门对高华声、丁相顺的独立董事任职资格核准通过之日起不再担任华宝信托独立董事
华宸信托	是	3	2021年1月8日,公司召开2021年度第一次临时股东会会议,审议通过了《关于免去赵澍堂公司董事职务的议案》,免去赵澍堂公司董事职务 2021年8月9日,公司召开股东会2020年度会议,审议通过了《关于调整第五届董事会成员的议案》,免去田跃勇、周海莹公司董事职务,提名吴潮科、鞠化平、苏娜为公司第五届董事会董事人选。截至2021年12月31日,吴潮科、苏娜的任职资格已被监管部门核准,成为董事会成员。拟任人鞠化平待任董事任职资格经监管部门核准后生效 2021年12月29日,公司召开股东会2021年第二次会议,审议通过了《关于提名免去公司董事的议案》,免去孙乐公司董事职务
华能信托	是	2	因工作原因,何培春担任公司董事,李仪华不再担任公司董事
华融信托	是	3	推选胡江为责任公司董事,免去苏小勇公司董事职务 经公司第三届第五次职工代表大会审议通过,高翱任公司职工董事 经公司2021年第23次临时董事会审议通过,推选胡江为公司副董事长
华润信托	是	1	2021年10月,公司2021年第三次股东会会议审议通过关于变更董事的议案,选举陈芳运先生担任公司董事,谭颖女士不再担任公司董事职务
华鑫信托	是	2	根据工作需要,按照股东方提名并经公司股东会选举,北京银保监局核准,朱勇担任公司非独立董事,周小明、王健担任公司独立董事 因工作原因,江涛不再担任公司非独立董事,孟向洁、王昊不再担任公司独立董事
建信信托	是	2	经董事会提名,公司2021年第5次临时股东会选举吴小隆担任董事 2021年12月24日,北京银保监局核准其任职资格(京银保监复〔2020〕1055号),蒋畅不再担任本公司董事职务
江苏信托	是	1	2021年3月19日,原独立董事俞妙根因个人原因,辞去公司董事及董事会风险管理与关联交易委员会主任委员、董事会薪酬与考核委员会委员职务
交银国际信托	是	2	2021年8月,湖北银保监局核准陈洪担任本公司董事任职资格 2021年9月,公司股东会批准,王华先生因工作变动原因不再担任本公司独立董事
金谷信托	是	6	根据工作需要,经监管批复,2021年2月3日公司聘任李洪江担任董事、董事长职务 2021年3月5日,公司聘任陈振军、叶郁文担任董事职务 2021年10月22日,公司聘任张鸿波、张圣平担任独立董事职务 根据工作需要,彭新不再担任董事长、董事职务 陈义斌、沈洪溥不再担任董事职务 夏执东、郭光不再担任独立董事职务
昆仑信托	是	2	变更董事长,新增董事一名,独立董事任期满6年重新选举,职代会重新选举产生职工董事
陆家嘴信托	是	1	报告期内,公司董事会完成了换届,经2021年度股东会第四次会议审议通过,公司选举黎作强、邓友成、崔斌、欧阳东楷、宫少林、李颖琦、毕玥为公司第五届董事会董事,选举黎作强为公司第五届董事会董事长
平安信托	是	1	报告期内,因工作调整,姚波先生不再担任公司董事职务
厦门国际信托	是	1	自2021年2月起,公司股东厦门港务控股集团推举的董事由余明凤先生变更为陈震先生。陈震董事任职时已经过监管任职资格核准,符合相关监管规定
山东信托	是	2	岳增光先生因工作调整,辞任执行董事职务。董事会已于2021年2月3日批准岳先生的辞任,而其辞任将于本公司新任执行董事之任职资格获山东银保监局核准时生效。在此之前,岳先生继续履行执行董事职责。经董事会建议,方灏先生于本公司2021年3月30日举行的2021年度第一次临时股东大会上,被选举为执行董事。方先生作为执行董事的任职资格已于2021年5月19日获得山东银保监局核准生效 万众先生、方灏先生、王增业先生、赵子坤先生、王百灵女士、丁慧平先生、李杰女士及孟茹静女士于2021年6月29日召开的2020年度股东周年大会(2020年度股东周年大会)上获重选或委任为第三届董事会董事。肖华先生及金同水先生因任期届满,不再重选连任第三届董事会非执行董事,颜怀江先生因任期届满,不再重选连任第三届董事会独立非执行董事。王增业先生、赵子坤先生及李杰女士的任职资格须经山东银保监局核准,方可生效。新当选的董事依法依规履行相关程序正式就任前,肖华先生、金同水先生及颜怀江先生将继续履行董事职责直至对应的第三届董事会新当选董事的任职资格获山东银保监局核准,以确保董事会成员结构始终符合相关法律法规和公司章程规定。赵子坤先生及王增业先生作为非执行董事的任职资格分别已于2021年10月15日及2021年11月15日获得山东银保监局核准生效。金同水先生及肖华先生分别自2021年10月15日及2021年11月15日起不再担任非执行董事
山西信托	是	2	报告期内,经公司董事会选举通过,武旭为公司董事长,任职资格已获山西银保监局核准 经公司股东大会选举通过,姚丽蓉为公司董事,任职资格已获山西银保监局核准

续表2

公司简称	是否变更	变更次数	董事变更详情列示
陕国投	否		
上海信托	否		
苏州信托	是	1	经公司2021年4月股东会第一次临时会议审议同意提名虞涛为公司董事，张清为公司职工董事，陈琦伟为公司独立董事。2021年6月经公司股东会2021年第一次会议审议通过了《关于苏州信托有限公司第六届董事会组成人员名单》的议案。同月，经中国银行业监督管理委员会江苏监管局批复（苏银保监复〔2021〕287号），核准虞涛、张清苏州信托有限公司董事任职资格，核准陈琦伟苏州信托有限公司独立董事任职资格。顾迎斌不再担任公司独立董事，舒悦不再担任公司董事，刘文忠不再担任公司职工董事
天津信托	是	2	（1）公司2020年11月24日召开股东会2020年第9次临时会议，审议通过了《关于同意天津信托有限责任公司第九届董事会董事人选的决议》，同意天津信托有限责任公司第八届董事会成员王威继续留任；同意周雄、周予鼎、姜杰、钟涛、蒋明康、陈伟明、凌亮等为第九届董事会成员 2021年1月26日，天津银保监局下发《天津银保监局关于周予鼎任职资格的批复》（津银保监复〔2021〕54号），核准周予鼎天津信托有限责任公司董事的任职资格 2021年1月27日，天津银保监局下发《天津银保监局关于凌亮任职资格的批复》（津银保监复〔2021〕59号），核准凌亮天津信托有限责任公司董事的任职资格 2021年1月27日，天津银保监局下发《天津银保监局关于姜杰任职资格的批复》（津银保监复〔2021〕60号），核准姜杰天津信托有限责任公司董事的任职资格 2021年1月28日，天津银保监局下发《天津银保监局关于钟涛任职资格的批复》（津银保监复〔2021〕65号），核准钟涛天津信托有限责任公司董事的任职资格 2021年3月25日，天津银保监局下发《天津银保监局关于周雄任职资格的批复》（津银保监复〔2021〕134号），核准周雄天津信托有限责任公司董事的任职资格 2021年3月30日，天津银保监局下发《天津银保监局关于蒋明康任职资格的批复》（津银保监复〔2021〕138号），核准蒋明康天津信托有限责任公司董事的任职资格 2021年3月30日，天津银保监局下发《天津银保监局关于陈伟明任职资格的批复》（津银保监复〔2021〕139号），核准陈伟明天津信托有限责任公司董事的任职资格 截至2021年3月30日，上述7位董事已先后正式开始履职 （2）天津信托有限责任公司股东会2022年第1次临时会议通信方式审查了《关于通报天津信托有限责任公司第九届董事会职工董事的议案》，同意黎代福为第九届董事会职工董事，黎代福职工董事的任职资格正待监管部门核准过程中
外贸信托	是	4	公司2021年第一次股东会议通过决议，同意选举张亚蔚担任外贸信托董事，杨林不再担任外贸信托董事职务 公司2021年第六次股东会议通过决议，免去卢力平外贸信托独立董事职务 公司2021年第一次股东会决定书免去刘剑外贸信托董事职务 公司第七届董事会第十七次会议通过决议，同意李强担任公司董事长，杨林不再担任公司董事长 2021年4月19日，北京银保监局核准张亚蔚董事的任职资格（京银保监复〔2021〕307号）；2021年4月23日，北京银保监局核准李强董事长的任职资格（京银保监复〔2021〕137号）
万向信托	是	5	2021年9月9日，经浙江银保监局批复正式任命邵作民为公司董事 2021年9月9日，经浙江银保监局批复正式任命朱杭为公司董事 2021年5月14日，股东调整董事人选，潘昶琥不再任职公司董事 2021年5月14日，股东调整董事人选，王建不再任职公司董事 2021年9月30日，个人原因，葛旋不再任职公司董事
五矿信托	否		
西部信托	否		
西藏信托	是	2	2021年1月，公司第六届董事会原独立董事李占通同志因个人工作变动原因辞去独立董事及相关专门委员会委员等职务 2021年12月，经股东单位西藏自治区财政厅提名，经公司2021年第三次临时股东会会议审议通过，经西藏银保监局核准任职资格，张勇同志成为公司第六届董事会董事
兴业信托	是	2	2021年5月，因连续担任本公司独立董事满6年，吴世农先生向本公司董事会提交书面辞职函，申请辞去公司独立董事职务。根据监管规章和公司章程有关规定，吴世农先生的辞职函在下任独立董事选举产生后生效。2021年8月，公司2021年第二次临时股东会选举沈艺峰先生接替吴世农先生担任公司第六届董事会独立董事。2021年11月，沈艺峰先生独立董事任职资格经福建银保监局以闽银保监复〔2021〕395号文件核准并到任履职，吴世农先生正式卸本公司独立董事职务 2021年11月，经本公司2021年第三次临时股东会审议通过，郭晓恺先生当选为公司第六届董事会董事，薛瑞锋先生不再担任公司董事。2021年12月，郭晓恺先生董事任职资格经福建银保监局以闽银保监复〔2021〕449号文件核准并到任履职
雪松信托	是	1	报告期内，原董事黄旭斌、李尚荣辞任。公司于2021年8月13日召开了2021年第一次股东大会，选举产生非独立董事李楠，李楠董事任职资格于2021年10月25日取得江西银保监局核准
英大信托	是	1	2021年11月2日，经股东会审议，同意选举石俊志担任公司独立董事。2021年12月24日，石俊志经北京银保监局核准任职资格后正式履职，原独立董事金李不再继续履职
粤财信托	否		

续表3

公司简称	是否变更	变更次数	董事变更详情列示
云南信托	是	3	2021年第一次临时股东会审议通过了《关于董事会换届选举的议案》，选举出公司第七届董事会独立董事：龙超、王瑞华、冉克平董事：段俐、甘煜、甘泽、刘峥、田泽望、舒广 原沈思独立董事、梁旻松独立董事、赵志清董事不再担任公司董事。王瑞华先生、冉克平先生、段俐先生待取得国务院银行业监督管理机构或其派出机构核准后正式履职
长安信托	否		
长城新盛信托	是	1	报告期内，因公司股权（股东）发生变更，原股东兵团国资公司已变更为新股东天瑞集团，根据公司章程有关董事（副董事长）、监事（监事会主席）及财务总监推荐提名权的规定，天瑞集团推荐提名：张建中担任公司董事暨副董事长，戴维担任公司独立董事，吕超担任公司财务总监。经公司二届第三十三次（临时）股东会和二届六十四次（临时）董事会审议表决通过后，公司于2020年11月23日向中国银保监会新疆监管局上报了拟任董事（副董事长）、财务总监的任职资格请示及相关材料；2021年4月中国银保监会新疆监管局先后批复核准了张建中任公司董事暨副董事长，戴维任公司独立董事，吕超任公司财务总监的任职资格。由公司原股东兵团国资公司推荐提名的董事（副董事长）陈一滔、独立董事马德贵和财务总监王敏离任 根据股东长城资产《关于调整推荐长城新盛信托有限责任公司董事长及高级管理人员的函》（中长资函〔2021〕6号），因工作需要推荐吴映江担任长城新盛信托有限责任公司董事、董事长，不再推荐王文兵担任长城新盛信托有限责任公司董事、董事长。经公司二届第三十五次（临时）股东会和二届六十八次（临时）董事会审议表决通过后，同意由吴映江担任公司董事，王文兵不再担任公司董事。2021年7月28日，新疆银保监局对于吴映江任职资格进行了批复。2021年10月8日，公司职工董事喻林提出辞职申请
浙金信托	是	2	因辛洁先生辞去公司董事职务，2021年4月27日，公司股东大会选举刘钊先生为公司董事，刘钊先生的董事任职资格已获浙江银保监局核准 因费荣富先生辞去公司董事职务，2021年10月28日，公司股东大会选举陈新忠先生为公司董事，陈新忠先生的董事任职资格已获浙江银保监局核准
中诚信托	是	6	2021年2月25日，经中诚信托2021年第一次临时股东会审议通过，罗学东不再担任中诚信托董事 2021年2月25日，经中诚信托2021年第一次临时董事会审议通过，牛成立不再担任中诚信托董事长 2021年4月1日，取得《北京银保监局关于中诚信托有限责任公司黎宗剑任职资格的批复》（京银保监复〔2021〕253号），核准黎宗剑为中诚信托有限责任公司独立董事 2021年9月9日，取得《北京银保监局关于中诚信托有限责任公司安国勇任职资格的批复》（京银保监复〔2021〕755号），核准安国勇为中诚信托有限责任公司董事 2021年11月26日，因任职年限已达法规规定的最高年限，经中诚信托2021年第四次临时股东会审议通过，李秉祥、刘宗义不再担任中诚信托独立董事 2021年12月6日，取得《北京银保监局关于中诚信托有限责任公司李祝用任职资格的批复》（京银保监复〔2021〕1003号），核准李祝用为中诚信托有限责任公司董事长
中国民生信托	是	2	2021年1月29日、2021年2月26日，分别经公司第三届董事会第十次会议、2021年第一次临时股东会会议审议通过，选举林德琼、任凯担任第三届董事会董事职务，舒高勇、陈基建不再担任董事职务
中海信托	是	3	2021年2月，经公司股东大会2021年第一次临时会议、第四届董事会第三十三次会议审议通过，选举汤全荣先生担任公司董事、董事长职务。2021年4月19日，汤全荣董事、董事长的任职资格获得上海银保监局核准。黄晓峰先生不再担任公司董事、董事长职务 2021年5月，经公司2020年度股东大会审议通过，杨楠先生不再担任公司董事职务 2021年11月，经公司股东大会2021年第三次临时会议审议通过，选举朱闻达先生担任公司董事职务。2022年2月16日，朱闻达董事的任职资格获得上海银保监局核准
中航信托	是	2	因个人工作安排原因，林文坚先生于2021年2月不再担任本公司董事、董事会信托与金融消费者权益保护委员会委员；王克于2021年2月担任本公司董事 因董事会换届，程炼先生、苏中兴先生于2022年1月1日起担任本公司独立董事，朱武祥先生因任期届满不再担任本公司独立董事及董事会专门委员会委员
中建投信托	是	3	2021年10月，经公司2021年第六次临时股东大会审议通过，后报经中国银行保险监督管理委员会浙江监管局（简称浙江银保监局）核准（浙银保监复〔2021〕853号），李纪军任公司董事，王勇华不再任公司董事 2021年10月，经公司2021年第六次临时股东大会审议通过，后报经浙江银保监局核准（浙银保监复〔2021〕854号），王进任公司董事，刘原不再任公司股东董事 2021年11月，经公司第一届职工代表大会第十三次会议选举，后报经浙江银保监局核准（浙银保监复〔2021〕805号），孟世欣任职工代表董事，陈枫不再担任职工代表董事
中粮信托	是	1	2021年9月，因个人原因，董事Edgar Normund Legzdins（李凯昇）辞去公司董事职务
中融信托	是	6	2021年5月，经2020年度股东会决议，李辉辞任独立董事 2021年5月，经2020年度股东会决议，李华杰辞任独立董事 2021年6月，经2020年度股东会，股东推荐游宇任董事 2021年6月，经董事会提名，2020年度股东会选举汤小青为独立董事 2021年6月，经董事会提名，2020年度股东会选举王卫为独立董事 2021年6月，经董事会提名，2020年度股东会选举黄琳为独立董事
中泰信托	否		

续表4

公司简称	是否变更	变更次数	董事变更详情列示
中铁信托	是	6	公司二届三次职代会联席会议2020年第3次会议选举解义才为公司第五届董事会职工董事。2021年6月，中国银保监会四川监管局核准解义才中铁信托有限责任公司董事的任职资格，解义才正式履行公司职工董事职责 经公司股东会2021年第3次会议、第五届董事会第五十九次会议审议通过，同意魏道洪不再担任本公司董事 经公司股东会2021年第3次会议审议通过，2021年11月，中国银保监会四川监管局核准余赞中铁信托有限责任公司董事的任职资格，余赞正式履行公司董事职责 经公司股东会2021年第4次（临时）会议审议通过，同意增补张晓玫为公司独立董事 经公司二届四次职代会联席会议2021年第1次会议选举，解义才、舒军华为公司第六届董事会职工董事 2021年12月，公司股东会2021年第7次（临时）会议选举马永红、余赞、陈赤、余力、解义才、舒军华为公司第六届董事会董事；选举张晓玫、王柏林、鲍恩斯为公司第六届董事会独立董事。公司第六届董事会拟任成员为：马永红、余赞、陈赤、余力、张晓玫、王柏林、鲍恩斯、解义才、舒军华。截至2021年末，新拟任董事余力、张晓玫、王柏林、鲍恩斯、舒军华的任职资格正在中国银保监会四川监管局核准过程中
中信信托	是	2	2021年8月，王爱明因工作原因不再担任公司董事职务 2021年8月，张立因工作原因不再担任公司董事职务，股东会选举俞国容担任公司董事；2021年12月，俞国容董事任职资格获北京银保监局核准
中原信托	是	1	2021年6月，中国银行保险监督管理委员会河南监管局《关于核准李明中原信托有限公司董事资格的批复》（豫银保监复〔2021〕293号）核准李明先生担任公司董事的资格
重庆信托	是	2	报告期内，公司独立董事王友伟先生、史锦杰先生因个人原因提出辞去公司独立董事职务的申请。公司股东大会2021年第一次临时会议选举汤世生先生、张旗女士任独立董事，其独立董事任职资格已经监管部门核准 报告期内，公司股东大会2021年第三次临时会议选举魏伟先生任公司董事（魏伟先生董事任职资格已于2022年4月获监管部门核准）
紫金信托	是	1	2021年3月17日，紫金信托有限责任公司第三届董事会第二十一次会议听取《关于刘燕松不再担任公司董事、总裁的报告》，刘燕松先生不再担任公司董事、总裁职务

注：本年度有5家信托公司尚未披露年报，故未在本表中披露相关数据。

2.董事构成分析

已披露年报的63家信托公司2021年末董事会人员合计534人，其中男性占比为85.77%，是女性人数的6.02倍，有17家公司没有女性董事（见表7-1-3）。

表7-1-3　　　　　已披露年报的63家信托公司2021年末董事会人员性别构成分析

公司简称	董事会成员人数（人）	其中男性人数（人）	男性人数比例（%）	其中女性人数（人）	女性人数比例（%）
爱建信托	8	8	100.00	—	—
安信信托	5	4	80.00	1	20.00
百瑞信托	11	10	90.91	1	9.09
北方信托	7	3	42.86	4	57.14
北京信托	13	9	69.23	4	30.77
渤海信托	6	6	100.00	—	—
大业信托	9	8	88.89	1	11.11
东莞信托	7	6	85.71	1	14.29
光大兴陇信托	9	7	77.78	2	22.22
国联信托	9	9	100.00	—	—
国民信托	8	7	87.50	1	12.50
国通信托	6	5	83.33	1	16.67
国投泰康信托	9	8	88.89	1	11.11
国元信托	9	7	77.78	2	22.22
杭州工商信托	9	8	88.89	1	11.11
湖南信托	7	6	85.71	1	14.29
华澳信托	6	5	83.33	1	16.67
华宝信托	9	8	88.89	1	11.11

续表1

公司简称	董事会成员人数（人）	其中男性人数（人）	男性人数比例（%）	其中女性人数（人）	女性人数比例（%）
华宸信托	7	6	85.71	1	14.29
华能信托	9	4	44.44	5	55.56
华融信托	9	8	88.89	1	11.11
华润信托	9	6	66.67	3	33.33
华鑫信托	6	5	83.33	1	16.67
建信信托	9	7	77.78	2	22.22
江苏信托	9	8	88.89	1	11.11
交银国际信托	8	8	100.00	—	—
金谷信托	6	6	100.00	—	—
昆仑信托	9	8	88.89	1	11.11
陆家嘴信托	7	4	57.14	3	42.86
平安信托	9	9	100.00	—	—
厦门国际信托	9	7	77.78	2	22.22
山东信托	8	6	75.00	2	25.00
山西信托	6	4	66.67	2	33.33
陕国投	9	8	88.89	1	11.11
上海信托	9	8	88.89	1	11.11
苏州信托	8	7	87.50	1	12.50
天津信托	8	8	100.00	—	—
外贸信托	6	5	83.33	1	16.67
万向信托	11	11	100.00	—	—
五矿信托	9	6	66.67	3	33.33
西部信托	9	8	88.89	1	11.11
西藏信托	7	7	100.00	—	—
兴业信托	9	8	88.89	1	11.11
雪松信托	8	7	87.50	1	12.50
英大信托	9	8	88.89	1	11.11
粤财信托	8	8	100.00	—	—
云南信托	9	8	88.89	1	11.11
长安信托	10	10	100.00	—	—
长城新盛信托	8	8	100.00	—	—
浙金信托	9	8	88.89	1	11.11
中诚信托	12	11	91.67	1	8.33
中国民生信托	12	12	100.00	—	—
中海信托	8	5	62.50	3	37.50
中航信托	9	9	100.00	—	—
中建投信托	11	9	81.82	2	18.18
中粮信托	8	7	87.50	1	12.50
中融信托	9	7	77.78	2	22.22
中泰信托	9	8	88.89	1	11.11
中铁信托	7	7	100.00	—	—
中信信托	8	8	100.00	—	—

续表2

公司简称	董事会成员人数（人）	其中男性人数（人）	男性人数比例（%）	其中女性人数（人）	女性人数比例（%）
中原信托	10	9	90.00	1	10.00
重庆信托	12	9	75.00	3	25.00
紫金信托	6	4	66.67	2	33.33
合计	534	458	85.77	76	14.23
平均	8.48	7.27	—	1.21	—

注：本年度有5家信托公司尚未披露年报，故未在本表中披露相关数据。

已披露年报的63家信托公司2021年末董事会成员年龄在40岁以上的有507人，占全部总人数的94.94%，没有20岁以下的董事成员；董事的平均年龄为52.48岁（见表7-1-4）。

表7-1-4　　已披露年报的信托公司2021年末董事会人员年龄构成分析

公司简称	董事会成员人数（人）	其中30—39岁人数（人）	30—39岁人数比例（%）	其中40岁以上人数（人）	40岁以上人数比例（%）	董事的平均年龄（岁）
爱建信托	8	—	—	8	100.00	56.75
安信信托	5	—	—	5	100.00	57.20
百瑞信托	11	—	—	11	100.00	50.64
北方信托	7	—	—	7	100.00	58.14
北京信托	13	—	—	13	100.00	53.69
渤海信托	6	—	—	6	100.00	50.33
大业信托	9	2	22.22	7	77.78	50.56
东莞信托	7	—	—	7	100.00	55.14
光大兴陇信托	9	—	—	9	100.00	54.11
国联信托	9	—	—	9	100.00	52.78
国民信托	8	—	—	8	100.00	54.88
国通信托	6	—	—	6	100.00	74.33
国投泰康信托	9	1	11.11	8	88.89	51.56
国元信托	9	1	11.11	8	88.89	48.44
杭州工商信托	9	2	22.22	7	77.78	49.22
湖南信托	7	2	28.57	5	71.43	50.00
华澳信托	6	—	—	6	100.00	57.83
华宝信托	9	—	—	9	100.00	52.22
华宸信托	7	2	28.57	5	71.43	45.86
华能信托	9	1	11.11	8	88.89	51.44
华融信托	9	1	11.11	8	88.89	52.56
华润信托	9	—	—	9	100.00	54.67
华鑫信托	6	—	—	6	100.00	55.33
建信信托	9	—	—	9	100.00	53.67
江苏信托	9	—	—	9	100.00	42.78
交银国际信托	8	—	—	8	100.00	55.50
金谷信托	6	—	—	6	100.00	52.17
昆仑信托	9	1	11.11	8	88.89	51.89
陆家嘴信托	7	2	28.57	5	71.43	48.29

续表

公司简称	董事会成员人数（人）	其中30—39岁人数（人）	30—39岁人数比例（%）	其中40岁以上人数（人）	40岁以上人数比例（%）	董事的平均年龄（岁）
平安信托	9	—	—	9	100.00	54.89
厦门国际信托	9	—	—	9	100.00	52.11
山东信托	8	—	—	8	100.00	49.25
山西信托	6	—	—	6	100.00	46.00
陕国投	9	—	—	9	100.00	52.67
上海信托	9	—	—	9	100.00	55.78
苏州信托	8	—	—	8	100.00	59.00
天津信托	8	2	25.00	6	75.00	48.38
外贸信托	6	—	—	6	100.00	56.00
万向信托	11	—	—	11	100.00	56.09
五矿信托	9	—	—	9	100.00	51.67
西部信托	9	3	33.33	6	66.67	48.56
西藏信托	7	2	28.57	5	71.43	42.29
兴业信托	9	—	—	9	100.00	55.56
雪松信托	8	—	—	8	100.00	51.13
英大信托	9	—	—	9	100.00	53.89
粤财信托	8	2	25.00	6	75.00	49.25
云南信托	9	1	11.11	8	88.89	46.78
长安信托	10	—	—	10	100.00	50.00
长城新盛信托	8	—	—	8	100.00	51.13
浙金信托	9	—	—	9	100.00	53.00
中诚信托	12	—	—	12	100.00	54.17
中国民生信托	12	—	—	12	100.00	52.67
中海信托	8	—	—	8	100.00	57.75
中航信托	9	—	—	9	100.00	41.22
中建投信托	11	1	9.09	10	90.91	50.82
中粮信托	8	—	—	8	100.00	54.00
中融信托	9	—	—	9	100.00	52.33
中泰信托	9	1	11.11	8	88.89	54.22
中铁信托	7	—	—	7	100.00	55.71
中信信托	8	—	—	8	100.00	54.88
中原信托	10	—	—	10	100.00	52.50
重庆信托	12	—	—	12	100.00	56.50
紫金信托	6	—	—	6	100.00	49.67
合计	534	27	5.06	507	94.94	52.48

注：本年度有5家信托公司尚未披露年报，故未在本表中披露相关数据。

3.董事会下设机构情况分析

经统计，已披露年报的63家信托公司中有60家完整地设置了审计委员会、风险管理委员会和人事薪酬委员会（表7-1-5）。

表7-1-5　已披露年报的信托公司2021年末董事会下设机构情况分析

公司简称	董事会下是否设置了审计委员会	董事会下是否设置了风险管理委员会	董事会下是否设置了人事薪酬委员会
爱建信托	是	是	是
安信信托	是	是	是
百瑞信托	是	是	是
北方信托	是	是	是
北京信托	是	是	是
渤海信托	是	是	是
大业信托	是	是	是
东莞信托	是	是	是
光大兴陇信托	是	是	是
国联信托	是	是	是
国民信托	是	是	是
国通信托	是	是	是
国投泰康信托	是	是	是
国元信托	是	是	是
杭州工商信托	是	是	是
湖南信托	是	是	是
华澳信托	是	是	是
华宝信托	是	是	是
华宸信托	是	是	是
华能信托	是	是	是
华融信托	是	是	是
华润信托	是	是	是
华鑫信托	是	是	是
建信信托	是	是	是
江苏信托	是	是	是
交银国际信托	是	是	否
金谷信托	是	是	是
昆仑信托	是	是	是
陆家嘴信托	是	是	是
平安信托	是	是	是
厦门国际信托	是	否	是
山东信托	是	是	是
山西信托	是	是	是
陕国投	是	是	是
上海信托	是	是	是
苏州信托	是	是	是
天津信托	是	是	是
外贸信托	是	是	是
万向信托	是	是	否
五矿信托	是	是	是
西部信托	是	是	是
西藏信托	是	是	是

续表

公司简称	董事会下是否设置了审计委员会	董事会下是否设置了风险管理委员会	董事会下是否设置了人事薪酬委员会
兴业信托	是	是	是
雪松信托	是	是	是
英大信托	是	是	是
粤财信托	是	是	是
云南信托	是	是	是
长安信托	是	是	是
长城新盛信托	是	是	是
浙金信托	是	是	是
中诚信托	是	是	是
中国民生信托	是	是	是
中海信托	是	是	是
中航信托	是	是	是
中建投信托	是	是	是
中粮信托	是	是	是
中融信托	是	是	是
中泰信托	是	是	是
中铁信托	是	是	是
中信信托	是	是	是
中原信托	是	是	是
重庆信托	是	是	是
紫金信托	是	是	是

注：本年度有5家信托公司尚未披露年报，故未在本表中披露相关数据。

按照原银监会的信息披露要求，信托公司应当披露董事会下设机构的年度会议情况。经统计，在已披露年报的63家信托公司中，有20家未作任何披露，详见表7-1-6。

表7-1-6　披露年报的63家信托公司2021年董事会下设委员会开会情况

公司简称	年度董事会下审计委员会会议次数（次）	年度董事会下风险管理委员会会议次数（次）	年度董事会下人事薪酬委员会会议次数（次）
爱建信托		1	1
安信信托	5	5	未披露
百瑞信托	未披露	未披露	未披露
北方信托	4	4	1
北京信托	2	2	1
渤海信托	4	4	3
大业信托	4	1	1
东莞信托	3	1	5
光大兴陇信托	5	2	1
国联信托	未披露	未披露	未披露
国民信托	—	21	—
国通信托	未披露	未披露	未披露
国投泰康信托	1	1	1
国元信托	未披露	未披露	未披露

续表1

公司简称	年度董事会下审计委员会会议次数（次）	年度董事会下风险管理委员会会议次数（次）	年度董事会下人事薪酬委员会会议次数（次）
杭州工商信托	5	3	6
湖南信托	9	9	5
华澳信托	未披露	未披露	未披露
华宝信托	4	4	3
华宸信托	5	3	5
华能信托	未披露	未披露	未披露
华融信托	2	2	1
华润信托	未披露	未披露	未披露
华鑫信托	未披露	未披露	未披露
建信信托	7	3	1
江苏信托	未披露	未披露	未披露
交银国际信托	未披露	未披露	未披露
金谷信托	6	6	7
昆仑信托	1	1	1
陆家嘴信托	2	1	4
平安信托	2	3	7
厦门国际信托	未披露	未披露	未披露
山东信托	4	2	8
山西信托	2	2	1
陕国投	11	11	3
上海信托	3	3	2
苏州信托	3	4	2
天津信托		3	
外贸信托	6	10	2
万向信托	2	2	未披露
五矿信托	7	7	3
西部信托	3	2	3
西藏信托	8	4	6
兴业信托	6	6	1
雪松信托	未披露	未披露	未披露
英大信托	未披露	未披露	未披露
粤财信托	2	4	5
云南信托	9	39	2
长安信托	6	3	6
长城新盛信托	未披露	未披露	未披露
浙金信托	未披露	未披露	未披露
中诚信托	2	2	1
中国民生信托	1	3	5

续表2

公司简称	年度董事会下审计委员会会议次数（次）	年度董事会下风险管理委员会会议次数（次）	年度董事会下人事薪酬委员会会议次数（次）
中海信托	未披露	未披露	未披露
中航信托	未披露	未披露	未披露
中建投信托	3	3	4
中粮信托	未披露	未披露	未披露
中融信托	2	2	4
中泰信托	未披露	未披露	未披露
中铁信托	1	1	4
中信信托	5	3	5
中原信托	2	未披露	未披露
重庆信托	未披露	未披露	未披露
紫金信托	2	2	3

注：本年度有5家信托公司尚未披露年报，故未在本表中披露相关数据。

经统计，已披露年报的63家信托公司都在董事会下设了审计委员会，61家信托公司对审计委员会的职能做了披露。审计委员会的平均设置人数为3.33人。具体详见表7-1-7。

表7-1-7　　信托公司2021年末董事会下设审计委员会情况分析

公司简称	是否设置	委员会人数（人）	审计委员会职能
爱建信托	是	3	配合监事会履职，拟定对公司财务进行检查、监督的方案；配合监事会履职，拟定对公司经营决策、风险管理和内部控制等方面进行内部审计或检查的方案；配合监事会履职，拟订或配合集团拟订董事、高管离任审计或专项调查方案；提议聘请或更换外部审计机构；监事会授权的其他事宜
安信信托	是	4	未披露
百瑞信托	是	4	审议公司一般关联交易业务与重大关联交易业务开展及非业务事项关联交易；审查公司年度报告；聘请或解聘年度财务报表外部审计机构；审议公司内部控制的健全性和有效性报告；审议公司内部审计报告及年度审计报告；检查会计政策、财务报告程序和财务状况；监督公司内部审计和外部审计中发现的问题及整改情况；审议审计、关联交易管理相关制度、政策；其他应当审议的事项
北方信托	是	4	代表董事会对公司运作和经营活动中的风险进行监督、控制和管理，对公司经营活行使审计评价和监督职能，是公司经营风险的防范与控制机构，也是对公司内、外部审计和内控活动进行监督、核查的机构
北京信托	是	3	（1）提议聘请或更换外部审计机构 （2）监督公司内部审计工作及制度实施 （3）负责内部审计与外部审计之间的沟通 （4）审核公司财务信息及披露 （5）审查公司内控制度，对重大关联交易进行审计 （6）公司董事会授权的其他事宜
渤海信托	是	3	主要负责检查公司风险及合规状况、会计政策、财务报告程序和财务状况；负责公司年度审计工作，提出外部审计机构的聘请与更换建议，并就审计后的财务报告信息真实性、准确性、完整性及时性作出判断性报告，提交董事会审议；监督高级管理层关于信用风险、流动性风险、市场风险、操作风险、合规风险和声誉风险等风险的控制情况，对公司风险政策、管理状况及风险承受能力进行定期评估，提出完善公司风险管理和内部控制的意见
大业信托	是	3	主要对公司的内部审计制度进行评价，对内部审计工作进行核查
东莞信托	是	3	主要负责董事会要求的审计事项，监督公司的内部审计制度及其实施，审查公司内控制度
光大兴陇信托	是	3	负责检查、监督公司内部控制及实施，并提出完善内部控制的意见；负责检查监督公司内部审计工作、内部审计制度及实施；负责对公司重大关联交易进行审计等
国联信托	是	3	审查和监督公司风险管理政策、制度，并对其执行情况进行评价
国民信托	是	3	负责公司重大的会计和审计事项；协助董事会对财务报告提供独立审阅及监察意见，并监察外聘审计师是否独立客观及审计程序是否有效；监察公司业绩表现，包括财务报表、账目及正式公告的完整性、准确性等董事会授予的职责

续表1

公司简称	是否设置	委员会人数(人)	审计委员会职能
国通信托	是	3	负责确定公司风险管理的总体目标、风险偏好、风险承受度、风险管理策略和重大风险管理解决方案,检查公司内部控制制度的制定、完善及执行及董事会授予的其他职责
国投泰康信托	是	3	(1)审议公司内部审计报告 (2)审议公司年度风险管理报告 (3)审议公司年度案件防控报告和反洗钱报告 (4)委托外部审计机构,公司内、外部审计的沟通、监督和核查工作 (5)对公司内控机制和风险管理方面存在的问题进行评价、分析 (6)有权向董事会提交内部控制、审计、风险管理方面的议案 (7)推进公司法治建设,提出指导意见和建议 (8)董事会授予的其他职责
国元信托	是	3	负责检查公司风险及合规状况、会计政策、财务报告程序和财务状况;负责公司年度审计工作,提出外部审计机构的聘请与更换建议,并就审计后的财务报告信息真实性、准确性、完整性和及时性作出判断性报告,提交董事会审议
杭州工商信托	是	3	审议公司的合规与风险管理构架、风险战略和合规与风险管理基本政策,并提请董事会批准 研究宏观国家经济金融政策、分析市场变化,提出有效执行的实施建议和行业风险管理建议,研究公司风险约束指标体系;监督公司对国家金融方针、政策、法规及各项业务规章的执行情况,对公司管理内控薄弱环节和存在的问题提出整改意见,并要求及时进行纠正 研究公司发展战略、风险管理体系,审阅有关风险管理报告、科技信息及数据治理报告、合规(包括合规、反洗钱、案防、舆情等合规相关事项)报告及相关计划,了解公司合规与风险管理决策体系的有效性,指导公司的合规与风险管理工作,提出改进合规与风险管理的组织架构、控制程序、风险处置等决策建议,完善公司合规与风险管理和内部控制 对战略规划的实施过程进行监督和评估,对公司高级管理层在业务、经营、操作等方面的风险控制及管理情况进行监督;督促高级管理层定期对公司固有财产和信托财产的风险状况进行评估,并采取必要的措施有效识别、监测和控制、防范风险 审议公司总裁提议审核的公司推出拟议的创新产品;审阅公司经营管理中重大风险事件的预警预控、应急预案 协助董事会对关联交易实施监督管理;组织对公司重大经营风险事件的风险评估工作,审议高级管理层提交的重大突发事件、重大风险的解决方案;董事会授权的其他事宜
湖南信托	是	5	研究提出公司风险控制的总体目标、风险偏好、风险承受度、风险控制策略和重大风险控制解决方案;对公司信托业务和自营业务的风险控制及合规管理进行监督;对公司自有财产和受托资产的风险状况进行定期评估;对公司关联交易业务风险进行评估;对公司信息披露的真实、准确、完整和合规性等进行监督;提出完善公司风险控制和内部控制的建议;监督公司内部审计制度及其实施;审核公司的财务信息及其披露;提议聘请或更换外部审计机构;董事会授予的其他职责
华澳信托	是	3	(1)根据国家金融政策、市场情况和公司发展方向,制定重点业务管理及经营风险的防范与控制措施 (2)负责督促公司依法履行董事会赋予的职责,对公司执行经董事会批准的年度经营计划的过程及结果进行监督和审计 (3)对公司合规、合法运营进行审计和监督 (4)对会计报表、会计账目及相关材料进行审计,审查财务收支的真实性、合法性、效益性 (5)审议董事会要求的其他事项 (6)评估审计报告中所提出的相关问题以及行动建议 (7)审批审计工作计划 (8)评估审计团队的工作表现 (9)参与评估审计稽核部的工作绩效 (10)审核公司的重大关联交易 (11)对公司关联交易情况进行监督检查 (12)审议执行委员会不时请求的其他事项
华宝信托	是	3	董事会风险管理和审计委员会是董事会设立的专门工作机构,主要负责公司合规和风险管理、监督和评估;公司内、外部审计的沟通、监督和核查工作
华宸信托	是	3	(1)定期听取内审部门工作情况,监督、检查、指导公司内部审计工作 (2)根据工作需要,组织开展重大、专项审计 (3)负责对公司财务预算方案、决算方案、固定资产支出预算方案、利润分配方案和弥补亏损方案进行初审 (4)负责对聘用或更换外部审计机构提出建议 (5)负责审查公司内部控制,监督内部控制的有效实施和内部控制自我评价情况,协调内部控制审计及其他相关事宜等 (6)修订公司关联交易管理办法,报经董事会和股东大会批准后实施 (7)按照法律、监管法规的规定对关联交易的种类进行界定,并确定审批程序和标准等内容 (8)确认公司的关联方,向董事会和监事会报告,并及时向公司公布所确认的关联方 (9)审核需提交给董事会或股东会审议的关联交易事项 (10)监督公司的关联交易活动,定期向董事会报告公司关联交易总体状况、风险程度、结构分布、控制措施及工作建议等,按年度分别向董事会、股东大会做好公司关联交易及其管理情况的总体报告 (11)根据董事会授权,需要履行的其他职责
华能信托	是	3	拟定公司风险管理政策和重大风险管理解决方案;审议公司风险管理组织机构设置及其职责;定期审查公司风险管理、合规管理、内部审计工作报告,就完善内部控制向董事会提出建议;董事会授予的其他职责

续表2

公司简称	是否设置	委员会人数（人）	审计委员会职能
华融信托	是	3	监督董事会决议的执行情况；检查公司内部控制制度执行和风险管理制度落实情况；提议聘请或更换外部审计机构；检查公司内部审计工作，监督公司内部审计制度完善及其实施，对内部审计部门的工作程序与工作效果进行评价；督促公司确保内部审计部门有效履职，并协调内部审计与外部审计之间的沟通，与外部审计讨论由审计师提交审计委员会注意的影响单位效益的年度报告或其他事项；审核公司的财务信息及其披露；在公司重大财务问题的处理上提出独立的意见；在报请董事长批准后，审计委员会可直接组织实施专门、专项审计；对审计负责人任职进行初审；向董事会汇报其决定、建议；公司董事会授权的其他事宜
华润信托	是	3	负责检查公司财务报告；监督公司内部审计制度及其实施，批准授权范围内的关联交易事项；评估公司内控制度健全性及关联交易情况；审核公司财务信息及其披露，检查、监督公司关联交易管理情况；批准公司内部审计部门负责人的任免；提出外部审计机构的聘请与更换建议
华鑫信托	是	3	负责内、外部审计的沟通、监督和核查工作以及重大关联交易的审核
建信信托	是	3	（1）向董事会提议聘请或更换外部审计机构 （2）监督公司的内部审计制度的制定及其实施 （3）负责内部审计与外部审计之间的沟通 （4）审核公司的各项相关业务信息及其披露 （5）评价公司的内控制度 （6）监督监管机构及其他外部部门对公司提出意见的整改，并向董事会报告 （7）董事会授予的其他职责
江苏信托	是	3	审议关于公司财务审计、内部控制的规划、制度、规则、报告等，为董事会决策提供依据和建议；监督公司内部审计制度的实施
交银国际信托	是	3	研究和拟定公司风险管理战略及总体政策；研究和拟定公司合规管理战略及总体政策；对公司信用、市场、操作等风险管理情况以及关联交易、授权管理、合规管理情况进行监督；对公司风险管理状况、风险承受能力及水平进行评估；定期审阅反洗钱工作报告，及时了解重大洗钱风险事件及处理情况等
金谷信托	是	3	负责公司的风险控制、管理、监督和评估以及公司内外部审计的沟通、监督和核查等工作
昆仑信托	是	3	检查内部审计监督部门职责要求、目标及有关的审计监督政策；监督公司内部审计质量与财务信息披露；检查公司风险及合规状况；负责公司年度审计工作
陆家嘴信托	是	3	监督公司内部审计制度及其实施；负责内部审计与外部审计之间的沟通；审核公司的财务信息及其披露；提议聘请或更换外部审计机构；董事会授予的其他职责
平安信托	是	3	检查内部审计监督部门职责要求、目标及有关的审计监督政策；监督公司内部审计质量与财务信息披露；检查公司风险及合规状况；负责公司年度审计工作
厦门国际信托	是	3	提议聘请和更换外部审计机构；审批审计部提交的年度审计工作计划；每季度听取并审议审计部的工作报告；审批审计部提交的年度审计工作报告；审议批准公司案防工作总体政策，推动案防管理体系建设；明确高级管理层有关案防职责及权限，确保高级管理层采取必要措施有效监测、预警和处置案件风险；提出案防工作整体要求，审议案防工作报告；考核评估公司案防工作有效性；确保内审稽核对案防工作进行有效审查和监督；定期审阅反洗钱工作报告，并及时了解重大洗钱风险事件及处理情况；向董事会提交反洗钱工作有关报告与洗钱风险管理的有关意见
山东信托	是	3	（1）就外聘审计师的委任、重新委任及罢免撤换向董事会提供建议，批准外聘审计师的薪酬及聘用条款，以及处理任何有关该审计师辞职或辞退该审计师的问题 （2）按适用的标准检讨及监察外聘审计师是否独立客观及审计程序是否有效；审计委员会应于审计工作开始前先与审计师讨论审计性质及范畴及有关申报责任 （3）就外聘审计师提供非审计服务制定政策，并予以执行。就此规定而言，外聘审计师包括与负责审计的公司处于同一控制权、所有权或管理权之下的任何机构，或一个合理知悉所有有关资料的第三方，在合理情况下会断定该机构属于该负责审计的公司本土或国际业务的一部分的任何机构。审计委员会应就其认为必须采取的行动或改善的事项向董事会报告，并提出建议 （4）监察公司的财务报表及公司年度报告及账目、半年度报告及（若拟刊发）季度报告的完整性、准确性及公正性，并审阅报表及报告所载有关财务申报的重大意见。审计委员会在向董事会提交财务报表及公司年度报告及账目、半年度报告及（若拟刊发）季度报告前对有关报表及报告做出审阅时，应特别针对下列事项： ①会计政策及实务的任何更改 ②涉及重要判断的事项 ③因审计而出现的重大调整 ④企业持续经营的假设及任何保留意见 ⑤是否遵守会计准则 ⑥是否遵守有关财务申报的上市规则及其他法律规定 （5）就上述4项而言 ①审计委员会委员须与公司的董事会及高级管理人员联络。审计委员会应至少每年与公司的外聘审计师召开两次会议 ②审计委员会应考虑于该等报告及账目中所反映或需反映的任何重大或不寻常事项，并须适当考虑任何由公司的属下会计及财务汇报职员、监察主任或审计师提出的事项

续表3

公司简称	是否设置	委员会人数（人）	审计委员会职能
山东信托	是	3	（6）检讨公司的财务监控，以及（除非有另设的董事会辖下风险控制审计委员会又或董事会本身会明确处理）检讨公司的风险管理及内部监控系统 （7）与管理层讨论风险管理及内部监控系统，确保管理层已履行职责建立及维持有效的系统。讨论内容应包括考虑公司在会计及财务汇报职能方面的资源、员工资历及经验是否足够以及员工所接受的培训课程及有关预算是否充足 （8）主动或应董事会的委派，就有关风险管理及内部监控事宜的重要调查结果及管理层对调查结果的响应进行研究 （9）须确保内部和外聘审计师的工作得到协调；也须确保内部核数功能在公司内部有足够资源运作，并且有适当的地位；以及审查及监察内部核数功能是否有效 （10）检讨集团的财务及会计政策及实务 （11）检查外聘审计师给予管理层的审核情况说明函件、审计师就会计纪录、财务账目或监控制度向管理层提出的任何重大疑问及管理层做出的响应 （12）确保董事会及时响应于外聘审计师给予管理层的审核情况说明函件中提出的事宜 （13）就上市规则的附录十四中标题为（审核审计委员会）内所载的事宜向董事会汇报 （14）审计委员会应处理以下事项 ①检讨公司有设定如下安排：公司雇员可暗中就财务汇报、内部监控或其他方面可能发生的不正当行为提出关注。审计委员会应确保有适当安排，让公司对此等事宜作出公平独立的调查及采取适当行动 ②审计委员会应制定举报政策及系统，让雇员及其他与公司有往来的人士可暗中向审计委员提出其对任何可能关于公司的不正当行为的关注 （15）担任公司与外聘审计师之间的主要代表，负责监察两者之间的关系 （16）公司董事会授权的其他事宜
山西信托	是	7	审定公司风险管理的原则和政策，推动案防管理体系建设。在授权范围内，对公司重大事项的风险进行评审，检查、指导公司日常风险管理、案防工作；审定公司内部审计计划，监督公司财务运行，提议聘请或更换外部审计机构
陕国投	是	4	（1）向董事会提交公司全面风险管理年度报告 （2）确定公司风险管理的总体目标、风险偏好、风险承受度、风险管理策略和重大风险管理解决方案 （3）为董事会督导公司风险管理文化建设提供建议 （4）审批重大风险管理政策和程序 （5）审议公司风险管理组织机构设置及其职责 （6）提出完善公司风险管理和内部控制的建议 （7）审批公司拟开展的以下活动 ①设立新机构；②从事重大收购和投资；③开发新产品、对现有产品进行重大改动、拓展新的业务领域等金融创新 （8）对公司自有财产和信托财产的风险状况进行定期评估 （9）对公司信托业务和自营业务的风险控制及管理情况进行监督 （10）对公司信息披露的真实、准确、完整和合规性等进行监督；审批全面风险和各类重要风险的信息披露 （11）监督公司内部审计制度及其实施 （12）负责内部审计与外部审计之间的沟通 （13）审核公司的财务信息及其披露 （14）提议聘请或更换外部审计机构 （15）审议批准案防工作总体政策，推动案防管理体系建设；明确高级管理层有关案防职责与权限，确保高级管理层采取必要措施有效监测、预警和处置案件风险；提出案防工作整体要求，审议案防工作报告；考核评估本机构案防工作有效性；确保内审稽核对案防工作进行有效检查和监督 （16）风险管理部和监察审计部每季度应制定下一季度履职计划，经董事会办公室报董事长审定 （17）董事会安排的事宜及相关法律法规中涉及的其他事项 风险管理与审计委员会在年度报告工作中的特别职责 （1）应当与会计师事务所协商确定年度财务报告审计工作的时间安排 （2）督促会计师事务所在约定时限内提交审计报告，并以书面意见形式记录督促的方式、次数和结果以及相关负责人的确认签字 （3）应在年审注册会计师进场前审阅公司编制的财务会计报表，形成书面意见 （4）在年审注册会计师进场后加强与年审注册会计师的沟通，在年审注册会计师出具初步审计意见后再一次审阅公司财务会计报表，形成书面意见 （5）应对年度财务会计报表进行表决，形成决议后提交董事会审核 （6）应当向董事会提交会计师事务所从事本年度公司审计工作的总结报告 （7）应当向董事会提交下年度续聘或改聘会计师事务所的决议
上海信托	是	3	监督公司的内部审计制度实施；负责内部审计与外部审计之间的沟通；审核公司的财务信息及其披露；对重大关联交易进行审计；提议聘请或更换外部审计机构；董事会授权的其他事宜
苏州信托	是	5	负责公司与外部审计的沟通及对其的监督核查、对内部审计的监管，以及评估、分析公司内控机制和风险管理方面存在的问题
天津信托	是	2	负责对公司内、外部审计和信息披露以及重大关联交易进行监督和审查
外贸信托	是	3	负责内部及外部审计工作，对公司内部控制管理工作进行监督，核查财务信息披露等

续表4

公司简称	是否设置	委员会人数（人）	审计委员会职能
万向信托	是	3	确定公司风险管理的总体目标、风险偏好、风险承受度、风险管理策略和重大风险管理解决方案；评估公司关联交易业务风险；监督公司信托业务和自营业务的风险控制及管理；监督公司信息披露的真实性、准确性、完整性和合规性；提出完善公司风险管理和内部控制及内部审计实施的建议等
五矿信托	是	3	主要负责拟定公司风险管理政策和重大风险管理解决方案，督促公司各项业务的合规、合法运作，以防范和控制业务风险
西部信托	是	3	对管理层的经营情况、内控制度的制定和执行情况的监督检查
西藏信托	是	3	监督、审核公司内部审计制度及其实施、信息披露、财务信息；负责内部审计与外部审计之间的沟通；提议聘请或更换外部审计机构等
兴业信托	是	5	主要负责本审计与风险的控制、管理、评估和监督，同时负责本公司内、外部审计的沟通、监督和核查工作以及重大关联交易的审核
雪松信托	是	2	未披露
英大信托	是	3	负责检查风险及合规状况、会计政策、财务状况，审核内部审计管理制度、财务信息及披露，监督公司内、外部审计工作，提出审计工作改进意见
粤财信托	是	3	审核内部审计章程等重要制度和审计工作报告；审批中长期审计规划和年度审计计划；监督审计基本管理制度、规章、规划和计划的执行；指导、考核和评价内部审计工作；提议聘请或者解聘外部审计机构；协调内部审计部门与外部审计机构之间的沟通；董事会授权或者交办的其他事宜
云南信托	是	3	监督公司的内部审计制度及其实施
长安信托	是	5	监督公司重大经营活动的合法、合规性，保证有关法律、法规、监管规章的贯彻执行；提议聘请或更换外部审计机构；检查、监督、评价公司内部审计工作情况和内部审计制度的建设及实施情况；监督指导公司财务活动并对重大事项进行审计等
长城新盛信托	是	3	（1）经董事会授权，审核内部审计章程等重要制度和报告 （2）选聘公司年度审计所需的会计师事务所，如财政部、银保监会等有关部门有特殊规定的从其规定 （3）审批公司年度内部审计计划，指导、考核和评价内部审计工作 （4）审查公司内控制度，监督、检查公司内部控制制度的建立、健全与执行情况 （5）董事会授权的其他职权
浙金信托	是	3	负责检查公司风险及合规状况、会计政策、财务报告程序和财务状况；审核、评议公司年度审计工作计划；指导内部审计工作，负责对公司内部审计制度的有效性及其执行情况进行监督；负责内部审计与外部审计之间的沟通与协调；提议聘请或更换外部审计机构，并就审计后的财务报告信息真实性、准确性、完整性和及时性做出判断性报告，提交董事会审议；董事会授权的其他事宜
中诚信托	是	3	（1）对聘请或更换外部审计机构提出建议 （2）审议评价公司的内审计制度，并对其执行情况进行检查 （3）审议评价公司重要的会计及财务政策并提出意见和建议 （4）审议评价公司的财务报告及其信息披露状况 （5）必要时对公司经营活动提出专项审计建议 （6）审议公司内部重大违反财经纪律的事项，并提出处理建议 （7）公司董事会授权的其他相关事项
中国民生信托	是	5	（1）对公司信息披露的真实、准确、完整和合规性等进行监督 （2）监督公司内部审计制度及其实施 （3）负责内部审计与外部审计之间的沟通 （4）审核公司的财务信息及其披露 （5）提议聘请或更换外部审计机构 （6）董事会授予的其他职责
中海信托	是	3	指导公司内部控制体系建设；提议聘请或更换外部审计机构；监督公司的内部审计制度及其实施；负责内部审计与外部审计之间的沟通；审核公司的财务信息及其披露；审查公司内控制度；对公司内部审计机构负责人的任免提出意见等
中航信托	是	3	负责监督公司内、外部审计工作
中建投信托	是	3	（1）根据公司发展战略，制订、审核公司风险管理工作规划，评价公司战略目标和经营计划所涉及的风险因素，并向董事会提出建议 （2）定期审核、评议公司风险管理政策，促进风险管理政策的合法合规和及时有效 （3）从风险控制角度，监督公司各项规章制度的执行情况，并对公司重大经营决策进行风险监测和评价 （4）审阅公司风险管理工作报告，对风险管理工作提出改善意见和建议 （5）审核、批准公司的风险控制流程与风险计量模型和方法的监测、调整等相关工作 （6）审核、评议公司年度审计工作规划 （7）负责对公司内部审计制度的有效性及其执行情况进行监督 （8）负责内部审计与外部审计之间的沟通与协调 （9）对公司关联交易业务风险进行评估，对重大关联交易事项进行审查并提交董事会审议 （10）提议聘请或更换外部审计机构 （11）董事会授权的其他事宜

续表5

公司简称	是否设置	委员会人数(人)	审计委员会职能
中粮信托	是	3	(1)制定、审核、批准公司的风险管理和内部控制的政策、程序并报请董事会审议 (2)对公司信托业务、自营业务及其他业务的风险控制及风险管理政策、程序、执行情况进行监督 (3)对公司固有财产和信托财产的风险状况进行定期评估 (4)对公司合规风控部、审计部的工作程序和工作效果进行评议 (5)提议聘请或更换外部审计机构 (6)监督公司的制度建设及其执行情况 (7)监督董事会决议的执行情况 (8)审核公司的财务信息及其披露 (9)审查公司内控制度 (10)审查公司在遵守反洗钱相关内部政策和规程方面的情况 (11)审查公司消费者权益保护制度建设和工作情况 (12)按监管规定要求履行案防职责 (13)法律法规、监管规定、公司章程或公司董事会要求或授权的其他职责或事项
中融信托	是	3	对公司经营管理进行全面监督,防范公司面临的各类风险,保证公司各项业务运作符合有关法律法规;对公司固有业务关联交易的决策,进行监督和控制,防范不正当关联交易导致公司所承担的各类风险
中泰信托	是	5	负责公司的风险控制、管理、监督和评估,及公司内外部审计的沟通、监督和核查等工作
中铁信托	是	3	负责公司风险的控制、管理、监督和评估;公司关联交易的审查;公司内、外部审计的监督和核查工作
中信信托	是	3	审核和监督风险控制和内部审计年度计划的制定和执行,评估风险控制和审计结果,并提出改进建议等
中原信托	是	5	审议公司年度内部审计工作计划,审议聘用或者解聘外部审计机构,监督和指导内部审计工作,监督和审核公司的财务信息,审查公司内控制度的有效性,对重大关联交易进行审计,董事会授予的其他职责
重庆信托	是	4	负责审定公司内部审计制度;负责提议聘请或更换外部审计机构;负责审定公司内部审计部门的年度审计工作计划;负责审定公司内部审计部门提交的年度工作总结;负责批准公司内部审计方案;负责公司内部审计部门负责人的任免;负责研究审定公司内部审计部门报送的审计报告;指导公司内部审计工作,检查、监督公司内部审计实施情况;负责对公司内部审计部门工作成效进行评价;审查评估公司内部控制的健全性和有效性;监督公司业务经营活动的真实性、合法性等
紫金信托	是	3	合法合规性审查;审计工作及审查;财务及内控审查 公司董事会授权的其他事宜

注:本年度有5家信托公司尚未披露年报,故未在本表中披露相关数据。

经统计,63信托公司在董事会下设了人事薪酬委员会,60家信托公司对董事会下设人事薪酬委员会的委员人数的设置做了披露,59信托公司对董事会下设人事薪酬委员会的职能做了披露,详见表7-1-8。

60家信托公司人事薪酬委员会的平均设置人数为3.4人。

表7-1-8　　　　　　　　信托公司2021年末董事会下设人事薪酬委员会情况分析

公司简称	是否设置	委员会人数	人事薪酬委员会职能
爱建信托	是	2	拟定董事的津贴方案,报经董事会同意,并提交股东会审议通过后实施;制定高级管理人员的薪酬和考核奖励方案;审查高级管理人员的履行职责情况、对其进行年度绩效考评,并提出奖励或处罚方案;负责对公司薪酬与考核制度制定与执行情况进行监督
安信信托	是	4	未披露
百瑞信托	是	4	审查董事、高级管理人员资格及选任;审议董事、监事薪酬方案;审议公司内部管理机构的设置与调整方案;审查公司工资总额机制、薪酬管理方案及公司工资总额;审查公司高级管理人员年度考核结果及高级管理人员薪酬;决定办理董事、监事及高级管理人员履职责任保险;监督公司年度用工总量、薪酬制度执行情况;审议人力资源管理相关制度、政策;其他应当审议的事项
北方信托	是	4	代表董事会对公司激励机制建设、薪酬分配进行管理,是公司薪酬分配的管理机构,负责拟定董事和高级管理层成员的选任程序和标准,对董事和高级管理层的任职资格进行初步审核,并向董事会提出建议
北京信托	是	3	(1)根据经营情况、资产规模和股权结构对董事会的规模和构成向董事会提出建议 (2)研究董事和经营班子的选聘标准和程序,并向董事会提出建议 (3)培养储备董事和经营班子的补充人选 (4)对董事候选人和经营层人选进行审查并提出建议 (5)对须提请董事会聘任的其他高级管理人员进行审查并提出建议 (6)根据董事及高级管理人员管理岗位的主要范围、职责、重要性以及其他相关企业相关岗位的薪酬水平制定薪酬计划或方案 (7)薪酬计划或方案主要包括但不限于绩效评价标准、程序及主要评价体系,奖励和惩罚的主要方案和制度等 (8)审查公司董事(非独立董事)及高级管理人员履行职责情况并对其进行年度绩效考评 (9)负责对公司薪酬制度执行情况进行监督 (10)董事会授权的其他事宜

续表1

公司简称	是否设置	委员会人数	人事薪酬委员会职能
渤海信托	是	3	主要负责拟定董事和高级管理层成员的选任程序和标准,对董事和高级管理层成员的任职资格进行初步审核,并向董事会提出建议;审议公司薪酬管理制度和政策,拟定董事和高级管理层成员的薪酬方案,向董事会提出薪酬方案建议,并监督方案实施;制定公司董事及高级管理层成员的考核标准并进行考核
大业信托	是	3	旨在评价公司的绩效考核办法和薪酬管理制度,并提出建议
东莞信托	是	3	研究和审查高级管理人员的薪酬政策与方案
光大兴陇信托	是	3	拟定董事、独立董事、监事及高级管理人员的薪酬方案,并向董事会提出薪酬方案的建议;负责对公司薪酬制度执行情况进行监督;拟定董事会年度费用预算方案,向董事会提出建议;董事会授予的其他职责
国联信托	是	3	负责审核人力资源管理政策,研究薪酬策略,决定薪酬标准
国民信托	是	3	拟订董事和高级管理人员的薪酬标准;依据董事会批准的高级管理人员激励考核标准对其进行考核;对公司人力资源发展规划及长期激励策略进行研究等董事会授予的其他职责
国通信托	是	3	负责制定薪酬计划或方案并监督薪酬计划或方案的实施及董事会授予的其他职权
国投泰康信托	是	3	(1)制订公司的薪酬体系和激励体系 (2)制订公司经营管理人员的考核体系 (3)根据董事会批准的考核指标在董事会授权范围内进行考核等工作 (4)制订为员工设置的基于股权的激励计划或奖励 (5)对公司薪酬与考核制度执行情况进行监督 (6)有权向董事会提交薪酬与考核方面的议案 (7)董事会授予的其他职责
国元信托	是	3	负责拟定董事和高级管理层成员的选任程序和标准;对董事和高管层成员的任职资格进行初步审核,并向董事会提出建议;负责审议公司薪酬管理制度和政策,拟定董事和高管层成员的薪酬方案,向董事会提出薪酬方案建议,并监督方案实施
杭州工商信托	是	4	研究董事、高级管理经理人员的选择标准和程序并提出建议;广泛搜寻合格的董事和高级管理人员的人选;对董事候选人和高级管理人员人选进行审查并提出建议;研究董事与高级管理人员绩效考核的标准并提出建议;就公司董事及高级管理人员的薪酬政策及架构,以及制定该等政策的程序等薪酬政策向董事会提出建议;对公司薪酬制度的执行情况进行监督;董事会授予的其他事宜
湖南信托	是	5	负责制订公司发展战略,并负责监督、检查公司战略、年度计划、投资方案的执行情况;负责拟定公司高级管理人员选择标准、选择程序,对其任职资格和任职条件进行初步审核等;负责拟定公司内部机构设置及人力资源整体调配方案;负责拟订公司薪酬和其他激励计划,并监督实施
华澳信托	是	3	(1)在董事会授权的范围内,研究和审定公司的薪酬政策和方案,制定和修改公司员工和高级管理层的薪酬及激励政策、商业养老方案以及董事会不时决定的其他有关的重大方针 (2)每年至少审议一次公司薪酬制度的有关政策、目标及具体条款,并向董事会提出修订建议 (3)根据公司的有关薪酬政策和目标,每年对公司总裁的工作业绩进行一次考核,根据考核结果确定其薪酬水平和激励政策 (4)根据公司薪酬制度的有关政策和目标,每年对公司其他高级管理人员的工作业绩进行一次考核,根据考核结果确定其薪资奖励水平 (5)制订有关公司高级管理人员薪酬制度的年度评估报告 (6)就有关薪酬激励制度向董事会提出建议
华宝信托	是	3	负责制定公司董事及高级人员的考核标准并进行考核;制定、审查公司董事及高级管理人员的薪酬政策与方案;制定公司长期激励机制和方案,为公司发展提供人才激励保障;制定公司人力资源发展规划
华宸信托	是	3	寻找符合要求的董事候选人(候选人也可以由股东、董事或其他人推荐),并根据银监会关于金融机构高级管理人员任职资格的要求对其进行初步审查;寻找符合要求的总经理、副总经理、董事会秘书、财务总监候选人(可以由股东、董事或其他人推荐),并根据银监会关于金融机构高级管理人员任职资格的要求对其进行初步审查;拟订执行董事及高级管理人员的薪酬待遇,并就非执行董事的薪酬向董事会提出建议;董事会授权的其他事项
华能信托	是	3	拟定公司高级管理人员的薪酬与奖励政策,并提请董事会审批;对公司高级管理人员进行考核,并出具绩效评价报告,报董事会核准;审议公司职工的薪酬福利及绩效考核方案;董事会授予的其他职责
华融信托	是	3	提名独立董事人选,对独立董事的资格条件进行审查并提出建议;研究和审查董事、高级管理人员的薪酬政策,并向董事会提出建议;审议高级管理层提交的公司人力资源和薪酬政策及基本管理制度,提请董事会决定,并监督相关政策和基本管理制度的执行;董事会授权的其他事宜
华润信托	是	3	负责对高级管理层在合规、业务、市场、操作等方面的风险控制情况和薪酬方案的实施情况进行监督;对公司的风险状况进行定期评估并提出完善风险管理、内部控制和薪酬方案的意见;审议公司薪酬管理制度和政策
华鑫信托	是	3	负责制定公司董事及高级人员的考核标准并进行考核;制定、审查公司董事及高级管理人员的薪酬政策与方案;制定公司长期激励机制和方案,为公司发展提供人才激励保障;制定公司人力资源发展规划

续表2

公司简称	是否设置	委员会人数	人事薪酬委员会职能
建信信托	是	3	(1)组织拟订董事和高级管理人员的选任标准和程序,并对其候选人进行初审,提请董事会决定 (2)审议公司薪酬方案,提请董事会决定,并监督其执行 (3)组织拟订公司董事、监事的业绩考核办法和薪酬方案,提交董事会审议 (4)组织对公司董事、监事及高级管理层的业绩考核,提出对董事、监事及高级管理层薪酬分配的建议,提交董事会审议 (5)检查及批准向执行董事及高级管理人员支付的与丧失或终止职务或委任有关的赔偿,以确保该赔偿按有关合同条款决定;若未能按有关合约条款决定,有关赔偿亦须合理适当 (6)检查及批准因董事行为失当而解雇或罢免有关董事所涉及的赔偿安排,以确保此等安排按有关合约条款决定;若未能按有关合约条款决定,有关赔偿亦须合理适当 (7)董事会授予的其他职责
江苏信托	是	3	审议关于公司薪酬考核的规划、制度、规则、报告等,为董事会决策提供依据和建议;监督公司薪酬考核政策实施
交银国际信托	否	不适用	不适用
金谷信托	是	3	负责制定、审查公司高级管理人员(以下简称高管人员)的薪酬政策与方案,拟定公司高管人员的考核标准并进行考核,接受董事会授权的其他事项
昆仑信托	是	4	研究拟订公司整体薪酬政策;拟订公司高级管理人员的薪酬制度、考核办法和激励方案;对公司高级管理人员进行绩效考评;对公司整体薪酬制度的执行情况进行指导、监督
陆家嘴信托	是	3	根据公司经营发展战略、资产规模和业务结构等,对董事会的规模和结构向董事会提出建议;拟定公司董事和高级管理人员的选任程序和标准,对董事和高级管理人员的任职资格和条件进行初步审核,并向董事会提出建议;拟定公司董事和高级管理人员的考核标准,据此进行考核并提出建议;拟定公司董事和高级管理人员的具体薪酬和激励方案,向董事会提出薪酬方案的建议,并监督实施;董事会授权的其他事宜
平安信托	是	3	审议公司提名与薪酬管理的策略和计划;审核公司人员编制、薪酬总额、薪酬制度、年度薪酬方案、考核方案;审议公司考核与奖惩制度等
厦门国际信托	是	3	审查公司董事、高管人员的年度薪酬、年度效益工资提取办法、基本(固定)薪酬管理制度、员工企业年金方案并提交董事会审定;对公司薪酬制度执行情况进行监督
山东信托	是	3	(1)至少每年检讨董事会的架构、人数及组成(包括技能、知识及经验方面),并就任何为配合公司的策略拟对董事会做出的变动提出建议 (2)物色具备合适资格可担任董事、高级管理人员的人士,并挑选、提名有关人士出任董事、高级管理人员或就此向董事会提供意见 (3)评核独立董事的独立性 (4)就董事委任或重新委任以及董事(尤其是董事长及总经理)继任计划的有关事宜向董事会提出建议 (5)就董事及高级管理人员的全体薪酬政策及架构,及就设立正规而具透明度的程序订订薪酬政策,向董事会提出建议 (6)评审公司董事和高级管理人员的履职情况并对其进行绩效考核评价,对公司薪酬制度执行情况进行监督 (7)因应董事会所订企业方针及目标而检讨及批准高级管理人员的薪酬建议 (8)就厘定个别执行董事及高级管理层的特定薪酬待遇,包括非金钱利益、退休权利及赔偿金额(包括丧失或终止职务或委任的赔偿)向董事会提出建议 (9)考虑同类公司的薪酬、须付出的时间及职责及集团内其他职位的雇用条件 (10)检讨及批准向执行董事及高级管理人员就其丧失或终止职务或委任而须支付的赔偿,以确保该等赔偿与合约条款一致;若未能与合约条款一致,赔偿亦须公平合理,不致过多 (11)检讨及批准因董事行为失当而解雇或罢免有关董事所涉及的赔偿安排,以确保该等安排与合约条款一致;若未能与合约条款一致,有关赔偿亦须合理适当 (12)确保任何董事或其任何联系人(见上市规则的定义)不得参与厘定自身薪酬 (13)就其他执行董事的薪酬建议咨询董事长及/或总经理 (14)董事会授权的其他事宜
山西信托	是	5	审定公司的薪酬制度,制定公司高级管理人员的绩效评价标准和薪酬标准
陕国投	是	5	(1)根据董事及高级管理人员管理岗位的主要范围、职责、重要性以及其他相关企业相关岗位的薪酬水平制定薪酬计划或方案 (2)薪酬计划或方案主要包括但不限于绩效评价标准、程序及主要评价体系,奖励和惩罚的主要方案和制度等 (3)审查公司董事(非独立董事)及高级管理人员的履行职责情况并对其进行年度绩效考评 (4)负责对薪酬制度执行情况进行监督 (5)人力资源部每季度应制定下一季度履职计划,经董事会办公室报公司董事长审定 (6)董事会安排的事宜及相关法律法规中涉及的其他事项
上海信托	是	3	研究、拟定和执行公司董事、经理及其他高级管理人员的考核标准和办法,并提出意见或建议;研究、拟定和审查公司董事、经理及其他高级管理人员的薪酬政策和方案,并提出意见或建议;审查公司董事及高级管理人员的履行职责情况并对其进行年度绩效考评;负责对公司薪酬制度执行情况进行监督检查;建议聘请外部中介机构提供专业咨询意见;董事会授权的其他事宜
苏州信托	是	5	负责核准公司年度薪酬方案,审定公司董事及高级管理人员的考核标准;负责审定公司董事及高管人员的薪酬及激励计划与方案并提交董事会审议

续表3

公司简称	是否设置	委员会人数	人事薪酬委员会职能
天津信托	是	3	根据董事、高级管理人员和公司员工管理岗位的主要范围、职责、重要性以及其他相关公司相关岗位的薪酬水平制定薪酬计划或方案；薪酬计划或方案主要包括但不限于绩效评价标准、程序及主要评价体系，奖励和惩罚的主要方案和制度等；审查公司董事及高级管理人员履行职责的情况并对其进行年度绩效考评；负责对公司薪酬制度执行情况进行监督；董事会授权的其他事宜
外贸信托	是	3	研究、制定公司高级管理人员的选择标准、程序和方法以及总经理继任计划（包括人选）；对提名的高级管理人员人选进行考察；负责拟订公司高级管理人员的经营业绩考核办法和薪酬管理办法，报董事会审批；按董事会确定的管理办法，考核、评价高级管理人员的业绩，并依据考核结果，向董事会提出高级管理人员的薪酬兑现建议；研究公司整体薪酬和员工考核管理办法，并向董事会提出建议
万向信托	否	不适用	不适用
五矿信托	是	3	主要负责拟定公司的薪酬及绩效考核方案，对公司高级管理人员进行考核，研究公司董事、总经理人选的选择标准和程序并提出建议
西部信托	是	3	负责制定公司董事、高管人员的薪酬标准与方案，审查公司董事、高级管理人员履行职责并对其进行年度考核；负责对公司薪酬制度执行情况进行监督
西藏信托	是	3	提名董事、经理层员董事、经理层人员；审议关于公司薪酬考核的规划、制度、规则、报告等，为董事会决策提供依据和建议；监督公司薪酬考核政策实施
兴业信托	是	5	主要负责拟订董事和高级管理人员的薪酬方案、考核标准，监督方案的实施
雪松信托	是	2	未披露
英大信托	是	3	负责审核公司的人事与薪酬管理制度，监督公司人力资源管理工作，对人力资源管理及绩效考核等工作提出建议和意见
粤财信托	是	5	根据公司的经营活动情况、资产规模和股权结构对董事会及高级管理人员的规模和构成提出建议；研究董事和高级管理人员的选择标准及程序，并向董事会提出建议；在公司内及公开人才市场上广泛收集合格的董事和高级管理人员的人选；对董事候选人和高级管理人员人选进行审查并提出建议；根据董事会成员及公司高级管理人员的工作范围、职责、重要性及外部薪酬水平，提议上述人员的薪酬计划或分配方案；薪酬计划或方案包括但不限于对董事会成员及公司高级管理人员的绩效评价标准、程序和主要评价体系等；审查公司董事会成员及高级管理人员的履职情况并对其年度绩效进行考评；负责对公司薪酬制度执行情况进行监督；董事会授权的其他事宜
云南信托	是	3	研究董事、高管、董事会秘书以及由总裁提请董事会认定的其他管理人员的选择标准和程序及考核标准，并提出建议
长安信托	是	3	研究董事、高级管理人员的选择标准和程序，并向董事会提出建议；广泛搜寻合格的董事和高级管理人员的人选；对董事候选人和高级管理人员人选进行审查并提出建议；对须提请董事会聘任的其他高级管理人员进行审查并提出建议等
长城新盛信托	是	5	（1）研究和审查董事、监事津贴方案及高级管理人员和公司员工的薪酬政策与方案 （2）研究和审查高级管理人员的考核标准与方案 （3）审查公司高级管理人员的履行职责情况并组织对其进行年度绩效考评 （4）对公司薪酬制度执行情况进行监督 （5）董事会授权薪酬委员会的其他职权
浙金信托	是	2	研究董事、高级管理经理人员的选择标准和程序并提出建议；广泛搜寻合格的董事和高级管理人员的人选；对董事候选人和高级管理人员的人选进行审查并提出建议；研究董事与高级管理人员绩效考核的标准并提出建议；公司董事及高级管理人员的薪酬政策及架构，以及制定该政策的程序等薪酬政策向董事会提出建议；对公司薪酬制定的执行情况进行监督；董事会授权的其他事宜
中诚信托	是	3	（1）根据董事及高级管理人员管理岗位的主要范围、职责、重要性以及其他相关企业相关岗位的薪酬水平拟定薪酬计划或方案 （2）根据公司的经营情况比较全国同行业平均业绩水平，对公司提出的经营目标及奖励办法进行评价并提出建议 （3）审查公司董事及高级管理人员的履行职责情况并对公司董事及高级管理人员的奖惩提出建议 （4）审议公司绩效考核制度、薪酬管理制度，提交董事会决定，并负责对绩效考核制度、薪酬管理制度执行情况进行监督 （5）根据公司的经营成果对董事长、总裁等高级管理人员的特殊贡献奖励提出意见和建议 （6）董事会授权的其他事项
中国民生信托	是	5	（1）研究董事、监事、总裁和其他高级管理人员的薪酬标准，根据董事、监事、总裁和其他高级管理人员的职责与重要性，参考同业相关岗位的薪酬水平，制定薪酬计划或方案并监督薪酬计划或方案的实施 （2）拟定考核标准，审查董事、总裁和其他高级管理人员履行职责情况并对其进行年度绩效考评，提交考核评价意见 （3）负责对公司薪酬制度执行情况进行监督 （4）研究董事、经理层人员的选择标准和程序，并向董事会提出建议 （5）广泛搜寻合格的董事和经理层人员的人选 （6）对董事、经理层人员人选进行审查并提出建议 （7）董事会授权的其他职权
中海信托	是	3	研究公司发生重大、突发性事项的对策；研究制定总体风险管理、关联交易控制政策供董事会审议；研究公司风险管理的战略结构和资源，并使之与公司的内部风险管理政策相兼容；研究重要的风险边界；对相关的风险管理、关联交易控制政策进行监督、审查和向董事会提出建议等
中航信托	是	3	研究董事与高级管理人员考核的标准，进行考核并提出建议；研究与审查董事、高级管理人员的薪酬政策与方案

续表4

公司简称	是否设置	委员会人数	人事薪酬委员会职能
中建投信托	是	3	（1）研究、拟订公司高级经营管理人员业绩考核办法和薪酬管理办法并提交董事会 （2）研究并提出公司高级经营管理人员的年度薪酬方案，依据公司高级经营管理人员的业绩，拟订薪酬及奖惩建议方案并提交董事会 （3）监督公司薪酬制度与奖惩制度的执行情况 （4）董事会授权的其他事宜
中粮信托	未披露	未披露	未披露
中融信托	是	3	制订公司高管人员的考核标准和薪酬标准，对公司高管人员的薪酬及奖励执行情况进行监督、检查并向董事会报告。拟定董事和高级管理人员的选任程序和标准；对董事和高级管理人员的任职资格进行初步审核，并向董事会提出建议
中泰信托	是	5	负责制定董事及高级管理人员的薪酬政策、考核标准并进行考核
中铁信托	是	3	拟定董事和高管人员的选任程序和标准，对董事和高管人员的任职资格进行初步审核；负责董事及高级管理人员的任职、薪酬与考核管理
中信信托	是	3	负责拟定董事、高级管理人员、员工的薪酬、福利和其他激励计划，并监督方案的实施；拟定高级管理人员的选择标准、选择程序；对高级管理人员人选的任职资格和条件进行初步审核等
中原信托	是	5	审议确定公司薪酬相关制度以及负责人年薪发放标准和发放办法
重庆信托	是	5	对董事会的规模和构成向董事会提出建议；制订董事及高级管理人员薪酬计划或方案；研究董事、高级管理人员的选择标准和程序，并向董事会提出建议；搜寻合格的独立董事和高级管理人员的人选；对董事、高级管理人员人选进行审查并提出建议；审查公司董事及高级管理人员的履行职责情况；负责对公司薪酬制度执行情况进行监督；董事会授权的其他事宜
紫金信托	是	3	审核薪酬政策或方案；审查公司董事及高级管理人员的履行职责情况并对其进行年度绩效考评；根据公司经营活动情况、资产规模及股权结构对董事会的规模和构成向董事会提出建议；研究董事、高级管理人员的选择标准和程序，并向董事会提出建议；向股东会、董事会提名董事和高级管理人员候选人；对董事、高级管理人员人选进行审查并提出建议；公司董事会授权的其他事宜

注：本年度有5家信托公司尚未披露年报，故未在本表中披露相关数据。

（三）独立董事分析

设立独立董事是加强公司治理的一个重要手段。上市公司一般要求独立董事人数占全部董事人数的1/3以上，这对公司治理非常重要，2021年，共有55家信托公司符合这一标准（见表7-1-9）。

表7-1-9　　　　　　　　披露的信托公司2021年末独立董事人数构成分析

公司简称	董事会成员人数（人）	独立董事成员人数（人）	独立董事占比（%）
爱建信托	8	3	37.50
安信信托	5	3	60.00
百瑞信托	11	3	27.27
北方信托	7	3	42.86
北京信托	13	5	38.46
渤海信托	6	3	50.00
大业信托	9	3	33.33
东莞信托	7	2	28.57
光大兴陇信托	9	3	33.33
国联信托	9	3	33.33
国民信托	8	4	50.00
国通信托	6	2	33.33
国投泰康信托	9	3	33.33
国元信托	9	3	33.33
杭州工商信托	9	3	33.33
湖南信托	7	3	42.86
华澳信托	6	2	33.33
华宝信托	9	3	33.33

续表1

公司简称	董事会成员人数（人）	独立董事成员人数（人）	独立董事占比（%）
华宸信托	7	3	42.86
华能信托	9	3	33.33
华融信托	9	3	33.33
华润信托	9	6	66.67
华鑫信托	6	2	33.33
建信信托	9	3	33.33
江苏信托	9	3	33.33
交银国际信托	8	3	37.50
金谷信托	6	3	50.00
昆仑信托	9	3	33.33
陆家嘴信托	7	3	42.86
平安信托	9	3	33.33
厦门国际信托	9	3	33.33
山东信托	8	3	37.50
山西信托	6	1	16.67
陕国投	9	3	33.33
上海信托	9	3	33.33
苏州信托	8	3	37.50
天津信托	8	2	25.00
外贸信托	6	3	50.00
万向信托	11	5	45.45
五矿信托	9	3	33.33
西部信托	9	3	33.33
西藏信托	7	3	42.86
兴业信托	9	3	33.33
雪松信托	8	3	37.50
英大信托	9	3	33.33
粤财信托	8	2	25.00
云南信托	9	3	33.33
长安信托	10	2	20.00
长城新盛信托	8	3	37.50
浙金信托	9	3	33.33
中诚信托	12	4	33.33
中国民生信托	12	4	33.33
中海信托	8	3	37.50
中航信托	9	4	44.44
中建投信托	11	2	18.18
中粮信托	8	3	37.50
中融信托	9	3	33.33
中泰信托	9	4	44.44
中铁信托	7	3	42.86
中信信托	8	3	37.50

续表2

公司简称	董事会成员人数（人）	独立董事成员人数（人）	独立董事占比（%）
中原信托	10	3	30.00
重庆信托	12	5	41.67
紫金信托	6	2	33.33
合计	534	192	35.96
平均	8.48	3.05	

注：本年度有5家信托公司尚未披露年报，故未在本表中披露相关数据。

在已披露年报的63家信托公司中，独立董事男性人数合计为160人，占总人数的84.66%，女性人数合计为29人，占总人数的15.34%（见表7-1-10）。其中30—39岁的人数为2人，占总人数的1.06%，40岁以上的人数为187人，占总人数的98.94%；独立董事的平均年龄为56.23岁，高于董事平均年龄（见表7-1-11）。

表7-1-10　　　　　　　　　披露的信托公司2021年末独立董事人员性别构成分析

公司简称	独立董事人员数（人）	其中男性人数（人）	男性所占比例（%）	其中女性人数（人）	女性所占比例（%）
爱建信托	3	3	100.00	—	—
安信信托	3	3	100.00	—	—
百瑞信托	3	3	100.00	—	—
北方信托	3	—	—	3	100.00
北京信托	5	3	60.00	2	40.00
渤海信托	3	3	100.00	—	—
大业信托	3	3	100.00	—	—
东莞信托	2	2	100.00	—	—
光大兴陇信托	3	2	66.67	1	33.33
国联信托	3	3	100.00	—	—
国民信托	4	3	75.00	1	25.00
国通信托	2	2	100.00	—	—
国投泰康信托	3	2	66.67	1	33.33
国元信托	3	2	66.67	1	33.33
杭州工商信托	3	3	100.00	—	—
湖南信托	3	2	66.67	1	33.33
华澳信托	2	1	50.00	1	50.00
华宝信托	3	3	100.00	—	—
华宸信托	3	3	100.00	—	—
华能信托	3	1	33.33	2	66.67
华融信托	3	3	100.00	—	—
华润信托	3	1	33.33	2	66.67
华鑫信托	2	2	100.00	—	—
建信信托	3	3	100.00	—	—
江苏信托	3	3	100.00	—	—
交银国际信托	3	3	100.00	—	—
金谷信托	3	3	100.00	—	—

续表

公司简称	独立董事人员数（人）	其中男性人数（人）	男性所占比例（%）	其中女性人数（人）	女性所占比例（%）
昆仑信托	3	3	100.00	—	—
陆家嘴信托	3	1	33.33	2	66.67
平安信托	3	3	100.00	—	—
厦门国际信托	3	2	66.67	1	33.33
山东信托	3	2	66.67	1	33.33
山西信托	1	1	100.00	—	—
陕国投	3	3	100.00	—	—
上海信托	3	3	100.00	—	—
苏州信托	3	2	66.67	1	33.33
天津信托	2	2	100.00	—	—
外贸信托	3	3	100.00	—	—
万向信托	5	5	100.00	—	—
五矿信托	3	2	66.67	1	33.33
西部信托	3	3	100.00	—	—
西藏信托	3	3	100.00	—	—
兴业信托	3	3	100.00	—	—
雪松信托	3	3	100.00	—	—
英大信托	3	—	—	3	100.00
粤财信托	2	2	100.00	—	—
云南信托	3	3	100.00	—	—
长安信托	2	2	100.00	—	—
长城新盛信托	3	3	100.00	—	—
浙金信托	3	3	100.00	—	—
中诚信托	4	4	100.00	—	—
中国民生信托	4	4	100.00	—	—
中海信托	3	2	66.67	1	33.33
中航信托	4	4	100.00	—	—
中建投信托	2	2	100.00	—	—
中粮信托	3	3	100.00	—	—
中融信托	3	2	66.67	1	33.33
中泰信托	4	4	100.00	—	—
中铁信托	3	3	100.00	—	—
中信信托	3	3	100.00	—	—
中原信托	3	3	100.00	—	—
重庆信托	5	3	60.00	2	40.00
紫金信托	2	1	50.00	1	50.00
合计	189	160	84.66	29	15.34

注：本年度有5家信托公司尚未披露年报，故未在本表中披露相关数据。

表7-1-11　　披露的信托公司2021年末独立董事人员年龄构成

公司简称	独立董事人员数（人）	其中30—39岁人数（人）	30—39岁比例（%）	其中40岁以上人数（人）	40岁以上比例（%）	独立董事平均年龄（%）
爱建信托	3	—	—	3	100.00	57.33
安信信托	3	—	—	3	100.00	61.33
百瑞信托	3	—	—	3	100.00	50.67
北方信托	3	—	—	3	100.00	63.00
北京信托	5	—	—	5	100.00	54.20
渤海信托	3	—	—	3	100.00	51.00
大业信托	3	—	—	3	100.00	60.00
东莞信托	2	—	—	2	100.00	62.50
光大兴陇信托	3	—	—	3	100.00	57.00
国联信托	3	—	—	3	100.00	55.33
国民信托	4	—	—	4	100.00	58.50
国通信托	2	—	—	2	100.00	60.00
国投泰康信托	3	—	—	3	100.00	57.00
国元信托	3	—	—	3	100.00	51.33
杭州工商信托	3	—	—	3	100.00	59.00
湖南信托	3	—	—	3	100.00	56.33
华澳信托	2	—	—	2	100.00	63.00
华宝信托	3	—	—	3	100.00	52.00
华宸信托	3	1	33.33	2	66.67	44.00
华能信托	3	—	—	3	100.00	59.67
华融信托	3	—	—	3	100.00	60.00
华润信托	3	—	—	3	100.00	59.67
华鑫信托	2	—	—	2	100.00	63.50
建信信托	3	—	—	3	100.00	56.00
江苏信托	3	—	—	3	100.00	57.33
交银国际信托	3	—	—	3	100.00	57.00
金谷信托	3	—	—	3	100.00	55.00
昆仑信托	3	—	—	3	100.00	57.00
陆家嘴信托	3	1	33.33	2	66.67	49.67
平安信托	3	—	—	3	100.00	61.00
厦门国际信托	3	—	—	3	100.00	56.67
山东信托	3	—	—	3	100.00	52.67
山西信托	1	—	—	1	100.00	45.00
陕国投	3	—	—	3	100.00	50.67
上海信托	3	—	—	3	100.00	63.00
苏州信托	3	—	—	3	100.00	62.33
天津信托	2	—	—	2	100.00	50.50
外贸信托	3	—	—	3	100.00	63.00
万向信托	5	—	—	5	100.00	59.80
五矿信托	3	—	—	3	100.00	52.33
西部信托	3	—	—	3	100.00	56.33
西藏信托	3	—	—	3	100.00	43.00

续表

公司简称	独立董事人员数（人）	其中30—39岁人数（人）	30—39岁比例（%）	其中40岁以上人数（人）	40岁以上比例（%）	独立董事平均年龄（%）
兴业信托	3	—	—	3	100.00	62.33
雪松信托	3	—	—	3	100.00	54.67
英大信托	3	—	—	3	100.00	57.00
粤财信托	2	—	—	2	100.00	57.00
云南信托	3	—	—	3	100.00	53.33
长安信托	2	—	—	2	100.00	53.50
长城新盛信托	3	—	—	3	100.00	46.33
浙金信托	3	—	—	3	100.00	50.67
中诚信托	4	—	—	4	100.00	61.25
中国民生信托	4	—	—	4	100.00	60.75
中海信托	3	—	—	3	100.00	65.00
中航信托	4	—	—	4	100.00	31.00
中建投信托	2	—	—	2	100.00	64.50
中粮信托	3	—	—	3	100.00	55.33
中融信托	3	—	—	3	100.00	59.33
中泰信托	4	—	—	4	100.00	60.75
中铁信托	3	—	—	3	100.00	60.00
中信信托	3	—	—	3	100.00	60.00
中原信托	3	—	—	3	100.00	59.00
重庆信托	5	—	—	5	100.00	56.40
紫金信托	2	—	—	2	100.00	50.00
合计	184	2	1.06	187	98.94	56.23

注：本年度有5家信托公司尚未披露年报，故未在本表中披露相关数据。

（四）监事会及其基本情况分析

在已披露年报的63家信托公司中，有27家披露没有发生变动、36家披露了监事变更次数和变更的详情，详见表7-1-12。

表7-1-12　　　　　　　　　披露的信托公司2021年监事变更情况

公司简称	是否变更	变更次数	期内监事变更详情列示
爱建信托	否		
安信信托	否		
百瑞信托	否		
北方信托	是	1	根据股东单位中国海洋石油渤海有限公司《关于傅津职务变更的函》，由其推荐的监事傅津因工作需要，按照其公司相关安排，于2021年12月15日起不再担任北方信托监事
北京信托	否		
渤海信托	是	2	2021年1月18日，经2021年第一次临时股东大会审议通过，选举王学江接替马建军担任公司非职工监事；同日，经第二届监事会第十次会议审议通过，选举王学江担任公司监事会主席 2021年10月27日，经第二届监事会第十五次会议审议通过，王学江不再担任公司监事会主席；2021年11月5日，经2021年第四次临时股东大会审议通过，王学江不再担任公司非职工监事
大业信托	否		
东莞信托	是	1	2021年6月，经2021年股东会第三次临时会议审议通过《关于陶莉娜同志申请辞去公司监事职务的议案》，陶莉娜辞任监事会第五届监事职务
光大兴陇信托	否		

续表1

公司简称	是否变更	变更次数	期内监事变更详情列示
国联信托	否		
国民信托	是	1	2021年6月，经公司职工选举，张志先生获选公司职工监事
国通信托	否		
国投泰康信托	否		
国元信托	是	1	2021年4月27日，公司召开2020年度股东会，会议选举徐景明、张美玲为公司监事，与公司职工民主推荐产生的职工代表方志龙组成公司第七届监事会。因任期届满，陈浩不再担任公司监事职务
杭州工商信托	是	1	根据相关法律法规的规定，公司于2021年1月召开职工大会，选举陈建乔先生为第九届监事会职工监事。2021年1月，公司2021年第一次临时股东大会表决通过《关于公司监事会换届选举的议案》，选举董振东先生、曹玲华女士为第九届监事会非职工代表监事，与职工代表监事陈建乔先生组成公司第九届监事会
湖南信托	是	3	1月11日，股东会2021年度第1次临时会议审议通过了《关于变更公司监事的议案》，同意鲍礼彬同志辞去公司股东监事职务，同意选举公司小股东湖南省国有投资经营有限公司提名的外部监事候选人朱润洲同志担任公司第五届监事会外部监事，其任职期限与公司第五届监事会其他监事任职期限一致 5月17日，股东会2021年度第4次临时会议审议通过了《关于变更股东监事的议案》，同意欧光荣同志辞去第五届监事会股东监事、监事会主席职务，同意选举经公司股东湖南财信投资控股有限责任公司提名的监事候选人杨云同志为公司第五届监事会股东监事，其任职期限届满日与公司第五届监事会其他监事任职期限届满日一致 11月29日，股东会2021年度第7次临时会议审议通过了《关于变更公司股东监事的议案》，杨云同志辞去第五届监事会股东监事，同意选举经公司股东湖南财信投资控股有限责任公司提名的监事候选人彭耀同志为公司第五届监事会股东监事，其任职期限届满日与公司第五届监事会其他监事任职期限届满日一致
华澳信托	是	2	2021年11月17日，公司2021年第二次临时股东会同意监事会换届。公司第三届监事会监事长周永才先生，股权监事李登峰先生届满不再连任；职工监事吴非女士连任。股东会同意选举叶芹女士、周清森女士为公司第四届监事会股权监事；同意吴非女士为公司第四届监事会职工监事。第四届监事会任期自2021年11月17日至2024年11月16日 公司于2021年11月19日召开四届一次监事会会议，选举叶芹女士为公司第四届监事会监事长
华宝信托	是	4	2021年4月8日，华宝信托2021年股东会第二次临时会议以通信方式召开。会议批准《关于变更董事、监事的议案》，选举蒋育翔为华宝信托监事，并为监事会主席人选，免去沈雁华宝信托监事会主席、监事职务 2021年4月13日，华宝信托七届二次监事会以通信方式召开。会议同意《关于选举监事会主席的议案》，选举蒋育翔为公司监事会主席，免去沈雁公司监事会主席的职务 2021年7月21日，华宝信托2021年股东会第三次临时会议以通信方式召开。会议批准《关于变更监事的议案》，选举徐兴军为华宝信托监事，并为监事会主席人选，免去蒋育翔的华宝信托监事会主席、监事职务 2021年7月23日，华宝信托七届五次监事会以通信方式召开。会议同意《关于选举监事会主席的议案》，选举徐兴军为公司监事会主席，免去蒋育翔公司监事会主席的职务
华宸信托	否		
华能信托	是	2	吉亦宁担任公司监事，何瑛不再担任公司监事
华融信托	是	3	经公司2021年第2次临时股东会审议通过，推选马凌云为监事，免去孟玲虎监事职务 经公司2021年第2次临时监事会审议通过，选举马凌云监事为监事长 经公司2021年第4次临时监事会审议通过，监事会调整履职监督委员会成员
华润信托	是	2	2021年1月，公司召开2021年第一次股东会会议审议通过关于变更公司监事的议案，选举朱军担任公司监事，李富川不再担任公司监事职务 2021年1月，公司召开第四届监事会第三次会议，选举朱军先生担任公司监事会主席，李富川先生不再担任公司监事会主席职务
华鑫信托	否		
建信信托	是	3	（1）经本公司股东中国建设银行股份有限公司提名，公司2021年第1次临时股东会选举杨刚担任公司监事 （2）经本公司股东中国建设银行股份有限公司提名，公司2021年第5次临时股东会选举杨楠担任公司监事 （3）经本公司全体职工决议，张瀚、杜萌担任公司职工监事。徐谦、王彦青辞去公司职工监事职务
江苏信托	否		
交银国际信托	否		
金谷信托	是	2	根据工作需要，2021年12月28日，公司确认张谦担任职工代表监事职务 根据工作需要，张林山不再担任监事职务
昆仑信托	是	1	职代会重新选举产生职工监事
陆家嘴信托	是	2	报告期内，公司监事会完成了换届，经2021年度股东会第四次会议审议通过，公司选举郭嵘、李旻坤、李岩梅、潘易、章惠为公司第五届监事会监事 2021年6月17日，公司召开第五届监事会第一次会议，选举郭嵘先生为第五届监事会主席

续表2

公司简称	是否变更	变更次数	期内监事变更详情列示
平安信托	是	1	报告期内，因工作调整，孔祥云先生不再担任公司外部监事职务
厦门国际信托	否		
山东信托	是	2	王艳女士于2020年度股东周年大会上获委任为第三届监事会外部监事。王女士的外部监事任职须待本公司建议修订公司章程中有关设置外部监事的条款获山东银保监局批准后生效，且届时王女士需符合公司章程及相关法律法规中有关外部监事的任职资格规定。王女士作为外部监事的任职已于2021年10月14日生效 田志国先生因工作调整，于2022年1月7日辞任职工代表监事。李燕女士于2022年1月7日获本公司职工代表大会选举为职工代表监事。李女士的任期与本公司第三届监事会一致，自2022年1月7日起生效
山西信托	是	2	经公司股东大会选举通过，崔强为公司监事；经公司监事会选举通过，崔强为公司监事会主席 经公司股东大会选举通过，杨虹为公司监事
陕国投	是	1	公司监事会于2022年2月22日收到公司第九届监事会监事长黎惠民的书面辞职报告。黎惠民先生因工作变动原因，申请辞去公司第九届监事会监事及监事长职务
上海信托	否		
苏州信托	是	1	经公司2021年股东会第一次会议审议通过了《关于苏州信托有限公司第六届监事会组成人员名单》的议案，选举陈磊为监事长，选举孙权为新任监事。张生明不再担任公司监事
天津信托	是	3	2020年11月24日公司召开股东会2020年第9次临时会议，审议通过了《关于同意天津信托有限责任公司第九届监事会监事人选的决议》，同意舒东、刘响东等2人为第九届监事会成员 2021年4月15日公司召开股东会2021年第1次临时会议，以通讯方式审议通过了《关于同意调整天津信托有限责任公司第九届监事会监事人选的决议》，同意胡俊强担任公司监事 2022年3月11日公司召开股东会2022年第1次临时会议，以通讯方式审查了《关于通报天津信托有限责任公司第九届监事会职工监事的议案》，同意杨海军、丁粤军为第九届监事会职工监事
外贸信托	是	1	2021年外贸信托工会第三届职代会第七次会议通过决议，东岳当选外贸信托职工监事，免去刘郁飞外贸信托职工监事职务
万向信托	否		
五矿信托	是	1	2021年3月，公司第四届监事会第五次会议通过调整第四届监事会组成人员的议案。推荐哈敬海同志为公司监事，公司原监事王茜同志因工作岗位变动，不再担任公司监事
西部信托	是	1	根据股东单位彩虹集团有限公司的提名，经过公司股东会审议、监事会选举，公司原监事会主席教由忠东变更为包勇
西藏信托	是	2	2021年6月，公司第六届监事会原职工监事蔺楷毅因个人原因辞去职工监事职务 公司于2021年6月召开工会职工代表大会2021年第二次会74议，审议通过《关于改选第六届监事会职工监事的议案》，选举王朝卿同志为公司第六届监事会职工监事
兴业信托	否		
雪松信托	否		
英大信托	否		
粤财信托	是	1	报告期内，根据监管规定要求，由公司参股股东广东省科技创业投资有限公司提名，公司2021年3月第一次临时股东会选举萧茜文女士担任公司监事，梁小天先生不再担任公司监事
云南信托	是	2	2021年第一次临时股东会审议通过了《关于监事会换届选举股东监事的议案》，选举出公司第七届监事会股东监事为：李国青、穆越、许悦、文俊。第七届监事会股东监事均为第六届监事会股东监事连选连任 2021年，原职工监事朱炜明先生辞去职工监事职务，公司职工代表大会选举出新一届职工监事：张相启、杨永忠、苏颖。其中，张相启职工监事为新选任职工监事，杨永忠职工监事、苏颖职工监事为连选连任
长安信托	否		
长城新盛信托	否		
浙金信托	否		
中诚信托	是	4	2021年2月25日，经中诚信托2021年第一次临时监事会审议通过，刘耀民不再担任中诚信托监事长职务 2021年3月26日，公司召开职工代表大会选举梅永文为公司第六届职工监事 2021年6月7日，中诚信托2021年第二次临时股东会选举尉维斌为中诚信托监事，刘耀民不再担任中诚信托监事 2021年6月7日，中诚信托2021年第二次临时监事会选举尉维斌为中诚信托监事长
中国民生信托	是	2	2021年1月14日、2021年2月26日，分别经公司第三届监事会第五次会议、2021年第一次临时股东会会议审议通过，选举高鹭华担任第三届监事会外部监事职务，赵岩不再担任第三届监事会监事职务 2021年8月30日，经公司职工代表大会2021年第一次会议审议通过，选举仝昭旸、刘庆振、李飒担任职工监事职务，欧阳燕红、马世崧、李世朝不再担任职工监事职务

续表3

公司简称	是否变更	变更次数	期内监事变更详情列示
中海信托	是	2	2021年5月，经公司2020年度股东大会审议通过，选举陆隽先生担任公司第五届监事会监事职务。陈素婷女士不再担任公司监事职务 2021年6月，公司第二届职工代表大会2021年第一次临时会议选举汪婧担任公司第五届监事会职工监事。石枫不再担任公司职工监事
中航信托	是	1	因监事会换届，并优化监事会成员构成，肖小和先生于2022年1月1日起担任公司外部监事
中建投信托	是	4	2021年10月，经公司2021年第六次临时股东大会审议通过，张毅任公司监事，崔建不再担任公司监事 2021年10月，经公司2021年第六次临时股东大会审议通过，张晓凯任公司监事，李爱玲不再担任公司监事 2021年11月，经公司第一届职工代表大会第十三次会议选举，张红文任职工代表监事，谢悦不再担任职工代表监事 2021年12月，经公司第一届职工代表大会第十六次会议选举，王嘉宇任职工代表监事，袁路不再担任职工代表监事
中粮信托	是	2	2021年4月，因工作安排调整，李德罡不再担任公司监事，经中粮资本投资有限公司提名，卢勇任公司监事，公司监事会主席由李德罡变更为卢勇
中融信托	否		
中泰信托	否		
中铁信托	是	6	因工作调动原因，公司股东会2021年第2次会议审议通过，同意侯社中不再担任公司监事 经公司二届四次职代会联席会议2021年第1次会议选举，魏红霞为公司第六届监事会职工监事 经公司第五届监事会第十八次会议审议通过，同意推荐李强为公司第六届监事会外部监事候选人 经公司第五届监事会第十九次会议审议通过，同意丁宁不再担任公司第五届监事会监事、监事长 经公司股东会2021年第7次（临时）会议选举，黄仕为公司第六届监事会股东监事、李强为公司第六届监事会外部监事。公司第六届监事会成员为：魏红霞、黄仕、李强 2022年1月6日，经公司第六届监事会第一次会议选举，魏红霞为公司第六届监事会主席
中信信托	否		
中原信托	否		
重庆信托	是	1	报告期内，公司监事张小龙先生因工作变动申请辞去公司监事职务，公司股东大会2021年第三次临时会议选举胡容先生任公司监事，张小龙先生不再任公司监事
紫金信托	否		

注：本年度有5家信托公司尚未披露年报，故未在本表中披露相关数据。

截至2021年末，63家信托公司均设立了监事及监事会，合计监事280人，平均每家设置监事4.44人。其中，男性合计183人，占比为65.36%；女性97人，占比为34.64%。与董事的性别构成比较，监事的女性占比大于董事的女性占比。详见表7-1-13。

表7-1-13　　　　　　　　　　披露的信托公司2021年末监事会人员性别构成

公司简称	监事会成员人数（人）	其中男性人数（人）	男性比例（%）	其中女性人数（人）	女性比例（%）
爱建信托	5	4	80.00	1	20.00
安信信托	3	2	66.67	1	33.33
百瑞信托	8	7	87.50	1	12.50
北方信托	5	1	20.00	4	80.00
北京信托	6	2	33.33	4	66.67
渤海信托	2	1	50.00	1	50.00
大业信托	5	2	40.00	3	60.00
东莞信托	6	3	50.00	3	50.00
光大兴陇信托	3	—	—	3	100.00
国联信托	3	2	66.67	1	33.33
国民信托	3	2	66.67	1	33.33
国通信托	5	3	60.00	2	40.00
国投泰康信托	3	3	100.00	—	—

续表1

公司简称	监事会成员人数（人）	其中男性人数（人）	男性比例（%）	其中女性人数（人）	女性比例（%）
国元信托	3	2	66.67	1	33.33
杭州工商信托	3	2	66.67	1	33.33
湖南信托	3	2	66.67	1	33.33
华澳信托	3	—	—	3	100.00
华宝信托	3	3	100.00	—	—
华宸信托	3	3	100.00	—	—
华能信托	3	2	66.67	1	33.33
华融信托	7	3	42.86	4	57.14
华润信托	3	2	66.67	1	33.33
华鑫信托	3	1	33.33	2	66.67
建信信托	5	5	100.00	—	—
江苏信托	6	4	66.67	2	33.33
交银国际信托	3	2	66.67	1	33.33
金谷信托	5	1	20.00	4	80.00
昆仑信托	5	4	80.00	1	20.00
陆家嘴信托	5	1	20.00	4	80.00
平安信托	4	4	100.00	—	—
厦门国际信托	3	2	66.67	1	33.33
山东信托	9	7	77.78	2	22.22
山西信托	5	2	40.00	3	60.00
陕国投	4	3	75.00	1	25.00
上海信托	3	3	100.00	—	—
苏州信托	5	4	80.00	1	20.00
天津信托	3	3	100.00	—	—
外贸信托	3	3	100.00	—	—
万向信托	3	3	100.00	—	—
五矿信托	5	4	80.00	1	20.00
西部信托	3	2	66.67	1	33.33
西藏信托	3	3	100.00	—	—
兴业信托	3	3	100.00	—	—
雪松信托	3	2	66.67	1	33.33
英大信托	3	1	33.33	2	66.67
粤财信托	3	1	33.33	2	66.67
云南信托	7	4	57.14	3	42.86
长安信托	6	3	50.00	3	50.00
长城新盛信托	4	4	100.00	—	—
浙金信托	5	3	60.00	2	40.00
中诚信托	18	15	83.33	3	16.67
中国民生信托	8	6	75.00	2	25.00
中海信托	3	2	66.67	1	33.33
中航信托	5	4	80.00	1	20.00
中建投信托	9	5	55.56	4	44.44

续表2

公司简称	监事会成员人数（人）	其中男性人数（人）	男性比例（%）	其中女性人数（人）	女性比例（%）
中粮信托	5	3	60.00	2	40.00
中融信托	3	3	100.00	—	—
中泰信托	3	1	33.33	2	66.67
中铁信托	3	2	66.67	1	33.33
中信信托	3	1	33.33	2	66.67
中原信托	5	4	80.00	1	20.00
重庆信托	5	3	60.00	2	40.00
紫金信托	3	1	33.33	2	66.67
合计	280	183	65.36	97	34.64

注：本年度有5家信托公司尚未披露年报，故未在本表中披露相关数据。

从监事的年龄结构来看，30—39岁的有37人，占比为13.21%；40岁以上的有238人，占比为85.00%；而监事的平均年龄为47.98岁，年龄结构比董事要年轻。总体来说，监事人数及其构成基本合理。详见表7-1-14。

表7-1-14　　　　　　已披露年报的信托公司2021年末监事会人员年龄构成

名称	监事会成员人数（人）	其中30—39岁人数（人）	30—39岁比例（%）	其中40岁以上人数（人）	40岁以上比例（%）	监事的平均年龄（岁）
爱建信托	5	—	—	5	100.00	50.00
安信信托	3	—	—	—	—	43.67
百瑞信托	8	1	12.50	7	87.50	48.00
北方信托	5	—	—	5	100.00	51.60
北京信托	6	1	16.67	5	83.33	49.50
渤海信托	2	—	—	2	100.00	51.00
大业信托	5	—	—	5	100.00	48.40
东莞信托	6	—	—	6	100.00	56.67
光大兴陇信托	3	—	—	3	100.00	50.00
国联信托	3	3	100.00	—	—	37.67
国民信托	3	—	—	3	100.00	45.00
国通信托	5	0	—	5	100.00	49.60
国投泰康信托	3	—	—	3	100.00	48.33
国元信托	3	0	—	3	100.00	54.00
杭州工商信托	3	—	—	3	100.00	48.33
湖南信托	3	1	33.33	2	66.67	43.67
华澳信托	3	1	33.33	2	66.67	41.00
华宝信托	3	—	—	3	100.00	47.67
华宸信托	3	—	—	3	100.00	56.67
华能信托	3	—	—	3	100.00	49.67
华融信托	7	1	14.29	6	85.71	47.14
华润信托	3	1	33.33	2	66.67	48.00
华鑫信托	3	1	33.33	2	66.67	45.33
建信信托	5	1	20.00	4	80.00	50.60
江苏信托	6	—	—	6	100.00	49.00
交银国际信托	3	—	—	3	100.00	52.00
金谷信托	5	—	—	5	100.00	40.60

续表

名称	监事会成员人数(人)	其中30—39岁人数(人)	30—39岁比例(%)	其中40岁以上人数(人)	40岁以上比例(%)	监事的平均年龄(岁)
昆仑信托	5	—	—	5	100.00	47.00
陆家嘴信托	5	2	40.00	3	60.00	42.80
平安信托	4	—	—	4	100.00	54.25
厦门国际信托	3	—	—	2	66.67	49.00
山东信托	9	1	11.11	8	88.89	46.67
山西信托	5	1	20.00	4	80.00	46.20
陕国投	4	—	—	4	100.00	56.50
上海信托	3	—	—	3	100.00	51.00
苏州信托	5	1	20.00	4	80.00	46.00
天津信托	3	1	33.33	2	66.67	47.33
外贸信托	3	—	—	3	100.00	49.00
万向信托	3	—	—	3	100.00	49.00
五矿信托	5	2	40.00	3	60.00	42.80
西部信托	3	1	33.33	2	66.67	47.33
西藏信托	3	2	66.67	1	33.33	40.67
兴业信托	3	—	—	3	100.00	51.33
雪松信托	3	—	—	3	100.00	49.00
英大信托	3	—	—	3	100.00	47.00
粤财信托	3	1	33.33	2	66.67	44.00
云南信托	7	3	42.86	4	57.14	40.29
长安信托	6	1	16.67	5	83.33	49.17
长城新盛信托	4	—	—	4	100.00	49.75
浙金信托	5	—	—	5	100.00	49.40
中诚信托	18	1	5.56	17	94.44	48.22
中国民生信托	8	1	12.50	7	87.50	47.25
中海信托	3	—	—	3	100.00	46.00
中航信托	5	1	20.00	4	80.00	52.40
中建投信托	9	5	55.56	4	44.44	43.11
中粮信托	5	—	—	5	100.00	54.40
中融信托	3	1	33.33	2	66.67	49.67
中泰信托	3	—	—	3	100.00	50.00
中铁信托	3	—	—	3	100.00	48.00
中信信托	3	—	—	3	100.00	50.33
中原信托	5	—	—	4	80.00	46.40
重庆信托	5	—	—	5	100.00	52.40
紫金信托	3	1	33.33	2	66.67	40.33
合计	280	37	13.21	238	85.00	47.98

注：本年度有5家信托公司尚未披露年报，故未在本表中披露相关数据。

（五）信托公司股东派出董事和监事情况分析

2021年，安信信托未披露股东派出董事和监事情况，其余62家信托公司，由股东派出的董事为385人，占董事会总人数534人的72.10%，其中，有15家信托公司的董事成员全部由股东派出，平均每家公司派出6.21人。

由股东派出的监事共166人,占监事会总人数280人的59.29%。由此可见,目前的信托公司的董事和监事绝大部分是由股东派出的,股东对信托公司日常经营的控制非常明显。详见表7-1-15。

表7-1-15　　2021年末股东派出董事和监事情况

名称	董事			监事		
	总人数(人)	其中股东单位派出人数(人)	股东单位派出占比(%)	总人数(人)	其中股东单位派出人数(人)	股东单位派出占比(%)
爱建信托	8	5	62.50	5	3	60.00
安信信托	5	未披露	未披露	3	未披露	未披露
百瑞信托	11	10	90.91	8	5	62.50
北方信托	7	6	85.71	5	3	60.00
北京信托	13	8	61.54	6	4	66.67
渤海信托	6	3	50.00	2	—	—
大业信托	9	8	88.89	5	3	60.00
东莞信托	7	6	85.71	6	3	50.00
光大兴陇信托	9	5	55.56	3	2	66.67
国联信托	9	6	66.67	3	1	33.33
国民信托	8	3	37.50	3	2	66.67
国通信托	6	4	66.67	5	3	60.00
国投泰康信托	9	9	100.00	3	2	66.67
国元信托	9	6	66.67	3	2	66.67
杭州工商信托	9	6	66.67	3	—	—
湖南信托	7	6	85.71	3	2	66.67
华澳信托	6	6	100.00	3	2	66.67
华宝信托	9	8	88.89	3	2	66.67
华宸信托	7	1	14.29	3	2	66.67
华能信托	9	5	55.56	3	2	66.67
华融信托	9	9	100.00	7	4	57.14
华润信托	9	6	66.67	3	2	66.67
华鑫信托	6	3	50.00	3	2	66.67
建信信托	9	6	66.67	5	2	40.00
江苏信托	9	5	55.56	6	4	66.67
交银国际信托	8	5	62.50	3	2	66.67
金谷信托	6	3	50.00	5	3	60.00
昆仑信托	9	9	100.00	5	5	100.00
陆家嘴信托	7	4	57.14	5	3	60.00
平安信托	9	5	55.56	4	1	25.00
厦门国际信托	9	5	55.56	3	2	66.67
山东信托	8	4	50.00	9	6	66.67
山西信托	6	5	83.33	5	3	60.00
陕国投	9	5	55.56	4	3	75.00
上海信托	9	5	55.56	3	2	66.67
苏州信托	8	7	87.50	5	4	80.00
天津信托	8	8	100.00	3	3	100.00
外贸信托	6	6	100.00	3	2	66.67

续表

名称	董事			监事		
	总人数（人）	其中股东单位派出人数（人）	股东单位派出占比（%）	总人数（人）	其中股东单位派出人数（人）	股东单位派出占比（%）
万向信托	11	6	54.55	3	2	66.67
五矿信托	9	5	55.56	5	3	60.00
西部信托	9	5	55.56	3	2	66.67
西藏信托	7	6	85.71	3	2	66.67
兴业信托	9	6	66.67	3	1	33.33
雪松信托	8	8	100.00	3	2	66.67
英大信托	9	5	55.56	3	2	66.67
粤财信托	8	7	87.50	3	2	66.67
云南信托	9	9	100.00	7	4	57.14
长安信托	10	10	100.00	6	4	66.67
长城新盛信托	8	7	87.50	4	2	50.00
浙金信托	9	9	100.00	5	3	60.00
中诚信托	12	7	58.33	18	11	61.11
中国民生信托	12	12	100.00	8	5	62.50
中海信托	8	5	62.50	3	2	66.67
中航信托	9	5	55.56	5	1	20.00
中建投信托	11	9	81.82	9	5	55.56
中粮信托	8	8	100.00	5	3	60.00
中融信托	9	6	66.67	3	2	66.67
中泰信托	9	9	100.00	3	2	66.67
中铁信托	7	3	42.86	3	1	33.33
中信信托	8	8	100.00	3	2	66.67
中原信托	10	6	60.00	5	3	60.00
重庆信托	12	7	58.33	5	3	60.00
紫金信托	6	6	100.00	3	1	33.33
合计	534	385	72.10	280	166	59.29

注：本年度有5家信托公司尚未披露年报，故未在本表中披露相关数据。

二、公司高管情况分析

（一）公司高级管理人员变动情况分析

2021年，49家公司披露有高级管理人员的变动，详见表7-2-1。

表7-2-1　　　　　　　　　　　2021年高级管理人员变更情况

公司简称	是否变更	变更次数	期内高管变更详细情况列示
爱建信托	是	2	2021年7月8日，上海银保监局核准王成兵上海爱建信托有限责任公司财务总监的任职资格 2021年8月6日，上海银保监局核准朱建高上海爱建信托有限责任公司董事会秘书、副总经理的任职资格
安信信托	是	6	董事会决议聘任高俊为公司副总裁 董事会决议聘任丛树峰为公司财务总监 原董事、原财务总监庄海燕个人原因辞职 董事会决议解聘原总裁王荣武 董事会决议解聘原合规总监陆伟军 董事会决议解聘原副总裁董玉舸

续表1

公司简称	是否变更	变更次数	期内高管变更详情列示
百瑞信托	否		
北方信托	否		
北京信托	是	1	报告年度，中国银行保险业监督管理委员会北京监管局核准段学平任公司首席风险官的任职资格（京银保监复〔2021〕315号），已于核准之日起履职
渤海信托	是	2	2021年12月17日，经第二届董事会第二十次会议审议通过，聘任杨超担任公司总裁助理 2022年3月1日，河北银保监局核准杨超总裁助理任职资格
大业信托	否		
东莞信托	是	3	2021年6月，经第五届董事会第十五次会议审议通过《关于聘任张孟军同志为公司副总经理的议案》《关于聘任公司首席风险官的议案》《关于聘任公司首席合规官的议案》《关于聘任公司首席运营官的议案》，聘任张孟军为副总经理、罗炯亮为首席风险官、黄晓光为首席合规官、曾国军为首席运营官。其中张孟军、罗炯亮、曾国军于2021年11月获得监管部门任职资格核准后正式履职 2021年7月，经第五届董事会第十六次会议审议《关于公司总经理免职的议案》，免去陈英总经理职务，并指定副总经理冯杰代为履行总经理职责，代履职时间为2022年1月止 2021年9月，经第五届董事会第十九次会议审议通过《关于聘任赵崇健同志为公司副总经理的议案》，聘任赵崇健为副总经理，2021年11月获得监管部门任职资格核准后正式履职
光大兴陇信托	是	2	2021年4月19日，经光大兴陇信托有限责任公司董事会2021年第三次会议审议通过，聘任曹兆兵同志为公司副总裁，陈凯慧同志不再担任公司常务副总裁职务。2021年5月10日，中国银保监会甘肃监管局核准曹兆兵同志副总裁任职资格 2021年8月20日，经光大兴陇信托有限责任公司董事会2021年第十次会议审议通过，聘任郭庆同志为董事会秘书。2017年12月7日，中国银保监会深圳监管局核准郭庆同志副总经理任职资格，工作调动后任职资格延续
国联信托	是	1	2021年8月，原总经理朱文革因工作岗位调整，申请辞去公司总经理职务
国民信托	否		
国通信托	是	3	2021年9月1日，《中国银保监会湖北监管局关于高莎任职资格的批复》（鄂银保监复〔2021〕440号）核准高莎财务总监任职资格 2021年9月22日，《中国银保监会湖北监管局关于张恩蓉任职资格的批复》（鄂银保监复〔2021〕467号）核准张恩蓉总裁任职资格 2021年12月9日，《中国银保监会湖北监管局关于张恩蓉、王小舟任职资格的批复》（鄂银保监复〔2021〕580号）核准张恩蓉董事任职资格、王小舟副总裁任职资格
国投泰康信托	否		
国元信托	是	3	2021年4月27日，公司召开董事会七届一次会议，聘任许植担任公司总裁；聘任潘卫权、虞焰智、程碧波、陈康、刘振锋担任公司副总裁（刘振锋的副总裁任职资格经监管部门核准后生效）；聘任朱先平担任公司总会计师；聘任徐安担任公司董事会秘书。因任期届满，黄庆兵不再担任公司副总裁职务 2021年9月，公司原副总裁程碧波已达法定退休年龄，不再担任公司副总裁职务 2021年11月，任职资格经安徽银保监审查核准，刘振锋担任公司副总裁
杭州工商信托	是	2	2021年4月，公司第九届董事会第一次会议、第二次会议审议通过了关于聘任公司高级管理人员的相关议案，聘任江龙先生为公司总裁，聘任张锐先生、汪勇先生、马晓涛先生、何平先生、冯蔚女士为公司副总裁，聘任康波女士为公司首席财务官，其中新任高管何平先生、冯蔚女士任职资格于2021年6月经中国银保监会浙江监管局核准 因公司副总裁张锐先生、首席财务官康波女士到龄退休，公司第九届董事会第五次会议审议通过了《关于公司高级管理人员变更的议案》，自2021年11月1日起免去张锐先生副总裁职务，免去康波女士首席财务官职务，聘任陈凯先生为首席财务官，陈凯先生首席财务官的任职资格于2021年11月经中国银保监会浙江监管局核准，康波女士首席财务官的免职同时生效
湖南信托	是	3	5月17日，第五届董事会第26次临时会议审议通过了《关于聘任董事会秘书、高级管理人员的议案》，同意聘任刘之彦、蒋天翼同志为公司副总裁，聘任包奭同志为董事会秘书以上3人相关任职资格于7月19日获湖南银保监局核准，正式履职。会议通报了《公司近期高管人员变动情况》，2021年5月6日，公司董事会分别收到副总裁杨云同志和董事会秘书、总裁助理邓冰同志的辞职报告，因工作安排，杨云同志申请辞去副总裁职务，邓冰同志申请辞去董事会秘书、总裁助理职务 6月7日，第五届董事会第29次临时会议审议通过了《关于段湘姬同志申请辞去在湖南省财信信托有限责任公司所任职务的议案》，同意段湘姬同志辞去湖南省财信信托有限责任公司副总裁职务 11月22日，第五届董事会第42次临时会议审议通过了《关于彭耀同志辞去公司副总裁职务的议案》，同意彭耀同志辞去湖南省财信信托有限责任公司副总裁职务
华澳信托	是	4	2021年1月5日，经董事会审批并决定聘任叶立先生为华澳国际信托有限公司高级副总裁 2021年4月14日，经董事会会议审议同意张一明先生辞去公司总裁助理职务及在公司内部的其他职务，自2021年3月26日生效 2021年9月23日，经董事会会议审议同意叶立先生辞去公司副总裁职务及在公司内部的其他职务 2021年12月27日，经董事会会议审议同意曾珊珊女士辞去公司总裁职务及在公司内部的其他职务
华宝信托	是	1	2021年3月29日，华宝信托七届二十二次董事会以通讯方式召开。会议同意《关于解聘张晓诘职务的议案》，解聘张晓诘的公司副总经理职务
华宸信托	否		

续表2

公司简称	是否变更	变更次数	期内高管变更详情列示
华能信托	否		
华融信托	是	5	经中国华融资产管理股份有限公司党委研究决定,崔文良任公司党委委员、纪委书记 经公司2021年第22次临时董事会审议通过,副总经理王瑨兼任公司风险总监 经公司2021年第18次临时董事会审议通过,高翱任董事会审计委员会委员、提名与薪酬管理委员会委员以及关联交易委员会委员 经公司2021年第27次临时董事会审议通过,李丹任董事会风险管理委员会委员 经董事会审计委员会、董事会风险管理委员会分别选举并报经公司2021年第28次临时董事会审议通过,李丹任董事会风险管理委员会主任委员,邢成任董事会审计委员会主任委员
华润信托	是	4	2021年1月,公司第七届董事会第九次会议审议通过关于张宏山先生不再担任公司总经理助理职务的议案,决定张宏山先生不再担任公司总经理助理职务 2021年4月,深圳银保监局核准了覃建祎首席风险官的任职资格(核准文件:深银保监复〔2021〕274号),覃建祎担任公司首席风险官职务 2021年8月,公司第七届董事会第十三次会议审议通过关于郭庆卫先生不再担任公司副总经理职务的议案和关于郭庆卫先生不再担任公司董事会秘书职务及指定高级管理人员代行董事会秘书职责的议案,决定郭庆卫不再担任公司副总经理和董事会秘书职务 2021年8月,公司第七届董事会第十三次会议审议通过关于程红女士不再担任公司副总经理的职务的议案,决定程红不再担任公司副总经理职务
华鑫信托	是	1	根据董事长提名并经公司董事会选举,李航担任公司董事会秘书
建信信托	否		
江苏信托	是	2	2021年8月4日,原总经理王会清因工作调动原因,辞去公司董事、总经理职务 2021年8月5日,经公司第五届董事会第四十九次会议审议通过,由副总经理、首席风控官严珊代为履行总经理职责
交银国际信托	是	2	(1)2021年3月,湖北银保监局核准李艳担任本公司副总裁任职资格 (2)2021年4月,湖北银保监局核准朱明君担任本公司副总裁任职资格
金谷信托	是	4	根据工作需要,经北京银保监局核准,2021年6月21日,公司聘任胡嘉担任首席风险官职务 2021年8月15日,胡嘉不再担任首席风险官职务 根据工作需要,经北京银保监局核准,2021年8月16日,公司聘任李鹏担任首席风险官职务 根据工作需要,2021年9月8日,徐兵不再担任总经理职务,由李洪江代理总经理、法定代表人职务
昆仑信托	是	2	工作分工调整,重新选聘
陆家嘴信托	是	3	本报告期内,公司原副总经理叶晓军、总经理助理傅艳任期届满,副总经理邱翔法定退休,副总经理浦凤丹辞任,公司已选任倪智勇为财务总监,王斐、孙ındı为总经理助理
平安信托	是	1	报告期内,宋成立先生不再担任公司总经理职务
厦门国际信托	否		
山东信托	是	6	经董事会于2021年2月3日审议通过,岳增光先生因工作调整,不再担任本公司总经理职务,董事会已于同日聘任方灏先生担任本公司总经理职务。方灏先生的任职资格获山东银保监局核准前,岳先生继续履行总经理职责。方灏先生的任职资格已于2021年3月31日经山东银保监局核准生效 经董事会于2021年8月11日审议通过,付吉广先生因工作调整,不再担任本公司首席风险官职务,董事会已于同日聘任田志国先生担任本公司首席风险官。田志国先生的任职资格获山东银保监局核准前,本公司总经理方灏先生暂时分管首席风险官负责的相关工作。田志国先生的任职资格已于2021年11月29日获山东银保监局核准生效 本公司于2021年8月26日召开董事会会议,审议通过《关于聘任公司副总经理的议案》,同意聘任齐观义先生担任本公司副总经理。齐观义先生的任职资格尚须经山东银保监局核准 本公司于2021年10月9日召开董事会会议,审议通过《关于聘任公司董事会秘书的议案》,同意聘任林冠蔚先生担任公司董事会秘书。林冠蔚先生的任职资格尚须经山东银保监局核准,在此之前,本公司董事会秘书贺创业先生继续履行董事会秘书职责 本公司于2021年9月9日召开董事会会议,审议通过《关于聘任公司总经理助理的议案》,同意聘任孙波涛、崔方先生担任本公司总经理助理。孙波涛先生、崔方先生的任职资格已分别于2021年11月29日、2022年1月26日获山东银保监局核准生效 董事会充分肯定岳增光先生、肖华先生、金同水先生及付吉广先生在本公司任职期间所做的重要贡献,并对他们表示感谢
山西信托	是	2	经公司董事会审议通过,牛宝亮为公司副总经理,任职资格已获山西银保监局核准 经公司董事会审议通过,陈强不再担任公司副总经理、董事会秘书
陕国投	是	2	李玲副总裁离任,于2021年5月7日退休 2021年8月9日,公司董事会收到公司市场总监王琼提交的书面辞职报告。因个人原因,王琼申请辞去公司市场总监职务,辞职后不再担任公司任何职务
上海信托	是	1	公司于2020年12月30日以通信方式召开第六届董事会第四十一次会议,同意聘任邹俪同志为公司副总经理,并经中国银保监会上海监管局核准任职资格后于2021年2月8日正式任职
苏州信托	否		

续表3

公司简称	是否变更	变更次数	期内高管变更详情列示
天津信托	是	4	（1）2021年3月31日公司召开第九届董事会第一次会议，审议通过了《关于同意选举周雄董事任天津信托有限责任公司第九届董事会董事长（法定代表人）的决议》，2021年7月29日，天津银保监局下发《天津银保监局关于周雄任职资格的批复》（津银保监复〔2021〕317号），核准周雄天津信托有限责任公司董事长的任职资格，2021年8月2日正式开始履职 （2）2021年3月31日公司召开第九届董事会第二次会议，审议通过了《关于同意聘任天津信托有限责任公司副总经理及其他高级管理人员的决议》，同意聘任蒋志翔为公司副总经理、陈耿为董事会秘书、孟思远为风险总监；同意调任原董事会秘书冉启文为业务总监（任职资格已于2022年3月30日向监管部门报备） 2021年6月8日，天津银保监局下发《天津银保监局关于陈耿任职资格的批复》（津银保监复〔2021〕230号），核准陈耿天津信托有限责任公司董事会秘书的任职资格 2021年6月8日，天津银保监局下发《天津银保监局关于孟思远任职资格的批复》（津银保监复〔2021〕234号），核准孟思远天津信托有限责任公司风险总监的任职资格 2021年10月13日，天津银保监局下发《天津银保监局关于蒋志翔任职资格的批复》（津银保监复〔2021〕411号），核准蒋志翔天津信托有限责任公司副总经理的任职资格 截至2021年10月均已取得监管部门核准，先后正式开始履职 （3）2021年11月12日，公司召开第九届董事会第六次会议，审议通过了《关于同意天津信托总经理助理潘庄晨离职申请及解聘职务的决议》 （4）天津信托有限责任公司第九届董事会2022年第2次临时会议（2022年3月11日召开现场会议）审议通过了《关于同意聘任天津信托有限责任公司总经理的决议》，同意聘任黎代福同志担任公司总经理，黎代福同志担任公司总经理任职资格正在监管部门核准过程中
外贸信托	是	4	自2021年4月至10月，公司总经济师帅立新代行公司总经理职责 自2021年10月至报告期截止日，公司副总经理卫濛濛代行公司总经理职责 公司2021年第七届董事会第二十四次会议通过决议，同意免去刘剑外贸信托总经理职务 公司2021年第七届董事会第二十五次会议通过决议，同意马绍晶担任外贸信托副总经理，免去其担任的外贸信托总经理助理职务 2022年2月9日，北京银保监局核准马绍晶副总经理的任职资格（京银保监复〔2022〕82号）
万向信托	是	1	2021年12月27日，王波因个人原因辞任公司副总裁
五矿信托	是	2	2021年3月，公司2021年第四届董事会第十四次会议同意聘任任晓晖同志为公司风险总监，并同意由孙卓立同志兼任公司总法律顾问。相关任职资格已获监管机构核准
西部信托	否		
西藏信托	是	2	2021年1月，公司原总经理查松同志辞去总经理职务，由公司董事长周贵庆先生代为履行总经理职责，全面负责公司经营管理工作 2021年12月，经公司第六届董事会第十三次会议审议通过，经西藏银保监核准任职资格，张勇同志担任公司总经理职务
兴业信托	是	2	2021年4月，经本公司第六届董事会第六次会议审议通过，薛瑞锋先生因工作调整不再担任本公司总裁职务，公司董事长沈卫群先生代为履行总裁职务 2021年11月，经本公司第六届董事会第八次会议审议通过，聘任郭晓恺先生担任本公司总裁职务。2021年12月，郭晓恺先生总裁任职资格经福建银保监局以闽银保监复〔2021〕449号文件核准并到任履职，沈卫群董事长不再代为履行总裁职务
英大信托	是	1	2020年12月25日，经董事会审议，同意聘任邓春岚担任公司副总经理。2021年7月2日，邓春岚经北京银保监局核准任职资格后正式履职
粤财信托	是	2	为完善公司经营管理架构，提升公司内控监督水平，2021年公司董事会聘任骆传朋先生为公司总经理，聘任陈韶辉先生、王亮先生、于健先生为公司副总经理，聘任王浩鹏先生为公司总经理助理。其中骆传朋先生、陈韶辉先生、王亮先生和王浩鹏先生的高级管理人员任职资格已于2021年内获广东银保监局核准并已到任，于健先生的副总经理任职资格也于2022年1月获监管部门核准并于同日到任 因工作调动，刘东辉先生、李亚娟女士不再担任公司副总经理职务；因个人原因，刘星宇先生辞去公司副总经理职务
云南信托	否		
长安信托	是	3	2021年8月31日，公司董事会聘任桂林先生为常务副总裁。桂林先生的任职资格于2020年9月30日经中国银行保险监督管理委员会陕西监管局核准 2021年8月31日，公司董事会聘任宋楠先生为首席风险官。宋楠先生的任职资格于2022年2月14日经中国银行保险监督管理委员会陕西监管局核准 2021年9月27日，公司董事会批准刘斌先生因个人原因辞去公司总裁职务，由公司副总裁袁政先生代为履行总裁职责
长城新盛信托	是	1	根据股东长城资产《关于调整推荐长城新盛信托有限责任公司董事长及高级管理人员的函》（中长资函〔2021〕6号），推荐喻林担任长城新盛信托有限责任公司副高级专家，不再推荐其担任长城新盛信托有限责任公司总经理。经公司二届第六十七次（临时）董事会审议通过后，由顾涛董事代为履行公司总经理职务（至2021年8月2日，顾涛代为履行公司总经理职务已满6个月，不再代为履行公司总经理职务）。根据股东长城资产《关于推荐顾涛任长城新盛信托有限责任公司总经理的函》（中长资函〔2021〕150号），经公司二届第七十八次（临时）董事会审议通过后，顾涛拟任公司总经理，喻林不再任公司总经理；顾涛拟任公司总经理的任职资格请示材料已上报中国银保监会新疆监管局，目前正在审批过程中。经公司二届第八十次（临时）董事会审议通过，解聘杨辰副总经理职务，杨辰不再担任公司副总经理

续表4

公司简称	是否变更	变更次数	期内高管变更详情列示
浙金信托	是	5	因个人原因，公司原总经理助理张颖锋先生于2021年10月向董事会提出辞去公司总经理助理职务的申请，并经董事会审议同意 经公司董事会审议通过，同意聘任黄永庆先生为公司总经理助理，2021年5月28日，公司收到中国银保监会浙江监管局《关于黄永庆任职资格的批复》（浙银保监复〔2021〕367号），核准了黄永庆先生的公司总经理助理任职资格 经公司董事会审议通过，同意聘任李永良先生为公司副总经理，2021年11月22日，公司收到中国银保监会浙江监管局《关于李永良任职资格的批复》（浙银保监复〔2021〕781号），核准了李永良先生的公司副总经理任职资格 经公司董事会审议通过，同意聘任杨光先生为公司董事会秘书，2022年1月27日，公司收到中国银保监会浙江监管局《关于杨光任职资格的批复》（浙银保监复〔2022〕38号），核准了杨光先生的公司董事会秘书任职资格 经公司董事会审议通过，同意聘任刘征先生为公司总经理助理，2022年1月27日，公司收到中国银保监会浙江监管局《关于刘征任职资格的批复》（浙银保监复〔2022〕37号），核准了刘征先生的公司总经理助理任职资格
中诚信托	是	3	2021年2月25日，经中诚信托2021年第一次临时董事会批准，秦岭、罗У东、汤淑梅不再担任中诚信托副总裁 2021年7月19日，取得《北京银保监局关于中诚信托有限责任公司郑海帆任职资格的批复》（京银保监复〔2021〕608号），核准郑海帆为中诚信托有限责任公司副总裁 2021年9月9日，取得《北京银保监局关于中诚信托有限责任公司安国勇任职资格的批复》（京银保监复〔2021〕755号），核准安国勇为中诚信托有限责任公司总裁
中国民生信托	是	6	2021年2月2日、2月7日，马骅、田吉申分别向公司董事会提交了辞任董事及相应的董事会下设专门委员会委员职务的辞职报告 2021年3月3日，经公司第三届董事会第十一次会议审议通过，聘任李世朝担任首席法律合规总监职务，首席法律合规总监、董事会秘书（拟任）裴骆红不再担任首席法律合规总监职务 2021年9月29日，经公司第三届董事会第十三次会议审议通过，聘任陈基建担任执行副总裁职务，聘任邢科峰、龚刚担任副总裁职务 2021年12月16日，经公司第三届董事会第十四次会议审议通过，聘任肖燕明担任公司副总裁职务 2021年4月20日，罗苓宁不再担任副总裁职务 2021年7月14日，石俊鹏不再担任副总裁职务
中海信托	是	3	（1）2021年4月，经公司第四届董事会第三十五次会议审议通过，同意聘任张悦担任公司副总裁职务。2021年7月，张悦副总裁的任职资格获得上海银保监局核准 （2）2021年6月，经公司第五届董事会第二次会议、第三次会议审议通过，同意聘任朱玲担任公司董事会秘书、运营总监职务。2021年8月，朱玲董事会秘书、运营总监的任职资格获得上海银保监局核准 （3）2021年12月，经公司第五届董事会第八次会议审议通过，同意免去刘显忠公司财务总监职务
中航信托	是	1	因充实公司高级管理人员，何唐兵先生于6月30日起正式履职公司副总经理。因工作岗位变动，叶海涛女士于12月24日起不再担任公司运营总监
中建投信托	是	6	2021年8月，因个人原因离职，余海不再担任公司副总经理 2021年8月，经公司第一届董事会第三十四次会议审议通过，侯春枫不再担任公司首席风险官 2021年9月，因个人原因离职，邱旭天不再担任公司总经理助理 2021年11月，经报浙江银保监核准（浙银保监复〔2021〕782号），自晓佳任公司副总经理 2021年12月，经报浙江银保监核准（浙银保监复〔2021〕803号），王勇华任公司副总经理、董事会秘书 2021年12月，经公司第一届董事会第三十七次会议审议通过，张昳不再担任公司副总经理
中江信托	是	4	根据工作需要，公司于2021年2月25日召开第三届董事会2021年第三次会议，聘任李楠担任公司总裁，李楠总裁任职资格于2021年4月7日取得江西银保监局核准 公司于2021年5月31日召开第三届董事会2021年第五次会议，聘任陈健担任副总裁，陈健副总裁任职资格于2021年7月13日取得江西银保监局核准 公司于2021年9月13日召开第三届董事会2021年第七次会议，聘任王小涛担任首席风险官 截至本报告披露日，公司已与原副总裁曾海解除劳动合同，其不再担任公司高管
中粮信托	是	4	2021年4月，经公司第四次会议决定，刘燕松就任公司总经理 2021年4月，经公司第四届董事会第四次会议决定，徐谦就任公司副总经理、首席风险官 2021年6月，经公司第四届董事会2021年第二次临时会议决定，于泳就任董事会秘书 2020年11月，经公司第四届董事会第三次会议决定，杨屹就任公司财务总监 2021年11月，经公司第四届董事会第三次会议决定，刘燕松就任公司总经理
中融信托	是	8	2021年3月，经公司第六届董事会第二十三次会议决定，批准高全因个人原因辞任公司总裁助理 2021年3月，经公司第六届董事会第十七次会议决定，聘任刘香玉为公司行政副总裁 2021年3月，经公司第六届董事会第十七次会议决定，聘任杨莉为公司副总裁 2021年3月，公司第六届董事会第十七次会议决定，提名郎波为公司副总裁 2021年3月，经公司第六届董事会第十七次会议决定，提名毛得贵为公司副总裁 2021年3月，经公司第六届董事会第十七次会议决定，提名王鹏辉为公司副总裁 2021年5月，经公司第六届董事会第二十次会议决定，批准游宇辞任公司董事会秘书 2021年6月，经公司第六届董事会第十七次会议决定，聘任王强为董事会秘书
中泰信托	是	1	2022年2月，经公司董事会会议决定，并经上海银保监局核准，杨红女士就任公司副总裁

续表5

公司简称	是否变更	变更次数	期内高管变更详情列示
中铁信托	是	2	经公司第五届董事会第四十二次会议聘任，王云飞为公司副总经理。2021年3月，中国银保监会四川监管局核准王云飞中铁信托有限责任公司副总经理的任职资格 经公司第五届董事会第四十七次会议聘任，解义才为公司副总经理。2021年6月，中国银保监会四川监管局核准解义才中铁信托有限责任公司副总经理的任职资格
中信信托	是	1	2021年10月，王道远因工作原因不再担任公司常务副总经理职务
中原信托	否		
重庆信托	否		
紫金信托	是	1	2021年7月12日，紫金信托有限责任公司第三届董事会第二十三次会议审议通过《关于紫金信托有限责任公司高级管理层相关岗位聘任的议案》，聘任韩何为公司总裁。2021年10月23日，中国银保监会江苏监管局核准韩何先生紫金信托有限责任公司总裁任职资格（苏银保监复〔2021〕443号）

注：本年度有5家信托公司尚未披露年报，故未在本表中披露相关数据。

（二）公司及其董事、监事和高级管理人员受到处罚的情况

46家信托公司明确表示公司及其董事、监事和高级管理人员未受到处罚，另外16家公司受到了相关的处罚（详见表7-2-2）。

表7-2-2　　　　　　　　　2021年公司及其董事、监事和高级管理人员受到处罚的情况

公司简称	是否处罚	处罚次数	期内处罚的详情列示
渤海信托	是	1	2021年2月8日，中国人民银行石家庄中心支行下发行政处罚决定书（银石罚字〔2020〕第37号），对公司处人民币100万元，对公司总裁助理侯庆涛处罚款人民币3.5万元，处罚事由为未按照规定履行客户身份识别义务
大业信托	是	2	2021年3月24日，公司收到《中国银保监会广东监管局行政处罚决定书》（粤银保监罚字〔2021〕9号），就公司在2016至2018年期间结构化证券投资信托产品杠杆比例违反监管要求罚款25万元，对违规开展个人信托贷款业务罚款50万元，对违规开展银信业务罚款40万元。以上罚款合计115万元 2021年11月17日，公司收到《中国银保监会广东监管局行政处罚决定书》（粤银保监罚字〔2021〕65号），就公司于2017年3月到10月间设立的盈富1—5号项目中存在的授信前调查严重失职，未对应收账款的真实性进行认真和全面核实，合同文件面签登记表记载与实际情况不符；未落实授信条件即实施授信；对单一集团客户授信余额超过大业信托资本净额的15%等违规行为进行行政处罚，对大业信托违规开展的盈富1—5号信托计划的行为分别罚款40万元，合计罚款200万元
华澳信托	是	1	报告期内，公司因违规承诺信托本金和收益等事项，于2021年7月收到上海银保监局行政处罚决定，共处罚没款566万元；公司副总裁杨伟琳负直接管理责任，被予警告 报告期内，公司董事、监事、公司股东重庆财信企业集团有限公司、北京融达投资有限公司、实际控制人均未受稽查、行政处罚、通报批评或公开谴责
建信信托	是	1	报告期内，公司收到北京银保监局《行政处罚决定书》（京银保监决字〔2021〕25号），给予公司400万元罚款的行政处罚；对时任总裁程双起给予警告的行政处罚
昆仑信托	是	2	2021年，公司共收到行政处罚2份。一是因个别反洗钱案例排除理由不充分，2021年7月中国人民银行宁波市中心支行对公司出具行政处罚决定书，决定对公司处罚款20万元。此项处罚不属于《中国人民银行行政处罚程序规定》第十三条规定的重大行政处罚情形，且罚款适用罚款限度内较低标准。二是因公司对员工行为管理不到位，2021年7月中国银行保险监督管理委员会宁波监管局对公司出具行政处罚决定书，决定对公司处罚款30万元，并责令对相关直接责任人员给予纪律处分。此项处罚不属于《中国银保监会行政处罚办法》第六十条规定的严重处罚情形，且罚款适用罚款限度内较低标准
山东信托	是	1	2021年12月29日，山东银保监局向本公司下发《行政处罚决定书》（鲁银保监决字〔2021〕69号），对本公司违规提供房地产融资罚款人民币35万元。本公司已支付了上述罚款
外贸信托	是	1	2021年12月，北京银保监局向公司出具《行政处罚决定书》（京银保监决字〔2021〕42号）
兴业信托	是	2	报告期内，福建银保监局对本公司做出行政处罚2次，对公司及相关责任人处以罚款及警告。除前述事项外，本公司及董事、监事和高级管理人员没有受到处罚情况
雪松信托	是	1	报告期内，公司原副总裁曾海被有关机关采取刑事强制措施，所涉事项均发生于原中江信托及以前时期
云南信托	是	1	2021年12月，因违规以信托资金发放土地储备贷款，经《中国银保监会云南监管局行政处罚决定书》（云银保监罚决字〔2021〕84号）对公司做出罚款50万元的行政处罚；经《中国银保监会云南监管局行政处罚决定书》（云银保监罚决字〔2021〕85号）对高级管理人员舒广做出给予警告并处罚款10万元的行政处罚

续表

公司简称	是否处罚	处罚次数	期内处罚的详情列示
中海信托	是	2	2021年3月5日，中国人民银行上海分行向公司下发《中国人民银行上海分行行政处罚决定书》（上海银罚字〔2021〕1号），公司由于固有贷款业务统计错误、资金信托业务统计错误，中国人民银行上海分行决定对公司给予警告，并处罚款70.2万元。2019年12月27日，经江苏省高级人民法院终审裁定，公司原副总裁魏志刚因犯受贿罪（受贿行为发生于2009年至2013年），被判处有期徒刑十年六个月，并处罚金人民币50万元。2020年2月，公司党委根据有关规定，批准给予魏志刚开除党籍、行政开除处分。2021年5月8日，中国银保监会上海监管局向公司下发《中国银保监会上海监管局行政处罚决定书》（沪银保监决字〔2021〕50号），公司由于未能发现并纠正魏志刚的违法行为，中国银保监会上海监管局决定对公司责令改正，并处罚款50万元
中建投信托	是	1	2021年1月，浙江银保监局对公司出具《行政处罚决定书》，罚款人民币75万元，并对时任首席风险官予以警告并处罚款5万元。公司高度重视监管处罚意见，针对所涉问题切实落实整改措施，严肃追究责任人员。截至报告日，上述问题均按照监管要求完成整改
中泰信托	是	1	中国银行保险监督管理委员会上海监管局向我司出具行政处罚决定书，责令改正并处罚款150万元。公司已据此落实相关事项并通过制定制度、完善机制等措施完成整改
中信信托	是	1	报告期内，北京银保监局就一笔业务对公司做出50万元罚款的行政处罚；国家外汇管理局北京外汇管理部就一笔业务对公司做出没收违法所得并处58万元罚款的行政处罚。公司已完成处罚事项所涉问题的整改
中原信托	是	1	2021年8月16日，公司收到中国银行保险监督管理委员会河南监管局下发的行政处罚决定书（豫银保监罚决字〔2021〕38号）
紫金信托	是	1	2021年7月14日，中国银保监会江苏监管局下发《行政处罚决定书》，对公司和相关责任人做出行政处罚

注：本年度有5家信托公司尚未披露年报，故未在本表中披露相关数据。

三、人员结构分析

对年报中所披露的信托公司人员构成来看，各信托公司普遍拥有一定比例的博士研究生、硕士研究生以及本科以上学历的人员，行业从业人员的整体素质较好。就从业经历而言，大多数人员基本具备了相应的业务经验和一定的专业理财能力。岗位分布包括前台一线业务部门、中台二线业务管理部门、后台三线综合管理部门三个层次。其中，前台一线业务部门包括了信托公司自营、信托业务中直接为客户提供服务的部门，如自营资产管理、运作部门；信托业务的产品研发、营销部门等；中台二线业务管理部门包括了直接为公司自营及信托业务运作提供支持、进行管理与监督的部门，如研究、风险控制、财务核算、稽核审计、信息技术、法律等部门；后台三线综合管理部门包括了除一线、二线以外的其他部门，如人力资源部门、行政管理部门、工会、党办、机关党委等。总体来说，信托公司目前的人员构成基本合理。

（一）员工数量分析

2021年末员工人数前五名和后五名的信托公司情况详见表7-3-1、表7-3-2。

表7-3-1　　　　　　　　　　2021年末员工人数前五名信托公司情况

序号	公司简称	人数（人）
1	长安信托	976
2	雪松信托	902
3	光大兴陇信托	889
4	平安信托	872
5	中信信托	694

注：本年度有5家信托公司尚未披露年报，故未在本表中披露相关数据。

表7-3-2　　　　　　　　　　2021年末员工人数后五名信托公司情况

序号	公司简称	人数（人）
1	西藏信托	113
2	华宸信托	98
3	国联信托	87

续表

序号	公司简称	人数（人）
4	中泰信托	82
5	长城信托	72

注：本年度有5家信托公司尚未披露年报，故未在本表中披露相关数据。

（二）年龄构成分析

1. 全体员工的年龄构成

2021年，已披露年报的63家公司披露的员工总人数为21 248人，有2家没有披露具体的人员年龄段构成。通过对其余61家公司人员年龄构成分析可以看出，20—29岁的人数占比为18.63%，30—39岁的人数占比为58.52%，40岁以上的人数占比为22.85%。人员年龄汇总分析如表7-3-3所示，员工年龄分布见图7-3-1所示。

表7-3-3　　　　　　　　　　　　　信托公司人员年龄汇总分析

年龄段	2021年员工人数（人）	所占比例（%）	2020年员工人数（人）	所占比例（%）
20—29岁人数	3 789	18.63	4 266	21.30
30—39岁人数	11 899	58.52	11 559	57.72
40岁以上人数	4 646	22.85	4 200	20.97
小计	20 334	100.00	20 025	100.00
统计公司数量	61	—	61	—
员工总人数	21 248	—	21 208	—

注：本年度有5家信托公司尚未披露年报，故未在本表中披露相关数据。

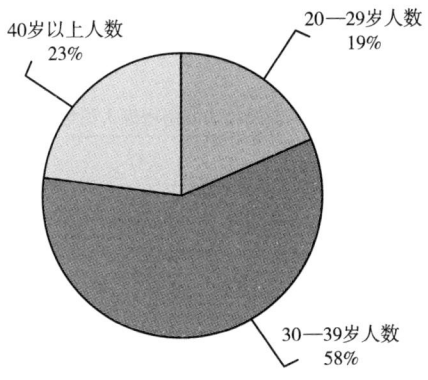

图7-3-1　2021年员工年龄分布

2. 高级管理人员年龄构成分析

2021年，已披露年报的63家信托公司的高管总人数为413人，平均每家6.55人；2020年，已披露年报的63家信托公司的高管总人数为422人，平均每家6.70人；2021年度各信托公司的平均高管人数略低于2020的平均高管人数。

通过对63家公司高管年龄构成的分析可以看出，主要集中在40岁以上的年龄段，占91.77%。汇总分析如表7-3-4所示，2021年高级管理人员年龄分布如图7-3-2所示。

表7-3-4　　　　　　　　　　　　　信托公司高管年龄汇总分析

分类	2021年末人数（人）	占比（%）	2020年末人数（人）	占比（%）
20—29岁人数	—	—	—	—
30—39岁人数	34	8.23	35	8.29

续表

分类	2021年末人数（人）	占比（%）	2020年末人数（人）	占比（%）
40—49岁人数	192	46.49	206	48.82
50岁以上人数	187	45.28	181	42.89
小计	413	100.00	422	100.00

注：本年度有5家信托公司尚未披露年报，故未在本表中披露相关数据。

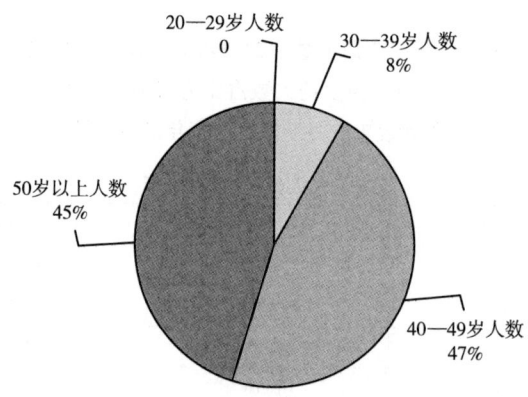

图7-3-2　2021年末高级管理人员年龄分布

（三）高级管理人员性别构成分析

2021年，已披露年报的63家信托公司的高级管理人员总人数为413人，男性从业人员占比为79.90%，比2020年有所提高，如表7-3-5所示。

表7-3-5　2021年末63家信托公司高级管理人员性别汇总

分类	2021年末人数（人）	占比（%）	2020年末人数（人）	占比（%）
男性	330	79.90	331	78.44
女性	83	20.10	91	21.56
小计	413	100	422	100

注：本年度有5家信托公司尚未披露年报，故未在本表中披露相关数据。

（四）学历构成分析

1.员工的学历构成

2021年，已披露年报的63家公司披露的员工总人数为21 248人，学历结构如表7-3-6所示。与2020年相比较，2021年其他类人员学历的比例下降了0.02%，大专人员的比例下降了0.51%，本科的比例下降了1.23%，硕士的比例上升了1.66%，博士的比例上升了0.11%，总体学历有所提高（见图7-3-3）。

表7-3-6　2021年、2020年末披露的信托公司员工学历结构比较

学历	2021年		2020年		2021年与2020年学历结构比较（%）
	人数（人）	比例（%）	人数（人）	比例（%）	
其他	67	0.32	72	0.34	-0.02
大专	712	3.35	819	3.86	-0.51

续表

学历	2021年 人数（人）	比例（%）	2020年 人数（人）	比例（%）	2021年与2020年学历结构比较（%）
本科	8 339	39.25	8 584	40.48	-1.23
硕士	11 693	55.03	11 319	53.37	1.66
博士	437	2.06	414	1.95	0.11
总计	21 248	100.00	21 208	100.00	

注：本年度有5家信托公司尚未披露年报，故未在本表中披露相关数据。

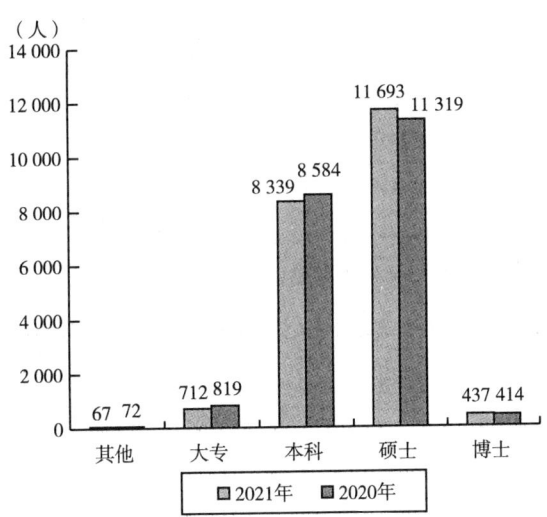

图7-3-3　员工学历结构比较

2. 高级管理人员的学历构成

2021年，在已披露年报的63家信托公司中，2家未在年报中披露高级管理人员学历构成，2家高管人数为8人。

2021年，61家信托公司高管的学历构成分析见表7-3-7。与2020年情况相比较，2021年高级管理人员高学历比例有所提高（见图7-3-4）。

表7-3-7　　　　　　　　　　　　高级管理人员学历结构与上年比较

学历	2021年 人数（人）	比例（%）	2020年 人数（人）	比例（%）	2021年与2020年学历结构比较（%）
其他	—	—	—	—	—
大专	2	0.49	4	0.99	-0.49
本科	124	30.62	125	30.86	-0.25
硕士	230	56.79	234	57.78	-0.99
博士	49	12.10	46	11.36	0.74
总计	405	100.00	409	100.00	

注：1. 安信信托、华鑫信托未对高管学历进行披露。
　　2. 本年度有5家信托公司尚未披露年报，故未在本表中披露相关数据。

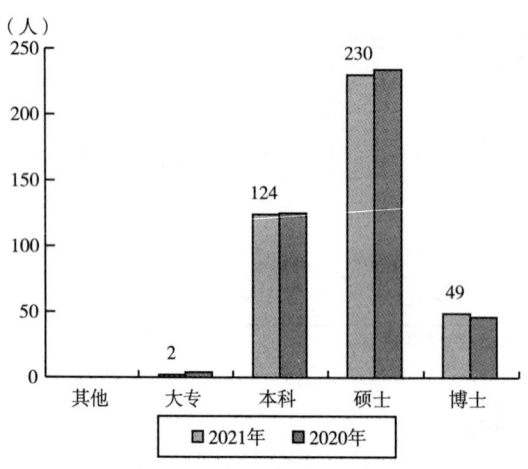

图7-3-4 高管人员学历构成

(五)高管从业年限结构分析

2021年,已披露年报的63家信托公司中,4家公司未在年报中披露高级管理人员从业年限结构,4家高管人数为21人。在披露的59家信托公司中,从业年限15年以上的高管人员人数占比低于2020年,详见表7-3-8及图7-3-5。

表7-3-8 2021年末信托公司高级管理人员从业年数与2020年比较分析表

从业年限	2021年		2020年		2021年与2020年从业年限比较(%)
	人数(人)	比例(%)	人数(人)	比例(%)	
3年以下	5	1.28	3	0.77	0.51
3—4年	2	0.51	4	1.02	-0.51
5—8年	15	3.83	24	6.12	-2.30
9—14年	67	17.09	66	16.84	0.26
15年以上	303	77.30	306	78.06	-0.77
合计	392	100.00	403	102.81	

注:本年度有5家信托公司尚未披露年报,故未在本表中披露相关数据。

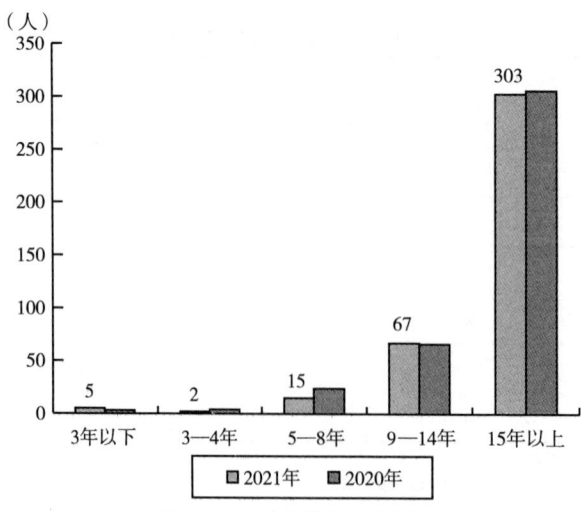

图7-3-5 高管从业年数分布

(六)员工岗位汇总分析

2021年,已披露年报的63家信托公司中,有1家披露的员工岗位构成中未区分自营业务人员和信托业务人员,2家公司未披露员工岗位情况。

分析中,未区分自营业务人员和信托业务人员的公司,我们全部统计在了信托业务人员中,具体员工岗位结构分析情况如表7-3-9所示。

2021年末,披露员工岗位情况的61家信托公司中,自营业务人员与信托业务人员占公司人数的53.63%,为主要的员工;董事、监事及高管人员占公司人数的2.96%,其他人员占公司人数的43.41%(见图7-3-6)。

表7-3-9　　2021年末信托公司已披露的员工岗位汇总

分类	人数(人)	结构比例(%)
董事、监事及高管人员	612	2.96
自营业务人员	582	2.82
信托业务人员	10 490	50.81
其他	8 961	43.41
合计	20 645	100.00

注:1.此表中的高管人数合计与前述表中的差异是公司部分高级管理人员及职工监事分别为信托业务人员和其他人员。
　　2.本年度有5家信托公司尚未披露年报,故未在本表中披露相关数据。

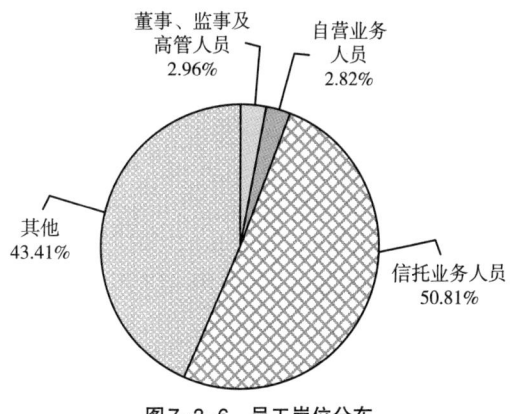

图7-3-6　员工岗位分布

对62家披露了员工岗位构成的信托公司2021年度从事自营业务和信托业务的人员和业务经营效益进行分析后可以得出以下结论(见表7-3-10):

(1)从事自营业务人员的人均营业收入为26 541.17万元,比从事信托业务人员的人均营业收入11 281.15万元多15 260.02万元。

(2)从事自营业务人员的人均净利润为9 341.64万元,比从事信托业务人员的人均净利润8 995.46万元多346.18万元。

(3)从事自营业务人员的人均资产为250 491.08万元,比从事信托业务人员的人均资产189 074.63万元多61 416.45万元。

这里应当指出的是,自营业务数据是经过审计的,而信托业务数据未经审计,该因素可能会给数据的计算带来差异。

表7-3-10　　2021年末披露的信托公司各岗位与效益　　单位:万元

项目	自营业务	信托业务
人数	582	10 490

续表

项目	自营业务	信托业务
营业收入	15 446 958.88	118 339 219.56
人均营业收入	26 541.17	11 281.15
净利润	5 436 835.80	94 362 395.43
人均净利润	9 341.64	8 995.46
资产总额	145 785 808.59	1 983 392 822.22
人均资产总额	250 491.08	189 074.63

注：1. 陕国投未披露员工岗位情况，分析中已剔除。
2. 本年度有5家信托公司尚未披露年报，故未在本表中披露相关数据。

四、信托公司聘请律师事务所的情况分析

在已披露年报的63家信托公司中，有18家没有披露聘请律师事务所的相关情况，2家明确表示没有聘任律师事务所，其余43家披露了聘请的律师事务所的名称及其地址（见表7-4-1）。在43家披露了律师事务所情况的信托公司中，国投泰康信托、山东信托、百瑞信托、紫金信托聘请了2家律师事务所，金谷信托聘请了6家律师事务所，厦门国际信托聘请了8家律师事务所。

表7-4-1　　　　　　　　2021年信托公司披露的年度律师事务所聘请情况

公司简称	年度律师事务所	律师事务所地址
爱建信托	未披露	未披露
安信信托	未披露	未披露
百瑞信托	北京市汉坤律师事务所 河南文丰律师事务所	北京市东城区东长安街一号"东方广场"C1座9-12层 河南省郑州市郑东新区九如路51号龙湖一号院2号楼B座
北方信托	未披露	未披露
北京信托	未披露	未披露
渤海信托	未披露	未披露
大业信托	锦天城律师事务所	上海市浦东新区银城中路501号上海中心大厦9、11、12层
东莞信托	江苏世纪同仁律师事务所	南京市中山东路532-2号金蝶科技园D栋五楼
光大兴陇信托	北京德恒律师事务所	中国北京市西城区金融街19号富凯大厦B座12层
国联信托	江苏漫修律师事务所	江苏省无锡市智慧路18号智慧大厦607室
国民信托	北京观韬中茂律师事务所	北京市西城区金融大街5号新盛大厦B座18层
国通信托	湖北山河律师事务所	武汉市江汉区淮海路6号华发中城国际中心16-18楼
国投泰康信托	北京天达共和律师事务所 上海市锦天城律师事务所	北京市朝阳区东三环北路8号亮马河大厦1座20层 上海市浦东新区银城中路501号上海中心大厦11-12层
国元信托	中天恒律师事务所	安徽省合肥市濉溪路287号金鼎广场A座8层
杭州工商信托	浙江天册律师事务所	浙江省杭州市杭大路1号黄龙世纪广场A座11楼
湖南信托	未披露	未披露
华澳信托	无	无
华宝信托	上海市锦天城律师事务所	上海市浦东新区银城中路501号上海中心大厦9、11、12层
华宸信托	未披露	未披露
华能信托	北京市中盛律师事务所	北京朝阳区建外大街8号国际财源中心22层
华融信托	北京市兰台律师事务所	北京市朝阳区曙光西里甲一号（第三置业大厦）B座29层
华润信托	广东经天律师事务所	深圳市福田区金田路4028号荣超经贸中心33层

续表1

公司简称	年度律师事务所	律师事务所地址
华鑫信托	北京中盛律师事务所	北京市朝阳区东三环北路丙2号天元港中心A座605室
建信信托	未披露	未披露
江苏信托	上海市锦天城（南京）律师事务所	南京市建邺区江东中路347号国金中心一期27、28楼
交银国际信托	上海市锦天城律师事务所	上海市浦东新区银城中路501号上海中心大厦
金谷信托	北京市中伦律师事务所 北京市环球律师事务所 北京市兰台律师事务所 北京植德律师事务所 北京中盛律师事务所 上海市方达（北京）律师事务所	住所：北京市朝阳区金和东路20号院正大中心3号楼南塔23-31层 北京市朝阳区建国路81号华贸中心1号写字楼15层&20层 北京市朝阳区曙光西里甲一号（第三置业大厦）B座29层 北京市东城区东直门南大街1号来福士中心办公楼5层 北京市朝阳区建国门外大街8号楼国际财源中心22层 北京市朝阳区光华路1号北京嘉里中心北楼27层
昆仑信托	上海市锦天城律师事务所	上海市浦东新区银城中路501号 上海中心大厦9、11、12楼
陆家嘴信托	上海市锦天城律师事务所	上海市浦东新区银城中路501号上海中心大厦11楼
平安信托	未披露	未披露
厦门国际信托	上海锦天城（厦门）律师事务所 福建远大联盟律师事务所 北京中伦文德（厦门）律师事务所 北京（大成）厦门律师事务所 福建英合律师事务所 北京盈科（成都）律师事务所 福建力衡律师事务所 福建闽翔律师事务所	厦门市思明区展鸿路82号厦门国际金融中心27层 厦门市思明区七星西路178号七星大厦22楼远大律所 厦门市思明区展鸿路82号厦门国际金融中心27层 厦门市思明区展鸿路82号厦门国际金融中心9层 福建省厦门市思明区湖滨南路55号禹洲广场5层 成都市锦江区锦华路三段88号汇融国际A座20-21楼 厦门市七星西路七星一号大厦10楼福建力衡律师事务所 厦门市湖里区安岭路988号三楼B302
山东信托	上海市方达律师事务所 方达律师事务所	中国上海市石门一路288号兴业太古汇香港兴业中心二座24楼 中国香港中环康乐广场8号交易广场1期26楼
山西信托	北京大成（太原）律师事务所	太原市晋源区集阜路1号鸿升时代金融广场19层
陕国投	未披露	未披露
上海信托	锦天城律师事务所	上海市浦东新区银城中路501号上海中心大厦12层
苏州信托	江苏新天伦律师事务所	苏州工业园区苏桐路37号（星海街口）四号楼3-4楼
天津信托	无	
外贸信托	未披露	未披露
万向信托	未披露	未披露
五矿信托	上海市锦天城律师事务所	北京市东城区东长安街1号东方广场C1座6层
西部信托	北京金诚同达律师事务所西安分所	西安市高新区锦业路迈科商业中心25层
西藏信托	北京市嘉源律师事务所	北京市西城区复兴门内大街158号远洋大厦F408
兴业信托	未披露	未披露
雪松信托	未披露	未披露
英大信托	兰台律师事务所	北京市朝阳区曙光西里甲一号B座29层
粤财信托	未披露	未披露
云南信托	云南八谦律师事务所	云南省昆明市滇池路914号摩根道5栋
长安信托	北京市康达（西安）律师事务所	西安市雁塔区太白南路139号云图中心15层
长城信托	北京市兰台律师事务所	北京市朝阳区曙光西里甲1号第三置业B座29层
浙金信托	上海市锦天城律师事务所	上海市浦东新区银城中路501号上海中心大厦11、12层
中诚信托	未披露	未披露
中国民生信托	未披露	未披露
中海信托	上海市锦天城律师事务所	上海市浦东新区银城中路501号上海中心大厦9、11、12楼

续表2

公司简称	年度律师事务所	律师事务所地址
中航信托	北京市君泽君律师事务所	北京市西城区金融大街9号金融街中心南楼6层
中建投信托	浙江天册律师事务所	浙江省杭州市杭大路1号黄龙世纪广场A座11楼
中粮信托	未披露	未披露
中融信托	北京市中伦(上海)律师事务所	上海市浦东新区世纪大道8号国金中心二期10-11楼
中泰信托	北京市天铎律师事务所	北京市西城区官园国英一号三楼
中铁信托	泰和泰律师事务所	成都市高新区天府大道中段199号棕榈泉国际中心16、17楼
中信信托	北京市嘉源律师事务所	北京市西城区复兴门内大街158号远洋大厦F407室
中原信托	河南仟问律师事务所	郑州市郑东新区平安大道189号正商环湖国际12层
重庆信托	上海中联(重庆)律师事务所	重庆市渝中区华盛路7号企业天地7号楼10、11、12层
紫金信托	上海市锦天城(南京)律师事务所 北京大成(南京)律师事务所	南京市建邺区江东中路347号国金中心一期27、28层 南京市鼓楼区集慧路18号联创科技大厦A座7、8、9、10楼

注：本年度有5家信托公司尚未披露年报，故未在表中披露相关数据。

2021年度各公司年度报告

安徽国元信托有限责任公司

1. 重要提示

1.1 公司董事会2022年第2次临时会议审议通过公司2021年度报告及摘要，董事会及参会董事保证本报告所载资料不存在任何虚假记载、误导性陈述或者重大遗漏，并对其内容的真实性、准确性和完整性承担个别及连带责任。

1.2 公司独立董事王昊、朱艳、唐民松声明：保证年度报告内容的真实、准确、完整。

1.3 容诚会计师事务所（特殊普通合伙）根据中国注册会计师审计准则对公司年度财务报告进行审计，出具了标准无保留意见的审计报告。

1.4 公司法定代表人许斌、总会计师朱先平，会计机构负责人王敬声明：保证本年度报告中财务报告的真实、完整。

2. 公司概况

2.1 公司简介

2.1.1 公司法定中文名称：安徽国元信托有限责任公司
中文名称缩写：国元信托
公司法定英文名称：ANHUI GUOYUAN TRUST CO.，Ltd
英文名称缩写：GUOYUAN TRUST

2.1.2 法定代表人：许斌

2.1.3 注册地址：安徽省合肥市庐阳区宿州路20号
邮政编码：230001
公司国际互联网网址：www.gyxt.com.cn
电子信箱：xtbgs@gyxt.com.cn

2.1.4 公司信息披露事务负责人：徐安
联系电话：（0551）62631717
传真：（0551）62620261
电子信箱：xuan1975@gyxt.com.cn

2.1.5 公司选定的信息披露报纸：《上海证券报》《证券时报》

2.1.6 公司年度报告备置地点：安徽省合肥市庐阳区宿州路20号17层及公司网站

2.1.7 公司聘请的会计师事务所：容诚会计师事务所（特殊普通合伙）
住所：北京市西城区阜成门外大街22号1幢外经贸大厦901-22至901-26

2.1.8 公司聘请的律师事务所：安徽中天恒（北京）律师事务所
住所：北京市朝阳区西大望路蓝堡国际中心1座12层

2.2 组织结构

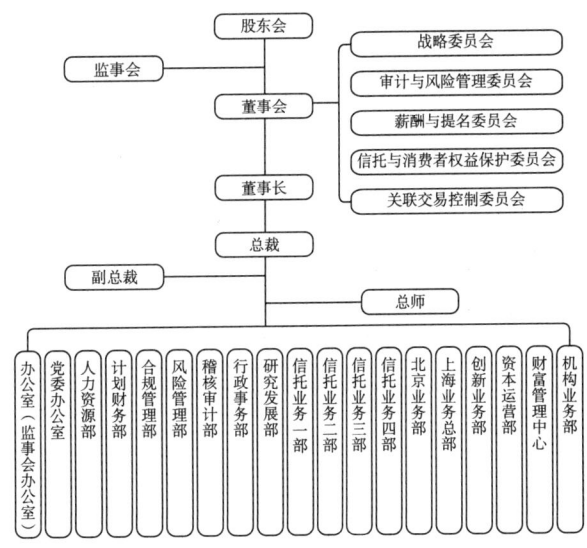

3. 公司治理

3.1 股东

报告期末股东总数8个，前3位股东为安徽国元金融控股集团有限责任公司、中建资本控股有限公司、安徽皖投资产管理有限公司，其中，安徽国元金融控股集团有限责任公司和安徽皖投资产管理有限公司为国有独资公司。股东基本情况如下表所示。

股东名称	持股比例(%)	法人代表	注册资本(万元)	注册地址	主要经营业务及主要财务情况
安徽国元金融控股集团有限责任公司	49.6933	方旭	600 000.00	安徽省合肥市蜀山区梅山路18号	经营国家授权的集团公司及所属控股企业全部国有资产和国有股权，资本运营、资产管理、收购兼并等。2021年末资产总额为1 459.64亿元，负债为953.66亿元，所有者权益为505.98亿元，净利润为27.12亿元
中建资本控股有限公司	36.6289	孙震	300 000.00	深圳市南山区粤海街道中心路3331号中建钢构大厦37楼	投资管理；项目投资（不涉及限制项目）。2021年末资产总额为110.11亿元，负债为22.82亿元，所有者权益为87.29亿元，净利润为4.84亿元
安徽皖投资产管理有限公司	8.1649	王楠	100 000.00	安徽省合肥市经济技术开发区宿松路3658号	管理、经营、处置托管资产及不良资产；股权、债权投融资业务；资产管理及项目服务，投资咨询服务。2021年末资产总额为11.83亿元，负债为124.29万元，所有者权益为11.82亿元，净利润为1 455.49万元
安徽国控资本有限公司	4.5869	黄海波	227 285.80	安徽省合肥市包河区包河大道699号高速中央广场A座17楼	股权投资，产业及项目投资，资产管理，财务顾问，投资咨询。2021年末资产总额为55.48亿元，负债总额为21.69亿元，所有者权益为33.79亿元，净利润为1.04亿元
安徽皖维高新材料股份有限公司	0.6251	吴福胜	192 589.47	安徽省巢湖市巢维路56号	各种高低聚合度和醇解度的PVA系列产品、高强高模聚乙烯醇纤维、超高强高模PVA短纤及长丝、PVA水溶性纤维、聚乙烯醇薄膜、PVB树脂、可再分散性乳胶粉、粘合剂用相关产品、聚醋酸乙烯乳液、高档面料、水泥、石灰制造、销售，工业及民用建筑工程施工三级（限建筑分公司经营）；设备安装，机械加工，铁路轨道衡计量经营；建筑用石料、水泥用混合材、化工产品的生产与销售；自营和代理各类商品和技术的进出口业务。2021年末资产总额为116.54亿元，负债为52.96亿元，所有者权益为63.58亿元，净利润为9.82亿元
安徽新力金融股份有限公司	0.1875	朱金和	51 272.76	安徽省巢湖市长江西路269号	互联网信息服务，投资管理及咨询等。2021年末资产总额为43.31亿元，负债为22.06亿元，所有者权益为21.25亿元，净利润为-2.43亿元
安徽国生电器有限责任公司	0.0567	何卫华	2 100.00	安徽省合肥市庐阳区沿河路106号	家电销售、维修及服务、房屋租赁等。2021年末资产总额为2.31亿元，负债为2.04亿元，所有者权益为2 742万元，净利润为-1 315万元
安徽省信用融资担保集团有限公司	0.0567	吴学民	1 868 600.00	合肥市蜀山区怀宁路288号安徽担保大厦	贷款担保、票据承兑担保、贸易融资担保、项目担保、信用证担保业务等。2021年末资产总额为344.79亿元，负债为109.15亿元，所有者权益为235.74亿元，净利润为0.47亿元

报告期内，公司主要股东及其控股股东、实际控制人、一致行动人、最终受益人情况如下表所示。

股东名称	该股东的控股股东	该股东的实际控制人	该股东的一致行动人	最终受益人
安徽国元金融控股集团有限责任公司	安徽省人民政府国有资产监督管理委员会	安徽省人民政府国有资产监督管理委员会	无	安徽省人民政府国有资产监督管理委员会
中建资本控股有限公司	中国建筑股份有限公司	国务院国有资产监督管理委员会	无	国务院国有资产监督管理委员会
安徽皖投资产管理有限公司	安徽省投资集团控股有限公司	安徽省人民政府国有资产监督管理委员会	无	安徽省人民政府国有资产监督管理委员会

3.2 董事

姓名	职务	性别	年龄(岁)	选任日期	所推举的股东名称	该股东持股比例(%)	简要履历
许斌	董事长	男	58	2021年4月27日	金控集团	49.6933	历任安徽大学教师，安徽省国际信托投资公司法律部主任，国元集团法律部主任，国元信托总经理助理、监事长，国元集团总法律顾问，现任国元集团党委委员、副总经理兼任国元信托党委书记、董事长
逄淑学	副董事长	男	44	2021年4月27日	中建资本	36.6289	历任中国建筑工程总公司资金部业务主管、总经理办公室秘书，中信信托有限责任公司信托业务二部高级经理，创新研究部总经理，创新业务一组负责人，中投安赢基金投资（西安）有限公司副总裁，中海信直融资租赁有限公司董事长、中建资本控股有限公司投资运营部总经理
许植	董事	男	54	2021年4月27日	金控集团	49.6933	历任安徽大学教师、安徽省国际信托投资公司、国元信托部门副总经理、总经理，国元信托副总裁、总裁，现任国元信托董事、总裁
朱秀玉	董事（拟任）	女	48	2021年4月27日	金控集团	49.6933	历任安徽省国际信托投资公司国内金融部、稽核部员工；安徽国元控股（集团）有限责任公司稽核部员工、计划财务部员工、副主管、主管、高级业务经理，计划财务部经理、经理、战略发展部经理；财务总监
严新华	董事	男	43	2021年4月27日	中建资本	36.6289	历任中建七局第二建筑有限公司财务主管、财务经理、副总会计师；中建七局豫东公司助理总经理；中建南阳城市建设开发有限公司，中建七局华东公司、二公司总会计师；中建七局财务部副经理；中建商业保理有限公司执行董事、总经理
孙昂	董事	男	35	2021年4月27日	中建资本	36.6289	历任中建一局三公司法律事务部业务主管，中国建筑股份有限公司法律事务部业务主办、法律事务部经理，中建资本控股有限公司法务风控部副总经理

独立董事

姓名	所在单位及职务	性别	年龄（岁）	选任日期	所推举的股东名称	该股东持股比例(%)	简要履历
王昊	南京审计大学审计科学研究院副院长、研究员	男	55	2021年4月7日	—	—	1986年7月—1999年11月南京大学科技处科员、副主任科员，科技开发部副主任。1999年11月至今南京审计大学科研处副处长、处长，经管实验中心主任，审计信息工程重点实验室主任，审计科学研究院副院长、研究员
朱艳	上海念桐投资管理有限公司总裁	女	41	2021年4月27日	—	—	2003—2012年 华普天健会计师事务所审计项目经理、审计部门经理。2012—2017年华普天健会计师事务所审计合伙人。荣获"全国注册会计师行业审计工作岗位能手"及全国"青年岗位能手"称号。现任上海念桐投资管理有限公司总裁
唐民松	安徽承义律师事务所律师、创始合伙人	男	58	2021年4月27日	—	—	历任安徽省人民检察院书记员、助理检察员，安徽对外经济律师事务所外商投资法律事务中心主任、所副主任，安徽永信律师事务所主任，安徽承义律师事务所创始合伙人、执委会主任

3.3 监事

姓名	职务	性别	年龄（岁）	选任日期	所推举的股东名称	该股东持股比例(%)	简要履历
徐景明	监事长	男	58	2021年4月27日	金控集团	49.6933	历任肥东县人民银行副股长、股长、副行长、行长，人民银行合肥中心支行合作处副处长，人民银行淮北市中心支行副行长、淮北监分局局长，安徽银监局政策法规处处长、非银处长，国元信托副总裁，现任国元信托监事长、纪委书记
张美玲	外部监事	女	47	2021年4月27日	皖维高新	0.6251	历任安徽天禾律师事务所专职律师，安徽世纪天元律师事务所合伙人、副主任，中煤矿山建设集团总法律顾问，北京大成（合肥）律师事务所高级合伙人
方志龙	监事	男	57	2020年9月4日	职工监事	—	历任安徽省财政厅经济开发处处长，安徽省信托投资公司部门副总经理，安徽国元信托有限责任公司信托业务发展部、信托业务二部副总经理，安徽国元信托有限责任公司信托业务四部总经理兼研究发展部总经理

3.4 高级管理人员

姓名	职务	性别	年龄（岁）	选任日期	金融从业年限（年）	学历	专业	简要履历
许植	总裁	男	54	2021年4月27日	23	硕士	法制史	历任安徽大学教师、安徽省国际信托投资公司、国元信托部门副总经理、总经理，国元信托副总裁、总裁，现任国元信托董事、总裁
董鸿宾	党委副书记	男	58	2020年8月30日	20	硕士	行政管理	历任安庆石油化工总厂团委书记，安徽省委常委、青工部部长，安徽国元信托投资公司机关党委书记兼国元农业保险股份有限公司筹备组组长，国元农业保险股份有限公司副总裁兼董事会秘书，国元农业保险股份有限公司党委委员、纪委书记、副总裁、办公室主任
潘卫权	副总裁	男	52	2021年4月27日	27	硕士	工商管理	历任安徽省国际信托投资公司咨询部门经理，安徽国元信托投资公司上海安申投资管理公司投资部经理、副总经理，安徽国元信托投资公司兴元投资管理公司总经理、董事长，安徽国元信托投资公司总裁助理，安徽国元投资有限责任公司总裁、副总裁，安徽国元融资租赁公司董事长，现任国元信托副总裁
朱先平	总会计师	男	55	2021年4月27日	24	本科	工业管理	历任巢湖东风矿区副科长、科长，副矿长；安徽省国际信托投资公司部门副经理、国元信托稽核部经理、计划财务部总经理、董事会秘书，现任国元信托总会计师
虞焰智	副总裁	男	57	2021年4月27日	24	本科	系统工程	历任合肥炮兵学院教员，安徽省国际信托投资公司电脑中心副主任、国元证券网上经纪业务部总经理、国元信托信息技术部总经理、办公室主任、人力资源部经理，现任国元信托董事会秘书
陈康	副总裁	男	51	2021年4月27日	30	本科	法学	历任安徽省国际信托投资公司法律事务部业务主办，国元信托法律事务部副主任、风险及合规管理部经理，现任国元信托副总裁
刘振锋	副总裁	男	46	2021年4月27日	23	本科	会计	历任中国建设银行郑州市中牟支行信贷员；中国建设银行郑州市金水支行业务员、事业部经营三部经理、经理、投资银行部经理、党支部书记；中国建设银行郑州市南阳路支行行长；中建七局投资公司财务副总监、财务总监；中建资本控股有限公司投资运营部副总监
徐安	董事会秘书	女	46	2021年4月27日	25	本科	金融学	历任安徽国元信托有限责任公司业务经理、高级业务经理、信托业务二部副总经理、创新业务部总经理、风险管理部总经理

3.5 公司员工

项目		2021年度		2020年度	
		人数（人）	比例（%）	人数（人）	比例（%）
年龄分布	25岁以下	0	0	0	0
	25—29岁	32	18.08	27	15.98
	30—39岁	73	41.24	66	39.05
	40岁以上	72	40.68	76	44.97
学历分布	博士	1	0.57	1	0.59
	硕士	88	49.72	79	46.75
	本科	71	40.11	73	43.2
	专科	17	9.6	16	9.46
	其他	0	0	0	0
岗位分布	董事、监事及高管人员	11	6.21	11	6.51
	自营业人员	8	4.52	8	4.73
	信托业务人员	95	53.67	86	50.89
	其他人员	63	35.6	64	37.87

4. 经营管理

4.1 经营方针、战略规划

4.1.1 经营方针

公司的经营方针继续坚持"依法合规、稳健经营"理念，顺应经济形势、监管要求和行业发展趋势，积极围绕提升公司核心竞争力，以稳健为基础，业务为中心，改革为抓手，市场为导向，支持实体经济和地方发展为目标，稳健开展业务，严守风险底线，加快推进转型创新，切实提高发展质量，高度重视并加强公司经营管理，建设诚信、专业、勤勉、尽职的良好信托文化，实现公司持续、稳定、健康发展。

4.1.2 战略规划

立足公司"十四五"规划，进一步深化改革、推动转型创新、激发活力，进一步聚焦公司经营发展全面提质、扩量、增效，启动"二次创业"、做强资本实力、做大展业布局、做优业务结构、做精资产配置，将公司建设成为具有良好信托文化、公司治理更完善、业务结构更合理、创新能力强、区域综合优势明显的金融服务机构。

4.2 所经营业务的主要内容

公司业务主要分为信托业务和固有业务两个大类。信托业务主要从事资金信托、财产信托、股权信托等业务。品种主要有集合资金信托、单一资金信托、财产权信托。按运用方式分为贷款、交易性金融资产、持有至到期投资和长期股权投资等。固有业务主要包括贷款、股权投资和金融产品投资等业务。

自营资产运用与分布表

资产运用	金额（万元）	占比（%）	资产分布	金额（万元）	占比（%）
货币资产	18 734.30	1.91	基础产业	280 475.00	28.62
贷款	248 339.41	25.34	房地产业	46 607.12	4.76
交易性金融资产	137 844.89	14.07	证券市场	56 797.96	5.80
债权	49 110.85	5.01	实业	25 300.00	2.58
长期股权投资	442 689.52	45.17	金融机构	547 443.89	55.86
其他	83 271.28	8.50	其他	23 366.28	2.38
资产总计	979 990.25	100.00	资产总计	979 990.25	100.00

信托资产运用与分布表

资产运用	金额（万元）	占比（%）	资产分布	金额（万元）	占比（%）
货币资产	99 803.12	0.96	基础产业	2 987 439	28.83
贷款	5 449 016.63	52.59	房地产业	279 768	2.7
交易性金融资产	147 500.48	1.42	证券市场	394 672.39	3.81
可供出售金融资产	—	—	工商企业	3 000 828.99	28.96
持有至到期投资	3 766 673.71	36.36	金融机构	3 149 326.72	30.40
长期股权投资	427 621	4.13	其他	548 483	5.29
其他	469 903.16	4.54			
资产总计	10 360 518.10	100.00	资产总计	10 360 518.10	100.00

4.3 市场分析

4.3.1 影响公司业务发展的有利因素

公司在多年经营发展过程中，形成具有自身特色的多种竞争优势。一是资产质量优势，公司管理固有资产质量优良，不良资产率较低，抵御风险能力较强。二是股东背景优势，公司依托国元金控集团股东优势，发挥集团内各成员公司协同效应，市场影响力与产品知名度不断提升。三是区域资源优势，公司多年来在支持安徽经济发展过程中积累了丰富的地方业务资源，特别是与省内各级政府和国有企业形成了良好的合作传统，与全国性股份制银行和地方金融机构形成稳定的合作关系。四是品牌信誉优势，公司作为安徽省地方金融机构，积极支持地方建设和中小微企业、实体经济发展，以自身的业务特色和创新实践在多家媒体专业评选中屡获奖项，享有良好的社会信誉，品牌价值不断提高。五是公司管理优势，公司完善了"三会一层"建设，形成分工明确、团结协作的领导班子和管理团队，内部设置了职责明确、分工协作、功能齐备的职能部门，并通过持续审视、不断优化业务流程和管理流程，形成了较完善的流程体系。

六是内生式增长优势，公司充分发挥内生式增长的强大动力，实现经营业绩稳健发展，创新转型稳步推进，资本实力持续增强，为公司高质量发展夯实基础。七是风险控制优势，公司建立了全面风险控制目标、原则和健全的风险管理体系，形成了防范、控制、处置风险机制，树立了内控优先的风险管理理念。八是公司文化优势，公司始终坚持"依法合规、稳健经营"理念，确立以创新、稳健、合规等信托文化内涵，充分将风险合规意识牢固树立、合规文化深入人心，确立了以人为本的价值观，形成了具有较强凝聚力和竞争力的国元特色文化内涵。

4.3.2 影响本公司业务发展的不利因素

公司当前面临着转型发展考验。一是"资管新规"过渡期结束，公司传统业务将面临变化，进一步扩大标品投资信托等投资类业务成为当务之急。二是公司信息系统建设正在持续推进，但金融科技赋能仍有待加强提升。三是专业化人才配备存在结构性不足问题，尤其标品投资业务方面的投研、运营和风控人才需要不断培养和引进，主动管理能力和投研能力尚待加强。

4.4 内部控制

4.4.1 内部控制环境和内部控制文化

公司建立了由股东会、董事会、监事会和高级管理层组成的分工明确、权责对应、合理制衡的公司治理结构，实现了"三会一层"的治理体系规范运作。

公司董事会下设战略委员会、审计与风险管理委员会、薪酬与提名委员会、信托与消费者权益保护委员会、关联交易控制委员会五个专业委员会，通过加强对公司长期发展战略、重大投资决策和风险控制、高管任职与考核、信息披露、消费者权益保护、关联交易控制等方面的管理和监督，进一步完善治理结构，促进董事会科学高效决策。

公司内设部门设置健全，职责清晰，建立起多部门联动的内部控制构架和风险隔离机制，加强全流程内控管理，有效防范各类风险。

公司不断加强内部控制文化建设，通过开展一系列专题学习培训、合规文化建设活动，使全体员工全面掌握应知应会的内控要求和相关业务操作流程，加强信托文化建设，牢固树立"依法合规，稳健经营"理念，形成了依法合规、稳健经营、勤勉尽责、全员参与的内部控制和风险管理文化。

为加大宣传力度，公司内网专设了政策法规、合规建设、监管文件、规章制度等专栏，及时向全体员工传递最新法律法规及监管政策，不断强化员工的职业操守和合规理念。

4.4.2 内部控制措施

公司业务流程包括前台业务部门、中台合规风控部门、后台职能支持三大模块，前台、中台、后台岗位职责分离，基本形成了事前防范、事中控制、事后监督和纠正的内控机制。

4.4.2.1 绩效考评控制

公司建立和实施绩效考核办法，科学设置考核指标，并于每年年初为各部门制定年度考核目标，年末进行考核和客观评价。

将合规风险类指标纳入经营业绩考核指标中，公司制定《绩效考核暂行办法》，合理设置考评指标和权重，提高内控、合规、风险管理类指标分值。将内部控制执行与评价纳入合规类指标，将反映公司风险状况及变动趋势的指标纳入风险指标，将案防工作纳入考核指标。

4.4.2.2 授权审批控制

公司结合经营管理实际，制定了《内部控制管理暂行办法》《内部授权管理暂行办法》，公司各级管理人员按照规章制度要求，在授权范围内行使职权和承担责任。

4.4.2.3 不相容岗位职责分离控制

按照监管要求和公司制度、操作规程、业务指引、风险偏好，实施前台、中台、后台的岗位划分和职责分离，实现内部控制。

4.4.2.4 预算控制

公司每年年初开展预算工作，要求各部门在客观分析经济形势的基础上，合理确定部门年度预算。同时，公司年度考评中将年初预算作为年度考核的重要指标，强化预算约束。

4.4.2.5 财产保全控制

公司建立财产日常管理机制和定期清查机制，采取财产记录、实物保管、定期盘点、账实核对等措施，确保财产安全。

4.4.2.6 会计系统控制

财务部门按照国家颁布的会计准则进行会计核算，严格履行会计监督职能，认真执行财务会计制度，通过规范的账务处理流程、可靠的会计凭证、完整的账簿登记、严格的信息核对保障公司各项经营管理活动能够通过会计信息得到准确反映。

4.4.2.7 运营分析控制

公司定期召开经营分析工作会议，各级管理层通过对外部经营环境与内部经营管理活动进行分析，发现存在的问题，分析原因，提出改进建议，为公司制定年度业务工作指引提供依据。

报告期内，公司结合监管意见和公司实际，制定印发了《洗钱和恐怖融资案件应急处置预案》《洗钱和恐怖融资风险管理暂行办法》等6项制度，修订《财务管理制度》《稽核审计制度》《全面风险管理办法（试行）》等18项制度，涉及业务开展、财务管理、风险控制、合规审计、综合管理、人力资源、公司治理等方面，为经营管理工作提供制度保障。

通过上述内控措施，进一步保障公司在严守合规底线的前提下稳健发展。

4.4.3 信息交流与反馈

4.4.3.1 内部信息传达机制

公司及时印发各类文件和规章制度，在办公内网上开辟"重要通知""公司文件""最新来文""监管文件""通报与交流""政策发布"等栏目，能够及时将最新的法律法规、监管要求、行业动态以及本单位的经营和风险状况传递给员工。

4.4.3.2 信息报告机制

通过总裁办公会、季度经营形势分析会、项目管理工作交流汇报会、各部门工作情况汇报以及定期、不定期会议等形式，各部门及各岗位能将经营过程中存在的重大问题及时向高级管理层报告，管理层定期和不定期向董事会、监事会、股东会和监管部门报告。

4.4.3.3 外部沟通机制

公司注重加强与监管部门的沟通和汇报，定期报送财务报表、统计报表、年度财务报告、项目发行与管理报告等，真实、完整、准确、及时反映公司经营管理状况，重大事项及时汇报请示，就内外部审计情况、风险状况、经营情况及时向监管部门沟通、报告。此外，公司积极参加业内举行的各种研讨会，加强业内交流与合作。

公司严格按照法律法规和公司章程的规定，根据监管机构要求，真实、准确、及时、完整地披露了公司年度报告。通过公司网站、媒体等途径及时向客户公开披露公司经营状况、信托财产管理状况等信息，并根据文件约定向相关利益人提交书面文件，披露相关信息。此外，公司还通过电话、电子邮件、微信平台等途径与投资者进行交流。报告期内，公司内控制度得到有效执行，未发生因违反内控制度对公司财务状况、经营成果产生重大影响的事项。

4.4.4 监督评价与纠正

4.4.4.1 内部审计监督机制

公司内部审计具有独立性，内部审计部门从内部控制、风险管理、固有业务和信托业务、财务报告、净资本管理、关联交易、征信管理、反洗钱管理和消费者权益保护等方面全面开展常规审计和专项审计。内部专项审计主要包括：信用风险审计、数据质量管理审计、"三重一大"事项审计、薪酬与绩效考核审计、房地产贷款业务审计、战略风险审计、关联交易审计、消费者权益保护工作审计、征信管理情况审计、反洗钱工作情况审计等。内部审计能及时、全面、准确地发现公司内控存在的缺陷与隐患，及时以审计报告、专项报告等形式向公司报告。

4.4.4.2 外部审计监督机制

公司年报审计会计师事务所为容诚会计师事务所（特殊普通合伙），该会计师事务所执业纪录良好。公司2021年度审计报告中审计意见为标准无保留意见。

4.4.4.3 内部控制的评价机制

公司每年对内部控制的建设和执行情况进行检查评价，出具年度内部控制评价报告，评价结果能真实反映公司的内控水平。

4.4.4.4 内部控制的纠正机制

公司内外部检查、审计发现的问题能得到限期整改，公司制定有岗位问责和重大事故责任追究制度，并能有效落实。

4.5 风险管理

公司一贯坚持"依法合规、稳健经营"的理念，能够及时识别和度量业务运行中的潜在风险，建立了以董事会、审计与风险管理委员会、高级管理层和风险管理部、合规管理部、稽核审计部为主体的风险管理组织体系，形成了防范、控制、处置和评价的风控机制。

公司重视风险管理，通过制定健全的内部规章制度，建立职责分工合理的组织机构，并结合公司实际情况，将现代风险管理技术与传统风险管理方法相结合，采取有效措施进行事前、事中、事后的有效控制与管理。

报告期内，公司不断完善全面风险管理制度体系，强化制度执行力度，风险管理工作有序开展，为公司高

4.5.1 信用风险

信用风险主要指交易对手因履约意愿或履约能力发生变化,违约造成不履行义务的可能性,主要表现在:贷款、投资回购、担保、履约承诺等交易过程中,交易对手不履行承诺,不能或不愿履行合同而使固有财产、信托财产遭受潜在损失的可能性。

公司信用风险应对措施主要通过对交易对手的尽职调查进行事前控制。以交易结构设计、风险定价、设定担保、项目跟踪管理、风险监测与处置等手段防范、监督和化解交易对手信用风险,具体包括以下几方面。

一是交易前,制定、执行尽职调查工作指引等业务规章,强化对交易对手的尽职调查,科学评估交易对手的履约能力和履约意愿;选择有效的、与交易对手信用风险相匹配的增级措施;科学、客观、公正评估担保物,严格控制抵(质)押率。

二是审查阶段,建立了完善的评审体系,对业务进行集体评审与决策,提出风险控制具体要求。

三是管理阶段,按照合同约定与公司规定全面收集交易对手生产经营资料和财务数据,了解其异常变动情况等,定期、不定期对企业或者项目进行现场与非现场检查,监测项目风险状况及抵(质)押物价值变化情况。

四是及时开展信用风险压力测试。测试结果表明:公司表内外预期信用风险损失总体在可控范围,即使在重度压力情景下,新增表内外损失占公司固有资产比例也较低。

截至2021年末,公司资产总额(母公司)95.68亿元,其中信用不良资产期末数为1.06亿元,均按公司规定计提了资产减值准备和一般风险准备。

4.5.2 市场风险

市场风险主要指公司开展资产管理业务过程中,投资于有公开市场价值的金融产品或者其他产品时,因股价、市场汇率、利率及其他价格因素变动,金融产品或者其他产品的价格发生波动导致资产遭受损失的可能性。

公司市场风险应对措施主要包括:一是在风险可控的范围内,探索开展债券、股票等标品信托业务及固有业务。二是严格按照国家产业政策和监管要求进行资金投放。三是及时开展市场风险压力测试。根据公司业务实际,聚焦利率风险、标品信托市场风险及房地产价值波动风险等开展压力测试工作,测试结果表明上述因素变动,对公司资产质量及收益影响较小。

截至2021年末,公司信托业务中存续的标准化信托产品主要投资于固定收益类债券,风险可控。固有业务中,开展自营股票投资业务控制在较小的额度内。固有资金主要用于投资金融股权中高流动性、低风险的金融产品及固定收益型产品。报告期内,公司固有资金和信托资金均未投向产能过剩项目。对于房地产项目,公司高度关注房地产市场情况、融资方实力及项目区位,规范开展该类业务,且规模较小。报告期内,公司上述业务均未出现风险。

4.5.3 流动性风险

公司流动性风险主要表现在公司虽有清偿能力,却无法及时获得充足资金或无法以合理成本及时获得充足资金以满足下列情形:一是不能按期清偿到期债务;二是无法按计划投放固有项目;三是信托项目不能按期清算、分配,公司应承担赔偿责任时的资金需求。报告期内,公司动态监测流动性风险指标、加强资金需求预测、定期开展压力测试,有效把控流动性风险。

为进一步规范公司流动性风险管理,公司制定了《流动性风险管理规定》,并采取如下措施对流动性风险进行管控:一是定期进行资金需求测算,做好流动性安排。二是项目设计时,根据还款方的现金流及债务情况合理安排项目期限,降低项目还款方出现流动性风险的可能性。三是制定并落实《恢复计划》与《处置计划》,建立流动性补足机制。四是定期开展流动性风险压力测试工作,为公司决策提供依据。

4.5.4 操作风险

操作风险是指因公司治理、内控机制失效或因有关责任人出现失误、欺诈等问题,公司没有及时充分地做好尽职调查、持续监控、信息披露等工作,未能及时做出应有的反应,或者做出的反应明显有失专业和常理,甚至违约违规;公司没有履行勤勉尽职管理义务,或者无法出具充分有效的证据和记录,证明已履行勤勉尽职管理义务。操作风险表现在信托业务和固有业务的全过程中。

公司不断完善内控体系建设,强化制度执行力度,采取如下措施管控操作风险:一是按照"规范管理、制度先行"的原则开展各类业务,要求每项业务在受理申请、尽职调查、交易结构设计、审查审批、营销签约、执行终止等各阶段全过程合法合规,按照相关流程、制度办理。二是建立了职责分离、相互监督制约的内控机制，建立和完善有效的投资决策机制，实行严格的复核审核程序。公司构建前台、中台、后台条线清晰，相互制约、相互配合的组织机构，在一定程度上起到岗位隔离与中后台对前台的监督制衡作用。三是通过外部检查与公司内部排查工作，查找经营管理中的不足，不断完善公司制度体系建设；对照《操作风险关键性指标及评估表》，对操作风险进行全面、有针对性、持续的识别、评估和监测。同时开展员工行为风险排查，强化员工合规、廉政开展业务。

报告期内，公司未发生因操作风险所造成的损失。

4.5.5 其他风险

公司面临的其他风险主要包括政策风险、信息科技风险和声誉风险等。

政策风险是指国家宏观经济政策、监管政策调整可能对公司业务经营造成一定影响。

针对政策风险，公司及时跟踪和研究国家宏观政策和行业监管政策，加强与监管部门的沟通，坚持依法合规、稳健经营，保持经营策略与宏观政策、监管政策相一致，保障各项业务合法合规。报告期内，公司的各项业务严格按照国家宏观政策和监管政策，依法合规操作，未出现违反国家相关政策，受到监管处罚的情形。

信息科技风险是指信息技术在公司运用过程中，由于自然因素、人为因素、技术漏洞和管理缺陷等，导致公司信息系统故障或信息安全事件的风险。

针对信息科技风险，公司高度重视信息系统建设与安全运行，严格遵守相关规定，不断完善信息安全管理制度，规范操作流程；持续加强软硬件投入，推进信息系统建设，增强网络安全防控能力；加大员工培训，牢固树立信息安全意识，为公司业务开展和综合办公提供保障。报告期内，公司未发生重大信息安全和信息系统故障事件。

声誉风险是指因公司操作失误、违反有关规定、资产质量下降、项目无法按时清算或不能向服务对象提供高质量金融服务等因素，对公司外部市场地位和声誉产生消极和不良影响的风险。

针对声誉风险，公司将声誉风险管理纳入全面风险管理体系，不断建立完善声誉风险管理机制、办法、相关制度和要求，通过充分及时的信息披露，实现与投资者的互动沟通。同时，公司加强舆情监测，以保护投资者合法利益及其他各相关方合法权益，切实履行社会责任。

4.5.6 净资本管理

《信托公司净资本管理办法》规定信托公司的净资本监管标准为：净资本不低于2亿元；净资本/各项业务风险资本不低于100%；净资本/净资产不低于40%。

截至2021年末，公司净资产（母公司数据，下同）为877 897.71万元，净资本为716 289.78万元，各项业务风险资本之和为212 038.45万元，净资本/各项业务风险资本之和为337.81%，净资本/净资产为81.59%，各项指标均达到监管标准。

5.报告期末及上一年度末的比较式会计报表

5.1 自营资产

5.1.1 会计师事务所审计意见全文

审 计 报 告

容诚审字〔2022〕230Z1390号

安徽国元信托有限责任公司全体股东：

一、审计意见

我们审计了安徽国元信托有限责任公司（以下简称国元信托）财务报表，包括2021年12月31日的合并及母公司资产负债表，2021年度的合并及母公司利润表、合并及母公司现金流量表、合并及母公司所有者权益变动表以及相关财务报表附注。

我们认为，后附的财务报表在所有重大方面按照企业会计准则的规定编制，公允反映了国元信托2021年12月31日的合并及母公司财务状况以及2021年度的合并及母公司经营成果和现金流量。

二、形成审计意见的基础

我们按照中国注册会计师审计准则的规定执行了审计工作。审计报告的"注册会计师对财务报表审计的责任"部分进一步阐述了我们在这些准则下的责任。按照中国注册会计师职业道德守则，我们独立于国元信托，并履行了职业道德方面的其他责任。我们相信，我们获取的审计证据是充分、适当的，为发表审计意见提供了基础。

三、管理层和治理层对财务报表的责任

国元信托管理层（以下简称管理层）负责按照企业会计准则的规定编制财务报表，使其实现公允反映，并设计、执行和维护必要的内部控制，以使财务报表不存在由于舞弊或错误导致的重大错报。

在编制财务报表时，管理层负责评估国元信托的持续经营能力，披露与持续经营相关的事项（如适用），并运用持续经营假设，除非管理层计划清算国元信托、终止运营或别无其他现实的选择。

治理层负责监督国元信托的财务报告过程。

四、注册会计师对财务报表审计的责任

我们的目标是对财务报表整体是否不存在由于舞弊或错误导致的重大错报获取合理保证，并出具包含审计意见的审计报告。合理保证是高水平的保证，但并不能保证按照审计准则执行的审计在某一重大错报存在时总能发现。错报可能由于舞弊或错误导致，如果合理预期错报单独或汇总起来可能影响财务报表使用者依据财务报表做出的经济决策，则通常认为错报是重大的。

在按照审计准则执行审计工作的过程中，我们运用职业判断，并保持职业怀疑。同时，我们也执行以下工作：

（1）识别和评估由于舞弊或错误导致的财务报表重大错报风险，设计和实施审计程序以应对这些风险，并获取充分、适当的审计证据，作为发表审计意见的基础。由于舞弊可能涉及串通、伪造、故意遗漏、虚假陈述或凌驾于内部控制之上，未能发现由于舞弊导致的重大错报的风险高于未能发现由于错误导致的重大错报的风险。

（2）了解与审计相关的内部控制，以设计恰当的审计程序，但目的并非对内部控制的有效性发表意见。

（3）评价管理层选用会计政策的恰当性和作出会计估计及相关披露的合理性。

（4）对管理层使用持续经营假设的恰当性得出结论。同时，根据获取的审计证据，就可能导致对国元信托持续经营能力产生重大疑虑的事项或情况是否存在重大不确定性得出结论。如果我们得出结论认为存在重大不确定性，审计准则要求我们在审计报告中提请报表使用者注意财务报表中的相关披露；如果披露不充分，我们应当发表非无保留意见。我们的结论基于截至审计报告日可获得的信息。然而，未来的事项或情况可能导致国元信托不能持续经营。

（5）评价财务报表的总体列报、结构和内容，并评价财务报表是否公允反映相关交易和事项。

（6）就国元信托中实体或业务活动的财务信息获取充分、适当的审计证据，以对财务报表发表审计意见。我们负责指导、监督和执行集团审计，并对审计意见承担全部责任。

我们与治理层就计划的审计范围、时间安排和重大审计发现等事项进行沟通，包括沟通我们在审计中识别出的值得关注的内部控制缺陷。

我们还就已遵守与独立性相关的职业道德要求向治理层提供声明，并与治理层沟通可能被合理认为影响我们独立性的所有关系和其他事项，以及相关的防范措施（如适用）。

从与治理层沟通过的事项中，我们确定哪些事项对本期财务报表审计最为重要，因而构成关键审计事项。我们在审计报告中描述这些事项，除非法律法规禁止公开披露这些事项，或在极少数情形下，如果合理预期在审计报告中沟通某事项造成的负面后果超过在公众利益方面产生的益处，我们确定不应在审计报告中沟通该事项。

容诚会计师事务所　　　　　中国注册会计师：　卢珍
（特殊普通合伙）

中国·北京　　　　　　　　中国注册会计师：　王旭

5.1.2 资产负债表

合并资产负债表

编制单位：安徽国元信托有限责任公司　　　　2021年12月31日　　　　单位：元

项目	附注	2021年12月31日	2020年12月31日	项目	附注	2021年12月31日	2020年12月31日
资产：				负债：			
货币资金	五、1	187 342 953.68	25 703 754.25	短期借款		—	—
结算备付金		—	—	拆入资金		—	—
贵金属		—	—	交易性金融负债		—	—
拆出资金		—	—	以公允价值计量且其变动计入当期损益的金融负债		—	—
衍生金融资产		—	—	衍生金融负债		—	—
应收款项		—	—	卖出回购金融资产款		—	—
合同资产		—	—	应付职工薪酬	五、16	73 717 160.33	73 698 001.66

续表

项目	附注	2021年12月31日	2020年12月31日	项目	附注	2021年12月31日	2020年12月31日
买入返售金融资产	五、2	232 979 329.77	94 711 947.11	应交税费	五、17	180 290 983.26	278 493 920.49
持有待售资产	—	—	—	应付款项	—	—	—
发放贷款和垫款	五、3	2 483 394 130.55	2 007 000 000.00	合同负债	五、18	53 679 102.39	—
金融投资:	—	—	—	持有待售负债	—	—	—
以公允价值计量且其变动计入当期损益的金融资产	五、4	—	51 244 294.51	预计负债	—	—	—
交易性金融资产	五、5	1 378 448 895.83	—	长期借款	—	—	—
债权投资	五、6	491 108 501.99	—	应付债券	—	—	—
可供出售金融资产	五、7	—	1 097 398 700.90	其中: 优先股	—	—	—
其他债权投资	—	—	—	永续债	—	—	—
其他权益工具投资	—	—	—	租赁负债	—	—	不适用
持有者到期投资	五、8	—	200 000 000.00	递延所得税负债	五、13	20 711 859.01	5 314 092.42
长期股权投资	五、9	4 426 895 165.05	4 233 490 954.60	其他负债	五、19	462 963 703.71	37 003 618.83
投资性房地产	—	—	—	负债合计	—	791 362 808.70	394 509 633.40
固定资产	五、10	23 493 446.89	23 344 554.71	所有者权益:	—	—	—
在建工程	五、11	466 071 207.14	466 071 207.14	实收资本	五、20	4 200 000 000.00	4 200 000 000.00
使用权资产	—	—	不适用	其他权益工具	—	—	—
无形资产	五、12	5 739 188.02	6 311 020.58	其中: 优先股	—	—	—
商誉	—	—	—	永续债	—	—	—
递延所得税资产	五、13	92 998 135.87	54 773 144.40	资本公积	五、21	1 843 473 497.19	1 843 473 497.19
其他资产	五、14	11 431 497.69	554 319 816.82	减: 库存股	—	—	—
				其他综合收益	五、22	64 163 552.07	9 822 740.38
				盈余公积	五、23	674 348 605.34	608 253 022.59
				一般风险准备	五、24	680 578 531.28	648 176 717.02
				未分配利润	五、25	1 314 989 810.57	878 572 551.26
				归属于母公司所有者权益合计	—	8 777 553 996.45	8 188 298 528.44
				少数股东权益	—	230 985 647.33	231 561 233.18
				所有者权益合计	—	9 008 539 643.78	8 419 859 761.62
资产总计	—	9 799 902 452.48	8 814 369 395.02	负债及所有者权益总计	—	9 799 902 452.48	8 814 369 395.02

法定代表人: 许斌　　　总会计师: 朱先平　　　会计机构负责人: 王敬

母公司资产负债表

编制单位: 安徽国元信托有限责任公司　　　2021年12月31日　　　单位: 元

项目	附注	2021年12月31日	2020年12月31日	项目	附注	2021年12月31日	2020年12月31日
资产:				负债:			
货币资金	—	186 850 985.37	24 240 904.15	短期借款	—	—	—
结算备付金	—	—	—	拆入资金	—	—	—
贵金属	—	—	—	交易性金融负债	—	—	—
拆出资金	—	—	—	以公允价值计量且其变动计入当期损益的金融负债	—	—	—
衍生金融资产	—	—	—	衍生金融负债	—	—	—
应收款项	—	—	—	卖出回购金融资产款	—	—	—
合同资产	—	—	—	应付职工薪酬	—	73 717 160.33	73 698 001.66
买入返售金融资产	—	232 979 329.77	94 711 947.11	应交税费	—	180 233 643.40	278 441 174.21

续表

项目	附注	2021年12月31日	2020年12月31日	项目	附注	2021年12月31日	2020年12月31日
持有待售资产	—	—	—	应付款项	—	—	—
发放贷款和垫款	—	2 483 394 130.55	2 007 000 000.00	合同负债	—	53 679 102.39	—
金融投资:	—	—	—	持有待售负债	—	—	—
已公允价值计量且其变动计入当期损益的金融资产	—	—	51 244 294.51	预计负债	—	—	—
交易性金融资产	—	1 378 448 895.83	—	长期借款	—	—	—
债权投资	—	491 108 501.99	—	应付债券	—	—	—
可供出售金融资产	—	—	1 097 398 700.90	其中：优先股	—	—	—
其他债权投资	—	—	—	永续债	—	—	—
其他权益工具投资	—	—	—	租赁负债	—	—	不适用
持有者到期投资	—	—	200 000 000.00	递延所得税负债	—	20 711 859.01	5 314 092.42
长期股权投资	十三、1	4 659 540 165.05	4 464 234 889.23	其他负债	—	460 950 041.19	32 693 689.40
投资性房地产	—	—	—	负债合计	—	789 291 806.32	390 146 957.69
固定资产	—	23 462 684.64	23 302 486.42	所有者权益：			
在建工程	—	—	—	实收资本	—	4 200 000 000.00	4 200 000 000.00
使用权资产	—	—	不适用	其他权益工具	—	—	—
无形资产	—	5 739 188.02	6 311 020.58	其中：优先股	—	—	—
商誉	—	—	—	永续债	—	—	—
递延所得税资产	—	93 076 885.87	54 817 659.91	资本公积	—	1 843 473 497.19	1 843 473 497.19
其他资产	—	13 668 138.36	556 565 514.79	减：库存股	—	—	—
				其他综合收益	—	64 163 552.07	9 822 740.38
				盈余公积	—	674 348 605.34	608 253 022.59
				一般风险准备	—	680 578 531.28	648 176 717.02
				未分配利润	—	1 316 412 913.25	879 954 482.73
				归属于母公司所有者权益合计	—	8 778 977 099.13	8 189 680 459.91
				少数股东权益	—	—	—
				所有者权益合计	—	8 778 977 099.13	8 189 680 459.91
资产总计	—	9 568 268 905.45	8 579 827 417.60	负债及所有者权益总计	—	9 568 268 905.45	8 579 827 417.60

法定代表人：许斌　　　　　　　　　　　　　　　总会计师：朱先平　　　　　　　　　　　　　　　会计机构负责人：王敬

5.1.3 利润表

合并利润表

编制单位：安徽国元信托有限责任公司　2021年度　　　　　　单位：元

项目	附注	2021年度	2020年度
一、营业收入	—	938 718 367.85	865 342 538.04
利息净收入	五、26	270 619 442.79	171 316 253.83
利息收入	—	273 008 631.69	176 895 414.95
利息支出	—	2 389 188.90	5 579 161.12
手续费及佣金净收入	五、27	314 627 071.89	368 233 440.89
手续费及佣金收入	—	561 293 890.21	376 997 679.88
手续费及佣金支出	—	246 666 818.32	8 764 238.99
投资收益（损失以"-"号填列）	五、28	296 185 477.22	322 792 914.75
其中：对联营企业和合营企业的投资收益		259 556 138.86	184 568 050.81

续表

项目	附注	2021年度	2020年度
以摊余成本计量的金融资产终止确认收益		—	—
净敞口套期收益（损失以"-"号填列）		—	—
其他收益		—	—
公允价值变动收益（损失以"-"号填列）	五、29	54 554 161.40	1 444 586.82
汇兑收益（损失以"-"号填列）		—	—
其他业务收入	五、30	2 732 214.55	1 555 341.75
资产处置收益（损失以"-"号填列）		—	—
二、营业支出		166 728 190.64	193 697 974.95
税金及附加	五、31	7 334 712.76	6 080 962.42

续表

项目	附注	2021年度	2020年度
业务及管理费	五、32	154 911 870.50	139 188 221.70
信用减值损失	五、33	4 387 089.84	—
其他资产减值损失	五、34	—	48 428 790.83
其他业务成本	—	—	94 517.54
三、营业利润（亏损以"-"号填列）	—	771 990 177.21	671 644 563.09
加：营业外收入	五、35	506 887.59	761 433.30
减：营业外支出	五、36	49 945.00	998 400.00
四、利润总额（亏损总额以"-"号填列）	—	772 447 119.80	671 407 596.39
减：所得税费用	五、37	125 027 591.72	121 176 120.49
五、净利润（净亏损以"-"号填列）	—	647 419 528.08	550 231 475.90
（一）按经营持续性分类	—	—	—
1.持续经营净利润（净亏损以"-"号填列）	—	647 419 528.08	550 231 475.90
2.终止经营净利润（净亏损以"-"号填列）	—	—	—
（二）按所有权归属分类	—	—	—
1.归属于母公司所有者的净利润（净亏损以"-"号填列）	—	647 995 113.93	550 717 877.08
2.少数股东损益（净亏损以"-"号填列）	—	-575 585.85	-486 401.18
六、其他综合收益的税后净额	—	55 733 077.16	-15 687 317.31
（一）归属于母公司所有者的其他综合收益的税后净额	—	55 733 077.16	-15 687 317.31
1.不能重分类进损益的其他综合收益	—	—	—
2.将重分类进损益的其他综合收益	—	55 733 077.16	-15 687 317.31
（1）权益法下可转损益的其他综合收益	—	55 733 077.16	-30 982 329.04
（2）可供出售金融资产公允价值变动	—	—	15 295 011.73
（二）归属于少数股东的其他综合收益的税后净额	—	—	—
七、综合收益总额	—	703 152 605.24	534 544 158.59
归属于母公司所有者的综合收益总额	—	703 728 191.09	535 030 559.77
（二）归属于少数股东的综合收益总额	—	-575 585.85	-486 401.18

法定代表人：许斌　　总会计师：朱先平　　会计机构负责人：王敬

母公司利润表

编制单位：安徽国元信托有限责任公司　2021年度　　单位：元

项目	附注	2021年度	2020年度
一、营业收入	—	937 885 103.80	864 720 620.97
利息净收入	十三、2	270 610 680.24	171 313 446.60
利息收入	—	272 999 869.14	176 892 607.72
利息支出	—	2 389 188.90	5 579 161.12
手续费及佣金净收入	十三、3	314 627 071.89	368 233 440.89
手续费及佣金收入	—	561 293 890.21	376 997 679.88

续表

项目	附注	2021年度	2020年度
手续费及佣金支出	—	246 666 818.32	8 764 238.99
投资收益（损失以"-"号填列）	十三、4	296 692 924.49	323 204 997.57
其中：对联营企业和合营企业的投资收益	—	259 556 138.86	184 980 133.63
以摊余成本计量的金融资产终止确认收益	—	—	—
净敞口套期收益（损失以"-"号填列）	—	—	—
其他收益	—	—	—
公允价值变动收益（损失以"-"号填列）	—	54 554 161.40	1 444 586.82
汇兑收益	—	—	—
其他业务收入	—	1 400 265.78	524 149.09
资产处置收益（损失以"-"号填列）	—	—	—
二、营业支出	—	165 312 604.03	192 192 286.53
税金及附加	—	7 090 851.13	5 863 978.00
业务及管理费	—	153 699 086.17	137 805 369.31
信用减值损失	—	4 522 666.73	—
其他资产减值损失	—	—	48 522 939.22
其他业务成本	—	—	—
三、营业利润（亏损以"-"号填列）	—	772 572 499.77	672 528 334.44
加：营业外收入	—	506 887.59	761 433.30
减：营业外支出	—	49 745.00	998 400.00
四、利润总额（亏损总额以"-"号填列）	—	773 029 642.36	672 291 367.74
减：所得税费用	—	124 993 357.22	121 153 862.74
五、净利润（净亏损以"-"号填列）	—	648 036 285.14	551 137 505.00
（一）持续经营净利润（净亏损以"-"号填列）	—	648 036 285.14	551 137 505.00
（二）终止经营净利润（净亏损以"-"号填列）	—	—	—
六、其他综合收益的税后净额	—	55 733 077.16	-15 687 317.31
（一）不能重分类进损益的其他综合收益	—	—	—
（二）将重分类进损益的其他综合收益	—	55 733 077.16	-15 687 317.31
（1）权益法下可转损益的其他综合收益	—	55 733 077.16	-30 982 329.04
（2）可供出售金融资产公允价值变动	—	—	15 295 011.73
七、综合收益总额	—	703 769 362.30	535 450 187.69

法定代表人：许斌　　总会计师：朱先平　　会计机构负责人：王敬

5.1.4 所有者权益变动表

合并所有者权益变动表

2021年度

编制单位：安徽国元信托有限责任公司　　　　　　　　　　　　　　　　　　　　　　　　　　　　　　　　　　　　　　单位：元

项目	归属于母公司所有者权益										少数股东权益	所有者权益合计
	实收资本	其他权益工具			资本公积	减：库存股	其他综合收益	盈余公积	一般风险准备	未分配利润	小计		
		优先股	永续债	其他									
一、上年年末余额	4 200 000 000.00	—	—	—	1 843 473 497.19	—	9 822 740.38	608 253 022.59	648 176 717.02	878 572 551.26	8 188 298 528.44	231 561 233.18	8 419 859 761.62
加：会计政策变更	—	—	—	—	—	—	-1 392 265.47	1 291 954.24	—	11 627 588.15	11 527 276.92	—	11 527 276.92
前期差错更正	—	—	—	—	—	—	—	—	—	—	—	—	—
同一控制下企业合并	—	—	—	—	—	—	—	—	—	—	—	—	—
其他	—	—	—	—	—	—	—	—	—	—	—	—	—
二、本年年初余额	4 200 000 000.00	—	—	—	1 843 473 497.19	—	8 430 474.91	609 544 976.83	648 176 717.02	890 200 139.41	8 199 825 805.36	231 561 233.18	8 431 387 038.54
三、本年增减变动金额（减少以"-"号填列）	—	—	—	—	—	—	55 733 077.16	64 803 628.51	32 401 814.26	424 789 671.16	577 728 191.09	-575 585.85	577 152 605.24
（一）综合收益总额	—	—	—	—	—	—	55 733 077.16	—	—	647 995 113.93	703 728 191.09	-575 585.85	703 152 605.24
（二）所有者投入和减少的资本	—	—	—	—	—	—	—	—	—	—	—	—	—
1. 所有者投入的普通股	—	—	—	—	—	—	—	—	—	—	—	—	—
2. 其他权益工具持有者投入资本	—	—	—	—	—	—	—	—	—	—	—	—	—
3. 股份支付计入所有者权益的金额	—	—	—	—	—	—	—	—	—	—	—	—	—
4. 其他	—	—	—	—	—	—	—	—	—	—	—	—	—
（三）利润分配	—	—	—	—	—	—	—	64 803 628.51	32 401 814.26	-223 205 442.77	-126 000 000.00	—	-126 000 000.00
1. 提取盈余公积	—	—	—	—	—	—	—	64 803 628.51	—	-64 803 628.51	—	—	—
2. 提取一般风险准备	—	—	—	—	—	—	—	—	32 401 814.26	-32 401 814.26	—	—	—
3. 对所有者的分配	—	—	—	—	—	—	—	—	—	-126 000 000.00	-126 000 000.00	—	-126 000 000.00
4. 其他	—	—	—	—	—	—	—	—	—	—	—	—	—
（四）所有者权益内部结转	—	—	—	—	—	—	—	—	—	—	—	—	—
1. 资本公积转增资本	—	—	—	—	—	—	—	—	—	—	—	—	—
2. 盈余公积转增资本	—	—	—	—	—	—	—	—	—	—	—	—	—
3. 盈余公积弥补亏损	—	—	—	—	—	—	—	—	—	—	—	—	—
4. 一般风险准备弥补亏损	—	—	—	—	—	—	—	—	—	—	—	—	—
5. 设定受益计划变动额转结留存收益	—	—	—	—	—	—	—	—	—	—	—	—	—
6. 其他综合收益结转留存收益	—	—	—	—	—	—	—	—	—	—	—	—	—
7. 其他	—	—	—	—	—	—	—	—	—	—	—	—	—
（五）其他	—	—	—	—	—	—	—	—	—	—	—	—	—
四、本年年末余额	4 200 000 000.00	—	—	—	1 843 473 497.19	—	64 163 552.07	674 348 605.34	680 578 531.28	1 314 989 810.57	8 777 553 996.45	230 985 647.33	9 008 539 643.78

法定代表人：许斌　　　　总会计师：朱先平　　　　会计机构负责人：王敏

合并所有者权益变动表

2021年度

编制单位：安徽国元信托有限责任公司　　　单位：元

项目	归属于母公司所有者权益										少数股东权益	所有者权益合计
	实收资本	其他权益工具			资本公积	减：库存股	其他综合收益	盈余公积	一般风险准备	未分配利润	小计		
		优先股	永续债	其他									
一、上年年末余额	3 000 000 000.00	—	—	—	1 351 343 119.19	—	25 510 057.69	553 271 718.20	610 983 789.30	1 404 534 881.37	6 945 643 565.75	232 047 634.36	7 177 691 200.11
加：会计政策变更	—	—	—	—	—	—	—	−132 446.11	−86 089.97	−1 105 925.00	−1 324 461.08	—	−1 324 461.08
前期差错更正	—	—	—	—	—	—	—	—	—	—	—	—	—
同一控制下企业合并	—	—	—	—	—	—	—	—	—	—	—	—	—
其他	—	—	—	—	—	—	—	—	—	—	—	—	—
二、本年年初余额	3 000 000 000.00	—	—	—	1 351 343 119.19	—	25 510 057.69	553 139 272.09	610 897 699.33	1 403 428 956.37	6 944 319 104.67	232 047 634.36	7 176 366 739.03
三、本年增减变动金额（减少以"−"号填列）	1 200 000 000.00	—	—	—	492 130 378.00	—	−15 687 317.31	55 113 750.50	37 279 017.69	−524 856 405.11	1 243 979 423.77	−486 401.18	1 243 493 022.59
（一）综合收益总额	—	—	—	—	—	—	−15 687 317.31	—	—	550 717 877.08	535 030 559.77	−486 401.18	534 544 158.59
（二）所有者投入和减少资本	306 818 486.00	—	—	—	492 130 378.00	—	—	—	—	—	798 948 864.00	—	798 948 864.00
1. 所有者投入的普通股	306 818 486.00	—	—	—	492 130 378.00	—	—	—	—	—	798 948 864.00	—	798 948 864.00
2. 其他权益工具持有者投入资本	—	—	—	—	—	—	—	—	—	—	—	—	—
3. 股份支付计入所有者权益的金额	—	—	—	—	—	—	—	—	—	—	—	—	—
4. 其他	—	—	—	—	—	—	—	—	—	—	—	—	—
（三）利润分配	—	—	—	—	—	—	—	55 113 750.50	37 279 017.69	−182 392 768.19	−90 000 000.00	—	−90 000 000.00
1. 提取盈余公积	—	—	—	—	—	—	—	55 113 750.50	—	−55 113 750.50	—	—	—
2. 提取一般风险准备	—	—	—	—	—	—	—	—	37 279 017.69	−37 279 017.69	—	—	—
3. 对所有者的分配	—	—	—	—	—	—	—	—	—	−90 000 000.00	−90 000 000.00	—	−90 000 000.00
4. 其他	—	—	—	—	—	—	—	—	—	—	—	—	—
（四）所有者权益内部结转	893 181 514.00	—	—	—	—	—	—	—	—	−893 181 514.00	—	—	—
1. 资本公积转增资本	—	—	—	—	—	—	—	—	—	—	—	—	—
2. 盈余公积转增资本	—	—	—	—	—	—	—	—	—	—	—	—	—
3. 盈余公积弥补亏损	—	—	—	—	—	—	—	—	—	—	—	—	—
4. 一般风险准备弥补亏损	—	—	—	—	—	—	—	—	—	—	—	—	—
5. 设定受益计划变动额结转留存收益	—	—	—	—	—	—	—	—	—	—	—	—	—
6. 其他综合收益结转留存收益	893 181 514.00	—	—	—	—	—	—	—	—	−893 181 514.00	—	—	—
7. 其他	—	—	—	—	—	—	—	—	—	—	—	—	—
（五）其他	—	—	—	—	—	—	—	—	—	—	—	—	—
四、本年年末余额	4 200 000 000.00	—	—	—	1 843 473 497.19	—	9 822 740.38	608 253 022.59	648 176 717.02	878 572 551.26	8 188 298 528.44	231 561 233.18	8 419 859 761.62

2020年度

法定代表人：许斌　　总会计师：朱先平　　会计师：朱先平　　会计机构负责人：王敏

母公司所有者权益变动表

2021年度

编制单位：安徽国元信托有限责任公司

单位：元

项目	2021年度									
	实收资本	其他权益工具			资本公积	减：库存股	其他综合收益	盈余公积	一般风险准备	未分配利润	所有者权益合计
		优先股	永续债	其他							
一、上年年末余额	4 200 000 000.00	—	—	—	1 843 473 497.19	—	9 822 740.38	608 253 022.59	648 176 717.02	879 954 482.73	8 189 680 459.91
加：会计政策变更	—	—	—	—	—	—	1 392 265.47	1 291 954.24	—	11 627 588.15	11 527 276.92
前期差错更正	—	—	—	—	—	—	—	—	—	—	—
其他	—	—	—	—	—	—	—	—	—	—	—
二、本年年初余额	4 200 000 000.00	—	—	—	1 843 473 497.19	—	8 430 474.91	609 544 976.83	648 176 717.02	891 582 070.88	8 201 207 736.83
三、本年增减变动金额（减少以"—"号填列）	—	—	—	—	—	—	55 733 077.16	64 803 628.51	32 401 814.26	424 830 842.37	577 769 362.30
（一）综合收益总额	—	—	—	—	—	—	55 733 077.16	—	—	648 036 285.14	703 769 362.30
（二）所有者投入和减少资本	—	—	—	—	—	—	—	—	—	—	—
1. 所有者投入的普通股	—	—	—	—	—	—	—	—	—	—	—
2. 其他权益工具持有者投入资本	—	—	—	—	—	—	—	—	—	—	—
3. 股份支付计入所有者权益的金额	—	—	—	—	—	—	—	—	—	—	—
4. 其他	—	—	—	—	—	—	—	—	—	—	—
（三）利润分配	—	—	—	—	—	—	—	64 803 628.51	32 401 814.26	-223 205 442.77	-126 000 000.00
1. 提取盈余公积	—	—	—	—	—	—	—	64 803 628.51	—	-64 803 628.51	—
2. 对所有者的分配	—	—	—	—	—	—	—	—	—	-126 000 000.00	-126 000 000.00
3. 其他	—	—	—	—	—	—	—	—	32 401 814.26	-32 401 814.26	—
（四）所有者权益内部结转	—	—	—	—	—	—	—	—	—	—	—
1. 资本公积转增资本	—	—	—	—	—	—	—	—	—	—	—
2. 盈余公积转增资本	—	—	—	—	—	—	—	—	—	—	—
3. 盈余公积弥补亏损	—	—	—	—	—	—	—	—	—	—	—
4. 一般风险准备弥补亏损	—	—	—	—	—	—	—	—	—	—	—
5. 设定受益计划变动额结转留存收益	—	—	—	—	—	—	—	—	—	—	—
6. 其他综合收益结转留存收益	—	—	—	—	—	—	—	—	—	—	—
7. 其他	—	—	—	—	—	—	—	—	—	—	—
（五）其他	—	—	—	—	—	—	—	—	—	—	—
四、本年年末余额	4 200 000 000.00	—	—	—	1 843 473 497.19	—	64 163 552.07	674 348 605.34	680 578 531.28	1 316 412 913.25	8 778 977 099.13

法定代表人：许斌　　总会计师：朱先平　　会计机构负责人：王敏

母公司所有者权益变动表

编制单位：安徽国元信托有限责任公司　　　　　2021年度　　　　　　　　　　　　　　　　单位：元

项目	实收资本	其他权益工具-优先股	其他权益工具-永续债	其他权益工具-其他	资本公积	减：库存股	其他综合收益	盈余公积	一般风险准备	未分配利润	所有者权益合计
一、上年年末余额	3 000 000 000.00	—	—	—	1 351 343 119.19	—	25 510 057.69	553 271 718.20	610 983 789.30	1 405 497 184.92	6 946 605 869.30
加：会计政策变更	—	—	—	—	—	—	—	-132 446.11	-86 089.97	-1 105 925.00	-1 324 461.08
前期差错更正	—	—	—	—	—	—	—	—	—	—	—
其他	—	—	—	—	—	—	—	—	—	—	—
二、本年年初余额	3 000 000 000.00	—	—	—	1 351 343 119.19	—	25 510 057.69	553 139 272.09	610 897 699.33	1 404 391 259.92	6 945 281 408.22
三、本年增减变动金额（减少以"-"号填列）	1 200 000 000.00	—	—	—	492 130 378.00	—	-15 687 317.31	55 113 750.50	37 279 017.69	-524 436 777.19	1 244 399 051.69
（一）综合收益总额	—	—	—	—	—	—	-15 687 317.31	—	—	551 137 505.00	535 450 187.69
（二）所有者投入和减少资本	306 818 486.00	—	—	—	492 130 378.00	—	—	—	—	—	798 948 864.00
1. 所有者投入的普通股	306 818 486.00	—	—	—	492 130 378.00	—	—	—	—	—	798 948 864.00
2. 其他权益工具持有者投入资本	—	—	—	—	—	—	—	—	—	—	—
3. 股份支付计入所有者权益的金额	—	—	—	—	—	—	—	—	—	—	—
4. 其他	—	—	—	—	—	—	—	—	—	—	—
（三）利润分配	—	—	—	—	—	—	—	55 113 750.50	37 279 017.69	-182 392 768.19	-90 000 000.00
1. 提取盈余公积	—	—	—	—	—	—	—	55 113 750.50	—	-55 113 750.50	—
2. 对所有者的分配	—	—	—	—	—	—	—	—	—	-90 000 000.00	-90 000 000.00
3. 其他	—	—	—	—	—	—	—	—	37 279 017.69	-37 279 017.69	—
（四）所有者权益内部结转	893 181 514.00	—	—	—	—	—	—	—	—	-893 181 514.00	—
1. 资本公积转增资本	—	—	—	—	—	—	—	—	—	—	—
2. 盈余公积转增资本	—	—	—	—	—	—	—	—	—	—	—
3. 盈余公积弥补亏损	—	—	—	—	—	—	—	—	—	—	—
4. 一般风险准备弥补亏损	—	—	—	—	—	—	—	—	—	—	—
5. 设定受益计划变动额结转留存收益	—	—	—	—	—	—	—	—	—	—	—
6. 其他综合收益结转留存收益	—	—	—	—	—	—	—	—	—	—	—
7. 其他	893 181 514.00	—	—	—	—	—	—	—	—	-893 181 514.00	—
（五）其他	—	—	—	—	—	—	—	—	—	—	—
四、本年年末余额	4 200 000 000.00	—	—	—	1 843 473 497.19	—	9 822 740.38	608 253 022.59	648 176 717.02	879 954 482.73	8 189 680 459.91

法定代表人：许斌　　　总会计师：朱先平　　　会计机构负责人：王敏

5.2 信托资产

5.2.1 信托项目资产负债汇总表

信托项目资产负债汇总表

编制单位：安徽国元信托有限责任公司　　　　　2021年12月31日　　　　　单位：万元

信托资产	期末余额	年初余额	信托负债和信托权益	期末余额	年初余额
信托资产：	—	—	信托负债：		
货币资金	99 803.12	186 532.23	交易性金融负债	—	—
拆出资金	—	—	衍生金融负债	—	—
存出保证金	—	—	应付受托人报酬	199.19	30.09
交易性金融资产	147 500.48	14 986.78	应付托管费	17.66	1.77
衍生金融资产	—	—	应付受益人收益		
买入返售金融资产	43 038.54	4 947.00	应交税费	447.97	15.82
其中：买入返售证券	43 038.54	4 947.00	应付销售服务费	9.34	
买入返售信贷资产	—	—	其他应付款项	575 223.51	487 960.39
应收款项	404 389.83	470 527.34	其他负债		
发放贷款	5 449 016.63	8 267 637.30	信托负债合计	575 897.67	487 960.39
其中：基础产业	1 391 736.00	2 566 104.33	信托权益：		
房地产	279 768.00	366 383.00	实收信托	9 603 625.28	13 354 910.77
其他产业	3 777 512.63	5 335 149.97	其中：资金信托	6 702 241.74	10 342 032.80
可供出售金融资产	—	—	集合	3 421 089.60	3 880 052.23
持有至到期投资	3 766 673.71	4 297 176.27	单一	3 281 152.14	6 461 980.57
长期应收款	—	—	财产信托	2 901 383.54	3 012 877.97
长期股权投资	427 621.00	823 007.71	资本公积		
其中：基础产业	311 340.00	523 927.00	未分配利润	180 995.16	257 413.73
房地产	—	—	信托权益合计	9 784 620.44	13 612 324.50
其他产业	116 281.00	299 080.71			
投资性房地产	—	—			
固定资产	—	—			
无形资产	—	—			
长期待摊费用	—	—			
其他资产	22 474.70	35 470.28			
其中：融资租赁资产	—	—			
信托资产总计	10 360 518.10	14 100 284.90	信托负债及信托权益总计	10 360 518.10	14 100 284.90

单位负责人：许斌　　　　　财务负责人：朱先平　　　　　会计机构负责人：王敬

5.2.2 信托项目利润及利润分配汇总表

信托项目利润及利润分配汇总表

编制单位：安徽国元信托有限责任公司　2021年度　　　　单位：万元

项　目	本年金额	上年金额
1.营业收入	848 946.83	1 119 409.62
1.1 利息收入	499 476.90	735 895.05
1.2 投资收益	349 662.17	383 578.56
1.2.1 其中：对联营企业和合营企业投资收益	—	—
1.3 公允价值变动收益	−192.25	−64.19
1.4 租赁收入	—	—

续表

项　目	本年金额	上年金额
1.5 汇兑收益	—	—
1.6 其他收入	0.01	0.2
2.支出	84 141.35	72 519.86
2.1 营业税金及附加	2 982.84	3 950.37
2.2 受托人报酬	53 695.51	39 500.01
2.3 保管费	3 611.06	5 232.38
2.4 投资管理费	53.47	306.74
2.5 销售服务费	3 256.05	2 160.18

续表

项目	本年金额	上年金额
2.6 交易费用	173.47	153.86
2.7 资产减值损失	—	—
2.8 其他费用	20 368.96	21 216.33
3. 信托净利润	764 805.48	1 046 889.76
4. 其他综合收益	—	—
5. 综合收益	764 805.48	1 046 889.76
6. 加：期初未分配信托利润	257 413.73	208 661.74
7. 可供分配的信托利润	1 022 219.22	1 255 551.49
8. 减：本期已分配信托利润	841 224.06	998 137.76
9. 期末未分配信托利润	180 995.15	257 413.73

单位负责人：许斌　　　财务负责人：朱先平　　　会计机构负责人：王敬

6. 会计报表附注

6.1 会计报表编制基准不符合会计核算基本前提的说明

报告期内公司无上述事项。

6.2 或有事项说明

报告期内公司无上述事项。

6.3 重要资产转让及其出售的说明

报告期内公司无重大资产转让及其出售。

6.4 会计报表中重要项目的明细资料

6.4.1 自营资产经营情况

6.4.1.1 按信用风险五级分类结果披露信用风险资产的期初数、期末数

信用风险资产五级分类	正常类（万元）	关注类（万元）	次级类（万元）	可疑类（万元）	损失类（万元）	信用风险资产合计（万元）	不良资产合计（万元）	不良资产率（%）
期初数	838 392.59	10 905.88	14.03	—	14 933.9	864 246.40	14 947.93	1.69
期末数	948 842.58	1 888.54	150.00	—	10 462.89	959 455.47	10 612.89	1.08

注：不良资产合计＝次级类＋可疑类＋损失类。

6.4.1.2 各项资产减值损失准备的期初、本期计提、本期转回、本期核销、期末数

单位：万元

项目	期初数	本期计提额	本期减少额 转回	本期减少额 转销	本期减少额 合计	期末数
贷款损失准备	12 719.42	1 161.31	398.91	—	398.91	13 481.82
债权投资减值准备	1 029.09	278.44	559.19	—	559.19	748.34
其他资产——其他应收款坏账准备	637.12	120.71	165.10	—	165.10	592.72
其他资产——应收利息坏账准备	170.31	1.46	—	—	—	171.76
可供出售金融资产减值准备	—	—	—	—	—	—
合计	14 555.93	1 561.92	1 123.21	0.00	1 123.21	14 994.64

6.4.1.3 按照投资品种分类，固有股票投资、基金投资、债券投资、股权投资等投资业务的期初数、期末数

单位：万元

项目	自营股票	基金	债券	长期股权投资	其他投资	合计
期初数	7 679.23	11 906.38	0.40	423 349.10	124 749.48	567 684.59
期末数	7 664.92	8 104.46	0.20	442 689.52	122 075.31	580 534.41

6.4.1.4 按投资入股金额排序，前五名的自营长期股权投资的企业名称、占被投资企业权益的比例、主要经营活动及投资收益情况等

企业名称	占被投资企业权益的比例（%）	主要经营活动	投资损益（万元）
国元证券股份有限公司	13.58	证券经纪、证券买卖	25 939.56
金信基金管理有限公司	31.00	基金募集、基金销售、特定客户资产管理	-61.73
安徽国元基金管理有限公司	12.50	基金募集、基金销售、特定客户资产管理	77.78

6.4.1.5 前五名的自营贷款的企业名称、占贷款总额的比例和还款情况等

企业名称	占贷款总额的比例（%）	还款情况
蚌埠市滨河建设投资有限公司	5.71	正常
太和县西城建设有限公司	5.67	正常
和县和盛投资有限公司	5.36	正常
宁国市宁港生态城镇投资建设有限公司	5.29	正常
安徽辰航实业有限责任公司	4.90	正常

6.4.1.6 表外业务的期初数、期末数；按照代理业务、担保业务和其他类型表外业务分别披露表外业务的期初、期末数情况

单位：万元

表外业务	期初数	期末数
担保业务	—	—
代理业务（委托业务）	—	—
其他	—	—
合计	—	—

6.4.1.7 公司当年的收入结构

单位：万元

收入结构	金额	占比（%）
手续费及佣金收入	56 129.39	47.24
其中：信托手续费收入	51 145.89	43.04
投资银行业务收入	4 983.50	4.19
利息收入	27 300.86	22.98
其他业务收入	273.22	0.23
其中：计入信托业务收入部分	—	—
投资收益	29 618.55	24.93
其中：股权投资收益	1 925.30	1.62
证券投资收益	7 494.95	6.31
其他投资收益	20 198.30	17.00
公允价值变动收益	5 455.42	4.59
营业外收入	50.69	0.04
收入合计	118 828.13	100.00

注：1.手续费及佣金收入、利息收入、其他业务收入、投资收益、营业外收入均应为损益表中的一级科目，其中手续费及佣金收入、利息收入、营业外收入为未抵减掉相应支出的全年累计实现收入数。
2.其他业务收入中包含汇兑收益、租赁收入等。

6.4.2 信托财产管理情况
6.4.2.1 信托资产的期初数、期末数

单位：万元

信托资产	期初数	期末数
集合	4 052 991.31	3 604 852.78
单一	6 801 952.62	3 539 179.79
财产权	3 245 340.97	3 216 485.53
合计	14 100 284.90	10 360 518.10

6.4.2.1.1 主动管理型信托业务的信托资产期初数、期末数

单位：万元

主动管理型信托资产	期初数	期末数
证券投资类	—	412 791.77
股权投资类	23 055.35	432 864.88
融资类	1 783 524.22	1 437 551.31
事务管理类	540.28	544.70
合计	2 360 652.69	2 901 855.74

6.4.2.1.2 被动管理型信托业务的信托资产期初数、期末数

单位：万元

被动管理型信托资产	期初数	期末数
证券投资类	—	—
股权投资类	788 217.66	409 687.05
融资类	4 892 379.03	2 323 160.25

续表

被动管理型信托资产	期初数	期末数
事务管理类	4 127 067.00	3 613 052.44
合计	11 739 632.21	7 458 662.36

6.4.2.2 本年度已清算结束信托项目
6.4.2.2.1 本年度已清算结束信托项目

已清算结束信托项目	项目个数（个）	实收信托合计金额（万元）	加权平均实际年化收益率（%）
集合类	85	1 787 917.67	6.27
单一类	62	5 156 959.92	3.32
财产管理类	31	6 518 591.45	3.29

注：加权平均实际年化收益率=（信托项目1的实际年化收益率×信托项目1的实收信托+……+信托项目n的实际年化收益率×信托项目n的实收信托）/（信托项目1的实收信托+……+信托项目n的实收信托）×100%。

6.4.2.2.2 本年度已清算结束的主动管理型信托项目

已清算结束信托项目	项目个数（个）	实收信托合计金额（万元）	加权平均实际信托报酬率（%）	加权平均实际年化收益率（%）
证券投资类	—	—	—	—
投资类	13	185 187.67	2.68	7.65
融资类	57	867 954	2.16	7.81
事务管理类	—	—	—	—

注：加权平均实际年化收益率=（信托项目1的实际年化收益率×信托项目1的实收信托+……+信托项目n的实际年化收益率×信托项目n的实收信托）/（信托项目1的实收信托+……+信托项目n的实收信托）×100%。

6.4.2.2.3 本年度已清算结束的被动管理型信托项目

已清算结束信托项目	项目个数	实收信托合计金额（万元）	加权平均实际信托报酬率（%）	加权平均实际年化收益率（%）
证券投资类	—	—	—	—
投资类	25	1 041 276	0.11	4.42
融资类	43	4 290 959.92	0.09	3.07
事务管理类	40	7 078 091.46	0.02	3.37

6.4.2.3 本年度新增的信托项目

新增信托项目	项目个数（个）	实收信托合计金额（万元）
集合类	116	1 598 577.83
单一类	17	316 551
财产管理类	14	2 794 730.09
新增合计	147	4 709 858.92
其中：主动管理型	117	1 599 577.83
被动管理型	30	3 110 281.09

注：本年新增信托项目指在本报告年度内累计新增的信托项目个数和金额。包含本年度新增并于本年度内结束的项目和本年度新增至报告期末仍在持续管理的信托项目，包含本年度开放式产品金额。

6.4.2.4 信托业务创新成果和特色业务有关情况

2021年，公司加大研发创新投入，不断完善创新配套制度，积极搭建创新交流平台，打造良好创新氛围，

创新业务细分品类和体量规模迅速扩大。

为进一步推动公司研发创新工作深入开展，有效规范创新项目方案审查工作，提高创新项目立项及运作效率，细化创新项目方案审查标准，结合监管部门最新要求，梳理总结创新项目方案立项相关问题，公司发布了《关于进一步完善创新项目方案申报有关问题的通知》《关于进一步加强公司创新项目方案风险管理有关事宜的通知》，对有关创新方案论证、创新业务方向、流程优化、跟踪落实、创新认定、风险管理等方面进行完善，切实推动公司业务按照监管政策导向转型升级。

2021年，公司共有29只创新项目落地，创新类型涵盖绿色资产支持票据、TOF、月度和每周开放债券组合投资、固有战新产业基金投资等，公司创新业务品类不断丰富，业务创新取得良好成效。同时，为持续推进研发创新深入广泛开展，打造高效的研发创新长效机制，公司积极落实研发创新奖励举措，2021年共发放创新奖励105万元，有效提升公司员工创新积极性，营造优良创新文化氛围，公司创新工作迈出了坚定有力的步伐。

6.4.2.5 本公司履行受托人义务情况

公司作为受托人，严格按照《信托法》《信托公司管理办法》《信托公司集合资金信托计划管理办法》及信托文件对受托人义务的规定，积极履行受托职责，在管理信托财产时，恪尽职守，履行诚实、信用、谨慎、有效管理的义务，保护受益人权益。

公司将信托财产与其固有财产分别管理、分别记账，并将不同委托人的信托财产设立信托专户，单独记账，单独核算。

按照信托文件的约定，及时履行定期信托计划的信息披露及报告事项。每个信托计划设立后5个工作日内，在公司网站发布成立公告。并按照信托合同的约定，定期发布信托项目管理报告。信托合同终止时，根据信托合同的约定，向受益人支付信托财产及收益。同时，在信托终止后10个工作日内做出处理信托事务的清算报告。

妥善保管处理信托事务的完整记录、原始凭证及有关资料，保存期自本信托终止之日起15年。同时对委托人、受益人以及处理信托事务的情况和资料依法保密。

高度重视消费者权益保护工作，以健全制度、优化流程、强化管理为抓手，积极推进、勇于创新，将保护消费者合法权益融入公司内部治理、企业文化建设和经营发展战略中，持续推进消费者权益保护工作深入、有序开展。2021年，公司修订了《安徽国元信托有限责任公司消费者权益保护管理办法》，进一步建立健全消费者权益保护制度体系。继续认真开展金融消费者教育与金融知识普及工作，通过线上线下多途径开展了广泛的宣传教育活动。2021年，公司未发生消费者投诉事件，消费者权益保护工作水平持续提升。

报告期内，公司管理的信托项目运作正常，全年到期清算信托项目178个，资金规模1 346.35亿元，未出现因公司自身责任而导致信托资产损失情况，信托业务稳健发展。

6.5 关联方关系及其交易的披露

6.5.1 关联交易方的数量、关联交易的总金额及关联交易的定价政策等

项目	关联交易方数量	关联交易金额（万元）	定价政策
合计	16	73 915.77	市场公允价

6.5.2 关联交易方与本公司的关系性质，关联交易方的名称、法定代表人，注册地址、注册资本及主营业务等

关系性质	关联方名称	法定代表人	注册地址	注册资本（万元）	主营业务
持有公司49.6933%股权的实际控制人	安徽国元金融控股集团有限责任公司	方旭	安徽省合肥市蜀山区梅山路18号	600 000	经营国家授权的集团公司及所属控股企业全部国有资产和国有股权，资本运营，资产管理，收购兼并，资产重组，投资咨询
同受母公司控制、公司持有股权13.02%	国元证券股份有限公司	俞仕新	安徽省合肥市梅山路18号	436 377.789 1	证券的代理买卖；证券自营买卖；证券承销；证券投资咨询；客户资产管理等
同受母公司控制、公司持有12.5%股权	安徽国元基金管理有限公司	吴彤	安徽省合肥高新技术产业开发区创新大道2800号合肥创新产业园二期E1栋856室	10 000	受托管理股权投资基金企业的投资业务、资产经营管理、投资管理
同受母公司控制	安徽国元种子投资基金有限公司	陈益民	安徽省合肥高新技术产业开发区创新大道2800号合肥创新产业园二期E1栋855室	100 000	股权投资、基金投资、债权及其他投资、投资顾问、投资管理、投资咨询、资产管理
同受母公司控制、同一法定代表人	安徽省农业产业化发展基金有限公司	陈益民	中国（安徽）自由贸易试验区合肥市高新区望江西路860号B座14楼	280 000	创业投资、股权投资、投资顾问、投资管理、投资咨询

续表

关系性质	关联方名称	法定代表人	注册地址	注册资本（万元）	主营业务
同受母公司控制	巢湖国元小额贷款有限公司	陈联	安徽省合肥市巢湖经济开发区金山路12号标准厂房208室	10 000	许可经营项目：小额贷款发放。一般经营项目：中小企业财务咨询服务
同受母公司控制	安徽国元创投有限责任公司	李向军	安徽省合肥市经济技术开发区翠微路6号海恒大厦316号、318号	50 000	创业投资及咨询；为创业企业提供创业管理服务业务；参加设立创业投资企业与创业投资管理顾问；股权管理咨询
同受母公司控制	安徽国元资本有限责任公司	陈益民	安徽省合肥市望江西路860号科技创新服务中心B座12楼	120 000	一般经营项目：资本经营管理，兴办经济实体，物业管理，物业代理，投资咨询服务，房屋租赁
同受母公司控制	芜湖国元小额贷款有限责任公司	吴述兵	安徽省芜湖市镜湖区镜街99金鼎2601	10 000	发放小额贷款；小企业发展管理；财务咨询
同受母公司控制	安徽省股权托管交易中心有限责任公司	孙方刚	安徽省合肥市高新区望江西路860号科技创新服务中心B座13楼	20 000	一般经营项目：办理各类非上市企业股权集中登记托管，并提供确权、非交易过户、挂失、查询、分红派息和股权质押登记服务；为股权、债权和其他权益类产品的挂牌、转让、融资、登记、托管、结算提供服务；为企业债权备案与交易、理财产品交易金融产品交易提供服务、设施和服务；为企业改制、重组、并购、上市、投资提供业务咨询服务；与上述经营范围相关的产品和服务的信息发布；其他经监管部门核准的业务
同受母公司控制	芜湖国信大酒店有限公司	董帮琪	中国（安徽）自由贸易试验区芜湖片区浦江路5号	3 000	客房、餐饮、桑拿、美容美发、娱乐服务；日用百货销售；瓶装酒、烟零售；房屋及场地租赁、办公设备租赁、车辆租赁；农副产品收购（除粮、棉、油）；洗衣、健身、会务服务；食堂后勤服务；酒店管理与培训咨询；养老服务咨询
同受母公司间接控制	马鞍山国元产融汇通供应链管理有限公司	虞舒捷	马鞍山市雨山区雨山西路497号安大厦5楼	10 000	供应链管理服务；以自有资金从事投资活动；自有资金投资的资产管理服务；财务咨询；信息技术咨询服务；金属制品销售；金属材料销售；建筑材料销售；金属矿石销售；非金属矿及制品销售；贸易经纪（除许可业务外，可自主依法经营法律法规非禁止或限制的项目）
同受母公司间接控制	马鞍山国元小额贷款股份有限公司	许春雨	马鞍山经济技术开发区太白大道699号-1	10 000	发放小额贷款（依法需经批准的项目经相关部门批准后方可经营）
同受母公司控制	安徽国元保险经纪股份有限公司	查镜钦	安徽省合肥市长江中路168号	5 000	许可经营项目：为投保人拟订投保方案、选择保险人、办理投保手续；协助被保险人或受益人进行索赔；再保险经纪业务；为委托人提供防灾、防损或风险评估、风险管理咨询服务；中国保监会批准的其他业务
同受母公司间接控制	安徽国元马鞍山投资管理有限责任公司	周代词	安徽省马鞍山市经济技术开发区红旗南路2号（开发区管委会办公楼三层）	6 500	以自有资金从事投资活动；自有资金投资的资产管理服务；非融资担保服务；企业管理咨询；信息技术咨询服务；财务咨询；社会经济咨询服务；医院管理；市场营销策划；医学研究和试验发展；医疗设备租赁；机械设备租赁；汽车租赁；非居住房地产租赁；农副产品销售；水产品收购；水产品批发；水产品零售；新鲜蔬菜零售；新鲜水果批发；材料销售；金属制品销售；环境保护专用设备销售；建筑材料销售；建筑工程用机械销售；化工产品生产（不含许可类化工产品）；五金产品批发；五金产品零售；家用电器销售；日用百货销售（除许可业务外，可自主依法经营法律法规非禁止或限制的项目）
同受母公司间接控制	合肥国元小额贷款股份有限公司	张倩	安徽省合肥市经济技术开发区松谷路东丽景碧雅二期正泰酒店	15 000	发放小额贷款；小企业发展、管理、财务咨询服务（依法须经批准的项目，经相关部门批准后方可开展经营活动）

6.5.3 本公司与关联方的重大交易事项

6.5.3.1 固有与关联方交易情况：贷款、投资、租赁、应收账款、担保、其他方式等期初汇总数、本期发生额汇总数、期末汇总数

固有与关联方关联交易　　　　单位：万元

项目	期初数	借方发生额	贷方发生额	期末数
贷款	—	—	—	—
投资	13 923	2 000	706	15 217
租赁	—	—	—	—
担保	—	—	—	—
应收账款	—	—	—	—
其他	74 871	—	74 371	500
合计	88 794	2 000	75 077	15 717

6.5.3.2 信托与关联方交易情况：贷款、投资、租赁、应收账款、担保、其他方式等期初汇总数、本期发生额汇总数、期末汇总数

信托与关联方关联交易　　　　单位：万元

项目	期初数	借方发生额	贷方发生额	期末数
贷款	—	—	—	—
投资	65 961	34 130	35 590	64 501
租赁	—	—	—	—
担保	—	—	—	—
应收账款	—	—	—	—
其他	—	691	—	691
合计	65 961	34 821	35 590	65 192

6.5.3.3 信托公司自有资金运用于自己管理的信托项目（固信交易）、信托公司管理的信托项目之间的相互（信信交易）交易金额，包括余额和本报告年度的发生额

6.5.3.3.1 固有与信托财产之间的交易金额期初汇总数、本期发生额汇总数、期末汇总数

固有财产与信托财产相互交易 单位：万元

项目	期初数	本期发生额	期末数
合计	51 075.00	19 500.00	70 575.00

6.5.3.3.2 信托项目之间的交易金额期初汇总数、本期发生额汇总数、期末汇总数

信托资产与信托财产相互交易 单位：万元

项目	期初数	本期发生额	期末数
合计	37 367.00	19 097.00	56 464.00

6.5.4 关联方逾期未偿还公司资金的详细情况以及公司为关联方担保发生或即将发生垫款的详细情况

报告期内公司无上述事项。

6.6 会计制度的披露

公司固有业务自2008年1月1日起执行财政部2006年颁布的《企业会计准则》。

公司信托业务自2010年1月1日起执行财政部2006年颁布的《企业会计准则》。

7.财务情况说明书

7.1 利润实现和分配情况

2021年，公司实现净利润64 803.63万元，年初可供投资者分配的利润87 995.45万元，2021年因执行新金融工具准则，调整期初未分配利润合计数1 162.75万元，2021年向股东分配2020年度红利12 600万元，提取法定盈余公积金6 480.36万元，提取信托赔偿金3 240.18万元，年末可供投资者分配的利润131 641.29万元。

7.2 主要财务指标

指标名称	指标值
资本利润率（%）	7.61
加权年化信托报酬率（%）	0.22
人均净利润（万元）	378

注：1.资本利润率＝净利润/所有者权益平均余额×100%。
2.加权年化信托报酬率＝（信托项目1的实际年化信托报酬率×信托项目1的实收信托+信托项目2的实际年化信托报酬率×信托项目2的实收信托+……信托项目n的实际年化信托报酬率×信托项目n的实收信托）/（信托项目1的实收信托+信托项目2的实收信托+……信托项目n的实收信托）×100%。
3.人均净利润＝净利润/年平均人数。
4.平均值采取年初、年末余额简单平均法，公式为：a（平均）＝（年初数+年末数）/2。

7.3 对本公司财务状况、经营成果有重大影响的其他事项

无。

8.特别事项揭示

8.1 前五名股东报告期内变动情况及原因

根据公司股东深圳中海投资管理有限公司母公司中国建筑股份有限公司安排，经公司股东会2019年第一次临时会议及2020年第三次临时会议审议批准，《中国银保监会安徽监管局关于国元信托公司变更股权的批复》（皖银保监复〔2021〕33号）同意，公司股东深圳中海投资管理有限公司将其持有的公司36.6289%股权转让给中国建筑股份有限公司全资子公司中建资本控股有限公司，并于2021年2月24日完成了相关工商变更登记。

8.2 董事、监事及高级管理人员变动情况及原因

2021年4月27日，公司召开2020年度股东会，会议选举许斌、许植、朱秀玉、逄淑学、严新华、孙昂、王昊、朱艳、唐民松为公司董事（其中王昊、朱艳、唐民松为公司独立董事），组成公司第七届董事会（朱秀玉、逄淑学、严新华、孙昂、唐民松的董事任职资格经监管部门核准后生效）。选举徐景明、张美玲为公司监事，与公司职工民主推荐产生的职工代表方志龙组成公司第七届监事会。

2021年4月27日，公司召开董事会七届一次会议，选举许斌为公司董事长，逄淑学为公司副董事长（逄淑学的副董事长任职资格经监管部门核准后生效）；聘任许植担任公司总裁；聘任潘卫权、虞焰智、程碧波、陈康、刘振锋担任公司副总裁（刘振锋的副总裁任职资格经监管部门核准后生效）；聘任朱先平担任公司总会计师；聘任徐安担任公司董事会秘书。

因任期届满，芦辉、庞金营、于上游、陈德有、蒋敏不再担任公司董事职务，陈浩不再担任公司监事职务，黄庆兵不再担任公司副总裁职务。

2021年9月，公司原副总裁程碧波已达法定退休年龄，不再担任公司副总裁职务。

2021年11月，任职资格经安徽银保监局审查核准，逄淑学担任公司董事、副董事长，严新华、孙昂担任公司董

事，唐民松担任公司独立董事，刘振锋担任公司副总裁。

2022年3月3日，公司召开董事会七届三次会议、股东会2022年第一次临时会议、董事会七届四次会议，同意许斌辞去公司董事、董事长职务，许植辞去公司总裁职务。选举许植先生为公司董事长，于强先生为公司董事、总裁（许植、于强的任职资格经监管部门核准后生效）。

8.3 变更注册资本、变更注册地或公司名称、公司分立合并事项

报告期内，公司注册资本、注册地和公司名称未发生变更，未发生分立合并事项。

8.4 公司的重大诉讼事项

报告期内，公司无重大诉讼事项。

8.5 公司及其董事、监事和高级管理人员受到处罚的情况

报告期内，公司及其董事、监事和高级管理人员未发生受到处罚的情况。

8.6 中国银保监会及其派出机构对公司检查的整改情况

2021年，安徽银保监局未对公司开展现场检查，未下发《检查意见书》。公司积极贯彻落实安徽银保监局《监管意见书》（〔2021〕3号）所提出的监管意见，并将贯彻落实情况报送监管部门。

8.7 本年度重大事项临时报告的简要内容、披露时间、所披露的媒体及其版面

（1）2021年2月25日，公司在《上海证券报》信息披露第69版刊登了下列重大事项临时报告内容：

①经公司股东会2019年第一次临时会议和公司股东会2020年第三次临时会议审议同意，公司股东深圳中海投资管理有限公司将其持有的安徽国元信托有限责任公司36.6289%股权转让给中建资本控股有限公司。深圳中海投资管理有限公司和中建资本控股有限公司均为中国建筑股份有限公司的全资子公司。上述股权转让完成后公司股东持股比例如下：安徽国元金融控股集团有限责任公司持股比例49.6933%；中建资本控股有限公司持股比例36.6289%；安徽皖投投资产管理有限公司持股比例8.1649%；安徽安振产业投资集团有限公司持股比例4.5869%；安徽皖维高新材料股份有限公司持股比例0.6251%；安徽新力金融股份有限公司持股比例0.1875%；安徽省信用担保集团有限公司持股比例0.0567%；安徽国生电器有限责任公司持股比例0.0567%。

②鉴于公司股东单位名册发生变更，股东会同时对公司章程进行了修改。

此次公司股权变更事项已经中国银保监会安徽监管局审核批准，并于2021年2月24日完成了工商注册变更登记。

（2）2021年11月15日，公司在《上海证券报》信息披露第111版刊登了下列重大事项临时报告内容：

①公司第六届董事会由9名董事组成，分别为：许斌、芦辉、许植、庞金营、陈德有、于上游、蒋敏、王昊、朱艳（其中蒋敏、王昊、朱艳为公司独立董事）。现第六届董事会已任期届满，公司2020年度股东会对公司董事会进行换届选举，芦辉、庞金营、陈德有、于上游、蒋敏不再担任公司董事。

②经公司2020年度股东会选举，任职资格报中国银保监会安徽监管局审查核准（皖银保监复〔2021〕236号），逢淑学、严新华、孙昂担任公司董事，唐民松担任公司独立董事。

③经公司董事会七届一次会议审议通过，任职资格报中国银保监会安徽监管局审查核准（皖银保监复〔2021〕236号），逢淑学担任公司副董事长。

8.8 中国银保监会及其省级派出机构认定的其他有必要让客户及相关利益人了解的重要信息

报告期内，公司已按有关规定充分披露相关信息，无银保监会及其省级派出机构认定的其他有必要让客户及相关利益人了解的重要信息。

安信信托股份有限公司

1. 重要提示

1.1 2021年度报告摘要来自年度报告全文，为全面了解本公司的经营成果、财务状况及未来发展规划，投资者应当到上海证券交易所网站等中国证监会指定媒体上仔细阅读年度报告全文。

1.2 公司董事会、监事会及董事、监事、高级管理人员保证年度报告内容的真实性、准确性、完整性，不存在虚假记载、误导性陈述或重大遗漏，并承担个别和连带的法律责任。

1.3 公司全体董事出席董事会会议。

1.4 立信会计师事务所（特殊普通合伙）为公司出具了标准无保留意见的审计报告。

1.5 董事会决议通过的本报告期利润分配预案或公积金转增股本预案。

经立信会计师事务所（特殊普通合伙）审计确认，公司2021年度实现归属于母公司股东的净利润-112 920.96万元，期末可供分配利润为-1 053 282.48万元。

鉴于公司2021年度利润为负数，根据公司章程有关规定，综合考虑公司发展阶段和下一步经营需要，2021年公司不进行利润分配，也不进行资本公积金转增股本。

2. 公司基本情况

2.1 公司简介

公司股票简况				
股票种类	股票上市交易所	股票简称	股票代码	变更前股票简称
A股	上海证券交易所	ST安信	600816	*ST安信

联系人和联系方式	董事会秘书	证券事务代表
姓名	王岗	—
办公地址	上海市黄浦区广东路689号海通证券大厦29楼	—
电话	021-63410710	—
电子信箱	600816@anxintrust.com	—

2.2 报告期公司主要业务简介

信托业是国家金融体系的重要组成部分，在国家经济建设的不同发展阶段发挥着不可缺少的重要作用。2018年以来，随着"资管新规"和"两压一降"监管政策的出台，信托行业下行压力加大。近年来，信托公司在监管部门指导下，通过压降融资和通道类业务规模、改善业务结构、提升主动管理能力，促进转型发展，逐步回归本源。

2.2.1 报告期内信托行业资产管理规模和经营业绩逐渐企稳

根据中国信托业协会网站公布的相关数据和资料，截至2021年第四季度末，信托行业管理的信托资产规模余额20.55万亿元，比2020年末的20.49万亿元增加600亿元，信托资产规模自2017年达到26.25万亿元峰值以来，2018—2020年渐次回落，分别降至22.70万亿元、21.61万亿元和20.49万亿元，这一下行趋势在2021年前3个季度出现了明显的企稳迹象，到第四季度实现了止跌回升。从经营业绩来看，2018—2020年，信托业收入规模总体平稳，但利润总额持续下降，同比降幅分别为11.20%、0.65%、19.79%，2021年度实现了企稳回升，全行业实现利润总额601.67亿元，同比增长了3.17%。

2.2.2 报告期内信托行业结构调整显著

（1）信托来源发生实质变化，单一资金信托加速下降、集合资金信托稳步增长、管理财产信托快速增长。根据中国信托业协会发布的《2021年第四季度末信托公司主要业务数据》，截至2021年底，上述三项信托规模分别为4.42万亿元、10.59万亿元、5.54万亿元，同比变动幅度分别为-28.00%、4.10%、32.53%，占比分别为21.49%（比2020年末下降8.45%）、51.53%（比2020年末提高1.89%）、26.98%（比2020年末提高6.56%）。

（2）信托功能发生重大变化，在信托管理功能上，2018—2021年，主动管理信托呈现持续上升趋势，事务管理类信托呈现持续下降趋势，但无论是主动管理信托还是事务管理类信托，其内部结构也在持续发生分化，主动管理信托中的融资类信托加速下降，投资类信托则持续上升，事务管理类信托中的通道信托加速下降，而服务信托则快速上升。

（3）信托投向发生较大变化，资金信托投向工商企业的占比保持相对平稳，投向证券市场的占比大幅提升，投向基础产业、房地产和金融机构三大领域的占比呈现持续下降势头。

2.2.3 2021年以来信托行业重要监管举措

（1）2021年2月，银保监会召开2021年度信托监管工作会议，会议要求2021年继续压降信托通道业务规模及违规融资类业务规模加大对表内外风险资产的处置。

（2）2021年2月18日，银保监会下发《银行保险机构声誉风险管理办法（试行）》，要求银行保险机构建立与自身情况及外部环境相适应的声誉风险治理架构、制度和流程，落实母公司声誉风险管理有关要求，做好本机构声誉风险的监测、防范和处置工作。

（3）2021年3月12日，银保监会下发《关于辖内信托公司做好"两项业务"压降及风险资产处置相关工作的通知》，2021年11月17日，银保监会下发《关于进一步推进信托公司"两项业务"压降有关事项的通知》，对信托投资项目分类进行严格划分、明确"两项业务"压降规模的要求。

（4）2021年5月11日，银保监会下发布了《关于推进信托公司与专业机构合作处置风险资产的通知》，探索多种模式处置信托业风险资产，构建信托业风险资产处置市场化机制，明确鼓励信托与资产管理公司（AMC）之间的合作，规范信托业务风险资产转让业务的条款。

（5）2021年5月，银保监会下发《银行保险机构董事监事履职评价办法（试行）》，明确监事会对董事监事履职评价工作承担最终责任，从忠实、勤勉、专业性、独立性和道德水准、合规性五个维度确定董事监事职责，旨在规范董事监事履职行为，推动提升履职质效。

（6）2021年6月2日，银保监会下发《银行保险机构公司治理准则》，明确了各治理主体的职责，强化了治理机制运行的规范性。作为银行业保险业公司治理的纲领性监管制度，该准则的制定发布有利于健全银行保险机构公司治理机制，进一步提升公司治理的科学性和有效性，推动银行业保险业实现更高质量发展，促进金融更好服务构建新发展格局。

（7）2021年6月3日，银保监会下发《银行保险机构恢复和处置计划实施暂行办法》，指导银行保险机构未雨绸缪、防患于未然，从制度上预先筹划重大风险情况下的应对措施，有利于压实金融机构主体责任和股东责任，强化金融机构审慎经营意识，持续提升防范化解风险能力。

（8）2021年6月21日，银保监会下发《银行保险机构关联交易管理办法（征求意见稿）》，并于2022年1月14日正式下发《银行保险机构关联交易管理办法》，规范银行保险机构关联交易行为，防范关联交易风险，促进银行保险机构安全、独立、稳健运行。

（9）2021年7月30日，银保监会下发《关于清理规范信托公司非金融子公司业务的通知》（银保监办发〔2021〕85号），通知以"压缩层级、规范业务"为主要思路，加强信托公司境内一级非金融子公司管控，明确清理规范工作安排。

（10）2021年10月14日，银保监会下发《银行保险机构大股东行为监管办法（试行）》，进一步加强股东股权监管，完善银行保险机构公司治理。

2.2.4 主要业务

2.2.4.1 固有业务

固有业务指信托公司运用自有资本开展的业务，主要包括但不限于贷款、租赁、投资、同业存放、同业拆放等。该类业务由公司固有业务部负责。

报告期内，公司的利息收入及投资收益情况如下表所示。

单位：万元

项目	2021年	2020年	2019年
利息净收入	−122 757.00	−108 078.47	−34 988.52
其中：利息收入	437.01	5 688.98	11 009.00
利息支出	123 194.01	113 767.45	45 997.52
投资收益	107 990.12	119.51	−28 723.49
公允价值变动收益	6 016.98	−42 844.54	1 301.75

2.2.4.2 信托业务

信托业务是指公司作为受托人，以收取报酬为目的开展接收信托和处理信托事务的经营行为。公司的信托业务主要由各信托业务部门负责经营。

报告期内，公司与信托业务相关的收入体现在手续费及佣金收入中，具体情况如下表所示。

单位：万元

项目	2021年	2020年	2019年
手续费及佣金收入	22 030.55	24 132.79	36 805.01
其中：信托报酬	21 827.35	23 977.98	35 808.50
手续费及佣金支出	—	—	1 141.21
手续费及佣金净收入	22 030.55	24 132.79	35 663.80

2.2.5 公司的经营模式

公司以基于实体经济的主动管理信托业务为核心主业。固有业务以自有资金服务主业为宗旨。

3. 公司主要会计数据和财务指标

3.1 近3年的主要会计数据和财务指标

项目	2021年	2020年	本年比上年增减（%）	2019年
总资产	16 961 324 456.26	19 932 118 143.30	-14.90	20 793 667 846.30
归属于上市公司股东的净资产（元）	249 553 313.66	892 905 150.86	-72.05	7 630 907 984.22
营业收入（元）	—	—	—	—
扣除与主营业务无关的业务收入和不具备商业实质的收入后的营业收入（元）	224 675 597.89	298 217 735.22	-24.66	—
归属于上市公司股东的净利润（元）	-1 129 209 611.93	-6 738 002 833.36	83.24	-3 992 827 810.26
归属于上市公司股东的扣除非经常性损益的净利润（元）	-873 997 803.36	-5 814 069 548.47	84.97	-3 988 170 584.24
经营活动产生的现金流量净额	148 114 277.66	477 283 511.59	-68.97	703 308 790.38
加权平均净资产收益率（%）	-345.82	-158.10	减少187.72个百分点	-41.55
基本每股收益（元/股）	-0.2065	-1.2320	83.24	-0.7301
稀释每股收益（元/股）	-0.2065	-1.2320	83.24	-0.7301

3.2 报告期分季度的主要会计数据

	第一季度（1—3月）	第二季度（4—6月）	第三季度（7—9月）	第四季度（10—12月）
营业收入（元）				
营业总收入（元）	58 667 217.02	56 082 083.99	58 123 315.86	51 802 981.02
归属于上市公司股东的净利润（元）	-727 243 101.51	-420 269 484.60	-671 396 168.09	689 99 142.27
归属于上市公司股东的扣除非经常性损益后的净利润（元）	-543 513 068.06	-257 722 878.35	-487 062 014.15	414 300 157.20
经营活动产生的现金流量净额（元）	-15 598 445.17	99 319 806.35	35 296 421.01	29 096 495.47

季度数据与已披露定期报告数据差异说明
□适用 ☑不适用

4. 股东情况

4.1 报告期末及年报披露前一个月末的普通股股东总数、表决权恢复的优先股股东总数和持有特别表决权股份的股东总数及前10名股东情况

截至报告期末普通股股东总数（户）	73 253
年度报告披露日前上一月末的普通股股东总数（户）	68 139
截至报告期末表决权恢复的优先股股东总数（户）	—
年度报告披露日前上一月末表决权恢复的优先股股东总数（户）	—

前10名股东持股情况

股东名称（全称）	报告期内增减（股）	期末持股数量（股）	比例（%）	持有有限售条件的股份数量（股）	质押、标记或冻结情况		股东性质
					股份状态	数量（股）	
上海国之杰投资发展有限公司	—	2 867 929 342	52.44	204 847 399	冻结	2 017 929 342	境内非国有法人
瀚博汇鑫（天津）投资有限公司	-1 308 829	158 016 927	2.89	—	质押	158 016 927	境内非国有法人
日照银行股份有限公司	136 564 932	136 564 932	2.5	—	无	—	国有法人
上海公信实业有限公司	-53 699 147	105 606 630	1.93	—	无	—	境内非国有法人
梁建业	199 800	53 114 117	0.97	—	无	—	境内自然人

续表

股东名称（全称）	报告期内增减（股）	期末持股数量（股）	比例（%）	持有有限售条件的股份数量（股）	质押、标记或冻结情况		股东性质
					股份状态	数量（股）	
上海方圆达创投资合伙企业（有限合伙）—方圆—东方43号私募投资基金	—	18 234 200	0.33	—	无	—	其他
上海方圆达创投资合伙企业（有限合伙）—方圆—东方8号私募投资基金	—	17 182 080	0.31	—	无	—	其他
俞仲庆	9 690 600	12 600 000	0.23	—	无	—	境内自然人
上海方圆达创投资合伙企业（有限合伙）—方圆—东方11号私募投资基金	—	12 477 736	0.23	—	无	—	其他
梁稀	-1 967 152	10 380 000	0.19	—	无	—	境内自然人
上述股东关联关系或一致行动的说明	公司股东中上海国之杰投资发展有限公司为本公司实际控制人高天国先生控制的企业，其余股东本公司未知是否存在关联关系与一致行动的情况						
表决权恢复的优先股股东及持股数量的说明							

4.2 公司与控股股东之间的产权及控制关系

☑适用　□不适用

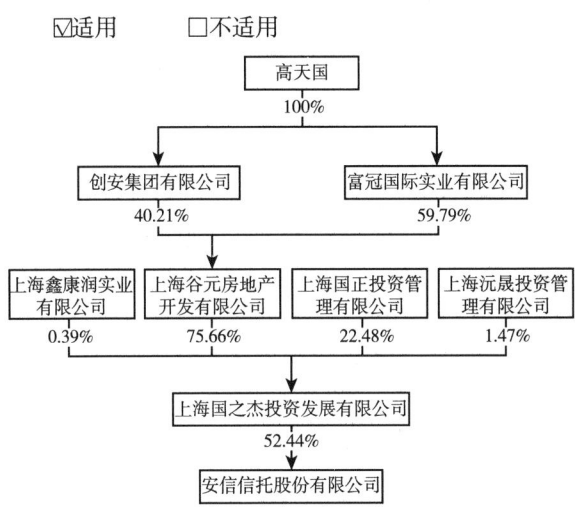

4.3 公司与实际控制人之间的产权及控制关系

□适用　☑不适用

4.4 报告期末公司优先股股东总数及前10名股东情况

□适用　☑不适用

4.5 公司债券情况

□适用　☑不适用

5. 重要事项

公司应当根据重要性原则，披露报告期内公司经营情况的重大变化，以及报告期内发生的对公司经营情况有重大影响和预计未来会有重大影响的事项。

2021年度公司实现营业总收入22 467.56万元，实现归属于母公司所有者的净利润-112 920.96万元。截至2021年12月31日，公司总资产1 696 132.45万元，归属于母公司所有者权益24 955.33万元，每股净资产0.045 6元，资产负债率94.36%。根据立信会计师事务所（特殊普通合伙）出具的2021年度审计报告，截至2021年12月31日，公司合并报表未分配利润为-10 532 824 817.60元，公司实收股本为5 469 137 919元，未弥补亏损超过实收股本总额。

5.1 业务开展情况

5.1.1 固有业务方面

公司2021年度亏损金额较2020年度有较大幅度收窄，主要原因为公司与中国银行及信保基金就公司部分债务达成和解，相关债务重组利得增加，导致本年度亏损减少。

5.1.2 信托业务方面

截至报告期末，存续信托项目212个，受托管理信托资产规模1 453.63亿元；2021年度已完成清算的信托项目37个，清算信托规模60.71亿元；本年度新增设立信托项目1个，新增信托规模0.05亿元。其中，新增单一类信托项目1个，实收信托规模0.05亿元。

5.2 重大风险化解情况

本报告期内，公司继续严格按照相关法律、法规及规范性文件的要求，积极推进风险化解重大事项的各项工作。

5.2.1 制定非公开发行股票方案，推动股权重组相关事项

报告期内，公司正式推出非公开发行股票方案，拟向特定对象上海砥安投资管理有限公司（简称上海砥安）非公开发行股票不超过4 375 310 335股，本次非公开发行后上海砥安将持有公司44.44%的股份，成为公司的控股股东。2022年2月18日，公司召开2022年第一次临时

股东大会，审议通过了非公开发行股票方案的相关事项。目前，关于本次非公开发行股票的行政审批申请等相关工作正在有序推进。

5.2.2 协商达成表内债务和解，推动和解方案落地实施

公司与相关各方经过前期商务谈判，就重大资产重组和总体风险化解的方案逐渐形成一致意见。2021年7月23日，公司召开第八届董事会第十次会议，审议通过了《关于公司和中国银行、信保基金签署〈债务和解协议〉的议案》及相关议案。公司拟与信托保障基金、信托保障基金公司和中国银行分别签订《债务和解协议》。《债务和解协议》签署后，各协议项下所列各项抵债资产的权利将分别转移给信托保障基金和信托保障基金公司、中国银行，以此抵偿公司分别对信托保障基金、信托保障基金公司和中国银行负有的全部或部分债务。其中，公司将所持有部分资产的全部权利转移给中国银行上海市分行用于抵偿公司对其到期未偿还债务，构成重大资产出售。2021年12月10日，公司召开2021年第一次临时股东大会，审议通过了关于重大资产出售方案的相关事项，标志着本次重大资产重组相关协议正式生效并开始实施。根据相关协议，公司将所持有的大童保险销售服务有限公司股权通过司法处置的方式进行变卖所得款项已偿付信托保障基金公司债务，信托保障基金公司正式函复公司同意豁免《债务和解协议》项下剩余待和解债务约6.76亿元；同时，控股股东所持有并质押的本公司部分股份司法处置事项以及其他抵债资产解除权利限制和资产交割等工作均在有序推进中。

5.2.3 着力推动机构投资者和解

2021年以来，在有关部门指导下，经充分协商，大量保底承诺持有人与公司达成了和解。截至本报告披露日，绝大多数保底承诺得以消除，保底承诺余额为20.07亿元。

5.2.4 配合自然人受益权转让工作

自然人信托投资者风险化解是安信信托风险处置工作的重要组成部分。2021年12月27日起至2022年1月28日期间，公司接受上海维安投资管理有限公司委托组织了面向全体自然人信托投资者信托受益权转让工作。截至2022年1月28日受让工作结束，自然人投资者总体签约率超过94%。对于已经签约转让信托受益权的自然人客户，在协议约定的条件成就后，信托受益权将登记至受让方，自然人信托投资者取得转让资金实现退出；对未转让信托受益权的自然人客户，安信信托将继续履行受托人义务，从其信托利益最大化角度，争取信托计划的较优处置，同时及时对特定投资者披露信托计划相关信息，继续做好客户服务工作。

5.3 加强内部管理、提升科学决策水平

（1）2021年公司增补高管完善组织架构、市场化招聘法律合规、特资管理等专业人才充实团队；建立联席经营办公会工作机制，完善信托业务决策委员会、固有业务决策委员会、特殊资产处置委员会（新设）管理；针对底层资产逾期严重的实际情况，对资产保全部进行定位提升，将其从原单纯诉讼案件被动管理提升为诉讼和特资管理双重职能，实现了从风险控制"第二道防线"迈前一步的改革；报告期内，公司制定颁布《规章制度管理办法》《非法律中介机构服务管理办法》《案件处置管理办法》《业务人员对外业务行为管理规范及操作规程》《特殊资产管理业务管理办法》等一系列制度，对原制度体系进行查遗补缺，提升管理规范。

（2）为强化第三道防线的监督职能，公司建立稽核审计部列席的工作规范，全程参与所有固有、信托、特资业务的决策委员会会议，对公司的重要业务、重点事项进行动态监督和评价，并尝试性开展飞行检查、专项检查等专项工作，且监督责任部门落实对工作中发现的管理漏洞和操作风险点的整改工作，以期达到闭环管理。

（3）为强化全员风险意识、提升团队专业度，公司开展了培训工作，培训内容覆盖法规解读、制度培训，以及破产、担保等领域的专业知识。

（4）公司年度报告披露后存在退市风险警示或终止上市情形的，应当披露导致退市风险警示或终止上市情形的原因。

□适用　　☑不适用

百瑞信托有限责任公司

1. 重要提示

1.1 公司董事会及董事保证本报告所载资料不存在任何虚假记载、误导性陈述或者重大遗漏，并对其内容的真实性、准确性和完整性承担个别及连带责任。

1.2 公司全体董事出席了董事会。无董事声明异议。

1.3 公司独立董事曾刚先生、王京宝先生、任志毅先生声明：保证本年度报告内容的真实性、准确性和完整性。

1.4 立信会计师事务所（特殊普通合伙）为本公司出具了标准无保留意见的审计报告。

1.5 公司总经理苏小军先生、副总经理张迎军先生和计划财务部总经理宋红霞女士声明：保证本年度报告中财务报告的真实、完整。

2. 公司概况

2.1 公司简介

2.1.1 公司历史沿革

公司前身为郑州信托投资公司，始建于1986年4月，初始注册资本为人民币1 000万元，注册地河南省郑州市；1988年7月，公司开始与郑州市财务开发公司合署办公；1990年11月，郑州市财政局将公司的注册资本补充至5 006.7万元；1992年10月，公司与郑州市财务开发公司分设重组，1993年2月重组开业；2002年9月，经中国人民银行总行批准，公司重新登记，更名为百瑞信托投资有限责任公司，注册资本人民币35 000万元；2007年11月，经中国银行保险监督管理委员会（以下简称银保监会）批准，公司换领新的金融许可证后更名为百瑞信托有限责任公司。自2008年3月起，公司历经数次增资扩股，截至2021年末注册资本为400 000万元。

2.1.2 公司法定中文名称：百瑞信托有限责任公司
中文简称：百瑞信托
公司法定英文名称：BRIDGE TRUST CO. Ltd.
英文缩写：BRTC
公司法定代表人：赵长利
公司注册地址：河南自贸试验区郑州片区（郑东）商务外环路10号中原广发金融大厦
邮政编码：450018
公司网址：www.brxt.net
公司电子信箱：brxt@brxt.net

2.1.3 公司负责信息披露事务的高级管理人员：副总经理兼董事会秘书王克槿女士
联系电话：0371-65817171
电子信箱：wkj@brxt.net

2.1.4 公司负责信息披露事务的联系人：董事会办公室副总经理韩俊杰先生
联系电话：0371-65817027
电子信箱：hanjj@brxt.net
传真：0371-69177300

2.1.5 公司选定的信息披露报纸：《上海证券报》

2.1.6 公司年度报告备置地点：董事会办公室

2.1.7 公司聘请的会计师事务所：立信会计师事务所（特殊普通合伙）
住所：上海市黄浦区南京东路61号4楼

2.1.8 公司聘请的律师事务所：（1）北京市汉坤律师事务所，住所：北京市东城区东长安街一号东方广场C1座9-12层；（2）河南文丰律师事务所，住所：河南省郑州市郑东新区九如路51号龙湖一号院2号楼B座

2.2 公司组织结构

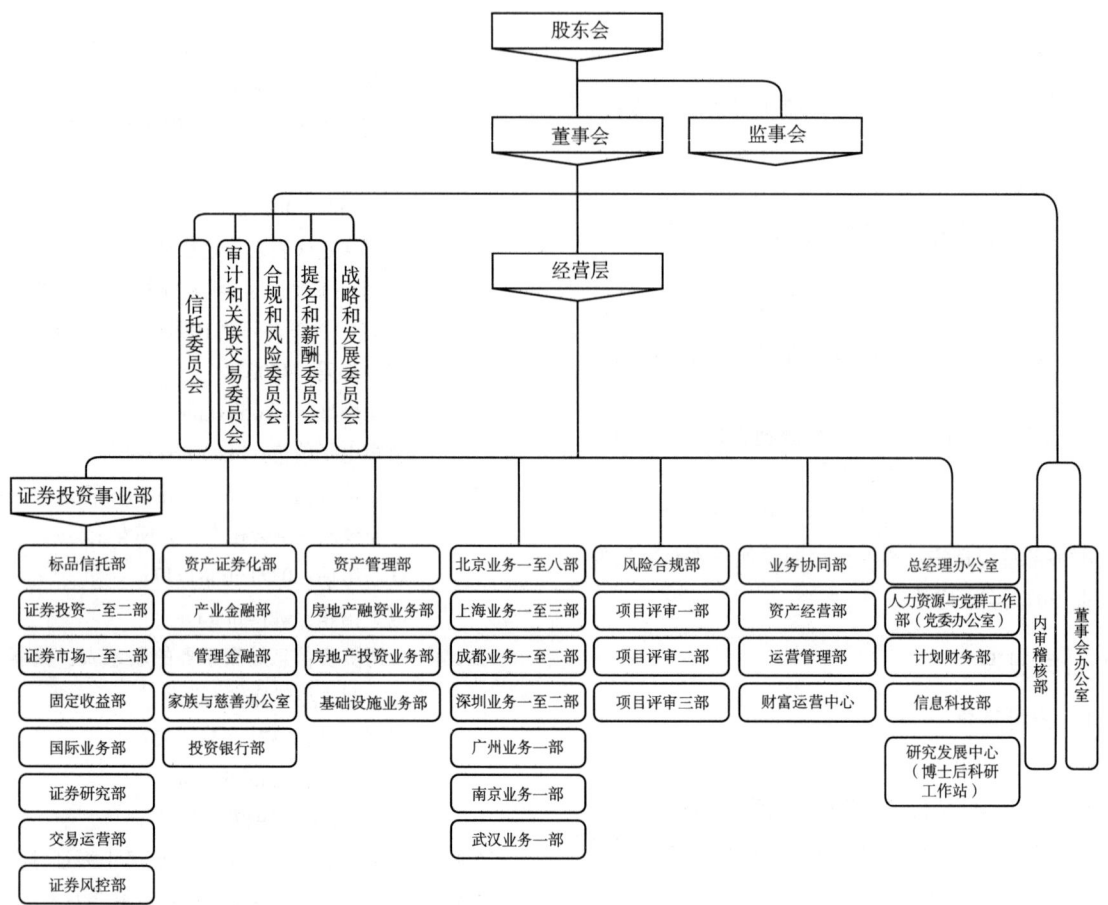

3.公司治理

3.1 股东

3.1.1 股东情况

截至2021年12月31日，公司共有8家股东，最终实际控制人为国家电力投资集团有限公司（以下简称国家电投集团）。公司控股股东国家电投集团资本控股有限公司（以下简称资本控股）为国家电投集团二级单位国家电投集团东方新能源股份有限公司的全资子公司。以下是持有本公司5%以上（含5%）出资比例的股东情况。

股东名称	持股比例（%）	法定代表人	注册资本（亿元）	注册地址	主要经营业务及2021年末主要财务情况
国家电投集团资本控股有限公司	50.24	韩志伟	73.99	北京市西城区金融大街28号院3号楼	主要经营业务：股权投资与资产管理；资产受托管理；投、融资业务的研发与创新；委托与受托投资；为企业重组、并购、创业投资提供服务；投资顾问、投资咨询；有色金属产品销售；组织展览、会议服务 主要财务情况（合并报表）：资产总额：2 848 952万元，负债总额：761 313.72万元；所有者权益总额：2 087 638.28万元
摩根大通	19.99	—	—	c/o CT Corporation 1209 Orange Street Wilmington DE2 DE 19801-1120 United States	主要经营业务：零售及社区银行，企业及投资银行，商业银行和资产管理 主要财务情况（合并报表）：资产总额37 435.67亿美元，负债总额34 494.40亿美元，所有者权益总额2 941.27亿美元
郑州市财政局	15.65	赵新民	—	郑州市兴华南街39号	政府职能部门

3.1.2 持有本公司5%以上（含5%）出资股东的主要股东情况

3.1.2.1 资本控股主要股东情况

主要股东名称	持股比例（%）	法定代表人	注册资本（亿元）	注册地址	主要经营业务及2021年末主要财务情况
国家电投集团东方新能源股份有限公司	100	李固旺	53.83	河北省石家庄市建华南大街161号	主要经营业务：风力发电（限分支机构经营）、太阳能发电；热力供应；代收代缴热费；自有房屋租赁；电力的生产（限分支机构经营）。电力设施及供热设施的安装、调试、检修、运行维护；供热设备、电力设备及配件的销售；售电；电能的输送与分配活动；充电桩的建设与运营。主要财务情况（合并报表）：资产总额4 729 971.55万元，负债总额2 187 875.83万元，所有者权益2 542 095.72万元

3.1.2.2 摩根大通主要股东情况

主要股东名称	持股比例（%）	法定代表人	注册资本	注册地址	主要经营业务
The Vanguard Group	8.8	—	—	100 Vanguard Blvd. Malvern PA 19355 the USA	投资管理
BlackRock Inc.	6.5	—	—	55 East 52nd Street New York NY10055 the USA	投资管理

注：此处主要股东指截至2021年12月31日持有摩根大通5%以上（含5%）普通股股份的股东。

3.1.2.3 郑州市财政局为机关法人

3.2 董事

3.2.1 公司董事会成员

姓名	职务	性别	年龄（岁）	选任日期	任期（年）	所推举的股东名称	股东持股比例（%）	简要履历
赵长利	董事长	男	48	2021年12月8日	3	资本控股	50.24	曾在内蒙古霍林河矿务局建安总公司、内蒙古霍煤集团宏达建安公司、内蒙古霍煤集团、中电霍煤集团、中电投蒙东能源集团工作；2009年5月至2013年6月在中国电力投资集团公司财务与产权管理部任会计核算与税务管理处处长（2011年6月部门更名为财务部）；2013年6月至2015年7月任中电投融和控股投资有限公司党组成员、中电投财务有限公司党组成员、副总经理（2014年5月核准任职），中电投资金结算管理中心副主任（期间：2014年2月至2016年12月兼任中电投融和融资租赁有限公司董事长、中电投融和资产管理有限公司执行董事）；2015年7月至2019年4月任国家电投集团资本控股有限公司党组成员、副总经理［（2017年2月改任党委委员、副总经理），期间：2015年12月至2017年7月兼任中电投融先融期货有限公司董事长，2016年8月至2020年12月兼任中电投融（上海）资产管理有限公司执行董事，2016年12月至2018年12月挂职四川省交通运输厅党组成员、副厅长］；2019年4月至2021年12月任国家电投集团资本控股有限公司董事、总经理、党委副书记（期间：2019年6月至2021年9月兼任中电投先融期货股份有限公司董事长）；2021年12月至今任国家电力投资集团有限公司商业模式创新中心总监，百瑞信托有限责任公司董事长
陈立	董事	男	49	2020年6月9日	3	资本控股	50.24	曾在湖南省建行湖南电力专业分行、建行长沙市迎宾办事处、建行长沙市马王堆办事处工作；2010年7月至2016年3月分别在国家核电技术公司财务部、国核财务有限公司资金部、中电投财务有限公司计划资金部任业务主管、副经理及副总经理（部门总经理级）；2016年3月至2016年7月在国家电投集团资本控股有限公司战略发展部任副总经理（部门总经理级）；2016年7月至2018年5月在国家电投集团资本控股有限公司战略发展部任经理；2018年5月至今在国家电投集团资本控股有限公司任总经理助理兼战略发展部总经理
袁飞	董事	男	48	2020年6月9日	3	资本控股	50.24	曾在南阳蒲山电厂、南阳蒲山发电运营中心、南阳方达发电运行有限公司、南阳热电有限责任公司工作；2008年8月至2014年7月在中电投河南电力有限公司历任党群工作部、人力资源部薪酬、劳动组织主管、高级主管；2014年7月至2017年2月分别在中电投融和控股投资有限公司、国家电投集团资本控股有限公司人力资源部薪酬绩效经理；2017年2月至2018年5月在国家电投集团资本控股有限公司人力资源部任副总经理；2018年5月至2019年1月在国家电投集团有限公司人力资源部任副总经理（主持工作）；2019年1月至今在国家电投集团资本控股有限公司人力资源部任总经理
苏小军	执行董事	男	49	2020年6月9日	3	资本控股	50.24	曾任百瑞信托有限责任公司信托业务二部总经理、业务总监；2012年7月至2018年1月任百瑞信托有限责任公司副总裁，2018年1月至2018年2月任百瑞信托有限责任公司副总裁、党支部书记（2017年12月至2018年2月代为履行总裁职权）；2018年2月至2018年4月任百瑞信托有限责任公司总裁、党支部书记；2018年4月至2018年12月任百瑞信托有限责任公司总裁、执行董事、党支部书记；2018年12月至今任百瑞信托有限责任公司总经理、党委副书记、执行董事（2021年11月至今兼任郑州银行股份有限公司董事）
张盼盼	董事	女	51	2020年8月12日	3	郑州股东	29.77	1991年9月至1995年12月郑州市财政局办事员；1995年12月至2005年7月郑州市预算外资金管理局会计科员；2005年7月至2009年1月郑州市预算外资金管理局副主任科员；2009年1月至2014年4月郑州市预算外资金管理局综合处副处长；2014年4月至2020年5月中原土地储备中心财务处处长；2020年5月至今郑州市中融创产业投资有限公司财务总监

续表

姓名	职务	性别	年龄（岁）	选任日期	任期（年）	所推举的股东名称	股东持股比例（%）	简要履历
王建伟	董事	男	54	2020年6月9日	3	郑州股东	29.77	曾在郑州惠济区政府办公室、郑州市公用事业局工作，2002年4月至2015年8月在郑州市污水净化有限公司历任纪委书记、副总经理、党委书记、总经理；2015年8月至今，在郑州自来水投资控股有限公司任党委委员、董事、副总经理
曹路	董事	男	54	2020年8月24日	3	摩根大通	19.99	1989年7月至1997年4月在中国银行北京分行任经理；1997年4月至1998年2月在加拿大蒙特利尔银行北京分行任高级经理；1998年2月至1999年7月在德国德累斯登北京分行任高级经理；1999年7月至2007年8月在美国摩根大通银行北京分行任首运部经理、副行长；2007年8月至2019年12月在摩根大通银行（中国）有限公司，历任北京分行副行长、总行合规负责人、董事会秘书、首席运营官及副行长等职务；2020年1月至今在摩根大通亚洲咨询（北京）有限公司，任董事长兼总经理
张迎军	职工董事	男	52	2020年6月9日	3	—	—	曾在中国人民银行濮阳市中心支行、濮阳银监分局、新乡银监分局工作；2013年6月至2015年11月在河南银监局党委办公室任副主任、非银行业金融机构监管处副处长（主持工作）；2015年11月至2017年4月在信阳银监分局任党委书记、局长；2017年4月起在百瑞信托有限责任公司工作，2017年6月至2017年8月任百瑞信托有限责任公司副总裁；2017年8月至2018年4月任百瑞信托有限责任公司党支部书记、副总裁；2018年4月至2018年12月任百瑞信托有限责任公司党支部书记、副总裁、职工董事；2018年12月至今任百瑞信托有限责任公司党委书记、副总经理、职工董事

注：1. 郑州市财政局、郑州自来水投资控股有限公司、郑州市金水区财政局、巩义市财政局、登封市财政局和中牟县财政局合称为"郑州股东"。
2. "选任日期"栏中赵长利董事长、张盼盼董事、曹路董事任职时间为监管部门核准资格时间，任期与本届董事会相同，其他董事任职时间为公司股东会审议通过时间。

3.2.2 公司独立董事

姓名	所在单位及职务	性别	年龄（岁）	选任日期	所推举的股东名称	该股东持股比例（%）	简要履历
曾刚	国家金融与发展实验室副主任，上海金融与发展实验室主任，教授，博士生导师	男	47	2020年6月9日	资本控股	50.24	2003年7月至2005年9月在中国社会科学院金融研究所货币理论与政策研究室任助理研究员；2005年9月至2008年10月在中国社会科学院金融所国际金融与经济研究中心任副主任、副研究员；2008年10月至2015年12月在中国社会科学院金融所银行研究室历任副主任、副研究员、主任、研究员；2015年12月至2018年5月，中国社会科学院金融研究所银行研究室主任；2018年5月至2020年9月，中国社会科学院金融研究所副所长；2020年9月至今，国家金融与发展实验室副主任，上海金融与发展实验室主任，教授，博士生导师，多所高校兼职教授
王京宝	河南大正律师事务所合伙人律师、主任	男	59	2020年6月9日	郑州股东	29.77	曾在许昌地区中级人民法院、许昌地区律师事务所、河南省经济律师事务所工作；1997年3月至今任河南大正律师事务所合伙人律师、主任
任志毅	上海市方达律师事务所合伙人律师	男	46	2020年6月9日	摩根大通	19.99	2003年10月至2011年3月在年利律师事务所任律师、资深律师；2011年3月至2013年3月在第一创业摩根大通证券有限公司任法务合规部主管；2013年3月至2016年6月在摩根大通中国区任合规总监；2016年6月至今在上海市方达律师事务所任合伙人律师

3.3 监事

姓名	职务	性别	年龄（岁）	选任日期	任期（年）	所推举的股东名称	股东持股比例（%）	简要履历
张玉柱	监事会主席	男	60	2020年6月9日	3	郑州股东	29.77	曾在郑州煤炭管理干部学院、郑州市经济体制改革委员会工作；2001年10月至2016年3月在郑州市财政局历任综合规划处处长，商贸金融处处长，税费条法处处长；2016年3月至2017年4月在郑州市财政局任总经济师；2017年4月至2018年11月在郑州市财政局任总经济师，百瑞信托有限责任公司监事会主席；2018年11月至今任百瑞信托有限责任公司监事会主席
高鹏飞	监事	男	52	2020年6月9日	3	资本控股	50.24	曾在山东电力集团公司财务部、审计办公室综合审计处工作；2008年4月至2016年3月在国家电投保险经纪公司历任总经理助理、副总经理、执行董事兼总经理；2016年3月至2018年5月在国家电投集团资本控股有限公司任总经理助理兼审计监察部总经理；2018年5月至2021年11月在国家电投集团资本控股有限公司任总经理助理专职董事监察办公室主任；2021年11月至今在国家电投集团资本控股有限公司任总审计师
董生玉	监事	男	47	2020年6月9日	3	资本控股	50.24	曾在中瑞华恒信会计师事务所、安永华明会计师事务所、毕马威华振会计师事务所工作；2008年3月起至2014年5月在中电投财务有限公司历任结算管理部会计主管、投资管理部投行业务经理、总经理助理兼财务顾问经理；2014年5月至2016年12月分别在中电投融和控股投资有限公司、国家电投集团资本控股有限公司历任监察审计与风险管理部副总经理、审计与风险管理部副总经理；2016年12月至2018年5月在国家电投集团资本控股有限公司监察审计部任副总经理；2018年5月至2018年8月在国家电投集团资本控股有限公司财务管理部任副总经理（主持工作）；2018年8月至2018年12月在国家电投集团资本控股有限公司财务管理部任总经理；2018年12月至今在国家电投集团资本控股有限公司计划财务部任总经理
梁斌	监事	男	48	2020年6月9日	3	摩根大通	19.99	1997年8月至2005年7月在香港高伟绅国际律师事务所工作；2005年7月至今在摩根大通法律部任职，现任摩根大通集团中国区法律总监

续表

姓名	职务	性别	年龄（岁）	选任日期	任期（年）	所推举的股东名称	股东持股比例（%）	简要履历
申中辉	监事	男	49	2020年6月9日	3	郑州股东	29.77	1995年12月至1998年10月在巩义市站街镇财政所工作；1998年10月至2011年10月，在巩义市投资评审中心工作；2011年10月至2022年2月，在巩义市财政局国有资产管理科工作；2022年2月至今在巩义市投资评审中心工作
高志杰	职工监事	男	48	2020年6月9日	3	—	—	1997年8月至2003年11月在中国建设银行股份有限公司濮阳分行任对公会计、对公客户经理、票据中心主任；2008年10月至2018年12月在百瑞信托有限责任公司研究发展中心（含博士后工作站）先后任研究员、高级研究员、副总经理、总经理；2018年12月至2019年4月在百瑞信托有限责任公司任研究发展中心（含博士后工作站）总经理、纪委委员；2019年4月至2019年12月在百瑞信托有限责任公司任业务总监兼研究发展中心（含博士后工作站）总经理、纪委委员；2019年12月至2021年1月在百瑞信托有限责任公司任业务总监，纪委委员；2021年1月至2022年3月在百瑞信托有限责任公司任业务总监兼证券投资事业部总经理、纪委委员；2022年3月至今，在百瑞信托有限责任公司任证券研究部总经理、纪委委员
郭晓茹	职工监事	女	37	2020年6月9日	3	—	—	2010年7月至2011年12月在百瑞信托有限责任公司信托业务二部任信托助理；2011年12月至2016年2月在百瑞信托有限责任公司房地产业务部任信托经理、高级信托经理；2016年2月至2017年7月在百瑞信托有限责任公司房地产融资业务部任副总经理；2017年7月至2018年3月在百瑞信托有限责任公司房地产融资业务部任副总经理、公司党支部委员；2018年3月至2018年12月在百瑞信托有限责任公司房地产融资业务部任总经理、公司党支部委员；2018年12月至2022年2月在百瑞信托有限责任公司房地产融资业务部任总经理；2022年2月至今在百瑞信托有限责任公司资产管理部任总经理
黄彪	职工监事	男	43	2020年6月9日	3	—	—	曾在河南省卫生厅国际合作处、河南永华联合会计师事务所工作；2009年10月到2018年8月在百瑞信托有限责任公司历任计划财务部信托会计助理、信托主管会计、高级信托主管会计、机构业务部高级信托经理、房地产业部高级信托经理、房地产投资业务部高级信托经理；2018年8月至2020年8月在百瑞信托有限责任公司任内审稽核部副总经理（主持工作），期间2019年11月至2020年4月在百瑞信托有限责任公司代行使董事会办公室总经理职权；2020年8月至今在百瑞信托有限责任公司任内审稽核部总经理

3.4 高级管理人员

姓名	职务	性别	年龄（岁）	选任日期	金融从业年限（年）	学历	专业	简要履历
苏小军	总经理	男	49	2018年2月11日	26	硕士	工商管理	曾任百瑞信托有限责任公司信托业务二部总经理、业务总监，2012年7月至2018年1月任百瑞信托有限责任公司副总裁，2018年1月至2018年2月任百瑞信托有限责任公司副总裁、党支部副书记（2017年12月至2018年2月代为履行总裁职权）；2018年2月至2018年4月任百瑞信托有限责任公司总裁、党支部副书记；2018年4月至2018年12月任百瑞信托有限责任公司总裁、执行董事、党支部副书记；2018年12月至今任百瑞信托有限责任公司总经理、党委副书记、执行董事（2021年11月至今兼任郑州银行股份有限公司董事）
张迎军	副总经理	男	52	2017年6月15日	32	硕士	政治经济学	曾在中国人民银行濮阳市中心支行、濮阳银监分局、新乡银监分局工作；2013年6月至2015年11月在河南银监局党委办公室任副主任、非银行业金融机构监管处任副处长（主持工作）；2015年11月至2017年4月在信阳银监分局任党委书记、局长；2017年4月起在百瑞信托有限责任公司工作，2017年6月至2017年8月任百瑞信托有限责任公司副总裁；2017年8月至2018年4月任百瑞信托有限责任公司党支部书记、副总裁；2018年4月至2018年12月任百瑞信托有限责任公司党支部书记、副总裁、职工董事；2018年12月至今任百瑞信托有限责任公司党委书记、副总经理、职工董事
罗靖	执行总经理	男	47	2014年5月13日	14	博士	金融学	曾任百瑞信托有限责任公司研究发展中心高级研究员、主任、业务总监；2012年3月至2014年5月任百瑞信托有限责任公司副总裁；2014年5月至2018年12月任百瑞信托有限责任公司执行总裁；2018年12月至今任百瑞信托有限责任公司党委委员、执行总经理
王克槿	副总经理兼董事会秘书	女	49	2017年8月15日	27	硕士	经济法	曾任百瑞信托有限责任公司总办公室副主任、主任、人力资源部经理、董事会秘书兼人力资源部总经理；2011年3月至2014年5月任百瑞信托有限责任公司董事会秘书兼财务总监；2014年5月至2017年8月任百瑞信托有限责任公司副总裁兼董事会秘书、党支部副书记；2017年8月至2018年12月任百瑞信托有限责任公司副总裁兼董事会秘书、党支部专职副书记；2018年12月至今任百瑞信托有限责任公司党委委员、纪委书记、副总经理兼董事会秘书
陈立军	首席风险官	男	50	2018年8月3日	17	硕士	法律	曾任百瑞信托有限责任公司合规风险部副总经理、合规风险部总经理、合规总监；2013年2月至2018年8月在百瑞信托有限责任公司业务总监，期间曾分别代职机构业务部、基础设施业务部、产业资本部、基础产业部、产业金融部、资本市场部总经理；2018年8月至2018年12月任百瑞信托有限责任公司首席风险官；2018年12月至2020年1月任百瑞信托有限责任公司党委委员、首席风险官；2020年1月至今任百瑞信托有限责任公司党委委员、首席风险官、工会主席

注："选任日期"栏中苏小军总经理、张迎军副总经理、王克槿副总经理兼董事会秘书、陈立军首席风险官任职时间为监管部门核准资格/变更备案时间，罗靖执行总经理任职时间为公司董事会审议通过时间。

3.5 公司员工

项目		报告期年度			上年度		
		职工人数（人）	博后站人数（人）	比例（%）	职工人数（人）	博后站人数（人）	比例（%）
年龄分布	25岁以下	1	—	—	—	—	—
	25—29岁	38	—	14	40	—	17
	30—39岁	173	4	67	148	7	66
	40岁以上	50	—	19	40	—	17
学历分布	博士	9	4	5	8	7	6
	硕士	214	—	81	189	—	81
	本科	37	—	14	28	—	12
	专科	1	—	—	2	—	1
	其他	1	—	—	—	—	—
岗位分布	董事、监事及其他高级管理人员	9	—	3	9	—	4
	自营业务人员	13	—	5	12	—	5
	信托业务人员	183	—	69	156	—	68
	其他人员	57	4	23	51	7	23

注：1. "董事、监事及其他高级管理人员"不含未在公司就职的董事和监事。
2. 报告期末职工总数为262人，平均年龄35岁；博后站人员总数为4人，平均年龄34岁。

4.经营管理

4.1 经营目标、方针和战略规划

4.1.1 经营目标和方针

公司坚持以服务客户为导向，以风险管理为前提，以研发创新为驱动，"以奋斗者为本"激发团队战斗力，发展产业金融、资产管理、财富管理、私募投行、服务信托业务。通过持续创新、建立专长，为客户持续提供定制化、差异化的综合财富管理方案，培育具有忠诚度的客户群，努力发展成为行业一流的综合财富管理机构，实现从区域性信托公司到具有清洁能源特色的全国性一流信托公司的转变。

4.1.2 战略规划

2021年董事会审议通过《百瑞信托有限责任公司"十四五"发展规划》，作为指导公司今后五年发展的纲领性文件。公司"十四五"规划坚持转型发展的理念，确立了"实现从区域性信托公司到具有清洁能源特色的全国性一流信托公司的转变"的战略定位。为了顺利实现战略发展目标，公司将"产业金融业务、资产管理业务、财富管理业务、私募投行业务、服务信托"五大业务确定为重点业务方向，统领公司业务转型升级。

"十四五"时期，公司将积极响应国家政策、顺应监管导向，坚持以服务客户为导向，以风险管理为前提，以研发创新为驱动，"以奋斗者为本"激发团队战斗力，发展产业金融、资产管理、财富管理、私募投行、服务信托业务。依托公司股东和客户资源，抓住产业结构调整、经济转型升级的发展机遇，立足产融结合，服务实体；推动信托本源业务发展，从受益人利益出发，服务客户、服务股东、服务社会。通过持续创新、建立专长，为客户持续提供定制化、差异化的综合财富管理方案，培育具有忠诚度的客户群，努力发展成为行业一流的综合财富管理机构。

4.2 所经营业务的主要内容

自营资产运用与分布表

资产运用	金额（万元）	占比（%）	资产分布	金额（万元）	占比（%）
货币资金	7 841.26	0.69	基础产业	—	—
交易性金融资产	712 053.74	62.71	房地产业	72 133.92	6.35
发放贷款及垫款	198 560.01	17.49	证券市场	185 004.98	16.29
债权投资	50 881.19	4.48	实业	137 590.98	12.12
其他权益工具投资	118 457.23	10.43	金融机构	703 767.47	61.98
长期股权投资	11 454.16	1.01	其他	36 958.70	3.26
其他	36 208.46	3.19	—	—	—
资产总计	1 135 456.05	100.00	资产总计	1 135 456.05	100.00

注：证券市场金额、占比较上年有较大上升，主要原因为将原本在金融机构分类的上市金融机构股票重分类至证券市场；金融机构金额、占比较上年有较大上升，主要原因为将原本在实业、其他分类中的金融产品重分类至金融机构，同时将金融机构分类中归属于证券市场分类的金融机构股票资产进行了调出；重分类后实业类为公司固有资金直接向实业开展投融资业务形成的资产，其他类为公司固有非业务类资产。

信托资产运用与分布表

资产运用	金额（万元）	占比（%）	资产分布	金额（万元）	占比（%）
货币资产	201 510.87	0.50	基础产业	5 509 054.16	13.77
贷款	11 534 470.32	28.83	房地产业	5 156 228.95	12.89
交易性金融资产	1 040 051.31	2.60	证券市场	2 672 453.93	6.68
可供出售金融资产	2 710 167.29	6.77	实业	22 290 290.23	55.71
持有至到期投资	—	—	金融机构	2 560 821.30	6.40
长期股权投资	3 168 393.29	7.92	其他	1 822 669.58	4.55
其他	21 356 925.07	53.38	—	—	—
信托资产总计	40 011 518.15	100.00	信托资产总计	40 011 518.15	100.00

4.3 市场分析

4.3.1 宏观经济金融形势分析

2021年，全球仍在不断承受新冠肺炎疫情反复和供应链短缺等一系列问题的冲击。面对百年变局、新冠肺炎疫情和纷繁复杂的国内国际形势，我国疫情防控保持全球领先地位，国民经济持续稳定恢复。2021年国内生产总值1 143 670亿元，按不变价格计算，比上年增长8.1%，两年平均增长5.1%。分季度看，第一、第二、第三、第四季度分别同比增长18.3%、7.9%、4.9%、4.0%，呈前高后低形势。进出口增长较快，投资、消费端仍在逐步修复进程中，居民消费价格温和上涨，通胀压力总体可控。国内财政政策更加积极有为，稳健货币政策坚持稳字当头、稳中求进，两次实施全面降准，流动性保持合理充裕。从全年看，主要宏观经济指标整体符合预期，高质量发展取得新成效，"十四五"实现良好开局。

也要看到，世界百年未有之大变局和新冠肺炎疫情全球大流行交织影响，外部环境更趋复杂严峻。2021年下半年以来，全球经济复苏放缓，全球供应链问题仍存，油价、天然气等大宗商品价格大幅上涨，海外通胀压力上升，美联储货币政策收紧步伐加快。2021年12月召开的中央经济工作会议提出，国内经济恢复发展面临一些阶段性、结构性、周期性因素制约，当前我国经济发展面临需求收缩、供给冲击、预期转弱三重压力。

4.3.2 影响本公司业务发展的主要因素

4.3.2.1 促进公司业务发展的有利因素

4.3.2.1.1 政策变化带来新的业务机遇

2018年出台的资管新规重塑了资产管理行业格局，各个资产管理子行业被纳入统一的监管框架之下。2021年末，资管新规过渡期到期，信托行业资产规模渐趋平稳，信托资产结构不断优化。信托公司根据政策导向，主动适应变革调整业务结构，探索符合监管要求的新业务模式。公司面临的业务机遇包括以下三方面。

第一，围绕产业金融发展绿色信托，形成特色业务。在国家"十四五"发展规划、"双碳"目标及国家电投集团"2035一流战略"的指引下，公司大力拓展围绕服务清洁产业的绿色信托业务，既有助于拓展新的业务增长点，也与国家绿色发展、绿色金融导向吻合。资产证券化、类REITs、新能源项目股权投资信托、供应链金融、信托型资金服务、困难企业纾困信托、碳信托等业务模式，可以为国家电投等央企集团提供新的融资渠道，帮助其降低资产负债率，在控制融资成本的同时向轻资产运营转型，实现发展模式由投资驱动向创新驱动升级。

第二，推动资产证券化规模迈上新台阶，形成优势业务。自2020年以来，公司资产证券化业务发展已取得明显的进步，为信托资产规模的扩张做出了突出的贡献。资产证券化是最为成熟的服务信托模式，符合监管导向。未来，公司将继续把资产证券化业务作为重点业务发展方向之一。

第三，依托日臻完善的人才储备，做大做强证券投资业务。公司在行业内较早地开展了FOF、量化策略等研究工作。前期已整合成立证券投资事业部，广泛吸引投研人才加入，已具备一定的自主投研能力，这为证券投资业务的开展提供了较好的基础。下一步需要不断完备产品线，主动管理类与服务类业务并重发展，将证券投资业务做大做强。

4.3.2.1.2 股东协同发展进一步深化

公司实际控制人国家电投集团是目前国内最大的清洁能源企业，国家电投集团提出"2035一流战略"，将从传统能源企业向一流清洁能源企业转型，对深度推进产融结合提出更高要求。目前构建"碳达峰""碳中和""1+N"政策体系正在酝酿并逐步落地，着力发展绿色金融成为一项重点工作，助力经济绿色低碳转型、实现自身业务结构绿色化，发展可持续金融成为行业共识。公司依托股东背景、充分利用信托优势，在资产经营和金融服务领域深入整合国家电投集团优势资源，提升服务产业发展的金融供给能力。2021年，公司积极对接国家电投集团金融服务需求，利用自身专业优势提供量身定制的金融解决方案，努力实现"以融促产、以融强产"目标，在资产证券化、供应链金融等多个业务领域拓展成效明显。未来，公司将以此为基础持续推进金融服务与产业发展的深度融合，大力构筑绿色创新发展新跑道，在服务支持实体经济的同时，助力"双碳"目标实现，推动公司实现高质量发展。

4.3.2.2 影响公司发展的不利因素

2021年，金融行业严监管持续，信托的监管政策从过去的针对业务监管，扩展到对公司管理监管，从股权管理办法到公司治理，再到团队设置。监管政策的不断细化，本质是助推信托行业转型，加快从"规模扩张"向"高质量发展"升级。在金融监管趋严，行业深化转型的背景下，公司发展仍面临着一些不利因素。

第一，监管政策的不确定性加剧展业风险。监管部门积极促进信托业改革和转型发展，防范化解金融风险，加快高风险机构处置，多项影响行业发展的重要政策仍处于征求意见阶段，执行实施力度和效果有待观察。监管政策的不确定性增强，但是从严监管的趋势短期内不会发生改变，可能加剧信托公司展业风险。

第二，业务转型效果与预期仍有差距。公司近些年来加大战略转型力度，扶植创新业务发展，取得了一些成效，但证券投资信托规模等创新业务规模与头部公司仍存在较大差距。

第三，金融科技、品牌管理对业务转型支撑相对不足。公司转型发展需要业务能力与管理能力协同发展，目前来看，公司创新业务发展势头优于金融科技、品牌管理等内部管理改善进程。一是要持续提升金融科技能力支撑业务转型发展；二是要扩大客户基础和积累；三是要持续加强品牌和公司文化建设。

4.4 内部控制概况

4.4.1 内部控制环境和内部控制文化

为保证公司规范运作，有效防范和化解经营风险，确保公司经营管理合法合规、财务和其他信息真实、准确、完整，最大限度地维护信托当事人、公司股东及其他利益相关者的合法权益，公司按照《公司法》《信托公司治理指引》及相关法律法规的要求，建立了包括股东会、董事会、监事会和高级管理层在内的完善的法人治理结构，各治理主体根据公司章程确定的职责范围行使职权，在保持相互独立的基础上，做到了有机协调和相互制衡。

公司通过建立和完善法人治理结构，强化决策机制，充分发挥股东会、董事会和监事会的决策与监督作用。公司采用多种方式将良好、诚信的企业文化在公司内传播，通过责任目标的制定、激励考核机制的导向、晋升通道的完善、以企业文化为主题的各类活动开展增强员工归属感和忠诚度。同时也将"诚信、创新、务实、高效"的理念贯穿于公司各项制度和日常经营管理中，并最终落实在履行受托人职责上。公司牢固树立内部控制和合规风险管理优先的审慎经营理念，积极培养员工的合规风险防范意识，营造浓厚的内控合规文化氛围。

4.4.2 内部控制措施

4.4.2.1 履行内部控制职能的部门

公司根据业务发展需要设立了业务部门和职能部门，并按照职责分离原则设立相应的工作岗位，各个岗位都有明确的岗位职责说明和清晰的报告路径。在此基础上，公司努力建立健全内部约束机制，实行前台、中台、后台的岗位职责分离。

4.4.2.2 内部控制的主要政策、制度、程序及执行情况

公司遵循全面性、审慎性、制衡性和相匹配原则，确定业务受理与初审、业务决策与风险控制、业务核算与业务监督相分离的部门和岗位，建立了对风险进行事前防范、事中控制、事后监督和纠正的动态机制。

公司内部控制制度由公司法人治理制度、基本管理制度、具体规章组成。其中，公司法人治理制度包括公司章程及《董事、监事产生办法》《股东会议事规则》《董事会议事规则》和《监事会议事规则》等。公司基本管理制度包括《内部控制管理制度》《风险管理制度》《关联交易管理制度》《财务管理制度》《人力资源管理制度》《信托业务管理制度》《固有业务管理制度》《内部审计制度》和《信息披露管理制度》等。公司具体规章包括基本管理制度的实施细则、具体业务或党建工作相关的管理办法及其附属流程等。

公司章程的制定充分考虑了《公司法》及相关法律法规的要求，股东会、董事会、监事会、高级管理层等相应的议事规则切实可行，董事会下属委员会有明确的委员构成、职权权限和工作细则，公司日常管理和业务经营决策等环节均有章可循。

内部控制执行方面：一是公司董事会及其下设委员会负责建立并实施充分有效的内部控制体系，保证公司在法律和政策框架内审慎经营，明确设定可接受的风险水平，保证高级管理层采取必要的风险控制措施，负责监督高级管理层对内部控制体系的充分性与有效性进行监测和评估；二是监事会监督董事会、高级管理层完善内部控制体系，监督董事会、高级管理层及其成员履行

内部控制职责；三是高级管理层执行董事会决策，根据董事会确定的可接受的风险水平，制定系统化的制度、流程和方法，采取相应的风险控制措施，建立和完善内部组织机构，保证内部控制的各项职责得到有效履行，组织对内部控制体系的充分性与有效性进行监测和评估；四是公司各部门进行自我评估和分析，对发现的内部控制隐患和缺陷及时报告，并据此对相关规章制度进行调整和补充，使得公司的各项规章制度在实际工作中得到有效执行；五是公司风险合规部承担检查公司制度执行情况、定期评价内部控制设计合理性及运行有效性职责；内审稽核部履行内部控制的审计监督职能，负责对公司内部控制的充分性和有效性进行审计，及时报告审计发现的问题，并监督整改。通过以上措施，公司内部控制体系不断完善，同时经营层的自律和独立于经营层的外部监督，保证了内部控制体系在促进业务稳健经营和持续发展方面能够有效发挥作用。

4.4.3 信息交流与反馈

公司内部信息交流方面：通过建立各项规章制度，明确了公司股东会、董事会、监事会、高级管理层、各部门负责人及员工信息传递职责和报告路径，从而使各级管理者和员工能够及时了解和掌握公司的经营管理情况，有效履行各自的职责。

公司与外部信息交流方面：一是采取书面、邮件、网站公告等形式，向监管部门、受益人报告公司的重大事项和项目管理情况；二是通过推动品牌建设，树立公司良好的企业形象，并通过在网站、微信平台设立信息披露专栏，及时更新和发布公司各类信息和运营动态，让客户更加全面和及时地了解公司、认知公司；三是通过微信互动、录制音乐短视频、策划线上金融知识小课堂、自创消保主题动漫和长条漫画、在微信视频号开设瑞享课堂、设立呼叫中心和在营业场所提供面对面咨询服务等方式，向客户推介产品信息、进行投资者教育，以更好履行自身诚实、信用、谨慎、有效管理的义务。

4.4.4 监督评价与纠正

公司的内控监督体系包括三个层面：一是对股东会负责的监事会，主要对董事会、董事及高级管理人员履职情况行使监督职能。二是董事会下设合规和风险委员会、审计和关联交易委员会、对公司董事会负责的内审稽核部，其中合规和风险委员会主要负责监督、检查公司经营活动的合法合规性，审议风险管理相关制度政策、重大决策的风险评估报告及重大风险解决方案、公司全面风险评估/风险管理/合规报告等，审计和关联交易委员会主要负责检查会计政策/财务报告程序/财务状况、聘请或解聘年度财务报表外部审计机构、监督公司内部审计和外部审计中发现的问题及整改情况等；内审稽核部主要根据董事会的要求，对公司财务收支、经济活动、内部控制、风险管理进行审计，并对发现的问题督促整改。三是对经营层负责的风险合规部主要根据经营层的要求，督导内控制度建设、检查内控制度的执行情况，并组织开展业务活动中合规与法律风险的研究/监控与评价。

为了保证稳健经营，防范和化解经营风险，明确风险责任，公司对不履行或不正确履行国家法律法规和公司内部规章制度的人员进行责任追究。

4.5 风险管理

4.5.1 风险管理概况

4.5.1.1 经营过程面临的主要风险

基于金融行业运营环境和信托业特征，公司在经营过程中面临的主要风险包括战略风险、合规风险、信用风险、市场风险、操作风险、流动性风险、法律风险、声誉风险及其他风险。

4.5.1.2 风险管理基本原则和控制政策

为有效防范和化解各项风险，保证稳健经营，公司确立了如下风险管理基本原则和政策：

4.5.1.2.1 全面性原则

风险管理覆盖固有业务和信托业务，贯穿项目立项、尽职调查、预审核、决策审批、项目运营管理至风险资产处置的全部业务环节，涵盖公司所面临的各类风险，同时渗透到所有部门和岗位，构成全面风险管理体系。

4.5.1.2.2 独立性原则

风险管理决策、监控具备独立性，并与业务决策适当分离。公司风险合规管理部门在董事会、合规和风险委员会的领导下，客观评价经营风险，独立履行风险管理职能。在业务调研和决策环节，保持风险管理决策和业务决策的适度分离，在业务实施前，独立进行风险研判。

4.5.1.2.3 客观性原则

正确认识风险客观存在，避免利益冲突或偏见，如实反映公司的风险状况，遵循内容真实、数字准确、资料可靠的原则。

4.5.1.2.4　前瞻主动原则

前瞻性地开展风险研究及管理工作，主动识别、选择和承担风险，完善管控措施，确保风险可控。充分了解客户、了解业务，特别是对于公司新介入的创新业务模式，本着实质重于形式的原则，强化事前风险评估和全程风险监控，确保风险可承受。

4.5.1.2.5　定量和定性相结合原则

通过建立完善的风险管理指标体系，依托定量分析和定性分析手段评价和控制风险。

4.5.1.2.6　风险与收益匹配原则

通过主动控制，平衡收益和风险，每类业务活动都应至少获得与其所承担风险相匹配的收益，并实现资本优化配置。

4.5.1.2.7　制衡性原则

坚持内控优先，全面梳理公司经营环节和业务流程，合理设置体现制衡原则的前台、中台、后台岗位职责，明确划分相关部门之间、岗位之间、上下级机构之间的职责，建立职责分离、横向与纵向相互监督制约的机制。

4.5.1.2.8　信托财产单独管理原则

信托业务系统和固有业务系统的部门和人员分离；信托业务和固有业务分别由不同的高级管理人员分工管理，实现高管人员分工分离；信托财务和固有财务的人员、账表、资产分离，对每项信托业务单独开户、单独核算、单独管理，维护信托财产的独立性，形成管理防火墙。

4.5.1.2.9　风险信息充分披露原则

培育信托产品的合格投资人，强化风险意识，在信托产品设计和销售中充分识别和揭示风险。

4.5.1.3　风险管理组织结构与职责划分

公司建立了以董事会、合规和风险委员会、高级管理层、基层风险管理单位为主体的风险管理组织体系。

董事会就公司全面风险管理工作的有效性对股东会负责，在其下设合规和风险委员会的协助下，了解公司的风险状况，制定公司的风险管理政策；批准需要董事会批准的公司任何合规和内部控制政策或程序；决定业务风险的化解和处置。

合规和风险委员会对董事会负责，在董事会授权范围内对审议事项提出意见或决策，为董事会决策提供支持。

高级管理层负责执行公司风险管理政策，审查监督风险管理程序以及具体操作规程，及时向董事会及其下设委员会、监事会报告风险管理情况。

基层风险管理单位包含前台、中台、后台所有与风险管理工作有关的部门，对各部门严格按照风险管理"三道防线"的原则划分风险管理责任。

业务部门承担风险管理第一道防线职责，负责主动识别业务经营活动所承担的风险，实施积极主动的管理，严格执行公司的风险偏好、风险管理政策、程序和集中度限额，确保业务活动不偏离风险管理要求。

风险合规部、项目评审部门、运营管理部门、计划财务部等中后台职能部门为第二道防线。风险合规部统筹开展公司全面风险管理、内控合规管理及法律事务管理工作，制定年度风险管理、内控合规及法律事务管理计划并组织实施，推动公司全面风险管理体系不断完善。项目评审部门负责公司各类型业务的评审，全面参与项目尽职调查、预审核、决策审批、事中风险管理等环节，为业务开展提供风险控制保障和法律技术支持。运营管理部门负责证券业务集中交易，存续项目后期管理，开展合同执行性工作并对发现的风险信息进行反馈和报告。计划财务部负责为项目提供全生命周期财务核算支持，包括项目成本收益核算、资金划付及净值管理，为平衡项目风险、收益提供决策依据。

内审稽核部为第三道防线，负责对第一道防线和第二道防线运行情况进行独立的审计检查和监督，对风险管理体系的有效性和执行情况进行监督和评价。

上述各部门负责人为本部门风险管理工作的第一责任人，在各自职责范围内承担相应的风险管理职责，负责部门内部风险管理工作，将本部门相关风险信息向公司高级管理层报告。

4.5.2　风险状况

4.5.2.1　合规风险状况

合规风险主要是指公司未遵循法律、法规和监管规定而受到法律制裁、监管处罚、重大财务损失和声誉损失的风险。2021年，信托行业延续严监管基调，深入开展"内控合规管理建设年"活动，持续巩固市场乱象整治成效，坚定推进监管压降、房地产规模管控及资管新规整改收尾工作，进一步加强反洗钱监管。针对公司治理、业务开展等重点方面，抓实抓细合规监管，对信托公司合规管理提出更高要求，行业面临的合规风险随之提升。报告期内，公司积极落实监管政策要求，不断完善合规管理体系，加强合规文化建设，推动完成监管压降、房地产规模管控、资管新规整改等重点任务，优化反洗钱工作机制，保障公司合规经营。

4.5.2.2 信用风险状况

信用风险主要指交易对手丧失履行合同义务的意愿或能力而使公司遭受财产损失的可能。2021年,宏观经济修复趋缓,新冠肺炎疫情、洪涝灾害交替冲击,房地产行业金融监管长效机制渐次落地,地方政府隐性债务风险管控进一步加强,传统业务领域面临的信用风险持续加大。报告期内,公司紧跟行业形势和监管政策变化,适时调整业务开展策略,及时升级业务准入标准,综合运用限额管理、准入管理、事中管理和风险处置等各种手段,有效控制信用风险,资产质量整体保持稳定。

4.5.2.3 市场风险状况

市场风险主要指因市场价格(利率、汇率、股票价格等)的不利变化或者波动导致资产价值发生变动,进而使公司固有资产或信托资产遭受损失的可能。债券市场方面,2021年度,信用债发行利率整体震荡下行,波动幅度显著收敛。但市场融资结构性收紧,年内地产债出现信用坍塌,成为市场最大的"灰犀牛"。受"永煤事件"影响,信用债底层投资逻辑发生明显变化,资产定价趋于精细化,市场风险敏感度不断提升,债券投资面临的估值风险进一步加大。股票市场方面,2021年,注册制逐步推进,新股上市定价和上市公司价值判断及风险评估愈加市场化。A股主要指数整体小幅上涨,但年内受机构抱团、业绩驱动、监管政策等各种因素交织影响,市场风格几经突变,市场行情大幅波动频现,股票投资面临较大市场风险。公司密切关注宏观经济政策变化,加强证券投资研究,综合运用集中度控制、投资授权管理、资产池构建、事中风险监测、止盈止损控制等各项手段,强化市场风险抵御能力。报告期内,证券投资类信托产品整体运行平稳。

4.5.2.4 操作风险状况

操作风险主要指由于内控制度不完善或规章制度执行不到位,给公司经营带来隐患或损失的可能。2021年,监管机构继续大力推动信托行业转型发展,公司持续优化组织架构,加大人才引进力度,加快创新业务孵化和开展,业务转型过程中面临的操作风险有所上升。报告期内,公司不断完善内控制度体系,推动受托责任机制建设,强化重点领域操作风险排查,加大问责整改力度,确保各项制度和流程的执行效果达到预期目标,操作风险得到有效防范和控制。

4.5.2.5 流动性风险状况

流动性风险主要指公司清偿能力不足,或虽然有清偿能力,但无法以合理成本及时获得充足资金以应对资产增长或偿付到期债务所引发的风险。2021年,受新冠肺炎疫情、洪涝灾害、房地产融资政策收紧、地方政府隐性债务严控等多重因素叠加影响,传统业务领域交易对手信用风险持续加大,由信用风险引发的流动性风险进一步上升。此外,受融资类业务持续压降和资金信托新规发布预期影响,信托行业积极布局标品投资业务,此类业务流动性管理难度较大,信托业务整体流动性风险进一步上升。报告期内,公司不断完善创新业务流动性风险防控机制,健全流动性风险管理体系,通过日常限额管理、到期前还款预判、定期流动性监测、季度流动性压力测试、制定专项流动性应急预案等措施加强管理。公司全年流动性状况良好,未发生流动性风险事件。

4.5.2.6 其他风险状况

其他风险主要包括法律风险和声誉风险等。

法律风险指公司所签订合同存在法律瑕疵,从而产生法律纠纷,使公司遭受损失的风险。报告期内公司未发生该类风险事件。

声誉风险指由公司经营、管理及其他行为或外部事件导致利益相关方对公司负面评价的风险。报告期内公司未发生该类风险事件。

4.5.3 风险管理

4.5.3.1 合规风险管理

公司合规风险管理体现在以下几个方面:一是建立健全内控合规管理体系,通过完善管理制度,细化执行标准,加强监督评价,加大考核问责,筑牢内控合规风险防线,确保依法合规经营。二是在"强监管、严问责"的常态化监管趋势下,强化监管政策传导,动态调整合规管理制度、机制,确保员工明晰监管动向,认真落实监管要求,严守合规底线。三是加强合规文化建设,倡导"全员主动合规""合规创造价值"等合规理念,开展合规培训教育、知识竞赛,持续提升员工合规意识及合规专业技能。

2021年,公司以建设"风险合规一流"优秀企业为目标,以"内控合规管理建设年"活动为契机,积极落实监管要求,新建和升版合规管理相关制度,通过制度约束、流程约束、系统约束加强合规风险管理,组织合规宣导培训,员工主动合规意识和执行力显著增强。

4.5.3.2 信用风险管理

公司信用风险管理主要通过充分研判宏观经济形势及行业政策变化,及时动态调整风控措施,以限额管理、准入管理、事中管理和风险处置为手段,将风险敞口控制在可承受范围之内。具体措施包括以下四个方面。

一是强化限额管理。基于公司风险偏好及战略转型目标,严格控制不同类型业务规模占比,根据交易对手行业地位、信用资质、战略协同效应等确定单一客户业务规模限额,防止单个行业或单一客户风险对公司整体业务造成重大不利影响。二是强化准入管理。结合监管要求和宏观环境变化,及时调整各类业务的准入标准,引导业务人员加强各行业中优质客户的拓展和合作;制定尽调手册,细化操作标准,合理借助中介机构对交易对手资信情况深入调查,确保充分了解项目真实风险状况;严格决策审批,对于不符合风控标准、风险缓释措施不足的项目,坚决不予开展,严守风控底线。三是强化事中管理。建立日常风险监测、现场检查、非现场风险排查、压力测试、风险信号监测和应对等事中风险管理机制,做好项目存续期管理,勤勉履行管理责任,有效防范、控制项目运行中的各类风险。四是强化风险处置管理。及时采取有效应对措施,解决预警项目潜在风险隐患;按照"一户一策、一类一策"原则,大力开展风险项目处置工作,综合运用催收、诉讼、债权重组、盘活资产等手段推动风险项目资金回收。

4.5.3.3 市场风险管理

为有效应对市场风险,公司秉承"理性、稳健"的风险偏好,建立与总体业务发展战略、管理能力、资本实力和风险承受能力相匹配的市场风险管理原则和程序。具体管理措施包括以下四个方面。

一是建立健全证券业务投资决策机制。规范业务授权管理,合理确定投资业务部门及人员的权限范围,制定岗位分离、相互制约的投资决策及实施流程。二是夯实证券投资研究基础。持续跟踪宏观经济形势、政策、行业发展态势变化,加强债券信用研究,动态调整投资策略,有效指导证券业务投资运作。三是加强投资资产管理。设定证券业务投资标准,选择优质资产和优质客户,构建公募基金/债券库、合作客户白/绿名单,限定投资标的及合作客户范围。四是丰富市场风险管理工具。设定投资标的限额,强化止损止盈控制,加强市场风险监测,有效控制风险敞口,及时开展风险应对。

4.5.3.4 操作风险管理

公司操作风险管理的基本策略是加强内控体系建设、落实,严格操作标准执行、监督。具体措施包括以下四个方面。

一是不断优化内控管理体系。完善规章制度,细化各类业务操作规范,强化监督制衡机制,通过专项排查、内部审计、监管检查等手段发现内控缺陷、操作风险点,并及时整改、完善,确保内控体系的全面性和有效性。二是强化信息系统约束。将各项操作要求制度化、制度表单化、表单信息化,将重要内控事项嵌入信息管理系统,提升制度执行力,防范操作风险。三是完善考核与问责机制。将内控合规考核作为绩效考核的重要方面,针对重大违规事项,加大责任追究力度,通过行政责任追究和经济责任追究相结合的问责形式,提升对员工的震慑力,规范员工操作行为。四是加快推进受托责任机制建设。结合监管要求和司法裁判思路,重新审视业务全流程管控现状,系统构建受托责任管理机制和流程,防范公司受托履职风险。

2021年,公司针对操作风险管理中的薄弱环节,深入开展多项制度建设和升版工作,细化操作指引,全面提升公司内控水平,有效防范操作风险发生。

4.5.3.5 流动性风险管理

公司流动性风险管理的策略取向为"稳健",即在适当平衡公司资产收益、风险和流动性的基础上,保持适度流动性,将流动性风险控制在可以承受的合理范围之内,确保公司的安全运营,维护良好的公众形象。具体措施包括以下五个方面。

一是合理设置流动性风险限额指标。根据风险管理政策和《公司流动性风险管理暂行办法》有关规定,持续优化固有资产配置,加强高流动性资产限额管理。二是按月开展项目到期前还款预判。严格控制固有、信托项目风险,防范信用风险向流动性风险传导演变。三是定期监测流动性风险指标。持续优化信托资产配置,控制证券投资类产品及信托业务整体流动性覆盖率,防范信托产品兑付风险。四是按季度开展流动性压力测试。分析下一季度影响流动性的主要风险因素,有力开展应对工作,提前做好流动性应急储备。五是专项制定流动性危机应急预案。对于证券投资类产品,充分考虑各类突发情形,针对性制定应对措施,明确启动条件和操作路径,定期开展应急演练,为快速、高效化解突发流动性风险提供有力保障。

2021年,公司严格执行上述各项管理措施,流动性风险得到有效控制,未发生流动性风险事件。

4.5.3.6 其他风险管理

公司法律风险管理策略为法律专业人员全面参与涉

及法律问题的经营管理事项，为重大决策提供法律咨询和建议，为业务运行全过程提供法律支持，有效处理公司法律纠纷案件。具体措施包括：一是全面推进依法治企工作，完善法律事务管理制度，确保重大经营管理事项履行合法性审查程序。二是利用法律手段防范业务风险，由法务人员参与项目立项、尽职调查、审核审批、放款实施、后期管理、风险处置等各个环节，强化业务法律文本的审核和盖章控制，防范法律风险、维护公司权益。三是强化法治文化培育，通过法律培训、考试与教育，提高公司全员的法律风险防范意识。

公司声誉风险管理策略为将声誉构建与发展战略和企业文化进行有机结合，通过尽职管理和充分信息披露塑造专业、诚信形象。具体管理措施包括：一是完善舆情管理制度，依托专业舆情监控系统的技术支持，实现对各类舆情的全天候监控；二是深化与行业媒体的深度合作，积极传达公司价值理念，宣导先进人物和事迹，不断提升公司形象，扩大品牌影响力；三是建立声誉风险突发事件应急机制，确保第一时间发现负面舆情并迅速做出反应，避免公司声誉受到损害。

5. 2021年度及上年度比较式会计报表

5.1 自营资产

5.1.1 会计师事务所审计意见全文

审计报告

信会师报字〔2022〕第ZG23243号

百瑞信托有限责任公司：

一、审计意见

我们审计了百瑞信托有限责任公司（以下简称百瑞信托）财务报表，包括2021年12月31日的合并及母公司资产负债表，2021年度的合并及母公司利润表、合并及母公司现金流量表、合并及母公司所有者权益变动表以及相关财务报表附注。

我们认为，后附的财务报表在所有重大方面按照企业会计准则的规定编制，公允反映了百瑞信托2021年12月31日的合并及母公司财务状况以及2021年度的合并及母公司经营成果和现金流量。

二、形成审计意见的基础

我们按照中国注册会计师审计准则的规定执行了审计工作。审计报告的"注册会计师对财务报表审计的责任"部分进一步阐述了我们在这些准则下的责任。按照中国注册会计师职业道德守则，我们独立于百瑞信托，并履行了职业道德方面的其他责任。我们相信，我们获取的审计证据是充分、适当的，为发表审计意见提供了基础。

三、管理层和治理层对财务报表的责任

管理层负责按照企业会计准则的规定编制财务报表，使其实现公允反映，并设计、执行和维护必要的内部控制，以使财务报表不存在由于舞弊或错误导致的重大错报。

在编制财务报表时，管理层负责评估百瑞信托的持续经营能力，披露与持续经营相关的事项（如适用），并运用持续经营假设，除非计划进行清算、终止运营或别无其他现实的选择。

治理层负责监督百瑞信托的财务报告过程。

四、注册会计师对财务报表审计的责任

我们的目标是对财务报表整体是否不存在由于舞弊或错误导致的重大错报获取合理保证，并出具包含审计意见的审计报告。合理保证是高水平的保证，但并不能保证按照审计准则执行的审计在某一重大错报存在时总能发现。错报可能由于舞弊或错误导致，如果合理预期错报单独或汇总起来可能影响财务报表使用者依据财务报表作出的经济决策，则通常认为错报是重大的。

在按照审计准则执行审计工作的过程中，我们运用职业判断，并保持职业怀疑。同时，我们也执行以下工作：

（一）识别和评估由于舞弊或错误导致的财务报表重大错报风险，设计和实施审计程序以应对这些风险，并获取充分、适当的审计证据，作为发表审计意见的基础。由于舞弊可能涉及串通、伪造、故意遗漏、虚假陈述或凌驾于内部控制之上，未能发现由于舞弊导致的重大错报的风险高于未能发现由于错误导致的重大错报的风险。

（二）了解与审计相关的内部控制，以设计恰当的审计程序，但目的并非对内部控制的有效性发表意见。

（三）评价管理层选用会计政策的恰当性和作出会计估计及相关披露的合理性。

（四）对管理层使用持续经营假设的恰当性得出结论。同时，根据获取的审计证据，就可能导致对百瑞信托持续经营能力产生重大疑虑的事项或情况是否存在重大不确定性得出结论。如果我们得出结论认为存在重大不确定性，审计准则要求我们在审计报告中提请报表使用者注意财务报表中的相关披露；如果披露不充分，我们应当发表非无保留意见。我们的结论基于截至审计报告日可获得的信息。然而，未来的事项或情况可能导致百瑞信托不能持续经营。

（五）评价财务报表的总体列报（包括披露）、结构和内容，并评价财务报表是否公允反映相关交易和事项。

（六）就百瑞信托中实体或业务活动的财务信息获取充分、适当的审计证据，以对合并财务报表发表审计意见。我们负责指导、监督和执行集团审计，并对审计意见承担全部责任。

我们与治理层就计划的审计范围、时间安排和重大审计发现等事项进行沟通，包括沟通我们在审计中识别出的值得关注的内部控制缺陷。

立信会计师事务所（特殊普通合伙）
　　　　　　　　　　中国注册会计师：王雪霏
　　　　　　　　　　中国注册会计师：陈友才
中国·上海　　　　　2022年4月24日

5.1.2 资产负债表

合并资产负债表

编制单位：百瑞信托有限责任公司　　2021年12月31日　　单位：万元

项目	期末余额	年初余额
资产：	—	—
货币资金	10 806.39	49 219.51
存放同业款项	—	—
贵金属	—	—
拆出资金	—	—
衍生金融资产	—	—
应收款项	6 152.30	5 575.21
合同资产	—	—
买入返售金融资产	580.01	310.00
持有待售资产	—	—
发放贷款和垫款	285 881.95	296 725.98
金融投资：	—	—
交易性金融资产	702 734.69	534 266.27
债权投资	102 629.80	109 846.95
其他债权投资	—	—
其他权益工具投资	118 457.23	116 216.75
长期股权投资	11 767.27	21 872.76
投资性房地产	—	—
固定资产	3 190.18	3 470.73
使用权资产	5 498.48	6 528.09
在建工程	—	—

续表

项目	期末余额	年初余额
无形资产	1 991.16	1 504.74
商誉	—	—
递延所得税资产	14 099.70	11 861.74
其他资产	47 960.89	60 384.65
资产总计	1 311 750.05	1 217 783.38
负债：	—	—
向中央银行借款	—	—
同业及其他金融机构存放款项	—	—
拆入资金	—	—
交易性金融负债	—	—
衍生金融负债	—	—
卖出回购金融资产款	—	—
吸收存款	—	—
应付职工薪酬	1 645.79	1 310.39
应交税费	11 405.39	16 322.75
应付款项	33.72	—
合同负债	2 634.96	2 468.90
租赁负债	5 384.70	6 448.54
持有待售负债	—	—
预计负债	6 158.63	6 496.49
应付债券	—	—
其中：优先股	—	—
永续债	—	—
递延所得税负债	—	—
其他负债	175 730.07	162 621.31
负债合计	202 993.26	195 668.38
所有者权益：	—	—
实收资本	400 000.00	400 000.00
其他权益工具	—	—
其中：优先股	—	—
永续债	—	—
资本公积	7 983.90	7 983.90
减：库存股	—	—
其他综合收益	818.37	-829.97
盈余公积	95 958.18	87 536.56
一般风险准备	75 135.05	69 687.52
未分配利润	528 861.29	457 736.99
归属于母公司所有者权益合计	1 108 756.79	1 022 115.00
少数股东权益	—	—
所有者权益合计	1 108 756.79	1 022 115.00
负债和所有者权益总计	1 311 750.05	1 217 783.38

法定代表人：赵长利　　主管会计工作负责人：张迎军　　会计机构负责人：宋红霞

母公司资产负债表

编制单位：百瑞信托有限责任公司　　2021年12月31日　　单位：万元

项目	期末余额	年初余额
资产：	—	—
货币资金	7 841.26	38 441.51
存放同业款项	—	—
贵金属	—	—
拆出资金	—	—
衍生金融资产	—	—
应收款项	6 246.46	5 669.93
合同资产	—	—
买入返售金融资产	—	—
持有待售资产	—	—
发放贷款和垫款	198 560.01	191 296.44
金融投资：	—	—
交易性金融资产	712 053.74	629 326.08
债权投资	50 881.19	25 497.17
其他债权投资	—	—
其他权益工具投资	118 457.23	116 216.75
长期股权投资	11 454.16	21 453.05
投资性房地产	—	—
固定资产	3 190.18	3 470.72
在建工程	—	—
使用权资产	5 498.48	6 528.09
无形资产	1 991.16	1 504.74
商誉	—	—
递延所得税资产	14 286.38	11 869.77
其他资产	4 995.80	4 920.17
资产总计	1 135 456.05	1 056 194.42
负债：	—	—
向中央银行借款	—	—
同业及其他金融机构存放款项	—	—
拆入资金	—	—
交易性金融负债	—	—
衍生金融负债	—	—
卖出回购金融资产款	—	—
吸收存款	—	—
应付职工薪酬	1 645.79	1 310.39
应交税费	11 286.77	15 941.27
应付款项	—	—
合同负债	2 634.96	2 468.90
持有待售负债	—	—
租赁负债	5 384.70	6 448.54
预计负债	6 158.63	6 496.49

续表

项目	期末余额	年初余额
应付债券	—	—
其中：优先股	—	—
永续债	—	—
递延所得税负债	—	—
其他负债	2 401.77	1 539.52
负债合计	29 512.62	34 205.11
所有者权益：	—	—
实收资本（或实收资本）	400 000.00	400 000.00
其他权益工具	—	—
其中：优先股	—	—
永续债	—	—
资本公积	7 983.90	7 983.90
减：库存股	—	—
其他综合收益	-1 442.67	-1 180.59
盈余公积	95 958.18	87 536.56
一般风险准备	75 135.05	69 687.52
未分配利润	528 308.97	457 961.92
所有者权益合计	1 105 943.43	1 021 989.31
负债和所有者权益总计	1 135 456.05	1 056 194.42

法定代表人：赵长利　　主管会计工作负责人：张迎军　　会计机构负责人：宋红霞

5.1.3　利润表

合并利润表

编制单位：百瑞信托有限责任公司　　2021年度　　单位：万元

项目	本期金额	上期金额
一、营业总收入	156 722.52	195 568.84
利息净收入	40 036.56	39 190.37
其中：利息收入	47 435.03	45 918.62
利息支出	7 398.47	6 728.25
手续费及佣金净收入	90 739.54	95 891.36
其中：手续费及佣金收入	90 739.54	95 891.36
手续费及佣金支出	—	—
投资收益（损失以"-"号填列）	24 669.12	31 406.48
其中：对联营企业和合营企业的投资收益	-1 083.38	420.75
以摊余成本计量的金融资产终止确认产生的投资收益（损失以"-"号填列）	—	—
净敞口套期收益（损失以"-"号填列）	—	—
其他收益	52.84	269.95
公允价值变动收益（损失以"-"号填列）	1 112.42	28 810.72
汇兑收益（损失以"-"号填列）	-0.01	-0.04
其他业务收入	94.53	—
资产处置收益（损失以"-"号填列）	17.52	—
二、营业总支出	44 640.06	47 567.85

续表

项目	本期金额	上期金额
税金及附加	1 121.40	1 187.66
业务及管理费	33 848.31	32 311.19
信用减值损失	9 670.35	14 069.00
其他资产减值损失	—	—
其他业务成本	—	—
三、营业利润（亏损以"-"号填列）	112 082.46	148 000.99
加：营业外收入	16.95	99.88
减：营业外支出	63.02	60.81
四、利润总额（亏损总额以"-"号填列）	112 036.39	148 040.06
减：所得税费用	27 928.43	35 219.76
五、净利润（净亏损以"-"号填列）	84 107.96	112 820.30
（一）按经营持续性分类		
1. 持续经营净利润（净亏损以"-"号填列）	84 107.96	112 820.30
2. 终止经营净利润（净亏损以"-"号填列）	—	—
（二）按所有权归属分类		
1. 归属于母公司股东的净利润（净亏损以"-"号填列）	84 107.96	112 820.30
2. 少数股东损益（净亏损以"-"号填列）	—	—
六、其他综合收益的税后净额	1 848.24	-14 947.39
归属于母公司所有者的其他综合收益的税后净额	1 848.24	-14 947.39
（一）不能重分类进损益的其他综合收益	-62.19	-3 171.73
1. 重新计量设定受益计划变动额	—	—
2. 权益法下不能转损益的其他综合收益	—	—
3. 其他权益工具投资公允价值变动	-62.19	-3 171.73
4. 企业自身信用风险公允价值变动	—	—
（二）将重分类进损益的其他综合收益	1 910.43	-11 775.66
1. 权益法下可转损益的其他综合收益	—	3 529.06
2. 其他债权投资公允价值变动	—	—
3. 金融资产重分类计入其他综合收益的金额	—	—
4. 其他债权投资信用损失准备	—	—
5. 现金流量套期储备	—	—
6. 外币财务报表折算差额	—	—
7. 其他	1 910.43	-15 304.72
归属于少数股东的其他综合收益的税后净额	—	—
七、综合收益总额	85 956.20	97 872.91
归属于母公司所有者的综合收益总额	85 956.20	97 872.91
归属于少数股东的综合收益总额	—	—
八、每股收益		
（一）基本每股收益（元/股）	—	—
（二）稀释每股收益（元/股）	—	—

法定代表人：赵长利　　主管会计工作负责人：张迎军　　会计机构负责人：宋红霞

母公司利润表

编制单位：百瑞信托有限责任公司　　2021年度　　单位：万元

项目	本期金额	上期金额
一、营业总收入	154 131.20	192 083.48
利息净收入	27 411.52	22 344.78
其中：利息收入	27 436.99	22 837.03
利息支出	25.47	492.25
手续费及佣金净收入	109 538.21	119 543.99
其中：手续费及佣金收入	109 538.21	119 543.99
手续费及佣金支出	—	—
投资收益（损失以"-"号填列）	16 948.19	29 739.02
其中：对联营企业和合营企业的投资收益	-1 186.12	374.67
以摊余成本计量的金融资产终止确认产生的投资收益（损失以"-"号填列）	—	—
净敞口套期收益（损失以"-"号填列）	—	—
其他收益	52.84	269.95
公允价值变动收益（损失以"-"号填列）	68.59	20 185.78
汇兑收益（损失以"-"号填列）	-0.01	-0.04
其他业务收入	94.34	—
资产处置收益（损失以"-"号填列）	17.52	—
二、营业总支出	42 320.15	44 485.16
税金及附加	1 035.91	1 046.27
业务及管理费	31 856.13	30 117.66
信用减值损失	9 428.11	13 321.23
其他资产减值损失	—	—
其他业务成本	—	—
三、营业利润（亏损以"-"号填列）	111 811.05	147 598.32
加：营业外收入	16.95	99.88
减：营业外支出	61.91	60.81
四、利润总额（亏损总额以"-"号填列）	111 766.09	147 637.39
减：所得税费用	27 749.78	35 346.30
五、净利润（净亏损以"-"号填列）	84 016.31	112 291.09
（一）持续经营净利润（净亏损以"-"号填列）	84 016.31	112 291.09
（二）终止经营净利润（净亏损以"-"号填列）	—	—
六、其他综合收益的税后净额	-62.19	-15 298.00
（一）不能重分类进损益的其他综合收益	-62.19	-3 171.73
1. 重新计量设定受益计划变动额	—	—
2. 权益法下不能转损益的其他综合收益	—	—
3. 其他权益工具投资公允价值变动	-62.19	-3 171.73
4. 企业自身信用风险公允价值变动	—	—
（二）将重分类进损益的其他综合收益	—	-12 126.27
1. 权益法下可转损益的其他综合收益	—	3 529.06
2. 其他债权投资公允价值变动	—	—
3. 金融资产重分类计入其他综合收益的金额	—	—

续表

项目	本期金额	上期金额
4. 其他债权投资信用损失准备	—	—
5. 现金流量套期储备	—	—
6. 外币财务报表折算差额	—	—
7. 其他	—	-15 655.33
七、综合收益总额	83 954.12	96 993.09
八、每股收益		
（一）基本每股收益（元/股）	—	—
（二）稀释每股收益（元/股）	—	—

法定代表人：赵长利　　主管会计工作负责人：张迎军　　会计机构负责人：宋红霞

合并利润分配表

编制单位：百瑞信托有限责任公司　　2021年度　　单位：万元

项目	本年累计数	上年累计数
本年净利润	84 107.96	112 820.30
加：（一）年初未分配利润	457 737.00	358 026.79
（二）盈余公积弥亏	—	—
（三）其他调整因素	—	—
（四）会计政策变更	—	—
可供分配的利润	541 844.96	470 847.09
减：（一）单项留用的利润	—	—
（二）补充流动资本	—	—
（三）提取法定盈余公积	8 401.63	11 229.11
（四）提取法定公益金	—	—
（五）提取信托赔偿准备金	4 200.82	5 614.55
（六）提取一般准备金	1 246.72	678.48
（七）提取企业发展基金	—	—
（八）利润归还投资	—	—
（九）其他	-865.5	—
可供投资者分配的利润	528 861.29	453 324.95
减：（一）应付优先股股利	—	—
（二）提取任意盈余公积	—	—
（三）应付普通股股利	—	—

续表

项目	本年累计数	上年累计数
（四）转作资本（股本）的普通股股利	—	—
（五）其他	—	—
未分配利润	528 861.29	453 324.95

法定代表人：赵长利　　主管会计工作负责人：张迎军　　会计机构负责人：宋红霞

母公司利润分配表

编制单位：百瑞信托有限责任公司　　2021年度　　单位：万元

项目	本年累计数	上年累计数
本年净利润	84 016.31	112 291.09
加：（一）年初未分配利润	457 961.91	358 780.91
（二）盈余公积弥亏	—	—
（三）其他调整因素	—	—
（四）会计政策变更	—	—
可供分配的利润	541 978.22	471 072.00
减：（一）单项留用的利润	—	—
（二）补充流动资本	—	—
（三）提取法定盈余公积	8 401.63	11 229.11
（四）提取法定公益金	—	—
（五）提取信托赔偿准备金	4 200.82	5 614.55
（六）提取一般准备金	1 246.72	678.48
（七）提取企业发展基金	—	—
（八）利润归还投资	—	—
（九）其他	-179.92	—
可供投资者分配的利润	528 308.97	453 549.86
减：（一）应付优先股股利	—	—
（二）提取任意盈余公积	—	—
（三）应付普通股股利	—	—
（四）转作资本（股本）的普通股股利	—	—
（五）其他	—	—
未分配利润	528 308.97	453 549.86

法定代表人：赵长利　　主管会计工作负责人：张迎军　　会计机构负责人：宋红霞

5.1.4　所有者权益变动表

合并所有者权益变动表

编制单位：百瑞信托有限责任公司　　2021年度　　单位：万元

项目	本期金额											
	归属于母公司所有者权益										少数股东权益	所有者权益合计
	实收资本	其他权益工具			资本公积	减：库存股	其他综合收益	盈余公积	一般风险准备	未分配利润	小计		
		优先股	永续债	其他									
一、上年年末余额	400 000.00	—	—	—	7 983.90	—	5 460.66	87 046.33	69 687.52	453 324.95	1 023 503.36	—	1 023 503.36
加：会计政策变更	—	—	—	—	—	—	—	—	—	—	—	—	—
前期差错更正	—	—	—	—	—	—	—	—	—	—	—	—	—

续表

项目	本期金额											
	归属于母公司所有者权益										少数股东权益	所有者权益合计
	实收资本	其他权益工具			资本公积	减：库存股	其他综合收益	盈余公积	一般风险准备	未分配利润	小计		
		优先股	永续债	其他									
其他	—	—	—	—	—	—	-6 290.64	490.23	—	4 412.05	-1 388.36	—	-1 388.36
二、本年年初余额	400 000.00	—	—	—	7 983.90	—	-829.98	87 536.56	69 687.52	457 737.00	1 022 115.00	—	1 022 115.00
三、本期增减变动金额（减少以"-"号填列）	—	—	—	—	—	—	1 648.34	8 421.62	5 447.53	71 124.30	86 641.79	—	86 641.79
（一）综合收益总额	—	—	—	—	—	—	1 848.24	—	—	84 107.96	85 956.20	—	85 956.20
（二）所有者投入和减少资本	—	—	—	—	—	—	—	—	—	685.59	685.59	—	685.59
1. 所有者投入的普通股	—	—	—	—	—	—	—	—	—	—	—	—	—
2. 其他权益工具持有者投入	—	—	—	—	—	—	—	—	—	—	—	—	—
3. 股份支付计入所有者权益	—	—	—	—	—	—	—	—	—	—	—	—	—
4. 其他	—	—	—	—	—	—	—	—	—	685.59	685.59	—	685.59
（三）利润分配	—	—	—	—	—	—	—	8 401.63	5 447.53	-13 849.16	—	—	—
1. 提取盈余公积	—	—	—	—	—	—	—	8 401.63	—	-8 401.63	—	—	—
2. 提取一般风险准备	—	—	—	—	—	—	—	—	5 447.53	-5 447.53	—	—	—
3. 对所有者的分配	—	—	—	—	—	—	—	—	—	—	—	—	—
4. 其他	—	—	—	—	—	—	—	—	—	—	—	—	—
（四）所有者权益内部结转	—	—	—	—	—	—	-199.90	19.99	—	179.91	—	—	—
1. 资本公积转增实收资本	—	—	—	—	—	—	—	—	—	—	—	—	—
2. 盈余公积转增实收资本	—	—	—	—	—	—	—	—	—	—	—	—	—
3. 盈余公积弥补亏损	—	—	—	—	—	—	—	—	—	—	—	—	—
4. 设定受益计划变动额结转留存收益	—	—	—	—	—	—	—	—	—	—	—	—	—
5. 其他综合收益结转留存收益	—	—	—	—	—	—	-199.90	19.99	—	179.91	—	—	—
四、本期期末余额	400 000.00	—	—	—	7 983.90	—	818.36	95 958.18	75 135.05	528 861.30	1 108 756.79	—	1 108 756.79

法定代表人：赵长利　　　　主管会计工作负责人：张迎军　　　　会计机构负责人：宋红霞

合并所有者权益变动表（续）

编制单位：百瑞信托有限责任公司　　　　2021年度　　　　单位：万元

项目	上期金额											
	归属于母公司所有者权益										少数股东权益	所有者权益合计
	实收资本	其他权益工具			资本公积	减：库存股	其他综合收益	盈余公积	一般风险准备	未分配利润	小计		
		优先股	永续债	其他									
一、上年年末余额	400 000.00	—	—	—	7 983.90	—	20 408.05	75 817.22	63 394.49	358 026.79	925 630.45	—	925 630.45
加：会计政策变更	—	—	—	—	—	—	—	—	—	—	—	—	—
前期差错更正	—	—	—	—	—	—	—	—	—	—	—	—	—
其他	—	—	—	—	—	—	—	—	—	—	—	—	—
二、本年年初余额	400 000.00	—	—	—	7 983.90	—	20 408.05	75 817.22	63 394.49	358 026.79	925 630.45	—	925 630.45

续表

项目	上期金额											
	归属于母公司所有者权益										少数股东权益	所有者权益合计
	实收资本	其他权益工具			资本公积	减：库存股	其他综合收益	盈余公积	一般风险准备	未分配利润	小计		
		优先股	永续债	其他									
三、本期增减变动金额（减少以"-"号填列）	—	—	—	—	—	—	-14 947.39	11 229.11	6 293.03	95 298.16	97 872.91	—	97 872.91
（一）综合收益总额	—	—	—	—	—	—	-14 947.39	—	—	112 820.30	97 872.91	—	97 872.91
（二）所有者投入和减少资本	—	—	—	—	—	—	—	—	—	—	—	—	—
1. 所有者投入的普通股	—	—	—	—	—	—	—	—	—	—	—	—	—
2. 其他权益工具持有者投入资本	—	—	—	—	—	—	—	—	—	—	—	—	—
3. 股份支付计入所有者权益的金额	—	—	—	—	—	—	—	—	—	—	—	—	—
4. 其他	—	—	—	—	—	—	—	—	—	—	—	—	—
（三）利润分配	—	—	—	—	—	—	—	11 229.11	6 293.03	-17 522.14	—	—	—
1. 提取盈余公积	—	—	—	—	—	—	—	11 229.11	—	-11 229.11	—	—	—
2. 提取一般风险准备	—	—	—	—	—	—	—	—	6 293.03	-6 293.03	—	—	—
3. 对所有者的分配	—	—	—	—	—	—	—	—	—	—	—	—	—
4. 其他	—	—	—	—	—	—	—	—	—	—	—	—	—
（四）所有者权益内部结转	—	—	—	—	—	—	—	—	—	—	—	—	—
1. 资本公积转增实收资本	—	—	—	—	—	—	—	—	—	—	—	—	—
2. 盈余公积转增实收资本	—	—	—	—	—	—	—	—	—	—	—	—	—
3. 盈余公积弥补亏损	—	—	—	—	—	—	—	—	—	—	—	—	—
4. 设定受益计划变动额转留存收益	—	—	—	—	—	—	—	—	—	—	—	—	—
5. 其他综合收益结转留存收益	—	—	—	—	—	—	—	—	—	—	—	—	—
四、本期期末余额	400 000.00	—	—	—	7 983.90	—	5 460.66	87 046.33	69 687.52	453 324.95	1 023 503.36	—	1 023 503.36

法定代表人：赵长利　　　　主管会计工作负责人：张迎军　　　　会计机构负责人：宋红霞

母公司所有者权益变动表

编制单位：百瑞信托有限责任公司　　　　2021年度　　　　单位：万元

项目	本期金额										
	实收资本	其他权益工具			资本公积	减：库存股	其他综合收益	盈余公积	一般风险准备	未分配利润	所有者权益合计
		优先股	永续债	其他							
一、上年年末余额	400 000.00	—	—	—	7 983.90	—	5 110.05	87 046.34	69 687.52	453 549.86	1 023 377.67
加：会计政策变更	—	—	—	—	—	—	—	—	—	—	—
前期差错更正	—	—	—	—	—	—	—	—	—	—	—
其他	—	—	—	—	—	—	-6 290.63	490.22	—	4 412.05	-1 388.36
二、本年年初余额	400 000.00	—	—	—	7 983.90	—	-1 180.58	87 536.56	69 687.52	457 961.91	1 021 989.31
三、本期增减变动金额（减少以"-"号填列）	—	—	—	—	—	—	-262.09	8 421.62	5 447.53	70 347.06	83 954.12
（一）综合收益总额	—	—	—	—	—	—	-62.19	—	—	84 016.31	83 954.12
（二）所有者投入和减少资本											

续表

项目	本期金额									
	实收资本	其他权益工具			资本公积	减：库存股	其他综合收益	盈余公积	一般风险准备	未分配利润	所有者权益合计
		优先股	永续债	其他							
1. 所有者投入的普通股	—	—	—	—	—	—	—	—	—	—	—
2. 其他权益工具持有者投入资本	—	—	—	—	—	—	—	—	—	—	—
3. 股份支付计入所有者权益的金额	—	—	—	—	—	—	—	—	—	—	—
4. 其他	—	—	—	—	—	—	—	—	—	—	—
（三）利润分配	—	—	—	—	—	—	—	8 401.63	5 447.53	-13 849.16	—
1. 提取盈余公积	—	—	—	—	—	—	—	8 401.63	—	-8 401.63	—
2. 提取一般风险准备	—	—	—	—	—	—	—	—	5 447.53	-5 447.53	—
3. 对所有者（或股东）的分配	—	—	—	—	—	—	—	—	—	—	—
4. 其他	—	—	—	—	—	—	—	—	—	—	—
（四）所有者权益内部结转	—	—	—	—	—	—	-199.90	19.99	—	179.91	—
1. 资本公积转增资本（或实收资本）	—	—	—	—	—	—	—	—	—	—	—
2. 盈余公积转增资本（或实收资本）	—	—	—	—	—	—	—	—	—	—	—
3. 盈余公积弥补亏损	—	—	—	—	—	—	—	—	—	—	—
4. 设定受益计划变动额结转留存收益	—	—	—	—	—	—	—	—	—	—	—
5. 其他综合收益结转留存收益	—	—	—	—	—	—	-199.90	19.99	—	179.91	—
6. 其他	—	—	—	—	—	—	—	—	—	—	—
四、本期期末余额	400 000.00	—	—	—	7 983.90	—	-1 442.67	95 958.18	75 135.05	528 308.97	1 105 943.43

法定代表人：赵长利　　　　　　主管会计工作负责人：张迎军　　　　　　会计机构负责人：宋红霞

母公司所有者权益变动表（续）

编制单位：百瑞信托有限责任公司　　　　　2021年度　　　　　单位：万元

项目	上期金额									
	实收资本	其他权益工具			资本公积	减：库存股	其他综合收益	盈余公积	一般风险准备	未分配利润	所有者权益合计
		优先股	永续债	其他							
一、上年年末余额	400 000.00	—	—	—	7 983.90	—	20 408.05	75 817.22	63 394.49	358 780.92	926 384.58
加：会计政策变更	—	—	—	—	—	—	—	—	—	—	—
前期差错更正	—	—	—	—	—	—	—	—	—	—	—
其他	—	—	—	—	—	—	—	—	—	—	—
二、本年年初余额	400 000.00	—	—	—	7 983.90	—	20 408.05	75 817.22	63 394.49	358 780.92	926 384.58
三、本期增减变动金额（减少以"-"号填列）	—	—	—	—	—	—	-15 298.00	11 229.11	6 293.03	94 768.95	96 993.09
（一）综合收益总额	—	—	—	—	—	—	-15 298.00	—	—	112 291.09	96 993.09
（二）所有者投入和减少资本	—	—	—	—	—	—	—	—	—	—	—
1. 所有者投入的普通股	—	—	—	—	—	—	—	—	—	—	—
2. 其他权益工具持有者投入资本	—	—	—	—	—	—	—	—	—	—	—
3. 股份支付计入所有者权益的金额	—	—	—	—	—	—	—	—	—	—	—
4. 其他	—	—	—	—	—	—	—	—	—	—	—
（三）利润分配	—	—	—	—	—	—	—	11 229.11	6 293.03	-17 522.14	—
1. 提取盈余公积	—	—	—	—	—	—	—	11 229.11	—	-11 229.11	—
2. 提取一般风险准备	—	—	—	—	—	—	—	—	6 293.03	-6 293.03	—
3. 对所有者（或股东）的分配	—	—	—	—	—	—	—	—	—	—	—

续表

项目	上期金额									
	实收资本	其他权益工具			资本公积	减：库存股	其他综合收益	盈余公积	一般风险准备	未分配利润	所有者权益合计
		优先股	永续债	其他							
4. 其他	—	—	—	—	—	—	—	—	—	—	—
（四）所有者权益内部结转	—	—	—	—	—	—	—	—	—	—	—
1. 资本公积转增资本（或实收资本）	—	—	—	—	—	—	—	—	—	—	—
2. 盈余公积转增资本（或实收资本）	—	—	—	—	—	—	—	—	—	—	—
3. 盈余公积弥补亏损	—	—	—	—	—	—	—	—	—	—	—
4. 设定受益计划变动额结转留存收益	—	—	—	—	—	—	—	—	—	—	—
5. 其他综合收益结转留存收益	—	—	—	—	—	—	—	—	—	—	—
6. 其他	—	—	—	—	—	—	—	—	—	—	—
四、本期期末余额	400 000.00	—	—	—	7 983.90	—	5 110.05	87 046.33	69 687.52	453 549.87	1 023 377.67

法定代表人：赵长利　　　　主管会计工作负责人：张迎军　　　　会计机构负责人：宋红霞

5.2 信托资产

5.2.1 信托项目资产负债汇总表

信托项目资产负债表

编制单位：百瑞信托有限责任公司　　　　2021年12月31日　　　　单位：万元

信托资产	期末余额	期初余额	信托负债和信托权益	期末余额	期初余额
信托资产	—	—	信托负债	—	—
货币资金	201 510.87	150 173.57	交易性金融负债	—	—
拆出资金	—	—	衍生金融负债	—	—
存出保证金	—	—	应付受托人报酬	7 314.37	6 338.98
交易性金融资产	1 040 051.31	342 092.94	应付托管费	372.75	424.46
衍生金融资产	—	—	应付受益人收益	682.30	321.86
买入返售金融资产	250 431.29	163 694.67	应交税费	15 804.94	15 091.33
应收款项	127 431.89	94 729.54	应付销售服务费	112.81	0.73
发放贷款	11 534 470.32	16 021 895.82	其他应付款项	687 705.53	465 086.01
可供出售金融资产	2 710 167.29	2 134 606.76	预计负债	—	—
持有至到期投资	—	70 000.00	其他负债	—	—
长期应收款	—	—	信托负债合计	711 992.70	487 263.37
长期股权投资	3 168 393.29	1 909 369.82			
其他长期投资	—	—			
投资性房地产	—	—	信托权益	—	—
固定资产	—	—	实收信托	39 208 728.71	30 756 172.11
无形资产	—	—	资本公积	69 737.48	109 413.46
长期待摊费用	834.34	864.07	损益平准金	—	—
其他资产	20 978 227.55	10 455 794.39	未分配利润	21 059.26	-9 627.36
减：各项资产减值准备	—	—	信托权益合计	39 299 525.45	30 855 958.21
信托资产总计	40 011 518.15	31 343 221.58	信托负债和信托权益总计	40 011 518.15	31 343 221.58

法定代表人：赵长利　　　　主管会计工作负责人：张迎军　　　　会计机构负责人：宋红霞

5.2.2 信托项目利润及利润分配汇总表

信托项目利润及利润分配表

编制单位：百瑞信托有限责任公司　　2021年度　　　　单位：万元

项目	本年数	上年数
1.营业收入	1 707 220.85	1 591 956.45
1.1 利息收入	1 187 854.76	1 273 465.74
1.2 投资收益（损失以"-"号填列）	265 386.60	255 750.59
1.2.1 其中：对联营企业和合营企业的投资收益	—	—
1.3 公允价值变动收益（损失以"-"号填列）	5 133.96	3 507.97
1.4 租赁收入	—	—
1.5 汇兑损益（损失以"-"号填列）	—	—
1.6 其他收入	248 845.53	59 232.15
2.支出	241 367.14	211 716.85
2.1 营业税金及附加	5 598.59	5 481.28
2.2 受托人报酬	115 493.14	125 950.79
2.3 保管费	5 856.53	6 151.54
2.4 投资管理费	179.21	63.36
2.5 销售服务费	20 337.83	11 649.53
2.6 交易费用	137.21	106.52
2.7 资产减值损失	—	—
2.8 其他费用	41 735.59	25 688.95
2.9 其他支出	52 029.04	36 624.88
3.信托净利润（净亏损以"-"号填列）	1 465 853.71	1 380 239.60
4.其他综合收益	—	—
5.综合收益	1 465 853.71	1 380 239.60
6.加：期初未分配信托利润	-9 627.36	-44 675.15
7.可供分配的信托利润	1 456 226.35	1 335 564.45
8.减：本期已分配信托利润	1 435 167.09	1 345 191.81
9.期末未分配信托利润	21 059.26	-9 627.36

法定代表人：赵长利　　主管会计工作负责人：张迎军　　会计机构负责人：宋红霞

6.会计报表附注

6.1　会计报表编制基准不符合会计核算基本前提的说明

6.1.1　会计报表不符合会计核算基本前提的事项

报告期内无上述事项。

6.1.2　重要会计政策和会计估计说明

6.1.2.1　计提资产减值准备的范围和方法

6.1.2.1.1　计提资产减值准备的原则

公司根据谨慎性原则，预计各项资产可能发生的损失，对可能发生的各项损失计提一般准备和资产减值准备。

6.1.2.1.2　计提范围和方法

6.1.2.1.2.1　一般准备计提范围和方法

根据财政部《金融企业准备金计提管理办法》（财金〔2012〕20号）规定，为了防范经营风险，增强金融企业抵御风险能力，促进金融企业稳健经营和健康发展，金融企业应提取一般准备作为利润分配处理，并作为股东权益的组成部分。公司根据标准法对风险资产所面临的风险状况定量分析，确定潜在风险估计值。对于潜在风险估计值高于资产减值准备的差额，计提一般准备。当潜在风险估计值低于资产减值准备时，可不计提一般准备。一般准备余额原则上不得低于风险资产期末余额的1.5%。难以一次性达到1.5%的，可以分年到位，原则上不得超过5年。

6.1.2.1.2.2　资产减值准备计提范围和方法

对于固定资产、在建工程、使用寿命有限的无形资产、以成本模式计量的投资性房地产及对子公司、合营企业、联营企业的长期股权投资、商誉等长期资产，公司于资产负债表日判断是否存在减值迹象。如存在减值迹象的，则估计其可收回金额，进行减值测试。商誉、使用寿命不确定的无形资产和尚未达到可使用状态的无形资产，无论是否存在减值迹象，每年均进行减值测试。减值测试结果表明资产的可收回金额低于其账面价值的，按其差额计提减值准备并计入减值损失。上述资产减值损失一经确认，以后期间不予转回。

公司考虑所有合理且有依据的信息，包括前瞻性信息，以单项或组合的方式对以摊余成本计量的金融资产和以公允价值计量且其变动计入其他综合收益的金融资产（债务工具）的预期信用损失进行估计。预期信用损失的计量取决于金融资产自初始确认后是否发生信用风险显著增加。

（1）预期信用损失一般模型。如果该金融工具的信用风险自初始确认后已显著增加，本公司按照相当于该金融工具整个存续期内预期信用损失的金额计量其损失准备；如果该金融工具的信用风险自初始确认后并未显著增加，公司按照相当于该金融工具未来12个月内预期信用损失的金额计量其损失准备。由此形成的损失准备的增加或转回金额，作为减值损失或利得计入当期损益。

通常逾期超过30日，本公司即认为该金融工具的信用风险已显著增加，除非有确凿证据证明该金融工具的信用风险自初始确认后并未显著增加。

具体来说，本公司将购买或源生时未发生信用减值的金融工具发生信用减值的过程分为三个阶段，对于不同阶段的金融工具的减值有不同的会计处理方法：第一阶段：信用风险自初始确认后未显著增加。对于处于该阶段的金融工具，公司按照未来12个月的预期信用损失计量损失准备，并按其账面余额（即未扣除减值准备）和实际利率计算利息收入（若该工具为金融资产，下同）。第二阶段：信用风险自初始确认后已显著增加但尚未发生信用减值。对于处于该阶段的金融工具，按照该工具整个存续期的预期信用损失计量损失准备，并按其账面余额和实际利率计算利息收入。第三阶段：初始确认后发生信用减值。对于处于该阶段的金融工具，按照该工具整个存续期的预期信用损失计量损失准备，但对利息收入的计算不同于处于前两阶段的金融资产。对于已发生信用减值的金融资产，按其摊余成本（账面余额减已计提减值准备，也即账面价值）和实际利率计算利息收入。

对于购买或源生时已发生信用减值的金融资产，仅将初始确认后整个存续期内预期信用损失的变动确认为损失准备，并按其摊余成本和经信用调整的实际利率计算利息收入。

（2）本公司对在资产负债表日具有较低信用风险的金融工具，选择不与其初始确认时的信用风险进行比较，而直接做出该工具的信用风险自初始确认后未显著增加的假定。

如果公司确定金融工具的违约风险较低，借款人在短期内履行其支付合同现金流量义务的能力很强，并且即使较长时期内经济形势和经营环境存在不利变化，也不一定会降低借款人履行其支付合同现金流量义务的能力，那么该金融工具可被视为具有较低的信用风险。

（3）应收款项。公司对于《企业会计准则第14号——收入》所规定的、不含重大融资成分（包括根据该准则不考虑不超过一年的合同中融资成分的情况）的应收款项，采用预期信用损失的简化模型，始终按照整个存续期内预期信用损失的金额计量其损失准备。

6.1.2.2 金融资产三分类的范围和标准

根据管理的金融资产的业务模式和金融资产的合同现金流量特征，公司将金融资产划分为以下三类：（1）以摊余成本计量的金融资产。（2）以公允价值计量且其变动计入其他综合收益的金融资产。（3）以公允价值计量且其变动计入当期损益的金融资产。

公司管理金融资产的业务模式，是指公司如何管理金融资产以产生现金流量，是以公司关键管理人员决定的对金融资产进行管理的特定业务目标为基础确定，是以客观事实为依据。金融资产的合同现金流量特征，是指金融工具合同约定的、反映相关金融资产经济特征的现金流量属性。

6.1.2.2.1 以摊余成本计量的金融资产的范围和标准

以摊余成本计量的金融资产是指同时满足下列条件的金融资产：第一，企业管理该金融资产的业务模式是以收取合同现金流量为目标；第二，该金融资产的合同条款规定，在特定日期产生的现金流量，仅为对本金和以未偿付本金金额为基础的利息的支付。

6.1.2.2.2 以公允价值计量且变动计入其他综合收益的金融资产的范围和标准

以公允价值计量且变动计入其他综合收益的金融资产是指同时满足下列条件的金融资产（债务工具）：第一，管理该金融资产的业务模式既以收取合同现金流量为目标又以出售该金融资产为目标；第二，该金融资产的合同条款规定，在特定日期产生的现金流量，仅为对本金和以未偿付本金金额为基础的利息的支付。

对权益工具，在初始确认时，公司可以将非交易性权益工具投资指定为以公允价值计量且其变动计入其他综合收益的金融资产。

6.1.2.2.3 以公允价值计量且其变动计入当期损益的金融资产的范围和标准

除6.1.2.2.1规定的以摊余成本计量的金融资产和6.1.2.2.2规定的以公允价值计量且其变动计入其他综合收益的金融资产外的金融资产，公司将其分类为以公允价值计量且其变动计入当期损益的金融资产。

6.1.2.2.4 金融资产的重分类

当且仅当公司改变管理金融资产的业务模式时，公司对受影响的相关金融资产进行重分类。自重分类日起采用未来适用法进行相关会计处理，未对以前已经确认的利得、损失（包括减值损失或利得）或利息进行追溯调整。重分类日，是指导致企业对金融资产进行重分类的业务模式发生变更后的首个报告期间的第一天。

公司将一项以摊余成本计量的金融资产重分类为以公允价值计量且其变动计入当期损益的金融资产的，按照该资产在重分类日的公允价值进行计量。原账面价值与公允价值之间的差额计入当期损益。

公司将一项以摊余成本计量的金融资产重分类为以公允价值计量且其变动计入其他综合收益的金融资产的，

按照该金融资产在重分类日的公允价值进行计量。原账面价值与公允价值之间的差额计入其他综合收益。该金融资产重分类不影响其实际利率和预期信用损失的计量。

公司将一项以公允价值计量且其变动计入其他综合收益的金融资产重分类为以摊余成本计量的金融资产的，将之前计入其他综合收益的累计利得或损失转出，调整该金融资产在重分类日的公允价值，并以调整后的金额作为新的账面价值，即视同该金融资产一直以摊余成本计量。该金融资产重分类不影响其实际利率和预期信用损失的计量。

公司将一项以公允价值计量且其变动计入其他综合收益的金融资产重分类为以公允价值计量且其变动计入当期损益的金融资产的，继续以公允价值计量该金融资产。同时，公司将之前计入其他综合收益的累计利得或损失从其他综合收益转入当期损益。

公司将一项以公允价值计量且其变动计入当期损益的金融资产重分类为以摊余成本计量的金融资产的，以其在重分类日的公允价值作为新的账面余额。

公司将一项以公允价值计量且其变动计入当期损益的金融资产重分类为以公允价值计量且其变动计入其他综合收益的金融资产的，继续以公允价值计量该金融资产。

对金融资产重分类进行处理的，公司根据该金融资产在重分类日的公允价值确定其实际利率。

6.1.2.3 金融资产的计量

公司初始确认金融资产，按照公允价值计量。对于以公允价值计量且其变动计入当期损益的金融资产，相关交易费用直接计入当期损益；对于其他类别的金融资产，相关交易费用计入初始确认金额。但是，公司初始确认的应收账款未包含《企业会计准则第14号——收入》所定义的重大融资成分或根据《企业会计准则第14号——收入》规定不考虑不超过一年的合同中的融资成分的，按照该准则定义的交易价格进行初始计量。

交易费用，是指可直接归属于购买、发行或处置金融工具的增量费用。增量费用是指企业没有发生购买、发行或处置相关金融工具的情形就不会发生的费用，包括支付给代理机构、咨询公司、券商、证券交易所、政府有关部门等的手续费、佣金、相关税费以及其他必要支出，不包括债券溢价、折价、融资费用、内部管理成本和持有成本等与交易不直接相关的费用。

6.1.2.3.1 金融资产的公允价值

公允价值通常为相关金融资产或金融负债的交易价格。金融资产的公允价值与交易价格存在差异的，公司区别下列情况进行处理：（1）在初始确认时，金融资产的公允价值依据相同资产在活跃市场上的报价或者以仅使用可观察市场数据的估值技术确定的，公司将该公允价值与交易价格之间的差额确认为一项利得或损失。（2）在初始确认时，金融资产的公允价值以其他方式确定的，公司将该公允价值与交易价格之间的差额递延。初始确认后，公司根据某一因素在相应会计期间的变动程度将该递延差额确认为相应会计期间的利得或损失。该因素应当仅限于市场参与者对该金融工具定价时将予考虑的因素，包括时间等。

6.1.2.3.2 金融资产的后续计量

初始确认后，企业应当对不同类别的金融资产，分别以摊余成本、以公允价值计量且其变动计入其他综合收益或以公允价值计量且其变动计入当期损益进行后续计量。

金融资产的摊余成本，以该金融资产的初始确认金额经下列调整后的结果确定：（1）扣除已偿还的本金。（2）加上或减去采用实际利率法将该初始确认金额与到期日金额之间的差额进行摊销形成的累计摊销额。（3）扣除累计计提的损失准备（仅适用于金融资产）。实际利率法，是指计算金融资产的摊余成本以及将利息收入或利息费用分摊计入各会计期间的方法。实际利率，是指将金融资产在预计存续期估计的未来现金流量，折现为该金融资产账面余额所使用的利率。在确定实际利率时，在考虑金融资产所有合同条款（如提前还款、展期、看涨期权或其他类似期权等）的基础上估计预期现金流量，但不考虑预期信用损失。

公司与交易对手方修改或重新议定合同，未导致金融资产终止确认，但导致合同现金流量发生变化的，将重新计算该金融资产的账面余额，并将相关利得或损失计入当期损益。重新计算的该金融资产的账面余额，根据将重新议定或修改的合同现金流量按金融资产的原实际利率（或者购买或源生的已发生信用减值的金融资产的经信用调整的实际利率）或重新计算的实际利率（如适用）折现的现值确定。对于修改或重新议定合同所产生的所有成本或费用，公司将调整修改后的金融资产账面价值，并在修改后金融资产的剩余期限内进行摊销。

6.1.2.3.3 权益工具的计量

公司对权益工具的投资和与此类投资相联系的合同以公允价值计量。但在有限情况下，如果用以确定公允价值的近期信息不足，或者公允价值的可能估计金额分布范围很广，而成本代表了该范围内对公允价值的最佳估计的，该成本可代表其在该分布范围内对公允价值的恰当估计。

公司利用初始确认日后可获得的关于被投资方业绩和经营的所有信息，判断成本能否代表公允价值。存在下列情形（包含但不限于）之一的，可能表明成本不代表相关金融资产的公允价值，公司将对其公允价值进行估值：（1）与预算、计划或阶段性目标相比，被投资方业绩发生重大变化。（2）对被投资方技术产品实现阶段性目标的预期发生变化。（3）被投资方的权益、产品或潜在产品的市场发生重大变化。（4）全球经济或被投资方经营所处的经济环境发生重大变化。（5）被投资方可比企业的业绩或整体市场所显示的估值结果发生重大变化。（6）被投资方的内部问题，如欺诈、商业纠纷、诉讼、管理或战略变化。（7）被投资方权益发生了外部交易并有客观证据，包括发行新股等被投资方发生的交易和第三方之间转让被投资方权益工具的交易等。

6.1.2.4 长期股权投资核算方法

长期股权投资是指公司对被投资单位具有控制、共同控制或重大影响的长期股权投资。公司对被投资单位不具有控制、共同控制或重大影响的股权投资，作为以公允价值计量且其变动计入其他综合收益或以公允价值计量且其变动计入当期损益的金融资产核算。

6.1.2.4.1 投资成本的确定

对于企业合并形成的长期股权投资，如为同一控制下的企业合并取得的长期股权投资，在合并日按照取得被合并方所有者权益在最终控制方合并财务报表中账面价值的份额作为初始投资成本。通过非同一控制下的企业合并取得的长期股权投资，企业合并成本包括购买方付出的资产、发生或承担的负债、发行的权益性证券的公允价值之和；购买方为企业合并发生的审计、法律服务、评估咨询等中介费用以及其他相关管理费用，应当于发生时计入当期损益；购买方作为合并对价发行的权益性证券或债务性证券的交易费用，应当计入权益性证券或债务性证券的初始确认金额。

除企业合并形成的长期股权投资外的其他股权投资，按成本进行初始计量，该成本以长期股权投资取得方式的不同，分别按照公司实际支付的现金购买价款、公司发行的权益性证券的公允价值、投资合同或协议约定的价值、非货币性资产交换交易中换出资产的公允价值或原账面价值、该项长期股权投资自身的公允价值等方式确定。与取得长期股权投资直接相关的费用、税金及其他必要支出也计入投资成本。

6.1.2.4.2 长期股权投资的后续计量及损益确认方法

对被投资单位具有共同控制（构成共同经营者除外）或重大影响的长期股权投资，采用权益法核算。此外，公司财务报表采用成本法核算能够对被投资单位实施控制的长期股权投资。

采用成本法核算时，长期股权投资按初始投资成本计价，除取得投资时实际支付的价款或者对价中包含的已宣告但尚未发放的现金股利或者利润外，当期投资收益按照享有被投资单位宣告发放的现金股利或利润确认。

采用权益法核算时，长期股权投资的初始投资成本大于投资时应享有被投资单位可辨认净资产公允价值份额的，不调整长期股权投资的初始投资成本；初始投资成本小于投资时应享有被投资单位可辨认净资产公允价值份额的，其差额计入当期损益，同时调整长期股权投资的成本。

采用权益法核算时，当期投资损益为应享有或应分担的被投资单位当年实现的净损益的份额。在确认应享有被投资单位净损益的份额时，以取得投资时被投资单位各项可辨认资产等的公允价值为基础，并按照公司的会计政策及会计期间，对被投资单位的净利润进行调整后确认。对于公司与联营企业及合营之间发生的未实现内部交易损益，按照持股比例计算属于公司的部分予以抵销，在此基础上确认投资损益。但公司与被投资单位发生的未实现内部交易损失，按照《企业会计准则第8号——资产减值》等规定属于所转让资产减值损失的，不予以抵销。对被投资单位的其他综合收益，相应调整长期股权投资的账面价值并确认其他综合收益。

在确认应分担被投资单位发生的净亏损时，以长期股权投资的账面价值和其他实质上构成对被投资单位净投资的长期权益减记至零为限。此外，如公司对被投资单位负有承担额外损失的义务，则按预计承担的义务确认预计负债，计入当期投资损失。被投资单位以后期间实现净利润的，公司在收益分享额弥补未确认的亏损分担额后，恢复确认收益分享额。

6.1.2.5 固定资产计价和折旧方法

6.1.2.5.1 固定资产确认条件

固定资产是指为生产商品、提供劳务、出租或经营管理而持有的，使用寿命超过一个会计年度的有形资产。

固定资产仅在与其有关的经济利益很可能流入公司，且其成本能够可靠地计量时才予以确认。固定资产按成本并考虑预计弃置费用因素的影响进行初始计量。

6.1.2.5.2　固定资产的分类、计价方法及折旧方法

固定资产从达到预定可使用状态的次月起，在使用寿命内计提折旧。各类固定资产的使用寿命、预计净残值和年折旧率、折旧方法如下表所示。

固定资产类别	折旧年限（年）	预计净残值率（%）	年折旧率（%）	折旧方法
房屋建筑物	20—35	5	2.71—4.75	平均年限法
电子设备及其他	3—5	5	19.00—31.67	平均年限法
交通运输设备	4—5	5	19.00—23.75	平均年限法

预计净残值是指假定固定资产预计使用寿命已满并处于使用寿命终了时的预期状态，公司目前从该项资产处置中获得的扣除预计处置费用后的金额。

6.1.2.5.3　固定资产后续支出的处理

与固定资产有关的后续支出，如果相关的经济利益很可能流入且其成本能可靠地计量，则计入固定资产成本，并终止确认被替换部分的账面价值。除此以外的其他后续支出，在发生时计入当期损益。

当固定资产处于处置状态或预期通过使用或处置不能产生经济利益时，终止确认该固定资产。固定资产出售、转让、报废或毁损的处置收入扣除其账面价值和相关税费后的差额计入当期损益。

公司至少于年度终了对固定资产的使用寿命、预计净残值和折旧方法进行复核，如发生改变则作为会计估计变更处理。

6.1.2.6　无形资产计价及摊销政策

6.1.2.6.1　无形资产的确认及计价方法

无形资产是指公司拥有或者控制的没有实物形态的可辨认非货币性资产。

无形资产按成本进行初始计量。与无形资产有关的支出，如果相关的经济利益很可能流入公司且其成本能可靠地计量，则计入无形资产成本。除此以外的其他项目的支出，在发生时计入当期损益。

取得的土地使用权通常作为无形资产核算。自行开发建造厂房等建筑物，相关的土地使用权支出和建筑物建造成本则分别作为无形资产和固定资产核算。如为外购的房屋及建筑物，则将有关价款在土地使用权和建筑物之间进行分配，难以合理分配的，全部作为固定资产处理。

6.1.2.6.2　无形资产的摊销

使用寿命有限的无形资产自可供使用之日起，对其原值减去预计净残值和已计提的减值准备累计金额在其预计使用寿命内采用直线法分期摊销。使用寿命不确定的无形资产不予摊销。

期末，对使用寿命有限的无形资产的使用寿命和摊销方法进行复核，如发生变更则作为会计估计变更处理。此外，还对使用寿命不确定的无形资产的使用寿命进行复核，如果有证据表明该无形资产为企业带来经济利益的期限是可预见的，则估计其使用寿命并按照使用寿命有限的无形资产的摊销政策进行摊销。

6.1.2.7　长期待摊费用的摊销政策

长期待摊费用为已经发生但应由报告期和以后各期负担的分摊期限在一年以上的各项费用。长期待摊费用在预计受益期间按直线法摊销。

6.1.2.8　合并会计报表的编制方法

公司对合并财务报表按照《企业会计准则第33号——合并财务报表》执行。

6.1.2.9　收入确认原则和方法

公司的收入包括利息收入、手续费及佣金收入、投资业务收入和其他收入。收入在经济利益很可能流入公司，且金额能够可靠计量，并同时满足下列条件时予以确认：

6.1.2.9.1　利息收入

指按实际利率法确认的以摊余成本计量、以公允价值计量且其变动计入其他综合收益的金融资产和以摊余成本计量的金融负债等产生的利息收入。对于购入或源生的已发生信用减值的金融资产，公司自初始确认起，按照该金融资产的摊余成本和经信用调整的实际利率计算确定其利息收入。对于购入或源生的未发生信用减值、但在后续期间成为已发生信用减值的金融资产，公司在后续期间，按照该金融资产的摊余成本和实际利率计算确定其利息收入。

6.1.2.9.2　手续费及佣金收入

指公司通过向客户提供各类服务收取手续费及佣金。其中，通过在一定期间内提供服务收取的手续费及佣金在相应期间内按照履约进度确认，其他手续费及佣金于相关交易完成时确认。

6.1.2.9.3　其他业务收入

于提供相关服务且与其相关的经济利益能够可靠计量时确认。

6.1.2.9.4 投资收益

投资收益包含各项投资产生的利息收入、股息收入、分红收入以及除以公允价值计量且其变动计入当期损益的金融资产等由于公允价值变动形成的应计入公允价值变动损益之外的已实现利得或损失。

6.1.2.10 所得税的会计处理方法

某些资产、负债项目的账面价值与其计税基础之间的差额，以及未作为资产和负债确认但按照税法规定可以确定其计税基础的项目的账面价值与计税基础之间的差额产生的暂时性差异，采用资产负债表债务法确认递延所得税资产及递延所得税负债。

与商誉的初始确认有关，以及与既不是企业合并、发生时也不影响会计利润和应纳税所得额（或可抵扣亏损）的交易中产生的资产或负债的初始确认有关的应纳税暂时性差异，不予确认有关的递延所得税负债。此外，对与子公司、联营企业及合营企业投资相关的应纳税暂时性差异，如果公司能够控制暂时性差异转回的时间，而且该暂时性差异在可预见的未来很可能不会转回，也不予确认有关的递延所得税负债。除上述例外情况，公司确认其他所有应纳税暂时性差异产生的递延所得税负债。

与既不是企业合并、发生时也不影响会计利润和应纳税所得额（或可抵扣亏损）的交易中产生的资产或负债的初始确认有关的可抵扣暂时性差异，不予确认有关的递延所得税资产。此外，对与子公司、联营企业及合营企业投资相关的可抵扣暂时性差异，如果暂时性差异在可预见的未来不是很可能转回，或者未来不是很可能获得用来抵扣可抵扣暂时性差异的应纳税所得额，不予确认有关的递延所得税资产。除上述例外情况，公司以很可能取得用来抵扣可抵扣暂时性差异的应纳税所得额为限，确认其他可抵扣暂时性差异产生的递延所得税资产。

对于能够结转以后年度的可抵扣亏损和税款抵减，以很可能获得用来抵扣可抵扣亏损和税款抵减的未来应纳税所得额为限，确认相应的递延所得税资产。

资产负债表日，对于递延所得税资产和递延所得税负债，根据税法规定，按照预期收回相关资产或清偿相关负债期间的适用税率计量。

于资产负债表日，对递延所得税资产的账面价值进行复核，如果未来很可能无法获得足够的应纳税所得额用以抵扣递延所得税资产的利益，则减记递延所得税资产的账面价值。在很可能获得足够的应纳税所得额时，减记的金额予以转回。

6.1.2.11 信托报酬确认原则和方法

与信托业务相关的利益能够流入公司；收入的金额能够可靠地计量；按照合同、协议约定的收费时间和方法，信托服务已经提供或者有关合同已经履行。

6.1.2.12 会计估计变更

报告期内无会计估计变更。

6.2 或有事项说明

无。

6.3 重要资产转让及其出售的说明

无。

6.4 会计报表中重要项目的明细资料

6.4.1 自营资产经营情况

6.4.1.1 信用风险资产的期初数、期末数

信用风险资产五级分类	正常类（万元）	关注类（万元）	次级类（万元）	可疑类（万元）	损失类（万元）	信用风险资产合计（万元）	不良合计（万元）	不良率（%）
上年年末数	1 024 464.77	17 805.05	—	—	20 734.64	1 063 004.46	20 734.64	1.95
期末数	1 091 202.31	20 556.51	—	17 284.84	690.59	1 129 734.25	17 975.43	1.59

注：不良资产合计=次级类+可疑类+损失类。

6.4.1.2 各项资产减值损失准备的期初、本期计提、本期转回、本期核销、期末数

单位：万元

项目	期初金额	本期计提金额	本期转回金额	本期核销金额	期末金额
贷款损失准备	3 767.00	-1 576.77	—	—	2 190.23
一般准备	3 767.00	-1 576.77	—	—	2 190.23

续表

项目	期初金额	本期计提金额	本期转回金额	本期核销金额	期末金额
专项准备	—	—	—	—	—
其他资产减值准备	8.65	—	—	—	8.65
债权投资减值准备	21 886.86	-8 388.62	—	—	13 498.24
应收款项坏账准备	3 865.07	217.62	—	—	4 082.69

6.4.1.3 自营股票投资、基金投资、债券投资、股权投资等投资业务的期初数、期末数

单位：万元

项目	自营股票	基金	债券	股权投资	其他投资	合计
期初数	2 495.00	30 041.74	—	225 654.82	556 188.35	814 379.91
期末数	2 315.00	108 687.08	—	251 049.08	544 293.40	906 344.56

6.4.1.4 按投资入股金额排序，前五名的自营长期股权投资的企业名称、占被投资企业权益的比例、主要经营活动及投资收益情况

企业名称	占被投资企业权益的比例（%）	主要经营活动	投资损益（万元）
郑州百瑞创新资本创业投资有限公司	25.71	创业投资；代理其他创业投资企业等机构或个人的创业投资业务；创业投资咨询业务；为创业企业提供创业管理服务；参与设立创业投资企业与创业投资管理顾问机构	-1 182.23
河南省鸿启企业管理有限公司	24.5	企业管理、企业营销、商务服务、商业活动策划与咨询、经济信息咨询	-3.89

注：1. 投资损益是指按照企业会计准则规定，核算股权投资确认损益并计入披露年度利润表的金额。
2. 截至2021年底公司自营长期股权投资企业共2家。

6.4.1.5 前五名的自营贷款的企业名称、占贷款总额的比例和还款情况

企业名称	占贷款总额的比例（%）	还款情况
洛阳杜康控股有限公司	26.06	正常
河南万松建设工程有限公司	21.44	正常
河南聚金商业运营服务有限公司	16.03	正常
河南康桥云图房地产开发有限责任公司	13.46	正常
常州锦艺置业有限公司	13.03	正常

6.4.1.6 表外业务的期初数、期末数

表外业务	期初数	期末数
担保业务	—	—
代理业务（委托业务）	—	—
其他	—	—
合计	—	—

注：代理业务主要反映因客观原因应规范而尚未完成规范的历史遗留委托业务，包括委托贷款和委托投资。

6.4.1.7 公司当年的收入结构

公司当年的收入结构（合并）

收入结构	金额（万元）	占比（%）
手续费及佣金收入	90 739.54	57.89
其中：信托手续费收入	90 739.54	57.89
投资银行业务收入	—	—
利息收入	40 036.55	25.54
其他业务收入	164.89	0.11
其中：计入信托业务收入部分	—	—
投资收益	24 669.12	15.74
其中：股权投资收益	9 149.24	5.84
证券投资收益	1 691.60	1.08
其他投资收益	13 828.28	8.82
公允价值变动损益	1 112.42	0.71
汇兑损益	-0.01	—
营业外收入	16.95	0.01
收入合计	156 739.46	100.00

注：1. 手续费及佣金收入、其他业务收入、投资收益、营业外收入均为损益表中的科目，其中手续费及佣金收入、营业外收入为未抵减掉相应支出的全年累计实现收入数。
2. 利息收入为抵减掉利息支出的利息净额。
3. 其他业务收入包含租赁业务收入等收入。

公司当年的收入结构（母公司）

收入结构	金额（万元）	占比（%）
手续费及佣金收入	109 538.21	71.06
其中：信托手续费收入	109 538.21	71.06
投资银行业务收入	—	—
利息收入	27 411.52	17.78
其他业务收入	164.70	0.11
其中：计入信托业务收入部分	—	—
投资收益	16 948.19	11.00
其中：股权投资收益	4 255.28	2.76
证券投资收益	1 691.60	1.10
其他投资收益	11 001.31	7.14
公允价值变动损益	68.59	0.04
汇兑损益	-0.01	—
营业外收入	16.95	0.01
收入合计	154 148.15	100.00

注：1. 手续费及佣金收入、其他业务收入、投资收益、营业外收入均为损益表中的科目，其中手续费及佣金收入、营业外收入为未抵减掉相应支出的全年累计实现收入数。
2. 利息收入为抵减掉利息支出的利息净额。
3. 其他业务收入包含租赁业务收入等收入。

6.4.2 披露信托财产管理情况

6.4.2.1 信托资产的期初数、期末数

单位：万元

信托资产	期初数	期末数
集合	20 716 195.40	22 266 489.30
单一	4 180 704.30	4 556 957.06
财产权	6 446 321.88	13 188 071.79
合计	31 343 221.58	40 011 518.15

6.4.2.1.1 主动管理型信托业务的信托资产期初数、期末数

单位：万元

主动管理型信托资产	期初数	期末数
证券投资类	454 770.15	2 461 859.19
股权投资类	2 858 214.05	3 324 834.15
融资类	9 927 598.61	7 751 367.20
事务管理类	5 698 193.49	5 770 061.68
其他投资	9 199 951.21	11 478 623.11
合计	28 138 727.51	30 786 745.33

6.4.2.1.2 被动管理型信托业务的信托资产期初数、期末数

单位：万元

被动管理型信托资产	期初数	期末数
证券投资类	—	2 966.16
股权投资类	—	—
融资类	—	—
事务管理类	3 204 474.34	9 221 806.66
其他投资	19.73	—
合计	3 204 494.07	9 224 772.82

6.4.2.2 本年度已清算结束的信托项目个数、实收信托合计金额、加权平均实际年化收益率

6.4.2.2.1 本年度已清算结束的集合类、单一类资金信托项目和财产管理类信托项目个数、实收信托金额、加权平均实际年化收益率

已清算结束信托项目	项目个数（个）	实收信托合计金额（万元）	加权平均实际年化收益率（%）
集合类	91	6 592 895.68	6.09
单一类	40	3 175 790.00	6.47
财产管理类	30	3 901 828.53	2.76

注：1.收益率是指信托项目清算后，给受益人赚取的实际收益水平。
2.加权平均实际年化收益率＝（信托项目1的实际年化收益率×信托项目1的实收信托＋信托项目2的实际年化收益率×信托项目2的实收信托＋…信托项目n的实际年化收益率×信托项目n的实收信托）/（信托项目1的实收信托＋信托项目2的实收信托＋…信托项目n的实收信托）×100%。

6.4.2.2.2 本年度已清算结束的主动管理型信托项目个数、实收信托合计金额、加权平均实际年化收益率

已清算结束信托项目	项目个数（个）	实收信托合计金额（万元）	加权平均实际年化信托报酬率（%）	加权平均实际年化收益率（%）
证券投资类	5	13 500.00	0.65	40.07
股权投资类	13	1 142 148.00	1.80	7.77
融资类	53	3 758 446.00	0.72	6.66
事务管理类	12	1 439 345.83	0.22	5.10
其他投资	51	3 893 424.38	0.12	3.27

注：加权平均实际年化信托报酬率＝（信托项目1的实际年化信托报酬率×信托项目1的实收信托＋信托项目2的实际年化信托报酬率×信托项目2的实收信托＋…信托项目n的实际年化信托报酬率×信托项目n的实收信托）/（信托项目1的实收信托＋信托项目2的实收信托＋…信托项目n的实收信托）×100%。

6.4.2.2.3 本年度已清算结束的被动管理型信托项目个数、实收信托合计金额、加权平均实际年化收益率

已清算结束信托项目	项目个数（个）	实收信托合计金额（万元）	加权平均实际年化信托报酬率（%）	加权平均实际年化收益率（%）
证券投资类	—	—	—	—
股权投资类	—	—	—	—
融资类	—	—	—	—
事务管理类	27	3 423 650.00	0.13	6.21
其他投资	—	—	—	—

6.4.2.3 本年度新增的集合类、单一类和财产管理类信托项目个数、实收信托合计金额

新增信托项目	项目个数（个）	实收信托合计金额（万元）
集合类	145	11 771 616.74
单一类	139	2 160 282.35
财产管理类	84	12 218 328.51
新增合计	368	26 150 227.60
其中：主动管理型	297	18 039 731.40
被动管理型	71	8 110 496.20

注：本年新增信托项目指在本报告年度内累计新增的信托项目个数和金额。包含本年度新增并于本年度内结束的项目和本年度新增至报告期末仍在持续管理的信托项目。

6.4.2.4 信托业务创新成果和特色业务有关情况

随着经济环境和金融监管环境不断变革，2021年，公司紧跟行业发展趋势，积极推动业务转型，在创新业务领域取得初步成效。

第一，助力实现"双碳"目标。随着我国"双碳"目标的提出和一系列绿色发展政策规划的出台，公司加强产业研究，调研产业需求，发挥信托制度优势，探索绿色金融业务，坚持以融促产、以融强产，围绕新能源领域大力发展产业金融，助力绿色低碳发展。2021年公司秉承"助力绿色发展，共享美好未来"的理念，将"百瑞绿享"作为绿色信托业务系列名称，积极践行"绿色低碳转型、促进高质量发展"。将以资产证券化为代表的服务信托、助力绿色低碳发展的绿色信托作为重点业务转型方向，注重资产证券化与绿色信托融合创新。2021年，百瑞信托作为受托机构发行首单绿色（碳中和债）资产支持商业票据、在银行间市场推出类REITs产品为企业盘活存量项目探索新路径、落地百瑞绿享国家电投可再生能源补贴款财产权信托等，绿色信托业务取得一定成效。

第二，进一步增强投研实力，丰富证券投资类产品线。公司依托博士后科研工作站，在业内较早地开展了量化投资研究，先后推出公募FOF、私募FOF、指数增强等证券投资类产品。2021年，公司证券投资业务产品条线更加完备，初步覆盖了现金管理、固收+、资产配置类和权益类产品类型。积极推动主动管理与投资顾问型业务齐头并进，在着力提升标准化产品业务规模的同时，注重培养自身投研能力。从业绩来看，公司证券投资产品收益能够跑赢市场大部分同类产品。

第三，回归本源发展，助力公益慈善。自2016年《慈善法》出台以来，百瑞信托践行央企信托公司社会责任，已先后协同多家企业、基金会、个人等发起设立慈善信托15单，信托目的涵盖扶贫济困、科教文卫事业发展、环境保护、困境儿童救助、养老帮扶等多个领域。作为郑州7·20暴雨灾情的亲历者，2021年7月23日百瑞信托发起设立的"百瑞仁爱·灾害救助慈善信托"在郑州市民政局完成备案手续，首期慈善救助活动随即迅速展开。2021年，公司还设立"百瑞仁爱·传薪慈善信托"资助教育事业研究等，用好慈善信托工具，持续关注社会民生。

6.4.2.5　公司履行受托人义务情况及因本公司自身责任而导致的信托资产损失情况

6.4.2.5.1　公司履行受托人义务情况

公司作为受托人，严格按照《信托法》等法律法规以及监管部门的要求，履行以下义务：公司管理信托财产时恪尽职守，本着诚实、信用、谨慎、有效管理的原则为受益人的最大利益处理信托事务；公司妥善保管处理信托事务的完整记录、原始凭证及有关资料，并且按照信托合同的约定将信托财产的管理运用、处分及收支情况，报告委托人和受益人；公司对委托人、受益人以及处理信托事务的情况和资料依法保密；公司以信托财产为限向受益人支付信托利益；法律法规及信托合同规定的其他义务。

6.4.2.5.2　因公司自身责任而导致的信托资产损失情况

报告期内无上述事项。

6.4.2.6　信托赔偿准备金的提取、使用和管理情况

2021年公司计提信托赔偿准备金4 200.82万元，截至2021年12月31日，公司信托项目运行良好，未发生使用信托赔偿准备金情况，信托赔偿准备金余额为58 323.28万元。

6.5　关联方关系及其交易的披露

6.5.1　关联交易方的数量、关联交易的总金额及关联交易的定价政策等

项目	关联交易方数量（个）	关联交易金额（万元）	定价政策
合计	10	4 178 590.06	市场价

注：关联交易的统计范围基本与银保监会非现场监管信息系统中关于关联交易的范围和口径一致。关联交易总金额中，信托与关联方之间的交易金额为2 152 629.37万元；信托项目之间的交易金额为1 519 391.47万元；固有财产与信托财产之间的交易金额为506 569.22万元。

6.5.2　关联交易方与本公司的关系性质、关联交易方的名称、法定代表人、注册地址、注册资本及主营业务等

关系性质	关联方名称	法定代表人	注册地址	注册资本（万元）	主营业务
股东关联企业	国家电投集团贵州金元股份有限公司	朱绍纯	贵州省贵阳市观山湖区金阳北路296号	469 231.54	法律、法规、国务院决定规定禁止的不得经营；法律、法规、国务院决定规定应当许可（审批）的，经审批机关批准后凭许可（审批）文件经营；法律、法规、国务院决定规定无需许可（审批）的，市场主体自主选择经营［从事电力生产（限分支机构）、购售（限分支机构）、检修；电力建设、与其他产业的横向联合以及第三产业；电力物资的批零兼营；电力投资，投资业务（除金融和证券投资以外）；综合智慧能源供应与服务；新能源、分布式能源（分散式风电、分布式光伏、分布式燃机）、增量配网、能源输配管网、充换电站、节能降耗项目的投资建设和运维；电、热、冷、汽、水、煤炭、铁合金产品、矿石、沙石、固废的采购与销售；生物质、地热、氢能、储能技术的开发和推广利用；能源管控平台、供应链平台等能源数字化平台的投资、建设、运营与服务；新能源车辆的销售、租赁、维护保养、保险代理、售后服务，以及货物运输］
股东关联企业	国家电投集团宁夏能源铝业有限公司	冯建清	宁夏银川市金凤区新昌西路168号	460 252.930721	向发电、煤化工、煤炭行业投资、投资与管理、铁路运输、电解铝、阴极炭素、建材、金属材料、机电等系列产品，进出口贸易（不含许可经营项目），机械设备、仓储、房屋租赁、机电设备租赁、信息咨询、公益林养护（依法须经批准的项目，经相关部门批准后方可开展经营活动）
股东关联企业	青铜峡铝业股份有限公司	冯建清	宁夏青铜峡市大坝镇铝厂区中兴路1号	139 680.15	铝、铝型材及其制品、各种铝板带材、铝箔坯料、铝合金带材、铝板等铝系列产品及其原辅材料、碳素制品、机械设备、仪器仪表、金属化工材料及电力产品的生产、设备维修和提供售后服务及委托所投资企业（电厂）销售电（但限于公司享有发电容量中自用后的富余电量）、经营本企业相关技术的出口业务，经营本企业生产、科研所需的原辅材料、机械设备、仪器仪表、零配件及技术的进口业务；经营进出口贸易，承办中外合资经营、合作生产及"三来一补"业务，汽车运输及修理，建筑工程设计、施工、装饰、装修（子公司经营）；物业管理、房屋租赁及维修；住宿、餐饮（依法须经批准的项目，经相关部门批准后方可开展经营活动）

续表

关系性质	关联方名称	法定代表人	注册地址	注册资本（万元）	主营业务
股东关联企业	青海黄电绿蔚新能源管理有限公司	张伟	青海省西宁市青海生物科技产业园区经四路8-2号1号楼三楼302室	35 720	一般项目：工程管理服务；风力发电技术服务；物业管理；信息咨询服务[不含许可类信息咨询服务]；除依法须经批准的项目外，凭营业执照依法自主开展经营活动）。许可项目：发电业务、输电业务、供（配）电业务（依法须经批准的项目，经相关部门批准后方可开展经营活动，具体经营项目以审批结果为准）
股东关联企业	上海融和图星新能源科技有限公司	王辉	上海市青浦区徐泾镇双联路158号1幢11层B区1180室	30 000	一般项目：从事新能源科技领域内的技术开发、技术服务、技术咨询、技术转让；机械设备销售；机械零件、零部件销售；电力电子元器件销售；机械设备租赁；普通机械设备安装服务；通用设备修理；新能源汽车换电设施销售；汽车新车销售；二手车销售；汽车零配件零售；汽车租赁；普通货物仓储服务（不含危险化学品等需许可审批的项目）；国内货物运输代理；物业管理；住房租赁；停车场服务；会议及展览服务；酒店管理（除依法须经批准的项目外，凭营业执照依法自主开展经营活动）许可项目：货物进出口；技术进出口；道路货物运输（不含危险货物）；房地产开发经营（依法须经批准的项目，经相关部门批准后方可开展经营活动，具体经营项目以相关部门批准文件或许可证件为准）
股东关联企业	内蒙古白音华蒙东露天煤业有限公司	于海里	内蒙古自治区锡林郭勒盟西乌旗白音华工业园区3号矿办公区内	20 4284.24	许可经营项目：煤炭生产、破碎、销售；分布式光伏发电、风力发电、太阳能发电、风电供热清洁能源项目的开发、建设、运营、管理。一般经营项目：矿山设备、工程机械、发动机、电机、建材、机电设备、化工产品（危险化学品除外）、金属材料（除专营）、销售；电器、机械安装与维修；机械配件加工销售；疏干排水设计及施工；仓储；房屋、机电产品、机械设备租赁；技术服务；煤矸石销售
股东关联企业	国核商业保理股份有限公司	沈捷	中国（上海）自由贸易试验区耀华路251号1幢1层	100 000	出口保理、国内保理，与商业保理相关的咨询服务，信用风险管理平台开发（依法须经批准的项目，经相关部门批准后方可开展经营活动）
股东关联企业	中国康富国际租赁股份有限公司	姚敏	北京市海淀区北四环西路58号20层2008	249 791.8927	（1）融资租赁业务：经营国内外各种先进适用的机械、设备、电器、交通运输工具、各种仪器、仪表以及先进技术和房地产的直接融资租赁、转租赁、回租和租赁物的销售业务；（2）其他租赁业务：经营中华人民共和国国内和国外生产的各种先进适用的机械、电器、设备、交通运输工具、器材、仪器、仪表等通用物品的出租业务和对租赁物的残值变卖、销售处理；（3）根据用户委托，按照融资租赁合同直接从国内外购买租赁所需物品；（4）融资租赁项下的，不包括需要配额和许可证的，其出口以还清租金为限的产品出口业务（每项出口另行报批）；（5）对租赁业务实行担保和咨询；销售医疗器械Ⅱ类；销售第三类医疗器械（市场主体依法自主选择经营项目，开展经营活动，销售第三类医疗器械以及依法须经批准的项目，经相关部门批准后依批准的内容开展经营活动；不得从事国家和本市产业政策禁止和限制类项目的经营活动）
股东关联企业	青海黄河上游水电开发有限责任公司	谢小平	青海省西宁市五四路西路43号	999 555.555555	许可项目：发电业务、输电业务、供（配）电业务；危险化学品经营[仅限取得许可的分支机构经营]；依法须经批准的项目，经相关部门批准后方可开展经营活动，具体经营项目以审批结果为准]。一般项目：电子专用材料制造；电子专用材料销售；光伏设备及元器件销售；光伏设备及元器件制造；非金属矿物制品制造；非金属矿物制品销售；高性能有色金属及合金销售；有色金属合金销售；有色金属压延加工；石墨及碳素制品制造；石墨及碳素制品销售；货物进出口；进出口代理；热力生产和供应；再生资源销售；石灰和石膏制造；石灰和石膏销售；业务培训（不含教育培训、职业技能培训等需取得许可的培训）；会议及展览服务；机械设备租赁；技术服务、技术开发、技术咨询、技术交流、技术转让、技术推广；输配电及控制设备制造；新能源原动设备销售；太阳能发电技术服务；智能输配电及控制设备销售（除依法须经批准的项目外，凭营业执照依法自主开展经营活动）
信托公司以托管或信托等其他方式控制的企业	兰州新区城市投资发展基金合伙企业（有限合伙）	执行事务合伙人：北京富诚宝鼎投资基金管理有限公司	甘肃省兰州市兰州新区商业服务中心4号楼	52 400	项目投资、股权投资、股权投资管理、投资管理及咨询、企业管理及咨询

注：其他关联交易方为公司受托管理的信托项目。

6.5.3 本公司与关联方的重大交易事项

6.5.3.1 固有与关联方交易情况

报告期内无上述事项。

6.5.3.2 信托与关联方交易情况

信托与关联方关联交易　　　　单位：万元

项目	期初数	借方发生额	贷方发生额	期末数
贷款	54 400.00	110 244.50	—	164 644.50
投资	986 149.35	1 001 835.52	—	1 987 984.87
租赁	—	—	—	—
担保	—	—	—	—
应收账款	—	—	—	—
其他	—	—	—	—
合计	1 040 549.35	1 112 080.02	—	2 152 629.37

注：以信托资产为关联方提供投融资等服务，或以担保等方式为关联方融资提供便利的业务均应纳入统计披露范围。

6.5.3.3 信托公司固有资金运用于自己管理的信托项目（固信交易），信托公司管理的信托项目之间的相互（信信交易）交易金额

6.5.3.3.1 固有与信托财产之间的交易

固有财产与信托财产相互交易　　　单位：万元

项目	期初数	本期发生额	期末数
合计	498 048.31	8 520.91	506 569.22

注：以固有资金投资公司自己管理的信托项目受益权，或购买自己管理的信托项目的信托资产均应纳入统计披露范围。

6.5.3.3.2 信托项目之间的交易

信托财产与信托财产相互交易　　　单位：万元

项目	期初数	本期发生额	期末数
合计	1 366 384.10	153 007.37	1 519 391.47

注：以公司受托管理的一个信托项目的资金购买自己管理的另一个信托项目的受益权或信托项下资产均应纳入统计披露范围。

6.5.4 关联方逾期未偿还本公司资金的详细情况以及本公司为关联方担保发生或即将发生垫款的详细情况

报告期内无上述事项。

6.6 会计制度的披露

公司固有业务和信托业务均执行财政部颁布的企业会计准则及相关规定。

7. 财务情况说明书

7.1 利润实现和分配情况

2021年，公司实现合并口径净利润84 107.96万元，实现母公司口径净利润84 016.31万元。根据《金融企业准备金计提管理办法》（财金〔2012〕20号），从净利润（母公司口径）中足额提取一般准备金1 246.72万元；根据公司章程规定，以净利润（母公司口径）的10%足额提取了法定盈余公积金8 401.63万元；根据《信托公司管理办法》（中国银行业监督管理委员会令〔2007〕第2号），公司年末提取信托赔偿准备金4 200.82万元；期末合并口径未分配利润累计为528 861.29万元，母公司口径未分配利润累计为528 308.97万元。

7.2 主要财务指标

指标名称	指标值
资本利润率（合并口径；%）	7.89
资本利润率（母公司口径；%）	7.90
加权年化信托报酬率（%）	0.34

续表

指标名称	指标值
人均净利润（万元）	342.92

注：1.资本利润率＝净利润/所有者权益平均余额×100%。
2.加权年化信托报酬率＝（信托项目1的实际年化信托报酬率×信托项目1的实收信托+信托项目2的实际年化信托报酬率×信托项目2的实收信托+……信托项目n的实际年化信托报酬率×信托项目n的实收信托）/（信托项目1的实收信托+信托项目2的实收信托+……信托项目n的实收信托）×100%。
3.人均净利润＝净利润/年平均人数。
4.平均值采取年初、年末余额简单平均法，公式为：a（平均）＝（年初数+年末数）/2。

7.3 对本公司财务状况、经营成果有重大影响的其他事项

报告期内无上述事项。

8. 净资本、风险资本以及风险控制指标等情况

8.1 净资本

截至2021年12月31日，公司净资产为1 105 943.43万元（母公司口径），净资本为921 134.90万元。

8.2 风险资本

截至2021年12月31日，公司各项业务风险资本之和为495 362.94万元，其中固有业务风险资本为157 965.63万元，信托业务风险资本为337 397.31万元。

8.3 风险控制指标

根据《信托公司净资本管理办法》（中国银行业监督管理委员会令2010年第5号）的有关规定，信托公司需达到以下风险控制指标要求：（1）信托公司净资本不得低于人民币20 000万元；（2）信托公司净资本不得低于各项风险资本之和的100%；（3）信托公司净资本不得低于净资产的40%。

截至2021年12月31日，公司净资本921 134.90万元，净资本比各项业务风险资本之和为185.95%，净资本比净资产为83.29%，符合以上风险控制指标要求。

9. 社会责任履行情况

2021年，公司持续强化使命担当，积极服务实体经济发展，慎终如始做好常态化疫情防控，为河南灾区捐赠和助力灾后重建，为经济社会发展和民生事业改善添柴加薪。

一是积极服务实体经济。响应国家政策，围绕实体经济发展需求，为社会企业提供综合化金融服务，持续加大对重大民生项目的金融支持力度，助力实体经济和

绿色经济高质量发展。2021年，支持实体经济的信托规模3 381亿元。公司全年纳税总额9.42亿元（其中信托纳税4.85亿元），较好履行了纳税人义务，为地方经济建设和财政收入水平的持续提升作出积极贡献。

二是参与河南水灾救助。在河南遭遇"7·20"特大暴雨灾害时，公司迅速设立"百瑞仁爱·灾害救助慈善信托"，公司、工会、员工累计捐赠资金超过95万元。第一时间将救灾物资送往郑州、新乡、安阳等受灾严重区域，捐赠水域救援设备，助力河南抢险救灾和灾后重建工作。同时，及时掌握职工受灾情况，安排专人为受灾职工及其家属送去生活物资，发放专项资金，保障受灾职工生活需要。

三是持续提升风控水平。严格落实监管压降、地产规模管控、资管新规整改等监管政策要求，持续完善全面风险管理体系，推动受托责任机制建设，提高各环节尽职履责能力，强化房地产、基础设施、证券投资等重点风险领域管控，有效运用风险识别、风险监控和风险处置等管理手段，勤勉尽责做实全流程风险管控，全面有效防范金融风险。持续提升依法治企管理水平，深化内控合规文化建设，促进形成全员防风险、全员重合规的内控文化氛围，保障各项经营活动合法合规，维护投资人合法权益。

四是不断加强金融知识宣教质效。始终坚持"受人之托，代人理财"的专业价值，以受益人利益最大化为己任，不断完善消费者权益保护制度体系，加强信息披露与风险揭示，保障公平交易，维护消费者合法权益。同时，积极通过各类平台开展金融知识普及教育，提高金融消费者对金融产品和服务的认知能力，提升金融素养和诚实守信意识。通过编制《大学生金融知识手册》并送到大学生手中、走进老人聚集社区开展"严防骗老

族，保障幸福晚年"主题知识讲座、结合社会热点拍摄《送你一朵小红花之消保篇》音乐短视频等，不断丰富金融知识宣传方式，提升覆盖范围。在2021年河南省银保监局组织的"金融知识普及月 金融知识进万家 争做理性投资者 争做金融好网民"金融知识教育宣传活动中，公司荣获"活动优秀组织单位"。

五是有效保障职工权益。持续抓好常态化疫情防控，安排专项预算资金，为职工提供防疫物资、组织核酸检测等，保障职工劳动安全。持续开展立体化、全覆盖式培训，拓宽职工职业发展通道。推出亲子团辅、意念缓解等小型化、针对性强的团辅活动，辅以一对一专场心理咨询，有效促进职工心理健康。持续开展职工关怀慰问活动，拓宽职工保障渠道，及时足额为职工缴纳各项社会保险费、住房公积金等，积极保障职工权益。

10.特别事项揭示

10.1 前五名股东报告期内变动情况及原因
报告期内无上述事项。

10.2 董事、监事及高级管理人员变动情况及原因

10.2.1 董事变动情况及原因

经个人提请并经董事会、股东会审议通过，王振京先生辞去董事会董事长和董事职务；经股东提名、董事会、股东会审议通过及河南银保监局核准通过，赵长利先生当选公司第七届董事会董事、董事长并正式履职。

10.2.2 监事变动情况及原因
报告期内无上述事项。

10.2.3 高级管理人员变动情况及原因
报告期内无上述事项。

10.3 公司的重大未决诉讼事项

序号	原告/申请人	被告/被申请人、第三人	立案时间	标的本金（万元）	进展情况
1	百瑞信托有限责任公司	天津九策实业集团有限公司等	2013年8月28日	40 000	报告期末，被执行人处于破产程序中
2	百瑞信托有限责任公司	东方金钰股份有限公司等	2018年6月21日	27 031.33	报告期末，案件处于强制执行程序中
3	百瑞信托有限责任公司	神州长城股份有限公司等	2018年9月7日	30 000	报告期末，案件处于强制执行程序中
4	百瑞信托有限责任公司	河南平原控股集团股份有限公司等	2019年9月19日	29 050	报告期末，案件处于强制执行程序中
5	百瑞信托有限责任公司	河南天利能源股份有限公司等	2020年3月17日	38 000	报告期末，被执行人正在按《执行和解协议》履行各项义务

10.4 公司及其董事、监事和高级管理人员受到处罚的情况
报告期内无上述事项。

10.5 对银保监会及其派出机构对公司检查后提出整改意见的整改情况

公司一贯理解、支持和配合各级监管部门的监管工

作，对监管部门的监管意见高度重视，及时按照有关要求进行整改，得到了监管部门的肯定。

2021年，公司针对监管部门提出的监管意见和建议，及时逐项制定整改措施，并通过加强领导、责任到人等手段，认真落实到位。整改意见及整改落实情况如下：

10.5.1 坚守信托文化，推动创新转型发展

一是为加强信托文化向部门及普通员工下沉，推动系统、全面了解信托文化内涵特征和信托文化建设的内容，公司制定了《2021年信托文化建设年度工作规划》及《2021年信托文化建设年度规划配套方案》，明确深入开展文化建设的各项工作措施。二是坚持以回归信托本源为导向，充分发挥信托制度优势，不断优化业务结构，加大引进专业人才，丰富标品产品线，深化业务创新转型，并对资产证券化、绿色信托、财富管理等业务进行合理布局，为持续、健康发展提前打下基础。

10.5.2 加强风险防控机制建设，提升全面风险管控水平

一是做实常规和专项风险排查，按月开展到期前还款排查、按季度开展全面风险排查工作；结合外部政策及宏观环境变化，适时开展重点领域的专项风险排查，及时排查潜在风险隐患。二是加强关键监测指标和全面风险监测指标运用，将指标异常变动作为重点关注和风险排查的重点领域。三是根据资管新规和《信托公司受托责任尽职指引》的要求，从产品设计、尽职调查、风险管控、产品营销、后续管理、信息披露和风险处置等环节入手，厘清信托业务全流程各环节的受托管理职责边界，加强尽职管理，降低合规、法律及操作风险。

10.5.3 加强内控合规管理建设，夯实高质量发展基础

公司按照"内控合规管理建设年"活动要求，制定了《内控合规管理建设年工作方案》，围绕该方案，结合实际运营情况稳步推进各阶段工作。一是建立健全内控合规管理体系，通过完善管理制度，细化执行标准，加强监督评价，加大考核问责，筑牢内控合规风险防线，确保依法合规经营。二是在"强监管、严问责"的常态化监管趋势下，通过强化监管政策传导，动态调整合规管理制度、机制，确保员工明晰监管动向，认真落实监管要求，严守合规底线。三是定期对规章制度体系合法合规性、有效性进行梳理审查，及时将法律法规、监管规定、股东要求转化为公司规章制度，落实为可操作可执行的具体规范。

10.5.4 推进"两项业务"压降，确保完成压降指标

公司严格执行"两项业务"压降要求，加大对金融同业通道项目的清理力度，稳妥推进融资类信托项目压降工作，过程中加强管理，按月跟踪压降计划进度，必要时督促制定应急方案并推动实施，确保压降任务如期完成。

10.6 本年度重大事项临时报告情况

序号	披露内容	披露时间	披露媒体及版面
1	关于变更常年法律顾问的公告	2021年5月22日	《上海证券报》第106版
2	关于董事长变更的公告	2021年12月15日	《上海证券报》第106版
3	关于变更注册地址和修改公司章程的公告	2021年12月18日	《上海证券报》第11版

10.7 银保监会及其省级派出机构认定的其他有必要让客户及相关利益人了解的重要信息

报告期内无上述事项。

11.公司监事会意见

报告期内，公司监事会成员认真负责、勤勉审慎，通过参加或列席董事会会议、经营层会议等方式，对公司经营管理、依法运作情况进行监督。在此基础上，监事会发表如下独立意见。

11.1 公司依法运作情况

2021年公司董事会认真落实股东会的决议要求，切实履行董事会职责，会议决策程序符合《公司法》《信托法》和公司章程及有关监管规定。公司建立了完善的内部控制制度，董事和高级管理人员在履行职责及行使职权时，严格遵守国家法律法规和公司章程规定，以维护信托当事人和公司股东利益为出发点，切实履行诚信和勤勉尽责义务，认真执行股东会决议。公司目标明确、管理科学、决策民主、运作规范。

11.2 检查公司财务情况

公司监事会长期关注公司财务情况，通过与相关负责人沟通并获取公司财务会计报告，了解最新监管政策、财务政策及公司经营管理的情况，积极履行监督职责。同时监事会通过审阅公司整体经营情况报告、查阅审计报告等方式，认为经立信会计师事务所（特殊普通合伙）出具的标准无保留意见的审计报告（信会师报字〔2022〕第ZG23243号）真实、客观地反映公司2021年度的财务状况和经营成果。

北方国际信托股份有限公司

1.重要提示

1.1 公司董事会及董事保证本报告所载资料不存在任何虚假记载、误导性陈述或者重大遗漏，并对其内容的真实性、准确性和完整性承担个别及连带责任。本年度报告摘要摘自年度报告全文，客户及相关利益人欲了解详细内容，应阅读年度报告全文。

1.2 公司全体董事均出席了董事会并对公司2021年年度报告发表了同意的意见。

1.3 独立董事王爱俭、戴金平、毛翔对公司2021年年度报告基于独立判断立场，发表意见如下：公司2021年年度报告属实，内容真实、准确、完整。

1.4 安永华明会计师事务所（特殊普通合伙）出具了标准无保留意见的审计报告。

1.5 公司法定代表人、董事长韩立新，总经理黄河，主管会计工作负责人曾广炜，会计机构负责人李学娟声明：保证年度报告中财务报告的真实、完整。

2.公司概况

2.1 公司简介

1	法定名称（及缩写）	北方国际信托股份有限公司（北方信托）
2	英文名称（及缩写）	Northern International Trust Co. LTD.（NITIC）
3	法定代表人	韩立新
4	注册地址	天津经济技术开发区第三大街39号
5	邮政编码	300457
6	办公地址	天津市河西区友谊路5号北方金融大厦
7	邮政编码	300201
8	互联网网址	http://www.nitic.cn/
9	负责信息披露高级管理人员	王辉
10	联系人	孙晨曦
11	联系电话	022-28370688
12	传真	022-28370088
13	电子信箱	sunchenxi@nitic.cn
14	公司信息披露的报纸名称	《中国证券报》
15	公司年度报告备置地点	天津市河西区友谊路5号北方金融大厦26层
16	公司聘请的会计师事务所名称及住所	安永华明会计师事务所（特殊普通合伙）北京市东城区东长安街1号东方广场安永大楼17层01—12室

2.2 组织结构

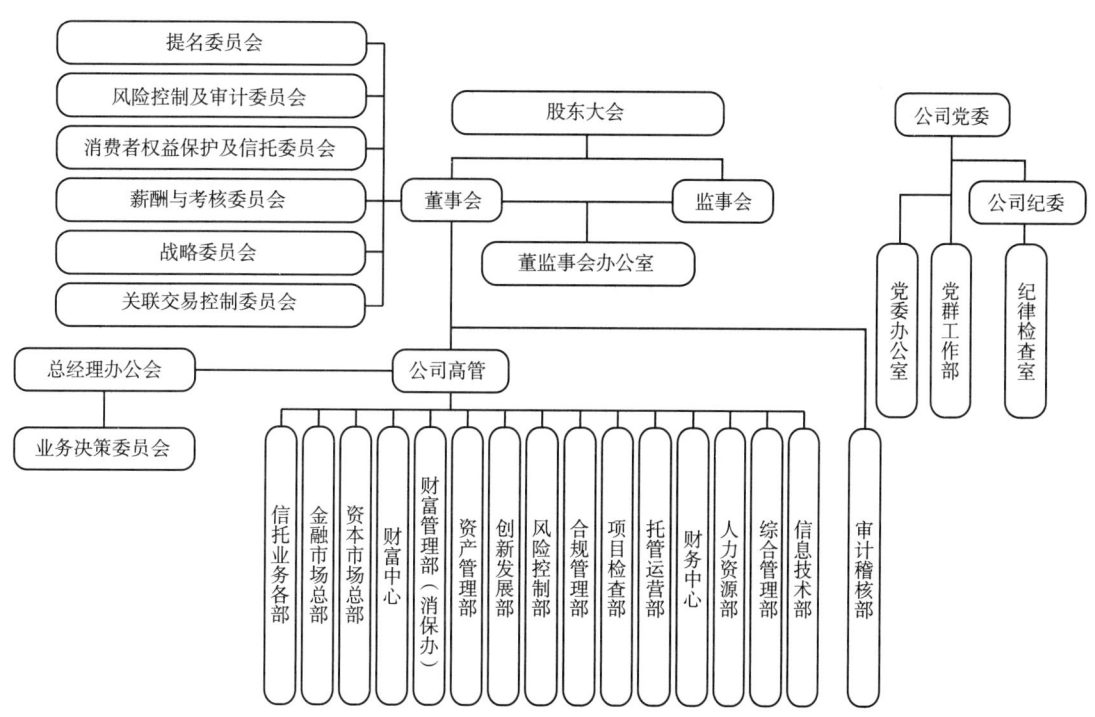

3. 公司治理结构

3.1 股东

截至信息披露日，股东总数24家。公司前三位股东情况如下表所示。

股东名称	持股比例（%）	法人代表	注册资本（万元）	注册地址	主营业务
★天津泰达投资控股有限公司	32.33	曲德福	1 107 695	天津经济技术开发区盛达街9号1201	以自有资金对区域内基础设施开发建设、金融、保险、证券业、房地产业、交通运输业、电力、燃气、蒸汽及水的生产和供应业、建筑业、仓储业、旅游业、餐饮业、旅馆业、娱乐服务业、广告、租赁服务业的投资；高新技术开发、咨询、服务、转让；房屋租赁；基础设施建设；土地开发整理；汽车租赁、设备租赁（不含融资租赁；依法须经批准的项目，经相关部门批准后方可开展经营活动）
天津渤海文化产业投资有限公司	25.43	刘德胜	392 900	天津河西区友谊北路61号银都大厦5层	对文化艺术产业进行投资；文化场馆及设施的租赁；广告业务；商务信息咨询；百货、工艺美术品销售；物业服务（以上范围内国家有专营专项规定的按规定办理）
天津泰达股份有限公司	5.43	张旺	147 557.3852	天津经济技术开发区第三大街16号	以自有资金对建筑业、房地产业、纺织业、化学纤维制造业、批发零售业、交通运输、仓储业、电力生产和供应业、环境和公共设施管理业、住宿和餐饮业、科学研究和技术服务业、教育业、文化、体育和娱乐业等行业投资；资产经营管理（金融资产除外）；投资咨询服务；自有房屋租赁及管理服务（依法须经批准的项目，经相关部门批准后方可开展经营活动）

注：最终实际控制人在股东名称一栏中加★表示。

3.2 董事

董事长及董事

姓名	职务	性别	年龄（岁）	选任日期	所推举的股东名称	该股东持股比例（%）	简要履历
韩立新	董事长	男	53	2020年7月	天津泰达投资控股有限公司	32.33	曾任天津信托有限责任公司业务三部副经理、国际业务部副经理、业务三部经理、市场开发部经理、公司总经理助理兼市场开发部经理、公司副总经理、公司总经理，北方信托党委副书记、总经理，现任北方信托党委书记、董事长
申小林	董事	男	54	2014年4月	天津泰达投资控股有限公司	32.33	曾任国家冶金工业部经济发展研究中心经济师、高级经济师，首钢总公司计划财务部副部长、高级会计师，中央企业工作委员会国有重点大型企业监事会专职监事，国务院国资委国有重点大型企业监事会专职监事，天津泰达投资控股有限公司董事、副总经理、党委委员，渤海银行股份有限公司董事
贾晋平	董事	男	57	2014年4月	天津泰达电力有限公司	4.31	曾任兰州大学管理学院教师，中国化工进出口总公司甘肃公司业务主办，中粮集团甘肃分公司副科长、总经理助理，天津泰达集团投资公司项目经理，天津泰达投资控股有限公司项目评估部副部长、风险控制部部长、财务中心主任（兼），现任天津泰达投资控股有限公司总经理助理、总法律顾问
朱文芳	董事	女	54	2014年4月	天津泰达投资控股有限公司	32.33	曾任兰州公共交通公司宣传干事，天津开发区工业投资公司企划部干部，天津泰达集团投资部干部、办公室副主任，天津泰达投资控股有限公司证券部副经理、证券部经理，天津泰达投资控股有限公司金融事业部经理、金融事业部党支部书记，现任北方国际信托股份有限公司董事

独立董事

姓名	所在单位及职务	性别	年龄（岁）	选任日期	所推举的股东名称	该股东持股比例（%）	简要履历
王爱俭	—	女	67	2014年4月	天津保税区投资有限公司	1.35	曾任天津财经大学副校长，第十一届全国人大代表，第十二届全国政协委员，现任天津财经大学教授、博士生导师
戴金平	南开大学国家经济战略研究院副院长	女	56	2014年4月	天津市大安房地产开发有限公司	3.37	曾任河北经贸大学教师，南开大学教师，南开大学国经所所长，南开大学深圳金融工程学院院长，跨国公司研究中心副主任，现任南开大学国家经济战略研究院副院长、教授、博士生导师
毛翔	—	女	66	2015年12月	监事会	—	曾在天津市计划委员会财政金融处工作，先后负责主抓市财政局及国资委、计算机网络等方面的工作，兼任市计划委员会团书记，后被派往委机关下属三产主持建立会计师事务所，后组建天津吉威会计师事务所、商务咨询公司、评估公司、税务咨询公司、深圳鹏城会计师事务所北京分所，均任负责人，现任建科机械（天津）股份有限公司独立董事，天津滨海柜台交易市场股份公司专家委员

2021年11月26日北方国际信托股份有限公司第三届董事会第二十九次会议审议通过了《关于提请审议调整公司第三届董事会专门委员会设置和专门委员会委员名单的议案》，对董事会下属专门委员会设置进行调整，由原来的五个董事会下属专门委员会调整为六个董事会下属专门委员会如下表所示。

原董事会下属专门委员会

董事会下属专门委员会名称	职责
风险控制及审计委员会	代表董事会对公司运作和经营活动中的风险进行监督、控制和管理，对公司经营活动行使审计评价和监督职能，是公司经营风险的防范与控制机构，也是对公司内、外部审计和内控活动进行监督、核查的机构
消费者权益保护及信托委员会	代表董事会督促公司依法履行受托职责，当公司或者股东利益与受益人利益发生冲突时，保证公司为受益人的最大利益服务
薪酬管理及提名委员会	代表董事会对公司激励机制建设、薪酬分配进行管理，是公司薪酬分配的管理机构，负责拟定董事和高级管理层成员的选任程序和标准，对董事和高级管理层的任职资格进行初步审核，并向董事会提出建议
战略委员会	代表董事会负责制定公司经营管理目标和长期发展战略，监督、检查年度经营计划、投资方案的执行情况
关联交易委员会	代表董事会对公司关联交易进行监督、控制和管理，保证公司充分维护受益人的利益

现董事会下属专门委员会

董事会下属专门委员会名称	职责
风险控制及审计委员会	代表董事会对公司运作和经营活动中的风险进行监督、控制和管理，对公司经营活动行使审计评价和监督职能，是公司经营风险的防范与控制机构，也是对公司内、外部审计和内控活动进行监督、核查的机构
消费者权益保护及信托委员会	代表董事会督促公司依法履行受托职责，当公司或者股东利益与受益人利益发生冲突时，保证公司为受益人的最大利益服务
薪酬与考核委员会	代表董事会对公司激励机制建设、薪酬分配进行管理，是公司薪酬分配的管理机构，负责拟定公司董事和高级管理人员经营业绩考核管理制度和薪酬管理办法，并向董事会提出建议
提名委员会	代表董事会研究审议高级管理人员的选聘标准、程序、方法及管理制度，物色高级管理人员人选，审核高级管理人员的任职资格及条件，对高级管理人员的人选进行背景调查、政治审查和德才表现考察，对试用期满的高级管理人员进行考察并向董事会提出考察意见，根据业绩考核结果，提出高级管理人员续聘或解聘的建议
战略委员会	代表董事会负责制定公司经营管理目标和长期发展战略，监督、检查年度经营计划、投资方案的执行情况
关联交易控制委员会	代表董事会对公司关联交易进行监督、控制和管理，保证公司充分维护受益人的利益

3.3 监事

监事会成员

姓名	职务	性别	年龄（岁）	选任日期	所推举的股东名称	该股东持股比例（%）	简要履历
王春丽	监事	女	52	2014年9月	天津天药药业股份有限公司	3.37	曾任天津日电通讯有限公司财务部部长，艾迪斯鼎力科技（天津）有限公司财务总监，天津天药药业股份有限公司财务部部长、财务总监，现任天津天药药业股份有限公司董事会秘书
傅津	监事	女	50	2020年7月	中国海洋石油渤海有限公司	3.89	曾在中海油田服务有限公司企业发展部、上市办、董秘办、财务部等部门分别任职，曾任中海石油投资控股有限公司股权管理部经理，因工作调动原因，2021年12月15日起不再担任北方信托监事
王振忠	监事	男	55	2014年4月	天津水务建设有限公司	0.35	曾任天津市经济体制改革委员会干部，君安证券天津业务部总经理，渤海证券有限公司董事、副总裁，中国节能投资公司总经理助理兼资本运营部主任，现任天津金海胜创业投资管理有限公司董事长
					天津市津东房地产投资开发集团有限公司	0.26	
					天津火炬科技发展有限公司	0.26	
					天津海晶汇利实业有限公司	0.20	
					天津渤海化工有限责任公司天津化工厂	0.19	
					中信天津工业发展公司	0.18	
					天津大沽化工投资发展有限公司	0.11	
					天津经济技术开发区工业投资公司	0.02	
夏金玲	监事	女	53	2014年4月	职工代表	—	曾任天津滨海信托财务部经理，北方信托计划财务部副经理、托管部经理，天津北信财务咨询服务有限公司副总经理，北方国际信托投资股份有限公司稽核专员，天津北信中乓投资发展有限公司副总经理兼财务总监，北方国际信托股份有限公司审计稽核部总经理，北方国际信托股份有限公司运营部总经理，现任北方国际信托股份有限公司工会副主席
翟绍菁	监事	女	48	2014年10月	职工代表	—	曾在天津市人民政府办公厅信息处从事政务信息编辑工作、天津市人民政府法制办公室复议应诉指导处工作，曾任北方国际信托股份有限公司风险控制主管，副总经理，现任北方国际信托股份有限公司风险控制部总经理

3.4 高级管理人员

姓名	职务	性别	年龄（岁）	选任日期	金融从业年限	学历	专业	简要履历
韩立新	董事长	男	53	2020年7月	30	硕士	金融学	曾任天津信托有限责任公司业务三部副经理、国际业务部副经理、业务三部经理、市场开发部经理、公司总经理助理兼市场开发部经理、公司副总经理、公司总经理，北方信托党委副书记、总经理，现任北方信托党委书记、董事长
黄河	总经理	男	39	2021年1月	12	硕士	会计	曾在江西省第三建筑公司财务部、天健正信会计师事务所审计部、中航信托风险管理部任职，曾任中航信托风险管理部总经理助理、副总经理，中航信托普惠金融事业部副总经理（主持工作），江苏省国际信托副总经理，现任北方信托党委副书记、总经理
钟振宇	副总经理	男	46	2021年3月	23	本科	国际企业管理	曾在山东省国际信托国际金融部任职，曾任山东省国际信托信托业务六部总经理，中诚信托信托业务部执行总经理，长城证券实体经济部总经理、中国信托业保障基金重组业务部副总经理、机构业务部总经理、业务审查总经理，现任北方信托副总经理
张文栋	副总经理	男	46	2021年1月	20	硕士	世界经济	曾在深圳新产业投资股份有限公司资产管理部任职，曾在北方信托业拓展部、信托业务总部、综合业务部、信托业务二部任职，曾任北方信托信托业务二部副总经理（主持工作）、信托业务二部总经理、公司业务总监、公司首席总监、公司运营总监，现任北方信托副总经理
杨大宇	副总经理	男	44	2021年1月	16	硕士	工商管理	曾在北京市煤炭公司任职，曾在民生银行总行投资银行部、资产保全部、贸易金融部任职，曾任北京世华国际金融信息公司证券市场分析部部门经理，民生银行总行健康产业金融部内河航运部行业研究与风险审查中心总经理助理（主持工作）、民生信托风险控制部副总经理、投行业务评审部总经理（主持工作）、投行业务评审部总经理、运营管理部总裁，现任北方信托副总经理
金树良	总经济师	男	56	2018年12月	29	硕士	世界经济	曾任北京大学经济学院国际经济学教师，海南省证券公司副总裁，北京华世纪投资有限公司副总裁，昆仑证券有限责任公司总裁，北方信托总经理助理兼资产管理部总经理，渤海财产保险股份有限公司常务副总经理、总经理，北方信托总经理助理，现任北方信托总经济师
王辉	董事会秘书	男	51	2016年12月	27	博士	金融工程	曾在北方信托电脑部、证券部、投资管理二部任职，曾任战略发展研究所综合研究室副主任、战略发展研究所副所长、综合管理部总经理、公司总经理助理，现任北方信托党委委员、董事会秘书
曾广炜	风险总监	男	53	2017年2月	21	本科	会计	曾任中国燕兴天津公司财务科副科长，天津开发区总公司会计，天津滨海新兴产业公司财务部副经理，北方信托信托业务四部经理、证券投资部总经理、财务中心、风险控制部总经理、公司总经理助理，现任北方信托风险总监
董刚	总经理助理	男	47	2018年12月	24	硕士	管理科学与工程	曾在工商银行石家庄支行、天津仁爱投资公司任职，曾在北方信托投资银行部、业务发展总部、信托业务一部任职，曾任北方信托信托业务一部副总经理、信托业务一部总经理（主持工作）、信托业务一部总经理、公司业务总监、公司首席总监，现任北方信托总经理助理
刘德发	总经理助理	男	52	2018年12月	29	本科	会计	曾任天津第五建筑公司财务部出纳，曾在北方信托会计部、投资管理部、投资银行部、理财中心、信托业务一部任职，曾任北方信托滨海业务部副总经理（主持工作）、信托业务三部总经理、公司业务总监、公司首席总监，现任北方信托总经理助理

3.5 公司党委委员

姓名	职务	性别	年龄（岁）	选任日期	简要履历
韩立新	党委书记	男	53	2020年3月	曾任天津信托有限责任公司业务三部副经理、国际业务部经理、业务三部经理、市场开发部经理、公司总经理助理兼市场开发部经理、公司副总经理、公司总经理，北方信托党委副书记、总经理，现任北方信托党委书记、董事长
黄河	党委副书记	男	39	2020年11月	曾在江西省第三建筑公司财务部、天健正信会计师事务所审计部、中航信托风险管理部任职，曾任中航信托风险管理部总经理助理、副总经理，中航信托普惠金融事业部副总经理（主持工作），江苏省国际信托副总经理，现任北方信托党委副书记、总经理
王燕滨	党委委员	男	59	2014年12月	曾任内蒙古银行学校教研室主任、团委书记、学生科科长，内蒙古自治区证券公司发行部、上海业务部总经理、公司总经理助理、副总经理，海通证券股份有限公司天津营业部、北京营业部总经理，北方信托业务二部总经理、公司总经理助理、副总经理，2020年4月代为履行北方信托总经理职务，北方信托党委委员、首席专家，2022年1月31日退休
郭洪军	党委委员	男	52	2015年5月	曾任天津市化工局干部、天津市纪委办公厅科员、副主任科员、主任科员、副处级纪律检查员、副主任（正处级）、市纪委绩效管理监察室副主任（正处级）、监察综合室主任（正处级）、市行政诉讼中心副主任（正处级），现任北方国际信托股份有限公司党委委员、纪委书记
王辉	党委委员	男	51	2014年12月	曾在北方信托电脑部、证券部、投资管理二部任职，曾任战略发展研究所综合研究室副主任、战略发展研究所副所长、综合管理部总经理、公司总经理助理，现任北方信托党委委员、董事会秘书

3.6 公司员工

项目		2021年		2020年	
		人数（人）	比例（%）	人数（人）	比例（%）
年龄分布	25岁以下	—	—	2	0.77
	25—29岁	20	8.37	32	12.31
	30—39岁	125	52.30	130	50.00
	40岁以上	94	39.33	96	36.92
学历分布	博士	9	3.77	9	3.46
	硕士	135	56.48	148	56.92
	本科	87	36.40	94	36.15
	专科	7	2.93	8	3.08
	其他	1	0.42	1	0.39
岗位分布	董事、监事及高管人员	12	5.02	8	3.08
	自营业务人员	5	2.09	8	3.08
	信托业务人员	120	50.21	138	53.09
	其他人员	102	42.68	106	40.77
总数		239	—	260	—

注：自营业务人员是指按照岗位分工，专门从事固有资金使用或固有资产管理有关业务的员工；信托业务人员是指按照岗位分工，专门从事信托资金募集、使用等有关信托资产管理业务的员工；其他人员是指未划入自营业务和信托业务范畴的人员。

4. 经营管理

4.1 经营目标、方针、战略规划

在经营目标及方针上，公司秉承"诚信、稳健、创新、高效"的企业精神，以"做高质量可持续发展的信托公司"为目标，成为客户可信赖的服务平台、员工可信赖的职业归宿、股东可信赖的投资伙伴、社会可信赖的金融机构。服务京津冀协同发展，促进供给侧结构性改革，助力天津发展，强化重点领域和薄弱环节的金融支持。

4.2 所经营业务的主要内容

4.2.1 自营资产运用与分布

自营资产运用与分布表

资产运用	金额（万元）	占比（%）	资产分布	金额（万元）	占比（%）
货币资产	26 184.33	4.03	基础产业	56 924.35	8.77
贷款及应收款	124 695.86	19.20	房地产业	30 597.92	4.72
交易性金融资产	234 946.53	36.17	证券市场	73 751.29	11.37
债权投资	90 607.95	13.95	实业	21 227.17	3.27
长期股权投资	5 417.85	0.83	金融机构	230 569.91	35.42
其他资产	167 673.05	25.81	其他	236 454.93	36.45
资产合计	649 525.57	100.00	资产总计	649 525.57	100.00

4.2.2 信托资产运用与分布

信托资产运用与分布表

资产运用	金额（万元）	占比（%）	资产分布	金额（万元）	占比（%）
货币资产	86 985.85	1.05	基础产业	344 402.00	4.14
贷款	1 815 957.2	21.84	房地产	1 684 092.48	20.25
交易性金融资产	3 513 320.89	42.25	证券	3 492 674.97	42.00
可供出售金融资产	289 488.43	3.48	实业（工商企业）	839 420.95	10.09
持有至到期投资	1 771 503.64	21.30	金融机构	11 206.60	0.13
长期股权投资	143 088.64	1.72	其他	1 944 560.06	23.38
其他	696 012.33	8.37	—	—	—
资产总计	8 316 357.06	100.00	资产总计	8 316 357.06	100.00

4.3 市场分析

4.3.1 有利因素

2021年我国经济持续稳定恢复，构建新发展格局迈出新步伐，高质量发展取得新成效，实现了"十四五"良好开局。国家战略科技力量加快壮大，产业链韧性得到提升，改革开放向纵深推进，民生保障有力有效，生态文明建设持续推进。新发展格局为信托业提供了新的发展机遇。2022年是党的二十大召开之年，是"十四五"规划全面落实的一年，新趋势、新技术、新行业、新项目层出不穷。信托业要服务实体经济的高质量发展，主动拥抱新发展格局，迎接新机遇，尤其是迎接财富市场增长带来的机遇。

4.3.2 不利因素

2022年，经济发展面临需求收缩、供给冲击、预期转弱三重压力。信托行业面临较大的转型压力，公司发展仍面临一些困难和挑战，房地产业务和融资类业务亟待转型，仅靠传统业务难以实现营业收入持续快速增长；公司正处于转型发展期，创新业务尚未形成稳定的利润来源；营销体系升级迫在眉睫，科技能力对创新业务支撑不足，专业人才建设、运营管理能力还需进一步加强。

4.4 内部控制概况

公司在持续稳健发展的同时，始终将业务的合规性、风险的有效防控作为前提和保证。公司已经建立起一套较完善的内部控制体系，具备明确的内控目标和原则，覆盖公司各项业务、所有部门和人员。公司坚持倡导合规企业文化，注重引导员工树立合规意识和风险意识，并通过严格业务审批权限、规范业务操作流程、完善全员合规管理责任制、监督考核与奖惩制对员工的行为进

行规范、监督。2021年，在严监管的大背景下，公司深入开展经营风险源头治理，健全风控合规体系，强化全流程风险管控，增强风险合规意识。

公司已建立了三个层级的内部控制机构，形成了分工合理、职责明确、运行顺畅、制衡有效的风险管理机制。各级机构均严格履行职责，保证对各种业务风险进行事前、事中、事后的有效监管和控制。2021年，公司进一步强化业务风险全流程管理，搭建起"业务立项——风控初审——尽调复核——全面审查及风险再论证——专业会审议——决策会审议"的多层次评审程序，确保业务审查审批工作的独立性、客观性、科学性。建立风险自查和风险资产处置常态化工作机制，综合运用各种方式加快存量风险资产的实质性化解。

公司已建立一套涵盖公司经营管理的各个方面及所有业务种类的制度体系。制度中既有原则规范，又包含操作流程、风险点和防范措施，保证可操作性，并根据监管法规政策变化、监管部门检查后的要求、公司经营管理需要及时进行修订、新订。2021年制定《经营活动制度管理规定（试行）》，实施制度分层分类管理，并结合法律法规、监管政策和公司转型发展需要，开展制度修订工作，全年累计完成制定或修订制度73项，确保各类业务开展有章可循，从源头规范各类经营活动。

公司为各项业务的开发、决策、实施、后期管理设定了标准化、规范化的流程，将业务全流程纳入系统管理，并根据需要对系统进行不断升级改造，完善系统的功能、优化系统流程，以保证业务的规范有序开展。不断加强信息化建设，发挥信息技术在风险管理中的作用；确保内审与评价机制的独立性，对内控制度的执行情况和效果严格监督；倡导先进、优良的风险文化，科学确立风险战略。

4.5 风险管理概况

公司经营活动中可能遇到的风险包括：信用风险、市场风险、操作风险、其他风险等。

信用风险即违约风险，指交易对手不能全部或部分按时履行合约义务而造成财务上损失的风险。公司涉及客户信用风险的业务包括存放同业款项、贷款、担保和应收款项。对于信用风险的管理，公司注重事前对交易对手、项目的尽职调查，业务方案设定保证担保、资产抵押、权利质押等多种信用增级方式，项目实施过程中加强跟踪检查，项目结束后及时进行稽核和评价。2021年，新订、修订《业务尽职调查工作规范要求》等业务制度十余项，明确业务准入、实施操作的规范要求、流程，并建立监督与问责机制，以压实业务开展的第一道风险防控责任，强化相关人员的风控意识。加强对单一集团客户集中度风险的管理。对于固有资产，按要求进行了五级分类管理。对除存放同业款项之外的表内信用类资产计提一般准备和专项准备。建立健全风险资产处置常态化机制，对出现信用风险的业务，在保证国有资产安全的前提下，公司妥善制定策略，积极协调各方，采取债务重组、流动支持或诉讼清收等手段相结合的方式稳健化解存量不良资产。

市场风险指公司在信托资产及固有资产合法经营中，因为利率、汇率、股价、股指、商品价格等市场价格的波动而产生的风险。对于市场风险的管理，公司加强对经济及金融形势的分析预测，关注市场变动，并提出相应对策及业务调整方案。对房地产、"两高一剩"、政府融资平台等重点行业、重点类型业务定期进行监测，密切关注市场情况，加强风险防范。股权投资避免进入限制类行业和相关项目，不断拓展多元化的投资领域，充分考虑投资项目筛选、运营管理、退出中的策略，严格投资后的管理。对投资的标准化投资品种市场价格波动可能造成的影响，通过创新产品和业务模式、加强持有期间管理，及时调整策略、进行止损操作等控制风险。

操作风险主要指因内控机制不健全、管理失误、操作系统不完善，或其他一些人为的错误而导致损失的可能性。对于操作风险的管理，公司一方面围绕固有、信托资产运营管理、证券投资、会计核算、资金交易、信息系统及文档管理等日常经营、业务开展的各个方面，制定管理规定和操作流程，明确操作权限和内容，严格遵循"决策与操作分离""业务操作与风险监控分离"等原则，持续开展流程调整优化，提升信息传递效率，弥补漏洞缺陷。另一方面加强对制度执行的检查、评价，推行责任追究机制，同时加强员工培训，提高员工风险意识，认真履行受托职责。通过建立满足业务需要信息管理系统，将业务全流程纳入系统管理，设定严格的流程与使用权限，赋予风控、托管运营、项目检查、审计部门监督权，减少人为的操作风险。

其他风险主要有合规风险、道德风险。合规风险指公司经营活动、业务开展因未能遵循国家法律法规、监管部门规则和公司内部规章制度，而可能遭受法律制裁、监管处罚、财务或声誉损失的风险。道德风险主要表现为公司内部人员蓄意违法违规或与公司的利益主体串通而给信托受益人或公司自身带来损失的可能。对于其他风险的管理，公司将合规风险管理作为公司风险管理的基础，从完善公司治理、内控制度、加强合规组织机构及配套机制建设、培育良好合规文化等方面，构建有效的合规风险管理机制。以监管导向把脉业务拓展方向，加快信托业务回归本源，坚决执行各项监管政策要求，持续推动金融乱象治理活动，以"信托文化普及年"和"内控管理合规建设年"为契机，通过制定规划、全员培训、宣传教育、政策解读、监管意见传达等方式，树立"守正、忠实、专业"的受托意识。

2021年，公司在根据监管要求持续对公司通道业务规模、房地产业务规模进行常态化管控的基础上，坚决贯彻落实金融同业通道业务、融资类信托业务规模压降的监管要求。经过努力，公司完成了2021年监管部门要求的"两项业务"规模压降、自营及信托业务风险资产化解、房地产业务规模管控等各项任务指标。

持续进行资管新规整改工作，公司要求各相关业务部门、团队高度重视该项工作，对尚未整改完毕的项目加快整改进程，同时严格按照"资管新规"的要求审慎开展新增业务，并于2021年底完成资管新规过渡期整改指标，开始全面执行资管新规。

公司通过加强党的建设、员工思想政治方面教育，强化内控机制，严格业务流程与监督制衡，加大检查监督的频率和力度，防范道德风险的发生。

4.6 净资本管理

2021年末净资本323 169.24万元。各项风险资本之和118 154.09万元，其中固有业务风险资本76 113.14万元、信托业务风险资本42 040.95万元。

5.报告期末及上一年度末的比较式会计报表

5.1 自营资产

5.1.1 会计师事务所审计结论

安永华明会计事务所审计了北方国际信托股份有限公司的财务报表，包括2021年12月31日的资产负债表，2021年度的利润表、股东权益变动表和现金流量表以及相关财务报表附注。

安永华明会计事务所认为，北方国际信托股份有限公司的财务报表在所有重大方面按照企业会计准则的规定编制，公允反映了北方国际信托股份有限公司2021年12月31日的财务状况以及2021年度的经营成果和现金流量。

5.1.2 资产负债表

资产负债表

编制单位：北方国际信托股份有限公司　　2021年12月31日　　单位：万元

	2021-12-31	2020-12-31
资产	—	—
货币资金	26 184.33	17 234.80
买入返售金融资产	68 768.63	134 184.85
应收利息	不适用	2 135.22
发放贷款和垫款	124 695.86	68 070.38
金融投资	—	—
交易性金融资产	234 946.53	不适用
债权投资	90 607.95	不适用
以公允价值计量且其变动计入当期损益的金融资产	不适用	12 904.11
可供出售金融资产	不适用	248 264.47
持有至到期投资	不适用	19 576.91
长期股权投资	5 417.85	5 590.84
投资性房地产	3 369.71	4 372.42
固定资产	3 198.88	3 440.53
使用权资产	3 985.01	不适用
递延所得税资产	24 805.30	22 495.73
其他资产	63 545.51	52 195.00
资产总计	649 525.57	590 465.28
负债	—	—
应付职工薪酬	21 631.47	17 052.17
应交税费	8 681.30	13 869.58
租赁负债	3 751.34	不适用
预计负债	10 202.48	9 453.10
卖出回购金融资产款	570.00	5 440.00
其他负债	83 933.22	44 436.84
负债合计	128 769.82	90 251.69
股东权益	—	—
股本	100 099.89	100 099.89
资本公积	—	—
其他综合收益	—	532.17
盈余公积	52 339.23	49 062.22
一般风险准备	9 933.65	8 814.35
信托赔偿准备	33 222.35	31 583.84
未分配利润	325 160.64	310 121.12
股东权益合计	520 755.76	500 213.58
负债和股东权益总计	649 525.57	590 465.28

法定代表人：韩立新　　主管会计工作负责人：昝广炜　　会计机构负责人：李学娟

5.1.3 利润表

利润表

编制单位：北方国际信托股份有限公司　　2021年度　　单位：万元

项目	2021年度	2020年度
一、营业收入	82 165.95	112 752.24
利息净收入	7 691.98	10 723.12
利息收入	11 291.85	12 290.63
利息支出	3 599.87	1 567.51
手续费及佣金净收入	73 503.28	54 479.47
手续费及佣金收入	73 529.81	54 497.83
手续费及佣金支出	26.53	18.36
投资收益	10 252.89	46 411.03
公允价值变动收益	-10 513.04	1 081.17
汇兑损益	-0.12	-0.37
其他业务收入	1 230.97	57.82
二、营业支出	37 593.00	63 580.27
业务及管理费	32 344.24	32 320.76
税金及附加	784.78	688.82

续表

项目	2021年度	2020年度
信用减值损失	3 827.95	不适用
资产减值损失	不适用	30 570.69
其他业务成本	636.02	—
三、营业利润	44 572.95	49 171.97
加：营业外收入	123.93	163.84
减：营业外支出	1 112.22	9 782.61
四、利润总额	43 584.66	39 553.20
减：所得税费用	10 814.47	9 697.04
五、净利润	32 770.18	29 856.16
六、其他综合收益的税后净额	—	1 072.09
将重分类进损益的其他综合收益	—	—
权益法下可转损益的其他综合收益	—	-7.48
可供出售金融资产公允价值变动	不适用	1 079.58
七、综合收益总额	32 770.18	30 928.26

法定代表人：韩立新　　主管会计工作负责人：曾广炜　　会计机构负责人：李学娟

5.1.4 股东权益变动表

股东权益变动表

编制单位：北方国际信托股份有限公司　　2021年度　　单位：万元

	股本	资本公积	其他综合收益	盈余公积	一般风险准备	信托赔偿准备	未分配利润	股东权益合计
一、2020年12月31日余额	100 099.89	—	532.17	49 062.22	8 814.35	31 583.84	310 121.12	500 213.58
加：会计政策变更	—	—	-532.17	—	—	—	-1 685.85	-2 218.02
二、2021年1月1日余额	100 099.89	—	—	49 062.22	8 814.35	31 583.84	308 435.27	497 995.56
三、本年增减变动金额	—	—	—	3 277.02	1 119.30	1 638.51	16 725.37	22 760.19
（一）综合收益总额	—	—	—	—	—	—	32 770.18	32 770.18
（二）利润分配	—	—	—	3 277.02	1 119.30	1 638.51	-16 044.81	-10 009.99
1.提取盈余公积	—	—	—	3 277.02	—	—	-3 277.02	—
2.提取一般风险准备	—	—	—	—	1 119.30	—	-1 119.30	—
3.提取信托赔偿准备	—	—	—	—	—	1 638.51	-1 638.51	—
4.对股东分配	—	—	—	—	—	—	-10 009.99	-10 009.99
四、2021年12月31日余额	100 099.89	—	—	52 339.23	9 933.65	33 222.35	325 160.64	520 755.76

法定代表人：韩立新　　主管会计工作负责人：曾广炜　　会计机构负责人：李学娟

5.2 信托资产

5.2.1 信托项目资产负债汇总表

信托项目资产负债表

编制单位：北方国际信托股份有限公司　　2021年12月31日　　单位：万元

信托资产	期末数	期初数	信托负债和信托权益	期末数	期初数
信托资产：			信托负债：		
货币资金	86 985.85	231 356.85	交易性金融负债	—	—
拆出资金	—	—	衍生金融负债		

续表

信托资产	期末数	期初数	信托负债和信托权益	期末数	期初数
存出保证金	—	—	卖出回购金融资产款	—	—
交易性金融资产	3 513 320.89	2 461 371.86	应付受托人报酬	5 283.79	3 663.68
衍生金融资产	—	—	应付托管费	357.97	328.87
买入返售资产	8 554.05	25 079.28	应付受益人收益	66 219.72	54 340.55
应收款项	571 688.06	560 642.75	应交税费	6 898.43	5 305.89
发放贷款	1 815 957.28	4 577 938.73	应付销售服务费	—	34.76
可供出售金融资产	289 488.43	768 501.22	其他应付款项	32 444.47	26 673.10
持有至到期投资	1 771 503.64	1 731 761.84	预计负债	—	—
长期应收款	115 770.22	79 279.79	其他负债	—	—
长期股权投资	143 088.64	370 857.40	信托负债合计	111 204.38	90 346.85
投资性房地产	—	—	信托权益：		
固定资产	—	—	实收信托	8 205 070.25	10 672 523.11
无形资产	—	—	资本公积	25 043.81	29 160.05
长期待摊费用	—	—	未分配利润	-24 961.38	14 759.71
其他资产					
			信托权益合计	8 205 152.68	10 716 442.87
信托资产总计	8 316 357.06	10 806 789.72	信托资产总计	8 316 357.06	10 806 789.72

5.2.2 信托项目利润及利润分配汇总表

信托项目利润及利润分配表

编制单位：北方国际信托股份有限公司　　2021年度　　单位：万元

项目	本年	上年
一、营业收入	536 763.01	729 833.01
利息收入	444 013.90	553 597.37
投资收益（损失以"-"号填列）投资收入	92 812.15	114 926.99
其中：对联营企业和合营企业的投资收益	—	—
公允价值变动收益（损失以"-"号填列）	-4 642.16	-4 490.74
租赁收入	0.00	0.00
汇兑损益（损失以"-"号填列）	0.00	0.00
其他收入	4 579.12	65 799.39
二、营业支出	67 859.72	77 768.59
营业税金及附加	2 042.73	2 434.22
业务及管理费	65 816.99	75 334.37
资产减值损失		
三、信托利润（净亏损以"-"号填列）	468 903.29	652 064.42
加：其他综合收益	-43 407.60	33 998.55
四、综合收益	425 495.69	686 062.97
加：期初未分配信托利润	47 694.62	-55 278.65
五、可供分配的信托利润	473 190.31	630 784.32
减：本期已分配信托利润	498 151.69	616 024.61
六、期末未分配信托利润	-24 961.38	14 759.71

6.会计报表附注

6.1 简要说明报告年度会计报表编制基准、会计政策、会计估计和核算方法发生的变化

公司自营业务遵循财政部颁布的《企业会计准则——基本准则》以及其后颁布及修订的具体会计准则、应用指南、解释以及其他相关规定（统称企业会计准则）编制。会计政策本年度发生变更。

2017年，财政部颁布了修订的《企业会计准则第22号——金融工具确认和计量》《企业会计准则第23号——金融资产转移》《企业会计准则第24号——套期保值》《企业会计准则第37号——金融工具列报》（统称新金融工具准则）。本公司自2021年1月1日开始按照新修订的上述准则进行会计处理，根据衔接规定，对可比期间信息不予调整，首日执行新准则与现行准则的差异追溯调整本报告期期初留存收益或其他综合收益。

2017年，财政部颁布了修订的《企业会计准则第14号——收入》（简称新收入准则）。本公司自2021年1月1日开始按照新修订的上述准则进行会计处理，采用新收入准则对本公司的财务报表不产生重大影响。

2018年，财政部颁布了修订的《企业会计准则第21号——租赁》（简称新租赁准则）。本公司自2021年1月1日起采用此项会计准则，选择追溯调整并不重述比较数据。

6.2 或有事项说明

2021年初担保余额为14 990万元，年末担保余额为零元。

6.3 重要资产转让及其出售的说明

无。

6.4 会计报表中重要项目的明细资料

6.4.1 披露自营资产经营情况

6.4.1.1 按信用风险五级分类结果披露信用风险资产的期初数、期末数

风险分类	正常类（万元）	关注类（万元）	次级类（万元）	可疑类（万元）	损失类（万元）	信用风险资产合计（万元）	不良合计（万元）	不良率（%）
期初数	385 650.99	201 778.75	11 000.00	—	2 375.73	600 805.47	13 375.73	2.23
期末数	417 639.42	204 922.93	41 309.70	—	544.77	664 416.82	41 854.47	6.30

注：不良资产合计＝次级类＋可疑类＋损失类。

6.4.1.2 各项资产减值损失准备的期初、本期计提、本期转回、本期核销、期末数

单位：万元

项目	期初数	本期计提	本期转回	本期核销	期末数
贷款损失准备	8 249.29	3 608.30	3 570.39	—	8 287.20
以摊余成本计量金融资产的减值准备	38 674.04	3 655.53	1.86		42 327.71
以公允价值计量且其变动计入其他综合收益金融资产的减值准备	—	—	—		—
其他减值准备	1 205.02	136.37	—		1 341.39
各项资产减值损失准备合计	48 128.35	7 400.20	3 572.25	0.00	51 956.30

6.4.1.3 按照投资品种分类，分别披露固有业务股票投资、基金投资、债券投资、股权投资等投资业务的期初数、期末数

单位：万元

项目	自营股票	基金	债券	长期股权投资	其他投资	合计
期初数	—	47 996.52	29 608.88	43 732.18	38 004.19	159 341.77
期末数	—	61 237.26	30 430.35	44 124.31	57 762.52	193 554.44

6.4.1.4 按投资入股金额排序，前三名的自营长期股权投资的企业名称、占被投资企业权益的比例、主要经营活动及投资收益情况等

企业名称	占被投资企业权益的比例（%）	主要经营活动	投资收益（万元）
天津滨海农村商业银行股份有限公司	1.81	吸收存款、发放贷款、办理结算、同业拆借、办理票据承兑和贴现等	—
渤海财产保险股份有限公司	5.57	财产损失险、责任险、信用保险和保证保险、短期健康险和意外伤害险等	—
长城嘉信资产管理有限公司	22.00	特定客户资产管理业务	267.02

注：投资损益是指按照企业会计准则规定，核算股权投资确认损益并记入披露年度利润表的金额。

6.4.1.5 前三名的自营贷款的企业名称、占贷款总额的比例和还款情况等（从大到小顺序排列）

企业名称	占贷款总额的比例（%）	还款情况
天津振弘企业管理有限公司	50.02	未到期
天津泰达国际酒店集团有限公司	15.06	未到期
天津诚国有资本投资运营有限公司	11.29	未到期

6.4.1.6 表外业务的期初数、期末数；按照代理业务、担保业务和其他类型表外业务分别披露

单位：万元

表外业务	期初数	期末数
担保业务	14 990	—
代理业务	—	—
其他	—	—
合计	14 990	—

注：代理业务主要反映因客观原因应规范而尚未完成规范的历史遗留委托业务，包括委托贷款和委托投资。

6.4.1.7 公司当年的收入结构（母公司口径、并表口径同时披露）

收入结构	金额（万元）	占比（%）
手续费及佣金收入	73 529.81	85.58
其中：信托手续费收入	73 223.15	85.23
投资银行业务收入	260.20	0.30
利息收入	11 291.85	13.14
其他业务收入	1 230.84	1.43
其中：计入信托业务收入部分	—	—
投资收益	10 252.89	11.93
其中：股权投资收益	1 179.39	1.37
证券投资收益	4 001.84	4.66
其他投资收益	9 073.50	10.56
公允价值变动收益	-10 513.04	-12.24

续表

收入结构	金额（万元）	占比（%）
营业外收入	123.93	0.14
收入合计	85 916.28	100.00

注：手续费及佣金收入、利息收入、其他业务收入、投资收益、营业外收入均应为损益表中的科目，其中手续费及佣金收入、利息收入、营业外收入为未抵减掉相应支出的全年累计实现收入数。

6.4.2 披露信托财产管理情况

6.4.2.1 信托资产的期初数、期末数

单位：万元

信托资产	期初数	期末数
集合	4 674 733.39	5 290 051.04
单一	5 172 248.96	1 667 942.73
财产权	959 807.37	1 358 363.29
合计	10 806 789.72	8 316 357.06

6.4.2.1.1 主动管理型信托业务的信托资产期初数、期末数。分证券投资、股权投资、融资、事务管理类分别披露

单位：万元

主动管理型信托资产	期初数	期末数
证券投资类	316 176.82	876 147.28
股权投资类	48 524.14	71 051.69
其他投资类	333 432.14	380 171.68
融资类	1 224 105.49	958 185.17
事务管理类	—	—
合计	1 922 238.59	2 285 555.82

6.4.2.1.2 被动管理型信托业务的信托资产期初数、期末数，分证券投资、股权投资、融资、事务管理类分别披露

单位：万元

被动管理型信托资产	期初数	期末数
证券投资类	—	—
股权投资类	—	—
其他投资类	—	—
融资类	—	—
事务管理类	8 884 551.13	6 030 801.24
合计	8 884 551.13	6 030 801.24

6.4.2.2 本年度已清算结束的信托项目个数、实收信托合计金额、加权平均实际年化收益率

6.4.2.2.1 本年度已清算结束的集合类、单一类资金信托项目和财产管理类信托项目个数、实收信托金额、加权平均实际年化收益率

已清算结束信托项目	项目个数（个）	实收信托合计金额（万元）	加权平均实际年化收益率（%）
集合类	99	1 692 288.54	7.7177
单一类	75	3 261 166.08	6.2276
财产管理类	8	681 004.69	2.1934

注：1. 收益率是指信托项目清算后，给受益人赚取的实际收益水平。
2. 加权平均实际年化收益率=（信托项目1的实际年化收益率×信托项目1的实收信托+信托项目2的实际年化收益率×信托项目2的实收信托+…信托项目n的实际年化收益率×信托项目n的实收信托）/（信托项目1的实收信托+信托项目2的实收信托+…信托项目n的实收信托）×100%。

6.4.2.2.2 本年度已清算结束的主动管理型信托项目个数、实收信托合计金额、加权平均实际年化收益率，分证券投资、股权投资、融资、事务管理类分别计算并披露

已清算结束信托项目	项目个数（个）	实收信托合计金额（万元）	加权平均实际年化信托报酬率（%）	加权平均实际年化收益率（%）
证券投资类	19	96 088.62	0.8217	20.8190
股权投资类	—			
其他投资类	23	314 086.00	1.3019	6.6291
融资类	39	787 010.00	1.8242	7.6078
事务管理类	—			

注：加权平均实际年化信托报酬率=（信托项目1的实际年化信托报酬率×信托项目1的实收信托+信托项目2的实际年化信托报酬率×信托项目2的实收信托+…信托项目n的实际年化信托报酬率×信托项目n的实收信托）/（信托项目1的实收信托+信托项目2的实收信托+…信托项目n的实收信托）×100%。

6.4.2.2.3 本年度已清算结束的被动管理型信托项目个数、实收信托合计金额、加权平均实际年化收益率，分证券投资、股权投资、融资、事务管理类分别计算并披露

已清算结束信托项目	项目个数（个）	实收信托合计金额（万元）	加权平均实际年化信托报酬率（%）	加权平均实际年化收益率（%）
证券投资类	—			
股权投资类	—			
其他投资类	—			
融资类	—			
事务管理类	101	4 437 274.69	0.3886	5.5866

6.4.2.3 本年度新增的集合类、单一类和财产管理类信托项目个数、实收信托合计金额

新增信托项目	项目个数（个）	实收信托合计金额（万元）
集合类	94	936 259.71
单一类	58	1 237 552.47
财产管理类	7	478 362.91
新增合计	159	2 652 175.09
其中：主动管理型	97	1 296 517.22
被动管理型	62	1 355 657.87

注：本年新增信托项目指在本报告年度内累计新增的信托项目个数和金额。包含本年度新增并于本年度内结束的项目和本年度新增至报告期末仍在持续管理的信托项目。

6.4.2.4 信托创新研究成果和特色业务有关情况

公司积极推进各类业务创新，加快由非标融资业务向投资业务转型，着力探索债券投资、FOF证券投资、股权投资等业务模式，落地首笔消费金融业务。积极履行国有企业社会责任，新增设立3笔慈善信托业务，分别为"关爱困境儿童""关爱老年认知障碍群体1期""养老事业公益培训1期"慈善信托，规模共计42.24万余元。其中，公司管理的"关爱困境儿童慈善信托"在"金誉奖"评选中荣获"优秀慈善信托产品"。

6.4.2.5 本公司履行受托人义务情况及因本公司自身责任而导致的信托资产损失情况

报告期内，公司严格履行受托人义务，未发现因公司自身责任而导致的信托资产损失情况。

6.5 关联方关系及其交易的披露

6.5.1 关联交易方的数量、关联交易的总金额及关联交易的定价政策等

项目	关联交易方数量	关联交易金额（万元）	定价政策
合计	5	507 451.61	市场定价

注："关联交易"定义应以《公司法》和《企业会计准则第36号——关联方披露》有关规定为准。

6.5.2 关联交易方与本公司的关系性质、关联交易方的名称、法定代表人、注册地址、注册资本及主营业务等

关系性质	关联方名称	法定代表人	注册地址	注册资本（万元）	主营业务
公司主要股东	天津泰达股份有限公司	张旺	天津开发区第三大街16号	147 557.39	以自有资金从事投资活动；自有资金投资的资产管理服务；非居住房地产租赁；信息咨询服务（不含许可类信息咨询服务）；金属材料销售；金属矿石销售；高性能有色金属及合金材料销售（除依法须经批准的项目外，凭营业执照依法自主开展经营活动）
公司控股股东	天津泰达投资控股有限公司	曲德福	天津经济技术开发区盛达街9号1201	1 107 695	以自有资金对区域内基础设施开发建设、金融、保险、证券业、房地产业、交通运输业、电力、燃气、蒸汽及水的生产和供应业、建筑业、仓储业、旅游业、餐饮业、旅馆业、娱乐服务业、广告、租赁服务业的投资；高新技术开发、咨询、服务、转让；房屋租赁；基础设施建设；土地开发整理；汽车租赁、设备租赁（不含融资租赁）；依法须经批准的项目，经相关部门批准后方可开展经营活动
公司股东的关联企业	渤海财产保险股份有限公司	庄启飞	天津市滨海高新区华苑产业区梅苑路增10号-10301、601至1601	197 347	财产损失保险、责任保险、信用保险和保证保险；短期健康保险和意外伤害保险；上述业务的再保险业务；国家法律、法规允许的保险资金运用业务；经银保监会批准的其他业务（以上经营范围涉及行业许可的凭许可证件，在有效期限内经营，国家有专项专营规定的按规定办理）
公司股东的关联企业	天津渤海国有资产经营管理有限公司	陈燕华	天津市河西区友谊北路61号银都大厦-5层	1 185 041.85	资产收购；资产处置及相关产业投资；国有产（股）权经营管理；土地收购、储备、整理；房屋租赁（以上范围内国家有专营专项规定的按规定办理；依法须经批准的项目，经相关部门批准后方可开展经营活动）
公司参股企业	长城基金管理有限公司	王军	深圳市福田区益田路6009号新世界商务中心4101-4104	15 000	以中国证券监督管理委员会核发的《基金管理公司法人许可证》所核定的经营范围为准
公司股东的关联企业	天津星城投资发展有限公司	王劲	天津市津南区八里台工业园区建设路6号A座125室	79 900	对土地开发、基础设施建设（含环境工程）、生态环保行业、工业基础设施、农业项目开发的投资；室内外装修装饰、物业管理；房地产开发；企业管理服务（依法须经批准的项目，经相关部门批准后方可开展经营活动）
公司股东的关联企业	南京新城发展股份有限公司	王天昊	南京市江宁区秣陵街道天元中路126号新城发展中心01幢1101室	20 408.16	基础设施开发建设；建设安装工程设计、施工；房产租赁；物业管理；市政设施租赁、委托经营和养护；信息网络建设和经营；高新科技企业孵化；高新技术产业投资、开发、技术服务与咨询；燃料油批发；金属及金属矿批发；煤炭、焦炭批发；建材批发；其他化工产品批发；农业机械批发；汽车、摩托车及零配件批发；五金交电批发；家用电器批发；计算机、软件及辅助设备批发；厨房、卫生用具及日用杂货批发；商品交易经纪与代理；自营和代理各类商品及技术的进出口业务（国家限定企业经营或禁止进出口的商品和技术除外）
公司参股企业	天津滨海农村商业银行股份有限公司	夏仁江	天津自贸试验区（空港经济区）西三道158号金融中心1号楼	909 868.68	吸收公众存款；发放短期、中期和长期贷款；办理国内结算；办理票据承兑与贴现；代理收付款项；代理发行、代理兑付、承销政府债券；买卖政府债券、金融债券；从事同业拆借；提供保管服务；基金销售；经银行业监督管理机构批准的其他业务（依法须经批准的项目，经相关部门批准后方可开展经营活动）

6.5.3 逐笔披露本公司与关联方的重大交易事项

6.5.3.1 固有财产与关联方：贷款、投资、租赁、担保、应收账款、担保、其他方式等期初汇总数、本期借方和贷方发生额汇总数、期末汇总数

固有与关联方关联交易

单位：万元

项目	期初数	借方发生额	贷方发生额	期末数
贷款	—	—	—	—
投资	11 000.00	41 000.00	20 000.00	32 000.00

续表

项目	期初数	借方发生额	贷方发生额	期末数
租赁	—	—	—	—
担保	—	—	—	—
应收账款	—	—	—	—
其他	—	—	—	—
合计	11 000.00	41 000.00	20 000.00	32 000.00

6.5.3.2 信托资产与关联方：贷款、投资、租赁、应收账款、担保、其他方式等期初汇总数、本期发生额汇总数、期末汇总数

信托与关联方关联交易　　　　　　单位：万元

项目	期初数	借方发生额	贷方发生额	期末数
贷款	256 642.92	50 000.00	216 993.92	89 649.00
投资	415 902.56	416 451.61	666 628.09	165 726.08
租赁	—	—	—	—
担保	—	—	—	—
应收账款	—	—	—	—
其他	—	—	—	—
合计	672 545.48	466 451.61	883 622.01	255 375.08

信托资产与关联方重大关联交易具体情况：

单位：万元

关联方名称	交易类型	期初余额	发生金额	归还金额	期末余额
天津泰达股份有限公司	信托贷款	90 000.00	—	500.00	89 500.00
天津泰达投资控股有限公司	信托贷款	80 599.00	50 000.00	130 450.00	149.00

6.5.3.3 信托公司自有资金运用于自己管理的信托项目（固信交易）、信托公司管理的信托项目之间的相互（信信交易）交易金额，包括余额和本报告年度的发生额

6.5.3.3.1 固有与信托财产之间的交易金额期初汇总数、本期发生额汇总数、期末汇总数

固有财产与信托财产相互交易　　单位：万元

项目	期初数	本期发生额	期末数
合计	58 125.69	17 037.07	75 162.76

注：以固有资金投资公司自己管理的信托项目受益权，或购买自己管理的信托项目的信托资产均应纳入统计披露范围。

6.5.3.3.2 信托资产与信托财产之间的交易金额期初汇总数、本期发生额汇总数、期末汇总数

信托资产与信托财产相互交易　　单位：万元

项目	期初数	本期发生额	期末数
合计	11 670.00	−11 500.00	170.00

注：以公司受托管理的一个信托项目的资金购买自己管理的另一个信托项目的受益权或信托项下资产均应纳入统计披露范围。

6.5.4 逐笔披露关联方逾期未偿还本公司资金的详细情况以及本公司为关联方担保发生或即将发生垫款的详细情况

关联方无逾期未偿还公司资金情况，公司无为关联方担保发生或即将发生垫款情况。

6.6 会计制度的披露

公司自营业务遵循2006年度财政部颁布的《企业会计准则——基本准则》以及其后颁布及修订的具体会计准则、应用指南、解释以及其他相关规定（统称《企业会计准则》）。

信托业务执行2006年度财政部颁布的《企业会计准则——基本准则》以及其后颁布及修订的具体会计准则、应用指南、解释以及其他相关规定（统称《企业会计准则》）。

7.财务情况说明书

7.1 利润实现和分配情况（母公司口径和并表口径同时披露）

2021年公司实现净利润32 770.18万元，按净利润的10%提取盈余公积金3 277.02万元、按5%提取信托赔偿准备金1 638.51万元，本年应计提一般风险准备金1 119.30万元，进行上述分配后，留存净利润26 735.35万元。年初未分配利润308 435.27万元，2021年向股东分红10 009.99万元，2021年末可供分配利润是325 160.64万元。

7.2 主要财务指标（母公司口径）

指标名称	指标值
资本利润率（%）	6.42
加权年化信托报酬率（%）	0.6478
人均净利润（万元）	129.78

注：1.资本利润率＝净利润/所有者权益平衡×100%。

2.加权年化信托报酬率＝（信托项目1的实际年化信托报酬率×信托项目1的实收信托＋信托项目2的实际年化信托报酬率×信托项目2的实收信托＋…信托项目n的实际年化信托报酬率×信托项目n的实收信托）/（信托项目1的实收信托＋信托项目2的实收信托＋…信托项目n的实收信托）×100%。

3.人均净利润＝净利润/年平均人数。

4.平均值采取年初、年末余额简单平均法，公式为：a（平均）＝（年初数＋年末数）/2。

7.3 对本公司财务状况、经营成果有重大影响的其他事项

无。

8. 特别事项揭示

8.1 前五名股东报告期内变动情况及原因

无。

8.2 董事、监事及高级管理人员变动情况及原因

根据公司2021年6月4日召开的2021年第二次临时股东大会，审议通过了《关于北方国际信托股份有限公司第三届董事会董事任免的议案》，公司董事于学昕因工作调动原因提出辞职申请，不再担任北方信托董事，同时辞去公司下属专门委员会委员职务。

根据股东单位中国海洋石油渤海有限公司《关于傅津职务变更的函》，由其推荐的监事傅津因工作需要，按照其公司相关安排，于2021年12月15日起不再担任北方信托监事。

8.3 变更注册资本、变更注册地或公司名称、公司分立合并事项

截至信息披露日，公司无注册资本、注册地、公司名称变更及分立合并事项。

8.4 公司重大诉讼事项

截至信息披露日，公司不存在对经营活动产生影响的重大诉讼事项。

8.5 对会计师事务所出具的有保留意见、否定意见或无法表示意见的审计报告的，公司董事会应就所涉及事项做出说明

安永华明会计师事务所（特殊普通合伙）出具了标准无保留意见的审计报告。

8.6 公司及其董事、监事和高级管理人员受到处罚的情况

截至信息披露日的报告期内，公司及其董事、监事和高级管理人员未受到处罚。

8.7 银保监会及其派出机构对公司检查后的整改情况

2021年10月，天津银保监局派出检查组对公司进行了现场检查，并下发《现场检查意见书》，指出了公司在经营管理中存在的问题，提出了监管意见。公司高度重视监管意见和要求，深入剖析问题原因，认真研究制定了整改方案，全力推进整改工作，持续健全完善公司治理机制，加强内控合规管理建设，提升内部控制有效性，强化风险管理与合规经营，保障公司稳健发展。

8.8 本年度重大事项临时报告的简要内容、披露时间、所披露的媒体及其版面

2021年1月12日，公司在《证券时报》B7版就关于聘任黄河同志担任总经理相关事项进行了重大事项临时披露。

8.9 其他重大需披露信息

无。

8.10 公司履行社会责任情况

2021年，公司坚持稳中求进工作总基调，推动党建工作和业务工作深度融合，统筹抓好新冠肺炎疫情防控和经营管理工作，积极履行国企社会责任。

8.10.1 发挥信托优势、服务实体经济，助力经济社会发展

8.10.1.1 回归信托本源，服务实体经济

公司坚决贯彻新发展理念、把握新发展阶段、构建新发展格局，着力回归信托本源，持续优化业务结构，提升主动管理能力，服务实体经济和天津地方经济发展。截至2021年末，公司主动管理类业务228.56亿元，同比增加36.33亿元，增幅18.9%。

8.10.1.2 依法诚信经营，自觉履行纳税义务

公司认真遵守税收法规，积极履行纳税的责任和义务，依照法律、行政法规的规定及时足额缴纳各项税款，做和谐社会建设的积极参与者。2021年全年公司累计缴纳各项税费约4.43亿元，为增加国家和地方财政收入、促进地方经济发展和社会进步做出了积极贡献。

8.10.2 坚持恪尽职守、履行受托责任，忠实受益人利益

8.10.2.1 信托产品全部到期清算

2021年，公司全年到期清算项目累计为受益人实现收益77.72亿元。

8.10.2.2 积极开展信托文化建设，培育受托人文化

公司深入开展信托文化建设，围绕"信托文化普及年"，以受托文化建设为核心，将信托文化建设重心进一步向部门及普通员工下沉，全面普及信托文化，引导全员树立"守正、忠实、专业"受托意识，切实履行受托人尽职管理责任和义务。同时，公司致力于信托文化的培育建设，以营业网点为依托对客户进行信托知识普及，开展了"以人民为中心增强金融消费者获得感"3.15教

育宣传周、"守护您的安全畅通金融消费"2021年普及金融知识万里行活动、"学法用法护小家防非处靠大家"2021年防范非法集资宣传月、"金融知识普及月，金融知识进万家，争做理性投资者，争做金融好网民"等一系列富有特色的金融知识普及教育宣传活动。此外，公司在落实好新冠肺炎疫情防控要求基础上，积极创新金融教育手段，通过线上线下相结合的方式，聚焦"一老一少"带动中间人群，倡导金融消费者理性投资、远离非法金融。

8.10.2.3　保障客户权益，创新服务方式

公司充分发挥信托制度优势，不断创新服务方式，积极保障客户的合法权益，建立客户投诉受理机制，设置投诉专线，指定专人负责接听，及时妥善处理客户投诉。在营业网点、官方网站、宣传资料及合同文本的醒目位置均有公布电话、网络、信函等投诉处理渠道，为客户投诉提供必要的便利。推进"我为群众办实事"的实践活动落地落实，将投诉电话与财富热线、400客服来电建立台账，收集客户意见和建议，不断改进服务，提升客户满意度。2021年度继续保持"零"投诉。此外，公司建立《个人金融信息安全保护制度》规范收集、使用和对外提供个人金融信息行为，定期对系统信息安全进行风险自查，根据业务实际需要确定相关岗位调取客户信息的范围，落实金融机构信息安全的责任和担当，多措并举加强个人金融信息保护，让客户更加放心。

8.10.3　强化风险管理、依法合规经营，守住风险底线

8.10.3.1　完善风控体系建设，强化风险管理

公司持续优化全流程风险管理体系，完善从前期尽调到项目审核成立再到后期跟踪的闭环管理机制和多层次评审程序，确保业务审查审批工作的独立性、客观性、科学性，并建立风险自查和风险资产处置常态化工作机制，守好风险底线。此外，公司持续提升舆情风险管控能力，不间断监测、及时处置涉及公司相关舆情信息。

8.10.3.2　不断加强合规管理，规范经营行为

公司深入开展"内控合规管理建设年"活动，健全完善内控合规管理体系，强化制度体系建设，夯实内控管理根基，结合公司转型发展需要，不断梳理存续制度，2021年新制定或修订制度共73项，进一步保障了各项业务活动和管理活动有制可依、有规可守、有序可循。

8.10.3.3　自觉遵守各项规定，履行反洗钱义务

公司始终恪守社会公德，自觉遵守各项规定，积极维护行业市场竞争秩序，并积极履行反洗钱义务。对

《北方国际信托股份有限公司洗钱风险自评估管理办法》进行修订；持续开展客户风险等级评定与可疑交易审查工作；积极参加中国人民银行、天津市银行业协会举办的各次反洗钱专题培训；开展"金融知识万里行"有奖答题活动，以及"反洗钱宣传月""6.26国际禁毒日""反走私宣传"等宣传活动。公司的反洗钱各项工作均实现高质量发展，充分发挥反洗钱工作在推进国家治理体系和治理能力现代化、保障经济社会稳定和国家安全等方面的重要作用。

8.10.4　坚持以人为本、保障员工权益，促进员工职业发展

8.10.4.1　围绕党史学习教育，实现宣传教育全覆盖

公司坚持以员工为中心，切实为群众办实事，结合党史学习教育，开展"重走红军长征路"主题教育党日活动、"颂歌献给党"庆祝中国共产党成立100周年歌咏朗诵比赛、"永远跟党走奋进新征程"数字油画活动、党史学习教育主题征文活动、党史学习教育知识竞赛等系列活动，使广大员工深入领会中国共产党团结带领全国各族人民为实现民族独立、人民解放和国家富强不懈奋斗的光辉历程，学习无数优秀共产党员为中华民族谋独立、为中国人民谋幸福而不畏艰难险阻、勇往直前的大无畏精神和高尚品格。激发员工间学习热情，增加相互间的凝聚力和集体荣誉感。

8.10.4.2　重视员工成长，提高职业素质和从业技能

公司坚持以人为本，服务社会，成就员工，通过搭建知识管理、人才赋能平台，落实员工培训工作。从聚焦国企党建、业务转型、信托文化建设等主题出发，开展2021年员工培训工作。积极邀请外部专家举办专题培训，选派员工参加外部培训，运用公司"北信E企学""资管云"培训平台并新增自制课程。同时，公司通过组织开展全员"信托文化常识"学习测试、征信岗从业人员学习及能力测评，督促员工深入学习信托基础知识。

8.10.4.3　提供健康、安全的工作环境

面对新冠肺炎疫情的起伏反复，公司严格落实各项防疫要求，按日配发口罩等疫情防护用品，并加大防疫宣传、培训力度，营造公司全员重视疫情、平稳心态、科学应对的常态化防护氛围。

8.10.5　践行国企担当、发展慈善信托，履行公益责任

8.10.5.1　发挥党建引领、践行国企担当

公司深入推进"我为群众办实事"实践活动，与天津市越秀路街惠阳里、增强楼、教师村三个社区结对子

开展实践活动，促进党员下沉街道、走进社区；组织党员深入天津市贺余年养老院，深入了解孤寡老人需求，心贴心帮扶孤寡老人；与天津市惠阳里社区对接，进商户宣传疫苗接种，向社区25个单元约500家住户进行全覆盖式宣传。

8.10.5.2　助力脱贫攻坚，实现精准扶贫

为巩固拓展脱贫攻坚成果，春节前对低保户、五保户逐户走访慰问，为9户危房改造困难户提供资金。在2021年天津市脱贫攻坚总结表彰大会上，公司荣获"天津市结对帮扶困难村优秀驻村工作组"称号。为助力乡村振兴，选优配强驻村工作组；公司领导带队赴蓟州区与区、镇、帮扶村进行工作对接和调研；初步研究制定《蓟州区扶持经济薄弱村发展总体工作规划》，并逐项推进落实。

8.10.5.3　积极践行国企担当，持续开展慈善信托业务

公司新增设立3笔慈善信托业务，为服务实体经济和助力民生保障提供金融解决方案和智力支持。积极响应"促进共同富裕"号召，成立"北方信托·关爱困境儿童慈善信托"，惠及天津市1 083名散居孤儿，并荣获"金誉奖"评选的"优秀慈善信托产品"奖项。在天津市民政局倡导支持下，设立"北方信托·关爱老年认知障碍群体1期慈善信托"，为老年人群体守护记忆健康，为老年人家庭提供专业支持，为关爱认知障碍老年人群体贡献力量。此外，设立"北方信托·养老事业公益培训1期慈善信托"，为提高天津市养老机构的服务水平、推进天津市养老事业的发展、加强天津市养老机构后备管理干部队伍建设提供有力支持。

北京国际信托有限公司

1. 重要提示

1.1 公司董事会及董事保证本报告所载资料不存在任何虚假记载、误导性陈述或者重大遗漏,并对其内容的真实性、准确性和完整性承担个别及连带责任。本年度报告摘要摘自年度报告全文,客户及相关利益人欲了解详细内容,应阅读年度报告全文。

1.2 无董事对年度报告内容真实性、准确性、完整性无法保证或存在异议进行声明。

1.3 独立董事贝多广、王化成、吴晶妹、王剑钊等4人保证本报告所载资料不存在任何虚假记载、误导性陈述或者重大遗漏,并对其内容的真实性、准确性和完整性承担个别及连带责任。

1.4 天职国际会计师事务所(特殊普通合伙)为本公司出具了无保留意见的审计报告。

1.5 公司负责人周瑞明(法定代表人、党委书记、董事长)、何晓峰(党委副书记、董事、总经理)、吴京林(总会计师)声明:保证年度报告中财务报告真实、完整。

2. 公司概况

2.1 公司简介

北京国际信托有限公司(以下简称北京信托)是北京市属非银行金融机构,现为中国信托业协会会员、理事单位,中国证券业协会、北京市银行业协会会员单位。注册资本22亿元。

北京信托是中国信托业从起步到规范发展的重要历史见证人和实践者。公司前身是1979年2月经北京市批准成立的北京市工程建设总公司,同年4月更名为北京市经济建设总公司,是改革开放之初首批可以从事金融信托业务的公司之一。1984年4月,北京市经济建设总公司分拆后正式设立北京国际信托投资公司,同年10月北京国际信托投资公司开始营业。2000年3月,增资改制成为多家企业参股的非银行金融机构。2002年3月,经中国人民银行批准重新登记。2007年,经中国银行业监督管理委员会批准,公司实施了引进境外战略投资人的股权重组,同时按照监管要求换发了新的金融许可证,并更名为北京国际信托有限公司。

公司成立40多年来,始终以"尽信守托、经世济民"为使命,以"专业受托者、百年守业人"为愿景,致力于打造专业卓越、最值得信赖的财富管理机构,成为信托百年老店。成立初期作为首都对外投融资窗口,公司在引进外资等方面发挥了重要作用。20世纪90年代,公司最先在京开办沪深股票交易业务,承办北京顺鑫农业深交所上市,推出北京朝阳商务中心区(CBD)信托计划等。近年来,公司认真贯彻落实党中央、国务院指示精神和北京市委、市政府各项决策部署,严格落实监管要求,顺应监管导向,重点围绕国家重大发展战略和北京"四个中心"功能建设,坚持发挥信托制度优势,回归信托本源,服务实体经济、防范金融风险;坚持聚焦北京、服务北京、深耕北京的展业策略,在基础设施建设、城市发展、民生公益和服务工商企业等领域积极展业,不断创新,取得明显成效。公司凭借强大的股东背景、高素质的人才队伍、专业化的管理能力,审慎稳健的品牌形象,成为行业中公司治理完善、资产质量高、流动性好、抗风险能力强的现代金融机构。代表信托公司核心竞争力的主动管理能力稳居行业前列,连续多年保持行业评级最高级"A级",多次荣获行业权威评选的"卓越公司奖""杰出信托公司奖""中国房地产信托综合能力优秀企业""年度金牌市场影响力金融产品""投资回报奖""最佳慈善信托产品奖"等荣誉,深受广大投资者信赖与合作伙伴认可。

2.1.1 中文名称:北京国际信托有限公司
中文名称缩写:北京信托
英文名称:Beijing International Trust Co. Ltd.
英文名称缩写:BJITIC

2.1.2 法定代表人:周瑞明
地址:北京市朝阳区安立路30号院1号、2号楼
邮政编码:100012
网址:www.bjitic.com
电子信箱:dshbgs@bjitic.com

2.1.3 信息披露事务负责人:韩波
电话:010-59680830
传真:010-59680999
电子信箱:hanbo@bjitic.com

2.1.4 信息披露报纸:《上海证券报》

2.1.5 年度报告备置地点:北京市朝阳区安立路30号院1号、2号楼

2.1.6 会计师事务所：天职国际会计师事务所（特殊普通合伙）

地址：北京市海淀区车公庄西路19号68号楼A-1和A-5区域

2.2 组织结构

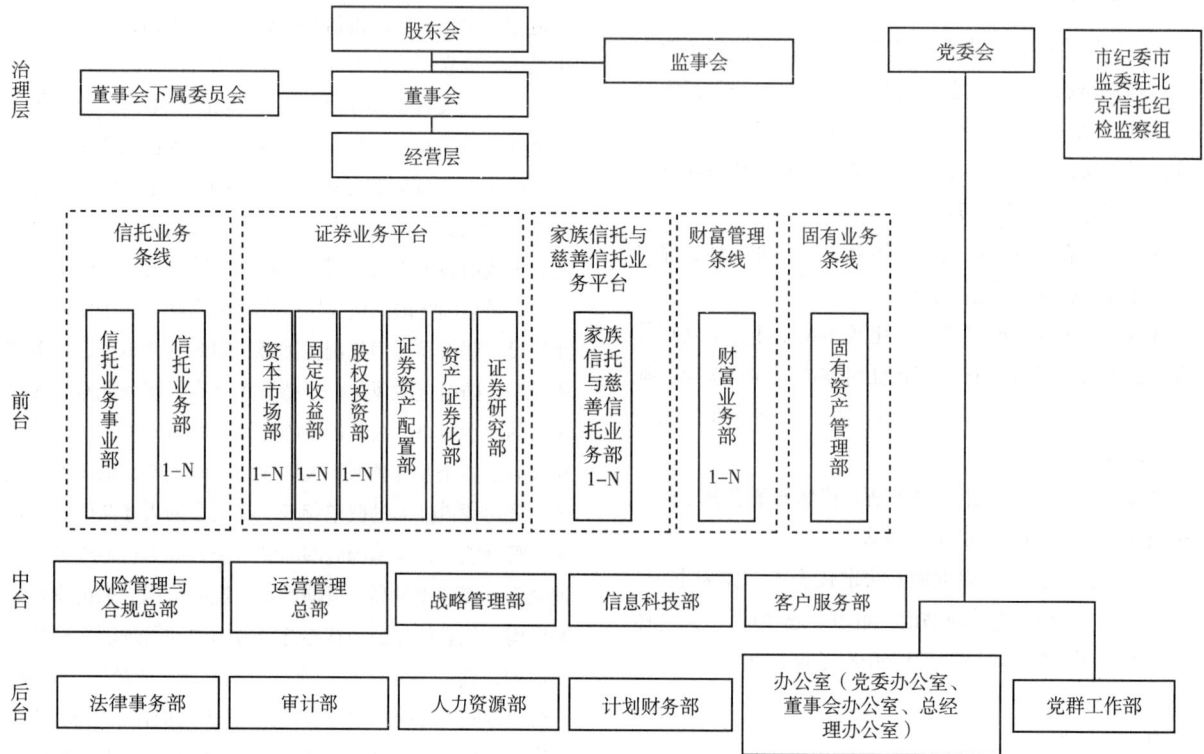

3. 公司治理机构

3.1 股东

报告期末，公司股东总数10家。

序号	股东名称	持股金额（元）	占比（%）
1	北京市国有资产经营有限责任公司	754 600 000.00	34.30
2	航天科技财务有限责任公司	337 127 377.02	15.32
3	威益投资有限公司（Win Eagle Investments Limited）	336 713 485.67	15.30
4	中国石油化工股份有限公司	314 285 714.29	14.29
5	上海游久游戏股份有限公司	139 595 297.85	6.35
6	杭州钢铁集团有限公司	135 142 857.14	6.14
7	天津经济技术开发区投资有限公司	72 204 464.40	3.28
8	鹏丰投资有限公司	55 371 428.57	2.52
9	北京宏达信资产经营有限公司	36 102 232.20	1.64
10	北京市海淀区欣华农工商公司	18 857 142.86	0.86
	合计	2 200 000 000.00	100.00

报告年度，本公司股东未质押公司股权，不存在以股权及其受（收）益权设立信托等金融产品的情况。

3.2 董事、董事会及其下属委员会

董事长、董事、独立董事

序号	姓名	董事性质	担任公司或其他机构职务	性别	年龄（岁）	选任时间	代表股东	该股东持股比例（%）
1	周瑞明	董事长	北京国际信托有限公司党委书记、董事长	男	58	2019年11月	北京市国有资产经营有限责任公司	34.3
2	何晓峰	董事	北京国际信托有限公司党委副书记、董事、总经理	男	49	2019年11月		
3	孙婧	董事	北京市国有资产经营有限责任公司副总经理	女	48	2019年11月		
4	王亮	董事	航天科技财务有限责任公司副总经理	男	44	2020年4月	航天科技财务有限责任公司	15.32
5	于宏英	董事	中诚信投资集团有限公司总裁	女	57	2016年2月	威益投资有限公司（Win Eagle Investments Limited）	15.30
6	王顺江	董事	中国石化销售股份有限公司北京石油分公司总经理、党委副书记	男	53	2021年4月	中国石油化工股份有限公司	14.29
7	许汉章	董事	上海游久游戏股份有限公司	男	65	2015年9月	上海游久游戏股份有限公司	6.35
8	于卫东	董事	杭州钢铁集团有限公司财务资产管理部总经理	男	53	2019年11月	杭州钢铁集团有限公司	6.14
9	贝多广	独立董事	中国人民大学中国普惠金融研究院理事会联席主席兼院长	男	64	2015年9月	无	—
10	王化成	独立董事	中国人民大学商学院教授	男	58	2015年9月	无	—
11	吴晶妹	独立董事	中国人民大学财政金融学院教授	女	57	2016年2月	无	—
12	王剑钊	独立董事	北京奋迅律师事务所合伙人	男	53	2015年9月	无	—
13	韩波	职工董事	北京国际信托有限公司党委委员、董事会秘书、总经理助理兼战略管理部总经理	女	49	2020年12月	无	—

董事会下属委员会

名称	主要职责
信托委员会	（1）对本公司依法履行受托人职责进行监督 （2）评估本公司信托业务发展规划和趋势 （3）评估本公司信托业务的决策标准和程序 （4）监督和评估本公司信托业务在产品设计、产品营销、中后期管理及终止清算过程中的合规管理情况，确保受益人合法权益不被侵害 （5）监督、检查和评估公司信托业务战略、政策、规划、措施等的执行情况 （6）向董事会提出完善本公司履行受托人职责的建议 （7）董事会授予的其他事宜
风险管理委员会	（1）制定公司风险管理的目标和政策 （2）健全完善公司风险管理体系 （3）制定公司风险管理的流程管控程序 （4）公司董事会授权的其他职责
提名与薪酬委员会	（1）根据经营情况、资产规模和股权结构对董事会的规模和构成向董事会提出建议 （2）研究董事和经营班子的选聘标准和程序，并向董事会提出建议 （3）培养储备董事和经营班子的补充人选 （4）对董事候选人和经营层人选进行审查并提出建议 （5）对须提请董事会聘任的其他高级管理人员进行审查并提出建议 （6）根据董事及高级管理人员管理岗位的主要范围、职责、重要性以及其他相关企业相关岗位的薪酬水平制定薪酬计划或方案 （7）薪酬计划或方案主要包括但不限于绩效评价标准、程序及主要评价体系，奖励和惩罚的主要方案和制度等 （8）审查公司董事（非独立董事）及高级管理人员履行职责情况并对其进行年度绩效考评 （9）负责对公司薪酬制度执行情况进行监督 （10）董事会授权的其他事宜
审计委员会	（1）提议聘请或更换外部审计机构 （2）监督公司内部审计工作及制度实施 （3）负责内部审计与外部审计之间的沟通 （4）审核公司财务信息及其披露 （5）审查公司内控制度，对重大关联交易进行审计 （6）公司董事会授权的其他事宜
消费者权益保护委员会	（1）对本公司依法履行保护消费者合法权益职责进行监督 （2）评估本公司消费者权益保护工作战略、规划和目标 （3）评估本公司消费者权益保护工作的工作程序和标准 （4）监督和评估本公司消费者权益保护工作年度工作计划 （5）监督、检查和评估消费者权益保护工作的战略、政策、规划、措施等的执行情况 （6）向董事会提出完善本公司消费者权益保护职责的建议 （7）公司董事会授权的其他职责

续表

名称	主要职责
关联交易控制委员会	（1）负责公司关联交易控制方面的重要工作 （2）审查公司重大关联交易，并提交董事会或由董事会提交股东会审议批准 （3）有关法律、法规、公司章程规定及董事会授权的其他职责

3.3 监事、监事会及其下属委员会

序号	姓名	监事性质	担任本机构及其他机构职务	性别	年龄（岁）	选任时间	代表股东	该股东持股比例（%）
1	王进才	监事会主席		男	62	2017年4月	天津经济技术开发区投资有限公司	3.28
2	李慧	监事	航天科技财务有限责任公司 风险管理与法律部副部长	女	39	2020年12月	航天科技财务有限责任公司	15.32
3	孟福增	监事	鹏丰投资有限公司	男	67	2015年9月	鹏丰投资有限公司	2.52
4	曹月秋	监事	北京市海淀区欣华农工商公司 财务科长	女	43	2020年12月	北京市海淀区欣华农工商公司	0.86
5	卓玮	职工监事	北京国际信托有限公司 办公室主任	女	44	2020年12月	无	—
6	陆雅清	职工监事	北京国际信托有限公司 计划财务部总经理	女	42	2020年12月	无	—

3.4 高级管理人员

姓名	职务	性别	年龄（岁）	任职日期	金融从业年限（年）	学历	专业	简要履历
周瑞明	党委书记、董事长	男	58	2019年12月	30	博士	企业管理	中国社会科学院研究生院管理学博士。历任中国人民银行金管司干部；原国务院证券管理委员会国内市场处处长；中国证券监督管理委员会上市公司部监管二处处长、信息统计部副主任、党委办公室副主任兼宣传部副部长（副局级）；共青团中国证监委员会书记。2001年入职北京信托，历任公司副总经理、党委副书记、纪委书记，副董事长、总经理，2019年任公司党委书记、董事长
何晓峰	党委副书记、董事、总经理	男	49	2020年1月	19	硕士	工商管理	清华大学工商管理硕士。2003年入职北京信托，历任公司信托经理、高级信托经理，房地产信托业务总部总经理，不动产信托事业一部第一责任人。2014年任公司党委委员、副总经理。2019年任公司党委副书记、董事、总经理
辛宇晖	副总经理	女	57	2014年10月	35	硕士	国际金融	中国人民大学金融硕士。1987年入职北京信托，历任公司国际金融、国际业务部、金融业务部、资金信托部、信托部等部门经理。2008年任公司总经理助理，2013年任公司首席风控官，2014年任公司党委委员、副总经理
昌青	副总经理	男	56	2020年2月	39	硕士	高级管理人员工商管理硕士	厦门大学高级管理人员工商管理硕士。曾就职中国工商银行分理处、北京城市合作银行、北京市商业银行、北京银行股份有限公司。2019年任公司副总经理
黄晓炜	总经理助理	女	51	2011年6月	29	硕士	政治经济学	中国人民大学经济学硕士。1993年入职北京信托，历任公司大户交易室经理、信托总部高级经理，合规与风险管理部总监、信托业务运营管理总经理。2011年任公司首席风控官兼风险管理部总经理，2013年任公司总经理助理兼人力资源部总经理，2019年兼党委组织部部长，2021年任公司党委委员、总经理助理兼党群工作部部长、人力资源部总经理
韩波	董事会秘书、总经理助理	女	49	2020年10月（任总经理助理） 2021年3月（任董事会秘书）	8	本科	工业自动化	郑州轻工业学院工学学士。曾就职于北内集团总公司、中共北京市委工业工委、中共北京市委组织部、北京市政府办公厅。2014年入职北京信托，历任党群工作部部长、战略规划部总经理、总经理助理、董事会秘书，2021年任公司党委委员、董事会秘书、总经理助理兼战略管理部总经理
吴京林	总会计师	男	57	2008年7月	30	硕士	国际工商管理	美国得克萨斯大学阿灵顿分校EMBA。曾就职北京市审计局，1992年入职北京信托，历任公司稽核审计部经理、计划财务部经理。2005年任公司副总会计师，2008年任公司总会计师，2014年任公司党委委员、总会计师，2021年任公司总会计师
孟广杰	首席运营官	女	50	2019年1月	28	硕士	会计	中央财经大学会计学硕士。1994年入职北京信托，历任公司信托财务部高级业务经理，托管部副总经理、总经理，运营管理部总经理，2018年任公司首席运营官。现任公司首席运营官兼运营管理总部总经理

续表

姓名	职务	性别	年龄（岁）	任职日期	金融从业年限（年）	学历	专业	简要履历
张昕	总经理助理（首席创新官）	女	48	2019年6月	22	博士	土地资源管理	中国人民大学土地资源管理专业博士。曾就职招商银行股份有限公司北京分行。2010入职北京信托，历任公司信托业务二总部副总经理、信托业务事业二部第一责任人兼总经理、信托业务二部总经理、公司业务董事总经理，2019年任公司总经理助理。现任公司总经理助理（首席创新官）
段学平	首席风险官	男	45	2021年4月	19	硕士	经济思想史	中国人民大学经济学硕士。曾就职于中国人民银行营业管理部，中国银行业监督管理委员会北京监管局，包商银行，中诚信托有限责任公司。2021年入职北京信托，任公司首席风险官兼风险管理与合规总部总经理、法律事务部总经理

注：任职日期为监管部门核准日期。

公司设专职党委副书记1人，市纪委市监委驻北京国际信托有限公司纪检监察组组长1人。

姓名	职务	性别	年龄（岁）	任职日期	金融从业年限（年）	学历	专业	简要履历
何燕卿	党委副书记	男	59	2016年3月	6	硕士	法律	中共北京市委党校法学专业研究生。曾任北京市大兴区地税局常务副局长、丰台区地税局局长、丰台区发改委主任、北京化学工业集团有限公司副总经理，2016年任北京信托党委副书记
彭兴利	党委委员、市纪委市监委驻北京国际信托有限公司纪检监察组组长	男	57	2019年6月	3	硕士	法学理论	中共中央党校法学理论专业研究生。曾任北京市行政服务中心副主任、北京东方饭店有限公司总经理、市纪委昌平教育基地主任、市纪委办公厅副主任（正处级）、市纪委市监委办公厅副主任，2019年任北京信托党委委员、市纪委市监委驻公司纪检监察组组长

3.5 公司员工

报告年度，公司职工人数288人，平均年龄36岁。

项目		2021年		2020年	
		人数（人）	比例（％）	人数（人）	比例（％）
年龄分布	20—29岁	61	21.2	66	22.9
	30—39岁	163	56.6	162	56.3
	40岁以上	64	22.2	60	20.8
学历分布	博士	8	2.8	8	2.8
	硕士	216	75.0	212	73.6
	本科	61	21.2	65	22.6
	专科	3	1.0	3	1.0
岗位分布	高管人员	10	3.5	10	3.5
	自营业务人员	4	1.4	3	1.0
	信托业务人员	246	85.4	239	83.0
	其他人员	28	9.7	36	12.5

注：表中"高管人员"为已获监管部门核准任职资格人员。

4. 经营管理

4.1 经营目标、方针、战略规划

经营目标：以"专业受托者、百年守业人"为愿景，致力于成为专业卓越、最值得信赖的财富管理机构，打造信托业百年老店。

经营方针：合规经营、防范风险、持续创新、稳健发展。

"十四五"发展规划：以推动公司转型为主线，巩固传统业务优势、培育创新特色业务，统筹高质效发展和风险防范，加快从资产驱动向资产与资金双轮驱动转变，全力"做优私募投行、做专资产管理、做强财富管理、做精固有业务"，构建公司发展新格局。

4.2 所经营业务的主要内容

4.2.1 自营资产运用与分布表

资产运用	金额（万元）	占比（％）	资产分布	金额（万元）	占比（％）
货币资产	159 815	8.92	基础产业	—	—
贷款及应收款	553 761	30.92	房地产业	80 125	4.47
债权投资	1 285	0.07	证券市场	20 646	1.15
交易性金融资产	1 028 612	57.43	实业	1 011 238	56.46
长期股权投资	9 684	0.54	金融机构	641 148	35.79
其他	38 022	2.12	其他	38 022	2.12
资产总计	1 791 179	100.00	资产总计	1 791 179	100.00

4.2.2 信托资产运用与分布表

资产运用	金额（万元）	占比（％）	资产分布	金额（万元）	占比（％）
货币资产	169 470.87	0.79	基础产业	1 252 856.56	5.85
贷款及拆出	5 554 741.80	25.92	房地产	7 526 659.43	35.12
交易性金融资产	2 410 359.39	11.25	证券市场	5 151 167.39	24.04
可供出售金融资产	169 154.26	0.79	实业	5 601 918.65	26.14

续表

资产运用	金额（万元）	占比（%）	资产分布	金额（万元）	占比（%）
持有至到期投资	6 325 527.56	29.52	金融机构	727 564.02	3.39
长期股权投资	5 056 258.36	23.59	其他	1 170 663.97	5.46
其他	1 745 317.78	8.14	—	—	—
信托总资产	21 430 830.02	100.00	信托总资产	21 430 830.02	100.00

4.3 市场分析

4.3.1 影响信托业务发展的有利因素

2021年是党和国家历史上具有里程碑意义的一年，在党中央领导下，我国经济发展和新冠肺炎疫情防控保持全球领先地位，国家战略科技力量加快壮大，产业链韧性得到提升，构建新发展格局迈出新步伐，高质量发展取得新成效，实现了"十四五"良好开局。当前我国经济韧性强、潜力足、长期向好的基本面没有改变，总体发展势头良好，经济社会平稳发展，党中央继续把稳增长放在突出的位置，针对性扩大最终消费和有效投资，国内投融资需求依然旺盛。资本市场深化改革的环境为信托业带来了更多的标准化资产投资机会，为行业转型、发展标品业务，与实体经济形成良性互动和高效运转的资金融通格局创造了良好的条件。

总体看，2021年，信托业坚持稳中求进，以监管导向为遵循，致力于服务经济高质量发展和人民美好生活，信托资产结构不断优化，业务转型成效有所显现，行业发展方向日趋明确。

4.3.2 影响信托业务发展的不利因素

在新冠肺炎疫情影响下，百年变局加速演进，外部环境风险和挑战仍然复杂严峻，尤其是通货膨胀、金融市场风险、应对气候变化压力、各国政策权衡与协调困境等因素，增加了全球经济复苏前景的不确定性。在外部压力的冲击下，我国经济面临着需求收缩、供给冲击、预期转弱的三重压力，经济率先恢复的相对优势和基数效应可能减弱。受地产调控、地方政府隐性债务监管、"双限双控"等多重政策影响，部分区域、行业、企业产生的各类风险不容忽视。随着资管新规正式实施和严监管态势持续，信托业转型亟待取得实质性进展，业务转型进入攻关期，行业需要在供给侧结构性改革的大背景下，把握经济发展趋势，找准新的资管生态链中的角色定位，重塑信托业发展的新优势和新能力，服务实体经济高质量发展。

4.4 内部控制

4.4.1 内部控制环境和内部控制文化

公司按照《公司法》《信托公司管理办法》《信托公司股权管理暂行办法》等法律法规及公司章程相关规定，建立了由股东会、董事会、监事会、高级管理层组成的分工明确、权责对应、合理制衡的公司治理结构，严格落实"三重一大"制度和党委前置研究决策要求。截至报告年度，公司已建立涵盖公司治理、业务指引、风险控制与合规管理、审计、人力资源、财务等各类公司一级制度139个。

重视内部控制文化建设，公司始终以"尽信守托，经世济民"为使命，遵循以"恪信重诺、审慎稳健、明责笃行、守正出新"的价值观，依托全面的风险管理体系和内部控制机制，坚持合规经营、稳健发展，统筹做好风险防范和高质效发展，切实维护受益人、股东利益。

报告年度，公司党委把方向、管大局、保落实，董事会定战略、做决策、防风险，经营层谋经营、抓落实、强管理的治理机制运行顺畅有序。

4.4.2 内部控制措施

公司按照全面性、审慎性、独立性、有效性、适时性和相互制约原则，建立了涵盖公司治理、风险合规、审计、人力、法务及综合管理等全方位的内控管理体系，严格实施授权审批控制、岗位分离、资产隔离，规范业务标准和操作流程。制定了包括公司治理、业务管理、合规内控、综合管理等在内的类别清晰完整的制度体系，以及实施细则和操作流程。坚持"防火墙"机制，使业务流程上下环节协调和相互制衡。加强业务管理体系建设，通过标准合同文本指引方式，规范法律文本。

报告年度，公司根据监管要求和自身发展实际，研究完善党委、董事会、经营层对风险控制的管理体系，优化了董事会风险管理委员会、经营层关于全面风险管理的职责分工。制定、修订公司一级、二级内控制度共计43项，进一步完善了内控制度，优化了业务管理流程。重点关注内部控制关键环节及风险点，促进内控体系的完善和风险防控措施的落实。借助信息技术平台，在办公自动化系统中调整优化各项工作流程，有效完善制度流程化运行，不断推进公司经营管理工作规范化、标准化建设。同时，公司于报告年度内制定了《制度建设规划（2022—2024）》，计划三年内对现有制度体系进行全面升级，打造具有根本性、全局性、稳定性和长期性的全新制度体系。

4.4.3 信息交流与反馈

公司建立了有效的信息交流和反馈机制，内部各层级信息报告、反馈路线清晰，通过事务管理月报、季报、专项报告等方式，确立了信息交流与共享机制。建立了完善的信息披露制度和程序，通过公司官网等平台及时向委托人和社会公众准确、及时披露公司有关信息。

报告年度，公司持续完善综合业务管理系统和流程，优化项目审批和项目管理业务系统，确保信息传递路径通畅，各项信息上通下达，交流反馈及时有效。按照监管要求，及时报送各类业务报表、及时事前报告、关联交易报告等；履行受托人职责，向投资者及时披露各类业务信息。发挥信息技术和自媒体优势，通过官方网站等渠道，确保公司对外交流的及时性、有效性和规范性。

4.4.4 监督评价与纠正机制

公司建立了完善的内部控制监督评价与纠正机制。监事会负责监督董事会、高级管理层及其成员履职情况，检查、监督公司财务活动；驻公司纪检监察组聚焦党风廉政建设和廉洁从业，强化监督执纪问责；稽核审计部独立行使监督评价职能，通过常规审计和专项审计相结合的方式，对内部控制制度执行情况进行动态审计和检查，并对内审报告做出的结论和处理意见的执行及整改情况进行后期追踪检查，督促整改落实。

报告年度，公司内部控制得到有效执行，围绕内部控制关键环节及风险点，强化内控审计监督，开展信托项目审计19个，离任（职）审计10人次，促进内控体系的完善和风险防控措施的落实。未发生因违反内部控制对公司财务状况、经营成果产生重大影响的事项。

4.5 风险管理

4.5.1 风险管理概况

公司持续健全完善全面风险管理运作体系，围绕实现一体化运作、专业化分工、多层次协调、多角度防范的风险管理职能，搭建了以董事会、监事会、高级管理层、风控合规、法务、审计、各业务部门为主体的多层级风险治理架构。加强党的全面领导，严格执行"三重一大"和党委前置研究等制度，将风险管理嵌入公司前、中、后台各部门、各岗位，以及项目前期论证、中期审查及中后期管理全周期。

报告年度，公司依据《风险管理办法》继续推进全面风险管理体系建设，制定了《风险管理三年行动计划暨风险管理策略》及具体落实方案，强化风险管控，确保风险管理措施有效落实。建立完善《项目审议管理办法》《融资类房地产信托业务风控指引》《政信合作信托业务展业指引》《特殊资产类信托业务资产处置指引》《客户洗钱和恐怖融资风险等级分类操作指引》《外聘服务机构管理办法》《固有业务管理办法》《证券业务股票库管理办法》《突发事件应急预案》等一系列制度，确保相关制度落实监管政策要求、符合公司风控理念，满足业务发展需要。加强舆情监测，定期对存续期项目进行全面风险排查，将项目舆情风险纳入项目前期风险审查环节，确保声誉风险管理覆盖项目全生命周期。

4.5.2 风险状况

4.5.2.1 信用风险状况与管理

公司信托业务的信用风险主要来自于融资类信托业务和主动管理投资类信托中投资的信用债券。报告年度，公司融资类信托存续项目运行良好，到期信托项目均按期清算兑付；投资类项目中的信用债符合公司风险偏好和限额指标，信用风险可控。

公司固有业务信用风险主要来自固定收益类资产。报告年度，公司投资的具有融资属性的金融产品运行良好。

4.5.2.2 市场风险状况与管理

市场风险主要表现为因市场价格——利率、汇率、股票价格和商品价格等的不利变动而使公司的表内和表外业务发生损失的风险。公司信托业务的市场风险主要来自证券投资类业务、不动产信托业务、工商企业信托业务等。

报告年度，公司高度关注货币政策、商品市场价格波动、房地产政策调整以及相关经济运行情况；定期排查存续项目交易对手财务状况，加强流动性风险管理；严格控制证券投资类业务风险，较好地控制了市场风险。

4.5.2.3 操作风险状况与管理

公司操作风险主要来自于内部控制、系统及运营过程中的错误或疏忽或外部事件而可能引起的潜在损失。报告年度，公司积极完善内控制度、优化流程；加强信息科技建设，科技赋能运营管理；加强员工培训、提升职业操守，强化受托人职责，未发生因操作风险所造成的损失。

4.5.2.4 声誉风险状况与管理

公司高度重视声誉风险管理，建立了涵盖声誉风险监测、识别、预警、控制和化解的全方位管理机制。运用专业舆情检测系统，实时开展声誉风险监测。报告年度，声誉风险良好。

4.5.2.5 其他风险状况

其他风险主要是指公司业务开展中的合规风险、政策风险、员工道德风险等。报告年度，公司未发生因上述风险所造成的损失。

5.报告期末及上一年度末的比较式会计报表

5.1 自营资产

5.1.1 会计师事务所审计意见全文

审计报告

天职业字〔2022〕6642号

北京国际信托有限公司全体股东：

一、审计意见

我们审计了后附的北京国际信托有限公司（以下简称北京信托）财务报表，包括2021年12月31日的合并及母公司资产负债表、合并及母公司资产减值准备情况表，2021年度的合并及母公司利润表、合并及母公司现金流量表、合并及母公司所有者权益变动表，以及财务报表附注。

我们认为，后附的财务报表在所有重大方面按照企业会计准则的规定编制，公允反映了北京信托2021年12月31日的合并及母公司财务状况以及2021年度的合并及母公司经营成果和现金流量。

二、形成审计意见的基础

我们按照中国注册会计师审计准则的规定执行了审计工作。审计报告的"注册会计师对财务报表审计的责任"部分进一步阐述了我们在这些准则下的责任。按照中国注册会计师职业道德守则，我们独立于北京信托，并履行了职业道德方面的其他责任。我们相信，我们获取的审计证据是充分、适当的，为发表审计意见提供了基础。

三、管理层和治理层对财务报表的责任

管理层负责按照企业会计准则的规定编制财务报表，使其实现公允反映，并设计、执行和维护必要的内部控制，以使财务报表不存在由于舞弊或错误导致的重大错报。

在编制财务报表时，管理层负责评估北京信托的持续经营能力，披露与持续经营相关的事项（如适用），并运用持续经营假设，除非计划进行清算、终止运营或别无其他现实的选择。

治理层负责监督北京信托的财务报告过程。

四、注册会计师对财务报表审计的责任

我们的目标是对财务报表整体是否不存在由于舞弊或错误导致的重大错报获取合理保证，并出具包含审计意见的审计报告。合理保证是高水平的保证，但并不能保证按照审计准则执行的审计在某一重大错报存在时总能发现。错报可能由于舞弊或错误导致，如果合理预期错报单独或汇总起来可能影响财务报表使用者依据财务报表作出的经济决策，则通常认为错报是重大的。

在按照审计准则执行审计工作的过程中，我们运用职业判断，并保持职业怀疑。同时，我们也执行以下工作：

（1）识别和评估由于舞弊或错误导致的财务报表重大错报风险，设计和实施审计程序以应对这些风险，并获取充分、适当的审计证据，作为发表审计意见的基础。由于舞弊可能涉及串通、伪造、故意遗漏、虚假陈述或凌驾于内部控制之上，未能发现由于舞弊导致的重大错报的风险高于未能发现由于错误导致的重大错报的风险。

（2）了解与审计相关的内部控制，以设计恰当的审计程序，但目的并非对内部控制的有效性发表意见。

（3）评价管理层选用会计政策的恰当性和作出会计估计及相关披露的合理性。

（4）对管理层使用持续经营假设的恰当性得出结论。同时，根据获取的审计证据，就可能导致对北京信托持续经营能力产生重大疑虑的事项或情况是否存在重大不确定性得出结论。如果我们得出结论认为存在重大不确定性，审计准则要求我们在审计报告中提请报表使用者注意财务报表中的相关披露；如果披露不充分，我们应当发表非无保留意见。我们的结论基于截至审计报告日可获得的信息。然而，未来的事项或情况可能导致北京信托不能持续经营。

（5）评价财务报表的总体列报、结构和内容，并评价财务报表是否公允反映相关交易和事项。

（6）就北京信托中实体或业务活动的财务信息获取充分、适当的审计证据，以对财务报表发表审计意见。我们负责指导、监督和执行集团审计，并对审计意见承担全部责任。

我们与治理层就计划的审计范围、时间安排和重大审计发现等事项进行沟通，包括沟通我们在审计中识别出的值得关注的内部控制缺陷。

天职国际会计师事务所（特殊普通合伙）

中国注册会计师：迟文洲

中国注册会计师：刘赛男

中国·北京　　　　　　　　2022年4月8日

5.1.2 资产负债表

资产负债表

编制单位：北京国际信托有限公司　　　　　　　　2021年12月31日　　　　　　　　单位：万元

项目	行次	合并		母公司	
		期末数	期初数	期末数	期初数
资产：	1	—	—	—	—
现金及银行存款	2	23 052.06	14 272.55	4 541.75	2 138.90
结算备付金	3	6.74	—	—	—
存放同业款项	4	136 756.11	57 299.88	136 756.11	57 299.88
预付款项	5	2 854.89	1 289.97	2 543.15	1 066.82
以公允价值计量且其变动计入当期损益的金融资产	6	—	—	—	—
交易性金融资产	7	1 024 931.31	744 520.35	997 508.41	717 317.25
△买入返售金融资产	8	—	4 180.74	—	4 180.74
应收账款	9	17 640.07	27 953.82	14 185.62	23 088.42
其他应收款	10	22 171.49	24 928.67	9 461.38	11 775.47
发放贷款和垫款	11	511 095.06	610 127.11	511 095.06	610 127.11
债权投资	12	1 285.21	—	1 285.21	—
其他权益工具投资	13	3 680.73	7 364.71	—	—
可供出售金融资产	14	—	—	—	—
持有至到期投资	15	—	—	—	—
长期股权投资	16	9 683.66	9 729.29	39 798.00	39 798.00
固定资产	17	1 687.08	1 812.40	1 338.63	1 406.11
使用权资产	18	11 848.67	13 368.35	7 644.24	8 192.17
无形资产	19	471.93	619.42	267.11	227.23
开发支出	20	126.19	—	126.19	—
长期待摊费用	21	656.67	912.99	9.96	129.53
递延所得税资产	22	23 231.25	23 752.83	21 481.95	22 108.14
其他资产	23				
	24				
	25				
	26				
	27				
	28				
	29				
	30				
资产总计	31	1 791 179.11	1 542 133.07	1 748 042.78	1 498 855.77

企业负责人：周瑞明　　　　　　主管会计工作负责人：吴京林　　　　　　会计机构负责人：陆雅清

资产负债表（续）

编制单位：北京国际信托有限公司
2021年12月31日
单位：万元

项目	行次	合并 期末数	合并 期初数	母公司 期末数	母公司 期初数
负债：	32	—	—	—	—
向中央银行借款	33	—	—	—	—
同业及其他金融机构存放款项	34	—	—	—	—
拆入资金	35	198 033.61	130 000.00	198 033.61	130 000.00
交易性金融负债	36	609.17	—	—	—
应付账款	37	1 278.28	651.55	—	—
合同负债	38	55.26	136.40	—	—
应付职工薪酬	39	98 221.97	92 263.30	95 859.24	89 608.82
应交税费	40	35 936.68	36 913.45	30 645.43	30 375.43
其他应付款	41	310 115.08	211 142.73	308 363.68	210 527.27
一年内到期的非流动负债	42	—	—	—	—
长期应付款	43	—	—	—	—
租赁负债	44	8 507.37	8 578.05	3 858.61	3 525.50
递延所得税负债	45	13 510.04	12 887.82	12 178.53	11 337.67
其他负债	46	—	—	—	—
负债合计	47	666 267.46	492 573.30	648 939.10	475 374.68
所有者权益：	48	—	—	—	—
实收资本	49	220 000.00	220 000.00	220 000.00	220 000.00
国家资本	50	—	—	—	—
集体资本	51	—	—	—	—
法人资本	52	186 328.65	186 328.65	186 328.65	186 328.65
其中：国有法人资本	53	161 336.04	161 336.04	161 336.04	161 336.04
集体法人资本	54	—	—	—	—
个人资本	55	—	—	—	—
外商资本	56	33 671.35	33 671.35	33 671.35	33 671.35
资本公积	57	166 456.77	166 456.77	166 400.00	166 400.00
减：库存股	58	—	—	—	—
其他综合收益	59	2 685.55	3 648.53	—	—
其中：外币报表折算差额	60	—	—	—	—
盈余公积	61	114 731.82	103 649.56	114 731.82	103 649.56
一般风险准备	62	21 514.72	21 514.72	21 514.72	21 514.72
信托赔偿准备	63	100 000.00	100 000.00	100 000.00	100 000.00
未分配利润	64	486 258.82	420 640.18	476 457.14	411 916.81

续表

项目	行次	合并		母公司	
		期末数	期初数	期末数	期初数
外币报表折算差额	65	—	—	—	—
归属于母公司所有者权益合计	66	1 111 647.68	1 035 909.77	1 099 103.68	1 023 481.09
少数股东权益	67	13 263.97	13 650.01	—	—
所有者权益合计	68	1 124 911.65	1 049 559.78	1 099 103.68	1 023 481.09
负债和所有者权益总计	69	1 791 179.11	1 542 133.07	1 748 042.78	1 498 855.77

企业负责人：周瑞明　　　　　主管会计工作负责人：吴京林　　　　　会计机构负责人：陆雅清

5.1.3 利润表

利润表

2021年度

编制单位：北京国际信托有限公司　　　　　　　　　　　　　　　　　　　　　　　　　　单位：万元

项目	行次	合并		母公司	
		2021年度	2020年度	2021年度	2020年度
一、营业收入	1	199 922.30	182 964.46	182 852.06	165 362.01
利息净收入	2	36 233.13	27 359.14	36 263.32	27 293.13
利息收入	3	56 597.65	39 234.05	56 445.62	39 168.04
利息支出	4	20 364.52	11 874.91	20 182.30	11 874.91
手续费及佣金净收入	5	121 260.22	122 976.58	112 282.09	109 297.24
手续费及佣金收入	6	121 631.00	123 396.02	112 652.76	109 716.68
手续费及佣金支出	7	370.78	419.44	370.66	419.44
投资收益/(损失)	8	33 898.02	28 376.42	30 095.56	27 050.14
其中：对联营企业和合营企业的投资收益/(损失)	9	536.37	960.17	—	—
公允价值变动收益/(损失)	10	4 822.92	2 879.26	4 120.44	1 734.15
汇兑收益/(损失)	11	-5.55	-12.66	-5.55	-12.66
其他业务收入	12	769.21	342.15	—	—
其他收益	13	2 944.34	1 026.37	96.19	—
资产处置收益(损失以"-"号填列)	14	—	17.18	—	—
二、营业支出	15	51 380.29	50 396.31	36 773.06	36 806.10
税金及附加	16	1 268.83	1 172.06	1 219.62	1 105.50
业务及管理费	17	57 922.28	50 781.00	44 708.31	37 968.68
信用减值损失	18	-7 823.12	711.83	-9 154.87	—
资产减值损失	19	12.30	-2 268.58	—	-2 268.08
其他业务成本	20	—	—	—	—
三、营业利润	21	148 542.01	132 568.14	146 079.00	128 555.90
加：营业外收入	22	49.31	1 565.39	39.98	965.38
减：营业外支出	23	193.89	178.85	6.78	145.41

续表

项目	行次	合并		母公司	
		2021年度	2020年度	2021年度	2020年度
四、利润总额	24	148 397.42	133 954.68	146 112.20	129 375.87
减：所得税费用	25	36 357.56	31 763.86	35 289.61	30 025.16
五、净利润	26	112 039.86	102 190.82	110 822.58	99 350.71
其中：被合并方在合并前实现的净利润	27	—	—	—	—
（一）按经营持续性分类	28	—	—	—	—
1.持续经营净利润（净亏损以"-"号填列）	29	112 039.86	102 190.82	110 822.58	99 350.71
2.终止经营净利润（净亏损以"-"号填列）	30	—	—	—	—
（二）按所有权归属分类	31	—	—	—	—
1.归属于母公司股东的净利润（净亏损以"-"号填列）	32	111 900.90	100 473.59	110 822.58	99 350.71
2.少数股东损益（净亏损以"-"号填列）	33	138.96	1 717.23	—	—
六、其他综合收益的税后净额	34	-962.98	364.30	—	441.62
归属母公司股东（或所有者）的其他综合收益的税后净额	35	-962.98	364.30	—	441.62
（一）以后不能重分类进损益的其他综合收益	36	-962.98	—	—	—
1. 重新计量设定受益计划变动额	37	—	—	—	—
2. 权益法下不能转损益的其他综合收益	38	—	—	—	—
3. 其他权益工具投资公允价值变动	39	-962.98	—	—	—
4. 企业自身信用风险公允价值变动	40	—	—	—	—
（二）以后将重分类进损益的其他综合收益	41	—	364.30	—	441.62
1. 权益法下可转损益的其他综合收益	42	—	—	—	—
2. 其他债权投资公允价值变动	43	—	—	—	—
3. 金融资产重分类计入其他综合收益的金额	44	—	—	—	—
4. 其他债权投资信用损失准备	45	—	—	—	—
5. 现金流量套期储备	46	—	—	—	—
6. 外币财务报表折算差额	47	—	—	—	—
7.可供出售金融资产公允价值变动损益	48	—	364.30	—	441.62
8.持有至到期投资重分类为可供出售金融资产损益	49	—	—	—	—
9.其他	50	—	—	—	—
归属于少数股东的其他综合收益的税后净额	51	—	—	—	—
七、综合收益总额	52	111 076.88	102 555.12	110 822.58	99 792.34
归属于母公司所有者的综合收益总额	53	110 937.91	100 837.89	110 822.58	99 792.34
*归属于少数股东的综合收益总额	54	138.96	1 717.23	—	—

企业负责人：周瑞明　　　　　　　　主管会计工作负责人：吴京林　　　　　　　　会计机构负责人：陆雅清

5.1.4 所有者权益变动表

合并所有者权益变动表

2021年度

编制单位：北京国际信托有限公司　　　　　　　　　　　　　　　　　　　　　　　　　　　　　　　　　　单位：万元

项目	行次	归属于母公司所有者权益										少数股东权益	所有者权益合计
		实收资本（或股本）	其他权益工具	资本公积	减：库存股	其他综合收益	专项储备	盈余公积	△一般风险准备	△信托赔偿准备	未分配利润	小计		
栏次	—	1	2	3	4	5	6	7	8	9	10	11	12	13
一、上年年末余额	1	220 000.00	—	166 456.77	—	1 317.35	—	100 248.26	21 514.72	100 000.00	390 541.19	1 000 078.29	13 650.01	1 013 728.30
加：会计政策变更	2	—	—	—	—	2 331.18	—	3 401.30			30 099.00	35 831.48	—	35 831.48
前期差错更正	3	—	—	—	—	—	—	—	—	—	—	—	—	—
其他	4	—	—	—	—	—	—	—	—	—	—	—	—	—
二、本年年初余额	5	220 000.00	—	166 456.77	—	3 648.53	—	103 649.56	21 514.72	100 000.00	420 640.18	1 035 909.77	13 650.01	1 049 559.78
三、本年增减变动金额（减少以"—"号填列）	6	—	—	—	—	-962.98	—	11 082.26	—	—	65 618.64	75 737.91	-386.04	75 351.88
（一）综合收益总额	7	—	—	—	—	-962.98	—	—	—	—	111 900.90	110 937.91	138.96	111 076.88
（二）所有者投入和减少资本	8	—	—	—	—	—	—	—	—	—	—	—	—	—
1.所有者投入的普通股	9	—	—	—	—	—	—	—	—	—	—	—	—	—
2.其他权益工具持有者投入资本	10	—	—	—	—	—	—	—	—	—	—	—	—	—
3.股份支付计入所有者权益的金额	11	—	—	—	—	—	—	—	—	—	—	—	—	—
4.其他	12	—	—	—	—	—	—	—	—	—	—	—	—	—
（三）专项储备提取和使用	13	—	—	—	—	—	—	—	—	—	—	—	—	—
1.计提专项储备	14	—	—	—	—	—	—	—	—	—	—	—	—	—
2.使用专项储备	15	—	—	—	—	—	—	—	—	—	—	—	—	—
（四）利润分配	16	—	—	—	—	—	—	11 082.26	—	—	-46 282.26	-35 200.00	-525.00	-35 725.00
1.提取盈余公积	17	—	—	—	—	—	—	11 082.26	—	—	-11 082.26	—	—	—
其中：法定公积金	18	—	—	—	—	—	—	11 082.26	—	—	-11 082.26	—	—	—
任意公积金	19	—	—	—	—	—	—	—	—	—	—	—	—	—
#储备基金	20	—	—	—	—	—	—	—	—	—	—	—	—	—
#企业发展基金	21	—	—	—	—	—	—	—	—	—	—	—	—	—

续表

| 项目 | 行次 | 2021年度 归属于母公司所有者权益 ||||||||||| 少数股东权益 | 所有者权益合计 |
		实收资本(或股本)	其他权益工具	资本公积	减:库存股	其他综合收益	专项储备	盈余公积	△一般风险准备	△信托赔偿准备	未分配利润	小计		
#利润归还投资	22	—	—	—	—	—	—	—	—	—	—	—	—	—
2.提取一般风险准备	23	—	—	—	—	—	—	—	—	—	—	—	—	—
3.对所有者(或股东)的分配	24	—	—	—	—	—	—	—	—	—	-35 200.00	-35 200.00	-525.00	-35 725.00
4.其他	25	—	—	—	—	—	—	—	—	—	—	—	—	—
(五)所有者权益内部结转	26	—	—	—	—	—	—	—	—	—	—	—	—	—
1.资本公积转增资本(或股本)	27	—	—	—	—	—	—	—	—	—	—	—	—	—
2.盈余公积转增资本(或股本)	28	—	—	—	—	—	—	—	—	—	—	—	—	—
3.盈余公积弥补亏损	29	—	—	—	—	—	—	—	—	—	—	—	—	—
4.设定受益计划变动额转留存收益	30	—	—	—	—	—	—	—	—	—	—	—	—	—
5.其他	31	—	—	—	—	—	—	—	—	—	—	—	—	—
四、本年末余额	32	220 000.00	—	166 456.77	—	2 685.55	—	114 731.82	21 514.72	100 000.00	486 258.82	1 111 647.68	13 263.97	1 124 911.65

企业负责人:周瑞明　　主管会计工作责任人:吴京林　　会计机构负责人:陆雅清

母公司所有者权益变动表

2021年度

编制单位:北京国际信托有限公司　　　　　　　　　　　　　　　　　　　　　　　　　　单位:万元

| 项目 | 栏次 | 2021年 |||||||||| 所有者权益合计 |
| | | 实收资本(或股本) | 其他权益工具 | 资本公积 | 减:库存股 | 其他综合收益 | 专项储备 | 盈余公积 | △一般风险准备 | △信托赔偿准备 | 未分配利润 | |
		1	2	3	4	5	6	7	8	9	10	11
一、上年末余额	1	220 000.00	—	166 400.00	—	1 317.35	—	100 248.26	21 514.72	100 000.00	381 305.11	990 785.44
加:会计政策变更	2	—	—	—	—	-1 317.35	—	3 401.30	—	—	30 611.70	32 695.65
前期差错更正	3	—	—	—	—	—	—	—	—	—	—	—
其他	4	—	—	—	—	—	—	—	—	—	—	—
二、本年年初余额	5	220 000.00	—	166 400.00	—	—	—	103 649.56	21 514.72	100 000.00	411 916.81	1 023 481.09
三、本年增减变动金额(减少以"-"号填列)	6	—	—	—	—	—	—	11 082.26	—	—	64 540.33	75 622.58
(一)综合收益总额	7	—	—	—	—	—	—	—	—	—	110 822.58	110 822.58
(二)所有者投入和减少资本	8	—	—	—	—	—	—	—	—	—	—	—

续表

项目	行次	实收资本（或股本）	其他权益工具	资本公积	减：库存股	其他综合收益	专项储备	盈余公积	△一般风险准备	公信托赔偿准备	未分配利润	所有者权益合计
								2021年				
1.所有者投入的普通股	9	—	—	—	—	—	—	—	—	—	—	—
2.其他权益工具持有者投入资本	10	—	—	—	—	—	—	—	—	—	—	—
3.股份支付计入所有者权益的金额	11	—	—	—	—	—	—	—	—	—	—	—
4.其他	12	—	—	—	—	—	—	—	—	—	—	—
（三）专项储备提取和使用	13	—	—	—	—	—	—	—	—	—	—	—
1.计提专项储备	14	—	—	—	—	—	—	—	—	—	—	—
2.使用专项储备	15	—	—	—	—	—	—	—	—	—	—	—
（四）利润分配	16	—	—	—	—	—	—	11 082.26	—	—	-46 282.26	-35 200.00
1.提取盈余公积	17	—	—	—	—	—	—	11 082.26	—	—	-11 082.26	—
其中：法定公积金	18	—	—	—	—	—	—	11 082.26	—	—	-11 082.26	—
任意公积金	19	—	—	—	—	—	—	—	—	—	—	—
#储备基金	20	—	—	—	—	—	—	—	—	—	—	—
#企业发展基金	21	—	—	—	—	—	—	—	—	—	—	—
#利润归还投资	22	—	—	—	—	—	—	—	—	—	—	—
2.提取一般风险准备	23	—	—	—	—	—	—	—	—	—	—	—
3.对所有者（或股东）的分配	24	—	—	—	—	—	—	—	—	—	-35 200.00	-35 200.00
4.其他	25	—	—	—	—	—	—	—	—	—	—	—
（五）所有者权益内部结转	26	—	—	—	—	—	—	—	—	—	—	—
1.资本公积转增资本（或股本）	27	—	—	—	—	—	—	—	—	—	—	—
2.盈余公积转增资本（或股本）	28	—	—	—	—	—	—	—	—	—	—	—
3.盈余公积弥补亏损	29	—	—	—	—	—	—	—	—	—	—	—
4.设定受益计划变动额结转留存收益	30	—	—	—	—	—	—	—	—	—	—	—
5.其他	31	—	—	—	—	—	—	—	—	—	—	—
四、本年年末余额	32	220 000.00	—	166 400.00	—	—	—	114 731.82	21 514.72	100 000.00	476 457.14	1 099 103.68

企业负责人：周瑞明　　主管会计工作负责人：吴京林　　会计机构负责人：陆雅清

5.2 信托资产

5.2.1 信托项目资产负债汇总表

信托项目资产负债汇总表

编制单位：北京国际信托有限公司　　2021年12月31日　　单位：万元

信托资产	期初数	期末数	信托负债和信托权益	期初数	期末数
信托资产：	—	—	信托负债：	—	—
货币资金	103 958.82	118 561.24	交易性金融负债	—	—
拆出资金	300 000.00	—	衍生金融负债	—	—
存出保证金	35 802.02	50 909.64	应付受托人报酬	3 332.90	8 247.85
交易性金融资产	2 038 057.48	2 410 359.39	应付托管费	345.39	536.02
衍生金融资产	—	—	应付受益人收益	2 812.59	581.57
买入返售金融资产	946 994.63	1 385 088.80	应交税费	3 122.70	5 947.81
应收款项	147 460.30	165 648.97	应付销售服务费	146.06	1 435.15
发放贷款	5 533 905.65	5 554 741.80	其他应付款项	47 983.49	1 554 193.46
可供出售金融资产	508 260.36	169 154.26	预计负债	—	—
持有至到期投资	3 993 046.09	6 325 527.56	其他负债	—	—
长期应收款	—	—	信托负债合计	57 743.14	1 570 941.86
长期股权投资	5 521 916.92	5 056 258.36			
投资性房地产	—	—	信托权益：		
固定资产	—	—	实收信托	19 090 008.97	19 662 990.44
无形资产	1 588.93	—	资本公积	59 717.40	93 856.14
长期待摊费用	—	—	损益平准金	—	—
其他资产	178 580.00	194 580.00	未分配利润	102 101.70	103 041.58
减：各项资产减值准备	—	—	信托权益合计	19 251 828.06	19 859 888.16
信托资产总计	19 309 571.20	21 430 830.02	信托负债及信托权益总计	19 309 571.20	21 430 830.02

会计机构负责人：孟广杰　　　复核：崔沛雨　　　制表：马政毅

5.2.2 信托项目利润及利润分配汇总表

信托项目利润及利润分配汇总表

编制单位：北京国际信托有限公司　　2021年度　　单位：万元

项目	本年数	上年数
1.营业收入	1 061 697.99	1 111 105.08
1.1 利息收入	703 016.06	628 862.03
1.2 投资收益（损失以"-"号填列）	417 531.28	504 205.65
1.2.1 其中：对联营企业和合营企业的投资收益	—	—
1.3 公允价值变动收益（损失以"-"号填列）	-100 101.16	-51 964.56
1.4 租赁收入	—	—
1.5 汇兑损益（损失以"-"号填列）	-418.82	-473.73
1.6 其他收入	41 670.63	30 475.70
2.支出	178 063.86	209 727.54
2.1 税金及附加	3 101.27	3 487.28
2.2 受托人报酬	116 248.93	115 247.86
2.3 托管费	5 935.77	11 561.89
2.4 投资管理费	19 878.64	13 718.08
2.5 销售服务费	4 993.24	6 899.37
2.6 交易费用	1 808.61	1 706.07
2.7 资产减值损失	-450.42	7 919.36
2.8 其他费用	26 547.82	49 187.63
3.信托净利润（净亏损以"-"号填列）	883 634.13	901 377.55
4.其他综合收益	—	—
5.综合收益	883 634.13	901 377.55
6.加：期初未分配信托利润	102 101.70	321 390.80
7.可供分配的信托利润	985 735.83	1 222 768.35
8.减：本期已分配信托利润	882 694.25	1 120 666.65
9.期末未分配信托利润	103 041.58	102 101.70

会计机构负责人：孟广杰　　　复核：崔沛雨　　　制表：马政毅

6. 会计报表附注

6.1 会计报表编制基准不符合会计核算基本前提的说明

6.1.1 会计报表不符合会计核算基本前提的事项

公司会计报表编制基准不存在不符合会计核算基本前提的情况。

6.1.2 财务报表数据口径说明

公司于2011年5月投资设立北京国投汇成创业投资管理有限公司,持有其100%股权,自2012年起公司按照《企业会计准则》编制合并报表。公司于2014年4月发起投资设立北信瑞丰基金管理有限公司,持有其60%的股权,自2014年起公司按照《企业会计准则》编制合并报表。

根据会计准则规定,本年财务报表同时存在"合并报表"和"公司报表"两个概念。除特殊说明外,本报告中的相关分析均为合并报表数据口径。

除特别说明外,本报告所有信托业务数值保留至小数点后两位数,若出现总数与各分项数值之和尾数不符的情况,均为四舍五入原因造成。

6.2 重要会计政策和会计估计说明

6.2.1 计提资产减值准备的范围和方法

根据财政部《金融企业准备金计提管理办法》(财金〔2012〕20号)规定,公司计提一般准备和资产减值准备。公司采用标准法确认潜在风险估计值,按潜在风险估计值与资产减值准备的差额,对风险资产计提一般准备。其中:信贷资产根据金融监管部门的有关规定进行风险分类,标准风险系数暂定为:正常类1.5%,关注类3%,次级类30%,可疑类60%,损失类100%;对于其他风险资产参照信贷资产进行风险分类,采用的标准风险系数同上述信贷资产标准风险系数。

公司每年年终对承担风险和损失的资产计提一般风险准备,具体包括发放贷款和垫款、债权投资、长期股权投资、存放同业、拆出资金、抵债资产、应收款项等,一般准备余额原则上不得低于风险资产期末余额的1.5%。

6.2.2 金融工具

6.2.2.1 金融资产的分类和计量

公司金融资产于初始确认时根据公司管理金融资产的业务模式和金融资产的合同现金流量特征分类为:以摊余成本计量的金融资产、以公允价值计量且其变动计入其他综合收益的金融资产以及以公允价值计量且其变动计入当期损益的金融资产。金融资产的后续计量取决于其分类。

6.2.2.2 金融资产减值

公司对于以摊余成本计量的金融资产、以公允价值计量且其变动计入其他综合收益的债务工具投资和财务担保合同等,以预期信用损失为基础确认损失准备。信用损失,是指公司按照原实际利率折现的、根据合同应收的所有合同现金流量与预期收取的所有现金流量之间的差额,即全部现金短缺的现值。

公司考虑所有合理且有依据的信息,包括前瞻性信息,以单项或组合的方式对以摊余成本计量的金融资产和以公允价值计量且其变动计入其他综合收益的金融资产(债务工具)的预期信用损失进行估计。

(1)预期信用损失一般模型。

如果该金融工具的信用风险自初始确认后已显著增加,公司按照相当于该金融工具整个存续期内预期信用损失的金额计量其损失准备;如果该金融工具的信用风险自初始确认后并未显著增加,公司按照相当于该金融工具未来12个月内预期信用损失的金额计量其损失准备。由此形成的损失准备的增加或转回金额,作为减值损失或利得计入当期损益。

通常逾期超过30日,本公司即认为该金融工具的信用风险已显著增加,除非有确凿证据证明该金融工具的信用风险自初始确认后并未显著增加。

具体来说,本公司将购买或源生时未发生信用减值的金融工具发生信用减值的过程分为三个阶段,对于不同阶段的金融工具的减值有不同的会计处理方法。

第一阶段:信用风险自初始确认后未显著增加。对于处于该阶段的金融工具,企业应当按照未来12个月的预期信用损失计量损失准备,并按其账面余额(即未扣除减值准备)和实际利率计算利息收入(若该工具为金融资产,下同)。

第二阶段:信用风险自初始确认后已显著增加但尚未发生信用减值。对于处于该阶段的金融工具,企业应当按照该工具整个存续期的预期信用损失计量损失准备,并按其账面余额和实际利率计算利息收入。

第三阶段:初始确认后发生信用减值。对于处于该阶段的金融工具,企业应当按照该工具整个存续期的预期信用损失计量损失准备,但对利息收入的计算不同于处于前两阶段的金融资产。对于已发生信用减值的金融资产，企业应当按其摊余成本（账面余额减已计提减值准备，也即账面价值）和实际利率计算利息收入。

对于购买或源生时已发生信用减值的金融资产，企业应当仅将初始确认后整个存续期内预期信用损失的变动确认为损失准备，并按其摊余成本和经信用调整的实际利率计算利息收入。

（2）公司对在资产负债表日具有较低信用风险的金融工具，选择不与其初始确认时的信用风险进行比较，而直接做出该工具的信用风险自初始确认后未显著增加的假定。

如果企业确定金融工具的违约风险较低，借款人在短期内履行其支付合同现金流量义务的能力很强，并且即使较长时期内经济形势和经营环境存在不利变化，也不一定会降低借款人履行其支付合同现金流量义务的能力，那么该金融工具可被视为具有较低的信用风险。

（3）应收款项及租赁应收款。

公司对于《企业会计准则第14号——收入》所规定的、不含重大融资成分（包括根据该准则不考虑不超过一年的合同中融资成分的情况）的应收款项，采用预期信用损失的简化模型，始终按照整个存续期内预期信用损失的金额计量其损失准备。

公司对包含重大融资成分的应收款项和《企业会计准则第21号——租赁》规范的租赁应收款，本公司做出会计政策选择，选择采用预期信用损失的简化模型，即按照相当于整个存续期内预期信用损失的金额计量损失准备。

6.2.3 长期股权投资核算方法

6.2.3.1 投资成本的确定

（1）同一控制下的企业合并形成的，合并方以支付现金、转让非现金资产、承担债务或发行权益性证券作为合并对价的，在合并日按照取得被合并方所有者权益在最终控制方合并财务报表中的账面价值的份额作为其初始投资成本。

（2）非同一控制下的企业合并形成的，在购买日按照支付的合并对价的公允价值作为其初始投资成本。

（3）除企业合并形成以外的：以支付现金取得的，按照实际支付的购买价款作为其初始投资成本；以发行权益性证券取得的，按照发行权益性证券的公允价值作为其初始投资成本；投资者投入的，按照投资合同或协议约定的价值作为其初始投资成本（合同或协议约定价值不公允的除外）。

6.2.3.2 后续计量及损益确认方法

对被投资单位能够实施控制的长期股权投资采用成本法核算，在编制合并财务报表时按照权益法进行调整；对具有共同控制或重大影响的长期股权投资，采用权益法核算。

6.2.3.3 确定对被投资单位具有控制、重大影响的依据

按照合同约定，与被投资单位相关的重要财务和经营决策需要分享控制权的投资方一致同意的，认定为共同控制；对被投资单位的财务和经营政策有参与决策的权力，但并不能够控制或者与其他方一起共同控制这些政策的制定的，认定为重大影响。

6.2.3.4 减值测试方法及减值准备计提方法

对子公司、联营企业及合营企业的投资，在资产负债表日有客观证据表明其发生减值的，按照账面价值与可收回金额的差额计提相应的减值准备。

6.2.4 固定资产计价和折旧方法

6.2.4.1 固定资产确认条件、计价和折旧方法

公司的固定资产是指为提供劳务、出租或经营管理而持有，并且使用年限超过一年的有形资产。固定资产在同时满足下列条件时予以确认：（1）与该固定资产有关的经济利益很可能流入企业；（2）该固定资产的成本能够可靠地计量。

6.2.4.2 各类固定资产的折旧方法

本公司采用年限平均法计提折旧，固定资产自达到预定可使用状态时开始计提折旧，终止确认时或划分为持有待售非流动资产，停止计提折旧。在不考虑减值准备的情况下，公司根据固定资产类别、预计使用寿命和预计净残值率分别确定折旧率如下表所示。

固定资产类别	预计净残值率（%）	预计使用寿命（年）	年折旧率（%）
房屋及建筑物	3	30—45	2.16—3.23
机器设备	3	10	9.7
运输设备	3	6	16.17
电子设备及其他	3	3—6	16.17—32.33

6.2.5 使用权资产

在租赁期开始日，本公司对租赁确认使用权资产和租赁负债，应用准则进行简化处理的短期租赁和低价值资产租赁除外。

公司参照《企业会计准则第4号——固定资产》有关折旧规定，对使用权资产计提折旧。

公司按照《企业会计准则第8号——资产减值》的

规定，确定使用权资产是否发生减值，并对已识别的减值损失进行会计处理。

6.2.6 预计负债

当与或有事项相关的义务同时符合以下条件，本公司将其确认为预计负债：（1）该义务是企业承担的现时义务；（2）该义务的履行很可能导致经济利益流出企业；（3）该义务的金额能够可靠地计量。

预计负债按照履行相关现时义务所需支出的最佳估计数进行初始计量。

企业应当在资产负债表日对预计负债的账面价值进行复核，如有确凿证据表明预计负债账面价值不能真实反映当前最佳估计数，应当按照当前最佳估计数对该账面价值进行调整。

6.2.7 收入确认原则和方法

收入是公司在开展日常业务活动过程中所取得的各项收入，主要包括：利息收入、手续费及佣金收入、投资收益及其他业务收入等。

在相关的经济利益能够流入及收入的金额能够可靠地计量时，公司确认收入。

6.2.7.1 利息收入

利息收入是指公司发放自营贷款，按期计提利息所确认的收入。

利息收入按照实际利率法确认，实际利率与合同利率差异较小的，也可按合同利率计算。

根据财政部有关规定，本公司发放的贷款，按期计提利息并确认收入。发放贷款到期（含展期，下同）90天后尚未收回的，其应计利息停止计入当期利息收入，纳入表外核算，原在表内反映的应计利息同时冲销当期损益，转入表外核算；同时该笔贷款转作非应计贷款，以后每期计息均在表外核算，不确认当期收益。

金融企业往来存款利息收入在收到存款银行结息通知单时确认存款利息收入。

6.2.7.2 手续费及佣金收入

手续费及佣金收入主要包括：托管及其他受托业务佣金、顾问和咨询费收入。托管及其他受托业务佣金是根据信托合同规定的计提方法、计提标准确认应由信托项目承担的受托人报酬；顾问和咨询费收入，于所提供金融咨询服务的结果能够可靠估计的情况下，按合同或协议约定确认收入。

6.2.7.3 投资收益

公司的投资收益划分为持有金融工具产生的投资收益和持有长期股权投资产生的投资收益。

对于持有金融工具产生的投资收益，公司根据持有金融工具的不同，按对应金融工具的确认和计量标准确认投资收益。

对于长期股权投资，在采用成本法核算时，当被投资单位宣告发放现金股利或分派利润时，公司确认投资收益；在采用权益法核算时，根据被投资单位实现的净利润或经调整后的净利润计算应享有的份额，确认投资收益；出售或处置长期股权投资时，按所获得的收入与投资账面价值之间的差额确认投资收益。

6.2.7.4 汇兑收益

在交易已经完成，实际收到款项时确认汇兑收益。

6.2.8 支出确认原则

支出主要包括：利息支出、手续费佣金支出及其他业务支出等。

利息支出采用实际利率法确认在利润表。实际利率与合同利率差异较小的，也可按合同利息计算。

手续费及佣金支出及其他业务支出按权责发生制原则确认和计量。

6.2.9 租赁

公司为承租人时，在租赁期开始日，除选择采用简化处理的短期租赁和低价值资产租赁外，对租赁确认使用权资产和租赁负债。

在租赁期开始日后，公司采用成本模式对使用权资产进行后续计量。参照《企业会计准则第4号——固定资产》有关折旧规定，对使用权资产计提折旧。承租人能够合理确定租赁期届满时取得租赁资产所有权的，应当在租赁资产剩余使用寿命内计提折旧。无法合理确定租赁期届满时能够取得租赁资产所有权的，应当在租赁期与租赁资产剩余使用寿命两者孰短的期间内计提折旧。公司按照《企业会计准则第8号——资产减值》的规定，确定使用权资产是否发生减值，并对已识别的减值损失进行会计处理。

公司按照固定的周期性利率计算租赁负债在租赁期内各期间的利息费用，并计入当期损益。按照《企业会计准则第17号——借款费用》等其他准则规定应当计入相关资产成本的，从其规定。

6.2.10 信托业务核算办法

根据《中华人民共和国信托法》等规定，信托财产与属于受托人所有的财产（固定财产）相区别，不得归入受托人的固有财产或者成为固有财产的一部分。

公司信托财产是指因设立信托而取得的财产，对于因信托财产的管理、运用、处分或者其他情形而取得的财产，也归入信托财产。

信托财产不属于本公司的固有资产，也不属于本公司对受益人的负债。公司终止时，信托财产不属于清算资产。

公司对信托财产与固有财产分别管理、分别记账，并将不同委托人的信托财产分别管理、分别记账。

公司的信托项目是指根据信托文件的约定，单独或者集合管理、运用、处分信托财产的基本单位，公司以每个信托项目作为独立的会计核算主体，独立核算信托财产的管理、运用和处分情况。各信托项目分别记账、独立核算并编制财务报表。

6.2.11 信托赔偿准备金的计提

根据中国人民银行颁布的《信托投资公司管理办法》有关规定，公司按税后利润的5%计提信托赔偿准备金，公司信托赔偿准备金累计额为公司注册资本20%以上时，不再提取。提取的信托赔偿准备金主要用于弥补因管理操作不善而对信托财产造成的损失。

虽然信托赔偿准备累计总额已超过本公司注册资本的20%，公司因提高公司抗风险能力的需要，效仿银保监会设计的信托业救助基金的基本理念和方案，把公司会计科目项下的信托赔偿准备加上公司对项目责任人预留的风险准备金等，设立公司信托项目缓解风险救助基金，截至本期末累计计提10亿元信托赔偿准备金。

6.3 或有事项说明

公司无对外担保及其他或有事项。

6.4 重要资产转让及其出售的说明

无重要资产转让及出售。

6.5 会计报表中重要项目的明细资料

6.5.1 披露自营资产经营情况

6.5.1.1 按信用风险五级分类结果披露信用风险资产的期初数、期末数（母公司监管报表口径）

信用风险资产五级分类	正常类（万元）	关注类（万元）	次级类（万元）	可疑类（万元）	损失类（万元）	信用风险资产合计（万元）	不良合计（万元）	不良率（%）
期初数	1 417 518	—	10 000	—	11 334	1 438 852	21 334	1.48
期末数	1 716 897	—	11 747	—	—	1 728 644	11 747	0.68

注：不良资产合计=次级类+可疑类+损失类。

6.5.1.2 各项资产减值损失准备的期初、本期计提、本期转回、本期核销、期末数

单位：万元

项目	期初数	本期计提	本期转回	本期核销	期末数
贷款损失准备	19 921	—	11 663	—	8 258
债权投资减值准备	—	21	—	—	21
长期股权投资减值准备	62	12	15	—	59
坏账准备	1 165	3 879	59	—	4 985
投资性房地产减值准备	—	—	—	—	—

6.5.1.3 按照投资品种分类，分别披露固有业务股票投资、基金投资、债券投资、股权投资等投资业务的期初数、期末数

单位：万元

项目	自营股票	基金	债券	长期股权投资	其他投资	合计
期初数	2	28 149	2 779	9 729	677 342	718 001
期末数	—	19 905	2 026	9 684	1 007 966	1 039 581

6.5.1.4 按投资入股金额排序，前三名的自营长期股权投资的企业名称、占被投资企业权益的比例、主要经营活动及投资收益情况等（从大到小顺序排列）

企业名称	占被投资企业权益的比例（%）	投资收益（万元）
1.深圳前海京信供销基金管理有限公司	35	641
2.中合供销（上海）股权投资基金管理有限公司	40	127
3.北京首农北信产业发展基金（有限合伙）	41	—

6.5.1.5 前三名的自营贷款的企业名称、占贷款总额的比例和还款情况等（从贷款金额大到小顺序排列）

企业名称	占贷款总额的比例（%）	还款情况
1.石家庄颐鹏旅游发展有限公司	9.7	正常
2.昆朋资产管理股份有限公司	9.7	正常
3.北京威虎网络技术开发有限责任公司	9.1	正常

6.5.1.6 公司当年的收入结构

收入结构	金额（万元）	占比（%）
手续费及佣金收入	121 631	55.11
其中：信托手续费收入	121 631	55.11
投资银行业务收入	—	—
利息收入	56 598	25.64
其他业务收入	3 708	1.68
其中：计入信托业务收入部分	—	—
投资收益	33 898	15.36
其中：股权投资收益	26 427	11.97
证券投资收益	3 291	1.49

续表

收入结构	金额（万元）	占比（%）
其他投资收益	4 180	1.89
公允价值变动收益	4 823	2.19
营业外收入	49	0.02
收入合计	220 707	100.00

注：1. 手续费及佣金收入、利息收入、其他业务收入、投资收益、营业外收入均应为损益表中的一级科目，其中手续费及佣金收入、利息收入、营业外收入为未抵减掉相应支出的全年累计实现收入数。
2. 报告年度实现信托业务收入的总额，其中以手续费及佣金确认的信托业务收入金额，以业绩报酬形式确认的信托业务收入金额和以其他形式确认的信托业务收入金额。

6.5.2 披露信托财产管理情况

6.5.2.1 信托资产的期初数、期末数

单位：万元

信托资产	期初数	期末数
集合	13 254 887.12	13 955 835.93
单一	4 850 501.00	4 060 138.53
财产权	1 204 183.07	3 414 855.56
合计	19 309 571.20	21 430 830.02

6.5.2.1.1 主动管理型信托业务的信托资产期初数、期末数

单位：万元

主动管理型信托资产	期初数	期末数
证券投资类	3 213 744.83	5 732 384.70
其他金融产品投资	535 223.74	612 505.30
股权投资类	3 531 568.37	3 614 960.17
其他投资	29 796.80	29 685.66
融资类	6 151 330.59	4 824 456.29
事务管理类	59 081.41	97 377.79
合计	13 520 745.74	14 911 369.91

注：上市公司股票受益权统计在"证券投资类"。

6.5.2.1.2 被动管理型信托业务的信托资产期初数、期末数

单位：万元

被动管理型信托资产	期初数	期末数
证券投资类	—	—
股权投资类	—	—
融资类	20 395.44	18 969.43
事务管理类	5 768 430.02	6 500 490.68
合计	5 788 825.46	6 519 460.11

6.5.2.2 本年度已清算结束的信托项目个数、实收信托合计金额、加权平均实际年化收益率

6.5.2.2.1 本年度已清算结束的集合类、单一类资金信托项目和财产管理类信托项目个数、实收信托金额、加权平均实际年化收益率

已清算结束信托项目	项目个数（个）	实收信托合计金额（万元）	加权平均实际年化收益率（%）
集合	41	5 550 502.64	6.40
单一	65	9 068 712.36	4.97
财产权	3	829 588.93	6.23

注：实收信托合计金额是信托本金累计给付额。

6.5.2.2.2 本年度已清算结束的主动管理型信托项目个数、实收信托合计金额、加权平均实际年化收益率

主动管理

已清算结束信托项目	项目个数（个）	实收信托合计金额（万元）	加权平均实际年化信托报酬率（%）	加权平均实际年化收益率（%）
证券投资类	13	10 671 469.43	0.13	5.45
其他金融产品投资	4	14 730.00	0.48	6.61
股权投资类	6	867 633.13	1.52	4.22
其他投资类	—	—	—	—
融资类	27	1 924 188.00	1.24	6.74
事务管理类	—	—	—	—

注：1. 实收信托合计金额是信托本金累计给付额。
2. 上市公司股票受益权投资统计在证券投资类。

6.5.2.2.3 本年度已清算结束的被动管理型信托项目个数、实收信托合计金额、加权平均实际年化收益率

被动管理

已清算结束信托项目	项目个数（个）	实收信托合计金额（万元）	加权平均实际年化信托报酬率（%）	加权平均实际年化收益率（%）
证券投资类	—	—	—	—
股权投资类	—	—	—	—
融资类	—	—	—	—
事务管理类	59	1 970 783.37	0.26	5.25

注：实收信托合计金额是信托本金累计给付额。

6.5.2.3 本年度新增的集合类、单一类和财产管理类信托项目个数、实收信托合计金额

新增信托项目	项目个数（个）	实收信托合计金额（万元）
集合	96	8 962 331.48
单一	102	1 328 991.69
财产权	17	2 405 216.65
合计	215	12 696 539.82
其中：主动管理型	142	9 773 124.25
被动管理型	73	2 923 415.57

注：实收信托合计金额是本年新增信托项目累计新增的实收信托金额。

6.5.2.4 信托业务创新成果和特色业务

2021年，公司坚持落实"看北京首先从政治上看"

的要求，坚持聚焦北京、服务北京、深耕北京，主动服务首都"四个中心"功能建设和北京城市副中心高质量发展。与各市属区属企业建立常态化对接机制，开展深入合作。截至2021年末，公司与北京市属企业合作的存续信托项目规模达235.4亿元。

加大服务信托业务研究，牵头完成的行业重点课题《信托参与社会治理的模式及机制研究》，获信托业年度重点课题评审第一名。积极探索服务信托在社会治理中的应用场景，设立"北京信托·城市副中心职住平衡系列服务信托"项目，为数百名进入副中心的人才提供了服务信托，形成可复制的模式。

坚持发展全委型家族信托，深度挖掘家族信托功能，积极探索财富传承、资产配置、医疗保障等多功能业务模式，存续家族信托（含保险金信托）业务规模60.29亿元。

6.5.2.5 本公司履行受托人义务情况及本公司自身责任而导致的信托财产损失情况

公司在信托财产的管理运用和处分过程中，严格按信托合同等信托文件的约定对信托财产进行管理，切实履行了受托人义务，维护受益人最大利益。报告年度无因公司自身责任而导致的信托财产损失的情况。

6.5.2.6 信托赔偿准备金的提取、使用和管理情况

报告年度，公司累计提取信托赔偿准备100 000万元，达到注册资本的45.45%。

6.5.2.7 信托业保障基金余额

报告年度，公司通过归集专户认缴资金信托对应的信托业保障基金余额为151 202.16万元。

6.6 关联方关系及其交易的披露

6.6.1 关联交易方的数量、关联交易的总金额及关联交易的定价政策等

关联交易方数量	关联交易定价政策	关联交易总金额（万元）
3	基金以市场公允价值计价；信托资管产品以合同约定的收益率别定价	183 056

6.6.2 关联交易方与公司的关系性质、关联交易方的名称、法定代表人、注册地址、注册资本及主营业务等

6.6.2.1 本公司的母公司及最终控制方

公司的控股股东北京市国有资产经营有限责任公司，法定代表人岳鹏，公司注册地址北京市西城区金融大街19号富凯大厦B座16层，公司注册资本1 000 000万元，主营业务：资产管理、项目投资、投资管理。

母公司及最终控制方名称	注册地	公司类型	注册资本（万元）	对本公司的持股比例（%）	对本公司的表决权比例（%）
北京市国有资产经营有限责任公司	北京	国有独资	1 000 000.00	34.30	34.30

6.6.2.2 本企业的子企业

公司子公司北信瑞丰基金管理有限公司，法定代表人李永东，公司注册地址北京市怀柔区九渡河镇黄坎村735号，公司注册资本17 000万元，主营业务：基金募集、基金销售、特定客户资产管理、资产管理和中国证监会许可的其他业务。

公司子公司北信瑞丰基金管理有限公司之子公司上海北信瑞丰资产管理有限公司，法定代表人李永东，公司注册地址上海市虹口区欧阳路196号10号楼5层01室，公司注册资本10 000万元，主营业务：特定客户资产管理。

公司子公司北京国投汇成创业投资管理有限公司，法定代表人昌青，公司注册地址北京市门头沟区永定镇冯村商业街永定A区2410号，公司注册资本30 000万元，主营业务：投资管理、资产管理。

子企业名称	注册地	注册资本（万元）	投资额（万元）	持股比例（%）	表决权比例（%）
北信瑞丰基金管理有限公司	北京	17 000.00	10 200.00	60.00	60.00
北京国投汇成创业投资管理有限公司	北京	30 000.00	30 000.00	100.00	100.00

6.6.3 逐笔披露公司与关联方的重大交易事项

6.6.3.1 固有财产与关联方：贷款、投资、租赁、应收账款担保、其他方式等期初汇总数、本期发生额汇总数、期末汇总数

固有与关联方关联交易　　　　单位：万元

项目	期初数	借方发生额	贷方发生额	期末数
贷款	—	—	—	—
投资	257 747	139 233	43 823	353 157
租赁	—	—	—	—
担保	—	—	—	—
应收账款	—	—	—	—
其他	—	—	—	—
合计	257 747	139 233	43 823	353 157

6.6.3.2 信托与关联方交易情况：贷款、投资、租赁、应收账款、担保、其他方式等期初汇总数、本期借方和贷方发生额汇总数、期末汇总数

信托与关联方关联交易　　　　　　　　　　单位：万元

项目	期初数	借方发生额	贷方发生额	期末数
贷款	—	—	—	—
投资	19 807.63	—	9 806.54	10 001.09
租赁	—	—	—	—
担保	—	—	—	—
应收账款	—	—	—	—
其他	—	—	—	—
合计	19 807.63	—	9 806.54	10 001.09

6.6.3.3 固有与信托财产之间的交易金额期初汇总数、本期发生额汇总数、期末汇总数

固有财产与信托财产相互交易　　　　　　单位：万元

项目	期初数	本期发生额	期末数
合计	247 943.19	95 474.39	343 417.58

6.6.3.4 信托项目之间的交易金额期初汇总数、本期发生额汇总数、期末汇总数

信托资产与信托财产相互交易　　　　　　单位：万元

项目	期初数	本期发生额	期末数
合计	484 059.54	71 406.07	555 465.61

6.6.4 关联方逾期未偿还公司资金的情况以及及公司为关联方担保发生或即将发生垫款的情况

报告年度，无关联方逾期未偿还公司资金的情况以及公司为关联方担保发生或即将发生垫款的情况。

6.7 会计制度的披露

公司固有业务（自营业务）自2008年1月1日起执行财政部2006年发布的《企业会计准则》，信托业务自2010年1月1日起执行《企业会计准则》。

7.财务情况说明书

7.1 利润实现和分配情况

　　　　　　　　　　　　　　　　　　单位：万元

利润总额	148 397
减：所得税费用	36 357
净利润	112 040
减：少数股东损益	139
提取法定盈余公积	11 082
提取一般风险准备	—
信托赔偿准备	—
加：期初未分配利润	420 640
减：本期利润分配	35 200

续表

利润总额	148 397
期末未分配利润	486 259

7.2 主要财务指标

指标名称	指标值
资本利润率（%）	10.31
加权年化信托报酬率（%）	0.35
人均净利润（万元）	301

注：1. 资本利润率=净利润/所有者权益平均余额×100%。
2. 加权年化信托报酬率=（信托项目1的实际年化信托报酬率×信托项目1的实收信托+信托项目2的实际年化信托报酬率×信托项目2的实收信托+…信托项目n的实际年化信托报酬率×信托项目n的实收信托）/（信托项目1的实收信托+信托项目2的实收信托+…信托项目n的实收信托）×100%。
3. 人均净利润=净利润/年平均人数。
4. 平均值采取年初及各季末余额移动算术平均法，公式为：a（平均）=（$a_0/2+a_1+a_2+a_3+a_4/2$）/4。

7.3 对公司财务状况、经营成果有重大影响的其他事项

报告年度，本公司未发生对财务状况、经营成果有重大影响的其他事项。

7.4 公司净资本情况

信托公司风险控制指标监管报表
2021年12月31日

项目	期末余额	监管标准	备注
净资本	741 784万元	≥2亿元	达标
固有业务风险资本（万元）	249 971		
信托业务风险资本（万元）	195 974		
其他业务风险资本（万元）	0		
各项业务风险资本之和（万元）	445 945		
净资本/各项业务风险资本之和（%）	166.34	≥100	达标
净资本/净资产（%）	67.49	≥40	达标

8.特别事项揭示

8.1 前五名股东报告期内变动情况及原因

报告年度，公司前五名股东情况无变化。

8.2 董事、监事及高级管理人员变动情况

8.2.1 董事、监事变动情况

报告年度，中国银行保险业监督管理委员会北京监管局核准韩波任公司董事会秘书、董事的任职资格（京银保监复〔2021〕234号）、王顺江任公司董事的任职资格（京银保监复〔2021〕703号），以上人员均于核准之日起开始履职。

8.2.2 高级管理人员变动情况

报告年度，中国银行保险业监督管理委员会北京监管局核准段学平任公司首席风险官的任职资格（京银保监复〔2021〕315号），已于核准之日起履职。

8.3 变更注册资本、变更注册地或公司名称、公司分立合并事项

报告年度，公司未发生变更注册资本、变更注册地或公司名称、公司分立合并事项。

8.4 公司的重大诉讼事项

报告年度，公司无新发生重大诉讼和被诉案件。

8.5 公司及其高级管理人员受到处罚的情况

报告年度，无公司及其董事、监事和高级管理人员受到处罚的情况。

8.6 银保监会及其派出机构对公司检查后提出整改意见的整改情况

报告年度，北京银保监局对我公司进行了专项稽核调查，并出具了《专项稽核调查的现场检查意见书》，对公司部分固有业务管理、贷款风险分类及监管数据填报等方面提出了监管意见。我公司按照《专项稽核调查的现场检查意见书》的要求，认真进行了整改工作，进一步强化业务管理，并已将整改情况上报北京银保监局。

8.7 本年度重大事项报告

报告年度，公司无重大事项报告。

8.8 银保监会及其派出机构认定的其他有必要让客户及其相关利益人了解的重要信息

报告年度，无银保监会及其派出机构认定的其他有必要让客户及其相关利益人了解的重要信息。

9.公司监事会意见

监事会认为公司认真贯彻国家经济金融政策和监管要求，依法合规运营，内控制度健全，经营决策科学合理，取得了良好的经营业绩；经营中未出现违规操作行为，未出现损害公司、股东及受益人利益的行为；董事会、高管层及其成员勤勉尽责、忠诚履职，没有违反法律、法规、公司章程或损害公司利益的行为；年度报告全面、客观、真实反映了公司的财务状况和经营成果。

渤海国际信托股份有限公司

1. 重要提示

1.1 公司董事会及董事保证本报告所载资料不存在任何虚假记载、误导性陈述或者重大遗漏，并对其内容的真实性、准确性和完整性承担个别及连带责任。

1.2 公司独立董事朱玉杰、苏敬勤、孟庆斌对本报告内容的真实性、准确性和完整性表示认可。

1.3 立信会计师事务所（特殊普通合伙）为公司出具了标准无保留意见的审计报告。

1.4 公司董事长卓逸群、财务总监董丁丁声明：保证年度报告中财务会计报告的真实、完整。

2. 公司概况

2.1 公司简介

渤海国际信托股份有限公司（以下简称渤海信托或公司）前身为河北省国际信托投资有限责任公司，成立于1983年12月。2007年2月增资扩股后，注册资本金增加到72 565万元。2007年11月，公司名称变更为渤海国际信托有限公司。2009年3月由原股东增资7 000万元，注册资本金增加至79 565万元。2011年6月，海航资本控股有限公司（现更名为海航资本集团有限公司）增资120 435万元，注册资本金增加至200 000万元。2015年7月完成股改，更名为渤海国际信托股份有限公司。2017年2月，注册资本金增加到360 000万元。

法定中文名称	渤海国际信托股份有限公司
法定中文缩写名称	渤海信托
公司法定英文名称	Bohai International Trust Co. Ltd.
法定英文缩写名称	BITC
法定代表人	卓逸群
注册地址	石家庄市新石中路377号B座22—23层
公司网址	www.bohaitrust.com
邮政编码	050090
信息披露事务联系人	李晓晨，电话：010-57819191，传真：010-59782079；电子信箱：xch_li@bohaitrust.com
选定的信息披露报纸	《上海证券报》
信息披露事务负责人	董丁丁
公司年报备置地点	石家庄市新石中路377号B座22—23层
聘请的会计师事务所	立信会计师事务所（特殊普通合伙）
聘请的会计师事务所住所	上海市黄浦区南京东路61号4楼

2.2 组织结构

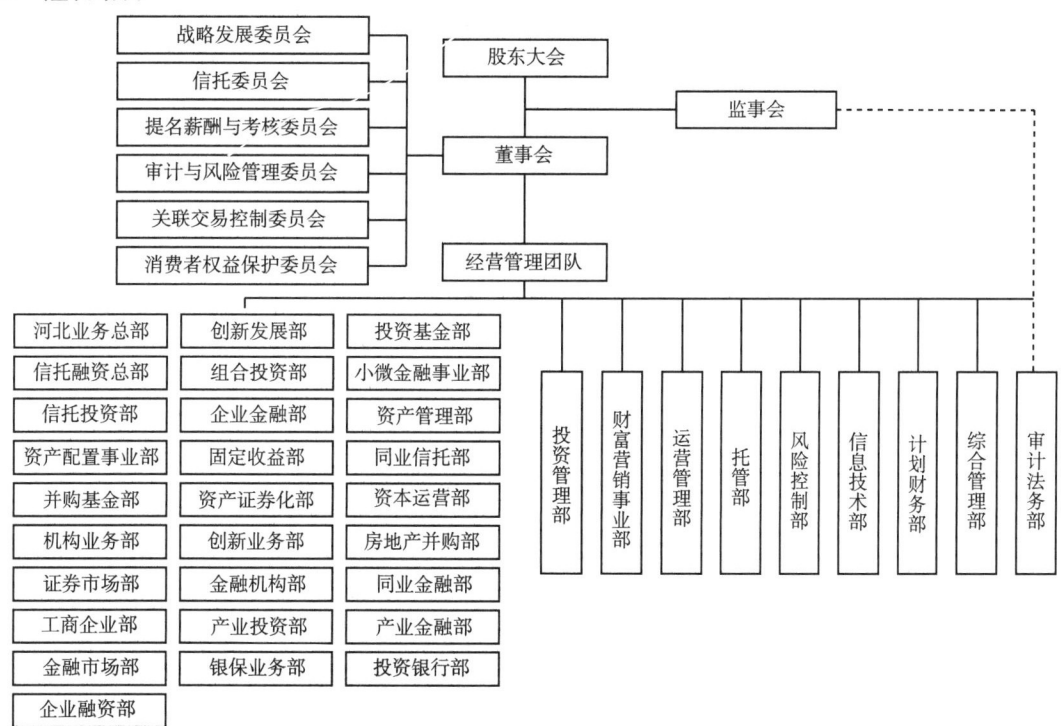

3. 公司治理

3.1 股东

截至2021年末,公司股份总数360 000万股,股东总数3家;控股股东为海航资本集团有限公司。

股东名称	持股比例(%)	法人代表	注册资本(万元)	注册地址	主要经营业务
海航资本集团有限公司	51.23	金川	3 348 035	海南省海口市海秀路29号	企业资产重组、购并及项目策划,财务顾问中介服务,信息咨询服务,交通能源新技术、新材料的投资开发,航空器材的销售及租赁业务,建筑材料、酒店管理,游艇码头设施投资
北京海航金融控股有限公司	26.67	丁永忠	2 120 000	北京市丰台区丽泽路18号院1号楼701-31室	投资与资产管理;投资咨询;经济贸易咨询;企业策划;财务咨询(不得开展审计、验资、查账、评估、会计咨询、代理记账等需经专项审批的业务,不得出具相应的审计报告、验资报告、查账报告、评估报告等文字材料);技术开发;技术服务(1.未经有关部门批准,不得以公开方式募集资金;2.不得公开开展证券类产品和金融衍生品交易活动;3.不得发放贷款;4.不得对所投资企业以外的其他企业提供担保;5.不得向投资者承诺投资本金不受损失或者承诺最低收益。不得以公开交易证券类产品和金融衍生品;不得以公开方式募集资金;不得向所投资企业以外的其他企业提供担保;不得向投资者承诺投资本金不受损失或者承诺最低收益。企业依法自主选择经营项目,开展经营活动;依法须经批准的项目,经相关部门批准后依批准的内容开展经营活动;不得从事本市产业政策禁止和限制类项目的经营活动)
中国新华航空集团有限公司	22.10	陈明	438 664.5137	北京市顺义区天竺镇前一街16号	由天津始发(部分航班由北京始发)至国内部分城市的航空客货运输业务;与航空运输相关的服务业务;自有房地产经营;资产管理;航空器材、建筑材料、装饰材料、化工产品(不含危险化学品)、电子产品、日用百货、纺织品、机械、电子设备、黑色金属的销售;广告设计、制作、代理、发布;设计和制作印刷品广告,利用《新华航空》杂志发布国内外广告;进出口业务(市场主体依法自主选择经营项目,开展经营活动;依法须经批准的项目,经相关部门批准后依批准的内容开展经营活动;不得从事国家和本市产业政策禁止和限制类项目的经营活动)

第一大股东海航资本集团有限公司的主要股东如下表所示;控股股东为海南海航二号信管服务有限公司。

股东名称	持股比例(%)	法人代表	注册资本(万元)	注册地址	主要经营业务
海南海航二号信管服务有限公司	100.00	赵权	100	海南省海口市美兰区国兴大道7号新海航大厦25楼	以自有资金从事投资活动;信息咨询服务(不含许可类信息咨询服务);企业管理咨询;融资咨询服务;信息技术咨询服务;社会经济咨询服务;破产清算服务(一般经营项目自主经营,许可经营项目凭相关许可证或者批准文件经营;依法须经批准的项目,经相关部门批准后方可开展经营活动)

公司及股东的实际控制人、最终受益人。

截至2021年12月31日,公司、公司控股股东海航资本集团有限公司的实际控制人、最终受益人均为海南省慈航公益基金会。2022年4月24日,海南省高院裁定确认海航集团有限公司等321家公司已执行完毕《海航集团有限公司等三百二十一家公司实质合并重整案重整计划》(以下简称重整计划)。根据"重整计划",海航集团等321家公司因执行"重整计划"而将其股权结构调整为"重整计划"规定的股权结构,因此将导致公司及公司控股股东海航资本集团有限公司的实际控制人、最终受益人发生变化。

3.2 董事、董事会及其下属委员会

董事长、董事

姓名	职务	性别	年龄(岁)	选任日期	所推举股东名称	该股东持股比例(%)	简要履历
卓逸群	董事长	男	48	2021年5月31日	海航资本集团有限公司	51.23	历任香港航空租赁有限公司副总裁、Trailer Services Group (TIP)副总裁、渤海金控投资股份有限公司董事长兼首席执行官、渤海人寿保险股份有限公司董事、海航资本集团有限公司董事、常务副总裁;现任渤海国际信托股份有限公司董事长
李令星	董事	男	54	2013年3月26日	海航资本集团有限公司	51.23	历任河北省国际信托投资有限公司稽核审计部总经理、海航资本集团有限公司合规管理部总经理、渤海人寿保险股份有限公司副总经理;现任渤海人寿保险股份有限公司合规负责人、渤海国际信托股份有限公司董事
陈虹	董事	男	47	2018年5月7日	北京海航金融控股有限公司	26.67	现任中南财经政法大学法学院经济法系副教授、渤海国际信托股份有限公司董事

独立董事

姓名	职务	性别	年龄（岁）	选任日期	所推举股东名称	该股东持股比例（%）	简要履历
朱玉杰	独立董事	男	52	2017年11月28日	—	—	历任清华大学经济管理学院金融系助教、讲师、副教授；现任清华大学经济管理学院金融系教授，渤海国际信托股份有限公司独立董事
苏敬勤	独立董事	男	60	2017年11月28日	—	—	历任大连理工大学图书情报专业教研室副主任、技术经济研究所所长、管理学院党总支副书记、党委书记、副院长、党委组织部部长、党校常务副校长、管理学院副院长；现任大连理工大学管理学院院长、中国工业科技管理大连培训中心主任，渤海国际信托股份有限公司独立董事
孟庆斌	独立董事	男	41	2018年7月20日	—	—	现任中国人民大学商学院财务金融系副教授，渤海国际信托股份有限公司独立董事

董事会下属委员会

董事会下属委员会名称	职责	组成人员	职务
战略发展委员会	主要负责制定公司经营管理目标和长期发展战略，监督、检查年度经营计划、投资方案的执行情况	卓逸群	主任委员
		陈虹	委员
		朱玉杰	委员
		孟庆斌	委员
信托委员会	主要负责督促公司依法履行受托职责。当公司或其股东利益与受益人利益发生冲突时，保证公司为受益人的最大利益服务	朱玉杰	主任委员
		陈虹	委员
提名薪酬与考核委员会	主要负责拟定董事和高级管理层成员的选任程序和标准，对董事和高级管理层成员的任职资格进行初步审核，并向董事会提出建议；拟定董事和高级管理层成员的薪酬方案，向董事会提出薪酬方案建议，并监督方案实施；制定公司董事及高级管理层成员的考核标准并进行考核	苏敬勤	主任委员
		卓逸群	委员
审计与风险管理委员会	主要负责检查公司风险及合规状况、会计政策、财务报告程序和财务状况；负责公司年度审计工作，提出外部审计机构的聘请与更换建议，并就审计后的财务报告信息真实性、准确性、完整性及时性作出判断性报告，提交董事会审议；监督高级管理层关于信用风险、流动性风险、市场风险、操作风险、合规风险和声誉风险等风险的控制情况，对公司风险政策、管理状况及风险承受能力进行定期评估，提出完善公司风险管理和内部控制的意见	朱玉杰	主任委员
		李令星	委员
		陈虹	委员
关联交易控制委员会	主要负责公司关联交易的管理、审批，控制关联交易风险	孟庆斌	主任委员
		李令星	委员
		陈虹	委员
消费者权益保护委员会	主要负责制定公司金融消费者权益保护工作的战略、政策和目标，对消费者权益保护工作进行总体规划指导，督促高管层有效执行和落实相关工作	卓逸群	主任委员
		李令星	委员

3.3 监事、监事会及其下属委员会

监事会成员

姓名	职务	性别	年龄（岁）	选任日期	所推举股东名称	该股东持股比例（%）	简要履历
童清	监事	男	54	2019年4月24日	—	—	历任华安财产保险股份有限公司董事长特别助理、副总裁；现任华安财产保险股份有限公司执行董事兼总裁，渤海国际信托股份有限公司监事
唐晓蕾	职工监事	女	48	2019年4月24日	—	—	历任渤海国际信托股份有限公司审计法务部总经理；现任渤海国际信托股份有限公司职工监事、运营管理部总经理

3.4 公司高级管理人员

姓名	职务	性别	年龄（岁）	任职日期	金融从业年限（年）	学历	专业	简要履历
符高萌	副总裁	男	52	2017年7月14日	29	本科	财政学	历任海南省信托投资公司资金部副经理，海南海信期货经纪有限公司总经理助理，国泰君安证券股份有限责任公司海口营业部资本运作部经理，渤海国际信托有限公司总裁助理；现任渤海国际信托股份有限公司副总裁
李力盛	首席风控官	男	42	2018年7月20日	8	本科	会计	历任普华永道会计师事务所高级审计师，中国海洋石油总公司高级审计师，新东方教育科技集团有限公司审计经理，首开商业地产有限公司财务总监，渤海国际信托有限公司风险控制部总经理；现任渤海国际信托股份有限公司首席风控官
章全明	副总裁	男	54	2018年3月20日	21	硕士	金融学	历任人民银行营业管理部副主任科员，原中国银监会北京监管局处长，国民信托有限公司副总裁，中节能财务有限公司副总经理；现任渤海国际信托股份有限公司副总裁

续表

姓名	职务	性别	年龄（岁）	任职日期	金融从业年限（年）	学历	专业	简要履历
姜鲁宁	副总裁	女	38	2017年9月7日	13	硕士	法律	历任渤海国际信托股份有限公司信托融资总部总经理；现任渤海国际信托股份有限公司副总裁
董丁丁	财务总监	男	41	2016年8月15日	14	硕士	金融学	历任海南航空股份有限公司机组资源管理员、海航集团财务有限公司资金信贷部经理；现任渤海国际信托股份有限公司财务总监
李欣	总裁助理	女	39	2017年9月7日	10	本科	统计学	历任扬子江地产集团有限公司综合管理部薪酬绩效主管，扬子江保险经纪有限公司综合管理部经理，海航资本集团有限公司人力资源部副总监；现任渤海国际信托股份有限公司总裁助理兼综合管理部经理
侯庆涛	总裁助理	男	39	2017年9月7日	11	硕士	法律	历任渤海国际信托股份有限公司河北业务总部信托业务总监，创新发展部信托总经理；现任渤海国际信托股份有限公司总裁助理兼创新发展部总经理
杨超	总裁助理	男	35	2022年3月1日	10	硕士	管理学	历任渤海国际信托股份有限公司上海业务部高级信托经理，同业机构业务总监，资产配置事业部总经理；现任渤海国际信托股份有限公司总裁助理兼资产配置事业部总经理

3.5 公司员工

项目		2021年度		2020年度	
		人数（人）	比例（%）	人数（人）	比例（%）
年龄分布	20—29岁	27	10.51	35	13.06
	30—39岁	173	67.32	182	67.91
	40岁以上	57	22.17	51	19.03
学历分布	博士	2	0.78	1	0.37
	硕士	107	41.63	119	44.40
	本科	145	56.42	145	54.11
	专科	3	1.17	3	1.12
岗位分布	董事、监事及高管人员	10	3.89	10	3.73
	自营业务人员	5	1.95	5	1.86
	信托业务人员	145	56.42	152	56.72
	其他人员	97	37.74	101	37.69

4. 经营管理

4.1 经营目标、方针、战略规划

4.1.1 经营目标

聚焦主业发展。坚守信托本源，专注信托主业，致力于成长为核心竞争优势明显、可持续发展能力强的综合金融服务机构。

提供优质产品。以客户投融资需求为导向，提高金融综合服务水平，满足社会资金多元化需求，为客户提供全面金融解决方案。

强化风险管理。不断夯实风险管理和内部控制基础，持续提高风险识别和管控能力，为投资者保驾护航。

保持持续盈利。推进业务转型，提升研发与创新水平，提高项目的募、投、管、退能力，增强市场竞争力，保持公司盈利能力稳定。

服务实体经济。整合运用多种金融工具，在新兴产业、供给侧结构性改革、消费结构升级、中小微企业发展等领域提供全方位的金融服务。

4.1.2 经营方针

以诚信树品牌，以市场为导向，以客户为中心，以创新促发展，谨慎规范，坚守底线，干干净净发展、长长久久发展，做一家受人尊敬的信托公司。

4.1.3 战略规划

短期规划。公司响应政策号召，运用信托制度优势，加强风险管控及过程管理，提高项目质量与发展质量，积极布局财富管理业务，着力推动信托业务创新转型，深挖个性化、差异化信托业务领域，大力发展金融科技和普惠金融业务，促进实体经济和民营经济发展。

中长期规划。公司大力发展资产管理业务和财富管理业务，不断提高资产配置及投资能力，打造行业一流资产管理平台和财富管理品牌；回归信托本源，积极开展家族信托、公益信托业务，为客户提供持续稳健的财富增值和财富传承服务；顺应国家及行业转型发展趋势，培育投资银行及股权投资业务，加快间接融资向直接融资转型，更好地服务实体经济；齐头并进，持续推动建设综合性、创新性、有特色、抗风险、受人尊敬的信托公司。

4.2 所经营业务的主要内容

自营资产运用与分布表

资产运用	金额（万元）	占比（%）	资产分布	金额（万元）	占比（%）
货币资产	16 395.58	1.02	基础产业	3 598.64	0.22
贷款及应收款	1 130 143.22	70.57	房地产业	100.00	0.01
交易性金融资产	159 844.64	9.98	证券市场	1 524.05	0.10

续表

资产运用	金额（万元）	占比（%）	资产分布	金额（万元）	占比（%）
买入返售金融资产	153 933.19	9.61	实业	1 214 842.18	75.86
债权投资	—	—	金融机构	168 520.09	10.52
长期股权投资	—	—	其他	212 861.80	13.29
其他	141 130.13	8.82	—	—	—
资产总计	1 601 446.76	100.00	资产总计	1 601 446.76	100.00

信托资产运用与分布表

资产运用	金额（万元）	占比（%）	资产分布	金额（万元）	占比（%）
货币资产	660 650.85	2.08	基础产业	4 873 493.69	15.31
贷款	17 327 105.63	54.43	房地产	2 873 600.40	9.03
以公允价值计量且其变动计入当期损益的金融资产	2 335 287.14	7.34	证券市场	641 269.46	2.01
可供出售金融资产	0.00	0.00	实业	19 998 233.54	62.82
持有至到期投资	7 423 718.17	23.32	金融机构	1 476 896.80	4.64
长期股权投资	3 145 118.36	9.88	其他	1 972 055.17	6.19
其他	943 668.91	2.95	—	—	—
信托资产总计	31 835 549.06	100.00	信托资产总计	31 835 549.06	100.00

4.3 市场分析

4.3.1 有利因素

（1）面对复杂严峻的外部环境和新冠肺炎疫情的严重冲击，国内经济呈现持续恢复、稳定回升的发展态势，我国经济长期向好的基本面没有改变。

（2）作为唯一一家注册地在河北省的信托机构，京津冀协同发展、雄安新区规划建设、石家庄经济总量过万亿元等重大战略和计划的实施，为公司高质量发展提供了广阔空间。

（3）一直以来，公司坚持稳健运行，持续夯实风险管控体系建设，无重大风险项目拖累，可以轻装上阵，获取更多的市场机会。

4.3.2 不利因素

（1）国内经济面临的不确定、不稳定因素显著增多，实体经济困难较多，重点领域风险仍存。

（2）标品信托等本源业务对信托公司的投研水平、资产配置、信息技术、自主营销等能力均有较高要求，需要较长时间的能力建设，总体转型压力较大。

（3）在新冠肺炎疫情蔓延冲击、行业竞争加剧等多重因素影响下，行业风险加速出清，信托的风险处置压力和资本消耗压力明显加大。

4.4 内部控制

4.4.1 内部控制机制依据和内部控制机制覆盖范围

4.4.1.1 内部控制机制依据

渤海信托内部控制评估工作的依据是《公司法》《商业银行内部控制指引》《信托公司管理办法》《信托公司治理指引》等法律法规，《渤海国际信托股份有限公司章程》《渤海国际信托股份有限公司内部控制指引》及其他相关规章制度。

4.4.1.2 内部控制机制覆盖范围

渤海信托内部控制评估涵盖公司治理结构三会一层，固有、信托两大业务体系及前台、中台、后台各部门。

4.4.2 内部控制制度及执行情况

4.4.2.1 公司治理内控

公司章程规范、完善，股东大会、董事会和监事会的议事规则和决策程序健全，董事会和董事长的决策权限明确、具体，对关联交易设置了专门的审议规则和决策机制；董事会、监事会及董事会下设的战略发展委员会、信托委员会、审计与风险管理委员会、提名薪酬与考核委员会、关联交易控制委员会以及消费者权益保护委员会的议事规则健全、决策程序完善、工作职责明确和年度工作计划具体，且落实情况良好，为公司内部控制的运作提供了良好的基础和环境。股东大会正常、有效地行使在决定公司经营方针和投资计划、更换董事、批准财务预算和决算方案等方面的权利。董事会、监事会能够正常有效地行使公司章程所赋予的各项职权。

公司股东严格遵守法律、行政法规和监管机构的规定履行出资人义务和行使出资人的权利。公司建立了规范的关联交易管理制度，涉及关联交易项目均严格执行相关审核原则和程序，关联交易活动遵循了平等、自愿、信用和对价的商业原则，向利益关系人予以充分披露关联交易的定价依据，关联交易均按监管要求事先向监管机构报告。

在公司经营管理过程中，董事会、监事会和公司高级管理人员认真履行了公司章程及公司内部控制制度所赋予的职责，遵守《公司法》《金融违法行为处罚办法》《金融机构高级管理人员任职资格管理办法》和《信托公司行政许可事项实施办法》等相关法律法规以及公司章程和内部控制制度所列示的禁止性规定，展现了公正廉洁、遵纪守法、忠于职守、重视内控、规范经营、严防风险的高度责任意识和优良的工作作风；组织管理能力和业务能力与任职相称。

4.4.2.2 业务控制

4.4.2.2.1 信托业务与固有业务独立机制

《中华人民共和国信托法》《信托公司管理办法》《信托公司集合资金信托计划管理办法》等相关法律规定信托业务和固有业务完全独立，形成防火墙，确保相关人员、系统以及财产不交叉。《渤海国际信托股份有限公司审批流程指引》对此也进行了明确的确认和区分。

4.4.2.2.2 项目独立评审机制

按照《渤海国际信托股份有限公司业务评审指引》《渤海国际信托股份有限公司融资类信托项目尽职调查指引》等相关制度，项目尽职调查、审查、评审、审批、执行、后期管理、信息反馈、审计监督基本是相互分离的，项目尽职调查基本上客观、如实地记录和报告了业务状况和风险状况，风险控制部和业务评审委员会在项目审查、评审环节独立发表意见。业务评审委员会在公平公开的前提下的评审项目，业务评审委员对于项目的评审遵循独立客观原则。

4.4.2.2.3 风险量化机制

公司按照《渤海国际信托股份有限公司融资类信托业务尽职调查指引》暨《渤海国际信托股份有限公司交易对手及项目评级办法》对交易对手进行量化评估。交易对手及项目评级由定量评价和定性评价构成，评级要素包括市场竞争地位、信誉状况、管理水平、财务指标及项目评估等五个方面。交易对手及项目评级通过对潜在交易对手及拟融资项目主要风险要素的评价，系统分析和识别潜在交易对手及项目存在的风险和问题，据此确定对潜在交易对手融资需求拟采取的风控措施。

4.4.2.2.4 项目操作指引规范化机制

公司重视完善风险管理制度，通过完善业务管理制度，明确业务操作规范。随着业务发展，公司相关部门不断总结风险管理工作经验，积极落实监管要求，逐步提高风险管理工作水平，适时制定并修订《信托项目过程管理办法》《信托业务合同签署和风控措施落实管理办法》《金融消费者权益保护制度》《金融消费者权益保护工作考核评价办法》《产品信息公开查询平台管理制度》《金融消费者投诉处理办法》《金融知识宣传教育管理办法》《集合信托产品销售专区录音录像管理工作制度》《集合资金信托业务客户认购资金退款事项操作指引》《集合资金信托业务信息披露操作指引》《集合资金信托受益权转让登记操作指引》《信托业务档案管理办法》等制度指引，将公司的风险管理理念和工作经验固化到规章制度中，使业务标准和操作程序更加明确，风险管理更加有效。

4.4.2.2.5 项目审计机制

根据监管要求，公司相关部门跟踪审核业务整改情况。监管机构开展年度例行现场检查后，根据发现的问题，提出一系列监管要求，需要管理层或信托业务部门马上落实，对相关问题进行整改。审计法务部对业务部门的整改工作进行审计监督，有效保证了监管要求的落实和缺陷项目的整改，降低了公司经营风险。此外，公司修订并发布了《内部审计管理制度》，定期向股东及公司领导上报公司业务发展情况、执行差异及处理情况、即将到期项目还款来源落实情况。上述措施为公司加强内部控制、有效落实各项管理制度、提早落实到期项目还款来源、敦促业务部门及时对已出现执行差异的项目提出和落实解决方案、防范与化解各类经营风险、提升非现场审计风险监控工作水平等，提供了有力的支持。

4.4.2.2.6 合规管理机制

为防控合规风险，由风险控制部负责合规内控事宜；责成各业务部门落实业务风险合规责任和金融机构案件防控责任。同时，风险控制部密切保持与当地监管部门的工作联系和信息沟通，确保公司治理、业务经营等诸方面均能较好落实监管政策，依法依规稳健经营。

4.4.2.2.7 业务流程监控机制

信息技术部按照《信息化需求管理制度》编制IT建设方案并与开发商恒生电子公司协商落实系统开发，积极推进公司业务流程监控系统建设，为科学开展风险管理创造条件。

4.4.2.2.8 注重过程管理机制

为进一步规范信托项目运营管理，提高运营管理水平，公司成立了运营管理部。以《信托项目过程管理办法》《信托业务合同签署和风控措施落实管理办法》等制度为依托，严格控制项目操作风险，提高项目过程管理水平。

4.4.2.3 授权审批控制

公司授权管理制度规定清晰、明确。董事会在公司日常经营管理方面对总裁合理授权，经营管理层各位高级管理人员、职能部门负责人和关键岗位人员均在公司经营相应层次和项目管理的相应环节有适度授权，且授权范围及额度根据市场形势及公司业务运作实际需要适时调整。固有资金运用和费用预算审批，在不同层级有明确的授权额度。从实际运行情况看，目前各层级、各类型授权范围及额度是适当的，符合公司经营需要，也能够满足风险控制要求。

4.4.2.4 重大投资控制

对于重大投资项目，公司设有投资风险评估与控制（项目小组、风险控制部、业务评审委员会和审计与风险管理委员会）、财务成本收益监管与控制（计划财务部和财务总监）、董事会决策控制和股东大会授权控制多层次控制机制。

4.4.2.5 信息披露控制

公司信息反馈机制完善，内部报告路径明确完整，交流渠道通畅，不断加强信息系统建设，逐步实现信息的共享，确保公司股东、董事会、监事会和高管层能够及时全面了解公司的经营和内控情况；公司通过监管报表、专项报告、事前报告和重大事项报告等形式向监管部门及时报送各种数据信息和资料；公司严格执行信息披露的监管要求，根据信托文件约定通过公司网站和书面通知的形式，向当事人全面披露信托财产管理运用的相关信息，按时披露公司年报和重要经营信息等重大事项。信息披露内容真实、完整、充分，按照监管机构的规定刊登在全国性报纸上向公众披露有关信息。

4.4.2.6 财务管理内部控制

4.4.2.6.1 核算管理方面

公司认真贯彻落实《中华人民共和国会计法》《企业财务会计报告条例》《企业会计准则——基本准则》及各项具体准则，以实际发生的交易或事项为依据，提供的会计信息能够如实反映财务状况、经营成果和现金流量；按照公司制度规定的会计处理方法进行会计核算，核算及时、清晰明了，会计指标口径一致，相互可比；能够及时、准确上报各种财务报表。

4.4.2.6.2 资金管理方面

公司的现金管理和银行存款管理均按照《现金管理暂行条例》和《人民币银行结算账户管理办法》认真执行，严格账户开立审批制度；根据公司业务开展模式，完善公司资金管理形式，并按照流程严格执行，做到既配合业务部门及时完成资金的划转，同时保证了资金的安全和相对可控。

4.4.2.6.3 税收管理方面

公司计划财务部将纳税管理责任落实到具体岗位，实行纳税专管制度；日常税务申报及时；按照税务机关《发票管理办法》购买和正确使用各种发票；按照国务院财政、税务主管部门规定的保管期限保管账簿、记账凭证、完税凭证及其他有关资料。

4.4.2.7 预算控制

公司严格执行相关预算管理办法，控制日常各项经济活动的支出。

4.4.2.8 财产保护控制

计划财务部按照公司相关制度每月进行固定资产折旧的计提、无形资产的摊销；按时对资产变动状况进行维护，并保证账务处理正确、及时；对账面保留的原有业务产生的债权、资产，计划财务部积极配合资产处置，提出财务建议和意见，降低公司不良资产率。

4.4.2.9 绩效考评控制

公司高度重视绩效考评工作，通过完善的绩效考评机制，建立竞争意识强又公平公正的公司环境。目前，公司绩效考评从工作业绩、胜任素质、合规管理、风险控制、价值准则、民主评议等六个方面展开。根据全员考核成绩确定考核等级，并根据考核等级对干部员工进行相应的激励和处罚，建立起绩效考评与员工激励的联动机制，使绩效考评真正落到实处。

4.4.2.10 反洗钱内部控制

为了建立健全反洗钱工作管理机制，加强公司反洗钱工作，有效预防洗钱活动，保持公司经营稳健，制定并修订《反洗钱和反恐怖融资工作管理制度及操作流程》《客户身份识别、身份识别资料和交易记录保存及客户风险等级划分管理办法》《洗钱和恐怖融资风险自评估管理办法》。要求各相关部门按照《反洗钱法》《法人金融机构洗钱和恐怖融资风险管理指引》《银行业金融机构反洗钱和反恐怖融资管理办法》《金融机构客户身份识别和客户身份资料及交易记录保存管理办法》等相关规定，严格审查客户提供的法定代表人身份证、经办人身份证、企业营业执照、组织机构代码证、国地税务登记证以及贷款卡信息等证明文件和资料，确保其真实性、完整性和有效性。交易对手是自然人的，严格审查自然人的身份证明等基本资料。真正做到"了解客户""识别客户"。对于委托人的信托财产，公司按照《信托法》等有关法律规定严格审查其来源的合法性，严禁与财产来源不明确的委托人开展业务。

4.4.2.11 重大突发事件应急控制

公司制定了《渤海国际信托股份有限公司信托项目风险应急响应和处置办法》，为应对业务及其他方面的重大突发事件作了预先准备。为妥善处置重大突发事件，在组织领导、工作程序、物质准备、信息披露及反馈等方面进行了周密的计划和安排，将事件对公司的不利影响降到最低。

4.4.2.12　信息系统保障机制

公司的信息系统可全流程支持公司现有全部业务开展。此外，公司为严格防范信息技术风险，积极部署双活系统。公司在全部信息系统均已实现双机热备的基础上，按照"分系统、分步骤"的原则，完成了14个核心生产运营系统的双活，同时聘请专业的信息安全团队为公司提供漏洞扫描、网络防护、渗透测试及应急响应服务，有效为信息系统运营安全提供了保障。

4.4.3　内部控制监督体系

内部控制监督体系由公司的董事会、经营管理层和全体员工共同建立并实施的，公司为控制风险，实现经营管理目标，通过制定和执行一系列制度、程序和方法，对风险进行识别、评估、控制、监测和纠正的动态持续过程和机制。

4.4.4　内部审计机制

审计法务部担任着公司内部审计的职能，按照《信托公司管理办法》《信托公司治理指引》以及公司制定的《内部审计管理制度》的有关规定，每年进行两次年度审计。在日常工作中，对公司业务后期管理的跟踪等进行实时、不定期的监督审查。此外，审计法务部还依照《内部审计管理制度》对拟离任的公司高管进行审计，以核查其在任职期间是否依法合规履行自己的权利和义务。

4.4.5　内部控制缺陷认定及跟踪整改机制

公司通过不断完善内控机制，已形成了以合规审核、风险管理和内部审计为主，业务授权控制、会计控制以及业务流程环节控制等方面共同作用的内部监督评价与纠正机制，实现了内控缺陷的及时发现和自主纠正。监督评价机制的有效运作，一方面促进了业务操作流程的不断优化和完善，另一方面增强了对操作风险的实时掌控，使内部监督制约机制更加健全有效。同时，审计法务部按照监管要求和公司制度对内部控制机制和业务运作进行监督、检查与跟踪评价，发现问题迅速自纠。公司高级管理层高度重视监管意见和专业机构的审计结果，根据监管政策和业务发展现状，及时梳理公司规章制度和业务审批流程，不断修订完善，确保内部控制体系的科学有效运行。

公司定期聘请外部审计机构对公司的经营状况、财务状况和内部控制状况进行外部审计，并积极采纳外部审计机构的意见，改善和健全自身的内部控制。

4.5　风险管理

4.5.1　风险管理概况

公司终坚持"全员风控"的理念，将"三会一层"和前台、中台、后台各部门、各岗位均纳入了公司风险管理体系，以董事会下设的审计与风险管理委员会做原则统领，经营层下设的业务评审委员会和风险控制部、审计法务部、运营管理部，前台各业务部门（团队）负责具体项目的筛选和风险识别。公司全面实施风险管理精细化、流程化体系建设、明确风险防控目标和职责。通过健全和完善审计与风险管理委员会的功能和作用，建立直接向董事会汇报的内控管理机制；通过建立完善资产质量考核体系和问责制，形成良好的风险管理文化；通过建立重大事项报告和信息沟通制度，为董事会、监事会履行职责和正确决策提供基础。

董事会作为公司的经营决策机构，对公司风险管理承担最终责任；监事会对董事会、董事会审计与风险管理委员会、公司高级管理层对风险管理的有效性进行监督；董事会审计与风险管理委员会统筹负责风险管理政策的制定，并对其执行情况进行监督。高级管理层负责公司风险管理的有效执行，承担有效管理和执行风险管理的责任。业务评审委员会作为总裁领导下的风险管理及决策机构，主要负责对公司的固有项目、信托项目以及与项目有关的其他重大事项进行审查、评估和决策。前台业务部门直接管理，承担风险管理的直接责任；运营管理与风险控制部门统筹推动，承担制定政策和流程，监测和管理风险的责任；审计法务部门监督检查，承担业务部门和风险管理部门履职情况的审计责任。公司建立"三道防线"的风险管理体系，不断促进业务流程优化和系统升级，合理保障公司的稳健经营和健康发展。

公司高度重视风险管理，认为风险管理能力是公司核心竞争力的重要构成，是公司持续稳健发展的基本保障，持续关注业务经营所面临的信用风险、市场风险、流动性风险、操作风险和声誉风险等各类风险。

4.5.2　风险状况

4.5.2.1　信用风险状况

信用风险是指由于债务人或交易对手不能履行或不能按时履行其合同义务，或者信用状况的不利变动而导致的风险。报告期末，公司自营业务信用风险资产按资产质量进行五级分类并按规定标准足额提取呆账准备金，公司按规定提取信托赔偿准备金和各项资产减值损失准备。信托业务信用风险资产按照资产五级分类标准均为

"正常"，报告期内，信托业务均按期清算，无违约和逾期现象出现。

4.5.2.2 市场风险状况

市场风险是指因市场价格（利率、汇率、股票价格和商品价格）的不利变动而使公司表内和表外业务发生损失的风险。公司开展的证券投资业务比重较低，固有业务和信托业务整体受股价波动的影响较轻；公司融资类业务存在利率风险，面临由于利率水平不利变动产生的收益相对减少的利率风险；商品价格的不利变动可能给交易对手带来销售下降或成本上升收益减少，进而给公司财产或者信托财产带来市场风险；报告期内，公司未开展外币业务，汇率变动不会对公司的盈利能力和财务状况产生直接影响。

4.5.2.3 操作风险状况

操作风险是因内部程序、人员和业务系统的不完善或者工作失误给公司造成损失的风险。报告期内，公司不断优化业务操作指引和工作流程，进一步完善以风险管理为导向的综合业务管理平台，前台、中台、后台各部门的业务操作更加规范，公司各项业务运行正常，未发生操作风险事件。

4.5.2.4 合规风险状况

合规风险是指公司因没有遵循法律、规则和准则可能遭受法律制裁、监管处罚、重大财务损失和声誉损失的风险。报告期内，河北银保监局组织开展市场乱象整治"回头看"自查工作，公司从始至终高度重视整治市场乱象整治工作，认真组织落实各项自查事项，内部自查、配合检查、整改落实等具体工作，工作成果得到监管机构认可。公司未因开展违法违规业务或受托履职不当受到监管处罚，也未因法律风险管控不当导致交易无效或发生重大财务损失。

4.5.2.5 其他风险状况

公司面临的其他风险主要是指声誉风险和战略风险等。报告期内，公司未发生声誉风险和战略风险事件。

4.5.3 风险管理

4.5.3.1 信用风险管理

公司通过规范尽调程序和尽调报告内容，并对业务人员进行专项培训，不断加强尽职调查工作，实施交易对手信用风险量化管理，审慎选择交易对手，严控项目信用风险。公司融资类信托业务普遍采取实物抵押、权利质押、企业保证等风控措施。报告期内，公司交易对手均具有良好信用纪录，没有违约事件发生。在项目前期尽调阶段，业务部门切实履行受托责任，确保收集的信息完整真实；在项目立项审批阶段，在业务评审委员会的指导下，风险控制部独立评估项目风险及风控措施的充足性有效性，审核合同资料；在项目操作阶段，运营管理部督导业务部门严格落实项目风控措施；在项目执行过程管理中，运营管理部监督项目经理实时跟踪评价交易对手的风险状况。运营管理部建立业务管理台账，加强对公司整体信用风险的动态管理，定期向业务部门收集项目履约情况、风控措施落实情况和还款来源落实情况，进行风险监测。

4.5.3.2 市场风险管理

公司加强对证券投资业务的专业培训，利用外部专业研究机构提供的信息和数据，加强对经济形势、金融市场行情、重点行业状况和行业周期的研究，确定投资范围、设计预警线和止损限额；增设专门实时监控岗位、降低股票质押率和增强信息披露等方式，有效防范股价波动风险；对部分业务通过合同约定实行浮动利率，有效规避利率风险；对于受商品价格影响较大的交易对手，加强对其所处行业的跟踪研究，动态关注其产销情况和盈利能力的变动状况，有效防范商品价格波动带来的风险。报告期内，公司未发生因市场风险造成的损失。

4.5.3.3 操作风险管理

公司高度重视内部控制制度建设，根据监管政策和业务发展需要，不断修订和完善《渤海国际信托股份有限公司审批流程指引》以及各项业务操作流程，调整授权体系，明确岗位职责和操作规范，实行岗位职责和监督检查相结合，形成不同部门和不同岗位之间的既协作配合又监督制衡的关系。信托业务以及固有业务实行调查评估、预审、审批、风险监测与监督检查相互分离的原则，风险管控流程覆盖了信托项目以及固有项目的设立、信托财产以及固有资金的运用与管理、固有融资到期偿还以及信托计划终止与清算等所有业务环节。加强员工业务技能和企业文化培训，提高员工的业务素质、工作品质和职业道德水平；制定完善各类合同文本模板，提升业务规范化程度和操作效率，降低操作风险隐患。

4.5.3.4 合规风险管理

公司始终将合规文化作为企业文化的一个重要组成部分来培育，倡导和培育的合规基调和理念：在公司上下倡导并积极推行诚信和正直的道德行为准则和价值观念，努力培育所有员工的合规意识，强化合规理念、意识和行为准则，促进公司内部合规与外部监管之间的有效互动；合规人人有责，合规应从公司高层做起，主动合规；合规创造价值；依法合规是公司生存与发展的生命线。公司坚持开展制度文件合规审查机制，从制度源头上完善内控建设、加强合规管理；持续开展各类业务合规审核机制，将合规审核内嵌于公司业务审批流程当中，各类业务均需履行合规审查，以实现对各项业务的事前合规审查；深入开展合规文化培训与宣导，培育守法合规意识，纠正片面追求规模扩张、高速发展的粗放式经营理念，注重向管理要效益、向质量要效益、向服务要效益，真正形成"不能违规、不敢违规、不愿违规"的合规文化。

4.5.3.5 其他风险管理

公司不断强化全面风险管理的理念，在合规经营和稳健发展的基础上，着力提升公司的品牌价值和市场形象。

4.6 金融消费者权益保护

公司始终把金融消费者权益保护工作放在重要位置，积极落实国家及监管部门工作要求，稳步开展公司消费者权益保护各项日常工作，不断完善消费者权益保护工作机制建设，持续提高公司消费者权益保护工作能力和水平。在日常工作中开展了多种形式的金融知识普及宣传活动，定期面向公司干部员工开展消费者权益保护技能培训。公司不断提升、丰富客户服务内容及质量，持续加大客户服务体系信息化建设投入，于日常业务及客户服务中的各环节严格落实消费者权益保护工作要求，不断完善消费者权益保护内部考核及结果应用。针对消费者投诉事项，公司均安排专人妥善处理，与消费者积极沟通，争取与消费者和解或达成一致意见；对于监管部门转办的消费投诉，公司在积极妥善处理的同时，按时反馈处理情况。

报告期内，公司组织开展了"3·15"消费者权益保护教育宣传周、金融知识普及宣传月等金融知识普及宣传系列活动，通过线上线下相结合的形式，提高消费者风险防范意识及自我保护意识，增进社会群众对信托及各类金融理财知识的了解和认识。不断提高金融消费者金融素养，助力构建更加安全、和谐的社会金融消费环境。

4.7 社会责任履行情况

公司将成为"一家干干净净、长长久久、受人尊敬的信托公司"作为奋斗目标，将切实履行社会责任作为公司持续健康长久发展的必要保障。报告期内，公司以服务实体经济作为出发点和立足点，坚持党建引领，完善公司治理，提升客户服务水平，服务人民美好生活。

报告期内，渤海信托克服新冠肺炎疫情反复等不利因素，充分发挥信托多层次、多领域、多渠道配置资源的优势，全力支持实体经济恢复和发展。在开展业务时，公司积极践行绿色信托理念，以实际行动支持传统产业升级、节能减排、新能源产业发展等。

截至2021年末，公司管理信托资产规模中投向实体经济领域的规模为2 201.18亿元，全年累计新增服务实体业务规模365.47亿元。公司服务实体经济信托业务中，投入民生保障领域6.23亿元，投入基础设施领域173.80亿元，投入节能环保领域为25.50亿元，用于产业转型升级领域为42.53亿元。京津冀协同相关项目存续规模为20.92亿元，服务河北地区项目存续规模为153.71亿元。

公司一直以来高度重视消费者权益保护工作。报告期内，面对复杂多变的新冠肺炎疫情扰动，公司努力为客户提供及时可靠的金融服务，并通过线上线下多种形式，开展了丰富多样的消费者权益保护、金融知识普及、反洗钱等宣传活动，取得良好的社会效果。

渤海信托助学公益行是公司多年来坚持的特色公益活动。2021年11月，公司代表走访河北省行唐县多所中小学，为定向资助的10名家庭困难学生送去助学金，带去公司员工捐赠的学习文具、生活用品、防疫物资等物品，并勉励他们好好学习，报效祖国。

公司一系列举措受到政府和业内高度认可。2021年，公司荣获石家庄市诚信创建示范单位等多项荣誉，并入选2021河北服务业企业100强。

5. 报告期末及上一年度末的比较式会计报表

5.1 自营资产

5.1.1 会计师事务所审计意见全文

审计报告

信会师报字〔2022〕第ZB30344号

渤海国际信托股份有限公司董事会：

一、审计意见

我们审计了渤海国际信托股份有限公司（以下简称渤海信托）财务报表，包括2021年12月31日的资产负债表，2021年度的利润表、现金流量表、所有者权益变动表以及相关财务报表附注。

我们认为，后附的财务报表在所有重大方面按照企业会计准则的规定编制,公允反映了渤海信托 2021年12月31日的财务状况以及2021年度的经营成果和现金流量。

二、形成审计意见的基础

我们按照中国注册会计师审计准则的规定执行了审计工作。审计报告的"注册会计师对财务报表审计的责任"部分进一步阐述了我们在这些准则下的责任。按照中国注册会计师职业道德守则,我们独立于渤海信托,并履行了职业道德方面的其他责任。我们相信,我们获取的审计证据是充分、适当的,为发表审计意见提供了基础。

三、管理层和治理层对财务报表的责任

管理层负责按照企业会计准则的规定编制财务报表,使其实现公允反映,并设计、执行和维护必要的内部控制,以使财务报表不存在由于舞弊或错误导致的重大错报。

在编制财务报表时,管理层负责评估渤海信托的持续经营能力,披露与持续经营相关的事项(如适用),并运用持续经营假设,除非计划进行清算、终止运营或别无其他现实的选择。

治理层负责监督渤海信托的财务报告过程。

四、注册会计师对财务报表审计的责任

我们的目标是对财务报表整体是否不存在由于舞弊或错误导致的重大错报获取合理保证,并出具包含审计意见的审计报告。合理保证是高水平的保证,但并不能保证按照审计准则执行的审计在某一重大错报存在时总能发现。错报可能由于舞弊或错误导致,如果合理预期错报单独或汇总起来可能影响财务报表使用者依据财务报表做出的经济决策,则通常认为错报是重大的。

在按照审计准则执行审计工作的过程中,我们运用职业判断,并保持职业怀疑。同时,我们也执行以下工作:

(一)识别和评估由于舞弊或错误导致的财务报表重大错报风险,设计和实施审计程序以应对这些风险,并获取充分、适当的审计证据,作为发表审计意见的基础。由于舞弊可能涉及串通、伪造、故意遗漏、虚假陈述或凌驾于内部控制之上,未能发现由于舞弊导致的重大错报的风险高于未能发现由于错误导致的重大错报的风险。

(二)了解与审计相关的内部控制,以设计恰当的审计程序,但目的并非对内部控制的有效性发表意见。

(三)评价管理层选用会计政策的恰当性和做出会计估计及相关披露的合理性。

(四)对管理层使用持续经营假设的恰当性得出结论。同时,根据获取的审计证据,就可能导致对渤海信托持续经营能力产生重大疑虑的事项或情况是否存在重大不确定性得出结论。如果我们得出结论认为存在重大不确定性,审计准则要求我们在审计报告中提请报表使用者注意财务报表中的相关披露;如果披露不充分,我们应当发表非无保留意见。我们的结论基于截至审计报告日可获得的信息。然而,未来的事项或情况可能导致渤海信托不能持续经营。

(五)评价财务报表的总体列报(包括披露)、结构和内容,并评价财务报表是否公允反映相关交易和事项。

我们与治理层就计划的审计范围、时间安排和重大审计发现等事项进行沟通,包括沟通我们在审计中识别出的值得关注的内部控制缺陷。

   中国注册会计师

中国注册会计师

中国·上海　　　　　　2022年4月29日

5.1.2 资产负债表

资产负债表

编制单位:渤海国际信托股份有限公司　　2021年12月31日　　单位:元

项目	期末余额	本年年初余额
资产:	—	—
现金及存放中央银行款项	12 831.28	13 231.28
存放同业款项	163 942 950.30	1 090 190 256.16
贵金属	—	—
拆出资金	—	—
应收款项	—	—
合同资产	—	—
买入返售金融资产	1 539 331 851.60	6 011 136 055.63
持有待售资产	—	—
发放贷款和垫款	1 067 819 000.00	1 284 689 600.00
金融投资:	—	—
交易性金融资产	1 598 446 443.90	5 833 031 435.81
债权投资	—	—
其他债权投资	—	—
其他权益工具投资	—	—

续表

项目	期末余额	本年年初余额
长期股权投资	—	—
投资性房地产	19 107 478.40	19 784 781.68
固定资产	902 476.65	1 055 828.70
在建工程	4 380 724.82	7 572 546.91
使用权资产	4 356 159.36	6 845 393.29
无形资产	23 887 849.28	20 012 117.11
递延所得税资产	1 332 235 528.26	910 141 147.14
其他资产	10 260 044 264.87	278 197 234.29
资产总计	16 014 467 558.72	15 462 669 628.00
负债：	—	—
向中央银行借款		
同业及其他金融机构存放款项		
拆入资金	760 000 000.00	760 000 000.00
交易性金融负债		
衍生金融负债		
吸收存款		
应付职工薪酬	166 793 877.30	122 749 895.25
应交税费	1 122 846 458.21	698 176 366.22
应付款项		
合同负债		
持有待售负债		
预计负债	348 674 566.33	348 674 566.33
应付债券		
租赁负债	4 453 535.63	6 845 393.29
递延所得税负债		
其他负债	334 471 637.73	301 562 114.80
负债合计	2 737 240 075.20	2 238 008 335.89
所有者权益(或股东权益)：		
实收资本(或股本)	3 600 000 000.00	3 600 000 000.00
其他权益工具		
资本公积	5 603 586 997.66	5 603 586 997.66
减：库存股		
其他综合收益		
盈余公积	475 841 721.84	470 585 102.70
一般风险准备	255 380 562.01	255 380 562.01
信托赔偿准备金	334 589 904.45	331 961 594.88
未分配利润	3 007 828 297.56	2 963 147 034.86
所有者权益(或股东权益)合计	13 277 227 483.52	13 224 661 292.11
负债和所有者权益(或股东权益)总计	16 014 467 558.72	15 462 669 628.00

5.1.3 利润表

利润表

编制单位：渤海国际信托股份有限公司　　2021年度　　单位：元

项目	本期金额	上期金额
一、营业总收入	1 366 659 412.28	2 296 993 747.97
利息净收入	−14 900 654.54	484 014 468.02
利息收入	16 171 093.49	515 005 579.13
利息支出	31 071 748.03	30 991 111.11
手续费及佣金净收入	1 750 409 692.18	1 668 567 644.46
手续费及佣金收入	1 800 070 742.42	1 856 840 706.33
手续费及佣金支出	49 661 050.24	188 273 061.87
投资收益(损失以"−"号填列)	606 407 219.95	148 597 711.61
其中：对联营企业和合营企业的投资收益	—	
以摊余成本计量的金融资产终止确认产生的投资收益(损失以"−"号填列)		
净敞口套期收益(损失以"−"号填列)		
其他收益		
公允价值变动收益(损失以"−"号填列)	−976 189 419.18	−6 663 080.00
汇兑收益(损失以"−"号填列)	−1 164.84	−3 523.38
其他业务收入	933 738.71	2 480 527.26
资产处置收益(损失以"−"号填列)		
二、营业总支出	1 287 637 792.64	2 251 296 423.13
税金及附加	12 660 908.44	15 810 076.92
业务及管理费	210 823 113.03	132 779 179.23
信用减值损失	1 063 476 467.89	2 102 029 863.70
其他资产减值损失	—	—
其他业务成本	677 303.28	677 303.28
三、营业利润(亏损以"−"号填列)	79 021 619.64	45 697 324.84
加：营业外收入	304 678.92	5 868 291.31
减：营业外支出	2 296 622.69	50 000.00
四、利润总额(亏损总额以"−"号填列)	77 029 675.87	51 515 616.15
减：所得税费用	24 463 484.46	33 968 762.91
五、净利润(净亏损以"−"号填列)	52 566 191.41	17 546 853.24
(一)持续经营净利润(净亏损以"−"号填列)	52 566 191.41	17 546 853.24
(二)终止经营净利润(净亏损以"−"号填列)	—	—
六、其他综合收益的税后净额	—	72 900 744.30
(一)不能重分类进损益的其他综合收益		
1.重新计量设定受益计划变动额		
2.权益法下不能转损益的其他综合收益		

续表

项目	本期金额	上期金额
3.其他权益工具投资公允价值变动	—	—
4.企业自身信用风险公允价值变动	—	—
（二）将重分类进损益的其他综合收益		72 900 744.30
1.权益法下可转损益的其他综合收益	—	—
2.其他债权投资公允价值变动		72 900 744.30
3.金融资产重分类计入其他综合收益的金额	—	—
4.其他债权投资信用损失准备	—	—

续表

项目	本期金额	上期金额
5.现金流量套期储备	—	—
6.外币财务报表折算差额	—	—
7.其他	—	—
七、综合收益总额	52 566 191.41	90 447 597.54
八、每股收益		
（一）基本每股收益（元/股）	—	—
（二）稀释每股收益（元/股）	—	—

5.1.4 所有者权益变动表

所有者权益变动表

编制单位：渤海国际信托股份有限公司　　　　2021年度　　　　单位：元

项目	股本	资本公积	盈余公积	一般风险准备	信托赔偿准备金	未分配利润	所有者权益合计
一、上年年末余额	3 600 000 000.00	5 603 586 997.66	470 585 102.70	255 380 562.01	331 961 594.88	2 963 147 034.86	13 224 661 292.11
加：会计政策变更	—	—	—	—	—	—	—
前期差错更正							
其他							
二、本年年初余额	3 600 000 000.00	5 603 586 997.66	470 585 102.70	255 380 562.01	331 961 594.88	2 963 147 034.86	13 224 661 292.11
三、本期增减变动金额（减少以"-"号填列）	—	—	5 256 619.14	—	2 628 309.57	44 681 262.70	52 566 191.41
（一）综合收益总额	—	—	—	—	—	52 566 191.41	52 566 191.41
（二）所有者投入和减少资本	—	—	—	—	—	—	—
1. 所有者投入的普通股	—	—	—	—	—	—	—
2. 其他权益工具持有者投入资本	—	—	—	—	—	—	—
3. 股份支付计入所有者权益的金额	—	—	—	—	—	—	—
4. 提取信托赔偿准备金	—	—	—	—	—	—	—
（三）利润分配	—	—	5 256 619.14	—	2 628 309.57	-7 884 928.71	
1. 提取盈余公积	—	—	5 256 619.14	—	—	-5 256 619.14	
2. 提取一般风险准备	—	—	—	—	—	—	
3. 对股东的分配	—	—	—	—	—	—	
4. 提取信托赔偿准备金	—	—	—	—	2 628 309.57	-2 628 309.57	
（四）所有者权益内部结转	—	—	—	—	—	—	
1. 资本公积转增股本	—	—	—	—	—	—	
2. 盈余公积转增股本	—	—	—	—	—	—	
3. 盈余公积弥补亏损	—	—	—	—	—	—	
4. 其他	—	—	—	—	—	—	
四、本期期末余额	3 600 000 000.00	5 603 586 997.66	475 841 721.84	255 380 562.01	334 589 904.45	3 007 828 297.56	13 277 227 483.52

5.2 信托资产

5.2.1 信托项目资产负债汇总表

信托项目资产负债汇总表

编制单位：渤海国际信托股份有限公司　　　　2021年12月31日　　　　单位：万元

信托资产	2021年12月31日	2020年12月31日	信托负债和信托权益	2021年12月31日	2020年12月31日
信托资产：	—	—	信托负债：	—	—
货币资金	660 650.85	817 757.23	交易性金融负债	—	—
拆出资金	325 636.96	606 499.03	衍生金融负债	—	—
存出保证金	—	—	应付账款	—	—
买入返售金融资产	—	—	应付受托人报酬	—	—
以公允价值及其变动计入当期损益的金融资产	2 335 287.14	1 466 605.90	应付托管费	—	—
衍生金融资产	—	—	应付受益人收益	—	—
持有至到期投资	7 423 718.17	11 121 509.48	其他应付款项	518 599.83	627 560.81
应收账款	410 189.47	383 264.67	应交税金	1 177.66	1 937.03
应收利息	4 612.84	4 612.84	卖出回购金融资产款	—	—
应收股利	—	—	其他负债	—	—
应收票据	—	—	信托负债合计	519 776.99	629 497.84
其他应收款	203 229.64	314 013.53	—	—	—
长期应收款	—	—	—	—	—
长期股权投资	3 145 118.36	3 107 571.06	—	—	—
发放贷款	17 327 105.63	25 959 154.12	—	—	—
可供出售金融资产	—	—	信托权益：	—	—
投资性房地产	—	—	实收信托	31 164 683.25	42 978 939.17
融资租赁资产	—	—	资本公积	—	—
固定资产	—	—	损益平准金	—	—
固定资产清理	—	—	未分配利润	151 088.82	172 550.85
无形资产	—	—	信托权益合计	31 315 772.07	43 151 490.02
长期待摊费用	—	—	—	—	—
其他资产	—	—	—	—	—
信托资产总计	31 835 549.06	43 780 987.86	信托负债和信托权益总计	31 835 549.06	43 780 987.86

5.2.2 信托项目利润及利润分配汇总表

信托项目利润及利润分配汇总表

编制单位：渤海国际信托股份有限公司　　2021年度　　单位：万元

项目	2021年度	2020年度
一、营业收入	2 014 171.09	3 504 535.12
利息收入	1 665 584.14	2 671 130.76
投资收入	337 025.94	812 750.12
租赁收入	—	—
其他收入	11 561.01	20 654.24
二、营业费用	294 949.30	327 133.27
三、营业税金及附加	—	—

续表

项目	2021年度	2020年度
四、扣除资产损失前的信托利润	1 719 221.79	3 177 401.85
减：资产减值损失	1.31	33.67
五、扣除资产损失后的信托利润	1 719 220.48	3 177 368.18
加：期初未分配信托利润	172 550.85	350 472.68
六、可供分配的信托利润	1 891 771.33	3 527 840.86
减：本期已分配信托利润	1 740 682.51	3 355 290.01
七、期末未分配信托利润	151 088.82	172 550.85

6. 会计报表附注

6.1 财务报表的编制基础

6.1.1 编制基础

公司财务报表以持续经营假设为基础，根据实际发生的交易和事项，按照财政部于2006年2月15日及以后颁布的《企业会计准则——基本准则》和各项具体会计准则、企业会计准则应用指南、企业会计准则解释及其他相关规定（以下合称《企业会计准则》）的披露规定编制。

根据企业会计准则的相关规定，公司会计核算以权责发生制为基础。除某些金融工具外，本财务报表均以历史成本为计量基础。资产如果发生减值，则按照相关规定计提相应的减值准备。

6.1.2 持续经营

公司自本报告期末至少12个月内具备持续经营能力，无影响持续经营能力的重大事项。

6.2 重要会计政策和会计估计说明

6.2.1 计提资产减值准备的范围和方法

公司使用预期信用损失三阶段模型评估金融资产减值；根据企业会计准则的相关规定要求，计提其他相应资产减值准备。

6.2.1.1 预期信用损失模型评估范围

公司以单项或组合的方式对以摊余成本计量的金融资产、以公允价值计量且其变动计入其他综合收益的金融资产（债务工具）、部分贷款承诺和财务担保合同的预期信用损失进行估计。

6.2.1.2 预期信用损失模型的评估方法

公司评估相关金融工具的信用风险自初始确认后是否已显著增加，运用"三阶段"减值模型分别计量其损失准备、确认预期信用损失：（1）阶段一：自初始确认后信用风险并未显著增加的金融工具。（2）阶段二：自初始确认后信用风险显著增加，但并未将其视为已发生信用减值的金融工具。（3）阶段三：已发生信用减值的金融工具。

阶段一金融工具按照相当于该金融工具未来12个月内预期信用损失的金额计量其损失准备，阶段二和阶段三金融工具按照相当于该金融工具整个存续期内预期信用损失的金额计量其损失准备。

以公允价值计量且其变动计入其他综合收益的金融资产（债务工具），在其他综合收益中确认其损失准备，并将减值损失或利得计入当期损益，不减少该金融资产在资产负债表中列示的账面价值。

6.2.1.3 已发生信用减值资产的定义

在新金融工具准则下为确定是否发生信用减值时，公司所采用的界定标准，与内部针对相关金融工具的信用风险管理目标保持一致，同时考虑定量、定性指标。公司评估是否发生信用减值时，主要考虑以下因素：（1）发行方或债务人发生严重财务困难；（2）债务人违反了合同条款，如偿付利息或本金发生违约或逾期等；（3）债权人出于经济或法律等方面因素的考虑，对发生财务困难的债务人做出让步；（4）债务人很可能倒闭或进行其他财务重组；（5）因发行方发生重大财务困难，该金融资产无法在活跃市场继续交易；（6）以大幅折扣购买或源生一项金融资产，该折扣反映了发生信用损失的事实；（7）债务人对本公司的任何本金、垫款、利息或投资的公司债券逾期超过90天。

6.2.2 金融工具的分类

管理层根据公司管理金融资产的业务模式和金融资产的合同现金流量特征，将其划分为：以公允价值计量且其变动计入当期损益的金融资产或金融负债，包括交易性金融资产或金融负债和直接指定为以公允价值计量且其变动计入当期损益的金融资产或金融负债；以摊余成本计量的金融资产或金融负债；以公允价值计量且其变动计入其他综合收益的金融资产。

6.2.3 长期股权投资

6.2.3.1 投资成本的确定

6.2.3.1.1 企业合并形成的长期股权投资

同一控制下的企业合并，合并方以支付现金、转让非现金资产或承担债务方式作为合并对价的，应当在合并日按照被合并方所有者权益在最终控制方合并财务报表中的账面价值的份额作为长期股权投资的初始投资成本。长期股权投资初始投资成本与支付的现金、转让的非现金资产以及所承担债务账面价值之间的差额，应当调整资本公积；资本公积不足冲减的，调整留存收益。

合并方以发行权益性证券作为合并对价的，应当在合并日按照被合并方所有者权益在最终控制方合并财务报表中的账面价值的份额作为长期股权投资的初始投资成本。按照发行股份的面值总额作为股本，长期股权投资初始投资成本与所发行股份面值总额之间的差额，应当调整资本公积；资本公积不足冲减的，调整留存收益。

非同一控制下的企业合并，购买方在购买日应当按照《企业会计准则第20号——企业合并》的有关规定确定的合并成本作为长期股权投资的初始投资成本。

合并方或购买方为企业合并发生的审计、法律服务、评估咨询等中介费用以及其他相关管理费用，应当于发生时计入当期损益。

6.2.3.1.2 其他方式取得的长期股权投资

以支付现金取得的长期股权投资，应当按照实际支付的购买价款作为初始投资成本。初始投资成本包括与取得长期股权投资直接相关的费用、税金及其他必要支出。

以发行权益性证券取得的长期股权投资，应当按照发行权益性证券的公允价值作为初始投资成本。与发行权益性证券直接相关的费用，应当按照《企业会计准则第37号——金融工具列报》的有关规定确定。

通过非货币性资产交换取得的长期股权投资，其初始投资成本应当按照《企业会计准则第7号——非货币性资产交换》的有关规定确定。

通过债务重组取得的长期股权投资，其初始投资成本应当按照《企业会计准则第12号——债务重组》的有关规定确定。

6.2.3.2 长期股权投资的核算

投资方能够对被投资单位实施控制的长期股权投资应当采用成本法核算。投资方对联营企业和合营企业的长期股权投资，采用权益法核算。

6.2.4 投资性房地产

投资性房地产包括已出租的土地使用权、持有并准备增值后转让的土地使用权和已出租的建筑物。

投资性房地产按照成本进行初始计量，采用成本模式进行后续计量，按期预计使用寿命及净残值率对建筑物和土地使用权计提折旧或摊销。投资性房地产的预计使用寿命、净残值率及折旧率列示如下表所示。

项目	折旧年限（年）	残值率（%）	年折旧率（%）
房屋及建筑物	20—40	5	2.38—4.75

资产负债表日，若单项投资性房地产的可收回金额低于账面价值时，将资产账面价值减记至可收回金额，减记的金额确认为资产减值损失，计入当期损益，同时计提相应的资产减值准备。投资性房地产减值一经确认，在以后会计期间不再转回。

当投资性房地产被处置，或者永久退出使用且预计不能从其处置中取得经济利益时，终止确认该项投资性房地产。投资性房地产出售、转让、报废或毁损的处置收入扣除其账面价值和相关税费后的金额计入当期损益。

6.2.5 固定资产及其累计折旧

6.2.5.1 固定资产确认条件、计价和折旧方法

固定资产是指为生产商品、提供劳务、出租或经营管理而持有的，使用年限超过一个会计年度的有形资产。

固定资产以取得时的实际成本入账，并从其达到预定可使用状态的次月起采用年限平均法计提折旧。

6.2.5.2 各类固定资产的折旧方法

类别	使用年限（年）	残值率（%）	年折旧率（%）
房屋及建筑物	20—40	5	2.38—4.75
运输设备	5	5	19
电子设备	5	5	19
机器设备	5	5	19
办公家具	5	5	19

6.2.5.3 资产负债表日，有迹象表明固定资产发生减值的，按照账面价值与可收回金额的差额计提相应的减值准备。

6.2.6 无形资产

无形资产包括土地使用权、专利权及非专利技术等，按成本进行初始计量。

使用寿命有限的无形资产，在使用寿命内按照与该项无形资产有关的经济利益的预期实现方式系统合理地摊销，无法可靠确定预期实现方式的，采用直线法摊销。摊销方式如下表所示。

项目	使用寿命（年）	摊销方法	备注
软件	5—10	直线法	—

使用寿命确定的无形资产，在资产负债表日有迹象表明发生减值的，按照账面价值与可收回金额的差额计提相应的减值准备；使用寿命不确定的无形资产和尚未达到可使用状态的无形资产，无论是否存在减值迹象，每年均进行减值测试。

6.2.7 在建工程

在建工程同时满足经济利益很可能流入、成本能够可靠计量则予以确认。在建工程按建造该项资产达到预定可使用状态前所发生的实际成本计量。

在建工程达到预定可使用状态时，按工程实际成本转入固定资产。已达到预定可使用状态但尚未办理竣工决算的，先按估计价值转入固定资产，待办理竣工决算后再按实际成本调整原暂估价值，但不再调整原已计提的折旧。

资产负债表日，有迹象表明在建工程发生减值的，

按照账面价值与可收回金额的差额计提相应的减值准备。

6.2.8 长期待摊费用的摊销政策

长期待摊费用按实际发生额入账，在受益期或规定的期限内分期平均摊销。如果长期待摊的费用项目不能使以后会计期间受益则将尚未摊销的该项目的摊余价值全部转入当期损益。

6.2.9 收入确认原则

6.2.9.1 利息收入和支出

公司利润表中的利息收入和利息支出，为按实际利率法确认的以摊余成本计量、以公允价值计量且其变动计入其他综合收益的金融资产和以摊余成本计量的金融负债等产生的利息收入与支出。

对于购入或源生的已发生信用减值的金融资产，公司自初始确认起，按照该金融资产的摊余成本和经信用调整的实际利率计算确定其利息收入。经信用调整的实际利率，是指将购入或源生的已发生信用减值的金融资产在预计存续期的估计未来现金流量，折现为该金融资产摊余成本的利率。

对于购入或源生的未发生信用减值、但在后续期间成为已发生信用减值的金融资产，公司在后续期间，按照该金融资产的摊余成本和实际利率计算确定其利息收入。

6.2.9.2 手续费及佣金收入

公司通过向客户提供各类服务收取手续费及佣金。其中，通过在一定期间内提供服务收取的手续费及佣金在相应期间内按照履约进度确认，其他手续费及佣金于相关交易完成时确认。

6.2.10 所得税的会计处理方法

所得税包括当期所得税和递延所得税。除由于企业合并产生的调整商誉，或与直接计入所有者权益的交易或者事项相关的递延所得税计入所有者权益外，均作为所得税费用计入当期损益。

当期所得税是按照当期应纳税所得额计算的当期应交所得税金额。应纳税所得额系根据有关税法规定对本年度税前会计利润做相应调整后得出。

公司根据资产、负债于资产负债表日的账面价值与计税基础之间的暂时性差异，采用资产负债表债务法确认递延所得税。

6.2.11 重要会计政策和会计估计的变更

6.2.11.1 租赁

财政部于2018年度修订了《企业会计准则第21号——租赁》（简称新租赁准则）。公司自2021年1月1日起执行新租赁准则。公司在首次执行日根据剩余租赁付款额按同期中国人民银行5年期及以上LPR（4.6%）来对租赁付款额进行折现的现值计量使用权资产和租赁负债。

6.2.11.2 金融工具确认和计量

公司自2021年1月1日起执行新金融工具准则，因追溯调整产生的累积影响数调整2021年初留存收益和其他综合收益，2020年度的财务报表未做调整。

2021年1月1日各项金融资产和金融负债按照修订前后金融工具确认计量准则的规定进行分类和计量结果对比如下表所示。

单位：元

原金融工具准则		新金融工具准则	
列报项目	账面价值	列报项目	账面价值
以公允价值计量且其变动计入当期损益的金融资产	11 842 550.00	交易性金融资产	5 833 031 435.81
买入返售金融资产	5 718 950 000.00	买入返售金融资产	6 011 136 055.63
发放贷款和垫款	1 260 925 600.00	发放贷款和垫款	1 284 689 600.00
其他应收款	593 783 049.53	其他应收款	277 832 993.90
可供出售金融资产	5 821 188 885.81	其他债权投资	—

6.3 或有事项说明

期末，公司对外担保预计将承担3.49亿元的支出。

6.4 资产负债表日后事项

无。

6.5 会计报表中重要项目的明细资料

6.5.1 披露自营资产经营情况

6.5.1.1 按信用风险五级分类结果披露信用风险资产的期初数、期末数

信用风险资产五级分类	正常类（万元）	关注类（万元）	次级类（万元）	可疑类（万元）	损失类（万元）	信用风险资产合计（万元）	不良合计（万元）	不良率（%）
期初数	1 155 856.00	—	396 257.00	22 361.00	65 682.00	1 640 156.00	484 300.00	17.91
期末数	251 025.00	1 054 429.00	287 601.00	127 456.00	39 264.00	1 759 775.00	454 321.00	8.95

注：不良资产合计＝次级类＋可疑类＋损失类。

6.5.1.2 各项资产减值损失准备的期初、本期计提、本期转回、本期核销、期末数

单位：万元

项目	期初数	本期计提	本期转回	其他变动	期末数
贷款损失准备	121 957.33	15 750.00	9 286.67	−21 279.60	107 141.06
一般准备	—	—	—	—	—
专项准备	121 957.33	15 750.00	9 286.67	−21 279.60	107 141.06
其他资产减值准备	55 120.91	46 918.53	—	−36 068.08	65 971.36
可供出售金融资产减值准备	—	—	—	—	—
持有至到期投资减值准备	—	—	—	—	—
长期股权投资减值准备	—	—	—	—	—
坏账准备	13 388.91	114 884.11	—	−4 570.65	123 702.37
投资性房地产减值准备	2 859.73	—	—	—	2 859.73

6.5.1.3 按照投资品种分类，分别披露固有业务股票投资、基金投资、债券投资、股权投资等投资业务的期初数、期末数

单位：万元

项目	自营股票	基金	债券	股权	理财产品	合计
期初数	1 184.25	—	—	50 718.31	531 400.58	583 303.14
期末数	1 424.05	—	—	50 718.31	107 702.28	159 844.64

6.5.1.4 按投资入股金额排序，前五名的自营长期股权投资的企业名称、占被投资企业权益的比例、主要经营活动及投资收益情况等（从大到小顺序排列）

企业名称	占被投资企业权益的比例（%）	主要经营活动	投资损益（万元）
—	—	—	—

注：投资损益是指按照企业会计准则规定，核算股权投资确认损益并计入披露年度利润表的金额。

6.5.1.5 前三名的自营贷款的企业名称、占贷款总额的比例和还款情况等（从贷款金额大到小顺序排列）

项目	占贷款总额的比例(%)	还款情况
1	80.46	逾期
2	8.79	逾期
3	5.61	逾期

6.5.1.6 表外业务的期初数、期末数；按照代理业务、担保业务和其他类型表外业务分别披露

单位：万元

表外业务	期初数	期末数
担保业务	34 867.46	34 867.46
代理业务（委托业务）	—	—
其他	—	—
合计	34 867.46	34 867.46

注：代理业务主要反映因客观原因应规范而尚未完成规范的历史遗留委托业务，包括委托贷款和委托投资。

无其他表外业务。

6.5.1.7 公司当年的收入结构

收入结构	金额（万元）	占比（%）
手续费及佣金收入	180 007.07	124.34
其中：信托手续费收入	180 007.07	124.34
投资银行业务收入	—	—
利息收入	1 617.11	1.12
其他业务收入	93.37	0.06
其中：计入信托业务收入部分	—	—
投资收益	60 640.72	41.89
其中：股权投资收益	838.21	0.58
证券投资收益	—	—
其他投资收益	59 802.51	41.31
公允价值变动收益	−97 618.94	−67.43
资产处置收益	—	—
营业外收入	30.47	0.02
收入合计	144 769.80	100.00

6.5.2 披露信托财产管理情况

6.5.2.1 信托资产的期初数、期末数

单位：万元

信托资产	期初数	期末数
集合	13 456 408.12	10 929 260.12
单一	27 827 840.24	19 573 692.04
财产权	2 496 739.50	1 332 596.90
合计	43 780 987.86	31 835 549.06

6.5.2.1.1 主动管理型信托业务的信托资产期初数、期末数，分证券投资、股权投资、融资、事务管理类分别披露

单位：万元

主动管理型信托资产	期初数	期末数
证券投资类	170 800.00	18 530.00
股权投资类	2 195 560.00	2 400 960.40
融资类	20 819 016.48	16 073 825.98
事务管理类	393 636.00	256 967.52
合计	23 579 012.48	18 750 283.90

6.5.2.1.2 被动管理型信托业务的信托资产期初数、期末数，分证券投资、股权投资、融资、事务管理类分别披露

单位：万元

被动管理型信托资产	期初数	期末数
证券投资类	824 193.69	622 739.46
股权投资类	885 950.58	722 382.81
融资类	16 879 392.19	10 332 793.61
事务管理类	1 612 438.92	1 407 349.28
合计	20 201 975.38	13 085 265.16

6.5.2.2 本年度已清算结束的信托项目个数、实收信托合计金额、加权平均实际年化收益率

6.5.2.2.1 本年度已清算结束的集合类、单一类资金信托项目和财产管理类信托项目个数、实收信托金额、加权平均实际年化收益率

已清算结束信托项目	项目个数（个）	实收信托合计金额（万元）	加权平均实际年化收益率（％）
集合类	64	4 952 476.63	6.90
单一类	285	10 702 322.03	6.84
财产管理类	13	1 583 599.53	3.34

注：1. 收益率是指信托项目清算后，给受益人赚取的实际收益水平。
2. 加权平均实际年化收益率＝（信托项目1的实际年化收益率×信托项目1的实收信托＋信托项目2的实际年化收益率×信托项目2的实收信托＋…信托项目n的实际年化收益率×信托项目n的实收信托）/（信托项目1的实收信托＋信托项目2的实收信托＋…信托项目n的实收信托）×100％。

6.5.2.2.2 本年度已清算结束的主动管理型信托项目个数、实收信托合计金额、加权平均实际年化收益率，分证券投资、股权投资、融资、事务管理类分别计算并披露

已清算结束信托项目	项目个数（个）	实收信托合计金额（万元）	加权平均实际年化信托报酬率（％）	加权平均实际年化收益率（％）
证券投资类	2	158 270.00	0.26	4.79
股权投资类	0	49 509.06	0.13	6.37
融资类	164	8 115 483.52	0.60	6.80
事务管理类	2	249 004.48	0.54	6.50

注：加权平均实际年化信托报酬率＝（信托项目1的实际年化信托报酬率×信托项目1的实收信托＋信托项目2的实际年化信托报酬率×信托项目2的实收信托＋…信托项目n的实际年化信托报酬率×信托项目n的实收信托）/（信托项目1的实收信托＋信托项目2的实收信托＋…信托项目n的实收信托）×100％。

6.5.2.2.3 本年度已清算结束的被动管理型信托项目个数、实收信托合计金额、加权平均实际年化收益率，分证券投资、股权投资、融资、事务管理类分别计算并披露

已清算结束信托项目	项目个数（个）	实收信托合计金额（万元）	加权平均实际年化信托报酬率（％）	加权平均实际年化收益率（％）
证券投资类	2	204 274.23	0.15	4.00
股权投资类	6	165 317.77	0.28	6.51
融资类	178	7 823 099.42	0.42	6.54
事务管理类	8	473 439.71	0.20	4.35

6.5.2.3 本年度新增的集合类、单一类和财产管理类信托项目个数、实收信托合计金额

新增信托项目	项目个数（个）	实收信托合计金额（万元）
集合类	45	2 407 809.00
单一类	74	2 588 950.31
财产管理类	4	427 382.93
新增合计	123	5 424 142.24
其中：主动管理型	72	3 441 538.48
被动管理型	51	1 982 603.76

注：本年新增信托项目指在本报告年度内累计新增的信托项目个数和金额，包含本年度新增并于本年度内结束的项目和本年度新增至报告期末仍在持续管理的信托项目。

6.5.2.4 信托业务创新成果和特色业务有关情况

公司始终把支持节能环保、新能源等国家战略性新兴产业作为公司创新的重要着力点之一，通过举办专题研讨会、周例会等方式组织广大干部员工学习了《绿色信贷指引》等相关政策文件，并研究制定了《渤海信托绿色信托业务操作指引》，从制度层面建立了绿色信托业务流程、风险控制、信息系统建设、信息披露等优先发展机制。报告期内，完成了公司首单1.6亿元绿色信托项目——"金泰1号"的落地，用实际行动为绿色产业提供专业化金融服务，持续积累业务经验，开拓绿色和可持续金融市场。

公司运用现代金融科技，持续升级供应链金融业务模式，研发推出了"胖猫"系列信托产品，推动钢铁等传统产业转型升级。该产品通过找钢网、信托公司两道风控审核，严格把关借款人准入标准，动态监控底层资产质量，通过结构化分层实现产品内部增信，通过平台受让不良债权实现外部增信，通过自研系统实现资金闭环。自成立以来，该产品已累计募集21期，服务中小微企业近千家，并在第十一届"金貔貅奖"暨中国金融创新与发展论坛上，荣获年度金牌创新力金融产品奖。

公司以基于真实消费场景发展业务为前提，结合监管要求、客户需求、公司优势，持续加大小微金融产品

和服务创新。目前，公司已与多家小微金融领域龙头企业合作研发了"双SPV"资产证券化业务模式，有效降低了消费金融成本，惠及更多客户，助力消费市场复苏。同时，公司高度重视小微金融业务的风险管控，建立了集中统一的个人授信风险限额及额度管理系统，实现了对个人授信业务审批、使用和额度的动态化管理，进一步提升了公司的主动风控能力。

6.5.2.5 本公司履行受托人义务情况及因本公司自身责任而导致的信托资产损失情况（合计金额、原因等）

在本信托年度，公司作为受托人，严格遵守《信托法》《信托公司管理办法》等法律法规以及公司规章制度，每一信托项目分别开立了信托财产专用账户，对不同的信托资产单独进行管理和核算，公司管理的信托资产与固有资产由不同的部门和人员分别进行管理，信息隔离；同时，公司始终坚持诚实、信用、谨慎、有效管理原则，牢固树立风险管理的理念，严格按照信托合同中约定的管理方式、权限，忠实地为委托人管理、运用及处分信托财产，保证了信托财产的安全完整和受益人的最大利益。

截至目前，公司无信托财产损失情况的发生。

6.6 关联方关系及其交易的披露

6.6.1 关联交易方的数量、关联交易的总金额及关联交易的定价政策等

项目	关联交易方数量（个）	关联交易金额（万元）	定价政策
合计	8	668 560.80	公平的协议价格

6.6.2 关联交易方与本公司的关系性质、关联交易方的名称、法定代表人、注册地址、注册资本及主营业务等

序号	关系性质	关联方名称	法定代表人	注册地址	注册资本（万元）	主营业务
1	受同一最终控制人控制	海航集团有限公司	陈峰	海口市美兰区国兴大道7号新海航大厦25层	6 000 000.00	航空运输及机场的投资与管理；酒店及高尔夫球场的投资与管理；信息技术服务；飞机及航材进出口贸易；能源、交通、新技术、新材料的投资开发及股权运作；境内劳务及商务服务中介代理
2	母公司	海航资本集团有限公司	金川	海南省海口市海秀路29号	3 348 035.00	企业资产重组、购并及项目策划，财务顾问中介服务，信息咨询服务，交通能源新技术、新材料的投资开发，航空器材的销售及租赁业务，建筑材料、酒店管理、游艇码头设施投资
3	受同一最终控制人控制	海航商业控股有限公司	陈汉	北京市顺义区南法信镇府前街12号207室	1 309 755.00	项目投资及投资管理；货物进出口、技术进出口、代理进出口；专业承包；技术开发、技术咨询、技术服务、技术转让；设备租赁（汽车除外）；销售服装鞋帽、五金交电、日用杂品、文化体育用品、日用百货、珠宝首饰、针纺织品
4	控股公司直接持股	浦航融资租赁有限公司	郑兴	中国（上海）自由贸易试验区正定路530号A5库区集中辅助区三层318室	1 268 340.00	融资租赁业务；自有设施设备租赁；租赁交易咨询（经纪业务除外）；实业投资（股权投资除外）；财务咨询（代理记账业务除外）；向国内外购买融资租赁资产；从事与主营业务相关的货物进出口业务（依法须经批准的项目，经相关部门批准后方可开展经营活动）
5	受同一最终控制人控制	海航实业集团有限公司	陈汉	北京市朝阳区阜通东大街6号院1号楼3层306	1 413 652.58	项目投资；投资管理；企业管理；销售机械设备；机械设备租赁
6	受同一控制人控制	天津渤海四号租赁有限公司	时晨	天津自贸试验区（东疆保税港区）澳洲路6262号查验库办公区202室	10.00	融资租赁业务；租赁业务；向国内外购买租赁财产；租赁财产的残值处理及维修；租赁交易咨询
7	受同一控制人控制	海口渤海四号租赁有限公司	时晨	海南省澄迈县老城经济开发区南一环路69号海口综合保税区联检大楼301房-4	10.00	融资租赁（金融租赁公司特有的经营内容除外）业务、租赁业务、租赁财产的残值处理及维修、租赁业务的咨询、向国内外购买租赁资产、货物及技术进出口
8	受同一最终控制人控制	海航生态科技集团有限公司	桂海鸿	海口市国兴大道7号海航大厦16楼	702 500.00	科技产品的开发、研制，数据中心，科技、能源、物流的投资开发，商务信息咨询

6.6.3 本公司与关联方的重大交易事项

6.6.3.1 信托与关联方交易情况：贷款、投资、租赁、应收账款、担保、其他方式等期初汇总数、本期借方和贷方发生额汇总数、期末汇总数

信托与关联方关联交易　　　　　　　　单位：万元

项目	期初数	借方发生额	贷方发生额	期末数
贷款	717 867.00	—	49 306.20	668 560.80
投资	—	—	—	—
租赁	—	—	—	—
担保	—	—	—	—
应收账款	—	—	—	—
其他	—	—	—	—
合计	717 867.00	0.00	49 306.20	668 560.80

6.6.3.2 信托公司自有资金运用于本公司管理的信托项目（固信交易）、信托公司管理的信托项目之间的相互（信信交易）交易金额，包括余额和本报告年度的发生额

6.6.3.2.1 固有与信托财产之间的交易金额期初汇总数、本期发生额汇总数、期末汇总数

固有财产与信托财产相互交易　单位：万元

项目	期初数	本期发生额	期末数
合计	86 900.00	24 430.00	111 330.00

注：以固有资金投资公司自己管理的信托项目受益权，或购买自己管理的信托项目的信托资产均应纳入统计披露范围。

6.6.3.2.2 信托项目之间的交易金额期初汇总数、本期发生额汇总数、期末汇总数

信托资产与信托财产相互交易　单位：万元

项目	期初数	本期发生额	期末数
合计	—	—	—

注：以公司受托管理的一个信托项目的资金购买自己管理的另一个信托项目的受益权或信托项下资产均应纳入统计披露范围。

6.6.4 关联方逾期未偿还本公司资金的详细情况以及本公司为关联方担保发生或即将发生垫款的详细情况

无。

6.7 会计制度的披露

固有业务及信托业务均执行2006年及以后颁布的《企业会计准则——基本准则》和各项具体会计准则、企业会计准则应用指南、企业会计准则解释及其他相关规定。

7.财务情况说明书

7.1 利润实现和分配情况

经立信会计师事务所（特殊普通合伙）审计后，公司2021年实现利润总额7 702.97万元，扣除所得税2 446.35万元，净利润5 256.62万元，根据《信托公司管理办法》及公司章程规定，提取5%信托赔偿准备金262.83万元，根据《公司法》提取法定盈余公积金525.66万元，期末可供股东分配的利润为300 782.83万元。

7.2 主要财务指标

指标名称	指标值
资本利润率（%）	0.40
加权年化信托报酬率（%）	0.50
人均净利润（万元）	19.87

注：1.资本利润率=净利润/所有者权益平均余额×100%。
2.加权年化信托报酬率=（信托项目1的实际年化信托报酬率×信托项目1的实收信托+信托项目2的实际年化信托报酬率×信托项目2的实收信托+…信托项目n的实际年化信托报酬率×信托项目n的实收信托）/（信托项目1的实收信托+信托项目2的实收信托+…信托项目n的实收信托）×100%。
3.人均净利润＝净利润/平均人数。
4.平均值采取年初、年末余额简单平均法，公式为：a（平均）=（年初数+年末数）/2。

7.3 对本公司财务状况、经营成果有重大影响的其他事项

报告期内，未发生对财务状况、经营成果有重大影响的其他事项。

7.4 公司净资本情况

报告期内，公司依据《信托公司净资本管理办法》积极推进净资本管理工作。

指标名称	指标值	监管标准
净资本	794 194.10万元	≥2亿元
各项业务风险资产之和（万元）	598 251.34	—
净资本/各项业务风险资本之和（%）	132.75	≥100
净资本/净资产（%）	59.82	≥40

8.特别事项简要揭示

8.1 报告期内，股东变动情况及原因，股份变动情况

报告期内，公司的股东及股份无变化。

8.2 报告期内股东提名董事、监事情况，董事、监事及高级管理人员变动情况及原因

8.2.1 董事变动情况

报告期内，海航资本集团有限公司提名卓逸群接替成小云担任公司董事。2021年1月18日，经2021年第一次临时股东大会审议通过，选举卓逸群担任公司董事；2021年3月24日，经第二届董事会第十六次会议审议通过，选举卓逸群担任公司董事长；2021年5月31日，河北银保监局核准卓逸群董事、董事长任职资格。

8.2.2 监事变动情况

2021年1月18日，经2021年第一次临时股东大会审议通过，选举王学江接替马建军担任公司非职工监事；同日，经第二届监事会第十次会议审议通过，选举王学江担任公司监事会主席。

2021年10月27日，经第二届监事会第十五次会议审议通过，王学江不再担任公司监事会主席；2021年11月5日，经2021年第四次临时股东大会审议通过，王学江不再担任公司非职工监事。

8.2.3 高级管理人员变动情况

2021年12月17日，经第二届董事会第二十次会议审议通过，聘任杨超担任公司总裁助理；2022年3月1日，河北银保监局核准杨超总裁助理任职资格。

8.3 变更注册资本、变更注册地或公司名称、公司分立合并事项

报告期内，无相关变更事项。

8.4 公司的重大诉讼事项

公司为平安银行向融资人发放的贷款提供保证担保，后融资人未能归还该笔贷款，经法院终审判决后，平安银行向法院申请执行公司及融资人。该笔贷款存续本金3.25亿元，融资人提供的抵押财产变现后预计能够覆盖债务本金。报告期内，公司与债权人已达成和解意向。2022年1月，平安银行已向法院撤回执行申请。

8.5 公司及其董事、监事和高级管理人员受到处罚的情况

2021年2月8日，中国人民银行石家庄中心支行下发行政处罚决定书（银石罚字〔2020〕第37号），对公司处罚人民币100万元，对公司总裁助理侯庆涛处罚款人民币3.5万元，处罚事由为未按照规定履行客户身份识别义务。除上述事项外，公司及其董事、监事和高级管理人员无其他受到处罚的情况。

8.6 对国务院银行业监督管理机构或其派出机构提出的检查整改意见处理情况

2021年7月，河北银保监局组织开展"内控合规管理建设年"活动自查工作。公司对照"银行业保险业'内控合规管理建设年'活动工作要点"，结合公司实际情况制定自查方案并认真开展排查工作，形成的阶段性自查报告、年度自查报告已分别于2021年9月、12月向河北银保监局报送。

8.7 本年度重大事项临时报告的简要内容、披露时间、所披露的媒体及其版面

2021年4月30日，在《上海证券报》第76版刊登《渤海国际信托股份有限公司2020年度报告摘要》。

2021年6月11日，在《上海证券报》第47版刊登《渤海国际信托股份有限公司关于公司董事长及法定代表人变更的公告》。

2021年9月2日，在《上海证券报》第30版刊登《渤海国际信托股份有限公司关于修改<公司章程>的公告》。

8.8 股东违反承诺质押公司股权或以股权及其受（收）益权设立信托等金融产品的情况

报告期内无上述情况。

8.9 已向国务院银行业监督管理机构或其派出机构提交行政许可申请但尚未获得批准的事项

报告期内无上述事项。

8.10 国务院银行业监督管理机构或其派出机构认定的其他有必要让客户及相关利益人了解的重要信息

报告期内无上述事项。

9.公司监事会意见

监事会认为，报告期内，公司内控制度较为完善，能够按照合法决策程序对重大事项进行决策，所开展的业务经营活动符合《公司法》《信托法》《信托公司管理办法》及《信托公司治理指引》等有关法律规定。公司董事会认真执行股东大会决议，勤勉尽责，未发现董事、高级管理人员在执行公司职务时有违法违纪和损害委托人、受益人、公司及股东利益的行为。公司财务报告真实客观地反映了公司的财务状况和经营成果。

长安国际信托股份有限公司

1. 重要提示

1.1 公司董事会及董事保证本报告所载资料不存在任何虚假记载、误导性陈述或者重大遗漏，并对其内容的真实性、准确性和完整性承担个别及连带责任。

1.2 公司独立董事王满仓、施继元声明：保证本年度报告内容真实、准确、完整。

1.3 公司2021年度财务报告经希格玛会计师事务所（特殊普通合伙）审计，并出具了标准无保留意见的审计报告。

1.4 公司董事长高成程、拟任总裁袁政、主管会计工作负责人张胜及会计机构负责人马华声明：保证年度报告中财务会计报告的真实、完整。

2. 公司概况

2.1 公司简介

长安国际信托股份有限公司的前身为西安市信托投资公司，1986年8月经中国人民银行批准成立，系国有独资的非银行金融机构。1999年12月公司增资改制为有限责任公司。2002年4月，经中国人民银行总行批准，在信托业清理整顿中予以单独保留。2003年12月经中国银行业监督管理委员会陕西监管局批准，换发了新的中华人民共和国金融许可证。2008年1月，经中国银行业监督管理委员会批准，公司名称变更为西安国际信托有限公司，注册资本变更为3.6亿元。2009年12月经中国银行业监督管理委员会陕西监管局批准，公司注册资本变更为5.1亿元。2011年7月，经中国银行业监督管理委员会陕西监管局批准，公司注册资本变更为5.58亿元。2011年11月，经中国银行业监督管理委员会批准，公司整体变更并更名为长安国际信托股份有限公司，注册资本变更为7.5888亿元。2011年12月，经中国银行业监督管理委员会陕西监管局批准，公司注册资本变更为12.5888亿元。2014年3月，经中国银行业监督管理委员会陕西监管局批准，公司注册资本变更为13.46022857亿元。2016年2月，经中国银行业监督管理委员会陕西监管局批准，公司注册资本变更为33.3亿元。

2.1.1 公司法定中文名称：长安国际信托股份有限公司（简称：长安信托）
公司法定英文名称：Chang'an International Trust Co., Ltd.（缩写：CITC）

2.1.2 公司法定代表人：高成程

2.1.3 公司注册地址：西安市高新区科技路33号高新国际商务中心23、24层
公司邮政编码：710075
公司国际互联网网址：http://www.caitc.cn

2.1.4 信息披露事务负责人：董事会秘书 谷林强
信息披露事务联系人：陈拓
联系电话：029-87995909
传真：029-87990856
电子信箱：chentuo@caitc.cn

2.1.5 公司选定的信息披露报纸：《上海证券报》《金融时报》《证券时报》

2.1.6 公司年度报告备置地点：西安市高新区科技路33号高新国际商务中心24层

2.1.7 公司聘请的会计师事务所名称：希格玛会计师事务所（特殊普通合伙）
住所：陕西省西安市浐灞生态区浐灞大道一号外事大厦6层

2.1.8 公司聘请的律师事务所名称：北京市康达（西安）律师事务所
住所：西安市雁塔区太白南路139号云图中心15层

2.2 组织结构

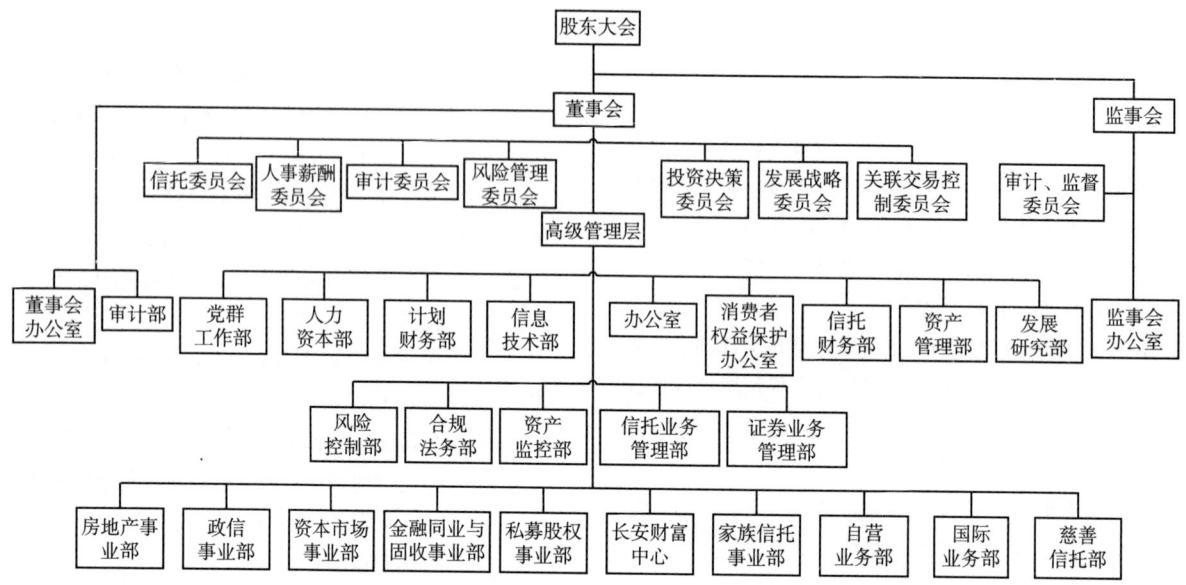

3. 公司治理

3.1 股东

公司股份及前十大股东持股情况。

报告期末股份总数（股）	3 330 000 000
报告期末股东总数（个）	7
报告期股份变动情况	无

公司前十大股东

股东名称	年末持股数（万股）	持股比例（%）	法定代表人	注册资本（万元）	注册地址	主要经营业务
西安投资控股有限公司	134 662.2138	40.44	杜岩岫	1 422 989.992577	西安市高新区科技五路8号数字大厦四层	投资业务；项目融资；资产管理；资产重组与购并；财务咨询等
上海淳大资产管理有限公司	72 605.2237	21.80	吴秀	252 000	中国（上海）自由贸易试验区长柳路100号一层G室	实业投资；投资管理咨询；企业管理咨询
上海证大投资管理有限公司	51 938.6594	15.60	朱立宏	200 000	中国（上海）自由贸易试验区民生路1199弄1号16层1908室	投资管理，资产管理
上海随道投资发展有限公司	48 922.8308	14.69	周国华	111 000	上海市浦东新区洲海路2777号8-11层	资产经营管理（除金融业务），实业投资，企业管理咨询等
陕西鼓风机（集团）有限公司	20 339.8812	6.11	李宏安	80 000	西安市临潼区代王街办	分布式能源及能源互联一体化项目的设计、技术研发、工程总包、建设及运营管理；分布式能源及能源互联一体化成套设备、大型压缩机、鼓风机、汽轮机、通风机、各种透平机械、仪器仪表、智能化设备、自动化装备及其他机电产品的研发、设计、制造、销售、安装调试、售后与维修服务及再制造等
西安高新技术产业开发区科技投资服务中心	3 238.0959	0.97	杨酥	82 424.19	西安市雁塔区高新一路25号	为西安高新技术产业开发区企业提供投融资服务，开发区内中小企业贷款担保服务
西安广播电视台	1 293.0952	0.39	惠毅	92 087.79	西安市曲江新区曲江池西路60号	制播广播电视节目、移动电视频道及网络电视运营、广播电视节目发射、传输和覆盖技术服务广播电视广告经营等

注：1. 上海淳大资产管理有限公司和上海证大投资管理有限公司为一致行动人。
2. 西安高新技术产业开发区科技投资服务中心和西安广播电视台为事业单位，其注册资本为开办资金。

3.2 董事、独立董事

3.2.1 董事

姓名	职务	性别	年龄（岁）	选任日期	所推荐的股东名称	所推荐的股东持股比例（%）	简要履历
高成程	董事长	男	53	2018年4月23日	西安投资控股有限公司	40.44	曾任西安市国际信托投资公司投资租赁部副主任、主任；西安市生产资金管理分局副局长；西安市经济技术投资担保有限公司副总经理、总经理；西安国际信托有限公司董事长。现任长安国际信托股份有限公司董事长
刘斌	董事	男	50	2019年12月23日	上海淳大资产管理有限公司	21.80	曾任华西证券绵阳花园营业部经纪业务管理总部经理助理，民生银行成都分行清江支行副行长，民生银行成都分行公司部总经理、资金及资本市场部总经理，民生银行总行投资银行部结构融资部财中心负责人，民生银行成都分行金融市场部总经理，四川聚信发展股权投资基金管理有限公司总经理、投决会主席、董事，长安国际信托股份有限公司董事、总裁。现任长安国际信托股份有限公司董事
刘建利	董事	男	50	2018年4月23日	西安投资控股有限公司	40.44	曾任西安旅游股份有限公司副总经理、董事会秘书。现任西安投资控股有限公司副总经理
鹿山	董事	男	44	2018年4月23日	西安投资控股有限公司	40.44	曾任西安西格玛消防科技股份有限公司副总经理；华融渝富股权投资基金管理有限公司投资总监；西安财经学院教师；西安投资控股有限公司副总经理。现任西安城市发展（集团）有限公司副总经理
徐良	董事	男	49	2018年4月23日	上海淳大资产管理有限公司	21.80	曾任深圳发展银行罗湖支行行长助理；平安银行成都分行行长助理，副行长，行长、党委书记。现任嘉腾控股有限公司董事长
葛岗	董事	男	52	2018年4月23日	上海证大投资管理有限公司	15.60	曾任成都市第八建筑工程公司财务科科长；万腾实业集团有限公司常务副总经理、副总裁、总裁等。现任万腾实业集团有限公司副董事长
王岢	董事	男	53	2018年4月23日	上海随道投资发展有限公司	14.69	曾任深圳市越众(集团)股份有限公司副总经理；成都中信城市建设有限公司总经理；中信地产成都有限公司党委书记、董事长。现任西藏嘉宜新能源科技有限公司董事长，拉萨市禹翼商贸有限责任公司董事长
柴进	董事	男	42	2018年4月23日	陕西鼓风机(集团)有限公司	6.11	曾任北大方正集团总总部财务主管；北京北大方正电子有限公司运营管理部运营主管；西安陕鼓动力股份有限公司融资服务部长助理、副部长。现任西安陕鼓动力股份有限公司董事会秘书、投资副总监

注：上表"选任日期"为股东大会选举通过时间。

3.2.2 独立董事

姓名	所在单位及职务	性别	年龄（岁）	选任日期	所推荐的股东名称	所推荐的股东持股比例（%）	简要履历
王满仓	西北大学经济管理学院金融系主任、教授	男	58	2018年4月23日	西安投资控股有限公司	40.44	曾任西北大学经济管理学院管理系助教、讲师、副教授。现任西北大学经济管理学院教授、金融系主任
施继元	上海立信会计金融学院教授	男	49	2018年4月23日	上海证大投资管理有限公司、上海随道投资发展有限公司	15.60、14.69	曾任上海金融学院国际金融学院教授、副院长。现任上海立信会计金融学院教授，上海金融学会理事

注：上表"选任日期"为股东大会选举通过时间。

3.3 监事

姓名	职务	性别	年龄（岁）	选任日期	所推荐的股东名称	所推荐的股东持股比例（%）	简要履历
周文革	监事会主席	男	55	2018年4月23日	西安投资控股有限公司	40.44	曾任陆军第47集团军139师415团副连长、连长；西安陆军学院正连职、副营职、正营职教员；西安市财政局教办干部；西安市财政局组织人事处副处长、处长。现任长安国际信托股份有限公司监事会主席
田洪涛	监事	男	50	2018年4月23日	上海淳大资产管理有限公司	21.80	曾任联想集团控股公司审计师、审计部副总经理；神州数码控股公司经营管理部副总经理、企业发展部总经理、审计部总经理、集团总裁助理兼企业运营部总经理、法律部总经理、风险管理委员会负责人；神州数码副总裁兼财务总经理、南区总裁，并任集团财经委员会和人力资源委员会负责人，神州数码信息服务有限公司CFO（常务副总裁）；MI能源控股有限公司执行董事兼执行总裁。现任北京慧康天诚医药科技有限公司董事长
衡春妮	监事	女	47	2018年4月23日	上海证大投资管理有限公司	15.60	曾任华夏证券广元营业部财务经理；成都中加国联投资有限公司财务总监；万腾实业集团副总裁。现任万腾实业集团总裁
刘朵	监事	女	35	2018年4月23日	西安高新技术产业开发区科技投资服务中心	0.97	曾任中国人寿保险股份有限公司业务助理。现任西安市高新区财政局所属西安高新技术开发区科技投资服务中心会计

续表

姓名	职务	性别	年龄（岁）	选任日期	所推荐的股东名称	所推荐的股东持股比例（%）	简要履历
刘静	职工代表监事	女	52	2018年4月23日	—	—	曾任西安国际信托投资有限公司投资银行部投资经理、投资银行部副总经理、信托二部副总经理。现任长安国际信托股份有限公司审计部总经理
刘斌	职工代表监事	男	56	2018年4月23日	—	—	曾任建设银行西安市分行人事教育处团专干、信托投资公司信贷员；建行陕西省分行所属支行办公室、审批部、房地产信贷部、综合保障部负责人；西安华夏资产管理公司副总经理；长安国际信托股份有限公司历任总裁办公室、证券业务管理部、信托业务管理部、战略客户部负责人；现任长安国际信托股份有限公司信托业务管理部负责人

注：周文革先生、田洪涛先生、衡春妮女士和刘朵女士的"选任日期"为股东大会选举通过时间；刘静女士和刘斌先生的"选任日期"为第三届监事会成立日期。

3.4 高级管理人员

姓名	职务	性别	年龄（岁）	选任日期	金融从业年限（年）	学历	专业	简要履历
袁政	代总裁	男	50	2021年9月27日	26	本科	金融学	曾任深圳发展银行长城大厦支行副行长、深圳发展银行龙华支行行长、深圳发展银行总行信贷管理部总经理助理兼信贷监测与预警室经理、深圳发展银行总行资产保全部信贷执行官、深圳发展银行总行信贷管理部副总经理、深圳发展银行成都分行副行长兼信贷执行官、平安银行上海分行副行长兼信贷执行官、平安银行杭州分行副行长兼信贷执行官、平安银行电子信息产业金融事业部副总裁，长安国际信托股份有限公司副总裁。现任长安国际信托股份有限公司代总裁
张胜	党委书记、副总裁	男	58	2018年4月23日	34	博士	电路与系统	曾任中国银行朔州支行副科长、科长；华夏银行太原支行个人金融处处长、营业部主任、行长助理、副行长、纪委书记，华夏银行网络银行部总经理、信息技术部总经理、总行机关党委委员、首席信息官，华夏银行海口分行行长、党委书记；平安银行总行北京首席代表。现任长安国际信托股份有限公司党委书记、副总裁
桂林	常务副总裁	男	42	2021年8月31日	17	硕士	金融学	曾任云南国际信托有限公司投资银行部副总经理，兴业银行总行投资银行部财富顾问处产品经理，民生银行总行投资银行部财富管理中心负责人，恒丰银行总行公司金融部总经理助理。现任长安国际信托股份有限公司常务副总裁
瞿文康	副总裁	男	55	2018年4月23日	35	硕士	经济管理	曾在西安市财政局、西安市国际信托投资有限公司工作；西安市生产资金管理分局副主任、主任；西安市经济技术投资担保有限公司计财部主任、财务总监、副总经理兼财务负责人。现任长安国际信托股份有限公司副总裁
黄海涛	副总裁	男	54	2018年4月23日	33	硕士	工商管理	曾任陕西省邮政储汇局局长助理，商洛市邮政局副局长，陕西省邮政储汇局副局长，中国邮政储蓄银行陕西省分行副行长，中邮证券有限责任公司总经理。现任长安国际信托股份有限公司副总裁
喻福兴	副总裁	男	54	2018年4月23日	34	本科	信息技术应用与管理	曾任建行浙江省信托投资有限公司信贷科科长；金信信托投资有限公司信托业务二部副经理；平安信托投资有限公司浙江营销中心总经理助理；长安国际信托股份有限公司信托六部经理、总裁助理。现任长安国际信托股份有限公司副总裁
黄立军	总裁助理	男	45	2018年4月23日	16	博士	经济学	曾任安信证券研究中心金融分析师；宏源证券研究所行业公司部主管、公司战略小组成员、所长助理、副所长。现任长安国际信托股份有限公司总裁助理
傅齐	总裁助理	男	44	2018年4月23日	26	本科	会计学	曾任深圳发展银行成都分行科华北路支行行长助理；深圳发展银行成都分行市场四部团队负责人；平安银行成都分行金融城支行筹备负责人、行长；平安银行成都分行行长室销售总监。现任长安国际信托股份有限公司总裁助理
谷林强	董事会秘书	男	55	2018年4月23日	26	本科	管理科学	曾任陕西商业专科学校校长办公室秘书，长安国际信托股份有限公司投资银行部副总经理、证券业务部总经理、控股子公司总经理、自营业务部副总经理。现任长安国际信托股份有限公司董事会秘书、董事会办公室主任

注：上表"选任日期"为董事会审议通过时间。

3.5 公司员工

项目		2021年度		2020年度	
		人数（人）	比例（%）	人数（人）	比例（%）
年龄分布	25岁以下	3	0.31	7	0.74
	25—29岁	136	13.93	141	14.87
	30—39岁	610	62.50	601	63.40
	40岁以上	227	23.26	199	20.99

续表

项目		2021年度		2020年度	
		人数（人）	比例（%）	人数（人）	比例（%）
学历分布	博士	10	1.02	11	1.16
	硕士	443	45.39	454	47.89
	本科	471	48.26	443	46.73
	专科	50	5.12	38	4.01
	其他	2	0.20	2	0.21

续表

项目		2021年度		2020年度	
		人数（人）	比例（%）	人数（人）	比例（%）
岗位分布	董事、监事及高管	11	1.13	12	1.27
	自营业务人员	8	0.82	5	0.53
	信托业务人员	320	32.79	361	38.08
	其他人员	637	65.27	570	60.13

4. 经营管理

4.1 经营目标、经营方针、战略规划

4.1.1 经营目标

公司的经营目标是以有效服务实体经济为根本出发点，以满足社会日益增长的财富保值增值需求为核心驱动，以合规经营为基本原则，充分发挥信托功能优势和专业特长，不断做强做精信托主业，打造一家真正专业的资产管理与财富服务公司，实现长期可持续的稳健发展。

4.1.2 经营方针

公司坚持创新、进取、专业、务实的企业文化，以全面满足客户的投融资需求为目标，以提升主动管理能力为着力点，以增强风险控制能力和专业人才队伍建设为保障，通过持续推进业务升级和产品创新，不断完善产品和客户服务体系，为客户提供专业、诚信的综合金融服务。

4.1.3 战略目标

公司的长期战略目标为做"高净值客户的最佳金融生活服务商"。公司将通过打造专业化事业部来实现上述战略目标。公司已经组建了七大事业部，分别是房地产事业部、政信事业部、资本市场事业部、金融同业与固收事业部、长安财富中心、家族信托事业部和私募股权事业部。各事业部聚焦细分市场，形成专业化壁垒，为客户提供全生命周期、全天候具有竞争优势的产品及服务。通过组建事业部，实现专业化和高效化，打造精品信托公司，快速响应市场需求，获取高附加值业务，推动公司转型创新和可持续发展，为实现公司的战略目标提供有力保障。

4.2 所经营业务的主要内容

4.2.1 自营资产运用与分布情况

自营资产运用与分布表

资产运用	金额（万元）	占比（%）	资产分布	金额（万元）	占比（%）
货币资金	91 234.27	9.74	房地产	41 459.78	4.42
贷款及应收款	53 810.24	5.74	金融机构	189 412.01	20.22

续表

资产运用	金额（万元）	占比（%）	资产分布	金额（万元）	占比（%）
交易性金融资产	152 240.52	16.25	实业	246 716.51	26.33
债权投资	279 031.73	29.78	证券市场	195 518.56	20.87
其他权益工具投资	32 766.76	3.50	其他	263 887.57	28.16
长期股权投资	30 497.81	3.25			
其他	297 413.09	31.74			
资产总计	936 994.43	100.00	资产总计	936 994.43	100.00

4.2.2 信托资产运用与分布情况

信托资产运用与分布表

资产运用	金额（万元）	占比（%）	资产分布	金额（万元）	占比（%）
货币资产	272 136.04	1.09	基础产业	1 999 023.83	8.03
贷款	4 936 562.75	19.83	房地产	7 974 374.65	32.04
交易性金融资产	2 173 469.80	8.73	证券市场	2 416 777.90	9.71
可供出售金融资产	2 172 774.33	8.73	实业	7 831 541.93	31.46
买入返售金融资产	4 174 215.21	16.77	金融机构	1 556 734.31	6.25
持有至到期投资	5 399 827.97	21.69	其他	3 114 309.12	12.51
长期股权投资	5 029 566.86	20.21			
其他	734 208.78	2.95			
信托资产总计	24 892 761.74	100.00	信托资产总计	24 892 761.74	100.00

4.3 市场分析

4.3.1 影响本公司业务发展的有利因素

2021年是"十四五"开局之年，经济工作围绕宏观政策为市场主体纾困、深入推进重点领域改革、激发市场主体活力、提升科技创新能力等方面，明确了鼓励创新、发展现代化产业体系、改善人民生活质量等12项重要举措，为公司业务发展注入新的机遇。这一年我国经济处在突发疫情冲击后的恢复发展过程中，经济发展始终坚持稳中求进的总基调，国内生产总值持续增长，经济增速继续位居世界前列，信息技术等生产性服务业较快发展，产业链韧性得到提升，为公司业务发展创造了良好的经济环境。全年宏观经济政策保持连续性和针对性，实施稳健的货币政策，适应跨周期调节需要，保持对经济恢复必要的支持力度，为公司业务发展提供了良好的宏观政策环境。

4.3.2 影响本公司业务发展的不利因素

新冠肺炎疫情对中国经济乃至全球经济产生了广泛而深远的影响，国内外形势出现很多新的变化，经济复苏的不确定性加大，部分实体经济领域风险加剧，为信

托公司业务开展及期间管理带来了较大的压力,公司对合作伙伴的选择与风险甄别较以往难度加大。同时由于2021年是资管新规过渡期的收官年,资管业务转型压力增大,金融机构需要统筹存量业务整改和创新业务发展的关系,实现老产品向新产品的平稳过渡,对公司业务拓展提出更高要求。伴随着金融同业通道业务清零政策与融资类业务规模压降政策的严格执行,传统业务受限、新兴业务有待进一步拓展的局面将进一步给公司造成转型压力和经营压力。

4.4 内部控制

4.4.1 内部控制环境和内部控制文化

按照《公司法》《信托公司治理指引》等相关法律法规及公司章程相关要求,公司建立了股东大会、董事会、监事会和高级管理层为核心的法人治理结构。公司的股东大会、董事会、监事会和高级管理层各司其职,各治理主体按照法律法规的有关规定和"独立运作、有效制衡、相互合作、协调运转"的原则,建立了合理的激励、约束机制,科学、高效地决策、执行和监督。

公司内部控制建设的总体目标是遵循法律法规及监管规定,保证经营合法合规;有效整合资源,确保经济、高效地实现公司发展战略和经营目标;建立健全内部控制制度,做到有规可循,确保风险管理的有效性;保障各项业务有序进行、信息传递畅通无误;保证业务记录、会计信息、财务信息、其他管理信息的真实、准确、完整、及时及财务报告质量。

公司重视并积极培育内部控制文化,强调内控建设人人有责。公司从控制环境、制度文化、行为准则等多层次、全方位营造内控优先的管理理念,通过咨询、培训等方式,积极学习借鉴先进管理措施;通过制度规范、宣导教育、考核激励及全员问责等多种方式,倡导营造良好的内控文化氛围,保障内部控制的有效实施。

2021年,公司根据《信托公司信托文化建设指引》,制定年度信托文化建设工作计划及配套实施方案,在信托文化建设工作领导小组的指导下推进各项活动落地,信托文化建设将为公司内部控制文化夯实基础。

4.4.2 内部控制措施

公司历来重视内控体系建设工作,不断优化完善内部控制措施。2021年,公司结合经营战略,围绕业务转型创新,继续深入探索将合规风险、内控管理、操作风险管理及反洗钱风险管理闭环贯穿在信托业务全生命周期,建立一套符合COSO整合框架和满足严监管要求、具有信托特色的内控管理体系。

2021年,在事业部制改革背景下,为建立与事业部专业化运作相匹配的内控管理体系,防范合规内控风险,保障事业部持续稳健经营,公司总部及事业部在遵循公司统一的内控管理要求基础上,制定了一系列事业部的基本管理制度,对总部和事业部在风险管理、合规内控管理方面的职责进行了明确界定和分工,并对事业部业务开展中的合规内控要求进行了详细的规定。在事业部的合规内控管理方面,明确事业部是合规内控管理的首要责任主体,负责授权范围内的业务合规法律审查、事业部内部的合规内控管理,并有效配合总部开展反洗钱、案防等工作,总部对事业部的业务审查、合规内控管理工作进行同步监督、后督以及检查,并牵头统筹各事业部与监管的对接工作,确保监管要求和信息在内部畅通传递、有效执行。

4.4.3 信息交流与反馈

公司在与外部信息交流方面,一是根据监管相关要求及时报备业务方案,汇报公司管理、经营情况及监管政策执行情况;二是与其他相关政府机构建立了良好的沟通机制,通过拜访、微信联络群等方式,积极促进了信息的沟通;三是树立良好外部形象,通过公司官网及时更新和发布公司动态、产品推介、信息披露等方面信息;四是借助公司内刊《信长安》向客户及合作伙伴传递公司声音。

公司在内部信息交流方面,一是通过总裁办公会、事业部沟通会等各种会议和行业业务动态及信托业务月报、风险信息快报、经营情况月报、工作周报等各种内部文件,加强公司各部门之间的沟通,并快速解决业务和管理中出现的问题;二是通过公司OA系统、视频会议系统等信息化平台建设,进一步加强公司内部交流的便利性、保密性;三是建立问题管理机制,通过问题发现、上报、梳理、整改、督导等不断改进,加强内部管理信息沟通与反馈。

4.4.4 监督评价与纠正

公司建立了多层次的内控监管体系:监事会依法履行监督职能,对公司董事、高级管理层履职情况进行监督;董事会下设各专业委员会不定期召开会议,检查监督内部控制体系的运行情况;审计部对公司各项经营活动及内部控制制度的执行情况进行检查和评价,提出改进建议并督导落实整改。

4.5 风险管理

4.5.1 风险管理概况

公司一直坚持受益人合法利益最大化原则，严守底线，在大力推动业务转型的同时，始终将防范风险作为持续经营和业务拓展的第一要务，不断优化完善风险管理长效机制。

在不断深化事业部制改革的背景下，公司持续加强全面风险管理体系建设，明晰公司总部及各事业部之间的权责边界，提升事业部制下的风险管理的专业化、集约化水平。通过调整和完善风险管理制度，创新风险管理手段，加强培训考评及资质管理，建立风险管理后评价机制等措施，强化风险管控力度，平衡风险管理与业务发展的关系。

一是健全事业部专业化转型下的风险管理体系，不断完善"三层次风险管理体系"框架，实现公司风险管理体系的优化迭代。公司层面，修订了公司级经营策略、风险策略以及风险差异化授权方案，保持公司风险偏好的统一。业务层面，制定了各事业部风险管理政策，明确风险管理要求。在"合理授权、审慎用权"的事业部管理原则下，建立后督管理机制，实现"标准、评估、纠偏、调整"的闭环管理流程，形成事中制衡和事后监督。项目层面，在公司风险管理基本标准及原则下，事业部细化风险管控细则及核心控制规程，最大限度发挥特定领域风险专业化、集约化管控优势。

二是有序推进强监管背景下的合规管理。2021年末资管新规过渡期正式结束，信托行业转型势在必行。公司与监管机构保持良性沟通，做好各项监管政策和监管意见的贯彻落实。同时，根据事业部制改革运行实践和经验积累，优化完善具有信托特色、涵盖合规管理、内控管理、操作风险管理和反洗钱管理"四位一体"，符合COSO整合框架等国际惯例和监管底线性要求的合规内控管理体系，确保事业部制度创新在公司合规内控有效范围内进行。

三是深化期间管理全面监控体系建设。公司在事业部制下的期间管理工作以"标准化+差异化"与"专业化+精细化"管理模式为支撑，实现全流程、全员工、全品类、全风险、全覆盖的有效监控。通过对业务各环节、各领域的全面梳理及量化分析，形成了更为综合、全面的风险管理工具，提升了公司风险监测量化管理手段与信息整合度，满足了日益复杂的业务模式对于风险监控的需要。

四是搭建风险项目管理体系。通过多层次的制度建设，针对重点项目的清收处置、案件管理等重点工作，形成体系闭环。同时，风险项目管理体系与公司全面监控体系、事业部改革工作相衔接，使信托项目全流程管理更加完整与顺畅。

4.5.2 风险状况

4.5.2.1 信用风险

信用风险是指交易对手未能履约所造成的风险，主要表现为在信托贷款、资金回购、后续资金安排、担保、履约承诺等交易过程中，借款人、回购人、担保人、保管人（托管人）等交易对手，不能或不愿履约而使信托资产或固有资产遭受损失的可能性。

4.5.2.2 市场风险

市场风险是指由于市场价格或利率波动而导致的对金融产品或其他产品的资产价值产生负面波动，主要表现为因市场价格，如利率、汇率、股票价格和商品价格等的不利变动而使公司信托资产和固有资产发生损失的风险。

4.5.2.3 操作风险

操作风险是指由不完善或有问题的内部程序、员工和信息科技系统，以及外部事件所造成损失的风险，主要表现为公司信息系统还不够全面，内控程序和结构还不够完善，以及人员操作不规范和责任心不强等造成损失的风险。

4.5.2.4 其他风险

其他风险主要是指公司业务开展中的法律风险、合规风险、声誉风险、人员道德风险等。

4.5.3 风险管理

4.5.3.1 信用风险管理

2021年，公司持续完善信用风险管理体系，主要从业务准入、期间管理、兑付管理三个环节进行把控，保障公司整体风险管理质量。

业务准入环节。一是公司适时修订业务发展策略。公司结合内外部形势的研判，根据市场环境的变化，顺应监管导向，修订完善房地产业务、政信业务、资本市场业务、服务信托业务等领域的风险指引，为事业部制下的展业工作明确准入要求。二是搭建交易对手信用风险评级体系。通过对交易对手信用风险评级的量化过程，完善各类业务交易对手准入名单管理制的工作。从业务准入端有效识别、防范信用风险。三是不断细化业务风险分级，进行差异化授权。风险管理授权方案以更客观、更易判断的参考维度，完善细化业务等级标准，厘清各事业部的业务、审批权限边界。四是加强重点行业领域风险管控，防范过度信贷风险。根据区域额度控制管理办法，实施集中度限额管控机制，对信托业务进行定期的流动性风险及信用风险压力测试，防止过度信贷的风险。

期间管理环节。一是完善基于项目风险分层管理的业务监控风险图谱管理机制，逐步将信托项目期间履职动作标准化和制度化，实现信托项目期间监控全周期覆盖。二是对不同等级项目中存在潜在风险的项目，通过合理计量手段，进行"标准化、差异化"监控，根据项目情况制定有针对性的监控措施。三是加强风险排查力度与频率，提高风险监测能力。针对重点业务、重点区域开展专项风险排查，从不同维度和视角对业务风险进行交叉检视，保障公司存续项目风险可控性。四是优化公司风险信息沟通机制，提升舆情管理能力。通过内外部信息的有效互通，实现潜在风险的前置化解。

兑付管理环节。兑付排查工作严格遵照期间兑付管理制度执行，对全部项目执行到期前排查跟踪工作，实现兑付排查全覆盖，确保信托期间履职到位，实现风险预警前置。针对存在较大风险预警的项目，提前制定"一户一策"的风险化解方案，实现风险处置前置介入，争取以时间换空间实现风险化解。

4.5.3.2 市场风险管理

公司持续关注市场风险管理能力的提升。一是在投资方案设计和审查端，抓住大类资产配置的核心风控逻辑，遵循组合投资、分散风险的原则，限制单一资产集中度，限制高风险资产的配置比例，限制对冲策略的风险敞口。二是加强公司层级投资管理人和外部合作伙伴准入管理机制的建设。收紧白名单客户，聚焦重点，筛选和引入历史业绩优秀的头部合作伙伴，提升投资收益水平，平滑市场波动及回撤幅度。三是在外部环境严峻、经济环境不确定性加大的背景下，针对地产业务，调整"白名单"思路，重点聚焦项目自身的优势与风险，同时增加对交易主体资本市场反映等市场维度的考察，评估进一步深入合作的可行性。四是针对证券类业务，加强运行期间盯市及预警管理，充分履行受托人职责，严格落实合同关于盯盘、关注预警、止损的管理要求，及时监控市场波动，加强期间管理管控，准确把握不同市场行情下资产风险敞口大小，及时提示风险。

4.5.3.3 操作风险管理

公司在全面风险管理框架下，完成流程优化再造、风险经验合理化分布、金融信息科技支持、合规内控审计自查等方式，持续管理和防范操作风险。

一是初步完成公司层级流程再造。全面梳理公司现存各项流程制度，在满足合规内控要求及风险可控的基础上，删减非必要节点、合并重复审批流程，确保流程中各审批节点责权清晰、与公司现行制度相匹配，提升流程合理性；同时加强对流程有效性的合规内控和审计检查、评价，加强责任追究。

二是加强风险管理团队建设，完善事业部制下的风险管理人员队伍建设。通过专项培训、专业考核等方法优化风险管理人员结构、数量与业务的匹配性，经验分布合理化，加强风险管理人员的专业性，提升风险管理人员稳定性，杜绝因"操作疲劳"导致的风险识别能力下降及风险识别有效性贬损。

三是秉持信息科技引领金融风险管控策略，加快布局风险信息系统建设，充分利用金融信息科技手段，加快合规内控管理一体化信息系统的开发；建立全链条深度投后管理体系，借助信息系统实现风险监控、信息收集、数据分析、风险识别、跟踪预警；充分利用外部第三方专业信息支持服务，实现系统对接，以信息科技系统替代手工录入管理，标准化作业，提升效率，降低操作风险。

四是积极开展全面风险排查、市场乱象整治、资管新规整改、扫黑除恶专项斗争等各项整治工作，加强反洗钱管理、案防管理、评级管理、关联交易、授权管理、制度及流程管理等各项日常合规内控管理工作，开展员工培训，提高员工风险意识，防范操作风险。

4.5.3.4 其他风险管理

公司持续关注有关法律、法规的最新变化，加强对国家政策的分析与研究，加强与监管机构及同业的沟通交流，确保正确理解和准确把握各项规定。在公司事业部制改革下，及时对业务程序和操作指引进行梳理和修订。同时，不断加强员工职业道德教育，强化全员的合法合规意识，防范员工道德风险。

4.6 净资本管理

2021年末，公司净资本风险控制指标为：净资本 4 923 113 127 元，各项业务风险资本之和 3 515 886 228 元，净资本/各项业务风险资本之和为 140%，净资本/净资产为 61%。2021年，公司积极调整优化资产和业务结构，净资本各项监管指标均达到监管要求。

4.7 消费者权益保护

2021年，在监管机构的高效督导和指引下，在公司董事会的正确领导下，在公司高级管理层的有效实施下，公司始终将消费者权益保护摆在突出位置，从建立健全工作机制、提高业务流程审查效率、持续深化金融宣传教育、深度回应消费者诉求等多个角度发力，积极探索适应经济新常态下的消保工作模式，着力构建和谐金融消费生态环境，全方位、深层次的维护消费者合法权益。

制度建设方面，在全面梳理现行公司消费者权益工作制度基础上，查漏补缺，新增3项专项制度，修订5项现有制度，不断完善消费者权益保护制度体系。

专业培训方面，为进一步提高公司消费者权益保护工作水平，落实监管机构的各项制度要求，帮助员工更好地了解消费者权益保护工作如何开展。2021年，公司开展了3场不同受众面的专项培训工作，分别邀请了外部领导针对公司高级管理层、部门负责人、消费者权益保护专员、理财师开展专项培训，进一步提高公司员工消费者权益保护意识和专业素养。

金融知识宣传方面，为加强公众金融知识教育服务，宣传普及金融知识，充分发挥长安信托在提高公众金融素养，促进金融生态建设，服务百姓生活的重要作用，公司将金融知识宣传作为一项长期、持续的工作，不断丰富宣传形式。公司与高新管委会、高新市场监督局联合举办了3·15宣传活动；组织开展了"有温度的金融服务 护航幸福晚年 走进曲江养老公寓"宣传活动，向老人年普及金融知识；联合西北工业大学6个学院开展了"倡导理性消费，铸就防骗长城"校园征文大赛；向铜川留守儿童基地邮寄金融知识绘本及慰问品，以视频的方式向留守儿童科普金融知识等。公司充分利用新媒体、融媒体等线上互联网技术，开发和使用符合当代消费者使用习惯的数字化、交互式、沉浸式体验的答题游戏、闯关互动小程序，进行活动开展和金融知识教育，实现"内容兼融、宣传互融、利益共融"的创新宣传理念。

长安信托始终倡导消保宣传工作"走出去"，走进军营、走进校园、走进同业、走进客户、走进历史，跨区域异地联动（厦门、宝鸡活动）针对内部员工、行业同仁、社会百姓、在校学生、高净值投资者、特殊职业群体的不同金融消费对象和特点，精准施策，开展不同主题内容和形式的普及宣传活动，通过不同时间和空间的层次，进行广覆盖、大力度、多层次宣传教育。

2021年，公司消费投诉共计73件，投诉业务主要为汽车消费贷款投诉、房屋抵押贷款投诉、信托业务投诉，涉及全国12个省市。消费投诉发生后，公司高度重视，及时与消费者沟通处理，除个别汽车消费贷款投诉因减免违约金问题尚在沟通外，其他消费投诉已妥善处理完毕。

4.8 企业社会责任

公司秉持"长安心、百年业"的可持续发展理念，始终坚守着对股东的回报之心、对客户的诚挚之心、对员工的关爱之心、对社会的奉献之心，坚持把积极履行企业社会责任作为实现战略愿景的重要路径和依托。2021年，公司积极投身抗击新冠肺炎疫情、乡村振兴、救灾赈灾等领域，发挥信托功能优势，切实履行企业社会责任。

在支持乡村振兴方面，2021年公司新设立3单慈善信托，在做好从"脱贫攻坚"到"乡村振兴"衔接的基础上，加大探索助力乡村振兴新路径。2021年，"关爱农村三留守慈善信托项目"在陕西佳县4个乡镇10个村社区项目点，开展能力建设培训54场，为447位老人提供公益性居家养老服务超过1.2万人次，组织开展各类社区公益活动59场。

在支持救灾赈灾方面，公司积极发扬"一方有难八方支援"的人道主义精神，组织员工慷慨解囊、传递爱心，设立了"长安慈——爱心献三秦·教育助学公益慈善信托"，向灾区伸出援助之手，给灾区人民献出一份真诚的爱心。

在支持体育运动方面，公司成立了全国首单助力全运会的慈善信托，"长安慈——青春、健康、活力，助力14运体育公益慈善信托"，并向十四运会、第十一届残运会暨第八届特奥会赞助600万元。

在支持新冠肺炎疫情防控方面，公司通过"长安慈——抗疫与共慈善信托"向西安市慈善会捐赠防疫抗疫资金10万元，又积极协调各方资源，调动价值130余万元的防疫物资火速送到抗疫一线。

此外，公司始终以国家利益为重，在谋求自身稳健、创新发展的同时，恪守诚信之道，合法经营，坚持依法按时缴纳税款、积极履行扣缴义务人代扣代缴税款的义务，连续多年被税务机关评为"纳税信用A级纳税人"，树立了诚信纳税的良好企业形象和品牌信誉。

经过多年的实践累积，公司已经形成了以自身专业化的金融服务能力为核心，以信托产品为驱动的履行社会责任的企业特色，并保持与时俱进，不断创新，塑造了负责任的资产管理和财富管理品牌形象，成为推动提高企业履行社会责任的积极力量。

公司履行社会责任工作的详情见随后在公司官网披露的《长安国际信托股份有限公司2021年社会责任报告》。

5. 报告期末及上一年度末的比较式会计报表

5.1 自营资产

5.1.1 会计师事务所审计意见全文

审 计 报 告

希会审字〔2021〕2220号

长安国际信托股份有限公司全体股东：

一、审计意见

我们审计了长安国际信托股份有限公司(以下简称贵公司)财务报表，包括2021年12月31日的资产负债表，2021年度的利润表、现金流量表、股东权益变动表以及相关财务报表附注。

我们认为，后附的财务报表在所有重大方面按照企业会计准则的规定编制，公允反映了贵公司2021年12月31日的财务状况以及2021年度的经营成果和现金流量。

二、形成审计意见的基础

我们按照中国注册会计师审计准则的规定执行了审计工作。审计报告的"注册会计师对财务报表审计的责任"部分进一步阐述了我们在这些准则下的责任。按照中国注册会计师职业道德守则，我们独立于贵公司，并履行了职业道德方面的其他责任。我们相信，我们获取的审计证据是充分、适当的，为发表审计意见提供了基础。

三、管理层和治理层对财务报表的责任

贵公司管理层（以下简称管理层）负责按照企业会计准则的规定编制财务报表，使其实现公允反映，并设计、执行和维护必要的内部控制，以使财务报表不存在由于舞弊或错误导致的重大错报。

在编制财务报表时，管理层负责评估贵公司的持续经营能力，披露与持续经营相关的事项（如适用），并运用持续经营假设，除非管理层计划清算贵公司、终止运营或别无其他现实的选择。

治理层负责监督贵公司的财务报告过程。

四、注册会计师对财务报表审计的责任

我们的目标是对财务报表整体是否不存在由于舞弊或错误导致的重大错报获取合理保证，并出具包含审计意见的审计报告。合理保证是高水平的保证，但并不能保证按照审计准则执行的审计在某一重大错报存在时总能发现。错报可能由于舞弊或错误导致，如果合理预期错报单独或汇总起来可能影响财务报表使用者依据财务报表做出的经济决策，则通常认为错报是重大的。

在按照审计准则执行审计工作的过程中，我们运用职业判断，并保持职业怀疑。同时，我们也执行以下工作：

（一）识别和评估由于舞弊或错误导致的财务报表重大错报风险，设计和实施审计程序以应对这些风险，并获取充分、适当的审计证据，作为发表审计意见的基础。由于舞弊可能涉及串通、伪造、故意遗漏、虚假陈述或凌驾于内部控制之上，未能发现由于舞弊导致的重大错报的风险高于未能发现由于错误导致的重大错报的风险。

（二）了解与审计相关的内部控制，以设计恰当的审计程序，但目的并非对内部控制的有效性发表意见。

（三）评价管理层选用会计政策的恰当性和做出会计估计及相关披露的合理性。

（四）对管理层使用持续经营假设的恰当性得出结论。同时，根据获取的审计证据，就可能导致对贵公司持续经营能力产生重大疑虑的事项或情况是否存在重大不确定性得出结论。如果我们得出结论认为存在重大不确定性，审计准则要求我们在审计报告中提请报表使用者注意财务报表中的相关披露；如果披露不充分，我们应当发表非无保留意见。我们的结论基于截至审计报告日可获得的信息。然而，未来的事项或情况可能导致贵公司不能持续经营。

（五）评价财务报表的总体列报、结构和内容，并评价财务报表是否公允反映相关交易和事项。

我们与治理层就计划的审计范围、时间安排和重大审计发现等事项进行沟通，包括沟通我们在审计中识别出的值得关注的内部控制缺陷。

希格玛会计师事务所（特殊普通合伙）　　　　　　　　　　　　　中国注册会计师：朱洪雄
中国·西安市　　　　　　　　中国注册会计师：杨晓荣
2022年4月27日

5.1.2 资产负债表

资产负债表

编制单位：长安国际信托股份有限公司　　2021年12月31日　　单位：元

项目	期末余额	期初余额
货币资金	912 342 695.37	1 102 369 557.21
结算备付金	—	—
拆出资金	—	—
交易性金融资产	1 522 405 226.87	3 518 287 782.40
衍生金融资产	—	—
应收账款	80 864 760.38	—
预付款项	10 386 369.20	17 806 745.71
其他应收款	1 437 905 952.02	1 768 574 871.09
买入返售金融资产	—	—
存货	—	—
持有待售资产	—	—
发放贷款及垫款	457 237 665.78	253 141 233.58
债权投资	2 790 317 334.21	2 489 115 736.24
其他债权投资	—	—
其他权益工具投资	327 667 578.60	395 300 013.95
长期股权投资	304 978 104.35	284 826 477.89
投资性房地产	—	—
固定资产	61 711 887.82	65 805 484.02
在建工程	94 449.70	4 229 192.87
生产性生物资产	—	—
无形资产	57 852 798.14	54 158 774.13
开发支出	72 663 102.12	50 386 716.86
使用权资产	85 392 719.70	102 380 999.29
长期待摊费用	7 075 093.93	20 190 667.43
递延所得税资产	1 241 048 517.13	1 138 522 518.54
其他资产	—	—
资产总计	9 369 944 255.32	11 265 096 771.21
流动负债：		
短期借款	—	1 152 964 444.44
拆入资金	—	—
交易性金融负债	—	—
衍生金融负债	—	—
应付账款	—	—
预收款项	—	—
卖出回购金融资产款	—	—
应付手续费及佣金	—	—
应付职工薪酬	721 523 947.13	994 053 852.03

续表

项目	期末余额	期初余额
应交税费	262 797 345.44	489 024 593.15
其他应付款	5 191 594.68	10 509 992.91
合同负债	112 881 380.03	209 007 388.85
其他流动负债	6 772 882.80	12 540 443.33
专项应付款	—	—
预计负债	26 750 000.00	357 457 888.17
租赁负债	71 357 692.63	102 380 999.29
递延所得税负债	64 125 205.05	128 005 706.02
负债合计	1 271 400 047.76	3 455 945 308.19
股东权益：	—	—
股本	3 330 000 000.00	3 330 000 000.00
其他权益工具	—	—
资本公积	9 828 804.44	9 828 804.44
其他综合收益	186 263 115.15	236 987 441.66
盈余公积	773 294 955.76	719 303 248.65
专项储备	395 891 867.23	368 896 013.68
一般风险准备	301 344 948.00	292 696 266.52
未分配利润	3 101 920 516.98	2 851 439 688.07
股东权益合计	8 098 544 207.56	7 809 151 463.02
负债和股东权益总计	9 369 944 255.32	11 265 096 771.21

法定代表人：高成程　　主管会计工作负责人：张胜会　　计机构负责人：马华

5.1.3 利润表

利润表

编制单位：长安国际信托股份有限公司　　2021年度　　单位：元

项目	本期发生额	上期发生额
一、营业总收入	2 179 877 395.63	3 288 336 196.47
手续费及佣金收入	1 785 698 429.08	2 174 582 083.01
其他业务收入	122 257 762.82	217 259 459.60
利息收入	82 294 540.26	40 047 123.49
投资收益（损失以"-"号填列）	500 582 202.53	715 045 255.40
公允价值变动收益（损失以"-"号填列）	-315 796 434.17	139 645 812.29
汇兑收益（损失以"-"号填列）	-2 418.41	-7 328.89
资产处置收益（损失以"-"号填列）	-17 185.28	339.91
其他收益（损失以"-"号填列）	4 860 498.80	1 763 451.66
二、营业总成本	1 448 328 111.04	2 573 398 444.53
利息支出	17 428 391.97	66 486 611.11
手续费及佣金支出	—	—
税金及附加	15 905 197.37	19 591 259.60
业务及管理费	911 635 618.96	1 555 511 533.75

续表

项目	本期发生额	上期发生额
资产减值损失	689 615.38	931 809 040.29
信用减值损失	502 669 287.36	—
三、营业利润（亏损以"-"号填列）	731 549 284.59	714 937 751.94
加：营业外收入	8 501 162.22	11 700 251.50
减：营业外支出	17 032 356.68	513 960.05
四、利润总额（亏损总额以"-"号填列）	723 018 090.13	726 124 043.39
减：所得税费用	183 101 019.08	190 163 655.05
五、净利润（净亏损以"-"号填列）	539 917 071.05	535 960 388.34
（一）持续经营净利润	539 917 071.05	535 960 388.34
（二）终止经营净利润	—	—
六、其他综合收益的税后净额	-50 724 326.51	-89 040 434.90
（一）不能重分类进损益的其他综合收益	-50 724 326.51	-89 040 434.90
1.其他权益工具投资公允价值变动	-50 724 326.51	—
2.权益法下不能重分类进损益的其他综合收益	—	—
（二）将重分类进损益的其他综合收益	—	-89 040 434.90
其中：1.权益法下在被投资单位以后将重分类进损益的其他综合收益中享有的份额	—	363 162.53
2.其他债权投资公允价值变动	—	—
3.可供出售金融资产公允价值变动损益	—	-89 403 597.43
4.持有至到期投资重分类为可供出售金融资产损益	—	—
5.现金流量套期损益的有效部分	—	—
七、综合收益总额	489 192 744.54	446 919 953.44
八、每股收益：	—	—
基本每股收益	0.16	0.16
稀释每股收益	0.16	0.16

法定代表人：高成程　主管会计工作负责人：张胜　会计机构负责人：马华

5.2 信托资产

5.2.1 信托项目资产负债汇总

信托项目资产负债表

编制单位：长安国际信托股份有限公司　2021年12月31日　单位：万元

信托资产	期末数	信托负债和信托权益	期末数
信托资产：		信托负债	
货币资金	272 136.04	交易性金融负债	—
拆出资金	—	应付受托人报酬	8 639.87
存出保证金	—	应付托管费	1 257.70
交易性金融资产	2 173 469.80	应付受益人收益	70 091.42
买入返售金融资产	4 174 215.21	其他应付款项	144 736.78
应收款项	725 369.91	应交税费	5 718.25
发放贷款	4 936 562.75	应付销售服务费	964.47
可供出售金融资产	2 172 774.33	其他负债	—
持有至到期投资	5 399 827.97	信托负债合计	231 408.49
长期股权投资	5 029 566.86	信托权益：	
固定资产	—	实收信托	24 495 022.42
无形资产	—	资本公积	58 281.79
长期应收款	—	其他综合收益	-10 404.29
长期待摊费用	348.12	未分配利润	118 453.33
其他资产	8 490.75	信托权益合计	24 661 353.25
信托资产总计	24 892 761.74	信托负债和信托权益总计	24 892 761.74

法定代表人：高成程　主管会计工作负责人：瞿文康　会计机构负责人：李杰

5.2.2 信托项目利润及利润分配汇总表

信托项目利润及利润分配汇总表

编制单位：长安国际信托股份有限公司　2021年度　单位：万元

项目	本年累计数
一、营业收入	1 715 846.88
利息收入	1 155 661.31
投资收益	687 225.21
公允价值变动损益	-127 100.29
租赁收入	0.00
汇兑损益	17.98
其他收入	42.67
二、营业支出	198 492.53
三、信托净利润	1 517 354.35
四、其他综合收益	118 821.38
五、综合收益	1 636 175.73
加：期初未分配信托利润	264 458.68
六、可供分配的信托利润	1 781 813.03
减：本期已分配信托利润	1 663 359.70
七、期末未分配信托利润	118 453.33

法定代表人：高成程　主管会计工作负责人：瞿文康　会计机构负责人：李杰

6.会计报表附注

6.1 简要说明报告年度会计报表编制基准、会计政策、会计估计和核算方法发生的变化

无。

6.2 或有事项说明

无。

6.3 重要资产转让及其出售的说明

无。

6.4 会计报表中重要项目的明细资料

6.4.1 披露自营资产经营情况

6.4.1.1 按信用风险五级分类结果披露信用风险资产的期初数、期末数

单位：万元

项目	正常类	关注类	次级类	可疑类	损失类	信用风险资产合计	不良资产净额
期初数	855 130.59	106 619.84	136 702.91	156 670.03	38 833.07	1 293 956.44	154 694.25
期末数	561 072.63	153 643.45	134 224.81	325 168.06	35 033.07	1 209 142.02	222 278.35

注：不良资产净额合计=次级类+可疑类+损失类，并扣除已计提拨备。

6.4.1.2 各项资产减值损失准备的期初、本期计提、本期转回、本期核销、期末数，贷款的一般准备、专项准备和其他资产减值准备应分别披露

单位：万元

项目	期初数	本期增加	本期减少		期末数
			转回	转销	
一、坏账准备	32 782.83	2 400.55	—		35 183.38
二、贷款损失准备	1 580.98	127.79			1 708.77
三、债权投资减值准备	131 860.62	119 550.26	21 300.00		230 110.88
四、其他债权投资减值准备	—	—	—	—	—
五、长期股权投资减值准备	4 814.37				4 814.37
六、投资性房地产减值准备					
七、固定资产减值准备	330.19				330.19
八、工程物资减值准备					
九、在建工程减值准备					
十、生产性生物资产减值准备					
十一、油气资产减值准备					
十二、无形资产减值准备					
十三、商誉减值准备					
十四、其他					
合计	171 368.99	122 078.61	21 300.00	—	272 147.60

6.4.1.3 自营股票投资、基金投资、债券投资、股权投资等投资业务的期初数、期末数

单位：万元

项目	自营股票	基金	债券	长期股权投资
期初数	45 192.90	134 857.84	62 587.32	28 482.65
期末数	48 153.84	48 153.84	48 153.84	48 153.84

6.4.1.4 前五名的自营长期股权投资的企业名称、占被投资企业权益的比例、主要经营活动及投资收益情况等（从大到小顺序排列）

单位：万元

企业名称	投资比例（%）	经营活动	投资收益情况
上海淳璞投资管理中心(有限合伙)	62.50	投资管理、咨询、企业管理咨询、实业投资、财务咨询	—

续表

企业名称	投资比例（%）	经营活动	投资收益情况
长安基金管理有限公司	29.63	公开募集证券投资基金管理，基金销售，特定客户资产管理	本年按权益法核算确认1 715.69万元
西安企业资本服务中心有限公司	13.16	为企业融资、并购相关业务提供服务；为非上市公司债权、合伙企业财产份额及有关财产权益类产品转让提供服务；其他相关业务	本年按权益法核算确认58.05万元
青岛溢源润达投资管理有限公司	40.00	自有资金对外投资及投资咨询	本年按权益法核算确认-6.74万元
西安财金合作发展基金投资管理有限公司	40.00	一般经营项目：股权投资、项目投资、资产管理咨询、投资管理	本年按权益法核算确认248.16万元

6.4.1.5 前五名的自营贷款的企业名称、占贷款总额的比例和还款情况等（从大到小顺序排列）

企业名称	占贷款总额的比例（%）	还款情况
成都美欣园园林绿化工程有限公司	21.45	正常
贵州宏展信业贸易有限公司	21.45	正常
四川锐丰投资管理集团有限公司	21.45	逾期
成都美胜景园林绿化工程有限公司	19.31	正常
成都泰和祥瑞科技有限公司	12.87	正常
总计	96.53	—

6.4.1.6 表外业务的期初数、期末数，按照代理业务、担保业务和其他类型表外业务分别披露

无。

6.4.1.7 公司当年的收入结构

收入结构	金额（万元）	占比（%）
手续费及佣金收入	178 569.84	81.60
其中：信托手续费收入	178 569.84	100.00
投资银行业务收入	—	—
利息收入	8 229.45	3.76
其他业务收入	12 225.78	5.59
其中：计入信托业务收入的部分	12 225.78	100.00
投资收益	50 058.22	22.87
其中：股权投资收益	8 864.45	17.71
证券投资收益	1 065.10	2.13

续表

收入结构	金额（万元）	占比（%）
其他投资收益	40 128.67	80.16
公允价值变动损益及汇兑损益	−31 579.89	−14.43
其他收益	486.05	0.22
资产处置收益	−1.72	0.00
营业外收入	850.12	0.39
合计	218 837.86	100.00

6.4.2 信托资产管理情况

6.4.2.1 信托资产的期初数、期末数

单位：万元

信托资产	期初数	期末数
集合	20 687 687.77	15 685 951.45
单一	11 600 064.27	5 554 954.56
财产权	5 221 896.36	3 651 855.73
合计	37 509 648.40	24 892 761.74

6.4.2.1.1 主动管理型信托业务的信托资产期初数、期末数

单位：万元

主动管理型信托资产	期初数	期末数
证券投资类	1 892 571.03	2 291 965.69
股权投资类	2 265 551.55	3 724 083.49
权益投资类	2 607 738.92	830 768.89
融资类	9 548 670.54	7 126 426.59
事务管理类	2 390.60	—
合计	16 316 922.64	13 973 244.66

6.4.2.1.2 被动管理型信托业务的信托资产期初数、期末数

单位：万元

被动管理型信托资产	期初数	期末数
证券投资类	136 092.21	11 139.54
股权投资类	1 224.57	1 224.59
权益投资类	29 000.11	—
融资类	100 018.30	—
事务管理类	20 926 390.57	10 907 152.95
合计	21 192 725.76	10 919 517.08

6.4.2.2 本年度已清算结束的集合类、单一类资金信托项目和财产管理类信托项目数量、实收信托合计金额、加权平均实际年化收益率

6.4.2.2.1 本年度已清算结束的集合类、单一类资金信托项目和财产管理类信托项目个数、实收信托金额、加权平均实际年化收益率

已清算结束信托项目	项目个数（个）	实收信托合计金额（万元）	加权平均实际年化收益率（%）
集合类	138	11 848 875.84	6.84
单一类	277	9 581 442.03	4.87
财产管理类	105	3 854 132.26	2.22

6.4.2.2.2 本年度已清算结束的主动管理型信托项目个数、实收信托合计金额、加权平均实际年化信托报酬率、加权平均实际年化收益率

已清算结束信托项目	项目个数（个）	实收信托合计金额（万元）	加权平均实际年化信托报酬率（%）	加权平均实际年化收益率（%）
证券投资类	23	4 813 250.07	0.16	6.40
股权投资类	12	459 290.03	2.12	5.36
其他权益投资	46	1 200 796.52	0.13	7.90
融资类	116	4 296 565.00	1.47	7.45
事务管理类	—	—	—	—

6.4.2.2.3 本年度已清算结束的被动管理型信托项目个数、实收信托合计金额、加权平均实际年化信托报酬率、加权平均实际年化收益率

已清算结束信托项目	项目个数（个）	实收信托合计金额（万元）	加权平均实际年化信托报酬率（%）	加权平均实际年化收益率（%）
证券投资类	—	—	—	—
股权投资类	—	—	—	—
其他权益投资	—	—	—	—
融资类	—	—	—	—
事务管理类	323	14 514 548.51	0.16	4.23

6.4.2.3 本年度新增的集合类、单一类资金信托项目和财产管理类信托项目个数、实收信托合计金额

新增信托项目	项目个数（个）	合计金额（万元）
集合类	137	3 082 349.89
单一类	176	420 230.25
财产管理类	47	1 930 912.27
新增合计	360	5 433 492.41
其中：主动管理型	164	3 285 652.00
被动管理型	196	2 147 840.41

6.4.2.4 信托业务创新成果和特色业务有关情况

2021年，公司坚持回归信托本源业务，不断提高自身主动管理能力的发展路线不动摇，在多个业务领域探索具有转型意义的模式。

一是大力开拓资本市场业务，公司紧随国家进一步建设完善资本市场的大势，围绕客户需求提升以产品创新和深度行研为双轮驱动的投研能力，明确资管定位，

完善行研框架，同时提高相关事业部风险管理能力，用优质权益类资产为客户的资产配置进行服务。

二是稳步开展标品固收类业务。通过开展标准化固定收益类产品，逐步转化传统非标融资类业务，为客户提供了过渡期的优质替代配置产品。

三是研究开发股权投资业务，成立私募股权事业部，明确"成为具有一定产业深度的资产管理者"的市场定位和"锚定行业龙头，产投协同基础上的优先级资本金模型"的业务基本策略，并及时推动业务落地实现浮盈。

6.4.2.5　本公司履行受托人义务情况及因公司自身责任而导致信托资产的损失情况（合计金额、原因等）

无。

6.5　关联方关系及其交易的披露

6.5.1　关联交易方的数量、关联交易的总金额及关联交易的定价政策等

关联交易数量	关联交易余额（万元）	定价政策
合计		
30	361 252.36	公允价格

注：关联交易是指信托公司以自有资产、信托资产为关联方提供投融资等服务，或以担保等方式为关联方融资提供便利的业务。关联交易的统计范围应基本与银监会非现场监管信息系统中关于关联交易的范围和口径一致，也可增加为关联方提供咨询等其他非投融资类业务服务的信息。

6.5.2　关联交易方与本公司的关系性质、关联交易方的名称、法定代表人、注册地址、注册资本及主营业务等

关系性质	关联方名称	法定代表人/执行事务合伙人	注册地址	注册资本（万元）	主营业务
股东	西安投资控股有限公司	杜岩岫	西安市高新区科技五路8号数字大厦四层	1 422 989.992577	投资业务；项目融资；资产管理；资产重组与购并；财务咨询；物业管理；其他市政府批准的业务等
股东	陕西鼓风机（集团）有限公司	李宏安	西安市临潼区代王街办	80 000	大型压缩机、鼓风机、通风机及各种透平机械的开发、制造、销售、维修、服务等
公司与股东发起设立	北京长安信托公益基金会	张胜	北京市东城区建国门内大街28号民生金融中心A座8层	200	扶贫济困，资助与教育发展、医疗救助、环境保护相关的公益项目
能施加重大影响的关联方	长安基金管理有限公司	崔晓健	上海市虹口区丰镇路806号3幢371室	27 000	公开募集证券投资基金管理，基金销售，特定客户资产管理
能施加重大影响的关联方	长安新生（深圳）金融投资有限公司	桂林	深圳市前海深港合作区前湾一路1号A栋201室	20 291.3	投资兴办实业（具体项目另行申报）；投资管理、投资咨询；金融信息咨询等
信托计划控股公司	长安盛世（北京）资产管理有限公司	谭卫东	北京市东城区建国门内大街28号1幢8层801-1单元	30 000	资产管理；投资；投资管理；投资咨询等
信托计划持股公司	宜昌绿色产业基金管理有限公司	陈兆平	宜昌市伍家岗区沿江大道182号	1 000	管理或受托管理股权类投资并从事相关咨询业务等
信托计划控股公司	武汉天盈盛世股权投资中心	天风天盈投资有限公司	武汉市东湖高新技术开发区关东科技工业园华光大道18号高科大厦4层04室	10 000	从事非证券类股权投资活动及相关的咨询服务业务；管理或受托管理股权类投资并从事相关咨询服务业务（不得从事国家法律法规、国务院决定限制和禁止的项目；不得从事吸收公众存款或变相吸收公众存款；不得从事发放贷款等金融业务。依法须经审批的项目，经相关部门审批后方可开展经营活动）
信托计划控股公司	深圳长安兴业不动产股权投资管理有限公司	樊振东	深圳市前海深港合作区前湾一路1号A栋201室（入驻深圳市前海商务秘书有限公司）	2 000	受托资产管理、投资管理（不得从事信托、金融资产管理、证券资产管理及其他限制项目）；股权投资；受托管理股权投资基金（不得从事证券投资活动；不得以公开方式募集资金开展投资活动；不得从事公开募集基金管理业务）
关联自然人直接或间接控制、或担任董事、监事及高级管理人员的其他企业	陕西省西安市老龄事业发展基金会	王启文	西安市凤城九路海荣名城4单元2509室	710	筹集管理使用基金，举办老年福利事业活动，助养高龄特困老人奖励敬老典型
关联自然人直接或间接控制、或担任董事、监事及高级管理人员的其他企业	西安企业资本服务中心	王坤元	西安市碑林区南二环西段69号西安创新设计中心2层	7 400	为企业融资、并购相关业务提供服务；为非上市公司债权、合伙企业财产份额及有关财产权益类产品转让提供服务；为拟上市企业提供培训、咨询、信息服务、财务顾问服务；金融科技的技术研发、技术推广、技术转让、技术咨询、技术服务，运用区块链和大数据等信息技术服务于政府政策落地传导、企业发展和资本市场建设；其他相关业务（依法须经批准的项目，经相关部门批准后方可开展经营活动）
关联自然人直接或间接控制、或担任董事、监事及高级管理人员的其他企业	陕西省慈善协会	贾皓	陕西省西安市新城大院前大楼2—82室	500	兴办、资助、慈善公益事业，开展安老抚孤、济贫解困

续表

关系性质	关联方名称	法定代表人/执行事务合伙人	注册地址	注册资本（万元）	主营业务
公司董事长	高成程	不涉及	不涉及	不涉及	不涉及
公司监事	刘斌	不涉及	不涉及	不涉及	不涉及
公司高管近亲属	杨静	不涉及	不涉及	不涉及	不涉及
公司高管近亲属	王艳	不涉及	不涉及	不涉及	不涉及
公司高管近亲属	高利君	不涉及	不涉及	不涉及	不涉及
公司高管近亲属	秋红	不涉及	不涉及	不涉及	不涉及

6.5.3 本公司与关联方的重大交易事项

6.5.3.1 固有财产与关联方：贷款、投资、租赁、应收账款担保、其他方式等期初汇总数、本期发生额汇总数、期末汇总数

固有财产与关联方关联交易　　　单位：万元

项目	期初	发生额	期末
贷款	—	—	—
投资	84 382.08	−56 318.64	28 063.44
租赁	—	—	—
担保	—	—	—
应收账款	—	—	—
其他		500.00	500.00
合计	84 382.08	−55 818.64	28 563.44

6.5.3.2 信托资产与关联方：贷款、投资、租赁、应收账款、担保、其他方式等期初汇总数、本期发生额汇总数、期末汇总数

信托资产与关联方关联交易　　　单位：万元

项目	期初	发生额	期末
关联人认购	9 873.82	3 055.58	12 929.40
贷款	—	—	—
投资	181 472.12	−136 442.03	45 030.09
租赁	—	—	—
担保	5 000.00	−5 000.00	—
应收账款	—	—	—
其他	30 732.29	243 997.14	274 729.43
合计	227 078.23	105 640.69	332 688.92

上述所有关联交易均以向监管机构履行报备为准，未涉及重大关联交易。

6.5.3.3 信托公司自有资金运用于自己管理的信托项目(固信交易)、信托公司管理的信托项目之间的相互(信信交易)交易金额，包括余额和本报告年度的发生额

6.5.3.3.1 固有财产与信托财产之间的交易金额期初汇总数、本期发生额汇总数、期末汇总数

固有财产与信托财产相互交易　　　单位：万元

项目	期初数	本期发生额	期末数
合计	260 897.31	63 600.44	324 497.75

6.5.3.3.2 信托项目之间的交易金额期初汇总数、本期发生额汇总数、期末汇总数

信托资产与信托财产相互交易　　　单位：万元

项目	期初数	本期发生额	期末数
合计	1 040.00	−713.00	327.00

上述所有关联交易均以向监管机构履行报备为准。

6.5.4 逐笔披露关联方逾期未偿还本公司资金的详细情况以及本公司为关联方担保发生或即将发生垫款的详细情况

未偿还的关联方款项是西安经济技术开发区资产投资有限公司欠款792.56万元，是公司原控股子公司，注册资本1 500万元，该欠款主要用于补充其营运资金不足，逾期时间在11年以上。

6.5.5 其他需披露的关联交易事项

报告期内公司以信托计划募集资金与关联方产生的交易存续共计7笔。

6.6 会计制度的披露

固有业务(自营业务)、信托业务执行会计制度的名称及颁布的年份。

公司固有业务和信托业务财务报表均执行2006年2月15日财政部颁布的《企业会计准则》（财政部令第33号）、《企业会计准则应用指南》（财会〔2006〕18号）以及财政部后续修订或颁布的各项新准则)。

公司编制的固有业务财务报表反映了公司2021年12月31日的财务状况、2021年度的经营成果和现金流量等信息。

7.财务情况说明书

7.1 利润实现和分配情况

单位：万元

利润总额（亏损总额以"-"号填列）	72 301.81
减：所得税费用	18 310.10
净利润（净亏损以"-"号填列）	53 991.71
其中：归属于母公司所有者的净利润	53 991.71
少数股东损益	—
每股收益（元）	—
（一）基本每股收益	0.16
（二）稀释每股收益	0.16
其他综合收益	-5 072.43
综合收益总额	48 919.27

按照公司章程的规定，税后利润按以下顺序进行分配：

按照10%提取法定盈余公积53 991 707.11元；按照5%提取信托赔偿准备金26 995 853.55元；按照《金融企业准备金计提管理办法》（财金〔2012〕20号）计提一般风险准备8 648 681.48元；向投资者分配利润，具体分配方案由董事会提出预案，股东大会决定。

2021年末未分配利润为3 101 920 516.98元。

7.2 主要财务指标

指标名称	指标值
资本利润率（%）	6.74
信托报酬率（%）	0.62
人均净利润（万元）	55.59

注：1.资本利润率=净利润/所有者权益平均余额×100%。
2.信托报酬率=信托业务收入/实收信托平均余额×100%。
3.人均净利润=净利润/年平均人数。
4.平均值采取年初及各季末余额移动算术平均法，公式为：a(平均)=（$a_0/2+a_1+a_2+a_3+a_4/2$）/4。

7.3 对本公司财务状况、经营成果有重大影响的其他事项

无。

8.特别事项揭示

8.1 前五名股东报告期内变动情况及原因

无。

8.2 董事、监事及高级管理人员变动情况及原因

8.2.1 董事变动情况及原因

无。

8.2.2 监事变动情况及原因

无。

8.2.3 高级管理人员变动情况及原因

2021年8月31日，公司董事会聘任桂林先生为常务副总裁。桂林先生的任职资格于2020年9月30日经中国银行保险监督管理委员会陕西监管局核准。

2021年8月31日，公司董事会聘任宋楠先生为首席风险官。宋楠先生的任职资格于2022年2月14日经中国银行保险监督管理委员会陕西监管局核准。

2021年9月27日，公司董事会批准刘斌先生因个人原因辞去公司总裁职务，由公司副总裁袁政先生代为履行总裁职责。

8.3 变更注册资本、变更注册地或公司名称、公司分立合并事项

无。

8.4 公司的重大诉讼事项

公司诉讼事项主要为执行委托人指令或履行受托人职责对融资方/交易对手发起的相关诉讼。

截至2021年12月，公司2020年年报披露案件中，已结束3单案件，分别为宁集宏图（30 000万元及利息、罚息、违约金等）、宁集长吉（14 900万元及利息、罚息、违约金等）和宁集安信（2020年执行立案金额为4 988万元）。

公司被诉案件主要为信集楼俊项目相关被诉案件，涉及40单再审案件，均已被法院依法驳回。同时，信集楼俊项目在风险化解方面，已通过受益人大会表决，加入重整后，拟通过股权转让方式实现项目退出。

8.5 公司及其董事、监事和高级管理人员受到处罚的情况

无。

8.6 银保监会及其派出机构检查意见的整改情况

2021年4月，中国银行保险监督管理委员会陕西监管局向我公司下发了年度金融监管提示通知书，提出了公司治理、信托项目、固有资产投资等七个方面的问题。公司高度重视，组织进行了专题学习，并向全体股东、董事以及监事就文件内容进行了传达。同时成立了专项整改工作小组，深耕问题、查找原因，并结合监管意见，

从公司党委工作、治理水平、风险防控等七个方面制定改进方案，持续规范公司内部治理，强化业务风险管控，扎实推进信托文化建设，为公司回归本源、平稳发展打牢基础。

此外，公司按照中国银行保险监督管理委员会陕西监管局的提示意见，在2021年内组织开展了固有非金融股权投资、证券信托业务等方面的自查，制定切实可行的整改方案，有序推进落实各项监管意见。同时公司严格按照监管要求，落实季度全面风险排查、内控合规管理建设等，坚守合规经营底线，夯实公司稳健经营根基。

8.7 本年度重大事项临时报告的简要内容、披露时间、所披露的媒体及其版面

8.7.1 鉴于公司章程修订，2021年1月14日公司在《上海证券报》第23版刊登《长安国际信托股份有限公司关于修改公司章程的公告》。

8.7.2 鉴于公司总裁变动，2021年9月30日公司在《上海证券报》第137版刊登《长安国际信托股份有限公司关于总裁变动的公告》。

8.8 报告期内股东违反承诺质押信托公司股权或以股权及其受（收）益权设立信托等金融产品的情况

无。

8.9 已向银保监会或其派出机构提交行政许可申请但尚未获得批准的事项

2021年10月19日，公司向陕西银保监局报送《长安国际信托股份有限公司关于申请核准宋楠高级管理人员任职资格的请示》（长安信托字〔2021〕287号），截至2021年12月31日未取得监管批复。

8.10 银保监会及其省级派出机构认定的其他有必要让客户及相关利益人了解的重要信息

无。

9.公司监事会意见

报告期内公司能够按照合法决策程序对重大事项进行决策，所开展的业务经营活动符合《公司法》《信托法》《信托公司管理办法》《信托公司治理指引》等有关法律法规的规定。没有发现公司董事、监事及高级管理层履行职务时有违法违规、违反公司章程或损害公司及股东利益的行为。

同意希格玛会计师事务所（特殊普通合伙）出具的2021年度的审计报告。

长城新盛信托有限责任公司

1. 重要提示

1.1 公司董事会及董事保证本报告所载资料不存在任何虚假记载、误导性陈述或者重大遗漏，并对其内容的真实性、准确性和完整性承担个别及连带责任。

1.2 公司未有董事对年度报告内容的真实性、准确性、完整性无法保证或存在异议。

1.3 公司独立董事刘普、闫晓旭、戴维声明：保证年度报告内容的真实性、准确性、完整性。

1.4 执行本公司审计的会计事务所未对公司出具保留意见（或否定意见、无法表示意见）的审计报告。

1.5 公司董事长吴映江、董事顾涛（总经理候选人）、财务总监吕超声明：保证本年度财务报告的真实、完整。

2. 公司概况

2.1 公司简介

长城新盛信托有限责任公司（以下简称长城信托）是在重组原伊犁哈萨克自治州信托投资公司基础上设立。伊犁哈萨克自治州信托投资公司设立于1988年7月15日，是经中国人民银行新疆维吾尔自治区分行（新人银〔88〕金管字第70号）批准并经伊犁哈萨克自治州工商局登记注册，由伊犁哈萨克自治州财政局出资的国有独资地方性金融机构，注册资本3000万元。

在信托业第五次清理整顿过程中，2003年12月17日原中国银监会下发了《关于同意伊犁州信托投资公司重组方案的复函》（银监函〔2003〕205号），伊犁哈萨克自治州信托投资公司由此被原中国银监会列为13家遗留问题信托公司之一。

2011年9月30日，原中国银监会下发了《关于伊犁哈萨克自治州信托投资公司重新登记等有关事项的批复》（银监复〔2011〕408号），批准由中国长城资产管理公司（2016年更名为中国长城资产管理股份有限公司，以下简称长城资产，持股35%）、新疆生产建设兵团国有资产经营公司（2016年更名为新疆生产建设兵团国有资产经营有限责任公司，以下简称兵团国资，持股35%）、深圳市盛金创业投资发展有限公司（后更名为深圳市盛金投资控股有限公司，以下简称深圳盛金，持股17%）、伊犁哈萨克自治州财信融通融资担保有限公司（以下简称伊犁财信，持股13%）四家公司在对伊犁哈萨克自治州信托投资公司进行重组的基础上进行增资扩股、更名、改制等事项变更重组。2011年10月8日由原中国银监会新疆监管局发放了金融许可证，同日在新疆维吾尔自治区工商局经济技术开发区分局领取了换发后的企业法人营业执照，公司名称由伊犁哈萨克自治州信托投资公司变更为新疆长城新盛信托有限责任公司，公司注册资本由3000万元变更为30000万元。

2013年11月8日，经国家工商总局核准并经中国银监会新疆监管局批准，公司名称再次变更为长城新盛信托有限责任公司。

2015年8月21日，经中国银监会新疆监管局核准并经工商登记变更，长城资产下属的全资子公司德阳市国有资产经营有限公司（以下简称德阳国资）受让了深圳盛金所持有长城信托17%的全部股权，由此，长城信托股权结构发生了根本性变化。

2016年12月30日，经中国银监会新疆监管局批复同意并经工商登记变更，长城资产下属的全资子公司德阳国资再次受让了伊犁财信所持有长城信托10%的股权；此次股权转（受）让后，德阳国资合计持有长城信托27%的股权，伊犁财信持有长城信托3%的股权。

2020年8月11日，经中国银保监会新疆监管局批复同意，天瑞集团股份有限公司（以下简称天瑞集团）受让了兵团国资所持有长城信托35%的股权，并于8月27日办理完成了相关工商变更登记。

2.1.1 公司法定名称
公司中文名称：长城新盛信托有限责任公司
公司英文名称：GREAT WALL XINSHENG TRUST CO., LTD.
公司英文名称缩写：GWXS TRUST

2.1.2 公司法定代表人：喻林

2.1.3 公司注册地址：乌鲁木齐经济技术开发区卫星路475号紫金矿业研发大厦A座11层
公司邮政编码：830026
公司国际互联网网址：www.gwxstrust.com
公司电子信箱：gwxs@gwxstrust.com

2.1.4 公司负责信息披露事务人员

联系人：余珍明

联系电话：010-68085297

传真：010-68085258

电子信箱：yuzhenming@gwxstrust.com

2.1.5 公司信息披露报纸名称：《上海证券报》

年度报告备置地点：乌鲁木齐经济技术开发区卫星路475号紫金矿业研发大厦A座11层、乌鲁木齐市天山区人民路280号银行联合办公楼7层和北京市丰台区凤凰嘴街2号院1号楼长城金融大厦南塔5—7层

登载年度报告的互联网网址：www.gwxstrust.com

2.1.6 公司聘请的会计师事务所名称：立信会计师事务所（特殊普通合伙）

公司聘请的会计师事务所住所：上海市黄浦区南京东路61号四楼南京东路61号4楼

2.1.7 公司聘请的律师事务所名称：北京市兰台律师事务所

公司聘请的律师事务所住所：北京市朝阳区曙光西里甲1号第三置业B座29层

2.2 组织结构

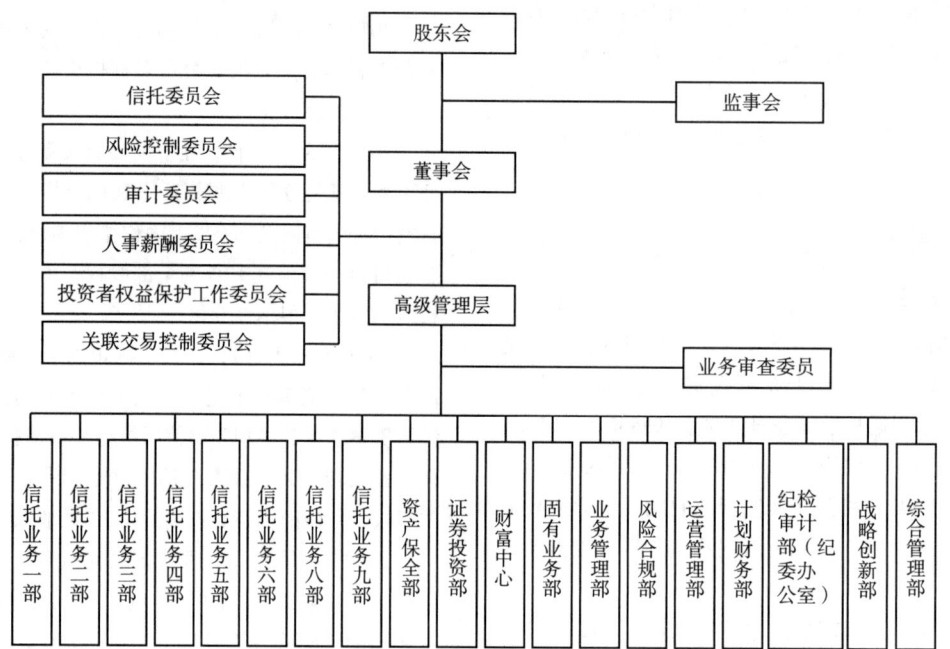

3.公司治理结构

3.1 股东

报告期末股东总数为4家（3家股东持有10%以上股份），按股东持股比例从大到小排列如下：

股东名称	持股比例（%）	法定代表人	注册资本（万元）	注册地址	主要经营业务及主要财务情况
★长城资产	35	沈晓明	5 123 360.9796	北京市西城区月坛北街2号	收购、受托经营金融机构不良资产，对不良资产进行管理、投资和处置；债权转股权，对股权资产进行管理、投资和处置；对外投资；买卖有价证券；发行金融债券、同业拆借和向其他金融机构进行商业融资；破产管理；财务、投资、法律及风险管理咨询和顾问；资产及项目评估；经批准的资产证券化业务、金融机构托管和关闭清算业务；非金融机构不良资产业务；国务院银行业监督管理机构批准的其他业务。企业依法自主选择经营项目，开展经营活动；依法经批准的项目，经相关部门批准后依批准的内容开展经营活动；不得从事本市产业政策禁止和限制类项目的经营活动。财务状况良好
天瑞集团	35	李留法	200 000	河南省汝州市广成路东路南侧	控股、投资；计算机及软件应用服务；信息科技服务；机械设备及矿山设备销售、非金属加工专用设备销售、铁路机车车辆配件销售；建筑材料批发；企业管理服务；工程管理服务和其他专业服务；旅游经营开发；铝业经营；资源开发经营；矿山地质技术服务；矿山开采，石料开采、加工、销售；道路普通货物运输；无车承运，无船承运，货物运输车辆租赁；仓储（不含危险化学品）、货运站场、物流、装卸搬运及货物运输代理等服务。财务状况良好

续表

股东名称	持股比例（%）	法定代表人	注册资本（万元）	注册地址	主要经营业务及主要财务情况
德阳国资	27	孙刚	10 000	四川省德阳市泰山南路二段733号15层	资产置换、转让与销售，债务重组、资产重组及并购，基金投资与管理；股权投资、投资、财务及法律咨询。（依法须经批准的项目，经相关部门批准后方可开展经营活动）。财务状况良好
伊犁财信	3	李刚别克	100 023.3507	伊宁市新滨河路怡安家园1号综合楼	许可经营项目：贷款担保、票据承兑担保、贸易融资担保、项目融资担保、信用证担保及其他融资性担保业务；兼营诉讼保全担保；投标担保、预付款担保、工程履约担保、尾付款如约偿付担保等履约担保业务；与担保业务有关的融资咨询、财务顾问等中介服务；以自有资金进行投资；办理债券发行担保业务；国家及自治区规定的其他业务。财务状况良好

注：德阳国资为长城资产全资子公司，因此长城资产为长城信托的实际控制人。

3.2 董事

董事长、副董事长、董事

姓名	职务	性别	年龄（岁）	选任日期	所推举的股东名称	该股东持股比例（%）	简要履历
吴映江	董事长	男	53	2021年7月28日	长城资产	35	经济学学士，陕西财经学院金融专业，高级经济师。历任奎屯市农行伊犁路分理处会计；奎屯市农行信贷科信贷员；奎屯市农行信贷国际业务部经理；长城资产乌鲁木齐办事处北疆分片项目经理组副组长；长城资产乌鲁木齐办事处债权管理处副处长高级项目经理；新疆金融租赁公司重组项目组高级项目经理；新疆金融租赁有限公司董事会秘书兼资金财务部高级经理；长城国兴金融租赁有限公司党委委员；长城国兴金融租赁有限公司党委委员、总经理助理；长城国兴金融租赁有限公司党委委员、副总经理；长城信托党委副书记。现任长城信托党委书记、董事长
张建中	副董事长	男	55	2021年4月8日	天瑞集团	35	经济管理学士，中共中央党校，经济师。历任宣城地区教育局科员、税务局科员；中国银行宣城分行信托办事处主任；中信银行合肥分行信贷科长；深圳发展银行外滩支行副行长、行长、分行行长助理；兴业银行上海分行营业部总经理、分行行长助理、党委委员、副行长；浦发银行上海分行党委委员、副行长；上海爱建信托有限责任公司董事、总经理；爱建集团副总、上海爱建资产管理有限公司董事长、爱建信托监事长；安徽恒泰房地产开发有限公司副董事长；现任大丰慈善基金会理事
顾涛	董事	男	51	2016年9月26日	长城资产	35	华中理工大学工学、中国政法大学法学双学士，证券、银行风险管理、律师从业资格，高级经济师。历任农业银行北京分行资产保全处科员、主任科员；长城资产北京办事处债权管理部项目经理、法律事务部高级经理（副处级）；长城资产法律事务部法律审核处处长、诉讼业务处高级副经理、重大诉讼项目处高级经理、专项经营管理部主任；长城融资担保有限责任公司风险总监、党委委员、董事；长城资产深圳办事处党委委员、风险总监；长城信托党委委员、风险总监、执行董事。现任长城信托党委委员、执行董事（总经理候选人）
段合明	董事	男	58	2017年11月30日	德阳国资	27	新疆农业大学，农业经济管理专业硕士研究生，经济师。历任石河子联合中学教师；兵团经济专科学校教师；人民银行新疆分行科员；新疆银监局办公室主任科员、副主任、调研员、非银处处长；长城信托党委委员、纪委书记、风险总监、工会主席、执行董事。现任长城信托风险总监、工会主席、执行董事
蔺怀华	董事	男	53	2015年11月16日	—	—	法学学士，兰州大学法学专业，执业律师。历任新疆维吾尔自治区高级人民法院审判员；新疆国通律师事务所律师；新疆元正律师事务所律师；现任兵团国资法律顾问、新疆元正盛业律师事务所律师

独立董事

姓名	职务	性别	年龄（岁）	选任日期	所推举的股东名称	该股东持股比例（%）	简要履历
刘普	独立董事	男	49	2016年9月6日	长城资产	35	毕业于清华大学法学院、武汉大学经管学院、清华大学经济研究所，博士研究生学历，经济学博士学位、经济学博士后。历任清华控股有限公司高级管理人员，北京市洪范律师事务所高级合伙人，陕西国际信托股份有限公司北京业务部总经理，中融人寿保险股份有限公司高级管理人员，中国银行业协会首届首席法律顾问，亚洲金融合作协会首席法律专家
阎晓旭	独立董事	男	45	2016年9月26日	德阳国资	27	硕士研究生，厦门大学民商法专业，执业律师。历任山西某律师事务所律师助理、大唐移动通信设备有限公司法律顾问、中国航空技术进出口总公司法律顾问、北京君泽君律师事务所律师（合伙人）。现任北京德恒律师事务所律师
戴维	独立董事	男	45	2021年4月7日	天瑞集团	35	复旦大学国际经济及贸易学士、香港大学国际工商管理学硕士，基金从业资格。历任交通银行上海市南支行客户经理、信贷部经理；交通银行（总行）公司业务部行业经理、产品经理；交银国际信托股份有限公司财富管理中心副总经理（主持工作）；交银国际信托有限责任公司财富管理中心及消费者权益保护部总经理、公司第三党支部书记；上海国耀投资管理有限责任公司总经理；现任上海国耀投资管理有限公司总经理

3.3 监事

监事会成员

姓名	职务	性别	年龄（岁）	选任日期	所推举的股东名称	该股东持股比例（%）	简要履历
刘孟涛	监事会主席	男	50	2020年11月27日	天瑞集团	35	中央财经大学金融学硕士。历任北京思特奇信息技术有限公司副总经理、北京屹海互动信息技术有限公司总经理、中华社会救助基金会功勋关爱基金理事、天津景民股权投资基金管理有限公司合伙人、中国缅甸友好协会理事、易安财产保险股份有限公司独立董事、聚力文化股份有限公司独立董事。现任中工经联科技发展（北京）有限公司董事
顾雷	监事	男	57	2016年3月21日	德阳国资	27	研究生毕业，法学博士学位，中国人民大学刑法学专业。历任上海市人民政府办公厅科员，海通证券公司发行部经理，上海财政证券公司证券发行部经理，上海财经大学法学院副教授，长城资产投资银行部高级经理（正处级）、投资银行部受托代理处高级经理、市场拓展部（投资银行部）业务拓展一处高级经理、机构协同部经营监测处高级经理、战略发展部（博士后工作站）研究与刊物编辑处高级经理、天津金融资产交易所有限责任公司总经理助理
郭韬	职工监事	男	44	2015年11月16日	职工代表大会	—	硕士研究生毕业，中国人民大学经济法学专业。历任长城资产法律事务部、债权管理部副主任科员，法律事务部主任科员、业务主管、高级副经理，长城信托产品研发与运营部总经理兼综合部总经理，长城信托资产保全部总经理兼信托业务一部总经理。现任长城信托资产保全部总经理
耿全会	职工监事	男	48	2015年11月16日	职工代表大会	—	大学毕业，新疆大学法律专业。历任河南洛阳市九都律师事务所律师助理、执业律师；新疆丝路律师事务所执业律师；长城资产乌鲁木齐办事处债权管理处业务主管；长城资产乌鲁木齐办事处综合管理处法律事务部业务主管；长城资产乌鲁木齐办事处资产经营部二部（南疆项目组）项目经理、长城资产乌鲁木齐办事处资产经营部（北疆项目组）项目经理，伊犁信托重组小组成员；长城信托审计部高级经理。现任长城信托业务九部高级经理

本公司监事会未下设委员会。

3.4 高级管理人员

姓名	职务	性别	年龄（岁）	选任日期	金融从业年限（年）	学历	专业	简要履历
段合明	风险总监	男	58	2017年5月15日	26	硕士	农业经济及管理	新疆农业大学，农业经济管理专业硕士研究生，经济师。历任石河子联合中学教师；兵团经济专科学校教师；人民银行新疆区分行科员；新疆银监办公室主任科员、副主任、调研员、非银处处长；长城信托党委委员、纪委书记、风险总监、工会主席、执行董事。现任长城信托风险总监、工会主席、执行董事
吕超	财务总监	男	50	2021年4月7日	10	博士	管理科学与工程	博士研究生，哈尔滨工程大学管理科学与工程专业，副教授。历任中国民族国际信托投资有限公司上海业务部财务部；哈尔滨工程大学经济管理学院，经济学专业全日制研究生在读；中国产业安全研究中心，博士后科研工作站；美国圣马斯大学，国家公派访问学者；哈尔滨金融学院，会计系教师、会计研究所所长；兴业银行股份有限公司北京分行，北区中心支行总裁助理、金融市场部总监；现任长城新盛信托有限责任公司财务总监

3.5 公司员工

最近两个年度职工人数、年龄分布、学历分布、岗位分布，所有层级加总整体为100%。

项目		报告期年度		上年度	
		人数（人）	比例（%）	人数（人）	比例（%）
年龄分布	25岁以下	1	1.39	—	—
	25—29岁	11	15.28	5	6.17
	30—39岁	35	48.61	49	60.5
	40岁以上	25	34.72	27	33.33
学历分布	博士	1	1.39	2	2.47
	硕士	45	62.50	46	56.79
	本科	25	34.72	32	39.51
	专科	1	1.39	1	1.23
	其他	—	—	—	—

续表

项目		报告期年度		上年度	
		人数（人）	比例（%）	人数（人）	比例（%）
岗位分布	高管人员	2	2.78	5	6.17
	自营业务人员	6	8.33	7	8.64
	信托业务人员	49	68.06	54	66.67
	其他人员	15	20.83	15	18.52

4. 经营管理

4.1 经营目标、方针、战略规划

4.1.1 经营目标

以习近平新时代中国特色社会主义思想为引领，深入贯彻落实党的十九大和十九届五中、六中全会、中央经济工作会议精神，坚持"稳中求进、顺势而为、量力

而行、质量为先"的工作总基调,加强合规经营,优化内部管理,夯实转型基础,推动公司稳健持续发展。

4.1.2 经营方针

遵循稳健、创新、和谐、发展的经营方针,根据客户需求、风险偏好,充分发挥信托独特的制度优势,为客户提供多样化、专业化的综合金融服务。

4.1.3 战略规划

以习近平新时代中国特色社会主义思想为指导,立足重点城市,辐射全国市场,坚持客户至上的理念,坚持依法合规、稳健经营,依托雄厚的股东背景及其在资产管理领域的竞争优势,聚焦不良资产信托、标品信托、实业投资、财富管理四大业务方向,不断提高公司风险控制能力、业务创新能力和运营管理能力,将公司打造成为具有一定品牌影响力、具有较强市场竞争力的专业化金融服务机构。

4.2 所经营业务的主要内容

4.2.1 经营的主要业务、品种

公司业务主要分为固有业务及信托业务。

4.2.2 资产组合与分布

公司自营资产中,货币资产占总资产比例为71.59%,交易性金融资产占比为9.96%,其他资产占比为18.45%。

自营资产运用与分布表

资产运用	金额(万元)	占比(%)	资产分布	金额(万元)	占比(%)
货币资产	92 509.26	71.59	基础产业	—	—
贷款及应收款	—	—	房地产业	—	—
交易性金融资产	12 869.21	9.96	证券市场	—	—
可供出售金融资产	—	—	实业	—	—
持有至到期投资	—	—	金融机构	105 378.47	81.55
长期股权投资	—	—	其他	23 846.73	18.45
其他	23 846.73	18.45	—	—	—
资产总计	129 225.20	100.00	资产总计	129 225.20	100.00

注:其他资产主要包括其他应收款11 271.28万元、债权投资7 621.99万元、使用权资产3 031.03万元、递延所得税资产941.35万元、无形资产669.76万元、固定资产208.89万元、待抵扣进项税7.64万元、长期待摊费用42.27万元、预缴增值税52.52万元。

信托资产运用与分布表

资产运用	金额(万元)	占比(%)	资产分布	金额(万元)	占比(%)
货币资产	1 405.06	0.14	基础产业	—	—
贷款	1 000.00	0.10	房地产	316 677.73	32.26
交易性金融资产	16 080.65	1.64	证券市场	—	—

续表

资产运用	金额(万元)	占比(%)	资产分布	金额(万元)	占比(%)
可供出售金融资产	38 000.50	3.87	实业	606 939.65	61.82
持有至到期投资	1 000.00	0.10	金融机构	—	—
长期股权投资	466 705.10	47.54	其他	58 160.56	5.91
其他	457 586.63	46.61	—	—	—
信托资产总计	981 777.94	100.00	信托资产总计	981 777.94	100.00

注:公司资产运用中,长期股权投资占总资产比例为47.54%,可供出售资产占比为3.87%,其他资产占比为46.61%。资产分布中,实业占总资产比例61.82%,房地产占总资产比例为32.26%,其他资产占比为5.91%。

4.2.3 资本充足率、资产质量和盈利状况

2021年期末公司固有资产129 225.20万元,固有负债28 752.58万元,所有者权益100 472.62万元。公司资本充足,所有者权益比率为77.75%。

报告期内,公司实现收入合计9 613.50万元,利润总额-1 289.22万元,净利润-4 311.72万元。公司2021年总资产利润率(税前利润/年均总资产)为-0.99%,资本利润率(净利润/年均所有者权益)为-4.20%,主营业务收益率(净利润/营业总收入)为-44.85%。

4.3 市场分析

4.3.1 有利因素

(1)2021年,中国经济高质量发展取得新成效,全年国内生产总值114.37万亿元,比上年增长8.1%,经济平稳复苏,经济结构持续优化。随着"十四五"规划的实施,在构建新发展格局,推进科技创新、数字经济、"碳达峰""碳中和"等方面,都蕴含着巨大的投资机会。

(2)我国居民财富总量快速增长,企业和居民对不同类型资产配置和高净值人群财富传承的需求日益旺盛,为信托公司开展资产管理业务,发挥信托本源优势提供了有利条件。

(3)信托行业积极顺应监管导向,回归本源、服务实体经济,创新业务持续发展,业务结构优化明显,行业整体稳定性良好,提质增效成果显现。

4.3.2 不利因素

(1)国际方面,全球经济复苏前景存在高度不确定性,分化加大和不平衡问题日益凸显;国内方面,受地产调控、地方政府隐性债务监管、大宗商品价格上涨、电力煤炭供应紧张以及新冠肺炎疫情传播等多重因素叠加,我国经济面临一定下行压力。

(2)信托业严监管已步入常态化,压融资、去通道

等监管要求使得传统业务难以支持信托行业高质量发展，信托行业面临较大的转型发展压力。

（3）资管新规统一了大资管行业监管标准，改写大资管竞争格局，信托公司与券商资管、银行理财子公司等资管机构之间竞争日趋激烈，信托行业的制度优势进一步弱化，信托公司需不断提升产品创新能力、服务能力、投研能力、风险管控能力等综合实力。

4.4 内部控制

4.4.1 内部控制环境和内部控制文化

公司按照《公司法》《信托公司管理办法》《信托公司治理指引》《企业内部控制基本规范》《信托公司股权管理办法》等法律法规以及公司章程的相关要求，建立了由股东会、董事会、监事会、高级管理层组成的分工合理、职责明确、相互制衡、报告关系清晰的公司治理结构。

董事会作为决策机构，负责审核公司内控机制的建设规划，并通过授权管理、投资决策管理、人力资源管理、财务管理、运营管理和运营保障管理等制度建设，建立公司内部控制制度体系并维持其有效性。公司已构建起较为完备的内控质职能体系，实现内部控制职能的分层控制。公司内部控制职能部门为风险合规部、业务管理部、综合管理部、计划财务部、运营管理部和纪检审计部。公司内部控制遵循全面、审慎、有效、独立的原则。2021年公司新增、修订了《项目论证会工作规则》《家族信托业务管理办法》《经营管理违规行为问责管理办法》《风险资产问责管理办法》《问责委员会议事规则》《案防工作管理办法》等19项规章制度，进一步完善了公司内控制度体系。按照监管要求，公司始终重视内控合规文化建设，从上至下树立依法合规经营理念，通过制度完善、内控检查、教育培训、行为管理多种方式加强内控管理水平。

4.4.2 内部控制措施

公司持续健全在各层级、各业务流程、各关键操作环节的控制措施，将人工控制与自动控制相结合，不断改造和升级信息系统，逐步实现关键风险点的自动化管控和监督；前台、中台、后台部门权责明晰，相互监督制衡的运行机制贯穿于全业务流程。

公司内控的控制活动包括：组织结构控制、授权审批控制、业务流程控制、会计系统控制、运营分析控制、信息系统控制、绩效考评控制、内部审计控制，并建立业务预警、应急机制等。

4.4.3 信息交流与反馈

报告期内，公司不断完善信息交流与反馈机制。在信息传达方面，公司通过办公自动化系统或专题会议形式，将最新的法律法规、监管要求、股东意见、信托行业及内部经营风险状况等信息及时传递给相关部门，确保员工充分掌握信息并及时做出反馈。在信息报告方面，公司制定了清晰的信息报告流程，确保各部门将经营过程中存在的重大问题和风险事项及时报告高级管理层、董事会、监事会和相关监管部门。在外部沟通方面，公司严格遵循监管要求，与监管部门建立了完备的沟通和报告机制，及时就公司的经营情况、风险状况、内外部审计情况等向监管部门报告。在部门间工作协调方面，公司内部搭建了高效畅通的信息交流渠道，通过定期会议和随时沟通实现跨部门协作。

4.4.4 监督评价与纠正

公司通过建立自控、互控、监控三位一体的机制，对内部控制活动进行检查、评价、监督和纠正。业务部门对各项业务跟踪管理，经常检查其经营状况，一旦发现存在问题，迅速予以自纠；风险合规管理部门、纪检审计部门和财务管理部门分别行使中后台风险管理职能和监督职能，相关部门、岗位之间互相制衡、监督，一旦发现问题，均要求限时纠正。

4.5 风险管理

4.5.1 风险管理概况

公司风险管理的基本原则是：合规性，即公司经营活动与所涉及的法律、规则和准则及自身规章制度相一致；全面性，即风险管理涵盖各项业务管理的各环节，并渗透到各项业务过程中；制衡性，即明确划分相关部门、岗位之间的职责，建立职责分离、横向与纵向相互监督制约的机制；资产隔离性，即将公司自营资产与信托资产、不同委托人的信托财产分别管理、分别记账、独立核算；流动性，即突出现金流量管理在公司经营活动中的重要性；程序性，即公司风险管理组织系统的安排遵循事前授权审批、事中控制和事后审计监督三道程序；可衡量性，即采用定性分析与定量分析相结合的方法控制风险。董事会下设风险控制委员会负责对公司风险管理的政策、项目执行过程实施风险监督和评审，并按照公司风险管理总体要求，制定风险管理监督、风险计量检测和风险控制流程等风险监控制度。公司高级管理层根据股东会和董事会制定的风险管理政策、程序，负责对风险控制过程实施管理。对风险控制过程出现和可能出现的风险，制定和采取风险控制措施并及时报告董事会或者股东会。公司业务审查委员会负责对信托项目的审核。

风险合规部负责公司风险管理基本政策的制定，起草制定各类风险管理制度，负责建立和完善风险管理体系，进行风险识别、计量和控制，开展公司内部风险评估和报告，参与各类业务的风险评估、管理及对合法性和合规性进行审核，指导公司内部全面开展风险管理。

4.5.2 风险状况

公司经营活动中可能遇到的主要风险有：信用风险、市场风险、操作风险等。

4.5.2.1 信用风险状况

信用风险主要指交易对手不履行义务的可能性，主要表现为：在贷款、资产回购、后续资金安排、担保、履约承诺、资金往来、证券投资等交易过程中，借款人、担保人、保管人（托管人）、证券投资开户券商、银行等交易对手不履行承诺，不能或不愿履行合约承诺而使信托财产或固有财产遭受潜在损失的可能性。

公司信托业务的信用风险主要来自融资类信托业务。报告期内，公司完成了部分融资类信托项目的终止清算，对于存续项目公司针对信用风险采取了相应措施，履行了受托人的尽职管理职责。

4.5.2.2 市场风险状况

市场风险主要指在金融市场等投资业务过程中，投资于有公开市场价值的金融产品或者其他产品时，金融产品或者其他产品的价格发生波动导致公司信托财产或固有财产遭受损失的可能性。同时，市场风险还具有很强的传导效应，某些信用风险的根源可能也来自于交易对手的市场风险。

报告期内，公司固有资金存在少数银行理财、活期、定期存单，受市场风险影响有限。

4.5.2.3 操作风险状况

操作风险表现为由于公司治理机制、内部控制失效或者有关责任人出现失误、欺诈等问题，公司没有充分及时地做好尽职调查、持续监控、信息披露等工作，未能及时作出应有的反应，或作出的反应明显有失专业和常理，甚至违规违约；公司没有履行勤勉尽职管理的义务，或者无法出具充分有效的证据和记录，证明自己已履行勤勉尽职管理的义务。

报告期内，公司按照内部控制制度严格操作流程，明确岗位职责，加强合规宣传，与各部门负责人签订了《党风廉政建设和风险防范目标责任书》，无操作风险事项的发生。

4.5.2.4 其他风险状况

其他风险主要是指公司业务开展中的流动性风险、政策风险、信誉风险、道德风险等。公司固有业务流动性强，发生流动性风险的可能性较小。政策、信誉、道德风险方面，公司没有发生因信托财产管理、处分不当或其他信托公司的原因，致使信托财产遭受损失，进而致公司声誉受损的情况。公司注重将各方股东的优秀企业文化融入公司内部管理中，致力塑造诚信、专业的公司形象，通过尽职管理和充分披露等方式，避免产生对公司不良影响事件的发生。

4.5.3 风险管理

4.5.3.1 信用风险管理

为适应公司业务规模和业务模式的发展变化，公司继续完善风险管理体系和制度建设。公司强调全流程风险管理、强调风险管理关口前置、强调完善信用风险管理的制度体系、强调对交易对手履约情况的持续跟踪，以各类业务准入政策、业务报审及审批流程等为抓手，严格执行信用风险的事前防范、事中控制和事后检查制度。

信用风险的管理：一是公司严格实行贷前调查、贷时审查、贷后检查的"三查"制度。在贷前调查（项目立项）阶段，公司规范项目尽职调查的程序、重点和方法；在贷时审查（项目审批）阶段，公司风险合规部、业务管理部、运营管理部等进行会审，公司业务审查委员会对业务进行汇总审核出具审核审批意见；在贷后检查（项目运营）阶段，公司要求业务部门持续监控交易对手的履约能力，严格按照公司《项目后期管理办法》等相关文件的规定，履行贷后管理职责和受托义务。二是注重信用风险的分散和补偿。在产品交易结构设计上，公司综合运用规避、预防、分散、转移、补偿等手段管理风险，尽力降低信用风险敞口。比如：公司通过引入金融机构信用、财产抵押、权利质押等担保方式，将融资主体的信用风险进行分散、转移。为防止因抵（质）押物价值变化扩大信用风险敞口，公司对拟抵（质）押资产设置了抵（质）押率上限，作为价值变化的缓冲；通过账户管理归集和监控项目本身的现金流，作为履约的主要资金来源；在可能的情况下监管交易对手账户，监督资金使用，防止挪用；通过信托受益权的优劣后安排，将具有不同风险偏好和风险承受能力的客户分开；加大交易对手违约成本，使交易对手不敢轻易违约；通过现场过程监控和非现场信息监控，及时了解项目进展、交易对手经营和资金使用状况；安排信托受益权的流通转让，分散信用风险。三是按照银保监会要求及公司文件规定，定期对公司资产进行风险分类；四是严格按财政部和银保监会的要求，提足包括呆账准备金、信托赔偿准备金在内的各项准备金。

4.5.3.2 市场风险管理

市场风险的管理：一是加强对经济及金融形势的分析预测，并据此提出资产配置及其调整方案。密切跟踪市场，及时调整投资策略和投资组合，密切关注经济运行状况，严格规避政策导向变化带来的不利影响。二是坚持稳健原则，运用投资组合进行管理，配置足够的固定收益类低风险投资品种。三是对证券投资组合产品，对净值、仓位和投资集中度等指标事先设定预警点或止损点。四是可以通过投资分散化（组合对冲）降低非系统性风险。五是在业务决策和管理过程中，分别通过压力测试进行分析和评估，进行动态跟踪管理。六是积极贯彻落实监管部门有关文件精神，密切关注市场变化，加强防范业务风险的措施。

4.5.3.3 操作风险管理

操作风险的管理：一是制定和完善公司内部控制制度，在业务操作、会计系统、信息披露、信息系统、人力资源管理、关联交易、档案管理、紧急事件应变等方面，建立行之有效的内控制度和内控流程。二是明确岗位职责，即在合理的组织机构基础上，将各部门的业务活动和管理活动细化为各个具体的工作岗位，按照岗位确定职责和权限，做到定岗、定责、定职、定编、定人，从而建立起公司内部相互制约、相互督促的工作网络。三是不断整合公司各项业务流程和管理流程，逐步实现前台、中台、后台分离的业务操作流程化管理。四是建立管理防火墙，以信托财产和固有财产为隔离基础，实现信托业务系统和自营业务系统的部门和人员分离；高管人员管理分工分离；信托财务和自营财务的部门、人员、账表、资产和办公场所分离；每个信托财产的分离，即对每项信托业务单独开户、单独核算、单独管理。五是强调信息系统支持。六是制定公司员工行为规范及问责制度，加强对员工守法意识、职业道德的教育。七是重视合规文化建设，宣传合规政策，使员工牢固树立"风险管理是公司经营的基础、效益的前提和核心竞争力的保证"这一风险管理核心价值观念。

4.5.3.4 其他风险管理

其他风险的管理：一是加强员工合规培训，要求员工认真学习并执行有关的法律法规，增强合规意识，提高员工的风险管理意识和风险管理水平。二是加强对运作项目的现金流量管理，同时做好公司现金流量的预测和安排。三是加强职业道德教育，规范职业行为，把职业道德、职业操守作为员工教育的一个重要内容，不断增强员工的工作责任心，严格控制道德风险。

4.6 企业社会责任

公司恪尽职守，严格履行受托人诚实、信用、谨慎、有效的管理义务，依托自身在资产管理、风险控制等方面的优势，为投资者创造信托财富，为企业提供全面金融服务，截至2021年末，公司已向投资者分配信托利润3.39亿元。公司自觉坚持守法经营、照章纳税、公平竞争、合作共赢等理念，积极贯彻落实党中央对扶贫攻坚工作的要求，2021年公司向陕西陇县捐款50万元，购买扶贫产品3.5万元，全体员工自发购买扶贫产品2.4万元；2021年全年公司向注册地新疆乌鲁木齐市经济技术开发区交纳各项税费合计4 688.56万元，是重点纳税企业之一。公司不断完善员工关爱体系，推动员工与企业共同成长，开展节日慰问、困难职工情况排查帮扶、组织文体活动等工作，切实增强员工福利，保障员工权益。

4.7 消费者权益保护

公司在2021年度持续建立健全消费者权益保障机制，在公司制度建设方面，根据近年来人民银行及银保监会的相关文件，梳理了公司相关的十个制度文件，涉及产品营销、投诉管理、宣传教育、信息披露、内部监督、IT科技、客户服务等多维度，从而不断完善全流程消费者权益保护体系。同时公司主动利用微信公众号、线上线下会议等途径通过制作短视频"金融古丽说消保"等创新形式开展了一系列以消费者权益保护为主题的金融知识宣教工作，相关活动在向广大消费者普及金融知识的同时，也提高了消费者自身的法律意识及自我权益保护意识，取得了良好的效果。

5.报告期末及上一年度末的比较式会计报表

5.1 自营资产

5.1.1 会计师事务所审计意见全文

审计报告

信会师报字〔2022〕第ZG30045号

长城新盛信托有限责任公司：

一、审计意见

我们审计了长城新盛信托有限责任公司（以下简称贵公司）财务报表，包括2021年12月31日的合并及母公司资产负债表，2021年度的合并及母公司利润表、合并及母公司现金流量表、合并及母公司所有者权益变动表以及相关财务报表附注。

我们认为，后附的财务报表在所有重大方面按照企业会计准则的规定编制，公允反映了贵公司2021年12月31日的合并及母公司财务状况以及2021年度的合并及母公司经营成果和现金流量。

二、形成审计意见的基础

我们按照中国注册会计师审计准则的规定执行了审计工作。审计报告的"注册会计师对财务报表审计的责任"部分进一步阐述了我们在这些准则下的责任。按照中国注册会计师职业道德守则，我们独立于贵公司，并履行了职业道德方面的其他责任。我们相信，我们获取的审计证据是充分、适当的，为发表审计意见提供了基础。

三、管理层和治理层对财务报表的责任

贵公司管理层（以下简称管理层）负责按照企业会计准则的规定编制财务报表，使其实现公允反映，并设计、执行和维护必要的内部控制，以使财务报表不存在由于舞弊或错误导致的重大错报。

在编制财务报表时，管理层负责评估贵公司的持续经营能力，披露与持续经营相关的事项（如适用），并运用持续经营假设，除非计划进行清算、终止运营或别无其他现实的选择。

治理层负责监督贵公司的财务报告过程。

四、注册会计师对财务报表审计的责任

我们的目标是对财务报表整体是否不存在由于舞弊或错误导致的重大错报获取合理保证，并出具包含审计意见的审计报告。合理保证是高水平的保证，但并不能保证按照审计准则执行的审计在某一重大错报存在时总能发现。错报可能由于舞弊或错误导致，如果合理预期错报单独或汇总起来可能影响财务报表使用者依据财务报表做出的经济决策，则通常认为错报是重大的。

在按照审计准则执行审计工作的过程中，我们运用职业判断，并保持职业怀疑。同时，我们也执行以下工作：

（1）识别和评估由于舞弊或错误导致的财务报表重大错报风险，设计和实施审计程序以应对这些风险，并获取充分、适当的审计证据，作为发表审计意见的基础。由于舞弊可能涉及串通、伪造、故意遗漏、虚假陈述或凌驾于内部控制之上，未能发现由于舞弊导致的重大错报的风险高于未能发现由于错误导致的重大错报的风险。

（2）了解与审计相关的内部控制，以设计恰当的审计程序，但目的并非对内部控制的有效性发表意见。

（3）评价管理层选用会计政策的恰当性和做出会计估计及相关披露的合理性。

（4）对管理层使用持续经营假设的恰当性得出结论。同时，根据获取的审计证据，就可以对贵公司持续经营能力产生重大疑虑的事项或情况是否存在重大不确定性得出结论。如果我们得出结论认为存在重大不确定性，审计准则要求我们在审计报告中提请报表使用者注意财务报表中的相关披露；如果披露不充分，我们应当发表非无保留意见。我们的结论基于截至审计报告日可获得的信息。然而，未来的事项或情况可能导致贵公司不能持续经营。

（5）评价财务报表的总体列报（包括披露）、结构和内容，并评价财务报表是否公允反映相关交易和事项。

（6）就贵公司中实体或业务活动的财务信息获取充分、适当的审计证据，以对财务报表发表审计意见。我们负责指导、监督和执行集团审计，并对审计意见承担全部责任。

我们与治理层就计划的审计范围、时间安排和重大审计发现等事项进行沟通，包括沟通我们在审计中识别出的值得关注的内部控制缺陷。

立信会计师事务所（特殊普通合伙）

中国注册会计师：孟庆祥

中国注册会计师：王红娜

中国·上海　　　　　　　　　　2022年3月28日

5.1.2 资产负债表

合并资产负债表

编制单位：长城新盛信托有限责任公司　　　2021年12月31日　　　单位：元

资产	附注	期末余额	上年年末余额
资产：			
货币资金	五、(一)	925 092 593.04	1 052 371 722.52
其中：客户资金存款	—	—	—
结算备付金	—	—	—
其中：客户备付金	—	—	—
贵金属	—	—	—
拆出资金	—	—	—
融出资金	—	—	—
衍生金融资产	—	—	—
存出保证金	—	—	—
应收款项	—	—	—
买入返售金融资产	—	—	—
持有待售资产	—	—	—
金融投资：			
交易性金融资产	五、(二)	128 692 110.39	13 448 693.24
债权投资	五、(三)	76 219 893.66	74 115 294.27
其他债权投资	—	—	—
其他权益工具投资	—	—	—
长期股权投资	—	—	—
投资性房地产	—	—	—
固定资产	五、(四)	2 088 910.90	1 265 590.71
在建工程	—	—	—
无形资产	五、(五)	6 697 564.79	7 176 334.06
商誉	—	—	—
递延所得税资产	五、(六)	9 413 493.69	11 768 594.03
其他资产	五、(七)	144 047 479.28	146 318 449.45
资产总计	—	1 292 252 045.75	1 306 464 678.28

合并资产负债表（续）

编制单位：长城新盛信托有限责任公司　　　2021年12月31日　　　单位：元

负债和所有者权益（或股东权益）	附注	期末余额	上年年末余额
负债：			
短期借款	—	—	—
应付短期融资款	—	—	—
拆入资金	—	—	—
交易性金融负债	—	—	—
衍生金融负债	—	—	—
卖出回购金融资产款	—	—	—
代理买卖证券款	—	—	—
代理承销证券款	—	—	—
应付职工薪酬	五、(八)	42 053 293.69	51 466 302.61

续表

负债和所有者权益（或股东权益）	附注	期末余额	上年年末余额
应交税费	五、（九）	9 597 819.19	10 768 160.90
应付款项	—	—	—
持有待售负债	—	—	—
预计负债	五、（十）	40 000 000.00	—
长期借款	—	—	—
应付债券	—	—	—
其中：优先股	—	—	—
永续债	—	—	—
长期应付职工薪酬	—	—	—
递延收益	—	—	—
递延所得税负债	—	—	—
其他负债	五、（十一）	195 874 648.95	196 386 688.92
负债合计	—	287 525 761.83	258 621 152.43
所有者权益（或股东权益）：			
实收资本（或股本）	五、（十二）	300 000 000.00	300 000 000.00
其他权益工具	—	—	—
其中：优先股	—	—	—
永续债	—	—	—
资本公积	—	—	—
减：库存股	—	—	—
其他综合收益	—	—	—
盈余公积	五、（十三）	89 671 242.64	89 671 242.64
一般风险准备	五、（十四）	44 835 621.33	44 835 621.33
未分配利润	五、（十五）	570 219 419.95	613 336 661.88
归属于母公司所有者权益（或股东权益）合计	—	1 004 726 283.92	1 047 843 525.85
少数股东权益	—	—	—
所有者权益（或股东权益）合计	—	1 004 726 283.92	1 047 843 525.85
负债和所有者权益（或股东权益）总计	—	1 292 252 045.75	1 306 464 678.28

母公司资产负债表

编制单位：长城新盛信托有限责任公司　　2021年12月31日　　单位：元

资产	附注	期末余额	上年年末余额
资产：			
货币资金	五、（一）	925 089 075.10	1 052 369 184.37
其中：客户资金存款	—	—	—
结算备付金	—	—	—
其中：客户备付金	—	—	—
贵金属	—	—	—
拆出资金	—	—	—
融出资金	—	—	—
衍生金融资产	—	—	—
存出保证金	—	—	—
应收款项	—	—	—

续表

资产	附注	期末余额	上年年末余额
买入返售金融资产	—	—	—
持有待售资产	—	—	—
金融投资：			
交易性金融资产	五、（二）	197 293 157.43	80 152 458.09
债权投资	—	—	—
可供出售金融资产	—	—	—
其他债权投资	—	—	—
持有至到期投资	—	—	—
其他权益工具投资	—	—	—
长期股权投资	五、（四）	—	—
投资性房地产	—	—	—
固定资产	五、（五）	2 088 910.90	1 265 590.71
在建工程	—	—	—
无形资产	五、（六）	6 697 564.79	7 176 334.06
商誉	五、（七）	—	—
递延所得税资产	—	9 413 493.69	11 768 594.03
其他资产	—	144 047 479.28	146 318 449.45
资产总计	—	1 284 629 681.19	1 299 050 610.71

母公司资产负债表（续）

编制单位：长城新盛信托有限责任公司　　2021年12月31日　　单位：元

负债和所有者权益（或股东权益）	附注	期末余额	上年年末余额
负债：			
短期借款	—	—	—
应付短期融资款	—	—	—
拆入资金	—	—	—
交易性金融负债	—	—	—
衍生金融负债	—	—	—
卖出回购金融资产款	—	—	—
代理买卖证券款	—	—	—
代理承销证券款	—	—	—
应付职工薪酬	五、（八）	42 053 293.69	51 466 302.61
应交税费	五、（九）	9 597 819.19	10 768 160.90
应付款项	—	—	—
持有待售负债	—	—	—
预计负债	五、（十）	40 000 000.00	—
长期借款	—	—	—
应付债券	—	—	—
其中：优先股	—	—	—
永续债	—	—	—
长期应付职工薪酬	—	—	—
递延收益	—	—	—
递延所得税负债	—	—	—

续表

负债和所有者权益(或股东权益)	附注	期末余额	上年年末余额
其他负债	五、(十一)	188 252 284.39	188 974 882.28
负债合计	—	279 903 397.27	251 209 345.79
所有者权益(或股东权益):			
实收资本(或股本)	五、(十二)	300 000 000.00	300 000 000.00
其他权益工具		—	—
其中:优先股		—	—
永续债		—	—
资本公积		—	—
减:库存股		—	—
其他综合收益		—	—
盈余公积	五、(十三)	89 671 242.64	89 671 242.64
一般风险准备	五、(十四)	44 835 621.33	44 835 621.33
未分配利润	五、(十五)	570 219 419.95	613 334 400.95
所有者权益(或股东权益)合计	—	1 004 726 283.92	1 047 841 264.92
负债和所有者权益(或股东权益)总计	—	1 284 629 681.19	1 299 050 610.71

5.1.3 利润表

合并利润表

编制单位:长城新盛信托有限责任公司　　2021年度　　单位:元

项目	附注	本期金额	上期金额
一、营业总收入	—	96 134 975.72	174 365 787.54
利息净收入	五、(十六)	31 354 926.18	35 862 451.31
其中:利息收入	五、(十六)	32 322 773.97	47 554 255.73
利息支出	五、(十六)	967 847.79	11 691 804.42
手续费及佣金净收入	五、(十七)	55 571 771.91	137 814 378.34
其中:信托报酬收入	五、(十七)	55 571 771.91	137 814 378.34
财务顾问费收入	—	—	—
投资收益(损失以"-"号填列)	五、(十八)	6 390 142.00	909 002.21
其中:对联营企业和合营企业的投资收益	—	—	—
以摊余成本计量的金融资产终止确认产生的收益(损失以"-"号填列)	—	—	—
净敞口套期收益(损失以"-"号填列)	—	—	—
其他收益	五、(十九)	573 458.22	6 955.68
公允价值变动收益(损失以"-"号填列)	五、(二十)	2 323 697.74	-227 000.00
汇兑收益(损失以"-"号填列)	—	—	—
其他业务收入	—	—	—
资产处置收益(损失以"-"号填列)	五、(二十一)	-79 020.33	—
二、营业总支出	—	68 533 582.76	256 591 276.51
税金及附加	五、(二十二)	408 141.25	1 070 081.85
业务及管理费	五、(二十三)	65 340 869.33	20 892 702.54
资产减值损失		—	—
信用减值损失	五、(二十四)	2 784 506.97	234 628 492.12
其他资产减值损失		—	—
其他业务成本	—	65.21	—
三、营业利润(亏损以"-"号填列)	—	27 601 392.96	-82 225 488.97

续表

项目	附注	本期金额	上期金额
加：营业外收入	五、（二十五）	6 551.60	—
减：营业外支出	五、（二十六）	40 500 096.34	3 131 701.30
四、利润总额（亏损总额以"-"号填列）	—	-12 892 151.78	-85 357 190.27
减：所得税费用	五、（二十七）	30 225 090.15	12 851 541.41
五、净利润（净亏损以"-"号填列）	—	-43 117 241.93	-98 208 731.68
（一）按经营持续性分类	—	—	—
1. 持续经营净利润（净亏损以"-"号填列）	—	-43 117 241.93	-98 208 731.68
2. 终止经营净利润（净亏损以"-"号填列）	—	—	—
（二）按所有权归属分类	—	—	—
1. 归属于母公司股东的净利润（净亏损以"-"号填列）	—	-43 117 241.93	-98 208 731.68
2. 少数股东损益（净亏损以"-"号填列）	—	—	—
六、其他综合收益的税后净额	—	—	—
归属于母公司所有者的其他综合收益的税后净额	—	—	—
（一）不能重分类进损益的其他综合收益	—	—	—
1. 重新计量设定受益计划变动额	—	—	—
2. 权益法下不能转损益的其他综合收益	—	—	—
3. 其他权益工具投资公允价值变动	—	—	—
4. 企业自身信用风险公允价值变动	—	—	—
（二）将重分类进损益的其他综合收益	—	—	—
1. 权益法下可转损益的其他综合收益	—	—	—
2. 其他债权投资公允价值变动	—	—	—
3. 可供出售金融资产公允价值变动损益	—	—	—
4. 金融资产重分类计入其他综合收益的金额	—	—	—
5. 持有至到期投资重分类为可供出售金融资产损益	—	—	—
6. 其他债权投资信用损失准备	—	—	—
7. 现金流量套期储备（现金流量套期损益的有效部分）	—	—	—
8. 外币财务报表折算差额	—	—	—
9. 其他	—	—	—
归属于少数股东的其他综合收益的税后净额	—	—	—
七、综合收益总额	—	-43 117 241.93	-98 208 731.68
归属于母公司所有者的综合收益总额	—	-43 117 241.93	-98 208 731.68
归属于少数股东的综合收益总额	—	—	—
八、每股收益	—	—	—
（一）基本每股收益（元/股）	—	—	—
（二）稀释每股收益（元/股）	—	—	—

母公司利润表

编制单位：长城新盛信托有限责任公司　　　　　2021年度　　　　　单位：元

项目	附注	本期金额	上期金额
一、营业总收入	—	97 876 255.80	-51 518 675.98
利息净收入	五、（十六）	31 564 439.10	13 274 222.94
其中：利息收入	五、（十六）	32 532 286.89	24 966 027.36
利息支出	五、（十六）	967 847.79	11 691 804.42
手续费及佣金净收入	五、（十七）	61 298 174.10	137 814 378.34
其中：信托报酬收入	五、（十七）	61 298 174.10	137 814 378.34

续表

项目	附注	本期金额	上期金额
财务顾问费收入	—	—	—
投资收益（损失以"-"号列示）	五、（十八）	298 224.78	909 002.21
其中：对联营企业和合营企业的投资收益	—	—	—
以摊余成本计量的金融资产终止确认产生的收益（损失以"-"号填列）	—	—	—
净敞口套期收益（损失以"-"号填列）	—	—	—
其他收益	五、（十九）	573 458.22	6 955.68
公允价值变动收益（损失以"-"号列示）	五、（二十）	4 220 979.93	-203 523 235.15
汇兑收益（损失以"-"号列示）	—	—	—
其他业务收入	—	—	—
资产处置收益（损失以"-"号填列）	五、（二十一）	-79 020.33	—
二、营业总支出	—	70 272 601.91	30 709 073.92
税金及附加	五、（二十二）	386 210.35	1 090 351.53
业务及管理费	五、（二十三）	64 997 285.20	20 874 936.00
资产减值损失	—	—	—
信用减值损失	五、（二十四）	4 889 106.36	8 743 786.39
其他资产减值损失	—	—	—
其他业务成本	—	—	—
三、营业利润（亏损以"-"号列示）	—	27 603 653.89	-82 227 749.90
加：营业外收入	五、（二十五）	6 551.60	—
减：营业外支出	五、（二十六）	40 500 096.34	3 131 701.30
四、利润总额（亏损总额以"-"号列示）	—	-12 889 890.85	-85 359 451.20
减：所得税费用	五、（二十七）	30 225 090.15	12 851 541.41
五、净利润（净亏损以"-"号列示）	—	-43 114 981.00	-98 210 992.61
（一）持续经营净利润（净亏损以"-"号填列）	—	-43 114 981.00	-98 210 992.61
（二）终止经营净利润（净亏损以"-"号填列）	—	—	—
六、其他综合收益的税后净额	—	—	—
（一）不能重分类进损益的其他综合收益	—	—	—
1. 重新计量设定受益计划变动额	—	—	—
2. 权益法下不能转损益的其他综合收益	—	—	—
3. 其他权益工具投资公允价值变动	—	—	—
4. 企业自身信用风险公允价值变动	—	—	—
（二）将重分类进损益的其他综合收益	—	—	—
1. 权益法下可转损益的其他综合收益	—	—	—
2. 其他债权投资公允价值变动	—	—	—
3. 可供出售金融资产公允价值变动损益	—	—	—
4. 金融资产重分类计入其他综合收益的金额	—	—	—
5. 持有至到期投资重分类为可供出售金融资产损益	—	—	—
6. 其他债权投资信用损失准备	—	—	—
7. 现金流量套期储备（现金流量套期损益的有效部分）	—	—	—
8. 外币财务报表折算差额	—	—	—
9. 其他	—	—	—
七、综合收益总额	—	-43 114 981.00	-98 210 992.61
八、每股收益	—	—	—
（一）基本每股收益（元/股）	—	—	—
（二）稀释每股收益（元/股）	—	—	—

5.1.4 所有者权益变动表

合并所有者权益变动表

编制单位：长城新盛信托有限责任公司　　　　2021年度　　　　单位：元

项目	本期金额												
	归属于母公司所有者权益											少数股东权益	所有者权益（或股东权益）合计
	实收资本（或股本）	其他权益工具			资本公积	减：库存股	其他综合收益	盈余公积	一般风险准备	未分配利润	小计		
		优先股	永续债	其他									
一、上年末余额	300 000 000.00	—	—	—	—	—	—	89 671 242.64	44 835 621.33	613 336 661.88	1 047 843 525.85	—	1 047 843 525.85
加：会计政策变更	—	—	—	—	—	—	—	—	—	—	—	—	—
前期差错更正	—	—	—	—	—	—	—	—	—	—	—	—	—
同一控制下企业合并	—	—	—	—	—	—	—	—	—	—	—	—	—
其他	—	—	—	—	—	—	—	—	—	—	—	—	—
二、本年年初余额	300 000 000.00	—	—	—	—	—	—	89 671 242.64	44 835 621.33	613 336 661.88	1 047 843 525.85	—	1 047 843 525.85
三、本年增减变动金额（减少以"—"号填列）	—	—	—	—	—	—	—	—	—	-43 117 241.93	-43 117 241.93	—	-43 117 241.93
（一）综合收益总额	—	—	—	—	—	—	—	—	—	-43 117 241.93	-43 117 241.93	—	-43 117 241.93
（二）所有者投入和减少资本	—	—	—	—	—	—	—	—	—	—	—	—	—
1. 所有者投入的普通股	—	—	—	—	—	—	—	—	—	—	—	—	—
2. 其他权益工具持有者投入资本	—	—	—	—	—	—	—	—	—	—	—	—	—
3. 股份支付计入所有者权益的金额	—	—	—	—	—	—	—	—	—	—	—	—	—
4. 其他	—	—	—	—	—	—	—	—	—	—	—	—	—
（三）利润分配	—	—	—	—	—	—	—	—	—	—	—	—	—
1. 提取盈余公积	—	—	—	—	—	—	—	—	—	—	—	—	—
2. 提取一般风险准备	—	—	—	—	—	—	—	—	—	—	—	—	—
3. 对所有者（或股东）的分配	—	—	—	—	—	—	—	—	—	—	—	—	—
4. 其他	—	—	—	—	—	—	—	—	—	—	—	—	—
（四）所有者权益内部结转	—	—	—	—	—	—	—	—	—	—	—	—	—
1. 资本公积转增资本（或股本）	—	—	—	—	—	—	—	—	—	—	—	—	—
2. 盈余公积转增资本（或股本）	—	—	—	—	—	—	—	—	—	—	—	—	—
3. 盈余公积弥补亏损	—	—	—	—	—	—	—	—	—	—	—	—	—
4. 设定受益计划变动额结转留存收益	—	—	—	—	—	—	—	—	—	—	—	—	—
5. 其他综合收益结转留存收益	—	—	—	—	—	—	—	—	—	—	—	—	—
6. 其他	—	—	—	—	—	—	—	—	—	—	—	—	—
四、本期末余额	300 000 000.00	—	—	—	—	—	—	89 671 242.64	44 835 621.33	570 219 419.95	1 004 726 283.92	—	1 004 726 283.92

合并所有者权益变动表（续）

编制单位：长城新盛信托有限责任公司　　2021年度　　单位：元

项目	上期金额											
	归属于母公司所有者权益										少数股东权益	所有者权益（或股东权益）合计
	实收资本（或股本）	其他权益工具			资本公积	减：库存股	其他综合收益	盈余公积	一般风险准备	未分配利润	小计		
		优先股	永续债	其他									
一、上年年末余额	300 000 000.00	—	—	—	—	—	—	89 671 242.64	44 835 621.33	711 545 393.56	1 146 052 257.53	—	1 146 052 257.53
加：会计政策变更	—	—	—	—	—	—	—	—	—	—	—	—	—
前期差错更正	—	—	—	—	—	—	—	—	—	—	—	—	—
同一控制下企业合并	—	—	—	—	—	—	—	—	—	—	—	—	—
其他	—	—	—	—	—	—	—	—	—	—	—	—	—
二、本年年初余额	300 000 000.00	—	—	—	—	—	—	89 671 242.64	44 835 621.33	711 545 393.56	1 146 052 257.53	—	1 146 052 257.53
三、本年增减变动金额（减少以"-"号填列）	—	—	—	—	—	—	—	—	—	-98 208 731.68	-98 208 731.68	—	-98 208 731.68
（一）综合收益总额	—	—	—	—	—	—	—	—	—	-98 208 731.68	-98 208 731.68	—	-98 208 731.68
（二）所有者投入和减少资本	—	—	—	—	—	—	—	—	—	—	—	—	—
1. 所有者投入的普通股	—	—	—	—	—	—	—	—	—	—	—	—	—
2. 其他权益工具持有者投入资本	—	—	—	—	—	—	—	—	—	—	—	—	—
3. 股份支付计入所有者权益的金额	—	—	—	—	—	—	—	—	—	—	—	—	—
4. 其他	—	—	—	—	—	—	—	—	—	—	—	—	—
（三）利润分配	—	—	—	—	—	—	—	—	—	—	—	—	—
1. 提取盈余公积	—	—	—	—	—	—	—	—	—	—	—	—	—
2. 提取一般风险准备	—	—	—	—	—	—	—	—	—	—	—	—	—
3. 对所有者（或股东）的分配	—	—	—	—	—	—	—	—	—	—	—	—	—
4. 其他	—	—	—	—	—	—	—	—	—	—	—	—	—
（四）所有者权益内部结转	—	—	—	—	—	—	—	—	—	—	—	—	—
1. 资本公积转增资本（或股本）	—	—	—	—	—	—	—	—	—	—	—	—	—
2. 盈余公积转增资本（或股本）	—	—	—	—	—	—	—	—	—	—	—	—	—
3. 盈余公积弥补亏损	—	—	—	—	—	—	—	—	—	—	—	—	—
4. 设定受益计划变动额结转留存收益	—	—	—	—	—	—	—	—	—	—	—	—	—
5. 其他	—	—	—	—	—	—	—	—	—	—	—	—	—
四、本期期末余额	300 000 000.00	—	—	—	—	—	—	89 671 242.64	44 835 621.33	613 336 661.88	1 047 843 525.85	—	1 047 843 525.85

母公司所有者权益变动表

编制单位：长城新盛信托有限责任公司　　　　2021年度　　　　单位：元

项目	本期金额										
	实收资本（或股本）	其他权益工具			资本公积	减：库存股	其他综合收益	盈余公积	一般风险准备	未分配利润	所有者权益（或股东权益）合计
		优先股	永续债	其他							
一、上年年末余额	300 000 000.00	—	—	—	—	—	—	89 671 242.64	44 835 621.33	613 334 400.95	1 047 841 264.92
加：会计政策变更	—	—	—	—	—	—	—	—	—	—	—
前期差错更正	—	—	—	—	—	—	—	—	—	—	—
其他	—	—	—	—	—	—	—	—	—	—	—
二、本年年初余额	300 000 000.00	—	—	—	—	—	—	89 671 242.64	44 835 621.33	613 334 400.95	1 047 841 264.92
三、本年增减变动金额（减少以"-"号填列）	—	—	—	—	—	—	—	—	—	-43 114 981.00	-43 114 981.00
（一）综合收益总额										-43 114 981.00	-43 114 981.00
（二）所有者投入和减少资本	—	—	—	—	—	—	—	—	—	—	—
1. 所有者投入的普通股	—	—	—	—	—	—	—	—	—	—	—
2. 其他权益工具持有者投入资本	—	—	—	—	—	—	—	—	—	—	—
3. 股份支付计入所有者权益的金额	—	—	—	—	—	—	—	—	—	—	—
4. 其他	—	—	—	—	—	—	—	—	—	—	—
（三）利润分配	—	—	—	—	—	—	—	—	—	—	—
1. 提取盈余公积	—	—	—	—	—	—	—	—	—	—	—
2. 提取一般风险准备	—	—	—	—	—	—	—	—	—	—	—
3. 对所有者（或股东）的分配	—	—	—	—	—	—	—	—	—	—	—
4. 其他	—	—	—	—	—	—	—	—	—	—	—
（四）所有者权益内部结转	—	—	—	—	—	—	—	—	—	—	—
1. 资本公积转增资本（或股本）	—	—	—	—	—	—	—	—	—	—	—
2. 盈余公积转增资本（或股本）	—	—	—	—	—	—	—	—	—	—	—
3. 盈余公积弥补亏损	—	—	—	—	—	—	—	—	—	—	—
4. 设定受益计划变动额结转留存收益	—	—	—	—	—	—	—	—	—	—	—
5. 其他综合收益结转留存收益	—	—	—	—	—	—	—	—	—	—	—
6. 其他	—	—	—	—	—	—	—	—	—	—	—
四、本期期末余额	300 000 000.00	—	—	—	—	—	—	89 671 242.64	44 835 621.33	570 219 419.95	1 004 726 283.92

母公司所有者权益变动表（续）

编制单位：长城新盛信托有限责任公司　　　　2021年度　　　　单位：元

项目	上期金额										
	实收资本（或股本）	其他权益工具			资本公积	减：库存股	其他综合收益	盈余公积	一般风险准备	未分配利润	所有者权益（或股东权益）合计
		优先股	永续债	其他							
一、上年年末余额	300 000 000.00	—	—	—	—	—	—	89 671 242.64	44 835 621.33	711 545 393.56	1 146 052 257.53
加：会计政策变更	—	—	—	—	—	—	—	—	—	—	—
前期差错更正	—	—	—	—	—	—	—	—	—	—	—
其他	—	—	—	—	—	—	—	—	—	—	—
二、本年年初余额	300 000 000.00	—	—	—	—	—	—	89 671 242.64	44 835 621.33	711 545 393.56	1 146 052 257.53
三、本年增减变动金额（减少以"-"号填列）	—	—	—	—	—	—	—	—	—	-98 210 992.61	-98 210 992.61
（一）综合收益总额										-98 210 992.61	-98 210 992.61

续表

项目	上期金额									
	实收资本（或股本）	其他权益工具			资本公积	减：库存股	其他综合收益	盈余公积	一般风险准备	未分配利润	所有者权益（或股东权益）合计
		优先股	永续债	其他							
（二）所有者投入和减少资本	—	—	—	—	—	—	—				
1. 所有者投入的普通股	—	—	—	—	—	—	—				
2. 其他权益工具持有者投入资本	—	—	—	—	—	—	—				
3. 股份支付计入所有者权益的金额	—	—	—	—	—	—	—				
4. 其他	—	—	—	—	—	—	—				
（三）利润分配	—	—	—	—	—	—	—	—	—	—	—
1. 提取盈余公积	—	—	—	—	—	—	—	—			—
2. 提取一般风险准备	—	—	—	—	—	—	—		—		—
3. 对所有者（或股东）的分配	—	—	—	—	—	—	—			—	—
4. 其他	—	—	—	—	—	—	—	—	—	—	—
（四）所有者权益内部结转	—	—	—	—	—	—	—	—	—	—	—
1. 资本公积转增资本（或股本）	—	—	—	—	—	—	—	—	—	—	—
2. 盈余公积转增资本（或股本）	—	—	—	—	—	—	—	—	—	—	—
3. 盈余公积弥补亏损	—	—	—	—	—	—	—	—	—	—	—
4. 设定受益计划变动额结转留存收益	—	—	—	—	—	—	—	—	—	—	—
5. 其他综合收益结转留存收益	—	—	—	—	—	—	—	—	—	—	—
6. 其他	—	—	—	—	—	—	—	—	—	—	—
四、本期期末余额	300 000 000.00	—	—	—	—	—	—	89 671 242.64	44 835 621.33	613 334 400.95	1 047 841 264.92

5.2 信托资产

5.2.1 信托项目资产负债汇总表

信托项目资产负债汇总表

报送口径：境内汇总数据　　报表日期：2021年12月31日　　单位：万元

序号	项目	A 期末余额	B 年初余额
1	信托资产：		
2	1.货币资金	1 405.06	6 768.47
3	2.拆出资金	—	—
4	3.存出保证金	—	—
5	4.交易性金融资产	16 080.65	14 233.87
6	5.衍生金融资产	—	—
7	6.买入返售金融资产	450 900.00	500 400.00
8	其中：6.1买入返售证券	—	—
9	6.2买入返售信贷资产	—	—
10	7.应收款项	886.63	2 138.51
11	8.发放贷款	1 000.00	1 000.00
12	其中：8.1基础产业	—	—
13	8.2房地产	—	—
14	9.可供出售金融资产	38 000.50	38 000.00
15	10.持有至到期投资	1 000.00	1 000.00

续表

序号	项目	A 期末余额	B 年初余额
16	11.长期应收款	5 800.00	—
17	12.长期股权投资	466 705.10	474 847.61
18	其中：12.1基础产业	—	—
19	12.2房地产	—	9 253.50
20	13.投资性房地产		
21	14.固定资产		
22	15.无形资产		
23	16.长期待摊费用		
24	17.其他资产		
25	18.信托资产总计	981 777.94	1 038 388.46
26	19.各项资产减值准备		
27	信托负债：		
28	20.交易性金融负债		
29	21.衍生金融负债		
30	22.应付受托人报酬		
31	23.应付托管费		
32	24.应付受益人收益		
33	25.应交税费		

续表

序号	项目	A 期末余额	B 年初余额
34	26.应付销售服务费	—	—
35	27.其他应付款项	2 648.69	7 654.23
36	28.其他负债	—	—
37	29.信托负债合计	2 648.69	7 654.23
38	信托权益：		
39	30.实收信托	965 911.88	1 016 815.38
40	30.1 资金信托	960 111.88	1 016 815.38
41	30.1.1 集合	—	—
42	30.1.2 单一	960 111.88	1 007 561.88
43	30.2 财产信托	5 800.00	—
44	30.2.1 信贷资产证券化	—	—
45	30.2.2 其他资产（准）证券化	—	—
46	31.资本公积	—	—
47	32.外币报表折算差额	—	—
48	33.未分配利润	13 217.37	13 918.85
49	34.信托权益合计	979 129.25	1 030 734.23
50	35.信托负债和信托权益总计	981 777.94	1 038 388.46

5.2.2 信托项目利润及利润分配汇总表

信托项目利润及利润分配汇总表

报送口径：境内汇总数据　　报表日期：2021年12月31日　　货币单位：万元

项目	A 本年累计数	B 上年累计数
1.营业收入	46 808.15	48 339.62
1.1 利息收入	15 100.33	9 975.78
1.2 投资收益（损失以"-"号填列）	30 861.05	43 585.61
1.2.1 其中：对联营企业和合营企业的投资收益	—	—
1.3 公允价值变动收益（损失以"-"号填列）	846.77	-5 221.77
1.4 租赁收入	—	—
1.5 汇兑损益（损失以"-"号填列）	—	—
1.6 其他收入	—	—
2.支出	13 648.81	14 382.68
2.1 营业税金及附加	137.14	209.36
2.2 受托人报酬	6 478.24	14 091.65
2.3 托管费	6.48	59.95
2.4 投资管理费	—	—
2.5 销售服务费	—	—
2.6 交易费用	—	—
2.7 资产减值损失	6 394.23	—
2.8 其他费用	632.72	21.72
3.信托净利润（净亏损以"-"号填列）	33 159.34	33 956.94
4.其他综合收益	—	—

续表

项目	A 本年累计数	B 上年累计数
5.综合收益	33 159.34	33 956.94
6.加：期初未分配信托利润	13 918.85	24 158.16
7.可供分配的信托利润	47 078.19	58 115.10
8.减：本期已分配信托利润	33 860.82	44 196.25
9.期末未分配信托利润	13 217.37	13 918.85
10.职工人数	72.00	81.00

注：鉴于2009年初信托项目利润及利润分配汇总表中多个项目已于2009年底清算结束，没有必要追溯调整，故2009年报披露该表可不披露年初数据，自2010年后严格按照格式规定执行。

6.会计报表附注

6.1 简要说明报告年度会计报表编制基准、会计政策、会计估计和核算方法发生的变化

6.1.1 重要会计政策变更

公司于2021年度执行了财政部颁布或修订的以下企业会计准则：

（1）执行《企业会计准则第14号——收入》（2017年修订）（以下简称新收入准则）

财政部于2017年度修订了《企业会计准则第14号——收入》。修订后的准则规定，首次执行该准则应当根据累积影响数调整当年年初留存收益及财务报表其他相关项目金额，对可比期间信息不予调整。

公司自2021年1月1日起执行新收入准则，对公司的手续费及佣金收入、利息收入不产生影响。

（2）执行《企业会计准则第21号——租赁》（2018年修订）

财政部于2018年度修订了《企业会计准则第21号——租赁》（简称新租赁准则）。本公司自2021年1月1日起执行新租赁准则。根据修订后的准则，对于首次执行日前已存在的合同，本公司选择在首次执行日不重新评估其是否为租赁或者包含租赁。

公司执行新租赁准则对财务报表的主要影响如下表所示。

会计政策变更的内容和原因	受影响的报表项目	对2021年1月1日余额的影响金额（元）	
		集团	公司
公司作为承租人对于首次执行日前已存在的经营租赁的调整	使用权资产	3 389 719.13	3 389 719.13
	租赁负债	3 326 609.05	3 326 609.05
	预付账款	-63 110.09	-63 110.09

6.1.2 其他重要会计政策和会计估计变更情况

（1）执行《企业会计准则解释第14号》。

财政部于2021年2月2日发布了《企业会计准则解释第14号》（财会〔2021〕1号，以下简称解释第14号），自公布之日起施行。2021年1月1日至施行日新增的有关业务，根据解释第14号进行调整。

①政府和社会资本合作（PPP）项目合同。解释第14号适用于同时符合该解释所述"双特征"和"双控制"的PPP项目合同，对于2020年12月31日前开始实施且至施行日尚未完成的有关PPP项目合同应进行追溯调整，追溯调整不切实可行的，从可追溯调整的最早期间期初开始应用，累计影响数调整施行日当年年初留存收益以及财务报表其他相关项目，对可比期间信息不予调整。本公司执行该规定，对财务数据没有影响。

②基准利率改革。解释第14号对基准利率改革导致金融工具合同和租赁合同相关现金流量的确定基础发生变更的情形做出了简化会计处理规定。

根据该解释的规定，2020年12月31日前发生的基准利率改革相关业务，应当进行追溯调整，追溯调整不切实可行的除外，无须调整前期比较财务报表数据。在该解释施行日，金融资产、金融负债等原账面价值与新账面价值之间的差额，计入该解释施行日所在年度报告期间的期初留存收益或其他综合收益。执行该规定未对本公司财务状况和经营成果产生重大影响。

（2）执行《关于调整〈新冠肺炎疫情相关租金减让会计处理规定〉适用范围的通知》。

财政部于2020年6月19日发布了《新冠肺炎疫情相关租金减让会计处理规定》（财会〔2020〕10号），对于满足条件的由新冠肺炎疫情直接引发的租金减免、延期支付租金等租金减让，企业可以选择采用简化方法进行会计处理。

财政部于2021年5月26日发布了《关于调整〈新冠肺炎疫情相关租金减让会计处理规定〉适用范围的通知》（财会〔2021〕9号），自2021年5月26日起施行，将《新冠肺炎疫情相关租金减让会计处理规定》允许采用简化方法的新冠肺炎疫情相关租金减让的适用范围由"减让仅针对2021年6月30日前的应付租赁付款额"调整为"减让仅针对2022年6月30日前的应付租赁付款额"，其他适用条件不变。

公司执行该规定，对财务数据没有影响。

（3）执行《企业会计准则解释第15号》关于资金集中管理相关列报。

财政部于2021年12月30日发布了《企业会计准则解释第15号》（财会〔2021〕35号，以下简称解释第15号），"关于资金集中管理相关列报"内容自公布之日起施行，可比期间的财务报表数据相应调整。

解释第15号就企业通过内部结算中心、财务公司等对母公司及成员单位资金实行集中统一管理涉及的余额应如何在资产负债表中进行列报与披露做出了明确规定。执行该规定未对本公司财务状况和经营成果产生重大影响。

6.1.3 重要会计估计变更

本报告期未发生会计估计变更。

6.2 或有事项说明

公司对外担保及其他或有事项的期初数、期末数及其对公司存在的影响。

公司截至2021年12月31日，公司作为管理人管理的"长城新盛·天夏智慧股票收益权单一资金信托"产品涉及未决诉讼，标的金额为8 000.00万元，一审判决书于2021年2月24日出具〔（2020）粤01民初641号〕，判决结果为公司向原告广东南粤银行股份有限公司资金运营中心支付差额补足款8 000.00万元及相关案件受理费和保全费，公司不服一审判决结果，于2021年3月4日提起上诉，截至报告日，二审结果法院尚未宣判，公司结合律师意见已计提4 000.00万元预计负债。

6.3 重要资产转让及其出售的说明

公司2021年未发生重要资产的转让。

6.4 会计报表中重要项目的明细资料

6.4.1 披露自营资产经营情况

6.4.1.1 按信用风险五级分类结果披露信用风险资产的期初数、期末数

信用风险资产五级分类	正常类（万元）	关注类（万元）	次级类（万元）	可疑类（万元）	损失类（万元）	信用风险资产合计（万元）	不良合计（万元）	不良率（%）
期初数	120 632.38	—	334.35	7 411.53	—	128 378.26	7 745.88	6.03
期末数	115 416.68	934.56	155.40	7 765.10	—	124 271.74	7 920.50	6.37

注：不良资产合计=次级类+可疑类+损失类。

6.4.1.2 各项资产减值损失准备的期初、本期计提、本期转回、本期核销、期末数

单位：万元

项目	期初数	本期计提	本期转回	本期核销	期末数
贷款损失准备	—	—	—	—	—
一般准备	—	—	—	—	—
专项准备	—	—	—	—	—
其他资产减值准备	—	—	—	—	—
可供出售金融资产减值准备	—	—	—	—	—
持有至到期投资减值准备	—	—	—	—	—
长期股权投资减值准备	—	—	—	—	—
坏账准备	23 462.85	278.45	—	—	23 741.30
投资性房地产减值准备	—	—	—	—	—

注：本表基础为合并报表口径。

6.4.1.3 按照投资品种分类，分别披露固有业务股票投资、基金投资、债券投资、股权投资等投资业务的期初数、期末数

单位：万元

项目	自营股票	基金	债券	长期股权投资	其他投资	合计
期初数	—	—	—	—	7 411.53	7 411.53
期末数	—	6 704.91	—	—	6 164.30	12 869.21

注：本表基础为合并报表口径。

6.4.1.4 按投资入股金额排序，前五名的自营长期股权投资的企业名称、占被投资企业权益的比例、主要经营活动及投资收益情况等

报告期内，公司无此类业务。

6.4.1.5 前五名的自营贷款的企业名称、占贷款总额的比例和还款情况等

报告期内，公司无此类业务。

6.4.1.6 表外业务的期初数、期末数；按照代理业务、担保业务和其他类型表外业务分别披露

报告期内，公司无上述表外业务。

6.4.1.7 公司当年的收入结构（母公司口径、并表口径同时披露）

合并报表口径

收入结构	金额（万元）	占比（%）
手续费及佣金收入	5 557.18	57.81
其中：信托手续费收入	5 557.18	57.81
投资银行业务收入	—	—
利息收入	3 135.49	32.62
其他业务收入	—	—
其中：计入信托业务收入部分	—	—
投资收益	639.01	6.65
其中：股权投资收益	—	—
证券投资收益	—	—
其他投资收益	639.01	6.65
公允价值变动收益	232.37	2.42
其他收益	57.35	0.60
资产处置收益	-7.90	-0.08
营业外收入		
收入合计	9 613.50	100.00

母公司报表口径

收入结构	金额（万元）	占比（%）
手续费及佣金收入	6 129.82	62.63
其中：信托手续费收入	6 129.82	62.63
投资银行业务收入	—	—
利息收入	3 156.44	32.25
其他业务收入	—	—
其中：计入信托业务收入部分	—	—
投资收益	29.82	0.30
其中：股权投资收益	—	—
证券投资收益	—	—
其他投资收益	29.82	0.30
公允价值变动收益	422.10	4.31
其他收益	57.35	0.59
资产处置收益	-7.90	-0.08
营业外收入		
收入合计	9 787.63	100.00

6.4.2 披露信托财产管理情况

6.4.2.1 信托资产的期初数、期末数

单位：万元

信托资产	期初数	期末数
集合	11 964.53	1 023.46
单一	1 026 423.93	974 954.48
财产权		5 800.00
合计	1 038 388.46	981 777.94

6.4.2.1.1 主动管理型信托业务的信托资产期初数、期末数。分证券投资、股权投资、融资、事务管理类分别披露

单位：万元

主动管理型信托资产	期初数	期末数
证券投资类	—	—

续表

主动管理型信托资产	期初数	期末数
股权投资类	89 154.92	—
融资类	548 232.40	572 935.45
事务管理类	—	—
合计	637 387.32	572 935.45

6.4.2.1.2 被动管理型信托业务的信托资产期初数、期末数。分证券投资、股权投资、融资、事务管理类分别披露

单位：万元

被动管理型信托资产	期初数	期末数
证券投资类	—	—
股权投资类	—	—
融资类	—	—
事务管理类	401 001.14	408 842.49
合计	401 001.14	408 842.49

6.4.2.2 本年度已清算结束的信托项目个数、实收信托合计金额、加权平均实际年化收益率

6.4.2.2.1 本年度已清算结束的集合类、单一类资金信托项目和财产管理类信托项目个数、实收信托金额、加权平均实际年化收益率

已清算结束信托项目	项目个数（个）	实收信托合计金额（万元）	加权平均实际年化收益率（%）
集合类	1	159 253.50	6.55
单一类	1	50 000.00	5.74
财产管理类	—	—	—

6.4.2.2.2 本年度已清算结束的主动管理型信托项目个数、实收信托合计金额、加权平均实际年化收益率。分证券投资、股权投资、融资、事务管理类分别计算并披露

已清算结束信托项目	项目个数（个）	实收信托合计金额（万元）	加权平均实际年化信托报酬率（%）	加权平均实际年化收益率（%）
证券投资类	—	—	—	—
股权投资类	—	—	—	—
融资类	2	209 253.50	1.65	6.35
事务管理类	—	—	—	—

6.4.2.2.3 本年度已清算结束的被动管理型信托项目个数、实收信托合计金额、加权平均实际年化收益率。分证券投资、股权投资、融资、事务管理类分别计算并披露

已清算结束信托项目	项目个数（个）	实收信托合计金额（万元）	加权平均实际年化信托报酬率（%）	加权平均实际年化收益率（%）
证券投资类	—	—	—	—
股权投资类	—	—	—	—
融资类	—	—	—	—
事务管理类	—	—	—	—

6.4.2.3 本年度新增的集合类、单一类和财产管理类信托项目个数、实收信托合计金额

新增信托项目	项目个数（个）	实收信托合计金额（万元）
集合类	—	—
单一类	1	2 050.00
财产管理类	—	5 800.00
新增合计	1	7 850.00
其中：主动管理型	—	—
被动管理型	1	7 850.00

6.4.2.4 信托业务创新成果和特色业务有关情况

公司目前正在积极探索创新业务和特色业务。

6.4.2.5 公司履行受托人义务情况及因公司自身责任而导致的信托资产损失情况

公司严格遵守信托法律法规及信托文件对受托人义务的规定，为受益人的最大利益处理信托事务，管理信托财产时，恪尽职守，履行诚实、信用、谨慎、有效管理的义务。

报告期内，公司无因自身责任而导致的信托资产损失情况。

6.4.2.6 信托赔偿准备金的提取、使用和管理情况

公司严格按照《信托公司管理办法》规定，依据税后利润5%提取信托赔偿准备金，2021年度因公司净利润为负故本年度故无须提取信托赔偿准备金；截至目前信托赔偿准备金累计计提4 483.56万元，累计总额尚未达到公司注册资本的20%。

公司至今未发生需使用信托赔偿准备金弥补亏损的情况。

6.5 关联方关系及其交易的披露

6.5.1 关联交易方的数量、关联交易的总金额及关联交易的定价政策等

项目	关联交易方数量	关联交易金额（万元）	定价政策
合计	3	56 052.48	按市场公允价格

6.5.2 关联交易方与本公司的关系性质、关联交易方的名称、法定代表人、注册地址、注册资本及主营业务等

关系性质	关联方名称	法定代表人	注册地址	注册资本（万元）	主营业务
股东	中国长城资产管理股份有限公司	沈晓明	北京市丰台区凤凰嘴街2号院1号楼-4至22层101内17-26层，A705-707，A301-320	5 123 360.98	收购、受托经营金融机构不良资产，对不良资产进行管理、投资和处置；债权转股权，对股权资产进行管理、投资和处置；对外投资；买卖有价证券；发行金融债券、同业拆借和向其他金融机构进行商业融资；破产管理；财务、投资、法律及风险管理咨询和顾问；资产及项目评估；经批准的资产证券化业务、金融机构托管和关闭清算业务；非金融机构不良资产业务；国务院银行业监督管理机构批准的其他业务。企业依法自主选择经营项目，开展经营活动；依法须经批准的项目，经相关部门批准后依批准的内容开展经营活动；不得从事本市产业政策禁止和限制类项目的经营活动
受同一母公司控制	长城华西银行股份有限公司	谭运财	四川省德阳市蒙山街14号	230 372.10	吸收公众存款；发放短期、中期和长期贷款；办理国内结算；办理票据贴现等
受同一母公司控制	长城国富置业（北京）有限公司	邢秀燕	北京市丰台区凤凰嘴街2号院1号楼-4至22层101内3层B303室	20 000.00	房地产开发；销售自行开发的商品房；物业管理；投资与资产管理；经济信息咨询；设备租赁；技术开发；技术服务；机动车公共停车场管理服务；企业管理；清洁服务；施工总承包；专业承包；房地产经纪服务；会议服务；家庭服务（限符合家政服务行业通用要求）；城市园林绿化及规划服务；销售建筑材料、五金交电、清洁用品、日用品、办公用品；餐饮服务

6.5.3 逐笔披露本公司与关联方的重大交易事项

6.5.3.1 固有与关联方交易情况：贷款、投资、租赁、应收账款担保、其他方式等期初汇总数、本期借方和贷方发生额汇总数、期末汇总数

报告期内本公司固有财务除在长城华西银行有定、活期存款外，未发生其他类型与关联方之间的重大交易事项。

固有与关联方关联交易 单位：万元

项目	期初数	借方发生额	贷方发生额	期末数
贷款	—	—	—	—
投资	—	—	—	—
租赁	—	—	—	—
担保	—	—	—	—
应收账款	—	—	—	—
其他	80 859.97	346 031.07	374 338.76	52 552.28
合计	80 859.97	346 031.07	374 338.76	52 552.28

6.5.3.2 信托与关联方交易情况：贷款、投资、租赁、应收账款、担保、其他方式等期初汇总数、本期借方和贷方发生额汇总数、期末汇总数

信托与关联方关联交易 单位：万元

项目	期初数	借方发生额	贷方发生额	期末数
贷款	25 000.00	—	—	25 000.00
投资	112 847.61	27 985.59	37 128.11	103 705.10
租赁	—	—	—	—
担保	—	—	—	—
应收账款	2 149.32	27 491.69	28 757.32	883.68
其他	—	—	—	—
合计	139 996.93	55 477.28	65 885.43	129 588.78

6.5.3.3 信托公司自有资金运用于自己管理的信托项目（固信交易）、信托公司管理的信托项目之间的相互（信信交易）交易金额，包括余额和本报告年度的发生额

6.5.3.3.1 固有与信托财产之间的交易金额期初汇总数、本期发生额汇总数、期末汇总数

固有财产与信托财产相互交易 单位：万元

项目	期初数	本期发生额	期末数
合计	6 670.38	—	6 860.10

注：1. 本期未发生固有财产与信托财产相互交易，金额变动为上期就已完成交易所形成的交易性金融资产，本期产生的公允价值变动。
2. 以固有资金投资公司自己管理的信托项目受益权，或购买自己管理的信托项目的信托资产均应纳入统计披露范围。

6.5.3.3.2 信托项目之间的交易金额期初汇总数、本期发生额汇总数、期末汇总数

信托资产与信托财产相互交易 单位：万元

项目	期初数	本期发生额	期末数
合计	—	—	—

注：以公司受托管理的一个信托项目的资金购买自己管理的另一个信托项目的受益权或信托项下资产均应纳入统计披露范围。

6.5.4 逐笔披露关联方逾期未偿还本公司资金的详细情况以及本公司为关联方担保发生或即将发生垫款的详细情况

报告期内，公司无此类业务。

6.6 会计制度的披露

本报告期公司固有业务及信托业务均执行中华人民共和国财政部颁布的《企业会计准则》（财会〔2006〕3号）及相关规定。

其中，本公司固有业务于2019年1月1日起执行财政部于2017年修订的《企业会计准则第22号——金融工具确认和计量》《企业会计准则第23号——金融资产转移》《企业会计准则第24号——套期会计》《企业会计准

则第37号——金融工具列报》（统一简称《新金融工具准则》）以及《企业会计准则第14号——收入》。与2019年1月1日之前的金融工具确认和计量与新金融工具准则要求不一致的，公司按照新金融工具准则的要求进行衔接调整。涉及前期比较财务报表数据与新金融工具准则要求不一致的，公司不进行调整。金融工具原账面价值和在新金融工具准则施行日的新账面价值之间的差额，计入2019年1月1日的留存收益或其他综合收益。施行新金融工具准则对本公司固有财务报表未产生重大影响。

2021本公司信托业务尚未执行修订的新金融工具准则，仍执行修订前的《企业会计准则第22号——金融工具确认和计量》、《企业会计准则第23号——金融资产转移》、《企业会计准则第24号——套期会计》和《企业会计准则第37号——金融工具列报》（统一简称为《原金融工具准则》）。

7.财务情况说明书

7.1 利润实现和分配情况（母公司口径和并表口径同时披露）

2021年公司编制合并财务报口径的利润实现和分配如下：

年利润总额为-1 289.22万元；所得税费用为3 022.51万元；净利润为-4 311.72万元。

2021年公司编制母公司财务报口径的利润实现和分配如下：

年利润总额为-1 288.99万元；所得税费用为3 022.51万元；净利润为-4 311.50万元；提取法定盈余公积金为0万元；按照《信托公司管理办法》规定，按照税后利润5%提取信托赔偿准备金0万元；2021年当年可分配利润0万元；2021年末公司累计可分配利润57 021.94万元。

考虑公司实际情况，2021年公司拟不进行利润分配。

7.2 主要财务指标（母公司口径和并表口径同时披露）

指标名称	指标值（合并口径）	指标值（母公司口径）
资本利润率（%）	-4.20	-4.20
加权年化信托报酬率（%）	1.52	1.52
人均净利润（万元）	-56.00	-55.99

注：1.资本利润率=净利润/所有者权益平均余额×100%。

2.加权年化信托报酬率=（信托项目1的实际年化信托报酬率×信托项目1的实收信托+信托项目2的实际年化信托报酬率×信托项目2的实收信托+…信托项目n的实际年化信托报酬率×信托项目n的实收信托）/（信托项目1的实收信托+信托项目2的实收信托+…信托项目n的实收信托）×100%。

3.人均净利润=净利润/年平均人数。

4.平均值采取年初、年末余额简单平均法，公式为：a（平均）=（年初数+年末数）/2。

7.3 对公司财务状况、经营成果有重大影响的其他事项

报告期内，无对公司财务状况、经营成果有重大影响的其他事项。

8.特别事项揭示

8.1 报告期内股东变动情况及原因

报告期内股东情况无变化。

8.2 董事、监事及高级管理人员变动情况及原因

报告期内，公司董事及高级管理人员有变动，具体变动情况如下：

（1）报告期内，因公司股权（股东）发生变更，原股东兵团国资公司已变更为新股东天瑞集团，根据公司章程有关董事（副董事长）、监事（监事会主席）及财务总监推荐提名权的规定，天瑞集团推荐提名：张建中担任公司董事暨副董事长，戴维担任公司独立董事，吕超担任公司财务总监。经公司二届第三十三次（临时）股东会和二届六十四次（临时）董事会审议表决通过后，公司于2020年11月23日向中国银保监会新疆监管局上报了拟任董事（副董事长）、财务总监的任职资格请示及相关材料；2021年4月中国银保监会新疆监管局先后批复核准了张建中任公司董事暨副董事长、戴维任公司独立董事、吕超任公司财务总监的任职资格。由公司原股东兵团国资公司推荐提名的董事（副董事长）陈一滔、独立董事马德贵和财务总监王敏离任。

根据股东长城资产《关于调整推荐长城新盛信托有限责任公司董事长及高级管理人员的函》（中长资函〔2021〕6号），因工作需要推荐吴映江担任长城新盛信托有限责任公司董事、董事长，不再推荐王文兵担任长城新盛信托有限责任公司董事、董事长。经公司二届第三十五次（临时）股东会和二届六十八次（临时）董事会审议表决通过后，同意由吴映江担任公司董事，王文兵不再担任公司董事。2021年7月28日，新疆银保监局对于吴映江任职资格进行了批复。2021年10月8日，公司职工董事喻林提出辞职申请。

（2）根据股东长城资产《关于调整推荐长城新盛信

托有限责任公司董事长及高级管理人员的函》（中长资函〔2021〕6号），推荐喻林担任长城新盛信托有限责任公司副高级专家，不再推荐其担任长城新盛信托有限责任公司总经理。经公司二届第六十七次（临时）董事会审议通过后，由顾涛董事代为履行公司总经理职务（至2021年8月2日，顾涛代为履行公司总经理职务已满6个月，不再代为履行公司总经理职务）。根据股东长城资产《关于推荐顾涛任长城新盛信托有限责任公司总经理的函》（中长资函〔2021〕150号），经公司二届第七十八次（临时）董事会审议通过后，顾涛拟任公司总经理，喻林不再担任公司总经理；顾涛拟任公司总经理的任职资格请示材料已上报中国银保监会新疆监管局，目前正在审批过程中。经公司二届第八十次（临时）董事会审议通过，解聘杨辰副总经理职务，杨辰不再担任公司副总经理。

8.3 公司的重大诉讼事项

报告期内，公司无重大诉讼事项。

8.4 对会计师事务所出具的有保留意见、否定意见或无法表示意见的审计报告的，公司董事会应就所涉及事项做出说明

执行本公司审计的会计事务所未对公司出具有保留意见、否定意见或无法表示意见的审计报告。

8.5 公司及其董事、监事和高级管理人员受到处罚的情况

报告期内，公司及其董事、监事和高级管理人员无受到处罚的情况。

8.6 中国银保监会及其派出机构对公司检查后提出整改意见的整改情况

报告期内，中国银保监会及其派出机构未对公司进行检查。

8.7 本年度重大事项临时报告的简要内容、披露时间、所披露的媒体及其版面

本年度不涉及重大事项临时报告。

8.8 中国银保监会及其省级派出机构认定的其他有必要让客户及相关利益人了解的重要信息

报告期内，未发生中国银保监会及其省级派出机构认定的其他有必要让客户及相关利益人了解的重要信息。

8.9 风险资本和净资本情况

8.9.1 风险资本情况

截至2021年末，根据《信托公司净资本管理办法》第三章风险资本的计算公式，我公司固有业务风险资本为5 358.77万元，信托业务风险资本为6 036.64万元，其他业务风险资本为0元，我公司2021年末各项风险资本之和为11 395.41万元。

8.9.2 净资本情况

截至2021年末，根据《信托公司净资本管理办法》，我公司基于审计后的净资产调整计算的净资本为75 732.34万元，大于年末净资产的40%，也高于风险资本。

9. 公司监事会意见

监事会认为，公司2021年能够认真贯彻执行国家法律、法规、公司章程和制度的要求，依法合规促发展，不断完善内控制度、持续强化风险管控。公司董事和高级管理人员履职期间能够遵守国家有关金融法律法规和《公司法》的有关规定，认真尽职履责，无受到处罚的情况，也没有损害公司利益、股东利益和委托人利益的行为。公司2021年度财务报告客观真实地反映了公司的实际财务状况和经营成果，中介机构出具了无保留意见审计报告，本年度报告的内容和格式符合中国银保监会的规定。

重庆国际信托股份有限公司

1. 重要提示及目录

1.1 公司董事会及董事保证本报告所载资料不存在任何虚假记载、误导性陈述或者重大遗漏，并对其内容的真实性、准确性和完整性承担个别及连带责任。

1.2 公司独立董事汤世生、张旗、雷世文、王淑慧、黄俊认为本报告内容是真实、准确、完整的。

1.3 信永中和会计师事务所（特殊普通合伙）为公司出具了标准无保留意见的审计报告。

1.4 公司负责人翁振杰先生、财务负责人吕维女士及财务部门负责人刘影女士声明：保证年度报告中财务报告的真实、完整。

2. 公司概况

2.1 公司简介

2.1.1 历史沿革

公司的前身是重庆国际信托投资公司，于1984年10月经中国人民银行批准成立，注册资本金3500万元。2002年1月，公司引入战略投资者，进行增资改制，并经中国人民银行总行《中国人民银行关于重庆国际信托投资有限公司重新登记有关事项的批复》（银复〔2002〕9号）批准，获准重新登记，注册资本金增至10.3373亿元（含1565万美元）。

2004年末，公司进一步增资扩股，注册资本金增加至16.3373亿元，取得了中国银行业监督管理委员会重庆监管局颁发的中华人民共和国金融许可证（编号为K10226530H002）和重庆市工商行政管理局颁发的企业法人营业执照（注册号为5000001800019）。2007年10月，经中国银行业监督管理委员会《中国银监会关于重庆国际信托投资有限公司变更公司名称和业务范围的批复》（银监复〔2007〕461号）批准变更公司名称、业务范围并领取新的金融许可证（编号为K0051H250000001）。

2010年11月，经中国银行业监督管理委员会《关于批准重庆国际信托有限公司增加注册资本及调整股权结构等有关事项的批复》（银监复〔2010〕552号）批准，公司注册资本由16.3373亿元增加至24.3873亿元，公司股权结构由单一股东持股变更为多家机构投资者共同持股，该事项于2010年12月22日完成工商变更登记（注册号为500000000005609）。

2015年9月，经中国银行业监督管理委员会重庆监管局《关于重庆国际信托有限公司变更名称及注册资本的批复》（渝银监复〔2015〕114号）批准，公司完成股份制改造，变更名称为重庆国际信托股份有限公司，注册资本由24.3873亿元增至128亿元，该事项于2015年9月29日完成工商变更登记（注册号91500000202805720T）。

2017年12月，经中国银行业监督管理委员会重庆监管局《关于重庆国际信托股份有限公司变更注册资本的批复》（渝银监复〔2017〕189号）批准，公司注册资本金增至150亿元，该事项于2017年12月21日完成工商变更登记。

2.1.2 公司的法定中文名称：重庆国际信托股份有限公司

中文名称缩写：重庆信托

公司法定英文名称：Chongqing International Trust Inc.

英文名称缩写：CQITI

2.1.3 公司负责人：翁振杰

2.1.4 注册地址：重庆市渝北区龙溪街道金山路9号附7号

2.1.5 邮政编码：401147

2.1.6 公司国际互联网网址：http://www.cqiti.com

2.1.7 电子信箱：cqiti@cqiti.com

2.1.8 信息披露事务负责人：吕维

联系电话：023-88899888

传真：023-88892868

电子信箱：cqiti@cqiti.com

2.1.9 年度报告备置地点：重庆市渝中区民权路107号

信息披露报纸：《上海证券报》《证券时报》

2.1.10 聘请的会计师事务所：信永中和会计师事务所（特殊普通合伙）

住所：北京市东城区朝阳门北大街8号富华大厦A座9层

2.1.11 聘请的律师事务所：上海中联（重庆）律师事务所

住所：重庆市渝中华盛路7号企业天地7号楼10层、11层、12层

2.2 组织结构

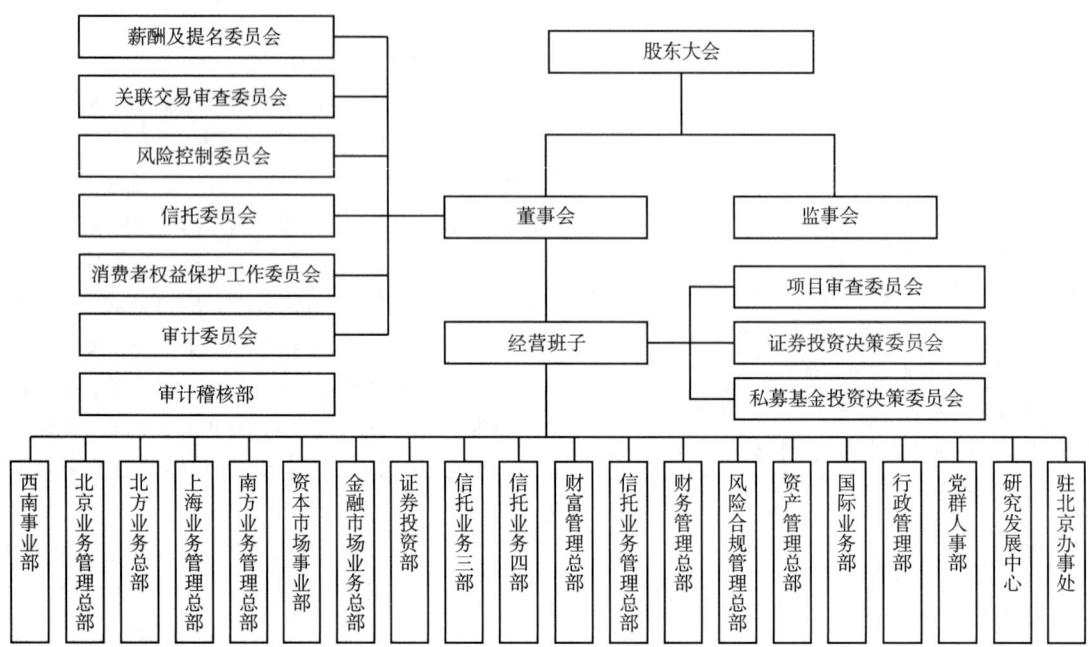

3.公司治理

3.1 前三位股东

股东名称	持股比例（%）	法定代表人	注册资本（亿元）	注册地址	主要经营业务及主要财务情况
同方国信投资控股有限公司	66.99	刘勤勤	25.74	重庆市渝北区龙溪街道金山路9号附7号	利用自有资金进行投资（不得从事吸收公众存款或变相吸收公众存款、发放贷款以及证券、期货等金融业务）；为其关联公司提供与投资有关的市场信息、投资政策等咨询服务；企业重组、并购策划与咨询服务；交通设施维修，工程管理服务，标准化服务，规划设计管理，企业总部管理，企业管理，商业综合体管理服务，对外承包工程，物业管理 截至2021年末，合并资产总额3 011.06亿元；2021年度，净利润33.26亿元
国寿投资保险资产管理有限公司	26.04	张凤鸣	37.00	北京市朝阳区景华南街5号17层（14）1703单元	受托管理委托人委托的人民币、外币资金，开展另类投资业务；管理运用自有人民币、外币资金；开展债权投资计划、股权投资计划等保险资产管理产品业务；与资产管理相关的咨询业务；中国银保监会批准的其他业务；国务院其他部门批准的其他业务 截至2021年末，合并资产总额251.10亿元；2021年度，净利润16.48亿元
上海淮矿资产管理有限公司	4.10	吕朝阳	17.00	中国（上海）自由贸易试验区浦东南路256号803、804室	资产管理，实业投资，投资咨询，财务咨询，企业管理咨询，知识产权代理，国内贸易（除专项规定），从事货物及技术的进出口业务 截至2021年末，合并资产总额54.80亿元；2020年度，净利润0.41亿元（未经审计）

注：公司股东国寿投资控股有限公司于2021年1月20日变更企业名称为"国寿投资保险资产管理有限公司"。

3.2 董事

董事长、副董事长、董事

姓名	职务	性别	年龄（岁）	选任日期	所推举的股东名称	该股东持股比例（%）	简要履历
翁振杰	董事长	男	59	2018年11月30日	同方国信投资控股有限公司	66.99	硕士研究生，高级经济师，享受国务院特殊津贴专家，全国劳动模范。历任重庆三峡银行股份有限公司董事长、西南证券股份有限公司董事长、重庆市第三、第四届人大代表和人大常委会常委、民建九届中央经济委员会委员、民建第十届中央财政金融委员会副主任等职。现任重庆国际信托股份有限公司董事长、国都证券股份有限公司董事、重庆三峡银行股份有限公司董事、中国信托业保障基金有限责任公司董事、中国信托登记有限责任公司董事、重庆市慈善总会副会长、政协重庆市第五届委员会常务委员、民建第十一届中央财政金融委员会副主任

续表

姓名	职务	性别	年龄（岁）	选任日期	所推举的股东名称	该股东持股比例（%）	简要履历
时平生	董事	男	58	2018年11月30日	同方国信投资控股有限公司	66.99	硕士研究生，助理研究员。历任陕西证券常务副总经理、ITG（香港）风险投资公司北京代表处首席代表等职。现任中国新纪元有限公司董事、重庆国际信托股份有限公司董事
谢维宪	董事	男	66	2018年11月30日	同方国信投资控股有限公司	66.99	大学本科，高级工程师（管理）。历任中共中央政法委员会干部、北京市公安局海淀分局副局长、公安部正局级干部。现任重庆国际信托股份有限公司董事
刘勤勤	董事	男	65	2018年11月30日	同方国信投资控股有限公司	66.99	硕士研究生，讲师、编辑。历任军事经济学院教官、财务理论教研室主任、总后勤部财务结算中心副主任等职。现任同方国信投资控股有限公司董事长兼总经理、重庆国际信托股份有限公司董事
窦仁政	董事	男	52	2018年11月30日	同方国信投资控股有限公司	66.99	硕士研究生，高级经济师。历任中国人民银行银行监管一司监管二处处长、中国银监会财务会计部财务管理处副处长、会计制度处处长、中国银监会财务会计部副主任、中国银监会人事部副主任、组织部副部长及中国银监会国有重点金融机构监事会专职监事。现任重庆国际信托股份有限公司董事、总裁
魏伟	董事	男	45	2022年4月12日	国寿投资保险资产管理有限公司	26.04	硕士研究生，讲师。历任中央国家机关工委宣传部历任宣传处主任科员、宣传处副处长、综合处副处长、中央国家机关工委研究室综合调研处处长、中央国家机关工委法制教育中心副主任、中央财委会办公室秘书局副巡视员、二级巡视员，国寿投资控股有限公司党委委员、总裁助理。现任国寿投资保险资产管理有限公司党委委员、总裁助理，重庆国际信托股份有限公司董事
刘蓉	董事	女	51	2018年11月30日	国寿投资保险资产管理有限公司	26.04	博士研究生，高级会计师。历任中保人寿保险有限公司深圳市分公司财务处理中心总经理，中国人寿保险（集团）公司财务会计部高级经理、总经理助理、副总经理，国寿投资保险资产管理有限公司财务会计部总经理等职。现任国寿投资保险资产管理有限公司首席财务官、重庆国际信托股份有限公司董事

注：2021年11月，公司召开股东大会临时会议，选举魏伟先生任公司董事，其董事任职资格已经监管部门核准。截至报告日，公司已免去张华宇董事职务。

独立董事

姓名	所在单位及职务	性别	年龄（岁）	选任日期	所推举的单位名称	该股东持股比例（%）	简要履历
汤世生	香港中信国际非执行董事	男	66	2021年10月15日	重庆国际信托股份有限公司	—	博士研究生，高级经济师。曾任职于中国国际金融有限公司、中国信达信托投资公司、中国银河证券有限责任公司、宏源证券股份有限公司、北大方正集团有限公司、华发九州科技股份有限公司等。现任重庆国际信托股份有限公司独立董事
张旗	海南自由贸易港金融发展中心理事长	女	48	2021年10月15日	重庆国际信托股份有限公司	—	博士研究生。曾任职于西南证券、中国证监会、中国证券投资基金业协会、深圳市金融稳定发展研究院等。现任海南自贸港金融发展中心理事长、重庆国际信托股份有限公司独立董事
雷世文	北京市天驰君泰律师事务所高级合伙人	男	57	2018年11月30日	重庆国际信托股份有限公司	—	硕士研究生，助理工程师、律师。曾任职于安徽省机械工业厅、国家工商行政管理局干部。现任北京天驰君泰律师事务所高级合伙人、重庆国际信托股份有限公司独立董事
王淑慧	北京化工大学经济管理学院教授	女	61	2018年11月30日	重庆国际信托股份有限公司	—	硕士研究生，教授，北京市教学名师。注册会计师、注册税务师、注册资产评估师。历任北京化工大学经济管理学院副院长、会计财务管理专业负责人等职。现任北京化工大学经济管理学院硕士研究生导师、重庆国际信托股份有限公司独立董事
黄俊	西南大学经济管理学院教授	男	50	2020年4月23日	重庆国际信托股份有限公司	—	博士研究生，教授。曾任职于东风日产汽车公司（技术管理、综合管理）。现任西南大学经济管理学院博士生导师、重庆国际信托股份有限公司独立董事

3.3 监事

监事会成员

姓名	职务	性别	年龄（岁）	选任日期	所推举股东名称	该股东持股比例（%）	简要履历
雷万亚	监事会主席	女	67	2018年11月30日	同方国信投资控股有限公司	66.99	硕士研究生，一级高级检察官。曾任重庆市人民检察院副检察长（正厅）。现任重庆国际信托股份有限公司党委书记、监事会主席
吕朝阳	监事	男	50	2018年11月30日	上海淮矿资产管理有限公司	4.10	硕士研究生。现任上海淮矿资产管理有限公司书记、董事长、总经理，重庆国际信托股份有限公司监事
胡容	监事	男	45	2021年11月29日	国寿投资保险资产管理有限公司	26.04	硕士研究生。现任国寿投资保险资产管理有限公司风险管理与法律合规部副总经理、重庆国际信托股份有限公司监事
胡雪莲	职工监事	女	48	2018年11月30日	重庆国际信托股份有限公司职代会	—	硕士研究生，注册会计师。现任重庆国际信托股份有限公司西南事业部执行总裁、职工监事

续表

姓名	职务	性别	年龄（岁）	选任日期	所推举股东名称	该股东持股比例（%）	简要履历
邹恒舟	职工监事	男	52	2020年4月3日	重庆国际信托股份有限公司职代会	—	硕士研究生，律师。现任重庆国际信托股份有限公司风险合规管理总部总裁、职工监事

3.4 高级管理人员

姓名	职务	性别	年龄（岁）	选任日期	金融从业年限（年）	学历	专业
窦仁政	总裁	男	52	2018年12月7日	24	硕士	货币银行学
吕维	副总裁	女	49	2018年12月7日	16	硕士	民商法
方莉	副总裁	女	48	2018年12月7日	12	大专	EMBA
潘峰	副总裁	男	45	2018年12月7日	22	本科	政治经济学
罗怀建	副总裁	男	45	2018年12月7日	22	本科	金融学、经济法
叶凌风	副总裁	男	49	2018年12月7日	21	博士	国民经济学

3.5 公司员工

项目		报告期	
		人数（人）	比例（%）
学历分布	博士	6	3.11
	硕士	138	71.50
	本科	43	22.28
	专科	6	3.11
	其他	—	—
总人数（人）		193	
平均年龄（岁）		36	

4. 经营管理

4.1 经营目标、方针、战略规划

公司的经营目标：坚持服务实体经济为己任，多途径、深层次服务实体企业融资需求，调结构、谋转型、促发展，构建多元化业务体系。公司积极回归信托本源，努力满足人民群众日益增长的多元化财富管理需求。持续强化控制、驾驭风险的能力，依托优秀的资产管理能力，形成可持续发展的盈利模式和核心竞争力。在稳居行业头部公司地位基础上，努力将公司建设为国内一流金融机构，打造成为信托行业"百年老店"，充分实现公司价值、股东权益和社会效益的有机统一、和谐共进。

公司的经营方针：坚持习近平新时代中国特色社会主义思想，以诚信树品牌、以稳健谋发展、以创新促改革，发展壮大与风险防控并重，坚持依法合规经营。

公司的战略规划：立足重庆，紧跟"一带一路"倡议、"长江经济带建设""京津冀协同发展""成渝地区双城经济圈"和"粤港澳大湾区发展规划"等国家重大战略部署，以基础设施建设和金融投资为核心，大力发展信托主业，不断探索前沿业务，积极推进金融创新，力争公司信托规模、管理水平、盈利能力不断迈向新的高度；同时，积极探索与国内外金融机构的合作，引进优质战略资本及先进管理技术，不断提升公司的资本实力、管理水平和盈利能力。坚持"受益人合法利益最大化"原则，创造满足人民群众需求的信托产品。用完善的消费者服务体系维护信托消费者的合法权益，在信托产品的设计环节就充分考虑消费者利益，健全权益保护相关安排，完善信息披露制度，充分揭示投资风险，不断完善消费者权益保护的相关规章制度。

4.2 经营业务的主要内容

4.2.1 公司经营业务由自营业务、信托业务等构成。自营业务主要开展贷款、金融机构股权投资、证券投资等业务；信托业务包括固定收益信托、权益类信托、商品及金融衍生品类信托、混合类信托、财产或财产权信托、服务信托、公益/慈善信托等。

4.2.2 公司信托业务的主要品种是单一资金信托、集合资金信托、股权信托；按运用方式分为投资类信托、贷款类信托、财产（财产权）管理类信托。

4.2.3 资产组合与分布

自营资产运用与分布表

资产运用	金额（万元）	占比（%）	资产分布	金额（万元）	占比（%）
货币资产	80 103.55	2.55	基础产业	—	—
贷款及应收款	186 355.77	5.92	房地产业	367 704.61	11.69
交易性金融资产	1 845 184.26	58.64	证券市场	258 330.46	8.21
债权投资	17 505.42	0.56	实业	147 750.00	4.70

续表

资产运用	金额（万元）	占比（%）	资产分布	金额（万元）	占比（%）
其他权益工具投资	40 600.58	1.29	金融机构	1 859 200.68	59.08
长期股权投资	866 991.06	27.55	其他	513 746.75	16.32
其他	109 991.86	3.49	—	—	—
资产总计	3 146 732.50	100.00	资产总计	3 146 732.50	100.00

信托资产运用与分布表

资产运用	金额（万元）	占比（%）	资产分布	金额（万元）	占比（%）
货币资产	84 956.29	0.42	基础产业	927 441.00	4.61
贷款及应收款	12 600 288.94	62.65	房地产业	2 169 906.55	10.79
以公允价值计量且其变动计入当期损益的金融资产	410 628.59	2.04	证券市场	399 862.93	1.99
可供出售金融资产	4 413 709.94	21.94	实业	7 964 189.66	39.60
持有至到期投资	20 373.05	0.10	金融机构	5 264 681.80	26.17
长期股权投资	2 583 955.19	12.85	其他	3 387 830.06	16.84
信托资产总计	20 113 912.00	100.00	信托资产总计	20 113 912.00	100.00

4.3 市场分析

当前全球政治经济格局正发生剧烈的变化，欧美央行纷纷宣布加息，全球通货膨胀与经济下滑风险加剧；新冠肺炎疫情仍在世界范围内肆虐，同时受地缘政治变化影响，国际贸易与跨国投资持续萎缩。世界范围内发生系统性金融危机的风险正逐渐加大。从国内情况来看，2021年我国国内生产总值达114万亿元，比上年增长8.1%，经济总量稳居世界第二位；出口额持续增长且稳固，贸易顺差创新高，国内通胀减缓，房地产泡沫得到根本扭转。但我国经济发展仍然面临着需求收缩、供给冲击、预期转弱三重压力。

2022年是"十四五"规划实施的关键一年，也是RCEP《区域全面经济伙伴关系协定》启动的一年，我国经济长期向好的基本面不会改变。在以习近平同志为核心的党中央的坚强领导下，全党全国各族人民步调一致向前，坚持高质量发展，坚持稳中求进，加强统筹协调，完整、准确、全面贯彻新发展理念，加快构建新发展格局，全面深化改革开放，坚持创新驱动发展，坚持以供给侧结构性改革为主线，着力稳定宏观经济大盘，坚持多边主义，以高水平开放促进深层次改革、推动高质量发展。

4.3.1 有利因素

4.3.1.1 行业转型有序开展，信托业务持续优化

信托行业转型已进入到发展常态化、效果显著化阶段。在供给侧结构性改革的大背景下，伴随着"资管新规"等一系列金融监管政策正式实施，信托公司在重塑业务发展的新优势和新能力中服务实体经济高质量发展。信托行业需积极走传统业务升级、新业务开拓、资产管理能力提升的发展路径，遵循监督导向坚定转型，把握资本市场发展新机遇，构建差异化资管能力，蓄力长期发展动能。

4.3.1.2 上层设计日趋完善，风控能力不断增强

2021年初《信托公司行政许可事项实施办法》正式实施，信托公司行政许可准入标准得到切实规范，信托公司内部架构及治理完善得到明确引导。《信托公司资本管理办法》与《信托公司资金信托管理暂行办法》已初步起草完成进入征求意见阶段，旨在进一步完善原有监管政策并配合新监管政策落地实施。上层设计的逐步完善，将通过提高资本监管强化信托公司风险抵御能力，通过限制杠杆和嵌套层级进一步抬高风险底线，推动信托行业回归本源业务，促进信托公司长期高质量发展。

4.3.1.3 市场波动凸显信托优势，财富管理需求与日俱增

2021年，我国人均GDP已突破1万美元，全年人均可支配收入达35 128元，比上年名义增长9.1%。目前我国高净值家庭已超过200万户，中高收入群体的数量也逐年递增，资金端的扩容与高净值客户对资产增保值的需求为财富管理业务的开展带来了充足的市场和旺盛的流动性。在国内外金融市场持续波动、央行预期降准、房地产持续管控及三次分配的背景下，信托公司应发挥信托具备的财富传承、风险隔离等天然优势，拓展财富管理信托业务，打造信托行业回归本源发展的着力点。

4.3.1.4 公司资本实力稳固，持续发展动能充足

截至2021年末，公司注册资本150亿元，归属母公司净资产282.93亿元，资本稳固充足，资产优良，各项经营指标持续稳居行业前列。公司在信托行业转型战略机遇期中，坚持回归业务本源，严格遵循中国银保监会及中国信托业协会要求，全面落实监管政策，提高公司内部合规性和抗风险能力。公司始终以服务人民群众日益增长的财富管理需求为目标，以助力实体经济高质量发展为责任，以防范化解重大风险为底线，以稳固的资本实力为根本，积极探索转型期内创新发展机遇，为长期稳定健康发展提供源源不断的新动能。

4.3.2 不利因素

4.3.2.1 国际环境日趋严峻，不确定因素仍在增加

当前新冠肺炎疫情在全球蔓延的局势仍未得到有效控制，地缘政治冲突日益加剧，伴随能源价格的上涨与欧美主要央行的缩表加息政策，全球经济面临通胀与滞胀压力，世界经济快速复苏并不乐观。就国际市场来看，能源价格屡破新高，中上游大宗商品价格持续上涨，各国股指波动加大。应密切关注国际政治经济的变动对全球资本市场的影响，做好应对各种不确定因素出现的预案，深刻认识当前复杂多变的国际新格局所带来的机遇与挑战。

4.3.2.2 国内经济风险挑战并存，信托公司展业压力增大

当前，我国金融业运行总体平稳，金融风险呈收敛态势，防范化解重大金融风险攻坚战取得重要阶段性成果，但内外部环境不稳定不确定因素增加，经济金融发展面临的风险挑战依然较大，金融风险处置已进入常态化阶段，必须未雨绸缪，做好化解风险的资源储备。2021年我国经济发展始终保持全球领先地位，有赖于中央采取了积极的财政政策与精准的货币政策。面对2022年国内经济可能受到的国内外风险，我国的宏观经济主导政策由货币政策逐渐转向财政政策，中央政府将承担更多的市场调节工作。2022年市场经济总体形势以稳为主，市场资金增量需求缩水、市场主体投资扩张减少等情况必然影响信托公司业务的拓展，信托公司所面临的挑战更为严峻。

4.3.2.3 房地产政策持续收紧，信托公司面临较大冲击

当前，国家对房地产行业继续坚持"房住不炒"定位，持续稳地价、稳房价、稳预期引导，加快发展长租房市场，推进保障性住房建设，坚持租购并举，加快建立完善房地产长效机制。在积极防范化解房地产潜在风险方面，强调"压实地方、金融监管、行业主管等各方责任，压实企业自救主体责任"。在"保交房"政策未变的前提下，房地产全行业面临较大的流动性压力，部分房地产企业出现金融债务展期，对包括信托公司在内的金融行业造成了不同程度的经营压力。同时，资管新规要求信托行业全面打破刚性兑付，确立"卖者尽责、买者自负"原则的过程中，影响信托行业的投资者信心，短期将对信托公司展业产生较大的冲击。

4.3.2.4 监管政策加速引导转型，行业竞争洗牌动作加剧

2022年，为促进经济金融良性循环和高质量发展，监管政策将陆续出台完善顶层设计，引导信托行业向既定轨道发展。资管新规等政策正式实施，信托行业内部因转型幅度所产生的差距已显现，行业黑马不断涌现，内部竞争日渐激烈。信托公司需抓住转型所带来的机遇，找准发展着力点，不断探索信托本源业务的多元化和丰富性，在行业竞争中巩固地位蓄能发展。

4.4 内部控制

4.4.1 内部控制环境和内部控制文化

公司按照《公司法》《信托公司管理办法》《信托公司治理指引》《信托公司受托责任尽职指引》《信托公司股权管理暂行办法》和监管部门的要求完善公司治理的相关制度和实施细则，"三会一层"权责明晰，制衡有效，各专门委员会有效履责，构建了分工合理、职责明确、制约有效、关系清晰的内控组织体系和内控合规履职环境。

公司坚持"诚信、稳健、创新、求精"的经营宗旨，坚持以人为本，追求效率与效益，综合运用激励与福利机制，在积极向上的企业文化体系中实现员工与公司共同成长进步。

4.4.2 内部控制措施

公司已建立职责明晰的股东大会、董事会、监事会和经营管理层，各组织构架之间协调运作，相互制衡。公司董事会下设关联交易审查委员会、风险控制委员会、审计委员会、信托委员会、薪酬及提名委员会、消费者权益保护工作委员会等专业委员会，各委员会职责清晰、分工明确，在董事会授权范围内协助董事会开展公司业务；引入了独立董事制度，并由独立董事出任关联交易审查委员会、信托委员会、审计委员会以及消费者权益保护工作委员会主任委员，以有效控制公司重大业务的决策风险，其中消费者权益保护工作委员会成员全部由独立董事担任，以便更好地起到内部监督作用。公司监事会有效履行监督责任。公司经营班子下设项目审查委员会、证券投资决策委员会以及私募基金投资决策委员会，负责公司的日常经营决策，以保证最大限度地降低公司重大业务项目的经营风险，并针对不同业务，采取不同的授权审批形式。

公司按职责分离的原则设置内部各部门。前台部门（业务部门）对业务进行受理和初审，并负责实施项目的具体操作；中台部门（信托业务管理总部、风险合规管理总部等）对业务进行审查和事中控制；后台部门（财务管

理总部等）对业务进行财务核算和管理。通过内部约束机制达到强化中台、后台对前台的控制反映和监督评价。

公司根据相关监管要求，并结合公司实际情况，修订了《信托业务项目立项管理办法》《内部控制评价管理暂行办法》以及《内控缺陷认定标准与等级管理暂行办法》等相关制度，促进公司业务规范、稳健发展，加强了公司内部管理。

4.4.3 信息交流与反馈

公司内部建立了良好的信息交流与反馈制度，通过公司内网、会议、座谈、报告、讲座等方式，公司经营班子和员工之间开展有效的互动和交流，相互传递政策信息；通过公司外部网站及报纸等媒介，根据法律法规规定向公众披露公司资产经营状况；根据信托文件约定向信托委托人（受益人）及时披露信托财产管理运用等相关信息。

4.4.4 监督评价与纠正

公司的内部控制通过内部的自我完善和外部的检查督促来实现监督、评价和纠正。内控机制在实际工作中得到检验，一是自我检验纠错，分别由业务部门、风险合规管理总部、信托业务管理总部以及审计稽核部等进行自查和检查；二是经监管部门的检查意见，在出现遗漏或不足时公司会采取相应措施加以整改和完善。

公司从多方面入手，充分发挥内部审计的监督作用。2021年，内部审计的范围和深度进一步加强，全年出具各类内审报告180份。对审计过程中发现的问题及时与各部门沟通，要求限期完善或整改，并采取后续审计等方式进行跟踪，对防止风险出现或扩大，促进业务合法、合规、稳健经营发挥了积极作用。

4.5 风险管理

4.5.1 风险管理概况

公司坚持"宁可错过，不可做错"的风险管理理念，已形成一套比较完善和行之有效的风控机制、规章制度和操作流程，促进公司各项业务可持续发展。公司经营活动中可能遇到的风险主要有：信用风险、市场风险、操作风险、其他风险（如政策风险、法律风险、道德风险、声誉风险）等。

4.5.2 风险状况

4.5.2.1 信用风险状况

信用风险主要是交易对手违约带来的风险，主要来自借款、对外担保、投资等业务。报告期内，公司严格按财政部和中国银保监会的要求，提足各项准备金。2021年末公司信用风险资产按照资产五级分类标准分类结果为：（1）正常类资产2 988 280.08万元；（2）关注类资产88 778.02万元；（3）次级类资产1 542.86万元；（4）可疑类资产39 458.33万元；（5）损失类资产9 488.04万元。公司不良资产期初数为零，期末数为50 489.23万元。

4.5.2.2 市场风险状况

公司面临的市场风险主要是因股价、市场汇率、利率及其他价格因素变动而产生和可能产生的风险。对于公司开展的股票质押信托业务，侧重于选择业绩面好的股票，设置较低的质押率；同时引入了保证金追加制度和止损线，以有效防范市场波动风险；公司目前暂未开展外币业务，不受汇率市场变动影响；公司的信托贷款项目大部分为固定利率贷款，市场利率的变动对投资者的收益及公司信托报酬影响较小。

4.5.2.3 操作风险状况

操作风险主要是由于公司内部程序、人员、系统的不完善或失误，或外部事件而引发的风险。为实现公司标准化、制度化、规范化管理，报告期内，公司进一步清理、修订、拟订了一系列规章制度和操作流程，以提高预防和控制操作风险的能力；同时公司结合业务发展需要，加强员工培训，提高员工技能，加强流程控制；对于外部事件可能给公司经营带来的风险，公司制定专门应急预案，实行突发事件预案管理。报告期内，公司未发生因操作风险带来的损失。

4.5.2.4 其他风险状况

公司面临的其他风险主要有政策风险、法律风险、道德风险、声誉风险等。报告期内，公司适时关注宏观经济政策、行业发展政策和信托业监管政策的变化对公司经营和业务运作带来的影响，顺应政策要求合理设计项目方案；加强公司员工专业技能、职业道德培训，组织开展合规考试，提升依法合规意识和风险管控能力。

4.5.3 风险管理

4.5.3.1 信用风险管理

公司对信用风险的管理，一是事前加强对交易对手及项目的尽职调查，严格按照业务流程开展业务，强化项目风险控制措施的有效性和合法合规性；二是在信托产品设计中明确风险揭示及风险承担，做到"卖者尽责、买者自负"；三是事中对交易对手（项目）进行跟踪检查，流程控制、多手段并用，对重点项目实行现场监管，及时发现和处置风险隐患苗头；四是对重点项目制定应急处置预案，密切跟踪处置情况，及时化解已发生的风险、降低损失程度，最大限度保护信托财产安全，维护受益人利益；五是事后对已结束项目进行审计和后续评价，以获取管理经验。

在自有业务方面，公司严格控制对外担保，截至报告日，对外担保余额为零；公司的短期投资主要投资于质地优良、风险低的金融类产品；2021年末，公司存续固有贷款余额178 997万元，规模较小，风险可控。

在信托业务方面，公司依法合规履行受托人职责，按照公司信托业务相关管理制度以及各专门委员会议事规则的规定，从立项、审批、报备、登记、产品发行，到项目后续管理、风险披露、清算分配，严格履行相应的审批手续。

4.5.3.2　市场风险管理

在加强市场风险管理方面，公司积极吸引人才，加强对国家宏观经济政策、货币信贷政策、财政政策等领域的研究，及时掌握市场变化，为调整投资决策提供依据；对产业市场、资本市场等领域实行分散投资，根据公司整体安排，适时调整各领域的投资规模，合理安排期限结构；提升风险意识和市场敏感度，充分甄别存在问题与瑕疵的考察项目和交易对手，确保落地项目质地优良、风险可控；强化日常风险监控和报告制度，以便及时化解风险。

4.5.3.3　操作风险管理

在操作风险管理方面，公司根据政策、法律法规、监管规定及公司业务发展需要，适时对业务及风险管理制度、法律文书等进行补充、修订、完善和规范；坚持信托财产与固有财产、不同信托财产分别管理、分别记账的原则，在部门设置和人员安排上使前台、中台、后台部门分设和人员分离，业务交易、会计记录和后续管理监督分离；加强对员工行为监测、法律合规知识及业务技能培训，强化员工的合规意识、风险意识、责任意识和道德水准；提升全流程风险管理意识，强化对审批、印章使用、凭证保管等重要操作环节的监督检查，加强内部控制和防范操作风险；制定应急预案，适时启动奖惩机制等措施防范和控制操作风险。

4.5.3.4　其他风险管理

公司通过加强对宏观经济政策和行业政策的跟踪、研究，提高预见性；公司风险合规管理总部、信托业务管理总部、财务管理总部对交易行为或合同进行内部审查，聘请专门的律师事务所和会计师事务所协助公司开展项目法律审查和咨询，以防范和控制业务风险；公司加强员工职业道德和思想教育建设，通过开展培训和座谈会、员工行为管理等措施防范和控制道德风险；公司成立了消费者权益保护工作委员会，依法合规开展业务、诚信尽职地履行受托人义务，向投资者销售风险匹配的信托产品、充分披露信托产品信息，对新产品发售注重风险揭示、投资者教育和体验，提升公司信誉度和美誉度。公司还将根据业务发展规模的不断扩大和市场变化等情况，对公司风险管理措施进一步修改和完善。

4.6　消费者权益保护

公司高度重视并切实承担金融消费者合法权益保护的主体责任，将消费者权益保护融入公司经营发展战略和企业文化建设中，有计划、有节奏地开展2021年消费者权益保护工作。在体制建设与执行保障方面，通过不断强化组织领导、统筹协调与监督管理，全面提升消费者权益保护工作理念，有效运行消费者权益保护工作政策和要求的纵向传导及执行机制；在制度完善与机制运行方面，通过"强化三个落实""促进三个提升"，以期实现制度机制更完善、事前审查更到位、管控监督更全面、内部培训更完备、教育宣传更丰富、投诉处理更高效的发展趋势。

4.7　企业社会责任

公司始终坚持党的领导，积极投身公益事业，深刻领会并践行低碳理念，用心回馈社会。

4.7.1　深度服务重大战略，全力服务实体经济

公司积极响应国家号召，坚持创新引领，借助信托制度优势和资源优势，充分发挥实业投行的作用，运用资产证券化等创新业务模式，从国家战略部署中寻求新的业务契机，主动对接国家重大战略规划，提供综合金融支持，大力拓展公司服务社会、服务实体经济的空间。截至2021年末，公司在"一带一路"倡议、长江经济带辐射区域内存续信托业务规模1 917.75亿元；服务成渝地区双城经济圈建设存续信托规模384.68亿元；服务京津冀地区存续信托业务规模742.43亿元；服务粤港澳大湾区建设存续信托业务规模131.66亿元。

公司始终牢记服务地方经济发展的使命宗旨，截至2021年末，公司累计为地方经济建设募集资金1 910.29亿元，为人民群众创造财产性收入近914亿元，为促进长江上游经济中心建设发挥了重要作用。同时，公司依

托在结构设计、资产管理、风险控制等方面积累的大量经验，立足信托业灵活多变的特点，积极支持民营企业和小微企业发展。2021年，公司新增服务民营信托业务规模306.33亿元，新增服务小微企业信托业务规模151.76亿元。

4.7.2 探索践行环境责任，公益慈善传递公司温度

公司高度关注环境保护和气候变化，主动识别双碳政策为公司带来的风险和机遇，坚决落实绿色发展战略，2021年公司新成立绿色信托5个，规模合计7.77亿元。公司不断完善绿色金融体系，将环保低碳理念融入公司的采购、运营中，持续减少运营过程中的碳足迹，深入推进生态文明建设。公司将绿色、节能、环保理念深入贯彻至办公场所的建设与运营过程中，减少能源资源的消耗和温室气体、废水等废弃物排放，促进公司的可持续发展。

公司坚持将自身发展与社会进步紧密结合，积极投身公益事业，用心回馈社会，践行企业的社会责任和使命担当。公司已累计向各类慈善活动捐款近2.88亿元，主要包括："金色盾牌英烈救助基金"慰问救助捐款1.91亿元，累计救助慰问公安民警及其家属和相关人员超15 000人次；为重庆市政府募集50亿元资金支持主城区危旧房改造，并捐赠2 500万元信托报酬支持地方经济建设；作为重庆市政府办公厅扶贫集团成员，累计为酉阳县脱贫攻坚捐款超166万元，为奉节县脱贫攻坚捐款92万元等。此外，公司积极参与红十字基金会、中国检察教育基金会及民建善德基金等公益项目，开展"春蕾圆梦行动"帮扶297名贫困女学生圆梦校园、"逐梦未来"关爱留守学生及特殊儿童等爱心活动。

5. 报告期末及上一年度末的比较式会计报表

5.1 自营资产

5.1.1 会计师事务所审计意见

信永中和会计师事务所（特殊普通合伙）审计了公司财务报表，包括2021年12月31日的合并及母公司资产负债表，2021年度的合并及母公司利润表、合并及母公司现金流量表、合并及母公司股东权益变动表以及财务报表附注。会计师事务所认为，公司财务报表在所有重大方面按照企业会计准则的规定编制，公允反映了公司2021年12月31日的合并及母公司财务状况以及2021年度的合并及母公司经营成果和现金流量。

5.1.2 资产负债表

5.1.2.1 母公司资产负债表

资产负债表

编制单位：重庆国际信托股份有限公司　　　　2021年12月31日　　　　单位：万元

资产	期末数	期初数	负债和股东权益	期末数	期初数
资产：	—	—	负债		
现金及存放银行款项	80 103.55	80 917.04	向中央银行借款	—	—
买入返售金融资产	50 004.38	50 006.16	拆入资金	100 032.29	123 009.92
应收股利	3 430.00	3 430.00	交易性金融负债		
应收手续费及佣金	3 374.51	15 003.30	卖出回购金融资产款		
其他应收款	6 218.99	8 731.47	应付职工薪酬	6 165.59	15 364.96
预付账款	—	—	应交税费	78 166.63	78 906.75
发放贷款及垫款	173 332.27	238 685.32	应付股利	—	60 000.00
金融投资：	1 903 290.26	1 568 903.26	其他应付款	8 244.11	21 109.74
交易性金融资产	1 845 184.26	1 513 921.05	预收手续费及佣金	—	—
债权投资	17 505.42	985.00	合同负债	339.85	2 069.51
其他债权投资	—	—	递延所得税负债	—	—
其他权益工具投资	40 600.58	53 997.21	租赁负债	987.57	1 800.36
长期股权投资	866 991.06	834 341.69	其他负债	294 755.83	
投资性房地产	474.56	492.40	负债合计	488 691.87	302 261.24
固定资产	6 621.66	3 213.24	股东权益：		
在建工程	3 038.59	701.03	股本	1 500 000.00	1 500 000.00
无形资产	84.27	143.69	资本公积	213 169.49	213 169.49

续表

资产	期末数	期初数	负债和股东权益	期末数	期初数
使用权资产	1 025.75	1 845.33	其他综合收益	-51 681.26	-47 157.79
递延所得税资产	46 980.31	33 004.91	盈余公积	149 943.24	133 270.07
抵债资产	—	—	一般风险准备	81 113.43	44 101.14
其他资产	1 762.34	674.82	信托赔偿准备	74 971.62	66 635.04
			未分配利润	690 524.11	627 814.47
			股东权益合计	2 658 040.63	2 537 832.42
资产总计	3 146 732.50	2 840 093.66	负债和股东权益总计	3 146 732.50	2 840 093.66

5.1.2.2 合并资产负债表

合并资产负债表

编制单位：重庆国际信托股份有限公司　　　2021年12月31日　　　单位：万元

资产	期末数	期初数	负债和股东权益	期末数	期初数
资产：	—	—	负债：	—	—
现金及存放银行款项	1 537 054.07	1 814 145.28	向中央银行借款	481 435.35	479 667.49
贵金属	—	—	同业及其他金融机构存放款项	597 343.21	351 079.17
拆出资金	2 052 927.28	1 723 538.74	拆入资金	489 968.89	273 231.96
衍生金融资产	—	—	交易性金融负债	—	—
买入返售金融资产	1 387 977.36	1 381 864.88	衍生金融负债	—	—
应收股利	—	—	卖出回购金融资产款	1 624 725.02	1 083 799.32
应收手续费及佣金	4 253.73	16 702.93	吸收存款	14 865 848.10	15 251 611.41
其他应收款	10 423.53	14 468.57	应付职工薪酬	44 434.64	49 224.27
预付账款	38.94	128.40	应交税费	117 610.73	103 965.05
金融投资：	8 998 387.23	9 934 820.76	应付股利	8 247.67	67 656.56
交易性金融资产	3 130 685.78	3 513 886.59	其他应付款	97 069.79	145 696.29
债权投资	5 007 779.13	5 616 575.27	预收手续费及佣金	—	—
其他债权投资	791 082.21	734 687.56	合同负债	796.47	3 733.00
其他权益工具投资	68 840.11	69 671.34	预计负债	3 548.71	4 243.52
发放贷款及垫款	11 890 107.81	10 312 430.72	应付债券	3 748 872.55	4 029 425.48
长期股权投资	491 799.60	459 150.23	递延所得税负债	1 672.50	3 816.99
投资性房地产	474.56	492.40	租赁负债	22 672.50	29 936.34
固定资产	62 490.74	60 209.75	其他负债	322 166.37	25 373.46
在建工程	118 615.16	701.03	负债合计	22 426 412.50	21 902 460.31
无形资产	22 364.39	13 868.10	股东权益：	—	—
商誉	—	—	股本	1 500 000.00	1 500 000.00
使用权资产	26 074.51	33 229.00	减：库存股	—	—
递延所得税资产	169 376.60	119 095.50	资本公积	210 642.90	210 642.90
其他资产	15 903.94	132 388.37	其他综合收益	-32 801.78	-30 766.97
			盈余公积	150 015.17	133 342.00
			一般风险准备	81 519.56	44 507.27
			信托赔偿准备	74 971.62	66 635.04
			未分配利润	844 972.73	743 829.39
			归属于母公司股东权益	2 829 320.20	2 668 189.63
			少数股东权益	1 532 536.75	1 446 584.72
			股东权益合计	4 361 856.95	4 114 774.35
资产总计	26 788 269.45	26 017 234.66	负债和股东权益总计	26 788 269.45	26 017 234.66

5.1.3 利润表

5.1.3.1 母公司利润表

利润表

编制单位：重庆国际信托股份有限公司　2021年度　　单位：万元

项目	本年数	上年数
一、营业收入	247 029.70	312 458.56
利息净收入	3 045.49	8 524.55
利息收入	18 768.66	18 821.59
利息支出	15 723.17	10 297.04
手续费及佣金净收入	142 672.95	168 454.45
手续费及佣金收入	156 958.06	175 234.01
手续费及佣金支出	14 285.11	6 779.56
投资收益（损失以"-"号填列）	178 342.99	132 896.23
其中：对联营企业及合营企业的投资收益	41 572.17	34 974.01
公允价值变动损益（损失以"-"号填列）	-78 003.39	1 525.92
汇兑收益（损失以"-"号填列）	-0.18	0.08
其他业务收入	844.82	849.64
资产处置收益（损失以"-"号填列）	—	—
其他收益	127.02	207.69
二、营业支出	48 073.56	12 108.28
税金及附加	1 314.30	1 510.26
业务及管理费	12 676.90	4 720.89
信用减值损失	34 064.52	—
资产减值损失	—	5 859.29
其他业务成本	17.84	17.84
三、营业利润（亏损以"-"号填列）	198 956.14	300 350.28
加：营业外收入	5 481.85	9 785.86
减：营业外支出	412.41	1 257.89
四、利润总额（亏损总额以"-"号填列）	204 025.58	308 878.25
减：所得税费用	37 293.90	63 979.79
五、净利润（净亏损以"-"号填列）	166 731.68	244 898.46
六、其他综合收益的税后净额	-4 523.47	-32 933.70
七、综合收益总额	162 208.21	211 964.76

5.1.3.2 合并利润表

合并利润表

编制单位：重庆国际信托股份有限公司　2021年度　　单位：万元

项目	本年数	上年数
一、营业收入	774 165.21	769 282.46
利息净收入	425 915.38	404 114.48
利息收入	1 068 251.53	1 014 492.24
利息支出	642 336.15	610 377.76
手续费及佣金净收入	194 497.54	193 539.18
手续费及佣金收入	215 470.83	208 204.40
手续费及佣金支出	20 973.29	14 665.22
投资收益（损失以"-"号填列）	246 248.33	166 925.60
其中：对联营企业及合营企业的投资收益	41 572.17	34 974.01
以摊余成本计量的金融资产终止确认收益	—	—
公允价值变动损益（损失以"-"号填列）	-93 948.82	3 873.46
汇兑收益	-71.04	-552.61
其他业务收入	1 189.76	722.07
资产处置收益（损失以"-"号填列）	1.08	9.65
其他收益	332.98	650.63
二、营业支出	392 065.00	278 549.49
税金及附加	7 651.63	7 328.31
业务及管理费	157 772.43	137 585.18
信用减值损失	226 496.08	127 565.29
资产减值损失	—	5 859.29
其他业务成本	144.86	211.42
三、营业利润（亏损以"-"号填列）	382 100.21	490 732.97
加：营业外收入	5 589.61	9 964.37
减：营业外支出	810.42	2 349.13
四、利润总额（亏损总额以"-"号填列）	386 879.40	498 348.21
减：所得税费用	75 225.47	107 261.40
五、净利润（净亏损以"-"号填列）	311 653.93	391 086.81
归属于母公司的净利润	205 188.94	283 241.48
少数股东损益	106 464.99	107 845.33
六、其他综合收益的税后净额	4 059.39	-35 631.90
七、综合收益总额	315 713.32	355 454.91
归属于母公司股东的综合收益总额	203 154.13	249 525.42
归属于少数股东的综合收益总额	112 559.19	105 929.49

5.1.4 股东权益变动表
5.1.4.1 母公司股东权益变动表

股东权益变动表

编制单位：重庆国际信托股份有限公司　　2021年度　　单位：万元

项目	本年金额							
	股本	资本公积	其他综合收益	盈余公积	一般风险准备	信托赔偿准备	未分配利润	股东权益合计
一、上年年末余额	1 500 000.00	213 169.49	−149 834.71	153 517.71	46 667.63	76 758.86	797 352.90	2 637 631.88
加：会计政策变更	—	—	102 676.92	−20 247.64	−2 566.49	−10 123.82	−169 538.43	−99 799.46
前期差错更正	—	—	—	—	—	—	—	—
二、本年年初余额	1 500 000.00	213 169.49	−47 157.79	133 270.07	44 101.14	66 635.04	627 814.47	2 537 832.42
三、本年增减变动金额（减少以"−"号填列）	—	—	−4 523.47	16 673.17	37 012.29	8 336.58	62 709.64	120 208.21
（一）综合收益总额	—	—	−4 523.47	—	—	—	166 731.68	162 208.21
（二）股东投入和减少资本	—	—	—	—	—	—	—	—
1.股东投入资本	—	—	—	—	—	—	—	—
2.股份支付计入股东权益的金额	—	—	—	—	—	—	—	—
3.其他	—	—	—	—	—	—	—	—
（三）利润分配	—	—	—	16 673.17	37 012.29	8 336.58	−104 022.04	−42 000.00
1.提取盈余公积	—	—	—	16 673.17	—	—	−16 673.17	—
2.提取一般风险准备	—	—	—	—	37 012.29	—	−37 012.29	—
3.提取信托赔偿准备	—	—	—	—	—	8 336.58	−8 336.58	—
4.对股东的分配	—	—	—	—	—	—	−42 000.00	−42 000.00
5.其他	—	—	—	—	—	—	—	—
（四）股东权益内部结转	—	—	—	—	—	—	—	—
1.资本公积转增股本	—	—	—	—	—	—	—	—
2.盈余公积转增股本	—	—	—	—	—	—	—	—
3.盈余公积弥补亏损	—	—	—	—	—	—	—	—
4.设定受益计划变动额结转留存收益	—	—	—	—	—	—	—	—
5.其他综合收益结转留存收益	—	—	—	—	—	—	—	—
6.其他	—	—	—	—	—	—	—	—
四、本年年末余额	1 500 000.00	213 169.49	−51 681.26	149 943.24	81 113.43	74 971.62	690 524.11	2 658 040.63

股东权益变动表（续）

编制单位：重庆国际信托股份有限公司　　2021年度　　单位：万元

项目	上年金额							
	股本	资本公积	其他综合收益	盈余公积	一般风险准备	信托赔偿准备	未分配利润	股东权益合计
一、上年年末余额	1 500 000.00	213 169.49	−116 901.01	129 027.86	47 415.80	64 513.93	648 441.05	2 485 667.12
加：会计政策变更	—	—	—	—	—	—	—	—
前期差错更正	—	—	—	—	—	—	—	—
二、本年年初余额	1 500 000.00	213 169.49	−116 901.01	129 027.86	47 415.80	64 513.93	648 441.05	2 485 667.12
三、本年增减变动金额（减少以"−"号填列）	—	—	−32 933.70	24 489.85	−748.17	12 244.93	148 911.85	151 964.76
（一）综合收益总额	—	—	−32 933.70	—	—	—	244 898.46	211 964.76
（二）股东投入和减少资本	—	—	—	—	—	—	—	—
1.股东投入资本	—	—	—	—	—	—	—	—

续表

项目	上年金额							
	股本	资本公积	其他综合收益	盈余公积	一般风险准备	信托赔偿准备	未分配利润	股东权益合计
2.股份支付计入股东权益的金额	—	—	—	—	—	—	—	—
3.其他	—	—	—	—	—	—	—	—
(三)利润分配	—	—	—	24 489.85	-748.17	12 244.93	-95 986.61	-60 000.00
1.提取盈余公积	—	—	—	24 489.85	—	—	-24 489.85	—
2.提取一般风险准备	—	—	—	—	-748.17	—	748.17	—
3.提取信托赔偿准备	—	—	—	—	—	12 244.93	-12 244.93	—
4.对股东的分配	—	—	—	—	—	—	-60 000.00	-60 000.00
5.其他	—	—	—	—	—	—	—	—
(四)股东权益内部结转	—	—	—	—	—	—	—	—
1.资本公积转增股本	—	—	—	—	—	—	—	—
2.盈余公积转增股本	—	—	—	—	—	—	—	—
3.盈余公积弥补亏损	—	—	—	—	—	—	—	—
4.设定受益计划变动额结转留存收益	—	—	—	—	—	—	—	—
5.其他综合收益结转留存收益	—	—	—	—	—	—	—	—
6.其他	—	—	—	—	—	—	—	—
四、本年年末余额	1 500 000.00	213 169.49	-149 834.71	153 517.71	46 667.63	76 758.86	797 352.90	2 637 631.88

5.1.4.2 合并股东权益变动表

合并股东权益变动表

编制单位：重庆国际信托股份有限公司　　　　2021年度　　　　单位：万元

项目	本年金额								
	归属于母公司股东的权益							少数股东权益	股东权益合计
	股本	资本公积	其他综合收益	盈余公积	一般风险准备	信托赔偿准备	未分配利润		
一、上年年末余额	1 500 000.00	210 642.90	-133 443.89	153 589.64	47 073.76	76 758.86	913 367.82	1 446 584.72	4 214 573.81
加：会计政策变更	—	—	102 676.92	-20 247.64	-2 566.49	-10 123.82	-169 538.43	—	-99 799.46
前期差错更正	—	—	—	—	—	—	—	—	—
二、本年年初余额	1 500 000.00	210 642.90	-30 766.97	133 342.00	44 507.27	66 635.04	743 829.39	1 446 584.72	4 114 774.35
三、本年增减变动金额(减少以"-"号填列)	—	—	-2 034.81	16 673.17	37 012.29	8 336.58	101 143.34	85 952.03	247 082.60
(一)综合收益总额	—	—	-2 080.55	—	—	—	205 188.94	112 559.19	315 667.58
(二)股东投入和减少资本	—	—	—	—	—	—	—	—	—
1.股东投入资本	—	—	—	—	—	—	—	—	—
2.股份支付计入股东权益的金额	—	—	—	—	—	—	—	—	—
3.其他	—	—	—	—	—	—	—	—	—
(三)利润分配	—	—	—	16 673.17	37 012.29	8 336.58	-104 022.04	-26 549.48	-68 549.48
1.提取盈余公积	—	—	—	16 673.17	—	—	-16 673.17	—	—
2.提取一般风险准备	—	—	—	—	37 012.29	—	-37 012.29	—	—
3.提取信托赔偿准备	—	—	—	—	—	8 336.58	-8 336.58	—	—
4.对股东的分配	—	—	—	—	—	—	-42 000.00	-18 205.70	-60 205.70
5.其他	—	—	—	—	—	—	—	-8 343.78	-8 343.78
(四)股东权益内部结转	—	—	45.74	—	—	—	-23.56	-57.68	-35.50
1.资本公积转增股本	—	—	—	—	—	—	—	—	—

续表

项目	本年金额								
	归属于母公司股东的权益							少数股东权益	股东权益合计
	股本	资本公积	其他综合收益	盈余公积	一般风险准备	信托赔偿准备	未分配利润		
2.盈余公积转增股本	—	—	—	—	—	—	—	—	—
3.盈余公积弥补亏损	—	—	—	—	—	—	—	—	—
4.设定受益计划变动额结转留存收益	—	—	—	—	—	—	—	—	—
5.其他综合收益结转留存收益	—	—	45.74	—	—	—	-45.74	-111.99	-111.99
6.其他	—	—	—	—	—	—	22.18	54.31	76.49
（五）其他	—	—	—	—	—	—	—	—	—
四、本年年末余额	1 500 000.00	210 642.90	-32 801.78	150 015.17	81 519.56	74 971.62	844 972.73	1 532 536.75	4 361 856.95

合并股东权益变动表（续）

编制单位：重庆国际信托股份有限公司　　　　2021年度　　　　单位：万元

项目	上年金额								
	归属于母公司股东的权益							少数股东权益	股东权益合计
	股本	资本公积	其他综合收益	盈余公积	一般风险准备	信托赔偿准备	未分配利润		
一、上年年末余额	1 500 000.00	210 642.90	-99 008.29	129 099.79	47 805.02	64 513.93	725 393.41	1 102 956.38	3 681 403.14
加：会计政策变更	—	—	-719.54	—	—	—	719.54	—	—
前期差错更正	—	—	—	—	—	—	—	—	—
二、本年年初余额	1 500 000.00	210 642.90	-99 727.83	129 099.79	47 805.02	64 513.93	726 112.95	1 102 956.38	3 681 403.14
三、本年增减变动金额（减少以"-"号填列）	—	—	-33 716.06	24 489.85	-731.26	12 244.93	187 254.87	343 628.34	533 170.67
（一）综合收益总额	—	—	-33 716.06	—	—	—	283 241.48	105 929.49	355 454.91
（二）股东投入和减少资本	—	—	—	—	—	—	—	270 000.00	270 000.00
1.股东投入资本	—	—	—	—	—	—	—	—	—
2.股份支付计入股东权益的金额	—	—	—	—	—	—	—	—	—
3.其他	—	—	—	—	—	—	—	270 000.00	270 000.00
（三）利润分配	—	—	—	24 489.85	-748.17	12 244.93	-95 986.61	-32 309.20	-92 309.20
1.提取盈余公积	—	—	—	24 489.85	—	—	-24 489.85	—	—
2.提取一般风险准备	—	—	—	—	-748.17	—	748.17	—	—
3.提取信托赔偿准备	—	—	—	—	—	12 244.93	-12 244.93	—	—
4.对股东的分配	—	—	—	—	—	—	-60 000.00	-27 704.32	-87 704.32
5.其他	—	—	—	—	—	—	—	-4 604.88	-4 604.88
（四）股东权益内部结转	—	—	—	—	—	—	—	—	—
1.资本公积转增股本	—	—	—	—	—	—	—	—	—
2.盈余公积转增股本	—	—	—	—	—	—	—	—	—
3.盈余公积弥补亏损	—	—	—	—	—	—	—	—	—
4.设定受益计划变动额结转留存收益	—	—	—	—	—	—	—	—	—
5.其他综合收益结转留存收益	—	—	—	—	—	—	—	—	—
6.其他	—	—	—	—	—	—	—	—	—
（五）其他	—	—	—	16.91	—	—	—	8.05	24.96
四、本年年末余额	1 500 000.00	210 642.90	-133 443.89	153 589.64	47 073.76	76 758.86	913 367.82	1 446 584.72	4 214 573.81

5.2 信托资产

5.2.1 信托项目资产负债汇总表

信托项目资产负债表

编制单位：重庆国际信托股份有限公司　　　　2021年12月31日　　　　　　　　　　　　　　　单位：万元

信托资产	期末余额	期初余额	信托负债和信托权益	期末余额	期初余额
信托资产：	—	—	信托负债：	—	—
货币资金	84 956.29	67 844.26	交易性金融负债	—	—
拆出资金	—	—	衍生金融负债	—	—
存出保证金	—	—	应付受托人报酬	4 752.97	20.82
以公允价值计量且其变动计入当期损益的金融资产	349 489.91	337 598.21	应付托管费	26.44	21.02
衍生金融资产	—	—	应付受益人收益	468.17	967.25
买入返售金融资产	61 138.68	164 221.15	应交税费	1 247.07	1 638.31
应收款项	1 696 709.96	1 866 077.81	应付销售服务费	—	—
发放贷款	10 903 578.98	13 459 059.58	其他应付款项	165 709.38	499 556.15
可供出售金融资产	4 413 709.94	3 211 292.00	预计负债	—	—
持有至到期投资	20 373.05	99 700.01	其他负债	—	—
长期应收款	—	—	信托负债合计	172 204.03	502 203.55
长期股权投资	2 583 955.19	2 279 400.21			
投资性房地产	—	—			
固定资产	—	—	信托权益：		
无形资产	—	—	实收信托	19 744 485.28	20 979 270.46
长期待摊费用	—	—	资本公积	—	—
其他资产	—	—	未分配利润	197 222.69	3 719.22
减：各项资产减值准备	—	—	信托权益合计	19 941 707.97	20 982 989.68
信托资产总计	20 113 912.00	21 485 193.23	信托负债和信托权益总计	20 113 912.00	21 485 193.23

5.2.2 信托项目利润及利润分配汇总表

信托项目利润及利润分配表

编制单位：重庆国际信托股份有限公司　2021年度　　　　　单位：万元

项目	本年数	上年数
一、营业收入	1 336 624.67	1 077 922.56
利息收入	823 674.33	883 473.43
投资收益（损失以"-"号填列）	509 492.25	184 200.09
其中：对联营企业和合营企业的投资收益	—	—
公允价值变动损益（损失以"-"号填列）	1 280.85	-13 925.01
租赁收入	—	—
汇兑损益（损失以"-"号填列）	-17.43	-152.01
其他收入	2 194.67	24 326.06
二、营业支出	170 262.20	206 427.45
税金及附加	3 614.92	4 284.36
受托人报酬	145 254.01	148 342.06

续表

项目	本年数	上年数
保管费	1 791.93	3 981.32
投资管理费	686.91	252.38
销售服务费	11 969.07	14 193.44
交易费用	61.44	—
资产减值损失	—	—
其他费用	6 883.92	35 373.89
三、信托净利润（净亏损以"-"号填列）	1 166 362.47	871 495.11
四、其他综合收益	1 994.38	—
五、综合收益	1 168 356.85	871 495.11
加：期初未分配信托利润	3 719.22	-6 190.56
六、可供分配的信托利润	1 172 076.07	865 304.55
减：本期已分配信托利润	974 853.38	861 585.33
七、期末未分配信托利润	197 222.69	3 719.22

6. 会计报表附注

6.1 会计报表编制基准、会计政策和会计估计的变化

6.1.1 报告年度会计报表编制基准、会计估计未发生变化。

6.1.2 主要重要会计政策变更及影响

财政部于2017年3月31日分别颁布了《企业会计准则第22号——金融工具确认和计量（2017年修订）》（财会〔2017〕7号）、《企业会计准则第23号——金融资产转移（2017年修订）》（财会〔2017〕8号）、《企业会计准则第24号——套期会计（2017年修订）》（财会〔2017〕9号）；2017年5月2日发布了《企业会计准则第37号——金融工具列报（2017年修订）》（财会〔2017〕14号）（上述准则以下统称新金融工具准则），公司按照规定于2021年1月1日开始执行新金融工具准则，并按照有关的衔接规定进行了处理。

财政部于2017年7月5日颁布了《企业会计准则第14号——收入（2017年修订）》（财会〔2017〕22号）（以下简称新收入准则），公司按照规定于2021年1月1日开始执行新收入准则，并按照有关的衔接规定进行了处理。

财政部于2018年12月7日颁布了《企业会计准则第21号——租赁》（财会〔2018〕35号）（以下简称新租赁准则），公司按照规定于2021年1月1日开始执行新租赁准则，并按照有关的衔接规定进行了处理。

上述新准则变更，公司受影响的报表项目及金额如下表所示。

新准则变更母公司报表影响数　　　　单位：万元

项目	2021年1月1日	2020年12月31日	调整数
资产总计	2 840 093.66	2 951 322.58	-111 228.92
负债合计	302 261.24	313 690.70	-11 429.46
股东权益合计	2 537 832.42	2 637 631.88	-99 799.46
负债和股东权益总计	2 840 093.66	2 951 322.58	-111 228.92

新准则变更合并报表影响数　　　　单位：万元

项目	2021年1月1日	2020年12月31日	调整数
资产总计	26 017 234.66	26 100 710.10	-83 475.44
负债合计	21 902 460.31	21 886 136.29	16 324.02
股东权益合计	4 114 774.35	4 214 573.81	-99 799.46
负债和股东权益总计	26 017 234.66	26 100 710.10	-83 475.44

6.2 或有事项说明

6.2.1 对外担保

单位：万元

项目	年末数	年初数
对外担保	—	—
合计	—	—

6.2.2 重大承诺事项

本报告期内公司无重大承诺事项。

6.3 重要资产转让及其出售的说明

本报告期内公司无重要资产转让及其出售情况。

6.4 会计报表中重要项目的明细资料

6.4.1 自营资产经营情况

6.4.1.1 资产风险分类结果

信用风险资产五级分类	正常类（万元）	关注类（万元）	次级类（万元）	可疑类（万元）	损失类（万元）	资产合计（万元）	不良资产合计（万元）	不良资产率（%）
期初数	2 672 883.44	133 596.37	—	—	—	2 806 479.81	—	—
期末数	2 988 280.08	88 778.02	1 542.86	39 458.33	9 488.04	3 127 547.33	50 489.23	1.61

6.4.1.2 各项资产减值损失准备

单位：万元

项目	期初数	本期计提	本期核销	其他增加	期末数
贷款损失准备	6 127.88	331.33	—	—	6 459.21
一般准备	6 127.88	331.33	—	—	6 459.21
专项准备	—	—	—	—	—
其他资产减值准备	420.45	33 733.20			34 153.65
债权投资减值准备	15.00	33 852.33			33 867.33
持有至到期投资减值准备					
长期股权投资减值准备					
坏账准备	405.45	-119.13			286.32
投资性房地产减值准备					

6.4.1.3 股票投资、基金投资、债券投资、股权投资等投资业务

单位：万元

项目	自营股票	基金	债券	长期股权投资	其他投资	合计
期初数	224 479.74	6 710.78	346.70	834 341.69	1 337 366.04	2 403 244.95
期末数	230 502.56	1 922.20	376.94	866 991.06	1 670 488.56	2 770 281.32

6.4.1.4 前三名的自营长期股权投资

企业名称	占被投资企业权益的比例（%）	主要经营活动	投资损益（万元）
1.重庆三峡银行股份有限公司	28.9957	人民币业务；吸收存款；发放贷款；办理国内结算等经中国人民银行批准的业务	7 434.59
2.合肥科技农村商业银行股份有限公司	24.99	吸收公众存款；发放短期、中期和长期贷款；办理国内结算等经中国银行业监督管理委员会批准的业务	23 454.56
3.中国信托业保障基金有限责任公司	13.04	受托管理保障基金；参与托管和关闭清算信托公司；通过融资、注资等方式向信托公司提供流动性支持；收购、受托经营信托公司的固有财产，并进行管理、投资和处置等依法经相关部门批准后依批准展开的经营活动	13 761.32

6.4.1.5 前三名的自营贷款

企业名称	占贷款总额的比例（%）	还款情况
恒大园林集团有限公司	55.87	尚未到期
四川九寨天堂国际会议度假中心有限公司	22.35	尚未到期
贵州康源置业有限公司	13.13	尚未到期

6.4.1.6 表外业务

单位：万元

表外业务	期初数	期末数
担保业务	—	—
代理业务（委托业务）	—	—
其他	—	—
合计		

6.4.1.7 公司当年的收入结构

母公司口径

收入结构	金额（万元）	占比（%）
手续费及佣金收入	156 958.06	55.56
其中：信托手续费收入	152 996.79	54.15
投资银行业务收入	3 961.27	1.41
利息收入	18 768.66	6.64
其他业务收入	971.66	0.34
投资收益	178 342.99	63.13
其中：股权投资收益	49 006.76	17.35
证券投资收益	6 945.18	2.46
其他投资收益	122 391.05	43.32
公允价值变动损益	-78 003.39	-27.61

续表

收入结构	金额（万元）	占比（%）
营业外收入	5 481.85	1.94
收入合计	282 519.83	100.00

合并口径

收入结构	金额（万元）	占比（%）
手续费及佣金收入	215 470.83	14.93
其中：信托手续费收入	152 996.79	10.60
银行理财手续费收入	43 953.94	3.05
基金管理费及销售服务费收入	4 840.55	0.34
其他	13 679.55	0.94
利息收入	1 068 251.53	74.03
其他业务收入	1 452.78	0.10
投资收益	246 248.33	17.06
其中：股权投资收益	41 572.17	2.88
证券投资收益	7 672.09	0.53
其他投资收益	197 004.07	13.65
公允价值变动损益	-93 948.82	-6.51
营业外收入	5 589.61	0.39
收入合计	1 443 064.26	100.00

6.4.2 信托财产管理情况

6.4.2.1 信托资产

单位：万元

信托资产	期初数	期末数
集合	15 783 837.07	14 587 822.93
单一	2 844 173.26	2 399 559.41
财产权	2 857 182.90	3 126 529.66
合计	21 485 193.23	20 113 912.00

6.4.2.1.1 主动管理型信托业务

单位：万元

主动管理型信托资产	期初数	期末数
证券投资类	345 741.64	359 052.92
股权投资类	923 896.75	1 526 246.52
融资类	12 688 865.03	11 551 487.78
事务管理类	624 781.18	418 130.88
合计	14 583 284.60	13 854 918.10

6.4.2.1.2 被动管理型信托业务

单位：万元

被动管理型信托资产	期初数	期末数
证券投资类	32 405.74	29 030.68
股权投资类	922 648.51	447 212.49
融资类	1 271 564.96	907 469.47
事务管理类	4 675 289.42	4 875 281.26
合计	6 901 908.63	6 258 993.90

6.4.2.2 本年度已清算结束的信托项目
6.4.2.2.1 按信托类型分类

已清算结束信托项目	项目个数（个）	实收信托合计金额（万元）	加权平均实际年化收益率（%）
集合类	77	5 136 260.52	6.62
单一类	24	934 527.50	3.80
财产管理类	19	1 931 199.60	2.91

6.4.2.2.2 主动管理型

已清算结束信托项目	项目个数（个）	实收信托合计金额（万元）	加权平均实际年化信托报酬率（%）	加权平均实际年化收益率（%）
证券投资类	14	533 183.52	2.10	6.43
股权投资类	1	600.00	0.50	0.00
融资类	61	3 510 416.00	2.63	6.97
事务管理类	7	308 160.00	1.14	0.00

6.4.2.2.3 被动管理型

已清算结束信托项目	项目个数（个）	实收信托合计金额（万元）	加权平均实际年化信托报酬率（%）	加权平均实际年化收益率（%）
证券投资类	—	—	—	—
股权投资类	3	903 412.83	0.13	3.59
融资类	11	447 219.22	0.27	6.06
事务管理类	23	2 298 996.05	0.69	4.12

6.4.2.3 本年度新增的信托项目

新增信托项目	项目个数（个）	实收信托合计金额（万元）
集合	99	3 323 560.86
单一	12	177 000.00
财产权	22	1 227 903.65
新增合计	133	4 728 464.51
其中：主动管理型	110	3 394 930.29
被动管理型	23	1 333 534.22

6.4.2.4 信托业务创新成果和特色业务有关情况
6.4.2.4.1 资产证券化业务

2021年，公司继续运用信托制度功能，加强对资产证券化业务的开拓，主要担任受托人及发行载体管理机构及资产服务机构，持续帮助优质企业盘活资产，改善经营。基础资产包括银行信贷资产、个人车贷、应收债权等。截至2021年12月末，公司共存续13笔资产证券化项目，规模289.84亿元。

6.4.2.4.2 慈善信托业务

为响应国家脱困扶贫政策，坚决打好精准脱贫攻坚战，公司近年来以《慈善信托管理办法》为制度基础，与重庆慈善总会等慈善机构建立合作关系，持续推进慈善信托业务发展。截至2021年末，公司已累计开展慈善信托/公益信托14笔，存续总规模约2.85亿元，持续在产业扶贫、教育扶贫、扶老、救孤、恤病等公益事业领域全面发力，积极履行企业社会责任。

6.4.2.4.3 消费信托

2021年，公司与万达集团强强联合，在前期探索的基础上，全新推出"重信·汉秀尊享"消费信托，让客户在获得投资收益的同时，尊享三重消费权益，消费场景覆盖全国多家万达影城、万达酒店以及武汉汉秀剧场，既满足了全国各地客户的"投资理财+消费"需求，也为相关实体商家获得了稳定的客源，促进消费拉动经济增长，实现多方共赢。

6.4.2.4.4 家族信托

为持续推进信托业务转型发展，公司在2021年继续加大财富管理能力的打造，通过提升服务品质增加高端客户黏性，以打造私人订制理财为特征的家族信托得到快速发展。截至2021年12月末，公司存续家族信托19单，推出的"臻善传家系列""臻善传家锦盛家业系列"产品形成较好的推广和可复制模式，为委托人提供财产规划、风险隔离、资产配置、子女激励、养老等事务管理和金融服务。

6.4.2.5 本公司履行受托人义务的情况及因本公司自身责任而导致的信托资产损失情况

作为信托计划的受托人，公司严格按照国家法律、法规和信托合同的约定，从事信托活动。在信托成立之前，对委托人明示信托投资的风险，不承诺保底收益；在信托计划履行过程中，恪尽诚实、信用、谨慎、有效管理的义务，对所有信托项目均单独开户，单独核算，严格收支管理；从后期管理上，设置专职的信托经理，对信托项目实行及时跟踪管理和书面报告制度，真实记录并全面反映信托项目管理情况和财务状况，并根据法律法规要求及信托文件约定对信托项目的运行情况在公司网站上进行定期的披露。

截至报告期末，所有到期信托项目均按合同约定履行尽职管理责任，无拖延拒付情况，也未出现因本公司自身责任而导致信托资产出现损失的情况。

6.5 关联方关系及其交易
6.5.1 关联交易方的数量、关联交易的总金额及关联交易的定价政策

项目	关联交易方数量	关联交易金额（万元）	定价政策
合计	8	2 074 161.98	按市价公平定价

6.5.2 关联交易方与本公司的关系性质、关联交易方的名称、法人代表、注册地址、注册资本及主营业务

序号	关联性质	关联交易方名称	法人代表或负责人	注册地址	注册资本（万元）	主营业务
1	母公司	同方国信投资控股有限公司	刘勤勤	重庆	257 416.25	利用自有资金进行投资；商业综合体管理服务，物业管理等
2	被投资单位	重庆三峡银行股份有限公司	王良平	重庆	557 397.50	吸收公众存款；发放短期、中期和长期贷款等经银行业监督管理机构和国家外汇管理机关批准的其他业务
3	被投资单位	国泓资产管理有限公司	李静	北京	10 000.00	特定客户资产管理业务以及中国证监会许可的其他业务；投资咨询；财务咨询等
4	被投资单位	合肥科技农村商业银行股份有限公司	胡忠庆	合肥	180 034.64	吸收公众存款；发放短期、中期和长期贷款；办理国内结算等经中国银行业监督管理委员会批准的业务
5	被投资单位	中国信托业保障基金有限责任公司	肖璞	北京	1 150 000.00	受托管理保障基金；参与托管和关闭清算信托公司；通过融资、注资等方式向信托公司提供流动性支持；收购、受托经营信托公司的固有财产，并进行管理、投资和处置等依法经相关部门批准后依批准展开的经营活动
6	同一母公司	重庆未来投资有限公司	卢俊	重庆	6 000.00	实业、股权及市场开发投资、资产经营管理、国内贸易等
7	同一母公司	重庆国投财富投资管理有限公司	周艳	重庆	1 000.00	企业投资管理；企业财务咨询，投资咨询，企业管理咨询，企业营销策划，承办经批准的商务文化交流活动等
8	同一母公司	重庆国投物业管理有限公司	张雁乔	重庆	50.00	物业管理、会议及展览服务
9	同一母公司	渔阳饭店有限公司	刘勤勤	北京	42 700.00	住宿；食品制售；提供会议室、停车场；销售日用百货等
10	公司董事、高级管理人员控制或施加重大影响的企业	云南纺织（集团）股份有限公司	刘勤勤	昆明	12 293.74	棉纺织品、针纺织品、服装的生产、加工销售；商业运营管理；停车场经营；房屋场地出租、仓储服务；物业服务；组织文化艺术交流活动；承办会议及商品展览展示活动；企业管理等

6.5.3 重大关联方交易

6.5.3.1 固有与关联方交易

单位：万元

项目	期初数	借方发生额	贷方发生额	期末数
贷款	—	—	—	—
投资	8 085.00	—	—	8 085.00
租赁	—	1 380.53	1 380.53	—
担保	—	—	—	—
应收账款	—	—	—	—
其他	120 239.47	143 152.96	317 899.42	294 985.93
合计	128 324.47	144 533.49	319 279.95	303 070.93

6.5.3.2 信托与关联方交易

单位：万元

项目	期初数	借方发生额	贷方发生额	期末数
贷款	361 229.00	—	13 600.00	347 629.00
投资	900.00	—	—	900.00
租赁	—	—	—	—
担保	—	—	—	—
应收账款	—	—	—	—
其他	—	—	—	—
合计	362 129.00	0.00	13 600.00	348 529.00

6.5.3.3 固信交易与信信交易

6.5.3.3.1 固有财产与信托财产相互交易

单位：万元

项目	期初数	本期发生额	期末数
合计	1 437 822.42	-624 231.36	813 591.06

固有财产与信托财产相互交易本年增加2 328 535.96万元，本年减少2 952 767.32万元。

6.5.3.3.2 信托财产与信托财产相互交易

单位：万元

项目	期初数	本期发生额	期末数
合计	836 456.36	-227 485.37	608 970.99

6.5.4 报告期末，关联方逾期未偿还本公司资金和为关联方担保发生或即将发生垫款的情况

无。

6.6 会计制度的披露

报告年度，公司自营业务、信托业务均执行《企业会计准则》。

7.财务情况说明书

7.1 利润实现和分配情况

7.1.1 利润实现和分配情况（母公司）

本报告期初公司未分配利润627 814.47万元，2021年度实现净利润166 731.68万元，提取法定盈余公积16 673.17万元，提取信托赔偿准备8 336.58万元，提取一般风险准备37 012.29万元，扣除向股东分配的2020年度现金红利42 000万元后，剩余可供股东分配的利润为

690 524.11万元，将用于以后年度分配。

7.1.2 利润实现和分配情况（合并口径）

本报告期初归属于母公司的未分配利润为743 829.39万元，2021年度实现的归属于母公司的净利润为205 188.94万元，提取法定盈余公积16 673.17万元，提取信托赔偿准备8 336.58万元，提取一般风险准备37 012.29万元，扣除向股东分配的2020年度现金红利42 000万元，以及子公司处置其他权益工具投资导致留存收益变动-23.56万元，剩余可供母公司股东分配的利润为844 972.73万元，将用于以后年度分配。

7.2 主要财务指标

7.2.1 主要财务指标（母公司）

指标名称	指标值
资本利润率（%）	6.42
加权年化信托报酬率（%）	0.96
人均净利润（万元）	850.67

7.2.2 主要财务指标（并表口径）

指标名称	指标值
资本利润率（%）	7.46
加权年化信托报酬率（%）	0.96
人均净利润（万元）	1 046.88

7.3 对本公司财务状况、经营成果有重大影响的其他事项

无。

7.4 公司净资本情况

指标名称	指标值	监管标准
净资本（万元）	1 909 470.77	≥2亿元
各项业务风险资本之和（万元）	711 304.05	—
净资本/各项业务风险资本之和（%）	268.45	≥100
净资本/净资产（%）	71.84	≥40

8. 特别事项揭示

8.1 前五名股东报告期内变动情况及原因

无。

8.2 董事、监事及高级管理人员变动情况及原因

报告期内，公司独立董事王友伟先生、史锦杰先生因个人原因提出辞去公司独立董事职务的申请。公司股东大会2021年第一次临时会议选举汤世生先生、张旗女士任公司独立董事，其独立董事任职资格已经监管部门核准。

报告期内，公司股东大会2021年第三次临时会议选举魏伟先生任公司董事（魏伟先生董事任职资格已于2022年4月获监管部门核准）。

报告期内，公司监事张小龙先生因工作变动申请辞去公司监事职务，公司股东大会2021年第三次临时会议选举胡容先生任公司监事，张小龙先生不再任公司监事。

8.3 公司的重大未决诉讼事项

固有：新办诉讼案件1件。

公司与恒大园林集团有限公司、恒大地产集团有限公司、重庆航耀房地产开发有限公司、重庆尖置房地产有限公司、重庆中渝物业发展有限公司、恒大地产集团重庆有限公司合同纠纷案，涉案本金金额10亿元。该案由重庆市第一中级人民法院完成诉前财产保全，于2021年11月9日由广州市中级人民法院立案受理，尚未开庭。

信托：新办诉讼案件2件。

（1）公司与蓝光投资控股集团有限公司合同纠纷案，涉案金额2.0838亿元。2021年6月10日该案由重庆市第五中级人民法院立案受理，并完成诉讼财产保全，冻结被告持有的9 000万股四川蓝光发展股份有限公司无限售流通股。2021年9月28日收到法院判决，支持公司主要诉讼请求。2021年11月被告提起上诉，二审尚未开庭。

（2）公司与恒大童世界集团有限公司、广西扶绥恒久房地产开发有限公司、广西扶绥恒永房地产开发有限公司、恒大集团有限公司合同纠纷案，涉案本金金额1亿元。该案由重庆市第一中级人民法院完成诉前财产保全，于2021年11月9日由广州市中级人民法院立案受理，尚未开庭。

新办执行案件1件。

公司与重庆绅帝富达实业发展（集团）有限公司、孙国斌、李琦、蒋红兵申请执行案，涉案本金7.5亿元。该案由重庆市第五中级人民法院立案执行，目前已完成部分地块评估，已进入拍卖程序。

以第三人身份应诉案件1件。

公司与中国工商银行股份有限公司安庆分行、雨润控股集团有限公司、江苏雨润农产品集团有限公司、桐城市雨润生物科技有限公司、江苏地华实业集团有限公司、祝义财、吴学琴合同纠纷案，涉案本金3亿元，该

案于2018年1月29日由安徽省高级人民法院立案受理并完成涉案财产查封冻结。该案中公司与原、被告不存在债权债务关系，仅因作为信托受托人，持有江苏雨润肉类产业集团有限公司（以下称雨润肉类集团）部分股权，原告为冻结该部分股权将公司列为第三人。公司于2018年4月28日收到法院传票并于6月1日向法院提交事实陈述材料。2018年12月29日收到法院判决，公司无须承担责任，但原告有权拍卖公司持有的雨润肉类集团股权。2019年1月9日，雨润控股集团有限公司提起上诉。2019年5月23日收到最高人民法院裁定书，因雨润控股集团有限公司未缴纳诉讼费，最高人民法院裁定按自动撤诉处理，一审判决生效。工行安庆分行申请执行，公司将配合工行处置以信托名义持有的雨润肉类集团部分股权。

8.4 对会计师事务所出具的有保留意见、否定意见或无法表示意见的审计报告的，公司董事会应就所涉及事项做出说明

无。

8.5 公司及其董事、监事和高级管理人员受到处罚的情况

无。

8.6 银保监会及其派出机构对公司检查后提出整改意见的整改情况

报告期内，重庆银保监局根据对公司的现场检查和非现场监管，对公司在风险管理、内控与合规、转型发展等方面提出了监管意见。公司高度重视，认真总结，积极整改，全面落实各项监管要求。在报告期内，公司对规章制度进行了全面修订、补充和完善，健全风险管理制度，提升制度执行力，全面推进信托合规文化建设；根据监管要求，继续强化主动管理，完成融资类信托、金融同业通道业务的有序压降；严控房地产信托，落实穿透管理，精细化管理水平得到提升；强化内部问责机制，确立持续创新，深入推进业务转型，全力发展标品信托、投资类信托，公司各项业务得到规范、持续、稳健发展。

8.7 本年度重大事项临时报告的简要内容、披露时间、所披露的媒体及其版面

鉴于公司股东国寿投资控股有限公司于2021年1月20日变更企业名称为"国寿投资保险资产管理有限公司"，2021年5月14日，公司于《上海证券报》第115版披露《重庆国际信托股份有限公司关于修订〈公司章程〉的公告》。

8.8 银保监会及其省级派出机构认定的其他有必要让客户及相关利益人了解的重要信息

无。

9.公司监事会意见

监事会对任期内公司的生产经营活动进行了监督检查，监事会认为：

2021年公司面对更加复杂严峻的国内外形势，攻坚克难，强化风险防控，深化转型发展，各项业务发展平稳，努力完成本年度目标任务。未发现违反法律法规或损害公司、股东利益的行为。

2021年公司董事会及其成员，认真执行股东大会决议，勤勉尽责，严格按照法律法规及公司章程等相关规定，认真履行职责，履职时间充分、履职工作规范，为公司持续稳健发展做出了不懈努力。

2021年公司经营管理层认真执行股东大会、董事会决议，勤勉尽责，严格按照法律法规及公司章程等相关规定，积极提升管理质效，努力完成年度目标任务，实现公司的可持续发展。

公司2021年度财务报告已经信永中和会计师事务所（特殊普通合伙）审计，并出具了标准无保留意见的审计报告。监事会未发现报告内容存在失实、歪曲或重大缺陷的情况。

大业信托有限责任公司

1. 重要提示

1.1 公司董事会及董事保证本报告所载资料不存在任何虚假记载、误导性陈述或者重大遗漏,并对其内容的真实性、准确性和完整性承担个别及连带责任。

1.2 独立董事廖文义先生、彭燎原先生、华庆成先生认为本报告内容是真实、准确、完整的。

1.3 公司董事长陈俊标先生、总经理战伟宏先生、财务总监黄志坤先生及会计机构负责人谢祖江先生声明:保证年度报告中财务报告的真实、完整。

2. 公司概况

2.1 公司简介

大业信托有限责任公司是经中国银保监会批准的,在重组原广州科技信托投资公司的基础上,重新登记的非银行金融机构。公司注册资本为20亿元,注册地为广州市,在北京、上海和武汉设有业务管理部。公司在2011年3月10日获取金融许可证,并在2011年3月16日换取新的营业执照正式开业,经允许从事经中国银行业监督管理委员会依照有关法律、行政法规和其他规定批准的业务。

2.1.1 公司的法定名称
  中文名称:大业信托有限责任公司
  中文简称:大业信托
  英文名称:Daye Trust Co., Ltd.
  英文缩写:Daye Trust

2.1.2 公司法定代表人:陈俊标

2.1.3 公司注册地址:广州市花都区迎宾大道163号高晟广场2栋11层
  邮政编码:510800
  公司国际互联网网址:http://www.dytrustee.com
  电子信箱:info@dytrustee.com

2.1.4 公司负责信息披露事务的高级管理人员:汪鑫
  电话:020-22679368
  传真:020-22679301
  电子邮箱:wangx@dytrustee.com

2.1.5 公司选定的信息披露报纸:《上海证券报》

2.1.6 公司年度报告备置地点:广州市花都区迎宾大道163号高晟广场2栋11层

2.1.7 公司聘请的会计师事务所:广东中穗会计师事务所有限公司
  地址:广州市越秀区寺右新马路17号707房

2.1.8 公司聘请的律师事务所:锦天城律师事务所
  地址:上海市浦东新区银城中路501号上海中心大厦9层、11层、12层

2.2 组织结构

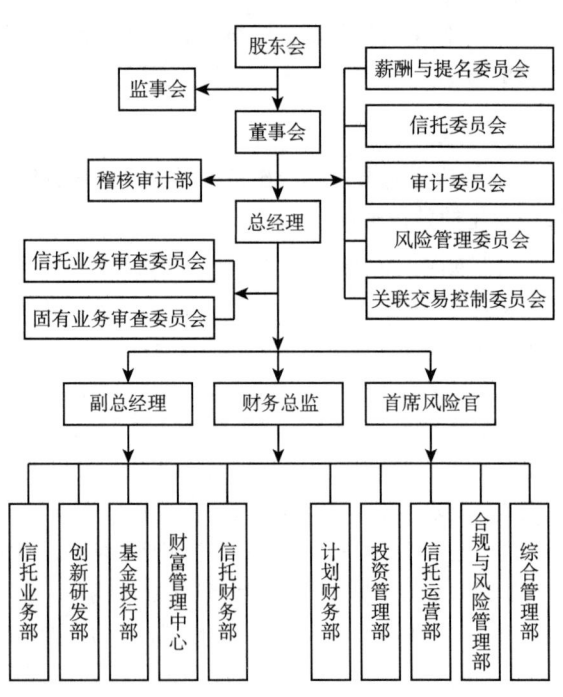

3. 公司治理

3.1 公司治理结构

股东

截至报告期末公司股东共三家。股东情况如下表所示。

股东名称	持股比例（%）	法人代表	注册资本（万元）	注册地址	主要经营业务
广州金融控股集团有限公司	38.33	聂林坤	947 978.6472	广州市天河区体育西路191号中石化大厦B座26层2601—2624号房	商务服务业。企业自有资金投资，资产管理（不含许可审批项目），投资咨询服务，投资管理服务，企业管理服务（不含许可审批项目）
中国东方资产管理股份有限公司	41.67	吴跃	6 824 278.6326	北京市西城区阜成门内大街410号	收购、受托经营金融机构不良资产，对不良资产进行管理、投资和处置；债权转股权，对股权资产进行管理、投资和处置；对外投资；买卖有价证券；发行金融债券、同业拆借和向其他金融机构进行商业融资；破产管理；财务、投资、法律及风险管理咨询和顾问；资产及项目评估；经批准的资产证券化业务、金融机构托管和关闭清算业务；非金融机构不良资产业务；国务院银行业监督管理机构批准的其他业务
广东京信电力集团有限公司	20	吉金	32 462.00	佛山市南海区西樵镇新田南海发电一厂行政楼二楼	国内贸易、电力投资、投资策划、商务信息咨询、电力技术的咨询服务、物业管理

3.2 董事

董事长、董事

姓名	职务	性别	年龄（岁）	选任日期	所代表的股东名称	该股东持股比例（%）	简要履历
陈俊标	董事长	男	55	2015年8月3日	广州金融控股集团有限公司	38.33	曾任广发基金资金财务部副总经理、浙江升华拜克生物股份有限公司董事兼董事会秘书、副总经理兼财务负责人、广州国际控股集团有限公司产权管理部总经理、大业信托有限责任公司董事会秘书，现任大业信托有限责任公司董事长
杨东	董事	男	49	2015年12月4日	中国东方资产管理股份有限公司	41.67	曾任中国东方资产管理股份有限公司投资管理部项目管理二处经理；投行业务部助理总经理；资产经营部总经理、总经理、资金运营及金融市场部总经理，现任中国东方资产管理股份有限公司人力资源部经理
薛贵	董事	男	48	2019年4月19日	中国东方资产管理股份有限公司	41.67	曾任中信证券股份有限公司高级经理、中国东方资产管理公司机构管理部高级经理、助理总经理、副总经理、中华联合财产保险股份有限公司党委委员、董事、副总经理，现任中国东方资产管理股份有限公司综合计划与战略协同部副总经理
韦典含	董事	女	37	2020年5月22日	广州金融控股集团有限公司	38.33	曾任广州金融控股集团有限公司产权管理部业务主办、业务主管、总经理助理，现任广州金融控股集团有限公司产权管理部副总经理（主持工作）
吴林海	董事	男	36	2019年4月19日	广东京信电力集团有限公司	20	曾任震旦（中国）有限公司投资部经理、佛山市南海港能燃料物料有限公司任融资部总经理、总裁兼投融资部总经理，现任广州京信小额贷款有限公司董事长
战伟宏	职工董事	男	50	2019年7月20日	—	—	曾任中国人民银行非银行司主任科员、中国银监会非银部监管六处副处长、中国银监会非银部信托公司非现场监管处副处长、处长、中融国际信托有限公司副总裁、浙商金汇信托股份有限公司董事、总经理，现任大业信托有限责任公司总经理

独立董事

姓名	所在单位及职务	性别	年龄（岁）	选任日期	所推举的股东名称	该股东持股比例（%）	简要履历
廖文义	—	男	60	2020年9月11日	中国东方资产管理股份有限公司	41.67	曾任广州金融高等专科学校（现为广东金融学院）党委委员、副校长、中国人民银行广东省分行办公室主任、中国人民银行广州分行营业管理部党委委员、副主任、中国人民银行东莞市中心支行党委副书记、副行长、中国人民银行阳江市中心支行党委书记、行长、外管分局局长、中国银监会阳江监管分局筹备组组长、中国银监会广东监管局城市银行处处长、中国银监会广西监管局党委委员、副局长、广东南粤银行副行长、深圳前海大数金融服务有限公司研究院执行院长
彭燎原	广东连越律师事务所	男	53	2020年1月15日	广州金融控股集团有限公司	38.33	曾任石油大学（广州）外语系团委书记、广州华建企业集团有限公司企业管理处副处长、广东金轮律师事务所律师、广东金轮律师事务所律师，现任广东连越律师事务所合伙人
华庆成	—	男	67	2016年10月18日	广东京信电力集团有限公司	20	曾任美国大通曼哈顿银行上海分行副行长、摩根大通银行（中国）有限公司上海分行行长兼董事总经理、摩根大通银行（中国）有限公司副行长兼董事总经理、苏格兰皇家银行（中国）有限公司行长

3.3 监事

监事会成员

姓名	职务	性别	年龄（岁）	选任日期	所推举的股东名称	该股东持股比例（%）	简要履历
吉金	监事长	男	52	2010年10月18日	广东京信电力集团有限公司	20.00	曾任广东省石油公司部门经理、广东华兴公司副总经理、广东京信电力集团有限公司董事总经理，现任广州国电京信电力投资有限公司董事长
张敏娜	监事	女	46	2020年9月11日	中国东方资产管理股份有限公司	41.67	曾任中国东方资产管理公司经营处置审查部审查一处主任、经营处置审查部审查三处助理经理、经济师、投融资审核及处置审查部审查三处经理、高级经理，资产保全部业务管理三处高级经理、中国东方资产管理股份有限公司辽宁省分公司党委委员、纪委书记、总经理助理、中国东方资产管理股份有限公司业务管理二部总经理助理，现任中国东方资产管理股份有限公司协同及客户管理部副总经理
朱琬瑜	监事	女	49	2015年8月21日	广州金融控股集团有限公司	38.33	曾任联合证券广州华乐路证券营业部财务部经理、广州科技风险投资有限公司综合部财务主管、万联证券有限责任公司财务部财务主管、广州金融控股集团有限公司财务部副总经理（主持工作）、广州金融控股集团有限公司财务部总经理，现任广州金融控股集团有限公司财务总监
李岱	职工监事	女	52	2020年1月19日	—	—	曾任广州房地产实业集团有限公司经济师、南海渔村有限公司人力资源部经理、党支部书记、广东省建筑设计研究院党委秘书、高级政师、广东开放大学发展规划办公室副主任，现任大业信托有限责任公司监事会办公室总经理
郝继龙	职工监事	男	43	2020年1月19日	—	—	曾任万联证券湖北荆门地区营业部、广州东风东营业部、北京西单营业部等会计、财务经理、财务负责人、中国平安保险（集团）股份有限公司财务部财务经理，现任大业信托有限责任公司信托财务部高级经理

3.4 高级管理人员

姓名	职务	性别	年龄（岁）	选任日期	金融从业年限（年）	学历	专业	简要履历
战伟宏	总经理	男	50	2019年7月20日	26	硕士	管理科学	曾任中国人民银行非银行司主任科员、中国银监会非银部监管六处副处长、中国银监会非银部信托公司非现场监管处副处长、处长、中融国际信托有限公司副总裁、浙商金汇信托股份有限公司董事、总经理，现任大业信托有限责任公司总经理
赵一海	常务副总经理	男	48	2020年4月28日	17	本科	投资金融	曾任中国保监会广东监管局检查处、寿险处、中介处、产险处担任科长、处长职务，期间曾借调中国保监会工作，分别参与中国保监会财会部、寿险部、中介部开展的监管工作，曾任复星健康管理集团总裁助理、复星联合健康保险公司副总裁，现任大业信托有限责任公司常务副总经理
孙亚南	副总经理	男	54	2020年12月14日	23	本科	物资经营	曾任中国光大银行北京分行公司管理部副处长、中国光大银行金融街支行行长、中国外贸金融租赁有限公司董事、副总经理、大连银行股份有限公司党委委员、副行长，现任大业信托有限责任公司副总经理
江赛民	副总经理兼首席风险官	男	41	2020年12月14日	11	硕士	宪法学与行政法学	曾任中诚信托有限责任公司风险控制部高级经理、中国民生信托有限公司法律合规部总经理、中融国际信托有限公司独立审批人兼法律事务部总经理、华中融资租赁有限公司副总裁、浙商金汇信托股份有限公司风险总监、大业信托有限责任公司副总经理兼首席风险官
黄俊	副总经理	男	41	2020年4月28日	15	硕士	金融管理	曾任中国东方资产管理公司广州办事处市场开发部主任、助理经理、大业信托有限责任公司投资管理部经理、中国东方资产管理公司广州办事处江门地区业务部高级经理、中国东方资产管理股份有限公司深圳市分公司助理总经理、中国东方资产管理股份有限公司广东省分公司总经理助理，现任大业信托有限责任公司副总经理
黄志坤	财务总监	男	55	2017年4月28日	5	硕士	工商管理	曾任关王陈方会计师事务所会计、罗兵咸会计师事务所高级会计、中建电讯集团控股有限公司财务经理、亚洲电视有限公司高级财务经理、嘉音电子有限公司财务总监、联太工业有限公司集团财务总监、应用科学技术研究院有限公司高级会计经理、德宝工程集团有限公司财务总监、Timex Corporate Consulting Limited财务总监，现任大业信托有限责任公司财务总监
汪鑫	董事会秘书	男	36	2015年8月21日	12	硕士	经济学	曾任广州有林投资管理有限公司产权管理部主管、广州金融控股集团有限公司人力资源部业务主办、总经理助理、大业信托有限责任公司董事长秘书、董事会办公室总经理，现任大业信托有限责任公司董事会秘书

3.5 公司员工

报告期末，公司共设置部门40个，员工175名，员工平均年龄36.17岁。

项目		报告期年度		上年度	
		人数(人)	比例(%)	人数(人)	比例(%)
年龄分布	25岁以下	1	0.57	—	—
	25—29岁	24	13.71	26	14.21
	30—39岁	92	52.57	98	53.55
	40岁以上	58	33.14	59	32.24
学历分布	博士	1	0.57	2	1.09
	硕士	109	62.29	114	62.29
	本科	60	34.29	60	32.79
	大专	5	2.86	7	3.83
岗位分布	高管人员	8	4.57	8	4.37
	自营业务人员	4	2.29	4	2.19
	信托业务人员	56	32.00	68	37.16
	其他人员	107	61.14	103	56.28

4. 经营管理

4.1 经营目标、方针、战略规划

4.1.1 经营目标

公司以建设国内一流的信托公司为目标，致力于建成管理有序、内控有效、经营稳健、声誉良好、有特色的专业资产管理机构。

4.1.2 经营方针

公司恪守信用，合法经营，以市场为导向，以客户为中心，提供优质金融服务，创造良好经济效益，促进国民经济发展。

4.1.3 战略规划

依托北京和粤港澳大湾区的区域优势，最大限度地挖掘和利用股东的平台支撑。全面彻底优化人才队伍，提升精细化管理水平，做大做强财富管理，把风险管理和财富管理能力培育为核心竞争力。力争在3—5年内，尽最大努力消化存量风险，同时稳健开展增量业务，以盈补亏，实现脱困；主动加强股东业务协同，深化金融同业合作，深度挖掘传统业务和创新业务合作空间，增强资源整合能力；业务发展从自下而上向自上而下转变，从以项目为中心向以客户为中心转变，从单纯资金提供者向综合金融服务提供者转变；审慎开展传统融资业务，围绕战略核心客户大力拓展股权投资、标准化固收等资产管理业务，探索差异化、可持续发展路径，形成新的盈利增长点。

4.2 所经营业务的主要内容

4.2.1 信托业务

公司坚持发展信托主业，积极顺应监管政策导向，注重内涵式增长，不断培育和增强主动管理能力，大幅增加主动管理规模。

截至2021年12月31日，公司已成立的信托产品规模7 358.93亿元，存续信托资产余额570.17亿元。2021年公司信托业务实现收入4.44亿元。

根据信托业务服务内容划分，公司信托业务分为投资类、融资类和事务管理类三大部分。

4.2.1.1 投资类信托

公司将该类业务作为重点发展方向，着力提高产品创新含量、设计水平和管理能力，将自身定位从融资工具转变为个性化产品及基金的设计者和管理者。公司担任受托人和投资管理人，对信托资金的投资运作效果承担责任。截至2021年12月31日，该类业务存续信托资产余额为129.55亿元，约占存续信托资产余额的22.72%。其主要业务包括集合资金信托金融投资、集合资金信托直接投资、集合投资类资产流动化信托、单一授权型信托金融投资和单一授权型信托直接投资。

4.2.1.2 融资类信托

公司在该类业务中担任受托人、贷款人和贷款服务商，主要承担融资项目尽职调查、筛选推荐、交易结构设计、债权及担保管理职责。其主要业务包括集合资金信托贷款、集合资金信托结构性融资、集合融资类资产流动化信托和单一授权型信托贷款。截至2021年12月31日，该类业务存续信托资产余额为105.49亿元，约占存续信托资产余额的18.50%。

4.2.1.3 事务管理类信托

公司在该类业务中主要担任受托人、账户管理人和财务顾问，按照信托文件约定和委托人指令执行或提出建议。这类业务主要是单一指定型信托。

截至2021年12月31日，该类业务存续信托资产余额为335.13亿元，约占存续信托资产余额的58.78%。

4.2.2 固有业务

根据净资本管理办法的要求，结合公司净资本的实际状况以及与信托业务协同发展的需要，公司对固有资金运用制定了高流动性、低风险的投资原则。2021年公司固有业务净收入1.16亿元。

4.2.3 主要业务的资产组合与分布

4.2.3.1 固有资产运用与分布表

资产运用	金额(万元)	占比(%)	资产运用	金额(万元)	占比(%)
货币资产	8 145.56	2.37	金融机构	279 162.90	81.21
应收类款项	22 201.52	6.46	其他	64 574.28	18.79
持有至到期投资	279 162.90	81.21			
其他	34 227.20	9.96			

4.2.3.2 信托资产运用与分布表

资产运用	金额（万元）	占比（%）	资产分布	金额（万元）	占比（%）
贷款	1 267 808.24	22.24	基础产业	418 442.33	7.34
交易性金融资产投资	254 387.84	4.46	房地产	2 222 144.06	38.97
可供出售及持有至到期投资	2 041 102.08	35.80	证券	254 751.00	4.47
长期股权投资	761 710.68	13.36	金融机构	675 325.85	11.84
存放同业	54 879.32	0.96	工商企业	1 331 711.98	23.36
其他	1 321 792.45	23.18	其他	799 305.39	14.02
资产总计	5 701 680.61	100.00	资产总计	5 701 680.61	100.00

4.3 市场分析

4.3.1 有利因素

国内经济社会发展保持稳中有进、稳中向好的态势，供给侧结构性改革深入推进，改革开放力度加大，宏观政策的效果正在逐步显现，为信托业发展创造了有利环境。

国民财富不断累积，居民可支配收入和高净值人群的持续增长，使通过信托这类专业财富管理机构投资理财的需求日趋旺盛。

信托业在理财市场和资产管理领域的地位和作用及其对中国经济社会发展的价值不断被认识，其在中国金融体系中的地位和影响力不断提升。

监管机构坚持风险防范与创新发展并举，信托业制度与基础建设进一步完善，信托监管不断完善，行业回归信托本源，聚焦服务实体经济。

粤港澳大湾区建设作为国家战略正有序推进，孕育重大的投融资机会。

4.3.2 不利因素

实体经济变化、部分实体企业经营困难的压力传导到信托行业，新冠肺炎疫情给实体经济和信托行业带来实质性冲击，信托公司业务风险管理压力加大。

行业发展面临新旧动能转换，传统业务规模持续萎缩，创新业务的运作模式、盈利能力仍有待市场检验，调整转型的短期阵痛在所难免。

各类金融机构之间的业务边界趋于模糊，交叉融合度大幅度提升，金融同业机构间的竞合关系和深度已达到历史空前的水平，资产管理市场的竞争趋于白热化。

公司资本规模偏小，未来资本实力的高低将成为制约信托公司业务发展的重要因素。

4.4 内部控制

4.4.1 内部控制环境和内部控制文化

公司建立分工明确、权责对应、合理制衡的公司治理结构；不断完善选贤举能、优胜劣汰、约束监督、科学激励的治理机制。公司重视环境文化、制度文化、组织文化和行为文化等内控文化建设，通过多种形式，研讨讲解内部控制的最新法规制度和政策；加强制度建设，强化员工职业操守；强化公司内控部门的管理，提升公司内控文化。

4.4.2 内部控制措施

公司不断检讨和修订内控制度，监督检查和评价内控的科学性、规范性和可操作性。

公司通过《内部控制指引》对不同业务和管理事项制定有针对性的控制措施，构筑设计监督、操作执行和规范评价三道内控防线，保证了业务管理活动的正常运行。

公司内部不同级次、不同部门之间有明确的授权关系和报告关系；每类业务都有相应的操作规程和风险管理制度。

公司成立信托业务审查委员会和固有业务审查委员会进行项目评审，由公司领导及前台、中台、后台部门负责人担任评审委员，对高风险或创新业务进行集体审议。

4.4.3 监督评价与纠正

公司在配合好外部审计工作的同时，注重内部的经济监督及评价，健全内部审计制度，在董事会下设立审计委员会，对公司财务收支及其经济效益进行内部审计监督。同时，董事会下设稽核审计部，对公司内部控制情况进行定期评价，对存在的问题及时指正，并提出相关整改意见和建议。

4.5 风险管理

4.5.1 风险管理概况

公司风险管理的全局性目标是实现长远发展、资本回报和风险暴露之间的平衡，追求运营的高效率和资源的优化配置，追求公司价值最大化。

报告期内，公司依据《信托公司净资本管理办法》积极推进净资本管理，在优化存量风险资产结构的同时，进一步强化增量业务的资本约束机制，确立了以净资本管理为核心的业务发展模式和管理体系。截至2021年末，公司净资本为254 647.93万元，各项业务风险资本之和为104 321.77万元，净资本/各项业务风险资本之和的比率为244.10%，净资本/净资产的比率为81.20%。包括上述两个指标在内的净资本各项指标均符合监管要求。

4.5.2 风险状况

公司经营活动中面临的风险主要有：信用风险、市场风险、操作风险、合规风险及其他风险等。

4.5.2.1 信用风险状况

信用风险主要表现为公司交易对手不能履行合约义务从而导致公司资产价值发生变动遭受损失带来的风险，其中包括业务合作伙伴、贷款对象的信用风险，资金往来银行的信用风险。

4.5.2.2 市场风险状况

市场风险主要表现为因市场价格——利率、汇率、股票价格和商品价格等的不利变动而使公司的表内和表外业务发生损失的风险。具体表现为经济运行周期变化风险、金融市场利率波动风险、通货膨胀风险、房地产交易风险、证券市场、货币市场交易风险等。这些风险的存在将影响信托财产的价值以及信托收益水平，也将使公司由于资产负债结构不匹配等原因导致公司整体的、当前和未来收入的损失。

4.5.2.3 操作风险状况

操作风险主要是公司内部控制、系统及运营过程中的错误或疏忽或外部事件而可能引起潜在损失的风险，表现在信息系统还不够全面及时，风险评估、风险管理的程序和结构还不够完善，以及人员操作不规范和责任心不强等方面。

4.5.2.4 其他风险状况

政策风险是指国家宏观经济政策的调整可能对公司业务经营或成果造成一定影响。

道德风险是指由于公司内部人员蓄意违规、违法给公司带来损失的可能性。

声誉风险是指由于公司操作失误、违反有关规定、资产质量下降不能按期兑付、不能向公众提供高质量的综合金融服务和管理不善等原因，对公司外部市场地位和声誉产生的消极影响。

4.5.3 公司风险管理

4.5.3.1 信用风险管理

公司信用风险管理主要通过对交易对手的尽职调查进行事前控制；通过交易结构设计、风险定价、设定担保措施、持续进行风险评估等手段规避和监控交易对手信用风险变化；明确界定业务部门与风险管理等部门的风险管理职责。公司强调风险管理关口前移，注重业务管理的调研和过程控制，严格授权审批制度、决策限额。公司注重信用风险的分散和补偿，关注交易对手的履约能力，并借鉴商业银行信贷管理经验加强该类风险管理。

4.5.3.2 市场风险管理

市场风险管理是识别、计量、监测和控制市场风险的全过程，其目标是通过将市场风险控制在公司可以承受的合理范围内，实现经风险调整后的收益最大化。

公司关注国家宏观政策变化，避免进入限制类行业和相关项目；控制行业集中度，通过业务创新不断拓展多元化的投资领域；充分考虑拟投资项目筛选、评估、运营、退出中的策略、渠道和措施，注重投资项目的调研和分析工作，建立充足的项目储备池，制定风险处置预案锁定项目退出风险，组建专业化的管理团队，明确项目组织管理结构与投资管理责任，并通过对货币政策、行业政策和利率走势等的深入分析研究，进行持续的专项监控。

4.5.3.3 操作风险管理

公司要求每项业务在尽职调查、受理、设计、审批、销售、执行和终止的全过程中都合法合规，按照程序操作。

构建内部控制环境，目前公司的各项控制制度和操作规程涵盖了所有业务领域，基本实现了对公司各项业务操作过程的有效控制。

操作风险管理要点包括注重尽职调查、加强产品规范化管理、借助外部中介机构进行管控、进行持续风险监测和风险评价、加强合同档案管理、规范信息披露、加强信息化支持等。

4.5.3.4 其他风险管理

4.5.3.4.1 政策风险管理

公司及时跟踪研究国家宏观政策和行业政策的调整与变化，尽可能准确地分析宏观政策和监管政策的未来趋势；积极研究、分析外部政策法规变化对信托公司发展方向、盈利模式的影响，不断摸索适合公司发展的道路；加强与政策制定部门的沟通，及时调整发展思路和经营理念，保持公司经营策略与国家政策的一致性。

4.5.3.4.2 道德风险管理

公司通过制度设计完善内部控制机制，规范操作流程；严格执行管理制度及纪律要求；公司加强道德文化教育，鼓励员工遵纪守法，构筑道德风险"防火墙"，不断提高员工廉洁自律和勤勉尽职的意识；公司以员工为本，强调和谐共赢，不断加强企业的凝聚力和员工的归属感，避免各类短期行为和寻租现象；公司加强制度建设，通过制度建设为防范道德风险提供制度保障。

4.5.3.4.3 声誉风险管理

公司将声誉风险管理纳入公司治理和全面风险管理体系，强调在合规经营和健康发展的基础上，主动、有效、灵活地管理声誉风险和应对声誉事件，主要是通过机制和制度建设明晰声誉风险监控、管理和应对流程，通过充分信息披露等方式实现与投资者的良性沟通，通过履行社会责任等积极提升公司的品牌价值和社会形象。

5. 报告期末及上一年度末的比较式会计报表

5.1 自营资产

5.1.1 会计师事务所审计意见全文

审计报告

审计报告文号：中穗审字（2022）第A041号
大业信托有限责任公司全体股东：

一、审计意见

我们审计了大业信托有限责任公司的财务报表，包括2021年12月31日的资产负债表、2021年度的利润表、现金流量表和所有者权益变动表以及相关财务报表附注。

我们认为，后附的财务报表在所有重大方面按照企业会计准则的规定编制，公允反映了大业信托有限责任公司2021年12月31日的财务状况以及2021年度的经营成果和现金流量。

二、形成审计意见的基础

我们按照中国注册会计师审计准则的规定执行了审计工作。审计报告的"注册会计师对财务报表审计的责任"部分进一步阐述了我们在这些准则下的责任。按照中国注册会计师职业道德守则，我们独立于大业信托有限责任公司，并履行了职业道德方面的其他责任。我们相信，我们获取的审计证据是充分、适当的，为发表审计意见提供了基础。

三、其他信息

大业信托有限责任公司管理层（以下简称管理层）对其他信息负责。其他信息包括大业信托有限责任公司2021年年度报告中涵盖的信息，但不包括财务报表和我们的审计报告。

我们对财务报表发表的审计意见并不涵盖其他信息，我们也不对其他信息发表任何形式的鉴证结论。

结合我们对财务报表的审计，我们的责任是阅读其他信息，在此过程中，考虑其他信息是否与财务报表或我们在审计过程中了解到的情况存在重大不一致或者似乎存在重大错报。

基于我们已执行的工作，如果我们确定该其他信息存在重大错报，我们应当报告该事实。在这方面，我们无任何事项需要报告。

四、管理层和治理层对财务报表的责任

大业信托有限责任公司管理层负责按照企业会计准则的规定编制财务报表，使其实现公允反映，并设计、执行和维护必要的内部控制，以使财务报表不存在由于舞弊或错误导致的重大错报。

在编制财务报表时，管理层负责评估大业信托有限责任公司的持续经营能力，披露与持续经营相关的事项（如适用），并运用持续经营假设，除非管理层计划清算、停止营运，无其他现实的选择。

治理层负责监督大业信托有限责任公司的财务报告过程。

五、注册会计师对财务报表审计的责任

我们的目标是对财务报表整体不存在由于舞弊或错误导致的重大错报获取合理保证，并出具包含审计意见的审计报告。合理保证是高水平的保证，但并不能保证按照审计准则执行的审计在某一重大错报存在时总能被发现。错报可能由舞弊或错误所导致，如果合理预期错报单独或汇总起来可能影响财务报表使用者依据财务报表做出的经济决策，则通常认为错报是重大的。

在按照审计准则执行审计的过程中，我们运用职业判断，并保持职业怀疑。同时，我们也执行以下工作：

（1）识别和评估由于舞弊或错误导致的财务报表重大错报风险；设计和实施审计程序以应对这些风险，并获取充分、适当的审计证据，作为发表审计意见的基础。由于舞弊可能涉及串通、伪造、故意遗漏、虚假陈述或凌驾于内部控制之上，未能发现由舞弊导致的重大错报的风险高于未能发现由错误导致的重大错报的风险。

（2）了解与审计相关的内部控制，以设计恰当的审计程序。但目的并非对内部控制的有效性发表意见。

（3）评价管理层选用会计政策的恰当性和做出会计估计及相关披露的合理性。

（4）对管理层使用持续经营假设的恰当性得出结论。同时，根据获取的审计证据，就可能导致对大业信托有限责任公司持续经营能力产生重大疑虑的事项或情况是否存在重大不确定性得出结论。如果我们得出结论认为存在重大不确定性，审计准则要求我们在审计报告中提请报表使用者注意财务报表中的相关披露；如果披露不充分，我们应当发表非无保留意见。我们的结论基于截至审计报告日可获得的信息。然而，未来的事项或情况可能导致大业信托有限责任公司不能持续经营。

（5）评价财务报表的总体列报、结构和内容（包括披露），并评价财务报表是否公允反映相关交易和事项。

我们与治理层就计划的审计范围、时间安排和重大审计发现等事项进行沟通，包括沟通我们在审计中识别出的值得关注的内部控制缺陷。

广东中穗会计师事务所有限公司
中国·广东
二〇二二年三月十日

5.1.2 资产负债表

资产负债表

编制单位：大业信托有限责任公司　　2021年12月31日　　单位：元

资产	期末余额	上年年末余额	负债和所有者权益	期末余额	上年年末余额
货币资金	81 455 652.97	92 371 982.37	向中央银行借款	—	—
存放同业款项	—	—	交易性金融负债	—	—
应收账款	37 022 543.32	21 777 370.66	预收款项	—	—
应收款项融资	—	—	合同负债	—	—
其他应收款	184 992 639.36	181 721 758.00	应付款项	43 219 038.50	33 374 794.79
合同资产	—	—	应付职工薪酬	115 987 967.39	135 978 329.02
买入返售金融资产	—	—	应交税费	45 383 936.15	83 652 970.04
持有待售资产	—	—	其他应付款	1 166 081.51	1 209 479.01
发放贷款和垫款	—	—	一年内到期的非流动负债	—	—
金融投资：			其他流动负债	—	—
交易性金融资产	688 826 579.09	1 024 047 002.51	长期借款	—	—
债权投资	2 102 802 427.47	1 173 626 326.65	应付债券	—	—
其他债权投资	—	—	其中：优先股	—	—
其他权益投资工具	—	—	永续债	—	—
长期股权投资	—	—	租赁负债	—	—
其他非流动金融资产	—	—	长期应付款	—	—
投资性房地产	—	—	预计负债	95 410 000.00	84 550 000.00
固定资产	40 670 900.45	40 259 189.61	递延收益	—	—
在建工程	—	—	递延所得税负债	—	—
生产性生物资产	—	—	其他非流动负债	—	—
油气资产	—	—	负债合计	301 167 023.55	338 765 572.86
使用权资产	—	—			
无形资产	7 473 694.41	6 269 237.40	所有者权益（或股东权益）：	—	—
开发支出	—	—	实收资本（或股本）	2 000 000 000.00	1 202 248 650.53
商誉	—	—	其他权益工具	—	—

续表

资产	期末余额	上年年末余额	负债和所有者权益	期末余额	上年年末余额
长期待摊费用	2 972 501.38	1 789 773.28	其中：优先股	—	—
递延所得税资产	291 154 907.00	261 406 838.60	永续债	—	—
其他非流动资产	—	—	资本公积	—	193 584 682.81
			其他综合收益	—	—
			盈余公积	227 871 109.08	216 117 684.18
			一般风险准备	433 882 254.56	251 904 942.11
			未分配利润	474 451 458.26	600 647 946.59
			所有者权益（或股东权益）合计	3 136 204 821.90	2 464 503 906.22
资产总计	3 437 371 845.45	2 803 269 479.08	负债和所有者权益总计	3 437 371 845.45	2 803 269 479.08

法定代表人：陈俊标　　主管会计工作负责人：黄志坤　　会计机构负责人：谢祖江

5.1.3 利润表

利润表

编制单位：大业信托有限责任公司　　2021年度　　单位：元

项目	本期金额	上期金额
一、营业总收入	559 907 538.29	514 687 669.32
利息收入	418 803.56	92 980.23
手续费及佣金收入	443 583 454.30	483 870 939.89
投资收益（损失以"-"号填列）	30 571 827.74	30 688 657.46
其中：对联营企业和合营企业的投资收益	—	—
净敞口套期收益（损失以"-"号填列）		
其他收益	19 892 799.45	—
公允价值变动收益（损失以"-"号填列）	65 382 855.08	—
汇兑收益（损失以"-"号填列）	—	—
其他业务收入	57 798.16	35 091.74
资产处置收益（损失以"-"号填列）	—	—
二、营业总支出	396 204 399.19	366 521 344.39
利息支出	—	11 010 500.00
手续费及佣金支出		
税金及附加	3 196 143.72	3 212 053.94
业务及管理费	199 371 410.02	181 245 190.45
信用减值损失	193 636 845.45	171 053 600.00
其他资产减值损失	—	—
其他业务成本	—	—
三、营业利润（亏损以"-"号填列）	163 703 139.10	148 166 324.93
加：营业外收入	1 521 065.10	405 346.11
减：营业外支出	8 753 014.28	619 548.04
四、利润总额（亏损总额以"-"号填列）	156 471 189.92	147 952 123.00
减：所得税费用	38 936 940.90	36 443 352.24
五、净利润（净亏损以"-"号填列）	117 534 249.02	111 508 770.76

法定代表人：陈俊标　　主管会计工作负责人：黄志坤　　会计机构负责人：谢祖江

5.1.4 所有者权益变动表

所有者权益变动表

2021年度

编制单位：大业信托有限责任公司　　单位：元

项目	本年金额									
	实收资本（或股本）	其他权益工具			资本公积	减：库存股	其他综合收益	一般风险准备	盈余公积	未分配利润	所有者权益合计
		优先股	永续债	其他							
一、上年末余额	1 202 248 650.53	—	—	—	193 584 682.81	—	—	251 904 942.11	216 117 684.18	600 647 946.59	2 464 503 906.22
加：会计政策变更	—	—	—	—	—	—	—	—	—	—	—
前期差错更正	—	—	—	—	—	—	—	—	—	—	—
二、本年初余额	1 202 248 650.53	—	—	—	193 584 682.81	—	—	251 904 942.11	216 117 684.18	600 647 946.59	2 464 503 906.22
三、本年增减变动金额（减少以"-"号填列）	797 751 349.47	—	—	—	-193 584 682.81	—	—	181 977 312.45	11 753 424.90	-126 196 488.33	671 700 915.68
（一）综合收益总额										117 534 249.02	117 534 249.02
（二）所有者投入和减少资本	283 148 110.73	—	—	—	271 018 555.93	—	—	—	—	—	554 166 666.66
1.所有者投入的普通股	283 148 110.73	—	—	—	271 018 555.93	—	—	—	—	—	554 166 666.66
2.其他权益工具持有者投入资本	—	—	—	—	—	—	—	—	—	—	—
（三）利润分配								181 977 312.45	11 753 424.90	-193 730 737.35	—
1.提取盈余公积									11 753 424.90	-11 753 424.90	—
2.提取一般风险准备								181 977 312.45		-181 977 312.45	—
3.对所有者（股东）的分配											—
（四）所有者内部结转	514 603 238.74	—	—	—	-464 603 238.74	—	—	—	—	-50 000 000.00	—
1.资本公积转增资本（或股本）	464 603 238.74	—	—	—	-464 603 238.74	—	—	—	—	—	—
2.未分配利润转增资本（或股本）	50 000 000.00									-50 000 000.00	—
四、本年末余额	2 000 000 000.00	—	—	—	—	—	—	433 882 254.56	227 871 109.08	474 451 458.26	3 136 204 821.90

编制单位：大业信托有限责任公司　　　　　　　2021年度　　　　　　　　　　　　　　　　　　　　　　　　　　　　单位：元

所有者权益变动表（续）

项目	上年金额									
	实收资本（或股本）	其他权益工具			资本公积	减：库存股	其他综合收益	一般风险准备	盈余公积	未分配利润	所有者权益合计
		优先股	永续债	其他							
一、上年末余额	1 000 000 000.00	—	—	—	—	—	—	223 680 803.57	204 966 807.10	528 514 191.45	1 957 161 802.12
加：会计政策变更	—	—	—	—	—	—	—	—	—	—	—
前期差错更正	—	—	—	—	—	—	—	—	—	—	—
二、本年初余额	1 000 000 000.00	—	—	—	—	—	—	223 680 803.57	204 966 807.10	528 514 191.45	1 957 161 802.12
三、本年增减变动金额（减少以"-"号填列）	202 248 650.53	—	—	—	193 584 682.81	—	—	28 224 138.54	11 150 877.08	72 133 755.14	507 342 104.10
（一）综合收益总额	—	—	—	—	—	—	—	—	—	111 508 770.76	111 508 770.76
（二）所有者投入和减少资本	202 248 650.53	—	—	—	193 584 682.81	—	—	—	—	—	395 833 333.34
1.所有者投入的普通股	202 248 650.53	—	—	—	193 584 682.81	—	—	—	—	—	395 833 333.34
2.其他权益工具持有者投入资本	—	—	—	—	—	—	—	—	—	—	—
（三）利润分配	—	—	—	—	—	—	—	28 224 138.54	11 150 877.08	-39 375 015.62	—
1.提取盈余公积	—	—	—	—	—	—	—	—	11 150 877.08	-11 150 877.08	—
2.提取一般风险准备	—	—	—	—	—	—	—	28 224 138.54	—	-28 224 138.54	—
3.对所有者（股东）的分配	—	—	—	—	—	—	—	—	—	—	—
（四）所有者内部结转	—	—	—	—	—	—	—	—	—	—	—
1.资本公积转增资本（或股本）	—	—	—	—	—	—	—	—	—	—	—
2.未分配利润转增资本（或股本）	—	—	—	—	—	—	—	—	—	—	—
四、本年末余额	1 202 248 650.53	—	—	—	193 584 682.81	—	—	251 904 942.11	216 117 684.18	600 647 946.59	2 464 503 906.22

法定代表人：陈俊标　　　　　主管会计工作负责人：黄志坤　　　　　会计机构负责人：谢祖江

5.2 信托资产

5.2.1 信托项目资产负债汇总表

信托项目资产负债汇总表

编制单位：大业信托有限责任公司　　　　2021年12月31日　　　　单位：元

资产	年初余额	期末余额	负债与所有者权益	年初余额	期末余额
资产：			负债：		
货币资金	731 562 074.07	548 793 217.36	交易性金融负债	—	—
拆出资金	—	—	衍生金融负债	—	—
存出保证金	—	—	应付受托人报酬	3 297 674.41	1 413 675.68
交易性金融资产	570 631 095.38	2 543 878 406.84	应付托管费	257 831.69	131 553.86
衍生金融资产	—	—	应付受益人收益	70 443 303.76	11 256 839.14
买入返售金融资产	294 300 012.00	294 000 000.00	应交税费	5 017 336.22	2 198 307.55
应收款项	7 904 121 370.88	6 402 706 183.82	应付销售服务费	—	1 756 886.75
发放贷款	15 514 991 210.05	12 678 082 396.27	其他应付款项	404 142 134.66	530 333 903.23
可供出售金融资产	7 793 748 200.37	9 293 141 352.90	预计负债	—	—
持有至到期投资	13 154 428 553.13	11 117 879 490.70	其他负债	—	—
长期应收款	—	—	负债合计	483 158 280.74	547 091 166.21
长期股权投资	7 093 188 936.73	7 617 106 794.53	所有者权益：		
投资性房地产	—	—			
固定资产	—	—	实收信托	59 495 866 480.66	56 573 202 646.82
无形资产	—	—	资本公积	232 962 223.10	76 594 343.47
长期待摊费用	—	—	损益平准金	—	24 511 182.69
其他资产	6 570 267 377.74	6 521 218 236.82	未分配利润	−584 748 154.15	−204 593 259.95
减：各项资产减值准备	—	—	所有者权益合计	59 144 080 549.61	56 469 714 913.03
资产总计	59 627 238 830.35	57 016 806 079.24	负债和所有者权益总计	59 627 238 830.35	57 016 806 079.24

5.2.2 信托项目利润及利润分配表

信托项目利润及利润分配表

编制单位：大业信托有限责任公司　　2021年度　　单位：元

项目	上年累计金额	本年累计金额
1.营业收入	3 370 004 212.55	2 736 388 787.98
1.1 利息收入	1 747 852 705.09	1 088 527 457.78
1.2 投资收益（损失以"−"号填列）	1 664 109 860.13	1 365 581 610.90
1.2.1 其中：对联营企业和合营企业的投资收益	—	—
1.3 公允价值变动损益	3 681 203.62	280 232 419.48
1.4 租赁收入	—	—
1.5 汇兑损益（损失以"−"号填列）	—	—
1.6 其他业务收入	−45 639 556.29	2 047 299.82
2.营业支出	587 148 907.00	507 409 830.88
2.1 营业税金及附加	—	—
2.2 受托人报酬	492 435 982.11	407 332 658.11
2.3 托管费	15 390 233.97	6 408 445.27
2.4 投资管理费	—	—

续表

项目	上年累计金额	本年累计金额
2.5 销售服务费	49 562 585.27	44 064 605.10
2.6 交易费用	290 847.36	4 064 257.34
2.7 资产减值损失	—	—
2.8 其他费用	29 469 258.29	45 539 865.06
3.信托净利润（净亏损以"−"号填列）	2 782 855 305.55	2 228 978 957.10
4.其他综合收益	—	—
5.综合收益	2 782 855 305.55	2 228 978 957.10
加：期初未分配信托利润	−670 283 298.19	−584 748 154.15
6.损益平准金	—	24 520 373.35
7.可供分配的信托利润	2 112 572 007.36	1 644 230 802.95
8.减：本期已分配信托利润	2 697 320 161.51	1 848 824 062.90
9.期末未分配信托利润	−584 748 154.15	−204 593 259.95

6. 会计报表附注

6.1 会计报表编制基准不符合会计核算基本前提的说明

6.1.1 会计核算基本前提的说明

公司以持续经营为基础，根据实际发生的交易和事项，按照《企业会计准则——基本准则》和其他各项具体会计准则、应用指南及准则解释的规定进行确认和计量，在此基础上编制财务报表。

公司所编制的会计报表符合企业会计准则的要求，真实、完整地反映了公司的财务状况、经营成果、股东权益变动和现金流量等有关信息。

6.1.2 重要会计政策和会计估计说明

公司自2010年9月开始筹建起执行财政部2006年2月15日颁布的《企业会计准则》（财会〔2006〕3号）及其后续规定。

6.2 或有事项说明

本期公司无对外担保及其他或有事项。

6.3 重要资产转让及其出售的说明

本期公司无重要资产转让及其出售。

6.4 会计报表中重要项目的明细资料

6.4.1 披露自营资产经营情况

6.4.1.1 按信用风险五级分类结果披露信用风险资产的期初数和期末数

按照中国银监会《非银行金融机构资产风险分类指导原则（试行）》的分类标准，本年度末公司质量情况如下表所示。

信用风险资产五级分类	正常类（万元）	关注类（万元）	次级类（万元）	可疑类（万元）	损失类（万元）	信用风险资产合计（万元）	不良资产合计（万元）	不良资产率（%）
期初数	168 317.99	42 500.00	25 473.00	92 747.09	2 951.00	331 989.08	121 171.09	9.06
期末数	105 609.01	160 888.85	—	135 545.16	2 927.00	404 970.02	138 472.16	8.79

6.4.1.2 各项资产减值损失准备的期初、本期计提、本期转回、本期核销、期末数

单位：万元

项目	期初数	本期计提	本期转回	本期核销	期末数
贷款损失准备：					
一般准备	—	—	—	—	—
专项准备	—	—	—	—	—
其他资产减值准备：	73 957.64	19 363.69	—	—	93 321.33
可供出售金融资产减值准备	—	—	—	—	—
持有至到期投资减值准备	73 038.46	16 042.30	—	—	89 080.76
长期股权投资减值准备	—	—	—	—	—
坏账准备	919.18	3 321.39	—	—	4 240.57
投资性房地产减值准备	—	—	—	—	—
合计	73 957.64	19 363.69	—	—	93 321.33

6.4.1.3 自营股票投资、基金投资、债券投资、长期股权投资等投资的期初数、期末数

本期公司尚无此类业务。

6.4.1.4 前五名的自营长期股权投资的企业名称、占被投资企业权益的比例、主要经营活动及投资收益情况等

本期公司尚无此类业务。

6.4.1.5 前五名的自营贷款的企业名称、占贷款总额的比例和还款情况等

期末，公司无此类业务。

6.4.1.6 表外业务的期初数、期末数

本期公司尚无此类业务。

6.4.1.7 公司当年的收入结构

收入结构	金额（元）	占比（%）
手续费及佣金收入	443 583 454.30	79.22
其中：信托手续费收入	443 583 454.30	79.22
投资银行业务收入	—	—
利息收入	418 803.56	0.07
其他业务收入	57 798.16	0.01
其中：计入信托业务收入部分	—	—
投资收益	30 571 827.74	5.46
其中：股权投资收益	—	—
证券投资收益	—	—
其他投资收益	30 571 827.74	5.46
公允价值变动收益	65 382 855.08	11.68
营业外收入	19 892 799.45	3.55
收入合计	559 907 538.29	100.00

6.4.2 信托资产管理情况

6.4.2.1 信托资产的期初、期末余额数

单位：万元

信托资产	期初数	期末数
集合	3 226 616.58	3 234 629.58
单一	1 984 043.57	1 791 871.47
财产权	752 063.73	675 179.53
合计	5 962 723.88	5 701 680.58

6.4.2.1.1 主动管理型信托业务的信托资产期初数、期末数

单位：万元

主动管理型信托资产	期初数	期末数
证券投资类	—	227 450.15
其他投资类	698 238.99	1 068 040.40
融资类	1 343 851.99	1 054 886.91
事务管理类	—	—
合计	2 042 090.98	2 350 377.46

6.4.2.1.2 被动管理型信托业务的信托资产期初数、期末数

单位：万元

被动管理型信托资产	期初数	期末数
证券投资类	104 989.11	27 300.85
其他投资类	—	—
融资类	—	—
事务管理类	3 815 643.79	3 324 002.27
合计	3 920 632.90	3 351 303.12

6.4.2.2 本年度已清算结束的信托项目个数、实收信托合计金额、加权平均实际年化收益率

6.4.2.2.1 本年度已清算结束的集合类、单一类资金信托项目和财产管理类信托项目个数、实收信托金额、加权平均实际年化收益率

已清算结束信托项目	项目个数（个）	实收信托合计金额（万元）	加权平均年化信托报酬率（%）	加权平均实际年化收益率（%）
集合类	47	3 180 551.61	1.88	5.88
单一类	50	2 858 664.48	0.32	6.73
财产管理类	11	839 247.02	0.06	0.39

6.4.2.2.2 本年度已清算结束的主动管理型信托项目个数、实收信托金额、加权平均实际年化收益率

已清算结束信托项目	项目个数（个）	实收信托合计金额（万元）	加权平均实际年化信托报酬率（%）	加权平均实际年化收益率（%）
证券投资类	1	52 360.00	0.44	6.66
其他投资类	12	609 267.10	2.51	6.94
融资类	18	1 491 630.00	2.54	8.13

6.4.2.2.3 本年度已清算结束的被动管理型信托项目个数、实收信托金额、加权平均实际年化收益率

已清算结束信托项目	项目个数（个）	实收信托合计金额（万元）	加权平均实际年化信托报酬率（%）	加权平均实际年化收益率（%）
证券投资类	2	86 706.475	0.27	-8.32
其他投资类	—	—	—	—
融资类	—	—	—	—
事务管理类	75	4 638 499.53	0.30	4.23

6.4.2.3 本年度新增的集合类、单一类和财产管理类信托项目个数、实收信托合计金额

新增信托项目	项目个数（个）	实收信托合计金额（亿元）
集合类	64	184.93
单一类	17	91.91
财产管理类	2	63.39
新增合计	83	340.24
其中：主动管理型	57	174.55
被动管理型	26	165.70

6.4.2.4 本公司履行受托人义务情况及因本公司自身责任而导致的信托资产损失情况

2021年度公司共成立信托项目83个，新增信托规模总计427.59亿元（含2021年前成立的产品新增的规模）；共清算信托项目108个，清算信托规模合计456.82亿元（含部分清算项目）。截至2021年12月31日存续信托项目182个，存续项目信托规模合计565.73亿元。

2021年度全部信托项目共实现信托净利润22.29亿元，加上年初未分配利润-5.85亿元，全年可供分配信托利润合计16.44亿元，2021年公司累计共向各类受益人分配信托净利润18.49亿元，正常兑付已清算项目（含部分清算）信托本金456.82亿元，截至2021年末累计未分配信托利润余额为-2.05亿元。

6.5 关联方关系及其交易的披露

6.5.1 关联交易方的数量、关联交易的总金额及关联交易的定价政策

报告期内未发生资金来源于关联方、运用于关联方的关联交易。

6.5.2 关联交易方与本公司的关系性质、关联交易方的名称、法定代表人、注册地址、注册资本及主营业务

不适用。

6.5.3 公司与关联方的重大交易事项

6.5.3.1 固有资产与关联方

报告期内无固有资产与关联方发生重大交易情况。

6.5.3.2 信托资产与关联方

单位：万元

项目	期初数	期末数
贷款	—	—
投资	—	—
租赁	—	—
担保	—	—
应收账款	—	—
其他	—	—
合计	—	—

6.5.3.3 公司自有资金运用于自己管理的信托项目（固信交易）、信托公司管理的信托项目之间的相互（信信交易）交易金额

6.5.3.3.1 固有与信托财产之间的交易金额期初汇总数、本期发生额汇总数、期末汇总数

固有财产与信托财产相互交易 单位：万元

项目	期初数	本期发生额	期末数
合计	280 891.10	67 107.60	347 998.70

6.5.3.3.2 信托项目之间的交易金额期初汇总数、本期发生额汇总数、期末汇总数

信托资产与信托财产相互交易 单位：万元

项目	期初数	本期发生额	期末数
合计	215 572.09	-44 297.09	171 275.00

6.5.4 关联方逾期未偿还本公司资金的详细情况以及本公司为关联方担保发生或即将发生垫款的情况

关联方无逾期不偿还本公司资金情况，本公司无为关联方担保发生或即将发生垫款情况。

6.6 会计制度的披露

公司固有业务自2008年1月1日起执行财政部2006年2月15日颁布的《企业会计准则》（财会〔2006〕3号）及其后续规定。以持续经营为基础，根据实际发生的交易和事项，按照《企业会计准则——基本准则》和其他各项具体会计准则、应用指南及准则解释的规定进行确认和计量，在此基础上编制财务报表。

7．财务情况说明书

7.1 利润实现和分配情况

2021年度，公司实现净利润11 753.42万元。依据《公司法》《信托公司管理办法》《金融企业准备金提取管理办法》和公司章程，公司对2021年可供分配利润按照10%提取法定盈余公积金1 175.34万元，提取5%的信托赔偿准备金587.67万元，根据风险资产质量调整一般准备金余额17 610.06万元。

7.2 主要财务指标

指标名称	指标值
资本收益率（%）	4.20
加权年化信托报酬率（%）	0.70
人均净利润（万元）	67.16

注：1. 资本收益率＝净利润÷所有者权益平均余额×100%。
2. 加权年化信托报酬率＝$\sum(Ai \times Pi) \div \sum(Ai)$（Ai——信托项目i的实收信托规模，Pi——信托项目i的实际年化信托报酬率）。
3. 人均净利润＝净利润÷期末人数。

7.3 对本公司财务状况、经营成果有重大影响的其他事项

报告期内无上述事项。

8．特别事项揭示

8.1 股东报告期内变动情况及原因

报告期内无上述事项。

8.2 董事、监事及高级管理人员变动情况及原因

报告期内无上述事项。

8.3 公司的重大未决诉讼事项

报告期内公司无重大未决诉讼事项。

8.4 公司及其董事、监事和高级管理人员受到处罚的情况

2021年3月24日，公司收到《中国银保监会广东监管局行政处罚决定书》（粤银保监罚字〔2021〕9号），就公司在2016年至2018年期间结构化证券投资信托产品杠杆比例违反监管要求罚款25万元，对违规开展个人信托贷款业务罚款50万元，对违规开展银信业务罚款40万元。以上罚款合计115万元。

2021年11月17日，公司收到《中国银保监会广东监管局行政处罚决定书》（粤银保监罚告字〔2021〕65号），就公司于2017年3月至10月间设立的盈富1—5号项目中存在的授信前调查严重失职，未对应收账款的真实性进行认真和全面核实，合同文件面签登记表记载与实际情况不符；未落实授信条件即实施授信；对单一集团客户授信余额超过大业信托资本净额的15%等违规行为进行

行政处罚，对大业信托违规开展的盈富1—5号信托计划的行为分别罚款40万元，合计罚款200万元。

8.5 对银保监会及其派出机构提出整改意见的整改情况说明

2021年3月24日，公司收到《中国银保监会广东监管局行政处罚决定书》（粤银保监罚字〔2021〕9号），就公司在2016年至2018年期间结构化证券投资信托产品杠杆比例违反监管要求、违规开展个人信托贷款业务、违规开展银信业务等事项合计罚款115万元。

落实整改情况：针对上述处罚决定书中涉及的项目类型，公司于2018年即已全部停止新增开展相关类型业务，并对存续的项目进行持续清理。上述处罚决定书涉及的违规项目公司已全部清理及整改落实完毕。

2021年11月17日，公司收到《中国银保监会广东监管局行政处罚决定书》（粤银保监罚告字〔2021〕65号），就公司于2017年3月至10月间设立的盈富1—5号项目中存在的授信前调查严重失职，未对应收账款的真实性进行认真和全面核实，合同文件面签登记表记载与实际情况不符；未落实授信条件即实施授信；对单一集团客户授信余额超过大业信托资本净额的15%等违规行为进行行政处罚，对大业信托违规开展的盈富1—5号信托计划的行为分别罚款40万元，合计罚款200万元。

落实整改情况：2018年9月发生盈富系列案件后，公司内部即已对盈富系列项目进行了全面排查。上述行政处罚书指出的问题，公司已于2019年对制度、流程等内部管理相关工作体系进行了全面梳理，查漏补缺，完善制度，采取了一系列改进措施：

（1）加强贷前尽职调查管理。公司对贷前尽职调查环节进行了重点梳理，对《信托业务尽职调查管理办法》进行修订，严格要求业务部门在实地尽职调查实行双人经办制度和关系人回避制度，双人经办应为业务部门负责人和1名信托经理，业务部门不得指派未转正员工、实习人员和申请离职员工作为信托项目的信托经理。同时要求业务部门负责人和执行项目的业务人员必须固定为信托项目的信托经理，全程跟进项目的尽职调查及全部审批环节，变更信托经理必须经过审批。

（2）规范合同文件面签要求。为了加强合同面签环节的管理，严格落实面签规则，公司对《合同管理办法》《合同面签与合同原件管理实施细则》进行修订，对事务管理类和主动管理类信托项目合同文件面签范围进一步细化和明确，要求项目所涉合同的面签，面签人员其中一位必须为信托项目信托经理或项目所属部门负责人，并对面签的操作要求进行了细化规定。

（3）严格控制发行条件审批。公司对《信托项目发行条件审批管理办法》进行了细化调整，并发布了《发行条件审批操作指引》。其一，区分主动管理类和集合事务管理类对发行条件审批进行了细化规定，将终审要求的条件落实情况、公司集中度要求符合情况、距离上次审批发行时间要求细化列出。其二，要求所有作为发行前提的合同文件原件在审批发行条件时移交发行条件审批人员，由发行条件审批人员负责进行归档，做到在发行时重要文件原件与业务部门隔离。

（4）建立客户限额和集中度制度。公司制定了全面的客户评级和限额及集中度管理制度，对于全部客户在开展业务前均要求进行评级打分并测算限额，并根据公司主动管理类信托规模情况，根据不同评级的客户设定相应的集中度额度。在项目实施过程中，由风控部门进行限额和集中度管控，在发行审批环节同时审批额度占用情况，限额和集中度额度作为刚性要求必须执行。

8.6 重大事项临时报告情况

报告期内无上述事项。

8.7 其他有必要让客户及相关利益人了解的重要信息

报告期内无上述事项。

9.公司监事会意见

监事会认为，本报告期内，公司决策程序合法，内部控制制度较为完善，没有发现公司董事、经理和其他高级管理人员在执行公司职务时有违法违纪和有损公司及股东利益的行为。公司财务报告真实地反映了公司的财务状况和经营成果。

东莞信托有限公司

1. 重要提示

1.1　公司董事会及董事保证本报告所载资料不存在任何虚假记载、误导性陈述或者重大遗漏，并对其内容的真实性、准确性和完整性承担个别及连带责任。

1.2　公司独立董事林海、张耀麟声明：保证本年度报告真实、准确和完整。

1.3　公司2021年度财务报告经中审众环会计师事务所（特殊普通合伙）广东分所审计，认为公司财务报表已经按照企业会计准则的规定编制，在所有重大方面公允反映了东莞信托有限公司2021年12月31日的财务状况以及2021年度的经营成果和现金流量。

1.4　公司董事长廖玉林及财务负责人赵崇健声明：保证年度报告中财务会计报告的真实、完整。

2. 公司概况

2.1　公司简介

法定中文名称/缩写	东莞信托有限公司/东莞信托
英文名称/缩写	DONGGUAN TRUST CO., LTD/ DGTC

续表

法定代表人	廖玉林	
注册地址	东莞松山湖高新技术产业开发区创新科技园2号楼	
邮政编码	523808	
网址	http://www.dgxt.com	
电子邮箱	bgs@dgxt.com	
信息披露事务负责人	王晓天	
信息披露事务联系人	姓名：	周学荣
	联系电话：（0769）26261028	
	传真：（0769）22389630	
	电子邮箱：	bgs@dgxt.com
公司年报信息披露报纸	《证券时报》《上海证券报》	
公司年报备置地点	东莞松山湖高新技术产业开发区创新科技园2号楼	
公司聘请的会计师事务所	名称：中审众环会计师事务所（特殊普通合伙）广东分所	
	住所：广州市越秀区解放南路123号金汇大厦27楼	
	电话：020-38892706	
公司聘请的律师事务所	名称：江苏世纪同仁律师事务所	
	住所：南京市中山东路532-2号金蝶科技园D栋5楼	
	电话：025-83304480	

2.2　公司组织结构

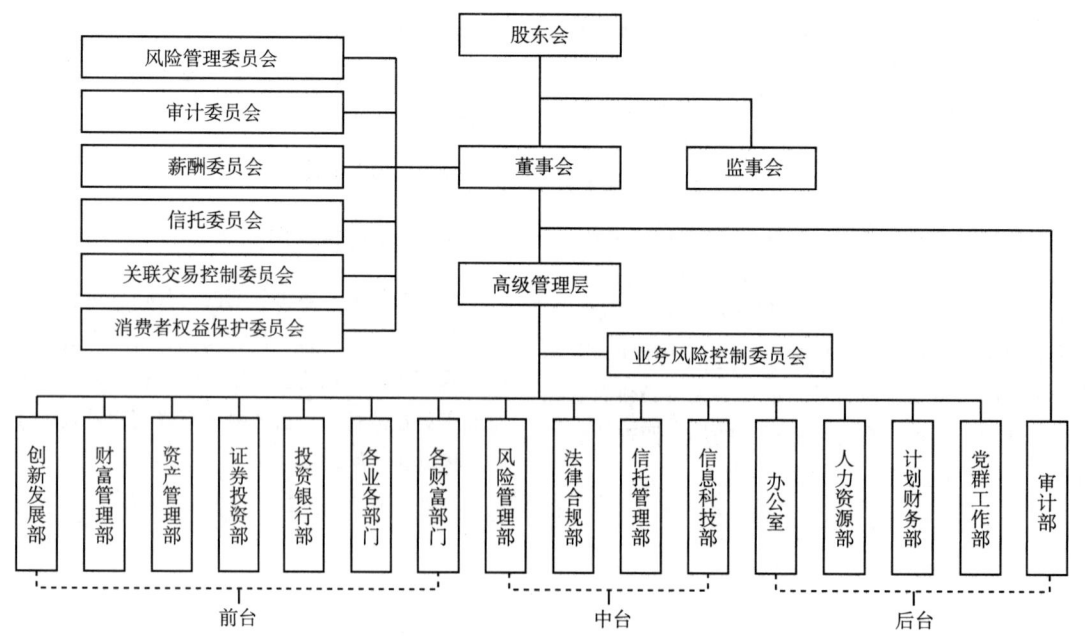

3. 公司治理

3.1 股东

报告期末，公司股东总数6家，主要股东为东莞金融控股集团有限公司，持有本公司60.8276%的股权，以及东莞发展控股股份有限公司，持有本公司22.2069%的股权，其他股东中有3家股东持股比例为4.9655%、有1家股东持股比例为2.0690%。本公司主要股东情况如下表所示。

股东名称	持股比例（%）	法定代表人	注册资本（万元）	注册地址	主要经营业务	主要财务情况
东莞金融控股集团有限公司	60.8276	廖玉林	670 000.0000	广东省东莞市松山湖园区红棉路6号3栋501室	股权投资、物业投资、资产管理、商业咨询等	总资产2 531 711.80万元，总负债738 031.92.27万元，所有者权益1 793 679.88万元
东莞发展控股股份有限公司	22.2069	王崇恩	103 951.6992	东莞市南城区科技工业园科技路39号	东莞高速公路的投资、建设、经营	总资产1 666 499.79万元，总负债536 939.12万元，所有者权益1 129 560.67万元

注：东莞金融控股集团有限公司于2020年12月31日经东莞市人民政府国有资产监督管理委员会同意转增注册资本，于2021年2月9日完成工商变更。

本公司第一大股东东莞金融控股集团有限公司，是东莞市人民政府国有资产监督管理委员会全资拥有的企业。东莞金融控股集团有限公司股东情况如下表所示。

股东名称	持股比例（%）	法定代表人	注册资本	注册地址	主要经营业务及财务情况
东莞市人民政府国有资产监督管理委员会	100	周伟森	—	东莞市莞城区万寿路76号	—

3.2 董事

姓名	职务	性别	年龄（岁）	选任日期	所推举的股东名称	该股东持股比例（%）	简要履历
廖玉林	董事长	男	57	2021年6月	东莞金融控股集团有限公司	60.8276	曾任中国银行东莞分行副行长兼虎门支行行长；东莞银行股份有限公司党委书记、董事长，东莞信托有限公司党委书记、董事长，东莞金融控股集团有限公司党委书记、董事长。现任东莞金融控股集团有限公司党委书记、董事长，东莞信托有限公司董事长
江帆	董事	男	41	2019年7月	东莞金融控股集团有限公司	60.8276	曾任农业银行东莞分行个人业务部经理助理、个人金融部副经理，东莞信托有限公司信托三部副总经理、信托五部总经理。东莞金融控股集团有限公司董事、副总经理。现任东莞信托有限公司董事、拟任总经理
张孟军	董事	男	56	2021年11月	东莞金融控股集团有限公司	60.8276	曾任东莞市城市信用合作社中心社主办科员、副主任，东莞市商业银行股份有限公司中心区支行行长，东莞银行股份有限公司行长助理、副行长，东莞银行股份有限公司副行长、副行长兼东莞分行行长等，现任东莞信托有限公司董事、副总经理
萧瑞兴	董事	女	47	2019年7月	东莞发展控股股份有限公司	22.2069	曾任东莞市交通投资集团有限公司人事监察科科长、科长、人力资源部部长。现任东莞发展控股股份有限公司党委副书记、纪委书记、监事会主席，兼任东莞市东能新能源有限公司董事长、东莞市康亿创新能源科技有限公司董事长、东莞信托有限公司董事
陈贺健	职工董事	男	60	2019年7月	东莞信托有限公司职工代表大会	—	曾任东莞望牛墩农村信用社副主任（主管全面工作），东莞麻涌农村信用社主任、党支部书记，东莞信托有限公司行政经理、副总经理、党委委员。现退休

注：1. 第五届董事会董事江帆、萧瑞兴、陈贺健于2019年12月获得监管机构核准的任职资格。
2. 廖玉林于2021年3月经股东会、董事会审议通过担任董事长，同年6月获得监管机构核准的任职资格正式履职。
3. 张孟军于2021年7月经股东会审议通过聘任为董事，同年11月获得监管机构核准的任职资格。

独立董事

姓名	所在单位及职务	性别	年龄（岁）	选任日期	所推举的股东名称	该股东持股比例（%）	简要履历
林海	无	男	61	2019年7月	东莞金融控股集团有限公司	60.8276	曾任人行广州分行监管专员（副局级），广东银监局党委委员、副局长，东莞银行党委副书记、纪委书记、副董事长（正行级），广东南粤银行监事长、顾问。现退休
张耀麟	洛阳银行独立董事、平安壹账通独立董事、宁夏银行独立董事	男	64	2019年7月	东莞市东资经济贸易有限公司	4.9655	曾任复旦大学物理学教师、中国建设银行湖北省分行国际部总经理、中国建设银行深圳市分行国际部经理、信贷处处长、上海浦东发展银行深圳分行筹建负责人、上海浦东发展银行广州分行行长兼党组书记、上海浦东发展银行总行副行长、平安银行总行副行长、上海浦东发展银行深圳分行行长兼党委书记，在上海浦东发展银行深圳分行正式退休。现任洛阳银行独立董事、平安壹账通独立董事、宁夏银行独立董事

注：第五届董事会独立董事张耀麟于2019年12月获得监管机构核准任职资格。

董事会下属委员会

董事会下属委员会名称	职责	组成人员姓名	职务
风险管理委员会	建立风险管理制度，对重大业务风险进行识别、监视和综合管理	江帆	董事
		陈贺健	职工董事
审计委员会	主要负责董事会要求的审计事项，监督公司的内部审计制度及其实施，审查公司内控制度	林海	独立董事
		廖玉林	董事长
		萧瑞兴	董事
薪酬委员会	研究和审查高级管理人员的薪酬政策与方案	陈贺健	职工董事
		江帆	董事
		萧瑞兴	董事
信托委员会	主要负责督促公司依法履行受托职责和组织制订公司信托业务发展专项规划	张耀麟	独立董事
		江帆	董事
关联交易控制委员会	主要职责是负责关联交易的管理，及时审查和批准关联交易，控制关联交易风险	张耀麟	独立董事
		陈贺健	职工董事
		林海	独立董事
消费者权益保护委员会	执行消费者权益保护工作战略、政策及目标，确保相关制度规定与公司治理、企业文化建设和经营发展战略相适应	萧瑞兴	董事
		陈贺健	职工董事
风险管理委员会	建立风险管理制度，对重大业务风险进行识别、监视和综合管理	江帆	董事
		陈贺健	职工董事

3.3 监事

监事会成员

姓名	职务	性别	年龄（岁）	选任日期	所推举的股东名称	该股东持股比例（%）	简要履历
庞张欢	党委书记、监事会主席	女	57	2019年7月	东莞市东资经济贸易有限公司	4.9655	曾任广州机电设备招标局主任科员、招标一处副处长、招标三处处长，广东天兆第一工会委员、副主席，省铁路建设投资集团有限公司资产经营部部长、党支部书记，东莞信托有限公司党委副书记。现任东莞信托有限公司党委书记、监事会主席
唐普新	监事	男	67	2019年7月	东莞市糖酒集团有限公司	4.9655	曾任东莞市运河商场办公室主任，东莞市糖酒集团有限公司副总经理。现任东莞市糖酒集团有限公司副董事长
陈尧桑	监事	男	78	2019年7月	东莞市东糖集团有限公司	2.069	曾任重庆市望江机器厂技术员，东糖工人大学及教育培训中心教师、主任，东莞糖厂副厂长、党委副书记，东糖实业集团有限公司党委书记、厂长。现任东莞市东糖集团有限公司董事长
陈国	监事	男	49	2019年7月	职工监事代表	—	曾任东莞农信社万江分社网点负责人、稽核部稽核员，东莞信托有限公司信托一部副总经理、信托七部总经理。现任东莞信托有限公司东莞业务二部总经理
陈玉清	监事	女	43	2019年7月	职工监事代表	—	曾任建设银行东莞市分行个人金融部业务主管、部门副经理，东莞市邑投资有限公司财务部部门经理。东莞信托有限公司人力资源部副总经理，审计部副总经理（主持全面）。现任东莞信托有限公司东莞财富一部副总经理（主持全面）
刘香兰	监事	女	45	2019年7月	职工监事代表	—	曾任广发银行东莞分行公司银行部客户经理、信贷管理部副经理、风险监测组副经理、高级风险经理，东莞信托有限公司稽核部主管、高级稽核经理。现任东莞信托有限公司风险管理部部门副总经理

注：2021年6月，原广东福地投资有限公司推荐的监事陶莉娜工作变动原因，辞去监事职务，2022年1月经股东会审议通过，由东莞发展控股股份有限公司推荐的肖润鑫担任监事。

3.4　高级管理人员

姓名	职务	性别	年龄（岁）	选任日期	金融从业年限（年）	学历	专业	简要履历
冯杰	副总经理（代为履行总经理职责）	男	49	2019年7月	24	本科	法学	曾任东莞信托有限公司办公室主管、办公室副主任、办公室主任等，现任东莞信托有限公司副总经理、工会主席
张孟军	副总经理	男	56	2021年11月	33	硕士	工商管理	曾任东莞市城市信用合作社中心社主办科员、副主任，东莞市商业银行股份有限公司中心区支行行长，东莞市商业银行股份有限公司行长助理、行长助理、副行长，东莞银行股份有限公司副行长、副行长兼东莞分行行长等，现任东莞信托有限公司董事、副总经理
赵崇健	副总经理	男	48	2021年11月	24	硕士	法律	曾任人行东莞中心支行办公室科员，纪检监察综合科副科长、事教科（组织部）科长、部长，东莞银监分局人事科负责人（正科级）、监管一科科长、监管三科科长、办公室主任、副局长、副处级领导职务干部、副局长兼三级调研员等，现任东莞信托有限公司副总经理
王晓天	副总经理兼董事会秘书	男	47	2019年7月	23	博士	金融学	曾任北京市第二外国语学院国际经贸学院教师、招商银行总行战略管理室主管、招商银行广州分行同业金融部总经理、平安银行战略规划部副总经理、华融证券公司董事会秘书（公司副总经理级）兼上海业务总部总经理等，现任东莞信托有限公司副总经理兼董事会秘书
张晓斌	总经理助理	男	45	2019年7月	23	本科	工商管理	曾任中国银行东莞虎门支行副行长，中国银行东莞分行业务部副总经理、总经理，东莞信托有限公司信托二部总经理，现任东莞信托有限公司总经理助理
罗炯亮	首席风险官、风险管理部总经理	男	44	2021年11月	21	本科	经济学	曾任东莞信托有限公司合规部副总经理（主持部门工作）、风险管理部副总经理（主持部门工作）、研发部总经理、资产部总经理、创新业务部总经理、总经理助理、投资总监、风险管理部总经理（总监级）等，现任东莞信托有限公司首席风险官、风险管理部总经理
黄晓光	总经理助理	女	50	2019年7月	23	本科	法学	曾任广东南粤信托房产开发有限公司经营部副经理、广东发展银行总行资产管理部律师、广东广大、广东安华律达律师事务所专职律师、东莞银行广州分行风险管理岗、合规部副经理、东莞银行总行合规部副总经理（主持全面）、东莞银行广州分行副行长、东莞银行广东自贸试验区南沙分行副行长、东莞信托有限公司法律合规部总经理、风险管理部总经理，现已免职
曾国军	首席运营官、资产管理部总经理	男	45	2021年11月	21	本科	法学	曾任东莞银行中心区支行副行长兼中心区支行胜太支行行长，开县泰业村镇银行行长，东莞虎门长江村镇银行股份有限公司行长，东莞信托有限公司信托一部总经理，创新发展部副总经理（主持全面）、创新发展部总经理，业务副总监兼东莞业务三部总经理兼资产管理部总经理，现任首席运营官、资产管理部总经理

注：1.高级管理人员王晓天、黄晓光于2019年12月获得监管机构核准的任职资格。
2.2021年7月，经董事会审议同意免去原总经理陈英职务，指定副总经理冯杰代为履行总经理职责至2022年1月23日止。
3.2022年2月经公司董事会审议通过拟聘任江帆为总经理，待获得监管机构核准任职资格后正式履职。
4.2022年2月经公司董事会审议通过总经理助理黄晓光免职的议案。

3.5　公司员工

截至2021年末，公司2021年度职工人员为307人，其中信息科技人员共8人，占总人数的2.61%。

项目		报告期年度		上年度	
		人数（人）	比例（%）	人数（人）	比例（%）
年龄分布	25岁以下	2	0.65	6	1.58
	25—29岁	53	17.26	80	21.11
	30—39岁	165	53.75	199	52.51
	40岁以上	87	28.34	94	24.80
学历分布	博士	3	0.98	6	1.58
	硕士	117	38.11	151	39.84
	本科	181	58.96	213	56.20
	专科	6	1.95	9	2.37
	其他	—	—	—	—
岗位分布	董事、监事及其高管人员	11	3.58	11	2.90
	自营业务人员	9	2.93	8	2.11
	信托业务人员	94	30.62	114	30.08
	其他人员	193	62.87	246	64.91

4.经营管理

4.1　经营目标、方针、战略规划

4.1.1　经营目标

公司的经营目标是看清大势，聚焦重点，把握节奏，实现平衡发展。

4.1.2　经营方针

公司的经营方针是坚定不移加强党的领导和党的建设，发挥党建引领公司发展作用。树立全面、整体发展的观念，坚定中长期发展的信心。在经济下行期，守住风险底线，防范和化解各类风险。坚守信托本源，弘扬信托文化，强化合规建设。聚焦重点区域和特色领域，树立经营客户理念，有针对性地挖掘业务机会；创新发展思路，发挥信托制度优势，短期、长期目标结合，促进业务和收入增长。积极服务实体经济，肩负起国有企业担当。

4.1.3 战略规划

公司的战略规划是区域上立足东莞，深耕粤港澳大湾区，跟随市场主流的同时打造自身专长，打造具备专业能力和地区特色的综合型信托公司。业务上锁定传统基石业务，围绕自身能力禀赋选择培养产业金融、标品信托、服务信托、家族信托、财富管理等战略及创新业务，追求成为值得信赖的专业资产管理及财富管理金融机构的企业愿景。

4.2 经营业务的主要内容

4.2.1 自营资产运用与分布表

资产运用	金额（万元）	占比（%）	资产分布	金额（万元）	占比（%）
货币资产	117 862.22	15.58	基础产业	—	—
贷款及应收款	168 333.74	22.25	房地产业	—	—
金融投资	422 869.75	55.89	证券市场	100 038.07	13.22
买入返售金融资产	—	—	实业	—	—
长期股权投资	—	—	金融机构	49 179.08	6.50
其他	47 496.48	6.28	其他	607 345.04	80.28
资产总计	756 562.19	100.00	资产总计	756 562.19	100.00

4.2.2 信托资产运用与分布表

资产运用	金额（万元）	占比（%）	资产分布	金额（万元）	占比（%）
贷款	820 916.36	12.56	基础产业	33 380.00	0.51
交易性金融资产	2 677 939.43	40.97	房地产	962 457.17	14.73
可供出售金融资产	1 056 847.00	16.17	股票	131 891.05	2.02
长期股权投资	109 726.15	1.68	债券（含可转换债权）	262 823.23$	4.02
收益权投资	817 608.69	12.51	基金投资/证券理财	431 820.41	6.61
货币资金	237 343.03	3.63	工商企业	2 528 172.53	38.68
投资性房地产	10 391.18	0.16	其他	2 185 112.55	33.43
持有至到期投资	—	—			
其他	804 885.09	12.32			

4.2.3 信托公司用于创新性研究与应用的科技投入情况

2020年度公司研发了新一代综合营销服务系统（含移动端APP），2021年继续完善系统各项功能，提高用户体验，并正式投入使用，报告期内总投入195.25万元。

为满足新金融工具准则（IFRS9）以及资管新规要求，2021年公司启动了IFRS9及净值化管理信息系统建设，已完成所有信托项目IFRS9准则切换以及减值与定价系统建设，实现金融资产的分类和计量，支持对金融资产进行新三分类，以及合同现金流量特征（SPPI）测试；实现金融资产减值，减值使用预期损失模型，取代现行的已发生损失模型；实现非标资产估值定价，对FVOCI/FVPL的非标资产也以公允价值计量。本项目报告期内投入126.5万元。

4.3 市场分析

4.3.1 影响公司业务发展的主要因素

4.3.1.1 有利因素

2021年，我国宏观经济运行取得一定的成绩：粮食产量再创新高，畜牧业生产稳定增长；工业生产持续发展，高技术制造业和装备制造业较快增长；服务业持续恢复，现代服务业增势良好；市场销售规模扩大，基本生活类和升级类商品销售增长较快；固定资产投资保持增长，制造业和高技术产业投资增势较好；货物进出口快速增长，贸易结构持续优化；就业形势总体稳定，城镇调查失业率降低；城镇化率继续提高。经济持续稳定恢复，经济发展和新冠肺炎疫情防控保持全球领先地位，为整个信托行业的转型和发展奠定了一定的外部环境。同时，在去通道、控地产、融资压降等背景下，正是信托公司结合自身条件，制定相应的转型策略、提升自身业务能力储备、改善风控机制、全面提升盈利能力、积极探索新业务模式的历史机遇。在当前政策与经济环境下，信托行业将持续深入探索发展符合监管政策的非标业务新模式，积极发展标品业务新方向，培育发展服务信托业务，在资产证券化、家族信托、慈善信托、年金等领域寻求特色化发展，同时寻求养老信托、绿色信托、REITs、遗嘱信托等领域的新突破，扩大信托制度应用领域。

4.3.1.2 不利因素

2021年，我国宏观经济发展面临需求收缩、供给冲击、预期转弱三重压力，外部环境更趋复杂严峻和不确定，给信托行业的经营发展带来了一定的困难和挑战，尤其是不利于信托资产质量的优化。同时，2021年信托产品违约风险事件频繁发生，行业频频爆雷，风险项目规模和数量持续上升，不良率持续快速攀升。此外，在"两压一降"、控地产等大背景下，在相关风险资产处置完毕和行业回归本源业务之前，监管放松的可能性很小，监管部门排查与处罚的力度也将持续加强，信托公司的风险管控能力仍面临巨大考验。

整体来看，2022年，经济社会持续恢复，金融行业供给侧结构性改革进一步深入，资管新规正式实施，信托公司转型发展进入深水区，信托公司需要通过明确战略方向、强化专业能力、夯实社会信任基础等多方面路径，实现自身的高质量发展。在我国经济结构调整、金融供给侧结构性改革、新冠肺炎疫情影响的大背景下，信托公司需要培育好信托文化，塑造具有可持续性的商业模式；需要根据资管新规的要求，促进非标业务的转型升级，推动净值化管理体系建设，逐步打破刚性兑付；需要积极开展标品业务，从思维、业务模式、人才结构、专业能力、组织架构、客户结构、募资能力、流动性管理能力等方面构建和完善标品业务体系；需要培育发展服务信托、家族信托、慈善信托、养老信托、资产证券化业务等创新业务，充分发挥信托制度优势，回归本源，培育新的盈利增长点，实现差异化、特色化发展；需要增强专业化水平，加强风险管理能力，建设高素质人才队伍，更好地履行受托人职责。公司将致力丰富新业务布局与提高风险管理意识双轮驱动，深耕东莞本土，辐射湾区，强化科技创新活力服务，引领公司高质量、可持续发展。

4.4 内部控制

4.4.1 内部控制环境和内部控制文化

公司按照《企业内部控制基本规范》关于现代企业制度的要求，不断完善公司组织结构、内部控制和运行机制，建立科学、合理、有效的内部控制体系，确立了风险管理优先的内控文化。

在内部控制环境方面，公司组织机构包括股东会、董事会、监事会、经营管理层及相关专业委员会。各机构根据《公司法》及公司章程规定行使相关职责，公司制定了《股东会议事规则》《董事会议事规则》《董事会风险管理委员会工作细则》《董事会审计委员会工作细则》《董事会薪酬委员会工作细则》《董事会信托委员会工作细则》《董事会关联交易控制委员会工作细则》《董事会消费者权益保护委员会工作细则》《监事会议事规则》《会议管理办法》《业务风险控制委员会工作制度》等，明确了各自的议事方式和表决程序。

公司董事会下设风险管理委员会、审计委员会、薪酬委员会、信托委员会、关联交易控制委员会以及消费者权益保护委员会；在经营管理层设有业务风险控制委员会、风险管理部、法律合规部及审计部构成的风险管理组织架构。各主体根据其风险管理的职责对公司各项业务的事前、事中和事后风险开展不同层面的管理。

4.4.2 内部控制措施

公司的内部控制制度由组织架构、业务管理制度、授权制度、资金管理制度、会计系统、计算机应用系统及保密、人事管理、风险管理及审计等方面构成，通过有效建立防火墙，做到事前防范、事中控制、事后监督和纠正，形成操作、决策、审计与评价相互监督和纠正的内部约束机制。

2021年，公司继续坚持"制度先行、内控优先"原则，针对信托业务运营管理中发现的问题，并结合公司组织架构及部门职能调整，围绕信托业务风险管理、信托财富管理、法律事务管理、信托运营管理、业务系统信息化改造等方面对信托业务全流程进行深入检视和梳理，形成制度流程优化方案。下一步，将根据方案完善信托业务制度，对信托业务流程进行信息化改造，编制信托业务全流程操作手册。

2021年，公司实施《信托业务评审管理办法（2021年修订）》《固有业务评审管理办法（2021年修订）》《干部选拔任用工作规定（2021年修订）》《信息科技项目管理办法（2021年修订）》《声誉风险管理办法（2021年修订）》等制度共计30项，进一步强化了公司治理、内控管理、业务管理、人力资源管理等领域的制度支撑。

4.4.3 信息交流与反馈

公司积极配合监管部门的监管，按时报送各类报表、报告，主动地向监管部门反映经营状况，并根据监管政策和监管意见对公司内控制度进行不断地完善，使业务合规、健康地发展。公司积极履行受托人职责，定期向委托人和受益人披露信托项目执行报告，按时披露年度报告，主动接受社会各界的监督。

4.4.4 监督评价与纠正

公司建立了以法律合规部和审计部为核心的内部控制监督、评价机制。

法律合规部定期出具合规管理报告，牵头组织业务流程梳理，统筹建立、修订公司各项规章制度，使内控制度建设不断完善；审计部通过常规性审计和专项审计，对公司业务活动、财务收支、资金流转、经济效益及内控执行情况等进行全面的审计监督，对存在的问题提出合理化改进建议，持续跟进整改落实情况，并结合公司业务发展和监管要求，对公司各项制度提出修订及完善意见。

4.5 风险管理

4.5.1 风险管理概况

2021年，国内外新冠肺炎疫情反复，经济下行压力持续，信托业面临的外部环境依旧复杂。公司一方面反思经验教训，持续完善公司治理机制，切实加强党的领导，完善建立权责相符有限授权体系，加强风险管理体系独立性、专业性建设；另一方面业务发展上明确"立足东莞、深耕湾区"的经营思路，对存量业务加强风险排查，根据项目现状进行分类管理、集中管理，提升管理效率，注重风险预警及流动性管理，努力催收挽损。

4.5.2 风险状况

公司面临主要风险有：信用风险、市场风险、流动性风险、操作风险、法律风险和声誉风险。

4.5.2.1 信用风险状况

公司面临的信用风险主要表现为融资业务中交易对手违约造成的风险。公司采用以风险为基础的分类方法评估信用风险资产质量，将其分为正常、关注、次级、可疑和损失五类，其中后三类合称为不良资产。

截至2021年12月31日，公司固有资产总额75.66亿元，其中正常类资产54.28亿元，关注类资产21.35亿元，次级类资产115.48万元，可疑类资产117.82万元，损失类资产0元。

在报告期内，公司存量业务信用风险整体保持相对稳定。公司自营资产按资产质量进行五级分类并按照规定标准足额计提信用减值准备，或按照交易性金融资产最新净值反映其公允价值，夯实资产质量。对存在信用风险的项目，公司积极采取各项措施防范和化解风险，其中金凰项目正采取保险索赔、金融和解等多种方式推动风险有效化解。

4.5.2.2 市场风险状况

主要表现为证券市场由于因股市价格、利率、汇率等的变动而导致公司财产或信托财产未预料到的潜在损失的风险。证券投资主要是证券一、二级市场股票投资、基金投资、证券型资管计划、委托基金公司的专户理财以及债券投资。

在报告期内，公司市场风险总体可控。公司管理的各类策略证券类产品整体表现较为稳定，总体收益可观，回撤可控。同时公司推出以量化对冲、量化套利等策略为主的FOF产品，在市场震荡期间获得一定收益，更有效地控制了产品的回撤风险。债券市场方面，公司标品固收业务稳健发展，规模增长迅速，业绩表现良好。

4.5.2.3 流动性风险状况

截至2021年12月31日，公司流动性比例523.46%，自有资产保持了较高的流动性。报告期内公司的流动性负债主要是应付税金、应付职工薪酬支出等，无对外举债。

公司部分房地产、酒店文旅类信托项目受疫情冲击以及政策、市场变化影响，开发、销售进度不及预期，资金无法按时回笼，存在较大流动性压力。

在报告期内，公司尽最大努力使流动性风险保持相对稳定。公司正积极采取各项措施化解项目风险，同时完善各类流动性支持及自身资本补充方案，缓释部分流动性压力，提升风险抵御能力。

4.5.2.4 操作风险状况

操作风险是指公司由于内部程序、系统的不完善或操作失误而产生的风险。公司主要通过整合优化部门职能，持续推进业务流程改造，加强员工培训教育以及开发信息系统等手段规范业务前台、中台、后台操作，制定了信托业务制度流程优化方案，加强审计、问责及员工行为管理排查等，提升操作合规性，防范操作风险。

4.5.2.5 法律风险及声誉风险状况

2021年公司没有被诉案件，涉诉案件均为公司作为原告方的信托业务诉讼。公司严守监管底线，积极防范法律风险，法律风险总体可控。

4.5.2.6 声誉风险状况

2021年，公司通过完善声誉风险管理制度、加强突发舆情事件应对能力、加大对舆情关键词的监测力度等措施，进一步加强舆情管理工作，坚持预防为主的原则，及时掌握声誉事件，声誉风险总体可控。

5.报告期末及上一年度末的比较式会计报表

5.1 自营资产

5.1.1 会计师事务所审计意见全文

众环审字〔2022〕0510078号
东莞信托有限公司全体股东：

一、审计意见

我们审计了东莞信托有限公司（以下简称贵公司）财务报表，包括2021年12月31日的资产负债表，2021年度的利润表、现金流量表、所有者权益变动表以及相关财务报表附注。

我们认为，后附的财务报表在所有重大方面按照企业会计准则的规定编制，公允反映了贵公司2021年12月31日的财务状况以及2021年度的经营成果和现金流量。

二、形成审计意见的基础

我们按照中国注册会计师审计准则的规定执行了审计工作。审计报告的"注册会计师对财务报表审计的责任"部分进一步阐述了我们在这些准则下的责任。按照中国注册会计师职业道德守则，我们独立于贵公司，并履行了职业道德方面的其他责任。我们相信，我们获取的审计证据是充分、适当的，为发表审计意见提供了基础。

三、管理层和治理层对财务报表的责任

贵公司管理层（以下简称管理层）负责按照企业会计准则的规定编制财务报表，使其实现公允反映，并设计、执行和维护必要的内部控制，以使财务报表不存在由于舞弊或错误导致的重大错报。

在编制财务报表时，管理层负责评估贵公司的持续经营能力，披露与持续经营相关的事项（如适用），并运用持续经营假设，除非管理层计划清算贵公司、终止运营或别无其他现实的选择。

治理层负责监督贵公司的财务报告过程。

四、注册会计师对财务报表审计的责任

我们的目标是对财务报表整体是否不存在由于舞弊或错误导致的重大错报获取合理保证，并出具包含审计意见的审计报告。合理保证是高水平的保证，但并不能保证按照审计准则执行的审计在某一重大错报存在时总能发现。错报可能由于舞弊或错误导致，如果合理预期错报单独或汇总起来可能影响财务报表使用者依据财务报表作出的经济决策，则通常认为错报是重大的。

在按照审计准则执行审计工作的过程中，我们运用职业判断，并保持职业怀疑。同时，我们也执行以下工作：

（一）识别和评估由于舞弊或错误导致的财务报表重大错报风险，设计和实施审计程序以应对这些风险，并获取充分、适当的审计证据，作为发表审计意见的基础。由于舞弊可能涉及串通、伪造、故意遗漏、虚假陈述或凌驾于内部控制之上，未能发现由于舞弊导致的重大错报的风险高于未能发现由于错误导致的重大错报的风险。

（二）了解与审计相关的内部控制，以设计恰当的审计程序。

（三）评价管理层选用会计政策的恰当性和作出会计估计及相关披露的合理性。

（四）对管理层使用持续经营假设的恰当性得出结论。同时，根据获取的审计证据，就可能导致对贵公司持续经营能力产生重大疑虑的事项或情况是否存在重大不确定性得出结论。如果我们得出结论认为存在重大不确定性，审计准则要求我们在审计报告中提请报表使用者注意财务报表中的相关披露；如果披露不充分，我们应当发表非无保留意见。我们的结论基于截至审计报告日可获得的信息。然而，未来的事项或情况可能导致贵公司不能持续经营。

（五）评价财务报表的总体列报、结构和内容，并评价财务报表是否公允反映相关交易和事项。

我们与治理层就计划的审计范围、时间安排和重大审计发现等事项进行沟通，包括沟通我们在审计中识别出的值得关注的内部控制缺陷。

中审众环会计师事务所（特殊普通合伙）
中国注册会计师：胡海林
中国注册会计师：潘桂权
中国·武汉　　　　　　　　　　　2022年3月23日

5.1.2 资产负债表

资产负债表

编制单位：东莞信托有限公司　　　　2021年12月31日　　　　单位：万元

序号	资产	期末余额	期初余额	序号	负债和所有者权益合计	期末余额	期初余额
1	资产：			27	负债：		
2	货币资金	117 862.22	18 356.99	28	拆入资金	—	—
3	衍生金融资产	—	—	29	衍生金融负债		
4	买入返售金融资产	—	—	30	应付账款		
5	应收账款	19 741.85	12 056.78	31	应付职工薪酬	31 628.62	28 849.32
6	应收股利			32	应交税费	8 683.62	11 075.29
7	应收利息			33	应付股利		
8	其他应收款	148 591.89	4 858.15	34	其他应付款	129 945.45	1 940.12
9	合同资产	—	—	35	合同负债		

续表

序号	资产	期末余额	期初余额	序号	负债和所有者权益合计	期末余额	期初余额
10	拆出资金	—	—	36	预计负债	—	—
11	发放贷款和垫款	—	—	37	租赁负债	1 100.88	1 636.28
12	抵债资产	—	—	38	递延所得税负债	2 842.01	2 624.57
13	金融投资:			39	其他负债		
14	交易性金融资产	320 944.82	439 171.08	40	负债合计	174 200.58	46 125.58
15	债权投资	84 285.24	87 033.94	41	所有者权益:		
16	其他债权投资			42	实收资本	145 000.00	145 000.00
17	其他权益工具投资	17 639.70	16 769.94	43	资本公积	166 250.00	166 166.58
18	长期股权投资	—	12 471.07	44	其他综合收益	8 526.03	7 866.75
19	固定资产	15 212.28	15 562.30	45	盈余公积	47 791.81	47 022.10
20	在建工程			46	一般风险准备	7 576.60	7 576.60
21	使用权资产	3 913.46	4 719.64	47	信托赔偿准备	23 442.14	23 057.28
22	无形资产	850.95	374.35	48	未分配利润	183 775.04	188 832.52
23	长期待摊费用	2 963.42	3 639.91	49	所有者权益合计	582 361.61	585 521.84
24	递延所得税资产	18 769.72	10 935.92	50			
25	其他资产	5 786.65	5 697.35	51			
26	资产总计	756 562.19	631 647.42	52	负债和所有者权益合计	756 562.19	631 647.42

法定代表人: 廖玉林　　　　　　　　　　　　　　　　　　　会计机构负责人: 陶莉娜

5.1.3 利润及利润分配表

利润表

编辑单位: 东莞信托有限公司　　2021年度　　单位: 万元

序号	项目	2021年度	2020年度
1	一、营业收入	74 384.97	116 098.98
2	利息净收入	1 427.14	545.98
3	手续费及佣金净收入	66 275.03	81 831.12
4	投资收益(损失以"-"号填列)	2 407.45	33 651.87
5	其中: 对联营企业合营企业的投资收益	827.56	1 140.80
6	公允价值变动损益(损失以"-"号填列)	4 153.59	—
7	汇兑损益(损失以"-"号填列)		
8	其他业务收入		
9	资产处置收益(损失以"-"号填列)		
10	其他收益	121.76	70.01
11	二、营业支出	62 772.30	47 761.19
12	税金及附加	565.99	580.35
13	业务及管理费	32 864.27	45 259.75
14	信用减值损失	29 342.05	不适用
15	资产减值损失	不适用	1 921.09
16	其他业务成本	—	—
17	三、营业利润	11 612.67	68 337.80

续表

序号	项目	2021年度	2020年度
18	加: 营业外收入	—	—
19	减: 营业外支出	593.51	85.58
20	四、利润总额(亏损以"-"号填列)	11 019.16	68 252.21
21	减: 所得税费用	3 322.08	16 633.99
22	五、净利润(亏损以"-"号填列)	7 697.08	51 618.22
23	(一)持续经营净利润(净亏损以"-"号填列)	7 697.08	51 618.22
24	(二)终止经营净利润(净亏损以"-"号填列)		
25	六、其他综合收益的税后净额	659.28	-24 300.35
26	(一)以后不能重分类进损益的其他综合收益	659.28	
27	1.重新计量设定受益计划变动额	—	—
28	2.权益法下不能转损益的其他综合收益	—	—
29	3.其他权益工具投资公允价值变动	659.28	不适用
30	4.企业自身信用风险公允价值变动	—	不适用
31	(二)以后将重分类进损益的其他综合收益		-24 300.35
32	1.权益法可转损益的其他综合收益	—	—
33	2.可供出售金融资产公允价值变动损益	不适用	-24 300.35
34	七、综合收益总额	8 356.36	27 317.88

法定代表人: 廖玉林　　　　　　　　　　　　　　　　　　　会计机构负责人: 陶莉娜

5.1.4 所有者权益变动表

所有者权益变动表

编制单位：东莞信托有限公司　　　　2021年度　　　　单位：万元

项目	2021年度							
	实收资本	资本公积	其他综合收益	盈余公积	一般风险准备	信托赔偿准备	未分配利润	所有者权益合计
一、上年年末余额	145 000.00	166 166.58	-11 177.80	48 233.59	8 329.76	23 663.03	198 376.99	578 592.15
加：会计政策变更	—	—	—	—	—	—	—	—
前期差错更正	—	—	—	—	—	—	—	—
其他	—	—	19 044.55	-1 211.49	-753.16	-605.74	-9 544.47	6 929.69
二、本年年初余额	145 000.00	166 166.58	7 866.75	47 022.10	7 576.60	23 057.28	188 832.52	585 521.84
三、本年增减变动金额（减少以"-"号填列）	—	83.42	659.28	769.71	—	384.85	-5 057.48	-3 160.23
（一）综合收益总额	—	83.42	659.28	—	—	—	7 697.08	8 439.77
（二）所有者投入和减少资本	—	—	—	—	—	—	—	—
1.所有者投入资本	—	—	—	—	—	—	—	—
2.其他权益工具持有者投入资本	—	—	—	—	—	—	—	—
3.股份支付计入所有者权益的金额	—	—	—	—	—	—	—	—
4.其他	—	—	—	—	—	—	—	—
（三）利润分配	—	—	—	769.71	—	384.85	-12 754.56	-11 600.00
1.提取盈余公积	—	—	—	769.71	—	—	-769.71	—
2.提取一般风险准备	—	—	—	—	—	—	—	—
3.对所有者的分配	—	—	—	—	—	—	-11 600.00	-11 600.00
4.其他	—	—	—	—	—	384.85	-384.85	—
（四）所有者权益内部结转	—	—	—	—	—	—	—	—
1.资本公积转增资本	—	—	—	—	—	—	—	—
2.盈余公积转增资本	—	—	—	—	—	—	—	—
3.盈余公积弥补亏损	—	—	—	—	—	—	—	—
4.未分配利润转增资本	—	—	—	—	—	—	—	—
5.结转重新计量设定受益计划净负债或净资产所产生的变动	—	—	—	—	—	—	—	—
6.其他	—	—	—	—	—	—	—	—
四、本年年末余额	145 000.00	166 250.00	8 526.03	47 791.81	7 576.60	23 442.18	183 775.00	582 361.61

法定代表人：廖玉林　　　　　　　　　　　　　　　　　　　　　　　　　会计机构负责人：陶莉娜

5.2 信托资产

5.2.1 信托项目资产负债表

信托项目资产负债表

编制单位：东莞信托有限公司　　　　2021年12月31日　　　　单位：万元

序号	资产	期末余额	年初余额	序号	负债及所有者权益	期末余额	年初余额
1	资产：			27	负债：		
2	现金	—	—	28	拆入资金	—	—
3	存放同业款项	236 979.93	111 427.13	29	交易性金融负债	—	—
4	其他货币资金	363.10	1 083.10	30	衍生金融负债	—	—
5	交易性金融资产	2 677 939.43	2 505 182.95	31	应付账款	—	—

续表

序号	资产	期末余额	年初余额	序号	负债及所有者权益	期末余额	年初余额
6	衍生金融资产	—	—	32	预收账款	5.00	5.00
7	买入返售金融资产	108 288.40	35 643.55	33	应付受益人收益	50 126.31	15 865.44
8	应收账款	—	—	34	应付受托人报酬	20 096.56	11 847.93
9	预付账款	1 517.21	1 060.39	35	应付托管费	116.29	139.46
10	应收手续费及佣金	—	—	36	应付销售及顾问费	—	—
11	应收股利	2.90	19.03	37	应交税费	3 383.49	5 515.22
12	应收利息	25 769.48	15 869.83	38	其他应付款	85 459.85	46 529.54
13	其他应收款	668 783.90	629 608.16	39	预计负债	—	—
14	拆出资金	—	—	40	递延所得税负债	—	—
15	发放贷款	820 916.36	1 160 520.37	41	其他负债	—	—
16	抵债资产	—	—	42	负债合计	159 187.50	79 902.59
17	持有至到期投资	—	—	43			
18	可供出售金融资产	1 056 847.00	1 184 969.30	44	所有者权益:		
19	长期股权投资	109 726.16	52 443.16	45	实收信托	6 144 052.54	6 496 505.26
20	投资性房地产	10 391.18	27 115.72	46	资本公积	—	—
21	固定资产	—	—	47	盈余公积	—	—
22	无形资产	—	—	48	其他综合收益	—	—
23	长期待摊费用	—	—	49	外币报表折算差数	—	—
24	递延所得税资产	—	—	50	未分配利润	232 416.90	285 652.08
25	其他资产	818 131.89	1 137 117.26	51	所有者权益合计	6 376 469.44	6 782 157.34
26	资产总计	6 535 656.94	6 862 059.93	52	负债及所有者权益总计	6 535 656.94	6 862 059.93

法定代表人：廖玉林　　　　　　　　　　　　　　　　　　　　　　　　　　　　　　　　会计机构负责人：陶莉娜

5.2.2 信托项目利润及利润分配表

信托项目利润及利润分配表

编制单位：东莞信托有限公司　　2021年度　　　　　单位：万元

序号	项目	本期数	上年同期数
1	一、营业收入	460 972.11	631 375.79
2	利息收入	138 140.52	229 518.27
3	租赁收入	700.17	1 051.82
4	投资收益（损失以"-"号填列）	347 358.03	296 829.20
5	其中：对联营企业合营企业的投资收益	—	—
6	公允价值变动损益（损失以"-"号填列）	-70 152.11	79 112.77
7	汇兑损益（损失以"-"号填列）	—	—
8	其他收入	44 925.50	24 863.72
9	二、营业支出	91 151.78	104 439.68
10	税金及附加	1 350.79	1 996.02
11	管理费用	89 800.99	102 443.67
12	资产减值损失	—	—
13	其他费用	—	—

续表

序号	项目	本期数	上年同期数
14	三、信托净利润（亏损以"-"号填列）	369 820.33	526 936.11
15	四、其他综合收益	—	367.35
16	五、综合收益（净亏损以"-"号填列）	369 820.33	527 303.47
17	六、加：期初未分配信托利润	285 652.08	222 535.30
18	七、加：本期损益平准金	33 313.69	57 093.94
19	八、可供分配的信托利润	688 786.10	806 565.35
20	九、减：本期已分配信托利润	456 369.20	520 913.28
21	十、期末未分配信托利润	232 416.90	285 652.08

法定代表人：廖玉林　　　　　　　　　　　会计机构负责人：陶莉娜

6. 会计报表附注

6.1 会计估计的变更

公司本年度无会计估计的变更事项。

6.2 前期会计差错更正

公司本年度无需要披露的会计差错更正事项。

6.3 或有事项说明

无。

6.4 会计报表中重要项目的明细资料

6.4.1 披露自营资产经营情况

6.4.1.1 按信用风险五级分类结果披露信用风险资产的期初数、期末数

信用风险资产五级分类	正常类（万元）	关注类（万元）	次级类（万元）	可疑类（万元）	损失类（万元）	信用风险资产合计（万元）	不良合计（万元）	不良率（%）
期初数	503 123.94	89 175.63	—	288.80	—	592 588.37	288.80	0.05
期末数	497 701.36	243 860.25	153.97	235.64	—	741 951.21	389.61	0.05

6.4.1.2 各项资产减值损失准备的期初、本期计提、本期转回、本期核销、期末数

单位：万元

项目	期初数	本期计提	本期转回	本期核销	期末数
贷款损失准备					
一般准备					
专项准备					
金融资产减值准备	1 808.86	26 268.70	—	—	28 077.56
可供出售金融资产减值准备	不适用	不适用	不适用	不适用	不适用
持有至到期投资减值准备					
长期股权投资减值准备					
坏账准备	1 735.24	3 073.34	—	—	4 808.58
投资性房地产减值准备					

6.4.1.3 按照投资品种分类，分别披露固有业务股票投资、基金投资、债券投资、股权投资等投资业务的期初数、期末数

单位：万元

项目	自营股票	基金	债券	长期股权投资	其他投资	合计
期初数	—	—	—	12 471.07	542 974.96	555 446.03
期末数	—	—	—	—	422 869.75	422 869.75

6.4.1.4 按投资入股金额排序，前五名的自营长期股权投资的企业名称、占被投资企业权益的比例、主要经营活动及投资收益情况等

企业名称	占被投资企业权益的比例（%）	主要经营活动（万元）	投资损益（万元）
—			

6.4.1.5 前三名的自营贷款的企业名称、占贷款总额的比例和还款情况等。（从贷款金额大到小顺序排列）

企业名称	占贷款总额的比例（%）	还款情况（万元）
—		
—		
—		

6.4.1.6 表外业务的期初数、期末数；按照代理业务、担保业务和其他类型表外业务分别披露

单位：万元

表外业务	期初数	期末数
担保业务		
代理业务（委托业务）		
其他		
合计		

6.4.1.7 公司当年的收入结构

收入结构	金额（万元）	占比（%）
手续费及佣金收入	66 275.03	89.10
其中：信托手续费收入	64 327.43	86.48
投资银行业务收入		
利息净收入	1 427.14	1.92
其他业务收入	—	—
其他收益	121.76	0.16
其中：计入信托业务收入部分		
投资收益	2 407.45	3.24
其中：股权投资收益	1 868.34	2.51
证券投资收益	2 500.39	3.36
其他投资收益	-1 961.28	-2.64
公允价值变动收益	4 153.59	5.58
营业外收入	—	—
收入合计	74 384.97	100.00

6.4.2 披露信托财产管理情况

6.4.2.1 信托资产的期初数、期末数

单位：万元

信托资产	期初数	期末数
单一资金	1 365 370.03	935 687.56
集合资金	5 462 383.12	5 543 012.73
财产类	34 306.78	56 956.65
合计	6 862 059.93	6 535 656.94

6.4.2.1.1 主动管理型信托业务的信托资产期初数、期末数，分证券投资类、股权投资类、融资类、事务管理类、其他投资类分别披露

单位：万元

主动管理型信托资产	期初数	期末数
证券投资类	874 836.86	1 083 113.47
股权投资类	161 781.73	270 360.83
融资类	1 965 089.06	1 385 530.26
事务管理类	—	—
其他投资类	3 223 371.04	3 150 928.52

6.4.2.1.2 被动管理型信托业务的信托资产期初数、期末数，分证券投资类、股权投资类、融资类、事务管理类、其他投资类分别披露

单位：万元

被动管理型信托资产	期初数	期末数
证券投资类	22 084.57	30 583.53
股权投资类	135.47	82 271.67
融资类	438 631.45	396 722.33
事务管理类	2 014.62	—
其他投资类	174 115.13	136 146.33

6.4.2.2 本年度已清算结束的信托项目个数、实收信托合计金额、加权平均实际年化收益率

6.4.2.2.1 本年度已清算结束的集合类、单一类资金信托项目和财产管理类信托项目个数、实收信托金额、加权平均实际年化收益率

已清算结束信托项目	项目个数（个）	实收信托合计金额（万元）	加权平均实际年化收益率（%）
集合类	73	1 229 282.96	8.57
单一类	23	455 016.00	2.58
财产管理类	4	4 948.44	7.50

6.4.2.2.2 本年度已清算结束的主动管理型信托项目个数、实收信托合计金额、加权平均实际年化收益率，分证券投资类、股权投资类、融资类、事务管理类、其他投资类分别计算并披露

已清算结束信托项目	项目个数（个）	实收信托合计金额（万元）	加权平均实际信托报酬率（%）	加权平均实际年化收益率（%）
证券投资类	9	103 921.96	0.61	5.19
股权投资类	—	—	—	—
融资类	53	1 016 850.00	3.52	7.25
事务管理类	—	—	—	—
其他投资类	26	416 228.00	0.91	6.30

6.4.2.2.3 本年度已清算结束的被动管理型信托项目个数、实收信托合计金额、加权平均实际年化收益率，分证券投资类、股权投资类、融资类、事务管理类、其他投资类分别计算并披露

已清算结束信托项目	项目个数（个）	实收信托合计金额（万元）	加权平均实际信托报酬率（%）	加权平均实际年化收益率（%）
证券投资类	1	500.00	4.43	-3.36
股权投资类	—	—	—	—
融资类	5	94 500.00	0.52	7.63
事务管理类	2	2 108.27	9.82	-9.55
其他投资	4	55 139.17	0.46	9.37

6.4.2.3 本年度新增的集合类、单一类和财产管理类信托项目个数、实收信托合计金额

新增信托项目	项目个数（个）	实收信托合计金额（万元）
集合类	49	954 861.08
单一类	7	44 348.92
财产管理类	8	25 770.00
新增合计	64	1 024 980.00
其中：主动管理型	47	859 103.08
被动管理型	17	165 876.92

6.4.2.4 公司履行受托人义务情况及因公司自身责任而导致的信托资产损失情况

报告期内，公司没有发生因履行受托人义务情况及因公司自身责任而导致的信托资产损失情况。

6.4.2.5 信托赔偿准备金的提取、使用和管理情况

信托赔偿准备金按公司净利润5%提取，信托赔偿准备金2021年12月31日余额23 442.14万元，本年度未使用信托赔偿准备金。

6.5 关联方关系及其交易的披露

6.5.1 关联交易方的数量、关联交易的总金额及关联交易的定价政策等

项目	关联交易方数量（个）	关联交易金额（万元）	定价政策
合计	30	159 327.08	按市场公允价格定价

信托与关联方重大关联交易

单位：万元

关联方名称	交易方式及内容	定价政策	年初数	本年增加	本年减少	期末数
深圳前海莞信投资基金管理有限公司	股权投资	公允价格	39 723.00	—	32 533.17	7 189.83
深圳前海莞信投资基金管理有限公司	私募基金投资	公允价格	10 100.00	—	—	10 100.00

6.5.2 关联交易方与公司的关系性质、关联交易方的名称、法定代表人、注册地址、注册资本及主营业务等

其他关联方名称	关系性质	法定代表人/执行事务合伙人	注册地址	注册资本（万元）	主营业务
东莞发展控股股份有限公司	本公司股东	王崇恩	东莞	103 951.6992	东莞高速公路的投资、建设、经营
广东福地投资有限公司	本公司股东	周杰峰	东莞	38 000	实业投资，物业租赁，国内贸易，停车服务，物业管理，商务代理服务
东莞市东资经济贸易有限公司	本公司股东	胡德新	东莞	12 200	零售：工业生产资料（不含金、银、小轿车及化学危险品）、百货，批发；其他家庭用品、五金产品、电气设备、建材，技术进出口，信息咨询；仓储业务；以下项目另设分支机构经营：零售：预包装食品、卷烟、雪茄烟、汽油、柴油、润滑油、电子元器件、初级农产品；保健食品销售、第二类医疗器械经营
东莞市糖酒集团有限公司	本公司股东	张国衡	东莞	12 000	食品经营（限分支机构）；批发、零售、配送：农副产品、日用品、工艺品（不含象牙及象牙制品）、五金制品、电线、电缆、电器配件、纺织品、包装材料、建筑材料、通用机械设备；物业租赁；室内外停车场服务；股权投资；仓储服务（不含危险化学品）；货物或技术进出口（国家禁止或涉及行政审批的货物和技术进出口除外）
东莞市东糖集团有限公司	本公司股东	陈尧燊	东莞	51 813	制造糖、酵母、机制纸、磁性器件；火力发电，国内商业，物资供销业（除国家专营专卖）；经营和代理各类商品及技术的进出口，但国家限定公司经营或禁止进出口的商品及技术除外（凭有效许可证、资格证经营）；废纸收购（限自用）；批发、零售：预包装食品、散装食品
国投创新（北京）投资基金有限公司	本公司投资企业	高国华	北京	36 577.573211	非证券业务的投资，代理其他投资型企业或个人的投资【股票承销、经纪（代理买卖）、证券投资咨询等证券业务除外】
东莞金控资本投资有限公司	受同一母公司控制	江帆	东莞	25 000	物业投资，商业投资，股权投资，投资信息咨询
深圳前海莞信投资基金管理有限公司	受同一母公司控制	梁琦伟	深圳	10 000	股权投资基金管理、受托资产管理、投资管理、创业投资业务、受托管理创业投资企业或机构和个人的创业投资业务、创业投资咨询业务、为创业企业提供创业管理服务业务、参与设立创业投资企业与创业投资管理顾问、投资兴办实业（具体项目另行申报）、投资咨询（不含限制项目）、投资顾问（不含限制项目）、股权投资、物业租赁
东莞市莞邑投资有限公司	受同一母公司控制	麦林善	东莞	5 000	企业资产重组；企业并购、收购和资产转让；企业投资及财务顾问；物业管理；城市综合开发与城市更新、旧城改造、城市单元开发、重大基础设施建设、商业投资、货物或技术进出口（国家禁止或涉及行政审批的货物和技术进出口除外）；实业投资；房地产开发经营；产业园建设及管理
东莞市中鹏贸易有限公司	受同一母公司控制	廖思娜	东莞	55	销售：办公设备
东莞市兆业贸易有限公司	受同一母公司控制	李汉恒	东莞	60	销售：服装、五金、家用电器、日用杂品、民用建材
东莞市银达贸易有限公司	受同一母公司控制	邓伟才	东莞	50	销售五金、家用电器、建筑材料、建筑陶瓷、汽车零配件、农副产品
东莞市上市莞企发展投资合伙企业（有限合伙）	受同一母公司控制	深圳前海莞信投资基金管理有限公司	东莞	170 100	创业投资；股权投资；实业投资；投资咨询；企业管理咨询
东莞市莞金产业投资合伙企业（有限合伙）	受同一母公司控制	东莞金控股权投资基金管理有限公司	东莞	15 000	产业投资；股权投资；创业投资；实业投资；股权投资管理，受托管理股权投资基金
东莞市虎门倍增优选股权投资合伙企业（有限合伙）	受同一母公司控制	深圳前海莞信投资基金管理有限公司	东莞	9 000	股权投资；创业投资；实业投资；股权投资管理、受托管理股权投资基金
东莞证券股份有限公司	母公司的联营企业	陈照星	东莞	150 000	证券经纪；证券投资咨询；与证券交易、证券投资活动有关的财务顾问；证券承销与保荐；证券自营；证券资产管理；证券投资基金代销；为期货公司提供中间介绍业务；融资融券；代销金融产品
东莞资产管理有限公司	母公司的联营企业	苏胜傍	东莞	100 000	投资管理；资产管理，受托资产管理；企业资产的重组、并购；股权投资、项目投资、物业投资；项目策划咨询顾问业务；信息咨询；货物进出口；物业租赁、物业管理；机器设备租赁；批发业、零售业
东莞银行股份有限公司	母公司总经理担任董事的企业	卢国锋	东莞	218 000	吸收公众存款；发放短期、中期和长期贷款；办理国内结算；办理票据贴现；发行、兑付、承销政府债券；买卖政府债券；同业拆借；发行金融债券；提供担保；代理收付款项；提供保管箱业务；办理地方财政信用周转使用资金的委托存贷款业务；外汇存款；外汇贷款；外汇汇款；外币兑换；国际结算；同业外汇拆借；外汇票据的承兑和贴现；外汇担保；结汇、售汇；代客外汇买卖；代理国外信用卡付款；代理保险业务；证券投资基金代销业务；自营外汇买卖业务

6.5.3 逐笔披露公司与关联方的重大交易事项

6.5.3.1 固有与关联交易情况：贷款、投资、租赁、担保、应收账款、其他方式等期初汇总数、本期借方和贷方发生额汇总数、期末汇总数

固有与关联方关联交易　　　　　　　　单位：万元

项目	期初数	借方发生额	贷方发生额	期末数
贷款	—	—	—	—
投资	0.00	14 245.57	14 245.57	—
租赁	—	—	—	—
担保	—	—	—	—
应收账款	75.73	23.81	88.13	11.41
其他	—	21.68	21.68	—
合计	75.73	14 291.06	14 355.38	11.41

6.5.3.2 信托与关联方交易情况：贷款、投资、租赁、担保、应收账款、其他方式等期初汇总数、本期借方和贷方发生额汇总数、期末汇总数

信托与关联方关联交易　　　　　　　　单位：万元

项目	期初数	借方发生额	贷方发生额	期末数
贷款	—	—	—	—
投资	49 823.00	500.00	32 533.17	17 789.83
租赁	—	—	—	—
担保	—	—	—	—
应收账款	—	—	—	—
其他	—	812.30	812.30	—
合计	49 823.00	1 312.30	33 345.47	17 789.83

重大关联交易逐笔披露如下表所示。

单位：万元

关联方名称	交易方式及内容	定价政策	年初数	本年增加	本年减少	期末数
深圳前海莞信投资基金管理有限公司	股权投资	公允价格	39 723.00	—	32 533.17	7 189.83
深圳前海莞信投资基金管理有限公司	私募基金投资	公允价格	10 100.00	—	—	10 100.00

6.5.3.3 信托公司自有资金运用于自己管理的信托项目（固信交易）、信托公司管理的信托项目之间的相互（信信交易）交易金额，包括余额和本报告年度的发生额

6.5.3.3.1 固有与信托财产之间的交易金额期初汇总数、本期发生额汇总数、期末汇总数

固有财产与信托财产相互交易　　　　　单位：万元

项目	期初数	本期发生额	期末数
合计	495 610.53	-82 153.60	413 456.93

6.5.3.3.2 信托项目之间的交易金额期初汇总数、本期发生额汇总数、期末汇总数

信托资产与信托财产相互交易　　　　　单位：万元

项目	期初数	本期发生额	期末数
合计	1 582 452.24	-99 913.91	1 482 538.33

6.6 会计制度的披露

公司固有业务及信托业务均执行按照《企业会计准则》和其他各项具体会计准则、应用指南及准则解释的规定进行确认和计量。

7.财务情况说明书

7.1 利润实现和分配情况

2021年实现利润总额11 019.16万元，税后利润7 697.08万元，年初未分配利润188 832.52万元，本年按2021年净利润提取法定盈余公积769.71万元，信托赔偿准备384.85万元，2021年末未分配利润183 775.04万元。

7.2 主要财务指标

指标名称	指标值
资本利润率（%）	1.32
加权年化信托报酬率[①]（%）	2.4367
人均净利润（万元）	22.44

7.3 对公司财务状况、经营成果有重大影响的其他事项

报告期内，公司没有发生对公司财务状况、经营成果有重大影响的其他事项。

8.特别事项揭示

8.1 前五名股东报告期内变动情况及原因

报告期内，前五名股东无变动情况。2021年10月，经2021年股东会第七次临时会议审议通过《关于变更东莞信托有限公司股权的议案》，拟由公司控股股东收购其余4家非主要股东持有的公司股权，并在2021年12月获

---
① 报告期结束项目加权年化信托报酬率。

得监管部门批复同意。截至报告日，上述股权暂未交割，公司股东构成没有相关变动情况。

8.2 董事、监事及高级管理人员变动情况及原因

8.2.1 董事变动情况

2021年2月，经第五届董事会第十一次会议审议通过《关于黄晓雯同志申请辞去公司董事、董事长职务的议案》，黄晓雯辞任公司董事长及下属委员会相关职务，在新任董事长任职前，继续履行董事长作为法定代表人职责。

2021年3月，经2021年股东会第二次临时会议审议通过《关于黄晓雯同志申请辞去公司董事职务的议案》《关于审议推举廖玉林同志担任公司董事的议案》，经五届董事会第十二次会议审议通过《关于选举公司董事长的议案》，黄晓雯辞任公司董事职务；廖玉林当选为第五届董事会董事长，廖玉林于2021年6月获得监管部门任职资格核准并正式履职。

2021年7月，经2021年股东会第四次临时会议审议通过《关于公司董事免职的议案》《关于推举公司董事的议案》，免去陈英董事职务，推举张孟军为第五届董事，张孟军于2021年11月获得监管部门任职资格核准并正式履职。

8.2.2 监事变动情况

2021年6月，经2021年股东会第三次临时会议审议通过《关于陶莉娜同志申请辞去公司监事职务的议案》，陶莉娜辞任监事会第五届监事职务。

8.2.3 高级管理人员变动情况

2021年6月，经第五届董事会第十五次会议审议通过《关于聘任张孟军同志为公司副总经理的议案》《关于聘任公司首席风险官的议案》《关于聘任公司首席合规官的议案》《关于聘任公司首席运营官的议案》，聘任张孟军为副总经理、罗炯亮为首席风险官、黄晓光为首席合规官、曾国军为首席运营官。其中张孟军、罗炯亮、曾国军于2021年11月获得监管部门任职资格核准后正式履职。

2021年7月，经第五届董事会第十六次会议审议《关于公司总经理免职的议案》，免去陈英总经理职务，并指定副总经理冯杰代为履行总经理职责，代履职时间至2022年1月止。

2021年9月，经第五届董事会第十九次会议审议通过《关于聘任赵崇健同志为公司副总经理的议案》，聘任赵崇健为副总经理，2021年11月获得监管部门任职资格核准后正式履职。

8.3 变更注册资本、变更注册地或公司名称、公司分立合并事项

报告期内，公司无变更注册资本、注册地或公司名称、公司分立合并事项。

8.4 公司的重大诉讼事项

8.4.1 重大未决诉讼事项

8.4.1.1 固有业务：本年度无未结、新增重大未决诉讼

8.4.1.2 信托业务：本年度新增1宗重大诉讼，存续重大未决诉讼4宗

（1）新增重大诉讼：公司申请执行深圳市奥拉科贸有限公司等主体合同纠纷一案，涉案债权本金7 680万元，法院于2021年4月20日立案执行，目前在强制执行中。

（2）存续重大未决诉讼：公司分别诉武汉金凤集团实业有限公司、中山市新帮建置业有限公司等4宗诉讼案件，涉案债权本金共计138 439万元，目前尚未审结或执行完毕。

8.4.2 以前年度发生，于本报告年度内终结的诉讼事项

8.4.2.1 固有业务：无

8.4.2.2 信托业务：有5宗以前年度发生，于本报告年度内终结的诉讼事项

公司分别申请执行杭州泰华嘉融科技有限公司、深圳市进兆贸易有限公司等4宗执行案件，涉案债权本金共计33 768万元，公司已于本年度转让上述债权；公司诉佛山市三水科伦纸业有限公司等主体合同纠纷一案，涉案债权本金20 379万元，已于本年度调解结案。

8.4.3 本报告年度发生，于本报告年度内终结的诉讼事项

公司固有业务、信托业务均无在本报告年度发生、于本报告年度内终结的重大诉讼事项。

8.5 公司及其董事、监事和高级管理人员受到处罚的情况

2021年公司坚持审慎、合规经营，截至2021年末，公司及公司在任的董事、监事和高级管理人员没有受到监管等相关部门的处罚。

8.6 银保监会及其派出机构检查后公司的整改情况

报告期内，东莞银保监分局就公司治理、风险管理、内控合规建设等方面对公司提出了监管意见。公司通过完善制度、梳理优化流程、加强风险排查、强化内部审计和问责等措施，贯彻落实监管意见。

8.7 本年度重大事项临时报告的简要内容、披露时间、所披露的媒体及其版面

报告期内，公司发生3项重大事项，1项为公司关于变更法定代表人的公告，于2021年6月19日在《证券时报》19版、《上海证券报》9版发布公告；1项为公司关于总经理及董事变动的公告，于2021年7月22日在《证券时报》B4版、《上海证券报》89版发布公告；1项为公司关于更换常年法律顾问的公告，于2021年7月22日在《上海证券报》82版发布公告。

8.8 银保监会及其省级派出机构认定的其他有必要让客户及相关利益人了解的重要信息

报告期内，公司没有银保监会及其省级派出机构认定的其他有必要让客户及相关利益人了解的重要信息。

8.9 报告期内股东违反承诺质押信托公司股权或以股权及其受（收）益权设立信托等金融产品的情况

报告期内，公司股东没有违反承诺质押信托公司股权或以股权及其受（收）益权设立信托等金融产品的情况。

8.10 已向国务院银行业监督管理机构或其派出机构提交行政许可申请但尚未获得批准的事项

报告期内，公司没有向国务院银行业监督管理机构或其派出机构提交行政许可申请但尚未获得批准的事项。

9. 监事会的独立意见

报告期内，监事会共列席股东会会议5次，董事会会议10次，分别为2020年度股东会、2021年股东会第二次、第三次、第六次、第七次临时会议，第五届董事会第九次、第十一次、第十二次、第十四次、第十五次、第十六次、第十八次、第十九次、第二十次、第二十四次会议。监督检查了公司依法运作情况、重大决策和重大经营活动情况及公司的财务、内控状况，并在此基础上发表如下独立意见：

（1）公司依法运作情况。公司能够严格按照《公司法》东莞信托有限公司章程及国家有关法律法规运作，公司所有重大决策程序依法合规，暂未发现公司在任的董事、高级管理人员2021年内存在违法违规，损害公司利益及委托人、受益人利益的行为。

（2）财务审计报告情况。2021年度财务报告经中审众环会计师事务所（特殊普通合伙）审计并出具无保留审计意见的审计报告，监事会无异议，认为报告真实、客观、完整地反映了公司的财务状况和经营成果。

（3）对公司内控的监督情况。公司能够持续加强和完善内部控制，制度建设较为健全，执行情况较好，未发现内部控制在完整性、合理性、合规性、有效性等方面存在重大缺陷。

（4）对关联交易业务的监督。报告期内，公司发生的关联交易业务均严格遵循市场公允价值，认真执行《信托公司管理办法》等有关规定，未发现损害公司利益及委托人、受益人利益的情况。

光大兴陇信托有限责任公司

1. 重要提示

1.1 本公司董事会及董事保证本报告所载资料不存在任何虚假记载、误导性陈述或者重大遗漏，并对其内容的真实性、准确性和完整性承担个别及连带责任。

1.2 本公司独立董事对年度报告内容的真实性、准确性、完整性无异议。

1.3 会计师事务所为本公司出具了标准无保留意见的审计报告。

1.4 本公司董事会郑重声明：保证年度报告中财务报告的真实和完整。

2. 公司概况

2.1 公司简介

2.1.1 公司历史沿革

光大兴陇信托有限责任公司（简称光大兴陇信托）是在原甘肃省信托有限责任公司（简称原甘肃信托）基础上重组后成立的。原甘肃信托是1980年2月经甘肃省政府批准成立、1981年6月经中国人民银行和财政部批准续办的甘肃省第一家具有金融业务资格的省属金融机构。1991年、1996年两次经中国人民银行批准进行重新登记，2002年4月经中国人民银行批准，由原甘肃省信托投资公司、天水市信托投资公司和白银市信托投资公司合并重组，组建成立"甘肃省信托投资有限责任公司"。2009年2月经中国银行业监督管理委员会批准，公司名称变更为"甘肃省信托有限责任公司"。

2014年5月经中国银行业监督管理委员会批准，由中国光大（集团）总公司（2014年12月更名为中国光大集团股份公司，以下简称光大集团）在原甘肃信托基础上重组成立光大兴陇信托，光大集团为控股股东占比为51%，甘肃省国有资产投资集团有限公司占比为23.42%，甘肃金融控股集团有限公司21.58%，天水市财政局占比4%。公司成为光大集团金融板块中与银行、保险、证券并列的核心子公司之一。公司于2015年、2018年、2020年分别增资24亿元、30亿元、20亿元，目前公司注册资本841 819.05万元。

2.1.2 公司的法定名称

中文：光大兴陇信托有限责任公司（缩写：光大兴陇信托）

英文：EVERBRIGHT XINGLONG TRUST CO. LTD（缩写：EXTC）

2.1.3 公司法定代表人：冯翔

2.1.4 公司注册地址：甘肃省兰州市城关区东岗西路555号

邮政编码：730030

公司互联网网址：http://www.ebtrust.com

公司电子信箱：contact@ebtrust.com

2.1.5 公司信息披露事务负责人：郭庆卫

2.1.6 公司选定的信息披露报纸：《证券时报》

2.1.7 年度报告备置地点：北京市西城区太平桥大街丰盛胡同28号太平洋保险大厦17层；甘肃省兰州市东岗西路555号甘肃金融国际大厦9层

2.1.8 公司聘请的会计师事务所：安永华明会计师事务所（特殊普通合伙）

住所：中国北京市东城区东长安街1号东方广场安永大楼16层

2.1.9 公司聘请的律师事务所：北京德恒律师事务所

住所：中国北京市西城区金融街19号富凯大厦B座12层

2.2 组织结构

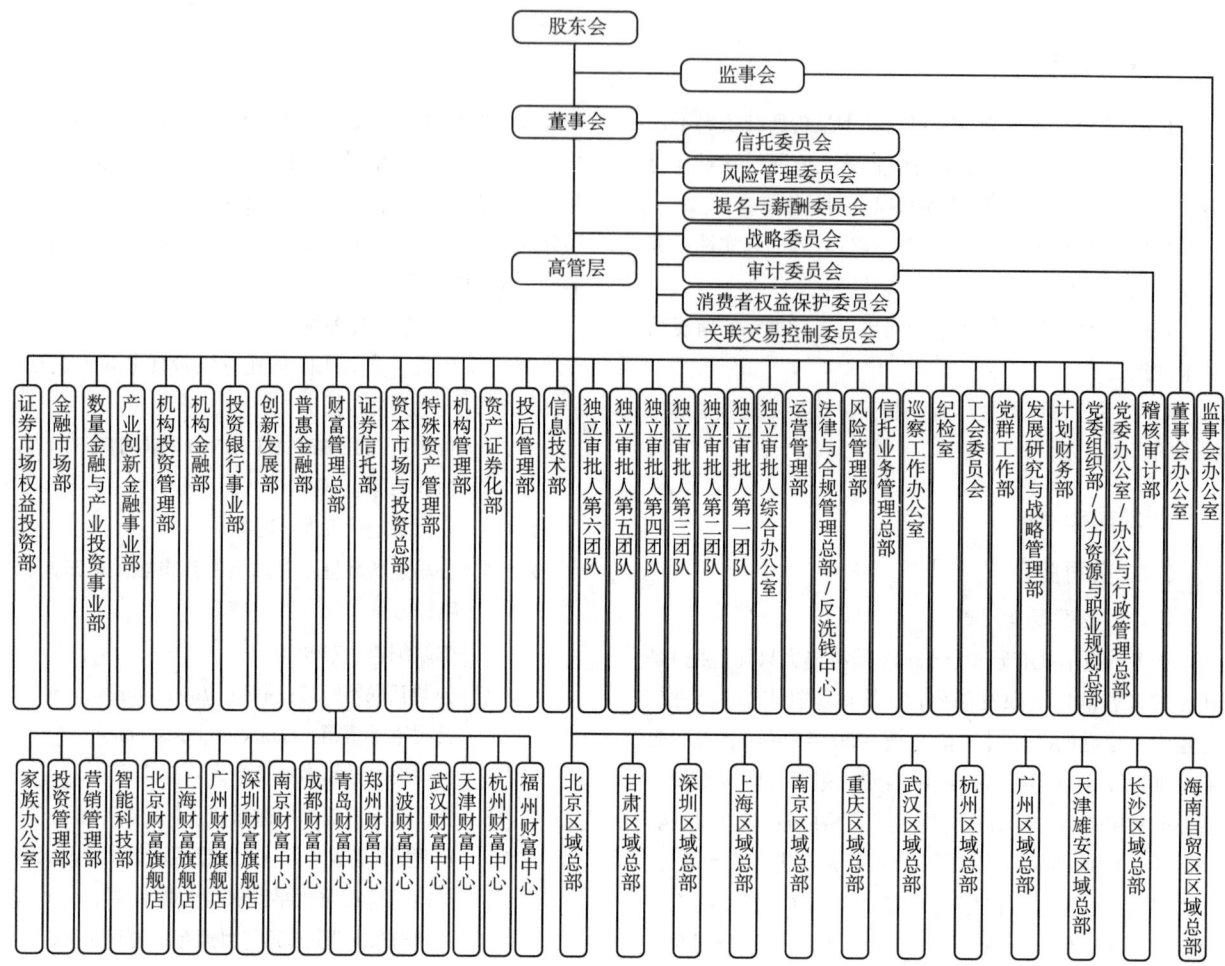

3. 公司治理结构

3.1 实际控制人及其控制本公司情况的简要说明

本公司控股股东为中国光大集团股份公司，持股比例51%。作为公司控股股东，光大集团高度重视、大力支持公司发展。中国光大集团股份公司在本公司派驻董事3人，分别为冯翔董事长、邵泉董事、李朝霞董事。

3.2 股东和股东会

截至报告期末，股东总数为4名。股东及出资情况如下表所示。

股东名称	出资比例（%）	法定代表人	注册资本（万元）	注册地址	主要经营业务
中国光大集团股份公司	51.00	李晓鹏	7 813 450.37	北京市西城区太平桥大街25号	投资和管理金融业包括银行、证券、保险、基金、信托、期货、租赁、金银交易；资产管理；投资和管理非金融业（市场主体依法自主选择经营项目，开展经营活动；依法须经批准的项目，经相关部门批准后依批准的内容开展经营活动；不得从事国家和本市产业政策禁止和限制类项目的经营活动）
甘肃省国有资产投资集团有限公司	23.42	冯文戈	1 231 309.99	甘肃省兰州市七里河区瓜州路4800号	开展融资业务，投资业务，国有股权运营管理，国有资本运营，受托管理业务；企业兼并重组；基金投资和创投业务；业务咨询及财务顾问；有色金属材料及矿产品、黑色金属及矿产品、化工原料及化工产品（不含危险化学品）、机电产品、贵金属等贸易，进出口业务；房屋租赁；经省政府国资委授权的其他业务等（依法须经批准的项目，经相关部门批准后方可开展经营活动）

续表

股东名称	出资比例（%）	法定代表人	注册资本（万元）	注册地址	主要经营业务
甘肃金融控股集团有限公司	21.58	祁建邦	1 056 168.88	甘肃省兰州市城关区东岗西路638号	投资管理银行、证券、保险、基金、担保、信托、租赁、期货、资产管理、典当、股权交易等金融业务，投资管理和从事战略性新兴产业、现代服务业、商业贸易与物流等非金融业务（依法须经批准的项目，经相关部门批准后依批准的内容开展经营活动）
天水市财政局	4.00	张宪泉	—	甘肃省天水市秦州区合作北路62号	—

注：1.报告期内，本公司股东未质押公司股权，不存在以股权及其受(收)益权设立信托等金融产品的情况。
2.报告期内，以上股东持股比例均未发生变化。

截至报告期末，公司主要股东（持股比例5%以上）共有3名，主要股东及其控股股东、实际控制人、关联方、一致行动人、最终受益人情况如下表所示。

股东名称	其控股股东	其实际控制人	其一致行动人	其最终受益人	其关联方
中国光大集团股份公司	中央汇金投资有限责任公司	中央汇金投资有限责任公司	—	中央汇金投资有限责任公司	由中国光大集团股份公司直接、间接控制、施加重大影响或符合《银行保险机构关联交易管理办法》中规定的关联方情形的法人或自然人
甘肃省国有资产投资集团有限公司	甘肃省人民政府国有资产监督管理委员会	甘肃省人民政府国有资产监督管理委员会	—	甘肃省人民政府国有资产监督管理委员会	由甘肃省国有资产投资集团有限公司直接、间接控制、施加重大影响或符合《银行保险机构关联交易管理办法》中规定的关联方情形的法人或自然人
甘肃金融控股集团有限公司	甘肃省财政厅	甘肃省财政厅	—	甘肃省财政厅	由甘肃金融控股集团有限公司直接、间接控制、施加重大影响或符合《银行保险机构关联交易管理办法》中规定的关联方情形的法人或自然人

3.3 董事、董事会及其下属委员会

董事长、董事

姓名	职务	性别	年龄（岁）	选任日期	任期（年）	所代表(推举)的股东名称	该股东持股比例（%）	简要履历	兼职情况
冯翔	董事长	男	47	2021年1月	3	中国光大集团股份公司	51	曾任中国光大银行南昌分行党委书记、行长，中国光大银行集团客户部总经理，中国光大银行战略客户与投资银行部总经理，中国光大集团股份公司协同发展部总经理，兼集团雄安新区办公室、京津冀协同发展办公室、长三角协同发展办公室、粤港澳大湾区协同发展办公室主任，现任光大兴陇信托有限责任公司党委书记、董事长、法定代表人	无
邵泉	董事	男	52	2019年10月	3	中国光大集团股份公司	51	曾任中国光大银行西安分行党委委员、纪委书记、风险总监（分行副行长级），中国光大银行石家庄分行党委书记、行长，中国光大银行信用审批部总经理，现任光大兴陇信托有限责任公司党委副书记、总裁	无
李朝霞	专职董事	女	57	2021年4月	3	中国光大集团股份公司	51	曾任光大证券有限公司北方总部研究部总经理，中国社会科学院数量经济与技术经济研究所研究员、数量金融研究室主任，中国光大（集团）总公司战略规划部资深高级经理兼研究处处长，中国光大集团股份公司博士后工作站站长（总经理级），现任光大兴陇信托有限责任公司专职董事	无
蔡彤	董事	男	53	2019年7月	3	甘肃省国有资产投资集团有限公司、甘肃金融控股集团有限公司、天水市财政局（三方联合）	49	曾任中国人民银行武威市中心支行党委书记、行长兼国家外汇管理局武威市中心支局局长，中国人民银行兰州中心支行党委办公室主任、办公室主任，现任光大兴陇信托有限责任公司党委委员、副总裁	无
王志远	董事	男	52	2020年3月	3	甘肃省国有资产投资集团有限公司、甘肃金融控股集团有限公司、天水市财政局（三方联合）	49	曾任浦发银行青岛分行办公室主任，甘肃银行党委委员、副行长、纪委委员、党委组织部部长、人力资源部总经理、战略发展部总经理（兼），现任光大兴陇信托有限责任公司党委委员、副总裁	无
张满红	职工董事	男	55	2020年10月	3	—	—	曾任中国银监会张掖监管分局党委书记、局长，中国银监会甘肃监管局非银行金融机构监管处处长，现任光大兴陇信托有限责任公司职工董事、营销总监	无

董事会下属委员会

董事会下属委员会名称	职责	组成人员姓名	职务
信托委员会	研究审议公司年度信托业务报告；对公司信托业务发展进行阶段性回顾，提出业务优化措施，对发现的问题提出相关整改意见，重大问题及时向董事会报告；对损害委托人利益的情形进行监督，及时向董事会报告，督促公司依法履行受托职责等	谢太峰	主任委员
		冯翔	委员
		邵泉	委员
风险管理委员会	根据公司总体战略，审核和修订公司风险管理政策及风险偏好，报董事会批准后实施；对经营管理层风险管理政策的执行情况及效果进行监督；对公司风险管理基本制度和风险管理机制进行评估；向董事会提出完善公司风险管理的建议等	邵泉	主任委员
		李朝霞	委员
		蔡彤	委员
		王志远	委员
		方文彬	委员
战略委员会	研究审议公司长期发展战略；研究审议公司业务及机构发展规划；研究审议公司重大投资融资方案和其他影响公司发展的重大事项；将研究审议结论向公司董事会提出建议及方案	冯翔	主任委员
		邵泉	委员
		谢太峰	委员
提名与薪酬委员会	拟定董事、独立董事、监事及高级管理人员的薪酬方案，并向董事会提出薪酬方案的建议；负责对公司薪酬制度执行情况进行监督；拟定董事会年度费用预算方案，向董事会提出建议；拟定董事和高级管理人员的选任程序和标准，对拟选任人选的任职资格和条件进行初步审核，并向董事会提出建议等	李朝霞	主任委员
		谢太峰	委员
		赵欣	委员
审计委员会	负责检查、监督公司内部控制及实施，并提出完善内部控制的意见；负责对高级管理层在公司经营方面的风险控制情况进行监督；负责检查监督公司内部审计工作、内部审计制度及实施；审核公司财务信息及其披露等	方文彬	主任委员
		李朝霞	委员
		赵欣	委员
消费者权益保护委员会	拟定公司消费者权益保护工作的战略、政策和目标，从总体规划上指导高级管理层加强消费者权益保护的企业文化建设，将消费者权益保护相关内容纳入公司治理和经营发展战略中等	蔡彤	主任委员
		方文彬	委员
		张满红	委员
关联交易控制委员会	负责公司关联交易管理，对公司关联交易整体情况进行监督和评估；对银保监会及其派出机构以及其他监管、审计机构检查公司关联交易情况后，要求董事会整改的问题，提出具体措施等	赵欣	主任委员
		蔡彤	委员
		王志远	委员

3.4 监事、监事会及其下属委员会

监事会成员

姓名	职务	性别	年龄（岁）	选任日期	任期	所代表（推举）的股东名称	该股东持股比例（%）	简要履历	兼职情况
张晶	监事会主席	女	53	2020年3月	3	甘肃省国有资产投资集团有限公司、甘肃金融控股集团有限公司、天水市财政局（三方联合）	49	曾任白银市政府副市长、党组成员，甘肃省教育厅纪检组长、党组成员，甘肃省高校纪工委书记、高校工委委员，甘肃省纪委常委，现任光大兴陇信托有限责任公司党委委员、监事会主席	无
焦宇	监事	女	50	2019年3月	3	中国光大集团股份公司	51	曾任光大依波金银珠宝公司财务部副总经理，中国光大集团股份公司财务管理部综合处处长，现任中国光大集团股份公司财务管理部总经理	无
俞静	职工监事	女	47	2019年3月	3	—	—	曾任原甘肃省信托有限责任公司党委委员、总裁助理，现任光大兴陇信托有限责任公司职工监事、稽核审计部总经理	无

注：本届监事会未设立下属委员会。

3.5 独立董事

独立董事

姓名	所在单位及职务	性别	年龄（岁）	选任日期	任期（年）	简要履历
谢太峰	首都经济贸易大学金融学院教授、博士生导师	男	63	2020年11月	3	曾任北京证券公司研究发展中心总经理，北京机械工业学院工商管理分院教授、党总支书记，现任首都经济贸易大学金融学院教授、博士生导师
赵欣	中央财经大学会计学院讲师	女	52	2020年11月	3	曾在中洲会计师事务所工作，现任中央财经大学会计学院讲师
方文彬	兰州财经大学会计学院教授、硕士生导师	男	56	2020年11月	3	曾任兰州财经大学会计学院讲师、副教授，财务会计教研室主任，现任兰州财经大学会计学院教授、硕士生导师，兼任甘肃省审计学会常务理事

3.6 高级管理人员

高级管理人员

姓名	职务	性别	年龄（岁）	任职日期	金融从业年限（年）	学历	专业	简要履历
邵泉	总裁	男	52	2019年10月	29	硕士	政治经济学	曾任中国光大银行西安分行党委委员、纪委书记、风险总监（分行副行长级），中国光大银行石家庄分行党委书记、行长，中国光大银行信用审批部总经理，现任光大兴陇信托有限责任公司党委副书记、总裁（2019年12月取得任职资格）
李招军	副总裁	男	57	2014年12月	29	博士	政治经济学	曾任中国银行业监督管理委员会非银行金融机构监管处长，河北银监局党委委员、副局长，现任光大兴陇信托有限责任公司党委委员、副总裁（2015年7月取得任职资格）
刘向东	副总裁	女	54	2014年12月	23	博士	金融学	曾任北京信托首席研究员兼研究发展中心总经理，现任光大兴陇信托有限责任公司党委委员、副总裁（2015年7月取得任职资格）、工会主席、首席经济学家
蔡彤	副总裁	男	53	2019年7月	28	硕士	工商管理	曾任中国人民银行武威市中心支行党委书记、行长兼国家外汇管理局武威市中心支局局长，中国人民银行兰州中心支行党委办公室主任、办公室主任，现任光大兴陇信托有限责任公司党委委员、副总裁（2019年9月取得任职资格）
王志远	副总裁	男	52	2020年3月	28	本科	哲学	曾任浦发银行青岛分行办公室主任，甘肃银行党委委员、副行长、纪委委员、党委组织部部长、人力资源部总经理、战略发展部总经理（兼），现任光大兴陇信托有限责任公司党委委员、副总裁（2020年5月取得任职资格）
曹兆兵	副总裁	男	42	2021年4月	15	硕士	法学	曾任中国光大银行总行风险管理部总经理助理、副总经理，中国光大集团协同发展部总经理助理、副总经理，现任光大兴陇信托有限责任公司党委委员、副总裁（2021年5月取得任职资格）
郭庆卫	董事会秘书	男	51	2021年8月	29	硕士	经济学	曾任中国民生信托有限公司副总裁，华润深国投信托有限公司党委委员、董事、董事会秘书、副总经理，华润元大基金管理有限公司董事，现任光大兴陇信托有限责任公司董事会秘书（2017年12月取得任职资格，工作调动后任职资格延续）

3.7 公司员工

公司2020年末员工人数为868人，2021年末员工人数为889人。

项目		报告期年度		上年度	
		人数（人）	比例（%）	人数（人）	比例（%）
年龄分布	25岁以下	3	0.34	6	0.69
	25—29岁	100	11.25	115	13.25
	30—39岁	610	68.61	598	68.89
	40岁以上	176	19.80	149	17.17
学历分布	博士	32	3.60	28	3.23
	硕士	541	60.85	514	59.22
	本科	300	33.75	313	36.06
	专科	12	1.35	11	1.27
	其他	4	0.45	2	0.22

续表

项目		报告期年度		上年度	
		人数（人）	比例（%）	人数（人）	比例（%）
岗位分布	董事、监事及高管人员	11	1.24	9	1.04
	自营业务人员	28	3.15	25	2.88
	信托业务人员	466	52.42	519	59.79
	其他人员	384	43.19	315	36.29

注：自营业务人员是指按照岗位分工，专门或至少从事自有资金使用和固有资产管理有关业务的职工；信托业务人员是指按照岗位分工，专门或至少从事信托资金使用和信托资产管理各项业务的职工；对于人力资源与职业规划总部等类似无法明确区分的综合部门归为其他人员。

4.经营概况

4.1 经营目标、方针、战略规划

4.1.1 经营方针

2021年，公司按照"做优、做精、做实中国一流信托公司，实现稳健发展"的总体要求，认真落实中央经

济工作会议以及信托监管工作会议精神，立足新发展阶段，贯彻新发展理念、构建新发展格局，聚焦具有信托特色的资产管理和财富管理业务，提高发展质效，精益管理，深化改革，协同发展，防控金融风险，全面开启建设中国一流信托公司新征程。

一是坚持稳中有进，实现业绩稳健增长。公司按照稳中有进的发展基调，走专业化、特色化、数字化、品牌化发展道路，打造治理水平更佳、综合服务更优、市场竞争力更强、运营效率更高、风险管控更好、品牌影响更广的优秀信托公司，保持良好向上的发展态势。

二是突出创新驱动，加快业务转型发展。公司从监管导向、客户需求和资源禀赋出发，加快推进业务创新转型，特别是对于证券投资信托、资产证券化、家族信托等信托本源业务以及监管鼓励的业务方向，加大突破力度，做大业务规模，提升收入贡献；加快探索服务信托、养老信托、绿色信托等创新产品，打响市场品牌。

三是聚焦管理提升，全面开展精益管理。落实"管理提升年"要求，突出向管理要效益的目标，全面开展精益管理工作。以深化改革为抓手，以建言献策为手段，集中在业务审批效率、数据治理、绩效管理、中后台服务质量等重点难点问题方面实现突破，提高发展质效。

四是强化风险防控，坚守经营发展底线。公司严格按照监管部门下达的"两压一降"要求，合规经营推进存量风险项目化解，严格管控新增大额风险，按照"三线四墙"风险管控战略，进一步加强全面风险管理体系建设，保障稳健经营发展。

4.1.2 战略规划及目标

依托光大集团金控平台优势，紧跟国家重大战略部署，立足新发展阶段、贯彻新发展理念、构建新发展格局，坚持稳中求进，坚定打造中国一流信托公司战略目标。按照"做优、做精、做实中国一流信托公司，实现稳健发展"的总体要求，坚定不移回归信托业本源；聚焦主业提升发展质效，从规模型向质量型转变，树立信托业务特色，盈利能力、资产质量、收入结构协调优化，全面提升发展质量。

4.2 所经营业务的主要内容

4.2.1 自营资产运用与分布表

资产运用	金额（万元）	占比（%）	资产分布	金额（万元）	占比（%）
货币资产	980 237.95	45.34	基础产业	—	—
贷款及应收款	49 335.91	2.28	房地产	—	—
交易性金融资产	968 674.43	44.81	证券市场	240 587.35	11.13
使用权资产	32 972.95	1.53	实业	3 292.37	0.15
固定资产	6 032.96	0.28	金融机构	728 087.08	33.68
投资性房地产	3 319.14	0.15	其他	1 189 778.05	55.04
其他	121 171.51	5.61			
资产总计	2 161 744.85	100	资产总计	2 161 744.85	100.00

4.2.2 信托资产运用与分布表

资产运用	金额（万元）	占比（%）	资产分布	金额（万元）	占比（%）
货币资产	3 200 179.96	2.92	基础产业	20 499 878.95	18.71
贷款	36 972 283.68	33.74	房地产	9 167 928.10	8.37
交易性金融资产	17 219 745.25	15.71	证券市场	14 037 049.99	12.81
可供出售金融资产	27 188 163.54	24.81	实业	41 781 106.83	38.13
持有至到期投资	3 044 952.93	2.78	金融机构	15 950 773.52	14.56
长期股权投资	12 000 578.56	10.95	其他	8 133 569.16	7.42
其他	9 944 402.64	9.08			
信托资产总计	109 570 306.55	100	信托资产总计	109 570 306.55	100

4.3 市场分析

4.3.1 经济形势分析

2021年是"十四五"的开局之年,是我国迈向全面建设现代化国家新征程的起步之年,也是疫后复苏周期的第一年,尽管面临多种困难,但国内经济运行仍保持在合理区间。

从国际看,2021年,全球进入经济复苏周期,欧美国家宏观经济逐步恢复到疫情前的水平。然而,新冠肺炎疫情变种病毒对各国防疫均造成了不小的压力,全球供应链仍遭掣肘,整体呈现供给修复弱于需求修复,大宗商品价格普涨,通胀压力在主要经济体逐渐增强。

从国内看,2021年,面对复杂严峻的国际环境和国内疫情散发等多重考验,我国国民经济持续恢复,发展预期目标较好完成,全面GDP增速为8.1%。市场销售规模扩大,基本生活类和升级类商品销售增长较快,全年社会消费品零售总额为44.08万亿元,同比增长12.5%;固定资产投资保持增长,投资总额为54.45万亿元,同比增长4.9%,制造业和高技术产业投资增势较好;出口维持了强韧性,全年货物进出口总额39.10万亿元,同比增长21.4%,体现了疫情反复背景下我国产业链的韧性和稳定供应链对海外厂商的吸引力。

展望2022年,受供应链紧张以及通货膨胀的抑制,加之疫情的扰动,全球经济面临一定下行压力。我国经济政策将以稳为主,强化逆周期和跨周期调节力度,提升内生经济增长动力,释放实体企业的活力,推进产业结构调整,全面提升经济发展。

4.3.2 金融形势分析

从国际市场看,由于新冠肺炎疫情的肆虐,多国开启了货币宽松周期,资产价格快速上涨,非银行金融机构杠杆水平不断上升,溢出效应明显,跨境资本流动波动加大。2022年随着各经济体对回归正常货币周期的需求增强,货币大概率将进行收紧,影响资产价格和国际金融稳定性。

从国内市场看,我国坚持实施正常的货币政策,把握好稳健货币政策的力度和节奏,综合研判国内外经济金融形势的边际变化,主动做出前瞻性安排,金融支持实体经济的力度保持稳固,金融市场平稳运行。展望2022年,我国金融业将围绕"十四五"规划,不断提高金融服务实体的质量和效率,货币政策将保持灵活适度,保持流动性合理充裕;财政政策前置,财政政策与货币政策发挥合力,共同促进经济平稳增长。

4.3.3 影响本公司业务发展的主要因素

4.3.3.1 有利因素

一是股东单位支持力度持续加大。中国光大集团综合金融优势及甘肃方股东的合力支持成为本公司发展强劲的重要力量来源。作为大股东的中国光大集团是具有金融全牌照的金融控股集团、世界500强企业。公司可充分依托集团综合金融优势和品牌影响力,深入挖掘信托功能潜力,主动加强与中国光大集团内各企业的业务联动,开展多渠道、多层次、多元化业务合作。

二是基于双碳长期规划的绿色产业信托转型机遇显著。"双碳"目标指引下,我国绿色经济发展将驶入快车道,在节能环保、清洁能源、基础设施绿色升级等方面将创造出巨大的投资机遇,也将产生更多绿色金融服务需求。而信托业务模式灵活,可提供多样化的产品与服务,且在绿色金融体系建设不断完善下,绿色信托业务不断创新与快速发展,将迎来发展新契机。

三是抓住资本市场改革红利,把握证券投资信托业务机遇。2021年北交所成立,标志着我国多层次资本市场架构基本建成。公司将跟随国家发展多层次资本市场的战略部署,充分利用本公司资产管理的优势,丰富参与直接融资的手段和工具,提升服务中小微企业的能力。

四是回归本源,服务信托发展机遇显现。信托作为一种财产管理制度,不仅在投融资方面具有灵活高效的优势,而且能为客户提供跨市场的综合金融服务,在家族信托、公益信托等本源业务上具有巨大的市场空间。破产重组服务信托、物业管理服务信托、预收款托管信托等创新型服务信托初步发展,服务信托应用场景逐步拓展和丰富。总体来看,信托制度优势不断显现,服务信托未来发展面临较大机遇。

4.3.3.2 不利因素

一是宏观经济面临一定压力。尽管2021年中国经济发展和疫情防控保持全球领先地位,但依然面临了"需求收缩、供给冲击和预期转弱"三重压力。宏观经济承压下,部分实体企业将受到冲击,房地产等行业波动增大,将对市场展业和风险管控产生不利影响。

二是严监管下传统业务增长空间进一步缩小。2022年,资管新规将正式实施,压降具有影子银行性质融资类业务和通道业务持续推进,传统业务发展空间受限。2022年信托业监管难有放松趋势,主线仍是发展标准化信托,实施净值化管理,打破刚性兑付,防控系统性风险。

三是欧美国家收紧货币政策将对金融市场形成扰动。美联储加快宽松货币政策退出步伐，2022年有望加息和缩表，全球流动性拐点显现。这将会导致全球资本重新布局，推动资产重新定价，金融市场波动会增大。

4.4 风险管理

4.4.1 风险管理概况

公司建立了运行有效的风险管理组织体系。董事会是公司风险管理的核心，对公司的风险管理决策承担治理责任，就全面风险管理工作的有效性对股东会负责。董事会下设风险管理委员会以及其他专业委员会，按照公司章程和相应委员会议事规则履行职责。高级管理层承担落实董事会确定的风险战略和风险偏好、确定风险容忍度和风险限额、制定风险政策等管理职责。监事会负责监督董事会和高级管理层在风险管理方面的履职尽责情况，依法独立履行监督职能。

公司在"全方位、多层次、成体系、机制健全、统一协调"的风险偏好管理框架下，按照"组合管理是核心、大额风险是关键、流动性风险是重点、合规风险是底线、声誉风险是生命线"的风险管理总体原则，将风险管理责任压实到各个部门和各级人员，渗透到各项业务的决策、执行、监督环节，贯穿公司经营过程始终。公司建立健全职责明确、分工合理的风险管理组织架构，采取有效措施进行事前、事中、事后的风险控制，实现风险的早发现、早预防、早处置，以促进公司持续、稳健、规范运行。

报告期内，公司深入领会监管精神，贯彻落实光大集团"讲政治、讲担当、讲质量"的发展要求，研判内外部环境，把握信托风险特征，坚持战略导向、问题导向，做优、做精、做实中国一流信托公司，实现稳健发展，打造风险管理的"一体两翼"。编制2021年度风险偏好，统筹规划年度风险内控管理重点工作和提升方向，制定《全面风险管理工作要点》，将工作任务和部门职责逐一明确并压到实处；完善风险管理制度体系，加强制度修订审查，发挥制度引领作用；制定审批体制优化方案，优化现有审批架构、分工，推进公司投后管理架构改革；加强重要类别风险管控，扎实推进集团客户集中度风险管控，加大房地产领域信用风险的前瞻研判，关注现金管理产品流动性风险；稳增长前提下促进结构调整，发力资本市场业务，搭建标品业务风险管理机制，规范股权投资业务展业流程；完成全面风险管理信息系统咨询工作，提升风险管理信息化水平，科技赋能逐步加强；积极培育风险文化，举行全面风险管理体系专题培训，提升风控底线意识；同时公司贯彻落实各项监管要求，认真完成各项风险排查、专项检查等工作，实现风险的有效管控。

4.4.2 风险状况

4.4.2.1 信用风险状况

信用风险是公司面临的主要风险之一，主要指交易对手因履约意愿或履约能力发生变化导致信托财产或公司财产遭受损失的风险，主要表现为在贷款、资产回购、后续资金安排、担保、履约承诺等交易过程中，借款人、担保人、保管人等交易对手不能或不愿履行合约承诺而使信托财产和固有财产遭受损失。

报告期内，受宏观经济下行、新冠肺炎疫情反复和监管政策收紧的影响，部分房地产客户经营情况、资金回流等受到较大影响，产生信用违约风险。公司持续严格履行受托人尽职管理职责，加强地产信用风险及其衍生风险管控，建立房企集团客户专人对接机制，强化统筹管理，常态化、规范化管控地产业务风险；开展存量地产债券分析，根据市场评级和内部研判按照违约、预警、安全维度对交易主体信用风险分级管理；做实做细现场和非现场风险检查，针对存量项目中交易对手违约事件，积极采取多项措施化解风险，及时进行信息披露，必要时采取法律手段予以解决，最大限度保护受托人合法权益，公司信用风险可控。

4.4.2.2 市场风险状况

市场风险主要是指在开展资产管理业务过程中，投资于有公开市场价值的金融产品或者其他产品时，金融产品或者其他产品的价格发生波动导致资产遭受损失的可能性。同时，市场风险还具有很强的传导效应，市场风险很可能引发交易对手的信用风险。

报告期内，公司坚持稳健运营的策略，密切关注宏观政策导向，充分深入调研，对有价证券投资管理状况进行实时监测，控制总体证券投资规模和比例，设置限制性指标和止损限额，通过投资组合分散投资风险；建立健全债券投资预警规则，拟定债券黑名单管理办法；设立债券投资周报监测预警机制，创建"风险提示函"预警模式，就涉及风险的预警原因、风险实质等信息进行提示，并做好应对跟踪。公司信托资产投资、固有资产投资的市场风险情况正常。

4.4.2.3 操作风险状况

操作风险是指由不完善或有问题的管理制度、内程序、人员岗位和信息科技系统，以及外部事件所造成损失的风险。公司持续完善管理制度体系建设、提升内部控制流程设计有效性和执行有效性，对所开展的业务工作进行操作流程优化。设置操作风险管理专员，加强员工操作风险意识的培养，注重提高员工素质和责任心，避免人为主观因素引发操作风险。报告期内公司未发生严重操作风险事件。

4.4.2.4 其他风险状况

其他风险主要包括流动性风险、政策风险、合规风险和声誉风险等。流动性风险是指公司短期内资金周转困难无法偿付到期债务而造成损失的风险。政策风险主要表现为宏观政策以及行业政策的变动对公司经营环境和发展所造成的影响。合规风险是指公司因没有遵循法律、规则和准则可能遭受法律制裁、监管处罚、重大财务损失和声誉损失的风险。声誉风险是指由公司经营、管理及其他行为或外部事件导致利益相关方对公司做出负面评价的风险，影响公司正常经营。报告期内公司上述风险均实现有效管控、风险情况正常。

4.4.3 风险管理

4.4.3.1 信用风险管理

公司严格履行受托人职责，积极面对复杂多变的外部风险形势带来的不利影响和潜在挑战，高度重视信用风险的防范和管理，加强信用风险防范的前瞻性、针对性、及时性和主动性，强化过程管理和风险预警处置，及时转移、释放和化解信用风险。具体措施包括：一是区分信用风险隐患类别，按照"四个一批"分类施策，按照"清单制"分级管理；二是公司严格落实监管政策和指导要求，持续推进制度建设，及时调整和优化各项业务政策，制定或修订信托业务系列指引，重点关注项目准入、细化尽职调查工作要求，着力构建和完善信用风险管理体系；三是细化落实现场、非现场检查和全面风险、专项风险排查，并做好信用风险压力测试，实现风险隐患的早发现、早处置；四是建立和完善投后管理、风险监测分析等各项机制，及时防范和化解信用风险，并加强存量不良资产管理和处置；五是加大信用风险管理信息化投入，建立了有效的风险预警机制，投后管理信息系统。

4.4.3.2 市场风险管理

公司加强对宏观经济金融形势、调控政策以及行业周期性的研究，加大股票投资项目调研力度。坚持稳健经营策略，谨慎选择项目，各项投资活动实施前均经过全面调查，对可能产生市场风险的各因素进行测算评估。对有价证券投资管理状况进行实时监测，增强对资本市场走向及证券投资产品走势的预判，优化证券投资业务策略和管理流程，提高证券投资业务决策有效性和时效性。严格遵循组合投资、分散风险的原则，通过投资组合分散投资风险并提早做好防范措施。积极发挥业务系统在证券投资及风险管理方面的功能作用，提高证券估值效率和风险评估的科学性，强化预警平仓等风险防范措施。形成前中后台联动的风险管理防线，中后台风险管理部门协同前台业务经营部门研究和发现可能出现的重大市场风险，并提示相关业务团队及时调整策略。

4.4.3.3 操作风险管理

公司加强内控制度和风险管理制度的落实，发布《信托业务操作风险点管控实施细则》，强化层级授权体系，明确各部门、岗位的职责和权限，使公司业务运行的每一个过程和环节有章可循，各相关业务部门按照各自的职责在授权范围内独立运作，提高业务合规管理和风险管理质量。公司不断加强制度培训，提高员工的规范意识和责任意识。开展操作风险排查工作，以TCMP系统业务流程为基础，以信托项目生命周期为主线，以各时期审批流程为抓手，认真分析梳理流程节点提交审核的操作风险点，制定应对方案，总结控制措施。通过技术手段对操作权限和内容进行程序设定、制订应急预案等措施控制操作风险。根据监管规定对公司固有业务和信托业务进行严格的分离和岗位设置。

4.4.3.4 其他风险管理

公司坚持稳健运营的基本原则，合理制定固有资产投资策略，审慎进行固有资产的投资，在固有资产配置上以流动性和安全性为首要原则，提高货币资金、金融产品投资等流动性资产的配置比例，在确保流动性及安全性的基础上取得了较好的经营成效。

公司扎实推进集团客户集中度风险管控，加强业务风险限额和客户风险限额两个维度管理，建立并优化集团客户限额的线上设置、审批、监测等管理流程。

公司通过加强对国家政策的分析和研究，准确把握政策变化趋势，根据监管政策和市场的变化，加强政策风险管理，适时调整发展战略和经营策略。

公司严格按照法律法规规定开展各项业务，保持与监管部门的积极沟通，确保公司经营活动符合国家政策和监管要求，从完善公司治理、加强合规组织机构、配套机制建设、培育良好合规文化等方面，构建有效的合规风险管理机制。

公司高度重视声誉风险管理，将公司声誉构建与公司发展战略、企业文化进行有机结合，对可能影响公司声誉的业务坚决予以回避，尽职管理受托资产并进行充分信息披露。加强舆情监测，不断完善舆情管理体系与舆情处突能力，积极维护公司良好的声誉和企业形象。

4.5 企业社会责任

2021年光大信托坚定党建引领，深化改革创新，强化使命担当，推动党中央和集团各项决策部署在公司落地见效，整体业务呈现出稳中有进、提质增效的良好态势，主营业务绩效持续增长，主要经济指标再创历史新高，"十四五"实现良好开局。这一年，光大信托以"稳"应"变"，以"与友共赢之识"完成信托托付之约，以"心援民生之力"践行金融央企之责。

（1）坚定党建引领。2021年，公司党委为扎实开展党史学习教育，组织引领公司党员领导干部读原著、学原文、悟原理。举办多次党史学习教育专题读书班。为进一步推进党史学习教育工作走深走实，公司党委在浙江红船干部学院举办了管理人员"学党史悟思想提素质"党史专题培训班。贯彻落实党中央和集团关于做好"光荣在党50年"纪念章颁发工作要求，举行了纪念章颁发仪式，同时，组织为党员过"政治生日"。在集团和党委正确领导下，公司回归信托本源，树立业务特色，聚焦发展质效，不断创造品牌价值。

（2）激活创新模式。落地行业首单身心障碍服务信托。秉持"以信托方式为身心障碍者探索提供可选择、可持续、可信赖的解决方案"初衷，以信托方式解决心智障碍者家属终极问题，成功落地国内首单身心障碍者服务信托，这标志着国内关于身心障碍者终身照护问题多了一条创新性解决方案。

成功发行首单"碳中和"ABN。光大信托作为受托管理人、发行载体管理机构设立的"宜春市国有资本投资运营集团有限公司2021年度第一期绿色定向资产支持票据（碳中和债）"，发行规模2.7亿元。该项目作为交易商协会首单拿函、全国第三单发行，是光大信托积极履行企业社会责任、助力国家"碳达峰、碳中和"目标实现的有效探索。

首单家族信托投资Pre-IPO股权项目的标准化家族信托——光耀世家·坤厚1号成功落地。该家族信托是创新模式下的标准化家族信托，属于真正的权益投资模式，而非传统家族信托项目的固定收益模式。充分体现了受托人光大信托卓越的主动管理能力，顺应了"回归信托本源"的监管要求。

创新设计光大半导体科学A9指数。为夯实战略转型基础，加速推进由融资向投资、由简单向专业转型，加大对高新科技产业的支持力度。继2020年成功发布行业首个健康科学窄基特色指数——"光大健康科学A8指数"并取得良好投资回报后，首个面向半导体产业的精选指数——"光大半导体科学A9指数"正式发布，有效助力高新科技产业发展。

（3）彰显央企担当。2021年，光大信托帮扶总金额302.22万元。资金重点投向精准扶贫和新冠疫情防控领域，有力支持了脱贫攻坚战和抗疫阻击战，得到了党和国家的高度肯定和认可，最终荣获"第十一届中华慈善奖"。

2021年7月河南多地因极端强降雨引发险情，光大信托迅速启动应急措施，面向爱心企业及个人发布《以慈善信托助力河南水灾救助倡议书》，首期250多万元信托资金及时到位，为灾区人道主义救援及地区重建提供了支持。

2021年10月甘肃省兰州市暴发新一轮疫情，光大信托肩负央企社会责任，快速及时将20万元善款捐赠至兰州市慈善总会，缓解了志愿者和社工面临的物资短缺问题。

2021年12月3日，在第30个国际残疾人日来临之际，光大信托与北京星星雨教育研究所（国内第一家民间自闭症服务机构）合作，在公司开展公益讲座和爱心义卖活动。

5. 报告期末及上一年度末的比较式会计报表

5.1 自营资产

5.1.1 会计师事务所审计意见全文

审计报告

安永华明（2022）审字第61362549_A01号

光大兴陇信托有限责任公司

光大兴陇信托有限责任公司董事会：

一、审计意见

我们审计了光大兴陇信托有限责任公司的财务报表，包括2021年12月31日的资产负债表、2021年度的利润表、所有者权益变动表和现金流量表以及相关财务报表附注。

我们认为，后附的光大兴陇信托有限责任公司的财务报表在所有重大方面按照企业会计准则的规定编制，公允反映了光大兴陇信托有限责任公司2021年12月31日的财务状况以及2021年度的经营成果和现金流量。

二、形成审计意见的基础

我们按照中国注册会计师审计准则的规定执行了审计工作。审计报告的"注册会计师对财务报表审计的责任"部分进一步阐述了我们在这些准则下的责任。按照中国注册会计师职业道德守则，我们独立于光大兴陇信托有限责任公司，并履行了职业道德方面的其他责任。我们相信，我们获取的审计证据是充分、适当的，为发表审计意见提供了基础。

三、其他信息

光大兴陇信托有限责任公司管理层对其他信息负责。其他信息包括年度报告中涵盖的信息，但不包括财务报表和我们的审计报告。

我们对财务报表发表的审计意见不涵盖其他信息，我们也不对其他信息发表任何形式的鉴证结论。

结合我们对财务报表的审计，我们的责任是阅读其他信息，在此过程中，考虑其他信息是否与财务报表或我们在审计过程中了解到的情况存在重大不一致或者似乎存在重大错报。

基于我们已执行的工作，如果我们确定其他信息存在重大错报，我们应当报告该事实。在这方面，我们无任何事项需要报告。

四、管理层和治理层对财务报表的责任

光大兴陇信托有限责任公司管理层负责按照企业会计准则的规定编制财务报表，使其实现公允反映，并设计、执行和维护必要的内部控制，以使财务报表不存在由于舞弊或错误导致的重大错报。

在编制财务报表时，管理层负责评估光大兴陇信托有限责任公司的持续经营能力，披露与持续经营相关的事项（如适用），并运用持续经营假设，除非计划进行清算、终止运营或别无其他现实的选择。

治理层负责监督光大兴陇信托有限责任公司的财务报告过程。

五、注册会计师对财务报表审计的责任

我们的目标是对财务报表整体是否不存在由于舞弊或错误导致的重大错报获取合理保证，并出具包含审计意见的审计报告。合理保证是高水平的保证，但并不能保证按照审计准则执行的审计在某一重大错报存在时总能发现。错报可能由于舞弊或错误导致，如果合理预期错报单独或汇总起来可能影响财务报表使用者依据财务报表做出的经济决策，则通常认为错报是重大的。

在按照审计准则执行审计工作的过程中，我们运用职业判断，并保持职业怀疑。同时，我们也执行以下工作：

（1）识别和评估由于舞弊或错误导致的财务报表重大错报风险，设计和实施审计程序以应对这些风险，并获取充分、适当的审计证据，作为发表审计意见的基础。由于舞弊可能涉及串通、伪造、故意遗漏、虚假陈述或凌驾于内部控制之上，未能发现由于舞弊导致的重大错报的风险高于未能发现由于错误导致的重大错报的风险。

（2）了解与审计相关的内部控制，以设计恰当的审计程序，但目的并非对内部控制的有效性发表意见。

（3）评价管理层选用会计政策的恰当性和做出会计估计及相关披露的合理性。

（4）对管理层使用持续经营假设的恰当性得出结论。同时，根据获取的审计证据，就可能导致对光大兴陇信托有限责任公司持续经营能力产生重大疑虑的事项或情况是否存在重大不确定性得出结论。如果我们得出结论认为存在重大不确定性，审计准则要求我们在审计报告中提请报表使用者注意财务报表中的相关披露；如果披露不充分，我们应当发表非无保留意见。我们的结论基于截至审计报告日可获得的信息。然而，未来的事项或情况可能导致光大兴陇信托有限责任公司不能持续经营。

（5）评价财务报表的总体列报（包括披露）、结构和内容，并评价财务报表是否公允反映相关交易和事项。

我们与治理层就计划的审计范围、时间安排和重大审计发现等事项进行沟通，包括沟通我们在审计中识别出的值得关注的内部控制缺陷。

安永华明会计师事务所（特殊普通合伙）

中国注册会计师：孙玲玲

中国注册会计师：冯栋娜

中国·北京

5.1.2 资产负债表

资产负债表

编制单位：光大兴陇信托有限责任公司　　2021年12月31日　　单位：万元

项目	2021年12月31日	2020年12月31日	2020年1月1日
资产			
现金	—	—	—
存放同业款项	980 237.95	699 364.00	775 968.41
交易性金融资产	968 674.43	979 793.98	507 833.28
应收账款	48 935.91	24 966.60	20 392.95
发放贷款和垫款	400.00	400.00	400.00
其他权益工具投资	3 292.37	4 632.41	8 857.97
使用权资产	32 972.95	40 187.17	50 978.60
固定资产	6 032.96	5 441.54	4 061.51
无形资产	10 150.96	5 383.15	802.39
投资性房地产	3 319.14	3 429.02	3 538.90
递延所得税资产	87 301.27	20 072.76	11 045.95
其他资产	20 426.91	24 477.90	11 608.38
资产总计	2 161 744.85	1 808 148.53	1 395 488.34
负债和所有者权益			
拆入资金	15 000.00	—	—
合同负债	189 796.25	85 551.59	148 733.03
租赁负债	36 685.07	43 848.10	52 859.91
应付职工薪酬	9 212.30	21 525.72	24 766.84
应交税费	42 601.77	93 521.49	70 684.12
其他负债	19 653.06	7 323.86	7 846.61
预计负债	305 420.66	75 020.66	19 484.57
应付股利	—	14 600.12	—
负债合计	618 369.12	341 391.54	324 375.08
所有者权益			
实收资本	841 819.05	841 819.05	641 819.05
资本公积	7 730.00	7 730.00	7 730.00
其他综合收益	324.28	1 329.31	4 498.48
盈余公积	91 109.22	75 512.54	49 398.19
一般风险准备	13 772.69	12 245.00	12 245.00
信托赔偿准备	45 880.32	38 081.98	25 024.80

续表

项目	2021年12月31日	2020年12月31日	2020年1月1日
未分配利润	542 740.17	490 039.11	330 397.74
所有者权益合计	1 543 375.73	1 466 756.99	1 071 113.26
负债和所有者权益总计	2 161 744.85	1 808 148.53	1 395 488.34

单位负责人：冯翔　　主管会计工作的公司负责人：王志远　　会计机构负责人：苏雪

5.1.3 利润表

利润表

编制单位：光大兴陇信托有限责任公司　　2021年12月31日　　单位：万元

项目	2021年	2020年
一、营业收入	620 373.42	563 042.36
利息收入	21 592.13	12 552.58
手续费及佣金收入	569 435.81	479 033.34
投资收益	58 394.16	53 049.98
公允价值变动（损失）/收益	−29 821.52	17 498.32
其他业务收入	791.56	946.12
资产处置收益	−18.72	−37.98
汇兑净收益/（损失）	—	—
二、营业支出	411 300.21	210 807.02
营业税金及附加	4 197.88	5 693.63
业务及管理费	172 055.12	151 659.24
信用减值损失	4 194.13	−2 524.21
资产减值损失	230 400.00	55 536.09
其他业务成本	453.08	442.27
三、营业利润	209 073.21	352 235.34
加：营业外收入	—	0.52
减：营业外支出	290.04	1 306.68
四、利润总额	208 783.17	350 929.18
减：所得税费用	52 816.33	89 785.63
五、净利润	155 966.84	261 143.55
六、其他综合收益的税后净额以后将重分类进损益的其他综合收益	−1 005.03	−3 169.17
其他权益工具投资公允价值变动	−1 005.03	−3 169.17
公允价值变动损益	—	—
综合收益总额	154 961.81	257 974.38

单位负责人：冯翔　　主管会计工作的公司负责人：王志远　　会计机构负责人：苏雪

5.1.4 所有者权益变动表

所有者权益变动表

编制单位：光大兴陇信托有限责任公司　　2021年12月31日　　单位：万元

2021年度

项目	实收资本	资本公积	其他综合收益	盈余公积	一般风险准备	信托赔偿准备	未分配利润	所有者权益合计
2020年12月31日余额	841 819.05	7 730.00	1 329.31	75 512.54	12 245.00	38 081.98	490 039.11	1 466 756.99
会计政策变更	—							
2021年1月1日余额	841 819.05	7 730.00	1 329.31	75 512.54	12 245.00	38 081.98	490 039.11	1 466 756.99

续表

	2021年度							
项目	实收资本	资本公积	其他综合收益	盈余公积	一般风险准备	信托赔偿准备	未分配利润	所有者权益合计
本年增减变动金额	—	—	—	—	—	—	—	—
1.净利润	—	—	—	—	—	—	155 966.84	155 966.84
2.其他综合收益	—	—	-1 005.03	—	—	—	—	-1 005.03
3.股东注资	—	—	—	—	—	—	—	—
4.利润分配	—	—	—	15 596.68	1 527.68	7 798.35	-103 265.78	-78 343.07
-提取盈余公积	—	—	—	15 596.68	—	—	-15 596.68	—
-提取一般风险准备	—	—	—	—	1 527.68	—	-1 527.68	—
-提取信托赔偿准备	—	—	—	—	—	7 798.35	-7 798.35	—
-分配股利	—	—	—	—	—	—	-78 343.07	-78 343.07
2021年12月31日余额	841 819.05	7 730.00	324.28	91 109.22	13 772.68	45 880.33	542 740.17	1 543 375.73

	2020年度							
项目	实收资本	资本公积	其他综合收益	盈余公积	一般风险准备	信托赔偿准备	未分配利润	所有者权益合计
2019年12月31日余额	641 819.05	7 730.00	4 498.48	49 398.19	12 245.00	25 024.80	330 397.74	1 071 113.26
会计政策变更	—	—	—	—	—	—	—	—
会计差错更正	—	—	—	—	—	—	—	—
2020年1月1日余额	641 819.05	7730	4 498.48	49 398.19	12245	25 024.8	330 397.74	1 071 113.26
本年增减变动金额	—	—	—	—	—	—	—	—
1.净利润	—	—	—	—	—	—	261 143.55	261 143.55
2.其他综合收益	—	—	-3 169.17	—	—	—	—	-3 169.17
3.股东注资	200 000.00	—	—	—	—	—	—	200 000.00
4.利润分配	—	—	—	26 114.35	—	13 057.18	-101 502.18	-62 330.65
-提取盈余公积	—	—	—	26 114.35	—	—	-26 114.35	—
-提取一般风险准备	—	—	—	—	—	—	—	—
-提取信托赔偿准备	—	—	—	—	—	13 057.18	-13 057.18	—
-分配股利	—	—	—	—	—	—	-62 330.65	-62 330.65
2020年12月31日余额	841 819.05	7 730.00	1 329.31	75 512.54	12 245.00	38 081.98	490 039.11	1 466 756.99

单位负责人:冯翔　　主管会计工作的公司负责人:王志远　　会计机构负责人:苏雪

5.2 信托资产

5.2.1 信托项目资产负债汇总表

信托项目资产负债汇总表

编制单位:光大兴陇信托有限责任公司　　2021年12月31日　　单位:万元

信托资产	期末数	期初数	信托负债和信托权益	期末数	期初数
信托资产:			信托负债:		
货币资金	3 200 179.96	2 432 176.97	交易性金融负债	—	—
拆出资金	—	—	衍生金融负债	—	—
存出保证金	—	—	应付受托人报酬	55 253.62	29 206.50
交易性金融资产	17 219 745.25	13 766 964.35	应付托管费	17 390.03	5 111.51
衍生金融资产	—	—	应付受益人收益	28 668.64	86 333.71
买入返售金融资产	5 181 978.41	9 771 634.41	应交税费	51 904.87	60 240.44
应收款项	4 760 344.08	5 821 973.19	应付销售服务费	4 591.65	611.73
发放贷款	36 972 283.68	44 850 342.80	其他应付款项	311 227.84	1 435 586.47

续表

信托资产	期末数	期初数	信托负债和信托权益	期末数	期初数
可供出售金融资产	27 188 163.54	15 866 749.60	其他负债	—	—
持有至到期投资	3 044 952.93	1 031 815.72	信托负债合计	469 036.65	1 617 090.36
长期应收款	—	—	信托权益：		
长期股权投资	12 000 578.56	9 065 472.34	实收信托	106 695 514.84	99 983 511.95
投资性房地产	—	—	资本公积	84 123.43	81 372.99
固定资产	—	—	损益平准金	-551.62	-293.18
无形资产	—	—	未分配利润	2 322 183.27	925 935.21
长期待摊费用	609.34	—			
其他资产	1 470.81	487.95	信托权益合计	109 101 269.90	100 990 526.97
信托资产总计	109 570 306.55	102 607 617.33	信托负债及权益总计	109 570 306.55	102 607 617.33

单位负责人：冯翔　　　会计主管：王兴峰　　　复核：陈继辉　　　制表：吴娟

5.2.2 信托项目利润及利润分配汇总表

信托项目利润及利润分配汇总表

编制单位：光大兴陇信托有限责任公司　　2021年12月31日　　单位：万元

项目	本年数	上年数
一、营业收入	7 556 877.76	7 046 304.26
1.利息收入	5 070 225.45	4 713 293.92
2.投资收益	2 372 451.85	2 270 345.48
3.公允价值变动损益	78 219.10	49 167.51
4.租赁收入	—	—
5.汇兑损益	—	—
6.其他收入	35 981.35	13 497.34
二、营业费用	1 014 614.67	806 871.03
1.营业税金及附加	17 886.49	18 113.98
2.受托人报酬	558 979.41	474 412.62
3.托管费	41 240.79	25 790.37
4.投资管理费	16 286.04	13 987.28
5.销售服务费	84 747.12	49 852.96
6.交易费用	-5 721.55	11 549.40
7.资产减值损失	2 025.00	—
8.其他费用	299 171.36	213 164.42
三、信托净利润（净亏损以"-"号填列）	6 542 263.10	6 239 433.23
四、其他综合收益	—	—
五、综合收益	6 542 263.10	6 239 433.23
加：期初未分配信托利润	925 935.22	398 460.15
六、可供分配信托利润	7 468 198.31	6 637 893.38
减：本期已分配信托利润	5 146 015.05	5 711 958.16
七、期末未分配信托利润	2 322 183.27	925 935.22

单位负责人：冯翔　　会计主管：王兴峰　　复核：陈继辉　　制表：吴娟

6.会计报表附注

6.1 会计报表编制基准不符合会计核算基本前提的说明

6.1.1 会计报表不符合会计核算基本前提的事项

无。

6.1.2 合并报表说明

无。

6.2 重要会计政策和会计估计说明

会计年度：公司会计年度采用公历年度，即每年自1月1日起至12月31日止。

记账本位币：公司记账本位币和编制本财务报表所采用的货币均为人民币。除有特别说明外，均以人民币元为单位表示。

计量属性在本期发生变化的报表项目及其本期采用的计量属性：编制本财务报表时，除某些金融工具外，均以历史成本为计价原则。资产如果发生减值，则按照相关规定计提相应的减值准备。

现金等价物确定标准：现金，是指公司的库存现金以及可以随时用于支付的存款；现金等价物，是指公司持有的期限短、流动性强、易于转换为已知金额的现金、价值变动风险很小的投资。

6.2.1 计提资产减值准备的范围和方法

6.2.1.1 贷款及应收款项减值准备的范围和方法

公司以预期信用损失为基础，对以摊余成本计量的金融资产、以公允价值计量且其变动计入其他综合收益的债务工具投资进行减值处理并确认损失准备。

对于不含重大融资成分的应收款项，公司运用简化计量方法，按照相当于整个存续期内的预期信用损失金额计量损失准备。

6.2.1.2 固定资产、无形资产、长期股权投资减值准备

公司对除金融资产和递延所得税资产以外（例如固定资产、无形资产等）的资产减值，按以下方法确定：

公司于资产负债表日判断资产是否存在可能发生减值的迹象，存在减值迹象的，公司将估计其可收回金额，进行减值测试。

可收回金额根据资产的公允价值减去处置费用后的净额与资产预计未来现金流量的现值两者之间较高者确定。公司以单项资产为基础估计其可收回金额；难以对单项资产的可收回金额进行估计的，以该资产所属的资产组为基础确定资产组的可收回金额。资产组的认定，以资产组产生的主要现金流入是否独立于其他资产或者资产组的现金流入为依据。

当资产或资产组的可收回金额低于其账面价值时，公司将其账面价值减记至可收回金额，减记的金额计入当期损益，同时计提相应的资产减值准备。

资产减值损失一经确认，在以后会计期间不会转回。

6.2.1.3 金融资产的减值准备

公司以预期信用损失为基础，对以摊余成本计量的金融资产、以公允价值计量且其变动计入其他综合收益的债务工具投资、应收款项及财务担保合同进行减值处理并确认损失准备。

对于不含重大融资成分的应收款项，公司运用简化计量方法，按照相当于整个存续期内的预期信用损失金额计量损失准备。

除上述采用简化计量方法以外的金融资产，公司在每个资产负债表日评估其信用风险自初始确认后是否已经显著增加，如果信用风险自初始确认后未显著增加，处于第一阶段，本公司按照相当于未来12个月内预期信用损失的金额计量损失准备，并按照账面余额和实际利率计算利息收入；如果信用风险自初始确认后已显著增加但尚未发生信用减值的，处于第二阶段，公司按照相当于整个存续期内预期信用损失的金额计量损失准备，并按照账面余额和实际利率计算利息收入；如果初始确认后发生信用减值的，处于第三阶段，公司按照相当于整个存续期内预期信用损失的金额计量损失准备，并按照摊余成本和实际利率计算利息收入。

公司在每个资产负债表日评估相关金融工具的信用风险自初始确认后是否已显著增加。公司以单项金融工具或者具有相似信用风险特征的金融工具组合为基础，通过比较金融工具在资产负债表日发生违约的风险与在初始确认日发生违约的风险，以确定金融工具预计存续期内发生违约风险的变化情况。

当对金融资产预期未来现金流量具有不利影响的一项或多项事件发生时，该金融资产成为已发生信用减值的金融资产。

当公司不再合理预期能够全部或部分收回金融资产合同现金流量时，公司直接减记该金融资产的账面余额。

6.2.2 金融工具核算方法

公司的金融资产于初始确认时根据公司企业管理金融资产的业务模式和金融资产的合同现金流量特征分类为：以摊余成本计量的金融资产、以公允价值计量且其变动计入其他综合收益的金融资产、以公允价值计量且其变动计入当期损益的金融资产。

金融资产在初始确认时以公允价值计量，但是因销售商品或提供服务等产生的应收账款或应收票据未包含重大融资成分或不考虑不超过一年的融资成分的，按照交易价格进行初始计量。

对于以公允价值计量且其变动计入当期损益的金融资产，相关交易费用直接计入当期损益，其他类别的金融资产相关交易费用计入其初始确认金额。

金融资产的后续计量取决于其分类。

以摊余成本计量的债务工具投资。金融资产同时符合下列条件的，分类为以摊余成本计量的金融资产：管理该金融资产的业务模式是以收取合同现金流量为目标；该金融资产的合同条款规定，在特定日期产生的现金流量仅为对本金和以未偿付本金金额为基础的利息的支付。此类金融资产采用实际利率法确认利息收入，其终止确认、修改或减值产生的利得或损失，均计入当期损益。此类金融资产主要包含现金及存放款项、应收账款、发放贷款和垫款和其他应收款等。

以公允价值计量且其变动计入其他综合收益的债务工具投资。金融资产同时符合下列条件的，分类为以公允价值计量且其变动计入其他综合收益的金融资产：公司管理该金融资产的业务模式是既以收取合同现金流量为目标又以出售金融资产为目标；该金融资产的合同条款规定，在特定日期产生的现金流量仅为对本金和以未偿付本金金额为基础的利息的支付。此类金融资产采用实际利率法确认利息收入。除利息收入、减值损失及汇兑差额确认为当期损益外，其余公允价值变动计入其他

综合收益。当金融资产终止确认时，之前计入其他综合收益的累计利得或损失从其他综合收益转出，计入当期损益。此类金融资产列报为其他债权投资。

以公允价值计量且其变动计入其他综合收益的权益工具投资。公司不可撤销地选择将部分非交易性权益工具投资指定为以公允价值计量且其变动计入其他综合收益的金融资产，仅将相关股利收入（明确作为投资成本部分收回的股利收入除外）计入当期损益，公允价值的后续变动计入其他综合收益，无需计提减值准备。当金融资产终止确认时，之前计入其他综合收益的累计利得或损失从其他综合收益转出，计入留存收益。此类金融资产列报为其他权益投资。

满足下列条件之一的，属于交易性金融资产：取得相关金融资产的目的主要是为了在近期内出售或回购；属于集中管理的可辨认金融工具组合的一部分，且有客观证据表明企业近期采用短期获利方式模式；属于衍生工具，但是，被指定且为有效套期工具的衍生工具、符合财务担保合同的衍生工具除外。

以公允价值计量且其变动计入当期损益的金融资产。上述以摊余成本计量的金融资产和以公允价值计量且其变动计入其他综合收益的金融资产之外的金融资产，分类为以公允价值计量且其变动计入当期损益的金融资产。对于此类金融资产，采用公允价值进行后续计量，所有公允价值变动计入当期损益。

当且仅当本公司改变管理金融资产的业务模式时，才对所有受影响的相关金融资产进行重分类。

金融负债分类和计量。公司的金融负债于初始确认时分类为：以公允价值计量且其变动计入当期损益的金融负债、其他金融负债。对于以公允价值计量且其变动计入当期损益的金融负债，相关交易费用直接计入当期损益，其他金融负债的相关交易费用计入其初始确认金额。

以公允价值计量且其变动计入当期损益的金融负债。以公允价值计量且其变动计入当期损益的金融负债，包括交易性金融负债（含属于金融负债的衍生工具）和初始确认时指定为以公允价值计量且其变动计入当期损益的金融负债。交易性金融负债（含属于金融负债的衍生工具），按照公允价值进行后续计量，所有公允价值变动均计入当期损益。对于指定为以公允价值计量且其变动计入当期损益的金融负债，按照公允价值进行后续计量，除由本公司自身信用风险变动引起的公允价值变动计入其他综合收益之外，其他公允价值变动计入当期损益；如果由本公司自身信用风险变动引起的公允价值变动计入其他综合收益会造成或扩大损益中的会计错配，本公司将所有公允价值变动（包括自身信用风险变动的影响金额）计入当期损益。

其他金融负债。对于此类金融负债，采用实际利率法，按照摊余成本进行后续计量。

6.2.3 租赁资产的核算方法（自2019年1月1日起适用）

租赁的识别。在合同开始日，本公司评估合同是否为租赁或者包含租赁，如果合同中一方让渡了在一定期间内控制一项或多项已识别资产使用的权利以换取对价，则该合同为租赁或者包含租赁。为确定合同是否让渡了在一定期间内控制已识别资产使用的权利，本公司评估合同中的客户是否有权获得在使用期间内因使用已识别资产所产生的几乎全部经济利益，并有权在该使用期间主导已识别资产的使用。

单独租赁的识别。合同中同时包含多项单独租赁的，本公司将合同予以分拆，并分别各项单独租赁进行会计处理。同时符合下列条件的，使用已识别资产的权利构成合同中的一项单独租赁：①本公司作为承租人可从单独使用该资产或将其与易于获得的其他资源一起使用中获利；②该资产与合同中的其他资产不存在高度依赖或高度关联关系。

租赁期的评估。租赁期是本公司有权使用租赁资产且不可撤销的期间。本公司有续租选择权，即有权选择续租该资产，且合理确定将行使该选择权的，租赁期还包含续租选择权涵盖的期间。本公司有终止租赁选择权，即有权选择终止租赁该资产，但合理确定将不会行使该选择权的，租赁期包含终止租赁选择权涵盖的期间。发生本公司可控范围内的重大事件或变化，且影响本公司是否合理确定将行使相应选择权的，本公司对其是否合理确定将行使续租选择权、购买选择权或不行使终止租赁选择权进行重新评估。

作为承租人。

使用权资产。本公司使用权资产类别主要包括房屋及建筑物、运输工具。

在租赁期开始日，本公司将其可在租赁期内使用租赁资产的权利确认为使用权资产，包括：①租赁负债的初始计量金额；②在租赁期开始日或之前支付的租赁付款额，存在租赁激励的，扣除已享受的租赁激励相关金额；③本公司作为承租人发生的初始直接费用；④为拆卸及移除租赁资产、复原租赁资产所在场地或将租赁资产恢复至租赁条款约定状态预计将发生的成本。

本公司后续采用年限平均法对使用权资产计提折旧。能够合理确定租赁期届满时取得租赁资产所有权的，本公司在租赁资产剩余使用寿命内计提折旧。无法合理确定租赁期届满时能够取得租赁资产所有权的，本公司在租赁期与租赁资产剩余使用寿命两者孰短的期间内计提折旧。

本公司按照变动后的租赁付款额的现值重新计量租赁负债，并相应调整使用权资产的账面价值时，如使用权资产账面价值已调减至零，但租赁负债仍需进一步调减的，本公司将剩余金额计入当期损益。

租赁负债。在租赁期开始日，本公司将尚未支付的租赁付款额的现值确认为租赁负债，短期租赁和低价值资产租赁除外。

在计算租赁付款额的现值时，本公司采用承租人增量借款利率作为折现率。本公司按照固定的周期性利率计算租赁负债在租赁期内各期间的利息费用，并计入当期损益。未纳入租赁负债计量的可变租赁付款额于实际发生时计入当期损益。

租赁期开始日后，当实质固定付款额发生变动、担保余值预计的应付金额发生变化、用于确定租赁付款额的指数或比率发生变动、购买选择权、续租选择权或终止选择权的评估结果或实际行权情况发生变化时，本公司按照变动后的租赁付款额的现值重新计量租赁负债。

租赁变更。租赁变更是原合同条款之外的租赁范围、租赁对价、租赁期限的变更，包括增加或终止一项或多项租赁资产的使用权，延长或缩短合同规定的租赁期等。

租赁发生变更且同时符合下列条件的，本公司将该租赁变更作为一项单独租赁进行会计处理：①该租赁变更通过增加一项或多项租赁资产的使用权而扩大了租赁范围；②增加的对价与租赁范围扩大部分的单独价格按该合同情况调整后的金额相当。

租赁变更未作为一项单独租赁进行会计处理的，在租赁变更生效日，本公司重新确定租赁期，并采用修订后的折现率对变更后的租赁付款额进行折现，以重新计量租赁负债。在计算变更后租赁付款额的现值时，本公司采用剩余租赁期间的租赁内含利率作为折现率；无法确定剩余租赁期间的租赁内含利率的，采用租赁变更生效日的本公司增量借款利率作为折现率。

就上述租赁负债调整的影响，本公司区分以下情形进行会计处理：①租赁变更导致租赁范围缩小或租赁期缩短的，本公司调减使用权资产的账面价值，以反映租赁的部分终止或完全终止。本公司将部分终止或完全终止租赁的相关利得或损失计入当期损益；②其他租赁变更，本公司相应调整使用权资产的账面价值。

短期租赁和低价值资产租赁。本公司将在租赁期开始日，租赁期不超过12个月，且不包含购买选择权的租赁认定为短期租赁；将单项租赁资产为全新资产时价值不超过5万元的租赁认定为低价值资产租赁。本公司对短期租赁和低价值资产租赁选择不确认使用权资产和租赁负债，租金在租赁期内各个期间按直线法摊销，计入利润表中的"业务及管理费"。

作为出租人。租赁开始日实质上转移了与租赁资产所有权有关的几乎全部风险和报酬的租赁为融资租赁，除此之外的均为经营租赁。

本公司作为经营租赁出租人，经营租赁的租金收入在租赁期内各个期间按直线法摊销，计入利润表中的"其他业务收入"，或有租金在实际发生时计入当期损益。

承租人增量借款利率。本公司采用增量借款利率作为折现率计算租赁付款额的现值。确定增量借款利率时，本公司各机构根据所处经济环境，以可观察的利率作为确定增量借款利率的参考基础，在此基础上，根据自身情况、标的资产情况、租赁期和租赁负债金额等租赁业务具体情况对参考利率进行调整以得出适用的增量借款利率。

6.2.4　固定资产计价和折旧方法

6.2.4.1　固定资产及在建工程的确认

固定资产仅在与其有关的经济利益很可能流入本公司，且其成本能够可靠地计量时才予以确认。与固定资产有关的后续支出，符合该确认条件的，计入固定资产成本，并终止确认被替换部分的账面价值；否则，在发生时计入当期损益。

6.2.4.2　固定资产及在建工程的计价

固定资产按照成本进行初始计量。外购固定资产的初始成本包括购买价款、相关税费以及使该资产达到预定可使用状态前所发生的可归属于该项资产的支出。

6.2.4.3 固定资产折旧方法

固定资产的折旧采用年限平均法计提，各类固定资产的使用寿命、预计净残值率及年折旧率如下表所示。

类别	使用寿命（年）	预计净残值率（%）	年折旧率（%）
房屋及建筑物	50	5	1.9
运输工具	10	5	9.5
办公设备及其他	3—10	5	9.50—31.67

公司至少于每年年度终了，对固定资产的使用寿命、预计净残值和折旧方法进行复核，必要时进行调整。

6.2.5 无形资产计价及摊销政策

无形资产仅在与其有关的经济利益很可能流入本公司，且其成本能够可靠地计量时才予以确认，并以成本进行初始计量。但非同一控制下企业合并中取得的无形资产，其公允价值能够可靠地计量的，即单独确认为无形资产并按照公允价值计量。

无形资产按照其能为本公司带来经济利益的期限确定使用寿命，无法预见其为本公司带来经济利益期限的作为使用寿命不确定的无形资产。各项无形资产的使用寿命如下表所示。

类别	使用寿命（年）
软件	3—10

公司至少于每年年度终了，对无形资产的使用寿命及摊销方法进行复核，必要时进行调整。

6.2.6 长期待摊费用的摊销政策

长期待摊费用是已经发生但应由本期和以后各期负担的、分摊期限在一年以上的各项费用，按预计受益期间分期平均分摊。

6.2.7 合并会计报表的编制方法

无。

6.2.8 收入确认原则和方法

公司在履行了合同中的履约义务，即在客户取得相关商品或服务控制权时确认收入。取得相关商品或服务的控制权，是指能够主导该商品的使用或该服务的提供并从中获得几乎全部的经济利益。

（1）利息收入。金融资产的利息收入根据让渡资金使用权的时间和实际利率在发生时计入当期损益。利息收入包括折让或溢价摊销，或生息资产的初始账面金额与到期日金额之间的差异按实际利率基准计算的摊销。

实际利率法，是指按照金融资产的实际利率计算其摊余成本及利息收入的方法。实际利率是将金融资产在预计存续期间或更短的期间（如适用）内的未来现金流量，折现至该金融资产当前账面价值所使用的利率。在计算实际利率时，本公司会在考虑金融工具的所有合同条款的基础上预计未来现金流量。计算项目包括属于实际利率组成部分的订约方之间所支付或收取的各项费用、交易费用和所有其他溢价或折价。

对于购入或源生的已发生信用减值的金融资产，本公司自初始确认起，按照该金融资产的摊余成本和经信用调整的实际利率计算确定其利息收入。经信用调整的实际利率，是指将购入或源生的已发生信用减值的金融资产在预计存续期的估计未来现金流量，折现为该金融资产摊余成本的利率。

对于购入或源生的未发生信用减值、但在后续期间成为已发生信用减值的金融资产，公司在后续期间，按照该金融资产的摊余成本和实际利率计算确定其利息收入。

（2）手续费及佣金收入。公司通过向客户提供各类服务收取手续费及佣金。其中，通过在一定期间内提供服务收取的手续费及佣金在相应期间内按照履约进度确认，其他手续费及佣金于相关交易完成时确认。

（3）股利收入。非上市权益工具投资的股利收入与本公司收取股利的权利确立时在利润表内确认。上市权益工具投资的股利收入在投资项目的股价除息时确认。

6.2.9 所得税的会计处理方法

所得税包括当期所得税和递延所得税。除由于企业合并产生的调整商誉，或与直接计入所有者权益的交易或者事项相关的计入所有者权益外，均作为所得税费用或收益计入当期损益。

公司对于当期和以前期间形成的当期所得税负债或资产，按照税法规定计算的预期应交纳或返还的所得税金额计量。

公司根据资产与负债于资产负债表日的账面价值与计税基础之间的暂时性差异，以及未作为资产和负债确认但按照税法规定可以确定其计税基础的项目的账面价值与计税基础之间的差额产生的暂时性差异，采用资产负债表债务法计提递延所得税。

各种应纳税暂时性差异均据以确认递延所得税负债，除非：

（1）应纳税暂时性差异是在以下交易中产生的：商誉的初始确认，或者具有以下特征的交易中产生的资产或负债的初始确认：该交易不是企业合并，并且交易发生时既不影响会计利润也不影响应纳税所得额或可抵扣亏损。

（2）对于与子公司、合营企业及联营企业投资相关的应纳税暂时性差异，该暂时性差异转回的时间能够控制并且该暂时性差异在可预见的未来很可能不会转回。

对于可抵扣暂时性差异、能够结转以后年度的可抵扣亏损和税款抵减，本公司以很可能取得用来抵扣可抵扣暂时性差异、可抵扣亏损和税款抵减的未来应纳税所得额为限，确认由此产生的递延所得税资产，除非：

（1）可抵扣暂时性差异是在以下交易中产生的：该交易不是企业合并，并且交易发生时既不影响会计利润也不影响应纳税所得额或可抵扣亏损。

（2）对于与子公司、合营企业及联营企业投资相关的可抵扣暂时性差异，同时满足下列条件的，确认相应的递延所得税资产：暂时性差异在可预见的未来很可能转回，且未来很可能获得用来抵扣可抵扣暂时性差异的应纳税所得额。

本公司于资产负债表日，对于递延所得税资产和递延所得税负债，依据税法规定，按照预期收回该资产或清偿该负债期间的适用税率计量，并反映资产负债表日预期收回资产或清偿负债方式的所得税影响。

于资产负债表日，本公司对递延所得税资产的账面价值进行复核，如果未来期间很可能无法获得足够的应纳税所得额用以抵扣递延所得税资产的利益，减记递延所得税资产的账面价值。于资产负债表日，本公司重新评估未确认的递延所得税资产，在很可能获得足够的应纳税所得额可供所有或部分递延所得税资产转回的限度内，确认递延所得税资产。

如果拥有以净额结算当期所得税资产及当期所得税负债的法定权利，且递延所得税与同一应纳税主体和同一税收征管部门相关，则将递延所得税资产和递延所得税负债以抵销后的净额列示。

6.2.10 信托报酬确认原则和方法

公司通过向客户提供各类服务收取手续费及佣金。其中，通过在一定期间内提供服务收取的手续费及佣金在相应期间内按照履约进度确认，其他手续费及佣金于相关交易完成时确认。

6.2.11 投资性房地产核算方法

投资性房地产，是指为赚取租金或资本增值，或两者兼有而持有的房地产，包括已出租的建筑物。

投资性房地产按照成本进行初始计量。与投资性房地产有关的后续支出，如果与该资产有关的经济利益很可能流入且其成本能够可靠地计量，则计入投资性房地产成本。否则，于发生时计入当期损益。

公司采用成本模式对投资性房地产进行后续计量。公司将投资性房地产的成本扣除预计净残值和累计减值准备后在使用寿命内按年限平均法计提折旧。投资性房地产的使用寿命、预计净残值率及年折旧率如下表所示。

项目	使用寿命（年）	预计净残值率（%）	年折旧率（%）
房屋及建筑物	50	5.00	1.90

6.2.12 长期应收款的核算方法

无。

6.2.13 其他资产的核算方法

6.2.13.1 其他资产分类

无。

6.2.13.2 抵债资产的计量

无。

6.2.13.3 抵债资产的减值

无。

6.2.14 利润分配

资产负债表日后，经审议批准的利润分配方案中拟分配的股利或利润，不确认为资产负债表日的负债，在附注中单独披露。

6.3 或有事项说明

如果与或有事项相关的义务是本公司承担的现时义务，且该义务的履行很可能会导致经济利益流出本公司，以及有关金额能够可靠地计量，则本公司会确认预计负债。对于货币时间价值影响重大的，预计负债以预计未来现金流量折现后的金额确定。

对过去的交易或者事项形成的潜在义务，其存在须通过未来不确定事项的发生或不发生予以证实；或过去的交易或者事项形成的现时义务，履行该义务不是很可能导致经济利益流出本公司或该义务的金额不能可靠计量，则本公司会将该潜在义务或现时义务披露为或有负债。

6.4 会计报表中重要项目的明细资料

6.4.1 自营资产经营情况

6.4.1.1 按资产风险五级分类结果披露资产的期初数、期末数

信用风险资产五级分类	正常类（万元）	关注类（万元）	次级类（万元）	可疑类（万元）	损失类（万元）	信用风险资产合计（万元）	不良合计（万元）	不良率（%）
期初数	1 719 705.66	—	—	1 000.00	3 364.05	1 724 069.71	4 364.05	0.25
期末数	2 017 124.94	—	—	1 000.00	2 356.55	2 020 481.49	3 356.55	0.17

注：不良资产合计＝次级类＋可疑类＋损失类。

6.4.1.2 披露资产损失准备的期初、本期计提、本期转回、本期核销、期末数

单位：万元

项目	2021年1月1日	本期计提	本期转回	2021年12月31日
发放贷款和垫款	3 964.05	—	1 007.50	2 956.55
应收账款	4 239.90	3 297.74	—	7 537.64
固定资产	73.53	—	1.54	71.99
其他资产	1 979.23	896.38	—	2 875.61
合计	10 256.71	4 194.12	1 009.04	13 441.79

6.4.1.3 披露自营股票投资、基金投资、债券投资、长期股权投资等投资的期初数、期末数

单位：万元

项目	自营股票	基金	债券	长期股权投资	其他投资	合计
期初数	58 113.44	262 188.09	4.94	—	659 487.51	979 793.98
期末数	15 178.75	292 105.80	199 705.35	—	461 684.52	968 674.43

6.4.1.4 按投资入股金额排序，披露前五名的自营长期股权投资的企业名称、占被投资企业权益的比例、主要经营活动及投资收益情况等

无。

6.4.1.5 披露前五名的自营贷款的企业名称、占贷款总额的比例和还款情况等

企业名称	占贷款总额的比例（%）	还款情况
白银有色金属公司	70.21	逾期
甘肃天赐—秀根石艺术有限公司	29.79	逾期

6.4.1.6 表外业务的期初数、期末数；按照代理业务、担保业务和其他类型表外业务分别披露

无。

6.4.1.7 公司当年的收入结构

收入结构	金额（万元）	占比（%）
手续费及佣金收入	569 435.81	91.79
其中：信托手续费收入	529 839.37	85.41
投资银行业收入	39 596.44	6.38
利息收入	—	—

续表

收入结构	金额（万元）	占比（%）
金融企业往来收入	21 592.13	3.48
其他业务收入	791.56	0.13
其中：计入信托业务收入部分	—	—
汇兑收益		
投资收益	58 394.16	9.41
其中：股权投资收益	5 970.28	0.96
证券投资收益	21 854.48	3.52
其他投资收益	30 569.40	4.93
公允价值变动收益	-29 821.52	-4.81
营业外收入		
资产处置收益	-18.72	
收入合计	620 373.42	100.00

6.4.1.8 公司净资本、风险资本以及风险控制指标

根据公司审计报告、《信托公司净资本管理办法》（中国银监会令2010年第5号）和《中国银监会关于印发信托公司净资本计算标准有关事项的通知》（银监发〔2011〕11号）的规定计算：截至2021年12月31日：

公司净资产1 543 375.73万元；固有业务风险资本126 924.81万元；信托业务风险资本949 007.92万元；其他业务风险资本0万元；各项业务风险资本之和1 075 932.73万元。

公司净资本为1 298 221.08万元，符合大于等于2亿元的监管标准。

净资本/各项业务风险资本之和为120.66%，符合大于等于100%的监管标准。

净资本/净资产为84.12%，符合大于等于40%的监管标准。

6.4.2 信托资产管理情况

截至2021年第四季度公司信托管理的信托资产余额10 957.03亿元，同比增长6.79%。其中，融资类信托资产余额1 843.18亿元，同比减少21.46%；投资类信托资产余额5 377.87亿元，同比增长29.08%；事务管理类信托资产余额3 735.98亿元，同比减少0.31%。

6.4.2.1 披露履行受托人义务的情况

为规范公司信托项目信息披露行为，履行受托人的信息披露义务，保护委托人和受益人合法权益，根据监管规定和《光大兴陇信托有限责任公司信托项目信息披露管理办法》，公司本着主动、真实、准确、完整、及时原则及时披露信托项目募集公告、成立公告、定期报告、清算报告以及临时重大事项报告等信息披露内容。2021年度内公司依据信息披露管理办法披露：成立公告：3 917项，管理报告：5 391项，募集公告：2 945项，清算报告：842项，共计：13 095项。

6.4.2.2 披露信托资产的期初数、期末数

单位：万元

信托资产	期初数	期末数
集合	63 920 030.72	68 439 194.69
单一	26 994 109.98	22 773 890.62
财产权	9 069 371.24	15 482 429.53
合计	99 983 511.94	106 695 514.84

6.4.2.2.1 主动管理型信托业务的信托资产期初数、期末数

单位：万元

主动管理型信托资产	期初数	期末数
证券投资类	12 563 924.69	18 802 211.72
股权投资类	5 919 309.96	32 286 830.33
融资类	22 843 091.68	17 998 595.75
事务管理类	11 842 671.41	8 242 801.88
其他	20 792 799.99	—
合计	73 961 797.73	77 330 439.68

6.4.2.2.2 被动管理型信托业务的信托资产期初数、期末数

单位：万元

被动管理型信托资产	期初数	期末数
证券投资类	258 852.95	132 882.61
股权投资类	3 822 491.04	1 241 403.71
融资类	310 566.27	79 716.27
事务管理类	20 460 504.79	27 911 072.57
其他	1 169 299.16	—
合计	26 021 714.21	29 365 075.16

6.4.2.3 本年度已清算结束的信托项目个数、实收信托合计金额、加权平均实际年化收益率

6.4.2.3.1 本年度已清算结束的集合类、单一类资金信托项目和财产管理类信托项目个数、实收信托金额、加权平均实际年化收益率

已清算结束信托项目	项目个数（个）	实收信托合计金额（万元）	加权平均实际年化收益率（%）
集合类	519	50 039 880.53	3.03
单一类	304	14 808 956.73	4.14
财产管理类	59	4 603 695.63	3.25
合计	882	69 452 532.89	3.28

6.4.2.3.2 本年度已清算结束的主动管理型信托项目个数、实收信托合计金额、加权平均实际年化收益率

已清算结束信托项目	项目个数（个）	实收信托合计金额（万元）	加权平均实际年化信托报酬率（%）	加权平均实际年化收益率（%）
证券投资类	4	20 635 015.08	0.23	0.79
股权投资类	256	17 261 242.20	0.93	4.13
融资类	298	11 593 381.67	1.13	5.13
事务管理类	103	5 902 783.28	0.68	5.24
合计	661	55 392 422.23	0.69	3.17

6.4.2.3.3 本年度已清算结束的被动管理型信托项目个数、实收信托合计金额、加权平均实际年化收益率

已清算结束信托项目	项目个数（个）	实收信托合计金额（万元）	加权平均实际年化信托报酬率（%）	加权平均实际年化收益率（%）
证券投资类	0	1 874 623.07	0.20	—
股权投资类	5	763 506.15	0.36	7.11
融资类	6	231 150.00	0.42	1.86
事务管理类	210	11 190 831.44	0.18	4.07
合计	221	14 060 110.66	0.19	3.69

6.4.2.4 本年度新增的集合类、单一类和财产管理类信托项目数量、实收信托合计金额

新增信托项目	项目个数（个）	合计金额（万元）
集合类	986	54 559 044.50
单一类	1262	10 588 737.37
资产管理类	80	11 016 753.92
新增合计	2328	76 164 535.79
其中：主动管理型	2166	58 761 064.18
被动管理型	162	17 403 471.61

6.4.2.5 披露信托财产的损失情况（笔数、合计金额、原因等）

无。

6.4.2.6 披露因本公司自身责任而导致的信托资产损失情况

无。

6.5 关联方关系及其交易的披露

6.5.1 关联交易方的数量、关联交易的总金额及关联交易的定价政策等

发生关联交易的关联方数量	关联交易总金额（余额，万元）	关联交易的定价政策
27	17 618 570.37	按市场价格交易；若无价格，则按公允原则，以不优于对非关联方同类交易的条件交易

6.5.2 关联交易方与本公司的关系性质、关联交易方的名称、法定代表、注册地址、注册资本及主营业务等

关联交易方与本公司的关系性质	关联交易方的名称	法定代表人	注册地址	注册资本（万元）	主营业务
同一母公司控制下的子公司	中国光大银行股份有限公司	李晓鹏	北京市西城区太平桥大街25号、甲25号中国光大中心	5 248 927.00	吸收公众存款；发放短期、中期和长期贷款；办理国内外结算；办理票据承兑与贴现等
同一最终控制方	中光控股有限公司	李少平	北京市石景山区石景山路31号院盛景国际广场3号楼1908室	10 000.00	企业总部管理；投资管理；项目投资；资产管理
同一母公司控制下的子公司	光大证券股份有限公司	刘秋明	上海市静安区新闸路1508号	461 078.76	证券经纪；证券投资咨询；与证券交易、证券投资活动有关的财务顾问；证券承销与保荐；证券自营等
同一最终控制方	光大金控资产管理有限公司	林春	北京市西城区太平桥大街25号、甲25号13层2-1301、2-1302	300 000.00	股权投资与管理、财务顾问、投资顾问、资产并购、资产受托管理咨询
同一最终控制方	光大理财有限责任公司	张旭阳	山东省青岛市崂山区香港东路195号4号楼16至19层	500 000.00	面向不特定社会公众公开发行理财产品，对受托的投资者财产进行投资和管理，理财顾问和咨询服务等
同一最终控制方	内蒙古光大股权投资管理有限公司	陈岱青	内蒙古自治区鄂尔多斯市东胜区郝家圪卜路11号联丰食品加工园1号楼6层609	3 000.00	股权投资管理，企业投资咨询，财务咨询，商务信息咨询，理财咨询

注：公司本年度发生关联交易的关联方共有27个，主要来自光大集团内部，表中为公司主要关联方。

6.5.3 逐笔披露本公司与关联方的重大交易事项

6.5.3.1 固有财产与关联方交易情况

单位：万元

名称	金额
中光财金兴陇（兰考）股权投资基金合伙企业（有限合伙）	105 192.73

6.5.3.2 信托资产与关联方交易情况

单位：万元

业务类型	公司名称	金额（余额）	备注
贷款类	—	—	
投资类	—	—	
应收账款类	—	—	
其他类	中国光大银行股份有限公司	1 916 123.60	关联方认购本公司信托产品的
	中光控股有限公司	1 539 329.62	
	光大证券股份有限公司	1 024 883.04	
	光大金控资产管理有限公司	910 107.82	
	光大理财有限责任公司	392 500.00	
	内蒙古光大股权投资管理有限公司	89 950.00	
	光大证券股份有限公司	1 324 746.69	本信托产品认购关联方管理的资管产品的
	中光控股有限公司	426 300.00	
合计	—	7 623 940.77	

注：1. 光大证券股份有限公司含其子公司上海光大证券资产管理有限公司。
2. 此部分的金额为2021年期末资金余额数。

6.5.3.3 信托公司自有资金运用于自己管理的信托项目（固信交易）、信托公司管理的信托项目之间的相互（信信交易）交易金额

6.5.3.3.1 固有财产与信托财产之间的交易金额、交易方式等期初汇总数、本期发生汇总数、期末汇总数

单位：万元

期初汇总数	本期发生汇总数	期末汇总数
315 220.63	-97 847.68	217 372.95

6.5.3.3.2 信托资产与信托财产之间的交易金额、交易方式等期初汇总数、本期发生汇总数、期末汇总数

单位：万元

期初汇总数	本期发生汇总数	期末汇总数
6 032 433.89	3 443 385.33	9 475 819.22

6.5.4 逐笔披露关联方逾期未偿还本公司资金的详细情况以及本公司为关联方担保发生或即将发生垫款的详细情况

无。

6.6 会计制度的披露

为加强公司财务管理，规范财务工作，促进经营业务的发展，提高经济效益，促进本公司法人治理结构的建立和完善，防范财务风险、规范公司会计行为，根据国家有关法律、法规规定和公司章程，制定了《光大兴陇信托有限责任公司差旅费报销管理办法》《光大兴陇信托有限责任公司业务招待费管理办法》《光大兴陇信托有限责任公司财务咨询顾问服务类业务管理办法》《光大兴

陇信托有限责任公司金融工具准则分类与计量管理办法》《光大兴陇信托有限责任公司金融工具公允价值估值管理办法》《光大兴陇信托有限责任公司金融工具公允价值估值细则》《光大兴陇信托有限责任公司实施金融工具准则减值管理办法》《税务管理办法》《研发加计扣除实施细则》和《财务预算管理办法》。

7. 财务情况说明书

7.1 利润实现和分配情况

（1）实现利润。公司2021年度实现利润总额208 783.17万元，净利润155 966.84万元。

（2）提取盈余公积。根据公司法和公司章程的规定，公司按2021年净利润的10%提取法定盈余公积15 596.68万元（2020年：26 114.35万元）。

（3）提取一般风险准备。根据《金融企业准备金计提管理办法》（财金〔2012〕20号）的规定，一般风险准备是从净利润中提取的、用于部分弥补尚未识别的可能性损失的准备金。原则上一般风险准备余额不低于风险资产期末余额的1.5%，公司符合上述规定，2021年提取一般风险准备1 527.68万元。

（4）提取信托赔偿准备。根据《信托公司管理办法》（中国银行业监督管理委员会令2007年第2号）第49条及公司章程的规定，公司按2021年净利润的5%提取信托赔偿准备7 798.34万元（2020年：13 057.18万元）。

（5）分配股利。根据2021年10月20日召开的2021年第六次临时股东会决议批准，公司2021年向股东派发现金股利金额78 343.07万元（2020年：62 330.65万元）。

7.2 主要财务指标

指标名称	指标值
资本利润率（%）	10.36
加权年化信托报酬率（%）	0.48
人均净利润（万元）	177.44

7.3 对本公司财务状况、经营成果有重大影响的其他事项

无。

7.4 其他事项

无。

8. 特别事项揭示

8.1 前五名股东报告期内变动情况及原因

无。

8.2 董事、监事及高级管理人员变动情况及原因

8.2.1 董事变动情况

2021年1月29日，经2021年第二次临时股东会、董事会2021年第一次会议审议通过，选举冯翔同志为公司董事、董事长，闫桂军同志不再担任公司董事、董事长。2021年4月9日，甘肃银保监局核准冯翔同志董事、董事长任职资格。

2021年4月19日，经光大兴陇信托有限责任公司2021年第三次临时股东会审议通过，选举李朝霞同志为公司董事，秦莉同志不再担任公司董事。2021年5月11日，甘肃银保监局核准李朝霞同志董事任职资格。

2020年11月5日，经光大兴陇信托有限责任公司2020年第四次临时股东会审议通过，选举谢太峰、赵欣、方文彬三位同志为公司独立董事，周小明、苑德军、张萍同志不再担任公司独立董事。2021年1月5日，甘肃银保监局核准谢太峰、赵欣同志董事任职资格。2021年1月21日，甘肃银保监局核准方文彬同志董事任职资格。

8.2.2 高级管理人员变动情况

2021年4月19日，经公司董事会2021年第三次会议审议通过，聘任曹兆兵同志为公司副总裁，陈凯慧同志不再担任公司常务副总裁职务。2021年5月10日，中国银保监会甘肃监管局核准曹兆兵同志副总裁任职资格。

2021年8月20日，经公司董事会2021年第十次会议审议通过，聘任郭庆卫同志为董事会秘书。2017年12月7日，中国银保监会深圳监管局核准郭庆卫同志副总经理的任职资格，工作调动后任职资格延续。

8.3 变更注册资本、变更注册地、经营范围发生变化或公司名称、公司分立合并事项

依据《中国银保监会甘肃监管局关于核准光大兴陇信托有限责任公司开办股指期货交易业务的批复》（甘银保监行许〔2021〕103号），核准我司股指期货交易业务资格（非投机目的）。

8.4 公司的重大诉讼事项

8.4.1 重大未决诉讼事项

（1）公司诉深圳市康居投资发展有限公司、沈兆武、

吴海敏金融借款合同纠纷一案，兰州市中级人民法院于2021年11月30日作出一审判决，支持我司全部诉讼请求。被告方已经上诉，目前等待二审开庭。

（2）公司诉西藏金融租赁有限公司、东旭集团有限公司等被告合同纠纷一案，我司在兰州市中级人民法院立案审理后，因东旭集团相关案件被司法集中管辖，案件移送至石家庄市中级人民法院，目前尚未开庭。

（3）公司诉龙浩集团有限公司、林春荣、龙浩机场集团有限公司、龙浩航空集团有限公司合同纠纷一案，兰州市中级人民法院已经受理，被告提出管辖权异议申请，法院已经裁定驳回被告方管辖异议申请，目前等待被告是否就管辖异议裁定书上诉。

（4）公司诉彭水县茂田能源开发有限公司、重庆市茂田实业（集团）有限公司、游兴茂、李晓华等被告合同纠纷一案，兰州市中级人民法院已经受理，被告提出管辖权异议申请，甘肃省高级人民法院已经裁定驳回被告方管辖异议申请，目前等待一审开庭。

公司相信，通过公平、公正、公开的司法环境，能够促使以上案件圆满解决。

8.4.2 以前年度发生，于本报告年度内终结的诉讼事项

公司诉河南省豫粮粮食集团有限公司、河南省国有资产控股运营集团有限公司股权收益权回购合同纠纷一案，2020年12月16日兰州市中级人民法院做出一审判决，判决被告向我司归还相应的本金及违约金，担保人承担连带保证责任。被告上诉后，甘肃省高级人民法院于2021年4月15日做出二审判决维持原判。

8.4.3 本报告年度发生，于本报告年度内终结的诉讼事项

无。

8.5 对会计师事务所出具的有解释性说明、保留意见、拒绝表示意见或否定意见的审计报告的，公司董事会应就所涉及事项做出说明

安永华明会计师事务所（特殊普通合伙）为本公司出具了标准无保留意见的审计报告。

8.6 公司及其董事、监事和高级管理人员受到处罚的情况

无。

8.7 银保监会及其派出机构对公司检查后提出整改意见的，应简单说明整改情况

银保监会于2021年对公司开展了现场检查，截至2021年12月31日，尚未出具现场检查意见书。

8.8 本年度重大事项临时报告的简要内容、披露时间、所披露的媒体及其版面

2021年4月12日，在《证券时报》B31版对冯翔同志任公司董事、董事长、法定代表人事项进行了公告。

2021年4月14日，在《证券时报》B119版对变更公司注册资本金及修改公司章程事项进行了公告。

8.9 银保监会及其省级派出机构认定的其他有必要让客户及相关利益人了解的重要信息

无。

9.公司监事会意见

报告期内，公司监事会严格遵守《公司法》光大兴陇信托有限责任公司章程的有关规定，依法独立履行职责，全体监事列席了各次股东会会议及董事会会议，监督检查了公司依法运作、重大决策、重大经营活动情况及财务状况，认为公司能够合规运作。2021年度财务报告经安永华明会计师事务所（特殊普通合伙）审计，出具了标准无保留意见的审计报告，该报告真实、客观、准确地反映了公司财务状况和经营成果。

广东粤财信托有限公司

1. 重要提示

1.1 公司董事会及董事保证本报告所载资料不存在任何虚假记载、误导性陈述或者重大遗漏，并对其内容的真实性、准确性和完整性承担个别及连带责任。

1.2 公司独立董事对本报告所披露内容进行了认真审查，保证本报告内容的真实性、准确性和完整性。

1.3 致同会计师事务所（特殊普通合伙）广州分所对公司年度财务报告进行了审计，出具了标准无保留意见的审计报告。

1.4 公司负责人、主管会计工作负责人及会计部门负责人保证年度报告中财务报告的真实、完整。

2. 公司概况

2.1 公司简介

广东粤财信托有限公司成立于1984年，是经中国银保监会批准设立的非银行金融机构，是国内首批设立的信托公司，目前为广东省唯一省属国有信托机构。公司注册资本38亿元，其中：广东粤财投资控股有限公司出资372 931.59万元，出资比例为98.14%；广东省科技创业投资有限公司出资7 068.41万元，出资比例为1.86%。

公司坚持党的全面领导，坚持"诚信为本、稳健经营、专业进取、开拓创新"的经营方针，以完善的风险控制系统为基础，以金融产品创新为手段，构建专业化、综合性的金融服务平台，为客户提供个性化、专业化、全方位的金融需求解决方案。"十四五"期间，公司将打造"资产管理""财富管理""企业金融""金融同业""业务资格"五大业务驱动引擎，通过实施"党建引领、投研先行、大资产配置、大财富管理、跨境服务、智能驱动"六大战略，大力向专业化、标准化、精细化、净值化、数字化、国际化的发展方向迈进，成为资产管理规模、主动管理能力位居行业前列，大湾区最具影响力的信托公司。

2.1.1 公司法定中文名称：广东粤财信托有限公司
英文名称：GUANGDONG FINANCE TRUST CO.，LTD.

2.1.2 法定代表人：莫敏秋

2.1.3 注册地址：广东省广州市越秀区东风中路481号粤财大厦1楼自编C区、4楼、14楼、40楼

2.1.4 邮政编码：510045

2.1.5 公司国际互联网网址：http：//www.utrusts.com

2.1.6 公司电子信箱：wealth@utrust.cn

2.1.7 公司信息披露事务联系人：王浩鹏
联系电话：020-37126411
传真：020-83063082
电子信箱：wealth@utrust.cn

2.1.8 公司本次信息披露报纸名称：《证券时报》《金融时报》

2.1.9 公司年度报告备置地点：广州市东风中路481号粤财大厦14楼

2.1.10 公司聘请的会计师事务所：致同会计师事务所（特殊普通合伙）广州分所
办公地点：中国广州市天河区珠江新城珠江东路32号利通广场10楼

2.2 组织架构

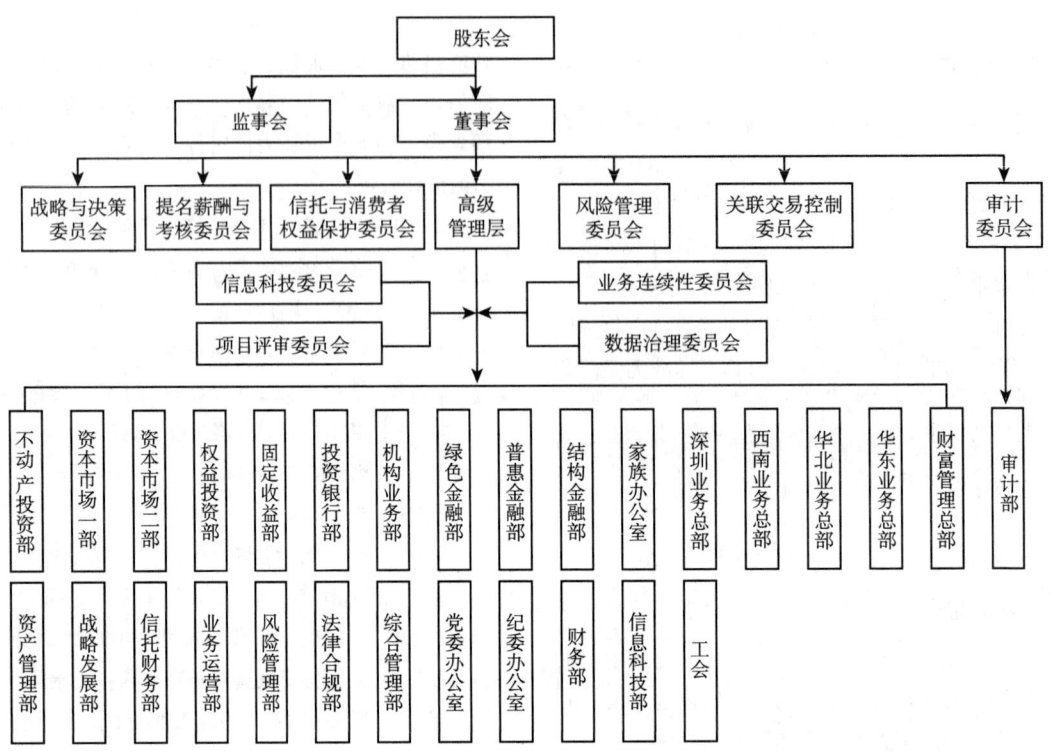

3.公司治理

3.1 股东

股东构成

股东名称	广东粤财投资控股有限公司	广东省科技创业投资有限公司
出资额（万元）	372 931.59	7 068.41
出资比例（%）	98.14	1.86
法人代表	金圣宏	汪涛
注册资本（亿元）	339.09	10.40
注册地址	广州市东风中路481号粤财大厦15楼	广东省广州市天河区珠江西路17号4301房自编号1房
主要经营业务及主要财务情况	主要经营业务：资本运营管理、资产受托管理、投资项目的管理；科技风险投资、实业投资；企业重组、并购咨询服务、互联网信息服务、网络科技咨询服务。 主要财务情况（未经审计，合并报表）：资产总额1 473.19亿元；净资产：544.02亿元；当年净利润：18.82亿元	主要经营业务：创业投资业务；为创业企业提供创业管理服务业务；参与设立创业投资企业与创业投资管理顾问机构；股权投资业务；咨询业务；产业园投资；物业出租。 主要财务情况（未经审计）：资产总额37.46亿元；净资产：16亿元；净利润1.08亿元

3.2 董事、董事会及下属委员会

董事长、董事

职务	姓名	性别	年龄（岁）	选任日期	所推举的股东名称	该股东持股比例（%）	简要履历
董事长	莫敏秋	男	50	2020年5月19日	广东粤财投资控股有限公司	98.14	2015年9月任广东粤财投资控股有限公司总经理助理 2019年4月任广东金融租赁股份有限公司董事长 2020年5月任广东粤财信托有限公司董事长

续表

职务	姓名	性别	年龄（岁）	选任日期	所推举的股东名称	该股东持股比例（%）	简要履历
董事	吴锋	男	53	2020年5月12日	广东粤财投资控股有限公司	98.14	2009年11月任广东省经济和信息化委员会党组成员、副主任 2015年1月任广东粤财投资控股有限公司党委委员、副总经理 2020年5月任广东粤财信托有限公司董事 2021年11月任广东省粤科金融集团有限公司副总经理
董事	杨福明	男	48	2020年5月12日	广东粤财投资控股有限公司	98.14	2016年4月任中国银行天津市分行总审计师 2018年12月任广东粤财投资控股有限公司首席财务官 2020年5月任广东粤财信托有限公司董事 2021年6月任中国华融资产管理股份有限公司财务部负责人
董事	刘发宏	男	51	2018年12月28日	广东粤财投资控股有限公司	98.14	2016年11月任广东粤财投资控股有限公司审计部总经理 2018年12月任广东粤财信托有限公司职工董事、党委副书记 2019年8月任广东粤财投资控股有限公司人力资源部总经理 2019年11月任广东粤财信托有限公司董事 2021年3月任广东省融资再担保有限公司（后更名为"广东粤财融资担保集团有限公司"）监事长
职工董事	王麒麟	男	39	2020年4月27日	职工董事		2016年6月任广东粤财信托有限公司信托管理一部副总经理 2017年6月任广东粤财信托有限公司机构业务部总经理 2020年4月任广东粤财信托有限公司职工董事 2021年3月任广东粤财金融租赁股份有限公司副总经理
董事	杨鹏	男	39	2018年1月22日	广东省科技创业投资有限公司	1.86	2016年9月任招商银行广州分行金融机构部副总经理 2017年3月任粤科金融集团金融业务部副部长 2018年1月任广东粤财信托有限公司董事 2019年3月任广州资产管理有限公司深圳办事处副主任

独立董事

职务	姓名	所在单位及职务	性别	年龄（岁）	选任日期	所推举的股东名称	该股东持股比例（%）	简要履历
独立董事	张天民	北京市君泽君律师事务所合伙人律师	男	51	2017年12月	广东粤财投资控股有限公司	98.14	2004年起任北京市君泽君律师事务所合伙人律师 2017年6月任广东粤财金融租赁股份有限公司独立董事
独立董事	李文中	退休	男	63	2019年7月	广东粤财投资控股有限公司	98.14	2001年10月任陕西省电力公司总会计师兼财务部主任 2002年1月任贵州省电力公司总会计师 2003年2月任中国南方电网公司财务部主任 2007年11月任中国南方电网公司副总会计师兼财务部主任 2008年12月任中国南方电网公司总会计师 2019年7月任广东粤财信托有限公司独立董事

3.3 监事、监事会

监事会成员

职务	姓名	性别	年龄（岁）	选任日期	所推举的股东名称	该股东持股比例（%）	简要履历
监事长	彭金灯	男	54	2019年12月24日	广东粤财投资控股有限公司	98.14	2009年3月任广东粤财投资控股有限公司审计部总经理 2015年8月任广东粤财物业发展有限公司总经理 2017年8月兼任粤财投资控股香港国际有限公司、飞龙国际投资有限公司、香港粤财大厦有限公司、新飞龙国际有限公司、粤信（澳门）投资有限公司监事长 2019年12月任广东粤财信托有限公司监事长
监事	萧茜文	女	30	2021年3月8日	广东省科技创业投资有限公司	1.86	2017年1月任广东省粤科金融集团有限公司金融业务部助理 2021年1月任广东省粤科金融集团有限公司金融业务部主管 2021年1月任广东省粤科金融集团有限公司企业管理部主管 2021年3月任广东粤财信托有限公司监事
监事	赵敏华	女	50	2017年12月11日	职工监事	—	2003年1月任广东粤财投资控股有限公司资产管理部业务经理、经理、高级经理 2011年4月任广东粤财信托有限公司资产管理部高级经理 2017年12月任广东粤财信托有限公司职工监事 2018年9月任广东粤财信托有限公司综合管理部高级经理

3.4 高级管理人员

高级管理人员

职务	姓名	性别	年龄（岁）	任职日期	金融从业年限（年）	学历	专业	简要履历
总经理	骆传朋	男	42	2021年3月25日	8	博士	世界经济	2013年12月任广东粤财信托有限公司信托管理三部副总经理 2016年1月任广东粤财信托有限公司信托管理三部（后更名为资本金融部）总经理 2018年2月任广东粤财信托有限公司高级业务总监 2020年5月任广东粤财信托有限公司总经理助理 2021年3月任广东粤财信托有限公司总经理
总会计师	肖建辉	男	46	2020年5月12日	2	本科	会计学	2007年4月任广东粤财控股有限公司财务资源部（后更名为"计划财务部"）高级经理 2013年5月任广东粤财投资控股有限公司计划财务部副总经理 2018年7月任广东粤财资产管理有限公司总经理助理 2019年11月任广东粤财信托有限公司财务部、资产管理部总经理 2020年5月任广东粤财信托有限公司总会计师
副总经理	陈韶辉	男	46	2021年3月18日	23	硕士	工商管理	2003年10月任广东银监局办公室主任科员 2009年8月任广东粤财信托有限公司风险管理部副总经理（主持工作） 2011年9月任广东粤财信托有限公司综合管理部总经理 2018年2月任广东粤财信托有限公司战略发展部总经理 2021年3月任广东粤财信托有限公司副总经理
副总经理	王亮	男	38	2021年12月23日	10	博士	金融	2018年5月任广东粤财信托有限公司信托管理六部（后更名为"结构金融部"）副总经理（主持工作） 2021年3月任广东粤财信托有限公司结构金融部总经理 2021年12月任广东粤财信托有限公司副总经理
总经理助理	于健	男	40	2019年11月14日	12	硕士	工商管理	2009年7月任华澳国际信托有限公司市场营销管理总部副总经理 2014年8月任陆家嘴国际信托有限公司市场营销中心总经理 2019年11月任广东粤财信托有限公司总经理助理
总经理助理	王浩鹏	男	34	2021年12月23日	10	本科	软件工程	2021年6月任粤财信托信息科技部副总经理 2021年12月任粤财信托总经理助理

3.5 公司员工

项目		报告期年度		上年度	
		人数（人）	比例（%）	人数（人）	比例（%）
年龄分布	30岁以下	35	18	64	30
	30—40岁	119	60	113	54
	40—50岁	32	16	26	12
	50岁以上	13	6	9	4
学历分布	博士	6	3	7	3
	硕士	113	56.8	134	63
	本科	77	38.7	67	32
	专科	2	1	3	1.6
	其他	1	0.5	1	0.4
岗位分布	董事、监事及其高管人员	9	4.5	9	4.2
	自营业务人员	6	3	9	4.2
	信托业务人员	145	72.9	156	73.6
	其他人员	39	19.6	38	18

4. 经营管理

4.1 经营目标、方针、战略规划

4.1.1 公司的经营目标是成为资产管理规模、主动管理能力位居行业前列，粤港澳大湾区最具影响力的信托公司

4.1.2 公司的经营方针是"诚信为本、稳健经营、专业进取、开拓创新"

4.1.3 战略规划

粤财信托在公司股东的支持下，制定了《广东粤财信托有限公司"十四五"发展规划》，明确在"十四五"期间将打造"资产管理""财富管理""企业金融""金融同业""业务资格"五大业务驱动引擎，通过实施"党建引领、投研先行、大资产配置、大财富管理、跨境服务、智能驱动"六大战略，大力向专业化、标准化、精细化、净值化、数字化、国际化的发展方向迈进，成为资产管理规模、主动管理能力位居行业前列，粤港澳大湾区最具影响力的信托公司。

4.2 所经营业务的主要内容

中国银保监会核准公司承办以下人民币和外币金融

业务；资金信托；动产信托；不动产信托；有价证券信托；其他财产或财产权信托；作为投资基金或者基金管理公司的发起人从事投资基金业务；经营企业资产的重组、购并及项目融资、公司理财、财务顾问等业务；受托经营国务院有关部门批准的证券承销业务；办理居间、咨询、资信调查等业务；代保管及保管箱业务；以存放同业、拆放同业、贷款、租赁、投资方式运用固有财产；以固有财产为他人提供担保；从事同业拆借；法律法规规定或中国银行保险监督管理委员会批准的其他业务。

本年度，公司自营资产运用与分布和信托财产运用与分布情况列示如下表所示。

自营资产运用与分布表

资产运用	金额（万元）	占比（%）	资产分布	金额（万元）	占比（%）
货币资产	67 311.60	5.69	基础产业	—	—
贷款及应收款	156 221.07	13.21	房地产业	147 705.00	12.49
交易性金融资产	427 668.86	36.16	证券市场	9 191.46	0.78
债权投资	228 752.85	19.34	工商企业	—	—
长期股权投资	282 972.16	23.93	金融机构	1 004 717.73	84.96
其他	19 690.78	1.67	其他	21 003.13	1.77
资产总计	1 182 617.32	100.00	资产总计	1 182 617.32	100.00

信托资产运用与分布表

资产运用	金额（万元）	占比（%）	资产分布	金额（万元）	占比（%）
货币资产	791 854.78	2.27	基础产业	1 054 625.80	3.02
贷款	4 061 641.74	11.62	房地产	1 865 860.00	5.34
交易性金融资产	3 564 633.19	10.20	证券市场	3 178 916.91	9.10
可供出售金融资产	20 067.24	0.06	工商企业	15 936 204.71	45.61
持有至到期投资	25 034 611.27	71.64	金融机构	9 029 675.63	25.84
长期股权投资	1 211 714.42	3.47	其他	3 877 934.64	11.10
其他	258 695.05	0.74			
信托资产总计	34 943 217.69	100.00	信托资产总计	34 943 217.69	100.00

4.3 市场分析

4.3.1 促进公司业务发展的有利因素

一是2022年，在"稳字当头、稳中求进"的总基调下，政策利好将不断释放，国家将继续加大对科技攻关、自主创新投入，政府基建投资力度有望上升，为保障经济平稳运行注入强大动力。二是资本市场改革不断深化推进，为充分发挥资本市场投融资功能、活跃资本市场进一步夯实了制度基础，信托公司在参与资本市场业务、转型标准化业务过程中面临更好的外部环境。三是广东省深入实施"1+1+9"工作部署，特别是粤港澳大湾区国家战略不断推进，以及大力推进前海和横琴两个合作区建设，大湾区国际一流科创中心、跨境理财和资管中心等建设将带来更多的发展机会，公司作为具有多年稳健经营历史的广东省唯一省属国有信托机构，区位优势明显，2022年在大湾区内、粤东西北乃至全国范围内深入挖掘政府、产业和企业的资金和资产需求方面将存在新的机遇。

4.3.2 影响公司业务发展的不利因素

一是在新冠肺炎疫情的冲击下，百年变局加速演进，外部环境更趋复杂严峻和不确定，国家宏观经济发展仍需面对需求收缩、供给冲击、预期转弱三重压力。二是2022年资管新规正式实施，信托公司转型加速，但内部能力不足制约转型发展步伐，部分行业市场风险向信托行业传导，公司展业面临的压力较大，不确定性因素较多。三是在大资管时代，公司在客户渠道、资金成本、研发能力方面面临巨大的竞争压力，近年来信托行业市场份额已加速向头部集中，在"马太效应"之下，公司的产品创新能力、资本实力、渠道拓展能力、资产配置能力还急需提升。

4.4 内部控制

公司通过完善的组织架构、内部规章实现内部控制，形成了研究、决策、操作、检查、反馈的PDCA管理循环，构建了前台调查、中台审查、后台审计评价相互制衡的内部控制机制。

4.4.1 内部控制环境和内部控制文化

公司按照合法、高效、精简、制衡原则设置组织机构，设股东会、董事会和监事会，实行董事会领导下的总经理负责制。公司董事会及其下设战略与决策委员会和提名薪酬与考核委员会为公司决策系统，在董事会领导下的经营管理层及相关业务部门为公司执行系统，监事会以及董事会下设的信托与消费者权益保护委员会、风险管理委员会、审计委员会及关联交易控制委员会为公司监督及信息反馈系统，四个系统既相互独立又相互联系。公司大力推进合规文化建设，通过开展内控制度培训、内部合规检查、建立风险问责制度等，促进全体员工牢固树立合规经营、按程序办事的意识。

4.4.2 内部控制措施

公司建立多层次内部控制组织架构，根据《公司法》《信托公司管理办法》《信托公司治理指引》等法律法规，参照《商业银行公司治理指引》，完善《股东会议事规则》《董事会议事规则》《监事会议事规则》等规章制度，严格按章办事，确保董事、监事、经营管理层成员的权力有效约束、职责有效履行。

除董事会下属战略与决策委员会、提名薪酬与考核委员会、信托与消费者权益保护委员会、风险管理委员会、审计委员会及关联交易控制委员会外，专设审计部、风险管理部、法律合规部为内部控制职能部门。

其中，风险管理委员会主要负责审议公司治理、法人结构、"三重一大"、机构议事规则等重大事项相关制度及具有基础性的基本管理制度（属董事会下设其他专业委员会职责范围内的除外），并报董事会审批；审议公司重大风险管理制度，并向董事会提出建议；审批公司风险管理政策，包括审定公司风险管理策略、设定风险偏好、设立风险额度；监督高级管理层开展全面风险管理；审议公司全面风险管理报告；审议合规风险管理报告，监督合规风险管理，评价合规风险管理的有效性；审议案件防控工作报告，评估案件防控工作的有效性；审议反洗钱工作报告，监督和指导反洗钱工作等。审计委员会主要负责审核内部审计章程等重要制度和审计工作报告；审批中长期审计规划和年度审计计划；监督审计基本管理制度、规章、规划和计划的执行；指导、考核和评价内部审计工作；提议聘请或者解聘外部审计机构；协调内部审计部门与外部审计机构之间的沟通等。关联交易控制委员会主要负责审议有关关联交易的管理制度；确认公司关联方；接受一般关联交易的备案；审查重大关联交易以及其他需要提交董事会或者股东大会审议的关联交易，并提交董事会或股东大会批准；监督、检查关联交易管理和执行情况，以及法律法规、公司章程和董事会授权的其他关联交易事项。审计部、风险管理部和法律合规部主要按照审计委员会、关联交易控制委员会、风险管理委员会和经营管理层的要求开展具体的工作。

总体来看，公司内部控制职责明确，建立了前中后台分离、集中审批的业务管理架构，确保各业务环节岗位职能分离，相互监督，有效制衡。

4.4.3 信息交流与反馈

公司通过建立详细的工作报告及审核流程，工作信息得以规范、快速、有序传递；内部控制部门通过办公自动化系统实时传递外部监管意见及内部管理信息，业务部门与风险管理部门保持全流程业务信息共享，有效避免因信息交流不足导致的业务差错、信息递减或效率损耗。公司与监管部门建立了良好的沟通机制，各类业务按规定及时报告或报备，有效落实监管意见，为公司合规经营提供支持。

4.4.4 监督评价与纠正

公司定期对内部控制执行情况实施审计，并于本年度进一步加强内部控制监督工作，充实审计队伍，完善相关制度，年度审计稽核及内部合规检查情况显示公司内控执行情况良好，监管部门外部检查及内控检查发现的问题均已得到及时纠正。

4.5 风险管理

4.5.1 风险管理概况

公司推进全面风险管理体系建设，构建以董事会为核心，以战略与决策委员会、提名薪酬与考核委员会、风险管理委员会、审计委员会、关联交易控制委员会等为支点的风险管理体系，由内部规章、组织架构、授权制度、技术手段以及审计与事后评价等部分组成。在具体风险管控方面，厘清部门分工，明确各部门在风险管理中的职责，分别搭建信用风险、市场风险、操作风险、合规风险、关联交易等内评体系，进一步优化内部运作机制。公司优化了风险偏好体系，从风险偏好的角度对公司的风险偏好指标、风险偏好传导路径、风险偏好管理策略及风险控制指标体系进行优化，并设计了公司全面风险报告体系，明确报告内容和路径。公司建立了风险压力测试体系和方法，形成适合公司的压力测试方法论、压力测试情景设计、压力测试报告模板及相应的管理机制、流程，进一步夯实与完善压力测试常态化工作机制，从底线思维角度评估公司的风险承压能力。在项目运作上建立覆盖项目投前审查、投中成立审查、投后管理的风险控制流程，对项目立项、尽职调查、项目审、成立审查、贷后管理、押品管理和资产保全等作业全流程进行优化升级。在项目审核上经由业务部门、法律合规部门、风险管理部门、项目评审委员会等多道环节进行综合风险管理，尤其强调过程控制，使公司在出现风险苗头时能快速反应，及时有效化解。

4.5.2 风险状况

4.5.2.1 信用风险状况

信用风险是公司经营面临的主要风险，是指交易对手未能履行合同所带来的经济损失，表现为交易对手不履行承诺而使信托资产或自有资产遭受潜在损失的可能性。报告期内，公司固有资产均为正常类，无固有不良资产。信托业务的信用风险主要来自融资类信托业务，公司针对不同类别的信托产品项下的交易对手风险，采取充分的信息披露，紧盯重点领域的交易对手风险隐患，及时充分地向委托人、受益人进行密切沟通和报告，审慎履行受托人职责。同时公司加强重点领域信用风险防控，对房地产、信政合作等重点信用风险领域，认真落实国家宏观调控政策，加强行业研究和分析、实施业务规模分类管控和业务过程监测，并做好交易对手集中度管理，从源头控制风险，优化业务结构。

4.5.2.2 市场风险状况

市场风险是指由于基础资产市场价格的不利变动或者急剧波动而导致衍生工具价格或者价值产生负面波动的风险，表现为市场利率、汇率、股票、债券行情等市场价格波动而造成的信托资产、自有资产损失的风险。固有业务项下所面临的市场风险主要来自证券投资类资产。公司固有业务秉承稳健投资原则，在投资品种、仓位限制和止损等方面严格执行公司相关规定，谨慎操作，证券市场的波动对公司固有业务的整体影响有限。信托业务所面临的市场风险主要来自证券投资信托业务、直接投资的权益类资产以及融资类业务质押品价格波动。公司严格依据信托合同进行投资运营，严格选择投资顾问，运用投资管理信托系统，设置专门实时监控岗位、降低股票质押率和增强信息披露等方式，有效防范股价波动风险，确保各项风险控制措施有效执行，使有价证券投资类信托产品整体运行平稳。

4.5.2.3 流动性风险状况

流动性风险指公司虽然有清偿能力，但无法及时获得充足资金或无法以合理成本及时获得充足资金以应对资产增长或支付到期债务的风险，表现为短期内资金周转困难、无力偿付到期负债而造成损失或破产的风险。公司对流动性风险高度重视，从制度、流程、识别、监控、压力测试等多角度进行管理，确保稳健经营。

4.5.2.4 操作风险状况

操作风险是指由于不完善或有问题的内部操作过程、人员、系统或外部事件而导致的直接或间接损失的风险。公司信托项目笔数多、资金流量大、交易流程节点多，公司通过严格执行授权制度、统一业务操作流程等，明确信托开户、保管、资金划付等岗位责任等，最大限度降低操作风险。2021年未发生操作风险事故。

4.5.2.5 其他风险状况

公司面临的其他风险有合规风险、声誉风险、信息科技风险、案件风险等。

合规风险是指公司因未能遵循法律法规、监管要求、规则、自律性组织制定的有关准则，以及适用于自身业务活动的行为准则，而可能遭受法律制裁或监管处罚、重大财务损失或声誉损失的风险。

声誉风险是指由公司经营、管理及其他行为或外部事件导致利益相关方对公司负面评价的风险。

信息科技风险是指信息科技在公司运用过程中，由于自然因素、人为因素、技术漏洞和管理缺陷产生的操作、法律和声誉等风险。

案件风险是指公司人员独立实施或参与实施的，或外部人员实施的，侵犯公司或客户资金或其他财产权益的，涉嫌触犯刑法，已由公安、司法机关立案侦查或按规定应当移送公安、司法机关立案查处的刑事案件引发的风险。

本年度公司继续坚持稳健合规经营理念，未发生合规风险、声誉风险、信息科技风险、案件风险。

4.5.3 风险管理

4.5.3.1 信用风险

公司通过业务部门事前尽职调查、法律合规部门合规审查、风险管理部门风险审查、项目评审委员会审核决策、引入抵/质押担保等增信措施、监控项目现金流等予以防范；通过项目实施过程中的跟踪检查以及审计进行事中、事后控制。在合作机构信用风险防范方面，关注交易对手经营管理及财务状况，适时调整合作规模及产品，控制交叉风险的传导。对于风险相对较高的存续信托资产，采取一户一策，动态调整授信策略和制定风险化解预案，并通过追加抵质押物、担保、优化管控条件、设置风险敞口分步压缩等方式，强化信用风险管控手段，严防资产风险出现劣变。在出现风险信号后，通过协商、调解、债权申报以及诉讼等多种方式，积极主张权利，积极探索多种途径化解风险，有效维护信托财产安全。

4.5.3.2 市场风险

公司坚持"诚信为本、稳健发展"的经营理念，避免介入风险较大且难以有效控制的项目，审慎介入风险可控的项目，综合运用敏感性分析、情景分析等方法充分评估潜在市场风险，并通过业务部门——法律合规部——风险管理部——项目评审委员会的多层次审核，并在业务运营部设置专门实时监控岗位，结合严格的分级授权、系统支持、逐日盯市、预警止损等制度控制市场风险。

4.5.3.3 流动性风险

公司在流动性风险管理过程中，审慎选择优质流动性资产，做好固有业务和信托业务头寸管理、流动性风险及限额指标监测等工作，维护多种流动性补充渠道，必要时通过金融同业满足流动性需求。同时定期开展流动性风险压力测试并更新压力测试相关参数，测算压力情景下流动性缺口，制定有效的流动性风险应急预案。针对潜在风险项目及早制定、落实化解预案，公司自营资产保持高流动性配置，防控潜在流动性风险。

4.5.3.4 操作风险

公司通过严格的授权制度和业务操作流程，明确岗位职责，建立内部相互制约、相互督促的工作机制；严格依法建账，将信托财产与固有财产分开管理、分别记账，对信托业务与非信托业务分开核算，对每项信托业务单独核算，对各项经营活动过程及资金运作建立严格的复核和监控程序；通过系统权限设置对证券投资操作权限和内容进行严格划分和分工，在业务和资金流转过程中设立双岗核定、确认制度，防范可能出现的漏洞。公司为提升内部管理水平和优化业务管理流程，积极查漏补缺，制定及修订各类制度，着重从制度层面、执行层面着手推进相关工作。

4.5.3.5 其他风险

4.5.3.5.1 合规风险

公司根据监管形势和监管政策要求，做好合规风险管理的各项工作，建立健全内部控制制度、组织架构以规范与控制公司经营行为。公司法律合规部负责法律合规事务，对公司的法律合规风险进行识别、评估、监控，提出合规风险提示和修改完善建议；及时梳理、整合、改进公司规章制度和操作流程；组织员工进行合规培训和反洗钱教育，严格履行客户身份识别、风险等级划分、可疑交易监测和报告等反洗钱义务；保持与监管部门的密切沟通，积极响应监管指示，及时掌握政策动向，把握公司业务方向以控制政策风险。

4.5.3.5.2 声誉风险

信托公司因得到大众的信任而得以受托，声誉是信托公司的生命线。公司始终坚持稳健合规的经营理念，审慎选择信托项目、交易对手、合作机构；认真做好项目运作全过程的信息披露工作，保障金融消费者的知情权，避免因信息不对称造成金融消费者的过激反应；审慎尽职履行受托人管理职责，关注各种市场变化、突发事件或风波可能给公司声誉带来的影响，明确舆情管理职责，实时关注舆情信息，加强舆情信息研判，及时披露相关信息，主动接受舆论监督；日常加强分析研究，对可能发生的各类声誉风险事件进行情景分析，制定应急预案，强化声誉风险防范意识，切实防范声誉风险。

4.5.3.5.3 信息科技风险

为顺应公司业务流程信息化与系统建设需求，公司继续大力加强信息系统建设，提高信息科技风险管理能力。在信息科技治理方面，通过制度修订与组织架构完善，进一步规范信息科技风险管理工作。在系统建设项目方面，公司在梳理、提炼业务系统需求的基础上，认真执行监管部门关于信托业务管理系统开发、金融机构信息科技系统风险防控要求，推动有关监管合规要求在系统开发、测试、维护中的落实；加强信息科技学习培训，逐步完善安全机制；制订相关的业务应急预案，做好演练，确保业务连续性；切实做好信息科技审计，确保信息科技管理各项制度落实到位。

4.5.3.5.4 案件风险

2021年公司修订了《广东粤财信托有限公司案件风险防控管理办法》，明确了"案件"和"案件风险事件"的定义和相关情形、案件风险防控的目标，以及公司内部对案件风险管理的组织分工和责任；进一步完善了案件风险防控排查流程和案件调查和管理流程。公司通过完善内控制度建设、明确各职能部门案防责任、加强思想纪律教育与专业技能培训、定期由审计部门进行监督评价，营造了良好的案件风险防控环境，杜绝各类案件和案件风险事件的发生。报告期间，未发现公司存在案件和案件风险事件。

4.5.3.6 净资本及风险资本情况

截至2021年12月31日，公司净资产为95.78亿元，净资本为76.49亿元；公司各项业务风险资本之和为37.46亿元，其中固有业务风险资本为16.35亿元，信托业务风险资本为21.03亿元，其他业务风险资本0.08亿元。净资本比各项业务风险资本之和为204.19%，净资本比净资产为81.62%，符合监管要求。

5. 报告期末及上一年度末的比较式会计报表

5.1 自营资产

5.1.1 资产负债表

资产负债表

编制单位：广东粤财信托有限公司　　　　　　　　　　2021年12月31日　　　　　　　　　　单位：万元

项目	期末余额	期初余额	项目	期末余额	期初余额
资产：			负债：		
现金及存放中央银行款项	0.85	0.87	向中央银行借款	—	—
存放同业款项	67 310.75	17 812.27	同业及其他金融机构存放款项	—	—
贵金属	—	—	拆入资金	—	—
拆出资金	—	—	以公允价值计量且其变动计入当期损益的金融负债	—	—
交易性金融资产	427 668.86	324 800.62	衍生金融负债	—	—
衍生金融资产	—	—	卖出回购金融资产款	—	—
买入返售金融资产	—	—	应付账款	—	—
应收账款	6 238.29	1 031.35	预收账款	—	—
应收利息	—	—	合同负债	263.44	1 304.47
其他应收款	149 982.78	1 602.18	应付职工薪酬	11 163.57	9 911.66
预付账款	—	—	应付股利	—	—
发放贷款及垫款	—	—	应交税费	14 340.87	13 772.28
债权投资	228 752.85	268 729.55	其他应付款	182 952.03	6 503.70
长期股权投资	282 972.16	249 413.99	租赁负债	2 629.93	3 891.79
固定资产	3 207.82	3 209.91	应付债券	—	—
使用权资产	2 651.58	3 891.79	递延所得税负债	5 205.16	4 425.20
在建工程	—	—	其他负债	8 267.79	—
无形资产	1 669.29	1 165.74	负债合计	224 822.79	39 809.10
商誉	—	—	所有者权益（或股东权益）：		
递延所得税资产	5 589.49	2 809.30	实收资本	380 000.00	380 000.00
其他资产	6 572.60	48.58	资本公积	9 943.84	9 943.84
			其他综合收益	−285.83	−32.96
			盈余公积	95 003.18	80 169.14
			一般风险准备	64 166.14	51 391.41
			未分配利润	408 967.20	313 235.62
			所有者权益（或股东权益）合计	957 794.53	834 707.05
资产总计	1 182 617.32	874 516.15	负债和所有者权益（或股东权益）总计	1 182 617.32	874 516.15

企业负责人：莫敏秋　　　　　　　　主管会计机构负责人：肖建辉　　　　　　　　会计机构负责人：肖建辉

5.1.2 利润表

利润表

编制单位：广东粤财信托有限公司　　2021年度　　单位：万元

项目	2021年度	2020年度
一、营业收入	199 459.43	150 168.61
利息净收入	619.40	1 127.68
利息收入	619.40	1 127.68
利息支出	—	—
手续费及佣金净收入	66 603.27	60 119.38
手续费及佣金收入	66 613.85	60 150.67
手续费及佣金支出	10.58	31.29
其他收益	48.97	39.97
投资收益（亏损以"-"号填列）	129 075.90	88 883.65
其中：交易性金融资产投资收益	9 744.97	—
对联营企业和合营企业的投资收益	102 811.05	65 075.17
公允价值变动收益（损失以"-"号填列）	3 119.79	—
汇兑收益（损失以"-"号填列）	-7.98	-23.45
其他业务收入	0.08	21.38
资产处置收益（损失以"-"号填列）	—	—
二、营业支出	35 735.04	36 217.72
税金及附加	513.03	522.61
业务及管理费用	32 723.08	29 863.79
资产减值损失	1 761.17	—
信用减值损失	737.76	5 831.32
其他业务成本	—	—
三、营业利润（亏损以"-"号填列）	163 724.40	113 950.89
加：营业外收入	4.84	2.95
减：营业外支出	497.07	850.74
四、利润总额（亏损总额以"-"号填列）	163 232.16	113 103.10
减：所得税费用	14 891.81	12 542.60
五、净利润（净亏损以"-"号填列）	148 340.35	100 560.50
（一）来自持续经营和终止经营的净利润		

续表

项目	2021年度	2020年度
1.持续经营净利润（净亏损以"-"号填列）	148 340.35	100 560.50
2.终止经营净利润（净亏损以"-"号填列）	—	—
（二）归属所有者的净利润	148 340.35	100 560.50
其中：归属于母公司所有者的净利润	148 340.35	100 560.50
*少数股东损益	—	—
六、其他综合收益的税后净额	-252.88	-3 433.00
归属于母公司所有者的其他综合收益的税后净额	-252.88	-3 433.00
（一）以后不能重分类进损益的其他综合收益	—	—
其中：1.重新计量设定受益计划净负债或净资产的变动	—	—
2.权益法下在被投资单位不能重分类进损益的其他综合收益中享有的份额	—	—
3.其他权益工具投资公允价值变动	—	—
4.企业自身信用风险公允价值变动	—	—
5.其他	—	—
（二）将重分类进损益的其他综合收益	-252.88	-3 433.00
其中：1.权益法下在被投资单位以后将重分类进损益的其他综合收益中享有的份额	-252.88	-3 026.63
2.可供出售金融资产公允价值变动损益	—	—
3.持有至到期投资重分类为可供出售金融资产损益	—	-406.37
4.现金流量套期损益的有效部分	—	—
5.外币财务报表折算差额	—	—
6.其他债权投资信用减值准备	—	—
7.现金流量套期储备（现金流量套期损益的有效部分）	—	—
8.外币财务报表折算差额	—	—
9.其他	—	—
*归属于少数股东的其他综合收益的税后净额	—	—
七、综合收益总额	148 087.47	97 127.51
归属于母公司所有者的综合收益总额	148 087.47	97 127.51
*归属于少数股东的综合收益总额	—	—
八、每股收益：	—	—
基本每股收益	—	—
稀释每股收益	—	—

企业负责人：莫敏秋　　主管会计机构负责人：肖建辉　　会计机构负责人：肖建辉

5.1.3 所有者权益变动表

编制单位：广东粤财信托有限公司

单位：万元

项目	2021年度 实收资本	资本公积	其他综合收益	盈余公积	一般风险准备金	未分配利润	所有者权益合计	2020年度 实收资本	资本公积	其他综合收益	盈余公积	一般风险准备金	未分配利润	所有者权益合计
一、上年年末余额	380 000.00	9 943.84	−140.06	78 715.78	51 391.41	300 155.34	820 066.32	380 000.00	8 766.84	3 292.94	68 659.73	43 897.64	217 144.66	721 761.81
加：会计政策变更	—	—	107.10	1 453.36	—	13 080.29	14 640.75	—	—	—	—	—	—	—
前期差错更正	—	—	—	—	—	—	—	—	—	—	—	—	—	—
其他	—	—	—	—	—	—	—	—	—	—	—	—	—	—
二、本年年初余额	380 000.00	9 943.84	−32.96	80 169.14	51 391.41	313 235.62	834 707.06	380 000.00	8 766.84	3 292.94	68 659.73	43 897.64	217 144.66	721 761.81
三、本年增减变动金额（减少以"−"号填列）	—	—	−252.87	14 834.03	12 774.74	95 731.58	123 087.47	—	1 177.00	−3 432.99	10 056.05	7 493.77	83 010.68	98 304.51
（一）综合收益总额	—	—	−252.87	—	—	148 340.35	148 087.47	—	—	−3 432.99	—	—	100 560.50	97 127.51
（二）所有者投入和减少的普通股	—	—	—	—	—	—	—	—	1 177.00	—	—	—	—	1 177.00
1.所有者投入的普通股	—	—	—	—	—	—	—	—	—	—	—	—	—	—
2.其他权益工具持有者投入资本	—	—	—	—	—	—	—	—	—	—	—	—	—	—
3.股份支付计入所有者权益的金额	—	—	—	—	—	—	—	—	1 177.00	—	—	—	—	1 177.00
4.其他	—	—	—	—	—	—	—	—	—	—	—	—	—	—
（三）专项储备提取和使用	—	—	—	—	—	—	—	—	—	—	—	—	—	—
1.提取专项储备	—	—	—	—	—	—	—	—	—	—	—	—	—	—
2.使用专项储备	—	—	—	—	—	—	—	—	—	—	—	—	—	—
（四）利润分配	—	—	—	14 834.03	12 774.74	−52 608.77	−25 000.00	—	—	—	10 056.05	7 493.77	−17 549.82	—
1.提取盈余公积	—	—	—	14 834.03	—	−14 834.03	—	—	—	—	10 056.05	—	−10 056.05	—
其中：法定盈余公积	—	—	—	14 834.03	—	−14 834.03	—	—	—	—	10 056.05	—	−10 056.05	—
任意盈余公积	—	—	—	—	—	—	—	—	—	—	—	—	—	—
盈余公积弥补亏损	—	—	—	—	—	—	—	—	—	—	—	—	—	—
储备基金	—	—	—	—	—	—	—	—	—	—	—	—	—	—
企业发展基金	—	—	—	—	—	—	—	—	—	—	—	—	—	—
利润归还投资	—	—	—	—	—	—	—	—	—	—	—	—	—	—
2.提取一般风险准备	—	—	—	—	12 774.74	−12 774.74	—	—	—	—	—	7 493.77	−7 493.77	—
3.对所有者（或股东）的分配	—	—	—	—	—	−25 000.00	−25 000.00	—	—	—	—	—	—	—
4.其他	—	—	—	—	—	—	—	—	—	—	—	—	—	—
（五）所有者权益内部结转	—	—	—	—	—	—	—	—	—	—	—	—	—	—
1.资本公积转增资本（或股本）	—	—	—	—	—	—	—	—	—	—	—	—	—	—
2.盈余公积转增资本（或股本）	—	—	—	—	—	—	—	—	—	—	—	—	—	—
3.盈余公积弥补亏损	—	—	—	—	—	—	—	—	—	—	—	—	—	—
4.结转重新计量设定受益计划净负债或净资产所产生的变动	—	—	—	—	—	—	—	—	—	—	—	—	—	—
5.其他综合收益结转留存收益	—	—	—	—	—	—	—	—	—	—	—	—	—	—
6.其他	—	—	—	—	—	—	—	—	—	—	—	—	—	—
四、本年年末余额	380 000.00	9 943.84	−285.83	95 003.17	64 166.14	408 967.20	957 794.53	380 000.00	9 943.84	−140.05	78 715.78	51 391.41	300 155.34	820 066.32

企业负责人：莫敏秋　　主管会计机构负责人：肖建辉　　会计机构负责人：肖建辉

5.2 信托资产

5.2.1 信托项目资产负债汇总表

信托项目资产负债汇总表

编制单位：广东粤财信托有限公司　　　　2021年12月31日　　　　单位：万元

信托资产	期初余额	期末余额	信托负债和信托权益	期初余额	期末余额
信托资产：			信托负债：		
货币资金	560 112.29	791 854.78	以公允价值计量且其变动计入当期损益的金融负债	—	—
拆出资金	—	28 200.00	衍生金融负债	—	—
存出保证金	—	—	应付受托人报酬	2 677.51	9 530.80
以公允价值计量且其变动计入当期损益的金融资产	8 407 272.77	3 564 633.19	应付托管费	842.21	207.98
衍生金融资产	—	—	应付受益人收益	10 729.84	14 980.16
买入返售金融资产	25 622.55	181 896.56	应交税费	7 101.30	5 265.66
应收款项	76 272.45	47 008.89	应付销售服务费	407.27	498.70
发放贷款	4 782 037.65	4 061 641.74	其他应付款项	99 107.64	143 449.27
可供出售金融资产	23 350.08	20 067.24	预计负债	—	—
持有至到期投资	11 401 471.80	25 034 611.27	其他负债	—	47 962.31
长期应收款	—	—	信托负债合计	120 865.77	221 894.87
长期股权投资	1 773 858.11	1 211 714.42			
投资性房地产	1 244.06	1 089.60	信托权益：	—	—
固定资产	—	—	实收信托	24 504 169.48	33 933 357.68
无形资产	—	—	资本公积	137 788.60	130 684.53
长期待摊费用	293.05	—	损益平准金	—	—
其他资产	500.00	500.00	未分配利润	2 289 210.96	657 280.62
减：各项资产减值准备	—	—	信托权益合计	26 931 169.04	34 721 322.82
信托资产总计	27 052 034.81	34 943 217.69	信托负债及信托权益总计	27 052 034.81	34 943 217.69

企业负责人：莫敏秋　　　　主管会计机构负责人：肖建辉　　　　会计机构负责人：陈韶辉

5.2.2 信托项目利润及利润分配汇总表

信托项目利润及利润分配汇总表

编制单位：广东粤财信托有限公司　　　　2021年度　　　　单位：万元

项目	本年累计数	上年同期数
一、营业收入	1 874 267.12	2 645 474.54
利息收入	1 227 484.60	851 814.77
投资收益（损失以"-"号填列）	1 651 801.21	821 799.75
其中：对联营企业和合营企业的投资收益	—	—
公允价值变动收益（损失以"-"号填列）	-1 006 930.38	970 794.53
租赁收入	680.40	604.01
汇兑损益（损失以"-"号填列）	—	—
其他收入	1 231.29	461.48
二、支出	237 504.15	240 342.94
税金及附加	5 375.69	5 082.65
受托人报酬	64 052.05	53 078.39

续表

项目	本年累计数	上年同期数
托管费	9 334.44	13 592.33
投资管理费	869.40	2 654.89
销售服务费	2 002.05	3 168.19
交易费用	7 089.01	6 536.30
资产减值损失	286.11	369.89
其他费用	148 495.40	155 860.30
三、信托净利润（净亏损以"-"号填列）	1 636 762.97	2 405 131.60
其他综合收益	—	—
四、综合收益	1 636 762.97	2 405 131.60
加：期初未分配信托利润	2 289 210.96	1 186 361.89
五、可供分配的信托利润	3 925 973.93	3 591 493.49
减：本期已分配信托利润	3 268 693.32	1 302 282.53
六、期末未分配信托利润	657 280.62	2 289 210.96

企业负责人：莫敏秋　　主管会计机构负责人：肖建辉　　会计机构负责人：陈韶辉

6. 会计报表附注

6.1 会计报表编制基准是否符合会计核算基本前提的说明

6.1.1 公司自本报告期末至少12个月内具备持续经营能力，不存在影响持续经营能力的重大事项，编制财务报表所依据的持续经营假设是合理的

公司根据实际发生的交易和事项，遵循《企业会计准则——基本准则》、各项具体会计准则及解释的规定进行确认和计量，并在此基础上编制财务报表，真实、完整地反映了公司的财务状况、经营成果和现金流量等有关信息。

6.1.2 公司无须编制合并会计报表

6.1.2.1 会计政策变更

（1）新金融工具准则。财政部于2017年发布了《企业会计准则第22号——金融工具确认和计量（修订）》《企业会计准则第23号——金融资产转移（修订）》《企业会计准则第24号——套期会计（修订）》及《企业会计准则第37号——金融工具列报（修订）》（以下统称新金融工具准则），公司自2021年1月1日起执行新金融工具准则，对会计政策相关内容进行了调整。于2021年1月1日，金融资产按照原金融工具准则和新金融工具准则的规定进行分类和计量的结果对比如下表所示。

项目	类别	账面价值	项目	类别	账面价值
可供出售金融资产	以公允价值计量且其变动计入其他综合收益	2 857.20	交易性金融资产	以公允价值计量且其变动计入当期损益	2 857.20
	以成本计量	522 530.03	交易性金融资产	以公允价值计量且其变动计入当期损益	273 207.73
			债权投资	摊余成本	268 729.55
应收账款	摊余成本	1 041.33	应收账款	摊余成本	1 031.35
其他应收款	摊余成本	1 610.25	其他应收款	摊余成本	1 602.18
其他资产	摊余成本	48 563.45	交易性金融资产	以公允价值计量且其变动计入当期损益	48 735.69

于2021年1月1日，执行新金融工具准则时金融工具分类和账面价值调节表如表所示。

项目	调整前账面金额（2020年12月31日）	重分类	重新计量	调整后账面金额（2021年1月1日）
资产：				
交易性金融资产	—	256 657.68	68 142.94	324 800.62
应收账款	1 041.33	—	-9.98	1 031.35
其他应收款	1 610.25	—	-8.07	1 602.18
可供出售金融资产	525 387.23	-525 387.23		
债权投资	—	268 729.55		268 729.55
股东权益：				
其他综合收益	-140.06		107.10	-32.96
盈余公积	78 715.78	—	1 453.36	80 169.14
未分配利润	300 155.34	—	13 080.28	313 235.62

本公司将根据原金融工具准则计量的2020年年末损失准备与根据新金融工具准则确定的2021年年初损失准备之间的调节表如下表所示。

计量类别	调整前账面金额（2020年12月31日）	重分类	重新计量	调整后账面金额（2021年1月1日）
应收账款减值准备	6.88		9.98	16.86
其他应收款减值准备	—		8.07	8.07

（2）新收入准则。财政部于2017年发布了《企业会计准则第14号——收入（修订）》（以下简称新收入准则），公司自2021年1月1日起执行新收入准则，对会计政策相关内容进行了调整。

公司依据新收入准则有关特定事项或交易的具体规定调整了相关会计政策。例如：预收款项等。

公司已向客户转让商品而有权收取对价的权利，且该权利取决于时间流逝之外的其他因素作为合同资产列示。首次执行新收入准则的子公司已收或应收客户对价而应向客户转让商品的义务作为合同负债列示。

公司根据首次执行新收入准则的累积影响数，调整公司2021年年初留存收益及财务报表其他相关项目金额，未对比较财务报表数据进行调整。公司仅对在2021年1月1日尚未完成的合同的累积影响数调整公司2021年年初留存收益及财务报表其他相关项目金额。

会计政策变更的内容和原因	受影响的报表项目	影响金额（2021年1月1日）
因执行新收入准则，本公司将与销售商品及与提供劳务相关的预收款项重分类至合同负债	合同负债	1 304.47
	预收款项	-1 304.47

与原收入准则相比，首次执行新收入准则对2021年度财务报表相关项目的影响如下表所示。

受影响的资产负债表项目	影响金额2021年12月31日
合同负债	263.44
预收款项	-263.44

（3）新租赁准则。财政部于2018年发布了《企业会计准则第21号——租赁（修订）》（以下简称新租赁准则），公司自2021年1月1日起执行该准则，对会计政策相关内容进行了调整。

对于首次执行日前已存在的合同，公司在首次执行日选择不重新评估其是否为租赁或者包含租赁。对首次执行日之后签订或变更的合同，公司按照新租赁准则中租赁的定义评估合同是否为租赁或者包含租赁。

公司按照新租赁准则的规定，对于首次执行日新租赁准则与现行租赁准则的差异追溯调整入2021年初留存收益。同时，公司未对比较财务报表数据进行调整。

公司对首次执行日之前租赁资产属于低价值资产的经营租赁或将于12个月内完成的经营租赁，采用简化处理，未确认使用权资产和租赁负债。

执行新租赁准则对2021年1月1日合并资产负债表项目的影响如下表所示。

项目	调整前账面金额（2020年12月31日）	重分类	重新计量	调整后账面金额（2021年1月1日）
使用权资产	—	—	3 891.79	3 891.79
租赁负债	—	—	3 891.79	3 891.79

6.1.2.2 会计估计变更

自2021年起，本公司根据《广东银保监局办公室关于印发2021年辖内信托公司监管工作要点的通知》（粤银保监办发〔2021〕50号）、《信托公司净资本管理办法》，按会计谨慎性原则，按照主动管理类信托项目风险资本的5%计提信托业务准备金（对应科目预计负债）。2021年计提预计负债8 267.78万元，影响利润总额8 267.78万元。

6.2 或有事项说明

本年度公司未发生重要的或有事项。

6.3 重要资产转让及其出售的说明

本年度公司未发生重要资产转让或出售。

6.4 会计报表中重要项目的明细资料

6.4.1 自营资产经营情况

6.4.1.1 信用风险资产五级分类

单位：万元

信用风险资产五级分类	正常类	关注类	次级类	可疑类	损失类	信用风险资产合计	不良资产合计	不良率（%）
2021年12月31日	1 171 644.24	4 026.46	—	—	—	1 175 670.70	—	—
2020年12月31日	867 503.47	3.74				867 507.21		

注：不良资产合计=次级类+可疑类+损失类。

6.4.1.2 各项资产减值损失准备列示

单位：万元

项目	期初数	本期计提	本期转回	本期核销	其他减少	期末数
贷款损失准备:						
一般准备	—	—	—	—	—	—
专项准备	—	—	—	—	—	—
其他资产减值准备:						
债权资产减值准备	4 092.33	-538.03				3 554.30
其他资产减值准备	—	737.76				737.76
坏账准备	24.93	2 299.20				2 324.13
合计	4 117.26	2 498.93				6 616.19

6.4.1.3 投资品种分类

单位：万元

投资品种分类	自营股票	基金	债券	长期股权投资	其他投资	合计
2021年期初		2 857.20		249 413.99	590 672.96	842 944.15
2021年期末	—	9 191.46		282 972.16	653 359.07	945 522.69

6.4.1.4 前五名的自营长期股权投资

企业名称	占被投资企业权益的比例（%）	主要经营活动	按照权益法核算投资损益（万元）
易方达基金管理有限公司	22.6514	基金管理和发起设立基金	102 811.05

6.4.1.5 截至2021年12月31日，公司自营贷款余额为零元

6.4.1.6 截至2021年12月31日，公司未经营担保业务、代理业务（委托贷款）等表外业务

6.4.1.7 公司当年的收入结构

收入结构	金额（万元）	占比（%）
手续费及佣金收入:	66 613.85	33.39
其中：信托手续费收入	62 964.84	31.57
其他手续费收入	3 649.00	1.83
利息收入	619.40	0.31
其他业务收入	0.08	0.00
其中：计入信托业务收入部分	—	—
投资收益	129 075.90	64.71
其中：股权投资收益	102 811.05	51.54
证券投资收益	—	—
其他投资收益	26 264.85	13.17
公允价值变动收益	3 119.80	1.56
汇兑收益	-7.98	-0.00
其他收益	48.98	0.02
营业外收入	4.83	0.01
收入合计	199 474.86	100.00

6.4.2 信托财产管理情况

6.4.2.1 信托资产分类

单位：万元

信托资产	期初数	期末数
集合	11 385 807.22	6 463 560.74
单一	7 085 641.76	8 607 519.11
财产权	8 580 585.80	19 872 137.84
合计	27 052 034.78	34 943 217.69

6.4.2.1.1 主动管理型信托业务的信托资产分类

单位：万元

主动管理型信托资产	期初数	期末数
证券投资类	8 475 431.59	4 549 865.43
股权及其他投资类	3 537 830.14	4 302 008.60
融资类	6 239 946.37	5 427 639.58
事务管理类	37 264.60	14 429.74
合计	18 290 472.70	14 293 943.35

6.4.2.1.2 被动管理型信托业务的信托资产分类

单位：万元

被动管理型信托资产	期初数	期末数
证券投资类	173 270.68	158 433.42
股权及其他投资类	207 774.36	196 981.49
融资类	1 346 713.51	525 034.53
事务管理类	7 033 803.55	19 768 824.90
合计	8 761 562.10	20 649 274.34

6.4.2.2 本年度已清算结束的信托项目分类

6.4.2.2.1 本年度已清算结束的集合类、单一类资金信托项目和财产管理类信托项目个数、实收信托合计金额、加权平均实际年化收益率

已清算结束信托项目	项目个数（个）	实收信托合计金额（万元）	加权平均实际年化收益率（%）
集合类	135	2 400 986.49	8.2958
单一类	124	3 633 574.81	7.3431
财产管理类	43	3 788 039.84	5.5648

注：1.收益率是指信托项目清算后，给受益人赚取的实际收益水平。
2.加权平均实际年化收益率 =（信托项目1的实际年化收益率 × 信托项目1的实收信托 + 信托项目2的实际年化收益率 × 信托项目2的实收信托 + … 信托项目n的实际年化收益率 × 信托项目n的实收信托）/（信托项目1的实收信托 + 信托项目2的实收信托 + … 信托项目n的实收信托）× 100%。

6.4.2.2.2 本年度已清算结束的主动管理型信托项目个数、实收信托合计金额、加权平均实际年化收益率

已清算结束信托项目	项目个数（个）	实收信托合计金额（万元）	加权平均实际年化收益率（%）
证券投资类	70	491 089.11	5.6982
股权及其他投资类	34	1 527 345.06	4.2846
融资类	104	4 103 234.90	7.5559
事务管理类	1	39 779.20	6.1811

注：1.收益率是指信托项目清算后，给受益人赚取的实际收益水平。
2.加权平均实际年化收益率 =（信托项目1的实际年化收益率 × 信托项目1的实收信托 + 信托项目2的实际年化收益率 × 信托项目2的实收信托 + … 信托项目n的实际年化收益率 × 信托项目n的实收信托）/（信托项目1的实收信托 + 信托项目2的实收信托 + … 信托项目n的实收信托）× 100%。

6.4.2.2.3 本年度已清算结束的被动管理型信托项目个数，实收信托合计金额、加权平均实际年化收益率

已清算结束信托项目	项目个数（个）	实收信托合计金额（万元）	加权平均实际年化收益率（%）
证券投资类	4	13 264.91	19.9812
股权及其他投资类	1	—	152.7791
融资类	15	609 090.49	8.6082
事务管理类	73	3 038 797.47	6.7077

6.4.2.3 本年度新增的信托项目分类列示如下

新增信托项目	项目个数（个）	实收信托合计金额（万元）
集合类	70	1 586 961.45
单一类	122	3 950 659.89
财产管理类	97	20 284 573.21
新增合计	289	25 822 194.56
其中：主动管理型	198	5 588 261.45
被动管理型	91	20 233 933.12

6.4.2.4 信托业务创新成果和特色业务有关情况

报告期内，公司根据政策变化、规则调整和市场需求情况，有重点地逐步开展创新业务工作，致力于为客户提供专业化的一揽子综合金融服务，拓展新业务盈利点，打造先行优势和核心竞争力做好充分准备。

（1）大力发展标准化业务，提升市场竞争力。

粤财信托顺应行业趋势，大力发展标准化业务。2021年末，公司资产证券化及类资产证券化业务存续余额1 135.86亿元，业务规模不断扩大，进一步丰富产品类型，开创了鹏雅系列和安金系列产品，参与多单银行间交易商协会的标品投资。此外，公司主动管理固收业务规模和债券承销规模大幅提升，2021年末，公司主动管理固收业务存续产品11只，存续管理规模71.70亿元，增幅达381%，形成了现金管理类、纯债类、固收+产品等大固产品线；共参加110只银行间市场债券的承销团，完成承销规模50.8亿元，同比增长407.49%。公司顺利推进T+0估值，成为行业内为数不多的能够实施T+0估值的信托公司。

（2）坚定不移服务实体经济，提升金融服务效能。

2021年，粤财信托进一步提升服务效能，强化对工商企业、中小微企业的金融支持。年末，公司各部门服务实体经济项目规模为1 315.28亿元，服务广东地区实体经济项目规模为661.90亿元，占比为50.32%；其中，投向粤港澳大湾区项目共计95个，规模453.74亿元。公司助力了光谷金控向"国家集成电路产业投资基金二期股份有限公司"出资、制造业优质上市民企特变电工股份有限公司融资、广州白云国际机场三期扩建工程项目资本金出资，支持了我国重大装备制造业核心骨干企业、全球能源系统解决方案服务商的发展，以及大湾区内重大基础设施项目建设。此外，公司加大对小微企业的扶持力度，2021年内相关产品累计发行规模超100亿元。

（3）发挥慈善信托制度优势，深入服务社会民生。

2021年10月，粤财信托·2021知行慈善信托计划在广州粤财大厦成功签约，这是广州市首单建筑文化保育类慈善信托，也是全国首单以"资助社区营造及乡村振兴相关领域公益项目和慈善活动"为信托目的的慈善信托计划，信托资金将用于定向支持社区文化保育及空间营造、传统文化保护传承等公益事业，总规模预计为100万元。

6.4.2.5 本公司履行受托人义务情况及因本公司自身责任而导致的信托资产损失情况（合计金额、原因等）

公司已成立信托与消费者权益保护委员会，并按照信托合同条款的规定，履行诚实、信用、谨慎、有效的管理，为受益人的最大利益处理信托事务，除按规定取得信托报酬外，没有利用信托资产为自己谋取利益。

公司设置独立运作的自营与信托业务、财务部门，对信托资产与固有资产分别管理，并为每个信托项目开设专户，分别记账，分别核算。

公司信托业务部门妥善保存处理信托事务的完整记录，定期将信托财产的管理运用、处分及收支情况报告委托人、收益人，对委托人和收益人的信托资料保密。信托项目结束后，公司以信托财产为限向收益人兑付信托财产及收益，无延期兑付和无法兑付情况发生。

本年度没有发生因公司自身责任而导致的信托资产损失。

6.4.2.6 信托赔偿准备金的提取、使用和管理情况

单位：万元

项目	2020年末余额	2021年计提	2021年使用	2021年末余额
信托赔偿准备金	39 114.07	7 417.02	—	46 531.09

6.5 关联方关系及其交易的披露

6.5.1 关联交易方的数量、关联交易的总金额及关联交易的定价政策等

单位：万元

项目	关联交易方数量（个）	关联交易金额（万元）	定价政策
合计	7	132 442.13	市场价格、协议定价

6.5.2 关联交易方与本公司的关系性质、关联交易方的名称、法定代表人、注册地址、注册资本及主营业务等

关系性质	关联方名称	法定代表人	注册地址	注册资本（万元）	主营业务
最终控制方	广东粤财投资控股有限公司	金圣宏	广州市越秀区东风中路481号粤财大厦15楼	3 398 053.50	资本运营管理，资产受托管理，投资项目的管理。科技风险投资，实业投资，企业重组、并购咨询服务，互联网信息服务、网络科技咨询服务
受同一母公司控制企业	广东粤财金融云科技股份有限公司	胡军	珠海市横琴新区宝华路6号105室-15178	58 700	金融产品的研究开发、组合设计、咨询服务、中介及其他相关服务，非公开发行的股权投资基金等各类交易相关配套服务，金融及经济咨询服务、市场调研及数据分析服务，电子商务，会务服务，设计、制作、代理发布各类广告，商务咨询，财务咨询（不得从事代理记账）；第二类增值电信业务中的信息服务（仅限互联网信息服务）；计算机软硬件的开发、技术咨询及相关技术服务；计算机系统集成；计算机网络维护；计算机软、硬件的批发；信息咨询、技术推广，计算机数据处理，数据库服务，软件租赁、软件销售及技术服务；信息系统基础设施销售及技术服务；大数据和云计算相关应用服务；法律法规不禁止的其他业务
受同一母公司控制企业	珠海粤财实业有限公司	邢蓬延	珠海市香洲区吉大景山路188号粤财大厦7楼8单元	15 600	经营珠海粤财假日酒店的住宿、餐饮；卡拉OK、歌舞厅；桑拿按摩、美容美发；健美健身、桌球、游泳、棋类、桥牌；卷烟、雪茄烟、酒类零售；酒店配套用品的零售；商务；物业管理（以上仅限分支机构）；销售、出租、管理自建的位于珠海吉大景山路188号的珠海粤财大厦的商业办公综合楼宇；投资咨询等。（以上需行政许可的，凭许可证经营）（依法须经批准的项目，经相关部门批准后方可开展经营活动）
受同一母公司控制企业	粤财控股（北京）有限公司	邢蓬延	北京市西城区宣武门外大街18号粤财控股（北京）有限公司北京粤财金威万豪酒店201	10 000	项目投资；投资管理；投资咨询；资产管理；物业管理；酒店管理；货物进出口；技术进出口；出租商业用房；出租办公用房；以下项目分支机构经营：住宿、餐饮项目的筹建

续表

关系性质	关联方名称	法定代表人	注册地址	注册资本（万元）	主营业务
受同一公司最终控制	广州粤财房地产开发有限公司	李明东	广州市越秀区东风中路481号粤财大厦5楼503室	18 551.35	房地产开发经营
受同一母公司控制企业	广东粤财实业发展有限公司	李明东	广州市越秀区东风中路481号粤财大厦5楼501室	22 270	项目投资；销售：建筑材料、五金、交电、百货、日用杂货、电子产品及通信设备（不含卫星电视广播地面接收设备）、仪器仪表、工艺美术品、饲料、农副产品、农畜产品、停车场经营；物业管理
联营企业	易方达基金管理有限公司	刘晓艳	广东省珠海市横琴新区荣粤道188号6层	13 244.2	公开募集证券投资基金管理、基金销售、特定客户资产管理

6.5.3　本公司与关联方的重大交易事项

6.5.3.1　固有与关联方交易情况

固有与关联方关联交易　　　　　　单位：万元

项目	期初数	借方发生额	贷方发生额	期末数
贷款	—	—	—	—
投资	—	104 000.00	104 000.00	—
租赁	—	2 660.32	2 660.32	—
担保	—	—	—	—
应收账款	—	—	—	—
其他	—	25 781.81	25 781.81	—
合计	—	132 442.13	132 442.13	—

6.5.3.2　固有与关联方的重大关联交易

关联方	关联交易内容	关联交易定价方式及决策程序	本期发生额	
			金额（万元）	占同类交易金额的比例（%）
易方达基金管理有限公司	投资货币基金	市场定价	104 000.00	100.00

6.5.3.3　信托与关联方交易情况

信托与关联方关联交易　　　　　　单位：万元

项目	期初数	借方发生额	贷方发生额	期末数
贷款	—	—	—	—
投资	20 800.00	—	20 800.00	—
租赁	—	—	—	—
担保	—	—	—	—
应收账款	—	—	—	—
其他	—	—	—	—
合计	20 800.00	—	20 800.00	—

6.5.3.4　公司自有资金运用于自己管理的信托项目（固信交易）、公司管理的信托项目之间的相互（信信交易）交易情况

6.5.3.4.1　固有与信托财产之间的交易情况如下表所示

固有财产与信托财产相互交易　　　单位：万元

项目	期初数	本期增加额	本期减少额	期末数
合计	367 977.42	441 796.02	328 925.28	480 848.16

其中，固有财产与信托财产重大交易如下表所示。

单位：万元

信托项目	交易内容	定价策略	年初数	本期增加	本期减少	年末数
随鑫益1号集合资金信托计划	受益权	公允价格	18 000.00	149 996.02	68 000.00	99 996.02

6.5.3.4.2　信托项目之间的交易情况如下表所示

单位：万元

项目	期初数	本期增加额	本期减少额	期末数
合计	125 103.21	170 912.96	160 309.00	135 707.17

6.5.4　关联方逾期未偿还本公司资金的详细情况以及本公司为关联方担保发生或即将发生垫款的详细情况

本年度公司无上述情况。

6.6　会计制度的披露

（1）公司以持续经营为基础，根据实际发生的交易和事项，按照财政部2006年颁布的《企业会计准则》、新颁布或修订的相关会计准则进行会计核算。

（2）根据《中华人民共和国信托法》《信托公司管理办法》等规定，"信托财产与属于受托人所有的财产（以下简称固有财产）相区别，不得归入受托人的固有财产或者成为固有财产的一部分。"公司将固有财产与信托财产分开管理、分别核算。公司管理的信托项目是指受托人根据信托文件的约定，单独或者集合管理、运用、处分信托财产的基本单位，以每个信托项目作为独立的会计核算主体，独立核算信托财产的管理、运用和处分情况。各信托项目单独记账，单独核算，并编制财务报表。其资产、负债及损益不列入本财务报表。

7. 财务情况说明书

7.1　利润实现和分配情况

本年度公司经审计后实现税后净利润148 340.35万

元,年初未分配利润为313 235.62万元,向所有者分配25 000.00万元,2021年末可供分配的利润为436 575.97万元。经公司董事会批准,按《信托法》规定根据净利润的5%提取信托赔偿准备金7 417.02万元;根据财政部关于印发《金融企业准备金计提管理办法》的通知按承担风险和损失的资产期末余额的1.5%为其他风险准备金最低限额,计提其他风险准备金5 357.72万元;根据法律法规要求提取法定盈余公积14 834.03万元;年末未分配利润为408 967.20万元。

7.2 主要财务指标

指标名称	指标值
资本利润率(%)	16.55
人均净利润(万元)	721.85

注:1.资本利润率=净利润/所有者权益平均余额×100%。
2.人均净利润=净利润/年平均人数。

7.3 对公司财务状况、经营成果有重大影响的其他事项

本年度公司无其他须披露的重大影响事项。

8. 特别事项揭示

8.1 前两名股东报告期内变动情况及原因

报告期内公司股东无变动情况。

8.2 董事、监事及高级管理人员变动情况及原因

报告期内,根据监管规定要求,由公司参股股东广东省科技创业投资有限公司提名,公司2021年3月第一次临时股东会选举萧茜文女士担任公司监事,梁小天先生不再担任公司监事。

为完善公司经营管理架构,提升公司内控监督水平,2021年公司董事会聘任骆传朋先生为公司总经理,聘任陈韶辉先生、王亮先生、于健先生为公司副总经理,聘任王浩鹏先生为公司总经理助理。其中,骆传朋先生、陈韶辉先生、王亮先生和王浩鹏先生的高级管理人员任职资格已于2021年内获广东银保监局核准并已到任,于健先生的副总经理任职资格也于2022年1月获监管部门核准并于同日到任。因工作调动,刘东辉先生、李亚娟女士不再担任公司副总经理职务;因个人原因,刘星宇先生辞去公司副总经理职务。

8.3 公司的重大诉讼事项

报告期内公司无重大诉讼事项。

8.4 公司及其董事、监事和高级管理人员受到处罚的情况

报告期内,公司及董事、监事和高级管理人员没有受到监管部门处罚。

8.5 银保监会及派出机构检查后公司的整改情况

2021年,公司按照中国银行保险监督管理委员会广东监管局要求开展了资管业务整改、"内控合规管理建设年"等自查。结合检查和自查发现的问题,公司通过完善各项制度、优化管控流程、强化操作风险管理等举措,进一步提升了公司治理和内部控制水平,更好保障业务发展。

8.6 本年度重大事项临时报告情况

经粤财信托第六届董事会第三十五次会议审议通过,并报中国银行保险监督管理委员会广东监管局对骆传朋的任职资格进行核准,骆传朋任粤财信托总经理,粤财信托于2021年4月1日在公司官网对此事项作了相应披露,并于4月2日在金融时报03版披露。

根据中国银行保险监督管理委员会广东监管局要求,粤财信托已完成金融许可证换领事项,并于2021年7月1日在公司官网作相应披露。

为适应最新监管要求与公司业务发展需要,经公司股东会审议通过,粤财信托对公司章程进行了修订,上述变更事项已获中国银行保险监督管理委员会广东监管局审核批准,于2021年8月30日完成工商备案登记,并于2021年9月1日在公司官网作相应披露。

8.7 银保监会及其省级派出机构认定的其他有必要让客户及相关利益人了解的重要信息

本报告期内无银保监会及其省级派出机构认定的其他有必要让客户及相关利益人了解的重要信息。

8.8 公司履行社会责任情况

报告期内,公司严格遵守国家法律法规,认真贯彻国家经济金融政策以及监管要求;有效履行受托人职责与义务,充分维护受益人利益最大化;积极探索"慈善+金融"的创新与改革,助力共同富裕;落实"我为群众办实事"实践活动要求,开展各类志愿帮扶活动。

2021年,公司在监管部门的精心指导以及公司高级管理层的认真部署下,大力推进消费权益保护工作。一是开展了2020年度金融消费者权益保护评估工作;二是不断完善我司消费者权益保护制度体系;三是持续推进

消保工作机制建设及运行；四是积极开展线上线下金融知识宣传教育活动，并认真组织全体员工进行了消费者权益保护专题培训以及培训测试；五是不断完善投诉处理流程，建立了较为全面的投诉处理应对机制。本年度公司共收到6宗投诉，以消费金融类业务为主，投诉涉及部门均积极与投诉人进行沟通协调，妥善处理投诉，做好金融消费者的解释和安抚工作，未出现重大投诉事件。

粤财信托积极探索"慈善+金融"的创新与改革，为委托人与公益慈善事业搭建桥梁，自2016年设立广东省首单慈善信托计划以来，累计已成立慈善信托计划规模1 932.80万元，信托计划投向包括扶贫、助学、医疗公益研究、抗疫、建筑文化保育等领域，用金融为慈善事业贡献坚实力量。2021年，广东省民政厅要求各地市积极开展慈善信托业务，为积极配合省民政厅的要求，公司联合农业银行广东省分行开展了各地市的慈善信托普及工作，积极走访各地市民政局和慈善组织，与多个地市谈成合作意向，对推动广东省慈善信托发展，助力共同富裕有重要意义。

2021年，粤财信托党委坚持把"我为群众办实事"实践活动作为党史学习教育重要内容，组织引导公司广大党员继承发扬优良传统、服务特殊群体，与广东省残疾人联合会开展了"南粤扶残"服务弱势群体系列公益活动。年内，公司向广东省扶贫开发协会捐赠400万元、向广东省慈善总会扶弱助残关爱基金捐赠30万元，用于广东省内脱贫攻坚、乡村振兴项目以及广东省残疾人就业创业促进会、广东省残疾人新闻宣传促进会开展公益助残项目。

9.公司监事会意见

报告期内公司依据国家有关法律、法规和公司章程的规定，建立了较完善的内部控制制度，决策程序符合相关规定；公司已建立了较完善的"三会一层"公司治理架构，董事会及其下属委员会的设置较合理，董事会及下属各委员会严格按照相关法律法规和制度要求规范运作。公司董事及其他高级管理人员在履行职责时，勤勉尽责，不存在违反法律、法规以及公司章程或损害公司及股东利益的行为。报告期内公司财务制度健全、内控制度完善，财务运作规范，没有发现虚假记载或重大遗漏，有效保障了公司生产经营的正常运行。公司财务报告真实、准确、完整地反映了公司的财务状况和经营成果。

国联信托股份有限公司

1. 重要提示

1.1 公司董事会及董事保证本报告所载资料不存在任何虚假记载、误导性陈述或者重大遗漏，并对其内容的真实性、准确性和完整性承担个别及连带责任。

1.2 公司独立董事张爱民、景旭、唐建荣对公司2021年度报告基于独立判断立场，发表意见如下：公司2021年度报告属实，其内容真实、准确、完整。

1.3 公司董事长周卫平、主管会计工作负责人王颖、会计机构负责人（会计主管人员）陆洋声明：保证年度报告中财务报告的真实、完整。

2. 公司概况

2.1 公司简介

国联信托股份有限公司（以下简称国联信托）前身为无锡市信托投资公司，初创于1987年1月。2003年1月，经中国人民银行批准，公司获准重新登记，更名为国联信托投资有限责任公司。2007年6月，经中国银行业监督管理委员会批准，公司获准换领新金融许可证，并更名为国联信托有限责任公司。2008年7月，经中国银行业监督管理委员会批准，整体变更为股份公司，并更名为国联信托股份有限公司。目前，公司注册资本30亿元。

公司控股股东为无锡市国联发展（集团）有限公司（以下简称国联集团）。国联集团是无锡市人民政府出资设立并授予国有资产投资主体资格的国有独资企业集团。

序号	法定名称	国联信托股份有限公司
1	英文名称（及缩写）	GUOLIAN TRUST CO., LTD（GLTRUST）
2	法定代表人	周卫平
3	注册地址	无锡市滨湖区太湖新城金融一街8号国联金融大厦
4	邮政编码	214131
5	公司国际互联网网址	http://www.gltic.com.cn
6	公司电子信箱	gltic@gltic.com.cn
7	公司负责信息披露事务高级管理人员	周卫平
8	公司负责信息披露事务人	陆洋
9	联系电话	0510-82833729
10	传真电话	0510-82833803
11	电子信箱	zhangwen@gltic.com.cn
12	公司信息披露的报纸名称	《证券时报》
13	公司年度报告备置地点	无锡市滨湖区太湖新城金融一街8号国联金融大厦11楼
14	公司聘请的会计师事务所名称及住所	公证天业会计师事务所（特殊普通合伙）江苏省无锡市金融三街嘉业财富中心5号楼10层
15	公司聘请的律师事务所名称及住所	江苏漫修律师事务所 江苏省无锡市智慧路18号智慧大厦607室

2.2 组织结构

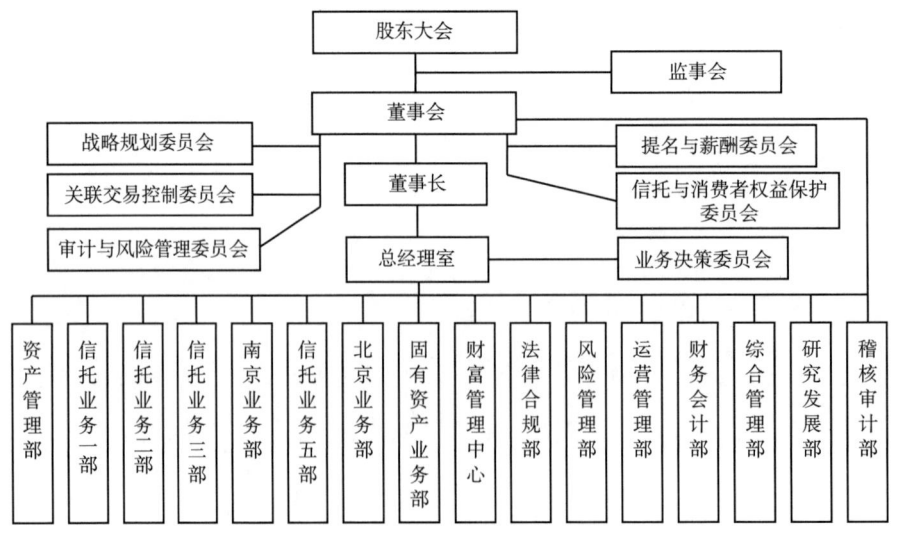

3. 公司治理结构

3.1 股东

2021年末，公司股东总数4名。

股东名称	持股比例（%）	法人代表	注册资本（万元）	注册地址
★无锡市国联发展（集团）有限公司	69.919	许可	839 111	无锡市金融一街8号
无锡市国联地方电力有限公司	12.195	马桂彬	31 950.6	无锡市金融一街8号
无锡华光环保能源集团股份有限公司	9.756	蒋志坚	72 682.6374	无锡市城南路3号
无锡商业大厦大东方股份有限公司	8.13	高兵华	88 477.9518	无锡市中山路343号

股东名称	主要经营业务	2021年主要财务情况（亿元）		
		总资产	净资产	利润总额
★无锡市国联发展（集团）有限公司	从事资本、资产经营、利用自有资金对外投资；贸易咨询；企业管理服务	1 596.98	499.83	31.85
无锡市国联地方电力有限公司	分布式光伏发电；房屋租赁服务；煤炭的销售；贸易咨询服务	6.31	6.31	0.46
无锡华光环保能源集团股份有限公司	围绕能源与环保两大产业，主要从事电站装备制造及工程服务、市政环境工程与服务及地方能源供应业务	196.47	84.93	10.01
无锡商业大厦大东方股份有限公司	食品、黄金、珠宝销售；综合货运站（场）（仓储），普通货运；国内贸易（国家有专项规定的，办理审批手续后经营）；金饰品的修理改制；家用电器的安装、维修等	82.54	39.18	8.93

注：1. ★表示公司实际控制人。
    2. 关联关系说明：无锡华光环保能源集团股份有限公司为无锡市国联发展（集团）有限公司控股子公司；无锡市国联地方电力有限公司为无锡国联实业投资有限公司的全资子公司，是无锡市国联发展（集团）有限公司二级全资子公司；其余无关联。

3.2 董事

根据公司章程，公司董事会由9名董事组成，其中独立董事3名。

目前的董事构成中，股东无锡市国联发展（集团）有限公司推荐3名，股东无锡华光环保能源集团股份有限公司推荐1名，股东无锡市国联地方电力有限公司推荐1名，股东无锡商业大厦大东方股份有限公司推荐1名，独立董事3名。

董事会成员

姓名	职务	性别	年龄（岁）	选任日期	任期（年）	所推举的股东名称	持股比例（%）	简要履历
周卫平	董事长	男	53	2021年4月	3	无锡市国联发展（集团）有限公司	69.919	曾任无锡市探矿机械总厂会计；无锡恒达证券公司财务部经理；无锡市信托投资公司上海邯郸路营业部副经理；无锡信托投资公司开信证券营业部、先后任经理、经理；国联证券有限责任公司县前东街营业部总经理；国联证券有限责任公司经纪业务部总经理；无锡国联期货经纪有限公司总经理；无锡市国联发展（集团）有限公司财务部经理，兼无锡国联期货经纪有限公司董事长；尚德电力控股有限公司执行董事、总裁、CEO、CFO；现任国联信托股份有限公司董事长
汪兴平	董事	男	58	2021年4月	3	无锡市国联发展（集团）有限公司	69.919	曾任湖北鄂州师范学校教师；纺织工业部管理干部学院讲师；无锡证券、国联证券电子商务部副总经理、高级经济师；上海联狐信息技术有限公司市场总监、经纪业务总监；国联集团法务部经理助理、国联集团法律风控部总经理，现为国联集团研究院资深研究员
马海疆	董事	男	50	2021年4月	3	无锡市国联发展（集团）有限公司	69.919	曾任无锡市证券公司发行调研部主管；无锡证券有限责任公司中山路营业部副总经理、江阴青果路营业部总经理、总经理；国联证券资产管理部总经理、并购融资部总经理；无锡国联期货经纪有限公司总经理、董事长；无锡市国联发展（集团）有限公司金融投资管理部总经理；国联人寿股份有限公司党委副书记；现任国联集团数字赋能中心主任
朱文革	董事	男	54	2021年4月	3	无锡市国联地方电力有限公司	12.195	曾任无锡幸福食品厂生产调度、车间主任、副厂长；国联证券有限责任公司营业部总经理、投资银行部总经理、研发部总经理；国联基金管理有限责任公司副总经理；国联信托有限责任公司副总经理；国联创投总经理、国联信托副总经理、兼无锡市国联资本管理有限公司（现无锡嘉信资产管理有限公司）总经理、无锡市金融投资有限公司董事长；国联信托总经理、兼无锡市国联资本管理有限公司（现无锡嘉信资产管理有限公司）董事长；现任国联金融创投集团监事长
钟文俊	董事	男	44	2021年4月	3	无锡华光环保能源集团股份有限公司	9.756	曾任金东纸业（江苏）有限公司机械处担任机械工程师；上海彩之源广告有限公司担任销售经理；上海佳信发艺术印刷有限公司担任销售经理；国联证券股份有限公司并购融资部工作；华英证券有限责任公司企业融资部业务总监、投资银行部业务总监，投资银行部无锡负责人；无锡华光环保能源集团股份有限公司总经理助理；现任无锡华光环保能源集团股份有限公司副总经理、董秘

续表

姓名	职务	性别	年龄（岁）	选任日期	任期（年）	所推举的股东名称	持股比例（%）	简要履历
高兵华	董事	男	50	2021年4月	3	无锡商业大厦大东方股份有限公司	8.13	曾任中国北方航空公司计划助理；均瑶集团云南分公司总经理；均瑶集团投资部总经理、均瑶集团电子商务业务单元总经理；上海均瑶（集团）有限公司战略与投资总监；江苏无锡商业大厦集团有限公司董事、总经理；上海均瑶（集团）有限公司资产管理部总经理；现任上海均瑶（集团）有限公司副总裁、无锡商业大厦大东方股份有限公司董事长

独立董事

姓名	所在单位及职务	性别	年龄（岁）	选任日期	任期（年）	简要履历
张爱民	华东理工大学商学院会计学教授	男	57	2021年4月	3	曾任华东理工大学工商经济学院会计学助教、会计学讲师、会计学副教授、会计学教授；华东理工大学商学院财务与会计学教研室主任、华东理工大学商学院会计学系主任；华东理工大学财务处处长、华东理工大学审计处处长；现任华东理工大学商学院会计学教授
景旭	北京市君都律师事务所高级合伙人；西北政法大学兼职教授	男	51	2021年4月	3	曾任中国远大集团法律顾问；北京市君都律师事务所主任、高级合伙人；现任北京市君都律师事务所高级合伙人、西北政法大学兼职教授
唐建荣	江南大学商学院会计系教授	男	58	2021年4月	3	曾任江南大学（原无锡轻工业学院、无锡轻工大学），讲师、副教授、教授；江南大学商学院会计系教授

3.3 监事

姓名	职务	性别	年龄（岁）	选任日期	所推举的股东名称	持股比例（%）	简要履历
高金云	监事会主席	男	38	2021年4月	国联集团	69.919	曾任正太集团有限公司董事会办公室秘书；无锡市联合中小企业担保有限责任公司综合管理部副经理、工会主席；无锡市国联发展（集团）有限公司团委书记；无锡市国联发展（集团）有限公司党委办公室主任助理、副主任；现任国联人寿股份有限公司党委副书记、纪委书记
潘双博	监事	男	36	2021年4月	职工代表	—	曾任国联信托股份有限公司信托业务部信托经理、高级信托经理；国联信托股份有限公司信托业务一部总经理助理；现任国联信托股份有限公司信托业务一部副总经理
薛晓丽	监事	女	39	2021年4月	职工代表	—	曾任职于无锡市国联发展（集团）有限公司法务部；国联信托股份有限公司合规管理部副经理、国联信托股份有限公司法律合规部经理；现任国联信托股份有限公司法律合规部总经理

3.4 高级管理人员

姓名	职务	性别	年龄（岁）	选任日期	金融从业年限（年）	学历	专业	简要履历
周卫平	董事长	男	53	2014年1月	28	本科	会计学	曾任无锡市探矿机械总厂会计；无锡恒达证券公司财务部经理；无锡市信托投资公司上海邯郸路营业部副经理，无锡市信托投资公司开信证券营业部，先后任副经理、经理；国联证券有限责任公司前东街营业部总经理；国联证券有限责任公司经纪业务总经理；无锡国联期货经纪有限公司总经理；无锡市国联发展（集团）有限公司财务部经理，兼无锡国联期货经纪有限公司董事长；尚德电力控股有限公司执行董事、总裁、CEO、CFO；现任国联信托董事长
王颖	副总经理	女	47	2016年8月	25	本科	会计学	曾任职于无锡市信托投资公司营业部、证券投资部、恒信证券营业部、财务部；国联信托有限责任公司财务部；国联信托有限责任公司稽核审计部副经理、经理；无锡微研有限公司财务总监（兼）；国联信托股份有限公司稽核审计部经理；江苏资产管理有限公司总经理助理；现任国联信托副总经理
邓清泉	副总经理	男	49	2020年9月	19	硕士	工商管理	曾任健桥证券研究所金融工程/债券研究员；云南证券投资银行部副总经理；中信证券执行总经理；大通证券总裁助理；平安银行资产管理事业部副总裁；平安信托董事总经理、产品平台总经理；深圳市钜盛华有限公司副总裁、新疆前海联合基金管理有限公司副董事长；现任国联信托副总经理

3.5 公司员工表

项目		报告期年度		上年度	
		人数（人）	比例（%）	人数（人）	比例（%）
年龄分布	25岁以下	—	—	—	—
	25—29岁	7	8.05	9	10.11
	30—39岁	51	58.62	51	57.30
	40岁以上	29	33.33	29	32.58
学历分布	博士	2	2.30	2	2.25
	硕士	34	39.08	34	38.20
	本科	48	55.17	47	52.81
	专科	3	3.45	6	6.74
	其他	—	—	—	—
岗位分布	董事、监事及高管人员	5	5.75	6	6.74
	自营业务人员	4	4.60	2	2.25
	信托业务人员	26	29.89	27	30.34
	其他人员	54	62.07	56	62.92

注：公司职工监事分别为信托业务人员和其他人员，故岗位百分比大于100%。

4. 经营管理

4.1 经营目标、经营方针和战略规划

4.1.1 经营目标

公司的经营目标是以高质量发展为主题，以服务新发展格局下实体经济高质量发展和服务人民美好生活需要为目的，以打造特定业务领域具有行业核心竞争优势为目标，将国联信托打造成为业务结构合理、风险可控、品牌良好、能持续健康发展的有特色的专业金融服务商。

4.1.2 经营方针

公司的经营方针是秉承"诚信、稳健、规范、创新"的经营理念，严控风险，审慎经营，坚持"稳"字为先，谋求信托受益人的利益最大化。

4.1.3 战略规划

公司的战略规划是坚守受托人定位，回归信托本源，向"标准化、权益类、服务型"转型。

4.2 所经营业务的主要内容

4.2.1 自营资产运用与分布表

资产运用	金额（万元）	占比（%）	资产分布	金额（万元）	占比（%）
货币资产	2 936	0.43	基础产业	—	—
贷款及应收款	33 665	4.97	房地产业	2 756	0.41
交易性金融资产投资	16 432	2.42	证券市场	24 512	3.62
其他非流动金融资产投资	120 104	17.72	实业	18 701	2.76
长期股权投资	447 738	66.06	金融机构	369 255	54.47
其他	56 903	8.4	其他	262 554	38.74
资产总计	677 778	100	资产总计	677 778	100

4.2.2 信托资产运用与分布

资产运用	金额（万元）	占比（%）	资产分布	金额（万元）	占比（%）
货币资产	35 678	0.68	基础产业	178 057	3.38
贷款	426 120	8.08	房地产	11 604	0.22
交易性金融资产	511 867	9.7	证券市场	519 207	9.85
可供出售金融资产	—	—	工商企业	471 637	8.95
持有至到期投资	3 891 445	73.84	金融机构	—	—
买入返售金融资产	7 340	0.14	其他	4 090 442	77.6
长期股权投资	148 088	2.81			
其他	250 409	4.75			
信托资产总计	5 270 947	100	信托资产总计	5 270 947	100

4.3 市场分析

4.3.1 有利因素

一是进一步回归本源转型发展。监管部门持续加强对通道业务和非标融资的监管，推动金融去杠杆，多数信托公司主动控制规模和增速，信托行业从高度依赖房地产、政府平台类企业融资与牌照通道套利的增长模式向本源回归，也将以更规范的方式发挥信托制度优势和行业传统竞争优势，更高效地服务实体经济发展和人民美好生活需要，推动信托业走上高质量发展之路。

二是行业更加健康稳健发展。行业转型，短期内，信托公司的资产规模和盈利能力会面临较大冲击，从长期来看，信托公司将加速回归信托本源，打造核心竞争力。新的外部环境有助于提升信托行业资产管理能力和风险防控意识提升，实现可持续的健康稳健发展。

三是良好的区域优势和品牌信誉。国联信托地处经济发达的长三角地区，经济发展程度高，市场需求旺，为业务发展提供了地域优势。控股股东国联集团是无锡市政府出资设立并授予国有资产投资主体资格的国有企业集团，布局金融、实业等多个领域，有助于发挥资源协调优势。长期以来，国联信托以诚信稳健赢得了投资人的信任，树立了良好的品牌形象。

4.3.2 不利因素

一是行业生态。信托行业前期积累的风险较大规模地爆发，个别公司声誉危机给整个行业带来不利影响，

行业生态不佳。

二是转型压力。信托业监管持续加强，传统业务模式无以为继，创新业务处于培育和发展初期，业务逻辑重构，展业面临很大压力和困难，转型压力大。

三是市场竞争。传统业务领域机会减少，来自其他资管机构的竞争压力持续增大，信托业的市场竞争压力比以前更重，信托牌照的优势弱化。

4.4　内部控制概况

4.4.1　内部控制环境和内部控制文化

按照"三会分设、三权分开、有效制约、协调发展"的要求，公司设立了由股东会、董事会、监事会和高级管理层构建的公司治理架构。股东会、董事会、监事会和高级管理层之间既相互独立，又相互制衡和相互协调，形成了权力机构、决策机构、监督机构和管理层之间的制衡机制，在公司经营和发展中持续发挥着各自的职能与作用。董事会引入独立董事制度并下设各专门委员会，能够较好地运行，为公司内部控制制度制定与运行提供了一个良好的内部环境。

公司坚持业务经营与风险管理并重的原则。通过组织员工培训、学习等办法，培养员工风险防范意识，并提升了员工的法律意识，道德规范及自身素质建设，提高了风险管理的自觉性。

4.4.2　内部控制措施

公司在完善内部控制机制中，贯彻健全、合理、制衡、独立的原则，建立起内控岗位授权制度、内控报告制度、内控审计制度及考核评价制度。公司内部控制覆盖了包括环境控制、风险管理控制、合规管理控制、信托业务控制、固有业务控制、会计系统控制、授权体系控制、关联交易控制、信息披露控制、数据管理控制、内部控制保障等各个环节和公司的各项业务、各个部门和各级人员，并贯穿于决策、执行、监督、反馈整个流程。各部门和岗位，职权分明，职能独立，并相互牵制，相互制衡，重要岗位实行双人负责制；对担任单岗处理的业务，有相应的后续监督。

报告期内，公司严格执行各项内控制度，操作规范，措施有效。

4.4.3　信息交流与反馈

公司加强信息建设，为内控的设计、执行、反馈提供信息保障。一是建立起管理层与内控管理专职部门信息联结和定期联系机制，及时、真实、完整地传导监管意图、交流信息、沟通问题。制定并执行内控报告制度和突发事件应急管理办法。二是严格执行信息披露制度，主动及时向社会公众准确披露有关信息，发挥社会公众对公司内控建设的监督作用。

4.4.4　监督评价与纠正

公司推行事前、事中与事后"三位一体"的风险管理和监督评价体系，对业务环节和经营管理进行持续性的全方位、全过程的监督、评价、后评价与纠正。

2021年，公司充分发挥内、外部审计的监督作用，审计的范围和深度进一步加强，对审计过程中发现的问题及时与各部门沟通，要求限期完善或整改，并采取后续审计等方式进行跟踪，对防止风险出现或扩大，对促进业务合法、合规、稳健经营发挥了积极作用。

4.5　风险管理

4.5.1　风险管理概况

公司持续完善全面风险管理体系，积极倡导"全员风控"理念。公司风险管理架构由董事会及审计与风险管理委员会、监事会、经营管理层、业务决策委员会以及各相关职能部门组成，形成了多层次、上下联动的架构格局。风险管理贯穿于公司业务活动的各个方面和运行过程的每一环节，建立了涵盖业务操作和风险管理各层面的制度体系。

公司风险管理贯彻全覆盖原则、独立性原则、有效性原则、相互制衡原则以及责任追究原则，并着重进行事前防范、事中监控和事后稽查三方面工作，通过规章制度和流程的规范有效运行，保障公司经营目标和风险管理目标的实现。

公司董事会和经营层坚持业务发展与风险管理并重的原则。在新业务开展前，充分研判其风险点及控制措施，在确保风险可控前提下开展业务；对于已实施的业务项目，做好存续管理，定期开展全面风险排查及针对重点项目的专项排查，若有风险状况及时预警。

报告期内，公司风险管理状况较好，不存在到期未兑付的信托项目，也未新增存在兑付风险的信托项目。

4.5.2　风险状况

4.5.2.1　信用风险状况

信用风险主要指交易对手违约带来的风险，主要来自于融资类业务和固定收益类投资。公司在相关业务中优选交易对手、严格落实尽职调查和各项增信措施，并严格按照监管规定足额计提一般准备和资产减值准备，按比例提取信托赔偿准备金，以提高公司抵御风险的能力。报告期末公司不良资产余额2 755万元，无对外担保余额。

4.5.2.2 市场风险状况

市场风险是指公司在业务经营中不可避免地因市场参数波动而产生的风险。公司面临的市场风险主要是股价波动风险、利率风险。报告期内公司严格依据信托合同进行投资运营，公司固有项下的权益性投资主要以战略性持有为目的，实质上受市场风险影响的业务规模较小，相关业务整体运营平稳。

4.5.2.3 流动性风险状况

流动性风险主要表现在两方面。一是公司自身层面，虽然有清偿能力，但无法（以合理成本）及时获得充足资金以应对资产增长或支付到期债务的风险；二是信托产品层面，出现现金形式的信托财产不足以应对信托份额净赎回以及到期分配资金需求而产生的风险。报告期内公司未发生流动性风险事件。

4.5.2.4 操作风险状况

操作风险主要表现在相关业务办理过程中，因尽职管理不到位、内部控制缺失或系统的不完善等带来的直接或间接的财务、声誉损失的风险。公司建立了完善的内部控制机制，并制定了各项操作规程，不断提升业务操作的规范化，有效管理各类操作风险。报告期内公司未发生因操作风险所造成的损失。

4.5.2.5 其他风险状况

公司还面临着诸如政策风险、法律风险和声誉风险等其他风险。政策风险主要指由于宏观政策以及监管政策的变动对公司经营环境和发展所造成的风险。合规与法律风险主要指因业务模式违规、业务合同不完善等而导致的监管处罚及法律纠纷等风险。声誉风险指由公司在经营、管理及其他行为或外部事件导致利益相关方对公司负面评价的风险。报告期内未发生相关风险事项。

4.5.3 风险管理

4.5.3.1 信用风险管理

对于信用风险的防范，公司执行事前调查、事中审查、事后检查的"三查"制度。公司主要通过制定严格的准入标准及风险管理策略和科学严谨的决策机制来进行风险事前防范；通过严格执行项目审批操作流程及放款审查要求来进行风险事中控制；通过对项目的后续管理和排查预警来进行风险事后控制。

公司通过尽职调查程序，选择信誉良好、管理规范、业绩出色的企业作为交易对手，并严格落实相关增信措施。同时，选择实力雄厚、信誉卓著、业绩优良的金融机构为合作伙伴，作为公司信托业务的托管银行，以防范来自金融同业的交易对手风险。此外，公司自营业务按规定对贷款实行五级分类，并足额计提相应资产损失准备。

4.5.3.2 市场风险管理

对于市场风险的防范，公司制定相关管理制度，规范操作程序，配备与业务规模和市场风险管理要求相适应的专业团队，加强投资立项论证，通过研究、决策、操作、评价相互制衡的机制，结合严格的授权制度，以防范市场风险。

公司合理设计投资组合，密切跟踪市场行情变化，审慎分析预测，及时调整投资策略和方案。公司坚持不仅关注市场风险的管理，更强调市场风险的规避，不盲目追求业务规模和短期的经营业绩。坚持业务规模及复杂程度与公司业务能力相匹配，在市场风险可控前提下开展证券类业务。

4.5.3.3 流动性风险管理

公司根据各业务收支的周期特点制定投资方案和用款计划，定期评估、预测未来现金流收支情况，及时采取相关缓释措施。同时，设定流动性分析的量化指标，定期评估公司整体流动性水平，建立流动性风险预警系统及报告机制。

针对信托业务，公司在产品交易结构设计上充分考虑资金来源及资金运用的期限匹配性，根据资金端期限要求配置适合的投资产品，对交易对手做好跟踪管理确保按期履约；对于非标项目，严格做好期限匹配；对于标准化债权投资信托产品，做好资金来源比例控制、投资比例控制和持仓资产监控，在资金端做好客户申购赎回的沟通、统计及预测工作。

4.5.3.4 操作风险管理

对于操作风险的防范，公司不断完善内部控制制度，明确各岗位各节点的操作流程要求，加强对操作流程的监督、检查，及时排除隐患。

公司通过对各部门、各岗位制定明确的职责和权限，坚持信托财产之间、信托财产与固有财产之间分别管理、分别记账等相互分离、相互监督、相互制约的原则，并通过严格的授权制度与过程监控来实施，包括采用技术手段，如在电脑系统对操作权限和内容进行程序设定，以及在业务和资金流转过程中实施双岗核定确认等。

公司持续加强员工教育培训，使其增强责任意识和业务技能，并通过奖惩激励对其行为进行约束。同时，加大投入，实施软件升级和硬件更新，定期进行系统维护，避免出现故障。

4.5.3.5 其他风险管理

对于政策风险的防范，加强对国家宏观政策和监管规定的跟踪研判，加强与监管部门和行业间的沟通、联系，以尽可能准确地判断分析宏观政策和监管政策的未来趋势，来管理政策风险。

对于合规与法律风险的防范，公司高度重视合规理念与合规文化的培育，持续进行监管政策的宣导，倡导"合规人人有责"的基本理念，坚持合规管理全覆盖。公司法务人员对项目方案、各类法律文本等的合法、合规性进行审查，提出法律审查意见。公司加大合同管理力度，有步骤地建立业务合同标准化体系。

对于声誉风险的防范，将公司声誉构建与公司发展战略和公司文化进行有机结合，通过尽职管理和充分信息披露以塑造公司的专业和诚信形象，对可能影响公司声誉的业务坚决予以回避等。加强员工职业道德教育和公司文化教育，增强员工的工作责任心和团队意识，维护公司信誉，防范声誉风险。

4.6 社会责任履行情况

4.6.1 社会责任履行情况

国联信托自成立以来，始终坚持合规经营、诚实守信，以维护良好的金融市场环境为己任，不断提高社会责任感。公司发挥信托优势，积极投身地方经济建设和社会事业的发展，支持实体经济发展，引导和培育居民健康的投资意识和财富管理理念，做到了支持实体经济发展、保障百姓财富保值增值与公司发展的有机结合。

2021年，国联信托立足地方，支持实体经济发展，将自身成长与实体经济发展紧密结合，支持硬核科技企业发展上市。公司大力发展服务信托，参与社会治理，在国内首创引入信托机制对校外培训行业预付资金进行监管，2021年10月，成立业内首单教育培训资金管理服务信托，利用信托"财产独立、破产隔离"的功能对涉众资金进行监管，保障消费者权益，下一步，将逐步向体育健身、商业零售、房产租售等其他涉众预付消费领域推广。

公司始终秉承客户价值优先理念，强调以客户为中心，不断努力提升服务水平和服务效能，为企业提供综合的金融产品和服务，为百姓财富增值提供多元的投资渠道。

公司积极投身社会公益事业，组织广大干部员工开展各类慈善活动，积极履行企业社会责任，努力推动经济、社会与环境的和谐发展。

4.6.2 消费者权益保护情况

公司一直将消费者权益保护工作作为一项重点工作推进，公司的消费者权益保护工作开展总体情况良好。公司制定了较为完善的消费者权益保护工作制度，并切实履行各规章制度的各项要求，设立董事会信托与消费者权益保护委员会，将消费者权益保护纳入公司治理，将金融消费者权益保护的理念融入公司经营发展和业务运营的方方面面。

公司每年确定消费者权益保护工作规划，明确具体工作措施。多年来，公司消费者权益保护工作开展顺利，及时妥善地解答了消费者的投诉及疑惑，有效保护了消费者的权益，未造成任何不良影响。

公司的信托产品与服务在开发设计、审批准入、营销推介等各个流程中都嵌入了消费者权益保护的理念，坚持从客户需求出发，坚持风险可控、合规经营，通过完善的风险管理措施，保障信托计划的顺利运作，实现客户的财富管理目标。

在金融知识宣传与教育方面，除日常宣传外，还积极开展各类金融知识宣传活动，将宣传教育工作常态化。公司开展了多次内部学习及培训，有效提高了员工消费者权益保护意识；对外，积极开展公众金融知识宣传教育活动，充分利用自有宣传渠道，加大宣传普及力度，并通过进校园、进社区、进地铁等形式，把金融知识送到百姓身边，让金融知识到达更多受众。

公司高度重视消费者权益维护，强化服务监督体系，建立健全客户投诉建议处理机制，设置了多种投诉渠道，了解客户真实需求，实现服务投诉处理"零距离"、客户投诉"全响应"。自成立以来，公司未有重点消保问题发生。

2021年，公司继续对业务系统升级改造，并开发移动端APP，围绕提升客户体验，对线上线下服务全面升级。今后，公司将一如既往地重视消费者权益保护工作，进一步加强消费者权益保护理念，恪尽职守，履行诚实、信用、谨慎、有效管理的义务，不断夯实内功，为广大投资者提供更优的金融服务。

5. 报告期末及上一年度末的比较式会计报表

5.1 自营资产（经审计）

5.1.1 会计师事务所审计结论

审计报告

苏公W〔2022〕A313号

国联信托股份有限公司全体股东：

一、审计意见

我们审计了国联信托股份有限公司（以下简称国联信托公司）财务报表，包括2021年12月31日的合并及母公司资产负债表，2021年度的合并及母公司利润表、合并及母公司现金流量表、合并及母公司所有者权益变动表以及相关财务报表附注。

我们认为，后附的财务报表在所有重大方面按照企业会计准则的规定编制，公允反映了国联信托公司2021年12月31日的合并及母公司财务状况以及2021年度的合并及母公司经营成果和现金流量。

二、形成审计意见的基础

我们按照中国注册会计师审计准则的规定执行了审计工作。审计报告的"注册会计师对财务报表审计的责任"部分进一步阐述了我们在这些准则下的责任。按照中国注册会计师职业道德守则，我们独立于国联信托公司，并履行了职业道德方面的其他责任。我们相信，我们获取的审计证据是充分、适当的，为发表审计意见提供了基础。

三、其他信息

国联信托公司管理层（以下简称管理层）对其他信息负责。其他信息包括信国联托公司2021年度报告中涵盖的信息，但不包括财务报表和我们的审计报告。国联信托公司2021年度报告预期将在审计报告日后提供给我们。

我们对财务报表发表的审计意见不涵盖其他信息，我们也不对其他信息发表任何形式的鉴证结论。

结合我们对财务报表的审计，我们的责任是在能够获取上述其他信息时阅读这些信息，在此过程中，考虑其他信息是否与财务报表或我们在审计过程中了解到的情况存在重大不一致或者似乎存在重大错报。

四、管理层和治理层对财务报表的责任

国联信托公司管理层（以下简称管理层）负责按照企业会计准则的规定编制财务报表，使其实现公允反映，并设计、执行和维护必要的内部控制，以使财务报表不存在由于舞弊或错误导致的重大错报。

在编制财务报表时，管理层负责评估国联信托公司的持续经营能力，披露与持续经营相关的事项（如适用），并运用持续经营假设，除非管理层计划清算国联信托公司、终止运营或别无其他现实的选择。

治理层负责监督国联信托公司的财务报告过程。

五、注册会计师对财务报表审计的责任

我们的目标是对财务报表整体是否不存在由于舞弊或错误导致的重大错报获取合理保证，并出具包含审计意见的审计报告。合理保证是高水平的保证，但并不能保证按照审计准则执行的审计在某一重大错报存在时总能发现。错报可能由于舞弊或错误导致，如果合理预期错报单独或汇总起来可能影响财务报表使用者依据财务报表做出的经济决策，则通常认为错报是重大的。

在按照审计准则执行审计工作的过程中，我们运用职业判断，并保持职业怀疑。同时，我们也执行以下工作：

（1）识别和评估由于舞弊或错误导致的财务报表重大错报风险，设计和实施审计程序以应对这些风险，并获取充分、适当的审计证据，作为发表审计意见的基础。由于舞弊可能涉及串通、伪造、故意遗漏、虚假陈述或凌驾于内部控制之上，未能发现由于舞弊导致的重大错报的风险高于未能发现由于错误导致的重大错报的风险。

（2）了解与审计相关的内部控制，以设计恰当的审计程序，但目的并非对内部控制的有效性发表意见。

（3）评价管理层选用会计政策的恰当性和做出会计估计及相关披露的合理性。

（4）对管理层使用持续经营假设的恰当性得出结论。同时，根据获取的审计证据，就可能导致对国联信托公司持续经营能力产生重大疑虑的事项或情况是否存在重大不确定性得出结论。如果我们得出结论认为存在重大不确定性，审计准则要求我们在审计报告中提请报表使用者注意财务报表中的相关披露；如果披露不充分，我们应当发表非无保留意见。我们的结论基于截至审计报告日可获得的信息。然而，未来的事项或情况可能导致国联信托公司不能持续经营。

（5）评价财务报表的总体列报、结构和内容，并评价财务报表是否公允反映相关交易和事项。

（6）就国联信托公司中实体或业务活动的财务信息获取充分、适当的审计证据，以对财务报表发表审计意见。我们负责指导、监督和执行集团审计，并对审计意见承担全部责任。

我们与治理层就计划的审计范围、时间安排和重大审计发现等事项进行沟通，包括沟通我们在审计中识别出的值得关注的内部控制缺陷。

公证天业会计师事务所（特殊普通合伙）

中国注册会计师：夏正曙

中国注册会计师：刘秀秀

中国·无锡　　　　　　　二〇二二年四月八日

5.1.2 资产负债表

资产负债表

编制单位：国联信托股份有限公司　　　　2021年12月31日　　　　单位：万元

资产	附注	合并		母公司	
		2021年12月31日	2020年12月31日	2021年12月31日	2020年12月31日
货币资金		3 646	6 423	2 936	5 713
其他应收款		26 193	17 337	14 165	17 334
买入返售金融资产		8 080	3 430	8 080	2 550
发放贷款和垫款		19 500	9 750	19 500	9 750
交易性金融资产		16 432	—	16 432	—
以公允价值计量且其变动计入当期损益的金融资产		—	2 355	—	2 355
可供出售金融资产		—	117 432	—	64 494
持有至到期投资		—	66 686	—	56 789
其他非流动金融资产		157 231	—	120 104	—
长期股权投资		348 948	286 535	447 738	388 751
固定资产		506	415	505	414
递延所得税资产		1 806	1 562	1 806	1 562
其他资产		46 620	53 367	46 512	53 324
资产总计		628 962	565 292	677 778	603 036
应付职工薪酬		2 180	1 862	2 138	1 761
应交税费		2 958	5 933	2 601	5 873
应付股利		—	—	—	—
递延所得税负债		15 166	15 166	15 166	15 166
其他负债		24 761	46 361	24 217	25 131
负债合计		45 065	69 322	44 122	47 931
实收资本		300 000	300 000	300 000	300 000
资本公积		68 458	29 544	68 849	29 935
其他综合收益		1 883	-2 704	1 883	-2 704
盈余公积		50 255	46 000	50 255	46 000
信托赔偿准备		10 123	8 960	10 123	8 960
一般风险准备		28 723	26 541	28 723	26 541
未分配利润		124 455	87 629	173 823	146 373
所有者权益（或股东权益）合计		583 897	495 970	633 656	555 105
负债和所有者权益（或股东权益）合计		628 962	565 292	677 778	603 036

5.1.3 利润表

利润表

编制单位：国联信托股份有限公司　　　　2021年度　　　　单位：万元

项目	行次	合并		母公司	
		2021年度	2020年度	2021年度	2020年度
一、营业收入	1	65 427	62 957	55 412	59 441
利息净收入	2	422	-17	393	2 338
利息收入	3	433	2 386	404	2 372
利息支出	4	11	2 403	11	34

续表

项目	行次	合并 2021年度	合并 2020年度	母公司 2021年度	母公司 2020年度
手续费及佣金净收入	5	23 608	26 023	22 122	25 092
手续费及佣金收入	6	23 608	26 023	22 122	25 092
手续费及佣金支出	7	—	—	—	—
投资收益（损失以"-"号填列）	8	43 010	37 060	34 511	32 121
其中：对联营企业和合营企业的投资收益	9	28 082	21 473	28 086	21 448
其他收益	10	7	16	6	15
公允价值变动收益（损失以"-"号填列）	11	-1 620	-123	-1 620	-123
资产处置收益（损失以"-"号填列）	12	—	-2	—	-2
二、营业支出	13	7 145	7 414	6 941	6 093
税金及附加	14	170	208	160	201
业务及管理费	15	6 725	6 648	6 531	6 267
信用减值损失	16	250	—	250	—
资产减值损失	17	—	558	—	-375
三、营业利润（亏损以"-"号填列）	18	58 282	55 543	48 471	53 348
加：营业外收入	19	3	—	3	—
减：营业外支出	20	101	51	101	50
四、利润总额（亏损总额以"-"号填列）	21	58 184	55 492	48 374	53 298
减：所得税费用	22	5 183	7 674	4 749	7 491
五、净利润（净亏损以"-"号填列）	23	53 001	47 818	43 625	45 807
六、其他综合收益的税后净额	24	3 512	-2 811	3 512	-2 811
以后将重分类进损益的其他综合收益	25	3 512	-2 811	3 512	-2 811
1.权益法下在被投资单位其他综合收益享有份额	26	3 512	-1 629	3 512	-1 629
2.可供出售金融资产公允价值变动损益	27	—	-1 182	—	-1 182
七、综合收益总额	28	56 513	45 007	47 137	42 996
八、每股收益	29				
（一）基本每股收益	30	0.18	0.16	0.15	0.15

5.1.4 所有者权益变动表（合并）

股东权益变动表

编制单位：国联信托股份有限公司　　　　2021年度　　　　单位：万元

项目	2021年度 股本	资本公积	其他综合收益	盈余公积	信托赔偿准备	一般风险准备	未分配利润	所有者权益合计	2020年度 股本	资本公积	其他综合收益	盈余公积	信托赔偿准备	一般风险准备	未分配利润	所有者权益合计
一、上年年末余额	300 000	29 544	-2 704	46 000	26 541	8 960	87 628	495 970	300 000	30 536	107	41 419	24 251	8 244	47 398	451 955
1.会计政策变更	—	—	1 075	-107	—	—	-967	—								
2.其他	—	—	—	—	—	—	—	—								
二、本年年初余额	300 000	29 544	-1 629	45 892	26 541	8 960	86 661	495 970	300 000	30 536	107	41 419	24 251	8 244	47 398	451 955
三、本年增减变动金额（减少以"-"号填列）	—	38 914	3 512	4 362	2 181	1 163	37 794	87 927	—	-992	-2 811	4 581	2 290	716	40 230	44 015
（一）综合收益总额	—	—	3 512	—	—	—	53 001	56 513	—	—	-2 811	—	—	—	47 818	45 008
（二）所有者投入和减少资本	—	38 914	—	—	—	—	—	38 914	—	-992	—	—	—	—	—	-992
1.股东投入的普通股	—	—	—	—	—	—	—	—								
2.其他权益工具持有者投入资本	—	39 785	—	—	—	—	—	39 785	—	1	—	—	—	—	—	1
3.股份支付计入所有者权益的金额	—	—	—	—	—	—	—	—								

续表

项目	2021年度								2020年度							
	股本	资本公积	其他综合收益	盈余公积	信托赔偿准备	一般风险准备	未分配利润	所有者权益合计	股本	资本公积	其他综合收益	盈余公积	信托赔偿准备	一般风险准备	未分配利润	所有者权益合计
4.其他	—	-871	—	—	—	—	—	-871	—	-993	—	—	—	—	—	-993
（三）利润分配	—	—	—	4 362	2 181	1 163	-15 206	-7 500	—	—	—	4 581	2 290	716	-7 587	—
1.提取盈余公积	—	—	—	4 362	—	—	-4 362	—	—	—	—	4 581	—	—	-4 581	—
2.提取一般风险准备	—	—	—	—	—	1 163	-1 163	—	—	—	—	—	—	716	-716	—
3.对所有者或股东的分配	—	—	—	—	—	—	-7 500	-7 500	—	—	—	—	—	—	—	—
4.其他	—	—	—	—	2 181	—	-2 181	—	—	—	—	—	2 290	—	-2 290	—
（四）所有者权益内部结转	—	—	—	—	—	—	—	—	—	—	—	—	—	—	—	—
1.资本公积转增资本（或股本）	—	—	—	—	—	—	—	—	—	—	—	—	—	—	—	—
2.盈余公积转增资本（或股本）	—	—	—	—	—	—	—	—	—	—	—	—	—	—	—	—
3.盈余公积弥补亏损	—	—	—	—	—	—	—	—	—	—	—	—	—	—	—	—
4.其他	—	—	—	—	—	—	—	—	—	—	—	—	—	—	-1	-1
四、本年年末余额	300 000	68 458	1 883	50 255	28 723	10 123	124 455	583 897	300 000	29 544	-2 704	46 000	26 541	8 960	87 628	495 970

5.1.5 所有者权益变动表（母公司）

股东权益变动表

编制单位：国联信托股份有限公司　　　　2021年度　　　　单位：万元

项目	2021年度								2020年度							
	股本	资本公积	其他综合收益	盈余公积	信托赔偿准备	一般风险准备	未分配利润	所有者权益合计	股本	资本公积	其他综合收益	盈余公积	信托赔偿准备	一般风险准备	未分配利润	所有者权益合计
一、上年年末余额	300 000	29 935	-2 704	46 000	26 541	8 960	146 373	555 105	300 000	30 927	107	41 419	24 251	8 244	108 154	513 101
1.会计政策变更	—	—	1 075	—	—	—	-107	-967	—	—	—	—	—	—	—	—
2.前期差错更正	—	—	—	—	—	—	—	—	—	—	—	—	—	—	—	—
二、本年年初余额	300 000	29 935	-1 629	45 892	26 541	8 960	145 405	555 105	300 000	30 927	107	41 419	24 251	8 244	108 154	513 101
三、本年增减变动金额（减少以"-"号填列）	—	38 914	3 512	4 362	2 181	1 163	28 418	78 551	—	-992	-2 811	4 581	2 290	716	38 219	42 004
（一）综合收益总额	—	—	3 512	—	—	—	43 625	47 137	—	—	-2 811	—	—	—	45 807	42 997
（二）所有者投入和减少资本	—	38 914	—	—	—	—	—	38 914	—	-992	—	—	—	—	—	-992
1.股东投入的普通股	—	—	—	—	—	—	—	—	—	—	—	—	—	—	—	—
2.其他权益工具持有者投入资本	—	39 785	—	—	—	—	—	39 785	—	1	—	—	—	—	—	1
3.股份支付计入所有者权益的金额	—	—	—	—	—	—	—	—	—	—	—	—	—	—	—	—
4.其他	—	-871	—	—	—	—	—	-871	—	-993	—	—	—	—	—	-993
（三）利润分配	—	—	—	4 362	2 181	1 163	-15 206	-7 500	—	—	—	4 581	2 290	716	-7 587	—
1.提取盈余公积	—	—	—	4 362	—	—	-4 362	—	—	—	—	4 581	—	—	-4 581	—
2.提取一般风险准备	—	—	—	—	—	1 163	-1 163	—	—	—	—	—	—	716	-716	—
3.对所有者或股东的分配	—	—	—	—	—	—	-7 500	-7 500	—	—	—	—	—	—	—	—
4.其他	—	—	—	—	2 181	—	-2 181	—	—	—	—	—	2 290	—	-2 290	—
（四）所有者权益内部结转	—	—	—	—	—	—	—	—	—	—	—	—	—	—	—	—
1.资本公积转增资本（或股本）	—	—	—	—	—	—	—	—	—	—	—	—	—	—	—	—
2.盈余公积转增资本（或股本）	—	—	—	—	—	—	—	—	—	—	—	—	—	—	—	—
3.盈余公积弥补亏损	—	—	—	—	—	—	—	—	—	—	—	—	—	—	—	—
4.其他	—	—	—	—	—	—	—	—	—	—	—	—	—	—	-1	-1
四、本年年末余额	300 000	68 849	1 883	50 255	28 723	10 123	173 824	633 656	300 000	29 935	-2 704	46 000	26 541	8 960	146 373	555 105

5.2 信托资产

5.2.1 信托资产项目资产负债汇总表

信托项目资产负债汇总表

编制单位：国联信托股份有限公司　　　　　2021年12月31日　　　　　单位：万元

信托资产	行次	2021年12月31日	2020年12月31日	信托负债和信托权益	行次	2021年12月31日	2020年12月31日
信托资产：				信托负债：			
货币资金	1	35 678	36 672	交易性金融负债	20	—	—
拆出资金	2	—	—	衍生金融负债	21	—	—
存出保证金	3	—	—	应付受托人报酬	22	5 773	1 589
交易性金融资产	4	511 867	181 377	应付托管费	23	331	—
衍生金融资产	5	—	—	应付受益人收益	24	759	48
买入返售金融资产	6	7 340	14 940	应交税费	25	772	122
应收款项	7	35 323	5 898	应付销售服务费	26	—	—
发放贷款	8	426 120	1 684 610	其他应付款项	27	769	386
可供出售金融资产	9	—	142 850	预计负债	28	—	—
持有至到期投资	10	3 891 445	4 491 810	其他负债	29	—	—
长期应收款	11	—	—	信托负债合计	30	8 404	2 145
长期股权投资	12	148 088	212 203	信托权益：	31		
投资性房地产	13	—	—	实收信托	32	5 129 635	6 879 390
固定资产	14	—	—	资本公积	33	—	—
无形资产	15	—	—	损益平准金	34	—	—
长期待摊费用	16	—	—	未分配利润	35	132 908	100 595
其他资产	17	215 086	211 770	信托权益合计	36	5 262 543	6 979 985
减：各项资产减值准备	18						
信托资产总计	19	5 270 947	6 982 130	信托负债及信托权益总计	37	5 270 947	6 982 130

5.2.2 信托项目利润及利润分配汇总表

信托项目利润及利润分配汇总表

编制单位：国联信托股份有限公司　　2021年度　　单位：万元

项目	行次	2021年度	2020年度
一、营业收入	1	395 764	452 866
利息收入	2	875 55	99 686
投资收益	3	298 650	354 096
其中：对联营企业和合营企业的投资收益	4	—	—
公允价值变动收益（损失以"-"号填列）	5	9 521	-937
租赁收入	6	—	—
汇兑损益（损失以"-"号填列）	7	—	—
其他收入	8	38	21
二、支出	9	35 594	40 938
税金及附加	10	980	1 067
受托人报酬	11	22 266	25 645
托管费	12	9 396	8 552

续表

项目	行次	2021年度	2020年度
投资管理费	13	—	—
销售服务费	14	—	286
交易费用	15	23	8
资产减值损失	16	—	—
其他费用	17	2 929	5 380
三、信托净利润	18	360 170	411 928
四、其他综合收益	19	—	—
五、综合收益	20	360 170	411 928
加：期初未分配利润	21	100 595	73 354
加：损益平准金	22	27 492	1 976
六、可供分配的信托利润	23	488 257	487 258
减：本期已分配信托利润	24	355 349	386 663
七、期末未分配信托利润	25	132 908	100 595

6. 会计报表附注

6.1 简要说明报告年度会计报表编制基础、会计政策、会计估计和核算方法发生的变化

合并会计报表的范围：公司2021年12月31日合并范围无变化。公司合并子公司为无锡嘉信资产管理有限公司和无锡国联和富投资中心（有限合伙）。

会计期间以公历年月划分，会计年度自公历1月1日起至12月31日止。以权责发生制为基础进行会计确认、计量和报告。在对会计要素进行计量时一般采用历史成本，在保证所确认的会计要素金额能够取得并可靠计量时，采用重置成本、可变现净值、现值、公允价值计量。

财政部于2017年度修订了《企业会计准则第22号——金融工具确认和计量》《企业会计准则第23号——金融资产转移》《企业会计准则第24号——套期会计》和《企业会计准则第37号——金融工具列报》（以下统称新金融工具准则）。公司自2021年1月1日起执行新金融工具准则。

财政部于2017年颁布了修订后的《企业会计准则第14号——收入》（2017年修订）（以下简称新收入准则），公司自2021年1月1日起执行新收入准则。

财政部于2018年度修订了《企业会计准则第21号——租赁》，本公司自2021年1月1日起执行新租赁准则。根据修订后的准则，对于首次执行日前已存在的合同，公司选择在首次执行日不重新评估其是否为租赁或者包含租赁。

根据财政部《关于呆帐准备提取有关问题的通知》的规定、《金融企业呆账准备提取及呆账核销管理办法》《非银行金融机构资产风险分类指导原则（试行）》的规定，在净利润中按风险资产最低提取比例1.5%减值准备即一般风险准备。计提资产减值一般风险准备的范围：交易性金融资产、应收款项、发放贷款和垫款、长期应收款、可供出售金融资产、持有至到期投资、长期股权投资、固定资产、在建工程、无形资产、其他长期资产。

根据《信托公司管理办法》及董事会决议，按净利润的5%计提信托赔偿准备金，该赔偿准备金累计总额达到公司注册资本的20%时，可不再提取。

6.2 或有事项

无。

6.3 重要资产转让及其出售

无。

6.4 会计报表中重要项目的明细资料

6.4.1 披露自营资产经营情况

6.4.1.1 按资产风险分类的结果披露资产的期初数、期末数

信用风险资产五级分类	正常类（万元）	关注类（万元）	次级类	可疑类（万元）	损失类（万元）	信用风险资产合计（万元）	不良合计（万元）	不良率（%）
期初数	600 608	—	—	3 341	375	604 324	3 716	0.62
期末数	675 852	—	—	2 755	—	678 607	2 755	0.41

注：不良资产合计=次级类+可疑类+损失类。

6.4.1.2 各项资产减值损失准备的期初、本期计提、本期转回、本期核销、期末数；贷款的一般准备和专项准备和其他资产减值准备

项目	期初数（万元）	本期计提（万元）	本期转回（万元）	本期核销（万元）	期末数（万元）
贷款损失准备	250	500	250	—	500
一般准备	250	500	250	—	500
专项准备	—	—	—	—	—
其他资产减值准备	—	—	—	—	—
可供出售金融资产减值准备	375	—	—	375	—
持有至到期投资减值准备	2 640	—	2 640	—	—
长期股权投资准备	—	—	—	—	—
坏账准备	—	—	—	—	—
非流动金融资产减值准备	—	2 640	—	—	2 640

6.4.1.3 自营股票投资、基金投资、债券投资、长期股权投资等投资的期初数、期末数

项目	自营股票（万元）	基金（万元）	债券（万元）	长期股权投资（万元）	其他投资（万元）	合计（万元）
期初数	18 042	—	—	388 751	108 612	515 405
期末数	16 432	—	—	447 738	122 744	586 914

6.4.1.4 前三名的自营长期股权投资的企业名称、占被投资企业权益的比例、主要经营活动及投资收益情况

企业名称	占被投资企业权益的比例（%）	投资收益（万元）
国联证券股份有限公司（列示于长期股权投资）	13.78	13 969
无锡农村商业银行股份有限公司（列示于长期股权投资）	8.93	14 117
江苏宜兴农村商业银行股份有限公司（列示于其他非流动金融资产）	6.35	634

6.4.1.5 前三名的自营贷款的企业名称、占贷款总额的比例和还款情况

企业名称	占贷款总额的比例（%）	还款情况
江苏姜堰经开集团有限公司	100	贷款未到期、无欠息

6.4.1.6 表外业务的期初数、期末数；按照代理业务、担保业务和其他类型表外业务分别披露

本年度无表外业务。

6.4.1.7 公司当年的收入结构

项目	合并		母公司	
收入结构	金额（万元）	占总收入比例（%）	金额（万元）	占总收入比例（%）
手续费及佣金收入	23 608	36.08	22 122	39.92
其中：信托手续费收入	23 608	36.08	22 122	39.92
投资银行业务收入	—	—	—	—
利息收入	433	0.66	404	0.73
其他业务收入				
其中：计入信托业务收入部分	—		—	
投资收益	43 010	65.74	34 511	62.27
其中：股权投资收益	28 082	42.92	28 082	50.67
证券投资收益	1 131	1.73	1 131	2.04
其他投资收益	13 797	21.09	5 298	9.56
公允价值变动收益	-1 620	-2.48	-1 620	-2.92
收入合计	65 431	100.00	55 417	100.00

注：手续费及佣金收入、利息收入、其他业务收入、投资收益均应为损益表中的一级科目，其中手续费及佣金收入、利息收入为未抵减掉相应支出的全年累计实现收入数。

6.4.2 披露信托资产管理情况

6.4.2.1 信托资产的期初数、期末数

单位：万元

信托资产	期末数	期初数
集合	1 678 951	2 234 794
单一	3 374 236	4 534 600
财产权	217 760	212 736
合计	5 270 947	6 982 130

6.4.2.1.1 主动管理型信托业务期初数、期末数，分证券投资类、股权投资类、融资类、事务管理类、其他投资类分别披露

单位：万元

主动管理型信托资产	期末数	期初数
证券投资类	519 207	196 317
股权投资类	73 544	69 407
融资类	278 120	559 750
事务管理类	—	—
其他投资类	1 184 156	1 118 002
合计	2 055 027	1 943 476

6.4.2.1.2 被动管理型信托业务期初数、期末数；分证券投资类、股权投资类、融资类、事务管理类、其他投资类分别披露

单位：万元

被动管理型信托资产	期末数	期初数
证券投资类	—	—
股权投资类	—	—
融资类	—	—
事务管理类	3 194 732	5 035 236
其他投资类	21 188	3 418
合计	3 215 920	5 038 654

6.4.2.2 本年度已清算结束的信托项目个数、实收信托合计金额、加权平均实际年化收益率

本年度已清算结束的信托项目个数为46个、合计金额为3 230 029万元、加权平均实际年化收益率为5.02%。

6.4.2.2.1 本年度已清算结束的集合类、单一类资金信托项目和财产管理类信托项目个数、金额、加权平均实际年化收益率

已清算结束信托项目	项目个数（个）	合计金额（万元）	加权平均实际年化收益率（%）
集合类	23	1 622 267	5.18
单一类	23	1 607 762	4.86
财产管理类	—	—	—

注：1. 收益率是指信托项目清算后，给受益人赚取的实际收益水平。
2. 加权平均实际年化收益率=（信托项目1的实际年化收益率×信托项目1的资产总计+信托项目2的实际年化收益率×信托项目2的资产总计+…信托项目n的实际年化收益率×信托项目n的资产总计）/（信托项目1的资产总计+信托项目2的资产总计+…信托项目n的资产总计）×100%。

6.4.2.2.2 本年度已清算结束的主动管理型信托项目个数、合计金额、加权平均实际年化收益率，分证券投资类、股权投资类、融资类、事务管理类、其他投资类分别披露

本年度已清算结束的主动管理型信托项目个数为17个、合计金额为860 870万元、加权平均实际年化收益率为6.41%、加权平均实际年化信托报酬率为1.43%。

已清算结束信托项目	项目个数（个）	合计金额（万元）	信托报酬率（%）	加权平均实际年化收益率（%）
证券投资类	—	—	—	—
股权投资类	—	—	—	—
融资类	5	380 100	0.48	4.97
事务管理类	—	—	—	—
其他投资类	12	480 770	2.18	7.55

6.4.2.2.3 本年度已清算结束的被动管理型信托项目个数、合计金额、加权平均实际年化收益率；分证券

投资类、股权投资类、融资类、事务管理类、其他投资类分别披露

本年度已清算结束的被动管理型信托项目个数为29个、合计金额为2 369 159万元、加权平均实际年化收益率为4.51%、加权平均实际年化信托报酬率为0.07%。

已清算结束信托项目	项目个数（个）	合计金额（万元）	信托报酬率（%）	加权平均实际年化收益率（%）
证券投资类	—	—	—	—
股权投资类	—	—	—	—
融资类	—	—	—	—
事务管理类	29	2 369 159	0.07	4.51
其他投资类	—	—	—	—

6.4.2.3 本年度新增的集合类、单一类和财产管理类信托项目个数、实收信托合计金额

新增信托项目	项目个数（个）	实收信托合计金额（万元）
集合类	60	574 308
单一类	1	10 000
财产管理类	1	101 042
新增合计	62	685 350
其中：主动管理型	60	675 349
被动管理型	2	10 001

注：本年新增信托项目指在本报告年度内累计新增的信托项目个数和金额。包含本年度新增并于本年度内结束的项目和本年度新增至报告期末仍在持续管理的信托项目。

6.4.2.4 信托业务创新成果和特色业务有关情况（此部分为可选项，即公司可自主决定是否披露、部分披露或全部披露）

无。

6.4.2.5 本公司履行受托人义务情况及因本公司自身责任而导致的信托资产损失情况

截至2021年12月31日，公司未出现因自身责任导致信托资产损失的情况。

6.5 关联方关系及其交易的披露

6.5.1 关联交易方的数量、关联交易的总金额及关联交易的定价政策等

项目	关联交易方数量	关联交易金额（万元）	定价政策
合计	6	604	详见注

注：关联交易的定价政策：（1）本公司对关联方交易价格根据市场价或协议价确定，与对非关联方的交易价格基本一致，无重大高于或低于正常交易价格的情况。（2）固有财产、信托资产与关联方贷款按人民银行规定的利率执行，投资按市场公允价确定。（3）信托财产与信托财产之间的关联交易按交易双方协商价格执行。

6.5.2 关联交易方与本公司的关系性质、关联交易方的名称、法人代表、注册地址、注册资本及主营业务等

关系性质	关联方名称	法定代表人	注册地	注册资本（万元）	主营业务
股东的关联方	无锡国联新城投资有限公司	周晓平	无锡市	40 000	房地产业
股东的关联方	无锡国联物业管理有限责任公司	周晓平	无锡市	500	物业管理
股东的关联方	国联财务有限责任公司	朱小明	无锡市	50 000	财务顾问
联营方	无锡农村商业银行股份有限公司	邵辉	无锡市	184 811	银行业务

6.5.3 逐笔披露本公司与关联方的重大交易事项

6.5.3.1 固有财产与关联方：贷款、投资、租赁、应收账款担保、其他方式等期初汇总数、本期发生额汇总数、期末汇总数

单位：万元

项目名称	类别	年初数	增加额	减少额	期末数
无锡国联新城投资有限公司	租赁	—	434	—	434
无锡国联物业管理有限责任公司	物业	—	166	—	166
国联财务有限责任公司	利息支出	—	3	—	3
无锡农村商业银行股份有限公司	利息收入	—	1	—	1

6.5.3.2 信托资产与关联方：贷款、投资、租赁、应收账款、担保、其他方式等期初汇总数、本期借方和贷方发生额汇总数、期末汇总数

信托与关联方关联交易　　单位：万元

项目	期初数	借方发生额	贷方发生额	期末数
贷款	—	—	—	—
投资	—	—	—	—
租赁	—	—	—	—
担保	—	—	—	—
其他应收款	—	—	—	—
其他	—	—	—	—
合计	—	—	—	—

6.5.3.3 信托公司自有资金运用于自己管理的信托项目（固信交易）、信托公司管理的信托项目之间的相互（信信交易）交易金额，包括余额和本报告年度的发生额

6.5.3.3.1 固有财产与信托财产之间的交易金额期初汇总数、本期发生额汇总数、期末汇总数

固有财产与信托财产相互交易　　单位：万元

项目	期初数	本期发生额	期末数
合计	59 429	13 008	72 437

注：以固有资金投资公司自己管理的信托项目受益权，或购买自己管理的信托项目的信托资产均应纳入统计披露范围。

6.5.3.3.2 信托资产与信托财产之间的交易金额期初汇总数、本期发生额汇总数、期末汇总数

信托资产与信托财产相互交易　　单位：万元

项目	期初数	本期发生额	期末数
合计	364 513	68 778	433 291

注：以公司受托管理的一个信托项目的资金购买自己管理的另一个信托项目的受益权或信托项下资产均应纳入统计披露范围。

6.5.4 逐笔披露关联方逾期未偿还本公司资金的详细情况以及本公司为关联方担保发生或即将发生垫款的详细情况

截至2021年12月31日，公司未发生关联方逾期未偿还本公司资金的情况，也无本公司为关联方担保发生或即将发生垫款的情况。

6.6 会计制度的披露

本财务报表（包含固有业务及信托业务）以公司持续经营假设为基础，根据实际发生的交易和事项，按照财政部2006年2月15日颁布的《企业会计准则——基本准则》以及其后颁布及修订的具体会计准则、应用指南、解释以及其他相关规定（统称企业会计准则）编制。

7.财务情况说明书

7.1 利润实现和分配情况

母公司：经公证天业会计师事务所（特殊普通合伙）审计，2021年度公司实现利润48 374万元，企业所得税4 749万元，实现净利润43 625万元。

根据公司章程及财务制度的相关规定：

（1）按净利润的10%计提法定盈余公积金4 362万元。

（2）根据《信托公司管理办法》（中国银行监督管理委员会令2007年第2号）的规定，按净利润的5%计提信托赔偿准备金2 181万元。

（3）根据财政部《金融企业准备金计提管理办法》的规定，按风险资产1.5%计提一般风险准备1 163万元。

（4）分配普通股股利7 500万元。

（5）上述各项计提分配后，2021年末可供股东分配利润为173 824万元。

合并：报告期公司合并实现净利润53 001万元，2021年初未分配利润为86 661万元，提取盈余公积金4 362万元，信托赔偿准备金2 181万元，一般风险准备1 163万元，分配普通股股利7 500万元，2021年末可供股东分配利润为124 456万元。

7.2 主要财务指标

项目	合并	母公司
指标名称（%）	指标值	指标值
资本利润率（%）	9.82	7.34
加权年化信托报酬率（%）	0.43	0.43
人均净利润（万元）	569.90	501.43

注：1.资本利润率=净利润/所有者权益平均余额×100%。
2.加权年化信托报酬率=（信托项目1的实际年化信托报酬率×信托项目1的实收信托+信托项目2的实际年化信托报酬率×信托项目2的实收信托+⋯+信托项目n的实际年化信托报酬率×信托项目n的实收信托）/（信托项目1的实收信托+信托项目2的实收信托+⋯+信托项目n的实收信托）×100%。
3.该指标是反映公司实际的信托报酬水平，计算在报告年度真正清算结束了的项目。
4.人均净利润=净利润/年平均人数。
5.平均值采取年初、年末余额简单平均法，公式为：a（平均）=（年初+年末数）/2。

7.3 对公司财务状况、经营成果有重大影响的其他事项

无。

7.4 公司净资本监管指标

指标名称	指标值	监管标准
净资本	544 939万元	≥2亿元
各项业务风险资本之和（万元）	129 136	—
净资本/各项业务风险资本之和（%）	421.99	≥100
净资本/净资产（%）	86.00	≥40

8.特别事项简要揭示

8.1 前五名股东报告期内变动情况及原因

无。

8.2 董事、监事及高级管理人员变动情况及原因

2021年8月，原总经理朱文革因工作岗位调整，申请辞去公司总经理职务。

8.3 公司的重大未决诉讼事项

本报告年度所有涉诉项目，除了一个集合信托业务外，其余均为事务管理类信托计划，公司作为受托人按照相关法律、法规和信托文件的规定，履行受托义务，及时揭示风险，并按照委托人的指令进行项目操作，项

目风险均由委托人自担，案件的所有权利义务均由委托人享有与承担。具体涉诉项目如下：

集合信托起诉个数：1个。

诉讼对象：福建医科大学附属协和医院、福建省闽兴医药有限公司，金额为本金32 715万元。

单一信托起诉个数：2个。

（1）诉讼对象：昆明天和斗特实业（集团）有限公司、史佩欣、昆明和信屋业开发有限责任公司，金额为8 000万元股权转让款。本案已进入执行阶段。

（2）诉讼对象：无锡市电线二厂有限公司、无锡尊园置业投资有限公司、邹玉仙，金额为本金5 000万元。本案已进入执行阶段。

8.4 对会计师事务所出具的有保留意见、否定意见或无法表示意见的审计报告的，公司董事会应就所涉及事项做出说明

无。

8.5 公司及其董事、监事和高级管理人员受到处罚的情况

无。

8.6 银保监会及其派出机构对公司检查后提出整改意见的，应简要说明整改情况

2021年4月，无锡银保监分局向公司下发2020年度《监管意见书》，公司针对意见书中提出的问题，逐条制定整改措施落实整改，持续跟踪并按要求及时上报。

8.7 本年度重大事项临时报告的简要内容、披露时间、所披露的媒体及其版面

无。

8.8 银保监会及其省级派出机构认定的其他有必要让客户及相关利益人了解的重要信息

无。

9.公司监事会意见

9.1 公司依法运作情况

经检查，监事会认为：报告期内，依据国家有关法律、法规和公司章程的规定，公司建立了较完善的内部控制制度，决策程序符合相关规定。公司董事及其他高级管理人员在履行职责时，未发现违反法律、法规、规章以及公司章程等的规定或损害公司及股东利益的行为。

9.2 检查公司财务情况

2021年，监事会对公司的财务制度、内控制度和财务状况等进行了检查，认为公司目前财务会计内控制度健全，会计无重大遗漏和虚假记载，公司财务状况、经营成果及现金流量情况良好。

9.3 公司关联交易情况

对于公司2021年日常经营相关的关联交易，监事会认为：交易定价公允，符合市场原则，交易公平、公开，无内幕交易行为，也无损害股东利益，特别是中小非关联股东利益的行为。

9.4 公司对外担保及股权、资产置换情况

2021年公司无对外担保，无债务重组、非货币性交易事项、资产置换，也无其他损害公司股东利益或造成公司资产流失的情况。

9.5 内部控制自我评价报告

公司已建立了适合公司运行的内部控制制度体系并能得到有效的执行，且在运行过程中不断修订完善。公司内部控制的自我评价报告真实、客观地反映了公司内部控制制度的建设及运行情况。本届监事会将继续严格按照《公司法》及公司章程和国家有关法规政策的规定，忠实履行自己的职责，进一步促进公司的规范运作。

国民信托有限公司

1. 重要提示

1.1 公司董事会及董事保证本报告所载资料不存在任何虚假记载、误导性陈述或者重大遗漏，并对其内容的真实性、准确性和完整性承担个别及连带责任。公司董事李春彦先生未出席本次董事会会议。

1.2 公司独立董事王海智先生、李建生女士、罗毅先生、李红成先生申明：本报告所载资料真实、准确、完整。

1.3 公司2021年度财务会计报告经安永华明会计师事务所（特殊普通合伙）审计，并出具了标准无保留意见的审计报告。

1.4 公司法定代表人暨董事长肖鹰先生和财务总监曹志强先生申明：保证本年度报告中财务会计报告的真实、完整。

1.5 本年度报告摘要摘自年度报告全文，客户及相关利益人欲了解详细内容，应阅读年度报告全文。

2. 公司概况

2.1 公司简介

2.1.1 法定中文名称：国民信托有限公司
法定英文名称：The National Trust Ltd.
法定英文名称缩写：Natrust

2.1.2 法定代表人：肖鹰
注册地址：北京市东城区安外西滨河路18号院1号
邮政编码：100011
互联网网址：www.natrust.cn
电子信箱：info@natrust.cn

2.1.3 信息披露事务负责人：付然
电话：010-84268088
传真：010-84268000
电子信箱：florafu@natrust.cn

2.1.4 信息披露报纸：《上海证券报》

2.1.5 公司年报备置点：北京市东城区安外西滨河路18号院1号

2.1.6 金融许可证机构编码：K0007H211000001
统一社会信用代码：911100001429120804

2.1.7 聘请的会计师事务所：安永华明会计师事务所（特殊普通合伙）
住所：北京市东城区东长安街1号东方广场安永大楼16层
聘请的律师事务所：北京观韬中茂律师事务所
住所：北京市西城区金融大街5号新盛大厦B座18层

2.2 组织结构图

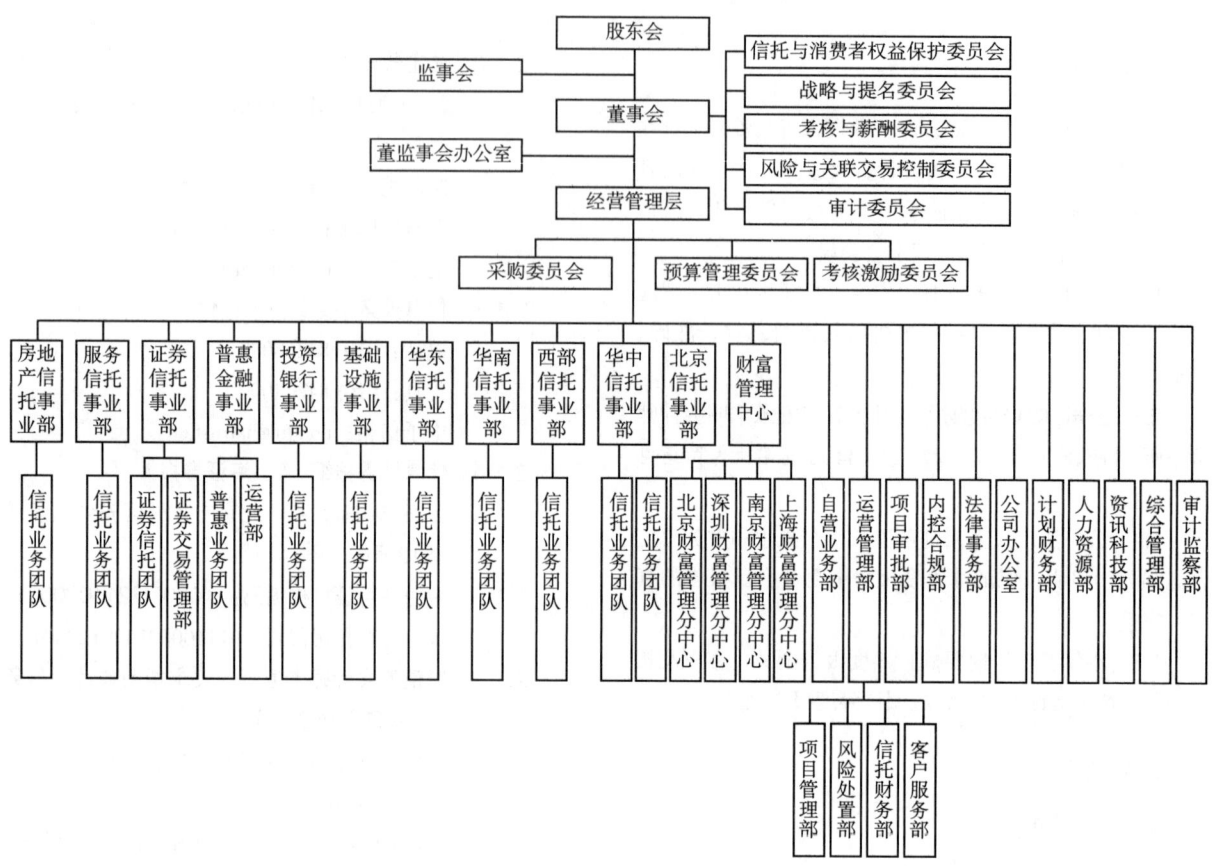

3. 公司治理

3.1 股东

公司前三位股东的情况如下表所示。

股东名称	持股金额（元）	持股比例（%）	法定代表人	注册资本（万元）	注册地址	主营业务及财务情况
上海丰益股权投资基金有限公司	317 272 727.28	31.73	张峻	55 000	上海市浦东新区莲林路15号403室	主营项目投资、股权投资，财务状况良好
上海璟安实业有限公司	275 472 727.27	27.55	靳方景	129 318	上海市浦东新区浦东大道555号801室	房地产、建筑业
上海创信资产管理有限公司	241 654 545.45	24.16	李荣辉	100 000	浦东南路1952号238室	主营项目投资，财务状况良好

注：1.股东上海璟安股权投资有限公司已更名为上海璟安实业有限公司。
2.股东上海丰益股权投资基金有限公司、股东上海创信资产管理有限公司和股东恒丰ం裕实业发展有限公司为一致行动人。

3.2 董事及独立董事

董事

姓名	职务	性别	年龄（岁）	选任日期	所推举的股东名称	代表股东持股比例（%）	简要履历
肖鹰	董事长	男	48	2019年2月27日	—	—	毕业于中国人民大学金融学专业，获金融学硕士学位，拥有注册会计师资格。历任中国人民银行银行一处、工商银行监管处副主任科员、副科长；原中国银监会北京监管局国有银行一处科长、副处长，政策法规处副处长，股份银行二处处长，办公室主任，纪委书记、党委委员，具有22年的金融机构监管和从业工作经验，自2016年12月起任我公司董事，自2019年2月起任我公司董事长

续表

姓名	职务	性别	年龄（岁）	选任日期	所推举的股东名称	代表股东持股比例（%）	简要履历
李春彦	副董事长	男	57	2017年5月16日	上海丰益	31.73	毕业于对外经济贸易大学国际法学专业，获法学博士学位。历任中国平安部门总经理、分公司总经理、北京代表处主任，平安银行董事、行长助理、董事会秘书；富德生命人寿董事会秘书、董事，富德财产保险股份有限公司董事长，富德保险控股股份有限公司董事、副总经理；现任富德控股（集团）有限公司副董事长和深圳市富德资源投资控股有限公司董事长，具备32年的金融从业及管理工作经验，自2016年12月29日起任职我公司董事
张涛	董事	男	42	2016年12月29日	恒丰裕	16.56	毕业于中国人民大学金融学（保险）专业获经济学硕士学位。历任太平洋保险部门经理；富德生命人寿部门经理、董事长办公室总监、总经理助理；富德保险控股股份有限公司副总裁、董事会秘书；现任富德财产保险股份有限公司董事长、总裁，富德财产保险股份有限公司董事，深圳市富德前海基础设施投资控股有限公司董事长，深圳市前海富德能源投资控股有限公司董事长、总经理，恒丰裕实业发展有限公司执行董事、总经理，拥有20年的金融工作经历
黄晓东	董事	男	58	2017年1月16日	上海创信	24.16	毕业于吉林大学政治学理论专业获法学博士学位。历任共青团博罗县委副书记，博罗县石湾镇镇委副书记，共青团广东省委正科级干部，深圳市委办公厅副处级秘书，深圳人事局副处长，龙岗镇党委书记，龙岗区区长助理，共青团广东省委书记，珠海市香洲区委书记，珠海市委常委，南方报业总经理，珠影集团党委书记、董事长；现任富德控股（集团）有限公司董事、深圳市前海富德能源投资控股有限公司董事、富德（常州）能源化工发展有限公司董事、宁波富德能源有限公司董事，拥有多年的经济管理工作经验

独立董事

姓名	所在单位及职务	性别	年龄（岁）	选任日期	所推举的股东名称	代表股东持股比例（%）	简要履历
王海智	—	男	68	2016年12月29日	—	—	毕业于中国农业大学经济管理专业，高级经济师。历任中国银行承德分行，中国银行秦皇岛分行行长，东方资产管理公司石家庄办事处总经理，天津办事处总经理，天津信托公司董事长，拥有30年的金融工作经验
李建生	—	女	67	2017年1月16日	—	—	毕业于香港浸会大学应用会计与金融理学专业获理学硕士学位。曾任原铁道部基本建设财务总局副总会计助理、会计师、副处长、处长，中国铁路工程总公司副总会计师、总会计师，中国中铁股份有限公司副总裁、财务总监、总法律顾问，中铁信托董事长，宝盈基金董事长，具有37年的会计、金融从业经验
罗毅	—	男	59	2016年12月29日	—	—	毕业于上海财经大学高级管理人员工商管理专业获工商管理硕士学位。历任南京港务集团财务处主办会计，蛇口中华会计师事务所项目经理，沙河股份财务总监，曙光信息产业（深圳）有限公司财务总监，具有37年的企业会计核算、财务管理、企业管理及项目投资经验
李红成	北京市尚公律师事务所高级合伙人	男	40	2020年12月15日	—	—	毕业于中国政法大学诉讼法学专业，获法学硕士学位，具有律师执业资格和基金从业资格，拥有10年的律师工作经验，主要为金融机构和中央企业、国有大型企业提供法律专业服务；主要执业领域包括信托、债权资本市场与资产证券化、上市与并购、争议解决等，具有较高的专业水准、丰富的理论知识和实际工作经验

3.3 监事

姓名	职务	性别	年龄（岁）	选任日期	所推举的股东名称	代表股东持股比例（%）	简要履历
常存	监事会主席	女	43	2018年3月27日	上海创信、恒丰裕	24.16和16.56	毕业于北京工商大学会计学专业，获管理学硕士学位。曾任职中国保监会、幸福人寿，现任富德生命人寿保险股份有限公司董事、审计责任人，富德保险控股股份有限公司董事、副总经理、审计责任人，生命保险资产管理有限公司审计责任人，首钢福山资源集团有限公司董事，拥有19年的保险从业经历，有着较为丰富的监管检查、合规管理和审计经验
郭培能	监事	男	50	2016年11月22日	上海璟安	27.55	毕业于四川大学法学专业，获法学学士学位。先后于揭阳市公安机关、深圳市交通管理机关、深圳市泰腾材料贸易有限公司任职，现任深圳市锦祥盛投资控股集团有限公司董事长、总经理，具有丰富的经营管理工作经验
张志	职工监事	男	42	2021年6月11日	—	—	毕业于对外经济贸易大学会计学专业，获学士学位，全球风险管理委员会（GARP）金融风险管理师（FRM）认证，全国金融青年委员。曾在中国工商银行总行、花旗银行（中国）有限公司任职，拥有20年的金融、财务从业经验。现任国民信托运营管理部总经理，主要负责信托项目的财务核算、项目管理和服务支持等工作

注：2021年6月11日，经公司职工选举，张志先生获选公司职工监事。

3.4 高级管理人员

姓名	职务	性别	年龄（岁）	选任日期	金融从业年限（年）	学历	专业
肖鹰	董事长（代履职总经理）	男	48	2019年4月19日	22	硕士	金融学
刘晶	副总经理	女	48	2013年1月10日	21	博士	金融学
付然	副总经理兼董事会秘书	女	42	2017年5月9日	11	硕士	国际商法
何远	副总经理	男	52	2011年10月11日	27	在职研究生	金融学
曹志强	财务总监	男	53	2015年3月19日	15	硕士	金融与投资

3.5 公司员工

报告期内公司员工人数、年龄分布、学历分布，列示如下表所示。

项目		报告期年度	
		人数（人）	比例（%）
年龄分布	25岁以下	6	2.39
	26—29岁	34	13.55
	30—39岁	150	59.76
	40岁以上	61	24.30
学历分布	博士	6	2.39
	硕士	102	40.64
	本科	126	50.20
	专科	12	4.78
	其他	5	1.99

4. 经营概况

4.1 经营目标、方针、战略规划

4.1.1 经营目标

公司的经营目标以服务实体经济为根本目标、以转型创新为根本动力，聚焦资产管理信托和资产服务信托等领域，探索信托本源类业务的科学发展模式，为股东创造价值，为客户创造财富，致力于成为灵活、创新、高效、合规的国内一流综合金融服务机构。

4.1.2 经营方针

公司的经营方针以"改革、转型、发展"为总体战略方针，坚持稳中求进、严守风险底线的总基调，通过全面加快转型创新、全面做强本源主业、全面推进风险防化和全面建设高素质专业化人才队伍，实现公司高质量发展，为客户提供最佳的综合金融服务。

4.1.3 战略规划

公司的发展方向：全面贯彻落实中央经济工作会议精神和银保监会监督管理要求，以服务实体经济为根本目标，努力实现公司业务结构均衡、收益回报优良、风险总体可控、经营指标稳健合规地高质量发展。

公司的业务类型：从以项目为导向的投融资业务加快转向以资产管理和资产服务为主业的综合信托金融服务。

公司的短期策略：为顺应内外部宏观经济形势和信托行业发展新态势，公司坚持"改革、转型、发展"的总体战略方针，全面完善运营体系、管理制度和内控流程，优化升级金融科技基础，建立高效灵活的管理决策、市场营销和服务支持体系。2022年，公司将在持续加强资源整合、提高运营效率、坚持稳健合规的基础上，继续巩固业务转型发展成效，深入推动"一个主体（服务信托）、一个基础（标品信托）、一个补充（传统业务转型升级）"的业务布局，进一步提升主动管理能力、提高产品创新研发和投资能力，为公司高质量发展提供不竭动力。

公司的中长期策略：以推动建立优秀企业文化和信托文化为抓手，进一步提升公司品牌信誉度。逐步扩大市场和产品的深度和广度，不断优化客户投资解决方案和服务流程，在资产管理、资产服务和标准化产品等领域取得实质成效，探索形成可持续发展的盈利模式。

公司的长期策略：通过构建优秀企业文化、不断完善治理架构、优化升级内部管理体系、打造专业化团队等方面的多措并举，努力实现业务结构多元均衡、信托业务与自营业务协同发展、支柱型业务与创新型业务多点开花、"客户、股东和员工"多方共赢地高质量、可持续性发展。

4.2 经营业务的主要内容

4.2.1 固有业务情况

截至2021年12月31日，公司固有资产运用与分布情况如下表所示。

固有资产运用与分布表

资产运用	金额（万元）	占比（%）	资产分布	金额（万元）	占比（%）
货币资产	16 964.70	4.40	基础产业	34 397.32	8.92
贷款及应收款	51 841.14	13.44	房地产业	15 041.65	3.90

续表

资产运用	金额（万元）	占比（%）	资产分布	金额（万元）	占比（%）
交易性金融资产	307 275.41	79.68	证券市场	109 097.70	28.29
投资性房地产	6 943.00	1.80	实业	—	—
使用权资产	430.78	0.11	金融机构	155 681.74	40.37
其他	2 204.13	0.57	其他	71 440.75	18.52
资产合计	385 659.16	100.00	资产合计	385 659.16	100.00

资产分布中，对"其他"事项的说明如下表所示。

资产分布中"其他"事项明细

资产分布	金额（万元）	占比（%）
货币资产	16 964.70	4.40
贷款及应收款	51 841.14	13.44
使用权资产	430.78	0.11
其他	2 204.13	0.57
其他合计	71 440.75	18.52

4.2.2 信托业务情况

截至2021年12月31日，公司受托管理的信托资产运用与分布详见下表所示。

信托资产运用与分布表

资产运用	金额（万元）	占比（%）	资产分布	金额（万元）	占比（%）
货币资产	415 931.66	2.24	基础产业	882 010.78	4.76
贷款	5 347 376.86	28.83	房地产	1 472 838.69	7.94
交易性金融资产	4 123 560.25	22.23	证券市场	5 216 112.24	28.13
可供出售金融资产	947 551.89	5.11	金融机构	855 142.97	4.61
长期股权投资	3 035 627.56	16.37	实业	7 600 714.81	40.98
其他（注）	4 675 776.37	25.22	其他（注）	2 519 005.10	13.58
信托资产合计	18 545 824.59	100.00	信托资产合计	18 545 824.59	100.00

资产运用和资产分布中，对"其他"事项的说明如下表所示。

资产运用和资产分布中"其他"事项明细

资产运用	金额（万元）	占比（%）	资产分布	金额（万元）	占比（%）
应收账款	325 743.60	1.76	银行存款	415 931.66	2.24
持有至到期投资	2 880 123.90	15.53	应收账款	325 743.60	1.76
买入返售金融资产	25 565.13	0.14	财产权	437 392.86	2.36
其他	1 444 343.74	7.79	其他	1 339 936.98	7.22
其他合计	4 675 776.37	25.22	其他合计	2 519 005.10	13.58

4.3 市场分析

展望2022年，从外部看，受全球新冠肺炎疫情持续、美国加息预期、地缘政治冲突等影响，外部金融市场环境存在较大不确定性；从内部看，2021年度中央经济工作会议指出我国经济发展面临"需求收缩、供给冲击、预期转弱"三重压力。受到宏观经济复苏乏力和同业竞争等因素影响，信托公司展业和业务转型发展仍面临较大压力。首先，信托同业竞争进一步加剧。一方面，头部信托公司由于具有品牌信誉度高、资金渠道广、产品线丰富、客户依存度高等优势，行业市场份额加速向头部机构集中，对于中小信托公司的生存空间造成挤压。另一方面，随着商业银行理财子公司的相继成立展业，资管行业的竞争也将更加白热化。其次，金融行业整体风险规模仍然较高。由于金融行业风险仍未出清，加之疫情影响仍将持续反复、部分行业风险持续暴露等影响，存续项目的期间管理难度和潜在风险将不断加大。

与此同时，随着资管新规及其配套实施细则全面落地实施，信托行业将加快回归信托本源，信托公司一方面可以通过开展标准化业务、净值化管理探索资产管理类信托产品的转型发展；另一方面还可以发挥信托的灵活性优势，进一步拓展资产服务类业务领域。服务信托、家族信托、证券类信托业务或将迎来高速发展的契机，成为信托公司业务转型发展的重点和新的利润增长点。

4.4 内部控制

4.4.1 内部控制环境和文化

4.4.1.1 公司治理机制

按照《信托公司治理指引》和现代企业制度的要求，公司设置了以股东会、董事会、监事会和高级管理层为核心的法人治理结构，明确了议事规则和决策程序。股东会为公司最高权力机构；董事会为公司决策机构；高级管理层为公司执行机构，负责执行董事会批准的各项决策和制度；监事会为公司监督机构，主要对公司财务经营状况及董事、高级管理人员履行职务的行为进行监督。公司逐步建立起了分工明确、权责相互制衡的公司治理和内部控制机制，并持续进行改善，实现了董事会对高级管理层经营活动的合理授权和有效监督。在经营管理层面，公司搭建了权责明确、合理制衡、报告关系清晰的组织架构，高级管理层、内审稽核部门定期向董事会及其专门委员会、监事会报告公司合规管理（含反洗钱）、风险管理和内部审计工作情况。

4.4.1.2 内控文化的建设和执行情况

公司在董事会及高级管理层的领导下，形成了诚实守信、稳健经营、恪尽职守的内部控制文化，树立内部控制和合规风险管理优先的审慎经营理念，积极培养员工的合规风险防范意识。公司强化合规经营理念的培育，公司持续关注法律法规、监管政策调整，及时梳理和完善相关内控规章制度，调整操作流程，不断推进公司内控管理工作的规范化、标准化。公司要求董事、监事和高级管理人员在企业文化建设中发挥主导和垂范作用。公司定期制订员工培训计划，定期开展学习培训，提高公司员工的业务能力、合规意识和道德水准，包括通过制定和实施《员工行为规范》，加强员工业务知识培养；通过学习法律法规、分析典型案例等多种形式，引导和规范员工行为，培育积极向上的价值观、诚实守信的执业理念。

报告期内，公司持续完善合规管理体制、培育合规文化从而不断加强合规管理，有效防范合规风险，确保公司各项经营活动的合法合规性。一方面通过培训、学习、研讨、测试、警示教育等多种形式不断加强全员对合规文化的理解与认同，提高合规管理的主观能动性；另一方面不断加强合规审核人员的培训、教育，提高合规风险识别、防范能力。合规管理的基础是公司员工了解、熟悉现行监管法律法规、政策，并能遵守执行，随着监管政策不断调整，合规管理压力逐渐增大，公司将根据法律法规、监管政策的调整，加强对全员合规管理的指导和培训，及时解读，引导全员依法合规开展业务。

4.4.2 内部控制措施

公司不断完善内控机构设置和制度建设；强调董事会和高级管理层的责任，将风险内控管理作为公司内部管理的核心，营造风险管理环境。公司建立了董事会风险与关联交易控制委员会、高级管理层、风险内控管理职能部门和业务部门等四个层级的全面风险管理架构，贯彻全面风险管理的要求和全方位、全过程、全员风控管理的原则，逐步完善在不相容职务分离控制、授权审批控制、会计系统控制、财产保护控制、预算控制、运营分析控制和绩效考评控制等方面的内控活动。公司内部控制制度覆盖公司的各项业务、各个部门和各级人员，并融入决策、执行、监督、反馈等各个经营环节，保证各个部门和岗位既相互独立又相互制约。

在公司制定的全面风险管理体系架构下，内部控制的主要实施工作由内控合规部门、项目审批部门、运营管理部门、财务部门和内审稽核部门等具体执行。公司现有风险管理体系架构，有效保障风险管理程序的执行力，使公司业务运作和决策更为可控，也使高级管理层能全面及时地掌握公司的日常经营、财务和风险状况并保证风险管控措施有效执行。另外，我公司持续建设和完善信息系统，在支持业务发展的同时，帮助加强内部控制，防范风险。

公司根据业务发展、政策变化，持续完善各方面的管理制度，涉及业务管理、操作流程及后台工作等，涵盖业务事前、事中、事后的全过程。报告期内，我公司在贯彻现行制度办法的基础上，为适应市场变化、促进公司展业，修订了《普惠金融事业部授权审批管理办法》《普惠金融业务操作指引》《基础设施集合类信托业务风控指引》《基础设施类业务存续期管理细则（暂行）》《消费金融业务风控指引》等制度，为公司规范展业提供了引导。

为促进自营业务和信托业务的协同发展，进一步规范关联交易行为，报告期内，修订了《关联交易管理制度》，优化了关联交易的工作机制。

为进一步强化流程管理，提高流程管理质量，提升流程管理效率，报告期内，制定了《审批流程管理制度》。

为完善公司信托产品销售业务管理相关规定，进一步规范投资者适当性管理工作，建立激励有力、约束有效的销售人员薪酬分配机制，报告期内，修订了《信托产品销售录音录像管理办法》《投资者适当性管理办法》《销售人员薪酬与考核管理办法》，对公司促进信托产品直销及销售管理业务的发展提供了制度规范。

为加强洗钱风险管理工作，建立健全洗钱风险管理体系，完善洗钱风险管理制度和流程，根据中国人民银行对反洗钱工作的要求及相关法律法规规定，报告期内，公司制定了《洗钱和恐怖融资风险自评估操作指引》《大额交易和可疑交易报告管理办法》《重大洗钱和恐怖融资风险应急处置预案》，修订了《洗钱和恐怖融资风险管理制度》《洗钱和恐怖融资风险评估及客户分类管理办法》，进一步完善反洗钱工作机制。

为及时、合理地配置人力资源，建立高效的激励与约束机制、科学合理的人力资源考核制度，充分发挥薪酬制度在公司治理和风险管控中的导向作用，报告期内，公司修订了《人力资源管理制度手册》《激励性薪酬发放及追索扣回管理办法》，促进公司稳健经营和可持续发展。

为进一步加强公司保密管理工作，提升全员保密管理意识，报告期内，修订了《保密管理制度（试行）》，维护公司权益，确保公司稳健、高效运行。

为维护和提升公司社会形象和品牌声誉，防范和化解声誉风险，报告期内，制定了《声誉风险管理办法（试行）》。

为加强博士后科研工作站的管理工作，深入贯彻实施创新驱动发展战略和人才优先发展战略，不断提高博士后研究人员培养质量，报告期内，制定了《博士后科研工作站管理规定》。

为规范印章的保管和使用，确保印章在使用中的安全，保障业务正常开展、公司合法权益不受侵害，报告期内，公司制定了《普惠金融业务专用章（含对应电子印章）管理办法》《博士后科研工作站印章管理办法》。

4.4.3 监督评价与纠正

公司十分重视内部控制问题的后续追踪整改，对于持续监控、内审稽核、监管检查以及重大事件所反映的内控问题组织持续追踪整改。针对常规内审高风险项目中反映的制度和流程缺陷，公司通过合规部门关注重大合规风险识别、评估、整改要求，对重大违事事项整改情况进行跟踪，持续优化制度和流程，从源头防范内控漏洞，以杜绝类似问题重复发生。公司内部审计人员对业务部门落实整改执行情况进行逐项跟踪，对未按时整改的情况及时予以分析追踪和报告。

4.5 风险管理

4.5.1 风险状况

4.5.1.1 信用风险状况

信用风险不仅包括违约风险，还包括由于交易对手和合作方的信用状况及履约能力的变化而导致公司资产价值发生变动造成损失的风险。信用风险压力主要表现在融资类业务中，对于此类风险，公司一方面从市场环境、行业、区域和集中度等几个方面制定整体风控策略和标准，另一方面严格要求前期的详细尽调、中期的独立审查与评估、后期的及时跟踪管理，同时针对交易对手信用资质情况，要求提供相应的抵押、质押、保证以及其他增信措施，防范信用风险；同时公司严格按照内部决策流程对投资类业务进行信用评估，选取具有较高信用资质的交易对手，同时从多个维度对投资业务设定风险额度来控制信用风险，有力地保障了公司对信用风险的管控效果。

报告期内，公司持续严格履行受托人管理职责，积极有效应对各种潜在风险隐患，信用风险总体可控。

4.5.1.2 市场风险状况

市场风险是指公司在对信托财产和固有财产的合法经营中，因市场利率、汇率、股指和商品价格等市场参数的波动而产生的风险，包括利率风险、汇率风险、股市风险和通胀风险等。

公司市场风险主要涉及证券投资和股权投资信托业务以及上市公司股权质押融资、不动产投资信托业务等。对于此类业务，公司本着审慎原则，合理配置资产，通过合理的交易安排和严密的管理措施，勤勉、尽职履行受托人职责，最大限度保障受益人的资金安全。

报告期内，公司信托资产投资、固有资产投资的市场风险正常。

4.5.1.3 操作风险状况

操作风险是指由于内部控制程序和系统的不完善、人员操作失误或外部突发事件等可能导致公司遭受损失的风险。

公司实行规范化、标准化、制度化管理，各项业务的开展都严格执行内部控制程序及业务操作流程。此外，公司还根据市场环境、监管要求及业务发展变化，不断加强内控管理，调整和完善业务操作流程和规章制度，并将多项制度的执行信息化、自动化，降低操作风险。

报告期内，公司严格按照规章制度、审批运营流程操作，未因操作不当造成风险。

4.5.1.4 其他风险状况

除以上三类风险外，公司还面临合规风险、流动性风险、声誉风险、员工道德风险，以及国家法律法规和政策的不确定性对公司经营产生影响的政策风险等。公司针对各项风险建立了较完善的防范、应对机制。其中，合规风险作为公司风险防范的重中之重，是公司经营和管理各方面的红线，公司对于合规尺度坚持严格把控、实质重于形式的原则，为公司的发展提供了坚实的合规基础。

报告期内，公司进一步加强部门联动协同，严格防范其他各类风险，无其他重大风险发生。

4.5.2 风险管理

4.5.2.1 信用风险管理

公司严格执行信用风险的事前防范、事中控制和事后检查制度。在业务发生前，主要由业务部门对交易对手进行详细的尽职调查，重点确定业务的商业风险可控性、公司收益与风险承担的合理性；内控合规部根据业务部门的尽职调查情况对项目交易结构和合同条款的合规性进行审查；项目审批部负责对信托项目的信用风险和市场风险情况进行充分的评估和审核，"两级评审会"对项目进行审核和评定，从而尽可能地降低信用风险发生的概率；2021年，公司进一步完善了证券和普惠金融两个专业化事业部的授权审批管理制度，优化了专业化审批流程，审批效率不断提升。运营管理部负责组织开展项目中后期管理工作，开展定期、不定期风险排查、检查工作，多维度防范、预警项目运行中潜在的信用风险。目前公司信用风险管理框架较为完善，存续项目信用风险敞口较小。

4.5.2.2 市场风险管理

2021年，公司进一步加强了对宏观经济和同行业业务情况的研究，及时根据市场变化情况调整投资管理策略，防范市场风险的发生。公司根据业务性质、规模、复杂程度和风险特征，结合总体业务发展战略、管理能力和资本实力，确定总体风险承受水平，并尽量采取分散投资、分散风险的办法。一方面，加强对宏观经济和证券市场的研究，坚持价值投资理念，采取稳健的投资策略，建立止损机制，有效降低因资本市场波动引发的超预期风险；另一方面，定期或不定期对房地产行业债券、地方政府债券和证券投资等业务进行市场风险压力测试以及动态估值，分析业务对外部市场变化的敏感程度和可能的影响，以制定策略应对市场变化。

4.5.2.3 操作风险管理

公司建立起较完整的内控制度，保障各项业务正常、有序的开展。公司部门间实行明确的职责划分，部门内部细分岗位职责和权限，开展不相容岗位梳理，保证岗位的有效分离与制衡，形成了相互配合、相互监督、相互制约的风控机制。公司各项业务的开展都严格执行内部控制程序及业务操作流程。同时将各项工作的操作规范内嵌至系统审批流程，使操作风险的防控效率、效果大大提升。

报告期内，公司持续强化项目全周期管理，继续推动流程优化和制度建设，并结合业务转型的需要加快推进IT系统的升级和改造，同时不断强化员工行为管理和排查，有效防范了操作风险的发生。

4.5.2.4 其他风险管理

公司加强对国家政策的分析和研究，提高对政策的理解能力，并与监管部门及时沟通，根据要求进行业务调整和制度完善；此外，还不定期与信托同业进行业务交流，探讨业务经营管理中发现的问题，以提高对政策的理解度和执行力，从而有效地防范政策风险。

公司高度重视法律风险的防范。法律事务部为法律风险的主要管理部门，不断强化法律风险的识别和防范，积极有效应对各类诉讼案件。同时，对于重大项目聘请外部律师事务所等专业服务机构提供专业意见，以强化法律方面的风险管理。

公司高度重视流动性风险，专门成立了流动性工作小组统筹公司流动性管理。公司坚持审慎性原则，持续监测各产品、各业务条线的流动性风险；公司建立流动资金预警线预警机制，并按照监管要求建立了流动性补充方案及应急恢复处置计划。报告期内，公司流动性较为充裕。

公司高度重视声誉风险防控，建立了舆情应对应急管理机制，未雨绸缪，防范在前。公司安排专职人员每日对舆情进行实时监测，有效处置，同时加强对正面舆情的引导工作。

公司全面加强员工素质教育，防范道德风险。公司积极组织员工参加监管部门开展的与信托业务有关的法律法规学习和考试；鼓励员工参加内部和外部培训交流，进一步提高员工的业务能力和专业知识，增强风险意识和预判能力，将风险控制理念融入业务和管理工作的各方面、各环节。

4.6 净资本风险控制指标

公司报告期末的净资本风险控制指标情况如下表所示。

指标名称	期末数	监管标准
净资本（万元）	287 466.53	≥20 000
固有业务风险资本（万元）	39 536.49	—
信托业务风险资本（万元）	72 942.47	—
其他业务风险资本（万元）	—	—
各项业务风险资本（万元）	112 478.96	—
净资本/各项业务风险资本之和（%）	255.57	≥100
净资本/净资产（%）	86.98	≥40

5. 会计师事务所审计意见

安永华明会计师事务所（特殊普通合伙）对公司2021年财务报表出具了标准无保留意见，认为公司财务报表在所有重大方面已经按照企业会计准则的规定编制，公允地反映了国民信托有限公司2021年12月31日的财务状况以及2021年度的经营成果和现金流量。

6.公司财务报表及附注

6.1 资产负债表

资产负债表

编制单位：国民信托有限公司　　2021年12月31日　　单位：万元

项目	2021年12月31日	2020年12月31日
资产		
货币资金	16 964.70	16 748.59
交易性金融资产	307 275.41	—
以公允价值计量且其变动计入当期损益的金融资产	—	270 968.90
应收账款	4 454.83	3 642.15
可供出售金融资产	—	2 930.11
持有至到期投资	—	10 000.00
投资性房地产	6 943.00	7 935.00
固定资产	325.40	341.89
无形资产	1 726.97	626.35
使用权资产	430.78	—
其他资产	47 538.07	34 268.46
资产合计	385 659.16	347 461.45
负债及所有者权益		
负债		
合同负债	11 491.91	—
应付职工薪酬	24 644.67	21 921.31
应交税费	8 366.65	6 936.26
租赁负债	227.14	—
递延所得税负债	4 042.35	5 152.95
其他负债	6 379.31	10 080.07
负债合计	55 152.03	44 090.59
所有者权益		
实收资本	100 000.00	100 000.00
其他综合收益	6 029.48	6 029.48
盈余公积	27 093.12	24 379.49
一般风险准备	4 063.67	4 063.67
信托赔偿准备	12 872.68	11 515.87
未分配利润	180 448.18	157 382.35
所有者权益合计	330 507.13	303 370.86
负债及所有者权益合计	385 659.16	347 461.45

6.2 利润表

利润表

编制单位：国民信托有限公司　　2021年度　　单位：万元

项目	2021年	2020年
营业收入		
手续费及佣金收入	60 735.15	49 110.95
投资收益/（损失）	4 691.76	4 601.01
公允价值变动损益	-2 043.80	-395.75
利息净收入	748.33	455.09
其中：利息收入	748.33	455.09
利息支出	—	—
其他业务收入	3 760.93	3 760.93
其他收益	98.14	142.39
资产处置收益	—	390.00
营业收入合计	67 990.51	58 064.62
营业支出		
营业税金及附加	616.69	461.46
业务及管理费	31 844.07	27 389.24
信用减值损失	-399.92	—
资产减值损失	—	1 243.44
营业支出合计	32 060.84	29 094.14
营业利润	35 929.67	28 970.48
加：营业外收入	4 527.49	5 097.57
减：营业外支出	4 362.99	4 569.58
利润总额	36 094.17	29 498.47
减：所得税费用	8 957.90	6 997.26
净利润	27 136.27	22 501.21
其他综合收益的税后净额	—	5 951.25
综合收益总额	27 136.27	28 452.46

6.3 所有者权益变动表

所有者权益变动表

编制单位：国民信托有限公司　　　　　　　　　　　　　2021年度　　　　　　　　　　　　　　　　　单位：万元

	实收资本	其他综合收益	盈余公积	一般风险准备	信托赔偿准备	未分配利润	所有者权益合计
本年年初余额	100 000.00	6 029.48	24 379.49	4 063.67	11 515.87	157 382.35	303 370.86
本年增减变动金额							
（一）综合收益总额	—	—	—	—	—	27 136.27	27 136.27
（二）利润分配							
提取盈余公积	—	—	2 713.63	—	—	-2 713.63	—
提取一般风险准备	—	—	—	—	—	—	—
提取信托赔偿准备	—	—	—	—	1 356.81	-1 356.81	—
对所有者的分配	—	—	—	—	—	—	—
本年年末余额	100 000.00	6 029.48	27 093.12	4 063.67	12 872.68	180 448.18	330 507.13

所有者权益变动表（续）

编制单位：国民信托有限公司　　　　　　　　　　　　　2020年度　　　　　　　　　　　　　　　　　单位：万元

	实收资本	其他综合收益	盈余公积	一般风险准备	信托赔偿准备	未分配利润	所有者权益合计
本年年初余额	100 000.00	78.23	22 129.37	4 063.67	10 390.81	138 256.32	274 918.40
本年增减变动金额							
（一）综合收益总额	—	5 951.25	—	—	—	22 501.21	28 452.46
（二）利润分配							
提取盈余公积	—	—	2 250.12	—	—	-2 250.12	—
提取一般风险准备	—	—	—	—	—	—	—
提取信托赔偿准备	—	—	—	—	1 125.06	-1 125.06	—
对所有者的分配	—	—	—	—	—	—	—
本年年末余额	100 000.00	6 029.48	24 379.49	4 063.67	11 515.87	157 382.35	303 370.86

6.4 财务报表附注

6.4.1 报告期内，公司财务报表编制基准、会计政策、会计估计和核算方法变化情况

6.4.1.1 财务报表编制基础

公司固有业务执行财政部2006年颁布的《企业会计准则——基本准则》以及其后颁布修订的具体会计准则、应用指南、解释以及其他相关规定。（统称企业会计准则）编制。

本财务报表以持续经营为基础列报。

编制本财务报表时，除以公允价值计量的金融工具外，均以历史成本为计量原则。资产如果发生减值，则按照相关规定计提相应的减值准备。

6.4.1.2 会计政策变更

6.4.1.2.1 新金融工具准则

2017年，财政部颁布了修订的《企业会计准则第22号——金融工具确认和计量》《企业会计准则第23号——金融资产转移》《企业会计准则第24号——套期保值》《企业会计准则第37号——金融工具列报》（统称新金融工具准则）。本公司自2021年1月1日开始按照新修订的上述准则进行会计处理，根据衔接规定，对可比期间信息不予调整，首日执行新准则与现行准则的差异追溯调整本报告期初留存收益或其他综合收益。

新金融工具准则改变了金融资产的分类和计量方式，确定了三个主要的计量类别：摊余成本；以公允价值计量且其变动计入其他综合收益；以公允价值计量且其变动计入当期损益。本公司考虑自身业务模式，以及金融资产的合同现金流特征进行上述分类。权益工具投资需按公允价值计量且其变动计入当期损益，但在初始确认时可选择将非交易性权益工具投资不可撤销地指定为以公允价值计量且其变动计入其他综合收益的金融资产。

新金融工具准则要求金融资产减值计量由"已发生损失模型"改为"预期信用损失模型",适用于以摊余成本计量的金融资产、以公允价值计量且其变动计入其他综合收益的金融资产,以及贷款承诺和财务担保合同。

公司持有的私募基金产品、理财产品、资产管理计划、信托产品投资和信托业保障基金,于2021年1月1日之前将其分类为应收款项类投资、持有至到期投资、可供出售金融资产。2021年1月1日之后,公司分析其合同现金流量代表的不仅为对本金和以未偿本金为基础的利息的支付,因此将该等金融投资重分类为以公允价值计量且其变动计入当期损益的金融资产,列报为交易性金融资产。

在首次执行日,原金融资产减值准备2020年12月31日金额调整为按照修订后金融工具准则的规定进行分类和计量的新损失准备。

6.4.1.2.2　新收入准则

2017年,财政部颁布了修订的《企业会计准则第14号——收入》(简称新收入准则)。公司自2021年1月1日开始按照新修订的上述准则进行会计处理,根据衔接规定,对可比期间信息不予调整,首日执行新准则与现行准则的差异追溯调整本报告期期初留存收益。

新收入准则为规范与客户之间的合同产生的收入建立了新的收入确认模型。根据新收入准则,确认收入的方式应当反映主体向客户转让商品或提供服务的模式,收入的金额应当反映主体因向客户转让这些商品或服务而预计有权获得的对价金额。同时,新收入准则对于收入确认的每一个环节所需要进行的判断和估计也做出了规范。公司仅对在2021年1月1日尚未完成的合同的累积影响数进行调整,对2021年1月1日之前发生的合同变更,本公司采用简化处理方法,对所有合同根据合同变更的最终安排,识别已履行的和尚未履行的履约义务、确定交易价格以及在已履行的和尚未履行的履约义务之间分摊交易价格。采用新收入准则对本公司的财务报表不产生重大影响。

6.4.1.2.3　新租赁准则

2018年,财政部颁布了修订的《企业会计准则第21号——租赁》(简称新租赁准则),新租赁准则采用与现行融资租赁会计处理类似的单一模型,要求承租人对除短期租赁和低价值资产租赁以外的所有租赁确认使用权资产和租赁负债,并分别确认折旧和利息费用。公司自2021年1月1日开始按照新修订的租赁准则进行会计处理,对首次执行日前已存在的合同,选择不重新评估其是否为租赁或者包含租赁并采用多项简化处理,根据衔接规定,对可比期间信息不予调整,首次执行日新租赁准则与现行租赁准则的差异追溯调整2021年年初留存收益。本公司对首次执行日之前租赁资产属于低价值资产的经营租赁或将于12个月内完成的经营租赁,采用简化处理,未确认使用权资产和租赁负债。

此外,首次执行日开始公司将偿还租赁负债本金和利息所支付的现金在现金流量表中计入筹资活动现金流出,支付的采用简化处理的短期租赁付款额和低价值资产租赁付款额以及未纳入租赁负债计量的可变租赁付款额仍然计入经营活动现金流出。

6.4.2　财务报表主要项目的明细

6.4.2.1　信用风险资产分类情况

信用风险资产五级分类	正常类(万元)	关注类(万元)	次级类(万元)	可疑类(万元)	损失类(万元)	资产合计(万元)	不良资产合计(万元)	不良资产率(%)
期初数	321 787.47	—	10 463.99	—	56 520.96	388 772.42	66 984.94	—
期末数	372 551.15	3 527.50	10 463.99	—	42 995.72	429 538.36	53 459.71	—

注：1.不良资产合计＝次级类＋可疑类＋损失类。
2.不良资产率＝(不良资产合计－不良资产已计提拨备)/资产合计,截至2021年末公司不良资产已100%计提拨备。

6.4.2.2　各项资产减值损失准备的期初、本期计提、本期转回、本期核销、期末数

单位：万元

项目	期初数	本期计提	本期转回	本期核销	期末数
贷款损失准备	—	—	—	—	—
一般准备	—	—	—	—	—
专项准备	—	—	—	—	—
其他资产减值准备	66 984.94	723.47	52 747.49	1 238.91	13 722.01

续表

项目	期初数	本期计提	本期转回	本期核销	期末数
应收款项类资产	51 791.86	—	51 791.86	—	—
持有至到期投资减值准备	—	—	—	—	—
长期股权投资减值准备	—	—	—	—	—
坏账准备	15 193.08	723.47	955.63	1 238.91	13 722.01
投资性房地产减值准备	—	—	—	—	—

注：根据新金融工具准则转换的要求,将应收款项类资产减值准备重分类为交易性金融资产公允价值变动损失。

6.4.2.3 固有业务股票投资、基金投资、债券投资、股权投资等投资业务的期初数、期末数

单位：万元

项目	自营股票	基金	债券	长期股权投资	其他投资	合计
期初数	—	100 401.71	—	183 497.30	—	283 899.01
期末数	—	70 040.00	—	237 235.41	—	307 275.41

6.4.2.4 前三名自营长期股权投资（包括以公允价值计量且其变动计入当期损益的金融资产）的企业名称、占被投资企业权益的比例、主要经营活动及投资收益情况等

单位：万元

企业名称	占被投资企业权益的比例（%）	主要经营活动	投资收益（万元）
汇丰人寿保险有限公司	50	人寿保险、健康保险和意外伤害保险等保险业务；及上述业务的再保险业务（法定保险业务除外）	3 760.93

6.4.2.5 前三名自营贷款的企业名称、占贷款总额的比例和还款情况等

企业名称	占贷款总额的比例（%）	还款情况
—	—	—

6.4.2.6 表外业务的期初数、期末数；按照代理业务、担保业务和其他类型表外业务分别披露

本年度无表外业务。

6.4.2.7 收入结构

收入结构	金额（万元）	占比（%）
手续费及佣金收入	60 735.15	83.75
其中：信托手续费收入	60 735.15	83.75
投资银行业务收入	—	—
利息收入	748.33	1.03
其他业务收入	3 760.93	5.19
其中：计入信托业务收入部分	—	—
投资收益/（损失）	4 691.76	6.47
其中：股权投资收益	—	—
证券投资收益	—	—
其他投资收益	4 691.76	6.47
公允价值变动损益	-2 043.80	-2.82
营业外收入	4 527.49	6.24
其他收益	98.14	0.14
资产处置收益	—	—
收入合计	72 518.00	100.00

注：1. 其他业务收入为合营企业的有关收益。
2. 营业外收入主要为政府奖励收入。

6.4.3 关联方关系及其交易

6.4.3.1 关联交易方的数量、关联交易的总金额及关联交易的定价政策

项目	关联交易方数量	关联交易金额（万元）	定价政策
合计	1	10 000.00	市场定价

6.4.3.2 关联交易方与公司的关系性质、关联交易方的名称、法定代表人、注册地址、注册资本及主营业务

关系性质	关联方名称	法定代表人	注册地址	注册资本（万元）	主营业务
间接控股股东的关联方	生命保险资产管理有限公司	韩向荣	深圳市福田区莲花街道福中社区生命人寿大厦二十三至二十四层	50 000	受托管理委托人的人民币、外币资金、管理运用自有人民币、外币资金；开展保险资产管理产品业务；中国银保监会批准的其他业务；国务院其他部门批准的业务

6.4.3.3 公司与关联方的重大交易事项

固有资产与关联方交易情况：

固有资产与关联方关联交易

单位：万元

项目	期初数	借方发生额	贷方发生额	期末数
贷款	—	—	—	—
投资	—	10 000.00	—	10 000.00
租赁	—	—	—	—
担保	—	—	—	—
应收账款	—	—	—	—
其他	—	—	—	—
合计	—	10 000.00	—	10 000.00

2021年6月26日，我公司以固有资金认购关联方生命保险资产管理有限公司管理的"生命资产睿智9号资产管理产品"5 000万元，按照市场公允价格进行交易。

2021年9月29日，我公司以固有资金认购关联方生命保险资产管理有限公司管理的"生命资产睿智9号资产管理产品"5 000万元，按照市场公允价格进行交易。

6.4.3.4 关联方逾期未偿还公司资金以及公司为关联方担保发生或即将发生垫款情况

截至2021年12月31日，公司没有向关联方担保或即将发生垫款情况，也没有关联方逾期未偿还我公司资金情况。

6.4.4 或有事项说明

报告期内，本公司共有数起作为原告方/被告方/申请执行人的诉讼案件，经向专业法律顾问咨询后，针对可能需要赔偿的案件计提了预计负债，除此以外，本公司管理层认为目前该等法律诉讼与仲裁事项不会对本公司的财务状况或经营成果产生重大影响。

6.4.5 重要资产转让及其出售的说明

报告期内，我司拟转让所持全部汇丰人寿保险有限公司股权的行政许可申请已获得上海银保监局批复同意。2022年，我司将按照股权转让协议的约定推进股权交割相关事宜。

6.4.6 会计制度

公司固有业务执行财政部2006年2月颁布的《企业会计准则——基本准则》以及其后颁布修订的具体会计准则、应用指南、解释以及其他相关规定。

7.财务情况说明

7.1 利润实现和分配情况

公司2021年实现利润总额36 094.17万元，实现净利润27 136.27万元。2021年公司未向股东分配利润。

7.2 主要财务指标

指标名称	指标值
资本利润率（%）	8.56
人均净利润（万元）	108.98
加权年化信托报酬率（%）	0.45

注：该指标仅包括本报告年度内已清算结束了的信托项目。

7.3 报告期内，公司没有发生对公司财务状况、经营成果有重大影响的其他事项

8.信托财务报表及附注

8.1 信托项目资产负债汇总表

信托项目资产负债汇总表

编制单位：国民信托有限公司　　2021年12月31日　　单位：万元

项目	2021年12月31日	2020年12月31日
信托资产	—	—
货币资金	415 931.66	152 437.06
交易性金融资产	4 123 560.25	1 032 466.71
买入返售金融资产	25 565.13	37 824.16
应收款项	325 743.60	126 431.60
发放贷款	5 347 376.86	7 010 058.40
可供出售金融资产	947 551.89	813 877.67
长期股权投资	3 035 627.56	1 644 933.57
无形资产	—	—

续表

项目	2021年12月31日	2020年12月31日
持有至到期投资	2 880 123.90	3 493 761.97
长期待摊费用	2 093.31	—
其他	1 442 250.43	622 356.66
信托资产总计	18 545 824.59	14 934 147.90
信托负债和信托权益	—	—
信托负债	—	—
应付受托人报酬	1 448.09	875.06
应付托管费	228.05	53.05
应付受益人收益	4 314.13	4 600.36
应交税费	9 859.16	5 118.47
应付销售服务费	6.14	—
其他应付款项	158 065.47	55 099.00
信托负债合计	173 921.04	65 745.94
信托权益	—	—
实收信托	17 953 026.27	14 643 175.69
资本公积	2 653.10	6 535.24
未分配利润	416 224.18	218 691.03
信托权益合计	18 371 903.55	14 868 401.96
信托负债和信托权益总计	18 545 824.59	14 934 147.90

8.2 信托项目利润及利润分配汇总表

信托项目利润及利润分配汇总表

编制单位：国民信托有限公司　　2021年度　　单位：万元

项目	2021年度	2020年度
营业收入	—	—
利息收入	705 285.55	691 652.41
投资收益	746 606.84	424 202.80
公允价值变动损失	-125 658.99	6 404.16
其他收入	625.30	137.52
营业收入合计	1 326 858.70	1 122 396.89
营业支出	—	—
营业税金及附加	3 440.15	3 598.59
受托人报酬	56 759.65	51 197.91
托管费	3 775.63	4 277.51
销售服务费	8 141.38	13 375.71
交易费用	558.93	437.00
资产减值损失	15 603.73	—
其他费用	68 687.81	44 442.56
营业支出合计	156 967.28	117 329.28

续表

项目	2021年度	2020年度
信托净（亏损）/利润	1 169 891.42	1 005 067.61
其他综合收益	226 115.14	95 115.29
综合（亏损）/收益	1 396 006.56	1 100 182.90
加：期初未分配信托利润	218 691.03	93 261.79
可供分配的信托利润	1 614 697.59	1 193 444.69
减：本期已分配信托利润	1 198 473.41	974 753.66
期末未分配信托收益	416 224.18	218 691.03

8.3 信托资产管理情况

8.3.1 信托资产的期初数、期末数

单位：万元

信托资产	期初数	期末数
集合	3 310 607.44	9 008 392.39
单一	11 160 436.65	9 100 039.34
财产权	463 103.81	437 392.86
合计	14 934 147.90	18 545 824.59

8.3.2 主动管理型信托业务的信托资产期初数、期末数

单位：万元

主动管理型	期初数	期末数
证券投资类	2 066 888.94	6 269 877.14
股权投资类	8 949.25	2 586 280.08
融资类	1 351 398.33	512 090.37
事务管理类	177 740.53	184 438.17
其他	322 632.97	384 141.24
合计	3 927 610.02	9 936 827.00

8.3.3 被动管理型信托业务的信托资产期初数、期末数

单位：万元

被动管理型	期初数	期末数
证券投资类	—	—
股权投资类	1 724 664.34	—
融资类	—	—
事务管理类	9 281 873.54	8 608 997.59
其他	—	—
合计	11 006 537.88	8 608 997.59

8.3.4 本年度已清算结束的信托项目情况

本年度已清算结束的信托项目为283个，实收信托合计13 162 668.20万元，加权平均年化收益率为5.08%，加权平均年化报酬率为0.45%。公司已依照信托合同约定，将前述已清算信托项目下信托财产及收益分配信托受益人。

8.3.5 本年度已清算结束的集合类、单一类资金信托项目和财产管理类信托项目个数、实收信托金额、加权平均实际年化收益率

已清算结束信托项目	项目个数（个）	实收信托合计金额（万元）	加权平均实际年化收益率（%）
集合类	56	1 409 023.11	5.51
单一类	223	11 671 095.02	5.06
财产管理类	4	82 550.07	—

8.3.6 本年度已清算结束的主动管理型信托项目情况

主动管理型已清算信托项目	项目个数（个）	实收信托合计金额（万元）	加权平均实际年化信托收益率（%）	加权平均实际年化报酬率（%）
证券投资类	25	169 782.10	16.15	1.46
股权投资类	4	215 490.00	2.07	9.56
融资类	47	286 466.00	8.88	1.36
事务管理类	6	143 100.00	7.35	0.82
其他	8	371 366.00	4.75	0.78

8.3.7 本年度已清算结束的被动管理型信托项目情况

被动管理型已清算信托项目	项目个数（个）	实收信托合计金额（万元）	加权平均实际年化信托收益率（%）	加权平均实际年化报酬率（%）
证券投资类	—	—	—	—
股权投资类	—	—	—	—
融资类	—	—	—	—
事务管理类	193	11 976 464.10	4.87	0.23
其他	—	—	—	—

8.3.8 本年度新增的集合类、单一类和财产管理类信托项目个数、实收信托合计金额

新增信托项目	项目个数（个）	实收信托合计金额（万元）
集合类	137	5 709 229.52
单一类	224	4 840 706.75
财产管理类	5	81 570.00
新增合计	366	10 631 506.27
其中：主动管理类	196	5 850 182.03
被动管理类	170	4 781 324.24

8.3.9 信托业务创新成果和特色业务有关情况

报告期内，公司成立家族信托业务12笔、成立金额5.53亿元；成立破产重整、债务重组和企业纾困类信托3笔，成立金额63.54亿元。

8.3.10 信托赔偿准备金的提取、使用和管理情况

2021年公司提取信托赔偿准备金1 356.81万元，2021年末信托赔偿准备金累计金额达到12 872.68万元。

8.4 关联方关系及其交易

8.4.1 信托资产与关联方交易情况

信托资产与关联方关联交易　　　　　　单位：万元

项目	期初数	借方发生额	贷方发生额	期末数
贷款	47 500.00	—	19 300.00	28 200.00
投资	—	—	—	—
租赁	—	—	—	—
担保	—	—	—	—
应收账款	—	—	—	—
其他	—	—	—	—
合计	47 500.00	—	19 300.00	28 200.00

报告期内，公司信托资产与关联方无新增关联交易，贷方发生（减少）为存续关联交易。

8.4.2 固有财产与信托财产之间的交易情况

固有财产与信托财产相互交易　　　　　　单位：万元

项目	期初数	本期净发生额	期末数
合计	72 065.22	30 040.91	102 106.13

报告期内，公司以固有财产认购13笔公司发行的集合资金信托计划，合计金额80 707.15万元，固有财产与信托财产之间交易结束5笔，合计金额50 666.24万元，本期净发生额30 040.91万元。

8.4.3 信托财产与信托财产之间的交易情况

信托财产与信托财产相互交易　　　　　　单位：万元

项目	期初数	本期净发生额	期末数
合计	4 939.40	306 805.00	311 744.40

报告期内，公司以信托财产认购17笔公司发行的集合资金信托计划，合计金额307 525万元；信托财产与信托财产之间的交易结束4笔，合计金额720万元，本期净发生额306 805万元。

报告期内，国民信托齐鲁1号单一资金信托（事务管理类）认购国民信托·山东商业集团永续债权投资集合资金信托计划299 900万元，期末存续金额299 900万元，按照市场公允价格进行交易。

8.5 会计制度

信托业务执行财政部2006年2月颁布的《企业会计准则——基本准则》以及其后颁布修订的具体会计准则、应用指南、解释以及其他相关规定。

9. 特别事项揭示

9.1 前五名股东报告期内变动情况及原因

报告期内，公司股东未发生变动。

9.2 董事、监事及高级管理人员变动情况及原因

2021年6月，经公司职工选举，张志先生获选公司职工监事。

9.3 报告期内无变更注册资本、变更注册地或公司名称、公司分立合并事项

9.4 报告期内公司无重大诉讼事项

9.5 公司及其董事、监事和高级管理人员在报告期内未受到行政处罚

9.6 中国银保监会及其派出机构对公司检查后提出整改意见及整改情况

2021年4月，北京银保监局向我司下发了《国民信托有限公司2020年度监管意见书》（京银保监发〔2021〕92号），对公司治理及股权、业务发展、风险治理等方面提出了加强和改进意见。为进一步整改落实监管要求，公司已形成《国民信托有限公司关于报送2020年度监管意见整改落实方案的报告》并按时向北京银保监局报送，同时积极进行整改落实，北京银保监局未对公司的整改落实方案提出进一步意见。

9.7 本年度重大事项临时报告的简要内容、披露时间、所披露的媒体及其版面

序号	刊登内容	刊登时间	报纸名称	所属版面
1	国民信托有限公司关于公司章程修改的公告	2021年3月15日	《上海证券报》	10版
2	国民信托有限公司2020年度报告摘要	2021年4月30日	《上海证券报》	78版
3	国民信托有限公司关于换领金融许可证的公告	2021年8月20日	《上海证券报》	122版

9.8 其他重大需披露信息

报告期内，公司未发生中国银保监会及其省级派出机构认定的其他有必要让客户及相关利益人了解的重要信息。

报告期内，公司已向中国银保监会北京监管局提交了关于变更股权的请示，尚在审批中。

10.公司监事会意见

监事会认为：公司董事会和高级管理层能够遵守法规及政策，稳健经营，业务风险可控；本年度财务报告经安永华明会计师事务所（特殊普通合伙）审计并出具无保留审计意见的审计报告，该财务报告真实、客观地反映了公司的财务状况和经营成果。

国通信托有限责任公司

1.重要提示

1.1 公司董事会及董事保证本报告所载资料不存在任何虚假记载、误导性陈述或者重大遗漏,并对其内容的真实性、准确性和完整性承担个别及连带责任。

1.2 公司独立董事唐建新先生、梁达文先生对年度报告内容的真实性、准确性和完整性无异议。

1.3 公司2021年度财务报告已经信永中和会计师事务所(特殊普通合伙)根据中国注册会计师独立审计准则审计,并出具了标准无保留意见的审计报告。

1.4 公司董事长(法定代表人)陈建新先生、主管会计工作负责人财务总监高莎女士、计划财务部负责人李艳桃女士、信托财务部负责人高艺女士声明:保证年度报告中财务报告的真实、完整。

1.5 公司2021年度报告全文同时在公司网站上公布(网址:http://www.gt-trust.com)。欲了解公司更为详细的情况,谨请登陆公司网站阅鉴。

2.公司概况

2.1 公司简介

法定中文名称	国通信托有限责任公司
法定中文缩写名称	国通信托
法定英文名称	GUOTONG Trust Co. Ltd.
法定英文缩写名称	GUOTONG
法定代表人	陈建新
注册地址	武汉市江汉区新华街296号汉江国际1栋1单元32-38层
邮政编码	430000
国际互联网网址	http://www.gt-trust.com
电子信箱	info@gt-trust.com
信息披露事务负责人	高莎
联系方式	联系电话:027-85565799;传真:027-85565776
选定的信息披露报纸	《金融时报》
公司年报备置地点	办公室
聘请的会计师事务所及住所	信永中和会计师事务所(特殊普通合伙) 北京市东城区朝阳门北大街8号富华大厦A座9层
聘请的律师事务所及住所	湖北山河律师事务所 武汉市江汉区淮海路6号华发中城国际中心16—18楼

2.2 公司组织结构

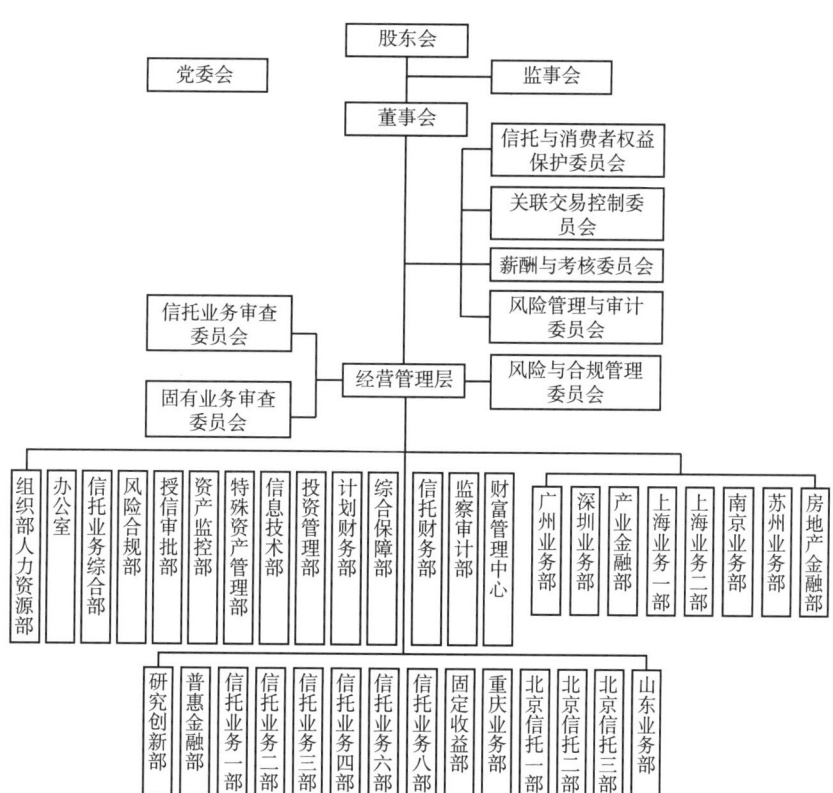

3. 公司治理

3.1 股东

报告期末股东总数为3名。股东之间不存在关联关系。

股东名称	持股比例（%）	法定代表人	注册资本	注册地址	主要经营业务
武汉金融控股（集团）有限公司★	75.00	谌赞雄	人民币100亿元	武汉市江汉区长江日报路77号	金融业股权投资及管理等业务
东亚银行有限公司	15.38	李国宝	股本港币416亿元（截至2021年12月31日）	香港中环德辅道中10号	商业银行业务
北大方正集团有限公司	9.62	生玉海	110 252.86万元	北京市海淀区成府路298号	制造方正电子出版系统、技术开发、投资管理等业务

3.2 董事

公司董事会成员基本情况如下表所示。

姓名	职务	性别	年龄（岁）	选任日期	所推举的股东名称	该股东持股比例（%）	简要履历
陈建新	董事长	男	56	2021年9月17日	武汉金控	75.00	硕士。2019年12月至今，任国通信托有限责任公司党委书记；2020年11月至今国通信托有限责任公司董事长
叶志衡	董事	男	47	2021年9月17日	东亚银行	15.38	博士，现任东亚银行有限公司总经理兼中国业务总部主管。2015年4月至今，任国通信托有限责任公司董事
张恩蓉	董事	女	50	2021年9月17日	武汉金控	75.00	博士。2020年11月至今，任国通信托有限责任公司党委副书记；2021年9月至今，任国通信托有限责任公司总裁；2021年12月至今，任国通信托有限责任公司董事
唐武	董事	男	53	2021年9月17日	武汉金控	75.00	硕士，现任武汉金融控股（集团）有限公司总经理助理。2018年4月至今，任国通信托有限责任公司董事
唐建新	独立董事	男	57	2021年9月17日	—	—	博士，现任武汉大学经济与管理学院会计系教授、博士生导师。2017年8月至今，任国通信托有限责任公司独立董事
梁达文	独立董事	男	63	2021年9月17日	—	—	硕士，现任瑞安管理（上海）有限公司资金管理总监。2018年6月至今，任国通信托有限责任公司独立董事

注：统计截止日期为2021年12月31日。

3.3 监事

公司监事会成员基本情况如下表所示。

姓名	职务	性别	年龄（岁）	选任日期	所推举的股东名称	该股东持股比例（%）	简要履历
郝飚	监事长	男	55	2021年9月17日	武汉金控	75.00	硕士，2018年4月至今，任国通信托有限责任公司监事长
贾丛笑	监事	女	48	2021年9月17日	东亚银行	15.38	硕士，现任东亚银行（中国）有限公司行长助理兼中西区区长。2017年6月至今，任国通信托有限责任公司监事
胡滨	监事	男	42	2021年11月1日	方正集团	9.62	本科，特许公认会计师、特许金融分析师、注册会计师。2017年6月至今，任国通信托有限责任公司监事
李艳桃	职工监事	女	49	2021年9月17日	—	—	硕士，高级会计师。2018年4月至今，任国通信托有限责任公司职工监事
胡全森	职工监事	男	54	2021年9月17日	—	—	硕士，注册会计师、高级会计师。2021年9月至今，任国通信托有限责任公司职工监事

注：1.统计截止日期为2021年12月31日。
2.本届监事会未设立下属委员会。

3.4 高级管理人员

姓名	职务	性别	年龄（岁）	选任日期	学历	专业	金融从业年限（年）
张恩蓉	总裁	女	50	2021年1月	博士	宪法学与行政法学	27
谢从斌	副总裁	男	57	2012年7月	硕士	金融学	35
曹阳	副总裁	男	50	2015年5月	本科	金融学	28
王小舟	副总裁	男	48	2021年7月	硕士	经济法	29
高莎	财务总监	女	41	2021年1月	硕士	工商管理	22

注：统计截止日期为2021年12月31日。

3.5 公司员工

报告期末,公司职工人数为331人。学历分布比例为博士2.1%、硕士51.4%、本科43.8%、专科2.1%、其他0.6%。

4.经营管理

4.1 经营目标、方针、战略规划

4.1.1 经营目标

公司始终坚持立足受托人定位,牢记支持实体经济高质量发展、满足人民群众对美好生活的向往两大使命,本着受益人利益最大化的经营原则和风控第一的经营理念,以"值得信赖的资产管理机构+区域综合金融服务商"为目标,争创国内一流地方信托公司。

4.1.2 经营方针

公司严格遵守监管规定,以"聚精会神抓管理、一心一意谋发展"为抓手,秉持"风控第一、客户至上"的经营理念,认真谋划,把措施落实到每个环节、把责任压实到每个员工,加快推进转型发展,持续完善全面风险管理,为客户提供便捷、专业、系统、高效的一揽子金融服务,实现公司持续高质量发展。

4.1.3 战略规划

立足受托人定位,遵循"守正、忠实、专业"的指导方针,结合自身资源禀赋和发展实际,协同推进实业投行、资产管理、财富管理三大业务,精耕细作传统业务,加快发展转型业务,积极拓展彰显本源的服务信托业务,不断提升主动管理能力和风险管理水平,建设"治理规范、资本充足、风控有力、经营稳健、效益良好、变革图强"的一流信托公司。

4.2 所经营业务的主要内容

经中国银保监会和公司登记机关核准,公司经营下列本外币业务:(1)资金信托;(2)动产信托;(3)不动产信托;(4)有价证券信托;(5)其他财产或财产权信托;(6)作为投资基金或者基金管理公司的发起人从事投资基金业务;(7)经营企业资产的重组、购并及项目融资、公司理财、财务顾问等业务;(8)受托经营国务院有关部门批准的证券承销业务;(9)办理居间、咨询、资信调查等业务;(10)代保管及保管箱业务;(11)存放同业、拆放同业、贷款、租赁、投资方式运用固有财产;(12)以固有财产为他人提供担保;(13)从事同业拆借业务;(14)中国银保监会批准的其他业务。

4.2.1 信托业务

报告期内,公司信托资产运用与分布情况如下表所示。

信托资产运用与分布表

单位:万元

资产运用	金额(万元)	占比(%)	资产分布	金额(万元)	占比(%)
货币资产	90 842.26	0.50	基础产业	1 882 588.62	10.42
贷款	2 568 262.97	14.21	房地产	3 502 467.94	19.38
交易性金融资产	912 163.58	5.05	证券市场	421 702.26	2.33
可供出售金融资产	3 625.00	0.02	实业	4 802 832.11	26.58
持有至到期投资	6 623 895.19	36.65	金融机构	1 079 634.02	5.97
长期股权投资	2 065 029.67	11.43	其他	6 383 478.10	35.32
其他	5 808 884.38	32.14	—	—	—
信托资产总计	18 072 703.05	100.00	信托资产总计	18 072 703.05	100.00

4.2.2 固有业务

报告期内,公司固有资产运用与分布情况如下表所示。

固有资产运用与分布表

资产运用	金额(万元)	占比(%)	资产分布	金额(万元)	占比(%)
货币资产	28 935.36	2.80	基础产业	—	—
应收款项	31 179.77	3.02	房地产	—	—
买入返售金融资产	132 982.89	12.89	证券市场	292 237.86	28.32
交易性金融资产	541 786.99	52.50	实业	—	—
债权投资	110 171.51	10.68	金融机构	521 638.89	50.55
递延所得税资产	98 223.20	9.52	其他	218 085.52	21.13
其他	88 682.55	8.59	—	—	—
资产总计	1 031 962.27	100.00	资产总计	1 031 962.27	100.00

4.3 市场分析

4.3.1 影响本公司业务发展的有利因素

一是2021年我国实现"十四五"规划的良好开局,经济高质量发展和结构转型升级取得新的成效,金融业加速构建新发展格局,信托行业仍有较大发展空间。二是2021年是资管新规过渡期的收官之年,资管行业监管体系不断完善,业务模式回归本源,进入规范发展新阶段。三是湖北作为新冠肺炎疫情后政府重振经济的重要区域,为公司高质量发展创造良好环境。

4.3.2 影响本公司业务发展的不利因素

一是国内经济发展中阶段性结构性矛盾犹存,保持经济稳定恢复仍需加力,短期内国内经济下行压力加大,公司业务增长面临一定挑战。二是重点领域风险防范形

势仍然复杂严峻，信用风险上扬，资产质量持续承压，需要高度警惕。三是按照深化金融供给侧结构性改革和高质量发展等监管新政要求，公司转型发展处于关键的转型时期，短期压力较大。四是资管新规实施后，财富管理和资产管理行业竞争加剧，公司在客户渠道、资金渠道、资金成本等方面面临较大的竞争压力。

4.4 内部控制概况

4.4.1 内部控制环境和内部控制文化

公司按照《公司法》及公司章程，把加强党的领导和完善公司治理有机结合，建立了由股东会、董事会、监事会和高级管理层组成的分工明确、权责对应、合理制衡的法人治理结构。董事会下设信托与消费者权益保护委员会、薪酬与考核委员会、风险管理与审计委员会、关联交易控制委员会，各机构按照规定的工作程序、议事规则运作，做到有机协调和分权制衡；公司独立董事按照公司章程的规定对重大事项发表独立意见；公司监事会强化对董事和经营管理层的约束和监督，推进公司治理制度的有效执行。

4.4.2 内部控制措施

公司股东会、董事会、监事会、经营管理层按照公司章程规定的职权，实施内部控制的监督管理；公司前台、中台、后台职责分离，横向与纵向相互监督制约；内审部门负责组织对公司内部控制活动进行监督、检查。公司持续健全完善内部控制制度，根据监管要求、业务发展的需求以及组织机构调整，及时制定及修订各项业务管理制度，不断细化工作流程。公司现行内部控制制度涵盖公司经营管理活动各个环节，执行情况良好。

4.4.3 监督评价与纠正

公司建立了多层次的内部控制监督评价机制。监事会负责对公司董事及高级管理人员履职情况进行监督；董事会下设的风险管理与审计委员会和关联交易控制委员会，依据公司章程及议事规则所赋予的职责权限对公司风险管理、关联交易、内部控制与内部审计制度及其实施进行监督；内审部门根据董事会批准的年度内审工作计划，对公司经营管理活动进行审计评价，并督促改进，不断推进公司制度健全、强化制度执行力。

4.5 风险管理概况

公司坚持"宁失效益，不失风控"的风控原则，通过建立和完善全面风险管理体系，使公司风险管理与战略目标相适应，确保公司风险始终在公司确定的承受水平之内，并在此基础上持续提高风险管理水平，促进各项业务稳健发展，实现客户价值、公司价值最大化。

4.5.1 信用风险状况概况

信用风险是指交易对手和合作方的违约，或因信用状况和履约能力上的变化而导致公司各类资产价值发生变动所造成损失的风险。公司通过详尽的尽职调查，有效利用各类的信用评级系统和人民银行征信系统，对项目信用风险进行充分的事前评估，审慎选择交易对手；通过事中控制、事后检查持续关注交易对手的信用状况，以及抵（质）押物价值及保证人担保能力的变化，并根据具体情况采取有效的应对措施；通过实施重点客户、区域倾斜，保持一定程度的客户集中度，在依托各种信用增级手段的基础上，切实降低信用风险；通过法律条款的设定，借助外部律师的意见，提高抵御信用风险的能力。建立项目风险量化指标体系，覆盖项目的立项和审批环节，对新增项目的交易对手和项目进行客观的评价，使公司各类项目的风控审核更加具有客观性。

4.5.2 市场风险状况概况

市场风险是指公司各类财产因市场利率、汇率和股价等市场参数的波动而产生的风险。公司建立了市场风险识别、计量、监测和控制程序，以确保市场风险管理能够与业务性质、规模、复杂程度和风险特征相适应，与能够承担的总体市场风险水平相一致；公司加强对宏观经济和市场的研究，及时跟踪市场价格波动情况，对每项业务和产品中的市场风险因素进行分解和分析，以及时准确识别所有业务中市场风险的类别和性质；通过定期或不定期对房地产和证券投资等业务进行市场风险压力测试，分析业务对外部市场变化的敏感程度和可能的影响，以制定策略应对市场变化；公司对重大市场风险情况事先制定应急处理方案，积极采取对冲、减少风险暴露等措施降低市场风险水平。

4.5.3 操作风险状况概况

操作风险是指由于不完善或有问题的内部程序、员工、信息科技系统或外部事件所造成损失的风险。公司明确界定各业务部门和管理部门的操作风险管理职责，确保各部门切实履职；公司根据业务特点、管理流程和复杂程度，逐步确定重点操作风险，通过运用操作风险因素清单、关键风险指标、风险与控制自我评估等工具，定期监测并报告操作风险状况和重大损失情况；公司针对潜在损失不断增大的风险，建立了早期的操作风险预警机制，以便及时采取措施控制、降低风险，降低损失事件的发生频率及损失程度；公司还将履约风险作为重大操作风险，实施专项管理，按照信托合同和其他有关法律文件的规定和要求，勤勉尽职履行受托人管理义务，避免因操作不当导致风险事件的发生。

4.5.4 其他风险状况概况

其他风险包括政策风险、流动性风险、员工道德风险等。公司通过加强对国家政策分析和研究，加强与监管部门及同业间的沟通，以提高对政策的理解度和执行力，从而防范政策风险；公司建立与业务性质、规模、复杂程度和风险特征相适应的流动性风险管理体系，将固有业务、信托业务均纳入流动性风险监测范围，对各项指标进行定期监控、报告，提前制定流动性整体管理对策，从而防范流动性风险；公司通过制度规范、业务及职业道德培训、内部审计人员的监督与检查来防范员工道德风险。

4.6 消费者权益保护

报告期内，公司坚持以受益人利益为根本出发点，组织做好消费者权益保护工作，切实保障受益人利益，为维护金融市场稳定和行业稳健发展切实承担好主体责任。一是完善消费者权益保护组织架构体系，董事会承担消费者权益保护工作的最终责任，高级管理层负责具体工作开展。金融消费权益保护部，贯彻落实各项消费者权益保护工作。二是落实投资者适当性原则，真实、全面地披露产品信息，做好项目贷后管理以及运维工作，切实保护消费者合法权益。三是积极组织开展了"3·15消费者维权""防范非法集资""金融知识普及""以案说险""金融知识进万家"等宣传服务活动。

4.7 企业社会责任

报告期内，公司重视发挥企业社会价值，履行社会责任。一是主动融入经济社会发展大局，存续投向实体经济信托规模668.54亿元。二是助力疫情防控，全年组织762人次下沉社区开展信息填报、小区值守等工作累计2383小时，运营管理的"中国信托业抗击新型肺炎慈善信托"向西安及本地捐赠价值超百万元的防疫物资。三是密切关注河南灾情动态，火速设立"风雨同舟共抗灾害慈善信托"，助力河南灾后重建。四是探索建设普惠金融综合服务平台，大力开展招商引资工作，服务本土经济建设。五是定向采购爱心助农物资，为全面推进乡村振兴贡献力量。

5. 报告期末会计报表及上一年度末的比较式会计报表

5.1 固有资产

5.1.1 会计师事务所审计意见全文

审计报告

XYZH/2022WHAS10035

国通信托有限责任公司：

一、审计意见

我们审计了国通信托有限责任公司（以下简称国通信托公司）财务报表，包括2021年12月31日的资产负债表，2021年度的利润表、现金流量表、所有者权益变动表，以及相关财务报表附注。

我们认为，后附的财务报表在所有重大方面按照企业会计准则的规定编制，公允反映了国通信托公司2021年12月31日的财务状况以及2021年度的经营成果和现金流量。

二、形成审计意见的基础

我们按照中国注册会计师审计准则的规定执行了审计工作。审计报告的"注册会计师对财务报表审计的责任"部分进一步阐述了我们在这些准则下的责任。按照中国注册会计师职业道德守则，我们独立于国通信托公司，并履行了职业道德方面的其他责任。我们相信，我们获取的审计证据是充分、适当的，为发表审计意见提供了基础。

三、管理层和治理层对财务报表的责任

管理层负责按照企业会计准则的规定编制财务报表，使其实现公允反映，并设计、执行和维护必要的内部控制，以使财务报表不存在由于舞弊或错误导致的重大错报。

在编制财务报表时，管理层负责评估国通信托公司的持续经营能力，披露与持续经营相关的事项（如适用），并运用持续经营假设，除非管理层计划清算国通信托公司、终止运营或别无其他现实的选择。

治理层负责监督国通信托公司的财务报告过程。

四、注册会计师对财务报表审计的责任

我们的目标是对财务报表整体是否不存在由于舞弊或错误导致的重大错报获取合理保证，并出具包含审计意见的审计报告。合理保证是高水平的保证，但并不能保证按照审计准则执行的审计在某一重大错报存在时总能发现。错报可能由于舞弊或错误导致，如果合理预期错报单独或汇总起来可能影响财务报表使用者依据财务报表做出的经济决策,则通常认为错报是重大的。

在按照审计准则执行审计工作的过程中,我们运用职业判断,并保持职业怀疑。同时,我们也执行以下工作:

(1)识别和评估由于舞弊或错误导致的财务报表重大错报风险,设计和实施审计程序以应对这些风险,并获取充分、适当的审计证据,作为发表审计意见的基础。由于舞弊可能涉及串通、伪造、故意遗漏、虚假陈述或凌驾于内部控制之上,未能发现由于舞弊导致的重大错报的风险高于未能发现由于错误导致的重大错报的风险。

(2)了解与审计相关的内部控制,以设计恰当的审计程序,但目的并非对内部控制的有效性发表意见。

(3)评价管理层选用会计政策的恰当性和做出会计估计及相关披露的合理性。

(4)对管理层使用持续经营假设的恰当性得出结论。同时,根据获取的审计证据,就可能导致对国通信托公司持续经营能力产生重大疑虑的事项或情况是否存在重大不确定性得出结论。如果我们得出结论认为存在重大不确定性,审计准则要求我们在审计报告中提请报表使用者注意财务报表中的相关披露;如果披露不充分,我们应当发表非无保留意见。我们的结论基于截至审计报告日可获得的信息。然而,未来的事项或情况可能导致国通信托公司不能持续经营。

(5)评价财务报表的总体列报、结构和内容,并评价财务报表是否公允反映相关交易和事项。

我们与治理层就计划的审计范围、时间安排和重大审计发现等事项进行沟通,包括沟通我们在审计中识别出的值得关注的内部控制缺陷。

信永中和会计师事务所(特殊普通合伙)

中国注册会计师:朱清

中国注册会计师:胡静

中国·北京　　　　　　二〇二二年四月二十八日

5.1.2 资产负债表

资产负债表

编制单位:国通信托有限责任公司　　　2021年12月31日　　　单位:元

项目	2021年12月31日	2020年12月31日	项目	2021年12月31日	2020年12月31日
资产:			负债:		
货币资金	289 353 571.33	111 251 067.38	短期借款	—	—
结算备付金	—	—	拆入资金	400 000 000.00	—
贵金属	—	—	以公允价值计量且其变动计入当期损益的金融负债		
拆出资金	—	—	交易性金融负债		
以公允价值计量且其变动计入当期损益的金融资产	—	996 403 528.33	衍生金融负债		
衍生金融资产	—	—	卖出回购金融资产款	898 081 853.24	—
应收款项	311 797 707.85	—	吸收存款	—	—
合同资产			应付职工薪酬	43 585 682.02	100 630 280.48
买入返售金融资产	1 329 828 871.22	138 004 140.00	应交税费	324 818 607.23	348 471 624.27
持有待售资产	—	—	应付款项		
发放贷款和垫款	—	5 521 270.70	合同负债	72 242 253.16	
可供出售金融资产			持有待售负债		
持有至到期投资			预计负债		
应收款项类投资	—	7 292 732 565.85	长期借款		
金融投资:			应付债券		
交易性金融资产	5 417 869 920.22	—	其中:优先股		
债权投资	1 101 715 092.63		永续债		
其他债权投资	—	—	租赁负债	15 467 728.94	
其他权益工具投资			递延所得税负债		
长期股权投资			其他负债	1 372 014 497.41	3 170 482 593.76

续表

项目	2021年12月31日	2020年12月31日	项目	2021年12月31日	2020年12月31日
投资性房地产	—	—	负债合计	3 126 210 622.00	3 619 584 498.51
固定资产	167 218 221.58	179 843 002.09	所有者权益:		
在建工程	—	—	实收资本（或股本）	4 158 374 776.08	3 200 000 000.00
使用权资产	18 192 349.67	—	其他权益工具	—	—
无形资产	24 344 152.64	23 448 228.62	其中：优先股	—	—
递延所得税资产	982 231 974.40	205 093 702.23	永续债	—	—
其他资产	677 070 842.65	1 169 213 105.42	资本公积	1 467 622 373.92	25 997 150.00
			减：库存股	—	—
			其他综合收益	—	—
			盈余公积	606 629 986.55	550 192 611.20
			一般风险准备	885 203 901.28	856 985 213.61
			未分配利润	75 581 044.36	1 868 751 137.30
			归属于母公司所有者权益合计	7 193 412 082.19	6 501 926 112.11
			少数股东权益	—	—
			所有者权益合计	7 193 412 082.19	6 501 926 112.11
资产总计	10 319 622 704.19	10 121 510 610.62	负债和所有者权益总计	10 319 622 704.19	10 121 510 610.62

5.1.3 利润表

利润表

编制单位：国通信托有限责任公司　　2021年度　　单位：元

项目	2021年12月31日	2020年12月31日
一、营业收入	1 255 031 134.00	1 240 214 709.70
利息净收入	-154 866 527.06	-183 171 343.88
利息收入	6 775 641.97	22 671 378.38
利息支出	161 642 169.03	205 842 722.26
手续费及佣金净收入	963 824 579.70	990 150 858.77
手续费及佣金收入	963 824 579.70	990 150 858.77
手续费及佣金支出	—	—
投资收益（损失以"-"号填列）	467 146 869.35	430 886 691.08
其中：对联营企业和合营企业的投资收益	—	—
其他收益	1 019 638.42	1 139 946.02
公允价值变动收益（损失以"-"号填列）	-21 872 308.70	7 050 088.84
汇兑收益（损失以"-"号填列）	-221 117.71	-5 834 301.85
资产处置收益（损失以"-"号填列）	—	-7 229.28
其他业务收入	—	—
二、营业支出	503 580 434.24	631 494 862.18
税金及附加	10 549 135.02	8 870 265.51
业务及管理费	430 813 539.03	420 861 144.94

续表

项目	2021年12月31日	2020年12月31日
资产减值损失	—	201 763 451.73
信用减值损失	62 217 760.19	—
其他业务成本	—	—
三、营业利润（亏损以"-"号填列）	751 450 699.76	608 719 847.52
加：营业外收入	4 352 435.62	2 111 382.10
减：营业外支出	3 050 586.92	1 000 000.00
四、利润总额（亏损总额以"-"号填列）	752 752 548.46	609 831 229.62
减：所得税费用	188 378 794.98	157 656 526.71
五、净利润（净亏损以"-"号填列）	564 373 753.48	452 174 702.91
（一）归属于母公司所有者的净利润	564 373 753.48	452 174 702.91
（二）少数股东损益	—	—
六、其他综合收益的税后净额	—	-5 941 474.25
（一）归属母公司所有者的其他综合收益的税后净额	—	-5 941 474.25
（二）归属于少数股东的其他综合收益的税后净额	—	—
七、综合收益总额	564 373 753.48	446 233 228.66
（一）归属于母公司所有者的综合收益	564 373 753.48	446 233 228.66
（二）归属于少数股东的综合收益	—	—

5.1.4 所有者权益变动表

所有者权益变动表

编制单位：国通信托有限责任公司　　　　2021年度　　　　单位：元

项目	2021年度						
	实收资本	资本公积	其他综合收益	盈余公积	一般风险准备	未分配利润	所有者权益合计
一、上年末余额	3 200 000 000.00	25 997 150.00	—	550 192 611.20	856 985 213.61	1 868 751 137.30	6 501 926 112.11
加：会计政策变更	—	—	—	—	—	-2 272 887 783.40	-2 272 887 783.40
前期差错更正	—	—	—	—	—	—	—
其他	—	—	—	—	—	—	—
二、本年年初余额	3 200 000 000.00	25 997 150.00	—	550 192 611.20	856 985 213.61	-404 136 646.10	4 229 038 328.71
三、本期增减变动金额（减少以"-"号填列）	958 374 776.08	1 441 625 223.92	—	56 437 375.35	28 218 687.67	479 717 690.46	2 964 373 753.48
（一）综合收益总额	—	—	—	—	—	564 373 753.48	564 373 753.48
（二）所有者投入和减少资本	958 374 776.08	1 441 625 223.92	—	—	—	—	2 400 000 000.00
1.所有者投入的普通股	958 374 776.08	1 441 625 223.92	—	—	—	—	2 400 000 000.00
2.其他权益工具持有者投入的资本	—	—	—	—	—	—	—
3.股份支付计入所有者权益的金额	—	—	—	—	—	—	—
4.其他	—	—	—	—	—	—	—
（三）利润分配	—	—	—	56 437 375.35	28 218 687.67	-84 656 063.02	—
1.提取盈余公积	—	—	—	56 437 375.35	—	-56 437 375.35	—
2.提取一般风险准备	—	—	—	—	28 218 687.67	-28 218 687.67	—
3.对所有者（或股东）的分配	—	—	—	—	—	—	—
4.其他	—	—	—	—	—	—	—
（四）所有者权益内部结转	—	—	—	—	—	—	—
1.资本公积转增资本（或股本）	—	—	—	—	—	—	—
2.盈余公积转增资本（或股本）	—	—	—	—	—	—	—
3.盈余公积弥补亏损	—	—	—	—	—	—	—
4.设定受益计划变动额结转留存收益	—	—	—	—	—	—	—
5.其他综合收益结转留存收益	—	—	—	—	—	—	—
6.其他	—	—	—	—	—	—	—
四、本年年末余额	4 158 374 776.08	1 467 622 373.92	—	606 629 986.55	885 203 901.28	75 581 044.36	7 193 412 082.19

所有者权益变动表（续）

编制单位：国通信托有限责任公司　　　　2021年度　　　　单位：元

项目	2020年度						
	实收资本	资本公积	其他综合收益	盈余公积	一般风险准备	未分配利润	所有者权益合计
一、上年末余额	3 200 000 000.00	25 997 150.00	5 941 474.25	504 975 140.91	617 098 510.82	1 701 680 607.47	6 055 692 883.45
加：会计政策变更	—	—	—	—	—	—	—
前期差错更正	—	—	—	—	—	—	—
其他	—	—	—	—	—	—	—
二、本年年初余额	3 200 000 000.00	25 997 150.00	5 941 474.25	504 975 140.91	617 098 510.82	1 701 680 607.47	6 055 692 883.45
三、本期增减变动金额（减少以"-"号填列）	—	—	-5 941 474.25	45 217 470.29	239 886 702.79	167 070 529.83	446 233 228.66
（一）综合收益总额	—	—	-5 941 474.25	—	—	452 174 702.91	446 233 228.66
（二）所有者投入和减少资本	—	—	—	—	—	—	—
1.所有者投入的普通股	—	—	—	—	—	—	—
2.其他权益工具持有者投入的资本	—	—	—	—	—	—	—
3.股份支付计入所有者权益的金额	—	—	—	—	—	—	—

续表

项目	2020年度						
	实收资本	资本公积	其他综合收益	盈余公积	一般风险准备	未分配利润	所有者权益合计
4.其他	—	—	—	—	—	—	—
（三）利润分配	—	—	—	45 217 470.29	239 886 702.79	-285 104 173.08	—
1.提取盈余公积	—	—	—	45 217 470.29	—	-45 217 470.29	—
2.提取一般风险准备	—	—	—	—	239 886 702.79	-239 886 702.79	—
3.对所有者（或股东）的分配	—	—	—	—	—	—	—
4.其他	—	—	—	—	—	—	—
（四）所有者权益内部结转	—	—	—	—	—	—	—
1.资本公积转增资本（或股本）	—	—	—	—	—	—	—
2.盈余公积转增资本（或股本）	—	—	—	—	—	—	—
3.盈余公积弥补亏损	—	—	—	—	—	—	—
4.设定受益计划变动额结转留存收益	—	—	—	—	—	—	—
5.其他综合收益结转留存收益	—	—	—	—	—	—	—
6.其他	—	—	—	—	—	—	—
四、本年年末余额	3 200 000 000.00	25 997 150.00	—	550 192 611.20	856 985 213.61	1 868 751 137.30	6 501 926 112.11

5.2 信托资产

5.2.1 信托项目资产负债汇总表

信托项目资产负债汇总表

编制单位：国通信托有限责任公司　　2021年12月31日　　单位：万元

序号	项目	期末余额	年初余额
1	信托资产：		
2	1.货币资金	90 842.26	163 600.28
3	2.拆出资金	—	—
4	3.存出保证金	—	—
5	4.交易性金融资产	912 163.58	200 098.28
6	5.衍生金融资产	—	—
7	6.买入返售金融资产	465.84	4 721.36
8	其中：6.1买入返售证券	465.84	4 721.36
9	6.2买入返售信贷资产	—	—
10	7.应收款项	259 676.48	255 033.49
11	8.发放贷款	2 568 262.97	4 004 971.68
12	其中：8.1基础产业	660 339.36	1 258 705.67
13	8.2房地产	471 675.59	1 064 308.05
14	9.可供出售金融资产	3 625.00	18 778.33
15	10.持有至到期投资	6 623 895.19	6 666 778.60
16	11.长期应收款	—	278 627.76
17	12.长期股权投资	2 065 029.67	1 518 054.97
18	其中：12.1基础产业	32 390.00	56 490.00
19	12.2房地产	858 140.09	320 581.15
20	13.投资性房地产	—	53 697.12
21	14.固定资产	—	—
22	15.无形资产	—	—
23	16.长期待摊费用	—	—
24	17.其他资产	5 548 742.06	4 551 330.62

续表

序号	项目	期末余额	年初余额
25	18.信托资产总计	18 072 703.05	17 715 692.49
26	19.各项资产减值准备	117 288.00	31 740.00
27	信托负债	—	—
28	20.交易性金融负债	—	—
29	21.衍生金融负债	—	—
30	22.应付受托人报酬	5 227.86	19 733.42
31	23.应付托管费	1 194.81	1 128.24
32	24.应付受益人收益	18 820.85	72 863.88
33	25.应交税费	1 837.80	8 831.74
34	26.应付销售服务费	202.63	106.53
35	27.其他应付款项	48 091.86	67 351.59
36	28.其他负债	—	—
37	29.信托负债合计	75 375.81	170 015.40
38	信托权益	—	—
39	30.实收信托	18 494 891.03	17 944 955.57
40	30.1资金信托	13 393 218.01	13 687 378.81
41	30.1.1集合	9 731 881.82	8 827 824.81
42	30.1.2单一	3 661 336.19	4 859 554.00
43	30.2财产信托	5 101 673.02	4 257 576.76
44	30.2.1信贷资产证券化	1 476 670.17	953 367.51
45	30.2.2其他资产（准）证券化	789.30	789.30
46	31.资本公积	—	—
47	32.外币报表折算差额	—	—
48	33.未分配利润	-497 563.79	-399 278.48
49	34.信托权益合计	17 997 327.24	17 545 677.09
50	35.信托负债和信托权益总计	18 072 703.05	17 715 692.49

5.2.2 信托项目利润及利润分配汇总表

信托项目利润及分配汇总表

编制单位：国通信托有限责任公司　　2021年度　　　　　　　　　　单位：万元

序号	项目	2021年度	2020年度
1	1.营业收入	981 650.49	1 359 880.38
2	1.1利息收入	210 312.12	409 311.51
3	1.2投资收益（损失以"-"号填列）	768 628.76	858 613.34
4	1.2.1其中：对联营企业和合营企业的投资收益	—	—
5	1.3公允价值变动收益（损失以"-"号填列）	3 008.21	91 583.49
6	1.4租赁收入	—	—
7	1.5汇兑损益（损失以"-"号填列）	—	—
8	1.6其他收入	−298.60	371.04
9	2.支出	202 467.21	188 053.67
10	2.1营业税金及附加	3 279.13	3 914.24
11	2.2受托人报酬	87 990.03	104 394.19
12	2.3托管费	3 334.44	2 137.61
13	2.4投资管理费	—	—
14	2.5销售服务费	8 443.42	7 184.59
15	2.6交易费用	173.50	549.63
16	2.7资产减值损失	85 548.00	31 740.00
17	2.8其他费用	13 698.69	38 133.41
18	3.信托净利润（净亏损以"-"号填列）	779 183.28	1 171 826.71
19	4.其他综合收益	—	—
20	5.综合收益	779 183.28	1 171 826.71
21	6.加：期初未分配信托利润	−399 278.48	−325 243.45
22	7.可供分配的信托利润	379 904.80	846 548.28
23	8.减：本期已分配信托利润	877 468.59	1 245 826.76
24	9.期末未分配信托利润	−497 563.79	−399 278.48

6.会计报表附注

6.1 会计报表编制基准不符合会计核算基本前提的说明

公司执行财政部颁布的《企业会计准则》，会计报表编制无不符合会计核算基本前提事项。

6.2 或有事项说明

公司在报告期内无需要披露的承诺事项及或有事项。

6.3 重要资产转让及其出售的说明

报告期无重要资产转让或出售。

6.4 会计报表中重要项目的明细资料

6.4.1 披露固有资产经营情况

6.4.1.1 按信用风险五级分类结果披露信用风险资产的期初数、期末数

信用风险资产五级分类	正常类（万元）	关注类（万元）	次级类（万元）	可疑类（万元）	损失类（万元）	信用风险资产合计（万元）	不良资产合计（万元）	不良率（%）
期初数	949 870.49	58 507.39	36 928.23	15 873.77	—	1 061 179.88	52 802.00	4.98
期末数	897 273.19	64 639.92	16 565.33	15 355.68	7 769.30	1 001 603.42	39 690.31	3.96

注：不良资产合计＝次级类＋可疑类＋损失类。

6.4.1.2 各项资产减值损失准备

单位：万元

项目	期初数	本期计提	本期转回	本期核销	期末数
贷款损失准备	37.81	242.52	—	—	280.33
一般准备	37.81	242.52	—	—	280.33
专项准备	—	—	—	—	—
其他资产减值准备	93 564.54	52 710.98	46 731.73	—	99 543.79
债权投资减值准备	83 608.86	45 159.40	46 699.33	—	82 068.93
可供出售金融资产减值准备	—	—	—	—	—
持有至到期投资减值准备	—	—	—	—	—
长期股权投资减值准备	—	—	—	—	—
坏账准备	9 955.68	7 551.58	32.40	—	17 474.86
投资性房地产减值准备	—	—	—	—	—

6.4.1.3 固有业务投资品种明细

单位：万元

项目	固有股票	基金	债券	长期股权投资	其他投资	合计
期初数	17 676.15	—	95 764.61	—	729 273.26	842 714.02
期末数	19 882.20	—	268 855.66	—	496 203.53	784 941.39

6.4.1.4 前三名固有长期股权投资企业情况

报告期内公司无长期股权投资。

6.4.1.5 前三名固有贷款企业情况

报告期内公司无固有贷款。

6.4.1.6 表外业务情况

报告期内公司无表外业务。

6.4.1.7 公司当年的收入结构

收入结构	金额（万元）	占比（%）
手续费及佣金净收入	96 382.46	76.80
其中：信托手续费收入	96 382.46	76.80
投资银行业务收入	—	—
利息净收入	-15 486.65	-12.34
其他业务收入	101.96	0.08
其中：计入信托业务收入部分	—	—
投资收益	46 714.68	37.22
其中：交易性金融工具投资收益	39 275.05	31.29
债权投资收益	7 439.63	5.93
其他投资收益	—	—
公允价值变动损益	-2 187.23	-1.74
汇兑损失	-22.11	-0.02
资产处置收益	—	—
收入合计	125 503.11	100.00

6.4.2 信托财产管理情况

6.4.2.1 信托资产的期初数、期末数

单位：万元

信托资产	期初数	期末数
集合	8 802 266.30	9 477 208.46
单一	4 645 972.76	3 481 657.08
财产权	4 267 453.43	5 113 837.51
合计	17 715 692.49	18 072 703.05

6.4.2.1.1 主动管理型信托业务的信托资产期初数、期末数

单位：万元

主动管理型信托资产	期初数	期末数
证券投资类	30 853.82	107 056.72
股权投资类	649 086.34	1 123 691.20
其他投资类	2 875 588.20	3 876 917.71
融资类	3 691 230.50	2 892 884.67
事务管理类	25 946.20	20 820.76
合计	7 272 705.06	8 021 371.06

6.4.2.1.2 被动管理型信托业务的信托资产期初数、期末数

单位：万元

被动管理型信托资产	期初数	期末数
证券投资类	174 173.77	124 872.17
股权投资类	40 891.29	—
其他投资类	1 487 091.18	1 883 339.54
融资类	—	—
事务管理类	8 740 831.19	8 043 120.28
合计	10 442 987.43	10 051 331.99

6.4.2.2 本年度已清算结束的信托项目

6.4.2.2.1 本年度已清算结束的集合类，单一类资金信托项目和财产管理类信托项目情况

已清算结束信托项目	项目个数（个）	实收信托合计金额（万元）	加权平均实际年化收益率（%）
集合类	98	21 553 720.74	3.58
单一类	49	5 306 782.03	6.27
财产管理类	16	2 311 521.63	2.73

6.4.2.2.2 本年度已清算结束的主动管理型信托项目情况

已清算结束信托项目	项目个数（个）	实收信托合计金额（万元）	加权平均实际年化信托报酬率（%）	加权平均实际年化收益率（%）
证券投资类	2	164 447.77	0.13	8.76
股权投资类	—	—	—	—
其他投资类	25	1 588 354.36	0.98	6.47
融资类	61	2 128 912.00	1.92	8.21
事务管理类	—	—	—	—

6.4.2.2.3 本年度已清算结束的被动管理型信托项目情况

已清算结束信托项目	项目个数（个）	实收信托合计金额（万元）	加权平均实际年化信托报酬率（%）	加权平均实际年化收益率（%）
证券投资类	3	54 000.00	0.28	4.37
股权投资类	—	—	—	—
其他投资类	2	170 740.10	0.11	6.50
融资类	—	—	—	—
事务管理类	70	25 065 570.17	0.07	3.44

6.4.2.3 本年度新增信托项目情况

新增信托项目	项目个数（个）	合计金额（万元）
集合类	116	6 800 366.98
单一类	42	821 353.70
财产管理类	31	2 590 422.14
新增合计	189	10 212 142.82
其中：主动管理型	113	6 693 600.14
被动管理型	76	3 518 542.68

6.4.2.4 公司履行受托人义务情况及因公司自身责任而导致的信托财产损失情况

公司严格按照信托相关法律法规规章的规定以及信托文件的约定管理、运用及处分信托财产，恪尽职守，履行诚实、信用、谨慎、有效管理的义务，维护受益人的最大利益。

本年度无因公司自身责任而导致的信托资产损失情况。

6.4.2.5 信托赔偿准备金的提取、使用和管理情况

本年度公司提取信托赔偿准备金2 821.87万元，截至2021年12月31日，信托赔偿准备金余额为30 331.50万元。报告期内，未使用信托赔偿准备金。

6.5 关联方关系及其交易的披露

6.5.1 关联交易方的数量、关联交易的总金额及关联交易的定价政策等

项目	关联交易方的数量	关联交易总金额（万元）	定价原则
合计	1	161 070.35	根据借款合同归还本息

6.5.2 关联交易方情况

关联性质	关联方名称	法定代表人	注册地址	注册资本（亿元）	主营业务
控股股东	武汉金融控股（集团）有限公司	谌赞雄	武汉江汉区长江日报路77号	100	金融业股权投资及管理等业务

6.5.3 公司与关联方的重大交易事项

6.5.3.1 固有资产与关联方关联交易

无。

6.5.3.2 信托财产与关联方关联交易

信托财产与关联方关联交易　　　　单位：万元

项目	期初数	借方发生额	贷方发生额	期末数
贷款	—	—	—	—
投资	—	—	—	—
租赁	—	—	—	—
担保	—	—	—	—
应收账款	—	—	—	—
其他	79 690.00	46 870.00	85 990.00	40 570.00
合计	79 690.00	46 870.00	85 990.00	40 570.00

6.5.3.3 信托公司固有资金运用于自己管理的信托项目（固信交易）、信托公司管理的信托项目之间的相互（信信交易）交易金额，包括余额和本报告年度的发生额

6.5.3.3.1 固有与信托财产相互交易情况

固有财产与信托财产相互交易　　　　单位：万元

项目	期初数	本期发生额	期末数
合计	731 732.22	67 370.84	799 103.06

6.5.3.3.2 信托资产与信托财产相互交易情况

信托资产与信托财产相互交易　　　　单位：万元

项目	期初数	本年借方发生额	本年贷方发生额	期末数
合计	419 281.37	483 938.84	444 538.04	458 682.17

6.5.4 逐笔披露关联方逾期未偿还本公司资金的详细情况以及本公司为关联方担保发生或即将发生垫款的详细情况

报告期内无关联方逾期未偿还本公司资金的情况以及公司为关联方担保发生或即将发生垫款的情况。

6.6 会计制度的披露

公司固有业务和信托业务执行的是财政部颁布的《企业会计准则》。

7. 财务情况说明书

7.1 利润实现和分配情况

单位：万元

项目	本年数	上年数
本年净利润	56 437.38	45 217.47
加：年初未分配利润	186 875.11	170 168.06
其他转入	−227 288.78	—
可供分配的利润	16 023.71	215 385.53
减：提取法定盈余公积	5 643.74	4 521.75
提取法定公益金	—	—
提取信托赔偿准备金	2 821.87	2 260.87
提取一般准备金	—	21 727.80
提取职工奖励及福利基金	—	—
提取储备基金	—	—
提取企业发展基金	—	—
利润归还投资	—	—
可供投资者分配的利润	7 558.10	186 875.11
减：应付优先股股利	—	—
提取任意盈余公积	—	—
股利分配	—	—
转作股本的普通股股利	—	—
年末未分配利润	7 558.10	186 875.11

7.2 主要财务指标

指标名称	指标值
资本利润率（%）	9.88
加权年化信托报酬率（%）	0.58
人均净利润（万元/人）	163.82

7.3 对本公司财务状况、经营成果有重大影响的其他事项

2021年1月1日起公司开始执行财政部颁布的《企业会计准则第37号——金融工具列报》（2017年修订）、《企

业会计准则第14号——收入》(2017年修订)、《企业会计准则第21号——租赁》(以下简称新金融工具准则),并根据新准则对年初财务报表相关项目进行调整。

8. 特别事项揭示

8.1 前五名股东报告期内变动情况及原因

2021年8月13日,《中国银保监会湖北监管局关于国通信托有限责任公司变更注册资本、调整股权结构的批复》(鄂银保监复〔2021〕387号)核准公司变更注册资本及调整股权结构,股权结构调整为武汉金控持股75.00%、东亚银行持股15.38%、方正集团持股9.62%。

8.2 董事、监事及高级管理人员变动情况及原因

2021年9月1日,《中国银保监会湖北监管局关于高莎任职资格的批复》(鄂银保监复〔2021〕440号)核准高莎财务总监任职资格。

2021年9月22日,《中国银保监会湖北监管局关于张恩蓉任职资格的批复》(鄂银保监复〔2021〕467号)核准张恩蓉总裁任职资格。

2021年12月9日,《中国银保监会湖北监管局关于张恩蓉、王小舟任职资格的批复》(鄂银保监复〔2021〕580号)核准张恩蓉董事任职资格、王小舟副总裁任职资格。

8.3 变更注册资本、变更注册地或公司名称、公司分立合并事项

2021年8月13日,《中国银保监会湖北监管局关于国通信托有限责任公司变更注册资本、调整股权结构的批复》(鄂银保监复〔2021〕387号)核准公司变更注册资本及调整股权结构,注册资本由32亿元变更为41.58亿元。

8.4 公司的重大诉讼事项

8.4.1 重大未决诉讼事项

截至2021年12月31日,公司重大未决诉讼信息如下:

(1)诉讼标的额在5 000万元(不含)至1亿元(不含)的案件有4件,其中有3件尚在一审审理中,有1件在二审审理中。

(2)诉讼标的额在1亿元(含)以上的案件有17件,其中有14件尚在一审审理中,有3件在二审审理中。

8.4.2 以前年度发生,于本报告期内终结的诉讼事项

以前年度发生,于本报告期内终结的诉讼事项信息如下:

(1)公司诉北京邦文当代艺术投资有限公司、黄宇杰、李红合同纠纷一案,已于2014年12月19日与北京邦文、黄宇杰、李红等在湖北省高级人民法院主持下达成了《民事调解书》,公司据《民事调解书》向法院申请司法强制执行。武汉中院已出具终本执行裁定书。

(2)根据公司与债务人华门控股有限公司、浙江浙大网新实业发展有限公司、天津安吉拉房地产开发有限公司、南京瑞柏贸易有限公司、南京嘉坤工贸实业有限公司、南京山水置业有限公司、徐群等办理的具有强制执行效力的公证债权文书,公司向人民法院申请强制执行,执行法院已裁定将抵押物交付我司抵偿相应债务。

(3)公司向法院申请强制执行债务人常州华光房地产开发有限公司、常州阳光银河湾置业有限公司、江苏华光银河湾房地产开发有限公司、钱菊生等对本信托计划所负债务。法院已裁定债务人江苏华光银河湾房地产开发有限公司终结本次执行,常州华光房地产开发有限公司、常州阳光银河湾置业有限公司破产清算结束,且债务人钱菊生死亡。

8.4.3 本报告年度发生,于本报告期内终结的诉讼事项

无。

8.5 公司及其董事、监事和高级管理人员受到处罚的情况

无。

8.6 中国银保监会及其派出机构对公司的整改意见及公司整改情况

报告期内,公司高度重视并认真落实监管部门的监管意见要求,及时向湖北银保监局反馈公司重点业务合规管理及风险防控工作措施及成效,切实提升了公司发展质量和风险防控能力。

8.7 公司重大事项临时报告的简要内容、披露时间、所披露的媒体及版面

2022年1月21日,公司于《金融时报》第七版刊登了《关于变更注册资本、调整股权结构的公告》,对公司注册资本及股权结构调整进行了披露。

8.8 中国银保监会及其派出机构认定的其他有必要让客户及相关利益人了解的重要信息

无。

9.净资本管理情况

报告期内,公司按照中国银保监会《信托公司净资本管理办法》,积极贯彻落实监管要求,优化净资本相关绩效考核指标,引导经营部门加强净资本和风险资本管理意识,加强业务转型和结构调整,提高资本使用效率,各项净资本指标均符合监管要求:截至2021年12月31日,公司净资产71.93亿元,净资本51.77亿元(监管要求≥2亿元),各项业务风险资本之和为32.53亿元,净资本/各项业务风险资本之和为159.13%(监管要求≥100%),净资本/净资产为71.97%(监管要求≥40%)。

10.监事会意见

报告期内,公司决策程序符合《公司法》《信托法》《信托公司管理办法》和公司章程的规定,内部控制制度较为完善,公司董事、高级管理人员认真履行职责,未发生违法行为和损害公司利益的行为。公司2021年度财务报告经信永中和会计师事务所(特殊普通合伙)审计,真实反映了公司财务状况和经营成果。

国投泰康信托有限公司

1. 重要提示

1.1 公司董事会及董事保证本报告所载资料不存在任何虚假记载、误导性陈述或者重大遗漏，并对其内容的真实性、准确性和完整性承担个别及连带责任。

1.2 本报告经公司第七届董事会第八次会议审议通过。公司独立董事史克通先生、王相品先生、田玲女士认为本报告内容是真实、准确、完整的。

1.3 信永中和会计师事务所为本公司出具了标准无保留意见的审计报告。

1.4 公司法定代表人董事长叶柏寿先生、总经理傅强先生、财务总监李涛先生及计划财务部总经理孙欣妍女士声明：保证年度报告中财务报告的真实、完整。

2. 公司概况

2.1 公司简介

2.1.1 公司法定中文名称：国投泰康信托有限公司
公司法定英文名称：SDIC TAIKANG TRUST Co. LTD.

2.1.2 法定代表人：叶柏寿

2.1.3 公司注册地址：北京市西城区阜成门北大街2号楼16层、17层
邮政编码：100034
国际互联网网址：www.sdictktrust.com
电子信箱：sdictktrust@sdictktrust.com

2.1.4 信息披露事务负责人：李涛
联系电话：010-83321800
传真：010-83321811
电子信箱：sdictktrust@sdictktrust.com

2.1.5 报告期内公司信息披露报纸名称：《证券时报》《上海证券报》

2.1.6 公司年度报告备置地点：北京市西城区阜成门北大街2号楼17层

2.1.7 公司聘请的会计师事务所：
信永中和会计师事务所（特殊普通合伙）
地址：北京市东城区朝阳门北大街8号富华大厦B座12层

2.1.8 公司聘请的常年律师事务所：
（1）北京天达共和律师事务所
地址：北京市朝阳区东三环北路8号亮马河大厦1座20层
（2）上海市锦天城律师事务所
地址：上海市浦东新区银城中路501号上海中心大厦11—12层

2.2 组织结构

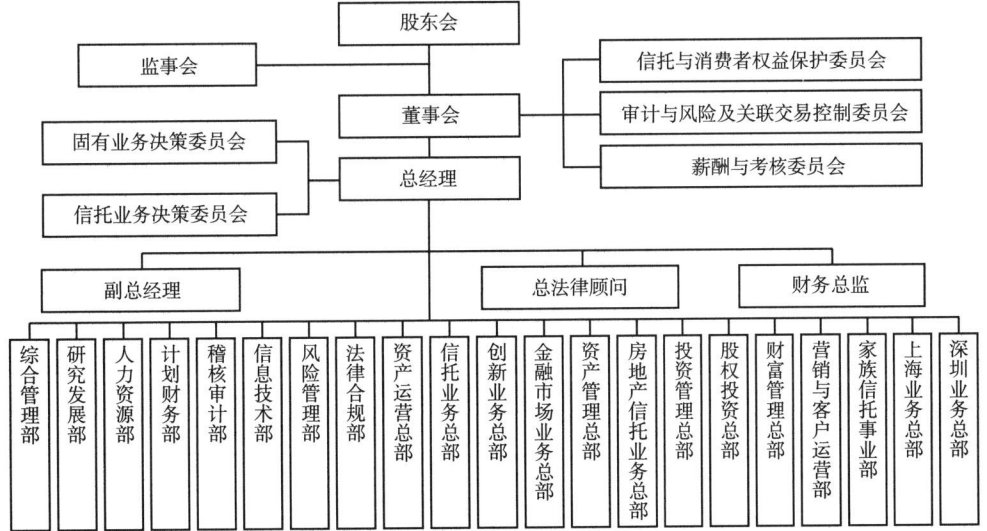

3. 公司治理

3.1 股东

股东名称	出资比例(%)	法人代表	注册资本(亿元)	注册地址	主要经营业务及主要财务情况
国投资本控股有限公司	61.29	叶柏寿	42	北京市西城区阜成门北大街6-6号国际投资大厦A座	从事对外投资、资产管理、接受委托对企业进行管理、投资策划及咨询服务。截至2021年底，公司合并资产总额172.25亿元；2021年实现合并利润总额19.36亿元
泰康保险集团股份有限公司	27.06	陈东升	27.2919707	北京市西城区复兴门内大街156号泰康人寿大厦8层、9层	投资设立保险企业，管理投资控股企业，国家法律法规允许的投资业务，经中国银保监会批准的保险业务，经中国银保监会批准的其他业务。截至2021年底，公司合并资产总额13 297.78亿元；2021年实现合并利润总额279.64亿元
悦达资本股份有限公司	8.20	刘德兵	40.9628	盐城经济技术开发区希望大道南路5号	资产管理；创业投资；实业投资；投资咨询；自有房屋租赁。截至2021年底，公司合并资产总额136.86亿元，营业收入13.44亿元（未经审计）
泰康资产管理有限责任公司	3.45	段国圣	10	中国（上海）自由贸易试验区张杨路828-838号26F07、F08室	管理运用自有资金及保险资金；受托资金管理业务；与资金管理业务相关的咨询业务；公开募集证券投资基金管理业务；国家法律法规允许的其他资产管理业务。截至2021年底，公司合并资产总额158.73亿元；2021年实现合并利润总额38.94亿元

3.2 董事

董事长、副董事长、董事

姓名	职务	性别	年龄(岁)	选任日期	所推举的股东名称	该股东持股比例(%)	简要履历
叶柏寿	董事长	男	59	2015年6月	国投资本控股有限公司	61.29	大学本科学历，正高级会计师，现任国投泰康信托有限公司董事长、国家开发投资集团有限公司副总经济师、国投资本股份有限公司董事长、国投资本控股有限公司董事长、渤海银行股份有限公司董事。曾任国家计委经济研究所财政金融研究室副主任，国家开发投资公司财务会计部资金处处长，国家开发投资公司财务会计部副主任、主任
段国圣	副董事长	男	60	2015年6月	泰康保险集团股份有限公司、泰康资产管理有限责任公司	30.51	博士研究生学历，研究员，现任国投泰康信托有限公司副董事长、泰康保险集团股份有限公司执行副总裁、首席投资官兼泰康资产管理有限责任公司首席执行官。曾在江汉石油学院工作，曾任中国平安保险（集团）公司执委会成员、助理首席投资官、泰康人寿保险股份有限公司执行副总裁、首席投资官、中国保险资产管理业协会会长
李占爽	董事	男	40	2021年10月	国投资本控股有限公司	61.29	硕士研究生学历，正高级会计师，现任国投泰康信托有限公司董事、国家开发投资集团有限公司财务部副主任、党支部副书记、中国投融资担保股份有限公司董事。曾任国投电力公司财务部财务管理业务员、预算管理业务员，国投华靖电力控股股份有限公司计划财务部预算管理高级业务经理，国家开发投资公司财务会计部融资租赁处副处长、副处长（主持工作），国家开发投资公司财务部预算处处长（主持工作）、处长，国家开发投资集团有限公司财务部预算处处长、执行总监，国家开发投资集团有限公司财务部副主任
张帅	董事	男	35	2017年9月	国投资本控股有限公司	61.29	硕士研究生学历，高级经济师，现任国投泰康信托有限公司董事、国投融资租赁有限公司董事、中国投融资担保股份有限公司董事、国投资本股份有限公司股权管理部总经理。曾任国投资本控股有限公司综合部信息规划业务员、经理；业务管理部业务经理、高级业务经理
霍焱	董事	男	48	2019年12月	泰康保险集团股份有限公司、泰康资产管理有限责任公司	30.51	硕士研究生学历，现任国投泰康信托有限公司董事、泰康资产管理有限责任公司投后管理部负责人。曾在广东北电通信设备有限公司、摩托罗拉（中国）有限公司工作，曾任工银瑞信基金管理有限公司财务总监、泰康资产管理有限责任公司财务负责人、财务部负责人、国投泰康信托有限公司监事
刘德兵	董事	男	51	2020年11月	悦达资本股份有限公司	8.2	大学本科学历，注册会计师，现任国投泰康信托有限公司董事、悦达资本股份有限公司董事长、总经理。曾在盐都水利建筑工程公司、江苏悦达开发区管委会、盐城悦达房地产有限公司工作，曾任上海悦达房地产有限公司财务总监、上海悦达新实业集团有限公司财务总监、江苏悦达集团有限公司财务部部长

独立董事

姓名	所在单位及职务	性别	年龄(岁)	选任日期	所推举的股东名称	该股东持股比例(%)	简要履历
史克通	北京金诚同达律师事务所高级合伙人	男	53	2021年12月	国投资本控股有限公司	61.29	大学本科学历，现任国投泰康信托有限公司独立董事、北京金诚同达律师事务所高级合伙人。曾在威海市永达高技术总公司、山东鲁中律师事务所、北京市京都律师事务所工作

续表

姓名	所在单位及职务	性别	年龄（岁）	选任日期	所推举的股东名称	该股东持股比例（%）	简要履历
王相品	无	男	66	2019年3月	国投资本控股有限公司	61.29	博士研究生学历，高级经济师，现任国投泰康信托有限公司独立董事。曾在中国人民建设银行、国家计划委员会经济研究所、中国人民银行、中国农业发展银行工作，曾任华夏银行总行资金营运部总经理、总行纪委副书记、监察室主任，福州分行行长
田玲	武汉大学经济与管理学院保险系主任	女	52	2021年12月	泰康保险集团股份有限公司、泰康资产管理有限责任公司	30.51	博士研究生学历，教授三级，现任国投泰康信托有限公司独立董事，武汉大学经济与管理学院保险系主任。曾任武汉大学商学院金融保险系教授、副主任

3.3 监事

姓名	职务	性别	年龄（岁）	选任日期	所推举的股东名称	该股东持股比例（%）	简要履历
曲刚	监事会主席	男	47	2019年8月	国投资本控股有限公司	61.29	硕士研究生学历，高级会计师，现任国投泰康信托有限公司监事会主席、安信证券股份有限公司董事、国投融资租赁有限公司董事、国投资本控股有限公司副总裁、财务总监。曾在中国人民银行、毕博咨询、国家开发投资、国投资本控股有限公司工作，曾任国投财务有限公司副总经理
冯铁良	监事	男	42	2019年4月	泰康保险集团股份有限公司、泰康资产管理有限责任公司	30.51	硕士研究生学历，现任国投泰康信托有限公司监事、泰康资产管理有限责任公司首席市场官、执行委员会委员兼战略客户部负责人。曾在中国国际航空公司、泰康人寿保险股份有限公司工作，曾任泰康资产管理有限责任公司人力资源总监
汪斌	职工监事	男	56	2015年1月	—	—	大学本科学历，正高级会计师，现任国投泰康信托有限公司稽核审计部总经理。曾在鞍山市审计局、鞍山市信托投资股份有限公司任职。曾任国投泰康信托有限公司稽核审计部副经理

3.4 高级管理人员

姓名	职务	性别	年龄（岁）	选任日期	金融从业年限（年）	学历	专业
傅强	总经理	男	52	2013年8月	26	硕士	工商管理
李涛	财务总监（副总经理级）、董事会秘书	男	47	2013年11月	16	硕士	会计学
刘桂进	副总经理、总法律顾问	男	50	2015年5月	16	硕士	工商管理
姚少杰	副总经理	男	48	2016年5月	21	本科	机械制造工艺及设备
江芳	副总经理	女	51	2016年11月	28	博士	国际法
包恋群	副总经理	男	49	2019年11月	28	本科	财税
高嵩	总经理助理	女	48	2018年11月	20	本科	财政学
曹莹	总经理助理	女	40	2019年6月	17	本科	金融学保险

3.5 公司员工

项目		报告期年度	
		人数（人）	比例（%）
年龄分布	25岁以下	3	1
	25—29岁	65	23
	30—39岁	158	58
	40岁以上	49	18
学历分布	博士	5	2
	硕士	182	66
	本科	83	30
	专科	5	2
	其他	—	—

续表

项目		报告期年度	
		人数（人）	比例（%）
岗位分布	董事、监事及其高管人员	8	3
	自营业务人员	16	6
	信托业务人员	134	49
	其他人员	117	42

注：公司2021年度在岗员工275人（不含外部董事、监事）。

4.经营管理

4.1 经营目标、方针、战略规划

公司依托股东优势资源，坚持"规模适当、业绩优良、风险可控、发展健康"的发展思路，打造财富管理、

资产管理、实业投行和服务信托四大业务板块，贯彻落实"稳中求进"的核心理念，持续提升企业核心竞争力，建设行业领先的信托公司，成为卓越的资产管理机构和值得托付的财富管理人。

4.2 所经营业务的主要内容

自营资产运用与分布表

资产运用	金额（万元）	占比（%）	资产分布	金额（万元）	占比（%）
货币资产	25 573	2.32	基础产业	—	—
贷款及应收款	66 526	6.05	房地产业	—	—
交易性金融资产	975 116	88.62	证券市场	346 309	31.47
长期股权投资	18 693	1.70	实业	—	—
其他	14 468	1.31	金融机构	11 100	1.01
			其他	742 967	67.52
资产总计	1 100 376	100.00	资产总计	1 100 376	100.00

信托资产运用与分布表

资产运用	金额（万元）	占比（%）	资产分布	金额（万元）	占比（%）
货币资产	275 245.18	1.72	基础产业	2 720 138.35	16.99
贷款	2 805 560.15	17.53	房地产	2 177 739.00	13.60
交易性金融资产	3 983 536.45	24.89	证券市场	1 986 488.88	12.41
可供出售金融资产	494 672.43	3.09	实业	454 518.89	2.84
持有至到期投资	528 095.76	3.30	金融机构	3 674 743.14	22.96
长期股权投资	1 335 737.97	8.34	其他	4 993 392.71	31.20
其他	6 584 173.03	41.13	—	—	—
信托资产总计	16 007 020.97	100.00	信托资产总计	16 007 020.97	100.00

注：在资产运用中，其他主要包括买入返售金融资产、应收款项以及其他资产。
在资产分布中，其他主要包括不涉及资金运用的财产权信托、货币资金、自然人贷款等。

4.3 影响公司业务发展的主要因素

4.3.1 有利因素

宏观经济方面，2021年是"十四五"开局之年，我国经济运行总体平稳，GDP增速实现8.1%，超过年初制定的全年增长6%以上的预期目标，为推动经济高质量发展奠定了较好基础。在经济实现高质量发展过程中，新旧动能切换会催生新的投融资需求，为信托服务实体经济提供更多机会，为信托公司转型创造更多契机。

金融市场方面，2021年我国主要金融指标在2020年高基数基础上保持有力增长，金融体系整体运行平稳，金融对实体经济支持力度稳固，金融市场环境不断向好，为信托业务更好发展提供支持。此外，监管将引导金融机构加大对实体经济特别是小微企业、科技创新、绿色发展的支持力度，这客观上为信托公司的转型及服务领域提供更多方向。

信托行业方面，全力支持实体经济发展、防范化解金融风险、持续深化金融供给侧结构改革一直是金融领域的工作重点。信托横跨货币市场、资本市场和实业领域，在满足金融需求的适应性、灵活性和创新性等方面具有较大优势。信托公司结合自身优势，在寻求精细化、结构化、多元化服务实体经济的方面已初见成效，优质及具有潜力的信托公司有望在本轮市场分化中脱颖而出。

4.3.2 不利因素

宏观经济方面，世界正经历百年未有之大变局，国际环境复杂严峻，新冠肺炎疫情影响仍为经济带来诸多不稳定与不确定性，过去一年诸多经济体遭遇了"供应链危机""能源危机"以及"通胀危机"等，各类衍生风险层出不穷。我国虽积极应对疫情波动与衍生风险挑战，总体实现经济稳中有进，但依然面临需求收缩、供给冲击、预期转弱三重压力，如何筑牢经济复苏基础以推动经济高质量发展仍是一项艰巨任务。

金融市场方面，由于疫情冲击的持续性影响，外加结构调整深化以及企业投资意愿下降，我国金融市场的结构性风险及其进一步传染扩大的威胁仍值得警惕，国内金融机构市场出清仍在进行，房地产市场风险溢出效应凸显，外部金融市场波动对国内扰动依旧存在。随着金融对外开放进程的加快以及资管新规过渡期的结束，国内金融市场竞争将进一步加剧，信托机构面临的内外部金融市场环境或将愈发严峻。

信托行业方面，当前信托行业处于转型攻坚期，传统业务规模不断收缩，旧业务模式难以为继，面临诸多监管风险与市场信用风险。信托行业回归"受人之托，代人理财"的职能定位是大势所趋，但本源业务尚未能成为信托公司新的盈利增长点，信托行业面临经营压力加大的风险。同时，优质资产竞争激烈，行业马太效应凸显，市场对信托公司的资管、财富、受托人服务等专业度和能力要求也将进一步提高，这将对信托公司的专业化发展提出新的挑战。

4.4 内部控制

4.4.1 内部控制环境和内部控制文化

4.4.1.1 治理机制建设和执行情况

公司设置股东会、董事会、监事会。股东会是公司的最高权力机构。董事会负责公司的重大决策，并向股东会负责，董事会下设信托与消费者权益保护委员会、审计与风险及关联交易控制委员会、薪酬与考核委员会三个专业委员会，专业委员会向董事会负责。监事会是公司的监督机构，对股东会负责。公司经营层设立固有业务决策委员会和信托业务决策委员会，分别对固有业务、信托业务进行分类管理及科学决策。

公司按照职责分离的原则设立相应的工作岗位，保证公司对风险能够进行事前防范、事中控制、事后监督与纠正，形成健全的内部约束机制和监督机制。公司建立了涵盖信托业务、固有业务、合规管理、风险管理、稽核审计、信息技术管理、财务管理、人力资源管理等多维度的内控体系，制定了多项基本管理制度、一般管理制度、业务管理制度，构建了全面、动态、主动、可验证的内部控制和风险防范体系，以满足监管政策、经营管理、业务发展等各方面的要求。

2021年公司决策层、执行层、监督层科学分工、各司其职、有效制衡，逐级落实内控管理和风险管理责任，构建风险管理防线，推进风险控制覆盖所有业务和岗位，形成协调运转、相互制衡的治理架构，确保内控体系有效运行。

4.4.1.2 内控文化建设和执行情况

公司坚持长远、共享、共赢的发展理念，遵循监管机构的各项法规政策，倡导"有道而正、信则人任"的核心价值观。公司重视内控文化的建设和培育，通过定期培训和学习等多种途径使全体员工熟悉公司的各项规章制度及业务操作流程，深化员工的职业道德感和风险控制意识，培育每个员工的内控文化理念，不断强化以风险管理为核心的公司内控文化和内控环境。

4.4.2 内部控制措施

公司风险管理部作为内控管理牵头部门，负责组织公司内控体系的建立实施及日常工作。稽核审计部负责评价内部控制的有效性，对公司内部控制执行情况进行监督检查，并提出改进建议。公司其他各部门均是内部控制的参与者和实施者，负责严格执行公司内部控制制度各项规定，并参与梳理更新与自身职责相关的业务制度和操作流程。

公司根据有关法律法规和监管要求，建立健全内部控制制度体系，对各项业务活动和管理活动制定了全面、系统、规范的业务制度和管理制度，合理确定各项业务活动和管理活动的风险控制点，采取适当的控制措施，执行标准统一的业务流程和管理流程。通过系列管理机制与流程，确保各类风险在相应的制度约束下得到充分、有效的管控，促使公司内部控制和风险管理更为科学合理。

4.4.3 监督评价与纠正

4.4.3.1 内部控制的评价

公司根据《企业内部控制基本规范》《企业内部控制评价指引》《国家开发投资集团有限公司内部控制评价标准》和其他内部控制监管要求，结合公司内部控制相关规定和办法，对与各项业务开展和内部管理相关的内部控制机制、内部控制设计与运行的有效性进行评价。本年度各项规章制度、业务流程执行情况良好，业务运作稳健高效，内部控制成效显著。

4.4.3.2 内部控制的监督和纠正

公司风险管理部监督检查各部门内控制度的执行情况，稽核审计部对公司内部控制情况进行稽核审计。对操作过程中发现的内控缺陷按照管辖权限层层上报，经有权管辖的相应层级决定后开展整改。公司各个管理层级在自己的管理权限内对内部控制存在的问题进行纠正。

4.5 风险管理

4.5.1 风险状况

4.5.1.1 信用风险状况

信用风险是信托业务面临的主要风险之一，主要来自融资类业务和债券投资类业务。新冠肺炎疫情发生以来，实体经济下行压力空前加大，企业经营困难增多，行业面临的信用风险不断加大。公司高度重视信用风险管理，持续推动制度建设，优化项目准入标准，严格执行业务流程，强化投后管理和风险监测分析，并着力加强对信用风险薄弱领域以及重点项目、重大交易对手的风险监测，提升信用风险管理水平和管控成效。

4.5.1.2 市场风险状况

市场风险是指因价格、利率、汇率等市场因素的变化导致公司发生损失或收入减少的风险，主要来自证券投资类信托业务及固有权益类资产。公司秉承稳健审慎的投资理念，严格遵循价值投资、组合投资、分散风险的原则，目前市场风险总体可控。

4.5.1.3 操作风险状况

操作风险存在于各类业务开展过程中。公司通过不断完善内控制度、持续优化业务操作流程、加强关键节点监控、加强制度执行的引导教育，有效防范操作风险。2021年度公司未发生因操作风险带来的损失。

4.5.1.4 监管合规风险状况

随着监管新规的全面落地执行以及监管政策的持续强化,信托展业的合规风险不断增大,强化合规风险管理愈发成为公司稳健经营的基石。公司不断培养合规文化,严守合规底线,健全合规经营体制、机制和制度,把合规管理融入各项经营管理和业务发展中,深化、固化合规理念,切实防范合规风险。

4.5.1.5 流动性风险状况

公司高度重视流动性管理,持续加强日常经营中的流动性风险监控,坚持资产和负债合理配置、稳健管理,定期开展流动性风险压力测试,固有资产和信托业务整体流动性风险可控。

4.5.1.6 洗钱和恐怖融资风险状况

面对反洗钱和反恐怖融资工作的专业性、复杂性、紧迫性和长期性,公司持续推进反洗钱和反恐怖融资内控机制建设,不断增强反洗钱和反恐怖融资工作能力,通过采取预防、监控等措施,有效防范了洗钱和恐怖融资风险。2021年度公司未发生因洗钱和恐怖融资风险带来的损失。

4.5.1.7 其他风险状况

2021年度公司未发生因其他风险带来的损失。

4.5.2 风险管理

4.5.2.1 信用风险管理

公司坚持稳健经营,持续优化业务准入标准,在业务审批中坚持科学决策,重视业务逻辑和风控逻辑,重视第一还款来源,并注重集中度风险防控;做实项目过程管理,密切跟踪交易对手的经营状况,强化项目风险的预警和处置;完善重点项目监测机制,定期组织专项会议讨论汇报项目管理情况,对异常事项和潜在风险做到"早发现、早预警、早处置",有效防控信用风险。

4.5.2.2 市场风险管理

公司秉承稳健审慎的投资理念,严格遵循组合投资、分散风险的原则,根据宏观经济形势、市场情况及时调整投资结构,发挥信息技术手段对市场风险的监控作用,对业务数据进行及时跟踪、监测和预警,并及时应对市场变化和风险信息;选用经验丰富、业绩优秀的投资顾问,动态识别市场中潜在的风险;设置科学、操作性强的警戒与止损机制并对其严格执行,确保风险始终处于可控状态。

4.5.2.3 操作风险管理

公司通过建立和严格执行业务制度、业务流程防范操作风险,并充分发挥信息化管控作用,将业务流转、审批程序全部设置在业务管理系统中,利用信息科技手段对操作风险进行量化、动态的管理,对各操作环节的权限进行合理的控制,最大限度减少操作风险点;通过流程培训、持续督导、风险提示等形式,加强制度执行的引导教育,结合问责机制,履行受托人职责,力促各项制度落到实处,切实防范操作风险。

4.5.2.4 监管合规风险管理

公司全面贯彻"合规风险全覆盖"理念,深化、固化合规理念,通过事前调查、事中控制、事后检查实现业务全过程合规管理。公司不断加强政策解读,组织开展对重大法规和监管政策的研究,同时高度重视交易结构的合规规划和法律文件的审查,深入分析并梳理各类业务合规要点,持续提升业务整体合规水平。

4.5.2.5 流动性风险管理

公司制定并采取了有效的流动性管理措施,进行科学的资产配置,分散投资,控制资产组合久期;密切监控和分析金融市场走势,实时调整投资策略;综合考虑宏观经济金融形势、金融市场变化、交易对手违约等因素,定期开展压力测试,做好现金流预测和头寸管理;加强营销拓展,备付外部流动性补充渠道,确保流动性风险可控。

4.5.2.6 洗钱和恐怖融资风险管理

公司将洗钱和恐怖融资风险纳入全面风险管理,不断健全洗钱和恐怖融资风险管理体系,对公司洗钱和恐怖融资风险进行持续识别、审慎评估、有效控制和全程管理,并通过培训、考核、内部监督及问责等方式推动全员反洗钱和反恐怖融资尽责履职,不断提升洗钱和恐怖融资风险管理水平。

4.5.2.7 其他风险管理

公司业务发展战略明确,组织架构合理,管理职责分工明晰,内控管理严格有效,人力资源配置能够满足公司发展需要,通过实施风险管理措施,清晰识别和界定风险,设计关键控制程序,建立了覆盖各业务条线和主要风险要素的风险管理机制,有效控制和管理其他各类风险。

5. 报告期末及上一年度末的比较式会计报表

5.1 自营资产

5.1.1 会计师事务所审计结论

信永中和会计师事务所(特殊普通合伙)审计结论:后附的财务报表在所有重大方面按照企业会计准则的规定编制,公允反映了国投泰康信托母公司2021年12月31日的财务状况以及2021年度的经营成果和现金流量。

5.1.2 资产负债表（母公司）

资产负债表

编制单位：国投泰康信托有限公司　　2021年12月31日　　单位：元

项目	附注	2021年12月31日	2020年12月31日
资产：			
货币资金	六、1	255 734 406.26	443 218 558.12
应收账款	六、2	116 594 904.86	55 615 337.40
其他应收款	六、3	548 667 620.29	10 952 786.55
交易性金融资产	六、4	9 751 164 651.62	9 354 265 841.81
长期股权投资	六、5	186 928 905.00	202 226 589.11
固定资产	六、6	7 288 420.03	8 170 345.92
在建工程	六、7	6 480 040.88	5 822 287.66
使用权资产	六、8	69 937 628.32	—
无形资产	六、9	38 896 467.74	29 525 814.26
长期待摊费用	六、10	3 226 948.92	5 084 980.73
递延所得税资产	六、11	18 840 780.30	—
资产总计		11 003 760 774.22	10 114 882 541.56

资产负债表（续）

编制单位：国投泰康信托有限公司　　2021年12月31日　　单位：元

项目	附注	2021年12月31日	2020年12月31日
负债：			
交易性金融负债	六、12	272 856 100.00	—
应付职工薪酬	六、13	278 422 206.53	275 584 866.87
应交税费	六、14	218 751 975.77	35 600 106.02
其他应付款	六、15	61 777 730.92	673 635 782.22
租赁负债	六、16	70 258 446.63	—
长期应付职工薪酬	六、17	1 220 000.00	—
递延所得税负债	六、11	—	15 184 755.60
其他负债	六、18	2 108 206.68	2 108 206.68
负债合计	—	905 394 666.53	1 002 113 717.39
所有者权益：	—	—	—
实收资本	六、19	2 670 545 454.00	2 670 545 454.00
资本公积	六、20	2 850 322 706.22	2 850 322 706.22
其他综合收益			
盈余公积	六、21	851 265 251.46	727 705 523.11
一般风险准备	六、22	599 909 710.75	524 759 167.05
未分配利润	六、23	3 126 322 985.26	2 339 435 973.79
所有者权益合计	—	10 098 366 107.69	9 112 768 824.17
负债和所有者权益总计	—	11 003 760 774.22	10 114 882 541.56

资产负债表（母子公司合并）

编制单位：国投泰康信托有限公司　　2021年12月31日　　单位：元

项目	附注	2021年12月31日	2020年12月31日
资产：			
货币资金	八、1	801 845 697.19	1 533 505 732.96
应收账款	八、2	265 448 899.45	223 911 562.92
其他应收款	八、3	605 321 020.07	43 822 433.27
交易性金融资产	八、4	10 733 842 736.81	9 960 233 084.31
买入返售金融资产	八、5	593 610 613.33	—
发放贷款和垫款	八、6	399 662 016.42	—
债权投资	八、7	179 873 068.85	—
长期股权投资	八、8	75 928 905.00	91 226 589.11
固定资产	八、9	15 293 009.76	18 038 329.24
在建工程	八、10	9 922 642.16	10 884 891.52
使用权资产	八、11	100 791 686.24	—
无形资产	八、12	51 966 711.63	44 556 884.24
商誉	八、13	68 578 612.63	68 578 612.63
长期待摊费用	八、14	6 449 094.35	8 636 667.14
递延所得税资产	八、15	99 531 878.71	50 822 438.07
其他资产		—	40 410.96
资产总计		14 008 066 592.60	12 054 257 636.37

资产负债表（母子公司合并）（续）

编制单位：国投泰康信托有限公司　　2021年12月31日　　单位：元

项目	附注	2021年12月31日	2020年12月31日
负债：			
交易性金融负债	八、16	1 154 725 291.79	18 252 730.20
应付账款	八、17	95 761 432.25	68 912 358.87
合同负债	八、18	4 273 030.51	4 759 025.32
应付职工薪酬	八、19	530 977 439.62	433 071 593.37
应交税费	八、20	305 938 696.95	140 366 967.56
其他应付款	八、21	117 759 383.63	680 666 047.27
应付手续费及佣金	—	111 258.56	141 510.81
租赁负债	八、22	101 719 068.47	—
长期应付职工薪酬	八、23	1 220 000.00	—
递延所得税负债	八、15	—	15 184 755.60
其他负债	八、24	2 108 206.68	38 377 079.28
负债合计	—	2 314 593 808.46	1 399 732 068.28
所有者权益：	—	—	—
实收资本	八、25	2 670 545 454.00	2 670 545 454.00
资本公积	八、26	2 850 322 706.22	2 850 322 706.22
其他综合收益			
盈余公积	八、27	851 265 251.46	727 705 523.11

续表

项目	附注	2021年12月31日	2020年12月31日
一般风险准备	八、28	1 096 747 273.93	968 071 483.57
未分配利润	八、29	3 422 203 347.26	2 661 633 116.86
归属于母公司所有者权益合计	—	10 891 084 032.87	9 878 278 283.76
*少数股东权益	—	802 388 751.27	776 247 284.33
所有者权益合计	—	11 693 472 784.14	10 654 525 568.09
负债和所有者权益总计	—	14 008 066 592.60	12 054 257 636.37

5.1.3 利润表（母公司）

利润表

编制单位：国投泰康信托有限公司　　　2021年度　　　单位：元

项目	附注	2021年度	2020年度
一、营业总收入	—	2 086 408 573.80	1 824 431 957.50
利息收入	六、24	8 075 392.18	5 885 991.22
手续费及佣金收入	六、25	1 087 547 697.94	1 054 272 788.05
其他收益	六、26	5 017 515.08	10 140 535.33
投资收益（损失以"-"号填列）	六、27	927 629 648.75	514 954 098.41
其中：对联营企业和合营企业的投资收益	—	42 135 479.84	44 482 472.40
公允价值变动收益（损失以"-"号填列）	六、28	56 995 687.09	239 025 725.53
其他业务收入	六、29	1 166 225.73	142 857.79
资产处置收益（损失以"-"号填列）	六、30	-23 592.97	9 961.17
二、营业总成本	—	452 115 362.95	426 163 366.89
利息支出	六、24	22 036 280.64	28 093 919.15
税金及附加	六、31	7 784 149.79	7 421 421.47
业务及管理费	六、32	422 294 932.52	390 648 026.27
信用减值损失	—	—	—
资产减值损失	—	—	—
三、营业利润（亏损以"-"号填列）	—	1 634 293 210.85	1 398 268 590.61
加：营业外收入	六、33	176 505.27	—
减：营业外支出	六、34	32 404.79	726 505.20
四、利润总额（亏损总额以"-"号填列）	—	1 634 437 311.33	1 397 542 085.41
减：所得税费用	六、35	398 840 027.81	335 603 428.85
五、净利润（净亏损以"-"号填列）	—	1 235 597 283.52	1 061 938 656.56
（一）持续经营净利润	—	1 235 597 283.52	1 061 938 656.56
（二）终止经营净利润	—	—	—
六、其他综合收益的税后净额	—	—	—
（一）不能重分类进损益的其他综合收益	—	—	—
（二）将重分类进损益的其他综合收益	—	—	—
七、综合收益总额	—	1 235 597 283.52	1 061 938 656.56

5.1.4 利润表（母子公司合并）

编制单位：国投泰康信托有限公司　　　2021年度　　　单位：元

项目	附注	2021年度	2020年度
一、营业总收入	—	3 124 258 191.75	2 635 292 079.42
利息收入	八、30	133 498 048.82	34 176 241.66
手续费及佣金收入	八、31	1 981 626 213.71	1 738 398 314.11
其他收益	八、32	24 716 957.90	28 657 075.99
投资收益（损失以"-"号填列）	八、33	1 024 159 349.17	728 438 156.25
其中：对联营企业和合营企业的投资收益	—	42 135 479.84	44 482 472.40
公允价值变动收益（损失以"-"号填列）	八、34	-40 768 552.16	106 082 893.74
汇兑收益（损失以"-"号填列）	—	-85 130.81	-591 473.76
其他业务收入	—	1 166 225.73	142 857.79
资产处置收益（损失以"-"号填列）	—	-54 920.61	-11 986.36
二、营业总成本	—	1 359 495 789.87	951 591 826.92
利息支出	八、30	23 458 562.76	28 093 919.15
手续费及佣金支出	八、31	2 460 646.49	6 236 860.93
税金及附加	八、35	12 306 337.62	11 288 362.51
业务及管理费	八、36	1 130 711 741.64	898 218 027.05
信用减值损失	八、37	190 558 501.36	7 754 657.28
资产减值损失	—	—	—
三、营业利润（亏损以"-"号填列）	—	1 764 762 401.88	1 683 700 252.50
加：营业外收入	八、38	355 505.27	815 885.00
减：营业外支出	八、39	32 404.79	1 726 505.20
四、利润总额（亏损总额以"-"号填列）	—	1 765 085 502.36	1 682 789 632.30
减：所得税费用	八、40	476 138 286.31	404 911 523.72
五、净利润（净亏损以"-"号填列）	—	1 288 947 216.05	1 277 878 108.58
（一）按所有权归属分类			
归属于母公司所有者的净利润	—	1 262 805 749.11	1 172 223 417.36
*少数股东损益	—	26 141 466.94	105 654 691.22
（二）按经营持续性分类			
持续经营净利润	—	1 288 947 216.05	1 277 878 108.58
终止经营净利润	—	—	—
六、其他综合收益的税后净额	—	—	-2 066 962.82
归属于母公司所有者的其他综合收益的税后净额	—	—	-1 054 151.04
（一）不能重分类进损益的其他综合收益	—	—	—
1.重新计量设定受益计划变动额	—	—	—
2.权益法下不能转损益的其他综合收益	—	—	—
3.其他权益工具投资公允价值变动	—	—	—
4.企业自身信用风险公允价值变动	—	—	—
5.其他	—	—	—

续表

项目	附注	2021年度	2020年度
（二）将重分类进损益的其他综合收益	—	—	-1 054 151.04
1.权益法下可转损益的其他综合收益	—	—	—
2.其他债权投资公允价值变动	—	—	—
3.金融资产重分类计入其他综合收益的金额	—	—	—
4.其他债权投资信用减值准备	—	—	—
5.现金流量套期储备（现金流量套期损益的有效部分）	—	—	—

续表

项目	附注	2021年度	2020年度
6.外币报表折算差额	—	—	-1 054 151.04
7.其他	—	—	—
*归属于少数股东的其他综合收益的税后净额	—	—	-1 012 811.78
七、综合收益总额	—	1 288 947 216.05	1 275 811 145.76
归属于母公司所有者的综合收益总额	—	1 262 805 749.11	1 171 169 266.32
*归属于少数股东的综合收益总额	—	26 141 466.94	104 641 879.44

5.1.5 所有者权益变动表

所有者权益变动表（母公司）

编制单位：国投泰康信托有限公司　　　2021年度　　　单位：元

项目	2021年度						
	实收资本	资本公积	其他综合收益	盈余公积	一般风险准备	未分配利润	所有者权益合计
一、上年年末余额	2 670 545 454.00	2 850 322 706.22	—	727 705 523.11	524 759 167.05	2 339 435 973.79	9 112 768 824.17
加：会计政策变更	—	—	—	—	—	—	—
前期差错更正	—	—	—	—	—	—	—
其他	—	—	—	—	—	—	—
二、本年年初余额	2 670 545 454.00	2 850 322 706.22	—	727 705 523.11	524 759 167.05	2 339 435 973.79	9 112 768 824.17
三、本年增减变动金额（减少以"-"号填列）	—	—	—	123 559 728.35	75 150 543.70	786 887 011.47	985 597 283.52
（一）综合收益总额	—	—	—	—	—	1 235 597 283.52	1 235 597 283.52
（二）所有者投入和减少资本	—	—	—	—	—	—	—
1.所有者投入的普通股	—	—	—	—	—	—	—
2.其他权益工具持有者投入资本	—	—	—	—	—	—	—
3.股份支付计入所有者权益的金额	—	—	—	—	—	—	—
4.其他	—	—	—	—	—	—	—
（三）利润分配	—	—	—	123 559 728.35	75 150 543.70	-448 710 272.05	-250 000 000.00
1.提取盈余公积	—	—	—	123 559 728.35	—	-123 559 728.35	—
其中：法定公积金	—	—	—	123 559 728.35	—	-123 559 728.35	—
任意公积金	—	—	—	—	—	—	—
2.提取一般风险准备	—	—	—	—	75 150 543.70	-75 150 543.70	—
3.对所有者的分配	—	—	—	—	—	-250 000 000.00	-250 000 000.00
4.其他	—	—	—	—	—	—	—
（四）所有者权益内部结转	—	—	—	—	—	—	—
1.资本公积转增资本	—	—	—	—	—	—	—
2.盈余公积转增资本	—	—	—	—	—	—	—
3.盈余公积弥补亏损	—	—	—	—	—	—	—
4.设定受益计划变动额结转留存收益	—	—	—	—	—	—	—

续表

项目	2021年度						
	实收资本	资本公积	其他综合收益	盈余公积	一般风险准备	未分配利润	所有者权益合计
5.其他综合收益结转留存收益	—	—	—	—	—	—	—
6.其他	—	—	—	—	—	—	—
四、本年年末余额	2 670 545 454.00	2 850 322 706.22	—	851 265 251.46	599 909 710.75	3 126 322 985.26	10 098 366 107.69

所有者权益变动表（母公司）（续）

编制单位：国投泰康信托有限公司　　　　2021年度　　　　单位：元

项目	2020年度						
	实收资本	资本公积	其他综合收益	盈余公积	一般风险准备	未分配利润	所有者权益合计
一、上年年末余额	2 190 545 454.00	1 514 016 640.31	—	621 511 657.45	423 753 294.40	1 786 541 811.71	6 536 368 857.87
加：会计政策变更	—	—	—	—	—	—	—
前期差错更正	—	—	—	—	—	—	—
其他	—	—	—	—	—	—	—
二、本年年初余额	2 190 545 454.00	1 514 016 640.31	—	621 511 657.45	423 753 294.40	1 786 541 811.71	6 536 368 857.87
三、本年增减变动金额（减少以"-"号填列）	480 000 000.00	1 336 306 065.91	—	106 193 865.66	101 005 872.65	552 894 162.08	2 576 399 966.30
（一）综合收益总额	—	—	—	—	—	1 061 938 656.56	1 061 938 656.56
（二）所有者投入和减少资本	480 000 000.00	1 336 306 065.91	—	—	—	—	1 816 306 065.91
1.所有者投入的普通股	480 000 000.00	1 336 306 065.91	—	—	—	—	1 816 306 065.91
2.其他权益工具持有者投入资本	—	—	—	—	—	—	—
3.股份支付计入所有者权益的金额	—	—	—	—	—	—	—
4.其他	—	—	—	—	—	—	—
（三）利润分配	—	—	—	106 193 865.66	101 005 872.65	-509 044 494.48	-301 844 756.17
1.提取盈余公积	—	—	—	106 193 865.66	—	-106 193 865.66	—
其中：法定公积金	—	—	—	106 193 865.66	—	-106 193 865.66	—
任意公积金	—	—	—	—	—	—	—
2.提取一般风险准备	—	—	—	—	101 005 872.65	-101 005 872.65	—
3.对所有者的分配	—	—	—	—	—	-301 844 756.17	-301 844 756.17
4.其他	—	—	—	—	—	—	—
（四）所有者权益内部结转	—	—	—	—	—	—	—
1.资本公积转增资本	—	—	—	—	—	—	—
2.盈余公积转增资本	—	—	—	—	—	—	—
3.盈余公积弥补亏损	—	—	—	—	—	—	—
4.设定受益计划变动额结转留存收益	—	—	—	—	—	—	—
5.其他综合收益结转留存收益	—	—	—	—	—	—	—
6.其他	—	—	—	—	—	—	—
四、本年年末余额	2 670 545 454.00	2 850 322 706.22	—	727 705 523.11	524 759 167.05	2 339 435 973.79	9 112 768 824.17

编制单位：国投泰康信托有限公司

所有者权益变动表（母子公司合并）

2021年度

单位：元

项目	本年金额							
	归属于母公司所有者权益						少数股东权益	所有者权益合计
	实收资本	资本公积	其他综合收益	盈余公积	一般风险准备	未分配利润	小计		
一、上年年末余额	2 670 545 454.00	2 850 322 706.22	—	727 705 523.11	968 071 483.57	2 661 633 116.86	9 878 278 283.76	776 247 284.33	10 654 525 568.09
加：会计政策变更	—	—	—	—	—	—	—	—	—
前期差错更正	—	—	—	—	—	—	—	—	—
其他	—	—	—	—	—	—	—	—	—
二、本年年初余额	2 670 545 454.00	2 850 322 706.22	—	727 705 523.11	968 071 483.57	2 661 633 116.86	9 878 278 283.76	776 247 284.33	10 654 525 568.09
三、本年增减变动金额（减少以"-"号填列）	—	—	—	123 559 728.35	128 675 790.36	760 570 230.40	1 012 805 749.11	26 141 466.94	1 038 947 216.05
（一）综合收益总额	—	—	—	—	—	1 262 805 749.11	1 262 805 749.11	26 141 466.94	1 288 947 216.05
（二）所有者投入和减少资本	—	—	—	—	—	—	—	—	—
1.所有者投入的普通股	—	—	—	—	—	—	—	—	—
2.其他权益工具持有者投入资本	—	—	—	—	—	—	—	—	—
3.股份支付计入所有者权益的金额	—	—	—	—	—	—	—	—	—
4.其他	—	—	—	—	—	—	—	—	—
（三）利润分配	—	—	—	123 559 728.35	128 675 790.36	-502 235 518.71	-250 000 000.00	—	-250 000 000.00
1.提取盈余公积	—	—	—	123 559 728.35	—	-123 559 728.35	—	—	—
其中：法定公积金	—	—	—	123 559 728.35	—	-123 559 728.35	—	—	—
任意公积金	—	—	—	—	—	—	—	—	—
2.提取一般风险准备	—	—	—	—	128 675 790.36	-128 675 790.36	—	—	—
3.对所有者的分配	—	—	—	—	—	-250 000 000.00	-250 000 000.00	—	-250 000 000.00
4.其他	—	—	—	—	—	—	—	—	—
（四）所有者权益内部结转	—	—	—	—	—	—	—	—	—
1.资本公积转增资本	—	—	—	—	—	—	—	—	—
2.盈余公积转增资本	—	—	—	—	—	—	—	—	—
3.盈余公积弥补亏损	—	—	—	—	—	—	—	—	—
4.设定受益计划变动额结转留存收益	—	—	—	—	—	—	—	—	—
5.其他综合收益结转留存收益	—	—	—	—	—	—	—	—	—
6.其他	—	—	—	—	—	—	—	—	—
四、本年年末余额	2 670 545 454.00	2 850 322 706.22	—	851 265 251.46	1 096 747 273.93	3 422 203 347.26	10 891 084 032.87	802 388 751.27	11 693 472 784.14

所有者权益变动表（母子公司合并）（续）

编制单位：国投泰康信托有限公司　2021年度　单位：元

项目	上年金额							
	归属于母公司所有者权益						少数股东权益	所有者权益合计
	实收资本	资本公积	其他综合收益	盈余公积	一般风险准备	未分配利润	小计		
一、上年年末余额	2 190 545 454.00	1 514 016 640.31	1 054 151.04	621 511 657.45	828 122 252.61	2 037 397 552.29	7 192 647 707.70	671 605 404.89	7 864 253 112.59
加：会计政策变更	—	—	—	—	—	—	—	—	—
前期差错更正	—	—	—	—	—	—	—	—	—
其他	—	—	—	—	—	—	—	—	—
二、本年年初余额	2 190 545 454.00	1 514 016 640.31	1 054 151.04	621 511 657.45	828 122 252.61	2 037 397 552.29	7 192 647 707.70	671 605 404.89	7 864 253 112.59
三、本年增减变动金额（减少以"-"号填列）	480 000 000.00	1 336 306 065.91	-1 054 151.04	106 193 865.66	139 949 230.96	624 235 564.57	2 685 630 576.06	104 641 879.44	2 790 272 455.50
（一）综合收益总额	—	—	-1 054 151.04	—	—	1 172 223 417.36	1 171 169 266.32	104 641 879.44	1 275 811 145.76
（二）所有者投入和减少资本	480 000 000.00	1 336 306 065.91	—	—	—	—	1 816 306 065.91	—	1 816 306 065.91
1.所有者投入的普通股	480 000 000.00	1 336 306 065.91	—	—	—	—	1 816 306 065.91	—	1 816 306 065.91
2.其他权益工具持有者投入资本	—	—	—	—	—	—	—	—	—
3.股份支付计入所有者权益的金额	—	—	—	—	—	—	—	—	—
4.其他	—	—	—	—	—	—	—	—	—
（三）利润分配	—	—	—	106 193 865.66	139 949 230.96	-547 987 852.79	-301 844 756.17	—	-301 844 756.17
1.提取盈余公积	—	—	—	106 193 865.66	—	-106 193 865.66	—	—	—
其中：法定公积金	—	—	—	106 193 865.66	—	-106 193 865.66	—	—	—
任意公积金	—	—	—	—	—	—	—	—	—
2.提取一般风险准备	—	—	—	—	139 949 230.96	-139 949 230.96	—	—	—
3.对所有者的分配	—	—	—	—	—	-301 844 756.17	-301 844 756.17	—	-301 844 756.17
4.其他	—	—	—	—	—	—	—	—	—
（四）所有者权益内部结转	—	—	—	—	—	—	—	—	—
1.资本公积转增资本	—	—	—	—	—	—	—	—	—
2.盈余公积转增资本	—	—	—	—	—	—	—	—	—
3.盈余公积弥补亏损	—	—	—	—	—	—	—	—	—
4.设定受益计划变动额结转留存收益	—	—	—	—	—	—	—	—	—
5.其他综合收益结转留存收益	—	—	—	—	—	—	—	—	—
6.其他	—	—	—	—	—	—	—	—	—
四、本年年末余额	2 670 545 454.00	2 850 322 706.22	—	727 705 523.11	968 071 483.57	2 661 633 116.86	9 878 278 283.76	776 247 284.33	10 654 525 568.09

5.2 信托资产

5.2.1 信托项目资产负债汇总表

编制单位：国投泰康信托有限公司　　　　　　2021年12月31日　　　　　　单位：万元

信托资产	期末数	年初数	信托负债和信托权益	期末数	年初数
信托资产：			信托负债：		
货币资金	275 245.18	425 506.02	交易性金融负债	—	—
拆出资金	—	—	衍生金融负债	—	—
存出保证金	—	—	应付受托人报酬	11 424.18	8 599.98
交易性金融资产	3 983 536.45	3 008 947.06	应付托管费	377.52	286.29
衍生金融资产	—	—	应付受益人收益	26 916.15	30 231.52
买入返售金融资产	3 042 887.72	4 393 768.78	应交税费	7 665.45	1 874.09
应收款项	43 793.56	91 373.98	应付销售服务费	6 872.50	3 881.92
发放贷款	2 805 560.15	4 012 821.27	其他应付款项	78 144.98	68 539.84
可供出售金融资产	494 672.43	1 696 847.49	预计负债		
持有至到期投资	528 095.76	435 383.10	其他负债		
长期应收款	—	—	信托负债合计	131 400.78	113 413.64
长期股权投资	1 335 737.97	1 896 532.14			
投资性房地产			信托权益：		
固定资产			实收信托	15 783 272.00	16 528 980.76
无形资产			资本公积	6 477.96	6 512.28
长期待摊费用	3.81	1.54	损益平准金	—	—
其他资产	3 497 487.94	788 289.37	未分配利润	85 870.23	100 564.07
减：各项资产减值准备	—	—	信托权益合计	15 875 620.19	16 636 057.11
信托资产总计	16 007 020.97	16 749 470.75	信托负债及信托权益总计	16 007 020.97	16 749 470.75

5.2.2 信托项目利润及利润分配汇总表

编制单位：国投泰康信托有限公司　　2021年度　　单位：万元

项目	本期金额	上期金额
1.营业收入	1 062 386.90	1 358 954.92
1.1 利息收入	727 329.00	872 996.37
1.2 投资收益（损失以"-"号填列）	315 139.08	396 894.49
1.2.1 其中：对联营企业和合营企业的投资收益	—	—
1.3 公允价值变动收益（损失以"-"号填列）	-54 503.29	30 824.50
1.4 租赁收入	—	—
1.5 汇兑损益（损失以"-"号填列）	-1 595.76	3 352.72
1.6 其他收入	76 017.87	54 886.84
2.支出	224 701.25	178 898.79
2.1 营业税金及附加	3 351.06	4 241.63
2.2 受托人报酬	108 222.39	108 529.52
2.3 托管费	3 898.50	6 627.04
2.4 投资管理费	2.05	0.52
2.5 销售服务费	35 336.08	42 201.35
2.6 交易费用	1 729.64	1 200.98
2.7 资产减值损失	3 544.93	—

续表

项目	本期金额	上期金额
2.8 其他费用	68 616.60	16 097.75
3.信托净利润（净亏损以"-"号填列）	837 685.65	1 180 056.13
4.其他综合收益	—	—
5.综合收益	837 685.65	1 180 056.13
6.加：期初未分配信托利润	100 564.07	29 354.08
7.可供分配的信托利润	1 088 919.82	1 257 960.49
8.减：本期已分配信托利润	1 003 049.59	1 157 396.41
9.期末未分配信托利润	85 870.23	100 564.08

6.会计报表附注

6.1 简要说明报告年度会计报表编制基准、会计政策、会计估计和核算方法发生的变化

财政部于2018年颁布了修订后的《企业会计准则第21号——租赁》（财会〔2018〕35号（以下简称新租赁准则），公司已采用新租赁准则编制2021年财务报表。新

租赁准则的首次执行日是2021年1月1日,该变化构成了会计政策变更。按照新租赁准则的衔接规定要求,公司首次执行新租赁准则未重述2020年度的比较信息,因此采用新租赁准则而作出的重分类及调整在2021年1月1日的资产负债表内确认。该准则的采用未对公司财务报表产生重大影响。

公司对于首次执行日之前的经营租赁,采用了下列简化处理:(1)对属于低价值资产的经营租赁或将于12个月完成的经营租赁,未确认使用权资产和租赁负债;(2)计量租赁负债时,具有相似特征的租赁可采用同一折现率;使用权资产的计量可不包含初始直接费用;(3)存在续租选择权或终止租赁选择权的,根据首次执行日前选择权的实际行使及其他最新情况确定租赁期,不对首次执行日前各期间是否合理确定行使续租选择权或终止租赁选择权进行估计。

根据上述文件的要求,公司对相应的会计政策予以变更。

6.2 或有事项说明

截至2021年12月31日,公司无需要披露的重大或有事项。

6.3 重要资产转让及其出售的说明

报告期内,公司向国投资本控股有限公司转让全部持有的国投财务有限公司股权。

6.4 会计报表中重要项目的明细资料

6.4.1 自营资产经营情况

6.4.1.1 信用风险资产分类

信用风险资产五级分类	正常类(万元)	关注类(万元)	次级类(万元)	可疑类(万元)	损失类(万元)	信用风险资产合计(万元)	不良合计(万元)	不良率(%)
期初数	1 006 628	—	—	—	—	1 006 628	—	—
期末数	1 085 908	—	—	—	—	1 085 908	—	—

注:不良资产合计=次级类+可疑类+损失类。

6.4.1.2 各项资产减值损失准备

无。

6.4.1.3 固有业务投资品种明细

单位:万元

项目	自营股票	基金	债券	长期股权投资	其他投资	合计
期初数	—	43 435	—	20 223	891 991	955 649
期末数	—	45 005	—	18 693	930 111	993 809

6.4.1.4 前三名的自营长期股权投资情况

企业名称	占被投资企业权益的比例(%)	主要经营活动	投资损益(万元)
国投瑞银基金管理有限公司	51.00	基金管理	—
国投万和资产管理有限公司	45.00	资产管理、股权投资	4 214

6.4.1.5 前三名的自营贷款的企业情况

无。

6.4.1.6 表外业务情况

无。

6.4.1.7 公司当年的收入结构

收入结构	母公司		母子合并	
	金额(万元)	占比(%)	金额(万元)	占比(%)
手续费及佣金收入	108 755	52.12	198 163	63.42
其中:信托手续费收入	108 755	52.12	108 755	34.81

续表

收入结构	母公司		母子合并	
	金额(万元)	占比(%)	金额(万元)	占比(%)
投资银行业务收入	—	—	—	—
利息收入	808	0.39	13 350	4.27
其他业务收入	46 470	22.27	48 429	15.50
其中:计入信托业务收入部分	45 855	21.98	45 855	14.68
投资收益	46 908	22.48	56 561	18.10
其中:股权投资收益	5 474	2.62	5 363	1.72
证券投资收益	560	0.27	2 404	0.77
其他投资收益	40 874	19.59	48 794	15.62
公允价值变动收益	5 700	2.73	-4 077	-1.30
营业外收入	18	0.01	36	0.01
收入合计	208 659	100.00	312 462	100.00

6.4.2 信托财产管理情况

6.4.2.1 信托资产的期初数、期末数

单位:万元

信托资产	期初数	期末数
集合	12 023 011.61	11 334 094.19
单一	3 861 471.31	1 144 532.99
财产权	864 987.83	3 528 393.79
合计	16 749 470.75	16 007 020.97

6.4.2.1.1 主动管理型信托业务的信托资产

单位：万元

主动管理型信托资产	期初数	期末数
证券投资类	3 399 561.74	4 577 742.56
股权投资类	300 000.13	315 054.47
融资类	5 130 128.15	4 627 856.56
事务管理类	559 711.28	350 138.29
其他	528 980.92	263 381.53
合计	9 918 382.22	10 134 173.41

6.4.2.1.2 被动管理型信托业务的信托资产

单位：万元

被动管理型信托资产	期初数	期末数
证券投资类	329 963.42	163 853.94
股权投资类	753 017.44	413 846.96
融资类	3 783 123.34	1 341 233.62
事务管理类	365 070.91	3 297 139.39
其他	1 599 913.42	656 773.65
合计	6 831 088.53	5 872 847.56

6.4.2.2 本年度已清算结束的信托项目

6.4.2.2.1 本年度已清算结束的集合类、单一类资金信托项目和财产管理类信托项目

已清算结束信托项目	项目个数（个）	实收信托合计金额（万元）	加权平均实际年化收益率（%）
集合类	115	2 644 134.13	7.08
单一类	42	1 338 151.50	6.09
财产管理类	8	265 132.65	6.06

6.4.2.2.2 本年度已清算结束的主动管理型信托项目

已清算结束信托项目	项目个数（个）	实收信托合计金额（万元）	加权平均实际年化信托报酬率（%）	加权平均实际年化收益率（%）
证券投资类	19	52 448.31	0.89	4.93
股权投资类	—	—	—	—
融资类	75	1 994 758.08	2.25	7.53
事务管理类	1	206 860.98	0.08	6.58
其他	25	386 650.67	0.43	6.32

6.4.2.2.3 本年度已清算结束的被动管理型信托项目

已清算结束信托项目	项目个数（个）	实收信托合计金额（万元）	加权平均实际年化信托报酬率（%）	加权平均实际年化收益率（%）
证券投资类	1	1 297.73	0.68	1.99
股权投资类	6	505 230.00	0.11	6.02
融资类	33	986 921.50	0.24	5.97
事务管理类	4	63 251.00	0.02	6.04
其他	1	50 000.00	1.11	7.55

6.4.2.3 本年度新增集合类、单一类和财产管理类信托项目

新增信托项目	项目个数（个）	实收信托合计金额（万元）
集合类	287	7 163 052.82
单一类	100	312 680.56
财产管理类	104	3 165 885.14
新增合计	491	10 641 618.51
其中：主动管理型	320	7 518 031.08
被动管理型	171	3 123 587.43

6.4.2.4 信托业务创新成果和特色业务有关情况

2021年，公司信托业务转型与创新取得了显著成绩。在供应链金融方面，公司供应链金融业务深耕煤炭和建材领域，"煤电融"和"筑融"系列产品有力支持了实体经济；在标准化投资方面，固收净值化系列产品规模快速增长，权益投资业务获得较大提升；在股权投资业务方面，战略性投资、财务性投资、基金业务"三足鼎立"的生态圈体系进一步健全，财务性投资领域的一批公司上市或正在上市过程中，早期投资逐步进入回报期；在财富管理业务方面，公司财富管理能力持续提升，落地公司首单股权家族信托，推出具有"资产管理+养老规划"双重功能的养老信托产品。

6.4.2.5 公司履行受托人义务情况及因本公司自身责任而导致的信托资产损失情况

公司严格按照《中华人民共和国信托法》《信托公司管理办法》《信托公司集合资金信托计划管理办法》等法律法规的规定及信托合同等文件的约定，诚实、信用、谨慎、有效地管理信托财产，严格履行受托人的义务。报告期内公司没有发生因自身责任而导致的信托资产损失情况。

6.4.3 公司净资本及风险资本情况

截至2021年底，公司净资本为827 837.20万元，公司开展固有业务、信托业务等占用的风险资本为345 938.01万元，公司净资本高于各项风险资本之和，高于公司净资产的40%，符合《信托公司净资本管理办法》的风险控制指标。

6.5 关联方关系及其交易的披露

6.5.1 关联交易概况

单位：万元

项目	关联交易方数量	关联交易金额	定价政策
合计	15	2 616 511.71	公司向关联方提供贷款、管理咨询服务等的交易价格由双方协商确定，与非关联方的交易价格无重大差异；收取的信托项目手续费按照信托合同的约定确定

6.5.2 关联交易方情况

关系性质	关联方名称	法定代表人	注册地址	注册资本	主营业务
母公司	国投资本控股有限公司	叶柏寿	北京市西城区阜成门北大街6号-6国际投资大厦A座	42亿元	对外投资，资产管理，接受委托对企业进行管理，投资策划及咨询服务
子公司	国投瑞银基金管理有限公司	傅强	上海市虹口区杨树浦路168号20层	1亿元	基金募集、基金销售、资产管理、中国证监会许可的其他业务
联营企业	国投万和资产管理有限公司	姚少杰	珠海市横琴新区兴盛一路128号2920办公	1亿元	资产管理、股权投资
受同一最终控制方控制的其他企业	国投财务有限公司	李旭荣	北京市西城区阜成门北大街2号18层	50亿元	对成员单位办理财务和融资顾问、信用鉴证及相关咨询、代理业务；协助成员单位实现交易款项的收付；经批准的保险代理业务；对成员单位提供担保；办理成员单位之间的委托贷款及委托投资；对成员单位办理票据承兑与贴现；办理成员单位之间的内部转账结算及相应的结算、清算方案设计；吸收成员单位的存款；对成员单位办理贷款及融资租赁；从事同业拆借；经批准发行财务公司债券；承销成员单位的企业债券；对金融机构的股权投资；有价证券投资；成员单位产品的买方信贷
受同一最终控制方控制的其他企业	国投亚华（北京）有限公司	徐波	北京市西城区阜成门北大街2号楼1层至7层东侧北侧西侧地下一层、地下二层	7.3亿元	房地产开发；销售商品房；信息咨询（中介除外）；出租商业用房、办公用房；租赁计算机及辅助设备；建设工程项目管理；体育场馆经营；住宿；游泳馆
受同一最终控制方控制的其他企业	国投物业有限责任公司	韩松	北京市西城区阜成门北大街6号-6国际投资大厦	1亿元	物业管理；出租办公用房；机动车公共停车场服务；洗车服务；餐饮服务；销售食品
受同一最终控制方控制的其他企业	国投亚华（上海）有限公司	耿永军	上海市虹口区杨树浦路168号2层208室	26亿元	实业投资、投资管理（除股权投资和股权投资管理），投资咨询，房地产开发经营，物业管理，会展会务服务，商务咨询（除经纪）
受同一最终控制方控制的其他企业	国投智能科技有限公司	张雷	上海市虹口区杨树浦路168号36层A	20亿元	从事智能科技、物联网科技、计算机科技、环保科技、电子科技、能源科技领域内的技术开发、技术咨询、技术服务、技术转让，网络科技，网络工程，电子商务（不得从事金融业务），企业管理咨询，通信建设工程施工，项目投资，投资管理，投资咨询，企业策划，资产管理，电信业务
受同一最终控制方控制的其他企业	国投人力资源服务有限公司	孟书豪	北京市朝阳区光华路15号院2号楼10层1001、1002、1003内167	1亿元	人力资源供求信息的收集、整理、储存、发布和咨询服务；人才信息网络服务；人才推荐；人才招聘；人才培训；人才测评；在规定业务范围内接受用人单位和个人委托，从事人事代理服务；承接人力资源服务外包；人力资源管理咨询；劳务派遣（劳务派遣经营许可证有效期至2021年01月03日）；向境外派遣各类劳务人员（不含港澳台地区）（对外劳务合作经营资格证书有效期至2024年07月16日）；互联网信息服务；企业管理咨询；教育咨询；经济贸易咨询；税务咨询；市场调查；技术开发、技术推广、技术服务；会议服务；组织文化艺术交流活动（不含演出）；设计、制作、代理、发布广告
受同一最终控制方控制的其他企业	北京国智云鼎科技有限公司	王良科	北京市石景山区八大处路49号院4号楼5层5098	3 000万元	技术咨询、技术推广；软件开发；计算机技术培训（不得面向全国招生）；销售软件及辅助设备；经济贸易咨询；企业管理咨询；计算机系统服务
受同一最终控制方控制的其他企业	厦门京闽东线会展服务有限公司	王晖	厦门市思明区松柏小区屿后南里158号四楼	110万元	会议及展览服务；提供企业营销策划服务；文化、艺术活动策划；其他未列明商务服务业（不含需经许可审批的项目）；社会经济咨询（不含金融业务咨询）；教育咨询（不含教育培训及出国留学中介、咨询等须经许可审批的项目）；其他人力资源服务（不含需经许可审批的项目）；企业管理咨询；其他未列明的专业咨询服务（不含需经许可审批的项目）；市场调查；商务信息咨询；旅游咨询（不含需经许可审批的项目）；婚姻服务（不含涉外婚姻介绍）；广告的设计、制作、代理、发布；办公服务；包装服务；汽车租赁（不含营运）；教育辅助服务（不含教育培训及出国留学中介、咨询等须经许可审批的项目）；因私出入境中介服务（不含境外就业、留学）；其他未列明的教育服务（不含教育培训及其他须经行政许可审批的事项）
受同一最终控制方控制的其他企业	国投创益产业基金管理有限公司	王维东	北京市西城区广安门外南滨河路1号高新大厦10层、11层	1亿元	产业基金投资管理；投资咨询
母公司的联营企业	国投创丰投资管理有限公司	李涛	上海市虹口区飞虹路360弄9号6层（集中登记地）	2亿元	投资管理，资产管理
本公司联营企业的子公司	珠海万和锦华资产管理有限公司	曹伟	珠海市横琴新区宝华路6号105室-22841（集中办公区）	5 000万元	章程记载的经营范围：资产管理、股权投资、投资管理
本公司联营企业的子公司	珠海万和锦鸿科技有限公司	梁强	珠海市横琴新区横琴镇彩虹路2号2栋1005房	1 000万元	科技研发、信息技术服务

6.5.3 本公司与关联方的重大交易事项

6.5.3.1 固有与关联方交易情况

固有与关联方关联交易

单位：万元

项目	期初数	借方发生额	贷方发生额	期末数
贷款	—	—	—	—
投资	79 954	73 596	63 463	90 087
租赁	—	3 574	3 574	—
担保	—	—	—	—
应收账款	—	—	—	—
其他	10 664	47 635	56 023	2 277
合计	90 618	124 806	123 060	92 364

6.5.3.2 信托与关联方交易情况

报告期未发生信托与关联方交易。

6.5.3.3 信托公司自有资金运用于自己管理的信托项目（固信交易）、信托公司管理的信托项目之间的相互（信信交易）交易金额

6.5.3.3.1 固有与信托财产之间的交易

固有财产与信托财产相互交易

单位：万元

项目	期初数	借方发生额	贷方发生额	期末数
合计	659 280	791 411	753 214	697 478

6.5.3.3.2 信托项目之间的交易

单位：万元

项目	期初数	本期增加	本期减少	期末数
合计	511 548.99	423 612.88	400 407.83	534 754.04

6.5.4 报告期本公司关联方逾期未偿还本公司资金及本公司为关联方担保发生或即将发生垫款的情况

无。

6.6 会计制度的披露

公司根据实际发生的交易和事项，按照财政部颁布的《企业会计准则——基本准则》和陆续颁布的各项具体会计准则、企业会计准则应用指南、企业会计准则解释及其他相关规定进行确认和计量，在此基础上编制财务报表。

7.财务情况说明书

7.1 利润实现和分配情况

母公司口径：公司累计实现利润总额163 444万元，较2020年同期增加23 690万元，增幅为16.95%。实现净利润123 560万元，较2020年同期增加17 366万元，增幅为16.35%。按相关法规及公司章程提取盈余公积12 356万元，提取一般准备金7 515万元。

合并口径：公司累计实现利润总额176 509万元，较2020年同期增加8 230万元，增幅为4.89%。实现净利润128 895万元，较2020年同期增加1 107万元，增幅为0.87%。按相关法规及公司章程提取盈余公积12 356万元，提取一般准备金12 868万元。

7.2 主要财务指标

指标名称	指标值（母公司）	指标值（母子公司合并）
资本利润率（%）	12.86	11.54
加权年化信托报酬率（%）	0.78	0.78
人均净利润（万元）	481.71	263.86

7.3 对本公司财务状况、经营成果有重大影响的其他事项

报告期内无对本公司财务状况、经营成果有重大影响的其他事项。

8.特别事项揭示

8.1 前五名股东报告期内变动情况及原因

报告期内公司股东未发生变化。

8.2 董事、监事及高级管理人员变动情况及原因

2021年7月21日，公司2021年第二次临时股东会同意聘任李占爽先生为公司董事，陈冰女士不再担任公司董事；聘任史克通先生、田玲女士为独立董事，付磊先生、童朋方先生不再担任公司独立董事。李占爽先生、史克通先生、田玲女士已经北京银保监局核准任职资格后正式履职。

8.3 公司的重大未决诉讼事项

8.3.1 重大未决诉讼事项

固有业务：无。

信托业务起诉1件，金额为12 800万元。发生时间为2021年11月，本公司为原告，被告为重庆尖置房地产有限公司、重庆航龙置业有限公司、恒大地产集团有限公司。

2019年12月底，公司向重庆尖置公司发放贷款3.2亿元，重庆航龙公司提供土地抵押担保，恒大地产集团提供连带责任保证担保。截至2021年11月，贷款本金余

额为1.2亿元。因重庆尖置公司违约，且恒大地产集团发生重大不利舆情，公司宣布贷款提前到期，并要求恒大地产集团承担保证责任。各被告均未履行还款、偿还义务。2021年11月，公司向广州市中院提起诉讼，要求重庆尖置公司和恒大地产集团承担偿还责任，并就抵押物处置价款优先受偿。

无被诉案件。

8.3.2 以前年度发生，于本报告年度内终结的诉讼事项

无。

8.4 对会计师事务所出具的有保留意见、否定意见或无法表示意见的审计报告的，公司董事会应就所涉及事项做出说明

会计师事务所出具了无保留意见审计报告。

8.5 公司及其董事、监事和高级管理人员受到处罚的情况

报告期内，公司未发现公司及其董事、监事和高级管理人员受到处罚的信息。

8.6 银保监会及其派出机构对公司检查后提出整改意见的，应简单说明整改情况

报告期内，银保监局未对我公司开展现场检查。

8.7 本年度重大事项临时报告的简要内容、披露时间、所披露的媒体及其版面

无。

8.8 银保监会及其省级派出机构认定的其他有必要让客户及相关利益人了解的重要信息

无。

9.公司监事会意见

报告期内，监事列席了股东会、董事会会议并发表了独立意见，对公司依法经营情况、财务情况进行了监督。公司监事会无下属委员会。

监事会认为：公司2021年度的经营和运作，符合法律规范和监管部门的要求，完成了各项年度重点工作；公司各位董事、高级管理人员在执行公司职务时能够恪尽职守，合规经营，依法管理，围绕股东会确定的年度目标审慎经营、规范运作，各项决策程序合法有效；依据信永中和会计师事务所2022年3月24日发布的编号为XYZH/2022BJAB10147、XYZH/2022BJAB10148的审计报告，公司财务报告客观真实地反映了公司财务状况及经营成果。依据公司的内部审计报告，未发现公司存在违法、违规和损害股东、投资者利益的行为，也未发现公司因违法、违规给公司自身和客户财产造成损失的问题。

10.公司履行社会责任情况

作为央企控股的信托公司，公司始终秉承"有道而正、信则人任"的核心价值观，以务实的精神、稳健的作风以及细致的服务，为客户、为员工、为股东、为社会创造最大价值。公司严格遵守国家法律法规、监管部门规章、规范性文件以及《信托公司社会责任公约》、公司章程等规定，坚守合规底线，实现稳健经营，公司所有主动管理产品均实现平稳运行，树立了良好的社会形象。2021年荣获年度十佳社会责任机构、优秀风控信托公司、最佳公众品牌、卓越综合竞争力信托公司、杰出潜力信托公司等十余个重量级奖项。

公司积极履行社会责任，助力乡村振兴。2021年6月，国投泰康信托联合中投保发起实施的"光萤计划"，通过屋顶光伏发电为农户提供长期且稳定收益，现运营的信托产品"国投泰康信托光萤惠农1号单一资金信托"兼具"惠农+绿色+科技金融"特色，在助力农户收益提升、保持绿色低碳运营的同时为乡村振兴贡献力量。

公司持续开展公益慈善信托业务，以慈善信托为抓手，紧扣时代主题及社会关切，围绕教育、乡村振兴、产业扶贫等主题，自2016年以来已成立五单慈善信托，包括"国投慈善1号慈善信托""真爱梦想1号教育慈善信托""真爱梦想2号教育慈善信托""甘肃临洮产业扶贫慈善信托"及"国投泰康信托2020年国投教育1号慈善信托"，公司现仍有4单慈善信托存续运作。

公司高度重视利益相关方的权益保护工作，在经营过程中，公司注重风险管理体系建设，持续推进在风险管控过程中组织结构、人员配置、制度建设、标准制定、流程优化、方法创新、系统建设等优化工作，审慎管理信托资产，切实维护客户权益，年内到期项目全部顺利清算，未出现兑付风险，为客户提供了必要保障；公司不断健全客户服务体系，以实际行动践行"普惠金融"的理念；公司高度重视客户投诉，持续完善客户投诉受理机制，客户投诉得到妥善处理；公司重视并保护员工合法权益，定期组织职业培训与相关技能培训，关心员工成长；公司按照监管部门要求，积极开展反洗钱、案

件防控等工作，为维护社会安定和金融秩序贡献力量。

11.消费者权益保护

公司高度重视金融消费者权益保护工作，将消费者权益保护纳入企业文化建设和公司治理，积极履行金融机构义务，切实落实监管要求，坚持以客户为中心，践行消费者权益保护职责。

公司已建立完善的消费者权益保护制度体系，包括独立的、总括性、纲领性的消费者权益保护制度《消费者权益保护工作管理办法（2019年修订）》，内容清晰详尽，其中明确董事会、高管层、消保工作有关部门的组织架构和职责，在组织管理、产品与服务、信息保护、宣传教育、服务收费、投诉处理、应急管理、培训等方面均有体现。公司涉及消保类相关制度37项，全部由总经理办公会、消保委员会及消保牵头部门统筹制定，逐级审查，统一签发，涉及投诉信访、个人信息保护、信息披露、消保考评、计分管理、宣教与培训、合规营销、问责管理、应急管理、网络安全等，全面涵盖消保各项工作领域。

报告期内，根据监管部门要求，结合业务情况，重点开展了以下工作：一是进一步优化组织架构，组织召开全体中层以上领导、骨干业务人员专项工作会议，研究讨论消保工作开展情况，并对消保委员会组织架构及人员进行了调整，将消费者权益保护工作与信托业务内部审计工作有机结合，强化营销与客户运营部作为消费者权益保护工作牵头部门职能，从源头保护金融消费者八大权利；二是完善制度体系，对现存消费者权益保护制度进行梳理，新增及修订了5个相关的消费者权益保护工作制度，结合公司业务特点基本搭建完成消费者权益保护工作相关的制度和流程，形成了长效工作机制；三是严格执行消保全流程管控，在产品与服务的开发设计、审批准入、营销推介等环节均嵌入和践行了消费者权益保护理念；四是夯实消费者权益保护宣传阵地，以公司微信公众号为主阵地、开辟官网金融消费者权益保护专栏，通过定期发布文章宣传防范非法集资、信托文化等金融知识，加强宣传教育工作；五是公司高度重视投诉管理，建立了投诉受理及应急处理机制，在销售专区、官方网站、微信公众号、国投财富手机APP、信托合同文本等渠道均公布了受理消费者投诉联系方式。为进一步提高投诉处理时效，打通消保部门与业务部门投诉电话流转通道，对各渠道转接的有投诉意向的电话进行实时对接，降低了投诉升级率。公司通过人力和物力的安排全面保障了消费者投诉渠道的通畅和顺利运转；六是加强公司员工培训，报告期内开展了7次专题培训和1次学习测试活动，提高了公司员工消费者权益保护意识。

报告期内，公司收到监管转办投诉事项2件，均为个人贷款业务类投诉，已在处理时效内妥善解决。公司未出现与消费者权益保护相关的重大突发事件、群体性事件及负面舆情，未发生违反法律法规、误导或欺骗消费者的问题。

金融消费者权益保护工作是金融机构践行群众路线的自觉行为，公司将继续落实各项监管要求，不断扎实推进金融消费者权益保护工作水平，切实保护人民群众合法权益不受侵害，有效提升群众金融素养和依法维权意识。

杭州工商信托股份有限公司

1.重要提示

1.1 本报告根据中国银行保险监督管理委员会的有关规定编制。本公司董事会及董事保证本报告所载资料不存在任何虚假记载、误导性陈述或者重大遗漏,并对其内容的真实性、准确性和完整性承担个别及连带责任。本年度报告摘要摘自年度报告全文,客户及相关利益人欲了解详细内容,应阅读年度报告全文。

1.2 独立董事梅建平先生、苏显泽先生、傅伟光先生认为本年度报告内容是真实、准确、完整的。

1.3 公司总裁江龙先生、主管会计工作负责人陈凯先生及会计主管人员吴庆元先生声明:保证年度报告中财务会计报告的真实、完整。

2.公司概况

2.1 公司简介

2.1.1 公司法定中文名称:杭州工商信托股份有限公司
公司法定英文名称:Hangzhou Industrial & Commercial Trust Co., Ltd.

2.1.2 法定代表人:虞利明

2.1.3 注册地址:浙江省杭州市上城区迪凯国际中心3801室、4101室、裙房4楼

2.1.4 邮政编码:310016

2.1.5 公司国际互联网网址:www.hztrust.com

2.1.6 电子信箱:hztrust@hztrust.com

2.1.7 信息披露事务负责人:钱晓勤
联系电话/传真:0571-87219652
电子信箱:qianxq@hztrust.com

2.1.8 公司选定的信息披露报纸名称:《证券时报》《上海证券报》

2.1.9 公司年度报告备置地点:浙江省杭州市上城区迪凯国际中心41层

2.1.10 公司聘请的会计师事务所名称:大华会计师事务所(特殊普通合伙)
住所:北京市海淀区西四环中路16号院7号楼1101

2.1.11 公司聘请的律师事务所名称:浙江天册律师事务所

住所:浙江省杭州市杭大路1号黄龙世纪广场A座11楼

2.2 组织结构

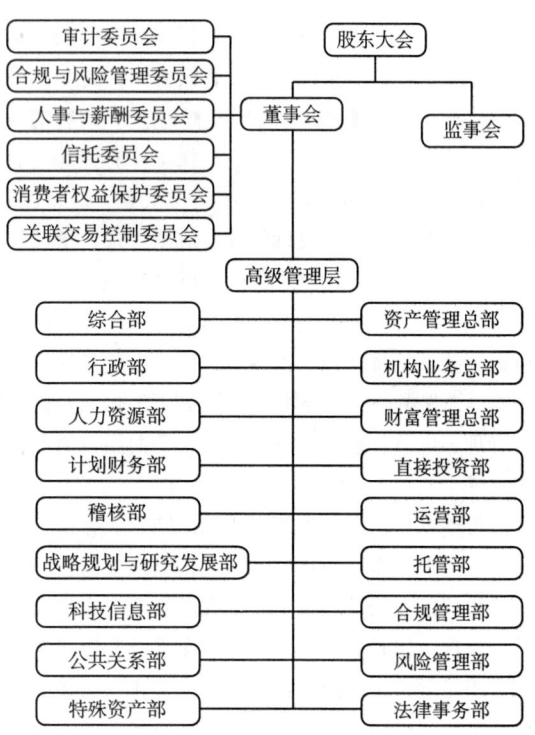

3.公司治理结构

3.1 股东

3.1.1 股东情况

公司报告期末股东总数为9家,报告期间股权无变动情况。报告期末股东持股情况如下表所示。

股东名称	股份数量(股)	持股比例(%)
杭州市金融投资集团有限公司	869 880 001.46	57.992
绿地金融投资控股集团有限公司	298 500 000.00	19.9
百大集团股份有限公司	93 937 500.00	6.2625
浙江大学控股集团有限公司	66 515 625.00	4.434375
西子电梯集团有限公司	66 515 625.00	4.434375
浙江省东联集团有限责任公司	38 135 623.54	2.542375
浙江物产元通汽车集团有限公司	28 380 001.48	1.892
浙江省冶金物资有限公司	19 067 811.76	1.2711875
浙江省盐业集团有限公司	19 067 811.76	1.2711875
总计	1 500 000 000	100

3.1.2 公司前三位股东情况

股东名称	持股比例（%）	法定代表人	注册资本	注册地址	主要经营业务及主要财务情况
★杭州市金融投资集团有限公司	57.992	张锦铭	50亿元	浙江省杭州市上城区庆春东路2-6号35层	市政府授权范围内的国有资产经营，市政府及有关部门委托经营的资产；矿产品、建材及化工厂产品、机械设备、五金产品及电子产品的批发；其他无须报经审批的一切合法项目（依法须经批准的项目，经相关部门批准后方可开展经营活动）2021年末净资产315.48亿元，净利润22.01亿元（合并口径）
绿地金融投资控股集团有限公司	19.9	耿靖	90亿元	上海市崇明县潘园公路1800号2号楼888室（上海泰和经济开发区）	金融资产投资，资产管理，投资管理，商务咨询与服务。2021年末净资产215.71亿元，净利润13.44亿元（合并口径）
百大集团股份有限公司	6.2625	陈夏鑫	376 240 316元	杭州市拱墅区延安路546号	百货批发零售。2021年末净资产22.7亿元，净利润1.13亿元（合并口径）

注：★号代表本公司最终实际控制人。

3.1.3 报告期末主要股东及其控股股东、实际控制人、关联方、一致行动人、最终受益人情况

主要股东名称	该股东的控股股东	该股东的实际控制人	一致行动人	最终受益人
杭州市金融投资集团有限公司	杭州市人民政府	杭州市人民政府	无	杭州市人民政府、浙江省财政厅
绿地金融投资控股集团有限公司	绿地数字科技有限公司	无实际控制人	无	绿地控股集团有限公司
百大集团股份有限公司	西子国际控股有限公司	陈夏鑫	无	陈夏鑫

3.1.4 报告期末主要股东关联方名单

主要股东名称	关联方名单
杭州市金融投资集团有限公司	杭州工商信托股份有限公司、杭州市民卡有限公司、杭州金投资本管理有限公司、杭州市财开投资集团有限公司、杭州金投企业集团有限公司等，详见公开挂网的《杭州市金融投资集团有限公司2021年年度报告》
绿地金融投资控股集团有限公司	绿地金融投资控股集团有限公司、绿地数字科技有限公司、绿地金创科技有限公司、绿地控股集团有限公司、绿地控股集团股份有限公司、绿地创新投资有限责任公司、绿地永续财富投资管理有限公司大连绿地文化产权交易中心有限公司、上海绿地股权投资管理有限公司、上海绿资本管理有限公司、上海绿地创极投资管理有限公司、上海绿臻资产管理有限公司、上海绿地塑管理有限公司、上海绿地珩管理有限公司、上海绿鸥信息科技有限公司、上海易涟信息技术有限公司、上海廉溢投资合伙企业（有限合伙）、北京绿缅投资有限公司、绿地教育产业投资集团有限公司、绿地金融外投资集团有限公司、绿地国际资本有限公司、绿地资产管理有限公司、上海绿地交信投资管理有限责任公司、宁波绿珹投资管理有限公司、上海绿地弘途投资发展有限公司、上海珑樽投资管理有限公司、深圳前海琨企业管理有限公司、上海绿穗信息科技有限责任公司、贵州省绿地金融资产交易有限公司、黑龙江省金融资产交易中心有限公司、绿地融资租赁有限公司、华臻国际商业保理有限公司、苏州绿创联投资管理中心（有限合伙）、山东省电子商务综合运营管理有限公司、深圳前海联奇在线信息技术服务有限公司、上海奉贤绿地小额贷款股份有限公司、重庆保税港绿地小额贷款有限公司、宁波江北绿地小额贷款有限责任公司、青岛绿地申花小额贷款有限公司、绿学产业投资有限公司、绿学资产管理有限公司、上海绿优培训学校有限公司、上海徐汇绿优托育有限公司、上海绿地海外集团有限公司、上海绿地塑拟企业管理有限公司、绿地（亚洲）证券有限公司绿地金融财务有限公司、绿地财富（澳门）投资一人有限公司、上海绿投磬微商务服务有限公司、上海绿地融资担保有限公司、上海绿地典当有限公司、宿州绿商商务信息咨询有限公司、上海加财投资管理有限公司、上海廉岳股权投资合伙企业（有限合伙）、上海廉荟股权投资合伙企业（有限合伙）、上海廉辉股权投资合伙企业（有限合伙）、上海廉君股权投资管理合伙企业（有限合伙）、上海廉臻投资合伙企业（有限合伙）、上海彤翼资产管理有限公司、上海苗蕴投资管理合伙企业（有限合伙）、上海绿艾投资合伙企业（有限合伙）、上海茁蓍投资管理合伙企业（有限合伙）、上海廉创荆投资合伙企业（有限合伙）、上海绿开投资合伙企业（有限合伙）、OASIS BUNON LIMITED 湖州廉信股权投资合伙企业（有限合伙）、GMT Holding、上海碧昶企业管理合伙企业（有限合伙）、绿安创兴有限公司、GEM Holding、上海绿槐企业管理合伙企业（有限合伙）、宁波廉峰投资管理合伙企业（有限合伙）、GPT Holding、苏州绿镇投资合伙企业（有限合伙）、上海廉翥企业管理合伙企业（有限合伙）、宿州绿玖企业管理有限公司、Greentech Tianhong Investment Holding Limited、上海廉骏企业管理有限公司、宿州绿联恒阳股权投资合伙企业（有限合伙）宿州绿昊企业管理有限公司、哈尔滨椿升投资有限公司、GREENLAND（SINGAPORE）TRUST MANAGEMENT PTE.LTD.、上海鹏塔网络科技有限公司、深圳市绿信科技集团有限公司、上海绿地欣业资产管理有限公司、厦门瑞为信息技术有限公司、资通金融科技服务（宁波）有限公司、南昌虚拟现实研究院股份有限公司、苏州绿创产投资合伙企业（有限合伙）、中金瑞德（上海）股权投资管理有限公司、中国绿地博大绿泽集团有限公司、上海森锐投资管理有限公司、广州市绿地吉客小额贷款有限责任公司、上海绿地吉客智能科技有限公司、绿地联合信息科技有限责任公司、北京绿地京城置业有限公司、北京绿地京韬房地产开发有限公司、本溪高新技术产业开发区绿地置业有限公司、河南绿地广场发展有限公司、河南绿地陆港置业有限公司、河南绿地新城置业有限公司、昆山联合商业发展有限公司、昆山雅苑商业发展有限公司、绿地地产集团有限公司、绿地集团成都置业有限公司、绿地集团合肥紫蓬置业有限公司、绿地集团南京宝地置业有限公司、绿地香港投资集团有限公司、南昌绿地申飞置业有限公司、上海翱禹资产管理有限公司、上海恺泰房地产开发有限公司、上海康宸房地产开发有限公司、上海卢湾绿地商业管理有限公司、上海绿地仓储物流有限公司、上海绿地海珀置业有限公司、绿地集团森茂园林有限公司、上海绿地嘉冠置业有限公司、上海绿地建设（集团）有限公司、上海绿地建筑工程有限公司、上海绿地汽车服务（集团）有限公司、上海绿地青迈置业有限公司、上海绿地优鲜超市有限公司、上海绿鼎置业有限公司、上海市锦建建筑工程有限公司、上海市锦建实业发展有限公司、上海徐汇绿地商业有限公司、沈阳辰宇建设集团有限责任公司、沈阳顺天建设集团有限公司、杭州极优信息科技有限责任公司、杭州绿澍数字经济产业研究院有限公司、杭州碧盛企业管理合伙企业（有限合伙）、上海合创嘉盛物业管理有限公司
百大集团股份有限公司	西子电梯集团有限公司、西子国际控股有限公司、浙江百大置业有限公司、浙江百大酒店管理有限公司、浙江百大资产管理有限公司等，详见公开挂网的《百大集团股份有限公司2021年年度报告》

报告期内，公司股东无出质公司股权情况。

3.2 董事

董事长、董事

姓名	职务	性别	年龄(岁)	选任日期	所推举的股东名称	该股东持股比例(%)	简要履历
虞利明	董事长	男	55	2011年9月	杭州市金融投资集团有限公司	57.992	曾任交通银行杭州分行党委委员、副行长，杭州市投资控股有限公司董事长、总经理，现任杭州市金融投资集团有限公司党委副书记、副董事长、总经理
楼未	董事	女	43	2021年4月	杭州市金融投资集团有限公司	57.992	曾任杭州市金融投资集团有限公司办公室（战略规划部）副主任、战略管理部副总经理、战略管理部总经理，现任杭州市金融投资集团有限公司副总经理、战略管理部总经理
江龙	董事	男	47	2018年12月	杭州市金融投资集团有限公司	57.992	曾任杭州工商信托股份有限公司金融信托部总经理、结构融资部总经理、资产管理总监、副总裁，现任杭州工商信托股份有限公司总裁
刘宏远	董事	男	34	2021年4月	杭州市金融投资集团有限公司	57.992	曾任杭州金投资产管理有限公司投资一部副经理、总经理助理、副总经理，现任杭州市金融投资集团有限公司金融投资事业部副总经理（主持工作）
施征宇	董事	男	49	2018年2月	绿地金融投资控股集团有限公司	19.9	曾任中国农业银行上海市分行房地产金融部总经理、绿地金融投资控股集团有限公司副总经理，现任绿地金创科技集团有限公司副总经理、绿地数字科技有限公司监事长
裴刚	董事	男	38	2021年12月	绿地金融投资控股集团有限公司	19.9	曾任平安资产管理有限责任公司直接投资事业部副总裁、农银国联无锡投资管理有限公司股权部总经理、长江养老保险股份有限公司另类投资部执行董事、绿地金融投资控股集团有限公司投资总监，现任绿地金创科技集团有限公司副总经理、绿地数字科技有限公司执行总裁

独立董事

姓名	所在单位及职务	性别	年龄（岁）	选任日期	所推举的股东名称	该股东持股比例（%）	简要履历
梅建平	长江商学院教授	男	61	2017年12月	各股东协商提名	—	曾任纽约大学金融学副教授、芝加哥大学访问副教授、清华大学特聘教授。现任长江商学院金融学教授、长江房地产研究中心主任，沃顿金融机构研究中心学者
苏显泽	浙江苏泊尔股份有限公司董事兼战略委员会主席；苏泊尔集团有限公司董事长兼总经理	男	53	2021年4月	各股东协商提名	—	曾任浙江苏泊尔股份有限公司总经理、董事长；苏泊尔集团有限公司总经理。现任浙江苏泊尔股份有限公司董事兼战略委员会主席；苏泊尔集团有限公司董事长兼总经理
傅伟光	—	男	63	2021年12月	未提名非独立董事的股东协商提名	—	曾任杭州工商信托投资股份有限公司总经理、工商银行浙江省分行行长室高级专家兼工商银行浙江省分行私人银行中心总经理职务

3.3 监事

监事会成员

姓名	职务	性别	年龄（岁）	选任日期	所推举的股东名称	该股东持股比例（%）	简要履历
董振东	监事会主席	男	46	2017年10月	主要股东协商提名	—	曾先后供职于中国银行江苏省分行、新利软件股份有限公司、浙江国信创业投资有限公司、浙江锅炉集团有限公司、西子电梯集团有限公司、百大集团股份有限公司总经理、董事，兼任杭州西子智能停车股份有限公司董事
曹玲华	监事	女	59	2021年1月	5%以下股份或表决权的股东提名	—	曾任浙江省人民检察院反贪综合秘书；杭州城市信用联社稽核检查员；杭州银行审计处处长助理、稽核检查部副总、经理、监事会办公室主任等职务
陈建乔	监事	男	40	2021年1月	职工监事	—	曾供职于天健会计师事务所，现任杭州工商信托股份有限公司稽核部总经理

3.4 高级管理人员

姓名	职务	性别	年龄（岁）	选任日期	金融从业年限（年）	学历	专业	简要履历
江龙	总裁	男	47	2019年3月	27	硕士	金融学；工商管理	曾任杭州工商信托股份有限公司金融信托部副总经理、结构融资部总经理、资产管理总监、副总裁，现任杭州工商信托股份有限公司总裁
汪勇	副总裁	男	49	2018年12月	26	本科	会计学	曾任杭州工商信托股份有限公司投资银行部总经理、市场开发部总经理、金融信托部总经理、总经理助理、投资运营总监，现任杭州工商信托股份有限公司副总裁
马晓涛	副总裁	男	52	2018年12月	34	硕士	工商管理	曾任华宝信托投资有限公司证券营业部副总经理、富成证券有限责任公司证券营业部总经理、杭州工商信托股份有限公司合规与风险管理部负责人、风险管理总监，现任杭州工商信托股份有限公司副总裁
何平	副总裁	男	46	2021年6月	23	本科	建筑工程	曾任杭州工商信托股份有限公司投资业务部、联信基业房地产、结构融资部业务经理、信托经理、结构融资部总经理、总经理、总监等职务，现任杭州工商信托股份有限公司副总裁
冯蔚蔚	副总裁	女	41	2021年6月	15	硕士	金融学	曾任杭州工商信托股份有限公司战略规划与研究发展部、合规与风险管理部经理，风险管理部副总经理、风险管理部总经理、合规管理部总经理、总监等职务，现任杭州工商信托股份有限公司副总裁
陈凯	首席财务官	男	37	2021年11月	—	硕士	企业管理	曾任中汇会计师事务所职员、浙江天源资产评估有限公司职员，杭州市金融投资集团有限公司财务/资金管理部主管、高级业务经理、财务/资金管理部副总经理等职务，现任杭州工商信托股份有限公司首席财务官

3.5 公司员工

报告期内，职工人数：231人；平均年龄：34.67岁。

学历分布比率

学历	人数（人）	学历分布比例（%）
博士	4	1.7
硕士	116	50.2
本科	102	44.2
专科	8	3.5
其他	1	0.4

4. 经营管理

4.1 经营目标、方针、战略规划

4.1.1 经营目标

公司的经营目标是以支持实体经济高质量发展和满足人民美好生活需要为己任，回归信托本源，充分发挥和利用信托的制度与功能优势，打造优秀的专业化团队，为客户提供个性化、高质效的信托产品和服务，打造国内领先、专业特色鲜明、服务品质卓越的综合金融服务商。

4.1.2 经营方针

公司坚守受托人定位，坚持"专业、精致、恒久"的经营理念，坚持"有所为、有所不为"的发展思路，坚持"投资化、中长期化、基金化、产品化"的业务导向，创新服务模式，推进业务转型，构建高效的运营体系和完善的内控体系，合规经营、稳健发展。

4.1.3 战略规划

公司通过机制赋能、专业赋能、品牌赋能和科技赋能，提升全面风险管理能力、专业化资产管理能力、综合化管理服务能力和高效运营能力，推动业务模式转型、收入模式转型、服务领域转型和客户结构转型，实现文化理念升级、服务能力升级、风控能力升级和管理能力升级。

公司促进资产管理与财富管理融合发展，推动服务信托创新发展。在资产管理领域，充分发挥信托投融资兼备优势，注重金融能力与行业能力相结合，关注经济增长的新领域，加大对传统产业升级和新兴产业发展的支持力度；在财富管理领域，坚持以客户为中心，完善产品供给，提升配置能力，为客户提供一站式财富解决方案；在服务信托领域，围绕信托制度的功能优势开展业务创新，发挥受托管理的核心价值。加强资本规划与管理，优化固有业务布局和固有资产结构，实现固有业务与信托业务的相互促进和协同发展。

4.2 所经营业务的主要内容

4.2.1 经营业务、品种

公司业务主要分为信托业务和固有财产管理两大类。公司目前的信托业务主要包括：（1）以创设和管理优质资产为目标的资产管理业务；（2）以客户需求为驱动的财富管理业务；（3）以受托管理为核心的服务信托业务；（4）体现社会责任的慈善信托。

公司目前信托业务品种主要有单一资金信托、集合

资金信托、财产权信托。按运用方式分有投资类信托、融资类信托、组合投资管理类信托。

4.2.2 资产组合与分布

自营资产运用与分布表

资产运用	金额（万元）	占比（%）	资产分布	金额（万元）	占比（%）
货币资产	2 516	0.44	基础产业	—	—
发放贷款和垫款	83 232	14.62	房地产业	24 333	4.27
交易性金融资产投资	425 425	74.73	证券市场	268	0.05
长期股权投资	5 000	0.88	实业	20 941	3.68
其他	53 117	9.33	金融机构	394 712	69.33
			其他	129 036	22.67
资产总计	569 290	100.00	资产总计	569 290	100.00

信托资产运用与分布表

资产运用	金额（万元）	占比（%）	资产分布	金额（万元）	占比（%）
货币资产	121 257	3.09	基础产业	199 000	5.07
贷款	536 360	13.66	房地产	1 931 353	49.17
交易性金融资产投资	—	—	证券市场	86 206	2.19
可供出售金融资产投资	1 190 313	30.30	实业	271 662	6.92
持有至到期投资	45 685	1.16	金融机构	1 221 513	31.10
长期股权投资	255 674	6.51	其他	218 068	5.55
其他	1 778 513	45.28			
信托资产总计	3 927 802	100.00	信托资产总计	3 927 802	100.00

4.3 市场分析

4.3.1 有利因素

2021年，我国开启全面建设社会主义现代化国家新征程，实现了"十四五"规划良好开局，宏观经济政策连续稳定，经济运行保持在合理区间，经济长期向好的基本面不变，经济结构持续优化，供给侧结构性改革深入推进，多层次资本市场日趋成熟，市场主体活力不断激发，人民生活水平稳步提高，企业和居民对金融服务的新需求带来广阔的业务机会和空间。

信托行业制度和监管框架的不断完善，为信托公司的定位和业务转型提出了明确的方向，也为行业发展建立了新的准则和规范。监管部门积极推动信托文化建设，引导信托公司完善公司治理，鼓励开展信托本源业务，助推信托公司提质增效、稳健经营，信托行业逐步走向高质量发展阶段。

4.3.2 不利因素

当前国内外不确定因素上升，金融市场波动持续加剧，国内经济发展仍面临需求收缩、供给冲击、预期转弱三重压力。房地产行业系统性风险上升，金融体系局部风险隐患仍然存在，信托业务的发展面临市场风险压力，防范化解金融风险仍是当前金融工作的重中之重。

信托行业处于转型发展的关键时期，监管压降具有影子银行特征的信托融资业务，信托业管理资产总规模持续收缩，以非标融资为主的业务模式和以利差收入为主的盈利方式难以为继，转型阵痛在短期内对信托公司经营形成一定冲击。

4.4 内部控制概况

公司建立了完善的内部治理架构，清晰的内部控制目标和原则，高级管理层牢固树立了内控优先的风险管理理念，公司前台、中台、后台职责明确，操作独立、运行顺畅。公司根据《信托法》《信托公司管理办法》等相关法律法规的要求，建立了一整套顺应公司业务发展、符合监管政策的内部控制制度体系，公司现行内控制度渗透到公司的各项业务过程和各个操作环节，基本覆盖所有的部门和岗位，基本形成对风险进行事前防范、事中控制、事后监督和纠正的内控机制，体现了较好的完整性、合理性和有效性，在控制金融风险方面起到了积极的作用，并根据监管要求和经营管理发展需要，适时新增或修订内部控制制度。公司建立了上传下达、下情上达的充分、合理的信息沟通制度，通过多种渠道获取各类信息。公司内部监分分为日常监督和专项监督，合规管理部、风险管理部和稽核部职能分离、职责分明、协同合作，成为公司合规风险的前后道防线，并能组织落实公司的合规风险评估，整个控制活动措施到位，帮助公司降低和规避各类风险，通过后续纠正和改进达到合规和降低风险的目的，提升了公司业务发展和管理水平。

4.5 风险管理概况

公司在经营活动中所面临的风险主要包括信用风险、市场风险、操作风险及其他各类风险。针对不同类型的风险，公司在确保尽职调查工作质量的基础上严格控制项目和合作方的准入，有效控制集中度，强化项目期间管理和风险预警以防范信用风险；加强对宏观经济形势和行业特征的研究，通过适时调整策略和优化升级业务结构以防范市场风险；严格执行并不断补充和完善各项经营管理制度，通过问责和考核机制提高制度执行力和有效性，优化和提升系统支持功能，以防范操作风险；

积极关注并认真研究国家法律法规政策，聘请专业法律顾问机构，持续完善法律、合规工作机制，以防范法律风险、合规风险以及其他风险。

报告期内，公司深入贯彻执行国家政策、法规及监管要求，持续强化公司全面风险管理体系建设，建立健全风险管理长效机制，不断规范和完善公司制度体系并提高制度执行力，持续强化业务风险管理，通过加强日常事项管理、提高现场检查和风险排查频次等多种方式有效落实项目后期管理及各项风险控制措施。目前公司面临的风险总体可控，就存在风险的项目，公司积极采取各项措施主动推进风险处置和化解工作，以保障信托财产权益。

5.报告期末及上一年度末的比较式会计报表

5.1 自营资产

5.1.1 会计师事务所审计结论

大华会计师事务所（特殊普通合伙）出具了标准无保留审计意见。

5.1.2 资产负债表

资产负债表（母公司）

编制单位：杭州工商信托股份有限公司　　　　2021年12月31日　　　　单位：万元

资产	期末余额	年初余额	负债和股东权益（或股东权益）	期末余额	年初余额
资产：			负债：		
现金及银行款项	1	1	向中央银行借款	—	—
存放中央银行款项	—	—	联行存放款项	—	—
贵金属	—	—	同业及其他金融机构存放款项	—	—
存放联行款项	—	—	拆入资金	—	—
存放同业款项	2 514	5 005	以公允价值计量且其变动计入当期损益的金融负债	—	—
拆出资金	—	—	衍生金融负债	—	—
以公允价值计量且其变动计入当期损益的金融资产	—	—	*交易性金融负债	4 966	—
衍生金融资产	—	—	卖出回购金融资产款	—	—
买入返售金融资产	—	—	吸收存款	—	—
持有待售资产	—	—	应付职工薪酬	137	2 893
应收款项类金融资产	—	—	应交税费	20 781	35 299
应收利息	—	—	应付利息	—	—
其他应收款	11 092	6 995	持有待售负债	—	—
发放贷款和垫款	83 232	56 353	其他应付款	38 448	42 104
*金融资产	425 425	438 310	租赁负债	5 673	7 335
*交易性金融资产	425 425	438 310	预计负债	—	—
*债券投资	—	—	应付债券	—	—
*其他债券投资	—	—	递延所得税负债	—	—
*其他权益工具投资	—	—	其他负债	11	27
可供出售金融资产	—	—	负债合计	70 016	87 658
持有至到期投资	—	—			
长期股权投资	5 000	5 000	股东权益：		
投资性房地产	900	999	股本	150 000	150 000
固定资产	289	351	资本公积	334	334
在建工程	839	263	减：库存股	—	—
使用权资产	5 798	7 608	其他综合收益	—	—
无形资产	1 490	1 816	盈余公积	53 219	49 971
商誉	—	—	一般风险准备	151 808	33 281
长期待摊费用	508	200	未分配利润	143 913	233 215

续表

资产	期末余额	年初余额	负债和股东权益（或股东权益）	期末余额	年初余额
抵债资产	—	—	股东权益合计	499 274	466 801
递延所得税资产	16 925	12 572			
其他资产	15 277	18 986			
资产总计	569 290	554 459	负债和股东权益总计	569 290	554 459

企业负责人：虞利明　　　　　　　　　　　　　财务负责人：陈凯　　　　　　　　　　　　　制表：吴庆元

资产负债表（合并报表）

编制单位：杭州工商信托股份有限公司　　　　　2021年12月31日　　　　　　　　　　　　　单位：万元

资产	期末余额	年初余额	负债和股东权益（或股东权益）	期末余额	年初余额
资产：			负债：		
现金及银行款项	1	1	向中央银行借款	—	—
存放中央银行款项	—	—	联行存放款项	—	—
贵金属	—	—	同业及其他金融机构存放款项	—	—
存放联行款项	—	—	拆入资金	—	—
存放同业款项	3 969	5 324	以公允价值计量且其变动计入当期损益的金融负债	—	—
拆出资金	—	—	衍生金融负债	—	—
以公允价值计量且其变动计入当期损益的金融资产	—	—	*交易性金融负债	9 500	2 065
衍生金融资产	—	—	卖出回购金融资产款	—	—
买入返售金融资产	—	—	吸收存款	—	—
持有待售资产	—	—	应付职工薪酬	142	2 896
应收款项类金融资产	—	—	应交税费	21 207	35 421
应收利息	6 619	—	应付利息	—	—
其他应收款	8 179	7 104	持有待售负债	—	—
发放贷款和垫款	83 232	56 353	其他应付款	38 454	46 465
*金融资产	447 481	465 121	租赁负债	7 092	7 335
*交易性金融资产	447 481	465 121	预计负债	—	—
*债券投资	—	—	应付债券	—	—
*其他债券投资	—	—	递延所得税负债	—	58
*其他权益工具投资	—	—	其他负债	763	27
可供出售金融资产	—	—	负债合计	77 158	94 267
持有至到期投资	—	—			
长期股权投资	525	2 152	股东权益：		
投资性房地产	900	999	股本	150 000	150 000
固定资产	290	351	资本公积	334	334
在建工程	839	263	减：库存股	—	—
使用权资产	7 308	7 608	其他综合收益	—	—
无形资产	1 490	1 816	盈余公积	53 219	49 971
商誉	—	—	一般风险准备	151 808	33 281
长期待摊费用	508	200	未分配利润	160 671	249 838
抵债资产	—	—	股东权益合计	516 032	483 424
递延所得税资产	17 685	12 565			
其他资产	14 164	17 834			
资产总计	593 190	577 691	负债和股东权益总计	593 190	577 691

企业负责人：虞利明　　　　　　　　　　　　　财务负责人：陈凯　　　　　　　　　　　　　制表：吴庆元

5.1.3 利润表

利润表（母公司）

编制单位：杭州工商信托股份有限公司　2021年度　　　　　　　　单位：万元

项目	本期累计金额	上期累计金额
一、营业收入	66 886	111 043
利息净收入	8 372	9 450
利息收入	8 628	9 583
利息支出	256	133
手续费及佣金净收入	56 913	84 466
手续费及佣金收入	56 913	84 466
手续费及佣金支出	—	—
投资收益（损失以"-"号填列）	14 328	25 091
其中：对联营企业和合营企业的投资收益	—	—
公允价值变动收益（损失以"-"号填列）	-13 670	-8 286
汇兑收益（损失以"-"号填列）	—	—
其他业务收入	889	185
资产处置收益	—	9
其他收益	54	128
二、营业支出	23 565	28 875
税金及附加	499	708
业务及管理费	22 873	28 093
*信用减值损失	94	—
*其他资产减值损失	—	—
资产减值损失	—	-26
其他业务成本	99	100
三、营业利润（亏损以"-"号填列）	43 321	82 168
加：营业外收入	14	331
减：营业外支出	56	115
四、利润总额（亏损总额以"-"号填列）	43 279	82 384
减：所得税费用	10 806	20 576
五、净利润（净亏损以"-"号填列）	32 473	61 808
六、每股收益：		
（一）基本每股收益	0.22	0.41
（二）稀释每股收益	0.22	0.41

企业负责人：虞利明　　财务负责人：陈凯　　制表：吴庆元

利润表（合并报表）

编制单位：杭州工商信托股份有限公司　2021年度　　　　　　　　单位：万元

项目	本期累计金额	上期累计金额
一、营业收入	69 817	114 043
利息净收入	8 218	9 013
利息收入	9 939	10 589
利息支出	1 721	1 576
手续费及佣金净收入	56 821	83 413
手续费及佣金收入	56 821	83 413
手续费及佣金支出	—	—
投资收益（损失以"-"号填列）	19 577	29 495
其中：对联营企业和合营企业的投资收益	11	—
公允价值变动收益（损失以"-"号填列）	-15 970	-8 286
汇兑收益（损失以"-"号填列）	—	—
其他业务收入	1 116	270
资产处置收益	—	9
其他收益	55	129
二、营业支出	25 708	29 311
税金及附加	506	715
业务及管理费	24 009	28 522
*信用减值损失	1 094	—
*其他资产减值损失	—	—
资产减值损失	—	-26
其他业务成本	99	100
三、营业利润（亏损以"-"号填列）	44 109	84 732
加：营业外收入	14	417
减：营业外支出	56	115
四、利润总额（亏损总额以"-"号填列）	44 067	85 034
减：所得税费用	11 458	20 995
五、净利润（净亏损以"-"号填列）	32 609	64 039
六、每股收益：		
（一）基本每股收益	0.22	0.43
（二）稀释每股收益	0.22	0.43

企业负责人：虞利明　　财务负责人：陈凯　　制表：吴庆元

5.1.4 股东权益变动表

股东权益变动表（母公司）

编制单位：杭州工商信托股份有限公司　　　　2021年12月31日　　　　单位：万元

项目	股本	资本公积	其他综合收益	盈余公积	一般风险准备	未分配利润	股东权益
一、2020年12月31日	150 000	334	4 925	49 971	33 281	233 520	472 031
加：会计政策变更	—	—	-4 925	—	—	-305	-5 230
二、2021年1月1日余额	150 000	334	—	49 971	33 281	233 215	466 801
三、本年增减变动金额	—	—	—	3 248	118 527	-89 302	32 473
（一）净利润	—	—	—	—	—	32 473	32 473
（二）其他综合收益	—	—	—	—	—	—	—
（一）和（二）小计	—	—	—	—	—	32 473	32 473
（三）股东投入和减少资本	—	—	—	—	—	—	—
（四）利润分配	—	—	—	3 248	118 527	-121 775	—
1.提取盈余公积	—	—	—	3 248	—	-3 248	—
2.提取一般风险准备	—	—	—	—	118 527	118 527	—
3.对股东的分配	—	—	—	—	—	—	—
（五）股东权益内部结转	—	—	—	—	—	—	—
四、2021年12月31日余额	150 000	334	—	53 219	151 808	143 913	499 274

企业负责人：虞利明　　　　财务负责人：陈凯　　　　制表：吴庆元

股东权益变动表（续）

编制单位：杭州工商信托股份有限公司　　　　2020年12月31日　　　　单位：万元

项目	股本	资本公积	其他综合收益	盈余公积	一般风险准备	未分配利润	股东权益
一、2019年12月31日	150 000	334	5 170	43 791	30 145	199 028	428 468
二、2020年1月1日余额	150 000	334	5 170	43 791	30 145	199 028	428 468
三、本年增减变动金额	—	—	-245	6 180	3 136	34 492	43 563
（一）净利润	—	—	—	—	—	61 808	61 808
（二）其他综合收益	—	—	-245	—	—	—	-245
（一）和（二）小计	—	—	-245	—	—	61 808	61 563
（三）股东投入和减少资本	—	—	—	—	—	—	—
（四）利润分配	—	—	—	6 180	3 136	-27 316	—
1.提取盈余公积	—	—	—	6 180	—	-6 180	—
2.提取一般风险准备	—	—	—	—	3 136	-3 136	—
3.对股东的分配	—	—	—	—	—	-18 000	-18 000
（五）股东权益内部结转	—	—	—	—	—	—	—
四、2020年12月31日余额	150 000	334	4 925	49 971	33 281	233 520	472 031

企业负责人：虞利明　　　　财务负责人：陈凯　　　　制表：吴庆元

股东权益变动表（合并报表）

编制单位：杭州工商信托股份有限公司　　　2021年12月31日　　　单位：万元

项目	股本	归属于母公司股东权益					少数股东权益	股东权益合计
		资本公积	其他综合收益	盈余公积	一般风险准备	未分配利润		
一、2020年12月31日	150 000	334	5 350	49 971	33 281	249 946	—	488 882
加：会计政策变更	—	—	-5 350	—	—	-108	—	-5 458
二、2021年1月1日余额	150 000	334	—	49 971	33 281	249 838	—	483 424
三、本年增减变动金额	—	—	—	3 248	118 527	-89 167	—	32 608
（一）净利润	—	—	—	—	—	32 608	—	32 608
（二）其他综合收益	—	—	—	—	—	—	—	—
（一）和（二）小计	—	—	—	—	—	32 608	—	32 608
（三）股东投入和减少资本	—	—	—	—	—	—	—	—
（四）利润分配	—	—	—	3 248	118 527	-121 775	—	—
1.提取盈余公积	—	—	—	3 248	—	-3 248	—	—
2.提取一般风险准备	—	—	—	—	118 527	118 527	—	—
3.对股东的分配	—	—	—	—	—	—	—	—
（五）股东权益内部结转	—	—	—	—	—	—	—	—
四、2021年12月31日余额	150 000	334	—	53 219	151 808	160 671	—	516 032

企业负责人：虞利明　　　财务负责人：陈凯　　　制表：吴庆元

股东权益变动表（续）

编制单位：杭州工商信托股份有限公司　　　2020年12月31日　　　单位：万元

项目	股本	归属于母公司股东权益					少数股东权益	股东权益合计
		资本公积	其他综合收益	盈余公积	一般风险准备	未分配利润		
一、2019年12月31日	150 000	334	5 547	43 791	30 145	213 224	—	443 041
二、2020年1月1日余额	150 000	334	5 547	43 791	30 145	213 224	—	443 041
三、本年增减变动金额	—	—	-197	6 180	3 136	36 722	—	45 841
（一）净利润	—	—	—	—	—	64 038	—	64 038
（二）其他综合收益	—	—	-197	—	—	—	—	-197
（一）和（二）小计	—	—	-197	—	—	64 038	—	63 841
（三）股东投入和减少资本	—	—	—	—	—	—	—	—
（四）利润分配	—	—	—	6 180	3 136	-27 316	—	—
1.提取盈余公积	—	—	—	6 180	—	-6 180	—	—
2.提取一般风险准备	—	—	—	—	3 136	-3 136	—	—
3.对股东的分配	—	—	—	—	—	-18 000	—	-18 000
（五）股东权益内部结转	—	—	—	—	—	—	—	—
四、2020年12月31日余额	150 000	334	5 350	49 971	33 281	249 946	—	488 882

企业负责人：虞利明　　　财务负责人：陈凯　　　制表：吴庆元

5.2 信托资产

5.2.1 信托项目资产负债汇总表

信托项目资产负债汇总表

编制单位：杭州工商信托股份有限公司　　　　　　　　　　　　　　　　　　　　　　　　　　　　　　　　　　　　单位：万元

信托资产	期初数	期末数	信托负债和信托权益	期初数	期末数
信托资产：			信托负债：		
货币资金	142 225	121 257	交易性金融负债	—	—
拆出资金	—	—	衍生金融负债	—	—
存出保证金	—	—	应付受托人报酬	36 799	40 737
以公允价值计量且其变动计入当期损益的金融资产	—	—	应付托管费	15	52
衍生金融资产	—	—	应付受益人收益	3 247	—
买入返售金融资产	22 300	34 308	应交税费	593	125
应收款项	366	4 093	应付销售服务费	4	31
发放贷款	966 190	536 360	其他应付款项	64 661	233 181
可供出售金融资产	681 911	1 190 313	其他负债	—	1 107
持有至到期投资	—	45 685	信托负债合计	105 319	275 233
长期应收款	—	—			
长期股权投资	407 113	255 674	信托权益：		
投资性房地产	—	—	实收信托	4 142 373	3 570 061
固定资产	—	—	资本公积	507	5 430
无形资产	—	—	外币报表折算差额	—	—
长期待摊费用	—	—	未分配利润	77 413	77 078
其他资产	2 105 507	1 740 112	信托权益合计	4 220 293	3 652 569
信托资产总计	4 325 612	3 927 802	信托负债和信托权益总计	4 325 612	3 927 802

企业负责人：卢利明　　　　　　　　　　　财务负责人：陈凯　　　　　　　　　　　制表：陈俏敏

5.2.2 信托项目利润及利润分配汇总表

信托项目利润及利润分配汇总表

编制单位：杭州工商信托股份有限公司　　　　　　　　　　　　单位：万元

项目	本年累计数	上年累计数
一、营业收入	322 865	487 931
利息收入	203 800	380 466
投资收益	119 082	107 726
公允价值变动收益	-17	-261
财务顾问收入	—	—
租赁收入	—	—
汇兑损益	—	—
其他收入	—	—
二、支出	74 267	95 028
营业税金及附加	1 071	1 879
受托人报酬	67 465	88 793
保管费	589	842
投资管理费	361	1
销售服务费	213	4

续表

项目	本年累计数	上年累计数
交易费用	4	3
资产减值损失	—	—
其他费用	4 564	3 506
三、信托净利润	248 598	392 903
四、其他综合收益	4 750	617
五、综合收益	253 348	393 520
加：期初未分配信托利润	77 413	76 817
六、可供分配的信托利润	330 761	470 337
减：本期已分配信托利润	253 683	392 924
七、期末未分配信托利润	77 078	77 413

企业负责人：卢利明　　　财务负责人：陈凯　　　制表：陈俏敏

6. 会计报表附注

6.1 简要说明报告年度会计报表编制基准、会计政策、会计估计和核算方法发生的变化

根据财政部于2017年修订的《企业会计准则第

22号——金融工具确认和计量》《企业会计准则第23号——金融资产转移》和《企业会计准则第24号——套期会计》《企业会计准则第37号——金融工具列报》（以上四项统称新金融工具准则）的规定，本公司自2021年1月1日起执行上述新金融工具准则。

根据财政部于2017年修订的《企业会计准则第14号——收入》（以下简称新收入准则）的规定，本公司自2021年1月1日起执行新收入准则。

本公司自2021年1月1日起执行财政部2018年修订的《企业会计准则第21号——租赁》。

6.2 或有事项说明

无。

6.3 重要资产转让及其出售的说明

无。

6.4 会计报表中重要项目的明细资料

6.4.1 披露自营资产经营情况

6.4.1.1 按信用风险五级分类结果披露信用风险资产的期初数、期末数

信用风险资产五级分类	正常类（万元）	关注类（万元）	次级类（万元）	可疑类（万元）	损失类（万元）	信用风险资产合计（万元）	不良合计（万元）	不良率（%）
期初数	428 678	35 310	74 572	—	—	538 560	74 572	13.85
期末数	396 300	48 442	121 034	—	—	565 776	121 034	17.21

注：1.不良资产合计=次级类+可疑类+损失类。
2.固有风险不良率按中国信托业协会行业评级口径确定，即固有信用风险不良率=（不良资产总额-已计提减值准备）/信用风险资产总额。

6.4.1.2 各项资产减值损失准备的期初、本期计提、本期转回、本期核销、期末数；贷款的一般准备、专项准备和其他资产减值准备应分别披露

单位：万元

项目	期初数	本期计提	本期转回	本期核销	期末数
贷款损失准备	769	209	743	—	235
一般准备	—	—	—	—	—
专项准备	769	209	743	—	235
其他资产减值准备	677	628	—	—	1 305
可供出售金融资产减值准备	—	—	—	—	—
持有至到期投资减值准备	—	—	—	—	—
长期股权投资减值准备	—	—	—	—	—
坏账准备	582	628	—	—	1 210
投资性房地产减值准备	—	—	—	—	—
其他减值准备	95	—	—	—	95

6.4.1.3 自营股票投资、基金投资、债券投资、股权投资等投资业务的期初数、期末数

单位：万元

项目	自营股票	基金	债券	股权投资	其他投资	合计
期初数	244	—	4 845	33 231	411 275	449 595
期末数	268	—	1 357	36 601	392 198	430 424

6.4.1.4 按投资入股金额排序，前三名的自营长期股权投资的企业名称、占被投资企业权益的比例及投资收益情况等。（从大到小顺序排列）

单位：万元

企业名称	占被投资企业权益的比例（%）	主要经营活动	投资损益（万元）
浙江蓝桂资产管理有限公司	100.00	资产管理，投资管理，企业管理，商务咨询，实业投资	—

注：投资损益是指按照企业会计准则有关规定，核算股权投资确认损益并计入披露年度利润表的金额。

6.4.1.5 前三名的自营贷款的企业名称、占贷款总额的比例和还款情况（从大到小顺序排列）

企业名称	占贷款总额比例（%）	还款情况
达州金科房地产开发有限公司	29.66	正常收息，未到期
银江科技集团有限公司	24.59	正常收息，未到期
上海伊禾农产品科技发展股份有限公司	12.47	正常收息，未到期

6.4.1.6 表外业务的期初数、期末数；按照代理业务、担保业务和其他类型表外业务分别披露

单位：万元

表外业务	期初数	期末数
担保业务	—	—
代理业务（委托业务）	4 211	4 211
其他	—	—
合计	4 211	4 211

注：代理业务主要反映因客观原因应规范而尚未完成规范的历史遗留委托业务，包括委托贷款和委托投资。

6.4.1.7 公司当年的收入结构（母公司口径、并表口径同时披露）

收入结构	母公司口径		合并口径	
	金额（万元）	占比（%）	金额（万元）	占比（%）
手续费及佣金收入	56 913	84.75	56 821	79.41
其中：信托手续费收入	56 913	84.75	56 821	79.41
投资银行业务收入	—	—	—	—
利息收入	8 628	12.85	9 939	13.89
其他业务收入	889	1.32	1 116	1.56
其中：计入信托业务收入部分	—	—	—	—
投资收益	14 328	21.34	19 577	27.36
其中：股权投资收益	1 858	2.77	6 271	8.76
证券投资收益	7	0.01	7	0.01
其他投资收益	12 463	18.56	13 299	18.59
公允价值变动收益	-13 670	-20.36	-15 970	-22.32
资产处置收益	—	—	—	—
其他收益	54	0.08	55	0.08
营业外收入	14	0.02	14	0.02
收入合计	67 156	100.00	71 552	100.00

注：手续费及佣金收入、利息收入、其他业务收入、投资收益、营业外收入均应为损益表中的科目，其中手续费及佣金收入、利息收入、营业外收入为未抵减掉相应支出的全年累计实现收入数。

6.4.2 披露信托资产管理情况

6.4.2.1 信托资产的期初数、期末数

单位：万元

信托资产	期初数	期末数
集合	3 734 125	2 979 135
单一	471 487	321 957
财产权	120 000	626 710
合计	4 325 612	3 927 802

6.4.2.1.1 主动管理型信托业务的信托资产期初数、期末数，分证券投资类、股权投资类、融资类、事务管理类分别披露

单位：万元

主动管理型信托资产	期初数	期末数
证券投资类	15 028	701 163
股权投资类	1 557 137	860 996
组合投资类	1 003 738	243 232
融资类	1 152 197	1 040 501
事务管理类	80	78 376
其他投资	—	217 439
合计	3 728 180	3 141 707

6.4.2.1.2 被动管理型信托业务的信托资产期初数、期末数，分证券投资类、股权投资类、融资类、事务管理类分别披露

单位：万元

被动管理型信托资产	期初数	期末数
证券投资类	—	—
股权投资类	—	—
融资类	—	—
事务管理类	597 432	786 095
合计	597 432	786 095

6.4.2.2 本年度已清算结束的信托项目个数、实收信托合计金额、加权平均实际年化收益率

6.4.2.2.1 本年度已清算结束的集合类、单一类资金信托项目和财产管理类信托项目个数、实收信托金额、加权平均实际年化收益率

已清算结束信托项目	项目个数（个）	实收信托合计金额（万元）	加权平均实际年化收益率（%）
集合类	50	1 628 606	8.90
单一类	3	15 641	8.36
财产管理类	—	—	—

注：1. 收益率是指信托项目清算后，给受益人赚取的实际收益水平。
2. 加权平均实际年化收益率=（信托项目1的实际年化收益率×信托项目1的实收信托+信托项目2的实际年化收益率×信托项目2的实收信托+…信托项目n的实际年化收益率×信托项目n的实收信托）/（信托项目1的实收信托+信托项目2的实收信托+…信托项目n的实收信托）×100%。

6.4.2.2.2 本年度已清算结束的主动管理型信托项目个数、实收信托合计金额、加权平均实际年化收益率，分证券投资类、股权投资类、融资类、事务管理类分别披露

已清算结束信托项目	项目个数（个）	实收信托合计金额（万元）	加权平均实际年化收益率（%）
证券投资类	2	7 180	31.57
股权投资类	19	673 052	9.36
组合投资类	3	194 200	8.33
融资类	21	648 240	8.37
事务管理类	4	27	1.38

注：加权平均实际年化信托报酬率=（信托项目1的实际年化信托报酬率×信托项目1的实收信托+信托项目2的实际年化信托报酬率×信托项目2的实收信托+…信托项目n的实际年化信托报酬率×信托项目n的实收信托）/（信托项目1的实收信托+信托项目2的实收信托+…信托项目n的实收信托）×100%。

6.4.2.2.3 本年度已清算结束的被动管理型信托项目个数、实收信托合计金额、加权平均实际年化收益率，分证券投资类、股权投资类、融资类、事务管理类分别披露

已清算结束信托项目	项目个数（个）	实收信托合计金额（万元）	加权平均实际年化收益率（%）
证券投资类	—	—	—
股权投资类	—	—	—
融资类	—	—	—
事务管理类	4	121 548	9.19

6.4.2.3 本年度新增的集合类、单一类和财产管理类信托项目个数、实收信托合计金额

新增信托项目	项目个数（个）	实收信托合计金额（万元）
集合类	52	1 625 135
单一类	18	63 211
财产管理类	73	522 335
新增合计	143	2 210 681
其中：主动管理型	59	1 775 841
被动管理型	84	434 840

注：本年新增信托项目指在本报告年度内累计新增的信托项目个数和金额。包含本年度新增并于本年度内结束的项目和本年度新增至报告期末仍在持续管理的信托项目。

6.4.2.4 信托业务创新成果和特色业务有关情况

公司始终坚持"专业、精致、恒久"的业务经营理念，贯彻"投资化、中长期化、基金化、产品化"的业务发展理念，围绕综合金融服务商的战略转型目标，聚焦公司自身资源禀赋及业务基础，积极拓展资产管理业务，加大投资类业务和资本市场业务布局，加快财富管理业务转型升级，持续推进服务信托、慈善信托等信托本源业务的创新发展。(1)公司基于客户全生命周期，构建全流程、一站式家族信托服务体系，形成"嘉和汇沣""嘉和汇泽""嘉和汇鸿""嘉和汇济"四大家族信托系列，满足客户家族财富管理与传承需求，年度内家族信托业务新增规模取得新突破。(2)财富管理高端账户管理方面，公司已形成"瑞德""瑞致""瑞泰""瑞昇"四大标准化产品系列，满足客户个性化资产配置需求，提升客户服务体验，年度内业务规模实现了稳健增长。(3)资产证券化业务方面，公司的ABN、CMBS业务取得重大突破，先后开展金融同业小微贷款等资产支持证券投资业务，为服务实体经济发展做出重要贡献。(4)证券投资信托方面，公司持续深化资本市场业务布局，推出涵盖不同策略的FOF/TOF、指数增强收益凭证、现金管理类等多个产品线，形成了景源、光源、恒源等标准化系列。(5)公司响应国家"碳达峰""碳中和"战略目标号召，积极探索绿色信托新模式，新增清洁能源等领域的绿色债券投资信托业务，为绿色低碳产业发展提供资金支持。

社会责任履行情况：2021年，公司在拓展慈善信托业务、推动教育事业发展、促进"三农"产业发展、支持乡村振兴等方面，积极作为、扶危济困，向社会奉献金融向善的温暖力量，进一步树立公司践行社会责任的良好形象。(1)拓展慈善信托业务。2021年，公司新发起设立慈善信托8个，新增慈善信托440万元，资金运用范围涵盖教育、医疗、救助、扶贫以及慈善产业孵化等多个领域，目前公司已形成"阳光""之江""暖树""春风"等慈善信托系列产品线，强化了"工信慈善"的品牌影响力。公司成立"阳光18号失独助困慈善信托"，信托资金用于捐助杭州市萧山区辖内失独特殊困难家庭的救助项目；公司成立"阳光19号困境家庭救助慈善信托"，信托资金用于捐助杭州市上城区辖内独生子女困境家庭因疾病、残疾、死亡和发生意外事故的扶贫救助项目；公司成立"暖树2号困难家庭助学慈善信托"，信托资金用于捐助杭州市上城区采荷街道辖内困难家庭子女完成非义务教育阶段(幼儿园、高中、全日制大专及以上)学业的助学项目；公司成立"善创空间慈善信托"，信托资金用于建设杭州"善创空间"慈善基地，助力杭城慈善事业发展；公司成立"杭工信·暖树3号教育救助慈善信托"，信托资金用于对杭州市拱墅区辖内困难家庭子女的教育补助。2021年，"之江1号生态保护慈善信托"向阿拉善基金会捐赠26万余元，用于乌兰布和—磴口穿沙公路敖伦布拉格支线公路防护林的种植养护，并支持基金会组织林地认养揭牌、义务种树、沙漠行走体验等其他活动多次，活动参与人数近千人，广泛传播了绿色生态发展理念，提高了社会、个人与机构参与荒漠治理与生态保护的意识，为我国生态文明建设做出积极贡献。截至2021年末，公司存续慈善信托计划20个，全面推动带有公益属性创新业务的发展。(2)推动教育事业发展。在浙江省阳光教育基金会的指导和帮助下，公司积极促进青少年教育事业的全面发展。2021年10月，浙江省阳光教育基金会"杭工信·阳光5号教育助学慈善信托"音乐器材捐赠仪式在杭州建德市上马小学举行，公司党政工团及爱心员工代表参加捐赠仪式。2021年5月，公司党政工团及爱心员工代表前往丽水湖山乡中心小学，完成全校200余名学生的"六一微心愿"爱心活动，公司已连续六年与该校贫困农村学生捐资结对，持续向乡村贫困学生奉献爱心。(3)促进"三农"产业发展。公司以信托贷款方式支持某农品公司发展，并为其持续提供全流程的金融服务，多次通过固有资金发放流动贷款方式支持该公司拓展长三角地区的农产品供应链。2021年公司拓展涉农信贷增信业务，创新使用了林权抵押担保方式向该公司提供融资支持。(4)支持乡村振兴事业发展。按照杭州市委市政府的安排，公司自2007年起，连续15年参与杭州市"联乡结村"帮扶活动，积极

支持定点帮扶对象建德市梅城镇的乡村建设。2021年，经党委决定，公司向杭州建德市梅城镇捐赠30万元，大力支持贫困农户的脱贫事业。（5）帮扶贫困残疾群体。结合"杭工信·阳光16号母亲微笑行动慈善信托"（该慈善信托的资金用于杭州微笑行动慈善医院运作的母亲微笑行动项目）的开展，2021年7月，公司员工代表参加"母亲微笑行动"走进新疆阿克苏大型公益活动，传递温暖，传递微笑，在志愿服务期间，公司志愿者来到病房探望患儿并协助医生进行术前安抚。7年间公司先后通过3个阳光系列慈善信托，累计帮助230余位贫困唇腭裂患儿进行免费的手术治疗。（6）构建政企合作机制。公司积极拜访杭州市、温州市等地的各级慈善公益机构，参加税务机关等部门举办的内部座谈会，围绕慈善信托、公益活动、合作模式、税收筹划等方面与相关人士进行深度研讨，积极为慈善事业建言献策，构建慈善事业合作机制，大力推进浙江省共同富裕示范区建设。2021年12月，在"融合参与共富先行"温州市国际残疾人日活动中，公司与乐清市鹿城区签订慈善信托合作框架协议，计划成立针对自闭症以及因残失能等特殊家庭需求的慈善信托，加强对温州当地特殊群体的关爱力度；公司参与"杭州市慈善信托专项改革试点工作"课题组会议，与杭州市民政局、财政局等部门深度研讨慈善信托专项改革工作。

2021年，公司党委被杭州市委授予"杭州市先进基层党组织"光荣称号；公司获评上海证券时报社诚信托"创新领先奖"、第十六届21世纪亚洲金融年会"2021年度品牌建设信托公司"奖、《浙商》杂志"2021（第十二届）浙商最信赖金融机构"奖、中国信托登记有限责任公司2021年"优秀会员机构"奖、杭州市委市政府授予的杭州市2020年"春风行动"先进单位等多项荣誉称号。

6.4.2.5　本公司履行受托人义务情况及因本公司自身责任而导致的信托资产损失情况（合计金额、原因等）

报告期内，公司坚守受托人的职责与定位，按照国家法律法规及信托合同的约定，诚实、信用、谨慎、有效地管理信托财产，严格履行受托人的义务，为受益人的最大利益处理信托事务，公平、公正地处置信托财产，未发生因为本公司自身责任而导致的信托资产损失情况。

6.5　关联方关系及其交易的披露

6.5.1　关联交易方的数量、关联交易的总金额及关联交易的定价政策等

项目	关联交易方数量	关联交易金额（万元）	定价政策
合计	4	43 373	市场公允价格

注："关联交易"定义应以《公司法》和《企业会计准则第36号——关联方披露》有关规定为准。

6.5.2　关联交易方与本公司的关系性质、关联交易方的名称、法定代表人、注册地址、注册资本及主营业务等

关系性质	关联方名称	法定代表人	注册地址	注册资本（万元）	主营业务
受同一母公司控制	杭州国际机场大厦开发有限公司	姚建惠	浙江省杭州市江干区庆春东路2-6号102室	16 000	杭州国际机场大厦开发（凭资质证书经营）、自有房屋租赁
受同一母公司控制	杭州金实物业管理有限公司	姚建惠	浙江省杭州市江干区庆春东路2-6号804室-1	1 000	餐饮服务。物业管理；房地产经纪；城市绿化管理；普通机械设备安装服务；家政服务；专业保洁、清洗、消毒服务；会议及展览服务；健身休闲活动；日用百货销售；食用农产品初加工；食品销售
受同一母公司控制	杭州汇石投资管理合伙企业（有限合伙）	执行事务合伙人：杭州锦垚资产管理有限公司	浙江省杭州市上城区白云路18号104室-1	500 010	服务：投资管理
母公司的合营企业	杭州锦垚资产管理有限公司	徐强	浙江省杭州市上城区新塘路58号广新商务大厦619室	1 000	服务：受托资产管理，非证券业务的投资管理

6.5.3　本公司与关联方的重大交易事项

6.5.3.1　固有与关联方交易情况：贷款、投资、租赁、应收账款担保、其他方式等期初汇总数、本期借方和贷方发生额汇总数、期末汇总数

固有与关联方关联交易　　　　　　　单位：万元

项目	期初数	借方发生额	贷方发生额	期末数
贷款	—			
投资		1 150		1 150

续表

项目	期初数	借方发生额	贷方发生额	期末数
租赁		9	9	
担保				
应收账款				
其他		42 214	42 214	
合计	—	43 373	42 223	1 150

6.5.3.2　信托资产与关联方：贷款、投资、租赁、应收账款、担保、其他方式等期初汇总数、本期发生额

汇总数、期末汇总数

信托与关联方关联交易 单位：万元

项目	期初数	借方发生额	贷方发生额	期末数
贷款	—	—	—	—
投资	—	—	—	—
租赁	—	—	—	—
担保	—	—	—	—
应收账款	—	—	—	—
其他	—	39 982	—	39 982
合计	—	39 982	—	39 982

6.5.3.3 信托公司自有资金运用于自己管理的信托项目（固信交易）、信托公司管理的信托项目之间的相互（信信交易）交易金额，包括余额和本报告年度的发生额

6.5.3.3.1 固有财产与信托财产之间的交易金额期初汇总数、本期发生额汇总数、期末汇总数

固有财产与信托财产相互交易 单位：万元

项目	期初数	本期发生额	期末数
合计	351 795	30 584	382 379

注：以固有资金投资公司自己管理的信托项目受益权，或购买自己管理的信托项目的信托资产均应纳入统计披露范围。

6.5.3.3.2 信托项目之间的交易金额期初汇总数、本期发生额汇总数、期末汇总数

信托资产与信托财产相互交易 单位：万元

项目	期初数	本期发生额	期末数
合计	346 952	130 855	477 807

注：以公司受托管理的一个信托项目的资金购买自己管理的另一个信托项目的受益权或信托项下资产均应纳入统计披露范围。

6.5.4 逐笔披露关联方逾期未偿还本公司资金的详细情况以及本公司为关联方担保发生或即将发生垫款的详细情况

无。

6.6 会计制度的披露

公司执行中华人民共和国财政部颁布的《企业会计准则——基本准则》和对应的具体会计准则、应用指南、解释、修订以及其他相关规定。

7.财务情况说明书

7.1 利润实现和分配情况

2021年度公司母公司实现净利润32 473万元，合并层面实现净利润32 609万元。2021年提取信托赔偿准备金1 624万元，提取法定盈余公积3 247万元，提取一般风险准备4 700万元，剩余可供分配利润未向公司股东分配。

7.2 主要财务指标（母公司口径和并表口径同时披露）

指标名称	指标值	
	母公司口径	合并口径
资本利润率（%）	6.66	6.45
加权年化信托报酬率（%）	2.33	2.33
人均净利润（万元）	141	136

注：1.资本利润率＝净利润/股东权益平均余额×100%。
2.加权年化信托报酬率=（信托项目1的实际年化信托报酬率×信托项目1的实收信托＋信托项目2的实际年化信托报酬率×信托项目2的实收信托＋…信托项目n的实际年化信托报酬率×信托项目n的实收信托）/（信托项目1的实收信托＋信托项目2的实收信托＋…信托项目n的实收信托）×100%信托业务收入/实收信托平均余额×100%。
3.人均净利润=净利润/年平均人数。
4.平均人数采取年初、年末余额简单平均法，公式为：a（平均）=（年初数＋年末数）/2。

7.3 对本公司财务状况、经营成果有重大影响的其他事项

无。

8.特别事项简要揭示

8.1 前五名股东报告期内变动情况及原因

无。

8.2 董事、监事及高级管理人员变动情况及原因

2021年1月，公司2021年第一次临时股东大会表决通过《关于公司董事会换届选举的议案》，选举虞利明先生、楼未女士、江龙先生、刘宏远先生、朱虹女士、施征宇先生、梅建平先生、竺福江先生、苏显泽先生为公司第九届董事会董事，其中楼未女士、刘宏远先生、苏显泽先生为新任董事，其任职资格于2021年4月经中国银保监会浙江监管局核准。

2021年11月，因朱虹女士、竺福江先生由于个人原因辞去董事职务，经公司2021年第二次临时股东大会审议通过，选举裴刚先生、傅伟光先生为新任董事，其任职资格于2021年12月经中国银保监会浙江监管局核准。

根据相关法律法规的规定，公司于2021年1月召开职工大会，选举陈建乔先生为第九届监事会职工监事。2021年1月，公司2021年第一次临时股东大会表决通过

《关于公司监事会换届选举的议案》，选举董振东先生、曹玲华女士为第九届监事会非职工代表监事，与职工代表监事陈建乔先生组成公司第九届监事会。

2021年4月，公司第九届董事会第一次会议、第二次会议审议通过了关于聘任公司高级管理人员的相关议案，聘任江龙先生为公司总裁，聘任张锐先生、汪勇先生、马晓涛先生、何平先生、冯蔚蔚女士为公司副总裁，聘任康波女士为公司首席财务官，其中新任高管何平先生、冯蔚蔚女士任职资格于2021年6月经中国银保监会浙江监管局核准。

因公司副总裁张锐先生、首席财务官康波女士到龄退休，公司第九届董事会第五次会议审议通过了《关于公司高级管理人员变更的议案》，自2021年11月1日起免去张锐先生副总裁职务；免去康波女士首席财务官职务，聘任陈凯先生为首席财务官，陈凯先生首席财务官的任职资格于2021年11月经中国银保监会浙江监管局核准，康波女士首席财务官的免职同时生效。

8.3 公司的重大未决诉讼事项

报告期间，公司发生诉讼案件12起，为信托项目所涉且由公司作为原告，被告为信托项目所涉的交易对手。

8.4 对会计师事务所出具的有保留意见、否定意见或无法表示意见的审计报告的，公司董事会应就所涉及事项做出说明

无。

8.5 公司及其董事、监事和高级管理人员受到处罚的情况

无。

8.6 银保监会及其派出机构对公司检查后提出整改意见的，应简单说明整改情况

2021年5月，中国银保监会浙江监管局下发《2020年度监管意见》（浙银保监发〔2021〕151号），评价公司2020年着力完善内控流程和管理制度，加大信息科技投入，新设创新业务团队，转型基础得到一定提升，并初步探索证券投资、资产证券化等创新业务，业务结构得到一定优化。同时，指出公司存在公司治理基础有待完善、风险管控能力有所不足、转型发展亟待提速等问题，并提出了相应的监管要求。公司高度重视监管意见，针对监管提出的问题逐一对照梳理并制定了相应的整改方案。截至目前，监管意见所指出的问题已整改完毕。同时，公司亦通过"强化股东股权管理""持续提升风险管理能力""加快业务转型发展""大力推动信托文化建设""切实强化受托履职""严格落实监管政策"等措施，切实提升合规管理水平，提高防范化解金融风险能力，实现公司规范经营、稳健发展。

8.7 本年度重大事项临时报告的简要内容、披露时间、所披露的媒体及其版面

因换届等原因，公司董事发生变更，公司于2021年11月29日在《证券时报》B1版披露《关于董事会成员变更的公告》。

8.8 本年度净资本管理情况

净资本管理风险控制指标表

项目	期末余额	监管标准
净资本（万元）	393 456	≥20 000
净资本/各项业务风险资本之和（%）	242.74	≥100
净资本/净资产（%）	78.81	≥40

8.9 中国银保监会及其省级派出机构认定的其他有必要让客户及相关利益人了解的重要信息

无。

9. 公司监事会意见

监事会认为，本报告期内，公司决策程序合法，内部控制制度较为完善，没有发现公司董事、总裁和其他高级管理人员在执行公司职务时有违法违纪或有损公司及股东利益的行为。公司财务报告真实地反映了公司的财务状况和经营成果。

湖南省财信信托有限责任公司

1. 重要提示

1.1 本公司董事会及其董事保证本报告所载资料不存在任何虚假记载、误导性陈述或者重大遗漏，并对其内容的真实性、准确性和完整性承担个别及连带责任。

1.2 未有公司董事声明对本年度报告内容的真实性、准确性、完整性存在异议。

1.3 公司独立董事张强、屈茂辉、陈长春声明：保证本年度报告内容真实、准确、完整。

1.4 公司法定代表人、董事长王双云，主管会计工作负责人董事、总裁朱昌寿声明：保证本年度报告中财务报告的真实、完整。

2. 公司概况

2.1 公司简介

湖南省财信信托有限责任公司前身为湖南省信托投资公司，成立于1985年，2002年12月4日经中国人民银行总行《关于湖南省信托投资公司重新登记的批复》（银复〔2002〕345号）核准重新登记更名为湖南省信托投资有限责任公司，2008年10月23日经中国银行业监督管理委员会《中国银监会关于湖南省信托投资有限责任公司变更公司名称和业务范围的批复》（银监复〔2008〕429号）批准同意更名为湖南省信托有限责任公司，2020年3月16日经中国银保监会湖南监管局《关于湖南省信托有限责任公司变更名称的批复》（湘银保监复〔2020〕89号）同意更名为湖南省财信信托有限责任公司。

公司目前注册资本43.8亿元。湖南财信投资控股有限责任公司和湖南省国有投资经营有限公司分别持有96%、4%的股权。

法定名称	湖南省财信信托有限责任公司
中文缩写	财信信托
英文名称（及缩写）	HUNAN CHASING TRUST CO., LTD.（英文缩写：CHASING TRUST）
法定代表人	王双云
注册地址	长沙市岳麓区玉兰路433号西枢纽商务中心购物中心T3写字楼1801-1809
邮政编码	410006
公司国际互联网网址	trust.hnchasing.com
公司电子信箱	cxxt@hnchasing.com
公司负责信息披露事务人	蒋天翼
联系电话	0731-85196077
传真电话	0731-85196911
电子信箱	jiangtianyi@hnchasing.com
公司信息披露报纸名称	《证券时报》《上海证券报》
公司年度报告备置地点	长沙市岳麓区玉兰路433号西枢纽商务中心购物中心T3写字楼18楼办公室
公司聘请的会计师事务所名称及住所	天职国际会计师事务所（特殊普通合伙） 地址：北京市海淀区车公庄西路19号68号楼A-1和A-5区域 电话：（8610）88827799

2.2 财信信托组织架构图

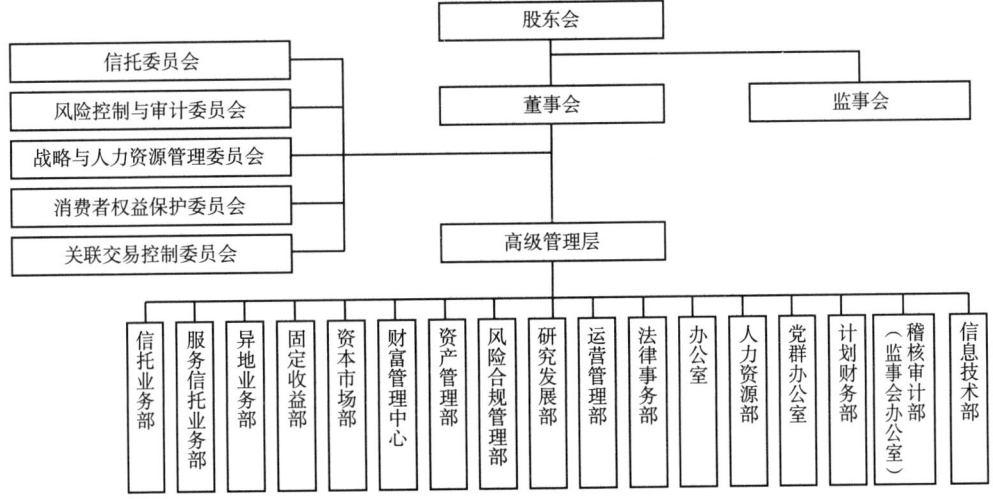

3. 公司治理

3.1 股东

报告期末公司股东总数为2个。

公司2名股东全部为国有法人独资公司，湖南财信投资控股有限责任公司、湖南省国有投资经营有限公司均为湖南财信金融控股集团有限公司的全资子公司。

股东情况

股东名称	持股比例(%)	法定代表人	注册资本(万元)	注册地址	主要经营业务及主要财务情况
湖南财信投资控股有限责任公司	96	程蓓	1 200 000	长沙市天心区城南西路1号	主要经营业务：法律、法规允许的资产投资、经营及管理（依法须经批准的项目，经相关部门批准后方可开展经营活动） 主要财务情况：2021年，实现合并营业收入1 365 830.68万元，其中母公司营业收入135 308.26万元；实现合并利润217 690.76万元，其中母公司利润88 132.08万元，合并净利润168 271.13万元，其中母公司净利润85 901.25万元。公司合并资产总额11 978 078.99万元，其中母公司资产总额2 716 535.28万元，合并净资产总额2 339 596.98万元，其中母公司净资产总额1 690 129.10万元
湖南省国有投资经营有限公司	4	李立新	33 282.06	长沙市岳麓区茶子山东路112号滨江金融中心T4栋712	主要经营业务：授权范围内的国有资产投资、经营、管理与处置，企业资产重组、债务重组，企业托管、并购、委托投资，投资咨询、财务顾问；旅游资源投资、开发、经营（限分支机构凭许可证书经营）；经营商品和技术的进出口业务（不得从事吸收存款、集资收款、受托贷款、发行票据、发放贷款等国家金融监管及财政信用业务）。依法须经批准的项目，经相关部门批准后方可开展经营活动） 主要财务情况：2021年，公司实现合并营业收入15 297.40万元，其中母公司营业收入8 273.08万元；实现合并利润-471.65万元，其中母公司利润738.69万元。公司合并资产总额429 396.26万元，其中母公司资产总额387 428.82万元；合并净资产总额365 243.27万元，其中母公司净资产总额369 643.70万元

注：湖南财信投资控股有限责任公司为公司控股股东、主要股东，系湖南财信金融控股集团有限公司全资子公司。公司实际控制人为湖南财信金融控股集团有限公司。

报告期末股东的出资方式和出资比例

股东名称	湖南财信投资控股有限责任公司	湖南省国有投资经营有限公司
出资方式	货币及评估后净资产	货币
出资额(元)	4 204 800 000	175 200 000
出资比例(%)	96	4

3.2 董事、董事会及其下属委员会

董事长、董事

姓名	职务	性别	年龄(岁)	任职日期	所提名的股东名称	该股东持股比例(%)	简要履历
王双云	董事长	男	57	2016年3月	湖南财信投资控股有限责任公司	96	曾任湖南省财政厅经济建设处副处长，湖南省财政厅监督检查局副局长、省财政稽查办公室主任（正处长级），湖南省财政厅机关党委专职副书记、党办主任、机关工会主席，湖南省财政厅人事教育处处长，湖南财信金融控股集团有限公司党委副书记。现任公司董事长
朱昌寿	董事	男	49	2019年8月	湖南财信投资控股有限责任公司	96	曾任财富证券有限责任公司计划财务部经理、财富通典当有限责任公司总经理、公司财务总监、公司副总裁。 公司董事任职资格于2019年3月经湖南银保监局核准，自2019年8月起担任公司董事
刘京韬	董事	男	39	2019年8月	湖南财信投资控股有限责任公司	96	曾任微软（中国）有限公司开发工具及平台事业部市场合作经理、IPG资本高级顾问、中华少年儿童慈善救助基金会项目发展部总监兼资助中心主任、南华生物医药股份有限公司市场总经理、湖南财信金融控股集团有限公司战略与投资部总经理，湖南省财信资产管理有限公司总经理兼副董事长。 公司董事任职资格于2019年4月经湖南银保监局核准，自2019年8月起担任公司董事
刘之彦	职工董事	男	36	2019年8月	—	96	曾任吉祥人寿保险股份有限公司资产管理部投研总监、湖南财信投资控股有限责任公司投资管理部投资经理、湖南省财信产业基金管理有限公司副总经理、湖南财信金融控股集团有限公司战略与投资部总经理。现任湖南财信金融科技服务有限公司董事长，公司董事任职资格于2019年8月经湖南银保监局核准，自2019年8月起担任公司董事

独立董事

姓名	所在单位及职务	性别	年龄（岁）	选任日期	任期（年）	所提名的股东名称	该股东持股比例（%）	简要履历
张强	湖南大学金融与统计学院教授、博士生导师、教育基金会理事长	女	67	2019年8月	3	湖南财信投资控股有限责任公司	96	曾任中共湖南大学委员会常委、湖南大学常务副校长、货币政策专家咨询委员会问卷调查专家。现任湖南大学金融与统计学院教授、博士生导师、教育基金会理事长，享受国务院特殊政府津贴专家，兼任中国金融学会常务理事、中国金融教育基金名誉理事、湖南省股权投资协会副会长等。公司董事任职资格于2019年4月经湖南银保监局核准，自2019年8月起担任公司董事
屈茂辉	湖南大学法学院院长	男	59	2019年8月	3	湖南财信投资控股有限责任公司	96	中国人民大学民商法博士，美国华盛顿大学高级访问学者，教育部新世纪创新人才，享受国务院特殊津贴专家，教授、博士生导师。现任湖南大学法学院院长，湖南大学学位委员会委员、教学委员会委员，法学一级学科博士点和省级重点学科带头人。兼任中国法学会理事、中国民法学研究会常务理事、国家社会科学基金学科规划评审组专家、教育部法学学科教学指导委员会委员、湖南省法学会副会长、湖南省民商法研究会会长、湖南省院士专家咨询委员会委员、湖南省法官检察官遴选委员会专家、长沙仲裁委员会副主任以及长沙市、常德市、岳阳市、株洲市等地市委、政府法律顾问等社会职务。公司董事任职资格于2019年4月经湖南银保监局核准，自2019年8月起担任公司董事
陈长春	大华会计师事务所湖南分所所长	男	43	2019年8月	3	湖南财信投资控股有限责任公司	96	注册会计师，注册税务师，注册资产评估师，注册房地产估价师。现为大华会计师事务所湖南分所所长。公司董事任职资格于2019年4月经湖南银保监局核准，自2019年8月起担任公司董事

3.3 监事、监事会及其下属委员会

监事会主席、监事

姓名	职务	性别	年龄（岁）	选任日期	所提名的股东名称	该股东持股比例（%）	简要履历
彭耀	监事会主席	男	50	2021年11月	湖南财信投资控股有限责任公司	96	先后在公司业务三部、资产管理总部、业务一部工作，曾任公司副总裁
朱润洲	外部监事	男	32	2020年12月	湖南省国有投资经营有限公司	4	先后在同程控股集团股份有限公司、湖南航空股份有限公司工作，现任景程文化旅游发展（苏州）有限公司董事长
胡爱明	职工监事	女	49	2020年4月	—	—	先后在公司证券部、财务部、资产管理部工作，曾任财务部总经理。现任公司稽核审计部总经理

公司监事会未设立下属委员会。

3.4 高级管理人员

姓名	职务	性别	年龄（岁）	选任日期	金融从业年限（年）	学历	专业	简要履历
朱昌寿	总裁	男	49	2019年3月	23	本科	会计学	曾任财富证券有限责任公司计划财务部总经理、财富通典当有限责任公司总经理，公司财务总监、副总裁。现任公司总裁
刘之彦	副总裁	男	36	2021年7月	12	硕士	统计学	曾任吉祥人寿保险股份有限公司资产管理部投研总监、湖南财信投资控股有限责任公司投资管理部投资经理、湖南省财信产业基金管理有限公司副总经理、湖南财信金融控股集团有限公司战略与投资部经理、湖南财信金融科技服务有限公司董事长。现任公司副总裁
包爽	副总裁、董事会秘书	男	38	2021年7月	9	硕士	经济法学	曾任财富证券有限责任公司中小企业融资部总经理助理、财信证券有限责任公司投资银行三部副总经理、财信证券有限责任公司财务顾问部总经理。现任公司副总裁、董事会秘书
蒋天翼	副总裁	男	41	2021年7月	14	硕士	计算机工程	曾任财富证券有限责任公司债券融资部总经理助理、财信证券有限责任公司投资银行一部副总经理、财信证券有限责任公司债券融资部总经理。现任公司副总裁

3.5 公司员工

报告期内,公司员工191人,平均年龄37岁。

公司员工

<table>
<tr><th colspan="2" rowspan="2">项目</th><th colspan="2">报告期年度</th><th colspan="2">上年度</th></tr>
<tr><th>人数（人）</th><th>比例（%）</th><th>人数（人）</th><th>比例（%）</th></tr>
<tr><td rowspan="4">年龄分布</td><td>20岁以下</td><td>—</td><td>—</td><td>—</td><td>—</td></tr>
<tr><td>20—29岁</td><td>24</td><td>12.57</td><td>40</td><td>19.90</td></tr>
<tr><td>30—39岁</td><td>115</td><td>60.21</td><td>113</td><td>56.22</td></tr>
<tr><td>40岁以上</td><td>52</td><td>27.22</td><td>48</td><td>23.88</td></tr>
<tr><td rowspan="4">学历分布</td><td>博士</td><td>4</td><td>2.09</td><td>5</td><td>2.49</td></tr>
<tr><td>硕士</td><td>97</td><td>50.79</td><td>98</td><td>48.76</td></tr>
<tr><td>本科</td><td>82</td><td>42.93</td><td>88</td><td>43.78</td></tr>
<tr><td>专科</td><td>6</td><td>3.14</td><td>6</td><td>2.98</td></tr>
<tr><td></td><td>其他</td><td>2</td><td>1.05</td><td>4</td><td>1.99</td></tr>
<tr><td rowspan="4">岗位分布</td><td>董事、监事及其高管人员</td><td>9</td><td>4.71</td><td>8</td><td>3.98</td></tr>
<tr><td>自营业务人员</td><td>6</td><td>3.14</td><td>6</td><td>2.99</td></tr>
<tr><td>信托业务人员</td><td>108</td><td>56.54</td><td>122</td><td>60.70</td></tr>
<tr><td>其他人员</td><td>68</td><td>35.61</td><td>65</td><td>32.33</td></tr>
</table>

3.6 年度内召开股东会情况

2021年召开股东会会议9次,其中定期会议2次,临时会议7次。会议召开程序符合法律法规和公司章程的规定,具体情况如下。

2021年5月6日,股东会2021年度第一次会议审议通过了《2020年度董事会工作报告》《2020年度监事会工作报告》《2020年度财务决算报告》《2021年度财务预算预案》,通报了《2020年度董事、监事履职评价报告》《2020年度受益人利益实现情况报告》和《关于2020年度监管意见及整改落实情况的报告》。

2021年10月26日,股东会2021年度第二次会议审议通过了《2021年上半年度董事会工作报告》《董事、监事履职评价管理办法（2021年版）》《关于向股东进行利润分配的议案》,通报了《关于2021年上半年度监管意见及整改落实情况的报告》。

2021年1月11日,股东会2021年度第一次临时会议审议通过了《关于变更公司监事的议案》。

2021年1月25日,股东会2021年度第二次临时会议审议通过了《董事会工作条例（2021年版）》《股东会议事规则（2021年版本）》,通报了《财信信托2021年度信托文化建设方案》。

2021年3月29日,股东会2021年度第三次临时会议审议通过了《2021年度自有资金投资计划》。

2021年5月17日,股东会2021年度第四次临时会议审议通过了《关于变更股东监事的议案》。

2021年9月18日,股东会2021年度第五次临时会议审议通过了《关于调整2021年度自有资金投资计划的议案》。

2021年9月19日,股东会2021年度第六次临时会议审议通过了《关于投资受让湘潭市两型社会建设投融资有限公司持有的华融湘江银行股份有限公司股权的议案》。

2021年11月29日,股东会2021年度第七次临时会议审议通过了《关于变更公司股东监事的议案》《主要股东承诺管理办法（试行）》《关于同意湖南省国有投资经营有限公司转让其持有的公司4%股权的议案》。

4.经营管理

4.1 经营目标、经营理念、战略规划

4.1.1 经营目标

公司坚持以习近平新时代中国特色社会主义思想为指导,坚持以服务地方经济社会发展为宗旨,围绕湖南财信金控集团"精干主业、精济实业、精耕湖南"的发展方略,按照"稳中求变,风控优先,强化协同,创新发展"的业务发展思路,不断完善公司治理结构,严守合规经营底线,提升发展质量、风控水平与综合金融服务能力,以更好地服务实体经济为着眼点,回归信托本源,加快推进业务转型。

4.1.2 经营理念

公司的经营理念是更低成本、更高效率、更可获得

4.1.3 战略规划

公司的战略规划是立足湖南,走向全国,培育自身核心竞争优势,使"财信信托"的品牌在全国范围内被市场广泛认知,并形成强大的品牌效应,致力于将财信信托打造成为"资本充足、信誉良好、经营稳健、勇于创新"的专业金融机构。

4.2 所经营业务的主要内容

公司业务主要分为信托业务和固有业务两大类。

4.2.1 信托业务

报告期末,公司信托财产运用与分布情况如下表所示。

信托财产运用与分布

资产运用	金额（万元）	占比（%）	资产分布	金额（万元）	占比（%）
货币资产	178 216	1.39	基础产业	3 830 782	29.75
贷款	2 462 076	19.12	房地产业	457 511	3.55
交易性金融资产	936 154	7.27	证券市场	1 248 696	9.70
可供出售金融资产	1 628	0.01	实业	5 852 947	45.46
持有至到期投资	8 703 070	67.60	金融机构	443 339	3.44
长期股权投资	371 082	2.88	其他	1 042 145	8.10
其他	223 194	1.73	—		
信托资产总计	12 875 420	100.00	信托资产总计	12 875 420	100.00

注：资产运用类中的"其他"内容为应收款项199 394万元以及买入返售金融资产23 800万元。资产分布类中的"其他"为其他行业运用1 042 145万元。

4.2.2 固有业务

报告期末，公司固有资产运用与分布情况如下表所示。

固有资产运用与分布（合并口径）

资产运用	金额（万元）	占比（%）	资产分布	金额（万元）	占比（%）
货币资产	133 223	8.15	基础产业	490 876	30.03
贷款及应收款	159 733	9.77	房地产业	26 259	1.61
交易性金融资产	746 227	45.66	证券市场	595 463	36.43
债权投资	553 665	33.88	工商企业	118 917	7.28
买入返售金融资产	14 610	0.89	金融机构	342 057	20.93
其他	26 986	1.65	其他	60 872	3.72
资产总计	1 634 444	100.00	资产总计	1 634 444	100.00

注：1. 资产运用中"其他"项主要明细说明：递延所得税资产24 639万元、无形资产880万元等。
2. 资产分布中"其他"项主要明细说明：债权投资32 556万元、递延所得税资产24 639万元等。

4.3 风险管理

4.3.1 风险管理概况

公司的主要风险是：信用风险、流动性风险、市场风险、操作风险、声誉风险和其他风险。

4.3.2 风险状况及管理情况

4.3.2.1 信用风险状况及管理情况

公司通过翔实的尽职调查，对交易对手和项目进行事前筛选，选取符合公司风控要求的项目。注重增信措施安排，增强风险保障。严格执行内部评审制度，通过分级授权与专家评审会议进行风险识别与控制。项目后期，公司按照《后期管理办法》进行后期管理，持续关注交易对手经营情况变化，及时采取风险预警措施。报告期末，公司无因不良信用资产造成的损失。

4.3.2.2 流动性风险状况及管理情况

公司综合考虑年内固有资金投资与流动性需求，对固有资金使用进行合理安排，制定年度固有资金投资计划。落实《恢复与处置计划》，建立流动性补足机制，有效应对流动性风险。对具体业务，公司建立合理的流动性需求测算方法，对资产端、负债端之间的期限、规模实行动态监测，及时测算流动性需求，合理控制资金头寸与久期。报告期内，公司通过强化项目风险管理、合理控制资金头寸、加强资产端与负债端的匹配性管理等措施，未出现流动性风险导致的风险事件。

4.3.2.3 市场风险状况及管理情况

一是加强对宏观经济及金融形势的分析和预测，增强预警性，以防范利率、汇率等风险；二是密切关注国家相关行业政策变化并采取相应对策，加强对投资、贷款单位的监管；三是密切关注宏观经济形势变化。报告期内，公司重视市场风险管理，严格落实各项风险管理措施，未发生由于市场风险引发的风险事件。

4.3.2.4 操作风险状况及管理情况

一是建立有效的决策机制；二是建立岗位职责分离、内部牵制制度；三是加强员工培训、强化责任追究；四是及时发现风险隐患并及时整改；五是对前台、中台、后台全面实施风险考核，并将风险考核运用到公司风险管理、绩效分配、资源配置、人力资源管理等方面。报告期内，公司未发现因公司内部业务流程、计算机系统、工作人员在操作中的不完善造成损失的风险，也未发现因外部因素如通信系统故障等给公司造成损失或影响公司的正常运行。

4.3.2.5 声誉风险状况及管理情况

声誉风险的管理，一是按照《舆情管理办法》，建立上下贯通、全面覆盖的舆情监控网络。二是加强舆情监测力度，及时掌握舆情动态。三是严格落实《处置舆情突发事件应急预案》，按照既定的负面舆情报告路径，做好舆情应急准备，确保早报告、早处置。四是建立迅速回应机制，明确舆情反应时间，确保舆情管理及时、有效。五是根据声誉风险事件发展阶段，对发酵期、高涨期制定相应的应对方案。六是加强公司正面形象宣传。2021年，公司荣膺"2021突破成长信托公司""金摇篮机构""信托登记优秀机构"等多个奖项。报告期内，公司未发生声誉风险导致的重大风险事件。

4.3.2.6 其他风险状况及管理情况

公司落实《全面风险管理办法》《合规风险管理办

法》等一系列风险管理与内控制度，执行风险考核与内部稽核审计，加强了公司的全面风险管理。公司通过强化、执行依法合规经营的各项规章制度，加强风险合规管理部、稽核审计部对业务合规性的审查、专项稽核检查和内部审计来控制合规性风险；通过对宏观政策和行业政策的研究和适用，来控制政策风险；通过建立完善内部控制制度、责任追究制度、业务流程，不断加强员工的职业道德教育，来控制操作风险和道德风险。报告期内，未发现该类风险给公司造成损失或影响公司的正常运行。

5.报告期末及上一年度末的比较式会计报表

5.1 自营资产

5.1.1 会计师事务所审计意见全文

审计报告

天职业字〔2022〕18057号

湖南省财信信托有限责任公司：

一、审计意见

我们审计了湖南省财信信托有限责任公司（以下简称贵公司）财务报表，包括2021年12月31日的合并资产负债表及资产负债表，2021年度的合并利润表及利润表、合并现金流量表及现金流量表、合并所有者权益变动表及所有者权益变动表和合并资产减值准备情况表及资产减值准备情况表以及相关财务报表附注。

我们认为，后附的财务报表在所有重大方面按照企业会计准则的规定编制，公允反映了贵公司2021年12月31日的合并财务状况及财务状况以及2021年的合并经营成果和合并现金流量及经营成果和现金流量。

二、形成审计意见的基础

我们按照中国注册会计师审计准则的规定执行了审计工作。审计报告的"注册会计师对财务报表审计的责任"部分进一步阐述了我们在这些准则下的责任。按照中国注册会计师职业道德守则，我们独立于贵公司，并履行了职业道德方面的其他责任。我们相信，我们获取的审计证据是充分、适当的，为发表审计意见提供了基础。

三、管理层和治理层对财务报表的责任

贵公司管理层（以下简称管理层）负责按照企业会计准则的规定编制财务报表，使其实现公允反映，并设计、执行和维护必要的内部控制，以使财务报表不存在由于舞弊或错误导致的重大错报。

在编制财务报表时，管理层负责评估贵公司的持续经营能力，披露与持续经营相关的事项，并运用持续经营假设，除非管理层计划清算贵公司、终止运营或别无其他现实的选择。

治理层负责监督贵公司的财务报告过程。

四、注册会计师对财务报表审计的责任

我们的目标是对财务报表整体是否不存在由于舞弊或错误导致的重大错报获取合理保证，并出具包含审计意见的审计报告。合理保证是高水平的保证，但并不能保证按照审计准则执行的审计在某一重大错报存在时总能发现。错报可能由于舞弊或错误导致，如果合理预期错报单独或汇总起来可能影响财务报表使用者依据财务报表做出的经济决策，则通常认为错报是重大的。

在按照审计准则执行审计工作的过程中，我们运用职业判断，并保持职业怀疑。同时，我们也执行以下工作：

（1）识别和评估由于舞弊或错误导致的财务报表重大错报风险，设计和实施审计程序以应对这些风险，并获取充分、适当的审计证据，作为发表审计意见的基础。由于舞弊可能涉及串通、伪造、故意遗漏、虚假陈述或凌驾于内部控制之上，未能发现由于舞弊导致的重大错报的风险高于未能发现由于错误导致的重大错报的风险。

（2）了解与审计相关的内部控制，以设计恰当的审计程序，但目的并非对内部控制的有效性发表意见。

（3）评价管理层选用会计政策的恰当性和做出会计估计及相关披露的合理性。

（4）对管理层使用持续经营假设的恰当性得出结论。同时，根据获取的审计证据，就可能导致对贵公司持续经营能力产生重大疑虑的事项或情况是否存在重大不确定性得出结论。如果我们得出结论认为存在重大不确定性，审计准则要求我们在审计报告中提请报表使用者注意财务报表中的相关披露；如果披露不充分，我们应当发表非无保留意见。我们的结论基于截至审计报告日可获得的信息。然而，未来的事项或情况可能导致贵公司不能持续经营。

（5）评价财务报表的总体列报、结构和内容，并评价财务报表是否公允反映相关交易和事项。

（6）就贵公司中实体或业务活动的财务信息获取充分、适当的审计证据，以对财务报表发表审计意见。我们负责指导、监督和执行集团审计，并对审计意见承担全部责任。

我们还就已遵守与独立性相关的职业道德要求向治理层提供声明,并与治理层沟通可能被合理认为影响我们独立性的所有关系和其他事项。

我们与治理层就计划的审计范围、时间安排和重大审计发现等事项进行沟通,包括沟通我们在审计中识别出的值得关注的内部控制缺陷。

5.1.2 资产负债表

编制单位:湖南省财信信托有限责任公司　　　2021年12月31日　　　　　　　　　　　　　　　　单位:万元

项目	行次	期末数 合并	期末数 母公司	年初数 合并	年初数 母公司
资产:	1				
现金及银行存款	2	133 222.69	109 399.02	172 045.61	159 568.82
现金及银行存款	3	—	—	—	—
存放同业款项	4	—	—	—	—
拆出资金	5	—	—	—	—
预付账款	6	—	—	—	—
交易性金融资产	7	746 227.17	592 943.89	—	—
以公允价值计量且其变动计入当期损益的金融资产	8	—	—	106 486.65	91 668.64
债权投资	9	553 665.38	237 577.57	—	—
衍生金融资产	10	—	—	—	—
买入返售金融资产	11	14 610.11	—	—	—
应收账款	12	—	—	—	—
合同资产	13	—	—	—	—
应收利息	14	—	—	447.17	—
其他应收款	15	352.05	338.76	1 856.25	1 492.88
发放贷款和垫款	16	159 381.29	48 038.63	260 326.25	103 942.88
可供出售金融资产	17	—	—	354 272.49	525 224.01
持有至到期投资	18	—	—	258 808.37	32 450.00
其他债权投资	19	—	—	—	—
长期股权投资	20	—	—	—	—
长期股权投资	21	—	—	—	—
使用权资产	22	147.12	147.12	—	—
投资性房地产	23	—	—	—	—
固定资产原价	24	1 811.20	1 811.20	1 806.15	1 806.15
减:累计折旧	25	1 440.52	1 440.52	1 294.14	1 294.14
固定资产净值	26	370.68	370.68	512.01	512.01
减:固定资产减值准备	27	—	—	—	—
固定资产净额	28	370.68	370.68	512.01	512.01
工程物资	29	—	—	—	—
在建工程	30	863.62	863.62	651.29	651.29
固定资产清理	31	—	—	—	—
无形资产	32	880.40	880.40	987.34	987.34

续表

项目	行次	期末数		年初数	
		合并	母公司	合并	母公司
长期待摊费用	33	84.90	84.90	169.81	169.81
递延所得税资产	34	24 639.03	24 639.03	19 299.97	21 503.32
其他资产	35	—	—	—	—
	36				
	37				
	38				
	39				
	40				
	41				
资产总计	42	1 634 444.44	1 015 283.62	1 175 863.22	938 171.00

法定代表人：王双云　　　　　主管会计工作负责人：朱昌寿　　　　　会计机构负责人：熊一芬

资产负债表（续）

编制单位：湖南省财信信托有限责任公司　　2021年12月31日　　单位：万元

项目	行次	期末数		年初数	
		合并	母公司	合并	母公司
负债：	43				
向中央银行借款	44	—	—	—	—
同业及其他金融机构存放款项	45	—	—	—	—
拆入资金	46	50 000.00	50 000.00	50 000.00	50 000.00
以公允价值计量且其变动计入当期损益的金融负债	47	—	—	232 866.11	—
交易性金融负债	48	612 450.88	—	—	—
衍生金融负债	49	—	—	—	—
卖出回购金融资产款	50	—	—	—	—
应付账款	51	—	—	—	—
预收账款	52	—	—	24 988.09	26 553.61
合同负债	53	35 028.62	40 189.08	—	—
应付职工薪酬	54	16 140.28	16 140.28	13 731.84	13 731.84
应交税费	55	8 838.74	8 055.18	14 612.03	14 253.09
应付利息	56	—	—	—	—
应付股利	57	—	—	—	—
其他应付款	58	124 811.11	127 146.10	119 720.06	119 738.33
租赁负债	59	152.89	152.89	—	—
递延所得税负债	60	1 939.05	1 939.05	1 455.97	2 375.64
预计负债	61	—	—	—	—
其他负债	62	52 592.58	52 592.58	15.77	15.77
负债合计	63	901 954.14	296 215.16	457 389.85	226 668.27
所有者权益：	64				
实收资本	65	438 000.00	438 000.00	438 000.00	438 000.00
国家资本	66	—	—	—	—

续表

项目	行次	期末数		年初数	
		合并	母公司	合并	母公司
集体资本	67	—	—	—	—
法人资本	68	438 000.00	438 000.00	438 000.00	438 000.00
其中：国有法人资本	69	438 000.00	438 000.00	438 000.00	438 000.00
集体法人资本	70	—	—	—	—
个人资本	71	—	—	—	—
外商资本	72				
资本公积	73	12 997.44	12 997.44	12 997.44	12 997.44
减：库存股	74				
其他综合收益	75	—	—	4 884.25	4 092.87
其中：外币报表折算差额	76	—	—	—	—
盈余公积	77	61 430.29	61 430.29	54 291.56	54 291.56
一般风险准备	78	16 085.99	16 085.99	13 457.12	13 457.12
信托赔偿准备	79	42 528.79	42 528.79	38 959.42	38 959.42
未分配利润	80	161 447.79	148 025.94	155 883.57	149 704.32
外币报表折算差额	81	—	—	—	—
归属于母公司权益合计	82	732 490.30	719 068.45	718 473.37	711 502.73
少数股东权益	83	—	—	—	—
所有者权益（或股东权益）合计	84	732 490.30	719 068.45	718 473.37	711 502.73
负债和所有者权益（或股东权益）总计	85	1 634 444.44	1 015 283.62	1 175 863.22	938 171.00

法定代表人：王双云　　　　主管会计工作负责人：朱昌寿　　　　会计机构负责人：熊一芬

5.1.3 利润表

利润表

编制单位：湖南省财信信托有限责任公司　　2021年度　　单位：万元

项目	行次	本期数		上期数	
		合并	母公司	合并	母公司
一、营业收入	1	127 945.63	120 787.25	143 362.56	135 602.07
利息净收入	2	26 926.54	5 455.13	29 747.81	15 942.26
利息收入	3	27 073.84	5 602.43	50 692.07	19 491.34
利息支出	4	147.30	147.30	20 944.27	3 549.08
手续费及佣金净收入	5	64 760.66	79 823.65	67 781.82	73 871.55
手续费及佣金收入	6	64 763.07	79 826.05	67 784.80	73 874.53
手续费及佣金支出	7	2.40	2.40	2.98	2.98
投资收益/（损失）	8	45 335.04	35 902.06	41 050.04	42 612.30
其中：对联营企业和合营企业的投资收益/（损失）	9	—	—	—	—
公允价值变动收益/（损失）	10	−9 081.05	−398.03	4 610.30	3 003.36
汇兑收益/（损失）	11				
其他业务收入	12				
其他收益	13	4.17	4.17	172.84	172.84

续表

项目	行次	本期数 合并	本期数 母公司	上期数 合并	上期数 母公司
资产处置收益	14	0.26	0.26	-0.25	-0.25
二、营业支出	15	29 839.97	25 074.91	51 197.38	49 553.46
税金及附加	16	1 080.84	718.29	1 007.26	858.37
业务及管理费	17	18 783.45	18 465.30	15 918.76	15 574.93
信用减值损失	18	9 975.67	5 891.32	—	—
资产减值损失	19	—	—	34 271.35	33 120.15
财务费用	20	—	—	—	—
其他业务成本	21	—	—	—	—
三、营业利润	22	98 105.66	95 712.33	92 165.18	86 048.61
加：营业外收入	23	14.91	14.91	34.70	34.70
减：营业外支出	24	237.77	237.77	282.80	282.80
四、利润总额	25	97 882.80	95 489.48	91 917.07	85 800.51
减：所得税费用	26	22 546.55	24 102.15	21 859.57	20 698.84
五、净利润	27	75 336.25	71 387.33	70 057.51	65 101.66
归属于母公司所有者的净利润	28	75 336.25	71 387.33	70 057.51	65 101.66
少数股东损益	29	—	—	—	—
持续经营损益	30	—	—	—	—
终止经营损益	31	—	—	—	—
六、其他综合收益的税后净额	32	-753.65	—	4 713.19	3 753.59
（一）以后不能重分类进损益的其他综合收益	33	—	—	—	—
其中：1.重新计量设定受益计划净负债或净资产的变动	34	—	—	—	—
2.权益法下在被投资单位不能重分类进损益的其他综合收益中享有的份额	35	—	—	—	—
（二）以后将重分类进损益的其他综合收益	36	-753.65	—	4 713.19	3 753.59
其中：1.权益法下在被投资单位以后将重分类进损益的其他综合收益中享有的份额	37	—	—	—	—
2.可供出售金融资产公允价值变动损益	38	—	—	3 959.54	3 753.59
3.持有至到期投资重分类为可供出售金融资产损益	39	—	—	—	—
4.现金流量套期损益的有效部分	40	—	—	—	—
5.外币报表折算差额	41	—	—	—	—
6.其他	42	-753.65	—	753.65	—
七、综合收益总额	43	74 582.61	71 387.33	74 770.69	68 855.25
归属于母公司所有者的综合收益总额	44	74 582.61	71 387.33	74 770.69	68 855.25
*归属于少数股东的综合收益总额	45	—	—	—	—
八、每股收益	46	—	—	—	—
基本每股收益	47	—	—	—	—
稀释每股收益	48	—	—	—	—

法定代表人：王双云　　　　主管会计工作负责人：朱昌寿　　　　会计机构负责人：熊一芬

5.1.4 合并所有者权益变动表

合并所有者权益变动表

编制单位：湖南省财信信托有限责任公司　　2021年度　　单位：万元

项目	行次	本年金额 归属于母公司所有者权益											少数股东权益	所有者权益合计
		实收资本（或股本）	其他权益工具	资本公积	减：库存股	其他综合收益	专项储备	盈余公积	一般风险准备	信托赔偿准备	未分配利润	其他	小计		
栏次	—	1	2	3	4	5	6	7	8	9	10	11	12	13	14
一、上年年末余额	1	438 000.00	—	12 997.44	—	4 884.25	—	54 291.56	13 457.12	38 959.42	155 883.57	—	718 473.37	—	718 473.37
加：会计政策变更	2	—	—	—	—	-4 130.61	—	—	—	—	3 564.93	—	-565.68	—	-565.68
前期差错更正	3	—	—	—	—	—	—	—	—	—	—	—	—	—	—
其他	4	—	—	—	—	—	—	—	—	—	—	—	—	—	—
二、本年年初余额	5	438 000.00	—	12 997.44	—	753.65	—	54 291.56	13 457.12	38 959.42	159 448.50	—	717 907.69	—	717 907.69
三、本年增减变动金额（减少以"-"号填列）	6	—	—	—	—	-753.65	—	7 138.73	2 628.87	3 569.37	1 999.29	—	14 582.61	—	14 582.61
（一）综合收益总额	7	—	—	—	—	-753.65	—	—	—	—	75 336.25	—	74 582.61	—	74 582.61
（二）所有者投入和减少资本	8	—	—	—	—	—	—	—	—	—	—	—	—	—	—
1.所有者投入的普通股	9	—	—	—	—	—	—	—	—	—	—	—	—	—	—
2.其他权益工具持有者投入资本	10	—	—	—	—	—	—	—	—	—	—	—	—	—	—
3.股份支付计入所有者权益的金额	11	—	—	—	—	—	—	—	—	—	—	—	—	—	—
4.其他	12	—	—	—	—	—	—	—	—	—	—	—	—	—	—
（三）专项储备提取和使用	13	—	—	—	—	—	—	—	—	—	—	—	—	—	—
1.计提专项储备	14	—	—	—	—	—	—	—	—	—	—	—	—	—	—
2.使用专项储备	15	—	—	—	—	—	—	—	—	—	—	—	—	—	—
（四）利润分配	16	—	—	—	—	—	—	7 138.73	2 628.87	3 569.37	-73 336.97	—	-60 000.00	—	-60 000.00
1.提取盈余公积	17	—	—	—	—	—	—	7 138.73	—	—	-7 138.73	—	—	—	—
其中：法定公积金	18	—	—	—	—	—	—	7 138.73	—	—	-7 138.73	—	—	—	—
任意公积金	19	—	—	—	—	—	—	—	—	—	—	—	—	—	—
储备基金	20	—	—	—	—	—	—	—	—	—	—	—	—	—	—
企业发展基金	21	—	—	—	—	—	—	—	—	—	—	—	—	—	—
利润归还投资	22	—	—	—	—	—	—	—	—	—	—	—	—	—	—
2.提取一般风险准备	23	—	—	—	—	—	—	—	2 628.87	—	-2 628.87	—	—	—	—

续表

本年金额

项目	行次	归属于母公司所有者权益											小计	少数股东权益	所有者权益合计
		实收资本(或股本)	其他权益工具	资本公积	减:库存股	其他综合收益	专项储备	盈余公积	△一般风险准备	△信托赔偿准备	未分配利润	其他			
3.对所有者(或股东)的分配	24	—	—	—	—	—	—	—	—	—	-60 000.00	—	-60 000.00	—	-60 000.00
4.提取信托赔偿准备	25	—	—	—	—	—	—	—	—	3 569.37	-3 569.37	—	—	—	—
(五)所有者权益内部结转	26	—	—	—	—	—	—	—	—	—	—	—	—	—	—
1.资本公积转增资本(或股本)	27	—	—	—	—	—	—	—	—	—	—	—	—	—	—
2.盈余公积转增资本(或股本)	28	—	—	—	—	—	—	—	—	—	—	—	—	—	—
3.盈余公积弥补亏损	29	—	—	—	—	—	—	—	—	—	—	—	—	—	—
4.结转重新计量设定受益计划净负债或净资产所产生的变动	30	—	—	—	—	—	—	—	—	—	—	—	—	—	—
5.其他	31	—	—	—	—	—	—	—	—	—	—	—	—	—	—
四、本年年末余额	32	438 000.00	—	12 997.44	—	—	—	61 430.29	16 085.99	42 528.79	161 447.79	—	732 490.30	—	732 490.30

法定代表人:王双云　　主管会计工作负责人:朱昌寿　　会计机构负责人:熊一芬

编制单位:湖南省财信信托有限责任公司

合并所有者权益变动表(续)

2021年度

单位:万元

上年金额

项目	行次	归属于母公司所有者权益											小计	少数股东权益	所有者权益合计
		实收资本(或股本)	其他权益工具	资本公积	减:库存股	其他综合收益	专项储备	盈余公积	△一般风险准备	△信托赔偿准备	未分配利润	其他			
栏次	—	15	16	17	18	19	20	21	22	23	24	25	26	27	28
一、上年年末余额	1	245 132.00	—	201 573.58	—	—	—	47 781.39	13 993.18	35 704.34	149 056.06	—	697 703.48	—	697 703.48
加:会计政策变更	2	—	—	—	—	—	—	—	—	—	—	—	—	—	—
前期差错更正	3	—	—	—	—	—	—	—	—	—	999.19	—	999.19	—	999.19
其他	4	—	—	—	—	—	—	—	—	—	—	—	—	—	—
二、本年年初余额	5	245 132.00	—	201 573.58	—	171.07	—	47 781.39	13 993.18	35 704.34	150 055.25	—	698 702.68	—	698 702.68
三、本年增减变动金额(减少以"-"号填列)	6	192 868.00	—	-192 868.00	—	4 713.19	—	6 510.17	-536.06	3 255.08	5 828.32	—	19 770.69	—	19 770.69
(一)综合收益总额	7	—	—	—	—	4 713.19	—	—	—	—	70 057.51	—	74 770.69	—	74 770.69
(二)所有者投入和减少资本	8	—	—	—	—	—	—	—	—	—	—	—	—	—	—

续表

项目	行次	上年金额											
		归属于母公司所有者权益										少数股东权益	所有者权益合计
		实收资本（或股本）	其他权益工具	资本公积	减：库存股	其他综合收益	专项储备	盈余公积	△一般风险准备	△信托赔偿准备	未分配利润	其他	小计		
1.所有者投入的普通股	9	—	—	—	—	—	—	—	—	—	—	—	—	—	—
2.其他权益工具持有者投入资本	10	—	—	—	—	—	—	—	—	—	—	—	—	—	—
3.股份支付计入所有者权益的金额	11	—	—	—	—	—	—	—	—	—	—	—	—	—	—
4.其他	12	—	—	—	—	—	—	—	—	—	—	—	—	—	—
（三）专项储备提取和使用	13	—	—	—	—	—	—	—	—	—	—	—	—	—	—
1.计提专项储备	14	—	—	—	—	—	—	—	—	—	—	—	—	—	—
2.使用专项储备	15	—	—	—	—	—	—	—	—	—	—	—	—	—	—
（四）利润分配	16	—	—	—	—	—	—	—	−536.06	3 255.08	−64 229.19	—	−55 000.0	—	−55 000.0
1.提取盈余公积	17	—	—	—	—	—	—	6 510.17	—	—	−6 510.17	—	—	—	—
其中：法定公积金	18	—	—	—	—	—	—	6 510.17	—	—	−6 510.17	—	—	—	—
任意公积金	19	—	—	—	—	—	—	—	—	—	—	—	—	—	—
储备基金	20	—	—	—	—	—	—	—	—	—	—	—	—	—	—
企业发展基金	21	—	—	—	—	—	—	—	—	—	—	—	—	—	—
利润归还投资	22	—	—	—	—	—	—	—	—	—	—	—	—	—	—
2.提取一般风险准备	23	—	—	—	—	—	—	—	536.06	—	−536.06	—	—	—	—
3.对所有者（或股东）的分配	24	—	—	—	—	—	—	—	—	—	−55 000.00	—	−55 000.00	—	−55 000.00
4.提取信托赔偿准备	25	—	—	—	—	—	—	—	—	3 255.08	−3 255.08	—	—	—	—
（五）所有者权益内部结转	26	192 868.00	—	−192 868.00	—	—	—	—	—	—	—	—	—	—	—
1.资本公积转增资本（或股本）	27	192 868.00	—	−192 868.00	—	—	—	—	—	—	—	—	—	—	—
2.盈余公积转增资本（或股本）	28	—	—	—	—	—	—	—	—	—	—	—	—	—	—
3.盈余公积弥补亏损	29	—	—	—	—	—	—	—	—	—	—	—	—	—	—
4.结转重新计量设定受益计划净负债或净资产所产生的变动	30	—	—	—	—	—	—	—	—	—	—	—	—	—	—
5.其他	31	—	—	—	—	—	—	—	—	—	—	—	—	—	—
四、本年年末余额	32	438 000.00	—	12 997.44	—	4 884.25	—	54 291.56	13 457.12	38 959.42	155 883.57	—	718 473.37	—	718 473.37

法定代表人：王双云　　主管会计工作负责人：朱昌寿　　会计机构负责人：熊一芬

5.2 信托资产

5.2.1 信托项目资产负债汇总表

信托项目资产负债汇总表

编制单位：湖南省财信信托有限责任公司　　　　　2021年12月31日　　　　　　　　　　　　　　　单位：万元

信托资产	期末数	年初数	信托负债和信托权益	期末数	年初数
信托资产	—	—	一、信托负债	—	—
货币资金	178 216	186 408	交易性金融负债	—	—
拆出资金	—	—	衍生金融负债	—	—
存出保证金	—	—	应付受托人报酬	13 125	11 874
交易性金融资产	936 154	191 356	应付托管费	341	200
衍生金融资产	—	—	应付受益人收益	835	6 896
买入返售金融资产	23 800	4 000	应交税费	5 709	7 109
应收款项	199 394	212 154	应付销售服务费	109	31
发放贷款	2 462 076	4 918 228	其他应付款项	171 810	170 366
可供出售金融资产	1 628	1 628	其他负债	—	—
持有至到期投资	4 079 091	3 833 747			
长期应收款	—	—	信托负债合计	191 929	196 476
长期股权投资	371 082	238 876			
投资性房地产	—	—	二、信托权益	—	—
固定资产	—	—	实收信托	12 524 993	13 031 349
无形资产	—	—	资本公积	10 855	10 855
长期待摊费用	—	—	外币报表折算差额	—	—
其他资产	4 623 979	3 725 817	未分配利润	147 643	73 534
减：各项资产减值准备	—	—	信托权益合计	12 683 491	13 115 738
信托资产总计	12 875 420	13 312 214	信托负债和信托权益总计	12 875 420	13 312 214

法定代表人：王双云　　　　　主管会计工作负责人：朱昌寿　　　　　会计人员：唐亚

5.2.2 信托项目利润及利润分配汇总表

信托项目利润及利润分配汇总表

编制单位：湖南省财信信托有限责任公司　　2021年度　　　　单位：万元

项目	本年数	上年数
1.营业收入	831 790	882 339
1.1利息收入	358 023	568 802
1.2投资收益（损失以"-"号填列）	393 972	303 801
1.2.1其中：对联营企业和合营企业的投资收益	—	—
1.3公允价值变动收益（损失以"-"号填列）	79 192	9 736
1.4租赁收入	—	—
1.5汇兑损益（损失以"-"号填列）	—	—
1.6其他收入	603	—
2.支出	192 049	146 250
2.1营业税金及附加	1 455	2 958
2.2受托人报酬	95 341	88 911
2.3托管费	1 283	2 081

续表

项目	本年数	上年数
2.4投资管理费	25	39
2.5销售服务费	6 602	13 900
2.6交易费用	374	133
2.7资产减值损失	19 133	—
2.8其他费用	67 836	38 228
3.信托净利润（净亏损以"-"号填列）	639 741	736 089
4.其他综合收益	6 678	1 975
5.综合收益	646 419	738 064
6.加：期初未分配信托利润	73 534	147 332
7.可供分配的信托利润	719 953	885 396
8.减：本期已分配信托利润	572 310	811 862
9.期末未分配信托利润	147 643	73 534

法定代表人：王双云　　主管会计工作负责人：朱昌寿　　会计人员：唐亚

6. 会计报表附注

6.1 会计报表编制基准不符合会计核算基本前提的说明

6.1.1 会计报表不符合会计核算基本前提的事项

无。

6.1.2 对编制合并会计报表的公司，应予以说明

（1）报告期内，公司无纳入合并财务报表范围的子公司。

（2）纳入合并财务报表范围的结构化主体。按照《企业会计准则第33号——合并财务报表》的规定，本公司将以自有资金参与、并满足准则规定的"控制"定义的结构化主体纳入合并报表范围。

项目	年末数量/余额	年初数量/余额
纳入合并的产品数量（个数）	47	27
纳入合并的结构化主体的总资产（元）	9 184 668 511.10	4 708 894 250.14
本公司在上述结构化主体的权益体现在资产负债表中交易性金融资产和债权投资的总金额（元）	2 859 238 934.57	2 213 673 343.13

6.2 重要会计政策和会计估计说明

无。

6.3 或有事项说明

报告期内，公司无相关说明事项。

6.4 重要资产转让及其出售的说明

报告期内，公司无需要披露的重要资产转让及其出售事项。

6.5 主要会计政策变更

6.5.1 重要会计政策变更

会计政策变更的内容和原因	审批程序	备注
公司2021年1月1日起采用财政部于2017年发布的经修订的《企业会计准则第22号——金融工具确认和计量》《企业会计准则第23号——金融资产转移》《企业会计准则第24号——套期会计》和2017年5月发布的经修订的《企业会计准则第37号——金融工具列报》（以下简称修订后的金融工具会计准则）。该准则的执行构成了重大会计政策变更，且相关金额的调整已经确认在财务报表中	2021年5月31日第五届董事会第二十八次临时会议审议通过	根据修订后的金融工具会计准则的过渡要求，公司不对比较期间信息进行重述。金融资产和金融负债于首次执行日的账面价值调整计入当期的期初留存收益和其他综合收益
自2019年1月1日采用《企业会计准则第21号——租赁》（财会〔2018〕35号）相关规定，公司2021年1月1日对所有租赁（短期租赁和低价值资产租赁除外）确认使用权资产和租赁负债，并分别确认折旧和利息费用	2021年5月31日第五届董事会第二十八次临时会议审议通过	公司在执行新租赁准则时选择简化处理，无须调整2021年年初留存收益，无须编制比较式报告信息

6.5.2 首次执行新金融工具、新租赁准则变更调整当年年初财务报表相关项目情况

合并资产负债表

单位：元

项目	2020年12月31日	2021年1月1日	调整数
资产：			
货币资金	1 720 456 102.77	1 720 456 250.50	147.73
交易性金融资产	—	4 408 255 010.68	4 408 255 010.68
应收利息	4 471 653.98	—	-4 471 653.98
以公允价值计量且其变动计入当期损益的金融资产	1 064 866 500.73	—	-1 064 866 500.73
其他应收款	18 562 549.06	16 254 802.98	-2 307 746.08
发放贷款及垫款	2 603 262 495.83	2 570 043 486.52	-33 219 009.31
债权投资	—	2 823 834 174.78	2 823 834 174.78
可供出售金融资产	3 542 724 924.80	—	-3 542 724 924.80
持有至到期投资	2 588 083 672.17	—	-2 588 083 672.17
使用权资产	—	2 855 554.53	2 855 554.53
递延所得税资产	192 999 712.94	197 192 761.20	4 193 048.26
资产合计	11 735 427 612.28	11 738 892 041.19	3 464 428.91

续表

项目	2020年12月31日	2021年1月1日	调整数
负债：			
租赁负债	—	2 855 554.53	2 855 554.53
交易性金融负债	—	2 340 753 067.44	2 340 753 067.44
以公允价值计量且其变动计入当期损益的金融负债	2 328 661 061.32	—	-2 328 661 061.32
预收款项	249 880 861.01	—	-249 880 861.01
合同负债	—	235 736 661.33	235 736 661.33
递延所得税负债	14 559 650.47	8 733 310.05	-5 826 340.42
其他非流动负债	157 695.83	14 301 895.51	14 144 199.68
负债合计	2 593 259 268.63	2 602 380 488.86	9 121 220.23
股东权益：	—	—	—
其他综合收益	48 842 548.32	7 536 472.63	-41 306 075.69
未分配利润	1 558 835 704.67	1 594 484 989.04	35 649 284.37
归属于母公司股东权益合计	1 607 678 252.99	1 602 021 461.67	-5 656 791.32
股东权益合计	1 607 678 252.99	1 602 021 461.67	-5 656 791.32

资产负债表

单位：元

项目	2020年12月31日	2021年1月1日	调整数
资产：			
交易性金融资产	—	4 215 486 101.57	4 215 486 101.57
以公允价值计量且其变动计入当期损益的金融资产	916 686 387.73	—	-916 686 387.73
其他应收款	14 928 795.53	12 713 276.71	-2 215 518.82
发放贷款及垫款	1 039 428 750.00	1 026 950 743.44	-12 478 006.56
债权投资	—	2 241 679 127.52	2 241 679 127.52
可供出售金融资产	5 252 240 084.98	—	-5 252 240 084.98
持有至到期投资	324 500 000.00	—	-324 500 000.00
使用权资产	—	2 855 554.53	2 855 554.53
递延所得税资产	215 033 206.94	224 401 048.44	9 367 841.50
资产合计	7 762 817 225.18	7 724 085 852.21	-38 731 372.97
负债：			
租赁负债	—	2 855 554.53	2 855 554.53
预收款项	265 536 066.43	—	-265 536 066.43
合同负债	—	250 505 723.05	250 505 723.05
递延所得税负债	23 756 431.33	20 385 580.57	-3 370 850.76
其他非流动负债	157 695.83	15 188 039.21	15 030 343.38
负债合计	289 450 193.59	288 934 897.36	-515 296.23
股东权益：	—	—	—
其他综合收益	40 928 693.27	—	-40 928 693.27
未分配利润	1 497 043 191.02	1 499 755 807.55	2 712 616.53
股东权益合计	1 537 971 884.29	1 499 755 807.55	-38 216 076.74

6.6 会计估计变更情况

报告期内,公司无会计估计变更情况。

6.7 前期重大会计差错更正情况

报告期内,公司无前期重大会计差错更正情况。

6.8 其他情况

无。

6.9 会计报表中重要项目的明细资料

6.9.1 披露自营资产经营情况

6.9.1.1 按资产风险分类的结果披露资产的期初数、期末数

6.9.1.1.1 按原值计算

信用风险资产五级分类	正常类（万元）	关注类（万元）	次级类（万元）	可疑类（万元）	损失类（万元）	信用风险资产合计（万元）	不良合计（万元）	不良率（%）
期初数	813 139	82 107	30 000	13 905	49 660	988 811	93 565	9.46
期末数	931 196	64 027	52 751	—	29 426	1 077 400	82 177	7.63

6.9.1.1.2 按净值计算

信用风险资产五级分类	正常类（万元）	关注类（万元）	次级类（万元）	可疑类（万元）	损失类（万元）	信用风险资产合计（万元）	不良合计（万元）	不良率（%）
期初数	811 644	76 141	21 000	5 562	—	914 347	26 562	2.91
期末数	924 348	37 174	26 775	—	—	988 297	26 775	2.71

注：上表反映的系公司自营业务投融资情况。

6.9.1.2 各项资产减值损失准备的期初、本期计提、本期转回、资产转让、期末数

单位：万元

项目	上年年末数	本年年初数	本期计提	本期转回	资产核销	其他减少	期末数
贷款损失准备	2 942	4 190	7 701	—	—	—	11 891
一般准备	—	—	—	—	—	—	—
专项准备	—	—	—	—	—	—	—
其他资产减值准备	—	—	—	—	—	—	—
可供出售金融资产减值准备	58 733	—	—	—	—	—	—
债权投资减值准备	—	72 561	3 681	—	5 000	—	71 242
持有至到期投资减值准备	11 550	—	—	—	—	—	—
长期股权投资减值准备	—	—	—	—	—	—	—
坏账准备	1 238	1 460	-492	—	—	—	968

6.9.1.3 自营股票投资、基金投资、债券投资、股权投资等投资业务的期初数、期末数

单位：万元

项目	自营股票	基金	债券	长期股权投资	其他投资	合计
期初数	17 266	2 206	53 950	—	575 921	649 343
期末数	6 071	47 687	—	—	776 763	830 521

6.9.1.4 前五名的自营长期股权投资的企业名称、占被投资企业权益的比例、主要经营活动及投资收益情况等

报告期末,公司无自营长期股权投资。

6.9.1.5 前五名的自营贷款的企业名称、占贷款总额的比例和还款情况等

企业名称	占贷款总额的比例（%）	还款情况
株洲市国有资产投资控股集团有限公司	50.06	正常
深圳市润昌游乐文化集团有限公司	13.35	正常
华容水利水电建筑工程有限公司	10.06	正常
衡阳白沙洲电子信息创业园有限公司	8.34	正常
遵义市播州区交通建设投资有限公司	6.67	展期

6.9.1.6 表外业务的期初数、期末数；按照代理业务、担保业务和其他类型表外业务分别披露

单位：万元

表外业务	期初数	期末数
担保业务	—	—
代理业务（委托业务）	—	—
其他	—	—
合计	—	—

6.9.1.7 公司当年的收入结构

收入结构	金额（万元）	占比（%）
手续费及佣金净收入	79 824	66.08
其中：信托手续费收入	73 380	60.74
投资银行业务收入	—	—
利息净收入	5 455	4.52
其他业务收入	—	—
其中：计入信托业务收入部分	—	—
投资收益	35 902	29.72
其中：股权投资收益	—	—
证券投资收益	12 561	10.4

续表

收入结构	金额（万元）	占比（%）
其他投资收益	23 341	19.32
公允价值变动收益	-398	-0.33
其他收益	4	—
资产处置损益	—	—
营业外收入	15	0.01
收入合计	120 802	100.00

6.9.2 披露信托资产管理情况

6.9.2.1 信托资产的期初数、期末数

单位：万元

信托资产	期初数	期末数
集合	5 778 986	6 108 968
单一	4 382 154	2 556 566
财产权	3 151 074	4 209 886
合计	13 312 214	12 875 420

6.9.2.1.1 主动管理型信托业务期初数、期末数，分证券投资、股权投资、融资、事务管理类分别披露

单位：万元

主动管理型信托资产	期初数	期末数
证券投资类	432 398	976 342
股权投资类	61 720	82 142
其他投资类	1 860 583	2 671 696
融资类	2 704 241	2 107 690
事务管理类	3 307	5 655
合计	5 062 249	5 843 525

6.9.2.1.2 被动管理型信托业务期初数、期末数，分证券投资、股权投资、融资、事务管理类分别披露

单位：万元

被动管理型信托资产	期初数	期末数
证券投资类	—	—
股权投资类	—	—
融资类	3	3
事务管理类	8 249 962	7 031 892
合计	8 249 965	7 031 895

6.9.2.2 本年度已清算结束的信托项目个数、实收信托合计金额、加权平均实际年化收益率

6.9.2.2.1 本年度已清算结束的集合类、单一类资金信托项目和财产管理类信托项目个数、金额、加权平均实际年化收益率

已清算结束信托项目	项目个数（个）	实收信托合计金额（万元）	加权平均实际年化收益率（%）
集合类	112	3 009 005	4.78
单一类	60	2 795 945	7.07
财产管理类	13	2 292 237	4.78

6.9.2.1.2 本年度已清算结束的主动管理型信托项目个数、合计金额、加权平均实际年化收益率，分证券投资、股权投资、融资、事务管理类分别披露

已清算结束主动管理型信托项目	项目个数（个）	实收信托合计金额（万元）	加权平均实际信托报酬率（%）	加权平均实际年化收益率（%）
证券投资类	15	355 329	0.15	2.67
股权投资类	3	9	2.09	14.75
其他投资类	7	170 962	2.51	8.16
融资类	85	1 546 534	1.98	7.30
事务管理类	—	178	—	—

6.9.2.1.3 本年度已清算结束的被动管理型信托项目个数、合计金额、加权平均实际年化收益率，分证券投资、股权投资、融资、事务管理类分别披露

已清算结束被动管理型信托项目	项目个数（个）	实收信托合计金额（万元）	加权平均实际信托报酬率（%）	加权平均实际年化收益率（%）
证券投资类	—	—	—	—
股权投资类	—	—	—	—
其他投资类	2	—	0.04	3.06
融资类	—	—	—	—
事务管理类	73	6 024 175	0.22	5.82

6.9.3 本年度新增的集合类、单一类和财产管理类信托项目个数、实收信托合计金额

新增信托项目	项目个数（个）	实收信托合计金额（万元）
集合类	140	3 247 538
单一类	37	998 984
财产管理类	50	3 344 308
新增合计	227	7 590 830
其中：主动管理型	140	2 752 821
被动管理型	87	4 838 009

6.9.4 公司履行受托人义务情况及因公司自身责任而导致的信托资产损失情况（合计金额、原因等）

公司在管理信托财产的过程中，恪尽职守，履行诚实、信用、谨慎、有效管理的义务，公司没有发生损害受益人利益的情况。

报告期内公司没有发生因公司自身责任而导致的信托资产损失情况。

6.9.5 信托赔偿准备金的提取、使用和管理情况

《信托公司管理办法》第五十条规定：信托公司每年应当从税后利润中提取5%作为信托赔偿准备金，累计总额达到公司注册资本的20%时，可不再提取。根据该规定，公司2021年提取信托赔偿准备金3 569万元，截至2021年12月31日，信托赔偿准备金余额42 529万元。

公司迄今为止未发生需要使用信托赔偿准备金的情况，也未使用信托赔偿准备金。

6.10 关联方关系及其交易的披露

6.10.1 关联交易方的数量、关联交易的总金额及关联交易的定价政策等

项目	关联交易方数量	关联交易涉及金额（万元）	定价政策
合计	79	1 485 498.17	市场公允价格

6.10.2 关联交易方与本公司的关系性质、关联交易方的名称、法人代表、注册地址、注册资本及主营业务等

关系性质	关联方名称	注册地	注册资本（万元）	业务性质
实际控制人	湖南财信金融控股集团有限公司	长沙市	1 400 000.00	省政府授权的国有资产投资、经营、管理等
本公司股东	湖南省国有投资经营有限公司	长沙市	33 282.06	国有资产投资、经营、管理与处置，企业资产重组、债务重组，企业托管、并购、委托投资，投资咨询、财务顾问
受同一实际控制人控制	财信证券有限责任公司	长沙市	669 797.98	证券经纪；证券承销与保荐；证券自营；融资融券；证券投资基金代销等
受同一实际控制人控制	湖南财信投资控股有限责任公司	长沙市	1 200 000.00	法律、法规允许的资产投资、经营及管理
受同一实际控制人控制	湖南省财信资产管理有限公司	长沙市	300 000.00	省内金融机构不良资产批量收购；收购、管理和处置金融机构、类金融机构和其他机构的不良资产；资产管理等
受同一实际控制人控制	湖南财信金融科技服务有限公司	长沙市	41 000.00	软件开发及技术咨询、转让、推广、服务；信息系统集成服务；数据处理和存储服务等
受同一实际控制人控制	湖南财信酒店管理有限责任公司	长沙市	5 366.55	酒店管理；住宿；餐饮管理；正餐服务；物业管理；物业清洁、维护等
关联方	华融湘江银行股份有限公司	长沙市	775 043.14	吸收公众存款；发放贷款；办理国内外结算；办理票据承兑与贴现；发行金融债券；代理发行、代理兑付、承销债券；买卖债券；从事同业拆借等
受同一实际控制人控制	财信资产管理（怀化）有限公司	湖南省怀化市	10 000.00	资产收购、管理、处置；资产重组；接受委托或委托对资产进行管理、处置；投资管理等
受同一实际控制人控制	财信期货有限公司	长沙市	75 000.00	商品期货经纪、金融期货经纪、资产管理、期货投资咨询
受同一实际控制人控制	财信吉祥人寿保险股份有限公司	长沙市	346 347.94	人寿保险、健康保险、意外伤害保险等各类人身保险业务；上述业务的再保险业务等
受同一实际控制人控制	湖南省财信产业基金管理有限公司	长沙市	300 000.00	受托管理私募产业基金及股权投资基金，受托资产管理、投资管理，创业投资，股权投资
受同一实际控制人控制	湖南省外国企业服务有限公司	长沙市	1 000.00	企业管理咨询服务；档案管理服务；档案管理技术服务；提供档案咨询
受同一实际控制人控制	财信资产管理（岳阳）有限公司	湖南省岳阳市	10 000.00	资产收购、管理、处置；资产重组；接受委托或委托对资产进行管理
受同一实际控制人控制	财信资产管理（娄底）有限公司	湖南省娄底市	10 000.00	资产收购、管理、处置；资产重组；接受委托或委托对资产进行管理、处置；投资管理；以企业自有资金从事项目投资、股权投资、债权投资；资产管理、企业财务、企业资产重组及并购的咨询服务；接受委托对金融机构剥离的不良资产进行处置
受同一实际控制人控制	财信资产管理（湘西）有限公司	湖南省吉首市	10 000.00	资产收购、管理、处置；资产重组；接受委托或委托对资产进行管理、处置；投资管理；以企业自有资金从事项目投资、股权投资、债权投资；资产管理、企业财务、企业资产重组及并购的咨询服务；接受委托对金融机构剥离的不良资产进行处置
受同一实际控制人控制	湖南省股权登记管理中心有限公司	长沙市	300.00	非上市企业股权、债券、金融资产和其他权益类产品的登记、托管、结算及其相关业务；企业重组及股改上市服务；金融信息服务、咨询培训服务（依法须经批准的项目，经相关部门批准后方可开展经营活动）
受同一实际控制人控制	湖南省财信公益基金会	长沙市	500.00	（1）扶贫济困、爱心助学及乡村振兴；（2）保护和改善生态环境；（3）开展自然灾害、事故灾难及公共卫生时间救助活动；（4）支持金融公益事业发展与创新；（5）经主管部门批准的其他公益业务
受同一实际控制人控制	湖南财信数字科技有限公司	长沙市	5 000.00	数字内容服务；互联网科技技术开发、科技技术转让、科技技术咨询、科技技术服务；信息科技技术服务；信息科技技术转让；信息科技技术咨询；物联网技术研发；移动互联网研发和维护；网络安全技术服务；通信基站技术咨询；智能电网技术咨询；物流信息服务；信息处理和存储支持服务

续表

关系性质	关联方名称	注册地	注册资本（万元）	业务性质
受同一实际控制人控制	湖南财信精信投资合伙企业（有限合伙）	长沙市	236 800.00	以自有资金从事上市和非上市类股权投资及相关咨询服务（不得从事吸收公众存款或变相吸收公众存款、发放贷款等金融业务）（依法须经批准的项目，经相关部门批准后方可开展经营活动）
受同一实际控制人控制	湖南股权交易所有限公司	长沙市	10 000.00	为非公众公司提供股权融资平台及股权交易平台，为高新技术企业、高成长企业提供股权融资平台及股权交易平台，为私募股权基金提供融资平台及交易平台，提供培训、咨询及信息服务
受同一实际控制人控制	湖南省财信引领投资管理有限公司	长沙市	10 000.00	受托管理私募股权投资基金；法律法规允许的资产投资、经营及管理

6.10.3 公司与关联方的重大交易事项

6.10.3.1 逐笔披露固有与关联方的重大交易情况

6.10.3.1.1 固有业务与关联方的重大关联交易情况

关联方	关联交易类型	涉及规模（万元）
华融湘江银行股份有限公司	自有资金受让湘潭市两型社会建设投融资有限公司持有的华融湘江银行股权	52 593.50
湖南省财信资产管理有限公司	将公司持有的"湘财诚2020—18号信托计划""湘财盛2020—12号信托计划"信托计划受益权转让给湖南省财信资产管理有限公司	18 500.00
财信证券有限责任公司	自有资金20 000万元认购财信证券发行的财富1号集合资产管理计划	20 000.00
财信证券有限责任公司	自有资金7 000万元认购财信证券发行的融汇周周鑫1号集合资产管理计划	7 000.00
财信期货有限公司	自有资金1 000万元申购财信期货有限公司发行财信期货云海5号固定收益投资集合资产管理计划	1 000.00

6.10.3.1.2 信托业务与关联方的交易情况

关联方	关联交易类型	涉及规模（万元）	对应信托计划名称
华融湘江银行股份有限公司	代销信托计划	3 873.00	湘信聚财1号集合资金信托计划
华融湘江银行股份有限公司	代销信托计划	4 886.00	湘信聚财2号集合资金信托计划
华融湘江银行股份有限公司	代销信托计划	4 491.00	湘信聚财3号集合资金信托计划
华融湘江银行股份有限公司	代销信托计划	9 617.00	湘信聚财4号集合资金信托计划
华融湘江银行股份有限公司	代销信托计划	5 511.00	湘信聚财5号集合资金信托计划
华融湘江银行股份有限公司	代销信托计划	10 500.00	湘信聚财6号集合资金信托计划
华融湘江银行股份有限公司	代销信托计划	3 715.00	湘信聚财7号集合资金信托计划
华融湘江银行股份有限公司	代销信托计划	5 313.00	湘信聚财8号集合资金信托计划
华融湘江银行股份有限公司	代销信托计划	4 450.00	湘信聚财9号集合资金信托计划
财信证券有限责任公司	估值服务	9 408.04	财信启林量化智选6号集合资金信托计划
财信证券有限责任公司	代销服务	37 132.29	财信林园投资专享2号集合资金信托计划，财信启林量化智选6号集合资金信托计划等10个信托计划
财信证券有限责任公司	认购财信证券汇信1号集合资产管理计划资管计划	7 490.00	湘财汇财半年锁定期1号集合资金信托计划
财信证券有限责任公司	认购财信证券发行的融汇周周鑫系列资管计划	497.92	财信优选创赢5号集合资金信托计划
财信证券有限责任公司	经纪服务	472 347.34	湘财诚2020—15号，财财诚2020—22号，湘财兴2020—12号，湘财兴2020—16号等45个信托计划
湖南省财信资产管理有限公司	认购信托计划	5 600.00	湘财诚2021—4号集合资金信托计划
湖南省财信资产管理有限公司	认购信托计划	30 000.00	湘财通2021—16号单一资金信托
湖南省财信资产管理有限公司	认购信托计划	20 000.00	湘财通2021—19号单一资金信托
湖南省财信资产管理有限公司	认购信托计划	23 000.00	湘财盛2021—9号集合资金信托计划
湖南省财信资产管理有限公司	认购信托计划	60 000.00	湘财通2021—23号单一资金信托
湖南省财信资产管理有限公司	认购信托计划	49 000.00	湘财源2021—11号集合资金信托计划
湖南省财信资产管理有限公司	认购信托计划	20 000.00	湘财诚2021—16号单一资金信托
湖南省财信资产管理有限公司	认购信托计划	20 000.00	湘财诚2021—17号单一资金信托

续表

关联方	关联交易类型	涉及规模（万元）	对应信托计划名称
湖南省财信资产管理有限公司	认购信托计划	20 837.16	湘财源2021—13号集合资金信托计划
湖南省财信资产管理有限公司	认购信托计划	53 000.00	湘财通2021—25号单一资金信托
湖南省财信资产管理有限公司	认购信托计划	10 240.00	创赢6号集合资金信托计划
财信资产管理（岳阳）有限公司	认购信托计划	2 400.00	湘财诚2021—4号集合资金信托计划
财信资产管理（娄底）有限公司	认购信托计划	3 000.00	湘财盛2021—9号集合资金信托计划
财信资产管理（湘西）有限公司	认购信托计划	3 000.00	湘财源2021—11号集合资金信托计划
财信资产管理（岳阳）有限公司	认购信托计划	1 400.00	湘财诚2021—32号单一资金信托
湖南财信金融科技服务有限公司	认购信托计划	350.00	湘信沪盈2019—1号单一资金信托
湖南财信金融科技服务有限公司	认购信托计划	3 174.00	湘信沪盈2019—15号单一资金信托
湖南财信金融科技服务有限公司	认购信托计划	23 037.00	湘信创盈2021—3号单一资金信托
湖南省财信产业基金管理有限公司	认购信托计划	100 000.00	湘财通2021—10号单一资金信托
湖南财信金融控股集团有限公司	认购信托计划	15 627.87	湘财源2021—13号集合资金信托计划
财信期货有限公司	认购信托计划	15 000.00	财信安心3号单一资金信托
湖南财信精信投资合伙企业（有限合伙）	信托计划认购基金份额	51 392.89	湘财源2021—13号集合资金信托计划

6.10.3.2 信托公司自有资金运用于自己管理的信托项目（固信交易）、信托公司管理的信托项目之间的相互（信信交易）交易金额，包括余额和本报告年度的发生额

6.10.3.2.1 固有与信托财产之间的交易金额

自有资产作为财产权信托认购信托计划份额，即以公司自有持有的资产受益权8.37亿元认购财信信托湘信聚财1号集合信托计划。自有资金受让湖南信托湘财瑞2019—2号项目单一资金信托计划持有的湖南信托湘财瑞2019—1号项目集合资金信托计划的受益权，规模4.75亿元。

6.10.3.2.2 逐笔披露信托项目之间的交易情况

信托计划名称	交易对方信托计划名称	涉及规模（万元）
湘财兴2019—8号单一资金信托	湘财盛2020—12号集合资金信托计划	6 500
	湘财兴2020—15号集合资金信托计划	2 000
财信安心3号单一资金信托	财信信托湘信稳健半年锁定期1号集合资金信托计划	15 000
南峰助学慈善信托	湘财诚2021—6号集合资金信托计划	100
湘信汇远曾氏家族信托	湘财进2021—6号集合资金信托计划的受益权作为财产委托	1 000
财信安心6号集合资金信托计划	湘信稳健一年锁定期4号集合资金信托计划	2 030
自强助学金慈善信托计划	湘财进2021—4号集合资金信托计划	602
湘财瑞2019—2号单一资金信托	湘财源2021—14号集合资金信托计划	29 900
湖南省教育基金会专项服务单一资金信托	湘财盛2021—32号集合资金信托计划	2 000
	湘财盛2021—29号集合资金信托计划	1 000
湖南信托湘财瑞2019—2号项目单一资金信托计划	财信信托湘财瑞2020—16号项目信托计划	49 900

6.10.4 逐笔披露关联方逾期偿还本公司资金的详细情况以及公司为关联方担保发生或即将发生垫款的详细情况

无。

6.11 会计制度的披露

6.11.1 固有业务执行会计制度的名称、颁布年份

公司以持续经营为基础，根据实际发生的交易和事项，按照财政部2006年颁布的《企业会计准则——基本

准则》及具体会计准则、应用指南、解释以及其他相关规定进行确认和计量,包括于2017年新颁布和经修订的企业会计准则,在此基础上编制财务报表。

6.11.2 信托业务执行会计制度的名称、颁布年份

信托业务核算执行财政部于2006年颁发的企业会计准则。

7.财务情况说明书

7.1 利润实现和分配情况

经天职国际会计师事务所(特殊普通合伙)审计,公司2021年度实现利润总额95 489万元,净利润71 387万元。计提法定盈余公积7 139万元,提取信托赔偿准备3 569万元,提取一般风险准备2 629万元。

公司2021年度以累计未分配利润向股东分配利润60 000万元。

7.2 主要财务指标

指标名称	指标值
资本利润率(%)	9.98
人均净利润(%)	362
净资本(万元)	550 458
风险资本(万元)	178 577
净资本/各项风险资本(%)	308.25
净资本/净资产(%)	76.55

注:1.资本利润率=净利润/所有者权益平均余额×100%。
2.所有者权益平均余额是指年初及年末所有者权益余额的简单平均数。
3.人均净利润=净利润/年平均人数。
4.年平均人数是指年初及年末人数的简单平均数。

7.3 对本公司财务情况、经营成果有重大影响的其他事项

报告期内,公司没有对财务状况、经营成果产生重大影响的其他事项。

8.特别事项揭示

8.1 最大十名股东报告期内变动情况及原因

无。

8.2 董事、监事及高级管理人员变动情况及原因

8.2.1 监事变动情况

2021年1月11日,股东会2021年度第1次临时会议审议通过了《关于变更公司监事的议案》,同意鲍礼彬同志辞去公司股东监事职务,同意选举公司小股东湖南省国有投资经营有限公司提名的外部监事候选人朱润洲同志担任公司第五届监事会外部监事,其任职期限与公司第五届监事会其他监事任职期限一致。

2021年5月17日,股东会2021年度第4次临时会议审议通过了《关于变更股东监事的议案》,同意欧光荣同志辞去公司第五届监事会股东监事、监事会主席职务,同意选举经公司股东湖南财信投资控股有限责任公司提名的监事候选人杨云同志为公司第五届监事会股东监事,其任职期限届满日与公司第五届监事会其他监事任职期限届满日一致。

2021年11月29日,股东会2021年度第7次临时会议审议通过了《关于变更公司股东监事的议案》,杨云同志辞去公司第五届监事会股东监事,同意选举经公司股东湖南财信投资控股有限责任公司提名的监事候选人彭耀同志为公司第五届监事会股东监事,其任职期限届满日与公司第五届监事会其他监事任职期限届满日一致。

8.2.2 高级管理人员变动情况

2021年5月17日,第五届董事会第26次临时会议审议通过了《关于聘任董事会秘书、高级管理人员的议案》,同意聘任刘之彦、蒋天翼同志为公司副总裁,聘任包爽同志为公司副总裁、董事会秘书。以上3人相关任职资格于7月19日获湖南银保监局核准,正式履职。会议还通报了《公司近期高管人员变动情况》,2021年5月6日,公司董事会分别收到副总裁杨云同志和董事会秘书、总裁助理邓冰同志的辞职报告,因工作安排,杨云同志申请辞去副总裁职务,邓冰同志申请辞去董事会秘书、总裁助理职务。

2021年6月7日,第五届董事会第29次临时会议审议通过了《关于段湘姬同志申请辞去在湖南省财信信托有限责任公司所任职务的议案》,同意段湘姬同志辞去湖南省财信信托有限责任公司副总裁职务。

2021年11月22日,第五届董事会第42次临时会议审议通过了《关于彭耀同志辞去公司副总裁职务的议案》,同意彭耀同志辞去湖南省财信信托有限责任公司副总裁职务。

8.3 变更注册资本、变更注册地或公司名称、公司分立合并事项

无。

8.4 公司的重大诉讼事项

8.4.1 重大未决诉讼事项

8.4.1.1 本公司作为原告的重大未决诉讼

序号	原告（申请人）	被告（被申请人）	案由	标的及金额	诉讼进展情况（截至2021年12月31日）
1	本公司	湖南湘渝电力投资有限责任公司、湖南金垣电力集团股份有限公司	金融借款合同纠纷	本金3 200万元及相应利（罚）息	再审阶段
2	本公司	湖南博兴创业投资有限公司、湖南博雅眼科医院有限公司、李迟康、严素娥	借款合同纠纷	本金1 800万元及相应利息、违约金	强制执行阶段（终结本次执行）
3	本公司	湖南蟠桃宴酒业有限公司、湖南天运生物技术集团有限公司	债权转让合同纠纷	3 270万元及相应利（罚）息等	强制执行阶段（天运生物破产中）
4	本公司	湖南蟠桃宴酒业有限公司、湖南天健纤维板有限公司、湖南天运生物技术集团有限公司、文靖波	债权转让合同纠纷	1 523.428万元及相应利（罚）息等	强制执行阶段（天运生物破产中）
5	本公司	湖南省科农林业科技开发有限公司	金融借款合同纠纷	本金1 400万元及相应利（罚）息等	强制执行阶段，已收回部分款项
6	本公司	湖南省德胜房地产开发有限公司	金融借款合同纠纷	本金1.35亿元及相应利（罚）息等	强制执行阶段
7	本公司	淮南志高动漫文化科技发展有限责任公司、志高实业（龙岩）有限公司、泰安志高实业集团有限公司、江焕溢	金融借款合同纠纷	本金2.999亿元及相应利（罚）息等	强制执行阶段，抵押人破产清算后已收回大部分款项
8	本公司	长沙三瑞环保科技实业有限公司、湖南天福泉酒业有限公司	金融借款合同纠纷	本金1 000万元及相应利（罚）息等	强制执行阶段（终结本次执行程序）
9	本公司	湖南洞庭珍珠开发有限公司	金融借款合同纠纷	本金2 000万元及相应利（罚）息等	破产清算阶段
10	本公司	湖南山江技术开发有限公司、世银联控股有限公司、崔瓘	金融借款合同纠纷	本金2 000万元及相应利（罚）息等	强制执行阶段
11	本公司	袁洁云；向平；李季；北京中科时代资产管理有限公司；中国科学院长春应用化学科技总公司；长沙坤宇实业有限公司	与公司有关的纠纷	赔偿款2 300万元及和解损失约40万元	强制执行阶段（终结本次执行）
12	本公司	湖南欧珀投资置业有限公司、贺延伟、张福芝	信托纠纷	本金7 200万元及相应利（罚）息等	强制执行阶段，已收回大部分款项
13	本公司	湖南千山制药机械股份有限公司、刘祥利、陈端华、湖南乐福地医药包材科技有限公司	金融借款合同纠纷	1.98亿元本金及相应利（罚）息等	已胜诉，但进入破产重整阶段
14	本公司	陈端华、邓诗蒙、张洪飞、李莉、刘飞、江苏大红鹰恒顺药业有限公司	债权人撤销权纠纷	江苏大红鹰恒顺药业有限公司77.78%的股权	二审胜诉
15	本公司	海航创新股份有限公司、海航旅游集团有限公司、海航实业集团有限公司	金融借款合同纠纷	本金2.57亿元及相应利（罚）息等	已胜诉，但进入破产重整阶段，已收回部分款项
16	本公司	凯迪生态环境科技股份有限公司、阳光凯迪新能源集团有限公司	金融借款合同纠纷	4 300万元本金及相应利（罚）息等	已胜诉，但进入破产重整阶段
17	本公司	海航实业集团有限公司、海航商业控股有限公司	金融借款合同纠纷	本金4亿元及相应利（罚）息等	已胜诉，但进入破产重整阶段
18	本公司	上海市华信金融控股有限公司、上海华信国际集团有限公司	金融借款合同纠纷	本金1.9965亿元及相应利（罚）息	破产清算
19	本公司	株洲市嘉美房地产开发有限责任公司、湖南白云投资发展有限公司、株洲华晨房地产开发有限责任公司、陈文义、陈艺丹	合同纠纷	回购款1.73亿元及相应违约金	已胜诉，但进入破产重整阶段
20	本公司	六盘水梅花山旅游文化投资有限公司、贵州钟山开发投资有限责任公司金融借款合同纠纷	金融借款合同纠纷	本金4 000万元及相应利息、罚息、违约金	一审开庭未判决

8.4.1.2 本公司作为第三人的重大未决诉讼

无。

8.4.2 以前年度发生，本报告年度内终结的诉讼事项

序号	原告（申请人）	被告（被申请人）	案由	标的及金额	结案情况
1	本公司	福建同孚实业有限公司、上海五天实业有限公司、上海五天供应链服务有限公司、林文昌、林文洪、林文智、蔡佼骏福建冠福实业有限公司、冠福控股股份有限公司	金融借款合同纠纷	1.9亿元本金及相应利（罚）息等	债权转让结案
2	本公司	弘高融资租赁有限公司、湖南津湘投资有限责任公司、范可风、朱文胜、湖南多力物业经营管理有限公司、中安南方控股有限公司	金融借款合同纠纷	本金2 700万元及相应利（罚）息等	资产转让结案

8.4.3 本报告年度发生，于本报告年度内终结的诉讼事项

无。

8.5 公司及其董事、监事和高级管理人员受到处罚的情况

无。

8.6 银保监会及其派出机构对公司的检查意见及其整改情况说明

报告期内，中国银保监会湖南监管局于2021年4月2日出具《湖南银保监局监管会谈纪要》（〔2021〕33号）2021年4月27日出具《湖南银保监局监管会谈纪要》（〔2021〕55号），2021年5月14日出具《湖南银保监局监管会谈纪要》（〔2021〕57号），2021年5月26日出具《中国银保监会湖南监管局关于金融同业通道业务的监管意见》（湘银保监管〔2021〕27号），2021年8月30日出具《湖南银保监局监管会谈纪要》（〔2021〕60号），提出了监管意见和要求。公司高度重视，积极落实整改和建议，整改情况如下：

一是坚定不移完成"两项业务"压降。公司连续两年圆满完成压降任务。截至2021年12月31日，融资类业务规模210.77亿元，较年初减少59.65亿元，完成率102.61%。金融同业通道业务规模98.61亿元，较年初301.04亿元减少202.43亿元，存续金融同业通道业务均已向监管部门申请个案处理。二是保持房地产信托严控态势，严格实行额度控制，审慎开展房地产业务，加强对房地产业务的合规审核。2021年任意时点规模未突破监管规定。三是加快资管新规过渡期业务整改进度。公司的信托产品估值核算办法已于2021年12月出台，2022年正式实施。四是推动信托本源业务持续发力。制定了《湖南省财信信托有限责任公司三年中期发展战略规划（2021—2023）》，夯实传统业务，发力标品、服务信托，持续加快向财富管理业务转型，回归信托本源。五是在探索业务转型的同时，主动贴近市场，把握行业政策动向，积极谋求新的发展路径。六是切实按照党中央国务院和银保监会的部署，将党的领导融入公司治理各环节的工作要求落到实处。七是严格按照监管要求，规范关联交易管理。制定关联交易相关制度，加强关联交易制度建设；关联交易控制委员会前置审查关联交易，强化关联交易流程管控。八是严格遵守法律法规、会计制度和监管规定，遵循真实性、准确性、完整性和可比性原则，规范信息披露。九是加快信息系统建设，完善净值管理、风险分类等功能，为业务开展和日常经营提供有效支撑。十是及时精准识别与评估风险。按季做好全面风险排查工作，提高对固有资产和信托资产风险分类的审慎度，对于达到风险标准的项目及时纳入风险项目管理。十一是大力推进风险资产处置。公司按照及时处置、真实处置、分类处置原则，综合运用非诉清收、诉讼清收、债务重组等多种方式，加快存量风险资产实质性化解，完成了银保监会下达的固有业务不良资产、主动管理类信托风险资产和事务管理类信托风险资产年度处置任务。十二是深入推进信托文化建设，制定了《财信信托信托文化建设方案》及《2020年信托文化宣传方案》，扣紧信托文化建设目标，确保落细落实。十三是积极开展关于金融支持经济持续恢复和高质量发展专项督查工作，推动金融支持复工复产、助力决战决胜脱贫攻坚。十四是加强合规管理，持续深入开展乱整治工作，做好业务全流程尽职管理。十五是高度重视监管数据报送工作，梳理规范监管数据填写、审核、报送流程，提高监管数据报送的真实性、准确性和及时性。

8.7 本年度重大事项临时报告的简要内容、披露时间、所披露的媒体及其版面

2021年4月22日，公司分别于公司官网、《证券时报》B11版、《上海证券报》247版，披露了《湖南省财信信托有限责任公司关于转让湖南高速集团财务有限公司股权的公告》。

2021年4月30日，公司分别于公司官网、《证券时报》B403版、《上海证券报》53版，披露了《湖南省财信信托有限责任公司2020年度报告摘要》。

8.8 银保监会及其省级派出机构认定的其他有必要让客户及相关利益人了解的重要信息

无。

9.履行社会责任情况

公司在支持实体经济发展的同时，高度重视公益慈善，履行社会责任。一是支持实体经济建设发展。2021年发行信托计划筹集资金1252亿元，缴税6.21亿元，服务地方经济社会发展。二是积极服务人民美好生活。2021年，公司为投资者创造收益57亿元，保障了投资者资金的安全和增值。三是推动慈善信托公益事业。2021年3月，公司正式成立慈善信托办公室，6月，"财信信

托—南峰助学慈善信托"在湖南省民政厅成功完成备案并发行。截至2021年末,公司慈善信托业务(含公益信托)累计成立7单,实收信托规模为3 400万元,所涉及的公益慈善领域涵盖了乡村振兴、助学等。其中,运行"湘信·善达农村医疗援助公益信托计划",共计投入资金约2 130万元,已援建135个村卫生室和7个乡镇卫生院。运行"自强助学金慈善信托计划",共捐助了560名高三考入大学的贫困学子,并向对口的湖南省、海南省8所学校在校学生和教职员工直系亲属中参与一线抗击新冠肺炎疫情的27名医护人员专项奖励27万元,为抗疫医护人员送去了真诚的关怀与慰问,并致以最崇高的敬意。四是积极开展各项公益活动。积极参与财信公益组织的"奔向3060"减碳公益活动,引导"低碳发展""低碳为荣"理念逐渐深入人心,践行低碳生活新风尚。五是大力支持消费帮扶。公司通过集体购买和个人购买相结合的方式,在湖南省消费帮扶示范中心采购特色帮扶农产品82万元;支持十八洞村的乡村振兴项目,定制十八洞村矿泉水作为公司会议接待用水,助力乡村振兴。

华澳国际信托有限公司

1. 重要提示及目录

1.1 公司董事会及董事保证本报告所载资料不存在任何虚假记载、误导性陈述或者重大遗漏,并对其内容的真实性、准确性和完整性承担个别及连带责任。

1.2 公司全体董事出席董事会会议。

1.3 公司设独立董事制度,独立董事发表独立声明,确认本报告所载资料及内容的真实性、准确性和完整性并无异议。

1.4 公司已聘请信永中和会计师事务所根据中国注册会计师审计准则对本公司年度财务报告进行审计,该审计机构已为本公司出具了标准无保留意见的审计报告和审计结论。

1.5 公司法定代表人及董事长吴瑞忠、主管会计工作负责人解媛媛及会计部门负责人(会计主管人员)王妍在此声明:保证本年度报告所载财务资料和内容的真实性、准确性和完整性。

2. 公司概况

2.1 公司简介

2.1.1 公司法定中文名称:华澳国际信托有限公司
公司法定中文名称缩写:华澳信托
公司法定英文名称:Sino-Australian International Trust Co. Ltd.
公司英文名称缩写:SATC

2.1.2 公司法定代表人:吴瑞忠

2.1.3 注册地址:中国(上海)自由贸易试验区花园石桥路33号花旗集团大厦1702室
邮政编码:200120
公司国际互联网网址:www.huaao-trust.com
公司电子信箱:enquiry@huaao-trust.com

2.1.4 公司信息披露事务负责人姓名:周雷
联系电话:+86(021)68883700
传真:+86(021)68885995
电子信箱:haxxpl@huaao-trust.com

2.1.5 公司信息披露报纸名称:《证券时报》《上海证券报》

2.1.6 公司年度报告备置地点:中国(上海)自由贸易试验区花园石桥路33号花旗集团大厦1702室

2.1.7 公司聘请的境内会计师事务所名称:信永中和会计师事务所(特殊普通合伙)
办公地址:中国北京市东城区朝阳门北大街8号富华大厦A座8层
联系电话:+86(010)65542288

2.1.8 公司聘请的境内律师事务所名称:报告期内,公司未聘请担任常年法律顾问的律师事务所

2.2 组织结构

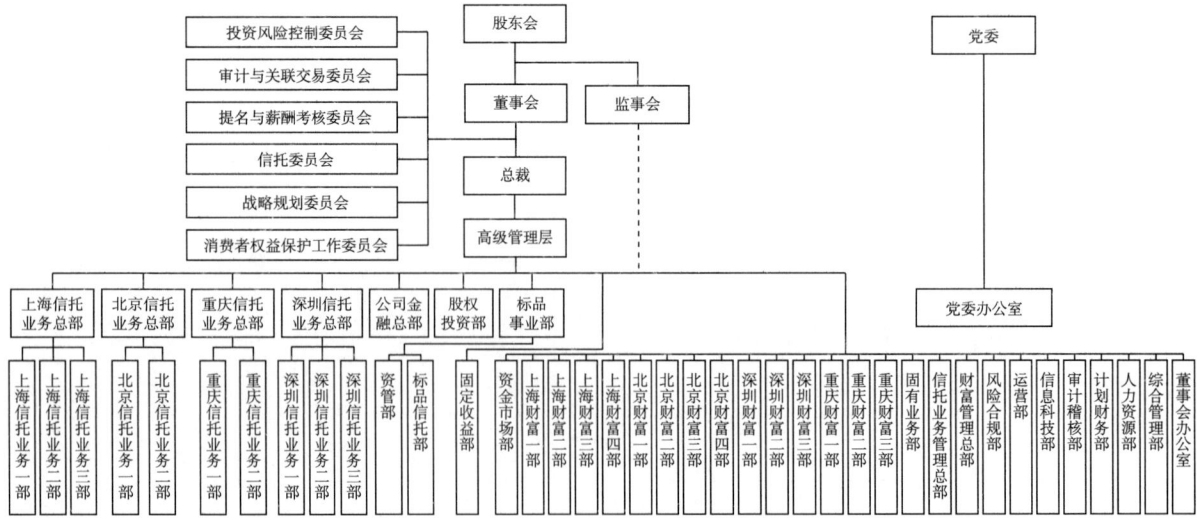

3. 公司治理

3.1 股东

3.1.1 股东及其实际控制人

报告期末股东总数2家。

公司全部股东均持有公司10%以上（含10%）出资比例，股东名称及持股情况如下表所示。

股东名称	持股比例（%）	法人代表	注册资本（万元）	注册地址	主要经营业务
北京融达投资有限公司	50.01	杨昌文	130 000	北京市通州区永乐店镇永乐大街31号-1389号	投资管理、资产管理、销售机械设备
重庆财信企业集团有限公司★	49.99	卢生举	202 909	重庆市江北区江北城西大街3号14-1、15-1、16-1	利用自有资金对建设工程项目进行投资，农业及旅游业项目开发；销售建筑材料、装饰材料、金属材料、化工产品及原料；环境污染防治工程设计，环境污染治理

注：表中股东名称一栏中★为公司实际控制人。

3.1.2 关联方

截至2021年12月末，华澳信托关联方包括公司股东重庆财信企业集团有限公司，北京融达投资有限公司，华澳信托董事、监事、高级管理人员13人，公司股东重庆财信企业集团有限公司董事、监事、高级管理人员7人，关联企业129家，以及其他关联自然人14人。

3.1.3 一致行动人

不适用。

3.1.4 最终受益人

公司最终受益人为卢生举先生。

3.2 董事、董事会及其下属委员会

董事长、副董事长、董事

姓名	职务	性别	年龄（岁）	选任日期	所推举的股东名称	该股东持股比例（%）	简要履历
吴瑞忠	董事长	男	57	2019年8月19日	北京融达投资有限公司	50.01	曾任福建省莆田县财政局副局长；曾任兴业银行莆田分行党委书记、行长；兴业银行沈阳分行党委书记、行长；兴业银行重庆分行党委书记、行长；兴业银行总行企业金融总部风险总监，企业金融信用业务首席审批官；历任华澳国际信托有限公司总裁。现任华澳国际信托有限公司董事长、总裁（代行）
彭陵江	董事	男	50	2015年11月11日	重庆财信企业集团有限公司	49.99	曾任重庆财信企业集团有限公司总裁助理、常务副总裁、执行总裁、总裁、联席总裁、联席董事长，财信投资集团有限公司董事局副主席、执行总裁。现任财信地产发展集团股份有限公司董事
罗宇星	董事	男	59	2016年6月12日	重庆财信企业集团有限公司	49.99	曾任重庆市江北区检察院副检察长；重庆市江北区法院副院长；重庆市江北区委政策研究室主任；重庆市江北区市政绿化管理委员会主任、党工委书记；历任重庆市城市建设投资（集团）有限公司法律审计部主任、党委委员；重庆渝开发股份有限公司总经理、党委书记；安诚财产保险股份有限公司总经理、党委书记；历任重庆财信企业集团有限公司高级副总裁、常务副总裁；财信投资集团有限公司董事局执行董事、高级副总裁。现任重庆财信企业集团有限公司党委书记；财信地产发展集团股份有限公司董事
毛彪勇	董事	男	55	2019年6月12日	北京融达投资有限公司	50.01	曾任河北省政协委员；历任工商银行洋浦分行副行长，海口市分行副行长，海南省分行资产风险管理处副处长；历任中国华融资产管理公司郑州办事处副总经理，海口办事处副总经理、纪委书记，国际业务部副总经理；曾任融德资产管理有限公司（合资企业）副总经理（常务副总裁）；中国华融资产管理公司经营决策委员会秘书处秘书长（总经理级）；历任中国华融资产管理股份有限公司河北分公司总经理，党委书记，业务审查部副总经理（总经理级），风险管理部副总经理（总经理级）；曾任华融晋商资产管理股份有限公司党委副书记、总经理、董事；中国华融资产管理股份有限公司风险管理部总经理，兼任职工监事；金亚投国际资本控股（北京）集团有限公司执行总裁；财信投资集团有限公司副总裁。现任重庆财信企业集团首席风控官；财信地产发展集团股份有限公司董事

独立董事

姓名	所在单位及职务	性别	年龄（岁）	选任日期	所推举的股东名称	该股东持股比例（%）	简要履历
王家祥	—	女	74	2017年7月31日	重庆财信企业集团有限公司	49.99	曾任上海国际信托投资公司申信进出口公司建设部经理；正大国际财务有限公司总裁助理；上海实业联合集团股份有限公司总经理助理；浦银安盛基金管理有限公司独立董事
翟立宏	西南财经大学信托与理财研究所所长	男	52	2017年7月31日	北京融达投资有限公司	50.01	曾任山东工商学院经济学院副院长，凉山农村商业银行独立董事 现任西南财经大学金融学院教授、博士生导师，西南财经大学信托与理财研究所所长；中国信托业协会非会员理事；泰安银行独立董事；普益财富（普益集团PUYI INC.）独立董事

董事会下属委员会

董事会下属委员会名称	职责	组成人员姓名	职务
信托委员会	1.组织审查公司信托业务的各项重大制度、规定 2.监督、检查、评价信托计划的实施情况，并向董事会提出建议 3.针对监管机关检查公司信托业务后要求董事会组织整改的问题，研究提出具体措施 4.当公司或股东利益与受益人利益发生冲突时，研究提出维护受益人权益的具体措施 5.确保公司以一般谨慎受托人应当采取的审慎态度、尽职程度、技术能力进行资金管理 6.监督保证信托资金资产相对于其他资金资产的独立性 7.保证解释交易以及资金财务记录的会计账目的准确性以及可获取性 8.董事会授权的其他事宜	翟立宏	主任委员
		吴瑞忠	委员
		罗宇星	委员
投资风险控制委员会	1.审议公司的信托及固有资本的贷款、投资、产品发行等业务 2.确定信托产品及发行和服务的定价原则 3.年度风险控制评估 4.董事会决定的其他事项	罗宇星	主任委员
		吴瑞忠	委员
		毛彪勇	委员
提名与薪酬考核委员会	1.根据公司的股权结构、资产规模和经营活动对董事会、高管层的架构和组成向董事会提出建议 2.研究董事、高级管理人员的选择标准和程序并提出建议，对董事人选和高级管理人员人选进行审查并提出建议 3.研究董事与高级管理人员考核的标准，进行考核并提出建议，研究和审查董事、高级管理人员的薪酬政策与方案 4.负责对公司薪酬制度执行情况进行监督 5.董事会授权的其他事宜	王家祥	主任委员
		吴瑞忠	委员
		罗宇星	委员
审计与关联交易委员会	1.根据国家金融政策、市场情况和公司发展方向，制定重点业务管理及经营风险的防范与控制措施 2.负责督促公司依法履行董事会赋予的职责，对公司执行经董事会批准的年度经营计划的过程及结果进行监督和审计 3.对公司合规、合法运营进行审计和监督 4.对会计报表、会计账目和相关材料进行审计，审查财务收支的真实性、合法性、效益性 5.审议董事会不时要求的其他事项 6.评估审计报告中所提出的相关问题以及行动建议 7.审批审计工作计划 8.评估审计团队的工作表现 9.参与评估审计稽核部的工作绩效 10.审核公司的重大关联交易 11.对公司关联交易情况进行监督检查 12.审议执行委员会不时请求的其他事项	翟立宏	主任委员
		毛彪勇	委员
		吴瑞忠	委员
战略规划委员会	1.对公司的长期发展规划、经营目标、发展方针进行研究并提出建议或意见 2.对公司的经营战略包括但不限于产品战略、市场战略、营销战略、研发战略、人才战略进行研究并提出建议或意见 3.对公司重大战略性投资、融资方案进行研究并提出建议或意见 4.对公司重大资本运作、资产经营项目进行研究并提出建议或意见 5.对其他影响公司发展战略的重大事项进行研究并提出建议或意见 6.确定公司相关战略规划研究部门的职能，指导研究方向，并听取和审议其汇报及建议或意见 7.董事会授权的其他事宜	吴瑞忠	主任委员
		彭陵江	委员
		罗宇星	委员
		毛彪勇	委员
		翟立宏	委员
消费者权益保护工作委员会	1.拟定公司消费者权益保护工作的战略、政策和目标，从总体规划上指导执行委员会加强消费者权益保护的企业文化建设，将消费者权益保护相关内容纳入公司治理和经营发展战略中 2.根据董事会授权范围，授权执行委员会制订与公司消费者权益保护工作有关的工作政策 3.负责督促执行委员会有效执行和落实消费者权益保护的相关工作，定期听取执行委员会关于公司消费者权益保护工作开展情况的专题报告，审议并通过相关专题报告，向董事会提交相关专题报告，并将相关工作作为信息披露的重要内容 4.根据公司总体战略，对拟提交董事会审议的消费者权益保护方面的议案进行审议并向董事会提出建议 5.相关银行业消费者权益保护监管规定要求的或董事会授权的其他事宜	吴瑞忠	主任委员
		彭陵江	委员
		罗宇星	委员

3.3 监事、监事会及其下属委员会

姓名	职务	性别	年龄（岁）	选任日期	所推举的股东名称	该股东持股比例（%）	简要履历
叶芹	监事长	女	46	2021年11月19日	重庆财信企业集团有限公司	49.99	曾任重庆恒基会计师事务所审计部部长、重庆财信企业集团有限公司资金财务部副经理、重庆财信基础设施投资集团有限公司财务总监（兼任） 现任重庆财信企业集团有限公司总会计师、财务资金中心总经理
周清淼	监事	女	33	2021年11月17日	重庆财信企业集团有限公司	49.99	曾任重庆西联律师事务所律师、重庆财信企业集团有限公司副总经理 现任重庆财信企业集团有限公司风控审计中心副总经理
吴非	职工监事	女	44	2019年12月12日	—	—	曾任兴业基金管理有限公司计划财务部副总经理（主持工作）。现任华澳国际信托有限公司审计稽核部总经理

本报告期公司监事会暂未下设专业委员会。

3.4 高级管理人员

姓名	职务	性别	年龄（岁）	选任日期	金融从业年限（年）	学历	专业	简要履历
吴瑞忠	董事长、总裁（代行）	男	57	2019年8月22日	40	硕士	工商管理	曾任福建省莆田县财政局副局长；曾任兴业银行莆田分行党委书记、行长；兴业银行沈阳分行党委书记、行长；兴业银行重庆分行党委书记、行长；兴业银行总行企业金融总部风险总监、企业金融信用业务首席审批官；历任华澳国际信托有限公司总裁 现任华澳国际信托有限公司董事长、总裁（代行）
杨伟琳	副总裁	男	45	2018年3月16日	27	本科	法学	曾任兴业银行南昌分行副行长，兼任分行企业金融总部副总裁、金融市场部南昌分部总裁等职。具有丰富的金融从业经验和资深的金融公司管理经验
解媛媛	首席财务官	女	51	2019年4月1日	6	硕士	工商管理	曾任天健会计事务所审计部负责人；重庆财信企业集团总裁助理兼重庆财信房地产开发有限公司副总裁；重庆市财务局财政投资评审经理。具有丰富审计及管理方面的从业经验
李爱民	总裁助理	男	46	2018年7月23日	22	硕士	国际法	曾任职于大业信托、外贸信托、安信信托等机构，于信托业务及风控合规管理领域有丰富经验
周雷	董事会秘书	男	43	2019年10月24日	20	硕士	法学	曾任职于中国人民银行及原中国银监会，担任科长、副处长等职务，具有长期的金融监管及从业工作经验

3.5 公司员工

本报告期，公司在岗员工222人。

	项目	本报告期		2021年末	
		人数（人）	比例（%）	人数（人）	比例（%）
年龄分布	25岁以下	2	0.90	6	2.74
	25—29岁	29	13.06	37	16.90
	30—39岁	144	64.86	138	63.01
	40岁以上	47	21.17	38	17.35
学历分布	博士	1	0.45	1	0.45
	硕士	108	48.65	121	55.25
	本科	106	47.75	93	42.47
	专科	7	3.15	4	1.83
	其他	—	—	—	—
岗位分布	董事长、监事长及高管人员	5	2.25	8	3.65
	自营业务人员	9	4.05	9	4.11
	信托业务人员	65	29.28	74	33.79
	财富营销人员	61	27.48	42	19.18
	其他人员	82	39.94	86	39.27

4. 经营管理

4.1 经营目标、方针、战略规划

4.1.1 经营目标

公司坚守受托人的根本定位，塑造发展新优势，坚持信托法律关系，做精做细信托主业，打造"小而美、精而专"信托公司。以实施资金信托新规为契机，形成"自上而下"和"自下而上"的有机结合，完善顶层设计，激发基层创新，提高风控水平和治理水平，加快推动公司"从融资向投资转型、从非标向标准转型、向服务信托转型"，实现高质量发展。

4.1.2 经营方针

公司认真贯彻监管部门关于做好金融服务实体、防范化解风险的各项部署，落实股东会、董事会、监事会的各项决议，紧密团结公司全体员工，秉持"稳增长，控风险、强基础、促转型、增效益"的经营策略，持续推进机制改革、深化人才战略、全面风险管理、金融科技赋能，激活公司发展的新动能，推动各业务板块、管理体系转型升级，提升公司业绩水平。

4.1.3 战略规划

公司围绕"小而美、精而专"的四大内涵——"效率高、体制机制活、风控能力强、盈利水平优",持续完善公司治理和内部控制机制,推动"融资向投资转型、非标向标准转型、向服务信托";强化七个领域的建设:"以风险为前提、以客户为根本、以团队为基础、以业务为核心、以效益为中心、以文化为引领、以体制机制为保障"。坚持"依法展业、合规经营"和"风险为本"的基本方针,持续提升公司服务实体企业、满足客户信托需求的资产管理能力、财富管理能力和受托服务能力,努力推动公司发展成为良好信托文化的践行者、先行者。

4.2 所经营业务的主要内容

4.2.1 公司主营业务

信托业务方面,2021年公司在切实提升风险管控及主动管理能力基础上,坚持稳健经营、有序转型的可持续健康发展路径。在错综复杂的经济、金融及政策监管环境下,公司定位"小而美、精而专",聚焦"融资向投资转型、非标向标准转型、向服务信托转型"的三大转型目标,打造"小公司服务大客户"的能力,不断提高信托资产的主动管理能力及全面风险管理能力。面对复杂的经济金融形势和强监管态势,公司内部强调顺势而为,及时把握市场环境及监管导向,围绕"三大战略转型目标",有序推进。坚持"稳发展、控风险、强基础、促转型、增效益"的战略定位,夯实根基、促进转型、狠抓落实,在充分认清市场及自身优劣势的基础上,持续推进机制改革、深化人才战略、全面风险管理、金融科技赋能,并重点做好存量项目风险管控及流动性管理工作,推动各业务板块、管理体系转型升级,推进公司经营稳中求进、有序转型。

公司信托业务主要包括:(1)传统业务提质增效。在房地产板块,优选发展稳健的头部企业,围绕"强主体"及"强项目"的两强模式审慎开展业务。在信政业务板块,对于经济发达区域、债务水平可控、高层级地方政府核心融资平台,鼓励拓展高等级的业务合作机会,优化结构。另外根据政府及监管部门的政策导向,逐步加大对实体经济、民营经济的支持力度。(2)转型业务稳步推进。①拓展资产证券化业务,在合规经营、风险可控的基础上,实现公司业务品类多元化发展。②稳健开展标准化业务,加强与金融机构的合作,公司做好风险收益的管理。③积极推动股权类业务,主动学习同业在该类业务上的成熟经验,打造"募投管退"的股权管理能力。④尝试探索债券型产品。⑤审慎推动资本市场业务,包括TOF、FOF等产品的发行。⑥家族信托、慈善公益信托等本源业务逐步加强,跟随行业发展的步伐。

固有业务方面,以投资为主,同时更加重视流动性管理,为确保公司稳健经营的流动性安全,适度开展同业拆借业务及信托业保障基金公司的流动性支持业务;固有资金同时作为公司风险缓释的重要手段,给予信托项目一定的流动性支持,帮助信托项目解决成立及垫付信保基金等时点上需求。

公司固有业务主要包括:(1)贷款类业务。贷款类业务是提高固有资金运营效率的重要手段,公司通过对贷款结构、期限、规模的动态调整和优化,积极把握各类行业领域孕育的投资机会,从客户资源、渠道资源、项目资源等方面为信托主业提供有力支持,同时获得风险可控的较高收益。(2)金融产品投资类业务。金融产品投资类业务较为灵活,可根据公司当期资金情况,提高资金使用效率。适当配比不同种类的金融产品时,可降低投资组合风险。同时在风险相对较低的情况下可获得可观收益。目前,金融产品投资类业务主要包括购买信托产品、定向资管产品等。(3)固定收益业务。固定收益业务对公司在优化固有资产投资结构、提升固有资产运营效率等方面发挥着重要作用。公司以确保资金的安全性和资产的流动性为原则,通过对固定收益市场和相关投资品种的深入研究,根据市场环境的变化动态调整和优化资产配置结构,构成稳健的投资组合,获取固定收益。

目前公司各类投资产品为银行同业定存、货币基金、定向资管、基金、信托产品、其他债权类投资等。

4.2.2 资产组合与分布

2021年末,公司净资本292 281.88万元,各项业务风险资本之和116 194.46万元,净资本/各项业务风险资本为251.55%。

自营资产运用与分布表

资产运用	金额(万元)	占比(%)	资产分布	金额(万元)	占比(%)
货币资产	31 714.10	5.66	工商企业	430 131.10	76.79
交易性金融资产	—	—	基础产业	4 000.00	0.71
发放贷款	66 944.05	11.95	金融机构	—	—
债权投资	303 045.56	54.10	其他	126 006.69	22.50
持有至到期投资	—	—	证券	—	—
长期股权投资	—	—	房地产	—	—
其他资产	158 434.08	28.28			
合计	560 137.79	100.00	合计	560 137.79	100.00

信托资产运用与分布表

资产运用	金额（万元）	占比（%）	资产分布	金额（万元）	占比（%）
货币资金	13 431.79	0.30	工商企业	725 186.71	16.08
交易性金融资产	60 092.20	1.33	基础产业	1 367 099.51	30.32
买入返售金融资产	—	—	金融机构	75 919.73	1.68
应收款项	1 136 969.16	25.21	其他	202 455.88	4.49
发放贷款	2 020 997.49	44.82	证券	87 068.32	1.93
可供出售金融资产	567 219.55	12.58	房地产	2 051 440.41	45.50
长期应收款	—	—			
长期股权投资	710 460.37	15.76			
其他资产					
合计	4 509 170.56	100.00	合计	4 509 170.56	100.00

4.3 市场分析

2021年，尽管国际国内形势发生了深刻复杂变化，但我国经济稳中向好、长期向好的基本面没有变，我国经济潜力足、韧性大、活力强、回旋空间大、政策工具多的基本特点没有变，我国发展具有的多方面优势和条件没有变。但也必须看到我国经济发展面临需求收缩、供给冲击、预期转弱三重压力。新冠肺炎疫情冲击下，百年变局加速演进，外部环境更趋复杂严峻和不确定，市场预计将迎来具有挑战性的宏观环境。

2021年房地产行业面临严峻考验。在"房住不炒"的政策定位下，监管对房地产行业的管控持续加码，"三道红线"、土地出让金划转税务部门征收、加强土地招拍挂的购地主体与资金来源审查、试点房企拿地销售比不得超过40%等一系列政策持续出台。在严格调控下，房地产市场热度明显下降。截至2021年第三季度末数据，房地产贷款余额51.4万亿元，同比增长7.6%，低于各项贷款增速4.3个百分点，比上季末增速低1.9个百分点；前三季度增加3.03万亿元，占同期各项贷款增量的18.1%，占比较上季末下降0.8个百分点，比2020年全年水平低7.3个百分点。在"三道红线"、集中供地以及房地产贷款集中度管理等房地产投、融资端的多重监管下，整个房地产行业受到极大影响，信用风险持续暴露，多家房企先后爆发了债务危机，对整个地产行业发展带来了较大的负面冲击。

2021年，整体市场环境复杂、地产行业强调控，叠加资管新规过渡期结束，信托行业面临发展环境不确定、政策波动大、风险压力增加，行业行至"严冬期"的特殊发展阶段，行业风险暴露加剧。随着资管新规实施、三项规模压降、《信托公司资金信托管理暂行办法（征求意见稿）》等一系列监管政策出台，信托行业监管逐步趋严，信托行业进入转型发展期，具体体现在：一是融资类与通道业务持续压缩。截至2021年第三季度末，事务管理类信托规模约为8.55万亿元，较2017年第四季度的历史峰值（15.65万亿元）下降45.37%。融资类信托规模自2020年第三季度以来连续下滑。截至2021年第三季度末，融资类信托规模降至约3.86万亿元，同比大幅下降35.13%。二是房地产信托规模明显降低。截至2021年第三季度末，投向房地产业的资金信托余额约为1.95万亿元，同比下降18.13%，环比下降6.30%。三是证券投资信托迅猛增长。截至2021年第三季度末，投向证券市场的资金信托余额约为3.06万亿元，同比增长38.12%，其中，投向股票、债券和基金的规模分别约为0.65万亿元、2.13万亿元和0.28万亿元，同比增长分别为6.54%、57.36%和10.75%。

在新的监管环境下，信托行业未来发展目标即服务于实体经济，服务于现代金融体系的建设，2022年信托公司将进一步提高主动管理能力回归信托本源业务，助力实体经济的发展，但目前信托公司主动管理业务占比持续提升更多是被动调整业务结构的结果，真正的主动管理能力的强化仍需要一个逐步发展的过程，信托公司的转型不再是简单地推动单个创新业务的诞生，而是一个系统建设过程。另外，信托行业信托风险项目持续增长，受房地产行业宏观调控政策的持续深化，叠加部分高杠杆大型房企爆雷等各项内外部因素影响，信托行业出现了较为普遍的风险暴露情形和资产劣化趋势，信托公司亟须改善并提升风险管理手段和方式以提升资产管理能力，保障投资人利益。此外，刚性兑付的打破将使信托产品吸引力下降，渠道销售难度加大，且在新的监管环境下，传统业务将进一步萎缩，从而带动信托资产规模继续收缩，加之转型发展尚需一个系统建设的过程，未来信托公司的盈利水平可能存在一定的不确定性。

但从长期来看，新的外部环境有助于提升信托行业资产管理能力和风险防控意识，推进信托行业加快转型，促进信托行业长期健康稳健发展。

4.4 内部控制

4.4.1 内部环境和内部控制文化

治理结构。公司建立了"三会一层"治理结构，股东会、董事会、监事会、高级管理层在各自权限范围内履行职责，保障业务决策和日常管理安全有序。公司设置了前台、中台、后台分离的部门组织架构，职责流程、报告关系较为清晰，共同保证经营目标有效实施。

经营战略。公司围绕"小而美、精而专"的战略目标，坚持"将信托文化建设和合规建设作为全年工作主线，把经营安全作为第一要务"的经营策略。2021年公司狠抓"管得好"的服务文化、创新文化、风险文化、人才文化、学习文化，全力打造与受托服务目标相匹配的专业人才队伍和主动管理能力，实现公司高质量发展。

激励约束。公司持续加强团队能力建设，完善各层次人才梯队，持续优化人才结构，裁汰冗员，积极打造学习型组织。完善绩效考核管理和薪酬管理，形成"能者上、庸者下、劣者汰"的良好竞争氛围，吸引优秀人才。

廉政建设。公司持续开展"廉洁自律、勤勉尽职"专项工作，从完善廉洁从业和问责制度、宣导不当收入处理规定、不定期开展教育培训、签订《员工行为自律承诺书》等方面，倡导清廉司风，遏制违规行为。

4.4.2 内部控制措施

公司建立以"全面有效的风险管理体系"为目标，制定与公司战略、业务发展相匹配的风险偏好和风险策略；公司重视信用风险防范，通过前台部门尽职调查、中台部门审批复核，业务落地后定期走访，中台部门定期舆情监测，建立事前、事中、事后全流程风险控制机制；公司定期开展合规经营培训，加强风险评价体系制度建设，将监管部门专项治理、案件排查、全面风险自查等工作常态化。公司固有业务和信托业务分属不同的业务部门，部门之间相互独立、相互制约，能够确保固有业务风险和信托业务风险有效隔离。计划财务部、运营部、固有业务部等部门对会计账表、统计信息进行分工，建立内部复核机制，对外报送路径清晰。公司建立了操作风险突发事件和非业务法律事务突发事件应急预案。

4.4.3 信息交流与反馈

内部交流方面，公司通过定期会议、专题会议、公文系统、邮件系统等多种形式，确保信息传导及时完整；外部沟通方面，公司与监管部门建立了沟通报告机制，与股东建立了公文传递机制，与客户建立了咨询和投诉反馈机制，以保障信息传递流畅，有利于组织目标实现。

4.4.4 监督评价与纠正

公司审计与关联交易委员会下设审计稽核部履行内审监督职能。本报告期内，公司制订了年度审计计划，根据计划及内外部监督管理要求有序开展各类审计项目、后续整改追踪、全面风险排查及其他专项工作等。2021年，审计部完成2个专项审计、5个离任审计、4次风险排查、3次专项检查，出具7份审计报告、4份风险排查报告及3份专项检查报告，建立了常态化的风险排查、监测报告机制。

4.5 风险管理

4.5.1 风险管理概况

4.5.1.1 公司风险管理的宗旨

公司风险管理以保护委托人/受益人和股东最大利益为宗旨。（1）风险管理是公司整体经营和各项业务稳健持续发展的保障。（2）董事会和公司高级管理层对风险的识别和管理负最终责任。（3）分工明确、相互制约的组织架构是公司风险管理的前提。（4）完善的制度体系建设是风险管理的基础。

4.5.1.2 公司风险管理的总体目标

（1）提升公司经营管理效果，促进经营和业务积极稳健发展。（2）确保公司经营合法合规以及公司内部规章制度得以贯彻执行。（3）确保将公司经营和业务风险控制在与公司总体目标相适应并可承受的范围内。（4）确保公司建立各类重大风险（包括但不限于合规风险、信用风险、市场风险、流动性风险、操作风险、声誉风险、道德风险等）的防范和应急处理机制，保护公司不因灾害性风险或人为失误而遭受重大损失。（5）形成良好的风险管理文化，使全体员工不断强化风险防范和风险管理意识。

4.5.1.3 公司风险管理的原则

（1）全面性。公司风险管理应当做到事前、事中、事后控制相统一；覆盖公司的所有业务、部门和人员，贯彻到决策、执行、监督、反馈等各个环节，确保不存在风险管理的空白或漏洞。（2）独立性。承担风险管理监督检查职能的部门应当独立于公司其他部门。各业务部门的业务环节应相互独立，各司其职。（3）制衡性。公司部门和岗位的设置应当权责分明、相互制衡，一线业务运作与二线管理支持及三线监督检查应适当分离。

4.5.1.4 公司风险管理的组织架构

公司积极推进涵盖合规风险、信用风险、流动性风险、操作风险和声誉风险等方面的全面风险管理体系框架建设，逐步构建包括从治理层面到经营层面的组织架构和职能设置，业务事前、事中、事后全流程管控，前台、中台和后台"三道防线"的全面风险管理机制，以及不同风险类型的管控机制，通过不断强化全员风险管理理念，厘清风险管理三道防线的职责，实现从项目尽职调查到项目清算的全流程、全方位的风险防范体系。

董事会作为公司最高风险管理机构，审批风险管理战略，确定风险管理的机构设置、职能分工、审批公司风险管理制度、年度目标、监督考核等。

监事会承担公司全面风险管理的监督责任，负责监督检查董事会和高级管理层（执行委员会）在风险管理方面的履职尽责情况。

董事会下设的投资风险控制委员会由公司董事组成，负责提出公司经营管理过程中防范和控制风险的指导意见，监督公司风险管理的制度建设；负责审查（审批）重大业务风险；对公司风险状况和风险管理能力及水平进行评价，提出完善公司风险管理的建议。

执行委员会实施公司战略发展规划，监督业务风险管理制度、业务流程的制定，落实各项风险管理工作。

项目评审委员会由高级管理人员及相关部门负责人组成，负责对公司各项业务的评审和审批，包括对项目合规风险、法律风险、信用风险、市场风险、流动性风险、操作风险、声誉风险等的综合审议；只有经该委员会评审通过的项目方可实施或提交公司投资风险控制委员会审批（根据不同权限）。

前台业务部门是项目风险防范的第一责任人以及风险管理第一道防线，按照公司业务指引和风险管理制度要求，履行所经办业务或项目的事前尽调、事中管理和风险处置等风险管控职能职责，并对业务或项目的真实性负责。

风险合规部作为公司全面风险管理的牵头协调部门、第二道风险防线，负责制定公司及各业务的风险管理政策和风险管理制度体系搭建，不断完善公司风险管理文化；依据公司的总体战略和风险偏好，制定风控规划并确定公司风险容忍度；负责存续项目风险管理及相关的制度和流程管理；负责存续项目的信息搜集、整理、统计分析；按照监管部门要求，协调公司各相关部门牵头完成与存续项目风险管理相关的各专项及临时监管信息的报备工作；负责公司法律合规风险管理和咨询服务，对业务部门送审的项目进行法律合规风险审查，提出独立审查意见；负责牵头处理监管部门有关事务，组织案防、反洗钱相关工作；代表公司处理非诉及诉讼等相关事宜；负责促进公司合规文化建设，确保公司各项经营管理活动合法合规。

运营部作为公司信托业务中后端集中运营服务的管理综合平台，主要承担对信托资产存续期的运营处理、核算估值、运营分析和监督控制等职责。

审计稽核部作为风险管理第三道防线，负责风险管理制度和流程执行的监督、审计并进行独立的风险评估；负责协助公司改进风险管理与内部控制系统；通过评价内部控制的效率与效果、促进内部控制的持续改善；对所发现的重大风险事项可直接向审计和关联交易委员会及投资风险控制委员会汇报。

信托业务管理总部负责对公司信托业务进行统筹管理，优化资源配置，提升公司核心盈利能力，促进公司信托业务目标的达成，引领公司信托业务研究与创新；负责针对业务主要风险环节制定相应的业务操作流程。

固有业务部负责公司自有资金的运用和管理，依据年度资金计划，开展固有投资及支持主业发展的各项资金投放，在信托业务需要启动预警机制时，及时调配资金及通过合规手段提供流动性支持，保障公司正常经营运转；同时，负责风险项目的处置清收，通过各种法律手段化解风险项目，最大限度清收回款，降低损失。

计划财务部负责固有资金预测和收支管理，确保业务资金需求和资金安全，为固有资金运用提供数据支持和建议。及时、准确地计算和报送公司净资本、风险资本以及各项监管指标，对指标异动进行分析和警示。公司在每个资产负债表日采用个别识别减值的方式评估资产的减值情况。

4.5.2 风险状况

4.5.2.1 信用风险状况

信用风险主要指交易对手不履行义务的可能性，主要表现为：在信托贷款、资产回购、后续资金安排、担保、履约承诺等交易过程中，借款人、担保人、保管人（托管人）等交易对手不履行承诺，不能或不愿履行约定或承诺而使信托财产和固有财产遭受潜在损失的可能性。同时，当信用风险发生时，如受托人没有尽职管理、安排预算不恰当时，或信托项目违法违规未能如期执行时，则可能会发生流动性风险。

2021年末，公司已按照净利润的5%计提了信托项目赔偿准备金，年末余额为127 097 683.02元，较2020年末增加了16 307 078.49元；已按风险资产的1.5%计提了一般风险准备，2021年末余额为89 844 644.22元，较2020年末增加了5 113 228.72元。

4.5.2.2 市场风险状况

市场风险是指公司在运营过程中可能因股价、市场汇率、利率及其他商品价格因素等变动而产生的风险。具体表现为经济运作周期变化、金融市场利率波动、通货膨胀、房地产交易、证券市场变化等造成的风险，这些风险可能影响信托财产的价值及信托收益水平，也可能影响公司固有资产价值或导致损失。报告期内，公司未发生因市场风险所造成的损失。

利率风险主要源于市场利率变动对利率敏感金融工具的公允价值或未来现金流量的影响。根据公司资金运作的实际情况，公司计息资产主要为短期同业存放及一年内到期的短期贷款，受市场利率变动的影响可控。

汇率风险指因汇率变动产生损失的风险。截至2021年末，公司主要业务活动均以人民币计价结算。故此，公司暂不存在汇率风险。

其他价格风险是指金融工具的公允价值受市场利率和外汇汇率以外的市场价格因素变动发生波动的风险。报告期内，公司不存在重大的其他价格风险。

4.5.2.3 操作风险状况

操作风险是指由于不完善或有问题的内部操作过程、人员、系统或外部事件而导致的直接或间接损失的风险。报告期内，公司经营管理活动严格按照相关制度和操作流程执行，未出现重大差错、失误及责任事故。同时，公司将持续重视和加强操作风险管理，严控操作风险。

4.5.2.4 其他风险状况

其他风险主要指公司业务开展中的流动性风险等。流动性风险是指没有足够资金以满足到期债务支付的风险。根据公司资金运作的实际情况及对流动性的预测，公司的资本基本能够满足日常的业务与投资需求，通过同业拆入等形式的外部融资，能够在一定程度上补充公司流动性，公司流动性风险总体可控。

4.5.3 风险管理

4.5.3.1 信用风险管理

为管理和防范信用风险，公司已初步建立信托业务和固有业务全过程风险管理体系框架，风控措施覆盖项目立项、尽职调查、评审审批、发行、存续管理、清算等全过程。

公司各项目审查人员根据公司项目评审及风险防范相关原则，通过参与项目前期尽职调查、审核项目材料、参加项目预沟通会、优化交易方案等方式，有效识别、计量、揭示并控制项目存在的各类风险。

公司存续项目管理人员通过对存续项目开展常规检查、集中检查、专项检查及现场检查，持续监控存续期项目风险状况。存续期内，通过查询交易对手（包括抵押人和保证人）涉诉及负面报道情况、查询征信报告、每月向业务部门发布并流动性提示及要求对未来即将到期的信托项目提交具有可操作性的资金安排计划等管理方式，及时跟踪交易对手的信用状况。

同时，公司还通过规范项目重大事项变更审批流程、项目风险事件汇报路线和应急处置流程来持续加强和优化审批流程，将授权和相互协调制约机制细化到具体经办流程中去。

本着业务发展制度先行的原则，公司根据市场及行业发展状况不断梳理和完善风险管理制度、风险管理办法及风险管理指引。报告期内，公司完善了项目评审、同业授信、担保管理办法等制度，探讨并明确了对标品业务的准入标准和审批要求，细化和完善公司各类业务的操作指导；通过梳理评审会及投委会议事规则、集团客户授信管理、项目事前风险审查、存续期项目风险排查等流程及操作规范，进一步明确评审员的专业化分工，优化和规范风险管理操作流程；推进评审员专业化管理，补充业务审核和存续管理力量。

4.5.3.2 市场风险管理

2021年，公司在以往年度制度建设的基础上，根据监管部门监管政策以及公司经营发展需要和市场环境变化，在业务指引方面分别修订并出台了地方政府融资平台类业务、结构化证券投资类业务、FOF业务等多项制度、办法及相关指引。公司根据市场及行业发展状况，新制定或者修订相关制度、办法及相关指引，基本覆盖公司已开展和拟开展业务类型，为管控市场风险提供制度保障。

4.5.3.3 操作风险管理

公司通过采取一系列措施规范操作流程，进一步降低操作风险：（1）建立严格的部门职责和员工岗位职责，梳理各项业务流程和操作规程；（2）建立职责分离、相互监督制约的机制，建立严格的审核、复核程序；（3）建立规范的信息系统管理流程并配置灾备系统；（4）公司不断完善各项规章制度，使之更加完整严密。

通过在业务尽职调查、产品规范化管理、外部中介机构管控、风险监测评价、档案管理、信息披露等方面不断细化管理要点和规范操作流程，提升业务操作的规范化和标准化水平，消除操作风险隐患，有效管理各类操作风险。

4.5.3.4 其他风险管理

4.5.3.4.1 声誉风险

公司高度重视声誉风险管理，通过建立积极、合理、有效的声誉风险管理机制，实现对声誉风险的识别、监测、控制和化解。公司修订完善声誉风险管理制度、声誉风险应急预案等相关制度，标准化、制度化、流程化处理公司声誉风险。公司实时关注舆情信息，及时澄清虚假信息或不完整信息。建立信息披露管理制度，及时准确地向公众发布信息，主动接受舆论监督，为正常的新闻采访活动提供便利和必要保障。公司创建多种渠道与投资人进行良好互动，保障客户合法权益，不断提升客户综合满意度，巩固和提升公司的良好形象，推动公司持续稳健发展。

4.5.3.4.2 道德风险

公司通过制度设计完善内部控制机制，规范操作流程；严格执行管理制度及纪律要求；定期开展合规教育，开展员工异常行为排查，加强道德文化教育，要求员工遵纪守法，全员签署《华澳国际信托有限公司员工行为自律规范》《履职回避承诺书》不断提高员工廉洁自律和勤勉尽职的意识；制定《华澳国际信托有限公司从业人员守则》《华澳国际信托有限公司关键岗位人员管理办法》，从制度层面将人员管理，特别是关键岗位人员的管理机制化；以员工为本，强调和谐共赢，不断加强企业的凝聚力和员工的归属感，使员工认识到与公司共同成长的重要性，为防范道德风险提供制度保障。

4.5.3.4.3 流动性风险

公司充分重视流动性风险的管理和控制，已制定《华澳国际信托流动性风险管理办法》（暂行），保持固有资产流动性适度充沛，信托业务在方案设计及后续管理中把流动性风险管理作为重要风险要素之一。公司不断提高识别、监测和调控头寸的能力，随着业务项目的增加，将逐步完善流动性风险管理体系的建设。流动性管理实行分工管理、实时监控、动态调整原则，固有业务部对固有投资、公司整体的流动性需求及缺口进行测算；运营部对信托项目流动性缺口进行测算；风险合规部通过定期风险排查、投贷后管理、流动性风险提示函等方式，及时跟踪并向公司管理层汇报存续项目可能存在的流动性风险，审计稽核部通过对日常经营管理定期审计，对业务项目常规的阶段性稽核及1个月内到期项目的专项稽核等对流动性管理情况进行监督检查；基本达到提高资金使用效率，保障公司经营持续、稳健的目的。

5. 报告期末及上一年度末的比较式会计报表

5.1 自营资产（会计报表已经审计）

5.1.1 会计师事务所审计意见全文

审计报告

XYZH/2022CQAA20031

华澳国际信托有限公司全体股东：

一、审计意见

我们审计了华澳国际信托有限公司（以下简称华澳信托）财务报表，包括2021年12月31日资产负债表，2021年度利润表、现金流量表、所有者权益变动表以及财务报表附注。

我们认为，后附的财务报表在所有重大方面按照企业会计准则的规定编制，公允反映了华澳信托2021年12月31日的公司财务状况以及2021年度的经营成果和现金流量。

二、形成审计意见的基础

我们按照中国注册会计师审计准则的规定执行了审计工作。审计报告的"注册会计师对财务报表审计的责任"部分进一步阐述了我们在这些准则下的责任。按照中国注册会计师职业道德守则，我们独立于华澳信托，并履行了职业道德方面的其他责任。我们相信，我们获取的审计证据是充分、适当的，为发表审计意见提供了基础。

三、其他信息

华澳信托管理层（以下简称管理层）对其他信息负责。其他信息包括华澳信托2021年年度报告中涵盖的信息，但不包括财务报表和我们的审计报告。

我们对财务报表发表的审计意见不涵盖其他信息，我们也不对其他信息发表任何形式的鉴证结论。

结合我们对财务报表的审计，我们的责任是阅读其他信息，在此过程中，考虑其他信息是否与财务报表或我们在审计过程中了解到的情况存在重大不一致或者存在重大错报。

基于我们已执行的工作，如果我们确定其他信息存在重大错报，我们应当报告该事实。在这方面，我们无任何事项需要报告。

四、管理层和治理层对财务报表的责任

华澳信托管理层负责按照企业会计准则的规定编制财务报表，使其实现公允反映，并设计、执行和维护必要的内部控制，以使财务报表不存在由于舞弊或错误导致的重大错报。

在编制财务报表时，管理层负责评估华澳信托的持续经营能力，披露与持续经营相关的事项（如适用），并运用持续经营假设，除非管理层计划清算华澳信托、终止运营或别无其他现实的选择。

治理层负责监督华澳信托的财务报告过程。

五、注册会计师对财务报表审计的责任

我们的目标是对财务报表整体是否不存在由于舞弊或错误导致的重大错报获取合理保证，并出具包含审计意见的审计报告。合理保证是高水平的保证，但并不能保证按照审计准则执行的审计在某一重大错报存在时总能发现。错报可能由于舞弊或错误导致，如果合理预期错报单独或汇总起来可能影响财务报表使用者依据财务报表做出的经济决策，则通常认为错报是重大的。

在按照审计准则执行审计工作的过程中，我们运用职业判断，并保持职业怀疑。同时，我们也执行以下工作：

（1）识别和评估由于舞弊或错误导致的财务报表重大错报风险，设计和实施审计程序以应对这些风险，并获取充分、适当的审计证据，作为发表审计意见的基础。由于舞弊可能涉及串通、伪造、故意遗漏、虚假陈述或凌驾于内部控制之上，未能发现由于舞弊导致的重大错报的风险高于未能发现由于错误导致的重大错报的风险。

（2）了解与审计相关的内部控制，以设计恰当的审计程序，但目的并非对内部控制的有效性发表意见。

（3）评价管理层选用会计政策的恰当性和做出会计估计及相关披露的合理性。

（4）对管理层使用持续经营假设的恰当性得出结论。同时，根据获取的审计证据，就可能导致对华澳信托持续经营能力产生重大疑虑的事项或情况是否存在重大不确定性得出结论。如果我们得出结论认为存在重大不确定性，审计准则要求我们在审计报告中提请报表使用者注意财务报表中的相关披露；如果披露不充分，我们应当发表非无保留意见。我们的结论基于截至审计报告日可获得的信息。然而，未来的事项或情况可能导致华澳信托不能持续经营。

（5）评价财务报表的总体列报、结构和内容，并评价财务报表是否公允反映相关交易和事项。

（6）就华澳信托中实体或业务活动的财务信息获取充分、适当的审计证据，以对财务报表发表审计意见。我们负责指导、监督和执行集团审计，并对审计意见承担全部责任。

我们与治理层就计划的审计范围、时间安排和重大审计发现等事项进行沟通，包括沟通我们在审计中识别出的值得关注的内部控制缺陷。

信永中和会计师事务所（特殊普通合伙）

中国注册会计师：阳　伟

中国注册会计师：杨黎立

中国·北京　　　　　　　二〇二二年四月二十八日

5.1.2　资产负债表

资产负债表

编制单位：华澳国际信托有限公司　2021年12月31日　　　单位：万元

资产	2021年12月31日	2020年12月31日
资产		
现金及存放银行款项	31 714.10	9 699.70
存放中央银行款项	—	—
贵金属	—	—
拆出资金	—	—
交易性金融资产	—	40 000.00
衍生金融资产	—	—
买入返售金融资产	—	—
应收利息	—	1 046.46
应收手续费及佣金	—	—
其他应收款	114 505.13	194 113.19
预付账款	—	—
持有待售资产	—	—
发放贷款及垫款	66 944.05	—

续表

资产	2021年12月31日	2020年12月31日
可供出售金融资产	—	258 526.50
债权投资	303 045.56	—
长期股权投资	—	—
投资性房地产	—	—
固定资产	204.76	305.01
无形资产	1 243.72	1 408.78
商誉	—	—
使用权资产	14 270.66	—
递延所得税资产	22 539.99	18 929.98
抵债资产	—	—
其他资产	5 669.82	6 822.52
资产总计	560 137.79	530 852.15

法定代表人：吴瑞忠　　主管会计工作的负责人：解媛媛　　会计机构负责人：王妍

资产负债表（续）

编制单位：华澳国际信托有限公司　　2021年12月31日　　单位：万元

负债和股东权益	2021年12月31日	2020年12月31日
负债		
向中央银行借款	—	—
同业及其他金融机构存放款项	—	—
拆入资金	12 005.40	20 000.00
交易性金融负债	—	—
衍生金融负债	—	—
卖出回购金融资产款	—	—
吸收存款	—	—
应付职工薪酬	8 461.13	11 624.46
应交税费	16 850.10	22 402.28
应付利息	—	2.39
其他应付款	20 405.03	21 241.81
预收手续费及佣金	—	—
持有待售负债	—	—
预计负债	—	—
应付债券	—	—
递延所得税负债	—	—
租赁负债	14 220.76	—
其他负债	—	—
负债合计	71 942.42	75 270.94
股东权益		
实收资本	250 000.00	250 000.00
减：库存股	—	—
资本公积	—	—
其他综合收益	—	—
盈余公积	25 419.54	22 158.12
一般风险准备	8 984.46	8 473.14
信托赔偿准备	12 709.77	11 079.06
未分配利润	191 081.60	163 870.89
所有者权益合计	488 195.37	455 581.21
负债和所有者权益总计	560 137.79	530 852.15

法定代表人：吴瑞忠　　主管会计工作的负责人：解媛媛　　会计机构负责人：王妍

5.1.3　利润表

利润表

编制单位：华澳国际信托有限公司　　2021年度　　单位：万元

项目	2021年度	2020年度
一、营业收入	82 768.67	103 680.86
利息净收入	1 262.40	-2 015.49
利息收入	1 982.47	241.91
利息支出	720.07	2 257.39
手续费及佣金净收入	55 187.50	49 092.68
手续费及佣金收入	55 265.74	49 587.75
手续费及佣金支出	78.24	495.07
投资收益	26 318.77	56 603.67
其中：对联营企业及合营企业的投资收益	—	—
公允价值变动损益	—	—
汇兑收益	—	—
资产处置收益（损失以"-"号填列）	—	—
其他收益	—	—
二、营业支出	44 743.88	51 636.22
税金及附加	353.25	313.75
业务及管理费	26 787.28	30 797.82
资产减值损失	—	20 524.65
信用减值损失	17 603.35	—
其他业务成本	—	—
三、营业利润	38 024.79	52 044.64
加：营业外收入	6 189.30	4 857.74
减：营业外支出	628.02	53.11
四、利润总额	43 586.07	56 849.27
减：所得税费用	10 971.91	14 403.87
五、净利润	32 614.16	42 445.40
六、其他综合收益的税后净额	—	—
七、综合收益总额	32 614.16	42 445.40

法定代表人：吴瑞忠　　主管会计工作的负责人：解媛媛　　会计机构负责人：王妍

5.1.4 所有者权益变动表

所有者权益变动表

编制单位：华澳国际信托有限公司　　　　　　　　　　　　2021年度　　　　　　　　　　　　　　　　　　　　单位：万元

项目	本年					
	实收资本	盈余公积	一般风险准备	信托赔偿准备	未分配利润	所有者权益合计
一、上年年末余额	250 000.00	22 158.12	8 473.14	11 079.06	163 870.89	455 581.21
加：会计政策变更	—	—	—	—	—	—
前期差错更正	—	—	—	—	—	—
二、本年年初余额	250 000.00	22 158.12	8 473.14	11 079.06	163 870.89	455 581.21
三、本年增减变动金额（减少以"-"号填列）	—	3 261.42	511.32	1 630.71	27 210.71	32 614.16
（一）综合收益总额	—	—	—	—	32 614.16	32 614.16
1.净利润	—	—	—	—	32 614.16	32 614.16
2.其他综合收益	—	—	—	—	—	—
（二）所有者投入和减少资本	—	—	—	—	—	—
1.股东投入资本	—	—	—	—	—	—
2. 股份支付计入所有者权益的金额	—	—	—	—	—	—
3. 其他	—	—	—	—	—	—
（三）利润分配	—	3 261.42	511.32	1 630.71	-5 403.45	—
1. 提取盈余公积	—	3 261.42	—	—	-3 261.42	—
2. 提取一般风险准备	—	—	511.32	—	-511.32	—
3. 提取信托赔偿准备	—	—	—	1 630.71	-1 630.71	—
4. 对股东的分配	—	—	—	—	—	—
5. 其他	—	—	—	—	—	—
四、本年年末余额	250 000.00	25 419.54	8 984.46	12 709.77	191 081.60	488 195.37

项目	上年					
	实收资本	盈余公积	一般风险准备	信托赔偿准备	未分配利润	所有者权益合计
一、上年年末余额	250 000.00	17 913.58	8 473.14	8 956.79	127 792.30	413 135.81
加：会计政策变更	—	—	—	—	—	—
前期差错更正	—	—	—	—	—	—
二、本年年初余额	250 000.00	17 913.58	8 473.14	8 956.79	127 792.30	413 135.81
三、本年增减变动金额（减少以"-"号填列）	—	4 244.54	—	2 122.27	36 078.59	42 445.40
（一）综合收益总额	—	—	—	—	42 445.40	42 445.40
1.净利润	—	—	—	—	42 445.40	42 445.40
2.其他综合收益	—	—	—	—	—	—
（二）所有者投入和减少资本	—	—	—	—	—	—
1.股东投入资本	—	—	—	—	—	—
2. 股份支付计入所有者权益的金额	—	—	—	—	—	—
3. 其他	—	—	—	—	—	—
（三）利润分配	—	4 244.54	—	2 122.27	-6 366.81	—
1. 提取盈余公积	—	4 244.54	—	—	-4 244.54	—
2. 提取一般风险准备	—	—	—	—	—	—
3. 提取信托赔偿准备	—	—	—	2 122.27	-2 122.27	—
4. 对股东的分配	—	—	—	—	—	—
5. 其他	—	—	—	—	—	—
四、本年年末余额	250 000.00	22 158.12	8 473.14	11 079.06	163 870.89	455 581.21

法定代表人：吴瑞忠　　　　　　　　　主管会计工作的负责人：解媛媛　　　　　　　　　会计机构负责人：王妍

5.2 信托资产

5.2.1 信托项目资产负债汇总表

信托项目资产负债汇总表

编制单位：华澳国际信托有限公司　　　　　2021年12月31日　　　　　单位：万元

信托资产	年末数	年初数	信托负债和信托权益	年末数	年初数
信托资产：			信托负债：		
货币资金	13 431.79	171 909.48	应付受托人报酬	20.14	6.51
拆出资金	—	—	应付托管费	1.73	1.20
交易性金融资产	60 092.20	35 919.23	交易性金融负债	—	—
应收款项	1 136 969.16	2 305 425.08	应付受益人收益	17.90	22 037.55
买入返售资产	—	—	应付销售服务费	—	81.78
可供出售金融资产	567 219.55	1 272 851.46	其他应付款项	151 029.70	279 954.66
长期应收款	—	—	卖出回购资产款	—	—
长期股权投资	710 460.37	935 270.37	应交税费	674.81	287.78
客户贷款	2 020 997.49	3 701 436.40	其他负债	—	—
应收融资租赁款	—	—	信托负债合计	151 744.28	302 369.48
固定资产	—	—	信托权益		
无形资产	—	—	实收信托	4 398 249.74	8 215 966.19
长期待摊费用	—	—	资金公积	—	72.00
其他资产	—	—	未分配利润	-40 823.46	-95 595.65
内部往来	—	—	信托权益合计	4 357 426.28	8 120 442.54
信托资产总计	4 509 170.56	8 422 812.02	信托负债和信托权益总计	4 509 170.56	8 422 812.02

5.2.2 信托项目利润及利润分配汇总表

信托项目利润及利润分配汇总表

编制单位：华澳国际信托有限公司　　2021年12月31日　　单位：万元

项目	本年数	上年数
一、营业收入	457 076.01	710 371.06
1.利息收入	322 434.61	511 922.71
2.投资收益	111 399.25	192 062.96
3.公允价值变动损益	24 665.61	18 588.83
4.租赁收入	—	—
5.其他收入	-1 423.46	-12 203.44
二、营业费用	60 585.19	73 937.19
三、营业税金及附加	1 612.75	2 529.73
四、扣除资产减值准备前的信托利润	394 878.08	633 904.14
减：资产减值准备	—	—
五、扣除资产减值准备后的信托利润	394 878.08	633 904.14
加：年初未分配信托利润	-95 595.65	-40 381.57
六、可供分配的信托利润	299 282.43	593 522.57
减：本年已分配信托利润	341 980.97	689 140.46
加：损益平准金	1 875.09	22.24
七、年末未分配信托利润	-40 823.46	-95 595.65

6. 会计报表附注

6.1 会计报表编制基准不符合会计核算基本前提的说明

本报告期会计报表编制基准不存在不符合会计核算基本前提的事项。

6.2 重要会计政策和会计估计说明

6.2.1 记账基础和计价原则

6.2.1.1 遵循企业会计准则的声明

本公司编制的财务报表符合企业会计准则的要求，真实、完整地反映了本公司的财务状况、经营成果和现金流量等有关信息。

6.2.1.2 会计期间

本公司的会计期间为公历1月1日至12月31日。

6.2.1.3 记账本位币

本公司以人民币为记账本位币。

6.2.1.4 记账基础和计价原则

本公司会计核算以权责发生制为记账基础。除某些金融工具以公允价值计量外，本财务报表以历史成本作为计量基础。资产如果发生减值,则按照相关规定计提相应的减值准备。

在历史成本计量下,资产按照购置时支付的现金或者现金等价物的金额所付出的对价公允价值计量。负债按照因承担现时义务而实际收到的款项或者资产的金额,或者承担现时义务的合同金额,或者按照日常活动中为偿还负债预期需要支付的现金或者现金等价物的金额计量。

公允价值是市场参与者在计量日发生的有序交易中,出售资产所能收到或者转移一项负债所需支付的价格。无论公允价值是可观察到的还是采用估值技术估计的,在本财务报表中计量和披露的公允价值均在此基础上予以确定。

公允价值计量基于公允价值的输入值的可观察程度以及该等输入值对公允价值计量整体的重要性,被划分为三个层次:

第一层次输入值是在计量日能够取得的相同资产或负债在活跃市场上未经调整的报价;

第二层次输入值是除第一层次输入值外相关资产或负债直接或间接可观察的输入值;

第三层次输入值是相关资产或负债的不可观察输入值。

6.2.2 合并财务报表的编制方法

合并财务报表的合并范围以控制为基础予以确定。控制是指投资方拥有对被投资方的权力,通过参与被投资方的相关活动而享有可变回报,并且有能力运用对被投资方的权力影响其回报金额。一旦相关事实和情况的变化导致上述控制定义涉及的相关要素发生了变化,本公司将进行重新评估。

合并起始于本公司获得对该结构化主体的控制权时,终止于本公司丧失对结构化主体的控制权时。

对于公司处置的结构化主体,处置日(丧失控制权的日期)前的经营成果和现金流量已经适当地包括在合并利润表和合并现金流量表中。

结构化主体采用的主要会计政策和会计期间按照本公司统一规定的会计政策和会计期间厘定。

公司与结构化主体相互之间发生的内部交易对合并财务报表的影响于合并时抵销。

结构化主体股东权益中不属于母公司的份额作为其他投资者的权益,在合并资产负债表中以"其他应付款"项目列示。结构化主体当期净损益中属于其他投资者的份额,在合并利润表中与"投资收益"抵销列示。

6.2.3 现金及现金等价物

现金是指企业库存现金以及可以随时用于支付的存款。现金等价物是指本公司持有的期限短、流动性强、易于转换为已知金额现金、价值变动风险很小的投资。

6.2.4 金融工具(2021年1月1日起适用)

本公司成为金融工具合同的一方时确认一项金融资产或金融负债。

6.2.4.1 金融资产的分类、确认依据和计量方法

公司据管理金融资产的业务模式和金融资产的合同现金流量特征将金融资产分类为以摊余成本计量的金融资产、以公允价值计量且其变动计入其他综合收益的金融资产、以公允价值计量且其变动计入当期损益的金融资产。

公司对所有金融资产和金融负债按照公允价值进行初始计量。

(1)以摊余成本计量的金融资产。以摊余成本计量的金融资产,是指同时符合下列条件的金融资产:①企业管理该金融资产的业务模式是以收取合同现金流量为目标。②该金融资产的合同条款规定,在特定日期产生的现金流量,仅为对本金和以未偿付本金金额为基础的利息的支付。该类金融资产,按照摊余成本进行后续计量,在按照实际利率法摊销、减值以及终止确认时产生的利得或损失,计入当期损益。

(2)以公允价值计量且其变动计入其他综合收益的金融资产。以公允价值计量且其变动计入其他综合收益的金融资产,是指该金融资产同时符合下列条件:①企业管理该金融资产的业务模式既以收取合同现金流量为目标又以出售该金融资产为目标。②该金融资产的合同条款规定,在特定日期产生的现金流量,仅为对本金和以未偿付本金金额为基础的利息的支付。

对于债务工具投资,除减值损失或利得、汇兑损益和按照实际利率法计算的该金融资产的利息计入损益之外,所产生的其他利得或损失,均应当计入其他综合收益。该类金融资产终止确认时,之前计入其他综合收益的累计利得或损失从其他综合收益重分类至损益,并确认为投资收益。

对于非交易性权益工具投资,可在初始确认时将其不可撤销地指定为以公允价值计量且其变动计入其他综合收益的金融资产。该指定在单项投资的基础上做出,且相关投资从发行者的角度符合权益工具的定义。该类

金额资产，公允价值变动均计入其他综合收益。当该金融资产终止确认时，之前计入其他综合收益的累计利得或损失应当从其他综合收益中转出，计入留存收益。持有该投资期间获得的股利在确定对其收取的权利成立时进行确认，并计入当期损益。

（3）以公允价值计量且其变动计入当期损益的金融资产。除上述以摊余成本计量和以公允价值计量且其变动计入其他综合收益的金融资产外，其余所有的金融资产分类为以公允价值计量且其变动计入当期损益的金融资产。在初始确认时，如果能够消除或显著减少会计错配，可以将本应以摊余成本计量或以公允价值计量且其变动计入其他综合收益的金融资产不可撤销地指定为以公允价值计量且其变动计入当期损益的金融资产。该类金融资产以公允价值计量，其产生的利得或损失计入当期损益。

6.2.4.2　金融资产转移的确认依据和计量方法

金融资产满足下列条件之一的，予以终止确认：（1）收取该金融资产现金流量的合同权利终止；（2）该金融资产已转移，且将金融资产所有权上几乎所有的风险和报酬转移给转入方；（3）该金融资产已转移，既没有转移也没有保留金融资产所有权上几乎所有的风险和报酬，但是放弃了对该金融资产控制。

既没有转移也没有保留金融资产所有权上几乎所有的风险和报酬，且未放弃对该金融资产控制的，则按照其继续涉入所转移金融资产的程度确认有关金融资产，并相应确认有关负债。

金融资产整体转移满足终止确认条件的，将所转移金融资产的账面价值，与因转移而收到的对价及原计入其他综合收益的公允价值变动累计额之和的差额计入当期损益。

金融资产部分转移满足终止确认条件的，将所转移金融资产整体的账面价值，在终止确认部分和未终止确认部分之间，按照各自的相对公允价值进行分摊，并将因转移而收到的对价及应分摊至终止确认部分的原计入其他综合收益的公允价值变动累计额之和，与分摊的前述账面金额的差额计入当期损益。

非交易性权益工具投资指定为以公允价值计量且其变动计入其他综合收益的金融资产的，当该金融资产终止确认时，之前计入其他综合收益的累计利得或损失从其他综合收益中转出，计入留存收益。

6.2.4.3　金融资产减值的测试方法及会计处理方法

（1）以预期信用损失为基础，对以摊余成本计量的金融资产和以公允价值计量且其变动计入其他综合收益的金融资产（除非交易性权益工具投资指定为以公允价值计量且其变动计入其他综合收益的金融资产外）进行减值会计处理并确认损失准备。

（2）如果该金融工具的信用风险自初始确认后已显著增加，按照相当于该金融工具整个存续期内预期信用损失的金额计量其损失准备。

（3）如果该金融工具的信用风险自初始确认后并未显著增加，按照相当于该金融工具未来12个月内预期信用损失的金额计量其损失准备。

6.2.5　固定资产及折旧

固定资产是指为提供劳务或经营管理而持有的，使用寿命超过一个会计年度的有形资产。

固定资产按成本进行初始计量，并考虑预计弃置费用因素的影响。固定资产从达到预定可使用状态的次月起，采用年限平均法在使用寿命内计提折旧。各类固定资产的使用寿命、预计净残值和年折旧率如下表所示。

项目	折旧方法	折旧年限（年）	残值率（%）	年折旧率（%）
运输工具	年限平均法	4	5.00	23.75
电子设备	年限平均法	3	5.00	31.67
办公设备	年限平均法	5	5.00	19.00

预计净残值是指假定固定资产预计使用寿命已满并处于使用寿命终了时的预期状态，本公司目前从该项资产处置中获得的扣除预计处置费用后的金额。

与固定资产有关的后续支出，如果与该固定资产有关的经济利益很可能流入且其成本能可靠地计量，则计入固定资产成本，并终止确认被替换部分的账面价值，除此以外的其他后续支出，在发生时计入当期损益。

本公司至少于年度终了对固定资产的使用寿命、预计净残值和折旧方法进行复核，如发生改变则作为会计估计变更处理。

固定资产出售、转让、报废或毁损的处置收入扣除其账面价值和相关税费后的差额计入当期损益。

6.2.6　无形资产

无形资产是指本公司拥有或者控制的没有实物形态的可辨认非货币性资产。

无形资产按成本进行初始计量。使用寿命有限的无形资产自可供使用时起，对其原值在其预计使用寿命内采用直线法分期平均摊销。使用寿命不确定的无形资产不予摊销。

公司期末对使用寿命有限的无形资产的使用寿命和摊销方法进行复核，必要时进行调整。

6.2.7 使用权资产（2021年1月1日起适用）

使用权资产，是指本公司作为承租人可在租赁期内使用租赁资产的权利。本公司租赁资产的类别主要包括房屋建筑物、运输工具。

（1）初始计量。在租赁期开始日，公司按照成本对使用权资产进行初始计量。该成本包括下列四项：①租赁负债的初始计量金额，即将尚未支付的租赁付款额的现值确认为租赁负债，短期租赁和低价值资产租赁除外；②在租赁期开始日或之前支付的租赁付款额，存在租赁激励的，扣除已享受的租赁激励相关金额；③发生的初始直接费用，即为达成租赁所发生的增量成本；④为拆卸及移除租赁资产、复原租赁资产所在场地或将租赁资产恢复至租赁条款约定状态预计将发生的成本，属于为生产存货而发生的除外。

（2）后续计量。在租赁期开始日后，公司采用成本模式对使用权资产进行后续计量，即以成本减累计折旧及累计减值损失计量使用权资产。

公司按照租赁准则有关规定重新计量租赁负债的，相应调整使用权资产的账面价值。

（3）使用权资产的折旧。自租赁期开始日起，公司对使用权资产计提折旧。使用权资产通常自租赁期开始的当月计提折旧。计提的折旧金额根据使用权资产的用途，计入相关资产的成本或者当期损益。

公司在确定使用权资产的折旧方法时，根据与使用权资产有关的经济利益的预期消耗方式做出决定，以直线法对使用权资产计提折旧。

公司在确定使用权资产的折旧年限时，遵循以下原则：能够合理确定租赁期届满时取得租赁资产所有权的，在租赁资产剩余使用寿命内计提折旧；无法合理确定租赁期届满时能够取得租赁资产所有权的，在租赁期与租赁资产剩余使用寿命两者孰短的期间内计提折旧。

如果使用权资产发生减值，本公司按照扣除减值损失之后的使用权资产的账面价值，进行后续折旧。

6.2.8 长期待摊费用

长期待摊费用为已经发生但应由本期和以后各期负担的分摊期限在一年以上的各项费用。长期待摊费用在预计受益期间分期平均摊销。

6.2.9 非金融资产减值

公司在每一个资产负债表日检查固定资产和使用寿命有限的无形资产及其他资产是否存在可能发生减值的迹象。如果该等资产存在减值迹象，则估计其可收回金额。使用寿命不确定的无形资产和尚未达到可使用状态的无形资产，无论是否存在减值迹象，每年均进行减值测试。

估计资产的可收回金额以单项资产为基础，如果难以对单项资产的可收回金额进行估计的，则以该资产所属的资产组为基础确定资产组的可收回金额。可收回金额为资产或者资产组的公允价值减去处置费用后的净额与其预计未来现金流量的现值两者之中的较高者。

如果资产的可收回金额低于其账面价值，按其差额计提资产减值准备，并计入当期损益。

上述资产的资产减值损失一经确认，在以后会计期间不予转回。

6.2.10 预计负债

当与或有事项相关的义务是本公司承担的现时义务，且履行该义务很可能导致经济利益流出，以及该义务的金额能够可靠地计量，则确认为预计负债。

在资产负债表日，考虑与或有事项有关的风险、不确定性和货币时间价值等因素，按照履行相关现时义务所需支出的最佳估计数对预计负债进行计量。如果货币时间价值影响重大，则以预计未来现金流出折现后的金额确定最佳估计数。

如果清偿预计负债所需支出全部或部分预期由第三方补偿的，补偿金额在基本确定能够收到时，作为资产单独确认，且确认的补偿金额不超过预计负债的账面价值。

6.2.11 职工薪酬

公司在职工为其提供服务的会计期间，将实际发生的短期薪酬确认为负债，并计入当期损益或相关资产成本。公司发生的职工福利费，在实际发生时根据实际发生额计入当期损益或相关资产成本。职工福利费为非货币性福利的，按照公允价值计量。

公司职工为职工缴纳的医疗保险费、工伤保险费、生育保险费等社会保险费和住房公积金，以及公司按规定提取的工会经费和职工教育经费，在职工为公司提供服务的会计期间，根据规定的计提基础和计提比例计算确定相应的职工薪酬金额，并确认相应负债，计入当期损益或相关资产成本。

公司在职工为其提供服务的会计期间，将根据设定提存计划计算的应缴存金额确认为负债，并计入当期损益或相关资产成本。

公司向职工提供辞退福利的，在下列两者孰早日确认辞退福利产生的职工薪酬负债，并计入当期损益：公司不能单方面撤回因解除劳动关系计划或裁减建议所提供的辞退福利时；公司确认与涉及支付辞退福利的重组相关的成本或费用时。

6.2.12　租赁负债（2021年1月1日起适用）

6.2.12.1　初始计量

公司按照租赁期开始日尚未支付的租赁付款额的现值对租赁负债进行初始计量，短期租赁和低价值资产租赁除外。

（1）租赁付款额。租赁付款额，是指本公司向出租人支付的与在租赁期内使用租赁资产的权利相关的款项，包括：①固定付款额及实质固定付款额，存在租赁激励的，扣除租赁激励相关金额；②取决于指数或比率的可变租赁付款额，该款额在初始计量时根据租赁期开始日的指数或比率确定；③本公司合理确定将行使购买选择权时，购买选择权的行权价格；④租赁期反映出本公司将行使终止租赁选择权时，行使终止租赁选择权需支付的款项；⑤根据本公司提供的担保余值预计应支付的款项。

（2）折现率。在计算租赁付款额的现值时，本公司因无法确定租赁内含利率的，采用增量借款利率作为折现率。该增量借款利率，是指本公司在类似经济环境下为获得与使用权资产价值接近的资产，在类似期间以类似抵押条件借入资金须支付的利率。该利率与下列事项相关：①本公司自身情况，即集团的偿债能力和信用状况；②"借款"的期限，即租赁期；③"借入"资金的金额，即租赁负债的金额；④"抵押条件"，即标的资产的性质和质量；⑤经济环境，包括承租人所处的司法管辖区、计价货币、合同签订时间等。本公司以银行贷款利率为基础，考虑上述因素进行调整而得出该增量借款利率。

6.2.12.2　后续计量

在租赁期开始日后，公司按以下原则对租赁负债进行后续计量：①确认租赁负债的利息时，增加租赁负债的账面金额；②支付租赁付款额时，减少租赁负债的账面金额；③因重估或租赁变更等原因导致租赁付款额发生变动时，重新计量租赁负债的账面价值。

按照固定的周期性利率计算租赁负债在租赁期内各期间的利息费用，并计入当期损益，但应当资本化的除外。周期性利率是指公司对租赁负债进行初始计量时所采用的折现率，或者因租赁付款额发生变动或因租赁变更而需按照修订后的折现率对租赁负债进行重新计量时，公司所采用的修订后的折现率。

6.2.12.3　重新计量

在租赁期开始日后，发生下列情形时，公司按照变动后租赁付款额和修订后的折现率计算的现值重新计量租赁负债，并相应调整使用权资产的账面价值。使用权资产的账面价值已调减至零，但租赁负债仍需进一步调减的，公司将剩余金额计入当期损益。①实质固定付款额发生变动；②保余值预计的应付金额发生变动；③用于确定租赁付款额的指数或比率发生变动；④购买选择权的评估结果发生变化；⑤续租选择权或终止租赁选择权的评估结果或实际行使情况发生变化。

6.2.13　收入确认（2021年1月1日起适用）

6.2.13.1　收入确认原则

销售商品，公司在履行了合同中的履约义务，即在客户取得相关商品控制权时确认收入。取得相关商品控制权，是指能够主导该商品的使用并从中获得几乎全部的经济利益。

合同中包含两项或多项履约义务的，公司在合同开始日，按照各单项履约义务所承诺商品的单独售价的相对比例，将交易价格分摊至各单项履约义务，按照分摊至各单项履约义务的交易价格计量收入。

交易价格，是指公司因向客户转让商品而预期有权收取的对价金额，公司确认交易价格不超过在相关不确定性消除时累计已确认收入极可能不会发生重大转回的金额，公司代第三方收取的款项以及公司预期将退还给客户的款项作为负债不计入交易价格。在确定交易价格时，公司综合考虑可变对价、合同中存在的重大融资成分、非现金对价、应付客户对价等因素的影响。

满足下列条件之一的，属于在某一时段内履行履约义务；否则，属于在某一时点履行履约义务：①客户在企业履约的同时即取得并消耗企业履约所带来的经济利益。②客户能够控制企业履约过程中在建的商品。③企业履约过程中所产出的商品具有不可替代用途，且该企业在整个合同期间内有权就累计至今已完成的履约部分收取款项。

对于在某一时段内履行的履约义务，企业应当在该段时间内按照履约进度确认收入。履约进度不能合理确定的除外。企业应当考虑商品的性质，采用产出法或投入法确定恰当的履约进度。

对于在某一时点履行的履约义务，企业应当在客户取得相关商品控制权时点确认收入。在判断客户是否已取得商品控制权时，企业应当考虑下列迹象：①企业就该商品享有现时收款权利，即客户就该商品负有现时付款义务。②企业已将该商品的法定所有权转移给客户，即客户已拥有该商品的法定所有权。③企业已将该商品实物转移给客户，即客户已实物占有该商品。④企业已将该商品所有权上的主要风险和报酬转移给客户，即客户已取得该商品所有权上的主要风险和报酬。⑤客户已接受该商品。⑥其他表明客户已取得商品控制权的迹象。

6.2.13.2 收入确认的具体方法

公司根据合同约定通过向客户提供各类服务收取手续费及佣金。通过一定期间内提供服务收取的手续费及佣金在有关期间内平均确认，其他手续费及佣金于相关服务已提供或完成时确认。

6.2.14 政府补助

政府补助是指公司从政府无偿取得货币性资产和非货币性资产。政府补助在能够满足政府补助所附条件且能够收到时予以确认。

政府补助为货币性资产的，按照收到或应收的金额计量。政府补助为非货币性资产的，按照公允价值计量；公允价值不能够可靠取得的，按照名义金额计量。按照名义金额计量的政府补助，直接计入当期损益。

与资产相关的政府补助，确认为递延收益，并在相关资产的使用寿命内平均分配计入当期损益。

与收益相关的政府补助，用于补偿以后期间的相关费用和损失的，确认为递延收益，并在确认相关费用的期间计入当期损益；用于补偿已经发生的相关费用和损失的，直接计入当期损益。

6.2.15 所得税

所得税费用包括当期所得税和递延所得税。

6.2.15.1 当期所得税

资产负债表日，对于当期和以前期间形成的当期所得税负债（或资产），按照税法规定计算的预期应交纳（或返还）的所得税金额计量。

6.2.15.2 递延所得税资产及递延所得税负债

对于某些资产、负债项目的账面价值与其计税基础之间的差额，以及未作为资产和负债确认但按照税法规定可以确定其计税基础的项目的账面价值与计税基础之间的差额产生的暂时性差异，采用资产负债表债务法确认递延所得税资产及递延所得税负债。

一般情况下所有应纳税暂时性差异均确认相关的递延所得税负债。对于可抵扣暂时性差异，公司以很可能取得用来抵扣可抵扣暂时性差异的应纳税所得额为限，确认相关的递延所得税资产。但与商誉的初始确认相关的，以及与既不是企业合并、发生时也不影响会计利润和应纳税所得额（或可抵扣亏损）的交易中产生的资产或负债的初始确认有关的应纳税暂时性差异，不予确认有关的递延所得税负债。

对于能够结转以后年度的可抵扣亏损及税款抵减，以很可能获得用来抵扣可抵扣亏损和税款抵减的未来应纳税所得额为限，确认相应的递延所得税资产。

资产负债表日，对于递延所得税资产和递延所得税负债，根据税法规定，按照预期收回相关资产或清偿相关负债期间的适用税率计量。

除与直接计入其他综合收益或所有者权益的交易和事项相关的当期所得税和递延所得税计入其他综合收益或所有者权益，以及企业合并产生的递延所得税调整商誉的账面价值外，其余当期所得税和递延所得税费用或收益计入当期损益。

于资产负债表日，对递延所得税资产的账面价值进行复核，如果未来很可能无法获得足够的应纳税所得额用以抵扣递延所得税资产的利益，则减记递延所得税资产的账面价值。在很可能获得足够的应纳税所得额时，减记的金额予以转回。

当拥有以净额结算的法定权利，且意图以净额结算或取得资产、清偿负债同时进行时，公司当期所得税资产及当期所得税负债以抵销后的净额列报。

当拥有以净额结算当期所得税资产及当期所得税负债的法定权利，且递延所得税资产及递延所得税负债是与同一税收征管部门对同一纳税主体征收的所得税相关或者是对不同的纳税主体相关，但在未来每一具有重要性的递延所得税资产及负债转回的期间内，涉及的纳税主体意图以净额结算当期所得税资产和负债或是同时取得资产、清偿负债时，公司递延所得税资产及递延所得税负债以抵销后的净额列报。

6.2.16 外币业务

外币交易在初始确认时采用交易发生日的即期汇率折算于资产负债表日，外币货币性项目采用该日即期汇率折算为人民币，因该日的即期汇率与初始确认时或者前一资产负债表日即期汇率不同而产生的汇兑差额，除：（1）符合资本化条件的外币专门借款的汇兑差额在资本化期间予以资本化计入相关资产的成本；（2）为了规避外汇风险进行套期的套期工具的汇兑差额按套期会计方法处理；（3）可供出售货币性项目除摊余成本之外的其他账面余额变动产生的汇兑差额计入其他综合收益外，均计入当期损益。

以历史成本计量的外币非货币性项目仍以交易发生日的即期汇率折算的记账本位币金额计量。以公允价值计量的外币非货币性项目，采用公允价值确定日的即期汇率折算，折算后的记账本位币金额与原记账本位币金额的差额，作为公允价值变动（含汇率变动）处理，计入当期损益或确认为其他综合收益。

6.2.17 租赁

除短期租赁和低价值租赁外，承租人将不再区分融资租赁和经营租赁，所有租赁均采用相同的会计处理，均需确认使用权资产和租赁负债；对于使用权资产，承租人能够合理确定租赁期届满时将取得租赁资产所有权的，应当在租赁资产剩余使用寿命内计提折旧。无法合理确定租赁期届满时能够取得租赁资产所有权的，应当在租赁期与租赁资产剩余使用寿命两者孰短的期间内计提折旧。同时承租人需确定使用权资产是否发生减值，并对已识别的减值损失进行会计处理；对于租赁负债，承租人应当计算租赁负债在租赁期各期间的利息费用，并计入当期损益；对于租赁负债，承租人应当计算租赁负债在租赁期各期间的利息费用，并计入当期损益。

6.3 重要会计政策和会计估计变更

重要会计政策变更：

（1）新收入准则。2017年7月，财政部修订并颁布了《企业会计准则第14号——收入》（以下简称新收入准则）采用五步法模型用于核算与客户之间的合同产生的所有收入。该准则下，主体确认的收入应反映其向客户转移商品或劳务的对价，该对价为预计有权向客户收取的金额。

公司自2021年1月1日起执行新收入准则，该准则对本公司2021年1月1日财务报表无影响。

（2）新金融工具准则。财政部于2017年3月31日分别发布了《企业会计准则第22号——金融工具确认和计量（2017年修订）》（财会〔2017〕7号）、《企业会计准则第23号——金融资产转移（2017年修订）》（财会〔2017〕8号）、《企业会计准则第24号——套期会计（2017年修订）》（财会〔2017〕9号）；2017年5月2日发布了《企业会计准则第37号——金融工具列报（2017年修订）》（财会〔2017〕14号）（上述准则以下统称新金融工具准则）。

公司自2021年1月1日起执行新金融工具准则，该准则对本公司2021年1月1日主要影响列示如下（未列示未受影响项目）。

项目	按原准则列示的账面价值 2020年12月31日	重分类	按新准则列示的账面价值 2021年1月1日
债权投资	—	2 595 729 618.86	2 595 729 618.86
应收利息	10 464 618.86	-10 464 618.86	—
可供出售金融资产	2 585 265 000.00	-2 585 265 000.00	—
拆入资金	200 000 000.00	23 944.44	200 023 944.44
应付利息	23 944.44	-23 944.44	—

（3）新租赁准则。公司自2021年1月1日开始按照新修订的租赁准则进行会计处理，并根据衔接规定，对可比期间信息不予调整，首次执行新租赁准则与现行租赁准则的差异追溯调整本报告期初留存收益。①对于首次执行日之前的经营租赁，本公司根据剩余租赁付款额按首次执行日的增量借款利率折现的现值计量租赁负债，并根据每项租赁按照与租赁负债相等的金额及预付租金必要调整计量使用权资产。②对首次执行日之前租赁资产属于低价值资产的经营租赁或将于12个月内完成的经营租赁，采用简化处理，未确认使用权资产和租赁负债。③计量租赁负债时，具有相似特征的租赁可采用同一折现率；使用权资产的计量可不包含初始直接费用。④存在续租选择权或终止租赁选择权的，公司根据首次执行日前选择权的实际行使及其他最新情况确定租赁期。⑤首次执行日前的租赁变更，本公司根据租赁变更的最终安排进行会计处理。

执行新租赁准则对本公司2021年1月1日的财务报表的主要影响列示如下（未列示未受影响项目）。

项目	按原准则列示的账面价值 2020年12月31日	重分类	重新计量	按新准则列示的账面价值 2021年1月1日
其他应收款	1 941 131 855.59	-414 735.28	—	1 940 717 120.31
使用权资产		414 735.28	166 205 428.20	166 620 163.48
租赁负债	—	—	166 205 428.20	166 205 428.20

会计估计变更：

公司本期未发生会计估计变更。

6.4 税项

税种	计税依据	税率（%）
增值税	利息收入、信托报酬收入、财务顾问费收入等	6
城市维护建设税	应缴流转税税额	7
教育费附加	应缴流转税税额	5
企业所得税	应纳税所得额	25

6.5 或有事项说明

报告期内，公司未发生对外担保及其他或有事项。

6.6 重要资产转让及其出售的说明

报告期内，公司未发生重要资产转让及出售情况。

6.7 会计报表中重要项目的明细资料

6.7.1 自营资产经营情况

6.7.1.1 信用风险资产五级分类情况

信用风险资产五级分类	正常类（万元）	关注类（万元）	次级类（万元）	可疑类（万元）	损失类（万元）	信用风险资产合计（万元）	不良资产合计（万元）	不良率（%）
期初数	413 268.45	63 500.00	73 070.00	19 040.00	1 040.00	569 918.45	93 150.00	7.72
期末数	343 838.71	70 944.48	164 752.20	18 398.00	1 030.90	598 964.29	184 181.10	18.25

注：不良资产合计 = 次级类 + 可疑类 + 损失类，不良率期初数、期末数按信托行业评级相关公式计算。

6.7.1.2 各项资产减值损失准备情况表

单位：万元

分类	年初数	本年计提	本年转回	其他变化	年末数
贷款损失准备	—	1 016.25	—	—	1 016.25
其中：一般准备	—	1 016.25	—	—	1 016.25
专项准备	—	—	—	—	—
其他资产减值准备	64 095.47	77 710.61	—	-61 123.50	80 682.58
可供出售金融资产减值准备	61 123.50	—	—	-61 123.50	—
持有至到期投资减值准备	—	—	—	—	—
长期股权投资减值准备	—	—	—	—	—
坏账准备	2 971.97	13 787.82	—	—	16 759.79
投资性房地产减值准备	—	—	—	—	—
以摊余成本计量金融资产减值准备	—	63 922.79	—	—	63 922.79

6.7.1.3 按照投资品种分类，固有业务股票投资、基金投资、债券投资、股权投资等投资业务的年初数、年末数

单位：万元

时间	自营股票	基金	债券	长期股权投资	其他投资	合计
年初数	—	20 000.00	—	—	339 650.00	359 650.00
年末数	—	—	—	—	366 381.10	366 381.10

6.7.1.4 按投资入股金额排序，前五名的自营长期股权投资的企业名称、占被投资企业权益的比例、主要经营活动及投资收益情况等

报告期内，公司无长期股权投资。

6.7.1.5 前五名的自营贷款的企业名称、占贷款总额的比例和还款情况等

企业名称	占贷款总额的比例（%）	还款情况
浙江禹汇商贸有限公司	44	尚未到期
上海有志者贸易有限公司	29	尚未到期
宁波豪程石化有限公司	27	尚未到期

6.7.1.6 表外业务的期初数、期末数；按照代理业务、担保业务和其他类型表外业务分别披露

表外业务	年初数	年末数
担保业务	—	—
代理业务（委托业务）	—	—
其他	—	—
合计	—	—

6.7.1.7 公司当年的收入结构

收入结构	金额（万元）	占比（%）
手续费及佣金收入	55 265.74	61.57
其中：信托手续费收入	47 197.48	52.58
其他手续费收入	8 068.26	8.99
利息收入	1 982.47	2.21
其他业务收入	—	—
投资收益	26 318.77	29.32
公允价值变动收益	—	—
汇兑收益	—	—
营业外收入	6 189.30	6.90
收入合计	89 756.28	100.00

6.7.2 信托财产管理情况

6.7.2.1 信托资产的年初数、年末数

单位：万元

信托资产	年初数	年末数
集合	2 462 863.18	1 596 113.30
单一	5 055 579.63	2 296 747.38
财产权	904 369.21	616 309.88
合计	8 422 812.02	4 509 170.56

6.7.2.1.1 主动管理型信托业务的信托资产年初数、年末数

单位：万元

主动管理型信托资产	年初数	年末数
其他投资类	231 510.99	204 855.12
证券投资类	31 747.95	31 642.89
股权投资类	208 356.45	195 363.30
融资类	1 968 030.55	1 517 691.17
事务管理类	—	—
合计	2 439 645.94	1 949 552.48

6.7.2.1.2 被动管理型信托业务的信托资产年初数、年末数

单位：万元

被动管理型信托资产	年初数	年末数
其他投资类	200.58	—
证券投资类	—	—
股权投资类	—	—
融资类	106.76	105.02
事务管理类	5 982 858.73	2 559 513.06
合计	5 983 166.07	2 559 618.08

6.7.2.2 本年度整体已清算结束的信托项目个数、实收信托合计金额、加权平均实际年化收益率

6.7.2.2.1 本年度整体已清算结束的信托项目个数、实收信托金额、加权平均实际年化收益率

单位：万元

已清算结束信托项目	项目个数	实收信托合计金额	加权平均实际年化收益率（%）
集合类	47	1 660 382.13	6.83
单一类	35	3 542 445.16	5.49
财产管理类	8	229 740.00	5.88

注：加权平均实际年化收益率 = $\dfrac{\sum_{i=1}^{n}\left(\text{信托项目的实际年化收益率} \times \text{信托项目的实收信托}\right)}{\sum_{i=1}^{n}\text{信托项目的实收信托}} \times 100\%$

6.7.2.2.2 本年度整体已清算结束的主动管理型信托项目个数、实收信托合计金额、加权平均实际年化收益率

单位：万元

已清算结束信托项目	项目个数	实收信托合计金额	加权平均实际年化信托报酬率（%）	加权平均实际年化收益率（%）
证券投资类	1	1 094.13	0.30	1.82
股权投资类	1	51 100.00	1.40	6.57
融资类	46	1 665 510.00	1.95	7.59
事务管理类	—	—	—	—
其他投资类	2	41 500.00	1.00	9.26

注：加权平均实际年化收益率 = $\dfrac{\sum_{i=1}^{n}\left(\text{信托项目的实际年化收益率} \times \text{信托项目的实收信托}\right)}{\sum_{i=1}^{n}\text{信托项目的实收信托}} \times 100\%$

6.7.2.2.3 本年度整体已清算结束的被动管理型信托项目

单位：万元

已清算结束信托项目	项目个数	实收信托合计金额	加权平均实际年化信托报酬率（%）	加权平均实际年化收益率（%）
证券投资类	—	—	—	—
股权投资类	—	—	—	—
融资类	—	—	—	—
事务管理类	40	3 673 363.16	0.20	5.11

注：加权平均实际年化收益率 = $\dfrac{\sum_{i=1}^{n}\left(\text{信托项目的实际年化收益率} \times \text{信托项目的实收信托}\right)}{\sum_{i=1}^{n}\text{信托项目的实收信托}} \times 100\%$

6.7.2.3 本年度整体新增信托项目个数、新增实收信托合计金额

新增信托项目	项目个数（个）	实收信托合计金额（万元）
集合类	31	1 115 729.74
单一类	13	108 887.96
财产管理类		
新增合计	44	1 224 617.70
其中：主动管理型	31	1 130 764.08
被动管理型	13	93 853.62

6.7.2.4 信托业务创新成果和特色业务有关情况

公司各类业务创新成果和特色业务有关情况将于公司网站不时披露。

6.7.2.5 公司履行受托人义务情况及因本公司自身责任而导致的信托资产损失情况

公司没有发生任何因受托人自身责任或处理信托事务不当而导致所管理信托财产发生损失并致信托受益人利益受损的情况。

6.7.2.6 信托赔偿准备金的提取、使用和管理情况

根据原中国银监会2007年颁布的《信托公司管理办法》的规定，公司每年从税后利润中提取5%作为信托赔偿准备金，当该赔偿准备金累计总额达到公司注册资本金的20%时，可不再提取。

截至报告期末公司未发生对信托产品赔偿的事项。

6.8 关联方关系及其交易的披露

6.8.1 关联交易方的数量、关联交易的总金额及关联交易的定价政策等

单位：万元

项目	关联交易方数量	关联交易金额	定价政策
合计	1	66 000	公平的市场价格

6.8.2 关联交易方与本公司的关系性质、关联交易方的名称、法定代表人、注册地址、注册资本及主营业务等

关系性质	关联方名称	法定代表人	注册地址	注册资本（万元）	主营业务
母公司	重庆财信企业集团有限公司	卢生举	重庆市江北区江北城西大街3号14-1、15-1、16-1	202 909	利用自有资金对建设工程项目进行投资，农业及旅游业项目开发；销售建筑材料、装饰材料、金属材料、化工产品及原料；环境污染防治工程设计等

6.8.3 公司与关联方的重大交易事项

6.8.3.1 固有与关联方交易情况：贷款、投资、租赁、应收账款、担保、其他方式等期初汇总数、本年借方和贷方发生额汇总数、年末汇总数

固有与关联方关联交易 单位：万元

项目	年初数	借方发生额	贷方发生额	年末数
贷款	—	—	—	—
投资	—	—	—	—
租赁	—	—	—	—
担保	—	—	—	—
其中：附抵押	—	—	—	—
应收账款	—	—	—	—
其他	117 800		66 000	51 800
合计	117 800		66 000	51 800

6.8.3.2 信托与关联方交易情况：贷款、投资、租赁、应收账款、担保、其他方式等期初汇总数、本年借方和贷方发生额汇总数、年末汇总数

信托与关联方关联交易 单位：万元

项目	年初数	借方发生额	贷方发生额	年末数
贷款	—	—	—	—
投资	—	—	—	—
租赁	—	—	—	—
担保	—	—	—	—
应收账款	—	—	—	—
其他	16 080		16 080	0
合计	16 080		16 080	0

6.8.3.3 信托公司自有资金运用于自己管理的信托项目（固信交易）、信托公司管理的信托项目之间的相互（信信交易）交易金额，包括余额和本报告年度的发生额

6.8.3.3.1 信托公司自有资金运用于自己管理的信托项目年初汇总数、本年发生额汇总数、年末汇总数

自有资金运用于自己管理的信托项目 单位：万元

项目	年初数	本年发生额	年末数
合计	0	1 000	0

报告期内，公司计划以固有资金不超过1亿元认购公司发行并管理的华澳·臻利多金1号集合资金信托计划，报告期内实际发生1笔交易、交易金额为1 000万元，截至2021年末，存续金额为0元。本关联交易为固有业务资金型关联交易，已履行内部审批流程及监管部门事前报告流程。

6.8.3.3.2 信托公司管理的信托项目之间关联交易

报告期内，公司作为受托人设立华澳·臻至1号、臻至2号、臻至3号、臻至5号、臻至6号、臻至7号、臻至9号、臻至10号、臻至11号、臻至12号、臻至15号、臻至18号、臻至21及臻至22号家族信托，由委托人自主选择并指令配置公司发行及/或管理的集合资金信托计划。报告期内，臻至1号家族信托发生1笔业务，金额为300万元；臻至2号家族信托发生2笔业务，金额分别为1 200万元及320万元；臻至3号家族信托发生1笔业务，金额为550万元；臻至5号家族信托发生1笔业务，金额为550万元；臻至6号家族信托发生4笔业务，金额分别为5 000万元、320万元、350万元及800万元；臻至7号家族信托发生2笔业务，金额分别为8 560万元及1 500万元；臻至9号家族信托发生2笔业务，金额分别为1 000万元及300万元；臻至10号家族信托发生5笔业务，金额分别为1 495万元、100万元、300万元、170万元及190万元；臻至11号家族信托发生4笔业务，金额分别为1 410万元、500万元、110万元及410万元；臻至12号家

族信托发生7笔业务，金额分别为1 210万元、200万元、200万元、100万元、100万元、120万元及140万元；臻至15号家族信托发生1笔业务，金额为1 380万元；臻至18号家族信托发生1笔业务，金额为1 000万元；臻至21号家族信托发生1笔业务，金额为1 090万元；臻至22号家族信托发生2笔业务，金额分别为1 550万元及450万元；以上34笔合计金额为32 975万元。本关联交易为信托业务资金型关联交易，已履行内部审批流程及监管部门事前报告流程。

6.8.4 逐笔披露关联方逾期未偿还公司资金的详细情况以及公司为关联方担保发生或即将发生垫款的详细情况

报告期内，无关联方逾期未偿还本公司资金的情况以及本公司为关联方担保发生或即将发生垫款的情况。

6.9 会计制度的披露

公司执行财政部颁布的《企业会计准则》。

7.财务情况说明书

7.1 利润实现和分配情况

报告期内公司实现利润总额43 586.07万元，企业所得税费用10 971.91万元，实现净利润32 614.16万元。

按有关法律、法规规定，对净利润作了如下处理：

（1）按当年度实现的净利润提取10%的法定盈余公积金3 261.42万元。

（2）按当年度实现的净利润提取5%的信托赔偿准备1 630.71万元。

（3）按风险资产余额提取1.5%的一般风险准备，本年提取一般风险准备511.32万元。

上述各项提取之后，剩余部分27 210.71万元。

2021年末可供分配的利润191 081.60万元。

7.2 主要财务指标

指标名称	指标值
资本利润率（%）	6.91
加权年化信托报酬率（%）	0.61
人均净利润（万元）	152.40

注：1.资本利润率＝净利润/所有者权益平均余额×100%。

2.加权年化信托报酬率＝$\frac{\sum_{i=1}^{n}\left(\begin{array}{c}信托项目的实际\\年化信托报酬率\end{array}\times\begin{array}{c}信托项目的\\实收信托\end{array}\right)}{\sum_{i=1}^{n}信托项目的实收信托}\times100\%$。

3.人均净利润＝净利润/年平均人数。

7.3 对公司财务状况、经营成果有重大响的其他事项

报告期内，公司没有发生对财务状况、经营成果有重大影响的其他事项。

8.特别事项揭示

8.1 前五名股东报告期内变动情况及原因

无。

8.2 董事、监事及高级管理人员变动情况及原因

董事变动情况：

2021年11月17日，公司2021年第二次临时股东会同意董事会换届。公司续聘吴瑞忠先生、罗宇星先生为公司第四届董事会股权董事，续聘翟立宏先生为公司第四届董事会独立董事；选举郑海山先生为公司第四届董事会股权董事（2022年2月7日上海银保监局核准任职资格），选举聂明先生为公司第四届董事会独立董事（2022年2月7日上海银保监局核准任职资格）。原第三届董事会股权董事彭陵江先生、毛彪勇先生，独立董事王家祥女士届满不再连任。为确保董事会正常运作，在第四届董事会新任董事、独立董事任职资格核准前，第三届董事会成员继续履行职责，直至新任董事、独立董事上任之日自动卸任。

监事变动情况：

2021年11月17日，公司2021年第二次临时股东会同意监事会换届。公司第三届监事会监事长周永才先生，股权监事李登峰先生届满不再连任；职工监事吴非女士连任。股东会同意选举叶芹女士、周清森女士为公司第四届监事会股权监事；同意吴非女士为公司第四届监事会职工监事。第四届监事会任期自2021年11月17日至2024年11月16日。公司于2021年11月19日召开四届一次监事会会议，选举叶芹女士为公司第四届监事会监事长。

高级管理人员变动情况：

2021年1月5日，经董事会审批并决定聘任叶立先生为华澳国际信托有限公司高级副总裁。

2021年4月14日，经董事会会议审议同意张一明先生辞去公司总裁助理职务及在公司内部的其他职务，自2021年3月26日生效。

2021年9月23日，经董事会会议审议同意叶立先生

辞去公司副总裁职务及在公司内部的其他职务。

2021年12月27日，经董事会会议审议同意曾珊珊女士辞去公司副总裁职务及在公司内部的其他职务。

8.3 报告期内股东违反承诺质押信托公司股权或以股权及其受（收）益权设立信托等金融产品的情况

报告期内，公司股东无违反承诺质押信托公司股权或以股权及其受（收）益权设立信托等金融产品的情况。

8.4 报告期内已向中国银行保险监督管理委员会或其派出机构提交行政许可申请但尚未获得批准的事项

报告期内，公司向上海银保监局报送《关于申请核准聂明独立董事任职资格的请示》（华澳信托〔2021〕96号）《关于申请核准郑海山董事任职资格的请示》（华澳信托〔2021〕98号），上海银保监局于2022年2月7日核准上述人员任职资格。

8.5 可能影响股东资质条件或导致公司股权发生重大变化的事项

报告期内，无新增相关事项。

8.6 变更注册资本、变更注册地或公司名称、公司分立合并事项

报告期内，公司无变更注册资本、无变更注册地或公司名称、公司分立合并事项。

8.7 公司的重大诉讼事项

8.7.1 重大未决诉讼事项

报告期内，公司无重大未决诉讼事项。

8.7.2 以前年度发生，于本报告年度内终结的诉讼事项

报告期内，公司固有业务及信托业务方面均无此前年度发生于本报告年度内终结的诉讼事项。

8.7.3 本报告年度发生，于本报告年度内终结的诉讼事项

报告期内，公司固有业务及信托业务方面均无本报告年度发生并于本报告年度内终结的诉讼事项。

8.8 公司及其董事、监事和高级管理人员受到处罚的情况

报告期内，公司因违规承诺信托本金和收益等事项，于2021年7月收到上海银保监局行政处罚决定，共处罚没款566万元；公司副总裁杨伟琳负直接管理责任，被予以警告。

公司已针对存在的不足实施了有针对性的整改提升，并将持续根据相关法律法规和监管规定要求，加强公司日常管理，杜绝类似情形再次发生。

报告期内，公司董事、监事、公司股东重庆财信企业集团有限公司、北京融达投资有限公司、实际控制人均未受稽查、行政处罚、通报批评或及公开谴责。

8.9 中国银行保险监督管理委员会及其派出机构对公司检查后提出整改意见的，应简单说明整改情况

根据监管要求，公司于报告期内分别完成上海银保监局2020年度现场检查意见和2020年度监管意见的整改计划及整改落实情况反馈工作，截至2021年末，2020年度现场检查发现问题25项、对应监管意见7项，涉及问题已完成整改14项；2020年度监管意见发现问题8项、对应监管意见8项，涉及问题均在整改中。

8.10 公司全年履行社会责任的情况

报告期内，公司积极贯彻国家宏观调控政策，发挥金融杠杆作用，充分发挥信托制度优势，创新业务模式，将金融资本引入实体经济，促进民生改善，助力经济发展。在开展业务的过程中，向国家政策支持的绿色产业、生态农业、中小企业等领域靠拢，以实际行动支持社会可持续发展。并落实监管要求，按照反洗钱风险防控、预警和处理程序，健全反洗钱工作体系，有效履行反洗钱企业义务和社会责任，为维护金融稳定贡献力量。

（1）公司实际缴纳企业所得税20 237.10万元、个人所得税3 319.81万元、增值税19 897.23万元、城建税1 392.81万元、教育费附加994.86万元，共计45 841.81万元。

（2）公司信托资产管理规模450.92亿元，从行业集中度来看，侧重投向基础产业和工商企业等实体经济领域。其中，投向基础产业类的信托管理规模为136.71亿元，占公司总规模的30.32%；投向工商企业类的信托管理规模为72.52亿元，占比为16.08%；合计占公司总规模的46.40%。

（3）公司为受益人创造信托利润39.49亿元，实际分配信托收益34.20亿元。

（4）公司工会举办"大手拉小手，滨江亲子公益行"的六一主题活动，为此，公司向上海联劝公益基金会"一个鸡蛋公益项目"捐赠1万元，为改善贫困地区儿童的营养提供帮助。

（5）公司先后荣获证券时报"2021年度突破成长信托公司奖"、上海证券报"2020年度成长优势奖"、21世纪经济报"卓越品牌建设信托公司奖"、中国经营报"2021卓越竞争力信托公司奖""2021卓越竞争力综合服务信托公司奖"、中国财经峰会"2021杰出品牌形象奖"等多项荣誉。

8.11 本年度重大事项临时报告的简要内容、披露时间、所披露的媒体及其版面

本年度公司无重大事项临时报告等披露事项。

8.12 中国银行保险监督管理委员会及其省级派出机构认定的其他有必要让客户及相关利益人了解的重要信息

报告期内，公司不存在中国银行保险监督管理委员会及上海银保监局认定的有必要让客户及相关利益人了解的未进行披露的重要信息。

华宝信托有限责任公司

1. 重要提示

1.1 公司董事会及董事保证本报告所载资料不存在任何虚假记载、误导性陈述或者重大遗漏，并对其内容的真实性、准确性和完整性承担个别及连带责任。

1.2 独立董事张续超、高华声、丁相顺认为本报告内容是真实、准确、完整的。

1.3 公司总经理、主管会计工作负责人孔祥清及会计部门负责人财务部副总经理康颖声明：保证年度报告中财务报告的真实、准确、完整。

2. 公司概况

2.1 公司简介

2.1.1 企业简介

华宝信托有限责任公司（简称华宝信托）成立于1998年，是中国宝武钢铁集团有限公司旗下的产业金融业板块成员公司，中国宝武钢铁集团有限公司持股98%，舟山市国有资产投资经营有限公司持股2%。华宝信托注册资本金47.44亿元。

华宝信托的大股东中国宝武信誉卓著、实力雄厚，名列2021年《财富》世界500强第72位。秉承中国宝武一贯的严谨稳健、诚信规范作风，华宝信托始终以"受益人利益最大化"为经营理念，以专业化和差异化发展为基本战略，以资产管理与信托服务为两大主业，立足资本市场，不断强化能力建设、渠道建设和品牌建设。

多年来，华宝信托始终保持创新意识，业务资格全面，拥有受托境外理财业务、企业年金账户管理人、私募基金管理人、大宗交易系统合格投资者、资产证券化业务、新股发行询价对象等业务资格。

自成立以来，华宝信托为投资者创造了良好收益，1998—2021年累计为客户实现收益2 470亿元。截至2021年末，华宝信托管理的信托资产规模为3 690亿元。华宝信托也为股东创造了良好收益，自1998年成立以来，公司连续24年都实现盈利。

目前，华宝信托产品利用多种结构和工具覆盖了资本市场、货币市场、实体经济等各大投资领域，并在现金管理、金融市场、境外投资、产业金融深度服务、薪酬福利、家族信托等业务领域不断探索创新。在风控方面，华宝信托形成了由董事会及管理层直接领导，以风险管理部门为依托，相关职能部门配合，与各个业务部门全面联系的三级风险管理组织体系，公司治理结构及风险控制水平行业领先。

2021年，华宝信托在中国信托业协会2020年度行业评级中荣获A类评级，并在各类外部评选中荣获多项荣誉。公司荣获"2019—2020年度（第二十届）上海市文明单位"称号、"2020年度浦东新区金融业突出贡献奖"、《上海证券报》第十四届"诚信托"创新领先奖和最佳家族信托产品奖、《证券时报》第十四届中国优秀信托公司评选"2021年度优秀风控信托公司奖"和"2021年度优秀家族信托计划奖"、《21世纪经济报道》第十四届"金贝奖"2020卓越竞争力信托公司奖。

展望未来，华宝信托将继续立足产业生态圈专业化信托服务，为上下游机构和高端客户提供差异化财富管理和综合金融解决方案。公司将进一步丰富产品线及提升信托服务能力，为客户打造更好产品，提供更好服务，让更多的市场主体参与信托，享受信托制度的优势。

2.1.2 历史沿革

1998年，华宝信托投资有限责任公司经过增资、更名、迁址。

2001年，第一批获得中国人民银行核准重新登记，注册资本金为10亿元；获得中国证监会筹建经纪公司方案的批复；正式成立并开始营业。

2007年，通过重新登记，更名为华宝信托有限责任公司。

2011年，经股东增资，华宝信托注册资本由10亿元增加至20亿元。

2014年，完成工商变更及备案登记手续，注册资本由20亿元增加至37.44亿元。

2019年，完成工商变更及备案登记手续，原股东舟山市财政局不再持有公司股权，舟山市国有资产投资经营有限公司持有公司2%股权。

2020年，完成工商变更及备案登记手续，注册资本由37.44亿元增加至47.44亿元。

2.1.3 基本信息

2.1.3.1 公司的法定中文名称：华宝信托有限责任公司

中文名称缩写：华宝信托
公司的法定英文名称：Hwabao Trust Co.，Ltd.
英文名称缩写：Hwabao Trust

2.1.3.2 法定代表人：孔祥清
2.1.3.3 注册地址：中国（上海）自由贸易试验区世纪大道100号59层
邮政编码：200120
国际互联网网址：www.hwabaotrust.com
电子信箱：hbservice@hwabaotrust.com
2.1.3.4 负责信息披露的高管人员：卢晓亮
联系人：宋宇敏
联系电话：021-38506666

传真：021-68403999
电子信箱：song_yumin@hwabaotrust.com
2.1.3.5 信息披露报纸：《中国证券报》《上海证券报》《证券时报》
2.1.3.6 年度报告备置地点：中国（上海）自由贸易试验区世纪大道100号59层
2.1.3.7 聘请的会计师事务所：天健会计师事务所
住所：杭州市江干区钱江路1366号华润大厦B座
2.1.3.8 聘请的律师事务所：上海市锦天城律师事务所
住所：上海市浦东新区银城中路501号上海中心大厦9层、11层、12层

2.2 组织结构

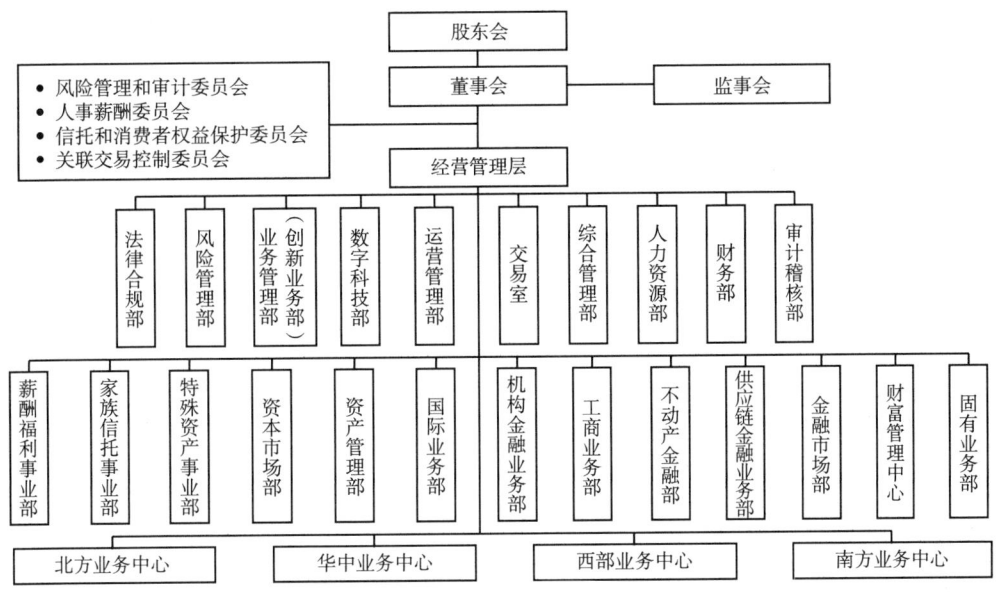

注：不包含党委组织机构。

3.公司治理

3.1 股东

股东总数：2家。

股东名称	持股比例(%)	法人代表	注册资本（万元）	注册地址	主要经营业务及主要财务情况
中国宝武钢铁集团有限公司★	98	陈德荣	5 279 110.10	上海市浦东新区世博大道1859号	经营国务院授权范围内的国有资产，开展有关国有资本投资、运营业务（企业经营涉及行政许可的，凭许可证经营）
舟山市国有资产投资经营有限公司	2	董慧跃	55 000	浙江省舟山市定海区临城街道翁山路416号中浪国际大厦C座2103-1室（自贸试验区内）	授权范围内的国有资产经营，房地产开发、围垦、政府授权范围内的土地收储、土地整理开发、旅游项目开发，景区开发（以上涉及资质的凭证经营）；燃料油（不含危险化学品）、化工产品（不含危险化学品及易制毒品）、煤炭及制品、金属及矿产品批发，股权投资、投资管理、投资咨询（未经金融等监管部门批准，不得从事向公众融资存款、融资担保、代客理财等金融服务）（依法须经批准的项目，经相关部门批准后方可开展经营活动）

注：★表示最终实际控制人。

3.2 董事、董事会及其下属委员会

董事长、董事

姓名	职务	性别	年龄（岁）	选任日期	所推举的股东名称	该股东持股比例（%）	简要履历
李琦强	董事长	男	50	2020年11月	中国宝武钢铁集团有限公司	98	曾在宝钢集团从事财务工作多年，历任宝钢集团浦钢公司财务部副部长、部长，宝钢股份中厚板分公司财务部部长，宝钢股份财务部部长助理、副部长、部长，八一钢铁总会计师，宝钢集团（中国宝武）财务部总经理，中国宝武产业金融业发展中心总经理、产业金融党工委书记，华宝投资总经理，中国宝武总经理助理等职务。现任华宝信托党委书记、董事长
路巧玲	董事	女	55	2021年6月	中国宝武钢铁集团有限公司	98	曾在河北省化工厅化肥公司财务、审计处工作，历任河北省石油化工供销公司总会计师，化学工业部审计局行业指导处副处长、办公室副主任，国务院派出的国有企业稽察特派员助理，中央企业工委国有大中型企业专职监事，宝钢集团审计室审计专业研究员，宝钢集团审计部副部长、部长，宝钢股份审计部部长，宝钢集团纪委委员，宝钢工程副总经理，中国宝武纪委常委、审计部部长、职工监事，中国宝武财务部总经理，中国宝武资本运营部总经理、产业金融业发展中心总经理等职务。现任中国宝武资本运营部总经理、产业金融业发展中心总经理，华宝信托董事
孔祥清	董事	男	54	2020年6月	中国宝武钢铁集团有限公司	98	曾在宝钢集团从事财务工作多年，历任宝钢计财部资金处处长（主持工作），宝钢集团财务公司总经理，华宝投资副总经理，华宝证券董事长，法兴宝华汽车租赁董事长，华宝租赁董事长，中国宝武产业金融党工委书记、纪工委书记兼工会主席，华宝基金党委书记、董事长等职务。现任华宝信托董事、总经理、党委副书记
郑舟帆	董事	男	52	2021年8月	中国宝武钢铁集团有限公司	98	曾在武钢财务部价格科、价税处工作，历任武钢计划财务部经营预算处副处长、处长，武钢股份公司计划财务部副部长、部长，武汉钢铁集团鄂城钢铁有限公司总会计师，武钢股份公司营销总公司副总经理兼财务结算部部长、经营财务部部长，武钢有限公司营销中心副总经理兼经营财务部部长、物流管理部总经理，武钢有限公司营销中心总经理、党委书记兼物流管理部总经理等职务。现任宝钢股份营销中心（宝钢国际）副总经理，华宝信托董事
李磊	董事	男	45	2017年8月	舟山市国有资产投资经营有限公司	2	从事财政金融工作多年，历任舟山市财政局预算局副局长，舟山市财政局外债金融处处长，舟山市财政局金融贸易处处长，舟山市国有资产投资经营有限公司董事、总经理等职务。现任舟山市财金投资控股有限公司董事长、总经理，华宝信托董事
刘月华	职工董事	男	58	2021年6月	——	——	曾在冶金工业部、国家冶金工业局、中国证券业协会等单位工作，历任中国证券业协会秘书长培训部主任、资格部主任、执业标准委员会副主任，华宝基金督察长等职务。现任华宝信托党委副书记、纪委书记兼工会主席，职工董事

注：上表信息截止时间为2021年12月31日。

独立董事

姓名	所在单位及职务	性别	年龄（岁）	选任日期	所推举的股东名称	该股东持股比例（%）	简要履历
张续超	中合中小企业融资担保股份有限公司独立董事	男	64	2019年3月	中国宝武钢铁集团有限公司	98	曾任国家能源投资公司国际合作局副处长、副局长，国家开发银行国际金融局副局长，美国联亚集团公司执行副总裁，北京第一会达风险管理科技有限公司总裁。现任中合中小企业融资担保股份有限公司独立董事，中国企业联合会管理咨询委员会副主任，华宝信托独立董事
高华声	复旦大学泛海国际金融学院教授、博导、副院长、党总支副书记	男	40	2021年11月	中国宝武钢铁集团有限公司	98	曾任新加坡南洋理工大学商学院金融学助理教授、副教授（终身职位），复旦大学泛海国际金融学院教授、博导、副院长、党总支副书记等职务。现任复旦大学泛海国际金融学院教授、博导、副院长、党总支副书记，华宝信托独立董事
丁相顺	中国人民大学法学院教授	男	52	2021年11月	舟山市国有资产投资经营有限公司	2	曾任吉林大学法学院民法教研室助教，中国人民大学法学院讲师、副教授、教授，北京市地石律师事务所兼职律师等职务。现任中国人民大学法学院教授，北京市地石律师事务所兼职律师，华宝信托独立董事

注：上表信息截止时间为2021年12月31日。

3.3 监事、监事会

监事会成员

姓名	职务	性别	年龄（岁）	选任日期	所推举的股东名称	该股东持股比例(%)	简要履历
徐兴军	监事会主席	男	49	2021年7月	中国宝武钢铁集团有限公司	98	曾在国家审计署驻济南特派办工作，历任国家审计署驻济南特派办行政事业审计处副主任科员、主任科员，国家审计署驻上海特派办投资审计处副处长、处长，企业审计处处长。现任华宝信托监事会主席
黄洪永	监事	男	49	2019年9月	中国宝武钢铁集团有限公司	98	曾在宝钢集团企业管理处、规划部、管理创新部工作，历任宝钢工程人力资源部（党委组织部）部长、广东钢铁规划部部副部长、广东宝钢置业副总经理、宝钢集团（中国宝武）人事效率总监、领导力发展总监、中国宝武产业金融党委副书记、纪工委书记等职务。现任华宝投资党委副书记、纪委书记兼工会主席，华宝信托监事
刘文力	职工监事	男	45	2016年3月	—	—	曾在华宝信托计划财务部税务、预算、统计、会计总账等岗位工作，历任稽核监察部高级稽核经理、稽核主管等职务。现任华宝信托稽核专家、职工监事

注：上表信息截止时间为2021年12月31日。

3.4 高级管理人员

姓名	职务	性别	年龄（岁）	选任日期	金融从业年限（年）	学历	专业
孔祥清	总经理	男	54	2020年6月	20	硕士	工商管理
刘雪莲	副总经理	女	40	2021年12月	17	硕士	金融学
丁杰	总经理助理	男	40	2016年4月	14	硕士	工商管理
卢晓亮	总经理助理兼法律合规部总经理	男	41	2021年1月	16	硕士	民商法学

注：1. 上表信息截止时间为2021年12月31日。
2. 2022年1月19日，经公司第七届董事会第三十六次会议审议通过，同意丁杰先生辞任公司总经理助理。

3.5 公司员工

最近两个年度职工人数、年龄分布、学历分布、岗位分布，所有层级加总整体为100%，如下表所示。

项目		报告期年度		上年度	
		人数（人）	比例（%）	人数（人）	比例（%）
年龄分布	25以下	3	1	0	0
	25~29岁	35	11	35	11
	30~39岁	180	56	197	62
	40岁以上	105	33	87	27
学历分布	博士	5	2	4	1
	硕士	180	56	163	51
	本科	135	42	149	47
	专科	1	0	3	1
	其他	2	1	0	0
岗位分布	董事、监事及其高管人员	8	2	6	2
	自营业务人员	5	2	13	4
	信托业务人员	158	49	157	49
	其他人员	152	47	143	45

注：自营业务人员是指按照岗位分工，专门或至少主要从事固有资金使用和固有资产管理有关业务的职工；信托业务人员是指按照岗位分工，专门或主要从事信托资金使用和信托资产管理各项业务的职工；对于人力资源部等类似无法明确区分的综合部门归为其他人员。

4. 经营管理

4.1 经营目标、方针、战略规划

公司作为集团金融板块的主要企业，承担着生态圈金融平台的基础构架和主要服务商角色，立足产业生态圈专业化信托服务，以"产品+服务"双轮驱动，为上下游机构和高端客户提供差异化财富管理和综合金融解决方案。

根据公司的战略定位和目标，华宝信托经营指导方针主要如下：聚焦产业生态圈，做精融资业务、做强投研力量、做优产品体系、做大服务信托，提升销售能力。重点统筹好六个方面关系：一是统筹发展和安全；二是经营与管理；三是统筹规模与效益；四是统筹标品与非标；五是统筹资产与资金；六是统筹表内与表外。

公司战略愿景是致力于打造成为行业领先、富有品牌影响力的综合金融解决方案的提供商、多种金融功能的集成者和供应链金融服务的引领者。

4.2 所经营业务的主要内容

4.2.1 资本充足率、资产质量和盈利状况

按照合并报表口径，期末公司固有资产141.04亿元，固有负债17.58亿元，少数股东权益12.77亿元，所有者权益（扣除少数股东权益）110.69亿元。公司资本充足，所有者权益（扣除少数股东权益）比率为78.48%。

公司报告期末净资本84.98亿元，各项业务风险资本之和29.73亿元，净资本/各项业务风险资本之和的比率为285.85%，均符合监管指标要求。

公司对不良资产计提资产损失准备充足，整体资产质量较好。

按照合并口径，报告期内公司实现收入合计354 475.70万元，利润总额198 780.00万元，净利润133 651.67万元。公司2021年总资产利润率（税前利润/年均总资产）为14.55%，资本利润率（净利润/年均所有者权益）为11.14%，主营业务收益率（净利润/营业总收入）为

37.71%。

4.2.2 经营的主要业务、品种

公司以资产管理与信托服务为两大主业，信托产品覆盖资本市场、货币市场、实体经济等各大投资领域，业务框架包括产业金融业务、资本市场业务、工商企业业务、机构金融业务、资金管理业务、创新业务。

根据战略规划发展重点，公司制定了战略产品和战略业务。其中，战略产品体现公司主动管理能力和公司特色，确定为供应链金融服务产品和"固收+"产品。战略业务能够提升公司资产管理规模和公司品牌，确定为资产证券化业务、家族信托业务和证券服务信托业务。

4.2.3 资产组合与分布

母公司固有资产中，货币资产占总资产比例为9.58%，交易性金融资产占比为55.85%，其他非流动性金融资产占比为14.67%，长期股权投资占比为7.87%，其他资产占比为12.03%。

固有资产运用与分布表（母公司）

资产运用	金额（万元）	占比（%）	资产分布	金额（万元）	占比（%）
货币资产	101 562.30	9.58	基础产业	—	—
贷款及应收款	—	—	房地产业	64.70	0.01
交易性金融资产	592 288.38	55.85	证券市场	148 987.80	14.05
其他非流动性金融资产	155 550.50	14.67	实业	—	—
持有至到期投资	—	—	金融机构	875 487.24	82.55
长期股权投资	83 413.98	7.87	其他	36 003.51	3.39
其他	127 728.09	12.03	—	—	—
资产总计	1 060 543.25	100.00	资产总计	1 060 543.25	100.00

注：资产运用"其他"包含保障基金6.54亿元。

信托资产运用与分布表

资产运用	金额（万元）	占比（%）	资产分布	金额（万元）	占比（%）
货币资产	1 117 474.16	3.03	基础产业	4 153 918.89	11.26
贷款及应收款	10 075 082.11	27.30	房地产业	3 401 284.52	9.22
交易性金融资产	2 503 207.09	6.78	证券市场	14 853 161.01	40.25
可供出售金融资产	19 547 582.68	52.97	实业	7 046 379.18	19.09
持有至到期投资	—	—	金融机构	2 717 601.54	7.36
长期股权投资	2 136 051.44	5.79	其他	4 731 582.39	12.82
其他	1 524 530.05	4.13	—	—	—
资产总计	36 903 927.53	100.00	资产总计	36 903 927.53	100.00

备注：资产分布的"其他"中，3 578 044.65万元为财产信托，1 153 537.74万元为其他。

4.3 市场分析

宏观经济方面，2021年经济保持稳定恢复，全年GDP 8.1%，以2019年为基期，近两年平均增长5.1%。分季度看，四个季度GDP实际同比分别增长18.3%、7.9%、4.9%、4.0%，呈明显的前高后低走势，经济下行压力不断加大。导致经济修复趋缓的因素主要有：疫情反复，经济修复结构不平衡；政策性因素对经济的支撑程度边际弱化。同时，"碳达峰、碳中和"、教培行业整顿、降低经济增长对房地产的依赖等中长期结构调整的措施在短期内的集中出台制约了生产，也是导致经济修复趋缓的因素。从拉动经济的三驾马车来看，海外疫情蔓延和供需缺口的持续存在，使中国净出口再次实现了超预期增长。内需的有效需求则相对不足，消费的环比季调均值已经连续两个季度维持在0.1%左右，而疫情之前是0.7%—0.8%；固定资产投资增速显著低于GDP增速，固定资产投资增速只有4.9%。从生产端看，2021年中国工业经济保持稳定复苏态势；服务业复苏易受疫情扰动、结构分化明显。2021年，全国服务业增加值同比增长8.2%，两年平均增长5.0%，两项数据与全国GDP增速水平基本持平。当前经济面临需求收缩、供给冲击、预期转弱三重压力，不过中长期宏观经济稳中向好的趋势没有变。展望2022年，出口、外商投资、绿色投资、高技术投资、数字经济仍将为中国经济高质量发展提供坚实支撑。

股票市场方面，2021年A股整体宽幅震荡，综合指数小幅上涨，但是结构非常分化。小盘明显占优，涨幅居前，创业板也表现亮眼，而上证50和大盘价值则录得负收益。截至2021年12月31日，上证综指收于3 639.78点，深证成指收于14 857.35点，沪深300收于4 940.37点，创业板指收于3 322.67点。行业上，电气设备、有色金属、采掘、化工、钢铁等涨幅靠前，而家用电器、非银金融、房地产等跌幅较大。政策预期剧烈摆动导致季度间行业轮转频繁。2021年初市场交易经济复苏下信用收紧预期，核心资产泡沫演绎到极致后终于在春节后趋于瓦解。第二季度以来地产、消费双双下行，市场交易衰退背景下的流动性宽松预期，随着全面降准落地、市场风格全面切换至成长股和中小市值风格，碳中和战略下，高端制造持续高景气，新能源主线贯穿全年。第三季度以来运动式减碳带来大宗品价格上涨，市场开始交易滞涨预期，强周期品种一度大幅占优。但第四季度以来随着大宗品政府保供稳价、同时地产端民企剧烈出清，市场又回到衰退主线，风格也重回成长。政策预期的摆动驱动市场风格的摆动，市场每个季度的占优主线都不尽相同。展望2022年，A股整体可能缺乏指数级别机会，不过跨周期调节政策下，2022年信用趋稳，货币维持中性偏宽松，市场面临的估值压力减轻，市场依然

存在结构性机会。

债券市场方面，2021年主要债券指数上涨，代表债券市场整体的中债综合财富指数上涨5.09%。代表利率债的中债总财富指数上涨5.69%，代表信用债的中债信用债总财富指数上涨4.3%。分久期看，代表短久期债券的中债综合财富（1年以下）指数上涨2.84%，代表长久期债券的中债综合财富（3—5年）指数上涨4.92%。含权债券方面，代表可转债的中证转债指数上涨18.48%。从相对收益角度，含权债表现最好。从时间轴来看，国债国开期限利差第一季度震荡，第二季度后震荡下行，年末加速压缩。2021年信用债表现整体强于利率债，年初各等级信用债利差保持震荡，随后开始压缩。整体来看，短端信用债利差压缩，中长端且低评级品种利差先压缩后走阔。展望2022年是宽货币和宽信用的角逐，利率波动加剧，10年期国债利率区间预计2.6%—3.2%。

信托市场方面，2021年是资管新规过渡期的最后一年，信托业迎来不平凡一年，整体来看，信托资产规模平稳回落，信托资产结构持续优化。（1）信托资产规模小幅回落，规模变化趋向平稳。截至2021年第3季度末，信托业受托管理的信托资产余额为20.44万亿元，同比下降2%，较2017年第4季度末峰值下降22.11%。第2季度首次出现规模回升后第3季度小幅回落，略高于第1季度末资产余额，规模变化趋向平稳。（2）信托资产结构不断优化，业务转型成效初显。融资类信托规模自2020年第3季度以来快速回落。截至2021年第3季度末，融资类信托规模为3.86万亿元，占比为18.88%；投资类信托规模占比已接近事务管理类信托占比升至39.29%。事务管理类、投资类和融资类的信托规模及占比变化表明，信托行业正在符合监管导向下，着力优化业务结构，积极提升主动管理能力，支持实体经济的力度不断增强。（3）资金投向：证券市场成重点。中国信托业协会数据显示，截至2021年第3季度末，投向证券市场的资金信托余额为3.06万亿元，同比增长38.12%，环比增长9.22%；证券市场信托占比升至19.50%，同比上升6.66个百分点，环比上升1.98个百分点。其中，投向股票、债券和基金的规模分别为0.65万亿元、2.13万亿元和0.28万亿元，同比增长分别为6.54%、57.36%和10.75%。（4）信托公司资本实力增强，提质增效成果显现。截至2021年第3季度末，全行业68家信托公司所有者权益总额为7 006.08亿元，同比增长6.47%，稳步增长。2021年前3个季度信托公司实现经营收入872.64亿元，同比增长3.69%。从收入结构来看，信托业务收入是信托公司最主要的收入来源，继续保持良好的稳定性。信托公司利润规模延续增长态势。第3季度末信托公司累计利润为556.76亿元，同比增长14.58%。表明信托公司持续压缩营业成本，提高经营质效，转型成效逐步显现。（5）违约情况：房地产信托成重灾区。据不完全统计，2021年1—11月，信托行业共发生250起违约事件，涉及违约金额高达1 250.72亿元，其中房地产信托涉及违约金额达707.43亿元，排名第一位，成为行业违约"重灾区"。展望2022年，资管新规过渡期已结束，不符合监管要求的通道业务持续压缩，非标投资明显减少，资金投向不断优化，标准化投资快速发展，主动管理能力逐步加强。信托业发展方向日趋明确，信托业将迎来转型攻关期。

2021年信托监管新政：（1）1月24日，银保监会召开工作会议，会议要求大力规范整治重点业务，持续整治影子银行，对高风险影子银行业务的新形式新变种露头就打。（2）2月19日，银保监会召开2021年度信托监管会议，会议表示2021年将继续"两压一降"，融资类信托规模再降1万亿元（20%），违规金融同业通道清零，风险处理3 000亿元以上；房地产规模不超过2020年。（3）2月20日，银保监会发布《关于进一步规范商业银行互联网贷款业务的通知》，明确将数十家信托公司及消费金融公司纳入监管新规之下。（4）3月12日，银保监会《关于辖内信托公司做好2021年"两项业务"压降及风险资产处置相关工作的通知》，对信托投资项目分类进行严格划分。（5）5月11日，银保监会下发《关于推进信托公司与专业机构合作处置风险资产的通知》，同意信托公司与中国信托业保障基金有限责任公司、金融资产管理公司和地方资产管理公司等专业机构合作处置信托公司固有不良资产和信托风险资产。（6）6月4日，银保监会公布新的信托公司监管评级操作细则，23项评价要素细项较2020年有所调整，主要涉及风险监测与防控、监管政策落实情况、信保基金认购等多项评价要素子项下的细项调整，年初提及的"两压一降"列入新的监管政策落实情况子项下。（7）6月21日，银保监会下发通知开展银行业保险业"内控合规管理建设年"活动，就《银行保险机构大股东行为监管办法（试行）》（征求意见稿）、《银行保险机构关联交易管理办法》（征求意见稿）公开征求意见。展现出了监管层面对股权和关联交易整治的决心。（8）7月19日，银保监会发布《银行保险机构进一步做好地方政府隐性债务风险防范化解工作的指导意见》及其补充通知,对政府融资平台涉及的地方政府隐性债务的新增与化解做出了明确规定,信托公司传统业务三大业务之一的政信合作信托业务受到较大影响。(9)7月30日,银保监会办公厅发布《关于清理规范信托公司非金融子公司业务的通知》(以下简称《通知》),以"压缩层级、规范业务"为主要思路,整顿规范信托公司境内一级非金融子公司,明确清理规范工作安排。自《通知》印发之日起,信托公司严禁新增境内一级非金融子公司,已设立的境内一级非金融子公司不得新增对境内外企业的投资。(10)10月8日,银保监会办公厅发布《中国银保监会办公厅关于整顿信托公司异地部门有关事项的通知(征求意见稿)》。明确要求信托公司在一年之内完成对异地管理总部的整顿。征求意见稿还提到,董事长(含副董事长)、经营管理层、监事长(监事会主席)应常驻注册地办公,不得在异地设有办公场所。(11)11月17日,银保监会下发《关于进一步推进信托公司"两项业务"压降有关事项的通知》,要求进一步推进信托公司通道业务和融资业务压降工作,监督信托公司完成年初制定的20%压降指标等多项政策规定,刚性要求年底前必须做到应清尽清、能清尽清。

4.3.1　有利条件

中国高净值人群理财需求处在高速增长期,信托公司在财富管理方面拥有自身的独特优势,财富管理是现在和未来信托重点发力的方向。招商银行联合贝恩公司发布《2021中国私人财富报告》。报告显示,2020年,中国高净值人群(可投资资产超过1 000万元的个人)数量达到262万人,与2018年相比增加了65万人,年均复合增长率由2016—2018年的12%升至2018—2020年的15%,2021年底,中国高净值人群数量将达约296万人。中国高净值人数激增,如何多样化资产配置以分散风险,成为迫切需要。2021年,"保障财富安全"与"创造更多财富"成为高净值人群最重要的两个目标。高净值人群呈现年轻化以及专业人士化的特征,40岁以下高净值人群的比例由2019年的29%升至2021年的42%,年轻化趋势凸显,他们没有机会能像私营企业主对持有企业进行再投资,更少的渠道获取投资机会和更少的时间管理个人财富。信托公司在帮助客户实现财产保值增值及传承上具有较大优势,这不仅是因为信托公司具备专业资产管理能力,同时还因为信托在财产独立性、风险隔离、灵活性及架构稳定性方面具有制度优势,兼具财产管理和财产转移的双重功能,可以满足客户多样化的财产管理需要。另外,随着我国财富存量规模不断积累,人口逐步老龄化以及社会关系日益复杂,财产管理的需求更多样化,越来越多的人关注财产的安全保障、传承和特定目的运用。信托公司通过深入学习借鉴境外市场信托发展的经验,积极开展家族信托、家庭信托、遗嘱信托、教育信托、养老信托等服务信托产品的创新,并充分发挥信托的制度优势探索开展企业年金信托、个人养老金信托等业务,助力构建稳定、有效运转的养老保障"三大支柱"体系。

信托业在供给侧结构性改革的大背景下,把握经济发展趋势,重塑信托业发展的新优势和新能力,服务实体经济高质量发展,通过积极转型,将迎来新的发展机遇。(1)为实体经济发展提供高质量金融服务。信托公司通过积极贯彻落实国家政策,不断优化完善与实体经济结构和融资需求相适应的、多层次且广覆盖的业务结构,凭借对实体产业的理解,打通资金与资产端"最后一公里"的难题。通过资产证券化、供应链金融、PPP、产业基金等形式,引入民间资本助力基础设施建设和国家经济发展;同时,通过私募股权投资,为我国一大批创业者、企业家提供资金支持,成为新经济发展的重要推动力量。(2)把握资本市场发展机遇,依托"投行+资管"的优势,大力开展标品业务,助力直接融资。积极加强证券市场的投研能力建设,提升主动投资管理能力和配置能力,开发设计出更多符合客户资产配置需求的证券投资信托产品,如资产配置型TOF、TOT、MOM、量化投资产品,债券及固收+类投资信托,与阳光私募合作的证券投资信托产品等。通过开展这些具有直接融资特点的资金信托业务,更好地促进居民储蓄向投资的转化,为实体经济实现高质量发展提供更多的助力。(3)拓展国际业务。加大金融领域开放力度和"一带一路"倡议的推进,高净值客户境外理财与全球资产配置需求日益强烈,国际业务将是信托业务重要方向。(4)拓展绿色信托业务实践,支持绿色低碳发展。2030年前实现"碳达峰",2060年前实现"碳中和"。信托公司在前期开展绿色信托业务实践与创新的基础上,通过参与碳市场交易、灵活运用资产证券化工具探索绿色供应链金融服务、设立慈善信托支持绿色公益等多种方式,有效支持绿色低碳发展。

政策支持。近几年来信托业曲折发展,如今在政府推动和"一法三规"约束引导下,逐步认清信托定位,积极转型,正在回归"受人之托、代人理财"本源,在服务实体经济方面发挥巨大的作用。从发达国家经验看，信托业的良好发展都离不开较为完备的信托法律制度。在资管新规和一系列监管政策的共同作用下，信托业应该强化风险管控、转型升级、把握发展速度、提升发展质效，努力顺应新时代。

公司依托优良的资产、规范诚信的经营、良好的品牌形象与商誉、专业化的人才队伍，以及控股股东中国宝武集团的大力支持，为业务拓展和健康成长奠定了基础。

4.3.2 不利条件

监管趋严的风险。2021年信托行业延续了严监管的基调。无论是从信托资产规模的压降来看，还是从金融子公司和异地机构的清理来看，信托行业整体的合规程度更上一层楼。监管层严厉排查资金池、项目"刚兑"、挪用信托资产等违规行为，风险项目的清理工作正在有序开展，但当下信托资产实际风险率相对较高。随着监管政策的收紧和风险项目排查的持续进行，存量信托资产中风险加速暴露。目前信托不良资产的市场化处置方案相对不成熟，信托公司固有资金难以应对金额庞大的违约项目，风险项目的处置主要依赖于底层资产的债务化解方案（延期兑付）和法律诉讼。在相关风险资产处置完毕和行业回归本源业务之前，未来几年监管放松的可能性很小。信托公司应继续强化风险防控能力、坚定走新的转型发展道路，按照监管引导的方向，积极培育投资信托、服务信托、财富管理信托等业务的发展，合理规划融资类业务的总体规模和配置结构，不断提高风险控制能力和资本实力，增强风险抵御能力，保障自身稳健发展。

资管领域竞争加剧风险。资管新规全面实施，资管各细分行业的监管规则被进一步拉平，大类产品同质化程度会越来越高，客户需求对于市场的决定性作用会越来越大，市场对于客户的争抢越来越激烈。银行业资金和渠道优势明显，仍将是中坚力量；受益于过去监管层对金融创新的大力支持，券商、信托和基金子公司资产管理业务迅猛发展，随着通道政策红利逐步消失，这些机构则面临转型；公募基金和私募基金得益于直接融资加速，增速较快。信托公司未来不但需要继续面对信托同业间的激烈竞争，而且还需要与银行理财、基金、券商等其他资管细分行业展开更加激烈的跨界竞争。信托公司应提高主动管理能力，利用跨市场配置、灵活的投融资机制及资产受托管理等法律功能，打造细分市场的核心竞争力，构建产品体系及综合服务体系，帮助自身在这个跨界竞争和同业竞争并存的时代，拓宽足够的发展空间。

业务风险。在经济下行压力较大、监管政策收紧及行业风险加剧暴露的形势下，信托行业前期业务的突飞猛进为行业埋下了风险隐患。伴随着刚性兑付的打破和市场风险的上行，个别信托公司前期累积的风险点显现，产品逾期无法按时兑付的情况仍较为严重。从资金投向看，当前不少信托企业的存量业务投向主要集中于房地产和基础设施行业，随着房地产监管的深化和中央加强对地方政府隐形债务控制，信托企业在该类资产配置上将继续必要的调整。未来信托公司需要摆脱信贷文化以及刚兑思维，积极业务转型，并建立针对特定风险、特定产品特点的风控体系和风险管理工具。创新能力是信托所具有的特质，但是这种创新不是绕监管、规避监管，而是以服务客户需求为根本出发点，创设既合规又能满足客户需求的资管产品。

4.4 内部控制

4.4.1 内部控制环境和内部控制文化

公司根据国家有关法律法规和公司章程，建立了由股东会、董事会、监事会和高级管理层组成的分工明确、权责对应、合理制衡的公司治理结构。董事会下设风险管理和审计委员会、信托和消费者权益保护委员会、人事薪酬委员会和关联交易控制委员会四个专业委员会。

报告期内，公司"三会一层"各司其职、规范运作。

公司根据自身业务特点和内部控制要求设立了科学、规范的组织机构及岗位。综合管理部负责组织协调内部控制的建立实施及日常工作。审计稽核部作为内部审计机构对内部控制的有效性进行监督检查。内部审计机构对监督检查中发现的内部控制缺陷，按照内部审计工作程序进行报告，对监督检查中发现的内部控制重大缺陷，有权直接向董事会及其审计委员会、监事会报告。

公司始终秉承"合规经营、稳健发展"的理念，注重信托文化培育，持续完善内部控制体系建设，提倡业务部门是内部控制及风险管理第一道防线的内部控制文化。

4.4.2 内部控制措施

公司明确界定各部门、各岗位的目标、职责和权限，建立相应的授权、检查和逐级问责制度，确保不相容岗位的相互分离及其在授权范围内履行职能。公司通过内部控制制度体系，明确展业过程中各部门及岗位的职责权限、各业务流程的控制节点和控制要求，并定期根据业务发展的实际情况及时调整、更新制度管理文件，作为业务开展的执行依据和管理规范。

公司针对固有资产和信托资产设立了相互独立的运作部门，在信托业务和固有业务之间实行决策、人员、财务和管理的有效分离。在日常业务开展过程中，通过前中后台分工协作，实现投资决策和交易分离、财产运营和监控保管分离，有效制衡，防范风险。公司充分发挥信息系统在内部控制管理中的作用，促进内部控制与信息系统的有机结合，加强系统控制约束，减少或消除人为操纵因素，严格落实不相容职责分离的刚性控制。

公司建立了重大风险预警机制和突发事件应急处理机制，明确风险预警标准，对可能发生的重大风险或突发事件，制定应急预案，明确责任人员，规范处理程序，确保突发事件得到及时妥善处理。

4.4.3 信息交流与反馈

公司建立了高效畅通的内外部信息交流与反馈机制。内部各层级之间报告路线明确，沟通渠道畅通，信息传递及时。公司各业务部门、财务会计部门、法律合规部门、风险管理部门及行政管理部门负责收集职责范围有关的内部信息和外部信息。通过财务会计资料、经营管理资料、调研报告、专项信息、内部刊物、办公网络等渠道获取内部信息，通过行业协会组织、社会中介机构、业务往来单位、市场调查、来信来访、网络媒体以及有关监管部门等渠道获取外部信息，并对收集的信息进行合理筛选、核对、整合，提高信息的有用性。公司建立并不断完善信息系统，利用信息技术促进信息集成与共享，充分发挥信息技术在信息传递与沟通中的作用。

公司建立了举报投诉制度和举报人保护制度，设置举报专线，明确举报投诉处理程序、办理时限和办理要求，确保举报、投诉成为公司有效掌握信息的重要途径。

4.4.4 监督评价与纠正

公司审计稽核部门负责对公司内部控制进行监督评价与纠正。公司审计稽核部是公司独立的监督部门，直接向董事会汇报，是对公司经营活动全过程进行的一种内在经济监督，以防范风险、纠正违规、加强内控为工作目标，对公司内控制度、业务经营、财务活动等实施检查监督。公司内控管理部门负责牵头对公司规章制度和操作流程的健全性、有效性进行持续梳理整合，使公司的内部控制更加有效、趋于完善。

4.5 风险管理

4.5.1 风险管理概况

公司重视风险管理，通过制定和不断完善内部规章制度，建立职责分工合理的组织架构，设置专业的风险管理部门，将现代风险管理技术与传统风险管理方法相结合，对可能产生的风险及时采取措施，全面防范。对实际发生的风险积极处理，全力化解，有效进行事前、事中、事后的控制与管理，并根据实际需要随时对风险管理体系进行调整。

公司风险管理遵循全面性原则、独立性原则、有效性原则和及时性原则。

4.5.1.1 公司经营活动中可能遇到的风险

公司经营活动中可能遇到的风险主要有合规风险、信用风险、市场风险、流动性风险、操作风险等。

4.5.1.2 公司风险管理的基本原则与政策

风险管理贯彻全面性、独立性、有效性、及时性原则，覆盖公司所有业务、部门和人员，并渗透到公司各项业务和经营管理的各个环节；通过事前防范、事中控制、事后监督对风险进行全面综合地管理，促进公司持续、稳健、规范、健康运行。

4.5.1.3 公司风险管理组织架构与职责划分

公司建立以董事会及下设风险管理和审计委员会、经营管理层、风险管理职能部门为主的自上而下的多层次风险管理架构，构建以业务经营条线、风控条线、审计条线为主的风险管理三道防线。

公司董事会是公司风险管理的最高决策机构，根据外部监管和内部控制要求，结合稳健保守的风险偏好，制定公司总体的风险管理策略，引导公司不断健全全面风险管理体系，保障公司持续稳定经营。

董事会风险管理和审计委员会是董事会设立的专门工作机构，主要负责公司合规和风险管理、监督和评估；公司内、外部审计的沟通、监督和核查工作的审核。

公司经营管理层承担全面风险管理的实施责任，执行董事会的决议，逐步建立适应全面风险管理的经营管理架构，明确公司业务部门、风险管理职能部门以及其他部门在风险管理中的职责分工，组织制定风险管理制度，定期对公司的资产质量和风险管理状况进行评估，监控、管理、控制公司的各种风险，并定期向董事会报告。公司经营管理层通过投资决策委员会直接对信托项目进行风险评估和决策。

投资决策委员会（简称投决会）是对信托业务进行审议和表决的决策机构。

投资预审委员会（简称投审会）是投决会的前置机构，针对公司业务各个环节进行可行性评审，为投决会决策提供支持。

财务部通过会计核算和财务管理对公司财务状况及经营情况进行分析管理。

业务管理部负责行业研究与战略规划，制定公司业务标准，统筹管理公司产品及资金资产配置，负责公司流动性风险和战略风险管理。

综合管理部负责根据公司发展规划和业务发展进程，对组织机构持续优化调整，梳理部门职责，明确部门分工；负责董事会与公司治理相关事项；负责公司操作风险和声誉风险管理。

风险管理部负责建立和完善公司风险管理体系和风险管理相关制度；负责公司各类投融资业务的风险审查；对公司整体风险和具体业务风险状况进行检测、提示和报告；负责公司信用风险和市场风险管理。

法律合规部负责关注、跟踪有关金融法规的最新发展情况，及时组织研究对公司有重大影响的法律合规动态；负责建设公司合规管理体系及合规管理政策制度的拟定和修订；负责公司具体项目合法合规性审查及反洗钱管理等工作；负责公司合规风险管理。

审计稽核部负责检查公司内部风险管理制度的日常执行情况，对公司内部风险控制制度的合理性、有效性进行分析，提出改进意见并直接向董事会报告。

各业务部门是风险管理的第一责任部门，承担与其业务相关的风险管理责任。各业务部门是公司风险管理的具体实施单位，在公司各项基本管理制度的基础上，根据具体情况制订本部门的业务管理规定、业务操作流程及风险控制规定。

4.5.2 风险状况

4.5.2.1 信用风险状况

信用风险主要是指交易对手违约造成损失的风险，主要表现为公司在开展固有业务和信托业务时，可能会因交易对手违约而给公司或信托财产带来风险。报告期内，公司发生的各类业务均履行了严格的内部评审程序，合法合规，担保措施充足，交易对手信用等级相对较高，信用风险整体可控。公司自2021年1月1日起执行新金融工具准则，对原不良资产中的金融资产进行了期初切换并重分类为交易性金融资产，使母公司2021年不良信用风险资产期初数重述为6 515.50万元（公允价值），期末数为6 515.50万元。另外，基于会计准则规定的预期信用损失法的要求，截至2021年底，公司已对于摊余成本法计量的金融资产计提了1 564.43万元信用减值损失。

4.5.2.2 市场风险状况

市场风险是指公司在运营过程中可能因股价、市场汇率、利率及其他价格因素等变动而产生的风险。具体表现为经济运作周期变化、金融市场利率波动、通货膨胀、房地产交易、证券市场变化等造成的风险，这些风险可能影响信托财产的价值及信托收益水平，也可能影响公司固有资产价值或导致损失。公司始终以稳健的风险偏好为指导，严格筛选标的证券以及投资管理人，底层资产分布以大盘蓝筹股、管理规模、投资业绩与风险控制能力等综合实力靠前的管理人管理的产品为主，并通过分散化组合投资践行价值投资。报告期内，公司市场风险水平整体可控。

4.5.2.3 操作风险状况

操作风险是指由不完善或有问题的内部程序、员工和信息科技系统，以及外部事件所造成损失的风险。公司通过不断完善制度、优化流程、加强系统控制来规范岗位操作，降低操作风险。

报告期内，公司未发生重大操作风险。

4.5.2.4 流动性风险状况

流动性风险在公司层面是指公司无法及时获得充足资金或无法以合理成本及时获得充足资金用于支付到期债务（如拆借）；在业务层面是指公司无法及时获得充足资金或无法以合理成本及时获得充足资金应对因业务安排导致的到期资产现金流不满足到期资金现金流、赎回资金大于申购资金等情形所导致的资金需求风险。

公司固有资金主要投资有价证券类，并支持信托业务的发展。公司设置专岗定期跟踪固有资金投向的资产类型，目前流动资产结构和变现能力良好，偿付能力较强。

4.5.2.5 其他风险状况

其他风险主要包括法律风险、声誉风险、战略风险等。法律风险指公司在业务经营过程中由于不当的法律文书、违约行为或怠于行使自身法律权利等所造成的风险。声誉风险指由于公司内部管理或服务出现问题而引起自身外部社会名声、信誉和公众信任度下降，从而对公司外部市场地位产生消极和不良影响的风险。战略风险是指公司战略制订过程中，无法对宏观经济环境、市场需求、行业竞争格局等变化情况进行准确把握，影响决策的风险。

报告期内公司未发生重大其他风险。

4.5.3 风险管理

4.5.3.1 信用风险管理

公司高度重视交易对手信用风险管理，通过事前评估、事中控制、事后监督的风险管理体系来防范和规避信用风险，具体措施包括：（1）严格按照业务流程、制度规定和相应程序开展各项业务，确保决策者充分了解业务涉及的信用风险。（2）对交易对手进行全面、深入的信用调查与分析。（3）完善投决会议事规则，坚持横向、纵向相结合和集体决策的评审制度，多方面介入排查风险。（4）制订相关业务展业指引和尽调指引，规范业务发展。（5）落实增信措施，注意对抵质押物权属有效性、合法性进行审查，客观、公正评估抵质押物。（6）强调事中管理和监控，严格落实项目风险缓释措施、提款前提条件、合同材料审核等项目投放过程中的事中控制。（7）定期与不定期进行后期检查。对重点项目，业务部门会同风险管理部门定期进行现场实地走访，对项目运作、企业财务状况及当地市场变化跟踪分析，形成现场检查报告，发现问题及时上报并第一时间采取措施，有效防范和化解各类风险隐患。（8）根据项目风险预警信号建立了相应的报告路线和应对处置流程。（9）公司每年从税后利润中按10%（2009及以前年度为5%）的比例提取信托赔偿准备金；公司按照《金融企业准备金计提管理办法》《银行信贷损失计提指引》规定，按照金融企业承担风险和损失的资产期末余额的1.5%扣除年初一般风险准备余额，提取一般风险准备。

4.5.3.2 市场风险管理

在市场风险管控方面，公司建立了自上而下的市场风险管理框架，在资产配置策略、授权管理、投前审查、投后管理等核心环节制定了相对完善的配套机制与流程；在投前管理方面，明确各类标准化资产的投资交易授权金额，并建立了证券业务出入库机制和双岗尽调机制，把控入池资产质量；在投后管理方面，建立季度投后检查机制，并定期开展重点业务压力测试，提升风控前瞻性。

4.5.3.3 操作风险管理

公司持续完善、细化内控管理制度，坚持业务发展与内控管理并举，规范操作程序、防范操作风险。公司在业务尽职调查、产品规范化管理、风险监控、合同档案管理、信息披露等方面不断细化管理要求和规范操作流程，提升业务操作的规范化和精细化水平。从制度、流程、岗位、系统等角度持续强化执行力，提升对制度执行有效性的监督和检查，在日常工作中形成奖惩机制，持续促进规章制度的有效执行，消除操作风险隐患，防范各类操作风险。

2021年公司定期收集并分析操作风险监测指标，按季度发布操作风险管理报告，提示全体员工加强操作风险防范意识，规范操作，有效防范操作风险。公司内部审计稽核部门持续开展审计工作，对审计发现的流程、内控、操作问题及时予以整改完善，以切实提高内控管理水平，降低操作风险。

4.5.3.4 流动性风险管理

公司高度重视流动性风险，制定流动性风险管理办法，建立流动性风险应急管理机制。公司将通过对固有资金现金流测算等方式持续加强固有资金配置管理，包括要求较高变现能力资产在固有资金持有资产中的规模比例来保持固有资金具有稳定的流动性，同时逐步完善整体流动性风险管理体系的建设。

4.5.3.5 其他风险管理

法律风险管理方面，公司严格按照相关监管规章，对所有拟开展业务进行合规性审查，确保公司业务开展符合国家相关法律法规规定，并不断优化产品结构和法律文本设计，严格按公司法律文件审批程序进行审批后办理业务。

声誉风险管理方面，公司把声誉构建与公司发展战略和企业文化进行有机结合，对可能影响公司声誉的业务坚决予以回避，尽职管理受托资产，并充分披露，塑造公司专业和诚信的社会形象。

战略风险管理方面，公司管理层根据董事会制订的战略规划，对公司进行经营管理，定期向董事会报告战略执行情况。同时公司投资决策委员根据公司的战略规划，确定具体的投资规模、投资原则和投资方向，对公司的重大项目进行集体决策。公司配置了专业的研究人员，关注和跟踪宏观经济环境、行业环境和政策的变化，为公司的战略决策提供有力的支持。

5. 报告期末及上一年度末的比较式会计报表

5.1 固有资产

5.1.1 会计师事务所审计意见全文

审计报告

天健审〔2022〕6-125号

华宝信托有限责任公司：

一、审计意见

我们审计了华宝信托有限责任公司（以下简称华宝信托公司）财务报表，包括2021年12月31日的合并及母公司资产负债表，2021年度的合并及母公司利润表、合并及母公司现金流量表、合并及母公司所有者权益变动表，以及相关财务报表附注。

我们认为，后附的财务报表在所有重大方面按照企业会计准则的规定编制，公允反映了华宝信托公司2021年12月31日的合并及母公司财务状况，以及2021年度的合并及母公司经营成果和现金流量。

二、形成审计意见的基础

我们按照中国注册会计师审计准则的规定执行了审计工作。审计报告的"注册会计师对财务报表审计的责任"部分进一步阐述了我们在这些准则下的责任。按照中国注册会计师职业道德守则，我们独立于华宝信托公司，并履行了职业道德方面的其他责任。我们相信，我们获取的审计证据是充分、适当的，为发表审计意见提供了基础。

三、管理层和治理层对财务报表的责任

华宝信托公司管理层（以下简称管理层）负责按照企业会计准则的规定编制财务报表，使其实现公允反映，并设计、执行和维护必要的内部控制，以使财务报表不存在由于舞弊或错误导致的重大错报。

在编制财务报表时，管理层负责评估华宝信托公司的持续经营能力，披露与持续经营相关的事项（如适用），并运用持续经营假设，除非计划进行清算、终止运营或别无其他现实的选择。

华宝信托公司治理层（以下简称治理层）负责监督华宝信托公司的财务报告过程。

四、注册会计师对财务报表审计的责任

我们的目标是对财务报表整体是否不存在由于舞弊或错误导致的重大错报获取合理保证，并出具包含审计意见的审计报告。合理保证是高水平的保证，但并不能保证按照审计准则执行的审计在某一重大错报存在时总能发现。错报可能由于舞弊或错误导致，如果合理预期错报单独或汇总起来可能影响财务报表使用者依据财务报表作出的经济决策，则通常认为错报是重大的。

在按照审计准则执行审计工作的过程中，我们运用职业判断，并保持职业怀疑。同时，我们也执行以下工作：

（1）识别和评估由于舞弊或错误导致的财务报表重大错报风险，设计和实施审计程序以应对这些风险，并获取充分、适当的审计证据，作为发表审计意见的基础。由于舞弊可能涉及串通、伪造、故意遗漏、虚假陈述或凌驾于内部控制之上，未能发现由于舞弊导致的重大错报的风险高于未能发现由于错误导致的重大错报的风险。

（2）了解与审计相关的内部控制，以设计恰当的审计程序，但目的并非对内部控制的有效性发表意见。

（3）评价管理层选用会计政策的恰当性和作出会计估计及相关披露的合理性。

（4）对管理层使用持续经营假设的恰当性得出结论。同时，根据获取的审计证据，就可能导致对华宝信托公司持续经营能力产生重大疑虑的事项或情况是否存在重大不确定性得出结论。如果我们得出结论认为存在重大不确定性，审计准则要求我们在审计报告中提请报表使用者注意财务报表中的相关披露；如果披露不充分，我们应当发表非无保留意见。我们的结论基于截至审计报告日可获得的信息。然而，未来的事项或情况可能导致华宝信托公司不能持续经营。

（5）评价财务报表的总体列报、结构和内容，并评价财务报表是否公允反映相关交易和事项。

（6）就华宝信托公司中实体或业务活动的财务信息获取充分、适当的审计证据，以对财务报表发表审计意见。我们负责指导、监督和执行集团审计，并对审计意见承担全部责任。

我们与治理层就计划的审计范围、时间安排和重大审计发现等事项进行沟通，包括沟通我们在审计中识别出的值得关注的内部控制缺陷。

5.1.2 资产负债表

合并资产负债表

编制单位：华宝信托有限责任公司　　2021年12月31日　　单位：万元

资产	注释号	期末数	期初数	负债和所有者权益（或股东权益）	注释号	期末数	年初数
流动资产：	—	—	—	流动负债：	—	—	—
货币资金	1	302 279.77	274 712.27	短期借款	—	—	—
结算备付金	2	523.67	514.10	向中央银行借款	—	—	—
拆出资金	—	—	—	拆入资金	—	—	—
交易性金融资产	3	697 109.99	536 248.61	交易性金融负债	20	2 867.68	3 351.63
衍生金融资产	—	—	—	衍生金融负债	—	—	—
应收票据	—	—	—	应付票据	—	—	—
应收账款	4	16 165.78	15 008.54	应付账款	—	—	—
应收款项融资	—	—	—	预收款项	—	—	—
预付款项	5	1 028.10	350.37	合同负债	—	—	—
应收保费	—	—	—	卖出回购金融资产款	—	—	—
应收分保账款	—	—	—	吸收存款及同业存放	—	—	—
应收分保合同准备金	—	—	—	代理买卖证券款	—	—	—
其他应收款	6	12 307.06	7 086.74	代理承销证券款	—	—	—
买入返售金融资产	7	46 141.23	2 709.25	应付职工薪酬	21	50 729.81	39 308.73
存货	—	—	—	应交税费	22	36 303.53	20 861.46
合同资产	—	—	—	其他应付款	23	26 446.78	34 593.99
持有待售资产	—	—	—	应付手续费及佣金	—	—	—
一年内到期的非流动资产	—	—	—	应付分保账款	—	—	—
其他流动资产	8	700.24	3 742.77	持有待售负债	—	—	—
流动资产合计	—	1 076 255.83	840 372.64	一年内到期的非流动负债	24	6 436.10	5 610.48
				其他流动负债	—	—	—
				流动负债合计	—	122 783.90	103 726.29
				非流动负债：	—	—	—
				保险合同准备金	—	—	—
				长期借款	—	—	—
				应付债券	—	—	—
				其中：优先股	—	—	—
				永续债	—	—	—
				租赁负债	25	23 220.60	18 110.56
				长期应付款	—	—	—
				长期应付职工薪酬	26	525.35	980.36
非流动资产：	—	—	—	预计负债	—	16.35	16.83
发放贷款和垫款	—	—	—	递延收益	—	—	—
债权投资	—	—	—	递延所得税负债	18	5 333.35	4 804.11
其他债权投资	9	67 725.07	145 489.12	其他非流动负债	27	23 865.87	28 329.15
长期应收款	—	—	—	非流动负债合计	—	52 961.52	52 241.00
长期股权投资	10	83 592.21	83 426.60	负债合计	—	175 745.41	155 967.29
其他权益工具投资	11	65 039.32	42 262.21	所有者权益（或股东权益）：	—	—	—
其他非流动金融资产	—	—	—	实收资本（或股本）	28	474 400.00	474 400.00
投资性房地产	12	64.70	69.48	其他权益工具	—	—	—
固定资产	13	3 677.28	2 459.99	其中：优先股	—	—	—
在建工程	14	1 811.77	896.55	永续债	—	—	—
生产性生物资产	—	—	—	资本公积	29	12 963.96	8 000.27
油气资产	—	—	—	减：库存股	—	—	—
使用权资产	15	29 453.20	23 879.38	其他综合收益	30	7 482.97	7 800.57
无形资产	16	2 962.87	6 159.94	专项储备	—	—	—
开发支出	—	—	—	盈余公积	31	108 321.33	99 731.88
商誉	—	—	—	一般风险准备	32	127 147.20	117 636.29
长期待摊费用	17	717.32	801.71	未分配利润	33	376 613.06	345 744.04
递延所得税资产	18	12 730.16	10 171.18	归属于母公司所有者权益合计	—	1 106 928.53	1 053 313.05
其他非流动资产	19	66 349.96	165 769.90	少数股东权益	—	127 705.74	112 478.38
非流动资产合计	—	334 123.85	481 386.07	所有者权益合计	—	1 234 634.27	1 165 791.43
资产总计	—	1 410 379.68	1 321 758.72	负债和所有者权益总计	—	1 410 379.68	1 321 758.72

法定代表人：孔祥清　　　　主管会计工作的负责人：孔祥清　　　　会计机构负责人：康颖

母公司资产负债表

编制单位：华宝信托有限责任公司　　　　　2021年12月31日　　　　　单位：万元

资产	注释号	期末数	期初数	负债和股东权益	注释号	期末数	期初数
资产：	—	—	—	负债：	—	—	—
现金及存放中央银行款项	—	101 562.30	91 832.57	向中央银行借款	—	—	—
存放同业款项	—	—	—	同业及其他金融机构存放款项	—	—	—
贵金属	—	—	—	拆入资金	—	—	—
拆出资金	—	—	—	交易性金融负债	—	—	—
衍生金融资产	—	—	—	衍生金融负债	—	—	—
买入返售金融资产	—	26 300.06	—	卖出回购金融资产款	—	—	—
持有待售资产	—	—	—	吸收存款	—	—	—
发放贷款和垫款	—	—	—	应付职工薪酬	—	22 262.42	18 236.49
可供出售金融资产	—	—	—	应交税费	—	13 357.38	3 301.91
持有至到期投资	—	—	—	持有待售负债	—	—	—
应收款项类投资	—	—	—	预计负债	—	—	—
金融投资：	—	—	—	应付债券	—	—	—
交易性金融资产	1	592 288.38	457 703.44	其中：优先股	—	—	—
债权投资	—	—	—	永续债	—	—	—
其他债权投资	2	67 725.07	145 489.12	租赁负债	—	13 678.93	15 687.51
其他权益工具投资	4	87 825.44	42 261.60	递延所得税负债	—	4 825.56	3 652.43
长期股权投资	3	83 413.98	83 248.37	其他负债	—	32 357.64	46 490.82
投资性房地产	—	64.70	69.48	负债合计	—	86 481.93	87 369.16
固定资产	—	1 074.55	1 127.88	所有者权益（或股东权益）：	—	—	—
在建工程	—	1 811.77	896.55	实收资本（或股本）	—	474 400.00	474 400.00
使用权资产	—	17 311.18	19 320.48	其他权益工具	—	—	—
无形资产	—	1 356.84	4 321.72	其中：优先股	—	—	—
商誉	—	—	—	永续债	—	—	—
递延所得税资产	—	2 881.32	2 646.27	资本公积	—	19 887.26	14 923.57
其他资产	5	76 927.68	174 746.70	减：库存股	—	—	—
—	—	—	—	其他综合收益	—	4 526.88	6 336.39
—	—	—	—	盈余公积	—	109 048.26	100 458.81
—	—	—	—	一般风险准备	—	127 510.67	117 999.76
—	—	—	—	未分配利润	—	238 688.27	222 176.50
—	—	—	—	股东权益合计	—	974 061.33	936 295.03
资产总计	—	1 060 543.26	1 023 664.18	负债和所有者权益总计	—	1 060 543.26	1 023 664.18

法定代表人：孔祥清　　　　　主管会计工作的负责人：孔祥清　　　　　会计机构负责人：康颖

5.1.3　利润表

合并利润表

编制单位：华宝信托有限责任公司　　　　　2021年度　　　　　单位：万元

项目	注释号	本期数	上年同期数
一、营业总收入	—	310 715.84	225 377.77
其中：营业收入	1	476.88	178.83
利息收入	2	9 651.62	10 635.59
手续费及佣金收入	3	300 587.33	214 563.34
二、营业总成本	—	154 950.35	126 686.71
其中：营业成本	2	42.01	16.76
利息支出	2	1 792.62	2 901.09
手续费及佣金支出	3	1 263.17	1 890.55
税金及附加	—	1 582.38	1 256.91
销售费用	—	—	—
业务及管理费	4	150 270.17	120 621.41

续表

项目	注释号	本期数	上年同期数
研发费用	—	—	—
财务费用	—	—	—
其中：利息费用	—	—	—
利息收入	—	—	—
加：其他收益	5	9 288.79	12 794.34
投资收益（损失以"-"号填列）	6	29 036.57	47 649.65
其中：对联营企业和合营企业的投资收益	—	-667.61	2 325.60
以摊余成本计量的金融资产终止确认收益	—	2 525.56	—
汇兑收益（损失以"-"号填列）	—	-4.96	310.90
净敞口套期收益（损失以"-"号填列）	—	—	—
公允价值变动收益（损失以"-"号填列）	7	5 415.28	348.77
信用减值损失（损失以"-"号填列）	8	-703.82	—
资产减值损失（损失以"-"号填列）	9	—	760.04
资产处置收益（损失以"-"号填列）	10	—	11.90
三、营业利润（亏损以"-"号填列）	—	198 797.35	160 566.65
加：营业外收入	11	24.18	47.63
减：营业外支出	12	41.52	610.19
四、利润总额（亏损总额以"-"号填列）	—	198 780.00	160 004.09
减：所得税费用	13	65 128.33	40 901.08
五、净利润（净亏损以"-"号填列）	—	133 651.67	119 103.01
（一）按经营持续性分类：	—	—	—
1.持续经营净利润（净亏损以"-"号填列）	—	133 651.67	119 103.01
2.终止经营净利润（净亏损以"-"号填列）	—	—	—
（二）按所有权归属分类：	—	—	—
1.归属于母公司所有者的净利润（净亏损以"-"号填列）	—	100 251.75	96 540.83
2.少数股东损益（净亏损以"-"号填列）	—	33 399.92	22 562.18
六、其他综合收益的税后净额	—	-30.61	-21 185.32
归属于母公司所有者的其他综合收益的税后净额	14	11.94	-21 092.63
（一）不能重分类进损益的其他综合收益	—	2 691.34	31.88
1.重新计量设定受益计划变动额	—	—	—
2.权益法下不能转损益的其他综合收益	—	415.93	31.88
3.其他权益工具投资公允价值变动	—	2 275.41	—
4.企业自身信用风险公允价值变动	—	—	—
5.其他	—	—	—
（二）将重分类进损益的其他综合收益	—	-2 679.40	-21 124.51
1.权益法下可转损益的其他综合收益	—	417.29	-763.49
2.其他债权投资公允价值变动	—	-3 029.34	—
3.可供出售金融资产公允价值变动损益	—	—	-20 264.55
4.金融资产重分类计入其他综合收益的金额	—	—	—
5.持有至到期投资重分类为可供出售金融资产损益	—	—	—
6.其他债权投资信用减值准备	—	-23.06	—
7.现金流量套期储备	—	—	—
8.外币财务报表折算差额	—	-44.29	-96.47
9.其他	—	—	—
归属于少数股东的其他综合收益的税后净额	—	-42.56	-92.69
七、综合收益总额	—	133 621.05	97 917.69
归属于母公司所有者的综合收益总额	—	100 263.69	75 448.20
归属于少数股东的综合收益总额	—	33 357.36	22 469.49

法定代表人：孔祥清　　　　　　主管会计工作的负责人：孔祥清　　　　　　会计机构负责人：康颖

母公司利润表

编制单位：华宝信托有限责任公司　　　　　　　　　　　　2021年度　　　　　　　　　　　　　　　　单位：万元

项目	注释号	本期数	上年同期数
一、营业总收入	—	177 549.84	144 716.89
利息净收入	—	1 884.10	1 549.28
利息收入	—	2 518.40	4 098.82
利息支出	—	634.30	2 549.54
手续费及佣金净收入	1	119 782.28	86 475.14
手续费及佣金收入	—	121 045.45	88 361.77
手续费及佣金支出	—	1 263.17	1 886.62
投资收益（损失以"-"号填列）	2	40 965.11	46 194.58
其中：对联营企业和合营企业的投资收益	—	-667.61	2 325.60
以摊余成本计量的金融资产终止确认产生的收益	—	2 525.56	—
其他收益	—	7 141.94	10 334.65
公允价值变动收益（损失以"-"号填列）	—	7 746.03	145.97
汇兑收益（损失以"-"号填列）	—	-3.14	-16.22
其他业务收入	—	33.52	33.49
资产处置收益（损失以"-"号填列）	—	—	—
二、营业总支出	—	50 203.24	41 602.09
税金及附加	—	570.30	506.82
业务及管理费	3	48 924.33	41 850.52
信用减值损失	—	703.82	—
其他资产减值损失	—	—	—
资产减值损失	—	—	-760.04
其他业务成本	—	4.78	4.78
三、营业利润（亏损总额以"-"号填列）	—	127 346.61	103 114.81
加：营业外收入	—	0.41	9.99
减：营业外支出	—	—	300.08
四、利润总额（净亏损以"-"号填列）	—	127 347.01	102 824.71
减：所得税费用	—	41 452.51	25 217.70
五、净利润（净亏损以"-"号填列）	—	85 894.50	77 607.01
（一）持续经营净利润（净亏损以"-"号填列）	—	85 894.50	77 607.01
（二）终止经营净利润（净亏损以"-"号填列）	—	—	—
六、其他综合收益的税后净额	—	-1 479.98	-11 801.44
（一）不能重分类进损益的其他综合收益	—	1 155.13	31.88
1.重新计量设定受益计划变动额	—	—	—
2.权益法下不能转损益的其他综合收益	—	415.93	31.88
3.其他权益工具投资公允价值变动	—	739.20	—
4.企业自身信用风险公允价值变动	—	—	—
5.其他	—	—	—
（二）将重分类进损益的其他综合收益	—	-2 635.10	-11 833.32
1.权益法下可转损益的其他综合收益	—	417.29	-763.49
2.其他债权投资公允价值变动	—	-3 029.34	—
3.可供出售金融资产公允价值变动损益	—	—	-11 069.83
4.金融资产重分类计入其他综合收益的金额	—	—	—
5.持有至到期投资重分类为可供出售金融资产损益	—	—	—
6.其他债权投资信用减值准备	—	-23.06	—
7.现金流量套期储备（现金流量套期损益的有效部分）	—	—	—
8.外币财务报表折算差额	—	—	—
9.其他	—	—	—
七、综合收益总额	—	84 414.53	65 805.57

法定代表人：孔祥清　　　　　　　　主管会计工作的负责人：孔祥清　　　　　　　　会计机构负责人：康颖

5.1.4 所有者权益变动

合并所有者权益变动表

编制单位：华宝信托有限责任公司　　　2021年度　　　单位：万元

项目	实收资本（或股本）	其他权益工具 优先股	其他权益工具 永续债	其他权益工具 其他	资本公积	减：库存股	其他综合收益	专项储备	盈余公积	一般风险准备	未分配利润	少数股东权益	所有者权益合计
一、上年年末余额	474 400.00	—	—	—	8 000.27	—	-770.59	—	99 040.39	116 944.80	363 077.91	112 478.38	1 173 171.17
加：会计政策变更	—	—	—	—	—	—	8 571.15	—	691.49	691.49	-17 333.87	—	-7 379.74
前期差错更正	—	—	—	—	—	—	—	—	—	—	—	—	—
同一控制下企业合并	—	—	—	—	—	—	—	—	—	—	—	—	—
其他	—	—	—	—	—	—	—	—	—	—	—	—	—
二、本年年初余额	474 400.00	—	—	—	8 000.27	—	7 800.57	—	99 731.88	117 636.29	345 744.04	112 478.38	1 165 791.43
三、本期增减变动金额（减少以"-"号填列）	—	—	—	—	4 963.69	—	-317.60	—	8 589.45	9 510.91	30 869.02	15 227.36	68 842.84
（一）综合收益总额	—	—	—	—	—	—	11.94	—	—	—	100 251.75	33 357.36	133 621.05
（二）所有者投入和减少资本	—	—	—	—	—	—	—	—	—	—	—	—	—
1. 所有者投入的普通股	—	—	—	—	—	—	—	—	—	—	—	—	—
2. 其他权益工具持有者投入资本	—	—	—	—	—	—	—	—	—	—	—	—	—
3. 股份支付计入所有者权益的金额	—	—	—	—	—	—	—	—	—	—	—	—	—
4. 其他	—	—	—	—	—	—	—	—	—	—	—	—	—
（三）利润分配	—	—	—	—	—	—	—	—	8 589.45	9 510.91	-64 748.58	-18 130.00	-64 778.22
1. 提取盈余公积	—	—	—	—	—	—	—	—	8 589.45	—	-8 589.45	—	—
2. 提取一般风险准备	—	—	—	—	—	—	—	—	—	9 510.91	-9 510.91	—	—
3. 对所有者（或股东）的分配	—	—	—	—	—	—	—	—	—	—	-46 648.22	-18 130.00	-64 778.22
4. 其他	—	—	—	—	—	—	—	—	—	—	—	—	—
（四）所有者权益内部结转	—	—	—	—	4 963.69	—	-329.54	—	—	—	-4 634.15	—	—
1. 资本公积转增资本（或股本）	—	—	—	—	—	—	—	—	—	—	—	—	—
2. 盈余公积转增资本（或股本）	—	—	—	—	—	—	—	—	—	—	—	—	—
3. 盈余公积弥补亏损	—	—	—	—	—	—	—	—	—	—	—	—	—
4. 设定受益计划变动额结转留存收益	—	—	—	—	—	—	—	—	—	—	—	—	—
5. 其他综合收益结转留存收益	—	—	—	—	—	—	-329.54	—	—	—	329.54	—	—
6. 其他	—	—	—	—	4 963.69	—	—	—	—	—	-4 963.69	—	—
（五）专项储备	—	—	—	—	—	—	—	—	—	—	—	—	—
1. 本期提取	—	—	—	—	—	—	—	—	—	—	—	—	—
2. 本期使用	—	—	—	—	—	—	—	—	—	—	—	—	—
（六）其他	—	—	—	—	—	—	—	—	—	—	—	—	—
四、本期期末余额	474 400.00	—	—	—	12 963.96	—	7 482.97	—	108 321.33	127 147.20	376 613.06	127 705.74	1 234 634.27

法定代表人：孔祥清　　　主管会计工作的负责人：孔祥清　　　会计机构负责人：康颖

合并所有者权益变动表（续）

编制单位：华宝信托有限责任公司　　2021年度　　单位：万元

项目	上年同期数												
	归属于母公司所有者权益											少数股东权益	所有者权益合计
	实收资本（或股本）	其他权益工具			资本公积	减：库存股	其他综合收益	专项储备	盈余公积	一般风险准备	未分配利润		
		优先股	永续债	其他									
一、上年年末余额	474 400.00	—	—	—	3 726.17	—	20 025.97	—	91 279.69	108 733.56	330 525.74	104 489.64	1 133 180.77
加：会计政策变更	—	—	—	—	—	—	—	—	—	—	—	—	—
前期差错更正	—	—	—	—	—	—	—	—	—	—	—	—	—
同一控制下企业合并	—	—	—	—	—	—	—	—	—	—	—	—	—
其他	—	—	—	—	—	—	—	—	—	—	−9.16	—	−9.16
二、本年年初余额	474 400.00	—	—	—	3 726.17	—	20 025.97	—	91 279.69	108 733.56	330 516.58	104 489.64	1 133 171.61
三、本期增减变动金额（减少以"−"号填列）	—	—	—	—	4 274.10	—	−20 796.56	—	7 760.70	8 211.24	32 561.33	7 988.74	39 999.56
（一）综合收益总额	—	—	—	—	—	—	−21 092.63	—	—	—	96 540.83	22 469.49	97 917.69
（二）所有者投入和减少普通股	—	—	—	—	4 274.10	—	—	—	—	—	—	219.25	4 493.36
1. 所有者投入的普通股	—	—	—	—	—	—	—	—	—	—	—	—	—
2. 其他权益工具持有者投入资本	—	—	—	—	—	—	—	—	—	—	—	—	—
3. 股份支付计入所有者权益的金额	—	—	—	—	—	—	—	—	—	—	—	—	—
4. 其他	—	—	—	—	4 274.10	—	—	—	—	—	—	219.25	4 493.36
（三）利润分配	—	—	—	—	—	—	—	—	7 760.70	8 211.24	−63 683.43	−14 700.00	−62 411.49
1. 提取盈余公积	—	—	—	—	—	—	—	—	7 760.70	—	−7 760.70	—	—
2. 提取一般风险准备	—	—	—	—	—	—	—	—	—	8 211.24	−8 211.24	—	—
3. 对所有者（或股东）的分配	—	—	—	—	—	—	—	—	—	—	−47 711.49	−14 700.00	−62 411.49
4. 其他	—	—	—	—	—	—	—	—	—	—	—	—	—
（四）所有者权益内部结转	—	—	—	—	—	—	296.07	—	—	—	−296.07	—	—
1. 资本公积转增资本（或股本）	—	—	—	—	—	—	—	—	—	—	—	—	—
2. 盈余公积转增资本（或股本）	—	—	—	—	—	—	—	—	—	—	—	—	—
3. 盈余公积弥补亏损	—	—	—	—	—	—	—	—	—	—	—	—	—
4. 设定受益计划变动额结转留存收益	—	—	—	—	—	—	—	—	—	—	—	—	—
5. 其他综合收益结转留存收益	—	—	—	—	—	—	296.07	—	—	—	−296.07	—	—
6. 其他	—	—	—	—	—	—	—	—	—	—	—	—	—
（五）专项储备	—	—	—	—	—	—	—	—	—	—	—	—	—
1. 本期提取	—	—	—	—	—	—	—	—	—	—	—	—	—
2. 本期使用	—	—	—	—	—	—	—	—	—	—	—	—	—
（六）其他	—	—	—	—	8 000.27	—	—	—	—	—	—	—	−770.59
四、本期期末余额	474 400.00	—	—	—	—	—	—	—	99 040.39	116 944.80	363 077.91	112 478.38	1 173 171.17

法定代表人：孔祥清　　主管会计工作的负责人：孔祥清　　会计机构负责人：康颖

母公司所有者权益变动表

编制单位：华宝信托有限责任公司　　　　　　　　　　　　　　　2021年度　　　　　　　　　　　　　　　单位：万元

项目	实收资本（或股本）	其他权益工具			资本公积	减：库存股	其他综合收益	盈余公积	一般风险准备	未分配利润	所有者权益合计
		优先股	永续债	其他							
一、上年年末余额	474 400.00	—	—	—	14 923.57	—	15 470.08	99 767.32	117 308.27	216 644.60	938 513.83
加：会计政策变更	—	—	—	—	—	—	-9 133.69	691.49	691.49	5 531.90	-2 218.81
前期差错更正	—	—	—	—	—	—	—	—	—	—	—
其他	—	—	—	—	—	—	—	—	—	—	—
二、本年年初余额	474 400.00	—	—	—	14 923.57	—	6 336.39	100 458.81	117 999.76	222 176.50	936 295.03
三、本期增减变动金额（减少以"-"号填列）	—	—	—	—	4 963.69	—	-1 809.51	8 589.45	9 510.91	16 511.77	37 766.31
（一）综合收益总额	—	—	—	—	—	—	-1 479.98	—	—	85 894.50	84 414.53
（二）所有者投入和减少资本	—	—	—	—	—	—	—	—	—	—	—
1.所有者投入的普通股	—	—	—	—	—	—	—	—	—	—	—
2.其他权益工具持有者投入资本	—	—	—	—	—	—	—	—	—	—	—
3.股份支付计入所有者权益的金额	—	—	—	—	—	—	—	—	—	—	—
4.其他	—	—	—	—	—	—	—	—	—	—	—
（三）利润分配	—	—	—	—	—	—	—	8 589.45	9 510.91	-64 748.58	-46 648.22
1.提取盈余公积	—	—	—	—	—	—	—	8 589.45	—	-8 589.45	—
2.提取一般风险准备	—	—	—	—	—	—	—	—	9 510.91	-9 510.91	—
3.对所有者（或股东）的分配	—	—	—	—	—	—	—	—	—	-46 648.22	-46 648.22
4.其他	—	—	—	—	—	—	—	—	—	—	—
（四）所有者权益内部结转	—	—	—	—	4 963.69	—	-329.54	—	—	-4 634.15	—
1.资本公积转增资本（或股本）	—	—	—	—	—	—	—	—	—	—	—
2.盈余公积转增资本（或股本）	—	—	—	—	—	—	—	—	—	—	—
3.盈余公积弥补亏损	—	—	—	—	—	—	—	—	—	—	—
4.设定受益计划变动额结转留存收益	—	—	—	—	—	—	—	—	—	—	—
5.其他综合收益结转留存收益	—	—	—	—	—	—	-329.54	—	—	329.54	—
6.其他	—	—	—	—	4 963.69	—	—	—	—	-4 963.69	—
（五）其他	—	—	—	—	—	—	—	—	—	—	—
四、本期期末余额	474 400.00	—	—	—	19 887.26	—	4 526.88	109 048.26	127 510.67	238 688.27	974 061.33

法定代表人：孔祥清　　　　　　　　主管会计工作的负责人：孔祥清　　　　　　　　会计机构负责人：康颖

母公司所有者权益变动表（续表）

编制单位：华宝信托有限责任公司　　　　　　　　　　　　　　　2021年度　　　　　　　　　　　　　　　单位：万元

项目	实收资本（或股本）	其他权益工具			资本公积	减：库存股	其他综合收益	盈余公积	一般风险准备	未分配利润	所有者权益合计
		优先股	永续债	其他							
一、上年年末余额	474 400.00	—	—	—	10 877.67	—	26 975.45	92 006.62	109 097.03	203 026.25	916 383.02
加：会计政策变更	—	—	—	—	—	—	—	—	—	—	—
前期差错更正	—	—	—	—	—	—	—	—	—	—	—
其他	—	—	—	—	—	—	—	—	—	-9.16	-9.16
二、本年年初余额	474 400.00	—	—	—	10 877.67	—	26 975.45	92 006.62	109 097.03	203 017.09	916 373.85
三、本期增减变动金额（减少以"-"号填列）	—	—	—	—	4 045.90	—	-11 505.37	7 760.70	8 211.24	13 627.51	22 139.98
（一）综合收益总额	—	—	—	—	—	—	-11 801.44	—	—	77 607.01	65 805.57
（二）所有者投入和减少资本	—	—	—	—	4 045.90	—	—	—	—	—	4 045.90
1.所有者投入的普通股	—	—	—	—	—	—	—	—	—	—	—
2.其他权益工具持有者投入资本	—	—	—	—	—	—	—	—	—	—	—
3.股份支付计入所有者权益的金额	—	—	—	—	—	—	—	—	—	—	—
4.其他	—	—	—	—	4 045.90	—	—	—	—	—	4 045.90
（三）利润分配	—	—	—	—	—	—	—	7 760.70	8 211.24	-63 683.43	-47 711.49
1.提取盈余公积	—	—	—	—	—	—	—	7 760.70	—	-7 760.70	—

续表

项　目	上年同期数									
	实收资本（或股本）	其他权益工具			资本公积	减：库存股	其他综合收益	盈余公积	一般风险准备	未分配利润	所有者权益合计
		优先股	永续债	其他							
2.提取一般风险准备	—	—	—	—	—	—	—	—	8 211.24	−8 211.24	—
3.对所有者（或股东）的分配	—	—	—	—	—	—	—	—	—	−47 711.49	−47 711.49
4.其他	—	—	—	—	—	—	—	—	—	—	—
（四）所有者权益内部结转	—	—	—	—	—	—	296.07	—	—	−296.07	—
1.资本公积转增资本（或股本）	—	—	—	—	—	—	—	—	—	—	—
2.盈余公积转增资本（或股本）	—	—	—	—	—	—	—	—	—	—	—
3.盈余公积弥补亏损	—	—	—	—	—	—	—	—	—	—	—
4.设定受益计划变动额转留存收益	—	—	—	—	—	—	—	—	—	—	—
5.其他综合收益结转留存收益	—	—	—	—	—	—	296.07	—	—	−296.07	—
6.其他	—	—	—	—	—	—	—	—	—	—	—
（五）其他	—	—	—	—	—	—	—	—	—	—	—
四、本期期末余额	474 400.00	—	—	—	14 923.57	—	15 470.08	99 767.32	117 308.27	216 644.60	938 513.83

法定代表人：孔祥清　　　　　主管会计工作负责人：孔祥清　　　　　会计机构负责人：康颖

5.2 信托资产

5.2.1 信托项目资产负债汇总表

信托项目资产负债汇总表

编制单位：华宝信托有限责任公司　　　　2021年12月31日　　　　单位：万元

资产	期末数	期初数	负债	期末数	期初数
资产：			负债：		
现金及存放中央银行款项			向中央银行借款	—	—
存放同业款项	1 117 474.16	1 833 643.28	同业及其他金融机构存放款项	—	—
拆出资金	—	—	拆入资金		
以公允价值计量且其变动计入当期损益的金融资产	2 503 207.09	6 206 144.12	以公允价值计量且其变动计入当期损益的金融负债		
衍生金融资产	—	—	衍生金融负债		
买入返售金融资产	1 284 756.05	1 384 703.64	应付受托人报酬	243.33	214.13
应收票据			应付保管费	136.44	119.80
应收账款			应付受益人收益		
应收股利	81 511.77	—	应付销售服务费		
应收利息			应交税费	2 856.82	11 094.11
其他应收款	3 035 304.39	1 747 201.26	其他应付款	1 389 921.97	1 053 930.12
发放贷款和垫款	6 894 895.24	8 977 005.87	其他负债		
可供出售金融资产	19 547 582.68	18 205 997.50	负债合计	1 393 158.56	1 065 358.17
持有至到期投资					
长期股权投资	2 136 051.44	4 693 840.28	信托权益：		
投资性房地产			实收信托	33 622 348.95	38 574 922.21
固定资产			资本公积	33 447.81	33 610.46
无形资产			其他综合收益	290 281.28	355 835.11
长期应收款	239 774.00	—	未分配利润	1 564 690.93	3 038 872.63
其他资产	63 370.71	20 062.62	信托权益合计	35 510 768.97	42 003 240.41
资产总计	36 903 927.53	43 068 598.58	负债和信托权益总计	36 903 927.53	43 068 598.58

法定代表人：孔祥清　　　　　主管会计工作负责人：孔祥清　　　　　会计机构负责人：康颖

5.2.2 信托项目利润及利润分配汇总表

信托项目利润及利润分配汇总表

编制单位：华宝信托有限责任公司　　　　　　　　　　　2021年度　　　　　　　　　　　　　　　　　　　单位：万元

项目	本年累计数	上年累计数
一、信托营业收入	1 990 648.02	3 111 121.21
利息收入	806 953.22	933 100.92
投资收益（损失以"-"号填列）	1 278 471.36	2 262 856.68
其中：对联营企业和合营企业的投资收益	—	—
公允价值变动收益（损失以"-"号填列）	-106 973.44	-98 784.73
租赁收入		
汇兑收益（损失以"-"号填列）	-1 484.20	-2 519.46
其他业务收入	13 681.09	16 467.80
二、信托营业支出	170 184.60	167 591.27
税金及附加	5 307.55	5 977.95
业务及管理费	164 877.05	161 613.32
资产减值损失		
其他业务成本		
三、利润总额（亏损总额以"-"号填列）	1 820 463.42	2 943 529.94
加：期初未分配信托利润	3 038 872.63	4 888 070.53
损益平准金影响额	302 009.38	424 368.77
四、可供分配的信托利润	5 161 345.43	8 255 969.25
减：本期已分配信托利润	3 596 654.50	5 217 096.61
五、期末未分配信托利润	1 564 690.93	3 038 872.63
六、其他综合收益	-65 553.83	289 080.88
七、综合收益总额	2 056 918.97	3 656 979.59

法定代表人：孔祥清　　　　　　　　　主管会计工作负责人：孔祥清　　　　　　　　　会计机构负责人：康颖

6. 会计报表附注

6.1 年度会计报表编制基准、会计政策、会计估计和核算方法发生的变化

（1）企业会计准则变化引起的会计政策变更。公司自2021年1月1日起执行财政部修订后的《企业会计准则第22号——金融工具确认和计量》《企业会计准则第23号——金融资产转移》《企业会计准则第24号——套期保值》以及《企业会计准则第37号——金融工具列报》（以下简称新金融工具准则）。根据相关新旧准则衔接规定，对可比期间信息不予调整，首次执行日执行新准则与原准则的差异追溯调整2021年1月1日的留存收益或其他综合收益。

新金融工具准则改变了金融资产的分类和计量方式，确定了三个计量类别：摊余成本；以公允价值计量且其变动计入其他综合收益；以公允价值计量且其变动计入当期损益。公司考虑自身业务模式，以及金融资产的合同现金流特征进行上述分类。权益类投资需按公允价值计量且其变动计入当期损益，但非交易性权益类投资在初始确认时可选择按公允价值计量且其变动计入其他综合收益（处置时的利得或损失不能回转到损益，但股利收入计入当期损益），且该选择不可撤销。

新金融工具准则要求金融资产减值计量由"已发生损失模型"改为"预期信用损失模型"，适用于以摊余成本计量的金融资产、以公允价值计量且其变动计入其他综合收益的金融资产、租赁应收款。

（2）本公司自2021年1月1日起执行财政部修订后的《企业会计准则第14号——收入》（以下简称新收入准则）。根据相关新旧准则衔接规定，对可比期间信息不予调整，执行新收入准则对本公司财务报表无影响。

（3）本公司自2021年1月1日（以下称首次执行日）起执行经修订的《企业会计准则第21号——租赁》（以下简称新租赁准则）。

①对本公司作为承租人的租赁合同，公司根据首次执行日执行新租赁准则与原准则的累计影响数调整本报告期期初留存收益及财务报表其他相关项目金额，对可比期间信息不予调整。具体处理如下：对于首次执行日前的融资租赁，公司在首次执行日按照融资租入资产和应付融资租赁款的原账面价值，分别计量使用权资产和

租赁负债。对于首次执行日前的经营租赁，公司在首次执行日根据剩余租赁付款额按首次执行日公司增量借款利率折现的现值计量租赁负债，按照与租赁负债相等的金额，并根据预付租金进行必要调整计量使用权资产。在首次执行日，公司按照准则中租赁的规定，对使用权资产进行减值测试并进行相应会计处理。

②对首次执行日前的经营租赁采用的简化处理。

第一，对于首次执行日后12个月内完成的租赁合同，公司采用简化方法，不确认使用权资产和租赁负债。第二，公司在计量租赁负债时，对于房屋与建筑物等具有相似特征的租赁合同采用同一折现率。第三，使用权资产的计量不包含初始直接费用。第四，公司根据首次执行日前续租选择权或终止租赁选择权的实际行权及其他最新情况确定租赁期。上述简化处理对公司财务报表无显著影响。

③对首次执行日前已存在的低价值资产经营租赁合同，公司采用简化方法，不确认使用权资产和租赁负债，自首次执行日起按照新租赁准则进行会计处理。

④对公司作为出租人的租赁合同，自首次执行日起按照新租赁准则进行会计处理。

（4）公司自2021年1月26日起执行财政部于2021年度颁布的《企业会计准则解释第14号》，该项会计政策变更对公司财务报表无影响。

（5）公司自2021年12月31日起执行财政部颁布的《企业会计准则解释第15号》"关于资金集中管理相关列报"规定，该项会计政策变更对公司财务报表无影响。

6.2 或有事项说明

截至2021年12月31日止，公司无需要披露的重大或有事项。

6.3 重要资产转让及其出售的说明

公司2021年未发生重要资产的转让。

6.4 会计报表中重要项目的明细资料（以下为母公司口径）

6.4.1 固有资产经营情况

6.4.1.1 按信用风险五级分类结果披露信用风险资产的期初、期末数

信用风险资产五级分类	正常类（万元）	关注类（万元）	次级类（万元）	可疑类（万元）	损失类（万元）	信用风险资产合计（万元）	不良信用风险资产合计（万元）	不良信用风险资产率（％）
期末数	974 545.49	—	6 498.30	—	17.20	981 060.99	6 515.50	0.66
期初数	829 337.00	—	6 498.30	—	17.20	835 852.50	6 515.50	0.78

注：不良资产合计＝次级类＋可疑类＋损失类；期初数根据新会计准则进行调整。

6.4.1.2 各项资产减值损失准备的期初、本期计提、本期转回、本期核销、期末数

单位：万元

项目	期初数	本期计提	本期转回	本期核销	期末数
贷款损失准备	—	—	—	—	—
一般准备	—	—	—	—	—
专项准备	—	—	—	—	—
其他资产减值准备	157.46	—	30.74	—	126.72
可供出售金融资产减值准备	—	—	—	—	—
持有至到期投资减值准备	—	—	—	—	—
长期股权投资减值准备	7 066.23	—	—	—	7 066.23
坏账准备	703.14	734.57	—	—	1 437.71
投资性房地产减值准备	—	—	—	—	—

注：公司于以前年度对华宝证券的长期股权投资计提了7 066.23万元减值准备，根据目前华宝证券的经营情况，实际该项长期股权投资已不存在减值迹象。

6.4.1.3 固有业务股票投资、基金投资、债券投资、股权投资等投资业务的期初数、期末数

单位：万元

项目	股票	基金	债券	长期股权投资	其他投资	合计
期初数	1 491.54	598.33	—	83 248.37	643 364.29	728 702.53
期末数	352.04	739.30	33 733.75	83 413.98	713 013.79	831 252.86

6.4.1.4 固有长期股权投资的企业名称、占被投资企业权益比例、主要经营活动及投资收益情况

企业名称	占被投资企业权益的比例（％）	主要经营活动	投资收益（万元）
华宝基金管理有限公司	51	基金管理、发起设立基金以及中国证监会批准的其他业务	18 870.00
华宝证券股份有限公司	16.9322	证券经纪、证券投资咨询、证券自营	-667.61

注：投资收益的口径为影响2021年损益的长期股权投资收益金额。

6.4.1.5 固有贷款的企业名称、占贷款总额的比例和还款情况等

无。

6.4.1.6 表外业务的期初数、期末数；按照代理业务、担保业务和其他类型表外业务分别披露

无。

6.4.1.7 公司当年的收入结构

收入结构	合并口径		母公司口径	
	金额（万元）	占比（%）	金额（万元）	占比（%）
手续费及佣金收入	300 587.33	84.80	121 045.46	67.45
其中：信托手续费收入	121 045.45	34.15	121 045.45	67.45
投资银行业务收入	—	—	—	—
利息收入	9 651.62	2.72	2 518.40	1.40
其他业务收入	476.88	0.13	33.52	0.02
其中：计入信托业务收入部分	—	—	—	—
投资收益	34 451.85	9.72	48 711.14	27.15
其中：股权投资收益	2 082.39	0.59	21 052.39	11.73
公允价值变动收益	5 415.28	1.53	7 746.03	4.32
其他投资收益	26 954.18	7.60	19 912.72	11.10
营业外收入	9 312.97	2.63	7 142.35	3.98
收入合计	354 480.65	100.00	179 450.87	100.00

注：以上收入结构表为规定格式，故此处收入合计未含汇兑损益。

2021年公司（母公司口径）实现信托业务收入总额121 045.45万元，其中以手续费及佣金确认的信托业务收入金额104 150.19万元，以业绩报酬形式确认的信托业务收入（浮动报酬）金额16 895.26万元，无以其他形式确认的信托业务收入。

6.4.2 披露信托资产管理情况

6.4.2.1 信托资产的期初数、期末数

单位：万元

信托资产	期初数	期末数
集合	15 177 485.90	16 951 389.38
单一	26 276 125.66	14 759 493.51
财产权	1 614 987.02	5 193 044.64
合计	43 068 598.58	36 903 927.53

6.4.2.1.1 主动管理型信托业务的信托资产期初数、期末数

单位：万元

主动管理型信托资产	期初数	期末数
证券投资类	8 833 015.94	10 364 927.35
股权投资类	224 940.03	97 118.56
融资类	6 384 036.80	4 757 855.11
事务管理类	—	—
组合投资类	10 894 749.75	4 707 767.51
合计	26 336 742.52	19 927 668.53

6.4.2.1.2 被动管理型信托业务的信托资产期初数、期末数

单位：万元

被动管理型信托资产	期初数	期末数
证券投资类	—	—
股权投资类	—	—
融资类	—	—
事务管理类	16 731 856.05	16 976 259.00
组合投资类	—	—
合计	16 731 856.05	16 976 259.00

6.4.2.2 本年度已清算结束的信托项目个数、实收信托合计金额、加权平均实际年化收益率

公司本年度终止的信托项目个数为687个，本金合计为19 553 012.68万元，加权平均实际年化收益率为4.53%。

6.4.2.2.1 本年度已清算结束的集合类、单一类资金信托项目和财产管理类信托项目个数、实收信托金额、加权平均实际年化收益率

已清算结束信托项目	项目个数（个）	实收信托合计金额（万元）	加权平均实际年化收益率（%）
集合类	467	3 306 669.55	4.52
单一类	206	15 410 402.63	4.62
财产管理类	14	835 940.50	2.73

6.4.2.2.2 本年度已清算结束的主动管理型信托项目个数、实收信托合计金额、加权平均实际年化收益率

已清算结束信托项目	项目个数（个）	实收信托合计金额（万元）	加权平均实际年化收益率（%）
证券投资类	81	10 097 550.85	4.69
股权投资类	3	155 015.17	2.96
融资类	42	1 911 711.97	5.71
组合投资类	452	2 517 073.39	5.72
事务管理类	—	—	—

6.4.2.2.3 本年度已清算结束的被动管理型信托项目个数、实收信托合计金额、加权平均实际年化收益率

已清算结束信托项目	项目个数（个）	实收信托合计金额（万元）	加权平均实际年化收益率（%）
证券投资类	—	—	—
股权投资类	—	—	—
融资类	—	—	—
组合投资类	—	—	—
事务管理类	109	4 871 661.30	3.14

6.4.2.3 本年度新增的集合类、单一类和财产管理类信托项目个数、实收信托合计金额

新增信托项目	项目个数（个）	实收信托合计金额（万元）
集合类	216	2 849 106.62
单一类	281	2 845 637.30
财产管理类	199	4 438 169.44
新增合计	696	10 132 913.36
其中：主动管理型	232	3 238 938.72
被动管理型	464	6 893 974.64

6.4.2.4 信托业务创新成果和特色业务有关情况

公司积极探索服务信托业务的转型和创新，主要如下。

绿色信托业务方面，公司持续保持业务创新动力，对绿色信托等进行前瞻性研究，提前介入"碳达峰""碳中和"金融产品研究以及服务，在碳排放、碳中和领域内发挥信托支持功效，落地相应创新产品。主要包括：ESG系列碳中和集合资金信托计划和"荣耀系列"绿色信托贷款计划。其中，ESG系列产品对底层新兴品种采用创新的估值方式，增加国内碳排放权交易市场的流动性，是我国宣布"碳达峰、碳中和"目标以来，国内信托行业首批直接参与碳排放配额交易的投资型信托。

"荣耀系列"绿色信托贷款计划主要针对生态圈废钢供应商提供金融服务产品，协助相关废钢产业企业发展。该产品有效促进了生态圈供应链绿色金融业务的发展，从绿色环保角度，对于支持实体经济起到了积极作用。

供应链金融服务方面，公司通过构建价值链、提供差异化综合增值服务，助力产业转型。供应链金融服务定位于"围绕产业链供应链，构建产业金融服务产品线，服务创造价值"，服务区域以钢铁（产业）生产所在区域地区为中心，以点带面，逐步向周边区域辐射。通过大数据、区块链和云技术的加深运用，打通金融、物流和贸易信息，以信用体系构建为核心，建设高质量产业生态圈金融服务平台。

家族信托业务作为公司的战略性业务，公司将重点发力与主要渠道合作，继续努力提高服务质量和服务效率。同时，公司将加强内部协作，以资产部门的产品优势，在资产端构建资产配置能力，进行分类分层的产品分析，形成产品导向，将业务做深做细，服务客户深层次全方位需求，打造市场品牌。

资产证券化业是各类机构盘活存量资产的重要工具，也为中小企业拓展融资渠道，进行融资创新提供了崭新的思路。公司将继续探索转型及创新模式，实现不同业务类型、业务领域的融合和转换，大力拓展资产证券化业务。

6.4.2.5 公司履行受托人义务情况及因公司自身责任而导致的信托资产损失情况

公司遵守信托法和信托文件对受托人义务的规定，为受益人的最大利益处理信托事务，管理信托财产时，恪尽职守，履行诚实、信用、谨慎、有效管理的义务，没有损害受益人利益的情况。公司无因自身责任而导致的信托资产损失情况。

6.5 关联方关系及其交易的披露

6.5.1 关联交易方的数量、关联交易的总金额及关联交易的定价政策等

项目	关联交易方数量	关联交易金额（万元）	定价政策
合计	9	167 133.93	按市场公允价格定价

注："关联交易"定义应以《公司法》和《企业会计准则第36号——关联方披露》有关规定为准。

6.5.2 关联交易方与公司的关系性质、关联交易方的名称、法定代表人、注册地址、注册资本及主营业务等

关系性质	关联方名称	法定代表人	注册地址	注册资本（万元）	主营业务
同一控制人	宝山钢铁股份有限公司	邹继新	上海市宝山区富锦路885号	2 226 859	钢铁冶炼、加工，电力，工业气体生产，码头，仓储，运输等与钢铁相关的业务，技术开发、技术转让、技术服务和技术管理咨询服务，汽车修理，商品和技术的进出口，[有色金属冶炼及压延加工，工业炉窑，化工原料及产品的生产和销售，金属矿石、煤炭、钢铁、非金属矿石装卸、港区服务，水路货运代理，水路货物装卸运实，船舶代理，国外承包工程劳务合作，国际招标，工程招标代理，国内贸易，对销、转口贸易，废钢、煤炭、燃料油、化学危险品（限批发）]（限分支机构经营），机动车安检，化工原料及产品的生产和销售（依法须经批准的项目，经相关部门批准后方可开展经营活动）
子公司	成都华业黄龙溪工程管理有限公司	张新华	成都市双流区黄龙溪镇黄龙大道四段2799号	11 000	工程项目管理与项目建设管理；工程技术服务与工程信息服务；建筑材料、设备、技术的研发；建筑设备租赁；物业管理（依法须经批准的项目，经相关部门批准后方可开展经营活动）
子公司	华宝（普洱）产业扶贫基金合伙企业（有限合伙）	华宝（上海）股权投资基金管理有限公司	云南省普洱市江城县勐烈大街115号脱贫攻坚指挥部三楼3-5室	500	股权投资；投资管理；资产管理（未经监管部门批准不得从事吸收存款、融资担保、代客理财、向社会公众集（融）资等金融业务（依法须经批准的项目，经相关部门批准后方可开展经营活动）
子公司	华宝基金管理有限公司	XIAOYI HELEN HUANG	中国（上海）自由贸易试验区世纪大道100号环球金融中心58层	15 000	（1）在中国境内从事基金管理、发起设立基金；（2）中国证监会批准的其他业务（依法须经批准的项目，经相关部门批准后方可开展经营活动）

续表

关系性质	关联方名称	法定代表人	注册地址	注册资本（万元）	主营业务
子公司	上海宝蔚基元股权投资基金合伙企业（有限合伙）	华宝（上海）股权投资基金管理有限公司	上海市宝山区上大路668号1幢1937室	10 000	股权投资，投资管理，资产管理（依法须经批准的项目，经相关部门批准后方可开展经营活动）
子公司	上海临港华宝股权投资基金管理有限公司	杨菁	上海市浦东新区新元南路600号12号楼506室	10 000	股权投资管理，资产管理，实业投资，投资管理及咨询服务，商务咨询服务（依法须经批准的项目，经相关部门批准后方可开展经营活动）
子公司	武汉武钢新城市产业投资基金管理有限公司	戚星	武汉市青山区友谊大道999号武钢集团办公大楼A座12层1211室	180	管理或受托管理股权类投资并从事相关咨询服务业务（不含国家法律法规、国务院决定限制和禁止的项目，不得以任何形式公开募集和发行基金）（依法须经审批的项目，经相关部门审批后方可开展经营活动）
关联企业	华宝（上海）股权投资基金管理有限公司	杨一鉴	上海市宝山区牡丹江路1325号3层A-3037F室	10 000	股权投资管理，投资管理，资产管理（依法须经批准的项目，经相关部门批准后方可开展经营活动）
关联企业	湛江宝航置业有限公司	曹娅晴	湛江市坡头区海东新区申蓝路1号申蓝宝邸住宅小区53号楼	800	房地产开发、经营、投资；物业管理；资产管理；房地产中介服务（依法须经批准的项目，经相关部门批准后方可开展经营活动）

6.5.3 逐笔披露本公司与关联方的重大交易事项

6.5.3.1 固有与关联方交易情况：贷款、投资、租赁、应收账款、担保、其他方式等期初汇总数、本期借方和贷方发生额汇总数、期末汇总数

固有与关联方关联交易　　单位：万元

项目	期初数	借方发生额	贷方发生额	期末数
贷款	—			
投资	15 000.00			15 000.00
租赁				
担保				
应收账款				
其他				
合计	15 000.00			15 000.00

6.5.3.2 信托与关联方交易情况：贷款、投资、租赁、应收账款、担保、其他方式等期初汇总数、本期借方和贷方发生额汇总数、期末汇总数

信托与关联方关联交易　　单位：万元

项目	期初数	借方发生额	贷方发生额	期末数
贷款	79 500.00	—	21 700.00	57 800.00
投资	63 691.98	111 928.44	81 286.51	94 333.93
租赁				
担保				
应收账款	—			
其他	30 000.00			30 000.00
合计	173 191.98	111 928.44	132 986.51	152 133.93

6.5.3.3 信托公司自有资金运用于自己管理的信托项目（固信交易）、信托公司管理的信托项目之间的相互（信信交易）交易金额，包括余额和本报告年度的发生额

6.5.3.3.1 固有与信托财产之间的交易金额期初汇总数、本期发生额汇总数、期末汇总数

固有财产与信托财产相互交易　　单位：万元

项目	期初数	本期发生额	期末数
合计	518 774	157 384	510 084

注：以固有资金投资公司自己管理的信托项目受益权，或购买自己管理的信托项目的信托资产均应纳入统计披露范围。

6.5.3.3.2 信托项目之间的交易金额期初汇总数、本期发生额汇总数、期末汇总数

信托资产与信托财产相互交易　　单位：万元

项目	期初数	本期发生额	期末数
合计	7 608 455	1 305 078	1 776 940

注：以公司受托管理的一个信托项目的资金购买自己管理的另一个信托项目的受益权或信托项下资产均应纳入统计披露范围。

6.5.4 逐笔披露关联方逾期未偿还本公司资金的详细情况以及本公司为关联方担保发生或即将发生垫款的详细情况

本报告期公司无上述情况。

6.6 会计制度的披露

本报告期公司固有业务（自营业务）及信托业务均执行《企业会计准则》。

7. 财务情况说明书

7.1 利润实现和分配情况

根据公司2021年度的经营实绩，对2021年度利润进行如下分配：

（1）当年利润总额：1 273 470 149.53元。

（2）所得税费用：414 525 121.88元（已考虑纳税调整和递延税款）。

（3）净利润：858 945 027.65元。

（4）提取法定盈余公积金：85 894 502.77元。

（5）按照《信托公司管理办法》规定，按照税后利润10%提取信托赔偿准备金85 894 502.77元。

（6）按照《非银行金融机构外汇业务管理规定》规定，按照税后外汇利润的50%提取外汇资本准备金1 716 996.35元。

（7）按照《金融企业准备金计提管理办法》《银行信贷损失计提指引》规定，按照金融企业承担风险和损失的资产期末余额的1.5%扣除年初一般风险准备余额，提取一般风险准备7 497 624.04元。

（8）2021年公司可供分配利润677 941 401.72元。

（9）根据集团公司最新《子公司利润分配管理办法》（BWZ03135）的规定"子公司应以经审计合并报表中当年实现的归属于母公司的净利润为基数，按不低于50%的比例进行年度利润分配"。2021年经审计合并报表中当年归属于母公司所有者的净利润为1 002 517 531.32。"子公司当年实现的归属于母公司的净利润中包含非现金因素的，可作为'调整项'进行调整"。

本年度调整项为：长期股权投资权益法核算时，因被投资单位实现净损益对当期利润的影响数可调增6 676 114.61元；金融资产公允价值变动对当期利润的影响数可调减54 152 770.12元；扣除递延所得税影响后的资产减值因素对当期利润的影响需调增5 278 679.06元。

考虑到公司发展规划及业务拓展的需求，按2021年度合并报表中当年实现的归属于母公司的净利润为基数并考虑调整因素，按50%的比例进行利润分配，即分配2021年利润为480 159 777.43元。

综上，2021年分配利润480 159 777.43元，其中宝武集团为470 556 581.88元，舟山国投为9 603 195.55元。

7.2 主要财务指标

指标名称	母公司	合并
资本利润率（%）	8.99	11.14
人均净利润（万元）	267.58	416.36

注：1.资本利润率=净利润/所有者权益平均余额×100%。
2.人均净利润=净利润/年平均人数。
3.平均值采取年初、年末余额简单平均法，公式为：a（平均）=（年初数+年末数）/2。

7.3 对本公司财务状况、经营成果有重大影响的其他事项

无。

8.特别事项揭示

8.1 公司股东报告期内变动情况及原因

无。

8.2 董事、监事及高级管理人员变动情况及原因

2021年3月29日，华宝信托七届二十二次董事会以通信方式召开。会议同意《关于解聘张晓喆职务的议案》，解聘张晓喆的公司副总经理职务。

2021年4月8日，华宝信托2021年股东会第二次临时会议以通信方式召开。会议批准《关于变更董事、监事的议案》，选举路巧玲、郑舟帆为公司董事，任期自监管部门核准其任职资格之日起至本届董事会任期届满止，朱永红、胡爱民自监管部门对路巧玲、郑舟帆任职资格核准通过之日起不再担任华宝信托有限责任公司董事。选举蒋育翔为华宝信托监事，并为监事会主席人选，免去沈雁华宝信托监事会主席、监事职务。

2021年4月13日，华宝信托七届二次监事会以通信方式召开。会议同意《关于选举监事会主席的议案》，选举蒋育翔为公司监事会主席，免去沈雁公司监事会主席的职务。

2021年7月21日，华宝信托2021年股东会第三次临时会议以通信方式召开。会议批准《关于变更监事的议案》，选举徐兴军为华宝信托监事，并为监事会主席人选，免去蒋育翔的华宝信托监事会主席、监事职务。

2021年7月23日，华宝信托七届五次监事会以通信方式召开。会议同意《关于选举监事会主席的议案》，选举徐兴军为公司监事会主席，免去蒋育翔公司监事会主席的职务。

2021年9月17日，华宝信托2021年股东会第五次临时会议以通信方式召开。会议批准《关于变更独立董事的议案》。选举高华声、丁相顺为华宝信托独立董事（第七届），任期自监管部门核准其任职资格之日起至本届董事会任期届满止，赵欣舸、廖海自监管部门对高华声、丁相顺的独立董事任职资格核准通过之日起不再担任华

宝信托独立董事。

8.3 变更注册资本、变更注册地或公司名称、公司分立合并事项

无。

8.4 公司的重大诉讼事项

本报告期内，公司无新增重大诉讼。已提起民事诉讼的重大诉讼案件均已胜诉/和解。

8.5 本报告期内公司及其董事、监事和高级管理人员受到处罚的情况

无。

8.6 银保监会及其派出机构对公司检查后提出整改意见的，应简单说明整改情况

报告期内，银保监会及其派出机构未对公司进行正式的现场检查，未对公司业务出具正式的整改通知。

8.7 本年度重大事项临时报告的简要内容、披露时间、所披露的媒体及其版面

2021年2月25日，公司召开五届三次职工代表大会，选举刘月华为公司第七届董事会职工董事。2021年4月8日，经公司2021年股东会第二次临时会议审议通过，选举郑舟帆、路巧玲为公司第七届董事会新任董事。2021年9月17日，经公司2021年股东会第五次临时会议审议通过，选举高华声、丁相顺为公司第七届董事会新任独立董事。报告期内公司累计变更董事人数已超过董事会成员人数的三分之一。公司发布《关于董事变更的公告》，披露时间为2022年1月1日，《上海证券报》信息披露/13版。

8.8 银保监会及其省级派出机构认定的其他有必要让客户及相关利益人了解的重要信息

无。

9.公司监事会意见

监事会认为，本报告期内，公司决策程序合法，内部控制制度较为完善，没有发现公司董事、经理和其他高级管理人员在执行公司职务时有违法违纪和有损公司及股东利益的行为。公司财务报告真实地反映了公司的财务状况和经营成果。

华宸信托有限责任公司

1.重要提示

1.1 本公司董事会及董事保证本报告所载资料不存在任何虚假记载、误导性陈述或者重大遗漏，并对其内容的真实性、准确性和完整性承担个别及连带责任。

1.2 本公司独立董事任国兵、姜德广、郭晓川对年度报告内容的真实性、准确性和完整性无异议。

1.3 本公司负责人吴潮科、主管财务工作负责人尹伟、财务部门负责人李晓燕声明：保证年度报告中财务报告的真实、完整。

2.公司概况

2.1 公司简介

2.1.1 公司基本情况

公司名称（中文）	华宸信托有限责任公司（简称：华宸信托）
公司名称（英文）	HUA CHEN TRUST LIMITED CORPORATION（缩写：HCTRUST）
法定代表人	吴潮科

续表

注册地址	内蒙古自治区呼和浩特市赛罕区如意西街23号
邮政编码	010011
公司国际互联网网址	http://www.hctrust.cn
电子信箱	hctrust@hctrust.cn
公司信息披露的报纸	《证券时报》
公司年度报告备置地点	内蒙古自治区呼和浩特市赛罕区如意西街23号

2.1.2 联系人和联系方式

	董事会秘书	公司信息披露联系人
姓名	孙琦	王巍
联系地址	内蒙古自治区呼和浩特市赛罕区如意西街23号	内蒙古自治区呼和浩特市赛罕区如意西街23号
电话	0471-4193857	0471-4193902
传真	0471-4193908	0471-4193901
电子信箱	sunqi@hctrust.cn	wangwei@hctrust.cn

2.1.3 公司聘请的会计师事务所

信永中和会计师事务所（特殊普通合伙）

办公地址：北京市东城区朝阳门北大街8号富华大厦A座9层

2.2 公司组织结构

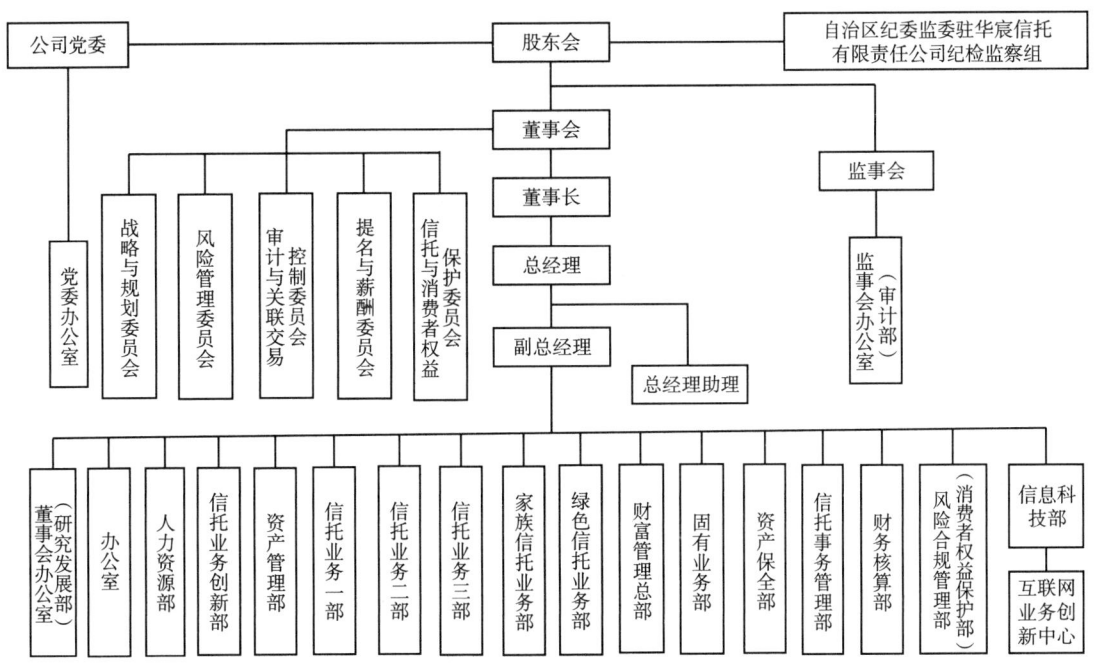

3. 公司治理

3.1 股东

公司前三位股东情况如下表所示。

股东名称	持股比例（%）	法定代表人	主要经营业务及主要财务情况
内蒙古交通投资（集团）有限责任公司	36.5	马万斌	投资与资产管理；经营正常。
中国大唐集团资本控股有限公司	32.45	刘全成	投资管理；资产管理；投资咨询；经营正常
内蒙古自治区财政厅	30.2	张磊	行政单位

3.2 董事

序号	姓名	董事性质	担任本机构及其他机构职务	国别	年龄（岁）	选任时间	任期（年）	代表股东（或利益方）	该股东持股比例（%）
1	吴潮科	内部董事	华宸信托董事长、党委书记	中国	43	2021年8月9日	3	—	—
2	晋军	内部董事	华宸信托总经理、党委副书记	中国	50	2019年6月18日	3	—	—
3	苏娜	股东董事	内蒙古自治区财政厅国有金融资本运营评价中心副主任	中国	39	2021年8月9日	3	内蒙古自治区财政厅	30.2
4	甄学军	职工董事	华宸信托	中国	57	2019年4月3日	3	职代会	—
5	郭晓川	独立董事	内蒙古大学经济管理学院教授，博士生导师	中国	55	2019年9月2日	3	董事会	—
6	姜德广	独立董事	北京六明律师事务所主任、管理合伙人	中国	45	2020年11月6日	3	董事会	—
7	任国兵	独立董事	北京市竞天公诚律师事务所，合伙人	中国	32	2019年9月2日	3	董事会	—

3.3 监事

姓名	职务	性别	年龄（岁）	选任日期	所推举的股东名称	该股东持股比例（%）	简要履历
张俊强	监事会主席	男	56	2019年4月3日	职工监事	—	历任内蒙古党委办公厅行政处财务室科员、副主任科员、副主任、主任科员，内蒙古党委组织部办公室主任科员、会计，内蒙古党委组织部干部一处主任科员、副处级组织员、副调研员、副处长，内蒙古党委组织部人才工作处调研员，内蒙古党委组织部综合考评调研员，华宸信托有限责任公司党委副书记、工会主席、纪委书记，现任华宸信托有限责任公司党委副书记、工会主席、监事会主席
戴苏河	监事	男	56	2019年4月3日	呼和浩特市财政局	0.5	历任呼和浩特市财政局综合科科员，呼和浩特市财政局行财科副科长，呼和浩特市财政局企业科科长，呼和浩特市财政局国库科科长，呼和浩特市财政局教科文科科长，预算编审中心主任兼预算科科长（副处级），呼和浩特市财政局预算编审中心主任，呼和浩特市财政局国库收付中心主任，现任呼和浩特市城乡建设投资有限公司董事长，华宸信托有限责任公司监事
杜东方	监事	男	58	2019年4月3日	职工监事	—	历任内蒙古社会科学院经济研究所研究人员，内蒙古信托投资公司秘书，内蒙古信托投资公司经营管理部信贷员，内蒙古信托投资公司信托二部经理，华宸信托有限责任公司信托资产部副经理，华宸信托有限责任公司信托业务一部经理，华宸信托有限责任公司党群工作部副主任，华宸信托有限责任公司党群工作部主任、党委办公室主任，华宸信托有限责任公司纪检监察室主任，现任内蒙古自治区纪委监委驻华宸信托有限责任公司纪检监察组副组长，华宸信托有限责任公司监事

3.4 高级管理人员

姓名	职务	性别	年龄（岁）	选任日期	金融从业年限（年）	学历	专业	简要履历
晋军	总经理、董事	男	50	2019年6月18日	26	大学本科，经济学硕士学位	经济信息管理	历任内蒙古信托投资公司人事劳资部副经理、人力资源部经理；华宸信托有限责任公司办公室主任、人力资源部经理；华宸信托有限责任公司总经理助理兼办公室主任、人力资源部经理；华宸信托有限责任公司总经理助理。现任华宸信托有限责任公司党委副书记、总经理、董事

续表

姓名	职务	性别	年龄（岁）	选任日期	金融从业年限（年）	学历	专业	简要履历
孙琦	总经理助理	男	49	2019年10月16日	27	大学本科，管理学学士学位	会计学	历任人行武川县支行会计股\办公室科员、内蒙古银监局武川办事处科员；内蒙古银监局人事处（借调）科员；内蒙古银监局合作处副主任科员；内蒙古银监局农非处副主任科员；乌兰察布银监分局党委委员、局长助理；内蒙古银监局消保处副处长；内蒙古银保监局中介处副处长；华宸信托有限责任公司办公室主任；华宸信托有限责任公司总经理助理兼办公室主任；华宸信托有限责任公司总经理助理、董事会秘书兼董事会办公室（研究发展部）主任；现任华宸信托有限责任公司总经理助理
尹伟	总经理助理	男	53	2020年11月6日	32	硕士研究生，经济学硕士学位	国际金融	历任工商银行呼和浩特中心支行员工；人民银行内蒙古自治区分行科员、副科长；人民银行呼和浩特中心支行科长；内蒙古银监局科长、办公室副主任、分局副局长、统计信息处处长、办公室主任；内蒙古银保监局（筹）办公室负责人；平安银行呼和浩特分行党委委员、纪委书记、行长助理；华宸信托有限责任公司办公室主任、总经理助理兼办公室主任。现任华宸信托有限责任公司总经理助理

3.5 公司员工

截至2021年末，公司共有在职员工98人，平均年龄为41.16岁。学历分布情况为：博士2人，占在岗员工总数的2.04%；硕士研究生49人，占在岗员工总数的50.00%；大学本科42人，占在岗员工总数的42.86%；大学专科4人，占在岗员工总数的4.08%；中专及以下1人，占在岗职工人数的1.02%。

4. 经营管理

4.1 经营目标、方针、战略规划

4.1.1 经营目标

以创造价值为目标，充分发挥信托功能，成为联结资本市场、货币市场和产业市场的综合性财富管理机构，立足受托人定位，履行受托人义务，实现受益人合法利益最大化，为股东和社会创造满意的回报。

4.1.2 经营方针

坚持专业化道路，既不求"大"，也不求"全"，但求"强""实"和"特色"。

4.1.3 战略规划

立足内蒙古，跻身增长极，服务实体经济，服务中小企业，服务中产客户，以财富管理为主体、私募投行和资产管理为两翼，以财富管理为核心业务，以资产管理为基础业务，以私募投行为生存业务，做专财富管理，做强资产管理，做精私募投行，以供应链金融和互联网金融为平台，打造成为具有较强资产管理能力的财富管理机构，走市场化、专业化、精细化和特色化发展之路。

4.2 所经营业务的主要内容

自营资产运用与分布表

资产运用	金额（万元）	占比（%）	资产分布	金额（万元）	占比（%）
货币资产	29 382.08	25.59	基础产业	3 594.15	3.13
买入返售金融资产	—	—	房地产业	10 856.49	9.46
贷款及应收款	8 236.12	7.17	证券市场	19 510.33	16.99
交易性金融资产	42 120.31	36.69	实业	11 235.79	9.79
持有至到期投资	—	—	金融机构	56 948.11	49.60
债权投资	11 309.04	9.85	其他	12 660.36	11.03
长期股权投资	261.58	0.23			
其他资产	23 496.11	20.47			
资产总计	114 805.23	100.00	资产总计	114 805.23	100.00

注：资产分布中其他项目包括固定资产、递延所得税资产、无形资产等。

信托资产运用与分布表

资产运用	金额（万元）	占比（%）	资产分布	金额（万元）	占比（%）
货币资产	740.07	0.94	基础产业	20 286.28	25.88
贷款	10 110.00	12.90	房地产	27 970.38	35.68
买入返售金融资产	42 558.73	54.29	金融机构	—	—
可供出售金融资产	—	—	证券市场	18 917.91	24.13
持有至到期投资	18 000.00	22.96	工商企业	5 936.56	7.57
交易性金融资产	991.05	1.26	其他	5 286.10	6.74
长期股权投资	—	—			
其他	5 997.39	7.65			
资产总计	78 397.23	100.00	资产总计	78 397.23	100.00

注：资产分布中其他5 286.10万元，主要包括：建筑业4 271.01万元，金融业1 002.04万元，水利、环境和公共设施管理业11.38万元，制造业1.50万元，公共管理和社会组织0.09万元，居民服务和其他服务业0.08万元。

4.3 市场分析

4.3.1 影响公司发展的有利因素

（1）国家及自治区"十四五"开年经济恢复良好，稳步运行。《内蒙古自治区国民经济和社会发展第十四

个五年规划和2035年远景目标纲要》及《内蒙古自治区"十四五"金融发展与改革规划》对自治区未来五年的金融发展做了详细规划,为公司的发展指明了战略方向,即跟随政策的支持方向发展业务,如支持风能、光伏、氢能、储能等新能源等产业发展。

(2)高净值人群结构多元,促进财富管理业务发展。2021年高净值人群结构愈发多元,年轻化趋势凸显,年轻群体创富速率加快。年轻人能更理性接受"打破刚兑"的行业趋势,同时更快地接受APP理财等互联网金融发展,这为信托公司财富管理业务带来新的发展机遇。

(3)老龄化社会、三胎经济促进养老、教育金融产业发展。老龄化社会的加速到来以及生育政策的推行,使得以储蓄、私人养老保险、养老基金、子女教育基金、信托等形式为幼儿、儿童、青少年及老年人全生命周期提供金融规划咨询和服务的金融机构,将面临前所未有的机遇。

(4)信托行业转型窗口与方向已相对明确。《信托公司资金信托管理暂行办法》征求意见稿已发布,从监管导向和行业实践来看,信托业务的转型方向已清晰,主要集中在证券投资信托、资产证券化、家族信托、股权投资信托等领域。公司在2021年的标品业务及家族信托业务有了突破,为2022年的业务发展开了新局。

4.3.2 影响公司发展的不利因素

(1)2021年全国各地疫情此起彼伏,在具体业务拓展过程中,无法顺利对项目企业进行及时实地尽调,错失项目介入时机。

(2)2021年资本市场波动剧烈,股票市场多次探底以及债券市场频发违约,对公司标品业务及股票质押融资业务带来更多风险管理的挑战。

(3)公司业务创新能力、金融科技及团队建设与行业平均水平有一定差距,制约公司发展。

4.4 内部控制概况

4.4.1 内部控制环境和内部控制文化

公司高度重视内部控制建设,按照《公司法》《信托公司管理办法》等法律法规和公司章程相关要求,建立了由股东会、董事会、监事会和高级管理层组成的分工明确、权责对应、合理制衡的公司治理结构。公司始终秉承"受人之托,代人理财"的宗旨和"诚实、信用、谨慎、有效"的经营理念,创造了健康有序的内部环境。

公司以合规经营为出发点,通过制度规范、考核激励、讲座培训等方式,强化员工职业操守,充实合规风险管理,营造良好的内控合规文化。

4.4.2 内部控制措施

公司按照不相容职务分离控制、授权审批控制等内控体系管控要求,严格规范重要岗位和关键人员在授权、审批、执行、报告等方面的权责,实现可行性研究与决策审批、决策审批与执行、执行与监督检查等岗位职责的分离;始终遵循前台、中台、后台分离原则,将互相监督制衡的运行机制贯穿全业务流程。

4.4.3 信息交流与反馈

信息交流与反馈是建立有效内部控制的重要条件,公司结合公司内部组织架构,按照业务类型建立了不同路径的信息交流与反馈机制,确保公司各类信息能够有效地、准确地、及时地在公司各个层级、各个部门传达和反馈,每一项信息均能够传递给相关的部门和员工。

4.4.4 监督评价与纠正

公司建立了多层的内控监管体系,充分发挥各职能机构的监督评价作用。公司监事会依法对公司董事、高级管理层履职情况进行监督评价;审计部依据职能独立行使监督评价职能,通过常规审计和专项审计相结合的方式,持续对各类经营管理活动进行监督评价。公司审计部同时为监事会办公室,强化了审计部的监督职能,提升了监督评价与纠正的有效性。

4.5 风险管理概况

近年来随着国家对金融行业监管的不断细化,信托行业在继续升级转型的同时对强化风险治理也提出了新的要求和挑战。为了积极应对要求和挑战,公司不断完善全面风险管理体系,持续提高风险管理水平,积极研究市场和政策变化,及时应变调整,通过不断提高风险管控能力,确保公司业务安全开展。

第一,在报告期内,公司坚持以"董事会、经营层、风险合规管理部、各职能部门"自上而下的四级风险管理体系,不断健全业务决策流程,在严防风险的基础上积极推进业务落地。

第二,针对各类业务,公司建立有所区别的"事前防范、事中控制、事后监督"的风险管理规程。通过优化风险管理工作机制,建立多样性的风险管理制度,重点在项目立项、风险审查、项目决策、投后管理等各环节进行全流程风险管理。

第三,强化风险的识别与控制,注重风险的防控和化解,在报告期内,公司将防范信托业务风险摆在首位,严防各类风险事件的发生，积极化解各类风险资产。

第四，深入开展制度培训学习，定期核查风险监测工作，让制度真正落地，让遵规成为习惯。公司经营中可能遇到的风险主要有：信用风险、市场风险、操作风险、法律风险、合规风险、声誉风险等。

5.报告期末及上一年度末的比较式会计报表

5.1 自营资产

5.1.1 会计师事务所审计意见全文

审计报告

XYZH/2022BJAA180447

华宸信托有限责任公司：

一、审计意见

我们审计了华宸信托有限责任公司（以下简称贵公司）财务报表，包括2021年12月31日的资产负债表，2021年度的利润表、现金流量表、所有者权益变动表，以及相关财务报表附注。

我们认为，后附的财务报表在所有重大方面按照企业会计准则的规定编制，公允反映了贵公司2021年12月31日的财务状况以及2021年度的经营成果和现金流量。

二、形成审计意见的基础

我们按照中国注册会计师审计准则的规定执行了审计工作。审计报告的"注册会计师对财务报表审计的责任"部分进一步阐述了我们在这些准则下的责任。按照中国注册会计师职业道德守则，我们独立于贵公司，并履行了职业道德方面的其他责任。我们相信，我们获取的审计证据是充分、适当的，为发表审计意见提供了基础。

三、管理层和治理层对财务报表的责任

管理层负责按照企业会计准则的规定编制财务报表，使其实现公允反映，并设计、执行和维护必要的内部控制，以使财务报表不存在由于舞弊或错误导致的重大错报。

在编制财务报表时，管理层负责评估贵公司的持续经营能力，披露与持续经营相关的事项（如适用），并运用持续经营假设，除非管理层计划清算贵公司、终止运营或别无其他现实的选择。

治理层负责监督贵公司的财务报告过程。

四、注册会计师对财务报表审计的责任

我们的目标是对财务报表整体是否不存在由于舞弊或错误导致的重大错报获取合理保证，并出具包含审计意见的审计报告。合理保证是高水平的保证，但并不能保证按照审计准则执行的审计在某一重大错报存在时总能发现。错报可能由于舞弊或错误导致，如果合理预期错报单独或汇总起来可能影响财务报表使用者依据财务报表做出的经济决策，则通常认为错报是重大的。

在按照审计准则执行审计工作的过程中，我们运用职业判断，并保持职业怀疑。同时，我们也执行以下工作：

（1）识别和评估由于舞弊或错误导致的财务报表重大错报风险，设计和实施审计程序以应对这些风险，并获取充分、适当的审计证据，作为发表审计意见的基础。由于舞弊可能涉及串通、伪造、故意遗漏、虚假陈述或凌驾于内部控制之上，未能发现由于舞弊导致的重大错报的风险高于未能发现由于错误导致的重大错报的风险。

（2）了解与审计相关的内部控制，以设计恰当的审计程序，但目的并非对内部控制的有效性发表意见。

（3）评价管理层选用会计政策的恰当性和作出会计估计及相关披露的合理性。

（4）对管理层使用持续经营假设的恰当性得出结论。同时，根据获取的审计证据，就可能导致对贵公司持续经营能力产生重大疑虑的事项或情况是否存在重大不确定性得出结论。如果我们得出结论认为存在重大不确定性，审计准则要求我们在审计报告中提请报表使用者注意财务报表中的相关披露；如果披露不充分，我们应当发表非无保留意见。我们的结论基于截至审计报告日可获得的信息。然而，未来的事项或情况可能导致贵公司不能持续经营。

（5）评价财务报表的总体列报、结构和内容，并评价财务报表是否公允反映相关交易和事项。

我们与治理层就计划的审计范围、时间安排和重大审计发现等事项进行沟通，包括沟通我们在审计中识别出的值得关注的内部控制缺陷。

信永中和会计师事务所（特殊普通合伙）　中国注册会计师：

中国注册会计师：

中国　北京　　　　　　　　　二〇二二年四月八日

5.1.2 资产负债表

资产负债表

编制单位：华宸信托有限责任公司　　　　　　　　　　　　　　　　　　　　　　　　　　　　　　　　　单位：元

项目	注释	2021年12月31日	2021年1月1日
资产：	—	—	—
货币资金	七、（一）	293 820 816.40	284 574 457.77
存放同业款项	—	—	—
贵金属	—	—	—
拆出资金	—	—	—
交易性金融资产	七、（二）	421 203 056.82	351 181 549.72
衍生金融资产	—	—	—
买入返售金融资产	—	—	—
应收利息	七、（三）	2 864 821.92	—
应收股利	—	—	—
应收账款	七、（四）	1 168 807.50	798 390.33
预付账款	七、（五）	5 143 818.66	1 460 177.01
其他应收款	七、（六）	49 857 182.47	47 573 377.49
持有待售资产	—	—	—
发放贷款及垫款	七、（七）	23 326 573.30	19 560 762.65
债权投资	七、（八）	113 090 393.54	119 310 221.55
持有至到期投资	—	—	—
长期股权投资	七、（九）	2 615 813.56	2 423 671.48
投资性房地产	—	—	—
固定资产	七、（十）	16 760 465.96	17 417 197.69
使用权资产	七、（十一）	7 030 699.78	—
无形资产	七、（十二）	5 470 483.66	2 959 174.46
递延所得税资产	七、（十三）	90 867 103.08	102 574 972.36
其他资产	七、（十四）	114 832 302.24	64 326 932.18
资产总计	—	1 148 052 338.89	1 014 160 884.69

资产负债表（续）

编制单位：华宸信托有限责任公司　　　　　　　　　　　　　　　　　　　　　　　　　　　　　　　　　单位：元

项目	注释	2021年12月31日	2021年1月1日
负债：	—	—	—
向中央银行借款	—	—	—
同业及其他金融机构存放款	—	—	—
拆入资金	—	—	—
以公允价值计量且其变动计入当期损益的金融负债	—	—	—
衍生金融负债	—	—	—
卖出回购金融资产款	—	—	—
合同负债	七、（十六）	1 112 733.30	—
应付职工薪酬	七、（十七）	14 801 502.11	21 570 026.38
应交税费	七、（十八）	234 703.34	6 985 945.41
应付利息	—	—	—
应付股利	七、（十九）	—	27 496 711.59
其他应付款	七、（二十）	18 196 689.06	16 778 819.23
持有待售负债	—	—	—
租赁负债	七、（二十一）	6 670 394.80	—
应付债券	—	—	—
递延所得税负债	—	—	—
负债合计	—	41 016 022.61	72 831 502.61
所有者权益（或股东权益）：	—	—	—

续表

项　目	注释	2021年12月31日	2021年1月1日
实收资本	七、(二十二)	879 110 000.00	800 000 000.00
其他权益工具	—	—	—
资本公积	七、(二十三)	47 922 831.40	1 242 831.40
减：库存股	—	—	—
其他综合收益	—	—	—
盈余公积	七、(二十四)	96 972 915.65	96 805 725.11
专项储备	—	—	—
一般风险准备	七、(二十五)	22 831 907.62	22 831 907.62
信托赔偿准备金	七、(二十六)	51 066 279.15	49 528 695.03
未分配利润	七、(二十七)	637 658.72	-29 079 777.08
所有者权益合计	—	1 098 541 592.54	941 329 382.08
负债和所有者权益总计	—	1 139 557 615.15	1 014 160 884.69

法定代表人：吴潮科　　　　主管会计工作负责人：尹伟　　　　会计机构负责人：李晓燕

5.1.3　利润表

利润表

编制单位：华宸信托有限责任公司　　　　　　　　　　　　　　　　　　　　　　　单位：元

项　目	注释	2021年度	2020年度
一、营业总收入	—	39 945 954.56	144 108 747.13
营业收入	—	—	—
利息收入	七、(二十八)	7 785 101.02	9 302 887.59
手续费及佣金收入	七、(二十九)	5 308 806.14	4 594 009.68
其他业务收入	七、(三十)	901 033.37	984 376.67
投资收益(损失以"-"号填列)	七、(三十一)	1 249 111.44	130 987 868.83
其中：对联营企业和合营企业的投资收益	七、(三十一)	192 142.08	-3 230 324.30
资产处置收益(损失以"-"号填列)	—	—	—
其他收益	七、(三十二)	59 890.26	143 216.62
公允价值变动收益(损失以"-"号填列)	七、(三十三)	24 642 012.33	-1 903 612.26
汇兑收益(损失以"-"号填列)	—	—	—
二、营业总成本	—	-229 566.08	114 201 689.83
营业成本	—	—	—
利息支出	—	—	—
手续费及佣金支出	七、(二十九)	631 460.36	12 735.84
其他业务成本	七、(三十)	641 600.53	316 171.44
税金及附加	七、(三十四)	1 147 136.83	1 935 358.20
业务及管理费	七、(三十五)	44 920 984.04	30 186 497.32
信用减值损失(损失以"-"号填列)	七、(三十六)	-39 739 730.52	—
资产减值损失(损失以"-"号填列)	七、(三十七)	-7 831 017.32	81 750 927.03
三、营业利润(亏损以"-"号填列)	—	40 175 520.64	29 907 057.30
加：营业外收入	七、(三十八)	1.00	274.86
减：营业外支出	七、(三十九)	771 053.84	1 000 000.00
四、利润总额(亏损总额以"-"号填列)	—	39 404 467.80	28 907 332.16
减：所得税费用	七、(四十)	8 652 785.36	6 390 682.79
五、净利润(净亏损以"-"号填列)	—	30 751 682.44	22 516 649.37
1.持续经营净利润(净亏损以"-"号填列)	—	30 751 682.44	22 516 649.37
2.终止经营净利润(净亏损以"-"号填列)	—	—	—
六、其他综合收益的税后净额	七、(四十一)	—	-150 250 626.90
(一)以后不能重分类进损益的其他综合收益	—	—	—
其中：1.重新计量设定受益计划净负债或净资产的变动	—	—	—
2.权益法下在被投资单位不能重分类进损益的其他综合收益中享有的份额	—	—	—
3.其他权益工具投资公允价值变动	—	—	—

续表

项　目	注释	2021年度	2020年度
（二）以后将重分类进损益的其他综合收益	七、（四十一）	—	-150 250 626.90
其中：1.权益法下在被投资单位以后重分类进损益的其他综合收益中享有的份额	—	—	—
2.可供出售金融资产公允价值变动损益	七、（四十一）	—	-150 250 626.90
3.其他债权投资信用减值准备	—	—	—
4.现金流量套期损益的有效部分	—	—	—
5.外币财务报表折算差额	—	—	—
七、综合收益总额	—	30 751 682.44	-127 733 977.53

法定代表人：吴潮科　　　主管会计工作负责人：尹伟　　　会计机构负责人：李晓燕

5.1.4 所有者权益变动表

所有者权益变动表

编制单位：华宸信托有限责任公司　　　　　　　　　　　　　　　　　　　　　　　　　　　　　　单位：元

项　目	2021年度								
	实收资本	其他权益工具	资本公积	其他综合收益	盈余公积	一般风险准备	信托赔偿准备金	未分配利润	所有者权益合计
一、上年年末余额	800 000 000.00	—	1 242 831.40	54 995 216.99	96 805 725.11	22 831 907.62	49 528 695.03	-83 639 491.72	941 764 884.43
加：会计政策变更	—	—	—	-54 995 216.99	—	—	—	54 559 714.64	-435 502.35
前期差错更正	—	—	—	—	—	—	—	—	—
其他	—	—	—	—	—	—	—	—	—
二、本年年初余额	800 000 000.00	—	1 242 831.40	—	96 805 725.11	22 831 907.62	49 528 695.03	-29 079 777.08	941 329 382.08
三、本年增减变动金额（减少以"-"号填列）	79 110 000.00	—	46 680 000.00	—	167 190.54	8 494 723.74	1 537 584.12	29 717 435.80	165 706 934.20
（一）综合收益总额	—	—	—	—	—	—	—	30 751 682.44	30 751 682.44
（二）所有者投入和减少资本	79 110 000.00	—	46 680 000.00	—	—	—	—	9 165 251.76	134 955 251.76
1.所有者投入资本	79 110 000.00	—	46 680 000.00	—	—	—	—	—	125 790 000.00
2.其他权益工具持有者投入资本	—	—	—	—	—	—	—	—	—
3.股份支付计入所有者权益的金额	—	—	—	—	—	—	—	—	—
4.其他	—	—	—	—	—	—	—	9 165 251.76	9 165 251.76
（三）专项储备提取和使用	—	—	—	—	—	—	—	—	—
1.提取专项储备	—	—	—	—	—	—	—	—	—
2.使用专项储备	—	—	—	—	—	—	—	—	—
（四）利润分配	—	—	—	—	167 190.54	8 494 723.74	1 537 584.12	-10 199 498.40	—
1.提取盈余公积	—	—	—	—	167 190.54	—	—	-167 190.54	—
其中：法定公积金	—	—	—	—	167 190.54	—	—	-167 190.54	—
任意公积金	—	—	—	—	—	—	—	—	—
储备基金	—	—	—	—	—	—	—	—	—
企业发展基金	—	—	—	—	—	—	—	—	—
利润归还投资	—	—	—	—	—	—	—	—	—
2.提取一般风险准备	—	—	—	—	—	8 494 723.74	—	-8 494 723.74	—
3.提取信托赔偿准备金	—	—	—	—	—	—	1 537 584.12	-1 537 584.12	—
4.所有者的分配	—	—	—	—	—	—	—	—	—
5.其他	—	—	—	—	—	—	—	—	—
（五）所有者权益内部结转	—	—	—	—	—	—	—	—	—
1.资本公积转增资本	—	—	—	—	—	—	—	—	—
2.盈余公积转增资本	—	—	—	—	—	—	—	—	—
3.盈余公积弥补亏损	—	—	—	—	—	—	—	—	—
4.其他	—	—	—	—	—	—	—	—	—
四、本年年末余额	879 110 000.00	—	47 922 831.40	—	96 972 915.65	31 326 631.36	51 066 279.15	637 658.72	1 107 036 316.28

法定代表人：吴潮科　　　主管会计工作负责人：尹伟　　　会计机构负责人：李晓燕

所有者权益变动表（续）

编制单位：华宸信托有限责任公司　　　　　　　　　　　　　　　　　　　　　　　　　　　　　　　　　　　　　　单位：元

项　目	上年金额								
	实收资本	其他权益工具	资本公积	其他综合收益	盈余公积	一般风险准备	信托赔偿准备金	未分配利润	所有者权益合计
一、上年年末余额	800 000 000.00	—	1 242 831.40	205 245 843.89	96 805 725.11	22 831 907.62	48 402 862.56	-105 030 308.62	1 069 498 861.96
加：会计政策变更	—	—	—	—	—	—	—	—	—
前期差错更正	—	—	—	—	—	—	—	—	—
其他	—	—	—	—	—	—	—	—	—
二、本年年初余额	800 000 000.00	—	1 242 831.40	205 245 843.89	96 805 725.11	22 831 907.62	48 402 862.56	-105 030 308.62	1 069 498 861.96
三、本年增减变动金额（减少以"-"号填列）	—	—	—	-150 250 626.90	—	—	1 125 832.47	21 390 816.90	-127 733 977.53
（一）综合收益总额	—	—	—	-150 250 626.90	—	—	—	22 516 649.37	-127 733 977.53
（二）所有者投入和减少资本	—	—	—	—	—	—	—	—	—
1.所有者投入资本	—	—	—	—	—	—	—	—	—
2.其他权益工具持有者投入资本	—	—	—	—	—	—	—	—	—
3.股份支付计入所有者权益的金额	—	—	—	—	—	—	—	—	—
4.其他	—	—	—	—	—	—	—	—	—
（三）专项储备提取和使用	—	—	—	—	—	—	—	—	—
1.提取专项储备	—	—	—	—	—	—	—	—	—
2.使用专项储备	—	—	—	—	—	—	—	—	—
（四）利润分配	—	—	—	—	—	—	1 125 832.47	-1 125 832.47	—
1.提取盈余公积	—	—	—	—	—	—	—	—	—
其中：法定公积金	—	—	—	—	—	—	—	—	—
任意公积金	—	—	—	—	—	—	—	—	—
储备基金	—	—	—	—	—	—	—	—	—
企业发展基金	—	—	—	—	—	—	—	—	—
利润归还投资	—	—	—	—	—	—	—	—	—
2.提取一般风险准备	—	—	—	—	—	—	—	—	—
3.提取信托赔偿准备金	—	—	—	—	—	—	1 125 832.47	-1 125 832.47	—
4.所有者的分配	—	—	—	—	—	—	—	—	—
5.其他	—	—	—	—	—	—	—	—	—
（五）所有者权益内部结转	—	—	—	—	—	—	—	—	—
1.资本公积转增资本	—	—	—	—	—	—	—	—	—
2.盈余公积转增资本	—	—	—	—	—	—	—	—	—
3.盈余公积弥补亏损	—	—	—	—	—	—	—	—	—
4.其他	—	—	—	—	—	—	—	—	—
四、本年年末余额	800 000 000.00	—	1 242 831.40	54 995 216.99	96 805 725.11	22 831 907.62	49 528 695.03	-83 639 491.72	941 764 884.43

法定代表人：吴潮科　　　　　　　　　　主管会计工作负责人：尹伟　　　　　　　　　　会计机构负责人：李晓燕

5.2 信托资产

5.2.1 信托项目资产负债汇总表

资产负债汇总表

编制单位：华宸信托有限责任公司　　2021年12月31日　　单位：元

信托资产	期末数	年初数	信托负债和信托权益	期末数	年初数
信托资产：	—	—	信托负债：	—	—
货币资金	7 400 745.56	3 455 087.33	交易性金融负债	—	—
拆出资金	—	—	衍生金融负债	—	—
存出保证金	—	—	应付受托人报酬	8 012 426.97	7 766 509.27
交易性金融资产	9 910 504.00	—	应付托管费	15 502.15	—
衍生金融资产	—	—	应付受益人收益	—	—
买入返售金融资产	425 587 261.74	327 326 274.74	应交税费	318 529.45	—
应收款项	59 973 812.87	52 322 869.84	应付销售服务费	—	—
发放贷款	101 100 000.00	46 700 000.00	应付交易费用	—	—
可供出售金融资产	—	—	应付投资管理费	—	—
持有至到期投资	180 000 000.00	—	应付银行服务费	—	—
长期应收款	—	—	其他应付款项	85 007 782.68	84 091 319.78
长期股权投资	—	—	预计负债	—	—
投资性房地产	—	—	其他负债	—	—
固定资产	—	—	信托负债合计	93 354 241.25	91 857 829.05
无形资产	—	—			
长期待摊费用	—	—	信托权益：		
其他资产	—	375 969 620.69	实收信托	657 725 987.00	690 434 620.69
减：各项资产减值准备	—	—	资本公积	—	—
	—	—	外币报表折算差额	—	—
	—	—	未分配利润	32 892 095.92	23 481 402.86
	—	—	信托权益合计	690 618 082.92	713 916 023.55
	—	—			
信托资产总计	783 972 324.17	805 773 852.60	信托负债及信托权益总计	783 972 324.17	805 773 852.60

5.2.2 信托项目利润及利润分配汇总表

利润及利润分配汇总表

编制单位：华宸信托有限责任公司　　2021年度　　单位：元

项目	本年金额	上年金额
1.营业收入	22 210 751.75	76 349 575.04
1.1利息收入	19 468 690.12	48 644 282.85
1.2投资收益	2 731 557.63	27 705 292.19
1.3公允价值变动损益	10 504.00	—
1.4租赁收入	—	—
1.5汇兑损益	—	—
1.6其他收入	—	—
2.支出	2 253 075.09	3 775 033.39
2.1营业税金及附加	110 878.13	164 828.92
2.2受托人报酬	1 990 628.63	3 494 629.44
2.3托管费	43 382.15	—
2.4投资管理费	—	—
2.5销售服务费	—	—
2.6交易费用	—	—
2.7资产减值损失	—	—

续表

项目	本年金额	上年金额
2.81律师费	80 000.00	100 000.00
2.82资料印刷费	15 722.20	—
2.83差旅费	2 710.00	6 754.00
2.84印花税	2 750.00	4 000.00
2.85银行结算费	7 003.98	4 821.03
2.86银行服务费	—	—
2.87招待费	—	—
2.88机动车费用	—	—
2.89其他费用	—	—
3.信托净利润	19 957 676.66	72 574 541.65
4.其他综合收益	—	—
5.扣除资产减值准备前的信托利润	19 957 676.66	72 574 541.65
6.减：资产减值损失	—	—
7.扣除资产减值准备后的信托利润	19 957 676.66	72 574 541.65
8.加：期初未分配信托利润	23 481 402.86	148 211 485.30
9.可供分配的信托利润	43 439 079.52	220 786 026.95
10.减：本期已分配信托利润	10 546 983.60	197 304 624.09
11.期末未分配信托利润	32 892 095.92	23 481 402.86

6.会计报表附注

6.1 报告年度会计报表编制基准、会计政策、会计估值和核算方法发生的变化

根据财政部于2017年修订发布的《企业会计准则第14号——收入》（以下简称新收入准则）、《企业会计准则第22号——金融工具确认和计量》《企业会计准则第23号——金融资产转移》《企业会计准则第24号——套期会计》《企业会计准则第37号——金融工具列报》（上述四项准则以下统称新金融工具准则），以及2018年修订发布的《企业会计准则第21号——租赁》（以下简称新租赁准则）规定，执行企业会计准则的非上市企业，自2021年1月1日起施行。本公司自2021年1月1日起执行以上新准则。2021年1月26日，财政部发布《企业会计准则解释第14号》（财会〔2021〕1号），自公布之日起施行。2021年12月30日，财政部发布《企业会计准则解释第15号》（财会〔2021〕35号），其中"关于资金集中管理相关列报"内容自公布之日起施行。

6.1.1 新金融工具准则影响

新金融工具准则规定企业以持有金融资产的"业务模式"和"金融资产合同现金流量特征"作为金融资产分类的判断依据，将金融资产分类为以摊余成本计量的金融资产、以公允价值计量且其变动计入其他综合收益的金融资产及以公允价值计量且其变动计入当期损益的金融资产三类。采用新金融工具准则对本公司金融负债的会计政策并无重大影响。

新金融工具准则中金融资产减值损失准备计提由"已发生损失法"改为"预期损失法"，且计提范围有所扩大。"预期信用损失"模型要求持续评估金融资产的信用风险，该模型不适用于权益工具投资。

根据新金融工具准则的衔接规定，本公司无须重述前期比较财务报表数据，新旧准则转换影响2021年期初留存收益和其他综合收益。执行新金融工具准则对本公司2021年1月1日资产负债表相关项目的影响列示如下表所示。

资产负债表项目	2020年12月31日	调整金额	2021年1月1日
交易性金融资产	—	351 181 549.72	351 181 549.72
以公允价值计量且其变动计入当期损益的金融资产	48 082 747.81	-48 082 747.81	—
应收账款	2 418 059.71	-1 619 669.38	798 390.33
其他应收款	57 889 624.42	-11 182 291.61	46 707 332.81
债权投资	—	119 310 221.55	119 310 221.55
发放贷款及垫款	20 000 000.00	-439 237.35	19 560 762.65

续表

资产负债表项目	2020年12月31日	调整金额	2021年1月1日
可供出售金融资产	412 126 601.51	-412 126 601.51	—
递延所得税资产	102 429 804.88	361 678.65	102 791 483.53
其他资产	62 814 870.30	1 512 061.88	64 326 932.18
资产合计	705 761 708.63	-1 085 035.86	704 676 672.77
其他综合收益	54 995 216.99	-54 995 216.99	—
未分配利润	-83 639 491.72	53 910 181.13	-29 729 310.59
所有者权益合计	-28 644 274.73	-1 085 035.86	-29 729 310.59

6.1.2 其他准则及解释影响

执行新收入准则、新租赁准则、企业会计准则解释第14号及企业会计准则解释第15号对本公司财务报告无重大影响。

6.2 或有事项说明

截至2021年12月31日，本公司无重大或有事项。

6.3 重要资产转让及其出售的说明

2021年度本公司无重要资产转让、出售业务发生。

6.4 会计报表中重要项目的明细资料

6.4.1 披露自营资产经营情况

6.4.1.1 按风险资产分类的结果披露资产的期初数、期末数

信用风险资产五级分类	正常类（万元）	关注类（万元）	次级类（万元）	可疑类（万元）	损失类（万元）	资产合计（万元）	不良资产合计（万元）	不良资产率（%）
期初数	80 803.13	391.38	8 848.62	35 207.09	20 241.85	145 492.07	64 297.56	44.19
期末数	93 598.25	—	9 099.27	31 219.81	20 232.13	154 149.46	60 551.21	39.28

注：不良资产合计＝次级类＋可疑类＋损失类。

6.4.1.2 资产减值准备情况

单位：万元

项目	年初余额	本年增加额		本年减少额		年末余额
		本年计提额		因资产价值回升转回额	转销额	
坏账准备	20 578.96	—		125.46	—	20 453.50
贷款损失准备	3 438.92	—		376.58	—	3 062.34
债权投资减值准备	17 573.48	1 620.27		1 851.67		14 101.55
抵债资产减值准备	2 509.93	783.10				1 726.83
合计	44 101.30	2 905.41		1 851.67		39 344.23

6.4.1.3 自营股票投资、基金投资、债券投资、长期股权投资等投资的期初数、期末数

单位：万元

项目	自营股票	基金	债券	长期股权投资	其他投资	合计
期初数	—	4 816.48		242.37	24 189.12	29 247.97
期末数	—	10 323.24	9 822.91	261.58	33 283.20	53 690.93

6.4.1.4 前五名的自营长期股权投资的企业名称、占被投资企业权益的比例、主要经营活动及投资收益情况（按公司拥有权益比例从大到小顺序排列）

企业名称	占被投资企业权益的比例（%）	主要经营活动	投资收益（万元）
华宸未来基金管理有限公司	40	基金募集、基金销售、特定客户资产管理等	19.21

注：华宸未来基金管理有限公司注册资本为20 000万元，其中本公司出资8 000万元，占比40%；咸阳长涛电子科技有限公司出资7 000万元，占比35%；未来资产基金管理公司出资5 000万元，占比25%。根据华宸未来基金管理有限公司章程：重大经营决策须经超过代表四分之三表决权的股东通过。董事会由七名董事组成，本公司占三席。本公司与其他公司对华宸未来基金管理有限公司实施共同控制，采用权益法进行核算。

6.4.1.5 前五名的自营贷款的企业名称、占贷款总额的比例和还款情况

企业名称	贷款金额（万元）	占总额比例（%）	还款情况
内蒙古万丰物资有限责任公司	5 000	100	2014年发放贷款，已到期，未收回本息

6.4.1.6 表外业务的期初数、期末数
报告期内公司未开展表外业务。

6.4.1.7 公司当年的收入结构

收入结构	金额（万元）	占比（%）
手续费及佣金收入	530.88	13.29
其中：信托手续费收入	530.88	13.29
利息收入	778.51	19.49
其他业务收入	90.10	2.26
其中：计入信托业务收入部分	—	—
投资收益	124.91	3.13
其中：股权投资收益	19.21	0.48
证券投资收益	395.62	9.90
其他投资收益	-289.92	-7.26
公允价值变动收益	2 464.20	61.69
营业外收入	—	—
收入合计	3 994.60	100.00

6.4.2 披露信托资产管理情况

6.4.2.1 信托资产的期初数、期末数

单位：万元

信托资产	期初数	期末数
集合	38 634.25	73 060.76
单一	4 346.01	5 336.47
财产权	37 597.13	—
合计	80 577.39	78 397.23

6.4.2.1.1 主动管理型信托业务期初数、期末数，分证券投资、股权投资、融资、事务管理类分别披露

单位：万元

主动管理型信托资产	期初数	期末数
证券投资类	—	18 917.91
股权投资类	4 201.37	981.74
融资类	38 015.08	53 160.49
事务管理类	—	—
合计	42 216.45	73 060.14

6.4.2.1.2 被动管理型信托业务期初数、期末数

单位：万元

被动管理型信托资产	期初数	期末数
证券投资类	—	—
股权投资类	—	—
融资类	—	3 582.85
事务管理类	38 360.94	1 754.24
合计	38 360.94	5 337.09

6.4.2.2 本年度已清算结束的信托项目个数、实收信托合计金额、加权平均实际年化收益率

公司本年度已清算结束信托项目2个，实收信托合计金额37 596.96万元，加权平均实际年化收益率8.07%。

6.4.2.2.1 本年度已清算结束的集合类、单一类资金信托项目和财产管理类信托项目个数、金额、加权平均实际年化收益率

已清算结束信托项目	项目个数（个）	实收信托合计金额（万元）	加权平均实际年化收益率（%）
集合类			
单一类			
财产管理类	2	37 596.96	8.07

6.4.2.2.2 本年度已清算结束的主动管理型信托项目个数、合计金额、加权平均实际年化收益率

已清算结束信托项目	项目个数（个）	合计金额（万元）	信托报酬率（%）	加权平均实际年化收益率（%）
证券投资类	—	—	—	—
股权投资类	—	—	—	—
融资类				
事务管理类				

6.4.2.2.3 本年度已清算结束的被动管理型信托项目个数、合计金额、加权平均实际年化收益率

已清算结束信托项目	项目个数（个）	实收信托合计金额（万元）	信托报酬率（%）	加权平均实际年化收益率（%）
证券投资类	—	—	—	—
股权投资类	—	—	—	—
融资类				
事务管理类	2	37 596.96	0.26	8.07

6.4.2.3 本年度新增的集合类、单一类、财产管理类信托项目个数、合计金额

新增信托项目	项目个数（个）	合计金额（万元）
集合类	3	37 440.00
单一类	1	1 000.00
财产管理类		
新增合计	4	38 440.00
其中：主动管理型	3	37 440.00
被动管理型	1	1 000.00

6.4.2.4 本公司履行受托人义务情况及因本公司自身责任而导致的信托资产损失情况（合计金额、原因等）

本公司以诚实、信用、谨慎、有效管理为原则，在有效防范和着力控制风险的前提下，以受益人的利益最大化为宗旨，恪尽职守地处理各项信托事务，管理信托财产。加强信托项目的后期跟踪管理工作，及时向委托人、受益人披露有关信息，到期信托本金均如期或提前兑付，应分配的信托收益均如期支付受益人。截至2021年末，公司未发生因本公司自身责任而导致信托财产损失的情况。

6.5 关联方关系及其交易的披露

6.5.1 关联交易方的数量、关联交易的总金额及关联交易的定价政策

单位名称	关联交易方数量	关联交易金额（万元）	定价政策
呼和浩特市财政局	1	2 635.33	市场定价
巴盟国资监管局	1	57.17	市场定价
众兴集团有限公司	1	57.17	市场定价
合计	3	2 749.67	—

6.5.2 关联交易方与本公司的关系性质、关联交易方的名称、法定代表人、注册地址、注册资本及主营业务

关系性质	关联方名称	法定代表人	注册地址	注册资本（万元）	主营业务
股东	呼和浩特市财政局	赵英杰	内蒙古自治区呼和浩特市赛罕区大学东街18号	—	机关单位
股东	巴彦淖尔市国有资产服务中心	王福全	内蒙古自治区巴彦淖尔市临河区开源路财政大楼	—	事业单位
股东	众兴集团有限公司	林来嵘	天津空港经济区国际商务园A地块D6号单体	7 726.48	钢材、冶金炉料、建材、水泥、五金、机电产品的批发零售；以自有资金对矿业进行投资；能源、煤炭、地质的勘查；黄金制品销售（依法须经批准的项目，经相关部门批准后方可开展经营活动）

6.5.3 本公司与关联方的重大交易事项

6.5.3.1 固有与关联方交易情况

固有与关联交易方关联交易 单位：万元

项目	期初数	借方发生额	贷方发生额	期末余额
贷款	—	—	—	—
投资	—	—	—	—
租赁	—	—	—	—
担保	—	—	—	—
应收账款	—	—	—	—
其他	6 749.67	—	2 749.67	4 000.00
合计	6 749.67	—	2 749.67	4 000.00

6.5.3.2 信托与关联方交易情况

信托与关联交易方关联交易 单位：万元

项目	期初数	借方发生额	贷方发生额	期末余额
贷款				
投资				
租赁				
担保				
应收账款				
其他				
合计				

6.5.3.3 本公司自有资金运用于自己管理的信托项目（固信交易），信托公司管理的信托项目之间的相互（信信交易）交易金额

6.5.3.3.1 固有与信托财产之间的交易金额期初汇总数、本期发生额汇总数、期末汇总数

单位：万元

项目	期初数	本年发生额	期末数
合计	31 001.96	-307.63	30 694.33

6.5.3.3.2 信托项目之间的交易金额期初汇总数、本期发生额汇总数、期末汇总数

报告期内，本公司管理的信托项目之间无相互交易情况。

6.5.4 关联方逾期未偿还本公司资金的详细情况以及本公司为关联方担保发生或即将发生垫款的情况

报告期内，关联方无逾期不偿还本公司资金情况，本公司无为关联方担保发生或即将发生垫款情况。

6.6 会计制度的披露

本公司固有业务和信托业务分别于2008年和2010年开始执行财政部2006年2月15日颁布的《企业会计准则》。

7. 财务情况说明书

7.1 利润实现和分配情况

本公司期初未分配利润-2 907.98万元，冲回应付职工薪酬调增未分配利润916.53万元，本年实现净利润3 075.17万元，本年提取盈余公积16.72万元，提取一般风险准备849.47万元，提取信托赔偿准备金153.76万元，期末未分配利润63.77万元。

7.2 主要财务指标

指标名称	指标值
资本利润率（%）	3.00
加权年化信托报酬率（%）	0.26
人均净利润（万元）	31.06

注：1.资本利润率=净利润/所有者权益平均余额×100%。
2.加权年化信托报酬率=（信托项目1的实际年化信托报酬率×信托项目1的实收信托+信托项目2的实际年化信托报酬率×信托项目2的实收信托……信托项目n的实际年化信托报酬率×信托项目n的实收信托）/（信托项目1的实收信托+信托项目2的实收信托……n的实收信托）×100%。
3.人均净利润=净利润/平均人数。
平均值采取年初、末余额简单平均法，公式为：a（平均）=（年初数+年末数）/2。

7.3 对本公司财务状况、经营成果有重大影响的其他事项

无。

8.特别事项揭示

8.1 前五名股东报告期内变动情况及原因

报告期内，为改善公司治理结构，提高抗风险能力，实现自治区本级国有金融资本集中统一管理，统筹优化国有金融资本战略布局，按照内蒙古自治区人民政府国有资产监督管理委员会（下称国资委）与内蒙古自治区财政厅（下称财政厅）签订的《内蒙古自治区本级国有金融企业股权划转和出资人责任交接协议书》的内容，公司召开了股东会会议，审议通过了《华宸信托有限责任公司关于国有股权无偿划转的议案》，公司原第三大股东国资委将持有的全部公司股份30.2%通过无偿划转的方式转让给财政厅，财政厅成为公司第三大股东。

8.2 董事、监事及高级管理人员变动情况及原因

2021年1月8日，公司召开2021年度第一次临时股东会会议，审议通过了《关于免去赵澍堂公司董事职务的议案》，免去赵澍堂公司董事职务。

2021年8月9日，公司召开股东会2020年度会议，审议通过了《关于调整第五届董事会成员的议案》，免去田跃勇、周海莹公司董事职务，提名吴潮科、蒯化平、苏娜为公司第五届董事会董事人选。截至2021年12月31日，吴潮科、苏娜的任职资格已被监管部门核准，成为董事会成员。拟任人蒯化平待董事任职资格经监管部门核准后生效。

2021年12月29日，公司召开股东会2021年第二次会议，审议通过了《关于提名免去公司董事的议案》，免去孙乐公司董事职务。

8.3 变更注册资本、变更注册地或公司名称、公司分离合并事项

报告期内，公司未发生此类情况。

8.4 公司重大未决诉讼事项

2021年，公司新增起诉案件2件。截至本报告期，公司重大未决诉讼9件，存量案件大多是由信托融资而引发的融资纠纷；上述案件中，处于审理程序的有3件，处于执行程序的6件。

8.5 公司及其董事、监事和高级管理人员受到处罚的情况

无。

8.6 银保监会及其派出机构对公司检查后提出整改意见的，应简单说明整改情况

2021年度，银保监会及其派出机构对公司进行了2次检查，均为非现场检查，分别为"监管数据质量治理"和"内控合规管理建设年"。同时，银保监会及其派出机构对公司进行了1次监管情况通报。

公司积极配合检查，坚决贯彻落实各项监管政策，重视监管机构对公司提出的各项意见，并认真落实整改。通过对监管机构监管意见的整改落实，极大的促进了公司治理结构的完善、内控水平的提高，规范了业务操作的流程，进一步提升了公司的内控合规经营水平。

8.7 本年度重大事项临时报告的简要内容、披露时间、所披露的媒体及其版面

无。

8.8 银保监会及其省级派出机构认定的其他有必要让客户及相关利益人了解的重要信息

无。

8.9 履行社会责任情况

报告期内，公司严格遵守国家法律法规，认真贯彻

执行国家经济金融政策以及各项监管要求，大力支持实体经济发展。坚持诚信经营，自觉履行纳税义务，严格按照税法规定及时、足额缴纳各项税款。公司主动落实金融机构反洗钱反恐怖融资、案防和消费者权益保护责任，不断完善工作制度体系，设置公共教育宣传区，在做好疫情防控常态化工作的前提下，通过线上线下相结合的方式积极开展金融知识宣传，引导消费者树立正确的投资理念。年内开展了"以人民为中心增强金融消费者获得感"为主题的"3·15"消费者权益保护教育宣传活动以及"普及金融知识万里行""金融知识普及月 金融知识进万家 争做理性投资者 争做金融好网民""金融知识进万家 共度幸福安全年"等宣教活动，取得了良好的效果。

另一方面，公司积极助推乡村振兴，年内选派一名干部到内蒙古自治区乌兰察布市商都县小海子镇任家村担任驻村第一书记，与村两委班子成员工作和生活在一起，深入田间地头，围绕巩固脱贫攻坚成果和乡村振兴，探讨产业发展和振兴集体经济的有效途径。此外，公司在做好自身疫情防控常态化工作的同时，派出志愿者利用业余时间协助相关包联社区开展全员核酸工作，受到社区好评和主管部门表彰。

9.净资本管理情况

公司依据《信托公司净资本管理办法》积极推进净资本管理，在优化存量风险资产结构的同时，进一步强化增量业务的资本约束机制，建立了以净资本为核心的风险管理体制，加强了公司风险监控，提高了公司外部监管和内部控制的有效性。2021年末，公司净资本为66 474.00万元，符合银保监会要求的不得低于人民币20 000万元的监管指标。各项业务风险资本之和为9 208.80万元，其中：固有业务风险资本8 017.09万元，信托业务风险资本1 191.71万元。本期末净资本管理监管指标情况为：本公司"净资本/各项业务风险资本之和"的比率为721.85%，符合银保监会大于100%的监管要求；本公司"净资本/净资产"的比率为60.04%，符合银保监会大于40%的监管要求。

10.公司监事会意见

监事会认为公司能够依法合规运作，公司董事及高级管理人员在履行公司职务时未有违反法律法规、公司章程或损害公司利益的行为。公司财务报告真实反映了公司的财务状况和经营成果。

华能贵诚信托有限公司

1. 重要提示

1.1 公司董事会及董事保证本报告所载资料不存在任何虚假记载、误导性陈述或者重大遗漏，并对其内容的真实性、准确性和完整性承担个别及连带责任。

1.2 公司独立董事对年度报告内容的真实性、准确性、完整性无异议。

1.3 公司总经理孙磊、主管会计工作的副总经理鲍吉胜保证年度报告中财务报告的真实、完整。

2. 公司概况

2.1 公司简介

华能贵诚信托有限公司成立于2002年，2008年12月由华能资本服务有限公司增资扩股重组而成。2009年2月，经中国银监会批准，公司换发新的金融许可证。目前公司注册资本金为61.94557406亿元。

2.1.1 中文名称：华能贵诚信托有限公司
中文名称缩写：华能信托
英文名称：Huaneng Guicheng Trust Corporation Limited；
英文名称缩写：HNGCTC

2.1.2 法定代表人：田军
注册地址：贵州省贵阳市观山湖区长岭北路55号贵州金融城1期商务区10号楼23层、24层
邮政编码：550081
网址：www.hngtrust.com
电子邮箱：public@hngtrust.com

2.1.3 公司负责信息披露事务的高级管理人员：赵刚
公司信息披露事务联系人：万灵
电话：0851-88661688
传真：0851-88661708
信息披露报纸：《金融时报》

2.1.4 年度报告备置地点：贵州省贵阳市观山湖区长岭北路55号贵州金融城1期商务区10号楼23层

2.1.5 公司聘请的会计师事务所：德勤华永会计师事务所（特殊普通合伙）
办公地点：上海市黄浦区延安东路222号30楼

2.1.6 公司聘请的律师事务所：北京市中盛律师事务所
办公地点：北京朝阳区建外大街8号国际财源中心22层

2.2 组织结构

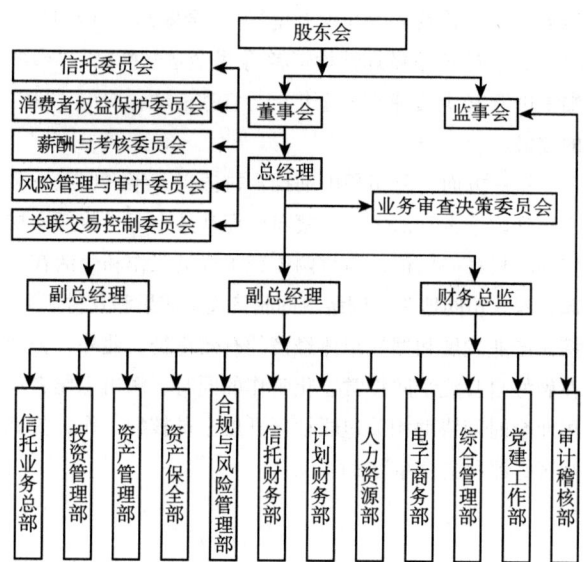

3. 公司治理结构

3.1 股东

3.1.1 报告期末公司股东总数为8家，占公司15%以上（含15%）出资比例的股东有2家

股东名称	持股比例（%）	法人代表
华能资本服务有限公司	67.92	叶才
贵州乌江能源投资有限公司	31.48	张建军
人保投资控股有限公司	0.16	董清秀
贵州省技术改造投资有限责任公司	0.16	王通波
中国有色金属工业贵阳有限责任公司	0.09	游来理
中国华融资产管理股份有限公司	0.09	王占峰
首钢水城钢铁（集团）有限责任公司	0.07	王建伟
贵州开磷有限责任公司	0.03	李凯

3.1.2 公司第一大股东

股东名称	出资比例（%）	法人代表
华能资本服务有限公司	67.92	叶才

3.2 董事

董事会成员

姓名	职务	性别	年龄（岁）	选任日期	所推举的股东名称	该股东持股比例（%）	简要履历
田军	董事长	男	58	2017年3月	华能资本服务有限公司	67.92	中国社科院研究生部货币银行专业研究生学历，华能资本服务有限公司党委委员，本公司董事长
段一萍	董事	女	46	2015年5月	华能资本服务有限公司	67.92	中国人民大学硕士研究生，高级会计师，华能资本服务有限公司副总经理
段心烨	董事	女	45	2019年3月	华能资本服务有限公司	67.92	澳大利亚南昆士兰大学工商管理硕士。华能资本服务有限公司总经理助理兼人资部主任
何培春	董事	男	54	2021年5月	贵州乌江能源投资有限公司	31.48	浙江大学公共管理专业（MPA）硕士研究生，注册会计师。贵州乌江能源集团有限责任公司党委委员、总会计师
田露	董事	女	33	2019年3月	贵州乌江能源投资有限公司	31.48	贵州大学MBA，高级会计师、注册会计师、税务师。贵州乌江能源集团有限责任公司财务部部长
孙磊	职工董事	男	48	2019年3月	—	—	香港中文大学金融MBA，注册会计师。本公司总经理

独立董事

姓名	所在单位及职务	性别	年龄（岁）	选任日期	所推举的股东名称	该股东持股比例（%）	简要履历
徐英	已退休	女	68	2017年5月	—	—	北京财贸学院金融系毕业，经济学学士，历任北京财贸学院金融系助教、讲师、海南汇通国际信托投资公司副总经理、常务副总经理、长城证券有限公司总裁、董事长、党委书记，景顺长城基金管理有限公司全职董事长，中国证券业协会理事，新华资产管理股份有限公司全职副董事长，已退休
矫丽燕	基点商品期货交易公司（北京）董事总经理	女	58	2015年5月	—	—	北京第二外国语学院外语专业毕业，基点商品期货交易公司（北京）董事总经理
王涌	中国政法大学民商经济法学院法学教授	男	53	2015年5月	—	—	中国政法大学博士研究生学历。现担任中国政法大学民商经济法学院法学教授，博士生导师

3.3 监事

姓名	职务	性别	年龄（岁）	选任日期	所推举的股东名称	该股东持股比例（%）	简要简历
周英序	监事会主席	男	63	2015年5月	贵州乌江能源投资有限公司	31.48	贵州师范大学本科学历，本公司监事会主席
吉亦宁	监事	女	34	2021年5月	贵州乌江能源投资有限公司	31.48	美国辛辛那提大学理学硕士，会计师。贵州乌江能源集团有限责任公司财务部副部长
刘荣俊	职工监事	男	52	2019年3月	—	—	山西财经大学本科学历，经济学学士，会计师。本公司审计稽核部副经理

3.4 高级管理人员

姓名	职务	性别	年龄（岁）	任职日期	金融从业年限（年）	学历	专业
孙磊	总经理	男	48	2019年2月	26	硕士，MBA	金融
涂继国	副总经理	男	57	2015年5月	30	本科	经济学
鲍吉胜	副总经理兼财务总监	男	57	2015年5月	33	本科	经济管理
刘芳	副总经理	女	50	2017年3月	27	本科	经济学
雷妮亚	副总经理	女	42	2019年2月	8	硕士	民商法学
谭辉	纪委书记	女	53	2021年2月		本科	维语
顾学新	副总经理	男	57	2019年2月	36	本科	机械制造及设备
赵刚	总经理助理兼董事会秘书	男	50	2017年3月 2017年7月	17	本科	经济信息管理
黄海峰	总经理助理	女	50	2017年3月	25	硕士	金融学
郝杰	总经理助理	男	44	2019年2月	9	硕士	法学
王剑	总经理助理	男	44	2019年2月	25	本科	法律

3.5 公司员工

报告期内,员工人数374人,平均年龄34岁,博士生占比为4.55%,硕士生占比为48.66%,本科生占比为45.45%,专科生占比为1.34%。

4. 经营管理

4.1 经营目标、方针、战略规划

立足信托本源,解放思想、开阔视野、创新思路、勇于突破,推进跨界融合,进一步增强核心竞争力,坚守以委托人意愿及受益人利益为核心的行业底层逻辑,综合运用多种金融工具,通过多种途径,服务实体经济,努力率先走出一条信托公司高质量发展的新路。

经营方针:诚信、专业、创新、和谐。

4.2 所经营业务的主要内容

除另有注明外,本报告中所有披露内容均为母公司口径。

自营资产运用与分布表

资产运用	金额（万元）	占比（%）	资产运用	金额（万元）	占比（%）
货币资产	164 391.59	5.77	基础产业	—	—
贷款及应收款			房地产业	—	—
交易性金融资产投资	2 348 109.01	82.37	证券市场	708 958.47	24.87
可供出售金融资产投资	—	—	实业	—	—
持有至到期投资			金融机构	1 823 542.13	63.97
长期股权投资	20 000.00	0.70	其他	318 259.98	11.16
其他	318 259.98	11.16	—	—	—
资产合计	2 850 760.58	100.00	资产合计	2 850 760.58	100.00

信托资产运用与分布表

资产运用	金额（万元）	占比（%）	资产运用	金额（万元）	占比（%）
货币资产	1 331 356.87	1.65	基础产业	3 239 635.08	4.02
贷款及应收款	18 251 560.21	22.62	房地产业	3 460 600.00	4.29
交易性金融资产投资	2 297 948.79	2.85	证券市场	2 967 369.80	3.68
可供出售金融资产投资	20 092 572.20	24.90	实业	14 736 424.18	18.26
持有至到期投资	—	—	金融机构	10 172 936.13	12.61
长期股权投资	5 229 839.94	6.48	其他	46 108 127.75	57.15
其他	33 481 814.93	41.50	—	—	—
资产合计	80 685 092.94	100	资产合计	80 685 092.94	100.00

4.3 市场分析

影响公司业务发展的主要因素:

4.3.1 有利因素

(1)中国经济持续稳定恢复。供给侧结构性改革稳步推进、创新发展势头良好,为经济发展注入了新动能,也为信托业服务实体经济提供了更为优质的服务领域与服务客户。

(2)行业新发展格局日益明晰,规范和推动信托业新发展的监管基础正日益成型。财富管理、绿色信托等新时代的发展主题也为信托提供了更为广阔的发展空间和前景。

(3)公司多年营造的良好外部经营环境得到进一步的提升,社会影响力进一步彰显。2021年公司行业评级、监管评级、公开市场主体评级继续保持行业最优等级,再次荣获"中国优秀信托公司"称号,公司综合实力继续保持全行业领先地位。

4.3.2 不利因素

(1)在新冠肺炎疫情的冲击下,百年变局加速演进,全球经济复苏不确定性上升,外部环境极端复杂,国内面临罕见的需求收缩、供给冲击、预期转弱三重压力。

(2)金融供给侧结构性改革步入深水区,金融治理整顿时代已经来临,当前乃至未来一段时间,政策方面将加大对金融行业治理整顿和规范发展的力度,金融机构到了涅槃关键阶段。

4.4 内部控制概况

4.4.1 内部控制环境和内部控制文化

公司按照现代企业制度要求,以受益人利益为根本出发点,建立了以党委会、股东会、董事会、监事会、管理层等为主体的法人治理结构,党委会与"三会一层"作为整体,对公司的整个经营活动统一协调,各个管理层面制度健全、运作规范、分权制衡。董事会下设信托、风险管理与审计、薪酬与考核、消费者权益保护、关联交易控制五个专业委员会,制订了董事会各专业委员会议事规则以及独立董事工作规则。报告期内,各管理层认真履行职责,党委会发挥政治核心作用。股东会有效发挥管控作用。董事会对战略定位、风险偏好、业务发展进行有效控制,董事会信托委员会、风险管理与审计委员会、监事会和独立董事充分发挥监督职能。监事会充分发挥对董事会和管理层的监督职能。基于董事会对内部控制机制和内控文化建设的高度重视,公司紧密围绕年度目标和战略转型以能力建设为抓手,"努力率先走出信托公司高质量发展新路",持续优化业务结构,全面推进业务创新和转型,建立与之匹配的内部组织架构,强化和充实核心业务人才,加强人才队伍建设,着力完善绩效考评机制,为实现公司战略目标注入动能和活力。在经营层面,公司建立了权责明确、合理制衡、报告关

系清晰的组织架构，建立了业务审查决策委员会集体决策机制，建立了合规与风险管理部、审计稽核部定期分别向董事会提交风险管理及内部审计工作情况的报告机制。公司目前已经形成了"分级管理、灵活高效、有效监督"的内部运行机制，并进行持续改善。

董事会、管理层大力倡导和培育"诚信为本、规范运作、稳健经营"的信托文化理念，严格按照监管规范要求展业，时刻将控制信托业务风险放在首位，各项经营正常稳健，未发生项目不能兑付，未因重大合规问题遭受重大财务损失或声誉损失，基本实现合规风险的有效管理。公司贯彻依法治司，严守合规底线，围绕回归本源，创新转型主题，通过合规教育、学习、测试与检查，全面提升内控管理能力。

4.4.2 内部控制措施

党委会、董事会、监事会等制订了严格的议事规则和内部控制制度。管理层本着规范管理、防范风险的原则，制订和建立了公司员工行为准则和职业道德规范，建立了合理授权、有效问责、内部举报和奖惩制度。公司内部实行授权控制、资产隔离、岗位分离、规范操作。

4.4.3 信息交流与反馈

公司建立了信息交流与反馈制度，持续提高信息化建设水平。公司信息管理系统高效运转，董事会、监事会、管理层能及时了解公司的经营和风险状况，每一项信息均能够及时传递给相关的员工，各个部门和员工的有关信息均能够顺畅反馈。

4.4.4 监督评价与纠正

公司建立了业务部门（岗位）自查、业务部门（岗位）互相制约、员工内部举报、合规部门检查、内审部门审计相结合的机制。按照风险管理"事前全面调查""事中严格管理""事后跟踪审查"的要求，相应规范内部审批、操作和风险管理程序，细化和完善内部控制制度，实行"全过程、嵌入式"管理。审计稽核部对业务的各项运作和风险管理进行动态审计和检查，提出整改意见和纠正措施，并督促各部门严格落实。并直接向董事会、管理层报告。

4.5 风险管理

4.5.1 风险管理概况

公司以诚信和尽职履责理念为引领，建立并不断完善了以发展战略为导向，以防范和控制风险为核心，以信息系统为支撑，覆盖公司决策、执行、监督、反馈等各环节，科学、完善、高效的风险管理体系，忠实履行受托人职责，切实实现受益人利益最大化。

4.5.2 风险状况

公司主要面临的风险包括信用风险、市场风险、操作风险等。

4.5.2.1 信用风险状况

报告期内，公司资产质量良好，项目运行正常，全年未发生重大经营风险，信用风险可控。公司无新增不良资产，并严格按照有关规定计提信托赔偿准备金及风险准备。信用风险防范手段的实施以到期清偿为目的，附加过程管理，在维护受益人利益的同时，也促进了合作对手的良性发展。

4.5.2.2 市场风险状况

报告期内，公司注重市场风险的提前预判与识别，在经营目标上合理设立盈利目标，避免过分追求盈利而承受较大风险。在投资类业务上，公司对市场风险实施限额管理，根据业务性质、资本规模和风险承受能力制定对各类业务和各级限额的内部审批程序和操作规程。

4.5.2.3 操作风险状况

报告期内，公司严格执行各项规章制度，从产品设计、尽职调查、风险管控、产品营销、后续管理等环节入手，通过修订、完善各项业务指引，有效指导业务发展；通过强化法律文本的标准化制定，规范业务操作模式，防范操作风险。

4.5.2.4 其他风险状况

其他风险包括流动性风险、法律合规风险等。

4.5.2.4.1 流动性风险状况

报告期内，公司固有业务项下各项财务指标均在正常范围之内，未发生流动性异常状况。信托业务方面，新增项目严格执行资管新规要求，落实资金和资产期限匹配。公司整体流动性风险控制良好。

4.5.2.4.2 法律合规风险状况

报告期内，公司通过不断强化责任意识，全面提升法律合规管理能力。公司严格贯彻执行各项监管政策，时刻保持对监管政策导向的敏感性，持续加强合规管理和风险防控长效机制建设。公司未因法律合规风险管理不到位而遭受行政处罚或重大财务损失。

4.5.3 风险管理

2021年，公司风险管理工作紧扣穿越周期目标，不断强化风险防控保障能力。

4.5.3.1 信用风险管理

报告期内，面对经济领域出现的系统性波动和结构性政策变化，公司紧盯重点风险领域，牢牢守住了不发生重大信用风险的底线。

一是密切关注宏观环境变化，坚持"有进有退"。二是落实风险排查常态化机制，坚持"一户一策"，优化资源配置、加大重点项目人员投入、及时发现问题、提前干预。三是以风控行业分工为载体，把能力建设放在更加突出重要的位置，持续推进能力建设。

4.5.3.2 市场风险管理

报告期内，公司通过严格监测业务风险限额，健全风险监测预警和干预机制，秉持"价值投资"理念，确保总体风险控制在风险偏好和风险承受能力之内，有效控制市场风险。

一是合理设立盈利目标，避免因过分追求盈利而承受较大风险。二是秉持"价值投资"理念，始终践行金融服务实体经济的价值取向，深耕产业链，实现信托服务与产业链的深度融合，提高金融资源配置的准确性和科学性。三是高度重视受托履职，明确专人专责，进一步完善资本市场业务在项目存续期管理和退出环节的相关工作要求。

4.5.3.3 操作风险管理

报告期内，公司持续加强操作风险防范。进一步完善内控管理体系，做好审计监督，狠抓落实，加强审核监管规定及内控制度的落实、执行情况；强化尽职调查、抵质押办理、中后期管理等基础管理工作，坚决防范对操作风险的麻木和迟钝。

一是进一步建立健全内控管理制度，完善内控制度体系。二是不断规范中后期管理的各项工作要求，持续通过完善事前预防，确保各项责任和工作要求落实到位。三是针对重要业务领域开展专项内部审计工作，强化内部控制监督检查，保证内部控制制度得到有效执行。

4.5.3.4 其他风险的管理

4.5.3.4.1 流动性风险管理

报告期内，公司高度关注宏观经济政策、货币政策及资金市场供需的变化情况，公司遵循审慎、稳健的原则，针对固有业务和信托业务均制定了严格的流动性风险防范措施。

一是保持优质流动性资产持有比例，保证优质流动性资产储备，持续做好对资产负债流动性的预测和分析。二是确保新设非标信托产品资金来源与运用的期限结构匹配。三是针对监管允许开展的标准化信托产品，通过设置可随时变现的流动性资产下限、流动性风险监测、设置大额赎回安排、预留赎回期限等措施降低流动性风险。

4.5.3.4.2 法律合规风险管理

报告期内，以依法合规作为公司各项工作的底线要求，主动顺应监管导向、坚决落实各项监管政策的要求，持续推进重点业务领域压降工作。

一是主动拥抱监管政策变化、坚守合规底线。二是在合规经营基础上不断升级创新风险防控措施和手段，不断加强对全局性、系统性风险的预警和对监管合规动态的掌握。三是持续动态完善内部考核体系和激励约束机制，严格问责。

5. 报告期末及上一年度末的比较式会计报表

5.1 自营资产

5.1.1 会计师事务所审计结论

德勤华永会计师事务所认为，华能贵诚信托有限公司的财务报表在所有重大方面按照企业会计准则的规定编制，公允反映了2021年12月31日的财务状况以及2021年度的经营成果和现金流量。

5.1.2 资产负债表

资产负债表

编制单位：华能贵诚信托有限公司　　　　　　　　　　　　单位：万元

项目	合并		母公司	
	2021年12月31日	2020年12月31日	2021年12月31日	2020年12月31日
资产：				
货币资金	168 645.25	28 293.34	164 391.59	28 041.36
结算备付金	—	—	—	—
贵金属	—	—	—	—
拆出资金	—	—	—	—
以公允价值计量且其变动计入当期损益的金融资产	—	484 354.96	—	484 354.96
衍生金融资产				
应收款项				
合同资产				
买入返售金融资产	49 699.07	74 000.12	49 699.07	74 000.12
持有待售资产				
发放贷款及垫款				
金融投资：				
交易性金融资产	2 316 046.47	—	2 298 409.94	—
债权投资				
其他债权投资	153 803.83		153 803.83	
其他权益工具投资	69 393.56		69 393.56	

项目	合并 2021年12月31日	合并 2020年12月31日	母公司 2021年12月31日	母公司 2020年12月31日
可供出售金融资产	—	2 062 810.37	—	2 043 080.17
持有至到期投资				
长期股权投资	—	—	20 000.00	20 000.00
投资性房地产				
固定资产	1 939.17	1 936.65	1 939.17	1 936.65
在建工程				
使用权资产	5 225.37	—	5 225.37	—
无形资产	1 205.82	2 026.47	1 205.82	2 026.47
递延所得税资产	36 429.93	40 880.09	36 395.41	40 880.09
其他资产	50 296.80	51 303.55	50 296.80	51 303.55
资产总计	2 852 685.28	2 745 605.54	2 850 760.58	2 745 623.35

资产负债表（续）

项目	合并 2021年12月31日	合并 2020年12月31日	母公司 2021年12月31日	母公司 2020年12月31日
负债：				
短期借款	—	—	—	—
拆入资金	—	—	—	—
交易性金融负债	—	—	—	—
衍生金融负债	—	—	—	—
卖出回购金融资产款	—	—	—	—
应付职工薪酬	122 217.67	113 308.61	122 217.67	113 308.61
应交税费	94 939.72	87 376.05	94 542.16	87 376.05
应付款项	—	—	—	—
合同负债	—	—	—	—
持有待售负债	—	—	—	—
租赁负债	4 749.58		4 749.58	
预计负债	—	—	—	—
长期借款	—	—	—	—
应付债券	—	—	—	—
其中：优先股	—	—	—	—
永续债	—	—	—	—
递延所得税负债	—	12 270.13	—	12 270.13
其他负债	79 529.49	230 352.74	79 529.49	230 799.94
负债合计	301 436.46	443 307.53	301 038.90	443 754.73
所有者权益：				
实收资本	619 455.74	619 455.74	619 455.74	619 455.74
其他权益工具	—	—	—	—
其中：优先股	—	—	—	—
永续债	—	—	—	—
资本公积	606 313.90	606 313.90	606 313.90	606 313.90
减：库存股	—	—	—	—
其他综合收益	10 045.17	1 004.24	10 045.17	1 004.24
盈余公积	217 177.34	179 122.85	217 177.34	179 122.85
一般风险准备	149 418.62	128 516.22	149 418.62	128 516.22
未分配利润	948 838.05	767 885.07	947 310.90	767 455.68
所有者权益合计	2 551 248.82	2 302 298.01	2 549 721.67	2 301 868.62
负债和所有者权益总计	2 852 685.28	2 745 605.54	2 850 760.58	2 745 623.35

5.1.3 利润和利润分配表

利润和利润分配表

编制单位：华能贵诚信托有限公司　　2021年度　　单位：万元

项目	合并 2021年度	合并 2020年度	母公司 2021年度	母公司 2020年度
一、营业总收入	604 039.06	600 087.89	602 307.62	602 980.80
利息净收入	-3 995.95	-8 606.90	-3 998.72	-8 610.38
利息收入	5 871.74	4 269.44	5 868.97	4 265.96
利息支出	9 867.69	12 876.34	9 867.69	12 876.34
手续费及佣金净收入	492 028.68	382 332.01	492 025.18	382 332.01
手续费及佣金收入	493 772.07	382 332.01	493 768.57	382 332.01
手续费及佣金支出	1 743.39	—	1 743.39	—
投资收益（损失以"-"号填列）	188 941.37	202 222.36	187 303.88	205 118.75
其中：对联营企业和合营企业的投资收益	—	—	—	—
公允价值变动收益（损失以"-"号填列）	-75 444.22	17 333.74	-75 531.89	17 333.74
汇兑收益（损失以"-"号填列）	-0.42	-1.27	-0.42	-1.27
其他业务收入	127.70	147.13	127.70	147.13
资产处置收益（损失以"-"号填列）	—	—	—	—
其他收益	2 381.90	6 660.82	2 381.90	6 660.82
二、营业总支出	102 345.23	101 430.93	102 332.67	101 371.42
税金及附加	3 706.33	3 188.76	3 706.33	3 188.76
业务及管理费	96 500.09	89 462.98	96 487.52	89 403.47
信用减值损失	1 006.63	—	1 006.63	—

续表

项目	合并		母公司	
	2021年度	2020年度	2021年度	2020年度
资产减值损失	1 132.18	8 779.19	1 132.18	8 779.19
其他业务成本	—	—	—	—
三、营业利润（亏损以"-"号填列）	501 693.83	498 656.96	499 974.95	501 609.38
加：营业外收入	3 018.15	3 526.80	3 018.15	3 526.80
减：营业外支出	2 706.54	1 561.96	2 706.54	1 561.96
四、利润总额（亏损以"-"号填列）	502 005.44	500 621.80	500 286.56	503 574.22
减：所得税费用	121 663.48	124 163.88	121 238.05	123 891.49
五、净利润（净亏损以"-"号填列）	380 341.96	376 457.92	379 048.51	379 682.73
加：年初未分配利润	767 885.07	571 921.54	767 455.68	568 267.35
首次执行新准则产生的变化	-656.54	—	-460.85	—
减：提取法定盈余公积	37 904.85	37 968.27	37 904.85	37 968.27
提取信托赔偿准备	18 952.43	18 984.14	18 952.43	18 984.14
提取一般准备	1 875.16	3 541.99	1 875.16	3 541.99
其他减少	—	—	—	—
六、可供分配的利润	1 088 838.05	887 885.07	1 087 310.90	887 455.68
减：分配股东股利	140 000.00	120 000.00	140 000.00	120 000.00
七、未分配利润	948 838.05	767 885.07	947 310.90	767 455.68

5.2 信托资产

5.2.1 信托项目资产负债汇总表

信托项目资产负债表

编制单位：华能贵诚信托有限公司　　　　　2021年12月31日　　　　　单位：万元

信托资产	期末余额	年初余额	信托负债和信托权益	期末余额	年初余额
信托资产：	—	—	信托负债：	—	—
货币资金	1 326 931.27	1 765 444.66	交易性金融负债	—	—
拆出资金	—	—	衍生金融负债	—	—
存出保证金	4 425.60	10 349.37	应付受托人报酬	7 747.06	9 977.10
交易性金融资产	2 297 948.79	807 388.63	应付托管费	290.06	139.21
衍生金融资产	—	—	应付受益人收益	—	758.71
买入返售金融资产	2 932 413.71	2 882 209.38	应交税费	4 415.13	5 043.39
应收款项	75 969.86	39 465.62	应付销售服务费	628.00	541.77
发放贷款	15 243 176.64	16 574 012.37	其他应付款项	85 006.16	64 471.63
可供出售金融资产	20 092 572.20	18 705 301.71	预计负债	—	—
持有至到期投资	—	4 191.56	其他负债	—	—
长期应收款	—	—	信托负债合计	98 086.43	80 931.81
长期股权投资	5 229 839.94	7 238 283.54			
投资性房地产	—	—	信托权益：	—	—
固定资产	—	—	实收信托	78 937 727.19	83 194 319.90
无形资产	—	—	资本公积	161 444.18	97 982.62
长期待摊费用	—	—	损益平准金	—	—
其他资产	33 481 814.93	37 013 373.47	未分配利润	1 487 835.16	1 666 785.98
减：各项资产减值准备	—	—	信托权益合计	80 587 006.53	84 959 088.50
信托资产总计	80 685 092.94	85 040 020.31	信托负债及权益合计	80 685 092.94	85 040 020.31

5.2.2 信托项目利润及利润分配汇总表

编制单位：华能贵诚信托有限公司　　　　　　　　　单位：万元

项目	2021年度	2020年度
1.营业收入	6 014 954.16	5 667 123.67
1.1利息收入	1 896 822.53	1 349 888.24
1.2投资收益（损失以"-"号填列）	4 413 742.92	4 229 432.58
1.2.1其中：对联营企业和合营企业的投资收益	—	—
1.3公允价值变动收益（损失以"-"号填列）	-297 257.94	59 383.79
1.4租赁收入	—	—
1.5汇兑损益（损失以"-"号填列）	—	—
1.6其他收入	1 646.65	28 419.06
2.营业支出	1 617 982.35	931 264.21
3.信托净利润（净亏损以"-"号填列）	4 396 971.81	4 735 859.46
4.其他综合收益	46 329.09	34 781.29
5.综合收益	4 443 300.90	4 770 640.75
6.加：期初未分配信托利润	1 666 785.98	989 238.75
7.可供分配的信托利润	6 110 086.88	5 759 879.50
8.减：本期已分配信托利润	4 622 251.72	4 093 093.53
9.期末未分配信托利润	1 487 835.16	1 666 785.98

6. 会计报表附注

6.1 会计报表编制基准、会计政策和会计估计变更、核算方法的说明

本公司财务报表以持续经营假设为基础，根据实际发生的交易和事项，按照财政部2006年颁布的《企业会计准则》及其应用指南的有关规定进行编制。

本公司自2021年1月1日起执行财政部于2017年修订的《企业会计准则第14号——收入》《企业会计准则第22号——金融工具确认和计量》《企业会计准则第23号——金融资产转移》《企业会计准则第24号——套期会计》《企业会计准则第37号——金融工具列报》，以及财政部于2018年修订的《企业会计准则第21号——租赁》。

6.2 或有事项说明

无。

6.3 重要资产（不含股权转让）转让及其出售的说明

无。

6.4 会计报表中重要项目的明细资料

6.4.1 披露自营资产经营情况

6.4.1.1 信用风险资产

信用风险资产五级分类	正常类（万元）	关注类（万元）	次级类（万元）	可疑类（万元）	损失类（万元）	信用风险资产合计（万元）	不良合计（万元）	不良率（%）
期初数	2 723 631.13	—	—	781.33	1 453.11	2 725 865.56	2 234.43	0.08
期末数	2 866 066.38	—	—	781.33	1 226.14	2 868 073.85	2 007.47	0.07

注：不良资产合计=次级类+可疑类+损失类。

（1）盛安房地产开发有限公司应收款项为781.33万元，为代垫盛安公司台湾大厦后续建设资金。公司将此款项划分为可疑类，全额计提损失准备。

（2）2003年，公司信托资金委托华夏证券理财，华夏证券于2008年7月31日经法院裁定受理破产，现已进入清算程序。目前应收账款余额为971.45万元，公司将此款项划分为损失类，全额计提损失准备。2021年，华夏证券清算组向公司分配清算款81.97万元。

（3）海南发展银行清算组应收款项247.44万元，为本公司1993年发放贷款，所质押的海南发展银行定期存单，由于海南发展银行被人民银行关闭清算，该笔定期存单成为清算债权。经清算组确认领取了"海南发展银行债务确认书"，截至目前海南发展银行尚未清算完毕。公司将此款项划分为损失类，全额计提损失准备。

（4）李伟煤款应收款项7.25万元，为2007年子公司信达贸易公司注销转入，法院已判决，但无可执行财产。公司将此款项划分为损失类，全额计提损失准备。

前述（1）—（4）项不良资产全部为2009年公司重组前存续的不良资产。

6.4.1.2 各项资产减值损失准备

单位：万元

项目	期初数	本期计提	本期转回	本期核销	期末数
贷款损失准备	—	—	—	—	—
一般准备	—	—	—	—	—
专项准备	—	—	—	—	—
其他资产减值准备	5 376.67	1 132.18	—	—	6 508.85
可供出售金融资产减值准备	26 938.33	-26 938.33	—	—	—
持有至到期投资减值准备	—	—	—	—	—
长期股权投资减值准备	—	—	—	—	—
坏账准备	2 234.43	1 088.60	81.97	145.00	3 096.07
投资性房地产减值准备	—	—	—	—	—

6.4.1.3 自营股票投资、基金投资、债券投资、股权投资等投资业务

单位：万元

项目	自营股票	基金	债券	长期股权投资
期初数	429 340.17	21 182.76	24 111.81	20 000.00
期末数	599 110.28	17 733.79	32 678.64	20 000.00

6.4.1.4　前三名的自营长期股权投资的企业名称、占被投资企业权益的比例、主要经营活动及投资收益情况等

企业名称	占被投资企业权益的比例（%）	主要经营活动	投资收益（万元）
贵诚汇鑫股权投资有限公司	100	股权投资管理等	—

6.4.1.5　前三名的自营贷款的企业名称、占贷款总额的比例和还款情况等

无。

6.4.1.6　表外业务

无。

6.4.1.7　收入结构

收入结构	合并		母公司	
	金额（万元）	占比（%）	金额（万元）	占比（%）
手续费及佣金收入	493 772.07	79.81	493 768.57	80.04
其中：信托手续费收入	493 772.07	79.81	493 768.57	80.04
投资银行业务收入	—	—	—	—
利息收入	5 871.74	0.95	5 868.97	0.95
其他业务收入	2 509.18	0.41	2 509.18	0.41
其中：计入信托业务收入部分				
投资收益	113 497.15	18.34	111 771.99	18.11
其中：股权投资收益	2 850.00	0.45	2 850.00	0.45
公允价值变动收益	−75 444.22	−12.19	−75 531.89	−12.24
其他投资收益	186 091.37	30.08	184 453.88	29.90
营业外收入	3 018.15	0.49	3 018.15	0.49
收入合计	618 668.29	100.00	616 936.86	100.00

6.4.2　披露信托资产管理情况

6.4.2.1　信托资产

单位：万元

信托资产	期初数	期末数
集合	26 432 143.88	27 269 680.60
单一	21 227 838.93	19 920 294.54
财产权	37 380 037.49	33 495 117.81
合计	85 040 020.31	80 685 092.94

6.4.2.1.1　主动管理型信托业务

单位：万元

主动管理型信托资产	期初数	期末数
证券投资类	743 498.08	2 927 006.36
股权投资类	2 973 418.45	2 033 530.94
其他投资类	23 220 243.69	19 131 279.32
融资类	12 052 694.70	9 459 746.22
事务管理类	—	—
合计	38 989 854.92	33 551 562.84

6.4.2.1.2　被动管理型信托业务

单位：万元

被动管理型信托资产	期初数	期末数
证券投资类	—	—
股权投资类	—	—
其他投资类	—	—
融资类	—	—
事务管理类	46 050 165.39	47 133 530.11
合计	46 050 165.39	47 133 530.11

6.4.2.2　本年度已清算结束的信托项目个数、金额、加权平均实际年化收益率

本年度有604个项目清算，实收信托合计3 557.34亿元，加权平均实际年化收益率5.55%。

6.4.2.2.1　本年度已清算结束的集合类、单一类资金信托项目和财产管理类信托项目

已清算结束信托项目	项目个数（个）	合计金额（万元）	加权平均实际年化收益率（%）
集合类	279	10 896 988.21	6.31
单一类	193	4 995 065.29	6.33
财产管理类	132	19 681 369.81	4.89

6.4.2.2.2　本年度已清算结束的主动管理型信托项目

已清算结束信托项目	项目个数（个）	合计金额（万元）	加权平均实际年化收益率（%）
证券投资类	7	310 188.70	7.68
股权投资类	10	1 031 000.00	6.35
其他投资类	326	11 944 353.91	5.81
融资类	71	2 578 851.75	6.45
事务管理类	—	—	—

6.4.2.2.3　本年度已清算结束的被动管理型信托项目

已清算结束信托项目	项目个数（个）	合计金额（万元）	加权平均实际年化收益率（%）
证券投资类			
股权投资类			
其他投资类			
融资类			
事务管理类	190	19 709 028.94	5.20

6.4.2.3　本年度新增的集合类、单一类和财产管理类信托项目

新增信托项目	项目个数（个）	合计金额（万元）
集合类	475	18 811 905.71
单一类	199	5 268 542.40
财产管理类	238	24 299 951.93
新增合计	912	48 380 400.04
其中：主动管理型	643	21 683 412.71
被动管理型	269	26 696 987.33

注：本年新增信托项目指在本报告年度内新成立的信托项目。

6.4.2.4 信托业务创新成果和特色业务有关情况

公司以创新引领发展，以规范强化经营，以新思维带动新突破，不断做深做透产业链，积极拓展新产业、新领域、新赛道。资产端方面，我们与一批行业龙头企业深化长期合作，并以其为中心进行产业链上下游延伸，不断完善产业布局；资金端方面，不断完善委托人客户结构，在稳固原有委托客户基础上，深挖产业客户双向融合需求；服务手段方面，我们不断丰富业务"工具箱"，通过差异化工具和创新服务，提升服务客户的业务竞争力。

6.4.2.5 本公司履行受托人义务情况及因本公司自身责任而导致的信托资产损失情况

本公司严格遵照行业监管法规和信托合同规定，在信息披露、受托资产管理、信托财务核算、项目到期清算及信托财产分配等方面都能自觉履行受托人义务，全年不存在因公司自身责任导致信托资产发生损失的情况。

6.5 关联方关系及其交易披露

6.5.1 关联交易方的数量、关联交易的总金额及关联交易的定价政策等

项目	关联交易方数量	关联交易金额（万元）	定价政策
合计	8	11 483 635.88	以市场交易价格为定价依据

6.5.2 关联交易方与本公司的关系性质、关联交易方的名称、法定代表人、注册地址、注册资本及主营业务等

关系性质	关联方名称	法定代表人	注册地址	注册资本（万元）	主营业务
实际控制人	中国华能集团公司	舒印彪	北京市海淀区复兴路甲23号	3 490 000	组织电力（煤电、气电、水电、风电、太阳能发电、核电、生物质能发电等）、热、冷、汽的开发、投资、建设、生产、经营、输送和销售等
母公司	华能资本服务有限公司	叶才	北京市西城区复兴门南大街2号及丙4幢10-12层	980 000	投资及投资管理；资产管理；资产受托管理；投资及管理咨询服务
主要股东	贵州乌江能源投资有限公司	张建军	贵州省贵安新区湖潮乡湖磊路	984 000	投资、融资、资本运营、资产经营及股权管理等
同属一实际控制人控制	中国华能财务有限责任公司	曹世光	北京市西城区复兴门南大街丙2号天银大厦C段西区7层、8层	500 000	保险代理；财务和融资顾问；信用鉴证及咨询；提供担保；从事同业拆借；经批准发行财务公司债券；对金融机构的股权投资、有价证券投资等
同属一实际控制人控制	华能置业有限公司昌平分公司	张军	北京市昌平区小汤山镇常兴庄村南264号	—	餐饮服务；销售食品；住宿；物业管理；会议服务；销售化妆品、体育用品
同属一母公司控制	长城证券股份有限公司	张巍	深圳市福田区福田街道金田路2026号能源大厦南塔楼10-19层	310 341	证券经纪；证券投资咨询；与证券交易、证券投资活动有关的财务顾问；证券承销与保荐等
同属一母公司控制	永诚财产保险股份有限公司	许坚	中国（上海）自由贸易试验区世博馆路200号	217 800	财产损失保险、责任保险、信用保险和保证保险；短期健康保险和意外伤害保险；上述业务的再保险业务，国家法律、法规允许的保险资金运用业务等
股东的关联企业	贵阳银行股份有限公司	张正海	贵州省贵阳市观山湖区长岭北路中天·会展城B区金融商务区东区1-6栋	365 620	吸收公众存款；发放短期、中期和长期贷款；办理国内结算；办理票据贴现、承兑；发行金融债券；从事同业拆借；外汇存款；外汇贷款；外汇汇款；国际结算等

6.5.3 本公司与关联方的重大交易事项

6.5.3.1 固有财产与关联方

固有财产与关联方关联交易　　单位：万元

项目	期初	发生额	期末
贷款	—	—	—
投资	—	—	—
租赁	—	—	—
担保	—	—	—
应收账款	—	—	—
其他应收款项	110.62	97.39	208.01
其他应付款项	—	—	—
其他	—	141 373.11	—
合计	110.62	141 470.50	208.01

6.5.3.2 信托资产与关联方

信托资产与关联方关联交易　　单位：万元

项目	期初	发生额	期末
贷款	1 499 525.00	499 865.00	1 999 390.00
投资	—	—	—
租赁	—	—	—
担保	—	—	—
应收账款	—	—	—
其他	4 599 309.58	-807 440.68	3 791 868.90
合计	6 098 834.58	-307 575.68	5 791 258.90

信托资产与关联方交易：涉及重大关联交易的交易对象共3家，分别为中国华能集团有限公司，贵阳银行

股份有限公司，华能资本服务有限公司。具体关联交易方与本公司的关系性质、关联交易方的名称、法定代表人、注册地址、注册资本及主营业务等详见表6.5.2。

6.5.3.3 固有财产与信托财产之间的交易

固有财产与信托财产相互交易 单位：万元

项目	期初数	本期发生额	期末数
合计	1 286 109.23	254 387.95	1 540 497.18

6.5.3.4 信托资产与信托财产之间的交易

信托资产与信托财产相互交易 单位：万元

项目	期初数	本期发生额	期末数
合计	5 435 653.73	2 346 321.51	7 781 975.24

6.5.4 关联方逾期未偿还本公司资金的详细情况以及本公司为关联方担保发生或即将发生垫款的详细情况

无。

6.6 会计制度的披露

本公司固有业务和信托业务均执行财政部颁布的企业会计准则及相关规定。

7.财务情况说明书

7.1 利润实现和分配情况

2021年，公司实现净利润379 048.51万元，按净利润10%比例提取盈余公积37 904.85万元，按净利润5%比例提取信托赔偿准备18 952.43万元，按潜在风险估计值与资产减值准备的差额，对风险资产计提一般准备1 875.16万元，当年分配股利140 000万元，年末未分配利润947 310.90万元。

7.2 主要财务指标

指标名称	指标值（合并）	指标值（母公司）
资本利润率（%）	15.57	15.52
人均净利润（万元）	1 017.64	1 014.18

7.3 对本公司财务状况、经营成果有重大影响的其他事项

本年政府补贴收入3 000.00万元。

7.4 净资本情况

指标名称	指标值
净资本（万元）	2 276 678.51
风险资本（万元）	971 798.53
净资本/各项业务风险资本之和（%）	234.27
净资本/净资产（%）	89.36

8.特别事项简要提示

8.1 前五名股东报告期内变动情况

无。

8.2 董事、监事及高级管理层变化情况

因工作原因，何培春担任公司董事，李仪华不再担任公司董事。吉亦宁担任公司监事，何瑛不再担任公司监事。

8.3 变更注册资本、变更公司名称、地址

无。

8.4 公司重大诉讼事项

无。

8.5 公司及其董事、监事和高级管理人员受到处罚的情况

无。

8.6 银保监会及其派出机构对公司检查后的整改情况

报告期内，中国银保监会贵州监管局向公司下发了监管通报等文件，要求公司认真贯彻落实中央经济工作会议、银保监会工作会议精神，严格落实信托监管工作要求，坚持稳中求进工作总基调，坚决守稳风险底线，坚定不移推进转型，不懈强化公司治理，树立良好信托文化，进一步提升公司高质量发展水平。公司高度重视，对照监管意见逐一制定整改落实措施，并按照方案认真整改落实，持续夯实依法合规经营基础。

8.7 本年度重大事项临时报告的简要内容、披露时间、所披露的媒体及其版面

2021年12月3日，在金融时报第6版刊登了公司章程修改的公告。

8.8 银保监会及其省级派出机构认定的其他有必要让客户及相关利益人了解的重要信息

无。

9.公司监事会意见

公司监事会根据公司章程规定，对公司2021年度董事会的召开程序、决议事项、决策程序，董事会对股东会决议的执行情况，公司高级管理人员执行职务的情况

及公司管理制度执行等进行了监督。公司监事会认为公司董事会能严格按照《公司法》、信托法规和公司章程及其他有关法律法规进行规范运作，公司决策程序合法，内部控制制度健全，公司全体董事和高管人员都自觉遵纪守法，廉洁奉公、勤勉尽责，充分发挥作用，按要求参加董事会和股东会并积极发言，以对公司和股东负责的态度对各项审议事项进行认真审议。公司董事、高级管理人员执行公司职务时未发现存在违反法律、法规、公司章程或损害公司利益的行为。全体股东对公司董事会、经营管理层履职及经营成果均表示充分认可和肯定。董事会组织编制和审核公司2021年度报告的程序符合法律、行政法规的规定，报告内容真实、准确、完整地反映了公司的财务状况和经营成果，不存在任何虚假记载、误导性陈述或者重大遗漏，监事会对德勤会计师事务所出具的2021年财务审核报告无异议。

华融国际信托有限责任公司

1. 重要提示

1.1 公司董事会及董事保证本报告所载资料不存在任何虚假记载、误导性陈述或者重大遗漏,并对其内容的真实性、准确性和完整性承担个别及连带责任。

1.2 公司独立董事邢成、何维达、周利国声明:保证年度报告内容的真实性、准确性、完整性。

1.3 公司董事长白俊杰、会计部门负责人杨丽声明:保证本年度财务会计报告的真实、完整。

2. 公司概况

2.1 公司简介

华融国际信托有限责任公司(以下简称华融信托)是在重组新疆国际信托投资有限责任公司基础上设立的,新疆国际信托投资有限责任公司成立于1987年1月。2002年5月,公司增资改制为有限责任公司。2002年7月,中国人民银行以银复〔2002〕216号文批准予以重新登记。2008年2月,中国银监会以银监复〔2008〕78号文批准中国华融资产管理股份有限公司重组新疆国际信托投资有限责任公司。公司注册地址:新疆乌鲁木齐市天山区中山路333号,注册资本金为303 565.33万元。

2.1.1 公司法定中文名称:华融国际信托有限责任公司
公司英文名称:HUARONG INTERNATIONAL TRUST CO., LTD.
公司英文名称缩写:HUARONG TRUST

2.1.2 公司法定代表人:白俊杰

2.1.3 公司注册地址:新疆乌鲁木齐市天山区中山路333号
邮政编码:830002
公司国际互联网网址:http//www.huarongtrust.com.cn
公司电子信箱:hrxt@chamc.com.cn

2.1.4 公司负责信息披露事务人员
联系人:袁满
联系电话:010—57783571
传真:010—56678537
电子信箱:yuanman@chamc.com.cn

2.1.5 公司信息披露报纸名称:《证券时报》
公司年度报告备置地点:新疆维吾尔自治区乌鲁木齐市中山路333号
登载年度报告的互联网网址:http//www.huarongtrust.com.cn

2.1.6 公司聘请的会计师事务所名称:安永华明会计师事务所(特殊普通合伙)
公司聘请的会计师事务所办公地址:北京市东城区东长安街1号东方广场安永大楼16层
公司聘请的律师事务所名称:北京市兰台律师事务所
公司聘请的律师事务所办公地址:北京市朝阳区曙光西里甲一号(第三置业大厦)B座29层

2.2 组织结构

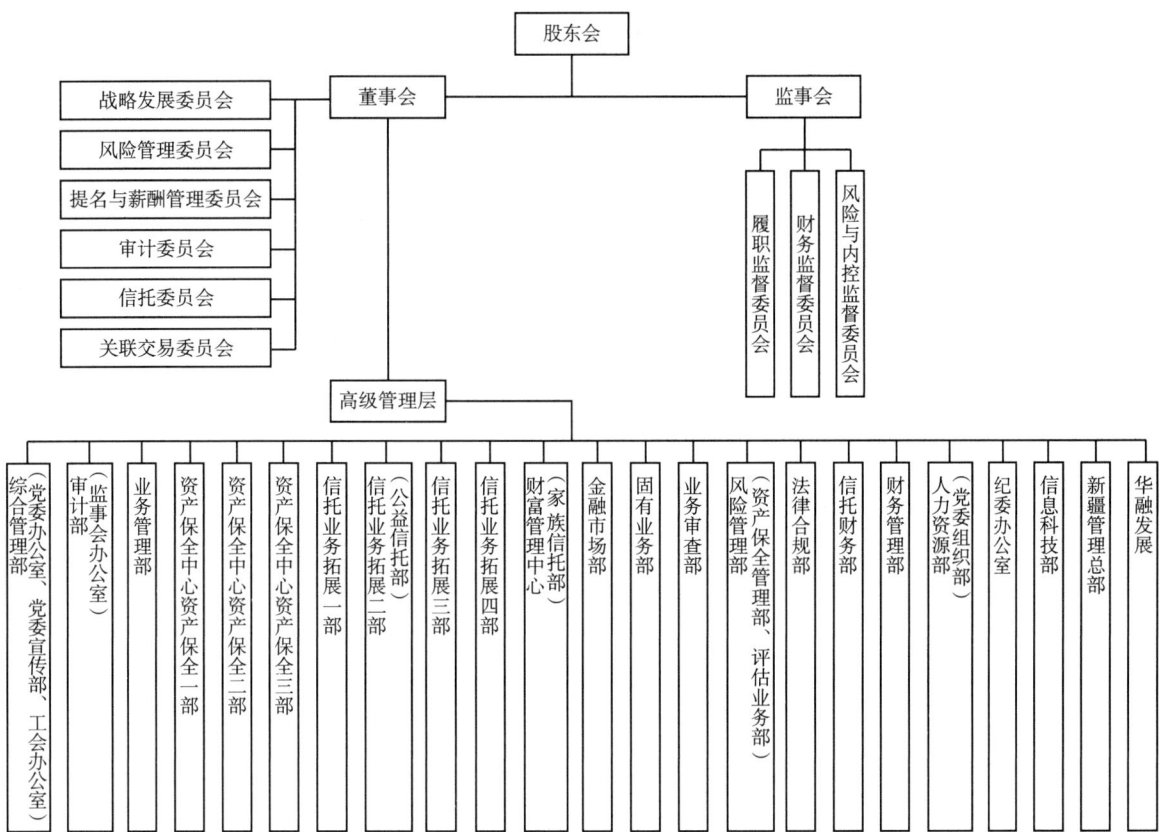

3. 公司治理

3.1 股东

报告期末股东总数为五名，股东持股情况如下表所示。

股东名称	持股比例（%）	法人代表	注册资本（万元）	注册地址	主要经营业务及主要财务情况
中国华融资产管理股份有限公司★	76.79	刘正均*	3 907 020.85	北京市西城区金融大街8号	收购受托经营金融机构和非金融机构不良资产，对不良资产进行管理、投资和处置；债权转股权，对股权资产进行管理、投资和处置；破产管理；对外投资；买卖有价证券；发行金融债券、同业拆借和向其他金融机构进行商业融资；经批准的资产证券化业务、金融机构托管和关闭清算业务；财务、投资、法律及风险管理咨询和顾问业务；资产及项目评估。财务状况良好
长城人寿保险股份有限公司	14.64	白力	553 164.39	北京市西城区平安里西大街31号3层	人寿保险、健康保险、意外伤害保险等各类人身保险业务；上述业务的再保险业务；国家法律、法规允许的保险资金运用业务；经中国保监会批准的其他业务。（企业依法自主选择经营项目，开展经营活动；依法须经批准的项目，经相关部门批准后依批准的内容开展经营活动；不得从事本市产业政策禁止和限制类项目的经营活动）。财务状况良好
珠海市华策集团有限公司	7.32	杨峰	10 000	珠海市拱北侨光路5号华策大厦14楼	房地产开发；自有物业租赁；电脑平面设计；商业批发；零售（不含许可经营项目）。财务状况良好
新疆凯迪投资有限责任公司	0.74	黄新丽	42 000	乌鲁木齐市高新区（新市区）鲤鱼山北路199号	证券业投资、矿业投资、项目投资、股权投资；资产管理；房屋、车辆、设备租赁；与投资相关的咨询服务；原油、成品油、其他石油制品销售。财务状况良好
新疆恒合投资股份有限公司	0.51	周群	11 440	新疆乌鲁木齐市沙依巴克区黄河路1号	高新技术产业；新兴产业的风险投资、经营及管理；优势传统产业、资本市场的投资、经营管理；投资及融资信息咨询；汽车、房屋及机械设备的租赁。财务状况良好

注：最终实际控制人在股东名称一栏中加★表示；*表示尚未通过监管审批。

3.2 董事

董事

姓名	职务	性别	年龄（岁）	任职日期	所推举的股东名称	该股东持股比例（%）	简要履历
白俊杰	董事、董事长	男	54	2019年11月21日	中国华融资产管理股份有限公司	76.79	本科。曾在中国工商银行福建省分行、中国华融资产管理公司福州办事处、研究发展部、经营发展部、投资事业部、重庆办事处等多部门工作；历任中国华融资产管理股份有限公司重庆市分公司党委书记、总经理；中国华融资产管理股份有限公司资产经营事业部总经理；中国华融资产管理股份有限公司投资拓展部总经理；华融资本管理有限公司党委书记、董事长、法定代表人；华融国际金融控股有限公司董事长；华融华侨资产管理股份有限公司党委副书记、董事长、法定代表人；中国华融海外投资控股有限公司董事长。现任华融国际信托有限责任公司党委书记、董事长、法定代表人
李丹	董事	女	50	2020年10月10日	中国华融资产管理股份有限公司	76.79	硕士。曾在北京经济技术开发区管委会、中国长城资产管理公司、中国华融资产管理公司北京办事处、中国华融资产管理公司资产经营部工作；历任中国华融资产管理股份有限公司资产经营事业部副总经理（总经理级）；华融汇通资产管理有限公司党委副书记、董事、总经理；中国华融资产管理股份有限公司股权事业部副总经理（总经理级）；华融瑞通股权投资管理有限公司党委委员、董事、副总经理（总经理级）。现任华融国际信托有限责任公司党委副书记、董事、总经理
胡江	董事、副董事长	男	44	2021年11月18日	中国华融资产管理股份有限公司	76.79	博士。曾在原中国银行业监督管理委员会、中国华融资产管理公司工作；历任中国华融资产管理股份有限公司人力资源部总经理、党委组织部部长；华融融德资产管理有限公司党委书记、董事长、法定代表人；华融天泽投资有限公司党委副书记、监事长。现任华融国际信托有限责任公司副董事长（总经理级）
高翱	职工董事	男	56	2021年3月16日	中国华融资产管理股份有限公司	76.79	本科。曾在中国工商银行山西省分行、中国华融资产管理公司工作；历任中国华融资产管理股份有限公司山西省分公司党委委员、副总经理、纪委书记；中国华融资产管理股份有限公司内蒙古自治区分公司党委书记、总经理；华融渝富股权投资基金管理有限公司党委书记、监事长；华融（天津自贸区）投资股份有限公司党委副书记、监事长。现任华融国际信托有限责任公司职工董事
唐军	董事	男	51	2019年1月3日	长城人寿保险股份有限公司	14.64	博士。历任财富联合投资集团副总裁；中国社会科学院应用技术领域博士后研究工作；北京金融街投资（集团）有限公司金融保险部经理；长城人寿保险股份有限公司董事会秘书；长城财富资产管理有限公司董事；长城人寿保险股份有限公司副总经理；长城财富资产管理有限公司董事长。现任恒泰证券股份有限公司副总裁、华融国际信托有限责任公司董事
魏哲明	董事	男	38	2019年11月29日	新疆凯迪投资有限责任公司	0.74	硕士。历任特变电工股份有限公司处长助理、大客户经理、部长助理；上海永宜（联创）股权投资管理有限公司投资总监；新疆天山毛纺织股份有限公司董事会秘书、副总经理；新疆西拓矿业股份有限公司董事；新疆凯迪毛纺织股份有限公司副总经理、董事会秘书。现任新疆金融投资有限公司副总经理、新疆凯迪投资有限责任公司投资总监、新疆天山产业投资基金管理有限公司董事长、新疆凯迪矿业股份有限公司董事、德展大健康股份有限公司董事、华融国际信托有限责任公司董事

独立董事

姓名	所在单位及职务	性别	年龄（岁）	选任日期	所推举的股东名称	该股东持股比例（%）	简要履历
邢成	清华大学法学院金融与法律研究中心研究员	男	58	2009年3月5日	中国华融资产管理股份有限公司	76.79	南开大学博士，教授，现任清华大学法学院金融与法律研究中心研究员
何维达	北京科技大学经管学院教授、企业与产业发展研究所所长	男	60	2010年2月26日	中国华融资产管理股份有限公司	76.79	中南财经政法大学博士，现任北京科技大学经济管理学院教授、企业与产业发展研究所所长
周利国	中央财经大学商学院教授、博士生导师	男	62	2016年10月24日	中国华融资产管理股份有限公司	76.79	经济学博士，现任中央财经大学商学院教授、博士生导师

3.3 监事

监事

姓名	职务	性别	年龄（岁）	选任日期	所推举的股东名称	该股东持股比例（%）	简要履历
马凌云	监事长	女	49	2021年3月8日	中国华融资产管理股份有限公司	76.79	硕士。曾在中国科学院自动化所、中关村建设集团、中睿投资集团、中国华融资产管理公司工作；历任中国华融资产管理股份有限公司办公室副主任；华融中关村不良资产交易中心股份有限公司党委委员、副总经理、纪委书记；华融致远投资管理有限责任公司党委副书记、董事、总经理。现任华融国际信托有限责任公司党委副书记、监事长

续表

姓名	职务	性别	年龄（岁）	选任日期	所推举的股东名称	该股东持股比例（%）	简要履历
刘绍华	监事	男	57	2016年1月8日	中国华融资产管理股份有限公司	76.79	本科。曾在新疆国际信托投资公司、新疆统一企业食品有限公司工作；历任新疆国际信托投资公司党委委员、董事、副总经理；华融国际信托有限责任公司党委委员、纪委书记、副总经理、工会主席。现任华融国际信托有限责任公司监事会监事
赵梅	监事	女	46	2020年6月18日	新疆凯迪投资有限责任公司	0.74	本科。历任新疆建工集团第三建筑工程公司出纳、会计；立信会计师事务所新疆分所高级审计员、项目经理；国信证券乌鲁木齐分公司项目经理；新疆天山毛纺织股份有限公司财务部部长、财务总监。现任新疆金融投资有限公司计划财务部负责人
闫剑	监事	男	49	2017年2月17日	新疆恒合投资股份有限公司	0.51	硕士。历任新疆金新金融研究所副所长、安徽蚌埠商业银行董事长助理；新疆国际信托投资公司信托经理；新疆西部伟业投资总经理、云南三鑫矿业公司总经理；新疆康普建设投资（集团）有限公司负责筹建小额贷款公司。现任新疆恒合投资股份有限公司常务副总经理
刘浩蔚	职工监事	女	45	2019年11月8日	职工代表大会	—	本科。曾在北京住房公积金管理中心、中国华融资产管理公司工作；历任华融国际信托有限责任公司资金财务部副总经理（总经理级）、信托财务部总经理、托管运营部总经理、运营总监、信托财务部总经理（总监级）。现任华融国际信托有限责任公司业务管理部、固有业务部总经理（总监级）
李恺	职工监事	男	47	2020年9月14日	职工代表大会	—	硕士。曾在中国工商银行阿图什支行、中国银行新疆分行工作；历任中国银监会新疆监管局监管三处主任科员、非银处主任科员、副处长；华融国际信托有限责任公司业务总监、风险合规总监、业务审查总监、新疆管理总部总经理。现任华融国际信托有限责任公司新疆管理总部总经理（总监级）
安维斯	职工监事	女	37	2019年11月8日	职工代表大会	—	硕士。曾在安永华明会计师事务所工作；历任华融国际信托有限责任公司审计部经理、高级经理、总经理助理、副总经理（主持工作）。现任华融国际信托有限责任公司审计部（监事会办公室）部门总经理

3.4 高级管理人员

高级管理人员

姓名	职务	性别	年龄（岁）	选任日期	金融从业年限（年）	学历	专业
李丹	总经理	女	50	2021年5月21日	21	硕士	工商管理
崔文良	纪委书记（总经理级）	男	56	2021年9月28日	7	博士	哲学
王瑨	副总经理、风险总监	男	47	2019年6月6日	19	硕士	金融学
孟娜	副总经理	女	47	2020年5月28日	23	硕士	投资与国民经济学
何保庆	副总经理	男	56	2017年2月20日	27	本科	农业经济与管理
刘建春	副总经理	男	55	2017年9月28日	33	本科	金融学
李厚敬	副总经理	男	54	2016年8月19日	33	硕士	工商管理

3.5 公司员工

项目		报告期年度		上年度	
		人数（人）	比例（%）	人数（人）	比例（%）
年龄分布	25岁以下	—	—	—	—
	25—29岁	8	3	15	6
	30—39岁	142	59	149	62
	40岁以上	91	38	76	32
学历分布	博士	16	7	13	5
	硕士	137	57	139	58
	本科	83	34	83	35
	专科及其他	5	2	5	2
岗位分布	高管人员	20	8	18	8
	业务人员	98	41	109	45
	其他	123	51	113	47

4. 经营管理

4.1 经营目标、方针、战略规划

4.1.1 经营目标

深化主业转型，坚定回归信托本源、践行服务实体经济发展，全面提升公司主动管理能力、风险管控水平、价值创造能力，在推动中国经济高质量发展及价值创造过程中最大限度为受托人实现收益价值最大化。

4.1.2 经营方针

公司的经营方针是合规经营，强化风险防控，严守各项政策法规及风险管控要求；主动管理，回归信托本源，保障业务可持续发展；提高站位，履行社会责任，以服务实体经济为宗旨布局集团整体业务协同、促进公司高质量发展。

4.1.3 战略规划

公司以监管政策和资管新规为准绳，坚持回归信托本源、强化风险防控，提升内部精细化管理水平，把握市场发展机遇，实现业务结构优化升级，以"慈善信托""绿色信托"等多种手段践行社会责任。积极探索引进优质战略资本，不断提升公司资本实力和管理水平。

4.2 经营业务主要内容

公司目前经营的业务品种主要分为信托业务和固有业务。

4.2.1 信托业务

截至2021年末，公司管理存续信托资产规模982.89亿元。管理的存续信托资产规模中，主要投向工商企业、房地产行业和基础产业。

公司信托资产运用与分布如下表所示。

信托资产运用与分布表

序号	资金运用	金额（万元）	占比（%）	资产分布	金额（万元）	占比（%）
1	货币资金	58 073.68	0.59	工商企业	4 056 857.56	41.27
2	买入返售金融资产	46 980.11	0.48	房地产	2 556 036.28	26.01
3	交易性金融资产	384 783.62	3.91	基础产业	1 341 092.24	13.64
4	可供出售金融资产	2 955 282.16	30.07	金融机构	1 001 914.92	10.19
5	持有至到期投资	78 409.63	0.80	证券投资	573 373.01	5.83
6	长期股权投资	2 165 923.42	22.04	其他	299 583.63	3.06
7	客户贷款	2 782 168.65	28.31			
8	其他	1 357 236.37	13.80			
	资产总计	9 828 857.64	100.00	资产总计	9 828 857.64	100.00

4.2.2 固有业务

公司固有资产运用与分布如下表所示。

固有资产运用与分布表

序号	资金运用	金额（万元）	占比（%）	资产分布	金额（万元）	占比（%）
1	货币资产	24 836.17	1.85	基础产业	—	—
2	贷款及应收款	85 517.04	6.35	房地产业	—	—
3	交易性金融资产	922 752.44	68.55	证券市场	3 472.80	0.26
4	其他债权投资	263 673.05	19.59	实业	—	—
5	递延所得税资产	43 085.42	3.20	金融机构	1 207 788.86	89.72
6	长期股权投资	—	—	其他	134 816.36	10.02
7	其他	6 213.90	0.46			
8	资产总计	1 346 078.02	100.00	资产总计	1 346 078.02	100.00

4.3 市场分析

4.3.1 有利因素

"十四五"时期，金融工作将聚焦服务实体经济、防控金融风险、深化金融改革三项任务。在资管新规的大框架下，信托公司将进一步明确行业转型方向，发挥信托制度优势，在有效支持实体经济、服务人民群众财富管理需求中实现自身发展。

行业监管政策持续完善，"受人之托，代人理财"的本源业务成为当前信托公司业务转型的重要方向。信托公司围绕受托服务功能，强化主动管理能力，发展证券投资信托，通过证券投资、定增、打新等业务不断向标品信托转型。

近年来，随着人民群众日益增长的财富管理需求和不断增强的财富管理意识，信托牌照的财产保护、风险隔离的优势凸显。信托公司从客户需求出发，围绕客户财富平稳传承的核心诉求，提供资产配置方案与增值服务。家族信托逐步成为当前高净值人士重要的财富配置方案和信托公司的业务转型新方向。

4.3.2 不利因素

受到新冠肺炎疫情的影响，国内经济有序、弱复苏，但国际环境依然严峻复杂，全球经济不确定性增强。

2021年是资管新规过渡期的最后一年，信托行业仍处于业务转型的关键阶段。存量业务风险处置压力较大，新的业务模式下转型发展仍须一定时间，公司进一步围绕信托本源探索业务创新转型方向过程中依然面临诸多挑战。

随着房地产业的形势变化，监管部门对房地产行业的管控持续加码，融资条件继续收紧，房地产企业违约事件频发，房地产信托的风险陆续暴露。

大资管行业市场竞争持续加剧，行业政策统一化预期加强，信托行业制度性优势有待进一步发挥。

4.4 内部控制

4.4.1 内部控制环境和内部控制文化

公司按照现代金融企业制度要求，建立科学的公司法人治理结构，成立股东会、董事会、监事会并制定相应议事规则，根据有关法律法规及公司章程分别行使职责。董事会层面设立战略发展委员会、提名与薪酬管理委员会、风险管理委员会、审计委员会、信托委员会及关联交易委员会，对涉及公司战略发展、薪酬考核、风险控制等重大事项进行民主决策、集体审议；监事会层面设立风险与内控监督委员会、财务监督委员会、履职监督委员会，对公司风险管理情况、内部控制体系建设和运行情况以及财务管理情况进行监督检查，对公司董事会、高级管理层及其人员履职行为进行监督和评价。公司设立的独立董事工作制度进一步完善了公司的法人治理结构,加强了公司董事会决策的科学性,强化了对内部董事及经营层的约束和监督机制;董事会组建经营层,由总经理组织公司日常经营管理工作并对董事会负责;总经理层面设立总经理办公会、公司风险管理和内部控制委员会、经营决策委员会、资产评估审查委员会、资金财务审查委员会、大额采购委员会、责任追究委员会、消费者权益保护委员会、信息科技管理委员会、员工业余进修学习奖励评审委员会、律所选聘委员会、中介机构管理委员会、呆账核销委员会,分别负责对公司重大决策事项、各项业务方案、重大风险管理解决方案和重大资金运用与支出等事项进行审查。根据监管要求及实际需要,公司设立综合管理部(党委办公室、党委宣传部、工会办公室)、审计部(监事会办公室)、纪委办公室、人力资源部(党委组织部)、业务管理部、业务审查部、风险管理部(资产保全管理部、评估业务部)、法律合规部、财务管理部、信托财务部、信息科技部以及其他业务部门等系列职能部室,从而形成一个结构合理、管理科学、内部控制有效的治理结构和机制。

4.4.2 内部控制措施

公司建立了完善的各层级授权制度,明确董事会、监事会、经营层的权限及职责。董事会作为公司决策机构,负责决定公司内部管理机构的设置、制定公司的基本管理制度、决定公司对外重大投资、重大资产处置事项、决定公司资本金运用、资产抵押、对外担保、关联交易等事项。为防范风险,董事会对重大资本金项目、重大信托项目负责审查审批。董事会严格按照董事会议事规则召开会议。公司设立监事会,监事会为公司的监督机构。监事会按照《公司法》和公司章程赋予的职责和权利,依法运作,认真履职。经营层通过董事会的授权在权限范围内履行职责,建立健全内部控制体系,保证内部控制的各项职责得到有效履行,负责对内部控制的充分性与有效性进行监测评估;并负责执行董事会批准的各项规划、决策和制度。

公司坚持制度先行、规范经营的理念。2021年,公司根据新实施的监管政策和法规,新建《产品风险评级管理办法(试行)》《投资者适当性管理办法》《营销宣传行为管理办法(试行)》等制度,以适应公司业务开展和风险管理的实际需要;修订《贯彻落实"三重一大"决策制度的实施细则(2021年版)》,进一步规范党委工作,发挥党委政治核心作用;修订《业务审查审批规程(2021年版)》,进一步规范业务报审全流程,提升审查决策的科学性、民主性、专业性和有效性;同时,持续对各项业务制度重新进行了全面的梳理、完善和补充,进一步优化业务流程,有效防范及控制各种风险。

4.4.3 信息交流与反馈

公司建立了信息披露工作制度及信息交流、汇报、反馈程序,以及督办工作机制,通过工作简报、办公会议纪要、专题报告、督办报表、内部要情通报、审计报告等多种形式进行信息交流、汇报和反馈,使董事会和经营层能够及时了解业务信息、管理信息以及其他重要风险信息;所有员工能充分了解相关信息、遵守涉及其责任和义务的政策、程序;及时、真实、完整地向监管机构和外界报告、披露相关信息;及时把与企业既定经营目标有关的信息提供给所有员工等。

公司采取信息系统平台、互联网络、电子邮件、电话传真、例行会议、专题报告、调查研究、教育培训等多种方式,实现所需的内部信息在公司内部准确、及时传递和共享,重要信息及时上报至公司董事会及各专业委员会、监事会和各级管理层,确保董事会、管理层和公司员工之间有效沟通。

公司根据发展战略、风险控制和业绩考核要求,设计不同级次内部报告指标体系,并与全面预算管理相结合,全面反映与公司经营管理相关的各种内外部信息。报告包括定期报告、即时报告、日常报告和突发事件报告。

4.4.4 监督评价与纠正

公司按外部监管要求以及内部管理需要,建立了多重检查监督形式组成的内部监督体系,董事会决定风险管理与内部控制的政策,通过定期召开董事会议、审阅审计报告等方式持续监控内部控制建立与实施过程中的重大问题;监事会对公司财务活动运行情况、内部控制与风险管理运行情况以及董事、高级管理人员履职情况进行监督;纪委办公室对公司全体干部员工的廉洁自律与岗位履职情况进行监督;董事会下设审计委员会,审计委员会下设审计部,审计部在审计委员会的指导下通过独立、客观的日常监督与专项监督活动,对公司内部控制设计与执行的有效性进行审查和评价,及时发现内部控制缺陷,提出改进措施并监督整改情况,为公司合法、高效、规范运作提供有力支持和保障。

4.5 风险管理

4.5.1 风险管理概况

2021年,公司坚持稳中求进的工作总基调,积极应对疫情带来的经济社会影响和市场风险，以存量风险化解和增量风险管控为核心，不断完善全面风险管理体系，前移风险管控关口，根据公司转型发展的要求，持续改进风险管理工具和手段，提升全面风险管控的质量和水平，较好地控制了公司经营管理中的各类风险。

公司董事会是公司风险管理的最高决策机构，承担全面风险管理的最终责任。董事会风险管理委员会、关联交易委员会和审计委员会负责按照公司章程和专门委员会工作规则的规定，履行风险管理责任。公司监事会是公司风险管理的监督机构，承担全面风险管理的监督责任。监事会专门委员会根据监事会的授权开展风险管理监督工作，对监事会负责，向监事会报告工作。公司高级管理层负责实施董事会制定的风险管理策略、风险偏好，承担全面风险管理的实施责任。公司在高级管理层设立风险管理和内部控制委员会，作为高级管理层风险管理议事机构。风险总监作为负责全面风险管理的高级管理人员，独立于操作和经营条线，可以直接向董事会报告全面风险管理情况。

风险管理部作为全面风险管理牵头部门，推动全面风险管理体系建设，负责牵头信用风险、市场风险、客户集中度风险、关联交易风险的管控，并统筹推进存量风险资产的化解工作。综合管理部负责牵头管理声誉风险。业务管理部负责牵头管理资本不足风险、战略风险和新业务风险。财务管理部负责牵头管理流动性风险。法律合规部负责牵头管理法律风险、操作风险、合规风险、反洗钱及案防工作。信息科技部负责管理信息科技风险，并对风险管理信息系统和数据建设提供支持，开展全面风险管理各领域的系统建设。审计部负责结合日常审计工作，对全面风险管理的充分性和有效性进行审查和评价。

4.5.2 风险状况

4.5.2.1 信用风险状况

公司可能面临的信用风险主要是交易对手无法履约的风险。截至2021年12月末，公司管理的存续信托项目120个，实收信托规模937.68亿元，其中，主动管理类信托项目规模359.72亿元，占比为38.36%。

4.5.2.2 市场风险状况

市场风险指公司因股价、市场利率及其他价格因素变动给公司盈利能力和财务状况带来的风险。目前，公司管理的金融产品主要是股票，公司管理的股票资产虽然受市场波动的影响较大，但公司持有的股票资产数量少，占用资金量较低，因此市场风险处于可控范围内。

4.5.2.3 操作风险状况

操作风险主要表现在由于公司内部人员在相关业务办理过程中因操作失误和内部控制制度不完善而出现的风险。截至2021年12月31日，公司未出现操作风险事件。公司对所有项目均严格进行尽职调查，积极履行受托人职责，尽职管理，忠实执行合同，严格履行信息披露义务。公司信托和固有业务账户分开设立，印章使用、资金划拨、抵（质）押物变更审批等管理规范，严格执行抵（质）押权证保管登记制度，定期核实保管的权证，严防操作风险。

4.5.2.4 其他风险状况

其他风险主要包括合规风险和政策风险。公司的各项业务严格按照国家相关政策，依法合规操作，未出现违反国家相关政策及违规事件的情况。

2021年，监管部门监管重点为内控合规和改革转型。公司积极落实监管机构要求，积极开展内控合规年建设，完成了监管部门向公司下达的两项业务压降（融资类业务压降和金融同业通道业务压降）和风险资产处置任务。

4.5.3 风险管理

4.5.3.1 信用风险管理

公司在信用风险管理上，主要采取以下具体举措：一是注重交易对手的选择，通过项目前期尽职调查、交易结构设计、抵（质）押担保条件的设置、项目投后尽职管理、现金流的监测、资金监管等措施，从项目的全过程加强对信用风险的防范和控制，严格客户准入条件。二是严格放款审查，对照批复条件逐条落实放款审核。三是对交易对手进行投放后动态管理，定期了解交易对手经营情况和财务情况，加大项目投后巡访力度，及时发现风险隐患。四是持续关注抵（质）押物价值变动，确保抵（质）押率保持合理水平，抵（质）押物的担保价值足值。五是采用资产分类等信用风险度量指标进行信用风险评级，并不断改进信用风险分析方法和技术。六是严格按照规定对信用风险资产合理计提减值准备，合理确定估值金额。七是密切关注宏观经济形势及国家产业政策、信贷政策及其他调控政策的变化，及时研究对策和措施。

4.5.3.2 市场风险管理

公司开展各项业务时，全面客观地分析经济形势，审慎选择项目，严格项目准入；在项目开展前，对金融市场有可能产生的市场风险的各个因素进行分析研究，提早做好防范措施；加强对项目的审查、决策；对涉及资本市场的项目或质押物设立相关股票的警戒线、止损位,并对相关股票价格变动进行动态监测。

4.5.3.3 操作风险管理

公司在操作风险管理上,主要采取以下具体举措:一是通过《风险控制矩阵》等内控管理工具,梳理公司操作风险的分布状况,及时进行操作风险识别和控制。二是通过综合采用不相容岗位职责分离、实物控制、绩效考评、员工培训等手段,强化业务管理线上流程建设,实现业务操作留痕管理,控制操作风险。三是做好系统数据的备份,借助信息技术控制操作风险。

4.5.3.4 合规风险管理

2021年,公司对组织架构进行调整,明确责任部室,完善内控合规相关职能,加强了合规管理。对内控流程中的各项风险控制措施进行评估,弥补漏洞和缺陷,完善公司、管理及业务各层面的各内部控制流程,落实各流程的主控部室及其主体责任,修订《内部控制手册》,强化内控管理的精细化水平。

根据《信托公司净资本管理办法》(中国银监会令2010年第5号)规定的披露要求,截至2021年12月31日,公司净资本为13.31亿元,高于2亿元的监管要求;净资本/各项业务风险资本之和为40.02%(较上年回升27%),未达到净资本不得低于各项风险资本之和的100%的规定;净资本/净资产为38.89%(较上年回升22.45%),未达到净资本不得低于净资产40%的规定。

4.6 消费者权益保护

为切实维护金融秩序、防范和化解金融风险,夯实消费者权益保护工作主体责任,实现可持续、健康发展,公司恪守社会公德,依法经营,诚信经营,切实履行消费者权益保护各项义务,积极落实消费者权益保护各项工作,充分尊重并自觉保障消费者的财产安全权、知情权、自主选择权、公平交易权、依法求偿权、受教育权、受尊重权、信息安全权等八项基本权利,推动实现消费者在与公司发生业务往来的各个阶段始终得到公平、公正和诚信的对待。2021年,公司积极响应监管部门号召,不断完善消费者权益保护工作体系,通过优化消费者权益保护工作组织架构、完善消费者权益保护工作制度体系及风险管控流程、升级"双录"工作基础设施建设、开展投资者教育等手段,公司建立了消费者适当性及审查机制,不断增强公司消费者权益保护能力。根据监管要求,公司进一步完善消费者权益保护宣传工作,全年开展多项消费者宣传工作,不断提升消费者自我保护意识。切实维护消费者合法权益,高度重视和对待消费者投诉情况,设立公司消费者权益保护委员会,建立了消费者投诉处理制度。2021年,公司未接到一起投诉事件,公司将持续努力做到消费者满意,同时公司将消费者权益保护工作融入公司经营管理的各个环节,促使消费者权益保护工作落到实处、取得实效。

4.7 社会责任履行情况

2021年,公司积极落实新疆自治区政府、监管部门及中国华融相关工作部署,在主动防控金融风险、积极业务发展转型的基础上,服务国家发展战略,积极投身精准扶贫、环境保护、社会公益,切实履行国有金融企业的社会责任。一是助力全社会打赢疫情防控的人民战争、总体战、阻击战。公司认真贯彻落实党中央、政府以及监管部门疫情防控工作的各项要求,在做好自身疫情防控的基础上,积极助力打赢疫情防控的人民战争、总体战、阻击战。二是扎实推进定点扶贫,服务乡村振兴。根据新疆自治区政府有关要求,公司积极开展新疆塔什库尔干县马尔洋乡布候其拉甫村定点帮扶工作。2021年,公司协调完成布候其拉甫村阳光板大棚建设项目建设,项目总投资28万元,其中前期帮扶资金22万元。三是深入落实"访惠聚"驻村工作。2018年以来,公司切实履行国有企业社会责任,每年向新疆和田县阿瓦提乡塔格艾日克村"访惠聚"工作队派驻一名人员担任第一书记助理,协助第一书记做好驻村服务和扶贫工作。2021年5月,公司对驻村人员进行新一轮轮换,配合有关部门扎实推进"访民情、惠民生、聚民心"及精准扶贫工作。四是积极开展"一对一"爱心助学和爱心捐赠等活动。2021年,中国华融组织为宣汉县贫困学生"一对一"爱心助学活动,公司向全体员工发出倡议,多名员工积极响应,参与宣汉县贫困学生匹配结对帮扶,资助贫困学生完成学业。五是积极开展消费帮扶,助力地区产业发展。公司积极采购四川宣汉县、甘肃省临洮县、和政县、内蒙古察右后旗等地区相关农产品,并积极动员社会力量,帮助解决"销售难、销路愁"等困难,带动当地农业特色产业发展,2021年消费帮扶总金额达到10.14万元。六是深入开展慈善信托。积极运用牌照优势,把公益信托业务与帮扶工作、乡村振兴工作紧密结合,制定"定点帮扶2号慈善信托",向贫困地区的农牧民捐赠了货值为20万元的防寒保暖物资,及时解决冬季农牧民的实际困难。制定对甘肃和政县残联的"定点帮扶3号公益信托",对该县残疾人士提供了货值10万元的保暖内衣。此外,公司在经营管理、业务发展、客户服务及消费者权益保护等方面积极履行法律责任、经济责任、公益责任和环境责任,努力践行绿色发展理念,高度重视与地方政府、监管部门以及合作伙伴、客户、社会组织、员工、股东及投资者等利益相关方的沟通协调,并根据相关法规、监管部门及行业协会要求通过各种渠道进行了信息披露。2021年,公司荣获年度"信登杯"信托业标准化监管数据报送优秀机构称号。

5.报告期末及上一年度末的比较式会计报表

5.1 自营资产

5.1.1 审计报告

安永华明会计师事务所(特殊普通合伙)已向华融信托出具安永华明(2022)审字第61607339_A01号审计报告,其审计意见如下:

一、审计意见

我们审计了华融国际信托有限责任公司的财务报表,包括2021年12月31日的合并及公司资产负债表、2021年度的合并及公司利润表、所有者权益变动表和现金流量表以及相关财务报表附注。

我们认为,后附的华融国际信托有限责任公司的财务报表在所有重大方面按照企业会计准则的规定编制,公允反映了华融国际信托有限责任公司2021年12月31日的合并及公司财务状况以及2021年度的合并及公司经营成果和现金流量。

二、形成审计意见的基础

我们按照中国注册会计师审计准则的规定执行了审计工作。审计报告的"注册会计师对财务报表审计的责任"部分进一步阐述了我们在这些准则下的责任。按照中国注册会计师职业道德守则,我们独立于华融国际信托有限责任公司,并履行了职业道德方面的其他责任。我们相信,我们获取的审计证据是充分、适当的,为发表审计意见提供了基础。

三、管理层和治理层对财务报表的责任

华融国际信托有限责任公司管理层负责按照企业会计准则的规定编制财务报表,使其实现公允反映,并设计、执行和维护必要的内部控制,以使财务报表不存在由于舞弊或错误导致的重大错报。

在编制财务报表时,管理层负责评估华融国际信托有限责任公司的持续经营能力,披露与持续经营相关的事项(如适用),并运用持续经营假设,除非计划进行清算、终止运营或别无其他现实的选择。

治理层负责监督华融国际信托有限责任公司的财务报告过程。

四、注册会计师对财务报表审计的责任

我们的目标是对财务报表整体是否不存在由于舞弊或错误导致的重大错报获取合理保证,并出具包含审计意见的审计报告。合理保证是高水平的保证,但并不能保证按照审计准则执行的审计在某一重大错报存在时总能发现。错报可能由于舞弊或错误导致,如果合理预期错报单独或汇总起来可能影响财务报表使用者依据财务报表作出的经济决策,则通常认为错报是重大的。

在按照审计准则执行审计工作的过程中,我们运用职业判断,并保持职业怀疑。同时,我们也执行以下工作:

(1)识别和评估由于舞弊或错误导致的财务报表重大错报风险,设计和实施审计程序以应对这些风险,并获取充分、适当的审计证据,作为发表审计意见的基础。由于舞弊可能涉及串通、伪造、故意遗漏、虚假陈述或凌驾于内部控制之上,未能发现由于舞弊导致的重大错报的风险高于未能发现由于错误导致的重大错报的风险。

(2)了解与审计相关的内部控制,以设计恰当的审计程序,但目的并非对内部控制的有效性发表意见。

(3)评价管理层选用会计政策的恰当性和作出会计估计及相关披露的合理性。

(4)对管理层使用持续经营假设的恰当性得出结论。同时,根据获取的审计证据,就可能导致对华融国际信托有限责任公司持续经营能力产生重大疑虑的事项或情况是否存在重大不确定性得出结论。如果我们得出结论认为存在重大不确定性,审计准则要求我们在审计报告中提请报表使用者注意财务报表中的相关披露;如果披露不充分,我们应当发表非无保留意见。我们的结论基于截至审计报告日可获得的信息。然而,未来的事项或情况可能导致华融国际信托有限责任公司不能持续经营。

(5)评价财务报表的总体列报(包括披露)、结构和内容,并评价财务报表是否公允反映相关交易和事项。

(6)就华融国际信托有限责任公司中实体或业务活动的财务信息获取充分、适当的审计证据,以对财务报表发表审计意见。我们负责指导、监督和执行集团审计,并对审计意见承担全部责任。

我们与治理层就计划的审计范围、时间安排和重大审计发现等事项进行沟通，包括沟通我们在审计中识别出的值得关注的内部控制缺陷。

安永华明会计师事务所（特殊普通合伙）

中国注册会计师：孙玲玲

中国注册会计师：冯栋娜

2022年3月31日

5.1.2 资产负债表

资产负债表

编制单位：华融国际信托有限责任公司　　2021年12月31日　　单位：万元

项目	期末余额	期初余额
货币资金	24 836.17	40 897.26
交易性金融资产	922 752.44	912 212.07
债权投资	—	—
其他债权投资	263 673.05	260 660.34
长期股权投资	—	201.99
投资性房地产	1 718.45	1 787.59
固定资产	1 352.67	1 459.69
无形资产	1 456.52	1 578.42
递延所得税资产	43 085.42	57 079.28
其他资产	87 203.30	168 243.90
资产总计	1 346 078.02	1 444 120.54

资产负债表（续表）

编制单位：华融国际信托有限责任公司　　2021年12月31日　　单位：万元

项目	期末余额	期初余额
拆入资金	—	—
卖出回购金融资产款	—	—
应付职工薪酬	17 248.68	15 109.98
应交税费	217.51	1 337.05
其他负债	975 734.79	1 123 510.86
负债合计	993 200.98	1 139 957.89
实收资本	303 565.33	303 565.33
其他权益工具	—	—
其中：优先股	—	—
永续债	—	—
资本公积	288 212.12	288 212.12
减：库存股	—	—
其他综合收益	551.50	1 789.79
盈余公积	57 748.44	57 748.44
信托赔偿准备金	43 277.25	37 221.67
未分配利润	(340 477.60)	(384 374.70)

续表

项目	期末余额	期初余额
归属于母公司所有者权益	352 877.04	304 162.64
少数股东权益	—	—
股东权益合计	352 877.04	304 162.65
负债和股东权益总计	1 346 078.02	1 444 120.54

5.1.3 利润表

利润表

编制单位：华融国际信托有限责任公司　　2021年1—12月　　单位：万元

项目	本期金额	上期金额
一、营业收入	145 852.36	(262 531.72)
利息净收入	14 652.26	21 566.54
利息收入	14 652.26	21 566.54
手续费及佣金净收入	17 880.88	38 130.32
手续费及佣金收入	17 880.88	38 130.32
手续费及佣金支出	—	—
投资收益（损失以"（）"号填列）	15 975.17	54 504.60
公允价值变动收益（损失以"（）"号填列）	96 670.89	(376 898.42)
汇兑收益（损失以"（）"号填列）		
其他业务收入	673.16	165.24
二、营业支出	81 574.09	310 262.96
利息支出	46 369.53	60 720.13
营业税金及附加	122.66	334.02
业务及管理费	25 828.37	19 717.81
资产减值损失	9 142.40	229 422.27
其他业务成本	111.13	68.73
三、营业利润（损失以"（）"号填列）	64 278.27	(572 794.68)
加：营业外收入	1.33	479.75
减：营业外支出	154.51	167.38
四、利润总额（损失以"（）"号填列）	64 125.09	(572 482.31)
减：所得税费用	14 172.41	(585.61)
五、净利润（损失以"（）"号填列）	49 952.68	(571 896.70)
归属于母公司所有者的净利润	49 952.68	(571 896.70)
少数股东损益	—	—
六、每股收益		
（一）基本每股收益		
（二）稀释每股收益		
七、其他综合收益（损失以"（）"号填列）	(1 238.29)	981.89
八、综合收益总额	48 714.39	(570 914.81)
归属于母公司所有者的综合收益总额	48 714.39	(570 914.81)

5.1.4 所有者权益变动表

所有者权益变动表

编制单位：华澳国际信托有限责任公司　　2021年度1—12月　　单位：万元

项目	本期金额								上期金额							
	股本	资本公积	盈余公积	信托赔偿准备金	未分配利润	其他综合收益	股东权益合计		股本	资本公积	盈余公积	信托赔偿准备金	未分配利润	其他综合收益	股东权益合计
一、上年年末余额	303 565.33	288 212.12	57 748.44	37 221.67	(384 374.70)	1 789.79	304 162.65		303 565.33	288 212.12	57 748.44	37 221.67	187 522.00	807.90	875 077.46
加：会计政策变更	—	—	—	—	—	—	—		—	—	—	—	—	—	—
前期差错更正	—	—	—	—	—	—	—		—	—	—	—	—	—	—
二、本年年初余额	303 565.33	288 212.12	57 748.44	37 221.67	(384 374.70)	1 789.79	304 162.65		303 565.33	288 212.12	57 748.44	37 221.67	187 522.00	807.90	875 077.46
三、本年增减变动金额（减少以"("号填列）	—	—	—	6 055.58	43 897.10	(1 238.29)	48 714.39		—	—	—	—	(571 896.70)	981.89	(570 914.81)
（一）净利润	—	—	—	—	49 952.68	—	49 952.68		—	—	—	—	(571 896.70)	—	(571 896.70)
（二）其他综合收益	—	—	—	—	—	(1 238.29)	(1 238.29)		—	—	—	—	—	981.89	981.89
上述（一）和（二）小计	—	—	—	—	49 952.68	(1 238.29)	48 714.39		—	—	—	—	(571 896.70)	981.89	(570 914.81)
（三）股东投入和减少资本	—	—	—	—	—	—	—		—	—	—	—	—	—	—
1.股东投入资本	—	—	—	—	—	—	—		—	—	—	—	—	—	—
2.股份支付计入股东权益的金额	—	—	—	—	—	—	—		—	—	—	—	—	—	—
（四）利润分配	—	—	—	6 055.58	(6 055.58)	—	—		—	—	—	—	—	—	—
1.提取盈余公积	—	—	—	—	—	—	—		—	—	—	—	—	—	—
2.提取一般风险准备	—	—	—	6 055.58	(6 055.58)	—	—		—	—	—	—	—	—	—
3.对股东的分配	—	—	—	—	—	—	—		—	—	—	—	—	—	—
4.其他	—	—	—	—	—	—	—		—	—	—	—	—	—	—
（五）所有者权益内部结转	—	—	—	—	—	—	—		—	—	—	—	—	—	—
1.资本公积转增股本	—	—	—	—	—	—	—		—	—	—	—	—	—	—
2.盈余公积转增股本	—	—	—	—	—	—	—		—	—	—	—	—	—	—
3.盈余公积弥补亏损	—	—	—	—	—	—	—		—	—	—	—	—	—	—
4.其他	—	—	—	—	—	—	—		—	—	—	—	—	—	—
（六）专项储备	—	—	—	—	—	—	—		—	—	—	—	—	—	—
1.本期提取	—	—	—	—	—	—	—		—	—	—	—	—	—	—
2.本期使用	—	—	—	—	—	—	—		—	—	—	—	—	—	—
四、本年年末余额	303 565.33	288 212.12	57 748.44	43 277.25	(340 477.60)	551.50	352 877.04		303 565.33	288 212.12	57 748.44	37 221.67	(384 374.70)	1 789.79	304 162.65

5.2 信托资产

5.2.1 信托项目资产负债汇总表

编制单位：华融国际信托有限公司　2021年12月31日　单位：万元

序号	项目	A 期末余额	B 年初余额
1	信托资产：	—	—
2	1.货币资金	58 073.68	188 687.55
3	2.拆出资金	—	—
4	3.存出保证金	—	—
5	4.交易性金融资产	384 783.62	528 912.71
6	5.衍生金融资产	—	—
7	6.买入返售金融资产	46 980.11	47 051.73
8	其中：6.1 买入返售证券	1 300.11	1 371.73
9	6.2 买入返售信贷资产	—	—
10	7.应收款项	1 357 236.37	1 339 645.15
11	8.发放贷款	2 782 168.65	4 212 744.73
12	其中：8.1 基础产业	905 818.94	1 318 334.23
13	8.2 房地产	436 369.60	707 436.66
14	9.可供出售金融资产	2 955 282.16	3 384 163.52
15	10.持有至到期投资	78 409.63	203 042.31
16	11.长期应收款	—	—
17	12.长期股权投资	2 165 923.42	2 741 246.69
18	其中：12.1 基础产业	223 631.50	403 330.00
19	12.2 房地产	739 554.17	824 714.17
20	13.投资性房地产	—	—
21	14.固定资产	—	—
22	15.无形资产	—	—
23	16.长期待摊费用	—	—
24	17.其他资产	—	—
25	18.信托资产总计	9 828 857.64	12 645 494.39
26	19.各项资产减值准备	—	—
27	信托负债：	—	—
28	20.交易性金融负债	—	—
29	21.衍生金融负债	—	—
30	22.应付受托人报酬	2 355.18	7 994.88
31	23.应付托管费	693.92	583.20
32	24.应付受益人收益	290 493.08	271 127.81
33	25.应交税费	4 479.34	5 147.02
34	26.应付销售服务费	—	—
35	27.其他应付款项	756 793.51	872 365.41
36	28.其他负债	37 541.34	55 941.10
37	29.信托负债合计	1 092 356.37	1 213 159.42
38	信托权益：	—	—
39	30.实收信托	9 376 805.87	12 087 088.01
40	30.1 资金信托	6 659 056.41	9 091 559.71
41	30.1.1 集合	3 535 307.76	4 758 342.68
42	30.1.2 单一	3 123 748.65	4 333 217.03
43	30.2 财产信托	2 717 749.46	2 995 528.30
44	30.2.1 信贷资产证券化	11 418.36	55 404.09
45	30.2.2 其他资产（准）证券化	1 499 085.62	1 365 213.68
46	31.资本公积	—	—
47	32.外币报表折算差额	—	—
48	33.未分配利润（损失以"（）"号填列）	（640 304.60）	（654 753.04）
49	34.信托权益合计	8 736 501.27	11 432 334.97
50	35.信托负债和信托权益总计	9 828 857.64	12 645 494.39

5.2.2 信托项目利润及利润分配汇总表

编制单位：华融国际信托有限公司　2021年12月31日　单位：万元

序号	项目	A 本年数	B 上年数
1	1.营业收入	475 117.35	745 567.88
2	1.1.利息收入	220 081.39	274 558.94
3	1.2.投资收益	106 699.97	425 960.14
4	1.3.公允价值变动收益（损失以"（）"号填列）	53 429.06	（922.23）
5	1.4.租赁收入	—	—
6	1.5.其他收入	94 906.93	45 971.03
7	2.营业费用	18 890.69	59 856.40
8	3.营业税金及附加	1 225.84	1 675.00
9	4.扣除资产损失前的信托利润	455 000.82	684 036.48
10	5.减：资产减值损失	82 268.43	132 583.58
11	6.扣除资产损失后的信托利润	372 732.39	551 452.90
12	7.加：期初未分配信托利润（损失以"（）"号填列）	（654 753.04）	（602 644.90）
13	8.可供分配的信托利润	（282 020.65）	（51 192.00）
14	9.减：本期已分配信托利润	358 283.95	603 561.04
15	10.期末未分配信托利润（损失以"（）"号填列）	（640 304.60）	（654 753.04）

6. 会计报表附注

6.1 会计报表编制基准不符合会计核算基本前提的说明

报告期内会计报表不存在不符合会计核算基本前提的事项。

6.2 重要会计政策和会计估计说明

公司执行新企业会计准则，并自2018年1月1日起执行财政部于2017年修订的《企业会计准则第22号——金融工具确认和计量》《企业会计准则第23号——金融资产转移》《企业会计准则第24号——套期会计》和《企业会计准则第37号——金融工具列报》（以下简称新金融工具准则），修订前的《企业会计准则第22号——金融工具确认和计量》《企业会计准则第23号——金融资产转移》《企业会计准则第24号——套期会计》和

《企业会计准则第37号——金融工具列报》统一简称为原金融工具准则）。

公司自2019年1月1日（首次执行日）起执行财政部于2018年修订的《企业会计准则第21号——租赁》（以下简称新租赁准则，修订前的租赁准则简称原租赁准则）。新租赁准则完善了租赁的定义，增加了租赁的识别、分拆和合并等内容；取消承租人经营租赁和融资租赁的分类，要求在租赁期开始日对所有租赁（短期租赁和低价值资产租赁除外）确认使用权资产和租赁负债，并分别确认折旧和利息费用。

公司以人民币为记账本位币，会计年度自公历1月1日起至12月31日止。

6.2.1 计提资产减值准备的范围和方法

金融资产减值方面，新金融工具准则有关减值的要求适用于以摊余成本计量以及以公允价值计量且其变动计入其他综合收益的金融资产、应收融资租赁款、应收账款、合同资产以及特定未提用的贷款承诺和财务担保合同。新金融工具准则要求采用预期信用损失模型以替代原先的已发生信用损失模型。新减值模型要求采用三阶段模型，依据相关项目自初始确认后信用风险是否发生显著增加，信用损失准备按12个月内预期信用损失或者整个存续期的预期信用损失进行计提。

非金融资产减值方面，公司在每一个资产负债表日检查长期股权投资、投资性房地产、固定资产、使用寿命确定的无形资产是否存在可能发生减值的迹象。如果该等资产存在减值迹象，则估计其可收回金额。使用寿命不确定的无形资产和尚未达到可使用状态的无形资产，无论是否存在减值迹象，每年均进行减值测试。如果资产的可收回金额低于其账面价值，按其差额计提资产减值准备，并计入当期损益。上述资产减值损失一经确认，在以后会计期间不予转回。

6.2.2 金融资产三分类的范围和标准

6.2.2.1 金融资产三分类的范围

初始确认后，公司对不同类别的金融资产，分别以摊余成本、以公允价值计量且其变动计入其他综合收益或以公允价值计量且其变动计入当期损益进行后续计量。

6.2.2.2 金融资产三分类的标准

金融资产的合同条款规定在特定日期产生的现金流量仅为对本金和以未偿付本金金额为基础的利息的支付，且本公司管理该金融资产的业务模式是以收取合同现金流量为目标，则将该金融资产分类为以摊余成本计量的金融资产。此类金融资产主要包括货币资金、应收款项、其他应收款和债权投资等。

金融资产的合同条款规定在特定日期产生的现金流量仅为对本金和以未偿付本金金额为基础的利息的支付，且管理该金融资产的业务模式既以收取合同现金流量为目标又以出售该金融资产为目标的，则该金融资产分类为以公允价值计量且其变动计入其他综合收益的金融资产。

以公允价值计量且其变动计入当期损益的金融资产包括分类为以公允价值计量且其变动计入当期损益的金融资产和指定为以公允价值计量且其变动计入当期损益的金融资产，列示于交易性金融资产。

6.2.3 以摊余成本计量的金融资产核算方法

该金融资产采用实际利率法，按摊余成本进行后续计量，发生减值时或终止确认产生的利得或损失，计入当期损益。

对分类为以摊余成本计量的金融资产与分类为以公允价值计量且其变动计入其他综合收益的金融资产按照实际利率法确认利息收入。

6.2.4 以公允价值计量且其变动计入其他综合收益的金融资产核算方法

分类为以公允价值计量且其变动计入其他综合收益的金融资产相关的减值损失或利得、采用实际利率法计算的利息收入及汇兑损益计入当期损益，除此以外该金融资产的公允价值变动均计入其他综合收益。该金融资产计入各期损益的金额与视同其一直按摊余成本计量而计入各期损益的金额相等。该金融资产终止确认时，之前计入其他综合收益的累计利得或损失从其他综合收益中转出，计入当期损益。

将非交易性权益工具投资指定为以公允价值计量且其变动计入其他综合收益的金融资产后，该金融资产的公允价值变动在其他综合收益中进行确认，该金融资产终止确认时，之前计入其他综合收益的累计利得或损失从其他综合收益中转出，计入留存收益。本公司持有该权益工具投资期间，在收取股利的权利已经确立，与股利相关的经济利益很可能流入本公司，且股利的金额能够可靠计量时，确认股利收入并计入当期损益。

6.2.5 长期股权投资核算方法

6.2.5.1 长期股权投资的初始计量

对于同一控制下的企业合并取得的长期股权投资，在合并日按照被合并方所有者权益在最终控制方合并财务报表中的账面价值的份额作为长期股权投资的初始投资成本。长期股权投资初始投资成本与支付的现金、转让的非现金资产以及所承担债务账面价值之间的差额，调整资本公积；资本公积不足冲减的，调整留存收益。以发行权益性证券作为合并对价的，在合并日按照被合并方所有者权益在最终控制方合并财务报表中的账面价值的份额作为长期股权投资的初始投资成本，按照发行股份的面值总额作为股本，长期股权投资初始投资成本与所发行股份面值总额之间的差额，调整资本公积；资本公积不足冲减的，调整留存收益。

对于非同一控制下的企业合并取得的长期股权投资，在购买日按照合并成本作为长期股权投资的初始投资成本。

合并方或购买方为企业合并发生的审计、法律服务、评估咨询等中介费用以及其他相关管理费用，于发生时计入当期损益。

除企业合并形成的长期股权投资外其他方式取得的长期股权投资，按成本进行初始计量。对于因追加投资能够对被投资单位实施重大影响或实施共同控制但不构成控制的，长期股权投资成本为按照《企业会计准则第22号——金融工具确认和计量》确定的原持有股权投资的公允价值加上新增投资成本之和。

6.2.5.2 长期股权投资的后续计量及投资收益确认方法

采用成本法核算的长期股权投资按照初始投资成本计价。追加或收回投资调整长期股权投资的成本。当期投资收益按照享有被投资单位宣告发放的现金股利或利润确认。

采用权益法核算的长期股权投资，按照应享有的被投资单位实现的净损益的份额，确认投资损益并调整长期股权投资的账面价值。

公司确认被投资单位发生的净亏损，以长期股权投资的账面价值以及其他实质上构成对被投资单位净投资的长期权益减记至零为限。

6.2.5.3 长期股权投资处置

处置长期股权投资时，其账面价值与实际取得价款的差额，计入当期损益。采用权益法核算的长期股权投资，处置后的剩余股权仍采用权益法核算的，原采用权益法核算而确认的其他综合收益采用与被投资单位直接处置相关资产或负债相同的基础进行会计处理，并按比例结转当期损益；因被投资方除净损益、其他综合收益和利润分配以外的其他所有者权益变动而确认的所有者权益，按比例结转入当期损益。采用成本法核算的长期股权投资，处置后剩余股权仍采用成本法核算的，其在取得对被投资单位的控制之前因采用权益法核算或金融工具确认和计量准则核算而确认的其他综合收益，采用与被投资单位直接处置相关资产或负债相同的基础进行会计处理，并按比例结转。

6.2.6 投资性房地产核算方法

投资性房地产是指为赚取租金或资本增值，或两者兼有而持有的房地产。本公司投资性房地产包括已出租的土地使用权和已出租的建筑物。

6.2.6.1 投资性房地产的确认

投资性房地产同时满足下列条件，才能确认：（1）与投资性房地产有关的经济利益很可能流入企业。（2）该投资性房地产的成本能够可靠计量。

6.2.6.2 投资性房地产初始计量

（1）外购投资性房地产的成本，包括购买价款、相关税费和可直接归属于该资产的其他支出。（2）自行建造投资性房地产的成本，由建造该项资产达到预定可使用状态前所发生的必要支出构成。（3）以其他方式取得的投资性房地产的成本，按照相关会计准则的规定确定。（4）与投资性房地产有关的后续支出，满足投资性房地产确认条件的，计入投资性房地产成本；不满足确认条件的在发生时计入当期损益。

6.2.6.3 投资性房地产的后续计量

本公司在资产负债表日采用成本模式对投资性房地产进行后续计量。根据《企业会计准则第4号——固定资产》和《企业会计准则第6号——无形资产》的有关规定，对投资性房地产在预计可使用年限内按年限平均法摊销或计提折旧。

6.2.6.4 投资性房地产的转换

本公司有确凿证据表明房地产用途发生改变，将投资性房地产转换为其他资产，或将其他资产转换为投资性房地产，将房地产转换前的账面价值作为转换后的入账价值。

6.2.6.5 投资性房地产减值准备

采用成本模式进行后续计量的投资性房地产，其减值准备的确认标准和计提方法参照固定资产和无形资产。

6.2.7 固定资产计价和折旧方法

6.2.7.1 固定资产的计价

固定资产按其成本作为入账价值，其中：外购的固定资产的成本包括购买价款、相关税费、使固定资产达到预定可使用状态前所发生的可直接归属于该资产的其他支出；投资者投入的固定资产的成本按照投资合同或协议约定的价值确定。

6.2.7.2 固定资产的分类

公司固定资产分为房屋及建筑物、运输工具、电子设备、其他设备等。

6.2.7.3 固定资产折旧方法

公司固定资产折旧采用年限平均法计提折旧。按固定资产的类别、使用寿命和预计净残值率确定的年折旧率如下表所示。

固定资产类别	预计使用年限（年）	预计净残值率（%）	年折旧率（%）
房屋、建筑物	30	5	3.17
电子设备	3	0.01	33.33
运输工具	6	0.04	16.66
其他	5	0	20

6.2.8 无形资产计价及摊销政策

（1）无形资产的计价方法：无形资产在取得时，按实际成本计量。购入的无形资产，按实际支付的价款作为实际成本；投资者投入的无形资产，按投资各方确认的价值作为实际成本；自行开发的无形资产，其成本包括自满足无形资产确认规定后至达到预定用途前所发生的支出总额，以前期间已经费用化的支出不再调整。

（2）无形资产摊销方法：无形资产采用直线法摊销。无形资产的应摊销金额为其成本扣除预计残值后的金额。已计提减值准备的无形资产，还应扣除已计提的无形资产减值准备累计金额。无形资产的摊销金额计入当期损益。使用寿命不确定的无形资产不摊销，期末进行减值测试。

（3）公司一般以单项无形资产为基础估计其可收回金额，可收回金额根据无形资产的公允价值减去处置费用后的净额与无形资产预计未来现金流量的现值两者之间较高者确定。可收回金额的计量结果表明无形资产的可收回金额低于其账面价值的，将其账面价值减记至可收回金额，减记的金额确认为资产减值损失，计入当期损益，同时计提相应的无形资产减值准备。难以对单项无形资产的可收回金额进行估计的，以该无形资产所属的资产组为基础确定资产组的可收回金额，并按照《企业会计准则第8号——资产减值》有关规定计提无形资产减值准备。减值损失一经确认，在以后会计期间不能转回。

6.2.9 长期应收款的核算方法

新准则设置了"长期应收款"和"未实现融资收益"科目。采用递延方式分期收款销售商品或提供劳务等经营活动产生的长期应收款、实质上具有融资性质的经营活动，满足收入确认条件的，按应收的合同或协议价款，借记本科目，按应收合同或协议价款的公允价值（折现值），贷记手续费及佣金收入等科目，按其差额，贷记未实现融资收益科目。涉及增值税的，进行相应处理。

6.2.10 长期待摊费用的摊销政策

长期待摊费用是指已经发生但不能全部计入当年损益，应当在以后年度内分期摊销的各项费用，如开办费、经营租赁方式租入的固定资产发生的改良支出、已提足折旧固定资产改良支出及摊销期限在一年以上的其他待摊费用。

长期待摊费用单独核算，在费用项目的受益期限内分期平均摊销。租入固定资产改良支出应当在租赁期限与租赁资产尚可使用年限两者孰短的期限内平均摊销；其他长期待摊费用应当在受益期内平均摊销。如果长期待摊的费用项目不能使以后会计期间受益的，应当将尚未摊销的该项目的摊余价值全部转入当期损益。其在资产负债表中的数额反映的是企业各项尚未摊销完毕的长期待摊费用的摊余价值。

6.2.11 租赁的核算方法

6.2.11.1 租赁

租赁是指在一定期间内，出租人将资产的使用权让与承租人以获取对价的合同。

在合同开始日，公司评估该合同是否为租赁或者包含租赁。除非合同条款和条件发生变化，公司不重新评估合同是否为租赁或者包含租赁。

6.2.11.2 使用权资产

除短期租赁外，公司在租赁期开始日对租赁确认使用权资产。租赁期开始日，是指出租人提供租赁资产使其可供本集团使用的起始日期。使用权资产按照成本进行初始计量。

参照《企业会计准则第4号——固定资产》有关折旧规定，对使用权资产计提折旧。能够合理确定租赁期届满时取得租赁资产所有权的，使用权资产在租赁资产剩余使用寿命内计提折旧。无法合理确定租赁期届满时能够取得租赁资产所有权的，在租赁期与租赁资产剩余使用寿命两者孰短的期间内计提折旧。

按照《企业会计准则第8号——资产减值》的相关规定来确定使用权资产是否已发生减值并进行会计处理。

6.2.11.3 租赁负债

除短期租赁外，在租赁期开始日按照该日尚未支付的租赁付款额的现值对租赁负债进行初始计量。在计算租赁付款额的现值时，采用增量借款利率作为折现率。

6.2.11.4 短期租赁

本公司对房屋及建筑物的短期租赁，选择不确认使用权资产和租赁负债。短期租赁，是指在租赁期开始日，租赁期不超过12个月且不包含购买选择权的租赁。本公司将短期租赁的租赁付款额，在租赁期内各个期间按照直线法计入当期损益。

6.2.12 收入确认原则和方法

（1）金融企业往来收入：按让渡资金使用权的时间和适用利率计算确定。（2）证券销售差价收入：在与证券交易清算时按成交价扣除买入成本、相关税费后的净额确认。（3）手续费收入：在向客户提供相关服务时确认收入。（4）贷款利息收入：按期计提利息并确认收入。

6.2.13 所得税的会计处理方法

公司所得税的会计核算采用资产负债表债务法。公司在取得资产、负债时，确定其计税基础。资产、负债的账面价值与其计税基础存在的暂时性差异，按照《企业会计准则第18号——所得税》的有关规定，确认所产生的递延所得税资产或递延所得税负债。公司所得税分季预缴，由主管税务机关具体核定。在年终汇算清缴时，少缴的所得税税额，在下一年度内缴纳；多缴纳的税税额，在下一年度内抵缴。

公司所得税采取独立纳税方式缴纳。

6.2.14 信托报酬确认原则和方法

信托业务手续费收入依照信托合同中关于信托报酬的约定确认收入。

6.3 报告期内公司不存在对外担保及其他或有事项

6.4 重要资产转让及其出售的说明

报告期内公司无重大资产转让及出售事项。

6.5 会计报表中重要项目的明细资料

6.5.1 自营资产经营情况

6.5.1.1 信用风险五级分类结果

信用风险资产五级分类	正常类（万元）	关注类（万元）	次级类（万元）	可疑类（万元）	损失类（万元）	信用风险资产合计（万元）	不良合计（万元）	不良率（%）
期初数	211 384.20	—	—	—	2 542.13	213 926.33	2 542.13	1.19
期末数	123 956.04	—	—	2 000.00	—	125 956.04	2 000.00	1.59

注：不良资产合计=次级类+可疑类+损失类。

6.5.1.2 各项资产减值损失准备情况

单位：万元

项目	期初数	本期计提	本期转回	本期核销	期末数
贷款损失准备	—	—	—	—	—
一般准备	—	—	—	—	—
专项准备	—	—	—	—	—
其他资产减值准备	14 659.79	28 027.17	841.49	—	41 845.47
其他债权投资	6 003.28	21 006.00	—	—	27 009.28
债权投资					
坏账准备	8 656.51	7 021.17	841.49	—	14 836.19
投资性房地产减值准备					
其他资产减值准备					
贷款损失准备					

6.5.1.3 按照投资品种分类的自有资金投资情况

单位：万元

项目	自营股票	基金	债券	长期股权投资	其他投资	合计
期初数	9 612.13	16 881.79	—	201.99	1 146 378.49	1 173 074.40
期末数	3 472.80	2 981.03		1 179 971.66		1 186 425.50

6.5.1.4 按投资入股金额排序，前五名的自营长期股权投资的企业名称、占被投资企业权益的比例、主要经营活动及投资收益情况（从大到小顺序排列）

企业名称	占被投资企业权益比例（%）	主要经营活动	投资收益（万元）
华信天裕投资基金管理（北京）有限公司	40	非证券业务的投资管理、咨询（中介除外）；股权投资管理	—
华章资本管理（北京）有限公司	30	资产管理、股权投资、投资咨询、投资顾问	—

6.5.1.5 前五名的自营贷款的企业名称、占贷款总额的比例和还款情况（从贷款金额大到小顺序排列）

截至2021年12月31日，无自营贷款。

6.5.1.6 表外业务的期初数、期末数；按照代理业务、担保业务和其他类型表外业务分别披露

单位：万元

表外业务	期初数	期末数
担保业务	—	—
代理业务（委托业务）	—	—
其他		
合计	—	—

6.5.1.7 公司当年的收入结构

收入结构	金额（万元）	占比（%）
手续费及佣金收入	17 880.88	12.26
其中：信托手续费收入	17 880.88	12.25
投资银行业务收入		
利息收入	14 652.26	10.05
其他业务收入	673.16	0.46
其中：计入信托业务收入部分	—	—
投资收益	15 975.17	10.95

续表

收入结构	金额（万元）	占比（%）
其中：股权投资收益（损失以"（）"号填列）	308.01	0.21
证券投资收益	472.36	0.32
其他投资收益	15 194.81	10.42
公允价值变动收益（损失以"（）"号填列）	96 670.89	66.28
营业外收入	1.33	—
收入合计	145 853.69	100.00

注：报告期公司实现的信托业务收入全部是以手续费及佣金确认的信托业务收入。

6.5.2 披露信托财产管理情况

6.5.2.1 信托资产的期初数、期末数

单位：万元

信托资产	期初数	期末数
集合	4 899 432.94	4 575 012.53
单一	4 710 084.71	3 519 325.15
财产权	3 035 976.74	1 734 519.96
合计	12 645 494.39	9 828 857.64

6.5.2.1.1 主动管理型信托业务的信托资产期初数、期末数，分证券投资、股权投资、融资、事务管理类分别披露

单位：万元

主动管理型信托资产	期初数	期末数
证券投资类	6 260.23	6 796.62
股权投资类	225 584.67	94 336.88
融资类	4 782 882.40	3 846 663.78
事务管理类	—	—
合计	5 014 727.30	3 947 797.28

6.5.2.1.2 被动管理型信托业务的信托资产期初数、期末数，分证券投资、股权投资、融资、事务管理类分别披露

单位：万元

被动管理型信托资产	期初数	期末数
证券投资类	538 720.22	135 991.94
股权投资类	417 086.77	399 999.91
融资类	995 842.31	884 483.13
事务管理类	5 679 117.79	4 460 585.38
合计	7 630 767.09	5 881 060.36

6.5.2.2 本年度已清算结束的信托项目个数、实收信托合计金额、加权平均实际年化收益率

2021年1—12月累计到期清算结束信托项目51个，均按期向受益人进行了信托利益兑付，累计分配信托本金8 106 675.63万元（含跨年分配本金），累计分配信托收益632 795.37万元，无违约情况发生。

6.5.2.2.1 本年度已清算结束的集合类、单一类资金信托项目个数、实收信托金额、加权平均实际年化收益率

已清算结束信托项目	项目个数（个）	实收信托合计金额（万元）	加权平均实际年化收益率（%）
集合类	21	1 304 570.46	6.90
单一类	22	6 003 760.62	8.84
财产权	8	798 344.55	9.20

注：1. 收益率是指信托项目清算后，给受益人赚取的实际收益水平。
2. 加权平均实际年化收益率=（信托项目1的实际年化收益率×信托项目1的实收信托+信托项目2的实际年化收益率×信托项目2的实收信托+…信托项目n的实际年化收益率×信托项目n的实收信托）/（信托项目1的实收信托+信托项目2的实收信托+…信托项目n的实收信托）×100%。

6.5.2.2.2 本年度已清算结束的主动管理型信托项目个数、实收信托合计金额、加权平均实际年化收益率，分证券投资、投资、融资类分别计算并披露

已清算结束信托项目	项目个数（个）	实收信托合计金额（万元）	加权平均实际年化信托报酬率（%）	加权平均实际年化收益率（%）
融资类	12	834 390.00	0.94	8.24
投资类	3	174 290.00	1.21	9.76
证券投资类	—	—	—	—
事务管理类	—	—	—	—

注：加权平均实际年化信托报酬率=（信托项目1的实际年化信托报酬率×信托项目1的实收信托+信托项目2的实际年化信托报酬率×信托项目2的实收信托+…信托项目n的实际年化信托报酬率×信托项目n的实收信托）/（信托项目1的实收信托+信托项目2的实收信托+…信托项目n的实收信托）×100%。

6.5.2.2.3 本年度已清算结束的被动管理型信托项目个数、实收信托合计金额、加权平均实际年化收益率，分证券投资、投资、融资类、事务管理类分别计算并披露

已清算结束信托项目	项目个数（个）	实收信托合计金额（万元）	加权平均实际年化信托报酬率（%）	加权平均实际年化收益率（%）
融资类	8	242 717.00	0.23	6.72
投资类	1	36 714.75	—	—
证券投资类	8	5 131 829.33	0.12	9.23
事务管理类	19	1 686 734.55	0.13	6.94

6.5.2.3 本年度新增的集合类、单一类、财产管理类信托项目个数、实收信托合计金额

新增信托项目	项目个数（个）	实收信托合计金额（万元）
集合类	5	476 121.45
单一类	11	250 220.00
财产管理类	2	141 020.00
新增合计	18	867 361.45
其中：主动管理型	5	476 121.45
被动管理型	13	391 240.00

注：本年新增信托项目指在本报告年度内累计新增的信托项目个数和金额。包括本年度新增并于本年度内结束的项目和本年度新增至报告期末仍在持续管理的信托项目。

6.5.2.4 报告期内本公司严格履行受托人义务，不存在因本公司自身责任而导致的信托资产损失情况

6.5.2.5 信托赔偿准备金的提取、使用和管理情况

报告期公司风险准备金期末余额43 224.62万元，其中信托赔偿准备金期末余额37 221.67万元，计提一般风险准备金6 055.58万元。报告期内正常管理信托赔偿准备金及一般风险准备金，未使用该准备金。

6.6 关联方关系及其交易的披露

6.6.1 关联交易整体情况

项目	关联交易方数量	关联交易金额（万元）	定价政策
合计	4	1 331 050.81	市场交易价格

注：*表示尚未通过监管审批。

6.6.2 主要关联交易方的情况及与本公司的关系

关系性质	关联方名称	法定代表人	注册地址	注册资本（万元）	主营业务
本公司股东	中国华融资产管理股份有限公司	刘正均*	北京市西城区金融大街8号	3 907 020.85	不良资产经营、资产经营管理、银行、证券、信托、金融租赁、投资、期货、消费金融等多牌照、多功能、一揽子综合金融服务
与本公司同受一母公司控制	华融致远投资管理有限责任公司	李剑波	北京市西城区金融大街8号	69 100.00	投资和资产管理、物业管理
本公司股东的关联公司	深圳市宁佳置业有限公司	邢国琳	深圳市龙岗区龙岗街道龙岗大道6037号华策大厦1-3层	10 000.00	投资兴办实业；在合法取得使用权的地块上从事房地产开发
本公司股东的关联公司	深圳市融策置业有限公司	邢国琳	深圳市龙岗区龙岗街道龙岗大道6037号华策大厦1-3层	5 000.00	投资兴办实业；在合法取得使用权的地块上从事房地产经营开发；房地产经纪；物业租赁；国内贸易

6.6.3 逐笔披露本公司与关联方的重大交易事项

6.6.3.1 固有与关联方交易情况：贷款、投资、租赁、应收账款担保、其他方式等期初汇总数、本期借方和贷方发生额汇总数、期末汇总数

固有与关联方关联交易 单位：万元

项目	期初数	借方发生额	贷方发生额	期末数
贷款	—	—	—	—
投资	—	—	—	—
租赁	—	—	—	—
担保	—	—	—	—
应收账款	—	—	—	—
其他	616 709.75	378 857.29	459 603.29	697 455.76
合计	616 709.75	378 857.29	459 603.29	697 455.76

6.6.3.2 信托与关联方交易情况：贷款、投资、租赁、应收账款、担保、其他方式等期初汇总数、本期借方和贷方发生额汇总数、期末汇总数

信托与关联方关联交易 单位：万元

项目	期初数	借方发生额	贷方发生额	期末数
贷款	147 061.89	—	—	147 041.89
投资	—	—	—	—
租赁	—	—	—	—
担保	—	—	—	—
应收账款	—	—	—	—
其他	585 663.16	—	99 110.00	486 553.16
合计	732 725.05	—	99 110.00	633 595.05

6.6.3.3 信托公司自有资金运用于主动管理的信托项目（固信交易）、信托公司管理的信托项目之间的相互（信信交易）交易金额，包括余额和本报告年度的发生额

6.6.3.3.1 固有与信托财产之间的交易金额期初汇总数、本期发生额汇总数、期末汇总数

固有财产与信托财产相互交易 单位：万元

项目	期初数	本期发生额	期末数
合计	1 572 932.93	233 860.95	1 806 793.88

注：以固有资金投资公司自己管理的信托项目受益权，或购买自己管理的信托项目的信托资产均应纳入统计披露范围。

6.6.3.3.2 信托项目之间的交易金额期初汇总数、本期发生额汇总数、期末汇总数

信托资产与信托财产相互交易 单位：万元

项目	期初数	本期发生额	期末数
合计	—	—	—

注：以公司受托管理的一个信托项目的资金购买自己管理的另一个信托项目的受益权或信托项下资产均应纳入统计披露范围。

6.6.4 报告期内不存在关联方逾期未偿还本公司资金情况以及本公司为关联方担保发生或即将发生垫款情况

6.7 会计制度的披露

公司执行中华人民共和国财政部（以下简称财政部）于2006年2月份颁布的《企业会计准则——基本准则》和38项具体会计准则、并自2018年1月1日起执行财政部于2017年修订的《企业会计准则第14号——收入》《企业会计准则第22号——金融工具确认和计量》《企业会计准则第23号——金融资产转移》《企业

37号——金融工具列报》、自2019年1月1日起执行财政部于2018年修订的《企业会计准则第21号——租赁》以及其后颁布的应用指南、解释以及其他相关规定，以及财政部于2005年1月份颁布的《信托业务会计核算办法》。

7. 财务情况说明书

7.1 利润实现和分配情况

公司利润实现和分配情况：2021年度公司实现利润总额为64 125.09万元，当年所得税费用为14 172.41万元，实现净利润49 952.68万元。

7.2 主要财务指标

指标名称	指标值
资本利润率（损失以"（）"号填列，%）	15.21
人均净利润（损失以"（）"号填列，万元）	207.70

注：1. 资本利润率＝净利润/所有者权益平均余额×100%。
2. 人均净利润＝净利润/年平均人数。
3. 平均数采取年初、年末余额简单平均法，公式为：a（平均）＝（年初数＋年末数）/2。

7.3 对本公司财务状况、经营成果有重大影响的其他事项

本报告期内未发生对本公司财务状况、经营成果有重大影响的其他事项。

8. 特别事项揭示

8.1 公司董事、监事及高级管理人员变动情况及原因

经公司2021年第3次临时股东会审议通过，推选胡江为华融国际信托有限责任公司董事，免去苏小勇公司董事职务；经公司第三届第五次职工代表大会审议通过，高翱任公司职工董事。经中国华融资产管理股份有限公司党委研究决定，崔文良任公司党委委员、纪委书记。经公司2021年第22次临时董事会审议通过，副总经理王瑨兼任公司风险总监；经公司2021年第23次临时董事会审议通过，推选胡江为公司副董事长。经公司2021年第18次临时董事会审议通过，高翱任董事会审计委员会委员、提名与薪酬管理委员会委员以及关联交易委员会委员；经公司2021年第27次临时董事会审议通过，李丹任董事会风险管理委员会委员；经董事会审计委员会、董事会风险管理委员会分别选举并报经公司2021年第28次临时董事会审议通过，李丹任董事会风险管理委员会主任委员，邢成任董事会审计委员会主任委员。经公司2021年第2次临时股东会审议通过，推选马凌云为监事，免去孟玲虎监事职务；经公司2021年第2次临时监事会审议通过，选举马凌云监事为监事长；经公司2021年第4次临时监事会审议通过，监事会调整履职监督委员会成员。根据中国华融资产管理股份有限公司于2021年12月30日发布的《季度公告》，中国华融资产管理股份有限公司拟重组华融国际信托有限责任公司股权，相关工作目前正在有序推进中。

8.2 公司的重大诉讼事项

报告期内公司无重大诉讼事项。

8.3 报告期内会计师事务所没有出具有保留意见、否定意见或无法表示意见的审计报告

8.4 报告期内无公司及其董事、监事和高级管理人员收到处罚的情况

8.5 银保监会及其派出机构对公司检查后提出的整改意见的简单说明

2021年，针对中国银行保险监督管理委员会新疆监管局检查提出的监管意见，结合公司既有的经营水平、业务开展、业绩目标、内外部监管与约束等实际情况，主要采取了以下执行落实措施：一是牢固树立敬畏监管、服从监管的意识，严格落实监管要求。二是建立风险长效机制，加强内部管控。三是加快合规建设，重视业务实质性合规审查。四是加强监管政策学习，做好全员合规培训工作。五是严格按照监管要求，做好"回头看"。六是进一步加强股权和关联交易管理。七是强化风险责任认定和追责问责，加快建立风控激励约束机制。

9. 公司监事会意见

监事会认为，报告期内，公司的经营运作符合国家法律、法规和公司章程及相关制度的规定，建立健全了有效的内控制度，持续提升了风险管控水平。董事会严格按照《公司法》、公司章程等有关规定，认真贯彻各股东单位的意志，规范运作，依法合规组织召开股东会、董事会和各专业委员会会议，各项决策程序合法有效。经营层认真执行股东会和董事会决议，进一步强化内部管理，加强合规建设，紧紧围绕风险化解和增收减亏开展工作，稳步拓展信托本源业务，全力以赴完成经营目标任务。2021年公司财务报告已经安永华明会计师事务所审计并出具无保留意见，真实反映了公司财务状况和经营成果。

华润深国投信托有限公司

1.重要提示

1.1 本公司董事会及董事保证本报告所载资料不存在任何虚假记载、误导性陈述或者重大遗漏，并对其内容的真实性、准确性和完整性承担个别及连带责任。

1.2 公司独立董事杨鹍、牛秋芳、谢兰军对年度报告内容的真实性、准确性和完整性无异议。

1.3 大信会计师事务所（特殊普通合伙）出具了标准无保留意见的审计报告。

1.4 公司负责人、主管会计工作负责人及会计机构负责人声明：保证本年度报告中财务报告真实、准确、完整。

2.公司概况

2.1 公司简介

公司的法定中文名称	华润深国投信托有限公司（简称：华润信托）
公司的法定英文名称	China Resources SZITIC Trust Co., Ltd.（缩写：CR Trust）
法定代表人	刘小腊
注册地址	深圳市福田区中心四路1-1号嘉里建设广场第三座第10—12层
邮政编码	518048
公司国际互联网网址	http://www.crctrust.com
电子信箱	crctrust@crctrust.com
信息披露事务负责人	刘小腊
信息披露事务联系人	吴艳
联系电话	0755-33396279
传真	0755-33380599
电子信箱	wuy1@crctrust.com
年度报告备置地点	深圳市福田区中心四路1-1号嘉里建设广场第三座第10层
信息披露报纸名称	《证券时报》《上海证券报》
聘请的会计师事务所	大信会计师事务所（特殊普通合伙）
住所	北京市海淀区知春路1号学院国际大厦15层
聘请的律师事务所	广东经天律师事务所
住所	深圳市福田区金田路4028号荣超经贸中心33层

2.2 组织结构

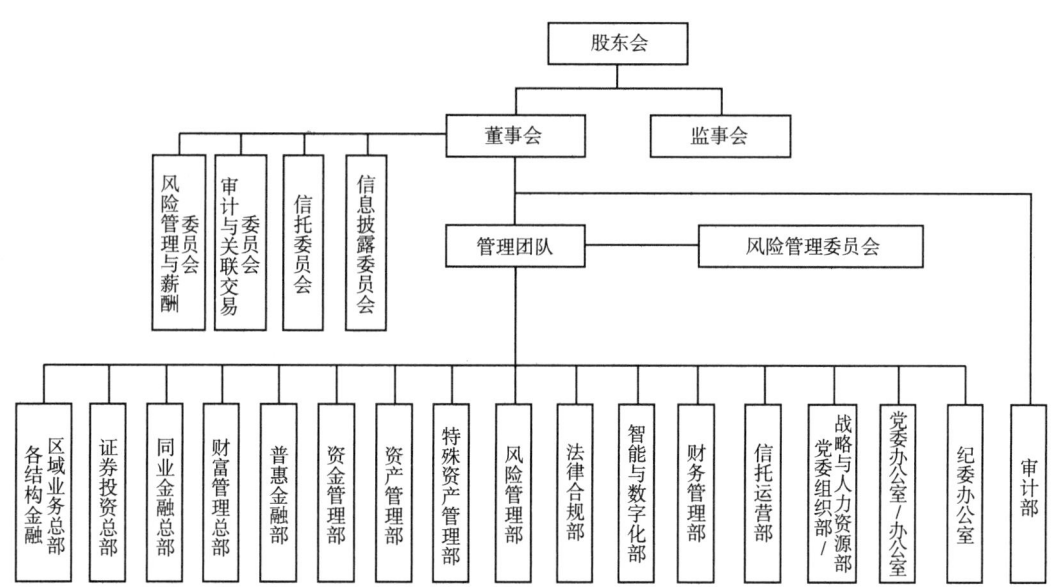

3.公司治理

3.1 公司治理结构

3.1.1 股东

报告期末，股东总数为2家。

股东

股东名称	持股比例（%）	法人代表	注册资本（万元）	注册地址	主要经营业务
★华润金控投资有限公司	51	任海川	870 000.00	深圳市前海深港合作区前湾一路1号A栋201室（入驻深圳市前海商务秘书有限公司）	金融企业投资；投资管理、资产管理（不得从事信托、金融资产管理、证券资产管理及其他限制项目）；投资顾问、财务顾问及商务信息咨询（以上均不含限制项目）。（以各项涉及法律、行政法规、国务院决定禁止的项目除外，限制的项目须取得许可后方可经营）
深圳市投资控股有限公司	49	何建锋	2 800 900.00	深圳市福田区福田街道福安社区深南大道4009号投资大厦18楼、19楼	银行、证券、保险、基金、担保等金融和类金融股权的投资与并购；在合法取得土地使用权范围内从事房地产开发经营业务；开展战略性新兴产业领域投资与服务；通过重组整合、资本运作、资产处置等手段，对全资、控股和参股企业国有股权进行投资、运营和管理；市国资委授权开展的其他业务

注：★表示实际控制人。

3.1.2 董事、董事会及其下属委员会

董事会成员

姓名	职务	性别	年龄（岁）	选任日期	所代表的股东名称	股东持股比例（%）	履历
李福利	董事长	男	56	2020年8月	华润金控投资有限公司	51	曾任中国五金矿产进出口总公司五金制品公司财务部副科长、科长，五矿集团财务有限责任公司副总经理、总经理，五矿投资发展有限公司副总经理、总经理，中国五矿集团公司总经理助理、副总裁，中国五矿集团有限公司党组成员、副总经理兼中国五矿股份有限公司董事、副总经理，华润（集团）有限公司副总经理、党委委员兼华润金融控股有限公司董事长，华润微电子有限公司董事长、华润网络控股（香港）有限公司董事长。现任华润（集团）有限公司副总经理、总会计师、党委委员兼华润水泥控股有限公司董事局主席，华润金融控股有限公司董事长、珠海华润银行股份有限公司董事长、华润深国投信托有限公司董事、华润资本管理有限公司董事
姚飞	董事	男	56	2020年7月	深圳市投资控股有限公司	49	曾任大庆石油管理局经济研究所助工、经济师，国际贸易研究室副主任，大庆石油管理局企业管理处办公室副主任，大庆石油管理局经营管理处经济研究室负责人、股权办公室副科长，大庆石油管理局财务资产部经理助理兼资本运营室主任，大庆石油管理局投资管理部筹备组组长，大庆石油管理局资本运营部经理，大庆石油管理局财务资产部经理，中油资产管理有限公司综合管理部经理兼财务部经理，中油资产管理有限公司党委委员、副总经理兼昆仑信托有限责任公司副总裁。现任深圳市投资控股有限公司副总经理兼深圳市路ური发展基金投资管理有限公司董事长，深圳市天使投资引导基金管理有限公司董事长，深圳市投资资本有限公司执行董事、总经理，华润深国投信托有限公司董事
任海川	董事	男	47	2020年6月	华润金控投资有限公司	51	曾任华润超级市场有限公司财务部总经理，中国华润总公司财务部副总经理，华润（集团）有限公司财务部公司管理部副总经理，华润电力控股有限公司财务部经理，华润医药集团有限公司企业管理部财务部副总经理，珠海华润银行股份有限公司财务部经理兼行政部总经理、董事会秘书、纪委书记、德庆华润村镇银行股份有限公司董事长、百色右江华润村镇银行股份有限公司董事长，华润金融控股党委委员、副总经理兼华润资产管理有限公司党委书记、总经理。现任华润金融控股有限公司董事、总经理、党委书记兼华润资产管理有限公司董事长、华润资本管理有限公司副董事长、华润深国投信托有限公司董事
谭颖①	董事	女	45	2019年12月	华润金控投资有限公司	51	曾任深圳发展银行总行市场营销总部零售业务部副经理，联想信息产品（深圳）有限公司资金经理，平安银行股份有限公司资金部产品管理经理，华润集团财务部资金组、资本组高级经理，华润（集团）有限公司财务部助理总监、副总监、副总经理。时任华润深国投信托有限公司董事
杨鸭	独立董事	女	66	2016年6月	—	—	先后在中国银行国际金融研究所、香港中银集团经济研究部从事研究工作，曾任招商银行证券部总经理，深圳中大投资管理公司常务副总经理、总经理，长盛基金管理公司副总经理，中信基金管理有限公司总经理，博时基金管理有限公司董事长，招商证券股份有限公司董事、总裁，招商金融集团有限公司高级顾问。时任华润深国投信托有限公司独立董事
牛秋芳	独立董事	女	58	2017年12月	—	—	曾任中国运载火箭技术研究院综合财务处会计，深圳万源实业有限公司总经理助理兼财务部经理，航天信托证券营业部经理，东方证券红荔路营业部总经理，深圳腾源投资有限公司经理，深圳弘信方正投资管理有限公司经理，深圳龙浩南方投资管理有限公司投资经理，深圳力和信达投资有限公司总经理。现任华润深国投信托有限公司独立董事
谢兰军	独立董事	男	55	2018年12月	—	—	曾任广东省河源市司法局执业律师、副科长，深圳市执业律师。现任北京市中银（深圳）律师事务所党支部书记、高级合伙人、律师，华润深国投信托有限公司独立董事
刘小腊	董事	男	51	2016年6月	华润金控投资有限公司	51	曾任招商银行股份有限公司计划资金部经理，资金交易部总经理助理、副总经理，金融市场部总经理，同业金融总部常务副总经理兼资产管理部总经理，招商银行佛山分行党委书记，珠海华润银行股份有限公司党委副书记、常务副行长。现任华润深国投信托有限公司董事、总经理、党委书记
洪宵	董事	男	58	2016年6月	深圳市投资控股有限公司	49	曾任浙江省经贸学院教师，浙江省工商银行信托投资股份有限公司信贷科长，柯桥证券部经理，天和证券经纪有限公司温岭证券营业部柯桥营业部总经理、温岭证券营业部总经理，国信证券有限责任公司义乌稠州北路证券营业部总经理、浙南第二分公司总经理，国信证券股份有限公司总裁助理兼资产管理总部总经理。现任华润深国投信托有限公司董事、副总经理

① 2021年10月27日，公司召开2021年第三次股东会会议，选举陈芳运先生担任公司董事，谭颖女士不再担任公司董事职务。2022年3月14日，深圳银保监局核准陈芳运先生担任本公司董事的任职资格（核准文件：深银保监复〔2022〕116号）。

董事会专门委员会

名称	职责	主任委员	委员
风险管理与薪酬委员会	负责对高级管理层在合规、业务、市场、操作等方面的风险控制情况和薪酬方案的实施情况进行监督;对公司的风险状况进行定期评估并提出完善风险管理、内部控制和薪酬方案的意见;审议公司薪酬管理制度和政策	杨鹏	李福利 姚飞
审计与关联交易委员会	负责检查公司财务报告;监督公司内部审计制度及其实施,批准授权范围内的关联交易事项;评估公司内控制度健全性及关联交易情况;审核公司财务信息及其披露,检查、监督公司关联交易管理情况;批准公司内部审计部门负责人的任免;提出外部审计机构的聘请与更换建议	牛秋芳	杨鹏 谭颖①
信托委员会	负责督促公司依法履行受托职责;检查公司信托业务情况,保证公司为受益人的最大利益服务;审批公司拟定的投资者权益保护方案并监督实施情况	谢兰军	任海川 洪宵
信息披露委员会	负责公司年度报告的披露;公司重大事项临时报告的披露	刘小腊	牛秋芳 洪宵

3.1.3 监事会

监事会成员

姓名	职务	性别	年龄（岁）	选任日期	所代表的股东名称	股东持股比例（%）	履历
朱军	监事会主席	男	58	2021年1月	深圳市投资控股有限公司	49	曾任山东济宁市鱼台县李阁乡党委宣传委员,山东省济宁棉纺厂细纱车间主任助理、厂组织科干事,山东省济宁市化纤厂副厂长,山东省济宁市纺织工业公司组织科副科长、党办主任、办公室主任,山东省汶上县政府副县长,山东省纺织工业厅办公室副主任、办公室主任兼人事教育处处长,深圳市纺织(集团)股份有限公司企管部副经理、总经理助理、副经理、总经理兼任党委副书记、董事长兼总经理、党委书记。现任华润深国投信托有限公司监事会主席
陈向军②	监事	男	49	2016年4月	华润金控投资有限公司	51	曾任中国华润总公司人事部劳资科科员、副经理、经理,五丰行有限公司投资部主任、副经理、高级经理、助理总经理兼五丰食品(深圳)有限公司常务副总经理、总经理,华润金融控股有限公司战略及业务发展部联席董事、风险管理及审计部联席董事、副总监、华润金融控股有限公司助理总经理、副总经理。现任华润医药商业集团有限公司董事。时任华润深国投信托有限公司监事
陈晓芬③	职工监事	女	37	2018年10月	—	—	曾任华润深国投信托有限公司信托二部信托经理助理,战略发展部经理兼长园集团股份有限公司监事,战略与人力资源部高级经理、总监。现任华润深国投信托有限公司战略与人力资源部总经理助理。时任华润深国投信托有限公司职工监事

3.1.4 高级管理人员

高级管理人员

姓名	职务	性别	年龄（岁）	任职日期	金融从业年限（年）	学历	专业	履历
刘小腊	总经理	男	51	2016年6月	22	博士	财政学	曾任招商银行计划资金部经理,资金交易部总经理助理、副总经理,金融市场部总经理,同业金融总部常务副总经理兼资产管理部总经理,招商银行佛山分行党委书记,珠海华润银行股份有限公司党委副书记、常务副行长。现任华润深国投信托有限公司董事、总经理、党委书记
洪宵	副总经理	男	58	2016年6月	26	硕士	工商管理	曾任浙江省经贸学院教师,浙江省工商银行信托投资股份有限公司信贷科长、柯桥证券部经理,天和证券经纪有限公司温岭证券营业部柯桥证券营业部总经理、温岭证券营业部总经理,国信证券有限责任公司义乌稠州北路证券营业部总经理、浙南第二分公司总经理,国信证券股份有限公司总裁助理兼资产管理总部总经理。现任华润深国投信托有限公司董事、副总经理
程红④	副总经理	女	55	2016年6月	28	硕士	经济法	曾任深圳广信生物工程公司职员、深圳市医药生产供应公司业务员,深圳市人民保险公司办公室科员,深圳国际信托投资公司办公室科员、秘书档案科副科长、办公室主任助理、信托业务部经理助理、副总经理,深国投商业投资有限公司副总经理,深国投商用置业有限公司副总经理,深圳国际信托投资公司信托二部总经理,华润深国投信托有限公司信托业务本部总经理、结构融资部总经理。时任华润深国投信托有限公司副总经理、工会主席

---

① 2021年10月27日,公司召开第七届董事会第十六次会议,选举陈芳运先生担任公司董事会审计与关联交易委员会委员,谭颖女士不再担任公司董事会审计与关联交易委员会委员职务。2022年3月14日,深圳银保监局核准陈芳运先生担任本公司董事的任职资格(核准文件：深银保监复〔2022〕116号)。陈芳运先生现任公司董事会审计与关联交易委员会委员。

② 2022年3月1日,公司召开2022年第二次股东会会议,选举卢伦女士担任公司监事,陈向军先生不再担任公司监事职务。

③ 本公司监事会未设立下属委员会。

④ 2021年8月24日,公司召开第七届董事会第十三次会议,审议决定程红女士不再担任公司副总经理职务。

续表

姓名	职务	性别	年龄（岁）	任职日期	金融从业年限（年）	学历	专业	履历
郭庆卫[①]	副总经理	男	51	2017年12月	28	硕士	国际金融	曾任中国人民银行总行货币发行司副主任科员；中国光大银行总行稽核部业务经理，资产保全部副部长、总行办公室副处长、总行行长秘书，人力资源部副处长，党务工作部群工处处长，资产保全部系统管理处处长，总行资产保全部总经理助理、深圳分行党委委员、风险总监，总行资产保全部副总裁，总行法律合规部副总裁，中国民生信托有限公司副总裁，四川省国际信托投资公司重组工作组组长。时任华润深国投信托有限公司董事会秘书、副总经理、党委委员
郭强	副总经理	男	52	2020年1月	28	硕士	金融学	曾任深圳发展银行深圳上步支行信贷管理部信贷员，总行离岸业务部离岸业务员、离岸业务部信贷管理室副主任、资产保全部综合室副经理、办公室副经理、离岸业务部经理，北京分行公司业务部总经理，总行离岸业务部总经理助理、副总经理，总行企业关系部总经理助理、副总经理、副总经理（主持工作），总行公司营销管理部主管（主持工作）、主管，总行对公营销及销售管理部主管、贸易融资部主管、贸易金融事业部总裁，华润金融控股有限公司风险管理部总经理、风险审计部总经理。现任华润深国投信托有限公司副总经理、党委委员
卢伦[②]	副总经理	女	46	2016年6月	9	硕士	金融数学	曾任华为技术有限公司人力资源部经理，晨星（深圳）资讯有限公司股票研究部上市公司财务分析师、行业分析师，华润（集团）有限公司财务部经理、高级经理，华润深国投信托有限公司财务运营部总经理、财务管理部总经理、财务总监。现任华润金控投资有限公司副总经理、党委委员。时任华润深国投信托有限公司总经理、党委委员
覃建祎[③]	首席风险官	男	46	2021年4月	23	硕士	金融学	曾任深圳发展银行广州分行信贷审批中心总经理，中国民生银行广州分行授信评审部总经理，渤海银行广州分行风险总监，渤海银行总行广州审计中心副总经理，平安信托有限责任公司投资评估部总经理，华润深国投信托有限公司风险管理部总经理，珠海华润银行广州分行党支部书记、行长。现任华润深国投信托有限公司首席风险官、工会主席

3.1.5 公司员工

公司员工

		2021年末		2020年末	
		人数（人）	比例（%）	人数（人）	比例（%）
年龄分布	20岁以下	0	—	0	—
	21—30岁	126	30.00	120	30.85
	31—40岁	228	54.29	205	52.70
	41岁以上	66	15.71	64	16.45
学历分布	博士	11	2.62	12	3.08
	硕士	278	66.19	254	65.30
	本科	125	29.76	117	30.08
	专科	5	1.19	5	1.29
	其他	1	0.24	1	0.26
岗位分布	董事、监事及高管人员	6	1.43	8	2.06
	自营业务人员	5	1.19	5	1.29
	信托业务人员	266	63.33	250	64.27
	其他人员	143	34.05	126	32.39

4. 经营管理

4.1 经营目标、方针、战略规划

4.1.1 经营目标
公司致力于成为国内领先的资产管理服务商。

4.1.2 经营方针
公司的经营方针是以客户为导向，加强产融结合、融融协同，通过转型创新，建立专业专长，稳步开展核心业务，夯实财务基础，做大转型业务，创造新利润增长点。

4.1.3 战略规划
公司确立证券投资服务、标品资管、资产证券化、结构金融、财富管理、固有业务6大业务方向，打造专业服务、投资研究、风险管理、客户开拓、组织动员5种核心能力，实施流程再造、科技赋能、风险管理、组织变革、深化协同、品牌建设6项建设举措，即"656"战略。

4.2 经营业务的主要内容

公司主要经营业务为信托业务和固有业务。

4.2.1 信托业务

信托业务品种主要包括单一资金信托、集合资金信托、财产信托。信托财产的运用方式主要为证券投资、贷款等。

报告期内，公司信托资产运用与分布如下表所示。

信托资产运用与分布表

资产运用	金额（万元）	占比（%）	资产分布	金额（万元）	占比（%）
货币资产	5 671 369.30	4.33	基础产业	2 370 160.47	1.81
拆出资金	—	—	房地产业	3 239 006.77	2.47
贷款及应收款	35 151 763.29	26.86	证券市场	84 341 480.44	64.44

[①] 2021年8月24日，公司召开第七届董事会第十三次会议，审议决定郭庆卫先生不再担任公司副总经理兼董事会秘书职务。

[②] 2022年1月10日，公司召开第七届董事会第十八次会议，审议决定卢伦女士不再担任公司副总经理职务。

[③] 2020年11月23日，公司召开第七届董事会第八次会议，聘任覃建祎先生为公司首席风险官。2021年4月27日，深圳银保监局核准了覃建祎先生担任本公司首席风险官的任职资格（核准文件：深银保监复〔2021〕274号）。2021年2月21日，经华润集团A委研究决定，覃建祎同志担任公司党委委员。

续表

资产运用	金额（万元）	占比（%）	资产分布	金额（万元）	占比（%）
交易性金融资产	76 204 922.73	58.22	实业	19 237 240.36	14.70
买入返售金融资产	2 565 100.81	1.96	金融机构	2 440 633.75	1.86
可供出售金融资产	10 389 206.97	7.94	其他	19 265 285.35	14.72
持有至到期投资	813 952.80	0.62	—	—	—
长期股权投资	97 491.24	0.07	—	—	—
信托资产总计	130 893 807.14	100.00	信托资产总计	130 893 807.14	100.00

注：除另有注明外，本报告中所有披露内容均为母公司口径。

4.2.2 固有业务

固有业务是指使用公司固有资金进行的投资活动，包括但不限于公司信托产品投资、股权类投资、其他金融产品投资等，以及在符合公司固有资金运用原则下开展授信类业务，包括但不限于同业拆放、贷款（含过桥贷款）、提供增信、担保等。

自营资产运用与分布表

资产运用	金额（万元）	占比（%）	资产分布	金额（万元）	占比（%）
货币资产	73 999.95	2.31	基础产业	—	—
贷款及应收款	472 795.80	14.74	房地产业	856 901.77	26.71
交易性金融资产	846 307.01	26.38	证券市场	125 488.88	3.91
其他权益工具投资	11 092.17	0.35	实业	191 863.46	5.98
长期股权投资	1 751 443.09	54.59	金融机构	1 815 478.37	56.58
其他	52 865.65	1.64	其他	218 771.19	6.82
资产总计	3 208 503.67	100.00	资产总计	3 208 503.67	100.00

4.3 市场分析

4.3.1 经济形势分析与金融形势分析

2021年，在新冠肺炎疫情的反复冲击下，百年未有之大变局加速演进，外部环境更趋复杂严峻和不确定。在持续从严的监管环境下，信托业坚决响应政府及监管部门号召，积极稳健推进行业转型，经过全行业的共同努力，信托业务结构有所改善，服务实体经济取得实效，风险管理能力有所提高，风险处置水平显著提升，牢牢守住了不发生系统性风险的底线。

4.3.2 影响本公司业务发展的主要因素

2022年是"十四五"规划的攻坚克难之年，在构建以国内大循环为主题、国内国际双循环相互促进的新发展格局下，信托业进入转型发展的关键阶段。随着法律法规和监管政策的逐步完善，信托业在坚守受托人定位的基础上，各类业务需积极转型以适应新发展阶段。本公司面临愈发显著的转型发展压力，在公司治理、组织机构、工作机制、业务方向上均需要加速调整、加快变革。与此同时，对于家族信托、慈善信托、养老信托等回归信托本源、服务人民美好生活的创新业务，政策空间有望打开，业务品种和规模有望进入蓬勃发展期。总体而言，公司未来将以新发展理念迈入高质量发展的新阶段。

4.4 风险管理

4.4.1 风险管理概况

2021年，资管新规迎来过渡期的最后一年，新冠肺炎疫情持续反复，房地产行业风险集中暴露。在复杂多变的宏观经济形势下，公司坚决贯彻落实党中央关于打好防范化解重大风险攻坚战的决策部署，持续完善全面风险管理体系建设，夯实体系支撑能力，始终坚守风险底线，采取严格项目准入，深化投贷后管理等一系列举措，持续提升风险防范能力和管理水平。

首先，公司持续推进有重点、引领创新的全面风险管理体系建设。自上而下完善了全面风险组织架构。同时，强化了风险管理委员会在定期评估重要风险管理状况、审核确定公司各类风险管理政策、程序，业务风险策略及风险限额，业务风险审批流程所涉及的授权方案等方面的重要作用，有效推动了公司流程、授权体系的优化，促进风险引领业务发展。

其次，重点完善了重要业务风险领域的评价标准，为展业提供有力支持。公司结合宏观经济环境、行业特征、发展趋势、客户特征、资产质量等风险关键要素，按专业化分工原则组织各业务类别的策略研讨，更新和发布股权、投融资业务指引等风险管理政策，充分发挥风险引领作用。同时，组织专业力量加强行业研究，陆续发布了针对医疗健康、房地产行业、供应链融资等重点行业及业务的专题研究报告，持续提高公司业务风险评估和防范能力。

最后，持续深化存量业务投后管理，化解存量业务风险。年内通过开展多轮次的专项检查、风险自查、压力测试等风险监测工作，动态监测存续交易对手及合作项目的风险预警信号，及时采取必要的风险化解措施，确保项目风险早预防、早发现、早处置，风险识别与风险应对的及时性、有效性均得到提升。

4.4.2 风险状况

2021年，国内外经济持续下行，金融监管政策持续收紧，信托行业频繁暴雷，形势愈发严峻。在恶劣的市场环境下，公司整体风险状况持续保持稳定。

4.4.2.1 信用风险状况

信用风险主要指交易对手因履约意愿或履约能力发

生变化的违约而导致交易资产价值损失的风险。报告期内,公司管理的信托计划无新增不良资产,信用风险整体可控。

4.4.2.2 市场风险状况

市场风险指公司因股价、市场汇率、利率及其他价格因素变动而产生的风险。报告期内,公司未发生重大市场风险事项。

4.4.2.3 操作风险状况

操作风险是由不完善或有问题的内部流程、员工、信息科技系统等造成损失的风险。报告期内,公司未发生重大操作风险事项。

4.4.3 风险管理

公司秉承受益人利益最大化的目标,公司进一步完善包括决策层、管理层、执行层、监督层在内的四级全面风险管理组织架构,更新并深化了涵盖风险治理架构、风险管理策略、偏好与限额、风险管理政策与制度、风险管理程序与工具、内部控制、系统建设与数据管理等各方面的全面风险管理体系,对经营活动实施全面、持续的风险监控,以专业手段有效管理各类风险。

4.4.3.1 信用风险管理

针对信用风险,公司对项目投前审查、投中出账、投后管理实施全流程风险管控。投前审查遵循专业化分类原则,根据不同类型业务的客户和项目特征、监管要求变化等适时修订更新业务指引,明确风险偏好与风险策略,有针对性地匹配风险管控措施,并坚守风险底线,严格项目准入;投中出账严格执行放款流程,确保资金合法依规使用;投后管理严格执行风险监测,确保管控措施落实到位,关注重点业务交易对手与项目运营情况,做到风险隐患早发现、早预警,早预案。

2021年,在房地产市场持续调控、监管进一步加强和新冠肺炎疫情暴发的叠加影响下,公司进一步加强风险监测,防范房地产业务信用风险。未来一年内,公司正常存续项目出现兑付风险及项目实质风险的可能性较低,信用风险呈稳定态势,相关风险可能产生的预计损失也足额计提减值准备,并正在采取法律诉讼、重组谈判等措施陆续化解。

4.4.3.2 市场风险管理

针对市场风险,公司根据经济政策调整及市场信用风险事件及时调整投资策略和投资组合,同时注重低风险多元化对冲策略配置,密切关注经济运行状况。通过销售管理委员会,传递市场资金信息,持续优化投资者适当性管理。此外,还及时就市场走势以及异常价格波动等事件加强预警,及时调整产品持仓,积极应对市场变化、控制市场风险。

2021年,全球经济进入疫情冲击后的加快恢复阶段,但经济复苏不均衡不协调、大宗商品价格快速上涨、通胀持续升温等风险挑战也明显增多。股票市场成交额创新高,但市场走势却不温不火;债券市场方面,全年债券收益率总体上震荡下行。面对严峻的经济形势,公司积极防范金融风险的传导,严格履行预警、平仓等义务,风险趋势保持稳定。

4.4.3.3 操作风险管理

2021年,公司有序推进"深化专项治理,构建操作风险管理机制"专题工作,并引入外部机构为该项目提供专项咨询服务,通过制度建设、建立管理工具、开展抽样自查、培训教育相结合的方式落实构建操作风险管理机制的目标,搭建操作风险管理体系,形成符合公司业务实际的精细化的工作模板。在此过程中,公司全员操作风险防范意识不断强化,通过流程梳理、自查整改等主动发现风险点及隐患,减少公司可能发生的或有损失。

5. 报告期末及上一年度末的比较式会计报表

5.1 自营资产

5.1.1 会计师事务所审计意见全文

审计报告

大信审字〔2022〕第1-02276号
华润深国投信托有限公司:

一、审计意见

我们审计了华润深国投信托有限公司(以下简称贵公司)财务报表,包括2021年12月31日的合并及母公司资产负债表,2021年度的合并及母公司利润表、合并及母公司现金流量表、合并及母公司所有者权益变动表,以及财务报表附注。

我们认为,后附的财务报表在所有重大方面按照企业会计准则的规定编制,公允反映了贵公司2021年12月31日的合并及母公司财务状况以及2021年度的合并及母公司经营成果和现金流量。

二、形成审计意见的基础

我们按照中国注册会计师审计准则的规定执行了审计工作。审计报告的"注册会计师对财务报表审计的责任"部分进一步阐述了我们在这些准则下的责任。按照中国注册会计师职业道德守则，我们独立于贵公司，并履行了职业道德方面的其他责任。

我们相信，我们获取的审计证据是充分、适当的，为发表审计意见提供了基础。

三、管理层和治理层对财务报表的责任

管理层负责按照企业会计准则的规定编制财务报表，使其实现公允反映，并设计、执行和维护必要的内部控制，以使财务报表不存在由于舞弊或错误导致的重大错报。

在编制财务报表时，管理层负责评估贵公司的持续经营能力，披露与持续经营相关的事项（如适用），并运用持续经营假设，除非管理层计划清算贵公司、终止运营或别无其他现实的选择。

治理层负责监督贵公司的财务报告过程。

四、注册会计师对财务报表审计的责任

我们的目标是对财务报表整体是否不存在由于舞弊或错误导致的重大错报获取合理保证，并出具包含审计意见的审计报告。合理保证是高水平的保证，但并不能保证按照审计准则执行的审计在某一重大错报存在时总能发现。错报可能由于舞弊或错误导致，如果合理预期错报单独或汇总起来可能影响财务报表使用者依据财务报表作出的经济决策，则通常认为错报是重大的。

在按照审计准则执行审计工作的过程中，我们运用职业判断，并保持职业怀疑。同时，我们也执行以下工作：

（一）识别和评估由于舞弊或错误导致的财务报表重大错报风险，设计和实施审计程序以应对这些风险，并获取充分、适当的审计证据，作为发表审计意见的基础。由于舞弊可能涉及串通、伪造、故意遗漏、虚假陈述或凌驾于内部控制之上，未能发现由于舞弊导致的重大错报的风险高于未能发现由于错误导致的重大错报的风险。

（二）了解与审计相关的内部控制，以设计恰当的审计程序，但目的并非对内部控制的有效性发表意见。

（三）评价管理层选用会计政策的恰当性和作出会计估计及相关披露的合理性。

（四）对管理层使用持续经营假设的恰当性得出结论。同时，根据获取的审计证据，就可能导致对贵公司持续经营能力产生重大疑虑的事项或情况是否存在重大不确定性得出结论。如果我们得出结论认为存在重大不确定性，审计准则要求我们在审计报告中提请报表使用者注意财务报表中的相关披露；如果披露不充分，我们应当发表非无保留意见。我们的结论基于截至审计报告日可获得的信息。然而，未来的事项或情况可能导致贵公司不能持续经营。

（五）评价财务报表的总体列报、结构和内容，并评价财务报表是否公允反映相关交易和事项。

（六）就贵公司中实体或业务活动的财务信息获取充分、恰当的审计证据，以对财务报表发表审计意见。我们负责指导、监督和执行集团审计，并对审计意见承担全部责任。

我们与治理层就计划的审计范围、时间安排和重大审计发现等事项进行沟通，包括沟通我们在审计中识别出的值得关注的内部控制缺陷。

大信会计师事务所（特殊普通合伙）

中国注册会计师：王　进

中国注册会计师：陈立彤

中国·北京　　　　　　　二〇二二年四月二十七日

5.1.2 资产负债表

资产负债表

单位：华润深国投信托有限公司　　2021年12月31日　　单位：万元

项目	合并		母公司	
	2021年12月31日	2020年12月31日	2021年12月31日	2020年12月31日
资产	—	—	—	—
货币资金	95 655.73	61 089.73	73 999.95	42 554.40
贵金属	—	—	—	—
拆出资金	—	—	—	—
应收账款	29 734.40	32 114.05	27 660.10	30 263.22
衍生金融资产	—	—	—	—
买入返售金融资产	—	—	—	—
金融投资	—	—	—	—
交易性金融资产	920 377.22	15 549.44	846 307.01	—
以公允价值计量且其变动计入当期损益的金融资产	—	161 170.96	—	145 452.89
债权投资	—	—	—	—
其他债权投资	—	—	—	—
其他权益工具投资	11 092.17	—	11 092.17	—
可供出售金融资产	—	515 738.78	—	483 915.71
发放贷款及垫款	353 617.41	122 082.08	353 617.41	122 082.08
长期股权投资	1 701 135.66	1 563 104.17	1 751 443.09	1 612 996.78
投资性房地产	227.31	1 009.17	227.31	1 009.17
固定资产	7 406.50	7 741.02	7 241.28	7 604.75
使用权资产	8 337.74	—	7 289.76	—
无形资产	5 140.76	4 339.68	4 599.75	3 904.37
递延所得税资产	28 266.78	43 509.72	27 221.73	40 436.52
其他资产	142 399.21	198 136.42	97 804.11	161 109.89
资产总计	3 303 390.89	2 725 585.22	3 208 503.67	2 651 329.78

资产负债表（续）

单位：华润深国投信托有限公司　　2021年12月31日　　单位：万元

项目	合并		母公司	
	2021年12月31日	2020年12月31日	2021年12月31日	2020年12月31日
负债	—	—	—	—
向中央银行借款				
同业及其他金融机构存放款项				
拆入资金	125 052.68	80 000.00	125 052.68	80 000.00
交易性金融负债	10 233.21	312.75	—	—
衍生金融负债				
卖出回购金融资产款				
吸收存款				
合同负债	2 504.58	11.26	2 504.58	
应付职工薪酬	34 616.27	27 295.53	31 884.68	24 778.56
应交税费	4 422.90	12 732.45	3 437.40	11 907.25
租赁负债	8 500.71	—	7 435.11	—
预计负债	20 898.27	21 219.81	20 898.27	21 219.81
应付债券				
递延所得税负债	1 232.35	2 188.08	1 232.35	2 082.48
其他负债	292 692.48	28 895.40	290 646.32	27 197.43
负债合计	500 153.45	172 655.28	483 091.39	167 185.53
所有者权益	—	—	—	—
实收资本	1 100 000.00	1 100 000.00	1 100 000.00	1 100 000.00
资本公积	183 589.30	184 460.37	183 589.30	184 460.37
其他综合收益	-5 716.97	-45 644.83	-5 716.97	-45 645.28
盈余公积	211 822.97	183 350.49	211 822.97	183 350.49
信托赔偿准备金	125 636.47	111 400.23	125 636.47	111 400.23
一般风险准备	40 249.90	34 275.38	40 249.90	34 275.38
未分配利润	1 132 134.70	969 763.73	1 069 830.61	916 303.06
归属于母公司所有者权益合计	2 787 716.37	2 537 605.37	2 725 412.28	2 484 144.25
少数股东权益	15 521.07	15 324.57	—	—
所有者权益合计	2 803 237.44	2 552 929.94	2 725 412.28	2 484 144.25
负债及所有者权益合计	3 303 390.89	2 725 585.22	3 208 503.67	2 651 329.78

5.1.3 利润表

利润表

单位：华润深国投信托有限公司　　2021年度　　单位：万元

项目	合并		母公司	
	当年数	上年数	当年数	上年数
一、营业收入	459 153.72	397 617.12	436 918.07	383 668.13
利息净收入	49 588.26	-1 863.52	26 194.07	-2 334.05
利息收入	58 898.79	2 188.74	35 504.60	1 718.21
利息支出	9 310.53	4 052.26	9 310.53	4 052.26

续表

项目	合并		母公司	
	当年数	上年数	当年数	上年数
手续费及佣金净收入	167 396.41	174 695.69	160 256.01	164 954.09
手续费及佣金收入	169 037.08	176 447.77	161 896.68	166 706.17
手续费及佣金支出	1 640.67	1 752.08	1 640.67	1 752.08
投资收益	256 010.67	215 881.43	239 325.01	212 733.35
其中：对联营企业的投资收益	194 003.74	154 517.68	193 997.94	154 511.31
公允价值变动收益	-28 008.68	2 825.75	-2 971.68	2 307.44
汇兑收益	2.37	5.15	2.37	5.06
其他业务收入	9 389.10	1 494.12	9 343.83	1 448.84
资产处置收益	1 491.02	4.27	1 491.02	4.27
其他收益	3 284.57	4 574.23	3 277.44	4 549.13
二、营业支出	71 079.07	81 012.75	61 963.20	68 269.67
税金及附加	1 761.27	1 345.95	1 624.34	1 310.92
业务及管理费	57 934.18	54 776.89	49 096.37	45 029.70
信用减值损失	8 475.03	—	8 333.90	—
资产减值损失	—	24 507.66	—	21 546.80
其他业务成本	2 908.59	382.25	2 908.59	382.25
三、营业利润	388 074.65	316 604.37	374 954.87	315 398.46
加：营业外收入	1 368.05	33.68	1 368.05	27.97
减：营业外支出	1 147.83	1 419.17	1 147.83	1 418.59
四、利润总额	388 294.87	315 218.88	375 175.09	314 007.84
减：所得税费用	47 230.48	40 119.93	44 050.39	39 866.76
五、净利润	341 064.39	275 098.95	331 124.70	274 141.08
归属于母公司所有者的净利润	340 867.89	275 046.77	331 124.70	274 141.08
少数股东损益	196.50	52.18	—	—

注：本表中亏损项目以"-"号填列。

利润表（续）

单位：华润深国投信托有限公司　　2021年度　　单位：万元

项目	合并		母公司	
	当年数	上年数	当年数	上年数
六、其他综合收益的税后净额	-6 471.95	-16 342.63	-6 471.95	-16 008.73
归属于母公司所有者的其他综合收益的税后净额	-6 471.95	-16 342.63	-6 471.95	-16 008.73
（一）不能重分类进损益的其他综合收益	231.66	—	231.66	—
1.其他权益工具投资公允价值变动	231.66		231.66	
（二）将重分类进损益的其他综合收益	-6 703.61	-16 342.63	-6 703.61	-16 008.73
1.权益法下可转损益的其他综合收益	-6 703.61	-11 807.26	-6 703.61	-11 807.26
2.可供出售金融资产公允价值变动损益	—	-4 535.38	—	-4 201.47
归属于少数股东的其他综合收益的税后净额	—	—	—	—
七、综合收益总额	334 592.44	258 756.32	324 652.75	258 132.35
归属于母公司所有者的综合收益总额	334 395.94	258 704.14	324 652.75	258 132.35
归属于少数股东的综合收益总额	196.50	52.18	—	—

5.1.4 所有者权益变动表

所有者权益变动表

单位：华润深国投信托有限公司（合并）　　2021年度　　单位：万元

项目	本年金额									少数股东权益	所有者权益合计
	归属于母公司所有者权益										
	实收资本（或股本）	资本公积	其他综合收益	盈余公积	信托赔偿准备金	一般风险准备	未分配利润	小计		
一、上年年末余额	1 100 000.00	184 460.37	-45 644.83	183 350.49	111 400.23	34 275.38	969 763.73	2 537 605.37	15 324.57	2 552 929.94
加：会计政策变更	—	—	-536.90	53.68	26.84	15.04	-458.53	-899.87	—	—
二、本年年初余额	1 100 000.00	184 460.37	-46 181.73	183 404.17	111 427.07	34 290.42	969 305.20	2 536 705.50	15 324.57	2 552 030.07
三、本年增减变动金额（减少以"-"号填列）	—	-871.07	40 464.76	28 418.80	14 209.40	5 959.48	162 829.50	251 010.87	196.50	251 207.37
（一）综合收益总额	—	—	-6 164.50	—	—	—	340 867.89	334 703.39	196.50	334 899.89
（二）所有者投入和减少资本	—	—	—	—	—	—	—	—	—	—
1.所有者投入的普通股	—	—	—	—	—	—	—	—	—	—
2.其他权益工具持有者投入资本	—	—	—	—	—	—	—	—	—	—
3.股份支付计入股东权益的金额	—	—	—	—	—	—	—	—	—	—
（三）利润分配	—	—	—	33 112.47	16 556.24	5 959.48	-138 142.19	-82 514.00	—	-82 514.00
1.提取盈余公积	—	—	—	33 112.47	—	—	-33 112.47	—	—	—
2.提取信托赔偿准备金	—	—	—	—	16 556.24	—	-16 556.24	—	—	—
3.提取一般风险准备金	—	—	—	—	—	5 959.48	-5 959.48	—	—	—
4.对所有者（或股东）的分配	—	—	—	—	—	—	-82 514.00	-82 514.00	—	-82 514.00
（四）所有者权益内部结转	—	-871.07	46 629.26	-4 693.67	-2 346.84	—	-39 896.20	-1 178.52	—	-1 178.52
1.资本公积转增资本（或股本）	—	—	—	—	—	—	—	—	—	—
2.盈余公积转增资本（或股本）	—	—	—	—	—	—	—	—	—	—
3.盈余公积弥补亏损	—	—	—	—	—	—	—	—	—	—
4.设定受益计划变动额结转留存收益	—	—	—	—	—	—	—	—	—	—
5.其他综合收益结转留存收益	—	—	46 936.71	-4 693.67	-2 346.84	—	-39 896.20	—	—	—
6.其他	—	-871.07	-307.45	—	—	—	—	-1 178.52	—	-1 178.52
四、本年年末余额	1 100 000.00	183 589.30	-5 716.97	211 822.97	125 636.47	40 249.90	1 132 134.70	2 787 716.37	15 521.07	2 803 237.44

所有者权益变动表（续表）

单位：华润深国投信托有限公司（合并）　　2021年度　　单位：万元

项目	上年金额									少数股东权益	所有者权益合计
	归属于母公司所有者权益										
	实收资本（或股本）	资本公积	其他综合收益	盈余公积	信托赔偿准备金	一般风险准备	未分配利润	小计		
一、上年年末余额	1 100 000.00	87 890.88	-29 302.20	155 936.38	97 693.18	37 635.18	817 194.32	2 267 047.74	15 272.38	2 282 320.12
二、本年年初余额	1 100 000.00	87 890.88	-29 302.20	155 936.38	97 693.18	37 635.18	817 194.32	2 267 047.74	15 272.38	2 282 320.12
三、本年增减变动金额（减少以"-"号填列）	—	96 569.49	-16 342.63	27 414.11	13 707.05	-3 359.80	152 569.41	270 557.63	52.18	270 609.81
（一）综合收益总额	—	—	-16 342.63	—	—	—	275 046.77	258 704.14	52.18	258 756.32
（二）所有者投入和减少资本	—	—	—	—	—	—	—	—	—	—
1.所有者投入的普通股	—	—	—	—	—	—	—	—	—	—
2.其他权益工具持有者投入资本	—	—	—	—	—	—	—	—	—	—
3.股份支付计入股东权益的金额	—	—	—	—	—	—	—	—	—	—
（三）利润分配	—	—	—	27 414.11	13 707.05	-3 359.80	-122 477.36	-84 716.00	—	-84 716.00
1.提取盈余公积	—	—	—	27 414.11	—	—	-27 414.11	—	—	—
2.提取信托赔偿准备金	—	—	—	—	13 707.05	—	-13 707.05	—	—	—
3.提取一般风险准备金	—	—	—	—	—	-3 359.80	3 359.80	—	—	—
4.对所有者（或股东）的分配	—	—	—	—	—	—	-84 716.00	-84 716.00	—	-84 716.00
（四）所有者权益内部结转	—	96 569.49	—	—	—	—	—	96 569.49	—	96 569.49
1.资本公积转增资本（或股本）	—	96 569.49	—	—	—	—	—	—	—	—

续表

项目	上年金额									
	归属于母公司所有者权益								少数股东权益	所有者权益合计
	实收资本（或股本）	资本公积	其他综合收益	盈余公积	信托赔偿准备金	一般风险准备	未分配利润	小计		
2.盈余公积转增资本（或股本）	—	—	—	—	—	—	—	—	—	—
3.盈余公积弥补亏损	—	—	—	—	—	—	—	—	—	—
4.设定受益计划变动额结转留存收益	—	—	—	—	—	—	—	—	—	—
5.其他	—	96 569.49	—	—	—	—	—	96 569.49	—	96 569.49
四、本年年末余额	1 100 000.00	184 460.37	−45 644.83	183 350.49	111 400.23	34 275.38	969 763.73	2 537 605.37	15 324.57	2 552 929.94

所有者权益变动表

单位：华润深国投信托有限公司（母公司）　　　　2021年度　　　　单位：万元

项目	本年金额							
	归属于母公司的所有者权益							所有者权益合计
	实收资本（或股本）	资本公积	其他综合收益	盈余公积	信托赔偿准备金	一般风险准备	未分配利润	
一、上年年末余额	1 100 000.00	184 460.37	−45 645.28	183 350.49	111 400.23	34 275.38	916 303.06	2 484 144.25
加：会计政策变更	—	—	−536.45	53.68	26.84	15.04	441.24	0.35
二、本年年初余额	1 100 000.00	184 460.37	−46 181.73	183 404.17	111 427.07	34 290.42	916 744.30	2 484 144.60
三、本年增减变动金额（减少以"−"号填列）	—	−871.07	40 464.76	28 418.80	14 209.40	5 959.48	153 086.31	241 267.68
（一）综合收益总额	—	—	−6 164.50	—	—	—	331 124.70	324 960.20
（二）所有者投入和减少资本	—	—	—	—	—	—	—	—
1.所有者投入的普通股	—	—	—	—	—	—	—	—
2.其他权益工具持有者投入资本	—	—	—	—	—	—	—	—
3.股份支付计入股东权益的金额	—	—	—	—	—	—	—	—
（三）利润分配	—	—	—	33 112.47	16 556.24	5 959.48	−138 142.19	−82 514.00
1.提取盈余公积	—	—	—	33 112.47	—	—	−33 112.47	—
2.提取信托赔偿准备金	—	—	—	—	16 556.24	—	−16 556.24	—
3.提取一般风险准备金	—	—	—	—	—	5 959.48	−5 959.48	—
4.对所有者（或股东）的分配	—	—	—	—	—	—	−82 514.00	−82 514.00
（四）所有者权益内部结转	—	−871.07	46 629.26	−4 693.67	−2 346.84	—	−39 896.20	−1 178.52
1.资本公积转增资本（或股本）	—	—	—	—	—	—	—	—
2.盈余公积转增资本（或股本）	—	—	—	—	—	—	—	—
3.盈余公积弥补亏损	—	—	—	—	—	—	—	—
4.设定受益计划变动额结转留存收益	—	—	—	—	—	—	—	—
5.其他综合收益结转留存收益	—	—	46 936.71	−4 693.67	−2 346.84	—	−39 896.20	—
6.其他	—	−871.07	−307.45	—	—	—	—	−1 178.52
四、本年年末余额	1 100 000.00	183 589.30	−5 716.97	211 822.97	125 636.47	40 249.90	1 069 830.61	2 725 412.28

所有者权益变动表（续）

单位：华润深国投信托有限公司（母公司）　　　　2021年度　　　　单位：万元

项目	上年金额							
	归属于母公司的所有者权益							所有者权益合计
	实收资本（或股本）	资本公积	其他综合收益	盈余公积	信托赔偿准备金	一般风险准备	未分配利润	
一、上年年末余额	1 100 000.00	87 890.88	−29 636.55	155 936.38	97 693.18	37 635.18	764 639.34	2 214 158.41
二、本年年初余额	1 100 000.00	87 890.88	−29 636.55	155 936.38	97 693.18	37 635.18	764 639.34	2 214 158.41
三、本年增减变动金额（减少以"−"号填列）	—	96 569.49	−16 008.73	27 414.11	13 707.05	−3 359.80	151 663.72	269 985.84
（一）综合收益总额	—	—	−16 008.73	—	—	—	274 141.08	258 132.35
（二）所有者投入和减少资本	—	—	—	—	—	—	—	—
1.所有者投入的普通股	—	—	—	—	—	—	—	—
2.其他权益工具持有者投入资本	—	—	—	—	—	—	—	—
3.股份支付计入股东权益的金额	—	—	—	—	—	—	—	—

续表

项目	上年金额							所有者权益合计
	归属于母公司的所有者权益							
	实收资本（或股本）	资本公积	其他综合收益	盈余公积	信托赔偿准备金	一般风险准备	未分配利润	
（三）利润分配	—	—	—	27 414.11	13 707.05	-3 359.80	-122 477.36	-84 716.00
1.提取盈余公积	—	—	—	27 414.11	—	—	-27 414.11	—
2.提取信托赔偿准备金	—	—	—	—	13 707.05	—	-13 707.05	—
3.提取一般风险准备金	—	—	—	—	—	-3 359.80	3 359.80	—
4.对所有者（或股东）的分配	—	—	—	—	—	—	-84 716.00	-84 716.00
（四）所有者权益内部结转	—	96 569.49	-	—	—	—	—	96 569.49
1.资本公积转增资本（或股本）								
2.盈余公积转增资本（或股本）								
3.盈余公积弥补亏损								
4.设定受益计划变动额结转留存收益								
5.其他		96 569.49						96 569.49
四、本年年末余额	1 100 000.00	184 460.37	-45 645.28	183 350.49	111 400.23	34 275.38	916 303.06	2 484 144.25

5.2 信托财产

信托项目资产负债汇总表

信托项目资产负债汇总表

单位：华润深国投信托有限公司　　　2021年12月31日　　　单位：万元

信托资产	期末数	期初数	信托负债和权益	期末数	期初数
信托资产：	—	—	信托负债：		
货币资金	5 671 369.30	2 830 954.02	应付受托人报酬	37 890.78	34 204.39
拆出资金	—	—	应付信托管费	7 068.32	8 216.32
应收款项	4 618 382.15	5 406 785.24	应付受益人收益	243 924.15	333 811.94
买入返售金融资产	2 565 100.81	2 989 436.60	其他应付款项	1 062 711.38	767 962.46
交易性金融资产	76 204 922.73	48 448 181.49	应交税费	37 725.59	67 552.58
可供出售金融资产	10 389 206.97	9 262 817.75	卖出回购资产款	3 595 724.69	1 389 641.72
持有至到期投资	813 952.80	2 034 679.48	交易性金融负债	—	—
长期股权投资	97 491.24	248 115.30	其他负债	—	—
贷款	30 533 381.14	31 149 393.32	信托负债合计	4 985 044.91	2 601 389.41
应收融资租赁款	—	—	信托权益：		
固定资产	—	—	实收信托	119 915 913.99	93 125 525.51
无形资产	—	—	资本公积	-2 744 142.94	-1 497 445.92
长期待摊费用	—	—	未分配利润	8 736 991.18	8 140 894.20
其他资产	—	—	信托权益合计	125 908 762.23	99 768 973.79
信托资产总计	130 893 807.14	102 370 363.20	信托负债及权益总计	130 893 807.14	102 370 363.20

信托项目利润及利润分配汇总表

单位：华润深国投信托有限公司　　2021年度　　单位：万元

项目	当年数	上年数
一、营业收入	6 351 232.65	10 102 450.12
利息收入	3 306 374.77	3 751 655.53
投资收益	3 419 213.55	4 287 663.60
公允价值变动损益	-395 684.80	2 061 754.89
汇兑收益	—	—
其他业务收入	21 329.13	1 376.10
二、营业支出	2 400 420.10	1 065 473.98
利息支出	—	—
营业税金及附加	13 627.40	21 521.00

续表

项目	当年数	上年数
业务及管理费	2 276 692.52	938 947.88
资产减值损失	110 100.18	105 005.10
其他业务成本	—	—
三、信托营业利润	3 950 812.55	9 036 976.14
加：营业外收入	—	0.91
减：营业外支出	41 994.58	116 944.99
四、信托利润	3 908 817.97	8 920 032.06
加：期初未分配信托利润	8 140 894.20	3 910 682.52
五、可供分配的信托利润	12 049 712.17	12 830 714.58
减：本期已分配信托利润	3 312 720.99	4 689 820.38
六、期末未分配信托利润	8 736 991.18	8 140 894.20

6. 会计报表附注

6.1 年度会计报表编制基础及合并报表的并表范围说明

6.1.1 本财务报表以公司持续经营假设为基础，根据实际发生的交易事项，按照财政部颁布的《企业会计准则——基本准则》和具体会计准则等规定，并基于以下所述重要会计政策、会计估计进行编制

6.1.2 本年纳入合并报表范围的子企业基本情况

子企业名称	注册地	业务性质	注册资本（万元）	持股比例（%）	享有的表决权（%）
深圳红树林创业投资有限公司	深圳	创业投资	20 000.00	100.00	100.00
华润元大基金管理有限公司	深圳	基金管理	60 000.00	51.00	51.00
深圳华润元大资产管理有限公司	深圳	资产管理	11 800.00	51.00	51.00

注：截至2021年末，本公司纳入合并范围的结构化主体的净资产规模为99 853.26万元。

6.2 重要会计政策和会计估计说明

6.2.1 计提资产减值准备的范围和方法（不包含金融工具减值）

本公司在每一个资产负债表日检查长期股权投资、固定资产、在建工程、采用成本模式计量的投资性房地产、使用寿命确定的无形资产等长期资产是否存在可能发生减值的迹象。

如果该等资产存在减值迹象，则估计其可收回金额。估计资产的可收回金额以单项资产为基础，如果难以对单项资产的可收回金额进行估计的，则以该资产所属的资产组为基础确定资产组的可收回金额。如果资产的可收回金额低于其账面价值，按其差额计提资产减值准备，并计入当期损益。

可收回金额为资产的公允价值减去处置费用后的净额与资产预计未来现金流量的现值两者之中的较高者。资产的公允价值根据公平交易中销售协议价格确定；不存在销售协议但存在资产活跃市场的，公允价值按照该资产的买方出价确定；不存在销售协议和资产活跃市场的，则以可获取的最佳信息为基础估计资产的公允价值。处置费用包括与资产处置有关的法律费用、相关税费、搬运费以及为使资产达到可销售状态所发生的直接费用。

其他资产的减值损失一经确认，在以后会计期间不予转回。

6.2.1.1 计提资产减值准备的方法

对除金融资产以外的资产减值，按以下方法确定：

（1）资产负债表日判断资产是否存在可能发生减值的迹象，存在减值迹象的，公司将估计其可收回金额，进行减值测试。（2）可收回金额根据资产的公允价值减去处置费用后的净额与资产预计未来现金流量的现值两者之间较高者确定。公司以单项资产为基础估计其可收回金额；难以对单项资产的可收回金额进行估计的，以该资产所属的资产组为基础确定资产组的可收回金额。资产组的认定，以资产组产生的主要现金流入是否独立于其他资产或者资产组的现金流入为依据。（3）当资产或资产组的可收回金额低于其账面价值时，将其账面价值减记至可收回金额，减记的金额计入当期损益，同时计提相应的资产减值准备。

6.2.1.2 可能发生减值资产的认定

公司在资产负债表日判断资产是否存在可能发生减值的迹象。因企业合并所形成的商誉和使用寿命不确定的无形资产，无论是否存在减值迹象，每年都进行减值测试。存在下列迹象的，表明资产可能发生了减值：（1）资产的市价当期大幅度下跌，其跌幅明显高于因时间的推移或者正常使用而预计的下跌。（2）公司经营所处的经济、技术或者法律等环境以及资产所处的市场在当期或者将在近期发生重大变化，从而对公司产生不利影响。（3）市场利率或者其他市场投资报酬率在当期已经提高，从而影响公司计算资产预计未来现金流量现值的折现率，导致资产可收回金额大幅度降低。（4）有证据表明资产已经陈旧过时或者其实体已经损坏。（5）资产已经或者将被闲置、终止使用或者计划提前处置。（6）公司内部报告的证据表明资产的经济绩效已经低于或者将低于预期，如资产所创造的净现金流量或者实现的营业利润（或者亏损）远远低于（或者高于）预计金额等。（7）其他表明资产可能已经发生减值的迹象。

6.2.1.3 资产可收回金额的计量

资产存在减值迹象的，估计其可收回金额。可收回金额根据资产的公允价值减去处置费用后的净额与资产预计未来现金流量的现值两者之间较高者确定。资产的公允价值根据公平交易中销售协议价格确定；不存在销售协议但存在资产活跃市场的，公允价值按照该资产的买方出价确定；不存在销售协议和资产活跃市场的，则以可获取的最佳信息为基础估计资产的公允价值。处置费用包括与资产处置有关的法律费用、相关税费、搬运费以及为使资产达到可销售状态所发生的直接费用。

6.2.1.4　资产减值损失的确定

可收回金额的计量结果表明，资产的可收回金额低于其账面价值的，将资产的账面价值减记至可收回金额，减记的金额确认为资产减值损失，计入当期损益，同时计提相应的资产减值准备。资产减值损失确认后，减值资产的折旧或者摊销费用在未来期间作相应调整，以使该资产在剩余使用寿命内，系统地分摊调整后的资产账面价值（扣除预计净残值）。资产减值损失一经确认，在以后会计期间不能转回。

6.2.2　金融工具

6.2.2.1　金融工具的分类及重分类

金融工具，是指形成一方的金融资产并形成其他方的金融负债或权益工具的合同。

6.2.2.1.1　金融资产

公司将同时符合下列条件的金融资产分类为以摊余成本计量的金融资产：①公司管理金融资产的业务模式是以收取合同现金流量为目标；②该金融资产的合同条款规定，在特定日期产生的现金流量仅为对本金和以未偿付本金金额为基础的利息的支付。

公司将同时符合下列条件的金融资产分类为以公允价值计量且其变动计入其他综合收益的金融资产：①本公司管理金融资产的业务模式既以收取合同现金流量又以出售该金融资产为目标；②该金融资产的合同条款规定，在特定日期产生的现金流量，仅为对本金和以未偿付本金金额为基础的利息的支付。

对于非交易性权益工具投资，本公司可在初始确认时将其不可撤销地指定为以公允价值计量且其变动计入其他综合收益的金融资产。该指定在单项投资的基础上做出，且相关投资从发行者的角度符合权益工具的定义。

除分类为以摊余成本计量的金融资产和以公允价值计量且其变动计入其他综合收益的金融资产之外的金融资产，本公司将其分类为以公允价值计量且其变动计入当期损益的金融资产。在初始确认时，如果能消除或减少会计错配，可以将金融资产不可撤销地指定为以公允价值计量且其变动计入当期损益的金融资产。

公司改变管理金融资产的业务模式时，将对所有受影响的相关金融资产在业务模式发生变更后的首个报告期间的第一天进行重分类，且自重分类日起采用未来适用法进行相关会计处理，不对以前已经确认的利得、损失（包括减值损失或利得）或利息进行追溯调整。

6.2.2.1.2　金融负债

金融负债于初始确认时分类为：以公允价值计量且其变动计入当期损益的金融负债；金融资产转移不符合终止确认条件或继续涉入被转移金融资产所形成的金融负债；不属于前两种情形的财务担保合同，以及不属于第一种情形的以低于市场利率贷款的贷款承诺；以摊余成本计量的金融负债。所有的金融负债不进行重分类。

6.2.2.2　金融工具的计量

以摊余成本计量的金融资产：初始确认后，对于该类金融资产采用实际利率法以摊余成本计量。以摊余成本计量且不属于任何套期关系的金融资产所产生的利得或损失，在终止确认、重分类、按照实际利率法摊销或确认减值时，计入当期损益。

以公允价值计量且其变动计入当期损益的金融资产：初始确认后，对于该类金融资产（除属于套期关系的一部分金融资产外），以公允价值进行后续计量，产生的利得或损失（包括利息和股利收入）计入当期损益。

以公允价值计量且其变动计入其他综合收益的债务工具投资：初始确认后，对于该类金融资产以公允价值进行后续计量。采用实际利率法计算的利息、减值损失或利得及汇兑损益计入当期损益，其他利得或损失均计入其他综合收益。终止确认时，将之前计入其他综合收益的累计利得或损失从其他综合收益中转出，计入当期损益。

指定为公允价值计量且其变动计入其他综合收益的非交易性权益工具投资：初始确认后，对于该类金融资产以公允价值进行后续计量。除获得的股利（属于投资成本收回部分的除外）计入当期损益外，其他相关利得和损失均计入其他综合收益，且后续不转入当期损益。

6.2.2.3　公司对金融工具的公允价值的确认方法

公允价值是指市场参与者在计量日发生的有序交易中，出售一项资产所能收到或者转移一项负债所需支付的价格。金融工具存在活跃市场的，本公司以活跃市场中的报价确定其公允价值；活跃市场中的报价是指易于定期从交易所、行业协会、定价服务机构等获得的价格，且代表了在有序交易中实际发生的市场交易的价格。如不能满足上述条件，则被视为非活跃市场。金融工具不存在活跃市场的，采用估值技术确定其公允价值。估值技术包括参考市场参与者最近进行的有序交易中使用的价格、参照实质上相同的其他金融工具当前的公允价值、现金流量折现法、期权定价模型及其他市场参与者常用的估值技术等。在估值时，本公司采用在当前情况下适用并且有足够可利用数据和其他信息支持的估值技术，选择与市场参与者在相关资产或负债的交易中所考虑的资产或负债特征相一致的输入值。这些估值技术包括使用可观察输入值和/或不可观察输入值，并尽可能优先使用相关可观察输入值。

6.2.3 预期信用损失的确定方法及会计处理方法

公司以预期信用损失为基础，对以摊余成本计量的金融资产、分类为以公允价值计量且其变动计入其他综合收益的金融资产、本公司做出的除分类为以公允价值计量且变动计入当期损益的金融负债以外的贷款承诺、非以公允价值计量且其变动计入当期损益的财务担保合同进行减值会计处理并确认损失准备。

公司在每个资产负债表日评估相关金融工具的信用风险自初始确认后是否显著增加，将金融工具发生信用减值的过程分为三个阶段，对于不同阶段的金融工具减值采用不同的会计处理方法：（1）第一阶段，金融工具的信用风险自初始确认后未显著增加的，公司按照该金融工具未来12个月的预期信用损失计量损失准备，并按照其账面余额（即未扣除减值准备）和实际利率计算利息收入。（2）第二阶段，金融工具的信用风险自初始确认后已显著增加但未发生信用减值的，公司按照该金融工具整个存续期的预期信用损失计量损失准备，并按照其账面余额和实际利率计算利息收入。（3）第三阶段，初始确认后发生信用减值的，公司按照该金融工具整个存续期的预期信用损失计量损失准备，并按照其摊余成本（账面余额减已计提减值准备）和实际利率计算利息收入。

对于在资产负债表日具有较低信用风险的金融工具，本公司可以不用与其初始确认时的信用风险进行比较，而直接做出该工具的信用风险自初始确认后未显著增加的假定。

如果金融工具的违约风险较低，债务人在短期内履行其合同现金流量义务的能力很强，并且即便较长时期内经济形势和经营环境存在不利变化但未必一定降低借款人履行其合同现金流量义务的能力，该金融工具被视为具有较低的信用风险。

为反映金融工具的信用风险自初始确认后的变化，本公司在每个资产负债表日重新计量预期信用损失，由此形成的损失准备地增加或转回金额，应当作为减值损失或利得计入当期损益，并根据金融工具的种类，抵减该金融资产在资产负债表中列示的账面价值或计入预计负债（贷款承诺或财务担保合同）或计入其他综合收益（以公允价值计量且其变动计入其他综合收益的债权投资）。对于购买或源生的已发生信用减值的金融资产，本公司在资产负债表日仅将自初始确认后整个存续期内预期信用损失的累计变动确认为损失准备，并按其摊余成本和经信用调整的实际利率计算利息收入。

6.2.4 长期股权投资的核算方法

长期股权投资，是指投资方对被投资单位实施控制、重大影响的权益性投资，以及对其合营企业的权益性投资。

6.2.4.1 初始计量

6.2.4.1.1 企业合并形成的长期股权投资

同一控制下的企业合并，合并方以支付现金、转让非现金资产或承担债务方式作为合并对价的，应当在合并日按照被合并方所有者权益在最终控制方合并财务报表中的账面价值的份额作为长期股权投资的初始投资成本。长期股权投资初始投资成本与支付的现金、转让的非现金资产以及所承担债务账面价值之间的差额，应当调整资本公积；资本公积不足冲减的，调整留存收益。

合并方以发行权益性证券作为合并对价的，应当在合并日按照被合并方所有者权益在最终控制方合并财务报表中的账面价值的份额作为长期股权投资的初始投资成本。按照发行股份的面值总额作为股本，长期股权投资初始投资成本与所发行股份面值总额之间的差额，应当调整资本公积；资本公积不足冲减的，调整留存收益。

非同一控制下的企业合并，购买方在购买日应当按照《企业会计准则第20号——企业合并》的有关规定确定的合并成本作为长期股权投资的初始投资成本。

为企业合并发生的审计、法律服务、评估咨询等中介费用以及其他相关管理费用，应当于发生时计入当期损益。

6.2.4.1.2 其他方式取得的长期股权投资

以支付现金取得的长期股权投资，应当按照实际支付的购买价款作为初始投资成本。初始投资成本包括与取得长期股权投资直接相关的费用、税金及其他必要支出。

以发行权益性证券取得的长期股权投资，应当按照发行权益性证券的公允价值作为初始投资成本。与发行权益行证券直接相关的费用，应当按照《企业会计准则第37号——金融工具列报》的有关规定确定。

通过非货币性资产交换取得的长期股权投资，其初始投资成本应当按照《企业会计准则第7号——非货币性资产交换》的有关规定确定。

通过债务重组取得的长期股权投资，其初始投资成本应当按照《企业会计准则第12号——债务重组》的有关规定确定。

6.2.4.2 后续计量及收益确认

公司能够对被投资单位实施控制的长期股权投资应当采用成本法核算。采用成本法核算的长期股权投资应当按照初始投资成本计价。追加或收回投资应当调整长期股权投资的成本。被投资单位宣告分派的现金股利或利润，应当确认为当期投资收益。

公司对联营企业和合营企业的长期股权投资，采用权益法核算。

长期股权投资的初始投资成本大于投资时应享有被投资单位可辨认净资产公允价值份额的，不调整长期股权投资的初始投资成本；长期股权投资的初始投资成本小于投资时应享有被投资单位可辨认净资产公允价值份额的，其差额应当计入当期损益，同时调整长期股权投资的成本。

公司取得长期股权投资后，按照应享有或应分担的被投资单位实现的净损益和其他综合收益的份额，分别确认投资收益和其他综合收益，同时调整长期股权投资的账面价值；公司按照被投资单位宣告分派的利润或现金股利计算应享有的部分，相应减少长期股权投资的账面价值；公司对于被投资单位除净损益、其他综合收益和利润分配以外所有者权益的其他变动，调整长期股权投资的账面价值并计入所有者权益。

公司在确认应享有被投资单位净损益的份额时，以取得投资时被投资单位可辨认净资产的公允价值为基础，对被投资单位的净利润进行调整后确认。

公司确认被投资单位发生的净亏损，以长期股权投资的账面价值以及其他实质上构成对被投资单位净投资的长期权益减记至零为限，投资方负有承担额外损失义务的除外。

被投资单位以后实现净利润的，公司在其收益分享额弥补未确认的亏损分担额后，恢复确认收益分享额。

6.2.5 投资性房地产的核算方法

公司的投资性房地产是指为赚取租金或资本增值，或两者兼有而持有的房地产。主要包括：（1）已出租的土地使用权；（2）持有并准备增值后转让的土地使用权；

（3）已出租的建筑物。

公司的投资性房地产采用成本模式计量。

公司对投资性房地产成本减累计减值及净残值后按直线法，按估计可使用年限计算折旧，计入当期损益。

对使用寿命不确定的已出租的划拨土地使用权不计算折旧。

6.2.6 固定资产计价和折旧方法

6.2.6.1 固定资产确认条件

固定资产指为生产商品、提供劳务、出租或经营管理而持有，并且使用年限超过一年的有形资产。固定资产在同时满足下列条件时予以确认：①与该固定资产有关的经济利益很可能流入企业；②该固定资产的成本能够可靠地计量。

6.2.6.2 固定资产的分类

固定资产分类为：房屋及建筑物、运输设备、电子设备、其他设备。

6.2.6.3 固定资产的初始计量

固定资产取得时按照实际成本进行初始计量。

外购固定资产的成本，以购买价款、相关税费、使固定资产达到预定可使用状态前所发生的可归属于该项资产的运输费、装卸费、安装费和专业人员服务费等确定。购买固定资产的价款超过正常信用条件延期支付，实质上具有融资性质的，固定资产的成本以购买价款的现值为基础确定。

自行建造固定资产的成本，由建造该项资产达到预定可使用状态前所发生的必要支出构成。

债务重组取得债务人用以抵债的固定资产，以该固定资产的公允价值为基础确定其入账价值，并将重组债权的账面价值与该用以抵债的固定资产公允价值之间的差额，计入当期损益；

在非货币性资产交换具备商业实质和换入资产或换出资产的公允价值能够可靠计量的前提下，换入的固定资产以换出资产的公允价值为基础确定其入账价值，除非有确凿证据表明换入资产的公允价值更加可靠；不满足上述前提的非货币性资产交换，以换出资产的账面价值和应支付的相关税费作为换入固定资产的成本，不确认损益。

以同一控制下的企业吸收合并方式取得的固定资产按被合并方的账面价值确定其入账价值；以非同一控制下的企业吸收合并方式取得的固定资产按公允价值确定其入账价值。

融资租入的固定资产，按租赁开始日租赁资产公允价值与最低租赁付款额现值两者中较低者作为入账价值。

6.2.6.4 固定资产折旧

固定资产以取得时的实际成本入账，并从其达到预定可使用状态的次月起，采用直线法提取折旧。各类固定资产的估计残值率、折旧年限和年折旧率如下表所示。

类别	估计残值率（%）	折旧年限（年）	年折旧率（%）
房屋建筑物	0—5	50	1.90—2.00
电子设备	—	3—5	20.00—33.33
运输工具	—	8	12.50
其他设备	—	3—5	20.00—33.33

6.2.7 无形资产计价及摊销政策

无形资产按照成本进行初始计量，使用寿命有限的无形资产，在其使用寿命内采用直线法摊销，于每年年度终了，对使用寿命有限的无形资产的使用寿命及摊销方法进行复核，必要时进行调整。对使用寿命不确定的无形资产，无论是否存在减值迹象，每年均进行减值测试。此类无形资产不予摊销，在每个会计期间对其使用寿命进行复核。如果有证据表明使用寿命是有限的，则按上述使用寿命有限的无形资产的政策进行会计处理。出售无形资产，应当将取得的价款与该无形资产账面价值的差额计入当期损益。无形资产预期不能为企业带来经济利益的，应当将无形资产的账面价值予以转销。

6.2.8 长期待摊费用的摊销政策

筹建期间发生的费用，除用于购建固定资产以外，于公司开始生产经营当月起一次计入当期损益。

其他长期待摊费用在相关项目的受益期内平均摊销。

6.2.9 合并会计报表的编制方法

合并财务报表反映本公司及子公司形成的集团报表整体财务状况、经营成果和现金流量。

合并财务报表的合并范围以控制为基础予以确定。控制是指投资方拥有对被投资方的权力，通过参与被投资方的相关活动而享有可变回报，并且有能力运用对被投资方的权力影响其回报金额。

合并财务报表以本公司及子公司的财务报表为基础，由本公司编制。本公司及子公司的内部交易及余额在编制合并财务报表时予以抵销，归属于子公司的少数股东权益和损益分别在合并资产负债表和合并利润表中单独列示。

子公司少数股东分担的当期亏损超过了少数股东在该子公司期初股东权益中所享有的份额，除公司章程或股东协议规定少数股东有义务承担，并且少数股东有能力予以弥补的部分外，其余部分冲减本公司股东权益。该子公司以后期间实现的利润，在弥补了由本公司股东权益所承担的属于少数股东的损失之前，全部归属于本公司的股东权益。

通过同一控制下企业合并取得的子公司，在编制当期合并财务报表时，视同被合并子公司在最终控制方对其开始实施控制时纳入合并财务报表范围，并对合并财务报表的年初数及前期比较报表进行相应调整，且自最终控制方对被合并子公司开始实施控制时起将合并子公司的各项资产、负债以其账面价值纳入合并资产负债表，被合并子公司经营成果纳入合并利润表。

通过非同一控制下企业合并取得的子公司在编制当期合并财务报表时，以购买日确定的可辨认资产、负债的公允价值为基础对子公司的财务报表进行调整，并自购买日起将被购买子公司资产、负债及经营成果纳入合并财务报表中。

6.2.10 收入确认原则和方法

在经济利益能够流入本公司，以及相关的收入和成本能够可靠地计量时，根据下列方法确认各项收入：（1）利息收入。利息收入应按让渡资金使用权的时间和适用利率计算确定，在与交易相关的经济利益能够流入、且有关收入可以可靠计量时，按权责发生制确认。（2）信托业务收入。详见6.2.12所示。（3）担保业务收入。担保业务收入在同时满足以下条件时予以确认：担保合同成立并承担相应担保责任；与担保合同相关的经济利益能够流入企业；与担保合同相关的收入能够可靠地计量。

6.2.11 所得税的会计处理方法

公司所得税核算采用资产负债表债务法。

公司确认递延所得税资产以很可能取得用来抵扣可抵扣暂时性差异的应纳税所得额为限，确认由可抵扣时间性差异产生的递延所得税资产。但不包括同时具有下列特征的交易中因资产或负债的初始确认所产生的递延所得税资产：（1）该项交易不是企业合并。（2）交易发生时既不影响会计利润也不影响应纳税所得额（或可抵扣亏损）。

6.2.12 信托报酬确认原则和方法

信托报酬是指信托公司对信托财产进行管理而收取的管理费或佣金，信托报酬收取的标准一般是与委托人或受益人等有关当事人协商确定的。若信托报酬由信托财产承担，则按照信托合同的约定来计算、提取并按权责发生制确认信托报酬收入；若信托报酬由委托人等有关当事人直接承担，则按协议约定另行向有关当事人收取，并按权责发生制确认信托报酬收入。

6.3 或有事项说明

2021年11月，公司与中国信托业保障基金有限责任公司开展反委托收购业务，根据业务交易安排，公司负有潜在的资金补足义务。2021年12月31日，公司根据项目资产情况进行综合评估后，计提预计负债10 445 028.80元。

6.4 重要资产转让及其出售的说明

报告期内，公司无重要资产转让及其出售。

6.5 会计报表中重要项目的明细资料

6.5.1 披露自营资产经营情况

6.5.1.1 按信用风险五级分类的结果披露信用风险资产的期初数、期末数

信用风险资产五级分类	正常类（万元）	关注类（万元）	次级类（万元）	可疑类（万元）	损失类（万元）	信用风险资产合计（万元）	不良资产合计（万元）	不良率（%）
期初数	2 613 568.04	58 805.64	—	63 252.01	2 086.75	2 737 712.44	65 338.76	
期末数	3 185 650.43	1 531.16	—	5 519.80	2 086.75	3 194 788.14	7 606.55	

注：不良资产合计＝次级类＋可疑类＋损失类。

6.5.1.2 各项资产减值损失准备的期初、本期计提、本期转回、本期核销、期末数

单位：万元

项目	期初数	本期计提	本期转回	本期核销	期末数
贷款损失准备	1 859.12	4 257.04	—	—	6 116.16
一般准备	1 859.12	4 257.04	—	—	6 116.16
专项准备	—	—	—	—	—
其他资产减值准备	1 099.12				1 099.12
长期股权投资减值准备	—	—	—	—	—
坏账准备	30 407.62	7 011.31	2 934.45	1 448.09	33 036.39
投资性房地产减值准备	1 150.17				1 150.17

6.5.1.3 按投资品种分类，分别披露固有业务股票投资、基金投资、债券投资、股权投资等投资业务的期初数、期末数

单位：万元

项目	自营股票	基金	债券	长期股权投资	其他投资	合计
期初数	—	98 166.75	—	1 612 996.78	531 201.85	2 242 365.38
期末数	—	25 782.67	—	1 751 443.09	831 616.50	2 608 842.26

6.5.1.4 前五名的自营长期股权投资的企业名称、占被投资企业权益的比例、主要经营活动及投资收益情况

企业名称	占被投资企业权益的比例（%）	主要经营活动	投资损益（万元）
国信证券股份有限公司	21.38	证券的代理、承销、咨询及自营买卖业务	193 997.94
华润元大基金管理有限公司	51.00	基金管理	
深圳红树林创业投资有限公司	100.00	创业投资	

6.5.1.5 前五名的自营贷款的企业名称、占贷款总额的比例和还款情况等

单位：万元

贷款企业	占贷款总额的比例（%）	还款情况
远飏投资有限公司	13.66	正常还本付息
佛山市佛佳房地产开发有限公司	13.66	第四季度利息逾期
大连万达集团股份有限公司	13.65	正常还本付息
东台中南锦悦置业有限公司	12.54	正常还本付息
重庆荣乾房地产开发有限公司	11.14	正常还本付息

6.5.1.6 表外业务的期初数、期末数

单位：万元

表外业务	期初数	期末数
担保业务	—	—
代理业务（委托业务）	—	—
其他	—	—
合计	—	—

6.5.1.7 公司当年的收入结构

收入结构	金额（万元）	占比（%）
手续费及佣金收入	161 896.68	36.04
其中：信托手续费收入	161 886.71	36.04
投资银行业务收入	9.97	—
利息收入	35 504.60	7.90
其他收入	14 114.66	3.15
其中：计入信托业务收入部分	—	—
投资收益	239 325.01	53.27
其中：股权投资收益	206 778.03	46.03
证券投资收益	1 355.57	0.30
其他投资收益	31 191.41	6.94
公允价值变动收益	-2 971.68	-0.66
营业外收入	1 368.05	0.30
收入合计	449 237.32	100.00

6.5.2 披露信托资产管理情况

6.5.2.1 信托资产的期初数、期末数

单位：万元

信托资产	期初数	期末数
集合类	42 360 113.09	69 961 313.28
单一类	32 781 920.22	28 553 663.44
财产管理类	27 228 329.89	32 378 830.42
合计	102 370 363.20	130 893 807.14

注：期初数、期末数按报告年度信托资产总额填列，非信托规模总额，以下均同。

6.5.2.1.1 主动管理型信托业务的信托资产期初数、期末数，分证券投资、股权投资、融资、事务管理类等分别披露

单位：万元

主动管理型信托资产	期初数	期末数
证券投资类	49 418 614.80	82 588 383.10
股权等投资类	1 748 519.47	3 220 206.83
融资类	3 029 320.70	2 375 340.76
其他类	79 716.86	105 000.00
合计	54 276 171.83	88 288 930.69

注：其他类为融资类项目劣后财产等。

6.5.2.1.2 被动管理型信托业务的信托资产期初数、期末数，分证券投资、股权投资、融资、事务管理类等分别披露

单位：万元

被动管理型信托资产	期初数	期末数
证券投资类	—	—
股权投资类	—	—
融资类	—	—
事务管理类	48 094 191.37	42 604 876.45
合计	48 094 191.37	42 604 876.45

6.5.2.2 本年度已清算结束的信托项目个数、实收信托合计金额、加权平均实际年化收益率

6.5.2.2.1 本年度已清算结束的集合类、单一类资金信托项目和财产管理类信托项目个数、实收信托金额、加权平均实际年化收益率

已清算结束信托项目	项目个数（个）	实收信托合计金额（万元）	加权平均实际年化收益率（%）
集合类	542	10 366 435.12	14.03
单一类	321	29 759 728.17	3.73
财产管理类	72	10 002 928.15	5.68

注：收益率是指信托项目清算后，给受益人赚取的实际收益水平，加权平均实际年化收益率=（信托项目1的实际年化收益率×信托项目1的实收信托+信托项目2的实际年化收益率×信托项目2的实收信托+……信托项目n的实际年化收益率×信托项目n的实收信托）/（信托项目1的实收信托+信托项目2的实收信托+……信托项目n的实收信托）×100%。

6.5.2.2.2 本年度已清算结束的主动管理型信托项目个数、实收信托合计金额、加权平均实际年化收益率；分证券投资、股权投资、融资、事务管理类等分别计算并披露

已清算结束信托项目	项目个数（个）	实收信托合计金额（万元）	加权平均实际年化收益率（%）
证券投资类	549	26 198 039.95	—
股权投资类	—	—	—
融资类	44	2 031 151.64	6.39
其他类	14	82 358.94	8.07

注：证券投资类项目申赎按净值计算。

6.5.2.2.3 本年度已清算结束的被动管理型信托项目个数、实收信托合计金额、加权平均实际年化收益率；分证券投资、股权投资、融资、事务管理类等分别计算并披露

已清算结束信托项目	项目个数（个）	实收信托合计金额（万元）	加权平均实际年化收益率（%）
证券投资类	—	—	—
股权投资类	—	—	—
融资类	—	—	—
事务管理类	328	21 817 540.91	5.46

6.5.2.3 本年度新增的集合类、单一类和财产管理类信托项目个数、实收信托合计金额

新增信托项目	项目个数（个）	实收信托合计金额（万元）
集合类	1 862	64 366 831.05
单一类	738	13 271 393.80
财产管理类	622	16 849 008.93
新增合计	3 222	94 487 233.78
其中：主动管理型	1 957	73 999 101.63
被动管理型	1 265	20 488 132.15

注：本年新增信托项目指在本报告年度内累计新增的信托项目个数和金额，包含本年度新增并于本年度内结束的项目和本年度新增至报告期末仍在持续管理的信托项目。

6.5.2.4 信托业务创新成果和特色业务有关情况

报告期内，公司一是积极响应"回归信托本源、服务实体经济"的号召，开拓新模式、创设新产品、探索新研究、辅以新机制，在普惠金融、家族信托、标品资管等信托业务领域转型创新增长显著。其中，普惠金融、家族信托业务年末规模增长均超200%，标品资管规模近200亿元；二是积极贯彻党中央关于"碳达峰、碳中和"重大决策，开展碳中和绿色资产支持票据项目，规模达20亿元，成为公司绿色金融示范项目；三是进一步创新业务协同模式，全年产融协同规模超200亿元，融融协同规模约500亿元，初具产业金融雏形。

6.5.2.5 本公司履行受托人义务情况及因本公司自身责任而导致的信托资产损失情况

（1）履行受托人义务情况。公司按照《中华人民共和国信托法》《信托公司管理办法》和《信托公司集合资金信托计划管理办法》等法律法规的规定严格履行受托人的义务：

严格遵守信托文件的规定，恪尽职守，履行诚实、信用、谨慎、有效管理的义务，为受益人的利益处理信托事务。

每个信托计划设立后，按照信托合同的规定，定期将信托资金运用及收益情况告知信托文件规定的人。

将信托财产与公司固有财产分别管理、分别记账；并对不同的信托财产分别管理；根据不同的信托资金分别开设独立的银行账户。

信托合同到期、集合信托计划终止时，根据信托合同的规定，以信托财产为限向受益人支付信托利益。同时，在信托终止后及时作出处理信托事务的清算报告，按合同约定方式报告。

妥善保管处理信托事务的完整记录、原始凭证及资料，保存期自信托计划终止之日起十五年。同时对委托人、受益人以及处理信托事务的情况和资料依法保密。

根据信托合同及信托计划约定履行其他管理义务。

（2）2021年未发生因公司自身责任导致的信托资产损失；集合信托资产管理没有发生赔付等情况。

6.5.2.6 信托赔偿准备金的提取、使用和管理情况

公司根据《信托公司管理办法》的规定，按2021年净利润的5%提取信托赔偿准备金16 556.24万元，截至2021年已累计提取信托赔偿准备金125 636.47万元。截至2021年12月31日，公司尚未发生使用信托赔偿准备金的事项。

6.6 关联方关系及其交易的披露

6.6.1 关联交易方的数量、关联交易的总金额及关联交易的定价政策等

项目	关联交易方数量（个）	关联交易金额（万元）	定价政策
合计	26	9 779 197.98	本公司董事会认为上述交易根据正常的商业交易条件进行，并以一般交易价格为定价基础

注：关联交易的定价政策。

6.6.2 关联交易方与本公司的关系性质、关联交易方的名称、法定代表人、注册地址、注册资本及主营业务等

关系性质	关联方名称	法定代表人	注册地址	注册资本	主营业务
股东的股东	华润股份有限公司	王祥明	深圳市南山区滨海大道3001号深圳湾体育中心体育场三楼	1 646 706.35万元	金融保险、能源交通、电力通信、仓储运输、食品饮料生产企业的投资；商业零售企业（含连锁超市）的投资与管理；石油化工、轻工纺织、建筑材料产品的生产；电子及机电产品的加工、制造、批发零售；物业管理；酒店经营管理；民用建筑工程的施工、民用建筑工程的外装修和室内装修；技术交流
股东	华润金控投资有限公司	任海川	深圳市前海深港合作区前湾一路1号A栋201室	870 000.00万元	金融企业投资；投资管理、资产管理（不得从事信托、金融资产管理、证券资产管理及其他限制项目）；投资顾问、财务顾问及商务信息咨询（以上均不含限制项目）
股东	深圳市投资控股有限公司	何建锋	深圳市福田区福田街道福安社区深南大道4009号投资大厦18楼、19楼	2 800 900.00万元	银行、证券、保险、基金、担保等金融和类金融股权的投资与并购；在合法取得土地使用权范围内从事房地产开发经营业务；开展战略性新兴产业领域投资与服务；通过重组整合、资本运作、资产处置等手段，对全资、控股和参股企业国有股权进行投资、运营和管理；市国资委授权开展的其他业务（以上经营范围根据国家规定需要审批的，获得审批后方可经营）
归属于同一控制方	珠海华润银行股份有限公司	李福利	广东省珠海市吉大九洲大道东1346号	604 268.72万元	经营中国银行业监督管理委员会批准的金融业务（具体按B0199H244040001号许可证经营）
归属于同一控制方	北京华润大厦有限公司	凌晓洁	北京市东城区建国门北大街8号	1 200.00美元	在规划范围内进行房屋及附属配套设施开发、建设及物业管理，包括写字楼的出售、商业设施的租赁
归属于同一控制方	润嘉物业管理（北京）有限公司杭州分公司	戴世祥	浙江省杭州市上城区万象城4幢101室	不适用	一般项目：物业管理；五金产品零售；化工产品销售（不含许可类化工产品）；家用电器销售；食用农产品零售；工艺美术品及礼仪用品销售（象牙及其制品除外）；日用品销售；办公用品销售；针纺织品销售；灯具销售；汽车零配件零售；市场营销策划；广告设计、代理；广告制作；广告发布；机动车充电销售；体育用品及器材零售；化妆品零售；玩具销售；建筑材料销售；日用百货销售；制冷、空调设备销售；家具销售；组织文化艺术交流活动；会议及展览服务；停车场服务；家政服务；专业保洁、清洗、消毒服务；花卉绿植租借与代管理；打字复印；票务代理服务；健康咨询服务（不含诊疗服务）；洗车服务；托育服务；非居住房地产租赁；健身休闲活动（除依法须经批准的项目外，凭营业执照依法自主开展经营活动）。许可项目：保险代理业务；食品销售；电影放映；住宿服务（依法须经批准的项目，经相关部门批准后方可开展经营活动，具体经营项目以审批结果为准）
归属于同一控制方	华润新鸿基房地产（杭州）有限公司	方朋	杭州市江干区四季青街道富春路701号	99 000.00港元	投资开发建设位于杭州市钱江新城E06、E07、E08地块的购物中心、住宅、酒店、写字楼、综合性商业用房、配套公共设施及其物业管理、咨询服务、自有房产租赁；酒店管理；会务服务；礼仪服务；展览展示服务；国内广告设计、制作、发布、代理（除网络广告）；鞋包修理；服装修改；验光及配镜（除角膜接触镜）；溜冰、游泳、健身、保龄球、台球、沙弧球、壁球、棋牌；小型车停放服务；饮品店；从事日用百货、日用杂品、化妆品、针纺织品、服装鞋帽（含商品展示）、皮革制品、化工原料及产品（不含化学危险品及易制毒化学品）、工艺美术品、珠宝首饰、金银制品、通信设备、五金家电、家具、建筑装饰材料、文化体育用品、预包装食品、散装食品、乳制品（不含婴幼儿配方乳粉）、保健食品、药品、医疗器械、酒类的零售、批发及进出口业务；分支机构经营；住宿、中西餐饮制售（含凉菜、生食海产品、糕点、裱花蛋糕）、洗浴桑拿、美容、理发、打字、复印、洗衣、皮具护理（涉许可证的凭证经营）

续表

关系性质	关联方名称	法定代表人	注册地址	注册资本	主营业务
归属于同一控制方	润联软件系统（深圳）有限公司	董坤磊	深圳市福田区梅林街道梅都社区中康路136号深圳新一代产业园2栋801	58 403.18万元	一般经营项目是：计算机硬件、软件系统及配套零件、网络产品、多媒体产品、电子信息产品及通信产品、办公自动化设备、仪器仪表、电气设备的批发、进出口及相关配套业务（不涉及国营贸易管理商品，涉及配额、许可证管理及其他专项规定管理的商品，按国家有关规定办理申请）；计算机软件开发及相关技术服务、技术转让、技术咨询、计算机系统的集成；以承接服务外包方式从事系统应用管理和维护、信息技术支持管理、软件开发、数据处理等信息技术和业务流程外包服务。信息咨询（不含限制项目）；经济信息咨询（不含限制项目）；贸易咨询；企业管理咨询（不含限制项目）；商务信息咨询；商业信息咨询。许可经营项目是：智能建筑；建筑智能化工程的施工；增值电信业务
归属于同一控制方	华润深国投投资有限公司	秦锋	深圳市福田区农林路69号深国投广场1号楼12层1202C室	50 000.00万元	投资兴办实业（具体项目另行申报），投资管理和咨询，在合法取得使用权的土地上从事房地产开发经营，物业管理
归属于同一控制方	木棉花酒店（深圳）有限公司	余晓常	深圳市罗湖区宝安南路1001号华瑞大厦1-6层	500.00万元	经营木棉花酒店，包括客房、中餐、健身健美、配套商场、商务中心（不含限制项目）；物业管理；汽车租赁（不含融资租赁和金融租赁业务）；文化交流活动策划（不涉及外商投资准入特别管理措施）；会议服务
归属于同一控制方	华润（深圳）有限公司	蒋慕川	深圳市罗湖区宝安南路1001号华瑞大厦7楼	640 000.00港元	一般经营项目是：在宗地号为H102-0033、0034、0037、0038的地块上从事房地产开发及经营；经营管理酒店（仅限分支机构经营）；附设商务中心；物业管理；国际经济、科技信息咨询及技术交流；溜冰、健身、台球、棋牌（不含麻将）、溜冰培训；从事广告业务；酒店管理咨询，文化艺术活动策划，展览展示策划及展销，艺术展览与画廊；出租部分商场、酒店设施、分租部分商场、酒店的场地给国内分租户从事合法经营；票务代理；服装、鞋帽（含商品展示）、金银制品、珠宝（含钻石）首饰、纸及纸制品（不含出版物）、文具玩具礼品、百货、精品工艺饰品、工艺美术品、美容化妆品、日用杂品、日用百货、电子产品、五金家电、文体用品、美术用品、针纺织品、皮革制品、家具、通信设备、汽车装饰用品、汽车配件、五金制品、服装鞋帽的批发、零售；鞋包修理、服装修改；验光及配镜（除角膜接触镜）；洗衣、皮具护理（涉及许可证的凭证经营）；钟表的购销及上门维修；礼品包装；演出器材的租赁；为展览和会议提供商务配套服务；眼镜销售（不含隐形眼镜）；物业租赁；自营商品的仓储、搬运装卸、商品配送；进出口及相关配套业务（不涉及国营贸易管理商品，涉及配额、许可证管理及其他专项规定管理的商品，按国家有关规定办理申请）。许可经营项目是：文件复印（不含图书、报纸、期刊、音像制品和电子出版物的编辑、出版、制作业务），游泳池、美容美发、桑拿按摩经营（凭相关许可证经营）；机动车停放服务；体育康复；定型包装食品（燕窝、酒类、茶叶）、预包装食品、保健食品、药品、医疗器械、酒类、冰淇淋、散装食品（含散装直接入口食品）的批发、零售；中西餐饮服务；热食类食品、冷食类食品、糕点类食品（含裱花类糕点）、冷热饮品（不含自酿酒）、日本料理（含生食海产品、凉菜）、泰国菜、中西餐饮（含凉菜、生食海产品、糕点、裱花蛋糕）制售；出版物、报纸、电子出版物、图书、期刊、音像制品的零售；劳务外包
归属于同一控制方	华润网络（深圳）有限公司	张沈文	深圳市前海深港合作区前湾一路1号A栋201室（入驻深圳市前海商务秘书有限公司）	47 000.00万元	一般经营项目是：从事电子商务信息系统的技术开发、技术咨询、技术转让、技术服务；数据库服务；数据库管理；物流配送信息系统技术开发；在网上从事商贸活动（不含限制项目）；从事广告业务（法律法规、国务院规定需另行办理广告经营审批的，需取得许可后方可经营）；国内贸易（不含专营、专卖、专控商品）；经营进出口业务（法律、行政法规、国务院决定禁止的项目除外，限制的项目须取得许可后方可经营）；物流信息咨询；商务信息咨询；企业形象策划；投资兴办实业（具体项目另行申报）；酒店预订；票务代理；会务服务；提供摄影服务；磁卡、智能卡的开发与销售；礼品设计；珠宝首饰、金银首饰、钻石首饰的销售；一类医疗用品及器材的销售；国内、国际航线的航空运输客运销售代理业务（凭资格证书从事经营）；以各项涉及法律、行政法规、国务院决定禁止的项目除外，限制的项目须取得许可后方可经营）；互联网销售（除销售需要许可的商品）。许可经营项目是：第二类增值电信业务中的信息服务业务；酒类销售；药品信息服务业务；经营性互联网信息服务业务；经营快递业务；电信业务经营；食品流通；保健食品流通；二类医疗用品及器材的销售

续表

关系性质	关联方名称	法定代表人	注册地址	注册资本	主营业务
归属于同一控制方	华润融资租赁有限公司	徐昱华	深圳市前海深港合作区前湾一路1号A栋201室（入驻深圳市前海商务秘书有限公司）	308 433.42万元	许可经营项目是：1.融资租赁业务；2.租赁业务；3.向国内外购买租赁财产；4.租赁财产的残值处理及维修；5.租赁交易咨询和担保；批发Ⅲ、Ⅱ类：医用光学器具、仪器及内窥镜设备；医用超声仪器及有关设备；医用高频仪器设备；医用磁共振设备；医用X射线设备；临床检验分析仪器Ⅱ类；神经外科手术器械；6.与主营业务相关的商业保理业务（非银行融资类）
子公司	深圳红树林创业投资有限公司	刘小腊	深圳市福田中心四路1-1号嘉里建设广场第三座11楼1101室	20 000.00万元	创业投资业务，代理其他创业投资企业等机构或个人的创业投资业务，创业投资咨询业务，为创业企业提供创业管理服务业务，参与设立创业投资企业与创业投资管理顾问机构
子公司	华润元大基金管理有限公司	李巍巍	深圳市前海深港合作区南山街道兴海大道3040号前海世茂金融中心二期1栋2103-2105单元	60 000.00万元	基金募集—基金销售—特定客户资产管理、资产管理和中国证监会许可的其他业务
孙公司	深圳华润元大资产管理有限公司	李仆	深圳市前海深港合作区南山街道兴海大道3040号前海世茂金融中心二期1栋2103单元	11 800.00万元	特定客户资产管理业务以及中国证监会许可的其他业务
联营公司	国信证券股份有限公司	张纳沙	深圳市罗湖区红岭中路1012号国信证券大厦十六层至二十六层	961 242.94万元	证券经纪；证券投资咨询；与证券交易、证券投资活动有关的财务顾问；证券承销与保荐；证券自营；证券资产管理；融资融券；证券投资基金代销；金融产品代销；为期货公司提供中间介绍业务；证券投资基金托管业务；股票期权做市
重大影响的其他公司	北京领秀睿华管理咨询中心（有限合伙）	—	北京市海淀区西二旗中路6号院二区15号楼三层306	90 200.00万元	经济贸易咨询
重大影响的其他公司	深圳市润鑫四号投资合伙企业（有限合伙）	—	深圳市福田区中心四路1-1号嘉里建设广场第三座第10层第1002室	470.10万元	投资兴办实业（具体项目另行申报）
重大影响的其他公司	汕头市华信汉威联接基金合伙企业（有限合伙）	—	汕头市龙湖区中山路198号柏嘉半岛花园12幢111号之02	250 000.00万元	股权投资，创业投资，投资管理
重大影响的其他公司	南宁领秀绣红管理咨询合伙企业（有限合伙）	—	南宁市洪胜路5号丽汇科技工业园标准厂房综合楼1515-14号房	169 831.00万元	从事企业管理咨询、商品信息咨询（除国家有专项规定外）
重大影响的其他公司	北京领秀绣红管理咨询中心（有限合伙）	—	北京市海淀区西二旗中路6号院二区15号楼一层107	31 450.00万元	经济贸易咨询
重大影响的其他公司	横琴新丰乐壹号投资合伙企业（有限合伙）	—	珠海市横琴新区宝华路6号105室-10659（集中办公区）	479 801.00万元	协议记载的经营范围：资产管理；投资管理；投资咨询；以自有资金投资兴办实业
重大影响的其他公司	珠海顺富股权投资基金合伙企业（有限合伙）	—	珠海市横琴新区宝华路6号105室-55950（集中办公区）	23 603.21万元	协议记载的经营范围：股权投资（私募基金应及时在中国证券投资基金业协会完成备案）
重大影响的其他公司	深圳华润农业发展基金合伙企业（有限合伙）*	—	深圳市前海深港合作区前湾一路1号A栋201室	38 500.00万元	投资兴办实业（具体项目另行申报）；投资管理（不含限制项目）；投资咨询（不含限制项目）；投资顾问（不含限制项目）；信息咨询（不含限制项目）
归属于同一控制方	广东润电环保有限公司*	刘随平	广东省东莞市松山湖园区科技四路16号1栋1409室	50 000.00万元	农林废弃物发电、供热、供气的技术开发、技术应用；实业投资（依法须经批准的项目，经相关部门批准后方可开展经营活动）

注：*2021年已退出。

6.6.3 本公司与关联方的重大交易事项

6.6.3.1 固有与关联方：贷款、投资、租赁、应收账款、担保、其他方式等期初汇总数、本期借方和贷方发生额汇总数、期末汇总数

单位：万元

项目	期初数	借方发生额	贷方发生额	期末数
贷款	—	—	—	—
投资	122 886.26	3.73	8 583.44	114 306.55
租赁	—	—	—	—
担保	—	—	—	—
应收账款	19 085.23	232.42	89.38	19 228.27
其他资产	328.19	1 092.35	1 082.72	337.82
其他负债	2 903.46	100 543.53	213 521.32	115 881.25
合计	145 203.14	101 872.03	223 276.86	249 753.89

6.6.3.2 信托与关联方交易情况：贷款、投资、租赁、应收账款、担保、其他方式等期初汇总数、本期借方和贷方发生额汇总数、期末汇总数

单位：万元

项目	期初数	借方发生数	贷方发生数	期末数
贷款	—	—	—	—
投资	38 500.00	—	38 500.00	—
租赁	—	—	—	—
担保	—	—	—	—
应收账款	—	—	—	—
其他	3 729 637.09	—	672 763.82	3 056 873.27
合计	3 768 137.09	—	711 263.82	3 056 873.27

6.6.3.3 信托公司自有资金运用于自己管理的信托项目（固信交易），信托公司管理的信托项目之间的相互（信信交易）交易金额、包括余额和本报告年度的发生额

6.6.3.3.1 固有财产与信托财产之间的交易金额期初汇总数、本期发生额汇总数、期末汇总数

单位：万元

项目	期初数	本期发生数	期末数
合计	463 372.49	109 823.96	573 196.45

6.6.3.3.2 信托项目之间的交易金额期初汇总数、本期发生额汇总数、期末汇总数

单位：万元

项目	期初数	本期发生数	期末数
合计	3 557 048.60	2 342 325.77	5 899 374.37

6.6.4 逐笔披露关联方逾期未偿还本公司资金的详细情况以及本公司为关联方担保发生或即将发生垫款的详细情况

无。

6.7 会计制度的披露

本公司固有业务及信托业务均执行财政部颁布的《企业会计准则》及其补充规定。

本公司于2021年1月1日起执行财政部于2017年发布的修订后的《企业会计准则第22号——金融工具确认和计量》《企业会计准则第23号——金融资产转移》《企业会计准则第24号——套期会计》《企业会计准则第37号——金融工具列报》四项会计准则，对会计政策相关内容进行调整。

7.财务情况说明书

7.1 利润实现和分配情况

2021年度母公司净利润为331 124.70万元；合并净利润为341 064.39万元，其中归属于母公司的净利润为340 867.89万元。

公司对本年实现的母公司净利润331 124.70万元进行分配，其中：提取法定盈余公积33 112.47万元，提取信托赔偿准备金16 556.24万元；提取一般风险准备金5 959.48万元。

7.2 主要财务指标

指标名称	指标值合并	指标值母公司
资本利润率（%）	12.74	12.71
人均净利润（万元）	712.78	818.60

注：1.资本利润率＝净利润/所有者权益平均余额×100%。
2.人均净利润＝净利润/年平均人数。
3.平均值采取期初、期末余额简单平均法，公式为：平均值＝（期初数＋期末数）/2。

7.3 对本公司财务状况、经营成果有重大影响的其他事项

无。

7.4 本公司净资本情况

风险管理指标监管表
2021年12月31日

项目	年末余额	监管标准
净资本（万元）	1 465 280.75	≥20 000
固有业务风险资本（万元）	314 085.09	—
信托业务风险资本（万元）	384 298.74	—
其他业务风险资本（万元）	—	—
各项业务风险资本之和（万元）	698 383.82	—
净资本/各项业务风险资本之和（%）	209.81	≥100
净资本/净资产（%）	53.76	≥40

8.特别事项揭示

8.1 前五名股东报告期内变动情况及原因

报告期内，公司无股东变动情况。

8.2 董事、监事及高级管理人员变动情况及原因

8.2.1 董事变动情况及原因

2021年10月，公司2021年第三次股东会会议审议通过关于变更董事的议案，选举陈芳运先生担任公司董事，谭颖女士不再担任公司董事职务。

8.2.2 监事变动情况及原因

2021年1月，公司召开2021年第一次股东会会议审议通过关于变更公司监事的议案，选举朱军担任公司监事，李富川不再担任公司监事职务。

2021年1月，公司召开第四届监事会第三次会议，选举朱军先生担任公司监事会主席，李富川先生不再担任公司监事会主席职务。

8.2.3 高级管理人员变动情况及原因

2021年1月，公司第七届董事会第九次会议审议通过关于张宏山先生不再担任公司总经理助理职务的议案，决定张宏山先生不再担任公司总经理助理职务。

2021年4月，深圳银保监局核准了覃建祎首席风险官的任职资格（核准文件：深银保监复〔2021〕274号），覃建祎担任公司首席风险官职务。

2021年8月，公司第七届董事会第十三次会议审议通过关于郭庆卫先生不再担任公司副总经理职务的议案和关于郭庆卫先生不再担任公司董事会秘书职务及指定

高级管理人员代行董事会秘书职责的议案，决定郭庆卫不再担任公司副总经理和董事会秘书职务。

2021年8月，公司第七届董事会第十三次会议审议通过关于程红女士不再担任公司副总经理的职务的议案，决定程红不再担任公司副总经理职务。

8.3　变更注册资本、变更注册地或公司名称、公司分立合并事项

报告期内，公司无变更注册资本、变更注册地或公司名称、公司分立合并事项。

8.4　公司的重大诉讼事项

报告期内，公司无重大诉讼事项。

8.5　公司及其董事、监事和高级管理人员受到处罚的情况

报告期内，公司及其董事、监事和高级管理人员未受到处罚。

8.6　银保监会及其派出机构对公司检查意见

报告期内，银保监会及其派出机构未对公司开展现场检查。

8.7　本年度重大事项临时报告的简要内容、披露时间、所披露的媒体及其版面

2021年4月28日，公司在官网披露《关于覃建祎首席风险官获监管核准的公告》，内容摘要如下：2021年4月27日，深圳银保监局核准了覃建祎担任本公司首席风险官的任职资格（核准文件：深银保监复〔2021〕274号），其任期自核准日起生效。

8.8　履行社会责任情况

2021年，华润信托积极发扬央企红色使命，践行社会责任，以受益人的最大利益为先，恪尽职守，履行诚实、信用、谨慎、有效管理的义务。一是履行受托责任，保障消费者权益，持续开展"3·15"消费者宣传教育周、"防范非法集资宣传月""清廉金融文化普及月"等主题宣教活动。二是落实国家战略，服务实体经济，通过资产证券化、供应链金融等业务模式，与华润集团其他业务单元高质量协同，以融促产。三是坚持以人为本，关爱员工发展和身心健康，展现以人为本的人文关怀。四是充分发挥党建引领作用，成立"润信未来"青年志愿者服务队，发展在册队员约130名，开展志愿活动超50批次，奔赴社区防疫抗疫一线，协助开展核酸全民检测、疫苗接种等工作。

8.9　银保监会及其省级派出机构认定的其他有必要让客户及相关利益人了解的重要信息

报告期内，公司无银保监会及其省级派出机构认定的其他有必要让客户及相关利益人了解的重要信息。

9.监事会对相关事项的监督意见

2021年度内，监事会根据法律法规及公司章程，认真履行监督职责，通过积极参加股东会，列席董事会，对公司依法运作及规范治理情况、董事及管理层履职情况、财务工作情况进行监督，并作出了独立的监督意见。

9.1　对公司依法运作及规范治理情况的监督意见

公司严格遵守国家法律法规和行业监管政策，在股东的大力支持下，不断健全和完善内部控制体系，强化全面风险管理，守法经营、依法运作，各项决策程序合法有效。

9.2　对董事及管理层履职情况的监督意见

董事会运作规范、决策合理、程序合法，全体董事及管理层能够按照法律法规和公司章程规定勤勉尽职，未发现存在违反法律法规、公司章程或损害信托受益人、股东和公司利益的行为。

公司管理团队能够认真履行职责，严格执行股东会和董事会决议决定，较好地履行了对股东的各项责任，未发现高管人员在执行公司职务时违反法律法规和公司章程或损害信托受益人、股东和公司利益的行为。

9.3　对公司财务工作情况的监督意见

公司能够严格执行国家财务会计法律法规和监管要求，财务制度健全、操作流程规范、财务状况良好。财务报告客观、真实、准确反映了公司财务状况和经营成果，未发现有违反相关法律法规和规章制度的行为。

华鑫国际信托有限公司

1. 重要提示

1.1 公司董事会及董事保证本报告所载资料不存在任何虚假记载、误导性陈述或者重大遗漏，并对其内容的真实性、准确性和完整性承担个别及连带责任。

1.2 公司全体董事出席了董事会。无董事声明异议。

1.3 公司独立董事周小明先生、王健先生声明：保证本年度报告内容的真实性、准确性和完整性。

1.4 天职国际会计师事务所（特殊普通合伙）对本公司年度财务报告进行审计，出具了标准无保留意见的审计报告。

1.5 公司董事长褚玉先生、总经理朱勇先生、主管固有会计部门负责人靖卓娅及主管信托会计部门负责人罗东君声明：保证年度报告中财务报告的真实、完整。

2. 公司概况

2.1 公司简介

华鑫国际信托有限公司（以下简称公司）是经中国银行保险监督管理委员会依法批准设立的非银行金融机构，前身为佛山国际信托投资有限公司，公司于2008年12月24日重新登记，2009年9月完成验资工作，注册资本金3.2亿元；2010年2月9日，取得中国银监会颁发的金融许可证，2010年3月15日，经营地址迁至北京市西城区，并于2010年3月18日正式挂牌开业。经过5次增资后，至2021年12月末，公司注册资本增至73.95亿元，公司股东中国华电集团资本控股有限公司出资比例为76.25%，中国华电集团财务有限公司出资比例为23.75%。

2.1.1 公司法定中文名称：华鑫国际信托有限公司
中文名称缩写：华鑫信托
公司英文名称：CHINA FORTUNE INTERNATIONAL TRUST CO.，LTD.
公司英文名称缩写：CHINA FORTUNE TRUST

2.1.2 公司法定代表人：褚玉

2.1.3 公司注册地址：北京市西城区新华里16号院2号楼102号、202号、302号
邮政编码：100044
公司国际互联网网址：http://www.cfitc.com
公司电子信箱：hxxt@cfitc.com

2.1.4 公司信息披露联系人：赵凯
联系电话：400-680-1616/010-83568201转
传真：010-83568281
电子信箱：service@cfitc.com

2.1.5 公司信息披露报纸名称：《金融时报》《证券时报》
备置地点：北京市西城区新华里16号院2号楼102号、202号、302号

2.1.6 公司聘请的会计师事务所名称：天职国际会计师事务所（特殊普通合伙）
住所：北京市海淀区车公庄路乙19号208—210室

2.1.7 公司聘请的律师事务所名称：北京市瑞银律师事务所
住所：北京市朝阳区东三环北路丙2号天元港中心A座605室

2.2 组织结构图

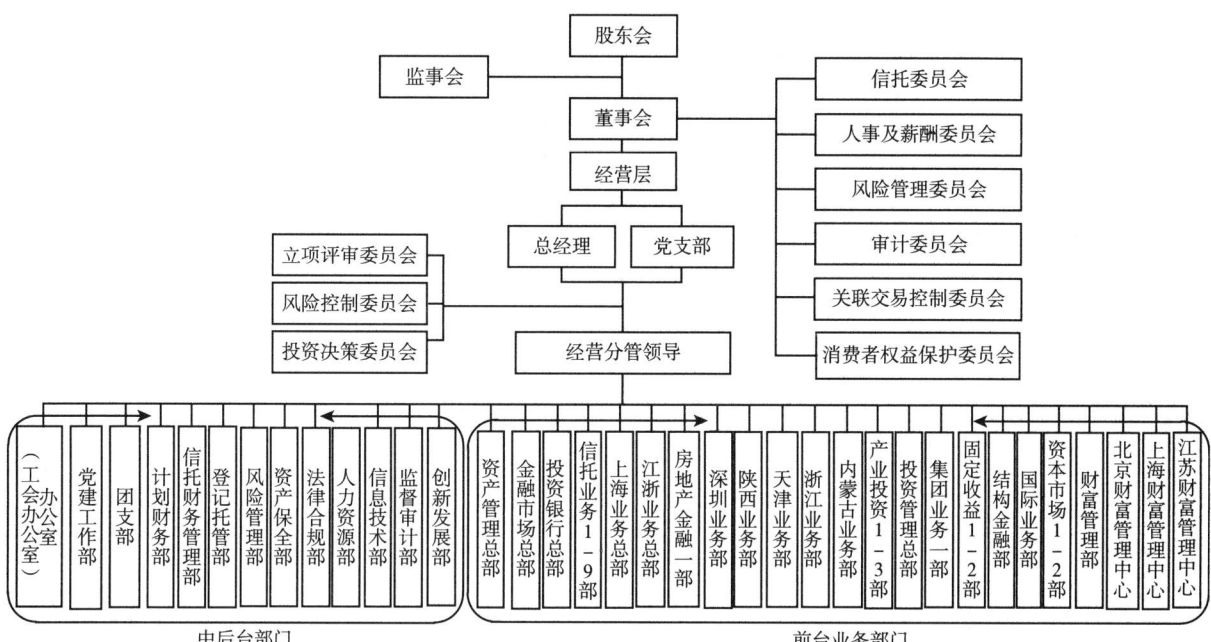

3. 公司治理结构

3.1 股东

股东总数：2家。

股东名称	持股（%）	法人代表	注册地址	主营业务
中国华电集团资本控股有限公司★	76.25	刘雷	北京市丰台区东管头1号院1号楼1-195室	投资及资产管理；资产受托管理；投资策划；咨询服务；产权经纪
中国华电集团财务有限公司	23.75	李文峰	北京市西城区宣武门内大街2号楼西楼10层	对成员单位办理财务和融资顾问、信用鉴证及相关的咨询、代理业务；协助成员单位实现交易款项的收付；经批准的保险代理业务；对成员单位提供担保；办理成员单位之间的委托贷款及委托投资等

注：★中国华电集团资本控股有限公司为实际控制人。

3.2 董事会成员

董事长、董事

姓名	职务	性别	年龄（岁）	任职时间	简要履历
褚玉	董事长	男	59	2018年7月	现任中国华电集团有限公司巡视组组长
朱勇	董事	男	53	2021年8月	现任华鑫国际信托有限公司总经理
李敬业	董事	女	42	2022年4月	现任中国华电集团财务有限公司资金运营部经理
羿锦峰	职工董事	男	50	2018年4月	现任华鑫国际信托有限公司风险总监

独立董事

姓名	职务	性别	年龄（岁）	任职时间	简要履历
周小明	独立董事	男	56	2021年9月	现任新财道财富管理股份有限公司董事长
王健	独立董事	男	71	2021年9月	现已退休

董事会下属委员会

董事会下属委员会名称	职责	组成人员姓名	职务
信托委员会	负责督促公司依法履行受托职责，了解公司信托业务的发展情况，维护受益人的最大利益	周小明	主任委员
		李敬业	委员
		朱勇	委员
人事及薪酬委员会	负责制定公司董事及高级人员的考核标准并进行考核；制定、审查公司董事及高级管理人员的薪酬政策与方案；制定公司长期激励机制和方案，为公司发展提供人才激励保障；制定公司人力资源发展规划	褚玉	主任委员
		李敬业	委员
		周小明	委员
风险管理委员会	负责公司风险的控制、管理、监督和评估	褚玉	主任委员
		王健	委员
		羿锦峰	委员
审计委员会	负责内、外部审计的沟通、监督和核查工作以及重大关联交易的审核	周小明	主任委员
		王健	委员
		羿锦峰	委员
关联交易控制委员会	负责对公司关联交易业务进行管理	周小明	主任委员
		李敬业	委员
		朱勇	委员
消费者权益保护委员会	负责对公司消费者权益保护工作进行管理	朱勇	主任委员
		王健	委员
		羿锦峰	委员

3.3 监事、监事会成员

监事会成员

姓名	职务	性别	年龄（岁）	选任日期	简要履历
刘晖	监事长	男	59	2018年4月	现任中国华电集团资本控股有限公司副主任级咨询
兰贵杰	监事	女	40	2021年12月	现任中国华电集团财务有限公司风险与合规管理部副经理
杨婧	职工监事	女	38	2021年4月	现任华鑫国际信托有限公司人力资源部副总经理（主持工作）

3.4 高级管理人员

姓名	职务	性别	年龄（岁）	选任日期	简要履历
朱勇	总经理	男	53	2011年1月	现任华鑫国际信托有限公司总经理
陶钧	副总经理	男	52	2014年3月	现任华鑫国际信托有限公司副总经理
吴艳坤	财务总监	女	44	2022年4月	现任华鑫国际信托有限公司财务总监
张南	副总经理	男	46	2022年4月	现任华鑫国际信托有限公司副总经理

3.5 公司员工

项目		本年度		上年度	
		人数（人）	比例（%）	人数（人）	比例（%）
年龄分布	25岁以下	—	—	—	—
	25—29岁	20	8.9	15	7.1
	30—39岁	131	58.8	133	63.0
	40岁以上	72	32.3	63	29.9
学历分布	博士	9	4.0	6	2.8
	硕士	138	61.9	136	64.5
	本科	72	32.3	65	30.8
	专科	4	1.8	4	1.9
岗位分布	董事、监事及其高管人员	12	5.4	11	5.2
	固有业务人员	8	3.6	7	3.3
	信托业务人员	125	56.1	123	58.3
	其他人员	78	34.9	70	33.2

3.6 公司治理信息

3.6.1 年度内召开股东会情况

本年度共召开股东会2次，审议并通过了《关于监事会2020年度工作报告的议案》等13项议案。

3.6.2 年度内召开董事会情况

本年度召开董事会3次，审议通过了《关于董事会2020年度工作报告的议案》等25项议案。

3.6.3 监事会及履行职责情况

本年度召开监事会2次，审议并通过了《关于监事会2020年度工作报告的议案》等3项议案。本报告年度，监事会列席了董事会历次会议。

3.6.4 高级管理人员履行职责情况

2021年，公司全体高级管理人员在公司董事会的正确领导下，以及公司监事会的大力指导下，牢牢把握转型升级工作主线，严控金融风险，调整业务结构，提升管理水平，实现全方位提质增效，取得了优异成绩。公司主要经营数据大幅增长，业务运行安全高效，核心竞争实力显著增强，行业综合排名显著提升。

4.经营管理

4.1 经营目标、方针、战略规划

4.1.1 经营目标

本报告期公司积极适应国家经济形势、行业趋势和监管要求，进一步增强主动管理、财富管理、风险合规、投研结合、科技赋能、标品投资六项能力，持续优化公司经营管理体制机制、业务发展模式、人才队伍结构，圆满完成了各项经营目标任务，实现了"十四五"良好开局。

截至2021年末，公司管理资产总规模2 631亿元，实现净利润11.34亿元。

4.1.2 经营方针

本报告期公司经营方针是：稳健经营、价值至上。

4.1.3 战略规划

以习近平新时代中国特色社会主义思想为指导，深入贯彻新发展理念，全面落实上级单位战略部署，以推动高质量发展为主题，坚持服务实体经济、回归信托本源，坚持稳中求进、依法合规经营，以改革创新为根本动力，着力提升企业治理能力，着力强化风险管控，加快业务转型发展，不断提升价值创造能力、风险防控能力和服务集团公司主业发展能力。

公司秉持"受人之托，忠人之事"文化内核，适应国家经济形势、行业趋势和监管要求，坚持"稳健发展、转型升级"主线，进一步增强主动管理、财富管理、风险合规、投研结合、科技赋能、标品投资六项能力，积极发展产融结合，努力将公司建设成为具有能源特色的一流信托公司。

4.2 所经营业务的主要内容

4.2.1 经营的主要业务及品种

公司经营的主要业务为信托业务和固有业务。

4.2.1.1 信托业务

以全面风险管理为保障，坚持稳健经营，以提供多元化、专业化、特色化金融服务为手段，坚持业务创新。主要经营的信托业务包括：资金信托；动产信托；不动产信托；有价证券信托；其他财产或财产权信托；作为投资基金或者基金管理公司的发起人从事投资基金业务；经营企业资产的重组、购并及项目融资、公司理财、财务顾问等业务；受托经营国务院有关部门批准的证券承销业务；办理居间、咨询、资信调查等业务；代保管及保管箱业务等。

4.2.1.2 固有业务

主要自营业务包括：存放同业；拆放同业；贷款业务；租赁业务；投资业务；以固有财产为他人提供担保；同业拆借；居间服务；法律法规规定或中国银行业监督管理委员会批准的其他业务。

4.2.2 资产组合与分布

4.2.2.1 固有资产运用与分布表

资产运用	期末余额（万元）	占比（%）	资产分布	期末余额（万元）	占比（%）
货币资金	244.07	0.02	房地产	100 036.65	6.72
发放贷款及垫款	100 036.65	6.72	基础产业	75 833.48	5.09
交易性金融资产	1 316 611.23	88.41	工商企业	—	—
债权投资	—	—	证券市场	357 630.82	24.01
其他债权投资	—	—	金融机构	955 757.10	64.18
其他	72 366.10	4.86			
固有资产总计	1 489 258.05	100.0	固有资产总计	1 489 258.05	100.0

4.2.2.2 信托资产运用与分布表

资产运用	金额（万元）	占比（%）	资产分布	金额（万元）	占比（%）
货币资产	272 525.69	1.11	基础产业	8 341 089.77	34.03
贷款	5 470 109.33	22.31	房地产	2 684 313.88	10.95
交易性金融资产	3 660 233.57	14.93	证券市场	4 463 742.62	18.21
可供出售金融资产	884 690.78	3.61	工商企业	7 548 354.59	30.79
持有至到期投资	10 089 529.08	41.16	金融机构	1 162 534.57	4.74
长期股权投资	3 982 962.58	16.25	其他	313 591.59	1.28
其他	153 575.99	0.63			
信托资产总计	24 513 627.02	100.00	信托资产总计	24 513 627.02	100.00

4.3 市场分析

4.3.1 宏观经济形势分析

2021年度，我国GDP增长8.1%，新冠肺炎疫情防控和经济发展保持全球领先地位，实现了"十四五"良好开局。随着我国稳增长政策效果的落地，供给冲击得到缓解，能源价格、电力供应趋稳，企业预期有所改善，我国经济在一定程度上缓解了增长下行的压力。

4.3.2 行业形势分析

2021年，随着资管新规过渡期的届满到期，信托业

务环境发生着深刻变化，整个信托业也面临着全新的挑战和机遇，风险防范和不良处置成为监管所关心的重点。

4.3.3　影响公司发展的主要因素

当前，信托业市场环境、监管政策正发生深刻变化，加上疫情冲击，房地产违约增加，行业风险加速暴露。公司扎实做好全面风险管理，坚持稳健经营、严控风险原则，在防范房地产业务风险方面取得了优异成绩。同时，积极适应监管要求，信托业务加速转型，标准化产品业务获得了较快发展，创新业务持续推进，实现了良好的经营成果。

4.4　内部控制

4.4.1　内部控制环境和内部控制文化

公司完善了股东会、董事会、监事会、经营管理层为主体的相互分离、合理制衡的机制，明确划分治理层和管理层间的权限，建立了规范的内控组织体系。高度重视内部控制文化建设，厚植风险合规理念和意识，强化员工职业操守、诚信观念和道德水准，提高内控管理的自觉性和有效性。

4.4.2　内部控制措施

公司形成了"全员参与、流程管理、立体监督"的内控体系。建立重大风险预警机制和突发事件应急处理机制，明确责任人，规范处置程序，确保突发事件得到及时妥善处理。

4.4.3　信息交流与反馈

公司建立了信息与沟通制度，定期召开股东会、董事会、监事会，及时就内外部审计情况、风险状况、经营情况与监管部门沟通报告。公司建立了反舞弊机制，按监管要求及时向投资者披露信托项目信息。

4.4.4　监督评价与纠正

公司监督审计部负责对公司内部控制的监督评价与纠正，通过常规审计、专项审计及内部控制评价相结合的方式持续对各类经营管理活动进行监督评价，推动内控机制有效运行，提升企业经营管理水平和风险防范能力。

4.5　风险管理

4.5.1　风险管理概况

4.5.1.1　公司经营活动中可能遇到的风险

主要有：信用风险、流动性风险、市场风险、操作风险、政策风险、道德风险、声誉风险等。

4.5.1.2　公司风险管理的基本原则与政策

风险管理贯彻全面性、审慎性、及时性、有效性等原则，通过事前防范、事中控制、事后监督对风险进行全面综合管理，促进公司持续、稳健、规范、健康运行。

4.5.1.3　公司风险管理组织结构与职责划分

公司建立了组织架构健全、职责边界清晰的风险治理架构，建立了多层次、相互衔接、有效制衡的运行机制。

4.5.2　风险状况

4.5.2.1　信用风险状况

报告期内，公司到期清算信托产品330个，当年累计清算信托本金1 368.89亿元，全部实现足额清算。

4.5.2.2　流动性风险状况

报告期内，公司密切关注流动性风险，公司各业务条线未发生重大流动性兑付危机，流动性风险可控。

4.5.2.3　市场风险状况

报告期内，公司密切关注各类市场风险，及时调整产品战略，勤勉、尽职履行受托人职责，未发生上述风险。

4.5.2.4　操作风险状况

报告期内，公司未因内部程序、系统不完善、人员操作失误等原因出现操作风险。

4.5.2.5　其他风险状况

报告期内公司未发生上述风险。

4.5.3　风险管理

4.5.3.1　信用风险管理

公司通过事前评估、事中控制、事后监督的风险管理体系来防范和规避信用风险。

4.5.3.2　流动性风险管理

公司加强对运作项目的现金流量管理，做好公司现金流量的预测和安排；保持足够的可变现资产、合理安排资产的期限组合；定期开展流动性压力测试，做好流动性风险防范及预警工作。

4.5.3.3　市场风险管理

公司对相关业务和产品中的市场风险因素进行分解和分析，及时准确识别业务中市场风险的类别和性质，通过多种途径进行市场风险的管理。

4.5.3.4　操作风险管理

公司通过合理的组织架构和岗位设置，优化业务操作流程，加强规章制度建设，通过专业知识培训，积极推进系统化建设，制订应急预案等措施有效地控制操作风险，主动防范并大大降低操作风险。

4.5.3.5　其他风险管理

对于政策风险，公司动态分析宏观政策和监管政策的变动趋势，保持公司经营策略与国家政策的一致性。

对于法律合规风险，公司对信托业务进行分类梳理，形成了合规要点提示，完成标准化合同文本库更新引导依法合规开展业务。

4.6 社会责任

4.6.1 坚持合规自律，依法规范经营

报告期内公司严格遵守各项法律法规，认真落实监管要求，积极推进内部控制体系建设，履行社会责任公约，履行反洗钱义务，忠实履行受托责任。

4.6.2 积极响应国家宏观政策，服务实体经济

公司把服务实体经济作为转型发展的立身之本、发展之源，充分发挥信托擅于整合多种金融工具、灵活设计交易结构等优势，以专业化金融服务保障社会经济健康发展，助力"双碳"目标及电煤保供稳价。

4.6.3 利用专业优势，积极支持公益事业

公司热心参与社会公益事业，积极开展捐款赈灾、捐资助学以及扶危济困等公益活动，成立慈善信托，促进经济社会和谐发展。

4.6.4 推广私人财富专业理财知识，提升信托专业服务水平

公司采用线上线下相结合的方式向广大金融消费者、投资者、网民普及基础金融知识和风险防范技能，引导投资者了解信托、理性投资，取得了良好的社会反响。

4.6.5 勤勉尽责，维护投资者和受托人的利益最大化

报告期内，公司认真履行消保工作义务，董事会设立了消费者权益保护委员会。本年度，公司按期、足额清算信托项目，确保了投资安全及受益人利益最大化。

4.6.6 保护股东权益，促进国有资产保值增值

报告期内，公司实现净利润11.34亿元，国有资产资保值增值率112.49%。

5.报告期末及上一年度末的比较式会计报表

5.1 固有资产

5.1.1 会计师事务所审计意见全文

审计报告

天职业字〔2022〕9681号

华鑫国际信托有限公司全体股东：

一、审计意见

我们审计了华鑫国际信托有限公司（以下简称华鑫信托公司）财务报表，包括2021年12月31日的合并及母公司资产负债表，2021年度的合并及母公司利润表、合并及母公司现金流量表、合并及母公司所有者权益变动表以及相关财务报表附注。

我们认为，后附的财务报表在所有重大方面按照企业会计准则的规定编制，公允反映了华鑫信托公司2021年12月31日的合并及母公司财务状况以及2021年度的合并及母公司经营成果和现金流量。

二、形成审计意见的基础

我们按照中国注册会计师审计准则的规定执行了审计工作。审计报告的"注册会计师对财务报表审计的责任"部分进一步阐述了我们在这些准则下的责任。按照中国注册会计师职业道德守则，我们独立于华鑫信托公司，并履行了职业道德方面的其他责任。我们相信，我们获取的审计证据是充分、适当的，为发表审计意见提供了基础。

三、管理层和治理层对财务报表的责任

管理层负责按照企业会计准则的规定编制财务报表，使其实现公允反映，并设计、执行和维护必要的内部控制，以使财务报表不存在由于舞弊或错误导致的重大错报。

在编制财务报表时，管理层负责评估华鑫信托公司的持续经营能力，披露与持续经营相关的事项（如适用），并运用持续经营假设，除非计划进行清算、终止营运或别无其他现实的选择。

治理层负责监督华鑫信托公司的财务报告过程。

四、注册会计师对财务报表审计的责任

我们的目标是对财务报表整体是否不存在由于舞弊或错误导致的重大错报获取合理保证，并出具包含审计意见的审计报告。合理保证是高水平的保证，但并不能保证按照审计准则执行的审计在某一重大错报存在时总能发现。错报可能由于舞弊或错误导致，如果合理预期错报单独或汇总起来可能影响财务报表使用者依据财务报表作出的经济决策，则通常认为错报是重大的。

在按照审计准则执行审计工作的过程中，我们运用职业判断，并保持职业怀疑。同时，我们也执行以下工作：

（1）识别和评估由于舞弊或错误导致的财务报表重大错报风险，设计和实施审计程序以应对这些风险，并获取充分、适当的审计证据，作为发表审计意见的基础。由于舞弊可能涉及串通、伪造、故意遗漏、虚假陈述或凌驾于内部控制之上，未能发现由于舞弊导致的重大错

报的风险高于未能发现由于错误导致的重大错报的风险。

（2）了解与审计相关的内部控制，以设计恰当的审计程序，但目的并非对内部控制的有效性发表意见。

（3）评价管理层选用会计政策的恰当性和作出会计估计及相关披露的合理性。

（4）对管理层使用持续经营假设的恰当性得出结论。同时，根据获取的审计证据，就可能导致对华鑫信托公司持续经营能力产生重大疑虑的事项或情况是否存在重大不确定性得出结论。如果我们得出结论认为存在重大不确定性，审计准则要求我们在审计报告中提请报表使用者注意财务报表中的相关披露；如果披露不充分，我们应当发表非无保留意见。我们的结论基于截至审计报告日可获得的信息。然而，未来的事项或情况可能导致华鑫信托公司不能持续经营。

（5）评价合并财务报表的总体列报、结构和内容，并评价合并财务报表是否公允反映相关交易和事项。

（6）就华鑫信托公司中实体或业务活动的财务信息获取充分、适当的审计证据，以对财务报表发表审计意见。我们负责指导、监督和执行集团审计，并对审计意见承担全部责任。

我们与治理层就计划的审计范围、时间安排和重大审计发现等事项进行沟通，包括沟通我们在审计中识别出的值得关注的内部控制缺陷。

中国注册会计师：

中国注册会计师：

5.1.2 资产负债表

资产负债表（合并报表）

编制单位：华鑫国际信托有限公司　　　　2021年12月31日　　　　单位：万元

资产	期末余额	期初金额	负债和所有者权益	期末余额	期初金额
资产：	—	—	负债：	—	—
现金	—	—	应付账款	—	471.76
存放同业款项	10 049.08	4 229.85	应付职工薪酬	8 534.50	7 472.52
交易性金融资产	1 573 052.49	1 089 309.76	应交税费	15 465.19	21 381.57
预付账款	395.32	280.14	应付股利	49 784.58	49 784.58
应收账款	—	—	其他应付款	99 903.95	97 008.08
应收利息	—	—	一年内到期的非流动负债	1 991.25	—
发放贷款和垫款	147 886.65	—	其他流动负债	—	4 372.28
债权投资	—	—	租赁负债	3 498.64	7 401.22
其他债权投资	—	—	预计负债	2 700.00	14 300.00
其他权益工具投资	2 324.79	2 324.79	递延所得税负债	833.23	—
抵债资产	2 851.85	2 851.85	其他非流动负债	300 238.26	84 513.66
长期股权投资	—	—	负债合计	482 949.61	286 705.68
固定资产原值	1 595.82	1 477.74	所有者权益	—	—
累计折旧	987.28	842.95	实收资本（或股本）	739 511.86	582 484.04
固定资产净值	608.54	634.79	资本公积	285 488.14	142 515.96
无形资产	1 067.88	730.28	其他综合收益	-281.41	-281.41
递延所得税资产	24 538.53	19 965.61	盈余公积	60 976.02	49 639.83
使用权资产	5 480.53	7 401.22	一般风险准备	52 826.88	40 910.06
其他资产	35 931.89	66 853.50	未分配利润	182 716.46	92 607.62
—	—	—	所有者权益合计	1 321 237.95	907 876.11
资产总计	1 804 187.55	1 194 581.79	负债和所有者权益总计	1 804 187.55	1 194 581.79

资产负债表（单体报表）

编制单位：华鑫国际信托有限公司　　　2021年12月31日　　　单位：万元

资产	期末余额	期初金额	负债和所有者权益	期末余额	期初金额
资产：	—	—	负债：	—	—
现金	—	—	应付账款	—	—
存放同业款项	244.07	1 349.01	应付职工薪酬	8 534.50	7 472.52
交易性金融资产	1 316 611.23	1 002 649.37	应交税费	14 928.11	21 198.05
预付账款	395.32	280.14	应付股利	49 784.58	49 784.58
应收账款	—	—	一年内到期的非流动负债	1 991.25	—
应收利息	—	—	租赁负债	3 498.64	7 401.22
发放贷款和垫款	100 036.65	—	预计负债	2 700.00	14 300.00
债权投资	—	—	递延所得税负债	—	—
其他债权投资	—	—	其他负债	86 583.02	97 008.08
其他权益工具投资	2 324.79	2 324.79	负债合计	168 020.11	197 164.45
抵债资产	2 851.85	2 851.85	所有者权益	—	—
长期股权投资	—	—	实收资本（或股本）	739 511.86	582 484.04
固定资产原值	1 595.82	1 477.74	资本公积	285 488.14	142 515.96
累计折旧	987.28	842.95	其他综合收益	-281.41	-281.41
固定资产净值	608.54	634.79	盈余公积	60 976.02	49 639.83
无形资产	1 067.88	730.28	一般风险准备	52 826.88	40 910.06
递延所得税资产	23 705.31	19 965.61	未分配利润	182 716.46	92 607.62
使用权资产	5 480.53	7 401.22	所有者权益合计	1 321 237.95	907 876.11
其他资产	35 931.89	66 853.50	—	—	—
资产总计	1 489 258.05	1 105 040.56	负债和所有者权益总计	1 489 258.05	1 105 040.56

5.1.3 利润表

利润表（合并报表）

编制单位：华鑫国际信托有限公司　　　2021年12月31日　　　单位：万元

项目	本年数	上年数
一、营业收入	201 315.57	167 712.17
利息净收入	1 038.62	1 886.15
利息收入	1 048.79	1 979.02
利息支出	10.18	92.87
手续费及佣金净收入	123 775.92	118 373.10
手续费及佣金收入	130 212.55	120 600.52
手续费及佣金支出	6 436.62	2 227.42
投资收益（损失以"-"号填列）	61 032.82	44 866.65
公允价值变动收益（损益）（损失以"-"号填列）	14 390.12	1 583.56
其他业务收入	—	—
其他收益	1 078.10	1 002.71
二、营业支出	51 895.62	54 384.37
营业税金及附加	1 319.57	1 058.46
业务及管理费	42 302.69	39 336.79
资产减值损失	—	13 989.13
信用减值损失	8 273.35	—
其他业务成本	—	—
三、营业利润（亏损以"-"号填列）	149 419.96	113 327.80
加：营业外收入	2.82	111.50
减：营业外支出	0.84	59.10
四、利润总额（亏损总额以"-"号填列）	149 421.94	113 380.19
减：所得税费用	36 060.10	33 611.71
五、净利润（净亏损以"-"号填列）	113 361.84	79 768.48
归属于母公司所有者的净利润	113 361.84	79 768.48
*少数股东损益	—	—

利润表（单体报表）

编制单位：华鑫国际信托有限公司　　　　　　　　　　　　　　　　　　　　　　　　　　　　　　　　　　单位：万元

项目	本年数	上年数
一、营业收入	195 325.82	166 826.50
利息净收入	742.05	1 868.66
利息收入	1 048.79	1 961.53
利息支出	306.74	92.87
手续费及佣金净收入	131 734.16	118 909.92
手续费及佣金收入	132 599.63	121 137.34
手续费及佣金支出	865.47	2 227.42
投资收益（损失以"-"号填列）	60 641.50	41 510.14
公允价值变动收益（损益）（损失以"-"号填列）	1 130.02	3 535.06
其他业务收入	—	—
其他收益	1 078.10	1 002.71
二、营业支出	45 905.86	52 809.31
营业税金及附加	1 136.38	1 020.30
业务及管理费	42 006.13	37 799.88
资产减值损失	—	13 989.13
信用减值损失	2 763.35	—
其他业务成本	—	—
三、营业利润（亏损以"-"号填列）	149 419.96	114 017.19
加：营业外收入	2.82	1.87
减：营业外支出	0.84	59.10
四、利润总额（亏损总额以"-"号填列）	149 421.94	113 959.96
减：所得税费用	36 060.10	33 611.71
五、净利润（净亏损以"-"号填列）	113 361.84	80 348.25

5.1.4　所有者权益变动表

所有者权益变动表（合并报表）

编制单位：华鑫国际信托有限公司　　　　　　　　2021年12月31日　　　　　　　　　　　　　　　　　　　　单位：万元

项目	本年金额						所有者权益合计
	归属于母公司所有者权益						
	实收资本	资本公积	其他综合收益	盈余公积	一般风险准备	未分配利润	
栏次	1	2	3	4	5	6	7
一、上年年末余额	582 484.04	142 515.96	505.84	51 206.28	41 693.29	94 548.73	912 954.15
加：会计政策变更	—	—	-787.25	-1 566.45	-783.23	-1 941.12	-5 078.05
前期差错更正	—	—	—	—	—	—	—
其他	—	—	—	—	—	—	—
二、本年年初余额	582 484.04	142 515.96	-281.41	49 639.83	409 10.06	92 607.62	907 876.11
三、本年增减变动金额（减少以"-"号填列）	—	—	—	11 336.18	11 916.82	90 108.84	—
（一）净利润	—	—	—	—	—	113 361.84	113 361.84
（二）其他综合收益	—	—	—	—	—	—	—
综合收益小计	—	—	—	—	—	113 361.84	113 361.84
（三）所有者投入和减少资本	157 027.82	142 972.18	—	—	—	—	300 000.00
1.所有者投入资本	157 027.82	142 972.18	—	—	—	—	300 000.00
2.股份支付计入所有者权益的金额	—	—	—	—	—	—	—
3.对所有者的分配	—	—	—	—	—	—	—
（四）专项储备提取和使用	—	—	—	—	—	—	—
（五）利润分配	—	—	—	11 336.18	11 916.82	-23 253.00	—
1.提取盈余公积	—	—	—	11 336.18	—	-11 336.18	—
其中：法定盈余公积	—	—	—	11 336.18	—	-11 336.18	—
任意盈余公积	—	—	—	—	—	—	—
2.提取一般风险准备	—	—	—	—	11 916.82	-11 916.82	—
四、本年年末余额	739 511.86	285 488.14	-281.41	60 976.02	52 826.88	182 716.46	1 321 237.95

所有者权益变动表（合并报表）

项目	上年金额						所有者权益合计
	归属于母公司所有者权益						
	实收资本	资本公积	其他综合收益	盈余公积	一般风险准备	未分配利润	
栏次	1	2	3	4	5	6	7
一、上年年末余额	357 484.04	142 515.96	−2 107.33	43 171.46	32 875.43	42 426.90	616 366.46
加：会计政策变更	—	—	—	—	—	—	—
前期差错更正	—	—	—	—	—	−10 793.96	−10 793.96
其他	—	—	—	—	—	—	—
二、本年年初余额	357 484.04	142 515.96	−2 107.33	43 171.46	32 875.43	31 632.94	605 572.50
三、本年增减变动金额（减少以"−"号填列）	—	—	2 613.17	8 034.82	8 817.86	62 915.79	82 381.65
（一）净利润	—	—	—	—	—	79 768.48	79 768.48
（二）其他综合收益	—	—	2 613.17	—	—	—	2 613.17
综合收益小计	—	—	2 613.17	—	—	79 768.48	82 381.65
（三）所有者投入和减少资本	225 000.00	—	—	—	—	—	225 000.00
1.所有者投入资本	225 000.00	—	—	—	—	—	225 000.00
2.股份支付计入所有者权益的金额	—	—	—	—	—	—	—
3.对所有者的分配	—	—	—	—	—	—	—
（四）专项储备提取和使用	—	—	—	—	—	—	—
（五）利润分配	—	—	—	8 034.82	8 817.86	−16 852.69	—
1.提取盈余公积	—	—	—	8 034.82	—	−8 034.82	—
其中：法定盈余公积	—	—	—	8 034.82	—	−8 034.82	—
任意盈余公积	—	—	—	—	—	—	—
2.提取一般风险准备	—	—	—	—	8 817.86	−8 817.86	—
四、本年年末余额	582 484.04	142 515.96	505.84	51 206.28	41 693.29	94 548.73	912 954.15

所有者权益变动表（单体报表）

编制单位：华鑫国际信托有限公司　　　　2021年12月31日　　　　单位：万元

项目	本年金额						所有者权益合计
	归属于母公司所有者权益						
	实收资本	资本公积	其他综合收益	盈余公积	一般风险准备	未分配利润	
栏次	1	2	3	4	5	6	7
一、上年年末余额	582 484.04	142 515.96	−11 755.91	51 206.28	41 693.29	105 922.46	912 066.13
加：会计政策变更	—	—	11 474.50	−1 566.45	−783.23	−13 314.84	−4 190.02
前期差错更正	—	—	—	—	—	—	—
其他	—	—	—	—	—	—	—
二、本年年初余额	582 484.04	142 515.96	−281.41	49 639.83	409 10.06	92 607.62	907 876.11
三、本年增减变动金额（减少以"−"号填列）	—	—	—	11 336.18	11 916.82	90 108.84	
（一）净利润	—	—	—	—	—	113 361.84	113 361.84
（二）其他综合收益	—	—	—	—	—	—	—
综合收益小计	—	—	—	—	—	113 361.84	113 361.84
（三）所有者投入和减少资本	157 027.82	142 972.18	—	—	—	—	300 000.00
1.所有者投入资本	157 027.82	142 972.18	—	—	—	—	300 000.00
2.股份支付计入所有者权益的金额	—	—	—	—	—	—	—
3.对所有者的分配	—	—	—	—	—	—	—
（四）专项储备提取和使用	—	—	—	—	—	—	—
（五）利润分配	—	—	—	11 336.18	11 916.82	−23 253.00	—
1.提取盈余公积	—	—	—	11 336.18	—	−11 336.18	—
其中：法定盈余公积	—	—	—	11 336.18	—	−11 336.18	—
任意盈余公积	—	—	—	—	—	—	—
2.提取一般风险准备	—	—	—	—	11 916.82	−11 916.82	—
四、本年年末余额	739 511.86	285 488.14	−281.41	60 976.02	52 826.88	182 716.46	1 321 237.95

所有者权益变动表（续）

项目	上年金额						
	归属于母公司所有者权益						所有者权益合计
	实收资本	资本公积	其他综合收益	盈余公积	一般风险准备	未分配利润	
栏次	1	2	3	4	5	6	7
一、上年年末余额	357 484.04	142 515.96	-2 107.33	43 171.46	32 875.43	42 426.90	616 366.46
加：会计政策变更	—	—	—	—	—	—	—
前期差错更正	—	—	—	—	—	—	—
其他	—	—	—	—	—	—	—
二、本年年初余额	357 484.04	142 515.96	-2 107.33	43 171.46	32 875.43	42 426.90	616 366.46
三、本年增减变动金额（减少以"-"号填列）	—	—	-9 648.58	8 034.82	8 817.86	63 495.56	70 699.67
（一）净利润	—	—	—	—	—	80 348.25	80 348.25
（二）其他综合收益	—	—	-9 648.58	—	—	—	-9 648.58
综合收益小计	—	—	-9 648.58	—	—	80 348.25	70 699.67
（三）所有者投入和减少资本	225 000.00	—	—	—	—	—	225 000.00
1.所有者投入资本	225 000.00	—	—	—	—	—	225 000.00
2.股份支付计入所有者权益的金额	—	—	—	—	—	—	—
3.对所有者的分配	—	—	—	—	—	—	—
（四）专项储备提取和使用	—	—	—	—	—	—	—
（五）利润分配	—	—	—	8 034.82	8 817.86	-16 852.69	—
1.提取盈余公积	—	—	—	8 034.82	—	-8 034.82	—
其中：法定盈余公积	—	—	—	8 034.82	—	-8 034.82	—
任意盈余公积	—	—	—	—	—	—	—
2.提取一般风险准备	—	—	—	—	8 817.86	-8 817.86	—
四、本年年末余额	582 484.04	142 515.96	-11 755.91	51 206.28	41 693.29	105 922.46	912 066.13

5.2 信托资产

5.2.1 信托项目资产负债汇总表

信托项目资产负债汇总表

编制单位：华鑫国际信托有限公司　　2021年12月31日　　单位：万元

信托资产	期末余额	年初余额	信托负债和信托权益	期末余额	年初余额
信托资产	—	—	信托负债	—	—
货币资金	272 525.69	220 089.84	交易性金融负债	—	—
拆出资金	—	—	衍生金融负债	—	—
存出保证金	—	—	应付受托人报酬	35 608.44	22 386.87
交易性金融资产	3 660 233.57	2 609 071.16	应付托管费	2 031.89	2 830.71
衍生金融资产	—	—	应付受益人收益	3 018.30	710.14
买入返售金融资产	82 314.71	40 910.19	应交税费	18 594.85	13 651.36
应收款项	71 261.28	19 684.60	应付销售服务费	516.51	465.24
发放贷款	5 470 109.33	8 232 473.06	其他应付款项	460 143.14	419 903.00
可供出售金融资产	884 690.78	772 472.09	预计负债	—	—
持有至到期投资	10 089 529.08	11 134 928.92	其他负债	—	—
长期应收款	—	—	信托负债合计	519 913.13	459 947.32
长期股权投资	3 982 962.58	1 548 958.00	信托权益		
投资性房地产	—	—	实收信托	23 889 837.55	24 365 954.16
固定资产	—	—	资本公积	178 398.78	64 940.87
无形资产	—	—	损益平准金	—	—
长期待摊费用	—	—	未分配利润	-74 522.44	-312 254.49
其他资产	—	—	信托权益合计	23 993 713.89	24 118 640.54
信托资产总计	24 513 627.02	24 578 587.86	信托负债和信托权益总计	24 513 627.02	24 578 587.86

5.2.2 信托项目利润及利润分配汇总

信托项目利润及利润分配汇总表

编制单位：华鑫国际信托有限公司　2021年度　　　　　　单位：万元

项目	本年金额	上年金额
1.营业收入	2 357 237.39	2 468 798.11
1.1 利息收入	710 675.27	651 375.53
1.2 投资收益（损失以"-"号填列）	1 309 813.56	1 059 724.05
1.2.1 其中：对联营企业和合营企业的投资收益		
1.3 公允价值变动收益（损失以"-"号填列）	190 921.63	640 690.29
1.4 租赁收入		
1.5 汇兑损益（损失以"-"号填列）	0.44	
1.6 其他收入	145 826.49	117 008.24
2.支出	371 008.51	246 681.55
3.信托净利润（净亏损以"-"号填列）	1 986 228.88	2 222 116.56
4.其他综合收益		
5.综合收益	1 986 228.88	2 222 116.56
6.加：期初未分配信托利润	-312 254.49	-1 280 588.68
7.可供分配的信托利润	1 712 111.53	941 527.89
8.减：本期已分配信托利润	1 786 633.97	1 253 782.38
9.期末未分配信托利润	-74 522.44	-312 254.49

6. 会计报表附注

6.1 简要说明报告年度会计报表编制基准

公司按照财政部颁布的《企业会计准则——基本准则》和陆续颁布的各项具体会计准则、企业会计准则应用指南、企业会计准则解释及其他相关规定进行确认和计量，在此基础上编制财务报表。

6.2 重要会计政策、会计估计和核算方法的说明

报告期内，公司自2021年1月1日采用《企业会计准则第22号——金融工具确认和计量》（财会〔2017〕7号）、《企业会计准则第23号——金融资产转移》（财会〔2017〕8号）、《企业会计准则第24号——套期会计》（财会〔2017〕9号）以及《企业会计准则第37号——金融工具列报》（财会〔2017〕14号）、《企业会计准则第14号——收入》（财会〔2017〕22号）、《企业会计准则第21号——租赁》（财会〔2018〕35号）相关规定，根据累积影响数，调整使用权资产、租赁负债、期初留存收益及财务报表其他相关项目金额，对可比期间信息不予调整。

6.3 或有事项说明

报告期内，公司无对外担保和其他或有事项。

6.4 重要资产转让及其出售的说明

报告期内，公司无重要资产转让及出售。

6.5 会计报表中重要项目的明细资料

6.5.1 披露固有资产经营情况

6.5.1.1 按信用风险五级分类结果披露信用风险资产的期初数、期末数

信用风险资产五级分类	正常类（万元）	关注类（万元）	次级类（万元）	可疑类（万元）	损失类（万元）	信用风险资产合计（万元）	不良合计（万元）	不良率（%）
期初数	1 102 676.49	—	—	—	—	1 102 676.49	—	—
期末数	1 489 258.05	—	—	—	—	1 489 258.05	—	—

注：不良资产合计＝次级类＋可疑类＋损失类资产账面价值。

6.5.1.2 各项资产减值损失准备的期初、本期计提、本期转回、本期核销、期末数

单位：万元

项目	期初数	本期计提	本期转回	本期核销	期末数
贷款损失准备	4 663.91	63.35	—	—	4 727.26
其他资产减值准备	70 440.81	19 950.00	140.00	—	90 250.81
债权投资减值准备	—	—	—	—	—
其他债权投资减值准备	—	—	—	—	—
坏账准备	1 122.04	—	—	—	1 122.04

6.5.1.3 按照投资品种分类，披露固有业务股票投资、基金投资、债券投资、股权投资等投资业务

单位：万元

项目	股票	基金	债券	长期股权投资	其他投资	合计
期初数	18 372.05	117 655.32	180 933.83	—	766 800.00	1 083 761.20
期末数	18 376.52	66 899.60	121 208.65	—	1 304 408.27	1 510 893.04

6.5.1.4 按照投资入股金额排序，披露前五名的固有长期股权投资情况

本报告期公司无长期股权投资业务。

6.5.1.5 固有贷款的企业名称、占贷款总额的比例和还款情况

企业名称	占贷款总额的比例（%）	还款情况
宁夏玉成置业有限公司	4.46	逾期
南京曦地鑫科商业管理有限公司	95.54	正常

6.5.1.6 表外业务的期初数、期末数；按照代理业务、担保业务和其他类型分别披露表外业务

本报告期公司无表外业务。

6.5.1.7 公司当年的收入结构

收入结构	单体报表 金额（万元）	单体报表 占比（%）	合并报表 金额（万元）	合并报表 占比（%）
手续费及佣金收入	132 599.63	67.48	130 212.55	62.67
其中：信托手续费收入	132 599.63	67.48	130 212.55	62.67
利息收入	1 048.79	0.53	1 048.79	0.50
投资收益	60 641.50	30.86	61 032.82	29.38
其中：证券投资收益	4 835.68	2.46	4 835.68	2.33
其他投资收益	55 805.82	28.40	56 197.14	27.05
公允价值变动收益	1 130.02	0.58	14 390.12	6.93

续表

收入结构	单体报表		合并报表	
	金额（万元）	占比（%）	金额（万元）	占比（%）
其他收益	1 078.10	0.55	1 078.10	0.52
收入合计	196 498.04	100.00	207 762.38	100.00

6.5.2 披露信托财产管理情况

6.5.2.1 信托资产的期初数、期末数

单位：万元

信托资产	期初数	期末数
集合	13 090 137.10	15 824 299.92
单一	10 171 855.90	5 886 508.59
财产权	1 316 594.86	2 802 818.51
合计	24 578 587.86	24 513 627.02

6.5.2.1.1 主动管理型信托业务期初数、期末数

单位：万元

主动管理型信托资产	期初数	期末数
证券投资类	2 075 727.24	3 695 895.22
其他投资类	862 498.39	3 590 911.49
融资类	8 812 778.37	8 303 282.68
事务管理类	—	—
合计	11 751 004.01	15 590 089.39

6.5.2.1.2 被动管理型信托业务期初数、期末数

单位：万元

被动管理型信托资产	期初数	期末数
证券投资类	441 148.69	218 969.30
其他投资类	2 163 582.53	545 740.38
融资类	1 981 938.45	164 306.37
事务管理类	8 240 914.19	7 994 521.58
合计	12 827 583.85	8 923 537.63

6.5.2.2 本年度已清算结束的信托项目个数、金额、加权平均实际年化收益率

6.5.2.2.1 本年度已清算结束的集合类、单一类资金信托项目和财产管理类信托项目个数、实收信托累计金额、加权平均实际年化收益率

单位：万元

已清算结束信托项目	项目个数（个）	实收信托累计金额（万元）	加权平均实际年化收益率（%）
集合类	139	4 582 393.65	8.15
单一类	182	8 553 742.66	6.41
财产管理类	9	552 781.08	4.41

注：加权平均实际年化收益率=（信托项目1的实际年化收益率×信托项目1的实收信托+……信托项目n的实际年化收益率×信托项目n的实收信托）/（信托项目1的实收信托+……信托项目n的实收信托）×100%。

6.5.2.2.2 本年度已清算结束的主动管理型信托项目个数、实收信托累计金额、加权平均实际年化收益率、加权平均年化报酬率

已清算结束信托项目	项目个数（个）	实收信托累计金额（万元）	加权平均实际年化收益率（%）	加权平均年化报酬率（%）
证券投资类	14	402 093.64	13.69	1.21
其他投资类	8	504 787.42	4.06	0.18
融资类	113	4 013 251.40	7.13	1.04
事务管理类	—	—	—	—

6.5.2.2.3 本年度已清算结束的被动管理型信托项目个数、实收信托累计金额、加权平均实际年化收益率、加权平均年化报酬率

已清算结束信托项目	项目个数（个）	实收信托累计金额（万元）	加权平均实际年化收益率（%）	加权平均年化报酬率（%）
证券投资类	16	396 135.16	5.15	0.36
其他投资类	14	1 480 039.69	6.16	0.13
融资类	30	1 813 836.26	7.49	0.16
事务管理类	135	5 078 773.82	6.65	0.32

6.5.2.3 本年度新增的集合类、单一类、财产管理类信托项目个数、实收信托累计金额

新增信托项目	项目个数（个）	实收信托累计金额（万元）
集合类	292	13 754 581.21
单一类	99	5 005 576.89
财产管理类	12	2 427 572.34
新增合计	403	21 187 730.44
其中：主动管理型	347	14 348 908.79
被动管理型	56	6 838 821.65

6.5.2.4 信托业务创新成果和特色业务有关情况

报告期内，公司创新业务持续推进，转型升级成效显著。公司积极扩展标品固收业务、资产证券化、公募REITs、股权投资等创新业务，落地了首单QDII业务。在控制风险、坚持合规的前提下，积极发展创新业务。

6.5.2.5 本公司履行受托人义务情况及因本公司自身责任而导致的信托资产损失情况

报告期内未发生因自身责任而导致的信托资产损失情况。

6.5.2.6 信托赔偿准备金的提取、使用和管理情况

本报告期，公司计提信托赔偿金5 668万元，累计30 488万元，累计金额小于公司注册资本的20%。根据期末风险资产余额，2021年计提一般准备金6 249万元，期末余额22 339万元。

6.6 关联方关系及其交易的披露

6.6.1 关联交易方的数量、关联交易的总金额及关联交易的定价政策

项目	关联交易方数量	关联交易金额（万元）	定价政策
合计	321	3 737 814.17	以市场交易价格为依据

6.6.2 关联交易方与公司的关系性质、关联交易方的名称、法定代表人、注册地址、注册资本及主营业务等

关联关系	关联方名称	法定代表人	注册地址	注册资本（亿元）	主营业务
实际控制人	中国华电集团有限公司	温枢刚	北京市西城区宣武门内大街2号	370.00	电力生产、热力生产和供应、与电力相关的煤炭等一次能源开发等，并为用户提供水电、风电、核电、太阳能发电等新能源发电服务，同时公司的业务还涉及金融、科技和工程装备等领域
控股股东	中国华电集团资本控股有限公司	刘雷	北京市丰台区东管头1号1号楼1-195室	134.58	投资及资产管理；资产受托管理；投资策划；咨询服务；产权经纪
参股股东	中国华电集团财务有限公司	李文峰	北京市西城区宣武门内大街2号楼西楼10层	50.00	对成员单位办理财务和融资顾问、信用鉴证及相关的咨询、代理业务；协助成员单位实现交易款项的收付；经批准的保险代理业务；对成员单位提供担保；办理成员单位之间的委托贷款及委托投资等

6.6.3 本公司与关联方的重大交易事项

6.6.3.1 固有与关联方交易情况

固有资产与关联方关联交易　　　　　　　　单位：万元

项目	期初数	借方发生额	贷方发生额	期末数
贷款	—	—	—	—
投资	—	—	—	—
租赁		324.76	324.76	
担保	—	—	—	—
应收账款	—	—	—	—
其他		151.98	151.98	
合计		476.75	476.75	

6.6.3.2 信托资产与关联方：贷款、投资、租赁、应收账款、担保、其他方式等期初汇总数、本期发生汇总额、期末汇总数

信托资产与关联方关联交易　　　　　　　　单位：万元

项目	期初数	借方发生额	贷方发生额	期末数
贷款	276 239.89	1 605 315.78	191 268.54	1 690 287.13
投资				
租赁				
担保				

续表

项目	期初数	借方发生额	贷方发生额	期末数
应收账款	—	—	—	—
其他	7 700.00	241 140.00	7 700.00	241 140.00
合计	283 939.89	1 846 455.78	198 968.54	1 931 427.13

6.6.3.3 信托公司自有资金运用于自己管理的信托项目（固信交易）、信托公司管理的信托项目之间的相互（信信交易）交易金额，包括余额和本报告年度的发生额

6.6.3.3.1 固有与信托财产之间的交易金额期初汇总数、本期发生额汇总数、期末汇总数

固有财产与信托财产相互交易　　　　　　　　单位：万元

项目	期初数	本期发生额	期末数
合计	602 041.59	348 241.32	950 282.91

6.6.3.3.2 信托资产与信托财产之间的交易金额期初汇总数、本期发生额汇总数、期末汇总数

信托资产与信托财产相互交易　　　　　　　　单位：万元

项目	期初数	本期发生额	期末数
合计	207 387.13	648 717.00	856 104.13

6.6.4 重大关联交易事项

单位：万元

序号	交易主体	交易对象	交易方式	交易内容	交易金额	定价原则	是否存在逾期未偿还情况
1	华昱2号单一资金信托	中国华电集团有限公司	信托财产来源于关联方且运用于关联方	向中国华电集团有限公司发放信托贷款	445 000.00	可比非受控价格法	否
2	华昱3号单一资金信托	中国华电集团有限公司	信托财产来源于关联方且运用于关联方	向中国华电集团有限公司发放信托贷款	445 000.00	可比非受控价格法	否
3	利华18号单一资金信托	云南华电昆明发电有限公司	信托财产来源于关联方且运用于关联方	向云南华电昆明发电有限公司发放信托贷款	77 217.24	可比非受控价格法	否
4	利华16号单一资金信托	华电国际宁夏新能源发电有限公司	信托财产来源于关联方且运用于关联方	向华电国际宁夏新能源发电有限公司发放信托贷款	67 000.00	可比非受控价格法	否
5	华鑫国际信托有限公司	鑫欣丰利D7-2号集合资金信托计划	固有财产认购信托财产	以其固有财产认购公司发行的信托计划	236 951.51	可比非受控价格法	否
6	鑫欣丰利D364-3号集合资金信托计划	鑫欣丰利2号集合资金信托计划	信托资产认购信托财产	以其管理的信托产品认购公司发行的信托计划	127 249.84	可比非受控价格法	否
7	鑫欣丰利D364-4号集合资金信托计划	鑫欣丰利2号集合资金信托计划	信托资产认购信托财产	以其管理的信托产品认购公司发行的信托计划	69 300.06	可比非受控价格法	否

注：交易方式为信托财产来源于关联方且运用于关联方，此类关联交易均为信托资金来源于关联方且运用于关联方的单一资金信托。可比非受控价格法指按照没有关联关系的交易各方进行相同或者类似业务往来的价格进行定价的方法。

6.6.5 逐笔披露关联方逾期未偿还本公司资金的详细情况以及本公司为关联方担保发生或即将发生垫款的详细情况

本报告期，公司无上述事项发生。

6.7 会计制度的披露

本公司固有业务和信托业务均执行财政部2006年颁布的《企业会计准则》和陆续颁布的各项具体会计准则、企业会计准则应用指南、企业会计准则解释及其他相关规定。

7. 财务情况说明书

7.1 利润实现和利润分配情况

本报告期，公司报表实现利润总额149 422万元，所得税费用36 060万元，净利润113 362万元。

根据《公司法》《信托公司管理办法》及《金融企业呆账准备提取管理办法》等规定，2021年度利润分配如下：

按净利润10%，提取法定盈余公积金11 336万元。

按净利润5%，提取信托赔偿准备金5 668万元。

按风险资产余额1.5%，提取一般风险准备6 249万元。

上述各项提取和分配后，年末剩余可供股东分配利润182 716万元。

7.2 主要财务指标

指标名称	单位	指标值
资本利润率	%	11.70
加权年化信托报酬率	%	0.47
人均净利润	万元	538.54

注：1. 资本利润率=净利润/所有者权益期初期末平均金额×100%。

2. 加权年化信托报酬率=（信托项目1的年化信托报酬率×信托项目1的实收信托+……信托项目n的年化信托报酬率×信托项目n的实收信托）/（信托项目1的实收信托+……信托项目n的实收信托）×100%。

3. 人均净利润=净利润/期初期末平均人数。

7.3 净资本和风险资本情况

项目	期初数	期末数
净资本（万元）	746 636.29	1 092 177.59
风险资本（万元）	360 430.64	473 614.76
净资本/风险资本（%）	207.15	230.60
净资本/净资产（%）	81.86	82.66

报告期内，公司净资本及各项比例符合监督管理要求。

7.4 对本公司财务状况、经营成果有重大影响的其他事项

报告期内，公司未发生对财务状况、经营成果有重大影响的其他事项。

8. 特别事项揭示

8.1 前五名股东报告期内变动情况及原因

经股东方同意并报北京银保监局批准，中国华电集团资本控股有限公司2021年末单方增资30.0亿元，增资后中国华电集团资本控股有限公司出资比例变为76.25%，中国华电集团财务有限公司出资比例变为23.75%。

8.2 董事、监事及高级管理人员变动情况及原因

根据工作需要，按照股东方提名并经公司股东会选举，北京银保监局核准，朱勇担任公司非独立董事，周小明、王健担任公司独立董事。因工作原因，江涛不再担任公司非独立董事，孟向洁、王昊不再担任公司独立董事。根据董事长提名并经公司董事会选举，李航担任公司董事会秘书。

8.3 变更注册资本、注册地或公司名称及公司分立合并事项

经股东方同意并报北京银保监局批准，公司注册资本由58.25亿元增至73.95亿元。

8.4 公司的重大诉讼事项

报告期内无上述事项。

8.5 公司及其董事、监事和高级管理人员受到处罚的情况

报告期内无上述事项。

8.6 对银保监会及其派出机构所提监管意见的整改情况

报告期内无上述事项。

8.7 本年度重大事项常规及临时报告的简要内容、披露时间、所披露的媒体及其版面

2021年4月29日，在《金融时报》第28版披露《华鑫国际信托有限公司年度报告摘要》。

2022年1月10日，在《金融时报》第2版披露变更注册资本、调整股权结构的公告。

8.8 银保监会及其省级派出机构认定的其他有必要让客户及相关利益人了解的重要信息

报告期内无上述事项。

9.公司监事会意见

报告期内，公司监事会认为公司决策程序合法，内部控制制度完善，未发现董事、经理和其他高级管理人员在执行职务时有违法、违纪及有损公司和股东利益的行为。财务报告真实反映了公司的财务状况和经营成果。

建信信托有限责任公司

1. 重要提示

1.1 本公司董事会保证本报告所载资料不存在任何虚假记载、误导性陈述或者重大遗漏，并对其内容的真实性、准确性和完整性承担个别及连带责任。

1.2 公司独立董事范从来、张峥、彭剑锋保证本报告内容真实、准确、完整。

1.3 安永华明会计师事务所对本公司年度财务报告进行审计，出具了审计报告。

1.4 公司董事长王宝魁、首席财务官（副总裁）王晓薇、财务部门负责人玄雅莉声明：保证本年度报告中财务报告真实、完整。

2. 公司概况

2.1 公司简介

建信信托有限责任公司（简称建信信托）是经原中国银监会批准，由中国建设银行投资控股的非银行金融机构。

公司法定中文名称：建信信托有限责任公司

中文名称缩写：建信信托
公司法定英文名称：CCB TRUST CO., LTD.
英文名称缩写：CCBT
法定代表人：王宝魁
注册地址：安徽省合肥市九狮桥街45号
邮政编码：230001
网　　址：www.ccbtrust.com.cn
信息披露分管领导：王晓薇
信息披露联系人：高朝晖
联系电话：（010）67596155
传　　真：（010）67596590
电子邮箱：jxxt@ccbtrust.com.cn
信息披露报纸名称：《证券时报》《上海证券报》
年度报告备置地点：北京市西城区闹市口大街一号院4号楼长安兴融中心10层
会计师事务所：安永华明会计师事务所（特殊普通合伙）
住所：北京市东城区东长安街1号东方广场大楼

2.2 组织结构

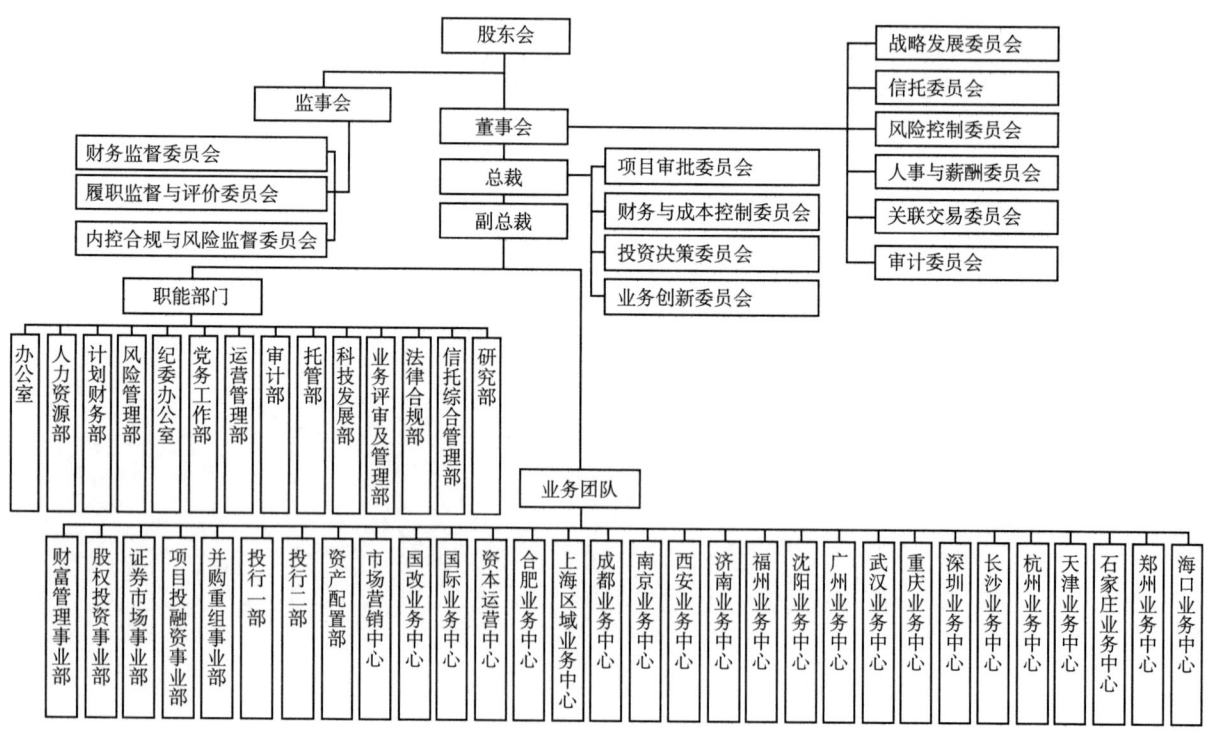

3. 公司治理

3.1 股东

报告期末，本公司股东总数2家，持股比例超过10%的股东有2家，情况如下表所示。

股东名称	持股比例（%）	出资额（元）	法人代表	注册资本（亿元）	注册地址	主要经营业务
中国建设银行股份有限公司	67	7 035 000 000.00	田国立	2 500.11	北京市西城区金融大街25号	公司银行业务、个人银行业务、资金业务、投资银行业务及海外业务
合肥兴泰金融控股（集团）有限公司	33	3 465 000 000.00	程儒林	70.00	安徽省合肥市蜀山区祁门路1688号	对授权范围内的国有资产进行经营以及从事企业策划、管理咨询、财务顾问、公司理财、产业投资以及经批准的其他经营活动

注：报告期内，本公司股东未质押公司股权，不存在以股权及其受(收)益权设立信托等金融产品的情况。

报告期末，主要股东及其控股股东、实际控制人、一致行动人、最终受益人、关联方情况

股东名称	其控股股东	其实际控制人	其一致行动人	最终受益人	关联方
中国建设银行股份有限公司	中央汇金投资有限责任公司	—	—	—	（1）建设银行的控股股东中央汇金；（2）建设银行的子公司；（3）与建设银行受同一控股股东中央汇金控制的其他企业；（4）对建设银行实施共同控制的投资方；（5）对建设银行施加重大影响的投资方；（6）建设银行的联营企业；（7）建设银行的合营企业；（8）建设银行的主要投资者个人及与其关系密切的家庭成员（主要投资者个人是指能够控制、共同控制一个企业或者对一个企业施加重大影响的个人投资者）；（9）建设银行的关键管理人员与其关系密切的家庭成员（关键管理人员是指有权力并负责计划、指挥和控制企业活动的人员，包括所有董事）；（10）中央汇金的关键管理人员及与其关系密切的家庭成员；（11）建设银行的主要投资者个人、关键管理人员或与其关系密切的家庭成员控制或共同控制的其他企业；（12）为建设银行或作为建设银行关联方任何实体的雇员福利而设的离职后福利计划；（13）持有建设银行5%以上股份的企业或者一致行动人；（14）直接或者间接持有建设银行5%以上股份的个人及其关系密切的家庭成员；（15）在过去12个月内或者根据相关协议安排在未来12个月内，存在上述（1）、（3）和（13）情形之一的企业；（16）在过去12个月内或者根据相关协议安排在未来12个月内，存在（9）、（10）和（14）情形之一的个人；及（17）由（9）、（10）、（14）和（16）直接或者间接控制的、或者担任董事、高级管理人员的，除建设银行及其控股子公司以外的企业
合肥兴泰金融控股（集团）有限公司	合肥市人民政府国有资产监督管理委员会	—	—	合肥市人民政府国有资产监督管理委员会	（1）兴泰控股的子公司；（2）兴泰控股的联营企业；（3）兴泰控股的合营企业；（4）兴泰控股的关键管理人员与其关系密切的家庭成员（关键管理人员是指有权力并负责计划、指挥和控制企业活动的人员，包括所有董事）；（5）兴泰控股关键管理人员或与其关系密切的家庭成员控制或共同控制的其他企业；（6）在过去12个月内或者根据相关协议安排在未来12个月内，存在（4）或一致行动人情形之一的个人；及（7）由（4）、（5）直接或者间接控制的、或者担任董事、高级管理人员的，除兴泰控股及其控股子公司以外的企业

3.2 董事

董事会成员（非独立董事）

姓名	职务	性别	年龄（岁）	选任日期	所推举的股东名称	该股东持股比例（%）	简要履历
王宝魁	董事长（执行董事）	男	58	2018年7月5日（2014年3月15日）	中国建设银行股份有限公司	67	曾任中国建设银行北京市分行多个部门副总经理、总经理，建行北京朝阳支行行长；历任建信信托副总裁、总裁；现任建信信托执行董事、董事长
孙庆文	执行董事	男	55	2019年1月24日			曾任中国建设银行北京市分行多家支行副行长、行长，北京市分行公司业务部总经理、副部长；现任建信信托执行董事、总裁
李钺	董事	女	57	2018年9月30日			曾任中国建设银行公司业务部高级副经理、高级经理、票据中心副主任；现任中国建设银行公司业务部副总经理
吴小隆	董事	男	59	2021年8月27日			曾任九江星子县副县长，中国建设银行江西分行办公室副主任、法律事务部副主任、总经理，中国建设银行住房金融与个人信贷部证券化处高级经理、投资银行部高级经理、处长、副总经理
郑晓静	董事	女	42	2018年8月9日	合肥兴泰金融控股（集团）有限公司	33	曾任合肥市财政局预算处副处长、合肥市金融办多个部门处长；合肥兴泰控股集团有限公司副总裁、合肥兴泰金融控股（集团）有限公司副总经理、合肥市大数据资产运营有限公司董事长；现任合肥兴泰金融控股（集团）有限公司总经理、合肥兴泰资本管理有限公司董事长、合肥市产业投资引导基金有限公司董事长、合肥兴泰光电智能创业投资有限公司董事长、合肥市民营企业纾困发展基金有限公司董事长、合肥兴泰创业投资管理有限公司董事长
陈锐	董事	男	44	2019年8月5日			曾任合肥兴泰资产管理有限公司副总经理、总经理、董事长；合肥兴泰小额贷款有限公司总经理、董事长；现任合肥兴泰金融控股（集团）有限公司副总经理、合肥市兴泰融资担保集团有限公司董事长、合肥市兴泰担保行业保障金运营有限公司董事长

独立董事

姓名	所在单位及职务	性别	年龄(岁)	选任日期	简要履历
张峥	北京大学光华管理学院副院长、金融学教授、博士生导师	男	49	2019年7月4日	曾任北京大学光华管理学院金融系助理研究员、助理教授、副教授、博士生导师，金融系副主任；现任北京大学光华管理学院副院长、金融学教授、博士生导师，北大光华中国REITs研究中心执行主任
范从来	南京大学商学院教授、南京大学长三角经济社会发展研究中心主任	男	59	2019年8月5日	曾任南京大学商学院经济学系主任，商学院副院长、南京大学学科处处长，商学院常务副院长、校长助理；现任南京大学商学院教授、南京大学长江三角洲经济社会发展研究中心主任、中国经济发展研究会副会长
彭剑锋	中国人民大学教授、博士生导师，华夏基石管理咨询集团董事长	男	60	2019年7月4日	曾任中国人民大学劳动人事学院讲师、副教授；现任中国人民大学教授、博士生导师，华夏基石管理咨询集团董事长，中国企业联合会管理咨询业委员会副主任，北京企业家协会副会长

3.3 监事

姓名	职务	性别	年龄(岁)	选任日期	所代表股东	股东持股比例(%)	简要履历
王金生	监事长	男	57	2010年4月9日	合肥兴泰金融控股(集团)有限公司	33	曾任合肥市粮食局财务处处长，合肥大米公司经理(法人代表)，合肥市国有资产管理局综合处处长、局长助理，合肥市产权交易管理办公室副主任；合肥市国有资产控股公司副总经理，丰乐种业股份有限公司外部董事，合肥市财政局(合肥市国有资产管理办公室)专职副主任，合肥市人民政府国有资产监督管理委员会副主任；现任建信信托监事长
杨刚	监事	男	59	2021年2月23日	中国建设银行股份有限公司	67	曾任中国建设银行多个部门副处长、处长，历任信用卡中心、个人银行业务部、高端客户部总经理助理，高端客户部副总经理、财富管理与私人银行部总经理；现任建信信托监事
杨楠	监事	男	59	2021年8月27日			曾任空军某所工程师、副团级参谋，先后任中国建设银行多个部门副经理、高级副经理、高级经理、处长，安全保卫部资深副经理；现任建信信托监事
张瀚	职工监事	男	38	2021年6月	—	—	曾任建信信托金融市场业务总部执行总经理、证券市场事业部执行总经理等职务，现任建信信托审计部总经理(B8)兼风险管理部总经理
杜萌	职工监事	男	40	2021年6月	—	—	曾任建信信托风险管理部高级副经理、高级副经理级专职审批人、审批业务管理部执行总经理、业务评审及管理部执行总经理，现任建信信托业务评审及管理部总经理

3.4 高级管理人员

姓名	职务	性别	年龄(岁)	任职日期	金融从业年限(年)	学历	专业
孙庆文	总裁	男	55	2019年3月22日	29	本科	机械设计及制造
王晓薇	首席财务官(副总裁)董事会秘书	女	48	2018年4月3日	23	硕士	国际金融
王业强	首席投资官(副总裁)	男	41	2017年8月15日	19	硕士	资产管理
周志寰	副总裁	男	50	2019年4月2日	27	本科	工业经济学
吴宁	副总裁	男	48	2019年4月4日	25	本科	应用电子技术
黎代福	副总裁	男	50	2019年4月4日	27	博士	会计学

注：2022年2月，黎代福辞去建信信托副总裁职务。

3.5 公司员工

截至2021年12月31日，公司共有员工397人，平均年龄35岁，其中，博士学历22人，占比为5.5%；硕士学历273人，占比为68.8%；本科学历100人，占比为25.2%；专科学历2人，占比为0.5%。

4. 经营管理

4.1 经营目标、方针、战略规划

经营目标：致力于打造一流全能型资管机构。

经营方针：践行支持实体经济发展、助力金融改革开放和服务人民美好生活的企业使命。坚持立足国家经济建设主战场，深耕投资银行、资产管理、财富管理三大业务方向，通过创新引领和全能配置，创造真实稳定的长期价值，全面开启高质量发展新征程，真正守护好客户托付与利益，更助力社会繁荣与进步。

战略规划：全方位协同发力，持续推动服务信托、财富管理、一二级市场投资、不动产另类投资等业务高质量发展，为实体经济发展提供更高质量、更有效率的

金融服务；严控业务风险，为客户提供更加优质、贴心的资管服务；持续推动质量变革、效率变革、动力变革，全面提升发展效益和发展能力，力争打造成人均产出更高、亮点业务突出、产品种类齐全的一流全能型资管机构。

4.2 所经营业务的主要内容

公司经营业务主要包括信托业务和固有业务。

4.2.1 信托业务

信托业务是本公司的主营业务，主要包括投资银行、资产管理和财富管理业务等。2021年末，本公司信托资产规模16 977.29亿元。其中：

业界首创破产重整服务信托，规模超2 300亿元，创新性以信托模式参与企业破产重整、风险化解，获得了破产重整各参与方和监管机构充分肯定，树立了行业标杆。

家族财富管理规模超800亿元，持续领先行业，携手胡润百富重磅发布"中国首部家庭信托研究报告"，连续四年入选《亚洲银行家》"全球财富与社会奖项计划"并荣膺机构大奖，连续多年荣获《银行家》"十佳家族信托管理创新奖"。

信贷资产证券化累计发行规模突破1.2万亿元，蝉联行业榜首，被中央国债登记结算有限责任公司评为"优秀ABS发行机构"，获第七届中国资产证券化论坛（CSF）"年度杰出机构奖""年度杰出交易奖"等五大奖项，获第六届"金桂奖"中"行业领先中介机构奖""最具行业影响产品奖"等11个奖项。

证券市场业务快速发展，主动管理的资产配置FOF产品规模达到247亿元，行业排名第一位，固收产品"凤鸣（明德）1号集合资金信托计划"，被"金貔貅奖"金牌榜评为"年度金牌市场影响力金融产品"。

信托资产运用与分布表

资产运用	金额（万元）	占比（%）	资产分布	金额（万元）	占比（%）
货币资产	3 822 011.20	2.25	基础产业	3 085 019.32	1.82
贷款	51 597 607.08	30.39	房地产	1 422 320.00	0.84
交易性金融资产	21 230 779.86	12.51	证券市场	23 765 633.59	14.00
可供出售金融资产	42 017 368.29	24.75	实业	7 497 552.43	4.41
持有至到期投资	34 480 800.52	20.31	金融机构	26 704 424.13	15.73
长期股权投资	15 603 326.27	9.19	其他	107 297 972.88	63.20
其他	1 021 029.13	0.60			
信托资产总计	169 772 922.35	100.00	信托资产总计	169 772 922.35	100.00

4.2.2 固有业务

固有业务指运用自有资产开展的业务，主要包括股权投资和金融产品投资。

固有资产运用与分布表

资产运用	金额（万元）	占比（%）	资产分布	金额（万元）	占比（%）
货币资产	50 354.44	1.87	基础产业	170 465.40	6.34
贷款	39 066.82	1.45	房地产业	14 602.95	0.54
交易性金融资产	1 330 224.64	49.46	证券市场	443 729.99	16.50
债权投资	—	—	实业	232 428.81	8.64
其他权益工具投资	35 864.34	1.33	金融机构	654 718.08	24.34
长期股权投资	1 081 005.44	40.20	其他	1 173 426.23	43.64
其他	152 855.78	5.69			
资产总计	2 689 371.46	100.00	资产总计	2 689 371.46	100.00

4.3 市场分析

4.3.1 影响信托业务发展的有利因素

国民经济平稳运行下新发展格局加快构建。受益于我国新冠肺炎疫情防控和经济社会发展统筹推进措施，跨周期调节的宏观政策使国民经济保持了平稳运行。

扩内需和稳增长战略作用显现。一系列扩大消费的举措效果持续显现，供给侧结构性改革持续深化，科技自立自强战略推动我国产业转型升级取得了长足进展。

回归信托本源成为信托行业转型主旋律。监管持续压缩融资类、金融通道类业务规模，促进信托行业回归本源，有助于信托公司加快业务转型，提高资产管理能力，提升服务实体经济的水平。

4.3.2 影响业务发展的不利因素

宏观经济下行压力较大。受"需求收缩、供给冲击、预期转弱"三重因素影响，加之疫情持续、出口变化、中小企业发展、房地产市场波动以及美国"量宽退出"等变量的不确定性，宏观经济下行压力较大。

传统业务空间进一步收窄。受房地产企业风险频发、政信业务下降的影响，信托公司传统融资业务大幅萎缩，转型业务发展的速度和体量还难以对冲相关下降压力。

标品业务市场竞争激烈。信托公司尚全完全摒弃长期以来的单一化非标思维，与证券、基金等资管机构相比，在发展标品业务时面临专业能力、体制机制、人才结构等较大竞争压力。

4.4 内部控制概况

公司建立了权责明确、制衡合理的治理结构和前台、中台、后台分离、报告路径清晰的组织架构。公司内控合规部全面负责本公司内控合规管理。

董事会对公司内部控制有效性承担最终责任，高级管理层对内部控制的有效执行承担管理责任，监事会、独立董事对内部控制负有监督职责。公司高度重视内控文化建设，秉承"诚信为本、稳健经营"的理念，培养审慎、严谨的内控文化。

公司健全了各项内部控制制度和机制，使内部控制渗透到决策、执行、监督、反馈等各个环节，覆盖公司所有业务、部门和岗位。

报告期内，公司已建立完善的信息披露制度和程序，通过公司网站等平台及时向委托人和社会公众准确、及时披露公司有关信息。

报告期内，公司具备完备的内部控制评价、后评价和监督、纠正机制。组织开展了全面的内部控制自我评价工作，内部控制水平持续提升。

4.5 风险管理概况

本公司依托"三会一层"和内设部门，构建了全面覆盖、层次清晰、职责明确的风险管理架构，形成了"四个层级、三道防线"的风险管理体系，坚持依法合规的经营理念，培育健康的风险管理文化，积极防范和化解经营过程中面临的各种风险，促进公司持续健康发展。

4.5.1 信用风险状况及其管理

公司信托业务的信用风险主要来自于融资类信托项目和主动管理投资类信托中投资的信用债券。报告期内，本公司融资类信托存续项目资产质量较好，到期清算项目履行了受托人尽职管理的责任；投资类项目中的信用债均符合公司风险政策和限额指标，信用风险可控。公司固有业务信用风险主要来自于固定收益类资产，信用风险可控。

公司遵循集团整体风险偏好，加强对项目前期风险评审工作，审慎选择交易对手；合理选择增信措施，强化抵质押品管理；持续关注交易对手的履约能力，加强项目资金监管，确保项目还款来源；强化项目的运营管理，加大对重点项目管理力度。

4.5.2 市场风险状况及其管理

公司市场风险主要来自证券投资业务，包含固定收益类产品、股票类产品和混合类产品。报告期内，公司证券投资业务运行平稳，风险敞口、价格波动在设定的限额以内，市场风险可控。

公司通过建立有效的投资组合，设置合理的投资比例和风险限额，加强各类价格波动的监测，严格执行信托文件中对预警线及止损线的具体约定，及时发现并预防市场风险。

4.5.3 操作风险状况及其管理

公司持续规范各项业务的操作流程，明确操作权限和内容，在业务尽职调查、产品管理、风险监控、档案管理、信息披露等方面不断细化管理要求、规范操作流程，降低操作风险隐患。报告期内，公司未发生因操作风险所造成的重大损失。

4.5.4 其他风险状况及其管理

主要包括：政策风险、法律风险、关联交易风险、声誉风险和信息科技风险等。报告年度，公司其他各类风险管理情况较好，风险可控。

公司深入分析国家宏观经济政策、行业发展政策、监管政策以及国家法律法规，及时调整经营策略。报告年度，公司积极把握政策导向，有效控制政策风险。

公司加强法律性事务管理，对交易行为、法律性文件认真进行法律审查。报告年度，公司法律风险可控，管理扎实。

公司不断完善关联交易相关制度和操作流程，及时准确识别、审查、统计关联交易，按照要求及时向监管部门事前报告。报告年度，公司关联交易事项合法合规，风险可控。

公司强调在依法合规经营、持续稳健发展的基础上，主动、有效、灵活地管理声誉风险，制定了对声誉风险监控、处置和应对的工作制度。报告年度，公司声誉风险管理较好，维护了良好的品牌声誉。

公司建立有效的管理机制，持续完善相关制度，强化信息科技风险管理，实现对公司信息科技风险的识别、监控和控制，促进公司安全、持续、稳健运行。

5.报告期末及上一年度末的比较式会计报表

5.1 固有资产

5.1.1 会计师事务所审计意见全文

审计报告

安永华明〔2022〕审字第61379741_A01号

建信信托有限责任公司

建信信托有限责任公司董事会：

一、审计意见

我们审计了建信信托有限责任公司的财务报表，包括2021年12月31日的合并及公司资产负债表，2021年度的合并及公司利润表、所有者权益变动表和现金流量表以及相关财务报表附注。

我们认为，后附的建信信托有限责任公司的财务报表在所有重大方面按照企业会计准则的规定编制，公允反映了建信信托有限责任公司2021年12月31日的合并及公司财务状况以及2021年度的合并及公司经营成果和现金流量。

二、形成审计意见的基础

我们按照中国注册会计师审计准则的规定执行了审计工作。审计报告的"注册会计师对财务报表审计的责任"部分进一步阐述了我们在这些准则下的责任。按照中国注册会计师职业道德守则，我们独立于建信信托有限责任公司，并履行了职业道德方面的其他责任。我们相信，我们获取的审计证据是充分、适当的，为发表审计意见提供了基础。

三、其他信息

建信信托有限责任公司管理层对其他信息负责。其他信息包括年度报告中涵盖的信息，但不包括财务报表和我们的审计报告。

我们对财务报表发表的审计意见不涵盖其他信息，我们也不对其他信息发表任何形式的鉴证结论。

结合我们对财务报表的审计，我们的责任是阅读其他信息，在此过程中，考虑其他信息是否与财务报表或我们在审计过程中了解到的情况存在重大不一致或者似乎存在重大错报。

基于我们已执行的工作，如果我们确定其他信息存在重大错报，我们应当报告该事实。在这方面，我们无任何事项需要报告。

四、管理层和治理层对财务报表的责任

管理层负责按照企业会计准则的规定编制财务报表，使其实现公允反映，并设计、执行和维护必要的内部控制，以使财务报表不存在由于舞弊或错误导致的重大错报。

在编制财务报表时，管理层负责评估建信信托有限责任公司的持续经营能力，披露与持续经营相关的事项（如适用），并运用持续经营假设，除非计划进行清算、终止运营或别无其他现实的选择。

治理层负责监督建信信托有限责任公司的财务报告过程。

五、注册会计师对财务报表审计的责任

我们的目标是对财务报表整体是否不存在由于舞弊或错误导致的重大错报获取合理保证，并出具包含审计意见的审计报告。合理保证是高水平的保证，但并不能保证按照审计准则执行的审计在某一重大错报存在时总能发现。错报可能由于舞弊或错误导致，如果合理预期错报单独或汇总起来可能影响财务报表使用者依据财务报表作出的经济决策，则通常认为错报是重大的。

在按照审计准则执行审计工作的过程中，我们运用职业判断，并保持职业怀疑。同时，我们也执行以下工作：

（1）识别和评估由于舞弊或错误导致的财务报表重大错报风险，设计和实施审计程序以应对这些风险，并获取充分、适当的审计证据，作为发表审计意见的基础。由于舞弊可能涉及串通、伪造、故意遗漏、虚假陈述或凌驾于内部控制之上，未能发现由于舞弊导致的重大错报的风险高于未能发现由于错误导致的重大错报的风险。

（2）了解与审计相关的内部控制，以设计恰当的审计程序，但目的并非对内部控制的有效性发表意见。

（3）评价管理层选用会计政策的恰当性和作出会计估计及相关披露的合理性。

（4）对管理层使用持续经营假设的恰当性得出结论。同时，根据获取的审计证据，就可能导致对建信信托有限责任公司持续经营能力产生重大疑虑的事项或情况是否存在重大不确定性得出结论。如果我们得出结论认为存在重大不确定性，审计准则要求我们在审计报告中提请报表使用者注意财务报表中的相关披露；如果披露不充分，我们应当发表非无保留意见。我们的结论基于截至审计报告日可获得的信息。然而，未来的事项或情况可能导致建信信托有限责任公司不能持续经营。

（5）评价财务报表的总体列报（包括披露）、结构和内容，并评价财务报表是否公允反映相关交易和事项。

（6）就对建信信托有限责任公司中实体或业务活动的财务信息获取充分、适当的审计证据，以对财务报表发表审计意见。我们负责指导、监督和执行集团审计，并对审计意见承担全部责任。

我们与治理层就计划的审计范围、时间安排和重大审计发现等事项进行沟通，包括沟通我们在审计中识别出的值得关注的内部控制缺陷。

安永华明会计师事务所（特殊普通合伙）

中国注册会计师：田志勇

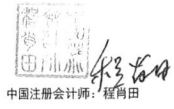

中国注册会计师：程肖田

中国·北京　　　　　　　　　　2022年3月31日

5.1.2 资产负债表

资产负债表（母公司）

编制单位：建信信托有限责任公司　　　2021年12月31日　　　单位：万元

项目	2021年12月31日	2020年12月31日	项目	2021年12月31日	2020年12月31日
资产	—	—	负债和所有者权益	—	—
现金及存放同业款项	50 354.44	64 082.05	拆入资金	300 050.00	350 065.63
应收款项	99 345.46	85 331.03	应付职工薪酬	44 584.17	40 956.26
贷款	39 066.82	39 038.48	应交税费	60 043.70	70 208.18
金融投资	—	—	合同负债	18 670.48	16 931.26
交易性金融资产	1 330 224.64	1 476 285.04	租赁负债	8 262.92	2 485.90
债权投资	—	—	递延所得税负债	—	—
其他权益工具投资	35 864.34	33 176.20	其他负债	1 677.10	8 967.25
长期股权投资	1 081 005.44	795 080.11	负债合计	433 288.37	489 614.47
投资性房地产	638.06	722.42	实收资本	1 050 000.00	1 050 000.00
固定资产	9 385.76	9 737.24	资本公积	65 000.00	65 000.00
在建工程	13.67	175.93	其他综合收益	（59.12）	139.20
无形资产	7 365.82	5 649.55	盈余公积	122 561.97	100 541.44
使用权资产	8 945.97	4 263.60	一般风险准备	17 239.66	13 580.81
递延所得税资产	19 917.34	34 971.58	信托赔偿准备	63 489.14	52 478.88
其他资产	7 243.70	6 177.34	未分配利润	937 851.44	783 335.77
—	—	—	所有者权益合计	2 256 083.09	2 065 076.11
资产总计	2 689 371.46	2 554 690.57	负债和所有者权益总计	2 689 371.46	2 554 690.57

资产负债表（合并）

编制单位：建信信托有限责任公司　　　2021年12月31日　　　单位：万元

项目	2021年12月31日	2020年12月31日	项目	2021年12月31日	2020年12月31日
资产	—	—	负债和所有者权益	—	—
现金及存放同业款项	845 341.08	646 422.86	短期借款	174 466.42	173 574.21
应收款项	107 678.07	95 363.16	衍生金融负债	1 744.87	3 448.40
应收票据	214 598.69	112 611.97	拆入资金	300 050.00	350 065.63
贷款	39 066.82	39 038.48	应付职工薪酬	55 281.58	48 156.89
买入返售金融资产	4 460.04	—	应交税费	63 662.03	80 771.30
合同资产	547.05	441.05	应付票据	387 591.08	284 130.60
金融投资			合同负债	18 882.25	17 603.32
交易性金融资产	1 896 929.09	1 871 576.53	长期借款	30 588.88	57 991.52
债权投资	27 166.81	27 994.81	租赁负债	13 028.04	4 171.27
其他权益工具投资	36 004.34	33 316.20	递延所得税负债	4 897.91	6 516.51
长期股权投资	714 089.57	719 569.92	其他负债	1 335 085.83	1 087 219.48
投资性房地产	638.06	722.42	负债合计	2 385 278.89	2 113 649.13
固定资产	11 140.96	10 457.30	实收资本	1 050 000.00	1 050 000.00
在建工程	129.42	224.32	资本公积	60 337.50	60 337.50
无形资产	7 734.87	5 868.51	其他综合收益	（3 792.31）	（3 227.04）
商誉	1 018.84	1 018.84	盈余公积	122 561.97	100 541.44
使用权资产	14 221.94	5 958.10	一般风险准备	18 602.41	14 364.55
递延所得税资产	21 948.48	35 585.08	信托赔偿准备	63 489.14	52 478.88
其他资产	912 123.65	764 060.29	未分配利润	1 135 132.95	960 349.75
—	—	—	归属于母公司所有者权益合计	2 446 331.66	2 234 845.08
—	—	—	少数股东权益	23 227.23	21 735.63
—	—	—	所有者权益合计	2 469 558.89	2 256 580.71
资产总计	4 854 837.78	4 370 229.84	负债和所有者权益总计	4 854 837.78	4 370 229.84

5.1.3 利润表

利润表（母公司）

编制单位：建信信托有限责任公司　2021年度　　　　　单位：万元

项目	2021年度	2020年度
一、营业收入	362 092.92	283 564.15
利息净收入	5 206.15	1 156.59
其中：利息收入	5 686.69	1 454.44
利息支出	(480.54)	(297.85)
手续费及佣金净收入	322 235.87	281 553.80
其中：手续费及佣金收入	323 005.78	281 690.62
手续费及佣金支出	(769.91)	(136.82)
投资收益	93 899.40	9 682.78
其他收益	91.14	63.40
公允价值变动损益	(60 204.10)	(9 646.29)
其他业务收入	890.82	748.57
资产处置收益	(26.36)	5.30
汇兑损益	—	—
二、营业支出	(66 918.03)	(63 798.01)
税金及附加	(2 335.95)	(2 429.97)
业务及管理费	(64 176.28)	(59 478.98)
信用减值损失	(321.44)	(969.56)
其他资产减值损失	—	(829.38)
其他业务成本	(84.36)	(90.12)
三、营业利润	295 174.89	219 766.14
营业外收入	50.72	32.62
营业外支出	(432.72)	(76.07)
四、利润总额	294 792.89	219 722.69
所得税费用	(74 587.57)	(54 094.11)
五、净利润	220 205.32	165 628.58
六、其他综合收益的税后净额	(198.32)	(238.42)
（一）以后不能重分类进损益的其他综合收益	172.67	(91.47)
（二）以后将重分类进损益的其他综合收益	(370.99)	(146.95)
七、综合收益总额	220 007.00	165 390.16

利润表（合并）

编制单位：建信信托有限责任公司　2021年度　　　　　单位：万元

项目	2021年度	2020年度
一、营业收入	968 802.80	660 754.50
利息净收入	16 356.95	1 164.91
其中：利息收入	27 799.69	14 262.03
利息支出	(11 442.74)	(13 097.12)
手续费及佣金净收入	350 087.55	309 629.38
其中：手续费及佣金收入	358 285.14	314 884.48
手续费及佣金支出	(8 197.59)	(5 255.10)
投资收益	121 160.36	69 525.89
其他收益	100.61	584.04
公允价值变动损益	(47 088.85)	30 148.38
其他业务收入	528 657.66	249 303.98
资产处置收益	(26.36)	5.30
汇兑损益	(445.12)	392.62
二、营业支出	(645 251.63)	(333 116.18)
税金及附加	(2 532.73)	(2 774.27)
业务及管理费	(96 436.65)	(83 904.36)
信用减值损失	(1 457.38)	(1 086.46)
其他业务成本	(544 824.87)	(245 351.09)
三、营业利润	323 551.17	327 638.32
营业外收入	749.54	33.74
营业外支出	(487.27)	(136.01)
四、利润总额	323 813.44	327 536.05
所得税费用	(81 080.79)	(74 593.58)
五、净利润	242 732.65	252 942.47
归属于母公司股东的净利润	241 129.04	252 458.98
少数股东收益	1 603.61	483.49
六、其他综合收益的税后净额	(565.27)	(5 975.38)
（一）以后不能重分类进损益的其他综合收益	172.67	(91.47)
（二）以后将重分类进损益的其他综合收益	(737.94)	(5 883.90)
七、综合收益总额	242 167.38	246 967.09
其中：归属于母公司股东的综合收益总额	240 563.77	246 483.60
归属于少数股东的综合收益总额	1 603.61	483.49

5.1.4 所有者权益变动表

所有者权益变动表（母公司）

编制单位：建信信托有限责任公司　　　2021年12月31日　　　　　单位：万元

项目	实收资本	资本公积	其他综合收益	盈余公积	一般风险准备	信托赔偿准备	未分配利润	所有者权益合计
2021年1月1日余额	1 050 000.00	65 000.00	139.20	100 541.44	13 580.81	52 478.88	783 335.77	2 065 076.10
本年增减变动金额	—	—	—	—	—	—	—	—
（一）综合收益总额	—	—	(198.32)	—	—	—	220 205.32	220 007.00
（二）股东投入和减少资本	—	—	—	—	—	—	—	—
（三）利润分配								
1.提取盈余公积	—	—	—	22 020.54	—	—	(22 020.54)	—
2.提取一般风险准备	—	—	—	—	3 658.85	—	(3 658.85)	—
3.提取信托赔偿准备	—	—	—	—	—	11 010.26	(11 010.26)	—
4.对股东的分配	—	—	—	—	—	—	(29 000.00)	(29 000.00)
2021年12月31日余额	1 050 000.00	65 000.00	(59.12)	122 561.98	17 239.66	63 489.14	937 851.44	2 256 083.10

续表

项目	实收资本	资本公积	其他综合收益	盈余公积	一般风险准备	信托赔偿准备	未分配利润	所有者权益合计
2020年1月1日余额	246 686.61	770 239.09	377.62	107 380.50	13 580.81	44 197.45	795 223.87	1 977 685.94
本年增减变动金额	—	—	—	—	—	—	—	—
（一）综合收益总额	—	—	(238.42)	—	—	—	165 628.58	165 390.16
（二）股东投入和减少资本	—	—	—	—	—	—	—	—
（三）利润分配	—	—	—	—	—	—	—	—
1.提取盈余公积	—	—	—	16 562.86	—	—	(16 562.86)	—
2.对股东的分配	—	—	—	—	—	—	(78 000.00)	(78 000.00)
3.提取信托赔偿准备	—	—	—	—	—	8 281.43	(8 281.43)	—
（四）股东权益内部结转	—	—	—	—	—	—	—	—
1.资本公积转增资本	705 239.09	(705 239.09)	—	—	—	—	—	—
2.盈余公积转增资本	23 401.92	—	—	(23 401.92)	—	—	—	—
3.未分配利润转增资本	74 672.39	—	—	—	—	—	(74 672.39)	—
2020年12月31日余额	1 050 000.00	65 000.00	139.20	100 541.44	13 580.81	52 478.88	783 335.77	2 065 076.10

所有者权益变动表（合并）

编制单位：建信信托有限责任公司　　　　　2021年12月31日　　　　　单位：万元

| 项目 | 归属于母公司股东权益 | | | | | | | 少数股东权益 | 所有者权益合计 |
	实收资本	资本公积	其他综合收益	盈余公积	一般风险准备	信托赔偿准备	未分配利润		
2021年1月1日余额	1 050 000.00	60 337.50	(3 227.04)	100 541.44	14 364.55	52 478.88	960 349.75	21 735.63	2 256 580.71
本年增减变动金额	—	—	—	—	—	—	—	—	—
（一）综合收益总额	—	—	(565.27)	—	—	—	241 129.04	1 603.61	242 167.38
（二）股东投入资本	—	—	—	—	—	—	—	—	—
（三）利润分配	—	—	—	—	—	—	—	—	—
1.提取盈余公积	—	—	—	22 020.54	—	—	(22 020.54)	—	—
2.提取一般风险准备	—	—	—	—	4 237.86	—	(4 237.86)	—	—
3.提取信托赔偿准备	—	—	—	—	—	11 010.26	(11 010.26)	—	—
4.对股东的分配	—	—	—	—	—	—	(29 077.19)	(112.01)	(29 189.20)
2021年12月31日余额	1 050 000.00	60 337.50	(3 792.31)	122 561.98	18 602.41	63 489.14	1 135 132.95	23 227.23	2 469 558.89
2020年1月1日余额	246 686.61	765 565.32	2 748.34	107 380.50	14 204.53	44 197.45	885 567.47	13 770.26	2 080 120.48
本年增减变动金额	—	—	—	—	—	—	—	—	—
（一）综合收益总额	—	—	(5 975.38)	—	—	—	252 458.98	483.49	246 967.09
（二）股东投入资本	—	—	—	—	—	—	—	7 500.00	7 500.00
（三）利润分配	—	—	—	—	—	—	—	—	—
1.提取盈余公积	—	—	—	16 562.86	—	—	(16 562.86)	—	—
2.提取一般风险准备	—	—	—	—	160.01	—	(160.01)	—	—
3.提取信托赔偿准备	—	—	—	—	—	8 281.43	(8 281.43)	—	—
4.对股东的分配	—	—	—	—	—	—	(78 000.00)	(18.12)	(78 018.12)
（四）股东权益内部结转	—	—	—	—	—	—	—	—	—
1.资本公积转增资本	705 239.09	(705 239.09)	—	—	—	—	—	—	—
2.盈余公积转增资本	23 401.92	—	—	(23 401.92)	—	—	—	—	—
3.未分配利润转增资本	74 672.39	—	—	—	—	—	(74 672.39)	—	—
（五）其他	—	11.27	—	—	—	—	—	—	11.27
2020年12月31日余额	1 050 000.00	60 337.50	(3 227.04)	100 541.44	14 364.55	52 478.88	960 349.75	21 735.63	2 256 580.71

5.2 信托资产

5.2.1 信托项目资产负债汇总表

信托项目资产负债汇总表

编制单位：建信信托有限责任公司　　2021年12月31日　　单位：万元

信托资产	期末数	期初数	信托负债和信托权益	期末数	期初数
信托资产：	—	—	信托负债：	—	—
货币资金	3 696 723.50	1 830 530.75	交易性金融负债	2 561 206.65	—
拆出资金	—	—	衍生金融负债	—	—
存出保证金	125 287.70	75 813.85	应付受托人报酬	75 383.15	64 439.93
交易性金融资产	21 230 779.86	15 381 914.70	应付保管费	43 568.13	60 316.43
衍生金融资产	—	—	应付受益人收益	155 283.13	262 502.76
买入返售金融资产	308 183.99	4 688 739.79	应交税费	10 430.53	27 301.23
应收款项	712 845.14	1 548 362.91	应付销售服务费	5 923.32	2 892.18
贷款	51 597 607.08	69 145 781.80	其他应付款项	4 465 582.52	1 218 060.11
可供出售金融资产	42 017 368.29	24 033 083.03	预计负债	—	—
持有至到期投资	34 480 800.52	29 824 237.24	其他负债	—	—
长期应收款	—	—	信托负债合计	7 317 377.43	1 635 512.64
长期股权投资	15 603 326.27	6 082 937.04			
投资性房地产	—	—	信托权益：		
固定资产	—	—	实收信托	156 977 821.33	142 699 393.83
无形资产	—	—	资本公积	42 649.58	113 675.74
长期待摊费用	—	—	损益平准金		
其他资产	—	—	未分配利润	5 435 074.01	8 162 818.90
			信托权益合计	162 455 544.92	150 975 888.47
信托资产总计	169 772 922.35	152 611 401.11	信托负债和信托权益总计	169 772 922.35	152 611 401.11

5.2.2 信托项目利润及利润分配汇总表

信托项目利润及利润分配汇总表

编制单位：建信信托有限责任公司　　2021年度　　单位：万元

项目	当年数	上年数
1.营业收入	7 567 837.95	7 298 854.16
1.1 利息收入	3 084 785.13	3 762 999.45
1.2 投资收益（损失以"-"号填列）	4 453 272.53	3 411 891.31
1.2.1 其中：对联营企业和合营企业的投资收益	—	—
1.3 公允价值变动收益（损失以"-"号填列）	-109 331.20	54 493.98
1.4 租赁收入		
1.5 汇兑损益（损失以"-"号填列）	-89.29	-2 769.10
1.6 其他收入	139 200.78	72 238.52
2.支出	615 697.28	562 639.52
2.1 营业税金及附加	18 807.43	17 944.07
2.2 受托人报酬	253 189.79	247 673.73
2.3 托管费	26 990.53	41 748.78
2.4 投资管理费	0.06	—
2.5 销售服务费	31 202.69	7 772.06
2.6 交易费用	2 255.09	2 547.13
2.7 资产减值损失	-201 207.11	-116 154.46
2.8 其他费用	484 458.80	361 108.21
3.信托净利润（净亏损以"-"号填列）	6 952 140.67	6 736 214.64

续表

项目	当年数	上年数
4.其他综合收益	—	—
5.综合收益	6 952 140.67	6 736 214.64
加：期初未分配信托利润	8 162 818.90	7 224 170.62
加：损益平准金	-3 943 814.91	-304 709.67
6.可供分配的信托利润	11 171 144.66	13 655 675.59
减：本期已分配信托利润	5 736 070.65	5 492 856.69
7.期末未分配信托利润	5 435 074.01	8 162 818.90

6.会计报表附注

6.1 会计报表编制基准不符合会计核算基本前提的说明

本公司会计报表编制基准不存在不符合会计核算基本前提的情况。本公司执行财政部颁布的《企业会计准则——基本准则》以及其后颁布及修订的具体会计准则、应用指南、解释以及其他相关规定。公司以持续经营为基础，根据实际发生的交易和事项，按照《企业会计准则——基本准则》和其他各项具体会计准则、应用指南及准则解释的规定进行确认和计量，在此基础上编制财务报表。

6.2 或有事项说明

报告年度，公司无对外担保及其他或有事项。

6.3 重要资产转让及其出售的说明

报告年度，公司无重要资产转让及出售事项。

6.4 会计报表中重要项目的明细资料

6.4.1 固有资产经营情况

6.4.1.1 风险五级分类情况

风险资产五级分类	正常类（万元）	关注类（万元）	次级类（万元）	可疑类（万元）	损失类（万元）	风险资产合计（万元）	不良合计（万元）	不良率（%）
期初数	2 402 421.41	101 110.16	—	—	—	2 503 531.57		
期末数	2 516 690.51	114 800.00	11 900.00	—	—	2 643 390.51	11 900.00	0.45

6.4.1.2 各项资产减值损失准备情况

单位：万元

项目	期初数	本期计提	本期转回	本期核销	期末数
贷款损失准备	1 038.18	0.55	—	—	1 038.73
一般准备	1 038.18	0.55	—	—	1 038.73
专项准备	—	—	—	—	—
其他资产减值准备	4 643.55	320.89	—	-4 553.13	411.31
可供出售金融资产减值准备					
持有至到期投资减值准备					
长期股权投资减值准备	4 553.13			-4 553.13	
坏账准备	90.42	320.89			411.31
投资性房地产减值准备					

6.4.1.3 股票投资、基金投资、债券投资、股权投资等投资业务情况

单位：万元

项目	自营股票	基金	债券	长期股权投资	其他投资	合计
期初数	660.58	—		795 080.11	1 508 800.66	2 304 541.35
期末数	76.48	—		1 081 005.44	1 366 012.50	2 447 094.42

6.4.1.4 长期股权投资情况

公司前三名的自营长期股权投资的企业情况如下表所示。

企业名称	本公司持股比例（%）	主要经营活动	投资损益（万元）
建信（北京）投资基金管理有限责任公司	100.00	非证券业务的投资管理和咨询	—
建信财富（北京）股权投资基金管理公司	100.00	非证券业务的投资管理和咨询	—
建信期货有限责任公司	80.00	商品期货经纪业务、金融期货经纪业务	448.04

6.4.1.5 固有贷款情况

企业名称	占贷款总额的比例（%）	还款情况
陕西省西咸新区秦汉新城开发建设集团有限责任公司	100	本金未到期，按期付息

6.4.1.6 表外业务情况

单位：万元

表外业务	期初数	期末数
担保业务	—	—
代理业务（委托业务）	—	—
其他	3 456 865.50	6 153 557.00
合计	3 456 865.50	6 153 557.00

6.4.1.7 公司当年收入结构

6.4.1.7.1 母公司收入结构

收入结构	金额（万元）	占比（%）
手续费及佣金收入	323 005.78	88.89
其中：信托手续费收入	321 586.18	88.50
投资银行业务收入	1 419.60	0.39
利息收入	5 686.69	1.56
其他业务收入	955.60	0.26
其中：计入信托业务收入部分	—	—
投资收益	93 899.40	25.84
其中：股权投资收益	51 834.15	14.27
证券投资收益	-502.54	-0.14
其他投资收益	42 567.79	11.71
公允价值变动收益	-60 204.10	-16.57
营业外收入	50.72	0.02
收入合计	363 394.09	100.00

6.4.1.7.2 合并收入结构

收入结构	金额（万元）	占比（%）
手续费及佣金收入	358 285.14	36.22
其中：信托手续费收入	321 586.18	32.51
投资银行业务收入	1 419.60	0.14
利息收入	27 799.69	2.81
其他业务收入	528 286.79	53.41
其中：计入信托业务收入部分	—	—
投资收益	121 160.36	12.25
其中：股权投资收益	83 563.63	8.45
证券投资收益	-347.46	-0.04
其他投资收益	37 944.19	3.84
公允价值变动收益	-47 088.85	-4.76
营业外收入	749.54	0.08
收入合计	989 192.67	100

6.4.2 披露信托财产管理情况

6.4.2.1 信托资产

单位：万元

信托资产	期初数	期末数
集合	35 340 496.97	38 639 972.51
单一	37 602 570.61	27 817 744.33
财产权	79 668 333.53	103 315 205.51
合计	152 611 401.11	169 772 922.35

6.4.2.1.1 主动管理型信托业务的信托资产

单位：万元

主动管理型信托资产	期初数	期末数
证券投资类	4 578 125.62	17 677 127.83
股权及其他投资类	19 493 642.91	27 869 627.90
融资类	8 808 784.08	4 589 215.71
事务管理类	—	—
合计	32 880 552.61	50 135 971.44

6.4.2.1.2 被动管理型信托业务的信托资产

单位：万元

被动管理型信托资产	期初数	期末数
证券投资类	23 585 386.59	6 088 505.76
股权及其他投资类	1 040 356.82	2 120 782.12
融资类	—	—
事务管理类	95 105 105.09	111 427 663.03
合计	119 730 848.50	119 636 950.91

6.4.2.2 本年度已清算结束的信托项目情况

本年度已清算结束的信托项目431个、实收信托合计金额12 612 817.39万元、加权平均实际年化收益率5.4872%。

6.4.2.2.1 本年度已清算结束的信托项目

已清算结束信托项目	项目个数（个）	实收信托合计金额（万元）	加权平均实际年化收益率（%）
集合类	178	5 484 647.83	6.3503
单一类	204	3 897 714.99	5.0169
财产管理类	49	3 230 454.57	4.5891

6.4.2.2.2 本年度已清算结束的主动管理型信托项目

本年度已清算结束的主动管理型信托项目308个、实收信托合计金额4 779 193.87万元、加权平均实际年化收益率6.3427%。

已清算结束信托项目	项目个数（个）	实收信托合计金额（万元）	加权平均实际年化信托报酬率（%）	加权平均实际年化收益率（%）
证券投资类	14	43 738.30	0.3887	3.5873
股权及其他投资类	197	2 078 924.07	1.1999	5.7251
融资类	97	2 656 531.50	1.2900	6.8714
事务管理类	—	—	—	—

6.4.2.2.3 本年度已清算结束的被动管理型信托项目

本年度已清算结束的被动管理型信托项目123个、实收信托合计金额7 833 623.52万元、加权平均实际年化收益率4.9652%。

已清算结束信托项目	项目个数（个）	实收信托合计金额（万元）	加权平均实际年化信托报酬率（%）	加权平均实际年化收益率（%）
证券投资类	4	—	—	4.6922
股权及其他投资类	—	—	—	—
融资类	—	—	—	—
事务管理类	119	7 833 623.52	0.1140	4.9652

6.4.2.3 本年度新增信托项目

报告年度新增的集合类、单一类、财产管理类信托项目1 015个，实收信托合计金额51 512 072.11万元。

新增信托项目	项目个数（个）	实收信托合计金额（万元）
集合类	267	7 294 448.78
单一类	659	2 362 755.40
财产管理类	89	41 854 867.93
新增合计	1 015	51 512 072.11
其中：主动管理型	906	8 147 647.64
被动管理型	109	43 364 424.47

6.4.2.4 本公司履行受托人义务情况及本公司自身责任而导致的信托资产损失情况

公司在信托财产的管理运用和处分过程中，严格按信托合同等信托文件的约定对信托财产进行管理，切实履行了受托人的诚实、信用、谨慎、有效管理的义务，维护受益人的最大利益；报告年度，没有发生因公司自身责任而导致的信托资产损失情况。

6.5 关联方关系及其交易的披露

6.5.1 关联交易方的数量、总金额及关联交易的定价政策等

项目	关联交易方数量	关联交易金额（万元）	定价政策
合计	11	11 167 890.31	市场公允价格

6.5.2 关联交易方情况

关系性质	关联方名称	法定代表人	注册地址	注册资本	主营业务
股东	中国建设银行股份有限公司	田国立	北京市西城区金融街25号	2 500.11亿元	公司银行业务、个人银行业务、资金业务、投资银行业务及海外业务
股东	合肥兴泰金融控股（集团）有限公司	程儒林	安徽省合肥市蜀山区祁门路1688号	70亿元	对授权范围内的国有资产进行经营以及从事企业策划、管理咨询、财务顾问、公司理财、产业投资以及经批准的其他经营活动
子公司	建信（北京）投资基金管理有限责任公司	王业强	北京市西城区闹市口大街1号院2号楼3层3B8	20.61亿元	投资管理、投资咨询；实业投资；资产管理；财务咨询；企业管理咨询
子公司	建信期货有限责任公司	葛文杰	中国（上海）自由贸易试验区银城路99号502、503室	9.36亿元	商品期货经纪、金融期货经纪、资产管理、期货投资咨询

续表

关系性质	关联方名称	法定代表人	注册地址	注册资本	主营业务
被投资单位	建信融通有限责任公司	绳晖	北京市海淀区清华东路35号北林学研中心C栋3层314房间	2.40亿元	供应链金融相关业务
主要股东的关联方	建信资本管理有限责任公司	马勇	上海市虹口区广纪路738号2幢232室	13.50亿元	从事特定客户资产管理业务以及法律、法规允许或相关监管部门批准的其他业务
主要股东的关联方	建信人寿保险股份有限公司	谢瑞平	中国（上海）自由贸易试验区银城路99号建行大厦29-33层	71.20亿元	人寿保险、健康保险、意外伤害保险等各类人身保险业务；上述业务的再保险业务
主要股东的关联方	建信金融科技有限责任公司	朱玉红	中国（上海）自由贸易试验区银城路99号12层、15层	17.30亿元	从事金融信息科技、服务，计算机系统集成，计算机软件开发及销售，机械设备、机电设备、电子产品的销售，电信业务，市场营销策划，企业形象策划，会展服务，企业管理咨询，商务信息咨询，创业投资，资产管理，投资管理，投资咨询
主要股东的关联方	中德住房储蓄银行有限责任公司	李凡	天津市和平区贵州路19号	20亿元	吸收住房储蓄存款及其他公众存款；发放住房储蓄贷款及其他个人住房贷款；发放国家政策支持的保障性住房开发类贷款；受托办理公积金贷款；办理国内结算；与上述业务相关的借记卡业务和电子银行业务；从事同业拆借；发行金融债券；买卖政府债券和金融债券；经银保监会批准的其他业务
主要股东的关联方	建信金融租赁有限公司	刘晖	北京市西城区闹市口大街长安兴融中心1号院4号楼6层	110亿元	融资租赁业务；转让和受让融资租赁资产；固定收益类证券投资业务；接受承租人的租赁保证金；同业拆借；向金融机构借款；境外借款；租赁物变卖及处理业务；经济咨询；在境内保税地区设立项目公司开展融资租赁业务；为控股子公司、项目公司对外融资提供担保；银保监会批准的其他业务
主要股东的关联方	合肥兴泰商业资产运营有限公司	吴辉	合肥市庐阳区九狮桥街45号附属南楼五楼	498万元	物业管理、代理房地产买卖、租赁、信息咨询服务等

6.5.2.1 固有与关联方交易情况

固有与关联方关联交易
单位：万元

项目	期初数	借方发生额	贷方发生额	期末数
贷款	—	—	—	—
投资	—	—	—	—
租赁	—	—	—	—
担保	—	—	—	—
应收账款	194.88	831.26	641.99	384.15
其他	-237 433.72	10 881 765.22	10 624 979.80	19 351.70
合计	-237 238.84	10 882 596.48	10 625 621.79	19 735.86

6.5.2.2 信托与关联方交易情况

信托与关联方关联交易
单位：万元

项目	期初数	借方发生额	贷方发生额	期末数
贷款	—	—	—	—
投资	—	—	—	—
租赁	—	—	—	—
担保	—	—	—	—
应收账款	—	—	—	—
其他	79 510 787.95	173 113 177.61	187 762 182.23	64 861 783.33
合计	79 510 787.95	173 113 177.61	187 762 182.23	64 861 783.33

6.5.2.3 固信交易、信信交易情况

6.5.2.3.1 固有财产与信托财产之间的交易

单位：万元

项目	期初数	本期发生额	期末数
合计	1 180 967.39	346 993.64	1 527 961.03

6.5.2.3.2 信托项目之间的交易

单位：万元

项目	期初数	本期发生额	期末数
合计	9 056 439.63	4 165 275.49	13 221 715.12

6.5.3 关联方逾期未偿还本公司资金的详细情况以及本公司为关联方担保发生或即将发生垫款的详细情况

报告年度，本公司无上述情况。

6.6 会计制度

本财务报表按照财政部颁布的《企业会计准则——基本准则》以及其后颁布及修订的具体会计准则、应用指南、解释以及其他相关规定编制。

7. 财务情况说明书

7.1 利润实现和分配情况

7.1.1 母公司情况

2021年公司分配股利29 000.00万元，实现净利润220 205.32万元。根据公司章程、《金融企业财务规则》的规定，提取盈余公积22 020.54万元，提取信托赔偿准备11 010.26万元，提取一般风险准备3 658.85万元，截至2021年末，未分配利润937 851.44万元。

7.1.2 并表情况

2021年实现归属本公司净利润241 129.04万元，提

取盈余公积 22 020.54 万元，提取信托赔偿准备 11 010.26 万元，提取一般风险准备 4 237.86 万元。

7.2 主要财务指标

指标名称	母公司指标值	合并指标值
资本利润率（%）	10.19	10.27
加权年化信托报酬率（%）	0.25	0.25
人均净利润（万元）	548.46	323.43

7.3 对本公司财务状况、经营成果有重大影响的其他事项

报告年度，本公司未发生对财务状况、经营成果有重大影响的其他事项。

8.特别事项揭示

8.1 股东变动情况及原因

报告年度，本公司股东无变动。

8.2 董事、监事、高级管理人员变动情况及原因

8.2.1 董事变动情况及原因

经董事会提名，公司2021年第5次临时股东会选举吴小隆担任董事；2021年12月24日，北京银保监局核准其任职资格（京银保监复〔2020〕1055号），蒋畅不再担任本公司董事职务。

8.2.2 监事变动情况及原因

（1）经本公司股东中国建设银行股份有限公司提名，公司2021年第1次临时股东会选举杨刚担任公司监事。

（2）经本公司股东中国建设银行股份有限公司提名，公司2021年第5次临时股东会选举杨楠担任公司监事。

（3）经本公司全体职工决议，张瀚、杜萌担任公司职工监事。徐谦、王彦青辞去公司职工监事职务。

8.2.3 高级管理人员变动情况及原因

报告年度，本公司高级管理人员无变动。

8.3 公司重大未决诉讼事项

报告年度，公司无重大诉讼未决事项。

8.4 会计师事务对审计报告所出具保留意见、否定意见或无法表示意见的情况

无。

8.5 公司及其董事、监事和高级管理人员受到处罚的情况

报告期内，公司收到北京银保监局《行政处罚决定书》（京银保监罚决字〔2021〕25号），给予公司400万元罚款的行政处罚；对时任总裁程双起给予警告的行政处罚。

8.6 银保监会及其派出机构对公司检查后提出整改意见及整改情况

报告年度，银保监会及其派出机构未对公司进行检查。

2021年4月，北京银保监局向公司下发《建信信托有限责任公司2020年度监管意见书》（京银保监发〔2021〕101号），公司于2021年6月向北京银保监局报送了整改落实方案，并按照方案认真整改落实。

8.7 报告年度重大事项报告

无。

8.8 银保监会及其省级派出机构认定的其他有必要让客户及相关利益人了解的重要信息

无。

8.9 净资本、风险资本以及风险控制指标等情况

按照《中国银监会关于印发信托公司净资本计算标准有关事项的通知》（银监发〔2011〕11号），截至2021年12月31日，公司净资本1 632 262.95万元，净资产2 256 481.51万元，净资本与净资产之比为72.34%，各项业务风险资本之和983 235.69万元，净资本与各项风险资本之和的比例为166.01%，以上指标均高于监管要求。

9.社会责任履行情况

报告年度，公司认真贯彻落实党中央、建设银行总行党委的决策部署，以国有大行信托的使命担当，积极履行社会责任，推动社会共同富裕。

站位"信托国家队"，助推实体经济发展。持续深耕一级市场投资，聚焦支持科技自立自强，助力突破"卡脖子"技术，投资的科技创新型企业150余家，其中已上市37家，还有20余家正在上市进程中；在业界首创破产重整服务信托，创新性地以信托模式参与企业破产重整、风险化解，成立受托规模超过2 300亿元，树立了行业标杆；通过子公司建信融通助力建行供应链金融业务做大做强，打造供应链金融互联网平台，服务链条企业超过25万户，其中小微企业占比超90%；创新推出"链

通宝"产品，累计向384家供应商提供1 703笔融资服务，规模10.61亿元。

发挥信托特色推动共同富裕。成立"建信联合定点帮扶慈善信托"，首批募集资金达200万元，帮助陕西省安康地区农村生活环境改造、重点疾病筛查和预防等公益事业，防止脱贫地区因病致贫、因病返贫；以"财富管理+慈善捐赠"模式，通过捐资辉县市红十字会，为河南洪水灾害中受损严重的乡镇卫生院提供医疗设备。

多措并举助力乡村振兴事业。对口帮扶安康市汉滨区粮茶村，捐资购置防汛应急物资、医疗设备，支持当地防汛工作与卫生事业；向全村近50名建筑工人累计赠送近5 000万元的意外险保金，改善当地农村建筑工人劳务生态；开设乡村振兴实习专岗，为粮茶村大学生提供社会实践机会；向天津市蓟州区乡村学校捐赠计算机设备，提升当地小学多媒体教学水平。

以ESG理念引领推动业务发展。在ESG框架指导下，通过设立信托计划、产业基金等，采取股权投资、并购重组、资产证券化等方式，积极开展绿色金融业务。绿色金融股权投资规模累计超过20亿元；投资首钢生物质REITs项目7 000余万元；支持北京门头沟区鲁家山首钢鲁矿南区的垃圾焚烧、餐厨垃圾及残渣暂存场项目；落地了绿色信贷资产证券化业务，发生额59.8亿元；落地上海地区首单绿色"碳中和"资产支持商业票据。

10.消费者权益保护情况

进一步加强消费者权益保护工作，修订实施《建信信托消费投诉管理办法》等一系列规章制度，消保制度体系和工作机制进一步完善；严格投资人适当性管理，规范营销推介服务，切实维护消费者知情权和自主选择权；创新开展金融宣传教育活动，累计发布原创宣教素材18条，活动触达超过20万人次。

报告年度，公司受理和处理有效投诉8笔，主要诉求包括预约产品成功率低、APP使用不便等问题，公司积极做好消费者沟通和问题解决工作，投诉事项均得到妥善处理。

11.公司监事会意见

监事会认为公司董事会、经营层及其成员严格执行国家政策与监管要求，勤勉尽责，忠诚履职，推进信托文化建设，切实维护受益人、股东和员工的利益。报告年度，公司克服经济增速下行、疫情冲击和行业风控形势严峻等困难，加快转型创新，守牢风险底线，实现了高质量发展。年度报告真实反映了公司的财务状况和经营成果。

江苏省国际信托有限责任公司

1. 重要提示

1.1 本公司董事会及董事保证本报告所载资料不存在任何虚假记载、误导性陈述或者重大遗漏，并对其内容的真实性、准确性和完整性承担个别及连带责任。

1.2 公司独立董事对本报告内容真实性、完整性和准确性无异议。

1.3 公司编制的2021年度财务报告已经苏亚金诚会计师事务所（特殊普通合伙）审计，并出具了标准无保留意见的审计报告。

1.4 公司法定代表人胡军、主管会计工作负责人严珊和会计机构负责人陈飞声明并保证年度报告中财务报告的真实和完整。

2. 公司概况

2.1 公司简介

2.1.1 公司历史沿革

公司前身为江苏省国际信托投资公司，于1981年10月经国家外资管理委员会和江苏省人民政府批准正式成立。2001年8月，江苏省政府决定对江苏省国际信托投资公司和江苏省投资管理有限责任公司进行集团化重组改制，组建江苏省国信资产管理集团有限公司（现已更名为江苏省国信集团有限公司，以下简称：国信集团）。2002年8月，经中国人民银行批准，江苏省国际信托投资公司予以重新登记，并更名为江苏省国际信托投资有限责任公司，注册资金为24.84亿元。2007年6月，根据"新两规"要求，经原中国银监会（现已更名为中国银行保险监督管理委员会，简称中国银保监会）批准，江苏省国际信托投资有限责任公司更名为江苏省国际信托有限责任公司，同时变更业务范围。2013年12月，公司注册资本增至26.84亿元。2016年，江苏舜天船舶股份有限公司向国信集团发行股份以收购其所拥有的江苏省国际信托有限责任公司81.49%的股权，2017年，江苏舜天船舶股份有限公司更名为江苏国信股份有限公司。公司分别于2018年6月、2020年10月完成两次增资，注册资本增至87.60亿元。

公司秉持"发展、创新、高效、稳健"的经营理念，坚持受托人定位，立足信托本业，完善治理结构，改善经营机制，探索业务创新，加强人才开发，经济效益稳步增长，切实维护了受益人的最大利益。公司已发展成为业内资产质量优良、管理规范、经营合规、信息透明、风控能力较强的信托公司。

2.1.2 公司的法定名称

公司法定中文名称：江苏省国际信托有限责任公司

中文缩写：江苏信托

公司法定英文名称：JIANGSU INTERNATIONAL TRUST CORPORATION LIMITED

英文缩写：JSITC

2.1.3 公司法定代表人：胡军

2.1.4 公司注册地址：江苏省南京市长江路2号22至26层

邮编：210005

公司国际互联网网址：http://www.jsitc.net

公司电子邮箱：jsitc@jsitc.net

2.1.5 公司负责信息披露事务的高级管理人员：李起年

公司信息披露事务联系人：张梦晗

联系电话：025-89667777 传真：025-89667700

电子信箱：zhangmenghan@jsitc.net

2.1.6 公司选定的信息披露报纸：《证券时报》《上海证券报》

2.1.7 年报备置地点：江苏省南京市玄武区长江路2号26层

2.1.8 公司聘请的会计师事务所：苏亚金诚会计师事务所（特殊普通合伙）

办公地址：江苏省南京市中山北路105-6号中环国际广场21—23层

2.1.9 公司聘请的律师事务所：上海市锦天城（南京）律师事务所

办公地址：南京市建邺区江东中路347号国金中心一期27楼、28楼

2.2 组织结构

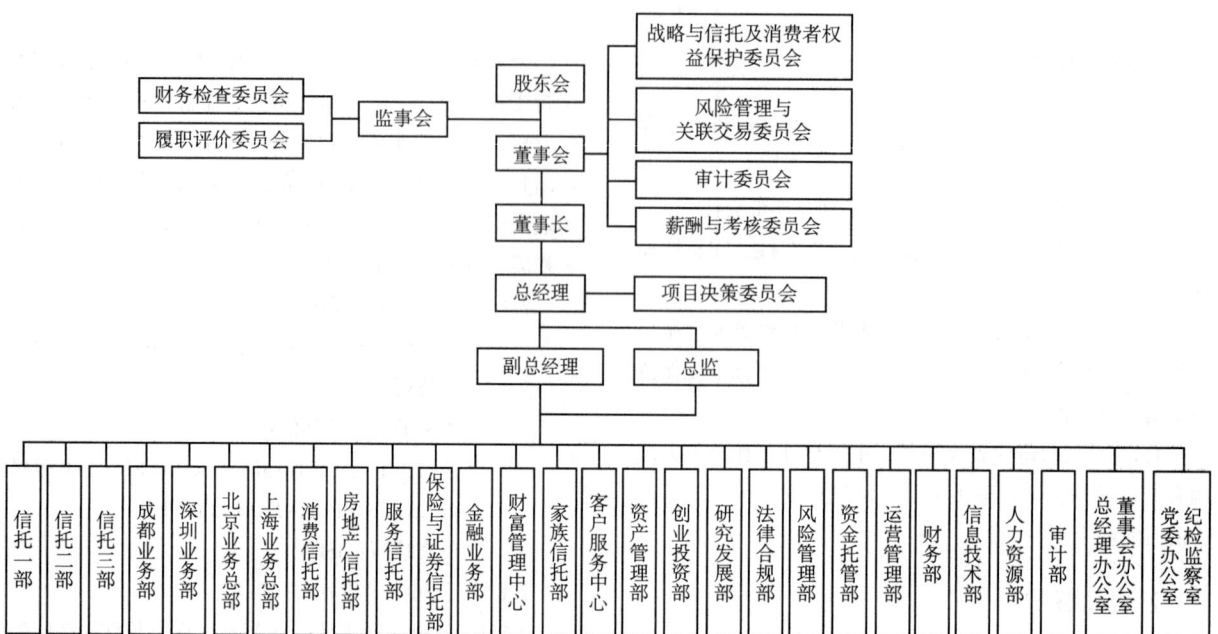

3. 公司治理

3.1 股东

报告期末公司股东总数为4家，持有本公司股份的股东及持股情况如下表所示。

股东名称	持股比例(%)	法人代表	注册资本(亿元)	注册地址	主要经营业务及主要财务情况
江苏国信股份有限公司（以下简称：江苏国信）★	81.4904	浦宝英	37.78	江苏省南京市长江路88号	主要经营范围：实业投资、股权投资（包括金融、电力能源股权等）、投资管理与咨询。电力项目开发建设和运营管理，电力技术咨询、节能产品销售，进出口贸易。2021年末，江苏国信资产总额804.54亿元，净资产380.60亿元，营业总收入288.79亿元，利润总额-8.14亿元
江苏省苏豪控股集团有限公司（以下简称：苏豪控股）	10.9106	周勇	20	江苏省南京市软件大道48号	主要经营范围：金融、实业投资，授权范围内国有资产的经营、管理；国贸贸易；房屋租赁；茧丝绸、纺织服装的生产、研发和销售。2021年末，苏豪控股总资产319.22亿元，净资产128.37亿元，营业收入200.19亿元，利润总额7.09亿元（未经审计数据）
江苏省农垦集团有限公司（以下简称：江苏农垦）	4.2962	魏红军	33	江苏省南京市珠江路4号	主要经营范围：省政府授权范围内的国有资产经营。2021年末，江苏农垦总资产591.7亿元，净资产334.12亿元，营业收入399.10亿元，利润总额68.83亿元（未经审计数据）
江苏高科技投资集团有限公司（以下简称：江苏高投）	3.3028	董梁	30	江苏省南京市山西路128号	主要经营范围：金融投资、实业投资、创业投资、股权投资及投资管理业务。省政府授权范围内国有资产经营、管理、兼并重组以及经批准的其他业务。投资咨询。2021年末，江苏高投合并口径总资产255.88亿元，净资产152.70亿元，营业收入10.88亿元，利润总额9.27亿元

3.2 董事

董事成员

姓名	职务	性别	出生年份（年）	选任日期	所推举的股东名称	该股东持股比例(%)	简要履历
胡军	董事长	男	1970	2018年7月	江苏国信	81.49	硕士研究生，历任江苏信托总经理助理、副总经理、总经理、党委副书记、总经理，现任江苏信托党委书记、董事长
王会清	董事	男	1970	2018年7月	江苏国信	81.49	硕士研究生，注册会计师、律师，历任江苏信托审计部副总经理（主持工作）、财务部副总经理（主持工作）、江苏省国信集团审计与法律事务部总经理、江苏国信副总经理、董事会秘书，国信集团党委组织部长、人力资源部总经理，江苏信托党委书记、总经理。（因工作调动，于2021年8月4日辞去公司董事、总经理职务）

续表

姓名	职务	性别	出生年份（年）	选任日期	所推举的股东名称	该股东持股比例（%）	简要履历
唐进	董事	男	1966	2018年11月	苏豪控股	10.91	党校研究生学历，历任省政府研究室综合研究处副处长、省政府办公厅教科文卫处副处长、省政府办公厅秘书五处调研员、江苏省对口支援四川绵竹地震灾后恢复重建指挥部办公室（党群工作处）主任（处长）、省政府办公厅信息处处长、省政府办公厅秘书七处处长，现任江苏省苏豪控股集团有限公司副总裁、党委委员
张晓红	董事	女	1967	2019年11月	江苏高投	3.30	大学本科，国际商务师，历任江苏高投管理有限公司TMT投资部高级投资经理、江苏高科技投资集团资产管理部总经理，现任江苏高科技投资集团副总经理
章明	董事	男	1974	2019年9月	江苏国信	81.49	硕士研究生，高级会计师、深圳证券交易所董事会秘书资格，历任扬州第二发电有限责任公司财务部主任副总会计师、江苏国信集团有限公司财务部总经理、江苏国信股份有限公司副总经理、财务负责人、董秘，现任国信集团总会计师、党委委员
裴硕秋	职工董事	男	1968	2018年11月	职工大会	—	博士研究生，高级经济师，历任江苏省国际信托有限责任公司创业投资部副总经理、研究发展部总经理、创业投资部总经理，现任江苏信托党委办公室/纪检监察室主任，兼任创业投资部总经理

独立董事

姓名	所在单位及职务	性别	出生年份（年）	选任日期	简要履历
王长江	南京大学商学院教授	男	1964	2018年11月	硕士研究生，南京大学商学院教授
俞妙根	富越汇通金融服务（上海）有限公司董事长兼总经理	男	1961	2018年7月	大学本科，高级经济师。历任上海国投副总经理，华安基金总经理、董事长。现任富越汇通金融服务（上海）有限公司董事长兼总经理（因个人原因，于2021年3月19日辞去董事及专门委员会委员职务）
吴涛	深圳东方藏山资产管理有限公司总裁	男	1969	2018年7月	硕士研究生，历任中国银行总行风险管理部部长，金地集团基金管理部总经理，盛盟投资总经理，北京藏山资本投资有限公司董事长。现任深圳东方藏山资产管理有限公司总裁

3.3 监事

监事会成员

姓名	职务	性别	出生年份（年）	选任日期	所推举的股东名称	该股东持股比例（%）	简要履历
顾中林	监事长	男	1971	2019年9月	江苏国信	81.49	大学学历，经济师、会计师，历任新海电厂财务部副部长、财务部主任、副总会计师兼财务部主任，现任江苏国信股份有限公司副总经理、董事会秘书、财务总监
李崇琦	监事	女	1977	2020年9月	江苏国信	81.49	在职大学学历、学士学位，高级会计师，历任江苏国信淮安燃气发电有限公司副总经理、江苏国信淮安第二燃气发电有限公司副总经理、江苏国信淮安新能源投资有限公司副总经理，现任国信集团人力资源部总经理（国信集团部门正职级）
王涛	监事	男	1976	2018年7月	苏豪控股	10.91	硕士研究生，会计师，历任江苏省苏豪控股集团有限公司风险控制部副总经理，江苏苏豪国际集团股份有限公司党委委员、纪委书记，现任江苏省苏豪控股集团有限公司投资发展部总经理
顾宏武	监事	男	1975	2020年9月	江苏农垦	4.30	硕士研究生，高级会计师，历任江苏省农垦集团有限公司计划财务部科员、副主任科员、部长助理、副部长，现任江苏省农垦集团有限公司计划财务部部长
陆振东	职工代表监事	男	1971	2018年3月	—	—	本科，江苏信托资金信托管总经理
崇志兵	职工代表监事	女	1968	2018年3月	—	—	本科，江苏信托人力资源部高级经理

3.4 高级管理人员

姓名	职务	性别	出生年份（年）	任职日期	金融从业年限（年）	学历	专业	简要履历
严珊	副总经理	女	1969	2017年4月	24	硕士	货币银行学	历任南京人民银行非银处副主任科员、主任科员，江苏银监局非银处主任科员、副处级、副处长；江苏信托副总经理、首席风控官；2021年8月5日起代为履行总经理职责
李起年	副总经理	男	1964	2016年12月	28	硕士	经济	历任江苏信托信托一部副总经理、市场发展部经理、事务信托部总经理。现任江苏信托党委委员、副总经理
肖冬雪	副总经理	男	1985	2019年9月	9	本科	工业工程	历任春秋财富（北京）投资有限公司总经理、上海爱建信托有限责任公司北京信托业务总部总经理。现任江苏信托副总经理、北京业务总部总经理（兼）

3.5 公司员工

项目		报告期年度	
		人数（人）	比例（%）
年龄分布	25岁以下	1	0.5
	25—29岁	42	19.1
	30—39岁	128	58.2
	40岁以上	49	22.2
平均年龄	36岁		
学历分布	博士	3	1.4
	硕士	147	66.8
	本科	65	29.5
	专科	4	1.8
	其他	1	0.5
岗位分布	董事、监事及高管人员	6	2.7
	自营业务人员	13	5.9
	信托业务人员	148	67.3
	其他人员	53	24.1
总人数		220	

4. 经营管理

4.1 战略规划、经营目标、方针

（1）公司的战略规划是：以新发展理念为指引，以高质量发展为目标，顺应不断变化的内外部环境，抢抓发展方式转变和区域发展的战略机遇，以打造"金融持股平台、资产管理平台、财富管理平台、信托服务平台"四大业务平台为重点，深化公司体制机制市场化改革和经营管理创新，构建完善的法人治理结构，加大业务创新和转型力度，保持稳健良好的资产质量，全面履行社会责任，实现江苏信托向市场化一流资产管理服务机构的跨越。

（2）公司的经营目标是：围绕建设"强富美高"新江苏要求，以监管政策为指引，充分发挥信托的资产管理、财富管理功能和社会服务功能，扎实推进信托业务转型。做好江苏银行、利安人寿等金融股权投资管理，推动完善法人治理，支持高质量发展。扎实做好重点领域风险防控工作。以业务转型为主攻方向，切实加强基础配套能力建设。完善细化绩效考核办法、业务管理制度及内控规范。进一步强化数据治理工作，贴合展业需求开发应用，发挥信息科技的支撑保障作用。加强品牌宣传，提升声誉风险管理水平，增强公司行业影响力。

（3）公司的经营方针是：发展、创新、高效、稳健。

4.2 经营业务

4.2.1 公司经营业务和品种

公司经营业务主要分为自营业务和信托业务。

自营业务主要包括股权投资、自营贷款、自营证券、金融产品投资等。信托业务是本公司的主营业务和重要收入来源，主要包括集合资金信托、单一资金信托、财产权信托等。

4.2.2 公司资产组合和分布

4.2.2.1 自营资产的组合与分布

资产运用	金额（万元）	占比（%）	资产分布	金额（万元）	占比（%）
货币资产	12 625.20	0.45	基础产业	19 180.74	0.69
贷款及应收款	100 386.58	3.60	房地产业	204 478.89	7.34
交易性金融资产	817 023.27	29.32	金融机构	1 898 292.91	68.11
其他权益工具投资	28 307.13	1.02	实业	7 361.39	—
长期股权投资	1 756 544.26	63.03	证券	539 599.08	19.36
其他	72 033.96	2.58	其他	125 368.77	4.50
资产总计	2 786 920.39	100.00	资产总计	2 786 920.39	100.00

4.2.2.2 信托资产的组合与分布

资产运用	金额（万元）	占比（%）	资产运用	金额（万元）	占比（%）
货币资产	1 122 158.24	2.90	基础产业	8 551 541.90	22.12
贷款	9 168 329.96	23.72	房地产业	975 547.88	2.52
交易性金融资产	15 797 619.85	40.87	金融机构	4 604 463.01	11.91
持有至到期投资	7 801 998.83	20.19	证券	20 214 170.44	52.30
长期股权投资	697 217.53	1.80	工商企业	3 961 342.97	10.25
其他	4 064 437.47	10.52	其他	344 695.67	0.89
资产总计	38 651 761.88	100.00	资产总计	38 651 761.88	100.00

4.3 市场分析

4.3.1 影响公司发展的有利因素

4.3.1.1 财富管理市场蓬勃发展叠加地域区位优势

随着我国高净值、超高净值客群的持续增长，人均可投资资产规模不断攀升，社会财富管理需求及市场巨大。同时，江苏信托地处经济发达的长三角地区，民间富庶，为公司财富管理业务发展构筑了优良的区位优势。

4.3.1.2 良好的资产质量和股东背景

公司拥有较高的净资本，资产质量好，可开展业务空间宽裕。公司股东都是江苏省属国有企业，实力雄厚，经营各具特色，有助于发挥资源协同效应。

4.3.1.3 良好的品牌信誉

公司经过四十余年的发展，秉承"发展、创新、高效、稳健"的经营理念，发挥信托独特的功能优势，为客户提供多样化的综合金融服务，赢得了良好信誉，综合实力居同类型信托公司前列，树立了良好的品牌形象。

4.3.1.4 日趋完善的公司管理

公司内部机构设置完备，责权清晰、管理规范、制度完善，有良好的企业文化，塑造和培养了一支高素质的员工队伍，为公司业务开拓奠定了坚实基础。

4.3.2 影响公司发展的制约因素

4.3.2.1 全球疫情冲击下，宏观经济环境不确定增加

报告期内，国际形势复杂多变，国内经济下行压力

增大，加之全球新冠疫情冲击，干扰了正常的经济和社会发展，信托公司日常展业成本提高，周期拉长，面临的风险环境加剧。

4.3.2.2 监管政策调整带来转型和经营压力

报告期内，监管机构调控措施频出，强力引导信托行业转型，新旧业务动能转换仍在探索，市场竞争加剧，信托公司转型压力和经营压力增大。

4.3.2.3 业务支撑能力建设难以快速满足业务发展需求

报告期内，公司加大业务创新力度，但新业务所必需的投研体系、风控体系、运营管理体系，以及资产配置能力、个性化服务能力、金融科技能力等方面距离一流金融机构仍有差距。

4.4 内部控制

公司建立了"三会一层"各司其职、各负其责、相互制约的治理机制，并且营造合规经营的内部控制文化；通过采取不同的措施，公司的内部控制得到了进一步加强，风险也得到了有效的防范和控制；公司信息交流和反馈机制逐步完善；公司内审部门不断加强内部控制的监督和评价，内审工作频度和范围也逐步加大。

4.5 风险管理

公司针对经营活动中可能会遇到的信用风险、市场风险、操作风险、道德风险、政策风险、法律风险、声誉风险等，建立了以"事前预防为主、事中控制及事后补救为辅"的风险控制基本原则，切实开展各项工作，及时防范、化解风险，保障业务正常开展。

公司风险管理组织结构与职责划分为：董事会以及其下设风险管理与关联交易委员会主要负责对风险管理政策的制定、审批和修正，并对风险管理执行进行监督；高级管理层负责提出风险管理的政策和程序，从执行层面监督风险管理政策和程序的实施，建立风险管理评价标准，组织落实风险管理与内控体系建设相关措施；风险管理部主要负责草拟公司风险管理方面的规章制度，落实有关风险管理措施；法律合规部主要负责具体项目的合法合规性审查，以及包括合同（协议）在内的全部法律文件的审核，防范法律合规风险；审计部负责项目的稽核审查、项目后续管理跟踪与监督以及定期的内部审计工作；运营管理部、资金托管部和财务部主要负责资金划款、资金回收及收益分配等的风险管理。

公司不断完善内部控制制度，对各部门、岗位制定了明确的职责和权限，职责的制定体现岗位相互分离的原则，能够实现中、后台对前台的监督；对各项业务制定了具体的操作流程，在信托项目中全面推行信托经理AB角制度，严格尽职调查工作标准，减少和消除人为因素而造成的风险，保障风险控制体系的有序规范运行，并通过事后评价和总结，防止相类似的风险发生。公司定期或不定期对员工进行培训，对渎职、超越权限或违背操作规定的人员进行问责；公司定期对内部的计算机信息系统进行维护，保证其正常运行，加强系统数据的管理，消除风险隐患。公司运营管理部对所有存续信托项目进行统一、集中的后续管理，独立运作，有助于防范操作风险。

4.6 消费者权益保护

公司高度重视消费者权益保护工作，一直将消费者权益保护工作作为公司健康可持续发展的基石，建立了完善的消费者权益保护体系，积极采取一系列的举措，认真履行消费者权益保护义务。

报告期内，公司消费者权益保护工作在组织机制建设、教育宣传、金融信息保护、投诉处理等方面均取得一定的成效。特别是针对消费者的金融知识宣传教育工作，公司更加注重开展对客户日常性的金融普及教育，在日常业务办理和为客户提供理财服务的过程中，引导客户科学合理地使用金融产品和服务，加深客户对其购买的信托产品内涵和风险的理解，提升其保障自身资金和财产安全的意识与能力。

报告期内，公司完善了投诉处理工作制度，落实了投诉处理工作的主体责任，拓宽了投诉公示渠道，有效维护了消费者的合法权益。报告期内共收到两起消费者投诉，均已圆满解决。未来，公司将进一步加强投诉处理信息系统建设，更加妥善处理各项投诉事宜。

4.7 企业社会责任

公司秉承"发展 创新 高效 稳健"的经营理念，以及"客户价值的持续化，股东价值的最大化，员工价值的最优化"的企业使命，坚守受托人定位，持续增强社会责任理念意识，建立健全社会责任管理体系，推动社会责任管理与企业经营管理体系融合。

报告期内，公司提升服务实体经济的效率和水平，先后落地多笔徐工集团系相关公司资产证券化项目，盘活企业资产，为实体经济注入金融活水；在业内首创交易所城投资产证券化业务，助力地方经济发展。同时，履行环境责任，积极响应国家"双碳"政策号召，成功在中国银行间市场发行公司首单碳中和债——"大唐融资租赁有限公司2021年度第一期能源租赁绿色资产支持商业票据"，票据基础资产涉及全国12省共22家新能源发电企业，涵盖风电、水电、光伏等领域，将进一步提高金融支持新能源企业发展的资金实力和效率，助力"双碳"事业。

报告期内，公司密切关注属地疫情防控要求，坚决贯彻抗疫政策，按照政府管控要求落实抗疫举措，同时，主动担当，第一时间下发了《同心抗击疫情、争做发展先锋——致江苏信托全体党员的倡议书》，并向属地社区捐赠抗疫物资，为奋战在抗疫一线的社区工作者提供安全保障。

5. 报告期末及上一年末的比较式会计报表

5.1 自营资产

5.1.1 会计师事务所审计意见全文

审计报告

苏亚审〔2022〕280号

江苏省国际信托有限责任公司全体股东：

一、审计意见

我们审计了江苏省国际信托有限责任公司（以下简称江苏信托）的财务报表，包括2021年12月31日的资产负债表，2021年度的利润表、现金流量表、股东权益变动表以及财务报表附注。

我们认为，后附的财务报表在所有重大方面按照企业会计准则的规定编制，公允反映了江苏省国际信托有限责任公司2021年12月31日的财务状况以及2021年度的经营成果和现金流量。

二、形成审计意见的基础

我们按照中国注册会计师审计准则的规定执行了审计工作。审计报告的"注册会计师对财务报表审计的责任"部分进一步阐述了我们在这些准则下的责任。按照中国注册会计师职业道德守则，我们独立于江苏信托，并履行了职业道德方面的其他责任。我们相信，我们获取的审计证据是充分、适当的，为发表审计意见提供了基础。

三、管理层和治理层对财务报表的责任

管理层负责按照企业会计准则的规定编制财务报表，使其实现公允反映，并设计、执行和维护必要的内部控制，以使财务报表不存在由于舞弊或错误导致的重大错报。

在编制财务报表时，管理层负责评估江苏信托的持续经营能力，并运用持续经营假设，除非管理层计划清算公司、终止运营或别无其他现实的选择。

治理层负责监督江苏信托的财务报告过程。

四、注册会计师对财务报表审计的责任

我们的目标是对财务报表整体是否不存在由于舞弊或错误导致的重大错报获取合理保证，并出具包含审计意见的审计报告。合理保证是高水平的保证，但并不能保证按照审计准则执行的审计在某一重大错报存在时总能发现。错报可能由于舞弊或错误导致，如果合理预期错报单独或汇总起来可能影响财务报表使用者依据财务报表作出的经济决策，则通常认为错报是重大的。

在按照审计准则执行审计工作的过程中，我们运用职业判断，并保持职业怀疑。同时，我们也执行以下工作：

（1）识别和评估由于舞弊或错误导致的财务报表重大错报风险，设计和实施审计程序以应对这些风险，并获取充分、适当的审计证据，作为发表审计意见的基础。由于舞弊可能涉及串通、伪造、故意遗漏、虚假陈述或凌驾于内部控制之上，未能发现由于舞弊导致的重大错报的风险高于未能发现由于错误导致的重大错报的风险。

（2）了解与审计相关的内部控制，以设计恰当的审计程序，但目的并非对内部控制的有效性发表意见。

（3）评价管理层选用会计政策的恰当性和作出会计估计及相关披露的合理性。

（4）对管理层使用持续经营假设的恰当性得出结论。同时，根据获取的审计证据，就可能导致对江苏信托持续经营能力产生重大疑虑的事项或情况是否存在重大不确定性得出结论。如果我们得出结论认为存在重大不确定性，审计准则要求我们在审计报告中提请报表使用者注意财务报表中的相关披露；如果披露不充分，我们应当发表非无保留意见。我们的结论基于截至审计报告日可获得的信息。然而，未来的事项或情况可能导致江苏信托不能持续经营。

（5）评价财务报表的总体列报、结构和内容（包括披露），并评价财务报表是否公允反映相关交易和事项。

我们与治理层就计划的审计范围、时间安排和重大审计发现等事项进行沟通，包括沟通我们在审计中识别出的值得关注的内部控制缺陷。

苏亚金诚会计师事务所（特殊普通合伙）

中国注册会计师：戴庭忠

中国·南京市

2022年3月23日　　　　　　中国注册会计师：陈玉生

5.1.2 资产负债表

资产负债表

编制单位：江苏省国际信托有限责任公司　　2021年12月31日　　单位：万元

资产	期末数	期初数	负债和所有者权益	期末数	期初数
资产：	—	—	负债：	—	—
货币资金	12 625.20	23 714.89	短期借款	—	—
拆出资金	—	—	拆入资金	120 017.27	120 020.39
交易性金融资产	817 023.27	954 644.70	交易性金融负债	—	—
应收账款	—	—	衍生金融负债	—	—
其他应收款	28 026.71	23 253.69	应付票据	—	—
衍生金融资产	—	—	应付账款	—	—
买入返售金融资产	—	—	预收款项	—	—
合同资产	—	—	合同负债	—	110.94
持有待售资产	—	—	应付职工薪酬	24 331.11	25 373.21
一年内到期的非流动资产	—	—	应交税费	18 544.87	22 381.74
其他流动资产	71 140.51	74 700.65	其他应付款	172 715.51	378 528.49
发放贷款和垫款	—	—	应付手续费及佣金	—	—
债权投资	—	—	持有待售负债	—	—
其他债权投资	—	—	一年内到期的非流动负债	738.99	845.55
长期应收款	—	—	其他流动负债	4 395.40	4 620.89
长期股权投资	1 756 544.26	1 508 692.45	长期借款	—	—
其他权益工具投资	28 307.13	26 486.18	应付债券	—	—
其他非流动金融资产	51 405.90	47 771.64	长期应付款	—	—
投资性房地产	—	—	预计负债	—	—
固定资产	17 639.37	18 237.77	递延收益	—	—
在建工程	—	—	递延所得税负债	26 622.12	25 677.43
使用权资产	1 978.87	1 343.90	租赁负债	1 178.54	498.34
无形资产	1 009.81	627.26	其他非流动负债	—	—
长期待摊费用	—	—	负债合计	368 543.82	578 057.00
递延所得税资产	—	—	所有者权益：	—	—
其他非流动资产	1 219.35	129 296.51	实收资本（或股本）	876 033.66	876 033.66
其他非流动资产	—	—	资本公积	567 736.47	567 737.92
	—	—	其他综合收益	44 439.77	35 422.51
	—	—	盈余公积	391 854.67	371 457.81
	—	—	一般风险准备	166 410.88	156 362.78
	—	—	未分配利润	371 901.12	223 697.96
	—	—	所有者权益合计	2 418 376.57	2 230 712.64
资产总计	2 786 920.39	2 808 769.64	负债和所有者权益总计	2 786 920.39	2 808 769.64

公司法定代表人：胡军　　　　主管会计工作负责人：严珊　　　　会计机构负责人：陈飞

5.1.3 利润表

利润表

编制单位：江苏省国际信托有限责任公司　2021年度　　单位：万元

项目	本年数	上年数
一、营业收入	252 219.49	256 268.30
利息净收入	-7 242.24	-9 839.61
其中：利息收入	1 876.64	2 116.88
利息支出	9 118.89	11 956.49
手续费及佣金净收入	84 994.41	105 349.21
其中：手续费及佣金收入	84 994.41	105 349.21
手续费及佣金支出	—	—

续表1

项目	本年数	上年数
投资收益（损失以"-"号列示）	156 208.51	141 328.83
其中：对联营企业和合营企业的投资收益	149 157.24	122 738.00
公允价值变动收益（损失以"-"号列示）	18 225.87	19 384.15
汇兑收益（损失以"-"号列示）	-4.63	-14.02
其他业务收入	—	—
资产处置收益（损失以"-"号填列）	-10.54	10.29
其他收益	48.10	49.44
二、营业支出	26 628.46	35 219.59
税金及附加	1 004.65	1 087.11
业务及管理费	25 924.33	32 258.89

续表2

项目	本年数	上年数
信用减值损失	-300.52	1 873.59
资产减值损失	—	—
其他业务成本	—	—
三、营业利润（损失以"-"号列示）	225 591.03	221 048.71
加：营业外收入	—	—
减：营业外支出	273.91	50.50
四、利润总额（损失以"-"号列示）	225 317.12	220 998.21
减：所得税费用	21 348.57	26 584.44
五、净利润（净亏损以"-"号列示）	203 968.55	194 413.77
（一）持续经营净利润（净亏损以"-"号填列）	203 968.55	194 413.77
（二）终止经营净利润（净亏损以"-"号填列）	—	—
六、其他综合收益的税后净额	9 017.27	7 679.52
（一）不能重分类进损益的其他综合收益	—	—
1.重新计量设定受益计划变动额	—	—
2.权益法下不能转损益的其他综合收益	—	—

续表3

项目	本年数	上年数
3.其他权益工具投资公允价值变动	—	—
4.企业自身信用风险公允价值变动	—	—
5.其他	—	—
（二）将重分类进损益的其他综合收益	9 017.27	7 679.52
1.权益法下可转损益的其他综合收益	9 017.27	7 679.52
2.其他债权投资公允价值变动	—	—
3.可供出售金融资产公允价值变动损益	—	—
4.金融资产重分类计入其他综合收益的金额	—	—
5.持有至到期投资重分类为可供出售金融资产损益	—	—
6.其他债权投资信用减值准备	—	—
7.现金流量套期损益的有效部分	—	—
8.外币财务报表折算差额	—	—
9.其他	—	—
七、综合收益总额	212 985.82	202 093.29

公司法定代表人：胡军　　主管会计工作负责人：严珊　　会计机构负责人：陈飞

5.1.4 所有者权益变动表

所有者权益变动表

编制单位：江苏省国际信托有限责任公司　　2021年度　　单位：万元

项目	实收资本	资本公积	其他综合收益	盈余公积	一般风险准备	未分配利润	所有者权益合计
一、上年年末余额	876 033.66	567 737.92	35 422.51	371 457.81	156 362.78	223 697.96	2 230 712.64
加：会计政策变更	—	—	—	—	—	—	—
前期差错更正	—	—	—	—	—	—	—
其他	—	—	—	—	—	—	—
二、本期年初余额	876 033.66	567 737.92	35 422.51	371 457.81	156 362.78	223 697.96	2 230 712.64
三、本期增减变动金额	—	-1.45	9 017.27	20 396.86	10 048.10	148 203.16	187 663.93
（一）综合收益总额	—	—	9 017.27	—	—	203 968.55	212 985.82
（二）所有者投入和减少资本	—	-1.45	—	—	—	—	-1.45
1.所有者投入资本	—	—	—	—	—	—	—
2.其他权益工具持有者投入资本	—	—	—	—	—	—	—
3.股份支付计入所有者权益的金额	—	—	—	—	—	—	—
4.其他	—	-1.45	—	—	—	—	-1.45
（三）利润分配	—	—	—	20 396.86	10 048.10	-55 765.39	-25 320.44
1.提取盈余公积	—	—	—	20 396.86	—	-20 396.86	—
2.提取一般风险准备	—	—	—	—	10 048.10	-10 048.10	—
3.对所有者（或股东）的分配	—	—	—	—	—	-25 320.44	-25 320.44
4.其他	—	—	—	—	—	—	—
（四）所有者权益内部结转	—	—	—	—	—	—	—
1.资本公积转增资本（或股本）	—	—	—	—	—	—	—
2.盈余公积转增资本（或股本）	—	—	—	—	—	—	—
3.盈余公积弥补亏损	—	—	—	—	—	—	—
4.设定受益计划变动额结转留存收益	—	—	—	—	—	—	—
5.其他综合收益结转留存收益	—	—	—	—	—	—	—
6.其他	—	—	—	—	—	—	—
（五）专项储备	—	—	—	—	—	—	—
1.本期提取	—	—	—	—	—	—	—
2.本期使用	—	—	—	—	—	—	—
四、本期期末余额	876 033.66	567 736.47	44 439.77	391 854.67	166 410.88	371 901.12	2 418 376.57

公司法定代表人：胡军　　主管会计工作负责人：严珊　　会计机构负责人：陈飞

5.2 信托资产

5.2.1 信托项目资产负债汇总表

信托项目资产负债表

编制单位：江苏省国际信托有限责任公司　　2021年12月31日　　单位：万元

资　产	行次	年初数	期末数
资产：	1		
货币资金	2	623 935.69	1 122 158.24
拆出资金	3	—	—
存出保证金	4	—	—
交易性金融资产	5	6 847 387.14	15 797 619.85
衍生金融资产	6	—	—
买入返售金融资产	7	270 137.75	663 545.03
应收款项	8	801 358.39	673 592.64
发放贷款	9	18 707 725.20	9 168 329.96
可供出售金融资产	10	—	—
持有至到期投资	11	7 265 842.99	7 801 998.83
长期应收款	12	38 976.54	131 374.03
长期股权投资	13	1 204 022.76	697 217.53
投资性房地产	14	—	—
固定资产	15	—	—
无形资产	16	—	—
长期待摊费用	17	—	—
其他资产	18	1 341 514.66	2 604 925.77
减：各项资产减值准备	19	9 000.00	9 000.00
	20		
	21		
	22		
	23		
资产合计	24	37 091 901.12	38 651 761.88
负债及所有者权益	行次	年初数	期末数
负债：	25		
拆入资金	26	—	—
交易性金融负债	27	—	—
衍生金融负债	28	—	—
卖出回购金融资产款	29	—	—
应付受托人报酬	30	646.58	8 142.24
应付托管费	31	357.32	1 096.54
应付受益人收益	32	287.75	2 301.88
应交税费	33	124 381.86	7 594.88
应付利息	34	—	—
其他应付款	35	495 904.03	693 894.27
预计负债	36	—	—
其他负债	37	—	—
负债合计	38	621 577.54	713 029.81
所有者权益：	39		
实收信托	40	35 147 432.67	36 887 595.43
资本公积	41	24.96	24.96
盈余公积	42	—	—
一般风险准备	43	—	—
信托赔偿准备	44	—	—
未分配利润	45	1 322 865.95	1 051 111.68
所有者权益合计	46	36 470 323.58	37 938 732.07
负债及所有者权益总计	47	37 091 901.12	38 651 761.88

公司法定代表人：胡军　　主管会计工作负责人：严珊　　会计机构负责人：陈飞

5.2.2 信托项目利润及利润分配汇总表

信托项目利润及利润分配表

编制单位：江苏省国际信托有限责任公司　　2021年度　　单位：万元

项　目	序号	上期金额	本期金额
一、收入	1	2 600 531.64	2 011 034.81
利息收入	2	1 961 981.95	1 208 191.44
投资收益	3	611 892.71	682 697.80
公允价值变动损益	4	-14 442.77	100 761.83
其他业务收入	5	41 099.75	19 383.74
二、支出	6	229 922.52	328 514.22
营业税金及附加	7	12 392.99	6 719.72
受托人报酬	8	122 647.20	102 012.96
托管费	9	8 815.74	8 607.97
投资管理费	10	8.20	—
销售服务费	11	2 493.98	5 601.36
交易费用	12	668.26	427.39
资产减值损失	13	25 004.05	138 522.02
其他费用	14	57 892.10	66 622.80
三、信托净利润	15	2 370 609.12	1 682 520.59
其他综合收益	16	—	—
四、综合收益	17	2 370 609.12	1 682 520.59
加：期初未分配利润	18	1 653 897.95	1 322 865.95
五、可供分配的信托利润	19	4 024 507.07	3 005 386.54
减：本期已分配信托利润	20	2 701 641.12	1 954 274.86
六、期末未分配信托利润	21	1 322 865.95	1 051 111.68

公司法定代表人：胡军　　主管会计工作负责人：严珊　　会计机构负责人：陈飞

6. 会计报表附注

6.1 简要说明报告年度会计报表编制基准、会计政策、会计估计和核算方法的变化

6.1.1 重要会计政策变更

财政部于2018年12月7日发布了《企业会计准则第21号——租赁（2018年修订）》（财会〔2018〕35号），要求在境内外同时上市的企业以及在境外上市并采用国际财务报告准则或企业会计准则编制财务报表的企业，自2019年1月1日起施行；其他执行企业会计准则的企业自2021年1月1日起施行。公司自2021年1月1日起实施，并按照有关衔接规定进行了处理。

6.1.2 重要会计估计变更

公司在本报告期内重要会计估计没有发生变更。

6.1.3 首次执行新租赁准则调整首次执行当年年初财务报表相关项目情况

资产负债表项目

单位：元

项目	2020年12月31日（上年年末余额）	2021年1月1日（期初余额）	调整数
使用权资产	—	13 438 971.76	13 438 971.76
一年内到期的非流动负债	—	8 455 548.04	8 455 548.04
租赁负债	—	4 983 423.72	4 983 423.72

（1）在披露首次执行新租赁准则对当年年初财务报表的影响时，还需披露调整性质及原因等信息。

（2）公司选择简化的追溯调整法对租赁进行衔接会计处理的，还应当披露以下信息：①2021年1月1日计入资产负债表的租赁负债所采用的增量借款利率的加权平均值为4.75%。②2020年财务报表中披露的期末重大经营租赁尚未支付的最低租赁付款按2021年1月1日增量借款利率折现的现值，与2021年1月1日计入资产负债表的租赁负债的差异调整过程如下表所示。

项目	金额
2020年12月31日重大经营租赁最低租赁付款额	14 138 905.77
减：采用简化处理的租赁付款额	
……	
加：未在2020年12月31日确认但合理确定将行使续租选择权导致的租赁付款额的增加	
……	
2021年1月1日经营租赁付款额	14 138 905.77
2021年1月1日加权平均增量借款利率	4.75%
2021年1月1日经营租赁付款额现值	13 438 971.76
加：2020年12月31日应付融资租赁款	
减：一年内到期的非流动负债	8 455 548.04
……	
2021年1月1日租赁负债	4 983 423.72

根据新租赁准则，公司办公用房租赁导致期初使用权资产增加13 438 971.76元，期初一年内到期的非流动负债增加8 455 548.04元，期初租赁负债增加4 983 423.72元。

6.1.4 期末公司没有纳入合并会计报表范围的控股子公司

6.2 或有事项说明

无。

6.3 重要资产转让及其出售的说明

报告期内，公司未发生重要资产转让及出售行为。

6.4 会计报表中重要项目的明细资料

6.4.1 自营资产经营情况

6.4.1.1 信用风险资产分类

信用风险资产五级分类	正常类（万元）	关注类（万元）	次级类（万元）	可疑类（万元）	损失类（万元）	信用风险资产合计（万元）	不良合计（万元）	不良率（%）
期初数	2 798 700.96	—	—	—	—	2 798 700.96	—	—
期末数	2 776 584.59	—	—	—	—	2 776 584.59	—	—

注：不良资产合计＝次级类＋可疑类＋损失类。

6.4.1.2 各项资产减值准备的计提及转回

单位：万元

项目	期初数	本期计提	本期转回	本期核销	其他	期末数
贷款损失准备						
一般准备						
专项准备						
其他资产减值准备	7 426.32	-300.52				7 125.80
长期股权投资减值准备						
坏账准备	7 426.32	-300.52				7 125.80
投资性房地产减值准备						

6.4.1.3 固有投资业务按投资品种分类

单位：万元

项目	自营股票	基金	债券	长期股权投资	其他投资	合计
期初数	25 760.43	20 486.18	—	1 508 692.45	982 655.91	2 537 594.97
期末数	10 003.52	39.14	—	1 756 544.26	906 631.78	2 673 218.70

6.4.1.4 前五名的自营长期股权投资企业情况

企业名称	占被投资单位权益的比例（%）	主要经营活动	投资收益（万元）
江苏银行股份有限公司	8.17	存贷款等银行业务	146 185.37
利安人寿保险股份有限公司	22.79	人身保险等业务	2 971.87
江苏海门农村商业银行股份有限公司	6.67	存贷款等银行业务	197.29
江苏民丰农村商业银行股份有限公司	6.00	存贷款等银行业务	233.28
江苏如皋农村商业银行股份有限公司	4.99	存贷款等银行业务	399.20

注：投资收益是指按照企业会计准则规定，核算股权投资确认损益并计入披露年度利润表的金额。

6.4.1.5 公司前三名的自营贷款情况

报告期末，公司自营贷款余额为零元。

6.4.1.6 表外业务

报告期内，公司自营资产无表外业务。

6.4.1.7 公司本年的收入结构情况

收入结构	金额（万元）	占比（%）
手续费及佣金收入	84 994.41	32.52
其中：信托业务收入	84 994.41	32.52
投资银行业务收入	—	
利息收入	1 876.64	0.72
其他业务收入		

续表

收入结构	金额（万元）	占比（%）
其中：计入信托业务收入部分	—	—
投资收益	156 208.51	59.77
其中：股权投资收益	150 195.07	57.47
证券投资收益	229.61	0.09
其他投资收益	5 783.83	2.21
公允价值变动损益	18 225.87	6.97
资产处置收益（损失以"-"号填列）	-10.54	—
其他收益	48.10	0.02
营业外收入		
收入合计	261 343.01	100.00

注：手续费及佣金收入、利息收入、其他业务收入、投资收益、营业外收入均为损益表中的科目，其中手续费及佣金收入、利息收入、其他业务收入、投资收益、营业外收入为未抵减相应支出的全年累计实现收入数。

6.4.2 信托资产管理情况

6.4.2.1 信托资产的期初数、期末数

单位：万元

信托资产	期初数	期末数
集合	19 677 406.04	32 038 594.86
单一	15 934 947.75	3 812 757.98
财产权	1 479 547.33	2 800 409.04
合计	37 091 901.12	38 651 761.88

6.4.2.1.1 主动管理型信托资产

单位：万元

主动管理型信托资产	期初数	期末数
证券投资类	4 569 893.48	20 390 353.97
股权投资类	73 194.41	3 695 386.62
融资类	17 817 524.98	8 762 143.72
事务管理类	—	1 700.00
合计	22 460 612.87	34 935 815.40

注："合计"计行要求填主动管理型信托项目的总额，它包含所有运用方式的主动型产品，"证券投资类""股权投资类""融资类""事务管理类"是主动管理型信托的几个重点类别，包含在"合计"中，但是与"合计"行没有勾稽关系，"合计"行应大于或等于这四类之和。

6.4.2.1.2 被动管理型信托资产

单位：万元

被动管理型信托资产	期初数	期末数
证券投资类	5 167 046.32	1 449 447.34
股权投资类	1 177 637.35	288 054.32
融资类	8 286 604.58	779 183.47
事务管理类	—	1 199 080.43
合计	14 631 288.25	3 715 946.48

注："合计"数与主动管理类同理。

6.4.2.2 信托项目清算情况

6.4.2.2.1 本年度已清算信托项目

已清算结束信托项目	项目个数（个）	实收信托合计金额（万元）	加权平均实际年化收益率（%）
集合	126	3 933 465.30	6.23
单一	220	26 620 018.77	4.87
财产权	16	2 512 402.60	3.41

6.4.2.2.2 已清算主动管理型信托项目

已清算结束信托项目	项目个数（个）	实收信托合计金额（万元）	加权平均实际年化信托报酬率（%）	加权平均实际年化收益率（%）
证券投资类	29	193 145.00	0.26	3.69
股权投资类	2	226 282.00	—	—
融资类	114	3 789 828.30	1.29	6.54
事务管理类	—	—	—	—

6.4.2.2.3 已清算结束的被动管理型信托项目

已清算结束信托项目	项目个数（个）	实收信托合计金额（万元）	加权平均实际年化信托报酬率（%）	加权平均实际年化收益率（%）
证券投资类	5	16 341 121.48	0.03	4.91
股权投资类	14	739 592.14	0.09	4.81
融资类	198	11 775 917.74	0.14	4.55
事务管理类	—	—	—	—

6.4.2.3 新增信托项目情况

新增信托项目	项目个数（个）	实收信托合计金额（万元）
集合	181	14 954 130.18
单一	37	148 137.28
财产权	35	2 025 440.21
新增合计	253	17 127 707.67
其中：主动管理型	218	15 201 256.21
被动管理型	35	1 926 451.46

6.4.2.4 信托业务创新成果和特色业务有关情况

报告期内，公司在严守风控底线、不碰合规红线的前提下，加大业务创新力度，在标品投资信托、资产证券化、家族信托等业务领域取得了一定成果。

报告期内，相关特色领域业务成果如下：（1）标品投资领域，以"安鑫添利"及"现金添利"为代表的标品投资信托产品规模迅速扩大，客群数量增长加快，产品影响力逐渐凸显。公司推出以"长江尊享"系列为代表的固收+产品以及多种指数增强类产品，证券类投资品种更加丰富。（2）资产证券化领域，公司成功在中国银行间市场发行公司首只碳中和债"大唐租赁绿色ABN"，首期规模逾10亿元，基础资产涉及全国12省共22家风电、水电、光伏等新能源企业；先后落地了多笔"徐工集团/机械租赁ABN"资产证券化项目。此外，在业内首创交易所城投资产证券化业务，盘活企业资产，为实体经济输入金融活水。（3）家族信托领域，加强研发协同，挖掘匹配客户需求，与利安人寿合作落地了首单保险金信托业务，丰富家族信托业务品种。

6.4.2.5 公司履行受托人义务情况及因本公司自身责任而导致的信托资产损失情况

公司严格按照《信托法》《信托公司管理办法》《信托公司集合资金信托管理办法》开展各项信托业务。公

司作为受托人，严格遵守信托文件的规定，为受益人的最大利益处理信托事务，管理信托财产，恪尽职守，履行诚实、信用、谨慎、有效管理的义务。在信托业务的设立、运用、内控、终止等环节和全过程做到合法、合规。公司信托财产没有因公司自身责任而导致信托资产损失的情况。

6.4.2.6 信托赔偿准备金的提取、使用和管理情况

单位：万元

年初数	本年计提	年末数
114 833.08	10 198.43	125 031.51

报告期内未发生信托财产损失的情况，信托赔偿准备金未使用。

6.5 关联方关系及其交易事项

6.5.1 关联交易方的数量、关联交易的总金额及关联交易的定价政策等

项目	关联交易方数量	关联交易金额（万元）	定价政策
合计	5	94 161.12	（1）本公司对关联交易价格根据市场价或协议价确定，与对非关联方的交易价格基本一致，无重大高于或低于正常交易价格的情况。（2）固有财产、信托资产与关联贷款按人民银行规定的利率执行，投资按市场公允价确定

6.5.2 关联交易方与本公司的关系性质、关联交易方的名称、法人代表、注册地址、注册资本及主营业务等

关系性质	关联方名称	法定代表人	注册地址	注册资本（万元）	主营业务
母公司	江苏国信股份有限公司	浦宝英	江苏省南京市	377 807.97	实业投资、股权投资（包括金融、电力能源股权等）、投资管理与咨询。电力项目开发建设和运营管理，电力技术咨询、节能产品销售，进出口贸易
实际控制人	江苏省国信集团有限公司	谢正义	江苏省南京市	3 000 000.00	国有资本投资、管理、经营、转让，企业托管、资产重组、管理咨询、房屋租赁以及经批准的其他业务
联营企业	江苏银行股份有限公司	夏平	江苏省南京市	1 154 445.00	存贷款等银行业务
同一实际控制人	南京国信大酒店有限公司	严华	江苏省南京市	2 000.00	住宿、餐饮（制售中、西餐）等业务
同一实际控制人	江苏省医药有限公司	高旭	江苏省南京市	26 613.4398	药品批发、零售；医疗器械销售

6.5.3 本公司与关联方的重大交易事项

6.5.3.1 固有财产与关联方交易

单位：万元

项目	期初数	借方发生额	贷方发生额	期末数
贷款	—	—	—	—
投资	—	—	—	—
租赁	—	—	—	—
担保	—	—	—	—
应收账款	0.92	625.00	625.92	—
其他	−90 000.00	93 536.12	—	3 536.12
合计	−89 999.08	94 161.12	625.92	3 536.12

6.5.3.2 信托资产与关联方交易

单位：万元

项目	期初数	借方发生数	贷方发生数	期末数
贷款	—	—	—	—
投资	29 090.03	—	—	29 090.03
租赁	—	—	—	—
担保	—	—	—	—
应收账款	—	—	—	—
其他	—	—	—	—
合计	29 090.03	—	—	29 090.03

6.5.3.3 信托公司自有资金运用于自己管理的信托项目及信托公司管理的信托项目之间的相互交易

6.5.3.3.1 固有与信托财产之间的交易情况

固有财产与信托财产相互交易

单位：万元

项目	期初数	本期发生额	期末数
合计	856 137.38	3 624 750.94	787 984.73

6.5.3.3.2 信托项目之间的交易情况

信托资产与信托财产相互交易

单位：万元

项目	期初数	本期发生额	期末数
合计	2 342 426.15	572 333.99	2 914 760.14

6.5.4 逐笔披露关联方逾期未偿还本公司资金的详细情况以及本公司为关联方担保发生或即将发生垫款的详细情况

报告期内，公司未发生以上所述情况。

6.6 会计制度

固有业务和信托业务均执行《企业会计准则》。

7. 财务情况说明书

7.1 利润实现和分配情况

经会计师事务所审计，江苏省国际信托有限责任公司年初未分配利润223 697.96万元，2021年实现净利润203 968.55万元。根据法律法规要求和公司股东会决议，计提法定盈余公积金20 396.85万元、计提信托赔偿准备金10 198.43万元、冲回一般准备金150.33万元，分配现金红利25 320.44万元，年末未分配利润371 901.12万元。

7.2 主要财务指标

指标名称	指标值
资本利润率（%）	8.77
加权年化信托报酬率（%）	0.45
人均净利润（万元）	914.66

注：1. 资本利润率=净利润/所有者权益平均余额×100%=203 968.55/[（2 230 712.64+2 418 376.57）/2]×100%=8.77%。
2. 加权年化信托报酬率=（信托项目1的实际年化信托报酬率×信托项目1的实收信托+信托项目2的实际年化信托报酬率×信托项目2的实收信托+……+信托项目N的实际年化信托报酬率×信托项目N的实收信托）/（信托项目1的实收信托+信托项目2的实收信托+……+信托项目N的实收信托）=0.45%。
3. 人均净利润=净利润/年平均人数=203 968.55/[（226+220）/2]=914.66万元。
4. 平均值采取年初及年末余额简单平均法，公式为：a（平均）=（年初数+年末数）/2。

7.3 报告期内对公司财务状况、经营成果产生重大影响的其他事项

无。

8. 特别事项提示

8.1 股东报告期内变动情况及原因

无。

8.2 董事、监事及高级管理人员变动情况及原因

2021年3月19日，原独立董事俞妙根因个人原因，辞去公司董事及董事会风险管理与关联交易委员会主任委员、董事会薪酬与考核委员会委员职务。

2021年8月4日，原总经理王会清因工作调动原因，辞去公司董事、总经理职务。

2021年8月5日，经公司第五届董事会第四十九次会议审议通过，由副总经理、首席风控官严珊代为履行总经理职责。

8.3 变更注册资本、注册地或公司名称、公司分立合并事项

无。

8.4 公司的重大诉讼事项

8.4.1 重大未决诉讼事项

江苏保千里视像科技集团股份有限公司违约诉讼案

2017年12月14日，江苏信托作为原告以江苏保千里视像科技集团股份有限公司（以下简称江苏保千里）作为被告一、深圳市保千里电子有限公司（以下简称深圳保千里）作为被告二向江苏省南京市中级人民法院提起诉讼，诉称根据被告一与原告于2016年11月24日签署的《江苏保千里视像科技集团股份有限公司信托贷款单一资金信托贷款合同》（以下简称《贷款合同》）、被告二与原告签署的《保证合同》约定：被告一应当按照《贷款合同》约定的期限按时偿还贷款本息，被告二为《贷款合同》项下的全部债务提供连带责任保证担保。截至2017年12月5日，被告一共欠贷款本息合计157 441 077.78元，已构成严重违约。因此，原告诉请江苏省南京市中级人民法院判令被告一偿还江苏信托借款本金155 000 000元及利息2 441 077.78元，并继续按照合同标准支付自2017年12月6日起至实际还款日的利息、罚息、复利；判令被告一支付江苏信托律师费1 550 000元并承担本案的全部诉讼费用；判令被告二对被告一的上述全部债务承担连带责任；判令被告一和被告二不能清偿上述全部债务和费用，江苏信托有权就被告一质押的深圳市小豆科技有限公司100%股权以折价、拍卖、变卖所得优先受偿。

2018年5月22日，江苏省南京市中级人民法院作出《民事判决书》（〔2017〕苏01民初2755号），判决被告于判决生效之日起十日内偿还江苏信托借款本金155 000 000元及相应利息（截至2018年5月2日的利息、罚息、复利共计9 507 534.74元；自2018年5月3日起至实际给付之日止，按照年利率11.19%计算罚息，并按照年利率11.19%计算复利），支付律师费155万元；被告二对上述给付义务承担连带责任，保证人承担保证责任后，有权向债务人追偿；江苏信托有权就被告一质押的深圳市小豆科技有限公司100%股权折价或以拍卖、变卖所得价款优先受偿。

江苏保千里和深圳保千里不服一审判决，向江苏省高级人民法院提起上诉，但因未在江苏省高级人民法院指定的交费期间内交纳诉讼费，因此江苏省高级人民法院出具《民事裁定书》，裁定：本案按江苏保千里和深圳保千里自动撤回上诉处理，一审判决自《民事裁定书》

送达之日起发生法律效力。

2019年10月9日，江苏信托收到法院出具的（2018）苏01执1848号《通知》，法院将于2019年10月31日10时起至2019年11月1日10时止（延时的除外）在江苏省南京市中级人民法院淘宝网司法拍卖网络平台上公开拍卖被执行人江苏保千里持有深圳市小豆科技有限公司100%的股权。

2019年12月，根据委托人函件，江苏信托进行本项目的债权申报工作。

2020年4月，江苏信托收到南京市中级人民法院汇入的共计1 024 319.58元的执行款，该等款项为法院扣划的江苏保千里的银行存款，根据委托人指示，江苏信托将前述款项作为贷款本金偿还款向受益人进行了分配。

2020年9月，江苏信托收到南京市中级人民法院出具的裁定书，因江苏保千里公司已移送广东省深圳市中级人民法院进行破产审查，且深圳金海峡商业保理有限公司对深圳保千里提出的重整申请，故两被执行人的财产暂不能处置，法院裁定终止本次执行程序，后期如发现江苏保千里和深圳保千里有可供执行财产或财产具备处置条件后，可以再次申请执行。

2020年10月，江苏信托收到江苏保千里视像科技集团股份有限公司发来的《债权申报通知》，拟根据债权申报指引进行债权申报手续。

2020年10月，江苏信托收到本案律师发来的《关于邀请债权人参加保千里电子变卖镜头物料与不良品及各种待处理品物料的报告》，深圳市保千里电子有限公司拟变卖名下镜头物料等财产。

2020年11月，江苏信托收到本案律师发来的《深圳保千里电子有限公司重整案第二次债权人会议通知》。

2020年12月，江苏信托根据委托人指示提交了《江苏保千里视像科技集团股份有限公司重整预案表决票》，对重整方案进行表决。

2021年1月，江苏信托根据委托人指令，提交了《江苏保千里视像科技集团股份有限公司重整预案表决票》，同意重整方案并提交至管理人处。

2021年6月，江苏信托收到本案律师发来的《深圳保千里电子有限公司重整案第三次债权人会议通知》。

8.4.2 以前年度发生，于本报告年度终结的诉讼事项

贤丰控股集团有限公司违约诉讼案

2019年5月，江苏信托因金融借款合同纠纷作为原告以贤丰控股集团有限公司（以下简称贤丰集团）、珠海贤丰粤富投资合伙企业（有限合伙）（以下简称贤丰粤富）、广东贤丰控股有限公司（以下简称广东贤丰）、谢松峰、谢海滔、陆珊珊作为被告向江苏省高院提起诉讼，诉称根据被告贤丰集团与原告于2017年2月17日签署的《贤丰控股集团有限公司信托贷款单一资金信托贷款合同》（以下简称《贷款合同》）约定：江苏信托向贤丰集团发放贷款，合同项下贷款本金总额不超过人民币20亿元，合同项下贷款期限为60个月，自2017年2月23日至2022年2月22日止；第一期信托贷款时间为2017年2月23日，金额为160 000万元，贷款按日计息，按季结息，结息日为每季度月末的第20日及还款日；江苏信托按照合同约定，在特定情况下有权宣布贷款提前到期，要求贤丰集团提前偿还贷款本息。同日，广东贤丰、谢松峰、谢海滔、陆珊珊分别与江苏信托签订《保证合同》，为本次信托贷款提供全额连带责任保证担保。

2017年2月23日，贤丰粤富与江苏信托签订《股权质押合同》，其为本次信托贷款提供所持广东民营投资股份有限公司15.625%股权（25亿股）质押担保，并办理了股权质押登记。股权质押担保范围为贤丰集团在《贷款合同》项下发生的全部债务。当日，江苏信托向贤丰集团发放160 000万元贷款。

根据《贷款合同》约定，贤丰集团应于2019年3月20日支付季度利息，但其未能按期支付。此外，贤丰集团持有的贤丰控股股份有限公司股票15 915.2万股和贤丰粤富持有的广东民营投资股份有限公司15.625%（25亿股）均被天津市高级人民法院司法冻结。根据《贷款合同》约定，江苏信托向贤丰集团发出《贷款提前到期通知》，宣布《贷款合同》项下贷款于2019年4月4日全部提前到期，并按《贷款合同》约定计收罚息、复利。因此，原告诉请江苏省高院判令贤丰集团归还江苏信托贷款本金人民币1 600 000 000元及利息2 706 666 667元、罚息2 320 000元、复利117 740元（利息、罚息、复利暂计算至2019年4月9日，剩余罚息、复利应按照合同约定的利率计算至实际清偿之日止）；判令贤丰集团支付江苏信托为实现本案债权支出的律师费1 600万元；判令江苏信托对贤丰粤富提供的质押物广东民营投资股份有限公司250 000万股股权经折价、拍卖或变卖后所得价款享有优先受偿权；判令广东贤丰、谢松峰、谢海滔、陆珊珊对贤丰集团上述全部债务向江苏信托承担连带清偿责任；判令本案的全部诉讼费用（案件受理费、保全费等）由六名被告承担。

2020年1月3日，江苏信托收到法院出具的（2019）苏民初28号《民事判决书》，判决贤丰集团于本判决生效之日起十日内向江苏信托支付借款本金16亿元，利息27 066 666.67元、截至2019年4月9日的罚息232万元、复利117 740元以及自2019年4月10日起至实际清偿之日止按案涉《贷款合同》约定以借款本金16亿元为基数计算的罚息、以利息27 066 666.67元为基数计算的复利（其中自2019年4月10日起至2020年2月22日，罚息、复利利率标准按年利率8.7%计算；自2020年2月23日起以及之后每满12个月的罚息、复利利率标准的确定方法为以届时全国银行业间同业拆借中心公布的贷款市场报价利率上浮22.1%且不低于年利率5.8%，并在此基础上再上浮50%）。判决广东贤丰、谢松锋、谢海滔、陆珊珊对贤丰集团前述第一项债务承担连带清偿责任；广东贤丰、谢松锋、谢海滔、陆珊珊承担担保责任后有权向贤丰集团追偿。判决江苏信托就前述第一项债权有权以贤丰粤富质押的广东民营投资股份有限公司15.625%股权（25亿股）折价或拍卖、变卖所得价款依法优先受偿。贤丰粤富承担担保责任后有权向贤丰集团追偿。案件受理费8 229 322.03元，财产保全费5 000元，合计8 234 322.03元由贤丰集团、广东贤丰、谢松锋、谢海滔、陆珊珊、贤丰粤富共同负担。

2020年5月，根据委托人指令，我司授权江苏三法律师事务所进行二审相关的应诉、举证工作。

2020年9月，江苏信托收到最高人民法院的传票，本案已于9月17日于最高人民法院第三巡回法庭二审开庭审理。

2020年12月30日，我司已根据委托人指令与某资产管理公司签署《资产转让协议》，将贷款债权作价转让。

2021年1月6日，江苏信托按协议约定将该单一信托项下的贷款债权全部转让给信达资产深圳市分公司，该单一信托项下贷款债权及其从权利由其享有，相关风险亦由其承担。

8.4.3 本年度发生，于本报告年度终结的诉讼事项

无。

8.5 公司及其董事、监事和高级管理人员受到处罚情况

无。

8.6 银保监会现场检查情况及整改措施

无。

8.7 公司重大事项临时报告

无。

8.8 银保监会及其省级派出机构认定的其他有必要让客户及相关利益人了解的重要信息

根据《信托公司净资本管理办法》规定，公司净资本监管风险控制指标（根据审计后数据计算）执行情况如下：

净资本/各项业务风险资本之和=1 980 619.90万元/769 746.20万元×100%=257.31%≥100%（监管标准）。

净资本/净资产=1 980 619.90万元/2 418 376.57万元×100%=81.90%≥40%（监管标准）。

交银国际信托有限公司

1. 重要提示

1.1 公司董事会及董事保证本年度报告所载资料不存在任何虚假记载、误导性陈述或者重大遗漏,并对其内容的真实性、准确性和完整性承担个别及连带责任。

1.2 公司独立董事戴国强先生、刘红忠先生声明:保证本年度报告内容的真实、准确和完整。

1.3 普华永道中天会计师事务所(特殊普通合伙)根据中国注册会计师审计准则对本公司2021年度财务报告进行审计,出具了标准无保留意见的审计报告。

1.4 公司法定代表人、董事长童学卫,执行董事、总裁李依贫(分管财务),预算财务部总经理张悦迎声明:保证本年度报告中财务报告的真实、完整。

2. 公司概况

2.1 公司简介

法定中文名称	交银国际信托有限公司
法定中文缩写名称	交银国际信托
公司法定英文名称	BANK OF COMMUNICATIONS INTERNATIONAL TRUST CO., LTD.
法定英文缩写名称	BOCOMMTRUST
法定代表人	童学卫
注册地址	湖北省武汉市江汉区建设大道847号瑞通广场B座16—17层
邮政编码	430015
国际互联网网址	www.bocommtrust.com
电子信箱	jygx_nianbao@bankcomm.com
信息披露事务联系人	赵德刚
信息披露事务联系人联系方式	电话:021-32169666;传真:021-62706820
选定的信息披露报纸	《金融时报》《上海证券报》《证券时报》
公司年报备置地点	湖北省武汉市江汉区建设大道847号瑞通广场B座16层
聘请的会计师事务所	普华永道中天会计师事务所(特殊普通合伙)
聘请的会计师事务所住所	上海市黄浦区湖滨路202号企业天地2号楼普华永道中心11楼
聘请的律师事务所	上海市锦天城律师事务所
聘请的律师事务所住所	上海市浦东新区银城中路501号上海中心大厦

2.2 公司组织结构

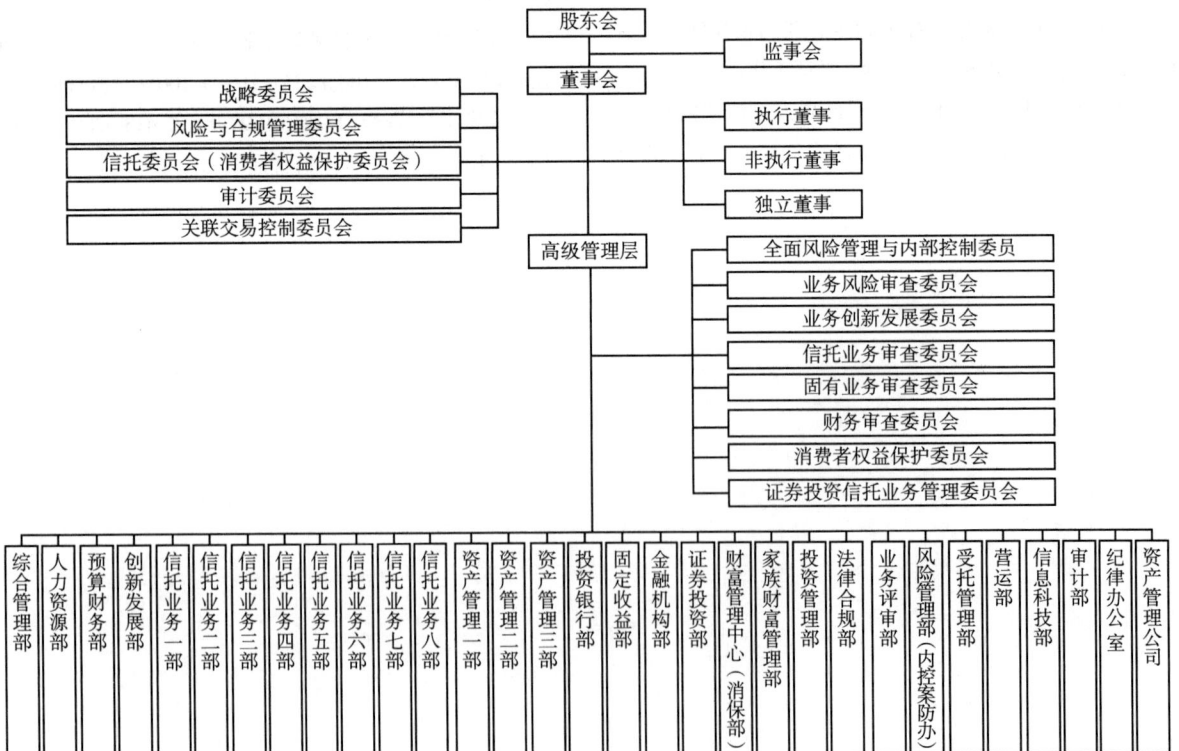

3. 公司治理结构

3.1 股东

报告期内,公司股东总数2家,出资比例及股东情况如下表所示。

序号	股东名称	持股比例(%)	法定代表人(负责人)	注册资本(亿元)	注册地址	主要经营业务	主要财务状况
1	★交通银行股份有限公司	85	任德奇	742.63	上海市浦东新区银城中路188号	银行业务	2021年末,公司资产总额116 657.57亿元,每股净资产人民币10.64元,资本充足率15.45%,全年实现净利润(归属于母公司股东)875.81亿元
2	湖北交通投资集团有限公司	15	龙传华	100	武汉市汉阳区龙阳大道36号顶琇广场A栋25楼	交通基础项目建设等	2021年末,公司资产总额5 504亿元,负债总额人民币3 813亿元,全年实现净利润67.45亿元

注:★表示实际控制人。

报告期内,公司主要股东总数为2家。主要股东及其控股股东、实际控制人、一致行动人、最终受益人情况如下表所示。

主要股东名称	股东的控股股东	股东的实际控制人	股东的一致行动人	最终受益人
交通银行	无	无	无	不适用
湖北交通投资集团有限公司	湖北省人民政府国有资产监督管理委员会	湖北省人民政府国有资产监督管理委员会	无	不适用

3.2 董事

姓名	职务	性别	年龄(岁)	选任日期	所推举的股东名称	该股东持股比例(%)	简要履历
童学卫	董事长	男	57	2018年9月10日	交通银行股份有限公司	85	硕士,高级经济师,历任交通银行南京分行综合计划处处长、白下支行行长、南京分行国际业务部经理、宁波分行副行长、高级信贷执行官、总行公司业务部/公司机构业务部副总经理(总行部门正职级)、金融机构部总经理;现任交银国际信托有限公司董事长(省分行正职级)
龙传华	董事	男	59	2014年12月31日	湖北交通投资集团有限公司	15	博士,高级经济师,历任黄石市委政研室副主任、主任,黄石市经济开发区管委会副主任,湖北省交通厅副厅长、湖北省交通投资集团有限公司总经理;现任湖北省交通投资集团有限公司董事长
李依贫	执行董事	男	57	2018年12月29日	交通银行股份有限公司	85	硕士,高级经济师,历任交通银行武汉分行太平洋支行行长助理、江岸支行副行长及行长、青山支行行长,武汉分行公司业务部高级经理,交银国际信托公司副总裁;现任交银国际信托有限公司执行董事、总裁
汤晓东	董事	男	46	2019年12月3日	交通银行股份有限公司	85	硕士,中级经济师,历任交通银行总行法律合规部合规管理二级部高级经理、境外合规管理二级部高级经理,交通银行淄博分行党委委员、副行长;现任交通银行总行法律合规部副总经理
陈洪	候任董事	男	54	2020年10月23日	交通银行股份有限公司	85	大专,助理经济师,历任交通银行合肥分行杏花支行行长、合肥分行东陈岗支行行长,安徽省分行党委委员、副行长、高级信贷执行官;现任交通银行总行授信管理部副总经理
戴国强	独立董事	男	69	2015年5月27日	—	—	博士,历任上海财经大学讲师、副教授、教授,财经金融学院副院长、金融学院常务副院长、院长,MBA学院院长,商学院副院长;现任上海财经大学商学院教授、博士研究生导师,享受国务院政府特殊津贴专家,中国金融学会常务理事、中国国际金融学会常务理事、上海城市金融学会副会长等
刘红忠	独立董事	男	57	2018年12月29日	—	—	博士,历任复旦大学讲师、副教授、教授,国际金融系主任、金融研究院副院长等;现任复旦大学金融学教授、博士生导师,中国金融史研究中心副主任、金融研究中心副主任,中国金融学会理事、中国国际金融学会理事等
王华	独立董事	男	45	2018年12月29日	—	—	博士,中国注册会计师,历任中南财经政法大学讲师、副教授、教授,会计学院成本管理教研室主任、财务管理系副主任、国际会计教育中心主任;现任中南财经政法大学会计学院副院长、教授、博士研究生导师,管理会计与绩效研究所所长,财政部管理会计咨询委员会委员

注:2021年9月,经本公司股东会批准,王华因工作变动原因不再担任本公司独立董事职务。

3.3 监事

姓名	职务	性别	年龄（岁）	选任日期	所推举的股东名称	该股东持股比例(%)	简要履历
颜颖	监事长	女	50	2020年11月4日	交通银行股份有限公司	85	硕士，会计师，历任交通银行南宁分行计划处处长助理、副处长，交通银行苏州分行党委委员、副行长，交通银行总行预算财务部（数据与信息管理中心）副总经理；现任交通银行总行股权与投资管理部总经理，兼任交银国际信托有限公司监事长
李琳	监事	男	47	2019年3月29日	湖北交通投资集团有限公司	15	硕士，会计师，历任湖北省交通投资集团有限公司融资财务部副部长、证券部部长、资本运营部部长、董事会办公室主任；现任湖北省交通投资集团有限公司审计部部长
韩泽民	职工监事	男	59	2010年11月5日	—	—	本科，经济师，历任湖北省国际信托投资公司金融部经理、国际金融部经理、办公室副主任，交银国际信托有限公司综合管理部副总经理、监察室主任、人力资源部副总经理（主持工作）；现任交银国际信托有限公司人力资源部二级专家

注：2022年1月，本公司第二届职工代表大会第六次会议选举李原为本公司职工监事，韩泽民不再担任本公司职工监事。

3.4 高级管理人员

姓名	职务	性别	年龄（岁）	任职日期	金融从业年限（年）	学历/学位	专业
李依贫	总裁	男	57	2019年2月26日	25	硕士	财务金融
陈维	副总裁	男	46	2020年10月14日	14	硕士	国际发展
蔡平	副总裁	男	59	2013年9月3日	9	硕士	管理工程
唐云岳	副总裁	男	45	2019年2月26日	19	硕士	国际贸易
李艳	副总裁	男	47	2021年3月16日	25	硕士	工商管理
朱明君	副总裁	男	46	2021年4月12日	24	博士	企业管理

3.5 公司员工

报告期末，员工总数为242人，平均年龄36岁，学历分布比率为：博士0.4%；硕士62.4%；本科36.4%；专科0.4%；其他0.4%。

4. 经营管理

4.1 经营目标、方针、战略规划

认真贯彻落实国家宏观政策和金融监管要求，立足内外部形势变化，发挥信托制度和母行资源两个优势，聚焦"私募投行、证券投资、财富管理、受托服务"四大支柱业务，切实履行受托人职责，为实体经济和人民美好生活提供优质信托金融服务，持续打造"最值得信赖的一流信托公司"。

4.2 所经营业务的主要内容

信托业务：（1）私募投行类业务，包括信托贷款、应收账款融资、股权投资、并购定增、产业基金等。（2）证券投资业务，包括现金管理、期次定开等固收类产品，及TOF、受托境外理财（QDII）等权益类产品。（3）财富管理类业务，包括高端信托理财产品、对公专户信托理财、家族财富管理信托、保险金信托等。（4）受托管理类业务，包括信贷资产证券化、企业资产证券化、公益慈善信托、破产重整信托、涉众资金管理信托等。

自营业务：公司按照"流动性、安全性、盈利性"合理协调原则管理运用自有资金，适量投资理财产品、合理有序发放贷款和投资债券，适度进行股票专户和基金投资，开展股权投资，发展创新业务，兼顾权益类和固定收益类，充分考虑资产流动性、期限和收益之间的合理平衡，确保上述各类资产配置比例都在合理范围内。

信托资产运用与分布表

资产运用	金额（万元）	占比(%)	资产分布	金额（万元）	占比(%)
货币资产	616 553.35	1.04	基础产业	11 896 522.52	20.11
贷款	8 823 195.41	14.92	房地产	4 445 963.09	7.52
交易性金融资产	12 707 815.62	21.48	证券市场	12 556 654.02	21.23
可供出售金融资产	224 944.06	0.38	实业	8 212 987.43	13.89
持有至到期投资	2 943 395.14	4.98	金融机构	14 837 142.08	25.08
长期股权投资	1 311 955.25	2.22	其他	7 199 435.07	12.17
其他	32 520 845.38	54.98	—		
信托资产总计	59 148 704.21	100.00	信托资产总计	59 148 704.21	100.00

自营资产运用与分布表

资产运用	金额（万元）	占比(%)	资产分布	金额（万元）	占比(%)
货币资产	206 598.03	11.98	基础产业	180 680.05	10.48
交易性金融资产	591 829.63	34.32	房地产业	454 320.09	26.35
债权投资	511 474.84	29.66	证券市场	350 507.26	20.33
发放贷款和垫款	354 930.69	20.58	实业	—	—
长期股权投资	104.6	0.01	金融机构	32 000.00	1.86
其他	59 470.80	3.45	其他	706 901.19	40.99
资产总计	1 724 408.59	100.00	资产总计	1 724 408.59	100.00

4.3 市场分析

4.3.1 有利因素

一是我国经济长期持续向好的基本面不会改变，仍然处于重要战略机遇期。中央经济工作会议提出了2022年经济工作"稳字当头、稳中求进"的整体要求。高质

量发展背景下，新经济、新业态、新模式持续涌现，带来优质的客户资源和巨大的金融发展机会，信托行业仍大有可为。

二是"十四五"规划明确将强化消费、教育、就业、医疗、养老等领域政策扶持。随着新中产群体扩大、人民对高品质美好生活需求的提升，财富创造、保值增值、财富传承等金融需求必将持续快速增长，为信托开展资产配置、风险隔离、税务筹划、养老医疗、慈善公益等高阶财富管理提供广阔业务空间。

4.3.2 不利因素

一是从宏观形势看，受国际局势变化、新冠疫情等叠加影响，外部环境复杂严峻，我国经济发展面临需求收缩、供给冲击和预期转弱三重压力，对业务拓展带来挑战。

二是从风险形势来看，房地产市场债务和地方隐性债务处置风险叠加，信用风险与流动性风险相互交织、互相影响，2022年防范化解风险形势依然严峻。

4.4 内部控制情况

4.4.1 内部控制环境和内部控制文化

公司按照"纵到底、横到边、全覆盖"的要求，着力营造依法合规、运转高效的内部控制环境。第一，持续改进公司治理，不断完善公司治理架构。第二，强化内部审计监督作用，促进内部控制稳健运行。第三，强化制度建设与执行，确保业务运行的各环节均有章可循。第四，按照权责分明、相互制约的原则设置部门和岗位。

公司积极弘扬全员合规与内控优先的内部控制文化。第一，公司"三会一层"均牢固树立合法合规经营的理念，弘扬合规文化，加强合规教育，促进"专业、勤勉、尽职"良好合规经营文化环境；同时，公司积极学习监管政策，将监管政策内化为日常业务的行动指南。第二，公司上下树立起内控优先的意识，建立公司员工合规行为准则、职业道德规范，并持续开展合规管理、合规宣传和合规培训，积极提升合规文化整体氛围和全员的合规经营意识，进一步夯实内控制度的落实与执行。

4.4.2 内部控制措施

公司坚持"内控优先、制度先行"的管理理念，持续加强内控制度体系建设和完善细化工作，制定出台多项业务管理和基础管理制度。公司建立健全防火墙制度，实现四个分离：即信托业务与自营业务相分离；不同的信托财产之间相分离；同一信托财产运用与保管相分离；

业务操作与风险监控相分离。

对于信托业务，在设立环节，公司严格按照制度规定开展信托项目审批，制定规范的信托文件和项目尽职调查标准；在资金运用环节，公司严格履行受托人职责，依法运用信托财产，实现审批、运用和保管分离；在管理环节，公司不断完善风险识别、评估、监控、报告体系，前台、中台、后台紧密配合，形成职责明晰、相互制约的管理机制；在清算终止环节，公司严格依据法律法规、信托文件制作清算报告，并向受益人进行信息披露，持续完善信托业务档案管理。

对于固有业务，公司建立健全固有业务决策机制，2021年年初制定科学合理的年度自有资金配置计划与风险容忍度，并严格按照相关程序进行审批，实现固有业务协调发展；通过动态的监控机制、严密的账户管理、严格的资金审批调度、规范的交易操作以及完善的业务档案管理，公司严格控制固有资金的投资风险，重要投资均有详细的风险分析支持。

4.4.3 监督评价与纠正

公司建立了较为完善的内部审计、报告和整改工作机制。内审部门对公司经营活动、风险管理和内控合规的适当性和有效性进行监督检查和评价，纠错防弊，揭示风险，提出建议，跟踪检查内外部审计检查发现问题的整改落实，促进公司内控管理不断完善，保障公司业务经营稳健发展，发挥内审监督风险防控第三道防线积极作用。

4.5 风险管理

4.5.1 风险管理概况

公司经营活动中面临信用风险、市场风险、操作风险及其他风险等。公司形成了"事前防范、事中控制、事后评价"的风险管理机制。

4.5.1.1 信用风险状况

公司严格筛选借款人等交易对手，高度关注影响交易对手履约能力、资信情况的风险因素。同时，公司对抵质押品审慎评估，严格控制抵质押率，并审慎评估保证人的履约能力，确保第二还款来源的有效性。公司审慎开展固有业务，严格筛选借款人等交易对手，高度关注影响交易对手履约能力、资信情况的风险因素，严格按照监管要求对自有资金贷款进行五级分类，并按照相关要求计提准备。

4.5.1.2 市场风险状况

截至2021年末，信托资产投资、固有资产投资市场风险情况正常；自有资金证券投资未突破公司确定的风险容忍度限额。

4.5.1.3 操作风险状况

公司建立了严格的部门职责、员工岗位职责、业务流程和操作规程，形成了职责分明、相互监督制约的机制和严格的审核、复核程序。截至2021年末，公司未发现重大操作风险事件。

4.5.1.4 其他风险状况

其他风险主要有合规风险、政策风险等。截至2021年末，公司未发生因上述风险造成的损失。

4.5.2 风险管理

4.5.2.1 信用风险管理

公司高度重视交易对手的信用情况，加强项目运行前端的风险管控，以尽职调查为重要风控抓手，科学评估交易对手的履约能力与意愿，筛选现金流充裕且第二还款来源稳固的项目，辅以有效的信用增级措施，如聘请专业的评估机构对抵押品进行评估，对担保物的充足性进行严格把关，审慎评估保证人的履约能力等，切实提高信用风险的保障系数。

在项目运行过程中，公司深入研究影响交易对手履约能力的各种风险因素，持续跟踪抵质押物价值对融资本息的保障系数，加强监测有关还款来源的变化情况，持续加强业务日常监测、换手查访、风险排查、风险预警、风险提示和督导落实的力度，有效落实项目到期兑付资金安排监测机制，持续高效开展项目后续管理，并根据具体问题研究采取相关应对措施，确保项目信用风险的可控、可测、可承受。

4.5.2.2 市场风险管理

第一，公司高度重视市场价格风险因素的管理，不断强化对自有资金投资项目的科学决策与管理，密切关注经济运行状况，严控因宏观政策调整带来不利影响的风险。第二，在业务评审环节，公司详细评估项目的市场风险；在资金运用环节，公司密切关注有关风险因子、情景的变化情况，采取有针对性的举措。第三，公司配备了与市场风险管理需求相适应的专业团队，对市场风险的研究较为充分、投资行为较为审慎。第四，公司加强对宏观经济及金融形势的分析预测，制定年度自有资金配置计划与风险容忍度，并严格执行该配置计划及风险容忍度指标。

4.5.2.3 操作风险管理

第一，公司建立了严格的部门职责、员工岗位职责、业务流程和操作规程，形成了职责分明、相互监督制约的管理机制，通过建立健全内控考核机制，有效提升了操作风险管理实效；第二，公司持续推进综合业务系统开发上线，不断开发、完善业务管理信息系统，并建立了贴合业务实际、满足业务需求的信息系统管理流程；第三，公司不断完善各项规章制度，持续完善操作风险管理机制，切实提高业务管理的精细化水平。截至2021年12月31日，未发现重大操作风险事件。

4.5.2.4 其他风险管理

公司严格按照国家法律法规和监管部门的有关要求开展业务；公司不断完善突发事件应急处理机制，以应对可能发生的突发事件；建立健全声誉风险管理制度，加强声誉风险管理。

4.5.3 净资本管理

2021年末，公司净资本风险控制指标为：净资本124.58亿元，各项风险资本57.37亿元，净资本与各项业务风险资本之和之比为217.16%，符合监管要求的不低于100%标准；净资本与净资产之比为87.26%，符合监管要求的不低于40%标准。2021年末净资本监管各项指标全面达标。

4.6 消费者权益保护

2021年，公司积极贯彻落实监管机构关于消费者权益保护工作的各项要求，认真履行消费者权益保护职责，持续优化消费者权益保护体制机制建设，在业务流程不断优化中融入消保理念，公司消费者权益保护工作得到有效开展；同时公司按季开展金融知识宣传教育工作，引导金融消费者合理选择金融产品和服务，提高金融消费者对信托行业及信托产品的认识和了解，有效维护金融消费者受教育权，践行金融宣教的社会责任。

报告期内，公司无投诉、重大突发事件或诉讼等问题发生，客户满意度较好。

4.7 企业社会责任

践行国有金融机构责任担当，积极履行社会责任，持续推动社会进步。一是践行绿色发展理念，通过绿色信托贷款、绿色发展基金、绿色资产证券化、绿色债券投资等多种方式，助力实现"双碳"目标。发行全国首单新能源补贴绿色公募"碳中和"ABN项目（三峡新能源）、全国首单外资CCER碳资产服务信托（东亚电力），参与发起设立绿色发展基金，积极推动绿色产业发展。二是助力精准扶贫和乡村振兴战略实施。落实帮扶资金

46.23万元，支持甘肃天祝藏族自治县农产品销售等。联合小股东湖北交投集团在湖北恩施鹤峰县唐家铺村建成党员教育实践基地，并开展"送农技知识下乡、送金融宣传下乡、送慰问下乡、送消费下乡、送金融知识进校园"等系列活动。三是弘扬大爱精神，支持公益慈善事业。联合爱佑慈善基金会设立行业首单儿童人文医疗慈善信托，共同建设"爱佑·交银国信童乐园"，打造人文医疗多元服务活动空间；设立专项慈善信托，参与全世界规模最大的先心病儿童救助项目，努力为公益慈善事业贡献力量。

5.报告期末及上一年末的比较式会计报表

5.1 自营资产

5.1.1 会计师事务所审计意见全文

审计报告

普华永道中天审字〔2022〕第28648号

交银国际信托有限公司董事会：

一、审计意见

（一）我们审计的内容

我们审计了交银国际信托有限公司（以下简称贵公司）的财务报表，包括2021年12月31日的合并及公司资产负债表，2021年度的合并及公司利润表、合并及公司现金流量表、合并及公司所有者权益变动表以及财务报表附注。

（二）我们的意见

我们认为，后附的财务报表在所有重大方面按照企业会计准则的规定编制，公允反映了贵公司2021年12月31日的合并及公司财务状况以及2021年度的合并及公司经营成果和现金流量。

二、形成审计意见的基础

我们按照中国注册会计师审计准则的规定执行了审计工作。审计报告的"注册会计师对财务报表审计的责任"部分进一步阐述了我们在这些准则下的责任。我们相信，我们获取的审计证据是充分、适当的，为发表审计意见提供了基础。

按照中国注册会计师职业道德守则，我们独立于贵公司，并履行了职业道德方面的其他责任。

三、其他信息

贵公司管理层对其他信息负责。其他信息包括贵公司2021年年度报告中涵盖的信息，但不包括财务报表和我们的审计报告。

我们对财务报表发表的审计意见不涵盖其他信息，我们也不对其他信息发表任何形式的鉴证结论。

结合我们对财务报表的审计，我们的责任是阅读其他信息，在此过程中，考虑其他信息是否与财务报表或我们在审计过程中了解到的情况存在重大不一致或者似乎存在重大错报。基于我们已经执行的工作，如果我们确定其他信息存在重大错报，我们应当报告该事实。在这方面，我们无任何事项需要报告。

四、管理层和治理层对财务报表的责任

贵公司管理层负责按照企业会计准则的规定编制财务报表，使其实现公允反映，并设计、执行和维护必要的内部控制，以使财务报表不存在由于舞弊或错误导致的重大错报。

在编制财务报表时，管理层负责评估贵公司的持续经营能力，披露与持续经营相关的事项（如适用），并运用持续经营假设，除非管理层计划清算贵公司、终止运营或别无其他现实的选择。

治理层负责监督贵公司的财务报告过程。

五、注册会计师对财务报表审计的责任

我们的目标是对财务报表整体是否不存在由于舞弊或错误导致的重大错报获取合理保证，并出具包含审计意见的审计报告。合理保证是高水平的保证，但并不能保证按照审计准则执行的审计在某一重大错报存在时总能发现。错报可能由于舞弊或错误导致，如果合理预期错报单独或汇总起来可能影响财务报表使用者依据财务报表作出的经济决策，则通常认为错报是重大的。

在按照审计准则执行审计工作的过程中，我们运用职业判断，并保持职业怀疑。同时，我们也执行以下工作：

（一）识别和评估由于舞弊或错误导致的财务报表重大错报风险；设计和实施审计程序以应对这些风险，并获取充分、适当的审计证据，作为发表审计意见的基础。由于舞弊可能涉及串通、伪造、故意遗漏、虚假陈述或凌驾于内部控制之上，未能发现由于舞弊导致的重大错报的风险高于未能发现由于错误导致的重大错报的风险。

（二）了解与审计相关的内部控制，以设计恰当的审计程序，但目的并非对内部控制的有效性发表意见。

（三）评价管理层选用会计政策的恰当性和作出会计估计及相关披露的合理性。

（四）对管理层使用持续经营假设的恰当性得出结论。同时，根据获取的审计证据，就可能导致对贵公司持续经营能力产生重大疑虑的事项或情况是否存在重大不确定性得出结论。如果我们得出结论认为存在重大不确定性，审计准则要求我们在审计报告中提请报表使用者注意财务报表中的相关披露；如果披露不充分，我们应当发表非无保留意见。我们的结论基于截至审计报告日可获得的信息。然而，未来的事项或情况可能导致贵公司不能持续经营。

（五）评价财务报表的总体列报（包括披露）、结构和内容，并评价财务报表是否公允反映相关交易和事项。

（六）就贵公司中实体或业务活动的财务信息获取充分、适当的审计证据，以对合并财务报表发表审计意见。我们负责指导、监督和执行集团审计，并对审计意见承担全部责任。

我们与治理层就计划的审计范围、时间安排和重大审计发现等事项进行沟通，包括沟通我们在审计中识别出的值得关注的内部控制缺陷。

普华永道中天
会计师事务所（特殊普通合伙）
　　　　　　　　　　注册会计师：应晨斌
中国·上海市
2022年4月27日　　注册会计师：王怿炜

5.1.2 合并及公司资产负债表

合并资产负债表

编制单位：交银国际信托有限公司　2021年度　单位：元

项目	2021年12月31日	2020年12月31日
资产	—	—
货币资金	2 065 980 280.62	1 426 626 520.00
发放贷款及垫款	3 549 306 881.08	3 838 291 982.44
金融投资	—	—
交易性金融资产	5 918 296 281.49	4 981 138 778.70
债权投资	5 114 748 372.03	7 157 268 449.82
长期股权投资	1 045 977.99	6 045 169.44
固定资产	23 298 434.85	22 095 702.45
使用权资产	115 523 564.61	143 008 657.04
无形资产	17 027 770.42	11 837 432.22
递延所得税资产	20 509 678.27	20 204 863.17
其他资产	418 348 631.74	695 341 153.06
资产总计	17 244 085 873.10	18 301 858 708.34
负债	—	—
合同负债	28 339 107.40	66 234 616.27
应付职工薪酬	147 482 897.06	136 933 384.84
应交税费	678 375 230.61	793 158 562.00
租赁负债	117 627 113.99	143 652 251.88
递延所得税负债	13 517 568.30	10 799 179.89

续表

项目	2021年12月31日	2020年12月31日
其他负债	1 780 584 445.87	3 846 732 558.06
负债合计	2 765 926 363.23	4 997 510 552.94
所有者权益	—	—
实收资本	5 764 705 882.35	5 764 705 882.35
盈余公积	875 211 113.33	762 082 869.41
一般风险准备	1 192 011 119.05	216 237 218.84
信托赔偿准备	1 152 941 176.47	1 152 941 176.47
未分配利润	5 493 290 218.67	5 408 381 008.33
所有者权益合计	14 478 159 509.87	13 304 348 155.40
负债和所有者权益总计	17 244 085 873.10	18 301 858 708.34

企业负责人：童学卫　主管会计工作的负责人：李依贫　会计机构负责人：张悦迎

公司资产负债表

编制单位：交银国际信托有限公司　2021年度　单位：元

| 项目 | 2021年12月31日 | 2020年12月31日 |
	公司	公司
资产	—	—
货币资金	1 923 108 126.61	1 161 514 897.06
发放贷款及垫款	2 179 015 014.67	1 952 891 275.68
金融投资	—	—
交易性金融资产	4 427 206 194.79	3 593 076 459.24
债权投资	4 050 212 597.60	4 878 770 539.84
长期股权投资	2 100 000 000.00	2 100 000 000.00
固定资产	23 228 300.69	22 025 568.29
使用权资产	115 523 564.61	143 008 657.04
无形资产	17 027 770.42	11 837 432.22
递延所得税资产	20 404 391.63	19 906 632.15
其他资产	419 293 817.63	498 169 549.42
资产总计	15 275 019 778.65	14 381 201 010.94
负债	—	—
合同负债	28 339 107.40	66 234 616.27
应付职工薪酬	147 131 312.21	136 617 764.49
应交税费	658 579 980.21	790 082 597.69
租赁负债	117 627 113.99	143 652 251.88
其他负债	46 514 028.84	37 547 210.11
负债合计	998 191 542.65	1 174 134 440.44
所有者权益	—	—
实收资本	5 764 705 882.35	5 764 705 882.35
盈余公积	875 211 113.33	762 082 869.41
一般风险准备	1 192 011 119.05	216 237 218.84
信托赔偿准备	1 152 941 176.47	1 152 941 176.47
未分配利润	5 291 958 944.80	5 311 099 423.43
所有者权益合计	14 276 828 236.00	13 207 066 570.50
负债和所有者权益总计	15 275 019 778.65	14 381 201 010.94

企业负责人：童学卫　主管会计工作的负责人：李依贫　会计机构负责人：张悦迎

5.1.3 合并及公司利润表

合并利润表

编制单位：交银国际信托有限公司　　2021年度　　单位：元

项目	2021年度 合并	2020年度 合并
一、营业收入	2 102 001 588.31	2 265 936 074.81
利息净收入	359 504 972.16	456 292 695.89
手续费及佣金收入	1 264 052 878.53	1 318 672 334.72
投资收益	267 423 031.10	162 746 059.66
其中：对联营企业和合营企业的投资收益	54 352.27	115 171.18
其他收益	1 609 272.68	74 221 038.27
公允价值变动收益	130 196 697.66	224 711 635.02
汇兑（损失）/收益	(2 808 848.73)	(8 258 592.30)
其他业务收入	82 023 584.91	37 550 903.55
二、营业支出	(458 892 767.27)	(642 769 407.17)
税金及附加	(11 748 779.38)	(11 230 718.59)
业务及管理费	(365 677 526.69)	(348 539 043.92)
信用减值损失	(81 466 461.20)	(282 999 644.66)
三、营业利润	1 643 108 821.04	1 623 166 667.64
加：营业外收入	—	—
减：营业外支出	(5 122.45)	(5 500 160.19)
四、利润总额	1 643 103 698.59	1 617 666 507.45
减：所得税费用	(407 771 570.39)	(399 285 860.66)
五、净利润	1 235 332 128.20	1 218 380 646.79
按经营持续性分类		
持续经营净利润	1 235 332 128.20	1 218 380 646.79
终止经营净利润	—	—
按所有权归属分类		
归属于母公司股东的净利润	1 235 332 128.20	1 218 380 646.79
少数股东损益	—	—
六、其他综合收益税后净额	—	—
七、综合收益总额	1 235 332 128.20	1 218 380 646.79

企业负责人：童学卫　　主管会计工作的负责人：李依贫　　会计机构负责人：张悦迎

利润表

编制单位：交银国际信托有限公司　　2021年度　　单位：元

项目	2021年度	2020年度
一、营业收入	1 902 759 122.67	2 085 928 576.50
利息净收入	319 987 104.71	322 776 973.04
手续费及佣金收入	1 307 362 673.58	1 366 623 290.21
投资收益	146 473 372.94	146 527 842.00
其他收益	581 282.96	74 203 411.16
公允价值变动收益	49 139 952.30	146 504 748.84
汇兑（损失）/收益	(2 808 848.73)	(8 258 592.30)
其他业务收入	82 023 584.91	37 550 903.55
二、营业支出	(395 986 034.13)	(532 579 071.94)
税金及附加	(10 592 207.65)	(9 967 291.50)
业务及管理费	(333 449 870.40)	(321 013 770.85)
信用减值损失	(51 943 956.08)	(201 598 009.59)
三、营业利润	1 506 773 088.54	1 553 349 504.56
减：营业外支出	(5 096.46)	(5 500 156.46)
四、利润总额	1 506 767 992.08	1 547 849 348.10
减：所得税费用	(375 485 552.85)	(381 560 375.25)
五、净利润	1 131 282 439.23	1 166 288 972.85
按经营持续性分类		
持续经营净利润	1 131 282 439.23	1 166 288 972.85
终止经营净利润		
六、其他综合收益税后净额		
七、综合收益总额	1 131 282 439.23	1 166 288 972.85

企业负责人：童学卫　　主管会计工作的负责人：李依贫　　会计机构负责人：张悦迎

5.1.4 合并及公司所有者权益变动表

合并所有者权益变动表

编制单位：交银国际信托有限公司　　2021年度　　单位：元

项目	附注	实收资本	盈余公积	一般风险准备	信托赔偿准备	未分配利润	所有者权益合计
2019年12月31日年末余额		5 764 705 882.35	645 453 972.12	191 923 372.12	1 152 941 176.47	4 390 197 154.22	12 145 221 557.28
会计政策变更		—	—	—	—	—	—
2020年1月1日年初余额		5 764 705 882.35	645 453 972.12	191 923 372.12	1 152 941 176.47	4 390 197 154.22	12 145 221 557.28
2020年度增减变动额		—	—	—	—	—	—
综合收益总额		—	—	—	—	1 218 380 646.79	1 218 380 646.79
净利润		—	—	—	—	1 218 380 646.79	1 218 380 646.79
利润分配			116 628 897.29	24 313 846.72		(200 196 792.68)	(59 254 048.67)
对所有者的分配			—	—		(59 254 048.67)	(59 254 048.67)
提取盈余公积			116 628 897.29			(116 628 897.29)	—
提取一般风险准备				24 313 846.72		(24 313 846.72)	

1155

续表

项目	附注	实收资本	盈余公积	一般风险准备	信托赔偿准备	未分配利润	所有者权益合计
2020年12月31日年末余额		5 764 705 882.35	762 082 869.41	216 237 218.84	1 152 941 176.47	5 408 381 008.33	13 304 348 155.40
2021年1月1日年初余额		5 764 705 882.35	762 082 869.41	216 237 218.84	1 152 941 176.47	5 408 381 008.33	13 304 348 155.40
2021年度增减变动额		—	—	—	—	—	—
综合收益总额		—	—	—	—	—	—
净利润		—	—	—	—	1 235 332 128.20	1 235 332 128.20
利润分配		—	113 128 243.92	975 773 900.21	—	(1 150 422 917.86)	(61 520 773.73)
对所有者的分配		—	—	—	—	(61 520 773.73)	(61 520 773.73)
提取盈余公积		—	113 128 243.92	—	—	(113 128 243.92)	—
提取一般风险准备		—	—	975 773 900.21	—	(975 773 900.21)	—
2021年12月31日年末余额		5 764 705 882.35	875 211 113.33	1 192 011 119.05	1 152 941 176.47	5 493 290 218.67	14 478 159 509.87

企业负责人：童学卫　　　主管会计工作的负责人：李依贫　　　会计机构负责人：张悦迎

公司所有者权益变动表

编制单位：交银国际信托有限公司　　　2021年度　　　单位：元

项目	附注	实收资本	盈余公积	一般风险准备	信托赔偿准备	未分配利润	所有者权益合计
2019年12月31日年末余额		5 764 705 882.35	645 453 972.12	191 923 372.12	1 152 941 176.47	4 345 007 243.26	12 100 031 646.32
会计政策变更		—	—	—	—	—	—
2020年1月1日年初余额		5 764 705 882.35	645 453 972.12	191 923 372.12	1 152 941 176.47	4 345 007 243.26	12 100 031 646.32
2020年度增减变动额		—	—	—	—	—	—
综合收益总额		—	—	—	—	—	—
净利润		—	—	—	—	1 166 288 972.85	1 166 288 972.85
利润分配		—	116 628 897.29	24 313 846.72	—	(200 196 792.68)	(59 254 048.67)
对所有者的分配		—	—	—	—	(59 254 048.67)	(59 254 048.67)
提取盈余公积		—	116 628 897.29	—	—	(116 628 897.29)	—
提取一般风险准备		—	—	24 313 846.72	—	(24 313 846.72)	—
2020年12月31日年末余额		5 764 705 882.35	762 082 869.41	216 237 218.84	1 152 941 176.47	5 311 099 423.43	13 207 066 570.50
2021年1月1日年初余额		5 764 705 882.35	762 082 869.41	216 237 218.84	1 152 941 176.47	5 311 099 423.43	13 207 066 570.50
2021年度增减变动额		—	—	—	—	—	—
综合收益总额		—	—	—	—	—	—
净利润		—	—	—	—	1 131 282 439.23	1 131 282 439.23
利润分配		—	113 128 243.92	975 773 900.21	—	(1 150 422 917.86)	(61 520 773.73)
对所有者的分配		—	—	—	—	(61 520 773.73)	(61 520 773.73)
提取盈余公积		—	113 128 243.92	—	—	(113 128 243.92)	—
提取一般风险准备		—	—	975 773 900.21	—	(975 773 900.21)	—
2021年12月31日年末余额		5 764 705 882.35	875 211 113.33	1 192 011 119.05	1 152 941 176.47	5 291 958 944.80	14 276 828 236.00

企业负责人：童学卫　　　主管会计工作的负责人：李依贫　　　会计机构负责人：张悦迎

5.2 信托资产

5.2.1 信托项目资产负债汇总表

信托项目资产负债汇总表（未经审计）

编制单位：交银国际信托有限公司　　2021年12月31日　　单位：万元

序号	项目	期末余额	年初余额
1	信托资产：		
2	1.货币资金	616 553.35	653 448.86
3	2.拆出资金	—	—
4	3.存出保证金	—	—
5	4.交易性金融资产	12 707 815.62	7 621 424.97
6	5.衍生金融资产	—	—
7	6.买入返售金融资产	15 336 411.96	19 069 858.89
8	7.应收款项	409 190.01	275 449.84
9	8.发放贷款	8 823 195.41	12 639 217.55
10	9.可供出售金融资产	224 944.06	338 141.38
11	10.持有至到期投资	2 943 395.14	3 110 528.79
12	11.长期应收款	—	—
13	12.长期股权投资	1 311 955.25	1 291 002.35
14	13.投资性房地产	—	—
15	14.固定资产	—	—
16	15.无形资产	—	—
17	16.长期待摊费用	—	—
18	17.其他资产	16 775 243.41	18 063 314.26
19	18.信托资产总计	59 148 704.21	63 062 386.89
20	19.各项资产减值准备	64 810.20	60 055.32
21	信托负债：		
22	20.交易性金融负债	—	—
23	21.衍生金融负债	—	—
24	22.应付受托人报酬	13 423.23	6 720.42
25	23.应付托管费	1 700.78	1 050.54
26	24.应付受益人收益	-17 423.99	14 802.22
27	25.应交税费	10 705.68	6 615.53
28	26.应付销售服务费	719.25	1.35
29	27.其他应付款项	103 968.10	209 351.94
30	28.其他负债	—	—
31	29.信托负债合计	113 093.05	238 542.00
32	信托权益：	—	—
33	30.实收信托	56 106 911.85	59 944 164.15
34	31.资本公积	1 634 923.87	2 344 752.07
35	32.外币报表折算差额	1 842.73	4 211.36
36	33.未分配利润	1 291 932.71	530 717.31
37	34.信托权益合计	59 035 611.16	62 823 844.89
38	35.信托负债和信托权益总计	59 148 704.21	63 062 386.89

公司负责人：童学卫　　主管信托会计工作负责人：李依贫　　信托会计机构负责人：张悦迎

5.2.2 信托项目利润及利润分配汇总表

信托项目利润及利润分配汇总表

编制单位：交银国际信托有限公司　　2021年度　　单位：万元

序号	项目	本期数	上期数
1	1.营业收入	3 325 042.65	3 498 558.01
2	1.1利息收入	2 151 350.81	2 370 341.07
3	1.2投资收益（损失以"-"号填列）	1 055 359.32	1 218 872.19
4	1.2.1其中：对联营企业和合营企业的投资收益	—	—
5	1.3公允价值变动收益（损失以"-"号填列）	110 421.70	-61 518.31
6	1.4租赁收入	—	—
7	1.5汇兑损益（损失以"-"号填列）	-5.58	-856.69
8	1.6其他收入	7 916.40	-28 280.25
9	2.支出	382 356.25	535 124.40
10	2.1营业税金及附加	9 480.45	11 394.35
11	2.2受托人报酬	145 155.90	161 523.71
12	2.3托管费	14 577.08	21 840.12
13	2.4投资管理费	-19 998.69	271.53
14	2.5销售服务费	51 377.07	27 892.84
15	2.6交易费用	5 455.95	4 951.62
16	2.7资产减值损失	4 754.88	3 445.64
17	2.8其他费用	171 553.61	303 804.59
18	3.信托净利润（净亏损以"-"号填列）	2 942 686.40	2 963 433.61
19	4.其他综合收益	2.58	-67 120.35
20	5.综合收益	2 942 688.98	2 896 313.26
21	6.加：期初未分配信托利润	530 717.31	775 011.59
22	7.可供分配的信托利润	4 613 633.61	3 738 445.20
23	8.减：本期已分配信托利润	3 321 700.90	3 207 727.89
24	9.期末未分配信托利润	1 291 932.71	530 717.31

公司负责人：童学卫　　主管信托会计工作负责人：李依贫　　信托会计机构负责人：张悦迎

6. 会计报表附注

6.1 会计报表编制基准不符合会计核算基本前提的说明

会计报表编制无不符合会计核算基本前提事项。

6.2 或有事项说明

报告期内，公司未发生对外担保及其他或有事项。

6.3 重要资产转让及其出售的说明

报告期内，无重要资产转让或出售。

6.4 会计报表中重要项目的明细资料

6.4.1 披露自营资产经营情况

6.4.1.1 按信用风险五级分类结果披露信用风险资产的期初数、期末数

信用风险资产五级分类	正常类（万元）	关注类（万元）	次级类（万元）	可疑类（万元）	损失类（万元）	资产合计（万元）	不良资产合计（万元）	不良资产率（%）
期初数	1 646 347.78	180 508.94	29.15	3 300.00	—	1 830 185.87	3 329.15	0.18
期末数	1 502 989.27	25 141.50	22 008.65	84 360.98	89 908.19	1 724 408.59	196 277.82	11.38

注：截至2021年12月31日，固有信用风险资产中不良资产项目均为为有短期流动性风险的信托项目提供资金支持，其中部分项目，如海航项目已取得实质性风险化解。剔除上述项目外，公司固有信用风险资产中不良资产余额为零元。

6.4.1.2 各项资产减值损失准备的期初、本期计提、本期转回、本期核销、期末数

单位：万元

项目	期初数	本期计提	本期转回	本期核销	本期转出	期末数
贷款损失准备	18 378.00	6 229.00	—	—	—	24 607.00
一般准备	18 378.00	6 229.00	—	—	—	24 607.00
专项准备	—	—	—	—	—	—
其他资产减值准备						
债权投资减值准备	14 384.00	2 372.00	—	—	6 880.00	9 876.00
其他减值准备						
可供出售金融资产减值准备						
持有至到期投资减值准备						
长期股权投资减值准备						
坏账准备	1 673.00	183.00	638.00			1 218.00
投资性房地产减值准备						

6.4.1.3 自营股票投资、基金投资、债券投资、长期股权投资等投资的期初数、期末数

单位：万元

项目	自营股票	基金	债券	长期股权投资	其他投资	合计
期初数	—	14 761.70	29 594.74	604.52	1 169 484.28	1 214 445.24
期末数	—	33 702.19	20 302.20	104.60	1 049 300.08	1 103 409.06

6.4.1.4 按照投资入股金额排序，前五名的自营长期股权投资的企业名称、占被投资企业权益的比例、主要经营活动及投资收益情况等

企业名称	占被投资企业权益的比例（%）	主要经营活动	投资收益（万元）
上海中交达资产管理有限公司	40	资产管理，投资管理	-0.07

6.4.1.5 前五名的自营贷款的企业名称、占贷款总额的比例和还款情况

企业名称	占贷款总额的比例（%）	还款情况
上海城投置地（集团）有限公司	26	正常
天津博雅置业有限公司	20	逾期
西安高新控股有限公司	13	正常
光明房地产集团有限公司	13	正常
北大医疗产业集团有限公司	7	逾期

6.4.1.6 表外业务的期初数、期末数；按照代理业务、担保业务和其他类型表外业务分别披露

报告期内，本公司无代理业务、担保业务和其他类型表外业务。

6.4.1.7 公司当年的收入结构

收入结构	金额（万元）	占比（%）
手续费及佣金收入	126 405.29	60.14
其中：信托手续费收入	126 063.48	—
基金和资管计划管理费收入	341.81	—
利息收入	35 950.49	17.10
其他业务收入	8 202.36	3.90
其中：计入信托业务收入部分	8 202.36	—
投资收益	26 742.30	12.72
其中：股权投资收益	13 639.18	—
证券投资收益		—
其他投资收益	13 103.12	—
公允价值变动收益	13 019.67	6.19
汇兑损失	-280.88	-0.13
其他收益	160.93	0.08
资产处置收益	—	—
收入合计	210 200.16	100

其他业务收入主要指公司为融资企业提供财务顾问、咨询及融资方案设计等服务，获得的咨询顾问费收入。

本报告年度共实现信托业务收入总额为138 938.63万元，其中手续费及佣金收入130 736.27万元（由于本年度合并结构化主体的影响，合并利润表中信托手续费收入与业务管理费抵消4 672.79万元），其他业务收入8 202.36万元。

6.4.2 披露信托财产管理情况

6.4.2.1 信托资产的期初数、期末数

单位：万元

信托资产	期初数	期末数
集合	44 390 395.13	30 440 768.29
单一	17 999 895.48	11 855 478.61
财产权	672 096.28	16 852 457.31
合计	63 062 386.89	59 148 704.21

6.4.2.1.1 主动管理类信托业务的信托资产期初数、期末数，分证券投资、股权投资、融资、事务管理类分别披露

单位：万元

主动管理类信托资产	期初数	期末数
投资类	5 536 794.19	14 624 934.36
融资类	15 933 136.36	12 178 081.17
合计	21 469 930.55	26 803 015.53

6.4.2.1.2 事务管理类信托业务的信托资产期初数、期末数

单位：万元

事务管理类信托资产	期初数	期末数
事务管理类	41 592 456.34	32 345 688.68
合计	41 592 456.34	32 345 688.68

6.4.2.2 本年度已清算结束的信托项目个数、实收信托合计金额、加权平均实际年化收益率

6.4.2.2.1 本年度已清算结束的集合类，单一类资金信托项目和财产管理类信托项目个数、实收信托金额、加权平均实际年化收益率

已清算结束信托项目	项目个数（个）	实收信托合计金额（万元）	加权平均实际年化收益率（%）
集合类	79	3 935 924.00	6.1550
单一类	226	3 856 967.56	5.3970
财产管理类	27	1 514 876.88	7.3431

6.4.2.2.2 本年度已清算结束的主动管理类信托项目个数、实收信托合计金额、加权平均实际年化收益率，分投资类、融资类分别计算并披露

已清算结束信托项目	项目个数（个）	实收信托合计金额（万元）	加权平均实际信托报酬率（%）	加权平均实际年化收益率（%）
投资类	1	50 000.00	0.0896	5.6428
融资类	67	2 973 820.00	0.7619	6.1872

6.4.2.2.3 本年度已清算结束的事务管理类信托项目个数、实收信托合计金额、加权平均实际年化收益率

已清算结束信托项目	项目个数（个）	实收信托合计金额（万元）	加权平均实际年化信托报酬率（%）	加权平均实际年化收益率（%）
事务管理类	264	6 283 948.44	0.1125	5.9472

6.4.2.3 本年度新增的集合类、单一类和财产管理类信托项目个数、实收信托合计金额

新增信托项目	项目个数（个）	实收信托合计金额（万元）
集合类	144	3 878 860.49
单一类	50	117 089.25
财产管理类	83	6 795 307.02
新增合计	277	10 791 256.76
其中：主动管理类	144	3 908 060.49
事务管理类	133	6 883 196.27

注：本年新增信托项目指在本报告年度内累计新增的信托项目个数和金额。包含本年度新增至本年度内结束的项目和本年度新增至报告期末仍在持续管理的信托项目。

6.4.2.4 信托业务创新成果和特色业务有关情况

2021年，公司进一步回归业务本源，加快转型发展步伐，持续推动绿色金融、慈善信托、证券投资信托等业务落地。公司主要推出如下创新产品。

（1）绿色金融。公司积极服务国家"双碳"目标，践行绿色发展理念，加大对新能源、节能环保、低碳发展的支持力度。报告期内，公司落地了行业首单新能源补贴"碳中和"ABN"中国三峡新能源（集团）股份有限公司2021年度第一期绿色资产支持票据（碳中和债）"、首单外资CCER碳资产服务信托（东亚电力）等绿色金融产品；参与发起成立绿色发展基金管理公司。公司受托发行的"国电电力发展股份有限公司2020年度第1期/第2期绿色资产支持票据"荣获《证券时报》"2021年度优秀绿色投资信托计划"奖。

（2）慈善信托。公司积极弘扬信托文化，不断拓展慈善信托应用领域，放大财富管理社会价值。报告期内，公司落地行业首单儿童人文医疗慈善信托"交银国信·瑞禾——儿童人文医疗1号慈善信托"，为患病儿童提供人文关怀；落地先心病儿童救助项目"交银国信·德阳——华西儿童救助1号慈善信托"，为先心病患儿提供救助。

（3）证券投资信托。公司积极探索资本市场业务机遇，在证券服务领域实现多点突破。报告期内成功发行"蓝色宝鼎""蓝色港湾"等多单固定收益型证券投资产品，成功发行风云、乐享、睿享系列等权益型证券投资产品。

6.4.2.5 公司履行受托人义务情况及因公司自身责任而导致的信托资产损失情况

报告期内，公司无因本公司自身责任而导致的信托资产损失情况。

6.5 关联方关系及其交易的披露

6.5.1 固有业务关联交易方情况

项目	关联交易方数量（家）	关联交易金额（万元）	定价政策
合计	3	228 927.84	按市场价格交易；若无市场价格，则按公允原则，以不优于对非关联方同类交易的条件定价交易

6.5.2 信托业务关联交易方情况

项目	关联交易方数量（家）	关联交易金额（万元）	定价政策
合计	2	3 382 018.10	按市场价格交易；若无市场价格，则按公允原则，以不优于对非关联方同类交易的条件定价交易

注：关联交易方明细情况详见本公司官网披露的2021年度报告全文版。

6.5.3 公司与关联方的重大交易事项

6.5.3.1 固有财产与关联方交易情况：贷款、投资、租赁、应收账款、担保、其他方式等期初汇总数、本期借方和贷方发生额汇总数、期末汇总数

固有与关联方关联交易 单位：万元

项目	期初数	借方发生额	贷方发生额	期末数
贷款	—	—	—	—
投资	10 000.00	—	—	10 000.00
租赁	14 210.39	—	2 688.12	11 522.27
担保	—	—	—	—
应收账款	—	—	—	—
其他	131 724.22	1 707 825.05	1 632 143.70	207 405.57
合计	155 934.61	1 707 825.05	1 634 831.82	228 927.84

注：固有财产与关联方重大交易逐笔披露情况详见本公司官网披露的2021年度报告全文版。

6.5.3.2 信托与关联方交易情况：贷款、投资、租赁、应收账款、担保、其他方式等期初汇总数、本期借方和贷方发生额汇总数、期末汇总数

信托与关联方关联交易　　　　　　单位：万元

项目	期初数	借方发生额	贷方发生额	期末数
贷款	—	—	—	—
投资	—	—	—	—
租赁	—	—	—	—
担保	—	—	—	—
应收账款	—	—	—	—
其他	2 663 785.76	1 670 393.09	952 160.75	3 382 018.10
合计	2 663 785.76	1 670 393.09	952 160.75	3 382 018.10

注：信托与关联方重大交易逐笔披露情况详见本公司官网披露的2021年度报告全文版。

6.5.3.3 信托公司自有资金运用于自己管理的信托项目（固信交易）、信托公司管理的信托项目之间的相互（信信交易）金额，包括余额和本报告年度的发生额

6.5.3.3.1 固有与信托财产之间的交易

固有财产与信托财产相互交易　　　　单位：万元

项目	年初数	本年借方发生额	本年贷方发生额	年末数
合计	689 261.05	408 591.47	424 690.49	673 162.03

注：固有财产与信托财产重大交易逐笔披露情况详见本公司官网披露的2021年度报告全文版。

6.5.3.3.2 信托项目之间的交易金额期初汇总数、本期发生额汇总数、期末汇总数

信托资产与信托财产相互交易　　　　单位：万元

项目	期初数	本期发生额	期末数
合计	2 128 775.11	−560 340.40	1 568 434.71

注：以公司受托管理的一个信托项目的资金购买自己管理的另一个信托项目的受益权或信托下资产均应纳入统计披露范围。

6.5.4 关联方逾期未偿还公司资金的情况

无。

6.6 会计制度的披露

公司固有业务和信托业务的会计核算执行中华人民共和国财政部2006年颁布的《企业会计准则》及其相关规定。

7.财务情况说明书

7.1 利润实现和分配情况

本报告期合并报表实现净利润1 235 332 128.20元，其中归属于母公司所有者的净利润人民币1 235 332 128.20元。

本报告期母公司实现净利润1 131 282 439.23元，有关利润分配方案如下：

（1）根据《公司法》和公司章程规定，按照净利润的10%计提法定公积金113 128 243.92元。

（2）根据财政部《金融企业准备金计提管理办法》（财金〔2012〕20号）规定对承担风险和损失的资产计提一般准备，本年度计提一般准备975 773 900.21元。

（3）根据《信托公司管理办法》规定及银保监会监管要求，信托公司信托赔偿准备金计提比例达到公司注册资本的20%时可以不再计提。2021年末，公司注册资本5 764 705 882.35元，公司已计提的信托赔偿准备金1 152 941 176.47元，已达到注册资本20%，本年度未计提信托赔偿准备金。

（4）扣除上述（1）—（3）项利润分配项目后，公司2021年度母公司剩余可供分配利润42 380 295.10元，拟按照剩余可供分配利润的6%向股东分配利润2 542 817.71元。

7.2 主要财务指标

指标名称	指标值
资本利润率（%）	8.89
加权年化信托报酬率（%）	0.2911
人均净利润（万元）	512.59

7.3 对公司财务状况、经营成果有重大影响的其他事项

2021年无其他对公司财务状况、经营成果有重大影响的其他事项。

8.特别事项揭示

8.1 前五名股东报告期内变动情况及原因

无。

8.2 董事、监事及高级管理人员变动情况及原因

报告期内，董事、监事及高级管理人员发生以下变动：

（1）2021年3月，湖北银保监局核准李艳担任本公司副总裁任职资格。

（2）2021年4月，湖北银保监局核准朱明君担任本公司副总裁任职资格。

（3）2021年8月，湖北银保监局核准陈洪担任本公司董事任职资格。

（4）2021年9月，本公司股东会批准，王华先生因

工作变动原因不再担任本公司独立董事。

8.3 变更注册资本、变更注册地或公司名称、公司分立合并事项

无。

8.4 公司的重大未决诉讼事项

报告期内，公司存在信托项目项下发生交易对手违约情况，公司作为受托人主动推进强制执行等司法程序，同时个别事务管理类项目存在代为诉讼或涉诉情形，相关风险均由委托人承担；公司因营业信托纠纷涉及民事诉讼事项正在审理。

8.5 公司及其高级管理人员受到处罚的情况

报告期内，无公司及其董事、监事和高级管理人员受处罚情况。

8.6 银保监会及其派出机构对公司检查后提出的整改意见

报告期内，银保监会及其派出机构未对公司开展现场检查工作。

8.7 本年度重大事项临时报告的简要内容、披露时间、所披露的媒体及其版面

无。

8.8 银保监会及其省级派出机构认定的其他有必要让客户及相关利益人了解的重要信息

无。

9.监事会意见

监事会认为，报告期内，公司的决策程序符合国家法律、法规和公司章程及相关制度，建立健全了比较有效的内控制度，建立了相对完善的独立董事和董事会下属专业委员会，董事会全体成员及高级管理层认真履行职责，未发现有违法、违规、违章行为，也没有损害公司利益、股东利益和委托人利益的行为。报告期内，公司财务报告真实、客观地反映了公司的财务状况和经营成果。

昆仑信托有限责任公司

1. 重要提示

1.1 本公司董事会及董事保证本报告所载资料不存在任何虚假记载、误导性陈述或者重大遗漏,并对其内容的真实性、准确性和完整性承担个别及连带责任。

1.2 独立董事刘杉先生、寇日明先生、崔树霖先生认为本报告内容真实、准确、完整。

1.3 本公司法定代表人董事长王增业先生、总裁吴妍女士、主管会计工作负责人张建慧女士、会计机构负责人康剑桥先生、托管部负责人武义双先生声明:保证年度报告中财务报告的真实、完整。

2. 公司概况

2.1 公司简介

昆仑信托有限责任公司前身是中国工商银行宁波市信托投资公司,成立于1986年11月,1994年改组为有限责任公司。1997年6月,公司与工商银行脱钩,更名为宁波市金港信托投资有限责任公司。2002年5月,公司增资扩股,获准重新登记。2005年5月,天津经济技术开发区国有资产经营公司收购部分原股东股权后成为控股股东。2008年10月,公司换发金融许可证,变更经营范围,公司名称变更为金港信托有限责任公司。2009年5月,公司增资扩股,中油资产管理有限公司成为控股股东,公司名称变更为昆仑信托有限责任公司,注册资本为30亿元。2016年9月,公司再次增资扩股,获准重新登记,注册资本102亿元。2020年1月,宁波银保监局批复同意昆仑信托有限责任公司股权变更,广博控股集团有限公司将其持有的昆仑信托有限责任公司5%股权转让给中油资产管理有限公司。股权变更后中油资产管理有限公司,出资额为8 915 857 083.41元,出资比例为87.18%;天津经济技术开发区国有资产经营有限公司,出资额为1 311 201 827.00元,出资比例为12.82%。

公司法定中文名称	昆仑信托有限责任公司
中文缩写	昆仑信托
公司法定英文名称	KUNLUN TRUST CO., LTD.
英文缩写	KUNLUN TRUST
法定代表人	王增业
注册地址	浙江省宁波市鄞州区和济街180号1幢24—27层
邮政编码	315042
国际互联网网址	www.kunluntrust.com
电子信箱	klinfo@cnpc.com.cn
信息披露负责人员	矫德峰
信息披露联系人员	刘爽
联系电话	010-63597802
传真	010-63597604
电子信箱	ls216317@cnpc.com.cn
公司信息披露的报纸名称	《金融时报》《证券时报》《上海证券报》
公司年度报告备置地	公司本部
公司聘请的会计师事务所及其住所	立信会计师事务所(特殊普通合伙) 上海市黄浦区南京东路61号四楼
公司聘请的律师事务所及其住所	上海市锦天城律师事务所 上海市浦东新区银城中路501号 上海中心大厦9楼、11楼、12楼

2.2 组织结构

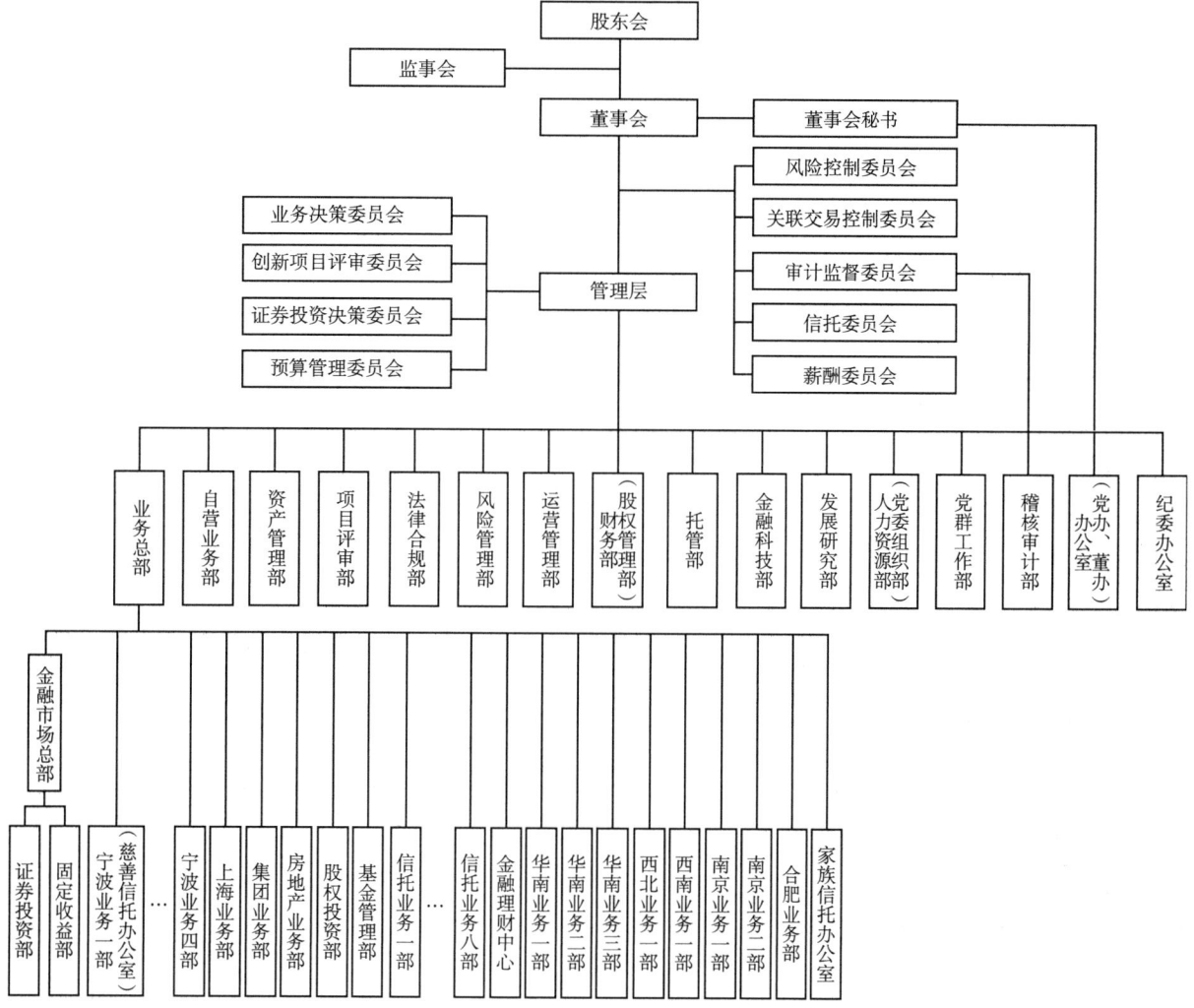

3. 公司治理

3.1 股东

本报告期末，公司共有2家法人股东，其中持有本公司10%以上出资比例的股东2家。

股东名称	持股比例(%)	法人代表	注册资本(万元)	注册地址	主要经营业务
★中油资产管理有限公司	87.18	王增业	1 372 518	北京市东城区东直门北大街9号	资产经营管理、投资、资本运营策划与咨询
天津经济技术开发区国有资产经营有限公司	12.82	傅鑫	1 580 000	天津开发区宏达街19号	投资、参股及国有资产的股权管理；国有资产评估、验资；房地产开发、服务及咨询

注：★表示控股股东。股东之间无关联关系。

3.2 董事

3.2.1 董事会成员

姓名	职务	性别	年龄（岁）	选任日期	所推举的股东名称	该股东持股比例(%)	简要履历
王增业	董事长	男	50	2020年11月17日	中油资产管理有限公司	87.18	正高级经济师、经济学博士。曾任中国粮油食品进出口公司上海期货部负责人，中粮期货经纪有限公司天津营业部经理，京华信托公司上海证券营业部市场总监，天津渤海证券有限责任公司营业部、经纪业务总部副总经理，中国石油天然气集团公司办公厅秘书，中油财务有限责任公司金融与会计研究室研究所所长，中油财务有限责任公司总经理、党委副书记。现任昆仑信托有限责任公司党委书记、董事长。
吴妍	董事	女	58	2018年4月25日	中油资产管理有限公司	87.18	曾任庄胜集团北京代表处首席代表，JUNEFIELD（L.A.）LIMITED总经理，美国恒康互惠保险公司保险经纪和财务顾问，美国保德信金融集团北京代表处首席代表，中国出口信用保险公司海外投资保险部与总公司第二营业部副总经理，中国石油海外勘探开发公司（中国石油天然气勘探开发公司）副总经理。现任昆仑信托有限责任公司总裁。
赵雪松	董事	男	54	2019年5月7日	中油资产管理有限公司	87.18	正高级会计师。曾任中国石油天然气集团公司储备油办公室副主任（副总经理）、财务资产部资金处处长、财务资产部副总会计师，中国石油集团公司（中国石油天然气股份有限公司）资金部副总会计师，中国石油集团资本股份有限公司副总经理。现任中意人寿保险有限公司董事长。
宣力勇	董事	男	49	2021年10月18日	中油资产管理有限公司	87.18	正高级经济师。曾任中国石油天然气集团公司（中国石油天然气股份有限公司）法律事务部法律业务一处处长，中国石油天然气集团公司法律事务部、中国石油天然气股份有限公司法律事务部副总经济师兼合同与纠纷管理处处长。现任昆仑信托有限责任公司党委委员、工会主席兼总法律顾问。
陈雄	董事	男	33	2020年8月28日	天津经济技术开发区国有资产经营有限公司	12.82	曾任重庆市渝北区兴农融资担保有限公司客户经理、重庆临空开发投资集团有限公司投融资部部门负责人兼重庆市渝北区政府产业基金执行事务合伙人代表、重庆渝康股权投资基金管理有限公司投资二部总经理，现任天津经济技术开发区国有资产经营管理有限公司投资部部长。
万钧	职工董事	男	53	2021年7月12日	中油资产管理有限公司	87.18	高级政工师。曾任中国石油天然气集团公司财务资产部综合处处长、党总支副书记，中国石油天然气集团公司（中国石油天然气股份有限公司）资金部综合与风控管理处处长、党总支副书记，中国石油天然气集团公司纪检监察组驻中国石油集团资本股份有限公司纪检组副组长。现任昆仑信托有限责任公司党委委员、纪委书记。

3.2.2 独立董事

姓名	职务	性别	年龄（岁）	选任日期	所推举的股东名称	该股东持股比例(%)	简要履历
刘杉	独立董事	男	57	2021年7月16日	中油资产管理有限公司	87.18	经济学博士。曾任全国工商联中华工商时报海外部副主任，中华工商时报财金新闻部主任，中国人民银行深圳分行金融早报总编辑，中华工商时报副总编辑，长城基金管理有限公司独立董事。现任凤凰网财经研究院院长，益盟科技有限公司独立董事。
寇日明	独立董事	男	63	2018年4月25日	中油资产管理有限公司	87.18	高级会计师、工程师、理学博士。曾任国家开发银行国际金融局副局长，中国长江电力股份有限公司党委委员，瑞银集团投资银行（香港分行）固定收益部董事总经理，中国再保险集团公司党委委员、副总裁。现为中美绿色基金副董事长、合伙人、CFO。
崔树霖	独立董事	男	51	2018年4月25日	中油资产管理有限公司	87.18	高级经济师、经济学博士后。曾任中国新兴（集团）总公司资产保全处负责人，北京青云航空仪表有限公司总经理助理，北京中汇银币与债券市场投资顾问中心总经理，日信证券有限责任公司助理总裁。现任泛融金资产管理有限公司董事长兼总经理。

3.2.3 董事会秘书

姓名	职务	性别	年龄（岁）	选任日期	金融从业年限（年）	学历	专业	简要履历
矫德峰	董事会秘书	男	47	2019年3月26日	13	硕士	金融管理	高级会计师。曾任大连石化公司资金代办处副处长、资本运营中心主任、石化服务公司总会计师；中国石油集团企业年金处副处长、处长；国联产业投资基金公司首席投资官、总经理；昆仑信托有限责任公司基金管理部总经理、办公室主任；现任昆仑信托有限责任公司新闻发言人、董事会秘书、副总裁。

3.3 监事

姓名	职务	性别	年龄（岁）	选任日期	所推举的股东名称	该股东持股比例（%）	简要履历
朱德操	监事会主席	男	45	2018年4月25日	中油资产管理有限公司	87.18	中国政法大学工商管理硕士专业研究生。曾先后在大港油田钻井工程公司、中国石油天然气股份有限公司财务部、中国石油天然气集团公司（股份公司）内控与风险管理部工作，曾任中国石油天然气集团公司（股份公司）内控与风险管理部海外风险控制处副处长、中国石油天然气集团公司（股份公司）改革与企业管理部风险管理处副处长。现任中国石油集团资本股份有限公司风险合规部总经理
陈六亿	监事	男	50	2018年4月25日	中油资产管理有限公司	87.18	高级经济师。曾先后在兰州化学工业公司、兰州石油化工公司、中国石油天然气集团公司发展研究部、政策研究室工作，曾任昆仑银行股份有限公司办公室副主任。现任中国石油集团资本股份有限公司办公室主任、党群工作部主任
于丽娜	监事	女	41	2020年11月17日	天津经济技术开发区国有资产经营有限公司	12.82	中国注册会计师，英国特许公认会计师，国际注册内部审计师。曾任天津五洲会计师事务所项目经理、安永华明会计师事务所审计经理。现任天津经济技术开发区国有资产经营有限公司财务部部长
邹艳飞	职工监事	男	55	2021年7月12日	中油资产管理有限公司	87.18	高级政工师。曾任辽河油田旅游服务公司经理办秘书、副主任，辽河石油勘探局（后为辽河油田）党委办公室科长、副主任。现任昆仑信托有限责任公司工会副主席、党群工作部部长
李志华	职工监事	女	44	2021年7月12日	中油资产管理有限公司	87.18	高级经济师。曾任中国石油天然气集团公司发展研究部法律事务室主管，中国石油天然气集团公司、中国石油天然气股份有限公司法律事务部法律业务一处高级主管，中国石油天然气集团公司、中国石油天然气股份有限公司法律事务部纠纷案件管理处副处长。现任昆仑信托有限责任公司法律合规部副经理

3.4 高级管理人员

姓名	职务	性别	年龄（岁）	选任日期	金融从业年限（年）	学历	专业	简要履历
吴妍	总裁	女	58	2018年4月25日	23	本科	国际经济信息	曾任庄胜集团北京代表处首席代表，JUNEFIELD（L.A.）LIMITED总经理，美国恒康互惠保险公司保险经纪和财务顾问，美国保信金融集团北京代表处首席代表，中国出口信用保险公司海外投资保险部与总公司第二营业部副总经理，中国石油海外勘探开发公司（中国石油天然气勘探开发公司）副总经理。现任昆仑信托有限责任公司总裁
刘刚	副总裁	男	50	2018年4月25日	11	硕士	工商管理	高级会计师。曾任中国石油天然气股份有限公司华东销售分公司财务处高级主管、中国石油天然气股份有限公司江西销售分公司总会计师、中国石油天然气股份有限公司浙江销售分公司总会计师兼财务资产处处长。现任昆仑信托有限责任公司副总裁
张建慧	财务总监	女	48	2018年4月25日	13	硕士	管理学	高级会计师。曾任中国华油集团公司财务资产部高级主管，中国石油天然气集团公司财务资产处高级主管、财务稽查处副处长、综合授信处负责人，中油财务有限责任公司综合授信处负责人，昆仑信托有限责任公司财务部经理。现任昆仑信托有限责任公司财务总监
矫德峰	副总裁	男	47	2021年10月18日	13	硕士	金融管理	高级会计师。曾任大连石化公司资金代办处副主任、资本运营中心主任、石化服务公司总会计师；中国石油集团企业年金处副处长、处长；国联产业投资基金首席投资官、总经理；昆仑信托有限责任公司基金管理部总经理、办公室主任；现任昆仑信托有限责任公司新闻发言人、董事会秘书、副总裁
周江天	总裁助理	男	55	2018年4月25日	17	本科	文学	曾任驻意大利使馆商务处二等秘书、一等秘书，商务部科技司综合处副处长，中国出口信用保险公司总公司第二营业部综合处处长，中合中小企业融资担保股份有限公司风险管理部兼公司业务评审委员会办公室负责人，职工监事。现任昆仑信托有限责任公司总裁助理
闫志勇	总裁助理	男	43	2021年10月18日	11	硕士	国际金融	曾在北京新华信管理咨询公司、北京正略钧策管理顾问公司任职，历任花样年集团董办兼总裁助理，昆仑信托有限责任公司房地产业务部、信托业务三部经理。现任昆仑信托有限责任公司总裁助理
刘坡阳	总裁助理	男	43	2021年10月18日	7	硕士	结构工程	高级经济师。曾任上海对外经贸大学教师，中国石油华东销售分公司高级主管，中国石油海外勘探开发公司内控与风险管理部（企业管理部）副主任、公司发展研究部负责人、上海业务部经理。现任昆仑信托有限责任公司总裁助理
马向阳	总裁助理	男	52	2021年10月18日	12	硕士	企业管理	高级工程师。曾任中国石油物探局装备制造总厂人力资源部副主任，中国石油物探局研究院人力资源部副主任，中国石油集团人事劳保部企业领导人员管理干部处、机关人事处高级主管，昆仑信托有限责任公司人力资源部经理。现任昆仑信托有限责任公司总裁助理兼发展研究部经理

3.5 公司员工

项目		2021年度		2020年度	
		人数（人）	比例（%）	人数（人）	比例（%）
年龄分布	20岁以下	—	—	—	—
	20—29岁	31	11	46	17
	30—39岁	153	54	141	52
	40岁以上	97	35	85	31
学历分布	博士	8	3	9	3
	硕士	148	53	146	54
	本科	120	42	112	41
	专科	5	2	5	2
	其他	—	—	—	—
岗位分布	董事、监事及其高管人员	13	5	11	4
	固有业务人员	6	2	5	2
	信托业务人员	199	71	190	70
	其他人员	62	22	66	24

4. 经营管理

4.1 经营目标、方针、战略规划

4.1.1 经营目标

建设与中国石油行业地位相匹配的一流财富管理机构。

4.1.2 经营方针

以习近平新时代中国特色社会主义思想为指引，深入贯彻党的十九大、十九届历次全会精神，坚定不移贯彻新发展理念，落实中国石油对石油金融企业的定位和要求，以稳健合规、高质量发展为主题，以改革创新转型为主线，以"专精特优"为主旨，坚持产业金融定位，为中国石油建设基业长期的世界一流企业贡献信托力量。

4.1.3 战略规划

公司坚持产业金融发展方向和稳中求进总基调，服从服务于中国石油和中油资本总体战略，落实监管机构要求，探索可持续发展道路。公司要全面加强党的领导党的建设，推进和坚持阳光信托，防范化解金融风险，着力深化业务转型，加快改革创新、管理提升和人才强企，全力开创高质量发展新局面，尽快建成与集团公司行业地位相匹配的一流财富管理机构。

4.2 所经营业务的主要内容

公司业务分为信托业务和固有业务两个大类。信托业务主要品种包括单一资金信托、集合资金信托、财产权信托等，固有业务主要开展金融股权投资、金融产品投资及贷款等业务。

4.2.1 固有资产运用与分布表

资产运用	金额（万元）	占比（%）	资产分布	金额（万元）	占比（%）
货币资产	83 391.74	5.25	基础产业	40 906.20	2.58
贷款及应收款	143 924.15	9.06	房地产业	399 152.35	25.14
交易性金融资产投资	392 742.23	24.73	证券市场	331 939.83	20.90
债权投资	648 821.51	40.86	实业	227 550.00	14.33
其他权益工具投资	148 516.21	9.36	金融机构	152 218.41	9.59
长期股权投资	2 519.11	0.16	其他	436 096.72	27.46
其他	167 948.56	10.58	—	—	—
资产总计	1 587 863.51	100	资产总计	1 587 863.51	100

4.2.2 信托资产运用与分布表

资产运用	金额（万元）	占比（%）	资产分布	金额（万元）	占比（%）
货币资产	433 031.71	2.21	基础产业	2 482 650.00	12.68
贷款	8 457 465.44	43.20	房地产业	1 148 800.00	5.87
交易性金融资产投资	492 004.53	2.51	证券市场	266 512.92	1.36
可供出售金融资产投资	—	—	实业	7 401 767.68	37.81
持有至到期投资	7 632 539.34	39.00	金融机构	4 812 097.63	24.58
长期股权投资	2 102 337.25	10.74	其他	3 463 695.68	17.70
其他	458 145.64	2.34	—	—	—
信托资产总计	19 575 523.91	100	信托资产总计	19 575 523.91	100

4.3 市场分析

4.3.1 有利因素

4.3.1.1 行业转型初见成效

2021年，在监管政策的引导下，转型成为信托行业发展的主旋律。同时，全行业进一步加强风险防范化解，发展新业务，探索新的效益增长点，进一步促进行业未来健康发展。

4.3.1.2 昆仑信托的自身优势

4.3.1.2.1 公司的区位优势

长三角地区金融生态环境较为成熟，信用基础好。公司注册地为宁波市，金融环境位居国内前列，各类金融机构齐全，金融生态非常成熟，企业和居民的投资理财理念十分超前，信用基础很好。公司以宁波为注册地，业务辐射长三角地区，能够享受长三角地区经济快速增长带来的业务机会，充分利用该地区的金融资源，撬动高净值客户的理财需求，实现业务的持续快速发展。

北京是公司最重要业务中心。这种布局既不放弃注册地经济发达、民间经济富庶的优势，又充分享受公司股东所在地政治、文化、经济以及与股东资源方便对接的区位优势。

4.3.1.2.2 公司的发展优势

一是品牌优势。昆仑信托属于央企控股型信托公司，

是由中国石油控股的金融企业。在理财产品市场上，昆仑信托发行的产品无形中带有中石油集团的品牌，更容易被投资者所接受。在项目开拓方面，客户往往也倾向于选择大型央企控股的信托公司作为交易对手，减少交易中存在的信用风险。借助集团公司的品牌，公司在开展业务时具有一定优势，客户方认可度较高。

二是资金与信用支持优势。借助中国石油和中油资产的资金优势，增强公司对外业务谈判能力，鼓励公司进行业务创新。

三是具有专业的人才资源、项目资源、销售资源、技术资源等油气能源资源领域的潜在优势，为设计开发能源特色类信托产品提供有利条件。

4.3.2 不利因素

4.3.2.1 经济发展不确定性增加

新冠肺炎疫情冲击和地缘政治冲突导致世界经济形势严峻复杂，各类衍生风险不容忽视。必须坚持底线思维，提高风险预见预判能力，严密防范各种风险挑战。

4.3.2.2 严监管成为新常态

资管新规过渡期结束，严监管已成为信托行业新常态。信托行业必须坚定转型发展信心，坚守受托人职责，锲而不舍地开展信托文化建设，通过文化力量重塑行业新形象，注入发展新动能；提高风险管理能力，坚守合规底线；回归本源，积极发展资产管理信托、服务信托和公益信托等业务。

4.3.2.3 受托管理能力要求更高

在资管新规和一系列监管政策的共同作用下，信托公司过去"重量而轻质"的发展路径难以为继。新形势下，信托行业对信托公司受托管理能力的要求进一步强化。同时，行业转型使信托公司未来在客户关系的处理上，承受着比以往更大的压力，信托公司需要不断提升公司财富管理品牌影响力和知名度，改善客户服务水平，提升客户认可度，满足高净值客户投资需求。

4.4 内部控制

4.4.1 内部控制环境和内部控制文化

报告期内，公司召开了6次股东会、8次董事会、2次监事会和6次董事会专门委员会会议，先后通过了利润分配预案、修订公司章程、财务预算决算等66项议案，公司治理结构合规有序运转。

"三会一层"（股东会、董事会、监事会、管理层）的职能、权力和责任明确，在章程中明确党组织在公司法人治理结构中的法定地位，规定重大决策、重要人事任免、重大项目安排和大额度资金运作事项须经公司党委讨论和决定，全面贯彻执行董事会、经理层决策重大问题党委前置程序，确保了治理的合理性和有效性；建立科学的经营管理授权制度，董事会制定的年度经营计划能有效通过经营管理层付诸实行；建立并已实施绩效考核制度和问责制度，有效实现全方位的激励考核。

依法合规经营，认真贯彻信托法律法规和各项监管要求，坚持"低风险偏好"风控理念，坚守合规底线，全方位、全过程严控风险，稳健经营、稳健发展，妥善应对各种挑战，有序推进各项工作，创新业务初见成效，经营业绩稳步增长，党群工作扎实开展，综合实力不断增强。

4.4.2 内部控制措施

公司《制度手册》涵盖了公司治理、业务发展、内部控制和风险管理等多方面内容，并能适时根据政策的变化和业务发展的需要进行修订和完善，制度建设比较全面，执行有效。

公司主要职能部门之间建立了防火墙制度，实行岗位分离，保证了固有、信托业务各成体系、独立运行；严格信托业务前台、中台、后台的工作职责，形成有监督、有制衡的业务运作体系；通过具体、明确、合理的分工与授权，严格执行操作规程，确定各部门的目标、职责和权限，使其在授权范围内行使职能、操作相互独立；定期或不定期检查和评价有关内控制度建设与执行情况，及时改进内控制度，确保公司稳健发展。

报告期内，公司进一步完善业务流程，持续关注项目风险、操作风险及内控的有效性；继续加强合规审查和检查的力度，不断提升全员合规意识，严控合规风险；不断完善案防和反洗钱工作体系建设，修订完善各层级制度流程，细化各项考核。

4.4.3 信息交流与反馈

公司按规定披露关联交易、公司重大事项、年度报告及集合信托计划信息，将相关信息及时知委托人和股东；以信托综合业务管理系统为平台，收集、处理、存储、利用和反馈信托业务信息、财务信息、管理信息和客户信息，分级授权使用；实时视频会议系统，确保了多地信息传递和督办落实；风控可视化系统，进一步提升了办公效率；网上客户平台使内外沟通更加顺畅，营造了和谐的公共关系。

4.4.4 监督评价与纠正

公司建立了内部控制评价、监督、纠正机制。公司稽核审计部受董事会审计监督委员会领导，承担公司内部控制的监督、评价工作，有效发挥内控第三道防线的作用。

报告期内，公司内审部门坚持以风险为导向、以控制为主线、以治理为手段、以增值为目标开展内部审计工作，实施金融理财中心销售业务审计等9个专项审计、6项离任审计、开展关键岗位人员强制休假检查及轮岗审计，及时发现管理薄弱环节，提出改进建议，督促问题整改，为公司可持续发展营造良好环境。

4.5 风险管理

4.5.1 风险管理概况

4.5.1.1 公司经营活动中可能遇到的风险

公司经营活动中可能遇到的风险主要有：信用风险、市场风险、操作风险、合规风险、政策风险、集中度风险。

4.5.1.2 公司风险管理的基本原则与政策

公司遵循合规性、全面性、审慎性、适时性原则，坚持以制度为基础、以流程为依托，充分识别和评估各类风险，将风险管理覆盖到经营管理的各个环节和岗位中。依据风险管理决策流程，对不同的业务分类实施相应控制措施，形成"事前防范、事中控制、事后评价"的风险管理机制。

公司坚持"低风险偏好"的理念，秉承合规、稳健的经营思路，追求风险可控的经济效益；对各业务类型，分别确定相应的风险容忍度，并确保总体风险敞口在公司风险容忍度的范围内；对不同业务领域的风险性质、风险类型和风险评估结果，恰当选择风险承担、风险规避、风险转移、风险转换、风险补偿、风险控制等风险对策。

4.5.1.3 公司风险管理组织结构与职责划分

风险控制委员会：负责根据国家经济金融政策和相关监管制度，结合公司实际情况，通过审核、批准公司的风险管理和控制的政策及制度，对风险进行整体分析和评估，以及对公司运作过程中的重大事项进行风险管理和控制，建立公司风险管理和控制体系，以防范风险。

关联交易控制委员会：负责公司关联交易的管理与监督，防范不正当关联交易导致的风险。

审计监督委员会：负责审核公司内控制度，监督内部审计制度的实施状况与效果。

业务决策委员会：负责公司业务的控制、管理、监督和评估，在授权范围内对各项业务及公司管理层等上级机构指定的其他审批事项进行决策审批。

证券投资决策委员会：负责公司固有资金证券投资的控制、监督和评估，在授权范围内进行运营风险决策。

创新项目评审委员会：负责对于业务模式在公司内部具有创新性的信托业务或固有业务的评审，在授权范围内进行运营风险决策。

项目评审部：负责公司固有业务、信托业务的初审，并出具审查意见；根据市场经济状况，明确公司业务导向，制定、实施业务开展指导原则及项目准入标准。

风险管理部：负责公司固有业务、信托业务的风险管理，不断完善公司经营风险管理体系和内部风险控制制度，持续跟踪项目运营，防范风险事件。

法律合规部：负责公司固有业务、信托业务的合规性和合同条款的初审，并出具审查意见；负责公司法律事务管理、合规管理、确保依法经营；制定并执行合规管理职责和计划，实施合规风险管理流程，防范案件发生。

托管部：核算和监督信托财产运用部门按照信托文件约定运用信托财产。

财务部（股权管理部）：核算和监督固有财产运用部门按照合同文件约定运用管理；通过会计核算和财务管理对公司财务状况及经营情况进行分析管理和监督。

稽核审计部：对公司日常经营以及公司风险管理流程的执行进行审计监督。

公司各部门负责人是非业务操作风险、道德风险、商誉风险等风险的第一责任人。

公司固有业务与信托业务分离，在资金、账户、部门、人员、信息以及财务核算等方面严格分开；信托财产运用部门独立于其他部门，并分别设立29个信托业务部门。

4.5.2 风险状况

4.5.2.1 信用风险状况

信用风险是指由于金融企业各项金融业务的交易对手不能履行合同义务，或者信用状况的不利变动而造成损失的风险。

公司充分利用行业和企业信息，进行信用风险评估，审批项目，监测风险资产，进行风险预警和风险处置，形成信用风险分析报告。

2021年公司对各类资产按照相应资产减值方法计算潜在风险估计值，并计提减值准备。公司一般风险准备包括一般风险准备金和信托赔偿准备金：一般风险准备金按风险资产总额的1.5%提取，信托赔偿准备金按税后利润的5%提取。

2021年公司自有资产保持较好的资产质量。风险资产分类：截至2021年12月31日，公司风险资产合计962 829.17万元，其中正常类资产468 107.86万元，关注类资产374 695.11万元，次级类资产54 239.35万元，可疑类资产14 900.00万元，损失类资产50 886.85万元。

截至2021年12月31日，公司信托信用风险资产共计18 635 742.03万元，其中正常类财产17 708 993.03万元，关注类财产831 749.00万元，次级类财产95 000.00万元，可疑类财产零元，损失类财产零元。

4.5.2.2 市场风险状况

市场风险包括经济周期风险、通货膨胀风险、利率风险、汇率风险、商品风险和金融市场风险等，是市场的波动导致信托业务的资产遭到损失的可能性。这些市场波动主要包括：利率、证券价格、商品价格、汇率、其他金融产品价格的波动；市场发展方向、供求关系的变动；市场流动性的变动等。

市场风险主要体现在投资于证券市场、货币市场的固有业务和信托产品。2021年12月31日，公司自有资金涉及股票投资余额43 759.56万元，货币市场基金投资余额42 350.88万元，两项业务当年实现盈利13 345.93万元，浮动盈利12 475.30万元，盈利合计25 821.23万元。公司受托资金涉及证券投资信托业务共8个，金额合计590 799.45万元，主要用于二级市场证券投资。

4.5.2.3 操作风险状况

公司内部业务流程、计算机系统、工作人员在操作中的不完善或失误，可能给公司造成损失的风险。公司外部因素例如通信系统故障等，可能给公司造成损失或影响公司正常运行的风险。

2021年公司操作风险运行情况整体正常，未发生可能影响公司运营或损失的操作风险事件。根据公司操作风险自我检查及内控测试结果反映，当前公司各项规章制度能够得到有效执行，业务流程运行顺畅，能够满足公司的要求。

4.5.2.4 合规风险状况

合规风险是指金融企业因没有遵循法律、规则和准则或者员工因不合规的经营管理行为可能遭受法律制裁、监管处罚、重大财务损失和声誉损失的风险。合规风险包括反洗钱以及资本（充足率）管理的风险。

4.5.2.5 其他风险状况

其他风险主要指政策风险和集中度风险。政策风险集中表现为国家宏观政策、法律法规以及行业政策的变动对公司经营环境和未来发展所造成的影响。集中度风险是指交易集中于某一交易对手，或交易对手如果集中于某一行业或地区或共同具备某些经济特性，其风险通常会相应提高。

2021年，资管新规过渡期进入"倒计时"，伴随经济增速下行、房地产行业深度调整、新冠肺炎疫情反复冲击、股市分化加重等多重因素影响，"风险、监管、改革"仍是2021年金融领域工作的主旋律，同时"整顿、转型、创新"成为信托行业发展的主基调。在行业监管规则逐步细化、资管行业竞争日益激烈、风险因素前后叠加的环境下，公司迎难而上，用多种创新举措防范和化解风险，持续加强区域、行业、交易对手的集中度控制，较好地防范了集中度风险事件的发生。

4.5.3 风险管理

4.5.3.1 信用风险管理

一般准备、专项准备的计提方法和统计方法：公司每年一次按自有风险资产的五级分类结果计提资产损失准备。公司按信托法律法规规定，每年按当年净利润的5%计提信托赔偿准备金，当该信托赔偿准备金累计总额达到公司注册资本的20%时，不再提取。

根据原中国银行业监督管理委员会、财政部于2014年12月10日颁布的《信托业保障基金管理办法》（银监发〔2014〕50号）相关规定，信托业保障基金认购执行下列统一标准：信托公司按净资产余额的1%认购，每年4月底前以上年度末的净资产余额为基数动态调整；资金信托按新发行金额的1%认购，其中：属于购买标准化产品的投资性资金信托的，由信托公司认购；属于融资性资金信托的，由融资者认购。在每个资金信托产品发行结束时，缴入信托公司基金专户，由信托公司按季向保障基金公司集中划缴；新设立的财产信托按信托公司收取报酬的5%计算，由信托公司认购。

抵押品确认的主要原则：抵押品属依法可办理抵押的物品，抵押品权属清晰，确属担保人所有，不存在限制转移的情形，变现能力强。抵押品评估价值由中介评估机构确认，融资本金基本上不高于抵押品确认价值的55%。

保证贷款管理原则：严格控制谨慎从事保证方式贷款，贷款方必须具备经公司认定的良好的信用纪录，保证方必须是具有很强保证能力的企业。公司对保证能力进行充分审查，谨慎签署保证合同，明确融资方与保证人的权利与义务，防止公司信用风险。

制定严格的项目立项及集体决策制度，择优筛选项目，实现控制信用风险关口前移。

4.5.3.2 市场风险管理

针对证券市场风险，公司以稳健、谨慎的投资理念投资证券产品。制定了证券业务的规章制度，规范操作程序，设定风险防范措施。建立日常的业务决策审批制度。引进、配备高素质的专业人才，组织专门人员研究金融市场形势，分析证券市场行情，为业务决策审批提供方案，在市场风险可控的状况下，实施证券投资运营。

4.5.3.3 操作风险管理

公司制定了操作风险管理制度，操作风险管理覆盖公司各个部门，并由稽核审计部对操作风险管理体系的运作情况进行定期检查评估。

公司通过完善业务操作流程，严格划分业务前台、中台、后台，加强员工培训、提高员工技能等措施控制操作风险。

业务前台负责受理和初审业务，并负责业务的具体操作，完成项目审批前的尽职调查、方案设计和提交，以及项目审批后的合同签署、产品发售、投资交易、客户服务等工作，并在持续监控项目的过程中适时启动提前收款、贷款利率调整、要求履约担保、审计、诉讼、召开受益人会议等管理措施。前台由各业务部门组成。

中台贯穿于业务的决策程序和管理环节。负责项目的合法、合规性审核，风险评估、议事决策，以及业务综合管理与过程控制，和前台部门共同完成事前防范和事中控制，针对各种风险提出指导意见和改进措施，并对风险发出预警信号。中台部门由项目评审部、风险管理部、法律合规部组成。

后台负责对业务进行财务管理、会计核算、审计监督，为前台、中台提供服务支持、信息服务和监督评价。后台由托管部、财务部（股权管理部）、稽核审计部等组成。

公司通过配置券商的PB系统，加强了证券操作风险的控制，将固有、信托证券业务严格纳入该系统操作，按照设定的证券池以及预警线和止损线设置指标，每日实时监控交易状况，有效地防止人为的违规操作和越权操作，对预警和止损发出风险信号，提高了总体风险控制的效果。

4.5.3.4 合规风险管理

公司设置法律合规部，全面负责公司合规工作。同时根据政策规定和监管部门指导意见，在公司层面通过完善制度，确保有关政策得以顺利执行。

4.5.3.5 其他风险管理

公司通过对宏观政策、行业政策、法律法规的跟踪和研究，提高经营预见性，控制政策风险。通过对关键行业和企业进行总量控制的方式，严格控制集中度风险。

5.报告期末及上一年度末的比较式会计报表

5.1 固有资产

5.1.1 会计师事务所审计意见全文

审计报告

信会师报字〔2022〕第ZK20735号

昆仑信托有限责任公司全体股东：

一、审计意见

我们审计了昆仑信托有限责任公司（以下简称昆仑信托）财务报表，包括2021年12月31日的资产负债表、2021年度的利润表、现金流量表、所有者权益变动表以及相关财务报表附注。

我们认为，后附的财务报表在所有重大方面按照企业会计准则的规定编制，公允反映了昆仑信托2021年12月31日的财务状况以及2021年度的经营成果和现金流量。

二、形成审计意见的基础

我们按照中国注册会计师审计准则的规定执行了审计工作。审计报告的"注册会计师对财务报表审计的责任"部分进一步阐述了我们在这些准则下的责任。按照中国注册会计师职业道德守则，我们独立于昆仑信托，并履行了职业道德方面的其他责任。我们相信，我们获取的审计证据是充分、适当的，为发表审计意见提供了基础。

三、管理层和治理层对财务报表的责任

昆仑信托管理层（以下简称管理层）负责按照企业会计准则的规定编制财务报表，使其实现公允反映，并设计、执行和维护必要的内部控制，以使财务报表不存在由于舞弊或错误导致的重大错报。

在编制财务报表时，管理层负责评估昆仑信托的持续经营能力，披露与持续经营相关的事项（如适用），并运用持续经营假设,除非计划进行清算、终止运营或别无其他现实的选择。

治理层负责监督昆仑信托的财务报告过程。

四、注册会计师对财务报表审计的责任

我们的目标是对财务报表整体是否不存在由于舞弊或错误导致的重大错报获取合理保证,并出具包含审计意见的审计报告。合理保证是高水平的保证,但并不能保证按照审计准则执行的审计在某一重大错报存在时总能发现。错报可能由于舞弊或错误导致,如果合理预期错报单独或汇总起来可能影响财务报表使用者依据财务报表作出的经济决策,则通常认为错报是重大的。

在按照审计准则执行审计工作的过程中,我们运用职业判断,并保持职业怀疑。同时,我们也执行以下工作:

(1)识别和评估由于舞弊或错误导致的财务报表重大错报风险,设计和实施审计程序以应对这些风险,并获取充分、适当的审计证据,作为发表审计意见的基础。由于舞弊可能涉及串通、伪造、故意遗漏、虚假陈述或凌驾于内部控制之上,未能发现由于舞弊导致的重大错报的风险高于未能发现由于错误导致的重大错报的风险。

(2)了解与审计相关的内部控制,以设计恰当的审计程序。

(3)评价管理层选用会计政策的恰当性和作出会计估计及相关披露的合理性。

(4)对管理层使用持续经营假设的恰当性得出结论。同时,根据获取的审计证据,就可能导致对昆仑信托持续经营能力产生重大疑虑的事项或情况是否存在重大不确定性得出结论。如果我们得出结论认为存在重大不确定性,审计准则要求我们在审计报告中提请报表使用者注意财务报表中的相关披露;如果披露不充分,我们应当发表非无保留意见。我们的结论基于截至审计报告日可获得的信息。然而,未来的事项或情况可能导致昆仑信托不能持续经营。

(5)评价财务报表的总体列报、结构和内容,并评价财务报表是否公允反映相关交易和事项。

(6)就昆仑信托中实体或业务活动的财务信息获取充分、适当的审计证据,以对财务报表发表审计意见。我们负责指导、监督和执行集团审计,并对审计意见承担全部责任。

我们与治理层就计划的审计范围、时间安排和重大审计发现等事项进行沟通,包括沟通我们在审计中识别出的值得关注的内部控制缺陷。

立信会计师事务所	中国注册会计师:韩子荣
(特殊普通合伙)	中国注册会计师:程英
中国·上海	2022年4月25日

5.1.2 资产负债表

资产负债表

编制单位:昆仑信托有限责任公司　　2021年12月31日　　单位:万元

资产	期末余额	上年年末余额
资产:	—	—
现金及存放中央银行款项	—	—
存放同业款项	83 391.74	45 443.66
贵金属	—	—
拆出资金	—	—
衍生金融资产	—	—
存出保证金	—	—
应收款项	—	—
合同资产	—	—
买入返售金融资产	92 001.32	135 036.89
持有待售资产	—	—
发放贷款和垫款	10 944.79	11 913.98
金融投资:		
交易性金融资产	392 742.23	343 143.83
债权投资	648 821.51	605 822.68
其他债权投资	—	—
其他权益工具投资	148 516.21	141 297.93
长期股权投资	2 519.11	2 377.88
投资性房地产	—	—
固定资产	11 295.20	11 189.57
在建工程	2 058.90	994.04
使用权资产	18 795.35	—
无形资产	1 859.69	1 807.86
商誉	—	—
递延所得税资产	41 893.69	36 258.57
其他资产	133 023.76	117 327.65
资产总计	1 587 863.51	1 452 614.55
负债和所有者权益(或股东权益)	期末余额	上年年末余额
负债:		
短期借款	146 236.44	—
同业及其他金融机构存放款项	—	—
拆入资金	—	—
交易性金融负债	—	—
衍生金融负债	—	—
卖出回购金融资产款	—	—
应付职工薪酬	1 649.11	1 322.08
应交税费	2 075.51	9 160.99
应付款项		

续表

资产	期末余额	上年年末余额
合同负债	—	—
持有待售负债	—	—
预计负债	—	—
长期借款	—	—
应付债券	—	—
其中：优先股	—	—
永续债	—	—
租赁负债	19 412.49	—
递延收益	—	—
递延所得税负债	10 109.30	7 307.97
其他负债	38 226.29	36 224.48
负债合计	217 709.13	54 015.53
所有者权益（或股东权益）：		
实收资本（或股本）	1 022 705.89	1 022 705.89
其他权益工具	—	—
其中：优先股	—	—
永续债	—	—
资本公积	62 608.95	62 663.74
减：库存股	—	—
其他综合收益	3 428.99	5 930.23
盈余公积	99 377.20	95 946.05
一般风险准备	64 468.81	62 753.23
未分配利润	117 564.53	148 599.88
所有者权益（或股东权益）合计	1 370 154.37	1 398 599.03
负债和所有者权益（或股东权益）总计	1 587 863.51	1 452 614.55

法定代表人：王增业　　财务总监：张建慧　　会计机构负责人：康剑桥

续表

项目	本期金额	上期金额
净敞口套期收益（损失以"-"号填列）	—	—
其他收益	29.44	59.43
公允价值变动收益（损失以"-"号列示）	14 536.18	-11 563.21
汇兑收益（损失以"-"号列示）	—	—
其他业务收入	62.24	94.44
资产处置收益（损失以"-"号填列）	—	—
二、营业总支出	97 947.45	37 209.19
税金及附加	530.06	836.63
业务及管理费	31 113.92	31 190.85
信用减值损失	66 274.02	5 118.75
其他资产减值损失	—	—
其他业务成本	29.44	62.96
三、营业利润（亏损以"-"号列示）	44 208.32	168 778.07
加：营业外收入	9.54	-2 959.00
减：营业外支出	112.17	3.59
四、利润总额（亏损总额以"-"号列示）	44 105.69	165 815.48
减：所得税费用	9 794.21	39 564.91
五、净利润（净亏损以"-"号列示）	34 311.48	126 250.57
（一）持续经营净利润（净亏损以"-"号填列）	34 311.48	126 250.57
（二）终止经营净利润（净亏损以"-"号填列）	—	—
六、其他综合收益的税后净额	-2 501.24	5 916.98
（一）不能重分类进损益的其他综合收益	-2 498.15	5 916.56
1.重新计量设定受益计划变动额	—	—
2.权益法下不能转损益的其他综合收益	—	—
3.其他权益工具投资公允价值变动	-2 498.15	5 916.56
4.企业自身信用风险公允价值变动	—	—
（二）将重分类进损益的其他综合收益	-3.08	0.42
1.权益法下可转损益的其他综合收益	-3.08	0.42
2.其他债权投资公允价值变动	—	—
3.金融资产重分类计入其他综合收益的金额	—	—
4.其他债权投资信用损失准备	—	—
5.现金流量套期储备（现金流量套期损益的有效部分）	—	—
6.外币财务报表折算差额	—	—
7.其他	—	—
七、综合收益总额	31 810.25	132 167.55
八、每股收益		
（一）基本每股收益（元/股）	—	—
（二）稀释每股收益（元/股）	—	—

5.1.3 利润表

利润表

编制单位：昆仑信托有限责任公司　　2021年12月31日　　单位：万元

项目	本期金额	上期金额
一、营业总收入	142 155.77	205 987.26
利息净收入	1 465.65	2 620.00
其中：利息收入	1 809.56	2 620.00
利息支出	343.91	—
手续费及佣金净收入	72 341.42	97 551.24
其中：手续费及佣金收入	72 341.42	97 570.89
手续费及佣金支出	—	19.65
投资收益（损失以"-"号列示）	53 720.83	117 225.35
其中：对联营企业和合营企业的投资收益	199.11	89.47
以摊余成本计量的金融资产终止确认产生的收益（损失以"-"号填列）	—	—

法定代表人：王增业　　财务总监：张建慧　　会计机构负责人：康剑桥

5.1.4 所有者权益变动表

所有者权益变动表

编制单位：昆仑信托有限责任公司　　2021年12月31日　　单位：万元

项目	本期金额									
	实收资本（或股本）	其他权益工具			资本公积	减：库存股	其他综合收益	盈余公积	一般风险准备	未分配利润	所有者权益（或股东权益）合计
		优先股	永续债	其他							
一、上年年末余额	1 022 705.89	—	—	—	62 663.74	—	5 930.23	95 946.05	62 753.23	148 599.88	1 398 599.03
加：会计政策变更	—	—	—	—	—	—	—	—	—	—	—
前期差错更正	—	—	—	—	—	—	—	—	—	—	—

续表

项目	本期金额									
	实收资本（或股本）	其他权益工具			资本公积	减：库存股	其他综合收益	盈余公积	一般风险准备	未分配利润	所有者权益（或股东权益）合计
		优先股	永续债	其他							
其他	—	—	—	—	—	—	—	—	—	—	—
二、本年年初余额	1 022 705.89	—	—	—	62 663.74	—	5 930.23	95 946.05	62 753.23	148 599.88	1 398 599.03
三、本年增减变动金额（减少以"-"号填列）	—	—	—	—	-54.79	—	-2 501.24	3 431.15	1 715.57	-31 035.35	-28 444.65
（一）综合收益总额	—	—	—	—	—	—	-2 501.24	—	—	34 311.48	31 810.25
（二）所有者投入和减少资本	—	—	—	—	-54.79	—	—	—	—	—	-54.79
1.所有者投入的普通股	—	—	—	—	—	—	—	—	—	—	—
2.其他权益工具持有者投入资本	—	—	—	—	—	—	—	—	—	—	—
3.股份支付计入所有者权益的金额	—	—	—	—	—	—	—	—	—	—	—
4.其他	—	—	—	—	-54.79	—	—	—	—	—	-54.79
（三）利润分配	—	—	—	—	—	—	—	3 431.15	1 715.57	-65 346.83	-60 200.11
1.提取盈余公积	—	—	—	—	—	—	—	3 431.15	—	-3 431.15	—
2.提取一般风险准备	—	—	—	—	—	—	—	—	1 715.57	-1 715.57	—
3.对所有者（或股东）的分配	—	—	—	—	—	—	—	—	—	-60 200.11	-60 200.11
4.其他	—	—	—	—	—	—	—	—	—	—	—
（四）所有者权益内部结转	—	—	—	—	—	—	—	—	—	—	—
1.资本公积转增资本（或股本）	—	—	—	—	—	—	—	—	—	—	—
2.盈余公积转增资本（或股本）	—	—	—	—	—	—	—	—	—	—	—
3.盈余公积弥补亏损	—	—	—	—	—	—	—	—	—	—	—
4.设定受益计划变动额结转留存收益	—	—	—	—	—	—	—	—	—	—	—
5.其他综合收益结转留存收益	—	—	—	—	—	—	—	—	—	—	—
6.其他	—	—	—	—	—	—	—	—	—	—	—
四、本期期末余额	1 022 705.89	—	—	—	62 608.95	—	3 428.99	99 377.20	64 468.81	117 564.53	1 370 154.37

法定代表人：王增业　　　　　　　　　财务总监：张建慧　　　　　　　　　会计机构负责人：康剑桥

5.2 信托资产

5.2.1 信托项目资产负债汇总表

信托项目资产负债汇总表

编制单位：昆仑信托有限责任公司　　2021年度　　单位：万元

项目	期末余额	年初余额
信托资产：	—	—
1.货币资金	433 031.71	182 188.03
2.拆出资金	—	—
3.存出保证金	—	—
4.交易性金融资产	492 004.53	525 899.75
5.衍生金融资产	—	—
6.买入返售金融资产	—	—
其中：6.1买入返售证券	—	—
6.2买入返售信贷资产	—	—
7.应收款项	14 745.64	18 758.14
8.发放贷款	8 457 465.44	8 865 338.73
其中：8.1基础产业	1 335 050.00	1 952 280.23
8.2房地产	760 200.00	925 800.00
9.可供出售金融资产	—	—
10.持有至到期投资	7 632 539.34	9 990 533.05
11.长期应收款	—	—
12.长期股权投资	2 102 337.25	2 419 955.73

续表

项目	期末余额	年初余额
其中：12.1基础产业	9 100.00	9 100.00
12.2房地产	—	—
13.投资性房地产	—	—
14.固定资产	—	—
15.无形资产	—	—
16.长期待摊费用	—	—
17.其他资产	443 400.00	—
18.信托资产总计	19 575 523.91	22 002 673.43
19.各项资产减值准备	—	—
信托负债：	—	—
20.交易性金融负债	—	—
21.衍生金融负债	—	—
22.应付受托人报酬	5 232.49	1 171.68
23.应付托管费	374.77	234.36
24.应付受益人收益	177.88	1 972.77
25.应交税费	1 610.61	1 223.41
26.应付销售服务费	—	—
27.其他应付款项	80 794.85	110 841.30
28.其他负债	—	—
29.信托负债合计	88 190.60	115 443.52
信托权益	—	—
30.实收信托	19 239 407.37	21 584 672.32

续表

项目	期末余额	年初余额
30.1 资金信托	17 161 932.56	19 280 643.38
30.1.1 集合	8 625 086.64	10 862 046.68
30.1.2 单一	8 536 845.92	8 418 596.70
30.2 财产信托	2 077 474.81	2 304 028.94
30.2.1 信贷资产证券化	—	—
30.2.2 其他资产（准）证券化	68 404.22	440 709.48
31. 资本公积	31 496.75	50 010.75
32. 外币报表折算差额		
33. 未分配利润	216 429.19	252 546.84
34. 信托权益合计	19 487 333.31	21 887 229.91
35. 信托负债和信托权益总计	19 575 523.91	22 002 673.43

法定代表人：王增业　财务总监：张建慧　托管部负责人：武义双　填表人：邵国忠

5.2.2 信托项目利润及利润分配汇总表

信托项目及利润分配汇总表

编制单位：昆仑信托有限责任公司　2021年度　单位：万元

项目	本年度累计	上年度累计
1. 营业收入	1 037 648.76	1 472 175.81
1.1 利息收入	503 757.55	551 545.30
1.2 投资收益（损失以"-"号填列）	547 482.16	905 323.10
1.2.1 其中：对联营企业和合营企业的投资收益	—	—
1.3 公允价值变动收益（损失以"-"号填列）	-13 610.15	15 134.79
1.4 租赁收入		
1.5 汇兑损益（损失以"-"号填列）		
1.6 其他收入	19.20	172.62
2. 支出	82 090.28	136 527.45
2.1 营业税金及附加	2 800.16	3 636.83
2.2 受托人报酬	67 440.83	103 398.84
2.3 托管费	3 461.87	5 048.28
2.4 投资管理费		
2.5 销售服务费	317.60	474.79
2.6 交易费用	229.14	276.20
2.7 资产减值损失		
2.8 其他费用	7 840.68	23 692.51
3. 信托净利润（净亏损以"-"号填列）	955 558.48	1 335 648.36
4. 其他综合收益		
5. 综合收益	955 558.48	1 335 648.36
6. 加：期初未分配信托利润	252 546.84	282 850.82
7. 可供分配的信托利润	1 208 105.32	1 618 499.17
8. 减：本期已分配信托利润	991 676.13	1 365 952.33
9. 期末未分配信托利润	216 429.19	252 546.84

法定代表人：王增业　财务总监：张建慧　托管部负责人：武义双　填表人：邵国忠

6. 会计报表附注

6.1 会计报表编制基准不符合会计核算基本前提的说明

6.1.1 会计报表编制基准不符合会计核算基本前提说明

无。

6.1.2 本公司未编制合并会计报表

6.2 或有事项说明

截至2021年12月31日，公司无需披露的重大或有事项。

6.3 重要资产转让及其出售的说明

报告期内，本公司无重要资产转让及出售。

6.4 会计报表中重要项目的明细资料

6.4.1 固有资产经营情况

6.4.1.1 信用风险资产的期初数、期末数

信用风险资产五级分类	正常类（万元）	关注类（万元）	次级类（万元）	可疑类（万元）	损失类（万元）	信用风险资产合计（万元）	不良合计（万元）	不良率（%）
期初数	625 116.92	102 546.08	45 295.46	65 786.86	43 627.44	882 372.76	154 709.76	9.68
期末数	468 107.86	374 695.11	54 239.35	14 900.00	50 886.85	962 829.17	120 026.20	6.84

注：不良资产合计＝次级类+可疑类+损失类。

6.4.1.2 各项资产减值损失准备的期初、本期计提、本期转回、本期核销、期末数

单位：万元

项目	期初数	本期计提	本期转回	本期核销	期末数
贷款损失准备	116.01	-33.3	—	—	82.71
一般准备	116.01	-33.3	—	—	82.71
专项准备					
其他资产减值准备					
债权投资减值准备	57 785.46	51 389.57			109 175.03
长期股权投资减值准备	37.6				37.6
坏账准备	87 082.80	14 917.76		43 731.50	58 269.06
投资性房地产减值准					

6.4.1.3 固有股票投资、基金投资、债券投资、股权投资等投资业务的期初数、期末数

单位：万元

项目	固有股票	基金	债券	长期股权投资
期初数	26 388.43	70 784.49	—	2 377.88
期末数	43 759.56	42 350.88	—	2 519.11

6.4.1.4 前五名的固有长期股权投资的企业名称、占被投资企业权益的比例及投资收益情况

单位：万元

企业名称	占被投资企业权益的比例（%）	投资收益（万元）
国联产业投资基金管理（北京）有限公司	38.46	199.11

6.4.1.5 前五名的固有贷款的企业名称、占贷款总额的比例和还款情况

企业名称	占贷款总额的比例（%）	还款情况
江油鸿飞投资（集团）有限公司	100	未到期

6.4.1.6 表外业务的期初数、期末数

无表外业务。

6.4.1.7 公司当年收入结构

收入结构	金额（万元）	占比（%）
手续费及佣金收入	72 341.42	50.76
其中：信托手续费收入	72 341.42	50.76
投资银行业务收入	—	—
利息收入	1 809.56	1.27
其他业务收入	91.68	0.06
其中：计入信托业务收入部分	—	—
投资收益	53 720.83	37.70
其中：股权投资收益	5 236.99	3.67
其他投资收益	48 483.84	34.02
公允价值变动收益	14 536.18	10.20
营业外收入	9.54	0.01
收入合计	142 509.21	100

注：手续费及佣金收入、利息收入、其他业务收入、投资收益、营业外收入均应为损益表中的一级科目，其中手续费及佣金收入、利息收入、营业外收入为未抵减掉相应支出的全年累计实现收入数。

6.4.2 信托资产管理情况

6.4.2.1 信托资产的期初数、期末数

单位：万元

信托资产	期初数	期末数
集合	11 055 448.66	8 778 979.64
单一	8 546 423.81	8 665 874.30
财产权	2 400 800.96	2 130 669.97
合计	22 002 673.43	19 575 523.91

6.4.2.1.1 主动管理型信托业务期初数、期末数

单位：万元

主动管理型信托资产	期初数	期末数
证券投资类	702 707.25	240 389.20
股权投资类	2 102 162.28	1 946 161.00
融资类	13 990 351.43	12 346 784.76
事务管理类	2 601.09	4 003.88
合计	16 797 822.05	14 537 338.84

6.4.2.1.2 被动管理型信托业务期初数、期末数

单位：万元

被动管理型信托资产	期初数	期末数
证券投资类	—	—
股权投资类	326 347.03	260 013.91
融资类	—	—
事务管理类	4 878 504.35	4 778 171.16
合计	5 204 851.38	5 038 185.07

6.4.2.2 本年度已清算结束的信托项目个数、实收信托合计金额、加权平均实际年化收益率

6.4.2.2.1 本年度已清算结束的集合类、单一类资金信托项目和财产管理类信托项目个数、金额、加权平均实际年化收益率

单位：万元

已清算结束信托项目	项目个数	合计金额	加权平均实际年化收益率
集合类	34	1 593 702.00	6.64
单一类	16	1 566 534.00	5.73
财产管理类	13	1 820 276.99	5.46

注：加权平均实际年化收益率=（信托项目1的实际年化收益率×信托项目1的资产总计+信托项目2的实际年化收益率×信托项目2的资产总计+…信托项目n的实际年化收益率×信托项目n的资产总计）/（信托项目1的资产总计+信托项目2的资产总计+…信托项目n的资产总计）×100%。

6.4.2.2.2 本年度已清算结束的主动管理型信托项目个数、合计金额、加权平均实际年化收益率

已清算结束信托项目	项目个数（个）	合计金额（万元）	信托报酬率（%）	加权平均实际年化收益率（%）
证券投资类	2	83 260.00	0.12	1.73
股权投资类	4	1 447 792.00	0.48	5.79
融资类	37	1 357 184.00	1.13	6.78
事务管理类	—	—	—	—

6.4.2.2.3 本年度已清算结束的被动管理型信托项目个数、合计金额、加权平均实际年化收益率

已清算结束信托项目	项目个数（个）	合计金额（万元）	信托报酬率（%）	加权平均实际年化收益率（%）
证券投资类	—	—	—	—
股权投资类	—	—	—	—
融资类	—	—	—	—
事务管理类	20	2 092 276.99	0.07	5.62

6.4.2.3 本年度新增的集合类、单一类和财产管理类信托项目个数、合计金额

新增信托项目	项目个数（个）	合计金额（万元）
集合类	25	627 325.06
单一类	22	891 422.55
财产管理类	14	220 300.50
新增合计	61	1 739 048.11
其中：主动管理型	43	868 628.05
被动管理型	18	870 420.06

6.4.2.4 本公司履行受托人义务情况及因本公司自身责任而导致的信托资产损失情况

本公司根据《信托法》《信托公司管理办法》等相关法律法规的规定，在管理或处分信托财产时，履行了恪尽职守、诚实、信用、谨慎、有效管理的义务。具体为：（1）遵守信托文件的规定，为受益人的最大利益处理信托事务；

（2）将受托人的固有财产与信托财产进行分别管理、分别记账，并将不同委托人的信托财产分别管理、分别记账。

截至2021年12月31日，本公司未发生因自身责任导致信托资产损失的情况。

6.4.2.5 信托赔偿准备金的提取、使用和管理情况

公司按信托法律法规规定，每年按当年净利润的5%计提信托赔偿准备金，当该信托赔偿准备金累计总额达到公司注册资本的20%时，不再提取。

6.5 关联方关系及其交易的披露

6.5.1 关联交易方的数量、关联交易的总金额及关联交易的定价政策

项目	关联交易数量	关联交易金额（万元）	定价政策
合计	5	1 092 432.32	坚持价格公允原则，由当事人依据市场价格通过合同约定

注：关联交易以《公司法》和《企业会计准则第36号——关联方披露》有关规定为准。

6.5.2 关联交易方与本公司的关系性质、关联交易方基本信息

关系性质	关联方名称	法定代表人	注册地址	注册资本	主营业务
受同一大股东控股	中国石油天然气集团公司商业储备油分公司	黄阜生	北京市西城区六铺炕街6号1号楼523房间	500 000万元	石油和天然气开采辅助活动
	北京国联能源产业投资基金	执行事务合伙人委派代表王增业	北京市昌平区科技园区创新路7号2号楼2027号	505亿元	投资、投资管理、投资咨询服务
	内蒙古基兴泰铁路运输有限责任公司	赵守忠	内蒙古自治区呼和浩特市赛罕区金桥开发区金桥路中油呼炼小区平招10栋	500万元	铁路货运服务、普通道路货物运输等
	中国石油天然气股份有限公司安徽销售分公司	张用军	安徽省合肥市庐阳区濉溪路278号	18 302 097万元	代理母公司有关业务，加油站便利店及配套服务业务（涉及许可证的凭许可证经营）

6.5.3 本公司与关联方的重大交易事项

6.5.3.1 固有财产与关联方交易情况

单位：万元

分类	期初数	借方发生额	贷方发生额	期末数
贷款	—	—	—	—
投资	—	—	—	—
租赁	—	5 059.68	58.58	—
其他	—	4 112.32	35.26	—
合计	—	9 172.00	93.84	—

6.5.3.2 信托与关联方交易情况

信托与关联方关联交易 单位：万元

分类	期初数	借方发生额	贷方发生额	期末数
贷款	492 584.18	—	152.86	492 431.32
投资	600 000.00	—	—	600 000.00
租赁	—	—	—	—
担保	—	—	—	—
应收账款	—	—	—	—
其他	—	490.00	489.00	1.00
合计	1 092 584.18	490.00	641.86	1 092 432.32

6.5.3.3 固信交易与信信交易情况

6.5.3.3.1 固信交易情况

固有财产与信托财产相互交易 单位：万元

项目	期初数	本期发生额	期末数
合计	744 741.31	118 166.24	862 907.55

6.5.3.3.2 信信交易情况

信托资产与信托财产相互交易 单位：万元

项目	期初数	本期发生额	期末数
合计	3 016 603.31	-538 399.46	2 478 203.85

6.5.4 关联方逾期未偿还本公司资金情况及本公司为关联方担保垫款情况

报告期内，无关联方逾期未偿还情况发生，无为关联方担保垫款情况。

6.6 会计制度的披露

固有业务（自营业务）：本公司执行《企业会计准则》和《金融企业会计制度》及相关规定。

信托业务：本公司执行《企业会计准则》和《金融企业会计制度》及相关规定。

7. 财务情况说明书

7.1 利润实现和分配情况

2021年利润总额44 105.69万元，同比减少121 709.79万元，下降73.4%。净利润34 311.48万元，同比减少91 939.09万元，下降72.82%。

报告期未分配利润变动情况如下表所示。

单位：万元

项目	金额
本年年初余额	148 599.88
本年增加额	34 311.48
其中：本年净利润转入	34 311.48
其他调整因素	—
本年减少额	65 346.83

续表

项　目	金　额
其中：本年提取盈余公积	3 431.15
本年提取一般风险准备	1 715.57
本年分配现金股利数	60 200.11
转增资本	—
其他减少	
本年年末余额	117 564.53

7.2　主要财务指标

指标名称	指标值
资本利润率（%）	2.48
加权年化信托报酬率（%）	0.31
人均净利润（万元）	123.87

注：1.资本利润率＝净利润/所有者权益平均余额×100%。
　　2.加权年化信托报酬率＝（信托项目1的实际年化信托报酬率×信托项目1的实收信托＋信托项目2的实际年化信托报酬率×信托项目2的实收信托＋…信托项目n的实际年化信托报酬率×信托项目n的实收信托）/（信托项目1的实收信托＋信托项目2的实收信托＋…信托项目n的实收信托）×100%。
　　3.人均净利润＝净利润/年平均人数。
　　4.平均值采取年初、年末余额简单平均法。

7.3　对本公司财务状况、经营成果有重大影响的其他事项

无。

8.特别事项揭示

8.1　前五名股东报告期内变动情况及原因

本报告期内股东无变化。

8.2　董事、监事及高级管理人员变动情况及原因

职务	前任	现任	变动原因
董事	肖华、吴妍、赵雪松、陈雄、邢成、寇日明、崔树霖	王增业、吴妍、赵雪松、宣力勇、陈雄、刘杉、寇日明、崔树霖、万钧	变更董事长，新增董事一名，独立董事任期满6年重新选举，职代会重新选举产生职工董事
监事	朱德操、陈六亿、于丽娜、马荣伟、邹艳飞	朱德操、陈六亿、于丽娜、邹艳飞、李志华	职代会重新选举产生职工监事
高级管理人员	吴妍、朱佳平、刘刚、黄志斌、张建慧、周江天	吴妍、刘刚、张建慧、矫德峰、周江天、同志勇、刘坡阳、马向阳	工作分工调整，重新选聘

8.3　公司的重大诉讼事项

序号	被告/被执行人	诉讼基本情况	诉讼（仲裁）进展
1	昆仑信托有限责任公司	中国平安财产保险股份有限公司上海分公司诉武汉金凤珠宝股份有限公司和昆仑信托有限责任公司合同纠纷案	昆仑信托收到武汉市中级人民法院发来的关于平安财险上海分公司起诉武汉金凤（被告一）和昆仑信托（被告二）的《应诉通知书》，请求撤销原告与被告一、被告二签订的财产保险合同及与该保险合同有关的所有文件。2021年10月14日，武汉市中级人民法院裁定中止诉讼
2	颐和地产集团浙江有限公司、颐和地产集团有限公司、浙江颐兴置业有限公司、广州南开房地产开发有限公司	因与被执行人的合同纠纷，向法院申请追究被执行人的责任	2021年1月11日，湖州中院对本强制执行案件立案。2021年11月29日，浙江省长兴县人民法院出具的《民事裁定书》〔（2021）浙0522破申39号〕裁定受理颐兴置业破产清算。2022年1月19日，昆仑信托收到部分抵押物拍卖分配款5 000万元
3	重庆天江坤宸置业有限公司、重庆爱普地产（集团）有限公司、重庆腾翔实业有限公司、重庆隆鑫花漾山地产有限公司、重庆隆鑫隆骏房地产开发有限公司	因与被执行人的合同纠纷，向法院申请追究被执行人的责任	2021年3月18日，重庆市第一中级人民法院对本强制执行案件立案。随后完成抵押物的查封工作
4	北京城市之光生态环境有限公司、宋小青	因与被执行人的合同纠纷，向法院申请追究被执行人的责任	2021年7月28日，北京二中院对本强制执行案件立案。随后法院对被执行人相关财产进行查封、冻结
5	城博（宁波）置业有限公司、舟山银亿房地产开发有限公司、恒大地产集团有限公司	因与被执行人的合同纠纷，向法院申请追究被执行人的责任	2021年11月9日，舟山市中级人民法院对本强制执行案件立案，2022年2月7日，昆仑信托收到舟山中院于2021年1月26日出具的《执行裁定书》〔（2021）浙09执214号之一〕，中止（2021）浙甬永证民字第6695号执行证书的执行
6	新世界中国地产（海口）有限公司、恒大地产集团	因与被申请人的合同纠纷，向北京仲裁委申请追究被申请人的责任	2021年11月10日，北京仲裁委员会受理本案件，出具关于（2021）京仲案字第6353号仲裁案受理通知
7	启东誉豪置业有限公司、启东欢华置业有限公司、中国恒大集团	因与被申请人的合同纠纷，向北京仲裁委申请追究被申请人的责任	2021年11月10日，北京仲裁委员会受理本案件，出具关于（2021）京仲案字第6354号仲裁案受理通知
8	呼伦贝尔市城市建设投资（集团）有限责任公司、呼伦贝尔市投资有限责任公司	因与被申请人的合同纠纷，向北京仲裁委申请追究被申请人的责任	2021年11月30日，北京仲裁委员会受理本案件，出具关于（2021）京仲案字第6791号仲裁案受理通知书。2022年3月4日已开庭
9	天津琅壹达企业管理有限公司、阳光壹佰置业集团有限公司	因与被执行人的合同纠纷，向法院申请追究被执行人的责任	2021年11月16日，天津市第一中级人民法院对本强制执行案件立案，随后法院对被执行人相关财产进行查封、冻结
10	深圳深业物流集团股份有限公司、宝能世纪有限公司、正大（深圳）发展有限公司、深圳市宝能投资集团有限公司、宝能控股（中国）有限公司、姚振华	因与被执行人的合同纠纷，向法院申请追究被执行人的责任	2021年12月2日，北京市三中院对本强制执行案件立案，随后法院对被执行人相关财产进行查封、冻结

8.4 公司及其董事、监事和高级管理人员受到处罚情况

2021年,公司共收到行政处罚2份。一是因个别反洗钱案例排除理由不充分,2021年7月中国人民银行宁波市中心支行对公司出具行政处罚决定书,决定对公司处罚款20万元。此项处罚不属于《中国人民银行行政处罚程序规定》第十三条规定的重大行政处罚情形,且罚款适用罚款限度内较低标准。二是因公司对员工行为管理不到位,2021年7月中国银行保险监督管理委员会宁波监管局对公司出具行政处罚决定书,决定对公司处罚款30万元,并责令对相关直接责任人员给予纪律处分。此项处罚不属于《中国银保监会行政处罚办法》第六十条规定的严重处罚情形,且罚款适用罚款限度内较低标准。

8.5 本年度重大事项临时报告情况

(1)《2020年昆仑信托有限责任公司年度报告摘要》,披露于2021年4月29日《金融时报》信息披露26版、《证券时报》信息披露B493版、《上海证券报》信息披露26版。

(2)《昆仑信托有限责任公司关于变更董事长的公告》披露于2021年7月5日《上海证券报》信息披露/32版、《证券时报》信息披露B18版;

(3)《昆仑信托有限责任公司关于修订〈公司章程〉的公告》披露于2021年9月1日《上海证券报》信息披露/118版、《证券时报》信息披露B2版。

8.6 其他重要信息

8.6.1 净资本管理情况

截至2021年末,公司各项净资本管理指标均符合银保监会监管要求。年末净资本余额1 108 020.90万元;各项业务风险资本之和465 008.13万元,其中:固有业务风险资本260 006.18万元,信托业务风险资本205 001.95万元。净资本监管指标如下表所示。

序号	指标名称	指标值	监管要求
1	净资本余额(亿元)	110.80	≥2
2	固有业务风险资本(亿元)	26.00	—
3	信托业务风险资本(亿元)	20.50	—
4	各项业务风险资本之和(亿元)	46.50	—
5	净资本/各项业务风险资本之和(%)	238.28	≥100
6	净资本/净资产(%)	80.87	≥40

8.6.2 社会责任履行情况

昆仑信托坚持履行"服务社会、造福民生"的社会责任。

圆满完成"昆仑爱心"系列慈善信托三年捐助计划,助力四川、贵州、宁波等地的教育教学、养老助残等事业,让慈善之光温暖更多心灵。2021年面对新冠肺炎疫情持续波动,公司响应上级号召,积极组织党员、干部、员工落实疫苗接种、原地过年、居家隔离观察等措施,做到了员工"零感染"。积极参与乡村振兴计划,通过消费帮扶等方式帮助边远乡村。各级党组织、群团组织还通过"主题党日""主题团日""志愿服务"等形式积极参与植树造林、开展义务献血、环保志愿等社会公益事业。

2021年公司先后荣获宁波市鄞州区标杆企业奖,"金貔貅"金牌信托公司、金牌成长力金融机构、"诚信托"创新领先奖、最佳资产证券化信托产品奖。

9.公司监事会独立意见

9.1 关于公司依法运作情况的意见

报告期内,公司董事会按照股东会的决议要求,公司坚持依法合规经营,不断完善内部控制制度,决策程序符合法律、法规及公司章程的有关规定。董事会、高级管理层成员认真履行职责,未发现有违反法律法规、公司章程、股东会决议或损害公司利益、股东利益和信托受益人利益的行为。

9.2 关于公司财务报告的意见

报告期内,公司财务报告按照中国企业会计准则编制。经立信会计师事务所审计的公司财务报表真实、公允地反映了公司的财务状况和经营成果,会计师事务所出具的无保留意见书是客观公正的。

9.3 关于关联交易的意见

报告期内,公司关联交易业务,符合商业原则和银保监会监管要求,公司关联交易价格公允、程序合规,未发现有损害股东利益、公司利益和信托受益人利益的情形。

陆家嘴国际信托有限公司

1. 重要提示

1.1 本公司董事会及董事保证本报告所载资料不存在任何虚假记载、误导性陈述或者重大遗漏，并对其内容的真实性、准确性和完整性承担个别及连带责任。

1.2 本公司独立董事宫少林、李颖琦、毕玥声明：保证年度报告内容的真实、准确、完整。

1.3 普华永道中天会计师事务所（特殊普通合伙）根据中国注册会计师审计准则对本公司年度财务报告进行审计，出具了标准无保留意见的审计报告。

1.4 本公司董事长黎作强、总经理崔斌声明：保证年度报告中财务报告的真实、完整。

2. 公司概况

2.1 公司简介

2.1.1 公司历史沿革

陆家嘴国际信托有限公司（以下简称陆家嘴信托或公司）是上海陆家嘴金融发展有限公司（以下简称陆金发）控股的信托机构，注册资本为90亿元。公司注册地为青岛，在部分城市设立业务团队。公司前身为2003年10月15日经中国银监会批准成立的青岛海协信托投资有限公司（以下简称海协信托）。公司经过重组，2011年1月26日，中国银监会批复同意新疆威仕达实业（集团）股份有限公司、新疆棉花产业（集团）有限责任公司、中铁十八局集团有限公司、安徽丰原集团有限公司四家股东合计持有的海协信托71.606%的股权转让给陆金发；2011年5月5日，经工商变更登记，陆金发成为海协信托股东。2011年9月16日，中国银监会批复同意山东海川集团控股公司和青岛联宇时装有限公司两家股东合计持有海协信托28.394%的股权转让给青岛国信发展（集团）有限责任公司（以下简称青岛国信）；2011年10月27日，经工商变更登记，青岛国信成为海协信托股东。2012年2月27日，中国银监会批复同意公司名称变更为陆家嘴国际信托有限公司，同意公司根据《信托公司管理办法》的有关规定开展中国银监会批准的业务。至此，海协信托重组工作取得重大突破，为公司稳健成长揭开崭新的一页。2012年11月5日，中国银监会青岛监管局批复同意公司注册资本金由31 500万元变更为106 834.62万元。2014年12月15日，中国银监会批复同意公司注册资本金增至30亿元，增资后陆金发持股比例为71.606%，青岛国信持股比例为10.112%，青岛国信金融控股有限公司（以下简称国信金控）持股比例为18.282%。2018年6月25日，中国银监会批复同意公司注册资本金增至40亿元，公司股东出资比例保持不变，2018年7月27日公司完成工商变更登记手续。2020年11月19日，中国银保监会批复同意公司注册资本金增至48亿元，公司股东出资比例保持不变，2020年12月7日公司完成工商变更登记手续。2021年6月25日，中国银保监会青岛监管局批复同意公司注册资本金增至57亿元，公司股东出资比例保持不变，2021年6月28日公司完成工商变更登记手续。2021年11月12日，中国银保监会青岛监管局批复同意公司注册资本金增至90亿元，公司股东出资比例保持不变，2021年12月22日公司完成工商变更登记手续。该次增资有效地增强了公司资本实力。

2.1.2 基本信息

2.1.2.1 公司法定中文名称：陆家嘴国际信托有限公司

中文名称缩写：陆家嘴信托

公司法定英文名称：Lujiazui International Trust Corporation Limited

英文缩写：Lujiazui Trust

2.1.2.2 法定代表人：黎作强

2.1.2.3 注册地址：青岛市崂山区香港东路195号3号楼青岛上实中心12层

邮政编码：266071

公司国际互联网网址：http://www.ljzitc.com.cn

电子信箱：ljzxt@ljzitc.com.cn

2.1.2.4 公司负责信息披露事务的高级管理人员：马家顺

公司信息披露联系人：李炜

联系电话：021-50587809

传真：021-50588225

电子信箱：ljzxt@ljzitc.com.cn

2.1.2.5 公司选定的信息披露报纸：《上海证券报》

公司年度报告备置地点：青岛市崂山区香

港东路195号3号楼青岛上实中心12层

上海市浦东新区世纪大道1600号29楼

2.1.2.6 公司聘请的会计师事务所（年报审计机构）：普华永道中天会计事务所（特殊普通合伙）

住所：中国（上海）自由贸易试验区陆家嘴环路1318号星展银行大厦507单元01室

2.1.2.7 公司聘请的律师事务所（常年法律顾问）：上海市锦天城律师事务所

住所：上海市浦东新区银城中路501号上海中心大厦11楼

2.2 组织结构

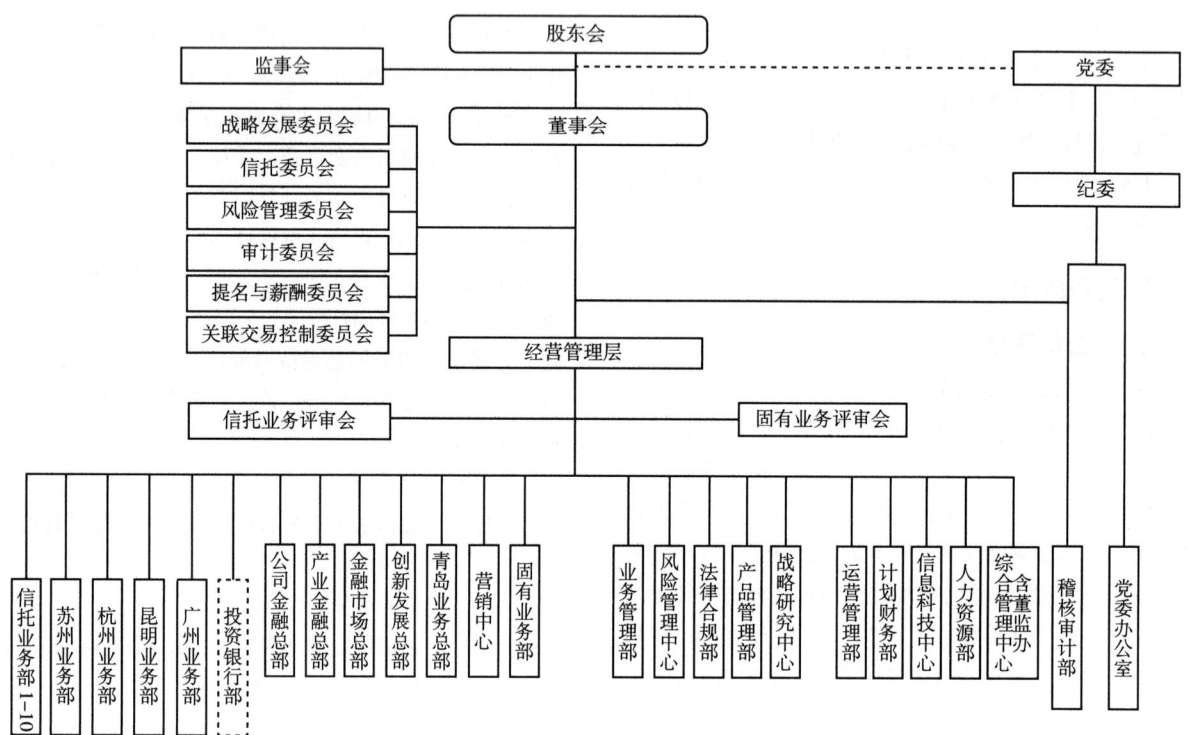

3. 公司治理

3.1 股东

报告期末股东总数为三家。其中，青岛国信金融控股有限公司为青岛国信发展（集团）有限责任公司直接和间接100%持股的子公司。

股东名称	持股比例（%）	法人代表	注册资本（万元）	注册地址	主要经营业务及主要财务情况
上海陆家嘴金融发展有限公司★	71.606	黎作强	800 000	中国（上海）自由贸易试验区世纪大道1600号2901室	金融产业、工业、商业、城市基础设施等项目的投资、管理，投资咨询，企业收购、兼并（依法须经批准的项目，经相关部门批准后方可开展经营活动）。截至2021年底，公司资产总额约为256.14亿元
青岛国信金融控股有限公司	18.282	刘冰冰	370 000	青岛市崂山区苗岭路9号	金融及金融服务性机构的投资与运营、资产管理与基金管理、股权投资及资本运营、证券与基金投资、投资策划与咨询服务；经政府及有关监管机构批准的其他资产投资与运营（依法须经批准的项目，经相关部门批准后方可开展经营活动）。截至2021年底，公司资产总额约为499.56亿元

续表

股东名称	持股比例(%)	法人代表	注册资本（万元）	注册地址	主要经营业务及主要财务情况
青岛国信发展（集团）有限责任公司	10.112	王建辉	300 000	青岛市市南区东海西路15号	城乡重大基础设施项目投资建设与运营；政府重大公益项目的投资建设与运营；经营房产、旅游、土地开发等服务业及经批准的非银行金融服务业；经政府批准的国家法律、法规禁止以外的其他资产投资与运营（依法须经批准的项目，经相关部门批准后方可开展经营活动）。截至2021年底，公司资产总额约为1 031.46亿元

注：表3.1股东名称一栏中★为公司最终实际控制人。

3.2 董事、董事会及其下属委员会

董事长、副董事长、董事

姓名	职务	性别	年龄（岁）	选任日期	所推举的股东名称	该股东持股比例（%）	简要履历
黎作强	董事长	男	55	2018年4月	上海陆家嘴金融发展有限公司	71.606	曾任国泰君安湖北分公司人事管理部办公室副主任、监事会办公室（纪检监察室）副经理、上海分公司党委书记、总裁办主任；现任上海陆家嘴（集团）有限公司党委委员、副总经理、上海陆家嘴金融贸易区开发股份有限公司董事、上海陆家嘴金融发展有限公司党委书记、董事长、法定代表人，爱建证券有限责任公司党委书记、董事长，陆家嘴国泰人寿保险有限责任公司董事长、法定代表人，陆家嘴国际信托有限公司党委书记、董事长、法定代表人
崔斌	董事	男	48	2018年4月	上海陆家嘴金融发展有限公司	71.606	曾任苏州产权交易所交易部门负责人；苏州国有资产管理局产权处处长；北京证券投行华东部项目经理、苏州营业部投行部副经理；苏州信托有限公司部门经理、总助、副总经理、总裁；合景泰富地产有限公司苏州公司副总经理；苏州柯达集团副总裁；陆家嘴国际信托有限公司副总经理；紫金信托有限责任公司总裁、党总支书记；上海陆家嘴金融发展有限公司党委委员、副总经理。现任陆家嘴国际信托有限公司党委副书记、董事、总经理，兼任爱建证券有限责任公司董事
欧阳东楷	董事	女	36	2021年8月	上海陆家嘴金融发展有限公司	71.606	曾任上海久信会计师事务所有限公司项目助理、项目经理，中瑞岳华会计师事务所（特殊普通合伙）上海分所项目经理、高级项目经理；上海市浦东新区审计管理与信息中心助理审计师、审计师十级、副科，现任上海陆家嘴金融贸易区开发股份有限公司金融投资管理部总经理助理（主持工作）
邓友成	董事	男	50	2018年4月	青岛国信金融控股有限公司、青岛国信发展（集团）有限责任公司	合计持有28.394	曾任山东大信会计师事务所所长、青岛国信胶州湾交通有限公司副总经理、青岛国信金融控股有限公司总经理、董事长、党委副书记；现任青岛国信发展（集团）有限公司总经理、党委副书记，中路财产保险股份有限公司董事，国投聚力投资管理有限公司董事，青岛银行股份有限公司董事、青岛国信实业有限公司董事、青岛国信发展投资有限公司董事、青岛国信投资控股有限公司董事兼总经理、百洋产业投资集团股份有限公司董事、中国海洋大学兼职教授

独立董事

姓名	所在单位及职务	性别	年龄（岁）	选任日期	所推举的股东名称	该股东持股比例（%）	简要履历
宫少林	已退休	男	66	2021年5月	—	—	曾任职中国人民银行北京市分行工业信贷处、东城区办工业信贷科、王府井分理处，中国人民银行北京市东城区办事处办公室，中国人民银行北京市分行金融研究所、办公室副主任，中国人民银行办公厅、资金司处长，中国人民银行深圳经济特区分行副行长，招商银行副行长，招商证券股份有限公司董事长；现已退休
李颖琦	上海国家会计学院教授、博士生导师	女	45	2018年4月	—	—	曾任上海立信会计学院会计学助教，澳大利亚Charles Sturt University访问学者，上海立信会计学院会计学讲师、副教授、教授，上海立信会计金融学院会计学教授；现任上海国家会计学院会计学教授、博导，兼上海财经大学博导
毕玥	上海日盈律师事务所 合伙人	女	38	2018年4月	—	—	曾任上海秋实律师事务所律师、合伙人；现任上海日盈律师事务所合伙人、主任，兼任爱建证券有限责任公司独立董事

董事会下属委员会

董事会下属委员会名称	职责	组成人员姓名	职务
战略发展委员会	对公司中长期发展战略规划和发展方针进行研究并提出建议；对公司《章程》规定的须经董事会批准的重大事项进行研究并提出建议；对其他影响公司发展的重大事项进行研究并提出建议；对以上事项的实施进行跟踪检查；董事会授权的其他事宜	黎作强	主任委员
		邓友成	委员
		崔斌	委员

续表

董事会下属委员会名称	职责	组成人员姓名	职务
信托委员会	组织制订公司信托业务发展规划；对公司信托业务运行情况进行定期评价；就银监会及其派出机构对公司信托业务的检查决定或意见，提出具体整改措施；指导公司开展信托业务创新；当公司或股东利益与受益人利益发生冲突时，提出维护受益人权益的具体措施；审查公司是否存在侵占受益人利益，获取不当信托报酬的行为；监督信托业务的信息披露情况；董事会授予的其他职责	毕玥	主任委员
		崔斌	委员
		邓友成	委员
审计委员会	监督公司内部审计制度及其实施；负责内部审计与外部审计之间的沟通；审核公司的财务信息及其披露；提议聘请或更换外部审计机构；董事会授予的其他职责	李颖琦	主任委员
		宫少林	委员
		毕玥	委员
风险管理委员会	向董事会提交公司全面风险管理年度报告；确定公司风险管理的总体目标、风险偏好、风险承受度、风险管理策略和重大风险管理解决方案；提出完善公司风险管理和内部控制的建议；对公司信托业务和固有业务的风险控制及管理情况进行监督；对公司固有财产和信托财产的风险管理状况进行定期评价；对公司关联交易业务风险进行评估，对重大关联交易事项进行审查并提交董事会审议；董事会授予的其他职责	宫少林	主任委员
		崔斌	委员
		欧阳东楷	委员
		李颖琦	委员
提名与薪酬委员会	根据公司经营发展战略、资产规模和业务结构等，对董事会的规模和结构向董事会提出建议；拟定公司董事和高级管理人员的选任程序和标准，对董事和高级管理人员的任职资格和条件进行初步审核，并向董事会提出建议；拟定公司董事和高级管理人员的考核标准，据此进行考核并提出建议；拟定公司董事和高级管理人员的具体薪酬和激励方案，向董事会提出薪酬方案的建议，并监督实施；董事会授权的其他事宜	黎作强	主任委员
		李颖琦	委员
		毕玥	委员
关联交易控制委员会	向董事会提交公司关联交易管理审计报告；提出完善公司关联交易管理和关联交易风险的建议；对公司关联交易业务风险进行评估，对重大关联交易事项进行审查和批准；董事会授予的其他职责	毕玥	主任委员
		宫少林	委员
		李颖琦	委员

3.3 监事、监事会及其下属委员会

监事会成员

姓名	职务	性别	年龄（岁）	选任日期	所推举的股东名称	该股东持股比例（%）	简要履历
郭嵘	监事会主席	男	51	2021年4月	上海陆家嘴金融发展有限公司	71.606	历任浦东新区人才交流中心办公室干部、办公室主任助理、办公室副主任、办公室主任、交流中心主任助理、副主任；浦东新区区委组织部（人事局）人事综合副处长、处长；浦东新区社会事业工作党委委员、社会发展局副局长；浦东新区教育局局长助理、党工委委员；陆家嘴金融贸易区管委会（筹）副主任、党组成员、纪检组组长；浦东新区航头镇党委副书记、镇长。现任上海陆家嘴（集团）有限公司党委副书记
李旻坤	监事	女	48	2021年4月	上海陆家嘴金融发展有限公司	71.606	曾任上海浦东商业建设联合发展公司财务，上海大隆会计师事务所职员，浦东新区审计事务中心审计主管，浦东新区审计综合经济审计处副处长、经济责任审计处（内部审计工作指导处）副处长、综合经济审计处副处长（主持工作），上海陆家嘴金融发展有限公司党委副书记；现任上海陆家嘴（集团）有限公司党委委员、纪委副书记、财务副总监
李岩梅	监事	女	34	2021年10月	青岛国信金融控股有限公司、青岛国信发展（集团）有限责任公司	合计持有28.394	曾任青岛国信发展（集团）有限责任公司财务资金部员工。现任青岛国信发展（集团）有限责任公司财务资金部副部长
潘易	监事	女	39	2021年5月	职工代表	—	曾任上海市外高桥保税区新发展有限公司客服中心项目经理，行政管理中心行政秘书、主任秘书、高级秘书、党办主任助理，行政管理中心主任兼信息资源管理总部总经理，上海陆家嘴金融贸易区开发股份有限公司办公室高级经理（部门副职级）；现任陆家嘴国际信托有限公司行政总监兼任党委办公室（党群工作部）主任、综合管理中心总经理及人力资源部总经理
章惠	监事	女	42	2018年1月	职工代表	—	曾任安徽省黄山市工商银行柜面会计、科员，上海子能高科股份有限公司法务、董事长秘书，中泰信托有限责任公司运营中心高级经理、稽核审计部总经理。现任陆家嘴国际信托有限公司稽核审计部总经理、工会经审主任

注：本报告期内，公司监事会未设下属委员会。

3.4 高级管理人员

姓名	职务	性别	年龄（岁）	选任日期	金融从业年限（年）	学历	专业	简要履历
崔斌	总经理	男	48	2018年1月	19	硕士	工商管理	曾任苏州产权交易所交易部部门负责人，苏州国有资产管理局产权处科员；北京证券投行华东部项目经理、苏州营业部投行部副经理；苏州信托有限公司部门经理、总助、副总经理、总裁；合景泰富地产有限公司苏州公司副总经理；苏州柯利达集团总裁、陆家嘴国际信托有限公司副总经理；紫金信托有限责任公司总裁、党总支书记；上海陆家嘴金融发展有限公司党委委员、副总经理。现任上海陆家嘴金融贸易区开发股份有限公司党委委员、陆家嘴国际信托有限公司党委副书记、董事、总经理，兼任爱建证券有限责任公司董事

续表

姓名	职务	性别	年龄（岁）	选任日期	金融从业年限（年）	学历	专业	简要履历
马家顺	董事会秘书	男	53	2018年7月	13	博士	经济学	曾任郑州华达软件科技公司软件开发部程序员、副经理；郑州证券（后更名为黄河证券）信息技术中心副总经理、资产管理部总经理、总工程师；黄河证券（后更名为民生证券）总裁助理（兼研究所长）、副总裁；上海浦东发展（集团）有限公司投资部副总经理、房产部总经理；上海浦东发展置业有限公司党委委员、副总经理；上海南汇建设投资有限公司执行董事、总经理；上海浦东路桥建设股份有限公司党委委员、副总经理、董事会秘书；陆家嘴国际信托有限公司副总经理。现任陆家嘴国际信托有限公司党委副书记、纪委书记、董事会秘书
倪智勇	财务总监	男	52	2021年2月	3	硕士	工商管理	上海市虹口区副食品公司、海通证券、上海中惠房地产有限公司、上海大众科技创业（集团）股份有限公司、上海中科实业有限公司、上海巴士出租汽车有限公司职员，上海云仁管理咨询有限公司总经理助理、中金投资（集团）有限公司财务经理、上海陆家嘴金融贸易区开发股份有限公司计划财务部总经理、财务部总经理（主持工作），上海陆家嘴（集团）有限公司审计室副主任、审计室副主任（主持工作）、审计与风险控制部总经理（主持工作）、审计与风险控制部总经理、上海陆家嘴金融贸易区开发股份有限公司财务部总经理、审计室主任；现任陆家嘴国际信托有限公司财务总监
许丹健	副总经理	男	44	2017年4月	20	硕士	工商管理	曾任中国银行上海市分行浦东开发区支行客户经理、业务部主任、中国银行上海市分行张江支行行长，陆家嘴国际信托有限公司信托业务九部总经理、公司总经理助理。现任陆家嘴国际信托有限公司党委委员、副总经理
王斐	总经理助理	女	36	2021年2月	14	本科	管理学	曾任海康人寿保险有限公司、恒安标准人寿保险有限公司职员；紫金信托有限责任公司人力资源部总经理、党总支委员，陆家嘴国际信托有限公司人力资源总监兼人力资源部经理。现任陆家嘴国际信托有限公司总经理助理
孙阳	总经理助理	男	41	2021年2月	10	博士	经济学	曾任汇丰银行（中国）有限公司职员，陆家嘴国际信托有限公司风控部主管、总经理助理；上海陆投资产管理有限公司风控总监，陆家嘴国际信托有限公司风控部副总经理（主持工作）、风险管理中心副总经理（主持工作）兼政策研发部总经理、风险管理中心兼政策研发部总经理。现任陆家嘴国际信托有限公司总经理助理

3.5 公司员工

项目		报告期年度		上年度	
		人数（人）	比例（%）	人数（人）	比例（%）
年龄分布	25岁以下	1	0.25	3	0.79
	25—29岁	34	8.40	43	11.31
	30—39岁	281	69.38	259	68.16
	40岁以上	89	21.98	75	19.74
学历分布	博士	6	1.48	6	1.58
	硕士	193	47.65	187	49.21
	本科	195	48.15	176	46.32
	专科	7	1.73	7	1.84
	其他	4	0.99	4	1.05
岗位分布	董事、监事及高管人员	8	1.98	9	2.37
	自营业务人员	3	0.74	3	0.79
	信托业务人员	119	29.38	115	30.26
	其他人员	275	67.9	253	66.58

4. 经营管理

4.1 经营目标、方针、战略规划

4.1.1 经营目标

公司贯彻"专业化发展、差异化竞争、精细化管理、品牌化经营"的发展理念，实现合规经营与业务发展并重、市场拓展与战略创新并驱、资产管理与财富管理并行，力争到2021年综合实力达到同类公司领先水平。

4.1.2 经营方针

战略定位：公司作为上海陆家嘴金融发展有限公司的旗舰企业，将围绕陆家嘴集团"地产+金融"战略布局，建立专业化、差异化的核心竞争力，立足上海、青岛，面向长三角、环渤海、粤港澳，全面提升品牌影响力和美誉度。

战略愿景：公司致力于成为聚焦城市高质量发展与高品质生活的国内一流综合金融服务机构。

4.1.3 战略规划

公司以服务城市发展和城市生活为中心，坚持"两大主场、三层协同、四端优化、五项经营"的发展思路，围绕"3+3"业务布局，巩固升级房地产业务、基础设施类业务、同业业务"三个核心"，重点推进资产证券化、股权投资、资本市场"三个突破"，打造资产管理、财富管理、信托服务"三项核心能力"，实现长期、稳健、可持续发展。

一个中心：致力于满足对传统地产改造升级、完善城市配套功能、优化服务业态等级、提供全方位服务的金融需求，促进城市高质量发展；以自身专业化能力服务城市成长，改善民生，针对多样化、专业化的居民理财需求，提供高质量的金融服务，实现公司内涵价值的

增长与提升。

两大主场：深耕上海、青岛两大主场，构筑北京战略高地；经营好长三角战略重地，拓展山东战略要地；重点布局长三角区域一体化、环渤海都市经济圈及粤港澳大湾区；辐射沿海城市群和沿长江经济带，强化特色定位，实现差异化发展。

三层协同：加强公司与股东实业板块、股东金融板块以及区域发展的协同。一是加强信托与地产板块、基建板块的协同，借助陆家嘴集团在房地产领域的优势，深度介入房地产全产业链，借助青岛国信在基础设施及城市功能开发领域的优势，提升平台项目主动管理能力；二是加强与陆家嘴集团、青岛国信集团下辖金融机构之间的协同，发挥各板块金融牌照优势，形成机制协同、业务协同、客户协同；三是加强公司与浦东"二次创业"、上海国际金融中心建设、青岛财富管理金融综合改革试验区之间的战略协同，积极发挥信托功能，助力双主场经济发展。

四端优化：资金、资产两端发力，产品、管理两端加强。资产端，重点围绕"3+3"业务布局，推动团队专业化建设，按照基础资产条线组建专业团队，提升细分领域行业竞争力，增强资产获取和专业投资能力。资金端，加强"五项能力"建设，强化精准营销，实现资金与资产的高效匹配，在客户分层、体系深耕及立体营销等方面取得突破性进展。产品端，贯彻"四化"发展理念，构建类别、收益、期限等方面梯度配比合理的产品体系，覆盖各类用户投资需求，打造系列品牌产品，提升市场影响力。管理端，加强精细化管理，优化组织架构，树立合规底线，加强主动风险管理，推进全面预算管理，提升公司发展质量和经营效益。

五项经营：一是经营区域，资产端重点布局长三角、环渤海及粤港澳，辐射沿海城市群和沿长江经济带，深耕战略客户；资金端扩大财富管理区域布局，提升精准营销能力。二是经营客户，从资金端和资产端对客户进行分级分类管理，深度挖掘客户需求，通过产品设计提供最合适的解决方案。三是经营风险，风险评估与经营策略和整体战略相匹配，针对成熟型业务制定标准化流程，针对创新类业务加强深度研究。四是经营人才，优化激励约束机制，为人才创造良好展业环境。五是经营品牌，塑造公司品牌，建立财富管理品牌，推进产品系列化、标准化，提升品牌价值。

4.2 所经营业务的主要内容

公司主要业务分为信托业务和自营业务。

4.2.1 信托业务

信托业务：从委托人数量看，包括单一信托和集合信托；从委托人交付信托财产的性质看，包括资金信托和财产权信托；从信托财产运用方式看，包括融资类信托、证券投资类信托、股权投资类信托、其他投资类信托和事务管理类信托等。

信托资产运用与分布表

资产运用	金额（万元）	占比（%）	资产分布	金额（万元）	占比（%）
货币资产	1 787 690.26	9.96	基础产业	4 773 469.91	26.59
贷款	2 275 257.17	12.67	房地产	3 556 024.54	19.81
交易性金融资产	1 370 282.77	7.63	证券市场	1 924 832.21	10.72
可供出售金融资产	8 779 443.22	48.91	实业	3 258 119.86	18.15
持有至到期投资	548 496.07	3.06	金融机构	50 770.00	0.28
长期股权投资	2 130 540.72	11.87	其他	4 388 610.34	24.45
其他	1 060 116.65	5.90			
信托资产总计	17 951 826.86	100.00	信托资产总计	17 951 826.86	100.00

注："其他"主要包括买入返售金融资产、财产权投资、应收款项和长期待摊费用

注："其他"主要包括投向信托计划、证券理财、银行理财等金融产品

4.2.2 固有业务

本报告期内公司固有业务主要开展金融产品投资业务。

自营资产运用与分布表

资产运用	金额（万元）	占比（%）	资产分布	金额（万元）	占比（%）
货币资产	354 086	25.76	基础产业	254 205	18.50
贷款及应收款	325 694	23.70	房地产	36 689	2.67
交易性金融资产	673 750	49.02	证券市场	34 878	2.54
长期股权投资	—	—	实业	—	—
其他	20 867	1.52	金融机构	354 086	25.76
—	—	—	其他	694 539	50.53
资产总计	1 374 397	100.00	资产总计	1 374 397	100.00

4.3 市场分析

2021年，在面对复杂严峻的国际环境和国内疫情散发等多重考验，我国经济持续恢复发展，就业形势基本稳定，居民收入继续增加，经济结构调整优化。全年实现GDP总产值114.4万亿元，同比增速8.1%，两年平均增速5.1%。人均GDP达到80 962元，居民人均可支配收入35 128元，名义增长9.1%，居民收入水平持续增长。第三产业对经济增长贡献率55%，连续8年成为经济增

长最大动能，其中高技术服务业增长较快，信息传输、软件和信息技术服务业增速17.2%。

展望2022年，上半年局部地区新冠肺炎疫情散发对经济影响仍将持续，服务业和线下消费将受到一定冲击，房地产和消费对经济增长的支撑作用将逐渐减弱，基建将成为经济增长主要动力，考虑到内需恢复较为缓慢，经济增长将维持在中低速水平。下半年随着疫情趋于稳定，消费将逐渐修复，但难以出现报复式增长。基建投资将扛起经济增长的大旗，但考虑到其基数规模已经较大，"规划效应"与"换届效应"都将有所减弱。

4.3.1 影响业务发展不利因素

一是新冠疫情仍是经济复苏主要不确定因素。当前新冠病毒尚在变异发展，疫情反弹可能性持续存在，全球经济活动短期难以回归常态，供应链阻滞、能源短缺等冲击不容忽视，经济复苏动能趋缓，信托发展外部环境面临挑战。

二是信托业转型升级压力加大。随着资管新规正式实施，叠加控融资、压通道、限地产等监管政策出台，融资类信托发展空间受限，传统债权融资业务转型压力加大，业务发展可持续性面临考验。

三是资管混业竞争加剧。在资管新规统一框架下，机构之间竞争加剧。资管业务最关键的两大能力分别是客户获取能力和投资管理能力，银行理财获取客户能力遥遥领先，公募基金和券商的投研能力和投资经验更为突出，信托亟需在两大能力上缩小差距，在更细的专业领域实现差异化竞争优势。

4.3.2 影响业务发展有利因素

一是财富管理需求不断增加。根据麦肯锡咨询公司预测，中国富裕及以上家庭个人金融资产占比过去5年持续上升，预计到2025年将达到46%。未来5年，高净值客户资产增速更快，预计将以13%的年复合增长率增长。随着高净值客户财富不断积累，对财富管理专业性和资产配置多元化的需求日益扩大。

二是资本市场发展前景广阔。在国家"十四五"规划和"2035远景目标"中，明确提出"全面实行股票发行注册制，建立常态化退市机制，提高直接融资比重。"资本市场投资机遇显现，投资者对于证券投资信托的需求也有所增加。信托公司正进一步加快非标转标战略转型，加强证券投资业务布局。

三是充实的资本实力为公司发展奠定了基础。2021年公司先后实施2次增资，注册资本由年初48亿元增至90亿元。截至2021年末，公司净资产115.64亿元。资本实力大幅提升，为公司进一步提升服务实体经济能力和抗风险能力、实现持续稳定健康发展奠定了坚实的基础。

4.4 内部控制

4.4.1 内部控制环境和内部控制文化

公司构建由股东会、董事会、监事会和高级管理层构成的现代公司治理机制，三会分设，形成有效制约、协调发展。公司各治理主体职责明确，严格按照法律法规、公司章程及相关制度的规定，相对独立地开展工作，充分发挥有效的制衡作用。

公司以建立良好的公司治理为目标，以树立合法合规经营的理念和风险控制优先的意识为前提，形成业务不断发展和风险有效控制的运行机制。公司高度重视内部控制文化建设，大力培育全面风险管理理念，通过各类培训、内刊刊载、研讨活动等形式，提升员工的法治观念、诚信观念和道德水准，提高风险管理的自觉性。

4.4.2 内部控制措施

公司按照现代企业制度的要求，遵循全覆盖、制衡性、审慎性、相匹配的原则和决策、执行、交流、监督、反馈的内控制度程序，采取五个方面的措施来加强公司的内控制度建设。

4.4.2.1 组织结构内部控制

公司依据业务系统、决策系统、执行系统、监督系统相互制衡的原则，建立科学的、相互制约的前中后台组织机构设置。公司各职能部门按照职责分工履行各自的管理职责并实现经营目标。公司采取自营业务和信托业务相分离的机构安排，构建权责清晰、目标明确、相互制衡、协调统一的组织机构设置。主要包括：

股东层面：股东会审议批准董事会制定的各项政策与经营计划。董事会负责审议公司的整体经营战略和重大政策；批准公司基本管理制度；任命高级管理层；董事会对管理层、审计机构、监管机构的内部控制评估报告进行审查，并监督管理层落实整改措施。

经营层面：高管层负责实施经董事会批准的内部控制的总体政策及策略，并通过制定相应的内部管理制度和业务管理制度来具体执行；采取固有财产与信托财产隔离、前中后台职责分离的管理理念，通过部门设置的不断完善，公司形成了相互制衡的控制体系，有效降低了经营风险。

监督层面：监事会负责检查公司整体运营情况和风险管理情况，对董事、高级管理人员执行公司职务的行为进行监督，对违反法律、行政法规、中国银保监会的相关规定、公司章程或者股东会决议的董事、高级管理人员提出罢免的建议，当董事、高级管理人员的行为损害公司的利益时，要求其予以纠正，检查公司财务等。董事会下设信托委员会、风险管理委员会、审计委员会、提名与薪酬委员会、战略发展委员会、关联交易控制委员会并分别履行职能。信托委员会负责监督公司依法履行的受托职责；风险管理委员会负责公司的风险控制、管理、监督和评估；审计委员会负责公司内、外部审计的沟通，监督公司内部审计制度及其实施；提名与薪酬委员会负责提名公司高管，拟定董事及高管的考核标准并进行考核，审查董事和高管的薪酬政策和方案；战略发展委员会根据金融市场的发展及政策变化，研究金融行业在各个时段的特征，对公司业务发展方向提出指导性的意见；关联交易控制委员会负责关联交易的管理，及时审查和批准重大关联交易，控制关联交易风险，为董事会决策提供支持。稽核部门负责对各部门、各岗位、各项业务的开展情况实施全面的监督检查和评价。

4.4.2.2 授权内部控制

公司建立统一、完善的授权体系，形成层级分明、权限清晰的授权理念。同时，公司建立以基本授权和特别授权为内容的授权管理制度，明确各部门、各岗位的管理及业务操作、审批权限，并将权限管理与业务系统、审批程序相结合，保证各级管理人员和操作人员在各自授权范围内行使职权并承担责任。公司各项投资决策按规定程序办理，并保留相应记录，严控各种违反授权行为的发生。

4.4.2.3 业务内部控制

公司在业务管理上，除了制定较为完善的业务管理制度、业务操作流程、岗位操作手册外，还注重资产的合理配置，以防范资产过度集中于高风险领域，保障资产安全性。同时，公司着力做好固有和信托业务的内部防火墙工作，具体包括：公司的自营业务和信托业务相互分离，分别由不同的业务部门管理；公司固有财产和信托财产分开管理、分别核算，并由不同的会计人员负责；自营业务和信托业务做到信息隔离，各业务信息相互独立，业务人员做到对工作中知悉的未公开的业务信息保密。公司组建了流程优化小组，系统地对流程管理工作进行规划，并分阶段对信托业务、固有业务和管理流程进行优化。

4.4.2.4 关联交易内部控制

公司为加强关联交易决策和监督的控制，防范关联交易所导致的风险，公司设立关联交易控制委员会，制定关联交易管理制度，包括但不限于关联交易的范围、关联方的范围、公允价格的确定、关联交易控制委员会或者经营决策机构对关联交易的监督管理、重大关联交易识别等。公司做好日常对关联方的信息收集与管理工作、回避制度、内部审计监督、信息披露等内容。关联交易按照国家法律法规的规定和银保监会的要求，做到事前审核、事后报告和充分信息披露。

4.4.2.5 突发事件处理机制

公司为了防范突发事件给公司正常经营造成困难，制定了《项目异常处理办法》《项目异常处置预案规范及操作指引》。当信托项目异常性质触发项目异常处置小组成立条件，则项目异常处置预案启动。启动后，由风控分管领导和业务分管领导牵头，落实项目处置方案与程序，寻找项目对接资金，并积极同资管公司、金融同业、交易对手共同商议处置办法，以降低项目异常造成的损失。

4.4.2.6 制度内部控制

公司本着规范管理、防范风险的原则，不断加强内控制度的建设和完善。公司通过制定基本管理制度、具体规章制度、部门规章制度，建立层次分明、权责清晰、管控合理的规章制度体系。随着公司的发展，公司不断建立、健全各级规章制度，以加强内部控制，降低各类风险事件的发生；内部规章制度所涉及的范围包括但不限于：战略管理、业务管理、营销管理、产品管理、风险管理、法律合规、信息管理、财务管理、人力资源、综合管理、内部控制、稽核审计等。

4.4.3 信息交流与反馈

公司的相关业务流程中设有信息反馈环节，确保公司各项管理信息在部门之间、部门内部能进行及时的传递和正确的处理。公司建立信息科技中心，配备专职信息技术人员，按照要求加强公司信息系统的建设。

公司建立了有效的信息交流和反馈机制，确保股东会、董事会、监事会、高级管理层及时了解本行业的经营和风险状况，确保信息能够传递给相关的人员，各个部门和人员的有关信息能够顺畅反馈。

公司建立了完善的内部管理信息系统，为内部控制的设计、执行和反馈提供信息保障，建立与各部门定期沟通机制，及时、真实、完整地传导和交流信息，并做到及时反馈信息。

公司及时、准确地向监管部门报送监管所需要的各种数据和资料，并将监管部门的意见及时、准确地传达给公司相关人员。

公司通过公司网站、报纸等平台，向社会公众准确、及时地披露公司有关信息，充分发挥社会公众对公司内控制度的监督作用。

4.4.4 监督评价与纠正

公司建立内部控制监督的报告和信息反馈制度，内部审计部门、内控管理职能部门、业务部门人员应将发现的内部控制缺陷，按照规定报告路线及时报告董事会、监事会、高级管理层或相关部门。公司根据监管机构检查结果和所提的改进意见，明确整改措施，并督促相关部门落实。

公司设立稽核审计部门，负责内部控制的监督评价，发现内部控制的隐患和缺陷时，及时报告与纠正；对内部控制的制度建设和执行情况定期进行检查评价，并根据检查结果提出内部控制缺陷及改进建议。公司定期聘请第三方机构对内部控制进行评价与审计，并根据审计结果进行持续改进和完善。

公司设立监事会，负责监督公司整体运营情况和风险管理情况，并进行评价。

4.5 风险管理

4.5.1 风险管理概况

公司重视风险管理，通过建立健全各项规章制度，制定清晰的岗位职责，设置专职的风险管理部门，将现代风险管理技术与传统风险管理方法相结合，对可能产生的风险及时做出反应。公司建立以事前防范为主、事中控制及事后监督并举的全面风险管理体系，切实开展各项工作，及时防范、化解风险，保障公司持续、稳健、规范、健康地运行。

4.5.1.1 公司经营活动中可能遇到的风险

公司经营活动中可能遇到的风险主要有：信用风险、市场风险、操作风险、法律风险、政策风险、声誉风险。

4.5.1.2 公司风险管理的基本原则与政策

公司风险管理遵循全面性、重要性、制衡性、适应性、审慎性、独立性、成本效益及防火墙原则，风险管理贯穿于整个公司，是全员参与的全过程管理，覆盖到公司各个部门、各级人员及各项业务，并渗透到分析、决策、执行、监督、评价等各个环节。

4.5.1.3 公司风险管理组织结构与职责划分

公司构建以董事会为核心的覆盖全公司的矩阵式风险管理组织结构，主要包括以下几项核心要素：

董事会：负责审批公司风险管理战略，审定公司总体风险水平，监控和评价风险管理的有效性和公司管理层在风险管理方面的履职情况；董事会及董事会各委员会通过各项管理政策的逐级下达，实现对公司经营风险的前端控制和纵向风险信息的传递。

高级管理层：公司设立总经理办公会、固有业务评审会、信托业务评审会，分别负责高级管理层权限内的公司日常管理事务、固有业务、信托业务的审议和决策。

风险管理中心：负责建立健全公司风险管理体系；负责制定风险管理相关制度；负责公司各类业务风险的日常管理，对公司业务开展中的各类风险实施事前评估、项目的存续期间管理，化解和降低公司运营风险。

法律合规部：负责公司经营的合规性审查；负责公司业务的合规性审查；承担公司的法律事务，审核相关法律文书及合同，防范法律风险；代表公司对外处理相关法律事务，维护公司的合法权益；负责公司内控机制建设。

产品管理部：负责资产和资金之间的拟合，做好产销匹配和产品适销度的管理，提高项目落地效率；负责收集资金市场需求，以优化信托产品资金端的设计；推动公司主动管理信托产品评级工作；根据公司战略规划、政策导向，整合公司资源，牵头推进产品创新。

战略研究中心：负责制订公司战略，负责行业研究、业务研究和市场研究。

营销中心：负责对信托产品销售环节的风险控制；负责投资者适当性管理，负责合格投资人审查；负责审查资金来源合法合规；负责日常维护公司现金管理类产品。

运营管理部：负责建立健全信托产品的运营管理体系，包括信托产品的资金运用、收息、费用支付、收益分配、税务管理、信息披露及清算工作以及信托产品的账户管理、估值核算、净值披露、监管报表等信托财务工作，确保信托运营和信托财务的准确性、高效性。

计划财务部：负责固有项目收付款；通过会计核算和财务管理对公司财务状况及经营情况进行分析管理。

稽核审计部：检查公司内部风险管理制度和流程的日常执行情况，对公司内部风险控制制度的合理性、有效性进行分析，提出改进意见并直接向董事会和审计委员会报告。

业务部门：各业务部门是风险管理的第一责任部门，承担与其业务相关的风险管理责任。各业务部门是公司业务风险管理的具体实施单位，在公司各项基本管理制度的基础上，根据具体情况确定本部门的业务开拓方向。

4.5.2 风险状况

公司经营活动中可能遇到的主要风险有：信用风险、市场风险、操作风险等。

4.5.2.1 信用风险状况

信用风险主要是指交易对手不能或不愿按期偿还债务而使委托人或公司遭受损失的可能性。报告期内，公司发生的各类业务均经过严格的内部评审程序，合法合规，保障措施充分，信用风险整体可控。报告期内，公司未因该类风险造成受益人信托利益兑付损失。

4.5.2.2 市场风险状况

市场风险主要是指由于金融市场的波动或行情的变化给公司或其他信托当事人带来损失的可能性，主要表现为因经济运作周期变化、金融市场利率波动、通货膨胀、房地产交易、证券市场变化等造成的风险，这些风险可能影响信托财产的价值及信托收益水平，也可能影响公司固有资产价值或导致损失。2021年公司密切关注各类市场风险，勤勉、尽职履行职责，市场风险整体可控。

4.5.2.3 操作风险状况

操作风险主要指由于内部程序、人员、系统的不完善或失误，或外部事情造成直接或间接损失的风险，即由公司内部操作流程、人为因素、体制及外部事件引起的风险。报告期内，公司未发生此类风险致使公司及受益人造成损失。

4.5.2.4 其他风险状况

其他风险主要包括法律风险、政策风险、声誉风险等。法律风险指公司在业务经营过程中由于不当的法律文书、违约行为或怠于行使自身法律权利等所造成的风险。政策风险是因国家宏观政策或监管政策发生变化，而导致经营风险、项目风险上升。声誉风险指由于公司内部管理或服务出现问题而引起自身外部社会名声、信誉和公众信任度下降，从而对公司外部市场地位产生消极和不良影响的风险。报告期内，公司未发生此类风险。

4.5.3 风险管理

4.5.3.1 信用风险管理

公司通过事前评估、事中控制、事后监督的风险管理体系来防范和规避信用风险，具体措施包括：（1）严格按照业务流程、制度规定和相应程序开展各项业务，确保决策者充分了解业务涉及的信用风险；（2）对交易对手进行全面、深入的信用调查与分析，形成客观、详实的尽职调查报告；（3）完善评审规则和流程，坚持集体决策的评审制度，全方面排查风险；（4）严格落实项目的保障措施，注意对抵押物权属有效性、合法性进行审查，客观、公正评估抵押物；（5）业务部门、投后管理部进行项目期间管理，跟踪交易对手情况、监控担保品价值及项目进度，若发现问题及时采取措施有效防范和化解各类风险；（6）严格按要求，足额计提相关资产减值准备，并按规定比例提取信托赔偿准备金，以提高公司抵御风险的能力。

4.5.3.2 市场风险管理

公司制定并不断完善市场风险管理原则和程序，对每项业务和产品中的市场风险因素进行分解和分析，及时准确识别业务中市场风险的类别和性质，具体措施包括：（1）对宏观经济走势、政策变化、投资策略演变及其他影响市场变化的因素进行持续分析，为投资决策提供参考；（2）关注国家宏观政策变化，规避限制类行业和相关项目；（3）进行资产组合管理，并动态调整资产配置方案，以规避或降低市场风险；（4）控制行业集中度，控制总体证券投资规模、设定证券投资限制指标和止损点；（5）加强对投资品种的研究和科学论证，按严格的流程进行控制；（6）密切监控已开展业务的运行情况，根据市场风险情况及时做出投资调整，避免或降低市场风险引起的损失。同时，公司通过做好实时监控、风险敞口限额控制、止损设置、压力测试等措施，最大限度降低风险。

4.5.3.3 操作风险管理

公司通过不断完善规章制度，对部门、岗位制定了明确的职责和权限，职责的制定体现岗位相互分离的原则，能够实现中、后台对前台的监督；对公司的各项业务制定了具体的业务操作流程，消除人为因素而造成的风险，保障风险控制体系的有序规范运行，并通过事后评价和总结，防止同类似的风险发生。公司定期或不定期对员工进行培训，并对渎职、越权或违背操作规定的人员进行问责；公司定期对内部的计算机信息系统进行维护和保养，加强技术系统的管理，保证其正常运行，消除风险隐患。

4.5.3.4 其他风险管理

对于法律风险，公司设置法律合规部，配备法律专业人员，同时聘请外部法律顾问，处理公司的各项法律、合规事务，帮助公司把好守法合规经营关；同时，公司通过员工教育和培训，强化合法合规意识，培育内部法律合规环境。

对于政策风险，公司严格依法合规经营，与监管部门保持紧密联系，及时获得和了解政策动向；公司定期或不定期组织员工学习相关政策文件，加强对宏观形势的分析研究。

良好的声誉是一家金融机构健康发展的重要资源。公司对可能影响公司声誉的业务坚决予以回避，尽职管理受托资产，履行承诺事项，并充分披露相关信息，塑造公司专业和诚信的社会形象。

4.6 履行社会责任情况

公司一直以来致力于公益慈善事业、践行国有金融企业社会责任。

在助力乡村振兴方面，2021年3月，陆家嘴信托党委前往浦东大团镇金石村开展陆家嘴集团第一届公益慈善"心愿球"暨党建联建活动，向当地老人送去温暖。5月，营销中心在选择积分商城电商平台时，特意开设特色农产品销售平台，旨在通过消费帮扶，促进城乡经济循环。6月，党委与工会联合，助力金石村发展乡村旅游和乡土产品等特色经济建设，结合金石村的实际需求助销农产品。

在助力疫情防控方面，2021年上半年，公司党委还组织党员在CBD公共区域（陆家嘴中心绿地）开展接种疫苗宣传活动，设计打印新冠疫苗宣传材料向周边市民发放。轮流在接种点提供咨询、现场秩序维护等志愿服务工作。

在普及金融知识方面，上海员工走进陆家嘴街道社区开展金融普法宣传，尤其向老年人、外来务工人员宣传金融知识，帮助人民群众守好钱袋子，防范非法集资。青岛员工于9月17日在北宅街道周哥庄社区居委会开展"金融知识进社区"活动，为社区居民解答生活中经常遇到的金融安全问题，避免金融诈骗事故的发生，助力构建和谐社区生活。

此外，公司青年员工还积极参加志愿者活动，组建了100余人的志愿者队伍，投身于浦东美术馆的服务保障工作，高质量完成志愿服务工作，其中5名员工获评"集团优秀志愿者"称号。

5.报告期末及上一年度末的比较式会计报表

5.1 自营资产（经审计）

5.1.1 会计师事务所审计意见

陆家嘴信托审计报告第一部分（即一、审计意见（一）（二）两部分）内容如下：

陆家嘴国际信托有限公司董事会：

一、审计意见

（一）我们审计的内容

我们审计了陆家嘴国际信托有限公司（以下简称贵公司）的财务报表，包括2021年12月31日的合并及公司资产负债表，2021年度的合并及公司利润表、合并及公司现金流量表、合并及公司利润表、合并及公司现金流量表、合并及公司所有者权益变动表以及财务报表附注。

（二）我们的意见

我们认为，后附的财务报表在所有重大方面按照企业会计准则的规定编制，公允反映了贵公司2021年12月31日的合并及公司财务状况以及2021年度的合并及公司经营成果和现金流量。

5.1.2 资产负债表

资产负债表（单体）

编制单位：陆家嘴国际信托有限公司　　　　　　　　　　2021年12月31日　　　　　　　　　　单位：元

项目	行次	年初数	年末数	项目	行次	年初数	年末数
资产：	—	—	—	负债：	—	—	—
现金	1	5 192.16	5 891.02	向中央银行借款	26	—	—
存放中央银行款项	2	—	—	联行存放款项	27	—	—
贵金属	3	—	—	同业及其他金融机构存放款项	28	—	—
存放联行款项	4	—	—	拆入资金	29	—	—

续表

项目	行次	年初数	年末数	项目	行次	年初数	年末数
存放同业款项	5	264 653 742.39	3 540 854 525.25	以公允价值计量且其变动计入当期损益的金融负债	30	—	—
拆出资金	6	—	—	衍生金融负债	31	—	—
衍生金融资产	7	—	—	卖出回购金融资产款	32	—	—
应收款项	8	85 548 667.80	64 073 670.48	合同负债	33	210 172 663.86	204 456 029.45
合同资产	9	—	—	应付职工薪酬	34	465 690 527.21	84 074 329.79
金融投资:		—	—	应交税费	35	151 852 397.46	103 892 832.67
交易性金融资产	10	7 203 172 060.89	6 737 501 810.51	其他应付款	36	1 058 762 585.24	1 037 566 940.05
债权投资	11	—	—	预计负债	37	—	—
买入返售金融资产	12	—	—	应付债券	38	—	—
发放贷款和垫款	13	1 363 312 945.82	2 908 942 597.83	递延所得税负债	39	—	—
可供出售金融资产	14	—	—	租赁负债	40	—	86 601 237.44
长期股权投资	15	—	—	其他负债	41	883 457 564.90	663 187 999.98
投资性房地产	16	—	—	负债合计	42	2 769 935 738.67	2 179 779 369.38
使用权资产	17	—	84 650 553.26	所有者权益(或股东权益):			
固定资产	18	11 575 271.63	11 919 444.66	实收资本(或股本)	43	4 800 000 000.00	9 000 000 000.00
在建工程	19	—	—	国家资本	44	—	—
固定资产清理	20	—	—	集体资本	45	—	—
无形资产	21	20 667 036.39	22 894 724.55	法人资本	46	4 800 000 000.00	9 000 000 000.00
商誉	22	—	—	其中:国有法人资本	47	4 800 000 000.00	9 000 000 000.00
递延所得税资产	23	219 172 047.31	66 561 653.46	个人资本	48	—	—
其他资产	24	279 788 436.08	306 564 770.68	外商资本	49	—	—
		—	—	其他权益工具	50	—	—
		—	—	资本公积	51	—	—
		—	—	减:库存股	52	—	—
		—	—	其他综合收益	53	—	—
		—	—	盈余公积	54	449 282 640.01	607 905 701.06
		—	—	一般风险准备	55	428 819 662.79	508 131 193.32
		—	—	未分配利润	56	999 857 359.00	1 448 153 377.94
		—	—	归属于母公司所有者权益合计	57	6 677 959 661.80	11 564 190 272.32
		—	—	少数股东权益	58	—	—
		—	—	所有者权益(或股东权益)合计	59	6 677 959 661.80	11 564 190 272.32
资产总计	25	9 447 895 400.47	13 743 969 641.70	负债和所有者权益(或股东权益)总计	60	9 447 895 400.47	13 743 969 641.70

总经理:崔斌　　　　　　　　　　　　　　　　　　　　　　财务分管负责人:倪智勇　　　　　　　　　　　　　　　　　　　　　　会计机构负责人:汪晖

资产负债表(合并)

编制单位:陆家嘴国际信托有限公司　　　　　　　　　2021年12月31日　　　　　　　　　　　　　　　　　　　　　　　　　　单位:元

项目	行次	年初数	年末数	项目	行次	年初数	年末数
资产:		—	—	负债:		—	—
现金	1	5 192.16	5 891.02	向中央银行借款	26	—	—
存放中央银行款项	2	—	—	联行存放款项	27	—	—
贵金属	3	—	—	同业及其他金融机构存放款项	28	—	—
存放联行款项	4	—	—	拆入资金	29	—	—
存放同业款项	5	322 519 619.60	3 763 973 539.76	以公允价值计量且其变动计入当期损益的金融负债	30	—	—
拆出资金	6	—	—	衍生金融负债	31	—	—
衍生金融资产	7	—	—	卖出回购金融资产款	32	—	—
应收款项	8	80 735 106.13	63 030 636.10	合同负债	33	210 172 663.86	204 456 029.45
合同资产	9	—	—	应付职工薪酬	34	465 690 527.21	84 074 329.79
金融投资:		—	—	应交税费	35	156 320 917.99	114 443 485.67
交易性金融资产	10	2 308 598 714.83	5 076 574 810.00	其他应付款	36	145 486 228.68	241 150 641.75

续表

项目	行次	年初数	年末数	项目	行次	年初数	年末数
债权投资	11	5 331 482 624.67	3 221 939 250.86	预计负债	37	—	—
买入返售金融资产	12	—	—	应付债券	38	—	—
发放贷款和垫款	13	2 674 160 104.40	3 908 560 997.79	递延所得税负债	39	—	—
可供出售金融资产	14	—	—	租赁负债	40	—	86 601 237.44
长期股权投资	15	—	—	其他负债	41	3 596 138 737.97	4 233 244 072.20
投资性房地产	16	—	—	负债合计	42	4 573 809 075.71	4 963 969 796.30
使用权资产	17	—	84 650 553.26	所有者权益（或股东权益）：			
固定资产	18	11 575 271.63	11 919 444.66	实收资本（或股本）	43	4 800 000 000.00	9 000 000 000.00
在建工程	19	—	—	国家资本	44	—	—
固定资产清理	20	—	—	集体资本	45	—	—
无形资产	21	20 667 036.39	22 894 724.55	法人资本	46	4 800 000 000.00	9 000 000 000.00
商誉	22	—	—	其中：国有法人资本	47	4 800 000 000.00	9 000 000 000.00
递延所得税资产	23	219 172 047.31	66 561 653.46	个人资本	48	—	—
其他资产	24	279 788 436.08	306 564 770.68	外商资本	49	—	—
		—	—	其他权益工具	50	—	—
		—	—	资本公积	51	—	—
		—	—	减：库存股	52	—	—
		—	—	其他综合收益	53	—	—
		—	—	盈余公积	54	449 282 640.01	607 905 701.06
		—	—	一般风险准备	55	428 819 662.79	508 131 193.32
		—	—	未分配利润	56	996 792 774.69	1 446 669 581.46
		—	—	归属于母公司所有者权益合计	57	6 674 895 077.49	11 562 706 475.84
		—	—	少数股东权益	58	—	—
		—	—	所有者权益（或股东权益）合计	59	6 674 895 077.49	11 562 706 475.84
资产总计	25	11 248 704 153.20	16 526 676 272.14	负债和所有者权益（或股东权益）总计	60	11 248 704 153.20	16 526 676 272.14

总经理：崔斌　　　　　　财务分管负责人：倪智勇　　　　　　会计机构负责人：汪晖

*注：合并会计报表的编制方法详见会计报表附注6.2.8。

5.1.3 利润表

利润表（单体）

编制单位：陆家嘴国际信托有限公司　　　2021年度　　　单位：元

项目	行次	上年数	本年数	项目	行次	上年数	本年数
一、营业收入	1	1 936 163 708.47	2 417 293 671.35	四、利润总额	24	1 538 774 167.63	2 116 448 530.16
（一）利息净收入	2	32 600 448.04	74 832 153.46	减：所得税费用	25	386 307 954.59	530 217 919.64
利息收入	3	68 009 503.18	158 609 179.71	五、净利润（亏损以"-"号列）	26	1 152 466 213.04	1 586 230 610.52
利息支出	4	35 409 055.14	83 777 026.25	归属于母公司所有者的净利润	27	1 152 466 213.04	1 586 230 610.52
（二）手续费及佣金净收入	5	1 375 994 395.41	1 777 599 422.74	少数股东损益	28	—	—
手续费及佣金收入	6	1 375 994 395.41	1 777 599 422.74	持续经营损益	29	1 152 466 213.04	1 586 230 610.52
手续费及佣金支出	7	—	—	终止经营损益	30	—	—
（三）投资收益（损失以"-"号填列）	8	443 446 109.64	447 146 155.48	六、其他综合收益的税后净额	31	—	—
其中：对联营企业和合营企业的投资收益	9	—	—	（一）归属于母公司所有者的其他综合收益的税后净额	32	—	—
（四）公允价值变动收益（损失以"-"号填列）	10	33 891 365.62	53 547 445.76	1.以后不能重分类进损益的其他综合收益	33	—	—
（五）汇兑收益（损失以"-"号填列）	11	—	—	2.以后将重分类进损益的其他综合收益	34	—	—
（六）其他业务收入	12	3 275.17	668 244.12	（1）权益法下在被投资单位以后将重分类进损益的其他综合收益中享有的份额	35	—	—
（七）资产处置收益	13	-28 697.35	-9 911.91	（2）可供出售金融资产公允价值变动损益	36	—	—
（八）其他收益	14	50 256 811.94	63 510 161.70	（3）持有至到期投资重分类为可供出售金融资产损益	37	—	—
二、营业支出	15	397 289 364.07	300 845 141.19	（4）现金流量套期损益的有效部分	38	—	—
（一）税金及附加	16	11 257 161.65	13 652 584.17	（5）外币财务报表折算差额	39	—	—

续表

项目	行次	上年数	本年数	项目	行次	上年数	本年数
（二）业务及管理费	17	383 587 520.17	277 783 904.42	（6）其他	40	—	—
（三）信用减值损失	18	1 075 682.25	9 408 652.60	（二）归属于少数股东的其他综合收益的税后净额	41		
（四）资产减值损失（转回金额以"-"号填列）	19	1 369 000.00	—	七、综合收益总额	42	1 152 466 213.04	1 586 230 610.52
（五）其他资产减值损失	20	—	—	归属于母公司所有者的综合收益总额	43	1 152 466 213.04	1 586 230 610.52
三、营业利润（亏损以"-"号填列）	21	1 538 874 344.40	2 116 448 530.16	归属于少数股东的综合收益总额	44	—	—
加：营业外收入	22	—	—	八、每股收益	45	—	—
减：营业外支出	23	100 176.77	—				

总经理：崔斌　　　　　　　　　　　　　　　财务分管负责人：倪智勇　　　　　　　　　　　　　　　会计机构负责人：汪晖

利润表（合并）

编制单位：陆家嘴国际信托有限公司　　　　　　　　　2021年度　　　　　　　　　　　　　　　　　　　　　单位：元

项目	行次	上年数	本年数	项目	行次	上年数	本年数
一、营业收入	1	1 942 059 536.59	2 433 628 500.97	四、利润总额	24	1 530 942 258.82	2 118 029 317.99
（一）利息净收入	2	426 760 172.31	387 784 382.64	减：所得税费用	25	386 307 954.59	530 217 919.64
利息收入	3	623 503 261.34	595 933 265.62	五、净利润（亏损以"-"号填列）	26	1 144 634 304.23	1 587 811 398.35
利息支出	4	196 743 089.03	208 148 882.98	归属于母公司所有者的净利润	27	1 144 634 304.23	1 587 811 398.35
（二）手续费及佣金净收入	5	1 276 193 266.80	1 690 731 063.80	少数股东损益	28	—	—
手续费及佣金收入	6	1 276 193 266.80	1 690 731 063.80	持续经营损益	29	1 152 249 954.87	1 587 811 398.35
手续费及佣金支出	7	—	—	终止经营损益	30	-7 615 650.64	—
（三）投资收益（损失以"-"号填列）	8	160 194 131.28	285 439 651.60	六、其他综合收益的税后净额	31	—	—
其中：对联营企业和合营企业的投资收益	9			（一）归属于母公司所有者的其他综合收益的税后净额	32		
（四）公允价值变动收益（损失以"-"号填列）	10	28 680 576.44	5 504 909.01	1.以后不能重分类进损益的其他综合收益	33		
（五）汇兑收益（损失以"-"号填列）	11			2.以后将重分类进损益的其他综合收益	34		
（六）其他业务收入	12	3 275.17	668 244.13	（1）权益法下在被投资单位以后将重分类进损益的其他综合收益中享有的份额	35		
（七）资产处置收益	13	-28 697.35	-9 911.91	（2）可供出售金融资产公允价值变动损益	36		
（八）其他收益	14	50 256 811.94	63 510 161.70	（3）持有至到期投资重分类为可供出售金融资产损益	37		
二、营业支出	15	411 017 101.00	315 599 182.98	（4）现金流量套期损益的有效部分	38		
（一）税金及附加	16	13 412 954.78	15 680 532.66	（5）外币财务报表折算差额	39		
（二）业务及管理费	17	396 492 564.03	292 031 136.42	（6）其他	40		
（三）信用减值损失	18	-257 417.81	7 887 513.90	（二）归属于少数股东的其他综合收益的税后净额	41		
（四）资产减值损失（转回金额以"-"号填列）	19	1 369 000.00	—	七、综合收益总额	42	1 144 634 304.23	1 587 811 398.35
（五）其他资产减值损失	20	—	—	归属于母公司所有者的综合收益总额	43	1 144 634 304.23	1 587 811 398.35
三、营业利润（亏损以"-"号填列）	21	1 531 042 435.59	2 118 029 317.99	归属于少数股东的综合收益总额	44	—	—
加：营业外收入	22	—	—	八、每股收益	45	—	—
减：营业外支出	23	100 176.77	—				

总经理：崔斌　　　　　　　　　　　　　　　财务分管负责人：倪智勇　　　　　　　　　　　　　　　会计机构负责人：汪晖

*注：合并会计报表的编制方法详见会计报表附注6.2.8。

5.1.4 所有者权益变动表（单体）

所有者权益变动表（单体）

编制单位：陆家嘴国际信托有限公司　　　　2020年度　　　　单位：元

项目	行次	实收资本（或股本）	其他权益工具	资本公积	减：库存股	其他综合收益	盈余公积	一般风险准备	信托赔偿准备	未分配利润	少数股东权益	所有者权益合计
栏　次		1	2	3	4	5	6	7	8	9	10	11
一、上年年末余额	1	4 000 000 000.00	—	—	—	—	334 036 018.71	202 000 281.95	169 196 070.19	820 261 077.91	—	5 525 493 448.76
加：会计政策变更	2	—	—	—	—	—	—	—	—	—	—	—
前期差错更正	3	—	—	—	—	—	—	—	—	—	—	—
二、本年年初余额	4	4 000 000 000.00	—	—	—	—	334 036 018.71	202 000 281.95	169 196 070.19	820 261 077.91	—	5 525 493 448.76
三、本年增减变动金额（减少以"-"号填列）	5	800 000 000.00	—	—	—	—	115 246 621.30	—	57 623 310.65	179 596 281.09	—	1 152 466 213.04
（一）综合收益总额	6	—	—	—	—	—	—	—	—	1 152 466 213.04	—	1 152 466 213.04
（二）所有者投入和减少资本	7	—	—	—	—	—	—	—	—	—	—	—
1.所有者投入资本	8	—	—	—	—	—	—	—	—	—	—	—
2.其他权益工具持有者投入资本	9	—	—	—	—	—	—	—	—	—	—	—
3.股份支付计入所有者权益金额	10	—	—	—	—	—	—	—	—	—	—	—
4.其他	11	—	—	—	—	—	—	—	—	—	—	—
（三）利润分配	12	—	—	—	—	—	115 246 621.30	—	57 623 310.65	-172 869 931.95	—	—
1.提取盈余公积	13	—	—	—	—	—	115 246 621.30	—	—	-115 246 621.30	—	—
2.提取一般风险准备	14	—	—	—	—	—	—	—	—	—	—	—
3.提取信托赔偿准备	15	—	—	—	—	—	—	—	57 623 310.65	-57 623 310.65	—	—
4.对所有者（或股东）的分配	16	—	—	—	—	—	—	—	—	—	—	—
（四）所有者权益内部结转	17	800 000 000.00	—	—	—	—	—	—	—	-800 000 000.00	—	—
1.资本公积转增资本（或股本）	18	—	—	—	—	—	—	—	—	—	—	—
2.盈余公积转增资本（或股本）	19	—	—	—	—	—	—	—	—	—	—	—
3.盈余公积弥补亏损	20	—	—	—	—	—	—	—	—	—	—	—
4.一般风险准备弥补亏损	21	—	—	—	—	—	—	—	—	—	—	—
5.未分配利润转增资本	22	800 000 000.00	—	—	—	—	—	—	—	-800 000 000.00	—	—
四、本年年末余额	23	4 800 000 000.00	—	—	—	—	449 282 640.01	202 000 281.95	226 819 380.84	999 857 359.00	—	6 677 959 661.80

总经理：崔斌　　　　财务分管负责人：倪智勇　　　　会计机构负责人：汪晖

所有者权益变动表（单体）

编制单位：陆家嘴国际信托有限公司　　　　2021年度　　　　单位：元

项目	行次	实收资本（或股本）	其他权益工具	资本公积	减：库存股	其他综合收益	盈余公积	一般风险准备	信托赔偿准备	未分配利润	少数股东权益	所有者权益合计
栏　次		12	13	14	15	16	17	18	19	20	21	22
一、上年年末余额	1	4 800 000 000.00	—	—	—	—	449 282 640.01	202 000 281.95	226 819 380.84	999 857 359.00	—	6 677 959 661.80
加：会计政策变更	2	—	—	—	—	—	—	—	—	—	—	—
前期差错更正	3	—	—	—	—	—	—	—	—	—	—	—
二、本年年初余额	4	4 800 000 000.00	—	—	—	—	449 282 640.01	202 000 281.95	226 819 380.84	999 857 359.00	—	6 677 959 661.80

续表

项目	行次	归属于母公司所有者权益									少数股东权益	所有者权益合计
		实收资本（或股本）	其他权益工具	资本公积	减：库存股	其他综合收益	盈余公积	一般风险准备	信托赔偿准备	未分配利润		
三、本年增减变动金额（减少以"-"号填列）	5	4 200 000 000.00	—	—	—	—	158 623 061.05	—	79 311 530.53	448 296 018.94	—	4 886 230 610.52
（一）综合收益总额	6		—	—	—	—	—	—	—	1 586 230 610.52		1 586 230 610.52
（二）所有者投入和减少资本	7	3 300 000 000.00	—	—	—	—	—	—	—	—	—	3 300 000 000.00
1.所有者投入资本	8	3 300 000 000.00	—	—	—	—	—	—	—	—	—	3 300 000 000.00
2.其他权益工具持有者投入资本	9	—	—	—	—	—	—	—	—	—	—	—
3.股份支付计入所有者权益金额	10	—	—	—	—	—	—	—	—	—	—	—
4.其他	11	—	—	—	—	—	—	—	—	—	—	—
（三）利润分配	12	—	—	—	—	—	158 623 061.05	—	79 311 530.53	-237 934 591.58	—	—
1.提取盈余公积	13	—	—	—	—	—	158 623 061.05	—	—	-158 623 061.05	—	—
2.提取一般风险准备	14	—	—	—	—	—	—	—	—	—	—	—
3.提取信托赔偿准备	15	—	—	—	—	—	—	—	79 311 530.53	-79 311 530.53	—	—
4.对所有者（或股东）的分配	16	—	—	—	—	—	—	—	—	—	—	—
（四）所有者权益内部结转	17	900 000 000.00	—	—	—	—	—	—	—	-900 000 000.00	—	—
1.资本公积转增资本（或股本）	18	—	—	—	—	—	—	—	—	—	—	—
2.盈余公积转增资本（或股本）	19	—	—	—	—	—	—	—	—	—	—	—
3.盈余公积弥补亏损	20	—	—	—	—	—	—	—	—	—	—	—
4.一般风险准备弥补亏损	21	—	—	—	—	—	—	—	—	—	—	—
5.未分配利润转增资本	22	900 000 000.00	—	—	—	—	—	—	—	-900 000 000.00	—	—
四、本年年末余额	23	9 000 000 000.00	—	—	—	—	607 905 701.06	202 000 281.95	306 130 911.37	1 448 153 377.94	—	11 564 190 272.32

总经理：崔斌　　　　财务分管负责人：倪智勇　　　　会计机构负责人：汪晖

5.1.5 所有者权益变动表（合并）

所有者权益变动表（合并）

编制单位：陆家嘴国际信托有限公司　　　　2020年度　　　　单位：元

项目	行次	归属于母公司所有者权益									少数股东权益	所有者权益合计
		实收资本（或股本）	其他权益工具	资本公积	减：库存股	其他综合收益	盈余公积	一般风险准备	信托赔偿准备	未分配利润		
栏次		1	2	3	4	5	6	7	8	9	10	11
一、上年年末余额	1	4 000 000 000.00	—	—	—	—	334 036 018.71	202 000 281.95	169 196 070.19	825 028 402.41	—	5 530 260 773.26
加：会计政策变更	2											
前期差错更正	3											
二、本年年初余额	4	4 000 000 000.00	—	—	—	—	334 036 018.71	202 000 281.95	169 196 070.19	825 028 402.41	—	5 530 260 773.26
三、本年增减变动金额（减少以"-"号填列）	5	800 000 000.00	—	—	—	—	115 246 621.30	—	57 623 310.65	171 764 372.28	—	1 144 634 304.23
（一）综合收益总额	6	—	—	—	—	—	—	—	—	1 144 634 304.23	—	1 144 634 304.23
（二）所有者投入和减少资本	7	—	—	—	—	—	—	—	—	—	—	—
1.所有者投入资本	8	—	—	—	—	—	—	—	—	—	—	—
2.其他权益工具持有者投入资本	9	—	—	—	—	—	—	—	—	—	—	—

续表

项目	行次	归属于母公司所有者权益									少数股东权益	所有者权益合计
		实收资本（或股本）	其他权益工具	资本公积	减：库存股	其他综合收益	盈余公积	一般风险准备	信托赔偿准备	未分配利润		
3.股份支付计入所有者权益的金额	10	—	—	—	—	—	—	—	—	—	—	—
4.其他	11	—	—	—	—	—	—	—	—	—	—	—
（三）利润分配	12	—	—	—	—	—	115 246 621.30	—	57 623 310.65	-172 869 931.95	—	—
1.提取盈余公积	13	—	—	—	—	—	115 246 621.30	—	—	-115 246 621.30	—	—
2.提取一般风险准备	14	—	—	—	—	—	—	—	—	—	—	—
3.提取信托赔偿准备	15	—	—	—	—	—	—	—	57 623 310.65	-57 623 310.65	—	—
4.对所有者（或股东）的分配	16	—	—	—	—	—	—	—	—	—	—	—
（四）所有者权益内部结转	17	800 000 000.00	—	—	—	—	—	—	—	-800 000 000.00	—	—
1.资本公积转增资本（或股本）	18	—	—	—	—	—	—	—	—	—	—	—
2.盈余公积转增资本（或股本）	19	—	—	—	—	—	—	—	—	—	—	—
3.盈余公积弥补亏损	20	—	—	—	—	—	—	—	—	—	—	—
4.一般风险准备弥补亏损	21	—	—	—	—	—	—	—	—	—	—	—
5.未分配利润转增资本	22	800 000 000.00	—	—	—	—	—	—	—	-800 000 000.00	—	—
四、本年年末余额	23	4 800 000 000.00	—	—	—	—	449 282 640.01	202 000 281.95	226 819 380.84	996 792 774.69	—	6 674 895 077.49

总经理：崔斌　　　　　　　　　　　　　　财务分管负责人：倪智勇　　　　　　　　　　　　会计机构负责人：汪晖

所有者权益变动表（合并）

编制单位：陆家嘴国际信托有限公司　　　　　　2021年度　　　　　　　　　　　　　　单位：元

项目	行次	归属于母公司所有者权益									少数股东权益	所有者权益合计
		实收资本（或股本）	其他权益工具	资本公积	减：库存股	其他综合收益	盈余公积	一般风险准备	信托赔偿准备	未分配利润		
栏次		12	13	14	15	16	17	18	19	20	21	22
一、上年年末余额	1	4 800 000 000.00	—	—	—	—	449 282 640.01	202 000 281.95	226 819 380.84	996 792 774.69	—	6 674 895 077.49
加：会计政策变更	2	—	—	—	—	—	—	—	—	—	—	—
前期差错更正	3	—	—	—	—	—	—	—	—	—	—	—
二、本年年初余额	4	4 800 000 000.00	—	—	—	—	449 282 640.01	202 000 281.95	226 819 380.84	996 792 774.69	—	6 674 895 077.49
三、本年增减变动金额（减少以"-"号填列）	5	4 200 000 000.00	—	—	—	—	158 623 061.05	—	79 311 530.53	449 876 806.77	—	4 887 811 398.35
（一）综合收益总额	6	—	—	—	—	—	—	—	—	1 587 811 398.35	—	1 587 811 398.35
（二）所有者投入和减少资本	7	3 300 000 000.00	—	—	—	—	—	—	—	—	—	3 300 000 000.00
1.所有者投入资本	8	3 300 000 000.00	—	—	—	—	—	—	—	—	—	3 300 000 000.00
2.其他权益工具持有者投入资本	9	—	—	—	—	—	—	—	—	—	—	—
3.股份支付计入所有者权益的金额	10	—	—	—	—	—	—	—	—	—	—	—
4.其他	11	—	—	—	—	—	—	—	—	—	—	—
（三）利润分配	12	—	—	—	—	—	158 623 061.05	—	79 311 530.53	-237 934 591.58	—	—
1.提取盈余公积	13	—	—	—	—	—	158 623 061.05	—	—	-158 623 061.05	—	—
2.提取一般风险准备	14	—	—	—	—	—	—	—	—	—	—	—
3.提取信托赔偿准备	15	—	—	—	—	—	—	—	79 311 530.53	-79 311 530.53	—	—

续表

项目	行次	归属于母公司所有者权益									少数股东权益	所有者权益合计
		实收资本（或股本）	其他权益工具	资本公积	减：库存股	其他综合收益	盈余公积	一般风险准备	信托赔偿准备	未分配利润		
4.对所有者（或股东）的分配	16	—					—	—	—	—	—	—
（四）所有者权益内部结转	17	900 000 000.00								-900 000 000.00	—	—
1.资本公积转增资本（或股本）	18											
2.盈余公积转增资本（或股本）	19											
3.盈余公积弥补亏损	20											
4.一般风险准备弥补亏损	21											
5.未分配利润转增资本	22	900 000 000.00								-900 000 000.00		
四、本年年末余额	23	9 000 000 000.00					607 905 701.06	202 000 281.95	306 130 911.37	1 446 669 581.46		11 562 706 475.84

总经理：崔斌　　　　　　　　　　　　　　　财务分管负责人：倪智勇　　　　　　　　　　　　　　　会计机构负责人：汪晖

*注：合并会计报表的编制方法详见会计报表附注6.2.8。

5.2 信托资产

5.2.1 信托项目资产负债汇总表

信托项目资产负债汇总表

编制单位：陆家嘴国际信托有限公司　　　　2021年12月31日　　　　　　　　　　　　　单位：万元

信托资产	期末数	期初数	信托负债和信托权益	期末数	期初数
信托资产：	—	—	信托负债：	—	—
货币资金	1 787 690.26	485 360.60	交易性金融负债	—	—
拆出资金	—	—	衍生金融负债	—	—
存出保证金	—	—	应付受托人报酬	12 457.84	2 461.47
交易性金融资产	1 370 282.76	7 694.22	应付托管费	712.11	9.28
衍生金融资产	—	—	应付受益人收益	1 285.72	1 237.03
买入返售金融资产	288 076.09	957 260.32	应交税费	10 996.85	11 200.10
应收款项	154 458.88	86 948.54	应付销售服务费	174.35	866.75
发放贷款	2 275 257.17	4 503 708.14	其他应付款项	201 246.28	17 137.36
可供出售金融资产	8 779 443.22	11 712 223.71	预计负债	—	—
持有至到期投资	548 496.07	146 394.54	其他负债	—	—
长期应收款	—	—	信托负债合计	226 873.15	32 911.99
长期股权投资	2 130 540.72	3 045 296.72	信托权益：	—	—
投资性房地产	—	—	实收信托	17 497 720.62	21 593 506.49
固定资产	—	—	资本公积	—	—
无形资产	—	—	外币报表折算差额	—	—
长期待摊费用	—	280.55	未分配利润	227 233.09	192 353.79
其他资产	617 581.69	873 604.93	信托权益合计	17 724 953.71	21 785 860.28
信托资产总计	17 951 826.86	21 818 772.27	信托负债及信托权益总计	17 951 826.86	21 818 772.27

公司负责人：崔斌　　　　　　　　　　　　　　复核：娄佩琍　　　　　　　　　　　　　　　　　　制表：冯伟

5.2.2 信托项目利润和利润分配汇总表

信托项目利润及利润分配汇总表

编制单位：陆家嘴国际信托有限公司　　2021年度　　　　　　　　　　单位：万元

项目	本年金额	上年金额
1.营业收入	1 730 127.79	1 737 307.43
1.1 利息收入	321 459.52	505 425.68
1.2 投资收益	1 409 557.25	1 218 023.30
1.2.1 对联营企业和合营企业的投资收益	—	—
1.3 公允价值变动损益	-4 878.70	10 581.38
1.4 租赁收入	—	—
1.5 汇兑损益	—	—
1.6 其他收入	3 989.72	3 277.07
2.支出	286 680.34	271 196.34
2.1 营业税金及附加	4 696.73	5 626.75
2.2 受托人报酬	198 444.07	150 997.55
2.3 托管费	8 412.85	13 599.02
2.4 投资管理费	—	—
2.5 销售服务费	62 160.81	83 955.57
2.6 交易费用	150.28	23.84
2.7 资产减值损失	999.00	—
2.8 其他费用	11 816.60	16 993.61
3.信托净利润	1 443 447.45	1 466 111.09
4.其它综合收益	—	—
5.综合收益	1 443 447.45	1 466 111.09
6.加：期初未分配信托利润	192 353.79	184 270.24
7.可供分配的信托利润	1 716 174.93	1 654 409.51
8.减：本期已分配信托利润	1 488 941.84	1 462 055.72
9.期末未分配信托利润	227 233.09	192 353.79

公司负责人：崔斌　　　　复核：娄佩琍　　　　制表：冯伟

6.会计报表附注

本会计报表附注中陆家嘴国际信托有限公司简称公司，陆家嘴国际信托有限公司及其子公司和纳入合并范围的结构化主体简称本集团。

6.1 会计报表编制基准不符合会计核算基本前提的说明

6.1.1 会计报表不符合会计核算基本前提的事项

本财务报表以持续经营为基础，根据实际发生的交易和事项，按照《企业会计准则——基本准则》和其他各项会计准则的规定进行确认和计量，在此基础上编制财务报表，无不符合会计核算基本前提的事项。

6.1.2 纳入合并财务报表范围结构化主体相关信息

2021年度集团管理或投资的结构化主体中有34个纳入合并财务报表范围，主要包括报告期末持有公司作为受托人发行的信托计划等。

6.2 重要会计政策和会计估计说明

6.2.1 金融工具

金融工具，是指形成一方的金融资产并形成其他方的金融负债或权益工具的合同。当集团成为金融工具合同的一方时，确认相关的金融资产或金融负债。

6.2.1.1 金融资产分类和计量

集团根据管理金融资产的业务模式和金融资产的合同现金流量特征，将金融资产划分为：（1）以摊余成本计量的金融资产；（2）以公允价值计量且其变动计入其他综合收益的金融资产；（3）以公允价值计量且其变动计入当期损益的金融资产。

于初始确认时，集团按公允价值计量金融资产，对于不是以公允价值计量且其变动计入损益的金融资产，则还应该加上或减去可直接归属于获得或发行该金融资产的交易费用，例如手续费和佣金。以公允价值计量且其变动计入损益的金融资产的交易费用作为费用计入损益。初始确认后，对于以摊余成本计量的金融资产以及以公允价值计量且其变动计入其他综合收益的债务工具投资，立即确认预期信用损失准备并计入损益。

集团持有的债务工具是指从发行方角度分析符合金融负债定义的工具，分别采用以下三种方式进行计量：

6.2.1.1.1 以摊余成本计量

集团管理此类金融资产的业务模式为以收取合同现金流量为目标，且此类金融资产的合同现金流量特征与基本借贷安排相一致，即在特定日期产生的现金流量，仅为对本金和以未偿付本金金额为基础的利息的支付。集团对于此类金融资产按照实际利率法确认利息收入。此类金融资产主要包括货币资金、债权投资和发放贷款和垫款等。

6.2.1.1.2 以公允价值计量且其变动计入其他综合收益

集团管理此类金融资产的业务模式为既以收取合同现金流量为目标又以出售为目标，且此类金融资产的合同现金流量特征与基本借贷安排相一致。此类金融资产按照公允价值计量且其变动计入其他综合收益，但减值损失或利得、汇兑损益和按照实际利率法计算的利息收入计入当期损益。此类金融资产列示为其他债权投资。集团暂无以公允价值计量且其变动计入其他综合收益的金融资产。

6.2.1.1.3 以公允价值计量且其变动计入当期损益

集团将持有的未划分为以摊余成本计量和以公允

价值计量且其变动计入其他综合收益的债务工具，以公允价值计量且其变动计入当期损益，列示为交易性金融资产。

集团将对其没有控制、共同控制和重大影响的权益工具投资按照公允价值计量且其变动计入当期损益，列示为交易性金融资产。

6.2.1.2 金融资产减值

集团对于以摊余成本计量的金融资产等，以预期信用损失为基础确认损失准备。

集团考虑有关过去事项、当前状况以及对未来经济状况的预测等合理且有依据的信息，以发生违约的风险为权重，计算合同应收的现金流量与预期能收到的现金流量之间差额的现值的概率加权金额，确认预期信用损失。

于每个资产负债表日，集团对于处于不同阶段的金融工具的预期信用损失分别进行计量。金融工具自初始确认后信用风险未显著增加的，处于第一阶段，集团按照未来12个月内的预期信用损失计量损失准备；金融工具自初始确认后信用风险已显著增加但尚未发生信用减值的，处于第二阶段，集团按照该工具整个存续期的预期信用损失计量损失准备；金融工具自初始确认后已发生信用减值的，处于第三阶段，集团按照该工具整个存续期的预期信用损失计量损失准备。

对于在资产负债表日具有较低信用风险的金融工具，集团假设其信用风险自初始确认后并未显著增加，按照未来12个月内的预期信用损失计量损失准备。

集团对于处于第一阶段和第二阶段，以及较低信用风险的金融工具，按照其未扣除减值准备的账面余额和实际利率计算利息收入。对于处于第三阶段的金融工具，按照其账面余额减已计提减值准备后的摊余成本和实际利率计算利息收入。

对于应收账款，无论是否存在重大融资成分，集团均按照整个存续期的预期信用损失计量损失准备。集团将计提或转回的损失准备计入当期损益。

集团依据信用风险特征将应收款项划分为若干组合，在组合基础上计算预期信用损失，对于划分为组合的应收账款，集团参考历史信用损失经验，结合当前状况以及对未来经济状况的预测，通过违约风险敞口和整个存续期预期信用损失率，计算预期信用损失。

6.2.1.3 金融资产终止确认

金融资产满足下列条件之一的，予以终止确认：（1）收取该金融资产现金流量的合同权利终止；（2）该金融资产已转移，且集团将金融资产所有权上几乎所有的风险和报酬转移给转入方；（3）该金融资产已转移，虽然集团既没有转移也没有保留金融资产所有权上几乎所有的风险和报酬，但是放弃了对该金融资产控制。

金融资产终止确认时，其账面价值与收到的对价的差额，计入当期损益。

6.2.1.4 金融负债

金融负债于初始确认时分类为以摊余成本计量的金融负债和以公允价值计量且其变动计入当期损益的金融负债。

集团的金融负债主要为以摊余成本计量的金融负债。该类金融负债按其公允价值扣除交易费用后的金额进行初始计量，并采用实际利率法进行后续计量。

当金融负债的现时义务全部或部分已经解除时，集团终止确认该金融负债或义务已解除的部分。终止确认部分的账面价值与支付的对价之间的差额，计入当期损益。

6.2.1.5 金融工具的公允价值确定

存在活跃市场的金融工具，以活跃市场中的报价确定其公允价值。不存在活跃市场的金融工具，采用估值技术确定其公允价值。在估值时，集团采用在当前情况下适用并且有足够可利用数据和其他信息支持的估值技术，选择与市场参与者在相关资产或负债的交易中所考虑的资产或负债特征相一致的输入值，并尽可能优先使用相关可观察输入值。在相关可观察输入值无法取得或取得不切实可行的情况下，使用不可观察输入值。

6.2.2 长期股权投资核算方法

截至报告期末，集团无长期股权投资。

6.2.3 投资性房地产核算方法

截至报告期末，集团无投资性房地产。

6.2.4 固定资产计价和折旧方法

6.2.4.1 固定资产确认

固定资产包括电子设备、运输工具、办公设备及其他设备等。

6.2.4.2 固定资产初始计量和后续计量

购置或新建的固定资产按取得时的成本进行初始计量。与固定资产有关的后续支出，在相关的经济利益很可能流入集团且其成本能够可靠地计量时，计入固定资产成本；对于被替换的部分，终止确认其账面价值；所有其他后续支出于发生时计入当期损益。

6.2.4.3 各类固定资产的折旧方法

固定资产折旧采用年限平均法并按其入账价值减去预计净残值后在预计使用寿命内计提。对计提了减值准备的固定资产，则在未来期间按扣除减值准备后的账面价值及依据尚可使用年限确定折旧额。

固定资产的预计使用寿命、净残值率及年折旧率

固定资产类别	预计使用寿命（年）	预计净残值率（%）	年折旧率（%）
电子设备	3	5	31.67
运输工具	4	5	23.75
办公设备	5	5	19
其他设备	5	5	19

对固定资产的预计使用寿命、预计净残值和折旧方法于每年年度终了进行复核并作适当调整。

当固定资产被处置、或者预期通过使用或处置不能产生经济利益时，终止确认该固定资产。固定资产出售、转让、报废或毁损的处置收入扣除其账面价值和相关税费后的金额计入当期损益。

6.2.5 无形资产计价及摊销政策

无形资产是指集团拥有或者控制的没有实物形态的可辨认非货币性资产。

无形资产按成本进行初始计量。使用寿命有限的无形资产自可供使用时起，对其原值在其预计使用寿命内采用直线法分期平均摊销。使用寿命不确定的无形资产不予摊销。集团至少于年度终了，对使用寿命有限的无形资产的使用寿命和摊销方法进行复核，必要时进行调整。

6.2.6 长期应收款的核算方法

截至报告期末，集团无长期应收款。

6.2.7 长期待摊费用

长期待摊费用包括使用权资产改良及其他已经发生但应由本期和以后各期负担的、分摊期限在一年以上的各项费用，按预计受益期间分期平均摊销，并以实际支出减去累计摊销后的净额列示。

6.2.8 合并会计报表的编制方法

编制合并财务报表时，合并范围包括本公司及全部子公司（包括结构化主体）。

子公司是指被集团控制的主体。控制是指集团拥有对被投资方的权利，通过参与被投资方的相关活动而享有的可变动报酬。

结构化主体，是指在确定其控制方时没有将表决权或类似权利作为决定因素而设计的主体，比如表决权仅与行政工作相关，而相关运营活动通过合同约定来安排。公司根据合约条款就公司对实体的参与面临可变回报的风险或取得可变回报的权利，及利用对实体的权力影响该等回报金额的能力评估是否合并。由公司控制的信托计划等结构化主体，纳入财务报表合并范围。

集团内所有重大往来余额、交易及未实现利润在合并财务报表编制时予以抵销。子公司的所有者权益、当期净损益及综合收益总额中不属于公司所拥有的部分分别作为少数股东权益、少数股东损益及归属于少数股东的综合收益总额在合并财务报表中所有者权益、净利润及综合收益总额项下单独列示。公司向子公司出售资产所发生的未实现内部交易损益，全额抵销归属于母公司股东的净利润；子公司向本公司出售资产所发生的未实现内部交易损益，按公司对该子公司的分配比例在归属于母公司股东的净利润和少数股东损益之间分配抵销。子公司之间出售资产所发生的未实现内部交易损益，按照母公司对出售方子公司的分配比例在归属于母公司股东的净利润和少数股东损益之间分配抵销。

如果以集团为会计主体与以公司或子公司为会计主体对同一交易的认定不同时，从本集团的角度对该交易予以调整。

6.2.9 收入确认原则和方法

收入的金额按照本集团在日常经营活动中销售商品和提供劳务时，已收或应收合同或协议价款的公允价值确定。

与交易相关的经济利益很可能流入集团，相关的收入能够可靠计量且满足下列各项经营活动的特定收入确认标准时，确认相关的收入：

一、利息净收入

利息净收入包含贷款利息收入、债权投资利息收入、买入返售金融资产利息收入及货币资金利息收入减去借款利息支出。利息收入是用实际利率乘以金融资产账面余额计算得出，以下情况除外：对于源生或购入已发生信用减值的金融资产，其利息收入用经信用调整的原实际利率乘以该金融资产摊余成本计算得出；不属于源生或购入已发生信用减值的金融资产，但后续已发生信用减值的金融资产（或第三阶段），其利息收入用实际利率乘以摊余成本（即，扣除损失准备后的净额）计算得出。

实际利率是指按金融资产或金融负债的预计存续期间将其预计未来现金流入或流出折现至该金融资产账面

余额（即扣除损失准备之前的摊余成本）或该金融负债摊余成本的利率。实际利率的计算需要考虑金融工具的合同条款并且包括所有归属于实际利率组成部分的费用和所有交易成本。

利息支出按借入货币资金的时间和实际利率计算确认。

二、手续费及佣金收入

管理费收入包括集团管理旗下各信托计划而取得的固定费率管理费收入和浮动报酬。在满足收入确认条件的前提下，固定费率管理费收入根据合同约定的基数和固定费率累计计算并确认当期收入，浮动报酬按照合同约定的方法按照最可能发生的金额计算并确认当期收入。

三、咨询服务费收入

集团提供咨询服务取得的咨询服务费收入，根据咨询服务合同或协议约定的收费标准，在履约义务得以满足的时点（或期间）确认收入。

集团已收或应收的合同价款超过已完成的劳务，则将超过部分确认为合同负债。

6.2.10 所得税的会计处理方法

集团在多个地区缴纳企业所得税。在正常的经营活动中，部分交易和事项的最终的税务处理存在不确定性。在计提各个地区的所得税费用时，集团需要作出重大判断。如果这些税务事项的最终认定结果与最初入账的金额存在差异，该差异将对做出上述最终认定期间的所得税费用和递延所得税的金额产生影响。

6.2.11 信托报酬确认原则和方法

信托报酬是指信托公司对信托财产进行管理而收取的管理费或佣金，信托报酬收取的标准一般是与委托人或受益人等有关当事人协商确定的，按照合同或者协议的约定进行确认。若信托报酬由信托财产承担，则按照信托合同的约定来计算、提取并确认信托报酬收入；若信托报酬由委托人等有关当事人直接承担，则按协议约定另行向有关当事人收取。信托报酬确认原则和方法见本报告6.2.9收入确认原则和方法中手续费及佣金收入的确认。

6.2.12 其他会计政策、会计估计变更

集团于2021年1月1日首次执行新租赁准则，根据相关规定，集团及公司对首次执行日前已存在的合同选择不再重新评估。截至报告期末，集团和公司使用权资产均增加人民币8 465.06万元，租赁负债均增加人民币8 660.12万元。

6.2.13 前期差错更正

6.2.13.1 合并报表期初差错更正

截至报告期末，集团无合并报表期初差错更正。

6.2.13.2 单体报表期初差错更正

截至报告期末，公司无单体报表期初差错更正。

6.2.14 买入返售金融资产

买入返售金融资产是指按规定进行证券回购业务而融出的资金，按买入证券实际支付的成本入账，并在证券持有期内按实际利率计提买入返售证券收入，计入当期损益。

6.2.15 研究与开发

根据内部研究开发项目支出的性质以及研发活动最终形成无形资产是否具有较大不确定性，分为研究阶段支出和开发阶段支出。

研究阶段的支出，于发生时计入当期损益；开发阶段的支出，同时满足下列条件的，予以资本化：（1）完成该无形资产以使其能够使用或出售在技术上具有可行性；（2）管理层具有完成该无形资产并使用或出售的意图；（3）能够证明该无形资产将如何产生经济利益；（4）有足够的技术、财务资源和其他资源支持，以完成该无形资产的开发，并有能力使用或出售该无形资产；以及归属于该无形资产开发阶段的支出能够可靠地计量。

不满足上述条件的开发阶段的支出，于发生时计入当期损益。前期已计入损益的开发支出不在以后期间重新确认为资产。已资本化的开发阶段的支出在资产负债表上列示为开发支出，自该项目达到预定可使用状态之日起转为无形资产。

创新性研究与应用的科技投入情况：（1）2021年度公司用于创新性研究与应用的科技投入合计682.17万元；（2）2021年度公司科技人员数量14人，占比3.46%（截至2021年底的全公司员工数为405人）。

6.2.16 抵债资产

抵债资产按公允价值进行初始计量。集团对于法院判决获得的抵债资产按外部评估机构出具的评估报告中注明的评估价值作为公允价值进行初始计量。资产负债表日，抵债资产按照账面价值与可变现净值孰低计量，当可变现净值低于账面价值时，对抵债资产计提减值准备。

抵债资产处置时，取得的处置收入与抵债资产账面价值的差额计入营业外收入或支出。

6.2.17 长期资产减值

固定资产、使用寿命有限的无形资产及对子公司的

长期股权投资等，于资产负债表日存在减值迹象的，进行减值测试；尚未达到可使用状态的无形资产，无论是否存在减值迹象，至少每年进行减值测试。减值测试结果表明资产的可收回金额低于其账面价值的，按其差额计提减值准备并计入减值损失。可收回金额为资产的公允价值减去处置费用后的净额与资产预计未来现金流量的现值两者之间的较高者。资产减值准备按单项资产为基础计算并确认，如果难以对单项资产的可收回金额进行估计的，以该资产所属的资产组确定资产组的可收回金额。资产组是能够独立产生现金流入的最小资产组合。

上述资产减值损失一经确认，以后期间不予转回价值得以恢复的部分。

6.2.18 借款

借款按其公允价值扣除交易费用后的金额进行初始计量，并采用实际利率法按摊余成本进行后续计量。借款期限在一年以下（含一年）的借款为短期借款，其余借款为长期借款。

6.2.19 职工薪酬

职工薪酬是本集团为获得职工提供的服务或解除劳动关系而给予的各种形式的报酬或补偿，包括短期薪酬、离职后福利和其他长期职工福利等。

6.2.19.1 短期薪酬

短期薪酬包括工资、奖金、津贴和补贴、职工福利费、医疗保险费、工伤保险费、生育保险费、住房公积金、工会和教育经费、短期带薪缺勤等。本集团在职工提供服务的会计期间，将实际发生的短期薪酬确认为负债，并计入当期损益或相关资产成本。其中，非货币性福利按照公允价值计量。

6.2.19.2 离职后福利

本集团将离职后福利计划分类为设定提存计划和设定受益计划。设定提存计划是本集团向独立的基金缴存固定费用后，不再承担进一步支付义务的离职后福利计划；设定受益计划是除设定提存计划以外的离职后福利计划。于报告期内，本集团的离职后福利主要是为员工缴纳的基本养老保险、补充养老保险和失业保险，均属于设定提存计划。

6.2.19.3 辞退福利

集团在职工劳动合同到期之前解除与职工的劳动关系、或者为鼓励职工自愿接受裁减而提出给予补偿，在集团不能单方面撤回解除劳动关系计划或裁减建议时和确认与涉及支付辞退福利的重组相关的成本费用时两者孰早日，确认因解除与职工的劳动关系给予补偿而产生的负债，同时计入当期损益。

6.2.20 递延所得税资产和递延所得税负债

递延所得税资产和递延所得税负债根据资产和负债的计税基础与其账面价值的差额（暂时性差异）计算确认。对于按照税法规定能够于以后年度抵减应纳税所得额的可抵扣亏损，确认相应的递延所得税资产。对于商誉的初始确认产生的暂时性差异，不确认相应的递延所得税负债。对于既不影响会计利润也不影响应纳税所得额（或可抵扣亏损）的非企业合并的交易中产生的资产或负债的初始确认形成的暂时性差异，不确认相应的递延所得税资产和递延所得税负债。于资产负债表日，递延所得税资产和递延所得税负债，按照预期收回该资产或清偿该负债期间的适用税率计量。

递延所得税资产的确认以很可能取得用来抵扣可抵扣暂时性差异、可抵扣亏损和税款抵减的应纳税所得额为限。

对与子公司（包括控制的结构化主体）投资相关的应纳税暂时性差异，确认递延所得税负债，除非集团能够控制该暂时性差异转回的时间且该暂时性差异在可预见的未来很可能不会转回。对与子公司（包括控制的结构化主体）投资相关的可抵扣暂时性差异，当该暂时性差异在可预见的未来很可能转回且未来很可能获得用来抵扣可抵扣暂时性差异的应纳税所得额时，确认递延所得税资产。

同时满足下列条件的递延所得税资产和递延所得税负债以抵销后的净额列示：（1）递延所得税资产和递延所得税负债与同一税收征管部门对本集团内同一纳税主体征收的所得税相关；（2）集团内纳税主体拥有以净额结算当期所得税资产及当期所得税负债的法定权利。

6.2.21 风险准备

风险准备包括一般准备及信托赔偿准备。

6.2.21.1 一般风险准备

根据财政部财金〔2012〕20号《关于印发〈金融企业准备金计提管理办法〉的通知》，本公司按风险资产期末余额一定比例提取一般风险准备，原则上一般风险准备余额不低于风险资产期末余额的1.5%。一般风险准备从年度税后净利润中提取，用于弥补尚未识别的可能性损失的准备，并作为所有者权益的组成部分。

6.2.21.2 信托赔偿准备

根据中国银行业监督管理委员会令2007年第2号《信托公司管理办法》规定，本公司每年应当从税后利润中提取5%作为信托赔偿准备金，该赔偿准备金累计总额达到公司注册资本的20%时，可不再提取。

6.2.22 租赁

实质上未转移与资产所有权有关的全部风险和报酬的租赁为经营租赁。经营租赁的租金支出在租赁期内按照直线法计入相关资产成本或当期损益。

6.2.23 利润分配

拟发放的利润于股东会批准的当期，确认为负债。

6.2.24 企业合并

6.2.24.1 同一控制下的企业合并

集团支付的合并对价及取得的净资产均按账面价值计量。集团取得的净资产账面价值与支付的合并对价账面价值的差额，调整资本公积（资本溢价）；资本公积（资本溢价）不足以冲减的，调整留存收益。为进行企业合并发生的直接相关费用于发生时计入当期损益。为企业合并而发行权益性证券或债务性证券的交易费用，计入权益性证券或债务性证券的初始确认金额。

6.2.24.2 非同一控制下的企业合并

集团发生的合并成本及在合并中取得的可辨认净资产按购买日的公允价值计量。合并成本大于合并中取得的被购买方于购买日可辨认净资产公允价值份额的差额，确认为商誉；合并成本小于合并中取得的被购买方可辨认净资产公允价值份额的差额，计入当期损益。为进行企业合并发生的直接相关费用于发生时计入当期损益。为企业合并而发行权益性证券或债务性证券的交易费用，计入权益性证券或债务性证券的初始确认金额。

6.3 或有事项说明

本报告期内，集团未发生影响本财务报表阅读和理解的重大或有事项。

6.4 重要资产转让及其出售的说明

本报告期内，集团无重要资产转让或出售。

6.5 会计报表中重要项目的明细资料

6.5.1 披露自营资产经营情况

6.5.1.1 按信用风险五级分类结果披露信用风险资产的期初数、期末数

信用风险资产五级分类	正常类（万元）	关注类（万元）	次级类（万元）	可疑类（万元）	损失类（万元）	信用风险资产合计	不良合计	不良率（%）
期初数	914 743	0	0	0	31 679	946 422	31 679	3.35
期末数	1 354 578	0	0	0	0	1 354 578	0	—

注：不良资产合计＝次级类＋可疑类＋损失类。

6.5.1.2 各项资产减值损失准备的期初、本期计提、本期转回、本期核销、期末数

单位：万元

项目	期初数	本期计提	本期转回	本期核销	期末数
贷款损失准备	30 021	941	0	29 913	1 049
一般准备	0	0	0	0	0
专项准备	0	0	0	0	0
其他资产减值准备	7 336	0	0	7 336	0
以摊余成本计量金融资产的减值准备	0	0	0	0	0
以公允价值计量且其变动计入其他综合收益金融资产的减值准备	0	0	0	0	0
坏账准备	1 766	0	0	1 766	0
其他资产减值准备	5 570	0	0	5 570	0

6.5.1.3 按照投资品种分类，分别披露固有业务股票投资、基金投资、债券投资、股权投资等投资业务的期初数、期末数

单位：万元

项目	自营股票	基金	债券	长期股权投资	其他投资	合计
期初数	0	0	0		720 317	720 317
期末数	0	0	1 029		672 721	673 750

6.5.1.4 按投资入股金额排序，前五名的自营长期股权投资的企业名称、占被投资企业权益的比例、主要经营活动及投资收益情况等

本报告期内，公司无长期股权投资。

6.5.1.5 前五名的自营贷款的企业名称、占贷款总额的比例和还款情况等

企业名称	占贷款总额的比例（%）
东台市交通投资建设集团有限公司	17.12
青岛海洋科技投资发展集团有限公司	13.70
永清美景房地产开发有限公司	12.67
青岛昌阳投资开发有限公司	11.99
靖江市城乡建设有限公司	10.27

6.5.1.6 表外业务的期初数、期末数；按照代理业务、担保业务和其他类型表外业务分别披露

本报告期内，公司无表外业务。

6.5.1.7 公司当年的收入结构

单体

收入结构	金额（万元）	占比（%）
手续费及佣金收入	177 760	71.07
其中：信托手续费收入	177 760	71.07
投资银行业务收入		
利息收入	15 861	6.34
其中：计入信托业务收入部分		
投资收益	44 715	17.88
其中：股权投资收益		
证券投资收益	1 408	0.56

续表

收入结构	金额（万元）	占比（%）
其他投资收益	43 307	17.32
公允价值变动收益	5 355	2.14
资产处置收益	-1	—
其他收益	6 351	2.54
营业外收入	—	—
其他业务收入	67	0.03
收入合计	250 108	100

注：手续费及佣金收入、利息收入、其他业务收入、投资收益、营业外收入均为损益表中的科目，其中手续费及佣金收入、利息收入、营业外收入为未抵减掉相应支出的全年累计实现收入数。

合并

收入结构	金额（万元）	占比（%）
手续费及佣金收入	169 073	64.00
其中：信托手续费收入	169 073	64.00
投资银行业务收入	—	—
利息收入	59 593	22.56
其中：计入信托业务收入部分		
投资收益	28 544	10.80
其中：股权投资收益	—	—
证券投资收益	670	0.25
其他投资收益	27 874	10.55
公允价值变动收益	550	0.21
资产处置收益	-1	—
其他收益	6 351	2.40
营业外收入	—	—
其他业务收入	67	0.03
收入合计	264 177	100.00

注：手续费及佣金收入、利息收入、其他业务收入、投资收益、营业外收入均为损益表中的科目，其中手续费及佣金收入、利息收入、营业外收入为未抵减掉相应支出的全年累计实现收入数。

6.5.2 披露信托财产管理情况

6.5.2.1 信托资产的期初数、期末数

单位：万元

信托资产	期初数	期末数
集合	14 728 108.58	14 052 787.71
单一	6 408 480.38	3 459 134.21
财产权	682 183.31	439 904.94
合计	21 818 772.27	17 951 826.86

6.5.2.1.1 主动管理型信托业务的信托资产期初数、期末数

单位：万元

主动管理型信托资产	期初数	期末数
证券投资类	1 650.08	3 429 774.27
股权及其他投资类	5 825 877.28	4 702 981.29
融资类	6 866 570.24	5 089 858.21
事务管理类	—	—
合计	12 694 097.60	13 222 613.77

6.5.2.1.2 被动管理型信托业务的信托资产期初数、期末数

单位：万元

被动管理型信托资产	期初数	期末数
证券投资类	115 967.11	97 796.99
股权及其他投资类	2 681 262.25	1 835 054.01
融资类	5 645 262.00	2 356 457.15
事务管理类	682 183.31	439 904.94
合计	9 124 674.67	4 729 213.09

6.5.2.2 本年度已清算结束的信托项目表

6.5.2.2.1 本年度已清算结束的信托项目

已清算结束信托项目	项目个数（个）	实收信托合计金额（万元）	加权平均实际年化收益率（%）
单一	67	3 015 492.31	6.09
集合	183	13 111 731.72	6.39
财产权	7	678 901.66	6.82

注：收益率是指信托项目清算后，给受益人赚取的实际收益水平。加权平均实际年化收益率＝（信托项目1的实际年化收益率×信托项目1的实收信托＋信托项目2的实际年化收益率×信托项目2的实收信托＋…信托项目n的实际年化收益率×信托项目n的实收信托）/（信托项目1的实收信托＋信托项目2的实收信托＋…信托项目n的实收信托）×100%。

6.5.2.2.2 本年度已清算结束的主动管理型信托项目

已清算结束信托项目	项目个数（个）	实收信托合计金额（万元）	加权平均实际年化信托报酬率（%）	加权平均实际年化收益率（%）
证券投资类	—	—	—	—
股权及其他投资类	37	4 255 617.83	0.79	7.79
融资类	130	5 610 885.00	1.31	6.81
事务管理类	—	—	—	—

注：加权平均实际年化信托报酬率＝（信托项目1的实际年化信托报酬率×信托项目1的实收信托＋信托项目2的实际年化信托报酬率×信托项目2的实收信托＋…信托项目n的实际年化信托报酬率×信托项目n的实收信托）/（信托项目1的实收信托＋信托项目2的实收信托＋…信托项目n的实收信托）×100%

6.5.2.2.3 本年度已清算结束的被动管理型信托项目

已清算结束信托项目	项目个数（个）	实收信托合计金额（万元）	加权平均实际年化信托报酬率（%）	加权平均实际年化收益率（%）
证券投资类	1	27 000.00	0.30	-11.30
股权及其他投资类	31	852 500.00	0.13	5.81
融资类	51	5 381 221.20	0.33	5.74
事务管理类	7	678 901.66	0.12	6.82

6.5.2.3 本年度新增的信托项目

新增信托项目	项目个数（个）	实收信托合计金额（万元）
集合类	161	10 115 213.98
单一类	48	2 029 371.40
财产管理类	5	337 300.00
新增合计	214	12 481 885.38
其中：主动管理型	193	11 905 214.46
被动管理型	21	576 670.92

注：本年新增信托项目指在本报告年度内累计新增的信托项目个数和金额（包括以前年度成立本年度新增的分期信托项目）。包含本年度新增并于本年度内结束的项目和本年度新增至报告期末仍在持续管理的信托项目。

6.5.2.4 信托业务创新成果和特色业务有关情况

公司积极响应监管政策导向，坚持创新引领，转变业务发展思路，借助信托优势和资源优势，运用各类金融工具，主动寻求新的业务契机。一是立足信托本源业务，提升受托服务水平。公司充分发挥信托功能优势，大力发展本源业务，满足客户多元化需求。在资产证券化领域，成立国内首单城市更新CMBS，并绑定核心客户开展供应链ABN业务；在家族信托领域，构建"家账户"财富信托、"世泽"家族信托、"世臻"家族信托三个产品系列，创设首款信托账户产品。二是加大创新资源投入，做大做强标品业务。公司选择标品业务作为转型升级主要方向，一方面发挥传统部门资源禀赋优势，加强与理财子业务合作，做大标品信托资产管理规模；另一方面积极引入市场化专业团队，发展以TOF和FOF为代表的主动管理型标品业务，提升资产管理水平。截至2021年末，证券投资产品规模343.51亿元。

6.5.2.5 本公司履行受托人义务情况及因本公司自身责任而导致的信托资产损失情况

公司遵守信托法和信托文件对受托人义务的规定，为受益人的最大利益处理信托事务，管理信托财产时，恪尽职守，履行诚实、信用、谨慎、有效管理的义务，没有损害受益人利益的情况。公司无因自身责任而导致的信托资产损失情况。

6.5.2.6 信托赔偿准备金的提取、使用和管理情况

按照《信托公司管理办法》的规定，按税后利润的5%计提信托赔偿准备金，截至2021年12月31日，本公司已计提信托赔偿准备金人民币30 613.09万元；当信托赔偿准备金累计总额达到注册资本的20%时，可不再提取。

截至本报告期末，本公司未发生对信托产品赔偿的事项。

6.6 关联方关系及其交易的披露

6.6.1 关联交易方的数量、关联交易的总金额及关联交易的定价政策等

项目	关联交易方数量	关联交易金额（万元）	定价政策
合计	12	1 763 377.50	关联交易遵循公平、公开、公允的原则进行定价。存在市场价格的，按市场价格定价；不存在市场价格的，以不优于非关联方同期同类型交易的条件进行定价

注："关联交易"定义以《公司法》和《企业会计准则第36号——关联方披露》有关规定为准。

6.6.2 关联交易方与本公司的关系性质、关联交易方的名称、法定代表人、注册地址、注册资本及主营业务等

关系性质	关联方名称	法定代表人	注册地址	注册资本（万元）	主营业务
最终控股公司	上海陆家嘴（集团）有限公司	李晋昭	中国（上海）自由贸易试验区浦东大道981号	245 730.57	房地产开发经营，市政基础设施，建设投资，投资咨询，实体投资，国内贸易（除专项规定），资产管理经营，信息（依法须经批准的项目，经相关部门批准后方可开展经营活动）
控股公司	上海陆家嘴金融贸易区开发股份有限公司	李晋昭	中国（上海）自由贸易试验区浦东大道981号	403 419.74	房地产开发、经营、销售、出租和中介；市政基础设施的开发建设（依法须经批准的项目，经相关部门批准后方可开展经营活动）
控股股东	上海陆家嘴金融发展有限公司	黎作强	中国（上海）自由贸易试验区世纪大道1600号2901室	800 000.00	金融产业、工业、商业、城市基础设施等项目的投资、管理，投资咨询，企业收购、兼并（依法须经批准的项目，经相关部门批准后方可开展经营活动）
受同一控股股东控制的企业	陆家嘴国泰人寿保险有限责任公司	黎作强	中国（上海）自由贸易试验区海阳西路555号/东育路588号前滩中心38层	300 000.00	在上海市行政辖区内及已设立分公司的省、自治区、直辖市内经营下列业务（法定保险业务除外）：（一）人寿保险、健康保险和意外伤害保险等保险业务；（二）上述业务的再保险业务；（三）保险兼业代理业务（依法须经批准的项目，经相关部门批准后方可开展经营活动）
受同一控股股东控制的企业	上海陆家嘴商务广场有限公司	姚佩玉	中国（上海）自由贸易试验区世纪大道1600号	51 806.10	房地产综合开发、经营、物业管理、出租出售中外销商品房、房地产中介咨询，建设、经营公用停车场设施（依法须经批准的项目，经相关部门批准后方可开展经营活动）
受同一控股股东控制的企业	上海陆家嘴物业管理有限公司	蔡宏图	浦东新区锦安东路583—585号	5 000.00	本公司自有、自建各类房产的经营，综合管理，物业管理，咨询，餐饮企业管理（不含食品生产经营），酒店管理，会展服务，各类物业的维修、设备保养及配套综合服务，停车库（场）经营，文化用品、五金、装潢材料的销售，建筑装修装饰建设工程专业施工，家电维修，房屋建设工程施工，机电安装建设工程施工，机电设备安装建设工程专业施工，钢结构建设工程专业施工，电信业务（依法须经批准的项目，经相关部门批准后方可开展经营活动）
股东	青岛国信金融控股股份有限公司	刘冰冰	青岛市崂山区苗岭路9号	370 000.00	金融及金融服务性机构的投资与运营，资产管理与基金管理，股权投资及资本运营，证券及基金投资，投资策划与咨询服务；经政府及有关监管机构批准的其他资产投资与运营（依法须经批准的项目，经相关部门批准后方可开展经营活动）

续表

关系性质	关联方名称	法定代表人	注册地址	注册资本（万元）	主营业务
股东的关联方	青岛海洋创新产业投资基金有限公司	刘冰冰	山东省青岛市即墨区蓝色硅谷核心区——国信海创基地	400 000.00	以自有资金对外投资；投资顾问、投资管理、财务顾问服务；资产（或股权）受托管理业务；资产（或债务）重组业务（未经金融监管部门批准，不得从事吸收存款、融资担保、代客理财等金融业务）；依法须经批准的项目，经相关部门批准后方可开展经营活动）
受同一控股股东控制的企业	上海陆家嘴职业技能培训有限公司	宫倩	中国（上海）自由贸易试验区杨高南路729号第2层01A单元	500.00	许可项目：营利性民办职业技能培训机构（依法须经批准的项目，经相关部门批准后方可开展经营活动，具体经营项目以相关部门批准文件或许可证件为准）
受同一最终控股公司控制的企业	上海浦东美术馆经营管理有限公司	鲍殊毅	中国（上海）自由贸易试验区滨江大道2755、2777号一层L1-02、L1-03室	1 000.00	许可项目：餐饮服务；电影放映；出版物零售；出版物批发。（依法须经批准的项目，经相关部门批准后方可开展经营活动，具体经营项目以相关部门批准文件或许可证件为准）一般项目：物业管理、餐饮管理、票务代理服务、文化场馆管理服务、会议及展览服务、礼仪服务、收藏品鉴定评估服务（不含许可类信息咨询服务），组织文化艺术交流活动，文艺创作，工艺美术品及收藏品（象牙及其制品除外）、珠宝首饰、钟表、日用百货、服装服饰、电子产品、文具用品、体育用品及器材、鞋帽、箱包、化妆品、礼品花卉的销售，广告设计、代理，广告发布（非广播电台、电视台、报刊出版单位），广告制作，食品经营（销售预包装食品），货物进出口，技术进出口，艺术品进出口（除依法须经批准的项目外，凭营业执照依法自主开展经营活动）
受同一控股股东控制的企业	上海浦东陆家嘴软件产业发展有限公司	姚佩玉	中国（上海）自由贸易试验区峨山路91弄98号	1 000.00	软件园的管理，物业管理，计算机、软件、通讯、微电子的研究、开发、生产、经营，系统集成和技术服务，信息咨询，收费停车场（依法须经批准的项目，经相关部门批准后方可开展经营活动）
受同一控股股东控制的企业	上海陆家嘴东怡酒店管理有限公司	贾伟	中国（上海）自由贸易试验区丁香路555号	35 000.00	餐饮服务，住宿，酒店管理，餐饮企业管理，物业管理，商务咨询、投资咨询，票务代理，停车场收费，健身服务，卷烟、雪茄烟的零售（凭许可证经营），纺织品、服装服饰、日用百货、工艺品的销售（依法须经批准的项目，经相关部门批准后方可开展经营活动）

6.6.3 逐笔披露本公司与关联方的重大交易事项

6.6.3.1 固有与关联方交易情况：贷款、投资、租赁、应收账款担保、其他方式等期初汇总数、本期借方和贷方发生额汇总数、期末汇总数

固有与关联方关联交易 单位：万元

项目	期初数	借方发生额	贷方发生额	期末数
贷款	—	—	—	—
投资	—	—	—	—
租赁	—	—	—	—
担保	—	—	—	—
应收账款	—	—	—	—
其他	19 068.33	7 657.50	97.60	26 628.23
合计	19 068.33	7 657.50	97.60	26 628.23

6.6.3.2 信托与关联方交易情况：贷款、投资、租赁、应收账款、担保、其他方式等期初汇总数、本期借方和贷方发生额汇总数、期末汇总数

信托与关联方关联交易 单位：万元

项目	期初数	借方发生额	贷方发生额	期末数
贷款	—	—	—	—
投资	612 434.56	1 755 720.00	1 839 513.62	528 640.94
租赁	—	—	—	—
担保	—	—	—	—
应收账款	—	—	—	—
其他	20 441.80	—	—	20 441.80
合计	632 876.36	1 755 720.00	1 839 513.62	549 082.74

6.6.3.3 信托公司自有资金运用于自己管理的信托项目（固信交易）、信托公司管理的信托项目之间的相互（信信交易）交易金额，包括余额和本报告年度的发生额

6.6.3.3.1 固有与信托财产之间的交易金额期初汇总数、本期发生额汇总数、期末汇总数

固有财产与信托财产相互交易 单位：万元

项目	期初数	本期发生额	期末数
合计	552 680.00	1 784 540.00	495 286.57

注：以固有资金投资公司自己管理的信托项目受益权，或购买自己管理的信托项目的信托资产均纳入统计披露范围。

6.6.3.3.2 信托项目之间的交易金额期初汇总数、本期发生额汇总数、期末汇总数

信托资产与信托财产相互交易 单位：万元

项目	期初数	本期发生额	期末数
合计	720 368.65	1 122 765.00	513 678.91

注：以公司受托管理的一个信托项目的资金购买自己管理的另一个信托项目的受益权或信托项下资产均纳入统计披露范围。

6.6.4 逐笔披露关联方逾期未偿还本公司资金的详细情况以及本公司为关联方担保发生或即将发生垫款的详细情况

本报告期内，公司未发生关联方逾期未偿还公司资金以及公司为关联方担保发生或即将发生垫款的情况。

6.7 会计制度的披露

公司固有业务和信托业务，同时执行财政部颁布的《企业会计准则——基本准则》和各项具体会计准则、其后颁布的企业会计准则应用指南、企业会计准则解释以及其他相关规定。

7.财务情况说明书

7.1 利润实现和分配情况

2021年度公司实现净利润人民币158 623.06万元，扣除当年未分配利润转增资本90 000万元、提取10%法定公积金人民币15 862.31万元、提取5%信托赔偿准备金人民币7 931.15万元后，加上上年累计未分配利润人民币99 985.74万元，截至2021年末可供分配利润人民币144 815.34万元。

2021年度本集团实现合并净利润人民币158 781.14万元，扣除当年未分配利润转增资本90 000万元、提取10%法定公积金人民币15 862.31万元、提取5%信托赔偿准备金人民币7 931.15万元后，加上上年累计未分配利润人民币99 679.28万元，2021年末可供分配利润人民币144 666.96万元。

7.2 主要财务指标

单体

指标名称	指标值
资本利润率（%）	21.23
加权年化信托报酬率（%）	0.60
人均净利润（万元）	396.56

合并

指标名称	指标值
资本利润率（%）	21.26
加权年化信托报酬率（%）	0.60
人均净利润（万元）	396.95

注：1.资本利润率＝净利润/所有者权益平均余额×100%。
2.加权年化信托报酬率＝（信托项目1的实际年化信托报酬率×信托项目1的实收信托+信托项目2的实际年化信托报酬率×信托项目2的实收信托+…信托项目n的实际年化信托报酬率×信托项目n的实收信托）/（信托项目1的实收信托+信托项目2的实收信托+…信托项目n的实收信托）×100%。
3.人均净利润＝净利润/年平均人数。
4.平均值采取年初、年末余额简单平均法，公式为：a（平均）=（年初数+年末数）/2。

7.3 净资本和风险资本情况

指标名称	期末数	监管指标
净资本（万元）	935 122.39	大于监管要求的20 000
风险资本（万元）	343 012.08	—
净资本/风险资本（%）	272.62	大于监管要求的100
净资本/净资产（%）	80.86	大于监管要求的40

7.4 对本公司财务状况、经营成果有重大影响的其他事项

本报告期内，未发生对本公司财务状况、经营成果有重大影响的其他事项。

8.特别事项揭示

8.1 前五名股东报告期内变动情况及原因

本报告期内，公司未发生前五名股东变动的情况。

8.2 董事、监事及高级管理人员变动情况及原因

8.2.1 董事变动情况

本报告期内，公司董事会完成了换届，经2021年度股东会第四次会议审议通过，公司选举黎作强、邓友成、崔斌、欧阳东楷、宫少林、李颖琦、毕玥为公司第五届董事会董事，选举黎作强为公司第五届董事会董事长。

8.2.2 监事变动情况

本报告期内，公司监事会完成了换届，经2021年度股东会第四次会议审议通过，公司选举郭嵘、李旻坤、李岩梅、潘易、章惠为公司第五届监事会监事。2021年6月17日，公司召开第五届监事会第一次会议，选举郭嵘先生为第五届监事会主席。

8.2.3 高级管理人员变动情况

本报告期内，公司原副总经理叶晓军、总经理助理傅艳任期届满，副总经理邱翔法定退休，副总经理浦凤丹辞任，公司已选任倪智勇为财务总监，王斐、孙阳为总经理助理。

8.3 变更注册资本、变更注册地或公司名称、公司分立合并事项

本报告期内，公司注册资本通过未分配利润转增和股东现金增资，由48亿元人民币增加至90亿元人民币，未发生变更注册地或公司名称、公司分立合并事项。

8.4 公司重大诉讼事项

8.4.1 重大未决诉讼事项

本报告期内，公司未发生重大未决诉讼事项。

8.4.2 以前年度发生，于本报告年度内终结的诉讼事项

本报告期内，公司未发生以前年度发生并于本报告年度内终结的诉讼事项。

8.4.3 本报告年度发生,于本报告年度内终结的诉讼事项

本报告期内,公司未发生本报告年度发生并于本报告年度内终结的诉讼事项。

8.5 公司及其董事、监事和高级管理人员受到处罚的情况

本报告期限内,公司及董事、监事和高级管理人员未发生受到处罚的情况。

8.6 银保监会及其派出机构检查意见的整改情况

2021年10—11月,中国银保监会组成"数据治理稽核检查组"来公司开展现场检查,是银保监会非银现场检查局对信托公司开展的第一次现场检查,是对信托行业开展的第一次数据治理现场检查。公司高度重视,在检查组进场前,一方面积极配合提供各项材料,另一方面组织开展各类管理活动及重点业务的合规自查。现场检查过程中,公司上下积极配合检查组的各项工作要求,一切以现场检查为重、为要、为先,各条线加班加点按要求提供调阅材料,并对相关问题逐一书面反馈,目前检查组已经出具了《事实与评价》,后续将向公司反馈检查意见。

青岛银保监局通过金融监管通报等方式对公司加强监管,要求公司进一步完善各项管理机制,包括切实推进治理改革、扎实做好风控合规管理、立足信托本源转型发展等。根据相关意见精神,公司认真总结公司日常经营活动中存在的不足,并通过完善机制、修订制度、优化流程、明确责任、加强培训、优化系统等多种手段积极开展相关整改工作,进一步推进了公司全面的管理机制完善。

8.7 本年度公司重大事项临时事项披露内容

本报告期内,公司增加注册资本金及章程变更事项均在指定报纸进行了临时披露。

8.8 银保监会及其省级派出机构认定的其他有必要让客户及相关利益人了解的重要信息

本报告期内,公司未发生银保监会及其派出机构认定的其他有必要让客户及相关利益人了解的重大信息。

平安信托有限责任公司

1. 重要提示

1.1 本公司董事会及董事保证本报告所载资料不存在任何虚假记载、误导性陈述或者重大遗漏，并对其内容的真实性、准确性和完整性承担个别及连带责任。

1.2 独立董事曲毅民、李祥军、陈勇认为，本报告真实、准确、完整地披露了公司2021年度的经营管理情况。

1.3 安永华明会计师事务所（特殊普通合伙）为本公司出具了标准无保留意见的年度审计报告。

1.4 公司董事长姚贵平、主管会计工作负责人章永怀、财务部门负责人邹兴国保证年度报告中财务报告的真实、完整。

2. 公司概况

2.1 公司简介

2.1.1 公司法定中文名称：平安信托有限责任公司
公司法定英文名称：PingAnTrustCo.，Ltd.（缩写为PATC）

2.1.2 公司法定代表人：姚贵平

2.1.3 公司注册地址：深圳市福田区益田路5033号平安金融中心29层（西南、西北）、31层（3120室、3122室）、32层、33层

邮政编码：518048

公司国际互联网网址：https：//trust.pingan.com/

电子邮箱：Pub_PATMB@pingan.com.cn

2.1.4 信息披露事务负责人：张中朝

信息披露事务联系人：胡朦

电话：4008866338

传真：（0755）82415828

电子邮箱：Pub_PATMB@pingan.com.cn

2.1.5 公司选定的信息披露报纸：《证券时报》《中国证券报》《上海证券报》《证券日报》《金融时报》

公司年度报告备置地点：公司董事会秘书处

2.1.6 公司聘请的会计师事务所名称：安永华明会计师事务所（特殊普通合伙）

会计师事务所办公地址：北京市东城区东长安街1号东方广场安永大楼17层01—12室

2.2 组织架构

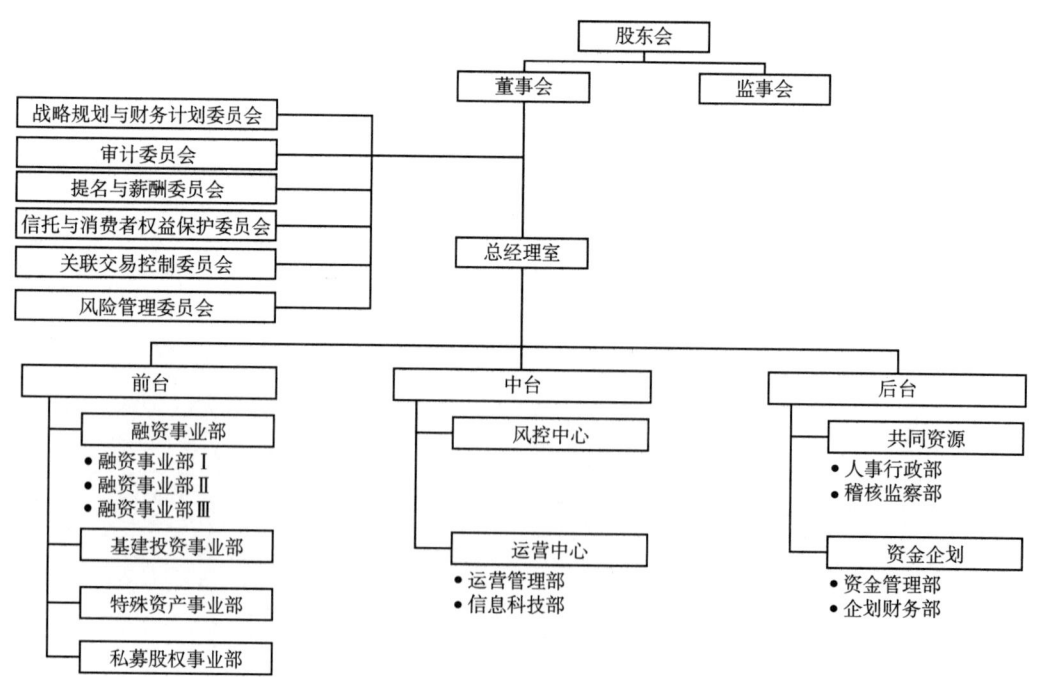

2.3 业绩概览

2.3.1 信托资产规模变动情况

2.3.1.1 公司报告期的信托资产规模变动情况

项目	2021年12月31日（万元）	2020年12月31日（万元）	本年比上年增减额（万元）	本年比上年增减比例（%）
信托资产规模	46 131 238.93	39 105 195.33	7 026 043.60	17.97
其中：主动管理型	36 565 458.77	26 081 977.33	10 483 481.44	40.19
被动管理型	9 565 780.16	13 023 218.00	-3 457 437.84	-26.55
主动管理型占比（%）	79.26	66.70	上升12.56个百分点	—

2.3.1.2 公司报告期新增信托项目情况

项目	2021年度（万元）	2020年度（万元）	本年比上年增减额（万元）	本年比上年增减比例（%）
实收信托金额	25 351 078.50	15 105 504.92	10 245 573.58	67.83
其中：主动管理型	12 881 408.56	13 791 052.11	-909 643.55	-6.60
被动管理型	12 469 669.94	1 314 452.81	11 155 217.13	848.66
主动管理型占比（%）	50.81	91.30	下降40.49百分点	—

2.3.2 母公司主要会计数据和财务指标

项目	2021年12月31日（万元）	2020年12月31日（万元）	本年末比上年末增减额（万元）	本年末比上年末增减比例（%）
总资产	3 229 050.89	3 442 460.17	-213 409.28	-6.20
总负债	497 072.13	808 760.53	-311 688.40	-38.54
净资产	2 731 978.76	2 633 699.64	98 279.12	3.73
实收资本	1 300 000.00	1 300 000.00	—	—
营业收入	312 702.01	546 091.25	-233 389.24	-42.74
净利润	101 222.75	308 477.16	-207 254.41	-67.19
资产负债率（%）	15.39	23.49	下降8.10个百分点	
净资产收益率（%）	3.77	12.43	下降8.66个百分点	

2.3.3 信托大事记

2.3.3.1 全面深化战略转型升级，经营业绩稳健增长

2021年，面对复杂的内外部形势与转型压力，平安信托确立"三转一定位"的发展路径，坚定回归信托本源，树立"先服务、后金融"经营理念，打造"服务+金融"新模式。公司资产管理规模良性增长，结构持续优化，压缩融资类信托和金融同业通道业务的同时向投资类信托转型，资产管理总规模增幅18%。

2.3.3.2 打造智能风控提升决策效率

2021年，平安信托持续夯实全面风险管理机制，打造智能风控标杆，定制化客户授信策略和风险管控方案，精准指导展业。完成行业首家智能评级模型建设和系统上线，实现1 600+地区智能化预评估，提升风控决策效率。

2.3.3.3 开创信托参与破产重整新模式，助力化解风险盘活资产

2021年，平安信托践行"服务+金融"战略，探索和创新运用金融工具，积极助力化解国内金融市场风险，特殊资产投资业务成功落地市场首单破产重整他益财产权信托、完成公司首单"特资+PE"股权投资项目，助推拓宽企业风险资产处置渠道，促进经济金融良性循环。

2.3.3.4 标准化净值化转型初见成效，持续打造业内转型范本

2021年，平安信托积极顺应标准化和净值化转型发展趋势，通过阳光私募、主动管理TOF等产品模式，挖掘新业务增长点。实现标品业务规模增幅134%；服务类信托规模增幅98%；家族信托受托管理规模同比增长68%。

2.3.3.5 股权投资业务成果丰硕，多元化投后赋能企业成长

2021年，平安信托股权投资业务深耕布局节能环保、医疗健康、高端制造、现代服务与科技以及大消费等领域。成功退出台州银行股权，项目实现整体回报超8倍，总投资收益超35亿元。

2.3.3.6 基建资产结构不断优化，助力基础设施建设持续发展

2021年，平安信托基建投资业务继续健康增长，资产结构不断优化。面向机构投资者业务占比超50%。

2.3.3.7 科技赋能业务成效显著，打造行业智能标杆

2021年，平安信托以科技驱动赋能业务、打造信托业智能化标杆。全年新增专利60件，累计申请量162件，位居行业第一。上线特资家小程序，触达生态圈机构达数百户；搭建财产权信托业务管理系统，财产权信托立项决策、披露报送等提效50%以上；打造TOF投研系统，首创信服e站，实现投前、投中、投后风险一体化闭环管理，助力标品业务全流程提速增效；家族信托投资线上化，投资时效由5天提升至2天，投后数据精准度大幅提升。

2.3.3.8 深耕ESG责任投资，大力推动绿色金融发展

2021年，平安信托积极践行ESG责任投资理念，聚焦中西部民生项目、健康、环保及现代制造等重点行业，全年累计投入实体经济规模近3 500亿元，助力实体经济

高质量发展。积极践行国家绿色金融发展战略，成功落地国内首支碳中和主题绿色金融慈善信托。

2.3.3.9 党建引领企业文化革新，激发组织活力

2021年，平安信托不忘初心，以党建引领高质量发展，以党建推动公司治理，立足受托人定位，牢记"服务国家实体经济"和"满足人民对美好生活的向往"两大使命，构建受托文化。全面开展"平安信托清廉金融文化建设年"专题廉政建设活动，营造简单务实工作风气。积极开展"三个一"行动迎接建党百年，激发队伍昂扬斗志，推出"长征精神青年说""信托青年说"等一系列文化创意活动，发掘组织文化潜力，打赢转型升级攻坚战。"五XIN工会"荣获深圳市财贸金融工会"先进职工之家"称号。

2.3.3.10 践行有温度的金融，树立金融宣教标杆

2021年，平安信托推出守护者行动聚焦"守护金融安全""守护特殊儿童成长""守护乡村教育发展"三大主题，积极履行企业社会责任，践行公益理念，通过公益共建、警企联动、双向扶贫、智慧支教等形式，全年累计公益支出近200万元，持续打造有温度的金融。创新金融宣教形式，推出全新公众金融素养提升计划，树立银行保险业金融宣教标杆，荣获深圳银行业年度优秀社会责任案例称号。

2.4 荣誉奖项

2021年，平安信托积极响应党和国家的战略部署，持续引领行业转型升级，公司综合实力进一步增强，品牌美誉度稳步提升。得益于卓越的经营管理能力、良好的社会口碑以及在践行企业社会责任方面的突出表现，公司受到多方好评，获得《金融时报》"2021年度最佳信托公司"、《中国银行保险报》"十佳社会责任机构"、深圳经济特区金融学会"绿色金融先锋创新奖"等二十余项权威荣誉，涵盖综合实力、风险管控、科技创新、绿色金融、公益慈善等多个领域。

2.4.1 综合实力

年度最佳信托公司	《金融时报》评定
年度中国优秀信托公司	《证券时报》评定
金贝奖最佳信托公司	《21世纪经济报道》评定
诚信托卓越公司奖	《上海证券报》评定
金鼎奖年度卓越信托公司	《每日经济新闻》评定
公司荣获"最具创新奖"	《当代金融家》评定
董事长荣获"卓越人物奖"	《当代金融家》评定

2.4.2 风控、科技创新与业务能力

卓越竞争力风险控制信托公司	《中国经营报》评定
最佳风控金融机构	《时代周报》评定
优秀科技赋能公司	《证券时报》评定
金融机构数字化转型卓越奖	《当代金融家》评定
金蝉奖年度家族信托品牌奖	《华夏时报》评定
十佳家族信托管理创新奖	《银行家》评定
中国式家族办公室TOP30	《今日财富》评定
最佳慈善信托产品奖	《上海证券报》评定

2.4.3 社会责任及其他

深圳金融联合教育宣传活动优秀组织单位	中国银行保险监督管理委员会深圳监管局
绿色金融先锋创新奖	深圳经济特区金融学会评定
绿色金融支持实体经济优秀奖	深圳经济特区金融学会评定
深圳银行业优秀社会责任案例	深圳市银行业协会评定
年度金融宣教优秀组织单位	深圳市银行业消费者权益保护促进会评定
年度十佳社会责任机构	《中国银行保险报》评定
年度社会责任信托品牌奖	《中国银行保险报》评定
中国金融品牌优秀宣传片	《中国银行保险报》评定

3. 公司治理结构

3.1 股东

报告期末公司股东总数为2个，相关情况如下表所示。

股东名称	持股比例(%)	法定代表人	注册资本(亿元)	注册地址	主要经营业务及主要财务情况
★平安集团公司	99.88	马明哲	182.80	深圳市	投资金融、保险企业；监督管理控股投资企业的各种国内、国际业务；开展资金运用业务；2021年末其资产总额101 420.26亿元
上海市糖业烟酒(集团)有限公司	0.12	陆骏飞	5.54	上海市	食品贸易，产业投资与管理，现代服务业等；2021年末其资产总额105.86亿元

注：★为公司最终实际控制人。

报告期内,公司股东及持股比例未发生变化。

报告期末,公司股东及其控股股东、实际控制人、一致行动人、最终受益人情况如下表所示。

股东名称	该股东的控股股东	该股东的实际控制人	该股东的一致行动人	最终受益人
平安集团公司	无	无	无	平安集团公司
上海市糖业烟酒(集团)有限公司	光明食品(集团)有限公司	光明食品(集团)有限公司	无	上海市糖业烟酒(集团)有限公司

报告期末,平安集团公司的关联方情况详见公开挂网的《中国平安保险(集团)股份有限公司2021年年度报告》。

报告期内,公司股东无出质公司股权情况。

3.2 董事

董事长、副董事长、董事

姓名	职务	性别	年龄(岁)	选任日期	所推举的股东名称	该股东持股比例(%)	简要履历
姚贵平	董事长	男	60	2019年8月	平安集团公司	99.88	2007年加入平安集团,现任平安信托董事长。高级会计师,获得湖北教育学院经济管理专业学士学位
宋成立	副董事长	男	60	2016年11月	—	—	1992年12月加入平安集团,2003年7月加入平安信托,现任本公司副董事长;获青岛海洋大学经济学硕士学位
姚波	董事	男	50	2007年12月	平安集团公司	99.88	2001年5月加入平安集团,现任平安集团公司执行董事、联席首席执行官、常务副总经理、首席财务官。曾任职德勤会计师事务所精算咨询高级经理。获美国纽约大学工商管理硕士学位
李锐	董事	男	50	2018年12月	平安集团公司	99.88	2017年10月加入平安集团,现任平安集团财务总监兼财务部总经理,获美国明尼苏达州立大学工商管理硕士学位
高鹏	董事	男	44	2015年2月	平安集团公司	99.88	现任平安集团公司人力资源中心薪酬规划部总经理。获浙江大学金融学学士学位
孟庆崴	董事	男	47	2020年11月	上海市糖业烟酒(集团)有限公司	0.12	2020年4月起任上海市糖业烟酒(集团)有限公司财务部副总经理,获上海财经大学会计专业本科学历

注:2021年11月25日,经公司2021年第二次临时股东会审议通过,姚波先生不再担任公司董事职务。

独立董事

姓名	所在单位及职务	性别	年龄(岁)	选任日期	所推举的股东名称	该股东持股比例(%)	简要履历
曲毅民	退休	男	66	2014年12月	—	—	曾供职于中远集团、远洋地产,并曾担任平安集团、招商银行、华泰保险等多家公司董事。高级会计师,大专学历
李祥军	中勤万信会计师事务所执行合伙人	男	59	2017年3月	—	—	现任中勤万信会计师事务所执行合伙人,并担任中国并购公会(全联并购公会)副会长、深圳市企业战略理财研究会会长等社会职务
陈勇	上海海高咨询有限公司董事总经理	男	58	2015年3月	—	—	现任上海海高咨询有限公司董事总经理。曾供职于伯林翰律师事务所、美国Navios公司。获纽约州立大学海运学院理学硕士学位

3.3 监事

监事会成员

姓名	职务	性别	年龄(岁)	选任日期	所推举的股东名称	股东持股比例(%)	简要履历
胡剑锋	监事会主席	男	44	2017年4月	平安集团公司	99.88	现任平安集团稽核监察部总经理
方渭清	监事	男	44	2010年12月	职工代表	—	现任本公司稽核监察部总经理
孔祥云	外部监事	男	67	2019年11月	—	—	曾供职于江西财经大学、江西华财大厦实业投资公司、中国投资银行深圳分行、平安银行深圳分行。并担任振业集团、长盈精密、海能达等多家公司董事
刘崇	外部监事	男	62	2021年6月	—	—	曾供职于江西省糖酒副食品总公司、江西省商业厅、深圳市投资管理公司、深圳市益力矿泉水股份有限公司、深圳市石化集团有限公司、深圳市特发集团有限公司、深业集团、深圳控股有限公司

注:2021年3月25日,经公司2020年度股东会审议通过,选举刘崇先生担任公司外部监事。2021年6月29日,刘崇先生出席第七届监事会第五次会议,行使表决权正式履行外部监事职责,孔祥云先生不再担任公司外部监事。

3.4 高级管理人员

报告期末，公司在职高级管理人员情况如下表所示。

姓名	职务	性别	年龄（岁）	选任日期	金融从业年限（年）	学历	专业	简要履历
戴巍	总经理	男	55	2021年9月	38	硕士	经济学	于2019年7月加入平安信托，2015年7月加入平安银行，现任本公司总经理
李宇航	副总经理	男	51	2017年9月	25	硕士	工商管理	于2010年1月加入平安信托，1996年9月加入平安集团，现任本公司副总经理
张中朝	总经理助理	男	43	2019年11月	18	硕士	金融学	于2019年8月加入平安信托，2017年1月加入平安银行，现任本公司总经理助理
刘芳斌	公司风险总监	男	50	2021年4月	29	本科	金融	于2020年9月加入平安信托，1995年12月加入平安集团，现任本公司风险总监

3.5 公司员工

报告期末，公司职工人数为872人，平均年龄35岁，其中博士学位占比为1%、硕士学位占比为59%、本科学历占比为37%、其他学历占比为3%。

4. 经营管理

4.1 愿景使命、经营目标、业务规划

4.1.1 愿景使命

平安信托紧跟国家发展战略，基于国家"稳增长、调结构、化风险、惠民生"的指导思想，围绕资产管理信托和资产服务信托两大业务，服务实体经济高质量发展、服务现代金融体系建设和满足人民群众美好生活需求为使命，秉承守正、忠实、专业的受托人精神，回归业务本源，守正出新，行稳致远，做客户信任、员工支持、股东满意、社会尊重的中国信托业第一品牌。

4.1.2 经营目标

平安信托依托平安集团"金融+科技""金融+生态"领先战略，基于市场趋势、牌照优势与能力禀赋。聚焦核心业务，打造专业化经营，逐步优化客户、业务结构，做"真股权、真资管、纯服务"，做金融支持实体经济发展的典范，打造中国信托业第一品牌。

4.1.3 业务规划

4.1.3.1 聚焦核心业务，回归信托本源

积极顺应监管导向、主动把握市场趋势，依托信托财产多样性、风险隔离、事务性安排、产品设计灵活等独特的法律制度优势，充分发挥平安集团综合金融优势，重点聚焦PE、家族信托等核心优势业务，主动收缩传统融资类信托业务，坚定"做精""做轻""做稳"，打造信托"精品店""专卖店"模式，实现稳健可持续发展。

4.1.3.2 深化科技赋能，强化风险管控

平安信托不断强化全面风险管控，以"控风险、保质量、谋转型"为首要目标，扎实推进清存量、控新增、降成本等各项重点工作。通过多措并举、强力清收，加快消化历史包袱；通过升级风险策略、提高标准，严控风险新增；通过强化内控合规、加强风险集中管控，匹配有能力、讲原则的专业风控人才，有效落实降本增效。同时持续深化科技赋能，在智能营销、智能风控、智能作业、研发提效及信息安全等领域推动业务升级。

4.1.3.3 践行社会责任，打造社会影响力金融范本

近年来，随着"双碳"目标的提出，ESG可持续发展迎来重大机遇，平安信托顺应国家发展战略，积极开展ESG探索和实践，将ESG纳入未来规划并贯穿到业务流程中，公司全面搭建了ESG责任投资体系，将ESG理念植入信托项目评审流程，拓展绿色金融总纵深边界。2021年，为落实集团绿色金融发展战略，公司成立了"绿色金融办公室"，统筹开拓发展绿色金融业务，并运用领先科技赋能环境保护与治理，打造有温度的金融。

此外，公司发挥信托制度优势，将金融与公益结合，精耕细作慈善公益领域，践行信托回归本源业务。目前，公司家族信托团队已为国内各大头部公益基金建立合作关系，并创新推出"慈善共同基金"合作模式。今年公司成功设立了"九资河笔架山助学慈善基金"，助力慈善校友们的爱心发扬光大；携手华林证券、北京语泽基金会宣布正式成立"平安华林乡村振兴可持续发展慈善信托"，是国内首只支持西藏乡村振兴与可持续发展的慈善信托计划；成功设立"平安碳中和绿色金融发展慈善信托"，为国内首只碳中和主题慈善信托，旨在围绕碳中和目标，促进生态文明建设。目前，平安信托慈善信托业务范围覆盖教育、扶贫、防灾减灾、可持续发展等众多领域。

4.2 市场分析

2021年，我国经济发展面临更加复杂严峻的外部环

境，全球经济逐步复苏，但各国经济复苏不均衡性依然存在，通胀压力持续上升，全球进入货币收紧周期，中美摩擦不断加剧。国内方面，受地产调控、地方政府控制隐性债务、"双限双控"以及疫情散发等多重因素叠加，我国经济面临一定下行压力，复苏动能有所减弱。信托行业面临资管新规过渡期即将结束和"两压一降"严监管的双重压力，行业转型亟待取得实质性进展。

4.2.1 行业发展面临的挑战

信托业正处严格整顿期，传统业务规模不断压缩，市场竞争加剧、风险加速爆发，行业转型迫在眉睫。

一是传统业务压缩趋势不可逆。近年来金融服务实体经济要求进一步强化，信托行业监管政策日益趋严，"压非标、降通道、控地产"导向明确，信托公司传统主力业务持续萎缩，行业面临根本性变革。信托行业在严监管的引导下资产规模持续压降，截至2021年第3季度末，信托业受托管理的信托资产余额为20.44万亿元，与2020年末基本持平，较第2季度末环比下降0.94%，较2017年第4季度末峰值下降22.11%。其中，融资类业务规模自2020年第3季度以来快速回落，截至2021年第3季度末，融资类信托规模为3.86万亿元，同比下降35.13%，融资类信托占比为18.88%，同比下降9.64个百分点；投资类信托呈现快速增长态势，2021年第3季度末规模增至8.03万亿元，同比大幅增长41.42%，占比升至39.29%，同比上升12.07个百分点；截至2021年第3季度末，事务管理类信托规模为8.55万亿元，同比下降7.38%。

二是市场竞争加剧。在统一的大资管框架背景下，各类资管机构和产品之间的竞争日趋激烈。就竞争对手而言，作为资管行业新增持牌金融机构的银行理财子公司与信托公司在资产拓展、资金募集、人才队伍、投研能力等多方面展开竞争，目前筹建的银行理财子公司已有29家，开业21家。就竞争产品而言，在标准化、净值化转型背景下，过去以非标业务为主的信托公司与具备丰富标品投研能力和投资经验的公募基金、券商等机构正面竞争，加之打破刚性兑付使信托产品吸引力下降，信托销售难度进一步加大。

三是行业风险加速爆发。经济增长面临"需求收缩、供给冲击、预期转弱"三重压力，叠加疫情反复，实体经济短期发展陷入困境；房地产行业的管控持续加码，融资条件不断收紧，房企违约事件频发；地方政府严控新增隐债下市场尾部风险不断加大。这些均抬升了信托体系的脆弱性，加大了其面临的信用风险。同时，在融资类业务规模受限的背景下，信托公司正在加速向资本市场业务转型，资本市场高波动性对信托公司全面风控体系建立以及风险承受能力均提出了更高的要求，所以信托公司在资本市场风险管理中也面临着较大的挑战。

4.2.2 行业发展面临的机遇

"防风险"让位"稳增长"下的新基建投资机会。在"需求收缩、供给冲击、预期转弱"三重压力下，"稳增长"取代"防风险"成为2022年经济工作头号目标，在"适度超前开展基础设施投资"的政策指引下，加大基建投资已成为核心抓手。信托公司应加快向新基建投资业务转型，积极开展股权业务，分享新一轮基建投资红利。

"双碳"目标路线图落实下的新能源加快布局机会。"双碳"目标指出，2030年非化石能源消费比重达25%以上（2020年这一数据为16.4%），2060年占比达80%以上，光伏与风电行业步入发展快车道。信托公司应发挥信托工具运用灵活优势，积极挖掘光伏/风电行业股权投资、投贷联动等业务机会，将实体资产投资与股权投资相结合，分享行业高成长红利。

资本市场制度改革提速下的权益投资长期向好机会。中央经济工作会议再次强调"全面实行股票发行注册制"，资本市场建设已上升为国家战略，制度改革全面提速。资本市场在拓展创新型企业融资、引导经济脱虚向实方面作用将日益凸显。信托公司应抓住权益市场大发展机遇，加大PE股权、可转债等一级/一级半市场业务布局，提高二级市场产品主动管理能力，寻求差异化定位。

地产"政策底"走向"市场底"下的住宅融资转型商业地产投资机会。中央明确坚持"房住不炒"，地产调控从严大方向不变。然而，传统商业地产逐渐复苏，仓储物流与长租公寓等不动产新业态需求旺盛。信托公司应基于地产行业发展大势，主动从传统住宅融资向商业地产投资转型，大力布局仓储物流、长租公寓、IDC等基本面长期向好的细分领域。

私行固收产品供给不足下的固收+/FOF"非标"替代机会。随着融资信托压降，地产项目不断爆雷，高净值人群对产品安全性要求更高，私行财富货架类固收产品供给严重不足。信托公司应利用FOF、固收+产品大爆发契机，结合过去在非标上的渠道与客群优势，定位私行非标替代产品，与券商/公募基金错位竞争。

银行现金理财整顿下的信托现金管理产品做大机会。相较于公募属性的现金理财，信托现金管理属于私募资管产品，在结构设计、久期与投资范围上更加灵活，可有效弥补现金理财供给缺口。信托公司可充分利用现金理财整顿与货币政策宽松的双重窗口期，加快做大信托现金管理产品。

4.3 业务经营分析

在经济复苏基础仍需巩固以及持续推动经济结构转型升级的背景下，平安信托与中国信托业一起，紧紧围绕"十四五"规划，紧跟国家重大发展战略，加大服务实体经济的力度，有效满足实体经济高质量发展的需求，切实提高服务实体经济的质效，打造信托业第一品牌。

2021年，平安信托始终坚持以服务实体经济为导向，积极贯彻落实国家政策，不断优化完善与实体经济结构和融资需求相适应的、多层次且广覆盖的业务结构，为实体经济发展提供高质量金融服务，实现行业与实体经济的良性互动和协调发展。一方面，充分发挥综合金融和专业优势，利用资产证券化、资本市场、债券市场等工具不断提高服务实体经济的能力和效率，加大实体经济直接融资力度，降低企业融资成本，提高融资效率。另一方面，平安信托持续加强主动管理能力，加快推动资管产品向净值型转型，充分发挥债权与股权、境内与境外、标与非标联动优势，更好地满足客户在久期、收益、风险上的要求，为客户提供多品种全方位的金融服务。

同时，平安信托不忘初心，以党建引领高质量发展，立足受托人定位，始终牢记服务国计民生的责任和使命，聚焦社会民生、现代制造、健康环保等重点行业，全年投入实体经济规模近3 500亿元，为国家实体经济高质量发展贡献力量。2021年是建党百年，公司以"学党史、强党性、感党恩、担使命"为主题，开展了"三个一"系列党建活动，推进平安守护者行动进社区、进学校，积极履行社会责任，全年累计公益支出近200万元。在业务转型过程公司始终立足本源业务，大力发展慈善信托，用行动诠释"有温度的金融"，成功落地国内首只碳中和主题慈善信托等五项慈善信托计划，总金额达6 520万。过去5年，平安信托累计投入实体经济规模超过1.5万亿元，累计纳税超过86亿元。

4.3.1 产业投资方面，公司不断升级业务策略和模式，构建投行、投资、投管三大核心能力，加强各业务协同

（1）商业不动产投资坚持走专业化路线，深耕核心城市写字楼、商业物业等资产，同时加大物流、长租公寓等新型地产的探索。以客户为驱动，围绕各业务场景做专做精；引进具备开发商和产业背景专业人才，加强对产业的理解和研判，持续建立大资管能力；优化中后台决策机制，严控风险，强化投后管理能力，实现严把控和精准预警，持续做大规模同时全方位提升业务质量。

（2）基建投资紧跟国家战略方向，顺应"一带一路"建设、粤港澳大湾区、长江经济带发展等重大发展需要，聚焦城市基础设施、交通、新能源等领域，支持各地重点基础设施项目建设，支持国家基础设施建设升级，并为保险资金和机构投资者提供现金流稳定、风险回报合理的金融产品；同时积极向基础设施资产管理人角色转型，与行业龙头合作，深入挖掘高速公路、风电等领域基础设施股权类资产，积极为客户盘活存量资产、降低总体负债。

（3）私募股权投资依托集团战略资源，专注抗周期和高增长的行业，聚焦消费升级、医疗健康、现代服务、高端制造、环保五大领域，完善私募股权投资和管理链条，提供全生命周期、一站式金融服务，为被投企业赋能；依托行业专家团队，积极输出长期累积的专业投资与管理经验，为被投企业提供融资服务、资产管理、财务顾问、并购重组等服务，助力被投企业价值成长；通过投资与平安有协同效应的企业，助力集团全力打造涵盖金融、地产、汽车、医疗和智慧城市的五大生态圈。

除此之外，公司今年探索了较多的特殊投资机会，将特资业务能力与不动产、基建、PE、标品等投资能力叠加，成功落地债务重组、项目纾困、破产重整等模式场景，积极落实金融风险化解政策导向，协助困境企业脱困盘活，化解经营风险。2021年，平安信托通过"出售式重整+他益财产权信托"的设计方案参与了方正集团破产重整，充分发挥了信托公司在风险隔离、特殊资产处置等方面的独特优势。

4.3.2 产品与服务方面，以回归信托本源、支持实体经济为指引，充分发挥受托人角色优势，持续提升差异化服务水平和专业投资能力，打通资金、资产、资本三个市场

通过前瞻布局标品类信托及服务类信托，打造信托行业首个标准化产品中心，实现了标品信托规模的高速增长。其中，固定收益类业务不断加强投研体系建设，丰富投资策略，布局各类创新产品，搭建了包含信用债投资、利率债投资、固收+等在内的完备的产品体系；主动管理型TOF实现了从0至35亿元的突破，推出多维度产品线，以绝对收益为目标，全方位覆盖客户偏好，成立以来业绩表现优异；家族信托业务不断强化营销、投资、服务、运营管理等经营体系，提升服务质量和效率，保险金信托持续快速发展，在业内已形成一定的领先优势。此外，作为国内慈善信托发展的开拓践行者，年内成功落地多个慈善信托项目，并设立国内首只"碳中和"主题的慈善信托。

4.3.3 经营业务的主要内容

本公司（本报告中所称的本公司或公司，均指母公司；本报告中所称的本集团或集团，则为本公司及其子公司）的主要经营业务。

4.3.3.1 自营资产运用与分布表

资产运用	金额（万元）	占比（%）	资产分布	金额（万元）	占比（%）
货币资产	275 379.49	8.53	基础产业	—	—
交易性金融资产	1 419 246.35	43.95	房地产业	501 083.20	15.52
债权投资	518 713.02	16.06	证券市场	—	—
其他权益工具投资	564.91	0.02	实业	460 598.21	14.26
长期股权投资	673 499.13	20.86	金融机构	2 209 418.69	68.42
应收股利	35 000.00	1.08	其他	57 950.79	1.80
其他应收款	161 613.79	5.00	—	—	—
其他	145 034.20	4.50	—	—	—
资产总计	3 229 050.89	100.00	资产总计	3 229 050.89	100.00

注：除特别说明外，本报告中数据均以人民币计量；资产运用中"其他"项主要包括固定资产、无形资产、递延所得税资产、使用权资产等。

4.3.3.2 信托资产运用与分布表

资产运用	金额（万元）	占比（%）	资产分布	金额（万元）	占比（%）
货币资产	906 324.22	1.96	基础产业	1 343 751.06	2.91
贷款	11 141 379.02	24.15	房地产	6 867 427.09	14.89
交易性金融资产	20 729 013.54	44.94	证券市场	21 412 221.72	46.41
可供出售金融资产	7 431 417.92	16.11	实业	6 519 137.78	14.13
持有至到期投资	289 878.69	0.63	金融机构	9 224 890.63	20.00
长期股权投资	498 359.39	1.08	其他	763 810.65	1.66
买入返售资产	1 494 941.09	3.24	—	—	—
其他	3 639 925.06	7.89	—	—	—
资产总计	46 131 238.93	100.00	资产总计	46 131 238.93	100.00

4.4 内部控制、风险管理、净资本管理

4.4.1 内部控制

4.4.1.1 内部控制环境和内部控制文化

公司一贯致力于构建符合国际标准和监管要求的内部控制体系，根据风险状况和控制环境的变化，持续优化内部控制机制。根据国家法律法规以及各监管机构的要求，公司以现代国际一流金融企业为标杆，秉承综合金融发展战略，结合经营管理需要，践行"法规+1"的合规理念，贯彻"目标明确、覆盖全面、运作规范、执行到位、监督有力"的方针，完善内部控制运行机制，着力提高抵御风险的能力，确保公司经营管理合法合规、符合监管要求，促进业务可持续健康发展。公司遵循"以制度为基础、以风险为导向、以流程为纽带"思路，强化内部控制日常化运作机制，持续提升内控工作的水平和效果，为公司持续稳健发展提供保障。

公司根据《中华人民共和国公司法》《中华人民共和国信托法》《信托公司管理办法》《信托公司治理指引》及《企业内部控制基本规范》等国家相关法律法规和公司章程的要求，建立了由股东会、董事会、监事会和高级管理层组成的法人治理结构，形成了权力机构、决策机构、监督机构和管理层之间分工配合、相互协调、相互制衡的运行机制。公司股东会、董事会、监事会均按照相关法律、法规、规范性文件及公司章程的规定，规范有效地运作。公司完善的法人治理结构为公司内部控制目标的实现提供了合理保证。

公司积极开展合规文化建设，为合规管理工作的开展和内部控制建设营造优越的内部环境及合规文化氛围。公司通过《员工行为管理制度》《员工违规行为处理执行准则》等制度，对违纪类型、违纪处理流程等做出明确规定，倡导员工诚信守法、廉洁自律，遵守公司内部规章制度，维护公司形象及社会公共秩序；通过《"红、黄、蓝"牌处罚制度》体系，对员工违规行为严格惩处，营造良好的内控环境；通过《合规手册》，明确公司合规管理职责，完善内部控制和风险管理体系；推动员工签署《合规履职承诺函》，从遵法守规、商业秘密、利益冲突等方面规范员工行为，提升员工知法守规意识。此外，公司通过全员大会、宣导专刊、面授培训、知鸟课程等多种形式高频次地开展内控文化宣导，在全公司范围内营造高层垂范、人人合规的良好氛围，增强全员合规内控意识。

4.4.1.2 内部控制措施

按照相关法律法规、监管规定和内部制度的要求，公司建立了组织架构完善、权责清晰、分工明确、人员配备精良的内部控制组织体系。公司董事会负责内部控制的建立健全和有效实施，董事会下设审计委员会，负责监督、审查、评价公司内部控制的实施情况，协调内部控制审计及其他相关事宜；监事会负责对董事会建立与实施的内部控制进行监督，对公司管理层履职情况进行检查监督；2021年，公司持续加强"业务及职能部门直接承担管理、法律合规部门统筹推动支持、稽核监察

部门监督检查审计"三道防线的分工与协作，强化工作衔接与信息共享机制，有效地实施内部控制，实现内部控制"促管理、促发展、促效益"的目标。公司持续优化内控治理结构，完善操作风险与内控管理、关联交易管理、反洗钱管理、授权管理、绩效考核管理、消费者权益保护管理、员工行为管理等机制，持续优化公司内部控制政策、框架、流程、系统及工具标准，提升管理水平，并加强高风险事件管控，防范系统性风险及风险传递，落实合规内控考核，进一步促进内部控制有效实施。2021年，公司继续贯彻落实《企业内部控制基本规范》及配套指引的相关要求，积极开展内控评价工作，如期完成公司层面控制、信托管理、财务管理与信息技术控制等流程的内控自评工作；同时，公司持续关注业务的合规发展和内部控制，通过有效识别、评估以防范和化解内控风险，为公司的稳健经营提供保障。

4.4.1.3 信息交流与反馈

公司不断建立完善信息交流与反馈制度，包括内部信息交流及报告与披露。

公司建立了顺畅、双向的内部信息交流制度。公司开通各种信息交流渠道，通过公司公文、公告、制度库等传递和获取信息；充分利用信息技术，通过网络、移动互联、视频会议、电话会议、邮件等方式在公司内部传递信息，确保能够将决策层的战略、政策、制度及相关规定等信息及时传达给员工；加强对信息系统开发与维护、访问与变更、数据输入与输出、文件储存与保管、网络安全等方面的控制，保证信息系统安全稳定运行；通过重大事项报告制度，以及内部信息反馈机制让员工将业务经营、内部控制、风险管理中存在的问题及时向各级管理层报告，促进部门间、部门内部协调高效运作。同时，公司强调信息沟通在反舞弊工作中的作用，通过教育预防、制度保障、检查监督的方法预防、发现、惩戒舞弊行为。

报告与披露侧重于公司与外部的信息交流与反馈，公司先后制定了《关联交易管理制度》《声誉风险管理办法》《高级管理层信息报告制度》《信托产品信息披露管理办法》等信息披露和报告管理制度。公司设置专门部门负责对内对外的信息整合与发布、媒体关系管理及危机管理，确保了及时、真实、完整地向监管部门和外界披露相关信息，确保公司与外部投资者、客户、中介机构等有关方面之间进行有效交流，也确保了信息交流过程中发现的问题及时得到解决。

4.4.1.4 监督评价与纠正

公司已形成事前、事中与事后"三位一体"的风险管理和监督评价体系，对业务环节和经营管理进行持续性的全方位、全过程的监督、评价与纠正。2021年度全面完成内部控制检查评价计划，符合《企业内部控制基本规范》等监管规定和公司完善治理结构、强化内部控制体系建设的总体要求。

事前监督主要从制度建设、制度与流程检视与完善、风险信息收集、识别与监测整合等方面展开，对公司的内部控制进行事前管理；事中监控包括风控部评审团队和法律合规团队的业务评审、风险管理团队和资产监控团队的业务监控、业务部门及投后管理团队的持续监控；事后监督通过常规稽核、专项稽核、离任稽核、信访调查等模式发现、评估公司经营中存在的制度和流程执行缺陷，并建立规范的后续整改跟踪程序确保改进措施得到落实，有效提升公司的内控水平。

4.4.2 风险管理

4.4.2.1 风险管理概况

今年以来，我国新冠肺炎疫情困扰逐步解除，经济复苏态势整体向好，各项指标持续改善，金融监管理念在持续深化金融体系改革、优化结构转型的同时，进入全面严监管阶段，继续落实信托行业"两压一降"，促使信托行业加速战略转型，探索业务新模式。在此背景下，公司紧密围绕整体转型布局，秉持风险引领业务的理念，推行投前、投中、投后的全员参与及全流程覆盖的风险管控机制，持续、有效地监控和管理公司面临的各类风险；围绕"服务实体""回归本源"的定位，加速推进业务战略转型，提升主动管理能力，严控资产质量，严守风险合规底线，严格履行受托人职责；建立统一系统管控平台，推动"金融+科技"深度融合，实现智慧风控一站式管理。

我司风险治理架构涵盖董事会及其下设的董事会风险管理委员会、管理层及全面风险管理委员会、风险管理职能部门、各业务部门四个层级。董事会承担公司风险管理最终责任，由董事会下设的董事会风险管理委员会履行相应的风险管理职责，并负责向董事会报告工作。我司全面风险管理委员会作为董事会风险管理委员会的下设工作机构，是全司风险管理工作的领导机构，负责统筹我司全面风险管理，承担我司风险管理工作的审议和决策职能，对董事会风险管理委员会负责。各业务部门作为风险管理的第一道防线，履行直接的风险管理职责,承担本部门风险管理的第一责任。各风险管理职能部门作为风险管理的第二道防线,负责推动落实全面风险管理体系建设,按照职责分工牵头相应风险管理,监测风险偏好与风险限额执行情况,并根据全面风险管理委员会的工作安排,定期进行专题工作汇报。稽核监察部门作为我司风险管理的第三道防线,对全面风险管理工作进行独立、客观的审查和评价。

公司风险管理职能部门按照具体工作职责划分评审、资产监控、法律合规及风险管理等,其中评审负责业务投前评估审核,充分研究及分析业务风险,前端管控;资产监控负责业务投中及投后的监控及处置,严格落实业务投后管理;法律合规负责对业务的合规性,以及相关的法律事项进行把控,保障公司各项业务在符合监管要求的前提下合规展业;风险管理负责对交易对手信用评级、风险政策的制定以及风险管理相关系统的维护等。

报告期内,公司立足"金融+服务"的战略定位,持续推动产品和业务转型。公司严控资产准入标准,明确投融资业务在行业选择、客户选择、信用评级、项目筛选、区域选择、担保方式等具体风控措施要求;聚焦优质交易对手,在尽调、评审、决策环节,提高投融资业务质量,有效控制投资风险;制定差异化展业要求,建立"一户/区一策"管理机制,通过定期对客户、区域进行全面分析、研讨,并根据分档情况制定差异化的管控流程,精准识别业务风险,采取有效的防范举措,同时,强化公司授权及流程管控,明确分层授权原则及授权流程;对全产品线实行分类管理和全流程监控,以实质重于形式为原则梳理投后管理各项操作流程、完善修订投后管理规章制度办法,优化统一的投后管理平台,针对风险项目,根据具体项目实际情况,创新处置手段,制定"一户一策"处置方案,精准推进风险项目的处置化解并开展复盘检视;持续提升合规内控管理,推进强化风清气正的合规文化,通过规划、跟踪、检视机制促进公司制度设计及运行有效性,进一步夯实公司制度管理规范;秉承平安集团持续深化"金融+科技""金融+生态"的战略思路,重点聚焦标品业务风控能力建设,升级强化非标业务风险管理,借助人工智能、云计算和大数据等最新技术,整合内外部数据,利用专家和AI模型,持续开展平安信托智能风控管理平台的升级与建设,实现标品业务与非标业务全面智能化风控。

4.4.2.2 风险状况

4.4.2.2.1 信用风险状况

信用风险是指交易对手未能履行合同所带来的经济损失,主要表现为:在信托贷款、资产回购、后续资金安排、担保、履约承诺等交易过程中,借款人、担保人、保管人(托管人)等交易对手不履行承诺,无力或不愿履行合约条件而使信托资产或自有资产遭受损失的可能性。报告期内公司业务结构持续优化,总体风险可控。

信托业务的信用风险主要来自融资类信托业务。报告期内,公司顺利完成117个融资类信托项目的终止清算,分配信托本金1 071.42亿元,实现了信托业务的预期目标,履行了受托人的尽职管理职责。

固有业务信用风险主要来自固定收益类资产。公司结合各项固有资产性质、日常监测情况和风险项目专项排查结果,对所有资产是否存在减值迹象及其可回收金额进行逐一检视。报告期末,公司固有业务信用风险资产按照资产五级分类结果为:(1)正常类资产285.50亿元;(2)关注类资产3.21亿元;(3)次级类资产零亿元;(4)可疑类资产1.63亿元;(5)损失类资产零亿元。公司不良资产期初余额2.02亿元,期末余额1.63亿元。

此外,公司依据《信托公司管理办法》,报告期公司提取信托赔偿准备金0.51亿元,期末余额15.58亿元;公司依据财政部《金融企业准备金计提管理办法》,报告期计提一般风险准备金零亿元,期末余额4.69亿元;公司按照会计准则要求计提各项资产的减值损失准备,报告期转回资产减值准备0.66亿元,核销减值准备0.17亿元,期末余额3.28亿元。

对于保证贷款管理原则主要是通过建立健全保证担保管理制度,恰当选择保证担保方式,完善保证担保手续,规范保证担保合同内容,强化贷后管理,实现保证担保债权,提高贷款的安全及流动性。

对于抵押品的确认遵循合法性、有效性、审慎性、从属性等主要原则,包括:(1)押品管理应符合法律法规规定,确保抵押品合法合规;(2)抵质押担保手续完备,押品估值合理并易于处置变现,具有较好的债权保障作用,确保抵押品有效;(3)充分考虑押品本身可能存在的风险因素,动态评估押品价值及风险缓释作用,审慎管理抵押品;(4)抵押品缓释信用风险以全面评估债务人的偿债能力为前提。

同时,根据每笔信托业务的情况,内部合理设定抵押品及贷款本金之比，确保贷款本息与抵押品评估价值在一定的合理范围，充分缓释业务的信用风险。

4.4.2.2.2 市场风险状况

市场风险是指由于市场价格或利率波动而导致的对金融工具的资产价值产生负面波动的风险。公司所面临的市场风险主要是指由于市场价格，如利率、股票价格、债券价格等波动而造成的信托资产损失的风险。报告期内，公司严格依据信托合同进行投资运营，确保各项风险控制措施有效执行，有价证券投资类信托产品整体运行平稳。偏股类信托产品方面，未见底层资产持有退市风险警示股票等高风险股票，风险基本可控；偏债类信托产品方面，从债券投资类型、债券评级要求、债券投资集中度、组合久期等多个方面限定了债券投资的范围和投资限制，防范市场波动风险，总体风险可控。

另外，我司固有业务未投资二级市场证券，报告期末，因股价、市场汇率、利率及其他价格因素变动而产生的风险极小，对我司的盈利能力及财务状况无重大影响。

4.4.2.2.3 流动性风险状况

流动性风险是指公司短期内金融资产的流动性不确定变动，或资金周转困难无力偿付到期负债而造成损失或破产的风险。

公司对流动性风险持续保持高度重视，坚持全面、前瞻、效益、合规、审慎五大原则，从风险识别、风险计量、风险监测、风险控制四个维度入手，落实流动性风险预警机制，强化流动性应急能力，推动落实各项管控措施，确保公司稳健经营。报告期内，公司流动性波动平稳，风险可控，无重大流动性风险事件发生。

4.4.2.2.4 操作风险状况

操作风险是指由不完善或有问题的内部程序、员工和信息科技系统，以及外部事件所造成损失的风险。报告期内，公司不断完善制度管理、加强流程规范，并强化监督问责机制，操作风险得到有效防控和控制。

4.4.2.2.5 其他风险状况

公司面临的其他风险包括运营风险、声誉风险、信息科技风险、关联交易风险等。报告期内，公司通过差异化管控措施，严控其他各类风险，未出现重大风险事件。

（1）运营风险是指在覆盖整个价值流程中任何由于在操作流程、人员及跨部门协作的不足或失误而引致的风险损失。

（2）声誉风险是指由公司的经营管理、从业人员行为或外部事件等，导致监管、媒体、社会公众、利益相关方等对公司形成负面评价，从而损伤公司品牌价值，影响公司正常经营的风险。

（3）信息科技风险是指信息科技在公司运用过程中，由于自然因素、人为因素、技术漏洞和管理缺陷产生信息安全事件和信息系统故障的风险；报告期内，公司信息科技风险监测指标均达标，未发生重大信息安全和信息系统故障事件。

（4）关联交易风险是指公司在关联交易控制过程中，由于关联方界定不准确、关联交易定价不合理以及关联交易活动中断等原因导致的各种风险。

4.4.2.3 风险管理

4.4.2.3.1 信用风险管理

公司持续完善信用风险的管理架构，规范投融资业务管理流程，及时出台配套的管理制度，完善制度体系；优化投前、投中和投后全覆盖的管理流程，建立严格的资产和交易对手准入标准；根据外部环境变化适时调整风险策略，通过由宏观到中观到微观的系统化体系进行风险控制，优先选择风险可控的行业展业，同时针对不同风险等级的行业设定不同的准入要求，加强风险管理的前瞻性和引领性；加强量化管理工具应用，提高精细化管理水平，树立风险与收益匹配意识；对于存量业务，进一步强化"分类管理，全程监控"的管控要求，作好对存量资产的整体投后管控，防范进一步新增风险；梳理投后管理各项操作流程、完善修订投后管理规章制度办法；搭建统一的投后管理平台，做到"统一台账管理、统一帐户监管、统一系统管理和统一信息披露"；对全产品线实行分类管理和全流程监控，遵循实质重于形式原则制定标准化管控流程和风险监控方案；推行统一的投后闭环信息管理平台，实现从风险资产识别、上报、预案到风险处置和履职排查的标准化流程管理，具体而言：

在信用风险防控方面，平安信托对于项目的甄选有着严格的准入标准，明确了投融资业务在行业选择、客户选择、信用评级、项目选择、投融资商业逻辑及合理规模、区域选择、担保方式、具体风控措施等各方面要求。在信用风险跟踪及监控方面，平安信托通过定期及日常跟踪分析宏观及微观经济情况、各行业动态、国家及监管政策、交易对手情况、区域市场情况，动态梳理主要行业项下的交易对手合作名单、区域市场展业要求，完善交易对手集中度限额、授信额度及区域限额管控并动态检视。抵押品方面，平安信托主要选择流动性较高且不存在产权瑕疵的不动产作为抵押品；抵押率方面，为审慎控制信用风险、保护信托投资人权益，平安信托以抵押物评估净值作为抵押率分母，并根据区域市场体量及市场活跃度、抵押品业态及流动性，核定可接受的不同抵押率。

投前审查方面，平安信托不断优化审批流程及机制，持续优化尽调、评审报告模板；决策阶段建立项目集中审议制及分级授权制；项目投中实行双人核实，集中审查，即合同面签、抵质押登记与权证领取等流程均双人完成，并实行放款审查集中管理。项目投后环节，公司进一步完善健全科学、有效的风险信息监测及预警机制，常态化风险排查及专项排查，加强信用风险防范意识，强化技术手段运用，借助智能化技术优化放款和投后管理流程，对项目舆情、征信、财务、评级等信息进行实时监测，同时防范操作风险，提升投后日常监控管理的质量和业务效率。通过负面舆情信号风险触发机制，做到对风险信号早发现，早排查，进一步增强风险抵御能力，加强及时性和前瞻性，尽职履责。对存在潜在风险项目，进行动态跟踪和过程管理，及时进行风险预警与信息上报，并推动风险在可控范围内提前化解，如通过第三方融资置换、引入大交易对手收购标的资产、设立投资基金、追加增信措施等多手段缓释或化解风险，保障公司稳定运营。

在风险与收益匹配方面，公司继续完善量化管理体系，有效运用量化管理工具，逐步推进信用评级在风险准入、投后管理、风险计量等方面的应用，采用科学定量方法，为保证业务决策工作的准确度和一致性提供有力的支持。

在风险处置方面，持续借鉴同业、银行、金融资产管理公司、律师事务所等机构在不良资产管理和处置方面的优秀做法和经验，结合信托不良资产的特点，根据具体项目实际情况，创新处置手段，制定"一户一策"处置方案，精准推进风险项目的处置化解。公司设立风险专项处置小组，综合采取直接催收、诉讼清收、债权转让、引入第三方接盘、公证强制执行、债务和解、债务重组、处置担保物及查封物等综合措施化解项目风险，同时尝试收购标的资产、委托中介机构清收、设立不良资产投资基金等创新手段处置不良资产，并提前与司法机关做好沟通，排除法外因素对正常清收执行程序的影响，快速推进法律程序。同时我公司定期对出险已化解项目逐一进行复盘和检视，聘请律师一起全面分析案件症结、论证化解方案、细化实施路径，贯彻"清收风险最小、资产损失最少、处置效率最高"的原则，在推进风险资产进行处置同时，进一步借鉴预防类似信用风险发生。

另外，为继续推动战略转型，落实风控引领业务的要求，公司定期召开"一户一策""一区一策"研讨会，对公司存量房地产和政信业务客户进行研讨分析，并根据项目投后管理情况和客户风险情况，定制更有效、更灵活的风险策略和管控方案，深挖业务机会、精准指导展业、定制产品方案、防范项目风险。

4.4.2.3.2 市场风险管理

本年度公司持续完善与风险管理战略相适应的市场风险管理体系，优化制度、限额管理、业务流程、监控报告及日常管控流程，提高市场风险管理的针对性和有效性。公司制定了市场风险相关管理制度作为我司市场风险管理的纲领性文件，并结合业务发展需求及管理层风险偏好，建立健全投资集中度、组合久期、投资规模等限额管理体系。公司持续根据市场形势变化，适时调整资产组合结构、投资节奏、产品久期，引导业务进行多策略发展，平衡风险与收益。在日常管理中，进一步规范公司市场风险管理工作，建立定期宏观经济分析及债券市场分析机制，加强对宏观经济及市场走势的预判，进一步提升市场风险管理的有效性及精细程度，根据市场形势变化，及时跟踪市场舆情及风险事件，监控市场利率变动及组合限额执行情况，并向投资团队进行提示；加强市场指标、持仓市场估值水平、组合久期的动态监测；对产品进行利率敏感性分析，做好净值回撤管理。通过上述管控措施，进一步推动业务合规、安全开展及管控。

公司从管理层和投资者能够承担的风险出发，通过对市场行情的跟踪研究，对于可能出现的风险事件，亦建立了相应的内外部风险处置流程。设定合理的情景，对资产组合进行利率压力测试，以把握不同市场行情下资产风险敞口大小，并据此向投资者充分披露。

4.4.2.3.3 流动性风险管理

本年度公司进一步完善流动性风险管理体系，坚持全面性、审慎性、前瞻性、合规性、成本效益性原则，从风险的有效识别、计量、监测及控制方面细化管理程序，采取合理的流动性风险管控手段。

公司根据业务发展需要，以流动性稳定为目标，合理优化流动性风险偏好，完善监测指标及限额监控，持续做好动态资产负债业务规划及日常现金流管理。同时，公司持续强化流动性风险预警和信息传递机制，对流动性风险实施分级预警，成立应急小组制定应急预案，定期开展流动性应急演练，确保应对紧急情况下的流动性需求。

公司持续完善公司和产品层面的流动性压力测试体系，综合考量信用、市场、操作等风险因子，检视流动性风险隐患，并对模型假设、参数、比例等进行了优化，以合理地检测公司固有和产品的流动性承压能力，并根据压力测试结构制定相应应急计划，强化流动性的应急管理。此外，继续完善流动性风险报告体系，保障信息传递的准确性、有效性、及时性，灵活针对市场变动储备有效的应急措施。

面对疫情持续蔓延、外部市场信用风险下沉带来的流动性压力，公司以防范意识为先导，主动通过一系列对流动性风险预警、管控及应急措施上的改进和加强，确保了全年流动性的平稳运营。同时，有效提升了资金运营效率，实现公司流动性风险管理转型升级。

4.4.2.3.4 操作风险管理

公司持续落实监管规定及公司操作风险管理要求，以现行合规管理以及内部控制体系为基础，整合监管及行业关于操作风险管理的先进标准、方法和工具，优化操作风险管理架构，完善操作风险管理制度，加强各部门配合与协作，确立日常监测与报告机制，定期向管理层汇报操作风险整体情况；运用操作风险三大工具，从事前、事中、事后三个维度进行风险监控与数据分析；推动开展年度操作风险与控制自我评估，全面检视及优化重要业务流程；针对高风险事件开展专项检视，防范、化解业务风险；同时建立了常态化与专题化相结合的宣导机制，持续提升操作风险管理的有效性及水平。

公司主要通过以下机制和措施管理操作风险。

一是建立健全公司操作风险识别、评估、监测、控制、缓释、报告的全面管理体系。

二是持续优化公司操作风险管理政策、框架、流程、系统及工具标准，提升操作风险管理水平。

三是优化并推动各业务职能部门运用实施操作风险管理工具，如：风险与控制自我评估、关键风险指标、操作风险损失事件收集。

四是关键风险领域开展专项排查检视。

五是通过开展操作风险管理方面的培训倡导，推动操作风险管理文化建设。

4.4.2.3.5 其他风险管理

（1）运营风险管理方面，响应公司战略，持续推进智能化运营平台建设，不断优化流程，通过自动估值、标品运营支持能力建设等项目提升运营整体支持水平及风险管控能力。其中，估值管理上通过流程整合、网银机器人等优化，实现估值作业自动化和一站式操作，将65项监控嵌入9大核心功能，有效降低估值风险；数据治理上通过对流程、场景及渠道的梳理，产出5类管控机制，有效提升资管数据质量；分配管理上增加系统校验及风险提示预警功能，提升事前风险管控能力。在推进平台建设的同时，持续完善运营风险制度体系建设，建立异常事件升级机制，强化7×24小时异常升级要求，提升运营风险事中管控能力。消保客诉管理方面，根据董事会提出的战略目标，持续深耕，通过完善制度体系、抓好机制实施、强化投诉管理等措施，切实提升消费者权益保护工作水平。机制实施上做深、做实消保审查，稳步推进线上化审核，新增9个系统功能。同时，全面统筹协调产品风险检视工作，提前制定处置预案，推动风险关口前移；投诉管理上持续开展客户宣教活动、加强内部员工培训，不断强化消费者权益保护工作理念。制度建设上全年新增1个制度，修订4个制度，确保各项工作规范运行。

（2）声誉风险方面，公司高度重视声誉风险管理工作，将其纳入公司全面风险管理体系，不断提升声誉风险主动管理能力。报告期内，公司按照最新的监管规定和要求，严格规范声誉风险管理处理流程，形成覆盖事前、事中、事后全流程的工作响应机制，包括风险排查、分析研判、制作预案、风险整改、舆情应对、声誉修复等环节。公司对于声誉风险的管控不断强化，整体风险可控，实现平稳过渡；同时，年内组织多次声誉风险排查工作，通过有效的舆情预警机制，防范潜在声誉风险及负面舆情，年内未出现重大声誉风险事件。

（3）信息科技风险方面，公司认真学习实践《中华人民共和国数据安全法》和《中华人民共和国个人信息保护法》，持续完善信息安全和IT运营管理，保障信息系统安全高效、稳健持续运行。

为进一步加强信息安全管理，公司完善更新了信息安全管理制度和管理委员会章程，并强化监督审计和培训宣导工作，在日常工作中营造"信息安全，人人有责"的氛围。报告期内，公司圆满完成建党百年网络安全保障任务，顺利通过了ISO 27001信息安全管理体系认证、

ISO 27701隐私安全管理体系认证和信息系统等级保护测评。同时，公司积极履行社会责任，积极对外拓展、联动共赢，致力于提升行业整体信息安全水平。2021年，公司联合公安部第三研究所和金融同业发布了《2020—2021年金融行业网络安全研究报告》；公司参加了由成都市互联网信息办公室主办的网络安全大会并进行了《构建智慧信息安全生态体系，助力行业金融创新》主题分享；公司信息安全课题荣誉入围深圳经济特区金融学会2021年度研究课题名单。

为进一步加强IT运营管理，公司优化了运维管理制度，规范了信息系统运营流程，针对系统情况进行实时监测预警、快速响应、及时处理、追踪通报、优化改进，保障稳定运行。公司采用异地远程灾备模式，以保证关键信息系统能够在重大灾难发生后，在一定的时间内恢复必要的处理能力，保障业务连续性。

（4）关联交易风险方面，2021年，公司按照监管要求持续完善关联交易管理体系，健全关联交易运作机制。按照监管规定，定期开展关联方清单更新工作，为关联交易管理提供基础信息，并及时报送监管机构。系统优化方面，进一步优化关联交易管理平台功能。报告机制方面，梳理公司2021年度关联交易情况和关联交易管理制度执行情况。2021年度公司未出现关联交易风险状况。

4.5 信托业务创新成果和特色业务情况

公司在传统业务稳健发展的基础上，积极开展创新与特色业务，具体包括：

4.5.1 创新转型卓有成效

2021年，公司坚定推动信托业务转型，持续加强创新力度，加大主动管理能力的培养。公司加强创新体系化建设，多举措鼓励支持创新，通过设立创新产品管理委员会、产品创新敏捷小组、创新研究平台、创新沙龙及举办创评奖赛事等体系化推动创新业务。产品创新、项目创新不断涌现，已成为公司转型的新动能。

同时，公司的数字化转型作为另一创新亮点，在行业中已具备领先优势。公司依托科技力量，推出信托一体化业务操作平台，信托APP成功上线，搭建资金生态圈，实现资产、资金和产品的线上化、移动化和智能化；升级运营中台全流程，创立账户直通车，实现产品创设全流程一键式自动化；迭代智慧风控，实现一站式、智能化资产管理和风险管理。

截至2021年底，公司累计认定创新产品和项目43个，24个团队获得了公司授予的创新评奖，包括财产权信托、自动化估值系统、标品风控机器人等产品/项目等，覆盖前台业务、中台风控评审及后台运营管理等各条线团队，全员创新氛围浓厚。

4.5.2 特色转型成绩斐然

2021年，公司深化特色化建设，特色化团队培养成果显著。通过孵化、培育、扶持、认定等一系列体系化工作流程，推动各业务团队差异化定位、特色化发展、专业化赋能，打造公司创新转型的排头兵，利润增长的基柱石。2021年，公司新增特资+区域、债务重组顾问、政府投行三个特色团队，目前累计认定19个特色团队。

未来，平安信托将在平安集团"金融+科技""金融+生态"领先战略指引下，继续在信托业务领域锐意进取，开拓创新，为客户提供更加专业化、多元化的金融服务，切实助力实体经济高质量发展、服务现代金融体系建设和满足人民群众美好生活需求。

4.6 消费者权益保护工作

2021年平安信托认真贯彻各项法律法规和监管要求，切实履行"卖者尽责"义务，明确将消费者权益保护工作纳入公司治理、企业文化建设和经营发展战略，通过强化消保制度体系建设、持续开展消保宣传活动、加强消保审查、规范投诉管理等举措，不断深化消费者权益保护工作，以履行社会义务的责任感和使命感。

4.6.1 董事会及管理层深入参与消保工作

平安信托持续坚持董事会对公司消费者权益保护工作进行总体规划及指导，将消保工作纳入董事会、信托与消费者权益保护委员会、高级管理层的议事日程，深化落实主体责任。2021年，平安信托第六届董事会第十九次会议审议通过《公司2020年消费者权益保护工作报告》，报告的内容为2020年平安信托消费权益保护工作和2021年的工作规划；平安信托第六届董事会第二十二次会议审议通过《公司2021年上半年消费者权益保护工作报告》，报告中明确了公司的消费者权益保护工作的战略和目标。同时，在年度会议、班子会议、董事长专项汇报会中均加入消保专项议题，强化高层领导对消费者权益保护工作的指导和监督作用。

4.6.2 不断完善制度体系建设，夯实制度根基

按照中国银保监会《关于银行保险机构加强消费者权益保护工作体制机制建设的指导意见》的要求，从组织体系与工作职责等方面进一步规范，确保制度体系的

时效性和有效性。平安信托已建立和修订了包括消保工作考核、风险等级评估、客户信息安全、信息披露、金融营销宣传、金融宣教、投诉管理、重大事件应急等在内的20个制度。其中，2021年新增制度1个——《金融营销宣传管理办法》；修订制度4个，包括《消费者权益保护工作考核细则（2021版）》《客户投诉管理办法（2021版）》《代销业务管理办法（2021版）》《操作风险与内控管理制度》。

4.6.3 加大消保审查力度，切实保障消费者合法权益

2021年全年平安信托各部门严格落实制度，对公司提供的产品和服务在不同的环节进行消保审查，并对相关风险进行识别并提出明确、具体的审查意见。2021年平安信托完成所有新产品的消保审查工作。对于审查发现的问题，由运营管理部消保团队牵头，联合前台业务部门、风控部、科技部，从业务流程、合规审核以及系统操作层面制定切实可行的整改计划，责任落实到人，按月追踪推动整改落实情况。

同时为确保公司消保审查工作的各项要求得到有效落实，公司2021年对各部门消保审查过程按季度进行抽查，审查过程中未发现问题。

4.6.4 加强金融消费者权益保护宣传教育

平安信托积极响应监管主题宣传要求，有效利用线上传播和线下宣导的方式，结合公司客群及业务特点，深化重点人群宣传教育，聚焦"一老一少"，提升消费者金融素养，提高依法维权意识和能力。3·15期间开展金融消费者权益保护主题宣传，推出《金融会客厅》电视特别节目。联合警方，积极深入社区、校园开展线下消保宣传，向公众普及金融知识，帮助广大投资者切实保护好钱袋子，切实提高公众防骗、识骗能力；开展金融知识进万家活动，积极围绕金融消费者知识的薄弱环节，通过策划"小明小白讲信托"系列漫画、系列科普课堂、情景剧视频，以浅显易懂的方式普及信托知识、信托消费者权益维权指南等。

平安信托积极落实监管要求对金融机构将消费者权益保护纳入经营发展战略和企业文化建设的要求，加强公司消费者权益保护文化建设，积极组织开展内部教育和培训，更好地强化全体员工消费者权益保护意识。平安信托制定全年内部培训计划，根据实际工作开展情况，实时总结经验，调整培训内容，更好的满足员工培训需求。为了更好地落实监管要求提高全员消费者权益保护意识，2021年平安信托制作了《消费者权益保护线上课程》《明明白白审消保》，对公司全员进行培训，全员通过率100%。针对新入职员工、消保岗员工、风险高、涉诉多的业务员工等，开展有针对性、多元化的培训，2021年公司举办了群诉应急演练培训、变诉为金客户投诉技能提升等。

4.6.5 投诉处理情况

2021年平安信托通过400客服热线、监管机构、书面投诉函等方式接收到投诉44笔，投诉客户多分布在上海、青岛等地，主要是因产品收益不达预期或者亏损、产品延期支付、客户服务等引发的投诉。收到投资人投诉后，平安信托相关团队积极与投资人联系、了解诉求、安抚客户情况，确保消费者投诉的问题能够在第一时间内得到有效控制和处理，件件有落实，事事有回声。

平安信托十分重视投诉数据分析，运用金融消费者投诉统计监测系统，对所有渠道的投诉受理和处理情况进行实时监督和管理，保证投诉受理和处理的实效性。重点对将超时限未处理的投诉工单进行实时监控，尽快完成所有投诉处理工作，避免投诉升级。按季对投诉情况进行分析，突出源头整改，不断提升产品和服务水平，切实维护消费者权益。同时提升客服人员能力，有效运用第三方调解机制。加强电话中心精细化管理，提高客服人员业务能力、话术规范性及沟通能力。积极借助深圳市银行业消费者权益保护促进会第三方平台，利用专业调解力量对投诉事件进行客观公正调解，化解消费纠纷。

4.7 社会责任履行情况

4.7.1 发挥党委政治引领作用

报告期内，公司高度重视党建工作，充分发挥党委政治引领与政治核心作用：在架构设置中，完善信托组织架构，设立并明确党委政策研究室、组织人事部、办公室、宣传部、纪检监察室，保证党委各项工作顺利进行，始终沿着我党指引的正确方向；在日常管理中，第三届党委委员与公司经营班子实行"双向进入、交叉任职"，全年召开党委会议十九次、党委执委联席工作例会十七次，对公司"三重一大"事项、公司经营管理、政策学习教育、规章制度、工作部署、党风廉政等重要事项进行会议讨论与集体决策，确保将党的理论路线、方针政策和上级党组织要求贯彻到公司经营管理过程中，促进公司持续、健康、稳定发展；为热烈庆祝中国共产党建党100周年，党委组织开展"学党史 话长征"系列活动，开展书记讲党课、主题党课学习、长征精神解读、长征精神青年说、支部书记研讨会、党员亮身份作表率、守护者行动等学习活动，强化党内理论学习，号召党员担当作为，充分发挥党组织战斗堡垒作用。

4.7.2 践行ESG责任投资服务实体经济

2021年是我国"碳中和"目标践行元年，平安信托积极响应绿色金融的供给侧结构性改革要求，深耕ESG责任投资，聚焦中西部民生项目、健康、环保及现代制造等重点行业，累计投入实体经济规模近3 500亿元，助力实体经济高质量发展。同时，成功落地国内首只碳中和主题绿色金融慈善信托和年内最大规模单一个人慈善信托，积极发挥信托制度优势，促进国家共同富裕目标。

4.7.3 助力国家乡村振兴

平安信托积极响应"乡村振兴"号召，报告期内通过购买扶贫农产品等方式，助力全国15个扶贫点产业发展，涉及扶贫金额206余万元，为全国决战决胜脱贫攻坚贡献力量。此外，平安信托携手华林证券、北京语泽基金会成立"平安华林乡村振兴可持续发展慈善信托"，是国内首只支持西藏乡村振兴与可持续发展的慈善信托计划，初始规模为600万元，该信托以ESG绿色发展理念为指导，专注开展西藏乡村振兴与可持续发展公益事业，未来将持续助力智慧教育、医疗救助、绿色金融、新农村建设等多个领域的公益活动。

4.7.4 重视文化驱动培育信托文化

2021年是"信托文化普及年"。平安信托坚持以受益人合法利益最大化为目标，以更好地服务实体经济高质量发展和满足人民群众对美好生活的向往为使命，通过强化受托人定位，树立以客户需求为导向、"先服务、后金融"经营理念，积极回归信托本源，不断构建与行业监管导向、良好社会形象相契合的转型战略与经营管理模式，将信托文化建设贯穿到业务发展的各个环节，从公司治理、风险防控、客户服务、理念文化等多方面发力，做好了信托文化建设的"顶层设计"。

在风险管理方面，秉持"风控引领业务"的理念，推行投前、投中、投后全员参与及全流程覆盖的风险管控机制，充分发挥公司"严选资产、专业评审、高效决策、精细投后"四大能力，持续、有效地监控和管理公司面临的各类风险，积极防范和化解客户投资风险，保护投资者利益。在消费者权益保护方面，公司持续开展宣教活动，以"3·15"消费者权益保护日"金融知识进万家"消保宣传月等为契机，积极开展投资者教育，提升消费者金融素养；策划"小明小白讲信托"系列漫画、系列科普课堂、情景剧视频以及线下进校园、社区宣教活动，提升消费者权益保护意识，帮助投资者树立"卖家尽责、买者自负"的投资理念。在文化建设活动方面，公司构建了健康系列、关爱系列、融合系列三大主题活动；以百年党庆为契机，开展"党委书记讲党课""新青年·新长征"等系列宣传及学习主题活动；邀请第三方机构开展文化诊断，查找文化痛点，并针对性开展改进提升工作；打造"信托青年说"系列文化项目，借青年榜样力量强化文化传播。在文化理念塑造方面，公司通过自我痛点排查、制度完善、理念及流程优化等形式，规范员工日常行为，引导员工树立正确的人生观、价值观和利益观。

4.7.5 倾听员工心声、解决员工诉求

报告期内，面对疫情常态化现状，公司以凝聚员工共识、实现团队融合、保障员工健康安全为方向，重点解决员工诉求，提升员工凝聚力、归属感、安全感与体验感。基层员工层面，公司不断升级"建言献策直通车"问题协调机制，问题直达董事长，每季度收集并专题解决员工关心的业务、发展问题；持续推行"倾听心声"长效机制，以"纸飞机"扫码反馈方式，收集员工需求与心声，通过交互式沟通加强与各部门的连接与沟通；疫情防控层面，全年为员工申请疫情防控物资68.7万元，为公司全员提供了安全保障，帮助员工解除忧虑，顺利复工；工会平台层面，推出守初心、助安心、促舒心、更暖心、献爱心的"五XIN+工会"品牌，全年组织开展25余场主题活动、657次俱乐部活动、4次健康课堂、3次员工代表大会，让"五心工会，五星体验"口号真正深入人心，广受员工喜爱和好评，荣获深圳市财贸金融工会"先进职工之家"称号。

4.7.6 "守护者行动"公益实践

报告期内，平安信托启动"守护者行动"公益行动，以"守护社区金融安全""守护特殊儿童成长""守护乡村教育发展"三项为方向，开启平安信托第13年公益爱心旅程。全年共计开展公益活动9场、公司志愿者共计124人次。各项活动，通过将扶贫点的产品送往公益帮扶点，形成双向扶贫的良好效果；结合建党100周年，引导党员"亮身份、办实事"，带头参与志愿活动，发挥党员先锋模范作用；利用"慈善信托"公益资金，开展捐助乡村小学、帮扶特儿成长等公益行动，发挥慈善信托公益属性，开展可持续的关爱；大力联动警方、反诈中心、深圳急救中心，开展公益共建，提高活动成效。

5.报告期末及上一年度末的比较式会计报表

5.1 自营资产

5.1.1 会计师事务所审计结论

审计报告

安永华明〔2022〕审字第60799520_H01号

平安信托有限责任公司

平安信托有限责任公司董事会：

一、审计意见

我们审计了平安信托有限责任公司的财务报表，包括2021年12月31日的合并及公司资产负债表，2021年度的合并及公司利润表、所有者权益变动表和现金流量表以及相关财务报表附注。

我们认为，后附的平安信托有限责任公司的财务报表在所有重大方面按照企业会计准则的规定编制，公允反映了平安信托有限责任公司2021年12月31日的合并及公司财务状况以及2021年度的合并及公司经营成果和现金流量。

二、形成审计意见的基础

我们按照中国注册会计师审计准则的规定执行了审计工作。审计报告的"注册会计师对财务报表审计的责任"部分进一步阐述了我们在这些准则下的责任。按照中国注册会计师职业道德守则，我们独立于平安信托有限责任公司，并履行了职业道德方面的其他责任。我们相信，我们获取的审计证据是充分、适当的，为发表审计意见提供了基础。

三、其他信息

平安信托有限责任公司管理层对其他信息负责。其他信息包括年度报告中涵盖的信息，但不包括财务报表和我们的审计报告。

我们对财务报表发表的审计意见不涵盖其他信息，我们也不对其他信息发表任何形式的鉴证结论。

结合我们对财务报表的审计，我们的责任是阅读其他信息，在此过程中，考虑其他信息是否与财务报表或我们在审计过程中了解到的情况存在重大不一致或者似乎存在重大错报。

基于我们已执行的工作，如果我们确定其他信息存在重大错报，我们应当报告该事实。在这方面，我们无任何事项需要报告。

四、管理层和治理层对财务报表的责任

平安信托有限责任公司管理层负责按照企业会计准则的规定编制财务报表，使其实现公允反映，并设计、执行和维护必要的内部控制，以使财务报表不存在由于舞弊或错误导致的重大错报。

在编制财务报表时，管理层负责评估平安信托有限责任公司的持续经营能力，披露与持续经营相关的事项（如适用），并运用持续经营假设，除非计划进行清算、终止运营或别无其他现实的选择。

治理层负责监督平安信托有限责任公司的财务报告过程。

五、注册会计师对财务报表审计的责任

我们的目标是对财务报表整体是否不存在由于舞弊或错误导致的重大错报获取合理保证，并出具包含审计意见的审计报告。合理保证是高水平的保证，但并不能保证按照审计准则执行的审计在某一重大错报存在时总能发现。错报可能由于舞弊或错误导致，如果合理预期错报单独或汇总起来可能影响财务报表使用者依据财务报表作出的经济决策，则通常认为错报是重大的。

在按照审计准则执行审计工作的过程中，我们运用职业判断，并保持职业怀疑。同时，我们也执行以下工作：

（1）识别和评估由于舞弊或错误导致的财务报表重大错报风险，设计和实施审计程序以应对这些风险，并获取充分、适当的审计证据，作为发表审计意见的基础。由于舞弊可能涉及串通、伪造、故意遗漏、虚假陈述或凌驾于内部控制之上，未能发现由于舞弊导致的重大错报的风险高于未能发现由于错误导致的重大错报的风险。

（2）了解与审计相关的内部控制，以设计恰当的审计程序，但目的并非对内部控制的有效性发表意见。

（3）评价管理层选用会计政策的恰当性和作出会计估计及相关披露的合理性。

（4）对管理层使用持续经营假设的恰当性得出结论。同时，根据获取的审计证据，就可能导致对平安信托有限责任公司持续经营能力产生重大疑虑的事项或情况是否存在重大不确定性得出结论。如果我们得出结论认为存在重大不确定性，审计准则要求我们在审计报告中提请报表使用者注意财务报表中的相关披露；如果披露不充分，我们应当发表非无保留意见。我们的结论基于截至审计报告日可获得的信息。然而，未来的事项或情况可能导致平安信托有限责任公司不能持续经营。

（5）评价财务报表的总体列报（包括披露）、结构和内容，并评价财务报表是否公允反映相关交易和事项。

（6）就平安信托有限责任公司中实体或业务活动的财务信息获取充分、适当的审计证据，以对财务报表发表审计意见。我们负责指导、监督和执行集团审计，并对审计意见承担全部责任。

我们与治理层就计划的审计范围、时间安排和重大审计发现等事项进行沟通，包括沟通我们在审计中识别出的值得关注的内部控制缺陷。

安永华明会计师事务所（特殊普通合伙）

中国注册会计师：昌华

中国注册会计师：罗杨

中国·北京　　　　　　　　　　　2022年4月12日

5.1.2　信托合并资产负债表

信托合并资产负债表

编制单位：平安信托有限责任公司　　2021年12月31日　　单位：万元

资产	2021年12月31日	2020年12月31日	负债及所有者权益	2021年12月31日	2020年12月31日
货币资金	7 758 216.20	6 694 248.43	短期借款	89 417.41	30 443.73
结算备付金	1 040 185.55	1 095 851.53	拆入资金	400 126.35	—
拆出资金	97 000.00	—	交易性金融负债	1 100 690.71	414 563.13
融出资金	5 431 317.11	4 507 946.26	衍生金融负债	34 498.44	4 828.81
衍生金融资产	22 325.33	15 094.73	卖出回购金融资产款	4 299 095.54	3 940 516.43
存出保证金	933 637.79	549 025.10	代理买卖证券款	7 313 374.10	5 947 157.61
买入返售金融资产	2 092 658.55	1 123 595.94	代理承销证券款	—	238 130.50
存货	69 761.52	41 985.97	应付票据	52 958.85	8 235.41
金融投资	—	—	应付职工薪酬	525 680.65	406 410.92
交易性金融资产	7 445 971.37	5 438 762.05	应交税费	139 016.18	137 403.36
债权投资	1 153 721.21	1 222 191.49	合同负债	26 148.72	18 405.31
其他债权投资	3 348 738.93	2 810 078.52	应付债券	6 881 796.37	5 177 568.77
其他权益工具投资	2 177.21	2 515.90	租赁负债	26 202.10	40 289.88
长期股权投资	92 185.55	93 476.50	递延所得税负债	150.49	581.78
商誉	28 965.42	28 965.42	其他负债	2 378 335.68	1 723 438.42
投资性房地产	776.33	815.81	负债合计	23 267 491.59	18 087 974.06
固定资产	37 577.09	29 487.59	实收资本	1 300 000.00	1 300 000.00
无形资产	29 658.03	31 112.47	资本公积	174 419.77	184 775.47
使用权资产	25 305.22	38 431.88	其他综合收益	20 280.98	11 357.97
递延所得税资产	178 232.15	125 428.90	盈余公积	311 547.73	301 425.46
其他资产	736 159.56	528 272.28	一般风险准备	917 632.47	805 107.42
			未分配利润	2 191 437.23	2 031 257.81
			归属于母公司所有者权益合计	4 915 318.18	4 633 924.13
			少数股东权益	2 341 760.35	1 655 388.58
			所有者权益合计	7 257 078.53	6 289 312.71
资产总计	30 524 570.12	24 377 286.77	负债和所有者权益总计	30 524 570.12	24 377 286.77

5.1.3 信托合并利润表

信托合并利润表

编制单位：平安信托有限责任公司　　2021年度　　单位：万元

项目	2021年度	2020年度
一、营业总收入	2 329 147.97	2 143 087.75
手续费及佣金净收入	1 303 953.73	1 245 943.35
其中：手续费及佣金收入	1 598 722.37	1 493 239.26
手续费及佣金支出	-294 768.64	-247 295.91
利息净收入	290 043.76	222 909.83
其中：利息收入	725 424.77	561 895.50
利息支出	-435 381.01	-338 985.67
投资收益	361 487.69	200 229.02
公允价值变动损失	-248 753.27	-27 394.18
汇兑损失	-455.66	-1 166.43
其他业务收入	617 670.77	496 067.67
资产处置收益	71.62	251.21
其他收益	5 129.33	6 247.28
二、营业总支出	-1 671 659.58	-1 317 536.04
税金及附加	-13 573.93	-12 285.24
业务及管理费	-874 673.90	-783 956.64

续表

项目	2021年度	2020年度
其他业务成本	-583 033.16	-418 419.54
信用减值损失	-200 378.59	-102 874.62
三、营业利润	657 488.39	825 551.71
加：营业外收入	52.57	107.71
减：营业外支出	-3 702.86	-5 362.03
四、利润总额	653 838.10	820 297.39
减：所得税费用	-171 964.08	-179 573.65
五、净利润	481 874.02	640 723.74
归属于母公司所有者的净利润	282 755.12	474 353.08
少数股东损益	199 118.90	166 370.66
六、其他综合收益/损失的税后净额	16 067.05	-17 225.64
归属于母公司所有者的其他综合收益/（损失）	8 923.01	-9 572.85
归属于少数股东的其他综合收益/（损失）	7 144.04	-7 652.79
七、综合收益总额	497 941.07	623 498.10
归属母公司所有者的综合收益总额	291 678.13	464 780.23
归属少数股东的综合收益总额	206 262.94	158 717.87

5.1.4 信托合并所有者权益变动表

信托合并所有者权益变动表

编制单位：平安信托有限责任公司　　2021年度　　单位：万元

项目	归属于母公司所有者权益						少数股东权益	所有者权益合计
	股本	资本公积	其他综合收益	盈余公积	一般风险准备	未分配利润		
一、2020年12月31日余额	1 300 000.00	184 775.47	11 357.97	301 425.46	805 107.42	2 031 257.81	1 655 388.58	6 289 312.71
二、本年增减变动金额	—	—	—	—	—	—	—	—
（一）净利润	—	—	—	—	—	282 755.12	199 118.90	481 874.02
（二）其他综合收益	—	—	8 923.01	—	—	—	7 144.04	16 067.05
综合收益总额	—	—	8 923.01	—	—	282 755.12	206 262.94	497 941.07
（三）利润分配								
1.提取盈余公积	—	—	—	10 122.27	—	-10 122.27	—	—
2.提取一般风险准备	—	—	—	—	112 453.43	-112 453.43	—	—
（四）向少数股东分红	—	—	—	—	—	—	-13 538.40	-13 538.40
（五）股份支付	—	-10 592.76	—	—	—	—	-5 544.09	-16 136.85
（六）发行其他权益工具	—	—	—	—	—	—	499 500.00	499 500.00
（七）与少数股东的权益性交易	—	237.06	—	—	—	71.62	-308.68	—
三、2021年12月31日余额	1 300 000.00	174 419.77	20 280.98	311 547.73	917 632.47	2 191 437.23	2 341 760.35	7 257 078.53

5.1.4 信托合并所有者权益变动表（续表）

信托合并所有者权益变动表（续表）

编制单位：平安信托有限责任公司　　2021年度　　单位：万元

项目	归属于母公司所有者权益						少数股东权益	所有者权益合计
	股本	资本公积	其他综合收益	盈余公积	一般风险准备	未分配利润		
一、2019年12月31日余额	1 300 000.00	199 053.36	20 930.82	270 577.74	581 249.11	1 811 610.76	1 548 365.67	5 731 787.46
二、本年增减变动金额								
（一）净利润	—	—	—	—	—	474 353.08	166 370.66	640 723.74
（二）其他综合收益	—	—	-9 572.85	—	—	—	-7 652.79	-17 225.64
综合收益总额	—	—	-9 572.85	—	—	474 353.08	158 717.87	623 498.10
（三）利润分配								

续表

项目	归属于母公司所有者权益						少数股东权益	所有者权益合计
	股本	资本公积	其他综合收益	盈余公积	一般风险准备	未分配利润		
1.提取盈余公积	—	—	—	30 847.72	—	−30 847.72	—	—
2.提取一般风险准备	—	—	—	—	223 858.31	−223 858.31	—	—
（四）向少数股东分红	—	—	—	—	—	—	−44 968.80	−44 968.80
（五）股份支付	—	−14 277.89	—	—	—	—	−6 726.16	−21 004.05
三、2020年12月31日余额	1 300 000.00	184 775.47	11 357.97	301 425.46	805 107.42	2 031 257.81	1 655 388.58	6 289 312.71

5.1.5 信托资产负债表

信托资产负债表

编制单位：平安信托有限责任公司　　2021年12月31日　　单位：万元

资产	2021年12月31日	2020年12月31日	负债及所有者权益	2021年12月31日	2020年12月31日
货币资金	275 379.49	353 018.37	应付职工薪酬	78 999.32	73 795.57
拆出资金	97 000.00	—	应交税费	51 015.42	44 611.45
金融投资			租赁负债	180.31	4 521.99
交易性金融资产	1 419 246.35	1 484 682.46	其他负债	366 877.08	685 831.52
债权投资	518 713.02	592 960.06	负债合计	497 072.13	808 760.53
其他权益工具投资	564.91	564.91	实收资本	1 300 000.00	1 300 000.00
长期股权投资	673 499.13	765 399.79	资本公积	2 654.69	5 598.32
固定资产	401.10	539.25	盈余公积	311 547.73	301 425.46
无形资产	850.18	861.87	一般风险准备	202 639.06	197 577.92
使用权资产	261.53	4 221.61	未分配利润	915 137.28	829 097.94
递延所得税资产	42 684.95	41 140.91	所有者权益合计	2 731 978.76	2 633 699.64
其他资产	200 450.23	199 070.94		—	—
资产总计	3 229 050.89	3 442 460.17	负债和所有者权益总计	3 229 050.89	3 442 460.17

5.1.6 信托利润表

信托利润表

编制单位：平安信托有限责任公司　　2021年度　　单位：万元

项目	2021年度	2020年度
一、营业总收入	312 702.01	546 091.25
手续费及佣金净收入	324 408.26	388 382.92
其中：手续费及佣金收入	361 055.71	433 467.76
手续费及佣金支出	−36 647.45	−45 084.84
利息净收入/（支出）	44 944.75	−1 130.36
其中：利息收入	59 756.30	23 615.03
利息支出	−14 811.55	−24 745.39
投资收益	170 973.31	129 791.43
公允价值变动损失	−275 540.95	−42 689.96
汇兑损失	−38.43	−116.21
其他业务收入	46 866.26	70 110.95
资产处置损失	−0.04	−0.88

续表

项目	2021年度	2020年度
其他收益	1 088.85	1 743.36
二、营业总支出	−112 069.75	−163 624.39
税金及附加	−2 963.41	−3 400.90
业务及管理费	−139 621.57	−141 319.19
其他业务成本	28 921.75	−183.09
信用减值损失	1 593.48	−15 551.21
资产减值损失	—	−3 170.00
三、营业利润	200 632.26	382 466.86
加：营业外收入	23.51	10.14
减：营业外支出	−65.86	−89.92
四、利润总额	200 589.91	382 387.08
减：所得税费用	−99 367.16	−73 909.92
五、净利润	101 222.75	308 477.16
六、综合收益总额	101 222.75	308 477.16

5.1.7 信托所有者权益变动表

信托所有者权益变动表

编制单位：平安信托有限责任公司　　2021年度　　单位：万元

项目	股本	资本公积	盈余公积	一般风险准备	未分配利润	所有者权益合计
一、2020年12月31日余额	1 300 000.00	5 598.32	301 425.46	197 577.92	829 097.94	2 633 699.64
二、本年增减变动金额	—	—	—	—	—	—
（一）净利润	—	—	—	—	101 222.75	101 222.75
综合收益总额	—	—	—	—	101 222.75	101 222.75
（二）利润分配						

续表

项目	股本	资本公积	盈余公积	一般风险准备	未分配利润	所有者权益合计
1.提取盈余公积	—	—	10 122.27	—	-10 122.27	—
2.提取一般风险准备	—	—	—	5 061.14	-5 061.14	—
（三）股份支付	—	-2 943.63	—	—	—	-2 943.63
三、2021年12月31日余额	1 300 000.00	2 654.69	311 547.73	202 639.06	915 137.28	2 731 978.76

5.1.7 信托所有者权益变动表（续表）

信托所有者权益变动表（续表）

编制单位：平安信托有限责任公司　　　　2020年度　　　　单位：万元

项目	股本	资本公积	盈余公积	一般风险准备	未分配利润	所有者权益合计
一、2019年12月31日余额	1 300 000.00	10 811.68	270 577.74	173 416.46	575 629.96	2 330 435.84
二、本年增减变动金额	—	—	—	—	—	—
（一）净利润	—	—	—	—	308 477.16	308 477.16
综合收益总额	—	—	—	—	308 477.16	308 477.16
（二）利润分配	—	—	—	—	—	—
1.提取盈余公积	—	—	30 847.72	—	-30 847.72	—
2.提取一般风险准备	—	—	—	24 161.46	-24 161.46	—
（三）股份支付	—	-5 213.36	—	—	—	-5 213.36
三、2020年12月31日余额	1 300 000.00	5 598.32	301 425.46	197 577.92	829 097.94	2 633 699.64

5.2 信托资产

5.2.1 信托项目资产负债汇总表

信托项目资产负债汇总表

编制单位：平安信托有限责任公司　　　　2021年12月31日　　　　单位：万元

信托资产	2021年12月31日	2020年12月31日	信托负债	2021年12月31日	2020年12月31日
货币资金	906 324.22	579 962.54	应付受托人报酬	65 608.68	74 341.75
存出保证金	—	168 907.76	应付托管费	4 287.20	5 275.08
交易性金融资产	20 729 013.22	8 737 840.67	应付受益人收益	15 965.53	100 530.69
衍生金融资产	—	133 249.77	应交税费	35 574.93	54 365.48
买入返售金融资产	1 494 941.09	339 399.12	应付销售服务费	15 537.19	6 560.53
应收款项	1 865 851.68	3 547 979.38	其他应付款项	126 760.80	236 114.34
发放贷款	11 141 379.02	18 678 744.54	其他负债	970 427.72	—
可供出售金融资产	7 431 417.92	4 736 084.64	信托负债合计	1 234 162.05	477 187.87
持有至到期投资	289 878.69	1 079 304.45	信托权益	—	—
长期股权投资	498 359.39	274 645.73	实收信托	49 735 620.46	37 142 905.71
投资性房地产	2 146.97	2 146.97	资本公积	143 180.12	130 723.75
其他资产	1 771 926.41	826 929.76	外币报表折算差额	-305.27	-630.74
—	—	—	未分配利润	-4 981 418.43	1 355 008.74
—	—	—	权益合计	44 897 076.88	38 628 007.46
信托资产总计	46 131 238.93	39 105 195.33	负债和权益合计	46 131 238.93	39 105 195.33

5.2.2 信托项目利润及利润分配汇总表

信托项目利润及利润分配汇总表

编制单位：平安信托有限责任公司　　2021年度　　单位：万元

项目	2021年度	2020年度
一、营业收入	2 258 252.66	3 391 785.55
利息收入	1 470 402.92	1 685 907.53
投资收入	1 183 005.30	1 596 153.39
租赁收入	0.02	—
公允价值变动损益	-397 765.62	109 486.59
汇兑损益	-655.25	-632

续表

项目	2021年度	2020年度
其他收入	3 265.29	870.04
二、营业费用	-521 774.04	-601 969.21
三、税金及附加	-7 615.88	-12 021.38
加：营业外收入	—	—
减：营业外支出	—	—
四、扣除资产减值损失前的信托利润	1 728 862.74	2 777 794.96
减：资产减值损失	27 719.49	—
五、净利润	1 701 143.25	2 777 794.96
加：期初未分配信托利润	1 355 008.74	1 938 312.31

续表

项目	2021年度	2020年度
六、可供分配的信托利润	3 056 151.99	4 716 107.27
减：本期已分配信托利润	8 037 570.42	3 361 098.53
七、期末未分配信托利润	-4 981 418.43	1 355 008.74

注：信托项目未分配信托利润-4 981 418.43万元；因我司本年度承做破产重整服务信托项目，该项目未分配利润-6 099 939.22万元。若剔除该数据影响，本年度未分配信托利润为1 118 520.79万元。

6. 会计报表附注

6.1 会计报表编制基准不符合会计核算基本前提的说明

公司会计报表编制基准不存在不符合会计核算基本前提的情况。

本公司财务报表按照财政部于2006年2月15日及以后期间颁布的《企业会计准则——基本准则》、各项具体会计准则及相关规定（以下合称企业会计准则）编制。

2021年度重大会计政策变更。

2021年无重大会计政策的变更。

6.2 或有事项说明

报告期末，公司无对外担保及其他或有事项。

6.3 重要资产转让及其出售的说明

报告期内，公司无需披露的重要资产转让及其出售。

6.4 会计报表中重要项目的明细资料

6.4.1 自营资产经营情况

6.4.1.1 信用资产风险分类情况

本公司报告期的信用风险资产分类情况如下表所示。

信用风险资产五级分类	正常类（万元）	关注类（万元）	次级类（万元）	可疑类（万元）	损失类（万元）	信用风险资产合计（万元）	不良合计（万元）	不良率（%）
期初数	2 896 492.00	126 685.00	—	18 383.00	1 829.34	3 043 389.34	20 212.34	0.66
期末数	2 854 987.00	32 144.00	—	16 317.00	—	2 903 448.00	16 317.00	0.56

6.4.1.2 资产损失准备情况

本公司报告期的资产减值损失准备情况如下表所示。

单位：万元

项目	期初数	本期增加	本期核销	本期转回已核销贷款	期末数
贷款损失准备	893.76	267.99	—	—	1 161.75
其中：一般准备	893.76	267.99	—	—	1 161.75
专项准备	—	—	—	—	—
其它资产减值准备	—	—	—	—	—
债权投资减值准备	5 370.23	-4 195.78	—	—	1 174.45
长期股权投资减值准备	4 999.34	-4 999.34	—	—	—
坏账准备	29 860.79	2 334.31	—	-1 720.03	30 475.07

6.4.1.3 投资情况

本公司报告期自营股票投资、基金投资、债券投资、长期股权投资等投资的上年末数、本年末数如下表所示。

单位：万元

项目	自营股票	基金	债券	长期股权投资	其他投资	合计
期初数	—	70 234.01	—	765 399.79	2 007 973.42	2 843 607.22
期末数	—	498 870.42	—	673 499.13	1 536 653.86	2 709 023.41

6.4.1.4 前五名自营长期股权投资的企业情况

本公司报告期的前四名长期股权投资的企业情况如下表所示。

名称	占被投资企业权益的比例（%）	主要经营活动	2021年投资损益（万元）
深圳市平安创新资本投资有限公司	100.00	投资控股	—
平安证券有限责任公司	55.66	证券投资与经纪	—
平安基金管理有限公司	68.19	基金募集与销售	—
平安利顺国际货币经纪有限责任公司	67.00	货币经纪	6 365.00

6.4.1.5 前五名自营贷款情况

本公司报告期的前五名自营贷款情况如下表所示。

企业名称	占贷款总额的比例（%）	还款情况
南京正荣德信房地产开发有限公司	29.86	正常还本付息
深圳市雅悦实业有限公司	26.28	正常还本付息
佛山市顺德时代冠和房地产开发有限公司	10.95	正常还本付息
连云港京辉房地产开发有限公司	9.50	正常还本付息
中投发展有限责任公司	9.44	正常还本付息

6.4.1.6 表外业务情况

本公司报告期的表外业务情况如下表所示。

单位：万元

表外业务	期初数	期末数
担保业务	—	—
代理业务（委托业务）	—	—
其他	—	—
合计	—	—

6.4.1.7 公司2021年的收入结构

收入结构	信托合并 金额（万元）	信托合并 占比（%）	信托 金额（万元）	信托 占比（%）
手续费及佣金收入	1 598 722.37	52.25	361 055.71	99.13
其中：信托手续费收入	330 668.15	10.81	357 491.44	98.16
投资银行业务收入	115 017.78	3.76	—	0.00
利息收入	725 424.77	23.71	59 756.30	16.41
其他业务收入	617 670.77	20.19	46 866.26	12.87
其中：计入信托业务收入部分	46 866.26	1.53	—	0.00
资产处置损益	71.62	0.00	-0.04	0.00
其他收益	5 129.33	0.17	1 088.85	0.30
投资收益	361 487.69	11.82	170 973.31	46.95

续表

收入结构	信托合并		信托	
	金额（万元）	占比（%）	金额（万元）	占比（%）
其中：股权投资收益	111 940.20	3.66	117 066.49	32.14
证券投资收益	294 959.57	9.64	9 697.10	2.66
其他	−45 412.08	−1.48	44 209.72	12.14
公允价值变动收益/（损失）	−248 753.27	−8.13	−275 540.95	−75.66
汇兑损益	−455.66	−0.01	−38.43	−0.01
营业外收入	52.57	0.00	23.51	0.01
收入合计	3 059 350.19	100.00	364 184.52	100.00

6.4.2 信托财产管理情况

6.4.2.1 信托资产的期初数、期末数

单位：万元

信托资产	期初数	期末数
集合	24 853 048.05	33 733 878.68
单一	11 408 901.00	5 332 599.46
财产权	2 843 246.28	7 064 760.79
合计	39 105 195.33	46 131 238.93

6.4.2.1.1 主动管理型信托业务的信托资产期初数、期末数

单位：万元

主动管理型信托资产	期初数	期末数
证券投资类	10 177 005.11	22 984 821.54
股权投资类	291 580.86	665 493.33
其他投资类	1 322 506.38	2 024 682.78
融资类	14 290 884.98	10 890 461.12
事务管理类	—	—
合计	26 081 977.33	36 565 458.77

6.4.2.1.2 被动管理型信托业务的信托资产期初数、期末数

单位：万元

被动管理型信托资产	期初数	期末数
证券投资类	—	—
股权投资类	—	—
其他投资类	—	—
融资类	—	—
事务管理类	13 023 218.00	9 565 780.16
合计	13 023 218.00	9 565 780.16

6.4.2.2 本年度信托项目清算情况

6.4.2.2.1 本年度已清算结束的信托项目

已清算结束信托项目	项目个数（个）	实收信托合计金额（万元）	加权平均实际年化信托报酬率（%）	加权平均实际年化收益率（%）
集合	400	20 389 509.66	0.84	6.34
单一	109	10 642 442.81	0.82	5.45
财产管理类	259	995 133.55	0.08	5.39

6.4.2.2.2 本年度已清算结束的主动管理型信托项目

已清算结束信托项目	项目个数（个）	实收信托合计金额（万元）	加权平均实际年化信托报酬率（%）	加权平均实际年化收益率（%）
证券投资类	279	4 556 074.12	0.48	6.46
股权投资类	9	419 912.76	1.87	5.82
其他投资类	257	2 920 233.82	0.38	1.94
融资类	114	10 240 211.00	1.86	7.32
事务管理类	—	—	—	—

6.4.2.2.3 本年度已清算结束的被动管理型信托项目

已清算结束信托项目	项目个数（个）	实收信托合计金额（万元）	加权平均实际年化信托报酬率（%）	加权平均实际年化收益率（%）
证券投资类	—	—	—	—
股权投资类	—	—	—	—
其他投资类	—	—	—	—
融资类	—	—	—	—
事务管理类	109	13 890 654.32	0.16	5.24

6.4.2.3 本年度新增信托项目情况

新增信托项目	项目个数（个）	实收信托合计金额
集合类	854	12 317 464.59
单一类	446	1 293 371.81
财产管理类	4 968	11 740 242.10
新增合计	6 268	25 351 078.50
其中：主动管理型	5 809	12 881 408.56
被动管理型	459	12 469 669.94

6.4.2.4 履行受托人义务情况

本公司作为信托项目的受托人，严格按照《中华人民共和国信托法》《信托公司管理办法》《信托公司集合资金信托计划管理办法》以及《关于规范金融机构资产管理业务的指导意见》等法律法规的规定和信托合同等文件的约定，恪尽职守，诚实、信用、谨慎、有效地管理信托财产，严格履行受托人的义务，为受益人的最大利益处理信托事务，公平、公正地处置信托财产。

6.5 关联方关系及其交易

6.5.1 关联方交易

本公司报告期关联交易方的数量、关联交易的总金额及关联交易的定价政策等如下表所示。

项目	关联交易方的数量	关联交易总金额（万元）	定价政策
合计	57	4 671 568.22	本公司2021年度发生的关联方交易均根据一般正常的交易条件进行，并以非关联方之间进行的与关联交易相同或类似业务活动所确定的价格作为关联交易的公平成交价格

6.5.2 关联交易方

报告期涉及关联交易的关联方情况如下表所示。

关系性质	关联方名称	法定代表人	注册地址	注册资本（万元）	主营业务
母公司	中国平安保险（集团）股份有限公司	马明哲	深圳	1 828 024	投资金融、保险企业；监督管理控股投资企业的各种国内、国际业务；开展资金运用业务
母公司控制的公司	中国平安人寿保险股份有限公司	丁新民	深圳	3 380 000	人身保险
母公司控制的公司	中国平安财产保险股份有限公司	孙建平	深圳	2 100 000	财产保险
母公司控制的公司	深圳万里通网络信息技术有限公司	王延斌	深圳	20 000	客户忠诚度服务
母公司控制的公司	深圳市思道科投资有限公司	郑丽华	深圳	194 800	投资咨询、投资管理咨询、企业管理咨询
母公司控制的公司	深圳市平安置业投资有限公司	罗云峰	深圳	131 000	房地产投资
母公司控制的公司	深圳市平安远欣投资发展控股有限公司	刘东	深圳	150 010	投资咨询
母公司控制的公司	深圳市平安德成投资有限公司	张迎迪	深圳	30 000	项目投资、投资咨询
母公司控制的公司	深圳平安综合金融服务有限公司	卢跃	深圳	59 858	信息技术和业务流程外包服务
母公司控制的公司	深圳平安通信科技有限公司	肖京	深圳	21 000	数据及计算机网络服务
母公司控制的公司	深圳平安金融中心建设发展有限公司	邹昊	深圳	668 887	物业租赁和物业管理
母公司控制的公司	海南平安私募基金管理有限公司	徐洁	海口	1 000	投资管理、资产管理
母公司控制的公司	上海揽海乡村俱乐部有限公司	张启辉	上海	28 000	酒店管理、文化体育艺术活动
母公司控制的公司	上海沪平投资管理有限公司	刘鹏鹏	上海	100	物业管理
母公司控制的公司	上海安壹通电子商务有限公司	程炜文	上海	1 000	电子商务（不得从事金融业务），商务信息咨询，企业管理咨询等
母公司控制的公司	三亚家化旅业有限公司	孟甡	三亚	24 000	旅馆业、住宿
母公司控制的公司	平安资本有限责任公司	孙树峰	上海	50 000	股权投资，股权投资管理，投资管理
母公司控制的公司	平安银行股份有限公司	谢永林	深圳	1 940 592	银行
母公司控制的公司	平安养老保险股份有限公司	甘为民	上海	486 000	养老保险
母公司控制的公司	平安科技（深圳）有限公司	黄宇翔	深圳	531 032	信息技术服务
母公司控制的公司	平安健康保险股份有限公司	朱友刚	上海	201 658	健康保险
母公司控制的公司	平安建设投资有限公司	鲁贵卿	上海	1 500 000	实业投资，投资管理，资产管理，投资咨询，企业管理咨询
母公司控制的公司	平安基础产业投资基金管理有限公司	李朋	深圳	100 000	投资管理
母公司控制的公司	平安鼎创股权投资管理（上海）有限公司	季俊东	上海	10 000	股权投资管理
母公司控制的公司	平安财富理财管理有限公司	许佳昳	上海	10 000	咨询业务
母公司控制的公司	平安不动产有限公司	鲁贵卿	深圳	2 000 000	物业管理和投资管理
母公司控制的公司	捷银国际旅行社（上海）有限公司	刘威	上海	200	旅行社业务
母公司控制的公司	广州市信平置业有限公司	王玉涛	广州	5 000	物业出租
母公司控制的公司	成都平安蓉城置业有限公司	王玉涛	成都	60 000	不动产经营租赁
母公司控制的公司	北京京信丽泽投资有限公司	李文强	北京	116 000	投资管理
母公司控制的公司	北京京平尚地投资有限公司	李文强	北京	4 500	物业出租
母公司控制的公司	北京京平尚北投资有限公司	李文强	北京	4 200	物业出租
母公司施加重大影响的法人或其他组织	平安健康互联网股份有限公司	方蔚豪	深圳	35 000	健康管理咨询、健康医疗器械销售等
母公司施加重大影响的法人或其他组织	深圳壹账通智能科技有限公司	沈崇锋	深圳	120 000	从事互联网科技、软件科技领域内的技术开发等
母公司施加重大影响的法人或其他组织	平安国际智慧城市科技股份有限公司	杜永茂	深圳	100 000	智慧城市模式、体系、标准、平台的技术研究与应用等
母公司施加重大影响的法人或其他组织	深圳安安诊所	吴德军	深圳	200	医疗服务
信托合并子公司	深圳市平安创新资本投资有限公司	冯倩	深圳	400 000	投资控股
信托合并子公司	平安利顺国际货币经纪有限责任公司	黄绍宇	深圳	5 000	货币经纪
母公司控制的公司	合肥澳安置业有限公司	李文强	合肥	50 959	投资性房地产
母公司施加重大影响的法人或其他组织	金证财富南京科技有限公司	徐岷波	南京	3 824	计算机信息系统的基数开发、生产、销售等
母公司控制的公司	平安道远投资管理（上海）有限公司	王博	上海	20 000	投资管理
母公司控制的公司	平安好房（上海）电子商务有限公司	梁加元	上海	193 000	房地产经纪
母公司控制的公司	平安普惠房产服务有限公司	梁加元	上海	78 000	接受金融机构委托从事金融业务流程外包

续表

关系性质	关联方名称	法定代表人	注册地址	注册资本（万元）	主营业务
母公司控制的公司	平安资产管理有限责任公司	万放	上海	150 000	资产管理
母公司控制的公司	上海歌隽企业管理有限公司	李文强	上海	6 565	房地产投资
母公司控制的公司	上海歌喆企业管理有限公司	李文强	上海	4 147	房地产投资
母公司控制的公司	上海家化电子商务有限公司	李俊	上海	500	电子商务（不得从事增值电信、金融业务），商务咨询；销售化妆品，洗涤用品等
母公司控制的公司	上海家化化妆品销售有限公司	叶伟敏	上海	500	销售化妆品、消毒剂（不含危险化学品）、日用化学品、日用百货等
母公司控制的公司	上海家化集团	高嵩	上海	526 826	日用化学品产销
母公司控制的公司	上海御平投资管理有限公司	李文强	上海	31 000	项目投资
母公司控制的公司	深圳平安汇通投资管理有限公司	罗春风	深圳	80 000	资产管理
母公司控制的公司	深圳平安商用置业投资有限公司	王云松	深圳	156 700	物业租赁和物业管理
母公司控制的公司	深圳平安智汇企业信息管理有限公司	王金德	深圳	100 050	软件和信息技术服务业
母公司施加重大影响的法人或其他组织	深圳市金证科技股份有限公司	李结义	深圳	94 152	计算机网络的细腻技术开发服务；技术服务、技术开发、技术咨询、技术交流、技术转让、技术推广；信息系统集成服务等；信息系统运营维护服务等
母公司施加重大影响的法人或其他组织	未鲲（上海）科技服务有限公司	冀光恒	上海	119 100万美元	网络技术的开发、计算机软件的涉及、制作，销售自产产品，提供计算机系统集成服务，以及系统调试和维护；计算机数据处理服务
母公司控制的公司	重庆安拓投资管理有限公司	王丹	重庆	136 294	房屋租赁和物业管理
母公司施加重大影响的法人或其他组织	重庆金融资产交易所有限责任公司	黄振刚	重庆	100 000	网络竞价平台服务、融资服务平台服务、技术服务

6.5.3 本公司与关联方的交易情况

6.5.3.1 固有与关联方交易情况

固有与关联方关联交易 单位：万元

项目	期初数	借方发生额	贷方发生额	期末数
贷款	—	—	—	—
投资	641 353.91	—	—	641 353.91
租赁	—	—	—	—
担保	—	—	—	—
应收账款	—	—	—	—
其它	23 339.16	55 700.43	57 128.24	21 911.35
合计	664 693.07	55 700.43	57 128.24	663 265.26

6.5.3.2 信托与关联方交易情况

信托与关联方关联交易 单位：万元

项目	期初数	借方发生额	贷方发生额	期末数
贷款	—	—	—	—
投资	—	—	—	—
租赁	—	—	—	—
担保	—	—	—	—
应收账款	—	—	—	—
其他	751 404.28	487 694.49	—	1 239 098.77
合计	751 404.28	487 694.49	—	1 239 098.77

6.5.3.3 固有与信托财产之间交易情况

固有财产与信托财产相互交易 单位：万元

项目	期初数	本期发生额	期末数
合计	540 897.49	-345 052.42	195 845.07

6.5.3.4 信托项目之间交易情况

信托财产与信托财产相互交易 单位：万元

项目	期初数	本期发生额	期末数
合计	780 422.06	1 792 937.06	2 573 359.12

6.5.4 报告期，无关联方逾期未偿还本公司资金的事项以及无本公司为关联方担保发生或即将发生垫款的事项

6.6 会计制度的披露

公司固有业务自2007年起执行财政部于2006年2月15日及以后期间颁布的《企业会计准则——基本准则》、各项具体会计准则及相关规定。

公司信托业务自2009年起执行新《企业会计准则》（财政部2006年颁布）。

7.财务情况说明书

7.1 利润实现和分配情况

报告期本公司实现净利润101 222.75万元，期初未分配利润为829 097.94万元，提取盈余公积10 122.27万元，提取一般风险准备5 061.14万元，本期末累计未分配利润为915 137.28万元。

报告期本集团实现归属于母公司所有者的净利润282 755.12万元，期末累计未分配利润为2 191 437.23万元。

7.2 主要财务指标

本公司报告期的主要财务指标如下表所示。

指标名称	指标值 本公司	指标值 本集团	计算公式
资本利润率（％）	3.77	7.11	净利润/所有者权益平均余额×100%
加权年化信托报酬率（％）	0.81	0.81	（信托项目1的年化信托报酬率×信托项目1的实收信托+信托项目2的年化信托报酬率×信托项目2的实收信托+…信托项目n的年化信托报酬率×信托项目n的实收信托）/（信托项目1的实收信托+信托项目2的实收信托+…信托项目n的实收信托）
人均净利润（万元）	130.27	90.73	净利润/年平均人数

7.3 对本公司财务状况、经营成果有重大影响的其他事项

报告期内，没有对本公司财务状况、经营成果有重大影响的其他事项。

8.特别事项揭示

8.1 前五名股东报告期内变动情况及原因

报告期内，本公司股东没有发生变动。

股东名称	期初持股比例（％）	期末持股比例（％）
中国平安保险（集团）股份有限公司	99.88	99.88
上海市糖业烟酒（集团）有限公司	0.12	0.12
合计	100.00	100.00

8.2 董事、监事及高级管理人员变动情况及原因

报告期内，因工作调整，孔祥云先生不再担任公司外部监事职务。

报告期内，因工作调整，姚波先生不再担任公司董事职务。

报告期内，宋成立先生不再担任公司总经理职务。

8.3 变更注册资本、变更注册地或公司名称、公司分立合并事项

报告期内，公司未发生变更注册资本、变更注册地或公司名称、公司分立合并事项。

8.4 公司的重大诉讼事项

报告期内，公司没有重大诉讼事项发生。

8.5 公司及其董事、监事和高级管理人员受到处罚的情况

报告期内，公司及其董事、监事和高级管理人员没有受到监管部门处罚的情况发生。

8.6 银保监会及其派出机构对公司检查的情况

报告期内，公司未涉及银保监会及其派出机构对公司检查的情况。

8.7 本年度重大事项临时报告的简要内容、披露时间、所披露的媒体及其版面

2021年4月，公司在指定的信息披露媒体上披露了《公司2020年度报告》。

2021年10月，公司在指定的信息披露媒体上披露了《平安信托有限责任公司关于变更总经理的公告》。

8.8 银保监会及其省级派出机构认定的其他有必要让客户及相关利益人了解的重要信息

报告期内，没有发生银保监会及其省级派出机构认定的其他有必要让客户及相关利益人了解的重要事项。

9.公司监事会意见

公司监事会认为，报告期内，公司依法运作，决策程序合法有效，没有发现公司董事、高级管理层履行职务时有违法违规、违反公司章程或损害公司及股东利益的行为。公司2021年度财务报告中披露的财务信息，真实反映公司的财务状况和经营成果。

山东省国际信托股份有限公司

1. 重要提示

1.1 本年度报告摘要摘自年度报告全文,为全面了解本公司的经营成果、财务状况及未来发展规划,投资者应当仔细阅读年度报告全文。

1.2 本公司董事会、监事会及董事、监事、高级管理人员保证本报告内容的真实、准确、完整,不存在虚假记载、误导性陈述或重大遗漏,并承担个别和连带的责任。

1.3 本公司独立非执行董事颜怀江先生、丁慧平先生、孟茹静女士对年度报告内容的真实性、准确性、完整性无异议。

1.4 本公司2021年年度报告(2021年年度业绩公告)于2022年3月30日经本公司第三届董事会第十二次会议审议通过。会议应出席董事8名,实际亲自出席董事8名。

1.5 本公司按中国会计准则和国际财务报告准则编制的2021年年度财务报告已经信永中和会计师事务所(特殊普通合伙)和信永中和(香港)会计师事务所有限公司分别根据中国和国际准则审计,并出具标准无保留意见的审计报告。

1.6 本公司法定代表人万众先生、主管财务工作负责人首席财务官王平先生及财务部门负责人陈青青女士保证年度报告中财务报告的真实、准确、完整。

2. 公司概况

2.1 公司简介

山东省国际信托股份有限公司(以下简称山东国信或公司)成立于1987年,是经中国人民银行和山东省人民政府批准设立的非银行金融机构,现为中国信托业协会理事单位。山东国信控股股东山东省鲁信投资控股集团有限公司是山东省委管理的国有重要骨干金融企业,也是山东省重要的投融资主体和资产管理平台。公司实际控制人是山东省财政厅,最终控制人是山东省人民政府。2017年12月,山东国信H股在香港联交所主板挂牌上市(股份代号:1697.HK),成为中国信托公司登陆国际资本市场第一股。

自成立以来,山东国信始终坚守受托人定位,坚持实施信托业务与固有业务"协同联动"发展战略,充分发挥信托主业优势,坚定回归信托本源,持续提升金融科技水平,综合运用贷款、股权投资、产业基金、资产证券化等多种金融工具,有效嫁接货币市场、资本市场和实体经济,大力支持经济高质量发展、服务人民美好生活。目前,公司已构建涵盖工商企业、基础设施、房地产、资本市场、普惠金融、家族信托和慈善公益信托等业务在内的全方位、多层次的产品线。公司拥有资本市场、财富管理、家族信托三大事业部及六大业务中心,在全国多个中心城市设有业务及财富团队,构建了"根植山东,辐射全国,走向国际"的发展格局。公司秉承"以客户为中心"的宗旨,积极打造"一体两翼""配置导向"的财富管理体系,努力为高净值个人客户提供个性化、差异化的全能金融生活服务,为机构客户精准提供专业化、定制化产品。公司在北京、上海、济南、青岛、东莞、大连、西安等地设有财富管理中心,形成覆盖华北、华东、西北、东北、华南的全国财富网络。

山东国信积极践行国企使命、勇担社会责任,在抗击疫情、服务绿色发展、助力脱贫攻坚及支持公益慈善事业等方面主动担当、积极作为。公司坚持"聚资兴鲁"职责使命,聚焦新旧动能转换重大工程、三大攻坚战等区域发展战略,有效保障区域金融供给。公司高度重视消费者权益保护,经常性开展投资者教育及金融知识普及活动,持续提升客户体验,努力营造和谐稳定的金融消费环境。公司的发展得到社会各界的认可与好评,多次获得"山东省金融创新奖""最佳创新信托公司""诚信托—创新领先奖""最具价值金融股公司""最佳企业管治奖""最佳信息披露奖""山东社会责任企业""3·15诚信金融品牌""山东慈善奖·最具影响力慈善项目"等诸多奖项,被山东省政府授予"山东省金融发展贡献先进单位"荣誉称号,连续八年在山东省金融企业绩效评价中获评"AAA级",并多次获得中国信托业最高行业评级"A级"。

山东国信善于把握机遇,敢于迎接挑战。我们将以"十四五"规划为指引,积极顺应监管导向和市场需求,坚守受托人定位,坚定回归信托本源,勇担"支持实体经济、服务民生福祉、践行社会责任"使命,致力于成为受人尊敬的基于资产配置的财富管理机构，为股东、客户、员工等利益相关方创造更大的价值。

公司的法定中文名称：山东省国际信托股份有限公司

中文名称缩写：山东国信

公司的法定英文名称：Shandong International Trust Co.，Ltd.

英文名称缩写：SITC

法定代表人：万众

注册地址：中国山东省济南市历下区解放路166号

邮政编码：250013

国际互联网网址：http://www.sitic.com.cn

电子信箱：ir1697@luxin.cn

负责信息披露事务的高级管理人员：贺创业

信息披露事务联系人：袁方

联系电话：0531-86566593

传真：0531-86566593

电子信箱：ir1697@luxin.cn

公司选定的信息披露报纸：《上海证券报》

年度报告备置地点：中国山东省济南市历下区解放路166号

聘请的会计师事务所：

信永中和会计师事务所（特殊普通合伙）

住所：中国北京市东城区朝阳门北大街8号富华大厦A座9层

信永中和（香港）会计师事务所有限公司

（执业会计师及注册公众利益实体核数师）

住所：中国香港铜锣湾希慎道33号利园一期43楼

聘请的律师事务所：

上海市方达律师事务所

住所：中国上海市石门一路288号兴业太古汇香港兴业中心二座24楼

方达律师事务所

住所：中国香港中环康乐广场8号交易广场1期26楼

2.2 组织结构

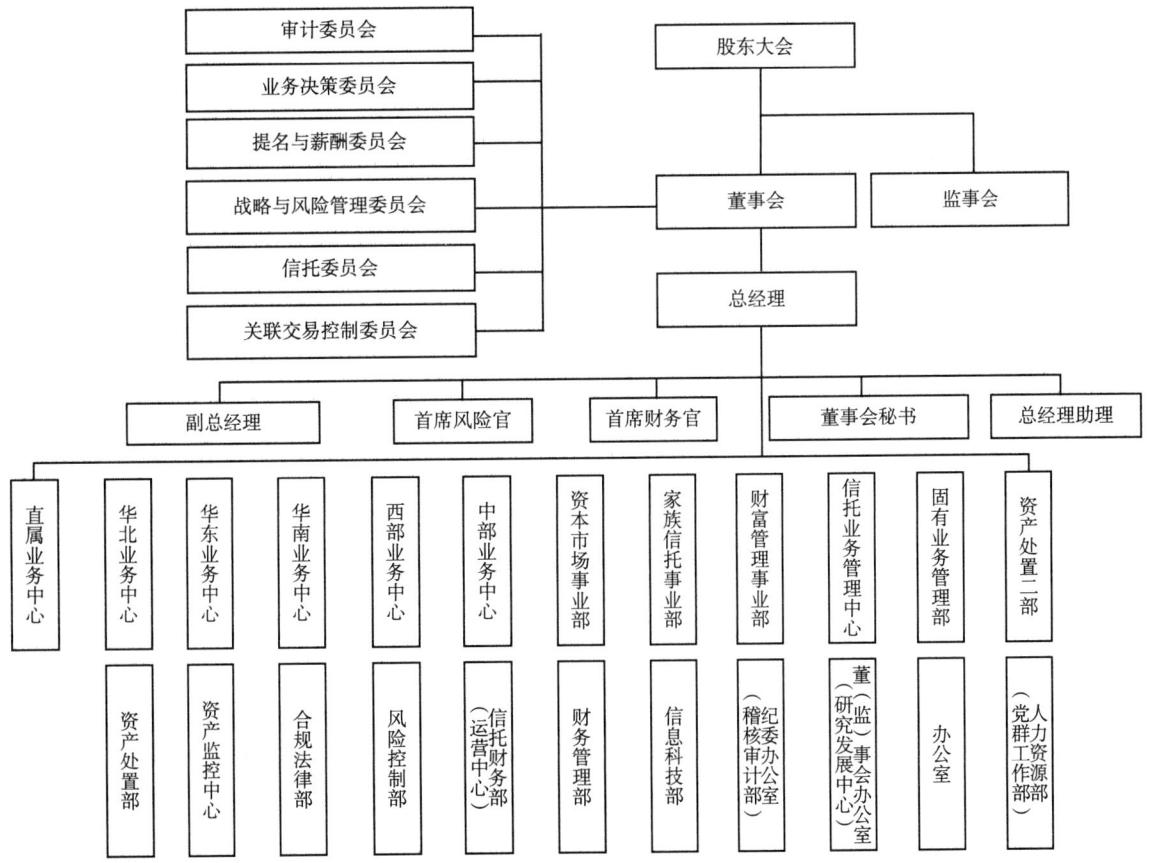

3. 公司治理

3.1 股东情况

截至2021年12月31日，根据公司股东名册，公司共有59名H股股东（由H股过户登记处提供）以及6名内资股股东。截至2021年12月31日，持有公司10%以上股份的股东情况如下表所示。

股东名称	持股比例（%）	法定代表人	注册资本（万元）	注册地址	主要经营业务	股份种类
山东省鲁信投资控股集团有限公司	48.13	李玮	3 060 000	济南市历下区解放路166号	金融和实业投资、资产管理服务、资本运营和物业管理	内资股
中油资产管理有限公司	18.75	王增业	1 372 518.049626	北京市东城区东直门北大街9号	投资和资产管理	内资股
香港中央结算（代理人）有限公司	19.57	—	—	—	—	H股

注：1. 香港中央结算（代理人）有限公司是以代理人身份持有H股合计数（济南金融控股集团有限公司所持有的H股除外）。
2. 公司前十大股东中，除山东省高新技术创业投资公司为山东省鲁信投资控股集团有限公司（以下简称鲁信集团）的间接非全资子公司外，公司未知前十大股东之间存在关联关系或一致行动关系。
3. 截至2021年12月31日，鲁信集团由山东省财政厅和山东省财欣资产运营有限公司分别持有90.39%及9.61%的股权。

3.2 董事、董事会及其下属委员会

姓名	年龄（岁）	性别	职务	本届选任日期	任期	所推举的股东名称	所推举的股东持股比例（%）	简要履历
万众	48	男	董事长兼执行董事	2021年6月29日	至本届董事会届满	鲁信集团	48.13	山东经济学院毕业，天津财经学院管理学硕士，高级经济师；曾任公司不同部门经理、公司副总经理及山东鲁信实业集团有限公司副总经理、总经理、董事长。现任鲁信集团副总经理，公司党委书记、董事长、执行董事
王增业	51	男	副董事长兼非执行董事	2021年11月15日	至本届董事会届满	中油资产管理有限公司	18.75	南开大学经济学博士学位；高级经济师；曾任中国粮油食品进出口总公司上海期货部交易员、负责人，天津期货部总经理；中粮期货经纪有限公司天津营业部总经理、京华信托公司上海证券营业部市场总监；天津渤海证券有限责任公司营业部副总经理、经纪业务总部副总经理；中国石油天然气股份有限公司资本运营部主管；中国石油天然气集团公司办公厅秘书；中油财务有限责任公司金融与会计研究室副主任（负责人）、研究所所长；中油财务有限责任公司总经理助理、副总经理、总经理、党委委员、党委副书记、工会主席；中油资产管理党委书记、执行董事，昆仑信托党委书记；现任中油集团监事，昆仑信托董事长、公司副董事长、非执行董事
方灏	47	男	执行董事兼总经理	2021年6月29日	至本届董事会届满	不适用	不适用	江西财经大学毕业，江西财经大学经济学硕士，中国人民大学取得经济学博士学位；曾任曾江西国际信托股份有限公司多个职位，包括投资银行部高级经理及风险管理处处长，国民信托有限公司风险管理部总经理，作为股东方东亚银行有限公司的代表参与了方正东亚信托有限责任公司（现名为国通信托有限责任公司）的重新登记等筹建工作，方正东亚信托有限责任公司首席风险官职位，长安国际信托股份有限公司常务副总裁、代理公司总裁；现任公司执行董事、总经理
赵子坤	47	男	非执行董事	2021年10月15日	至本届董事会届满	鲁信集团	48.13	长沙理工大学管理学博士。曾任鲁信集团财务部业务经理、副部长及部长。鲁信实业总经理、董事长、董事。鲁信集团首席财务官（CFO）、财务管理部部长。现任山东省金融资产管理股份有限公司董事、公司非执行董事
王百灵	43	女	非执行董事	2021年6月29日	至本届董事会届满	济南金融控股集团有限公司	5.43	烟台大学法律硕士。曾任济南金控典当有限公司董事及总经理、山东赛得拍卖有限公司担任拍卖师及总经理助理，济南文化产业投资有限公司董事及总经理、全程股权基金（山东）有限公司董事长、济南金控国际融资租赁有限公司董事及总经理、鲁信科技股份有限公司董事、《齐鲁第一财经》编辑记者；国农租赁有限公司法务部总经理；山东乐晟资产管理有限公司总经理；山东惠众新金融发展股份有限公司董事会办公室秘书等职务。现任济南金控资产管理部部长、江海汇鑫期货有限公司董事长、全程国际金融控股有限公司董事及总经理等

注：所推举的股东持股比例为截至2021年12月31日数据。

独立非执行董事

姓名	年龄（岁）	性别	职务	本届选任日期	任期	简要履历
颜怀江	49	男	独立非执行董事	2021年6月29日	至新任独立非执行董事任职资格获山东银保监局核准时	美国金门大学金融学理学硕士，中国暨南大学金融学博士。曾任瑞士银行副董事，瑞银证券副董事。现为磐合家族办公室创办人
丁慧平	65	男	独立非执行董事	2021年6月29日	至新任独立非执行董事任职资格获山东银保监局核准时	企业经济学博士，北京交通大学会计学教授、博士生导师，中国企业竞争力研究中心主任。现任京投发展独立非执行董事、中国海诚独立非执行董事、北京鼎汉技术集团股份有限公司独立非执行董事、华电国际电力股份有限公司独立非执行董事、招商银行外部监事
孟茹静	44	女	独立非执行董事	2021年6月29日	至本届董事会届满	北京大学管理学学士，美国杜克大学富卡商学院金融学硕士。现任香港大学经管学院金融教学副教授、香港大学金融学硕士课程总监、香港大学金融学硕士（金融科技）课程总监、亚洲案例研究中心副主任

董事会下属委员会及职责

董事会下属委员会	职责
审计委员会	1.就外聘审计师的委任、重新委任及罢免撤换向董事会提供建议，批准外聘审计师的薪酬及聘用条款，及处理任何有关该审计师辞职或辞退该审计师的问题 2.按适用的标准检讨及监察外聘审计师是否独立客观及审计程序是否有效；审计委员会应于审计工作开始前先与审计师讨论审计性质及范畴及有关申报责任 3.就外聘审计师提供非审计服务制定政策，并予以执行。就此规定而言，外聘审计师包括与负责审计的公司处于同一控制权、所有权或管理权之下的任何机构，或一个合理知悉所有有关资料的第三方，在合理情况下会断定该机构属于该负责审计的公司的本土或国际业务的一部分的任何机构。审计委员会应就其认为必须采取的行动或改善的事项向董事会报告，并提出建议 4.监察公司的财务报表及公司年度报告及账目、半年度报告及（若拟刊发）季度报告的完整性、准确性及公正性，并审阅报表及报告所载有关财务申报的重大意见。审计委员会在向董事会提交财务报表及公司年度报告及账目、半年度报告及（若拟刊发）季度报告前对有关报表及报告作出审阅时，应特别针对下列事项： （1）会计政策及实务的任何更改 （2）涉及重要判断的事项 （3）因审计而出现的重大调整 （4）企业持续经营的假设及任何保留意见 （5）是否遵守会计准则 （6）是否遵守有关财务申报的《香港上市规则》及其他法律规定 5.就上述（4）项而言： （1）审计委员会委员须与公司的董事会及高级管理人员联络。审计委员会须至少每年与公司的外聘审计师召开两次会议；及 （2）审计委员会应考虑于该等报告及账目中所反映或需反映的任何重大或不寻常事项，并须适当考虑任何由公司的属下会计及财务汇报职员、监察主任或审计师提出的事项 6.检讨公司的财务监控，以及（除非有另设的董事会辖下风险控制审计委员会又或董事会本身会明确处理）检讨公司的风险管理及内部监控系统 7.与管理层讨论风险管理及内部监控系统，确保管理层已履行职责建立及维有效的系统。讨论内容应包括考虑公司在会计及财务汇报职能方面的资源、员工资历及经验是否足够以及员工所接受的培训课程和有关预算是否充足 8.主动或应董事会的委派，就有关风险管理及内部监控事宜的重要调查结果及管理层对调查结果的响应进行研究 9.须确保内部和外聘审计师的工作得到协调；也须确保内部审核功能在公司内部有足够资源运作，并且有适当的地位；以及审查及监察内部审核功能是否有效 10.检讨集团的财务及会计政策及实务 11.检查外聘审计师给予管理层的审核情况说明函件、审计师就会计纪录、财务账目或监控制度向管理层提出的任何重大疑问及管理层作出的响应 12.确保董事会及时响应于外聘审计师给予管理层的审核情况说明函件中提出的事宜 13.就上市规则的附录十四中标题为审核委员会内所载的事宜向董事会汇报 14.审计委员会应处理以下事项： （1）检讨公司有设定如下安排：公司雇员可暗中就财务汇报、内部监控或其他方面可能发生的不正当行为提出关注。审计委员会应确保有适当安排，让公司对此等事宜作出公平独立的调查及采取适当行动 （2）审计委员会应制定举报政策及系统，让雇员及其他与公司有往来的人士可暗中向审计委员会提出其对任何可能关于公司的不正当行为的关注； 15.担任公司与外聘审计师之间的主要代表，负责监察二者之间的关系 16.公司董事会授权的其他事宜
提名与薪酬委员会	1.至少每年检讨董事会的架构、人数及组成（包括技能、知识及经验方面），并就任何为配合公司的策略拟对董事会作出的变动提出建议 2.物色具备合适资格可担任董事、高级管理人员的人士，并挑选、提名有关人士出任董事、高级管理人员或就此向董事会提供意见 3.评核独立董事的独立性 4.就董事委任或重新委任以及董事（尤其是董事长及总经理）继任计划的有关事宜向董事会提出建议 5.就董事及高级管理人员的全体薪酬政策及架构，及就设立正规而且透明度的程序制订薪酬政策，向董事会提出建议 6.评审公司董事和高级管理人员的履职情况并对其进行绩效考核评价，对公司薪酬制度执行情况进行监督 7.因应董事会所订企业方针及目标而检讨及批准高级管理人员的薪酬建议 8.就厘定个别执行董事及高级管理人员的特定薪酬待遇，包括非金钱利益、退休金权利及赔偿金额（包括丧失或终止职务或委任的赔偿）向董事会提出建议 9.考虑同类公司的薪酬、须付出的时间及职责及集团内其他职位的雇用条件 10.检讨及批准向执行董事及高级管理人员就其丧失或终止职务或委任而须支付的赔偿，以确保该等赔偿与合约条款一致；若未能与合约条款一致，赔偿亦须公平合理，不致过多 11.检讨及批准因董事行为失当而解雇或罢免有关董事所涉及的赔偿安排，以确保该等安排与合约条款一致；若未能与合约条款一致，有关赔偿亦须合理适当 12.确保任何董事或其任何联系人（见上市规则的定义）不得参与厘定自身薪酬 13.就其他执行董事的薪酬建议咨询董事长及／或总经理；及 14.董事会授权的其他事宜

续表

董事会下属委员会	职责
业务决策委员会	1. 审查批准总经理办公会提交的集合资金信托业务 2. 审查批准总经理办公会认为有必要的重大单一资金信托业务 3. 审查批准公司自有资金贷款项目 4. 审查批准公司集合信托风险项目或总经理办公会认为有必要的单一信托项目的处置方案 5. 向董事会提交年度工作报告 6. 董事会授权的其他职责
战略与风险管理委员会	1. 根据宏观经济环境、行业发展趋势和本公司经营状况，对本公司中长期发展战略进行研究并提出建议 2. 检查、监督和评估本公司发展战略的执行情况 3. 组织制订本公司信托业务、自营业务发展等专项规划 4. 了解和掌握本公司面临的各项重大风险及其风险管理现状 5. 审议本公司年度或专项风险管理报告 6. 审查本公司风险管理的体制机制是否健全、政策措施是否有效、风险控制流程是否合理 7. 审议风险策略、重大风险管理解决方案以及重大决策、重大风险、重大事件和重要业务流程的判断标准或判断机制 8. 审查、监督本公司遵守、执行法律法规的情况 9. 为本公司信托业务的风险防控提供意见和建议 10. 依据法律、法规和政策要求，研究合规监管要求，制定和完善公司内部合规政策及实施方案；审议公司合规相关基本制度；审议合规管理相关工作报告 11. 审批公司案件防控工作的总体政策，提出案件防控工作整体要求，明确高级管理层有关案件防控职责及权限，确保高级管理层采取必要措施有效监测、预警和处置案件风险；对公司案件防控工作进行有效审查和监督，审议相关工作报告，考核评估案件防控的工作有效性，推动案件防控管理体系建设 12. 确立公司反洗钱风险管理文化建设目标，制定反洗钱风险管理策略、审批反洗钱风险管理的政策和程序；定期审阅反洗钱工作报告，及时了解重大洗钱风险事件及处理情况；及 13. 董事会规定的其他职责
信托委员会	1. 审查本公司信托业务到期兑付及受益人利益实现情况 2. 监督集合信托财产的管理运用情况 3. 对本公司信托业务运行情况进行定期评估，为本公司信托业务开展提供意见和建议 4. 当本公司或股东利益与受益人利益发生冲突时，审议维护受益人权益的具体措施，督促本公司依法履行受托职责 5. 审查公司消费者权益保护工作情况；及 6. 董事会规定的其他职责
关联交易控制委员会	1. 依据法律、法规和政策要求，研究关联交易监管要求和管理制度，制定和完善公司关联交易制度、操作规程和管理办法 2. 对关联方进行认定，对关联交易行为进行界定，对关联交易合法性、合规性和公允性进行审核，并向董事会提出建议 3. 对应由董事会或股东大会批准的涉及关联交易的各类业务进行初审，就其合法性、合规性、公允性以及是否会损害公司或信托当事人利益向董事会发表书面意见，提交董事会批准，并报告监事会 4. 在法律法规规定和股东大会、董事会授权范围内，审批关联交易及与关联交易有关的其他事项，接受关联交易备案 5. 就公司关联交易管理制度的执行情况以及关联交易情况向董事会做专项报告；及 6. 法律、法规、公司股票上市地证券监管机构相关规定及董事会授权的其他职责

3.3 监事、监事会及其下属委员会

公司监事会由八名成员组成，监事会未下设委员会。

监事会成员

姓名	年龄（岁）	性别	职务	本届选任日期	任期	所推举的股东名称	所推举的股东持股比例（%）
郭守贵	57	男	监事长	2021年6月29日	至本届监事会届满	山东省高新技术创业投资有限公司	4.83
侯振凯	40	男	监事	2021年6月29日	至本届监事会届满	鲁信集团	48.13
陈勇	48	男	监事	2021年6月29日	至本届监事会任期届满	中油资产管理有限公司	18.75
吴晨	47	男	监事	2021年6月29日	至本届监事会任期届满	山东黄金集团有限公司	1.72
王志梅	42	女	监事	2021年6月29日	至本届监事会任期届满	潍坊市投资集团有限公司	1.29
李燕	49	女	监事	2022年1月7日	至本届监事会任期届满	不适用	不适用
左辉	51	男	监事	2021年6月29日	至本届监事会任期届满	不适用	不适用
张文彬	36	男	监事	2021年6月29日	至本届监事会任期届满	不适用	不适用
王艳	50	女	监事	2021年10月14日	至本届监事会任期届满	青岛全球财富中心开发建设有限公司	4.99

注：1. 所推举的股东持股比例为截至2021年12月31日数据。
2. 李燕、左辉、张文彬为公司职工代表监事。

3.4 高级管理人员

姓名	年龄（岁）	性别	职务	任职日期	金融从业年限（年）	学历	专业
方灏	47	男	总经理	2021年3月31日	24	博士	经济学
周建藁	49	女	副总经理	2011年10月26日	23	硕士	工商管理
贺创业	46	男	副总经理、董事会秘书兼联席公司秘书	2016年4月7日	22	硕士	金融学
王平	54	男	首席财务官	2019年9月16日	32	硕士	工商管理
田志国	49	男	首席风险官	2021年11月29日	16	硕士	法学
牛序成	45	男	副总经理	2018年4月13日	19	硕士	财政学
孙波涛	43	男	总经理助理	2021年11月29日	19	硕士	—
崔方	37	男	总经理助理	2022年1月26日	8	硕士	企业管理

3.5 公司员工

截至2020年12月31日及2021年12月31日，公司共有235名及350名雇员。在不同部门工作的雇员人数及比例如下表所示。

岗位分布	2021年12月31日		2020年12月31日	
	人数（人）	占比（%）	人数（人）	占比（%）
管理层	13	3.72	8	3.41
信托业务雇员	136	38.86	91	38.72
固有业务雇员	4	1.14	11	4.68
财富管理雇员	77	22.00	25	10.64
风险控制和审计雇员	39	11.14	27	11.49
财务会计雇员	7	2.00	16	6.81
运营管理雇员	32	9.14	31	13.19
其他员工[1]	42	12.00	26	11.06
合计	350	100	235	100

注：包括人力资源部等后台部门的雇员。

截至2020年12月31日及2021年12月31日，按年龄分类的雇员详情如下表所示。

年龄	2021年12月31日		2020年12月31日	
	人数（人）	占比（%）	人数（人）	占比（%）
25岁及以下	5	1.43	10	4.25
26—29岁	45	12.86	35	14.89
30—39岁	229	65.43	138	58.73
40岁及以上	71	20.28	52	22.13
合计	350	100	235	100

截至2020年12月31日及2021年12月31日，按教育程度分类的雇员详情如下表所示。

教育程度	2021年12月31日		2020年12月31日	
	人数（人）	占比（%）	人数（人）	占比（%）
博士学历及以上	7	2.00	6	2.55
硕士学历	250	71.43	177	75.32
学士学历	86	24.57	43	18.30
大专及以下	7	2.00	9	3.83
合计	350	100	235	100

4.经营管理

4.1 经营目标、方针、战略规划

本公司将夯实发展根基、加快改革转型，努力打造"受人尊敬的基于资产配置的专业财富管理机构"的关键一年。公司将牢牢把握"稳字当头、稳中求进"的总基调和总要求，压实"稳"的责任，细化"稳"的措施，坚定不移推进党建高质量发展，坚定不移推进市场化改革，坚定不移推进转型创新，坚定不移防范化解重大风险，用更加优质的服务支持实体经济、满足广大人民群众对美好生活的向往。

第一，聚焦主业转型创新，加快推动标品与非标双提升。坚定市场化改革方向，聚焦主业、强基提质，推动业务结构向融资与投资并重、非标与标品并重转型，着力提升专业投资能力和标准化产品配置水平；积极开展面向机构的定制化业务，巩固提升家族信托、普惠金融竞争优势；围绕现金管理、债券投资、组合投资、资产证券化等重点业务发力，加强投研能力建设，进一步拓宽合作渠道，持续做大业务规模，有效提升市场竞争力。

第二，立足财富管理转型，发挥账户管理核心牌照优势。聚焦"个人+机构""标品+非标""在线+线下"三大策略推动本公司财富管理转型；大力拓展机构客户业务，扩展金融机构代销渠道；坚持落实全国展业布局和理财师队伍市场化、专业化发展思路，持续加大本公司财富网点建设力度，全面提升展业能力和营销实力；有序推进产品系列化和财富品牌化建设，全力打造客户自助一站式服务平台及客户体验优的"有温度"的网点，提升财富品牌知名度和影响力。

第三，积极践行金融国企使命，持续服务实体经济发展。积极响应国家、监管政策要求，坚定不移履行国有企业责任，立足自身资源禀赋、发挥比较优势，多措并举支持实体经济发展。全面衔接金融机构与企业客户，充分调动多方资源，围绕新基建、战略性新兴产业、绿色金融、中小微等重点领域，通过贷款、债权投资、股权投资、产业基金等方式，助力企业拓宽融资渠道、降低融资成本。

第四，持续提升金融科技能力，助力业务转型。着力构建以能力提升为依托、以稳态与敏捷双态融合为驱动的服务型科技模式，重构IT系统架构，完成标品资产管理系统、资产证券化系统、家族信托系统建设；持续优化财富APP功能，实现家族信托移动展业，推动综合管理平台、登记过户系统、数据中心等升级版本落地，

为本公司转型发展提供坚实支撑。

第五，全面提升精细化管理水平，防范化解重大风险。以"精细化管理提升年"活动为契机，遵循"本部专业化，异地综合化"思路，持续对组织架构、人力资源体系进行优化升级，以工作流程和岗位职责为切入点，健全完善本公司各项制度、流程、系统，突破发展瓶颈，夯实管理根基，充分释放改革红利。全面推行"全面、全员、全过程"的风险管理文化，完善以业务拓展、风险合规、稽核审计、纪检监察"四道防线"为组织基础的全面风险管理体系；压实风险化解主体责任，多措并举加大风险项目处置。

4.2 所经营业务的主要内容

本公司的业务可划分为信托业务和固有业务。信托业务是本公司的核心业务。作为受托人，本公司接纳委托客户的资金和/或财产委托，并管理此类受托资金和/或财产，以满足委托客户的投资和财富管理需要，以及交易对手客户的融资需要。本公司的固有业务通过将固有资产配置到各个资产类别，以及投资于对信托业务有战略价值的各种业务，从而维持并增加固有资产的价值。

本公司在所示期间的分部收入及其主要部分如下表所示。

项目	截至12月31日			
	2021年度		2022年度	
	金额（千元）	占比（%）	金额（千元）	占比（%）
信托业务	—	—	—	—
经营收入	830 812	36.76	1 155 078	43.19
分部收入	830 812	36.76	1 155 078	43.19
固有业务	—	—	—	—
经营收入	947 884	41.94	1 150 552	43.02
分占以权益法计量的与联营企业的投资的成果	481 324	21.30	368 874	13.79
分部收入	1 429 208	63.24	1 519 426	56.81
合计	2 260 020	100.00	2 674 504	100.00

2021年，本公司的信托业务以及固有业务的收入分别占本公司收入总额的36.8%和63.2%。

4.2.1 信托业务

2021年，本公司的信托资产规模及信托业务收入同比有所下降，主动管理型信托的收入占全部信托业务收入中的手续费及佣金收入的比重保持增长。本公司管理的信托资产规模由截至2020年12月31日的248 697百万元减少至截至2021年12月31日的156 450百万元，而截至相应日期，信托总数分别为1 137个及1 318个。2021年，本公司实现信托业务收入830.8百万元，同比下降28.1%；报告期内，本公司管理的主动管理型信托产生的收入为686百万元，占全部信托业务收入中的手续费及佣金收入的82.7%，同比上升4.7个百分点。

4.2.2 固有业务

2021年，为合理优化自有资金配置，提高自有资金运作水平，本公司坚持长中短期结合的策略，稳妥运用自有资金进行投资。一是充分发挥固有业务与信托业务的协同效应，积极实施投贷联动，大力支持标准化产品、"股+债"等转型创新。二是审时度势，转让泰信基金管理有限公司股权，精简金融股权投资布局，进一步聚焦信托主业，服务公司转型发展。三是在保证安全性、流动性的前提下，积极开展多元化投资，高效运用流动性资金进行国债逆回购、投资货币基金及现金管理类信托计划等短期运作，着力提高资金使用效益。2021年实现固有业务分部收入1 429.2百万元，同比下降5.9%。

4.3 市场分析

4.3.1 经济形势分析

新冠肺炎疫情仍是影响全球经济复苏的重要不确定因素，供应瓶颈期、能源短缺等可能导致海外生产消费受阻、通胀持续更长时间，全球经济活动短期内难以回归常态，复苏动能趋缓。主要发达经济体货币政策已开始调整，需对其可能引发的金融市场震荡及对新兴经济体的溢出影响高度关注。

4.3.2 金融形势分析

国内经济恢复发展面临需求收缩、供给冲击、预期转弱三重压力，要稳字当头、稳中求进，加大跨周期调节力度，支持经济高质量发展。我国是具有强劲韧性的超大型经济体，经济长期向好的基本面没有变，发展潜力大、回旋空间广阔的特点明显，市场主体活力充足。

4.3.3 影响公司业务发展的主要因素

本公司的业务运营在中国进行，且本公司大部分收入于中国境内产生。作为一家中国金融机构，本公司的业务、财务状况、经营业绩及前景受中国整体经济及金融市场状况的重大影响。

中国经济经历40年的快速增长后，目前已转向高质量发展阶段，其特征为经济结构优化和产业转型升级。中国经济的结构转型、宏观经济政策及金融市场的波动给本公司的业务带来挑战。例如，对中国房地产行业的调控以及控制地方政府负债可能会对本公司的信托业务产生负面影响。经济减速、结构调整的大背景下，宏观形势对信托行业的资金端和资产端均形成了一定的压力和约束。本公司的客户可能会在经济放缓时减少投资活动或融资需求,这或会减少对本公司多种信托产品的需求。在经济放缓时,个别金融风险事件的爆发机率可能更高,这可能会增加本公司交易对手的违约风险。2020年初持续至今的新冠肺炎疫情全球大流行对中国和世界经济产生巨大冲击,很多市场主体面临前所未有的压力。虽然中国经济已转向恢复,但疫情冲击及未来走势的不确定性或会减少本公司业务的市场需求。另外,本公司可能会在经济转型期识别新的业务机会并利用金融市场状况的变化,而且本公司可能会在能够抵销经济下行周期影响的领域增加业务。然而,对于本公司能否有效应对整体经济及金融市场状况的变化仍存在不确定因素,而且本公司创新业务的增加可能不能够抵销传统业务的下滑,因此本公司的信托业务将持续受到中国整体经济及金融市场状况的重大影响。

本公司已经对多个金融机构进行固有投资,并且本公司大部分的固有资产以不同类型金融产品的形式持有。该等投资的价值受宏观经济状况、资本市场的表现和投资者情绪的影响。因此,中国整体经济及金融市场状况的变化也将影响本公司固有投资的价值及投资收益。

此外,本公司的经营业绩、财务状况及发展前景皆受中国监管环境的影响。中国信托业的主要监管机构中国银保监会持续关注行业的发展状态,发布了多项规定和政策以不时鼓励或不提倡甚至是禁止某些种类的信托业务开展。本公司需要持续调整本公司的信托业务结构和经营模式以遵循该等规定和政策,这可能会对本公司信托业务的规模、信托业务收入、盈利能力产生正面或负面的影响。2018年4月,中国人民银行、中国银保监会、中国证监会、国家外汇管理局联合下发《关于规范金融机构资产管理业务的指导意见》(银发〔2018〕106号),对资产管理业务按照产品类型统一监管标准,要求包括信托公司在内的金融机构在开展资产管理业务时"去通道""去嵌套"。2020年中国银保监会对信托公司同业通道业务和融资类业务压降提出了明确的要求,坚持"去通道"目标不变,继续规范业务发展,引导信托公司加快业务模式变革。这些政策短期内可能会对信托公司经营产生一定的紧缩效应,但长期来看有利于信托公司提升主动管理能力,回归信托本源。2021年,本公司按照监管政策要求,实现了同业通道业务清零,并完成了融资类业务压降指标。然而,监管部门也可能不时限制信托公司某些业务的发展,从而可能会对本公司的业务产生不利影响。

此外,中国其他金融行业的监管环境也可能会间接影响本公司的信托业务。例如,2018年9月,中国银保监会发布《商业银行理财业务监督管理办法》,并于同年12月发布《商业银行理财子公司管理办法》,对商业银行开展理财业务进行了明确规定,允许商业银行通过设立理财子公司开展资产管理业务。本公司传统上受益于信托牌照下广泛的业务范围,然而,由于其他金融机构例如商业银行、商业银行理财子公司将能够提供越来越多与本公司类似的产品及服务,而本公司可能会因此面对更激烈的竞争而丧失部分优势。

4.4 风险管理

4.4.1 风险管理概况

本公司一直致力于建立健全的风险管理和内部控制体系,其中包括本公司认为适合本公司业务经营的目标、原则、组织框架、流程和应对主要风险的方法,而且本公司已建立一套涵盖本公司业务经营各个方面的全面风险管理体系。本公司精细的风险管理文化、以目标为导向及完善的风险管理体系与机制,确保本公司的业务持续稳定发展,为本公司识别和管理业务运营所涉及的风险奠定坚实基础。

4.4.2 风险管理

4.4.2.1 信用风险管理

信用风险指本公司客户及交易对手未能履行合约责任的风险。本公司的信用风险由本公司的信托业务及固有业务引起。

报告期内,本公司严格遵守中国银保监会有关信用风险管理指引等监管要求,在董事会战略与风险管理委员会和高级管理层的领导下,以配合实现战略目标为中心,完善信用风险管理的制度和系统建设,加强重点领域的风险管控,全力控制和化解信用风险。

4.4.2.2 市场风险管理

市场风险主要指金融工具的公允价值或未来现金流将因市场价格变化而导致波动,主要由于价格风险、利率风险及汇兑风险导致波动风险。报告期内,本公司主要透过多样化及谨慎挑选的投资组合和本公司严格的投资决策机制管理此类风险。

4.4.2.3 流动性风险管理

流动性风险指由于债权到期本公司或不能获取足够的现金以全面结算本公司的债务,或本公司仅可在重大不利的条款下获取足够的现金以全面结算本公司的债务的风险。

4.4.2.4 合规风险管理

合规风险指因本公司的业务活动或雇员的活动违反有关法律、法规或规则而遭受法律制裁、被采取监管措施、纪律处分、蒙受财产损失或声誉损失的风险。本公司已制定若干合规制度和政策，由合规法律部专门监察本公司日常运营各方面的整体合规状况。

报告期内，本公司的合规法律部亦持续跟踪相关法律法规和政策的最新发展，并向相关部门提交制订和修订相关内部制度和政策的方案。此外，本公司根据不同部门的相关业务活动的性质组织若干雇员培训项目，持续更新有关现有法律和法规要求及内部政策。

4.4.2.5 操作风险管理

操作风险指因交易过程或管理系统操作不当而引致财务损失的风险。报告期内，为了将操作风险减至最低，本公司已实施严格的风险控制机制，以降低技术违规或人为失误的风险，并提高操作风险管理的有效性。此外，本公司的稽核审计部负责内部审计及评估操作风险管理的有效性。

4.4.2.6 声誉风险管理

本公司非常珍惜多年来经营的良好市场形象，积极采取有效措施规避和防范声誉风险，防止本公司声誉受到不良损害。本公司制定了《声誉风险管理办法》。报告期内，本公司通过优秀的财富管理能力提高客户忠诚度的同时，加强对外宣传力度，积极履行社会责任，开辟多种渠道与监管机构、媒体、公众等利益相关者进行沟通，强化"专业、诚信、勤勉、成就"的企业核心价值观。

4.4.2.7 其他风险管理

本公司通过对国家宏观经济政策和行业政策的分析、研究，提高预见性和应变能力，控制政策风险。通过建立健全法人治理结构、内部控制制度、业务操作流程，保证工作流程的完整性和科学性。不断加强员工思想教育，树立恪尽职守的观念和先进的风险管理理念，避免道德风险。同时加强法治意识教育，深入开展全体员工廉洁从业教育活动。设置专门的法律岗位，聘请常年法律顾问等，有效控制法律风险。

5. 报告期末及上一年度末的比较式会计报表

5.1 自营资产

5.1.1 会计师事务所审计意见全文

致山东省国际信托股份有限公司股东：

我们已审计山东省国际信托股份有限公司（贵公司）及其子公司（以下统称为贵集团）列载于第168至273页的合并财务报表，包括于2021年12月31日的合并财务状况表、截至该日止年度的合并损益及其他综合收益表、合并权益变动表、合并现金流量表，及合并财务报表附注，包括主要会计政策概要。

我们认为，该等合并财务报表已根据国际会计准则理事会发布的《国际财务报告准则》真实而中肯地反映了贵集团于2021年12月31日的合并财务状况及其截至该日止年度的合并财务表现及合并现金流量，并已遵照香港公司条例的披露规定妥为拟备。

意见的基础

我们已根据国际会计准则理事会所颁布的《国际审计准则》（以下《国际审计准则》）进行审计。我们在该等准则下承担的责任已在本报告"审计师就审计合并财务报表承担的责任"部分中作进一步阐述。根据国际会计师专业操守理事会颁布的《专业会计师道德守则》（以下简称道德守则），我们独立于贵集团，并已履行道德守则中的其他专业道德责任。我们相信，我们所获得的审计凭证能充足及适当地为我们的审计意见提供基础。

关键审计事项

关键审计事项是根据我们的专业判断，认为对本期合并财务报表的审计最为重要的事项。这些事项是在我们审计整体合并财务报表及出具意见时进行处理的。我们不会对这些事项提供单独意见。

我们在审计中识别的关键审计事项概述如下：

- 信托计划的合并评估
- 客户贷款的预期信用损失（ECL）
- 持续经营评估

信托计划的合并评估

贵集团管理或投资多项信托计划。于2021年12月31日，于所有该等信托计划中，贵集团已合并总额约为12 053百万元，贵集团合并财务报告中未合并总额约为144 397百万元。

管理层根据国际财务报告准则第10号——合并财务报表（国际财务报告准则第10号）对控制权的三个要素（对信托计划相关活动的权力、承担可变回报敞口及贵集团利用其权力影响来自信托计划的可变回报的能力）作出评估，以厘定由贵集团管理或投资的信托计划是否应进行合并。于进行评估时，当中涉及重大判断，以厘定贵集团于安排中的角色为主要责任人还是代理人。倘贵集团作为主要责任人，贵集团控制信托计划，而信托计划须进行合并。然而，如果贵集团作为代理人，则贵集团对信托计划没有控制权，而且贵集团未将信托计划合并到公司的合并财务报表中。

我们关注于此领域，乃因为贵集团所参与的信托计划金额十分重大，且该等信托计划的合并评估涉及重大判断。鉴于此等原因，我们因而确定此乃一项关键审计事项。

我们的审计如何处理关键审计事项

我们对信托计划的合并评估程序包括：

- 我们了解管理层对信托计划合并评估的控制。
- 我们对贵集团投资或管理的信托计划进行抽样测试，并就管理层对信托计划合并的评估执行下列程序：

－了解交易结构的目的和设计，检查相关合同条款，并评估贵集团是否有权指导该等信托计划的相关活动；

－检查来自该等选定信托计划的合约条款（包括管理费、直接投资及流动性支持），将该等资料与应用于管理层对可变回报的评估中的参数相核对；及评估集团为该等信托计划提供流动资金支持的承诺（如有）；

－根据合约条款重新计算贵集团来自该等信托计划的可变回报。通过分析贵集团运用其权力影响信托计划可变回报的能力，评估贵集团在信托计划中的角色为委托人或代理人，以可变回报水平为基准来衡量贵集团作为委托人是否符合国际财务报告准则第10号中的指引。

- **客户贷款的预期信用损失（ECL）**

于2021年12月31日，贵集团录得客户贷款总额11 594百万元，于贵集团合并财务状况表中确认减值准备人民币2 207百万元。于贵集团截至2021年12月31日止年度的合并损益及其他综合收益表中确认客户贷款减值损失650百万元。

于2021年12月31日，客户贷款减值准备余额指管理层依据国际财务报告准则第9号：金融工具（预期信用损失模型）于报告期末以模型要求对预期信用损失作出的最佳估计。

贵集团就客户贷款的信用风险自其初始确认后是否已显著增加进行评估，并采用"三阶段"减值模型以计算其预期信用损失。对于第一阶段及第二阶段的客户贷款管理层在考虑前瞻性因素后，对纳入了违约概率、违约损失率、违约风险敞口及折现率等关键参数的减值准备进行评估。对于第三阶段的客户贷款，管理层在考虑了前瞻性因素后，通过估计贷款所产生的未来现金流量对减值准备进行评估。

预期信用损失计量模型涉及管理层的重大判断及假设，主要内容以下所述：

- 为预期信用损失的计量选择合适的模型和假设；
- 决定信用风险是否显著增加或已发生违约或减值损失的标准；
- 前瞻性计量的经济指标以及应用经济情景及权重；
- 第三阶段客户贷款的预计未来现金流量。

预期信用损失的估计受高度估计不明朗因素影响。有关贷款减值评估的固有风险被认为是重大的，这是由于模型的复杂性，该等模型运用诸多参数及数据，并应用管理层的重大判断及假设。此外，客户贷款以及已于当期确认的减值损失重大。鉴于此等原因，我们因而确定此乃一项关键审计事项。

我们对客户贷款的预期信用损失程序包括：

- 我们了解管理层用于计算预期信用损失的方法，并评估管理层有关客户贷款的预期信用损失计量的关键控制程序。我们通过考虑估计不确定性的程度和其他固有风险因素的水平，如复杂性、主观性及易受管理层偏向或舞弊影响的程度，来评估重大错报的固有风险。
- 我们评估客户贷款的以前期间预期信用损失结果，以评估管理层估计过程的有效性。
- 我们对客户贷款的预期信用损失计量的主要控制进行了评估及测试。
- 此外，我们履行以下程序：

我们评估了基于行业实践的预期信用损失计量的建模方法，并就组合分项、模型选择、关键参数估计、有关模型的其他重大判断及假设的合理性作出评估。

我们评估管理层有关厘定信用风险是否显著增加或是否存在违约或信用减值贷款的标准。此外，我们在考虑借款人的财务及非财务资料、有关外部证据及其他因素的基础上选择样本，以评估管理层对在识别信用风险显著增加、违约及信用减值贷款方面的恰当性；

就前瞻性计量而言，我们审核管理层对其经济指标选择的模型分析，所运用的经济情景及权重，评估经济指标预测的合理性，并进行敏感度分析；

我们基于所选样本审核预期信用损失模型的主要参数，包括历史数据及计量日期的数据，以验证其准确性及完整性。

我们基于样本审查由贵集团依据借款人及担保人的财务资料、抵押品最近估值及其他可用资料连同支持第三阶段客户贷款减值准备计算的折现率而编制的预测未来现金流量。

- **持续经营评估**

于2021年12月31日，贵集团的流动负债超过流动资产2 305百万元。除此之外，贵集团已订约但未提供的资本承诺约为3百万元。这些情况可能会对贵集团的持续经营能力产生重大疑虑。

基于贵集团董事对持续经营能力的评估，贵集团之合并财务报表按持续经营基准编制，载于合并财务报表附注2（b）。

鉴于在是否存在重大不确定性以及估计贵集团未来现金流量和资金需求涉及重要管理判断和假设，持续经营评估被确定为关键审计事项。

为评估管理层评估的合理性，我们执行以下程序以评估有关评估的重要判断及关键假设：

- 获得管理层的现金流量预测，与高级管理层讨论以了解其未来的运营计划，并评估编制该预测时的相关假设；
- 审查及评估管理层对关键假设的敏感性分析，包括手续费及佣金收入水平、投资收益、客户贷款的可收回性、管理费用及管理层为缓解流动资金压力而采取的各种措施的潜在结果；
- 抽样检查与贵集团管理或投资的信托计划有关的合约，以评估贵集团对该等信托计划提供流动资金支持的任何承诺及其对现金流量预测的影响；及
- 有关山东省鲁信投资控股集团有限公司（以下简称鲁信集团）提供的财务支持，我们执行以下程序：

  - 检查提供支持的手段的详情以及相关的批准及管治程序；及
  - 访问鲁信集团的高级管理人员，经参考鲁信集团的财务资料，评估彼等履行有关承诺的意愿及财务实力。

其他事项

截至2020年12月31日的合并财务报表由另一名核数师审计，该名核数师于2021年3月31日对该等报表不附修订结论。

合并财务报表及审计师报告以外的资料

贵公司董事须对其他资料负责。其他资料包括年度报告内的所有资料（合并财务报表及我们的审计师报告除外）。我们对合并财务报表的意见并不涵盖其他资料，我们不对该等其他资料发表任何形式的鉴证结论。

结合我们对合并财务报表的审计，我们的责任是阅读有关资料，在此过程中，考虑其他资料是否与合并财务报表或我们在审计过程中所了解的情况存在重大抵触或者似乎存在重大错误陈述的情况。基于我们已履行的工作，倘我们认为其他资料存在重大错误陈述，我们需要报告该事实。就此而言，我们并无事项报告。

贵公司董事及负责管治者就合并财务报表须承担的责任

贵公司董事须负责根据国际会计准则理事会发布的《国际财务报告准则》及香港《公司条例》的披露规定编制真实而中肯的合并财务报表，并对其认为为使合并财务报表的编制不存在由于欺诈或错误而导致的重大错误陈述所需的内部控制负责。

在编制合并财务报表时，贵公司董事负责评估贵集团持续经营的能力，并在适用情况下披露与持续经营有关的事项，以及使用持续经营为会计基础，除非贵公司董事有意将贵集团清盘或停止经营，或别无其他实际的替代方案。

负责管治者须负责监督贵集团的财务报告过程。

审计师就审计合并财务报表承担的责任

我们的目标，是对合并财务报表整体是否不存在由于欺诈或错误而导致的重大错误陈述取得合理保证，并根据我们商定的聘用条款，出具包含我们意见的审计师报告，除此之外，本报告无其他目的。本报告的内容不向其他任何人士承担责任。合理保证是高水平的保证，但不能保证按照《国际审计准则》进行的审计，在某一重大错误陈述存在时总能被发现。错误陈述可以由欺诈或错误引起，如果合理预期它们单独或汇总起来可能影响合并财务报表使用者依赖合并财务报表所作出的经济决定，则有关的错误陈述可被视作重大。

在根据《国际审计准则》进行审计的过程中，我们运用了专业判断，保持了专业怀疑态度。我们亦：

- 识别和评估由于欺诈或错误而导致合并财务报表存在重大错误陈述的风险，设计及执行审计程序以应对这些风险，以及获取充足和适当的审计凭证，作为我们意见的基础。由于欺诈可能涉及串谋、伪造、蓄意遗漏、虚假陈述，或凌驾于内部控制之上，因此未能发现因欺诈而导致的重大错误陈述的风险高于未能发现因错误而导致的重大错误陈述的风险。
- 了解与审计相关的内部控制，以设计适当的审计程序，但目的并非对贵集团内部控制的有效性发表意见。
- 评价贵公司董事所采用会计政策的恰当性及作出会计估计和相关披露的合理性。
- 对贵公司董事采用持续经营会计基础的恰当性作出结论。根据所获取的审计凭证，确定是否存在与事项或情况有关的重大不确定性，从而可能导致对贵集团的

持续经营能力产生重大疑虑。如果我们认为存在重大不确定性，则有必要在审计师报告中提请使用者注意合并财务报表中的相关披露。假若有关的披露不足，则我们应当发表非无保留意见。我们的结论是基于审计师报告日止所取得的审计凭证。然而，未来事项或情况可能导致贵集团不能持续经营。

- 评价合并财务报表的整体列报方式、结构和内容，包括披露，以及合并财务报表是否中肯反映交易和事项。
- 贵集团内实体或业务活动的财务信息获取充足、适当的审计凭证，以便对合并财务报表发表意见。我们负责集团审计的方向、监督和执行。我们为审计意见承担全部责任。

除其他事项外，我们与负责管治者沟通了计划的审计范围、时间安排、重大审计发现等，包括我们在审计中识别出内部控制的任何重大缺陷。

我们还向负责管治者提交声明，说明我们已符合有关独立性的相关专业道德要求，并与他们沟通有可能合理地被认为会影响我们独立性的所有关系和其他事项，以及在适用的情况下，采取行动消除所应用的威胁或防范措施。

从与负责管治者沟通的事项中，我们确定哪些事项对本期合并财务报表的审计最为重要，因而构成关键审计事项。我们在审计师报告中描述这些事项，除非法律法规不允许公开披露这些事项，或在极端罕见的情况下，如果合理预期在我们报告中沟通某事项造成的负面后果超过产生的公众利益，我们决定不应在报告中沟通该事项。

出具本独立审计师报告的审计项目合伙人是陈永杰先生。

信永中和（香港）会计师事务所有限公司
执业会计师：陈永杰
执业证书号码：P03224

香港
2022年3月30日

5.1.2 资产负债表

资产负债表（合并）

编制单位：山东省国际信托股份有限公司　2021年12月31日　　　　单位：千元

项目	2021年12月31日	2020年12月31日
资产	—	—
非流动资产	—	—
物业及设备	121 933	122 135
投资性房地产	141 374	145 139
使用权资产	11 980	680
无形资产	24 318	13 672
于联营企业的投资	2 072 304	3 242 780
以公允价值计量且其变动计入当期损益的金融资产	1 427 659	679 519
客户贷款	8 214 294	9 641 926
金融投资——摊余成本	887 634	50 288
预付款项	15 434	20 097
递延所得税资产	617 708	315 759
其他非流动资产	18 331	188 932
非流动资产总额	13 552 969	14 420 927
流动资产	—	—
现金及银行存款余额	1 586 596	969 535
以公允价值计量且其变动计入当期损益的金融资产	1 736 800	1 556 937
买入返售金融资产	697 607	107 147
客户贷款	1 172 586	3 105 648
金融投资——摊余成本	—	—
应收信托报酬	200 148	165 875
其他流动资产	115 841	357 752
流动资产总额	5 509 578	6 262 894
总资产	19 062 547	20 683 821
权益及负债	—	—
股本	4 658 850	4 658 850
资本储备	143 285	143 285
法定盈余储备	952 314	903 941
法定一般储备	1 141 068	892 695
其他储备	−160	−7 735
保留盈利	3 755 861	3 584 088
总权益	10 651 218	10 175 124
负债	—	—
非流动负债	—	—
应付薪酬和福利	21 551	24 157
租赁负债	7 090	122
归属于合并结构性实体其他受益人的净资产	567 839	1 417 461
非流动负债总额	596 480	1 441 740
流动负债	—	—
短期借款	1 604 227	100 000
租赁负债	4 320	573
应付薪酬和福利	94 450	85 876
归属于合并结构性实体其他受益人的净资产	4 717 136	8 042 296
应付所得税	99 756	31
应付股息	—	—
其他流动负债	1 294 960	838 181
流动负债总额	7 814 849	9 066 957
负债总额	8 411 329	10 508 697
总权益及负债	19 062 547	20 683 821

5.1.3 利润表

利润表（合并）

编制单位：山东省国际信托股份有限公司　2021年度　　　　　　单位：千元

项目	2021年度	2020年度
手续费及佣金收入	829 727	1 152 419
利息收入	540 793	716 614
以公允价值计量且其变动计入当期损益的金融资产公及以公允价值计量的于联营企业的投资的公允价值变动净额	-206 893	126 561
投资收益	272 877	146 181
处置联营企业的净收益	333 949	109 920
其他经营收入	8 243	53 935
总经营收入	1 778 696	2 305 630
利息支出	-552 096	-620 516
员工成本（包括董事及监事薪酬）	-144 038	-139 254

续表

项目	2021年度	2020年度
折旧及摊销	-16 490	-13 588
归属于合并结构性实体其他受益人的净资产变动	-151 455	-16 575
税金及附加	-12 701	-11 317
管理费用	-93 251	-78 998
核数师酬金	-1 415	-1 972
金融资产减值损失，扣除拨回	-823 432	-1 058 799
其他资产减值损失	—	-514
总经营开支	-1 794 878	-1 941 533
经营（损失）/利润	-16 182	364 097
分占以权益法计量的于联营企业的投资的成果	481 324	368 874
除所得税前经营利润	465 142	732 971
所得税抵免/费用	3 377	-105 153
归属本公司股东的净利润	468 519	627 818

5.1.4 所有者权益变动表

所有者权益变动表（合并）

编制单位：山东省国际信托股份有限公司　　　　2021年度　　　　　　　　　　　　　　　　单位：千元

项目	股本	资本储备	法定盈余储备	法定一般储备	其他储备	保留盈利	合计
于2021年1月1日的余额	4 658 850	143 285	903 941	892 695	-7 735	3 584 088	10 175 124
年内净利润	—	—	—	—	—	468 519	468 519
年内其他综合收益	—	—	—	—	—	—	7 575
年内综合收益总额	—	—	—	—	—	468 519	476 094
拨至法定盈余储备	—	—	48 373	—	—	-48 373	—
拨至法定一般储备	—	—	—	248 373	—	-248 373	—
于2021年12月31日结余	4 658 850	143 285	952 314	1 141 068	-160	3 755 861	10 651 218
于2020年1月1日结余	4 658 850	143 285	845 282	834 036	-865	3 329 825	9 810 413
年内净利润	—	—	—	—	—	627 818	627 818
年内其他综合收益	—	—	—	—	-6 870	—	-6 870
综合（支出）/收益总额	—	—	—	—	-6 870	627 818	620 948
拨至法定盈余储备	—	—	58 659	—	—	-58 659	—
拨至法定一般储备	—	—	—	58 659	—	-58 659	—
股息分派	—	—	—	—	—	-256 237	-256 237
于2020年12月31日结余	4 658 850	143 285	903 941	892 695	-7 735	3 584 088	10 175 124

5.2 信托资产

5.2.1 信托项目资产负债汇总表

信托项目资产负债汇总表

编制单位：山东省国际信托股份有限公司　　　　2021年12月31日　　　　　　　　　　　　单位：万元

资产	期末余额	年初余额	负债和权益	期末余额	年初余额
资产：	—	—	负债：	—	—
货币资金	196 391.88	347 262.53	交易性金融负债	—	—
拆出资金	—	—	衍生金融负债	—	—
结算备付金	66 619.69	23 474.04	卖出回购金融资产款	620 966.68	376 021.34
交易性金融资产	3 640 822.70	2 479 757.76	应付账款	0.04	0.04
衍生金融资产	—	—	应付赎回款	342.68	29 803.62
买入返售金融资产	54 063.56	18 379.70	应付受托人报酬	16 434.55	16 512.62
应收账款	—	—	应付受益人收益	19 627.65	27 708.59
应收利息	112 022.05	137 626.55	应付托管费	985.80	1 159.59
应收股利	3 968.40	8 985.00	应付销售服务费	3.53	1.56

续表

资产	期末余额	年初余额	负债和权益	期末余额	年初余额
应收票据	—	—	应交税费	6 445.05	8 497.45
应收申购款	—	—	应付利息	273.21	211.51
其他应收款	81 172.36	262 674.33	其他应付款	102 872.11	119 192.58
存出保证金	—	—	其他负债	2 042.18	3 561.82
发放贷款	2 599 881.19	6 196 849.70	负债合计	769 993.48	582 670.72
长期应收款	478 670.00	510 949.09	—	—	—
可供出售金融资产	1 215.38	6 090.72	—	—	—
持有至到期投资	6 704 694.56	10 952 212.75	—	—	—
长期股权投资	297 240.51	1 233 297.86	权益：		
投资性房地产	—	—	实收信托	15 645 035.13	24 869 730.03
融资租赁资产	—	—	资本公积	81 006.10	117 256.38
固定资产	—	—	损益平准		
无形资产	—	—	未分配利润	445 988.27	443 134.37
其他资产	-2 705 260.70	-3 835 231.47	权益合计	16 172 029.50	25 430 120.78
资产总计	16 942 022.98	26 012 791.50	负债和权益合计	16 942 022.98	26 012 791.50

5.2.2 信托项目利润及利润分配汇总表

信托业务利润及利润分配汇总表

编制单位：山东省国际信托股份有限公司　2021年度　　　　　单位：万元

项目	上年累计数	本年累计数
一、收入	1 701 300.75	1 205 220.51
利息收入	689 829.64	605 247.57
投资收益（损失以"-"号填列）	972 268.72	578 786.21
其中：对联营企业和合营企业的投资收益	—	—
公允价值变动收益（损失以"-"号填列）	39 177.00	-874.92
租赁收入	—	—
汇兑损益（损失以"-"号填列）	—	—
其他收入	25.39	22 061.65
二、支出	273 288.29	180 273.40
营业税金及附加	5 450.48	3 960.97
受托人报酬	126 578.96	94 146.58
托管费	8 850.94	7 863.97
销售服务费	—	1.97
交易费用	3 536.82	4 419.48
利息支出	—	—
资产减值损失	—	—
其他费用	128 871.09	69 880.44
三、净利润（净亏损以"-"号填列）	1 428 012.46	1 024 947.11
四、其他综合收益	36 486.57	54 687.58
五、综合收益	1 464 499.03	1 079 634.69
六、期初未分配利润	327 577.60	443 134.37
七、本期已分配信托利润	1 348 942.26	1 076 780.79
八、期末未分配利润	443 134.37	445 988.27

6. 会计报表附注

6.1 会计报表编制基准不符合会计核算基本前提的说明

本公司无上述情况。

6.2 重要会计政策和会计估计说明

6.2.1 计提资产减值准备的范围和方法

6.2.1.1 金融资产的减值

本集团在前瞻性的基础上评估与其持有的以摊余成本和以公允价值计量且其变动计入其他综合收益计量的债务工具资产相关的预期信用损失（预期信用损失），以及与贷款承诺和金融担保合同相关的风险敞口。本集团在各报告日期对该等损失确认减值准备。预期信用损失的计量反映如下。

• 通过评估一系列可能的结果而确定的无偏颇概率加权金额；

• 货币的时间价值；及

• 于本报告期，无须付出不必要的额外成本或努力即可获得有关过去事件、当前状况和对预测未来经济状况的合理及有理据的资料。

计量以摊余成本计量的金融资产的预期信用损失准备，需要运用复杂模型和对未来经济状态以及信用行为的重要假设（如客户违约的可能性以及造成的损失）。用以计量预期信用损失使用的参数、假设以及估值技术于附注44（a）（ⅱ）中进一步说明，当中亦载列预期信用损失对该等要素变化的关键敏感度。

应用于计量预期信用损失的会计要求也需要作出一些重大判断，例如：

• 为计量预期信用损失选择合适的模型及假设；

• 厘定信用风险是否显著增加或是否产生违约或减值损失的标准；

- 前瞻性计量的经济指标以及经济场景及权重的应用；
- 第三阶段客户贷款的估计未来现金流量。

6.2.1.2 非金融资产减值损失准备，包含物业及设备、使用权资产、无形资产及抵债资产

于报告期末，本集团复核具有限使用年期之非流动性资产之账面值，以厘定有否迹象显示该等资产已出现减值损失。倘存在任何有关迹象，则估计资产之可收回金额，以厘定减值损失（如有）金额。

可收回金额为公允价值减销售成本及使用价值两者中之孰高者。于评估使用价值时，估计未来现金流量乃以税前贴现率贴现至现值，该贴现率能反映当前市场所评估之货币时间值及资产特定风险（就此而言，未来现金流量估计尚未做出调整）。

倘估计资产之可收回金额少于账面值，则资产之账面值将调减至其可收回金额。减值损失实时于损益确认。

6.2.2 长期股权投资核算方法

长期股权投资包括：本公司对受本公司控制的结构化主体（以下合称本集团）的长期股权投资，以及本集团对联营企业的长期股权投资。

6.2.2.1 于子公司

于子公司（包括一个结构性实体）的投资按成本减累计减值损失在本公司财务状况表中列报。

6.2.2.2 于联营企业的投资

联营企业指本集团对其有重大影响的实体。重大影响即参与被投资公司财务及经营政策决定但不控制或共同控制该等政策的权力。

本集团于联营企业之投资乃采用权益会计法或公允价值计量于合并财务报告入账。

以权益法计量的联营企业财务报表，在类似情况下的同类交易和事项，采用与本集团统一的会计政策编制。根据权益会计法，于联营企业之投资在合并财务状况表中初步按成本确认，其后再作调整，以确认本集团在联营公司的损益及其他综合收益中所占的份额。除了损益和其他综合收益以外的净资产变动，除非该变动导致本集团所持有的所有权利益发生变化，否则不计入该净资产变动。倘本集团应占联营企业之亏损等于或超过其于该联营企业之权益（以权益法厘定，连同任何长期权益实质上属于本集团于该联营企业之投资净额），则本集团终止确认其应占的进一步亏损。仅于本集团已产生法定或推定责任或代表该联营企业付款时，方就额外亏损作出拨备及确认负债。

本集团厘定是否有客观证据证明对在联营企业的利益已减值。如果存在任何客观证据，则按照《国际会计准则》第36号，该投资之全部账面值会作为单一资产进行减值评估，通过将其可收回金额（使用价值与公允价值减去处置成本之较高者）与其账面金额进行比较。任何已确认之减值亏损不会分配至构成该投资账面值一部分之任何资产。按照《国际会计准则》第36号该减值亏损的任何拨回于该项投资的可收回金额后期回升时确认。

本集团选择对若干透过风险投资组织或共同基金、信托公司及类似实体（包括投资连结保险基金）间接持有的联营企业的投资以公允价值计量且其变动计入损益。

当投资于本集团失去对联营公司的重大影响而不再为联营公司时，本集团终止采用权益法，而任何保留权益则按该日的公允价值计量，该公允价值被视为根据适用准则初步确认为金融资产时的公允价值。任何保留权益的公允价值与出售联营公司部分权益之任何所得款项以及投资于不再使用权益法当日之账面值之差额于损益确认。任何过往于其他综合收益中就该项投资确认的金额，会按假设投资对象直接出售相关资产或负债所规定之相同基准重新分类至损益或留存利润。

本集团与其联营企业间进行交易所产生之收益及亏损于合并财务报告确认，惟仅以无关联投资者于联营企业之权益为限。本集团应占联营企业于等交易所产生之收益或亏损予以对销。

6.2.3 固定资产计价和折旧方法

固定资产包括房屋及建筑物、运输工具、计算机及电子设备以及办公设备等。购置或新建的固定资产按取得时的成本进行初始计量。

与固定资产有关的后续支出，在相关的经济利益很可能流入本集团且其成本能够可靠计量时，计入固定资产成本；对于被替换的部分，终止确认其账面价值；所有其他后续支出于发生时计入当期损益。

固定资产折旧采用年限平均法并按其入账价值减去预计净残值后在预计使用寿命内计提。对计提了减值准备的固定资产，则在未来期间按扣除减值准备后的账面价值及依据尚可使用年限确定折旧额。

固定资产的预计使用寿命、净残值率及年折旧率列示如下表所示。

项目	预计使用寿命（年）	预计净残值率（%）	年折旧率（%）
建筑物	20—40	3	2.43—4.85
汽车	8	3	12.13
设备	3—5	3	19.40—32.33
家具及其他	5—10	3	9.70—19.40

本集团于各财政年度对物业及设备的预计使用年限、预计净残值和折旧方法至少审核一次。

报废或出售物业及设备所产生的利得或损失为出售所得款项净额与资产账面值之间的差额，并于报废或出售日于当期损益中确认。

6.2.4 合并会计报表的编制方法

编制合并财务报表时，合并范围包括本公司及全部子公司。

子公司是指可以被本集团控制的主体（包括受本公司控制的结构化主体）。控制，是指本集团拥有对被投资方的权力，通过参与被投资方的相关活动而享有可变动报酬，并且有能力利用对被投资方的权力影响其报酬。本集团在获得子公司控制权当日合并子公司，并在丧失控制权当日将其终止合并入账。

结构性实体是指这样设计的实体，即投票权或类似权利不是决定谁控制被投资单位的主导因素，例如当仅与行政工作有关的任何投票权及相关活动以合约或相关安排作指示。结构性实体通常有以下若干或所有特点或质量：受限制活动；有限及定义清晰的目标，如透过向投资者传递与结构性实体资产相关的风险及回报，为投资者提供投资机会；不充足的股权以批准结构性实体在没有下属财务支持下为其活动进行融资；及以造成集中信用或其他风险多个合约连接工具的形式向投资者提供融资。

当本集团既是结构性实体的投资者，又是结构性实体的管理人，本集团厘定其作为资产管理人的身份是否为有关该等结构性实体的责任人或代理人，以评估本集团是否控制有关结构性实体。

代理人主要是为另一方或多方（委托人）的利益而受雇行事的一方，因此在行使其决策权时不能控制被投资人。在决定该集团是否为结构性实体的代理人时，本集团会评估：

• 其对被投资者的决策权的范围；
• 其他当事人享有的权利；
• 根据薪酬协定有权获得的薪酬；
• 决策者于被投资人中其他利益的收益波动的暴露。

本集团于结构性实体涉及的包括信托计划、投资基金及资产管理产品。本公司成立信托计划，由此其透过向信托计划中的委托人（亦指投资者）提供受托及管理服务赚取手续费收入。信托计划主要包括融资类信托计划及投资类信托计划。本公司亦可能在其建立及管理的信托计划中作出直接投资。

就结构性实体而言，本集团根据合约条款就本集团对实体的参与面临可变回报的风险或取得可变回报的权利；及利用对实体的权力影响该等回报金额的能力评估是否合并。本集团合并的结构性实体于附注39（b）披露。发行有限寿命或可回售工具合并结构性实体中第三方受益人权益且分类为合并财务状况表中的债务，而归属于合并融资信托计划第三方投资者的净损益记录于"利息支出"或归属于合并投资信托计划的净损益记录于"归属于合并结构性实体其他受益人的净资产变动"。

6.2.5 收入确认原则和方法

收入的金额按照本集团在日常经营活动中提供劳务时，已收或应收合同或协议价款的公允价值确定。

本集团于完成履约责任时（或就此）（即于特定履约责任相关服务的"控制权"转让予客户时）确认收入。履约责任指一项明确服务（或一组服务）或一系列大致相同的明确服务。

倘符合以下一项标准，则控制权随时间转移，而收入经参考完全达成相关履约责任的进度而随时间确认：

• 客户于本集团履约的同时即取得并消耗本集团履约所提供之利益；
• 本集团的履约创造或增强客户在资产创建或增强时控制的资产；
• 本集团的履约未创建对本集团具有替代用途的资产，而本集团有强制执行权收取至今已履约部分之款项。

否则，于客户获得明确服务控制权时确认收入。

6.2.5.1 手续费及佣金收入

本集团从其向客户提供的信托及其他业务赚取手续费及佣金收入。手续费及佣金收入于本集团履行其履约责任（于某一时段内或于客户取得服务控制权之时）确认。

6.2.5.2 利息收入和支出

利息收入是用实际利率乘以金融资产账面总额计算得出，以下情况除外。一是对于源生或购入已发生信用减值的金融资产，其利息收入用经信用调整的原实际利率乘以该金融资产摊余成本计算得出。二是不属于源生或购入已发生信用减值但后续已发生信用减值的金融资产（或第3阶段），其利息收入乃按其摊余成本（即扣除预期信用损失准备）的实际利率计算。

6.2.5.3 股息收入

股息于收取股息的权利被确立时确认。

6.2.6 所得税的会计处理方法

所得税开支指当期应付的税项及递延税项的总和。

当期应付的税项按年度应课税利润计算。由于其他年度的应课税或可扣减收入或开支及毋须课税或不得扣减的项目，故此应课税利润有别于"除税前利润/损失"。本集团就即期税项承担的负债乃采用于报告期末实施或实质上已实施的税率计算。

递延税项就合并财务报表所列资产及负债账面值与计算应课税利润时所用相关税基两者的暂时差额而确认。递延所得税负债一般就一切应课税暂时差额确认入账。而递延所得税资产一般就可能有应课税利润以供动用该等可扣减暂时差额作抵销的所有可扣减暂时差额而确认入账。倘于交易中初步确认（业务合并除外）资产及负债而产生的暂时差额并不影响应课税利润或会计利润，则不会将该等递延所得税资产及负债确认入账。

递延所得税负债乃就与于某一子公司投资及某一联营企业的权益有关的应课税暂时差额予以确认，惟倘本集团可控制暂时差额的拨回，以及暂时差额在可见将来可能将不会拨回，则不予确认。与该等投资有关的可扣减暂时差额产生的递延所得税资产，仅于可能将有充足的应课税利润以使用暂时差额的利益，以及预期于可见将来可拨回时，方予确认。

递延所得税资产之账面值在各报告期末进行复核，并于并无足够应课税利润可用以收回所有或部分递延所得税资产时做出相应扣减。

递延所得税资产及负债，以报告期末已实施或实质上已实施的税率（及税法）为基础，按预期清偿该负债或实现该资产当期的税率计量。

递延所得税负债及资产计量反映本集团于报告期末预期收回或清偿资产及负债账面值的方式的税项影响。

对于本集团确认使用权资产及相关租赁负债的租赁交易，在计量递延税款时，本集团首先确定税款扣除乃归属于使用权资产还是租赁负债。

就税项扣减归因于租赁负债的租赁交易而言，本集团将按国际会计准则第12号"所得税"的规定分别应用于使用权资产及租赁负债。因采用首次确认豁免，有关使用权资产及租赁负债之暂时差额并不会在首次及其后整个租赁期确认。因重新计量租赁负债和契约修改而对使用权资产和租赁负债的账面金额进行修订而产生的暂时性差额，在重新计量或修改之日确认，而这些差额不受初始确认豁免的限制。

当法律上可执行的权利将当期税项资产及当期税项负债抵销，以及当其与同一税务机构征收的所得税有关且本集团拟按净额结算当期税项负债及资产时，递延所得税资产及负债将被抵销。

即期及递延税项乃于损益中确认，惟倘其与于其他综合收益或直接于权益中确认之项目有关者除外，在此情况下，即期及递延税项亦会分别于其他综合收益或直接于权益中确认。

6.3 或有事项说明

公司对外担保的年初数为零万元，期末数为零万元。

6.4 重要资产转让及其出售的说明

本年度未发生重要资产转让及其出售事项。

6.5 会计报表中重要项目的明细资料

6.5.1 自营资产经营情况

6.5.1.1 信用风险资产的期初数、期末数

单位：千元

项目	2021年12月31日	2020年12月31日
资产	—	—
现金及银行存款余额	1 586 596	969 535
买入返售金融资产	697 607	107 147
客户贷款（包括应收利息）	9 386 880	12 747 574
金融投资——摊余成本（包括应收利息）	887 634	50 288
其他金融资产——摊余成本	255 766	555 689
合计	12 814 483	14 430 233

6.5.1.2 前五名的自营长期股权投资的企业名称、占被投资企业权益的比例、主要经营活动及投资收益情况等

被投资企业名称	截至2021年12月31日占被投资企业权益的比例（%）	主要经营活动	投资收益/公允价值变动净额（万元）
重汽汽车金融有限公司（原山东豪沃汽车金融有限公司）	6.52	汽车金融	16.77
富国基金管理有限公司	16.68	证券投资基金管理	42 648.71
泰山财产保险股份有限公司	7.40	保险产品和服务	-3 751.77
德州银行股份有限公司	2.37	商业银行服务	648.64
民生证券股份有限公司	1.16	证券经纪、证券资产管理和固有投资	-800.58

6.5.2 信托资产管理情况
6.5.2.1 信托资产的期初数、期末数

单位：万元

信托资产	期初数	期末数
集合	8 559 205.24	6 688 124.79
单一	13 467 499.39	7 473 754.46
财产权	3 986 086.87	2 780 143.73
合计	26 012 791.50	16 942 022.98

6.5.2.2 本年度已清算结束的信托项目个数、实收信托合计金额、加权平均实际年化收益率

6.5.2.2.1 本年度已清算结束的集合、单一资金信托项目和财产权信托项目

已清算结束信托项目	项目个数（个）	实收信托合计金额（万元）	加权平均实际年化收益率（%）
集合	120	4 974 694.80	6.57
单一	182	6 053 379.98	6.17
财产权	29	3 090 763.60	1.61

注：加权平均实际年化收益率=（信托项目1的实际年化收益率×信托项目1的资产总计+信托项目2的实际年化收益率×信托项目2的资产总计+…信托项目n的实际年化收益率×信托项目n的资产总计）/（信托项目1的资产总计+信托项目2的资产总计+…信托项目n的资产总计）×100%。

6.5.2.2.2 本年度已清算结束的融资类、投资类、事务管理型信托项目

已清算结束信托项目	项目个数（个）	实收信托合计金额（万元）	加权平均实际年化信托报酬率（%）	加权平均实际年化收益率（%）
融资类	103	4 036 595.23	1.31	7.33
投资类	34	209 010.44	0.35	6.36
事务管理型	194	9 873 232.71	0.11	5.29

6.5.2.3 本年度新增的集合、单一和财产权信托项目个数、实收信托合计金额

新增信托项目类型	项目个数（个）	实收信托合计金额（万元）
集合	133	2 346 273.02
单一	370	962 782.00
财产权	9	1 924 000.00
新增合计	512	5 233 055.02
其中：主动管理型	477	2 733 941.25
事务管理型	35	2 499 113.77

6.5.2.4 本公司履行受托人义务情况及因本公司自身责任而导致的信托资产损失情况

本公司遵守信托法和信托文件对受托人义务的规定，为受益人的最大利益处理信托事务。管理信托财产时，恪尽职守，履行诚实、信用、谨慎、有效管理的义务，没有因本公司自身责任而导致的信托资产损失情况。

6.6 关联方关系及其交易
6.6.1 定价政策

公司在正常业务过程中发生的关联交易遵守一般商业条款。关联交易的价格主要参考市场价格经双方协商后确定。

6.6.2 关联方作为信托计划的委托人

截至2021年及2020年12月31日，鲁信集团及其子公司、合营企业及联营企业存在作为本集团设立及管理的部分信托计划的委托人的情况。

6.6.2.1 关联方作为并表信托计划的委托人

关联方于该等并表信托计划的权益已于本集团合并财务状况表中以其他负债列报。

项目	2021年12月31日	2020年12月31日
关联方作为委托人的并表信托计划数目	1	7
关联方于该等并表信托计划的权益（千元）	-10 054	-917

6.6.2.2 关联方作为本集团未经并表信托计划的委托人

项目	2021年12月31日	2020年12月31日
关联方作为委托人的未经并表信托计划数目	22	45
关联方的受托资产（千元）	3 557 059	5 829 933
该等未经并表信托计划的受托资产总额（千元）	8 299 659	10 437 566

6.6.2.3 由信托计划提供资金的关联方

项目	2021年12月31日	2020年12月31日
向关联方提供资金的未经并表信托计划数目	13	5
所提供的资金总额（千元）	1 999 670	813 800
该等未经并表信托计划的受托资产额（千元）	2 095 169	813 800

6.6.3 本公司与关联方的重大交易事项

6.6.3.1 信托资产与关联方：贷款、投资、租赁、应收账款担保、其他方式等期初汇总数、本期发生额汇总数、期末汇总数

单位：万元

项目	信托财产与关联方关联交易			
	期初	借方发生额	贷方发生额	期末
贷款	44 009.49	55 252.50	2 900.00	96 361.99
投资	61 050.00	12 494.50	3 500.00	70 044.50
租赁	—	—	—	—
担保	—	—	—	—
应收账款	—	—	—	—
其他	68 042.75	194 290.23	68 042.75	194 290.23
合计	173 102.24	262 037.23	74 442.75	360 696.72

6.6.3.2 本公司自有资金运用于自己管理的信托项目（固信交易）、本公司管理的信托项目之间的相互交易（信信交易）交易金额，包括余额和本报告年度的发生额

6.6.3.2.1 固有财产与信托财产之间的交易金额期初汇总数、本期发生额汇总数、期末汇总数

单位：万元

固有财产与信托财产相互交易			
项目	期初数	本期发生额	期末数
合计	647 728.09	55 683.04	703 411.13

6.6.3.2.2 信托资产与信托财产之间的交易金额期初汇总数、本期发生额汇总数、期末汇总数

单位：万元

信托资产与信托财产相互交易			
项目	期初数	本期发生额	期末数
合计	566 916.22	-302 560.37	264 355.85

6.6.4 关联方逾期未偿还本公司资金的详细情况以及本公司为关联方担保发生或即将发生垫款的详细情况

本公司本年不存在上述情况。

7.财务情况说明书

7.1 利润实现和分配情况

合并利润实现和分配情况如下。

（1）利润总额：46 514.2万元；

（2）所得税费用：337.7万元；

（3）归属于母公司的净利润：46 851.9万元；

（4）加年初未分配利润余额：358 408.8万元；

（5）可供分配利润：405 260.7万元；

（6）提取法定公积金：4 837.3万元；

（7）按照本年实现净利润的10%提取信托赔偿准备金，当信托赔偿准备金余额达到实收资本的20%时不再计提，本年计提4 837.3万元；

（8）提取一般准备20 000万元；

（9）向公司股东分配股利零万元；

（10）期末未分配利润375 586.1万元。

7.2 主要财务指标

指标名称	指标值
加权净资产收益率（%）	-4.50
每股收益（元）	0.10

注：1.加权净资产收益率=扣除非经常性损益后归属于公司普通股股东的净利润/（归属于公司普通股股东的期初净资产+归属于公司普通股股东的净利润÷2+报告期发行新股或债转股等新增的、归属于公司普通股股东的净资产×新增资产次月起至报告期期末的累计月数÷报告期月份数-报告期回购或现金分红等减少的、归属于公司普通股股东的净资产×减少资产次月起至报告期期末的累计月数÷报告期月份数）×100%。

2.每股收益=归属于母公司普通股股东的合并净利润/本公司发行在外普通股的加权平均数。

7.3 对本公司财务状况、经营成果有重大影响的其他事项

无。

8.特别事项揭示

8.1 前五名股东报告期内变动情况及原因

截至2021年12月31日，本公司前五名股东持股情况如下表所示。

序号	股东名称	报告期内增减（+，-）	期末持股数量（股）	期末持股比例（%）	股份种类
1	鲁信集团	-	2 242 202 580	48.13	内资股
2	中油资产管理有限公司	-	873 528 750	18.75	内资股
3	香港中央结算（代理人）有限公司(1)	+21 600	911 720 850	19.57	H股
4	济南金融控股集团有限公司	-	252 765 000	5.43	H股
5	山东省高新技术创业投资有限公司	-	225 000 000	4.83	内资股

注：香港中央结算（代理人）有限公司是以代理人身份持有H股合计数（济南金融控股集团有限公司所持有的H股除外）。

8.2 董事、监事及高级管理人员变动情况及原因

报告期内，本公司董事、监事、高级管理层变动情况如下。

8.2.1 董事变动情况

岳增光先生因工作调整，辞任本公司执行董事职务。董事会已于2021年2月3日批准岳先生的辞任，而其辞任将于本公司新任执行董事之任职资格获山东银保监局核准时生效。在此之前，岳先生继续履行执行董事职责。经董事会建议，方灏先生已于本公司于2021年3月30日举行之2021年度第一次临时股东大会获选举为执行董事。方先生作为执行董事的任职资格已于2021年5月19日获得山东银保监局核准生效。

万众先生、方灏先生、王增业先生、赵子坤先生、王百灵女士、丁慧平先生、李杰女士及孟茹静女士于2021年6月29日召开的2020年度股东周年大会上获重选或委任为第三届董事会董事。肖华先生及金同水先生因任期届满，不再重选连任第三届董事会非执行董事，颜怀江先生因任期届满，不再重选连任第三届董事会独立非执行董事。王增业先生、赵子坤先生及李杰女士的任职资格须经山东银保监局核准，方可作实。新当选的董事依法依规履行相关程序正式就任前，肖华先生、金同水先生及颜怀江先生将继续履行董事职责直至对应的第

三届董事会新当选董事的任职资格获得山东银保监局核准,以确保董事会成员结构始终符合相关法律法规和公司章程规定。赵子坤先生及王增业先生作为非执行董事的任职资格分别已于2021年10月15日及2021年11月15日获得山东银保监局核准生效。金同水先生及肖华先生分别自2021年10月15日及2021年11月15日起不再担任非执行董事。

经董事会建议,郑伟先生已于本公司于2022年3月30日举行的2022年度第一次临时股东大会获选为独立非执行董事。郑先生作为独立非执行董事的任职资格尚待山东银保监局核准生效。

8.2.2 监事变动情况

王艳女士于2020年度股东周年大会上获委任为第三届监事会外部监事。王女士的外部监事任职须待本公司建议修订公司章程中有关设置外部监事的条款获山东银保监局批准后生效,且届时王女士需符合公司章程及相关法律法规中有关外部监事的任职资格规定。王女士作为外部监事的任职已于2021年10月14日生效。

田志国先生因工作调整,于2022年1月7日起辞任职工代表监事。李燕女士于2022年1月7日获本公司职工代表大会选举为职工代表监事。李女士的任期与本公司第三届监事会一致,自2022年1月7日起生效。

8.2.3 高级管理层变动情况

经董事会于2021年2月3日审议通过,岳增光先生因工作调整,不再担任本公司总经理一职。董事会已于同日聘任方灏先生担任本公司总经理。方灏先生的任职资格生效前,岳先生继续承担总经理职责。方灏先生的任职资格已于2021年3月31日经山东银保监局批准生效。

经董事会于2021年8月11日审议通过,付吉广先生因工作调整,不再担任本公司首席风险官职务,董事会已于同日聘任田志国先生担任本公司首席风险官。田志国先生的任职资格获山东银保监局核准前,本公司总经理方灏先生暂时分管首席风险官负责的相关工作。田志国先生的任职资格已于2021年11月29日获山东银保监局核准生效。

本公司于2021年8月26日召开董事会会议,审议通过《关于聘任公司副总经理的议案》,同意聘任齐观义先生担任本公司副总经理。齐观义先生的任职资格须经山东银保监局核准。

本公司于2021年10月9日召开董事会会议,审议通过《关于聘任公司董事会秘书的议案》,同意聘任林冠蔚先生担任本公司董事会秘书。林冠蔚先生的任职资格须经山东银保监局核准,在此之前,本公司董事会秘书贺创业先生继续履行董事会秘书职责。

本公司于2021年9月9日召开董事会会议,审议通过《关于聘任公司总经理助理的议案》,同意聘任孙波涛、崔方先生担任本公司总经理助理。孙波涛先生、崔方先生的任职资格已分别于2021年11月29日、2022年1月26日获山东银保监局核准生效。

董事会充分肯定岳增光先生、肖华先生、金同水先生及付吉广先生在本公司任职期间所做的重要贡献,并对他们表示感谢。

8.3 变更注册资本、变更注册地或公司名称、公司分立合并事项

2021年度,本公司未发生变更注册资本、变更注册地或公司名称、公司分立合并事项。

8.4 公司的重大诉讼事项

截至2021年12月31日,公司作为原告及申请人牵涉10宗诉讼或仲裁金额超过人民币100百万元的且尚在审理程序中的未决重大诉讼或仲裁案,涉及诉讼或仲裁金额总计约为人民币5 173.16百万元。该等案件主要为我们向相关交易对手客户就未能偿还我们信托授予的贷款而提起的诉讼或仲裁。

截至2021年12月31日,公司无作为被告或被申请人的尚在审理程序中的未决重大诉讼或仲裁案。

8.5 公司及其董事、监事和高级管理人员受到处罚的情况

2021年12月29日,山东银保监局向本公司下发《行政处罚决定书》(鲁银保监罚决字〔2021〕69号),对本公司违规提供房地产融资罚款人民币35万元。本公司已支付了上述罚款。

除以上披露者外,报告期内,本公司及董事、监事、高级管理层未受到任何处罚。

8.6 公司对中国银保监会及其派出机构对公司检查的整改情况

2021年4月、7月及9月,山东银保监局对本公司的第一、第二、第三季度业务进行现场排查,本公司积极配合山东银保监局完成排查工作。

2021年,本公司收到山东银保监局发出的《非现场

监管意见书》共计16份，内容涉及通道业务压降、存续业务风险排查、押品管理等方面，本公司按照监管要求积极开展整改工作，相关报告或整改方案已及时报送山东银保监局。

2021年，山东银保监局向本公司下发四份《监管质询书》，本公司已按照监管要求及时报送情况说明、排查结果及整改方案。

除于本年度报告中所披露的以外，本公司于报告期后并无发生任何重大事项。

8.7 本年度重大事项临时报告

报告期内，本公司未做出针对重大事项的临时报告。

8.8 中国银保监会及其省级派出机构认定的其他有必要让客户及相关利益人了解的重要信息

除了年度报告所披露的以外，截至2021年12月31日，本公司不存在中国银保监会及其省级派出机构认定的其他有必要让客户及相关利益人了解的重要信息。

9.公司监事会意见

2021年，监事会根据公司章程等有关规定，履行了对本公司董事会、高级管理层履职情况的监督职责。就相关问题出具意见如下：

董事会人员组成符合境内外监管要求对信托公司治理的规定，董事具备多元化专业背景，具有较强的互补性，具有独立的专业判断能力，符合所聘任岗位的履职要求。报告期内，董事会及各专门委员会能够严格按照公司章程、董事会及各专门委员会议事规则、上市规则等有关规定，依法合规运作，持续完善公司治理结构，有效落实股东大会的决议。报告期内，未发现董事存在违反相关法律法规及损害公司股东利益的行为。

报告期内，本公司高级管理层努力开展工作，认真履行职责，切实贯彻落实本公司股东大会和董事会各项决议，没有违反法律、法规和公司章程或损害本公司利益的行为。

本公司2021年度的财务报告客观、真实、完整地反映了本公司的财务状况和经营成果。

2022年，本公司监事会及各位监事要按照中国公司法、《信托公司治理指引》、公司章程等有关规定，继续提高工作能力和履职监督水平，积极开拓工作思路，认真履行监督职能，督促本公司进一步完善公司治理结构，提升风险管控水平，坚持依法合规稳健经营，切实维护本公司及本公司股东的合法权益，实现公司持续健康发展。

除以上披露事项外，监事会对报告期内其他监督事项无异议。

山西信托股份有限公司

1.重要提示

1.1 本公司董事会及董事保证本报告所载资料不存在任何虚假记载、误导性陈述或者重大遗漏，并对其内容的真实性、准确性和完整性承担个别及连带责任。

1.2 未有公司董事声明对本年度报告内容的真实性、准确性、完整性存在异议。

1.3 公司独立董事陈凯保证本年度报告内容真实、准确、完整。

1.4 毕马威华振会计师事务所（特殊普通合伙）对本公司年度财务报告进行审计，出具了标准无保留意见的审计报告。

1.5 公司法定代表人董事长武旭，主管会计工作负责人雷淑俊、会计部门负责人刘峻声明：保证年度报告中财务报告的真实、完整。

2.公司概况

公司前身为经中国人民银行批准成立于1985年4月1日的山西省经济开发投资公司，1991年更名为山西省信托投资公司；2002年4月，经中国人民银行总行核准（银复〔2002〕85号），山西省信托投资公司吸收合并太原市信托投资公司，增加了新的股东，重新登记改制为山西信托投资有限责任公司；2007年8月，经中国银行业监督管理委员会核准（银监复〔2007〕338号），公司更名为山西信托有限责任公司；2013年4月，经中国银行业监督管理委员会《中国银监会关于山西信托有限责任公司变更组织形式及公司名称等有关事项的批复》（银监复〔2013〕183号）批准，公司更名为山西信托股份有限公司；截至本报告期末，公司注册资本人民币13.57亿元，其中山西金融投资控股集团有限公司持股90.7%，太原市海信资产管理有限公司持股8.3%，山西国际电力集团有限公司持股1%。

2.1 公司概况

公司简介

1	法定中文名称	山西信托股份有限公司（中文缩写：山西信托）
2	法定英文名称	Shanxi Trust Co., Ltd.（英文缩写：STC）
3	法定代表人	武 旭
4	注册地址	山西省太原市府西街69号
5	邮政编码	030002
6	国际互联网网址	http://www.sxxt.net
7	公司电子信箱	websxxt@sxxt.net
8	信息披露事务负责人	武 旭
9	信息披露事务联系人	郭 翼
10	联系电话	0351-8686777
11	传 真	0351-8686111
12	电子信箱	websxxt@sxxt.net
13	本次信息披露报纸	《金融时报》
14	年度报告备置地点	山西省太原市府西街69号山西国际贸易中心A座37层
15	公司聘请的会计师事务所及其住所	毕马威华振会计师事务所（特殊普通合伙） 地址：北京市东城区东长安街1号东方广场东2座毕马威大楼8层
16	公司聘请的律师事务所及其住所	北京大成（太原）律师事务所 地址：太原市晋源区集阜路1号鸿升时代金融广场19层

2.2 组织结构

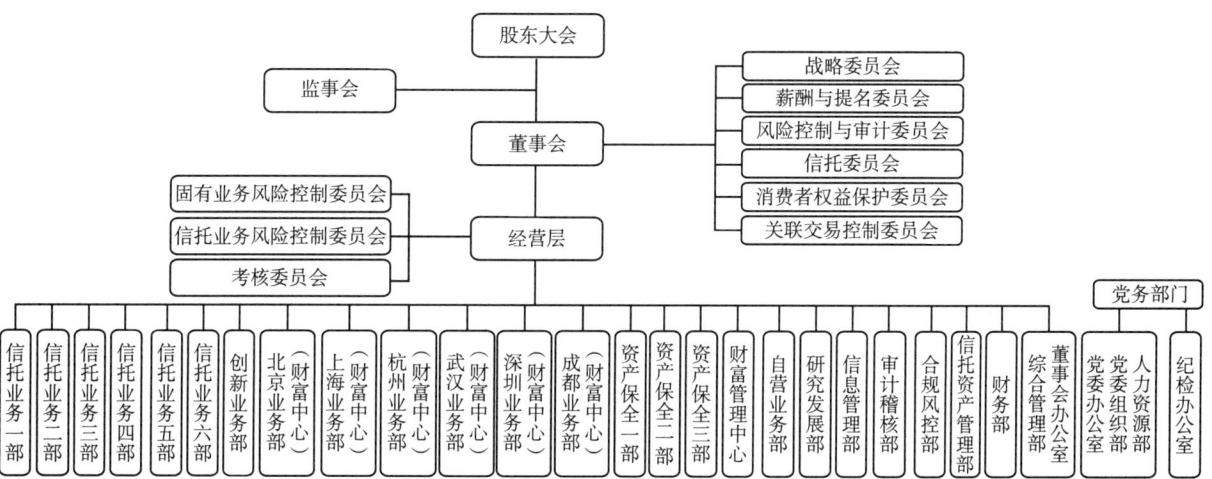

3. 公司治理结构

3.1 股东

股东总数为3个。

股东名称	出资比例（%）	法人代表	注册资本（亿元）	注册地址	主要经营业务
山西金融投资控股集团有限公司★	90.7	张炯威	106.467	太原市杏花岭区府西街69号	投资和管理金融业包括银行、证券、保险、基金、信托、期货、租赁；资产管理；投资和管理非金融业。报告期内，公司财务状况良好
太原市海信资产管理有限公司	8.3	李晔军	94.5	太原市迎泽区新建南路153号	投资及资产委托管理，投资咨询及企业财务法律咨询；创业投资业务服务；城市建设投资等
山西国际电力集团有限公司	1	刘文彦	60	山西示范区学府园区南中环街426号	电、热的生产和销售，发电、输变电工程的技术咨询，电力调度、生产管理及电力营销服务等

注：1.本公司三个股东之间不存在关联关系。
　　2.股东财务状况数字截至2021年12月31日。
　　3.★号表示公司控制股东。

公司名称	股份总数（万股）	股东	实际控制人	一致行动人	最终受益人
山西信托股份有限公司	135 700.00	山西金融投资控股集团有限公司（控股股东）	山西省财政厅	无	山西省财政厅
		太原市海信资产管理有限公司（主要股东）	太原市地方金融投资管理有限公司	无	太原市财政局

注：1.报告期内，公司股东及持股比例未发生变化。
　　2.公司及主要股东关联方详见公司2021年年度报告。

3.2 董事

董事长、董事

姓名	职务	性别	年龄（岁）	选任日期	所推举的股东名称	该股东持股比例（%）	简要履历
武旭	董事长	男	43	2021年10月	山西金融投资控股集团有限公司	90.7	曾任山西金融投资控股集团有限公司综合管理部总经理、山西信托股份有限公司董事，山西金融投资控股集团有限公司综合管理部总经理、山西信托股份有限公司党委书记、董事（代为履行董事长职权）。现任山西信托股份有限公司党委书记、董事长
雷淑俊	董事	女	52	2019年12月	山西金融投资控股集团有限公司	90.7	曾任山西信托股份有限公司党委委员、副总经理、财务总监，山西信托股份有限公司党委委员、副总经理（代行总经理职责）、财务总监。现任山西信托股份有限公司党委副书记、董事、总经理
姚丽蓉	董事	女	46	2022年3月	山西金融投资控股集团有限公司	90.7	曾任山西国信投资集团有限公司人力资源部总经理（党委组织部部长）、山西煤炭清洁利用投资有限公司董事、山西省森林康养投资管理集团有限公司董事。现任山西金融投资控股集团有限公司人力资源部总经理、山西金信清洁引导投资有限公司董事、山西省绿色产业投资集团有限公司董事、山西信托股份有限公司董事
王建军	董事	男	49	2013年5月	山西国际电力集团有限公司	1	曾任通宝能源有限公司党委书记、总经理，山西国际电力集团有限公司产业管理部经理。现任山西煤炭运销集团吕梁有限公司党委书记、执行董事
杨鹏霄	职工董事	男	41	2017年8月	—	—	曾任山西信托股份有限公司中小企业三部总经理，山西信托股份有限公司同业信托部总经理。现任山西信托股份有限公司信托业务四部副总经理（主持工作）

独立董事

姓名	所在单位及职务	性别	年龄（岁）	选任日期	所推举的股东名称	该股东持股比例（%）	简要履历
陈凯	万商天勤（上海）律师事务所律师、合伙人。	男	45	2016年11月	山西金融投资控股集团有限公司	90.7	曾任上海震旦律师事务所律师，上海傅玄杰律师事务所律师。现任万商天勤（上海）律师事务所主任、合伙人、律师，兼任山西信托股份有限公司、无锡德林海环保科技股份有限公司、上海雅仕投资发展股份有限公司、上海紫燕食品股份有限公司、上海世浦泰新型膜材料股份有限公司、包头天和磁材科技股份有限公司独立董事

3.3 监事

监事会成员

姓名	职务	性别	年龄（岁）	选任日期	所推举的股东名称	该股东持股比例（%）	简要履历
崔强	监事会主席	男	48	2021年9月	山西金融投资控股集团有限公司	90.7	曾任山西金融投资控股集团有限公司首席法律顾问兼风控合规部总经理、山西金融租赁有限公司董事，山西信托股份有限公司党委副书记、山西金融租赁有限公司董事。现任山西信托股份有限公司党委委员、监事会主席
杨虹	监事	女	38	2021年9月	太原市海信资产管理有限公司	8.3	曾任太原市海信资产管理有限公司会计。现任太原市海信资产管理有限公司计划财务部副部长，兼任太原林海通科创企业管理有限公司财务负责人，太原水廊路网建设工程有限公司财务负责人
宋晓伟	监事	女	57	2013年5月	山西国际电力集团有限公司	1	曾任山西国际电力集团有限公司法律审计部经理，晋能集团有限公司资本运作中心部长
逄晶	职工监事	女	44	2017年4月	—	—	曾任山西卓融投资有限公司副总经理。现任山西信托股份有限公司纪委副书记、纪检监察室主任
王浩	职工监事	男	44	2017年4月	—	—	曾任山西省投资促进局干部，山西信托股份有限公司股权信托部总经理。现任山西信托股份有限公司信托业务二部总经理

3.4 高级管理人员

姓名	职务	性别	年龄（岁）	选任日期	金融从业年限	学历	专业	简要履历
雷淑俊	党委副书记、总经理	女	52	2019年12月	29	本科	金融	曾任山西信托股份有限公司党委委员、副总经理、财务总监，山西信托股份有限公司党委委员、副总经理（代行总经理职责）、财务总监。现任山西信托股份有限公司党委副书记、董事、总经理
牛宝亮	党委委员、副总经理	男	38	2021年12月	13	硕士	控制科学与工程	曾任山西省金融资产交易中心有限公司投资业务部总经理，山西省金融资产交易中心有限公司总经理助理兼投资业务部总经理。现任山西信托股份有限公司党委委员、副总经理
刘凌鹏	总经理助理	男	48	2017年6月	19	硕士	政治经济学	曾任山西信托股份有限公司投资业务事业部业务部总经理，山西信托股份有限公司金融市场事业部业务一部总经理。现任山西信托股份有限公司总经理助理
温国志	总经理助理	男	52	2017年6月	28	本科	工业与民用建筑工程	曾任山西信托股份有限公司信托北京总部总经理，山西信托股份有限公司城镇化建设事业部业务二部总经理。现任山西信托股份有限公司总经理助理
吴岗	投资总监	男	50	2017年6月	28	本科	投资经济管理	曾任山西信托股份有限公司金融市场事业部资本市场部总经理，山西信托股份有限公司自营业务部总经理。现任山西信托股份有限公司投资总监

党务领导

姓名	职务	性别	年龄（岁）	选任日期	学历	专业	简要履历
陈强	党委专职副书记、纪委书记	男	53	2021年9月	研究生	经济	曾任山西信托有限责任公司副总经理、董事会秘书，山西信托股份有限公司党委委员、副总经理、董事会秘书。现任山西信托股份有限公司党委专职副书记，纪委书记

3.5 公司员工

职工人数（人）		229
平均年龄（岁）		37.96
学历分布比例（%）	博士	0.44
	硕士	36.68
	本科	59.39
	专科	2.18
	其他	1.31

注：此数据包括子公司及外派人员。

4. 经营管理

4.1 战略规划与经营目标

战略规划与经营目标：以完全市场化原则之下的重塑性改革为工具抓手和方式方法，以实现公司的全面转型、全方位高质量发展为最终目的，努力提质增效、提振赶超、提升进位，服从于山西省国企国资改革、能源革命建设全局，服务于全社会实体经济投资需求。忠诚守信、回归本源、灵活创新、稳健发展，实现公司信托文化建设的基本目标，以"服务省域国企"和"发展标品信托"业务为转型方向。通过深挖信托制度优势，运用信托法理机能，构建科学、合理、稳定的盈利模式，以成为"客户不可或缺的卓越财富管理机构和专业的资产管理机构"为目标，努力将公司建设成为资产质量优、区域影响力大、综合服务能力强、充满活力和创新精神的一揽子综合解决方案提供者和金融服务商。

4.2 所经营业务的主要内容

自营资产运用与分布表

资产运用	金额（万元）	占比（%）	资产分布	金额（万元）	占比（%）
货币资产	2 157.18	0.69	基础产业	—	—
买入返售金融资产	4 999.90	1.60	房地产业	—	—
交易性金融资产	110 100.84	35.20	证券市场	—	—
债权投资	91 483.48	29.24	实业	—	—
其他权益工具投资	11 568.88	3.70	金融机构	48 878.61	15.63
长期股权投资	52 190.08	16.68	其他*	263 942.51	84.37
其他	40 320.76	12.89	—	—	—
资产总计	312 821.12	100	资产总计	312 821.12	100

注：资产分布中，"其他类"资产主要包括固定资产、无形资产等。

信托资产运用与分布表

资产运用	金额（万元）	占比（%）	资产分布	金额（万元）	占比（%）
货币资产	43 782.96	0.69	基础产业	46 954.56	0.74
贷款	4 469 730.49	70.47	房地产	140 161.55	2.21
交易性金融资产投资	13 391.81	0.21	证券市场	576 221.96	9.09
买入返售金融资产	48 404.50	0.76	实业	5 243 623.58	82.67
可供出售金融资产投资	800 011.42	12.62	金融机构	28 401.15	0.45
持有至到期投资	356 912.59	5.63	其他	307 134.14	4.84
长期股权投资	204 868.08	3.23	—	—	—
其他	405 395.09	6.39	—	—	—
信托资产合计	6 342 496.94	100.00	信托资产总计	6 342 496.94	100.00

注：资产分布中，"其他类"资产主要包括财产权类资产、收益权类资产等。

4.3 市场分析

4.3.1 影响本公司业务发展的有利因素

（1）我国经济发展的基本面保持长期向好为公司发展创造良好条件。虽然面临疫情冲击、需求收缩、供给冲击和发展预期转弱的多重压力，但在党中央的坚强领导下，以推动经济高质量发展为主题，以深化供给侧结构性改革为主线，以改革创新为根本动力，立足新发展阶段、贯彻新发展理念、构建新发展格局，使我国经济实力、科技实力、综合国力及人民生活水平迈上新台阶。

（2）多策并举助力经济金融高质量发展为公司发展奠定良好基础。财政政策提升效能更加注重精准和可持续，保证支出强度加快支出进度，实施新的减税降费政策，加强在关键领域和风险化解等方面的支持力度；货币政策灵活适度，引导金融机构加大对实体经济支持力度，既不搞大水漫灌又要满足实体经济合理有效的融资需求，加大对重点领域和薄弱环节的支持力度。

（3）山西经济高质量转型发展的良好态势强力牵引公司创新发展。山西三区三地建设、一群两区三圈建设、太忻一体化经济区高起点建设，需要大量金融服务支持，蕴藏着重要发展机遇；山西国资国企改革红利持续释放，项目逐步投产见效，省属国企的基本面持续改善，为公司业务发展提供有力支持；山西金控集团是重要地方国有金融资本投资运营平台，为公司在银行、证券、保险、基金、担保、期货、要素市场多金融业态协同发展方面奠定良好基础。

4.3.2 影响本公司业务发展的不利因素

（1）全年受新冠肺炎疫情反弹影响全球经济分化加剧，经济复苏动能减弱，国际市场CPI高位运行、失业率提高，我国经济发展同样遇到一些阶段性、结构性和周期性因素制约，经济平稳运行难度加大，面临疫情多地散发、大宗商品价格高企等挑战。这些不利国际国内经济扰动因素给公司在全国范围内展业带来较大难度，容易积累风险因素，给公司展业能力和风险管控能力带来挑战。

（2）创新能力不足给公司转型发展带来挑战。通过对国资国企系列产品、循环经济系列产品、FOF型基金信托产品、消费信托系列产品的探索，公司逐步探索出转型发展新路径，但相较于先进同行，公司在创新能力、技术水平、科技实力等方面的基础较为薄弱，转型发展挑战巨大。

（3）排名靠后的注册资本成为公司生存发展的瓶颈。资本金不足使得公司在行业竞争中处于劣势难以与资金实力强的市场机构形成合作关系，导致公司在风险项目化解及按照监管要求整改业务方面流动资金匮乏，在开展信保合作业务等创新业务方面难获准入，在助力本省经济发展上成效还需提升。

4.4 内部控制概况

公司按照现代企业制度的要求，建立了产权明晰、责任明确、管理科学的企业制度；根据法人治理机制的要求，建立了权责分明、有效制衡、协调运作的治理结构；党委会先议是董事会、经营层决策重大问题的前置程序。公司依照金融企业运行的需要，加强信托文化建设、内控文化建设，制定了相对完善的内控制度；公司牢固树立内控优先的理念，不断增强全体员工合规展业与依法经营的意识；公司建立了责任追究制度，把信托文化和内控文化的建设和执行落到实处，营造良好的内控环境。此外，公司根据业务特点和内部控制的需要，科学划分内部控制管理职能、合理配置资源，为内部控制的实施提供了有效保障。

4.5 风险管理概况

风险管理是公司的一项基础性工作，公司坚守受托人定位，在风险管理过程中强化受托文化建设，始终遵循"事前预防、事中控制、事后监督"的原则，建立了多层次、全覆盖的风险控制体系，明确每个项目对应的直接责任人、直接领导责任人和主要领导责任人。公司以"立体防控、安全发展"为抓手，以"控制增量、化解存量"为手段，以全方位做好金融风险防范为目的，严格准入，严控增量风险；部门、人员、任务三到位，化解存量风险。

4.5.1 信用风险

信用风险是指由于交易对手不履行合同义务，造成违约，使公司遭受潜在损失的可能性。主要表现在资金使用人不能及时准确披露信息，未经许可擅自改变资金用途，经济状况恶化导致不能到期还本付息等对资产安全产生的影响。公司高度重视交易对手的信用情况，业务人员对交易对手进行详尽的尽职调查，按照风险控制流程从不同层面对项目进行严格的、全方位的审查和评估，并根据实际情况采用抵押、质押、保证等增信措施控制风险。项目运行过程中持续关注项目运行情况，实施动态管理、动态监督，严格防范信用风险。

4.5.2 市场风险

市场风险是指由市场变化引发的价格变化使公司遭受潜在损失的可能性。主要表现在证券市场、汇率、利率及其他价格因素变动，对公司的盈利能力和财务状况可能产生的影响。公司关注国家宏观政策，规避限制类行业和相关项目；关注央行货币政策及市场利率变化，适时调整资金定价。证券市场投资遵循组合投资、结构化投资的原则，科学制定投资比例和投资策略。通过控制投资于同一行业的项目规模和数量，避免风险过于集中，积极拓展多元化投资领域和项目。

4.5.3 流动性风险

流动性风险是指公司无法以合理成本及时获得充足资金，以偿付到期债务、履行其他支付义务的满足正常业务开展的资金需求的风险。公司注重流动性日常监测与防范，强化信托业务与固有业务分别核算、分别监测、分别管理。对固有业务流动性，由自营业务部门根据年初规划，统筹安排、合理配置资金。对信托业务流动性，一般项目由业务部门针对每一个信托项目进行日常管理、日常监测；风险项目，由保全部门及相关部门联动检测及管理，采取各种措施缓释流动性风险。

4.5.4 操作风险

操作风险是指由不完善或有问题的内部程序、员工和信息科技系统，以及外部事件所造成的风险。公司坚持前台、中台、后台职责分离和部门、岗位之间相互制衡原则，通过明确工作职责，严格执行操作规程和权限设置，注重全流程监控。定期对业务规章和操作流程进行修订和完善，加大信息化建设，加强对员工技能培训，完备相应管理记录，防范操作风险。

4.5.5 声誉风险

声誉风险是指由公司经营、管理及其他行为或外部事件导致的利益相关方对公司负面评价的风险。公司将发展战略和企业文化与声誉构建进行有机结合，通过尽职管理和充分信息披露塑造公司专业诚信的良好形象，加强业务的评审和风险管理，有效规避声誉风险。

4.5.6 信息科技风险

信息科技风险是指在公司信息技术运用中，由于自然因素、人为因素、技术漏洞和管理缺陷产生的操作、法律和声誉风险。公司在信息技术管理方面，除了信息系统的规划、实施、建设、维护以外，在信息技术人员管理方面的首要目标是最大程度地防范技术风险，保障信息系统的安全、稳健运行。信息技术人员要树立技术风险防范意识，把安全工作贯彻落实到信息系统的设计、开发、运行、维护各阶段和涉及硬件、软件、网络通信、数据管理各个方面；不得泄露数据，不得利用职务之便提供非法信息数据服务。

4.5.7 其他风险

其他风险包括政策风险、道德风险等。公司根据国家法律、宏观政策和行业政策的导向，积极调整经营策略和业务拓展方向，确保经营发展与国家政策保持一致；通过加强员工的风险管理教育、合规教育，强化内控机制建设，完善业务制度和流程，加大检查监督的力度等措施，防范道德风险的发生。

5. 报告期末及上一年度末的比较式会计报表

5.1 自营资产

5.1.1 会计师事务所审计意见全文

毕马威华振会计师事务所（特殊普通合伙）对本公司年度财务报告进行审计，并出具了标准无保留意见的审计报告。

审计报告

一、审计意见

我们审计了后附的山西信托股份有限公司（以下简称山西信托）财务报表，包括2021年12月31日的合并及母公司资产负债表，2021年度的合并及母公司利润表，合并及母公司现金流量表，合并及母公司股东权益变动表及相关财务报表附注。

我们认为，后附的财务报表在所有重大方面按照中华人民共和国财政部颁布的企业会计准则（以下简称企业会计准则）的规定编制，公允反映了山西信托2021年12月31日的合并及母公司财务状况以及2021年度的合并及母公司经营成果和现金流量。

二、形成审计意见的基础

我们按照中国注册会计师审计准则（以下简称审计准则）的规定执行了审计工作。审计报告的"注册会计师对财务报表审计的责任"，进一步阐述了我们在这些准则下的责任，按照中国注册会计师职业道德守则，我们独立于山西信托，并履行了职业道德方面的其他责任。我们相信，我们获取的审计证据是充分、适当的，为发表审计意见提供了基础。

5.1.2 资产负债表

资产负债表

编报单位：山西信托股份有限公司　　　　　　　　　　　　　　　　　　　　　　　　　　　　　　　　　　　　单位：万元

资产	合并		母公司		负债及所有者权益	合并		母公司	
	2021年	2020年	2021年	2020年		2021年	2020年	2021年	2020年
存放同业款项	4 469.39	2 074.96	2 157.18	431.39	拆入资金	—	—	—	—
以公允价值计量且其变动计入当期损益的金融资产	不适用	18 135.76	不适用	13 864.77	应付职工薪酬	6 120.37	5 861.82	5 888.77	5 407.72
交易性金融资产	74 921.05	不适用	110 100.84	不适用	交易性金融负债	—	—	—	—
买入返售金融资产	4 999.90	13 598.40	4 999.90	10 858.40	应交/（预缴）税费	4 362.53	7 326.80	4 198.50	6 374.60
应收利息	不适用	14 708.83	不适用	5 086.17	预计负债	—	880.51	3 857.53	6 932.12
债权投资	—	不适用	91 483.48	不适用	其他负债	196 594.60	150 721.40	109 790.00	41 383.36
应收款项	4 761.01	8 695.50	4 969.64	2 634.55	递延所得税负债	—	—	—	—
发放贷款和垫款	68 643.59	90 023.66	—	800.00	负债合计	207 077.50	164 790.53	123 734.80	60 097.80
可供出售金融资产	不适用	4 107.41	不适用	125 346.05	股本	135 700.00	135 700.00	135 700.00	135 700.00
长期股权投资	28 486.22	38 059.09	52 190.08	61 762.95	资本公积	8 983.99	5 127.44	10 483.91	6 627.35
其他权益工具投资	11 568.88	不适用	11 568.88	不适用	其他综合收益	0.01	313.25	0.01	-34.98
投资性房地产	5 119.01	2 709.28	5 119.01	2 709.28	盈余公积	7 372.33	7 104.04	7 372.32	7 104.04
固定资产	2 476.57	5 199.80	2 465.30	5 185.03	风险准备	24 893.80	24 491.38	24 893.80	24 491.38
在建工程	—	—	—	—	未分配利润	3 728.00	7 313.28	10 636.28	13 889.32
无形资产	417.47	339.95	417.19	339.57	归属于母公司股东的权益合计	180 678.13	180 049.39	189 086.32	187 777.11
递延所得税资产	15 194.47	12 589.75	16 374.53	12 800.45	少数股东权益	28.99	102.22	—	—
其他资产	166 727.06	134 699.75	10 975.09	6 056.30	股东权益合计	180 707.12	180 151.61	189 086.32	187 777.11
资产总计	387 784.62	344 942.14	312 821.12	247 874.91	负债和股东权益总计	387 784.62	344 942.14	312 821.12	247 874.91

总经理：雷淑俊　　　　　　　　　　　　　　　计划财务部总经理：刘峻　　　　　　　　　　　　　　　制表：杨晶茹

注：合并财务报表范围包括本公司、本公司子公司及纳入合并范围的结构化主体。

5.1.3 利润表

利润表

编报单位：山西信托股份有限公司
单位：万元

项目	合并		母公司	
	2021年度	2020年度	2021年度	2020年度
一、营业收入	29 194.08	33 710.78	16 384.50	20 991.43
利息净收入	8 705.25	-3 334.72	-2 252.97	-2 414.63
利息收入	14 279.35	7 854.85	39.48	163.13
利息支出	5 574.10	11 189.57	2 292.45	2 577.76
手续费及佣金净收入	19 160.38	16 060.94	19 462.43	16 470.28
手续费及佣金收入	19 161.80	16 062.78	19 463.85	16 472.13
手续费及佣金支出	1.42	1.84	1.42	1.85
投资收益（损失以"-"号填列）	774.35	20 783.05	-173.88	6 456.02
公允价值变动损益（损失以"-"号填列）	-93.53	-278.25	-1 266.42	—
汇兑收益（损失以"-"号填列）	-7.45	-22.53	-7.45	-22.53
其他业务收入	550.17	468.55	550.17	468.55
其他收益	34.44	33.74	34.44	33.74
资产处置收益/（损失）	70.47	—	38.18	—
二、营业支出	27 378.32	30 676.46	20 029.01	29 783.77
税金及附加	416.82	351.42	414.90	307.84
业务及管理费	15 359.18	19 866.20	14 660.60	18 403.17
信用减值损失	2 090.76	不适用	4 775.58	不适用
资产减值损失	9 333.63	10 357.61	—	10 971.53
其他业务支出	177.93	101.23	177.93	101.23
三、营业利润（损失以"-"号填列）	1 815.76	3 034.32	-3 644.51	-8 792.34
加：营业外收入	882.39	2 704.29	5 424.16	13 676.88
减：营业外支出	57.52	266.69	57.52	266.68
四、利润总额（损失以"-"号填列）	2 640.63	5 471.92	1 722.13	4 617.86
减：所得税费用	126.44	3 382.03	-960.69	2 813.57
五、净利润（损失以"-"号填列）	2 514.19	2 089.89	2 682.82	1 804.29
其他综合收益	-314.88	-9 705.94	-314.88	-1 998.19
综合收益总额	2 199.31	-7 616.05	2 367.94	-193.90

总经理：雷淑俊　　　　计划财务部总经理：刘峻　　　　制表：杨晶茹

注：合并财务报表范围包括本公司、本公司子公司及纳入合并范围的结构化主体。

5.1.4 所有者权益变动表

编报单位：山西信托股份有限公司

单位：万元

项目	2021年								2020年							
	实收资本（股本）	资本公积	其他综合收益	盈余公积	风险准备	未分配利润	所有者权益合计		实收资本（股本）	资本公积	其他综合收益	盈余公积	风险准备	未分配利润	所有者权益合计	
1.上年末余额	135 700.00	6 627.35	-34.98	7 104.04	24 491.38	13 889.32	187 777.11		135 700.00	6 627.35	1 963.21	6 923.61	24 220.74	17 602.66	193 037.57	
2.会计政策变更及差错更正	—	—	349.87	—	—	-5 265.16	-4 915.29		—	—	—	—	—	—	—	
3.本年年初余额	135 700.00	6 627.35	314.89	7 104.04	24 491.38	8 624.16	182 861.82		135 700.00	6 627.35	1 963.21	6 923.61	24 220.74	17 602.66	193 037.57	
4.本年增减变动金额合计（减少以"-"号填列）	—	3 856.56	-314.88	268.28	402.42	2 012.12	6 224.50		—	—	-1 998.19	180.43	270.64	-3 713.34	-5 260.46	
4.1 净利润	—	—	—	—	—	2 682.82	2 682.82		—	—	—	—	—	1 804.29	1 804.29	
4.2 直接计入所有者权益的利得和损失	—	—	-314.88	—	—	—	-314.88		—	-5 066.56	-1 998.19	—	—	-5 066.56	-12 131.31	
4.2.1 可供出售金融资产公允价值变动净额	—	—	—	—	—	—	—		—	-5 066.56	-210.00	—	—	—	-5 276.56	
4.2.2 权益法下被投资单位其他所有者权益变动的影响	—	—	—	—	—	—	—		—	—	-92.24	—	—	—	-92.24	
4.2.3 与计入所有者权益项目相关的所得税影响	—	—	—	—	—	—	—		—	—	635.31	—	—	—	635.31	
4.2.4 其他	—	—	-314.88	—	—	—	-314.88		—	—	-2 331.26	—	—	-5 066.56	-7 397.82	
4.3 所有者投入和减少资本	—	—	—	—	—	—	—		—	—	—	—	—	—	—	
4.3.1 所有者投入资本	—	—	—	—	—	—	—		—	—	—	—	—	—	—	
4.3.2 股份支付计入所有者权益的金额	—	—	—	—	—	—	—		—	—	—	—	—	—	—	
4.3.3 其他	—	—	—	—	—	—	—		—	—	—	—	—	—	—	
4.4 利润分配	—	—	—	268.28	402.42	-670.70	—		—	—	—	180.43	270.64	-451.07	—	
4.4.1 提取盈余公积	—	—	—	268.28	—	-268.28	—		—	—	—	180.43	—	-180.43	—	
4.4.2 提取风险准备	—	—	—	—	402.42	-402.42	—		—	—	—	—	270.64	-270.64	—	
4.4.3 对股东的分配	—	—	—	—	—	—	—		—	—	—	—	—	—	—	
4.4.4 其他	—	—	—	—	—	—	—		—	—	—	—	—	—	—	
4.5 所有者权益内部结转	—	3 856.56	—	—	—	—	3 856.56		—	5 066.56	—	—	—	—	5 066.56	
4.5.1 资本公积转增资本（或股本）	—	—	—	—	—	—	—		—	—	—	—	—	—	—	
4.5.2 盈余公积转增资本（或股本）	—	—	—	—	—	—	—		—	—	—	—	—	—	—	
4.5.3 盈余公积弥补亏损	—	—	—	—	—	—	—		—	—	—	—	—	—	—	
4.5.4 一般风险准备弥补亏损	—	—	—	—	—	—	—		—	—	—	—	—	—	—	
4.5.5 其他	—	3 856.56	—	—	—	—	3 856.56		—	5 066.56	—	—	—	—	5 066.56	
4.6 外币报表折算差额	—	—	—	—	—	—	—		—	—	—	—	—	—	—	
5.本年末余额	135 700.00	10 483.91	0.01	7 372.32	24 893.80	10 636.28	189 086.32		135 700.00	6 627.35	-34.98	7 104.04	24 491.38	13 889.32	187 777.11	

总经理：雷濛俊　　计划财务部总经理：刘峻　　制表：杨晶茹

母公司所有者权益变动表

5.2 信托资产

5.2.1 信托项目资产负债汇总表

信托项目资产负债汇总表

编报单位：山西信托股份有限公司　　　　　　　　　　　　　　　　　　　　　　　　　　　　　　　　　　　　单位：万元

项目	2021年12月31日	2020年12月31日	项目	2021年12月31日	2020年12月31日
资产：	—	—	负债：		
货币资金	43 782.96	98 963.52	交易性金融负债		
拆出资金	—	—	衍生金融负债		
存出保证金	—	—	应付受托人报酬	3 795.67	284.70
应收款项	96 086.06	34 346.75	应付受益人款项	4 029.85	3 373.30
交易性金融资产	13 391.81	19 416.80	应付管理人报酬		
衍生金融资产	—	—	应付信托管费	103.03	88.83
买入返售金融资产	48 404.50	23 772.10	应付利息		
贷款	4 469 730.49	2 678 577.99	应交税金	2 215.11	1 199.03
可供出售金融资产	800 011.42	221 979.54	其他应付款	138 227.95	80 062.27
持有至到期投资	356 912.59	446 448.32	递延所得税负债		
长期股权投资	204 868.08	235 910.69	其他负债		
投资性房地产	—	—	负债合计	148 371.61	85 008.13
固定资产	—	—	所有者权益：		
应收账款			实收信托	6 111 559.87	3 894 374.95
减：坏账准备			资本公积	15.27	25.51
无形资产			盈余公积		
递延所得税资产	—	—	未分配利润	82 550.19	36 642.29
其他资产	309 309.03	256 635.17	所有者权益合计	6 194 125.33	3 931 042.75
资产总计	6 342 496.94	4 016 050.88	负债和所有者权益总计	6 342 496.94	4 016 050.88

总经理：雷淑俊　　　　　　　　　　　　信托资产管理部总经理：赵景丽　　　　　　　　　　　　制表：李玉枝

5.2.2 信托项目利润及利润分配汇总表

信托项目利润及利润分配汇总表

编报单位：山西信托股份有限公司　　　　　　　　　单位：万元

项目	2021年度	2020年度
一、营业收入	267 225.69	243 003.79
利息收入	176 562.49	188 878.50
投资收益（损失以"-"号填列）	85 246.10	52 383.54
租赁收入	—	—
公允价值变动收益（损失以"-"号填列）	3 359.97	-347.68
汇兑收益（损失以"-"号填列）	—	—
其他业务收入	2 057.13	2 089.43
二、营业支出	28 472.31	21 096.48
业务及管理费	27 771.02	20 372.84
税金及附加	701.29	723.64
资产减值损失	—	—
其他业务支出	—	—
三、营业利润（亏损以"-"号填列）	238 753.38	221 907.31
加：营业外收入		
减：营业外支出		
四、本期利润总额（亏损总额以"-"号填列）	238 753.38	221 907.31
加：期初未分配利润	36 642.29	25 664.48
减：本期已分配利润	192 845.49	210 929.50
五、期末未分配信托利润	82 550.18	36 642.29

总经理：雷淑俊　　　信托资产管理部总经理：赵景丽　　　制表：李玉枝

6. 会计报表附注

6.1 与上一期年度报告相比，会计政策、会计估计和核算方法发生变化的情况说明

本公司自2021年度起执行了财政部近年颁布的以下企业会计准则相关规定：

《企业会计准则第22号——金融工具确认和计量（修订）》《企业会计准则第23号——金融资产转移（修订）》《企业会计准则第24号——套期会计（修订）》及《企业会计准则第37号——金融工具列报（修订）》（统称新金融工具准则）。

《企业会计准则第14号——收入（修订）》（新收入准则）。

《企业会计准则第21号——租赁（修订）》（财会〔2018〕35号，统称新租赁准则）。

《新冠肺炎疫情相关租金减让会计处理规定》（财会〔2020〕10号）及《关于调整〈新冠肺炎疫情相关租金减让会计处理规定〉适用范围的通知》（财会〔2021〕9号）。

《企业会计准则解释第14号》（财会〔2021〕1号，统称解释第14号）。

6.2 或有事项说明

截至2021年12月31日，本公司主要涉及以下诉讼案件：

根据开平富琳裕邦房地产开发有限公司及其破产管理人诉讼申请，广东省开平市人民法院于2020年判决本公司及子公司山西卓融向开平富琳裕邦房地产开发有限公司赔付人民币22 801.72万元及相应利息。本公司于2021年重新提起上诉，2021年8月13日该案件经广东省江门市中级人民法院判决发回重审，截至本财务报表批准日止法院尚未判决。

6.3 重要资产转让及其出售的说明

本公司报告期内没有发生重要资产转让及其出售的情况。

6.4 会计报表中重要项目的明细资料

6.4.1 披露自营资产经营情况

6.4.1.1 按信用风险五级分类结果披露的信用风险资产

信用风险资产五级分类	正常类（万元）	关注类（万元）	次级类（万元）	可疑类（万元）	损失类（万元）	信用风险资产合计（万元）	不良资产合计（万元）	不良率
2020年末	157 400.66	87 586.45	16 473.69		4 972.60	266 433.40	21 446.29	8.05
2021年末	180 064.49	96 128.77	26 188.52	6 810.24	11 330.70	320 522.72	44 329.46	13.83

注：不良资产合计=次级类+可疑类+损失类。

6.4.1.2 各项资产减值损失准备情况

单位：万元

项目	期初数	本期计提	本期转回	本期转出	本期核销	期末数
贷款损失准备	—	—	—	—	—	—
一般准备	—	765.99				765.99
专项准备						
其他资产减值准备	34 173.82	4 009.60		3 300.00		34 883.42
债权资产减值准备	18 456.49	2 633.93				21 090.42
长期股权投资减值准备	3 300.00			3 300.00		0.00
坏账准备	794.87	582.39				1 377.26
固定资产减值准备	203.77					203.77
投资性房地产减值准备						
应收利息减值准备	11 418.69	793.28				12 211.97

6.4.1.3 自营股票投资、基金投资、债券投资、股权投资等投资业务的情况

单位：万元

项目	自营股票	基金	债券	长期股权投资	其他投资	合计
2020年末	—	—	—	61 762.95	15 869.43	77 632.38
2021年末	—	—	56 227.67	52 190.08	25 374.73	133 792.48

6.4.1.4 前五名的自营长期股权投资的企业名称、占被投资企业权益的比例、主要经营活动及投资收益情况（从大到小顺序排列）

企业名称	占被投资企业权益的比例（%）	主要经营活动	投资收益（万元）
汇丰晋信基金管理有限公司	51	证券投资基金管理	5 357.89
山西卓融投资有限公司	98	投资业务	—

6.4.1.5 前三名的自营贷款的企业名称、占贷款总额的比例和还款情况（从大到小顺序排列）

2018年10月本公司以自有资金向山西飞流电力工程有限公司发放贷款3 000万元，2018年11月归还1 000万元，2019年2月归还1 000万元，2020年10月归还200万元，2021年12月还款34.01万元，截至报告期末自营贷款余额765.99万元。

6.4.1.6 表外业务的情况

本公司报告期内无表外业务。

6.4.1.7 公司当年的收入结构

收入结构	金额（万元）	占比（%）
手续费及佣金收入	19 463.85	80.75
其中：信托手续费收入	19 463.85	
投资银行业务收入	—	—
利息收入	39.48	0.16
其他业务收入	550.17	2.28
其中：计入信托业务收入部分		
投资收益	-173.88	-0.72
其中：股权投资收益	-984.67	
证券投资收益	32.44	
汇兑损益	-7.45	-0.03
公允价值变动收益	-1 266.42	-5.25
资产处置收益	38.18	0.16
其他收益	34.44	0.14
营业外收入	5 424.16	22.51
收入合计	24 102.53	100.00

注：手续费及佣金收入、利息收入、其他业务收入、投资收益、营业外收入、其他收益均为损益表中的一级科目，其中手续费及佣金收入、利息收入、营业外收入为未抵减掉相应支出的全年累计实现收入数。

6.4.2 信托资产管理情况

6.4.2.1 信托资产的情况

单位：万元

信托资产	期初数	期末数
集合	1 434 828.56	1 744 953.92
单一	2 450 443.02	4 446 963.37
财产权	130 779.30	150 579.65
合计	4 016 050.88	6 342 496.94

6.4.2.1.1 主动管理型信托业务的情况

单位：万元

主动管理型信托资产	期初数	期末数
证券投资类	21 459.39	565 101.29
股权投资类	169 466.42	144 497.68
融资类	1 129 505.47	1 013 502.11
事务管理类	2 693.12	2 698.15
其他类	393 155.20	233 036.81
合计	1 716 279.60	1 958 836.04

6.4.2.1.2 被动管理型信托业务的情况

单位：万元

被动管理型信托资产	期初数	期末数
证券投资类	3.77	8 439.23
股权投资类	83 285.41	83 105.03
融资类	1 178 266.89	667 190.73
事务管理类	1 000 603.45	3 511 660.31
其他类	37 611.76	113 265.60
合计	2 299 771.28	4 383 660.90

6.4.2.2 本年度已清算结束的信托项目的情况

6.4.2.2.1 本年度已清算结束的集合类、单一类资金信托项目和财产管理类信托项目的情况

已清算结束信托项目	项目个数（个）	实收信托合计金额（万元）	加权平均实际年化收益率（%）
集合类	91	611 354.82	7.00
单一类	33	901 089.40	5.64
财产管理类	21	224 378.05	6.64

注：收益率是指信托项目清算后，给受益人赚取的实际收益水平。加权平均实际年化收益率 =（信托项目1的实际年化收益率×信托项目1的实收信托+信托项目2的实际年化收益率×信托项目2的实收信托+…+信托项目n的实际年化收益率×信托项目n的实收信托）/（信托项目1的实收信托+信托项目2的实收信托+…+信托项目n的实收信托）×100%。

6.4.2.2.2 本年度已清算结束的主动管理型信托项目的情况

已清算结束信托项目	项目个数（个）	实收信托合计金额（万元）	加权平均实际年化收益率（%）
证券投资类	1	81 785.10	10.93
股权投资类	1	27 187.12	7.99
融资类	42	325 496.08	7.18
事务管理类	—	—	—
其他类	40	283 117.74	6.23

6.4.2.2.3 本年度已清算结束的被动管理型信托项目的情况

已清算结束信托项目	项目个数（个）	实收信托合计金额（万元）	加权平均实际年化收益率（%）
证券投资类	—	0.00	0.00
股权投资类	—	0.00	0.00
融资类	21	560 021.67	6.36
事务管理类	27	434 819.56	5.17
其他类	13	24 395.00	8.55

6.4.2.3 本年度新增的集合类、单一类和财产管理类信托项目的情况

新增信托项目	项目个数（个）	合计金额（万元）
集合类	159	863 802.37
单一类	26	2 845 776.82
财产管理类	13	244 428.00
新增合计	198	3 954 007.19
其中：主动管理型	87	902 860.46
被动管理型	111	3 051 146.73

注：本年新增信托项目指在本报告年度累计新增的信托项目个数和金额。包含本年度新增并于本年度内结束的项目和本年度新增至报告期末仍在持续管理的信托项目。

6.4.2.4 信托业务创新成果和特色业务有关情况

2021年，公司实现了管理信托资产规模和净利润"两跃升"，两项核心指标均创五年新高。全年累计新增信托规模接近翻番，其中投向山西省内的信托资产规模占比70%，其中90%以上投向省域国企，公司为十余家省属国企发行信托产品，建立紧密业务合作关系，已发展成为支持山西国企转型发展、提质增效的有生力量、重要因素。

公司明确以服务山西省属国企为主要转型发展路径，以高效优质的金融信托服务快速提升业务规模、拓展市场份额。公司努力练就"十八般武艺"，服务"十八罗汉"（山西省国有资本运营公司履行出资人职责的18家省属重点国有企业），以转型提质凸显信托法理价值，以提升服务展现公司崭新形象。

绿色信托业务、消费金融类信托业务已成为公司创新业务的代表，业务部门积极探索，通过丰富标的物品种、增信措施，拓展机构合作广度，不断丰富产品内涵。截至2021年末，公司已发行服务于资源循环再利用的绿色信托产品累计规模8.09亿元，发行服务教育、3C产品等领域的消费金融类信托产品累计规模16.30亿元，助力绿色金融、普惠金融事业发展。

6.4.2.5 本公司履行受托人义务情况及因本公司自身责任而导致的信托资产损失情况

本公司作为受托人，已经建立了完整的信托事务管理制度，严格遵守相关法律、行政法规以及信托合同的约定，恪尽职守，履行诚实、信用、谨慎、有效管理的义务。本着忠实于委托人、争取受益人最大利益的原则处理信托事务。

截至本报告期末，本公司未发生因自身责任导致信托财产损失情况。

6.5 关联方关系及其交易的披露

6.5.1 关联交易方的数量、关联交易的总金额及关联交易的定价政策

项目	关联交易方数量	关联交易金额（万元）	定价政策
合计	3	2 716.11	本公司在正常业务过程中发生的关联交易遵守一般商业条款。关联交易的价格主要参考市场价格经双方协商后确定

6.5.2 关联交易方与本公司的关系性质、关联交易方的名称、法定代表人、注册地址、注册资本及主营业务

单位：万元

关系性质	关联方名称	法定代表人	注册地址	注册资本	主营业务
控股公司	山西金融投资控股集团有限公司	张炯威	山西省太原市府西街69号	1 064 670.00	投资及管理金融业
与本公司同受山西金控集团控制	山西国信医疗健康投资管理有限公司	李国荣	山西示范区南中环街529号清控创新基地D座16层	10 000.00	投资及资产委托管理等
与本公司同受山西金控集团控制	山西国贸物业管理有限公司	任晓东	山西省太原市府西街69号	300.00	物业管理等

6.5.3 本公司与关联方的重大交易事项

6.5.3.1 固有财产与关联方关联交易情况

报告期内公司向山西金融投资控股集团有限公司支付借款利息2 252.75万元。

报告期内公司以自有资金交纳山西国贸物业管理有限公司租赁及物业管理费等费用438.36万元。

报告期内公司向山西国信医疗健康投资管理有限公司收取的房屋租金25.00万元。

6.5.3.2 信托资产与关联方关联交易情况

报告期信托资产与关联方无重大关联交易发生。

6.5.3.3 信托公司自有资金运用于自己管理的信托项目（固信交易）、信托公司管理的信托项目之间的相互（信信交易）交易情况

6.5.3.3.1 固有财产与信托财产之间的交易情况

单位：万元

项目	期初数	本期变动	期末数
合计	132 314.15	22 072.18	154 386.33

6.5.3.3.2 信托资产与信托财产之间的交易情况

单位：万元

项目	期初数	本期变动	期末数
合计	97 702.09	1 936.65	99 638.74

6.5.4 关联方逾期未偿还本公司资金的详细情况以及本公司为关联方担保发生或即将发生垫款的详细情况

报告期本公司无上述情况发生。

6.6 会计制度的披露

公司固有业务和信托业务，执行财政部2006年2月15日颁布的《企业会计准则——基本准则》和各项具体会计准则、其后颁布的企业会计准则应用指南、企业会计准则解释以及其他相关规定。

7.财务情况说明书

7.1 利润实现和分配情况

2021年度，公司实现净利润2 682.82万元。提取法定盈余公积268.28万元，提取一般风险准备268.28万元，提取信托赔偿准备134.14万元。年末可供分配的利润10 636.28万元。

7.2 主要财务指标

单位：万元

指标名称	指标值（%）
资本利润率	1.42
加权平均实际年化信托报酬率	0.60
人均净利润	11.30

注：1.资本利润率＝净利润/所有者权益平均余额×100%。
2.加权平均实际年化信托报酬率＝（信托项目1的实际年化信托报酬率×信托项目1的实收信托＋信托项目2的实际年化信托报酬率×信托项目2的实收信托＋…信托项目n的实际年化信托报酬率×信托项目n的实收信托）/（信托项目1的实收信托＋信托项目2的实收信托＋…信托项目n的实收信托）×100%。
3.人均净利润＝净利润/年平均人数。
4.平均值采取年初、年末余额简单平均法，公式为：a（平均）＝（年初数＋年末数）/2。

7.3 公司净资本监管指标

指标名称	指标值	监管标准
净资本	12.62	≥2亿元
各项业务风险资本之和	8.34	—
净资本/各项业务风险资本之和	151.32%	≥100%
净资本/净资产	66.74%	≥40%

7.4 对本公司财务状况、经营成果有重大影响的其他事项

报告期内，本公司无对财务状况、经营成果有重大影响的其他事项。

8.企业社会责任

2021年，公司坚持履行社会责任，回归信托本源，不断提升服务实体经济质效，助力山西高质量转型发展，稳步提升对重点领域、重要工程的金融服务能力；积极发展普惠金融、消费金融，支持涉及民生保障、科技发展、产业转型升级的行业企业，服务人民美好生活；巩

固发展绿色金融业务，服务环保生态工作需要；关心员工发展，巩固干事创业的工作氛围。

8.1 不断提升服务实体经济质效

公司坚持回归信托本源，将服务实体经济作为一项重点工作常抓不懈。截至2021年底，共为各类工商企业提供信托资金498.28亿元，为中小微企业提供信托资金166.63亿元，为民营企业提供信托资金109.44亿元。

8.2 全力支持山西高质量转型发展全局

公司充分发挥多层次、多领域、多渠道配置资源的优势，服务山西能源革命综合改革试点任务，服务"六新"发展等领域。截至2021年底，公司累计新增信托项目规模中七成资金投向山西省内，新增投向省属国有企业项目规模47.95亿元。公司积极支持山西"开展能源革命综合改革试点，保障国家能源安全"的重要任务，担当保煤保电政治责任，为省属重点国有煤电企业提供金融支持，引导37.52亿元助力保障发电供热和民生用煤需求。积极响应山西能源革命与"六新"发展战略，金融支持煤炭清洁利用、新材料等行业企业发展。

8.3 持续推动普惠金融工作落地

公司将落实普惠金融工作作为一项重点任务持续推进。一是以消费金融支持居民消费需求，截至2021年底，公司已发行服务于教育、3C产品等领域的消费金融类信托产品累计规模约16.30亿元。二是积极支持养老服务、医疗体检等康养行业企业发展，截至2021年底，该类信托项目存续规模约1.21亿元；三是积极支持农业发展，涉农方向信托项目存续规模约2.08亿元。下一步，公司将继续推动服务于人民多样化消费需求、服务需要的信托项目落地，金融支持更广泛的社会群体、市场主体，提升金融服务的可得性、满意度，为大众创业、万众创新贡献金融力量。

8.4 大力发展绿色信托业务

公司以实际行动支持绿色发展，践行绿色金融工作。截至2021年底，服务于清洁能源、再生能源行业企业资金规模约32.74亿元，支持煤炭绿色低碳清洁高效开发利用及清洁能源发展；服务于绿色科技、环保设备行业企业资金规模约2.54亿元，支持新兴行业、中小型科技企业发展；服务于资源循环再利用行业企业资金规模约1.17亿元，积极响应国家供给侧结构性改革的决策部署，为淘汰落后及化解过剩产能提供金融支持。

8.5 助力员工成长发展

公司关注员工合法权益的保障，关爱员工职业成长。根据国家法律法规及政策要求，公司实行全员劳动合同制管理，为员工缴纳"五险一金"，定期组织健康体检，员工按规定享有带薪年休假、产假、婚假等假期。公司坚持党管干部原则与市场化原则，把握正确的选人用人导向，建立"能上能下"的市场化考核机制，注重合规意识与风险管理能力的培养，全面提升员工队伍的品德素养与专业能力，强化监督管理，建立起良性用人机制。公司建立了多元化的员工发展通道，通过形式多样的培训、交流、研讨活动，通过开展丰富多彩的文体活动，不断加强员工队伍建设，构建团结和谐的职场氛围。

9. 特别事项揭示

9.1 报告期内股东变动情况及原因

报告期内，公司无股东变动相关事项。

9.2 报告期内，公司不存在股权被质押或以股权及其受（收）益权设立信托等金融产品的情况

9.3 董事、监事及高级管理人员变动情况及原因

报告期内，经公司董事会选举通过，武旭为公司董事长，任职资格已获山西银保监局核准。

经公司股东大会选举通过，姚丽蓉为公司董事，任职资格已获山西银保监局核准。

经公司股东大会选举通过，崔强为公司监事；经公司监事会选举通过，崔强为公司监事会主席。

经公司股东大会选举通过，杨虹为公司监事。

经公司董事会审议通过，牛宝亮为公司副总经理，任职资格已获山西银保监局核准。

经公司董事会审议通过，陈强不再担任公司副总经理、董事会秘书。

9.4 报告期内，公司无变更注册资本、变更注册地或公司名称、公司分立合并事项

9.5 公司重大诉讼事项

9.5.1 重大未决诉讼事项

9.5.2 固有业务：报告期内未发生重大诉讼事项

9.5.3 信托业务

根据开平富琳裕邦房地产开发有限公司及其破产管

理人诉讼申请，广东省开平市人民法院于2020年判决本公司及子公司山西卓融向开平富琳裕邦房地产开发有限公司赔付人民币22 801.72万元及相应利息。本公司于2021年重新提起上诉，2021年8月13日该案件经广东省江门市中级人民法院判决发回重审，截至本财务报表批准日止法院尚未判决。

9.6　报告期内，公司及其董事、监事和高级管理人员无受到处罚的情况

9.7　报告期内，公司不存在已向银保监会及其派出机构提交行政许可申请但尚未获得批准的事项

9.8　银保监会及其派出机构对公司检查后提出整改意见的，应简单说明整改情况

报告期内，山西银保监局通过监管通报等形式对公司提出监管意见。公司高度重视，专题研究、周密安排，建立整改台账、制定整改措施，以高度负责的态度、务实过硬的措施，逐条逐项做好整改落实，同时不断建立健全长效机制，为公司改革化险、提质增效夯实基础。

9.9　公司重大事项临时报告情况说明

报告期内，经公司董事会选举通过，山西银保监局核准，武旭为公司董事长，该事项已在《金融时报》进行了披露。

9.10　报告期内无银保监会及其省级派出机构认定的其他有必要让客户及相关利益人了解的重要信息

10.公司监事会意见

10.1　监事会对公司依法运作情况的独立意见

监事会认为：公司董事会、经营层能够按照国家有关法律、法规和公司章程的规定履行职责，决策程序合规有效；本报告期内未发现董事、高级管理人员履行职务时有违反公司章程或损害公司及投资人利益的行为。

10.2　监事会对公司财务状况的独立意见

监事会认为：公司能够认真贯彻执行国家有关政策和法律法规，公司财务报告内容完整，客观真实地反映了公司的财务状况和经营成果。

陕西省国际信托股份有限公司

1.重要提示

1.1 公司董事会、监事会及董事、监事、高级管理人员保证年度报告内容的真实、准确、完整，不存在虚假记载、误导性陈述或重大遗漏，并承担个别和连带的法律责任。

1.2 公司负责人薛季民、主管会计工作负责人贾少龙及会计机构负责人（会计主管人员）陈建岐声明：保证本年度报告中财务报告的真实、准确、完整。

1.3 公司经本次董事会审议通过的利润分配预案为：以3 964 012 846.00为基数，向全体股东每10股派发现金红利0.30元（含税），送红股0股（含税），不以公积金转增股本。

2.公司简介和主要财务指标

2.1 公司信息

股票简称	陕国投A	股票代码	000563
变更后的股票简称	无		
股票上市证券交易所	深圳证券交易所		
公司的中文名称	陕西省国际信托股份有限公司		
公司的中文简称	陕国投		

续表

公司的外文名称	SHAANXI INTERNATIONAL TRUST CO.，LTD.
公司的外文名称缩写	SITI
公司的法定代表人	薛季民
注册地址	陕西省西安市高新区科技路50号金桥国际广场C座
注册地址的邮政编码	710075
公司注册地址历史变更情况	公司成立于1984年11月10日，注册地址为西安市解放路233号 1986年1月24日，公司注册地址变更为西安市尚勤路3号 1987年7月1日，公司注册地址变更为西安市南大街南段3号楼 1991年12月13日，公司注册地址变更为西安市南大街3号 1992年6月6日，公司注册地址变更为西安市和平路131号 1992年8月12日，公司注册地址变更为西安市环城东路南段8号 2006年12月27日，公司注册地址变更为西安市环城东路9号 2009年5月8日，公司注册地址变更为西安市高新区科技路50号金桥国际广场C座 2016年6月17日，公司注册地址变更为陕西省西安市高新区科技路50号金桥国际广场C座
办公地址	陕西省西安市高新区科技路50号金桥国际广场C座
办公地址的邮政编码	710075
公司网址	http：//www.siti.com.cn
电子信箱	sgtdm@siti.com.cn

2.2 组织结构

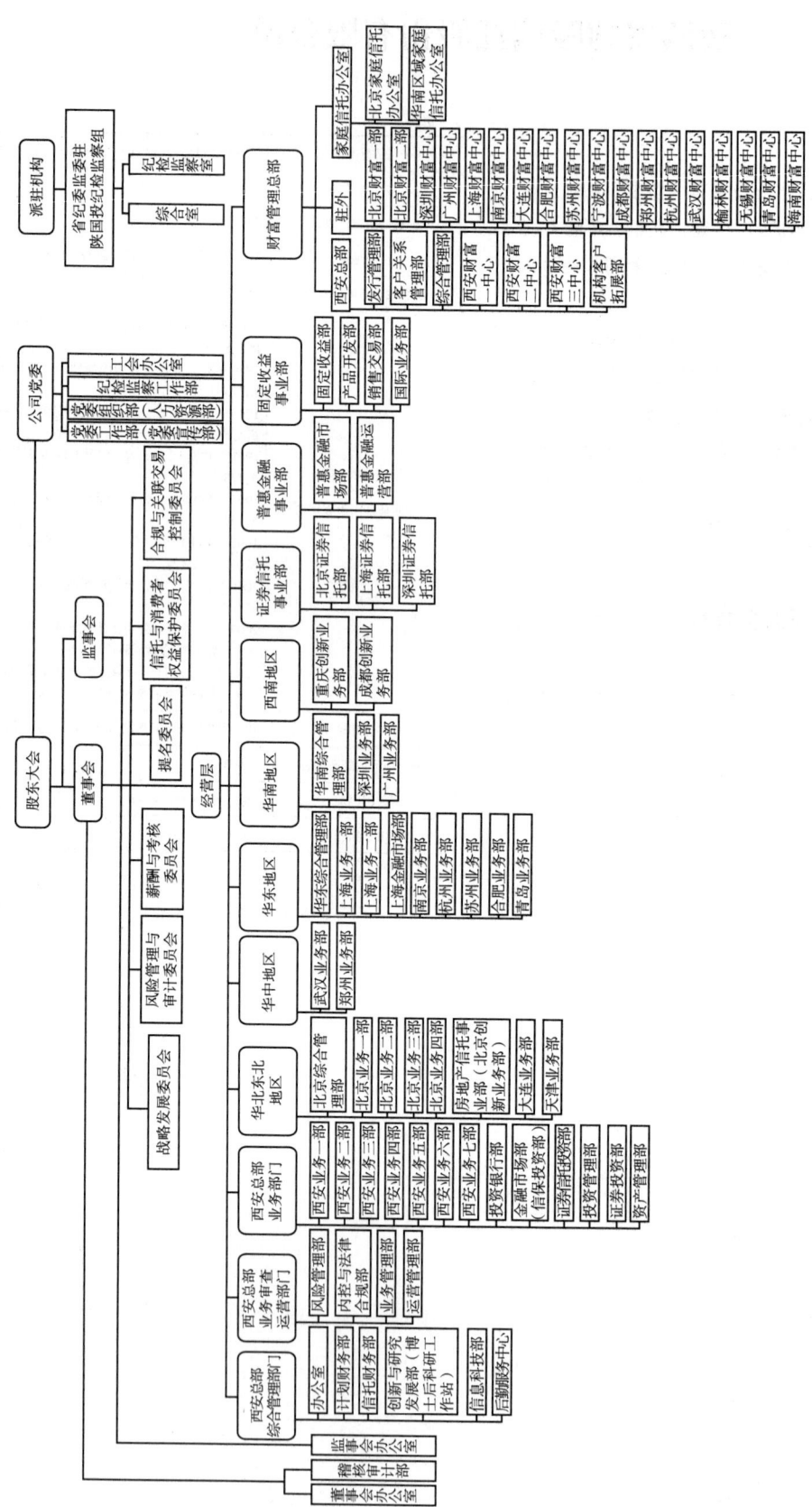

2.3 主要会计数据和财务指标

项目	2021年	2020年	本年比上年增减（%）	2019年
营业收入（元）	1 908 556 376.16	2 125 822 543.78	-10.22	1 755 654 630.76
归属于上市公司股东的净利润（元）	732 224 654.54	685 690 774.63	6.79	581 527 983.85
归属于上市公司股东的扣除非经常性损益的净利润（元）	714 142 756.03	687 831 485.81	3.83	581 317 454.05
经营活动产生的现金流量净额（元）	-1 569 804 475.67	-1 155 711 678.11	-35.83	-1 401 958 227.00
基本每股收益（元/股）	0.1847	0.1730	6.76	0.1467
稀释每股收益（元/股）	0.1847	0.1730	6.76	0.1467
加权平均净资产收益率（%）	6.09	6.02	0.07	5.46
项目	2021年末	2020年末	本年末比上年末增减	2019年末
总资产（元）	17 243 923 719.26	16 517 056 276.04	4.40	14 666 736 402.38
归属于上市公司股东的净资产（元）	12 252 145 840.54	11 795 048 450.08	3.88	10 977 363 711.96

3. 管理层讨论与分析

3.1 报告期内公司所处的行业情况

3.1.1 行业基本情况

信托行业和银行业、证券业、保险业并称为中国的四大金融行业，也是经营范围最广的一个领域。根据《中华人民共和国信托法》，信托是指委托人基于对受托人的信任，将其财产权委托给受托人，由受托人按委托人的意愿以自己的名义，为受益人的利益，进行管理或者处分的行为。当前，我国具有运营牌照的信托公司共计68家，平均注册资本约45亿元。信托公司根据具体要求承担主动管理或被动管理职责，实现资产管理、资产服务、私募投行等功能。

自1979年我国恢复信托业以来，我国信托行业经历了多次清理整顿。《中华人民共和国信托法》《信托投资公司管理办法》《信托投资公司资金信托管理暂行办法》的颁布实施为我国信托行业的发展奠定了重要基础。2007年，《信托公司管理办法》和《集合资金信托计划管理办法》的实施标志着我国信托业进入规范发展阶段。2018年，中国人民银行、中国银行保险监督管理委员会、中国证券监督管理委员会、国家外汇管理局联合发布《关于规范金融机构资产管理业务的指导意见》（以下简称"资管新规"），在此背景下"回归本源、转型发展"成为信托行业发展主基调。在40余年的发展历程中，服务实体经济始终是信托行业的主要职能，因此信托行业的发展也存在与实体经济同频的周期波动特征。在资管新规的引导下，信托公司将进一步发挥资产管理、风险隔离等制度优势，支持实体经济发展，服务社会财富管理需求。

3.1.2 行业政策影响

3.1.2.1 压降政策增加信托转型动力

2021年初，中国银保监会工作会议、年度信托监管工作会议等对信托行业的压降任务提出明确要求，通道类业务应清尽清，非标融资类额度进一步压降，防范通过"假投资、实融资"规避额度限制。在趋严的政策环境下，信托行业来自内外部的转型动力不断增强，转型成效逐步显现。

3.1.2.2 政信类业务受政策影响

2021年，银保监会下发《银行保险机构进一步做好地方政府隐性债务风险防范化解工作的指导意见》（以下简称15号文），要求银行保险机构打消财政兜底幻觉，严防新增隐性债务，且不得为承担地方政府隐性债务的融资主体提供流动资金贷款或流动资金贷款性质的融资，15号文的出台可能对信托行业后续的政信类业务产生一定影响，将推动信托行业参与基础设施建设的业务模式不断优化，相关业务的风险管控水平得到有效提升。

3.1.2.3 异地展业受政策影响

2021年10月，银保监会下发《关于整顿信托公司异地部门有关事项的通知（征求意见稿）》，对信托公司异地人员数量、异地部门数量、可设立异地部门的行政区域范围、异地部门增设条件与管理方式作出了详细安排，并要求各信托公司于通知印发之日起1年内完成异地管理总部整改工作。异地部门的整顿意在进一步强化信托公司的规范化管理，提升风险管控的有效性。当然，全国化展业成为普遍现象，异地部门撤并客观上可能会造成信托公司组织体系的重塑。

3.2 报告期内公司从事的主要业务

3.2.1 经营范围

公司现持有陕西省工商局于2018年9月3日核发的注册号为9610000220530273T号的《营业执照》，以及中国银行保险监督管理委员会陕西监管局于2021年7月7日颁发的K0068H261010001号《金融许可证》。公司经营范围包括：资金信托；动产信托；不动产信托；有价证券信托；其他财产或财产权信托；作为投资基金或者基金管理公司的发起人从事投资基金业务；经营企业资产的重组、购并及项目融资、公司理财、财务顾问等业务；受托经营国务院有关部门批准的证券承销业务；办理居间、咨询、资信调查等业务；代保管及保管箱业务；以存放同业、拆放同业、贷款、租赁、投资方式运用固有财产；以固有财产为他人提供担保；从事同业拆借；法律法规规定或中国银行业监督管理委员会批准的其他业务（依法须经批准的项目，经相关部门批准后方可开展经营活动）。

3.2.2 主要业务

报告期内，公司经营的主要业务包括信托业务、固有业务和投资顾问等中介业务。

3.2.2.1 信托业务

信托业务是指公司作为受托人，按照委托人意愿以公司名义对受托的货币资金或其他财产进行管理或处分，并从中收取手续费的业务，由公司内设的各信托业务部门和财富管理总部共同负责开展经营活动。报告期内，公司积极转型创新，开展的信托业务主要包括债权信托、股权信托、标品信托、财产信托、资产证券化信托、消费信托与慈善信托等。

3.2.2.2 固有业务

固有业务主要包括自有资金贷款及投资业务（金融产品投资、金融股权投资等），该类业务由公司内设的投资管理部及证券投资部负责。其中，公司的利息收入主要来源于运用自有资金向客户发放贷款产生的利息，公司的投资收益主要来源于金融产品投资、股权投资等。

3.2.2.3 投资顾问等中介业务

投资顾问等中介业务主要包括为企业提供投融资、重组并购等提供顾问服务；针对客户的资产配置需求，为高净值客户提供动态的资产管理服务等。

3.3 核心竞争力分析

公司完整准确全面贯彻新发展理念，坚持稳中求进工作总基调，以高质量发展为引领，以优化盈利模式、深推改革创新、力促业务转型、稳筑风险防线、夯实管理质效为抓手，公司迈入发展新台阶。公司的核心竞争力主要体现在以下几方面。

一是治理体系规范完善，资本实力优势显著。作为国内最早整体上市的非银行金融机构，公司秉承合规稳健经营风格，深入落实国有金融企业管理部门及银保监会、证监会在企业法人治理方面的新要求，充分发挥党委把方向、管大局、促落实的重要作用，持续完善股东会、董事会、监事会、经营层之间的制衡约束机制，企业法人治理结构进一步规范，各个层面的履职效能不断提升。公司充分利用资本市场工具深培发展基础，上市资源优势日益显现，品牌价值持续提升，资本补充机制畅通，净资产突破百亿，有效发挥了转型发展的"压舱石"作用。目前，新一轮增资扩股推动顺利，资本实力有望进一步壮大。

二是主动管理能力稳步提升，转型发展成效显著。积极遵从"回归本源、转型发展"的监管要求，在资管新规的框架下，深入推动业务创新，运用基金、股权投资等模式推动传统业务转型升级，全力推动证券、债券等标准化产品开发，主动管理产品占比超过70%，信托报酬率大幅增长，创新业务对业绩形成有力支撑。充分发挥信托制度本源优势，以信息科技为支撑，资产证券化、家族信托、破产重整等服务型信托能力不断增强。面向大资管生态圈构建综合性财富管理平台，形成多元化全策略产品线，以专业化顾问式服务满足不同类型投资者财富传承、资产配置等需要。固有业务紧盯战略目标，坚持融资与投资双轮驱动，稳步构建金融控股平台，推动信托业务协同发展。

三是建设全面风险管理体系，内部控制机制健康有效。以全面风险管理体系为基础，实现各类风险全面覆盖、各类流程有效管控。坚持合规创造价值理念，将信托文化与企业文化有机融合，贯穿于经营管理各环节。突出"三道防线"精细化管理，风险识别、判断、管理、预警与化解能力显著提升，牢牢守住不发生重大风险的底线。坚持问题导向、过程导向与结果导向，内控管理质效持续提升，更好适应外部复杂环境挑战与金融发展变革，以强有力的内部控制体系夯实巩固各项经营成果。

四是选人用人机制持续优化，转型人才基础进一步夯实。持续优化组织管理体系和人才管理机制，形成了能够吸引人才、留住人才、用好人才的展业平台；积极实施"人才强企"战略，推行"双向选择、竞争上岗""能人举手"等市场化用人机制，大力延揽创新引领型金融高端人才；以推动特色业务发展为着力点，围绕创新业务市场拓展、主动投研、风险管理等内容，通过内部培养与外部延揽相结合的方式加速创新引领型人才培育，专业队伍实力不断增强，组织效能持续提升。

3.4 主营业务分析

本报告期，面对复杂严峻的国内外经济形势及疫情防控压力，公司坚持稳中求进工作总基调，持续抓转型、促创新、调结构、防风险、提质效，确保主业持续稳定增长，高质量发展取得良好成效。在压降信托规模的同时，经营指标持续创历史新高。全年实现营业收入19.09亿元，实现利润总额9.77亿元，同比增长6.43%，实现净利润7.32亿元、同比增长6.71%；新增信托项目229个，新增项目的规模701.09亿元，同比减少25.21%，到期安全兑付1 342.42亿元。截至12月底，公司信托资产规模1 993.32亿元，同比减少22.45%。公司不断升级优化全面风险管理体系及内控机制建设，持续提升主动管理和投研能力，深入推动信托业务转型创新，超额完成了各项目标任务，实现了"十四五"良好开局。

（一）提高站位压降规模，创新驱动力推转型。一是按照资管新规等政策要求，以净值化管理为基础引导发展理念、业务模式、运营机制等实现全面过渡和升级。二是按照"两压一降"相关要求，持续压降融资类信托业务，同业通道业务实现清零，严控房地产信托余额。三是传统业务缩量提效，平台融资业务坚持项目总体品质和结构要求，收益同比有较大提升；严控地产信托增量，把好地产准入关口，坚持稳健运作，成功规避房地产行业暴露的一些突出风险，确保公司安全运营。四是强化指引优化机制推转型，完善了资产证券化、家族信托、TOF、房地产股权投资信托等一系列创新业务风控与操作指引，获批股指期货业务资格。五是固收业务有效突破，积极开发净值化新产品，强化投研体系，拓展市场资源，规模突破百亿元大关。六是证券信托主动求变，积极谋求转型提升，主动承接银行、机构直投可转债、可交债等业务，主动拓展并落地机构及私募基金投资债券、ABS、ABN等服务信托业务。七是国际业务高点起步，强化与头部机构合作，美元债投资成功发行，持续拓展与全球顶级管理人合作的海外投资基金等项目。八是持续拓展家族信托、慈善信托等服务信托，健全制度完善流程，建立了有效的跨部门协作机制。

（二）深推财富管理革命，财富管理升级取得积极成效。一是受信托规模压降、融资类产品锐减等影响，公司以资产配置和财富管理为突破口，力推财富管理革命，攻坚克难发行募集425亿元，完成全年目标值的121%，财富管理的核心竞争力持续提升。二是持续提升客户服务水平，举办财富公开课、客户沙龙、项目路演等活动18场次，在公众号发布宏观经济分析预测报告12期、大类资产配置报告2期，财经早报服务总计触达客户10万余次，《信托财富管理业务研究》出版发行，有效提升财富品牌影响力。三是有效提升信息化客户服务能力，利用客户端APP、双录系统平台，不断提升客户体验度、满意度。四是消费者权益保护工作不断强化，管理体制、制度建设、投教活动等有效加强，全年到期产品均安全兑付。

（三）优化资产配置结构，固有业务"压舱石"作用进一步凸现。一是积极响应国家加大金融支持实体经济力度的政策要求，有力地支持了省内传统项目改造升级与战略新兴产业发展。二是重点拓展"硬科技""专精特新"企业股权投资业务，投向领域涵盖无人机、大飞机、航空发动机等高端制造产业链。三是紧抓证券市场机会，通过把握节奏和仓位，精心布局博取收益，连续三年跑赢行业平均收益。四是协同支持信托业务，配置了多个固收和非标类信托产品，为公司战略转型提供了有力支持。

（四）坚守风险底线不放松，稳健经营成效得到有效体现。一是持续建设和优化全面风险管理体系，完善系统性风险管理制度；针对资产证券化、房地产股权投资、标品TOF等创新业务制定风险管理指引及操作细则10余项，建立起了"标准化+差异化""专业化+精细化"风险管理模式。二是积极探索前置风险管理、嵌入式风险管理，加强了投后管理和动态化管理，有效预警风险项目，并及时处置、化解潜在风险，风险总体可控。三是综合运用转让、诉讼、债务重组等方式加快风险资产清收与处置，不断拓宽处置渠道、探索处置新模式，加快风险处置进程与清收力度。四是夯实"三道防线"在风险预警、管理、监督等方面的作用，强化内部控制在制度、流程等操作风险管理中的突出作用，推动信托文化与企业文化的全面融合，让合规经营与审慎风险控制理念贯穿经营管理始终。

（五）强化党建引领，内部管理质效得到持续提升。一是将党史学习教育与"信托文化普及年"、企业文化建设、内控合规建设自查评估、省级文明单位创建成果巩固等有机融合，有侧重、有结合、有互动地强化多重效果。二是结合外部检查与内审情况，全面整改填补管理漏洞，进一步完善授权管理制度，全面开展制度"立改废"工作。三是实行全面预算管理,围绕"保重点、保运转、保转型",通过精益化提升管理效能。四是加强金融科技投入,上线、优化了资产管理、家族信托、普惠金融、净值化管理等10多个系统,改善提升了软硬件,确保经营管理信息化、数字化运行。

(六)加力服务省内经济建设,服务实体经济的效能进一步显现。一是通过贷款、债权投资、股权投资、创投基金、资产证券化、财产信托等多种形式,重点支持秦创原、"十四运"、"专精特新"、政府融资平台民生工程等,全年为省内投融资超过343亿元。二是对口服务政府融资平台整合升级和隐性债务化解工作,积极研究提出多套方案,有效维护地方金融生态和可持续发展。三是精选年轻骨干力量向定点帮扶村派驻第一书记与驻村工作队,积极开展产业扶贫、金融扶贫与消费扶贫。四是公司抽调63名下沉干部、组建99名青年突击队员参与西安疫情防控,彰显省属国企社会责任担当。

3.5 公司未来发展的展望

3.5.1 行业格局和发展趋势

2021年,在新冠肺炎疫情的冲击下,百年变局加速演进,我国构建新发展格局迈出新步伐,高质量发展取得新成效,国内生产总值达到114.4万亿元,同比增长8.1%,经济发展和疫情防控保持全球领先地位,实现了"十四五"良好开局。2022年,我国经济将在内外承压下稳字当头、稳中求进,以"稳增长"作为主线和核心目标,着力稳定宏观经济大盘,有利的宏观形势为信托发展创造了较好的外部条件。与此同时,近年来信托行业新发展格局正在加快形成,业务结构发生显著变化。一是由于疫情后经济复苏过程中"降杠杆"趋势使金融行业整体风险加速出清,信托公司的风险管理能力全面加强;二是由于信托业近年来保持"两压一降"严监管态势,打破了信托公司既有发展路径,信托资产质量得到进一步优化;三是资管新规正式落地,净值化管理时代全面开启,信托公司开展资产管理服务的广度深度不断延伸,市场机遇进一步释放。整体来看,信托行业将持续破旧立新,通过弘扬守正、忠实、专业的受托人文化,更好满足服务实体经济与社会财富管理的需求。

3.5.2 未来发展战略

公司将完整准确全面贯彻新发展理念,坚持服务实体经济高质量发展,坚持稳中求进工作总基调,扎实推进信托转型创新。公司将有力贯彻党代会确定的"三六九"发展战略:聚力打造资源协同、综合服务、聚才发展三大平台;构建融合化、精品化、协同化、智能化、开放化、高质化六大愿景;完成党建引领、战略联动、文化建设、模式重塑、资源整合、全面风控、人才强企、深化改革、品牌建设九大任务。通过"三六九"战略把公司打造成转型动力强劲、资本实力雄厚、业务布局合理、多牌照联动、稳健可持续经营的精品化信托公司。

3.5.3 2022年经营计划

(1)着眼"十四五"全局,奋力完成战略任务。以公司"十四五"规划要求作为公司未来五年发展的基本遵循,围绕提升全面风险管理能力、专业化资产管理能力、综合化财富管理能力、信息科技支撑引领能力,切实提升发展水平。

(2)解放思想改革创新,破立并举力推转型。夯实资本实力,推动固有业务和信托业务协同发展;稳推传统业务创新,加大标品信托转型力度,不断提升投研与主动管理能力。践行"信托服务+"战略,不断提升服务信托规模,创造价值增值。财富管理板块构建多元化全策略产品平台,提升综合服务优势。

(3)固有业务全面提升,多元运作支撑大局。加强战略投资,坚定瞄准战略目标,抢抓政策市场机遇,积极倾力打造资源协同、业务联动、合作共赢的市场化金融资源整合平台。通过配置信托、跟投、增信等方式为信托业务转型助力,不断强化多元运作,积极发挥协同效应。深入研判把握市场形势,适当增量加大投资运作力度,有效把握资本市场机会。

(4)深化改革创新强基础,提升管理素质促转型。深入推进管理质效变革,夯实公司持续发展基础,将信托文化深度嵌入公司发展战略、业务实践和企业文化中。全面深化体制机制改革,以创新为第一驱动,全面强化党建引领,通过人才强企、数智化管理与市场化机制有力保障公司高质量发展。

4. 公司治理

4.1 任职情况

4.1.1 董事

薛季民,男,中国国籍,汉族,1961年10月生,中共党员,高级管理人员工商管理硕士,高级会计师、高级审计师,陕西省政协委员。历任陕西省审计厅副处长、处长,陕西省高速公路建设集团公司党委委员、副总经理兼总会计师，陕国投党委书记、总经理、董事长；现任陕国投党委书记、第九届董事会董事长。

姚卫东，男，中国国籍，汉族，1971年7月生，中共党员，哲学硕士（博士在读），高级经济师，中国高级注册职业经理人。历任陕国投办公室副主任、党委工作部部长、人力资源部总经理、党委委员、董事会秘书、副总裁；现任陕国投党委副书记、总裁、第九届董事会董事。

桂泉海，男，中国国籍，汉族，1963年12月生，中共党员，研究生学历，高级经济师。历任韩城矿务局总医院办公室秘书、主任，韩城矿务局企管处副处长、处长，陕西煤业化工集团副总经济师，陕西煤业股份有限公司总经济师，现任陕西煤业化工集团总法律顾问，资本运营部总经理，西安开源国际投资公司执行董事、总经理，陕国投第七届、第八届和第九届董事会董事。

卓国全，男，中国国籍，汉族，1963年5月生，中共党员，工商管理硕士，注册会计师。历任总参测绘信息技术总站工程师，陕国投财务部综合科科长，陕西省高速公路建设集团公司财务处副处长、财务部副部长、财务部部长；现任陕西交通控股集团有限公司董事，陕国投第九届董事会董事。

赵忠琦，男，中国国籍，满族，1981年12月生，中共党员，本科，高级经济师。历任西安华纺贸易有限公司南非分公司总经理助理，西安华海医疗信息技术股份有限公司证券部主管，陕西煤业股份有限公司证券部业务主管；现任陕西煤业化工集团有限责任公司资本运营部业务主管，陕国投第九届董事会董事。

管清友，男，1977年12月出生，中国社会科学院经济学博士，清华大学博士后，曾任清华大学国情研究院项目主任，中国海洋石油总公司处长，民生证券股份有限公司副总裁、研究院院长。现任如是金融研究院院长，海南大学经济学院教授，同时担任中国民营经济研究会副会长、中国经济体制改革基金会理事、APEC工商理事会数字经济委员会委员、华鑫证券首席经济顾问，美的集团股份有限公司、南华期货股份有限公司、北京影谱科技股份有限公司、杭州海康威视数字技术股份有限公司、山东高速路桥集团股份有限公司独立董事，财政部财政发展智库专家委员，国家发改委城市与小城镇中心学术委员，工信部工业经济运行专家咨询委员会委员，陕国投第九届董事会独立董事。

张俊瑞，男，中国国籍，汉族，1961年10月生，中共党员，博士。历任陕西财经学院教研室主任、会计系讲师、副教授、教授，财会学院副院长，西安交通大学会计学院教授、副院长；现任西安交通大学管理学院教授、博士生导师，陕国投第九届董事会独立董事，烽火电子、西部超导、西安旅游独立董事，中国通用集团新材料集团有限公司外部董事。

赵廉慧，男，中国国籍，汉族，1974年7月生，中共党员，民商法学博士。历任中国政法大学讲师、副教授、教授，曾任中国信托业协会《信托法务》培训专家组组长、《信托法务》修订组组长、法律专家；现任中国政法大学民商经济法学院商法研究所教授、中国政法大学信托法研究中心主任，兼任中国慈善联合会慈善信托委员会顾问。

叶瑛，女，中国国籍，汉族，1965年12月生，中共党员，工程硕士，高级经济师。历任中国人民银行陕西省分行科员、副主任科员、西安分行主任科员、副处长，陕西银监局副处长（主持工作）、处长，长安银行党委委员、副行长；现任陕国投党委副书记、第九届董事会职工董事。

4.1.2 监事

黎惠民，男，中国国籍，汉族，1963年5月生，中共党员，高级管理人员工商管理硕士，中国注册特级职业经理人。历任陕西省委办公厅秘书处助理调研员、调研员，陕国投董事会办公室主任、办公室主任、汉中管理部经理、汉中证券公司总经理、人力资源部总经理、总经理助理、党委副书记、董事，长安银行筹备组副组长、长安银行党委委员、副行长、执行董事，陕国投党委副书记、第九届监事会监事长。

王晓芳，女，中国国籍，蒙古族，1958年10月生，中共党员，博士研究生，教授、博士生导师。历任西安市人民银行干部，陕西财经学院金融系讲师、副教授、教授，金融发展研究所副所长、所长，金融系副主任，金融财政学院副院长，西安交通大学经济与金融学院副院长，陕国投第八届董事会独立董事。现任西安交通大学经济与金融学院金融系教授、博士生导师。兼任中国金融学会常务理事，陕西金融学会常务理事，中国金融学年会理事，陕国投第九届监事会监事。

田哲军，男，中国国籍，汉族，1968年5月生，中共党员，大学。历任青海省财政厅办公室副调研员，陕西省财政厅综合处副处长、调研员。现任陕西财金投资管理有限责任公司监事会主席，陕国投第九届监事会监事。

祁锁锋，男，中国国籍，汉族，1970年4月生，中共党员，MBA工商管理硕士研究生，公共管理硕士。先后在陕西省煤田地质队、铜川日报社、陕西省铜川市交通局、陕西省发改委、陕西省人民政府办公厅工作，现任陕国投党委委员、工会主席、行政副总监、第九届监事会职工监事。

4.1.3 高级管理人员

姚卫东（见本小节"董事"部分介绍）。

贾少龙，男，中国国籍，汉族，1977年4月生，中共党员，管理学博士，高级经济师。历任陕西省西咸新区沣西新城财政局局长，沣西新城开发建设有限公司副总经理，沣西新城投资发展有限公司董事长、总经理，西咸新区秦汉新城党委委员、管委会副主任，西咸新区泾河新城党委委员、管委会副主任，现任陕国投党委委员、总会计师。

王晓雁，男，中国国籍，汉族，1967年9月生，中共党员，经济学学士，会计师。历任中国工商银行陕西省洛南县支行科员、陕国投稽核审计部负责人、合规与风险管理部（法律事务部）总经理、陕国投副总法律顾问、总裁助理，曾兼任陕国投风险管理部总经理；现任陕国投副总裁。

孙若鹏，男，中国国籍，汉族，1966年1月生，中共党员，工学学士，高级工程师。历任陕西应用物理化学研究所工程师、陕国投投资银行二部经理、投资银行部总经理、陕国投副总经济师、总裁助理，曾兼任陕国投创新与研究发展部总经理、业务管理部总经理；现任陕国投副总裁。

孙西燕，女，中国国籍，汉族，1978年9月生，（香港理工大学）工商管理硕士。历任工商银行深圳分行公司业务部、投资银行部行业经理、房地产贷款部项目经理，东亚银行西安分行房地产贷款部主任、公司贷款部总经理、高新支行行长、西安分行行长助理、西安分行副行长，陕国投总裁助理；现任陕国投业务总监。

张仲和，男，中国国籍，汉族，1971年6月生，法学学士。历任北京市隆安律师事务所助理律师、北京市泽普律师事务所律师、北京市天达律师事务所律师、合伙人、国投泰康信托有限公司首席风控官、总经理助理（副总级）、总法律顾问、北京国际信托有限公司董事总经理（副总级）、北京天达共和律师事务所合伙人、律师；现任陕国投业务总监。

冯栋，男，中国国籍，汉族，1972年6月生，中共党员，复旦大学经济学博士、武汉大学法学博士后。历任海通证券股份有限公司高级业务经理、部门副总经理，山东大学讲师，民生投资管理股份有限公司董事、副经理、董事会秘书，中粮信托有限责任公司投资管理总部总经理，民丰资本投资管理有限公司总裁。现任陕国投投资总监。

王维华，男，中国国籍，汉族，1974年12月生，中共党员，全日制研究生学历，经济学博士。历任百瑞信托有限责任公司职员，陕西省国际信托股份有限公司信托高级研究员、综合办公室（董事会办公室）副主任兼创新与研究发展部副总经理，创新与研究发展部总经理兼创新业务二部总经理，现任陕国投董事会秘书。

李琳，女，中国国籍，汉族，1970年1月生，中共党员，会计硕士，高级会计师。历任核工业部国营二六二厂财务部会计，西北信托有限公司财务部主管，陕西产业投资管理有限公司资金财务部经理，陕国投合规与风险管理部高级经理，风险管理部副总经理、总经理，陕国投风控副总监；现任陕国投高级风控官。

4.2 第九届董事会下设专门委员会基本情况

董事会下属委员会名称	职责	组成人员姓名	职务
战略发展委员会	1.对公司中、长期发展战略规划进行研究并提出建议 2.对《公司章程》规定须经董事会批准的战略性重大投融资方案进行研究并提出建议 3.对《公司章程》规定须经董事会批准的重大资本运作、资产经营项目进行研究并提出建议 4.对其他影响公司发展战略的重大事项进行研究并提出建议 5.负责金融市场及金融专项工具的研究工作并提出建议 6.为公司业务创新提出投资策略或为新业务开展提出建议 7.对以上事项的实施进行检查 8.创新与研究发展部每季度应制定下一季度履职计划，经董事会办公室报董事长审定 9.董事会安排的事宜及相关法律法规中涉及的其他事项	薛季民	召集人
		姚卫东	委员
		桂泉海	委员
		卓国全	委员
		管清友	委员

续表

董事会下属委员会名称	职责	组成人员姓名	职务
提名委员会	1.根据公司经营活动情况、资产规模和股权结构对董事会的规模和构成向董事会提出建议 2.研究董事、高级管理人员的选择标准和程序,并向董事会提出建议 3.广泛搜寻合格的董事和高级管理人员的人选 4.对董事候选人和高级管理人员人选进行审查并提出建议 5.人力资源部(党委组织部)每季度应制定下一季度履职计划,经董事会办公室报董事长审定 6.董事会安排的事宜及相关法律法规中涉及的其他事项	赵廉慧	召集人
		薛季民	委员
		张俊瑞	委员
薪酬与考核委员会	1.根据董事及高级管理人员管理岗位的主要范围、职责、重要性以及其他相关企业相关岗位的薪酬水平制定薪酬计划或方案 2.薪酬计划或方案主要包括但不限于绩效评价标准、程序及主要评价体系,奖励和惩罚的主要方案和制度等 3.审查公司董事(非独立董事)及高级管理人员的履行职责情况并对其进行年度绩效考评 4.负责对薪酬制度执行情况进行监督 5.人力资源部(党委组织部)每季度应制定下一季度履职计划,经董事会办公室报公司董事长审定 6.董事会安排的事宜及相关法律法规中涉及的其他事项	管清友	召集人
		薛季民	委员
		桂泉海	委员
		张俊瑞	委员
		赵廉慧	委员
风险管理与审计委员会	风险管理与审计委员会的主要职责: 1.向董事会提交公司全面风险管理年度报告 2.确定公司风险管理的总体目标、风险偏好、风险承受度、风险管理策略和重大风险管理解决方案 3.为董事会督导公司风险管理文化建设提供建议 4.审批重大风险管理政策和程序 5.审议公司风险管理组织机构设置及其职责 6.提出完善公司风险管理和内部控制的建议 7.对公司自有财产和信托财产的风险状况进行定期评估 8.对公司信托业务和固有业务的风险控制及管理情况进行监督 9.对公司信息披露的真实、准确、完整和合规性等进行监督;审批全面风险和各类重要风险的信息披露 10.监督公司内部审计制度及其实施 11.负责内部审计与外部审计之间的沟通 12.审核公司的财务信息及其披露 13.监督及评估外部审计工作,提议聘请或者更换外部审计机构 14.审议批准案防工作总体政策,推动案防管理体系建设;明确高级管理层有关案防职责及权限,确保高级管理层采取必要措施有效监测、预警和处置案件风险;提出案防工作整体要求,审议案防工作报告;考核评估本机构案防工作有效性;确保内审稽核对案防工作进行有效审查和监督 15.风险管理部和稽核审计部每季度应制定下一季度履职计划,经董事会办公室报董事长审定 16.董事会安排的事宜及相关法律法规中涉及的其他事项 风险管理与审计委员会在年度报告工作中的特别职责: 1.应当与会计师事务所协商确定年度财务报告审计工作的时间安排 2.督促会计师事务所在约定时限内提交审计报告,并以书面意见形式记录督促的方式、次数和结果以及相关负责人的确认签字 3.应在年审注册会计师进场前审阅公司编制的财务会计报表,形成书面意见 4.在年审注册会计师进场后加强与年审注册会计师的沟通,在年审注册会计师出具初步审计意见后再一次审阅公司财务会计报表,形成书面意见 5.应对年度财务会计报表进行表决,形成决议后提交董事会审核 6.应当向董事会提交会计师事务所从事本年度公司审计工作的总结报告 7.应当向董事会提交下年度续聘或改聘会计师事务所的决议 风险管理与审计委员会对董事会负责,委员会的提案提交董事会审议决定。风险管理与审计委员会应配合监事会的审计活动	张俊瑞	召集人
		薛季民	委员
		管清友	委员
		赵廉慧	委员
		赵忠琦	委员
合规与关联交易控制委员会	合规与关联交易控制委员会的主要职责: 1.研究和制定公司合规及内控管理政策及实施方案;对合规及内控管理的总体目标、基本政策进行审议并提出意见;对合规及内控管理的基本制度、机构设置及其职责进行审议并提出意见;监督、评价公司合规及内控管理工作,审查公司在遵守法律及监管规定方面的执行情况 2.审议批准案防工作总体政策,提出案防工作整体要求,明确高级管理层有关案防职责及权限,确保高级管理层采取必要措施有效监测、预警和处置案件风险;审议案防工作报告;考核评估本机构案防工作有效性;确保内审稽核对案防工作进行有效审查和监督 3.制订与修改洗钱风险管理文化建设目标、洗钱风险管理策略、洗钱风险管理的政策和程序,定期或不定期审阅反洗钱工作报告及洗钱和恐怖融资风险自评估报告,及时了解重大洗钱风险事件及处理情况并向董事会报告 4.督促协调相关部门及时更新公司关联方名单,并向董事会、监事会及相关工作人员公布,更新报告频率每年不少于1次,有变化及时更新;年末对公司关联交易情况进行检查评判,评估关联交易业务风险;审查公司年度关联交易专项报告,并提交董事会审议 5.内控与法律合规部每季度应制定下一季度履职计划,经董事会办公室报董事长审定 6.董事会安排的事宜及相关法律法规中涉及的其他事项	张俊瑞	召集人
		姚卫东	委员
		桂泉海	委员
		卓国全	委员
		叶瑛	委员

续表

董事会下属委员会名称	职责	组成人员姓名	职务
信托与消费者权益保护委员会	1.评估公司相关部门提交的信托业务发展专项规划 2.初审总裁办公会或总裁拟提请董事会审议的信托项目 3.按年评估公司信托业务运行情况 4.针对中国银保监会及其派出机构检查公司信托业务后要求组织整改的问题,研究相关部门提交的整改措施 5.指导信托业务部门开展信托业务创新,审议公司金融创新政策,定期对公司相关部门提交的创新产品方案及各类新产品风险限额等进行评估 6.研究初审公司信托业务部门设置方案 7.审核公司创新类信托计划的实施情况,并向董事会提出建议 8.监督、检查、评价信托计划的实施情况,并向董事会提出建议 9.业务管理部和财富管理总部每季度应制定下一季度履职计划 10.定期召开会议,审议高级管理层及消费者权益保护部门工作报告。研究年度消费者权益保护工作相关审计报告、监管通报、内部考核结果等,督促高级管理层及相关部门及时落实整改发现的各项问题 11.根据监管要求和消费者权益保护战略、政策、目标执行情况和工作开展落实情况,对高级管理层和消费者权益保护部门工作的全面性、及时性、有效性进行监督 12.指导和督促消费者权益保护工作管理制度体系的建立和完善,确保相关制度规定与公司治理、企业文化建设和经营发展战略相适应 13.对董事会负责,向董事会提交消费者权益保护工作报告及年度报告,根据董事会授权开展相关工作,讨论决定相关事项,研究消费者权益保护重大问题和重要政策 14.负责对消费者权益保护工作重大信息披露进行指导 15.公司董事会安排的事宜及相关法律法规中涉及的其他事项	赵廉慧 姚卫东 卓国全 赵忠琦 叶瑛	召集人 委员 委员 委员 委员

4.3 公司员工情况

员工数量、专业构成及教育程度

报告期末母公司在职员工的数量(人)	631
报告期末主要子公司在职员工的数量(人)	—
报告期末在职员工的数量合计(人)	631
当期领取薪酬员工总人数(人)	631
母公司及主要子公司需承担费用的离退休职工人数(人)	69

专业构成	
专业构成类别	专业构成人数(人)
生产人员	266
销售人员	149
技术人员	14
财务人员	28
行政人员	174
合计	631

教育程度	
教育程度类别	数量(人)
博士	23
硕士	362
本科及其他	246
合计	631

4.4 经营管理

4.4.1 经营目标、经营方针

经营目标：坚持稳中求进工作总基调，以高质量发展为主线，以推动转型创新为抓手，以改革为动力，积极建设资源协同、综合服务、聚才发展三大平台为目标，把公司打造成资本实力雄厚、业务布局合理、多牌照联动、稳健可持续经营的精品化信托公司。

经营方针：坚定党的全面领导，贯彻新发展理念，加快推进信托转型，以专业化能力建设为抓手，不断优化业务结构，有效防范金融风险。公司将持续完善组织结构，提升内控效能，通过增资扩股进一步增强资本实力，将服务实体经济高质量发展作为根本宗旨，立足新形势下经济社会需求，积极履行资产管理与财富传承等职能。

4.4.2 市场形势分析

4.4.2.1 有利因素

（1）经济社会发展新阶段营造了良好的市场需求环境。经过数十年的经济发展，我国全面进入小康社会，居民收入稳定增长，国民财富不断积累，广大居民对金融服务多元化的需求持续提升。尤其是，随着高净值人士数量和可投资资产规模的增长，资产管理、资产配置、财富传承等迎来巨大的市场发展机遇。

（2）金融监管制度的系统性完善保障市场的稳定发展。近年来，国内金融监管理念持续优化，监管措施不断健全，针对性与系统性并重，机构监管与功能监管同步开展，金融行业的发展环境日益完善。尤其是，2022年1月以来，资管新规全面落地，资管行业有序发展的基础更加坚实，方向更加明确。

（3）信托行业的发展韧性与转型发展质效开始显现。面对"压降"要求，信托行业不断推动转型创新，业务结构不断优化，证券投资、股权投资、资产证券化、破产服务等业务全面发展，信托行业逐步摆脱传统发展模式，全行业信托资产规模止跌回升，结构质量持续优化，风险管理能力不断提升，服务实体能力持续加强，信托行业发展新格局基本确立。

4.4.2.2 不利因素

（1）经济下行压力加大。我国宏观经济内外部环境复杂严峻，当今世界正处于"百年未有之大变局"，国际环境日趋复杂，逆全球化趋势加剧，俄乌冲突导致地缘政治格局不确定性加大，美联储加息缩表外溢效应有待观察，叠加国内新冠肺炎疫情散发、多发影响，我国经济发展面临"需求收缩、供给冲击、预期转弱"三重压力，不确定性和不稳定性增加。

（2）金融风险形势依然严峻。全球金融市场动荡加剧，避险情绪大幅升温，大宗商品价格飙升，多国股票市场出现大幅调整，我国金融风险防范任务仍然十分艰巨，房地产、地方融资平台债务、金融科技风险以及内外金融风险共振等问题仍需要得到及时有效的应对与处置。

（3）行业分化严重。随着资管新规全面实施，信托行业步入新的发展阶段，在大资管时代的竞争格局下，不同信托公司转型成效和转型路径发生明显差异，行业分化加剧。信托公司需立足自身优势，贯彻新发展理念，明确战略转型方向，不断调整业务结构，加大创新力度，在系统建设、投研体系、运营管理、风险管理等方面持续发力。

4.4.3 内部控制

4.4.3.1 内部控制环境和内部控制文化

报告期内，在监管部门的正确领导下，公司以"信托文化建设""内控合规管理建设年"活动为契机，坚持合规经营、稳健运营，通过强化公司治理，加强制度执行力，推进全面风险管理体系建设等措施，提升合规风险管理能力，推动公司完善全面内控管理机制，为公司稳健发展提供坚实保障。

4.4.3.2 内部控制措施

（1）完善体系，提升管控。报告期内，为建立健全公司全面风险管理体系，提高公司经营管理水平和风险防范能力，确保安全稳健运行，公司按全面风险管理体系建设实施方案，不断优化梳理流程，加强内控制度建设，完善操作风险检查流程，建立健全全面内控管理体系，进一步提升风险管理水平。

（2）查漏补缺，完善制度。公司以建立全面风险管理体系为目的，健全自我约束机制，加快内控制度建设。结合内控合规建设年及公司转型发展中遇到的问题，查找制度漏项，不断完善内控制度。报告期内，公司编制修订了《市场风险管理办法》《固有业务审查决策管理办法》《信息科技风险管理办法》《档案管理制度》《声誉风险管理办法》等多项制度，加强公司合规管理水平，促进各项业务稳健、持续、快速发展。

（3）积极宣传，营造氛围。公司按照《信托文化建设总体规划》相关要求积极开展内控合规文化的宣传引导工作，通过标语宣传、现场宣讲、安放展板、发放宣传材料、在微信公众号上推送相关知识、开展线上答题等形式，积极开展案件警示教育、消费者权益保护等活动，并开展了反洗钱主题宣传月活动、"扫黑除恶专项斗争""防范非法集资""国家宪法宣传"等专项宣传活动。

（4）合规运作，强化执行。按照上市公司内控规范建设要求，公司从组织机构设置、业务流程、事权管理、授权管理、责任追究等方面进一步优化了内控管理体系，有效地保证了公司经营管理水平的不断提升和战略规划的实施。董事会风险管理与审计委员会、合规与关联交易控制委员会、监事会、经营层、职能部门分别按照各自职责开展内控工作，形成了有效且相互制衡的决策、执行和监督机制，取得了良好的效果。公司内设的稽核审计部加强了效能监察，强化了对公司决策执行情况的检查、督导，执行效率得到有效提升。详细情况见公司《2021年内部控制自我评价报告》。

4.4.3.3 信息交流与反馈

公司不断完善信息交流与反馈机制。结合机构改革以及内控制度完善等工作，进一步明确了股东大会、董事会、监事会、高级管理层、各部门及员工的职责和报告路径，做到了内部信息传输顺畅、有效；根据监管要求，采取多种形式向监管部门、受益人报告公司重大事项和项目管理情况，并充分运用公司网站及时发布和更新相关信息，树立公司良好的管理人形象。报告期内，公司信息传递路径通畅，各项信息上通下达，交流反馈快捷，确保了公司安全运行，持续发展。

4.4.3.4 监督评价与纠正

公司建立了内部控制监督评价与纠正机制，能够按照各项业务不同阶段的管理特征规范相应的内部审批、操作和风险管理程序，通过制度化、流程化来监控和管理各项业务，并按照风险管理原则对拟开展业务进行严格的事前审查，对已开展业务进行事中持续跟踪管理和监控；公司监事会对股东大会负责，对公司财务以及公司董事及高管履行职责的合法性进行监督，维护公司及股东的合法权益；公司稽核审计部对内部控制制度的健全性、有效性进行动态检查评价，对各项业务开展进行合规性检查及风险识别，对相关人员的行为规范进行监督和检查，对被审计项目或信托经理做出客观评价，提出意见或建议，并对审计结论和处理意见的执行及整改情况进行后期追踪检查，督促整改落实。

4.4.4 风险管理

4.4.4.1 风险管理概况

2021年，在公司党委和董事会坚强领导下，在监事会有效监督下，公司坚持"抓转型、促创新、调结构、防风险、提质效"总方针，坚持稳中求进总基调，深化全面风险管理体系建设，切实提升公司风险管理水平和抵御化解能力，保证了公司稳健发展。

公司在经营活动中可能遇到的风险主要包括信用风险、市场风险、操作风险、法律风险、声誉风险等。报告期内，面对复杂严峻的国内外形势和诸多风险挑战，公司顺应监管政策导向，强化风险预判和管控，持续提高风险防控意识，进一步加大对部分行业和领域的风险排查，完善风险管理体系。根据最新经济形势、监管政策、信托行业变化及业务发展要求，适时制定或修订了《全面风险管理制度》《信用风险管理办法》《市场风险管理办法》《操作风险管理办法》《2021年信托业务指引》《固有和信托业务尽职调查管理办法》《信托项目审查评审管理办法》《固有业务审查决策管理办法》等多项制度及业务指引，同时加强对存续项目的风险排查，强化事中管理，风险管理工作取得了良好的效果。

4.4.4.2 风险状况

4.4.4.2.1 信用风险

信用风险主要是指交易对手违约造成损失的风险，主要表现为公司在开展自有资金运作和信托投融资等业务时，可能会因交易对手违约而给我公司或信托财产带来风险。报告期内，公司提高了项目准入标准，强化了交易对手信用等级的要求，对发生的各类业务均履行严格的审查评审、事中控制、事后监督等程序，担保措施充足，整体信用风险可控。同时，公司结合风险高发易发态势，持续加大对重点领域、重点项目的风险排查力度，强化存续项目风险隐患预警和应急能力，确保各项业务平稳开展。

4.4.4.2.2 市场风险

市场风险主要是指因市场价格（利率、汇率、金融产品和商品价格）的不利变动而使公司固有和信托业务发生损失的风险。报告期内，公司密切关注金融业持续强监管态势及传统业务受政策调整带来的影响，加强宏观经济金融形势研判，密切监控已开展业务的运行情况，根据市场风险情况动态调整资产配置方案，避免或降低市场风险引起的损失。

4.4.4.2.3 操作风险

操作风险主要是指由不完善或有问题的内部程序、员工和信息科技系统造成直接或间接损失的风险。报告期内，公司从组织机构设置、业务流程、事权管理、授权管理、责任追究等方面不断优化内控管理体系，按照多层次、相互衔接、有效制衡的运行机制建立职责边界清晰的治理架构。在各业务制度和内部控制制度中，注重重要关键节点控制，设置复核与查证环节，有效防范操作风险。同时，持续加强员工合规运营及风险防范意识和风险防范责任教育，员工的操作风险防范意识和能力不断提升。

4.4.4.2.4 其他风险

其他风险主要包括法律风险、声誉风险、道德风险等。随着信托行业竞争的进一步加剧，声誉风险已成为需要防范的重点风险之一。报告期内，公司从产品销售、兑付等环节入手，同时加强舆情监测，进一步强化了声誉风险管理。报告期内公司未发生此类风险。

4.4.4.3 风险管理

4.4.4.3.1 信用风险管理

公司从提升尽职调查水平入手，从项目论证、立项、评审、贷后管理等方面防范和规避信用风险，具体措施包括以下六点。一是公司制定《2021年信托业务指引》，对2021年面临的经营形势从宏观、中微观进行分析，明确了当年公司业务发展的指导思想及不同业务的分类指引意见。二是公司制定有《信用风险管理办法》《固有和信托业务尽职调查管理办法》《信托项目评审决策管理办法》《固有业务审查决策管理办法》《信托项目期间管理暂行办法》等制度，全流程管控项目信用风险。三是坚持风险防控端口前移，对重大项目，风控部门深入现场落实相关问题，实地评估项目风险。四是持续对交易对手的财务数据、经营状况和信用状况进行跟踪评价，不定期到现场进行财务、项目工程进度和销售情况检查，加强风险排查，督导资金使用。五是强化担保措施的风险缓释作用，不断完善押品管理工作机制，加强押品现场核查、押品价值评估与监控。六是严格按照国家法律、法规相关要求，足额计提相关资产减值准备、一般准备、信托赔偿准备，提升公司的风险抵御能力。

4.4.4.3.2 市场风险管理

公司紧跟宏观经济形势的变化，密切关注和防范市场风险，具体措施包括以下四点。一是对宏观经济走势、政策变化、投资策略及其他影响市场变化的因素进行分析研究，为项目决策提供参考。二是审慎开展新业务，结合市场情况，严格遴选实力较强的合作机构和交易对手，做足抵质押等风控措施；同时高度重视即将到期信托计划的安全兑付问题。三是进行资产组合管理，并动态调整资产配置方案，继续严格执行以风险预警和止损为核心的风险管控制度，严控证券投资信托业务风险。四是密切监控已开展业务的运行情况，根据市场风险情况及时做出投资调整、提前结束等风险管理措施，避免或降低市场风险引起的损失。

4.4.4.3.3 操作风险管理

在操作风险的防范上，公司要求每项业务在尽职调查、受理申请、交易结构设计、审查审批、营销签约、期间管理、执行终止各阶段全过程合法合规。建立了职责分离、相互监督制约的内控机制，建立和完善有效的投资决策机制，实行严格的复核审核程序，制定严格的信息系统管理制度和档案管理制度，根据监管法规的要求制定了符合公司实际的规章制度，从机制和制度上降低操作风险，实现对公司各项业务操作过程的有效控制。强化流程控制，严格执行不兼容岗位分离制度，严格执行复核、审批程序，将合规与风险管理贯穿于业务各环节之中。结合内控规范建设，进一步强化了监事会、审计部等部门的监督职能。制定了《案防工作管理办法》，定期组织开展案件风险排查与员工异常行为排查，通过全面排查强化员工管理、监督考核、操作风险管控等方面工作。

4.4.4.3.4 其他风险管理

对于法律风险，公司严格按照相关监管规章，突出强化合规风险红线意识，对所有拟开展业务进行合规性审查，确保公司业务开展符合国家相关法律法规规定，并不断优化产品结构和法律文本设计，严格按公司法律文件进行审批；对于声誉风险，公司把声誉构建与公司发展战略和企业文化进行有机结合，对可能影响公司声誉的业务坚决回避，尽职管理受托资产，并充分披露，塑造公司专业和诚信的社会形象；对于员工道德风险，公司从制度、教育、监督、纪律处罚等多方面着手，不断优化激励约束机制，对员工及其行为进行约束和规范。

4.5 内部控制建设及实施情况

报告期内，公司建立了完整的内部控制体系。在监管部门的正确领导下，公司以"信托文化建设""内控合规管理建设年"活动为契机，坚持合规经营、稳健运营，通过强化公司治理，加强制度执行力，推进全面风险管理体系建设等措施，提升合规风险管理能力，推动公司完善全面内控管理机制，为公司稳健发展提供坚实保障。报告期内，公司编制修订了《市场风险管理办法》《固有业务审查决策管理办法》《信息科技风险管理办法》《档案管理制度》《声誉风险管理办法》等多项制度，加强公司合规管理水平，促进各项业务稳健、持续、快速发展。

公司建立了内部控制监督评价与纠正机制，能够按照各项业务不同阶段的管理特征规范相应的内部审批、操作和风险管理程序，通过制度化、流程化来监控和管理各项业务，并按照风险管理原则对拟开展业务进行严格的事前审查，对已开展业务进行事中持续跟踪管理和监控；公司监事会对股东大会负责，对公司财务以及公司董事及高管履行职责的合法性进行监督，维护公司及股东的合法权益；公司稽核审计部对内部控制制度的健全性、有效性进行动态检查评价，对各项业务开展进行合规性检查及风险识别，对相关人员的行为规范进行监督和检查，对被审计项目或信托经理做出客观评价，提出意见或建议，并对审计结论和处理意见的执行及整改情况进行后期追踪检查，督促整改落实。

5. 环境和社会责任

5.1 巩固拓展脱贫攻坚成果、乡村振兴的情况

报告期，按照省委、省政府关于做好巩固脱贫攻坚成果同乡村振兴有效衔接的安排部署，公司承担了陕西省渭南市澄城县赵庄镇武安村定点帮扶和咸阳市国定贫困县淳化县产业帮扶任务。公司党委认真履行巩固脱贫攻坚成果同乡村振兴有效衔接的政治责任，紧盯"防止返贫致贫"目标任务，加强组织领导，配强帮扶干部，制订帮扶计划，持续有效推进乡村振兴工作开展。2021年，公司被省委省政府评为"陕西省脱贫攻坚先进集体"，陕西省乡村振兴局评为"省级驻村联户扶贫参扶单位优秀等次"，陕西省国资委评为"陕西省助力脱贫攻坚优秀企业"。

2021年，积极建立防止返贫致贫动态监测工作机制，全年投入69.62万元帮扶武安村发展。开展困难慰问和帮助脱贫户子女争取国家就学帮扶资金减免3 000元学费（帮扶学生学费6 000元/年），向其发放一次性资助金3 000元，每月发放800元生活补助金。与省果业局、西北农林科技大学多方联系策划实施武安村"百亩苹果新品种试验示范园"，高接换种引进瑞阳、瑞雪、瑞香红新品种，推动苹果产业高质量发展。推进全村人居环境整治，完成武安村改厕、污水和垃圾处理可行性研究报告，协助争取政府专项资金。组织农户开展技能培训，开展雨季防汛抢险，捐赠防疫物资助力做好疫情防控，全力完成国家和省政府开展的脱贫攻坚成效后评估专项检查等工作。

维持向省国资委合力团产业扶贫项目百姓乐大药房发放3 000万元低息贷款，出资5.75万元为淳化县捐赠防疫物资及140名贫困户购买意外保险，截至本报告日，上述保险累计理赔12.58万元。在省总工会帮扶平台、省银行业协会帮扶点等采购扶贫产品31.50万元。

5.2 后续乡村振兴计划

2022年，公司将按照中、省有关工作要求，持续做好武安村巩固脱贫攻坚成果同乡村振兴有效衔接的相关工作。一是持续做好脱贫不稳定户、边缘易致贫户及突发严重困难户常态化监测，开展救济救助以及助医助学等帮扶活动。二是推进百亩苹果新品种试验示范园全面实施，以改良品种为主推动苹果高质量发展。三是组织实施面源污染整治，推进武安村卫生厕所改造项目，建设宜居宜业的美丽乡村。四是做好乡风文明、治理有效、法制宣传、疫情防控等各项工作。五是持续开展消费帮扶工作。

5.3 消费者权益保护情况

报告期，公司扎实推进消费者权益保护工作，持续完善消费者权益保护工作体系，将消费者权益保护融入公司治理的各环节。同时，积极组织开展消费者权益保护宣传教育活动，先后开展了"3·15金融消费者权益保护宣教周""金融知识普及月""送金融知识进校园"等主题宣教活动。2021年度，公司共收到投诉11起，投诉人主要分布在北京、福建、上海、浙江、山东等地，投诉事项涉及息费及定价争议、业务办理使用问题等。

6. 重要事项

1. 2021年1月22日，经公司第九届董事会第十五次会议审议通过，同意终止前次非公开发行股票事项的方案及相关议案。同时，审议通过了本次非公开发行股票方案等议案，决定向不超过35名的特定对象非公开发行不超过1 189 203 853股人民币普通股（A股）。该事项已经公司2021年第一次临时股东大会审议通过，并已获得陕西省财政厅和中国银保监会陕西监管局批复同意。2021年10月14日，中国证监会受理了公司提交的本次非公开发行股票行政许可申请材料。

2021年10月26日，公司收到中国证监会《行政许可项目审查一次反馈意见通知书》（212664号），并进行了回复及披露。2022年2月7日，经2022年第一次临时股东大会审议通过，同意将本次非公开发行股票股东大会决议有效期和股东大会授权董事会及其授权人士全权办理本次非公开发行股票事宜的有效期自届满之日起延长12个月。

2022年4月18日，中国证监会发行审核委员会审核通过了公司本次非公开发行股票申请。公司将在收到中国证监会予以核准的正式文件后另行公告。

上述事项详细内容请查阅公司于2020年7月7日、2020年7月24日、2021年1月23日、2021年2月10日、2021年2月24日、2021年9月10日、2021年10月18日、2021年11月24日、2022年2月8日和2022年4月18日在《中国证券报》《证券时报》和巨潮资讯网上刊登的公告。

2. 2021年11月15日，公司收到第二大股东《关于陕西省高速公路建设集团公司名称变更的函》，其公司名称由"陕西省高速公路建设集团公司"变更为"陕西交控资产管理有限责任公司"，股东变更为陕西交通控股集团有限公司，实际控制人仍为陕西省人民政府国有资产监督管理委员会。2022年3月底，该事项工商等变更手续已办理完毕。上述事项详细披露于2021年11月17日的《中国证券报》《证券时报》和巨潮资讯网。

7.股份变动及股东情况

7.1 公司股东数量及持股情况

				持股5%以上的股东或前10名股东持股情况			质押、标记或冻结情况	
股东名称	股东性质	持股比例（%）	报告期末持股数量	报告期内增减变动情况	持有有限售条件的股份数量	持有无限售条件的股份数量	股份状态	数量
陕西煤业化工集团有限责任公司	国有法人	34.58	1 370 585 727	—	—	137 058 572	—	—
陕西省高速公路建设集团公司	国有法人	21.62	857 135 697	—	—	857 135 697	—	—
中央汇金资产管理有限责任公司	国有法人	1.29	50 966 280	-1 103 400	—	50 966 280	—	—
杨捷	境内自然人	0.92	36 514 300	—	—	36 514 300	—	—
香港中央结算有限公司	境外法人	0.75	29 927 933	8 570 487	—	29 927 933	—	—
人保投资控股有限公司	国有法人	0.70	27 677 000	—	—	27 677 000	—	—
中国农业银行股份有限公司—中证500交易型开放式指数证券投资基金	基金、理财产品等	0.29	11 432 286	2 330 500	—	11 432 286	—	—
袁现明	境内自然人	0.22	8 664 000	8 664 000	—	8 664 000	—	—
陈克春	境内自然人	0.18	7 310 000	-100	—	7 310 000	—	—
张素芬	境内自然人	0.18	7 300 000	1 040 000	—	7 300 000	—	—

7.2 公司控股股东情况

控股股东性质：地方国有控股

控股股东类型：法人

控股股东名称	法定代表人/单位负责人	成立日期	组织机构代码	主要经营业务
陕西煤业化工集团有限责任公司	杨照乾	2004年2月19日	916100007625687785	煤炭开采、销售、加工和综合利用；煤化工产品、化学肥料和精细化工产品的研发、生产及销售；电力生产与供应；煤炭铁路运输（限自营铁路）；机械加工；煤矿专用设备、仪器及配件制造与修理；煤炭、化工、煤机的科研设计；煤田地质勘探；咨询服务；煤及伴生矿物深加工；矿山工程及工业和民用建筑；机电设备安装；矿井（建筑）工程设计；工程监理；建材销售；气体产品的制造和销售；火工、公路运输；物资仓储；高科技产业；农林业；自营代理各类商品及技术的进出口，但国家限定经营或禁止进出口的商品及技术除外 其中煤炭开采、电力生产与供应、煤田地质勘探、气体产品制造、公路运输项目由集团公司所属企业凭许可证在有效期内经营（依法须经批准的项目，经相关部门批准后方可开展经营活动）
控股股东报告期内控股和参股的其他境内外上市公司的股权情况	截至2021年12月31日，陕西煤业化工集团有限责任公司控股和参股的其他上市公司股权情况如下：持有陕西煤业股份有限公司（601225）63.14%股权；持有陕西北元化工集团股份有限公司（601568）35%股权；持有陕西建设机械股份有限公司（600984）27.86%股权；持有湖北能源集团股份有限公司（000883）3.11%股权；持有兖煤澳大利亚有限公司（03668）1.01%股权；持有华能国际电力股份有限公司（600011）0.49%股权			

7.3 公司实际控制人及其一致行动人

实际控制人性质：地方国资管理机构

实际控制人类型：法人

实际控制人名称	法定代表人/单位负责人	成立日期	组织机构代码	主要经营业务
陕西省人民政府国有资产监督管理委员会	刘斌	2004年6月22日	116100007197833687	—

注：为贯彻落实《中共中央 国务院关于完善国有金融资本管理的指导意见》（中发〔2018〕25号）、《中共陕西省委 陕西省人民政府关于完善国有金融资本管理的实施意见》（陕发〔2019〕9号）等文件精神，完善陕西省属国有金融资本管理体制，陕西省人民政府授权陕西省财政厅履行陕西省属国有金融资本出资人职责。

7.4 公司与实际控制人之间的产权及控制关系图

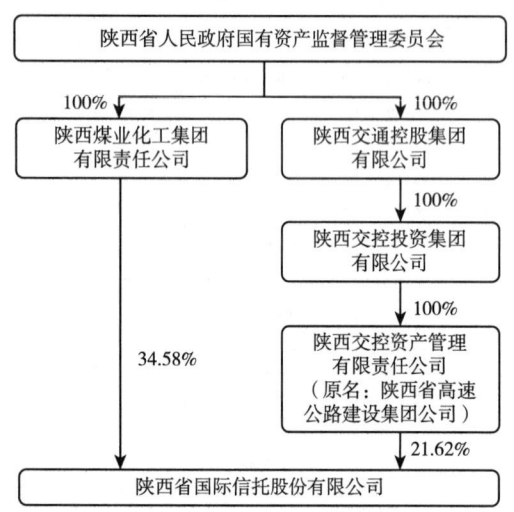

注：2021年11月15日，公司收到第二大股东《关于陕西省高速公路建设集团公司名称变更的函》，其公司名称由"陕西省高速公路建设集团公司"变更为"陕西交控资产管理有限责任公司"，实际控制人仍为陕西省人民政府国有资产监督管理委员会。2022年3月底，该事项工商等变更手续已办理完毕。上述事项详细披露于2021年11月17日的《中国证券报》《证券时报》和巨潮资讯网。

7.5 其他持股在10%以上的法人股东

法人股东名称	法定代表人/单位负责人	成立日期	注册资本（亿元）	主要经营业务或管理活动
陕西交控资产管理有限责任公司	张朝辉	1996年9月24日	100	高速公路项目的建设、养护管理、收费、资本运营和配套开发服务；高速公路基础建设投资（仅限自有资产）；房地产开发经营；物业管理；公路工程项目投资咨询与评估、公路工程勘测设计、施工、技术咨询、监理、检验检测；公路养护机械设备租赁；公路服务区经营；道路运输；电子信息技术运用；中介服务和广告业务。（依法须经批准的项目，经相关部门批准后方可开展经营活动）

8. 财务报告

8.1 合并资产负债表

合并资产负债表

编制单位：陕西省国际信托股份有限公司　　2021年12月31日　　单位：元

项目	2021年12月31日	2020年12月31日
资产：	—	—
货币资金	1 303 768 408.76	433 396 111.56
结算备付金	—	—
贵金属	—	—

续表

项目	2021年12月31日	2020年12月31日
拆出资金	—	—
衍生金融资产	—	—
应收款项	—	—
合同资产	—	—
买入返售金融资产	629 417 148.90	916 397 000.00
持有待售资产	—	72 981 697.87
发放贷款和垫款	7 016 626 200.65	4 729 341 190.06
金融投资：	7 076 159 136.89	8 598 533 639.84
交易性金融资产	4 207 904 740.72	3 176 993 417.26
债权投资	1 066 173 437.84	3 529 732 586.09
其他债权投资	—	—
其他权益工具投资	1 802 080 958.33	1 891 807 636.49
长期股权投资	3 037 555.97	3 308 179.79
投资性房地产	—	—
固定资产	66 248 857.67	66 162 324.17
使用权资产	17 746 156.64	—
在建工程	—	—
无形资产	8 717 213.24	8 824 460.45
长期待摊费用	1 400 601.16	—
递延所得税资产	354 311 499.71	273 066 969.50
其他资产	766 490 939.67	1 415 044 702.80
资产总计	17 243 923 719.26	16 517 056 276.04
负债：	—	—
短期借款	—	—
拆入资金	—	—
交易性金融负债	—	—
衍生金融负债	—	—
卖出回购金融资产款	319 500 000.00	—
应付职工薪酬	499 416 230.79	492 654 066.98
应交税费	178 101 312.52	32 275 289.82
应付款项	—	—
合同负债	66 725 662.92	72 398 500.83
租赁负债	15 643 168.09	—
持有待售负债	—	—
预计负债	—	—
长期借款	—	—
应付债券	—	—
其中：优先股	—	—
永续债	—	—
递延所得税负债	87 237 847.18	39 684 964.02
其他负债	3 825 153 657.22	4 084 995 004.31

续表

项目	2021年12月31日	2020年12月31日
负债合计	4 991 777 878.72	4 722 007 825.96
股东权益：	—	—
股本	3 964 012 846.00	3 964 012 846.00
其他权益工具	—	—
其中：优先股	—	—
永续债	—	—
资本公积	4 111 493 528.32	4 111 493 528.32
减：库存股	—	—
其他综合收益	199 705 142.12	356 000 200.99
盈余公积	515 145 209.33	441 922 743.88
一般风险准备	167 683 317.26	140 350 583.88
信托赔偿准备金	251 583 558.47	214 972 325.74
未分配利润	3 042 522 239.04	2 566 296 221.27
归属于母公司股东权益合计	12 252 145 840.54	11 795 048 450.08
少数股东权益	—	—
股东权益合计	12 252 145 840.54	11 795 048 450.08
负债和股东权益总计	17 243 923 719.26	16 517 056 276.04

8.2 母公司资产负债表

母公司资产负债表

编制单位：陕西省国际信托股份有限公司　　2021年12月31日　　　　单位：元

项目	2021年12月31日	2020年12月31日
资产：	—	—
货币资金	1 282 165 879.90	371 656 359.54
结算备付金	—	—
贵金属	—	—
拆出资金	—	—
衍生金融资产	—	—
应收款项	—	—
合同资产	—	—
买入返售金融资产	607 017 000.00	916 397 000.00
持有待售资产	—	72 981 697.87
发放贷款和垫款	6 719 313 108.65	4 253 640 242.86
金融投资：	5 722 925 348.38	6 847 297 461.07
交易性金融资产	3 224 111 014.44	3 181 993 417.26
债权投资	696 733 375.61	1 773 496 407.32
其他债权投资	—	—
其他权益工具投资	1 802 080 958.33	1 891 807 636.49
长期股权投资	3 037 555.97	3 308 179.79
投资性房地产	—	—

续表

项目	2021年12月31日	2020年12月31日
固定资产	66 248 857.67	66 162 324.17
使用权资产	17 746 156.64	—
在建工程	—	—
无形资产	8 717 213.24	8 824 460.45
长期待摊费用	1 400 601.16	—
递延所得税资产	354 188 229.73	261 638 055.66
其他资产	794 374 422.28	1 476 472 834.44
资产总计	15 577 134 373.62	14 278 378 615.85
负债：	—	—
短期借款	—	—
拆入资金	—	—
交易性金融负债	—	—
衍生金融负债	—	—
卖出回购金融资产款	—	—
应付职工薪酬	499 416 230.79	492 654 066.98
应交税费	176 620 558.50	32 275 289.82
应付款项	—	—
合同负债	66 725 662.92	57 400 744.50
租赁负债	15 643 168.09	—
持有待售负债	—	—
预计负债	—	—
长期借款	—	—
应付债券	—	—
其中：优先股	—	—
永续债	—	—
递延所得税负债	66 568 380.71	39 684 964.02
其他负债	2 500 014 532.07	1 861 315 100.45
负债合计	3 324 988 533.08	2 483 330 165.77
股东权益：	—	—
股本	3 964 012 846.00	3 964 012 846.00
其他权益工具	—	—
其中：优先股	—	—
永续债	—	—
资本公积	4 111 493 528.32	4 111 493 528.32
减：库存股	—	—
其他综合收益	199 705 142.12	356 000 200.99
盈余公积	515 145 209.33	441 922 743.88
一般风险准备	167 683 317.26	140 350 583.88
信托赔偿准备金	251 583 558.47	214 972 325.74

续表

项目	2021年12月31日	2020年12月31日
未分配利润	3 042 522 239.04	2 566 296 221.27
股东权益合计	12 252 145 840.54	11 795 048 450.08
负债和股东权益总计	15 577 134 373.62	14 278 378 615.85

8.3 合并利润表

合并利润表

编制单位：陕西省国际信托股份有限公司　2021年度　　　　　　　　　　单位：元

项目	2021年度	2020年度
一、营业总收入	1 908 556 376.16	2 125 822 543.78
利息净收入	294 767 191.47	179 383 857.85
其中：利息收入	544 971 961.21	459 982 027.77
利息支出	250 204 769.74	280 598 169.92
手续费及佣金净收入	1 215 720 267.11	1 212 519 415.08
其中：手续费及佣金收入	1 216 622 455.73	1 214 089 072.47
手续费及佣金支出	902 188.62	1 569 657.39
投资收益（损失以"-"号填列）	240 886 314.96	462 766 105.23
其中：对联营企业和合营企业的投资收益	-270 623.82	-229 199.58
净敞口套期收益（损失以"-"号填列）	—	—
其他收益	6 133 103.08	773 483.02
公允价值变动收益（损失以"-"号填列）	131 170 665.81	268 131 562.75
汇兑收益（损失以"-"号填列）	—	—
其他业务收入	1 835 612.92	2 247 854.62
资产处置收益（损失以"-"号填列）	18 043 220.81	265.23
二、营业总支出	931 068 139.02	1 204 121 007.36
税金及附加	19 060 602.92	18 688 604.59
业务及管理费	517 464 450.07	646 383 641.80
信用减值损失	393 716 895.79	533 824 835.93
其他资产减值损失	—	—
其他业务成本	826 190.24	5 223 925.04
三、营业利润（亏损以"-"号填列）	977 488 237.14	921 701 536.42
加：营业外收入	96 552.18	1 931 439.18
减：营业外支出	163 678.06	5 559 469.00
四、利润总额（亏损总额以"-"号填列）	977 421 111.26	918 073 506.60
减：所得税费用	245 196 456.72	232 382 731.97
五、净利润（净亏损以"-"号填列）	732 224 654.54	685 690 774.63
（一）按经营持续性分类	732 224 654.54	685 690 774.63
1.持续经营净利润（净亏损以"-"号填列）	732 224 654.54	685 690 774.63

续表

项目	2021年度	2020年度
2.终止经营净利润（净亏损以"-"号填列）	—	—
（二）按所有权归属分类	732 224 654.54	685 690 774.63
1.归属于母公司股东的净利润（净亏损以"-"号填列）	732 224 654.54	685 690 774.63
2.少数股东损益（净亏损以"-"号填列）	—	—
六、其他综合收益的税后净额	-156 295 058.87	250 914 348.87
（一）归属于母公司股东的其他综合收益的税后净额	-156 295 058.87	250 914 348.87
1.不能重分类进损益的其他综合收益	-156 295 058.87	250 914 348.87
（1）重新计量设定受益计划变动额	—	—
（2）权益法下不能转损益的其他综合收益	—	—
（3）其他权益工具投资公允价值变动	-156 295 058.87	250 914 348.87
（4）企业自身信用风险公允价值变动	—	—
2.将重分类进损益的其他综合收益	—	—
（1）权益法下可转损益的其他综合收益	—	—
（2）其他债权投资公允价值变动	—	—
（3）金融资产重分类计入其他综合收益的金额	—	—
（4）其他债权投资信用损失准备	—	—
（5）现金流量套期储备	—	—
（6）外币财务报表折算差额	—	—
（二）归属于少数股东的其他综合收益的税后净额	—	—
七、综合收益总额	575 929 595.67	936 605 123.50
归属于母公司股东的综合收益总额	575 929 595.67	936 605 123.50
归属于少数股东的综合收益总额	—	—
八、每股收益：	—	—
（一）基本每股收益（元/股）	0.1847	0.1730
（二）稀释每股收益（元/股）	0.1847	0.1730

8.4 母公司利润表

母公司利润表

编制单位：陕西省国际信托股份有限公司　2021年度　　　　　　　　　　单位：元

项目	2021年度	2020年度
一、营业总收入	1 951 342 999.42	2 081 200 973.85
利息净收入	418 633 219.58	332 597 408.28
其中：利息收入	530 002 095.74	423 570 068.93
利息支出	111 368 876.16	90 972 660.65
手续费及佣金净收入	1 257 718 866.17	1 266 625 540.79

续表

项目	2021年度	2020年度
其中：手续费及佣金收入	1 258 621 054.79	1 268 195 198.18
手续费及佣金支出	902 188.62	1 569 657.39
投资收益（损失以"-"号填列）	107 474 503.20	210 824 859.16
其中：对联营企业和合营企业的投资收益	-270 623.82	-229 199.58
净敞口套期收益（损失以"-"号填列）	—	—
其他收益	6 133 103.08	773 483.02
公允价值变动收益（损失以"-"号填列）	141 504 473.66	268 131 562.75
汇兑收益（损失以"-"号填列）	—	—
其他业务收入	1 835 612.92	2 247 854.62
资产处置收益（损失以"-"号填列）	18 043 220.81	265.23
二、营业总支出	973 854 762.28	1 159 499 437.40
税金及附加	18 110 653.45	17 067 949.50
业务及管理费	517 145 405.86	641 411 921.38
信用减值损失	437 772 512.73	495 795 641.48
其他资产减值损失	—	—
其他业务成本	826 190.24	5 223 925.04
三、营业利润（亏损以"-"号填列）	977 488 237.14	921 701 536.45
加：营业外收入	96 552.18	1 931 439.18
减：营业外支出	163 678.06	5 559 469.00
四、利润总额（亏损总额以"-"号填列）	977 421 111.26	918 073 506.63
减：所得税费用	245 196 456.72	232 382 732.00
五、净利润（净亏损以"-"号填列）	732 224 654.54	685 690 774.63
（一）持续经营净利润（净亏损以"-"号填列）	732 224 654.54	685 690 774.63
（二）终止经营净利润（净亏损以"-"号填列）	—	—
六、其他综合收益的税后净额	-156 295 058.87	250 914 348.87
（一）不能重分类进损益的其他综合收益	-156 295 058.87	250 914 348.87
1.重新计量设定受益计划变动额	—	—
2.权益法下不能转损益的其他综合收益	—	—
3.其他权益工具投资公允价值变动	-156 295 058.87	250 914 348.87
4.企业自身信用风险公允价值变动	—	—
（二）将重分类进损益的其他综合收益	—	—
1.权益法下可转损益的其他综合收益	—	—
2.其他债权投资公允价值变动	—	—
3.金融资产重分类计入其他综合收益的金额	—	—

续表

项目	2021年度	2020年度
4.其他债权投资信用损失准备	—	—
5.现金流量套期储备	—	—
6.外币财务报表折算差额	—	—
七、综合收益总额	575 929 595.67	936 605 123.50

8.5 合并现金流量表

合并现金流量表

编制单位：陕西省国际信托股份有限公司　2021年度　　　　　　　　　单位：元

项目	2021年度	2020年度
一、经营活动产生的现金流量：	—	—
销售商品、提供劳务收到的现金	—	—
向中央银行借款净增加额	—	—
向其他金融机构拆入资金净增加额	—	—
收取利息、手续费及佣金的现金	1 857 755 400.74	1 717 672 915.41
拆入资金净增加额	—	—
回购业务资金净增加额	606 479 851.10	-653 910 000.00
收到其他与经营活动有关的现金	178 770 817.06	165 352 683.45
经营活动现金流入小计	2 643 006 068.90	1 229 115 598.86
客户贷款及垫款净增加额	2 300 000 000.00	529 615 000.00
为交易目的而持有的金融资产净增加额	1 155 602 369.10	104 070 898.76
拆出资金净增加额	—	—
支付利息、手续费及佣金的现金	1 296 792.73	1 932 504.66
支付给职工及为职工支付的现金	406 788 144.56	453 018 707.15
支付的各项税费	280 839 632.54	439 077 366.56
支付其他与经营活动有关的现金	68 283 605.64	857 112 799.84
经营活动现金流出小计	4 212 810 544.57	2 384 827 276.97
经营活动产生的现金流量净额	-1 569 804 475.67	-1 155 711 678.11
二、投资活动产生的现金流量：	—	—
收回投资收到的现金	4 388 815 456.85	3 678 136 082.61
取得投资收益收到的现金	313 366 331.07	477 795 678.18
处置固定资产、无形资产和其他长期资产所收回的现金净额	92 120 778.18	49 720.03
收到其他与投资活动有关的现金	—	483 938 458.47
投资活动现金流入小计	4 794 302 566.10	4 639 919 939.29
投资支付的现金	1 712 918 551.16	3 874 304 400.08
购建固定资产、无形资产和其他长期资产所支付的现金	2 885 672.62	5 334 727.26
支付其他与投资活动有关的现金	1 045 488 866.26	—
投资活动现金流出小计	2 761 293 090.04	3 879 639 127.34
投资活动产生的现金流量净额	2 033 009 476.06	760 280 811.95
三、筹资活动产生的现金流量：	—	—

续表

项目	2021年度	2020年度
吸收投资收到的现金	—	—
取得借款收到的现金	—	—
发行债券收到的现金	—	—
收到其他与筹资活动有关的现金	2 468 000 000.00	2 320 000 000.00
筹资活动现金流入小计	2 468 000 000.00	2 320 000 000.00
偿还债务支付的现金	—	—
分配股利、利润或偿付利息支付的现金	228 066 733.00	208 226 857.62
支付其他与筹资活动有关的现金	1 832 765 970.19	2 110 000 000.00
筹资活动现金流出小计	2 060 832 703.19	2 318 226 857.62
筹资活动产生的现金流量净额	407 167 296.81	1 773 142.38
四、汇率变动对现金及现金等价物的影响	—	—
五、现金及现金等价物净增加额	870 372 297.20	-393 657 723.78
加：期初现金及现金等价物余额	433 396 111.56	827 053 835.34
六、期末现金及现金等价物余额	1 303 768 408.76	433 396 111.56

8.6 母公司现金流量表

母公司现金流量表

编制单位：陕西省国际信托股份有限公司　2021年度　　　　单位：元

项目	2021年度	2020年度
一、经营活动产生的现金流量：	—	—
销售商品、提供劳务收到的现金	—	—
向中央银行借款净增加额	—	—
向其他金融机构拆入资金净增加额	—	—
收取利息、手续费及佣金的现金	1 899 190 186.88	1 723 935 583.68
拆入资金净增加额	—	—
回购业务资金净增加额	309 380 000.00	-653 910 000.00
收到其他与经营活动有关的现金	151 096 333.38	15 352 683.45
经营活动现金流入小计	2 359 666 520.26	1 085 378 267.13
客户贷款及垫款净增加额	2 480 000 000.00	79 615 000.00
为交易目的而持有的金融资产净增加额	-370 891 893.46	104 070 898.76
拆出资金净增加额	—	—
支付利息、手续费及佣金的现金	1 296 792.73	1 932 504.66

续表

项目	2021年度	2020年度
支付给职工及为职工支付的现金	406 788 144.56	453 018 707.15
支付的各项税费	279 960 687.55	437 389 425.93
支付其他与经营活动有关的现金	67 964 561.43	901 766 316.73
经营活动现金流出小计	2 865 118 292.81	1 977 792 853.23
经营活动产生的现金流量净额	-505 451 772.55	-892 414 586.10
二、投资活动产生的现金流量：	—	—
收回投资收到的现金	2 929 228 197.31	2 447 629 082.61
取得投资收益收到的现金	194 809 415.61	224 052 479.54
处置固定资产、无形资产和其他长期资产所收回的现金净额	92 120 778.18	49 720.03
收到其他与投资活动有关的现金	—	—
投资活动现金流入小计	3 216 158 391.10	2 671 731 282.18
投资支付的现金	2 204 478 722.38	2 207 604 400.08
购建固定资产、无形资产和其他长期资产所支付的现金	2 885 672.62	5 334 727.26
支付其他与投资活动有关的现金	—	—
投资活动现金流出小计	2 207 364 395.00	2 212 939 127.34
投资活动产生的现金流量净额	1 008 793 996.10	458 792 154.84
三、筹资活动产生的现金流量：	—	—
吸收投资收到的现金	—	—
取得借款收到的现金	—	—
发行债券收到的现金	—	—
收到其他与筹资活动有关的现金	2 468 000 000.00	2 320 000 000.00
筹资活动现金流入小计	2 468 000 000.00	2 320 000 000.00
偿还债务支付的现金	—	—
分配股利、利润或偿付利息支付的现金	228 066 733.00	208 226 857.62
支付其他与筹资活动有关的现金	1 832 765 970.19	2 110 000 000.00
筹资活动现金流出小计	2 060 832 703.19	2 318 226 857.62
筹资活动产生的现金流量净额	407 167 296.81	1 773 142.38
四、汇率变动对现金及现金等价物的影响	—	—
五、现金及现金等价物净增加额	910 509 520.36	-431 849 288.88
加：期初现金及现金等价物余额	371 656 359.54	803 505 648.42
六、期末现金及现金等价物余额	1 282 165 879.90	371 656 359.54

8.7 合并所有者权益变动表

合并所有者权益变动表

编制单位：陕西省国际信托股份有限公司　　　2021年度　　　单位：元

项目	股本	其他权益工具 优先股	其他权益工具 永续债	其他权益工具 其他	资本公积	减:库存股	其他综合收益	归属于母公司股东权益 信托赔偿准备金	盈余公积	一般风险准备	未分配利润	其他	小计	少数股东权益	股东权益合计
一、上年期末余额	3 964 012 846.00	—	—	—	4 111 493 528.32	—	356 000 200.99	214 972 325.74	441 922 743.88	140 350 583.88	2 566 296 221.27	—	11 795 048 450.08	—	11 795 048 450.08
加：会计政策变更	—	—	—	—	—	—	—	—	—	—	—	—	—	—	—
前期差错更正	—	—	—	—	—	—	—	—	—	—	—	—	—	—	—
其他	—	—	—	—	—	—	—	—	—	—	—	—	—	—	—
二、本年期初余额	3 964 012 846.00	—	—	—	4 111 493 528.32	—	356 000 200.99	214 972 325.74	441 922 743.88	140 350 583.88	2 566 296 221.27	—	11 795 048 450.08	—	11 795 048 450.08
三、本期增减变动金额（减少以"-"号填列）	—	—	—	—	—	—	-156 295 058.87	36 611 232.73	73 222 465.45	27 332 733.38	476 226 017.77	—	457 097 390.46	—	457 097 390.46
（一）综合收益总额	—	—	—	—	—	—	-156 295 058.87	—	—	—	732 224 654.54	—	575 929 595.67	—	575 929 595.67
（二）股东投入和减少资本	—	—	—	—	—	—	—	—	—	—	—	—	—	—	—
1.股东投入普通股	—	—	—	—	—	—	—	—	—	—	—	—	—	—	—
2.其他权益工具持有者投入资本	—	—	—	—	—	—	—	—	—	—	—	—	—	—	—
3.股份支付计入股东权益的金额	—	—	—	—	—	—	—	—	—	—	—	—	—	—	—
4.其他	—	—	—	—	—	—	—	—	—	—	—	—	—	—	—
（三）利润分配	—	—	—	—	—	—	—	36 611 232.73	73 222 465.45	27 332 733.38	-255 998 636.77	—	-118 832 205.21	—	-118 832 205.21
1.提取盈余公积	—	—	—	—	—	—	—	—	73 222 465.45	—	-73 222 465.45	—	—	—	—
2.对股东的分配	—	—	—	—	—	—	—	—	—	—	-118 832 205.21	—	-118 832 205.21	—	-118 832 205.21
3.提取一般风险准备	—	—	—	—	—	—	—	—	—	27 332 733.38	-27 332 733.38	—	—	—	—
4.提取信托赔偿准备	—	—	—	—	—	—	—	36 611 232.73	—	—	-36 611 232.73	—	—	—	—
5.其他	—	—	—	—	—	—	—	—	—	—	—	—	—	—	—
（四）股东权益内部结转	—	—	—	—	—	—	—	—	—	—	—	—	—	—	—
1.资本公积转增股本	—	—	—	—	—	—	—	—	—	—	—	—	—	—	—
2.盈余公积转增股本	—	—	—	—	—	—	—	—	—	—	—	—	—	—	—
3.盈余公积弥补亏损	—	—	—	—	—	—	—	—	—	—	—	—	—	—	—
4.设定受益计划变动额结转留存收益	—	—	—	—	—	—	—	—	—	—	—	—	—	—	—
5.其他综合收益结转留存收益	—	—	—	—	—	—	—	—	—	—	—	—	—	—	—
6.其他	—	—	—	—	—	—	—	—	—	—	—	—	—	—	—
四、本期期末余额	3 964 012 846.00	—	—	—	4 111 493 528.32	—	199 705 142.12	251 583 558.47	515 145 209.33	167 683 317.26	3 042 522 239.04	—	12 252 145 840.54	—	12 252 145 840.54

合并所有者权益变动表

2020年度

编制单位：陕西省省国际信托股份有限公司
单位：元

项目	股本	其他权益工具 优先股	其他权益工具 永续债	其他权益工具 其他	资本公积	减: 库存股	其他综合收益	信托赔偿准备金	盈余公积	一般风险准备	未分配利润	其他	小计	少数股东权益	股东权益合计
一、上年末余额	3 964 012 846.00	—	—	—	4 111 493 528.32	—	105 085 852.12	180 687 787.01	373 353 666.42	140 350 583.88	2 102 379 448.21	—	10 977 363 711.96	—	10 977 363 711.96
加：会计政策变更	—	—	—	—	—	—	—	—	—	—	—	—	—	—	—
前期差错更正	—	—	—	—	—	—	—	—	—	—	—	—	—	—	—
其他	—	—	—	—	—	—	—	—	—	—	—	—	—	—	—
二、本年期初余额	3 964 012 846.00	—	—	—	4 111 493 528.32	—	105 085 852.12	180 687 787.01	373 353 666.42	140 350 583.88	2 102 379 448.21	—	10 977 363 711.96	—	10 977 363 711.96
三、本期增减变动金额（减少以"-"号填列）	—	—	—	—	—	—	250 914 348.87	34 284 538.73	68 569 077.46	—	463 916 773.06	—	817 684 738.12	—	817 684 738.12
（一）综合收益总额	—	—	—	—	—	—	250 914 348.87	—	—	—	685 690 774.63	—	936 605 123.50	—	936 605 123.50
（二）股东投入和减少资本	—	—	—	—	—	—	—	—	—	—	—	—	—	—	—
1.股东投入普通股	—	—	—	—	—	—	—	—	—	—	—	—	—	—	—
2.其他权益工具持有者投入资本	—	—	—	—	—	—	—	—	—	—	—	—	—	—	—
3.股份支付计入股东权益的金额	—	—	—	—	—	—	—	—	—	—	—	—	—	—	—
4.其他	—	—	—	—	—	—	—	—	—	—	—	—	—	—	—
（三）利润分配	—	—	—	—	—	—	—	34 284 538.73	68 569 077.46	—	-221 774 001.57	—	-118 920 385.38	—	-118 920 385.38
1.提取盈余公积	—	—	—	—	—	—	—	—	68 569 077.46	—	-68 569 077.46	—	—	—	—
2.对股东的分配	—	—	—	—	—	—	—	—	—	—	-118 920 385.38	—	-118 920 385.38	—	-118 920 385.38
3.提取一般风险准备	—	—	—	—	—	—	—	—	—	—	—	—	—	—	—
4.提取信托赔偿准备	—	—	—	—	—	—	—	34 284 538.73	—	—	-34 284 538.73	—	—	—	—
5.其他	—	—	—	—	—	—	—	—	—	—	—	—	—	—	—
（四）股东权益内部结转	—	—	—	—	—	—	—	—	—	—	—	—	—	—	—
1.资本公积转增股本	—	—	—	—	—	—	—	—	—	—	—	—	—	—	—
2.盈余公积转增股本	—	—	—	—	—	—	—	—	—	—	—	—	—	—	—
3.盈余公积弥补亏损	—	—	—	—	—	—	—	—	—	—	—	—	—	—	—
4.设定受益计划变动额结转留存收益	—	—	—	—	—	—	—	—	—	—	—	—	—	—	—
5.其他综合收益结转留存收益	—	—	—	—	—	—	—	—	—	—	—	—	—	—	—
6.其他	—	—	—	—	—	—	—	—	—	—	—	—	—	—	—
四、本期期末余额	3 964 012 846.00	—	—	—	4 111 493 528.32	—	356 000 200.99	214 972 325.74	441 922 743.88	140 350 583.88	2 566 296 221.27	—	11 795 048 450.08	—	11 795 048 450.08

8.8 母公司所有者权益变动表

母公司所有者权益变动表

2021年度

编制单位：陕西省国际信托股份有限公司　　单位：元

项目	股本	其他权益工具			资本公积	减：库存股	其他综合收益	信托赔偿准备金	盈余公积	未分配利润	一般风险准备	股东权益合计
		优先股	永续债	其他								
一、上年期末余额	3 964 012 846.00	—	—	—	4 111 493 528.32	—	356 000 200.99	214 972 325.74	441 922 743.88	2 566 296 221.27	140 350 583.88	11 795 048 450.08
加：会计政策变更	—	—	—	—	—	—	—	—	—	—	—	—
前期差错更正	—	—	—	—	—	—	—	—	—	—	—	—
其他	—	—	—	—	—	—	—	—	—	—	—	—
二、本年期初余额	3 964 012 846.00	—	—	—	4 111 493 528.32	—	356 000 200.99	214 972 325.74	441 922 743.88	2 566 296 221.27	140 350 583.88	11 795 048 450.08
三、本期增减变动金额（减少以"-"号填列）	—	—	—	—	—	—	-156 295 058.87	36 611 232.73	73 222 465.45	476 226 017.77	27 332 733.38	457 097 390.46
（一）综合收益总额							-156 295 058.87			732 224 654.54		575 929 595.67
（二）股东投入和减少资本												
1.股东投入普通股												
2.其他权益工具持有者投入资本												
3.股份支付计入股东权益的金额												
4.其他												
（三）利润分配								36 611 232.73	73 222 465.45	-255 998 636.77	27 332 733.38	-118 832 205.21
1.提取盈余公积									73 222 465.45	-73 222 465.45		
2.对股东的分配										-118 832 205.21		-118 832 205.21
3.提取一般风险准备										-27 332 733.38	27 332 733.38	
4.提取信托赔偿准备								36 611 232.73		-36 611 232.73		
5.其他												
（四）股东权益内部结转												
1.资本公积转增股本												
2.盈余公积转增股本												
3.盈余公积弥补亏损												
4.设定受益计划变动额结转留存收益												
5.其他综合收益结转留存收益												
6.其他												
四、本期期末余额	3 964 012 846.00	—	—	—	4 111 493 528.32	—	199 705 142.12	251 583 558.47	515 145 209.33	3 042 522 239.04	167 683 317.26	12 252 145 840.54

母公司所有者权益变动表

2020年度

编制单位：陕西省国际信托股份有限公司

单位：元

项目	股本	其他权益工具			资本公积	减：库存股	其他综合收益	信托赔偿准备金	盈余公积	未分配利润	一般风险准备	所有者权益合计
		优先股	永续债	其他								
一、上年期末余额	3 964 012 846.00	—	—	—	4 111 493 528.32	—	105 085 852.12	180 687 787.01	373 353 666.42	2 102 379 448.21	140 350 583.88	10 977 363 711.96
加：会计政策变更	—	—	—	—	—	—	—	—	—	—	—	—
前期差错更正	—	—	—	—	—	—	—	—	—	—	—	—
其他	—	—	—	—	—	—	—	—	—	—	—	—
二、本年期初余额	3 964 012 846.00	—	—	—	4 111 493 528.32	—	105 085 852.12	180 687 787.01	373 353 666.42	2 102 379 448.21	140 350 583.88	10 977 363 711.96
三、本期增减变动金额（减少以"—"号填列）	—	—	—	—	—	—	250 914 348.87	34 284 538.73	68 569 077.46	463 916 773.06	—	817 684 738.12
（一）综合收益总额	—	—	—	—	—	—	250 914 348.87	—	—	685 690 774.63	—	936 605 123.50
（二）股东投入和减少资本	—	—	—	—	—	—	—	—	—	—	—	—
1. 股东投入普通股	—	—	—	—	—	—	—	—	—	—	—	—
2. 其他权益工具持有者投入资本	—	—	—	—	—	—	—	—	—	—	—	—
3. 股份支付计入股东权益的金额	—	—	—	—	—	—	—	—	—	—	—	—
4. 其他	—	—	—	—	—	—	—	—	—	—	—	—
（三）利润分配	—	—	—	—	—	—	—	34 284 538.73	68 569 077.46	-221 774 001.57	—	-118 920 385.38
1. 提取盈余公积	—	—	—	—	—	—	—	—	68 569 077.46	-68 569 077.46	—	—
2. 对股东的分配	—	—	—	—	—	—	—	—	—	-118 920 385.38	—	-118 920 385.38
3. 提取一般风险准备金	—	—	—	—	—	—	—	—	—	—	—	—
4. 提取信托赔偿准备金	—	—	—	—	—	—	—	34 284 538.73	—	-34 284 538.73	—	—
5. 其他	—	—	—	—	—	—	—	—	—	—	—	—
（四）股东权益内部结转	—	—	—	—	—	—	—	—	—	—	—	—
1. 资本公积转增股本	—	—	—	—	—	—	—	—	—	—	—	—
2. 盈余公积转增股本	—	—	—	—	—	—	—	—	—	—	—	—
3. 盈余公积弥补亏损	—	—	—	—	—	—	—	—	—	—	—	—
4. 设定受益计划变动额结转留存收益	—	—	—	—	—	—	—	—	—	—	—	—
5. 其他综合收益结转留存收益	—	—	—	—	—	—	—	—	—	—	—	—
6. 其他	—	—	—	—	—	—	—	—	—	—	—	—
四、本期期末余额	3 964 012 846.00	—	—	—	4 111 493 528.32	—	356 000 200.99	214 972 325.74	441 922 743.88	2 566 296 221.27	140 350 583.88	11 795 048 450.08

上海爱建信托有限责任公司

1. 重要提示

1.1 公司董事会及董事保证本报告内容的真实、准确和完整，不存在重大错报及虚假记载、误导性陈述或重大遗漏，并对其承担个别及连带责任。

1.2 独立董事潘飞、吴斌、黄辉认为本报告：公司年报所记载的资料不存在重大错报及虚假记载，也没有误导性陈述和重大遗漏，本报告的内容真实、准确、完整。

1.3 公司年度财务报告已经立信会计师事务所（特殊普通合伙）根据中国注册会计师审计准则审计，并出具了标准无保留意见的审计报告。

1.4 公司董事长徐众华、总经理吴文新、分管财务负责人兼财务负责人王成兵声明：保证年度报告中财务报告的真实、完整。

2. 公司概况

2.1 公司简介

2.1.1 公司法定中文名称：上海爱建信托有限责任公司

中文名称缩写爱建信托
公司法定英文名称：SHANGHAI AJ TRUST CO., LTD.
英文名称缩写AJT

2.1.2 法定代表人：徐众华

2.1.3 注册地址：上海市徐汇区肇嘉浜路746号3—8层
邮政编码：200030
办公地址：上海市徐汇区肇嘉浜路746号3-8层
邮政编码：200030
国际互联网网址：http://www.ajxt.com.cn
电子信箱：ajmail-1@ajfc.com.cn

2.1.4 信息披露事务负责人：朱建高
联系电话：021-33564008 传真：021-64392072
电子信箱：zjg@ajfc.com.cn

2.1.5 信息披露报纸名称：《上海证券报》

2.1.6 年度报告备置地点：公司各客户服务网点

2.1.7 聘请的会计师事务所：立信会计师事务所（特殊普通合伙）
住所：上海市黄浦区南京东路61号4楼

2.2 组织结构

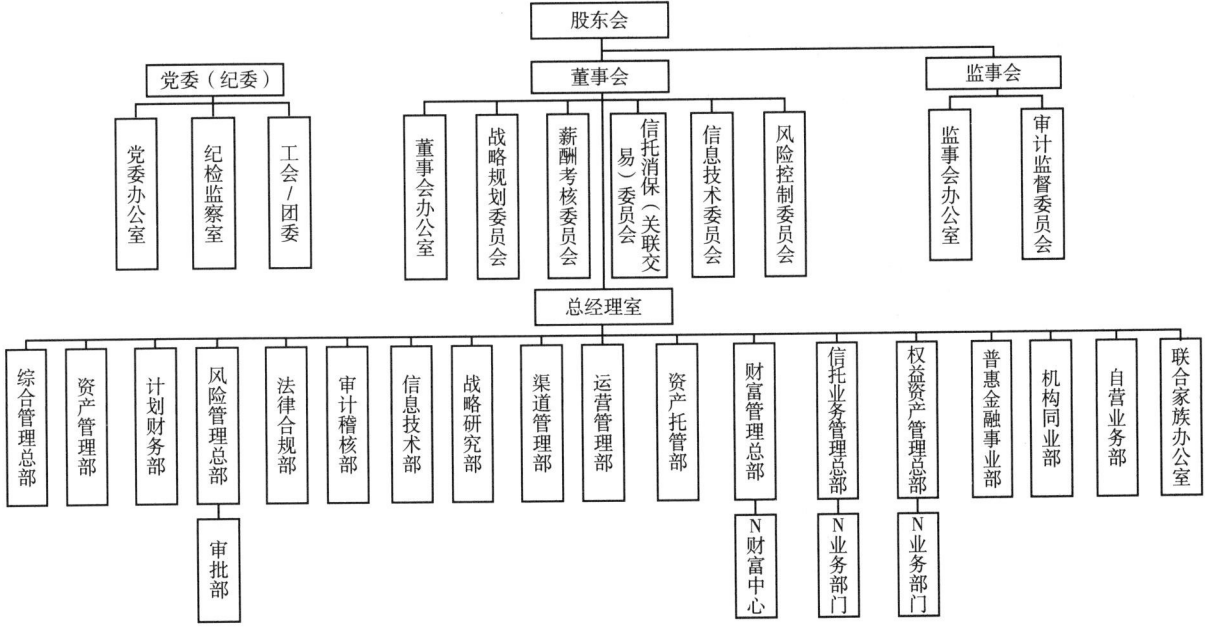

3. 公司治理结构

3.1 股东

股东名称	持股比例(%)	出资额（万元）	法定代表人	注册资本（万元）	注册地址	主要经营业务及主要财务情况
★上海爱建集团股份有限公司	99.33	457 200.00	王均金	162 192.2452	上海浦东新区泰谷路168号	许可项目：货物进出口（依法须经批准的项目，经相关部门批准后方可开展经营活动，具体经营项目以相关部门批准文件或许可证件为准）。一般项目：实业投资，投资管理；商务咨询；建筑用钢筋产品销售；建筑材料销售；煤炭及制品销售；金属材料销售；化工产品销售（不含许可类化工产品）；石油制品销售（不含危险化学品）（除依法须经批准的项目外，凭营业执照依法自主开展经营活动）2021年营业总收入432 251.66万元，归属于母公司股东的净利润115 215.56万元
上海爱建纺织品有限公司	0.33	1 534.2282	徐闰生	1 800	上海香港路59号	针纺织品、建筑装饰材料、纺织原料（除棉花）、服装（含加工）、服饰及辅料、百货、从事货物及技术进出口业务、附设分支 2021年营业收入65.17万元，净利润302.35万元
上海爱建进出口有限公司	0.33	1 534.2282	吴宪华	3 400	上海浦东新区成山路220号1806室	经营和代理除国家组织统一经营的进出口商品外的商品及技术的进出口业务，经营进料加工和"三来一补"业务，经营对销贸易和转口贸易业务，从事对外经济贸易咨询服务，从事出口基地实业投资业务，金属材料、钢材、焦炭、冶金产品、矿产品、化工原料及产品（危险化学品凭许可证经营）、润滑油、燃料油、沥青、建筑材料、汽车、机电设备、通信设备、环保设备、食用农产品、电子产品、日用百货、仪器仪表的销售，煤炭经营，食品销售 2021年营业收入77 373.11万元，净利润602.61万元

★说明：股东之间存在关联关系，上海爱建集团股份有限公司为上海爱建纺织品有限公司和上海爱建进出口有限公司的唯一股东。

3.1.1 报告期末主要股东及其控股股东、实际控制人、关联方、一致行动人、最终受益人情况

3.1.1.1 2021年末公司主要股东上海爱建集团股份有限公司控股股东、实际控制人、一致行动人、最终受益人情况

截至2021年12月31日，公司主要股东上海爱建集团股份有限公司的控股股东为上海均瑶（集团）有限公司，持股比例29.80%，实际控制人为王均金先生，具体情况如下图所示。

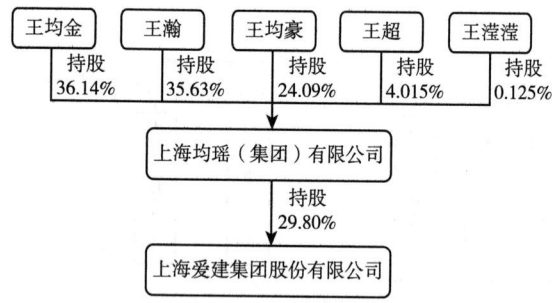

注：2021年8月24日，王均金先生、王瀚先生签署《一致行动人协议》，王瀚先生决策意见与王均金先生保持一致，协议期限为5年。

3.1.1.2 2021年末公司主要股东上海爱建集团股份有限公司关联方清单

关联方名称	关联关系
上海均瑶（集团）有限公司	控股股东
上海华模科技有限公司	控股股东控制的其他法人
上海均瑶科创信息技术有限公司	控股股东控制的其他法人
上海华瑞金融科技有限公司	控股股东控制的其他法人

续表

关联方名称	关联关系
上海均瑶国际广场有限公司	控股股东控制的其他法人
上海前瞻新材料科技有限公司	控股股东控制的其他法人
上海均邦新材料科技有限公司	控股股东控制的其他法人
上海均瑶汽车贸易有限公司	控股股东控制的其他法人
上海世外教育服务发展有限公司	控股股东控制的其他法人
唐山均瑶贸易有限公司	控股股东控制的其他法人
上海派瑞物业管理有限公司	控股股东控制的其他法人
上海冠英超科投资管理合伙企业（有限合伙）	控股股东控制的其他法人
上海国瑞企业管理合伙企业（有限合伙）	控股股东控制的其他法人
上海智邦创业投资有限公司	控股股东控制的其他法人
上海风寻科技有限公司	控股股东控制的其他法人
均瑶集团航空服务有限公司	控股股东控制的其他法人
上海宝镜征信服务股份有限公司	控股股东控制的其他法人
冠英一期股权投资（上海）合伙企业（有限合伙）	控股股东控制的其他法人
宜昌均瑶国际广场有限公司	控股股东控制的其他法人
江苏无锡商业大厦集团有限公司	控股股东控制的其他法人
上海吉祥航空股份有限公司	控股股东控制的其他法人
上海均瑶世外教育科技（集团）有限责任公司	控股股东控制的其他法人
上海仿众企业管理合伙企业（有限合伙）	控股股东控制的其他法人
安徽陶铝新材料研究院有限公司	控股股东控制的其他法人
武汉均瑶房地产开发有限公司	控股股东控制的其他法人
湖北均瑶大健康饮品股份有限公司	控股股东控制的其他法人
上海华瑞银行股份有限公司	控股股东控制的其他法人
上海均瑶航空投资有限公司	控股股东控制的其他法人
宜昌新世界商业管理有限公司	控股股东控制的其他法人
上海冠英股权投资管理合伙企业（有限合伙）	控股股东控制的其他法人

续表

关联方名称	关联关系
上海市世界外国语小学	控股股东控制的其他法人
上海市世界外国语中学	控股股东控制的其他法人
上海青浦区世界外国语学校	控股股东控制的其他法人
上海金山区世界外国语学校	控股股东控制的其他法人
上海宝山区世界外国语学校	控股股东控制的其他法人
上海嘉定世界外国语学校	控股股东控制的其他法人
杭州上海世界外国语学校	控股股东控制的其他法人
宁波上海世界外国语学校	控股股东控制的其他法人
合肥上海世界外国语学校	控股股东控制的其他法人
合肥上海世界外国语幼儿园	控股股东控制的其他法人
上海徐汇区桃源进修学校	控股股东控制的其他法人
上海青浦区世界外国语幼儿园	控股股东控制的其他法人
Shanghai Juneyao Airline Hong Kong Limited	控股股东控制的其他法人
安徽陶铝新动力科技有限公司	控股股东控制的其他法人
广州风寻科技有限公司	控股股东控制的其他法人
九元航空有限公司	控股股东控制的其他法人
上海东瑞保险代理有限公司	控股股东控制的其他法人
上海风寻信息技术有限公司	控股股东控制的其他法人
上海金扳手信息科技股份有限公司	控股股东控制的其他法人
上海科稷网络技术有限公司	控股股东控制的其他法人
上海箜韵企业管理有限公司	控股股东控制的其他法人
上海世外智慧教育科技有限公司	控股股东控制的其他法人
上海曦微教育科技有限公司	控股股东控制的其他法人
上海源昱文化艺术服务有限公司	控股股东控制的其他法人
上海卓澍企业管理有限公司	控股股东控制的其他法人
无锡大东方伊酷童有限公司	控股股东控制的其他法人
无锡德鑫汽车销售有限公司	控股股东控制的其他法人
无锡商业大厦大东方股份有限公司	控股股东控制的其他法人
重庆市爱重庆无线局域网建设运营有限公司	控股股东控制的其他法人
上海璟瑞企业管理有限公司	控股股东控制的其他法人
上海均蓥企业管理有限公司	由关联自然人直接或者间接控制或担任董事、高级管理人员的法人或其他组织
温州均瑶集团有限公司	由关联自然人直接或者间接控制或担任董事、高级管理人员的法人或其他组织
上海均祥海航空发展有限公司	由关联自然人直接或者间接控制或担任董事、高级管理人员的法人或其他组织
温州前瞻玻璃科技有限公司	由关联自然人直接或者间接控制或担任董事、高级管理人员的法人或其他组织
上海云姜生物科技有限公司	由关联自然人直接或者间接控制或担任董事、高级管理人员的法人或其他组织
当阳市均瑶贸易有限公司	由关联自然人直接或者间接控制或担任董事、高级管理人员的法人或其他组织
温州均瑶物业服务有限公司	由关联自然人直接或者间接控制或担任董事、高级管理人员的法人或其他组织
均瑶食品（衢州）有限公司	由关联自然人直接或者间接控制或担任董事、高级管理人员的法人或其他组织
宜昌均瑶贸易有限公司	由关联自然人直接或者间接控制或担任董事、高级管理人员的法人或其他组织
上海均瑶云商网络科技有限公司	由关联自然人直接或者间接控制或担任董事、高级管理人员的法人或其他组织
上海宝银金银制品有限公司	由关联自然人直接或者间接控制或担任董事、高级管理人员的法人或其他组织

续表

关联方名称	关联关系
龙港市琴圣古琴文化有限公司	由关联自然人直接或者间接控制或担任董事、高级管理人员的法人或其他组织
上海均瑶如意文化发展有限公司	由关联自然人直接或者间接控制或担任董事、高级管理人员的法人或其他组织
安徽相泰汽车底盘部件有限公司	由关联自然人直接或者间接控制或担任董事、高级管理人员的法人或其他组织
上海赣商科技股份有限公司	由关联自然人直接或者间接控制或担任董事、高级管理人员的法人或其他组织
湖北均瑶恩赐天然矿泉水有限公司	由关联自然人直接或者间接控制或担任董事、高级管理人员的法人或其他组织
上海超导科技股份有限公司	由关联自然人直接或者间接控制或担任董事、高级管理人员的法人或其他组织
上海瀚隽企业咨询有限公司	由关联自然人直接或者间接控制或担任董事、高级管理人员的法人或其他组织
上海歆润商务咨询有限公司	由关联自然人直接或者间接控制或担任董事、高级管理人员的法人或其他组织
上海矿石国际交易中心有限公司	由关联自然人直接或者间接控制或担任董事、高级管理人员的法人或其他组织
上海先榜投资有限公司	由关联自然人直接或者间接控制或担任董事、高级管理人员的法人或其他组织
广东空港城投资有限公司	由关联自然人直接或者间接控制或担任董事、高级管理人员的法人或其他组织
上海航鹏信息科技有限公司	由关联自然人直接或者间接控制或担任董事、高级管理人员的法人或其他组织
宜昌大南门城市更新商务运营有限公司	由关联自然人直接或者间接控制或担任董事、高级管理人员的法人或其他组织
宜昌均瑞房地产开发有限公司	由关联自然人直接或者间接控制或担任董事、高级管理人员的法人或其他组织
宜昌平湖融资担保有限公司	由关联自然人直接或者间接控制或担任董事、高级管理人员的法人或其他组织
芜湖和美航空科技有限公司	由关联自然人直接或者间接控制或担任董事、高级管理人员的法人或其他组织
黄山市黄山太平湖白鹭宾馆有限公司	由关联自然人直接或者间接控制或担任董事、高级管理人员的法人或其他组织
空地互联网络科技股份有限公司	由关联自然人直接或者间接控制或担任董事、高级管理人员的法人或其他组织
嘉简网络科技（上海）有限公司	由关联自然人直接或者间接控制或担任董事、高级管理人员的法人或其他组织
国联信托股份有限公司	由关联自然人直接或者间接控制或担任董事、高级管理人员的法人或其他组织
西部新时代能源投资股份有限公司	由关联自然人直接或者间接控制或担任董事、高级管理人员的法人或其他组织
赣商联合股份有限公司	由关联自然人直接或者间接控制或担任董事、高级管理人员的法人或其他组织
上海海外联合投资股份有限公司	由关联自然人直接或者间接控制或担任董事、高级管理人员的法人或其他组织
金杜律师事务所	由关联自然人直接或者间接控制或担任董事、高级管理人员的法人或其他组织
上海发展研究基金会	由关联自然人直接或者间接控制或担任董事、高级管理人员的法人或其他组织
沪港国际咨询集团	由关联自然人直接或者间接控制或担任董事、高级管理人员的法人或其他组织
上海富申评估咨询集团	由关联自然人直接或者间接控制或担任董事、高级管理人员的法人或其他组织
上海富融小贷公司	由关联自然人直接或者间接控制或担任董事、高级管理人员的法人或其他组织
上海汇金融资担保有限公司	由关联自然人直接或者间接控制或担任董事、高级管理人员的法人或其他组织

续表

关联方名称	关联关系
上海工商界爱国建设特种基金会	持股5%以上的法人或其他组织
广州产业投资基金管理有限公司	持股5%以上的法人或其他组织
上海华豚企业管理有限公司	持股5%以上的法人或其他组织（广州产业投资基金管理有限公司的一致行动人）
广州汇垠天粤股权投资基金管理有限公司	持股5%以上的法人或其他组织（广州产业投资基金管理有限公司的一致行动人）
广州基金国际股权投资基金管理有限公司	持股5%以上的法人或其他组织（广州产业投资基金管理有限公司的一致行动人）
王均金	直接或间接持股5%以上的自然人
王瀚	直接或间接持股5%以上的自然人
王均豪	直接或间接持股5%以上的自然人
范永进	上市公司董事、监事和高级管理人员
蒋海龙	上市公司董事、监事和高级管理人员
马金	上市公司董事、监事和高级管理人员
张毅	上市公司董事、监事和高级管理人员
乔依德	上市公司董事、监事和高级管理人员
季立刚	上市公司董事、监事和高级管理人员
郭康玺	上市公司董事、监事和高级管理人员
胡爱军	上市公司董事、监事和高级管理人员
樊芸	上市公司董事、监事和高级管理人员
裴学龙	上市公司董事、监事和高级管理人员
虞晓东	上市公司董事、监事和高级管理人员
李忠诚	上市公司董事、监事和高级管理人员
方蕾	上市公司董事、监事和高级管理人员
侯学东	上市公司董事、监事和高级管理人员
赵德源	上市公司董事、监事和高级管理人员
钱克流	均瑶集团董事、监事和高级管理人员
陈体理	均瑶集团董事、监事和高级管理人员
张维华	均瑶集团董事、监事和高级管理人员
徐俭	均瑶集团董事、监事和高级管理人员
高兵华	均瑶集团董事、监事和高级管理人员
尤永石	均瑶集团董事、监事和高级管理人员
林乃机	均瑶集团董事、监事和高级管理人员
纪广平	关系密切的家庭成员
倪细伦	关系密切的家庭成员
屠秀莲	关系密切的家庭成员

续表

关联方名称	关联关系
王宝弟	关系密切的家庭成员
王宝辉	关系密切的家庭成员
王超	关系密切的家庭成员
王晨晨	关系密切的家庭成员
王佳煜	关系密切的家庭成员
王乐者	关系密切的家庭成员
王苏仙	关系密切的家庭成员
王尾仙	关系密切的家庭成员
王妍人	关系密切的家庭成员
王滢滢	关系密切的家庭成员
徐红燕	关系密切的家庭成员
叶福田	关系密切的家庭成员
叶进洁	关系密切的家庭成员
叶进琦	关系密切的家庭成员
占丽丽	关系密切的家庭成员
朱维村	关系密切的家庭成员
朱小楠	关系密切的家庭成员
朱晓捷	关系密切的家庭成员

3.1.2　报告期内公司发生的关联交易情况

详见6.6关联方关系及其交易的披露。

3.1.3　报告期内股东违反承诺质押信托公司股权或以股权及其受（收）益权设立信托等金融产品的情况

无。

3.1.4　报告期内股东提名董事、监事情况

股东提名董事情况详见董事长、副董事长、董事明细表和独立董事明细表。

股东提名监事情况详见监事会成员明细表。

3.1.5　已向国务院银行业监督管理机构或其派出机构提交行政许可申请但尚未获得批准的事项

无。

3.2 董事

姓名	职务	性别	年龄（岁）	选任日期	所推举的股东名称	该股东持股比例（%）	简要履历
徐众华	董事长	男	61	2020年1月22日	上海爱建集团股份有限公司	99.33	曾任建行浙江省分行副行长、上海市分行风险总监、党委副书记、副行长（正行级）；兼任上海国际航运中心建设专家委员会委员、上海国际航运研究中心航运金融研究所所长、上海市浙江商会副会长等社会职务。现任爱建信托董事长
侯学东	董事	男	60	2016年12月9日	上海爱建集团股份有限公司	99.33	曾任解放军军事院校教研室教官、副主任、代主任，空军某飞行团代副政委，上海爱建股份有限公司党委办公室干部、总经理室干部、董事会办公室副主任（主持工作）、主任，爱建证券公司董事、副董事长。现任爱建集团副总裁、董事会秘书，上海方达投资发展有限公司董事长，爱建信托董事
赵德源	董事	男	57	2018年1月5日	上海爱建集团股份有限公司	99.33	曾任中国工商银行上海市浦东分行计划财务部经理助理、副经理、浦东分行行长助理，中国工商银行上海市外滩支行副行长，中国工商银行上海市分行公司金融部副总经理、第二营业部总经理（主持工作）、外高桥支行行长，上海农村商业银行办公室主任、董事会秘书。现任爱建集团财务总监（财务负责人），爱建信托董事，爱建租赁公司监事会主席，爱建资本公司董事长，爱建资产公司董事长、总经理，爱建产业公司董事长

续表

姓名	职务	性别	年龄（岁）	选任日期	所推举的股东名称	该股东持股比例（％）	简要履历
吴文新	董事	男	55	2016年12月9日	上海爱建集团股份有限公司	99.33	曾任上海市松江区农业局员工，中国建设银行松江支行副行长、奉贤支行行长、宝钢宝山支行行长、上海市分行部总经理，上海华瑞银行行长。现任上海华瑞银行董事，爱建集团党委委员，爱建信托董事、党委副书记、总经理
吴淳	董事	男	49	2016年12月9日	上海爱建集团股份有限公司	99.33	曾任上海爱建信托有限责任公司信贷部信贷员、信贷部本币一科科长、信托业务科副科长、资金信托部客户经理、资金信托总部副总经理、资金信托总部总经理、金融机构总部总经理；爱建信托总经理助理、副总经理。现任爱建信托董事、党委副书记、常务副总经理

独立董事

姓名	职务	性别	年龄（岁）	选任日期	所推举的股东名称	该股东持股比例（％）	简要履历
潘飞	独立董事	男	65	2014年9月14日	独立董事	—	曾任上海财经大学会计学院助教\讲师、副教授、教授、院长。现任上海财经大学会计学院教授，爱建信托独立董事
吴斌	独立董事	男	48	2016年12月9日	独立董事	—	曾任海通证券股份有限公司投资银行部项目经理、国际业务部总经理助理、办公室副主任、主任、合规总监、战略规划及IT治理委员会主任、公司党委委员、副总经理，上海文化广播影视集团、上海电视台党委委员、副总裁。现任上海中平国瑪资产管理公司总经理，爱建信托独立董事
黄辉	独立董事	男	59	2016年12月9日	独立董事	—	曾任世界四大所之一毕马威（KPMG）管理咨询全球执行副总裁兼大中华区CEO（后更名为毕博Bearingpoint），均瑶集团CEO，世界百强企业德国电信（Deutsche Telekom）全球副总裁兼大中华区总裁，全球最大私募基金公司之一TPG（德太投资集团）执行合伙人。现任宽氪资本（IVista Capital）及建筑资本董事长；爱建信托独立董事

3.3 监事

姓名	职务	性别	年龄（岁）	选任日期	所推举的股东名称	该股东持股比例（％）	简要履历
胡爱军	监事长	男	51	2018年12月26日	上海爱建集团股份有限公司	99.33	曾任共青团上海市委组织部副部长、管理信息部部长，上海市信息化委员会征信行业监管处处长、上海市经济和信息化委员会信用管理处处长，上海爱建集团股份有限公司总经理助理等。现任爱建集团监事会副主席（代行监事会主席职权）、纪委书记、党委委员，兼爱建信托党委书记、监事长
邓玺	监事	男	46	2020年1月22日	上海爱建集团股份有限公司	99.33	曾任卢湾区国有资产管理办公室科员、科长助理；卢湾区科学技术委员会副科长（主持工作）；上海市金融服务办公室金融机构处副主任科员、主任科员；长江养老保险公司办公室总经理助理；上海国际信托有限公司北京代表处副主任（主持工作）；上海爱建集团股份有限公司董事会办公室主任助理、董事会办公室副主任、董事会办公室副主任（主持工作）、监事会办公室主任（主持工作）、董事会办公室主任。现任君信（上海）股权投资基金管理有限公司董事、副总经理，上海爱建信托有限责任公司监事
武彪	监事	男	50	2020年1月22日	上海爱建集团股份有限公司	99.33	曾任农业银行平凉分行计划财务部科员；中泰信托有限责任公司创新业务总部总裁业务助理、业务总监；中国长城资产管理股份有限公司投资投行事业部总经理助理、上海自贸区分公司副总经理；长城新盛信托有限责任公司董事、副总经理，爱建信托总经理助理。现任上海爱建集团股份有限公司战投总部副总经理（主持工作）、上海爱建信托有限责任公司监事
朱学明	职工监事	男	58	2013年11月4日	职工代表	—	曾任上海爱建信托有限责任公司自营业务总部法律事务主管、资产保全首席代表；资产管理部副经理（主持工作）、上海爱建信托有限责任公司资产管理部总经理、法律合规部总经理。现任上海爱建信托有限责任公司资产管理部法务总监，上海爱建信托有限责任公司监事
陈抗非	职工监事	女	48	2016年12月9日	职工代表	—	曾任浙江工人日报社职员嘉利生化集团有限公司人力资源总监，上海上药第一生化药业有限公司人力资源部经理，上海爱建信托有限责任公司人力资源部总经理、党委办公室主任、纪检监察室主任、监事会办公室主任。现任上海爱建信托有限责任公司党委委员、财富管理总监兼联合家族办公室总经理；上海爱建信托有限责任公司监事

3.4 高级管理人员

姓名	职务	性别	年龄（岁）	选任日期	金融从业年限（年）	学历	专业	简要履历
吴文新	总经理	男	55	2018年1月5日	33	硕士	EMBA	曾任上海市松江区农业局员工，中国建设银行松江支行副行长、奉贤支行行长、宝钢宝山支行行长、上海市分行公司部总经理，上海华瑞银行行长。现任上海华瑞银行董事，爱建集团党委委员，爱建信托董事、党委副书记、总经理
吴淳	常务副总经理	男	49	2015年5月12日	29	硕士	MBA	曾任上海爱建信托有限责任公司信贷部信贷员、信贷部本币一科副科长、信托业务科副科长、资金信托部客户经理、资金信托部副总经理、资金信托部总经理、金融机构部总经理；上海爱建信托有限责任公司总经理助理、副总经理。现任爱建信托董事、党委副书记、常务副总经理
杨毅	副总经理	男	40	2019年12月18日	10	硕士	工商管理	曾任雅马哈乐器音响中国投资有限公司市场企划担当，润欣通信技术上海有限公司市场企划主管、新华保险上海分公司企划机构部高级经理、湖南财信投资控股有限公司战略及资本规划部总经理、吉祥人寿公司监事、上海爱建集团股份有限公司战略投资管理总部总经理、上海爱建资产公司董事、总经理，爱建产业公司董事、法人代表、董事长、总经理，爱建信托监事。现任爱建信托副总经理、君信（上海）股权投资基金管理有限公司董事、爱建证券公司监事
朱建高	董事会秘书、副总经理	男	55	2021年8月6日	8.5	硕士	工商管理	曾任上海爱建普陀实业公司副总经理，上海爱建杨浦实业公司总经理，爱建（香港）有限公司副总经理、爱建集团资金部经理、财务管理总部经理、爱建集团审计总部总经理、职工监事、爱建信托首席财务官。现任爱建信托董事会秘书、副总经理，上海市政协委员，民建上海市委委员，爱建委员会主任委员
李洋洋	副总经理、合规总监	男	53	2013年11月4日	20	博士	经济及金融	曾任海通证券股份有限公司研究所高级研究员，湘财证券有限责任公司并购部高级经理；上海利迅投资咨询有限公司并购部副经理；上海爱建信托有限责任公司兼并收购部总经理、资金信托部总经理及自营业务总部高级经理、企业策划部副经理、风控合规部副经理、总经理兼研究发展部经理；爱建信托总经理助理、董事会秘书。现任爱建信托副总经理、合规总监
王成兵	财务总监	男	49	2021年7月8日	7	硕士	会计	曾任中国农业银行江苏省徐州市分行信贷、财务；上海均瑶（集团）有限公司财务主管、财务经理、财务高级经理、融资高级经理、财务总监助理、财务部副经理；上海华瑞融资租赁有限公司总经理助理、计财部经理；上海爱建集团股份有限公司财务管理总部副总经理（主持工作）、上海爱建集团股份有限公司财务管理总部总经理、上海爱建信托有限责任公司计划财务部总经理。现任爱建信托财务总监
朱亚天	总经理助理	男	41	2019年11月18日	18	硕士	金融统计学专业	曾任建设银行上海分行会计部一级科员、建设银行总行信用卡中心数据分析、业务经理，北京银行上海分行零售部高级业务经理、上海银行总行零售业务部高级经理、尚诚消费金融股份有限公司风险部风险总监。现任爱建信托总经理助理

3.5 公司员工

报告期内在编、在岗职工人数531人，平均年龄36.28岁，学历分布比率为：博士0.94%、硕士41.24%、本科52.36%、专科5.08%、其他0.38%。

4. 经营管理

4.1 经营目标、方针、战略规划

2020年公司制订爱建信托2020—2022年业务发展纲要。计划再用三年时间，努力开启顺应时代发展、引领同业发展方向的公司经营新局面。2021年是三年战略规划落地的第二年，面对极为复杂的宏观环境和从紧的监管形势，公司深入践行金言方法论，紧紧围绕"托爱未来信建百年"转型发展之要求，以"四二四"（四大再造、夯实基础、第二曲线转型创新、四个专项构建生态）为抓手系统全面推进战略规划的落地，取得了显著进展。

4.2 所经营业务的主要内容

自营资产运用与分布表

资产运用	金额（万元）	占比（%）	资产分布	金额（万元）	占比（%）
货币资产	112 678.48	10.38	基础产业	111 424.77	10.27
金融投资	371 255.00	34.21	房地产业	243 959.28	22.48
贷款	486 774.09	44.85	证券市场	117 447.27	10.82
应收款项类投资	—	0.00	实业	169 922.96	15.66
长期股权投资	3 905.99	0.36	金融机构	151 239.45	13.94
其他	110 676.58	10.20	其他	291 296.41	26.83
资产总计	1 085 290.14	100.00	资产总计	1 085 290.14	100.00

注：该表与资产负债表资产总额的差额（29 253.57万元）系计提的资产减值准备。

信托资产运用与分布表

资产运用	金额（万元）	占比（%）	资产分布	金额（万元）	占比（%）
货币资产	181 052.16	1.69	基础产业	1 091 387.25	10.20
贷款	3 768 027.70	35.21	房地产	5 597 968.11	52.31
交易性金融资产	891 137.00	8.33	证券市场	660 537.04	6.17
可供出售金融资产	—	—	工商企业	1 895 149.12	17.71
持有至到期投资	290 862.69	2.72	金融机构	504 633.78	4.72
买入返售	6 660.00	0.06	其他	951 265.84	8.89
长期股权投资	3 488 936.71	32.60	—	—	—
长期应收款	1 852 426.17	17.31	—	—	—
投资性房地产	30 000.00	0.28	—	—	—
应收账款	191 838.71	1.80	—	—	—
信托资产总计	10 700 941.14	100.00	信托资产总计	10 700 941.14	100.00

4.3 市场分析

近年来，信托行业持续向回归信托本源、服务实体经济、强化主动管理能力的方向转变，监管对行业转型的要求已经明确。目前信托行业正处在转型的关键时期，融资业务、通道业务在监管政策的要求下逐步压降，投资信托、标品信托等转型业务逐步发展。

信托业在金融政策日益趋严的形势下，开始面临一些发展困境，随着地产行业的收紧，传统地产信托业务风险有所上升。信托行业步入规范化和精细化发展，未来更强监管下，将加速信托公司的转型。信托公司将进一步提高主动管理能力回归信托本源业务，助力实体经济的发展，在新的监管环境下，信托公司或将及早以标品业务、财富管理业务、资产证券化业务等新兴业务方面为抓手，助力信托行业的持续性发展。

4.4 内部控制概况

4.4.1 内部控制环境和内部控制文化

公司按照现代企业制度的要求，建立了以股东会、董事会、监事会以及经营管理层为核心的内部法人治理结构。不断完善和深化管理体制，规范股东会、董事会、监事会和经营管理班子的权责关系，明确了四者的议事规则和决策程序。设置权责明确、分工合理的决策系统、执行系统和监督系统，建立了以岗位职责、授权体系、风险管理、监督检查与评价为基础的内控体系，形成了科学有效的职责分工和制衡机制。不断强化风险管理意识，完善风险管控体系，持续提高风险控制能力，防范操作风险是公司重点工作，并贯穿于全年。一是公司经营层大力倡导合规管理风险控制严防操作风险为先的经营理念，公司内部通过逐步调整合规政策、加强合规宣导和执行，不断强化贯彻、落实监管要求。二是不断推进与强化公司稳健发展的制衡机制，2021年在多重审批机制的业务决策模式上，关注业务评审各环节所揭示的风险控制薄弱环节预防措施的制定和落实及信息反馈，强化风控前置与运营事中的风险管控及检查监督职责，以期达到对重要风险识别充分，防控措施适当，执行有效。三是继续加强制度建设，完善制度体系，构建覆盖全过程、全岗位的风险管理与控制的制度体系。2021年，公司增修订了《数据治理制度》《数据质量管理办法》《数据标准管理办法》《监管统计管理办法》《费用报销管理办法》《差旅费管理办法》《固有资产减值测试实施细则》《信托登记工作管理办法》《重大突发事件应急管理办法》《案件防控管理办法》《洗钱和恐怖融资风险自评估办法》《流动性管理办法》《投资决策委员会工作规则》《信托计划产品推介和销售风险适应性管理办法》《信托资产分类管理办法》《集合资金信托计划受益人大会操作流程指引》《企业CIS之员工形象规范指引》《微信公众号运营管理办法》《爱建信托APP运营管理办法》《集合信托计划信息披露操作指引》《代销业务管理办法》《自有资金贷款业务管理实施细则》《消费者宣传教育工作指引》《客户投诉管理办法》《风险事项责任初步鉴定管理规定》《固有业务资金使用管理办法》《绩效管理办法》《金融营销宣传行为管理办法》等制度。通过不断完善和优化合规风险管理体系与控制制度和流程，有效减少了经营活动全过程的合规风险控制薄弱环节，补全了短板，合规风险管理举措更趋有效。四是树立全员合规风险意识，将提高员工的职业操守和诚信意识作为公司的一项长期工作，营造全体员工充分了解并履行职责的合规文化氛围。通过建立有效的激励约束机制，不断强化风险防范和合规经营理念，培育良好的内部控制文化，提高了全员参与的风险控制意识和效果，使风险管控贯穿于经营活动的全过程，营造了合规经营、风险控制为先的企业文化。

同时，结合"内控合规管理建设年"工作要求，2021年公司从重检制度体系入手，组织对全部制度开展重检，制定"立改废"计划，加强对制度流程的合规性审核，健全内控合规体系；围绕关联交易、反洗钱、现场检查要点、征信管理等各环节开展多次合规宣导、培训；针对各重点领域开展专项检查，细化案件风险排查标准，将其与扫黑除恶、内控合规建设等工作结合运用；通过对现场检查问题内部问责、日常记录违规积分等方式，实现合规绩效与薪酬考核等挂钩，不断培育良好内

4.4.2 内部控制措施

自营业务部门和信托业务部门相互独立，各部门目标明确，职责和权限清晰，有效保障了自营业务和信托业务各部门及员工在授权范围内行使相应的职责。

设置专门的资产托管部门进行信托财产的记录、核算与估值，并与固有资产分离，对每项信托业务设立独立的信托财产账户，分别进行会计核算和会计控制。进一步强化信托资产管理能力，完善信托项目管理流程，提升控制效果。设置专门的运营管理部门进行信托项目自成立至清算期间的存续管理，通过项目资料及相关合同的归口管理，严格对信托项目成立、存续及清算过程中各环节可能存在的操作风险进行控制和监督，保障项目运行中相关合同条款能够切实有效地执行。

公司以业务流程为主线，致力于建立健全前、中、后台并重的内控体系，致力于控制措施覆盖业务流程重要环节。

报告期间，通过明确的业务、销售、风控、合规、研发、运营、内部审计在风险管理工作中的职能定位，各司其职开展经营活动各领域的风险识别、评估、管理和监督管理控制，以及对管理控制效果进行的再监督和评价，合理保证公司对风险事项、风险环节进行事前识别和防范、事中控制和化解、事后检查和纠正，形成了有效的风险控制和反馈机制。强化业务决策机制，自营、信托业务评审委员会按照《项目评审工作规则》进行业务评审，给决策层提供决策依据，为业务拓展树立起坚实的防范风险的屏障。

在整体合规管理方面，公司已建立较为全面、有效的合规风险管理体系，整体合规风险水平良好。董事会、监事会和高级管理层能充分履行职责，董事会下设风险控制委员会是合规管理的专门委员会，确定公司合规管理总体目标、审议合规管理组织架构、审议合规管理工作报告等，合规总监协助高级管理层全面负责公司合规管理工作。法律合规部对公司各项制度流程进行合规审核，确保政策、程序和操作合法合规；对新产品新业务的开发进行合规审查，为公司经营管理活动提供各项合规咨询；对其他部门履行合规职责的情况进行检查和监督。

公司各部门在日常工作中识别各自职责内的合规风险；风险管理总部合规人员嵌入审批流程中，对项目合规性进行审查、评估；项目存续期对信息披露和推介文件进行合规审核；运营管理部负责项目成立、实施及期间管控合规性；计划财务部负责信托财产账户管理和收付款流程的准确性；财富管理总部和机构同业部负责项目成立发行阶段的销售推介管理、合格投资者管理和消费者权益保护工作；家族办公室、普惠事业部负责家族财富业务、普惠金融业务展业和操作合规性。

上述各职能部门识别、监测本部门的合规风险，向法律合规部报告，必要时可向合规总监报告；必要时公司组建专项小组进行研究处理。合规总监可视情况及需要向公司董事会、监事会或总经理报告。

4.4.3 监督评价与纠正

公司建立了自控、互控与监控三结合的监督机制，对内部控制活动进行检查、监督和纠正。通过对业务项目的尽职调查、风控合规事前评估和业务及运营的事中检查以及监督，实现对业务活动事前事中管理和控制的检测，揭示风险，制定风险防范和控制措施。通过相关部门之间相互制衡、监督，发现问题，要求限时纠正。通过内部审计的再监督，对公司业务实施监督、评价，督促审计意见整改落实。

报告期内，主要审计事项为公司经营管理中内部风险控制执行情况以及内部控制制度适当性和有效性方面的审计、监管部门明确要求开展的内部审计事项。通过内部审计的再监督，揭示了公司现行制度有待完善、执行力有待进一步提高、消费者权益保护工作、案防工作、业务连续性及应急管理、销售业务合规管理有待加强等方面的不足。针对审计中发现的问题，督促改进落实并跟踪检查。通过对审计揭示问题的整改落实，促进了公司经营活动中风险管理与控制能力的不断提高，制度的不断完善，执行力的不断加强。

4.5 风险管理概况

公司的业务风险管理架构由公司董事会、监事会、管理层、业务评审委员会、前中后台风险管理相关部门组成，各层级协同管理公司风险。公司董事会或者管理层根据董事会授权负责公司所有投资项目及重大事项的决策，从公司整体层面考虑是否符合公司利益；业务评审委员会负责信托和自营项目的风险和可行性进行评估，并作出决议；前台业务部门根据风险政策开展业务，对各类业务进行尽职调查和可行性分析；中台风险管理部门负责根据管理层授权制定各类业务的风险政策，对项目风险进行评估，识别、量化、监控公司整体及各产品的风险指标，形成风险缓释建议，向业务评审委员会和公司决策层汇报；内审部门负责对公司内部控制、特定事项进行审计监督。

公司已建立风险管理基本制度框架及覆盖业务主要流程的管理文件。2021年，公司进一步完善各项风险管理制度和风控流程，更新了信息化系统，并强化了执行力和项目期间管理，从业务全流程的尽职调查、项目实施、事中管理等各个环节着手，稳步提高公司风险管理水平。

公司通过适时调整发展规划和经营策略，拓宽业务类型，进一步推动业务、合规、风险、运营专业化管理，稳步推进实施全面风险管理。

2021年，公司在组织架构建设方面根据2020—2022新三年发展纲要，为优化管理、提高效率，进行了如下设置：一是，依法设立股东会、董事会和监事会。董事会下设董事会办公室、战略规划委员会、薪酬考核委员会、信托消保（关联交易）委员会、信息技术委员会、风险控制委员会；监事会下设监事会办公室、审计监督委员会。二是，根据党章及上级党委的要求设立党委、纪委、工会、团委；党委下设党委办公室（包含纪检监职能）。三是，公司总经理室下设支持保障部门10个、经营管理部门8个。支持保障部门包括综合管理总部、计划财务部、风险管理总部、法律合规部、审计稽核部、信息技术部、战略研究部、渠道管理部、运营管理部、资产托管部。经营管理部门包括财富管理总部、信托业务管理总部、权益资产管理总部、普惠金融事业部、机构同业部、自营业务部、联合家族办公室、资产管理部。财富管理总部下设N个财富中心；信托业务管理总部下设N个业务部门；权益资产管理总部下设N个业务部门。

根据宏观环境和国家政策和监管精神的变化，以及应对新冠肺炎疫情影响，公司适时调整风控政策和业务布局。对房地产业务，进一步优选区域和交易对手，推动完善集团授信管理机制；运营配合业务深耕和转型、积极应对房地产形势变化，主动推进强化项目期间管理、提高精细化管理能力；落实风险预警机制，加强现场管理，防范和控制房地产项目风险；积极推进期间管理系统建设与运行，通过系统相关模块联动预警考核，逐步实现自动预警，逐步通过系统实现数据治理，提高运营管理能力。对于信政合作业务，继续执行风险政策导向，收紧准入、严控规模，继续鼓励与经济发达区域、高层级地方政府核心融资平台进行合作，并积极布局信政业务的标准化转型。存续业务期间管理跟踪从严，保持了信政类业务的平稳发展；对于证券类业务，现阶段主要侧重于二级市场自主投资业务，2021年以来公司成立的主动管理证券业务大部分为TOF类业务。项目均实行净值化管理，根据监管要求设置预警线，严格按照公司审批方案进行期间监控；对于事务管理类项目，结合前期的监管政策，在满足合规的要求下审慎开展，总体压缩规模，严守监管底线。

在资产端方面，2021年在宏观政策的调控加码以及复杂的行业形势下，公司信托业务的开展面临较大的挑战。管理层进一步推进交易对手差异化经营策略，调整展业方向，着力应对挑战与考验。其一，坚持去通道目标不变，金融同业通道业务规模压降幅度超40%。其二，严格控制地产类信托存续规模，有序压降主动融资类信托存续规模，持续加强合规管理。其三，积极顺应政策导向，不断优化资产结构，大幅度提升主动管理投资类业务的占比，进一步增强主动管理的能力，主动管理类业务占信托总体业务比重进一步提高，并进一步推动向标品业务的转型。其四，公司坚持推动优化业务结构，调整固有业务结构，确保固有资产保持充分流动性和安全性。

在资金端方面，顺应公司数字化战略，公司APP新版客户端自2020年9月上线以来，不断优化、完善各项系统功能。紧跟金融服务适老化进程，2021年上线APP舒适版、机器人智能双录、财富账户、爱建信托（微信）小程序等功能，致力于为客户打造更安全、更便捷、更放心的掌上智能APP。2021年，爱建信托继续深化金融消费者权益保护工作，制定、修订了9个消费者权益保护相关制度，进一步明确消费者权益保护各项工作要求和标准，加强规范管理。持续开展内外部教育活动，对内既有面向全公司员工、也有针对一线服务人员的消费者权益保护专题培训，开展专题培训13场，有效提高员工消费者权益保护意识和能力。对外一方面持续开展"爱建信托小小金融家"和"爱建信托消保小讲堂"特色宣教活动，另一方面结合时事热点、监管宣教工作安排，通过视频、案例、公众号推文等形式，开展各类消费者宣教活动。共开展集中、特色宣教活动35场，受众客户达6万人次。另外，公司还制定了《消费者宣传教育工作指引》，明确消费者宣教活动内容与要求，加强宣教活动服务管理。2021年，公司修订并发布了《集合信托计划信息披露操作指引》，进一步明确了信息披露各部门职责和流程规范，提升信息披露工作质效。2021年10月全面开启电子信息披露，满足客户随时随地随需的查询需求。代销管理方面进一步搭建代销业务管理体系，出台了《上海爱建信托有限责任公司代销业务管理办法》，全面完善公司代销制度及业务流程，严格规范代销业务。

在风险管理方面，公司2021年继续推进风险管理能级提升，完善全面风险管理体系、夯实内部风险管理能力的三年风控战略目标：（1）完善流动性风险、信用风险、核心风险指标等监测、分析、报告机制，加强资产分类管理，构建完善预警体系，形成管理联动和有效的管理闭环；（2）建立完善流动性管理监测模型和预警机制；（3）完善四性工作机制，夯实风险管理各项工作基础，深化包括交易对手信用风险监测体系，舆情和项目风险监测体系，飞行检查机制，和风险处置等各项工作；（4）夯实风险管理工作基础，提高管理效率，包括加强公司数据治理，风险仪表盘建设，加强风险联席会议机制等；（5）加强对风险成因分析和风险责任认定相关工作。

公司于2021年内继续推动风险管理主要制度体系的修订和完善，持续推进制度的有效执行。2021年公司进一步调整了风险管理组织架构，进一步强化风险管理总部的全面风险牵头管理职能。公司定期修订风险政策逐步推行平行作业机制和专职审批人工作机制，优化项目期间管理和风险排查方案和工作机制，梳理并重建了标品业务风险管理机制，进一步促进风险管理的体系化、专业化、标准化。

2021年，公司组织修订完善了多项制度，涵盖信托业务管理制度、风险政策、流程指引等方面，通过不断完善和优化风险管理体系与控制制度和流程，优化风险管理措施，提高风险管理的制度化和规范化水平。

2021年，公司围绕数字化经营战略，以数字集控中心正式启用和TCMP5业务管理平台成功切换为标志，在数字化获客、数字化服务、数字化风控、数字化决策和数字化集控等方面取得了丰硕成果。财富APP发布全新数字化版本，推出适用于老年客户的"舒适版"，上线了财富微信小程序，推出"智慧双录系统"，搭建新媒体内容直播平台"智慧学堂"。打造爱建信托标品业务的"私募精品店"，对估值核算、TA份额登记等业务系统开展专项升级。为客户建立电子渠道财富账户服务，成功上架发行"周周盈"现金管理产品。打造客户权益积分体系，搭建积分商城、家族信托业务管理系统。标品投研一体化系统加快打造投研四大平台（数据平台、计算平台、应用平台、运维平台）和三大应用（基金分析和筛选、组合管理、风险管理）的建设。推动数字化资管系统建设，以风险管理部牵头，启动风险仪表盘工作启动，推进多层次、集成化、智能化的风险管理资管系统建设工作。成立数据治理专项工作委员会，建立数据治理常态化机制。在监管数据质量方面积极实践应用大数据技术，全面配合数据治理牵头部门开展数据治理平台的应用场景落地，建立业务数据标准的配置和验证规则。以数字化转型驱动经营管理能级提升，满足公司业务的风险管理要求。

公司近年来审慎经营，风控管理架构、制度、管控流程不断完善和充实。公司全面风险管理能力逐年提高，项目准入、期间管理以及整体风险管理方面的能力稳步提升，基本实现各类业务在不同环节的风险能够有效、及时地识别、评估和监测。首先，公司十分重视业务准入环节风险管控，针对不同类型业务制定并定期维护更新风险政策，尽职调查管理办法及主要业务类型的尽职调查要点指引，相关业务需满足制度要求并通过集体决策后方可执行。其次，公司持续加强集团授信管理制度与机制的建立完善，逐步加强交易对手信用风险管理水平。最后，中台风险管理部门在项目成立后通过监测区域风险、交易对手负面舆情、跟踪项目运行情况等手段，完善风险预警体系和中台联席沟通机制，及时识别、评估、报告风险。此外，公司按照监管部门要求开展定期的全面风险排查和压力测试工作，以及房地产信用风险、信托公司流动性风险等专项压力测试工作。随着公司风险体系再造工作的持续推进、深入，公司将持续根据展业专业化进阶的需要和创新转型的导向，不断完善风险管理体系建设，推进制度执行的有效性，加强公司风险管理的主动性和内外部协同效应，充分发挥风险管理三道防线的作用。

截至2021年底，公司净资本54.00亿元，各项风险资本之和29.13亿元，净资本/各项业务风险资本之和为185.41%，净资本/净资产65.19%。

4.5.1 风险状况

4.5.1.1 信用风险状况

2021年，国际环境日趋复杂，国内新冠肺炎疫情散发、经济面临需求收缩、供给冲击、预期转弱三重压力。金融市场整体平稳运行，但房地产行业持续调控，房企信用两极分化并面临行业整合风险。地方政府持续防范化解政府隐性债务风险，但债务呈现规模增加和期限延长的特点。公司信托业务规模整体有所下降，主动管理类业务规模占比进一步上升，其中，融资类业务余额有所压降，投资类业务余额显著上升。从投向行业观察，房地产业务规模基本稳定，信政类业务规模较大幅度下降。

（1）内在风险水平描述。

①自营信贷组合。公司自营贷款类型有抵押贷款、质押贷款，贷款余额475 205.35万元，2021年新增贷款305 794.60万元，不良贷款余额0万元。表内不良信用风险资产余额51 816.93万元。公司严格按照中国银保监会的要求进行资产五级分类，并按照相关规定计提了减值准备，截至2021年末，公司计提各项资产减值准备29 253.57万元。

②信托业务。公司2021年末信托贷款余额为3 768 027.70万元，占信托业务总规模的比重为35.21%。其中，1年内到期贷款占贷款总额的55.10%；1—2年内到期贷款占贷款总额的19.86%；2021年度末，信托贷款无贷款减值准备，较上年末无变化。

③委托业务。公司2021年底委托贷款余额57 223.97万元，比上年同期减少2.00万元。公司无尚未放贷的委托存款。

（2）信用风险管理政策。

公司董事会及高级管理层提出了稳健发展、风险可控的风险政策导向，响应监管部门"守住风险底线"的指导思想，把风险控制放在首要的位置上，并在业务开展过程中严格遵守风险政策底线。

风险管理程序方面，公司对信用风险的管理能力逐年增强，形成了较为完善的信用风险管理和业务审批制度。通过业务评审委员会、总经理、董事会的逐级决策机制，强化了交易对手信用风险的评估与控制。在风险政策落实方面，公司通过各种形式向前台业务部门进行宣导，中后台风险控制部门审核及检查风险政策执行情况。公司对于信用风险管控执行层面主要集中在项目尽职调查与审批、项目期间管理、资产信用风险识别、评估及报告，不良资产处置等环节。

4.5.1.2 市场风险状况

公司的市场风险主要表现在：房地产市场价格波动、利率波动、汇率波动、证券市场价格波动的风险。

2021年国内国际宏观经济形势复杂多变，国内监管机构延续了"房住不炒"的基调，房地产市场低位运行，行业宏观调控政策总体趋紧。纵观全年，房价涨幅较快的态势已得到有效控制，各地灵活因城施策保障房地产市场平稳运行，房地产的市场价格波动被有效控制。与此同时，利率市场化进程加快，资本市场日趋理性化，投资者专业化、去散户化，证券市场波动幅度增加，市场风险有所上升。

公司信托业务中，房地产投资类业务的风险主要反映在土地和房地产的价格波动，价格的波动对底层投资标的的价值产生直接影响；证券类业务风险主要反映在信托资金投资于本市场的证券以及其他金融资产的价格波动，继而影响到信托份额的净值和风险敞口。

为加强风险管控，对于投资类房地产项目，公司严控展业区域及交易对手准入门槛。在展业区域选择上，进一步发挥房地产区域评价体系的指导作用，优选区域进行展业；交易对手选择上，鼓励与控盘能力较强的、战略定位较为清晰的优质区域房企交易对手合作，对项目报酬率，现金覆盖率等作更高的要求，并在管控方案上，加强公司的主动权，从严把控期间管理方案，以降低因房地产价格波动造成的市场风险。证券类业务方面，公司试水标品业务，通过与外部专业机构联动，加大投资证券市场；业务管控方面，加强投资管控，设置适当的风险缓释措施，控制因利率、证券及金融产品价格波动造成的市场风险。

（1）自营业务分析。

公司自有资金投资余额377 660.99万元。其中，信托计划及资管计划投资余额198 902.64万元。

（2）信托业务分析。

信托业务中长期股权投资3 488 936.71万元，其中非事务管理型股权投资3 228 802.62万元。

4.5.1.3 操作风险状况

随着公司业务转型发展需要，2021年公司标品、家族信托等创新业务品类增加、要求公司操作流程及操作系统及时有效匹配创新业务发展，因此对公司操作风险管提出了更高的要求。公司高度重视操作风险管理，2021年通过科技赋能，在业务流程梳理、内控检查、制度建设、风险管理文化建设等多个维度提升操作风险管理水平。

业务流程方面，2021年，公司加快数字集控中心建设，以数字风控、远程机控的方式集中开展项目管理、现场管理、销售管理、CIS管理、远程检查和数字化展示，提供统一、高效、可视化的数字服务。

目前，公司的审批、运营、清算等操作流程运行顺畅，前中后台各部门之间流程职责界定清晰。2021年公司为进一步强化业务的流程管理，防范操作风险，由各职能部门牵头通过修订制度、更新操作手册、开展操作培训等方式，提高业务人员规范操作意识。另外，通过第三道防线，对操作过程进行有效检查，及时发现并更正操作中遇到的问题。

4.5.1.4　其他风险状况

（1）流动性风险状况。

信托公司流动性风险管理可分为两部分，即自有资金流动性管理以及信托产品流动性管理。

自有资金流动性管理主要涵盖自营业务资金管理、公司营运资金管理两方面。自营业务方面，公司自营业务资产主要配置在固定收益类产品和贷款，综合考虑流动性管理的需求，在流动性和效益性之间做好平衡。2021年公司正式启动流动性监测工作，对整体流动性进行动态监测并建立流动性预警机制，定期向公司经营管理层报告流动性状况。截至2021年末，公司账面流动资金占公司总资产比重保持在10%以上，避免流动性不足。

信托业务方面，公司目前信托业务兑付基本正常，项目方案设计对市场整体流动性和交易对手资金充裕情况充分考虑。对于项目久期分布的安排，充分考虑了年初和年末等时期的流动性压力，部分项目进行了提前兑付安排以及预案管理，充分考虑项目兑付可能存在的因素。

此外，公司加强了流动性风险管理的制度建设，于2021年发文并执行《流动性管理办法》《固有资金使用管理办法》等制度，弥补公司流动性制度短板。整体上，公司流动性风险管理日趋成熟，整体流动性风险较为稳定。

（2）法律风险状况。

公司设有专门的法律风险管理部门，并建立了明确的法律风险评估流程，对项目的法律风险进行详细的评估。法律合规部门对于公司整体法律风险进行归口管理，实现了法律风险的集中和专业管理。

（3）声誉风险状况。

近年来，公司品牌美誉度、资产实力在行业内上升较快，业务结构逐步优化，业务类型逐渐多样。公司逐步把声誉风险纳入公司整体风险管理体系中，形成风险管理联动，包括但不限于修订声誉风险管理制度、将声誉风险纳入整体风险监测体系、进一步完善销售推介合规性。2021年，公司未发生重大声誉风险事件。

（4）战略风险状况。

2021年，我国发展的内外部环境正在发生深刻变化。加之新冠肺炎疫情的持续影响，我国经济结构和增长方式也随之发生深刻调整，而2021年下半年逐渐显露的房地产行业系统性风险也对公司主动管理类业务和风险管理能力提出更高的挑战。经过多年的积累，公司已具备丰富的战略管理经验，战略风险管理能力能够对冲公司面临的绝大多数内外部不利因素，确保公司审慎稳健发展。

4.5.2　风险管理

4.5.2.1　信用风险管理

2021年，公司根据资管新规指引积极推动业务发展，超前完成对融资类业务规模、自然人投资者人数及规模的全年压降目标，基本实现监管对于金融同业通道业务清理的要求。

公司全面风险管理体系进一步得到完善，公司风险管理能力稳步提高。公司积极应对挑战，通过管理制度体系建设等一系列手段，持续加强对资产风险的防范、管控与化解措施。

公司将持续优化展业导向，调整风险政策，加强及完善区域评价体系、标准，继续研究优化区域房企资产盘点及分析工具，对于重点区域房企开展平行尽调，提高对交易对手的风险预判能力。同时，进一步提高资产针对性化解效率，足额计提各项拨备。继续深化各项工作的管理能级，推进全面风险管理工作的精细化、专业化程度。

4.5.2.2　市场风险管理

公司在业务准入阶段和期间管理中充分考虑市场风险，一方面持续加强制度建设，针对房地产投资业务和证券类投资业务制定风险政策和尽调管理指引等制度规范，指引前台业务部门展业方向，加强准入把控，提升业务质量；另一方面，不断优化加强主动期间管理，对项目存续期间的市场风险等各类风险状况持续有效监控。

在房地产投资类业务展业方面，公司一方面通过加强资产准入管理，坚持房地产三维评价体系，定期调整细化房地产风险政策，优选展业区域，加强与头部交易对手和发展潜力好的区域龙头合作，并匹配风险可控的交易方案，从而在资产层面加强市场风险的管控。另一方面，通过不断优化提升资产期间管理水平，加强期间主动管理和价格监控，加大研发和系统支持，密切监测区域土地、房屋销售价格，防范因价格波动对信托财产产生的负面影响。

在证券投资类业务方面，2021年公司进一步加强了审慎管控力度，并着手向标品业务转型，充分探索与专业机构合作投资资本市场途径，业务投资规模有所上升。公司对证券投资建立有较为完善的管理制度，通过恒生资产管理系统和银行间市场交易系统来支持业务的开展与风险的监控，同时公司通过外部专业团队，着手搭建公司内部标品投资业务分析管理系统，贮备培养公司资产管理与配置能力。此外，2021年末公司进行组织架构调整，新设标品业务团队，致力于打造专业标品业务团队，提高业务拓展与管理效能。

4.5.2.3 操作风险管理

在内部控制与审计方面，通过内部审计的再监督，揭示了公司现行制度有待完善、执行力有待进一步提高、消费者权益保护工作、案防工作、业务连续性及应急管理、销售业务合规管理有待加强等方面的不足。通过对审计揭示问题的整改落实，促进公司经营活动中风险管理与控制能力的不断提高，制度的不断完善，执行力的不断加强。

在制度建设方面，公司通过不断完善风险管理与控制流程和制度，有效减少经营活动全过程的风险控制薄弱环节。

在风险管理文化建设方面，为推动公司2020—2022新三年发展纲要的落地执行，推进"第二曲线"工作，结合风险管理文化建设要求，继续将"风险管理"作为单独板块、重点强调，配置了从初级到高级的全系列风险管理系列课程，通过内外部培训相结合的方式落地，实现对全体员工风险意识强化和对合规知识的普及。针对全体员工，按照监管要求，定期开展全员反洗钱、消费者权益保护、信息安全知识、操作流程培训，并将培训的参与率、考核通过率等作为评估员工个人及部门绩效的主要指标之一。同时通过组织公司年度业务风险政策培训，在员工群体中持续贯彻公司风险管理理念，在企业内部形成持续的风险管理理念。针对公司业务骨干，组织参加专业资管研究院所举办的专题公开课、沙龙、论坛等活动，以及信托业全员从业资格培训，创造与同业交流学习的机会，借鉴同业公司在风险管理工作方面的经验做法，提升自身的专业能力水平。同时，公司纪委在党委领导下，还组织开展了反腐倡廉案例征集活动和专题讲座，倡导全体员工主动增强廉洁从业和反腐倡廉意识，敲响预防职务犯罪的警钟，将监管要求和风险管理落到实处。上述培训工作贯穿2021年全年，且根据公司实际情况实时动态调整培训内容与培训时间，以确保风险管理培训工作取得应有的效果。

公司按照风险管理流程进行业务管理和监控，对操作风险的监控基本覆盖了业务经营和公司管理的各个层面，具有充分性和适当性。

2021年，依据监管"内控合规管理建设年"要求，通过开展公司制度重检、建立屡查屡犯问题库、梳理完善公司治理体系机制、开展常态化合规检查、细化案防操作标准，全面推进内控合规管理建设年工作；常态化宣导解读重要监管文件、合规动态，牵头推进新规落实及整改问责，持续完善合规、法律为前导的风险防控体系；持续建立合规监测和合规检查长效机制，并推动该项机制在业务开展、公司治理、案件防控、销售推介等各环节的落实，预判预防重大监管风险，深入推进法律合规文化建设工作，不断提升法律合规管理能级水平。

2021年，部署"析策"安全日志分析平台，以数据驱动形成"收集、检测、响应"的闭环体系和正反馈机制，帮助公司网络安全保障能力不断迭代升级。组织技术力量在重要时期开展7×24小时巡检值班，严格落实网络安全措施和责任，确保"建党100周年"活动期间网络环境的安全稳定。顺利实施同城灾备第二阶段工作，增加普惠金融业务系统灾备，实现官网、财富APP和微信渠道等面向公众服务应用的同城双活，大幅提升了公司业务的连续性能力。

在信托项目期间管理方面，公司进一步强化信托业务的期间管理，加强对房产项目销售、现金流情况的跟踪，提高精细化管理能力；增强项目期间检查的频率和深度，同时对现场管理机构的履职情况进行现场检查。完善了风险信号的跟踪处理机制，以对信托项目风险信号尽早发现、尽早预警、尽早处理。

在销售管理方面，紧紧围绕公司发展战略和经营目标，贯彻落实销售合规管理要求，立足长远打基础，整合资源创机制，聚焦业务控风险，有效提升内控合规管理能力和综合服务能力，支持和保障业务健康发展。从制度源头抓起，涵盖销售合规工作的事前、事中、事后，每个工作流程均明确合规管、合规负责人工作职责，做实合规管理各角色的主体责任，确保合规管理各层级各岗位的各项合规管理活动和具体操作均有规可依、有章可循。在销售合规工作落地方面，财富例会开设合规专门板块。同时，下沉到中心内部的合规会议，每月跟踪会议纪要内容，及时掌握合规精神和信息是否有效的执行到位，及时改正误解和理解模糊处，进一步提升整体合规执行力和执行效能。总部建立了每个中心的合规监测点，形成负责人+合规管理员合力模式对信息有效传达与反馈；同时启动多次现场检查和多项主题自查，并同步追踪直至问题整改完成；每月进行双录缺失、双录质量检查，下达整改要求并跟踪整改进度。在《我司落实"资管新规"合格投资者切换方案》指导思想下，开启"资管新规"合格投资者的宣传和教育、认证和审核工作。不定期分析公司认证进度已督促过渡期内加快认证进度，经过一年的平稳认证，基本做到平稳过渡，顺利保障业务平稳切换到资管新规合格投资者的认证目标。销售合规管理的考核方面，在财富条线管理办法指导下，财富直销条线搭建销售品质管理积分体系，将各类合规检查结果挂钩营销人员绩效考核，实现对营销人员的全流程的推介行为进行动态监控管理。

此外，2021年，公司推动各职能部门制定业务管理操作手册，以规范和明确各业务环节的具体操作规范和要求。目前，各职能部门的业务操作手册基本已制定完成，未来将根据业务发展的需要及时维护，以规范业务操作程序，降低人员交接的操作风险。

4.5.2.4 其他风险管理

（1）流动性风险：2021年公司根据全面风险管理建设安排，正式开展流动性风险管理工作。首先，公司于年内发文并执行了流动性风险管理办法，动态监测现金保有率，流动性比率等核心流动性指标，并定期评估公司流动性水平，及时向公司经营管理层汇报流动性状况。另外，相关部门定期根据公司经营状况对流动性进行预测，对可能发生的流动性紧张状况发出预警并及时制定流动性风险预案，发挥流动性管理前瞻性作用。其次，公司积极考虑流动性风险，通过流动性管理，合理预测兑付压力。再次，公司通过提高交易对手、区域、项目准入要求，定期对项目和交易对手进行压力测试并定期对公司整体流动性风险进行压力测试，建立风险预警、应急和处置机制。最后，公司年末账面流动资金占公司总资产比重始终保持10%以上，充分保证公司流动性充裕。

2021年公司大力提升流动性管理能级，并在流动性评估合理有效的前提下，通过执行项目风险预案、调整固有资产结构等方式，充分发挥流动性风险主动防御机制，确保公司流动性水平保持在较为稳定水平。

（2）法律风险：公司通过制定《合规管理制度》《合同管理办法》等制度逐步搭建、完善全公司范围的合规管理框架，明确合规管理责任，推动合规文化建设，突破了以往合规/法律管理局限于合规评估的状况，公司基本形成以合规/法律识别、监测、评估、合规审查、合规检查、合规培训、违规积分管理、合规考核、合规问责、案件防控、反洗钱等为基础的全面合规管理体系，倡导和培育良好的合规文化，努力提升公司全体员工的合规意识，并将合规文化建设作为公司文化建设的重要组成部分。此外，在法律管理工作方面同步对年内各部门数据治理类、贷款管理类、销售推介类等增修订制度，以及财富端APP系统、家族信托管理、标品投后管理等系统建设需求进行审查并提出建议，推动形成覆盖完备、行之有效的制度体系及系统建设机制。

（3）声誉风险：随着资管新规正式落地，为提高公司声誉风险管理能力，维护和提升公司的声誉和形象，公司制定并落实《声誉风险管理办法》。一是每日开展舆情监测，该监测涵盖主流新闻网站，基本做到舆情首发点全覆盖。二是及时采取应对举措，在第一时间对敏感信息予以核实和反应，与相关部门沟通协作，有效防范并化解了公司舆情风险。三是组织好员工培训，增进员工对声誉风险管理重要性的认识，主动维护公司声誉。四是加强媒体主动联络，维护良好媒体关系，寻求理解与支持，针对部分确有报道需求的媒体，积极回复、正面引导，减少网络舆情对公司的负面影响。多年来，通过公司的努力和股东的支持，按时兑付信托计划，最大限度地化解遗留业务的风险，显示了公司较强的声誉风险管理能力。

（4）战略风险：2021年是三年战略规划落地第二年，公司继续以"四二四"（四大再造夯实基础、第二曲线转型创新、四个专项构建生态）为抓手，全面推进战略规划落地，并于2021年底对战略规划推进情况进行总结分析。

公司正按照打造品牌信托公司的标准进行战略布局，并结合2022年的行业趋势和外部经济环境，审慎制定2022年经营目标。战略风险管理方面，公司已于2022年初召开2022年工作务虚会，房地产业务专题讨论会，并已启动年度风险政策调整，根据2022年经营目标和外部行业、监管环境，审慎制定2022年展业策略。

4.6 企业社会责任

报告期内，公司坚定战略，以"守正创新、合规经营、提质增效、转型发展"为经营指导思想，努力提升经营管理水平，将社会责任理念融入发展战略、经营管理与日常工作中，在支持实体经济、改善民生、客户服务等领域积极践行信托行业的社会责任。2021年，爱建信托不断推出预期收益率较高，风控措施到位的集合信托产品，受到市场欢迎，使新老客户获取较好的理财收益，持续提升客户满意度。2021年，爱建信托蝉联"上海市级文明单位"，并连续获评《证券时报》《上海证券报》《21世纪经济报道》《金融时报》等多家权威机构颁发的"年度优秀财富管理品牌""创新领先奖""年度优秀信托公司""年度最佳财富管理信托公司"等资管界荣誉。

爱建信托在做好保障金融服务的同时积极履行社会责任，爱建信托向上海万商经济研究院捐赠100万元，助力其进一步发挥新型智库咨政建言、理论创新、舆论引导、社会服务等重要功能；向上海市光彩事业促进会捐赠500万元，全额用于中国光彩事业基金会在贵州望谟等地实施的公益事业项目；向民建"爱建梦想专项基金"捐赠50万元，用于帮困助学，促进社会慈善公益事业发展；向河南特大暴雨受灾地区捐赠价值181.97万元的物资；向甘肃省临洮县新添卫生院和辛店卫生院捐赠两辆救护车价值合计50万元，提高基层医疗机构的基础医疗设备。

公司持续多年与上海市武警一中队七支队开展军企共建，每年"八一"前夕，党委领导带队，关怀慰问部队官兵，资助改善部队文化生活条件；团委组织青年员工赴上海广慈残疾儿童福利院、上达天平养老院开展"六一"关爱残疾儿童、重阳节敬老慰问活动；组织参与公司所属枫林街道举办"月月学雷锋"志愿者活动，走访社区贫困家庭，送去关心慰问等。

5. 报告期末及上一年度末的比较式会计报表

5.1 自营资产

5.1.1 立信会计师事务所（特殊普通合伙）审计意见

上海爱建信托有限责任公司财务报表在所有重大方面按照企业会计准则的规定编制，公允反映了爱建信托2021年12月31日的财务状况以及2021年度的经营成果和现金流量。

5.1.2 资产负债表

资产负债表

编制单位：上海爱建信托有限责任公司　　　　　2021年12月31日　　　　　单位：万元

资产类	期末余额	上年年末余额	负债及所有者权益类	期末余额	上年年末余额
资产：	—	—	负债：	—	—
现金及存放中央银行款项	8.29	8.60	向中央银行借款	—	—
存放同业款项	112 670.19	141 279.93	同业及其他金融机构存放款项	—	—
贵金属			拆入资金	20 013.89	
拆出资金			交易性金融负债		
衍生金融资产			衍生金融负债		
应收款项			卖出回购金融资产款		
合同资产	63 978.37	18 663.10	吸收存款		
买入返售金融资产			应付职工薪酬	24 898.48	32 809.74
持有待售资产			应交税费	39 384.32	59 896.08
发放贷款和垫款	459 370.77	427 952.44	应付利息		
金融投资：	—	—	合同负债	1 182.33	16 603.98
交易性金融资产	321 660.54	403 956.50	持有待售负债		
债权投资	32 639.25	23 516.39	预计负债	162.12	
其他债权投资	715.20	—	应付债券		
其他权益工具投资			其中：优先股		
长期股权投资	3 905.99	3 968.54	永续债		
投资性房地产			租赁负债	14 726.17	
固定资产	1 019.17	1 106.85	递延所得税负债	567.47	154.13
在建工程	—	—	其他负债	126 765.47	118 130.33

续表

资产类	期末余额	上年年末余额	负债及所有者权益类	期末余额	上年年末余额
使用权资产	14 717.13	—	负债合计	227 700.25	227 594.26
无形资产	6 701.27	4 416.85	所有者权益（或股东权益）：	—	—
商誉	—	—	实收资本（或股本）	460 268.46	460 268.46
递延所得税资产	11 361.96	5 764.72	其他权益工具	—	—
其他资产	27 288.44	27 763.73	其中：优先股	—	—
—	—	—	永续债	—	—
—	—	—	资本公积	9 096.93	9 096.93
—	—	—	减：库存股	—	—
—	—	—	其他综合收益	—	—
—	—	—	盈余公积	76 533.18	66 779.83
—	—	—	一般风险准备	15 772.23	15 839.83
—	—	—	信托赔偿准备金	71 838.94	62 085.60
—	—	—	未分配利润	194 826.58	216 732.74
—	—	—	所有者权益合计	828 336.32	830 803.39
资产总计	1 056 036.57	1 058 397.65	负债和所有者权益总计	1 056 036.57	1 058 397.65

法定代表人：徐众华　　　　主管会计工作负责人：王成兵　　　　会计机构负责人：王成兵

5.1.3 利润表

利润表

编制单位：上海爱建信托有限责任公司　2021年度　　　单位：万元

项目	本期金额	上期金额
一、营业总收入	222 559.91	238 182.31
利息净收入	29 980.84	24 151.06
利息收入	37 995.73	33 196.30
利息支出	8 014.89	9 045.24
手续费及佣金净收入	193 871.14	173 143.19
手续费及佣金收入	194 749.07	173 577.36
手续费及佣金支出	877.93	434.17
投资收益（损失以"-"号填列）	2 418.66	47 255.75
其中：对联营企业和合营企业的投资收益	-62.55	-160.10
以摊余成本计量的金融资产终止确认产生的投资收益（损失以"-"号填列）	—	—
净敞口套期收益（损失以"-"号填列）	—	—
其他收益	214.31	369.13
公允价值变动收益（损失以"-"号填列）	-3 904.43	-6 735.88
汇兑收益（损失以"-"号填列）	-1.06	-0.94
其他业务收入	—	—
资产处置收益（损失以"-"号填列）	-19.55	—
二、营业总支出	91 173.73	—
税金及附加	1 164.03	1 427.49
业务及管理费	69 644.26	69 284.54
信用减值损失	20 365.44	5 253.32
其他资产减值损失	—	—
其他业务成本	—	—
三、营业利润（亏损以"-"号填列）	131 386.18	162 216.96

续表

项目	本期金额	上期金额
加：营业外收入	—	—
减：营业外支出	1 061.99	737.33
四、利润总额（亏损总额以"-"号填列）	130 324.19	161 479.63
减：所得税费用	32 790.78	40 400.45
五、净利润（净亏损以"-"号填列）	97 533.41	121 079.18
（一）持续经营净利润（净亏损以"-"号填列）	97 533.41	121 079.18
（二）终止经营净利润（净亏损以"-"号填列）	—	—
六、其他综合收益的税后净额	—	1 604.54
（一）不能重分类进损益的其他综合收益	—	1 604.54
1.重新计量设定受益计划变动额	—	—
2.权益法下不能转损益的其他综合收益	—	—
3.其他权益工具投资公允价值变动	—	1 604.54
4.企业自身信用风险公允价值变动	—	—
（二）将重分类进损益的其他综合收益	—	—
1.权益法下可转损益的其他综合收益	—	—
2.其他债权投资公允价值变动	—	—
3.金融资产重分类计入其他综合收益的金额	—	—
4.其他债权投资信用损失准备	—	—
5.现金流量套期储备（现金流量套期损益的有效部分）	—	—
6.外币财务报表折算差额	—	—
7.其他	—	—
七、综合收益总额	97 533.41	122 683.72
八、每股收益	—	—
（一）基本每股收益（元/股）	—	—
（二）稀释每股收益（元/股）	—	—

法定代表人：徐众华　　　主管会计工作负责人：王成兵　　　会计机构负责人：王成兵

5.1.4 所有者权益变动表

所有者权益变动表

2021年12月31日

编制单位：上海爱建信托有限责任公司　　　　　　　　　　　　　　　　　　　　　　　　　　　　　　　单位：万元

本期金额

项目	归属于母公司所有者权益								所有者权益合计
	实收资本（或股本）	资本公积	减:库存股	其他综合收益	盈余公积	一般风险准备	信托赔偿准备金	未分配利润	
一、上年末余额	460 268.46	9 096.93	—	—	66 779.83	15 839.83	62 085.60	216 732.74	830 803.39
加：会计政策变更	—	—	—	—	—	—	—	—	—
前期差错更正	—	—	—	—	—	—	—	—	—
其他	—	—	—	—	—	—	—	—	—
二、本年年初余额	460 268.46	9 096.93	—	—	66 779.83	15 839.83	62 085.60	216 732.74	830 803.39
三、本年增减变动金额（减少以"—"号填列）	—	—	—	—	9 753.35	-67.60	9 753.34	-21 906.16	-2 467.07
（一）综合收益总额	—	—	—	—	—	—	—	97 533.41	97 533.41
（二）所有者投入和减少资本	—	—	—	—	—	—	—	—	—
1.所有者投入资本	—	—	—	—	—	—	—	—	—
2.其他权益工具持有者投入资本	—	—	—	—	—	—	—	—	—
3.股份支付计入所有者权益的金额	—	—	—	—	—	—	—	—	—
4.其他	—	—	—	—	—	—	—	—	—
（三）利润分配	—	—	—	—	9 753.35	-67.60	9 753.34	-119 439.57	-100 000.48
1.提取盈余公积	—	—	—	—	9 753.35	—	—	-9 753.35	—
2.提取一般风险准备	—	—	—	—	—	-67.60	9 753.34	-9 685.74	—
3.对所有者（或股东）的分配	—	—	—	—	—	—	—	-100 000.48	-100 000.48
4.其他	—	—	—	—	—	—	—	—	—
（四）所有者权益内部结转	—	—	—	—	—	—	—	—	—
1.资本公积转增资本（或股本）	—	—	—	—	—	—	—	—	—
2.盈余公积转增资本（或股本）	—	—	—	—	—	—	—	—	—
3.盈余公积弥补亏损	—	—	—	—	—	—	—	—	—
4.设定受益计划变动额结转留存收益	—	—	—	—	—	—	—	—	—
5.其他综合收益结转留存收益	—	—	—	—	—	—	—	—	—
6.其他	—	—	—	—	—	—	—	—	—
四、本期期末余额	460 268.46	9 096.93	—	—	76 533.18	15 772.23	71 838.94	194 826.58	828 336.32

上年同期金额

项目	归属于母公司所有者权益								所有者权益合计
	实收资本（或股本）	资本公积	减:库存股	其他综合收益	盈余公积	一般风险准备	信托赔偿准备金	未分配利润	
一、上年末余额	460 268.46	9 096.93	—	-1 604.53	54 671.92	15 142.30	49 977.68	156 489.03	744 041.79
加：会计政策变更	—	—	—	—	—	—	—	—	—
前期差错更正	—	—	—	—	—	—	—	—	—
其他	—	—	—	—	—	—	—	—	—
二、本年年初余额	460 268.46	9 096.93	—	-1 604.53	54 671.92	15 142.30	49 977.68	156 489.03	744 041.79
三、本年增减变动金额（减少以"—"号填列）	—	—	—	1 604.53	12 107.91	697.53	12 107.92	60 243.71	86 761.60
（一）综合收益总额	—	—	—	215.46	—	—	—	121 079.18	121 294.64
（二）所有者投入和减少资本	—	—	—	—	—	—	—	—	—
1.所有者投入资本	—	—	—	—	—	—	—	—	—
2.其他权益工具持有者投入资本	—	—	—	—	—	—	—	—	—
3.股份支付计入所有者权益的金额	—	—	—	—	—	—	—	—	—
4.其他	—	—	—	—	—	—	—	—	—
（三）利润分配	—	—	—	—	12 107.91	697.53	12 107.92	-59 446.40	-34 533.04
1.提取盈余公积	—	—	—	—	12 107.91	—	—	-12 107.91	—
2.提取一般风险准备	—	—	—	—	—	697.53	12 107.92	-12 805.45	—
3.对所有者（或股东）的分配	—	—	—	—	—	—	—	-34 533.04	-34 533.04
4.其他	—	—	—	—	—	—	—	—	—
（四）所有者权益内部结转	—	—	—	1 389.07	—	—	—	-1 389.07	—
1.资本公积转增资本（或股本）	—	—	—	—	—	—	—	—	—
2.盈余公积转增资本（或股本）	—	—	—	—	—	—	—	—	—
3.盈余公积弥补亏损	—	—	—	—	—	—	—	—	—
4.设定受益计划变动额结转留存收益	—	—	—	—	—	—	—	—	—
5.其他综合收益结转留存收益	—	—	—	1 389.07	—	—	—	-1 389.07	—
6.其他	—	—	—	—	—	—	—	—	—
四、本期期末余额	460 268.46	9 096.93	—	—	66 779.83	15 839.83	62 085.60	216 732.74	830 803.39

法定代表人：徐众华　　主管会计工作负责人：王成兵　　会计机构负责人：王成兵

5.2 信托资产

5.2.1 信托项目资产负债汇总表

信托项目资产负债汇总表

编制单位：上海爱建信托有限责任公司　　2021年12月31日　　单位：万元

资产类	期末余额	期初余额	负债及所有者权益类	期末余额	期初余额
资产：	—	—	负债：	—	—
现金及存放中央银行款项	—	—	向中央银行借款	—	—
存放同业款项	181 052.16	225 896.67	同业及其他金融机构存放款项	—	—
贵金属	—	—	拆入资金	—	—
拆出资金	—	—	交易性金融负债	—	—
交易性金融资产	891 137.00	817 231.51	衍生金融负债	—	—
衍生金融资产	—	—	卖出回购金融资产款	—	—
买入返售金融资产	6 660.00	800.00	吸收存款	—	—
应收利息	—	—	应付职工薪酬	—	—
发放贷款和垫款	3 768 027.70	5 308 184.70	应交税费	5 782.51	5 503.52
可供出售金融资产	—	—	应付利息	—	—
持有至到期投资	290 862.69	317 278.69	预计负债	—	—
长期股权投资	3 488 936.71	2 217 369.75	应付债券	—	—
投资性房地产	30 000.00	30 000.00	递延所得税负债	—	—
固定资产	—	—	其他负债	141 791.62	129 996.71
无形资产	—	—	负债合计	147 574.13	135 500.23
递延所得税资产	—	—	所有者权益：		
其他资产	2 044 264.88	4 007 312.08	实收信托	10 233 614.71	12 510 264.00
			资本公积	4 441.34	25 475.55
			减：库存股	—	—
			盈余公积	—	—
			一般风险准备	—	—
			未分配利润	315 310.96	252 833.62
			所有者权益合计	10 553 367.01	12 788 573.17
资产总计	10 700 941.14	12 924 073.40	负债及所有者权益总计	10 700 941.14	12 924 073.40

法定代表人：徐众华　　主管会计工作负责人：王成兵　　会计机构负责人：王成兵

5.2.2 信托项目利润及利润分配汇总表

信托项目利润及利润分配汇总表

编制单位：上海爱建信托有限责任公司　2021年度　　单位：万元

项目	行号	本期金额	上期金额
一、营业收入	1	799 257.42	1 148 049.15
利息净收入	2	411 395.12	521 165.40
利息收入	3	411 395.12	521 165.40
利息支出	4	—	—
手续费及佣金净收入	5		
手续费及佣金收入	6		
手续费及佣金支出	7		
投资收益（损失以"-"号填列）	8	399 897.05	631 226.87
其中：对联营企业和合营企业的投资收益	9	—	—
公允价值变动收益（损失以"-"号填列）	10	-11 329.06	-5 669.04
汇兑收益（损失以"-"号填列）	11		
其他业务收入	12	-705.69	1 325.92
二、营业支出	13	177 668.42	222 029.73
营业税金及附加	14	1 988.86	3 373.58

续表

项目	行号	本期金额	上期金额
信托管理费用	15	175 679.56	218 656.15
资产减值损失	16		
其他业务成本	17		
三、营业利润（亏损以"-"号填列）	18	621 589.00	926 019.42
加：营业外收入	19		
减：营业外支出	20		
四、利润总额	21	621 589.00	926 019.42
减：所得税费用	22	—	—
五、净利润（净亏损以"-"号填列）	23	621 589.00	926 019.42
六、每股收益：	24	—	—
（一）基本每股收益	25		
（二）稀释每股收益	26		
七、期初未分配信托利润	27	252 833.62	236 119.37
八、可供分配信托利润		1 372 901.51	1 603 778.21
减：本期已分配信托利润	28	1 057 590.55	1 350 944.59
九、期末未分配信托利润	29	315 310.96	252 833.62

法定代表人：徐众华　　主管会计工作负责人：王成兵　　会计机构负责人：王成兵

6.会计报表附注

6.1 会计报表编制基础

6.1.1 编制基础

公司以持续经营为基础，根据实际发生的交易和事项，按照财政部颁布的《企业会计准则——基本准则》和各项具体会计准则、企业会计准则应用指南、企业会计准则解释及其他相关规定（以下合称企业会计准则），以及中国证券监督管理委员会《公开发行证券的公司信息披露编报规则第15号——财务报告的一般规定》的披露规定编制财务报表。

6.1.2 持续经营

公司自报告期末起12个月不存在对本公司持续经营能力产生重大疑虑的事项或情况。

6.2 重要会计政策和会计估计说明

6.2.1 遵循企业会计准则的声明

本财务报表符合财政部颁布的企业会计准则的要求，真实、完整地反映了公司2021年12月31日的财务状况以及2021年度的经营成果和现金流量。

6.2.2 会计期间

自公历1月1日至12月31日止为一个会计年度。本报告期为2021年1月1日至2021年12月31日止。

6.2.3 营业周期

公司营业周期为12个月。

6.2.4 记账本位币

人民币与外币业务采用分账制。

6.2.5 现金等价物的确定标准

现金，是指公司的库存现金以及可以随时用于支付的存款。现金等价物，是指公司持有的期限短、流动性强、易于转换为已知金额的现金、价值变动风险很小的投资。

6.2.6 外币财务报表的折算方法

外币核算采用分账制，资产负债表日，按照下列规定对相应的外币账户余额分货币性项目和非货币性项目进行调整。

（1）外币货币性项目，采用资产负债表日即期汇率折算。因资产负债表日即期汇率与初始确认时或者前一资产负债表日即期汇率不同而产生的汇兑差额，计入当期损益。

（2）以历史成本计量的外币非货币性项目，仍采用交易发生日的即期汇率折算，不改变其记账本位币金额。

货币性项目，是指企业持有的货币资金和将以固定或可确定的金额收取的资产或者偿付的负债。非货币性项目，是指货币性项目以外的项目。采用分账制记账方法，其产生的汇兑差额的处理结果与统账制一致。

6.2.7 金融工具

金融工具包括金融资产、金融负债和权益工具。

6.2.7.1 金融工具的分类

根据公司管理金融资产的业务模式和金融资产的合同现金流量特征，金融资产于初始确认时分类为：以摊余成本计量的金融资产、以公允价值计量且其变动计入其他综合收益的金融资产（债务工具）和以公允价值计量且其变动计入当期损益的金融资产。

业务模式是以收取合同现金流量为目标且合同现金流量仅为对本金和以未偿付本金金额为基础的利息的支付，分类为以摊余成本计量的金融资产；业务模式既以收取合同现金流量又以出售该金融资产为目标且合同现金流量仅为对本金和以未偿付本金金额为基础的利息的支付，分类为以公允价值计量且其变动计入其他综合收益的金融资产（债务工具）；除此之外的其他金融资产，分类为以公允价值计量且其变动计入当期损益的金融资产。

对于非交易性权益工具投资，公司在初始确认时确定是否将其指定为以公允价值计量且其变动计入其他综合收益的金融资产（权益工具）。

金融负债于初始确认时分类为：以公允价值计量且其变动计入当期损益的金融负债和以摊余成本计量的金融负债。

6.2.7.2 金融工具的确认依据和计量方法

（1）以摊余成本计量的金融资产。

以摊余成本计量的金融资产包括货币资金、应收票据、应收账款、其他应收款、买入返售金融资产、发放贷款和垫款、长期应收款、债权投资等，按公允价值进行初始计量，相关交易费用计入初始确认金额；不包含重大融资成分的应收账款以及本公司决定不考虑不超过一年的融资成分的应收账款，以合同交易价格进行初始计量。

持有期间采用实际利率法计算的利息计入当期损益。

收回或处置时，将取得的价款与该金融资产账面价值之间的差额计入当期损益。

（2）以公允价值计量且其变动计入其他综合收益的金融资产（债务工具）。

以公允价值计量且其变动计入其他综合收益的金融

资产（债务工具）包括应收款项融资、其他债权投资等，按公允价值进行初始计量，相关交易费用计入初始确认金额。该金融资产按公允价值进行后续计量，公允价值变动除采用实际利率法计算的利息、减值损失或利得和汇兑损益之外，均计入其他综合收益。

终止确认时，之前计入其他综合收益的累计利得或损失从其他综合收益中转出，计入当期损益。

（3）以公允价值计量且其变动计入其他综合收益的金融资产（权益工具）。

以公允价值计量且其变动计入其他综合收益的金融资产（权益工具）包括其他权益工具投资等，按公允价值进行初始计量，相关交易费用计入初始确认金额。该金融资产按公允价值进行后续计量，公允价值变动计入其他综合收益。取得的股利计入当期损益。

终止确认时，之前计入其他综合收益的累计利得或损失从其他综合收益中转出，计入留存收益。

（4）以公允价值计量且其变动计入当期损益的金融资产。

以公允价值计量且其变动计入当期损益的金融资产包括交易性金融资产、衍生金融资产、其他非流动金融资产等，按公允价值进行初始计量，相关交易费用计入当期损益。该金融资产按公允价值进行后续计量，公允价值变动计入当期损益。

终止确认时，其公允价值与初始入账金额之间的差额确认为投资收益，同时调整公允价值变动损益。

（5）以公允价值计量且其变动计入当期损益的金融负债。

以公允价值计量且其变动计入当期损益的金融负债包括交易性金融负债、衍生金融负债等，按公允价值进行初始计量，相关交易费用计入当期损益。该金融负债按公允价值进行后续计量，公允价值变动计入当期损益。

终止确认时，其公允价值与初始入账金额之间的差额确认为投资收益，同时调整公允价值变动损益。

（6）以摊余成本计量的金融负债。

以摊余成本计量的金融负债包括短期借款、应付票据、应付账款、其他应付款、长期借款、应付债券、长期应付款，按公允价值进行初始计量，相关交易费用计入初始确认金额。

持有期间采用实际利率法计算的利息计入当期损益。

终止确认时，将支付的对价与该金融负债账面价值之间的差额计入当期损益。

6.2.7.3　金融资产转移的确认依据和计量方法

公司发生金融资产转移时，如已将金融资产所有权上几乎所有的风险和报酬转移给转入方，则终止确认该金融资产；如保留了金融资产所有权上几乎所有的风险和报酬的，则不终止确认该金融资产。

在判断金融资产转移是否满足上述金融资产终止确认条件时，采用实质重于形式的原则。公司将金融资产转移区分为金融资产整体转移和部分转移。金融资产整体转移满足终止确认条件的，将下列两项金额的差额计入当期损益：

（1）所转移金融资产的账面价值；

（2）因转移而收到的对价，与原直接计入所有者权益的公允价值变动累计额（涉及转移的金融资产为可供出售金融资产的情形）之和。

金融资产部分转移满足终止确认条件的，将所转移金融资产整体的账面价值，在终止确认部分和未终止确认部分之间，按照各自的相对公允价值进行分摊，并将下列两项金额的差额计入当期损益：

（1）终止确认部分的账面价值；

（2）终止确认部分的对价，与原直接计入所有者权益的公允价值变动累计额中对应终止确认部分的金额（涉及转移的金融资产为可供出售金融资产的情形）之和。

金融资产转移不满足终止确认条件的，继续确认该金融资产，所收到的对价确认为一项金融负债。

6.2.7.4　金融负债终止确认条件

金融负债的现时义务全部或部分已经解除的，则终止确认该金融负债或其一部分；公司若与债权人签订协议，以承担新金融负债方式替换现存金融负债，且新金融负债与现存金融负债的合同条款实质上不同的，则终止确认现存金融负债，并同时确认新金融负债。

对现存金融负债全部或部分合同条款作出实质性修改的，则终止确认现存金融负债或其一部分，同时将修改条款后的金融负债确认为一项新金融负债。

金融负债全部或部分终止确认时，终止确认的金融负债账面价值与支付对价（包括转出的非现金资产或承担的新金融负债）之间的差额，计入当期损益。

公司若回购部分金融负债的，在回购日按照继续确认部分与终止确认部分的相对公允价值，将该金融负债整体的账面价值进行分配。分配给终止确认部分的账面价值与支付的对价（包括转出的非现金资产或承担的新金融负债）之间的差额，计入当期损益。

6.2.7.5 金融资产和金融负债的公允价值的确定方法

存在活跃市场的金融工具，以活跃市场中的报价确定其公允价值。不存在活跃市场的金融工具，采用估值技术确定其公允价值。在估值时，公司采用在当前情况下适用并且有足够可利用数据和其他信息支持的估值技术，选择与市场参与者在相关资产或负债的交易中所考虑的资产或负债特征相一致的输入值，并优先使用相关可观察输入值。只有在相关可观察输入值无法取得或取得不切实可行的情况下，才使用不可观察输入值。

6.2.7.6 金融资产减值（不含贷款和应收款项）的测试方法及会计处理方法

公司考虑所有合理且有依据的信息，包括前瞻性信息，以单项或组合的方式对以摊余成本计量的金融资产和以公允价值计量且其变动计入其他综合收益的金融资产（债务工具）的预期信用损失进行估计。预期信用损失的计量取决于金融资产自初始确认后是否发生信用风险显著增加。

如果该金融工具的信用风险自初始确认后已显著增加，公司按照相当于该金融工具整个存续期内预期信用损失的金额计量其损失准备；如果该金融工具的信用风险自初始确认后并未显著增加，公司按照相当于该金融工具未来12个月内预期信用损失的金额计量其损失准备。由此形成的损失准备的增加或转回金额，作为减值损失或利得计入当期损益。

通常逾期超过90日，公司即认为该金融工具的信用风险已显著增加，除非有确凿证据证明该金融工具的信用风险自初始确认后并未显著增加。

如果金融工具于资产负债表日的信用风险较低，公司即认为该金融工具的信用风险自初始确认后并未显著增加。

6.2.8 贷款和应收款

6.2.8.1 贷款

对于贷款，公司按照相当于整个存续期内预期信用损失的金额计量其损失准备，由此形成的损失准备的增加或转回金额，作为减值损失或利得计入当期损益。

公司对每一单项贷款按其资产质量分为正常、关注、次级、可疑和损失五类，其主要分类的标准和计提损失准备的比例为：

正常：交易对手能够履行合同或协议，没有足够理由怀疑债务本金和收益不能按时足额偿还，计提损失准备1%。

关注：尽管交易对手目前有能力偿还，但存在一些可能对偿还产生不利影响的因素的债权类资产；交易对手的现金偿还能力出现明显问题，但交易对手抵押或质押的可变现资产大于等于其债务的本金及收益。计提损失准备2%。

次级：交易对手的偿还能力出现明显问题，完全依靠其正常经营收入无法足额偿还债务本金及收益，即使执行担保，也可能会造成一定损失，计提损失准备25%。

可疑：交易对手无法足额偿还债务本金及收益，即使执行担保，也肯定要造成较大损失，计提损失准备50%。

损失：在采取所有可能的措施或一切必要的法律程序后，资产及收益仍然无法收回，或只能收回极少部分，计提损失准备100%。

如果有客观证据表明某项贷款已经发生信用减值，则公司对该贷款单项计提坏账准备并确认预期信用损失。

6.2.8.2 应收账款（不含应收保理款）

对于应收账款，无论是否包含重大融资成分，公司始终按照相当于整个存续期内预期信用损失的金额计量其损失准备，由此形成的损失准备的增加或转回金额，作为减值损失或利得计入当期损益。

公司将该应收账款按类似信用风险特征（账龄）进行组合，并基于所有合理且有依据的信息，包括前瞻性信息，对该应收账款坏账准备的计提比例进行估计如下表所示。

账龄（天）	应收账款计提比例（%）
1—180	1
181—360	2
361—720	50
720天以上	100

如果有客观证据表明某项应收账款已经发生信用减值，则公司对该应收账款单项计提坏账准备并确认预期信用损失。

6.2.8.3 其他应收款

对于划分为组合的其他应收款，公司参考历史信用损失经验，结合当前状况等预测未来6个月及12个月内或整个存续期预期信用损失率，计算预期信用损失。其中以账龄划分的其他应收款组合所计提预期信用损失率如下表所示。

账龄(天)	预期信用损失类型	计提比例(%)
1—180	未来6个月预期信用损失	1
181—360	未来12个月预期信用损失	2
361—720	整个存续期预期信用损失	50
720天以上	整个存续期预期信用损失	100

如果有客观证据表明某项其他应收款已经发生信用减值，则公司对该其他应收款单项计提坏账准备并确认预期信用损失。

公司关联企业间的往来款在整个存续期内预期信用损失为零元，关联企业间应收款项不计提坏账准备。

6.2.9 合同资产

6.2.9.1 合同资产的确认方法及标准

公司合同资产主要包括信托业务手续费及佣金收入。根据履行履约义务与客户付款之间的关系在资产负债表中列示合同资产或合同负债。公司已向客户转让商品或提供服务而有权收取对价的权利（且该权利取决于时间流逝之外的其他因素）列示为合同资产。公司拥有的、无条件（仅取决于时间流逝）向客户收取对价的权利作为应收款项单独列示。

公司已收或应收客户对价而应向客户转让商品或提供服务的义务列示为合同负债。

同一合同下的合同资产和合同负债以净额列示。

6.2.9.2 合同资产预期信用损失的确定方法及会计处理方法

合同资产的预期信用损失的确定方法及会计处理方法详见本附注"（九）6、金融资产减值的测试方法及会计处理方法"。

6.2.10 买入返售金融资产和卖出回购金融资产款

购买时根据协议约定于未来某确定日返售的资产将不在资产负债表内予以确认。为买入该等资产所支付的成本，包括应计利息，在资产负债表中列示为买入返售款项。购入与返售价格之差额在协议期间内按实际利率法确认，计入利息收入。

根据协议约定于未来某确定日期回购的已售出资产不在资产负债表内予以终止确认。出售该等资产所得款项，包括应计利息，在资产负债表中列示为卖出回购款项，以反映其作为向公司贷款的经济实质。售价与回购价之差额在协议期间内按实际利率法确认，计入利息支出。

证券借入和借出交易一般均附有抵押，以证券或现金作为抵押品。只有当与证券所有权相关的风险和收益同时转移时，与交易对手之间的证券转移才于资产负债表中反映。所支付的现金或收取的现金抵押品分别确认为资产或负债。

借入的证券不在资产负债表内确认。如该类证券出售给第三方，偿还债券的责任确认为为交易而持有的金融负债，并按公允价值计量。

6.2.11 持有待售

主要通过出售（包括具有商业实质的非货币性资产交换）而非持续使用一项非流动资产或处置组收回其账面价值的，划分为持有待售类别。

公司将同时满足下列条件的非流动资产或处置组划分为持有待售类别：

（1）根据类似交易中出售此类资产或处置组的惯例，在当前状况下即可立即出售；

（2）出售极可能发生，即公司已经就一项出售计划作出决议且获得确定的购买承诺，预计出售将在一年内完成。有关规定要求公司相关权力机构或者监管部门批准后方可出售的，已经获得批准。

划分为持有待售的非流动资产（不包括金融资产、递延所得税资产、职工薪酬形成的资产）或处置组，其账面价值高于公允价值减去出售费用后的净额的，账面价值减记至公允价值减去出售费用后的净额，减记的金额确认为资产减值损失，计入当期损益，同时计提持有待售资产减值准备。

6.2.12 长期股权投资核算方法

6.2.12.1 共同控制、重大影响的判断标准

共同控制，是指按照相关约定对某项安排所共有的控制，并且该安排的相关活动必须经过分享控制权的参与方一致同意后才能决策。公司与其他合营方一同对被投资单位实施共同控制且对被投资单位净资产享有权利的，被投资单位为本公司的合营企业。

重大影响，是指对一个企业的财务和经营决策有参与决策的权力，但并不能够控制或者与其他方一起共同控制这些政策的制定。公司能够对被投资单位施加重大影响的，被投资单位为公司联营企业。

6.2.12.2 初始投资成本的确定

（1）企业合并形成的长期股权投资。

同一控制下的企业合并：公司以支付现金、转让非现金资产或承担债务方式以及以发行权益性证券作为合并对价的，在合并日按照取得被合并方所有者权益在最终控制方合并财务报表中的账面价值的份额作为长期股

权投资的初始投资成本。因追加投资等原因能够对同一控制下的被投资单位实施控制的,在合并日根据合并后应享有被合并方净资产在最终控制方合并财务报表中的账面价值的份额,确定长期股权投资的初始投资成本。合并日长期股权投资的初始投资成本,与达到合并前的长期股权投资账面价值加上合并日进一步取得股份新支付对价的账面价值之和的差额,调整股本溢价,股本溢价不足冲减的,冲减留存收益。

非同一控制下的企业合并:公司按照购买日确定的合并成本作为长期股权投资的初始投资成本。因追加投资等原因能够对非同一控制下的被投资单位实施控制的,按照原持有的股权投资账面价值加上新增投资成本之和,作为改按成本法核算的初始投资成本。

(2)其他方式取得的长期股权投资。

以支付现金方式取得的长期股权投资,按照实际支付的购买价款作为初始投资成本。

以发行权益性证券取得的长期股权投资,按照发行权益性证券的公允价值作为初始投资成本。

在非货币性资产交换具有商业实质,且换入资产或换出资产的公允价值能够可靠计量时,以公允价值为基础计量。如换入资产和换出资产的公允价值均能可靠计量的,对于换入的长期股权投资,以换出资产的公允价值和应支付的相关税费作为换入的长期股权投资的初始投资成本,除非有确凿证据表明换入资产的公允价值更加可靠。非货币性资产交换不具有商业实质,或换入资产和换出资产的公允价值均不能可靠计量的,对于换入的长期股权投资,以换出资产的账面价值和应支付的相关税费作为换入长期股权投资的初始投资成本。

通过债务重组取得的长期股权投资,以所放弃债权的公允价值和可直接归属于该资产的税金等其他成本确定其入账价值,并将所放弃债权的公允价值与账面价值之间的差额,计入当期损益。

6.2.12.3 后续计量及损益确认方法

(1)成本法核算的长期股权投资。

公司对子公司的长期股权投资,采用成本法核算。除取得投资时实际支付的价款或对价中包含的已宣告但尚未发放的现金股利或利润外,公司按照享有被投资单位宣告发放的现金股利或利润确认当期投资收益。

(2)权益法核算的长期股权投资。

对联营企业和合营企业的长期股权投资,采用权益法核算。初始投资成本大于投资时应享有被投资单位可辨认净资产公允价值份额的差额,不调整长期股权投资的初始投资成本;初始投资成本小于投资时应享有被投资单位可辨认净资产公允价值份额的差额,计入当期损益。

公司按照应享有或应分担的被投资单位实现的净损益和其他综合收益的份额,分别确认投资收益和其他综合收益,同时调整长期股权投资的账面价值;按照被投资单位宣告分派的利润或现金股利计算应享有的部分,相应减少长期股权投资的账面价值;对于被投资单位除净损益、其他综合收益和利润分配以外所有者权益的其他变动,调整长期股权投资的账面价值并计入所有者权益。

在确认应享有被投资单位净损益的份额时,以取得投资时被投资单位可辨认净资产的公允价值为基础,并按照公司的会计政策及会计期间,对被投资单位的净利润进行调整后确认。在持有投资期间,被投资单位编制合并财务报表的,以合并财务报表中的净利润、其他综合收益和其他所有者权益变动中归属于被投资单位的金额为基础进行核算。

公司与联营企业、合营企业之间发生的未实现内部交易损益按照应享有的比例计算归属于公司的部分,予以抵销,在此基础上确认投资收益。与被投资单位发生的未实现内部交易损失,属于资产减值损失的,全额确认。

在公司确认应分担被投资单位发生的亏损时,按照以下顺序进行处理:首先,冲减长期股权投资的账面价值。其次,长期股权投资的账面价值不足以冲减的,以其他实质上构成对被投资单位净投资的长期权益账面价值为限继续确认投资损失,冲减长期应收项目等的账面价值。最后,经过上述处理,按照投资合同或协议约定企业仍承担额外义务的,按预计承担的义务确认预计负债,计入当期投资损失。

(3)长期股权投资的处置。

处置长期股权投资,其账面价值与实际取得价款的差额,计入当期损益。

采用权益法核算的长期股权投资,在处置该项投资时,采用与被投资单位直接处置相关资产或负债相同的基础,按相应比例对原计入其他综合收益的部分进行会计处理。因被投资单位除净损益、其他综合收益和利润分配以外的其他所有者权益变动而确认的所有者权益,按比例结转入当期损益,由于被投资方重新计量设定受益计划净负债或净资产变动而产生的其他综合收益除外。

因处置部分股权投资等原因丧失了对被投资单位的共同控制或重大影响的，处置后的剩余股权改按金融工具确认和计量准则核算，其在丧失共同控制或重大影响之日的公允价值与账面价值之间的差额计入当期损益。原股权投资因采用权益法核算而确认的其他综合收益，在终止采用权益法核算时采用与被投资单位直接处置相关资产或负债相同的基础进行会计处理。因被投资方除净损益、其他综合收益和利润分配以外的其他所有者权益变动而确认的所有者权益，在终止采用权益法核算时全部转入当期损益。

因处置部分股权投资、因其他投资方对子公司增资而导致本公司持股比例下降等原因丧失了对被投资单位控制权的，在编制个别财务报表时，剩余股权能够对被投资单位实施共同控制或重大影响的，改按权益法核算，并对该剩余股权视同自取得时即采用权益法核算进行调整；剩余股权不能对被投资单位实施共同控制或施加重大影响的，改按金融工具确认和计量准则的有关规定进行会计处理，其在丧失控制之日的公允价值与账面价值间的差额计入当期损益。

处置的股权是因追加投资等原因通过企业合并取得的，在编制个别财务报表时，处置后的剩余股权采用成本法或权益法核算，购买日之前持有的股权投资因采用权益法核算而确认的其他综合收益和其他所有者权益按比例结转；处置后的剩余股权改按金融工具确认和计量准则进行会计处理的，其他综合收益和其他所有者权益全部结转。

6.2.13 固定资产

6.2.13.1 固定资产确认条件和初始计量

固定资产指为生产商品、提供劳务、出租或经营管理而持有，并且使用寿命超过一个会计年度的有形资产。固定资产在同时满足下列条件时予以确认：

（1）与该固定资产有关的经济利益很可能流入企业；

（2）该固定资产的成本能够可靠地计量。

固定资产按成本（并考虑预计弃置费用因素的影响）进行初始计量。

与固定资产有关的后续支出，在与其有关的经济利益很可能流入且其成本能够可靠计量时，计入固定资产成本；对于被替换的部分，终止确认其账面价值；所有其他后续支出于发生时计入当期损益。

6.2.13.2 折旧方法

固定资产折旧采用年限平均法分类计提，根据固定资产类别、预计使用寿命和预计净残值率确定折旧率。对计提了减值准备的固定资产，则在未来期间按扣除减值准备后的账面价值及依据尚可使用年限确定折旧额。如固定资产各组成部分的使用寿命不同或者以不同方式为企业提供经济利益，则选择不同折旧率或折旧方法，分别计提折旧。

各类固定资产折旧方法、折旧年限、残值率和年折旧率如下表所示。

类别	折旧方法	折旧年限（年）	净残值率（%）	年折旧率（%）
电子设备	平均年限法	3、5	5	19、31.67
运输工具	平均年限法	4、5	5	19、23.75
机具设备	平均年限法	5	5	19
业务设备	平均年限法	5	5	19
家具设备	平均年限法	5	5	19
其他	平均年限法	5	5	19

6.2.13.3 固定资产处置

当固定资产被处置或者预期通过使用或处置不能产生经济利益时，终止确认该固定资产。固定资产出售、转让、报废或毁损的处置收入扣除其账面价值和相关税费后的金额计入当期损益。

6.2.14 无形资产

6.2.14.1 无形资产的计价方法

（1）公司取得无形资产时按成本进行初始计量。

外购无形资产的成本，包括购买价款、相关税费以及直接归属于使该项资产达到预定用途所发生的其他支出。

（2）后续计量。

在取得无形资产时分析判断其使用寿命。

对于使用寿命有限的无形资产，在为企业带来经济利益的期限内按直线法摊销；无法预见无形资产为企业带来经济利益期限的，视为使用寿命不确定的无形资产，不予摊销。

6.2.14.2 使用寿命有限的无形资产的使用寿命估计情况

项目	预计使用寿命（年）	依据
电脑软件	5	预计使用年限
车辆牌照	10	按税法规定
商标权	10	预计使用年限

6.2.15 长期资产减值

长期股权投资、采用成本模式计量的投资性房地产、固定资产、在建工程、使用寿命有限的无形资产等长期资产，于资产负债表日存在减值迹象的，进行减值测试。减值测试结果表明资产的可收回金额低于其账面价值的，按其差额计提减值准备并计入减值损失。可收回金额为资产的公允价值减去处置费用后的净额与资产预计未来现金流量的现值两者之间的较高者。资产减值准备按单项资产为基础计算并确认，如果难以对单项资产的可收回金额进行估计的，以该资产所属的资产组确定资产组的可收回金额。资产组是能够独立产生现金流入的最小资产组合。

对于因企业合并形成的商誉、使用寿命不确定的无形资产、尚未达到可使用状态的无形资产至少在每年年度终了进行减值测试。

公司进行商誉减值测试，对于因企业合并形成的商誉的账面价值，自购买日起按照合理的方法分摊至相关的资产组；难以分摊至相关的资产组的，将其分摊至相关的资产组组合。公司在分摊商誉的账面价值时，根据相关资产组或资产组组合能够从企业合并的协同效应中获得的相对受益情况进行分摊，在此基础上进行商誉减值测试。

在对包含商誉的相关资产组或者资产组组合进行减值测试时，如与商誉相关的资产组或者资产组组合存在减值迹象的，先对不包含商誉的资产组或者资产组组合进行减值测试，计算可收回金额，并与相关账面价值相比较，确认相应的减值损失。再对包含商誉的资产组或者资产组组合进行减值测试，比较这些相关资产组或者资产组组合的账面价值（包括所分摊的商誉的账面价值部分）与其可收回金额，如相关资产组或者资产组组合的可收回金额低于其账面价值的，确认商誉的减值损失。

上述资产减值损失一经确认，在以后会计期间不予转回。

6.2.16 合同负债

公司根据履行履约义务与客户付款之间的关系在资产负债表中列示合同资产或合同负债。公司已收或应收客户对价而应向客户转让商品或提供服务的义务列示为合同负债。同一合同下的合同资产和合同负债以净额列示。

6.2.17 职工薪酬

6.2.17.1 短期薪酬的会计处理方法

公司在职工为公司提供服务的会计期间，将实际发生的短期薪酬确认为负债，并计入当期损益或相关资产成本。

公司为职工缴纳的社会保险费和住房公积金，以及按规定提取的工会经费和职工教育经费，在职工为公司提供服务的会计期间，根据规定的计提基础和计提比例计算确定相应的职工薪酬金额。

职工福利费为非货币性福利的，如能够可靠计量的，按照公允价值计量。

6.2.17.2 离职后福利的会计处理方法

设定提存计划。公司按当地政府的相关规定为职工缴纳基本养老保险和失业保险，在职工为公司提供服务的会计期间，按以当地规定的缴纳基数和比例计算应缴纳金额，确认为负债，并计入当期损益或相关资产成本。此外，公司还参与了由国家相关部门批准的企业年金计划/补充养老保险基金。公司按职工工资总额的一定比例向年金计划/当地社会保险机构缴费，相应支出计入当期损益或相关资产成本。

6.2.17.3 辞退福利的会计处理方法

公司向职工提供辞退福利的，在下列两者孰早日确认辞退福利产生的职工薪酬负债，并计入当期损益。公司不能单方面撤回因解除劳动关系计划或裁减建议所提供的辞退福利时；公司确认与涉及支付辞退福利的重组相关的成本或费用时。

6.2.18 收入确认原则和方法

6.2.18.1 利息收入和支出

公司利润表中的"利息收入"和"利息支出"，为按实际利率法确认的以摊余成本计量的金融资产和以摊余成本计量的金融负债等产生的利息收入与支出。

实际利率法，是指计算金融资产或金融负债的摊余成本以及将各期利息收入或利息支出分摊计入各会计期间的方法。实际利率，是指将金融资产或金融负债在预计存续期间的估计未来现金流量，折现为该金融资产账面余额或该金融负债摊余成本所使用的利率。在确定实际利率时，公司在考虑金融资产或金融负债所有合同条款的基础上估计预期现金流量，但不考虑预期信用损失。本公司支付或收取的、属于实际利率组成部分的各项收费、交易费用及溢价或折价等，在确定实际利率时予以考虑。

对于购入或源生的已发生信用减值的金融资产，公司自初始确认起，按照该金融资产的摊余成本和经信用调整的实际利率计算确定其利息收入。经信用调整的实际利率，是指将购入或源生的已发生信用减值的金融资产在预计存续期的估计未来现金流量，折现为该金融资产摊余成本的利率。

对于购入或源生的未发生信用减值、但在后续期间成为已发生信用减值的金融资产，公司在后续期间，按照该金融资产的摊余成本和实际利率计算确定其利息收入。

6.2.18.2 手续费及佣金收入

公司通过向客户提供各类服务收取手续费及佣金。其中，通过在一定期间内提供服务收取的手续费及佣金在相应期间内按照履约进度确认，其他手续费及佣金于相关交易完成时确认。

公司根据履行履约义务与客户付款之间的关系在资产负债表中列示合同资产或合同负债。公司已向客户转让商品或提供服务而有权收取对价的权利（且该权利取决于时间流逝之外的其他因素）列示为合同资产。合同资产的减值适用新金融工具准则。公司拥有的、无条件（仅取决于时间流逝）向客户收取对价的权利作为应收款项单独列示。

公司已收或应收客户对价而应向客户转让商品或提供服务的义务列示为合同负债。

同一合同下的合同资产和合同负债以净额列示。

6.2.19 政府补助

6.2.19.1 类型

政府补助，是本公司从政府无偿取得的货币性资产与非货币性资产。分为与资产相关的政府补助和与收益相关的政府补助。

与资产相关的政府补助，是指公司取得的、用于购建或以其他方式形成长期资产的政府补助。与收益相关的政府补助，是指除与资产相关的政府补助之外的政府补助。

公司将政府补助划分为与资产相关的具体标准为：政府文件明确规定补助对象为企业取得、购建或以其他方式形成的长期资产。

公司将政府补助划分为与收益相关的具体标准为：政府文件明确规定补助对象为费用支出或损失。

对于政府文件未明确规定补助对象，难以区分的，公司将政府补助整体归类为与收益相关的政府补助，视情况不同计入当期损益，或者在项目期内分期确认为当期收益。

公司本期收到的政府补助主要为税费返还，公司认为该补助属于对过去发生费用的补偿，是与资产相关的补助之外的补助，因此将其作为与收益相关的政府补助。

6.2.19.2 确认时点

公司于实际收到款项时确认为政府补助。

6.2.19.3 会计处理

与资产相关的政府补助，冲减相关资产账面价值或确认为递延收益。确认为递延收益的，在相关资产使用寿命内按照合理、系统的方法分期计入当期损益（与公司日常活动相关的，计入其他收益；与公司日常活动无关的，计入营业外收入）。

与收益相关的政府补助，用于补偿公司以后期间的相关成本费用或损失的，确认为递延收益，并在确认相关成本费用或损失的期间，计入当期损益（与公司日常活动相关的，计入其他收益；与公司日常活动无关的，计入营业外收入）或冲减相关成本费用或损失。用于补偿公司已发生的相关成本费用或损失的，直接计入当期损益（与公司日常活动相关的，计入其他收益；与公司日常活动无关的，计入营业外收入）或冲减相关成本费用或损失。

6.2.20 递延所得税资产和递延所得税负债

所得税包括当期所得税和递延所得税。除因企业合并和直接计入所有者权益（包括其他综合收益）的交易或者事项产生的所得税外，公司将当期所得税和递延所得税计入当期损益。

递延所得税资产和递延所得税负债根据资产和负债的计税基础与其账面价值的差额（暂时性差异）计算确认。

对于可抵扣暂时性差异确认递延所得税资产，以未来期间很可能取得的用来抵扣可抵扣暂时性差异的应纳税所得额为限。对于能够结转以后年度的可抵扣亏损和税款抵减，以很可能获得用来抵扣可抵扣亏损和税款抵减的未来应纳税所得额为限，确认相应的递延所得税资产。

对于应纳税暂时性差异，除特殊情况外，确认递延所得税负债。

不确认递延所得税资产或递延所得税负债的特殊情况包括：商誉的初始确认；既不是企业合并、发生时也不影响会计利润和应纳税所得额（或可抵扣亏损）的交易或事项。

对与子公司、联营企业及合营企业投资相关的应纳税暂时性差异，确认递延所得税负债，除非本公司能够控制该暂时性差异转回的时间且该暂时性差异在可预见的未来很可能不会转回。对与子公司、联营企业及合营企业投资相关的可抵扣暂时性差异，当该暂时性差异在可预见的未来很可能转回且未来很可能获得用来抵扣可抵扣暂时性差异的应纳税所得额时，确认递延所得税资产。

资产负债表日，对于递延所得税资产和递延所得税负债，根据税法规定，按照预期收回相关资产或清偿相关负债期间的适用税率计量。

资产负债表日，公司对递延所得税资产的账面价值进行复核。如果未来期间很可能无法获得足够的应纳税所得额用以抵扣递延所得税资产的利益，则减记递延所得税资产的账面价值。在很可能获得足够的应纳税所得额时，减记的金额予以转回。

当拥有以净额结算的法定权利，且意图以净额结算或取得资产、清偿负债同时进行时，当期所得税资产及当期所得税负债以抵销后的净额列报。

资产负债表日，递延所得税资产及递延所得税负债在同时满足以下条件时以抵销后的净额列示：

（1）纳税主体拥有以净额结算当期所得税资产及当期所得税负债的法定权利；

（2）递延所得税资产及递延所得税负债是与同一税收征管部门对同一纳税主体征收的所得税相关或者是对不同的纳税主体相关，但在未来每一具有重要性的递延所得税资产及负债转回的期间内，涉及的纳税主体意图以净额结算当期所得税资产和负债或是同时取得资产、清偿负债。

6.2.21 租赁

6.2.21.1 自2021年1月1日起的会计政策

租赁，是指在一定期间内，出租人将资产的使用权让与承租人以获取对价的合同。在合同开始日，公司评估合同是否为租赁或者包含租赁。如果合同中一方让渡了在一定期间内控制一项或多项已识别资产使用的权利以换取对价，则该合同为租赁或者包含租赁。

合同中同时包含多项单独租赁的，公司将合同予以分拆，并分别各项单独租赁进行会计处理。合同中同时包含租赁和非租赁部分的，承租人和出租人将租赁和非租赁部分进行分拆。

对于由新冠肺炎疫情直接引发的、就现有租赁合同达成的租金减免、延期支付等租金减让，同时满足下列条件的，公司对所有租赁选择采用简化方法不评估是否发生租赁变更，也不重新评估租赁分类：

（1）减让后的租赁对价较减让前减少或基本不变，其中，租赁对价未折现或按减让前折现率折现均可；

（2）减让仅针对2022年6月30日前的应付租赁付款额，2022年6月30日后应付租赁付款额增加不影响满足该条件，2022年6月30日后应付租赁付款额减少不满足该条件；

（3）综合考虑定性和定量因素后认定租赁的其他条款和条件无重大变化。

6.2.21.2 本公司作为承租人

（1）使用权资产。

在租赁期开始日，公司对除短期租赁和低价值资产租赁以外的租赁确认使用权资产。使用权资产按照成本进行初始计量。该成本包括：①租赁负债的初始计量金额；②在租赁期开始日或之前支付的租赁付款额，存在租赁激励的，扣除已享受的租赁激励相关金额；③公司发生的初始直接费用；④公司为拆卸及移除租赁资产、复原租赁资产所在场地或将租赁资产恢复至租赁条款约定状态预计将发生的成本，但不包括属于为生产存货而发生的成本。

公司后续采用直线法对使用权资产计提折旧。对能够合理确定租赁期届满时取得租赁资产所有权的，公司在租赁资产剩余使用寿命内计提折旧；否则，租赁资产在租赁期与租赁资产剩余使用寿命两者孰短的期间内计提折旧。

公司按照本附注"三、（十八）长期资产减值"所述原则来确定使用权资产是否已发生减值，并对已识别的减值损失进行会计处理。

（2）租赁负债。

在租赁期开始日，公司对除短期租赁和低价值资产租赁以外的租赁确认租赁负债。租赁负债按照尚未支付的租赁付款额的现值进行初始计量。租赁付款额包括：①固定付款额（包括实质固定付款额），存在租赁激励的，扣除租赁激励相关金额；②取决于指数或比率的可变租赁付款额；③根据公司提供的担保余值预计应支付的款项；④购买选择权的行权价格，前提是公司合理确定将行使该选择权；⑤行使终止租赁选择权需支付的款项，前提是租赁期反映出公司将行使终止租赁选择权。

公司采用租赁内含利率作为折现率，但如果无法合理确定租赁内含利率，则采用公司的增量借款利率作为折现率。

公司按照固定的周期性利率计算租赁负债在租赁期

内各期间的利息费用，并计入当期损益或相关资产成本。

未纳入租赁负债计量的可变租赁付款额在实际发生时计入当期损益或相关资产成本。

在租赁期开始日后，发生下列情形的，本公司重新计量租赁负债，并调整相应的使用权资产，若使用权资产的账面价值已调减至零，但租赁负债仍需进一步调减的，将差额计入当期损益：①当购买选择权、续租选择权或终止选择权的评估结果发生变化，或前述选择权的实际行权情况与原评估结果不一致的，公司按变动后租赁付款额和修订后的折现率计算的现值重新计量租赁负债；②当实质固定付款额发生变动、担保余值预计的应付金额发生变动或用于确定租赁付款额的指数或比率发生变动，公司按照变动后的租赁付款额和原折现率计算的现值重新计量租赁负债。但是，租赁付款额的变动源自浮动利率变动的，使用修订后的折现率计算现值。

（3）短期租赁和低价值资产租赁。

公司选择对短期租赁和低价值资产租赁不确认使用权资产和租赁负债，并将相关的租赁付款额在租赁期内各个期间按照直线法计入当期损益或相关资产成本。短期租赁，是指在租赁期开始日，租赁期不超过12个月且不包含购买选择权的租赁。低价值资产租赁，是指单项租赁资产为全新资产时价值较低的租赁。公司转租或预期转租租赁资产的，原租赁不属于低价值资产租赁。

（4）租赁变更。

租赁发生变更且同时符合下列条件的，公司将该租赁变更作为一项单独租赁进行会计处理：①该租赁变更通过增加一项或多项租赁资产的使用权而扩大了租赁范围；②增加的对价与租赁范围扩大部分的单独价格按该合同情况调整后的金额相当。

租赁变更未作为一项单独租赁进行会计处理的，在租赁变更生效日，公司重新分摊变更后合同的对价，重新确定租赁期，并按照变更后租赁付款额和修订后的折现率计算的现值重新计量租赁负债。

租赁变更导致租赁范围缩小或租赁期缩短的，公司相应调减使用权资产的账面价值，并将部分终止或完全终止租赁的相关利得或损失计入当期损益。其他租赁变更导致租赁负债重新计量的，公司相应调整使用权资产的账面价值。

（5）新冠肺炎疫情相关的租金减让。

对于采用新冠肺炎疫情相关租金减让简化方法的，公司不评估是否发生租赁变更，继续按照与减让前一致的折现率计算租赁负债的利息费用并计入当期损益，继续按照与减让前一致的方法对使用权资产进行计提折旧。发生租金减免的，公司将减免的租金作为可变租赁付款额，在达成减让协议等解除原租金支付义务时，按未折现或减让前折现率折现金额冲减相关资产成本或费用，同时相应调整租赁负债；延期支付租金的，公司在实际支付时冲减前期确认的租赁负债。

对于短期租赁和低价值资产租赁，公司继续按照与减让前一致的方法将原合同租金计入相关资产成本或费用。发生租金减免的，公司将减免的租金作为可变租赁付款额，在减免期间冲减相关资产成本或费用；延期支付租金的，公司在原支付期间将应支付的租金确认为应付款项，在实际支付时冲减前期确认的应付款项。

6.2.21.3 2021年1月1日前的会计政策

租赁分为融资租赁和经营租赁。融资租赁是指实质上转移了与资产所有权有关的全部风险和报酬的租赁。经营租赁是指除融资租赁以外的其他租赁。

对于由新冠肺炎疫情直接引发的、就现有租赁合同达成的租金减免、延期支付等租金减让，同时满足下列条件的，公司对所有租赁选择采用简化方法不评估是否发生租赁变更，也不重新评估租赁分类：①减让后的租赁对价较减让前减少或基本不变，其中，租赁对价未折现或按减让前折现率折现均可；②减让仅针对2021年6月30日前的应付租赁付款额，2021年6月30日后应付租赁付款额增加不影响满足该条件，2021年6月30日后应付租赁付款额减少不满足该条件；③综合考虑定性和定量因素后认定租赁的其他条款和条件无重大变化。

6.2.21.4 经营租赁会计处理

（1）公司租入资产所支付的租赁费，在不扣除免租期的整个租赁期内，按直线法进行分摊，计入当期费用。公司支付的与租赁交易相关的初始直接费用，计入当期费用。

资产出租方承担了应由公司承担的与租赁相关的费用时，公司将该部分费用从租金总额中扣除，按扣除后的租金费用在租赁期内分摊，计入当期费用。

对于采用新冠肺炎疫情相关租金减让简化方法的经营租赁，公司继续按照与减让前一致的方法将原合同租金计入相关资产成本或费用。发生租金减免的，公司将减免的租金作为或有租金，在减免期间计入损益；延期支付租金的，公司在原支付期间将应支付的租金确认为应付款项，在实际支付时冲减前期确认的应付款项。

（2）公司出租资产所收取的租赁费，在不扣除免租期的整个租赁期内，按直线法进行分摊，确认为租赁相关收入。公司支付的与租赁交易相关的初始直接费用，计入当期费用；如金额较大的，则予以资本化，在整个租赁期间内按照与租赁相关收入确认相同的基础分期计入当期收益。

公司承担了应由承租方承担的与租赁相关的费用时，公司将该部分费用从租金收入总额中扣除，按扣除后的租金费用在租赁期内分配。

对于采用新冠肺炎疫情相关租金减让简化方法的经营租赁，公司继续按照与减让前一致的方法将原合同租金确认为租赁收入；发生租金减免的，公司将减免的租金作为或有租金，在减免期间冲减租赁收入；延期收取租金的，公司在原收取期间将应收取的租金确认为应收款项，并在实际收到时冲减前期确认的应收款项。

6.2.22 信托赔偿准备金

根据中国银行业监督管理委员会颁布的《信托公司管理办法》有关规定，公司按当年税后净利润的10%计提信托赔偿准备金。

6.2.23 抵债资产

以抵债资产抵偿贷款和垫款及应收利息时，该抵债资产以放弃债权的公允价值入账，取得抵债资产应支付的相关费用计入抵债资产账面价值。当有迹象表明抵债资产的可变现净值低于账面价值时，公司将账面价值调减至可变现净值。

6.2.24 一般风险准备

财政部《金融企业准备金计提管理办法》（财金〔2012〕20号），为了防范经营风险，增强金融企业抵御风险能力，金融企业应提取一般风险准备做为利润分配处理，并作为股东权益的组成部分。一般风险准备的计提比例由金融企业综合考虑所面临的风险状况等因素确定，原则上一般风险准备余额不低于风险资产期末余额的1.5%。

6.2.25 信托业保障基金

根据中国银行业监督管理委员会、财政部于2014年12月10日颁布的银监发〔2014〕50号《信托业保障基金管理办法》及中国银监会办公厅于2015年2月26日颁发的银监办发〔2015〕32号《中国银监会办公厅关于做好信托业保障基金筹集和管理等有关具体事项的通知》的相关规定，信托业保障基金认购执行下列统一标准：（1）2015年4月1日前信托公司按上年度未经审计的母公司净资产余额的1%认购保障基金，以后年度以上年度末未经审计的母公司净资产余额为基数动态调整；（2）2015年4月1日起新发行的资金信托按新发行金额的1%计算并认购保障基金；（3）2015年4月1日起新设立的财产信托按信托公司收取报酬的5%计算并认购保障基金。

6.2.26 重要会计政策和会计估计的变更

6.2.26.1 重要会计政策变更

6.2.26.1.1 执行《企业会计准则第21号——租赁》（2018年修订）

财政部于2018年度修订了《企业会计准则第21号——租赁》（简称新租赁准则）。公司自2021年1月1日起执行新租赁准则。根据修订后的准则，对于首次执行日前已存在的合同，公司选择在首次执行日不重新评估其是否为租赁或者包含租赁。

（1）公司作为承租人。

公司选择根据首次执行新租赁准则的累积影响数，调整首次执行新租赁准则当年年初留存收益及财务报表其他相关项目金额，不调整可比期间信息。

对于首次执行日前已存在的经营租赁，公司在首次执行日根据剩余租赁付款额按首次执行日公司的增量借款利率折现的现值计量租赁负债，并根据每项租赁选择以下两种方法之一计量使用权资产：一是假设自租赁期开始日即采用新租赁准则的账面价值，采用首次执行日的本公司的增量借款利率作为折现率。二是与租赁负债相等的金额，并根据预付租金进行必要调整。

根据每项租赁企业可选择按照上述两者之一计量使用权资产。对于首次执行日前的经营租赁，公司在应用上述方法的同时根据每项租赁选择采用下列一项或多项简化处理：①将于首次执行日后12个月内完成的租赁作为短期租赁处理；②计量租赁负债时，具有相似特征的租赁采用同一折现率；③使用权资产的计量不包含初始直接费用；④存在续租选择权或终止租赁选择权的，根据首次执行日前选择权的实际行使及其他最新情况确定租赁期；⑤作为使用权资产减值测试的替代，评估包含租赁的合同在首次执行日前是否为亏损合同，并根据首次执行日前计入资产负债表的亏损准备金额调整使用权资产；⑥首次执行日之前发生的租赁变更，不进行追溯调整，根据租赁变更的最终安排，按照新租赁准则进行会计处理。

（2）在计量租赁负债时，公司使用集团2020年末增量借款利率（加权平均值：4%）来对租赁付款额进行折现。

单位：万元

2020年12月31日财务报表中披露的重大经营租赁的尚未支付的最低租赁付款额	157 591 744.67
按2021年1月1日本公司增量借款利率折现的现值	142 262 497.20
2021年1月1日新租赁准则下的租赁负债	180 385 308.77
上述折现的现值与租赁负债之间的差额	-38 122 811.57

对于首次执行日前已存在的融资租赁，本公司在首次执行日按照融资租入资产和应付融资租赁款的原账面价值，分别计量使用权资产和租赁负债。

6.2.26.1.2 执行《企业会计准则解释第14号》

财政部于2021年2月2日发布了《企业会计准则解释第14号》（财会〔2021〕1号，以下简称解释第14号），自公布之日起施行。2021年1月1日至施行日新增的有关业务，根据解释第14号进行调整。

（1）政府和社会资本合作（PPP）项目合同。

解释第14号适用于同时符合该解释所述"双特征"和"双控制"的PPP项目合同，对于2020年12月31日前开始实施且至施行日尚未完成的有关PPP项目合同应进行追溯调整，追溯调整不切实可行的，从可追溯调整的最早期间期初开始应用，累计影响数调整施行日当年年初留存收益以及财务报表其他相关项目，对可比期间信息不予调整。执行该规定未对公司财务状况和经营成果产生重大影响。

（2）基准利率改革。

解释第14号对基准利率改革导致金融工具合同和租赁合同相关现金流量的确定基础发生变更的情形作出了简化会计处理规定。

根据该解释的规定，2020年12月31日前发生的基准利率改革相关业务，应当进行追溯调整，追溯调整不切实可行的除外，无须调整前期比较财务报表数据。在该解释施行日，金融资产、金融负债等原账面价值与新账面价值之间的差额，计入该解释施行日所在年度报告期间的期初留存收益或其他综合收益。执行该规定未对公司财务状况和经营成果产生重大影响。

6.2.26.1.3 执行《关于调整〈新冠肺炎疫情相关租金减让会计处理规定〉适用范围的通知》

财政部于2020年6月19日发布了《新冠肺炎疫情相关租金减让会计处理规定》（财会〔2020〕10号），对于满足条件的由新冠肺炎疫情直接引发的租金减免、延期支付租金等租金减让，企业可以选择采用简化方法进行会计处理。

财政部于2021年5月26日发布了《关于调整〈新冠肺炎疫情相关租金减让会计处理规定〉适用范围的通知》（财会〔2021〕9号），自2021年5月26日起施行，将《新冠肺炎疫情相关租金减让会计处理规定》允许采用简化方法的新冠肺炎疫情相关租金减让的适用范围由"减让仅针对2021年6月30日前的应付租赁付款额"调整为"减让仅针对2022年6月30日前的应付租赁付款额"，其他适用条件不变。

公司对适用范围调整前符合条件的租赁合同已全部选择采用简化方法进行会计处理，对适用范围调整后符合条件的类似租赁合同也全部采用简化方法进行会计处理，并对通知发布前已采用租赁变更进行会计处理的相关租赁合同进行追溯调整，但不调整前期比较财务报表数据；对2021年1月1日至该通知施行日之间发生的未按照通知规定进行会计处理的相关租金减让，根据该通知进行调整。

6.2.26.2 重要会计估计变更

2021年10月26日，爱建集团召开第八届董事会第十七次会议及第八届监事会第十一次会议，审议通过了爱建集团关于公司会计估计变更的议案。爱建集团独立董事对该议案发表了表示同意的独立意见。本公司根据集团公司的议案对相关会计估计进行了变更。变更适用时点与集团公司趋同，变更内容如下：

随着公司各项业务的开展，现有应收款项的预期信用损失模型已无法客观、合理地反映公司的实际情况。为了更客观、公允地反映公司的财务状况和经营成果，公司将账龄0—6月与7—12月的预期损失率进行了变动，其中：0—6月账龄组合预期损失率由6%变更为1%，7—12月账龄组合预期损失率由25%变更为2%。

基于公司2021年12月31日的其他应收款余额为基础进行测算，本次会计估计变更事项预计将使得公司2021年度预期信用损失减少约62.41万元，预计增加公司2021年度税前利润总额约62.41万元。

6.2.26.3 首次执行新租赁准则调整首次执行当年年初财务报表相关项目情况

资产负债表

单位：万元

项目	上年年末余额	年初余额	调整数		
			重分类	重新计算	合计
预付款项	969.67	555.62	—	-414.05	-414.05
使用权资产	—	18 595.90	18 595.90		18 595.90
租赁负债——原值	—	19 836.41	19 836.41		19 836.41
租赁负债——未确认融资费用	—	-1 797.88	-1 797.88		-1 797.88
预计负债	—	143.32	143.32		143.32

6.3 或有事项说明

无。

6.4 重要资产转让及出售说明

公司无上述情况。

6.5 会计报表中重要项目的明细资料

6.5.1 自营资产经营情况

6.5.1.1 信用风险资产情况

表内信用风险资产五级分类	正常类（万元）	关注类（万元）	次级类（万元）	可疑类（万元）	损失类（万元）	表内信用风险资产合计（万元）	不良合计（万元）	不良率（%）
上年年末数	738 318.09	310 985.22	—	2 606.60	—	1 051 909.91	2 606.60	0.25
期末数	684 625.95	310 960.57	49 311.93	2 500.00	—	1 047 403.45	51 816.93	4.95

注：不良资产合计=次级类+可疑类+损失类。

6.5.1.2 各项资产减值损失准备情况

单位：万元

项目	上年年末数	本期计提	本期转回	本期核销	期末数
贷款损失准备	7 348.74	22 867.14	2 983.52	—	27 232.36
一般准备					
专项准备	7 348.74	22 867.14	2 983.52	—	27 232.36
其他资产减值准备	1 539.40	712.93	231.12		2 021.21
债权投资减值准备	—	150.00			150.00
应收利息减值准备	—	70.18			70.18
其他债权投资减值准备	1 250.00				1 250.00
长期股权投资减值准备	—				
回购资产减值准备		321.37			321.37
坏账准备	248.61	171.38	231.12		188.87
抵债资产减值准备	40.79				40.79

注：上表以监管口径填写。

6.5.1.3 固有业务股票投资、基金投资、债券投资、股权投资等投资业务情况

单位：万元

项目	自营股票	基金	债券	股权投资	其他投资	合计
上年年末数	15 836.46	23 516.39	20 096.73	3 968.54	388 302.39	451 720.51
期末数	16 829.18	17 743.42	44 954.84	3 905.99	294 227.56	377 660.99

6.5.1.4 前两名的自营长期股权投资情况

企业名称	占被投资企业权益的比例（%）	主要经营活动	投资损益（万元）
1.柏瑞爱建资产管理（上海）有限公司	35.67	资产经营管理	-62.55
2.天安保险股份有限公司	0.12	保险	—

注：投资损益是指按照企业会计准则规定，核算股权投资确认损益并计入披露年度利润表的金额。

6.5.1.5 前五名的自营贷款情况

企业名称	占贷款总额的比例（%）	还款情况
1.辽宁力德矿业有限公司	17.26	贷款尚未到期
2.常熟万城建设有限公司	15.71	贷款尚未到期
3.辽宁同飞矿业有限公司	14.73	贷款尚未到期
4.鑫洋融资租赁有限公司	11.16	贷款尚未到期
5.君信融资租赁（上海）有限公司	10.73	贷款尚未到期

6.5.1.6 表外业务情况

单位：万元

表外业务	期初数	期末数
担保业务	—	—
代理业务（委托业务）	57 225.97	57 223.97
其他	65 712.11	65 712.11
合计	122 938.08	122 936.08

注：其他主要反映信托代保管项目。

6.5.1.7 公司当年的收入结构

收入结构	金额（万元）	占比（%）
手续费及佣金收入	194 749.07	84.14
其中：信托业务收入	194 709.08	84.12
投资银行业务及咨询顾问中间业务收入	39.99	0.02
利息收入	37 995.73	16.42
其他业务收入	—	
其中：计入信托业务收入部分		
投资收益	2 418.66	1.04
其中：股权投资收益	-62.55	-0.03
证券投资收益	10 972.26	4.74
其他投资收益	-8 491.05	-3.67
公允价值变动收益	-3 904.43	-1.69
其他收益	214.31	0.09
汇兑收益	-1.06	
资产处置收益	-19.55	
营业外收入		
收入合计	231 452.73	100.00

注：手续费及佣金收入、利息收入、其他业务收入、投资收益、营业外收入均应为损益表中的科目，其中手续费及佣金收入、利息收入、营业外收入为未抵减掉相应支出的全年累计实现收入数。

6.5.2 信托财产管理情况

6.5.2.1 信托资产情况

单位：万元

信托资产	期初数	期末数
集合	8 471 493.91	7 845 657.99
单一	3 608 069.87	2 240 169.96
财产权	844 509.62	615 113.19
合计	12 924 073.40	10 700 941.14

6.5.2.1.1 非事务管理型信托业务的信托资产情况

单位：万元

非事务管理型信托资产	期初数	期末数
证券投资类	527 816.99	678 468.26
股权投资类	1 819 416.36	89 697.40
融资类	5 062 100.25	5 980 570.49
其他类	472 805.05	449 019.41
合计	7 882 138.65	7 197 755.56

6.5.2.1.2 事务管理型信托业务的信托资产情况

单位：万元

事务管理型信托资产	期初数	期末数
证券投资类	148 388.60	24 031.22
股权投资类	530 077.56	276 836.58
融资类	3 252 347.56	2 519 020.86
其他类	1 111 121.03	683 296.92
合计	5 041 934.75	3 503 185.58

6.5.2.2 本年度已清算的信托项目情况

6.5.2.2.1 本年度已清算的信托项目情况

已清算结束信托项目	项目个数（个）	实收信托合计金额（万元）	加权平均实际年化收益率（%）
集合类	285	5 640 290.93	7.97
单一类	75	2 166 642.25	5.49
财产管理类	5	1 751 018.40	7.58

6.5.2.2.2 本年度已清算结束的非事务管理型信托项目情况

已清算结束信托项目	项目个数（个）	实收信托合计金额（万元）	加权平均实际年化信托报酬率（%）	加权平均实际年化收益率（%）
证券投资类	5	57 015.00	0.99	-0.68
股权投资类	26	1 201 565.14	3.37	7.68
融资类	243	4 357 611.79	3.28	8.11
其他类	6	33 680.00	3.93	11.07

6.5.2.2.3 本年度已清算结束的事务管理型信托项目情况

已清算结束信托项目	项目个数（个）	实收信托合计金额（万元）	加权平均实际年化信托报酬率（%）	加权平均实际年化收益率（%）
证券投资类	8	276 200.00	0.20	13.01
股权投资类	14	355 687.26	0.22	3.03
融资类	42	1 122 479.00	0.18	6.99
其他类	21	2 153 713.39	0.10	5.88

6.5.2.3 本年度新增的信托项目情况

新增信托项目	项目个数（个）	实收信托合计金额（万元）
集合类	321	7 007 352.85
单一类	37	793 335.87
财产管理类	73	104 491.96
新增合计	431	7 905 180.68
其中：非事务管理型	321	7 007 352.85
事务管理型	110	897 827.83

6.5.2.4 信托业务创新成果和特色业务有关情况

2021年，公司按照三年战略规划的整体部署，深入持续推进业务转型创新，建立完善创新业务机制，在一些重要的创新方向（如标品业务、家族财富管理等）上取得了明显进展。

在标品业务方面，产品发行和自营证券投资上均呈现良好发展态势。产品线布局持续丰富，形成了私募精品店TOF系列、可转债、FOF等特色产品，投研团队不断充实，覆盖策略范围及能力明显提升；标品业务管理体系持续完善，搭建标品业务审批流程，借助外部咨询等综合服务，完善标品业务的战略目标、管理流程等；财富端持续加强标品业务培训和投资者教育，财富客户对标品的认可度和配置力度持续提高。

在家族财富管理业务方面取得积极进展。公司完成家族财富管理的顶层设计方案并发布相关业务细则；在业务拓展上，积极探索业务模式，对资金类家族信托、股权类家族信托、保险金家族信托、不动产家族信托的展业模式进行了深入研讨，并落地了首单股权家族信托和管家型家族信托；在家族品牌层面，确立"承玺"家办品牌，完成家办品牌的设计和宣传手册的制作。

6.5.2.5 公司履行受托人义务情况及因本公司自身责任而导致的信托资产损失情况

无。

6.5.2.6 信托赔偿准备金的提取、使用和管理情况

根据中国银行保险监督管理委员会颁布的《信托公司管理办法》有关规定，公司按当年税后净利润的10%计提信托赔偿准备金。本年度公司提取信托赔偿准备金9 753.35万元。

截至报告期末本公司未发生对信托产品赔偿的事项。

6.6 关联方关系及其交易

6.6.1 关联交易

项目	关联交易方数量	关联交易金额（万元）	定价政策
合计	14	48 413.09	按市场公允价值确定

6.6.2 关联方关系

关系性质	关联方名称	法定代表人	注册地址	注册资本（万元）	主营业务
母公司	上海爱建集团股份有限公司	王均金	上海浦东新区泰谷路168号	162 192.2452	实业投资，投资管理，外经贸部批准的进出口业务（按批文），商务咨询
重大影响	柏瑞爱建资产管理（上海）有限公司	房伟力	中国（上海）自由贸易试验区业盛路188号	15 000	资产经营管理

6.6.3 本公司与关联方的重大交易事项

6.6.3.1 固有与关联方之间交易情况

固有与关联方关联交易

单位：万元

项目	期初数	借方发生额	贷方发生额	期末数
贷款	—	—	—	—
投资	—	—	—	—
租赁及物业管理	—	3 262.92	3 262.92	—
担保	—	—	—	—
应收账款	—	—	—	—
其他	—	1 276.61	1 276.61	—
合计	—	4 539.53	4 539.53	—

6.6.3.2 信托与关联方交易情况

信托与关联方关联交易

单位：万元

项目	期初数	借方发生额	贷方发生额	期末数
贷款				
投资				
租赁				
担保				
应收账款				
其他（提供服务）	—	5 306.37	5 306.37	—
其他（认购/受让/转让）	95 147.78	38 567.19	38 020.07	95 694.90
合计	95 147.78	43 873.56	43 326.44	95 694.90

6.6.3.3 信托公司自有资金运用于自己管理的信托项目（固信交易）、信托公司管理的信托项目之间的相互（信信交易）交易情况

6.6.3.3.1 固有与信托财产之间的交易情况

固有财产与信托财产相互交易

单位：万元

项目	期初数	本期发生净额	期末数
合计	280 197.20	-101 999.30	178 197.90

6.6.3.3.2 信托项目之间的交易情况

信托资产与信托财产相互交易

单位：万元

项目	期初数	本期发生净额	期末数
合计	432 123.34	-400 475.19	31 648.15

6.6.4 关联方逾期未偿还公司资金的详细情况以及公司为关联方担保发生或即将发生垫款的详细情况

无。

6.7 会计制度的披露

（1）公司固有业务自2007年起执行财政部2006年颁布的《企业会计准则》进行会计核算；并根据《企业会计准则第30号——财务报表列表》有关规定及应用指南中商业银行会计报表格式进行编制。

公司已执行财政部于2014年颁布的下列新的及修订的企业会计准则：《企业会计准则——基本准则》（修订）、《企业会计准则第2号——长期股权投资》（修订）、《企业会计准则第9号——职工薪酬》（修订）、《企业会计准则第14号——收入》（修订）、《企业会计准则第16号——政府补助》《企业会计准则第30号——财务报表列报》（修订）、《企业会计准则第33号——合并财务报表》（修订）、《企业会计准则第37号——金融工具列报》（修订）、《企业会计准则第39号——公允价值计量》《企业会计准则第40号——合营安排》《企业会计准则第41号——在其他主体中权益的披露》《企业会计准则第22号——金融工具确认和计量》（修订）、《企业会计准则第23号——金融资产转移》（修订）、《企业会计准则第24号——套期会计》（修订）、《企业会计准则第37号——金融工具列报》（修订）、《企业会计准则第21号——租赁》（修订）。

（2）公司信托业务自2010年起执行财政部2006年颁布的《企业会计准则》进行会计核算，并参照《企业会计准则第30号——财务报表列表》有关规定及应用指南中商业银行会计报表格式进行编制。

7. 财务情况说明书

7.1 利润实现和分配情况

2021年度，公司实现净利润97 533.41万元，计提盈余公积9 753.34万元、信托赔偿准备金9 753.34万元及一般风险准备金-67.60万元后，未分配利润194 826.58万元。

7.2 主要财务指标

指标名称	指标值
资本利润率（%）	11.76
加权年化信托报酬率（%）	2.00
人均净利润（万元）	180.95

注：1. 资本利润率=净利润/所有者权益平均余额×100%。

2. 加权年化信托报酬率=（已清算信托项目1的实际年化信托报酬率×已清算信托项目1的实收信托+已清算信托项目2的实际年化信托报酬率×已清算信托项目2的实收信托+…+已清算信托项目n的实际年化信托报酬率×已清算信托项目n的实收信托）/（已清算信托项目1的实收信托+已清算信托项目2的实收信托+…+已清算信托项目n的实收信托）×100%。

3. 人均净利润=净利润/年平均人数。

4. 平均值采取年初、年末余额简单平均法，公式为：a（平均）=（年初数+年末数）/2。

7.3 对公司财务状况、经营成果有重大影响的其他事项

无。

8. 特别事项揭示

8.1 前五名股东报告期内变动情况及原因

无。

8.2 董事、监事及高级管理人员变动情况及原因

2021年7月8日，上海银保监局核准王成兵上海爱建信托有限责任公司财务总监的任职资格。

2021年8月6日，上海银保监局核准朱建高上海爱建信托有限责任公司董事会秘书、副总经理的任职资格。

8.3 公司的重大未决诉讼事项

2020年5月27日公司与中昌海运控股有限公司（以下简称"中昌海运"，所涉案件为"案件一"，涉及金额为人民币1.37亿元信托贷款本金及相应利息）、上海隆维畅经贸有限公司（以下简称"隆维畅"，所涉案件为"案件二"，涉及金额为人民币1.5亿元信托贷款本金及相应利息）因信托贷款合同产生债务纠纷，公司作为债权人和申请执行人，于前期向上海金融法院提起申请，要求两名债务人分别履行相应归还信托贷款本金及利息的义务，其余八名被告/被执行人分别履行对应的担保义务。公司于2020年5月27日收到上海金融法院出具的相关受理文件，上海金融法院决定对上述两案件分别进行立案起诉和立案执行。公司将持续关注案件进展情况，及时履行相应信息披露义务（以上事项详见2020年5月28日爱建集团临2020—034号公告）。

此后，案件一已由上海金融法院出具一审判决书，判决相关被告在限期内归还公司相关贷款本金和利息，如不履行相关付款义务，则相关保证人需承担连带清偿责任。案件二经公司与法院沟通，得知目前部分质押股票的处置权已经移到上海金融法院。公司已向上海金融法院提出申请，请求法院以司法拍卖或大宗交易方式处置已取得处置权的股票（以上事项详见2020年9月3日爱建集团临2020—055号公告）。

截至2021年6月30日，案件一和案件二均取得相关进展，其中案件一公司已收到法院划转的执行款987万元，其他抵押物等正在执行中；案件二公司共计收到法院划转的股票执行款4 386余万元，收到法院裁定抵偿债务的股票1 770万股，已非交易过户，公司将继续追偿本案中其他保证人的连带保证责任。

2021年12月27日，案件一有新的执行进展情况，公司以司法拍卖形式受让1 050万股ST中昌股票，已非交易过户至公司名下。截至目前，公司以抵债方式、司法拍卖方式共受让2 820万股ST中昌股票，占ST中昌（600242）总股本的6.18%。根据《上市公司收购管理办法》《公开发行证券的公司信息披露内容与格式准则第15号——权益变动报告书》等，公司作为信息披露义务人，编写《中昌大数据股份有限公司简式权益变动报告书》，提供给上市公司ST中昌并对外披露（以上事项详见2021年12月28日爱建集团临2021—066号公告）。

8.4 对会计师事务所出具的有保留意见、否定意见或无法表示意见的审计报告的说明

无。

8.5 公司及其董事、监事和高级管理人员受到处罚的情况

无。

8.6 监管意见及整改情况

根据上海银保监局下发《上海银保监局关于上海爱建信托有限责任公司2020年度的监管意见》（沪银保监发〔2021〕29号）。收到监管意见后，公司领导高度重视、组织研究，逐条对照监管意见及关注重点进行梳理，制定相应的落实方案和计划。公司整改计划落实情况如下：公司持续加强党建引领，通过开展各类反腐倡廉系列活动，推进清廉金融文化建设，同时重点拓展标品业务、财富管理业务，积极推进业务创新转型及"内控合规管理建设年"工作，已开展制度重检、梳理公司治理体系、细化案防操作标准、重点领域检查等，坚定转型步伐、坚持受托人定位；针对现场检查发现问题逐一跟踪整改方案并于在年内完成各问题项目的结清和整改，同步已落实两项业务压降等监管要求；为严控影子银行业务，防范自然人业务风险，公司已积极拓展机构客户，加大标品业务、家族信托等领域发展投入，稳步推进合格投资者认证工作，并进一步强化房地产投资业务个性化风险揭示、全过程推介销售管理等，加强投资者教育；固有资产配置方面，公司不断加大证券投资及存放同业等投入力度，提高流动性资产配置，且成立流动性风险管理工作小组，制定《流动性管理办法》，完善流动性指标监测、资产流动性分析和预警机制，逐步精细化管理举措，并已初步制定流动性风险应急计划，落实确保充分流动性；公司已落实坚持房地产信托规模管控，加强

精细化管理能力，包括在审批、期间管理过程中严控业务合规性，适时调整风险政策且推进期间管理系统建设，逐步实现自动预警、线上审核和系统数据统计，强化数据治理效能，将各项监管要求及意见落到实处。

8.7 本年度重大事项临时报告

无。

8.8 银保监会及其省级派出机构认定的其他有必要让客户及相关利益人了解的重要信息

无。

9.公司监事会意见

报告期内，监事会依法独立履行职责，监事列席股东会会议和董事会会议、查阅相关资料，监督检查公司重大决策、重大经营活动情况及财务状况等，认为公司能够依法运作；公司2021年度报告的编制和审议程序符合法律、法规和公司章程的相关规定；公司2021年度财务报告经立信会计师事务所审计，出具了标准无保留意见审计报告，该报告能真实反映公司的财务状况和经营成果。

上海国际信托有限公司

1. 重要提示及目录

1.1 公司董事会及董事保证本报告所载资料不存在任何虚假记载、误导性陈述或者重大遗漏,并对其内容的真实性、准确性和完整性承担个别及连带责任。年报中所列数据,除标示合并口径之外均为母公司口径。

1.2 公司8名董事出席董事会会议。3名监事列席了本次会议。

1.3 公司独立董事陈学彬、李宪明、谢荣声明:保证年度报告内容的真实、准确、完整。

1.4 毕马威华振会计师事务所(特殊普通合伙)根据中国注册会计师审计准则对公司年度财务报告进行审计,出具了标准无保留意见的审计报告。

1.5 公司董事长潘卫东、总经理陈兵、分管财务副总经理严军、会计部门负责人马晓云声明:保证年度报告中财务报告的真实、完整。

2. 公司概况

2.1 公司简介

2.1.1 公司历史沿革

上海国际信托有限公司(以下简称公司)成立于1981年,注册资本金50亿元。公司长期致力于产品创新,获得资产证券化、代客境外理财(QDII)业务受托人、股指期货交易业务资格、非金融企业债务融资工具承销商资格。公司曾被国务院指定为全国对外融资十大窗口之一;获地方金融机构最高信用评级(穆迪Baa2、标普BBB-);被指定为非银行金融机构首家合规试点单位;发起设立中国第一家信托登记机构——上海信托登记中心,并被推选为理事长单位;连续担任中国信托业协会副会长单位。近年来,公司先后荣获权威媒体评选的多项行业大奖;公司资产配置、QDII、新一代信息系统、ABS等项目先后获得上海市政府金融创新奖。此外,公司还荣膺上海黄浦区高端服务业十强企业,获得行业内外的广泛好评。

2021年,公司严守监管红线,坚持稳中求进,努力围绕信托投行、证券投资信托、家族和家庭信托、资产证券化、普惠金融和慈善信托、私募股权信托"5+1"业务转型方向,打造从规模优先到质量优先的全新增长模式,并以庆祝建党100周年、开展党史学习教育为历史性契机,不断提高政治站位,认真贯彻落实监管要求,统筹推进疫情防控和转型发展,高质高效完成了各项重点工作任务。

2.1.2 基本信息

2.1.2.1 公司法定中文名称:上海国际信托有限公司
中文名称缩写:上海信托
公司法定英文名称:SHANGHAI INTERNATIONAL TRUST CORP., LTD.
英文缩写:SHANGHAI TRUST

2.1.2.2 法定代表人:潘卫东

2.1.2.3 注册地址:中国上海市九江路111号
邮政编码:200002
公司国际互联网网址:www.shanghaitrust.com
电子信箱:info@shanghaitrust.com

2.1.2.4 公司信息披露联系人:杨胜利
联系电话:021-23131111转
传真:021-63235348
电子信箱:info@shanghaitrust.com

2.1.2.5 公司选定的信息披露报纸:《上海证券报》《中国证券报》
公司年度报告备置地点:上海市九江路111号上投大厦3楼

2.1.2.6 公司聘请的会计师事务所:毕马威华振会计师事务所(特殊普通合伙)
住所:北京市东长安街1号东方广场东2座8层
联系电话:010-85085000

2.1.2.7 公司聘请的律师事务所:锦天城律师事务所
住所:上海市浦东新区银城中路501号上海中心大厦12层
联系电话:021-20511000

2.2 组织结构

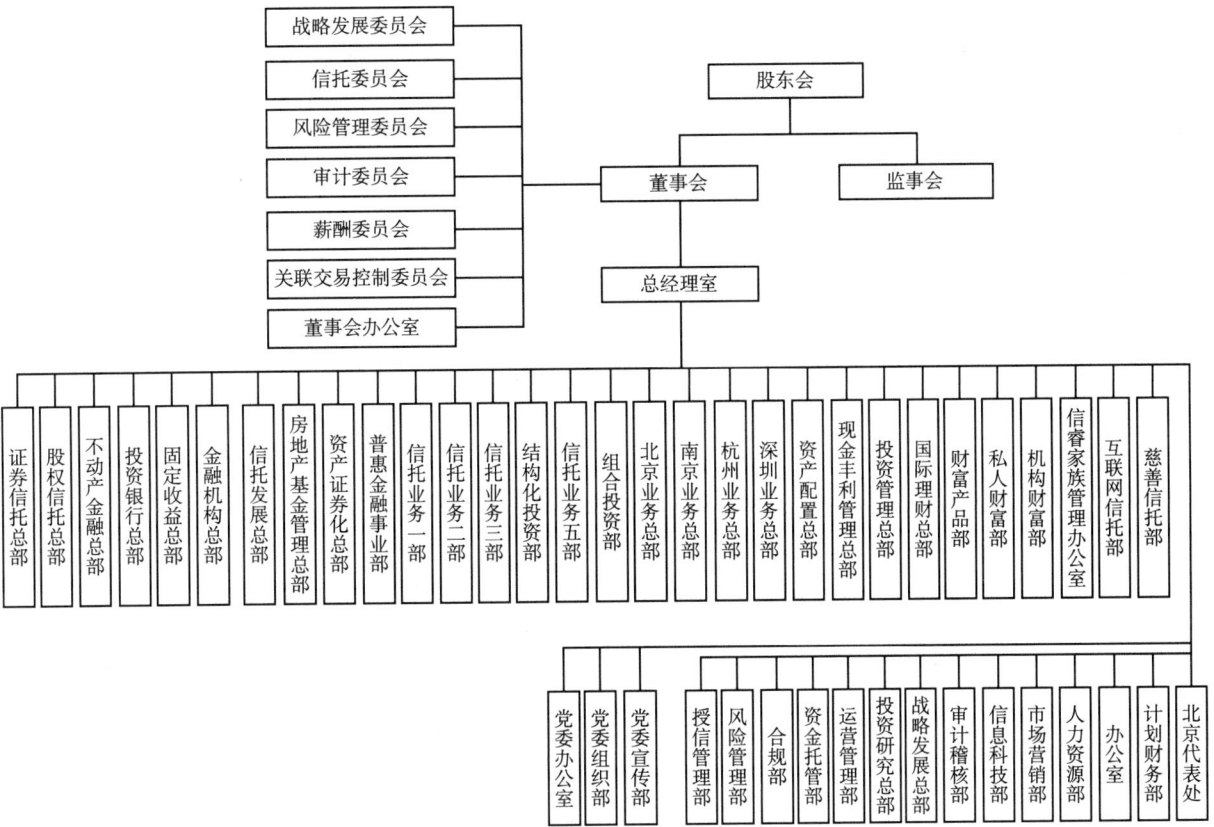

3. 公司治理

3.1 股东

公司前3位股东的主要情况如下表所示。

股东名称	出资比例(%)	法人代表	注册资本(百万元)	注册地址	主要经营业务	主要财务情况(百万元)	
上海浦东发展银行股份有限公司★	97.3333	郑杨	29 352.168006	上海市中山东一路12号	吸收公众存款、发放短期、中期和长期贷款、办理结算、办理票据贴现、发行金融债券、代理发行、代理兑付、承销政府债券、买卖政府债券、同业拆借、提供信用证服务及担保等	资产总额	8 136 757
						负债总额	7 458 539
						利润总额	59 071
						净利润	53 766
						股东权益合计	678 218
上海汽车集团股权投资有限公司	2.0000	卫勇	4 538.17	上海市静安区威海路489号上汽大厦803室	股权投资,创业投资,资产管理(依法须经批准的项目,经相关部门批准后方可开展经营活动)	资产总额	5 313.80
						负债总额	358.02
						利润总额	1 025.77
						净利润	715.04
						所有者权益	4 955.78
上海新黄浦实业集团股份有限公司	0.6667	赵峥嵘	673.396786	上海市北京东路668号东楼32层	房地产经营,旧危房改造,室内外建筑装潢,物业管理,房产咨询等	资产总额	21 441.17
						负债总额	16 917.85
						利润总额	184.63
						净利润	145.29
						所有者权益	4 523.32

注:股东名称一栏中★为公司最终实际控制人。

3.2 董事

董事长、副董事长、董事

姓名	职务	性别	年龄（岁）	选任日期	所推举的股东名称	该股东持股比例（%）	简要履历
潘卫东	董事长	男	55	2016年4月	上海浦东发展银行股份有限公司	97.3333	经济学硕士，中共党员，高级经济师。在中国人民银行杭州市分行计划资金处参加工作，曾任上海浦东发展银行宁波分行副行长，昆明分行行长、党组书记，上海市金融服务办公室机构处处长（挂职）、上海国际集团有限公司总经理助理、副总裁，上海浦东发展银行党委委员、副行长，上海国际信托有限公司党委书记、董事长。现任上海浦东发展银行党委副书记、副董事长、行长，上海国际信托有限公司董事长、法人代表
陈兵	董事	男	53	2016年4月	上海浦东发展银行股份有限公司	97.3333	管理学博士，中共党员，高级经济师，金融工程师。曾任上海浦东发展银行总行综合计划部副科长，大连分行资金财务部总经理（兼任会计部总经理），总行资金财务部总经理助理，总行个人银行管理会计部总经理，总行个人银行财富管理部总经理，上海国际信托有限公司党委委员、副总经理、董事会秘书，公司党委副书记、副董事长、总经理。现任上海国际信托有限公司党委书记、董事、总经理，兼任上投摩根基金管理有限公司董事长
陈海宁	董事	男	50	2016年4月	上海浦东发展银行股份有限公司	97.3333	工学硕士，中共党员，经济师。曾任中国工商银行陕西省分行工商信贷处科长、信贷处副处长，工商东亚金融控股公司上海代表处代表，上海浦东发展银行总行公司金融部总经理助理、公司及投资银行部贸易融资部总经理，武汉分行党委委员、副行长、党委书记、行长，上海浦东发展银行资产负债管理部、战略发展部经理。现任上海浦东发展银行信息科技部总经理，上海国际信托有限公司、上投摩根基金管理有限公司董事
林仪桥	董事	男	48	2019年8月	上海浦东发展银行股份有限公司	97.3333	工商管理硕士，中共党员，会计师，经济师。曾就职于上海浦东发展银行存汇部、会计部、清算中心、产品开发部、资材部财务部。曾任上海浦东发展银行风险管理总部副科长、见习总经理，资金总部总经理助理，金融市场部总经理助理，总行金融机构部总经理助理、副总经理。现任上海浦东发展银行总行公司业务板块合规官，上海国际信托有限公司、上投摩根基金管理有限公司董事
冯金安	董事	男	54	2019年3月	上海汽车集团股权投资有限公司	2	工商管理硕士，民建会员，研究员级高级工程师。曾就职于中航工业总公司第六一五研究所、杨浦城投集团、杨浦科技创新集团、上海汽车资产经营有限公司，曾任上海汽车集团股权投资有限公司副总经理、上海汽车资产经营有限公司担任总经理。现任上海汽车集团股权投资有限公司总经理，上海国际信托有限公司董事
朱红	职工董事	女	53	2017年4月	—	—	管理学硕士，群众，高级会计师，中国注册会计师，中国注册资产评估师。曾任上海浦东轮船公司财务部会计、主管会计、财务部经理，丹麦宝国际贸易（上海）有限公司财务总监，上海国际信托有限公司计划财务部经理助理、副经理，计划财务部、资金托管部总经理，现任上海国际信托有限公司工会主席、计划财务部高级专家、职工董事

独立董事

姓名	所在单位及职务	性别	年龄（岁）	选任日期	所推举的股东名称	该股东持股比例（%）	简要履历
陈学彬	复旦大学金融研究院荣休教授	男	68	2016年4月	—	—	经济学博士，中共党员，教授。曾任四川省自贡市经济研究所、计划委员会、体改委、信息中心研究员，上海财经大学金融学院教授，复旦大学金融研究院教授，现任四川大学经济学院讲席教授，上海国际信托有限公司独立董事
李宪明	上海市锦天城律师事务所合伙人	男	52	2016年4月	—	—	法学博士，中共党员，执业律师。曾在吉林大学法学院工作，现任上海市锦天城律师事务所合伙人，上海国际信托有限公司独立董事
谢荣	上海国家会计学院荣休教授	男	69	2016年4月	—	—	会计学博士，中共党员，教授。曾任上海财经大学会计学系助教、讲师、副教授、教授、博士生导师、系副主任，毕马威华振会计师事务所合伙人，上海国家会计学院教授兼副院长，已退休。现任上海国际信托有限公司独立董事

3.3 监事

监事会成员

姓名	职务	性别	年龄（岁）	选任日期	所推举的股东名称	该股东持股比例（%）	简要履历
顾炯	监事	男	47	2020年6月	上海浦东发展银行股份有限公司	97.3333	法学硕士，中共党员，经济师、高级政工师。曾任上海浦东发展银行公司金融科主办科员、银行市场部经理（科长）、卢湾支行行长助理、南汇支行副行长、上海分行卢湾支行行长、上海分行外高桥支行行长、上海分行陆家嘴支行行长、上海分行党委组织部（人力资源部）部长、总经理，现任上海浦东发展银行总行人力资源部总经理助理、上海国际信托有限公司监事
姚建东	监事	男	51	2016年4月	上海新黄浦实业集团股份有限公司	0.6667	大学毕业，高级会计师。曾任上海市第一建筑工程有限公司成本主管、长发集团上海房地产公司财务主管。现任上海新黄浦实业集团股份有限公司监事、总经理助理、审计合规部总经理，上海国际信托有限公司监事

续表

姓名	职务	性别	年龄（岁）	选任日期	所推举的股东名称	该股东持股比例（%）	简要履历
张懿弘	职工监事	男	55	2019年4月	—	—	大学毕业，中共党员，经济师。曾就职于上海市缝纫机研究所、上海上投浦东经济发展公司、上国投浦分公司，上海国际信托有限公司资金信托总部、运营管理部。曾任上海国际信托有限公司运营管理部总经理助理（主持工作）、副总经理（主持工作）、总经理。现任上海国际信托有限公司审计稽核部总经理、职工监事

本报告期公司监事会未设下属委员会。

3.4　高级管理人员

姓名	职务	性别	年龄（岁）	选任日期	金融从业年限（年）	学历	专业	简要履历
陈兵	总经理	男	53	2016年4月	26	博士	企业管理	管理学博士，中共党员，高级经济师，金融工程师。曾任上海浦东发展银行总行综合计划科副科长，大连分行资金财务部总经理（兼任会计部总经理），总行资金财务部总经理助理，总行个人银行管理会计部总经理，总行个人银行财富管理部总经理，上海国际信托有限公司党委委员、副总经理、董事会秘书，公司党委副书记、副董事长、总经理。现任上海国际信托有限公司党委书记、董事、总经理，兼任上投摩根基金管理有限公司董事长
张晓军	副总经理	女	53	2020年8月	7	硕士	货币银行	法学学士，研究生学历，中共党员，高级经济师。曾就职于安徽马鞍山钢铁股份有限公司、北京通商律师事务所上海分所、北京中伦金通律师事务所上海分所、上海国际集团有限公司，曾任上海爱建股份有限公司合规及风险管理部副总经理（主持工作）、上海国际集团有限公司风险合规总部副总经理（主持工作）、上海国际信托有限公司党委委员。现任上海国际信托有限公司党委委员、副总经理
叶力俭	副总经理	男	49	2017年12月	23	硕士	企业管理	管理学硕士，中共党员，经济师。曾就职于黄浦区国有资产总公司、海通证券公司投资银行部，曾任上海国际信托有限公司资金信托总部科长、总经理助理、资产管理总部总经理助理、副总经理、总经理，投资管理总部总经理、信托发展总部总经理、党委委员、总经理助理。现任上海国际信托有限公司党委委员、副总经理
吴海波	副总经理	男	47	2017年12月	12	博士	金融学	经济学博士，中共党员，高级经济师。曾任上海国际集团有限公司发展研究部科长、上海国际信托有限公司董事会办公室主任、行政管理部副总经理、公司党委委员、总经理助理。现任上海国际信托有限公司党委委员、董事会秘书、副总经理，兼董事会办公室主任
严军	副总经理	男	53	2018年10月	23	硕士	思想政治	法学硕士，中共党员。曾就职于合肥晶体管厂、安徽省机械设备成套局、上海浦东发展银行人事部，曾任上海浦东发展银行人事部副科长、科长，人力资源部干部一处副处长（主持工作）、南京分行镇江支行副行长、总行纪检监察室监察一处处长、上海国际信托有限公司党委委员、纪委书记、上海国际信托有限公司党委委员、纪委委员、副总经理。现任上海国际信托有限公司党委委员、副总经理
邹俪	副总经理、合规总监	女	45	2020年12月	23	硕士	区域经济	经济学硕士，中共党员，经济师。曾任金华信托上海证券总部基金部项目经理，上海国际信托有限公司资金信托总部业务、项目经理，运营管理总经理助理、金融机构总部总经理助理、副总经理兼固定收益总部总经理、公司党委委员、总经理助理、合规总监、公司党委委员、纪委书记、总经理助理、合规总监。现任上海国际信托有限公司党委委员、纪委书记、副总经理、合规总监

3.5　公司员工

本报告期公司在岗员工433人，平均年龄34.9岁。

项目		报告期年度		上年度	
		人数（人）	比例（%）	人数（人）	比例（%）
年龄分布	25岁以下	7	1.62	14	3.33
	25—29岁	95	21.94	87	20.67
	30—39岁	250	57.74	245	58.19
	40岁以上	81	18.70	75	17.81
学历分布	博士	11	2.54	11	2.61
	硕士	308	71.13	292	69.36
	本科	106	24.48	110	26.13
	专科	7	1.62	7	1.66
	其他	1	0.23	1	0.24

续表

项目		报告期年度		上年度	
		人数（人）	比例（%）	人数（人）	比例（%）
岗位分布	董事、监事及其高管人员	9	2.08	9	2.14
	自营业务人员	11	2.54	10	2.37
	信托业务人员	273	63.05	265	62.95
	其他人员	140	32.33	137	32.54

注：自营业务人员是指按照岗位分工，专门或至少主要从事固有资金使用和固有资产管理有关业务的职工；信托业务人员是指按照岗位分工，专门或主要从事信托资金使用和信托资产管理各项业务的职工；对于人力资源部等类似无法明确区分的综合部门归为其他人员。

4.经营管理

4.1　经营目标、方针、战略规划

4.1.1　经营目标

本报告期内公司的经营目标：积极适应当前经济社

会环境发展新变化，加强与浦发银行集团业务协同，推进公司信托业务和自营业务稳定、健康增长，以改革促转型，以风控保发展，做到风险可控、合法合规、积极创新，不断增强核心竞争力，全力开创上海信托高质量发展新局面。

4.1.2 经营方针
本报告期公司的经营方针：诚信、专业、稳健、合规、创新。

4.1.3 战略规划
公司的战略规划：在加入浦发银行集团的战略机遇下，紧紧抓住信托行业转型契机，持续大力发展资产管理和财富管理业务，构建平衡的业务组合和紧密的业务协同架构，全面提升公司前台、中台、后台管理效能，打造可持续的发展模式，为客户持续创造财富和价值，为社会发展持续贡献力量。公司积极适应经济结构转型升级的趋势，加强与浦发银行集团协同发展，顺势而为，深度挖掘有潜力的业务领域，与合作伙伴开展深度长期合作，创新出差异化、可持续的业务模式，努力形成新的盈利增长点；继续深化机制创新，以管理升级和专业化团队建设有效推动公司财富管理、家族信托和慈善信托业务的发展；牢固树立风险底线思维，持续优化风险管理架构，完善运营管理机制，构建坚实有效的风险防线；以强化内部管理为基础，加强精细化管理运作，在提升保障能力上出实效，逐步把公司打造成为全球资产和财富管理服务提供商，预期成为新时代信托行业高质量发展的排头兵和先行者。

4.2 所经营业务的主要内容

4.2.1 经营的主要业务及品种
公司经营的主要业务为信托业务和自营业务。

4.2.1.1 信托业务
信托业务主要品种包括：（1）金融产品配置组合类信托。以高端客户的财富管理需求为出发点，凭借强大的投资管理能力和专业的资产配置能力，将投资者的资金在多种金融工具间进行组合投资，为投资者获取稳定安全的投资收益。（2）不动产金融类信托。选择房地产行业的优秀企业和优质项目，采用灵活多样的业务手段设计"风险适度、期限灵活、回报丰厚"的信托产品，让投资者分享房地产行业的成长收益。（3）证券投资类信托。汇聚全新产品设计理念和技术，投资于股票、基金及债券等金融产品，综合采用结构化设计、聘请投资顾问、应用CPPI投资策略与数量投资工具等多种方式，开创投资者在风险市场上获取稳定收益的业务新模式。（4）股权投资信托。对于优质的成长性企业，通过股权受益权融资、股权投资、并购融资、受托股权管理、财务顾问等形式提供全面金融服务。（5）债权投资类信托。公司将募集的信托资金运用于购买各种债权，主要包括银行信贷资产、各类依法合规的受益权以及优秀工商企业的应收账款等，通过回收本息或转让等方式兑现信托财产，实现信托收益。（6）公司及项目金融类信托。通过信托贷款、债权融资以及股权投资等方式，协助优秀企业获取融资，推动基础设施类项目顺利开展。（7）国际理财类信托。以大类资产配置为基础理念，与境外金融机构开展深度合作，捕捉海外市场投资机遇，采用结构性票据、指数投资、各类现货和期货投资、外币贷款等灵活运用方式，实现投资者财富增值。（8）另类投资信托。运用结构化设计，有效结合金融资本与实业经济，将公司专业化投资优势和外部投资顾问专业能力相结合，投资于包括酒类、艺术品、茶类、古董以及贵金属在内的非传统投资领域，满足高净值财富群体的投资期望和艺术文化消费。（9）养老保障、福利计划等信托服务。利用公司在信托服务领域积累的宝贵经验，根据企业员工在养老保障、福利提升、激励促进等方面的具体要求，为企业员工量身定制持续优质的资产管理服务，实现企业改革发展及员工福利改善的有机结合。（10）资产证券化信托服务。充分利用信托公司资源配置、破产隔离的制度优势，充当各类资产证券化项目的资产受托机构，搭建协同平台，探索国内资产证券化的新路径和模式，为各类优质资产提供流动性。（11）非金融企业债券承销业务。利用非金融企业债务融资工具资格，在银行间市场开展承销业务，主要包括短期融资券（短融，CP）、中期票据（中票，MTN）、中小企业集合票据（SMECN）、超短期融资券（超短融，SCP）、非公开定向发行债务融资工具（PPN）、资产支持票据（ABN）等。（12）财产权信托服务。公司接受委托人的委托，将其合法拥有并且交付给公司的财产权设立财产权信托，依据信托文件的约定忠实受托人职责，为受益人利益或特定目的，管理或处分该财产权。（13）家族信托。公司接受委托，按照委托人的意愿，对家族资产进行管理和处分，提供包括现金流规划、投资规划、风险管理、税务安排、利益协同、传承安排等一系列定制化的服务。（14）公益（慈善）信托。由委托人提供一定的财产设立，公司作为受托人管理信托财产,并将信托财产用于信托文件制定的公益(慈善)目的。

4.2.1.2 自营业务

自营业务主要包括:(1)固定收益业务。以确保资金的安全性和资产的流动性为原则,通过对固定收益市场和相关投资品种的深入研究,根据市场环境的变化动态调整和优化资产配置结构,构建稳健的投资组合,获取固定收益。目前,固定收益业务主要包括货币市场投资和债券市场投资。(2)股权投资业务。通过对股权投资结构、期限、规模的动态调整和优化,把握各类行业领域孕育的投资机会,开展具有战略意义的金融股权投资或与信托主业联动的直接股权投资,从客户资源、渠道资源、项目资源等方面为信托主业提供有力支持,同时获得长期稳定的投资收益。(3)证券投资业务。追求适度风险条件下的绝对收益最大化,坚持稳健投资的原则,注重对宏观经济动向、监管政策变化、重点行业发展趋势和相关个股的深入分析。公司已建立了专业化的证券投资管理团队,锤炼了与公司经营风格相适应的投资理念,形成了科学严谨的投资决策体系,提升了证券投资的主动管理能力和投资收益水平。

4.2.2 资产组合与分布

4.2.2.1 自营资产运用与分布表

资产运用	金额(万元)	占比(%)	资产分布	金额(万元)	占比(%)
货币资产	88 770.20	4.36	基础产业	—	—
应收账款	18 308.25	0.90	房地产业	—	—
交易性金融资产	1 314 124.27	64.51	证券市场	461 669.96	22.67
债权投资	8 200.00	0.40	实业	—	—
其他债权投资	147 352.62	7.23	金融机构	1 447 556.51	71.06
长期股权投资	150 603.73	7.39	其他	127 726.62	6.27
其他	309 594.02	15.20			
资产总计	2 036 953.09	100.00	资产总计	2 036 953.09	100.00

注:"其他"资产中主要项目包括其他应收款、递延所得税资产、固定资产等。

4.2.2.2 信托资产运用与分布表

资产运用	金额(万元)	占比(%)	资产分布	金额(万元)	占比(%)
货币资产	3 005 985.64	4.79	基础产业	12 786 207.12	20.39
贷款	16 153 964.91	25.75	工商企业	11 321 633.34	18.05
交易性金融资产	6 880 131.13	10.97	房地产	3 307 643.09	5.27
可供出售金融资产	11 922 900.57	19.01	证券	5 377 045.07	8.57
持有至到期投资	—	—	金融机构	25 222 119.18	40.21
长期股权投资	868 377.21	1.38	其他	4 711 193.66	7.51
买入返售	381 803.00	0.61			
其他	23 512 679.00	37.49			
信托资产总计	62 725 841.46	100.00	信托资产总计	62 725 841.46	100.00

4.3 市场分析

2021年,面对复杂国际环境、疫情和极端天气等多重挑战,我国统筹推进疫情防控和经济社会发展,加大宏观政策跨周期调节力度,经济发展和疫情防控保持全球领先地位。国家战略科技力量加快壮大,产业链韧性得到提升,改革开放向纵深推进,构建新发展格局迈出新步伐,高质量发展取得新成效,实现了"十四五"良好开局。

2021年,我国国内生产总值(GDP)比上年增长8.1%,两年平均增长5.1%,在全球主要经济体中名列前茅;经济规模突破110万亿元,达到114.4万亿元,稳居世界第二大经济体。我国人均GDP达到80 976元,按年平均汇率折算达12 551美元,超过世界人均GDP水平。我国消费持续稳定恢复,社会消费品零售总额增长12.5%。其中智能消费、绿色消费等增长较快,消费又重新成为了经济增长的第一拉动力。全国固定资产投资(不含农户)544 547亿元,比上年增长4.9%,两年平均增长3.9%。分领域看,基础设施投资增长0.4%,制造业投资增长13.5%,房地产开发投资增长4.4%。全国商品房销售面积179 433万平方米,增长1.9%;商品房销售额181 930亿元,增长4.8%。高技术产业投资增长17.1%,快于全部投资12.2个百分点。其中,高技术制造业、高技术服务业投资分别增长22.2%、7.9%。高技术制造业中,电子及通信设备制造业、计算机及办公设备制造业投资分别增长25.8%、21.1%;高技术服务业中,电子商务服务业、科技成果转化服务业投资分别增长60.3%、16.0%。我国进出口规模再上新台阶,首次突破6万亿美元关口。以美元计价我国进出口规模达到了6.05万亿美元,2021年全年外贸增量达到了1.4万亿美元;以人民币计价货物贸易进出口总值39.1万亿元人民币,同比增长21.4%。其中,出口21.73万亿元,增长21.2%;进口17.37万亿元,增长21.5%。

居民消费价格(CPI)比2020年上涨0.9%,工业生产者出厂价格(PPI)比2020年上涨8.1%。2021年全年新增贷款19.95万亿元,同比多增3 150亿元,流动性合理充裕;社会融资规模增量累计为31.35万亿元,比2020年少3.44万亿元。从价格看,2021年我国企业综合融资成本稳中有降。从结构看,金融对制造业、小微企业贷款支持力度不断加强。制造业中长期贷款余额同比增长31.8%,比各项贷款增速高20.2个百分点。人民币兑美元汇率呈现双向波动,汇率预期比较平稳,全年人民币兑美元的即期汇率总体小幅升值2.6%。

4.4 内部控制

4.4.1 内部控制环境和内部控制文化

根据《公司法》《信托公司治理指引》《企业内部控制基本规范》等法律法规规定以及公司章程的要求，以受益人利益为根本出发点，公司建立了由股东会、董事会、监事会和高级管理层组成的分工明确、权责对应、合理制衡的公司治理结构。董事会下设战略、薪酬、信托、风险管理、审计和关联交易控制等六个专门委员会。

报告期内，公司"三会一层"认真履行职责，股东会有效发挥管控作用，董事会对战略定位、风险偏好、业务发展速度和规模进行有效控制，监事会充分发挥对董事会与高管层的监督职能。基于董事会对内部控制机制和内控文化建设的重视，公司紧密围绕战略转型和年度目标，牢牢聚焦资产管理和财富管理，持续优化业务结构，全面推进业务创新与转型，并建立与之匹配的内部组织架构，强化和充实核心业务干部力量，加快人才队伍建设，着力完善绩效评价体系，为实施战略目标进一步注入动能和活力。

公司严守合规底线、坚持守正创新，始终秉持"合规经营、稳健发展"的宗旨与"合规创造价值"的理念，围绕"5+1"战略转型方向，努力打造从规模优先到质量优先的经营发展新模式。同时，公司高度重视内控合规文化建设，持续强化内控合规管理建设，突出顶层合规、突出关键少数、突出常态治理，不断深化内控合规管常管长机制建设，并以开展"内控合规管理建设年"活动为契机，构建立体化合规培训体系，厚植稳健审慎经营文化，夯实高质量发展基础。2021年，公司经营正常稳健，未发生法律合规风险事件与涉刑案件、未受监管处罚、未因重大合规问题遭受重大财务损失或声誉损失，实现了合规风险的有效管理，进一步推进了合规管理长效机制建设。

4.4.2 内部控制措施

公司内部控制管理职能部门为合规部和风险管理部。公司审计稽核部、风险管理部、合规部及其他业务管理部门和每一位员工组成公司内部控制自控、互控和监控"三道防线"，构建了覆盖全公司各部门、各产品、各业务流程的内部控制监督与评价体系。

公司内部控制遵循全面性、制衡性、审慎性、匹配性、重要性和成本效益原则。

公司始终秉承符合性、前瞻性、实效性、系统性原则，从公司可持续高质量发展角度和全局出发，持续优化内部控制管理制度体系，确保覆盖所有业务领域和关键管理环节。2021年新增/修订规章制度100项、废止89项，其中，在风险管理、自营业务、普惠金融业务、反洗钱管理等方面制定、修订业务管理制度30项，在财务管理、资产管理、人员管理、信息科技管理、问责管理及党建制度等方面制定、修订综合管理制度70项，从业务管理和综合管理两方面不断优化内控管理制度体系，保障公司合规稳健、可持续发展。

公司业务流程严格按照前台、中台、后台划分：前台负责业务受理、初审及具体操作，完成项目审批前的尽职调查、信托方案设计和提交、项目审批后的合同签署、产品发售、投资交易、运作管理和客户服务等工作；中台贯穿业务决策程序和管理环节，负责项目合法合规性审核、议事决策、业务综合管理和过程控制，和前台部门共同完成事前防范和事中控制；后台负责对业务的财务管理及会计核算、信息化支持、行政保障、人力资源管理和审计监督。

公司建立资产隔离制度，依法建账，将公司信托财产与固有财产分别管理、分别记账，并将不同委托人的信托财产分别管理、分别记账。

公司综合运用信托业务和自营业务的设计、营销、运营、财务等方面的信息，定期开展运营情况分析，发现存在的问题，及时查明原因并加以改进。

公司建立危机事件预警机制和突发事件应急处理机制，明确风险预警标准，规范处置程序，完善信息科技突发事件应急处置流程，确保突发事件得到及时妥善处理。

公司对各项业务实行净资本管理，使公司业务协调、高效、有重点地运行，并符合监管及公司战略发展要求。

4.4.3 监督评价与纠正

公司设立独立的审计稽核部，审查评价并督促改善公司经营活动、风险管理、内控合规和公司治理效果。内部审计活动遵循独立性、客观性原则，独立于业务经营、风险管理和内控合规。内部审计工作覆盖公司全部业务。审计稽核部每半年向公司董事会提交内部审计报告。

2021年度内部控制评价结果表明，公司各关键领域均已建立了内部控制且执行有效，未发现重大、重要缺陷，内部控制风险总体可控，内部控制整体水平持续提高，为公司内部控制目标的实现提供了合理保证。

4.5 风险管理

4.5.1 信用风险状况及其管理

信用风险是指因债务人或交易对手的直接违约或履约能力下降而造成损失的风险。公司固有业务信用风险资产按五级分为正常类、关注类、次级类、可疑类和损失类。公司根据《金融企业准备金计提管理办法》（财金〔2012〕20号文）和公司《准备金计提管理办法》计提一般准备、金融资产信用减值准备和其他资产减值准备。其中，一般风险准备从当年净利润中提取，作为利润分配处理，用于弥补尚未识别的可能性损失的准备；各项资产减值准备的计提范围和方法见会计报表附注。

在信用风险管理上，一是通过专家判断和定量计算相结合的手段，对客户信用风险进行区分，审慎度量公司面临的交易对手信用风险形式和规模；二是建立项目评审会制度，涉及信用风险的信托融资项目和固有投资、贷款项目等，均应纳入公司项目评审会进行评审；三是实施大额交易信用风险集中度管理，对重点地区和大额交易对手的业务集中度进行控制和管理，防范集中度风险；四是建立风险预警机制，加强项目贷后风险管理，充分了解交易对手财务情况、人事变更、经营情况及银企关系等重要变化信息，建立灵敏有效的风险预警机制；五是加强抵质押物管理，明确抵质押物的类型、条件和日常管理机制，管控抵质押物工具的合法性、有效性、稳定性及充足性，充分发挥风险缓释工具在信用风险管理中的保障作用；六是建立完整有效的资产保全和风险化解制度，加大不良资产现金清收和风险化解力度，提升风险处置质效。

4.5.2 市场风险状况及其管理

市场风险是指由于金融市场的波动或行情的变化（利率、汇率、股票价格和商品价格）而带来损失的可能性，包括利率风险、汇率风险、证券价格波动风险等。报告期内，公司密切关注各类市场风险，及时调整投资策略，市场风险可控。

在市场风险管理上，一是加强固有业务市场风险管理。对交易性资产和可供出售类资产完善估值管理，及时反映资产公允价值变化对当期损益和资本的影响；二是加强信托业务市场风险管理，健全信托业务市场风险管理和内控，做好风险揭示、尽职管理和信息披露，加强股票市值盯市管理；三是坚持稳健原则，在投资组合中配置足够的固定收益类等低风险投资品种，对证券投资组合的净值、仓位和投资集中度等指标事先设定预警点或止损点，通过投资分散化（组合对冲）降低非系统性风险。

4.5.3 操作风险状况及其管理

操作风险是指由不完善或有问题的内部程序、员工和信息科技系统，以及外部事件所造成损失的风险。报告期内，公司及时发现操作风险点，制定纠正措施，避免发生因操作风险造成的损失。

在操作风险管理上，公司根据重要性原则，逐步梳理固有业务和信托业务操作风险点，将每个业务种类中潜在的风险进行分离和分类管理。采用定性、定量分析相结合的方法，明确产生操作风险的关键点并实施控制。公司在业务尽职调查、运营规范化管理、外部中介机构管理、合同档案管理、信息披露等方面，不断细化管理和规范操作流程，提升业务操作的规范化和标准化水平。公司制定《操作风险管理办法》，更新各类业务展业指引，发布员工问责管理制度，优化业务审批流程，规范中介机构管理等。

4.5.4 其他风险状况及其管理

其他风险主要是指公司业务开展中的合规风险、流动性风险、法律风险、战略风险、信息科技风险、洗钱风险、声誉风险、案件风险等。报告期内，公司未发生因其他风险所造成的损失。

在其他风险管理上，一是加强员工合规培训，要求员工认真学习并执行有关的法律法规，增强合规意识和风险管理意识，提高风险管理能力。二是加强对运作项目的现金流量管理，做好公司现金流量的预测和安排，同时，组合运用多种工具，有效保证公司流动性。三是加强声誉风险管理，制定《舆情危机管理办法》《新闻发布管理办法》，通过微信公众号、公司网站、内刊等形式，积极开展投资者教育工作。四是强化公司战略规划，持续考量公司战略的发展情况，积极控制战略风险。五是严格执行人民银行反洗钱法律法规要求，落实反洗钱管理，严控洗钱风险。六是积极推进公司的科技信息化建设，配合业务发展开发相应的信息科技系统，重点强化数据治理，进一步应用先进的金融科技手段提升管理水平，夯实信息科技风险管理。七是加强职业道德教育，规范职业行为，把职业道德、职业操守作为员工教育的一个重要内容，不断增强员工的工作责任心，严格控制道德风险。

4.6 净资本管理概况

公司严格遵照监管要求，积极推进净资本管理。报告期末，公司净资本各项指标均符合监管要求。

指标	期末数	监管标准
净资本（万元）	1 343 611.82	≥2亿元
各项业务风险资本之和（万元）	554 542.75	—
净资本/各项业务风险资本之和（%）	242.29	≥100
净资本/净资产（%）	75.55	≥40

4.7 消费者权益保护

公司高度重视消费者权益保护工作，将消费者权益保护纳入公司经营发展战略和企业文化建设中，将消费者权益保护融入公司治理各环节，通过自上而下、层层递进的方式不断完善消费者权益保护管理架构体系和制度体系，持续健全消费者权益保护工作体制机制，有效保障消费者的合法权益。公司董事会承担消费者权益保护工作的最终责任，已在董事会战略委员会下设消费者权益保护工作委员会，听取高管层关于消费者权益保护工作开展情况专题报告，督促其有效执行和落实相关工作。公司监事会对董事会、高级管理层开展消费者权益保护工作履职情况进行监督。高级管理层有效协调工作开展，为消费者权益保护工作开展提供必要的资源支持，确保落实各项监管要求，推动消费者权益保护工作积极、有序开展。

报告期内，公司建立健全的消费者权益保护工作全流程管控机制，在产品设计开发环节强化事前消保审查，合理确定产品风险等级；在产品营销推介环节落实投资者适当性原则，不断强化营销队伍建设，严控金融营销宣传规范性，确保营销推介过程做到全面、真实、准确地介绍产品情况，不夸大收益或隐瞒风险；在产品存续运作期间做好项目贷后管理以及运维工作，及时披露与消费者权益保护相关的事项，切实保护消费者合法权益。在个人金融信息保护方面，公司对人工操作、系统安全建设、人员管理培训等方面采取严谨的管控模式，确保个人金融信息安全。公司还通过开展金融消费者保护工作培训考试、考核、审计等方式，有效提升全员消保意识和专业知识，监督管理消保工作日常开展，推动消保工作持续规范和完善。

报告期内，公司响应监管要求，持续加强投资者教育，践行信托文化理念，积极组织开展了"3·15消费者权益保护宣传教育活动""防范非法集资"集中宣传月活动和"金融知识进万家"宣传服务月活动，结合市场热点、监管政策不定期组织开展现场讲座直播参与活动，开展"金融知识进社区"活动，服务社区居民，践行金融宣传担当，并在各网点打造金融知识公共教育专区，供客户阅览学习；线上于微信公众号、微信视频号、APP、官方网站等以开展"零接触"金融知识宣传，创作推送各类消保宣传推文，积极探索拓展投教宣传新形式，自主创作金融知识宣传短视频，并将集合视频材料制作成投教电子U盘，以灵活多样的形式向客户普及金融知识，调动客户参与金融知识学习与教育的兴趣，提升宣传效果。公司对消费投诉工作始终坚持预防为先、依法合规、便捷高效、标本兼治和多元化解的原则，在制度和操作规程上明确投诉处理程序，保障投诉渠道的畅通，对消费投诉事项进行分级管理，充分考虑和尊重消费者的合理诉求，公平合法作出处理结论，并且一贯坚持有效实施溯源整改，及时查找引发投诉事项的原因，完善产品设计，提升服务水平，从源头减少消费者投诉事件的产生。

4.8 企业社会责任

报告期内，公司在严守风险合规底线、提升经营管理水平的同时，将社会责任理念融入发展战略、经营管理与日常工作中，在支持实体经济、支持小微企业和民营企业发展、改善民生、环境保护、客户服务、社会共建等领域积极践行社会责任。公司坚持回归金融必须服务实体经济的方针，加大在基础设施建设以及实体企业方面的资源投入。公司存续信托产品中，投向基础产业的规模为903.65亿元；投向工商企业的规模为808.74亿元，二者合计规模约1 700亿元，占比约30%，为实体企业发展提供了灵活的资金解决方案。公司持续推出专门针对中小民营企业的信托贷款产品、中小企业转贷信托项目、小微企业贷款资产支持证券，不断加大对中小民营企业的扶持力度。针对战略新兴行业民营企业，公司创新融资+股权投资模式以及贷款+ABS联动模式，覆盖天使轮到pre-IPO等阶段；针对国家政策鼓励的传统行业民营企业，公司设立民族科技企业纾困基金，依托ABS业务和供应链金融提供资金支持，采用多样化的增信措施，通过财务顾问、提供综合投融资解决方案等方式，为民营企业提供金融服务。目前，公司投向民营企业的存续规模已达1 234.47亿元，分布于15个主要行业。公司聚焦长三角一体化，助力国资国企改革，利用信托贷款、受托服务、债券承销和证券投资工具，全力降低长三角企业融资成本，解决企业的资金需求；利用资产证券化工具，与商业银行、金融资产管理公司、租赁公司、消费金融公司进行深度合作，盘活存量资产、化解存量风险，目前公司投向长三角的信托规模超过2 000亿元，占比约1/3。持续聚焦上海"四个中心"建设，积极响应上海地区国企改革，参与设立以国企改革为主题的母基金，致力于为上海地区国企混合所有制改革提供全方位的金融服务以及资金支持。公司积极响应"碳达峰""碳中和"号召，不断强化ESG投资理念，努力在自身业务可持续发展的同时推动"双碳"目标达成，利用信托架构灵活的优势，利用绿色债券投资、绿色资产支持证券化项目，积极对绿色能源、碳捕集/碳封存等技术及基础设施进行投融资。公司制定了《ESG信托业务展业指引》，为绿色信托的规模化开展奠定了体制机制基础；公司积极研发资产端与资金用途端的"双绿"信托产品，与上汽车财务有限公司在银行间市场合作设立了"上和2021年第一期绿色个人汽车抵押贷款证券化信托"，成为全国首单绿色个人汽车抵押贷款资产支持证券项目；设立"盛世融迪2021年第二期个人汽车抵押贷款绿色证券化信托"，成为目前国内银行间债券市场发行规模最大的绿色车贷资产证券化项目；设立"上善"系列上信中西部地区绿色新能源职业教育帮扶慈善信托，为中西部地区清洁能源领域专业年轻骨干教师和大专院校学生来沪培训、举办新能源论坛等提供资金支持。目前，公司绿色金融业务存续规模合计32.53亿元，并正在努力探索碳交易集合资金信托计划和环保硬科技主题信托，为绿色低碳发展贡献信托力量。公司还深度打造金融为民的"人民金融"平台，积极利用信托制度优势，大力发展慈善信托，将信托工具应用到巩固脱贫攻坚成果、乡村振兴和推动共同富裕等领域，持续打造"上善公益"慈善信托品牌，目前已形成教育扶智、医疗救护、干部培训、文化艺术、城市发展五大板块的系列化、品牌化慈善信托项目矩阵。公司聚焦专业服务、着眼形成标准，全力深化慈善信托布局，年内新设立慈善信托14单，其中3单全部由社会资金设立，全力满足社会各界的第三次分配需求；不断创新慈善信托项目形式，"重走院士路，善医乡村行"、小额社会爱心资金专项信托、定制化线上培训平台、乡村校长长周期深度培训、县域治理调研等新项目、新形式不断涌现。公司持续推动"四大公益基地"建设，连续十数年在"南京路上好八连"所在部队建设"军企合作基地"，在徐汇星雨儿童康健院、浦东新区特殊儿童学校建设两个"特殊儿童关爱基地"，在外滩街道建设"社区帮扶基地"。公司深入贯彻习近平生态文明思想，坚持自身节能减排，倡导节约资源、降低能耗，推行无纸化办公，开展垃圾减量分类、低碳生活等环保主题活动，积极支持绿色环保项目，履行环境保护职责。2021年内，公司因切实践行企业社会责任，获得上海市文明单位（连续第五次）、上海市五一劳动奖状、黄浦区区长质量奖等多项荣誉。

5.报告期末及上一年度末的比较式会计报表

5.1 自营资产

5.1.1 会计师事务所审计意见

毕马威华振会计师事务所（特殊普通合伙）对公司所作的审计意见如下：

上海国际信托有限公司财务报表在所有重大方面按照审计报告的财务报表附注所述编制基础编制，公允反映了上海信托2021年12月31日的合并及母公司财务状况以及2021度的合并及母公司经营成果和现金流量。

5.1.2 资产负债表

资产负债表

编制单位：上海国际信托有限公司　　　　　　　　　　2021年12月31日　　　　　　　　　　　　　　　　单位：万元

资产	年末数		年初数		负债及所有者权益	年末数		年初数	
项目	合并	母公司	合并	母公司	项目	合并	母公司	合并	母公司
资产：	—	—	—	—	负债：	—	—	—	—
现金及存放中央银行款项	0.9	0.29	0.82	0.27	向中央银行借款	—	—	—	—
存放同业款项	453 353.39	88 769.91	418 129.82	109 232.14	同业及其他金融机构存放款				
拆出资金	—	—	—	—	拆入资金				

续表

资产项目	年末数 合并	年末数 母公司	年初数 合并	年初数 母公司	负债及所有者权益项目	年末数 合并	年末数 母公司	年初数 合并	年初数 母公司
买入返售金融资产	817.24	—	—	—	交易性金融负债	62 222.81	—	不适用	不适用
以公允价值计量且变动计入当期损益的金融资产	不适用	不适用	767 860.14	618 425.13	以公允价值计量且其变动计入当期损益的负债	不适用	不适用	102 748.17	—
交易性金融资产	1 490 891.74	1 314 124.27	不适用	不适用	衍生金融负债	—	—	—	—
债权投资	151 297.89	8 200.00	不适用	不适用	租赁负债	9 363.87	2 538.75	不适用	不适用
其他债权投资金融资产	3 281.71	147 352.62	不适用	不适用	卖出回购金融资产款	—	—	—	—
应收款项	63 727.42	18 308.25	46 981.42	13 035.46	吸收存款	—	—	—	—
发放贷款和垫款	不适用	不适用	143 174.74	—	应付职工薪酬	151 682.96	75 301.30	139 034.64	70 812.55
可供出售金融资产	不适用	不适用	655 739.25	718 608.60	应交税费	116 338.73	103 363.83	114 569.98	103 464.88
持有至到期投资	不适用	不适用	—	—	预计负债	—	—	—	—
长期股权投资	30 660.61	150 603.73	27 313.74	150 330.11	应付债券	—	—	—	—
投资性房地产	—	—	—	—	递延所得税负债	1 673.58	—	7.69	—
固定资产	15 704.81	13 442.13	16 691.76	14 435.16	划分为持有待售负债	—	—	—	—
在建工程	63 403.88	63 403.87	23 899.35	23 899.35	递延收益	6 700.00	6 700.00	22 420.00	22 420.00
无形资产	4 194.28	1 293.90	3 185.03	1 233.84	其他负债	56 797.20	26 962.42	120 004.11	99 069.84
递延所得税资产	20 471.36	7 061.63	31 067.79	16 594.98	负债合计	404 779.15	214 866.30	498 784.59	295 767.27
使用权资产	9 134.42	2 314.84	不适用	不适用	所有者权益:				
其他资产	203 263.34	222 077.65	280 610.76	288 305.22	实收资本	500 000.00	500 000.00	500 000.00	500 000.00
商誉	1 065.17	—	1 065.17	—	其他权益工具	—	—	—	—
					资本公积	—	—	—	—
					其他综合收益	238.04	19 566.92	9 404.95	8 369.08
					盈余公积	395 946.36	395 946.36	349 370.12	349 370.12
					风险准备	199 844.82	114 186.60	182 225.97	106 558.80
					未分配利润	867 188.77	792 386.91	756 139.45	694 034.99
					归属于母公司所有者权益合计	1 963 217.99	1 822 086.79	1 797 140.49	1 658 332.99
					少数股东权益	143 271.02		119 794.71	
					所有者权益合计	2 106 489.01	1 822 086.79	1 916 935.20	1 658 332.99
资产总计	2 511 268.16	2 036 953.09	2 415 719.79	1 954 100.26	负债和所有者权益总计	2 511 268.16	2 036 953.09	2 415 719.79	1 954 100.26

法定代表人：潘卫东　　　　主管会计工作负责人：严军　　　　会计机构负责人：马晓云

5.1.3 利润表

利润表

编制单位：上海国际信托有限公司　　2021年度　　单位：万元

项目	本年数 合并	本年数 母公司	上年数 合并	上年数 母公司
一、营业收入	563 214.61	279 807.81	525 389.38	311 686.85
利息净收入	11 936.38	620.31	3 648.51	-3 373.69
利息收入	14 425.77	1 877.72	21 744.15	1 513.43
利息支出	2 489.39	1 257.41	18 095.64	4 887.12
手续费及佣金净收入	401 689.69	144 722.57	373 151.65	170 018.20
手续费及佣金收入	401 885.97	144 727.96	373 465.45	170 022.69

续表

项目	本年数		上年数	
	合并	母公司	合并	母公司
手续费及佣金支出	196.28	5.39	313.80	4.49
投资收益（损失以"-"号填列）	67 419.46	70 161.37	86 255.11	118 168.94
其中：对联营企业和合营企业的投资收益	3 447.46	273.62	1 622.61	252.99
公允价值变动损益（损失以"-"号填列）	18 373.64	18 954.62	21 094.71	1 303.91
汇兑收益（损失以"-"号填列）	99.70	46.90	453.10	358.91
资产处置收益	-26.92	—	-30.58	8.76
其他收益	46 370.74	44 537.32	27 068.53	25 132.71
其他业务收入	17 351.92	764.72	13 748.35	69.11
二、营业支出	288 235.03	96 801.61	290 843.65	106 073.86
营业税金及附加	2 785.97	1 269.33	2 436.00	1 207.51
业务及管理费	252 631.03	73 624.66	213 950.90	72 716.09
资产减值损失	—	—	53 904.63	11 598.14
信用减值损失	13 403.10	2 492.69	不适用	不适用
其他业务成本	19 414.93	19 414.93	20 552.12	20 552.12
三、营业利润（亏损以"-"号填列）	274 979.58	183 006.20	234 545.73	205 612.99
加：营业外收入	795.09	795.08	585.56	249.63
减：营业外支出	2 793.86	2 542.97	3 974.16	2 776.26
四、利润总额（亏损总额以"-"号填列）	272 980.81	181 258.31	231 157.13	203 086.36
减：所得税费用	68 543.12	39 017.98	69 125.96	46 483.15
五、净利润（净亏损以"-"号填列）	204 437.69	142 240.33	162 031.17	156 603.21
归属于母公司所有者的净利润	171 899.40	142 240.33	136 920.18	156 603.21
少数股东损益	32 538.29	—	25 110.99	—
六、其他综合收益	-1 353.08	-188.90	1 503.92	-6 027.84
归属于母公司股东的其他综合收益的税后净额	-1 317.47	-188.90	1 581.38	-6 027.84
以后将重分类进损益的其他综合收益	-1 317.47	-188.90	1 581.38	-6 027.84
1.可供出售金融资产公允价值变动损益	不适用	不适用	4 678.17	-4 232.92
2.其他债权投资公允价值变动损益	-14.89	-14.89	不适用	不适用
3.其他债权投资信用损失准备	-15.29	419.39	不适用	不适用
4.外币报表折算差额	-1 287.29	-593.40	-3 096.79	-1 794.92
归属于少数股东的其他综合收益的税后净额	-35.61	—	-77.46	—
七、综合收益总额	203 084.61	142 051.43	163 535.09	150 575.37
归属于母公司所有者的综合收益总额	170 581.93	142 051.43	138 501.56	150 575.37
归属于少数股东的综合收益总额	32 502.68	—	25 033.53	—

法定代表人：潘卫东　　　　主管会计工作负责人：严军　　　　会计机构负责人：马晓云

5.1.4 所有者权益变动表

合并所有者权益变动表

编制单位：上海国际信托有限公司　　2021年度　　单位：万元

项目	本年金额 归属于母公司所有者权益 实收资本	其他权益工具	资本公积	减:库存股	其他综合收益	盈余公积	风险准备	未分配利润	小计	少数股东权益	所有者权益合计
一、上年年末余额	500 000.00	—	—	—	9 404.95	349 370.12	182 225.97	756 139.45	1 797 140.49	119 794.71	1 916 935.20
加：会计政策变更	—	—	—	—	-7 849.44	1 031.56	515.78	2 878.67	-3 423.43	-6.20	-3 429.63
前期差错更正	—	—	—	—	—	—	—	—	—	—	—
其他	—	—	—	—	—	—	—	—	—	—	—
二、本年年初余额	500 000.00	—	—	—	1 555.51	350 401.68	182 741.75	759 018.12	1 793 717.06	119 788.51	1 913 505.57
三、本年增减变动金额（减少以"-"号填列）	—	—	—	—	-1 317.47	—	—	171 899.40	170 581.93	32 502.68	203 084.61
（一）综合收益总额	—	—	—	—	—	—	—	—	—	—	—
（二）所有者投入和减少资本	—	—	—	—	—	—	—	—	—	—	—
1.所有者投入资本	—	—	—	—	—	—	—	—	—	—	—
2.其他权益工具持有者投入资本	—	—	—	—	—	—	—	—	—	—	—
3.股份支付计入所有者权益的金额	—	—	—	—	—	—	—	—	—	—	—
4.其他	—	—	—	—	—	—	—	—	—	—	—
（三）利润分配	—	—	—	—	—	45 544.68	—	-45 544.68	—	-8 487.74	-8 487.74
1.提取盈余公积	—	—	—	—	—	—	17 103.07	-17 103.07	—	—	—
2.提取风险准备	—	—	—	—	—	—	—	—	—	—	—
3.对所有者的分配	—	—	—	—	—	—	—	-15 000.00	-15 000.00	—	-15 000.00
4.其他	—	—	—	—	—	—	-1 081.00	-875.68	-1 081.00	-532.43	-1 613.43
（四）所有者权益内部结转	—	—	—	—	—	—	—	—	—	—	—

项目	上年金额 归属于母公司所有者权益 实收资本	其他权益工具	资本公积	减:库存股	其他综合收益	盈余公积	一般风险准备	未分配利润	小计	少数股东权益	所有者权益合计
一、上年年末余额	500 000.00	—	—	—	7 823.57	303 589.50	169 073.60	694 027.94	1 674 514.61	110 530.12	1 785 044.73
加：会计政策变更	—	—	—	—	—	—	—	—	—	—	—
前期差错更正	—	—	—	—	—	—	—	—	—	—	—
其他	—	—	—	—	—	—	—	—	—	—	—
二、本年年初余额	500 000.00	—	—	—	7 823.57	303 589.50	169 073.60	694 027.94	1 674 514.61	110 530.12	1 785 044.73
三、本年增减变动金额（减少以"-"号填列）	—	—	—	—	1 581.38	—	—	136 920.18	138 501.56	25 033.53	163 535.09
（一）综合收益总额	—	—	—	—	—	—	—	—	—	—	—
（二）所有者投入和减少资本	—	—	—	—	—	—	—	—	—	—	—
1.所有者投入资本	—	—	—	—	—	—	—	—	—	—	—
2.其他权益工具持有者投入资本	—	—	—	—	—	—	—	—	—	—	—
3.股份支付计入所有者权益的金额	—	—	—	—	—	—	—	—	—	—	—
4.其他	—	—	—	—	—	—	—	—	—	—	—
（三）利润分配	—	—	—	—	—	45 780.62	—	-45 780.62	—	—	—
1.提取盈余公积	—	—	—	—	—	—	13 152.37	-13 152.37	—	—	—
2.提取风险准备	—	—	—	—	—	—	—	—	—	—	—
3.对所有者的分配	—	—	—	—	—	—	—	-15 000.00	-15 000.00	-15 337.64	-30 337.64
4.其他	—	—	—	—	—	—	—	-875.68	-875.68	-431.30	-1 306.98
（四）所有者权益内部结转	—	—	—	—	—	—	—	—	—	—	—

续表

项目	本年金额												上年金额									
	归属于母公司所有者权益								少数股东权益	所有者权益合计		归属于母公司所有者权益								小计	少数股东权益	所有者权益合计
	实收资本	其他权益工具	资本公积	减:库存股	其他综合收益	盈余公积	风险准备	未分配利润	小计			实收资本	其他权益工具	资本公积	减:库存股	其他综合收益	盈余公积	一般风险准备	未分配利润			
1.资本公积转增资本	—	—	—	—	—	—	—	—	—	—	—	—	—	—	—	—	—	—	—	—	—	—
2.盈余公积转增资本	—	—	—	—	—	—	—	—	—	—	—	—	—	—	—	—	—	—	—	—	—	—
3.盈余公积弥补亏损	—	—	—	—	—	—	—	—	—	—	—	—	—	—	—	—	—	—	—	—	—	—
4.一般风险准备弥补亏损	—	—	—	—	—	—	—	—	—	—	—	—	—	—	—	—	—	—	—	—	—	—
5.结转重新计量设定受益计划净负债或净资产所产生的变动	—	—	—	—	—	—	—	—	—	—	—	—	—	—	—	—	—	—	—	—	—	—
6.其他	—	—	—	—	—	—	—	—	—	—	—	—	—	—	—	—	—	—	—	—	—	—
四、本年年末余额	500 000.00	—	395 946.36	238.04	—	199 844.82	867 188.77	1 963 217.99	143 271.02	2 106 489.01		500 000.00	—	349 370.12	—	9 404.95	182 225.97	756 139.45	1 797 140.49	119 794.71	1 916 935.20

法定代表人:潘卫东　　主管会计工作负责人:严军　　会计机构负责人:马晓云

所有者权益变动表

编制单位：上海国际信托有限公司　　2021年度　　单位：万元

项目	本年金额										上年金额									
	实收资本	其他权益工具	资本公积	减：库存股	其他综合收益	盈余公积	风险准备	未分配利润	所有者权益合计		实收资本	其他权益工具	资本公积	减：库存股	其他综合收益	盈余公积	一般风险准备	未分配利润	所有者权益合计	
一、上年末余额	500 000.00	—	—	—	8 369.08	349 370.12	106 558.80	694 034.99	1 658 332.99		500 000.00	—	—	—	14 396.92	303 589.50	98 692.59	606 078.61	1 522 757.62	
加：会计政策变更	—	—	—	—	11 386.74	1 031.56	515.78	8 768.29	21 702.37		—	—	—	—	—	—	—	—	—	
前期差错更正	—	—	—	—	—	—	—	—	—		—	—	—	—	—	—	—	—	—	
其他	—	—	—	—	—	—	—	—	—		—	—	—	—	—	—	—	—	—	
二、本年年初余额	500 000.00	—	—	—	19 755.82	350 401.68	107 074.58	702 803.28	1 680 035.36		500 000.00	—	—	—	14 396.92	303 589.50	98 692.59	606 078.61	1 522 757.62	
三、本年增减变动金额（减少以"－"号填列）	—	—	—	—	-188.90	—	—	142 240.33	142 051.43		—	—	—	—	-6 027.84	—	—	156 603.21	150 575.37	
（一）综合收益总额	—	—	—	—	—	—	—	—	—		—	—	—	—	—	—	—	—	—	
（二）所有者投入和减少资本	—	—	—	—	—	—	—	—	—		—	—	—	—	—	—	—	—	—	
1.所有者投入资本	—	—	—	—	—	—	—	—	—		—	—	—	—	—	—	—	—	—	
2.其他权益工具持有者投入资本	—	—	—	—	—	—	—	—	—		—	—	—	—	—	—	—	—	—	
3.股份支付计入所有者权益的金额	—	—	—	—	—	—	—	—	—		—	—	—	—	—	—	—	—	—	
4.其他	—	—	—	—	—	—	—	—	—		—	—	—	—	—	—	—	—	—	
（三）利润分配	—	—	—	—	—	—	—	—	—		—	—	—	—	—	—	—	—	—	
1.提取盈余公积	—	—	—	—	—	45 544.68	—	-45 544.68	—		—	—	—	—	—	45 780.62	—	-45 780.62	—	
2.提取风险准备	—	—	—	—	—	—	7 112.02	-7 112.02	—		—	—	—	—	—	—	7 866.21	-7 866.21	—	
3.对所有者的分配	—	—	—	—	—	—	—	—	—		—	—	—	—	—	—	—	-15 000.00	-15 000.00	
4.其他	—	—	—	—	—	—	—	—	—		—	—	—	—	—	—	—	—	—	
（四）所有者权益内部结转	—	—	—	—	—	—	—	—	—		—	—	—	—	—	—	—	—	—	
1.资本公积转增资本	—	—	—	—	—	—	—	—	—		—	—	—	—	—	—	—	—	—	
2.盈余公积转增资本	—	—	—	—	—	—	—	—	—		—	—	—	—	—	—	—	—	—	
3.盈余公积弥补亏损	—	—	—	—	—	—	—	—	—		—	—	—	—	—	—	—	—	—	
4.一般风险准备弥补亏损	—	—	—	—	—	—	—	—	—		—	—	—	—	—	—	—	—	—	
5.结转划净负债或净资产所产生的变动	—	—	—	—	—	—	—	—	—		—	—	—	—	—	—	—	—	—	
6.其他	—	—	—	—	—	—	—	—	—		—	—	—	—	—	—	—	—	—	
四、本年末余额	500 000.00	—	—	—	19 566.92	395 946.36	114 186.60	792 386.91	1 822 086.79		500 000.00	—	—	—	8 369.08	349 370.12	106 558.80	694 034.99	1 658 332.99	

法定代表人：潘卫东　　主管会计工作负责人：严军　　会计机构负责人：马晓云

5.2 信托资产

5.2.1 信托项目资产负债汇总表

信托项目资产负债汇总表

编制单位：上海国际信托有限公司　　2021年12月31日　　单位：万元

信托资产	期末余额	年初余额	信托负债和信托权益	期末余额	年初余额
信托资产：	—	—	信托负债：	—	—
货币资金	3 005 985.64	1 546 650.75	交易性金融负债	—	—
拆出资金	—	—	衍生金融负债	—	—
存出保证金	—	—	应付受托人报酬	49 095.69	28 125.98
交易性金融资产	6 880 131.13	7 628 742.39	应付托管费	3 774.45	3 740.91
衍生金融资产	—	—	应付受益人收益	4 659.72	8 147.00
买入返售金融资产	381 803.00	247 229.77	应交税费	9 818.00	9 208.83
应收款项	23 346 339.00	16 586 837.71	应付销售服务费	2 681.51	1 467.49
发放贷款	16 153 964.91	21 811 653.71	其他应付款	1 925 161.08	1 292 866.25
可供出售金融资产	11 922 900.57	9 019 042.65	预计负债	—	—
持有至到期投资	—	—	其他负债	—	—
长期应收款	—	—	信托负债合计	1 995 190.45	1 343 556.46
长期股权投资	868 377.21	1 918 055.26	信托权益：	—	—
投资性房地产	—	—	实收信托	58 945 360.25	58 323 536.70
固定资产	—	—	资本公积	5 221.84	6 694.85
无形资产	—	—	其他综合收益	50 833.89	-2 771.60
长期待摊费用	—	—	未分配利润	1 729 235.03	1 141 994.46
其他资产	166 340.00	2 054 798.63	信托权益合计	60 730 651.01	59 469 454.41
信托资产总计	62 725 841.46	60 813 010.87	信托负债及信托权益总计	62 725 841.46	60 813 010.87

企业负责人：潘卫东　　　　复核：施未　　　　制表：伍晓燕

5.2.2 信托项目利润和利润分配汇总表

信托项目利润和利润分配汇总表

编制单位：上海国际信托有限公司　　2021年度　　单位：万元

项目	本年金额	上年金额
1.营业收入	3 324 991.85	3 347 444.90
1.1 利息收入	2 772 623.70	2 618 089.68
1.2 投资收益	670 151.66	673 297.77
1.2.1 其中：对联营企业和合营企业的投资收益	—	—
1.3 公允价值变动收益	-143 203.81	50 734.51
1.4 租赁收入	—	—
1.5 汇兑损益	-1 066.13	540.16
1.6 其他收入	26 486.43	4 782.78
2.支出	490 447.77	450 734.31
2.1 营业税金及附加	10 509.07	10 215.58
2.2 受托人报酬	153 387.08	181 531.90
2.3 托管费	18 034.62	22 320.51
2.4 投资管理费	7 642.35	-7 022.64
2.5 销售服务费	12 966.62	7 387.32
2.6 交易费用	2 398.01	1 886.33
2.7 资产减值损失	2 812.17	13 357.31
2.8 其他费用	282 697.85	221 058.00
3.信托净利润	2 834 544.08	2 896 710.59
4.其他综合收益	53 605.48	120 367.51
（一）以后不能重分类进损益的其他综合收益	—	—
其中：1.重新计量设定收益计划净负债或净资产的变动	—	—

续表

项目	本年金额	上年金额
2.权益法下在被投资单位不能重分类进损益的其他综合收益中享有的份额	—	—
（二）以后将重分类进损益的其他综合收益	53 605.48	120 367.51
其中：1.权益法下在被投资单位以后重分类进损益的其他综合收益中享有的份额	—	—
2.可供出售金融资产公允价值变动损益	54 240.45	128 264.29
3.持有至到期投资重分类为可供出售金融资产损益	—	—
4.现金流量套期损益的有效部分	—	—
5.外币财务报表折算差额	-634.97	-7 896.78
5.综合收益	2 888 149.56	3 017 078.10
6.加：期初未分配信托利润	1 141 994.46	820 972.34
7.可供分配的信托利润	4 399 006.89	4 084 137.91
8.减：本期已分配信托利润	2 669 771.86	2 942 143.45
9.期末未分配信托利润	1 729 235.03	1 141 994.46

企业负责人：潘卫东　　　　复核：施未　　　　制表：伍晓燕

6. 会计报表附注

6.1 报告年度会计报表编制基准、会计政策、会计估计和核算方法发生的变化

公司财务报表以持续经营假设为基础，根据实际发生的交易和事项，按照财政部于2006年2月15日及以后期间颁布的《企业会计准则——基本准则》、各项具体会

计准则及相关规定（以下合称企业会计准则）编制。

公司固有业务自2021年度起执行了财政部近年颁布的以下企业会计准则相关规定：（1）《企业会计准则第22号——金融工具确认和计量（修订）》《企业会计准则第23号——金融资产转移（修订）》《企业会计准则第24号——套期会计（修订）》及《企业会计准则第37号——金融工具列报（修订）》（统称新金融工具准则）。（2）《企业会计准则第14号——收入（修订）》。（3）《企业会计准则第21号——租赁（修订）》（财会〔2018〕35号）。（4）《新冠肺炎疫情相关租金减让会计处理规定》（财会〔2020〕10号）及《关于调整〈新冠肺炎疫情相关租金减让会计处理规定〉适用范围的通知》（财会〔2021〕9号）。（5）《企业会计准则解释第14号》（财会〔2021〕1号）。

6.2 或有事项说明

报告期内，公司未发生对外担保及其他或有事项。

6.3 重要资产转让及其出售的说明

报告期内，上投摩根基金管理有限公司（以下简称上投摩根）由公司持股51%，摩根资产管理（英国）有限公司（以下简称摩根资产管理）持股49%。公司持有的2%和49%股权目前正处于转让过程中，买方为摩根资产管理。

根据国务院金融稳定发展委员会《关于进一步扩大金融业对外开放的有关举措》及中国证券监督管理委员会之安排，自2020年4月1日起，在全国范围内取消基金管理公司外资股比限制。在此背景下，公司收到摩根资产管理的通知，摩根资产管理拟收购公司持有的上投摩根剩余的股份。为落实国家金融业对外开放政策并优化集团发展战略，公司根据监管规定、国有资产管理的要求以及公司章程的规定，基于互惠互利的商业原则，启动上述股权转让的相关事宜。遵照国有资产监管规定，上投摩根49%股权于2020年8月25日至2020年9月21日，在上海联合产权交易所进行了公开挂牌转让。根据监管规定、国有资产管理要求及上海联合产权交易所交易规则，最终由摩根资产管理成功摘牌。此后，交易双方签署了相关股权转让协议。截至目前，本次上投摩根49%股权转让交易和此前上投摩根股权2%股权转让交易尚待中国证监会等监管部门审批。

6.4 会计报表中重要项目的明细资料

6.4.1 披露自营资产经营情况

6.4.1.1 按信用风险五级分类结果披露信用风险资产的期初数、期末数

信用风险资产五级分类	正常类（万元）	关注类（万元）	次级类（万元）	可疑类（万元）	损失类（万元）	信用风险资产合计（万元）	不良合计（万元）	不良率（%）
期初数	1 812 213.55	61 913.00	35 860.00	—	—	1 909 986.55	35 860.00	1.88
期末数	1 743 885.39	176 927.46	30 618.19	—	—	1 951 431.04	30 618.19	1.57

备注：1.不良资产合计=次级类+可疑类+损失类。
2.信用风险资产按照银保监会非现场监管G11报表口径统计。

6.4.1.2 各项资产减值损失准备的期初、本期计提、本期转回、本期核销、期末数

单位：万元

项目	期初数	本期计提	本期转回	本期核销	本期转出	期末数
以摊余成本计量金融资产的减值准备	7.59	1 835.92	—	—	—	1 843.51
以公允价值计量且其变动计入其他综合收益金融资产的减值准备	24 225.24	2 452.79	1 893.59	—	—	24 784.44
其他减值准备	53.60	97.58	—	—	—	151.18
合计	24 286.43	4 386.29	1 893.59	—	—	26 779.13

6.4.1.3 按照投资品种分类，分别披露固有业务股票投资、基金投资、债券投资、股权投资等投资业务的期初数、期末数

单位：万元

项目	自营股票	基金	债券	长期股权投资	其他投资	合计
期初数	19 644.10	381 443.79	3 171.05	150 330.11	932 774.79	1 487 363.84
期末数	29 230.01	429 128.10	3 227.37	150 603.73	973 081.40	1 585 270.61

6.4.1.4 按投资入股金额排序，前五名的自营长期股权投资的企业名称、占被投资企业权益的比例、主要经营活动及投资收益情况等

序号	企业名称	占被投资企业权益的比例（%）	主要经营活动	投资损益（万元）
1	上信资产管理有限公司	100.00	资产管理、股权投资及管理等	—
2	上投摩根基金管理有限公司	51.00	基金管理等	—
3	中国信托登记有限责任公司	3.33	信托产品信息、受益权信息及其变动情况的登记	273.62
4	上海国利货币经纪有限公司	67.00	证券经纪；证券投资咨询；证券自营	16 750.00

注：1.对上投摩根基金管理有限公司股权投资的说明详见6.4。
2.公司对中国信托登记有限责任公司的表决权比例11.11%，故将其作为联营企业核算。

6.4.1.5 前五名的自营贷款的企业名称、占贷款总额的比例和还款情况等

报告期末，公司无自营贷款。

6.4.1.6 表外业务的期初数、期末数；按照代理业务、担保业务和其他类型表外业务分别披露

单位：万元

表外业务	期初数	期末数
担保业务	—	—
代理业务（委托业务）	2 864.42	2 864.42
其他	1 330.00	1 330.00
合计	4 194.42	4 194.42

6.4.1.7 公司当年的收入结构

6.4.1.7.1 合并口径

收入结构	金额（万元）	占比（%）
手续费及佣金收入	401 885.97	70.93
其中：信托手续费收入	132 832.50	23.44
投资银行业务收入	9 047.73	1.60
利息收入	14 425.77	2.55
其他业务收入	17 351.92	3.06
其中：计入信托业务收入部分	—	—
投资收益	67 419.46	11.90
其中：股权投资收益	6 297.46	1.11
证券投资收益	18 432.76	3.25
其他投资收益	42 689.24	7.53
公允价值变动收益	18 373.64	3.24
资产处置收益	−26.92	—
其他收益	46 370.74	8.18
营业外收入	795.09	0.14
收入合计	566 595.67	100.00

6.4.1.7.2 母公司口径

收入结构	金额（万元）	占比（%）
手续费及佣金收入	144 727.96	51.35
其中：信托手续费收入	135 680.23	48.14
投资银行业务收入	9 047.73	3.21
利息收入	1 877.72	0.67
其他业务收入	764.72	0.27
其中：计入信托业务收入部分	—	—
投资收益	70 161.37	24.90
其中：股权投资收益	19 873.62	7.05
证券投资收益	10 006.43	3.55
其他投资收益	40 281.32	14.29
公允价值变动收益	18 954.62	6.73
资产处置收益	—	—
其他收益	44 537.32	15.80
营业外收入	795.08	0.28
收入合计	281 818.79	100.00

2021年度以手续费及佣金确认的信托业务收入金额为115 227.74万元，以业绩报酬形式确认的信托业务收入金额为20 240.23万元，以其他形式确认的信托业务收入金额为212.26万元。

6.4.2 披露信托财产管理情况

6.4.2.1 信托资产的期初数、期末数

单位：万元

信托资产	期初数	期末数
集合	21 465 217.83	19 799 886.72
单一	21 729 858.81	15 570 642.41
财产权	17 617 934.23	27 355 312.33
合计	60 813 010.87	62 725 841.46

6.4.2.1.1 主动管理型信托业务的信托资产期初数、期末数

单位：万元

主动管理型信托资产	期初数	期末数
证券投资类	10 690 583.21	11 995 230.83
股权投资类	422 927.35	596 693.44
融资类	7 517 437.16	5 469 602.48
合计	19 690 502.08	19 299 352.44

6.4.2.1.2 事务管理型信托业务的信托资产期初数、期末数

单位：万元

事务管理型信托资产	期初数	期末数
证券投资类	866 853.07	503 391.70
股权投资类	2 693 692.54	1 368 893.64
融资类	31 237 806.44	35 804 386.13
合计	41 122 508.79	43 426 489.02

6.4.2.2 本年度已清算结束的信托项目表

6.4.2.2.1 本年度已清算结束的信托项目

已清算结束信托项目	项目数（个）	实收信托合计金额（万元）	加权平均实际年化收益率（%）
集合资金类	98	4 918 602.00	5.55
单一资金类	242	4 871 853.04	5.71
财产管理类	50	5 127 494.30	8.06

注：加权平均实际年化收益率=（信托项目1的实际年化收益率×信托项目1的实收信托+……+信托项目n的实际年化收益率×信托项目n的实收信托）/（信托项目1的实收信托+……+信托项目n的实收信托）×100%。

6.4.2.2.2 本年度已清算结束的主动管理型信托项目

已清算结束信托项目	项目数（个）	实收信托合计金额（万元）	加权平均实际信托报酬率（%）	加权平均实际年化收益率（%）
证券投资类	14	74 963.31	0.62	5.89
股权投资类	—	—	—	—
融资类	75	3 981 987.00	0.74	6.77

注：加权平均实际年化收益率=（信托项目1的实际年化收益率×信托项目1的实收信托+……+信托项目n的实际年化收益率×信托项目n的实收信托）/（信托项目1的实收信托+……+信托项目n的实收信托）×100%。

6.4.2.2.3 本年度已清算结束的事务管理型信托项目

已清算结束信托项目	项目数（个）	实收信托合计金额（万元）	加权平均实际信托报酬率（%）	加权平均实际年化收益率（%）
证券投资类	11	247 285.94	0.33	8.44
股权投资类	7	1 118 763.00	0.12	5.79
融资类	147	8 778 284.70	0.12	6.25

注：加权平均实际年化收益率=（信托项目1的实际年化收益率×信托项目1的实收信托+……+信托项目n的实际年化收益率×信托项目n的实收信托）/（信托项目1的实收信托+……+信托项目n的实收信托）×100%。

6.4.2.3 本年度新增的信托项目

新增信托项目	项目数（个）	实收信托合计金额（万元）
集合类	243	38 867 217.30
单一类	230	1 239 087.92
财产管理类	669	23 048 880.84
新增合计	1 142	63 155 186.06
其中：主动管理型	1 058	39 499 997.03
事务管理型	84	23 655 189.03

注：本年新增信托项目指在本报告年度内累计新增的信托项目个数和金额。包含本年度新增并于本年度内结束的项目和本年度新增至报告期末仍在持续管理的信托项目。

6.4.2.4 信托业务创新成果和特色业务有关情况

上海信托始终坚持创新发展理念，将业务创新和特色业务作为公司战略工作持续推进，大力发展现金管理、债券投资、固收+投资、基金组合投资、股权投资、普惠金融、家族信托、家庭信托、资产证券化、慈善信托等创新业务。2021年，公司现金管理和债券投资业务不断丰富投资策略，创新设立产品类别，优化团队结构，投研实力不断强化；基金组合投资业务规模显著增长，围绕私募基金和公募基金形成了系列化产品线布局；家族信托管理规模进一步突破，成为公司转型升级的重要领域；家庭信托业务创新取得显著成效，充分发挥信托制度价值；股权投资业务部门深化与专业机构合作，专业化程度持续提升，布局领域不断拓展；资产证券化业务不断提高资源整合竞争力，积极探索业务联动；慈善信托业务规模大幅增加，业务涉及巩固脱贫攻坚成果、乡村振兴和推动共同富裕等领域；普惠金融业务进一步发展，系统建设成效显著。公司努力打造立体化、多层次的产品图谱，覆盖不同资产种类、风险等级和流动性要求的资管产品体系，持续提升投研能力，构建以客户为中心的资产管理和财富管理的正向循环体系。

6.4.2.5 本公司履行受托人义务情况

公司严格按照《信托法》《信托公司管理办法》《信托公司集合资金信托计划管理办法》及信托文件等规定，履行诚实、信用、谨慎、有效管理的义务，为受益人的最大利益处理信托事务。

根据银保监会的要求，每个信托产品发行前均有一整套的产品相关信息备忘录等资料置于受托人营业场所，以备委托人（受益人）查阅。

委托人在认购信托计划前，提示投资者认真阅读信托计划说明书和其他信托文件。同时，严格审核委托人为合格投资者，并以自己合法所有的资金认购信托单位。

公司将信托财产与其固有财产分别管理、分别记账。同时，对不同的信托资金建立单独的会计账户分别核算，并在银行分别开设单独的银行账户，在证券交易机构分别开设独立的证券账户与资金账户。

根据信托文件的规定，及时履行定期信托计划的信息披露义务。每个信托计划设立后5个工作日内，就信托合同数与信托资金总额向委托人（受益人）进行披露。并按照信托合同的规定，定期将信托资金运用及收益情况以书面信函告知信托文件规定的人。

信托合同终止时，根据信托合同的规定，以信托财产为限向受益人支付信托利益。同时，公司严格根据银保监会的要求，在信托终止后十个工作日内作出处理信托事务的清算报告，经审计后送达信托财产归属人。

根据《信托法》要求，妥善保管处理信托事务的完整记录、原始凭证及资料，保存期自信托计划终止之日起十五年。同时对委托人、受益人以及处理信托事务的情况和资料依法保密。

报告期内，公司管理的信托项目运作正常，到期信托产品合同金额人民币1 491.79亿元，全部安全交付受益人，未出现因公司自身责任而导致的信托资产损失情况。

6.5 关联方关系及其交易的披露

6.5.1 关联交易方的数量、关联交易的总金额及关联交易的定价政策等

项目	关联交易方数量	关联交易金额（万元）	定价政策
合计	3	-293 866.01	按市场价格交易；若无市场价格，则按公允原则，以不优于对非关联方同类交易的条件定价交易

6.5.2 关联交易方与本公司的关系性质、关联交易方的名称、法定代表人、注册地址、注册资本及主营业务等

关系性质	关联方名称	法定代表人	注册地址	注册资本（万元）	主营业务
受同一最终控制方控制	浦银安盛基金管理有限公司	谢伟	中国（上海）自由贸易试验区浦东大道981号3幢316室	191 000.00	基金募集、销售和资产管理
控股子公司	上信资产管理有限公司	陈兵	武昌路559号B楼151室	120 000.00	股权投资和资产管理
控股子公司	上投摩根基金管理有限公司	陈兵	中国（上海）自由贸易试验区富城路99号震旦国际大楼25楼	25 000.00	基金募集、基金销售、资产管理

6.5.3 逐笔披露本公司与关联方的重大交易事项

6.5.3.1 固有与关联方交易情况：贷款、投资、租赁、应收账款担保、其他方式等期初汇总数、本期借方和贷方发生额汇总数、期末汇总数

固有与关联方关联交易 单位：万元

项目	期初数	借方发生额	贷方发生额	期末数
贷款	—	—	—	—
投资	32 420.00	85 592.83	9 142.20	108 870.63
租赁	—	—	—	—
担保	—	—	—	—
应收账款	26 000.00	649.14	—	26 649.14
其他	—	—	—	—
合计	58 420.00	86 241.97	9 142.20	135 519.77

6.5.3.2 信托与关联方交易情况：贷款、投资、租赁、应收账款、担保、其他方式等期初汇总数、本期借方和贷方发生额汇总数、期末汇总数

信托与关联方关联交易 单位：万元

项目	期初数	借方发生额	贷方发生额	期末数
贷款	—	—	—	—
投资	99 999.99	—	—	99 999.99
租赁	—	—	—	—
担保	—	—	—	—
应收账款	—	—	—	—
其他	—	—	—	—
合计	99 999.99	—	—	99 999.99

6.5.3.3 本公司自有资金运用于自己管理的信托项目（固信交易）、本公司管理的信托项目之间的相互（信信交易）交易金额，包括余额和本报告年度的发生额

6.5.3.3.1 固有与信托财产之间的交易金额期初汇总数、本期发生额汇总数、期末汇总数

固有财产与信托财产相互交易 单位：万元

项目	期初数	本期发生额	期末数
合计	768 801.51	−205 028.18	563 773.33

6.5.3.3.2 信托项目之间的交易金额期初汇总数、本期发生额汇总数、期末汇总数

信托资产与信托财产相互交易 单位：万元

项目	期初数	本期发生额	期末数
合计	1 233 317.26	−165 937.60	1 067 379.66

6.5.4 逐笔披露关联方逾期未偿还公司资金的详细情况以及公司为关联方担保发生或即将发生垫款的详细情况

公司无关联方逾期未偿还公司资金的情况以及为关联方担保发生或即将发生垫款的情况。

6.6 会计制度的披露

公司固有业务2008年1月1日起执行财政部2006年2月15日及以后期间颁布的《企业会计准则——基本准则》、各项具体会计准则及相关规定。

公司信托业务2010年1月1日起执行财政部2006年2月15日及以后期间颁布的《企业会计准则——基本准则》、各项具体会计准则及相关规定。

7. 财务情况说明书

7.1 利润实现和分配情况

7.1.1 母公司利润实现和分配情况

本报告期母公司实现利润总额181 258.31万元，发生企业所得税费用39 017.98万元，实现净利润142 240.33万元。

依据《公司法》《信托公司管理办法》和《金融企业准备金计提管理办法》（财金〔2012〕20号）的规定，2021年度利润分配如下：

（1）提取10的法定盈余公积金14 224.03万元。

（2）提取20的任意盈余公积金28 448.07万元。

（3）按照《金融企业准备金计提管理办法》的规定，鉴于年末一般风险准备余额已经不低于风险资产期末余额的1.5，不再计提一般风险准备。

（4）根据本公司《信托赔偿准备金的提取、使用和管理办法》规定，按税后利润的5%计提信托赔偿准备金7 112.02万元。

上述各项提取之后，剩余部分92 456.21万元，加上年初未分配利润662 714.35万元及会计政策变更调增年初未分配利润8 768.28万元，2021年末剩余未分配利润763 938.84万元。

2022年4月20日经公司董事会审议通过2021年度利润分配方案：暂不向全体股东派发现金股利，未分配利润763 938.84万元留存以后年度进行分配。

7.1.2 合并报表利润实现和分配情况

本报告期合并报表实现利润总额272 980.81万元，发生企业所得税费用68 543.12万元，实现净利润204 437.69万元，其中归属于母公司所有者的净利润171 899.40万元，少数股东损益32 538.29万元。

依据《公司法》《信托公司管理办法》和《金融企业准备金计提管理办法》的规定，母公司、上信资产管理有限公司、上投摩根基金管理有限公司及上海国利货币经纪有限公司的2021年度合并报表利润分配如下：

（1）根据母公司净利润提取10%的法定盈余公积14 224.03万元。

（2）根据母公司净利润提取20%的任意盈余公积金28 448.07万元。

（3）根据母公司提取的一般风险准备，以及子公司上投摩根基金管理有限公司和上海国利货币经纪有限公司提取一般风险准备按母公司投资比例确认的部分，合计计提9 991.05万元。

（4）根据母公司净利润提取5%的信托赔偿准备金7 112.02万元。

（5）根据上海国利货币经纪有限公司提取的职工奖励及福利基金按母公司投资比例确认1 081.00万元。

上述各项提取之后，剩余部分111 043.23万元，加上年初合并未分配利润724 818.81万元及会计政策变更调增年初未分配利润2 878.66万元，2021年末剩余未分配利润838 740.70万元。

7.2 主要财务指标

合并口径如下表所示。

指标名称	指标值
资本利润率（%）	9.14
加权年化信托报酬率（%）	0.2463
人均净利润（万元）	402.57

母公司口径如下表所示。

指标名称	指标值
资本利润率（%）	8.17
加权年化信托报酬率（%）	0.2463
人均净利润（万元）	333.12

注：1.资本利润率＝净利润/所有者权益加权平均余额×100%。
2.加权年化信托报酬率＝（信托项目1的实际年化信托报酬率×信托项目1的实收信托＋信托项目2的实际年化信托报酬率×信托项目2的实收信托＋……信托项目n的实际年化信托报酬率×信托项目n的实收信托）/（信托项目1的实收信托＋信托项目2的实收信托＋……信托项目n的实收信托）×100%。
3.人均净利润＝净利润/年平均人数。
4.平均值采取年初、年末余额简单平均法，公式为：a（平均）＝（年初数＋年末数）/2。

7.3 对本公司财务状况、经营成果有重大影响的其他事项

报告期内，公司未发生对财务状况、经营成果有重大影响的其他事项。

8.特别事项揭示

8.1 前五名股东报告期内变动情况及原因

报告期内，公司三名股东未发生变动。

8.2 董事、监事及高级管理人员变动情况及原因

公司于2020年12月30日以通信方式召开第六届董事会第四十一次会议，同意聘任邹俪同志为公司副总经理，并经中国银保监会上海监管局核准任职资格后于2021年2月8日正式任职。

8.3 变更注册资本、变更注册地或公司名称、公司分立合并事项

无。

8.4 公司重大诉讼事项

无。

8.5 司及其董事、监事和高级管理人员受到处罚的情况

无。

8.6 银保监会检查意见的整改情况

报告期内，外部监管机构未对公司进行正式的现场检查。

8.7 公司重大事项临时报告披露内容

无。

9.公司监事会意见

关于公司依法运作情况的意见。报告期内，公司的决策程序符合国家法律、法规和公司的章程及相关制度，建立健全了比较有效的内控制度。董事会全体成员及董事会聘任的高级管理人员认真履行了职责，未发现有重大违法、违规、违章的行为，也没有损害公司利益、股东利益和委托人利益的行为。

关于公司财务报告真实性的意见。报告期内，公司财务报告真实反映了公司财务状况和经营成果。

本年度报告的编制和审议程序符合国家法律、法规和公司章程，报告的内容和格式符合中国银保监会的规定。

苏州信托有限公司

1. 重要提示

1.1 苏州信托有限公司董事会及董事保证本报告所载资料不存在任何虚假记载、误导性陈述或者重大遗漏，并对本报告所载资料内容的真实性、准确性和完整性承担个别及连带责任。本年度报告摘要摘自年度报告全文，客户及相关利益人欲了解详细内容，应阅读年度报告全文。

1.2 公司股东会已建立独立董事制度，独立董事陈琦伟、庄毓敏、王则斌声明：本年度报告内容真实、准确、完整。

1.3 公司董事长沈光俊、主管会计工作的负责人周也勤、会计机构负责人赵晓萍声明：本报告中财务会计报告内容真实、完整。

2. 公司概况

2.1 公司简介

苏州信托有限公司（以下简称苏州信托）原名苏州信托投资有限公司，于1991年3月18日经中国人民银行批准设立；2002年9月18日获准重新工商登记；2007年7月12日经中国银行业监督管理委员会（银监复〔2007〕282号文）批准同意，公司变更为现名称，并调整业务范围，同年9月4日换领新的金融许可证；2008年5月20日，公司获中国银行业监督管理委员会（银监复〔2008〕182号文）批复，同意引进新股东，实行增资扩股，注册资本增至5.9亿元；2012年8月，公司获中国银行业监督管理委员会江苏监管局（苏银监复〔2012〕447号文）批准同意，完成二次增资，注册资本金增至12亿元。

公司中文名称	苏州信托有限公司
中文简称	苏州信托
公司英文名称	SUZHOU TRUST Co., Ltd.
英文缩写	SUZHOU TRUST
法定代表人	沈光俊
注册地址	苏州市工业园区苏雅路308号信投大厦18楼—22楼
邮政编码	215021
国际互联网网址	WWW.TRUSTSZ.COM
电子信箱	SZXT@TRUSTSZ.COM
公司负责信息披露事务的高级管理人员	汪瑜
公司负责信息披露事务的联系人	联系人：韩冰 联系电话：0512-65728986 传真：0512-65291886 电子信箱：HANB@TRUSTSZ.COM
公司选定信息披露的报纸	《证券时报》
登载公司年度报告的国际互联网网址	WWW.TRUSTSZ.COM
公司年度报告备置地点	苏州市工业园区苏雅路308号信投大厦18楼—22楼
公司聘请的会计师事务所	天衡会计师事务所（特殊普通合伙）
会计师事务所办公住所	南京市建邺区江东中路106号1907室
公司聘请的律师事务所	江苏新天伦律师事务所
律师事务所办公场所	苏州工业园区苏桐路37号（星海街口）四号楼3—4楼

2.2 组织结构

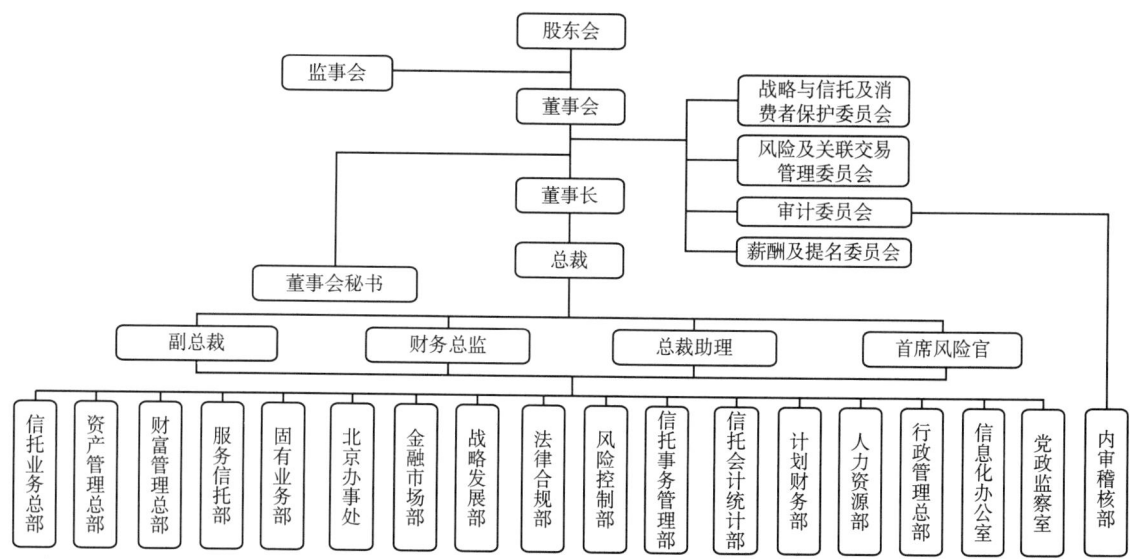

3. 公司治理

3.1 公司股东

截至报告期末公司股东有3名，相关情况如下表所示。

股东名称	持股比例（%）	法定代表人	注册资本（亿元）	注册地址	主要经营业务及主要财务情况
苏州国际发展集团有限公司（以下简称：苏州国发）	70.01	黄建林	100	苏州市人民路3118号	授权范围内的国有资产经营管理，国内商业、物资供销业（国家规定的专营、专项审批商品除外），及各类咨询服务。2020年末公司总资产1 606.40亿元，净资产469.46亿元，净利润23.10亿元
苏州文化旅游发展集团有限公司（以下简称：苏州文旅）	19.99	吴妤	11	苏州市人民路1430号	受出资人委托全面管理和经营授权范围内的国有资产；对各类文化旅游及相关产业投资、建设、开发和管理；房地产及酒店投资；资产租赁；自营和代理各类商品及技术的进出口业务，为企业提供生产和生活服务。2020年末公司总资产67.31亿元，净资产29.49亿元，净利润1.40亿元
苏州市农业发展集团有限公司（以下简称：苏州农发）	10	俞颂家	27.93	苏州市人民路3158号	股权投资、实业投资与管理；项目、资产与资金受托经营管理；与投资有关的中介、咨询、评估、代理；物业出租及管理；农业项目开发建设、涉农旅游项目开发、城乡基础设施和公共配套设施建设；销售：农副产品、金属材料、建材。2020年末公司总资产118.95亿元，净资产44.62亿元，净利润1.37亿元

公司股东出资额与出资比例相关情况如下表所示。

股东名称	出资额（元）	出资方式	出资时间	最终受益人
苏州国发	840 120 000	现金	2012年8月31日	苏州国发
苏州文旅	239 880 000	现金	2017年7月26日	苏州文旅
苏州农发	120 000 000	现金	2020年12月29日	苏州农发

公司控股股东为苏州国发，实际控制人为苏州市财政局。公司三方股东不存在关联关系，也不属于一致行动人。

3.2 公司第一大股东的主要股东情况

股东名称	出资比例（%）
苏州市财政局	100

3.3 董事、董事会及其下属委员会

姓名	职务	性别	年龄（岁）	选任日期	所推举的股东名称	该股东持股比例（%）	简要履历
沈光俊	董事长	男	50	2018年11月	苏州国发	70.01	曾先后任职于苏州资产评估事务所项目助理、项目经理、部门经理、合伙人，苏州仁合资产评估有限公司董事及南京分公司总经理，苏州信托有限公司理财服务中心副主任、主任、总经理助理、副总裁、总裁，现任苏州信托有限公司董事长
郑刚	董事	男	47	2018年1月	苏州国发	70.01	曾先后任职于苏州互感器厂会计、财务科副科长、财务科科长，苏州电器发展实业有限公司财务部经理，苏州市住房置业担保有限公司财务部经理、总经理助理、副总经理、总经理、董事长，现任苏州国际发展集团有限公司资本运营部总经理
金伟华	董事	男	50	2020年5月	苏州国发	70.01	曾先后任职于苏州市国资局、吴江市财政局、吴江市国资局副局长、吴江市东方国资公司副总经理、吴江市外经局副局长、吴江市城市投资发展有限公司董事长、吴江区太湖新城党工委副书记、管委会主任、松陵镇党委副书记、镇长，现任苏州信托有限公司党总支部书记、苏信创业投资有限公司董事长
马伟华	董事	男	51	2018年1月	苏州文旅	19.99	曾先后任职于苏州市物资局、苏州物资控股（集团）有限责任公司综合经营管理处副处长、投资发展处副处长、处长，现任苏州文化旅游发展集团有限公司总经理助理兼投资发展部经理、苏州国际贸易中心董事长
虞涛	董事	男	41	2021年6月	苏州农发	10	曾先后任职于江苏公证天业会计师事务所苏州分所，苏州市农业发展集团有限公司风险管理部总经理兼资产管理部总经理、实业事业中心副主任、风险总监、审计部总经理（兼），现任苏州市农业发展集团有限公司党委委员、财务总监、财务中心主任（兼）
张清	职工董事	男	46	2021年6月	—		曾先后任职于苏州市拍卖部门经理，苏州信托有限公司理财服务中心副主任、主任、市场发展部经理、研究发展部经理、南京办事处总经理、信托业务总部总经理、助理总裁、总裁助理、副总裁，现任苏州信托有限公司总裁

董事会独立董事

姓名	职务	性别	年龄（岁）	选任日期	所推举的股东名称	该股东持股比例（%）	简要履历
陈琦伟	独立董事	男	69	2021年6月	苏州国发	70.01	曾任华东师范大学讲师、副教授、教授，上海交通大学安泰经济与管理学院教授、博士生导师，海通证券独立董事，东方明珠独立董事，广州发展独立董事，现任亚商集团董事长
庄毓敏	独立董事	女	59	2018年1月	苏州文旅	19.99	曾挂职苏州市人民政府市长助理，曾任中国人民大学财政金融学院副院长，研究生院院长，福建闽江学院副院长（主持工作）。现任中国人民大学财政金融学院院长，第十三届全国人大代表，财政经济委员会委员
王则斌	独立董事	男	61	2018年1月	苏州农发	10	曾历任苏州大学财经学院教师、会计系党支部书记、商学院会计系主任、东吴商学院副院长、院长。现任苏州大学东吴商学院教授

董事会下属各委员会

董事会下属委员会名称	职责	组成人员姓名
战略与信托及消费者保护委员会	负责研究公司战略发展规划、业务及机构发展规划等影响公司发展的重大事项；督促公司依法履行受托职责；拟订消费者权益保护工作的战略、政策和目标，督促高管层有效执行和落实相关工作，定期听取关于消费者权益保护工作开展情况的专题报告，监督、评价消费者权益保护工作的全面性、及时性、有效性以及高管层相关履职情况	陈琦伟、庄毓敏、郑刚、赵刚太、虞涛
风险及关联交易委员会	负责审核和拟订公司的风险管理战略、政策和规程以及内部控制制度，并监督上述战略、政策、规程和内部控制制度的执行；批准包括新信托业务及超过重大投资决策管理委员会权限的事项；负责公司关联交易的管理，及时审查和批准关联交易，控制关联交易风险	王则斌、庄毓敏、郑刚、赵刚太、虞涛
审计委员会	负责公司与外部审计的沟通及对其的监督核查、对内部审计的监管，以及评估、分析公司内控机制和风险管理方面存在的问题	王则斌、陈琦伟、郑刚、马伟华、虞涛
薪酬及提名委员会	负责核准公司年度薪酬方案，审定公司董事和高级管理人员的选任及考核标准和程序；负责审定公司董事和高级管理人员的薪酬和激励计划与方案并提交董事会审议	庄毓敏、王则斌、郑刚、马伟华、虞涛

3.4 公司监事、监事会及其下属委员会

姓名	职务	性别	年龄（岁）	选任日期	所推的股东名称	该股东持股比例（%）	简要履历
陈磊	监事长	男	58	2020年4月	苏州国发	70.01	曾任江苏省国资局副主任科员、主任科员，江苏省产权交易所副所长，资产评估中心副主任，江苏省财政厅工贸发展处调研员兼产权交易所所长、股权登记中心主任、苏信创业投资有限公司董事长，现任苏州信托有限公司监事长
胡斌	监事	男	53	2020年4月	苏州国发	70.01	曾任中国包装进出口总公司江苏苏州支公司干部、苏州市外经局科员、苏州市政府办公室处长，现任苏州国际发展集团有限公司总经理助理
孙权	监事	男	41	2021年6月	苏州国发	70.01	曾任职于苏州市职业大学经贸系金融教研室助教、讲师，苏州国际发展集团有限公司资产管理部副经理、纪检监察室副主任，现任苏州国际发展集团有限公司资产管理部总经理兼苏州市金融发展研究会党支部书记
周洵	监事	男	34	2020年4月	苏州文旅	19.99	曾任职于张家港市审计局办事员、副股级科员、苏州市审计局固定资产投资审计处科员，后担任苏州文化旅游发展集团有限公司内审部副经理，现任苏州文化旅游发展集团有限公司内审部经理、工联会副主席
徐李梅	职工监事	女	44	2013年11月	—	—	曾任职于苏州市投资公司投资部，后担任苏州信托有限公司固有业务部业务主管、信托业务二部副经理，现任苏州信托有限公司人力资源部总经理

公司监事会未设立下属委员会。

3.5 高级管理人员

姓名	职务	性别	年龄（岁）	选任日期	金融从业年限（年）	学历	专业	简要履历
沈光俊	董事长	男	50	2018年11月	17	本科	财政	曾先后任职于苏州资产评估事务所项目助理、项目经理、部门经理、合伙人，苏州仁合资产评估有限公司董事及南京分公司总经理，苏州信托有限公司理财服务中心副主任、主任、总经理助理、副总裁、总裁，现任苏州信托有限公司董事长

续表

姓名	职务	性别	年龄（岁）	选任日期	金融从业年限（年）	学历	专业	简要履历
张清	总裁	男	46	2020年5月	16	本科	经济管理	曾先后任职于苏州市拍卖行部门经理，苏州信托有限公司理财服务中心副主任、主任、市场发展部经理、研究发展部经理、南京办事处总经理、信托业务总部总经理、助理总裁、总裁助理、副总裁，现任苏州信托有限公司总裁
周也勤	副总裁兼财务总监	男	58	2010年12月	31	中专	会计	曾任职于苏州前进化工厂财务科，先后担任苏州信托有限公司财务部经理、总经理助理、副总裁兼财务总监
汪瑜	副总裁兼董事会秘书	女	43	2014年9月	20	硕士	行政管理	曾任职于恒远证券苏州干将路营业部，先后担任苏州信托有限公司综合管理部副经理、经理、总裁助理、副总裁兼董事会秘书
姚文德	副总裁	男	53	2016年4月	18	本科	财政	曾先后任职于苏州市国有资产评估中心，苏州资产评估事务所评估部副经理，江苏仁合资产评估有限公司资产评估部经理，先后担任苏州信托有限公司信托业务部副经理、经理、总裁助理、副总裁
袁敏文	首席风险官	男	52	2016年2月	29	本科	会计	曾任职于苏州市庆丰仪表厂财务科任总账会计，先后担任苏州信托有限公司计划财务部、内审稽核部、项目管理部、理财服务中心、风险控制部、合规管理部、法律事务部、战略发展部等部门主要负责人、助理总裁、首席风险官
顾向明	总裁助理	男	47	2016年12月	22	本科	国际金融	曾任职交通银行苏州分行国际业务部，先后担任苏州信托有限公司信托业务部副经理、经理，信托业务总部副总经理、助理总裁兼信托业务总部总经理、助理总裁兼资产管理总部总经理、总裁助理

3.6 公司员工

		人数（人）	比例（%）
年龄分布	30岁以下	42	25.77
	31—40岁	77	47.24
	41—50岁	30	18.40
	51岁以上	14	8.59
	小计	163	100.00
性别分布	男	96	58.90
	女	67	41.10
	小计	163	100.00
学历分布	博士	2	1.23
	硕士	95	58.28
	本科	59	36.19
	专科	5	3.07
	其他	2	1.23
	小计	163	100.00
岗位分布	经营管理人员	10	6.13
	自营业务人员	3	1.84
	信托业务人员	71	43.56
	中台人员	43	26.38
	后台人员	36	22.09
	小计	163	100.00

4.经营管理

4.1 经营目标、方针、战略

公司经营目标：继续理顺治理机制；完善以规划为导向、以人才为基础、以制度为标准的科学发展模式；积极探索利用股东资源和开发战略联盟资源进行合作的方式，拓宽和加深核心业务的开发培育；逐步建立更加有效的绩效考核和激励机制，吸引更多更优秀的人才为公司发展服务；进一步提升市场营销与项目拓展能力，加大客户开发、产品供给的力度，为客户提供更丰富的产品和更优质的服务；努力实现由地方性中小机构向全国性信托公司转变，最终成为独具特色的信托理财专业机构。

公司经营方针：坚持依法合规和稳健经营，坚持以健康可持续发展为导向、以"诚信、创新、协作、敬业、自律"为核心理念的发展路径，通过规范的公司治理和不断完善的经营管理机制，以及依靠外部引进的高层次人才，推进信托主业的转型和全面发展。

公司战略规划：以"独具特色的财富受托人"为愿景，打造特色化的信托产品、综合的理财服务，以及全国性的影响力，成为地方信托公司中的标杆型企业。

4.2 公司所经营业务的主要内容

4.2.1 自营资产运用与分布表

资产运用	金额（万元）	占比（%）	资产分布	金额（万元）	占比（%）
货币资产	138 848	20.65	基础产业	—	—
贷款及应收款	43 922	6.53	房地产业	54 792	8.15
交易性金融资产	301 981	44.91	证券市场	105 898	15.75
其他权益工具投资	102 995	15.32	实业	40 240	5.98
长期股权投资	—	—	金融机构	423 391	62.97
其他	84 663	12.59	其他	48 088	7.15
资产合计	672 409	100.00	资产合计	672 409	100.00

4.2.2 信托资产运用与分布表

资产运用	金额（万元）	占比（%）	资产分布	金额（万元）	占比（%）
货币资金	124 369.73	1.95	基础产业	302 943.00	4.76
贷款	1 920 999.98	30.19	房地产	201 980.82	3.17

续表

资产运用	金额（万元）	占比（%）	资产分布	金额（万元）	占比（%）
交易性金融资产	863 952.20	13.58	证券	1 296 736.75	20.38
持有至到期投资	2 832 494.19	44.51	金融机构	125 050.85	1.96
长期股权投资	368 998.86	5.80	工商企业	3 458 560.93	54.35
长期应收款	—	—	其他	978 481.04	15.38
买入返售金融资产	47 600.00	0.75			
应收款项	16 307.57	0.25			
其他资产	189 830.86	2.98			
减：各项资产减值准备	800.00	0.01			
信托资产总计	6 363 753.39	100.00	信托资产总计	6 363 753.39	100.00

4.3 市场分析

4.3.1 宏观经济分析

2021年，我国国内经济运行总体平稳，全年最终消费和净出口对经济增长的贡献率较疫情前明显提升；工业经济保持稳定复苏态势，服务业复苏受新冠肺炎疫情扰动波动较大、结构分化明显。中央2021年经济工作会议指出，当前我国经济面临需求收缩、供给冲击、预期转弱三重压力，但长期向好的基本面不会改变，高质量发展取得新成效，实现了"十四五"良好开局。

4.3.2 金融形势分析

2021年，金融系统贯彻创新、协调、绿色、开放、共享的发展理念，金融总量适度增长，流动性合理。金融结构持续优化，支持国内经济高质量发展，加大了对科技创新的支持力度，扎实推进绿色金融发展，坚持普惠金融，加大服务实体经济。

长期来看，国内信托行业严监管稳步推进且态势延续。随着资管新规的全面落地，信托行业也将在创新转型的快车道中加速冲刺，信托公司纷纷步入回归信托本源、强化主动管理能力、做强投资业务、做大标品信托、做优服务信托的转型路线，达到服务实体经济发展的目的。

4.3.3 影响本公司业务发展的主要因素

报告期内，本公司业务发展的有利因素主要有：国内经济发展稳中向好，助力加快构建新发展格局；行业发展方向愈加明晰，信托牌照独有优势显现；信托业务新发展格局前景广阔，资本市场深化改革的环境带来了标准化资产开拓的机会，加之国内社会财富规模不断上升，巨大的资产管理需求、综合化的财富管理需求以及公益慈善等社会服务需求，资产证券化、服务信托、家族信托、慈善信托等创新业务快速发展；股东单位的大力支持，为公司健康发展奠定了基础。

报告期内，本公司业务发展的不利因素主要有：国内外的宏观环境复杂严峻，部分行业面临结构性调整，公司主营业务结构、盈利模式和风险管控受到前所未有的挑战；公司注册资本金偏低，需进一步夯实资本实力，提升公司净资本和风险抵御能力；此外，市场风险，个别信托公司兑付危机带来的声誉风险都对信托公司发展不利。

4.4 公司内部控制概况

4.4.1 内部控制环境和内部控制文化

公司高度重视内部控制管理体系建设，不断改善内部控制环境。公司内部控制旨在实现合理保证经营管理合法合规性、提高经营效率和效果、促进公司实现发展战略等目标。

公司按照《中华人民共和国公司法》《中华人民共和国信托法》《信托公司治理指引》《企业内部控制基本规范》等法律法规以及苏州信托有限公司章程的相关要求，建立了由股东会、董事会、监事会以及高级管理层组成的法人治理结构，形成了权力机构、决策机构、监督机构和管理层之间分工配合、相互制衡的运作机制。公司董事会和各位董事始终按照《中华人民共和国公司法》、苏州信托有限公司章程等相关法律法规及内部章程的规定，认真履行公司股东会赋予的职责，规范运作、科学决策，积极推进公司各项工作的开展，实现公司健康稳定的发展。董事会下设战略与信托及消费者保护委员会、风险及关联交易委员会、审计委员会、薪酬及提名委员会，各委员会分工明确，协助董事会开展公司的各项工作。公司股东会建立了独立董事制度，聘请业内专家担任独立董事，公司独立董事具有丰富的经济、金融和法律实践经验，对经济形势和金融局势具有敏锐观察力，能认真履行职责，指导公司防范信托行业中存在的风险，把握业务发展的方向。监事会对公司的各项经营活动进行监督，报告期内监事会依法履行职责，督促公司合法、合规经营和加强风险防范，为公司健康、稳步发展发挥了重要作用。

公司重视内部控制文化建设，坚持以合规经营和维护受益人利益为出发点，坚持"业务发展、内控先行"的管理理念，建立了涵盖企业价值观、经营理念、运行原则、操守规范的文化体系；坚持可持续发展的人力资源政策，建立了激励与约束并重的人力资本管理体系；

从环境文化、制度文化、组织文化、行为文化等多层次切入，通过制度建设、员工培训、激励安排等方式倡导和实践内部控制核心理念，营造良好的合规经营和风险防范的内部控制文化氛围。

4.4.2 内部控制措施

公司根据业务发展以及监管要求进行制度和流程修订工作，建立了相对完备的内部控制制度体系。2021年公司完成了包括《违规经营投资责任追究实施细则》《并表管理实施办法》等7个制度的制定工作，完成了《案件防控管理办法》《信息披露管理办法》《财务管理办法》等59个制度、流程的修订工作。

公司不断完善在业务管理、风险管理、后续管理等方面的内部控制制度和流程，业务运作中实现了前台、中台、后台的严格分离及各部门之间高效衔接、密切合作。此外，公司建立健全严格的隔离机制，实现信托业务与固有业务相互独立运作，各部门实行有效的岗位分工，进一步保证公司内部控制制度的有效执行。

公司建立了明确的授权制度，执行严格的审批程序与审批权限。根据业务需要，建立了有效的业务决策系统：各业务部门对项目进行初步筛选，风险控制部、法律合规部对项目进行审查，客观出具报告。公司针对信托业务和固有业务的业务特性，分别成立了信托业务决策委员会和固有业务决策委员会，对公司各项业务进行集体审议，科学决策。

报告期内，公司组织开展了"内控合规管理建设年"自查、全面风险排查、案件防控、非法集资风险集中排查等专项风险排查工作，排查、整改情况良好。

公司建立业务风险预警机制和突发事件应急处理机制，明确风险预警标准、规范处置程序，制定了《业务风险预警及应急处置管理暂行办法》《信托业务风险应急与处置操作实施细则》，完善突发事件应急处置流程，确保突发事件得到及时妥善处理。

4.4.3 信息交流与反馈

公司建立了良好的信息沟通机制，确保信息在公司内部、公司内部与外部之间的有效沟通和反馈。公司通过业务系统、电话、公司官方网站、微信公众号、信托登记系统，收集、处理、存储、利用和反馈管理信息和业务信息，保证高级管理层、公司员工等相关人员能够及时了解掌握各类信息，监管部门和客户能及时获得真实、准确、完整的信息。

报告期内，公司积极推进信息科技系统建设，加强技术支持和系统运行优化与维护，制定和执行应急演练预案，保障公司对内及对外信息沟通交流的及时性、有效性和规范性。

4.4.4 监督评价与纠正

公司设有内审稽核部，负责内部控制的监督评价，对内部控制体系的建立和内部制度执行情况定期进行监督检查，确保内部控制有效运行。根据检查结果提出内部控制缺陷以及改进建议，内审稽核部的工作具有充分的独立性。

2021年针对内审稽核部内部检查发现的问题及监管部门提出的监管意见，公司制定整改方案，落实整改措施，并在今后工作中加以防范，目前整改落实情况良好。

4.5 公司风险管理

4.5.1 风险管理概况

公司在风险管理和内部控制方面已建立起符合监管要求的框架体系。2021年进一步完善全面风险管理体系，公司董事会下设风险及关联交易委员会，负责审核风险管理政策和内部控制制度，并对其实施情况及效果进行监督和评价，风险管理工作具有独立性。董事会履行公司章程中规定的风险管理职责，并授权风险及关联交易委员会负责通过设定具体限制、授权资格及其他财务或非财务指标准确定公司各类风险的总体风险承受度。风险控制部作为公司风险管理的职能部门，按照公司风险管理政策和制度的要求开展工作，有效识别和管理风险，做到事前防范、事中监督和控制、事后总结和分析。

4.5.2 风险状况

4.5.2.1 信用风险状况

公司信用风险存在于公司各类资金业务中，目前各类业务运行基本正常，各项抵/质押、担保等保障措施完善，风险可控。

4.5.2.2 市场风险状况

公司固有业务和信托业务中，主动管理型证券投资业务保持比较低的比例，市场利率和汇率等波动对公司所管理的资产影响较小。各项业务未出现风险损失，市场风险管理状况良好。

4.5.2.3 操作风险状况

公司各项业务都严格执行内部控制程序及业务操作流程，公司未发生因操作风险所造成的损失。

4.5.2.4 其他风险状况

公司所面临的风险还包括政策风险、合规风险、流动性风险、声誉风险及道德风险等其他风险。报告期内，公司未发生因其他风险所造成的损失。

4.5.3 风险管理

4.5.3.1 信用风险管理

公司严格落实监管政策和指导要求，不断完善制度建设，构建完善的信用风险管理体系。

4.5.3.2 市场风险管理

公司通过加强对宏观经济和市场的研究，及时跟踪市场价格波动情况，对各项业务的市场风险因素进行分析，以及时准确识别所有业务中市场风险的类别和性质。

4.5.3.3 操作风险管理

公司制定了一系列覆盖公司治理、财务管理、业务操作等各方面的制度及操作程序，并对操作风险进行有效地识别、管理和控制、报告。

4.5.3.4 其他风险管理

公司高度重视流动性风险的管控，重点关注交易对手的流动性风险。针对现金类和配置类产品，公司持续进行流动性监控，定期开展压力测试，严控现金缺口，防范流动性风险；对声誉风险的防范，公司建立了舆情管理机制；对于道德风险的防范，公司重视员工职业道德教育，通过积极组织员工培训、考试、同业交流等形式提升员工的专业知识和能力，同时公司党政监察室、人力资源部也会对员工行为进行监督、考核，以防范道德风险。

4.6 净资本管理概况

公司依据《信托公司净资本管理办法》积极推进净资本管理。报告期末，净资本各项指标均处于符合监管要求的较好水平。

指标（母公司口径）	期末数	监管标准
净资本（万元）	517 828	≥ 20 000
各项风险资本之和（万元）	122 181	—
净资本/各项风险资本之和（%）	423.82	≥ 100
净资本/净资产（%）	86.45	≥ 40

4.7 履行社会责任

报告期内，本公司贯彻落实"三重一大"决策制度，进一步完善法人治理结构、内控体系及风险管理，有效控制各类风险；积极发展主动管理类信托业务，完善客户服务体系，优化产品结构；紧跟政策指引，顾全大局，充分发挥国有金融机构功能，积极支持实体经济发展；支持苏州地方经济转型发展，提供优质的信托金融服务；加强党风廉政建设；保障员工基本权益，提供各类专项培训、健全的保险保障和丰富的活动；推行绿色金融，支持低碳环保经济；积极投身金融知识宣传和消费者权益保护工作，构建立体化投教体系，切实保障投资者各项合法权益。开展金融知识普及月、消费者权益保护、防范非法集资和反洗钱等主题宣传；积极开展疫情防控相关工作，履行疫情防控责任；积极发展以慈善信托和涉众资金监管信托为代表的服务信托，获得良好社会成效；积极有效开展案件防控和反洗钱相关工作，保障公司业务运行平稳。

5. 报告期末及上一年度末的比较式会计报表

5.1 自营资产

5.1.1 会计师事务所审计结论

审计报告

天衡审字〔2022〕00686号

苏州信托有限公司全体股东：

一、审计意见

我们审计了苏州信托有限公司（以下简称苏州信托公司）财务报表，包括2021年12月31日的合并及母公司资产负债表，2021年度的合并及母公司利润表、合并及母公司现金流量表、合并及母公司所有者权益变动表以及财务报表附注。

我们认为，后附的财务报表在所有重大方面按照企业会计准则的规定编制，公允反映了苏州信托公司2021年12月31日的合并及母公司财务状况以及2021年度的合并及母公司经营成果和现金流量。

二、形成审计意见的基础

我们按照中国注册会计师审计准则的规定执行了审计工作。审计报告的"注册会计师对财务报表审计的责任"部分进一步阐述了我们在这些准则下的责任。按照中国注册会计师职业道德守则，我们独立于苏州信托公司，并履行了职业道德方面的其他责任。我们相信，我们获取的审计证据是充分、适当的，为发表审计意见提供了基础。

三、管理层和治理层对财务报表的责任

苏州信托公司管理层负责按照企业会计准则的规定编制财务报表，使其实现公允反映，并设计、执行和维护必要的内部控制，以使财务报表不存在由于舞弊或错误导致的重大错报。

在编制财务报表时，管理层负责评估苏州信托公司的持续经营能力，披露与持续经营相关的事项（如适用），并运用持续经营假设，除非管理层计划清算苏州信托公司、终止运营或别无其他现实的选择。

治理层负责监督苏州信托公司的财务报告过程。

四、注册会计师对财务报表审计的责任

我们的目标是对财务报表整体是否不存在由于舞弊或错误导致的重大错报获取合理保证，并出具包含审计意见的审计报告。合理保证是高水平的保证，但并不能保证按照审计准则执行的审计在某一重大错报存在时总能发现。错报可能由于舞弊或错误导致，如果合理预期错报单独或汇总起来可能影响财务报表使用者依据财务报表作出的经济决策，则通常认为错报是重大的。

在按照审计准则执行审计工作的过程中，我们运用职业判断，并保持职业怀疑。同时，我们也执行以下工作：

（1）识别和评估由于舞弊或错误导致的财务报表重大错报风险，设计和实施审计程序以应对这些风险，并获取充分、适当的审计证据，作为发表审计意见的基础。由于舞弊可能涉及串通、伪造、故意遗漏、虚假陈述或凌驾于内部控制之上，未能发现由于舞弊导致的重大错报的风险高于未能发现由于错误导致的重大错报的风险。

（2）了解与审计相关的内部控制，以设计恰当的审计程序，但目的并非对内部控制的有效性发表意见。

（3）评价管理层选用会计政策的恰当性和作出会计估计及相关披露的合理性。

（4）对管理层使用持续经营假设的恰当性得出结论。同时，根据获取的审计证据，就可能导致对苏州信托公司持续经营能力产生重大疑虑的事项或情况是否存在重大不确定性得出结论。如果我们得出结论认为存在重大不确定性，审计准则要求我们在审计报告中提请报表使用者注意财务报表中的相关披露；如果披露不充分，我们应当发表非无保留意见。我们的结论基于截至审计报告日可获得的信息。然而，未来的事项或情况可能导致苏州信托公司不能持续经营。

（5）评价财务报表的总体列报（包括披露）、结构和内容，并评价财务报表是否公允反映相关交易和事项。

（6）就苏州信托公司中实体或业务活动的财务信息获取充分、适当的审计证据，以对合并财务报表发表审计意见。我们负责指导、监督和执行集团审计，并对审计意见承担全部责任。

我们与治理层就计划的审计范围、时间安排和重大审计发现等事项进行沟通，包括沟通我们在审计中识别出的值得关注的内部控制缺陷。

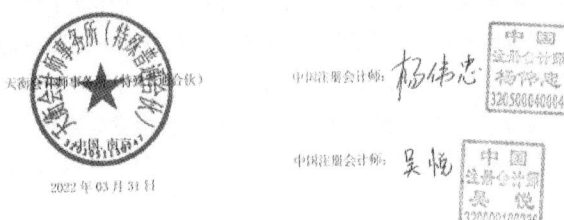

5.1.2 资产负债表

合并资产负债表

编制单位：苏州信托有限公司　　2021年12月31日　　单位：元

项目	2021年12月31日	2020年12月31日
资产：	—	—
货币资金	1 388 475 674.44	1 046 329 855.58
结算备付金	—	—
拆出资金	—	—
以公允价值计量且其变动计入当期损益的金融资产	—	1 474 877.70
衍生金融资产	—	—
买入返售金融资产	—	—
存货	—	556 260 654.05
合同资产	—	—
发放贷款及垫款	—	35 814 600.00
金融投资：		
交易性金融资产	3 019 808 907.83	—
债权投资	—	—
可供出售金融资产	—	3 860 503 087.20
其他债权投资	—	—

续表

项目	2021年12月31日	2020年12月31日
其他权益工具投资	1 029 951 708.00	—
持有至到期投资	—	—
长期股权投资	—	129 210 784.02
投资性房地产	547 917 198.65	9 870 811.55
固定资产	172 207 742.89	180 713 616.80
无形资产	6 041 937.10	3 598 010.70
递延所得税资产	68 600 926.51	77 633 115.10
其他资产	491 082 005.16	234 554 131.76
资产总计	6 724 086 100.58	6 135 963 544.46

法定代表人：沈光俊　　　　主管会计工作负责人：周也勤　　　　会计机构负责人：赵晓萍

合并资产负债表（续）

编制单位：苏州信托有限公司　　2021年12月31日　　单位：元

负债和所有者权益（或股东权益）	注释	2021年12月31日	2020年12月31日
负债：	—	—	—
短期借款	—	—	—
向中央银行借款	—	—	—
吸收存款及同业存放	—	—	—
拆入资金	—	—	—
交易性金融负债	—	—	—
以公允价值计量且其变动计入当期损益的金融负债	—	—	—
衍生金融负债	—	—	—
卖出回购金融资产款	—	—	—
合同负债	五、14	526 253.52	—
应付职工薪酬	五、15	261 632 024.85	246 833 442.92
应交税费	五、16	100 338 719.82	94 523 155.67
应付利息	—	—	—
应付股利	—	—	—
应付债券	—	—	—
预计负债	—	—	—
递延所得税负债	五、12	141 201 046.27	162 946 945.22
其他负债	五、17	74 703 453.80	58 337 106.36
负债合计	—	578 401 498.26	562 640 650.17
所有者权益（或股东权益）：	—	—	—
实收资本	五、18	1 200 000 000.00	1 200 000 000.00
其他权益工具	—	—	—
其中：优先股	—	—	—
永续债	—	—	—
资本公积	五、19	—	249 100.00
减：库存股	—	—	—
其他综合收益	五、20	468 818 580.31	484 276 255.85
盈余公积	五、21	532 557 923.38	487 100 779.24
一般风险准备	五、22	301 982 673.50	297 276 948.14
未分配利润	五、23	3 623 214 295.52	3 089 445 835.60
归属于母公司所有者权益合计	—	6 126 573 472.71	5 558 348 918.83
少数股东权益	—	19 111 129.61	14 973 975.46
所有者权益合计	—	6 145 684 602.32	5 573 322 894.29
负债和所有者权益总计	—	6 724 086 100.58	6 135 963 544.46

法定代表人：沈光俊　　　　主管会计工作负责人：周也勤　　　　会计机构负责人：赵晓萍

资产负债表

编制单位：苏州信托有限公司　　　　2021年12月31日　　　　单位：元

项目	2021年12月31日	2020年12月31日
资产：	—	—
货币资金	1 243 919 851.96	845 204 256.08
结算备付金	—	—
拆出资金	—	—
以公允价值计量且其变动计入当期损益的金融资产	—	8 191.90
衍生金融资产	—	—
应收账款	—	—
合同资产	—	—
发放贷款及垫款	—	35 814 600.00
金融投资：	—	—
交易性金融资产	3 375 267 113.17	—
债权投资	—	—
可供出售金融资产	—	4 377 456 540.09
其他债权投资	—	—
其他权益工具投资	1 017 451 708.00	—
持有至到期投资	—	—
长期股权投资	250 000 000.00	259 842 338.89
固定资产	171 827 422.90	180 298 974.29
无形资产	6 041 937.10	3 598 010.70
递延所得税资产	57 583 711.48	77 633 115.10
其他资产	426 796 171.40	164 859 675.08
资产总计	6 548 887 916.01	5 944 715 702.13

法定代表人：沈光俊　　　　主管会计工作负责人：周也勤　　　　会计机构负责人：赵晓萍

资产负债表（续）

编制单位：苏州信托有限公司　　　　2021年12月31日　　　　单位：元

负债和所有者权益（或股东权益）	2021年12月31日	2020年12月31日
负债：	—	—
短期借款	—	—
向中央银行借款	—	—
吸收存款及同业存放	—	—
拆入资金	—	—
交易性金融负债	—	—
以公允价值计量且其变动计入当期损益的金融负债	—	—
衍生金融负债	—	—
卖出回购金融资产款	—	—
合同负债	—	—
应付职工薪酬	257 056 543.21	244 280 635.92
应交税费	93 515 067.30	92 788 319.97
应付利息	—	—
应付股利	—	—
应付债券	—	—
预计负债	—	—
递延所得税负债	140 959 464.46	161 454 043.00
其他负债	67 556 413.56	31 093 202.66
负债合计	559 087 488.53	529 616 201.55
所有者权益（或股东权益）：	—	—
实收资本	1 200 000 000.00	1 200 000 000.00
其他权益工具	—	—
其中：优先股	—	—
永续债	—	—
资本公积	249 100.00	249 100.00
减：库存股	—	—
其他综合收益	468 818 580.31	484 276 255.85

续表

负债和所有者权益（或股东权益）	2021年12月31日	2020年12月31日
盈余公积	542 921 327.96	483 905 467.72
一般风险准备	301 982 673.50	297 276 948.14
未分配利润	3 475 828 745.71	2 949 391 728.87
所有者权益合计	5 989 800 427.48	5 415 099 500.58
负债和所有者权益总计	6 548 887 916.01	5 944 715 702.13

法定代表人：沈光俊　　主管会计工作负责人：周也勤　　会计机构负责人：赵晓萍

5.1.3 利润表

合并利润表

编制单位：苏州信托有限公司　　2021年度　　单位：元

项目	2021年度	2020年度
一、营业总收入	1 029 811 137.95	1 054 879 476.64
其中：利息净收入	30 339 400.20	39 537 080.84
手续费及佣金净收入	706 613 494.12	778 733 657.83
投资收益	185 151 042.23	230 473 341.35
其中：对联营企业和合营企业的投资收益	—	11 229 914.58
公允价值变动收益	50 580 427.12	460.87
其他收益	535 749.99	565 567.27
资产处置收益（损失以"-"号填列）	36 010.22	6 474.38
汇兑收益（损失以"-"号填列）		
其他业务收入	56 555 014.07	5 562 894.10
二、营业总成本	240 192 387.37	371 778 974.85
税金及附加	12 565 787.94	7 750 788.04
其他业务支出	18 515 107.46	599 346.24
业务及管理费	196 796 891.97	183 980 614.90
信用减值损失	12 314 600.00	—
资产减值损失	—	179 448 225.67
三、营业利润（亏损以"-"号填列）	789 618 750.58	683 100 501.79
加：营业外收入	2 324 755.89	47 172.64
减：营业外支出	2 787 817.03	508 854.97
四、利润总额（亏损总额以"-"号填列）	789 155 689.44	682 638 819.46
减：所得税费用	192 105 568.41	172 734 449.64
五、净利润（净亏损以"-"号填列）	597 050 121.03	509 904 369.82
（一）按经营持续性分类	—	—
1.持续经营净利润（净亏损以"-"号填列）	597 050 121.03	509 904 369.82
2.终止经营净利润（净亏损以"-"号填列）	—	—
（二）按所有权属分类		
1.少数股东损益	−256 481.95	−324 616.14
2.归属于母公司股东的净利润	597 306 602.98	510 228 985.96
六、其他综合收益的税后净额	−15 274 233.00	−10 207 647.28
归属于母公司所有者的其他综合收益税后净额	−15 274 233.00	−10 207 647.28
（一）以后不能重分类进损益的其他综合收益	−15 274 233.00	—
1.重新计量设定受益计划净负债或净资产的变动	—	—
2.权益法下不能转损益的其他综合收益	—	—
3.其他权益工具投资公允价值变动	−15 274 233.00	—
4.企业自身信用风险公允价值变动	—	—
（二）以后将重分类进损益的其他综合收益	—	−10 207 647.28
1.权益法下可转损益的其他综合收益	—	—
2.其他债权投资的其他综合收益	—	—
3.可供出售金融资产公允价值变动损益	—	−10 207 647.28
4.金融资产重分类进入其他综合收益的金额	—	—
5.持有至到期投资重分类为可供出售金融资产损益	—	—
6.其他权益投资信用损失准备	—	—

续表

项目	2021年度	2020年度
7.现金流量套期储备	—	—
8.外币财务报表折算差额	—	—
9.其他	—	—
归属于少数股东的其他综合收益的税后净额	—	—
七、综合收益总额	581 775 888.03	499 696 722.54
归属于母公司所有者的综合收益总额	582 032 369.98	500 021 338.68
归属于少数股东的综合收益总额	−256 481.95	−324 616.14
八、每股收益		
（一）基本每股收益（元/股）		
（二）稀释每股收益（元/股）		

法定代表人：沈光俊　　　　　　　　　　　　主管会计工作负责人：周也勤　　　　　　　　　　　　会计机构负责人：赵晓萍

利润表

编制单位：苏州信托有限公司　　　　　　　　　2021年度　　　　　　　　　　　　　　　　　　　　　　　　单位：元

项目	2021年度	2020年度
一、营业收入	978 728 412.68	1 014 781 048.06
其中：利息净收入	30 903 880.75	36 402 263.62
手续费及佣金净收入	706 613 494.12	778 733 657.83
投资收益	200 474 401.67	199 113 981.68
其中：对联营企业和合营企业的投资收益	—	−157 661.11
公允价值变动收益	40 201 329.85	460.87
资产处置收益（损失以"−"号填列）	13 076.43	6 474.38
汇兑收益（损失以"−"号填列）	—	—
其他收益	522 229.86	524 209.68
其他业务收入		
二、营业总成本	197 763 121.38	320 407 801.60
税金及附加	7 003 234.87	7 686 138.16
业务及管理费	178 445 286.51	175 127 463.44
信用减值损失	12 314 600.00	
资产减值损失	—	137 594 200.00
三、营业利润（亏损以"−"号填列）	780 965 291.30	694 373 246.46
加：营业外收入	1 950 651.42	1 470.00
减：营业外支出	672 076.10	508 851.95
四、利润总额（亏损总额以"−"号填列）	782 243 866.62	693 865 864.51
减：所得税费用	192 268 706.72	167 792 085.12
五、净利润（净亏损以"−"号填列）	589 975 159.90	526 073 779.39
（一）持续经营净利润（净亏损以"−"号填列）	589 975 159.90	526 073 779.39
（二）终止经营净利润（净亏损以"−"号填列）	—	—
六、其他综合收益的税后净额	−15 274 233.00	−10 207 647.28
（一）以后不能重分类进损益的其他综合收益	−15 274 233.00	
1.重新计量设定受益计划净负债或净资产的变动	—	
2.权益法下不能转损益的其他综合收益	—	
3.其他权益工具投资公允价值变动	−15 274 233.00	
4.企业自身信用风险公允价值变动		
（二）以后将重分类进损益的其他综合收益		−10 207 647.28
1.权益法下可转损益的其他综合收益		
2.其他债权投资的其他综合收益		
3.可供出售金融资产公允价值变动损益		
4.金融资产重分类进入其他综合收益的金额		−10 207 647.28
5.持有至到期投资重分类为可供出售金融资产损益		
6.其他权益投资信用损失准备		
7.现金流量套期储备		
8.外币财务报表折算差额		
9.其他		
七、综合收益总额	574 700 926.90	515 866 132.11

续表

项目	2021年度	2020年度
八、每股收益	—	—
（一）基本每股收益（元/股）	—	—
（二）稀释每股收益（元/股）	—	—

法定代表人：沈光俊　　　　　　　　　主管会计工作负责人：周也勤　　　　　　　　　会计机构负责人：赵晓萍

5.1.4 现金流量表

合并现金流表

编制单位：苏州信托有限公司　　　　　2021年度　　　　　单位：元

项目	2021年度	2020年度
一、经营活动产生的现金流量：	—	—
销售商品、提供劳务收到的现金	—	—
客户存款和同业存放款项净增加额	—	—
向中央银行借款净增加额	—	—
向其他金融机构拆入资金净增加额	—	—
处置以公允价值计量且其变动计入当期损益的金融资产净增加额	—	—
收取利息、手续费及佣金的现金	794 198 478.70	861 020 917.91
客户贷款及垫款净减少额	36 360 000.00	13 640 000.00
拆入资金净增加额	—	—
回购业务资金净增加额	—	—
收到的税费返还	551 589.19	41.25
收到其他与经营活动有关的现金	366 619 408.93	582 756 383.23
经营活动现金流入小计	1 197 729 476.82	1 457 417 342.39
购买商品、接受劳务支付的现金	—	—
客户贷款及垫款净增加额	—	—
回购业务资金净减少额	—	—
存放中央银行和同业款项净增加额	—	—
支付利息、手续费及佣金的现金	—	—
支付给职工以及为职工支付的现金	122 220 828.62	127 949 915.28
支付的各项税费	421 158 061.01	480 671 141.71
支付其他与经营活动有关的现金	140 322 859.47	575 226 104.52
经营活动现金流出小计	683 701 749.10	1 183 847 161.51
经营活动产生的现金流量净额	514 027 727.72	273 570 180.88
二、投资活动产生的现金流量：	—	—
收回投资收到的现金	1 768 906 942.28	915 145 062.95
取得投资收益收到的现金	188 587 478.61	226 143 649.42
处置固定资产、无形资产和其他长期资产收回的现金净额	75 025.69	22 091.74
处置子公司及其他营业单位收到的现金净额	—	—
取得子公司及其他营业单位收到的现金净额	—	3 778 180.99
收到其他与投资活动有关的现金	—	50 000 000.00
投资活动现金流入小计	1 957 569 446.58	1 195 088 985.10
购建固定资产、无形资产和其他长期资产支付的现金	11 061 960.76	4 983 802.02
投资支付的现金	2 118 389 394.68	1 950 980 098.15
质押贷款净增加额	—	—
取得子公司及其他营业单位支付的现金净额	—	—
支付其他与投资活动有关的现金	—	—
投资活动现金流出小计	2 129 451 355.44	1 955 963 900.17
投资活动产生的现金流量净额	-171 881 908.86	-760 874 915.07
三、筹资活动产生的现金流量：	—	—
吸收投资收到的现金	—	—
其中：子公司吸收少数股东投资收到的现金	—	—
取得借款收到的现金	—	—
发行债券收到的现金	—	—
收到其他与筹资活动有关的现金	—	—
筹资活动现金流入小计	—	—
偿还债务支付的现金	—	—

续表

项目	2021年度	2020年度
分配股利、利润或偿付利息支付的现金	—	—
其中：子公司支付给少数股东的股利、利润	—	—
支付其他与筹资活动有关的现金	—	—
筹资活动现金流出小计	—	—
筹资活动产生的现金流量净额	—	—
四、汇率变动对现金及现金等价物的影响	—	—
五、现金及现金等价物净增加额	342 145 818.86	-487 304 734.19
加：期初现金及现金等价物余额	1 046 329 855.58	1 533 634 589.77
六、期末现金及现金等价物余额	1 388 475 674.44	1 046 329 855.58

法定代表人：沈光俊　　　　主管会计工作负责人：周也勤　　　　会计机构负责人：赵晓萍

现金流量表

编制单位：苏州信托有限公司　　　　2021年度　　　　单位：元

项目	2021年度	2020年度
一、经营活动产生的现金流量：	—	—
收取利息、手续费及佣金的现金	771 602 624.65	856 462 621.04
客户贷款及垫款净减少额	36 360 000.00	13 640 000.00
回购业务资金净增加额	—	—
收到其他与经营活动有关的现金	329 863 522.42	579 434 505.78
经营活动现金流入小计	1 137 826 147.07	1 449 537 126.82
购买商品、接受劳务支付的现金	—	—
回购业务资金净减少额	—	—
支付给职工以及为职工支付的现金	114 371 494.68	123 840 163.68
支付的各项税费	404 511 210.39	475 650 119.56
支付其他与经营活动有关的现金	130 320 449.43	561 461 017.77
经营活动现金流出小计	649 203 154.50	1 160 951 301.01
经营活动产生的现金流量净额	488 622 992.57	288 585 825.81
二、投资活动产生的现金流量：	—	—
收回投资收到的现金	1 379 684 205.48	760 692 603.93
取得投资收益收到的现金	200 633 251.27	200 853 955.21
处置固定资产、无形资产和其他长期资产收回的现金净额	33 060.84	22 091.74
处置子公司及其他营业单位收到的现金净额	—	—
收到其他与投资活动有关的现金	—	—
投资活动现金流入小计	1 580 350 517.59	961 568 650.88
购建固定资产、无形资产和其他长期资产支付的现金	9 331 272.64	4 615 490.97
投资支付的现金	1 660 926 641.64	1 914 827 639.13
取得子公司及其他营业单位支付的现金净额	—	—
支付其他与投资活动有关的现金	—	—
投资活动现金流出小计	1 670 257 914.28	1 919 443 130.10
投资活动产生的现金流量净额	-89 907 396.69	-957 874 479.22
三、筹资活动产生的现金流量：	—	—
吸收投资收到的现金	—	—
取得借款收到的现金	—	—
发行债券收到的现金	—	—
收到其他与筹资活动有关的现金	—	—
筹资活动现金流入小计	—	—
偿还债务支付的现金	—	—
分配股利、利润或偿付利息支付的现金	—	—
支付其他与筹资活动有关的现金	—	—
筹资活动现金流出小计	—	—
筹资活动产生的现金流量净额	—	—
四、汇率变动对现金及现金等价物的影响	—	—
五、现金及现金等价物净增加额	398 715 595.88	-669 288 653.41
加：期初现金及现金等价物余额	845 204 256.08	1 514 492 909.49
六、期末现金及现金等价物余额	1 243 919 851.96	845 204 256.08

法定代表人：沈光俊　　　　主管会计工作负责人：周也勤　　　　会计机构负责人：赵晓萍

5.1.5 所有者权益变动表

合并所有者权益变动表

2021年度

编制单位：苏州信托有限公司　　　单位：元

项目	归属于母公司所有者权益											少数股东权益	所有者权益合计
	实收资本	其他权益工具			资本公积	减：库存股	其他综合收益	信托赔偿准备	盈余公积	一般风险准备	未分配利润		
		优先股	永续债	其他									
一、上年期末余额	1 200 000 000.00	—	—	—	249 100.00	—	484 276 255.85	236 779 066.47	487 100 779.24	60 497 881.67	3 089 445 835.60	14 973 975.46	5 573 322 894.29
加：会计政策变更	—	—	—	—	—	—	—	—	18 344.25	—	165 098.29	—	—
前期差错更正	—	—	—	—	—	—	—	—	—	—	—	—	—
同一控制下企业合并	—	—	—	—	—	—	—	—	—	—	—	—	—
其他	—	—	—	—	—	—	−183 442.54	—	—	—	—	—	—
二、本年期初余额	1 200 000 000.00	—	—	—	249 100.00	—	484 092 813.31	236 779 066.47	487 119 123.49	60 497 881.67	3 089 610 933.89	14 973 975.46	5 573 322 894.29
三、本期增减变动金额（减少以"−"号填列）	—	—	—	—	−249 100.00	—	−15 274 233.00	3 220 933.53	45 438 799.89	1 484 791.83	533 603 361.63	4 137 154.15	572 361 708.03
（一）综合收益总额	—	—	—	—	—	—	−15 274 233.00	—	—	—	597 306 602.98	−256 481.95	581 775 888.03
（二）所有者投入和减少资本	—	—	—	—	—	—	—	—	—	—	—	4 393 636.10	4 393 636.10
1.股东投入的普通股	—	—	—	—	—	—	—	—	—	—	—	—	—
2.其他权益工具持有者投入资本	—	—	—	—	—	—	—	—	—	—	—	—	—
3.股份支付计入所有者权益的金额	—	—	—	—	—	—	—	—	—	—	—	—	—
4.其他	—	—	—	—	—	—	—	—	—	—	—	4 393 636.10	4 393 636.10
（三）利润分配	—	—	—	—	—	—	—	3 220 933.53	58 997 515.99	1 484 791.83	−63 703 241.35	—	—
1.提取盈余公积	—	—	—	—	—	—	—	—	58 997 515.99	—	−58 997 515.99	—	—
2.提取一般风险准备	—	—	—	—	—	—	—	—	—	1 484 791.83	−1 484 791.83	—	—
3.对所有者（或股东）的分配	—	—	—	—	—	—	—	—	—	—	—	—	—
4.信托赔偿准备	—	—	—	—	—	—	—	3 220 933.53	—	—	−3 220 933.53	—	—
（四）所有者权益内部结转	—	—	—	—	—	—	—	—	—	—	—	—	—
1.资本公积转增资本（或股本）	—	—	—	—	—	—	—	—	—	—	—	—	—
2.盈余公积转增资本（或股本）	—	—	—	—	—	—	—	—	—	—	—	—	—
3.盈余公积弥补亏损	—	—	—	—	—	—	—	—	—	—	—	—	—
4.设定受益计划变动额结转留存收益	—	—	—	—	—	—	—	—	—	—	—	—	—
5.其他综合收益结转留存收益	—	—	—	—	—	—	—	—	—	—	—	—	—
6.其他	—	—	—	—	—	—	—	—	—	—	—	—	—
（五）专项储备	—	—	—	—	—	—	—	—	—	—	—	—	—
1.本期提取	—	—	—	—	—	—	—	—	—	—	—	—	—
2.本期使用	—	—	—	—	—	—	—	—	—	—	—	—	—
（六）其他	—	—	—	—	−249 100.00	—	—	—	−13 558 716.10	—	—	—	−13 807 816.10
四、本期期末余额	1 200 000 000.00	—	—	—	—	—	468 818 580.31	240 000 000.00	532 557 923.38	61 982 673.50	3 623 214 295.52	19 111 129.61	6 145 684 602.32

法定代表人：沈光俊　　主管会计工作负责人：周也勤　　会计机构负责人：赵晓萍

合并所有者权益变动表（续）

编制单位：苏州信托有限公司　　2021年度　　2020年度　　单位：元

项目	归属于母公司所有者权益											少数股东权益	所有者权益合计
	实收资本	其他权益工具			资本公积	减：库存股	其他综合收益	信托赔偿准备	盈余公积	一般风险准备	未分配利润		
		优先股	永续债	其他									
一、上年期末余额	1 200 000 000.00	—	—	—	249 100.00	—	494 483 903.13	210 475 377.50	434 493 401.30	42 151 171.09	2 677 271 126.70	18 895 728.13	5 078 019 807.85
加：会计政策变更	—	—	—	—	—	—	—	—	—	—	—	—	—
前期差错更正	—	—	—	—	—	—	—	—	—	—	—	—	—
同一控制下企业合并	—	—	—	—	—	—	—	—	—	—	—	—	—
其他	—	—	—	—	—	—	—	—	—	—	—	—	—
二、本年期初余额	1 200 000 000.00	—	—	—	249 100.00	—	494 483 903.13	210 475 377.50	434 493 401.30	42 151 171.09	2 677 271 126.70	18 895 728.13	5 078 019 807.85
三、本期增减变动金额（减少以"-"号填列）	—	—	—	—	—	—	-10 207 647.28	26 303 688.97	52 607 377.94	18 346 710.58	412 174 708.90	-3 921 752.67	495 303 086.44
（一）综合收益总额	—	—	—	—	—	—	-10 207 647.28	—	—	—	510 228 985.96	-324 616.14	499 696 722.54
（二）所有者投入和减少资本	—	—	—	—	—	—	—	—	—	—	-796 499.57	-3 597 136.53	-4 393 636.10
1.股东投入的普通股	—	—	—	—	—	—	—	—	—	—	—	—	—
2.其他权益工具持有者投入资本	—	—	—	—	—	—	—	—	—	—	—	—	—
3.股份支付计入所有者权益的金额	—	—	—	—	—	—	—	—	—	—	—	—	—
4.其他	—	—	—	—	—	—	—	—	—	—	-796 499.57	-3 597 136.53	-4 393 636.10
（三）利润分配	—	—	—	—	—	—	—	—	52 607 377.94	18 346 710.58	-97 257 777.49	—	—
1.提取盈余公积	—	—	—	—	—	—	—	—	52 607 377.94	—	-52 607 377.94	—	—
2.提取一般风险准备	—	—	—	—	—	—	—	—	—	18 346 710.58	-18 346 710.58	—	—
3.对所有者（或股东）的分配	—	—	—	—	—	—	—	—	—	—	—	—	—
4.信托赔偿准备	—	—	—	—	—	—	—	26 303 688.97	—	—	-26 303 688.97	—	—
（四）所有者权益内部结转	—	—	—	—	—	—	—	—	—	—	—	—	—
1.资本公积转增资本（或股本）	—	—	—	—	—	—	—	—	—	—	—	—	—
2.盈余公积转增资本（或股本）	—	—	—	—	—	—	—	—	—	—	—	—	—
3.盈余公积弥补亏损	—	—	—	—	—	—	—	—	—	—	—	—	—
4.设定受益计划变动额结转留存收益	—	—	—	—	—	—	—	—	—	—	—	—	—
5.其他综合收益结转留存收益	—	—	—	—	—	—	—	—	—	—	—	—	—
6.其他	—	—	—	—	—	—	—	—	—	—	—	—	—
（五）专项储备	—	—	—	—	—	—	—	—	—	—	—	—	—
1.本期提取	—	—	—	—	—	—	—	—	—	—	—	—	—
2.本期使用	—	—	—	—	—	—	—	—	—	—	—	—	—
（六）其他	—	—	—	—	—	—	—	—	—	—	—	—	—
四、本期期末余额	1 200 000 000.00	—	—	—	249 100.00	—	484 276 255.85	236 779 066.47	487 100 779.24	60 497 881.67	3 089 445 835.60	14 973 975.46	5 573 322 894.29

法定代表人：沈光俊　　主管会计工作负责人：周也勤　　会计机构负责人：赵晓萍

所有者权益变动表

编制单位：苏州信托有限公司　　　　2021年度　　　　单位：元

项目	实收资本	其他权益工具 优先股	其他权益工具 永续债	其他权益工具 其他	资本公积	减：库存股	其他综合收益	信托赔偿准备	盈余公积	一般风险准备	未分配利润	所有者权益合计
一、上年年末余额	1 200 000 000.00	—	—	—	249 100.00	—	484 276 255.85	236 779 066.47	483 905 467.72	60 497 881.67	2 949 391 728.87	5 415 099 500.58
加：会计政策变更	—	—	—	—	—	—	−183 442.54	—	18 344.25	—	165 098.29	—
前期差错更正	—	—	—	—	—	—	—	—	—	—	—	—
其他	—	—	—	—	—	—	—	—	—	—	—	—
二、本年期初余额	1 200 000 000.00	—	—	—	249 100.00	—	484 092 813.31	236 779 066.47	483 923 811.97	60 497 881.67	2 949 556 827.16	5 415 099 500.58
三、本期增减变动金额（减少以"−"号填列）	—	—	—	—	—	—	−15 274 233.00	3 220 933.53	58 997 515.99	1 484 791.83	526 271 918.55	574 700 926.90
（一）综合收益总额	—	—	—	—	—	—	−15 274 233.00	—	—	—	589 975 159.90	574 700 926.90
（二）所有者投入和减少资本	—	—	—	—	—	—	—	—	—	—	—	—
1.股东投入的普通股	—	—	—	—	—	—	—	—	—	—	—	—
2.其他权益工具持有者投入资本	—	—	—	—	—	—	—	—	—	—	—	—
3.股份支付计入所有者权益的金额	—	—	—	—	—	—	—	—	—	—	—	—
4.其他	—	—	—	—	—	—	—	—	—	—	—	—
（三）利润分配	—	—	—	—	—	—	—	3 220 933.53	58 997 515.99	1 484 791.83	−63 703 241.35	—
1.提取盈余公积	—	—	—	—	—	—	—	—	58 997 515.99	—	−58 997 515.99	—
2.对所有者（或股东）的分配	—	—	—	—	—	—	—	—	—	—	—	—
3.提取一般风险准备	—	—	—	—	—	—	—	—	—	1 484 791.83	−1 484 791.83	—
4.信托赔偿准备	—	—	—	—	—	—	—	3 220 933.53	—	—	−3 220 933.53	—
（四）所有者权益内部结转	—	—	—	—	—	—	—	—	—	—	—	—
1.资本公积转增资本（或股本）	—	—	—	—	—	—	—	—	—	—	—	—
2.盈余公积转增资本（或股本）	—	—	—	—	—	—	—	—	—	—	—	—
3.盈余公积弥补亏损	—	—	—	—	—	—	—	—	—	—	—	—
4.设定受益计划变动额结转留存收益	—	—	—	—	—	—	—	—	—	—	—	—
5.其他综合收益结转留存收益	—	—	—	—	—	—	—	—	—	—	—	—
6.其他	—	—	—	—	—	—	—	—	—	—	—	—
（五）专项储备	—	—	—	—	—	—	—	—	—	—	—	—
1.本期提取	—	—	—	—	—	—	—	—	—	—	—	—
2.本期使用	—	—	—	—	—	—	—	—	—	—	—	—
（六）其他	—	—	—	—	—	—	—	—	—	—	—	—
四、本期期末余额	1 200 000 000.00	—	—	—	249 100.00	—	468 818 580.31	240 000 000.00	542 921 327.96	61 982 673.50	3 475 828 745.71	5 989 800 427.48

法定代表人：沈光俊　　　主管会计工作负责人：周也勤　　　会计机构负责人：赵晓萍

所有者权益变动表（续）

编制单位：苏州信托有限公司　　2021年度　　　　　　　　　　　　　　　　　　　　　　单位：元

项目	实收资本	其他权益工具 优先股	其他权益工具 永续债	其他权益工具 其他	资本公积	减：库存股	其他综合收益	信托赔偿准备	盈余公积	一般风险准备	未分配利润	所有者权益合计
一、上年期末余额	1 200 000 000.00	—	—	—	249 100.00	—	494 483 903.13	210 475 377.50	431 298 089.78	42 151 171.09	2 520 575 726.97	4 899 233 368.47
加：会计政策变更	—	—	—	—	—	—	—	—	—	—	—	—
前期差错更正	—	—	—	—	—	—	—	—	—	—	—	—
其他	—	—	—	—	—	—	—	—	—	—	—	—
二、本年期初余额	1 200 000 000.00	—	—	—	249 100.00	—	494 483 903.13	210 475 377.50	431 298 089.78	42 151 171.09	2 520 575 726.97	4 899 233 368.47
三、本期增减变动金额（减少以"-"号填列）	—	—	—	—	—	—	-10 207 647.28	26 303 688.97	52 607 377.94	18 346 710.58	428 816 001.90	515 866 132.11
（一）综合收益总额	—	—	—	—	—	—	-10 207 647.28	—	—	—	526 073 779.39	515 866 132.11
（二）所有者投入和减少资本	—	—	—	—	—	—	—	—	—	—	—	—
1.股东投入的普通股	—	—	—	—	—	—	—	—	—	—	—	—
2.其他权益工具持有者投入资本	—	—	—	—	—	—	—	—	—	—	—	—
3.股份支付计入所有者权益的金额	—	—	—	—	—	—	—	—	—	—	—	—
4.其他	—	—	—	—	—	—	—	—	—	—	—	—
（三）利润分配	—	—	—	—	—	—	—	26 303 688.97	52 607 377.94	18 346 710.58	-97 257 777.49	—
1.提取盈余公积	—	—	—	—	—	—	—	—	52 607 377.94	—	-52 607 377.94	—
2.对所有者（或股东）的分配	—	—	—	—	—	—	—	—	—	—	—	—
3.提取一般风险准备	—	—	—	—	—	—	—	—	—	18 346 710.58	-18 346 710.58	—
4.信托赔偿准备	—	—	—	—	—	—	—	26 303 688.97	—	—	-26 303 688.97	—
（四）所有者权益内部结转	—	—	—	—	—	—	—	—	—	—	—	—
1.资本公积转增资本（或股本）	—	—	—	—	—	—	—	—	—	—	—	—
2.盈余公积转增资本（或股本）	—	—	—	—	—	—	—	—	—	—	—	—
3.盈余公积弥补亏损	—	—	—	—	—	—	—	—	—	—	—	—
4.设定受益计划变动额结转留存收益	—	—	—	—	—	—	—	—	—	—	—	—
5.其他综合收益结转留存收益	—	—	—	—	—	—	—	—	—	—	—	—
6.其他	—	—	—	—	—	—	—	—	—	—	—	—
（五）专项储备	—	—	—	—	—	—	—	—	—	—	—	—
1.本期提取	—	—	—	—	—	—	—	—	—	—	—	—
2.本期使用	—	—	—	—	—	—	—	—	—	—	—	—
（六）其他	—	—	—	—	—	—	—	—	—	—	—	—
四、本期期末余额	1 200 000 000.00	—	—	—	249 100.00	—	484 276 255.85	236 779 066.47	483 905 467.72	60 497 881.67	2 949 391 728.87	5 415 099 500.58

法定代表人：沈光俊　　主管会计工作负责人：周也勤　　会计机构负责人：赵晓萍

5.2 信托资产

5.2.1 信托项目资产负债汇总表

信托项目资产负债汇总表

编制单位：苏州信托有限公司　　　　　2021年12月31日　　　　　　　　　　　　　　　　　　单位：万元

信托资产	期末余额	年初余额	信托负债和信托权益	期末余额	年初余额
信托资产	—	—	信托负债	—	—
货币资金	124 369.73	96 420.49	交易性金融负债	—	—
拆出资金	—	—	衍生金融负债	—	—
存出保证金	—	—	应付受托人报酬	1 801.27	1 712.62
交易性金融资产	863 952.20	842 919.22	应付托管费	145.01	298.52
衍生金融资产	—	—	应付受益人收益	2 130.50	2 556.83
买入返售金融资产	47 600.00	3 000.00	应交税费	3 862.45	4 524.97
应收款项	16 307.57	13 218.45	应付销售服务费	—	—
发放贷款	1 920 999.98	2 584 823.28	其他应付款项	36 938.49	55 308.72
可供出售金融资产	—	—	预计负债	—	—
持有至到期投资	2 832 494.19	3 470 277.79	其他负债	—	—
长期应收款	—	—	信托负债合计	44 877.73	64 401.66
长期股权投资	368 998.86	970 123.96	信托权益	—	—
投资性房地产	—	—	实收信托	6 193 222.72	8 030 600.89
固定资产	—	—	资本公积	—	—
无形资产	—	—	损益平准金	—	—
长期待摊费用	—	—	未分配利润	125 652.94	109 757.36
其他资产	189 830.86	223 976.72	信托权益合计	6 318 875.66	8 140 358.25
减：各项资产减值准备	800.00	—			
信托资产总计	6 363 753.39	8 204 759.91	信托负债和信托权益总计	6 363 753.39	8 204 759.91

法定代表人：沈光俊　　　　主管会计工作的公司负责人：周也勤　　　　信托会计机构负责人：钱悦

5.2.2 信托项目利润及利润分配汇总表

信托项目利润及利润分配汇总表

编制单位：苏州信托有限公司　　　　　2021年度　　　　　　　　　　　　　　　　　　单位：万元

项目	本年金额	上年金额
1.营业收入	522 720.39	645 248.09
1.1 利息收入	217 254.32	222 415.77
1.2 投资收益（损失以"-"号填列）	293 211.62	437 742.49
1.2.1 其中：对联营企业和合营企业的投资收益	—	—
1.3 公允价值变动收益（损失以"-"号填列）	5 389.15	-16 516.90
1.4 租赁收入	—	—
1.5 汇兑损益（损失以"-"号填列）	—	—
1.6 其他收入	6 865.30	1 606.73
2.支出	89 750.83	102 597.71
2.1 营业税金及附加	1 674.21	2 083.05
2.2 受托人报酬	75 529.59	82 403.80
2.3 托管费	2 746.63	3 739.31
2.4 投资管理费	—	—
2.5 销售服务费	-53.11	53.11
2.6 交易费用	56.16	35.26
2.7 资产减值损失	800.00	—
2.8 其他费用	8 997.35	14 283.18
3.信托净利润（净亏损以"-"号填列）	432 969.56	542 650.38
4.其他综合收益	—	—
5.综合收益	432 969.56	542 650.38
6.加：期初未分配信托利润	109 757.36	125 964.63
7.可供分配的信托利润	542 726.92	668 615.01
8.减：本期已分配信托利润	417 073.98	558 857.65
9.期末未分配信托利润	125 652.94	109 757.36

法定代表人：沈光俊　　　　主管会计工作的公司负责人：周也勤　　　　信托会计机构负责人：钱悦

6. 会计报表附注

6.1 会计报表不符合会计核算基本前提的说明
无。

6.1.1 会计报表不符合会计核算基本前提的事项
无。

6.1.2 对编制合并会计报表的公司应说明纳入合并范围的子公司情况、母公司所持有的权益性资本的比例

本公司2021年度纳入合并范围的子公司共10户，结构化主体2只。子公司所采用的会计期间或会计政策与本公司不一致时，在编制合并财务报表时按本公司的会计期间或会计政策对子公司的财务报表进行必要的调整。

本公司通过设立或投资等方式取得的子公司。

子公司名称	主要经营地	注册地	业务性质	持股比例(%) 直接	持股比例(%) 间接	取得方式
苏州市苏信创业投资有限公司	苏州	苏州	创业投资	100	—	设立
苏州苏信宜和投资管理有限公司	苏州	苏州	投资管理；创业投资咨询	—	100	设立
苏州苏信百汇资产管理有限公司	苏州	苏州	投资管理；实业投资	—	100	设立
苏州苏信创新资本管理企业（有限合伙）	苏州	苏州	资产管理；创业投资咨询	—	100	设立
苏州苏信嘉会创业投资企业（有限合伙）	苏州	苏州	资产管理；创业投资咨询	—	100	设立
苏州苏信资产管理中心（有限合伙）	苏州	苏州	资产管理；创业投资咨询	—	100	设立
苏州工业园区苏信其祥创业投资合伙企业（有限合伙）	苏州	苏州	创业投资咨询；创业管理服务	—	100	设立
苏州苏信禾才创业投资企业（有限合伙）	苏州	苏州	资产管理；创业投资咨询	—	50.12	设立
苏州苏信元丰股权投资企业（有限合伙）	苏州	苏州	股权投资	—	100	非同一控制下企业合并
苏州翔信房地产开发有限公司	苏州	苏州	房地产开发	—	100	非同一控制下企业合并

本公司编制的财务报表符合企业会计准则的要求，真实、完整地反映了本公司2021年12月31日的合并及母公司财务状况以及2021年度的合并及母公司经营成果和现金流量等有关信息。

6.2 重要会计政策和会计估计说明

6.2.1 计提金融资产减值的范围和方法
减值准备的确认方法。
本公司以预期信用损失为基础，对以摊余成本计量的金融资产、以公允价值计量且其变动计入其他综合收益的债务工具投资、财务担保合同等计提减值准备并确认信用减值损失。

本公司在评估预期信用损失时，考虑所有合理且有依据的信息，包括前瞻性信息。

本公司在每个资产负债表日评估金融工具的信用风险自初始确认后是否已经显著增加，如果某项金融工具在资产负债表日确定的预计存续期内的违约概率显著高于在初始确认时确定的预计存续期内的违约概率，则表明该项金融工具的信用风险显著增加。

如果信用风险自初始确认后未显著增加，处于第一阶段，本公司按照未来12个月内预期信用损失的金额计量损失准备；如果信用风险自初始确认后已显著增加但尚未发生信用减值，处于第二阶段，本公司按照相当于整个存续期内预期信用损失的金额计量损失准备；金融工具自初始确认后已发生信用减值的，处于第三阶段，本公司按照整个存续期的预期信用损失计量损失准备。

对于在资产负债表日具有较低信用风险的金融工具，本公司假设其信用风险自初始确认后并未显著增加，按照未来12个月内的预期信用损失计量损失准备。

6.2.2 金融资产的确认及后续计量
在初始确认金融资产时本公司根据管理金融资产的业务模式和金融资产的合同现金流量特征，将金融资产划分为：以摊余成本计量的金融资产；以公允价值计量且其变动计入其他综合收益的金融资产；以公允价值计量且其变动计入当期损益的金融资产。

6.2.2.1 金融资产的初始计量
金融资产在初始确认时以公允价值计量。对于以公允价值计量且其变动计入当期损益的金融资产，相关交易费用直接计入当期损益；对于其他类别的金融资产，相关交易费用计入初始确认金额。因销售产品或提供劳务而产生的、未包含或不考虑重大融资成分的应收款，本公司按照预期有权收取的对价初始计量。

6.2.2.2 金融资产的后续计量

6.2.2.2.1 以摊余成本计量的债务工具投资
金融资产的合同现金流量特征与基本借贷安排相一致，即在特定日期产生的现金流量，仅为对本金和以未偿付本金金额为基础的利息的支付，且公司管理此类金融资产的业务模式为以收取合同现金流量为目标的，本公司将其分类为以摊余成本计量的金融资产。该金融资产采用实际利率法，按照摊余成本进行后续计量，其摊销、减值及终止确认产生的利得或损失，计入当期

损益。

6.2.2.2.2 以公允价值计量且其变动计入其他综合收益的债务工具投资

金融资产的合同现金流量特征与基本借贷安排相一致,即在特定日期产生的现金流量,仅为对本金和以未偿付本金金额为基础的利息的支付,且公司管理此类金融资产的业务模式为既以收取合同现金流量为目标又以出售为目标的,本公司将其分类为以公允价值计量且其变动计入其他综合收益的金融资产。该金融资产采用实际利率法确认的利息收入、减值损失及汇兑差额确认为当期损益,其余公允价值变动计入其他综合收益。终止确认时,之前计入其他综合收益的累计利得或损失从其他综合收益转出,计入当期损益。

6.2.2.2.3 指定为以公允价值计量且其变动计入其他综合收益的权益工具投资

初始确认时,本公司将部分非交易性权益工具投资指定为以公允价值计量且其变动计入其他综合收益的金融资产。本公司将其相关股利收入计入当期损益,其公允价值变动计入其他综合收益。该金融资产终止确认时,之前计入其他综合收益的累计利得或损失将从其他综合收益转入留存收益,不计入当期损益。

6.2.2.2.4 以公允价值计量且其变动计入当期损益的金融资产

包括分类为以公允价值计量且其变动计入当期损益的金融资产和指定为以公允价值计量且其变动计入当期损益的金融资产。

本公司将持有的未划分为以摊余成本计量和以公允价值计量且其变动计入其他综合收益的金融资产,分类为以公允价值计量且其变动计入当期损益的金融资产。

在初始确认时,为消除或显著减少会计错配,本公司可将金融资产指定为以公允价值计量且其变动计入当期损益的金融资产。

6.2.3 长期股权投资的核算方法

6.2.3.1 重大影响、共同控制的判断标准

(1)本公司结合以下情形综合考虑是否对被投资单位具有重大影响:是否在被投资单位董事会或类似权力机构中派有代表;是否参与被投资单位财务和经营政策制定过程;是否与被投资单位之间发生重要交易;是否向被投资单位派出管理人员;是否向被投资单位提供关键技术资料。

(2)若本公司与其他参与方均受某合营安排的约束,任何一个参与方不能单独控制该安排,任何一个参与方均能够阻止其他参与方或参与方组合单独控制该安排,本公司判断对该项合营安排具有共同控制。

6.2.3.2 投资成本确定

6.2.3.2.1 企业合并形成的长期股权投资,按以下方法确定投资成本

(1)对于同一控制下企业合并形成的对子公司投资,以在合并日取得被合并方所有者权益在最终控制方合并财务报表中账面价值的份额作为长期股权投资的投资成本。

分步实现的同一控制下企业合并,在合并日根据合并后应享有被合并方净资产在最终控制方合并财务报表中的账面价值的份额,确定长期股权投资的初始投资成本;初始投资成本与达到合并前长期股权投资账面价值加上合并日进一步取得股份新支付对价的账面价值之和的差额,调整资本公积(资/股本溢价),资本公积不足冲减的,冲减留存收益。合并日之前持有的股权投资,因采用权益法核算或金融工具确认和计量准则核算而确认的其他综合收益暂不进行会计处理,直至处置该项投资时采用与被投资单位直接处置相关资产或负债相同的基础进行会计处理;因采用权益法核算而确认的被投资单位净资产中除净损益、其他综合收益和利润分配以外的所有者权益其他变动,暂不进行会计处理,直至处置该项投资时转入当期损益。其中,处置后的剩余股权根据本准则采用成本法或权益法核算的,其他综合收益和其他所有者权益应按比例结转,处置后的剩余股权改按金融工具确认和计量准则进行会计处理的,其他综合收益和其他所有者权益应全部结转。

(2)对于非同一控制下企业合并形成的对子公司投资,以企业合并成本作为投资成本。

追加投资能够对非同一控制下的被投资单位实施控制的,以购买日之前所持被购买方的股权投资的账面价值与购买日新增投资成本之和,作为改按成本法核算的初始投资成本;购买日之前持有的被购买方的股权投资因采用权益法核算而确认的其他综合收益,在处置该项投资时采用与被投资单位直接处置相关资产或负债相同的基础进行会计处理。购买日之前持有的股权投资按照《企业会计准则第22号——金融工具确认和计量》有关规定进行会计处理的,原计入其他综合收益的累计公允价值变动应当在改按成本法核算时转入当期损益。

6.2.3.2.2 除企业合并形成的长期股权投资以外，其他方式取得的长期股权投资，按以下方法确定投资成本：以支付现金取得的长期股权投资，按实际支付的购买价款作为投资成本；以发行权益性证券取得的长期股权投资，按发行权益性证券的公允价值作为投资成本

6.2.3.2.3 因追加投资等原因，能够对被投资单位施加重大影响或实施共同控制但不构成控制的，应当按照《企业会计准则第22号——金融工具确认和计量》确定的原持有股权的公允价值加上新增投资成本之和，作为改按权益法核算的初始投资成本。原持有的股权投资分类为可供出售金融资产的，其公允价值与账面价值之间的差额，以及原计入其他综合收益的累计公允价值变动应当转入改按权益法核算的当期损益

6.2.3.3 后续计量及损益确认方法

6.2.3.3.1 对子公司投资

在合并财务报表中，对子公司投资按附注三、6进行处理。

在母公司财务报表中，对子公司投资采用成本法核算，在被投资单位宣告分派的现金股利或利润时，确认投资收益。

6.2.3.3.2 对合营企业投资和对联营企业投资

对合营企业投资和对联营企业投资采用权益法核算，具体会计处理包括：

对于初始投资成本大于投资时应享有被投资单位可辨认净资产公允价值份额的，其差额包含在长期股权投资成本中；对于初始投资成本小于投资时应享有被投资单位可辨认净资产公允价值份额的，其差额计入当期损益，同时调整长期股权投资成本。

取得对合营企业投资和对联营企业投资后，按照应享有或应分担的被投资单位实现的净损益和其他综合收益的份额，分别确认投资损益和其他综合收益并调整长期股权投资的账面价值；按照被投资单位宣告分派的现金股利或利润应分得的部分，相应减少长期股权投资的账面价值。

在计算应享有或应分担的被投资单位实现的净损益的份额时，以取得投资时被投资单位可辨认净资产的公允价值为基础确定，对于被投资单位的会计政策或会计期间与本公司不同的，权益法核算时按照本公司的会计政策或会计期间对被投资单位的财务报表进行必要调整。与合营企业和联营企业之间内部交易产生的未实现损益按照持股比例计算归属于本公司的部分，在权益法核算时予以抵消。内部交易产生的未实现损失，有证据表明该损失是相关资产减值损失的，则全额确认该损失。

对合营企业或联营企业发生的净亏损，除本公司负有承担额外损失义务外，以长期股权投资的账面价值以及其他实质上构成对被投资单位净投资的长期权益减记至零为限。被投资企业以后实现净利润的，在收益分享额弥补未确认的亏损分担额后，恢复确认收益分享额。

对于被投资单位除净损益、其他综合收益和利润分配以外所有者权益的其他变动，调整长期股权投资的账面价值并计入资本公积。处置该项投资时，将原计入资本公积的部分按相应比例转入当期损益。

6.2.3.4 处置长期股权投资，其账面价值与实际取得价款的差额计入当期损益，采用权益法核算的长期股权投资，处置时，采用与被投资单位直接处置相关资产或负债相同的基础，按相应比例对原计入其他综合收益的部分进行会计处理

因处置部分权益性投资等原因丧失了对被投资单位共同控制或重大影响的，处置后的剩余股权按《企业会计准则第22号——金融工具确认和计量》核算，其在丧失共同控制或重大影响之日的公允价值与账面价值间的差额计入当期损益。原股权投资因采用权益法核算而确认的其他综合收益，应当在终止采用权益法核算时采用与被投资单位直接处置相关资产或负债相同的基础进行会计处理。

因处置部分权益性投资等原因丧失了对被投资单位控制的，在编制个别财务报表时，处置后的剩余股权能够对被投资单位实施共同控制或重大影响的，改按权益法核算，并对剩余股权视同自取得时即采用权益法核算进行调整。处置后剩余股权不能对被投资单位实施共同控制或重大影响的，按《企业会计准则第22号——金融工具确认和计量》的有关规定进行会计处理，其在丧失控制权之日的公允价值与账面价值间的差额计入当期损益。

6.2.4 固定资产计价和折旧办法

固定资产是指为生产商品、提供劳务、出租或经营管理而持有的，使用寿命超过一个会计年度的有形资产。本公司采用直线法计提固定资产折旧，各类固定资产使用寿命、预计净残值率和年折旧率如下表所示。

类别	折旧年限（年）	预计净残值率（%）	年折旧率（%）
房屋建筑物	30	5	3.17
运输设备	4—5	5	19—23.75
办公设备	3	5	31.67
其他设备	5	5	19.00

本公司至少在每年年度终了对固定资产的使用寿命、预计净残值和折旧方法进行复核。

6.2.5　无形资产计价及摊销政策

（1）无形资产按照取得时的成本进行初始计量。

（2）无形资产的摊销方法。

对于使用寿命有限的无形资产，在使用寿命期限内，采用直线法摊销。

类别	摊销年限（年）
软件	2

本公司至少于每年年度终了对无形资产的使用寿命及摊销方法进行复核。

对于使用寿命不确定的无形资产，不摊销。于每年年度终了，对使用寿命不确定的无形资产的使用寿命进行复核，如果有证据表明其使用寿命是有限的，则估计其使用寿命，并按其使用寿命进行摊销。

6.2.6　贷款和应收款项的核算方法

6.2.6.1　发放贷款及垫款

6.2.6.1.1　单项金额重大的发放贷款及垫款坏账准备的计提方法

单独进行减值测试，当存在客观证据表明将无法按原有条款收回款项时，根据其预计未来现金流量现值低于其账面价值的差额计提贷款损失准备。

6.2.6.1.2　按组合计提坏账准备的发放贷款及垫款

按风险特征组合计提贷款损失准备的比例如下表所示。

风险特征	本期计提比例（%）	上期计提比例（%）
正常	1.5	1.5
关注	3	3
次级	30	30
可疑	60	60
损失	100	100

6.2.6.1.3　单项金额虽不重大但单项计提坏账准备的发放贷款及垫款

单独进行减值测试，根据其未来现金流量现值低于其账面价值的差额计提贷款损失准备。

6.2.6.2　应收款项

本公司应收款项主要包括应收票据、应收账款和其他应收款等。

对于因销售产品或提供劳务而产生的应收款项及租赁应收款，本公司按照相当于整个存续期内的预期信用损失金额计量损失准备。

对其他类别的应收款项，本公司在每个资产负债表日评估金融工具的信用风险自初始确认后是否已经显著增加，如果某项金融工具在资产负债表日确定的预计存续期内的违约概率显著高于在初始确认时确定的预计存续期内的违约概率，则表明该项金融工具的信用风险显著增加。通常情况下，如果逾期超过30日，则表明应收款项的信用风险已经显著增加。

如果信用风险自初始确认后未显著增加，处于第一阶段，本公司按照未来12个月内预期信用损失的金额计量损失准备；如果信用风险自初始确认后已显著增加但尚未发生信用减值，处于第二阶段，本公司按照相当于整个存续期内预期信用损失的金额计量损失准备；应收款项自初始确认后已发生信用减值的，处于第三阶段，本公司按照整个存续期的预期信用损失计量损失准备。

对于在资产负债表日具有较低信用风险的应收款项，本公司假设其信用风险自初始确认后并未显著增加，按照未来12个月内的预期信用损失计量损失准备。

除单独评估信用风险的应收款项外，本公司根据信用风险特征将其他应收款项划分为若干组合，在组合基础上计算预期信用损失。

本公司对所有应收款项的信用风险进行单独评估，根据信用风险特征计算预期信用损失。

6.2.7　长期待摊费用的摊销政策

本公司已发生但应由本期和以后各期负担的分摊期限在1年以上的各项费用，按受益期限内平均摊销。

6.2.8　合并会计报表的编制方法

本公司通过同一控制下企业合并取得的子公司，在编制合并当期财务报表时，视同被合并子公司在本公司最终控制方对其实施控制时纳入合并范围，并对合并财务报表的期初数以及前期比较报表进行相应调整。

本公司通过非同一控制下企业合并取得的子公司，在编制合并当期财务报表时，以购买日确定的各项可辨认资产、负债的公允价值为基础对子公司的财务报表进行调整，并自购买日起将被合并子公司纳入合并范围。

子公司所采用的会计期间或会计政策与本公司不一致时，在编制合并财务报表时按本公司的会计期间或会计政策对子公司的财务报表进行必要的调整。合并范围内企业之间所有重大交易、余额以及未实现损益在编制合并财务报表时予以抵消。内部交易发生的未实现损失，有证据表明该损失是相关资产减值损失的，则不予抵消。

子公司少数股东应占的权益和损益分别在合并资产

负债表中股东权益项目下和合并利润表中净利润项目下单独列示。

子公司少数股东分担的当期亏损超过了少数股东在该子公司期初所有者权益中所享有的份额的，其余额应当冲减少数股东权益。

因处置部分股权投资或其他原因丧失了对原有子公司控制权的，对于剩余股权，按照其在丧失控制权日的公允价值进行重新计量。处置股权取得的对价与剩余股权公允价值之和，减去按原持股比例计算应享有原有子公司自购买日开始持续计算的净资产的份额之间的差额，计入丧失控制权当期的投资收益，同时冲减商誉。与原有子公司股权投资相关的其他综合收益、其他所有者权益变动，在丧失控制权时转为当期投资收益，由于被投资方重新计量设定受益计划净负债或净资产变动而产生的其他综合收益除外。

通过多次交易分步处置对子公司股权投资直至丧失控制权的，需考虑各项交易是否构成一揽子交易，处置对子公司股权投资的各项交易的条款、条件以及经济影响符合以下一种或多种情况，表明应将多次交易事项作为一揽子交易进行会计处理。一是这些交易是同时或者在考虑了彼此影响的情况下订立的。二是这些交易整体才能达成一项完整的商业结果。三是一项交易的发生取决于其他至少一项交易的发生。四是一项交易单独看是不经济的，但是和其他交易一并考虑时是经济的。

不属于一揽子交易的，对其中每一项交易分别按照前述进行会计处理；若各项交易属于一揽子交易的，将各项交易作为一项处置子公司并丧失控制权的交易进行会计处理；但是，在丧失控制权之前每一次处置价款与处置投资对应的享有该子公司净资产份额之间的差额，在合并财务报表中确认为其他综合收益，在丧失控制权时一并转入丧失控制权当期的损益。

6.2.9　收入确定原则和方法

6.2.9.1　与客户之间的合同产生的收入

本公司在履行了合同中的履约义务，即在客户取得相关商品或服务控制权时，按照分摊至该项履约义务的交易价格确认收入。

合同中包含两项或多项履约义务的，本公司在合同开始日，按照各单项履约义务所承诺商品或服务的单独售价的相对比例，将交易价格分摊至各单项履约义务。对于附有质量保证条款的销售，如果该质量保证在向客户保证所销售商品或服务符合既定标准之外提供了一项单独的服务，该质量保证构成单项履约义务。否则，本公司按照《企业会计准则第13号——或有事项》规定对质量保证责任进行会计处理。

交易价格，是指本公司因向客户转让商品或服务而预期有权收取的对价金额，但不包含代第三方收取的款项以及本公司预期将退还给客户的款项。合同中存在可变对价的，本公司按照期望值或最可能发生金额确定可变对价的最佳估计数。包含可变对价的交易价格，不超过在相关不确定性消除时累计已确认收入极可能不会发生重大转回的金额。合同中存在应付客户对价的，除非该对价是为了向客户取得其他可明确区分商品或服务的，本公司将该应付对价冲减交易价格，并在确认相关收入与支付（或承诺支付）客户对价二者孰晚的时点冲减当期收入。合同中如果存在重大融资成分，本公司将根据合同中的融资成分调整交易价格；对于控制权转移与客户支付价款间隔未超过一年的，本公司不考虑其中的融资成分。

本公司根据在向客户转让商品或服务前是否拥有对该商品或服务的控制权，来判断从事交易时本公司的身份是主要责任人还是代理人。本公司在向客户转让商品或服务前能够控制该商品或服务的，本公司为主要责任人，按照已收或应收对价总额确认收入；否则，本公司为代理人，按照预期有权收取的佣金或手续费的金额确认收入，该金额按照已收或应收对价总额扣除应支付给其他相关方的价款后的净额确定。

与本公司取得与客户之间的合同产生的收入相关的具体会计政策描述如下：

受托客户资产管理业务收入，于受托投资管理合同到期，与委托人结算时，本公司按合同规定的比例计算应由本公司享有的管理费收益，确认为当期收益；或合同中规定本公司按约定比例收取管理费和业绩报酬，则在合同期内分期确认管理费和业绩报酬收益。

财务顾问业务等收入根据合同条款在本公司履行履约义务的过程中确认收入，或于履约义务完成的时点确认。

其他收入在客户取得相关商品或服务的控制权时确认。

6.2.9.2　投资收益

持有以公允价值计量且其变动计入当期损益的金融资产、以公允价值计量且其变动计入其他综合收益的金融资产（权益工具）在持有期间取得的利息、红利、股息或现金股利计入投资收益。

金融资产转移满足终止确认条件的，除了初始确认时指定为以公允价值计量且其变动计入其他综合收益的金融资产（权益工具），应当将下列两项金额的差额计入投资收益。一是终止确认部分的账面价值。二是终止确认部分的对价，与原计入股东权益的公允价值变动累计额中对应终止确认部分的金额之和。

采用成本法核算的长期股权投资，被投资单位宣告分派的现金股利或利润，确认为当期投资收益；采用权益法核算的长期股权投资，根据应享有或应分担的被投资单位实现的净损益确认投资收益。

6.2.9.3 利息收入

存款利息收入和发放贷款及垫款利息收入：在相关的收入金额能够可靠地计量，相关的经济利益可以收到时，按资金使用时间和实际利率确认利息收入。实际利率与合同约定利率差别较小的，按合同约定利率计算利息收入。

买入返售证券收入：在当期到期返售的，按返售价格与买入成本价格的差额，确认利息收入；在当期没有到期的，根据买入返售金融资产账面余额乘以实际利率计算确定利息收入，但对于已发生信用减值的金融资产，改按该金融资产的摊余成本和实际利率计算确定利息收入。

6.2.10 所得税的会计处理方法

本公司采用资产负债表债务法进行所得税会计处理。

除与直接计入股东权益的交易或事项有关的所得税影响计入股东权益外，当期所得税费用和递延所得税费用（或收益）计入当期损益。

当期所得税费用是按本年度应纳税所得额和税法规定的税率计算的预期应交所得税，加上对以前年度应交所得税的调整。

资产负债表日，如果纳税主体拥有以净额结算的法定权利并且意图以净额结算或取得资产、清偿负债同时进行时，那么当期所得税资产及当期所得税负债以抵销后的净额列示。

递延所得税资产和递延所得税负债分别根据可抵扣暂时性差异和应纳税暂时性差异确定，按照预期收回资产或清偿债务期间的适用税率计量。暂时性差异是指资产或负债的账面价值与其计税基础之间的差额，包括能够结转以后年度抵扣的亏损和税款递减。递延所得税资产的确认以很可能取得用来抵扣暂时性差异的应纳税所得额为限。

对于既不影响会计利润也不影响应纳税所得额（或可抵扣亏损）的非企业合并交易中产生的资产或负债初始确认形成的暂时性差异，不确认递延所得税。商誉的初始确认导致的暂时性差异也不产生递延所得税。

资产负债表日，根据递延所得税资产和负债的预期收回或结算方式，依据已颁布的税法规定，按照预期收回该资产或清偿该负债期间的适用税率计量该递延所得税资产和负债的账面金额。

资产负债表日，递延所得税资产及递延所得税负债在同时满足以下条件时以抵销后的净额列示。一是纳税主体拥有以净额结算当期所得税资产及当期所得税负债的法定权利。二是递延所得税资产及递延所得税负债是与同一税收征管部门对同一纳税主体征收的所得税相关或者是对不同的纳税主体相关，但在未来每一具有重要性的递延所得税资产及负债转回的期间内，涉及的纳税主体意图以净额结算当期所得税资产和负债或是同时取得资产、清偿负债。

6.2.11 信托报酬确认原则和方法

信托报酬收入于服务已经提供且收取的金额能够可靠计量时，按权责发生制确认收入。

6.2.12 一般风险准备、信托赔偿准备和信托业保障基金

计提一般风险准备的方法：财政部《金融企业准备金计提管理办法》（财金〔2012〕20号），为了防范经营风险，增强金融企业抵御风险能力，金融企业应提取一般准备作为利润分配处理，并作为股东权益的组成部分。一般准备的计提比例由金融企业综合考虑所面临的风险状况等因素确定，原则上一般准备余额不低于风险资产期末余额的1.5%。

计提信托赔偿准备的方法：根据中国银行业监督管理委员会颁布的《信托公司管理办法》有关规定，公司按当年税后净利润的5%计提信托赔偿准备金，累计达到注册资本20%时，可不再提取。

信托业保障基金：根据中国银行业监督管理委员会、财政部于2014年12月10日颁布的"银监发〔2014〕50号"《信托业保障基金管理办法》的相关规定，信托业保障基金认购执行下统一标准。一是信托公司按净资产余额的1‰认购，每年4月底前以上年度末的净资产余额为基数动态调整。二是资金信托按新发行金额的1%认购，其中：属于购买标准化产品的投资性资金信托的，由信托公司认购；属于融资性资金信托的，由融资者认购。在每个资金信托产品发行结束时，缴入信托公司基金专

户，由信托公司按季向保障基金公司集中划缴。三是新设立的财产信托按信托公司收取报酬的5%计算，由信托公司认购。

6.2.13 重要会计政策和会计估计变更

6.2.13.1 重要会计政策变更

6.2.13.1.1 执行新租赁准则导致的会计政策变更

财政部于2018年12月7日发布了《企业会计准则第21号——租赁》（简称新租赁准则）。本公司自2021年1月1日开始按照新修订的上述准则进行会计处理。根据衔接规定，对可比期间信息不予调整，对首次执行日前已存在的合同，公司选择不重新评估其是否为租赁或者包含租赁，对首次执行本准则的累积影响，调整2021年初留存收益及财务报表其他相关项目金额。

对于首次执行日前的融资租赁，本公司在首次执行日按照融资租入资产和应付融资租赁款的原账面价值，分别计量使用权资产和租赁负债。

对于首次执行日前的经营租赁，本公司在首次执行日根据剩余租赁付款额按首次执行日承租人增量借款利率折现的现值计量租赁负债，并根据每项租赁选择按照下列两者之一计量使权资产：

①假设自租赁期开始日即采用新租赁的账面价值（采用首次执行日的承租人增量借款利率作为折现率）；

②与租赁负债相等的金额，并根据预付租金进行必要调整。

对首次执行日之前的经营租赁，本公司采用以下简化处理：

①将于首次执行日后12个月内完成的租赁，作为短期租赁处理。

②计量租赁负债时，具有相似特征的租赁采用同一折现率；使用权资产的计量不包含初始直接费用。

③存在续租选择权或终止租赁选择权的，根据首次执行日前选择权的实际行使及其他最新情况确定租赁期。

④作为使用权资产减值测试的替代，根据《企业会计准则第13号——或有事项》评估包含租赁的合同在首次执行日前是否为亏损合同，并根据首次执行日前计入资产负债表的亏损准备金额调整使用权资产。

⑤首次执行日前的租赁变更，根据租赁变更的最终安排进行会计处理。

对首次执行日前经营租赁的上述简化处理未对2021年1月1日的留存收益产生重大影响。

对于首次执行日前划分为经营租赁且在首次执行日后仍存续的转租赁，本公司在首次执行日基于原租赁和转租赁的剩余合同期限和条款进行重新评估，并按照新租赁准则的规定进行分类。按照新租赁准则重分类为融资租赁的，将其作为一项新的融资租赁进行会计处理。

对于首次执行日前已存在的售后租回交易，本公司在首次执行日不重新评估资产转让是否符合《企业会计准则第14号——收入》作为销售进行会计处理的规定。对于首次执行日前应当作为销售和融资租赁进行会计处理的售后租回交易，本公司按照与首次执行日存在的其他融资租赁相同的方法对租回进行会计处理，并继续在租赁期内摊销相关递延收益或损失。对于首次执行日前应当作为销售和经营租赁进行会计处理的售后租回交易，本公司按照与首次执行日存在的其他经营租赁相同的方法对租回进行会计处理，并根据首次执行日前计入资产负债表的相关递延收益或损失调整使用权资产。

本公司按照准则生效日期开始执行前述新颁布或修订的企业会计准则，并根据各准则衔接要求进行了调整，采用上述企业会计准则后的主要会计政策已在附注三各相关项目中列示。公司管理层认为前述准则的采用未对本公司财务报表产生重大影响。

6.2.13.1.2 执行新收入准则导致的会计政策变更

根据财会〔2017〕22号关于修订印发《企业会计准则第14号——收入》的通知，财政部对《企业会计准则第14号——收入》进行了修订，新收入准则引入了收入确认计量的5步法模型，并对特定交易（或事项）增加了更多的指引。

本公司自2021年1月1日开始按照新修订的上述准则进行会计处理。根据新收入准则的相关规定，公司对首次执行日尚未完成合同的累计影响数调整2021年初留存收益以及财务报表其他相关项目金额，未对2020年度的比较财务报表进行调整。

新收入准则为规范与客户之间的合同产生的收入建立了新的收入确认模型。根据新收入准则，确认收入的方式应当反映主体向客户转让商品或提供服务的模式，收入的金额应当反映主体因向客户转让这些商品或服务而预计有权获得的对价金额。同时，新收入准则对于收入确认的每一个环节所需要进行的判断和估计也做出了规范。公司仅对在2021年1月1日尚未完成的合同的累积影响数进行调整，对2021年1月1日之前发生的合同变更，公司采用简化处理方法，对所有合同根据合同变更的最终安排，识别已履行的和尚未履行的履约义务、确定交易价格以及在已履行的和尚未履行的履约义务之间分摊交易价格。

本公司按照准则生效日期开始执行前述新颁布或修订的企业会计准则,并根据各准则衔接要求进行了调整,采用上述企业会计准则后的主要会计政策已在附注三各相关项目中列示。公司管理层认为前述准则的采用未对本公司财务报表产生重大影响。

6.2.13.1.3 执行新金融工具准则导致的会计政策变更

财政部于2017年3月31日分别发布了《企业会计准则第22号——金融工具确认和计量(2017年修订)》(财会〔2017〕7号)、《企业会计准则第23号——金融资产转移(2017年修订)》(财会〔2017〕8号)、《企业会计准则第24号——套期会计(2017年修订)》(财会〔2017〕9号),于2017年5月2日发布了《企业会计准则第37号——金融工具列报(2017年修订)》(财会〔2017〕14号)(上述准则以下统称新金融工具准则)。本公司自2021年1月1日开始按照新修订的上述准则进行会计处理。根据衔接规定,对可比期间信息不予调整,首日执行新准则与现行准则的差异追溯调整本报告期期初未分配利润或其他综合收益。

新金融工具准则改变了金融资产的分类和计量方式,确定了三个主要的计量类别:摊余成本;以公允价值计量且其变动计入其他综合收益;以公允价值计量且其变动计入当期损益。企业需考虑自身业务模式,以及金融资产的合同现金流特征进行上述分类。权益工具投资需按公允价值计量且其变动计入当期损益,但在初始确认时可选择将非交易性权益工具投资不可撤销地指定为以公允价值计量且其变动计入其他综合收益的金融资产。

新金融工具准则要求金融资产减值计量由"已发生损失模型"改为"预期信用损失模型",适用于以摊余成本计量的金融资产、以公允价值计量且其变动计入其他综合收益的金融资产。

执行新金融工具准则对本年年初资产负债表相关项目的影响列示如下表所示。

合并报表:

项目	2020年12月31日	重分类	重新计量	2021年1月1日
资产:	—	—	—	—
发放贷款及垫款	35 814 600.00	111 100.00		35 925 700.00
交易性金融资产		2 684 028 307.70		2 684 028 307.70
以公允价值计量且其变动计入当期损益的金融资产	1 474 877.70	-1 474 877.70		
可供出售金融资产	3 860 503 087.20	-3 860 503 087.20		
其他权益工具投资	—	888 863 560.00		888 863 560.00
其他资产	234 554 131.76	288 974 997.20		523 529 128.96
所有者权益:				
其他综合收益	484 276 255.85	—	-183 442.54	484 092 813.31
盈余公积	487 100 779.24		18 344.25	487 119 123.49
未分配利润	3 089 445 835.60		165 098.29	3 089 610 933.89

母公司:

项目	2020年12月31日	重分类	重新计量	2021年1月1日
资产:	—	—	—	—
发放贷款及垫款	35 814 600.00	111 100.00		35 925 700.00
交易性金融资产		3 192 777 139.16		3 192 777 139.16
以公允价值计量且其变动计入当期损益的金融资产	8 191.90	-8 191.90		
可供出售金融资产	4 377 456 540.09	-4 377 456 540.09		
其他权益工具投资		888 863 560.00		888 863 560.00
其他资产	164 859 675.08	295 712 932.83		460 572 607.91
所有者权益:	—	—	—	—
其他综合收益	484 276 255.85	—	-183 442.54	484 092 813.31
盈余公积	483 905 467.72		18 344.25	483 923 811.97
未分配利润	2 949 391 728.87		165 098.29	2 949 556 827.16

6.2.13.2 重要会计估计变更
本公司报告期内无重要会计估计变更。

6.3 或有事项说明
公司对外提供借款担保的期初、期末无余额。

6.4 重要资产转让及其出售的说明
无。

6.5 会计报表中重要项目的明细资料

6.5.1 披露自营资产经营情况

6.5.1.1 按信用风险五级分类结果披露信用风险资产的期初、期末数

风险分类	正常类（万元）	关注类（万元）	次级类（万元）	可疑类（万元）	损失类（万元）	信用风险资产合计（万元）	不良资产合计（万元）	不良率（％）
期初数	519 910	8 002	19 457	—	—	547 369	19 457	3.55
期末数	573 713	3 752	18 835	—	—	596 300	18 835	3.16

注：不良资产合计=次级类+可疑类+损失类。

6.5.1.2 资产减值损失准备的期初、本期计提、本期转回、本期核销、期末数

单位：万元

项目	期初数	政策变更	本期计提	本期转回	本期核销	期末数
贷款损失	55	—	—	55	—	—
一般准备	55	—	—	55	—	—
专项准备	—	—	—	—	—	—
其他资产减值准备	185	—	—	—	—	185
可供出售金融资产减值准备	14 170	-14 170	—	—	—	—
持有至到期投资减值准备	—	—	—	—	—	—
长期股权投资减值准备	—	—	—	—	—	—
坏账准备	7 268	—	1 286	—	—	8 554
投资性房地产减值准备	—	—	—	—	—	—

注：公司从2021年1月1日开始执行新金融工具准则，对金融资产相关科目进行调整。

6.5.1.3 按照投资品种分类，分别披露固有业务股票投资、基金投资、债券投资、股权投资等投资业务的期初数、期末数

单位：万元

项目	自营股票	基金	债券	长期股权投资	其他投资	合计
期初数	89 106	—	—	12 921	311 262	413 289
期末数	101 780	4 118	—	—	299 078	404 976

6.5.1.4 本公司按照企业会计准则对长期股权投资进行重分类后，披露长期股权投资的企业名称、占被投资企业权益的比例、主要经营活动及投资收益情况等

单位：万元

企业名称	占被投资企业权益的比例	主要经营活动	权益法下确认的投资损益

6.5.1.5 前五名的自营贷款的企业名称、占贷款总额的比例和还款情况等（从贷款金额大到小顺序排列）

单位：万元

企业名称	占贷款总额比例	还款情况
—	—	—

6.5.1.6 表外业务的期初数、期末数；按照代理业务、担保业务和其他类型表外业务分别披露

单位：万元

表外业务	期初数	期末数
担保业务	—	—
代理业务（委托业务）	—	—
其他	—	—
合计	—	—

报告期内，公司未发生代理业务（委托业务）。

6.5.1.7 本公司当年的收入结构

收入结构	金额（万元）	占比（％）
手续费及佣金收入	70 661	68.46
其中：信托手续费收入	70 661	68.46
投资银行业务收入	—	—
利息收入	3 034	2.94
其他业务收入	5 656	5.48
其中：计入信托业务收入部分	—	—
投资收益	18 515	17.94
其中：股权投资收益	297	0.29
证券投资收益	2 465	2.39
其他投资收益	15 753	15.26
公允价值变动收益	5 058	4.90
资产处置收益	4	—
其他收益	54	0.05
营业外收入	232	0.23
全年总收入	103 214	100.00

报告年度母公司实现信托业务收入总额为70 661万元，全部以手续费及佣金收入形式确定。

6.5.2 披露信托财产管理情况

6.5.2.1 信托资产的期初数、期末数

单位：万元

信托资产	期初数	期末数
集合	4 930 330.57	4 256 681.10
单一	2 980 298.25	1 847 172.00
财产权	294 131.09	259 900.29
合计	8 204 759.91	6 363 753.39

6.5.2.1.1 主动管理型信托业务的信托资产期初数、期末数、分证券投资、非证券投资、融资、事务管理类分别披露

单位：万元

主动管理型信托资产	期初数	期末数
证券投资类	60 196.49	395 445.43
非证券投资类	1 767 951.28	1 920 042.23
融资类	3 157 599.80	2 315 549.05
事务管理类	—	6 292.21
合计	4 985 747.57	4 637 328.92

6.5.2.1.2 被动管理型信托业务的信托资产期初数、期末数。分证券投资、非证券投资、融资、事务管理类分别披露

单位：万元

被动管理型信托资产	期初数	期末数
证券投资类	—	—
非证券投资类	—	29 999.12
融资类	5 535.32	
事务管理类	3 213 477.02	1 696 425.35
合计	3 219 012.34	1 726 424.47

6.5.2.2 本年度已清算结束的信托项目145个数、实收信托合计金额497.04亿元、加权平均实际年化收益率6.5546%

6.5.2.2.1 本年度已清算结束的集合类、单一类资金信托项目和财产管理类信托项目个数、实收信托金额、加权平均实际年化收益率

已清算结束信托项目	项目个数（个）	实收信托合计金额（万元）	加权平均实际年化收益率（%）
集合类	123	3 113 265.00	7.5355
单一类	21	1 857 101.00	4.9105
财产管理类	1	50.00	-0.0982

注：收益率是指信托项目清算后，给受益人赚取的实际收益水平。加权平均实际年化收益率=（信托项目1的实际年化收益率×信托项目1的实收信托+信托项目2的实际年化收益率×信托项目2的实收信托+…信托项目n的实际年化收益率×信托项目n的实收信托）/（信托项目1的实收信托+信托项目2的实收信托+…信托项目n的实收信托）×100%。

6.5.2.2.2 本年度已清算结束的主动管理型信托项目个数、实收信托合计金额、加权平均实际年华收益率，分证券投资、非证券投资、融资、事务管理类分别计算并披露

已清算结束信托项目	项目个数（个）	实收信托合计金额（万元）	加权平均实际年化信托报酬率（%）	加权平均实际年化收益率（%）
证券投资类	—	—	—	—
非证券投资类	5	431 680.00	4.3862	10.1076
融资类	109	2 162 875.00	2.0743	7.6748
事务管理类	1	650.00	0.2985	7.3265

注：加权平均实际年化信托报酬率=（信托项目1的实际年化信托报酬率×信托项目1的实收信托+信托项目2的实际年化信托报酬率×信托项目2的实收信托+…信托项目n的实际年化信托报酬率×信托项目n的实收信托）/（信托项目1的实收信托+信托项目2的实收信托+…信托项目n的实收信托）×100%。

6.5.2.2.3 本年度已清算结束的被动管理型信托项目个数、实收信托合计金额、加权平均实际化收益率，分证券投资、非证券投资、融资、事务管理类分别计算并披露

已清算结束信托项目	项目个数（个）	实收信托合计金额（万元）	加权平均实际年化信托报酬率（%）	加权平均实际年化收益率（%）
证券投资类	—	—	—	—
非证券投资类	—	—	—	—
融资类	—	—	—	—
事务管理类	30	2 375 211.00	0.12	4.8887

6.5.2.3 本年度新增的集合类、单一类和财产管理类信托项目个数、实收信托合计金额

新增信托项目	项目个数（个）	实收信托合计金额（万元）
集合类	106	3 401 422.08
单一类	11	372 128.32
新增合计	117	3 773 550.40
其中：主动管理型	109	3 641 049.08
被动管理型	8	132 501.32

注：本年新增信托项目指在本报告年度内累计新增的信托项目个数和金额。包括含本年度新增并于本年度内结束的项目和本年度新增至报告期末仍在持续管理的信托项目。

6.5.2.4 信托业务创新成果和特色业务有关情况

6.5.2.4.1 创新业务资格

公司已经获得特定目的信托受托机构资格。

6.5.2.4.2 创新业务品种

2021年，苏州信托继续推动资产证券化业务。基础资产涉及公司贷款、个人住房抵押贷款、金融租赁资产、信托受益权、租赁应收款等。公司在开展资产证券化业务过程中积累了业务经验，服务意识得到了行业的一致好评，业务能力得到了市场的认可。

2021年，苏州信托经过长期研究和充分准备，在苏州市委市政府的大力支持下，率先运用信托制度，建设了苏州市预付式消费资金管理平台。11月11日，苏州高新区新科教育培训中心成为首家入驻苏州市校外培训预付资金信托管理系统的机构，在线上发布课程供学员购买并成功完成交易。11月12日，苏州市政府主办了校外培训预付资金信托管理系统上线暨首单落地仪式，宣告苏州市校外培训预付资金信托管理系统启动。11月23日，系统完成了首单分配工作。2021年，苏州信托首个自主管理组合类TOF项目——苏信财富·价值均衡A2101X集合资金信托计划于12月成立。该信托计划由苏州信托作为唯一的产品管理人进行自主独立投资配置并对投资组合进行持续管理，投资配置的策略包括股票量化中性、管理期货、期权策略等多种策略。此类TOF业务，是苏州信托作为资产管理机构自我提升主动投资管理能力、积极探索业务转型升级的突破之举，同时也是苏州信托作为财富管理机构努力满足广大投资者财产配置需求的重要产品线。

2021年，苏州信托充分发挥信托专业优势，持续发力慈善信托业务。2021年新成立2单慈善信托，分别为苏信·善举10号慈善信托以及苏信·善举7号慈善信托。公司慈善信托由慈善基金会作为委托人，并聘请律所、银行作为监察人、保管人，确保信托资金的合法合规运用。

2021年，苏州信托以全资子公司苏信创投为载体，发展股权融资，以股权投资基金、创业投资基金、产业投资基金等投融资形式服务实体经济。公司所投资行业涉及金融服务、智能制造、医疗健康、消费升级等。2021年，苏州信托积极响应政府政策号召，为苏州生物医药企业提供金融支持，通过苏信创投子公司设立投资基金，以多种形式参与行业兼并重组。公司还与国内知名基金管理人合作，通过参与医疗健康行业上市公司股份增发、行业并购等方式，加大对医药行业的金融支持力度，鼓励具有创新技术的企业通过并购重组进一步做优做强。

6.5.2.4.3 创新业务规模

（1）公司资产证券化业务参与银行间债券市场资产证券化业务共12个，规模112.65亿元，参与交易所市场资产证券化业务共4个，规模81亿元。

（2）公司探索涉众资金监管服务信托，存续总金额4 140.25元。

（3）公司TOF项目苏信财富·价值均衡A2101X集合资金信托计划首期规模5 000万元，投资配置4个子基金产品。

（4）公司慈善信托项目存续12单，募集资金总共1.2亿元，累计捐赠超过1 000万元。2021年新设立2单慈善信托，规模2 500万元，累计捐赠共计542.6万元，主要用于慰问贫困老人、捐助困难学生、帮助困难群众购买医疗保险及支持文化艺术事业的发展。

（5）截至2021年末，投贷联动子基金投资16个项目，投资金额超过2.26亿元，其中苏州本地项目10个，投资金额1.2亿元。

6.5.2.5 本公司履行受托人义务情况及因本公司自身责任而导致的信托资产损失情况（合计金额、原因等）

无。

6.5.2.6 信托赔偿准备金的提取、使用及管理情况

母公司按净利润的5%计提信托赔偿准备金，信托赔偿准备金累计达到注册资本余额的20%的，实行差额提取。本报告期内差额计提信托赔偿准备金322万元，截至2021年12月31日累计已计提信托赔偿准备金24 000万元，报告期内未使用信托赔偿准备金。

6.6 关联方关系及其交易的披露

6.6.1 关联交易方的数量、关联交易的总金额及关联交易的定价政策等

项目	关联交易方数量	关联交易金额（万元）	定价政策
合计	247	6 413 357 010.94	市场定价原则

注："关联交易"定义应以《公司法》和《企业会计准则36号——关联方披露》有关规定为准。上述"关联交易方数量"及"关联交易金额"是本报告期的期末余额。

6.6.2 关联交易方与本公司的关系性质、关联交易方的名称、法定代表人、注册地址、注册资本及主营业务等

关系性质	关联方名称	法定代表人	注册地址	注册资本（万元）	主营业务
本公司信托产品	苏信·福鑫悦享家族信托	无	无	1 536	无
本公司信托产品	苏信·善举10号慈善信托	无	无	2 000	无
本公司信托产品	苏信·善举5号慈善信托（苏州相城）	无	无	6 000	无
本公司信托产品	苏信·善举7号慈善信托（常熟市慈善基金会）	无	无	500	无
本公司信托产品	苏信财富·华彩H1501单一资金信托	无	无	34 150	无
本公司信托产品	苏信财富·华彩H1603单一资金信托	无	无	60 200	无
本公司信托产品	苏信财富·华彩H1701单一资金信托	无	无	5 060	无
本公司信托产品	苏信财富·华彩H1802单一资金信托	无	无	69 500	无
本公司信托产品	苏信财富·华彩H1804单一资金信托	无	无	20 510	无
本公司信托产品	苏信财富·华彩H1901单一资金信托	无	无	4 310	无
本公司信托产品	苏信财富·华彩H2003单一资金信托	无	无	22 300	无
本公司信托产品	苏信财富·华彩H2004单一资金信托	无	无	41 400	无
本公司信托产品	苏信财富·华彩H2101单一资金信托	无	无	5 800	无
本公司信托产品	苏信财富·华彩H2102单一资金信托	无	无	2 000	无
本公司信托产品	苏信财富·华彩H2103单一资金信托	无	无	6 000	无
本公司信托产品	苏信财富·华丰1206单一资金信托	无	无	100	无
本公司信托产品	苏信财富·华冠H1401（稳健配置A）集合资金信托计划	无	无	381 631.87	无
本公司信托产品	苏信财富·华佩H1801单一资金信托	无	无	4 750	无
本公司信托产品	苏信财富·华荣H1402（平衡配置）爱心公益集合资金信托计划	无	无	132 146	无

续表

关系性质	关联方名称	法定代表人	注册地址	注册资本（万元）	主营业务
本公司信托产品	苏信财富·华荣H1502（积极配置）集合资金信托计划	无	无	32 000	无
本公司信托产品	苏信财富·华荣H1504（平衡配置）集合资金信托计划	无	无	63 050	无
本公司信托产品	苏信财富·华荣H1601（积极配置）集合资金信托计划	无	无	3 250	无
本公司信托产品	苏信财富·华荣H1901（稳健配置）集合资金信托计划	无	无	181 082.83	无
本公司信托产品	苏信财富·华荣H2101（稳健配置）集合资金信托计划	无	无	59 074.83	无
本公司信托产品	苏信理财·恒信C1902X集合资金信托计划	无	无	15 000	无
本公司信托产品	苏信理财·恒信C2150X集合资金信托计划	无	无	13 123	无
本公司信托产品	苏信理财·富诚J1901X集合资金信托计划	无	无	10 000	无
本公司信托产品	苏信理财·富诚J2003X集合资金信托计划	无	无	10 000	无
本公司信托产品	苏信理财·富坤A2001X集合资金信托计划	无	无	15 000	无
本公司信托产品	苏信理财·富坤A2002X集合资金信托计划	无	无	35 262	无
本公司信托产品	苏信理财·富坤A2007X集合资金信托计划	无	无	25 000	无
本公司信托产品	苏信理财·富坤A2101X集合资金信托计划	无	无	23 938	无
本公司信托产品	苏信理财·富坤B2003X集合资金信托计划	无	无	2 000	无
本公司信托产品	苏信理财·富坤C2142X集合资金信托计划	无	无	14 912	无
本公司信托产品	苏信理财·富坤F2001X集合资金信托计划	无	无	25 000	无
本公司信托产品	苏信理财·富坤F2003X集合资金信托计划	无	无	20 000	无
本公司信托产品	苏信理财·富坤F2103X集合资金信托计划	无	无	6 445	无
本公司信托产品	苏信理财·富坤F2108X集合资金信托计划	无	无	9 490	无
本公司信托产品	苏信理财·富坤J2002X集合资金信托计划	无	无	17 949	无
本公司信托产品	苏信理财·富坤J2004X集合资金信托计划	无	无	37 829	无
本公司信托产品	苏信理财·富坤J2010X集合资金信托计划	无	无	20 000	无
本公司信托产品	苏信理财·富坤J2103X集合资金信托计划	无	无	2 225	无
本公司信托产品	苏信理财·富坤J2105X集合资金信托计划	无	无	24 760	无
本公司信托产品	苏信理财·富坤J2145X集合资金信托计划	无	无	19 983	无
本公司信托产品	苏信理财·富坤J2148X集合资金信托计划	无	无	9 677	无
本公司信托产品	苏信理财·富坤J2154X集合资金信托计划	无	无	11 960	无
本公司信托产品	苏信理财·富坤J2157X集合资金信托计划	无	无	29 993	无
本公司信托产品	苏信理财·富坤J2158X集合资金信托计划	无	无	15 000	无
本公司信托产品	苏信理财·富坤J2162X集合资金信托计划	无	无	8 404	无
本公司信托产品	苏信理财·富坤J2164X集合资金信托计划	无	无	16 519	无
本公司信托产品	苏信理财·富坤J2166X集合资金信托计划	无	无	14 970	无
本公司信托产品	苏信理财·富坤J2171X集合资金信托计划	无	无	20 000	无
本公司信托产品	苏信理财·富坤N2004X集合资金信托计划	无	无	19 938	无
本公司信托产品	苏信理财·富坤N2007X集合资金信托计划	无	无	14 941	无
本公司信托产品	苏信理财·富坤N2101X集合资金信托计划	无	无	19 373	无
本公司信托产品	苏信理财·富坤N2102X集合资金信托计划	无	无	7 680	无
本公司信托产品	苏信理财·富坤N2105X集合资金信托计划	无	无	16 945	无
本公司信托产品	苏信理财·富坤N2107X集合资金信托计划	无	无	7 639	无
本公司信托产品	苏信理财·富坤N2109X集合资金信托计划	无	无	7 958	无
本公司信托产品	苏信理财·富乾C2135X集合资金信托计划	无	无	22 000	无
本公司信托产品	苏信理财·富乾F2101X集合资金信托计划	无	无	10 000	无
本公司信托产品	苏信理财·富乾F2110X集合资金信托计划	无	无	40 000	无
本公司信托产品	苏信理财·富乾F2111X集合资金信托计划	无	无	20 000	无
本公司信托产品	苏信理财·富乾F2117X集合资金信托计划	无	无	20 000	无
本公司信托产品	苏信理财·富乾J2003X集合资金信托计划	无	无	20 000	无
本公司信托产品	苏信理财·富乾J2007X集合资金信托计划	无	无	15 000	无
本公司信托产品	苏信理财·富乾J2008X集合资金信托计划	无	无	20 000	无
本公司信托产品	苏信理财·富乾J2144X集合资金信托计划	无	无	10 000	无
本公司信托产品	苏信理财·富乾J2160X集合资金信托计划	无	无	15 000	无
本公司信托产品	苏信理财·富乾J2168X集合资金信托计划	无	无	11 000	无

续表

关系性质	关联方名称	法定代表人	注册地址	注册资本（万元）	主营业务
本公司信托产品	苏信理财·恒信A1836X集合资金信托计划	无	无	19 000	无
本公司信托产品	苏信理财·恒信A1901X集合资金信托计划	无	无	20 000	无
本公司信托产品	苏信理财·恒信A1903X集合资金信托计划	无	无	41 000	无
本公司信托产品	苏信理财·恒信A1906X集合资金信托计划	无	无	20 000	无
本公司信托产品	苏信理财·恒信A1921X集合资金信托计划	无	无	43 900	无
本公司信托产品	苏信理财·恒信A1929X集合资金信托计划	无	无	10 000	无
本公司信托产品	苏信理财·恒信A1930X集合资金信托计划	无	无	20 000	无
本公司信托产品	苏信理财·恒信A1933X集合资金信托计划	无	无	20 000	无
本公司信托产品	苏信理财·恒信A1944X集合资金信托计划	无	无	18 940	无
本公司信托产品	苏信理财·恒信A2012X集合资金信托计划	无	无	9 894	无
本公司信托产品	苏信理财·恒信B1613集合资金信托计划	无	无	99 900	无
本公司信托产品	苏信理财·恒信B1904X集合资金信托计划	无	无	19 239	无
本公司信托产品	苏信理财·恒信B1908X集合资金信托计划	无	无	19 867	无
本公司信托产品	苏信理财·恒信B1911X集合资金信托计划	无	无	19 985	无
本公司信托产品	苏信理财·恒信B1913X集合资金信托计划	无	无	12 000	无
本公司信托产品	苏信理财·恒信B2101X集合资金信托计划	无	无	10 000	无
本公司信托产品	苏信理财·恒信B2103X集合资金信托计划	无	无	2 675	无
本公司信托产品	苏信理财·恒信B2104X集合资金信托计划	无	无	20 000	无
本公司信托产品	苏信理财·恒信C1607事务管理集合资金信托计划	无	无	50 000	无
本公司信托产品	苏信理财·恒信C1608单一资金信托计划	无	无	50 000	无
本公司信托产品	苏信理财·恒信C1901X集合资金信托计划	无	无	45 635	无
本公司信托产品	苏信理财·恒信C1937X集合资金信托计划	无	无	19 976	无
本公司信托产品	苏信理财·恒信C1941X集合资金信托计划	无	无	4 990	无
本公司信托产品	苏信理财·恒信C2004X集合资金信托计划	无	无	17 944	无
本公司信托产品	苏信理财·恒信C2131X集合资金信托计划	无	无	15 878	无
本公司信托产品	苏信理财·恒信C2151X集合资金信托计划	无	无	18 598	无
本公司信托产品	苏信理财·恒信E1809X集合资金信托计划	无	无	39 257	无
本公司信托产品	苏信理财·恒信E1901X集合资金信托计划	无	无	40 000	无
本公司信托产品	苏信理财·恒信E1902X集合资金信托计划	无	无	11 900	无
本公司信托产品	苏信理财·恒信E1914X集合资金信托计划	无	无	20 000	无
本公司信托产品	苏信理财·恒信F1820X集合资金信托计划	无	无	17 591	无
本公司信托产品	苏信理财·恒信F1828X集合资金信托计划	无	无	19 978	无
本公司信托产品	苏信理财·恒信F1902X集合资金信托计划	无	无	19 950	无
本公司信托产品	苏信理财·恒信F1916X集合资金信托计划	无	无	9 880	无
本公司信托产品	苏信理财·恒信F1920X集合资金信托计划	无	无	19 946	无
本公司信托产品	苏信理财·恒信F1924X集合资金信托计划	无	无	20 000	无
本公司信托产品	苏信理财·恒信F1933X集合资金信托计划	无	无	19 679	无
本公司信托产品	苏信理财·恒信F2026X集合资金信托计划	无	无	19 907	无
本公司信托产品	苏信理财·恒信F2103X集合资金信托计划	无	无	16 616	无
本公司信托产品	苏信理财·恒信J1850X集合资金信托计划	无	无	8 010	无
本公司信托产品	苏信理财·恒信J1861X集合资金信托计划	无	无	4 932	无
本公司信托产品	苏信理财·恒信J1865X集合资金信托计划	无	无	18 000	无
本公司信托产品	苏信理财·恒信J1869X集合资金信托计划	无	无	40 000	无
本公司信托产品	苏信理财·恒信J1904X集合资金信托计划	无	无	19 599	无
本公司信托产品	苏信理财·恒信J1905X集合资金信托计划	无	无	9 893	无
本公司信托产品	苏信理财·恒信J1908X集合资金信托计划	无	无	18 635	无
本公司信托产品	苏信理财·恒信J19111X集合资金信托计划	无	无	29 980	无
本公司信托产品	苏信理财·恒信J19113X集合资金信托计划	无	无	10 000	无
本公司信托产品	苏信理财·恒信J19119X集合资金信托计划	无	无	10 960	无
本公司信托产品	苏信理财·恒信J19124X集合资金信托计划	无	无	15 000	无
本公司信托产品	苏信理财·恒信J1914X集合资金信托计划	无	无	639	无

续表

关系性质	关联方名称	法定代表人	注册地址	注册资本(万元)	主营业务
本公司信托产品	苏信理财·恒信J19150X集合资金信托计划	无	无	14 828	无
本公司信托产品	苏信理财·恒信J19151X集合资金信托计划	无	无	19 930	无
本公司信托产品	苏信理财·恒信J1922X集合资金信托计划	无	无	19 949	无
本公司信托产品	苏信理财·恒信J1924X集合资金信托计划	无	无	14 930	无
本公司信托产品	苏信理财·恒信J1926X集合资金信托计划	无	无	19 990	无
本公司信托产品	苏信理财·恒信J1929X集合资金信托计划	无	无	19 623	无
本公司信托产品	苏信理财·恒信J1946X集合资金信托计划	无	无	19 928	无
本公司信托产品	苏信理财·恒信J1947X集合资金信托计划	无	无	19 800	无
本公司信托产品	苏信理财·恒信J1950X集合资金信托计划	无	无	9 962	无
本公司信托产品	苏信理财·恒信J1956X集合资金信托计划	无	无	17 961	无
本公司信托产品	苏信理财·恒信J1962X集合资金信托计划	无	无	10 651	无
本公司信托产品	苏信理财·恒信J1963X集合资金信托计划	无	无	17 700	无
本公司信托产品	苏信理财·恒信J1969X集合资金信托计划	无	无	14 932	无
本公司信托产品	苏信理财·恒信J1977X集合资金信托计划	无	无	19 741	无
本公司信托产品	苏信理财·恒信J1997X集合资金信托计划	无	无	14 640	无
本公司信托产品	苏信理财·恒信J1998X集合资金信托计划	无	无	19 940	无
本公司信托产品	苏信理财·恒信J20117X集合资金信托计划	无	无	39 993	无
本公司信托产品	苏信理财·恒信J2057X集合资金信托计划	无	无	40 000	无
本公司信托产品	苏信理财·恒信J2081X集合资金信托计划	无	无	2 600	无
本公司信托产品	苏信理财·恒信J2087X集合资金信托计划	无	无	20 000	无
本公司信托产品	苏信理财·恒信J2113X集合资金信托计划	无	无	8 000	无
本公司信托产品	苏信理财·恒信J2123X集合资金信托计划	无	无	15 999	无
本公司信托产品	苏信理财·恒信J2127X集合资金信托计划	无	无	11 970	无
本公司信托产品	苏信理财·恒信J2128X集合资金信托计划	无	无	10 000	无
本公司信托产品	苏信理财·恒信J2129X集合资金信托计划	无	无	7 840	无
本公司信托产品	苏信理财·恒信M1902X集合资金信托计划	无	无	19 995	无
本公司信托产品	苏信理财·恒信M1909X集合资金信托计划	无	无	19 651	无
本公司信托产品	苏信理财·恒信M1921X集合资金信托计划	无	无	14 884	无
本公司信托产品	苏信理财·恒信N1911X集合资金信托计划	无	无	14 612	无
本公司信托产品	苏信理财·恒信N1939X集合资金信托计划	无	无	14 924	无
本公司信托产品	苏信理财·恒信N1948X集合资金信托计划	无	无	7 415	无
本公司信托产品	苏信理财·恒信N1955X集合资金信托计划	无	无	14 910	无
本公司信托产品	苏信理财·恒信N1961X集合资金信托计划	无	无	17 980	无
本公司信托产品	苏信理财·恒信N1962X集合资金信托计划	无	无	9 000	无
本公司信托产品	苏信理财·恒信N2016X集合资金信托计划	无	无	22 000	无
本公司信托产品	苏信理财·恒信N2038X集合资金信托计划	无	无	19 719	无
本公司信托产品	苏信理财·恒信N2110X集合资金信托计划	无	无	10 000	无
本公司信托产品	苏信理财·恒源L1701集合资金信托计划	无	无	27 000	无
本公司信托产品	苏信理财·瑞城0801集合资金信托计划	无	无	68 150	无
本公司信托产品	苏信理财·信诚N1903X单一资金信托计划	无	无	800	无
本公司信托产品	苏信理财瑞城0801集合资金信托计划	无	无	68 150	无
本公司信托产品	苏信理财·恒源L1701集合资金信托计划	无	无	27 000	无
本公司信托产品	苏信理财·恒信J19151X集合资金信托计划	无	无	19 930	无
本公司信托产品	苏信理财·恒信M1911X集合资金信托计划	无	无	8 000	无
本公司信托产品	苏信理财·恒信J19119X集合资金信托计划	无	无	10 960	无
本公司信托产品	苏信理财·恒信F1940X集合资金信托计划	无	无	11 247	无
本公司信托产品	苏信理财·恒信J19113X集合资金信托计划	无	无	10 000	无
本公司信托产品	苏信理财·恒信A1915X集合资金信托计划	无	无	12 000	无
本公司信托产品	苏信理财·恒信A1933X集合资金信托计划	无	无	20 000	无
本公司信托产品	苏信理财·恒信A1936X集合资金信托计划	无	无	20 000	无
本公司信托产品	苏信理财·恒信N1916X集合资金信托计划	无	无	10 060	无
本公司信托产品	苏信理财·恒信J19155X集合资金信托计划	无	无	10 000	无

续表

关系性质	关联方名称	法定代表人	注册地址	注册资本（万元）	主营业务
本公司信托产品	苏信理财·恒信N1946X集合资金信托计划	无	无	20 000	无
本公司信托产品	苏信理财·恒信J2005X集合资金信托计划	无	无	8 000	无
本公司信托产品	苏信理财·恒信J2003X集合资金信托计划	无	无	8 000	无
本公司信托产品	苏信理财·恒信J1956X集合资金信托计划	无	无	17 961	无
本公司信托产品	苏信理财·恒信N1951X集合资金信托计划	无	无	30 000	无
本公司信托产品	苏信理财·恒信J19150X集合资金信托计划	无	无	14 828	无
本公司信托产品	苏信理财·恒信A1944X集合资金信托计划	无	无	18 940	无
本公司信托产品	苏信理财·恒信F1933X集合资金信托计划	无	无	19 679	无
本公司信托产品	苏信理财·恒信A2007X集合资金信托计划	无	无	9 100	无
本公司信托产品	苏信理财·恒信J19114X集合资金信托计划	无	无	7 975	无
本公司信托产品	苏信理财·恒信J2004X集合资金信托计划	无	无	8 000	无
本公司信托产品	苏信理财·恒信J1963X集合资金信托计划	无	无	17 700	无
本公司信托产品	苏信理财·恒信E1914X集合资金信托计划	无	无	20 000	无
本公司信托产品	苏信理财·恒信A1921X集合资金信托计划	无	无	43 900	无
本公司信托产品	苏信理财·恒信F1946X集合资金信托计划	无	无	20 000	无
本公司信托产品	苏信理财·恒信N2012X集合资金信托计划	无	无	13 500	无
本公司信托产品	苏信理财·恒信J2069X集合资金信托计划	无	无	30 000	无
本公司信托产品	苏信理财·恒信N2014X集合资金信托计划	无	无	14 955	无
本公司信托产品	苏信理财·恒信A2015X集合资金信托计划	无	无	20 000	无
本公司信托产品	苏信理财·恒信J2048X集合资金信托计划	无	无	10 000	无
本公司信托产品	苏信理财·恒信J2092X集合资金信托计划	无	无	8 000	无
本公司信托产品	苏信理财·恒信J2091X集合资金信托计划	无	无	18 000	无
本公司信托产品	苏信理财·恒信A2037X集合资金信托计划	无	无	14 990	无
本公司信托产品	苏信理财·恒信B2010X集合资金信托计划	无	无	22 000	无
本公司信托产品	苏信理财·恒信J19145X集合资金信托计划	无	无	20 000	无
本公司信托产品	苏信理财·恒信A1952X集合资金信托计划	无	无	29 980	无
本公司信托产品	苏信理财·恒信N2025X集合资金信托计划	无	无	9 947	无
本公司信托产品	苏信财富·华荣H1504（平衡配置）集合资金信托计划	无	无	63 050	无
本公司信托产品	苏信理财·恒信J2057X集合资金信托计划	无	无	40 000	无
本公司信托产品	苏信理财·富坤F2001X集合资金信托计划	无	无	25 000	无
本公司信托产品	苏信理财·富坤J2002X集合资金信托计划	无	无	17 949	无
本公司信托产品	苏信理财·富坤J2004X集合资金信托计划	无	无	37 829	无
本公司信托产品	苏信理财·富坤J2101X集合资金信托计划	无	无	24 928	无
本公司信托产品	苏信理财·恒信F2026X集合资金信托计划	无	无	19 907	无
本公司信托产品	苏信理财·富坤A2003X集合资金信托计划	无	无	20 000	无
本公司信托产品	苏信理财·恒信C2131X集合资金信托计划	无	无	15 878	无
本公司信托产品	苏信理财·富坤F2003X集合资金信托计划	无	无	20 000	无
本公司信托产品	苏信理财·恒信F2104X集合资金信托计划	无	无	15 969	无
本公司信托产品	苏信理财·富乾J2144X集合资金信托计划	无	无	10 000	无
本公司信托产品	苏信理财·富坤J2145X集合资金信托计划	无	无	19 983	无
本公司信托产品	苏信理财·富坤A2101X集合资金信托计划	无	无	23 938	无
本公司信托产品	苏信理财·富坤J2105X集合资金信托计划	无	无	24 760	无
本公司信托产品	苏信理财·富坤J2160X集合资金信托计划	无	无	15 000	无
本公司信托产品	苏信理财·富坤J2154X集合资金信托计划	无	无	11 960	无
本公司信托产品	苏信理财·富乾F2101X集合资金信托计划	无	无	10 000	无
本公司信托产品	苏信理财·富坤N2105X集合资金信托计划	无	无	16 945	无
本公司信托产品	苏信理财·富坤C2142X集合资金信托计划	无	无	14 912	无
本公司信托产品	苏信理财·恒信N2110X集合资金信托计划	无	无	10 000	无
本公司信托产品	苏信理财·恒信J2123X集合资金信托计划	无	无	15 999	无
本公司信托产品	苏信理财·富乾F2110X集合资金信托计划	无	无	40 000	无
本公司信托产品	苏信理财·恒信J2118X集合资金信托计划	无	无	15 900	无
本公司信托产品	苏信理财·富坤J2164X集合资金信托计划	无	无	16 519	无

续表

关系性质	关联方名称	法定代表人	注册地址	注册资本(万元)	主营业务
本公司信托产品	苏信理财·恒信A2106X集合资金信托计划	无	无	19 924	无
本公司信托产品	苏信理财·恒信C2138X集合资金信托计划	无	无	14 837	无
本公司信托产品	苏信理财·富坤N2102X集合资金信托计划	无	无	7 680	无
本公司信托产品	苏信理财·富坤F2108X集合资金信托计划	无	无	9 490	无
本公司信托产品	苏信理财·富坤J2166X集合资金信托计划	无	无	14 970	无
本公司信托产品	苏信理财·恒信J2128X集合资金信托计划	无	无	10 000	无
本公司信托产品	苏信理财·恒信A2107X集合资金信托计划	无	无	12 485	无
本公司信托产品	苏信理财·恒信J2129X集合资金信托计划	无	无	7 840	无
本公司信托产品	苏信理财·富坤F2103X集合资金信托计划	无	无	6 445	无
本公司信托产品	苏信理财·富坤N2112X集合资金信托计划	无	无	17 916	无
本公司信托产品	苏信理财.恒信C2150X集合资金信托计划	无	无	13 123	无
本公司信托产品	苏信理财·富乾C2135X集合资金信托计划	无	无	22 000	无
本公司信托产品	苏信理财·富坤J2157X集合资金信托计划	无	无	29 993	无
本公司信托产品	苏信理财·富坤J2177X集合资金信托计划	无	无	10 980	无
本公司信托产品	苏信理财·恒信J2132X集合资金信托计划	无	无	16 563	无
本公司信托产品	苏信理财·富坤N2107X集合资金信托计划	无	无	7 639	无
本公司信托产品	苏信理财·富坤J2182X集合资金信托计划	无	无	19 227	无
本公司信托产品	苏信理财·恒信J2127X集合资金信托计划	无	无	11 970	无
本公司信托产品	苏信理财·富坤N2110X集合资金信托计划	无	无	10 906	无
本公司信托产品	苏信理财·恒信C2159X集合资金信托计划	无	无	19 909	无
本公司信托产品	苏信理财·恒信J2143X集合资金信托计划	无	无	16 377	无
本公司信托产品	苏信财富·价值均衡A2101X集合资金信托计划	无	无	5 000	无
受同一母公司控制的其他企业	东吴证券股份有限公司	范力	苏州工业园区星阳街5号	500 750.2651	证券经纪;证券投资咨询;与证券交易、证券投资活动有关的财务顾问;证券承销与保荐;证券自营;证券资产管理;证券投资基金代销;为期货公司提供中间介绍业务;融资融券业务;代销金融产品业务(依法须经批准的项目,经相关部门批准后方可开展经营活动)
本公司实际控制的企业	苏州苏信宜和投资管理有限公司(注)	金伟华	中国(江苏)自由贸易试验区苏州片区苏州工业园区苏雅路308号信投大厦1幢1601室	1 000	投资管理、创业投资咨询服务、企业管理服务(依法须经批准的项目,经相关部门批准后方可开展经营活动)
其他关联方	苏州市嘉信云生投资管理有限公司(注)	张必友	苏州市人民路3110号(1007B单元)	2 000	投资经营房地产和物业管理;投资市政基础设施工程;投资高新技术产业项目;投资金融服务项目并且进行投资管理;资产管理、处置和重组;受托或委托投资;参与资产证券化和资产管理业务相关的咨询业务(依法须经批准的项目,经相关部门批准后方可开展经营活动)

注:苏州苏信宜和投资管理有限公司为本公司实际控制的企业,系本公司投资的苏州市苏信启康创业投资合伙企业(有限合伙)的执行事务合伙人;苏州市嘉信云生投资管理有限公司是本公司关联方苏州市营财投资集团有限公司实际控制的企业,系本公司投资的苏州四正创业投资合伙企业(有限合伙)的执行事务合伙人。

6.6.3 本公司与关联方的重大交易事项

6.6.3.1 固有与关联方交易情况:贷款、投资、租赁、应收账款、担保、其他方式等期初汇总数、本期借方和贷方发生额汇总数、期末汇总数

项目名称	类别	期初数	增加额	减少额	期末汇总数
东吴证券股份有限公司	投资(注)	6 905.60万股	2 071.68万股	—	8 977.28万股
苏州市苏信启康创业投资合伙企业(有限合伙)	投资	—	4 500.00万元	—	4 500.00万元
苏州四正创业投资合伙企业(有限合伙)	投资	—	14 000.00万元	—	14 000.00万元

注:本期固有资金参与东吴证券股份有限公司配股,出资14 895.38万元,获配2 071.68万股。

6.6.3.2 信托与关联方交易情况：贷款、投资、租赁、应收账款、担保、其他方式等期初汇总数、本期借方和贷方发生额汇总数、期末汇总数

本期信托与关联方无交易情况发生。

6.6.3.3 信托公司自有资金运用于自己管理的信托项目（固信交易）、信托公司管理的信托项目之间的相互（信信交易）交易金额，包括余额和本报告年度的发生额

6.6.3.3.1 固有与信托财产之间的交易金额期初汇总数、本期发生额汇总数、期末汇总数

自有资金运用于自己管理的信托项目　　单位：元

期初汇总数	本期发生额汇总数		期末汇总数
	本年增加	本年减少	
2 676 270 000.00	1 280 000 000.00	1 352 270 000.00	2 604 000 000.00

应监管部门要求，我公司于2014年起对自有资金运用于本公司管理的信托项目情况进行上报。

6.6.3.3.2 信托财产与信托财产之间的交易情况

信托财产与信托财产关联交易　　单位：元

贷款			投资			租赁			担保			应收账款			其他			合计		
期初	发生额	期末	期初	发生额	期末	期初	发生额	期末	期初	发生额	期末	期初	发生额	期末	期初	发生额	期末	期初	发生额	期末
—	—	—	3 867 405 058.15	-392 001 839.21	3 475 403 218.94	—	—	—	—	—	—	—	—	—	—	—	—	3 867 405 058.15	-392 001 839.21	3 475 403 218.94

6.7 会计制度的披露

6.7.1 固有业务（自营业务）执行会计制度的名称、颁布年份

本公司以持续经营为基础，根据实际发生的交易和事项，按照财政部2006年颁布的《企业会计准则——基本准则》及具体会计准则、应用指南、解释以及其他相关规定进行确认和计量，包括于2017年及2018年新颁布和经修订的企业会计准则，在此基础上编制财务报表。

6.7.2 信托业务执行会计制度的名称、颁布年份

信托业务核算执行财政部于2006年2月15日正式颁发的企业会计准则。

7. 财务情况说明书

7.1 利润实现和分配情况

2021年度本公司实现利润总额78 916万元，比上年增长15.60%；实现净利润59 705万元，比上年增长17.09%。

本公司于2021年1月1日执行新金融工具准则，2020年12月31日未分配利润为308 945万元，会计政策变更影响金额16万元，变更后2021年1月1日未分配利润为308 961万元，2021年实现综合收益总额59 731万元，年末提取法定盈余公积金5 900万元、信托赔偿准备金322万元、一般风险准备149万元，2021年末分配利润余额362 321万元。

7.2 主要财务指标

指标名称	指标值
资本利润率（%）	10.19①
加权年化信托报酬率（%）	1.34
人均净利润（万元）	322.73②

注：1.资本利润率＝净利润/所有者权益平均余额×100%。

2.加权年化信托报酬率＝（信托项目1的实际年化信托报酬率×信托项目1的实收信托+信托项目2的实际年化信托报酬率×信托项目2的实收信托+…信托项目n的实际年化信托报酬率×信托项目n的实收信托）/（信托项目1的实收信托+信托项目2的实收信托+…信托项目n的实收信托）×100%。

3.人均净利润＝净利润/年平均人数，平均值采取年初、年末余额简单平均法＝（年初数＋年末数）/2。

7.3 对公司财务状况、经营成果有重大影响的其他事项

无。

8. 特别事项简要揭示

8.1 前五名股东报告期内变动情况及原因

公司原股东联想控股股份有限公司将所持公司10%股权转让给苏州市市农业发展集团有限公司，该事项经中国银行保险监督管理委员会江苏监管局批复同意（苏银保监复〔2020〕612号），并于2021年3月完成工商变更。

8.2 公司董事、监事及高级管理人员变动情况及原因

经公司2021年4月股东会第一次临时会议审议同意

---

① 此利润率中平均所有者权益＝（A0+A4）/2。

② 此人均，职工平均数＝（A0+A4）/2。

提名虞涛为公司董事，张清为公司职工董事，陈琦伟为公司独立董事。2021年6月经公司股东会2021年第一次会议审议通过了《关于苏州信托有限公司第六届董事会组成人员名单》的议案。同月，经中国银行业监督管理委员会江苏监管局批复（苏银保监复〔2021〕287号），核准虞涛、张清苏州信托有限公司董事任职资格，核准陈琦伟苏州信托有限公司独立董事任职资格。顾迎斌不再担任公司独立董事，舒悦不再担任公司董事，刘文忠不再担任公司职工董事。

经公司2021年股东会第一次会议审议通过了《关于苏州信托有限公司第六届监事会组成人员名单》的议案，选举陈磊为监事长，选举孙权为新任监事。张生明不再担任公司监事。

8.3 变更注册资本、变更注册地或公司名称、公司分立合并事项

报告期内未发生变更注册资本、变更注册地、公司名称、公司分立合并事项。

8.4 公司的重大诉讼事项

公司与债务人苏州兴力达房地产开发有限公司的信托债务纠纷，涉案主债权金额为150 000 000.00元公司累计收回债权32 845 595.00元。

8.5 公司及其董事、监事和高级管理人员受到处罚情况

无。

8.6 对银保监会及其派出机构提出的检查整改意见处理情况

报告期内中国银保监会苏州监管分局向公司下发了《中国银保监会苏州监管分局关于苏州信托有限公司2020年度监管情况的通报》《关于苏州信托2021年上半年监管发现问题的监管信息反馈》，公司积极从公司治理、发展转型、风险防控、合规经营等方面进行整改，并取得了相应成效。

8.7 本年度重大事项临时报告的简要内容、披露时间、所披露的媒体及其版面

2020年年度报告摘要（2021年4月30日《上海证券报》信息披露79、80）。

公司股东会2021年第一次临时会议审议通过了《关于修订公司章程的议案》，经中国银保监会苏州监管分局核准（苏州银保监复〔2021〕196号），同意公司根据法律法规及监管政策，对党支部、股东和股东会以及董事会等相关内容进行修订。公司已按照相关规定完成工商登记变更手续（2021年6月2日《上海证券报》信息披露53）。

8.8 银保监会及省级派出机构认定的其他有必要让客户及相关利益人了解的重要信息

无。

9. 公司监事会意见

9.1 关于内部控制

监事会认为，公司依法经营、规范管理，合规管理工作坚持业务发展与合规管理并重，自觉践行依法合规理念，公司业务稳步发展，合规管理工作有序开展；公司内部管理制度和流程得到进一步完善，经营活动稳健规范，全员合规意识显著增强，内部控制机制运行有效；公司经营决策程序符合法律、法规和公司章程的规定，符合"三重一大"有关规定的要求，未发现任何违反国家法律法规、公司章程或损害信托受益人、股东和公司利益的行为。

公司严守风险底线，全面风险管理体系建设成效显著，公司各项业务决策机制和决策程序科学，运行有效，公司信托业务及固有业务运转正常，均能按照相关文件约定执行，未发生案件或外部处罚情况。

公司内审工作覆盖了公司运营的各个方面以及全部流程，较好地起到了规范经营行为、加强风险防范的作用。

9.2 关于财务报告

监事会认为，公司财务会计管理制度健全、内控扎实有效，公司2021年度的财务预算执行报告的编制和审核程序符合法律、行政法规和监管规定，真实、公允地反映了公司财务收支状况和经营成果。

9.3 关于高管履职

监事会认为，报告期内公司高管人员在行使各自职权时遵纪守法，履行诚信、勤勉之义务，自觉维护公司利益和股东权益，未发现上述人员违反法律法规、公司章程或损害公司利益的行为。

10. 期后事项

无。

天津信托有限责任公司

1.重要提示

1.1 公司董事会及董事保证本报告所载资料不存在任何虚假记载、误导性陈述或者重大遗漏,并对其内容的真实性、准确性和完整性承担个别及连带责任。

1.2 公司独立董事对本年度报告所披露的内容进行了认真审查,认为2021年度报告的内容是真实、准确、完整的。

1.3 中审华会计师事务所(特殊普通合伙)为公司出具了标准无保留意见的审计报告。

1.4 公司董事长周雄、副总经理王辉、董事会秘书陈耿、自营财务部负责人李瑞聪声明:保证本年度报告中财务报告真实、完整。

2.公司概况

2.1 公司简介

2.1.1 公司的法定中文名称:天津信托有限责任公司
公司的中文简称:天津信托

2.1.2 公司的法定英文名称:Tianjin Trust Co., Ltd.
公司的英文简称:Tianjin Trust

2.1.3 法定代表人:周雄

2.1.4 注册地址:天津市河西区围堤道125—127号天信大厦,邮政编码:300074

2.1.5 国际互联网网址:www.tjtrust.com,电子信箱:office@tjtrust.com

2.1.6 信息披露事务负责人:王辉、陈耿
信息披露事务联系人:冉启文
联系电话:022-28408259,传真:022-28408279,电子信箱:office@tjtrust.com

2.1.7 公司指定信息披露报纸:《证券时报》

2.1.8 公司年度报告备置地点:天津信托有限责任公司董事会(天信大厦)

2.1.9 公司聘请的会计师事务所:中审华会计师事务所(特殊普通合伙)
地址:天津市和平区解放北路188号信达广场52层

2.1.10 公司聘请的律师事务所:无

2.2 组织结构

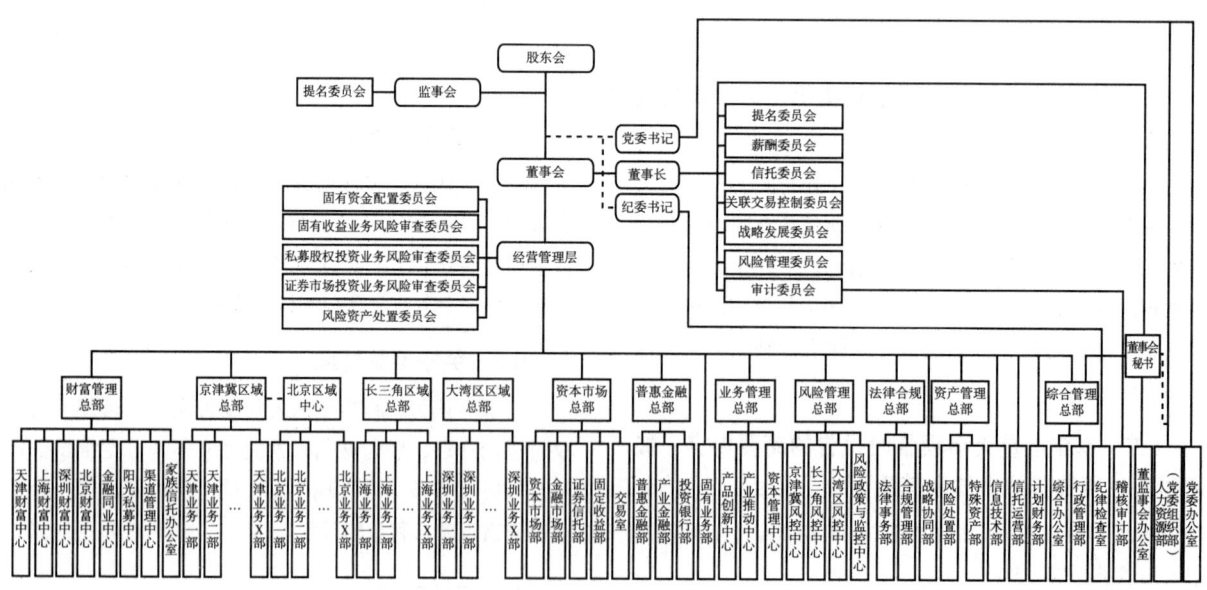

3. 公司治理

3.1 股东

截至2021年末，公司股东5家，最终实际控制人为上海市国有资产监督管理委员会。前3家股东情况如下表所示。

股东名称	持股比例（%）	法定代表人	注册资本（亿元）	注册地址	主要经营业务及主要财务情况
上海上实（集团）有限公司★	77.58	沈晓初	18.59	上海市淮海中路98号金钟广场21楼	实业投资，国内贸易（除专项规定），授权范围内的国有资产经营与管理（依法须经批准的项目，经相关部门批准后方可开展经营活动）2021年末集团总资产为2 218.28亿元，总负债为1 364.32亿元，所有者权益为853.96亿元
天津市泰达国际控股（集团）有限公司	16.11	庄启飞	103.7	天津经济技术开发区盛达街9号泰达金融广场11层	主营业务为：重点对金融业及国民经济其他行业进行投资控股；监督、管理控股投资企业的各种国内、国际业务；投资管理及相关咨询服务；进行金融综合产品的设计，促进机构间协同，推动金融综合经营；对金融机构的中介服务；金融及相关行业计算机管理、网络系统的设计、建设、管理、维护、咨询服务、技术服务；资产受托管理。2021年末总资产为819.14亿元，总负债为503.77亿元，所有者权益为315.37亿元（均为未经审计数据）
大家人寿保险股份有限公司	3.9	何肖锋	307.9	北京市朝阳区建国门外大街6号10层1002	主营业务为：人寿保险、健康保险、意外伤害保险等各类人身保险业务；上述业务的再保险业务；国家法律、法规允许的保险资金运用业务；经中国保监会批准的其他业务

注：本公司股东之间不存在关联关系。

3.2 董事

截至2021年末，公司董事会人员构成如下表所示。

董事长、副董事长、董事

姓名	职务	性别	年龄（岁）	选任日期	所推举的股东名称	该股东持股比例（%）	简要履历
周雄	董事长	男	55	2021年3月31日	上海上实（集团）有限公司	77.58	曾任厦门大学经济学院财经系教师，华夏证券有限公司厦门业务部发行部经理，人民日报事业发展局企业管理处干部、副处长，厦门联合信托投资有限责任公司副总经理，中泰信托投资有限责任公司副总裁、董事、总裁，中泰信托有限责任公司董事、总裁，历任上海实业（集团）有限公司助理总裁、总监，现任天津信托有限责任公司董事局副主席、执行董事、总裁，现任天津信托有限责任公司党委书记、董事长
周予鼎	董事	男	48	2020年11月24日	上海上实（集团）有限公司	77.58	曾任上海市国有资产管理办公室副主任科员、主任科员、企业处副处长、资产重组处副处长、秘书处副处长、办公室副主任、分配保障处副处长、产权处副处长综合处处长，现任上海上实（集团）有限公司资产管理部总经理
钟涛	董事	男	49	2020年11月24日	上海上实（集团）有限公司	77.58	曾任上实置业（上海）有限公司投资部项目经理，上海星河数码投资有限公司总经理助理，上实管理（上海）有限公司策划总监，上海城开（集团）有限公司董事、副总裁，上海实业城市开发集团有限公司副总裁，现任上海实业城市开发集团有限公司执行董事、副总裁
姜杰	董事	男	57	2020年11月24日	上海上实（集团）有限公司	77.58	曾任上海四药股份有限公司财务科职员，中国汽车贸易华东公司财务部职员，中国华源集团有限公司财务部职员，上实置业集团（上海）有限公司财务部助理总经理，上海实业发展股份有限公司计部总经理，上海实业东滩投资开发（集团）有限公司计财部总经理，现任上海上实（集团）有限公司计财部副总经理
陈伟明	董事	男	39	2020年11月24日	天津市泰达国际控股（集团）有限公司	16.11	曾任汇丰银行（中国）有限公司深圳分行 银行营运部职员，天津市泰达国际控股（集团）有限公司资产管理与合规部项目经理、高级项目经理，现任天津市泰达国际控股（集团）有限公司资本运营部高级项目经理
凌亮	董事	男	38	2020年11月24日	大家人寿保险股份有限公司和安邦保险集团股份有限公司	5.26	曾任中国保监会发展改革部市场分析处副主任科员、发展改革部市场分析处、机构管理处主任科员、公司治理部机构管理处处长，现任大家保险集团有限责任公司投资管理部副总经理
蒋明康	独立董事	男	57	2020年11月24日	上海上实（集团）有限公司	77.58	曾任中国人民银行上海市分行副科长、科长、副处长，上海银监局处长、副局长，上海爱建集团股份有限公司副总经理，现任上海华瑞银行股份有限公司监事会主席
王威	独立董事	男	44	2020年11月24日	天津市泰达国际控股（集团）有限公司	16.11	曾任中国建设银行吉林省分行国际业务部信贷科长，华龙证券股份有限公司投资银行部项目经理，中信证券股份有限公司投资银行部高级副总裁，北京正唐嘉业投资管理有限公司董事长（其间2013年10月至2015年6月在长江商学院EMBA学习），现任北京正唐嘉业投资管理有限公司董事长

以上董事任期期限为三年，即2020年12月至2023年12月。

截至2021年末，公司独立董事如下表所示。

独立董事

姓 名	所在单位及职务	性别	年龄（岁）	选任日期	所推举的股东名称	该股东持股比例（%）	简要履历
蒋明康	独立董事	男	57	2020年11月24日	上海上实（集团）有限公司	77.58	曾任中国人民银行上海市分行副科长、科长、副处长，上海银监局处长、副局长，上海爱建集团股份有限公司副总经理，现任上海华瑞银行股份有限公司监事会主席
王威	独立董事	男	44	2020年11月24日	天津市泰达国际控股（集团）有限公司	16.11	曾任中国建设银行吉林省分行国际业务部信贷经理，华龙证券股份有限公司投资银行部项目经理，中信证券股份有限公司投资银行部高级副总裁，北京正唐嘉业投资管理有限公司董事长（其间2013年10月至2015年6月在长江商学院EMBA学习），现任北京正唐嘉业投资管理有限公司董事长

3.3 监事会

截至2021年末，公司监事会人员构成如下表所示。

监事会成员

姓 名	职务	性别	年龄（岁）	选任日期	所推举的股东名称	该股东持股比例（%）	简要履历
舒东	监事长	男	52	2021年6月17日	上海上实（集团）有限公司	77.58	曾任上海市闸北区建筑设计院概预算工程师，上海市房屋建筑设计院、上海房屋工程建设监理公司造价工程师，上海上实（集团）有限公司审计部高级经理、助理总经理、副总经理，现任上海上实（集团）有限公司审计部总经理
刘响东	外部监事	男	51	2020年11月24日	上海上实（集团）有限公司	77.58	曾任中国船舶工业总公司勘察研究院助理工程师，上海国际信托有限公司投资银行总部、资金信托总部经理、副总经理等职务，现任尚信资本管理有限公司董事长
胡俊强	监事	男	39	2021年4月7日	天津市泰达国际控股（集团）有限公司	16.11	曾任天津市人民政府研究室一处科员、六处副主任科员，天津市滨海新区司法局办公室主任科员，天津经济技术开发区管委会办公室主任科员，现任天津市泰达国际控股（集团）有限公司办公室副主任（2021年2月起，兼任公司战略发展部临时负责人）

以上监事任期期限为三年，即2020年12月至2023年12月。

本公司监事会下设提名委员会。

3.4 高级管理人员

截至2021年末，公司高级管理人员构成如下表所示。

姓 名	职务	性别	年龄（岁）	选任日期	金融从业年限（年）	学历	专业	简要履历
周雄	董事长	男	55	2021年3月31日	24	硕士	金融学	曾任厦门大学经济学院财经系教师，华夏证券有限公司厦门业务部发行部经理，人民日报事业发展局企业管理处干部、副处长，厦门联合信托投资有限责任公司副总经理，中泰信托投资有限责任公司副总裁、董事、总裁，中泰信托有限责任公司董事、总裁，历任上海实业（集团）有限公司助理总裁、总监，上海实业城市开发集团有限公司董事局副主席、执行董事，现任天津信托有限责任公司党委书记、董事长
王辉	副总经理	女	49	2015年12月18日	27	硕士	工商管理	曾任天津信托投资有限责任公司干部、部门副经理、部门总经理（其间2003年9月至2005年12月在南开大学工商管理专业学习，获工商管理硕士学位），天津信托有限责任公司业务经营管理部总经理、总经理助理兼业务经营管理部总经理、总经理助理，现任天津信托有限责任公司副总经理（其中2021年4月至2021年9月代为履职总经理）
蒋志翔	副总经理	男	48	2021年3月31日	27	硕士	软件工程	曾任担任中国建设银行厦门分行国际业务部职员、总审计室副经理、梧村分理处主任、国际业务部总经理助理、机构业务部总经理助理，中国民生银行厦门分行公司银行管理部副经理（主持工作）、厦门分行能源交通事业部总经理、总行交通事业部船运业务部总经理（其间2009年9月至2011年6月在厦门大学软件工程专业在职学习，获硕士学位），总行交通事业部客户管理部总经理，民生加银基金管理有限公司党委委员、董事会秘书、党委书记、总经理，东方集团有限公司副总裁、东方集团财务有限责任公司董事长，天津信托有限责任公司京津冀区域总部、长三角区域总部、大湾区区域总部总经理，现任天津信托有限责任公司副总经理兼任京津冀区域总部、长三角区域总部总经理

续表

姓名	职务	性别	年龄（岁）	选任日期	金融从业年限（年）	学历	专业	简要履历
杨涌	副总经理	男	52	2007年11月30日	27	硕士	管理	曾任天津油墨股份公司秘书，天津信托投资公司证券业务部干部、投资银行二部副总经理、证券投资部副总经理、经理、总经理助理兼证券投资部总经理，天津信托投资有限责任公司副总经理（其间2007年7月至2009年7月在南开大学商学院高级管理人员工商管理硕士专业学习，获高级管理人员工商管理硕士学位），天津信托有限责任公司副总经理，现任天津信托有限责任公司副总经理兼任资本市场总部总经理
陈耿	董事会秘书	男	46	2021年3月31日	6	本科	法学	曾任上海飞机制造厂翻译、项目助理，上海市沪中律师事务所律师，上海新华闻投资有限公司首席律师，中国华闻投资控股有限公司综合行政部总经理，宝矿控股（集团）有限公司法务经理，中泰信托有限责任公司综合管理部总经理、资产管理部总经理，上海实业城市开发集团有限公司行政人力资源中心总经理，天津信托有限责任公司综合管理总部总经理，现任天津信托有限责任公司董事会秘书
孟思远	风险总监	男	39	2021年3月31日	12	硕士	工学	曾任毕马威会计师事务所金融审计师，华夏基金管理有限公司风险管理部经理，中国民生银行总行授信评审部独立审批人，哈银金融租赁有限公司法律合规及风险管理部总经理，建信信托有限责任公司 风险管理部执行总经理、投行银行部执行总经理，天津信托有限责任公司历任风险管理部总经理、风险管理总部总经理兼法律合规总部总经理，现任天津信托有限责任公司风险总监兼风险管理总部总经理、法律合规部总经理
冉启文	业务总监	男	56	2021年3月31日	33	硕士	工商管理	曾任历任天津信托投资公司信托业务三部业务员、外汇部副经理、国际业务部总经理、金融开发中心、资金部和证券研究部研究员、市场开发部副总经理、总经理、董事会秘书兼风险管理部经理，天津信托有限责任公司董事会秘书（2012年6月开始，总经理助理职级）兼办公室主任、董事会秘书，现任天津信托有限责任公司业务总监兼董监事会办公室主任
李文涛	总经理助理	男	50	2012年5月18日（监管批复时间）	29	硕士	工商管理	曾任天津信托投资有限公司干部、部门副总经理、部门总经理（其间2006年9月至2008年12月在南开大学商学院工商管理专业硕士研究生学习，获硕士学位），天津信托有限责任公司信托业务二部总经理、总经理助理兼信托业务二部总经理、总经理助理，现任天津信托有限责任公司总经理助理兼任天津业务二部总经理
付岩	总经理助理	男	46	2018年9月27日	20	本科	管理工程	曾任北洋（天津）物产有限公司期货部职员，中国经济开发信托投资公司天津证券部干部，天津顺驰地产有限公司资管部高级经理，天津信托有限责任公司投资银行部干部、自营业务部总经理、自营业务部总经理兼基金发展部总经理、自营业务部总经理兼基金发展部总经理、自营业务部总经理兼同业信托部总经理、总经理助理兼自营业务部兼投资发展部总经理，现任天津信托有限责任公司总经理助理兼任普惠金融总部总经理
康雁	运营总监	男	57	2018年9月27日	31	本科	金融学	曾任天津公交二厂干部，天津信托投资公司业务三部干部、集合信托部经理、集合信托部副经理（主持工作），天津信托投资有限公司市场营销部经理、信托业务一部总经理、中层正职管理人员（协助总经理先后分管信托业务一部、信托三部到十部、创新业务部）、中层正职管理人员（协助总经理分管信托业务一部、信托业务四部）、运营总监（协助总经理分管信托业务一部、信托业务四部），现任天津信托有限责任公司运营总监兼天津业务四部总经理
杨锦	营销总监	女	51	2018年9月27日	28	本科	会计学	曾任天津信托投资公司干部、财会部副经理、财会部经理，天津信托有限责任公司市场营销部总经理、财富中心总经理、营销总监兼财富中心总经理；现任天津信托有限责任公司营销总监兼任财富管理总部副总经理、天津财富中心总经理

3.5 公司党委委员

截至2021年末，公司党委委员如下表所示。

姓名	职务	性别	年龄（岁）	选任日期	简要履历
周雄	党委书记	男	55	2020年9月28日	曾任厦门大学经济学院财经系教师，华夏证券有限公司厦门业务部发行部经理，人民日报事业发展局企业管理处干部、副处长，厦门联合信托投资有限公司副总经理，中信信托投资有限责任公司副总裁、董事、总裁，中泰信托有限责任公司董事、总裁，历任上海实业（集团）有限公司助理总裁、总监，上海实业城市开发集团有限公司董事局副主席、执行董事、总裁，现任天津信托有限责任公司党委书记、董事长
黎代福	党委副书记	男	50	2022年2月17日	曾任建设银行深圳分行蛇口支行员工、南油办事处主任（主持工作），建设银行总行零售业务部副科长、信贷审批部副科长，建设银行深圳火车站支行行长（经理级），建设银行深圳罗湖商业城支行行长（总经理助理级），建设银行深圳布吉管辖支行行长（副总经理级）、支行行长（总经理级），建设银行深圳分行个人金融部副总经理、私人银行部总经理、金融机构部总经理（总经理级），建信信托有限责任公司投资管理部总经理、投资业务总监（兼投资管理部总经理）、执行总监（兼资本运营中心总经理）、执行总监、副总裁，现任天津信托有限责任公司党委副书记
王辉	党委委员	女	49	2015年11月24日	曾任天津信托投资有限公司干部、部门副总经理、部门总经理（其间2003年9月至2005年12月在南开大学工商管理专业学习，获工商管理硕士学位），天津信托有限责任公司业务经营管理部总经理、总经理助理兼业务经营管理部总经理、总经理助理，现任天津信托有限责任公司副总经理（其中2021年4月至2021年9月代为履职总经理）

续表

姓名	职务	性别	年龄（岁）	选任日期	简要履历
蒋志翔	党委委员	男	48	2021年3月22日	曾任担任中国建设银行厦门分行国际业务部职员、总审计室副经理、梧村分理处主任、国际业务部总经理助理、机构业务部总经理助理，中国民生银行厦门分行公司银行管理部副总经理（主持工作）、厦门分行能源交通事业部总经理、总行交通事业部船业务部总经理（其间2009年9月至2011年6月在厦门大学软件工程专业在职学习，获得硕士学位）、总行交通事业部客户管理部总经理，民生加银基金管理有限公司党委委员、董事会秘书、党委书记、总经理，东方集团有限公司副总裁、东方集团财务有限责任公司董事长，天津信托有限责任公司京津冀区域总部、长三角区域总部、大湾区区域总部总经理，现任天津信托有限责任公司副总经理兼任京津冀区域总部、长三角区域总部总经理
刘建军	党委委员纪委书记	男	51	2016年4月15日	曾任天津市红光农场干部，南开区委研究室科员、副科长，天津市纪委办公厅副主任科员、主任科员，天津市委巡视工作办公室主任科员，天津市纪委政策法规室副主任，天津市纪委领导干部廉洁自律室副主任（正处级），党风廉政建设室、执法和效能监督室、市委巡视工作办公室副主任（正处级巡视专员）；现任天津信托有限责任公司党委委员、纪委书记

3.6 公司员工

截至2020年末，公司职工人数为170人；截至2021年末，公司职工人数为262人。人员基本情况如下表所示。

项目		报告期年度		上年度	
		人数（人）	比例（%）	人数（人）	比例（%）
年龄分布	25岁以下	—	—	—	—
	25—29岁	25	9.5	25	14.7
	30—39岁	144	55.0	68	40.0
	40岁以上	93	35.5	77	45.3
学历分布	博士	6	2.3	2	1.2
	硕士	144	55.0	83	48.8
	本科	102	38.9	74	43.5
	专科	10	3.8	11	6.5
	其他	—	—	—	—
岗位分布	高管人员	11	4.2	9	5.3
	自营业务人员	19	7.3	21	12.4
	信托业务人员	138	52.7	91	53.5
	其他人员	94	35.8	49	28.8

4.经营管理

4.1 经营目标、方针、战略规划

公司经营目标是本着"诚信、稳健、高效"的经营理念，坚持"对社会负责，对客户负责，对股东负责，对员工负责"的服务宗旨，立足金融信托本业，促进业务创新升级，做好传承和创新两篇文章，紧紧围绕服务实体经济、防控金融风险、深化金融改革三项任务，坚持稳中求进、回归本源的基本原则，注重受益人利益最大化和股东稳定回报；坚持诚信合规经营理念，注重风险防控，体制机制和产品创新，不断提升公司核心竞争力，努力创建公司、股东、客户共赢平台，同时实现员工价值。

公司经营方针是以遵循国家和监管部门法规为依托，以诚信合规、稳健发展高效运营为理念，进一步健全和强化法人治理、内控严密、管理合规的内部控制体系；以业务开拓创新为动力，以风险防控为前提，进一步提升和增强公司的核心竞争力；以受益人利益最大化和股东稳定回报为原则，努力创建公司、股东、客户共赢平台。注重加强人才队伍、企业文化和长效机制建设，不断提高公司的盈利能力、风险控制能力、创新能力、营销能力，正确把握宏观经济形势和政策环境，推进公司又好又快地发展。

公司2021—2025年总体战略目标是：积极利用好本轮混改给公司带来的发展新机遇，融入上实集团整体发展战略，建立市场化激励机制，进行全国化业务布局和团队布局，强化组织能力建设和业务能力建设，打造"全国化、市场化、专业化、协同化"的信托公司，将公司打造成为"融产结合"的信托典范。

4.2 所经营业务的主要内容

4.2.1 经营范围

经中国银监会批准，公司的经营范围为：资金信托；动产信托；不动产信托；有价证券信托；其他财产或财产权信托；作为投资基金或者基金管理公司的发起人从事投资基金业务；经营企业资产的重组、购并及项目融资、公司理财、财务顾问等业务；受托经营国务院有关部门批准的证券承销业务；办理居间、咨询、资信调查等业务；代保管及保管箱业务；以存放同业、拆放同业、贷款、租赁、投资方式运用固有财产；以固有财产为他人提供担保；从事同业拆借；法律法规规定或中国银行业监督管理委员会批准的其他业务。

（以上业务范围包括本外币业务、国家有专营专项规定的按规定办理）

4.2.2 公司经营的业务品种
4.2.2.1 固有资产业务
公司运用固有资产经营的主要业务品种包括：自营贷款、融资租赁、自营证券投资、自营金融股权投资、金融产品投资、财务顾问业务等。
4.2.2.2 信托业务
公司信托业务主要品种包括：集合资金信托、单一资金信托、财产权信托、家族信托，以及慈善信托等。

4.2.3 资产分布
2021年末，公司管理的资产总规模为1 821.08亿元，其中固有资产100.76亿元，占资产总规模的5.53%；信托资产1 720.32亿元，占管理资产总规模的94.47%。

自营资产运用与分布表

资产运用	金额（万元）	占比（%）	资产分布	金额（万元）	占比（%）
货币资产	71 083	7.05	基础产业	29 526	2.93
贷款及应收款	136 665	13.56	房地产业	16 085	1.60
交易性金融资产	141 170	14.01	证券市场	91 282	9.06
债权投资	240 402	23.86	实业	35 000	3.47
其他债权投资	170	0.02	金融机构	671 692	66.66
其他权益工具投资	26 676	2.65	其他	164 032	16.28
买入返售金融资产	85 097	8.45	—	—	—
长期股权投资	222 559	22.09	—	—	—
其他	83 795	8.31	—	—	—
资产总计	1 007 617	100.00	资产总计	1 007 617	100.00

注：1.资产运用中其他包括：递延所得税资产59 588万元、投资性房地产及固定资产15 667万元、无形资产4 060万元等。
2.资产分布中其他包括：递延所得税资产59 588万元、投资性房地产及固定资产15 667万元、无形资产4 060万元、其他应收款57 755万元等。

信托资产运用与分布表

资产运用	金额（万元）	占比（%）	资产分布	金额（万元）	占比（%）
货币资产	43 416	0.25	基础产业	728 080	4.23
贷款	2 309 365	13.42	房地产业	770 195	4.48
交易性金融资产	539 746	3.14	证券市场	303 821	1.77
可供出售金融资产	45 743	0.27	实业	12 137 767	70.55
持有至到期投资	12 401 429	72.09	金融机构	592 853	3.45
长期股权投资	178 793	1.04	其他	2 670 530	15.52
其他	1 684 754	9.79	—	—	—
信托资产总计	17 203 246	100.00	信托资产总计	17 203 246	100.00

注：资产运用中其他包括：应收账款800 377万元，买入返售资产715 081万元，拆出资金169 296万元。

4.3 市场分析
4.3.1 影响业务发展的有利因素
影响业务发展的有利因素包括以下三点。

一是国民经济社会发展和国家宏观产业政策带来的机遇：面对复杂国际环境、疫情和极端天气等多重挑战，国民经济持续恢复，发展水平再上新台阶。2021年，我国国内生产总值比上年增长8.1%，两年平均增长5.1%，在世界主要经济体中名列前茅；按年平均汇率折算，我国经济总量达到17.7万亿美元，预计占世界经济的比重超过18%，对世界经济增长的贡献率达到25%左右。稳居世界第二大经济体。

产业政策方面，我国近年来持续加强原创性、引领性科技攻关，强化国家战略科技力量，增强产业链供应链自主可控能力。新一代信息技术、高端制造、新材料、集成电路、人工智能、生物医药、绿色低碳、数字创意等产业获得产业投资获得政策扶持，体育运动、健康产业、文化旅游等新型服务业持续发展，居民消费持续活跃，成为推动在更高层次、更高水平上形成供需良性循环，为经济发展提供了强大的内在动能。

二是信托行业强化服务实体经济，探索转型发展带来的机遇：近年来我国信托行业进一步强化了支持实体经济发展规律的认识，在宏观经济产业结构、需求结构和要素结构经历历史性变革的背景下，不断探索优化经济结构和促进新旧动能转换的信托业务模式，从助力优化产业机构、区域结构、融资结构、收入结构等方面持续加大支持和服务实体经济力度。与此同时，信托行业自身不断探索业务转型发展，不断研究推动资产管理信托、资产服务信托、公益.慈善信托领域创新业务模式。

三是加速融入上实集团体系，大力推动融产结合带来的机遇：公司顺利完成混合所有制改革以来，按照上实集团总体发展战略，制订并完善了公司"十四五"期间发展战略，全面推进"全国化、市场化、专业化、协同化"改革，加速融入上实集团体系。以上实集团"融产结合创造绿色、健康、美好生活"的使命愿景为指引，公司结合上实集团在医药、医疗、康养、环保、新能源、文创科技等绿色健康产业体系优势，大力探索相关专业领域内的融产结合业务模式，努力探索具有自身特色的转型发展道路。

4.3.2 影响业务发展的不利因素
影响业务发展的不利因素包括以下三点。

一是国际形势存在新冠肺炎疫情及局部战争冲突带来的不确定性：当前国际新冠肺炎疫情仍在持续蔓延，世界经济严重衰退，产业链供应链循环受阻，国际贸易投资萎缩；局部地区出现的战争冲突引发全球经济动荡，能源等大宗商品波动加剧，全球通过膨胀或将更加严重，中国经济发展面临的不稳定不确定因素显著增多。

二是国内经济仍然面临需求收缩、供给冲击、预期转弱三重压力：当前，我国经济仍处于滚石上山阶段，面临需求收缩、供给冲击、预期转弱三重压力，实体经济困难较多，重点领域风险仍存，经济面临外部不确定性因素增多，稳增长的基础还尚未牢固。

三是极个别风险事件对行业稳健发展造成一定负面影响：近年来，在宏观经济增速放缓、行业周期调整、疫情尚未得到有效化解消除等内外部多重因素叠加的影响下，包含信托行业在内的资管行业总体风险压力有所增大，个别信托公司或信托项目出现风险事件。信托行业在监管的大力支持下，将严格落实合格投资者与投资者适当性管理相关监管要求，不断增强自身服务水平，强化宣传引导，帮助投资者客观认识风险与收益，培育良性健康的投资文化，不断推进行业健康可持续发展。

4.4 内部控制

4.4.1 内部控制环境和内部控制文化

公司遵循全面性原则、审慎性原则、权威性原则、制衡性原则、适应性原则、成本效益性原则建立与实施内部控制。公司内部控制目标为确保国家法律规定和公司内部规章制度的贯彻执行；确保公司发展战略和经营目标的全面实施和充分实现；确保风险管理体系的有效性和资产安全；确保业务记录、财务信息和其他管理信息的及时、真实、准确和完整。

为防范风险，保障公司稳健运行，公司多年来一直秉承"诚信、稳健、高效"的经营理念，把对委托人负责作为内控文化建设的重要内容，全体员工均树立了内控优先的风险防范理念；公司形成了较为完善的内部控制组织架构和岗位职责，部门设置科学、分工合理、职责明确；公司建立了较为完备的内控管理体系，对风险进行事前防范、事中控制、事后监督和纠正，形成事前出台制度—事中风险排查—事后稽核—业务整改—后续稽核这一封闭环路，充分发挥了各环节的管理控制作用。同时公司还通过后续教育培训，不断提高内控人员的职业操守和专业能力。

4.4.2 内部控制措施

公司始终坚持稳健经营的理念，坚持以信托评级指标为指导加强内控管理及合规管理工作，从完善业务管理制度、加强项目审查、强化合规管理、提升信息系统、推进人力资源改革等各个方面强化内控管理工作。公司完善了分级授权审批体系，明确各部门和岗位的工作职责，实施了业务前中后台操作的隔离制度，对项目实施事前准入、事中检查、事后评价的全程管理。在新业务开发上采取制度先行的管理策略，通过发挥一系列监督管理职能保证内部运营体系的健康有效，建立应急机制以应对突发事件造成的经营风险。公司董事会下设战略发展委员会、提名委员会、风险管理委员会、薪酬委员会、信托委员会、审计委员会、关联交易控制委员会，主要负责审定公司中长期发展战略规划，拟定董事和高级管理层成员的选任程序和标准，审核和监督公司风险管理的政策、目标和程序，制定和考评公司薪酬计划或方案，监督公司依法合规管理信托财产，对公司内外部审计进行监督和审查，关联交易的管理、审、批准和控制。

公司组建了固定收益类业务风险审批委员会、股权投资业务投资决策委员会、证券市场业务投资决策委员会，负责审议公司的各类投融资业务事项，严格控制业务经营决策风险。其中固定收益类业务风险审批委员会、股权投资业务投资决策委员会、证券市场业务投资决策委员会充分发挥业务把控的关口作用，不断严格和细化项目准入管理，就报审业务的合法、合规性以及其经营性风险等方面进行严格把关，遵循宏观经济形势以及公司总体经营导向，对各类投、融资类业务加强倾向性引导，使业务审查更加标准化，提升了审查质量和审批效率。

项目评审实施风险、合规双线审核，逐步形成"进退有度"的风险偏好。根据资本市场投资类业务、非上市股权投资业务、固定收益类业务的差异性，在业务评审环节，由风险经理和法审经理分别对不同类型业务风险点及涉及的合规要点进行审查，为提供解决方案支持服务，在风险管理职能前置、更加贴近市场和业务一线的同时，对于传统信贷领域业务，做好业务发展与风险防范的平衡，按照"优中选优"的基本原则审慎开展各项业务，对于监管政策压降的领域、宏观政策调控的行业、基本面持续下滑的客户，主动做到压缩退出，防范投融资风险。

风险管理总部是公司负责风险管理的牵头部门，在公司总经理的领导下开展风险管理的日常工作，负责拟定并组织落实风险管理的基本政策、制度、办法、流程和风险评价标准；检查、分析、评价和报告公司风险管理状况并提出应对建议。

公司设立法律合规总部，加强合规管理工作体系及流程的整体梳理完善工作，从调整合规管理组织体系及职能、完善内控制度的制定机制、建立项目双线评审机制、合规指引制定、持续严格落实监管要求等多个方面推进公司合规管理的完善。确立法律合规总部牵头管理，资产管理总部、渠道管理中心、风险管理总部、稽核审计部、人力资源部及各业务部门积极配合的合规管理协作机制，形成合规管理合力，从合规风险报告、合规审查、法律支持、合规检查、合规考核、合规问责等方面全面开展合规管理工作。

法律合规管理总部牵头负责公司业务制度管理，根据公司经营策略、组织架构调整，职能部门分工变化，对原业务管理制度机制进行全面完善。通过加强业务管理制度的合理等级划分，将业务管理制度层级细分为五级，形成"树状"管理体系，业务制度层级划分更为细致明确；优化制度管理体系的横向分类标准，充分结合公司现有组织框架体和职能划分，确立法律合规部牵头，各职能部门归口管理的管理模式，进一步理顺公司业务管理制度体系，增强业务管理制度之间的层级属性划分。

为规范公司风险资产处置工作，加强风险资产处置方案审查，确保风险资产处置工作合法依规开展，公司成立了风险资产处置委员会，建立起风险资产处置专业评审机制，负责对风险暴露项目的处置方案进行审议、决策，对于配合风险资产司法处置进程，加快清收不良资产起到了推动作用。

信托运营部承担着从信托项目设立、估值核算、存续期管理直到清算结束全流程的所有内部管理工作，负责信托计划运行全程专业托管，实现了业务管理流程的全覆盖。

信托运营部代表信托产品投资者履行对信托产品运作管理的监督职能，以履行受托管理事务为职责，通过参与运作资金的监管、他项权证管理、配合业务人员进行事中管理管理控制等实现对信托项目"双人双线"管理，切实降低和防范操作风险，提升信托运营管理的效率和规范程度，真正实现对信托业务管理一"部"到位的"流水线"管理。

信息化建设方面，全面推进企业数字化转型进程，包含以下三点：一是在营销业务方面，通过网上信托系统、微信平台为委托人提供线上服务，同时上线了投资者APP，实现了注册登录、实名认证、银行卡绑定、预约产品、远程双录、电子合同签署、查询持有资产、净值、万份收益、追加、赎回、开立资产证明等功能，在年初新冠肺炎疫情期间有效避免了投资者聚集。二是在小微业务方面，通过线上风控和小微信贷管理系统，为客户与合作机构提供了7×24小时纯线上授信和贷款支用服务，特别是为在疫情期间持续经营、服务民生的小微店主提供了便利可靠的金融支持，缓解了资金压力。三是在内控和风险管理方面，公司风控系统支持业务审批、押品管理、立项审批和后期管理的线上化、流程移动审批，满足个性化需求，大幅提高业务审批效率，同时对接企业信息外部数据，实现数据自动导入。

同时，在信息化加快建设的过程中，始终保持科技风险防范水平的同步提升。一是在网络安全方面，公司加强人力配置并全面升级网络架构和安全策略，引入数据脱敏、数据库审计、态势感知等设备，提升公司整体信息安全水平和个人敏感信息保护。二是在业务连续性方面，全面分析信息系统运行风险，先后应用多项容灾技术，不断规避基础软硬件、数据库、网络等环节故障导致的系统宕机风险，确保系统稳定连续运行。三是在数据安全方面，公司制定了数据分类分级管理和责任追究办法，明确敏感数据范围和处罚机制；同时采取多种技术措施加强外包管理，严防外包过程中的数据泄露风险。

4.4.3 信息交流与反馈

公司多项措施保障了与监管部门、董事会、高管层和员工之间的信息传递和交流。

公司定期和不定期召开股东会、董事会，通报公司经营成果、存在的风险问题、拟采取的管理手段等，股东会、董事会成员评议并通过各项内控政策和重大事项决策。

公司高管层在各层级会议上传达公司经营政策和风险管理理念，通过内部网络及时向员工发布各项监管政策、内控制度和行业信息，并将改版后的政策、制度汇编装订成册下发给各部门。公司员工可以通过直接交流、书面报告或通过内部网络及总经理信箱反馈经营过程中发现的问题，使高管层、董事会能够及时了解内部控制环节中的隐患和缺陷。

公司与监管部门做到充分沟通，每个信托项目在运作前提交中信登进行预登记，就新业务拓展、存续业务规范等工作进行经常性交流，除主动管理类集合信托项目和创新型信托项目还需向监管部门进行事前书面报告。

4.4.4 监督评价与纠正

公司设立稽核审计部，依据国家有关法律法规、内部审计准则和集团、公司制度规定开展工作。稽核工作向董事会负责，接受监事会、董事会审计委员会、集团审计机构的指导和监督。完成年度稽核工作计划，独立、客观地履行监督、评价和建议职能。公司内部控制和风险管理适当、有效，经营活动规范。遵守和执行相关法律法规、监管制度和公司内部制度规定。年内实施了专项稽核、专项调查、经济责任审计，按制度规定进行了两次后续稽核。稽核发现问题及时整改，稽核结果定期向公司主要领导、审计委员会、监事会、董事会、集团审计机构和监管机关报告。

法律合规总部制定年度计划管理模式，2021年初制定本年度《天津信托有限责任公司业务制度年度管理计划》，2021年末就业务管理制度年度管理情况进行报告并根据本年度制度运行情况及下年度业务开展需要拟定下年度制度更新计划。不断增强制度体系对公司工作流程变化的敏感性及灵活性，使公司管理水平、风险防控和化解能力得到持续的提升，保证公司管理的及时性、有效性，随着国家宏观经济形势变化及监管要求不断充实、完善业务管理制度，坚持制度先行的管理理念，从改进工作流程、加强合规管理等各个方面完善内控制度，以提高公司风险控制能力，促进公司可持续发展。

4.5 风险管理

4.5.1 风险管理概况

公司在经营活动中可能面临诸多风险。其中，主要包括信用风险、市场风险、操作风险和其他风险。

为加强风险管理，提高竞争能力，公司把风险的识别、风险测量和评估、风险处理和控制、风险管理的评估和调整，以及风险准备等方面作为风险管理的核心内容，通过制定健全的内部规章制度，建立职责分工合理的组织机构，对可能产生的风险及时做出反应，采取有效措施进行事前、事中、事后的有效控制，根据实际需要，保持对风险管理体系运行情况的持续调整。

公司风险管理遵循有效性、全覆盖、独立性、匹配性和前瞻性的基本原则。风险管理涵盖公司的各项业务、各个部门和各级人员，渗透到决策、执行、监督、反馈各环节；风险管理是一项长期持续性的工作，贯穿于公司经营过程始终。风险管理的核心是有效防范风险；公司各专业管理委员会、风险管理部门具有相对独立性，对各部门业务风险评估、风险检查不受非正常因素干扰；公司风险管理制度是按照国家有关法律、法规要求，结合公司实际制定的，具有权威性、有效性，是所有员工严格遵守的行动指南，执行风险控制制度不存在例外情况，任何人不得拥有超越制度或违反规章的权力。

公司建立了较为健全的风险管理组织体系，以确保各项风险管理政策切实得以落实，确保各种风险信息可以有效传递和反馈。公司股东会、董事会及各专业委员会、监事会、高管层及各职能部门分工协作，且互相监督制约，确保各项经营活动都在规范制度体系内得以有序进行，最大限度确保各种风险都能被有效识别、计量、监测和控制，进而实现公司总体发展战略和经营目标。

公司通过科学的机构设置，建立起以风险管理为中心的三道防线：各业务部门和财富管理总部是风险管理的第一条防线，在业务前端识别、评估、应对、监控与报告风险；风险管理总部、法律合规总部、业务管理总部、资产管理总部、综合管理总部、信托运营部、计划财务部、信息技术部等职能部门是风险管理的第二条防线，综合协调制定各类风险制度、标准和限额，实施风险管理措施，提出应对建议；稽核审计部是风险管理的第三条防线，针对公司已经建立的风险管理流程和各项风险的控制程序和活动进行监督和评价。对于公司面临每一项风险，均由以上三个层次的管理框架进行控制，确保将各种风险控制在公司可承受的范围内。

报告期内，公司坚持党对金融企业的集中统一领导，坚持围绕服务实体经济、防控金融风险、深化金融改革三项核心任务，坚持稳中求进的工作总基调，围绕上实集团对公司"融产结合、创新发展"的战略定位，顺应行业趋势和监管形势，立足公司业务转型，巩固传统业务优势，积极推进转型创新发展，不断提升经济效益和管理水平。顺应于监管导向，公司全面深化合规经营理念，遵照股东会认可的风险偏好，以高质量、可持续为发展目标，注重风险控制、合规发展，继续做好业务发展与风险防范的平衡，立足于服务实体经济发展，坚持常态化防控与应急预案处置有机结合，不断提升核心竞争力和经营质效水平，着力于持续完善全面风险管理体系建设，稳定公司管理资产质量，促进公司持续、健康发展。

4.5.2 风险状况及风险管理

4.5.2.1 信用风险状况及信用风险管理

信用风险是指交易对手未能按照合同的约定履行义务或信用质量发生变化，影响公司债权的实现或其他金融产品的价值，使公司遭受经济损失的风险。

公司对信用风险采取如下七点防范控制措施：一是通过对交易对手的信用评级、尽职调查和风险评价进行事前控制；通过交易结构设计、设定抵质押等风控措施、引入风险转移措施、风险定价等手段规避或减少信用风险；通过固定收益类业务风险审批委员会、股权投资业务投资决策委员会、证券市场业务投资决策委员会、公司办公会等进行独立评审确保决策优化。二是交易中、后期持续跟踪交易对手信用风险变化及所在行业的整体运行状况，通过业务存续期过程管理持续评估和监测交易对手的履约能力。对信用风险升高业务或逾期业务及时进行风险预警，并采取债务重组、流动支持或诉讼清收等经济、行政与法律手段相结合的方式降低违约损失率（LGD）。三是严格按照规定对固有财产进行减值测试，并按测试结果计提专项准备和一般准备（期初数、期末数见表6.5.1.1）。四是对所有信托资产和自营资产进行全面压力测试，对发现的问题制定风险处置预案。五是通过设置信用级别底限、单一或集团客户信用风险限额或区域额度指导控制信用风险，按照信用风险的暴露程度计提资产减值准备。六是强调风险管理关口前移，注重业务管理的过程控制，通过严格执行正向激励机制和反向责任追究制度促进各业务、管理条线严格遵守公司风险控制制度。七是密切关注融资企业的信贷征信系统变化情况，对有风险迹象的客户及时采取控制措施。

报告期内，遵循宏观经济形势以及总体经营导向，公司持续改善业务结构，顺应信托行业转型提质的监管导向，在投融资业务领域，实施风险、合规双线审核，拓展业务审查维度。在业务评审环节，由风险经理和法审经理分别对不同类业务风险点及涉及的合规要点进行审查，为审批会委员提供更加具有参考价值的决策依据。固定收益类业务风险审批委员会、股权投资业务投资决策委员会、证券市场业务投资决策委员会充分发挥业务把控的关口作用，不断严格和细化项目准入管理，就报审业务的合法、合规性以及其经营性风险等方面进行严格把关，遵循宏观经济形势以及公司总体经营导向，对各类投、融资类业务加强倾向性引导，使业务审查更加标准化，提升了审查质量和审批效率。对于存量业务，公司坚持双线、全覆盖的业务期间管理。强化项目经理作为第一责任人，对项目的全程运营负责，并按照公司后期管理要求，及时、规范、有效的开展项目常规检查，不断提升检查质量；信托运营部、风险管理总部各司其职，对业务全周期所涉及的资金用途检查、季度定期检查和到期风险预警检查等一系列后期管理工作进行全面的监督管理；继续由风险管理总部主导，筛选易受宏观政策波动影响的敏感行业、重要企业集团或涉及异地融资项目列为现场检查重点，组织开展现场检查，进行资金用途真实性核查，切实防范业务风险。针对重点客户，由相关业务部门组织实施高频风险管控，实时反馈资产风险现状，持续做好存量业务资产质量的转化与提升工作。依托于全流程风控体系的有效运行，公司在规模与利润、风险与收益的多重平衡中稳中求进，公司整体资产质量维持在合理区间。

4.5.2.2 市场风险状况及市场风险管理

市场风险是指公司固有财产和信托财产的价值或收入由于市场价格（如利率、汇率、股票或商品价格）或指数的不利变动而发生损失的风险。

在加强市场风险管理方面，公司采取以下控制措施：在金融资产的管理方面，加强对经济及金融形势的分析预测，并据此提出资产配置及其调整方案。密切跟踪市场和经济运行状况，及时调整投资策略和投资组合，严格规避政策导向变化带来的不利影响。坚持稳健原则配置投资组合。对证券投资组合的净值、仓位和投资集中度等指标事先设定预警点或止损点。通过投资分散化（组合对冲）降低非系统性风险；在股权直接投资的管理方面，关注国家宏观政策变化，避免进入限制类行业和相关项目；公司通过业务创新不断拓展多元化的投资领域；充分考虑拟投资项目筛选、评估、运营、退出中的策略、渠道和措施，注重投资项目的调研和分析工作，制定风险处置预案锁定项目退出风险，组建专业化的管理团队，明确项目组织管理结构与投资管理责任；在抵、质押品的管理方面，通过业务人员持续监测押品价值，并通过管理部门风险检查、压力测试等方式对押品价值进行跟踪，及时采取财产保险、押品补充与替换等方式维持押品价值。

2021年，基本面利好和流动性呵护之下，债券市场震荡慢牛。经济基本面修复斜率整体呈现"前高后低"的特征，基建投资见底、制造业投资疲弱、地产链条下行压力逐渐显现；通胀预期阶段性冲高，年末伴随行政控价措施的陆续出台，大宗涨价趋势有所缓解；二季度之后资金面维持平稳，三季度后降准落地，宽松加码，流动性是驱动全年债市行情的主要驱动因素。在基本面见顶回落的大背景下，全年债市整体呈现收益率下行但波动幅度较窄格局。针对上述形势，公司全年秉承谨慎原则，利用少量资金参与了利率债的短线波段交易，配置了一部分中高等级信用债，适时进行了获利了结，同时，增强流动性管理，加大了质押式回购交易的频率。整体上，我公司所持债券风险较低。

4.5.2.3 操作风险状况及操作风险管理

操作风险是指由不完善或有问题的内部程序、员工和信息科技系统,以及外部事件所造成损失的风险。

目前公司的各项控制制度和操作规程涵盖了所有业务领域,基本实现了对公司各项业务操作过程的有效控制。公司在操作风险管理方面,采取一系列措施加以控制。

制度层面:建立了适当的职责分工和监控制度;建立和完善了授权制度和业务操作规程;坚持对公司制度进行定期重检;坚持实行重要岗位轮换和强制休假制度。

控制层面:加强风险管理三道防线的作用,采取对各类资产的风险评估、对内控制度执行情况和经办人员尽职情况检查等方法,约束从业人员的职业行为。

4.5.2.4 其他风险状况及其管理

主要是流动性风险、法律合规风险、政策与战略风险和声誉风险。

流动性风险是指公司虽有清偿或兑付能力,但无法及时获得充足资金或无法以合理成本及时获得充足资金以支付到期债务,或无法兑付到期信托计划的风险。报告期内,公司继续加强固有资金平台的管理,提高流动性监测精确度,定期更新流动性管理台账,在保证资金安全性、流动性的前提下,尽量提高资金收益率;不断加强资产的流动性和融资来源的稳定性,以提升公司应对市场波动的能力;建立健全信托项目流动化和应急机制,采取信托项目弹性期限设置、非现金资产分配以及信托资产转让处置等手段缓释风险。总体看来,公司负债规模整体较为稳定,结构较为合理。

法律合规风险是指公司因没有遵循法律、法规和监管政策可能遭受法律制裁、监管处罚的风险。法律合规风险管理遵循全员合规、全程合规、主动合规、合规创造价值的理念,公司经营管理与法律、规则、监管规定与自律性行业准则相一致,公司建立健全了合规管理体系,并通过多种形式的宣传形成了全员合规的良好氛围;不断加强法律风险防控,并根据外部相关法律、法规的变化,适时调整内控制度和业务模式,确保公司各项经营活动合法合规。

2021年度,金融监管形势保持高压态势,压力逐级传导。基于资管行业顶层设计逐步完善的行业背景,以及行业监管更加深入、处罚力度持续升级的监管环境,公司坚守合规经营底线思维,将合规经营视为控成本、增效益、稳发展的核心,把依法合规经营作为公司展业的立足点。

政策与战略风险是指由于国家宏观经济政策或监管政策的调整和变化,给公司经营活动带来不确定影响,以及公司各项中长期经营计划、策略与外部宏观形势和经济政策不适应导致公司经营出现偏差而产生的风险。政策与战略风险管理主要遵循国家法律法规要求以及资管行业发展趋势,根据宏观形势、监管政策和业务模式等新变化,积极调整公司发展规划和业务方向。报告期内,公司着重关注国家宏观战略走向,增加对先进制造业与现代服务业的支持力度,积极开拓新的客户资源,着眼于上市公司、消费金融、重点区域城市、互联网科技等行业和领域,支持实体经济。公司以积极的心态适应监管政策的变化,加强与监管部门的沟通与反馈,遵循监管导向,"坚决遏制信托规模无序扩张",向符合服务实体经济、标准化运作业务倾斜,有保有降、分类施策,主动优化存量业务结构。

声誉风险状况及其风险管理。声誉风险是指由公司行为、从业人员行为或外部事件等,导致利益相关方、社会公众、媒体等对公司形成负面评价,从而损害公司品牌价值,不利公司正常经营,甚至影响到市场稳定和社会稳定的风险。声誉风险管理强调在合规经营和健康发展的基础上,主动、有效、灵活地管理声誉风险,应对声誉事件,将公司的社会责任和经营目标有机结合;通过加强尽职管理保障公司业务的健康运行,以依法合规、透明公开的原则处理各种突发风险事件,确保及时、真诚处理投诉和批评,通过机制明晰声誉风险监控、管理和应对流程,通过主动、有效、充分的信息披露实现与投资者的良性沟通,通过履行社会责任等方式提升公司的品牌价值和社会形象。

公司一向以"诚信"作为生存发展的根基,不进行任何能够实质性地影响公司声誉的交易,而且对于经营活动中不可避免的声誉风险及时进行识别、评估,主动、有效、灵活地应对可能出现的声誉事件,并通过充分信息披露等方式实现与投资者的良性沟通。

5. 报告期末及上一年度末的比较式会计报表

5.1 自营资产

5.1.1 会计师事务所审计意见全文

审计报告

CAC津审字〔2022〕0562号

天津信托有限责任公司全体股东:

一、审计意见

我们审计了天津信托有限责任公司(以下简称贵公司)自营业务财务报表,包括2021年12月31日的资产负债表,2021年度的利润表、现金流量表、所有者权益变动表以及相关财务报表附注。

我们认为，后附的财务报表在所有重大方面按照企业会计准则的规定编制，公允反映了贵公司2021年12月31日的财务状况以及2021年度的经营成果和现金流量。

二、形成审计意见的基础

我们按照中国注册会计师审计准则的规定执行了审计工作。审计报告的"注册会计师对财务报表审计的责任"部分进一步阐述了我们在这些准则下的责任。按照中国注册会计师职业道德守则，我们独立于贵公司，并履行了职业道德方面的其他责任。我们相信，我们获取的审计证据是充分、适当的，为发表审计意见提供了基础。

三、管理层和治理层对财务报表的责任

管理层负责按照企业会计准则的规定编制财务报表，使其实现公允反映，并设计、执行和维护必要的内部控制，以使财务报表不存在由于舞弊或错误导致的重大错报。

在编制财务报表时，管理层负责评估贵公司的持续经营能力，并运用持续经营假设，除非管理层计划清算贵公司、终止运营或别无其他现实的选择。

治理层负责监督贵公司的财务报告过程。

四、注册会计师对财务报表审计的责任

我们的目标是对财务报表整体是否不存在由于舞弊或错误导致的重大错报获取合理保证，并出具包含审计意见的审计报告。合理保证是高水平的保证，但并不能保证按照审计准则执行的审计在某一重大错报存在时总能发现。错报可能由于舞弊或错误导致，如果合理预期错报单独或汇总起来可能影响财务报表使用者依据财务报表作出的经济决策，则通常认为错报是重大的。

在按照审计准则执行审计工作的过程中，我们运用职业判断，并保持职业怀疑。同时，我们也执行以下工作：

（1）识别和评估由于舞弊或错误导致的财务报表重大错报风险，设计和实施审计程序以应对这些风险，并获取充分、适当的审计证据，作为发表审计意见的基础。由于舞弊可能涉及串通、伪造、故意遗漏、虚假陈述或凌驾于内部控制之上，未能发现由于舞弊导致的重大错报的风险高于未能发现由于错误导致的重大错报的风险。

（2）了解与审计相关的内部控制，以设计恰当的审计程序，但目的并非对内部控制的有效性发表意见。

（3）评价管理层选用会计政策的恰当性和作出会计估计及相关披露的合理性。

（4）对管理层使用持续经营假设的恰当性得出结论。同时，根据获取的审计证据，就可能导致对贵公司持续经营能力产生重大疑虑的事项或情况是否存在重大不确定性得出结论。如果我们得出结论认为存在重大不确定性，审计准则要求我们在审计报告中提请报表使用者注意财务报表中的相关披露；如果披露不充分，我们应当发表非无保留意见。我们的结论基于截至审计报告日可获得的信息。然而，未来的事项或情况可能导致贵公司不能持续经营。

（5）评价财务报表的总体列报、结构和内容（包括披露），并评价财务报表是否公允反映相关交易和事项。

我们与治理层就计划的审计范围、时间安排和重大审计发现等事项进行沟通，包括沟通我们在审计中识别出的值得关注的内部控制缺陷。

中审华会计师事务所（特殊普通合伙）　　中国注册会计师

中国注册会计师

中国·天津　　2022年3月31日

5.1.2 资产负债表

资产负债表

编制单位：天津信托有限责任公司　　2021年12月31日　　单位：万元

资产	期末数	期初数	负债和股东权益	期末数	期初数
资产：	—	—	负债：	—	—
现金及存放中央银行款项	—	—	向中央银行借款	—	—
存放同业款项	71 083.13	87 732.20	同业及其他金融机构存放款项	—	—
贵金属	—	—	拆入资金	65 000.00	30 000.00
拆出资金	—	—	交易性金融负债	—	—
交易性金融资产	141 170.42	—	以公允价值计量且其变动计入当期损益的金融负债	—	—
以公允价值计量且其变动计入当期损益的金融资产	—	—	衍生金融负债	—	—
衍生金融资产	—	—	卖出回购金融资产款	—	—
应收款项融资	—	—	吸收存款	—	—

续表

资 产	期末数	期初数	负债和股东权益	期末数	期初数
买入返售金融资产	85 096.79	68 235.16	应付职工薪酬	27 793.81	24 894.39
应收利息	22 481.93	13 133.91	应交税费	3 189.98	5 869.68
发放贷款和垫款	56 427.88	30 827.88	应付利息	20.91	2.67
划分为持有待售的资产	—	—	预计负债	101 910.00	89 518.00
一年内到期的非流动资产	—	—	应付债券	—	—
债权投资	240 401.68	—	租赁负债	1 593.26	—
可供出售金融资产	—	341 673.38	长期应付职工薪酬	—	—
其他债权投资	170.10	—	递延所得税负债	279.87	31.13
持有至到期投资	—	—	其他负债	130 963.98	124 396.30
长期股权投资	222 559.04	214 932.01	负债合计	330 751.81	274 712.17
其他权益工具投资	26 675.59	—	所有者权益:		
投资性房地产	8 153.24	8 493.46	实收资本(或股本)	170 000.00	170 000.00
固定资产	7 513.34	6 962.78	资本公积	18 559.73	18 559.73
使用权资产	1 543.11	—	减:库存股	—	—
无形资产	4 060.38	3 720.71	其他综合收益	1 035.72	-370.15
递延所得税资产	59 588.31	61 862.79	盈余公积	61 794.65	56 475.88
其他资产	60 692.36	59 409.79	一般风险准备	4 759.00	4 759.00
			信托赔偿准备	34 799.40	32 140.02
			未分配利润	385 916.99	340 707.42
			所有者权益合计	676 865.49	622 271.90
资产总计	1 007 617.30	896 984.07	负债及所有者权益总计	1 007 617.30	896 984.07

企业法定代表人：周雄　　　　　　　　主管会计工作负责人：王辉　　　　　　　　会计部门负责人：李瑞聪

5.1.3 利润表

利润表

编制单位：天津信托有限责任公司　　　2021年度　　　单位：万元

项 目	本期数	上期数
一、营业收入	94 612.07	97 806.11
利息净收入	-3 595.27	-5 394.49
利息收入	3 398.75	5 488.58
利息支出	6 994.02	10 883.07
手续费及佣金净收入	51 912.95	44 223.76
手续费及佣金收入	51 912.95	44 223.76
手续费及佣金支出	—	—
投资收益(损失以"-"号填列)	40 307.38	58 084.49
其中：对联营企业和合营企业的投资收益	30 526.57	44 415.65
公允价值变动收益(损失以"-"号填列)	600.93	—
资产处置收益	—	—
其他收益	214.85	16.00
其他业务收入	5 171.23	876.35
二、营业支出	19 580.64	36 467.21
税金及附加	676.90	621.71
业务及管理费	22 883.41	15 884.18
资产减值损失	-4 324.44	19 552.58
其他业务成本	344.77	408.74
三、营业利润(亏损以"-"号填列)	75 031.43	61 338.90
加：营业外收入	37.74	46.28
减：营业外支出	12 488.05	8 915.74
四、利润总额(亏损总额以"-"号填列)	62 581.12	52 469.44

续表

项 目	本期数	上期数
减：所得税费用	7 846.57	1 983.95
其中：当期所得税	4 848.90	7 256.49
递延所得税	2 997.67	-5 272.54
五、净利润（净亏损以"-"号填列）	54 734.55	50 485.49
持续经营净利润	54 734.55	50 485.49
六、其他综合收益的税后净额	1 278.86	-1 219.09
（一）以后不能重分类进损益的其他综合收益	—	—
1.重新计量设定受益计划净负债或净资产的变动	—	—
2.权益法下在被投资单位不能重分类进损益的其他综合收益变动中享有的份额	—	—
（二）以后将重分类进损益的其他综合收益	1 278.86	-1 219.09
1.权益法下在被投资单位以后将重分类进损益的其他综合收益中享有的份额	1 282.36	-293.43
2.可供出售金融资产公允价值变动损益	-3.50	-925.66
3.持有至到期投资重分类为可供出售金融资产损益	—	—
4.外币财务报表折算差额	—	—
七、综合收益总额	56 013.41	49 266.40

企业法定代表人：周雄　　　主管会计工作负责人：王辉　　　会计部门负责人：李瑞聪

5.1.4 所有者权益变动表

股东权益变动表

编制单位：天津信托有限责任公司　　2021年度　　单位：万元

项目	本年数							
	实收资本	资本公积	其他综合收益	盈余公积	一般风险准备	信托赔偿准备	未分配利润	所有者权益合计
一、上期期末数	170 000.00	18 559.73	-370.15	56 475.88	4 759.00	32 140.02	340 707.42	622 271.90
加：会计政策变更	—	—	127.01	-154.69	—	-77.35	-1 314.79	-1 419.82
前期差错更正	—	—	—	—	—	—	—	—
其他	—	—	—	—	—	—	—	—
二、本期期初数	170 000.00	18 559.73	-243.14	56 321.19	4 759.00	32 062.67	339 392.63	620 852.08
三、本期增减变动金额（减少以"-"号填列）	—	—	1 278.86	5 473.46	—	2 736.73	46 524.36	56 013.41
（一）综合收益总额	—	—	1 278.86	—	—	—	54 734.55	56 013.41
（二）所有者投入和减少资本	—	—	—	—	—	—	—	—
1.所有者投入的普通股	—	—	—	—	—	—	—	—
2.其他权益工具持有者投入资本	—	—	—	—	—	—	—	—
3.股份支付计入所有者权益的金额	—	—	—	—	—	—	—	—
4.其他	—	—	—	—	—	—	—	—
（三）利润分配	—	—	—	5 473.46	—	2 736.73	-8 210.19	—
1.提取盈余公积	—	—	—	5 473.46	—	—	-5 473.46	—
2.提取一般风险准备	—	—	—	—	—	—	—	—
3.提取信托赔偿准备	—	—	—	—	—	2 736.73	-2 736.73	—
4.对所有者（股东）的分配	—	—	—	—	—	—	—	—
5.其他	—	—	—	—	—	—	—	—
（四）所有者权益内部结转	—	—	—	—	—	—	—	—
1.资本公积转增资本（或股本）	—	—	—	—	—	—	—	—
2.盈余公积转增资本（或股本）	—	—	—	—	—	—	—	—
3.盈余公积弥补亏损	—	—	—	—	—	—	—	—
4.结转重新计量设定受益计划净负债或净资产所产生的变动	—	—	—	—	—	—	—	—
5.其他	—	—	—	—	—	—	—	—
（五）其他	—	—	—	—	—	—	—	—
四、本期期末数	170 000.00	18 559.73	1 035.72	61 794.65	4 759.00	34 799.40	385 916.99	676 865.49

企业法定代表人：周雄　　　主管会计工作负责人：王辉　　　会计部门负责人：李瑞聪

5.2 信托资产
5.2.1 信托项目资产负债汇总表

天津信托有限责任公司信托项目资产负债表

编制单位：天津信托有限责任公司　　　　2021年12月31日　　　　单位：万元

信托资产	期末余额	年初余额	信托负债和信托权益	期末余额	年初余额
信托资产：	—	—	信托负债：	—	—
货币资金	43 415.52	653 345.50	交易性金融负债	—	—
拆出资金	169 296.00	336 080.00	衍生金融负债	—	—
存出保证金	—	—	应付受托人报酬	3 763.70	3 517.64
交易性金融资产	539 745.52	310 848.70	应付托管费	127.60	74.77
衍生金融资产	—	—	应付受益人收益	360.58	2 522.31
买入返售金融资产	715 081.47	878 762.00	应付销售服务费	—	—
应收款项	800 376.83	914 833.17	应付投资管理费	12.95	9.87
发放贷款	2 309 365.43	2 169 254.97	应交税费	1 968.69	3 436.83
可供出售金融资产	45 743.50	55 743.50	其他应付款项	143 035.11	140 225.33
持有至到期投资	12 401 429.10	17 395 659.72	其他负债	—	—
长期应收款	—	—	信托负债合计	149 268.63	149 786.74
长期股权投资	178 792.86	196 929.42	信托权益：	—	—
投资性房地产	—	—	实收信托	16 387 326.95	21 920 168.75
固定资产	—	—	资本公积	6 500.70	2 108.53
无形资产	—	—	外币报表折算差额	—	—
长期待摊费用	—	—	未分配利润	660 149.95	839 392.96
其他资产	—	—	信托权益合计	17 053 977.60	22 761 670.24
信托资产总计	17 203 246.23	22 911 456.99	信托负债和信托权益总计	17 203 246.23	22 911 456.99

企业法定代表人：周雄　　　　主管会计工作负责人：王辉　　　　会计部门负责人：孙红全

5.2.2 信托项目利润及利润分配汇总表

天津信托有限责任公司信托项目利润及利润分配表

编制单位：天津信托有限责任公司　　　　2021年度　　　　单位：万元

项目	本期累计金额	上期累计金额
一、营业收入	1 684 685.80	1 398 903.14
利息收入	226 795.07	164 337.47
投资收益（损失以"-"号填列）	1 008 509.78	777 520.39
其中：对联营企业和合营企业的投资收益	—	—
公允价值变动收益（损失以"-"号填列）	8 584.37	40 966.98
租赁收入	—	—
汇兑损益（损失以"-"号填列）	—	—
其他收入	440 796.58	416 078.30
二、营业支出	888 815.18	410 556.68
营业税金及附加	7 449.51	8 425.75
受托人报酬	50 709.96	46 376.33
托管费	1 817.77	2 125.27
投资管理费	2 385.45	10 438.83
销售服务费	3 086.42	6 452.74
交易费用	40.09	72.54
资产减值损失	—	3 183.07
其他费用	823 325.99	333 482.15
三、信托净利润（净亏损以"-"号填列）	795 870.62	988 346.46
四、其他综合收益	6 051.68	19 321.77
五、综合收益	801 922.30	1 007 668.23
加：初未分配信托利润	839 392.96	655 565.48
六、可供分配的信托利润	1 635 263.58	1 643 911.95
减：本期已分配信托利润	975 113.63	804 518.98
七、期末未分配信托利润	660 149.95	839 392.96

企业法定代表人：周雄　　　　主管会计工作负责人：王辉　　　　会计部门负责人：孙红全

6.会计报表附注

6.1 会计报表编制基准的说明

公司以持续经营为基础,根据实际发生的交易和事项,按照财政部颁布的企业会计准则的要求进行编制。

6.2 重要会计政策和会计估计说明

6.2.1 计提资产减值准备的主要范围和方法

计提资产减值准备的时间:每季度末或半年末计提,但有证据证明月度资产有减值迹象的应当按月计提。

计提资产减值准备的标准:各类资产计提减值准备的标准,参考公司津信管字〔2018〕9号《天津信托有限责任公司信贷资产、应收款项和长期投资风险分类管理办法》进行资产风险分类的结果进行。

计提资产减值准备的方法:

6.2.1.1 贷款、应收账款、买入返售金融资产、债权投资资产减值准备核算方法

资产负债表日对贷款、应收账款、买入返售金融资产、债权投资分别进行减值测试。如有客观证据表明其发生了减值的,依据津信财会〔2020〕3号《天津信托有限责任公司准备金计提管理办法》及津信会字(2013)2号《天津信托有限责任公司准备金计提管理办法的补充规定(试行)》计提减值准备。

6.2.1.2 长期股权投资、抵债资产减值准备核算方法

资产负债表日,本公司对长期股权投资、抵债资产进行减值测试,发现有减值迹象的,依据津信财会〔2020〕3号《天津信托有限责任公司准备金计提管理办法》及津信会字(2013)2号《天津信托有限责任公司准备金计提管理办法的补充规定(试行)》计提减值准备。长期股权投资、抵债资产减值准备一经确认,不再转回。

6.2.1.3 其他债权投资减值准备核算方法

(1)当其他债权投资公允价值低于成本的50%,且有证据判断未来公允价值继续下跌的;(2)其他债权投资公允价值持续性下跌一年以上(含一年),且下跌幅度超过20%的、并有证据判断未来公允价值继续下跌的。

符合上述两个条件之一的,业务部门可以认定该其他债权投资已经发生减值,应按照公允价值损失部分全额计提减值准备。

其他债权投资减值的计算,依据津信财会〔2020〕3号《天津信托有限责任公司准备金计提管理办法》及津信会字(2013)2号的《天津信托有限责任公司准备金计提管理办法的补充规定(试行)》进行。

6.2.2 金融资产分类的范围和标准

公司根据管理金融资产的业务模式和金融资产的合同现金流量特征,在初始确认时将金融资产分为不同类别:以摊余成本计量的金融资产(债权投资)、以公允价值计量且其变动计入其他综合收益的金融资产(其他债权投资)及以公允价值计量且其变动计入当期损益的金融资产(交易性金融资产)。

本公司将同时符合下列条件且未被指定为以公允价值计量且其变动计入当期损益的金融资产,分类为以摊余成本计量的金融资产:(1)本公司管理该金融资产的业务模式是以收取合同现金流量为目标;(2)该金融资产的合同条款规定,在特定日期产生的现金流量,仅为对本金和以未偿付本金金额为基础的利息的支付。

本公司将同时符合下列条件且未被指定为以公允价值计量且其变动计入当期损益的金融资产,分类为以公允价值计量且其变动计入其他综合收益的金融资产:(1)本公司管理该金融资产的业务模式既以收取合同现金流量为目标又以出售该金融资产为目标;(2)该金融资产的合同条款规定,在特定日期产生的现金流量,仅为对本金和以未偿付本金金额为基础的利息的支付。

对于非交易性权益工具投资,本公司可在初始确认时将其不可撤销地指定为以公允价值计量且其变动计入其他综合收益的金融资产。该指定在单项投资的基础上作出,且相关投资从发行者的角度符合权益工具的定义。

除上述以摊余成本计量和以公允价值计量且其变动计入其他综合收益的金融资产外,本公司将其余所有的金融资产分类为以公允价值计量且其变动计入当期损益的金融资产。在初始确认时,如果能够消除或显著减少会计错配,本公司可以将本应以摊余成本计量或以公允价值计量且其变动计入其他综合收益的金融资产不可撤销地指定为以公允价值计量且其变动计入当期损益的金融资产。

6.2.3 交易性金融资产核算方法

初始确认后,对于该类金融资产以公允价值进行后续计量,产生的利得或损失(包括利息和股利收入)计入当期损益,除非该金融资产属于套期关系的一部分。

6.2.4 其他债权投资核算方法

初始确认后,对于该类金融资产以公允价值进行后续计量。采用实际利率法计算的利息、减值损失或利得及汇兑损益计入当期损益,其他利得或损失计入其他综

合收益。终止确认时，将之前计入其他综合收益的累计利得或损失从其他综合收益中转出，计入当期损益。

6.2.5 债权投资核算方法

初始确认后，对于该类金融资产采用实际利率法以摊余成本计量。以摊余成本计量且不属于任何套期关系的一部分的金融资产所产生的利得或损失，在终止确认、按照实际利率法摊销或确认减值时，计入当期损益。

6.2.6 长期股权投资核算方法

权益法：本公司对联营企业和合营企业的长期股权投资，采用权益法核算。

成本法：公司能够对被投资企业实施控制，即本公司拥有对被投资方的权力，通过参与被投资方的相关活动而享有可变回报，并且有能力运用对被投资方的权力影响其回报金额的，应采用成本法核算。

6.2.7 投资性房地产核算方法

投资性房地产是指为赚取租金或资本增值，或两者兼有而持有的房地产。本公司的投资性房地产为公司办公大楼出租部分的房产。

公司的投资性房产采用成本模式计量。对按照成本模式计量的投资性房地产采用与本公司固定资产、无形资产相同的折旧或摊销政策。在资产负债表日按投资性房产的成本与可收回金额孰低计价，可收回金额低于成本的，按两者的差额计提减值准备。

6.2.8 固定资产计价和折旧方法

6.2.8.1 固定资产的标准

同时具备以下三个条件的，确认为固定资产：（1）本公司实际拥有所有权的实物资产；（2）预计使用期限在一年以上（不含一年）；（3）单项实物资产的购置或建造价值在2 000元以上。

固定资产发生的修理费用，符合规定的固定资产确认条件的计入固定资产成本；不符合规定的固定资产确认条件的在发生时直接计入当期成本、费用。

6.2.8.2 固定资产折旧计提方法

固定资产从其投入使用的次月起采用直线法计提折旧，预计净残值为原价的3%，预估经济使用年限和年折旧率如下表所示。

资产类别	预计使用年限（年）	年折旧率（%）
房屋建筑物	30—43	3.23—2.26
机器设备	5—20	19.40—4.85
运输设备	6	16.17
电子设备	3—5	32.33—19.40
其他	5	19.40

6.2.9 无形资产计价及摊销政策

6.2.9.1 无形资产的计价

无形资产在取得时，按实际成本计价。取得时的实际成本按以下方法确定：（1）购入的无形资产，按实际支付的价款作为实际成本；（2）自行开发并按法律程序申请取得的无形资产按依法取得时发生的注册费、聘请律师费等入账，开发过程中发生的费用直接计入当期损益。

6.2.9.2 无形资产的摊销

无形资产自取得当月起在预计使用年限内分期平均摊销，预计使用年限按受益年限和法律规定的有效年限两者孰短的原则确定，对无受益年限和法律规定的有效年限的则按不超过10年的摊销年限内分期平均摊销，计入当期损益。

6.2.10 长期应收款的核算方法

公司长期应收款核算应收融资租赁本金和应收融资租赁收益，融资租赁资产出租时，将该项融资租赁资产的初始账面价值由记入"长期应收款—应收融资租赁本金"，将应向承租人收取的各期租金与终止转让价款之和，扣除购入租赁物时实际支付价款及相关税费后的差额，记入"长期应收款—应收融资租赁收益"。

收到融资租赁租金时，根据该项融资租赁业务的《租金表》或《未确认融资收益分配表》，按实际收到金额中的本金部分，冲减"长期应收款—应收融资租赁本金"；按实际收到金额中的收益部分，冲减"长期应收款—应收融资租赁收益"。同时，按实际收到金额中的收益部分，计入"未实现融资收益"和"租赁收入"。

6.2.11 长期待摊费用的摊销政策

公司长期待摊费用在费用项目的受益期限内分期平均摊销。

6.2.12 预计负债的核算方法

本公司当与或有事项相关的义务同时符合以下条件，确认为预计负债：（1）该义务是本公司承担的现时义务；（2）履行该义务很可能导致经济利益流出；（3）该义务的金额能够可靠地计量。

在资产负债表日，考虑与或有事项有关的风险、不确定性和货币时间价值等因素，按照履行相关现时义务所需支出的最佳估计数对预计负债进行计量。

对公司管理的信托项目资产，根据资产质量，综合考虑其推介销售、尽职管理、信息披露等方面的管理瑕疵以及声誉风险管理需求，客观判断风险损失向表内传导的可能性，计提预计负债，计入自营账套损益。

6.2.13 合并会计报表的编制方法

对公司拥有实际控制权的被投资企业合并财务报表，公司能够控制的特殊目的主体（如：非法人单位的合作项目）也列入合并报表范围。按照《企业会计准则》第33号"合并财务报表"准则的相关规定，编制合并财务报表。

6.2.14 收入确认原则和方法

6.2.14.1 利息收入

公司的利息收入，是指本公司存放于银行和其他金融机构的款项、对外放款、拆出资金、买入返售金融资产等业务所形成的利息收入。

（1）贷款利息收入。按贷款合同在贷款结息日，按照贷款合同（借据）金额和合同利率计算确定的应收未收利息，计入"应收利息"科目；按贷款的摊余成本和实际利率计算确定的利息收入。

（2）拆出资金和买入返售金融资产的利息收入比照贷款利息收入的规定确认。

（3）存放银行和其他金融机构款项的利息收入：按结息日实际收到的金额计入利息收入。

6.2.14.2 融资租赁收益

公司采用实际利率法计算当期应确认的融资租赁收入，并将未实现融资租赁收益在租赁期内的各个期间进行分配。

6.2.14.3 手续费及佣金净收入

公司的手续费收入是指公司自营业务的手续费收入以及本公司所管理的信托业务中按信托合同规定从信托收益中提取或向委托人及第三方收取的受托人报酬。自营业务手续费收入：按合同收取时确认收入；信托业务手续费参见"6.2.16 信托报酬确认原则和方法"。

6.2.14.4 其他营业收入

公司以合同已签订并执行，款项已收到或取得收取款项凭据时确认为收入实现。

6.2.15 所得税的会计处理方法

公司所得税费用采用资产负债表债务法核算。资产、负债的账面价值与其计税基础存在差异的，按照规定确认所产生的递延所得税资产或递延所得税负债。

公司在计算确定当期所得税（即当期应交所得税）以及递延税项（递延所得税费用或收益）的基础上，将两者之和确认为利润表中的所得税费用（或收益），但不包括直接计入所有者权益的交易或事项的所得税影响。

资产负债表日，公司按照暂时性差异与适用所得税税率计算的结果，确认递延所得税负债、递延所得税资产以及相应的递延所得税费用（或收益）。一般情况下，所有应税暂时性差异产生的递延所得税负债均予确认，而递延所得税资产则只能在未来应纳税利润足以用作抵销暂时性差异的限度内，才予以确认。

6.2.16 信托报酬确认原则和方法

信托业务手续费收入（受托人报酬）：依据信托合同的约定，按季度、合同中期分配、合同到期分配收取时，计算及确认收入。

6.2.17 会计政策变更的披露

公司于2021年度执行了财政部颁布的以下企业会计准则修订，对会计政策相关内容进行调整：《企业会计准则第14号——收入（修订）》《企业会计准则第22号——金融工具确认和计量（修订）》《企业会计准则第23号——金融资产转移（修订）》《企业会计准则第24号——套期会计（修订）》及《企业会计准则第37号——金融工具列报（修订）》《企业会计准则第21号——租赁（修订）》（新租赁准则）。

6.3 或有事项说明

未发生影响财务报表阅读的重大或有事项。

6.4 重要资产转让及其出售的说明

未发生重要资产转让及其出售事项。

6.5 会计报表中重要项目的明细资料

6.5.1 自营资产经营情况

6.5.1.1 信用风险资产的期初数、期末数（按信用风险五级分类）

信用风险资产五级分类	正常类（万元）	关注类（万元）	次级类（万元）	可疑类（万元）	损失类（万元）	信用风险资产合计（万元）	不良合计（万元）	不良率（%）
期初数	694 298.26	173 395.76	—	—	76 089.44	943 783.46	76 089.44	8.06
期末数	823 118.23	142 726.43	5 000.00	—	59 785.78	1 030 630.44	64 785.78	6.29

6.5.1.2 各项资产减值损失准备的期初、本期计提、本期转回、本期核销、期末数

单位：万元

项目	期初数	本期计提	本期转回	本期核销	期末数
贷款损失准备	69 775.78	3 500.00	3 510.00	9 980.00	59 785.78
其中：一般准备	—	—	—	—	—
专项准备	69 775.78	3 500.00	3 510.00	9 980.00	59 785.78
其他资产减值准备	59 715.77	43 725.74	39 770.18	18 053.90	45 617.43

续表

项目	期初数	本期计提	本期转回	本期核销	期末数
其中：可供出售金融资产减值准备	39 763.00	—	39 763.00	—	—
债权投资	—	38 553.00			38 553.00
持有至到期投资减值准备					
长期股权投资减值准备					
坏账准备	4 631.29	4 067.74		7 613.83	1 085.20
投资性房地产减值准备					
抵债资产减值准备	400.00				400.00
买入返售金融资产减值准备	14 921.48	1 105.00	7.18	10 440.07	5 579.23

6.5.1.3 固有业务股票投资、基金投资、债券投资、股权投资等投资业务的期初数、期末数（按照投资品种分类）

单位：万元

项目	自营股票	基金	债券	长期股权投资	其他投资	合计
期初数	3 298.55	12 012.39	6 284.60	214 932.01	320 077.84	556 605.39
期末数	3 173.12	13 290.99	2 606.00	222 559.04	389 347.68	630 976.83

6.5.1.4 按投资入股金额排序，前五名的自营长期股权投资的企业名称、占被投资企业权益的比例、主要经营活动及投资收益情况等

单位：万元

企业名称	占被投资企业权益的比例	主要经营活动	投资收益
天弘基金管理有限公司	16.80	基金募集、基金销售、资产管理和中国证监会许可的其他业务	30 526.57

6.5.1.5 前五名的自营贷款的企业名称、占贷款总额的比例和还款情况等

企业名称	占贷款总额的比例（%）	还款情况
珠海铧国商贸有限公司	17.21	合同未到期
山西大禾新农业科技有限公司	14.51	未全部归还
天津高瑞投资有限公司	12.91	合同未到期
马上消费金融股份有限公司	12.91	合同未到期
山西普大煤业集团有限公司	12.88	未全部归还

6.5.1.6 担保业务、代理业务（委托业务）

单位：万元

表外业务	期初数	期末数
担保业务	—	—
代理业务（委托业务）		
其他		
合计		

6.5.1.7 公司当年的收入结构

收入结构	金额（万元）	占比（%）
手续费及佣金收入	51 912.95	54.85
其中：信托手续费收入	51 912.95	54.85

续表

收入结构	金额（万元）	占比（%）
投资银行业务收入	—	—
利息净收入	-3 595.27	-3.80
其他业务收入	5 171.23	5.46
其中：计入信托业务收入部分	4 114.98	4.35
投资收益	40 307.38	42.59
其中：股权投资收益	32 412.61	34.25
证券投资收益	308.99	0.33
其他投资收益	7 585.78	8.01
其他收益	600.93	0.63
营业外收入	214.85	0.23
收入合计	37.74	0.04

6.5.2 披露信托财产管理情况

6.5.2.1 信托资产的期初数、期末数

单位：万元

信托财产	期初数	期末数
集合	10 687 690.26	4 647 015.01
单一	2 809 102.92	3 890 077.83
财产权	9 414 663.81	8 666 153.39
其中：集合财产权	137 789.47	0.03
单一财产权	9 276 874.34	8 666 153.36
合计	22 911 456.99	17 203 246.23

6.5.2.1.1 主动管理型信托业务的信托资产期初数、期末数。分证券投资、股权投资、融资、事务管理类分别披露

单位：万元

主动管理型信托资产	期初数	期末数
证券投资类	113 363.24	351 009.59
股权投资类	21 003.36	21 303.36
其他投资类	6 403 093.62	978 654.31
融资类	7 610 162.38	5 960 849.81
事务管理类	270.35	650 553.82
合计	14 147 892.95	7 962 370.88

6.5.2.1.2 被动管理型信托业务的信托资产期初数、期末数。分证券投资、股权投资、融资、事务管理类分别披露

单位：万元

被动管理型信托资产	期初数	期末数
证券投资类	—	—
股权投资类	—	—
其他投资类	—	—
融资类	—	—
事务管理类	8 763 564.04	9 240 875.35
合计	8 763 564.04	9 240 875.35

6.5.2.2 2021年度已清算结束的信托项目个数、实收信托合计金额、加权平均实际年化收益率

6.5.2.2.1 2021年度已清算结束的集合类、单一类资金信托项目和财产管理类信托项目个数、实收信托合计金额、加权平均实际年化收益率

已清算结束信托项目	项目个数（个）	实收信托合计金额（万元）	加权平均实际年化收益率（%）
集合类	104	2 791 240.00	6.33
单一类	22	583 398.79	4.81
财产管理类	58	7 597 045.68	3.70

注：收益率是指信托项目清算后，给受益人赚取的实际收益水平。加权平均实际年化收益率＝（信托项目1的实际年化收益率×信托项目1的实收信托＋信托项目2的实际年化收益率×信托项目2的实收信托＋…＋信托项目n的实际年化收益率×信托项目n的实收信托）/（信托项目1的实收信托＋信托项目2的实收信托＋…＋信托项目n的实收信托）×100%。

6.5.2.2.2 2021年度已清算结束的主动管理型信托项目个数、实收信托合计金额、加权平均实际年化收益率。分证券投资、股权投资、融资、事务管理类分别计算并披露

已清算结束信托项目	项目个数（个）	实收信托合计金额（万元）	加权平均实际年化信托报酬率（%）	加权平均实际年化收益率（%）
证券投资类	3	19 120.00	0.62	6.15
股权投资类	—	—	—	—
其他投资类	43	2 154 800.00	0.20	5.73
融资类	71	2 875 831.47	0.59	5.08
事务管理类	1	50.00	—	—

注：加权平均实际年化信托报酬率＝（信托项目1的实际年化信托报酬率×信托项目1的实收信托＋信托项目2的实际年化信托报酬率×信托项目2的实收信托＋…＋信托项目n的实际年化信托报酬率×信托项目n的实收信托）/（信托项目1的实收信托＋信托项目2的实收信托＋…＋信托项目n的实收信托）×100%。

6.5.2.2.3 2021年度已清算结束的被动管理型信托项目个数、实收信托合计金额、加权平均实际年化收益率。分证券投资、股权投资、融资、事务管理类分别计算并披露

已清算结束信托项目	项目个数（个）	实收信托合计金额（万元）	加权平均实际年化信托报酬率（%）	加权平均实际年化收益率（%）
证券投资类	—	—	—	—
股权投资类	—	—	—	—
其他投资类	—	—	—	—
融资类	—	—	—	—
事务管理类	66	5 921 883.00	0.12	3.63

6.5.2.3 2021年度新增的集合类、单一类和财产管理类信托项目个数、实收信托合计金额

新增信托项目	项目个数（个）	实收信托合计金额（万元）
集合类	161	4 642 299.32
单一类	72	3 261 229.45

续表

新增信托项目	项目个数（个）	实收信托合计金额（万元）
财产管理类	46	7 039 370.86
新增合计	279	14 942 899.63
其中：主动管理型	225	8 408 559.15
被动管理型	54	6 534 340.49

注：2021年新增信托项目指在本报告年度内累计新增的信托项目个数和金额。包含2021年度新增并于2021年度内结束的项目和2021年度新增至报告期末仍在持续管理的信托项目。

6.5.2.4 信托业务创新成果和特色业务有关情况

2021年，公司认真贯彻落实国家宏观政策和金融监管要求，以推动公司转型与结构调整为契机，不断推进业务创新与特色业务发展，主要体现在以下几点。

6.5.2.4.1 开展慈善信托，支持养老服务

自2020年党的十九届五中全会明确提出"实施积极应对人口老龄化国家战略"以来，健全多层次社会保障体系，大力发展普惠养老服务，构建多元化养老服务体系，已成为我国经济社会发展的一项重要课题。2021年，国家再次将"应对人口老龄化"纳入我国"十四五"发展规划。公司秉承"普惠金融、服务社会"的经营理念，以服务国家战略为基本宗旨，积极践行企业社会责任，助力养老事业发展。

为更好支持养老慈善事业，公司与天津市福老基金会、天津市慈善协会等机构保持积极合作，全年成功设立了天信世嘉·信德首善上实1号、2号、天信世嘉·信德认知测评等3单养老慈善信托，共计59.82万元。主要用于为困难失能老人提供健康意外险，减轻老人居家养老负担；以及基于失能失智老人的特殊需要，为老年人建立专业认知评估系统，同时协助养老机构内阿尔兹海默症患者照护模式标准化建设，以不断提高老年人基础社会保障水平，助力国家养老服务体系和健康支撑体系不断完善。

6.5.2.4.2 加强股东融产结合，大力发展产业信托

以公司混改新机遇为契机，充分利用集团强大的产业资源优势，结合信托灵活金融服务功能，在合规的前提下，积极推进与集团的融产协同发展。2021年，以医药行业为切入点，从债权融资、股权投资、资本运作等多维度入手，积极推进与上海医药、天津医药以及上海生物医药基金的协同合作；年度内成功参与了轶诺医药B轮1千万元首单医药股权投资项目，实现了公司与上海医药产业基金的首次协同尝试。

6.5.2.4.3 完善普惠金融业务模式，助力结构分布逐步优化

遵照最新出台的监管文件要求，公司持续优化普

惠金融业务结构。一是积极协调开发短期产品线，提高产品期限灵活性与适配性；二是进一步加强同业机构合作，持续加大符合服务信托导向预期的资产证券化业务投入力度。同时，公司持续加强对普惠金融业务的制度、技术、人力等资源投入，不断提升主动管理能力，以期向消费者和小微经营者提供持续稳定的金融服务。

6.5.2.4.4 加强绿色信托产品创新，积极践行"30·60"国家战略

在当前"碳中和、碳达峰"的政策背景下，公司积极响应国家战略部署，加快绿色信托产品创新，助力我国经济社会绿色健康高质量发展。2021年，公司创新应用区块链技术赋能资金信托产品，对某绿色出行平台提供资金支持。该项目针对绿色共享出行行业资产小额分散的特点，通过结合区块链分布式存证、信息不可篡改等技术优势设计项目方案。同时，运用区块链技术穿透式获取标的资产全息数据并进行全流程精细化风险控制等有效分散产品投资风险，助力绿色出行行业健康发展。此外，创新运用股权投资模式对某功能膜（涵盖太阳能背板基膜、光学基膜等）新材料企业进行股权直投，助力绿色高新制造企业健康成长。

6.5.2.5 公司履行受托人义务情况

本公司作为受托人，严格遵守信托法规的规定和信托协议（合同）的约定，尽职尽责履行受托人职责和义务，为委托人管理好各项信托财产，精心组织信托财产的运作；依照信托法规和信托协议（合同）约定，定期出具信托财产的管理报告；信托协议（合同）终止时，及时办理信托事务清算事宜；按信托协议（合同）的约定，按期及时向受益人支付信托受益并在信托协议（合同）终止时及时按约定向委托人（受益人）支付信托财产（本金）；按信托法规和信托协议（合同）的约定收取受托人报酬（手续费），本年度没有发生违反受托人职责和义务的情况，没有出现信托协议（合同）到期由于受托人的责任不支付信托财产和受益人收益的情况。受托人按信托法规和信托协议（合同）管理、运用信托财产，管理和分配信托收益以及收取手续费（受托人报酬）时，没有出现侵占委托人和受益人合法权益的情况。

6.5.2.6 信托赔偿准备金的提取、使用和管理情况

单位：万元

项目	期初数	本年增加	本年减少	期末数
信托赔偿准备金	32 140.02	2 659.38	—	34 799.40

6.6 关联方关系及其交易的披露

6.6.1 关联交易方的数量、关联交易的总金额及管理交易的定价政策等

单位：万元

项目	关联交易数量	关联交易金额	定价政策
合计	—	—	

6.6.2 关联方交易与公司的关系性质、关联交易方名称、法定代表人、注册地址、注册资本及主营业务等

单位：万元

关系性质	关联方名称	法定代表人	注册地址	注册资本	主营业务
—					

6.6.3 逐笔披露公司与关联方的重大交易事项

6.6.3.1 固有财产与关联方：贷款、投资、租赁、应收账款、担保、其他方式等期初汇总额、本期发生额汇总数、期末汇总数

固有与关联方关联交易 单位：万元

项目	期初数	借方发生额	贷方发生额	期末数
贷款				
投资				
租赁				
担保				
应收账款				
其他				
合计				

6.6.3.2 信托资产与关联方：贷款、投资、租赁、应收账款、担保、其他方式等期初汇总数、本期发生额汇总数、期末汇总数

信托与关联方关联交易 单位：万元

项目	期初数	借方发生额	贷方发生额	期末数
贷款	—			
投资	—			
租赁	—			
担保	—			
应收账款	—			
其他	—			
合计	—			

6.6.3.3 信托公司自有资金运用于自己管理的信托项目（固信交易）、信托公司管理的信托项目之间的相互（信信交易）交易金额，包括余额和本报告年度的发生额

6.6.3.3.1 固有与信托财产之间的交易金额期初汇总数、本期发生额汇总数、期末汇总数

固有财产与信托财产相互交易 单位：万元

项目	期初数	本期发生额	期末数
合计	—	—	—

6.6.3.3.2 信托项目之间的交易金额期初汇总数、本期发生额汇总数、期末汇总数

信托财产与信托财产相互交易　　　单位：万元

项目	期初数	本期发生额	期末数
合计	14 970	—	14 970

6.6.4 逐笔披露关联方逾期未偿还公司资金的详细情况以及公司为关联方担保发生或即将发生垫款的详细情况

公司2021年度未出现关联方逾期未偿还公司资金的情况，未出现公司为关联方担保的情况。

6.7 会计制度的披露

公司固有业务从2008年1月1日起、信托业务从2010年1月1日起按照财政部颁布的《企业会计准则——基本准则》和其他各项会计准则的规定对固有业务及信托业务进行确认和计量，在此基础上编制财务报表。

6.8 净资本管理情况

根据《信托公司净资本管理办法》和2011年2月下发的净资本具体计算标准，2021年末我公司的净资产67.69亿元，净资本为47.43亿元（监管标准≥2亿元），各项风险资本之和为22.27亿元，净资本×各项业务风险资本为213.03%（监管标准≥100%），净资本×净资产为70.08%（监管标准为≥40%），净资本各项指标达到规定标准。

7.财务情况说明书

7.1 利润实现和分配情况

2021年，公司实现各项收入94 649.81万元，比去年减少3 202.58万元，降幅3.27%；税前利润62 581.12万元，比上年增加10 111.68万元，增幅19.27%；净利润54 734.55万元，比上年增加4 249.06万元，增幅8.42%。按照相关法规、公司章程，本年净提取法定盈余公积金5 318.77万元和信托赔偿准备金2 659.38万元。

7.2 主要财务指标

指标名称	指标值
资本利润率（%）	8.43
加权年化信托报酬率（%）	0.3
人均净利润（万元）	253.4

注：全年在岗职工平均人数216人。

7.3 对本公司财务状况、经营成果有重大影响的其他事项

无。

8.特别事项揭示

8.1 公司股东股权变动情况

2021年公司股东及股权结构未发生变动。

8.2 董事、监事及高级管理人员变动情况及原因

8.2.1 董事变动情况

1.公司2020年11月24日召开股东会2020年第9次临时会议，审议通过了《关于同意天津信托有限责任公司第九届董事会董事人选的决议》，同意天津信托有限责任公司第八届董事会成员王威继续留任；同意周雄、周予鼎、姜杰、钟涛、蒋明康、陈伟明、凌亮等为第九届董事会成员。

2021年1月26日，天津银保监局下发《天津银保监局关于周予鼎任职资格的批复》（津银保监复〔2021〕54号），核准周予鼎天津信托有限责任公司董事的任职资格。

2021年1月27日，天津银保监局下发《天津银保监局关于凌亮任职资格的批复》（津银保监复〔2021〕59号），核准凌亮天津信托有限责任公司董事的任职资格。

2021年1月27日，天津银保监局下发《天津银保监局关于姜杰任职资格的批复》（津银保监复〔2021〕60号），核准姜杰天津信托有限责任公司董事的任职资格。

2021年1月28日，天津银保监局下发《天津银保监局关于钟涛任职资格的批复》（津银保监复〔2021〕65号），核准钟涛天津信托有限责任公司董事的任职资格。

2021年3月25日，天津银保监局下发《天津银保监局关于周雄任职资格的批复》（津银保监复〔2021〕134号），核准周雄天津信托有限责任公司董事的任职资格。

2021年3月30日，天津银保监局下发《天津银保监局关于蒋明康任职资格的批复》（津银保监复〔2021〕138号），核准蒋明康天津信托有限责任公司董事的任职资格。

2021年3月30日，天津银保监局下发《天津银保监局关于陈伟明任职资格的批复》（津银保监复〔2021〕139号），核准陈伟明天津信托有限责任公司董事的任职资格。

截至2021年3月30日，上述7位董事已先后正式开始履职。

2.天津信托有限责任公司股东会2022年第1次临时会议通讯方式审查了《关于通报天津信托有限责任公司第九届董事会职工董事的议案》，同意黎代福为第九届董事会职工董事，黎代福职工董事的任职资格正待监管部门核准过程中。

8.2.2 监事变动情况

2020年11月24日公司召开股东会2020年第9次临时会议，审议通过了《关于同意天津信托有限责任公司第九届监事会监事人选的决议》，同意舒东、刘响东等2人为第九届监事会成员。

2021年4月15日公司召开股东会2021年第1次临时会议，以通讯方式审议通过了《关于同意调整天津信托有限责任公司第九届监事会监事人选的决议》，同意胡俊强担任公司监事。

2022年3月11日公司召开股东会2022年第1次临时会议，以通讯方式审查了《关于通报天津信托有限责任公司第九届监事会职工监事的议案》，同意杨海军、丁粤军为第九届监事会职工监事。

8.2.3 高级管理人员变动情况

1.2021年3月31日公司召开第九届董事会第一次会议，审议通过了《关于同意选举周雄董事任天津信托有限责任公司第九届董事会董事长（法定代表人）的决议》，2021年7月29日，天津银保监局下发《天津银保监局关于周雄任职资格的批复》（津银保监复〔2021〕317号），核准周雄天津信托有限责任公司董事长的任职资格，2021年8月2日正式开始履职。

2.2021年3月31日公司召开第九届董事会第二次会议，审议通过了《关于同意聘任天津信托有限责任公司副总经理及其他高级管理人员的决议》，同意聘任蒋志翔为公司副总经理、陈耿为董事会秘书、孟思远为风险总监；同意调任原董事会秘书冉启文为业务总监（任职资格已于2022年3月30日向监管部门报备）。

2021年6月8日，天津银保监局下发《天津银保监局关于陈耿任职资格的批复》（津银保监复〔2021〕230号），核准陈耿天津信托有限责任公司董事会秘书的任职资格。

2021年6月8日，天津银保监局下发《天津银保监局关于孟思远任职资格的批复》（津银保监复〔2021〕234号），核准孟思远天津信托有限责任公司风险总监的任职资格。

2021年10月13日，天津银保监局下发《天津银保监局关于蒋志翔任职资格的批复》（津银保监复〔2021〕411号），核准蒋志翔天津信托有限责任公司副总经理的任职资格。

截至2021年10月均已取得监管部门核准，先后正式开始履职。

3.2021年11月12日，公司召开第九届董事会第六次会议，审议通过了《关于同意天津信托总经理助理潘庄晨离职申请及解聘职务的决议》。

4.天津信托有限责任公司第九届董事会2022年第2次临时会议（2022年3月11日召开现场会议）审议通过了《关于同意聘任天津信托有限责任公司总经理的决议》，同意聘任黎代福同志担任公司总经理，黎代福同志担任公司总经理任职资格正在监管部门核准过程中。

除此之外，公司董事、监事及高级管理人员未有变动。

8.3 2021年度，公司注册资本、注册地、公司名称、公司分立合并事项

公司注册资本、注册地、公司分立合并事项无变更。

8.4 公司的重大诉讼事项

截至报告期末，公司未发生对经营活动产生重大影响的诉讼、仲裁事项。

8.5 2021年度，公司及其董事、监事和高级管理人员受到处罚情况

2021年公司及董事、监事和高级管理人员无受到处罚的情形。

8.6 银保监会派出机构风险检查情况

2021年未对我公司开展风险检查。

8.7 重大事项临时报告

2021年4月16日，公司通过在《证券时报》上发布了"天津信托有限责任公司关于董事变更、代为履职董事长、代为履职总经理的公告"，公告具体内容如下：

公司及董事会全体成员保证信息披露的内容真实、准确、完整，没有虚假记载、误导性陈述或重大遗漏，并就其保证承担相应的法律责任。

经天津信托有限责任公司（以下简称天津信托）股东会2020年第9次临时会议审议通过，选举周予鼎、凌亮、姜杰、钟涛、周雄、陈伟明任天津信托董事，选举蒋明

康任天津信托独立董事，截至2021年3月30日，上述人员任职资格已经中国银行保险监督管理委员会天津监管局核准（核准文件：津银保监复〔2021〕54号、津银保监复〔2021〕59号、津银保监复〔2021〕60号、津银保监复〔2021〕65号、津银保监复〔2021〕134号、津银保监复〔2021〕138号、津银保监复〔2021〕139号）。

经天津信托第九届董事会第一次会议审议通过，在新任董事长、总经理履职前，同意暂由周雄董事代为履职董事长职责，暂由副总经理王辉代为履职总经理职责。上述代为履职期限最长不超过6个月。

2021年8月4日，公司通过在《证券时报》上发布了"天津信托有限责任公司关于董事长、法定代表人变更的公告"，公告具体内容如下：

经天津信托有限责任公司第九届董事会第一次会议审议通过，选举周雄先生担任公司董事长。同时，根据《天津信托有限责任公司章程》的规定，公司法定代表人变更为周雄。

截至本公告日，周雄同志任职资格已经中国银行保险监督管理委员会天津监管局核准（核准文件：津银保监复〔2021〕317号），我公司已按有关法律法规完成了工商登记变更等事项。

我公司保证本公告内容不存在任何虚假记载、误导性陈述或者重大遗漏，并确保公告内容的真实性、准确性和完整性。

9. 公司监事会意见

9.1 公司依法运作情况

通过检查监督，监事会认为，公司建立了较为完善的公司法人治理结构，进一步加强了内部控制制度建设和风险管理，强化了内部管理和审计制度。公司决策事项程序合法，公司董事、经理和其他高级管理人员，能够按照《公司法》、"信托一法三规"、公司章程等有关法律、法规及监管部门的要求，认真履行相关职责，勤勉工作，积极维护股东利益、公司利益和客户利益。

9.2 关于公司财务报告

依据中审华会计师事务所（特殊普通合伙）出具的审计报告和公司的财务报表，监事会认真检查和审核了公司财务状况和经营成果，认为公司本年度财务报告是客观、公允的。

万向信托股份公司

1. 重要提示

1.1 本公司董事会及董事保证本报告所载资料不存在任何虚假记载、误导性陈述或者重大遗漏，并对其内容的真实性、准确性和完整性承担个别及连带责任。本年度报告摘要摘自年度报告全文，客户及相关利益人欲了解详细内容，应阅读年度报告全文。

1.2 本公司独立董事成保良、刁维仁、汪炜、姚铮、钟鸿钧认为：公司年报所记载的资料没有存在任何的虚假记载，也没有任何误导性陈述和重大遗漏，本报告的内容真实、准确、完整。

1.3 本公司董事长肖风先生、公司总裁王永刚先生、财务负责人黄鹏先生声明：保证年度报告中财务报告的真实、完整。

2. 公司概况

2.1 公司简介

法定中文名称：万向信托股份公司（缩写：万向信托）

法定英文名称：Wanxiang Trust Co., Ltd.

法定代表人：肖风

注册地址：浙江省杭州市体育场路429号天和大厦4—6层及9—17层

邮政编码：310006

国际互联网网址：www.wxtrust.com

电子信箱：wxtrust@wxtrust.com

信息披露事务联系人姓名：陆炯

信息披露事务联系人电子信箱：jlu@wxtrust.com

信息披露事务联系人办公电话：0571-85807978

信息披露事务联系人办公传真：0571-85179809

选定的信息披露报纸名称：《证券时报》

年度报告备置地点：杭州市体育场路429号天和大厦16层

聘请的会计师事务所名称：大华会计师事务所（特殊普通合伙）浙江万邦分所

聘请的会计师事务所住所：浙江省杭州市江干区钱潮路636号瑞凯水湘大厦2号楼4—8楼、11楼

2.2 组织结构图

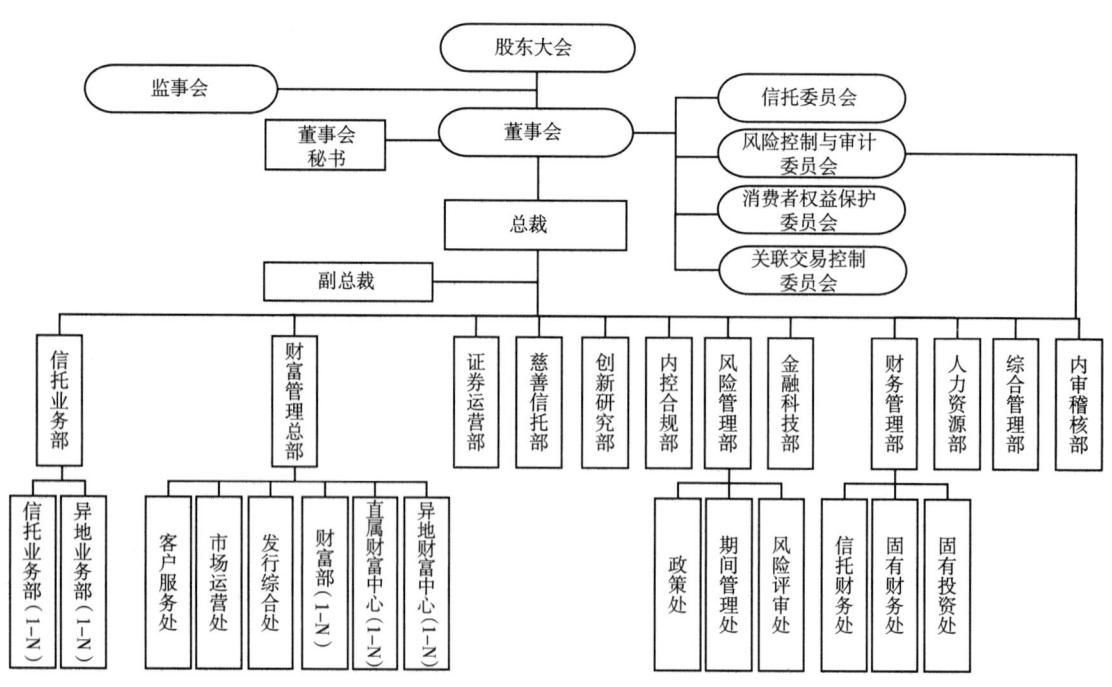

3. 公司治理

3.1 股东

截至2021年末，公司股东5家，构成情况如下表所示。

股东构成

股东名称	持股比例(%)	法定代表人	注册资本(万元)	注册地址	主要经营业务
中国万向控股有限公司★	76.50	鲁伟鼎	500 000.00	中国（上海）自由贸易试验区陆家嘴西路99号万向大厦	实业投资，投资管理，物业管理，金融专业技术领域内的技术咨询、技术开发等
浙江烟草投资管理有限责任公司	14.49	邵作民	440 714.68	杭州市上城区解放路108号杭州中维香溢大酒店619室	投资管理、实业投资、酒店管理、经营进出口业务
北京中邮资产管理有限公司	3.97	龚启华	583 343.05	北京市西城区金融大街3号，甲3号13层甲3-1301	投资管理；资产管理；销售五金交电等
巨化集团有限公司	2.86	周黎旸	470 670.00	杭州市江干区泛海国际中心2幢2001室	化肥、化工原料及产品、化学纤维、医药原料等
浙江省金融控股有限公司	2.18	章启诚	1 200 000.00	杭州市下城区环城北路165号汇金国际大厦东1幢16层1601室	金融类股权投资、政府性股权投资基金管理与资产管理业务

注：1.★代表本公司实际控制人；本公司股东之间不存在关联关系。股东不存在转让、质押公司股权的行为。
2.2022年3月，经浙江省人民政府发布通知，决定聘任杨强民任浙江省金融控股有限责任公司董事、董事长，免去章启诚的浙江省金融控股有限责任公司董事长、董事职务。

3.2 董事、董事会及其下属委员会

董事

姓名	职务	性别	年龄(岁)	所推举股东名称	股东持股比例(%)	简要履历
肖风	董事长	男	61	中国万向控股有限公司	76.50	南开大学世界经济学博士，中国万向控股有限公司副董事长兼执行董事
傅志芳	董事	男	57	中国万向控股有限公司	76.50	中欧国际工商学院硕士，正康旅智（汉中）有限公司总经理
徐初斌	董事	男	45	中国万向控股有限公司	76.50	同济大学应用数学硕士，民生人寿保险股份有限公司执行委员、副总经理、董事会秘书、总精算师
邵作民	董事	男	56	浙江烟草投资管理有限责任公司	14.49	复旦大学文学学士，浙江烟草投资管理有限责任公司（浙江香溢控股有限公司）党委书记、总经理
杨嘉树	董事	男	54	北京中邮资产管理有限公司	3.97	上海财经大学工商管理硕士，中国邮政集团有限公司浙江省分公司党组成员、副总经理
唐顺良	董事	男	45	巨化集团有限公司	2.86	上海财经大学金融学硕士，巨化控股有限公司副总经理、巨化集团有限公司首席CFO
朱杭	董事	男	34	浙江省金融控股有限公司	2.18	美国纽约大学金融工程硕士，浙江省金融控股有限公司金融管理部总经理助理兼任浙江浙银金融租赁股份有限公司董事

注：1.经万向信托股份公司2020年度股东大会会议审议通过，选举邵作民、朱杭为董事候选人，潘昕琥、王建不再担任公司董事。邵作民、朱杭的董事任职资格于2021年9月9日经监管部门核准生效，开始正式履职。
2.公司董事葛旋于2021年9月30日向董事会提交辞职信，公司将依照《公司法》和公司章程的规定履行董事变更程序。

独立董事

姓名	性别	年龄(岁)	简要履历
成保良	男	61	万置资本管理有限公司董事长
刁维仁	男	68	曾任群益国际控股有限公司上海代表处首席代表、上海市台商协会副秘书长
汪炜	男	55	浙江大学经济学院教授，浙江省金融业发展促进会常务副会长，浙江省金融研究院院长
姚铮	男	65	浙江大学管理学院教授、博士生导师
钟鸿钧	男	50	上海财经大学商学院数字经济研究中心主任

董事会下属专门委员会构成

成员	职务	名称	职责
刁维仁	主任委员	风险控制与审计委员会	确定公司风险管理的总体目标、风险偏好、风险承受度、风险管理策略和重大风险管理解决方案；评估公司关联交易业务风险；监督公司信托业务和自营业务的风险控制及管理；监督公司信息披露的真实、准确、完整和合规性；提出完善公司风险管理和内部控制及内部审计实施的建议等
杨嘉树	委员		
徐初斌	委员		

续表

成员	职务	名称	职责
成保良	主任委员	信托委员会	组织制订公司信托业务发展规划;定期评估公司信托业务运行情况;研究并提出具体措施落实监管部门提出的整改要求;当公司或股东利益与受益人利益发生冲突时,研究并提出维护受益人权益的具体措施等
徐初斌	主任委员	消费者权益保护委员会	负责将消费者权益保护纳入企业文化、公司治理和经营发展战略中,监督高级管理层落实消费者权益保护工作发展战略规划;监督、评估公司消费者权益保护工作以及高级管理层相关履职情况;研究并提出维护受益人权益的具体措施等
成保良	委员		
钟鸿钧	主任委员	关联交易控制委员会	统筹管理关联交易决策权限和程序,建立关联交易内控机制;指导落实关联交易穿透识别审查要求,建立有效的关联交易风险控制机制;统筹管理关联交易信息披露工作;就关联交易的合规性、公允性以及是否损害公司、公司股东和受益人的利益发表书面意见等
傅志芳	委员		
唐顺良	委员		

注:经2022年4月25日举办的一届十一次董事会审议通过,徐初斌、邵作民两位同志增补为公司第一届董事会信托委员会委员;朱杭同志增补为公司第一届董事会消费者权益保护委员会委员。

3.3 监事、监事会及其下属委员会

监事

姓名	职务	性别	年龄(岁)	选任日期	所推举的股东名称	该股东持股比例(%)	简要履历
鲁伟鼎	监事长	男	51	2018年5月	中国万向控股有限公司	76.50	万向集团公司党委书记、董事长、CEO,中国万向控股有限公司董事长
方泽亮	监事	男	54	2020年5月	浙江烟草投资管理有限责任公司	14.49	浙江省烟草专卖局(公司)审计处副处长(主持工作)
李元龙	职工监事	男	42	2020年4月	—	—	万向信托股份公司业务副总裁兼创新研究部、慈善信托部总经理

注:公司监事会没有下属委员。

3.4 高级管理人员

高级管理人员构成

姓名	职务	性别	年龄(岁)	学历	任职日期	专业	金融从业年限(年)
王永刚	总裁	男	57	硕士	2017年10月23日	工商管理	34
余勇文	副总裁 董事会秘书	男	50	硕士	2017年6月7日至2018年8月31日	工商管理	28
斯伟波	副总裁	男	49	本科	2017年6月13日	银行货币学	28

3.5 公司员工

员工分布表

项目		2021年度		2020年度	
		人数(人)	比例(%)	人数(人)	比例(%)
年龄分布	30岁以下	55	15.90	66	17.70
	30—39岁	236	68.20	256	68.63
	40岁以上	55	15.90	51	13.67
性别分布	男	172	49.71	186	49.87
	女	174	50.29	187	50.13
学历分布	博士	5	1.45	4	1.07
	硕士	162	46.82	175	46.92
	本科	168	48.55	182	48.79
	专科	11	3.18	12	3.22
岗位分布	董事、监事及其他高管人员	4	1.16	5	1.34
	信托业务人员	192	55.49	222	59.52
	其他人员	150	43.35	146	39.14
	合计	346	100.00	373	100.00

注:"董事、监事及其他高级管理人员"不含未在公司就职的董事和监事。

4.经营概况

4.1 经营目标、方针、战略规划

4.1.1 经营目标

以"信托即责任"为理念,以"受益人利益最大化"为宗旨,成为中国最受信任的财富管理机构。

4.1.2 经营方针

以客户需求为导向,进一步增强投资能力,优化业务结构,构建客户服务和资产管理的平衡及良性循环,完善管理架构,加强风险管理,提升运营效率,为受益人提供最优质的服务。

4.1.3 战略规划

公司主要经营指标达到行业前位水平,成长为中国优秀信托公司。

加强党的领导和党的建设,坚持"两个一以贯之"的基本原则,坚持加强党的领导和完善公司治理相统一,

把党的领导融入公司治理各环节，推进党建与公司治理有机融合。营造风清气正的企业文化，秉承万向"讲真话、干实事"的企业精神，建立风清气正的企业文化，建立转型决心、信心，以企业文化支持转型。推动信托文化建设，将信托文化与发展战略、经营管理、品牌塑造相结合。

围绕财富管理机构的战略定位，完善公司自有产品体系，并引入外部产品体系，提供场景化服务，搭建财富规划专业团队；建立资产管理和服务类业务体系，形成"服务类业务架构X资产管理产品"的业务矩阵；加强科技、投资、服务三大核心能力建设，为客户提供全面、优质的财富规划和管理服务。

建立健全新形势下的风险防控措施，针对转型业务建立新的业务标准及风险防控措施，动态调整业务结构，通过量化管理提升风险控制能力。

4.2 所经营业务的主要内容

4.2.1 信托业务

报告期末，公司信托资产运用与分布如下表所示。

信托资产运用与分布表

资产运用	金额（万元）	占比（%）	资产分布	金额（万元）	占比（%）
货币资产	91 089.38	0.93	基础产业	434 755.55	4.46
贷款及应收款	5 982 369.06	61.38	房地产业	5 855 413.27	60.08
交易性金融资产	2 678.03	0.03	证券市场	250 716.03	2.57
买入返售金融资产	72 920.00	0.75	工商企业	1 194 960.09	12.26
可供出售金融资产	311 883.50	3.20	金融机构	1 746 124.24	17.92
持有至到期投资	1 945 956.39	19.97	其他	264 551.72	2.71
长期股权投资	1 292 216.13	13.26			
其他	47 408.41	0.48			
资产总计	9 746 520.90	100.00	资产总计	9 746 520.90	100.00

4.2.2 自营业务

报告期末，公司自营资产运用与分布如下表所示。

自营资产运用与分布表

资产运用	金额（万元）	占比（%）	资产分布	金额（万元）	占比（%）
货币资产	33 754.30	7.01	基础产业	54 560.37	11.32
贷款及应收款	39 523.85	8.20	房地产业	166 146.94	34.48
交易性金融资产	119 403.00	24.78	证券市场	18 879.86	3.92
债权投资	255 641.94	53.06	工商企业	101 787.16	21.12
长期股权投资	—	—	金融机构	105 463.02	21.89
其他	33 518.67	6.96	其他	35 004.42	7.26
资产总计	481 841.77	100.00	资产总计	481 841.77	100.00

4.3 市场分析

受国际国内多重因素影响，后疫情时代的经济存在有效需求不足，发达经济体物价急剧攀升，全球大宗商品价格暴涨等问题，全球经济面临诸多困局。中国面临需求收缩、供给冲击、预期转弱的三重压力，但总体经济发展保持全球领先地位，宏观经济大盘得到稳定，改革发展艰巨任务被奋力完成，货币政策保持灵活精准、合理适度，金融体系总体运行平稳，金融对实体经济支持力度呈现稳固状态。

4.3.1 有利因素

中央对实现共同富裕目标高度重视，并支持浙江高质量发展建设共同富裕示范区，浙江迎来重磅政策利好。随着浙江推进共同富裕示范区建设的举措不断落实和推行，公司作为浙江省内的信托机构，在慈善信托、家族信托、特殊需要信托等业务领域的发展将获得更强有力的支持。

4.3.2 不利因素

信托公司非标业务发展空间不断收缩，标品信托、服务信托等新的业务增长点尚未发展成熟，信托公司仍面临较大的转型压力。

4.4 内部控制概况

内部控制目标是保证公司经营管理合法合规、资产安全、财务报告及相关信息真实完整，提升经营水平，提高经营质效。

公司依据监管法规和公司发展战略的要求，以加强合规管理、风险管理和提高工作效率为目标，于报告期内加强内部制度"立改废"工作，完成《制度管理办法》修订工作并发布，同时优化制度审批流程，制度归口管理部门及制度审批阶段意见组织部门调整为内控合规部，加强合规把控，为公司规范运营和管理工作提供保障。公司坚持"受益人合法利益最大化"的宗旨和"信托即责任"的使命，遵循全覆盖、制衡性、审慎性及相匹配原则，积极创造良好的内部环境。在公司法人治理、组织机构设置、内部审计监督、人力资源政策、内部控制文化等方面不断完善，以保证内部控制的有效实施。

公司已建立由股东大会、董事会、监事会和高级管理层组成的公司治理结构，完善分层授权体系，形成了权力机构、决策机构、监督机构基础上管理层之间分工配合、各司其职、协调运作、相互制衡的内控运行机制，从而确保对各类风险的事前防范、事中控制、事后监督得到有效执行，为公司发展提供良好的内部控制环境。

公司董事会下设风险控制与审计委员会，主要负责确定公司风险管理的总体目标、风险偏好、风险承受度、风险管理策略和重大风险管理解决方案；评估公司关联交易业务风险；监督公司信托业务和固有业务的风险控制及管理；监督公司信息披露的真实、准确、完整和合规性；提出完善公司风险管理和内部控制及内部审计实施的建议等。

公司组织架构及前中后台的设置科学合理，岗位职责清晰，分工明确，相互制衡。严格按照信托业务与固有业务隔离要求，把业务体系、财务体系进行了有效分离。公司设置一级部门内控合规部作为内控管理职能部门，牵头内部控制体系的统筹规划、组织落实和检查评估。报告期内，为进一步促进公司建立和健全内部控制，公司开展"内控合规管理建设年"专项活动，由内控合规部牵头自查自纠，建立了问题台账和整改责任制；同时通过"内控合规园地"板块，集中展示和持续更新内控合规相关基本制度、风险案例、法律法规汇编及解读等内控宣贯材料。

公司继续落实可持续发展的人力资源政策，定期进行岗位调研评估，并根据相关法律法规，进行合理的架构和岗位设定。公司结合战略目标制定与之配套的激励约束机制，主要体现在薪酬管理、绩效管理、高级管理人员内部问责制度、员工责任承担办法、关键岗位离任审计、内部流动机制、定期轮岗与强制休假、履职回避、奖惩管理、培训管理等多方面。在员工考核管理方面，依据内部制度，结合任职要求实施考核，同时通过严格的目标责任书年度考核，明确公司各部门及高级管理人员权、责、利，促成公司战略目标的实现。

公司高度重视合规文化建设，倡导诚信为本、稳健经营的价值观念，对员工行为进行全面规范，将诚实守信的经营理念融入日常经营过程。公司通过合规教育培训、资格认证考试、建立绩效约束机制等方式加强合规尽责文化建设，落实各部门和关键岗位职责分工和合规管理责任，健全和完善高管审核、管理层持续监督、内部控制日常监督、内部审计事后监督的多层次监控体系，明确各岗位应尽职责，全面落实公司的核心价值观，建立、培养良好的合规文化氛围。报告期内还开展了首届内控合规知识竞赛，竞赛采用现场答题和线上直播方式，充分调动全体员工参与内控合规文化建设的积极性，形成重视内控、践行合规的良好氛围。

4.5 风险管理概况

公司持续加强风险管理，建立的全面风险管理体系覆盖各类主要风险，包括信用风险、市场风险、操作风险、流动性风险、法律风险、声誉风险、信息科技风险、业务连续性风险等。

报告期内，公司牢固确立风险管理的战略核心地位，将"严控风险"作为稳健发展的重要保障，在公司各项经营管理和业务开展中坚持贯彻风控优先的战略思想。在经营管理上，公司积极开展系统性风险制度建设，按季度修订主要业务指引，制定出台一系列精细化的风险管理办法与审批标准。在业务开展中，公司严格把控项目准入、尽职调查、风险审查、决策会审议、法律合规审核、核保核签、放款审核、期间管理等每一个节点，将风险管理落实到每一具体业务环节。同时，公司积极对员工进行风险文化教育和职业技能培训，将风险管理涵盖到公司经营管理的各个岗位环节。公司不断加强风控信息化建设，开发完善各项风险管理系统，进一步提升信息科技管理水平，提高管理效率，为公司业务稳健发展提供坚实有力的保障。

5. 报告期末及上一年度末的比较式会计报表

5.1 自营资产

5.1.1 会计师事务所审计结论

审计报告

大华审字〔2022〕051384号

万向信托股份公司：

一、审计意见

我们审计了后附的万向信托股份公司(以下简称万向信托公司)财务报表，包括2021年12月31日的资产负债表，2021年度的利润表、现金流量表、所有者权益变动表，以及财务报表附注。

我们认为，后附的财务报表在所有重大方面按照企业会计准则的规定编制，公允反映了万向信托公司2021年12月31日的财务状况以及2021年度的经营成果和现金流量。

二、形成审计意见的基础

我们按照中国注册会计师审计准则的规定执行了审计工作。审计报告的"注册会计师对财务报表审计的责任"部分进一步阐述了我们在这些准则下的责任。按照中国注册会计师职业道德守则，我们独立于万向信托公司，并履行了职业道德方面的其他责任。我们相信，我们获取的审计证据是充分、适当的，为发表审计意见提供了基础。

三、管理层和治理层对财务报表的责任

万向信托公司管理层(以下简称管理层)负责按照企业会计准则的规定编制财务报表,使其实现公允反映,并设计、执行和维护必要的内部控制,以使财务报表不存在由于舞弊或错误导致的重大错报。

在编制财务报表时,管理层负责评估贵公司的持续经营能力,披露与持续经营相关的事项(如适用),并运用持续经营假设,除非管理层计划清算贵公司、终止运营或别无其他现实的选择。

治理层负责监督万向信托公司的财务报告过程。

四、注册会计师对财务报表审计的责任

我们的目标是对财务报表整体是否不存在由于舞弊或错误导致的重大错报获取合理保证,并出具包含审计意见的审计报告。合理保证是高水平的保证,但并不能保证按照审计准则执行的审计在某一重大错报存在时总能发现。错报可能由于舞弊或错误导致,如果合理预期错报单独或汇总起来可能影响财务报表使用者依据财务报表作出的经济决策,则通常认为错报是重大的。

在按照审计准则执行审计工作的过程中,我们运用职业判断,并保持职业怀疑。同时,我们也执行以下工作:

1.识别和评估由于舞弊或错误导致的财务报表重大错报风险,设计和实施审计程序以应对这些风险,并获取充分、适当的审计证据,作为发表审计意见的基础。由于舞弊可能涉及串通、伪造、故意遗漏、虚假陈述或凌驾于内部控制之上,未能发现由于舞弊导致的重大错报的风险高于未能发现由于错误导致的重大错报的风险。

2.了解与审计相关的内部控制,以设计恰当的审计程序,但目的并非对内部控制的有效性发表意见。

3.评价管理层选用会计政策的恰当性和作出会计估计及相关披露的合理性。

4.对管理层使用持续经营假设的恰当性得出结论。同时,根据获取的审计证据,就可能导致对贵公司持续经营能力产生重大疑虑的事项或情况是否存在重大不确定性得出结论。如果我们得出结论认为存在重大不确定性,审计准则要求我们在审计报告中提请报表使用者注意财务报表中的相关披露;如果披露不充分,我们应当发表非无保留意见。我们的结论基于截至审计报告日可获得的信息。然而,未来的事项或情况可能导致万向信托公司不能持续经营。

5.评价财务报表的总体列报、结构和内容,并评价财务报表是否公允反映相关交易和事项。

我们与治理层就计划的审计范围、时间安排和重大审计发现等事项进行沟通,包括沟通我们在审计中识别出的值得关注的内部控制缺陷。

大华会计师事务所(特殊普通合伙)　　中国注册会计师:　胡　超
浙江万邦分所
中国·杭州　　　　　　　　　　　　中国注册会计师:　吴美芬

二〇二二年四月二十四日

5.1.2 资产负债表

资产负债表

编制单位:万向信托股份公司　　　　2021年12月31日　　　　单位:元

资产	期末余额	期初余额	负债和所有者权益(或股东权益)	期末余额	期初余额
资产:	—	—	负债:		
现金及存放中央银行款项			向中央银行借款	—	—
存放联行款项	—	—	联行存放款项	—	—
存放同业款项	337 543 024.96	362 063 555.55	同业及其他金融机构存放款项	—	—
拆出资金	—	—	拆入资金	200 552 777.78	—
贵金属	—	—	以公允价值计量且其变动计入当期损益的金融负债	—	—
以公允价值计量且其变动计入当期损益的金融资产	—	—	交易性金融负债	—	—
衍生金融资产	—	—	衍生金融负债	—	—
买入返售金融资产	—	—	卖出回购金融资产款	—	—
应收款项类金融资产	—	—	吸收存款	—	—
应收利息	—	—	应付职工薪酬	263 457 781.03	285 356 009.12
其他应收款	309 965 549.62	182 378 169.41	应交税费	468 569 913.22	457 608 335.07

续表

资产	期末余额	期初余额	负债和所有者权益（或股东权益）	期末余额	期初余额
持有待售资产	—	—	应付利息	—	—
发放贷款和垫款	—	—	其他应付款	11 324 199.68	8 409 551.46
金融投资：	—	—	持有待售负债	—	—
交易性金融资产	1 194 030 028.63	1 257 074 106.20	租赁负债	31 118 616.62	34 925 645.75
债权投资	2 556 419 395.79	1 757 454 624.77	预计负债	—	—
其他债权投资	—	—	应付债券	—	—
其他权益工具投资	—	—	其中：优先股	—	—
可供出售金融资产	—	—	永续债	—	—
持有至到期投资	—	—	递延所得税负债	16 163 474.97	—
长期股权投资	—	—	其他负债	13 886 515.25	4 924 288.57
投资性房地产	—	—	负债合计	1 005 073 278.55	791 223 829.97
固定资产	7 784 228.91	9 976 847.28	所有者权益（或股东权益）：		
在建工程	—	—	实收资本（或股本）	1 339 000 000.00	1 339 000 000.00
使用权资产	39 066 541.48	37 164 698.54	其他权益工具	—	—
无形资产	14 885 492.98	7 145 243.37	其中：优先股	—	—
商誉	—	—	永续债	—	—
长期待摊费用	10 459 447.59	15 093 648.32	资本公积	691 334 772.77	691 334 772.77
抵债资产	—	—	减：库存股	—	—
递延所得税资产	187 658 968.62	159 150 848.90	其他综合收益	—	—
其他资产	160 604 980.87	116 829 418.58	盈余公积	311 307 662.70	241 283 957.71
			一般风险准备	225 364 727.14	190 352 874.64
			未分配利润	1 246 337 218.29	651 135 725.83
			所有者权益（或股东权益）合计	3 813 344 380.90	3 113 107 330.95
资产总计	4 818 417 659.45	3 904 331 160.92	负债和所有者权益（或股东权益）总计	4 818 417 659.45	3 904 331 160.92

5.1.3 利润表

利润表

编制单位：万向信托股份公司　　　　2021年度　　　　单位：元

项目	本期金额	上期金额	项目	本期金额	上期金额
一、营业总收入	1 460 055 762.85	1 567 123 739.54	四、利润总额（亏损总额以"-"号填列）	915 390 694.68	838 322 516.35
（一）利息净收入	87 123 244.58	10 661 324.47	减：所得税费用	215 153 644.73	182 303 434.81
利息收入	93 016 463.59	11 635 074.47	五、净利润（净亏损以"-"号填列）	700 237 049.95	656 019 081.54
利息支出	5 893 219.01	973 750.00	（一）持续经营净利润（净亏损以"-"号填列）	700 237 049.95	656 019 081.54
（二）手续费及佣金净收入	1 240 476 813.83	1 386 759 299.28	（二）终止经营净利润（净亏损以"-"号填列）	—	—
手续费及佣金收入	1 241 247 853.99	1 387 188 333.60	六、其他综合收益的税后净额		
手续费及佣金支出	771 040.16	429 034.32	（一）不能重分类进损益的其他综合收益		
（三）投资收益（损失以"-"号填列）	49 342 682.39	147 072 832.24	1.重新计量设定受益计划变动额		
其中：对联营企业和合营企业的投资收益	—	—	2.权益法下不能转损益的其他综合收益		
以摊余成本计量的金融资产终止确认产生的收益（损失以"-"号填列）	—	—	3.其他权益工具投资公允价值变动		
（四）其他收益	11 120 757.88	1 839 874.92	4.企业自身信用风险公允价值变动		
（五）公允价值变动收益（损失以"-"号填列）	64 710 418.57	17 118 329.35	5.其他		
（六）汇兑收益（损失以"-"号填列）	—	—	（二）将重分类进损益的其他综合收益		
（七）其他业务收入	7 281 845.60	3 672 079.28	1.权益法下可转损益的其他综合收益		
（八）资产处置收益（损失以"-"号填列）	—	—	2.以公允价值计量且其变动计入其他综合收益的债务工具投资公允价值变动		
二、营业总支出	544 661 801.43	748 107 082.62	3.金融资产重分类计入其他综合收益的金额		
（一）税金及附加	8 645 959.72	9 194 665.93	4.以公允价值计量且其变动计入其他综合收益的债务工具投资信用损失准备		
（二）业务及管理费	345 365 304.05	433 513 767.69	5.现金流量套期储备		
（三）信用减值损失	190 650 537.66	—	6.外币财务报表折算差额		

续表

项目	本期金额	上期金额	项目	本期金额	上期金额
（四）其他资产减值损失	—	305 398 649.00	7.其他	—	—
（五）其他业务成本	—	—	七、综合收益总额	700 237 049.95	656 019 081.54
三、营业利润（亏损以"-"号填列）	915 393 961.42	819 016 656.92	八、每股收益：	—	—
加：营业外收入	60 000.00	19 802 100.00	（一）基本每股收益	—	—
减：营业外支出	63 266.74	496 240.57	（二）稀释每股收益	—	—

5.1.4 所有者权益变动表

所有者权益变动表

编制单位：万向信托股份公司　　　　　2021年度　　　　　单位：元

项目	本年金额								
	实收资本（或股本）	其他权益工具	资本公积	减：库存股	其他综合收益	盈余公积	一般风险准备	未分配利润	所有者权益合计
栏次	1	2	3	4	5	6	7	8	9
一、上年年末余额	1 339 000 000.00	—	691 334 772.77	—	—	241 288 954.27	190 355 372.91	651 178 196.51	3 113 157 296.46
加：会计政策变更	—	—	—	—	—	-4 996.56	-2 498.27	-42 470.68	-49 965.51
前期差错更正	—	—	—	—	—	—	—	—	—
二、本年年初余额	1 339 000 000.00	—	691 334 772.77	—	—	241 283 957.71	190 352 874.64	651 135 725.83	3 113 107 330.95
三、本年增减变动金额（减少以"-"号填列）	—	—	—	—	—	70 023 704.99	35 011 852.50	595 201 492.46	700 237 049.95
（一）综合收益总额	—	—	—	—	—	—	—	700 237 049.95	700 237 049.95
（二）所有者投入和减少资本	—	—	—	—	—	—	—	—	—
1.所有者投入的普通股	—	—	—	—	—	—	—	—	—
2.其他权益工具持有者投入资本	—	—	—	—	—	—	—	—	—
3.股份支付计入所有者权益的金额	—	—	—	—	—	—	—	—	—
4.其他	—	—	—	—	—	—	—	—	—
（三）利润分配	—	—	—	—	—	70 023 704.99	35 011 852.50	-105 035 557.49	—
1.提取盈余公积	—	—	—	—	—	70 023 704.99	—	-70 023 704.99	—
2.提取一般风险准备	—	—	—	—	—	—	35 011 852.50	-35 011 852.50	—
3.对所有者（或股东）的分配	—	—	—	—	—	—	—	—	—
4.其他	—	—	—	—	—	—	—	—	—
（四）所有者权益内部结转	—	—	—	—	—	—	—	—	—
1.资本公积转增资本（或股本）	—	—	—	—	—	—	—	—	—
2.盈余公积转增资本（或股本）	—	—	—	—	—	—	—	—	—
3.盈余公积弥补亏损	—	—	—	—	—	—	—	—	—
4.一般风险准备弥补亏损	—	—	—	—	—	—	—	—	—
5.设定受益计划变动额结转留存收益	—	—	—	—	—	—	—	—	—
6.其他	—	—	—	—	—	—	—	—	—
四、本年年末余额	1 339 000 000.00	—	691 334 772.77	—	—	311 307 662.70	225 364 727.14	1 246 337 218.29	3 813 344 380.90

项目	上年金额								
	实收资本（或股本）	其他权益工具	资本公积	减：库存股	其他综合收益	盈余公积	一般风险准备	未分配利润	所有者权益合计
栏次	10	11	12	13	14	15	16	17	18
一、上年年末余额	1 339 000 000.00	—	691 334 772.77	—	—	175 687 046.12	157 554 418.83	1 273 579 516.83	3 637 155 754.55
加：会计政策变更	—	—	—	—	—	—	—	—	—
前期差错更正	—	—	—	—	—	—	—	—	—
二、本年年初余额	1 339 000 000.00	—	691 334 772.77	—	—	175 687 046.12	157 554 418.83	1 273 579 516.83	3 637 155 754.55
三、本年增减变动金额（减少以"-"号填列）	—	—	—	—	—	65 601 908.15	32 800 954.08	-622 401 320.32	-523 998 458.09
（一）综合收益总额	—	—	—	—	—	—	—	656 019 081.54	656 019 081.54
（二）所有者投入和减少资本	—	—	—	—	—	—	—	—	—

续表

项目	上年金额								
	实收资本（或股本）	其他权益工具	资本公积	减：库存股	其他综合收益	盈余公积	一般风险准备	未分配利润	所有者权益合计
1.所有者投入的普通股	—	—	—	—	—	—	—	—	—
2.其他权益工具持有者投入资本	—	—	—	—	—	—	—	—	—
3.股份支付计入所有者权益的金额	—	—	—	—	—	—	—	—	—
4.其他	—	—	—	—	—	—	—	—	—
（三）利润分配	—	—	—	—	—	65 601 908.15	32 800 954.08	−1 278 420 401.86	−1 180 017 539.63
1.提取盈余公积	—	—	—	—	—	65 601 908.15	—	−65 601 908.15	—
2.提取一般风险准备	—	—	—	—	—	—	32 800 954.08	−32 800 954.08	—
3.对所有者（或股东）的分配	—	—	—	—	—	—	—	−1 180 017 539.63	−1 180 017 539.63
4.其他	—	—	—	—	—	—	—	—	—
（四）所有者权益内部结转	—	—	—	—	—	—	—	—	—
1.资本公积转增资本（或股本）	—	—	—	—	—	—	—	—	—
2.盈余公积转增资本（或股本）	—	—	—	—	—	—	—	—	—
3.盈余公积弥补亏损	—	—	—	—	—	—	—	—	—
4.一般风险准备弥补亏损	—	—	—	—	—	—	—	—	—
5.设定受益计划变动额结转留存收益	—	—	—	—	—	—	—	—	—
6.其他	—	—	—	—	—	—	—	—	—
四、本年年末余额	1 339 000 000.00	—	691 334 772.77	—	—	241 288 954.27	190 355 372.91	651 178 196.51	3 113 157 296.46

5.2 信托资产

5.2.1 信托项目资产负债汇总表

信托项目资产负债汇总表

编制单位：万向信托股份公司　　2021年12月31日　　单位：万元

信托资产	年初数	期末数	信托负债和信托权益	年初数	期末数
信托资产：	—	—	信托负债：	—	—
货币资金	179 886.60	91 089.38	交易性金融负债	—	—
拆出资金	—	—	衍生金融负债	—	—
存出保证金	—	—	应付受托人报酬	1 159.00	1 631.31
交易性金融资产	—	2 678.03	应付托管费	221.89	278.99
衍生金融资产	—	—	应付受益人收益	8 981.97	9 823.39
买入返售金融资产	165 100.22	72 920.00	应交税费	—	352.71
应收款项	763.37	23 119.62	应付销售服务费	8.39	—
发放贷款	7 328 418.20	5 959 249.44	其他应付款项	51 188.78	57 129.56
可供出售金融资产	320 963.50	311 883.50	预计负债	—	—
持有至到期投资	1 391 393.15	1 945 956.39	其他负债	—	—
长期应收款	—	—	信托负债合计	61 560.03	69 215.96
长期股权投资	1 147 340.27	1 292 216.13	信托权益：	—	—
投资性房地产	—	6 530.22	实收信托	10 489 503.76	9 600 351.51
固定资产	—	—	资本公积	38 643.59	34 004.32
无形资产	—	—	外币报表折算差额	—	—
长期待摊费用	—	—	未分配利润	150 863.74	42 949.11
其他资产	206 705.81	40 878.19	信托权益合计	10 679 011.09	9 677 304.94
信托资产总计	10 740 571.12	9 746 520.90	信托负债及权益总计	10 740 571.12	9 746 520.90

注：暂未采用新金融工具准则与新金融企业财务报表格式。

5.2.2 信托项目利润及利润分配汇总表

信托项目利润及利润分配汇总表

编制单位：万向信托股份公司　　2021年度　　单位：万元

项目	2021年度	2020年度
一、营业收入	911 313.54	1 205 421.78
利息收入	787 006.47	860 584.68
投资收益	150 966.61	298 181.58
租赁收入	—	—
公允价值变动损益	-27 073.06	8 860.65
汇兑损益	—	—
其他收入	413.52	37 794.87
二、营业费用	149 310.88	158 419.02
受托人报酬	132 392.78	138 469.23
托管费	3 241.37	4 751.62
投资管理费	—	—
销售服务费	—	24.06
交易费用	427.73	94.01
资产减值损失	—	—
其他费用	13 249.00	15 080.10
三、营业税金及附加	2 974.26	3 241.73
四、扣除资产损失前的信托利润	759 028.40	1 043 761.03
减：资产减值损失	—	—
五、扣除资产损失后的信托利润	759 028.40	1 043 761.03
加：期初未分配信托利润	150 863.74	69 448.12
六、可供分配的信托利润	909 892.14	1 136 505.06
减：本期已分配信托利润	866 943.03	985 641.32
七、期末未分配信托利润	42 949.11	150 863.74

注：暂未采用新金融工具准则与新金融企业财务报表格式。

6. 会计报表附注

6.1 会计报表编制基准不符合会计核算基本前提的说明

公司以持续经营为基础，根据实际发生的交易和事项，按照财政部颁布的《企业会计准则—基本准则》和其他各项具体会计准则及相关规定（以下合称企业会计准则）进行确认和计量，在此基础上编制财务报表。本报告期会计报表编制基准不存在不符合会计核算基本前提的事项。

6.2 重要会计政策和会计估计说明

6.2.1 会计政策变更

为了客观地反映公司财务状况及经营成果，对如下会计政策进行变更并按规定进行调整

6.2.1.1 新金融工具准则

根据财政部于2017年修订的《企业会计准则第22号——金融工具确认和计量》《企业会计准则第23号——金融资产转移》和《企业会计准则第24号——套期会计》《企业会计准则第37号——金融工具列报》（以上四项统称新金融工具准则）的规定，公司自2021年1月1日起执行上述新金融工具准则。

新金融工具准则要求首次执行日执行新准则的累积影响数追溯调整本报告期期初留存收益或其他综合收益，对可比期间信息不予调整。

执行新金融工具准则对本期期初资产负债表相关项目的影响列示如下表所示。

项目	2020年12月31日（万元）	累积影响金额			2021年1月1日（万元）
		分类和计量影响（注）	金融资产减值影响（注）	小计（万元）	
以公允价值计量且其变动计入当期损益的金融资产	21 736.34	-21 736.34	—	-21 736.34	—
交易性金融资产	—	125 707.41	—	125 707.41	125 707.41
其他应收款	16 007.25	2 230.56	—	2 230.56	18 237.82
其他资产	22 803.75	-11 000.00	-6.05	-11 006.05	11 682.94
可供出售金融资产	270 436.67	-270 436.67	—	-270 436.67	—
债权投资	—	175 745.46	—	175 745.46	175 745.46
递延所得税资产	16 469.14	-555.57	1.51	-554.05	15 915.08
资产合计	386 881.08	-45.13	-4.54	-49.67	390 433.12
递延所得税负债	427.96	-427.96	—	-427.96	—
负债合计	75 565.35	-427.96	—	-427.96	79 122.38
一般风险准备	19 035.54	19.14	-0.23	18.91	19 035.29
盈余公积	24 128.90	38.28	-0.45	37.83	24 128.40
未分配利润	65 117.82	325.40	-3.86	321.54	65 113.57
所有者权益合计	311 315.73	382.82	-4.54	378.29	311 310.73

注：上表仅列示受影响的财务报表项目，不受影响的财务报表项目不包括在内，因此所披露的小计和合计无法根据上表中呈列的数字重新计算得出。

6.2.1.2 新收入准则

根据财政部于2017年修订的《企业会计准则第14号——收入》（以下简称新收入准则）的规定，公司自2021年1月1日起执行新收入准则。

新收入准则要求首次执行该准则的累计影响数调整首次执行当期期初留存收益及财务报表其他相关项目金额，对可比期间信息不予调整。

在执行新收入准则时，本公司仅对首次执行日尚未执行完成的合同的累计影响数进行调整；对于最早可比期间期初之前或2021年初之前发生的合同变更未进行追溯调整，而是根据合同变更的最终安排，识别已履行的和尚未履行的履约义务、确定交易价格以及在已履行的和尚未履行的履约义务之间分摊交易价格。

采用新收入准则未对公司的财务状况及经营成果产生重大影响。

6.2.1.3 新租赁准则

根据财政部于2018年修订的《企业会计准则第21号——租赁》（以下简称新租赁准则）规定，公司自2021年1月1日起执行该项准则。

在首次执行日，公司选择重新评估此前已存在的合同是否为租赁或是否包含租赁，并将此方法一致应用于所有合同，因此仅对上述在原租赁准则下识别为租赁的合同采用本准则衔接规定。

此外，公司对上述租赁合同选择按照《企业会计准则第28号——会计政策、会计估计变更和差错更正》的规定选择采用简化的追溯调整法进行衔接会计处理，即调整首次执行本准则当年年初留存收益及财务报表其他相关项目金额，不调整可比期间信息，并对其中的经营租赁根据每项租赁选择使用权资产计量方法和采用相关简化处理。

公司对低价值资产租赁的会计政策为不确认使用权资产和租赁负债。根据新租赁准则的衔接规定，公司在首次执行日前的低价值资产租赁，自首次执行日起按照新租赁准则进行会计处理，不对低价值资产租赁进行追溯调整。

执行新租赁准则对2021年1月1日财务报表相关项目的影响列示如下表所示。

项目	2020年12月31日（万元）	累积影响金额			2021年1月1日（万元）
		重分类（注）	重新计量（注）	小计（万元）	
其他资产	22 803.75	-114.76	—	-114.76	11 682.94
使用权资产	—	114.76	3 601.71	3 716.47	3 716.47
资产合计	386 881.08	—	3 601.71	3 601.71	390 433.12
租赁负债			3 492.56	3 492.56	3 492.56
递延所得税负债	—		492.43	492.43	492.43
负债合计	75 565.35		3 984.99	3 984.99	79 122.38
一般风险准备	19 035.54		-19.16	-19.16	19 035.29
盈余公积	24 128.90		-38.33	-38.33	24 128.40
未分配利润	65 117.82		-325.79	-325.79	65 113.57
所有者权益合计	311 315.73		-383.28	-383.28	311 310.73

注：上表仅呈现受影响的财务报表项目，不受影响的财务报表项目不包括在内，因此所披露的小计和合计无法根据上表中呈列的数字重新计算得出。

6.2.1.4 企业会计准则解释第14号

2021年1月26日，财政部发布了《企业会计准则解释第14号》（财会〔2021〕1号，以下简称解释14号），自2021年1月26日起施行（以下简称施行日）。公司自施行日起执行解释14号，执行解释14号对本报告期内财务报表无重大影响。

6.2.2 会计估计变更

本报告期重要会计估计未变更。

6.2.3 金融工具核算方法

在公司成为金融工具合同的一方时确认一项金融资产或金融负债。

实际利率法是指计算金融资产或金融负债的摊余成本以及将利息收入或利息费用分摊计入各会计期间的方法。

实际利率是指将金融资产或金融负债在预计存续期的估计未来现金流量，折现为该金融资产账面余额或该金融负债摊余成本所使用的利率。在确定实际利率时，在考虑金融资产或金融负债所有合同条款（如提前还款、展期、看涨期权或其他类似期权等）的基础上估计预期现金流量，但不考虑预期信用损失。

金融资产或金融负债的摊余成本是以该金融资产或金融负债的初始确认金额扣除已偿还的本金，加上或减去采用实际利率法将该初始确认金额与到期日金额之间的差额进行摊销形成的累计摊销额，再扣除累计计提的损失准备（仅适用于金融资产）。

6.2.3.1 金融资产分类和计量

公司根据管理金融资产的业务模式和金融资产的合同现金流量特征，将金融资产划分为以下三类。一是以摊余成本计量的金融资产。二是以公允价值计量且其变动计入其他综合收益的金融资产。三是以公允价值计量且其变动计入当期损益的金融资产。

金融资产在初始确认时以公允价值计量，但是因销售商品或提供服务等产生的应收账款或应收票据未包含重大融资成分或不考虑不超过一年的融资成分的，按照交易价格进行初始计量。

对于以公允价值计量且其变动计入当期损益的金融资产，相关交易费用直接计入当期损益，其他类别的金融资产相关交易费用计入其初始确认金额。

金融资产的后续计量取决于其分类，当且仅当公司改变管理金融资产的业务模式时，才对所有受影响的相关金融资产进行重分类。

6.2.3.1.1 分类为以摊余成本计量的金融资产

金融资产的合同条款规定在特定日期产生的现金流量仅为对本金和以未偿付本金金额为基础的利息的支付，且管理该金融资产的业务模式是以收取合同现金流量为目标，则公司将该金融资产分类为以摊余成本计量的金融资产。公司分类为以摊余成本计量的金融资产包括货币资金、应收票据及应收账款、其他应收款、长期应收款、债权投资等。

公司对此类金融资产采用实际利率法确认利息收入，按摊余成本进行后续计量，其发生减值时或终止确认、修改产生的利得或损失，计入当期损益。除下列情况外，公司根据金融资产账面余额乘以实际利率计算确定利息收入。

一是对于购入或源生的已发生信用减值的金融资产，公司自初始确认起，按照该金融资产的摊余成本和经信用调整的实际利率计算确定其利息收入。

二是对于购入或源生的未发生信用减值、但在后续期间成为已发生信用减值的金融资产，公司在后续期间，按照该金融资产的摊余成本和实际利率计算确定其利息收入。若该金融工具在后续期间因其信用风险有所改善而不再存在信用减值，公司转按实际利率乘以该金融资产账面余额来计算确定利息收入。

6.2.3.1.2 分类为以公允价值计量且其变动计入其他综合收益的金融资产

金融资产的合同条款规定在特定日期产生的现金流量仅为对本金和以未偿付本金金额为基础的利息的支付，且管理该金融资产的业务模式既以收取合同现金流量为目标又以出售该金融资产为目标，则公司将该金融资产分类为以公允价值计量且其变动计入其他综合收益的金融资产。

公司对此类金融资产采用实际利率法确认利息收入。除利息收入、减值损失及汇兑差额确认为当期损益外，其余公允价值变动计入其他综合收益。当该金融资产终止确认时，之前计入其他综合收益的累计利得或损失从其他综合收益中转出，计入当期损益。

以公允价值计量且变动计入其他综合收益的应收票据及应收账款列报为应收款项融资，其他此类金融资产列报为其他债权投资，其中：自资产负债表日起一年内到期的其他债权投资列报为一年内到期的非流动资产，原到期日在一年以内的其他债权投资列报为其他流动资产。

6.2.3.1.3 指定为以公允价值计量且其变动计入其他综合收益的金融资产

在初始确认时，公司可以单项金融资产为基础不可撤销地将非交易性权益工具投资指定为以公允价值计量且其变动计入其他综合收益的金融资产。

此类金融资产的公允价值变动计入其他综合收益，不需计提减值准备。该金融资产终止确认时，之前计入其他综合收益的累计利得或损失从其他综合收益中转出，计入留存收益。公司持有该权益工具投资期间，在公司收取股利的权利已经确立，与股利相关的经济利益很可能流入公司，且股利的金额能够可靠计量时，确认股利收入并计入当期损益。公司对此类金融资产在其他权益工具投资项目下列报。

权益工具投资满足下列条件之一的，属于以公允价值计量且其变动计入当期损益的金融资产。一是取得该金融资产的目的主要是为了近期出售。二是初始确认时属于集中管理的可辨认金融工具组合的一部分，且有客观证据表明近期实际存在短期获利模式。三是属于衍生工具（符合财务担保合同定义的以及被指定为有效套期工具的衍生工具除外）。

6.2.3.1.4 分类为以公允价值计量且其变动计入当期损益的金融资产

不符合分类为以摊余成本计量或以公允价值计量且其变动计入其他综合收益的金融资产条件、亦不指定为以公允价值计量且其变动计入其他综合收益的金融资产均分类为以公允价值计量且其变动计入当期损益的金融资产。

公司对此类金融资产采用公允价值进行后续计量，将公允价值变动形成的利得或损失以及与此类金融资产相关的股利和利息收入计入当期损益。

公司对此类金融资产根据其流动性在交易性金融资产、其他非流动金融资产项目列报。

6.2.3.1.5 指定为以公允价值计量且其变动计入当期损益的金融资产

在初始确认时，公司为了消除或显著减少会计错配，可以单项金融资产为基础不可撤销地将金融资产指定为以公允价值计量且其变动计入当期损益的金融资产。

混合合同包含一项或多项嵌入衍生工具，且其主合同不属于以上金融资产的，公司可以将其整体指定为以公允价值计量且其变动计入当期损益的金融工具。但下列情况除外。一是嵌入衍生工具不会对混合合同的现金流量产生重大改变。二是在初次确定类似的混合合同是否需要分拆时，几乎不需分析就能明确其包含的嵌入衍生工具不应分拆。如嵌入贷款的提前还款权，允许持有人以接近摊余成本的金额提前偿还贷款，该提前还款权不需要分拆。

公司对此类金融资产采用公允价值进行后续计量，将公允价值变动形成的利得或损失以及与此类金融资产相关的股利和利息收入计入当期损益。

公司对此类金融资产根据其流动性在交易性金融资产、其他非流动金融资产项目列报。

6.2.3.2 金融负债分类和计量

公司根据所发行金融工具的合同条款及其所反映的经济实质而非仅以法律形式，结合金融负债和权益工具的定义，在初始确认时将该金融工具或其组成部分分类为金融负债或权益工具。金融负债在初始确认时分类为：以公允价值计量且其变动计入当期损益的金融负债、其他金融负债、被指定为有效套期工具的衍生工具。

金融负债在初始确认时以公允价值计量。对于以公允价值计量且其变动计入当期损益的金融负债，相关的交易费用直接计入当期损益；对于其他类别的金融负债，相关交易费用计入初始确认金额。

金融负债的后续计量取决于其分类。

6.2.3.2.1 以公允价值计量且其变动计入当期损益的金融负债

此类金融负债包括交易性金融负债（含属于金融负债的衍生工具）和初始确认时指定为以公允价值计量且其变动计入当期损益的金融负债。

满足下列条件之一的，属于交易性金融负债：承担相关金融负债的目的主要是为了在近期内出售或回购；属于集中管理的可辨认金融工具组合的一部分，且有客观证据表明企业近期采用短期获利方式模式；属于衍生工具，但是，被指定且为有效套期工具的衍生工具、符合财务担保合同的衍生工具除外。交易性金融负债（含属于金融负债的衍生工具），按照公允价值进行后续计量，除与套期会计有关外，所有公允价值变动均计入当期损益。

在初始确认时，为了提供更相关的会计信息，公司将满足下列条件之一的金融负债不可撤销地指定为以公允价值计量且其变动计入当期损益的金融负债。一是能够消除或显著减少会计错配。二是根据正式书面文件载明的企业风险管理或投资策略，以公允价值为基础对金融负债组合或金融资产和金融负债组合进行管理和业绩评价，并在公司内部以此为基础向关键管理人员报告。

公司对此类金融负债采用公允价值进行后续计量，除由公司自身信用风险变动引起的公允价值变动计入其他综合收益之外，其他公允价值变动计入当期损益。除非由公司自身信用风险变动引起的公允价值变动计入其他综合收益会造成或扩大损益中的会计错配，公司将所有公允价值变动（包括自身信用风险变动的影响金额）计入当期损益。

6.2.3.2.2 其他金融负债

除下列各项外，公司将金融负债分类为以摊余成本计量的金融负债，对此类金融负债采用实际利率法，按照摊余成本进行后续计量，终止确认或摊销产生的利得或损失计入当期损益。一是以公允价值计量且其变动计入当期损益的金融负债。二是金融资产转移不符合终止确认条件或继续涉入被转移金融资产所形成的金融负债。三是不属于本条前两类情形的财务担保合同，以及不属于本条第一类情形的以低于市场利率贷款的贷款承诺。

财务担保合同是指当特定债务人到期不能按照最初或修改后的债务工具条款偿付债务时，要求发行方向蒙受损失的合同持有人赔付特定金额的合同。不属于指定为以公允价值计量且其变动计入当期损益的金融负债的财务担保合同，在初始确认后按照损失准备金额以及初始确认金额扣除担保期内的累计摊销额后的余额孰高进行计量。

6.2.3.3 金融资产和金融负债的终止确认

6.2.3.3.1 金融资产的终止确认

金融资产满足下列条件之一的，终止确认金融资产，即从其账户和资产负债表内予以转销。一是收取该金融资产现金流量的合同权利终止。二是该金融资产已转移，且该转移满足金融资产终止确认的规定。

6.2.3.3.2 金融负债的终止确认

金融负债（或其一部分）的现时义务已经解除的，则终止确认该金融负债（或该部分金融负债）。

公司与借出方之间签订协议，以承担新金融负债方式替换原金融负债，且新金融负债与原金融负债的合同条款实质上不同的，或对原金融负债（或其一部分）的合同条款做出实质性修改的，则终止确认原金融负债，同时确认一项新金融负债，账面价值与支付的对价（包括转出的非现金资产或承担的负债）之间的差额，计入当期损益。

公司回购部分金融负债的，按照继续确认部分和终止确认部分在回购日各自的公允价值占整体公允价值的比例，对该金融负债整体的账面价值进行分配。分配给终止确认部分的账面价值与支付的对价（包括转出的非现金资产或承担的负债）之间的差额，应当计入当期损益。

6.2.3.4　金融资产转移的确认依据和计量方法

公司在发生金融资产转移时，评估其保留金融资产所有权上的风险和回报程度，并分别就下列情形进行处理。第一是转移了金融资产所有权上几乎所有风险和报酬的，则终止确认该金融资产，并将转移中产生或保留的权利和义务单独确认为资产或负债。第二是保留了金融资产所有权上几乎所有风险和报酬的，则继续确认该金融资产。第三是既没有转移也没有保留金融资产所有权上几乎所有风险和报酬的（即除本条第一、第二之外的其他情形），则根据其是否保留了对金融资产的控制，分别下列情形处理。一是未保留对该金融资产控制的，则终止确认该金融资产，并将转移中产生或保留的权利和义务单独确认为资产或负债。二是保留了对该金融资产控制的，则按照其继续涉入被转移金融资产的程度继续确认有关金融资产，并相应确认相关负债。继续涉入被转移金融资产的程度，是指本公司承担的被转移金融资产价值变动风险或报酬的程度。

在判断金融资产转移是否满足上述金融资产终止确认条件时，采用实质重于形式的原则。公司将金融资产转移区分为金融资产整体转移和部分转移。

金融资产整体转移满足终止确认条件的，将下列两项金额的差额计入当期损益。一是被转移金融资产在终止确认日的账面价值。二是因转移金融资产而收到的对价，与原直接计入其他综合收益的公允价值变动累计额中对应终止确认部分的金额（涉及转移的金融资产为以公允价值计量且其变动计入其他综合收益的金融资产）之和。

金融资产部分转移且该被转移部分整体满足终止确认条件的，将转移前金融资产整体的账面价值，在终止确认部分和继续确认部分（在此种情形下，所保留的服务资产应当视同继续确认金融资产的一部分）之间，按照转移日各自的相对公允价值进行分摊，并将下列两项金额的差额计入当期损益。一是终止确认部分在终止确认日的账面价值。二是终止确认部分收到的对价，与原计入其他综合收益的公允价值变动累计额中对应终止确认部分的金额（涉及转移的金融资产为以公允价值计量且其变动计入其他综合收益的金融资产）之和。

金融资产转移不满足终止确认条件的，继续确认该金融资产，所收到的对价确认为一项金融负债。

6.2.3.5　金融资产和金融负债公允价值的确定方法

存在活跃市场的金融资产或金融负债，以活跃市场的报价确定其公允价值，除非该项金融资产存在针对资产本身的限售期。对于针对资产本身的限售的金融资产，按照活跃市场的报价扣除市场参与者因承担指定期间内无法在公开市场上出售该金融资产的风险而要求获得的补偿金额后确定。活跃市场的报价包括易于且可定期从交易所、交易商、经纪人、行业集团、定价机构或监管机构等获得相关资产或负债的报价，且能代表在公平交易基础上实际并经常发生的市场交易。

初始取得或衍生的金融资产或承担的金融负债，以市场交易价格作为确定其公允价值的基础。

不存在活跃市场的金融资产或金融负债，采用估值技术确定其公允价值。在估值时，公司采用在当前情况下适用并且有足够可利用数据和其他信息支持的估值技术，选择与市场参与者在相关资产或负债的交易中所考虑的资产或负债特征相一致的输入值，并尽可能优先使用相关可观察输入值。在相关可观察输入值无法取得或取得不切实可行的情况下，使用不可观察输入值。

6.2.3.6　金融工具减值

公司以预期信用损失为基础，对分类为以摊余成本计量的金融资产、分类为以公允价值计量且其变动计入其他综合收益的金融资产以及财务担保合同，进行减值会计处理并确认损失准备。

预期信用损失，是指以发生违约的风险为权重的金融工具信用损失的加权平均值。信用损失，是指公司按照原实际利率折现的、根据合同应收的所有合同现金流量与预期收取的所有现金流量之间的差额，及全部现金短缺的现值。其中，对于公司购买或源生的已发生信用减值的金融资产，应按照该金融资产经信用调整的实际利率折现。

对由收入准则规范的交易形成的应收款项，公司运用简化计量方法，按照相当于整个存续期内预期信用损失的金额计量损失准备。

对于购买或源生的已发生信用减值的金融资产，在资产负债表日仅将自初始确认后整个存续期内预期信用损失的累计变动确认为损失准备。在每个资产负债表日，将整个存续期内预期信用损失的变动金额作为减值损失或利得计入当期损益。即使该资产负债表日确定的整个存续期内预期信用损失小于初始确认时估计现金流量所反映的预期信用损失的金额，也将预期信用损失的有利变动确认为减值利得。

除上述采用简化计量方法和购买或源生的已发生信用减值以外的其他金融资产，公司在每个资产负债表日评估相关金融工具的信用风险自初始确认后是否已显著增加，并按照下列情形分别计量其损失准备、确认预期信用损失及其变动。

（1）如果该金融工具的信用风险自初始确认后并未显著增加，处于第一阶段，则按照相当于该金融工具未来12个月内预期信用损失的金额计量其损失准备，并按照账面余额和实际利率计算利息收入。

（2）如果该金融工具的信用风险自初始确认后已显著增加但尚未发生信用减值的，处于第二阶段，则按照相当于该金融工具整个存续期内预期信用损失的金额计量其损失准备，并按照账面余额和实际利率计算利息收入。

（3）如果该金融工具自初始确认后已经发生信用减值的，处于第三阶段，公司按照相当于该金融工具整个存续期内预期信用损失的金额计量其损失准备，并按照摊余成本和实际利率计算利息收入。

金融工具信用损失准备的增加或转回金额，作为减值损失或利得计入当期损益。除分类为以公允价值计量且其变动计入其他综合收益的金融资产外，信用损失准备抵减金融资产的账面余额。对于分类为以公允价值计量且其变动计入其他综合收益的金融资产，公司在其他综合收益中确认其信用损失准备，不减少该金融资产在资产负债表中列示的账面价值。

公司在前一会计期间已经按照相当于金融工具整个存续期内预期信用损失的金额计量了损失准备，但在当期资产负债表日，该金融工具已不再属于自初始确认后信用风险显著增加的情形的，公司在当期资产负债表日按照相当于未来12个月内预期信用损失的金额计量该金融工具的损失准备，由此形成的损失准备的转回金额作为减值利得计入当期损益。

6.2.3.6.1 信用风险显著增加

公司利用可获得的合理且有依据的前瞻性信息，通过比较金融工具在资产负债表日发生违约的风险与在初始确认日发生违约的风险，以确定金融工具的信用风险自初始确认后是否已显著增加。对于财务担保合同，公司在应用金融工具减值规定时，将公司成为做出不可撤销承诺的一方之日作为初始确认日。

公司在评估信用风险是否显著增加时会考虑如下因素。

一是债务人经营成果实际或预期是否发生显著变化。

二是债务人所处的监管、经济或技术环境是否发生显著不利变化。

三是作为债务抵押的担保物价值或第三方提供的担保或信用增级质量是否发生显著变化，这些变化预期将降低债务人按合同规定期限还款的经济动机或者影响违约概率。

四是债务人预期表现和还款行为是否发生显著变化。

五是公司对金融工具信用管理方法是否发生变化等。

于资产负债表日，若公司判断金融工具只具有较低的信用风险，则公司假定该金融工具的信用风险自初始确认后并未显著增加。如果金融工具的违约风险较低，借款人在短期内履行其合同现金流量义务的能力很强，并且即使较长时期内经济形势和经营环境存在不利变化但未必一定降低借款人履行其合同现金义务，则该金融工具被视为具有较低的信用风险。

6.2.3.6.2 已发生信用减值的金融资产

当对金融资产预期未来现金流量具有不利影响的一项或多项事件发生时，该金融资产成为已发生信用减值的金融资产。金融资产已发生信用减值的证据包括下列可观察信息。

一是发行方或债务人发生重大财务困难。

二是债务人违反合同，如偿付利息或本金违约或逾期等。

三是债权人出于与债务人财务困难有关的经济或合同考虑，给予债务人在任何其他情况下都不会做出的让步。

四是债务人很可能破产或进行其他财务重组。

五是发行方或债务人财务困难导致该金融资产的活跃市场消失。

六是以大幅折扣购买或源生一项金融资产，该折扣反映了发生信用损失的事实。

金融资产发生信用减值，有可能是多个事件的共同作用所致，未必是可单独识别的事件所致。

6.2.3.6.3 预期信用损失的确定

公司基于单项和组合评估金融工具的预期信用损失，在评估预期信用损失时，考虑有关过去事项、当前状况以及未来经济状况预测的合理且有依据的信息。

公司以共同信用风险特征为依据，将金融工具分为不同组合。公司采用的共同信用风险特征包括：金融工具类型、账龄组合、资产质量等。相关金融工具的单项评估标准和组合信用风险特征详见相关金融工具的会计政策。

公司按照下列方法确定相关金融工具的预期信用损失。

一是对于金融资产，信用损失为公司应收取的合同现金流量与预期收取的现金流量之间差额的现值。

二是对于财务担保合同，信用损失为公司就该合同持有人发生的信用损失向其做出赔付的预计付款额，减去公司预期向该合同持有人、债务人或任何其他方收取的金额之间差额的现值。

三是对于资产负债表日已发生信用减值但并非购买或源生已发生信用减值的金融资产，信用损失为该金融资产账面余额与按原实际利率折现的估计未来现金流量的现值之间的差额。

公司计量金融工具预期信用损失的方法反映的因素包括：通过评价一系列可能的结果而确定的无偏概率加权平均金额；货币时间价值；在资产负债表日无须付出不必要的额外成本或努力即可获得的有关过去事项、当前状况以及未来经济状况预测的合理且有依据的信息。

6.2.3.6.4 减记金融资产

当公司不再合理预期金融资产合同现金流量能够全部或部分收回的，直接减记该金融资产的账面余额。这种减记构成相关金融资产的终止确认。

6.2.3.7 金融资产及金融负债的抵销

金融资产和金融负债在资产负债表内分别列示，没有相互抵销。但是，同时满足下列条件的，以相互抵销后的净额在资产负债表内列示。

一是公司具有抵销已确认金额的法定权利，且该种法定权利是当前可执行的。

二是公司计划以净额结算，或同时变现该金融资产和清偿该金融负债。

6.2.4 长期股权投资核算方法

本公司无长期股权投资。

6.2.5 投资性房地产核算方法

本公司无投资性房地产。

6.2.6 长期应收款的核算方法

本公司无长期应收款。

6.2.7 短期投资核算方法

本公司无短期投资。

6.2.8 固定资产核算方法

6.2.8.1 固定资产确认条件

固定资产指为提供金融商品服务、出租或经营管理而持有的，使用期限超过一个会计年度且不属于低值易耗品范围的有形资产。固定资产在同时满足下列条件时予以确认。

一是与该固定资产有关的经济利益很可能流入企业；

二是该固定资产的成本能够可靠地计量。

6.2.8.2 固定资产初始计量

本公司固定资产按成本进行初始计量。其中，外购的固定资产的成本包括买价、进口关税等相关税费，以及为使固定资产达到预定可使用状态前所发生的可直接归属于该资产的其他支出。自行建造固定资产的成本，由建造该项资产达到预定可使用状态前所发生的必要支出构成。投资者投入的固定资产，按投资合同或协议约定的价值作为入账价值，但合同或协议约定价值不公允的按公允价值入账。购买固定资产的价款超过正常信用条件延期支付，实质上具有融资性质的，固定资产的成本以购买价款的现值为基础确定。实际支付的价款与购买价款的现值之间的差额，除应予资本化的以外，在信用期间内计入当期损益。

6.2.8.3 固定资产后续计量及处置

6.2.8.3.1 固定资产折旧

固定资产折旧按其入账价值减去预计净残值后在预计使用寿命内计提。对计提了减值准备的固定资产，则在未来期间按扣除减值准备后的账面价值及尚可使用年限确定折旧额。

公司根据固定资产的性质和使用情况，确定固定资产的使用寿命和预计净残值。并在年度终了，对固定资产的使用寿命、预计净残值和折旧方法进行复核，如与原先估计数存在差异的，进行相应的调整。

各类固定资产的折旧方法、折旧年限和年折旧率如下表所示。

类别	折旧方法	折旧年限（年）	残值率（%）	年折旧率（%）
电子设备	年限平均法	3	5	31.67
运输设备	年限平均法	4	5	23.75
办公设备	年限平均法	5	5	19

6.2.8.3.2 固定资产后续支出

与固定资产有关的后续支出，符合固定资产确认条件的，计入固定资产成本；不符合固定资产确认条件的，在发生时计入当期损益。

6.2.8.3.3 固定资产处置

当固定资产被处置、或者预期通过使用或处置不能产生经济利益时，终止确认该固定资产。固定资产出售、转让、报废或毁损的处置收入扣除其账面价值和相关税费后的金额计入当期损益。

6.2.8.4 固定资产的减值测试方法、减值准备计提方法

公司在每期末判断固定资产是否存在可能发生减值的迹象。

固定资产存在减值迹象的，估计其可收回金额。可收回金额根据固定资产的公允价值减去处置费用后的净额与固定资产预计未来现金流量的现值两者之间较高者确定。

当固定资产的可收回金额低于其账面价值的，将固定资产的账面价值减记至可收回金额，减记的金额确认为固定资产减值损失，计入当期损益，同时计提相应的固定资产减值准备。

固定资产减值损失确认后，减值固定资产的折旧在未来期间作相应调整，以使该固定资产在剩余使用寿命内，系统地分摊调整后的固定资产账面价值（扣除预计净残值）。

固定资产的减值损失一经确认，在以后会计期间不再转回。

6.2.9 无形资产核算方法

无形资产是指本公司拥有或者控制的没有实物形态的可辨认非货币性资产，包括软件等。

6.2.9.1 无形资产的初始计量

外购无形资产的成本，包括购买价款、相关税费以及直接归属于使该项资产达到预定用途所发生的其他支出。购买无形资产的价款超过正常信用条件延期支付，实质上具有融资性质的，无形资产的成本以购买价款的现值为基础确定。

内部自行开发的无形资产，其成本包括：开发该无形资产时耗用的材料、劳务成本、注册费、在开发过程中使用的其他专利权和特许权的摊销以及满足资本化条件的利息费用，以及为使该无形资产达到预定用途前所发生的其他直接费用。

6.2.9.2 无形资产的后续计量

公司在取得无形资产时分析判断其使用寿命，划分为使用寿命有限和使用寿命不确定的无形资产。

6.2.9.2.1 使用寿命有限的无形资产

对于使用寿命有限的无形资产，在为公司带来经济利益的期限内按直线法摊销。使用寿命有限的无形资产预计寿命及依据如下表所示。

项目	预计使用寿命（年）
软件	5

每期末，对使用寿命有限的无形资产的使用寿命及摊销方法进行复核，如与原先估计数存在差异的，进行相应的调整。

经复核，本期期末无形资产的使用寿命及摊销方法与以前估计未有不同。

6.2.9.2.2 使用寿命不确定的无形资产

无法预见无形资产为企业带来经济利益期限的，视为使用寿命不确定的无形资产。

对于使用寿命不确定的无形资产，在持有期间内不摊销，每期末对无形资产的寿命进行复核。如果期末重新复核后仍为不确定的，在每个会计期间继续进行减值测试。

6.2.9.3 划分公司内部研究开发项目的研究阶段和开发阶段具体标准

研究阶段：为获取并理解新的科学或技术知识等而进行的独创性的有计划调查、研究活动的阶段。

开发阶段：在进行商业性生产或使用前，将研究成果或其他知识应用于某项计划或设计，以生产出新的或具有实质性改进的材料、装置、产品等活动的阶段。

内部研究开发项目研究阶段的支出，在发生时计入当期损益。

6.2.9.4 开发阶段支出符合资本化的具体标准

内部研究开发项目开发阶段的支出，同时满足下列条件时确认为无形资产。

一是完成该无形资产以使其能够使用或出售在技术上具有可行性。

二是具有完成该无形资产并使用或出售的意图。

三是无形资产产生经济利益的方式，包括能够证明运用该无形资产生产的产品存在市场或无形资产自身存在市场，无形资产将在内部使用的，能够证明其有用性。

四是有足够的技术、财务资源和其他资源支持，以完成该无形资产的开发，并有能力使用或出售该无形资产。

五是归属于该无形资产开发阶段的支出能够可靠地计量。

不满足上述条件的开发阶段的支出，于发生时计入当期损益。以前期间已计入损益的开发支出不在以后期间重新确认为资产。已资本化的开发阶段的支出在资产负债表上列示为开发支出，自该项目达到预定用途之日

起转为无形资产。

6.2.9.5 无形资产减值准备的计提

对于使用寿命确定的无形资产，如有明显减值迹象的，期末进行减值测试。

对于使用寿命不确定的无形资产，每期末进行减值测试。

对无形资产进行减值测试，估计其可收回金额。可收回金额根据无形资产的公允价值减去处置费用后的净额与无形资产预计未来现金流量的现值两者之间较高者确定。

当无形资产的可收回金额低于其账面价值的，将无形资产的账面价值减记至可收回金额，减记的金额确认为无形资产减值损失，计入当期损益，同时计提相应的无形资产减值准备。

无形资产减值损失确认后，减值无形资产的折耗或者摊销费用在未来期间作相应调整，以使该无形资产在剩余使用寿命内，系统地分摊调整后的无形资产账面价值（扣除预计净残值）。

无形资产的减值损失一经确认，在以后会计期间不再转回。

对由于被新技术所替代，已无使用价值和转让价值；或超过法律保护期限，已不能为企业带来经济利益的无形资产，表明可收回金额为零，全额计提减值准备。

6.2.10 长期待摊费用的摊销政策

长期待摊费用，是指本公司已经发生但应由本期和以后各期负担的分摊期限在1年以上的各项费用。

长期待摊费用在受益期内按直线法分期摊销，摊销年限如下表所示。

类别	摊销年限（年）
装修改造费	5

6.2.11 租赁

租赁，是指在一定期间内，出租人将资产的使用权让与承租人以获取对价的合同。

在合同开始日，本公司评估合同是否为租赁或者包含租赁。如果合同中一方让渡了在一定期间内控制一项或多项已识别资产使用的权利以换取对价，则该合同为租赁或者包含租赁。

6.2.11.1 租赁合同的分拆

当合同中同时包含多项单独租赁的，本公司将合同予以分拆，并分别各项单独租赁进行会计处理。

当合同中同时包含租赁和非租赁部分的，本公司将租赁和非租赁部分进行分拆，租赁部分按照租赁准则进行会计处理，非租赁部分应当按照其他适用的企业会计准则进行会计处理。

6.2.11.2 租赁合同的合并

本公司与同一交易方或其关联方在同一时间或相近时间订立的两份或多份包含租赁的合同符合下列条件之一时，合并为一份合同进行会计处理。

一是该两份或多份合同基于总体商业目的而订立并构成一揽子交易，若不作为整体考虑则无法理解其总体商业目的。

二是该两份或多份合同中的某份合同的对价金额取决于其他合同的定价或履行情况。

三是该两份或多份合同让渡的资产使用权合起来构成一项单独租赁。

6.2.11.3 本公司作为承租人的会计处理

在租赁期开始日，除应用简化处理的短期租赁和低价值资产租赁外，本公司对租赁确认使用权资产和租赁负债。

使用权资产按照成本进行初始计量，包括租赁负债的初始计量金额、在租赁期开始日或之前支付的租赁付款额（扣除已享受的租赁激励相关金额）、发生的初始直接费用以及为拆卸及移除租赁资产、复原租赁资产所在场地或将租赁资产恢复至租赁条款约定状态预计将发生的成本。

本公司使用直线法对使用权资产计提折旧。对能够合理确定租赁期届满时取得租赁资产所有权的，本公司在租赁资产剩余使用寿命内计提折旧。否则，租赁资产在租赁期与租赁资产剩余使用寿命两者孰短的期间内计提折旧。

租赁负债按照租赁期开始日尚未支付的租赁付款额的现值进行初始计量。在计算租赁付款额的现值时，本公司采用租赁内含利率作为折现率，无法确定租赁内含利率的，采用增量借款利率作为折现率。本公司各机构采用其类似经济环境下获得与使用权资产价值接近的资产，与类似期间以类似抵押条件借入资金而必须支付的利率作为增量借款利率。

本公司按照固定的周期性利率计算租赁负债在租赁期内各期间的利息费用，并计入当期损益或相关资产成本。未纳入租赁负债计量的可变租赁付款额在实际发生时计入当期损益或相关资产成本。

租赁期开始日后，发生下列情形的，本公司按照变动后租赁付款额的现值重新计量租赁负债。

一是根据担保余值预计的应付金额发生变动。

二是用于确定租赁付款额的指数或比率发生变动。

三是本公司对购买选择权、续租选择权或终止租赁选择权的评估结果发生变化，或续租选择权或终止租赁选择权的实际行使情况与原评估结果不一致。

在对租赁负债进行重新计量时，本公司相应调整使用权资产的账面价值。使用权资产的账面价值已调减至零，但租赁负债仍需进一步调减的，本公司将剩余金额计入当期损益。

本公司已选择对短期租赁（租赁期不超过12个月的租赁）和低价值资产租赁不确认使用权资产和租赁负债，并将相关的租赁付款额在租赁期内各个期间按照直线法计入当期损益或相关资产成本。

6.2.12　合并会计报表的编制方法

本公司无合并会计报表。

6.2.13　收入确认原则和方法

6.2.13.1　利息收入

对于所有以摊余成本计量的金融工具及以公允价值计量且其变动计入其他综合收益的金融资产中计息的金融工具，利息收入以实际利率计量。实际利率是指按金融工具的预计存续期间将其预计未来现金流入或流出折现至该金融资产账面余额或金融负债摊余成本的利率。实际利率的计算需要考虑金融工具的合同条款（例如提前还款权）并且包括所有归属于实际利率组成部分的费用和所有交易成本，但不包括预期信用损失。

公司根据金融资产账面余额乘以实际利率计算确定利息收入并列报为"利息收入"，但下列情况除外。一是对于购入或源生的已发生信用减值的金融资产，自初始确认起，按照该金融资产的摊余成本和经信用调整的实际利率计算确定其利息收入。二是对于购入或源生的未发生信用减值、但在后续期间成为已发生信用减值的金融资产，按照该金融资产的摊余成本（即，账面余额扣除预期信用损失准备之后的净额）和实际利率计算确定其利息收入。若该金融工具在后续期间因其信用风险有所改善而不再存在信用减值，并且这一改善在客观上可与应用上述规定之后发生的某一事件相联系，转按实际利率乘以该金融资产账面余额来计算确定利息收入。

6.2.13.2　手续费及佣金收入和支出

公司通过在特定时点或一定期间内提供服务收取手续费及佣金和接受服务支付手续费及佣金的，按权责发生制原则确认手续费及佣金收入和支出。

公司通过提供和接受特定交易服务收取和支付的手续费及佣金的，与特定交易相关的手续费及佣金在交易双方实际约定的条款完成后确认手续费及佣金收入和支出。

6.2.14　所得税的会计处理方法

公司采用资产负债表债务法计提递延所得税，所得税率为25%。

6.2.14.1　确认递延所得税资产的依据

公司以很可能取得用来抵扣可抵扣暂时性差异、能够结转以后年度的可抵扣亏损和税款抵减的应纳税所得额为限，确认由可抵扣暂时性差异产生的递延所得税资产。但是，同时具有下列特征的交易中因资产或负债的初始确认所产生的递延所得税资产不予确认。

一是该交易不是企业合并。

二是交易发生时既不影响会计利润也不影响应纳税所得额或可抵扣亏损。

对于与联营企业投资相关的可抵扣暂时性差异，同时满足下列条件的，确认相应的递延所得税资产：暂时性差异在可预见的未来很可能转回，且未来很可能获得用来抵扣可抵扣暂时性差异的应纳税所得额。

6.2.14.2　确认递延所得税负债的依据

公司将当期与以前期间应交未交的应纳税暂时性差异确认为递延所得税负债。但不包括以下三种情况。

一是商誉的初始确认所形成的暂时性差异。

二是非企业合并中形成的交易或事项，且该交易或事项发生时既不影响会计利润，也不影响应纳税所得额（或可抵扣亏损）所形成的暂时性差异。

三是对于与子公司、联营企业投资相关的应纳税暂时性差异，该暂时性差异转回的时间能够控制并且该暂时性差异在可预见的未来很可能不会转回。

6.2.15　信托报酬的确认原则和方法

信托报酬依据信托合同的相关约定确认，具体方法见6.2.13.2"手续费及佣金收入和支出"。

6.2.16　政府补助

6.2.16.1　政府补助的类型

政府补助，是本公司从政府无偿取得的货币性资产与非货币性资产，但不包括政府作为企业所有者投入的资本。根据相关政府文件规定的补助对象，将政府补助划分为与资产相关的政府补助和与收益相关的政府补助。

与资产相关的政府补助，是指本公司取得的、用于购建或以其他方式形成长期资产的政府补助。与收益相关的政府补助，是指除与资产相关的政府补助之外的政府补助。

6.2.16.2 政府补助的确认

对期末有证据表明本公司能够符合财政扶持政策规定的相关条件且预计能够收到财政扶持资金的，按应收金额确认政府补助。除此之外，政府补助均在实际收到时确认。

政府补助为货币性资产的，按照收到或应收的金额计量。政府补助为非货币性资产的，按照公允价值计量；公允价值不能够可靠取得的，按照名义金额（人民币1元）计量。按照名义金额计量的政府补助，直接计入当期损益。

6.2.16.3 政府补助的会计处理方法

本公司根据经济业务的实质，确定某一类政府补助业务应当采用总额法还是净额法进行会计处理。通常情况下，本公司对于同类或类似政府补助业务只选用一种方法，且对该业务一贯地运用该方法。

目前本公司对收取的政策扶持资金、企业补贴等采用总额法进行会计处理。

与资产相关的政府补助，确认为递延收益，在所建造或购买的资产使用年限内按照合理、系统的方法分期计入损益或冲减相关资产账面价值。

与收益相关的政府补助，用于补偿企业以后期间的相关费用或损失的，确认为递延收益，在确认相关费用或损失的期间计入当期损益或冲减相关成本；用于补偿企业已发生的相关费用或损失的，取得时直接计入当期损益或冲减相关成本。

与企业日常活动相关的政府补助计入其他收益或冲减相关成本费用；与企业日常活动无关的政府补助计入营业外收支。

收到与政策性优惠贷款贴息相关的政府补助时冲减相关借款费用；取得贷款银行提供的政策性优惠利率贷款的，以实际收到的借款金额作为借款的入账价值，按照借款本金和该政策性优惠利率计算相关借款费用。

已确认的政府补助需要返还时，初始确认时冲减相关资产账面价值的，调整资产账面价值；存在相关递延收益余额的，冲减相关递延收益账面余额，超出部分计入当期损益；不存在相关递延收益的，直接计入当期损益。

6.3 或有事项

截至2021年12月31日，本公司不存在应披露未披露的或有事项。

6.4 重要资产转让及其出售的说明

报告期内无重要资产转让及其出售。

6.5 会计报表中重要项目的明细资料

6.5.1 自营资产经营情况

6.5.1.1 信用资产五级分类情况

自营资产质量情况　　　　　　　　单位：万元

信用风险资产五级分类	期初数	期末数
正常类	333 455.80	231 381.36
关注类	15 575.26	57 861.34
次级类	4 217.41	176 586.26
可疑类	37 295.24	34 302.36
损失类	12 338.57	6 438.57
信用风险资产合计	402 882.28	506 569.89

6.5.1.2 资产损失准备情况

本年度计提资产减值准备19 065.05万元。

6.5.1.3 自营股票投资、基金投资、债券投资、长期股权投资等投资情况

各类投资情况　　　　　　　　单位：万元

项目	自营股票	基金	债券	长期股权投资	其他投资	合计
期初数	—	750.00	—	—	300 702.87	301 452.87
期末数	—	966.00	—	—	374 078.94	375 044.94

6.5.1.4 自营长期股权投资的前五名

公司未发生固有资产长期股权投资。

6.5.1.5 自营贷款前五名

公司未发生自营贷款。

6.5.1.6 原有负债（重新登记前）清理情况

公司不存在原有负债（重新登记前）。

6.5.1.7 表外业务的期初数、期末数

公司无表外业务。

6.5.1.8 公司2021年的收入结构

收入结构	金额（万元）	占比（%）
手续费及佣金收入	124 124.79	84.62
其中：信托手续费收入	124 124.79	84.62
投资银行业务收入	—	—
利息收入	9 301.65	6.34
其他收益	1 112.08	0.76
其他业务收入	728.18	0.50

续表

收入结构	金额（万元）	占比（%）
其中：计入信托业务收入部分	—	—
投资收益	4 934.27	3.36
其中：股权投资收益	—	—
证券投资收益	—	—
其他投资收益	4 934.27	3.36
公允价值变动收益	6 471.04	4.41
营业外收入	6.00	—
收入合计	146 678.00	100.00

6.5.2 信托资产管理情况

6.5.2.1 信托资产管理情况

单位：万元

信托资产	期初数	期末数
集合	6 790 151.12	5 352 964.82
单一	3 642 403.12	4 169 583.44
财产权	308 016.88	223 972.64
合计	10 740 571.12	9 746 520.90

6.5.2.2 主动管理型信托业务情况

单位：万元

主动管理型信托资产	期初数	期末数
证券投资类	274 793.62	543 940.42
股权投资类	163 620.51	195 535.81
融资类	4 057 979.27	2 711 096.17
事务管理类	—	—
合计	4 496 393.40	3 450 572.40

6.5.2.3 被动管理型信托业务情况

单位：万元

被动管理型信托资产	期初数	期末数
证券投资类	—	—
股权投资类	—	—
融资类	—	—
事务管理类	6 244 177.72	6 295 948.50
合计	6 244 177.72	6 295 948.50

6.5.2.3.1 本年度已清算结束的信托项目个数、实收信托合计金额、加权平均实际年化收益率

6.5.2.3.2 本年度已清算结束的集合类、单一类资金信托项目和财产管理类信托项目个数、金额、加权平均实际年化收益率

已清算结束信托项目	项目个数（个）	合计金额（万元）	加权平均实际年化收益率（%）
集合类	148	4 543 134.09	6.42
单一类	97	2 337 157.69	6.83
财产类	10	187 632.32	10.44

6.5.2.3.3 本年度已清算结束的主动管理型信托项目个数、合计金额、加权平均实际年化收益率

已清算结束信托项目	项目个数（个）	合计金额（万元）	加权平均实际年化收益率（%）
证券投资类	6	25 886.77	2.99
股权投资类	2	3 100.00	6.40
融资类	117	3 052 557.32	7.99
事务管理类	—	—	—

6.5.2.3.4 本年度已清算结束的被动管理型信托项目个数、合计金额、加权平均实际年化收益率

已清算结束信托项目	项目个数（个）	合计金额（万元）	加权平均实际年化收益率（%）
证券投资类	—	—	—
股权投资类	—	—	—
融资类	—	—	—
事务管理类	130	3 986 380.02	5.67

6.5.2.3.5 本年度新增的集合类、单一类和财产管理类信托项目个数、合计金额

新增信托项目	项目个数（个）	项目金额（万元）
集合类	123	4 098 023.39
单一类	1 948	3 220 053.77
财产管理类	35	135 408.44
新增合计	2 106	7 453 485.60
其中：主动管理型	105	3 535 769.94
被动管理型	2 001	3 917 715.66

6.5.2.4 履行受托人义务情况及信托资产损失情况

公司严格遵守信托业"一法三规"及其他相关规定，按照信托文件处理相关事务，诚实、信用、谨慎、有效管理，维护受益人的最大利益。

6.5.2.5 信托赔偿准备金的提取、使用和管理情况

根据《信托公司管理办法》，按税后利润的5%提取信托赔偿准备金3 501.19万元。

6.6 关联方关系及其交易的披露

6.6.1 关联交易方的数量、关联交易的总金额及关联交易的定价政策

项目	关联交易方数量	关联交易金额（万元）	定价政策
合计	13	2 156.96	本公司2021年度发生的关联方交易均根据一般正常的交易条件进行，并以市场价格作为定价依据

6.6.2 关联交易方与本公司的关系性质、关联交易方的名称、法定代表人、注册地址、注册资本及主营业务

关系性质	关联方名称	法定代表人	注册地址	注册资本	主营业务
其他关联	杭州品向位食品有限公司	沈国灿	浙江省杭州市临安区清凉峰镇白果村	1 420.00万元	食品生产，食品经营，初级食用农产品销售，农作物的种植，水产品销售
关联自然人直接或间接控制、或担任董事、监事及高级管理人员的其他企业	民生人寿保险股份有限公司	鲁伟鼎	北京市朝阳区东三环北路38号院2号楼	600 000.00万元	个人意外伤害保险、个人定期死亡保险、个人两全寿险、个人终身寿险、个人年金保险、个人短期健康保险、个人长期健康保险、团体意外伤害保险、团体定期寿险、团体终身保险、团体年金保险、团体短期健康保险、团体长期健康保险、经中国保监会批准的其他人身保险业务、上述保险业务的再保险业务、经中国保监会批准的资金运用业务
受同一母公司控制的其他企业	纳德酒店股份有限公司	宋长鹰	浙江省杭州市拱墅区湖墅南路2号	19 000.00万元	住宿，餐饮服务，预包装食品、乳制品零售，烟及其他食品，美容美发，健身服务，足浴，第二类医疗器械零售，会务会展服务，旅游配套服务及旅游用品生产经营，实业投资，物业管理，信息咨询服务，宾馆大型设备租赁，百货、五金交电、针纺织品、保健食品、工艺美术品、日用杂货、家具、装饰材料、棉纱、化学纤维、钢材的销售，彩扩服务，旅游服务
受同一母公司控制的其他企业	上海冠鼎泽有限公司	鲁伟鼎	中国（上海）自由贸易试验区陆家嘴西路99号万向大厦1—5层	30 000.00万元	实业投资，投资管理，自有房屋的融物租赁，物业管理，商务咨询，计算机网页设计、开发，国内贸易
受同一母公司控制的其他企业	上海万向区块链股份公司	肖风	上海市虹口区塘沽路463号1201室	10 000.00万元	许可项目：互联网信息服务；在线数据处理与交易处理业务（经营类电子商务）；第二类增值电信业务。（依法须经批准的项目，经相关部门批准后方可开展经营活动，具体经营项目以相关部门批准文件或许可证件为准）一般项目：物联网技术服务；技术服务、技术开发、技术咨询、技术交流、技术转让、技术推广；信息系统集成服务；软件开发；信息咨询服务（不含许可类信息咨询服务）；企业管理；市场营销策划；会议及展览服务；国内贸易代理；电子产品销售；物联网设备销售；计算机软硬件及辅助设备零售；汽车零配件零售；工业控制计算机及系统销售；住房租赁
受同一母公司控制的其他企业	通联数据股份公司	肖风	中国（上海）自由贸易试验区陆家嘴西路99号8楼	52 939.34万元	一般项目：数据处理服务，接受金融机构委托从事金融信息技术、金融业务流程、金融知识流程外包，金融专业技术领域内的技术咨询、技术开发、技术转让、技术服务，投资管理，商务咨询，计算机软件数据开发服务，计算机软件销售，设计、制作、代理发布各类广告，从事货物与技术的进出口业务
其他关联	浙江工信投资股份有限公司	孙坚	浙江省杭州市下城区体育场路429号	14 598.26万元	实业投资，投资管理，自有房屋租赁，物业管理
母公司	中国万向控股有限公司	鲁伟鼎	上海市浦东新区陆家嘴西路99号21楼	500 000.00万元	实业投资，投资管理，物业管理，金融专业技术领域内的技术咨询、技术开发、技术转让、技术服务，以服务外包形式从事银行等金融机构的后台业务技术服务，财务咨询
其他关联	康养旅千岛湖有限公司	章文华	浙江省淳安县千岛湖镇羡山半岛洲际酒店一楼	40 000.00万元	服务：旅客运输、千岛湖羡山半岛旅游休闲、度假项目的开发建设；物业管理；房地产开发与经营、室内外装潢；种植：水果、蔬菜、茶叶、中药材；销售：初级食用农产品
受同一母公司控制的其他企业	上海桐昇通惠资产管理有限公司	WANG ZHENG	中国（上海）自由贸易试验区陆家嘴西路99号19楼	1 000.00万元	资产管理，投资管理
其他关联	顺发能城有限公司	王竞楠	浙江省萧山区市心北路777号	228 350.00万元	一般项目：供冷服务；热力生产和供应；发电技术服务；风力发电技术服务；风电场相关系统研发；新兴能源技术研发；电力行业高效节能技术研发；余热余压余气利用技术研究；技术服务、技术开发、技术咨询、技术交流、技术转让、技术推广；新能源原动设备销售；合同能源管理；物业管理；不动产租赁；建筑装饰材料销售；园林绿化工程施工；市场营销策划；商业综合体管理服务；广告制作；广告设计、代理；广告发布；品牌管理；社会经济咨询服务；实业投资；装饰装修。许可项目：发电业务、输电业务、供（配）电业务；水力发电；房地产开发经营；建设工程施工
受同一母公司控制的其他企业	湘湖逍遥有限公司	孙坚	浙江省杭州市萧山区城厢街道越王路256号1至31（连续编号）幢	30 000.00万元	许可项目：房地产开发经营；各类工程建设活动；住宿服务；餐饮服务；食品经营；理发服务；美容服务；足浴服务；烟草制品零售；高危险性体育运动（游泳）；酒吧服务（不含演艺娱乐活动）；歌舞娱乐活动；出版物零售；洗浴服务。一般项目：物业管理；农业园艺服务；园林绿化工程施工；非居住房地产租赁；住房租赁；单用途商业预付卡代理销售；外卖递送服务；健身休闲活动；棋牌室服务；会议及展览服务；信息咨询服务；打字复印；旅行社服务网点旅游招徕、咨询服务；票务代理服务；日用百货销售；金属制品销售；针纺织品销售；工艺美术品及收藏品零售（象牙及其制品除外）；家具销售；建筑装饰材料销售；建筑材料销售；洗染服务；停车场服务；养生保健服务（非医疗）；汽车租赁；游乐园服务；组织文化艺术交流活动；休闲观光活动；组织体育表演活动；酒店管理；礼品花卉销售；珠宝首饰零售；中医养生保健服务（非医疗）；健康咨询服务（不含诊疗服务）
其他关联	浙江大菱海洋食品有限公司	曾波	浙江省舟山市定海区干览镇商会路3号1号楼1楼	1 470.59万美元	收购本公司销售所需的水产品（限直接向第一产业原始生产者收购）；预包装食品、水产品、初级食用农产品的批发兼零售、进出口业务；餐饮服务（限分支机构经营）；企业管理咨询；商务信息咨询（除商品中介）

6.6.3 公司与关联方的重大交易事项

6.6.3.1 固有财产与关联方交易情况

单位：万元

项目	期初数	借方发生额	贷方发生额	期末数
贷款	—	—	—	—
投资	—	—	—	—
租赁	—	1 191.18	1 191.18	—
担保	—	—	—	—
采购货物及劳务	—	918.54	918.54	—
提供货物及劳务	—	47.24	47.24	—
应收账款	—	—	—	—
应付账款	—	—	—	—
租赁负债	993.01	205.83	711.45	1 498.63
合计	993.01	2 362.79	2 868.41	1 498.63

6.6.3.2 信托资产与关联方交易情况

单位：万元

项目	期初数	借方发生额	贷方发生额	期末数
贷款	—	—	—	—
投资	33 762.00	534 509.78	404 417.23	163 854.55
租赁	—	—	—	—
担保	—	—	—	—
应收账款	—	—	—	—
其他	—	—	—	—
合计	33 762.00	534 509.78	404 417.23	163 854.55

6.6.3.3 固有财产和信托财产之间交易情况

单位：万元

项目	期初数	本期发生额	期末数
合计	327 028.53	98 434.84	425 463.37

6.6.3.4 信托项目之间的交易情况

单位：万元

项目	期初数	本期发生额	期末数
合计	790 193.91	552 259.38	1 342 453.29

6.6.4 关联方逾期未偿还本公司资金的详细情况以及本公司为关联方担保发生或即将发生垫款的情况

无。

6.7 会计制度的披露

本公司以持续经营为基础，根据实际发生的交易和事项，按照财政部2006年2月颁布的《企业会计准则——基本准则》和其他各项具体企业会计准则及其他相关规定进行确认和计量，在此基础上编制财务报表。

7.财务情况说明书

7.1 利润实现和分配情况

本年度实现税后利润70 023.70万元，根据《信托公司管理办法》、公司章程、《金融企业财务规则》及其实施指南，以及其他相关规定实施了以下利润分配事项：

根据公司章程，按本年度实现税后利润的10%提取法定盈余公积7 002.37万元。

根据《信托公司管理办法》，按税后利润的5%提取信托赔偿准备金3 501.19万元。

期末未分配利润为124 633.72万元。

7.2 主要财务指标

指标名称	指标值
资本利润率（%）	20.22
人均净利润（万元）	194.78

注：1.资本利润率＝净利润/所有者权益平均余额×100%。
2.人均净利润＝净利润/年平均人数。
3.年平均人数采取累计平均法计算，年平均人数＝（年初人数＋年末人数）/2。

7.3 净资本管理概况

报告期内，公司依据《信托公司净资本管理办法》积极推进净资本管理，在优化存量风险资产结构的同时，进一步强化增量业务的资本约束机制，确立了以净资本管理为核心的业务发展模式和管理体系。

本公司报告期末的净资本风险控制指标情况如下表所示。

指标名称	期末数	监管标准
净资产（万元）	381 334.44	—
净资本（万元）	298 556.33	20 000
各项业务风险资本之和（万元）	171 684.52	—
净资本/各项业务风险资本之和（%）	173.89	≥100
净资本/净资产（%）	78.29	≥40

7.4 对本公司财务状况、经营成果有重大影响的其他事项

报告期内，不存在对公司财务状况、经营成果有重大影响的其他事项。

8.特别事项简要揭示

8.1 前五名股东报告期内变动情况及原因

报告期内，公司前五名股东未发生变动。

8.2 董事、监事及高级管理人员变动情况及原因

8.2.1 董事变动情况及原因

姓名	拟任职位	任职时间	聘任情况
邵作民	董事	2021年9月9日	经浙江银保监局批复正式任命
朱杭	董事	2021年9月9日	经浙江银保监局批复正式任命

姓名	前任职位	离职时间	离职原因
潘昵珺	董事	2021年5月14日	股东调整董事人选
王建	董事	2021年5月14日	股东调整董事人选
葛旋	董事	2021年9月30日	个人原因

8.2.2 高管变动情况及原因

姓名	前任职位	离职时间	离职原因
王波	副总裁	2021年12月27日	个人原因

8.3 变更注册资本、变更注册地或公司名称、公司分立合并事项

报告期内，公司未发生变更注册资本、变更注册地或公司名称、公司分立合并事项。

8.4 公司的重大诉讼事项

报告期内，新增4件公司作为原告的重大诉讼案件。

8.5 公司及其高级管理人员受到处罚情况

报告期内，未发生公司及其高级管理人员受到处罚的情况。

8.6 银保监会及其派出机构对公司检查后提出的整改意见及公司整改情况

2021年1月12日，浙江银保监局（信托处）向我司下发《关于加强数据报送质量的监管提示》（浙银保监信〔2021〕1号）。公司根据监管提示，于2021年1月28日完成整改落实情况报告。

2021年5月10日，浙江银保监局正式向我司下发《中国银保监会浙江监管局关于万向信托股份公司2020年度监管的意见》（浙银保监发〔2021〕65号），对我司持续推进转型创新，主动探索预付金信托、监护支援信托等服务信托领域，慈善信托保持全国领先等予以肯定，并对公司治理、风险防控和经营管理中存在的主要问题提出监管意见。公司"两会一层"高度重视，全面审视，认真学习，组织相关部门落实，公司于2021年6月4日制定整改措施并于11月30日报送整改落实情况。

2021年12月21日，浙江银保监局正式向我司下发《现场检查意见书》（浙银保监检〔2021〕26号），对我司公司治理、内部控制、风险管理等提出监管意见，我司认真研读监管意见，拟定问题整改计划并逐步落实整改情况，进一步实现公司长远稳健发展。

8.7 2021年度重大事项临时报告的简要内容、披露时间、所披露的媒体及其版面

报告期内，公司不存在需临时报告的重大事项。

8.8 银保监会及其省级派出机构认定的其他有必要让客户及相关利益人了解的重要信息

报告期内，公司无银保监会及其省级派出机构认定的其他有必要让客户及相关利益人了解的重要信息。

9.公司监事会意见

报告期内，公司的运作符合国家法律、法规和公司的章程及相关制度。公司董事会决策引领作用得到有效发挥，促进公司各项业务健康发展。公司高级管理人员认真履行工作职责，努力开拓市场，严格控制风险。公司董事会全体成员和高级管理人员认真履行了职责，未发生损害公司利益、股东利益和受益人利益的行为。公司财务报告真实反映了公司财务状况和经营成果。

五矿国际信托有限公司

1.重要提示

1.1 本公司董事会及董事保证本报告所载资料不存在任何虚假记载、误导性陈述或者重大遗漏，并对其内容的真实性、准确性、完整性承担个别及连带责任。

1.2 本公司独立董事对年度报告内容的真实性、准确性、完整性无异议。

1.3 天职国际会计师事务所（特殊普通合伙）为本公司出具了标准无保留意见的年度审计报告。

1.4 本公司董事长刘国威先生、总经理王卓先生、主管会计工作的财务总监刘雁女士声明：保证本年度报告中财务报告的真实、准确、完整。

2.公司概况

2.1 公司简介

五矿国际信托有限公司于2010年10月8日，经中国银行业监督管理委员会批准，在原庆泰信托投资有限责任公司完成司法重整的基础上变更设立，注册地在青海省西宁市，注册资本12亿元。2017年12月，经中国银行业监督管理委员会批准（银监复〔2017〕138号），公司注册资本增加至60亿元。2020年12月，经中国银行保险监督管理委员会青海监管局批准（青银保监复〔2020〕186号），公司注册资本增加至130.51亿元。

2.1.1 基本信息

法定中文名称	五矿国际信托有限公司
中文名称缩写	五矿信托
法定英文名称	Minmetals International Trust Co., Ltd.
法定代表人	王卓
注册地址	青海省西宁市城中区创业路108号南川工业园区投资服务中心1号楼4层
邮政编码	810021
互联网地址	http://www.mintrust.com
电子邮箱	Mintrust-fortune@mintrust.com
聘请的会计师事务所	天职国际会计师事务所（特殊普通合伙）
办公地址	青海省西宁市城中区创业路108号南川工业园区投资服务中心1号楼4层 北京市东城区朝阳门北大街3号五矿广场

2.1.2 信息披露事务

选定的信息披露报纸	《金融时报》《证券日报》《证券时报》
信息披露负责人	刘雁
信息披露联系人	位志宇
办公电话	010-59363582
办公传真	010-59837987
电子邮箱	weizhy@mintrust.com
年报备置地点	青海省西宁市城中区创业路108号南川工业园区投资服务中心1号楼4层

2.2 组织结构

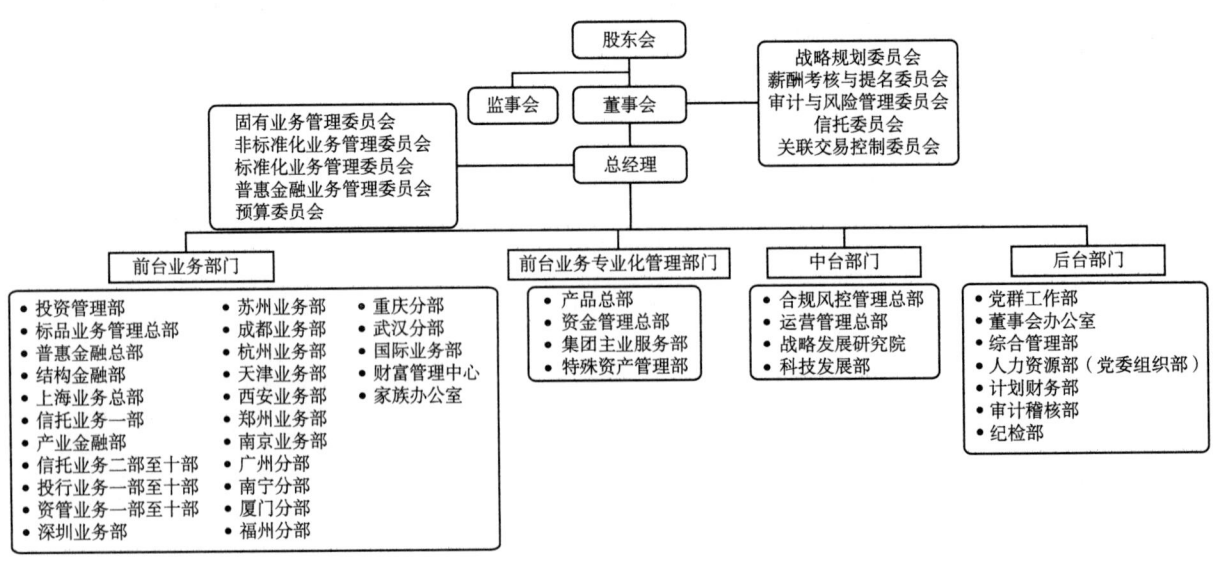

3. 公司治理

3.1 股东信息

截至报告期末，公司股东总数为3家。股权结构为：五矿资本控股有限公司持有公司78.002%的股权，青海省国有资产投资管理有限公司持有公司21.204%的股权，西宁城市投资管理有限公司持有公司0.794%的股权。

截至2021年12月31日股东及出资情况如下表所示。

股东名称	持股比例（%）	法定代表人	注册资本（万元）	注册地址	主要经营业务
五矿资本控股有限公司	78.002	赵立功	3 371 020	北京市海淀区三里河路5号	实业、高新技术产业、房地产项目的投资；资产受托管理；高新技术开发；投资策划；企业经营管理咨询；投资及投资管理；投资咨询、顾问服务（市场主体依法自主选择经营项目，开展经营活动；依法须经批准的项目，经相关部门批准后依批准的内容开展经营活动；不得从事国家和本市产业政策禁止和限制类项目的经营活动）。该股东经营情况良好
青海省国有资产投资管理有限公司	21.204	李学军	587 000	西宁市城中区创业路128号中小企业创业园5楼501室	煤炭批发经营；对服务省级战略的产业和优势产业、金融业进行投资；受托管理和经营国有资产；构建企业融资平台和信用担保体系；发起和设立基金；提供相关管理和投资咨询理财服务；经营矿产品、金属及金属材料、建筑材料、电子材料、有色材料、工业用盐、化肥、化工产品（不含危险化学品）、石油制品（不含成品油）、铝及铝合金、铁合金炉料经销；房屋土地租赁；经济咨询服务；对外担保；实业投资及开发；矿产品开发（不含勘探开采）销售；普通货物运输；煤炭洗选与加工；燃料油（不含危险化学品）、页岩油、乙烯焦油、沥青销售（以上经营范围依法须经批准的项目，经相关部门批准后方可开展经营活动）该股东经营情况良好
西宁城市投资管理有限公司	0.794	张定申	115 000	青海省西宁市东川工业园金桥路36号	一般项目：非居住房地产租赁；土地使用权租赁；自有资金投资的资产管理服务；融资咨询服务；非融资担保服务；以自有资金从事投资活动；财务咨询；企业管理咨询；企业管理。许可项目：矿产资源（非煤矿山）开采；房地产开发经营（以上经营范围依法须经批准的项目，经相关部门批准后方可开展经营活动）该股东经营情况良好

3.2 董事、董事会及其下属委员会

3.2.1 董事会成员

姓名	职务	性别	年龄（岁）	选任日期	所推举的股东名称	股东持股比例（%）	简要履历及兼职情况
刘国威	董事长	男	51	2019年11月	五矿资本控股有限公司	78.002	法国高等商业学校工商管理专业硕士研究生
王晓东	董事	男	59	2010年7月	五矿资本控股有限公司	78.002	中国人民大学基本建设经济专业硕士研究生
樊玉雯	董事	女	54	2019年11月	五矿资本控股有限公司	78.002	中央财经大学货币银行学专业硕士研究生，五矿资本控股有限公司副总经理、财务总监、总法律顾问
姜弘	董事	男	48	2019年11月	青海省国有资产投资管理有限公司	21.204	黑龙江商学院商经会计专业本科，青海省国有资产投资管理有限公司副总经理
陈闽玉	董事	女	46	2017年7月	青海省国有资产投资管理有限公司	21.204	青海大学会计专业本科，青海省国有资产投资管理有限公司总经理助理、财务部兼融资部部长
黄震	独立董事	男	51	2016年9月	—	—	北京大学法学专业博士研究生，中央财经大学教授
张成思	独立董事	男	47	2016年9月	—	—	英国曼彻斯特大学经济学专业博士研究生，中国人民大学教授
安秀梅	独立董事	女	59	2017年9月	—	—	中央财经大学财政学专业博士研究生，中央财经大学教授
王卓	执行董事	男	50	2017年7月	—	—	陕西财经学院货币银行学专业硕士研究生，五矿国际信托有限公司总经理

3.2.2 董事会下属委员会

名称	职责	组成人员	
战略规划委员会	主要负责对公司长期发展战略和重大投资决策进行研究并提出建议	主任委员	刘国威
		委员	王卓
		委员	黄震
薪酬考核与提名委员会	主要负责拟定公司薪酬及绩效考核方案，对公司高级管理人员进行考核，研究公司董事、总经理人选的选择标准和程序并提出建议	主任委员	刘国威
		委员	姜弘
		委员	张成思

续表

名称	职责	组成人员	
审计与风险管理委员会	主要负责拟定公司风险管理政策和重大风险管理解决方案，督促公司各项业务的合规、合法运作，以防范和控制业务风险	主任委员	樊玉雯
		委员	陈闽玉
		委员	张成思
信托委员会	主要负责督促公司依法履行受托职责，保证公司为受益人的最大利益服务	主任委员	安秀梅
		委员	王晓东
		委员	陈闽玉
关联交易控制委员会	主要负责审核公司关联交易合规性	主任委员	黄震
		委员	王晓东
		委员	姜弘

3.3 监事、监事会

姓名	职务	性别	年龄（岁）	选任日期	所推举的股东名称	股东持股比例（%）	简要履历及兼职情况
王明海	监事会主席	男	55	2019年11月	青海省国有资产投资管理有限公司	21.204	云南大学数学系数学专业本科，五矿国际信托有限公司党委副书记
蔡琦	监事	女	48	2020年9月	五矿资本控股有限公司	78.002	中央财政金融学院会计学专业本科，五矿资本控股有限公司财务部总经理
哈敬海	监事	男	33	2021年3月	西宁城市投资管理有限公司	0.794	山西财经大学电子商务、金融学专业本科，西宁城市投资管理有限公司综合办公室主任
王智瑞	监事	男	35	2016年9月	职工监事	—	北京大学人力资源管理专业本科，本公司人力资源部（党委组织部）总经理
位志宇	监事	男	43	2020年4月	职工监事	—	上海交通大学金融经济专业博士，本公司战略发展研究院、综合管理部、董事会办公室总经理，工会副主席

3.4 高级管理人员

姓名	职务	性别	年龄（岁）	选任日期	金融从业年限（年）	学历	专业	简要履历
王卓	总经理	男	50	2017年9月	17	硕士	货币银行学	1993年7月参加工作，2017年9月加入本公司；曾任珠海华能技术开发公司总经理、华能资本服务有限公司投资管理部副经理、华能贵诚信托有限公司副总经理
何其联	副总经理	男	50	2010年10月	27	本科	金融学	1993年7月参加工作，2010年10月加入本公司；曾任海航集团财务有限公司总经理
刘雁	财务总监、董事会秘书	女	48	2020年9月	27	本科	会计学	1995年8月参加工作，2020年9月加入本公司；曾任五矿资本控股有限公司财务部总经理
孟元	副总经理	男	43	2012年4月	19	硕士	经济学	2000年7月参加工作，2010年10月加入本公司；曾任中信信托有限责任公司部门负责人
孙卓立	副总经理、总法律顾问	女	46	2014年3月	19	硕士	会计学	2000年8月参加工作，2014年3月加入本公司；曾任中国对外经济贸易信托有限公司部门总经理、中国民生信托有限公司风险管理总部总裁
佟京晶	总经理助理	男	49	2019年7月	28	本科	金融学	1993年7月参加工作，2018年1月加入本公司；曾任中国农业银行业务管理处处长、查询查复处处长
王涛	总经理助理	男	49	2020年7月	26	本科	统计学	1995年7月参加工作，2018年8月加入本公司；曾任中国建行车公庄支行行长、建信信托市场总监兼市场营销中心总经理、本公司公司总监
刘家鸿	总经理助理	男	45	2020年7月	11	硕士	企业管理	2004年7月参加工作，2011年4月加入本公司；曾任普华永道会计师事务所审计经理、本公司信托业务部门总经理
任晓晖	风险总监	男	42	2021年5月	15	硕士	金融学	2003年7月参加工作，2010年8月加入本公司；曾任中信信托有限责任公司信托财务部项目经理、本公司信托财务部、运营管理总部、合规风控管理总部总经理

3.5 公司员工

截至2021年12月31日，公司共有在册职工671人。

项目		报告期年度	
		人数（人）	比例（%）
年龄分布	25岁以下	6	0.89
	25—29岁	112	16.69
	30—39岁	459	68.41
	40岁以上	94	14.01
学历分布	博士	5	0.75
	硕士	446	66.47
	本科	209	31.15
	专科及其他	11	1.64
岗位分布	董事、监事及高管人员	11	1.64
	业务人员	439	65.42
	其他人员	221	32.94

4. 经营管理

4.1 经营目标、方针、战略规划

4.1.1 经营目标

实现业务能力综合领先、客户关系稳定互信、风险管控全面完善、人才队伍成熟专业、组织体系科学合理、经营业绩持续增长，努力将公司打造为"服务主业和新经济、资管与财富双轮驱动的专业化、特色化、综合化的一流信托公司"。

4.1.2 经营方针

稳健经营、创新发展、责任担当、共生共荣。

4.1.3 战略规划

立足服务实体经济，遵循信托发展规律，依托中国五矿集团有限公司产业背景，坚持合利共享的发展观，坚持"稳字当头、稳中求进"发展总基调，以"信托文化建设"为核心，深化"双核驱动"战略，持续增强服务集团主业能力，努力开创稳健信托、文化信托、创新信托、质效信托和共享信托"五大信托"新局面。

4.2 经营业务的主要内容

经营业务的主要内容分为信托业务与固有业务。

4.2.1 信托资产运用与分布表

资产运用	金额（万元）	占比（%）	资产分布	金额（万元）	占比（%）
货币资金	2 666 741.50	3.26	基础产业	4 297 194.11	5.26
贷款	16 330 195.95	19.98	房地产	7 590 847.77	9.29
交易性金融资产投资	30 826 473.96	37.71	证券市场	30 035 715.76	36.75
可供出售金融资产投资	28 061 814.32	34.33	工商企业	6 929 600.41	8.48
持有至到期投资	—	—	金融机构	5 545 429.06	6.78
长期股权投资	1 304 633.18	1.60	其他	27 341 705.83	33.44
其他	2 550 634.03	3.12	—	—	—
信托资产总计	81 740 492.94	100.00	信托资产总计	81 740 492.94	100.00

4.2.2 固有资产运用与分布表

资产运用	金额（万元）	占比（%）	资产分布	金额（万元）	占比（%）
货币资产	126 168.51	4.68	基础产业	—	—
其他应收款	26 870.18	1.00	房地产	—	—
交易性金融资产	2 245 469.65	83.24	证券市场	444 171.64	16.47
债权投资	26 830.13	0.99	金融机构	2 122 729.59	78.69
其他	272 194.97	10.09	其他	130 632.21	4.84
资产总计	2 697 533.44	100.00	资产总计	2 697 533.44	100.00

注：除特别说明外，本摘要中披露口径均为母公司。

4.3 市场分析

4.3.1 宏观经济环境分析

面对持续反复的新冠肺炎疫情与复杂严峻的外部形势，在构建以国内大循环为主体、国内国际双循环促进的新发展格局下，取得了高质量发展，实现了"十四五"良好开局。我国经济持续恢复，保持了稳中向好的趋势。经济结构进一步优化，房地产市场持续降温、高端制造业、高技术制造业、装备制造业呈现勃勃生机，清洁能源等绿色产业也因配套支持政策的持续发布而迅速发展。与此同时，我国经济发展面临"需求收缩、供给冲击、预期转弱"的三重压力。

4.3.2 行业整体分析

2021年，行业主旋律仍是谋求转型发展。随着资管新规的落地和"两压一降"监管政策的出台，信托业正发生着深刻的变革，以服务实体、回归本源为主基调的行业转型正在持续走向深入。标品投资、财富管理、实业投资和服务型信托成为主要竞争领域。传统展业模式受到挑战，对信托公司在风险控制能力、创新能力、科技能力、运营能力建设等方面均提出了更高要求。

4.3.3 公司业务情况分析

报告期内，公司牢牢把握"金融服务实体经济"的核心使命，顺应国家政策导向及金融行业发展规律，应对风险挑战、保持战略定力、锻造核心业务能力。标品业务净值化转型初见成效，蓄力提升主动管理能力，逐

步搭建符合标品业务逻辑的管理体系。非标资产获取能力强，积极探索同股同权类地产基建业务，打通了普惠金融+资产证券化的全链条模式。家族业务推出"颐享世家"养老信托，开启客户养老新方案，并在艺术品领域取得新突破。资产证券化业务实现与头部公司合作，深化端到端服务链。财富管理中心全面强化向资产配置转型，销售能力、服务能力进入行业前列。固有投资业务作为利润平衡器，取得了较好收益。

4.4 风险管理

4.4.1 风险管理概况

公司风险管理严格遵循全面、有效、合理、制衡、独立及可操作性的原则 打造了业务部门、经营层、董事会审计与风险管理委员会和审计稽核部为主体的三道防线风险管理体系，对各项业务进行事前、事中、事后全链条风险管理。进一步以科技提升风险管理的精准度和有效性，打造数字型风险管理体系。不断优化风险管理流程，梳理排查管理薄弱点，明确管理职责，建立标准化尽职履责要求，将职责落实到具体部门、具体岗位。

4.4.2 风险管理状况

4.4.2.1 信用风险管理状况

报告期内，公司严格履行受托人尽职管理职责，通过及时调整展业策略、优化风控体系，积极应对外部经营环境的变化，公司总体信用风险基本可控。

公司根据国家宏观经济形势、产业发展政策以及地区和行业发展现状，积极调整和优化信托业务结构。通过持续加强投前、投中及投后全链条风控体系建设，强化风险识别、评估、监测及应对能力，加强信用风险防范的前瞻性、有效性和及时性，提升风险防范和风险化解能力。

4.4.2.2 合规与法律风险管理状况

报告期内，公司不断加强法律合规风险防控，大力压实依法治企责任，并根据外部相关法律、法规的变化，适时调整内控制度和展业模式，确保公司各项经营活动合法合规，未发生由法律合规风险所造成的损失。

公司把依法合规经营作为公司展业的立足点，切实提升业务合规精细化管理水平，严格按照相关监管规章和规则，对业务部门展业进行合规性审查。优化产品结构和法律文本设计，确保公司经营活动符合国家法律法规和监管政策要求。另外，重视法律合规文化宣导，营造依法治企、合规经营的良好文化氛围。

4.4.2.3 市场风险管理状况

报告期内，公司坚持稳健运营的策略，密切关注宏观政策导向，充分深入调研，对有价证券投资管理状况进行实时监测，控制总体证券投资规模和比例，设置限制性指标和止损限额，通过投资组合分散投资风险。

公司持续完善健全与风险管理战略相适应的市场风险管理体系，对市场风险实施限额管理，根据业务性质、资本规模和风险承受能力，制定投资限额及内部审批程序、操作规程，并严格执行。强化研究工作，加强对宏观经济态势的研判和对政策的解读，针对负面舆情信号及市场突发事件快速反应。

4.4.2.4 流动性风险管理状况

报告期内，公司未发生由于流动性问题而导致重大经营风险的情况。

公司坚持稳健运营的基本原则，合理规划流动性安排和资金使用计划，提高资本和流动性缓释能力，增强风险管理的前瞻性和有效性，审慎进行固有资产投资和管理。在固有资产配置上以流动性和安全性为首要原则，提高货币资金、金融产品投资等流动资产的配置比例。建立流动性风险预警、监测和报告机制，及时监测可能引发流动性风险的事件，及时、准确地传递相关信息。

4.4.2.5 战略风险管理状况

报告期内，公司未发生由于经营计划、策略与外部宏观形势和经济政策不适应而导致经营出现偏差的情况。

公司遵循国家法律法规要求以及行业发展趋势，根据宏观形势、监管政策和业务模式等变化，积极做好战略风险管理，确保公司稳健发展。

4.4.2.6 操作风险管理状况

报告期内，公司未发生由于操作风险而导致损失的情况。

公司结合最新监管规定及自身发展战略，不断完善制度、优化流程，在业务尽职调查、审批决策、风险监控、信息披露等环节不断细化管理要求、规范操作流程。明确各部门、岗位的职责和操作权限。加快信息系统建设步伐，根据业务发展实际需求，搭建便于操作、权限分明的业务系统。

4.4.2.7 信息科技风险管理状况

报告期内，公司未发生由于信息科技风险而导致损失的情况。

公司在全面分析公司信息科技风险管理现状的基础上，进一步完善信息科技治理架构，开展信息科技风险评估，促进业务健康稳定地运营开展。从组织结构、制度体系与技术防护等多角度完善信息科技风险管理体系。适时启动量化风险评估模块，为管理决策提供更准确的数据支撑。重视科技外包风险的控制，切实做好对外包人员、相关数据的管控。利用大数据风控，实现资产质量监测的可视化，提升前期尽职调查的准确性和后期跟踪的实时性。

4.4.2.8 声誉风险管理状况

报告期内，公司未发生重大负面舆情的情况。

公司声誉风险管理遵循"前瞻性、匹配性、全覆盖、有效性"的原则，将声誉风险管理纳入公司治理及全面风险管理体系。完善舆情管理制度，发布声誉风险和舆情管理实施细则并及时修订。建立和健全公司舆情预警和应对机制，提升公司舆情防控、监测和处置水平。

4.5 净资本管理

指标名称	期末数	监管标准
净资本（亿元）	198.75	≥2
各项业务风险资本之和（亿元）	108.52	—
净资本/各项业务风险资本之和（%）	183.15	≥100
净资本/净资产（%）	85.82	≥40

5.会计报表

5.1 固有资产

5.1.1 会计师事务所审计意见

天职业字〔2022〕第23578号审计报告审计意见：五矿国际信托有限公司财务报表在所有重大方面按照企业会计准则的规定编制，公允反映了五矿信托2021年12月31日的财务状况以及2021年度的经营成果和现金流量。

5.1.2 资产负债表

资产负债表

编制单位：五矿国际信托有限公司　　2021年12月31日　　单位：万元

项目	合并		母公司	
	2021年12月31日	2020年12月31日	2021年12月31日	2020年12月31日
资产：	—	—	—	—
货币资金	126 168.51	187 741.14	126 168.51	187 741.14
买入返售金融资产	167 948.40		167 948.40	
交易性金融资产	2 250 469.65	2 199 693.08	2 245 469.65	2 199 693.08

续表

项目	合并		母公司	
	2021年12月31日	2020年12月31日	2021年12月31日	2020年12月31日
债权投资	26 830.13	16 355.18	26 830.13	16 355.18
固定资产	3 204.13	2 792.19	3 204.13	2 792.19
使用权资产	10 198.49	—	10 198.49	—
无形资产	10 891.78	7 443.80	10 891.78	7 443.80
递延所得税资产	72 938.96	34 962.21	72 938.96	34 962.21
其他资产	33 883.39	53 267.38	33 883.39	53 267.38
资产总计	2 702 533.44	2 502 254.98	2 697 533.44	2 502 254.98
负债：	—	—	—	—
交易性金融负债	57 332.30	23 166.76	57 332.30	23 166.76
应付职工薪酬	77 554.94	70 592.04	77 554.94	70 592.04
应交税费	97 552.12	94 947.99	97 552.12	94 947.99
租赁负债	10 099.95		10 099.95	
预计负债	85 822.14	63 932.05	85 822.14	63 932.05
其他负债	58 183.57	2 829.50	53 183.57	2 829.50
负债合计	386 545.02	255 468.34	381 545.02	255 468.34
所有者权益：	—	—	—	—
实收资本	1 305 106.91	1 305 106.91	1 305 106.91	1 305 106.91
资本公积	150 000.00	150 000.00	150 000.00	150 000.00
盈余公积	148 328.36	124 705.64	148 328.36	124 705.64
一般风险准备	130 130.33	116 285.71	130 130.33	116 285.71
未分配利润	582 422.82	550 688.38	582 422.82	550 688.38
所有者权益合计	2 315 988.42	2 246 786.64	2 315 988.42	2 246 786.64
负债和所有者权益总计	2 702 533.44	2 502 254.98	2 697 533.44	2 502 254.98

法定代表人：王卓　　主管会计工作负责人：刘雁　　会计机构负责人：罗曼

5.1.3 利润表

利润表

编制单位：五矿国际信托有限公司　　2021年度　　单位：万元

项目	合并		母公司	
	2021年度	2020年度	2021年度	2020年度
一、营业收入	459 662.70	516 351.98	459 662.70	516 351.98
手续费及佣金净收入	452 381.91	375 430.35	452 381.91	375 430.35
其中：手续费及佣金收入	452 381.91	375 430.35	452 381.91	375 430.35
手续费及佣金支出				
利息净收入	12 518.09	4 631.56	12 518.09	4 631.56

续表1

项目	合并		母公司	
	2021年度	2020年度	2021年度	2020年度
其中：利息收入	13 249.62	9 966.75	13 249.62	9 966.75
利息支出	731.53	5 335.19	731.53	5 335.19
投资收益	34 393.55	48 729.25	34 393.55	48 729.25
其他收益	92 134.65	55 604.06	92 134.65	55 604.06
公允价值变动收益	-131 765.50	31 956.76	-131 765.50	31 956.76
二、营业支出	145 913.96	145 735.60	145 913.96	145 735.60
税金及附加	3 091.21	2 701.15	3 091.21	2 701.15
业务及管理费	143 173.78	143 107.53	143 173.78	143 107.53
信用减值损失	-351.03	-78.86	-351.03	-78.86
其他业务成本	—	5.78	—	5.78

续表2

项目	合并		母公司	
	2021年度	2020年度	2021年度	2020年度
三、营业利润	313 748.74	370 616.38	313 748.74	370 616.38
加：营业外收入	53.44	66.13	53.44	66.13
减：营业外支出	421.78	375.36	421.78	375.36
四、利润总额	313 380.40	370 307.15	313 380.40	370 307.15
减：所得税费用	77 153.16	91 931.38	77 153.16	91 931.38
五、净利润	236 227.24	278 375.77	236 227.24	278 375.77
六、其他综合收益	—	—	—	—
七、综合收益总额	236 227.24	278 375.77	236 227.24	278 375.77
归属于母公司所有者的综合收益总额	236 227.24	278 375.77	236 227.24	278 375.77
归属于少数股东的综合收益总额	—	—	—	—

法定代表人：王卓　　主管会计工作负责人：刘雁　　会计机构负责人：罗曼

5.2 信托资产

5.2.1 信托项目资产负债汇总表

信托项目资产负债表

编制单位：五矿国际信托有限公司　　2021年度　　单位：万元

信托资产	期末数	期初数	信托负债和信托权益	期末数	期初数
信托资产：	—	—	信托负债：	—	—
货币资金	2 666 741.50	2 399 701.52	应交税费	11 685.62	38 612.11
存放同业款项	—	—	其他应付款	800 702.15	1 059 207.82
交易性金融资产	30 826 473.96	7 456 279.52	应付账款	126 819.18	12 205.72
买入返售金融资产	465 892.09	207 572.66	长期应付款	—	—
应收票据	—	0.73	其他负债	—	—
应收账款	511.79	—	信托负债合计	939 206.95	1 110 025.65
应收利息	311 856.10	51 746.24			
其他应收款	90 127.39	125 616.89			
贷款	16 330 195.95	21 395 826.88	信托权益：		
可供出售金融资产	28 061 814.32	37 388 241.12	实收信托	79 610 608.91	69 116 759.81
长期应收款	—	—	资本公积	98 787.89	102 023.28
长期股权投资	1 304 633.18	1 259 122.21	未分配利润	1 091 889.19	-43 559.51
应收股利	1 175.63	1 141.46	信托权益合计	80 801 285.99	69 175 223.58
其他资产	1 681 071.03	—			
信托资产总计	81 740 492.94	70 285 249.23	信托负债和权益总计	81 740 492.94	70 285 249.23

5.2.2 信托项目利润及利润分配汇总表

信托项目利润及利润分配表

编制单位：五矿国际信托有限公司　　2021年度　　　　　　　单位：万元

项目	2021年度
一、营业收入	6 308 954.50
利息收入	1 991 006.64
投资收益	4 299 996.45
租赁收入	—
公允价值变动损益	17 666.41
汇兑损益	-22.70
其他收入	307.70
二、营业费用	1 376 304.22
三、营业税金及附加	23 128.35
四、营业外支出	—
五、扣除资产损失前的信托利润	4 909 521.93
减：资产减值损失	78 325.87
六、扣除资产损失后的信托利润	4 831 196.06
加：期初未分配信托利润	-43 559.51
七、可供分配的信托利润	4 787 636.55
减：本期已分配信托利润	3 695 747.36
八、期末未分配信托利润	1 091 889.19

6.会计报表附注

6.1 会计报表编制基准不符合会计核算基本前提的说明

6.1.1 会计报表不符合会计核算基本前提的事项

本公司会计报表编制基准不存在不符合会计核算基本前提的情况。

6.1.2 合并会计报表

按照《企业会计准则第33号——合并财务报表》的规定，本公司将以自有资金参与、并满足准则规定的"控制"定义的结构化主体纳入合并报表范围。截至2021年末，本公司纳入合并的结构化主体的总资产为24 141.57万元。

结构化主体类型	管理人名称	持有起始日期	份额	管理人参与份额
信托计划	五矿国际信托有限公司	2021年6月24日	184 000 000.00	134 000 000.00

6.2 报告年度重要会计政策、会计估计的变更

6.2.1 重要会计政策变更

本公司自2021年1月1日采用《企业会计准则第21号——租赁》（财会〔2018〕35号）相关规定，根据累积影响数，调整期初留存收益及财务报表其他相关项目金额，不调整可比期间信息。

采用新租赁准则对本公司2021年1月1日公司及合并未分配利润无影响；对公司及合并财务报表其他项目影响如下表所示。

单位：万元

会计政策变更的内容和原因	受影响的合并报表项目名称和金额	
2021年1月1日采用《企业会计准则第21号——租赁》（财会〔2018〕35号）相关规定导致的变更	固定资产	-17.84
	使用权资产	13 075.36
	租赁负债	13 101.57
	其他负债	-44.04

6.2.2 重要会计估计变更

无。

6.3 或有事项说明

无。

6.4 重要资产转让及其出售的说明

无。

6.5 会计报表中重要项目的明细资料

6.5.1 固有资产经营情况

6.5.1.1 按照信用风险资产五级分类结果披露资产的期初数、期末数

信用风险资产五级分类	正常类（万元）	关注类（万元）	次级类（万元）	可疑类（万元）	损失类（万元）	信用风险资产合计（万元）	不良资产合计（万元）	不良资产率（%）
期初数	2 449 588.37	—	—	582.71	31 104.43	2 481 275.51	31 687.14	1.25
期末数	2 460 798.47	71 367.15	43 141.57	18 372.40	23 146.17	2 616 825.76	84 660.14	3.11

6.5.1.2 资产减值准备情况

单位：万元

	期初数	本期计提	本期转回	本期核销	期末数
贷款损失准备	—	—	—	—	—
一般准备	—	—	—	—	—
专项准备	—	—	—	—	—
其他资产减值准备	—	—	—	—	—
持有至到期投资减值准备	—	—	—	—	—
长期股权投资减值准备	—	—	—	—	—
坏账准备	31 777.46	-280.30	70.73	7 887.54	23 538.89
投资性房地产减值准备	—	—	—	—	—

6.5.1.3 固有股票投资、基金投资、债券投资、金融股权投资等投资情况

单位：万元

	股票	基金	债券	金融股权投资	其他投资	合计
期初数	15 595.23	79 463.22	62 981.34	60 652.17	1 997 356.30	2 216 048.26
期末数	8 476.65	622 897.47	—	62 567.65	1 746 306.41	2 440 248.18

6.5.1.4 金融股权投资明细表

被投资企业名称	被投资企业所属行业	投资成本（万元）	年末股权比例（%）
中国信托业保障基金有限责任公司	基金管理服务	50 000.00	4.35

6.5.1.5 固有贷款明细表

企业名称	贷款金额（万元）	贷款总额的比例（%）	年初金额（万元）	本年增加（万元）	本年减少（万元）	期末金额（万元）
上海茂焕企业管理有限公司	289 200.00	100	—	289 200.00	289 200.00	—
合计	289 200.00	100	—	289 200.00	289 200.00	—

6.5.1.6 表外业务的期初数、期末数

无。

6.5.1.7 公司当年收入结构

收入结构	金额（万元）	占比（%）
手续费及佣金收入	452 381.91	98.25
其中：信托手续费收入	452 381.91	98.25
利息收入	13 249.62	2.88
投资收益	34 393.55	7.47
其中：股权投资收益	2 850.00	0.62
证券投资收益	13 659.16	2.97

续表

收入结构	金额（万元）	占比（%）
其他投资收益	17 884.39	3.88
其他收益	92 134.65	20.01
公允价值变动收益	-131 765.50	-28.62
营业外收入	53.44	0.01
收入合计	460 447.67	100.00

6.5.2 披露信托资产管理情况

6.5.2.1 信托资产的期初数、期末数

单位：万元

信托资产	期初数	期末数
集合	55 604 041.76	69 024 239.39
单一	9 461 796.54	6 348 425.84
财产权	5 219 410.93	6 367 827.71
合计	70 285 249.23	81 740 492.94

6.5.2.2 主动管理型信托资产的期初数、期末数

单位：万元

主动管理型信托资产	期初数	期末数
证券投资类	6 936 250.30	30 035 715.76
股权投资类	3 598 478.30	3 534 054.95
其他投资类	8 930 388.08	6 506 224.62
融资类	40 305 369.69	31 616 563.64
事务管理类	—	—
合计	59 770 486.37	71 692 558.97

6.5.2.3 被动管理型信托资产的期初数、期末数

单位：万元

被动管理型信托资产	期初数	期末数
证券投资类	—	—
股权投资类	—	—
融资类	—	—
事务管理类	10 514 762.86	10 047 933.97
合计	10 514 762.86	10 047 933.97

6.5.2.4 本年度已清算结束的信托项目个数、实收信托合计金额、加权平均实际年化收益率

按集合、单一和财产管理类进行分类

已清算结束信托项目	项目个数（个）	合计金额（万元）	加权平均实际信托报酬率（%）	加权平均实际年化收益率（%）
集合类	697	24 168 007.86	0.70	5.83
单一类	71	6 577 472.56	0.13	4.16
财产管理类	45	6 802 600.00	0.16	4.20

2021年度清算结束的主动管理型信托项目

已清算结束信托项目	项目个数（个）	合计金额（万元）	信托报酬率（%）	加权平均实际年化收益率（%）
证券投资类	204	1 401 961.86	0.39	4.21
股权投资类	2	117 080.00	0.23	4.49
其他投资类	95	5 162 203.65	0.55	5.07
融资类	445	20 336 070.95	1.00	5.90

2021年度清算结束的被动管理型信托项目

已清算结束信托项目	项目个数（个）	合计金额（万元）	信托报酬率（%）	加权平均实际年化收益率（%）
证券投资类	—	—	—	—
股权投资类	—	—	—	—
融资类	—	—	—	—
事务管理类	67	10 530 763.96	0.14	3.99

6.5.2.5　2021年度新增的集合类、单一类和财产管理类信托项目个数及金额

新增信托项目	项目个数（个）	合计金额（万元）
集合类	1 037	60 672 490.12
单一类	606	3 706 066.51
财产管理类	52	5 140 802.59
新增合计	1 695	69 519 359.22
其中：主动管理型	1 649	64 382 959.15
被动管理型	46	5 136 400.07

6.6　关联方及其交易的披露

6.6.1　关联交易方的数量、关联交易的总金额及关联交易的定价原则等

	关联交易方数量	关联交易金额（万元）	定价政策
合计	11	158 565.5	本公司2021年度发生的关联方交易均根据一般正常的交易条件进行，并以市场价格作为定价依据

6.6.2　关联交易方与本公司的关系性质、关联交易方的名称、法定代表人、注册地址、注册资本及主营业务等

关系性质	关联方名称	法定代表人	注册地址	注册资本（亿元）	主营业务
同一母公司	中国外贸金融租赁有限公司	高红飞	北京市海淀区三里河路1号北京市西苑饭店11号楼	51.66	融资租赁；固定收益类证券投资业务；同业拆借等
同一母公司	五矿证券有限公司	黄海洲	深圳市南山区粤海街道海珠社区滨海大道3165号五矿金融大厦2401	97.98	证券经纪；证券投资咨询；证券承销业务和证券资产管理业务；融资融券业务等
同一母公司	五矿经易期货有限公司	张必珍	深圳市南山区粤海街道海珠社区滨海大道3165号五矿金融大厦1301、1401、1501、1601	27.15	许可经营项目是：商品期货经纪、金融期货经纪、资产管理、期货投资咨询等
本公司母公司的联营企业	绵阳市商业银行股份有限公司	何苗	四川省绵阳市涪城区临园路西段文竹街3号	16.44	吸收公众存款、发放贷款、办理国内结算等
本公司母公司的联营企业	安信基金管理有限责任公司	刘入领	深圳市福田区莲花街道益田路6009号新世界商务中心36层	5.06	基金募集、基金销售、特定客户资产管理、资产管理和中国证监会许可的其他业务
同一最终控制方的合营企业	五矿创新投资有限公司	熊小兵	北京市东城区朝阳门北大街5号201层01单元	10	项目投资；资产管理；投资管理；投资咨询等
同一最终控制方	北京第五广场置业有限公司	郝刚	北京市东城区朝阳门大街7号三层305、306单元	4.9	开发、建设、出售、出租用地范围内的房屋等
同一最终控制方的联营企业	五矿财富投资管理有限公司	王涛	北京市东城区朝阳门大街7号10层北侧	1	非证券业务的投资管理、投资咨询；财务咨询；经济信息咨询；私募股权投资等
同一最终控制方	五矿保险经纪（北京）有限责任公司	李桂福	北京市海淀区三里河路3号五矿大厦B座410室	0.5	商品期货经纪、金融期货经纪、资产管理、期货投资咨询等
同一最终控制方	上海宝欣润置业有限公司	唐文革	上海市宝山区沪太路6397号1-2层A4298室	3.3	房地产开发；物业管理；市政公用建设工程施工；地基与基础建设工程施工；建筑装饰装修建设工程施工等
同一最终控制方	上海中冶顾村大居置业有限公司	唐文革	上海市宝山区顾北东路365号A区959	0.15	房地产开发；地基与基础建设工程专业施工；室内装饰工程；园林绿化工程；装饰材料、建筑材料销售

6.6.3 公司关联交易披露事项

6.6.3.1 固有与关联方交易情况

单位：万元

项目	期初数	借方发生额	贷方发生额	期末数
贷款	—	—	—	—
投资	—	—	—	—
租赁	-9 612.28	7 300.70	4 844.05	-7 155.63
应收账款	—	—	—	—
担保	—	—	—	—
其他	121 461.10	6 837 633.09	6 845 473.02	113 621.17
合计	111 848.82	6 837 933.79	6 850 317.07	106 465.54

注：租赁为新租赁准则的租赁负债。

6.6.3.2 信托与关联方交易情况

单位：万元

项目	期初数	借方发生额	贷方发生额	期末数
贷款	317 700.00	—	265 600.00	52 100.00
投资	—	—	—	—
租赁	—	—	—	—
应收账款	—	—	—	—
担保	—	—	—	—
其他	—	—	—	—
合计	317 700.00	—	265 600.00	52 100.00

6.6.3.3 固有与信托间的交易情况

单位：万元

项目	期初数	本期发生额	期末数
合计	1 998 300.44	-415 545.63	1 582 754.81

6.6.3.4 信托项目间的交易情况

单位：万元

项目	期初数	本期发生额	期末数
合计	1 147 173.38	2 921 711.96	4 068 885.34

6.6.4 报告期无关联方逾期未偿还本公司资金及本公司为关联方担保发生或即将发生垫款的情况

6.7 会计制度的披露

公司固有业务和信托业务均执行财政部颁布的企业会计准则及相关规定。

7. 财务情况说明书

7.1 利润实现和分配情况

2021年初公司未分配利润为550 688.38万元，2021年实现净利润236 227.24万元。2021年利润分配如下：分配2020年股东股利167 025.46万元；按照净利润的10%提取法定盈余公积23 622.72万元；按照净利润的5%提取信托赔偿准备金11 811.36万元，提至90 877.94万元；按照年末风险资产1.5%提取一般风险准备金2 033.26万元，提至39 252.39万元。

2021年末未分配利润余额为582 422.82万元。

7.2 主要财务指标

指标名称	指标值	计算公式
净资产收益率（%）	10.35	净利润/所有者权益平均数×100%
信托报酬率（%）	0.48	信托项目年化信托报酬之和/公司实收信托总规模
人均利润（万元）	467.03	利润总额/年平均人数

7.3 对本公司财务状况、经营成果有重大影响的其他事项

无。

8. 特别事项揭示

8.1 股东报告期内变动情况及原因

报告期内，公司股东及持股比例均未发生变动。

8.2 董事、监事及高级管理人员变动情况及原因

8.2.1 董事变动情况

无。

8.2.2 监事变动情况

2021年3月，公司第四届监事会第五次会议通过调整第四届监事会组成人员的议案。推荐哈敬海同志为公司监事，公司原监事王茜同志因工作岗位变动，不再担任公司监事。

8.2.3 高管人员变动情况

2021年3月，公司2021年第四届董事会第十四次会议同意聘任任晓晖同志为公司风险总监，并同意由孙卓立同志兼任公司总法律顾问。相关任职资格已获监管机构核准。

8.3 变更注册资本、注册地或公司名称、公司分立合并事项

报告期内，未发生变更注册资本、注册地或公司名称、公司分立合并事项。

8.4 公司的重大诉讼事项

序号	原告	被告	标的金额（元）	案由	进展情况
1	五矿信托	武汉金正茂商务有限公司、武汉徐东房地产开发有限公司等	600 000 000.00	营业信托纠纷	本案涉案债权已对外转让，处置完毕。因受让人委托，五矿信托继续受托处置汉正街项目资产
2	五矿信托	成都森宇实业集团有限公司	518 698 630.14	借款合同纠纷	2016年3月22日出具调解书，对方未履行，五矿信托已于2016年5月17日向青海省高级人民法院申请强制执行。正在执行中
3	五矿信托	内蒙古中西矿业有限公司、甘肃建新实业集团有限公司、甘肃万星实业股份有限公司、刘建民、王爱琴	1 153 413 641.87	借款合同纠纷	2019年5月，内蒙古卓资县人民法院裁定批准中西矿业重整计划草案并终止其重整程序，已收到部分回款；2021年1月，甘肃省陇南市中级人民法院做出民事裁定，终结甘肃建新实业集团有限公司的破产重整程序，已收到全部回款；2021年7月，甘肃省兰州市中级人民法院做出民事裁定，终结甘肃万星实业股份有限公司破产程序，已收到全部回款。上述案件中未获得分配款项，目前仍在执行中
4	五矿信托	佛山振兴共济文化投资有限公司、云南振戎润德集团有限公司、广东振戎能源有限公司	591 140 110.00	营业信托纠纷	涉案债权已转让，青海高院已裁定终结本次执行
5	五矿信托	云南振戎润德文化传播有限公司、云南振戎润德集团有限公司、杨瑞	44 833 941.67	借款合同纠纷	涉案债权已转让，青海高院已裁定终结本次执行

8.5 公司和董事、监事、高级管理人员受处罚的情况

报告期内，公司及董事、监事和高级管理人员没有受到监管部门处罚的情况发生。

8.6 银保监会及其派出机构提出整改意见的情况

2021年，中国银保监会青海监管局先后对公司下发了《2020年度监管意见书》《业务监管意见书》等监管文件，监管局在"持续防控信托业风险、促进信托业转型发展、持续推进信托业改革"等方面向公司提出了监管意见、提示了风险。公司高度重视，快速传导，对照监管意见逐一制定整改落实措施，明确责任主体，并动态跟踪执行整改情况，确保整改质效。通过整改落实监管意见，公司的风险管理、公司治理、经营管理等各项能力水平进一步提高，内部控制及法律合规体系更加完善。公司将坚持监管引领的正确转型方向，将监管导向内化为展业标准，确保合规经营、稳健展业。

8.7 重大事项临时报告情况

报告期内，公司没有需临时报告的重大事项。

8.8 监管机构认定的其他有必要让客户及相关利益人员了解的重要信息

报告期内，没有发生监管机构认定的其他有必要让客户及相关利益人了解的重要事项。

9.监事会意见

报告期内，公司能够按照合法决策程序对重大事项进行决策，业务经营活动符合《公司法》《信托法》《信托管理办法》及《信托公司治理指引》等有关法律规定；董事、高级管理人员能够合法合规履行公司职务；天职国际会计师事务所（特殊普通合伙）出具的2021年度"标准无保留意见"审计报告（天职业字〔2022〕23578号）中披露的财务信息，能真实、客观地反映公司的财务状况和经营结果。

西部信托有限公司

1. 重要提示

1.1 本公司董事会及董事保证本报告所载资料不存在任何虚假记载、误导性陈述或重大遗漏，并对其内容的真实性、准确性和完整性承担个别及连带责任。

1.2 公司独立董事声明本年度报告内容真实、准确和完整。

1.3 天职国际会计师事务所为本公司出具了无保留意见的年度审计报告。

1.4 公司董事长徐谦、主管会计工作的副总经理刘洁及计划财务部经理甄明声明：保证本年度报告中财务报告的真实、完整。

2. 公司概况

2.1 公司简介

中文名称：西部信托有限公司
中文名称简写：西部信托
英文名称：Western Trust Co. Ltd.
英文名称缩写：WTI

法定代表人：徐谦
注册地址：陕西省西安市东新街232号
邮政编码：710004
公司国际互联网网址：www.wti-xa.com
电子信箱：wti-xa@wti-xa.com
公司信息披露负责人：刘洁
联系电话：029—87396585
传真电话：029—87406300
电子信箱：wti-xa@wti-xa.com
选定的信息披露报纸：《上海证券报》《证券时报》《中国证券报》
年度报告备置地点：陕西省西安市东新街232号信托大厦15楼
聘请的会计师事务所：天职国际会计师事务所西安分所
地址：西安市雁塔区唐延路13号禾盛京广中心1幢25楼
聘请的律师事务所：北京金诚同达（西安）律师事务所
地址：西安市高新区锦业路迈科商业中心25层

2.2 组织结构

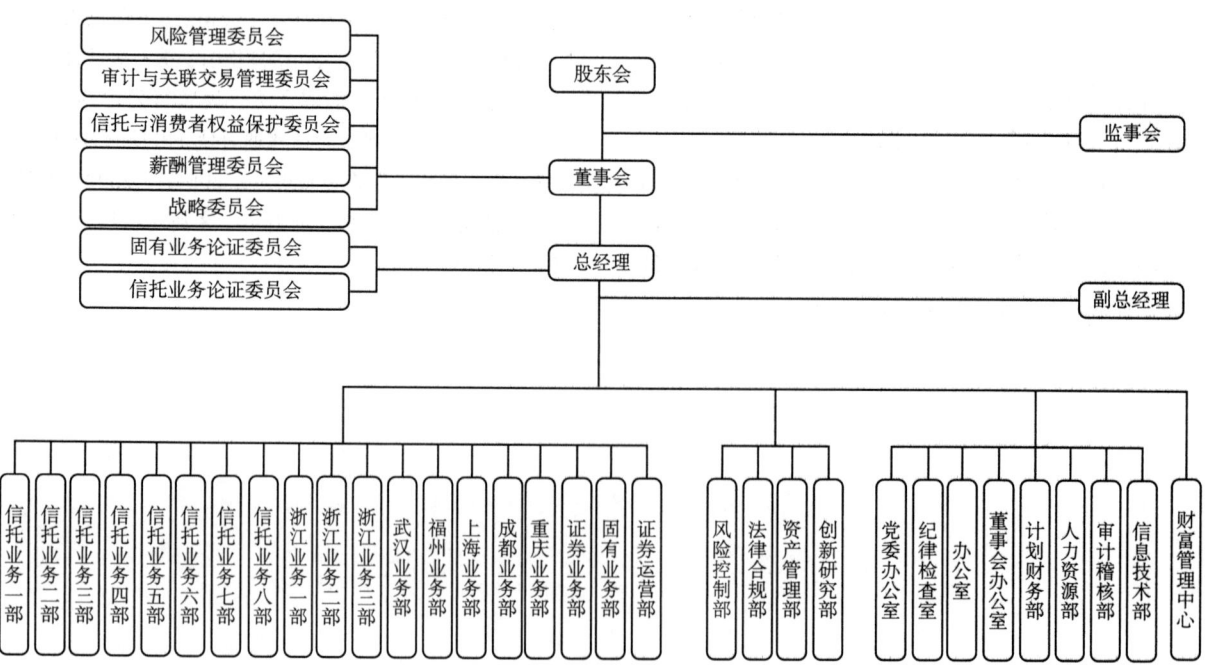

3. 公司治理

3.1 股东

截至2021年末，公司股东总数24个。

股东名称	持股比例（%）	法人代表	注册资本（万元）	注册地址	主要经营业务及主要财务情况
陕西投资集团有限公司	57.78	袁小宁	1 000 000.00	陕西省西安市新城区东新街232号陕西信托大厦11-13楼	煤田地质、水文地质、矿产勘察的筹建、地质技术服务、地质灾害处理；测绘工程、工程勘察、地基与基础工程的施工等
陕西省产业投资有限公司	8.66	霍熠	80 000.00	陕西省西安市莲湖区青年路92号	装备制造、能源交通、电子信息、原材料、矿产资源、房地产、农林及产业项目的投资建设和运营等
陕西延长石油（集团）有限责任公司	5.15	兰建文	1 000 000.00	陕西省延安市宝塔区枣园路延长石油办公基地	石油和天然气、油气共生或钻遇矿藏的勘探、开采、生产建设、加工、运输、销售和综合利用等

3.2 董事

董事长、董事

姓名	职务	性别	年龄（岁）	选任日期	所提名的股东名称	该股东持股比例（%）	简要履历
徐谦	董事长	男	50	2019年3月	陕西投资集团有限公司	57.78	1993年7月参加工作，博士研究生学历，经济学博士学位，中共党员，曾任西部信托有限公司总经理
王毛安	董事	男	54	2015年11月	陕西投资集团有限公司	57.78	1991年7月参加工作，硕士研究生学历，经济学硕士学位，高级会计师职称，注册会计师资格，中共党员，现任陕西投资集团有限公司金融管理部主任
栾兰	董事	男	38	2019年3月	陕西投资集团有限公司	57.78	2007年7月参加工作，大学学历，工业工程和管理学学位，经济师职称，中共党员，现任陕西投资集团总经理助理、陕投资本管理有限公司党总支书记、董事长
刘千	董事	女	52	2019年3月	陕西投资集团有限公司	57.78	1992年7月参加工作，大学学历，高级会计师职称，中共党员，现任陕西能源投资股份有限公司财务总监
刘平安	董事	男	37	2019年3月	陕西省产业投资有限公司	8.66	2010年5月参加工作，硕士研究生学历，金融学硕士学位，中级经济师，中共党员，现任陕西省产业投资有限公司副总经理
杨驰	职工董事	男	38	2020年6月	西部信托有限公司	—	2011年12月参加工作，硕士研究生学历，中共党员

独立董事

姓名	所在单位及职务	性别	年龄（岁）	选任日期	所提名的股东名称	该股东持股比例（%）	简要履历
文富胜	青岛星耀领航投资管理有限公司创始合伙人	男	53	2015年11月	—	—	大学本科学历，经济学学士。曾取得注册会计师、律师、注册资产评估师、经济师（金融）、保荐代表人等资格
马旭飞	清华大学经济管理学院创新创业与战略系和清华大学深圳国际研究生院创新管理研究院教授、博士生导师	男	49	2015年11月	—	—	研究生学历，博士学位。先后毕业于西安交通大学、加拿大萨省大学商学院、新加坡国立大学商学院，战略管理和国际企业管理领域的知名学者
田高良	西安交通大学管理学院教授	男	57	2019年3月	—	—	管理学博士，中国人民大学工商管理博士后，全国会计学术类领军人才

3.3 监事

监事会成员

姓名	职务	性别	年龄（岁）	选任日期	所推荐的股东名称	该股东持股比例（%）	简要履历
包勇	监事会主席	男	50	2021年10月	彩虹集团有限公司	5.01	曾任国营长风机器厂团委副书记、国营长风机器厂劳动服务公司副书记兼副经理、甘肃长风信息科技（集团）有限公司洗衣机公司副总经理、常务副总经理、甘肃长风信息科技（集团）有限公司人事部部长、国营长风机器厂厂长助理兼人事部部长、甘肃长风信息科技（集团）有限公司副总经济师荣人事部部长、工会主席、党委委员，甘肃长风电子科技有限责任公司党委委员、工会主席等职务。现任彩虹集团有限公司纪委书记、党委委员
孙飚	监事	男	54	2012年8月	重庆中侨置业有限公司	3.90	曾任重庆中侨置业有限公司董事长
兰馨	职工监事	女	38	2019年11月	西部信托有限公司	—	曾在西部信托有限公司风控合规部、财富管理中心工作，历任西部信托有限公司法律合规部法务总监、副总经理，现任西部信托有限公司法律合规部总经理

本公司监事会未设立下属委员会。

3.4 高级管理人员

姓名	职务	性别	年龄（岁）	任职日期	金融从业年限	学历	专业	简要履历
贾旭	总经理	男	52	2019年3月	29	硕士	工商管理	中共党员，经济师，硕士学位，研究生学历，曾任西部信托有限公司市场营销部经理、信托二部经理、总经理助理、副总经理
刘洁	副总经理董事会秘书	女	52	2019年3月	21	硕士	工商管理	硕士学位，研究生学历，高级经济师、注册会计师，曾任西部证券投资银行部高级经理、长安信托审计部总经理、风险控制部总经理、合规风险副总监、公司监事
雷秦	副总经理	女	50	2020年12月	6	硕士	工业工程	中共党员，硕士学位，正高级经济师，曾任西部信托有限公司办公室主任、董事会办公室主任、公司纪委副书记、工会副主席
蔡梦诗	副总经理	女	39	2019年3月	15	硕士	政治经济学	中共党员，硕士学位，研究生学历，经济师，曾任浙江省工商信托公司管理部总经理助理、万向信托有限公司管理部执行总经理、财富管理总部总经理、运营总监、西部信托有限公司浙江业务总部总经理、公司总经理助理
韩宗望	副总经理	男	49	2019年3月	26	硕士	工商管理	硕士学位，研究生学历，经济师，曾任西部信托有限公司信托业务六部部门总经理、广东业务总部总经理、公司总经理助理

3.5 公司员工

项目		报告期年度		上年度	
		人数（人）	比例（%）	人数（人）	比例（%）
年龄分布	25岁以下	2	0.60	2	0.58
	25—29岁	58	17.52	75	21.61
	30—39岁	199	60.13	199	57.35
	40岁以上	72	21.75	71	20.46
学历分布	博士	4	1.21	4	1.15
	硕士	142	42.90	155	44.67
	本科	157	47.43	156	44.96
	专科	27	8.16	30	8.65
	其他	1	0.30	2	0.57
岗位分布	董事、监事及其高管人员	7	2.11	7	2.02
	自营业务人员	4	1.21	4	1.15
	信托业务人员	117	35.35	143	41.21
	其他人员	203	61.33	193	55.62

4. 经营管理

4.1 经营目标、方针、战略规划

围绕着建立一流、优秀的信托公司为发展目标，综合发掘各类资源，在公司内部逐步建立健全现代企业制度，建造科学合理的经营管理体制、激励机制和风险内控系统，为客户提供专业化的综合金融服务，为信托受益人谋求利益最大化，为股东创造价值最大化，为员工提供良好的成长机会，使公司成为专业理财金融机构。

以"防风险、补短板、促转型、保增长"为总体基调，采取有效的风险防控措施，确保存续信托项目平稳运行，稳步适度开展传统业务，积极推进符合发展趋势的创新业务，夯实业务发展基础，加快业务转型，提升发展质量。

坚持"受人之托，代人理财"的服务宗旨，以"跟随主流市场同时打造自身特色，进行业务综合布局"为战略方向，以"在锁定基石业务基础上，积极培养战略创新业务和传统业务创新思路"为战略定位，以立足陕西、拓展全国性业务为路径，通过若干年的努力，形成公司新的可持续发展的基础、提升发展质量，将公司打造成为行业内具有特色、具有一定竞争力的资产管理和财富管理公司。

4.2 所经营业务的主要内容

公司所经营业务包括固有资产管理业务和信托业务。信托业务主要是资金信托、股权信托和财务顾问等业务；固有资产管理业务主要是股权投资、贷款和证券投资。

4.2.1 自营资产运用与分布表

资产运用	金额（万元）	占比（%）	资产分布	金额（万元）	占比（%）
货币资产	11 177.00	1.76	基础产业	—	—
贷款及应收款	2 414.71	0.38	房地产业	—	—
交易性金融资产	366 270.74	57.62	证券市场	69 402.00	10.92
债权投资	24 292.81	3.82	实业	—	—
其他权益工具投资	209 371.82	32.94	金融机构	542 320.73	85.31
其他	22 176.08	3.49	其他	23 980.44	3.77
资产总计	635 703.17	100.00	资产总计	635 703.17	100.00

4.2.2 信托资产运用与分布表

资产运用	金额（万元）	占比（%）	资产分布	金额（万元）	占比（%）
货币资产	118 870.90	0.44	基础产业	2 893 780.12	10.74
贷款	10 160 259.42	37.73	房地产	2 146 174.56	7.97
交易性金融资产	348 900.32	1.30	证券市场	424 772.88	1.58
持有至到期投资	3 640 683.92	13.52	实业	20 895 308.47	77.60
长期股权投资	1 232 820.66	4.58	金融机构	525 393.75	1.95
其他	11 426 495.46	42.43	其他	42 600.90	0.16
信托资产总计	26 928 030.68	100.00	信托资产总计	26 928 030.68	100.00

4.3 市场分析

2021年，受新冠肺炎疫情冲击和经济下行影响，宏观经济增长乏力。展望2022年，疫情变化和外部环境仍存在诸多不确定性，"稳增长"已成为2022年宏观经济的核心任务。对于信托行业而言，资管新规过渡期已经结束，强监管态势还将延续，因此，继续压降通道和融资类业务规模、完善公司治理和加速业务转型，仍是整个信托业发展的着力点。

4.4 内部控制

公司重视内控建设，公司股东会、董事会、监事会、经营管理层各自的职能分工明确，建立了决策层、执行层、监督层构成的内部控制架构，在公司的经营发展中发挥着各自的职能与作用，形成了各层既相互独立，又相互制衡、相互协调的内部控制机制。

公司一直秉承"稳健经营、持续发展"的经营理念，始终把风险控制放在经营管理的首要位置，多层次、全方位推动积极有效的内控文化建设。通过培训学习、印发制度汇编等多种途径使全体员工熟悉公司的各项规章制度及业务操作流程；通过审计检查、考核激励与问责不断强化员工的合规经营和风险控制意识。

公司董事会下设风险管理委员会、信托与消费者权益保护委员会、薪酬管理委员会、战略委员会、审计与关联交易管理委员会。各委员会职责清晰、分工明确，协助董事会开展公司各项工作。公司引入独立董事制度，并由独立董事出任信托与消费者权益保护委员会、薪酬管理委员会和审计与关联交易管理委员会主任委员，以控制公司重大业务的经营风险，实现公司的稳健持续发展。

公司层面设置了信托业务论证委员会和固有业务论证委员会，建立了有效的业务咨询系统。业务部门在开办业务时首先要经过详细的可行性分析，经风险控制部进行项目预审，法律合规部合规审查，再提交专业论证委员会进行审议表决。公司审计稽核部负责内审工作，遵循内部审计准则和稽核工作规范，独立、客观地履行职能。公司《授权管理办法》对股东会、董事会、经营班子各层级业务权限做出了明确规定，实行分级授权审批控制。

公司设立了业务风险控制委员会，人员由公司总经理、副总经理等组成，通过定期对业务项目风险跟踪、分析，对项目运行过程中的风险情况进行认真评估，排查业务项目风险隐患，建立了风险预警机制。

公司固有财产和信托财产设立独立的部门分别管理，各部门和岗位，职权分明，职能独立。公司不断地完善制度体系，将内部综合管理、业务管理、财务管理三大类制度进行梳理与汇总，力求公司经营管理环节都做到有章可循，照章办事。

公司建立了良好的信息交流与沟通制度，通过公司网站、每周例会、办公自动化系统、管理月报、中层以上管理人员不定期工作会议等形式达到各层级顺畅的信息共享与互动。

公司依照规定的程序，及时、完整、准确地向监管部门报备有关材料，向社会公众披露相关信息，并积极整合反馈信息，将其有效地运用于公司的经营管理中。公司还邀请监管机构代表列席董事会、股东会会议，接受监管部门监督。公司能够严格执行向委托人（受益人）披露信托事务处理信息的有关制度，依据有关文件约定能及时召开委托人（受益人）会议，确保相关当事人的知情权。对于监管机构和委托人（受益人）提出的问题或建议，公司均能给予及时、详细的信息反馈。

公司建立了内部控制评价、监督、纠正机制。公司审计稽核部作为公司独立的专职监督部门，以防范风险、纠正违规、加强内控为工作目标，对公司的内部控制、操作风险及合规管理进行独立监督和评价，及时发现内部控制缺陷或项目操作风险，提出改进建议并敦促改进，促进公司的稳健发展。法律合规部负责对公司的法规工作进行统一的规划、指导、监督、检查及评价，确保公司及项目合法合规。

本报告期内，公司审计稽核部按照《企业内部控制基本规范》的有关规定，在公司治理、内部控制管理、业务流程与执行等多个方面开展了审计工作，并提出了审计管理建议。报告期内审计稽核部两次对审计工作中发现的问题进行整改检查,使有关问题及时得到解决。

4.5 风险管理

公司经营活动中可能遇到的风险主要有战略风险、信用风险、市场风险、操作风险、流动性风险、创新业务管理风险、合规风险、洗钱和恐怖融资风险、关联交易风险、财务风险、信息系统管理风险、其他风险等。

风险管理贯彻全面性、审慎性、及时性、有效性、独立性的原则,覆盖公司各项业务、各个部门和各级人员,并渗透到决策、执行、监督、反馈等各个环节,对风险进行事前防范、事中控制、事后监督,促进公司持续、稳健、规范、健康运行。

公司风险管理体系按照公司法、公司章程和授权管理办法进行构建,实行风险分层分级管理,明确各级风险责任单位的风险管理职责和责任。

4.5.1 战略风险管理

加强宏观经济研究,注重公司内外部各类信息的搜集整理,包括历史数据和未来预测,为公司制定规划、作出决策提供依据;聘请专业第三方机构,根据行业发展、监管导向以及公司经营目标、风险策略、业务资源禀赋等,协助制定切实可行的战略规划并定期进行滚动修订。

4.5.2 信用风险管理

为有效防控和管理信用风险,一是通过制定年度业务发展规划、各主要类型业务指导意见等,从宏观和中观角度把控业务的信用风险。二是坚持从严的风险控制措施,对融资人的偿债能力、保证人的担保能力、抵(质)押物的权属及价值、风险集中度等进行充分调查和审核,从微观角度事前把控信用风险。三是加强项目运行期间动态管理和监控,通过定期或不定期的检查、抽查跟踪业务并采取有效措施进行信用风险事中控制。四是通过提取信托赔偿准备金和计提资产损失准备金提高公司抵御风险的能力,采取市场化的风险化解和处置原则,并与传统处置方式相结合,设立专门的风险化解处置机构,优化风险化解处置流程,持续加强事后信用风险管理机制;通过对信托业务有效的事前、事中和事后风险管理,对信用风险进行有效的管控。

4.5.3 市场风险管理

为加强市场风险管理,公司一是加强了对经济及金融形势的分析预测,关注行业状况,按年度制定业务发展规划。二是在项目开展前期,对金融市场有可能产生的市场风险的各个因素进行分析研究,提早做好防范措施,采取分散投资、分散风险的方法,通过业务种类、产品结构的多元化提升公司抵御金融市场风险的整体能力;通过时机和标的资产选择来寻找投资机会,妥善管理和控制市场波动带来的风险。三是通过密切跟踪宏观经济变化,增强预见性,防范利率风险,控制行业集中度,关注政策导向研究,回避限制行业,以规避市场风险。四是在项目运行过程中,严格执行公司期间管理要求,并根据市场变化及时补充制定必要的期间管控措施,以防范市场风险。

4.5.4 操作风险管理

为防止操作风险的发生,公司一是制定了科学合理的业务表决和决策机制,设定合理的决策权限、审批流程,建立了严格的决策信息采集、传递程序,使决策人能够充分掌握基础决策信息,同时通过各种方式不断提高相关决策人自身决策素质和决策能力,以控制业务决策过程中的操作风险。二是公司不断加强业务内控制度建设,定期梳理和完善业务制度、操作流程,加强精细化管理,设置相互制衡的岗位,强化复核机制,加强员工培训,提高员工业务技能,通过技术手段对操作权限和内容进行程序设定、实行操作违规处罚、制订应急预案等措施控制操作风险。三是强化信息系统建设,形成标准化的线上业务流程,并加强信息技术风险管理,有效控制操作风险。

4.5.5 流动性风险管理

为加强流动性风险的管理,公司一是在项目前期评审阶段从多个方面评判债务人到期的偿付能力,明确还款来源,设置合理的流动性监测管理方案。二是严格按照监管部门及公司要求,对项目进行持续跟踪,并根据项目的具体情况进行充分的压力测试,严格后续管理,持续关注公司的后续经营状况,了解其经营风险,重要时点的流动性风险,在债务人出现或有流动性风险时,及时采取有效措施进行化解,严防流动性风险的出现。三是公司在自有资金配置结构中保持合理比例的高流动性资产,为信托业务开展及公司运营提供有力的流动性保障,严控流动性风险。四是加强投资类业务的流动性管理,合理设置此类产品投资策略、投资限制及投资结构,加强建立头寸管理机制、风险预警机制、前中后台协调机制,并适时根据业务发展和市场变化进行调整。

4.5.6 创新业务管理风险

为积极识别、评估和应对创新业务管理风险，公司一方面积极参与行业研发与同业交流，及时跟踪分析信托同业创新动向及进展，为公司决策提供有效参考；另一方面，公司设立创新研究部、固定收益部（筹）、资本市场部（筹）、证券运营部以及财富管理中心二级部门产品部（家族信托办公室）和市场部，不断推进与公司资源禀赋、风险管控能力相匹配的创新业务研究、设计推广、资格申请、制度建设、运营管理等工作。公司持续总结创新业务的审查审批模式，充分识别创新项目特有的期间决策及运营管理风险、操作风险、信息科技风险等，加强对创新项目的运营管理，并制定针对性的期间管理方案，持续提升风险管理水平的专业化程度。

4.5.7 合规风险管理

公司持续建立健全与经营范围、组织结构和业务规模相适应的合规管理体系，不断完善合规风险管理措施，突出合规风险管理重点，强化制度建设与内控管理，规范业务合规开展，促进公司依法依规经营管理；公司为合规管理配置所需资源，加强员工行为管理与培训教育，注重公司规章制度的执行与监督，建立健全责任追究与奖惩机制，对公司人员及其行为进行约束和管理；公司持续推进合规文化建设，纳入公司企业文化建设体系，确立并提倡全员主动合规、合规创造价值等合规理念，坚持合规从高层做起的管理理念，在全公司推行诚信与正直的职业操守和价值观念，提高全体员工的合规意识，促进公司自身合规与外部监管的有效互动。

4.5.8 洗钱和恐怖融资风险管理

为防范洗钱和恐怖融资风险的发生，公司一是指定反洗钱管理部门负责牵头组织反洗钱实施工作，积极推进洗钱风险管理文化建设，形成良好的洗钱风险管理文化氛围。二是持续优化反洗钱内控制度、操作规程及风险控制措施。三是加快推进反洗钱信息系统建设、数据治理和数据安全管理工作。四是组织开展定期或不定期反洗钱宣传和反洗钱培训。五是有效实施公司洗钱和恐怖融资风险评估机制和产品业务风险评估，强化评估结果运用，公司持续提升洗钱和恐怖融资风险管理能力，有效防范洗钱和恐怖融资风险。

4.5.9 关联交易风险管理

为防范关联交易风险的发生，公司建立完善了关联交易管理的相关制度及监督运行机制。一方面，根据《银行保险机构关联交易管理办法》《信托公司股权管理暂行办法》《企业会计准则》及相关法律法规要求，充分明确关联方及关联交易的认定标准，在经营管理和业务开展的过程中，加强对于关联方和关联交易的判断识别及公司内部管理控制，建立关联方名单管理制度；另一方面，严格按照相关法律法规及监管要求以市场公允价格开展关联交易，并严格按照监管要求对关联交易进行事前报告，定期报送关联交易明细及关联方名单。

4.5.10 财务风险管理

为防范财务风险，公司财务工作通过开展精细化管理、全面风险管理和全面预算管理工作，不断提升财务管理能力和财务风险控制水平。一是继续完善财务管理制度，健全财务管理制度体系，为防范财务风险提供制度保障。二是继续充实财务岗位职责，优化财务岗位职责分工，建立清晰的财务岗位职责界限。三是开展财务工作清单化管理，进一步明确财务工作内容和工作目标。四是继续优化财务业务流程，建立高效且风险可控的财务流程体系。五是积极实施财务信息化管理应用，通过信息化手段提升财务风险控制能力。六是加强财务人员职业道德和专业能力教育，进一步提升财务管理道德风险控制水平。

4.5.11 信息系统风险管理

公司制定《三年信息建设规划》，成立信息科技管理委员会，科学指导信息系统风险管理；加强系统开发人才队伍建设，修订信息科技安全各项制度，实行关键设备、系统、数据备份；加大基础资源建设的投入，升级改造公司网络安全及系统，有效防范网络风险；在协同办公平台运行的基础上，充分配合业务转型的需要，开发与创新业务匹配的业务管理系统；选择成熟的应用软件和可信的应用软件开发商合作，保证信息系统的安全性，有效管控各类信息技术风险。

4.5.12 其他风险管理

为防范其他风险，公司一是通过加强对宏观政策和行业政策的跟踪、研究，提高预见性和前瞻性，有效控制和管理政策风险。二是通过建立完善的公司治理结构、严格的内控制度、标准化的业务流程以规避或降低职业道德风险，加强公司内部人员的思想道德教育，加强对内部人职业道德风险的识别，有效控制道德风险。三是加强项目风险排查，及时发现风险隐患，并予以及时纠正。四是在开展业务尤其是创新业务时，选择资信状况良好、整体实力较强的交易对手合作，加强舆情监测，积极履行社会责任，有效控制声誉风险。

4.6 净资本管理

2021年末，公司净资本风险控制指标为：净资本38.30亿元，各项业务风险资本之和23.36亿元，净资本/各项业务风险资本之和为163.94%，净资本/净资产为70.57%，净资本各项监管指标均达到监管要求。

4.7 社会责任履行情况

2021年，公司始终坚持依法合规、诚信经营，不断改善和完善法人治理结构、内控及风险管理体系，全面提升风险管理能力；在积极支持地方经济建设、提供优质金融服务的同时，注重保障员工的基本权益，并积极投身金融知识宣传和消费者权益保护工作，不断提升和完善企业的价值观，促进股东、公司以及员工共同发展。

精准扶贫方面。2021年公司领导先后4次到杨武村进行调研，了解杨武村乡村振兴进展及公司帮扶项目运行情况，为杨武村长远发展出谋划策。一是公司积极开展消费扶贫，采购各类农副产品共计22万余元。二是公司扶贫工作队协助杨武村向农业局申请产业资金70万元，为杨武村提供10万元的扶贫资金，帮助村上建设12座标准化设施大棚，发展大棚种植产业。三是组织村民开展传统产业（苹果）相关知识培训。11月中旬，组织召开了学习培训会议，村民踊跃参加培训学习，促进来年苹果品质及产量的大步提升。四是公司2021年继续为杨武村爱心超市捐赠1万元，用于补充货物。五是公司组织广大职工为对口帮扶对象杨武村筹集灾后善款2万元，帮助受灾村民渡过难关。

疫情防控方面。公司将疫情防控工作纳入重要日程，能充分认识防控工作的重要性和紧迫性，及时研究、及时落实。作为国有控股金融企业，2021年末，面对突袭而来的新冠肺炎疫情，公司迅速行动，积极践行社会责任。一是设立"西部信托·守望相助"慈善公益信托筹资驰援抗疫一线，通过内部募集资金5.7万余元，为疫情期间坚持在一线工作的出租车"爱心车厢"司机们提供抗疫支持。二是积极发挥资产管理功能，畅通企业融资渠道，缓解企业资金压力，全力支持受疫情影响企业的正常经营，审批或正在发行针对西咸发展集团、沣西新城建设集团等主体的项目，金额合计23.5亿元。三是综合运用多种金融科技手段，加大线上金融服务力度，用最短的时间、以最快的速度，持续做好企业解难纾困，服务企业客户和广大投资者，提升便企惠企服务水平。

公益事业方面。长期以来，公司鼓励员工积极参与志愿服务，通过志愿服务来提升员工的社会责任感。2021年，公司先后开展了公益捐赠活动、消费者权益保护等系列活动，以实际行动践行社会主义核心价值观，取得了良好的社会效果；组织了客户等参与的插画、团扇制作、采摘、陶艺、香囊制作等40余次活动，公司开展了"金融知识进万家""金融知识进农村、进校园"以及"守住钱袋子护好幸福家"系列活动，宣传金融知识、提高风险防范意识，确保金融安全。

消费者权益保护工作方面。2021年，公司积极践行国有企业社会责任，持续加大消费者权益保护工作的推进力度，依次在合规销售、专区"双录"、信息披露、金融纠纷非诉化解机制建设、金融知识宣传教育、重大突发事件应急等方面完成了多方位的检视和梳理。按照监管机构的统一部署，于2021年3月、6月、9月通过金融知识进大学、进公园、进社区、进企业、进商铺、营业场所阵地宣传等形式，依次开展了集中教育宣传活动，旨在主动预防和化解潜在矛盾，引导社会公众正确运用金融知识，增强风险意识。同时，我们秉承"依法合规、便捷高效、标本兼治、多元化解"的原则，虚心接受内外部监督评价，通过日常客户回访、满意度调查问卷、客户热线反馈等方式，积极收集客户意见及建议，及时进行优化整改，全年未接到客户投诉事项。

5. 报告期末及上一年度末的比较式会计报表

5.1 自营资产

5.1.1 会计师事务所审计结论

审计报告

天职业字〔2022〕8959号

西部信托有限公司：

一、审计意见

我们审计了西部信托有限公司（以下简称贵公司）财务报表，包括2021年12月31日的资产负债表，2021年度的利润表、现金流量表、所有者权益变动表以及相关财务报表附注。

我们认为，后附的财务报表在所有重大方面按照企业会计准则的规定编制，公允反映了贵公司2021年12月31日的财务状况以及2021年度的经营成果和现金流量。

二、形成审计意见的基础

我们按照中国注册会计师审计准则的规定执行了审

计工作。审计报告的"注册会计师对财务报表审计的责任"部分进一步阐述了我们在这些准则下的责任。按照中国注册会计师职业道德守则,我们独立于贵公司,并履行了职业道德方面的其他责任。我们相信,我们获取的审计证据是充分、适当的,为发表审计意见提供了基础。

三、管理层和治理层对财务报表的责任

贵公司管理层(以下简称管理层)负责按照企业会计准则的规定编制财务报表,使其实现公允反映,并设计、执行和维护必要的内部控制,以使财务报表不存在由于舞弊或错误导致的重大错报。

在编制财务报表时,管理层负责评估贵公司的持续经营能力,披露与持续经营相关的事项(如适用),并运用持续经营假设,除非管理层计划清算贵公司、终止运营或别无其他现实的选择。

治理层负责监督贵公司的财务报告过程。

四、注册会计师对财务报表审计的责任

我们的目标是对财务报表整体是否不存在由于舞弊或错误导致的重大错报获取合理保证,并出具包含审计意见的审计报告。合理保证是高水平的保证,但并不能保证按照审计准则执行的审计在某一重大错报存在时总能发现。错报可能由于舞弊或错误导致,如果合理预期错报单独或汇总起来可能影响财务报表使用者依据财务报表作出的经济决策,则通常认为错报是重大的。

在按照审计准则执行审计工作的过程中,我们运用了职业判断,并保持职业怀疑。同时,我们也执行以下工作:

(1)识别和评估由于舞弊或错误导致的财务报表重大错报风险,设计和实施审计程序以应对这些风险,并获取充分、适当的审计证据,作为发表审计意见的基础。由于舞弊可能涉及串通、伪造、故意遗漏、虚假陈述或凌驾于内部控制之上,未能发现由于舞弊导致的重大错报的风险高于未能发现由于错误导致的重大错报的风险。

(2)了解与审计相关的内部控制,以设计恰当的审计程序,但目的并非对内部控制的有效性发表意见。

(3)评价管理层选用会计政策的恰当性和作出会计估计及相关披露的合理性。

(4)对管理层使用持续经营假设的恰当性得出结论。同时,根据获取的审计证据,就可能导致对贵公司持续经营能力产生重大疑虑的事项或情况是否存在重大不确定性得出结论。如果我们得出结论认为存在重大不确定性,审计准则要求我们在审计报告中提请报表使用者注意财务报表中的相关披露;如果披露不充分,我们应当发表非无保留意见。我们的结论基于截至审计报告日可获得的信息。然而,未来的事项或情况可能导致贵公司不能持续经营。

(5)评价财务报表的总体列报、结构和内容,并评价财务报表是否公允反映相关交易和事项。

我们与治理层就计划的审计范围、时间安排和重大审计发现等事项进行沟通,包括沟通我们在审计中识别出的值得关注的内部控制缺陷。

中国注册会计师:刘 丹

中国注册会计师:程 凯

中国·北京　　　　　　　　　二〇二二年三月十三日

5.1.2 资产负债表

资产负债表

编制单位:西部信托有限公司　　　　2021年12月31日　　　　单位:元

项目	行次	期末余额	期初余额	附注编号
流动资产:	1	—		
货币资金	2	41 684 313.94	21 780 784.35	七、(一)
△结算备付金	3	70 085 681.03	1 770 288.61	七、(二)
△拆出资金	4	—	—	
交易性金融资产	5	3 662 707 408.93	1 847 270 651.82	七、(三)
☆以公允价值计量且其变动计入当期损益的金融资产	6	—	—	
衍生金融资产	7	—	—	

续表1

项目	行次	期末余额	期初余额	附注编号
应收票据	8	3 601 061.60	800 000.00	七、（四）
应收账款	9	—	—	—
应收款项融资	10	—	—	—
预付款项	11	6 266 146.38	34 948.26	七、（五）
△应收保费	12	—	—	—
△应收分保账款	13	—	—	—
△应收分保合同准备金	14	—	—	—
其他应收款	15	9 210 094.90	15 657 353.81	七、（六）
其中：应收股利	16	—	—	—
△买入返售金融资产	17	—	—	—
存货	18	—	—	—
其中：原材料	19	—	—	—
库存商品(产成品)	20	—	—	—
合同资产	21	—	—	—
持有待售资产	22	—	—	—
一年内到期的非流动资产	23	—	763 827 878.29	七、（七）
其他流动资产	24	38 419.26	—	七、（八）
流动资产合计	25	3 793 593 126.04	2 651 141 905.14	—
非流动资产：	26			
△发放贷款和垫款	27	—	—	七、（九）
债权投资	28	242 928 123.13	120 437 845.17	七、（十）
☆可供出售金融资产	29	—	—	—
其他债权投资	30	—	—	—
☆持有至到期投资	31	—	—	—
长期应收款	32	—	—	—
长期股权投资	33	—	—	—
其他权益工具投资	34	2 093 718 248.90	3 989 406 215.07	七、（十一）
其他非流动金融资产	35	—	—	—
投资性房地产	36	—	—	—
固定资产	37	16 810 392.77	18 909 434.46	七、（十二）
其中：固定资产原价	38	57 166 854.23	58 234 937.41	七、（十二）
累计折旧	39	40 356 461.46	39 325 502.95	七、（十二）
固定资产减值准备	40	—	—	—
在建工程	41	—	—	—
生产性生物资产	42	—	—	—

续表2

项目	行次	期末余额	期初余额	附注编号
油气资产	43	—	—	—
使用权资产	44	23 783 843.07	18 227 689.23	七、(十三)
无形资产	45	6 620 522.58	4 269 954.02	七、(十四)
开发支出	46	9 155 373.58	909 823.57	七、(十五)
商誉	47	—	—	—
长期待摊费用	48	—	—	—
递延所得税资产	49	165 352 246.51	119 792 010.97	七、(十六)
其他非流动资产	50	5 069 790.56	4 882 352.41	七、(十七)
其中：特准储备物资	51	—	—	—
非流动资产合计	52	2 563 438 541.10	4 276 835 324.90	—
	53			
	54			
	55			
	56			
	57			
	58			
	59			
	60			
	61			
	62			
	63			
	64			
	65			
	66			
	67			
	68			
	69			
	70			
	71			
	72			
	73			
	74			
资产总计	75	6 357 031 667.14	6 927 977 230.04	—

法定代表人：徐谦　　　　主管会计工作负责人：刘洁　　　　会计机构负责人：甄明

注：表中带*科目为合并会计报表专用；带△楷体科目为金融类企业专用；带#科目为外商投资企业专用；带☆科目为未执行新金融工具准则企业专用。

资产负债表（续表）

编制单位：西部信托有限公司　　　　　2021年12月31日　　　　　单位：元

项目	行次	期末余额	期初余额	附注编号
流动负债：	76	—	—	—
短期借款	77	—	—	—
△向中央银行借款	78	—	—	—
△拆入资金	79	—	—	—
交易性金融负债	80	—	—	—
☆以公允价值计量且其变动计入当期损益的金融负债	81	—	—	—
衍生金融负债	82	—	—	—
应付票据	83	—	—	—
应付账款	84	—	—	—
预收款项	85	—	—	—
合同负债	86	17 872 681.45	41 983 070.56	七、（十八）
△卖出回购金融资产款	87	—	—	—
△吸收存款及同业存放	88	—	—	—
△代理买卖证券款	89	—	—	—
△代理承销证券款	90	—	—	—
应付职工薪酬	91	222 198 089.26	191 952 629.47	七、（十九）
其中：应付工资	92	198 599 207.40	171 311 867.76	七、（十九）
应付福利费	93	—	—	—
#其中：职工奖励及福利基金	94	—	—	—
应交税费	95	505 447 390.10	59 851 679.31	七、（二十）
其中：应交税金	96	500 609 924.09	58 700 643.21	七、（二十）
其他应付款	97	12 341 915.04	102 159 779.15	七、（二十一）
其中：应付股利	98	764 780.72	377 529.32	七、（二十一）
△应付手续费及佣金	99	—	—	—
△应付分保账款	100	—	—	—
持有待售负债	101	—	—	—
一年内到期的非流动负债	102	—	—	—
其他流动负债	103	—	—	—
流动负债合计	104	757 860 075.85	395 947 158.49	—
非流动负债：	105	—	—	—
△保险合同准备金	106	—	—	—
长期借款	107	—	—	—
应付债券	108	—	—	—
其中：优先股	109	—	—	—
永续债	110	—	—	—
租赁负债	111	23 783 843.07	18 227 689.23	七、（二十二）
长期应付款	112	—	—	—
长期应付职工薪酬	113	—	—	—

续表

项目	行次	期末余额	期初余额	附注编号
预计负债	114	—	42 857 291.67	七、(二十三)
递延收益	115	—	—	—
递延所得税负债	116	148 499 857.37	775 648 880.22	七、(十六)
其他非流动负债	117	—	—	—
其中：特准储备基金	118	—	—	—
非流动负债合计	119	172 283 700.44	836 733 861.12	—
负债合计	120	930 143 776.29	1 232 681 019.61	—
所有者权益（或股东权益）：	121	—	—	—
实收资本（或股本）	122	2 000 000 000.00	2 000 000 000.00	七、(二十四)
国家资本	123	—	—	—
国有法人资本	124	1 726 220 853.00	1 726 220 853.00	七、(二十四)
集体资本	125	—	—	—
民营资本	126	273 779 147.00	273 779 147.00	七、(二十四)
外商资本	127	—	—	—
#减：已归还投资	128	—	—	—
实收资本（或股本）净额	129	2 000 000 000.00	2 000 000 000.00	七、(二十四)
其他权益工具	130	—	—	—
其中：优先股	131	—	—	—
永续债	132	—	—	—
资本公积	133	—	—	—
减：库存股	134	—	—	—
其他综合收益	135	280 549 237.35	1 980 887 821.44	七、(二十五)
其中：外币报表折算差额	136	—	—	—
专项储备	137	—	—	—
盈余公积	138	568 679 995.62	404 250 579.63	七、(二十六)
其中：法定公积金	139	568 679 995.62	404 250 579.63	七、(二十六)
任意公积金	140	—	—	—
#储备基金	141	—	—	—
#企业发展基金	142	—	—	—
#利润归还投资	143	—	—	—
△一般风险准备	144	185 642 502.11	185 642 502.11	七、(二十七)
△信托赔偿准备	145	284 339 997.82	202 125 289.82	七、(二十八)
未分配利润	146	2 107 676 157.95	922 390 017.43	七、(二十九)
归属于母公司所有者权益（或股东权益）合计	147	5 426 887 890.85	5 695 296 210.43	—
*少数股东权益	148	—	—	—
所有者权益（或股东权益）合计	149	5 426 887 890.85	5 695 296 210.43	—
负债和所有者权益（或股东权益）总计	150	6 357 031 667.14	6 927 977 230.04	—

法定代表人：徐谦　　　　　　　主管会计工作负责人：刘洁　　　　　　　会计机构负责人：甄明

注：表中带*科目为合并会计报表专用；带△楷体科目为金融类企业专用；带#科目为外商投资企业专用；带☆科目为未执行新金融工具准则企业专用。

5.1.3 利润表

利润表

编制单位：西部信托有限公司　　　　　　　　　　　　2021年度　　　　　　　　　　　　　　　　　　　　单位：元

项目	行次	本期金额	上期金额	附注编号
一、营业总收入	1	802 268 258.98	803 626 929.21	—
其中：营业收入	2	35 090 929.54	78 761 880.98	七、（三十）
△利息收入	3	562 435.57	1 743 606.24	七、（三十一）
△已赚保费	4	—	—	—
△手续费及佣金收入	5	766 614 893.87	723 121 441.99	七、（三十二）
二、营业总成本	6	360 814 230.98	297 231 696.17	—
其中：营业成本	7	—	—	—
△利息支出	8	—	—	—
△手续费及佣金支出	9	65 416.25	66 914.92	七、（三十二）
△退保金	10	—	—	—
△赔付支出净额	11	—	—	—
△提取保险责任准备金净额	12	—	—	—
△保单红利支出	13	—	—	—
△分保费用	14	—	—	—
税金及附加	15	6 357 576.21	5 883 273.09	—
销售费用	16	—	—	—
管理费用	17	354 391 238.52	291 281 508.16	七、（三十三）
研发费用	18	—	—	—
财务费用	19	—	—	—
其中：利息费用	20	—	—	—
利息收入	21	—	—	—
汇兑净损失（净收益以"-"号填列）	22	—	—	—
其他	23	—	—	—
加：其他收益	24	986 631.07	718 412.72	七、（三十四）
投资收益（损失以"-"号填列）	25	135 678 827.55	198 401 812.80	七、（三十五）
其中：对联营企业和合营企业的投资收益	26	—	—	—
以摊余成本计量的金融资产终止确认收益	27	—	—	—
△汇兑收益（损失以"-"号填列）	28	—	—	—
净敞口套期收益（损失以"-"号填列）	29	—	—	—
公允价值变动收益（损失以"-"号填列）	30	24 771 385.86	4 785.51	七、（三十六）
信用减值损失（损失以"-"号填列）	31	-44 066 418.16	—	七、（三十七）
资产减值损失（损失以"-"号填列）	32	—	9 812 635.52	七、（三十八）
资产处置收益（损失以"-"号填列）	33	—	—	—
三、营业利润（亏损以"-"号填列）	34	558 824 454.32	715 332 879.59	—
加：营业外收入	35	—	5 976 376.08	七、（三十九）

续表

项目	行次	本期金额	上期金额	附注编号
其中：政府补助	36	—	—	—
减：营业外支出	37	-16 631 350.53	151 877 141.67	七、（四十）
四、利润总额（亏损总额以"-"号填列）	38	575 455 804.85	569 432 114.00	—
减：所得税费用	39	138 934 291.28	144 704 323.24	七、（四十一）
五、净利润（净亏损以"-"号填列）	40	436 521 513.57	424 727 790.76	—
（一）按所有权归属分类	41	—	—	—
归属于母公司所有者的净利润	42	436 521 513.57	424 727 790.76	—
*少数股东损益	43	—	—	—
（二）按经营持续性分类	44	—	—	—
持续经营净利润	45	436 521 513.57	424 727 790.76	—
终止经营净利润	46	—	—	—
六、其他综合收益的税后净额	47	-492 565 937.77	88 777 080.46	—
归属于母公司所有者的其他综合收益的税后净额	48	-492 565 937.77	88 777 080.46	—
（一）不能重分类进损益的其他综合收益	49	-492 565 937.77	—	—
1.重新计量设定受益计划变动额	50	—	—	—
2.权益法下不能转损益的其他综合收益	51	—	—	—
3.其他权益工具投资公允价值变动	52	-492 565 937.77	—	—
4.企业自身信用风险公允价值变动	53	—	—	—
5.其他	54	—	—	—
（二）将重分类进损益的其他综合收益	55	—	88 777 080.46	—
1.权益法下可转损益的其他综合收益	56	—	—	—
2.其他债权投资公允价值变动	57	—	—	—
☆3.可供出售金融资产公允价值变动损益	58	—	88 777 080.46	—
4.金融资产重分类计入其他综合收益的金额	59	—	—	—
☆5.持有至到期投资重分类为可供出售金融资产损益	60	—	—	—
6.其他债权投资信用减值准备	61	—	—	—
7.现金流量套期储备（现金流量套期损益的有效部分）	62	—	—	—
8.外币财务报表折算差额	63	—	—	—
9.其他	64	—	—	—
*归属于少数股东的其他综合收益的税后净额	65	—	—	—
七、综合收益总额	66	-56 044 424.20	513 504 871.22	—
归属于母公司所有者的综合收益总额	67	-56 044 424.20	513 504 871.22	—
*归属于少数股东的综合收益总额	68	—	—	—
八、每股收益	69	—	—	—
基本每股收益	70	—	—	—
稀释每股收益	71	—	—	—

法定代表人：徐谦　　　　　　主管会计工作负责人：刘洁　　　　　　会计机构负责人：甄明

注：表中带*科目为合并会计报表专用；带△楷体科目为金融类企业专用；带#科目为外商投资企业专用；带☆科目为未执行新金融工具准则企业专用。

5.1.4 所有者权益变动表

所有者权益变动表

编制单位：西部信托有限公司　　2021年度　　单位：元

项目	行次	本年金额													
		归属于母公司所有者权益												少数股东权益	所有者权益合计
		实收资本（或股本）	其他权益工具			资本公积	减：库存股	其他综合收益	专项储备	盈余公积	△一般风险准备	△信托赔偿准备	未分配利润	小计		
			优先股	永续债	其他											
栏次	—	1	2	3	4	5	6	7	8	9	10	11	12	13	14	15
一、上年年末余额	1	2 000 000 000.00	—	—	—	—	—	2 173 658 750.70	—	411 122 555.35	185 642 502.11	205 561 277.68	673 721 776.67	5 649 706 862.51	—	5 649 706 862.51
加：会计政策变更	2	—	—	—	—	—	—	—	—	—	—	—	—	—	—	—
前期差错更正	3	—	—	—	—	—	—	—	—	—	—	—	—	—	—	—
其他	4	—	—	—	—	—	—	−192 770 929.26	—	−6 871 975.72	—	−3 435 987.86	248 668 240.76	45 589 347.92	—	45 589 347.92
二、本年年初余额	5	2 000 000 000.00	—	—	—	—	—	1 980 887 821.44	—	404 250 579.63	185 642 502.11	202 125 289.82	922 390 017.43	5 695 296 210.43	—	5 695 296 210.43
三、本年增减变动金额（减少以"−"号填列）	6	—	—	—	—	—	—	−1 700 338 584.09	—	164 429 415.99	—	82 214 708.00	1 185 286 140.52	−268 408 319.58	—	−268 408 319.58
（一）综合收益总额	7	—	—	—	—	—	—	−492 565 937.77	—	—	—	—	436 521 513.57	−56 044 424.20	—	−56 044 424.20
（二）所有者投入和减少资本	8	—	—	—	—	—	—	—	—	—	—	—	—	—	—	—
1.所有者投入的普通股	9	—	—	—	—	—	—	—	—	—	—	—	—	—	—	—
2.其他权益工具持有者投入资本	10	—	—	—	—	—	—	—	—	—	—	—	—	—	—	—
3.股份支付计入所有者权益的金额	11	—	—	—	—	—	—	—	—	—	—	—	—	—	—	—
4.其他	12	—	—	—	—	—	—	—	—	—	—	—	—	—	—	—
（三）专项储备提取和使用	13	—	—	—	—	—	—	—	—	—	—	—	—	—	—	—
1.提取专项储备	14	—	—	—	—	—	—	—	—	43 652 151.36	—	21 826 075.68	—	—	—	—
2.使用专项储备	15	—	—	—	—	—	—	—	—	—	—	—	—	—	—	—
（四）利润分配	16	—	—	—	—	—	—	—	—	—	—	—	−277 842 122.42	−212 363 895.38	—	−212 363 895.38

续表

本年金额

| 项目 | 行次 | 归属于母公司所有者权益 ||||||||||| 小计 | 少数股东权益 | 所有者权益合计 |
| | | 实收资本(或股本) | 其他权益工具 ||| 资本公积 | 减:库存股 | 其他综合收益 | 专项储备 | 盈余公积 | △一般风险准备 | △信托赔偿准备 | 未分配利润 | | | |
			优先股	永续债	其他											
1.提取盈余公积	17	—	—	—	—	—	—	—	—	43 652 151.36	—	—	-43 652 151.36	—	—	—
其中:法定公积金	18	—	—	—	—	—	—	—	—	43 652 151.36	—	—	-43 652 151.36	—	—	—
任意公积金	19	—	—	—	—	—	—	—	—	—	—	—	—	—	—	—
#储备基金	20	—	—	—	—	—	—	—	—	—	—	—	—	—	—	—
#企业发展基金	21	—	—	—	—	—	—	—	—	—	—	—	—	—	—	—
#利润归还投资	22	—	—	—	—	—	—	—	—	—	—	—	—	—	—	—
△2.提取一般风险准备	23	—	—	—	—	—	—	—	—	—	—	—	—	—	—	—
3.对所有者(或股东)的分配	24	—	—	—	—	—	—	—	—	—	—	—	-212 363 895.38	-212 363 895.38	—	-212 363 895.38
4.提取信托赔偿准备	25	—	—	—	—	—	—	—	—	—	—	21 826 075.68	-21 826 075.68	—	—	—
(五)所有者权益内部结转	26	—	—	—	—	—	—	-1 207 772 646.32	—	120 777 264.63	—	60 388 632.32	1 026 606 749.37	—	—	—
1.资本公积转增资本(或股本)	27	—	—	—	—	—	—	—	—	—	—	—	—	—	—	—
2.盈余公积转增资本(或股本)	28	—	—	—	—	—	—	—	—	—	—	—	—	—	—	—
3.盈余公积补亏损	29	—	—	—	—	—	—	—	—	—	—	—	—	—	—	—
4.设定受益计划变动额结转留存收益	30	—	—	—	—	—	—	—	—	—	—	—	—	—	—	—
5.其他综合收益结转留存收益	31	—	—	—	—	—	—	-1 207 772 646.32	—	120 777 264.63	—	60 388 632.32	1 026 606 749.37	—	—	—
6.其他	32	—	—	—	—	—	—	—	—	—	—	—	—	—	—	—
四、本年末余额	33	2 000 000 000.00	—	—	—	—	—	280 549 237.35	—	568 679 995.62	185 642 502.11	284 339 997.82	2 107 676 157.95	5 426 887 890.85	—	5 426 887 890.85

注:△标△符体科目为金融类企业专用;带#科目为外商投资企业专用。

法定代表人:徐谦　　主管会计工作负责人:刘浩　　会计机构负责人:甄明

所有者权益变动表（续）

编制单位：西部信托有限公司　　2021年度　　　　单位：元

项目	行次	上年金额														
		归属于母公司所有者权益													少数股东权益	所有者权益合计
		实收资本（或股本）	其他权益工具			资本公积	减:库存股	其他综合收益	专项储备	盈余公积	一般风险准备	信托赔偿准备	未分配利润	小计		
			优先股	永续债	其他											
栏次		16	17	18	19	20	21	22	23	24	25	26	27	28	29	30
一、上年年末余额	1	1 500 000 000.00	—	—	—	—	—	2 084 881 670.24	—	368 649 776.27	185 642 502.11	184 324 888.14	977 612 802.27	5 301 111 639.03	—	5 301 111 639.03
加：会计政策变更	2	—	—	—	—	—	—	—	—	—	—	—	—	—	—	—
前期差错更正	3	—	—	—	—	—	—	—	—	—	—	—	—	—	—	—
其他	4	—	—	—	—	—	—	—	—	—	—	—	—	—	—	—
二、本年年初余额	5	1 500 000 000.00	—	—	—	—	—	2 084 881 670.24	—	368 649 776.27	185 642 502.11	184 324 888.14	977 612 802.27	5 301 111 639.03	—	5 301 111 639.03
三、本年增减变动金额（减少以"—"号填列）	6	500 000 000.00	—	—	—	—	—	88 777 080.46	—	42 472 779.08	—	21 236 389.54	-303 891 025.60	348 595 223.48	—	348 595 223.48
（一）综合收益总额	7	—	—	—	—	—	—	88 777 080.46	—	—	—	—	424 727 790.76	513 504 871.22	—	513 504 871.22
（二）所有者投入和减少资本	8	—	—	—	—	—	—	—	—	—	—	—	90 352.26	90 352.26	—	90 352.26
1.所有者投入的普通股	9	—	—	—	—	—	—	—	—	—	—	—	—	—	—	—
2.其他权益工具持有者投入资本	10	—	—	—	—	—	—	—	—	—	—	—	—	—	—	—
3.股份支付计入所有者权益的金额	11	—	—	—	—	—	—	—	—	—	—	—	—	—	—	—
4.其他	12	—	—	—	—	—	—	—	—	—	—	—	90 352.26	90 352.26	—	90 352.26
（三）专项储备提取和使用	13	—	—	—	—	—	—	—	—	—	—	—	—	—	—	—
1.提取专项储备	14	—	—	—	—	—	—	—	—	—	—	—	—	—	—	—
2.使用专项储备	15	—	—	—	—	—	—	—	—	—	—	—	—	—	—	—
（四）利润分配	16	—	—	—	—	—	—	—	—	42 472 779.08	—	21 236 389.54	-228 709 168.62	-165 000 000.00	—	-165 000 000.00
1.提取盈余公积	17	—	—	—	—	—	—	—	—	42 472 779.08	—	—	-42 472 779.08	—	—	—

续表

项目	行次	归属于母公司所有者权益												少数股东权益	所有者权益合计
		实收资本（或股本）	其他权益工具			资本公积	减：库存股	其他综合收益	专项储备	盈余公积	△一般风险准备	△信托赔偿准备	未分配利润	小计		
			优先股	永续债	其他											
其中：法定公积金	18	—	—	—	—	—	—	—	—	42 472 779.08	—	—	-42 472 779.08	—	—	—
任意公积金	19	—	—	—	—	—	—	—	—	—	—	—	—	—	—	—
#储备基金	20	—	—	—	—	—	—	—	—	—	—	—	—	—	—	—
#企业发展基金	21	—	—	—	—	—	—	—	—	—	—	—	—	—	—	—
#利润归还投资	22	—	—	—	—	—	—	—	—	—	—	—	—	—	—	—
△2.提取一般风险准备	23	—	—	—	—	—	—	—	—	—	—	—	—	—	—	—
3.对所有者（或股东）的分配	24	—	—	—	—	—	—	—	—	—	—	—	-165 000 000.00	-165 000 000.00	—	-165 000 000.00
提取信托赔偿准备	25	—	—	—	—	—	—	—	—	—	—	21 236 389.54	-21 236 389.54	—	—	—
（五）所有者权益内部结转	26	500 000 000.00	—	—	—	—	—	—	—	—	—	—	-500 000 000.00	—	—	—
1.资本公积转增资本（或股本）	27	—	—	—	—	—	—	—	—	—	—	—	—	—	—	—
2.盈余公积转增资本（或股本）	28	—	—	—	—	—	—	—	—	—	—	—	—	—	—	—
3.盈余公积弥补亏损	29	—	—	—	—	—	—	—	—	—	—	—	—	—	—	—
4.设定受益计划变动额结转留存收益	30	—	—	—	—	—	—	—	—	—	—	—	—	—	—	—
5.其他综合收益结转留存收益	31	—	—	—	—	—	—	—	—	—	—	—	—	—	—	—
6.其他	32	500 000 000.00	—	—	—	—	—	—	—	—	—	—	-500 000 000.00	—	—	—
四、本年年末余额	33	2 000 000 000.00	—	—	—	—	—	2 173 658 750.70	—	411 122 555.35	185 642 502.11	205 561 277.68	673 721 776.67	5 649 706 862.51	—	5 649 706 862.51

注：带△科目为金融类企业专用；带#科目为外商投资企业专用。

法定代表人：徐谦　　　主管会计工作负责人：刘洁　　　会计机构负责人：董明

5.2 信托资产

5.2.1 信托项目资产负债汇总表

信托项目资产负债表

编制单位：西部信托有限公司　　　　2021年12月31日　　　　单位：元

信托资产	年初余额	期末余额	信托负债和信托权益	年初余额	期末余额
信托资产：	—	—	信托负债：	—	—
货币资金	3 434 874 069.76	1 188 709 022.42	交易性金融负债	—	—
拆出资金	—	—	衍生金融负债	—	—
存出保证金	—	—	应付受托人报酬	5 009 604.87	39 520 080.80
交易性金融资产	7 487 176 476.27	3 489 003 224.15	应付托管费	654 700.58	2 079 058.78
衍生金融资产	—	—	应付受益人收益	25 791 065.18	5 924 892.39
买入返售金融资产	33 100 331.00	208 843 006.42	应交税费	120 651 360.16	105 279 894.96
应收款项	1 243 786 335.57	1 487 472 820.55	应付销售服务费	—	6 155 473.50
发放贷款	109 555 218 260.90	101 602 594 211.68	其他应付款项	3 971 741 419.98	1 827 532 316.18
可供出售金融资产	—	—	预计负债	—	—
持有至到期投资	59 211 758 010.55	36 406 839 179.27	其他负债	—	—
长期应收款	—	—	信托负债合计	4 123 848 150.77	1 986 491 716.61
长期股权投资	16 174 495 303.33	12 328 206 603.33	信托权益：		
投资性房地产	—	—	实收信托	290 286 695 791.67	267 305 490 968.89
固定资产	—	—	资本公积	—	—
无形资产	—	—	其他综合收益	169 779 999.64	108 766.78
长期待摊费用	—	—	未分配利润	2 910 855 260.42	-11 784 632.47
其他资产	100 350 770 415.12	112 568 638 751.99	信托权益合计	293 367 331 051.73	267 293 815 103.20
信托资产总计	297 491 179 202.50	269 280 306 819.81	信托负债及信托权益总计	297 491 179 202.50	269 280 306 819.81

公司负责人：徐谦　　　　主管财务总经理：刘洁　　　　财务经理：甄明　　　　制表：李军

5.2.2 信托项目利润及利润

信托项目利润表

编制单位：西部信托有限公司　　　　2021年12月　　　　单位：元

项目	本期数	本年累计数	上年同期数	上年累计数
一、收入	1 004 981 602.97	14 465 241 655.79	4 261 236 232.93	24 623 675 129.55
利息收入	580 702 452.04	5 633 509 037.85	1 270 475 544.59	6 314 347 429.89
投资收益（损失以"-"号填列）	332 142 989.60	11 810 135 530.37	1 928 745 110.50	17 385 188 822.20
其中：对联营企业和合营企业的投资收益	—	—	—	—
公允价值变动收益（损失以"-"号填列）	91 985 511.92	-3 150 106 927.76	1 061 689 942.83	880 283 567.71
租赁收入	—	—	—	—
汇兑损益（损失以"-"号填列）	—	—	—	—
其他收入	150 649.41	171 704 015.33	325 635.01	43 855 309.75
二、支出	162 176 090.23	1 824 909 329.80	381 426 724.65	2 562 448 331.65
税金及附加	4 168 709.13	48 662 359.18	10 555 841.56	75 045 117.63
受托人报酬	263 013.76	765 958 822.71	242 157 761.85	732 327 339.35
托管费	3 047 363.33	73 648 651.44	23 221 145.58	112 067 825.24
投资顾问费	—	—	22 976 627.07	1 212 495 101.65

续表

项目	行次	上年金额													
		归属于母公司所有者权益												少数股东权益	所有者权益合计
		实收资本（或股本）	其他权益工具			资本公积	减：库存股	其他综合收益	专项储备	盈余公积	△一般风险准备	△信托赔偿准备	未分配利润	小计		
			优先股	永续债	其他											
其中：法定公积金	18	—	—	—	—	—	—	—	—	42 472 779.08	—	—	-42 472 779.08	—	—	—
任意公积金	19	—	—	—	—	—	—	—	—	—	—	—	—	—	—	—
#储备基金	20	—	—	—	—	—	—	—	—	—	—	—	—	—	—	—
#企业发展基金	21	—	—	—	—	—	—	—	—	—	—	—	—	—	—	—
#利润归还投资	22	—	—	—	—	—	—	—	—	—	—	—	—	—	—	—
△2.提取一般风险准备	23	—	—	—	—	—	—	—	—	—	—	—	—	—	—	—
3.对所有者（或股东）的分配	24	—	—	—	—	—	—	—	—	—	—	—	-165 000 000.00	-165 000 000.00	—	-165 000 000.00
4.提取信托赔偿准备	25	—	—	—	—	—	—	—	—	—	—	21 236 389.54	-21 236 389.54	—	—	—
（五）所有者权益内部结转	26	500 000 000.00	—	—	—	—	—	—	—	—	—	—	-500 000 000.00	—	—	—
1.资本公积转增资本（或股本）	27	—	—	—	—	—	—	—	—	—	—	—	—	—	—	—
2.盈余公积转增资本（或股本）	28	—	—	—	—	—	—	—	—	—	—	—	—	—	—	—
3.盈余公积弥补亏损	29	—	—	—	—	—	—	—	—	—	—	—	—	—	—	—
4.设定受益计划变动额结转留存收益	30	—	—	—	—	—	—	—	—	—	—	—	—	—	—	—
5.其他综合收益结转留存收益	31	—	—	—	—	—	—	—	—	—	—	—	—	—	—	—
6.其他	32	500 000 000.00	—	—	—	—	—	—	—	—	—	—	-500 000 000.00	—	—	—
四、本年年末余额	33	2 000 000 000.00	—	—	—	—	—	2 173 658 750.70	—	411 122 555.35	185 642 502.11	205 561 277.68	673 721 776.67	5 649 706 862.51	—	5 649 706 862.51

法定代表人：徐谦　　主管会计工作负责人：刘洁　　会计机构负责人：蜜明

注：带△楷体科目为金融类企业专用；带#科目外商投资企业专用。

5.2 信托资产

5.2.1 信托项目资产负债汇总表

信托项目资产负债表

编制单位:西部信托有限公司　　　2021年12月31日　　　单位:元

信托资产	年初余额	期末余额	信托负债和信托权益	年初余额	期末余额
信托资产:	—	—	信托负债:	—	—
货币资金	3 434 874 069.76	1 188 709 022.42	交易性金融负债	—	—
拆出资金	—	—	衍生金融负债	—	—
存出保证金	—	—	应付受托人报酬	5 009 604.87	39 520 080.80
交易性金融资产	7 487 176 476.27	3 489 003 224.15	应付托管费	654 700.58	2 079 058.78
衍生金融资产	—	—	应付受益人收益	25 791 065.18	5 924 892.39
买入返售金融资产	33 100 331.00	208 843 006.42	应交税费	120 651 360.16	105 279 894.96
应收款项	1 243 786 335.57	1 487 472 820.55	应付销售服务费	—	6 155 473.50
发放贷款	109 555 218 260.90	101 602 594 211.68	其他应付款项	3 971 741 419.98	1 827 532 316.18
可供出售金融资产	—	—	预计负债	—	—
持有至到期投资	59 211 758 010.55	36 406 839 179.27	其他负债	—	—
长期应收款	—	—	信托负债合计	4 123 848 150.77	1 986 491 716.61
长期股权投资	16 174 495 303.33	12 328 206 603.33	信托权益:	—	—
投资性房地产	—	—	实收信托	290 286 695 791.67	267 305 490 968.89
固定资产	—	—	资本公积	—	—
无形资产	—	—	其他综合收益	169 779 999.64	108 766.78
长期待摊费用	—	—	未分配利润	2 910 855 260.42	-11 784 632.47
其他资产	100 350 770 415.12	112 568 638 751.99	信托权益合计	293 367 331 051.73	267 293 815 103.20
信托资产总计	297 491 179 202.50	269 280 306 819.81	信托负债和信托权益总计	297 491 179 202.50	269 280 306 819.81

公司负责人:徐谦　　　主管财务总经理:刘洁　　　财务经理:甄明　　　制表:李军

5.2.2 信托项目利润及利润

信托项目利润表

编制单位:西部信托有限公司　　　2021年12月　　　单位:元

项目	本期数	本年累计数	上年同期数	上年累计数
一、收入	1 004 981 602.97	14 465 241 655.79	4 261 236 232.93	24 623 675 129.55
利息收入	580 702 452.04	5 633 509 037.85	1 270 475 544.59	6 314 347 429.89
投资收益(损失以"-"号填列)	332 142 989.60	11 810 135 530.37	1 928 745 110.50	17 385 188 822.20
其中:对联营企业和合营企业的投资收益	—	—	—	—
公允价值变动收益(损失以"-"号填列)	91 985 511.92	-3 150 106 927.76	1 061 689 942.83	880 283 567.71
租赁收入	—	—	—	—
汇兑损益(损失以"-"号填列)	—	—	—	—
其他收入	150 649.41	171 704 015.33	325 635.01	43 855 309.75
二、支出	162 176 090.23	1 824 909 329.80	381 426 724.65	2 562 448 331.65
税金及附加	4 168 709.13	48 662 359.18	10 555 841.56	75 045 117.63
受托人报酬	263 013.76	765 958 822.71	242 157 761.85	732 327 339.35
托管费	3 047 363.33	73 648 651.44	23 221 145.58	112 067 825.24
投资顾问费	—	—	22 976 627.07	1 212 495 101.65

续表

项目	本期数	本年累计数	上年同期数	上年累计数
销售服务费	6 249 857.80	68 888 324.42	33 559 492.11	153 293 775.73
交易费用	110 853.82	1 332 893.46	144 361.22	13 732 609.95
资产减值损失	—	-846 840.18	174 700.19	14 814 994.97
其他费用	148 336 292.39	867 265 118.77	48 636 795.07	248 671 567.13
三、信托净利润（净亏损以"-"号填列）	842 805 512.74	12 640 332 325.99	3 879 809 508.28	22 061 226 797.90
四、其他综合收益	—	—	—	—
五、综合收益	842 805 512.74	12 640 332 325.99	3 879 809 508.28	22 061 226 797.90
加：期初未分配信托利润	—	2 910 855 260.42	—	1 983 570 963.77
六、可供分配的信托利润	842 805 512.74	15 551 187 586.41	3 879 809 508.28	24 044 797 761.67
减：本期已分配信托利润	1 083 617 333.96	15 562 972 218.88	3 123 293 858.00	21 133 942 501.25
七、期末未分配信托利润	-240 811 821.22	-11 784 632.47	756 515 650.28	2 910 855 260.42

公司负责人：徐谦　　　主管财务总经理：刘洁　　　财务经理：甄明　　　制表：李军

6. 会计报表附注

6.1 简要说明报告年度会计报表编制基准、会计政策、会计估计和核算方法发生的变化

6.1.1 会计报表编制基础

公司财务报表以企业持续经营假设为基础，根据实际发生的交易事项，按照财政部最新颁布的《企业会计准则》及相关规定，并基于"重要会计政策和会计估计"所述变更情况进行编制。

6.1.2 会计政策变更情况

（1）公司自2021年1月1日采用《企业会计准则第22号——金融工具确认和计量》（财会〔2017〕7号）、《企业会计准则第23号——金融资产转移》（财会〔2017〕8号）、《企业会计准则第24号——套期会计》（财会〔2017〕9号）以及《企业会计准则第37号——金融工具列报》（财会〔2017〕14号）（上述准则统称新金融工具准则），相关规定，根据累积影响数，调整期初留存收益、其他综合收益及财务报表其他相关项目金额，对可比期间信息不予调整。

（2）公司自2021年1月1日采用《企业会计准则第14号——收入》（财会〔2017〕22号）（以下简称新收入准则）相关规定，根据累积影响数，调整期初留存收益及财务报表其他相关项目金额，对可比期间信息不予调整。

（3）公司自2021年1月1日采用《企业会计准则第21号——租赁》（财会〔2018〕35号）（以下简称新租赁准则）相关规定，根据累积影响数，调整使用权资产、租赁负债、期初留存收益及财务报表其他相关项目金额，对可比期间信息不予调整。

6.1.3 会计估计变更情况

本年度未发生会计估计变更的情况。

6.2 或有事项说明

2019年9月，北京首创网金投资管理有限公司以合同纠纷为由，向北京市第二中级人民法院提起民事诉讼，目前在北京高级人民法院审理中。由于上述合同纠纷中关键证据涉嫌伪造，本公司已向公安报案，并委托代理律师介入案件处置。针对上述诉讼案件，代理律师的应诉工作、公安机关的调查工作正在进行中。

2019年9月，中铁融信（天津）投资管理有限公司以合同纠纷为由，向天津三中院提起民事诉讼，目前该案在天津市第三中级人民法院裁定中止审理，中止原因为案件涉及刑事犯罪。由于上述合同纠纷中关键证据涉嫌伪造，本公司已向公安报案，并委托代理律师介入案件处置。针对上述诉讼案件，代理律师的应诉工作、公安机关的调查工作正在进行中。

2021年12月，闽商控股（平潭）有限公司（原告）因海发医药保理1号信托项目的信托关系，以合同纠纷为由，向福建有权管辖法院起诉福建海发医药科技股份有限公司、西部信托有限公司、福建医科大学附属协和医院，目前福建高级人民法院裁定移送该案到西安市中院审理。

上述三项民事诉讼过程中，原告方向法院申请了相关司法冻结措施。截至报告日，本公司运营正常，相关司法冻结事项未对本公司的日常生产经营造成实质影响。

6.3 重要资产转让及其出售的说明

2021年下半年,我公司与公司控股股东、实际控制人陕西投资集团有限公司(以下简称陕投集团)签订了《西部信托有限公司与陕西投资集团有限公司之西部证券股份有限公司股份转让协议》,陕投集团以非公开协议转让的方式受让我公司所持有的西部证券股份有限公司(股票代码:002673)256 775 944股股份,占上市公司发行总股本的5.74%。本次协议转让已交易完毕,我公司已取得中国证券登记结算有限责任公司出具的《证券过户登记确认书》,确认本次协议转让的256 775 944股股份登记已完成,过户日期为2021年12月10日。

本次协议转让完成后,我公司持有的西部证券股份有限公司股票共计86 000 000.00股,占上市公司总股本的1.93%,我公司不再是西部证券有限公司持股5%以上的股东。

6.4 会计报表中重要项目的明细资料

6.4.1 披露自营资产经营情况

6.4.1.1 按信用风险五级分类结果披露信用风险资产的期初数、期末数

信用风险资产五级分类	正常类(万元)	关注类(万元)	次级类(万元)	可疑类(万元)	损失类(万元)	信用风险资产合计(万元)	不良合计(万元)	不良率(%)
期初数	645 299.69	22 574.16	—	13 185.98	5 027.02	686 086.85	18 213.00	2.65
期末数	529 833.47	81 584.00	1 420.54	30 135.98	2 984.41	645 958.41	34 540.93	5.35

注:不良资产合计=次级类+可疑类+损失类。

6.4.1.2 各项资产减值损失准备的期初、本期计提、本期转回、本期冲销、期末数

单位:万元

项目	期初数	本期计提	本期冲销	本期转回	期末数
贷款损失准备	2 725.20	—	1 200.41	520.00	1 004.79
一般准备	—	—	—	—	—
专项准备	2 725.20	—	1 200.41	520.00	1 004.79
其他资产减值准备	26 499.89	5 543.85	—	617.21	31 426.53
其中:债权投资减值准备	26 313.19	5 547.35	—	617.21	31 243.33
长期股权投资减值准备	—	—	—	—	—
坏账准备	186.70	—	—	3.5	183.20
投资性房地产减值准					

6.4.1.3 自营股票投资、基金投资、债券投资、股权投资等投资业务的期初数、期末数

单位:万元

项目	自营股票	基金	债券	长期股权投资	其他投资	合计
期初数	347 575.72	—	—	324 518.54	—	672 094.26
期末数	69 402.00	51 483.35	—	481 491.44	—	602 376.79

6.4.1.4 按投资入股金额排序,前三名的自营长期股权投资的企业名称、占被投资企业权益的比例及投资收益情况等

无。

6.4.1.5 前三名的自营贷款的企业名称、占贷款总额的比例和还款情况等(依大小顺序排列)

企业名称	占贷款总额的比例(%)	还款情况
广州天龙大酒店	100	逾期

注:2021年末,经公司股东会决议,已对六笔具备核销条件的贷款(金额共计1 200.41万元)进行了核销处理。公司存续贷款为继承的合并前公司债权,已全额计提减值准备。

6.4.1.6 表外业务的期初数、期末数;按照代理业务、担保业务和其他类型表外业务分别披露

无。

6.4.1.7 公司当年的收入结构(母公司口径和并表口径同时披露)

收入结构	金额(万元)	占比(%)
手续费及佣金收入	76 661.49	79.55
其中:信托手续费收入	76 661.49	79.55
投资银行业务收入	—	—
利息收入	56.24	0.06
其他业务收入	3 509.09	3.64
其中:计入信托业务收入部分	—	—
投资收益	13 567.88	14.08
其中:股权投资收益	2 605.10	2.70

续表

收入结构	金额(万元)	占比(%)
证券投资收益	0.54	—
其他投资收益	10 962.25	11.38
公允价值变动收益	2 477.14	2.57
其他收益	98.66	0.10
营业外收入	—	—
资产处置收益	—	—
收入合计	96 370.51	100.00

注：手续费及佣金收入、利息收入、其他业务收入、投资收益、营业外收入均应为损益表中的科目，其中手续费及佣金收入、利息收入、营业外收入为未抵减掉相应支出的全年累计实现收入数。

6.4.2 披露信托财产管理情况

6.4.2.1 信托资产的期初数、期末数

单位：万元

信托资产	期初数	期末数
集合	9 119 343.42	6 609 537.58
单一	11 033 830.89	9 558 270.54
财产权	9 595 943.61	10 760 222.56
合计	29 749 117.92	26 928 030.68

6.4.2.1.1 主动管理型信托业务的信托资产期初数、期末数。分证券投资、股权投资、融资、事务管理类分别披露

单位：万元

主动管理型信托资产	期初数	期末数
证券投资类	110 619.52	437 066.91
股权投资类	2 997 890.68	1 952 772.67
融资类	6 753 048.07	5 119 909.16
事务管理类	1 636 416.24	3 829 589.21
合计	11 497 974.51	11 339 337.95

6.4.2.1.2 被动管理型信托业务的信托资产期初数、期末数。分证券投资、股权投资、融资、事务管理类分别披露

单位：万元

被动管理型信托资产	期初数	期末数
证券投资类	6 580.24	6 050.00
股权投资类	23 442.22	22 630.57
融资类	60 972.65	4 859.79
事务管理类	18 160 148.30	15 555 152.37
合计	18 251 143.41	15 588 692.73

6.4.2.2 本年度已清算结束的信托项目个数、实收信托合计金额、加权平均实际年化收益率

6.4.2.2.1 本年度已清算结束的集合类、单一类资金信托项目和财产管理类信托项目个数、实收信托金额、加权平均实际年化收益率

已清算结束信托项目	项目个数(个)	实收信托合计金额(万元)	加权平均实际年化收益率(%)
集合类	120	6 305 483.95	4.97
单一类	106	6 515 325.75	4.73
财产管理类	15	1 674 345.14	5.44

注：1.收益率是指信托项目清算后，给受益人赚取的实际收益水平。
2.加权平均实际年化收益率=（信托项目1的实际年化收益率×信托项目1的实收信托+信托项目2的实际年化收益率×信托项目2的实收信托+…信托项目n的实际年化收益率×信托项目n的实收信托）/（信托项目1的实收信托+信托项目2的实收信托+…信托项目n的实收信托）×100%。
3.集合项目兑付收益率较高主要是因为已清算证券类项目收益率为28.16%，导致整体集合项目收益率偏高。

6.4.2.2.2 本年度已清算结束的主动管理型信托项目个数、实收信托合计金额、加权平均实际年化收益率。分证券投资、股权投资、融资、事务管理类分别计算并披露

已清算结束信托项目	项目个数(个)	实收信托合计金额(万元)	加权平均实际年化信托报酬率(%)	加权平均实际年化收益率(%)
证券投资类	1	1 605.00	0.60	6.29
股权投资类	7	2 558 873.00	0.06	1.92
融资类	111	3 821 646.00	1.06	7.79
事务管理类	2	78 200.00	0.08	6.31

注：加权平均实际年化信托报酬率=（信托项目1的实际年化信托报酬率×信托项目1的实收信托+信托项目2的实际年化信托报酬率×信托项目2的实收信托+…信托项目n的实际年化信托报酬率×信托项目n的实收信托）/（信托项目1的实收信托+信托项目2的实收信托+…信托项目n的实收信托）×100%。

6.4.2.2.3 本年度已清算结束的被动管理型信托项目个数、实收信托合计金额、加权平均实际年化收益率。分证券投资、股权投资、融资、事务管理类分别计算并披露

已清算结束信托项目	项目个数(个)	实收信托合计金额(万元)	加权平均实际年化信托报酬率(%)	加权平均实际年化收益率(%)
证券投资类	3	435 503.23	0.03	0.52
股权投资类	—	—	—	—
融资类	2	55 300.00	0.10	3.37
事务管理类	115	7 544 027.61	0.11	4.72

6.4.2.3 本年度新增集合类、单一类、财产管理类信托项目个数、实收信托合计金额

新增信托项目	项目个数（个）	实收信托合计金额（万元）
集合类	73	2 478 028.04
单一类	20	2 812 639.00
财产管理类	41	3 109 899.71
新增合计	134	8 400 566.76
其中：主动管理型	90	4 850 199.69
被动管理型	44	3 550 367.07

注：本年新增信托项目指在本报告年度内累计新增的信托项目个数和金额。包含本年度新增于本年度内结束的项目和本年度新增至报告期末仍在持续管理的信托项目。

6.4.2.4 信托业务创新成果和特色业务有关情况

无。

6.4.2.5 本公司履行受托人义务情况及因公司自身责任而导致的信托资产损失情况（合计金额、原因等）

2021年度，公司尽职履行受托人职责，没有发生因公司自身责任而导致的信托资产损失的情况。

6.5 关联方关系及其交易的披露

6.5.1 关联交易方的数量、关联交易的总金额及关联交易的定价政策等

项目	关联交易方数量	关联交易金额（万元）	定价政策
合计	3	605.48	按市场公允价格定价

注："关联交易"定义应以《公司法》和《企业会计准则第36号——关联方披露》有关规定为准。

6.5.2 关联交易方与本公司的关系性质、关联交易方的名称、法人代表、注册地址、注册资本及主营业务等

单位：万元

关系性质	关联方名称	法定代表人	注册地址	注册资本（万元）	主营业务
同受最终控制方控制	陕西省华秦投资集团有限公司	袁小宁	陕西省西安市东新街232号陕西信托大厦11—13楼	300 000	对全省性重点产业领域和重大发展项目进行投资开发和经营
受同一控股股东及最终控制方控制	西部证券股份有限公司	徐朝晖	陕西省西安市新城区东新街319号8幢10000室	446 958	证券经纪；证券投资咨询；与证券交易、证券投资活动有关的财务顾问；证券承销与保荐；证券自营；证券资产管理；融资融券；证券投资基金代销；为期货公司提供中间介绍业务；代销金融产品业务
最终控制方	陕西投资集团有限公司	袁小宁	陕西省西安市新城区东新街232号陕西信托大厦11—13楼	1 000 000	煤田地质、矿产勘查；电力、化工、矿业的开发；项目投资；房地产开发与经营等
同受最终控制方控制	陕西金泰恒业房地产有限公司	俞向前	陕西省西安市高新区科技七路32号	360 000	房地产开发、销售、租赁；物业管理

6.5.3 本公司与关联方的重大交易事项

6.5.3.1 固有与关联方交易情况：贷款、投资、租赁、应收账款担保、其他方式等期初汇总数、本期借方和贷方发生额汇总数、期末汇总数

固有与关联方关联交易   单位：万元

项目	期初数	借方发生额	贷方发生额	期末数
贷款	—	—	—	—
投资	—	—	—	—
租赁	—	531.21	531.21	—
担保	—	—	—	—
应收账款	—	—	—	—
其他	—	74.27	74.27	—
合计	—	605.48	605.48	—

注：1.公司租赁陕西省华秦投资集团有限公司（同受最终控制方控制）的办公楼，2021年度支付租金260.59万元。
2.公司租赁西部证券股份有限公司（同受最终控制方控制）的办公楼，2021年度支付租金270.62万元。
3.公司2021年度接受陕西金泰恒业物业管理有限公司（同受最终控制方控制）的委托管理服务，支付委托管理服务费74.27万元。

6.5.3.2 信托与关联方交易情况：贷款、投资、租赁、应收账款、担保、其他方式等期初汇总数、本期借方和贷方发生额汇总数、期末汇总数

信托与关联方关联交易   单位：万元

项目	期初数	借方发生额	贷方发生额	期末数
贷款	66 736.75		64 636.75	2 100.00
投资	529 900.00		2 900.00	527 000.00
租赁				
担保				
应收账款				
其他		191 000.00	14 248.27	176 751.73
合计	596 636.75	191 000.00	81 785.02	705 851.73

6.5.3.3 信托公司自有资金运用于自己管理的信托项目（固信交易）、信托公司管理的信托项目之间的相互（信信交易）交易金额，包括余额和本报告年度的发生额

6.5.3.3.1 固有与信托财产之间的交易金额期初汇总数、本期发生额汇总数、期末汇总数

固有财产与信托财产交易　　　　单位：万元

项目	期初数	本期发生额	期末数
合计	125 450.00	-57 000.00	68 450.00

注：1. 以固有资金投资公司自己管理的信托项目受益权，或购买自己管理的信托项目的信托资产均应纳入统计披露范围。
2. 公司本年新增固有财产认购信托计划20 000万元，当期结束77 000万元，当期净减少57 000万元，期末余额68 450万元。

6.5.3.3.2 信托项目之间的交易金额期初汇总数、本期发生额汇总数、期末汇总数

信托资产与信托财产相互交易　　　　单位：万元

项目	期初数	本期发生额	期末数
合计	10 553.00	-8 386.00	2 167.00

注：1. 以公司受托管理的一个信托项目的资金购买自己管理的另一个信托项目的受益权或信托项下资产均应纳入统计披露范围。
2. 公司本年新增信托资产与信托财产相互交易2 167万元，当期结束10 553万元，当期净减少8 386万元，期末余额2 167万元。

6.5.4 逐笔披露关联方逾期未偿还本公司资金的详细情况以及本公司为关联方担保发生或即将发生垫款的详细情况

无。

6.6 会计制度的披露

6.6.1 固有业务自2008年1月1日起执行财政部2006年2月15日颁布的《企业会计准则》及其后续规定

6.6.2 信托业务自2010年1月1日起执行《企业会计准则》及其后续规定

7. 财务情况说明书

7.1 利润实现和分配情况

2021年净利润在提取法定公积金及各项准备金后，留存金额为37 104.32万元。本年减持西部证券股票，增加未分配利润102 660.67万元。以前年度留存的未分配利润71 002.63万元，可供分配利润合计210 767.62万元。

根据公司年末可供分配利润情况，公司拟实施以下股利分配方案：

公司计划以可供分配利润分配现金股利22 000.00万元，根据公司2021年12月31日工商登记股东出资额和出资比例分配。分配现金股利后，剩余未分配利润188 767.62万元拟用于转增注册资本。

7.2 主要财务指标

指标名称	指标值
资本利润率（%）	7.85
加权年化信托报酬率（%）	0.24
人均净利润（万元）	128.77

注：1. 资本利润率＝净利润/所有者权益平均余额×100%。
2. 加权年化信托报酬率＝(信托项目1的实际年化信托报酬率×信托项目1的实收信托＋信托项目2的实际年化信托报酬率×信托项目2的实收信托＋…信托项目n的实际年化信托报酬率×信托项目n的实收信托)/(信托项目1的实收信托＋信托项目2的实收信托＋…信托项目n的实收信托)×100%。
3. 人均净利润＝净利润/平均人数。
4. 平均值采取年初、年末余额简单平均法，公式为：a（平均）＝（年初数＋年末数）/2。

7.3 对本公司财务状况、经营成果有重大影响的其他事项

无。

8. 特别事项揭示

8.1 本年度内前五名股东单位变动情况及原因

无。

8.2 2021年度内董事、监事及高级管理人员提名、变动情况及原因

根据股东单位彩虹集团有限公司的提名，经过公司股东会审议、监事会选举，公司原监事会主席教忠东变更为包勇。

8.3 变更注册资本、变更注册地或公司名称、公司分立合并事项

无。

8.4 公司的重大诉讼事项

8.4.1 重大未决诉讼事项

本报告年度，因不法分子伪造3份《信托受益权转让合同》，引起《信托受益权转让合同》的当事人向法院提起对公司的3起民事诉讼，共涉及金额约为7.8亿元。其中，2起民事诉讼，已经被受理法院中止审理，原因为案件涉及刑事犯罪；另1起民事诉讼仍在审理中。伪造《信托受益权转让合同》的行为已经涉及刑事犯罪，经公司举报已被西安市公安机关立案侦查。公司根据银保监会相关规定，已就相关涉刑案件情况向陕西银保监局进行了报告，并积极组织开展相关处置工作。另外，本报告年度，因海发医药科技股份有限公司涉嫌经济犯罪

活动,涉及该公司的海发医药保理1号项目中的1家委托人,将该公司、公司、福建医科大学附属协和医院作为共同被告向法院提起民事诉讼,涉及金额1.2亿元。

在信托业务中,公司积极履行受托人职责,按照信托文件约定、委托人指令,以公司名义通过诉讼方式维护委托人/受益人的合法权益。该类型诉讼中,相关诉讼风险及后果由信托财产、委托人/受益人承担,仅以公司名义开展。

8.4.2 以前年度发生,于本报告年度内终结的诉讼事项

无。

8.4.3 本报告年度发生,于本报告年度内终结的诉讼事项

无。

8.5 公司及其董事、监事和高级管理人员受到处罚的情况

无。

8.6 银保监会及其派出机构对公司检查后提出的整改意见及整改情况

无。

8.7 2021年度重大事项临时报告的简要内容、披露时间、所披露媒体及其版面

2021年4月29日,在《中国证券报》A10版面,《上海证券报》信息披露23版面,《证券时报》B423版面披露了公司2020年度报告。

2021年6月16日,在《中国证券报》A10版面,《上海证券报》信息披露134版面,对公司副总经理雷秦的任职资格获得批复事宜进行了披露。

2021年10月20日,在《中国证券报》B21版面,《上海证券报》信息披露13版面,披露了公司原监事会主席教忠东变更为包勇。

8.8 银保监会及其省级派出机构认定的其他有必要让客户及相关利益人了解的重要信息

无。

8.9 2021年度内股东违反承诺质押信托公司股权或以股权及其受(收)益权设立信托等金融产品的情况

无。

8.10 2021年度内已向国务院银行业监督管理机构或其派出机构提交行政许可申请但尚未获得批准的事项

无。

9. 监事会意见

监事会认为,报告期内,公司运作规范,决策程序合法,内部控制制度较为完善。公司董事、高级管理人员在履行公司职务时未有违反法律、法规、公司章程和损害公司及股东利益的行为。公司2021年度财务报告真实反映了公司的财务状况和经营成果。

西藏信托有限公司

1. 重要提示

1.1 本公司董事会及董事保证本报告所载资料不存在任何虚假记载、误导性陈述或者重大遗漏，并对其内容的真实性、准确性和完整性承担个别及连带责任。本年度报告摘要摘自年度报告全文，客户及相关利益人欲了解详细内容，请阅读年度报告全文。

1.2 公司独立董事对本报告内容真实性、完整性和准确性无异议。

1.3 公司编制的2021年年度财务报告已经天健会计师事务所（特殊普通合伙）审计，并出具了标准无保留意见的审计报告。

1.4 公司负责人董事长周贵庆、总经理张勇、财务总监吴嘉怡声明：保证年度报告中财务报告的真实、完整。

2. 公司概况

2.1 公司简介

西藏信托有限公司（以下简称本公司）成立于1991年10月，原名为西藏自治区信托投资公司，是经西藏自治区人民政府和中国人民银行批复成立，由西藏自治区财政厅控股的非银行金融机构。2002年3月，根据中国人民银行成都分行批复（银复〔2002〕63号），公司进行了重新登记。2007年起，公司根据《信托法》《信托公司管理办法》的规定，进行了业务调整。公司根据西藏自治区财政厅下发的《关于西藏自治区信托投资公司资产剥离方案的批复》（藏财企字〔2009〕9号）以及公司与西藏自治区投资有限公司签订的资产负债划转协议，进行了资产剥离。至2010年9月完成了资产剥离、重新登记、换发金融许可证工作。根据《中国银监会关于西藏自治区信托投资公司变更公司名称和业务范围的批复》（银监复〔2010〕436号），于2010年12月公司更名为"西藏信托有限公司"。

公司的法定中文名称：西藏信托有限公司
公司的法定英文名称：Tibet Trust Corporation Limited.
法定代表人：周贵庆
注册地址：西藏拉萨市经济开发区博达路1号阳光新城别墅区A7栋
邮政编码：850000
公司网址：www.ttco.cn
电子信箱：ttco-service@ttco.cn
信息披露事务负责人：荀诗敏
联系人：荀诗敏
联系电话：010-85353577
传真：010-85906796
电子信箱：xunsm@ttco.cn
公司选定的信息披露报纸名称：《上海证券报》
公司年度报告备置地点：北京市朝阳区金桐西路10号远洋光华国际C座17层
公司聘请的审计事务所：天健会计师事务所（特殊普通合伙）
地址：浙江省杭州市江干区钱江路1366号华润大厦B座 邮政编码：310020
公司聘请的律师事务所：北京市嘉源律师事务所
地址：北京市西城区复兴门内大街158号远洋大厦F408
邮政编码：100031

2.2 组织架构

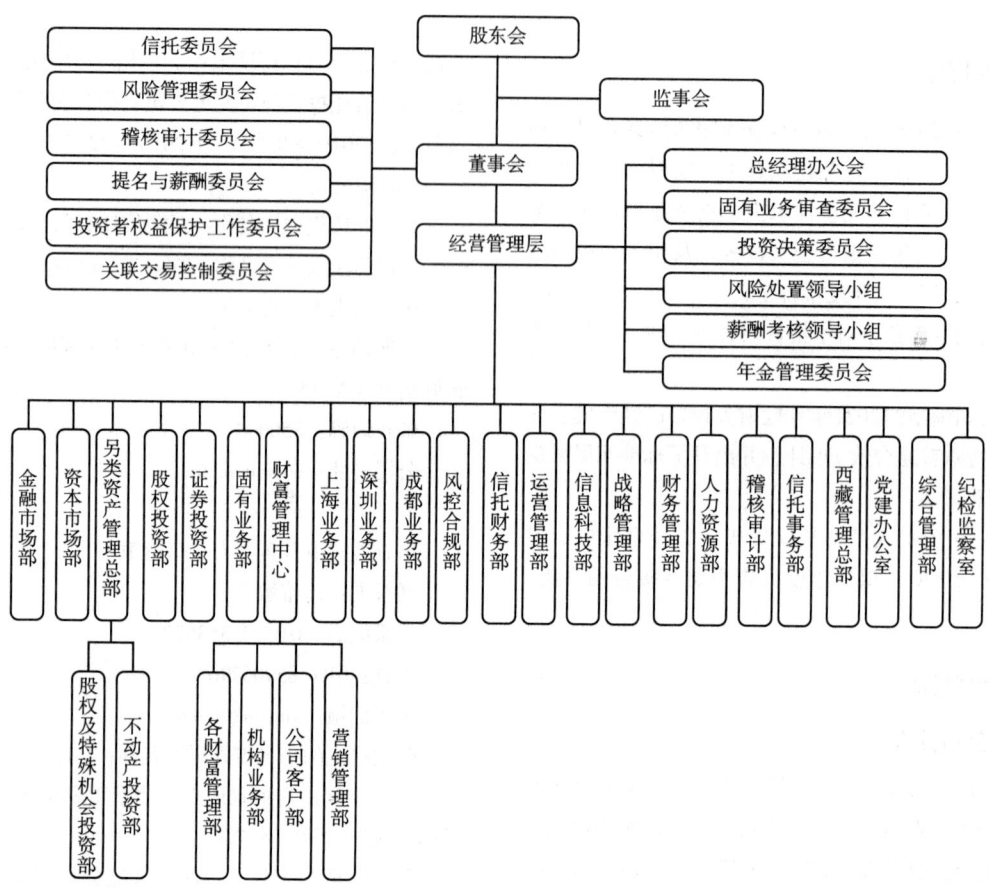

注：经营管理层包括总经理、副总经理等高管。

3. 公司治理结构

3.1 股东情况

股东名称	持股比例（%）	法人代表	注册地址	主要职能/营业范围
西藏自治区财政厅★	89.43	云丹	拉萨市北京西路23号	贯彻执行国家财政税收有关方针政策和法律法规等；承担自治区各项财政收支管理相关工作，并指导全区级财政做好相关工作，负责政府非税收入管理，负责政府性基金管理，按规定管理行政事业性收费
西藏自治区投资有限公司	10.57	王天昊	拉萨市经济技术开发区博达路1号（阳光新城别墅区A5.A7号）	对金融企业股权投资；对能源、交通、旅游、酒店、矿业、藏医药、食品、房地产、高新技术产业、农牧业、民族手工业投资开发；对基础设施投资和城市公用项目投资

注：★为公司实际控制人。

3.2 董事、董事会及其下属委员会

3.2.1 董事

姓名	职务	性别	年龄（岁）	选任日期	所推举的股东名称	该股东持股比例（%）	简要履历
周贵庆	董事长	男	46	2017年7月	西藏自治区财政厅	89.43	曾任职于聂拉木县中学、聂拉木县教育局，曾任聂拉木县宣传部副部长，组织部副部长，财政局局长，江孜县委常委、组织部部长，日喀则市财政局副局长、局长，珠峰城投公司党委书记。现任西藏信托有限公司董事长

续表

姓名	职务	性别	年龄（岁）	选任日期	所推举的股东名称	该股东持股比例（%）	简要履历
涂艺山	董事	男	38	2020年12月	西藏自治区财政厅	89.43	曾任职于原林芝县、林芝地区财政局，曾任原西藏自治区工业和信息化厅副主任科员，西藏自治区财政厅副主任科员、主任科员、一级主任科员、四级调研员。现任西藏信托有限公司股权董事
桑珠	董事	男	35	2020年12月	西藏自治区投资有限公司	10.57	曾任职于建设银行西藏那曲分行，曾任西藏自治区投资有限公司产业投资部业务员、业务副经理、业务经理，公司管理部副经理（主持工作）。现任西藏自治区投资有限公司战略运营部副部长
张勇	董事	男	48	2021年12月	西藏自治区财政厅	89.43	曾任华夏银行济南分行副处长，济南市槐荫区人民政府区长助理，天同证券有限公司办公室副主任，生命人寿股份有限公司助理总经理，中粮集团有限公司高级经理，中粮信托有限责任公司总经理助理、副总经理。现任西藏信托有限公司总经理
聂兴凯	独立董事	男	47	2020年12月	西藏自治区财政厅	89.43	曾任职于建设银行阳谷县支行。现任北京国家会计学院会计系主任
杨巍	独立董事	男	40	2020年12月	西藏自治区财政厅	89.43	曾任财政部监督检查局副主任科员、主任科员、副处长，网易公司政策研究总监和公共事务总监，悦刻公司政府事务副总监。现任悦刻公司政府事务总监
王汀	职工董事	男	42	2020年12月	—	—	曾任北京市冠成律师事务所诉讼律师助理、国浩律师集团（北京）事务所律师助理、北京市金杜律师事务所律师、西藏信托有限公司风控合规部副总经理。现任西藏信托有限公司风控合规部总经理

3.2.2 独立董事

姓名	职务	性别	年龄（岁）	选任日期	所推举股东名称	该股东持股比例（%）	简要履历
聂兴凯	独立董事	男	47	2020年12月	西藏自治区财政厅	89.43	曾任职于建设银行阳谷县支行。现任北京国家会计学院会计系主任
杨巍	独立董事	男	40	2020年12月	西藏自治区财政厅	89.43	曾任财政部监督检查局副主任科员、主任科员、副处长，网易公司政策研究总监和公共事务总监，悦刻公司政府事务副总监。现任悦刻公司政府事务总监

3.2.3 专门委员会

委员会名称	职责	组成人员名单	职务
信托委员会	审议、关注公司信托业务发展规划、重大信托项目审核与批准、信托业务运营情况、部门设置、业务培训、信托项目信息披露等，审查公司是否侵占受益人利益获取不当信托报酬等	聂兴凯	主任委员
		周贵庆	委员
		王汀	委员
稽核审计委员会	监督、审核公司内部审计制度及其实施、信息披露、财务信息；负责内部审计与外部审计之间的沟通；提议聘请或更换外部审计机构等	杨巍	主任委员
		桑珠	委员
		涂艺山	委员
提名与薪酬委员会	提名董事、经理层人员董事、经理层人员；审议关于公司薪酬考核的规划、制度、规则、报告等，为董事会决策提供依据和建议；监督公司薪酬考核政策实施	杨巍	主任委员
		周贵庆	委员
		王汀	委员
投资者权益保护工作委员会	指导、监督公司投资者权益保护工作、投资者权益培训工作、投资者教育相关工作的开展；组织制定公司投资者权益保护工作方案	涂艺山	主任委员
		杨巍	委员
		聂兴凯	委员
风险管理委员会	确定公司风险管理的总体目标、风险偏好、风险承受度、风险管理策略和重大风险管理解决方案	周贵庆	主任委员
		涂艺山	委员
		王汀	委员
关联交易控制委员会	确定公司关联交易管理的总体目标、负责对公司关联方名单管理、关联交易审批情况进行监督、审议需公司董事会审议的关联交易事项、提出完善公司关联交易管理的建议	聂兴凯	主任委员
		桑珠	委员
		王汀	委员

3.3 监事

姓名	职务	性别	年龄（岁）	选任时间	所推举的股东名称	该股东持股比例（%）	简要履历
付兴简	监事会主席	男	54	2020年12月	西藏自治区投资有限公司	10.57	曾任职于西藏自治区那曲地区嘉黎县财政局、那曲地委组织部、西藏自治区矿业开发总公司，曾任拉萨狮子楼酒店总经理、西藏宇拓健康品有限公司总经理助理、副总经理、常务副总经理，西藏自治区信托投资公司研发部经理，西藏大厦股份有限公司上海分公司副总经理，陕西博安投资有限公司董事、总经理、执行董事兼总经理。现任西藏珠峰创业投资有限公司党支部书记、监事会主席兼西藏藏投酒店管理有限公司副总经理
姚远	监事	男	33	2020年12月	西藏自治区财政厅	89.43	曾任职于北京市柯杰律师事务所、北京市嘉源律师事务所、北京市中盈律师事务所。曾任北京东进航空科技股份有限公司董事会秘书、财务总监。现任西藏信托有限公司金融市场部高级信托经理
王朝卿	职工监事	男	35	2021年7月	—	—	曾任广发银行总行业务经理。现任西藏信托有限公司资本市场部副总经理

3.4 公司高级管理人员

姓名	职务	性别	年龄（岁）	选任日期	金融从业年限（年）	学历	专业	简要履历
张勇	总经理	男	48	2021年12月	22	博士	政治经济学	曾任华夏银行济南分行副处长、济南市槐荫区人民政府区长助理，天同证券有限公司办公室副主任，生命人寿股份有限公司助理总经理，中粮集团有限公司高级经理，中粮信托有限责任公司总经理助理、副总经理。现任西藏信托有限公司总经理
余志平	副总经理	男	50	2010年5月	19	本科	企业管理	曾任职于东风药业股份有限公司，曾任西藏证券有限责任公司北京营业部办公室主任、副总经理。现任西藏信托有限公司副总经理
王晶	副总经理	女	41	2017年8月	14	硕士	国际金融	曾任职于卡内基训练、CMCMarkets英国公共有限公司、西藏同信证券有限责任公司，曾任西藏信托有限公司信托业务部总监、投资银行部总经理。现任西藏信托有限公司副总经理
王满	副总经理	男	40	2019年5月	16	本科	金融学	曾任职于北京银行总行营业部、东亚银行北京分行、中信银行总行私人银行中心，曾任西藏信托有限公司渠道总监、民生信托金融市场部总经理、西藏信托有限公司金融市场部总经理、总经理助理。现任西藏信托有限公司副总经理
吴嘉怡	财务总监	女	38	2016年5月	8	硕士	会计学	曾任职于毕马威华振会计师事务所，曾任西藏信托有限公司财务部总经理。现任西藏信托有限公司财务总监
荀诗敏	风险总监	女	38	2017年8月	8	硕士	国际法	曾任北京市嘉源律师事务所律师，西藏信托有限公司风控合规部总监、副总经理、总经理。现任西藏信托有限公司风险总监
国鑫	运营总监	男	38	2019年5月	11	本科	计算机科学与技术专业	曾任中国联合网络通信集团有限公司北京分公司通信服务工程师、西藏信托有限公司信息技术部总经理、信息总监。现任西藏信托有限公司运营总监

3.5 公司员工

项目		2021年度	
		人数（人）	比例（%）
年龄分布	25岁以下	2	1.77
	25—29岁	13	11.51
	30—39岁	79	69.91
	40岁以上	19	16.81
学历分布	博士	1	0.88
	硕士	58	51.33
	本科	47	41.60
	专科	5	4.42
	其他	2	1.77

续表

项目		2021年度	
		人数（人）	比例（%）
岗位分布	高管人员	8	7.08
	自营业务人员	8	7.08
	信托业务人员	44	38.94
	其他	53	46.90

4.经营管理

4.1 经营目标、方针、战略规划

公司经营目标是：公司利益相关者利益最大化。客户、股东、员工是我们最重要的利益相关者。我们认为，

为客户提供安全高效的资产管理服务，为股东提供合理稳定的收益，为员工提供有尊严的工作环境和有预期的成长空间，是企业的使命和促进社会进步的重要组成部分。"财务保障通达自由心境"是我们不懈努力所追求的最终目标。

公司经营方针是：当下信托业机遇与挑战并存，虽然前路漫漫，但是发展空间宽广。转型既有是加速出清的阵痛，也是大浪淘沙、重整旗鼓的好机会。所以当下将是"公司业务方向确定年、风险控制强化年、资本实力增强年、体系制度完善年、战略引领提升年、大数据库建设年"。公司将找准定位，明确目标，要坚持以业务发展为导向，对标杆，补短板、练内功、强化措施，全面推进公司各项工作取得新业绩。

公司战略规划是：公司将坚持"一个导向"，把握"两个契机"，树立"三个意识"，强化"四个功夫"，统筹考虑内外部环境、监管导向、行业转型趋势和公司所处的发展阶段，坚持实事求是、遵循规律、着眼长远、统筹兼顾，提出公司"十四五"时期的发展目标、重点任务、业务布局和展业策略，为打造西藏信托百年大业的宏伟目标擘画蓝图。

4.2 所经营业务的主要内容

公司依法经营资金信托、动产信托、不动产信托等信托业务，以信托贷款、信托投资等方式将客户的委托资金用于工商业、房地产业、金融机构、证券市场等领域。

4.2.1 自营资产运用与分布表

资产运用	金额（万元）	占比（%）	资产分布	金额（万元）	占比（%）
货币资产	19 742.15	3.41	基础产业	—	—
贷款及应收款	102 184.34	17.64	房地产业	—	—
交易性金融资产	428 974.32	74.06	证券市场	72 160.66	12.46
可供出售金融资产	—	—	实业	101 386.05	17.50
持有至到期金融资产	—	—	金融机构	382 595.39	66.06
长期股权投资	—	—	其他	23 050.36	3.98
固定资产	16 877.51	2.91	—	—	—
其他	11 414.28	1.98	—	—	—
资产总计	579 192.46	100.00	资产总计	579 192.46	100.00

4.2.2 信托资产运用与分布表

资产运用	金额（万元）	占比（%）	资产分布	金额（万元）	占比（%）
货币资产	90 711.06	0.66	基础产业	738 975.59	5.40
贷款及应收款	3 741 562.55	27.33	房地产业	1 864 297.87	13.62

续表

资产运用	金额（万元）	占比（%）	资产分布	金额（万元）	占比（%）
交易性金融资产	3 192 479.09	23.32	证券市场	699 711.65	5.11
可供出售金融资产	773 841.80	5.65	工商企业	5 654 963.54	41.30
持有至到期金融资产	1 973 995.29	14.42	金融机构	2 483 473.66	18.14
长期股权投资	216 178.82	1.58	其他	2 250 606.33	16.43
财产权	3 531 811.41	25.79	—	—	—
其他	171 448.62	1.25	—	—	—
资产总计	13 692 028.64	100.00	资产总计	13 692 028.64	100.00

4.3 市场分析

4.3.1 宏观经济形势

从整体经济形势上看，中国经济将逐步向常态化回归，预计消费和制造业投资有望成为需求侧的主要推动力，受基数影响，参考各研究机构预测，中国经济平均增速预期会在6%左右。三驾马车中，投资方面，内生需求改善将成为亮点；消费方面，可选消费有望加速回补；进出口方面，外需修复后仍将稳定增长。在此基础上，考虑到经济复苏与财政平衡，预期积极财政力度将会趋缓，财政政策或回归常态，货币政策则将从传统总量政策向"结构性"和"审慎性"转变。

4.3.1.1 中国经济将稳中加固

当前经济运行仍有三重"不均衡"。一是不同行业间生产恢复的"不均衡"，受疫情影响更大的租赁和商务服务业以及住宿和餐饮业，距离完全恢复尚需时日。二是内外需求恢复的"不均衡"，1—4月份的经济数据显示"外需旺、内需稳"。三是不同规模企业之间景气程度表现的"不均衡"，大型企业持续处于扩张区间，但小型企业的整体恢复节奏仍然较慢。在此情况下，总量政策的主要目标仍然会聚焦在稳增长上。预计货币政策将维持松紧适度，中性的货币政策有望维持，对宏观经济的影响预计也偏中性；财政政策的基本取向不会有明显调整，并且财政政策将更注重资金使用的统筹，保民生保基本，缓解地方政府债务压力，维持对经济的适度支持。在中国"十四五"规划和二〇三五远景目标配套政策的支持下，制造业投资、服务性消费、商品出口三个积极因素将推动经济稳中加固，具体力度将取决于全球经济复苏对中国的拉动效果。

4.3.1.2 中国制造业呈现技术优势

据世界银行数据显示，我国自2010年制造业增加值超过美国后，已经连续11年成为全球最大制造业国家。

中国制造业规模优势已经在全球遥遥领先，与此同时，从规模优势向技术优势的升级已经在发生。2020年我国高技术制造业实现利润占规模以上工业企业的比重为17.8%，比2019年提高了1.9个百分点，但是相较世界主要发达国家，这一比重仍有较大的提升空间。未来我国想继续巩固并提升制造业在全球产业链中的竞争力，发挥技术优势将是我国制造业发展的必由之路。我们预计在政策的加持下，中国制造业将迈向更"高精尖"的发展轨道。首先，"十四五"规划提出"保持制造业比重基本稳定"这一要求就意味着制造业的转型升级和结构优化。其次，伴随着全球经济下行所导致的逆全球化思潮抬头，全球产业链面临着加速重构的可能，这就要求我国制造业发展更注重科技创新，以应对"卡脖子"难题。最后，努力实现"碳达峰、碳中和"目标，将深刻促进我国能源结构变革，也将直接促进光伏、新能源汽车等产业的发展。

4.3.1.3 中国服务业提升全要素生产力

过去40年我国服务业发展较快，承担了就业"蓄水池"的功能。2019年，我国服务业对GDP增长的贡献率达到59.4%。20世纪90年代服务业就业人数占全部就业人口的比重为20%左右，2019年该比重已经上升至47.4%。未来的服务业发展，一方面更多依托为制造业提供高端全面的服务，生产服务业潜力巨大；另一方面更多依托更精细、更个性的需求升级，加速商业模式变革。虽然以往服务业的人均工资水平高于制造业，然而服务业内部的极差却很大。目前低收入的服务业正在从全社会劳动收入的"拖累项"转变成"助推项"。服务业越来越呈现线上线下融合、精细化提升等特点，客观上创造了一些劳动密集型的相对高收入岗位，与此同时，部分劳动力也从低端制造业岗位流入新业态的服务业领域，这一趋势与工业领域的"机器换人"结合在一起，既提高了服务业的收入水平，也提高了工业的生产效率。因此，随着服务业结构的升级，全社会的劳动收入和全要素生产率都得到了提升。

4.3.1.4 中国产业链将成为绝对竞争力

在新冠肺炎疫情的冲击下，全球各国均开启了货币大幅宽松的进程，这样"冲击—宽松"的经济政策路径发展下去，长期来看，全球总需求的弹性会有所扩大，一国的供给能力将成为影响出口的核心变量，对于中国来说，生产"替代效应"将持续带动出口高增。完备的产业链体系才能实现资本品、中间品和消费品的多元化出口，中国正是基于产业链的优势，才能实现无论全球供给是中断还是恢复，可能都不缺订单的情形。华东地区是我国制造业的主要阵地，也是出口类制造业能够进一步走向高质量发展的战略依托。预计在这一地区还将涌现出很多优秀企业，有望在全球打响中国制造、中国创造的品牌。

4.3.1.5 地方政府行为从更重基建转向更重产业

基建贯穿我国地方发展黄金二十年，但传统基建空间和回报率逐年下降。近几年来，地方政府行为的转型已经开始逐步显现，一方面是出于对更可持续的财政收支的行为匹配；另一方面也是对更可持续的城市发展、更需侧重的民生建设予以进一步的关注和加大支持。在"十四五"期间地方政府的行为转型预计将主要呈现两个大的特征。一是更注重"城市更新"，强调用综合的、整体性的观念和行动计划来解决城市存量发展过程中遇到的各种问题。二是更积极地参与到产业的培育、深度融合发展等层面，从单一的产业发展的"旁观者"和"秩序维护者"转变为产业发展的"引路人"和"推动者"。

4.3.2 信托行业形势

面对经济环境、监管环境的剧烈变化，从信托行业发展角度审视，严监管态势只会加强不会变弱。清理信托通道业务、整顿违规融资类信托产品、压降非标融资业务规模、加大对风险的化解与处置已经形成行业共识。央行、银保监会、自治区银保监局等监管会议多次强调，中国信托业必须坚持稳中求进，既要严格落实监管的要求，完成压缩融资和通道类业务的目标，也要紧密围绕"十四五"规划制定未来的经营规划，调整经营策略，在更好服务经济发展和居民财富管理需要的同时，推动信托业从粗放增长向高质量发展转型。

4.3.2.1 信托资产回落，转型取得进展

在业务转型驱动下，信托资产规模从2017年4季度末26.25万亿元的高点渐次回落。截至2021年末，信托资产规模为20.64万亿元。在严监管环境下，未来通道类业务规模持续回落，融资类信托将继续压缩，信托公司的业务结构预期有所改善，主动管理能力有所提升。随着经济运行态势向好，信托业坚持风险防控与稳中求进的两手策略，整体风险可控。

4.3.2.2 有资产增加，提高防控能力

截至2020年末，68家信托公司固有资产为8 248.36亿元，同比2019年4季度末7 677.12亿元增长7.44%，环比3季度末7 909.07亿元增长4.29%。在信托资产规模同比下降的背景下，信托业资本实力增强，提升了部分信托公司应对风险的能力。当前，监管规定将信托业务开展规模限制和信托公司净资产挂钩，强大的资本实力不仅有利于扩大信托展业空间，而且提升了风险防范能力。单就2020年相继有12家信托公司增资扩股，合计增资额为266.48亿元，显著高于2018年和2019年。2021—2023年，预计信托公司增资潮加以持续，其中中小型信托公司增资以防范风险、扩大业务延展空间的需求将更加显著。

4.3.2.3 管理能力提升，发挥制度优势

伴随信托业的制度定位逐渐明确，做专业受托人、主营信托业务的金融机构，"基于信任、忠于托付"成为行业回归本源的基础保障。对大多数信托公司来说，被动管理型信托资产规模占比较大，主动管理能力不足则是短板。当前及今后一段时间，信托业要把业务工作重点放到提升主动管理能力上来，主要需提升能力包括以下两点：一是勇于主动转型的能力，信托业要改变多年来依靠"通道"与"融资类"业务获取收益的做法，转向坚持受托人定位，培育诚信、专业、尽责的受托理念。二是不断探索新的业务模式，不同于其他金融子行业，信托公司有着跨越货币市场、资本市场和实业市场的灵活优势，可以运用债权、股权、股债结合、资产证券化、产业基金等多种方式，充分调动资源，为实体经济部门提供多样化的信托产品和信托金融服务。

4.3.2.4 践行信托文化，提升专业价值

信托文化是信托业转型发展的动力，受托人责任是信托文化核心。持续加强信托文化建设，是信托业发展的"灵魂"。中国信托业协会已经推动形成了《信托公司信托文化建设指引》及《协会关于开展信托文化建设的通知》，助力推进信托文化建设五年规划，大部分信托公司开展了一系列主题活动。信托文化含义广阔，其中委托人文化和受托人文化构成了信托法律关系，塑造了信托业独特的商业模式。信托公司的受托人文化建设是立足于受托人责任所创造经济价值的商业模式，是委托人与受托人的"双赢"文化。未来，信托公司要提升受托人的专业价值，即具有能使信托资金增值的能力。为此，要探索以基于专业服务和多元金融工具运用的受托服务模式，通过弘扬履职尽责、灵活创新的信托文化，激活全社会对信托本源业务的市场需求。

4.4 内部控制

4.4.1 内部控制环境和内部控制文化

4.4.1.1 股东会、董事会、监事会及高级管理层权责分明

公司严格遵守《公司法》《信托法》《信托公司管理办法》《信托公司治理指引》等法律法规，认真落实监管部门关于公司治理的有关规定，建立了包括股东会、董事会、高级管理层及监事会的科学、规范、权责分明的经营决策机制。同时，公司制定《西藏信托有限公司"三重一大"决策制度实施办法》，细化公司授权体系，进一步完善公司治理结构，增强公司治理机制的有效性，提高公司决策的科学性。

4.4.1.2 企业文化的建设

作为国有金融企业，加强和完善党对企业的领导，加强和改进企业党的建设，使企业成为党和国家最可信赖的依靠力量，成为坚决贯彻执行党中央决策部署的重要力量，成为贯彻新发展理念、全面深化改革的重要力量。

作为国有金融企业，我们的经营将为股东创造价值，坚持有利于国有资产保值增值、有利于提高国有经济竞争力、有利于放大国有资本功能的方针相结合，坚定不移把国有企业做强做优做大。

我们为客户提供全面资产管理方案，促进客户资产增值，以客户利益的最大化为业务目标。我们以诚信经营为根本，守法合规为底线，风险控制为依靠，以财务保障通达自由心境为我们的核心价值观。

我们为员工提供有尊严的收入、友善的工作环境和有预期的成长空间。坚持以人为本的管理原则，通过充分调动员工的积极性和创造性，实现员工自身价值与企业价值相互促进，共同提升。

4.4.1.3 风控制度的修订、实施情况

公司履行诚实、信用、谨慎、有效管理的义务，全方位监控业务的风险状况，在业务的发展中，引入科学的风险管理程序，从制度上控制与防范风险。按照独立性、全面性和系统性的原则，形成了以公司各项业务执行人员为起点至公司投资决策委员会的自下而上的多层次纵向的风险管理系统，也构建了公司风控合规部门、财务管理部门、信托事务部门、稽核审计部门等共同参与的横向风险管理系统，最终在公司内部形成完整的风险管理体系，并推动了公司的风险管理文化的建设。

4.4.2 内部控制措施

4.4.2.1 组织结构的内部控制

公司建立股东会、董事会、监事会、高级管理层的

"三会一层"组织结构，明确其职能和责任，制定了相应的议事规则并完善了相应的授权体系。

公司董事会下设信托委员会、稽核审计委员会、提名与薪酬委员会、投资者权益保护工作委员会、风险管理委员会及关联交易控制委员会；管理层下设投资决策委员会及固有业务审查委员会。

公司各部门职责分明、目标明确，相互分离、相互制约。

公司财务管理部、风控合规部和稽核审计部，独立开展工作，履行其职责。

公司的岗位设置职责分明，相互制约。各部门的工作人员各司其职。

4.4.2.2 业务的内部控制

公司的自营业务和信托业务相互分离，分别由不同的业务部门管理。

公司制定较为完善的业务管理制度，包括规范有效的业务操作流程。

公司固有财产和信托财产分开管理、分别核算，并由不同的部门及会计人员负责。

公司自营业务注重防范风险，对不同资产类别及投资期限进行合理配置，尽可能确保自营资产的收益性、安全性和流动性，实现最佳平衡。

自营业务和信托业务做到信息隔离，各业务信息相互独立，业务人员做到对未公开的业务信息保密。

4.4.2.3 关联交易的内部控制

公司董事会下设关联交易控制委员会，负责关联交易的管理，及时审查和批准关联交易，控制关联交易风险。

公司加强关联交易决策和监督的控制，重点防范不正当关联交易所导致的风险。

关联交易按照国家法律法规的规定和银保监会的要求，做到比例控制、信息披露。

4.4.2.4 会计的内部控制

公司制定了较完整的财务管理制度和会计业务规范，会计业务规范覆盖了会计业务的各个环节。

公司会计岗位实行责任分离、相互制约的原则，严禁一人兼任非相容的岗位或独自完成会计全过程的业务操作。

公司制定较完善的会计档案管理和财务交接制度，财务部门妥善保管业务用章、空白支票等重要凭据和会计档案。

4.4.3 信息交流与反馈

4.4.3.1 报告制度

按照监管部门的要求，公司按照《信托登记管理办法》对公司信托产品及受益权信息进行登记。项目经理对信托资金拟投向的项目进行尽职调查，据此形成项目尽职调查报告，重大项目经公司投资决策委员会审核批准后实施。

4.4.3.2 业务处理的授权制度

公司董事会严格执行分级授权制度。公司经营班子严格执行董事会及股东会的各项决议，根据年度股东会会议批准的经营计划和经营目标，努力提升公司的业务能力、管理能力、创新能力，进一步提高核心竞争力，明显增强公司的综合实力。

4.4.3.3 业务活动资料存档

公司信托项目由项目责任人妥善保管项目的各类原始资料，并按规定及时归档。信托项目在信托计划成立后按照公司有关合同、档案管理规定移交信托事务部收存，并由信托事务部依照档案管理规定对归档资料进行复核。信托项目存档材料主要有：项目前期尽职调查的有关资料，立项审批表，提交投资决策委员会审查的材料、决议，有关合同及其他法律文本，项目后期管理记录，信息披露文件等。

4.4.3.4 对业务审核、监督结果进行反馈的机制

信托项目存续期间，公司风控合规部定期对信托项目的审核结果及项目运作情况进行跟踪、了解，信托业务部根据项目周期、项目性质和信托文件的有关内容，定期与项目方进行书面、口头或会议沟通，及时监控信托项目运营中的风险。在项目跟踪调查的过程中，对项目进度、信托资金使用情况、总体财务状况、管理团队人员变动、股权结构变动等情况进行详细、客观考察。

4.4.4 监督评价与纠正

公司建立、健全内部监督评价体系，持续对经营管理及业务运行过程进行全面的监督和评价。公司监事会依法履行监督职能，对公司董事、高级管理层履职情况进行监督；公司稽核审计部制作《西藏信托有限公司内部审计报告》及专项审计报告，充分发挥稽核审计部门的监督检查职能。

4.5 风险管理

4.5.1 风险管理概况

公司风险管理贯彻全面性、审慎性、及时性、有效

性等原则，覆盖公司各项业务、各个部门、各个环节和各级人员，对风险进行事前防范、事中控制、事后监督，促进公司持续、稳健、规范、健康运行。

公司风险管理的组织架构和分工如下。董事会是公司风险管理的最高决策机构，负责确定公司的风险管理政策、程序和人员，行使重大经营决策权。董事会下设的各专业委员会根据各自的职责对公司整体进行风险管理。风险管理委员会具体落实公司董事会风险控制、管理、监督和评估相关工作职责。信托委员会负责信托业务的风险管理，关注公司信托业务发展规划、负责重大信托项目审核与批准等。稽核审计委员会监督、审核公司内部审计制度及其实施情况。关联交易控制委员会负责关联交易的管理，控制关联交易风险。公司的风控合规部、各业务部门以及各管理部门在日常业务处理中均负有对应的部门风控职责。

报告期内，公司进一步推进组织架构、内控制度及相关业务流程的优化工作，不断完善组织健全、权责明确、合理制衡、报告路径清晰的公司治理结构，为全面风险管理提供了有效的治理结构保障。公司高度重视流动性风险的防范和管理，着力加强流动性风险防范的前瞻性、针对性和有效性，提前落实信托还款资金安排，确保流动性风险的及时转移、释放和化解，进一步巩固公司业务整体稳健运行的态势。

4.5.2 风险状况

4.5.2.1 信用风险状况

信用风险主要指交易对手不履行义务的可能性，主要表现为：在贷款、资产回购、后续资金安排、担保、履约承诺等交易过程中，借款人、担保人、保管人（托管人）等交易对手不履行承诺，不能或不愿履行合约承诺而使信托财产和固有财产遭受潜在损失的可能性。同时，当信用风险发生时，如受托人没有尽职管理、安排预算不恰当时，或信托项目违法违规未能如期执行时，会导致发生的流动性风险。

报告期内，公司总体信用风险基本可控。对于可能出现交易对手违约事件，公司将积极采取多项措施化解风险，最大限度保护相关者合法利益，必要时将采取法律手段予以解决；同时，公司还以资产质量为依据谨慎计提足额风险及信托赔偿准备金，进一步提高了公司的风险抵补能力。

4.5.2.2 市场风险状况

市场风险主要指在开展资产管理业务过程中，投资于有公开市场价值的金融产品或者其他产品时，金融产品或者其他产品的价格发生波动导致资产遭受损失的可能性。同时，市场风险还具有很强的传导效应，某些信用风险的根源可能也来自于交易对手的市场风险（如销售下降、成本上升等）。报告期内，在公司加强对经济、金融和产业形势的预判管理、完善市场风险预警机制和市场风险管理体系的举措下，公司市场风险总体可控。

4.5.2.3 操作风险状况

操作风险表现为由于公司治理机制、内部控制失效或者有关责任人出现失误、欺诈等问题，公司没有充分及时地做好尽职调查、持续监控、信息披露等工作，未能及时做出应有的反应，或做出的反应明显有失专业和常理，甚至违规违约；公司没有履行勤勉尽职管理的义务，或者无法出具充分有效的证据和记录，证明自己已履行勤勉尽职管理的义务。报告期内公司进一步加强内控体系建设，对公司各项管理制度、业务流程、内控组织等进行了梳理，并有效地处理和解决了公司业务流程中存在的不足及问题。报告期内，公司未发生内部控制失效或者员工欺诈问题，未发生误操作、违规操作导致的财务损失，未发生系统、账户、流程引发的风险事件，未发生尽职管理不到位导致的经济损失等，公司操作风险基本可控。

4.5.2.4 其他风险状况

其他风险主要是指公司业务开展中的政策风险、声誉风险、人员道德风险等。报告期内，公司高度重视自身声誉，坚持依法合规稳健经营，风险基本可控，未发生此类风险损失。

4.5.3 风险管理

4.5.3.1 信用风险管理

公司的信用风险管理主要是通过强化贷前和贷后管理来进行风险防范。

公司加强项目事前审核，审慎选择合作机构，落实交易对手名单制管理，杜绝与负面清单里的交易对手合作。同时，在贷前审核过程中，充分评估贷款人的履约能力和履约意愿，严格按照申请立项、尽职调查、信用评估、内部审批、签约放款等步骤操作。业务审批中，重点审核贷款质押担保措施，公正地评估质押品，总体控制抵质押率，并根据贷款人的具体情况和市场情况在一定程度上适度调整担保标准。

公司严格落实项目贷后管理，按照合同约定，保持对贷款人的动态风险管理。公司对贷款人的资信状况和偿债能力及保证合同的履行情况定期进行监控，并采取风险预警报告及主动管理进行贷后风险应对。同时，公司注重信用风险管理的前瞻性、针对性和适时性，严格执行授权审批制度及决策流程，确保公司信用风险的可测、可控、可承受。

4.5.3.2 市场风险管理

公司在运营过程中面临的市场风险主要为股价、汇率、利率及其他价格对公司经营和盈利能力的影响。针对上述投资标的的市场风险，公司固有业务和证券类信托业务都制定了严格的风控流程，根据市场目前的具体状况，动态调整风控指标。一方面通过信息系统实现各项投资限制；另一方面通过信托运营部人员逐日盯市，研究人员对市场各类政策的研究，动态调整可投资标的范围、额度及止损标准来控制此类风险。

4.5.3.3 操作风险管理

公司主要通过不断完善各部门和各岗位的职责、清晰化各业务操作流程，实行严格的复核、审核程序，加强内部员工专业知识和流程培训，制定严格的信息管理制度，从而保证业务运行安全而富有效率，降低操作风险。公司在业务尽职调查、产品规范化管理、合同档案管理、信息披露等方面不断细化管理要点和规范操作流程，提升业务操作的规范化和标准化水平，消除操作风险隐患，有效管理各类操作风险。

4.5.3.4 其他风险管理

4.5.3.4.1 政策风险管理

公司及时跟踪研究国家宏观政策和行业政策的调整与变化，动态分析宏观政策和监管政策的变动趋势，及时调整发展思路和经营理念，保持公司经营策略与国家政策的一致性。同时，持续关注有关法律、法规的最新变化，正确理解和准确把握其内涵，强化全员的合法合规经营意识，并及时对业务程序和操作指引进行梳理和修订，保证公司的各项业务在合法合规的前提下进行。

4.5.3.4.2 声誉风险管理

声誉是金融机构赖以生存的基础，是立身之本、展业之本。一直以来，公司对声誉风险的容忍度为零，并将声誉风险管理纳入公司治理和全面风险管理体系。

4.5.3.4.3 道德风险管理

公司注重道德文化教育，要求员工遵纪守法，不断提高员工廉洁自律和勤勉尽职的意识；以员工为本，强调和谐共赢，不断加强公司的凝聚力和员工的归属感，使员工认识到与公司共同成长的重要性。

4.6 企业社会责任

公司坚持服务实体经济，积极回馈股东，诚信纳税，维护投资者权益，积极践行企业社会责任。

4.6.1 规范运作，廉洁从业

公司在日常经营中坚持规范运作，2021年以来公司不断加强法人治理建设，加强内部合规文化的培育，增加中后台人员和资源配置。与此同时，公司通过开展警示教育、进行专题讲座、做好廉政宣传等多种途径加强员工廉洁教育，强化党员的廉洁意识，以保证公司员工及管理层的廉洁廉政。

4.6.2 服务实体经济及民营企业

2021年，公司坚持习近平新时代中国特色社会主义思想，牢固树立增强"四个意识"，坚定"四个自信"，做到"两个维护"，根据党的十九大会议精神以及监管机构的规定，对公司发展战略、业务规划进行梳理，将服务实体经济作为公司重点工作之一，增强主动管理能力，把更多资源配置到经济社会发展的重点领域和薄弱环节，更好地满足实体经济多样化的需求。2021年，公司进一步投入较大人力物力开拓中小企业综合金融服务业务，为中小企业及时提供价格合理、便捷安全的金融服务。

4.6.3 "三农"及扶贫金融服务情况

2021年公司积极响应国家"普惠金融"的战略方针，落实十九大关于"深化金融体制改革，增强金融服务实体经济能力"的会议精神，坚持金融产品创新，把握"互联网+金融"机会，在消费金融领域有了进一步成长。

开展教育扶贫工作：为切实减轻牧民小孩上大学所带来的生活负担，对贫困大学生达娃卓玛进行捐助，全年捐助14 400元；开展精准扶贫工作：扶贫尼玛乡琼果村、下地村过冬饲料共40万元。

4.6.4 积极回馈股东

公司将"为股东提供合理稳定的收益"作为公司经营目标之一，通过完善公司治理、强化经营管理、提高企业竞争力，确保公司稳健发展，为股东提供稳定投资回报，实现国有资产保值增值。

4.6.5 诚信纳税

公司坚持依法纳税、诚信经营，2021年全年公司上缴税费共计3.06亿元，以实际行动支持西藏自治区经济发展。

4.6.6 维护投资者权益

公司注重对投资者权益的保护，在日常工作中致力于为投资者提供方便、快捷、优质、高效的金融服

务。2021年公司共计清算信托项目220个，加上期间分配收益的信托项目，共向受益人分配信托收益605 156.45万元。

公司将公平对待金融消费者的观念融入公司治理和企业文化建设当中，努力建立、健全金融消费者保护机制，把关注和维护金融消费者的合法权益作为公司的重要职责使命之一。

深入开展投资者教育宣传活动，开展"全民国家安全教育日""金融知识万里行""全国投资者保护宣传日""健康人生绿色无毒"等多个主题宣传活动，增强广大投资者理性投资、防范诈骗、远离毒品的意识，为构建和谐社会贡献力量。

4.6.7 加强反洗钱工作

公司重视反洗钱相关工作的开展，完善反洗钱内控制度，加强系统建设，在反洗钱领导小组的领导下，由专人负责落实反洗钱相关工作，按规定履行客户身份识别、可疑交易报告、客户身份资料和交易记录保存、开展反洗钱宣传、组织反洗钱培训等义务，并积极参与辖区内组织的反洗钱培训及交流，以适应新形式下反洗钱工作，及时掌握反洗钱工作的新动向、新要求。

4.6.8 关注西藏地区民生工程

公司在日常经营中，时时关注西藏地区发展、人民生活情况，积极帮助西藏当地有需要的居民解决实际困难。同时，我司对涉及民生的项目一贯采取大力支持的政策。未来公司将持续关注医疗、教育、环保行业发展情况，以期可以更深入地为民生工程贡献公司力量。

4.6.9 做好信托业协会专项课题

积极参与信托业协会年度重点课题工作，作为《中国家族信托发展报告》的参与单位，完成该课题调研及写作任务，助力我国家族信托业务发展。

4.6.10 关爱员工

公司坚持"以人为本"的理念，关爱员工，与员工共同分享公司的发展成果。公司制定明确的薪酬激励机制及晋升制度，以帮助员工制定职业规划；为公司员工缴纳企业年金，补充商业保险；为员工提供丰富的内外部培训课程，鼓励员工进行进修，以加强员工业务能力，提高员工综合素质。

5.报告期末及上一年度末的比较式会计报表

5.1 自营资产

5.1.1 会计师事务所审计意见全文

审计报告

天健审〔2022〕1-1288号

西藏信托有限公司全体股东：

一、审计意见

我们审计了西藏信托有限公司（以下简称西藏信托）财务报表，包括2021年12月31日的资产负债表，2021年度的利润表、现金流量表、所有者权益变动表以及相关财务报表附注。

我们认为，后附的财务报表在所有重大方面按照企业会计准则的规定编制，公允反映了西藏信托2021年12月31日的财务状况以及2021年度的经营成果和现金流量。

二、形成审计意见的基础

我们按照中国注册会计师审计准则的规定执行了审计工作。审计报告的"注册会计师对财务报表审计的责任"部分进一步阐述了我们在这些准则下的责任。按照中国注册会计师职业道德守则，我们独立于西藏信托，并履行了职业道德方面的其他责任。我们相信，我们获取的审计证据是充分、适当的，为发表审计意见提供了基础。

三、管理层和治理层对财务报表的责任

西藏信托管理层（以下简称管理层）负责按照企业会计准则的规定编制财务报表，使其实现公允反映，并设计、执行和维护必要的内部控制，以使财务报表不存在由于舞弊或错误导致的重大错报。

在编制财务报表时，管理层负责评估西藏信托的持续经营能力，披露与持续经营相关的事项（如适用），并运用持续经营假设，除非计划进行清算、终止运营或别无其他现实的选择。

西藏信托治理层（以下简称治理层）负责监督西藏信托的财务报告过程。

四、注册会计师对财务报表审计的责任

我们的目标是对财务报表整体是否不存在由于舞弊或错误导致的重大错报获取合理保证，并出具包含审计意见的审计报告。合理保证是高水平的保证，但并不能保证按照审计准则执行的审计在某一重大错报存在时总能发现。错报可能由于舞弊或错误导致，如果合理预期错报单独或汇总起来可能影响财务报表使用者依据财务报表作出的经济决策，则通常认为错报是重大的。

在按照审计准则执行审计工作的过程中，我们运用职业判断，并保持职业怀疑。同时，我们也执行以下工作：

（1）识别和评估由于舞弊或错误导致的财务报表重大错报风险，设计和实施审计程序以应对这些风险，并获取充分、适当的审计证据,作为发表审计意见的基础。由于舞弊可能涉及串通、伪造、故意遗漏、虚假陈述或凌驾于内部控制之上,未能发现由于舞弊导致的重大错报的风险高于未能发现由于错误导致的重大错报的风险。

(2)了解与审计相关的内部控制,以设计恰当的审计程序,但目的并非对内部控制的有效性发表意见。

(3)评价管理层选用会计政策的恰当性和作出会计估计及相关披露的合理性。

(4)对管理层使用持续经营假设的恰当性得出结论。同时,根据获取的审计证据,就可能导致对西藏信托持续经营能力产生重大疑虑的事项或情况是否存在重大不确定性得出结论。如果我们得出结论认为存在重大不确定性,审计准则要求我们在审计报告中提请报表使用者注意财务报表中的相关披露;如果披露不充分,我们应当发表非无保留意见。我们的结论基于截至审计报告日可获得的信息。然而,未来的事项或情况可能导致西藏信托不能持续经营。

(5)评价财务报表的总体列报、结构和内容,并评价财务报表是否公允反映相关交易和事项。

我们与治理层就计划的审计范围、时间安排和重大审计发现等事项进行沟通,包括沟通我们在审计中识别出的值得关注的内部控制缺陷。

天健会计师事务所(特殊普通合伙)

中国注册会计师:谢东良

中国注册会计师:徐 毅

中国·杭州　　二〇二二年二月二十八日

5.1.2 资产负债表

资产负债表

编制单位:西藏信托有限公司　　2021年12月31日　　单位:万元

项目	期末金额	年初余额
资产:	—	—
现金及存放中央银行款项	0.22	0.22
存放同业款项	19 741.93	1 538.43
贵金属	—	—
拆出资金	—	—
衍生金融资产	—	—
买入返售金融资产	—	31 000.63
持有待售资产	—	—
发放贷款和垫款	101 386.05	44 349.84

续表

项目	期末金额	年初余额
金融投资:	—	—
交易性金融资产	428 974.32	420 582.84
债权投资	—	—
其他债权投资	—	—
其他权益工具投资	—	—
长期股权投资	—	—
投资性房地产	—	—
固定资产	16 877.51	14 717.70
在建工程	—	—
使用权资产	—	—
无形资产	418.88	181.06
递延所得税资产	4 696.64	4 829.57
其他资产	7 096.91	18 028.05
资产总计	579 192.46	535 228.34

法定代表人:周贵庆　　主管会计工作负责人:吴嘉怡　　会计机构负责人:许锡澄

资产负债表(续)

编制单位:西藏信托有限公司　　2021年12月31日　　单位:万元

项目	期末金额	年初余额
负债及所有者权益:	—	—
向中央银行借款	—	—
同业及其他金融机构存放款项	—	—
拆入资金	—	—
衍生金融负债	—	—
卖出回购金融资产款	—	—
吸收存款	—	—
应付职工薪酬	13 998.62	14 988.47
应交税费	3 508.39	2 852.59
应付利息	—	—
持有待售负债	—	—
预计负债	—	—
应付债券	—	—
其中:优先股	—	—
永续债	—	—
租赁负债	—	—
递延所得税负债	647.13	1 772.49

续表

项目	期末金额	年初余额
其他负债	22 458.17	20 008.34
负债总计	40 612.31	39 621.89
实收资本	300 000.00	300 000.00
其他权益工具	—	—
资本公积	5 000.00	5 000.00
减：库存股	—	—
其他综合收益	—	—
盈余公积	41 815.21	37 092.83
信托赔偿准备	22 577.24	20 216.05
一般风险准备	12 472.33	12 472.33
未分配利润	156 715.37	120 825.24
所有者权益总计	538 580.15	495 606.45
负债和所有者权益总计	579 192.46	535 228.34

法定代表人：周贵庆　　主管会计工作负责人：吴嘉怡　　会计机构负责人：许锡澄

5.1.3 利润表

利润表

编制单位：西藏信托有限公司　　2021年12月31日　　单位：万元

项目	本期金额	上期金额
一、营业总收入	88 013.16	82 526.78
利息净收入	4 191.57	2 012.73
利息收入	4 191.57	2 012.73
利息支出	—	—
手续费及佣金净收入	51 774.03	42 715.64
手续费及佣金收入	51 824.67	42 795.28
手续费及佣金支出	50.64	79.64
投资收益（损失以"-"号填列）	27 438.00	-6 628.33
其中：对联营企业和合营企业的投资收益	—	—
以摊余成本计量的金融资产终止确认产生的收益	—	—
其他收益	728.91	11 301.59
公允价值变动收益（损失以"-"号填列）	3 490.68	32 774.91
汇兑收益（损失以"-"号填列）	—	—
其他业务收入	389.97	350.24
资产处置收益（损失以"-"号填列）	—	—
二、营业支出	34 215.13	33 904.22
税金及附加	553.50	493.82

续表

项目	本期金额	上期金额
业务及管理费	19 562.82	20 144.04
信用减值损失	13 799.76	—
其他资产减值损失	—	—
资产减值损失	—	12 948.22
其他业务成本	299.05	318.14
三、营业利润（亏损总额以"-"号填列）	53 798.03	48 622.56
加：营业外收入	0.06	7.97
减：营业外支出	67.69	—
四、利润总额（净亏损以"-"号填列）	53 730.40	48 630.53
减：所得税费用	6 506.56	5 830.36
五、净利润（净亏损以"-"号填列）	47 223.84	42 800.17
（一）持续经营净利润（净亏损以"-"号填列）	47 223.84	42 800.17
（二）终止经营净利润（净亏损以"-"号填列）	—	—
六、其他综合收益的税后净额	—	—
（一）不能重分类进损益的其他综合收益	—	—
1.重新计量设定受益计划变动额	—	—
2.权益法下不能转损益的其他综合收益	—	—
3.其他权益工具投资公允价值变动	—	—
4.企业自身信用风险公允价值变动	—	—
5.其他	—	—
（二）将重分类进损益的其他综合收益	—	—
1.权益法下可转损益的其他综合收益	—	—
2.其他债权投资公允价值变动	—	—
3.可供出售金融资产公允价值变动损益	—	—
4.金融资产重分类计入其他综合收益的金额	—	—
5.其他债权投资信用损失准备	—	—
6.现金流量套期储备	—	—
7.外币财务报表折算差额	—	—
8.其他	—	—
七、综合收益总额	47 223.84	42 800.17
八、每股收益	—	—
（一）基本每股收益	—	—
（二）稀释每股收益	—	—

法定代表人：周贵庆　　主管会计工作负责人：吴嘉怡　　会计机构负责人：许锡澄

5.1.4 所有者权益变动表

编制单位：西藏信托有限公司　　2021年度　　单位：万元

项目	行次	本期金额								上期金额							
		实收资本	资本公积	减：库存股	其他综合收益	盈余公积	一般风险准备	信托赔偿准备	未分配利润	所有者权益合计	实收资本（或股本）	资本公积	减：库存股	其他综合收益	盈余公积	一般风险准备	信托赔偿准备	未分配利润	所有者权益合计
一、上年末余额	1	300 000.00	5 000.00	—	—	37 092.83	12 472.33	20 216.05	120 825.24	495 606.45	300 000.00	5 000.00	—	—	32 812.81	12 472.33	18 076.04	96 001.14	464 362.32
加：会计政策变更	2	—	—	—	—	—	—	—	—	—	—	—	—	—	—	—	—	—	—
前期差错更正	3	—	—	—	—	—	—	—	—	—	—	—	—	—	—	—	—	—	—
其他	4	—	—	—	—	—	—	—	—	—	—	—	—	—	—	—	—	—	—
二、本年年初余额	5	300 000.00	5 000.00	—	—	37 092.83	12 472.33	20 216.05	120 825.24	495 606.45	300 000.00	5 000.00	—	—	32 812.81	12 472.33	18 076.04	96 001.14	464 362.32
三、本期增减变动金额（减少以"−"号填列）	6	—	—	—	—	4 722.38	—	2 361.19	35 890.13	42 973.70	—	—	—	—	4 280.02	—	2 140.01	24 824.10	31 244.13
（一）综合收益总额	7	—	—	—	—	—	—	—	47 223.84	47 223.84	—	—	—	—	—	—	—	42 800.17	42 800.17
（二）所有者投入和减少资本	8	—	—	—	—	—	—	—	—	—	—	—	—	—	—	—	—	—	—
1. 所有者投入的普通股	9	—	—	—	—	—	—	—	—	—	—	—	—	—	—	—	—	—	—
2. 其他权益工具持有人所有者资本	10	—	—	—	—	—	—	—	—	—	—	—	—	—	—	—	—	—	—
3. 股份支付计入所有者权益的金额	11	—	—	—	—	—	—	—	—	—	—	—	—	—	—	—	—	—	—
4. 其他	12	—	—	—	—	—	—	—	—	—	—	—	—	—	—	—	—	—	—
（三）利润分配	13	—	—	—	—	4 722.38	—	2 361.19	−11 333.71	−4 250.14	—	—	—	—	4 280.02	—	2 140.01	−17 976.07	−11 556.04
1. 提取盈余公积	14	—	—	—	—	4 722.38	—	—	−4 722.38	—	—	—	—	—	4 280.02	—	—	−4 280.02	—
2. 提取一般风险准备	15	—	—	—	—	—	—	—	—	—	—	—	—	—	—	—	—	—	—
3. 提取信托赔偿准备	16	—	—	—	—	—	—	2 361.19	−2 361.19	—	—	—	—	—	—	—	2 140.01	−2 140.01	—
4. 对所有者的分配	17	—	—	—	—	—	—	—	−4 250.14	−4 250.14	—	—	—	—	—	—	—	−11 556.04	−11 556.04
5. 其他	18	—	—	—	—	—	—	—	—	—	—	—	—	—	—	—	—	—	—
（四）所有者权益内部结转	19	—	—	—	—	—	—	—	—	—	—	—	—	—	—	—	—	—	—
1. 资本公积转增资本	20	—	—	—	—	—	—	—	—	—	—	—	—	—	—	—	—	—	—
2. 盈余公积转增资本	21	—	—	—	—	—	—	—	—	—	—	—	—	—	—	—	—	—	—
3. 盈余公积弥补亏损	22	—	—	—	—	—	—	—	—	—	—	—	—	—	—	—	—	—	—
4. 一般风险准备弥补亏损	23	—	—	—	—	—	—	—	—	—	—	—	—	—	—	—	—	—	—
5. 设定受益计划变动额结转留存收益	24	—	—	—	—	—	—	—	—	—	—	—	—	—	—	—	—	—	—
6. 其他	25	—	—	—	—	—	—	—	—	—	—	—	—	—	—	—	—	—	—
（五）其他	26	—	—	—	—	—	—	—	—	—	—	—	—	—	—	—	—	—	—
四、本年年末余额	27	300 000.00	5 000.00	—	—	41 815.21	12 472.33	22 577.24	156 715.37	538 580.15	300 000.00	5 000.00	—	—	37 092.83	12 472.33	20 216.05	120 825.24	495 606.45

法定代表人：周宾庆　　主管会计工作负责人：吴嘉怡　　会计机构负责人：许锡澄

5.2 信托资产

5.2.1 信托项目资产负债汇总表

信托项目资产负债汇总表

编制单位：西藏信托有限公司　　　　　2021年12月31日　　　　　单位：万元

信托资产	期末数	期初数	信托负债和信托权益	期末数	期初数
一、资产	13 692 028.64	14 663 665.71	一、信托负债	222 532.65	116 392.99
货币资金	90 711.06	120 148.58	应付账款	—	—
拆出资金	—	—	其他应付款	118 983.93	98 540.12
交易性金融资产	3 192 479.09	2 395 300.34	应交税费	—	—
应收账款	23 688.16	61 806.16	预计负债	—	—
应收票据	—	—	其他负债	103 548.72	17 852.87
其他应收款	—	—	二、信托权益	13 469 495.99	14 547 272.72
发放贷款及垫款	2 758 077.81	4 072 568.87	实收信托	13 363 749.31	14 433 652.51
长期股权投资	216 178.82	136 833.81	资本公积	65 191.11	143 634.39
持有至到期投资	1 973 995.29	2 001 360.58	—	—	—
长期应收款	4 491 607.99	4 768 947.62	—	—	—
其他资产	945 290.42	1 106 699.75	未分配利润	40 555.57	-30 014.18
信托资产总计	13 692 028.64	14 663 665.71	信托负债及信托权益总计	13 692 028.64	14 663 665.71

5.2.2 信托项目利润及利润分配汇总表

信托项目利润及利润分配汇总表

编制单位：西藏信托有限公司　　2021年度　　单位：万元

项目	本年数	上年数
一、营业收入	858 355.04	1 235 086.29
利息收入	202 930.74	311 392.96
投资收入	524 877.99	739 983.44
租赁收入	—	—
公允价值变动损益	129 713.44	120 488.68
其他收入	832.87	63 221.21
二、营业费用	97 774.73	72 154.90
三、营业税金及附加	2 065.85	2 304.15
四、扣除资产减值准备前的信托利润	758 514.46	1 160 627.24
减：资产减值损失	82 788.26	-28.27
五、扣除资产减值准备后的信托利润	675 726.20	1 160 655.51
加：期初未分配信托利润	-30 014.18	-244 293.54
六、可供分配的信托利润	645 712.02	916 361.97
减：本期已分配信托利润	605 156.45	946 376.15
七、期末未分配信托利润	40 555.57	-30 014.18

6. 会计报表附注

6.1 简要说明会计报表年度会计报表编制基准、会计政策、会计估计和核算方法发生的变化

本财务报表以企业持续经营假设为基础，根据实际发生的交易事项，按照财政部最新颁布的《企业会计准则》及其应用指南的有关规定，并基于以下所述重要会计政策、会计估计进行编制。

6.2 重要会计政策和会计估计说明

6.2.1 金融工具

6.2.1.1 金融资产和金融负债的分类

金融资产在初始确认时划分为以下三类。一是以摊余成本计量的金融资产。二是以公允价值计量且其变动计入其他综合收益的金融资产。三是以公允价值计量且其变动计入当期损益的金融资产。

金融负债在初始确认时划分为以下四类。一是以公允价值计量且其变动计入当期损益的金融负债。二是金融资产转移不符合终止确认条件或继续涉入被转移金融资产所形成的金融负债。三是不属于上述前两类的财务担保合同，以及不属于上述第一类并低于市场利率贷款的贷款承诺。四是以摊余成本计量的金融负债。

6.2.1.2 金融资产和金融负债的确认依据、计量方法和终止确认条件

6.2.1.2.1 金融资产和金融负债的确认依据和初始计量方法

公司成为金融工具合同的一方时，确认一项金融资产或金融负债。初始确认金融资产或金融负债时，按照公允价值计量；对于以公允价值计量且其变动计入当期损益的金融资产和金融负债，相关交易费用直接计入当期损益；对于其他类别的金融资产或金融负债，相关交易费用计入初始确认金额。但是，公司初始确认的应收账款未包含重大融资成分或公司不考虑未超过一年的合同中的融资成分的，按照《企业会计准则第14号——收入》所定义的交易价格进行初始计量。

6.2.1.2.2 金融资产的后续计量方法

（1）以摊余成本计量的金融资产。采用实际利率法，按照摊余成本进行后续计量。以摊余成本计量且不属于任何套期关系的一部分的金融资产所产生的利得或损失，在终止确认、重分类、按照实际利率法摊销或确认减值时，计入当期损益。

（2）以公允价值计量且其变动计入其他综合收益的债务工具投资。采用公允价值进行后续计量。采用实际利率法计算的利息、减值损失或利得及汇兑损益计入当期损益，其他利得或损失计入其他综合收益。终止确认时，将之前计入其他综合收益的累计利得或损失从其他综合收益中转出，计入当期损益。

（3）以公允价值计量且其变动计入其他综合收益的权益工具投资。采用公允价值进行后续计量。获得的股利（属于投资成本收回部分的除外）计入当期损益，其他利得或损失计入其他综合收益。终止确认时，将之前计入其他综合收益的累计利得或损失从其他综合收益中转出，计入留存收益。

（4）以公允价值计量且其变动计入当期损益的金融资产。采用公允价值进行后续计量，产生的利得或损失（包括利息和股利收入）计入当期损益，除非该金融资产属于套期关系的一部分。

6.2.1.2.3 金融负债的后续计量方法

（1）以公允价值计量且其变动计入当期损益的金融负债。此类金融负债包括交易性金融负债（含属于金融负债的衍生工具）和指定为以公允价值计量且其变动计入当期损益的金融负债。对于此类金融负债以公允价值进行后续计量。因公司自身信用风险变动引起的指定为以公允价值计量且其变动计入当期损益的金融负债的公允价值变动金额计入其他综合收益，除非该处理会造成或扩大损益中的会计错配。此类金融负债产生的其他利得或损失（包括利息费用、除因公司自身信用风险变动引起的公允价值变动）计入当期损益，除非该金融负债属于套期关系的一部分。终止确认时，将之前计入其他综合收益的累计利得或损失从其他综合收益中转出，计入留存收益。

（2）金融资产转移不符合终止确认条件或继续涉入被转移金融资产所形成的金融负债。按照《企业会计准则第23号——金融资产转移》相关规定进行计量。

（3）不属于上述（1）或（2）的财务担保合同，以及不属于上述1）并以低于市场利率贷款的贷款承诺。在初始确认后按照下列两项金额之中的较高者进行后续计量如下。一是按照金融工具的减值规定确定的损失准备金额。二是初始确认金额扣除按照《企业会计准则第14号——收入》相关规定所确定的累计摊销额后的余额。

（4）以摊余成本计量的金融负债。采用实际利率法以摊余成本计量。以摊余成本计量且不属于任何套期关系的一部分的金融负债所产生的利得或损失，在终止确认、按照实际利率法摊销时计入当期损益。

6.2.1.2.4 金融资产和金融负债的终止确认

（1）当满足下列条件之一时，终止确认金融资产。一是收取金融资产现金流量的合同权利已终止。二是金融资产已转移，且该转移满足《企业会计准则第23号——金融资产转移》关于金融资产终止确认的规定。

（2）当金融负债（或其一部分）的现时义务已经解除时，相应终止确认该金融负债（或该部分金融负债）。

6.2.1.3 金融资产转移的确认依据和计量方法

公司转移了金融资产所有权上几乎所有的风险和报酬的，终止确认该金融资产，并将转移中产生或保留的权利和义务单独确认为资产或负债；保留了金融资产所有权上几乎所有的风险和报酬的，继续确认所转移的金融资产。公司既没有转移也没有保留金融资产所有权上几乎所有的风险和报酬的，分别下列情况处理。一是未保留对该金融资产控制的，终止确认该金融资产，并将转移中产生或保留的权利和义务单独确认为资产或负债。二是保留了对该金融资产控制的，按照继续涉入所转移金融资产的程度确认有关金融资产，并相应确认有关负债。

金融资产整体转移满足终止确认条件的，将下列两

项金额的差额计入当期损益。一是所转移金融资产在终止确认日的账面价值。二是因转移金融资产而收到的对价，与原直接计入其他综合收益的公允价值变动累计额中对应终止确认部分的金额（涉及转移的金融资产为以公允价值计量且其变动计入其他综合收益的债务工具投资）之和。

转移了金融资产的一部分，且该被转移部分整体满足终止确认条件的，将转移前金融资产整体的账面价值，在终止确认部分和继续确认部分之间，按照转移日各自的相对公允价值进行分摊，并将下列两项金额的差额计入当期损益。一是终止确认部分的账面价值。二是终止确认部分的对价，与原直接计入其他综合收益的公允价值变动累计额中对应终止确认部分的金额（涉及转移的金融资产为以公允价值计量且其变动计入其他综合收益的债务工具投资）之和。

6.2.1.4 金融资产和金融负债的公允价值确定方法

公司采用在当前情况下适用并且有足够可利用数据和其他信息支持的估值技术确定相关金融资产和金融负债的公允价值。公司将估值技术使用的输入值分以下层级，并依次使用。

（1）第一层次输入值是在计量日能够取得的相同资产或负债在活跃市场上未经调整的报价。

（2）第二层次输入值是除第一层次输入值外相关资产或负债直接或间接可观察的输入值，包括：活跃市场中类似资产或负债的报价；非活跃市场中相同或类似资产或负债的报价；除报价以外的其他可观察输入值，如在正常报价间隔期间可观察的利率和收益率曲线等；市场验证的输入值等。

（3）第三层次输入值是相关资产或负债的不可观察输入值，包括不能直接观察或无法由可观察市场数据验证的利率、股票波动率、企业合并中承担的弃置义务的未来现金流量、使用自身数据作出的财务预测等。

6.2.1.5 金融工具减值

公司以预期信用损失为基础，对以摊余成本计量的金融资产、以公允价值计量且其变动计入其他综合收益的债务工具投资、合同资产、租赁应收款、分类为以公允价值计量且其变动计入当期损益的金融负债以外的贷款承诺、不属于以公允价值计量且其变动计入当期损益的金融负债或不属于金融资产转移不符合终止确认条件或继续涉入被转移金融资产所形成的金融负债的财务担保合同进行减值处理并确认损失准备。

预期信用损失，是指以发生违约的风险为权重的金融工具信用损失的加权平均值。信用损失，是指公司按照原实际利率折现的、根据合同应收的所有合同现金流量与预期收取的所有现金流量之间的差额，即全部现金短缺的现值。其中，对于公司购买或源生的已发生信用减值的金融资产，按照该金融资产经信用调整的实际利率折现。

对于购买或源生的已发生信用减值的金融资产，公司在资产负债表日仅将自初始确认后整个存续期内预期信用损失的累计变动确认为损失准备。

对于租赁应收款、由《企业会计准则第14号——收入》规范的交易形成的应收款项及合同资产，公司运用简化计量方法，按照相当于整个存续期内的预期信用损失金额计量损失准备。

除上述计量方法以外的金融资产，公司在每个资产负债表日评估其信用风险自初始确认后是否已经显著增加。如果信用风险自初始确认后已显著增加，公司按照整个存续期内预期信用损失的金额计量损失准备；如果信用风险自初始确认后未显著增加，公司按照该金融工具未来12个月内预期信用损失的金额计量损失准备。

公司利用可获得的合理且有依据的信息，包括前瞻性信息，通过比较金融工具在资产负债表日发生违约的风险与在初始确认日发生违约的风险，以确定金融工具的信用风险自初始确认后是否已显著增加。

在资产负债表日，若公司判断金融工具只具有较低的信用风险，则假定该金融工具的信用风险自初始确认后并未显著增加。

公司以单项金融工具或金融工具组合为基础评估预期信用风险和计量预期信用损失。当以金融工具组合为基础时，公司以共同风险特征为依据，将金融工具划分为不同组合。

公司在每个资产负债表日重新计量预期信用损失，由此形成的损失准备的增加或转回金额，作为减值损失或利得计入当期损益。对于以摊余成本计量的金融资产，损失准备抵减该金融资产在资产负债表中列示的账面价值；对于以公允价值计量且其变动计入其他综合收益的债权投资，公司在其他综合收益中确认其损失准备，不抵减该金融资产的账面价值。

6.2.1.6 金融资产和金融负债的抵销

金融资产和金融负债在资产负债表内分别列示，不相互抵销。但同时满足下列条件的，公司以相互抵销后的净额在资产负债表内列示如下。一是公司具有抵销已确认金额的法定权利，且该种法定权利是当前可执行的。二是公司计划以净额结算，或同时变现该金融资产和清偿该金融负债。

若不满足终止确认条件的金融资产转移，公司不对已转移的金融资产和相关负债进行抵销。

6.2.2 买入返售与卖出回购款项的核算方法

买入返售交易是指按照合同或协议以一定的价格向交易对手买入相关资产（包括债券及票据），合同或协议到期日再以约定价格返售相同之金融产品。买入返售按买入返售相关资产时实际支付的款项入账，在资产负债表"买入返售金融资产"项目列示。

卖出回购交易是指按照合同或协议以一定的价格将相关的资产（包括债券和票据）出售给交易对手，到合同或协议到期日，再以约定价格回购相同之金融产品。卖出回购按卖出回购相关资产时实际收到的款项入账，在资产负债表"卖出回购金融资产款"项目列示。卖出的金融产品仍按原分类列于资产负债表内，并按照相关的会计政策核算。

买入返售及卖出回购的利息收支，在返售或回购期间内以实际利率确认。实际利率与合同约定利率差别较小的，按合同约定利率计算利息收支。

6.2.3 固定资产

6.2.3.1 固定资产的确认条件

固定资产是指为生产商品、提供劳务、出租或经营管理而持有的，使用年限超过一个会计年度的有形资产。

固定资产以取得时的实际成本入账，并从其达到预定可使用状态的次月起采用年限平均法计提折旧。

6.2.3.2 各类固定资产的折旧方法

项目	折旧方法	折旧年限（年）	预计残值率（%）	年折旧率（%）
房屋建筑物	年限平均法	30	—	3.33
办公设备	年限平均法	3	5.00	31.67
运输工具	年限平均法	10	5.00	9.50

6.2.3.3 固定资产的减值测试方法及减值准备计提方法

资产负债表日，有迹象表明固定资产发生减值的，按照账面价值高于可收回金额的差额计提相应的减值准备。

6.2.4 无形资产

6.2.4.1 无形资产是指本公司拥有或控制的没有实物形态的可辨认非货币性资产。无形资产通常包括专利权、非专利权、商标权、著作权、特许权、土地使用权等，按成本进行初始计量

6.2.4.2 使用寿命有限的无形资产，在使用寿命内按照与该项无形资产有关的经济利益的预期实现方式系统合理地摊销，无法可靠确定预期实现方式的，采用直线法摊销

项目	摊销年限（年）
WIND资讯金融终端服务	2
软件	10

6.2.4.3 使用寿命确定的无形资产，在资产负债表日有迹象表明发生减值的，按照账面价值高于可收回金额的差额计提相应的减值准备；使用寿命不确定的无形资产和尚未达到可使用状态的无形资产，无论是否存在减值迹象，每年均进行减值测试

6.2.5 长期待摊费用

长期待摊费用核算已经支出，摊销期限在1年以上（不含1年）的各项费用。长期待摊费用按实际发生额入账，在受益期或规定的期限内分期平均摊销。如果长期待摊的费用项目不能使以后会计期间受益将尚未摊销的该项目的摊余价值全部转入当期损益。

6.2.6 职工薪酬

6.2.6.1 职工薪酬包括短期薪酬、离职后福利、辞退福利和其他长期职工福利

6.2.6.2 短期薪酬的会计处理方法

在职工为公司提供服务的会计期间，将实际发生的短期薪酬确认为负债，并计入当期损益或相关资产成本。

6.2.6.3 离职后福利的会计处理方法

离职后福利分为设定提存计划和设定受益计划。

在职工为公司提供服务的会计期间，根据设定提存计划计算的应缴存金额确认为负债，并计入当期损益或相关资产成本。

对设定受益计划的会计处理通常包括下列步骤。

一是根据预期累计福利单位法，采用无偏且相互一致的精算假设对有关人口统计变量和财务变量等作出估计，计量设定受益计划所产生的义务，并确定相关义务的所属期间。同时，对设定受益计划所产生的义务予以折现，以确定设定受益计划义务的现值和当期服务成本。

二是设定受益计划存在资产的，将设定受益计划义务现值减去设定受益计划资产公允价值所形成的赤字或盈余确认为一项设定受益计划净负债或净资产。设定受

益计划存在盈余的，以设定受益计划的盈余和资产上限两项的孰低者计量设定受益计划净资产。

三是期末，将设定受益计划产生的职工薪酬成本确认为服务成本、设定受益计划净负债或净资产的利息净额以及重新计量设定受益计划净负债或净资产所产生的变动等三部分，其中服务成本和设定受益计划净负债或净资产的利息净额计入当期损益或相关资产成本，重新计量设定受益计划净负债或净资产所产生的变动计入其他综合收益，并且在后续会计期间不允许转回至损益，但可以在权益范围内转移这些在其他综合收益确认的金额。

6.2.6.4 辞退福利的会计处理方法

向职工提供的辞退福利，在下列两者孰早日确认辞退福利产生的职工薪酬负债，并计入当期损益。一是公司不能单方面撤回因解除劳动关系计划或裁减建议所提供的辞退福利时。二是公司确认与涉及支付辞退福利的重组相关的成本或费用时。

6.2.6.5 其他长期职工福利的会计处理方法

向职工提供的其他长期福利，符合设定提存计划条件的，按照设定提存计划的有关规定进行会计处理；除此之外的其他长期福利，按照设定受益计划的有关规定进行会计处理，为简化相关会计处理，将其产生的职工薪酬成本确认为服务成本、其他长期职工福利净负债或净资产的利息净额以及重新计量其他长期职工福利净负债或净资产所产生的变动等组成项目的总净额计入当期损益或相关资产成本。

6.2.7 预计负债

因对外提供担保、诉讼事项等或有事项形成的义务成为公司承担的现时义务，履行该义务很可能导致经济利益流出公司，且该义务的金额能够可靠的计量时，公司将该项义务确认为预计负债。

公司按照履行相关现时义务所需支出的最佳估计数对预计负债进行初始计量，并在资产负债表日对预计负债的账面价值进行复核。

6.2.8 收入

6.2.8.1 手续费及佣金收入

提供劳务交易的结果在资产负债表日能够可靠估计的（同时满足收入的金额能够可靠地计量、相关经济利益很可能流入、交易的完工情况能够可靠地确定、交易中已发生和将发生的成本能够可靠地计量）。

手续费及佣金收入主要包括：信托手续费收入和顾问费收入。信托手续费收入是根据信托合同规定的计提方法、计提标准确认应由信托项目承担的受托人报酬；顾问费收入，于所提供的服务完成时予以确认。

6.2.8.2 利息净收入

利息收入和利息支出都按存出资金或让渡资金的使用权的时间及实际利率计算确定。

6.2.9 政府补助

（1）政府补助包括与资产相关的政府补助和与收益相关的政府补助。

（2）政府补助为货币性资产的，按照收到或应收的金额计量；政府补助为非货币性资产的，按照公允价值计量，公允价值不能可靠取得的，按照名义金额计量。

（3）与资产相关的政府补助，确认为递延收益，在相关资产使用寿命内平均分配，计入当期损益。与收益相关的政府补助，用于补偿以后期间的相关费用或损失的，确认为递延收益，在确认相关费用的期间，计入当期损益；用于补偿已发生的相关费用或损失的，直接计入当期损益。

6.2.10 递延所得税资产和递延所得税负债

根据资产、负债的账面价值与其计税基础之间的差额（未作为资产和负债确认的项目按照税法规定可以确定其计税基础的，该计税基础与其账面数之间的差额），按照预期收回该资产或清偿该负债期间的适用税率计算确认递延所得税资产或递延所得税负债。

确认递延所得税资产以很可能取得用来抵扣可抵扣暂时性差异的应纳税所得额为限。资产负债表日，有确凿证据表明未来期间很可能获得足够的应纳税所得额用来抵扣可抵扣暂时性差异的，确认以前会计期间未确认的递延所得税资产。

资产负债表日，对递延所得税资产的账面价值进行复核，如果未来期间很可能无法获得足够的应纳税所得额以抵扣递延所得税资产的利益，则减记递延所得税资产的账面价值。在很可能获得足够的应纳税所得额时，转回减记的金额。

公司当期所得税和递延所得税作为所得税费用或收益计入当期损益，但不包括下列情况产生的所得税。一是企业合并。二是直接在所有者权益中确认的交易或者事项。

6.2.11 一般风险准备金

根据《金融企业准备金计提管理办法》（财金〔2012〕20号）有关规定，金融企业应当根据自身实际情况，选择内部模型法或标准法对风险资产所面临的风险状况定量分析，确定潜在风险估计值。对于潜在风险估计值高于资产减值准备的差额，计提一般准备。当潜在风险估计值低于资产减值准备时，可不计提一般准备。一般准备余额原则上不得低于风险资产期末余额的1.5%。金融企业一般准备余额占风险资产期末余额的比例，难以一次性达到1.5%的，可以分年到位，原则上不得超过5年。

公司承担风险和损失的资产应计提准备金，具体包括发放贷款和垫款、可供出售类金融资产、持有至到期投资、长期股权投资、存放同业、拆出资金、抵债资产、其他应收款项等。

6.2.12 信托赔偿准备金

根据中国人民银行颁布的《信托投资公司管理办法》有关规定，公司应当按税后利润的5%计提信托赔偿准备金，公司信托赔偿准备金累计额为公司注册资本20%以上时，不再提取。提取的信托赔偿准备金主要用于弥补因管理操作不善而对信托财产造成的损失。

6.2.13 重要会计政策变更说明

根据《财政部关于修订印发2018年度金融企业财务报表格式的通知》（财会〔2018〕36号）和企业会计准则的要求，公司自2021年1月1日开始的会计年度起采用修订后的金融企业财务报表格式编制财务报表，公司无须重述前期可比数据。

公司自2021年1月1日起执行财政部修订后的《企业会计准则第22号——金融工具确认和计量》《企业会计准则第23号——金融资产转移》《企业会计准则第24号——套期保值》以及《企业会计准则第37号——金融工具列报》（以下简称新金融工具准则）。根据相关新旧准则衔接规定，对可比期间信息不予调整，首次执行日执行新准则与原准则的差异追溯调整本报告期期初留存收益或其他综合收益。

新金融工具准则改变了金融资产的分类和计量方式，确定了三个主要的计量类别：摊余成本；以公允价值计量且其变动计入其他综合收益；以公允价值计量且其变动计入当期损益。公司考虑自身业务模式，以及金融资产的合同现金流特征进行上述分类。权益类投资需按公允价值计量且其变动计入当期损益，但在初始确认时可选择按公允价值计量且其变动计入其他综合收益（处置时的利得或损失不能回转到损益，但股利收入计入当期损益），且该选择不可撤销。

新金融工具准则要求金融资产减值计量由"已发生损失模型"改为"预期信用损失模型"，适用于以摊余成本计量的金融资产、以公允价值计量且其变动计入其他综合收益的金融资产、租赁应收款。

执行新金融工具准则和财会〔2018〕36号文对公司2021年1月1日财务报表的主要影响如下表所示。

资产负债表

单位：元

项目	2020年12月31日	新金融工具准则和财务报表调整影响	2021年1月1日
存放同业款项	335 812 351.66	-320 428 029.18	15 384 322.48
应收利息	670 718.38	-670 718.38	—
可供出售金融资产	1 990 295 523.86	-1 990 295 523.86	—
持有至到期投资	1 352 783 882.76	-1 352 783 882.76	—
交易性金融资产	601 736 137.03	3 604 092 286.39	4 205 828 423.42
其他资产	—	60 085 867.79	60 085 867.79

公司自2021年1月1日起执行财政部修订后的《企业会计准则第14号——收入》（以下简称新收入准则）。根据衔接规定，企业应当根据首次执行新收入准则的累积影响数调整期初留存收益及财务报表其他相关项目金额，对可比期间信息不予调整。该准则不适用于与金融工具相关的收入，因此不会影响公司大部分收入，包括新金融工具准则所涵盖的利息净收入、投资收益、公允价值变动收益和汇兑收益。公司实施该准则对公司财务报表不产生重大影响。

6.3 或有事项说明

截至2021年12月31日，本公司无或有事项。

6.4 会计报表中重要项目的明细资料

6.4.1 自营资产经营情况

6.4.1.1 资产风险分类的结果披露资产的期初、期末数

风险分类	正常类（万元）	关注类（万元）	次级类（万元）	可疑类（万元）	损失类（万元）	信用风险资产合计（万元）	不良资产合计（万元）	不良资产率（%）
期初数	523 816.74	—	—	22 823.19	21 705.72	568 345.65	44 528.91	7.83
期末数	568 806.42			36 955.83	4 724.86	610 487.11	41 680.69	6.83

注：正常类=正常类+关注类，不良类=次级类+可疑类+损失类。

6.4.1.2 资产损失准备的期初、本期计提、本期转回、本期核销、期末数

单位：万元

项目	期初数	本期计提	本期转回	本期核销	期末数
持有至到期投资减值准备	15 428.65	—	12 418.65	3 010.00	—
可供出售金融资产减值准备	2 100.00	—	2 100.00	—	—
贷款减值准备	11 370.00	18 491.86	3 042.10	-1 400.02	28 219.78
其他减值准备	4 218.66	—	—	1 143.80	3 074.86

6.4.1.3 自营股票投资、基金投资、债券投资、长期股权投资等投资的期初数、期末数

单位：万元

项目	自营股票	基金	债券	长期股权投资	其他投资	合计
期初数	43 414.88	1 441.94	—	—	381 667.54	426 524.36
期末数	37 693.60	2 275.80	—	—	395 044.50	435 013.90

6.4.1.4 前五名的自营贷款

序号	企业名称	占自营贷款的比例（%）	还款情况
1	邛崃市中恒基商贸有限公司	38.58	正常
2	河南元一房地产开发有限公司	27.00	正常
3	西藏福地天然饮品包装有限责任公司	15.01	不良
4	西藏福地天然饮品有限责任公司	13.50	不良
5	奥琦玮信息科技（北京）有限公司	4.63	正常

6.4.1.5 公司当年的收入结构

收入结构	金额（万元）	占比（%）
手续费及佣金收入	51 824.67	58.85
其中：信托手续费收入	51 824.67	58.85
投资银行业务收入	—	—
利息收入	4 191.57	4.76
其他业务收入	389.97	0.44
其中：计入信托业务收入的部分	—	—
投资收益	27 438.00	31.16
其中：股权投资收益	—	—
证券投资收益	6 441.36	7.31
其他投资收益	20 996.64	23.84
公允价值变动收益	3 490.68	3.96
其他收益	728.91	0.83
收入合计	88 063.80	100.00

6.4.2 信托资产管理情况

6.4.2.1 信托资产的期初数、期末数

单位：万元

信托资产	期初数	期末数
集合	3 841 172.96	5 319 089.82
单一	6 015 059.32	4 839 132.03
财产管理类	4 807 433.43	3 533 806.79
合计	14 663 665.71	13 692 028.64

6.4.2.1.1 主动管理型信托业务情况

单位：万元

主动管理型信托资产	期初数	期末数
证券投资类	452 701.24	534 383.77
股权及其他投资类	2 206 120.40	5 181 930.95
融资类	1 186 123.73	904 594.72
合计	3 844 945.37	6 620 909.44

6.4.2.1.2 被动管理型信托业务情况

单位：万元

被动管理型信托资产	期初数	期末数
证券投资类	385 065.28	165 327.88
股权及其他投资类	652 620.61	357 846.80
融资类	3 749 112.75	2 516 402.83
事务管理类	6 031 921.70	4 031 541.69
合计	10 818 720.34	7 071 119.20

6.4.2.2 本年度已清算结束的信托项目情况

6.4.2.2.1 本年度已经清算结束的集合类、单一类资金信托项目和财产管理类信托项目数量、合计金额

信托资产	项目个数（个）	合计金额（万元）	加权平均年化收益率（%）
集合	88	1 498 459.00	5.28
单一	86	2 393 720.00	32.98
财产管理类	46	1 791 247.00	6.20

6.4.2.2.2 本年度已经清算结束的主动管理型信托项目数量、合计金额

已清算结束信托项目（主动管理型）	项目个数（个）	合计金额（万元）	加权平均年化收益率（%）
证券投资类	6	260 392.00	12.85
股权及其他投资类	37	611 244.24	13.90
融资类	54	911 224.63	7.47

6.4.2.2.3 本年度已经清算结束的被动管理型信托项目数量、合计金额

已清算结束信托项目 （被动管理型）	项目个数（个）	合计金额（万元）	加权平均年化收益率（％）
证券投资类	11	369 087.24	-6.53
股权及其他投资类	16	301 153.66	22.28
融资类	29	1 237 100.52	4.76
事务管理类	67	1 993 223.71	22.18

6.4.2.3 本年度新增的集合类、单一类资金信托项目和财产管理类信托项目数量、合计金额

信托资产	项目个数（个）	合计金额（万元）
集合	144	3 280 293.27
单一	75	1 481 569.48
财产管理类	12	1 086 720.25
合计	231	5 848 583.00
其中：主动管理	186	4 811 210.96
被动管理	45	1 037 372.04

本公司已履行受托人义务，并未发生因本公司自身责任导致信托资产损失的情况。

信托赔偿准备金的提取、使用和管理情况。

2021年公司计提信托赔偿准备金2 361.19万元，截至2021年12月31日，公司信托项目运行良好，未发生使用信托赔偿准备金情况，信托赔偿准备金余额为22 577.24万元。

6.5 关联方关系及其交易的披露

6.5.1 关联交易方的数量、关联交易的总额及关联交易的定价政策

6.5.1.1 关联交易方的数量

截至2021年12月31日，本公司关联方共1个，为本公司股东西藏自治区投资有限公司。

6.5.1.2 关联交易金额

西藏自治区投资有限公司截至2021年12月31日余额为3 000.00万元。

6.5.1.3 关联交易的定价政策

上述关联交易的定价政策为市场公允价格。

6.5.2 关联交易方与本公司的关系性质、关联交易方的名称、法人代表、注册地址、注册资本及主营业务

本公司股东的有关信息

母公司名称	注册地	业务性质	注册资本（万元）	法人代表
西藏自治区财政厅	西藏拉萨	公共服务	—	云丹
西藏自治区投资有限公司	西藏拉萨	投资	300 000	王天昊

6.5.3 公司与关联方的重大交易事项

6.5.3.1 固有财产与关联方

本公司无上述事项。

6.5.3.2 信托财产与关联方交易情况：贷款、投资、租赁、应收账款、担保、其他方式等期初汇总数、本期借方和贷方发生额汇总数、期末汇总数

信托财产与关联方交易 单位：万元

项目	期初数	本期发生额	期末数
贷款	—	—	—
投资	8 497.40	-5 497.40	3 000.00
租赁	—	—	—
担保	—	—	—
应收账款	—	—	—
其他	—	—	—
合计	8 497.40	-5 497.40	3 000.00

6.5.3.3 信托公司自有资金运用于自己管理的信托项目、信托公司管理的信托项目之间的相互（信信交易）交易金额。包括余额和本报告年度的发生额

固有财产与信托财产相互交易 单位：万元

项目	期初数	本期发生额	期末数
合计	360 482.16	13 407.11	373 889.27

信托资产与信托财产相互交易 单位：万元

项目	期初数	本期发生额	期末数
合计	525 859.06	-28 947.50	496 911.56

6.5.3.4 逐笔披露关联方逾期未偿还本公司资金的详细情况以及本公司为关联方担保发生或即将发生垫款的详细情况

本公司无上述事项。

7. 财务情况说明

7.1 实现利润和分配情况

（1）利润总额53 730.40万元。

（2）所得税费用6 506.56万元。

（3）净利润47 223.84万元。

（4）年初未分配利润120 825.24万元。

（5）可供分配利润168 049.08万元。

（6）提取盈余公积4 722.38万元。

（7）计提国有资本经营收益及分红4 250.14万元。

（8）提取信托赔偿准备金2 361.19万元。

（9）年末未分配利润156 715.37万元。

7.2 主要财务指标

指标名称	指标值
资本利润率（%）	9.13
信托报酬率（%）	0.40
人均净利润（万元）	417.91

注：1. 资本利润率=净利润/所有者权益平均余额×100%。
2. 信托报酬率=当年税前信托报酬收入/实收信托平均余额×100%。
3. 人均净利润=净利润/公司年平均人数。
4. 平均值采取年初及各季末余额移动算术平均法，公式为：a（平均）=（a0/2+a1+a2+a3+a4/2）/4。

7.3 对本公司财务状况、经营成果有重大影响的其他事项

无。

8.特别事项

8.1 前五名股东报告期内变动情况及原因

报告期内，公司前五名股东未发生变动。

8.2 董事、监事及高级管理人员变动情况

8.2.1 董事变动情况

2021年1月，公司第六届董事会原独立董事李占通同志因个人工作变动原因辞去独立董事及相关专门委员会委员等职务。

2021年12月，经股东单位西藏自治区财政厅提名，经公司2021年第三次临时股东会会议审议通过，经西藏银保监局核准任职资格，张勇同志成为公司第六届董事会董事。

8.2.2 监事变动情况

2021年6月，公司第六届监事会原职工监事蔺楷毅因个人原因辞去职工监事职务。

公司于2021年6月召开工会职工代表大会2021年第二次会议，审议通过《关于改选第六届监事会职工监事的议案》，选举王朝卿同志为公司第六届监事会职工监事。

8.2.3 高级管理人员变动情况

2021年1月，公司原总经理查松同志辞去总经理职务，由公司董事长周贵庆先生代为履行总经理职责，全面负责公司经营管理工作。

2021年12月，经公司第六届董事会第十三次会议审议通过，经西藏银保监局核准任职资格，张勇同志担任公司总经理职务。

8.3 变更注册资本、变更注册地或公司名称、公司分立合并事项

报告期内，公司注册资本、注册地址、公司名称未发生变化，未发生分立合并事宜。

8.4 公司的重大诉讼事项

报告期内，公司无重大诉讼事项。

8.5 对会计师事务所出具的有保留意见、否定意见或无法表示意见的审计报告的，公司董事会应就所涉及事项做出说明

本公司无上述情况。

8.6 公司及其董事、监事和高级管理人员受到处罚的情况

报告期内，公司及其董事、监事和高级管理人员均未受到处罚。

8.7 银保监会及其派出机构对公司检查后提出的整改意见及整改情况

报告期内，中国银行保险监督管理委员会西藏监管局向公司下发《关于西藏信托有限公司2020年度监管情况的通报》，要求公司健全公司机制，及时准确识别与评估风险，提高风险处置化解能力，加快固有业务转型发展，持续规范传统信托业务，推动信托本源业务持续发力，深入推进信托文化建设。

就西藏银保监局提出的上述整改意见，本公司组织员工认真学习，明确了整改落实目标，落实整改的责任部门和责任人，目前各项整改措施均按照本公司的既定目标有序进行。

8.8 本年度重大事项临时报告的简要内容、披露时间、披露的媒体及其版面

2021年1月8日，公司在《上海证券报》第21版披露了《西藏信托有限公司关于查松先生离任的公告》。主要内容如下。

经西藏信托有限公司（以下简称公司）第六届董事会第三次会议审议通过，查松先生辞去公司总经理职务，由公司董事长周贵庆先生代为履行总经理职责，全面负责公司经营管理工作。

公司已将上述事项向中国银保监会西藏监管局备案，董事会将尽快聘任新的总经理人选。

2021年2月5日，公司在《上海证券报》第9版披露

了《西藏信托有限公司关于董事变更的公告》。主要内容如下。

经西藏信托有限公司2020年第一次临时股东会、2021年第一次临时股东会审议通过及工会职工代表大会选举，周贵庆先生、涂艺山先生、桑珠先生为公司第六届董事会董事，聂兴凯先生、杨巍先生为公司第六届董事会独立董事，王汀先生为第六届董事会职工董事。任显成先生、查松先生、余志平先生、彭冰先生、普桑先生、孙杰先生、李占通先生，不再担任公司董事职务。

经公司第六届董事会第一次会议审议，周贵庆先生担任公司董事长。

新任董事任职资格已经中国银保监会西藏监管局核准（核准文件：藏银保监复〔2020〕130号、131号、132号、133号、134号），相关事项已办理工商变更备案手续。

2021年4月29日，公司在《上海证券报》第43—44版披露了《西藏信托有限公司2020年年度报告摘要》。

8.9 银保监会及其省级派出机构认定的其他有必要让客户及相关利益人了解的重要信息

根据《信托公司净资本管理办法》规定，公司净资本监管风险控制指标执行情况如下所示。

净资本/各项业务风险资本之和=461 103.33万元/191 976.59万元×100%=240.19%≥100%（监管标准）。

净资本/净资产=461 103.33万元/538 580.15万元×100%=85.61%≥40%（监管标准）。

9.公司监事会意见

监事会认为，报告期内，公司经营活动依法运作，操作规范，财务报告真实地反映了公司的财务状况和经营成果。

厦门国际信托有限公司

1. 重要提示

1.1 本公司董事会及董事保证本报告所载资料不存在任何虚假记载、误导性陈述或者重大遗漏,并对其内容的真实性、准确性和完整性承担个别及连带责任。本年度报告摘要摘自年度报告全文,客户及相关利益人欲了解详细内容,应阅读年度报告全文。

1.2 没有董事声明对年度报告内容的真实性、准确性、完整性无法保证或存在异议。

1.3 独立董事保证本报告所载资料不存在任何虚假记载、误导性陈述或者重大遗漏,并对其内容的真实性、准确性和完整性承担个别及连带责任。

1.4 中审众环会计师事务所(特殊普通合伙)厦门分所为本公司出具了标准无保留意见的审计报告。

1.5 公司董事长洪文瑾、总经理胡荣炜和会计机构负责人财务部经理陈明雅保证年度报告中财务报告的真实、完整。

2. 公司概况

2.1 公司简介

2.1.1 公司历史沿革

厦门国际信托有限公司前身为厦门市政府于1985年1月设立的厦门经济特区财务公司,1986年经中国人民银行总行批准并更名为厦门国际信托投资公司,是具有法人资格的非银行金融机构。2007年8月,经原中国银行业监督管理委员会核准换发新的金融许可证。截至2021年末,公司已稳健成长了36年,注册资本人民币37.5亿元(其中外汇资本金1 500万美元),净资产人民币58.11亿元。股东为厦门金圆金控股份有限公司(占股80%)、厦门建发集团有限公司(占股10%)和厦门港务控股集团有限公司(占股10%),三家股东均是国有全资企业。

2.1.2 公司的法定中文名称:厦门国际信托有限公司
公司的法定英文名称:XIAMEN INTERNATIONAL TRUST CO., LTD.

2.1.3 法定代表人:洪文瑾

2.1.4 注册地址:厦门市思明区展鸿路82号厦门国际金融中心39—42层

2.1.5 邮政编码:361008

2.1.6 国际互联网网址:www.xmitic.com

2.1.7 电子信箱:master@xmitic.com

2.1.8 信息披露事务负责人:胡荣炜
联系人:张菲斐、张竞妍
联系电话:0592-5311981、0592-5919105
传真:0592-5311906
电子信箱:dshbgs@xmitic.com

2.1.9 公司本次信息披露报纸名称:《上海证券报》

2.1.10 公司年度报告备置地点:厦门市思明区展鸿路82号厦门国际金融中心39—42层

2.1.11 公司聘请的会计师事务所:中审众环会计师事务所(特殊普通合伙)厦门分所
地址:厦门市思明区湖滨东路319号C幢四层A区

2.1.12 公司信托事务聘请的律师事务所:
上海锦天城(厦门)律师事务所
地址:厦门市思明区环岛东路1801号中航紫金广场A栋18楼
福建远大联盟律师事务所
地址:厦门市思明区七星西路178号七星大厦22楼远大律所
北京中伦文德(厦门)律师事务所
地址:厦门市思明区展鸿路82号厦门国际金融中心27层
北京(大成)厦门律师事务所
地址:福建省厦门市思明区岭兜西路623号思明设计中心8楼
福建英合律师事务所
地址:福建省厦门市思明区湖滨南路55号禹洲广场5层
北京盈科(成都)律师事务所
地址:高新区交子大道177号中海国际中心B座21层、22层
福建力衡律师事务所
地址:厦门市七星西路七星一号大厦10楼
福建闽翔律师事务所
地址:厦门市思明区湖滨南路388号国贸大厦37层B单元

2.2 组织结构图

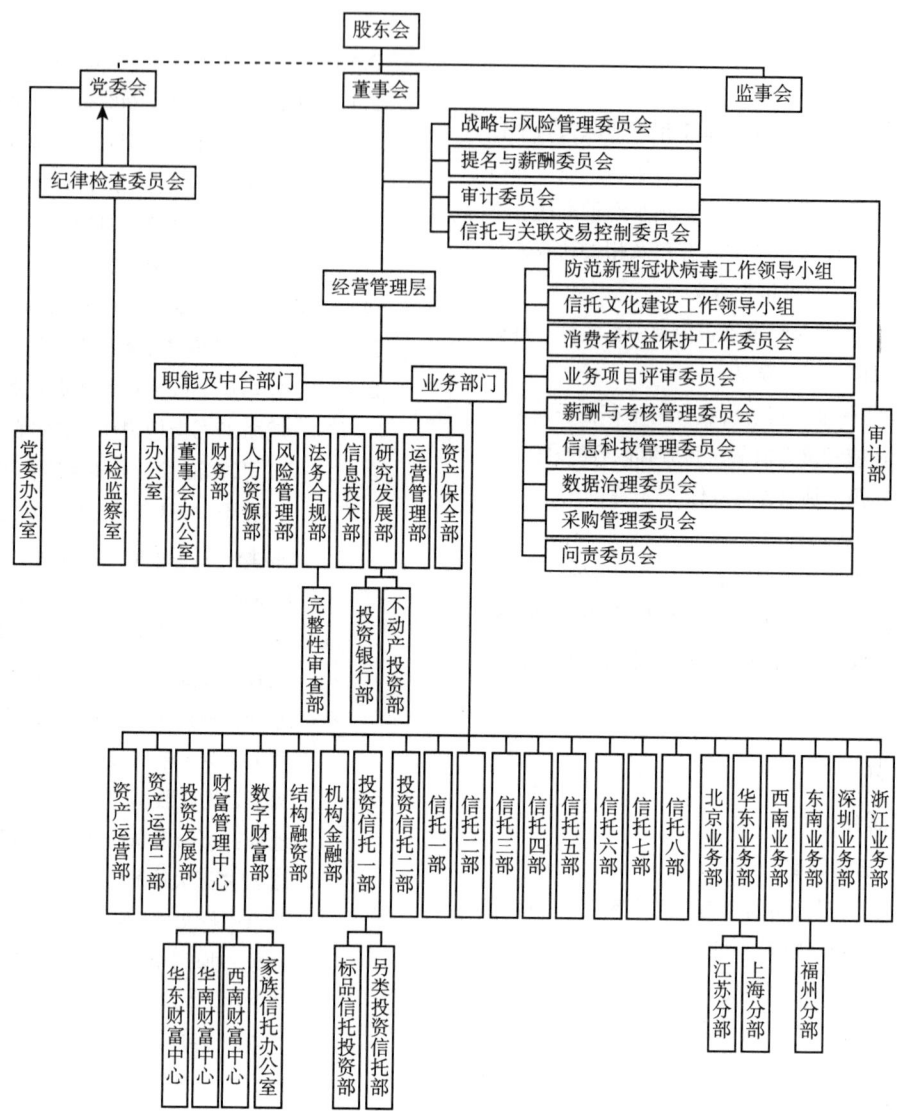

3.公司治理结构

3.1 股权结构及股东情况

公司现有三个股东均为国有全资公司。公司实际控制人为厦门金圆投资集团有限公司，其持有厦门金融控股有限公司100%股权，厦门金融控股有限公司持有公司控股股东厦门金圆金控股份有限公司99%股权。股东情况如下表所示。

3.1.1 厦门金圆金控股份有限公司

出资额	持股比例(%)	法人代表	注册资本（亿元）	注册地址	主要经营业务	控股股东	实际控制人	关联方或一致行动人	最终受益人	本期持股变化情况
30亿元人民币	80	檀庄龙	50.0326	厦门市思明区展鸿路82号厦门国际金融中心46层4605-4609	对金融产业的投资，创业投资，产业投资，股权投资管理与运营。2021年末总资产超过200亿元	厦门金融控股有限公司持股99%	厦门金圆投资集团有限公司（持有厦门金融控股有限公司100%股权）	—	厦门市财政局，100%持股厦门金圆投资集团有限公司	—

3.1.2 厦门建发集团有限公司

出资额(亿元)	持股比例(%)	法人代表	注册资本(亿元)	注册地址	主要经营业务	控股股东	实际控制人	关联方或一致行动人	最终受益人	本期持股变化情况
3.75	10	黄文洲	67.5	厦门市思明区环岛东路1699号建发国际大厦43楼	主营涉及供应链运营、城市建设与运营、旅游会展、医疗健康以及新兴产业投资等。2021年末总资产超过6 000亿元	厦门市人民政府国有资产监督管理委员会，100%持股	—	—	厦门市人民政府国有资产监督管理委员会	—

3.1.3 厦门港务控股集团有限公司

出资额(亿元)	持股比例(%)	法人代表	注册资本(亿元)	注册地址	主要经营业务	控股股东	实际控制人	关联方或一致行动人	最终受益人	本期持股变化情况
3.75	10	蔡立群	31	厦门市湖里区东港北路31号港务大厦25楼	以控股、参股方式从事资产投资、监管、经营；港口工程开发与建设；与港口建设经营有关的业务。2021年末总资产超460亿元	福建省港口集团有限责任公司，100%持股	福建省港口集团有限责任公司	—	福建省人民政府国有资产监督管理委员会	—

3.2 董事、董事会及其下属委员会

董事长、副董事长、董事

姓名	职务	性别	年龄(岁)	选任日期	任期(年)	所推举的股东名称	该股东持股比例(%)	简要履历
洪文瑾	董事长	女	58	2020年5月	3	厦门金圆金控股份有限公司	80	2007年7月毕业于厦门大学工商管理专业，现任厦门金圆投资集团有限公司党委副书记、总经理，厦门国际信托有限公司党委书记、董事长，圆信永丰基金管理有限公司董事长
檀庄龙	董事	男	54	2020年5月	3	厦门金圆金控股份有限公司	80	1987年7月毕业于北京商学院储运管理专业，学士学位，现任厦门金圆投资集团有限公司党委书记、董事长兼厦门金圆金控股份有限公司董事长
李云祥	董事	男	44	2020年5月	3	厦门金圆金控股份有限公司	80	2008年6月毕业于厦门大学工商管理专业，现任厦门金圆投资集团有限公司副总经理
王文怀	董事	男	49	2020年5月	3	厦门建发集团有限公司	10	经济师。1998年毕业于厦门大学企业管理专业，获硕士学位，现任厦门建发集团有限公司副总经理、君龙人寿保险有限公司董事长
陈震	董事	男	47	2021年2月	3[①]	厦门港务控股集团有限公司	10	2007年6月毕业于厦门大学会计学专业，获会计硕士学位，现任厦门国际港务股份有限公司副总经理、财务总监、执行董事、党委委员，兼厦门集装箱码头集团有限公司董事、厦门港务发展股份有限公司监事、厦门港务金融控股有限公司董事、厦门海峡投资有限公司董事
吴尚志	独立董事	男	71	2020年5月	3	独立董事	—	1985年2月毕业于麻省理工学院机械工程专业，获博士学位。现任鼎晖投资董事长
袁东	独立董事	男	53	2020年5月	3	独立董事	—	2000年7月毕业于厦门大学财政金融系财政学专业，获博士学位。现任中央财经大学特聘教授，经济竞争与合作实验室筹建负责人
王遥	独立董事	女	46	2020年5月	3	独立董事	—	2006年6月毕业于中央财经大学经济学专业，获博士学位。现任中央财经大学财经研究院研究员、绿色金融国际研究院院长等职务
胡荣炜	职工董事	男	47	2020年5月	3	职工董事	—	2005年7月毕业于厦门大学工商管理专业，获硕士学位，现任厦门国际信托有限公司党委副书记、总经理

董事会下属委员会

董事会下属委员会名称	组成人员姓名	职务
战略与风险管理委员会	洪文瑾	主任委员
	王文怀	委员
	吴尚志	委员
提名与薪酬委员会	袁东	主任委员
	檀庄龙	委员
	李云祥	委员

---

① 2020年5月28日换届，2021年2月接任余明凤任股东董事。

续表

董事会下属委员会名称	组成人员姓名	职务
审计委员会	袁东	主任委员
	陈震	委员
	王遥	委员
信托与关联交易控制委员会	王遥	主任委员
	洪文瑾	委员
	陈震	委员
	吴尚志	委员
	袁东	委员

3.3 监事、监事会及其下属委员会

监事

姓名	职务	性别	年龄（岁）	选任日期	所推举的股东名称	该股东持股比例（%）	简要履历
方瑄	监事会主席	女	39	2020年5月	厦门金圆金控股份有限公司	80	2010年6月毕业于厦门大学会计学硕士，现任中共厦门市纪委厦门市监委驻厦门金圆投资集团有限公司纪检监察组副组长等职务
吴钢	监事	男	52	2020年5月	厦门金圆金控股份有限公司	80	1991年7月毕业于厦门大学企业管理专业，现任厦门金圆投资集团有限公司总经理助理等职务
林漳龙	职工监事	男	56	2021年1月	—	—	1988年7月毕业于厦门大学会计学专业，2011年6月获厦门大学工商管理硕士学位，现任厦门国际信托有限公司党委委员、纪委书记

公司监事会无下属委员会。

3.4 独立董事

独立董事

姓名	所在单位职务	性别	年龄（岁）	选任日期	任期
吴尚志	鼎晖投资董事长	男	71	2020年5月	3
袁东	中央财经大学特聘教授，经济竞争与合作实验室筹建负责人	男	53	2020年5月	3
王遥	中央财经大学财经研究院研究员、绿色金融国际研究院院长等职务	女	46	2020年5月	3

3.5 高级管理人员

姓名	职务	性别	年龄（岁）	选任日期	金融从业年限（年）	学历	专业	简要履历
洪文瑾	董事长	女	58	2008年11月	27	硕士	工商管理	1985年起历任厦门建发集团有限公司财务部业务主办、副经理、厦门建发信托投资公司副总经理、总经理、厦门国际信托有限公司总经理、董事长等职，现任厦门金圆投资集团有限公司党委副书记、总经理、厦门国际信托有限公司党委书记、董事长，圆信永丰基金管理有限公司董事长
胡荣炜	总经理	男	47	2019年11月	15	硕士	工商管理	1997年起历任厦门中行副科长、科长，柯达中国区制造财务内控总监，磐基国际集团副总经理，厦门金圆集团投资经理，厦门市创业投资有限公司副总经理，厦门国际信托有限公司副总经理等职。现任厦门国际信托有限公司党委副书记、总经理
林漳龙	纪委书记	男	56	2020年8月	22	硕士	工商管理	1988年起历任厦门国际信托投资公司计划财务部主办会计、厦门市人寿保险公司计划财务部经理助理、厦门国际信托投资公司部门经理助理、财务部经理、财务部经理、厦门市担保投资有限公司副总经理、厦门金圆投资集团有限公司财务管理部总经理、风控合规总部总经理、厦门国际信托有限公司副总经理等职。现任厦门国际信托有限公司党委委员、纪委书记
郭韶红	副总经理	女	53	2013年8月	32	硕士	金融	1989年起历任厦门国际信托投资公司部门经理助理、部门经理，厦门国际信托有限公司信托二部经理、融资信托总部经理、北京业务部经理、公司总经理助理等职。现任厦门国际信托有限公司副总经理

续表

姓名	职务	性别	年龄（岁）	选任日期	金融从业年限（年）	学历	专业	简要履历
苏荣坚	副总经理	男	59	2019年11月	27	本科	经济管理	1982年起历任福建三明地区财政局科长，厦门信息信达总公司证券部经理助理、计划财务部副经理（主持工作），厦门国际信托有限公司财务部经理、自营业务部经理、公司财务总监、公司总经理助理等职。现任厦门国际信托有限公司党委委员、副总经理
郑华	副总经理	女	47	2019年11月	27	本科	行政管理	1994年起在厦门建发信托投资公司从事证券有关业务，2002年起历任厦门国际信托有限公司办公室副主任、人力资源部经理、办公室主任、财富管理中心总经理、公司总经理助理等职。现任厦门国际信托有限公司副总经理
张文伟	风险总监	男	45	2019年9月	26	本科	法学	1995年起历任中国银行厦门市分行杏林支行人秘科综合文秘、公司业务处客户经理、湖里支行机场分理处副主任、机场支行副行长、公司业务部助理客户经理、公司业务部客户经理、中小企业业务中心授信审批主管、中小企业业务中心风险官兼授信管理团队主管，厦门国际信托有限公司风险管理部副总经理（主持工作）、风险管理部总经理等职。现任厦门国际信托有限公司党委委员、风险总监
何金	总经理助理	男	39	2019年11月	10	硕士	财政学	2006年起历任旭日大地科技发展（北京）有限公司销售部经理、中国民族证券有限责任公司投资银行部门项目执行、贵阳银行股份有限公司北京代表处投资银行部副总经理、潍坊银行股份有限公司金融市场业务事业一部总经理、厦门国际信托有限公司北京业务部总经理等职。现任厦门国际信托有限公司党委委员、总经理助理
林俊民	总经理助理	男	37	2020年7月	11	硕士	金融	2007年起历任天津市体育彩票管理中心技术部科员，中国保险监督管理委员会厦门监管局统计研究处干部、副主任科员、主任科员，中国银行保险监督管理委员会厦门监管局正科级干部、统计信息与风险监测处主任科员等职。现任厦门国际信托有限公司总经理助理

3.6 公司员工

项目		2021年报告期年度		上年度	
		人数（人）	比例（%）	人数（人）	比例（%）
年龄分布	20岁以下	0	0.00	0	0.00
	21—30岁	58	24.17	62	26.84
	31—40岁	119	49.58	102	44.16
	41岁以上	63	26.25	67	29.00
学历分布	博士	1	0.42	1	0.43
	硕士	108	45.00	97	41.99
	本科	117	48.75	118	51.08
	专科	10	4.17	11	4.76
	其他	4	1.66	4	1.73
岗位分布	董事、监事及高管人员	9	3.73	9	3.88
	自营业务人员	13	5.40	12	5.17
	信托业务人员	138	57.26	134	57.76
	其他人员	81	33.61	77	33.19

4. 经营概况

4.1 经营目标、方针、战略规划

经营目标：在健全内部法人治理结构、完善和规范内控管理制度和业务流程基础上，建立并形成一批高素质、专业化的公司金融业务、金融市场业务与财富业务团队，实现公司自主管理能力的持续提升与盈利水平的稳健增长，为信托受益人和公司股东谋求最大利益。

经营方针：稳健经营、诚实守信、开拓创新、有效回报，即以稳健经营为前提，以诚实信用为根本，以开拓创新为动力，以有效回报为目标。

战略规划：在金圆集团战略指引下，坚持"扎根厦门、深耕福建、融合两岸、布局全国"的战略定位，充分发挥党建引领与信托文化建设的机制保障作用，从资产管理与投资银行、财富管理、服务信托三个领域，围绕产业金融和科技金融双轮驱动战略，着力打造高质量可持续的信托业务发展格局，发挥作为金圆集团业务对接平台及枢纽的角色定位与赋能作用，为合作伙伴与客户提供优质的综合金融服务。固有业务以长期股权投资构建公司发展的护城河，以中短期资产配置服务于公司各阶段重点信托业务。在净资产管理的整体框架下打造全面风险管理体系，构建全覆盖的业务风险管理策略，落实职责体系、业务决策体系、风险预警、问责及保全机制的建设。推行人力资源参与型战略，完善员工职业成长体系。加速科技金融转化为生产力，聚焦大运营能力提升，建设高效、智能的财务管理体系，为业务转型发展提供强大支撑和引领。坚持守正创新，服务新发展格局，致力于成为国内一流的专业化信托机构。

4.2 所经营业务的主要内容

目前公司经营的业务均围绕"一法两规"及银保监

会的有关规定开展，在固有资产方面，开展贷款（流动资金贷款和固定资产贷款）、融资租赁、投资（金融股权投资和证券投资）等业务。在信托业务方面，按服务内容分类，有资金信托、服务信托、财产（权）信托等；按信托目的分类，有贷款信托、证券投资信托、股权投资信托、组合投资信托、家族信托、慈善信托、资产证券化信托等，信托资金投向涵盖了工商企业、基础产业、房地产、证券市场、金融机构等方面。

4.2.1 自营资产运用与分布表

资产运用	金额（万元）	占比（%）	资产分布	金额（万元）	占比（%）
货币资产	54 729	7.91	基础产业	9 750	1.41
发放贷款和垫款	168 559	24.35	房地产业	15 210	2.20
交易性金融资产	257 029	37.13	证券市场	76 545	11.06
债权投资	60 140	8.69	金融机构	271 350	39.20
其他权益工具投资	4 373	0.63	实业	114 112	16.48
长期股权投资	123 399	17.83	其他	205 292	29.66
其他	24 030	3.47			
资产总计	692 259	100.00	资产总计	692 259	100.00

4.2.2 信托资产运用与分布表

资产运用	金额（万元）	占比（%）	资产分布	金额（万元）	占比（%）
货币资产	477 656	2.52	基础产业	2 162 104	11.39
贷款	6 549 463	34.52	房地产	1 694 721	8.93
交易性金融资产	383 107	2.02	证券市场	442 798	2.33
可供出售金融资产	6 759 495	35.62	实业	7 429 670	39.16
持有至到期投资	146 204.97	0.77	金融机构	1 587 663	8.37
长期股权投资	1 210 715	6.38	其他	5 657 650	29.82
其他	3 447 965	18.17			
信托资产总计	18 974 605	100.00	信托资产总计	18 974 605	100.00

4.3 市场分析

4.3.1 经济形势分析

2021年，我国实现了"十四五"良好开局，我国经济总量突破110万亿元，GDP较上年增长8.1%，两年平均增长5.1%，经济增速在世界主要经济体中名列前茅，经济发展和疫情防控保持世界领先地位。同时，世界经济仍面临新冠肺炎疫情、通胀与发达经济体货币政策调整这三大不确定性，经济复苏前景出现波折，外部环境更趋复杂严峻和不确定；国内经济发展也面临需求收缩、供给冲击、预期转弱三重压力，需要把稳增长摆在更加突出位置。

4.3.2 金融形势分析

2021年，我国金融运行总体平稳，年末社会融资规模存量为314.1万亿元，比上年末增长10.3%；对实体经济发放的人民币贷款余额增长11.6%。伴随着资管新规过渡期结束，银行保险业基本完成资管业务过渡期整改任务，通过提升资金配置能力、拓展投资领域、缩短投资链条、丰富资管产品种类，更加精准高效支持实体经济，为投资者实现更稳定的财产性收入。资本市场基础性制度改革持续深化，专业机构投资力量持续壮大。

4.3.3 影响本公司业务发展的主要因素

4.3.3.1 有利因素

外部因素。"十四五"时期，推动高质量发展、深化供给侧结构性改革的战略导向为信托行业带来转型中的新机遇。完善新型城镇化战略与全面推进乡村振兴，坚持"房住不炒"定位与加快发展长租房市场、推进保障性住房建设等政策目标，为信托业传统业态转型升级明确方向。资本市场深化改革的环境为信托行业发展标准化投资产品线，打造差异化竞争优势创造了条件。为支持完善公共服务体系，服务信托有望在教育、医疗、养老等基本公共服务领域实现深度赋能。为助力解决贫困问题、缩小收入差距、促进共同富裕，慈善信托能够进一步发挥在居民财富管理、慈善爱心活动中的作用。我国居民财富迅速积累，投资理财需求增加，带来信托个人投资者的增长以及信托财富管理、家族信托等业态的需求扩容。

内部因素。公司作为地方性国有金融机构，成立37年来稳健经营，建立起"担当、守正、创新"的企业文化，明确"扎根厦门、深耕福建、融合两岸、布局全国"的战略定位。公司全面加强专业化建设，塑造公司金融业务、金融市场业务、财富业务三大业务条线，围绕关键业务场景形成专班机制，并深度运用金融科技重塑资产端与资金端生态，充分发挥智力资本对转型的赋能作用，升级业务转型发展的激励约束机制，多维度锻造品牌与信托文化。

4.3.3.2 不利因素

外部因素。2021年是防范化解金融风险三年攻坚战收官之年，行业前期的风险积累仍在逐步化解处置的过程中，"两项"压降、房地产行业调控升级、地方政府隐性债务监管等多重因素叠加，对于信托行业加快转变传统业务模式、优化资产结构带来重大挑战。资管新规正式实施后，信托行业加速向"服务"的本源回归，而相关的财产所有权登记、税收优惠等配套政策仍有待完善。

内部因素。经济形势变化日趋复杂，对公司经营形成较大考验，一是面对错综复杂的市场环境与外部冲击，需要进一步增强资本实力与风险抵御能力；二是转型业务需要实现盈利性和可复制性，克服新旧业态换挡造成的阵痛，打造可持续的利润增长点；三是财富端匹配资产端向标准化投资产品、权益类产品的转换要求，需要公司进一步发挥数字财富的扩容作用，加快实现数字财富的运用。

4.4 风险管理

4.4.1 风险管理概况

根据自有资金和信托资金在运作过程中自身的特点，通过对风险类型的分析，公司在经营过程中可能遇到的风险主要有：信用风险、市场风险、操作风险、道德风险、合规风险、政策风险、流动性风险、声誉风险、其他风险如不可抗力事件等，其中最主要的是信用风险、市场风险和操作风险。

公司总体风险管理战略是全力推进全面风险管理体系建设，深化风险管理组织架构改革，强化风险管理技术支持，推进风险管理专业团队建设，确保公司能够合理控制风险水平，安全、稳健地开展各项经营活动。

公司十分注重风险控制管理，坚持积极稳健的经营原则，规范运作，审慎经营；公司按照全面风险管理、集中风险管理、独立性、有效性、及时性、持续性的原则，通过自下而上的风险识别、自上而下的风险控制和上下结合的风险化解将本公司业务运作和经营管理的所有内容都涵盖于风险管理制度之下；公司进一步运用现代风险管理控制手段和技术，不断改进和提高风险控制管理质量和水平。

公司建立了有效的风险管理组织结构，包括董事会、总办会、业务项目评审委员会、法务合规部、风险管理部、资产保全部、审计部。董事会对风险负最终责任，负责确立适当的风险管理原则和战略；总办会具体组织领导公司全面风险管理与内部控制工作的开展；业务项目评审委员会提供专业评审意见，发挥其应有民主决策的积极作用；法务合规部实施业务法律合规风险审查；风险管理部实施信用风险、市场风险、操作风险等风险要素以及委托人类型与项目风险匹配度审查、投后跟踪管理督查；资产保全部负责处置纳入资产保全业务范围的固有和信托等业务相关的风险和纠纷；审计部负责内部审计稽核等。

4.4.2 风险状况

4.4.2.1 信用风险状况

信用风险主要表现为公司交易对手不能履行合约义务带来的风险，其中包括业务合作伙伴、贷款对象的信用风险，资金往来银行的信用风险，从而导致公司资产价值发生变动遭受损失的风险。

固有资产方面，2021年公司信用风险资产期末数为726 588.41万元，其中不良信用资产为6 972.55万元。不良信用资产的期初数为730.78万元，期末数为6 972.55万元。

信托业务层面，公司认真履行受托人责任，有效管理信托项目，定期监测融资类信托规模占比、客户集中度等指标，信用风险可控。

4.4.2.2 市场风险状况

公司面临的市场风险主要体现为在开展信贷业务中由于利率水平的不利变动以及证券投资业务中由于投资标的市场价格的不利变动给公司经营业绩带来的风险。

公司开展的信托类信贷业务，主要为中短期信贷，公司严格执行人民银行的利率政策，能较好地消化利率波动可能产生的风险。在证券投资业务领域，公司严格区分自营证券投资和证券投资类信托业务，并根据资金属性和风险偏好，设置差异化管理策略。

4.4.2.3 操作风险状况

操作风险是指公司由于内部程序、人员、系统的不完善或失误，或外部事件造成的潜在损失。

公司目前已逐步建立和完善了一系列基本制度、管理规定和业务操作流程，公司高管和员工风险意识和责任心较强。自重新登记以来未发生过较大因员工不尽职或违规而给公司和信托财产造成损失的事件。公司基本能有效地防范各个环节的操作风险。

4.4.2.4 其他风险状况

政策风险是指宏观政策以及监管政策的变动对公司经营环境和发展会造成的一定影响。

流动性风险是指公司短期内金融资产的不确定变动，或周转困难无力偿付到期负债而造成损失或破产的风险。

合规风险是指公司因未能遵循法律法规、监管要求、规则、自律性组织制定的有关准则，以及适用于自身业务活动的行为准则，而可能遭受法律制裁或监管处罚、重大财务损失或声誉损失的风险。

声誉风险是指由公司经营、管理及其他行为或外部事件导致利益相关方对公司负面评价的风险。

信息科技风险是指信息科技在公司运用过程中，由于自然因素、人为因素、技术漏洞和管理缺陷产生的信息安全事件和信息系统故障的风险。

本年度公司未发生流动性风险、合规风险、声誉风险、信息科技风险方面重大风险事件。

本年度监管部门进一步推进"融资类和金融通道类两项业务"压降及风险资产处置相关工作，公司面临更大转型压力，公司坚决执行监管政策，持续深化转型。

4.4.3 风险管理

4.4.3.1 信用风险管理

公司根据《企业会计准则》关于资产减值准备确认、计量的规定，除发放贷款外参考财政部关于印发《金融企业准备金计提管理办法》的通知（财金〔2012〕20号文）对本公司资产提取资产减值准备及一般风险准备。

截至报告期末公司应提的一般准备6 931.20万元，已计提一般准备6 931.20万元。公司计提各项资产减值损失准备合计46 642.69万元。其中公司发放贷款执行中国银行业监督管理委员会令2011年第4号《商业银行贷款损失准备管理办法》中第六条和第七条规定提取贷款损失准备。贷款拨备率为贷款损失准备与各项贷款余额之比，拨备覆盖率为贷款损失准备与不良贷款余额之比，贷款拨备率基本标准为2.5%，拨备覆盖率基本标准为150%，以两项标准中较高者为贷款损失准备的提取标准。其中划分为次级类、可疑类、损失类的贷款属于不良贷款。公司对所管理的信托资产计提预计负债，用于弥补因可能的违规、违反资产管理产品协议、操作错误或者技术故障等产品财产或者投资者造成的损失。截至2021年末，预计负债余额为13 720.73万元。总体上公司足额计提各项资产减值准备和确认预计负债，不存在资产减值准备缺口和预计负债缺口。

针对融资对象企业的信用风险，公司主要通过严格贷款"三查"制度、审贷分离制度和逐级审批制度来加以防范，制定了统一的企业信用标准和详细的操作规程。

办理抵押贷款，注重对抵押物的权属、有效性和变现能力以及所设定抵押的合法性进行审查，完善登记手续；对抵押物确认的主要原则为根据抵押物评估值的不同情况合理确定贷款抵押比例。

办理保证贷款，主要对保证人的保证资格、资信状况及其还款记录进行审查，并签订保证合同；原则上提供保证的企业应属于经营良好的企业，有足够的偿债能力，在贷款期间没有可预见的经营风险存在，没有不良记录，历史上信用良好等。

信用风险管理策略方面，公司密切防控信用风险，努力做到对潜在风险较大的信托项目及固有项目早预防、早缓释。公司从产品设计、尽职调查、风险评审、产品营销、后续管理、信息披露和风险处置等环节加强管理，切实做到勤勉尽责。

4.4.3.2 市场风险管理

针对证券市场风险，公司注重对证券投资的策略研究，遵循组合投资、分散风险的原则，建立对各种市场风险暴露进行实时计量和评估机制，并根据所确认和计量的风险暴露，分别制定风险限额，设立止损措施等以有效防范证券市场风险。

固有资产方面，固有资产构建投资组合参与二级市场投资，组合内投资多种资产类别来分散风险，资产组合内设置多种产品结构以规避或减少风险。通过量化方式构建亏损风险较小的投资组合，同时加强深入与优秀管理人、投资顾问方面的合作。

信托资产方面，公司根据市场需求开发信托产品，一方面满足一般受益人的风险收益偏好，另一方面有效降低优先受益人的风险。公司严格选择投资顾问，确定合理的证券投资资产配置比例和止损线。公司运用投资管理信息系统实时控制投资比例限制和产品净值变动，严格执行有关止损点措施。

对贷款产品定价时，主要考虑客户信用、期限、额度、担保等因素，结合信托资金成本和市场竞争情况，确定适宜的价格。

4.4.3.3 操作风险管理

操作风险可以通过正确的管理程序得到控制。公司主要通过严格的授权制度与过程监控来防范操作风险。在制定和完善具体的风险管理制度时，以"一法两规"为依据，落实信托业务和自营业务分账管理、防止挪用或私自改变资金用途、规范关联交易、加强信息披露等业务操作守则和制度要求。特别是对信托经理人的道德水准和职业操守有明确的职责要求，要求其定期完成对信托业务执行风险控制点的监控报告，恪尽职守，履行诚实、信用、谨慎、有效管理的义务。

公司投顾型证券投资信托业务最大的风险是操作风

险，即公司按照信托合同约定执行有关投资比例限制和止损。公司自始至终均高度关注该类风险，设置专门管理部门和交易人员监控有关数据，并引入恒生资产管理计算机系统和主经纪商业务系统，实现对投资指令的自动控制和风险警示，防范有关操作风险，没有发生应平仓而未进行平仓情况。

4.4.3.4 其他风险管理

政策风险。公司通过严格依法经营，根据法规和监管政策要求及时制订完善公司规章、内控制度和业务规程，加强业务合规性审查以规范和控制公司业务的政策风险。同时公司保持与监管当局紧密沟通、了解政策动向，把握业务方向。按照监管政策方向，2021公司重新制定了五年发展战略，持续深化转型。

声誉风险。公司制定了《声誉风险管理办法》《舆情工作制度》以及舆情处置预案，设置了声誉风险管理岗位。公司认真对待客户投诉，建立了客户投诉管理制度，努力将舆情作为发现问题自查自纠，不断改进服务水平。公司网站设有专门的信息披露专栏，尽量做到及时、全面地向投资者披露各种信息，增强公司透明度，使投资者和社会对公司和信托行业有较好的了解。

信息科技风险。公司专门成立了信息科技安全管理领导小组、工作小组、信息建设推进小组、信息科技突发事件应急处理小组。风险管理部设置了科技风险管理专职人员，将信息科技风险纳入全面风险管理范畴。公司制订完善《信息系统管理制度》，作为公司信息科技管理的制度保障。

合规风险。公司根据监管要求和公司制度规定有序开展合规审查工作，确保合规审查前置，严守合规关。根据监管公司治理三年行动方案，根据监管文件，逐条对照自查，推进章程、三会及专门委员会议事规则、独立董事制度修改、调整信托与关联交易控制委员会成员结构、调整董事会对经营班子的授权、升级股东管理、制订恢复计划和处置计划。公司积极落实监管要求，开展融资类、金融同业通道类业务压降重点工作，探索并采取多种方式来实现压降任务。根据监管部门审慎会谈、现场检查和监管意见，落实整改、完善公司的合规经营。重视合规文化的培育及宣导，制定合规培训长期规划，多维度、多样化地开展合规教育活动，将法律法规、案防、反洗钱等内容纳入培训课程。并进一步规范案防管理制度、落实创新业务洗钱风险研判机制。

5.报告期末及上一年度末的比较式会计报表

5.1 自营资产

5.1.1 会计师事务所审计意见全文

审计报告

众环鹭审字〔2022〕10110号

厦门国际信托有限公司董事会：

一、审计意见

我们审计了厦门国际信托有限公司（以下简称厦门国际信托）财务报表，包括2021年12月31日的合并及公司资产负债表，2021年度的合并及公司利润表、合并及公司现金流量表、合并及公司所有者权益变动表，2021年12月31日的合并及公司财务报表附注。

我们认为，后附的财务报表在所有重大方面按照企业会计准则的规定编制，公允反映了厦门国际信托公司2021年12月31日合并及公司的财务状况以及2021年度合并及公司的经营成果和现金流量。

二、形成审计意见的基础

我们按照中国注册会计师审计准则的规定执行了审计工作。审计报告的"注册会计师对财务报表审计的责任"部分进一步阐述了我们在这些准则下的责任。按照中国注册会计师职业道德守则，我们独立于厦门国际信托公司，并履行了职业道德方面的其他责任。我们相信，我们获取的审计证据是充分、适当的，为发表审计意见提供了基础。

三、其他信息

厦门国际信托管理层对其他信息负责。其他信息包括2021年年度报告中涵盖的信息，但不包括财务报表和我们的审计报告。

我们对财务报表发表的审计意见不涵盖其他信息，我们也不对其他信息发表任何形式的鉴证结论。

结合我们对财务报表的审计，我们的责任是阅读其他信息，在此过程中，考虑其他信息是否与财务报表或我们在审计过程中了解到的情况存在重大不一致或者似乎存在重大错报。

基于我们已执行的工作，如果我们确定其他信息存在重大错报，我们应当报告该事实。在这方面，我们无任何事项需要报告。

四、管理层和治理层对财务报表的责任

厦门国际信托管理层（以下简称管理层）负责按照企业会计准则的规定编制财务报表，使其实现公允反映，并设计、执行和维护必要的内部控制，以使财务报表不存在由于舞弊或错误导致的重大错报。

在编制财务报表时，管理层负责评估厦门国际信托的持续经营能力，披露与持续经营相关的事项（如适用），并运用持续经营假设，除非管理层计划清算厦门国际信托、终止运营或别无其他现实的选择。

治理层负责监督厦门国际信托的财务报告过程。

五、注册会计师对财务报表审计的责任

我们的目标是对财务报表整体是否不存在由于舞弊或错误导致的重大错报获取合理保证，并出具包含审计意见的审计报告。合理保证是高水平的保证，但并不能保证按照审计准则执行的审计在某一重大错报存在时总能发现。错报可能由于舞弊或错误导致，如果合理预期错报单独或汇总起来可能影响财务报表使用者依据财务报表作出的经济决策，则通常认为错报是重大的。

在按照审计准则执行审计工作的过程中，我们运用职业判断，并保持职业怀疑。同时，我们也执行以下工作：

（一）识别和评估由于舞弊或错误导致的财务报表重大错报风险，设计和实施审计程序以应对这些风险，并获取充分、适当的审计证据，作为发表审计意见的基础。由于舞弊可能涉及串通、伪造、故意遗漏、虚假陈述或凌驾于内部控制之上，未能发现由于舞弊导致的重大错报的风险高于未能发现由于错误导致的重大错报的风险。

（二）了解与审计相关的内部控制，以设计恰当的审计程序，但目的并非对内部控制的有效性发表意见。

（三）评价管理层选用会计政策的恰当性和作出会计估计及相关披露的合理性。

（四）对管理层使用持续经营假设的恰当性得出结论。同时，根据获取的审计证据，就可能导致对厦门国际信托持续经营能力产生重大疑虑的事项或情况是否存在重大不确定性得出结论。如果我们得出结论认为存在重大不确定性，审计准则要求我们在审计报告中提请报表使用者注意财务报表中的相关披露；如果披露不充分，我们应当发表非无保留意见。我们的结论基于截至审计报告日可获得的信息。然而，未来的事项或情况可能导致厦门国际信托不能持续经营。

（五）评价财务报表的总体列报、结构和内容，并评价财务报表是否公允反映相关交易和事项。

（六）就厦门国际信托中实体或业务活动的财务信息获取充分、适当的审计证据，以对财务报表发表意见。

我们负责指导、监督和执行集团审计。我们对审计意见承担全部责任。

我们与治理层就计划的审计范围、时间安排和重大审计发现等事项进行沟通，包括沟通我们在审计中识别出的值得关注的内部控制缺陷。

中审众环会计师事务所（特殊普通合伙）厦门分所

中国注册会计师：林娜萍

中国注册会计师：杨　杏

中国·厦门　　　　　　　　　　2022年3月31日

5.1.2　合并及公司资产负债表

合并及公司资产负债表

编制单位：厦门国际信托有限公司（自营资产）　　2021年12月31日　　单位：万元

资产	年末数		年初数	
	合并	公司	合并	公司
货币资金	70 694	54 729	44 193	34 171
结算备付金	—	—	—	—
贵金属	—	—	—	—
拆出资金	—	—	—	—
衍生金融资产	—	—	—	—
应收款项	10 444	6 538	7 003	4 081
合同资产	—	—	—	—
买入返售金融资产	—	—	—	—
持有待售资产	—	—	—	—
发放贷款和垫款	168 559	168 559	178 013	178 013
金融投资：	—	—	—	—
交易性金融资产	277 118	257 029	246 324	232 015
债权投资	60 140	60 140	177 192	177 192
其他债权投资	—	—	—	—
其他权益工具投资	4 373	4 373	95	95
长期股权投资	113 199	123 399	103 568	113 768
投资性房地产	3 269	3 269	3 434	3 434
固定资产	1 457	1 098	1 188	906
在建工程	—	—	—	—
无形资产	3 251	2 316	2 535	1 828
使用权资产	2 107	1 866	3 653	2 868
递延所得税资产	5 419	5 189	4 046	3 932
其他资产	4 770	3 754	12 115	10 933
资产总计	724 799	692 259	783 359	763 236
短期借款	—	—	—	—
拆入资金	—	—	—	—
交易性金融负债	8	—	25	—
衍生金融负债	—	—	—	—

续表

资产	年末数		年初数	
	合并	公司	合并	公司
卖出回购金融资产款	—	—	—	—
应付职工薪酬	21 151	16 138	18 228	13 922
应交税费	34 410	33 266	38 273	38 044
合同负债	3 009	3 009	888	888
持有待售负债	—	—	—	—
租赁负债	1 883	1 787	3 265	2 512
预计负债	13 721	13 721	6 437	6 437
长期借款	—	—	—	—
应付债券	—	—	—	—
递延所得税负债	95	33	453	208
其他负债	47 132	43 161	153 269	151 150
负债合计	121 409	111 116	220 838	213 163
所有者权益：				
实收资本	375 000	375 000	375 000	375 000
其他权益工具	—	—	—	—
资本公积	5 115	5 115	4 685	4 685
减：库存股	—	—	—	—
其他综合收益	1 890	1 890	1 902	1 902
盈余公积	76 971	76 971	69 770	69 770
一般风险准备	12 719	6 931	13 946	9 829
信托赔偿准备	34 259	34 259	30 676	30 676
未分配利润	81 536	80 976	55 444	58 210
归属于母公司所有者权益合计	587 491	581 143	551 423	550 073
少数股东权益	15 899	—	11 097	—
所有者权益合计	603 390	581 143	562 521	550 073
负债及所有者权益总计	724 799	692 259	783 359	763 236

法定代表人：洪文瑾　　主管会计工作的负责人：苏荣坚　　会计机构负责人：陈明雅

5.1.3 合并及公司利润表

合并及公司利润表

编制单位：厦门国际信托有限公司（自营资产）　　2021年度　　单位：万元

项目	本年金额		上年金额	
	合并	公司	合并	公司
一、营业收入	179 542	145 593	157 418	139 380
利息净收入	9 810	9 539	-4 225	-4 481
利息收入	13 670	13 398	5 339	5 083
利息支出	3 860	3 860	9 564	9 564
手续费及佣金净收入	119 114	86 787	102 098	85 727
手续费及佣金收入	119 114	86 787	102 098	85 727
手续费及佣金支出	—	—	—	—

续表

项目	本年金额		上年金额	
	合并	公司	合并	公司
投资收益/（损失）	50 281	49 815	55 705	54 778
其中：对联营企业和合营企业的投资收益/（损失）	26 997	26 997	19 001	19 001
其他收益	416	40	555	64
公允价值变动收益（损失以"-"号填列）	-496	-1 004	2 092	2 098
汇兑收益（损失以"-"号填列）	—	—	—	—
其他业务收入	417	417	1 204	1 204
资产处置收益（损失以"-"号填列）	—	—	-11	-11
二、营业支出	66 128	45 188	65 030	50 727
税金及附加	887	720	778	720
业务及管理费	44 155	23 381	34 269	20 033
信用减值损失	13 720	13 720	—	—
资产减值损失	—	—	25 224	25 216
其他资产减值损失	—	—	—	—
其他业务成本	7 367	7 367	4 758	4 758
三、营业利润	113 414	100 406	92 388	88 653
加：营业外收入	2	1	3	2
减：营业外支出	8 488	8 488	5 485	5 482
四、利润总额	104 928	91 918	86 906	83 173
减：所得税费用	23 477	20 266	24 513	23 588
五、净利润	81 451	71 652	62 393	59 584
（一）按经营持续性分类				
持续经营净利润（净亏损以"-"号填列）	81 451	71 652	62 393	59 584
终止经营净利润（净亏损以"-"号填列）				
（二）按所有权归属分类				
归属于母公司所有者的净利润	76 650	71 652	61 017	59 584
少数股东损益	4 802		1 376	
六、其他综合收益的税后净额	-12	-12	-1 389	-1 841
归属于母公司所有者的其他综合收益的税后净额	-12	-12	-1 610	-1 841
归属于少数股东的其他综合收益的税后净额			222	
七、综合收益总额	81 440	71 640	61 004	57 743
归属于母公司所有者的综合收益总额	76 638	—	59 406	—
归属于少数股东的综合收益总额	4 802		1 598	—

法定代表人：洪文瑾　　主管会计工作的负责人：苏荣坚　　会计机构负责人：陈明雅

5.1.4 利润分配表

合并所有者权益变动表

编制单位：厦门国际信托有限公司　　　　2021年度　　　　单位：万元

项目	本年金额											
	归属于母公司所有者权益										少数股东权益	所有者权益合计
	实收资本	其他权益工具			资本公积	减：库存股	其他综合收益	盈余公积	一般风险准备	信托赔偿准备	未分配利润		
		优先股	永续债	其他									
一、上年年末余额	375 000	—	—	—	4 685	—	3 327	69 770	13 946	30 676	54 884	11 097	563 387
加：会计政策变更	—	—	—	—	—	—	-1 425	—	—	—	559	—	-866
前期差错更正	—	—	—	—	—	—	—	—	—	—	—	—	—
同一控制下企业合并	—	—	—	—	—	—	—	—	—	—	—	—	—
其他	—	—	—	—	—	—	—	—	—	—	—	—	—
二、本年年初余额	375 000	—	—	—	4 685	—	1 902	69 770	13 946	30 676	55 444	11 097	562 521
三、本年增减变动金额（减少以"-"号填列）	—	—	—	—	430	—	-12	7 201	-1 227	3 583	26 093	4 802	40 869
（一）综合收益总额	—	—	—	—	—	—	-12	—	—	—	76 650	4 802	81 440
（二）所有者投入和减少资本	—	—	—	—	430	—	—	—	—	—	—	—	430
1.所有者投入的普通股	—	—	—	—	—	—	—	—	—	—	—	—	—
2.其他权益工具持有者投入资本	—	—	—	—	—	—	—	—	—	—	—	—	—
3.股份支付计入所有者权益的金额	—	—	—	—	—	—	—	—	—	—	—	—	—
4.其他	—	—	—	—	430	—	—	—	—	—	—	—	430
（三）利润分配	—	—	—	—	—	—	—	7 201	-1 227	3 583	-50 557	—	-41 000
1.提取盈余公积	—	—	—	—	—	—	—	7 201	—	—	-7 201	—	—
2.提取一般风险准备	—	—	—	—	—	—	—	—	-1 227	—	1 227	—	—
3.提取信托赔偿准备	—	—	—	—	—	—	—	—	—	3 583	-3 583	—	—
4.对所有者的分配	—	—	—	—	—	—	—	—	—	—	-41 000	—	-41 000
5.其他	—	—	—	—	—	—	—	—	—	—	—	—	—
（四）所有者权益内部结转	—	—	—	—	—	—	—	—	—	—	—	—	—
1.资本公积转增资本	—	—	—	—	—	—	—	—	—	—	—	—	—
2.盈余公积转增资本	—	—	—	—	—	—	—	—	—	—	—	—	—
3.盈余公积弥补亏损	—	—	—	—	—	—	—	—	—	—	—	—	—
4.一般风险准备弥补亏损	—	—	—	—	—	—	—	—	—	—	—	—	—
5.结转重新计量设定受益计划净负债或净资产所产生的变动	—	—	—	—	—	—	—	—	—	—	—	—	—
6.其他	—	—	—	—	—	—	—	—	—	—	—	—	—
（五）其他	—	—	—	—	—	—	—	—	—	—	—	—	—
四、本年年末余额	375 000	—	—	—	5 115	—	1 890	76 971	12 719	34 259	81 536	15 899	603 390

法定代表人：洪文瑾　　　　主管会计工作的负责人：苏荣坚　　　　会计机构负责人：陈明雅

合并所有者权益变动表

编制单位：厦门国际信托有限公司　　2021年度　　单位：万元

项目	上年金额											少数股东权益	所有者权益合计
	归属于母公司所有者权益												
	实收资本	其他权益工具			资本公积	减：库存股	其他综合收益	盈余公积	一般风险准备	信托赔偿准备	未分配利润		
		优先股	永续债	其他									
一、上年年末余额	375 000	—	—	—	5 378	—	4 938	63 812	13 211	27 697	40 222	9 499	539 757
加：会计政策变更	—	—	—	—	—	—	—	—	—	—	—	—	—
前期差错更正	—	—	—	—	—	—	—	—	—	—	—	—	—
同一控制下企业合并	—	—	—	—	—	—	—	—	—	—	—	—	—
其他	—	—	—	—	—	—	—	—	—	—	—	—	—
二、本年年初余额	375 000	—	—	—	5 378	—	4 938	63 812	13 211	27 697	40 222	9 499	539 757
三、本年增减变动金额（减少以"-"号填列）	—	—	—	—	-693	—	-1 610	5 958	735	2 979	14 663	1 598	23 630
（一）综合收益总额	—	—	—	—	—	—	-1 610	—	—	—	61 017	1 598	61 004
（二）所有者投入和减少资本	—	—	—	—	-693	—	—	—	—	—	—	—	-693
1.所有者投入的普通股	—	—	—	—	—	—	—	—	—	—	—	—	—
2.其他权益工具持有者投入资本	—	—	—	—	—	—	—	—	—	—	—	—	—
3.股份支付计入所有者权益的金额	—	—	—	—	—	—	—	—	—	—	—	—	—
4.其他	—	—	—	—	-693	—	—	—	—	—	—	—	-693
（三）利润分配	—	—	—	—	—	—	—	5 958	735	2 979	-46 354	—	-36 682
1.提取盈余公积	—	—	—	—	—	—	—	5 958	—	—	-5 958	—	—
2.提取一般风险准备	—	—	—	—	—	—	—	—	735	—	-735	—	—
3.提取信托赔偿准备	—	—	—	—	—	—	—	—	—	2 979	-2 979	—	—
4.对所有者的分配	—	—	—	—	—	—	—	—	—	—	-36 682	—	-36 682
5.其他	—	—	—	—	—	—	—	—	—	—	—	—	—
（四）所有者权益内部结转	—	—	—	—	—	—	—	—	—	—	—	—	—
1.资本公积转增资本	—	—	—	—	—	—	—	—	—	—	—	—	—
2.盈余公积转增资本	—	—	—	—	—	—	—	—	—	—	—	—	—
3.盈余公积弥补亏损	—	—	—	—	—	—	—	—	—	—	—	—	—
4.一般风险准备弥补亏损	—	—	—	—	—	—	—	—	—	—	—	—	—
5.结转重新计量设定受益计划净负债或净资产所产生的变动	—	—	—	—	—	—	—	—	—	—	—	—	—
6.其他	—	—	—	—	—	—	—	—	—	—	—	—	—
（五）其他	—	—	—	—	—	—	—	—	—	—	—	—	—
四、本年年末余额	375 000	—	—	—	4 685	—	3 327	69 770	13 946	30 676	54 884	11 097	563 387

法定代表人：洪文瑾　　主管会计工作的负责人：苏荣坚　　会计机构负责人：陈明雅

公司所有者权益变动表

编制单位：厦门国际信托有限公司　　　　2021年度　　　　单位：万元

项目	本年金额										
	实收资本	其他权益工具			资本公积	减：库存股	其他综合收益	盈余公积	一般风险准备	信托赔偿准备	未分配利润	所有者权益合计
		优先股	永续债	其他								
一、上年年末余额	375 000	—	—	—	4 685	—	3 023	69 770	9 829	30 676	57 955	550 939
加：会计政策变更	—	—	—	—	—	—	-1 121	—	—	—	255	-866
前期差错更正	—	—	—	—	—	—	—	—	—	—	—	—
其他	—	—	—	—	—	—	—	—	—	—	—	—
二、本年年初余额	375 000	—	—	—	4 685	—	1 902	69 770	9 829	30 676	58 210	550 073
三、本年增减变动金额（减少以"-"号填列）	—	—	—	—	430	—	-12	7 201	-2 898	3 583	22 766	31 070
（一）综合收益总额	—	—	—	—	—	—	-12	—	—	—	71 652	71 640
（二）所有者投入和减少资本	—	—	—	—	430	—	—	—	—	—	—	430
1.所有者投入的普通股	—	—	—	—	—	—	—	—	—	—	—	—
2.其他权益工具持有者投入资本	—	—	—	—	—	—	—	—	—	—	—	—
3.股份支付计入所有者权益的金额	—	—	—	—	—	—	—	—	—	—	—	—
4.其他	—	—	—	—	430	—	—	—	—	—	—	430
（三）利润分配	—	—	—	—	—	—	—	7 201	-2 898	3 583	-48 886	-41 000
1.提取盈余公积	—	—	—	—	—	—	—	7 201	—	—	-7 201	—
2.提取一般风险准备	—	—	—	—	—	—	—	—	-2 898	—	2 898	—
3.提取信托赔偿准备	—	—	—	—	—	—	—	—	—	3 583	-3 583	—
4.对所有者的分配	—	—	—	—	—	—	—	—	—	—	-41 000	-41 000
5.其他	—	—	—	—	—	—	—	—	—	—	—	—
（四）所有者权益内部结转	—	—	—	—	—	—	—	—	—	—	—	—
1.资本公积转增资本	—	—	—	—	—	—	—	—	—	—	—	—
2.盈余公积转增资本	—	—	—	—	—	—	—	—	—	—	—	—
3.盈余公积弥补亏损	—	—	—	—	—	—	—	—	—	—	—	—
4.一般风险准备弥补亏损	—	—	—	—	—	—	—	—	—	—	—	—
5.结转重新计量设定受益计划净负债或净资产所产生的变动	—	—	—	—	—	—	—	—	—	—	—	—
6.其他	—	—	—	—	—	—	—	—	—	—	—	—
（五）其他	—	—	—	—	—	—	—	—	—	—	—	—
四、本年年末余额	375 000	—	—	—	5 115	—	1 890	76 971	6 931	34 259	80 976	581 143

法定代表人：洪文瑾　　　　主管会计工作的负责人：苏荣坚　　　　会计机构负责人：陈明雅

公司所有者权益变动表

编制单位：厦门国际信托有限公司　　2021年度　　单位：万元

项目	上年金额										
	实收资本	其他权益工具			资本公积	减：库存股	其他综合收益	盈余公积	一般风险准备	信托赔偿准备	未分配利润	所有者权益合计
		优先股	永续债	其他								
一、上年年末余额	375 000	—	—	—	5 378	—	4 864	63 812	9 957	27 697	43 862	530 570
加：会计政策变更	—	—	—	—	—	—	—	—	—	—	—	—
前期差错更正	—	—	—	—	—	—	—	—	—	—	—	—
其他	—	—	—	—	—	—	—	—	—	—	—	—
二、本年年初余额	375 000	—	—	—	5 378	—	4 864	63 812	9 957	27 697	43 862	530 570
三、本年增减变动金额（减少以"-"号填列）	—	—	—	—	-693	—	-1 841	5 958	-128	2 979	14 093	20 369
（一）综合收益总额	—	—	—	—	—	—	-1 841	—	—	—	59 584	57 743
（二）所有者投入和减少资本	—	—	—	—	-693	—	—	—	—	—	—	-693
1.所有者投入的普通股												
2.其他权益工具持有者投入资本												
3.股份支付计入所有者权益的金额												
4.其他					-693							-693
（三）利润分配	—	—	—	—	—	—	—	5 958	-128	2 979	-45 491	-36 682
1.提取盈余公积	—	—	—	—	—	—	—	5 958	—	—	-5 958	—
2.提取一般风险准备	—	—	—	—	—	—	—	—	-128	—	128	—
3.提取信托赔偿准备	—	—	—	—	—	—	—	—	—	2 979	-2 979	—
4.对所有者的分配	—	—	—	—	—	—	—	—	—	—	-36 682	-36 682
5.其他	—	—	—	—	—	—	—	—	—	—	—	—
（四）所有者权益内部结转	—	—	—	—	—	—	—	—	—	—	—	—
1.资本公积转增资本												
2.盈余公积转增资本												
3.盈余公积弥补亏损												
4.一般风险准备弥补亏损												
5.结转重新计量设定受益计划净负债或净资产所产生的变动												
6.其他	—	—	—	—	—	—	—	—	—	—	—	—
（五）其他	—	—	—	—	—	—	—	—	—	—	—	—
四、本年年末余额	375 000	—	—	—	4 685	—	3 023	69 770	9 829	30 676	57 955	550 939

法定代表人：洪文瑾　　主管会计工作的负责人：苏荣坚　　会计机构负责人：陈明雅

5.2 信托资产

5.2.1 信托项目资产负债表

信托项目资产负债表

编制单位：厦门国际信托有限公司　　　2021年12月31日　　　单位：万元

资产	期末数	期初数	负债与所有者权益	期末数	期初数
资产：			负债：		
货币资金	477 656	605 713	应付受托人报酬	6 857	4 989
拆出资金	—	—	应付受益人收益	3 798	5 272
交易性金融资产	383 107	305 183	应交税金	2 448	3 595
衍生金融资产	—	—	衍生金融负债	—	—
买入返售金融资产	1 029 523	1 583 540	其他负债	75 786	62 862
发放贷款	6 549 463	10 256 607	负债合计	88 889	76 718
可供出售金融资产	6 759 495	6 843 806	所有者权益：		
持有至到期投资	146 205	113 675	实收信托	18 900 057	21 925 404
应收款项	1 632 540	752 062	其中：集合资金信托	6 377 296	6 628 195
长期股权投资	1 210 715	677 757	单一资金信托	8 199 200	12 473 488
其他资产	785 902	969 318	财产信托	4 323 561	2 823 720
			资本公积	-107 377	-104 043
			未分配利润	93 037	209 582
			所有者权益合计	18 885 717	22 030 943
资产总计	18 974 605	22 107 661	负债和所有者权益总计	18 974 605	22 107 661

法定代表人：洪文瑾　　　主管会计工作的负责人：苏荣坚　　　会计机构负责人：陈明雅

5.2.2 信托项目利润及利润分配汇总表

信托项目利润及利润分配汇总表

编制单位：厦门国际信托有限公司（信托业务汇总）　　2021年度　　单位：万元

项目	2021年度	2020年度
一、营业收入	1 366 568	1 516 360
利息净收入	1 043 414	1 188 706
利息收入	1 043 414	1 188 706
利息支出	—	—
投资收益（损失以"-"号填列）	312 837	313 239
公允价值变动收益	-22 063	13 882
其他业务收入	32 380	533
二、营业支出	174 688	167 536
营业税金及附加	4 723	5 072
信托费用	169 965	162 464
资产减值损失	—	—
三、利润总额（损失以"-"号填列）	1 191 880	1 348 823
加：期初未分配信托利润	209 582	-52 878
损益平衡金	49 506	5 344
四、可供分配的信托利润	1 450 968	1 301 289
减：本期已分配信托利润	1 357 931	1 091 707
五、期末未分配信托利润	93 037	209 582

法定代表人：洪文瑾　　主管会计工作的负责人：苏荣坚　　会计机构负责人：陈明雅

6. 会计报表附注（母公司）

6.1 会计报表编制基准不符合会计核算基本前提的说明

6.1.1 会计报表不符合会计核算基本前提的事项

公司会计报表没有不符合会计核算基本前提的事项。

6.1.2 纳入合并报表范围子公司的说明

2021年度公司纳入合并报表范围的子公司为本公司子公司圆信永丰基金管理有限公司。

6.2 重要会计政策和会计估计说明

6.2.1 计提一般准备、资产减值准备的范围和方法

（1）一般准备金期末余额按照期末风险资产的1.5%计提，作利润分配处理。

（2）公司需确认减值损失的金融资产系以摊余成本计量的金融资产、以公允价值计量且其变动计入其他综合收益的债务工具、租赁应收款，主要包括应收票据、应收账款、应收款项融资、其他应收款、债权投资、其他债权投资、长期应收款等。此外，对合同资产及部分财务担保合同，也按照本部分所述会计政策计提减值准备和确认信用减值损失。

①减值准备的确认方法。

公司以预期信用损失为基础，对上述各项目按照其适用的预期信用损失计量方法（一般方法或简化方法）计提减值准备并确认信用减值损失。

信用损失，是指公司按照原实际利率折现的、根据合同应收的所有合同现金流量与预期收取的所有现金流量之间的差额，即全部现金短缺的现值。其中，对于购买或源生的已发生信用减值的金融资产，公司按照该金融资产经信用调整的实际利率折现。

预期信用损失计量的一般方法是指，公司在每个资产负债表日评估金融资产（含合同资产等其他适用项目，下同）的信用风险自初始确认后是否已经显著增加，如果信用风险自初始确认后已显著增加，公司按照相当于整个存续期内预期信用损失的金额计量损失准备；如果信用风险自初始确认后未显著增加，公司按照相当于未来12个月内预期信用损失的金额计量损失准备。公司在评估预期信用损失时，考虑所有合理且有依据的信息，包括前瞻性信息。

对于在资产负债表日具有较低信用风险的金融工具，公司假设其信用风险自初始确认后并未显著增加，选择按照未来12个月内的预期信用损失计量损失准备/不选择简化处理方法，依据其信用风险自初始确认后是否已显著增加，而采用未来12月内或者整个存续期内预期信用损失金额为基础计量损失准备。

②信用风险自初始确认后是否显著增加的判断标准。

如果某项金融资产在资产负债表日确定的预计存续期内的违约概率显著高于在初始确认时确定的预计存续期内的违约概率，则表明该项金融资产的信用风险显著增加。除特殊情况外，公司采用未来12个月内发生的违约风险的变化作为整个存续期内发生违约风险变化的合理估计，来确定自初始确认后信用风险是否显著增加。

③以组合为基础评估预期信用风险的组合方法。

公司对信用风险显著不同的金融资产单项评价信用风险，如：应收关联方款项；与对方存在争议或涉及诉讼、仲裁的应收款项；已有明显迹象表明债务人很可能无法履行还款义务的应收款项等。

除了单项评估信用风险的金融资产外，公司应基于共同风险特征将金融资产划分为不同的组别，在组合的基础上评估信用风险。

④金融资产减值的会计处理方法。

公司计算各类金融资产的预计信用损失时，如果该预计信用损失大于其当前减值准备的账面金额，将其差额确认为减值损失；如果小于当前减值准备的账面金额，则将差额确认为减值利得。

（3）贷款损失准备。

参照中国银行业监督管理委员会令2011年第4号《商业银行贷款损失储备管理办法》中第六条和第七条规定提取贷款损失准备。贷款拨备率为贷款损失准备与各项贷款余额之比，拨备覆盖率为贷款损失准备与不良贷款余额之比，贷款拨备率基本标准为2.5%，拨备覆盖率基本标准为150%，以两项标准中较高者为贷款损失准备的提取标准。其中划分为次级类、可疑类、损失类的贷款属于不良贷款。

（4）除上述金融资产外的其他主要资产的减值。

对联营企业的长期股权投资、固定资产、在建工程等长期非金融资产，公司在每年末判断相关资产是否存在可能发生减值的迹象。

资产存在减值迹象的，估计其可收回金额。可收回金额根据资产的公允价值减去处置费用后的净额与资产预计未来现金流量的现值两者之间较高者确定。

当资产的可收回金额低于其账面价值的，将资产的账面价值减记至可收回金额，减记的金额确认为资产减值损失，计入当期损益，同时计提相应的资产减值准备。

资产减值损失确认后，减值资产的折旧或者摊销费用在未来期间作相应调整，以使该资产在剩余使用寿命内，系统地分摊调整后的资产账面价值（扣除预计净残值）。

长期非金融资产的减值损失一经确认，在以后会计期间不再转回。

有迹象表明一项资产可能发生减值的，企业以单项资产为基础估计其可收回金额。难以对单项资产的可收回金额进行估计的，以该资产所属的资产组为基础确定资产组的可收回金额。资产组的认定，以资产组产生的主要现金流入是否独立于其他资产或者资产组的现金流入为依据。同时，在认定资产组时，考虑公司管理层管理经营活动的方式和对资产的持续使用或者处置的决策方式等。资产组一经确定，各个会计期间保持一致。

公司按照上述原则、并参考财政部关于印发《金融企业准备金计提管理办法》的通知（财金〔2012〕20号文）提取资产减值准备。《金融企业准备金计提管理办法》建议的提取比例如下表所示。

资产情况	提取比例（%）
正常	0.00
关注	3.00
次级	30.00
可疑	60.00
损失	100.00

6.2.2 金融资产的分类、确认和计量

公司根据管理金融资产的业务模式和金融资产的合同现金流量特征，将金融资产划分为：以摊余成本计量的金融资产、以公允价值计量且其变动计入其他综合收益的金融资产、以公允价值计量且其变动计入当期损益的金融资产。

金融资产在初始确认时以公允价值计量。对于以公允价值计量且其变动计入当期损益的金融资产，相关交易费用直接计入当期损益；对于其他类别的金融资产，相关交易费用计入初始确认金额。因销售产品或提供劳务而产生的、未包含或不考虑重大融资成分的应收账款或应收票据，公司按照预期有权收取的对价金额作为初始确认金额。

6.2.2.1 以摊余成本计量的金融资产

公司管理以摊余成本计量的金融资产的业务模式为以收取合同现金流量为目标，且此类金融资产的合同现金流量特征与基本借贷安排相一致，即在特定日期产生的现金流量，仅为对本金和以未偿付本金金额为基础的利息的支付。公司对于此类金融资产，采用实际利率法，按照摊余成本进行后续计量，其摊销或减值产生的利得或损失，计入当期损益。

6.2.2.2 以公允价值计量且其变动计入其他综合收益的金融资产

公司管理此类金融资产的业务模式为既以收取合同现金流量为目标又以出售为目标，且此类金融资产的合同现金流量特征与基本借贷安排相一致。公司对此类金融资产按照公允价值计量且其变动计入其他综合收益，但减值损失或利得、汇兑损益和按照实际利率法计算的利息收入计入当期损益。

此外，公司将部分非交易性权益工具投资指定为以公允价值计量且其变动计入其他综合收益的金融资产。公司将该类金融资产的相关股利收入计入当期损益，公允价值变动计入其他综合收益。当该金融资产终止确认时，之前计入其他综合收益的累计利得或损失将从其他综合收益转入留存收益，不计入当期损益。

6.2.2.3 以公允价值计量且其变动计入当期损益的金融资产

公司将上述以摊余成本计量的金融资产和以公允价值计量且其变动计入其他综合收益的金融资产之外的金融资产，分类为以公允价值计量且其变动计入当期损益的金融资产。此外，在初始确认时，公司为了减少会计错配，将部分金融资产指定为以公允价值计量且其变动计入当期损益的金融资产。对于此类金融资产，公司采用公允价值进行后续计量，公允价值变动计入当期损益。

6.2.3 长期股权投资核算方法

6.2.3.1 初始计量

6.2.3.1.1 企业合并形成的长期股权投资

同一控制下的企业合并：公司以支付现金、转让非现金资产或承担债务方式以及以发行权益性证券作为合并对价的，在合并日按照取得被合并方所有者权益账面价值的份额作为长期股权投资的初始投资成本。长期股权投资初始投资成本与支付合并对价之间的差额，调整资本公积；资本公积不足冲减的，调整留存收益。合并发生的各项直接相关费用，包括为进行合并而支付的审计费用、评估费用、法律服务费用等，于发生时计入当期损益。

非同一控制下的企业合并：合并成本为购买日购买方为取得对被购买方的控制权而付出的资产、发生或承担的负债以及发行的权益性证券的公允价值，以及为企业合并而发生的各项直接相关费用。通过多次交换交易分步实现的企业合并，合并成本为每一单项交易成本之和。在合并合同中对可能影响合并成本的未来事项做出约定的，购买日如果估计未来事项很可能发生并且对合并成本的影响金额能够可靠计量的，也计入合并成本。

6.2.3.1.2 其他方式取得的长期股权投资

以支付现金方式取得的长期股权投资，按照实际支付的购买价款作为初始投资成本。

以发行权益性证券取得的长期股权投资，按照发行权益性证券的公允价值作为初始投资成本。初始投资成本包括与取得长期股权投资直接相关的费用、税金及其他必要支出。

在非货币性资产交换具备商业实质和换入资产或换出资产的公允价值能够可靠计量的前提下，非货币性资产交换换入的长期股权投资以换出资产的公允价值为基础确定其初始投资成本，除非有确凿证据表明换入资产的公允价值更加可靠；不满足上述前提的非货币性资产交换，以换出资产的账面价值和应支付的相关税费作为换入长期股权投资的初始投资成本。

通过债务重组取得的长期股权投资，其初始投资成本按照公允价值为基础确定。

6.2.3.2 被投资单位具有共同控制、重大影响的依据

按照合同约定对某项经济活动所共有的控制，仅在与该项经济活动相关的重要财务和经营决策需要分享控制权的投资方一致同意时存在，否则视为与其他方对被投资单位实施共同控制；对一个企业的财务和经营决策有参与决策的权力，但并不能够控制或者与其他方一起共同控制这些政策的制定，否则视为投资企业能够对被投资单位施加重大影响。

6.2.3.3 后续计量及收益确认

公司能够对被投资单位施加重大影响或共同控制的，初始投资成本大于投资时应享有被投资单位可辨认净资产公允价值份额的差额，不调整长期股权投资的初始投资成本；初始投资成本小于投资时应享有被投资单位可辨认净资产公允价值份额的差额，计入当期损益，同时调整长期股权投资的成本。

公司对子公司的长期股权投资，采用成本法核算，编制合并财务报表时按照权益法进行调整。

对被投资单位具有共同控制或重大影响的长期股权投资，采用权益法核算。

成本法下被投资单位宣告分派的现金股利或利润，确认为当期投资收益。

权益法下本公司确认被投资单位发生的净亏损，以长期股权投资的账面价值以及其他实质上构成对被投资单位净投资的长期权益减记至零为限，本公司负有承担额外损失义务的除外。

被投资单位以后实现净利润的，本公司在其收益分享额弥补未确认的亏损分担额后，恢复确认收益分享额。

被投资单位除净损益、其他综合收益和利润分配以外所有者权益的其他变动，调整长期股权投资的账面价值并计入所有者权益。

6.2.4 投资性房地产核算方法

投资性房地产是指为赚取租金或资本增值，或两者兼有而持有的房地产。包括已出租的土地使用权、持有并准备增值后转让的土地使用权、已出租的建筑物等。

公司对投资性房地产采用成本模式进行后续计量。

投资性房地产按成本进行初始计量。与投资性房地产有关的后续支出，如果与该资产有关的经济利益很可能流入且其成本能可靠地计量，则计入投资性房地产成本。其他后续支出，在发生时计入当期损益。

公司采用成本模式对投资性房地产进行后续计量，并按照与房屋建筑物或土地使用权一致的政策进行折旧或摊销。

投资性房地产预计使用寿命和年折旧率如下表所示。

资产类别	预计使用寿命（年）	预计净残值率（%）	年折旧率（%）
办公用楼	30	5	3.17

自用房地产或存货转换为投资性房地产或投资性房地产转换为自用房地产时，按转换前的账面价值作为转换后的入账价值。

6.2.5 固定资产计价及折旧方法

6.2.5.1 固定资产确认条件

固定资产指为生产商品、提供劳务、出租或经营管理而持有，并且使用寿命超过一个会计年度的有形资产。固定资产在同时满足下列条件时予以确认：（1）与该固定资产有关的经济利益很可能流入企业。（2）该固定资产的成本能够可靠地计量。

6.2.5.2 固定资产的分类

固定资产分类为：办公用楼、职工宿舍、电子计算机及外设、其他办公设备、交通运输设备。

6.2.5.3 固定资产的初始计量

固定资产取得时按照实际成本进行初始计量。

外购固定资产的成本，以购买价款、相关税费、使固定资产达到预定可使用状态前所发生的可归属于该项资产的运输费、装卸费、安装费和专业人员服务费等确定。

购买固定资产的价款超过正常信用条件延期支付，实质上具有融资性质的，固定资产的成本以购买价款的现值为基础确定。

自行建造固定资产的成本，由建造该项资产达到预定可使用状态前所发生的必要支出构成。

债务重组取得债务人用以抵债的固定资产，以该固定资产的公允价值为基础确定其入账价值，并将重组债务的账面价值与该用以抵债的固定资产公允价值之间的差额，计入当期损益。

在非货币性资产交换具备商业实质且换入资产或换出资产的公允价值能够可靠计量的前提下，换入的固定

资产以换出资产的公允价值为基础确定其入账价值,除非有确凿证据表明换入资产的公允价值更加可靠;不满足上述前提的非货币性资产交换,以换出资产的账面价值和应支付的相关税费作为换入固定资产的成本,不确认损益。

以同一控制下的企业吸收合并方式取得的固定资产按被合并方的账面价值确定其入账价值;以非同一控制下的企业吸收合并方式取得的固定资产按公允价值确定其入账价值。

融资租入的固定资产,按租赁开始日租赁资产公允价值与最低租赁付款额现值两者中较低者作为入账价值。

6.2.5.4 固定资产折旧计提方法

固定资产折旧采用年限平均法分类计提,根据固定资产类别、预计使用寿命和预计净残值率确定折旧率。

各类固定资产预计使用寿命和年折旧率如下表所示。

固定资产类别	预计使用寿命(年)	预计净残值率(%)	年折旧率(%)
职工宿舍	20—35	3—5	2.77—4.75
电子设备	5	3—5	19—32.33
办公设备	5	3—5	19—19.4
运输设备	8	3—5	12.125—11.875

6.2.6 长期应收款的核算方法

"长期应收款"用来核算包括融资租赁产生的应收款项、采用递延方式具有融资性质的销售商品和提供劳务等产生的应收款项等,实质上构成对被投资单位净投资的长期权益,也通过本科目核算。

本公司"长期应收款"主要是用来核算融资租赁产生的应收款项。融资租赁中,在租赁期开始日,本公司按最低租赁收款额与初始直接费用之和作为"长期应收款(应收融资租赁款)"的入账价值,同时记录未担保余值;将最低租赁收款额、初始直接费用及未担保余值之和与其现值之和的差额确认为未实现融资收益。未实现融资收益在租赁期内各个期间采用实际利率法计算确认当期的融资收入。

6.2.7 合并会计报表的编制方法

公司将拥有实际控制权的子公司和特殊目的主体纳入合并财务报表范围。

公司合并财务报表按照《企业会计准则第33号——合并财务报表》及相关规定的要求编制。具体编制时,以本公司和子公司的财务报表为基础,若子公司与母公司采用的会计政策或会计期间不一致的,则按照公司的会计政策或会计期间对子公司财务报表进行必要的调整,同时按照权益法调整对子公司的长期股权投资,并抵销合并范围内的所有重大内部交易和往来后进行合并。子公司的股东权益中不属于母公司所拥有的部分作为少数股东权益在合并财务报表中股东权益项下单独列示。

对于非同一控制下企业合并取得的子公司,在编制合并财务报表时,以购买日可辨认净资产公允价值为基础对其个别财务报表进行调整;对于同一控制下企业合并取得的子公司,视同该企业合并于合并当期的年初已经发生,从合并当期的年初起将其资产、负债、经营成果和现金流量纳入合并财务报表。

6.2.8 收入确认原则和方法

6.2.8.1 利息收入

在相关的收入金额能够可靠计量,相关的经济利益很可能流入时,按资金使用时间和实际利率确认利息收入。

6.2.8.2 手续费收入

在相关的收入金额能够可靠计量,相关的经济利益很可能流入时确认收入。

6.2.8.3 投资收益

公司持有交易性金融资产和可供出售金融资产期间取得的利息或现金股利确认为当期收益;处置交易性金融资产时其公允价值与初始入账金额之间的差额,确认为投资收益,同时调整公允价值变动收益。处置可供出售金融资产时,取得的价款与原直接计入所有者权益的公允价值变动累计额的和与该金融资产账面价值的差额,计入投资收益。

采用成本法核算的长期股权投资,被投资单位宣告分派的现金股利或利润,确认为当期投资收益;采用权益法核算的长期股权投资,根据被投资单位实现的净利润或经调整的净利润计算应享有的份额确认投资收益。

6.2.8.4 其他业务收入

其他业务收入主要是除主营业务活动以外的其他经营活动实现的收入。在收入的金额能够可靠计量,且相关经济利益很可能流入企业时确认收入。

6.2.9 信托报酬确认原则和方法

按照信托合同约定,在相关的收入金额能够可靠计量,相关的经济利益很可能流入时确认收入。

6.3 或有事项的说明

公司的对外担保均为在重新登记前为厦门市一些市

政项目提供的担保,2021年期初数为2 169万元、期末数为1 789万元。由于以上担保均由厦门市财政局提供反担保,因此,上述或有事项对公司不构成重大影响。

6.4 会计报表中重要项目的明细资料(母公司)

注：本部分披露表格中的金额数据除有特别标注单位外均以万元为单位。

6.4.1 自营资产经营情况

6.4.1.1 信用风险资产分类情况表

信用风险资产五级分类	正常类(万元)	关注类(万元)	次级类(万元)	可疑类(万元)	损失类(万元)	信用风险资产合计(万元)	不良合计(万元)	不良率(%)
期初数	619 175	165 567	720	—	10	785 472	730	0.09
期末数	585 670	133 946	6 972	—	—	726 588	6 972	0.96

注：1.资产数按照计提减值准备前的数字反映。
2.不良资产合计=次级类+可疑类+损失类。

信用风险资产=各项贷款+政府债券(国债)+地方政府债券+央行票据+非金融企业债券+金融债券+非金融企业股权(含股票)+金融机构股权(含股票)+存放同业+拆放同业+金融机构间买入返售资产+购买同业存单+购买银行非保本理财产品+购买信托产品+购买资产管理计划+其他具有特定目的载体属性的产品投资+应收利息和其他应收款+其他表内信用风险资产+不可撤销的承诺及或有负债(与监管局统计口径一致)。

6.4.1.2 资产减值损失准备

单位：万元

项目	期初数	本期计提	本期转回	本期核销	期末数
贷款损失准备	1 390	500	—	—	1 890
其中：一般准备	—	—	—	—	—
专项准备	1 390	500	—	—	1 890
其他资产减值准备	31 543	13 220	—	10	44 753
其中：以摊余成本计量金融资产的减值准备	376	-342	—	—	34
以公允价值计量且其变动计入其他综合收益金融资产的减值准备	—	—	—	—	—
其他减值准备	31 168	13 562	—	10	44 719
合计	32 933	13 720	—	10	46 643

6.4.1.3 自营投资情况

单位：万元

	自营股票	基金	债券	长期股权投资	其他投资	合计
期初数	26 226	95 696	300	113 768	284 775	523 070
期末数	14 228	62 008	309	123 399	244 997	444 941

6.4.1.4 前三名长期股权投资企业情况

企业名称	占被投资企业权益的比例(%)	投资损益(万元)
南方基金管理股份有限公司	13.72	26 997
圆信永丰基金管理有限公司	51	—

注：投资损益是指按照企业会计准则规定,核算股权投资确认损益并计入披露年度利润表的金额。

6.4.1.5 前三名自营贷款企业情况

企业名称	占贷款总额的比例(%)	还款情况
广州舟力贸易有限公司	26.46	贷款未到期
漳州唐峰房地产开发有限公司	20.63	贷款未到期
中如建工集团有限公司	19.84	贷款未到期

6.4.1.6 表外业务

单位：万元

表外业务	期初数	期末数
担保业务	2 169	1 789
代理业务(委托业务)	3 308	65 308
其他	—	—
合计	5 477	67 097

6.4.1.7 公司当年的收入结构

收入结构	金额(万元)	占比(%)
手续费及佣金收入	86 787	58.07
其中：信托手续费收入	86 787	58.07
投资银行业务收入	—	—
利息收入	13 398	8.96
其他业务收入	417	0.28
投资收益	49 815	33.33
其中：股权投资收益	26 997	18.06
证券投资收益	10 939	7.32
其他投资收益	11 879	7.95
公允价值变动收益	-1 004	-0.67
资产处置收益	—	—
其他收益	40	0.03
营业外收入	1	—
收入合计	149 454	100

注：手续费及佣金收入、利息收入、其他业务收入、投资收益、营业外收入均为损益表中的一级科目,其中手续费及佣金收入、利息收入、营业外收入为未抵减掉相应支出的全年累计实现收入数。

6.4.2 信托资产管理情况

6.4.2.1 信托资产的期初数、期末数

单位：万元

信托资产	期初数	期末数
集合	6 606 111	6 321 821
单一	12 630 334	8 242 454
财产权	2 871 216	4 410 330
合计	22 107 661	18 974 605

6.4.2.1.1 主动管理型信托业务情况

单位：万元

主动管理型信托资产	期初数	期末数
证券投资类	630 584	508 282
其他投资类	3 418 907	3 907 091
融资类	5 857 067	4 537 855
事务管理类	6 818	6 818
合计	9 913 376	8 960 046

6.4.2.1.2 被动管理型信托业务情况

单位：万元

被动管理型信托资产	期初数	期末数
证券投资类	313 738	106 465
其他投资类	259 667	488 395
融资类	454 934	322 325
事务管理类	11 165 947	9 097 373
合计	12 194 386	10 014 559

6.4.2.2 本年度已清算结束的信托项目情况

6.4.2.2.1 本年度已清算结束的集合类、单一类、财产管理类信托项目情况

已清算结束信托项目	项目个数（个）	实收信托合计金额（万元）	加权平均实际年化收益率（%）
集合类（非证券投资类）	244	5 836 130	6.44
集合类（证券投资类）	6	184 257	16.89
单一类	298	10 703 857	5.10
财产管理类	15	746 847	6.12

注：1. 收益率是指信托项目清算后，给受益人赚取的实际收益水平。
2. 加权平均实际年化收益率=（信托项目1的实际年化收益率×信托项目1的实收信托+信托项目2的实际年化收益率×信托项目2的实收信托+…信托项目n的实际年化收益率×信托项目n的实收信托）/（信托项目1的实收信托+信托项目2的实收信托+…信托项目n的实收信托）×100%。

6.4.2.2.2 本年度已清算结束的主动管理型信托项目情况

已清算结束信托项目	项目个数（个）	实收信托合计金额（万元）	加权平均实际年化信托报酬率（%）	加权平均实际年化收益率（%）
投资类（非证券类）	275	4 758 923	0.28	5.31
投资类（证券类）	7	399 257	0.26	7.79
融资类	136	3 799 334	0.95	6.47
事务管理类	1	32.21	—	—

注：加权平均实际年化信托报酬率=（信托项目1的实际年化信托报酬率×信托项目1的实收信托+信托项目2的实际年化信托报酬率×信托项目2的实收信托+…信托项目n的实际年化信托报酬率×信托项目n的实收信托）/（信托项目1的实收信托+信托项目2的实收信托+…信托项目n的实收信托）×100%。

6.4.2.2.3 本年度已清算结束的被动管理型信托项目情况

已清算结束信托项目	项目个数（个）	实收信托合计金额（万元）	加权平均实际年化信托报酬率（%）	加权平均实际年化收益率（%）
投资类（非证券类）	—	403 694	0.20	7.83
投资类（证券类）	—	177 182	0.26	8.99
融资类	3	190 620	0.45	6.88
事务管理类	141	7 742 050	0.19	5.27

注：本年度已清算的投资类均为信托项目中的分期产品，项目尚未结束，故项目个数为0。

6.4.2.3 本年度新增的信托项目情况

新增信托项目	项目个数（个）	实收信托合计金额（万元）
集合类	232	7 260 821
单一类	249	6 329 762
财产管理类	19	2 302 180
新增合计	500	15 892 763
其中：主动管理型	394	9 667 408
被动管理型	106	6 225 355

6.4.2.4 信托业务创新成果和特色业务情况

组合管理的标准化固定收益类产品。公司金融市场业务条线推出七天定期开放的组合管理标准化固定收益类产品"现金宝系列集合资金信托计划"，投资于货币市场工具以及直接或间接投资标债资产，每七天开放申购赎回，单个信托产品资产分散度较高，风险等级较低，满足短期限偏好的增量客户群体、机构资金的投资需要。后续将推出3个月、6个月、9个月定期开放的组合管理标准化固定收益类产品。

服务信托。公司创新运用服务信托工具支持区域治

理能力与治理水平现代化建设，尽职履行受托责任，直哺实体经济。公司受托管理的厦门市技术改造基金服务信托，精准扶持中小微企业，企业实际承担的融资成本为2%，该项目获中国中小企业协会、中国银行业协会联合颁发的"2021年金融服务中小微企业优秀案例"荣誉。

慈善信托。公司加大慈善信托展业力度，2021年新设"壹'鹭'同安抗击疫情慈善信托""小蜗牛爱心托付慈善信托""超宝福建宝马会爱心荟聚慈善信托""江苏紫鑫明德至善慈善信托""可持续发展学科建设慈善信托"等项目，覆盖了抗疫救灾、关爱特需家庭、共同富裕、高校教育等慈善场景。其中，"壹'鹭'同安"项目为近2 000位委托人实现全程线上无纸化捐赠操作，为社会公众助力厦门疫情防控、支援一线社区工作者提供了安全、便捷的爱心渠道。

6.4.2.5　本公司履行受托人义务情况及因本公司自身责任而导致的信托资产损失

公司严格按照信托法规要求，忠实履行信托合同的义务，截至2021年度末，未因公司自身责任导致信托资产损失。

6.5　关联方关系及其交易

6.5.1　关联交易的数量、交易总金额及交易的定价政策

	关联交易方数量	关联交易金额（万元）	定价政策
合计	24	482 146	市场公允价格。对关联方的贷款利率定价依据参照其他商业银行对其同类贷款利率水平，及与我司发放给其他具有同等资信条件非关联方的贷款利率；其他交易方式均按公允交易价格执行

6.5.2　关联交易方的基本情况

关系性质	关联方名称	法定代表人	注册地址	注册资本（亿元）	主营业务
实际控制人	厦门金圆投资集团有限公司	檀庄龙	厦门市思明区展鸿路82号厦门国际金融中心46层4610—4620单元	216.11	1.对金融、工业、文化、服务、信息等行业的投资与运营 2.产业投资、股权投资的管理与运营 3.土地综合开发与运营、房地产开发经营
母公司	厦门金圆金控股份有限公司	檀庄龙	厦门市思明区展鸿路82号厦门国际金融中心46层4605—4609单元	50.03	对金融产业的投资、创业投资、创业投资咨询、为创业企业提供创业管理服务、产业投资、股权投资管理与运营等
直接受本公司其他股东控制	厦门港务金融控股有限公司	傅承景	中国（福建）自由贸易试验区厦门片区沧江路98号综合楼202单元	10	接受金融机构委托从事金融信息技术外包、金融业务流程外包及金融知识流程外包；对第一产业、第二产业、第三产业的投资等
受同一母公司控制的其他企业	金圆资本管理（厦门）有限公司	李云祥	厦门市思明区展鸿路82号厦门国际金融中心45层4501—4503单元	6.86	投资管理、资产管理其他企业管理服务等
受同一母公司控制的其他企业	厦门市创业投资有限公司	谢洁平	厦门市思明区展鸿路82号厦门国际金融中心45层4508—4512单元	7.27	创业投资业务、创业投资咨询业务、为创业企业提供创业管理服务业务等
关联自然人直接或间接控制、或担任董事、监事及高级管理人员的其他企业	厦门银行股份有限公司	吴世群	厦门市思明区湖滨北路101号商业银行大厦	26.39	吸收公众存款；发放短期、中期和长期贷款；办理国内结算等
受同一集团控制的其他企业	金圆统一证券有限公司	薛荷	中国（福建）自由贸易试验区厦门片区象屿路93号厦门国际航运中心C栋4层431单元A之九	12	许可项目：证券业务。（证券经纪、证券投资咨询，与证券交易、证券投资活动有关的财务顾问，证券自营，证券承销与保荐）
受同一集团控制的其他企业	厦门金融控股有限公司	檀庄龙	中国（福建）自由贸易试验区厦门片区（保税港区）海景南二路45号4楼03单元F0016	100	接受金融机构委托从事金融信息技术外包、金融业务流程外包及金融知识流程外包；对第一产业、第二产业、第三产业的投资（法律、法规另有规定除外）；投资管理咨询（法律、法规另有规定除外）；资产管理（法律、法规另有规定除外）；社会经济咨询（不含金融业咨询）；信用服务（不含需经行审批的项目）；其他未列明商务服务业（不含需经许可审批的项目）
本公司子公司	圆信永丰基金管理有限公司	洪文瑾	中国（福建）自由贸易试验区厦门片区（保税港区）海景南二路45号4楼02单元之175	2	基金募集、基金销售、资产管理和中国证监会许可的其他业务
本公司有重大影响的联营公司	南方基金管理股份有限公司	杨小松	深圳市福田区莲花街道益田路5999号基金大厦32—42楼	3.62	从事证券基金投资管理业务和发起设立证券投资基金

续表1

关系性质	关联方名称	法定代表人	注册地址	注册资本（亿元）	主营业务
关联自然人直接或间接控制、或担任董事、监事及高级管理人员的其他企业	厦门农村商业银行股份有限公司	谢滨侨	中国（福建）自由贸易试验区厦门片区东港北路31号（1层、17层、19层、27—28层、30—31层）	37.34	货币银行服务（吸收公众存款；发放短期、中期和长期贷款；办理国内结算；办理票据承兑与贴现；代理发行、代理兑付、承销政府债券；买卖政府债券、金融债券；从事同业拆借；从事银行卡业务；代理收付款项及代理保险业务；提供保管箱服务；经银行业监督管理机构批准的其他业务）；从事保险兼业代理业务（兼业代理险种：机动车辆保险、企业财产保险、家庭财产保险、货物运输保险、船舶保险、工程保险、特殊风险保险、农业保险、责任保险、信用保险、保证保险、人寿保险、年金保险、健康保险、意外伤害保险）；开办外汇业务（外汇存款，外汇贷款，外汇汇款，外币兑换，国际结算，同业外汇拆借，资信调查、咨询、见证业务，外汇担保，外汇借款，外汇票据的承兑与贴现，自营外汇买卖和代客外汇买卖）
受同一集团控制的其他公司	厦门市融资担保有限公司	陈君彧	厦门市思明区展鸿路82号厦门国际金融中心22层	9	主营贷款担保、票据承兑担保、贸易融资担保、项目融资担保、信用证担保等担保业务和其他法律、法规许可的融资性担保业务。兼营范围为诉讼保全担保、履约担保以及与担保业务有关的融资咨询、财务顾问等中介服务和以自有资金进行的投资
受同一集团控制的其他公司	厦门景合资产管理有限公司	郭韶红	中国（福建）自由贸易试验区厦门片区象屿路97号厦门国际航运中心D栋8层05单元X	0.1	资产管理；受托管理股权投资，提供相关咨询服务；在法律法规许可的范围内，运用本基金资产对未上市企业或股权投资企业进行投资；受托管理股权投资基金，提供相关咨询服务；对第一产业、第二产业、第三产业的投资；依法从事对非公开交易的企业股权进行投资以及相关咨询服务；投资管理；其他未列明企业管理服务；企业管理咨询；投资管理咨询；投资咨询
主要股东的关联方	厦门辉煌装修工程有限公司	陈水	厦门市湖里区湖里大道14号第二、三层	1.21	建筑装饰业；房屋建筑业；架线及设备工程建筑；管道工程建筑；园林景观和绿化工程施工；土石方工程（不含爆破）；其他未列明土木工程建筑（不含须经许可审批的事项）；电气安装；管道和设备安装；钢结构工程施工；太阳能光伏系统施工；其他未列明建筑安装业；建筑物拆除活动（不含爆破）；其他工程准备活动（不含爆破）；未列明的其他建筑业；建设工程勘察设计；专业化设计服务；园林景观和绿化工程设计；企业总部管理；工程管理服务；文化、艺术活动策划；其他未列明文化艺术业（以上经营项目不含外商投资准入特别管理措施范围内的项目）
受同一母公司控制的其他企业	厦门市住房置业融资担保有限公司	陈君彧	厦门市莲岳路156—160号松柏大厦二楼	1	从事融资性担保业务（从事住房置业及房产融资担保业务；与担保业务有关的咨询等服务业务）；房地产中介服务（不含评估）
主要股东的关联方	厦门建益达有限公司	陈东旭	厦门市思明区环岛东路1699号建发国际大厦19楼A单元	1	经营各类商品和技术的进出口和相关商品批发（不另附进出口商品目录）
主要股东的关联方	厦门国际银行股份有限公司	王晓健	厦门市思明区鹭江道8—10号国际银行大厦1—6层	120.22	吸收公众存款；发放短期、中期和长期贷款；办理国内外结算；办理票据承兑与贴现；发行金融债券；代理发行、代理兑付、承销政府债券；买卖政府债券、金融债券；从事同业拆借；买卖、代理买卖外汇；提供信用证服务及担保；代理收付款项及代理保险业务；提供保管箱服务；基金销售；及经国务院银行业监督管理机构等批准的其他业务
关联自然人直接或间接控制、或担任董事、监事及高级管理人员的其他企业	珠海华润银行股份有限公司	李福利	广东省珠海市吉大九洲大道东1346号	60.43	经营中国银行业监督管理委员会批准的金融业务（具体按B0199H244040001号许可证经营；依法须经批准的项目，经相关部门批准后方可开展经营活动）
受同一集团控制的其他公司	厦门金圆融资租赁有限公司	金宁	中国福建自由贸易试验区厦门片区象屿路97号国际航运中心D栋11层09C单元	5.67	融资租赁业务；租赁业务；向国内外购买租赁资产；租赁资产的残值处理及维修；租赁交易咨询和担保、经审批部门批准的其他融资租赁业务等

续表2

关系性质	关联方名称	法定代表人	注册地址	注册资本（亿元）	主营业务
受同一集团控制的其他公司	厦门金财产业发展有限公司	吴钢	厦门市思明区展鸿路82号厦门国际金融中心46层4605—4609单元	56.32	贸易代理；糕点、糖果及糖批发；其他预包装食品批发；其他散装食品批发；酒、饮料及茶叶批发；保健食品批发；米、面制品及食用油批发；第二、三类医疗器械批发；第二、三类医疗器械零售；其他未列明批发业（不含需经许可审批的经营项目）；游艺用品及室内游艺器材制造；其他工艺美术品制造；其他娱乐用品制造；果品批发；肉、禽、蛋批发；谷物、豆及薯类批发；棉、麻批发；林业产品批发；饲料批发；黄金现货销售；纺织品、针织品及原料批发；煤炭及制品批发（不含危险化学品和监控化学品）；石油制品批发（不含成品油、危险化学品和监控化学品）；非金属矿及制品批发（不含危险化学品和监控化学品）；金属及金属矿批发（不含危险化学品和监控化学品）；首饰、工艺品及收藏品批发（不含文物）；建材批发；其他化工产品批发（不含危险化学品和监控化学品）；农业机械批发；汽车零配件批发；五金产品批发；计算机、软件及辅助设备批发；经营各类商品和技术的进出口（不另附进出口商品目录），但国家限定公司经营或禁止进出口的商品及技术除外；投资咨询（法律、法规另有规定除外）；第一类医疗器械批发；第一类医疗器械零售
受同一集团控制的其他公司	厦门中小在线信息服务有限公司	倪巍	厦门市思明区展鸿路82号10层01单元	0.55	1.计算机软件及电子产品的技术开发、技术服务、技术咨询、技术转让，网络工程、信息系统工程的设计与系统集成，互联网信息服务（不含互联网上网服务），网站建设、维护及推广；2.动漫设计、多媒体设计，电脑数码影像设计及处理，摄影摄像服务；3.企业管理咨询、企业形象策划、平面设计、品牌策划与推广、文化活动策划、展览展示及会务服务，设计、制作、代理、发布国内广告；4.批发、零售（不含商场零售）计算机软硬件、电子设备、办公设备（以上经营范围涉及许可经营项目的，应在取得有关部门的许可后方可经营）
本公司董事、监事及高级管理人员及其关系密切的家庭成员	张云丹	—	—	—	—
母公司的董事、监事及高级管理人员	林世雄	—	—	—	—
本公司董事、监事及高级管理人员及其关系密切的家庭成员	于建榕	—	—	—	—

6.5.3 与关联方的重大交易事项

6.5.3.1 固有财产与关联方交易情况

单位：万元

项目	期初数	本期增加额	本期减少额	期末数
贷款	—	—	—	—
投资	77 152	230 745	232 795	75 102
租赁	—	1 374	1 083	291
担保	—	246	246	—
应收账款	—	—	—	—
其他	1	41 483	299	41 185
合计	77 153	273 848	234 423	116 578

6.5.3.2 信托资产与关联方交易

单位：万元

项目	期初数	本期增加额	本期减少额	期末数
贷款	5 180	—	5 180	—
投资	36 785	82 924	65 719	53 990
租赁	—	—	—	—
担保	—	—	—	—
应收账款	—	—	—	—
其他	634 207	194 380	517 009	311 578
合计	676 172	277 304	587 908	365 568

6.5.3.3 固有财产与信托财产交易情况

单位：万元

期初数	本期增加额	本期减少额	期末数
144 200	138 928	182 307	100 821

6.5.3.4 信托资产与信托财产之间交易情况

单位：万元

期初数	本期净减少额	期末数
481 770	28 770	453 000

6.5.4 关联方逾期未偿还本公司资金的情况以及公司为关联方担保发生或即将发生垫款的情况

报告期内无此情况。

6.6 会计制度的披露

公司固有业务及信托业务均执行财政部颁布的《企业会计准则——基本准则》及42项具体会计准则及其相关规定。

7. 财务情况说明书

7.1 利润实现和分配情况

2021年公司实现净利润71 652万元，合并净利润为81 451万元。根据《公司法》《信托公司管理办法》及本公司章程，公司对2021年实现的母公司净利润71 652万元进行分配，其中：提取10%法定盈余公积7 165万元，提取5%信托赔偿准备3 583万元。

7.2 主要财务指标

指标名称	指标值
资产收益率（%）	9.38
资本收益率（%）	12.26
加权年化信托报酬率（%）	0.39
人均净利润（万元）	302.33

注：1.资产收益率=净利润/总资产平均余额×100%。
总资产平均余额是指评级年度内年初及各季末总资产余额的移动算术平均数。
2.资本收益率=净利润/所有者权益平均余额×100%。
3.所有者权益平均余额是指评级年度内年初及各季末所有者权益余额的移动算术平均数，公式为A（平均）=（A0/2+A1+A2+A3+A4/2）/4。
4.加权年化信托报酬率=（信托项目1的实际年化信托报酬率×信托项目1的实收信托+信托项目2的实际年化信托报酬率×信托项目2的实收信托+信托项目n的实际年化信托报酬率×信托项目n的实收信托）/（信托项目1的实收信托+信托项目2的实收信托+信托项目n的实收信托）×100%。
5.人均净利润=净利润/年平均人数。
6.年平均人数=∑每月末人数/12。

7.3 公司净资本、风险资本以及风险控制指标情况

截至2021年12月31日，公司净资本各项监管指标符合监管要求，各监管指标具体情况如下：（1）净资本=38.26亿元≥2亿元；（2）净资本/各项业务风险资本之和=382 571.41/273 826.31=139.71%≥100%；（3）净资本/净资产=382 571.41/581 142.88=65.83%≥40%。

7.4 对本公司财务状况、经营成果有重大影响的其他事项

本报告期内无其他重大影响事项。

8.特别事项揭示

8.1 主要股东及其控股股东、实控人报告期内变动情况及原因

为提升福建港口核心竞争力，促进福建省港口资源的统筹优化配置，实现专业化、集约化、规模化发展，根据《福建省人民政府关于组建省港口集团有限责任公司的批复》，公司主要股东之一厦门港务控股集团有限公司（以下简称厦门港务控股集团）的100%股权已无偿划转至福建省港口集团有限责任公司（以下简称福建省港口集团）。2021年2月25日，本次股权无偿划转所涉及的工商变更登记手续办理完毕，厦门港务控股集团的控股股东及实控人相应变更。福建省港口集团持有厦门港务控股集团100%股权，福建省人民政府国有资产监督管理委员会持有福建省港口集团100%股权，厦门港务控股集团法定代表人由陈志平变更为蔡立群，公司经营范围未发生变化。其余股东无相关变动。

8.2 董事、监事及高级管理人员变动情况及原因

自2021年2月起，公司股东厦门港务控股集团推举的董事由余明凤先生变更为陈震先生。陈震董事任职时已经过监管任职资格核准，符合相关监管规定。董事会其他组成人员不变，监事及高级管理人员无变动。

8.3 变更注册资本、变更注册地或公司名称、公司分立合并事项

无。

8.4 公司的重大诉讼事项

8.4.1 重大未决诉讼事项

8.4.1.1 公司与浙江蓝天实业集团有限公司等贷款

合同纠纷公证债权文书执行一案，绍兴市中级人民法院于2021年3月1日立案，该院裁定由浙江省绍兴市柯桥区人民法院执行，目前该案尚处于执行阶段

8.4.1.2 公司与海航科技股份有限公司公证债权文书执行案，因借款人未按约定支付相关利息，公司向海南省第一中级人民法院申请强制执行，该院已于2021年12月21日立案

8.4.2 以前年度发生，于本报告年度终结的诉讼事项

8.4.2.1 客户于某诉厦门国际信托有限公司等信托纠纷一案，案件已终结

8.4.2.2 公司与冯世丹、冯晓、任书颖合同纠纷仲裁案，厦门仲裁委员会于2021年12月20日出具裁决书

8.4.3 本报告年度发生，于本报告年度终结的诉讼事项

公司与三亚凤凰国际机场有限责任公司债权确认纠纷仲裁案，公司向厦门仲裁委员会提起仲裁，申请确认公司作为债权人所享有的债权金额在已确认的基础上增加相应数额。厦门仲裁委员会于2021年11月裁决支持公司仲裁请求。

8.5 公司及其董事、监事和高级管理人员受到处罚的情况

公司及其董事、监事和高级管理人员于2021年度不存在受到信托业监管机构处罚的情况。

8.6 银保监会及其派出机构对公司检查后提出整改意见及其整改情况

报告期内，厦门银保监局自2021年6月至2021年11月期间对公司开展现场检查。检查组对公司整体经营情况和合规性给予肯定，对总体风险管控态势基本满意，但也指出了一些方面可进一步完善，包括资金管理、流动资金测算、财富端销售行为、个别固有业务企业资本金、业务分类管理及制度、绩效考核比重、关联交易管理等。针对本次现场检查提出的要求，公司均立查立改，并建立跟踪管理台账，确保逐项落实到位。

8.7 对会计师事务所出具的非标准无保留审计报告、保留意见、否定意见或无法表示意见的审计报告，公司董事会就所涉及事项做出的说明，独立董事、监事会、负责审计的会计师事务所和注册会计师对所涉事项的书面意见

无。

8.8 2021年度重大事项临时报告简要内容、披露时间、所披露的媒体及版面

年度内无重大事项临时报告。

8.9 2021年度消费者权益保护工作开展情况

公司根据人民银行《金融消费者权益保护实施办法》、银保监会《银行业消费者权益保护工作指引》等有关规定及《公司章程》，深化消费者权益保护相关制度的修订完善工作，加强消费者权益保护工作的体制机制建设。依照中国银保监会关于2021年消费者权益保护工作的文件要求，公司经营管理层下设的消费者权益保护工作委员会于2021年1月组织召开2021年消费者权益保护工作委员会年度会议，总结2020年度消费者权益保护工作情况，并对2021年消费者权益保护工作进行部署。公司在2021年制定了《厦门国际信托有限公司消费者权益保护工作战略规划（2021—2025年）》，推动公司信托消费者权益保护工作有步骤、有计划、有效果地向纵深开展，保障公司消费者权益保护工作能够有章可循、有规可依、取得实效，建成具有公司特色的消费者权益保护工作体系，以高质量的消费者权益保护工作引领推进公司高质量发展。

公司财富管理中心作为消费者权益保护的专门职能部门，牵头组织、协调、督促相关部门开展消费者权益保护工作。公司消费者权益保护工作主要分为专题类与常规类两块，专题类围绕2021年"3.15"消费者权益保护教育宣传周活动、"2021年度厦门市银行业普及金融知识万里行"活动、2021年"金融普及宣传月 金融知识进万家 争做理性投资者 争做金融好网民"活动，9月联合教育宣教活动、打击电信网络诈骗活动、跨境赌博集中宣传月活动、银行业金融知识宣传服务月等活动，切实开展消费者权益保护宣传工作，通过接洽各社区、街道办、商户、商业写字楼和开放式公园，针对不同人群开展了各种类型的金融知识普及宣传活动。常规类通过日常柜面服务及宣传、现场宣讲、产品路演等活动推进，同时深化微信公众平台、厦信财富APP应用程序、传统媒体及网络媒体宣传。同时，2021年公司还举行了55场消费者权益保护相关的员工培训、一场涉及消费者权益保护内容的员工考试，进一步提升员工的消费者权益保护意识。

公司设置了外部和公司内部的举报投诉邮箱、400客服电话、消费者意见本，用于收集受理投诉，并在营业

网点醒目位置公示受理金融消费者投诉的投诉电话，建立了金融消费者投诉处理工作台账，时刻跟踪处理结果并接受金融消费者的监督。公司全年共收到17起厦门银保监局转办的投诉案件，投诉业务类别均为个人业务，投诉地区分布主要集中的地区依次为浙江省、陕西省、辽宁省、山东省、上海市，经过与投诉人、投诉件所涉部门认真沟通、求证，所有案件已妥善解决，并及时报告厦门银保监局。

8.10 2021年度公司社会责任履行情况

公司主动融入新发展格局，积极践行社会责任，精准对接国家重大战略与地方经济社会发展，积极发挥慈善信托的作用助力抗击疫情与推动共同富裕，多措并举保护金融消费者权益，为员工搭建广阔的成长平台。

8.10.1 服务实体

8.10.1.1 支持重点区域战略

公司基于"扎根厦门、深耕福建、融合两岸、布局全国"的区域战略，大力支持国家发展战略，满足重点领域金融需求。公司支持京津冀协同发展、长江经济带发展，支持对宏观经济和区域经济具有重要带动作用的重点项目和工程。截至2021年12月31日，公司支持京津冀协同发展的信托项目71个，存续信托金额209.71亿元；支持长江经济带信托项目1 491个，存续信托金额592.78亿元；支持粤港澳大湾区信托项目3 201个，存续信托金额154.28亿元。

8.10.1.2 深化服务地方经济

公司重点推动业务回归厦门、回归福建。公司2021年上缴税收8.1亿元，再获思明区"纳税特大户"嘉奖；运用"展鸿基金""技改基金"两大成熟工具，支持制造业企业技术改造和增资扩产，支持政府部门、国企提升资金管理运用效率。

8.10.1.3 支持中小微企业

公司向小微企业提供金融服务，更好地适应和满足企业融资需求。截至2021年12月31日，公司开展的支持小微企业项目61个，发放567笔，存续信托金额156.99亿元。公司管理的技改服务信托荣获由中国中小企业协会、中国银行业协会联合颁发的2021年金融服务中小微企业优秀案例奖。

8.10.1.4 "三农"金融服务

公司积极响应国家"乡村振兴战略"，在深入探索农业领域新业态、新模式实现突破。截至2021年12月31日"三农"相关项目11个，发放21笔，存续金额35.63亿元。公司做强"乡村振兴"平台，推动设立了省内首支乡村振兴基金——"福建省乡村兴盛投资合伙企业（有限合伙）"，担任有限合伙人及投资顾问，首期认缴出资15亿元，并积极引入各层次社会资本，充分挖掘利用福建省属、市属国企掌握的产业资源、金融资源、信息资源，打造开放式资源整合平台，嵌入账户服务。

8.10.1.5 绿色金融

截至2021年12月31日，公司受托管理的绿色信托项目17个，存续信托金额44.94亿元。2021年，公司新增绿色信托项目主要包括通过技改基金服务信托向绿色项目发放信托贷款；通过投资类信托项目，开展绿色资产支持票据、永续债投资等。信托资金运用于清洁生产、绿色交通、生态旅游、污染防治、绿色建筑等领域。

公司与民生银行厦门分行、兴业银行厦门分行、厦门市创投等9家金融机构共同发起了全国首个绿色低碳产业链财政金融服务联盟，从"政策端+资金端+资产端"出发，打通"投资+融资+交易+服务"各环节，为绿色低碳产业链全流程提供"财政+金融"服务。

8.10.2 慈善公益

8.10.2.1 基层共建

公司党委不断夯实党建基础工作，与厦港街道福海社区签署共建协议，发挥自身优势，以党建促进社区基层治理，并开展了公益助学等活动。面对疫情冲击，公司党员带头，80多人次深入全市23个社区开展抗疫志愿工作。

8.10.2.2 助力抗疫

2021年9月，为应对厦门突发的新冠肺炎疫情，公司开展福建首只绿色抗疫慈善信托——"壹'鹭'同安抗击疫情慈善信托"，与厦门市银行、保险业金融机构发起联合倡议，募集慈善资金全部用于抗击疫情，部分定向捐赠给疫情严重的同安地区专项用于抗疫救灾。项目实现全程线上无纸化操作，运用电子签章、信托凭证编码短信、智能合同等功能，打造出安全、高效、便捷的交易闭环，为社会公众助力厦门疫情防控、支援一线社区工作者提供了安全、便捷的爱心渠道。共有近2 000位委托人参与捐赠，累计捐赠金额超30万元。

8.10.2.3 特需关怀

公司设立福建省内第一支专门针对帮助自闭症、发育迟缓等特需家庭的慈善信托——"厦门信托—星之助公益讲堂慈善信托"，面向广大孤独症、发育迟缓等特需儿童家庭，已募集超过14万元资金。2021年该慈善信托发起的公益讲堂活动先后走进福州、泉州，开展公益巡讲，服务特需家庭超过2 000户。

8.10.2.4 共同富裕

公司推出"共同富裕"主题的"江苏紫鑫明德至善慈善信托"，首次引入投顾角色，运用专业资管机构的管理能力，使慈善资金的效益最大化。公司推出专为扶贫济困慈善活动的"超宝福建宝马车友会爱心荟聚慈善信托"，接受福建宝马车友会的爱心捐款，聚焦"共同富裕、三次分配"主题。

8.10.2.5 高校学科建设

公司设立以促进高校可持续发展学科建设为目的的"可持续发展学科建设慈善信托"设立，用于电子科技大学经济与管理学院可持续发展学科的建设发展工作。

8.10.3 员工关怀

8.10.3.1 持续学习与员工成长

公司强化持续学习制度，制定2021年度培训计划，支持员工专业能力培训与提升。通过新员工培训、业务专题培训、特色培训和网络培训等方式，建立以厦信大讲堂、厦信公开课、厦信业务沙龙、厦信新员工培训等品牌为框架的培训体系，从业务、风控、合规、技能培训等全方位提升员工素质水平，提供员工个人成长和职业发展的平台。2021年，公司开展117次员工培训，其中内部培训37次，外部培训72次，年度培训费用51.59万元。新员工培训首次增加信托文化相关课程内容，系统性介绍信托文化，加深了新员工对信托文化的理解。

公司多渠道、多方式加强梯队建设。通过优化基础岗位配置与流动机制，经过笔试、面试等标准化程序，促进内部人才流动，盘活人才资源，整合人才优势。公司导入轮值业务总监制度，培养具有行业影响力、综合组织管理能力、团队建设能力的业务管理人才。

8.10.3.2 保障员工权益

公司定期召开职工代表大会，保障员工参与民主管理权力，公司董事会、监事会成员中均有职工代表。2021年，公司召开了第八届第三次、第四次职工代表大会，审议通过《薪酬管理制度修订草案》《福利管理办法修订草案》和《员工制服管理办法》，维护员工合法权益。

公司实行集体协商制度，通过工会代表职工与经营者展开协商，签订《集体合同》《工资集体合同》《女职工权益保护专项集体合同》，保障员工权利，构建和谐劳动关系。公司工会设立劳动法律监督委员会，对公司执行有关劳动报酬、劳动安全卫生、工作时间、休息休假、保险福利等情况进行群众监督。

8.10.3.3 丰富工会活动

公司关注员工身心健康，为丰富员工文体生活，公司工会完善篮球、足球、羽毛球、游泳、瑜伽、舞蹈、合唱等俱乐部建设，2021年增设了书法俱乐部，为员工营造健康、向上、具有凝聚力的工作氛围。

8.11 已向国务院银行业监督管理机构或其派出机构提交行政许可申请但尚未获得批准的事项

无。

8.12 银保监会及其省级派出机构认定的其他有必要让客户及相关利益人了解的重要信息

无。

9. 公司监事会意见

监事会认为，报告期内公司依法运作，没有发现公司董事及高级管理人员在执行公司职务时有违法违纪和损害公司利益的行为。2021年度财务报告经聘请的中审众环会计师事务所（特殊普通合伙）厦门分所审计，能真实地反映公司的财务状况和经营成果。

兴业国际信托有限公司

1. 重要提示

1.1 公司董事会及董事保证本报告所载资料不存在任何虚假记载、误导性陈述或者重大遗漏,并对其内容的真实性、准确性和完整性承担个别及连带责任。

1.2 没有个别董事的异议声明。

1.3 公司独立董事保证本报告所载资料不存在任何虚假记载、误导性陈述或者重大遗漏,并对其内容的真实性、准确性和完整性承担个别及连带责任,没有异议声明。

1.4 公司2021年度财务报表已经毕马威华振会计师事务所(特殊普通合伙)根据中国注册会计师审计准则审计,并出具了标准无保留意见的审计报告。

1.5 公司董事长沈卫群、总裁郭晓恺及财务部门负责人张荻声明:保证2021年年度报告中财务报告的真实、完整。

2. 公司概况

2.1 本公司基本情况

法定中文名称:兴业国际信托有限公司
中文名称简称:兴业信托
英文名称全称:China Industrial International Trust Limited
英文名称简称:Industrial Trust
英文名称缩写:CIIT
法定代表人:沈卫群
注册地址:福州市鼓楼区五四路137号信和广场23楼、25楼、26楼
邮政编码:350003
国际互联网网址:www.ciit.com.cn
联系信箱:contact@ciit.com.cn
信息披露负责人:杨刚强
信息披露事务联系人:陈勋
联系地址:福州市鼓楼区五四路137号信和广场23层、25层、26层
电话:(86)591-88263888
传真:(86)591-87877625
邮箱:chenxun@ciit.com.cn
选定的信息披露报纸:《上海证券报》《证券时报》
年度报告备置地点:福州市鼓楼区五四路137号信和广场26层
公司聘请的国内会计师事务所:毕马威华振会计师事务所(特殊普通合伙)
办公地址:中国上海市南京西路1266号恒隆广场2号楼25楼
邮编:200040
电话:(86)21-22122888

2.2 组织结构

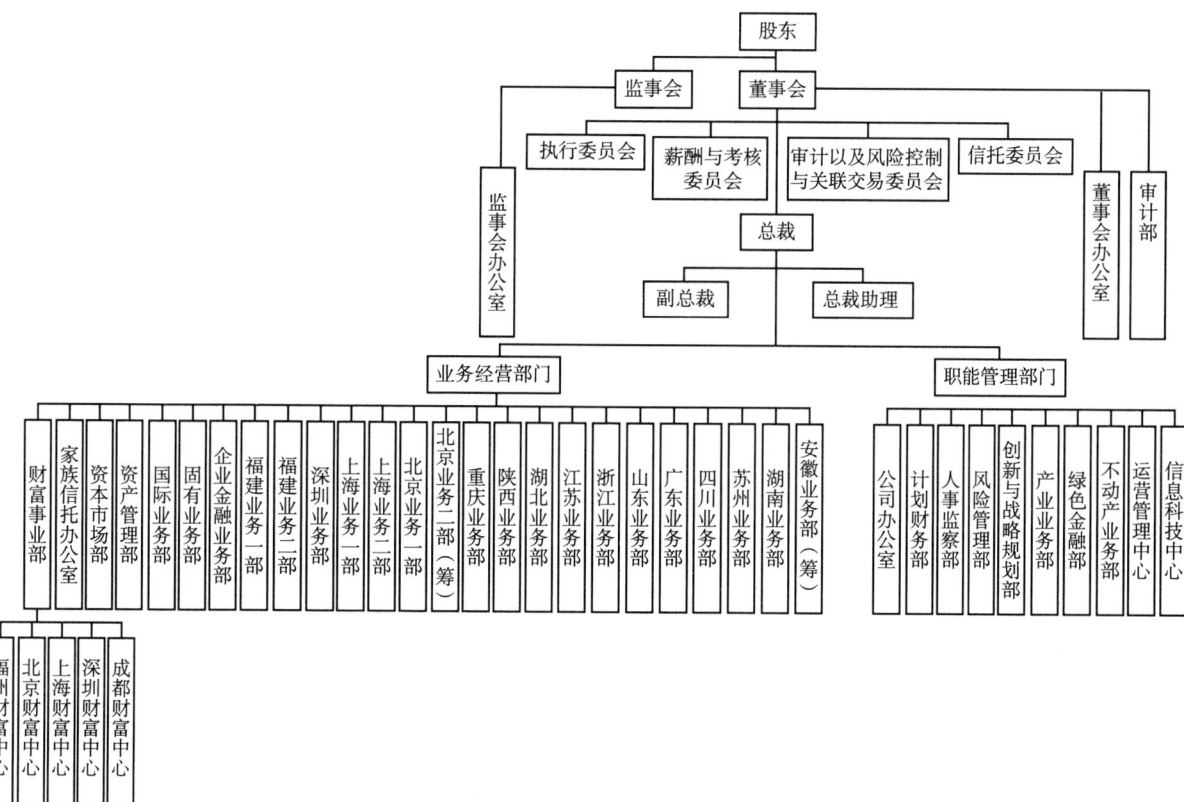

3.公司治理结构

3.1 股东

3.1.1 股东

股东名称	持股比例（%）	法人代表	注册资本（亿元）	注册地址	主要经营业务及主要财务情况
兴业银行股份有限公司★	73.0000	吕家进	207.74	福建省福州市台江区江滨中大道398号兴业银行大厦（2022年3月变更）	主要经营业务：商业银行业务 主要财务情况：截至2021年末，资产总额86 030.24亿元，负债总额79 189.13亿元，所有者权益6 841.11亿元
福建省能源集团有限责任公司	8.4167	卢范经	100	福建省福州市鼓楼区省府路1号	主要经营业务：对能源、矿产品、金属矿、非金属矿、建筑、房地产、港口、民爆化工、酒店、旅游、金融（不含证券、期货投资咨询）、药品、贸易、环境保护、建筑材料、装修材料、金属材料、普通机械、电器机械及器材、水泥包装的投资、技术服务、咨询服务；矿产品、化工产品（不含危险品）、建筑材料、装修材料、金属材料、普通机械、电器机械及器材的销售；房地产开发；对外贸易 主要财务情况（未经审计）：截至2021年6月末，资产总额1 428.17亿元，负债总额909.292亿元，所有者权益518.25亿元
厦门国贸集团股份有限公司	8.4167	高少镛	21.18（2022年3月变更）	厦门市湖里区仙岳路4688号国贸中心2801单元	主要经营业务：金属及金属矿批发（不含危险化学品和监控化学品）；经营各类商品和技术的进出口（不另附进出口商品目录），但国家限定公司经营或禁止进出口的商品及技术除外；其他未列明批发业（不含需许可审批的经营项目）；工艺美术品及收藏品零售（不含文物、象牙及其制品）；其他未列明零售业（不含需经许可审批的项目）；珠宝首饰零售；房地产开发经营；国际货运代理；国内货运代理；其他未列明运输代理业（不含须许可审批的事项）；机械设备仓储服务；其他仓储业（不含经许可审批的项目）；黄金现货销售；白银现货销售；对第一产业、第二产业、第三产业的投资（法律、法规另有规定除外）；投资管理（法律、法规另有规定除外）；第二类医疗器械零售；第三类医疗器械零售 主要财务情况：截至2021年12月末，资产总额977.46亿元，负债总额622.02亿元，所有者权益355.44亿元

续表

股东名称	持股比例（%）	法人代表	注册资本（亿元）	注册地址	主要经营业务及主要财务情况
福建华投投资有限公司	4.8085	苏文生	2.10	福建省福州市湖东路152号华信大厦1—6层	主要经营业务：对金融、基础设施、高新技术产业、服务业的投资 主要财务情况（未经审计）：截至2021年末，资产总额28.31亿元，负债总额3.03亿元，所有者权益总额25.28亿元
福建省华兴集团有限责任公司	4.5248	陈国林	27.30	福建省福州市鼓楼区华林路69号	主要经营业务：从事政府委托的国有资产的资产权、股权的管理和营运。对高新技术、酒店服务、融资担保、融资租赁、典当、小额贷款行业的投资。物业管理、咨询服务、实物租赁；办理政府委托的采购招标业务；工业生产资料、农业生产资料、电子计算机及配件、建筑材料、工艺美术品（象牙及其制品除外）、百货、五金、交电 主要财务情况（未经审计）：截至2021年末，资产总额65.00亿元，负债16.07亿元，所有者权益48.93亿元
南平市投资担保中心	0.8333	冯开猛	0.73	福建省南平市解放路93号	主要经营业务：为南平市的重点项目和城市建设筹措资金、授权经营和管理政府或财政委托资产、委托、证券、实业投资；房地产开发，担保、见证、租赁、典当、拍卖等，经主管部门批准的其他业务 主要财务情况（未经审计）：截至2021年末，资产总额12 689.99万元，负债总额322.19万元，所有者权益12 367.80万元

注：★为本公司控股股东，实际控制人。

3.1.2 主要股东

截至报告期末，本公司主要股东总数为6家，其中，福建省华兴集团有限责任公司与福建华投投资有限公司为关联方，合并持有本公司股权比例为9.3333%。

公司主要股东之间不存在一致行动关系。报告期内，公司股东没有质押公司股权或以股权及其受（收）益权设立信托等金融产品的情况。公司主要股东及其控股股东、实际控制人、最终受益人、关联方等情况具体如下表所示。

主要股东名称	股东的控股股东	股东的实际控制人	最终受益人	主要关联方
兴业银行股份有限公司	—	—	兴业银行股份有限公司	1.兴业银行股份有限公司（以下简称兴业银行）控制、共同控制或可施加重大影响的企业；2.控制、共同控制兴业银行或对兴业银行施加重大影响的企业；3.兴业银行关键管理人员（董事、监事、总行高级管理人员）或与其关系密切的家庭成员控制、共同控制或施加重大影响的其他企业，及其关联方等
福建省能源集团有限责任公司	福建省能源石化集团有限公司	福建省能源石化集团有限公司	福建省能源集团有限责任公司	1.福建省能源集团有限责任公司（以下简称福能集团）的母公司；2.福能集团的子公司；3.福能集团的合营企业；4.福能集团的联营企业；5.福能集团的其他关联方
厦门国贸集团股份有限公司	厦门国贸控股集团有限公司	厦门国贸控股集团有限公司	厦门国贸集团股份有限公司	1.厦门国贸集团股份有限公司（以下简称国贸股份）的母公司；2.国贸股份的子公司；3.国贸股份的合营企业；4.国贸股份的联营企业；5.国贸股份控股股东的联营单位；6.与国贸股份同一控制人的企业；7.国贸股份重要子公司的少数股东；8.国贸股份控股股东的联营单位等
福建华投投资有限公司	福建省投资开发集团有限公司	福建省投资开发集团有限公司	福建华投投资有限公司	1.福建华投投资有限公司（以下简称华投公司）的股东；2.与华投投资同受一方控制的企业等
福建省华兴集团有限责任公司	福建省投资开发集团有限公司	福建省投资开发集团有限公司	福建省华兴集团有限责任公司	1.福建省华兴集团有限责任公司（以下简称华兴集团）的股东；华兴集团的子公司；3.与华兴集团同受一方控制的企业等
南平市投资担保中心	南平市财政局	南平市投资担保中心	南平市投资担保中心	南平投资担保中心的子公司

注：实际控制人穿透识别至最终的国有控股主体或自然人为止。

3.2 董事

董事长、非独立董事

姓名	职务	性别	年龄（岁）	选任日期	所推举的股东名称	该股东持股比例（%）	简要履历
沈卫群	董事长	男	54	2019年2月	兴业银行股份有限公司	73	现任兴业国际信托有限公司党委书记、董事长、法定代表人。曾任兴业银行上海分行副行长，兴业银行南宁分行行长，兴业银行杭州分行行长等职务

续表

姓名	职务	性别	年龄（岁）	选任日期	所推举的股东名称	该股东持股比例（%）	简要履历
林榕辉	董事	男	52	2019年2月	兴业银行股份有限公司	73	现任兴业银行总行同业金融部总经理。曾任兴业银行总行计划资金部副总经理、信用审查部总经理、漳州分行行长、同业业务部总经理、风险管理部总经理、研究规划部总经理、企业金融总部总经理、金融市场总部副总裁等职务
郭晓恺	董事	男	53	2021年12月	兴业银行股份有限公司	73	现任兴业国际信托有限公司党委委员、董事、总裁。曾任中国工商银行票据营业部营销管理部总经理，兴业银行沈阳分行党委委员、副行长，兴业银行宁波分行党委委员、副行长，兴业银行投资银行部副总经理等职务
林中	董事	男	46	2019年4月	福建省能源集团有限责任公司	8.4167	现任福建省能源集团有限责任公司董事、总经理。曾任福建省能源集团有限责任公司财务与资产管理部副经理、资本运营部经理、总经理助理、金融管理办公室主任等职务
郭文彤	董事	女	52	2020年10月	厦门国贸集团股份有限公司	8.4167	现任厦门国贸集团股份有限公司总裁助理、兼任国贸启润（上海）有限公司总经理。曾任厦门金海峡投资有限公司总经理、福建金海峡典当有限公司董事长、深圳金海峡融资租赁有限公司董事长、福建金海峡融资担保有限公司董事长、深圳金海峡商业保理有限公司董事长、厦门金海峡小额贷款有限公司董事长等职务
苏文生	董事	男	56	2019年2月	福建华投投资有限公司	4.8085	现任福建华投投资有限公司总经理、福建省闽投资产管理有限公司董事长。曾任中闽国贸发展公司业务三部副经理，福建投资开发公司投资管理部部长，福建省国有资产管理有限公司董事、副总经理，福建华投投资有限责任公司副总经理等职务

注：2021年11月，经本公司2021年第三次临时股东会审议通过，郭晓恺先生当选为本公司第六届董事会董事，薛瑞锋先生不再担任本公司董事。郭晓恺先生董事任职资格已经福建银保监局以闽银保监复〔2021〕449号文件核准。

独立董事

姓名	所在单位职务	性别	年龄	选任日期	提名方	简要履历
卢东斌	—	男	74	2019年2月	本公司	已退休，兼任兴证全球基金管理有限公司独立董事。历任中国人民大学商学院教研室主任、系主任、副院长等职务
沈艺峰	厦门大学闽江学者特聘教授	男	59	2021年11月	本公司	现任厦门大学闽江学者特聘教授。兼任厦门象屿股份有限公司、厦门法拉电子股份有限公司独立董事。历任厦门大学MBA教育中心副主任，厦门大学管理学院副院长、院长等职务
田力	纽金国际控股集团执行董事兼行政总裁	男	54	2019年2月	本公司	现任纽金国际控股集团执行董事兼行政总裁、纽约金融学院执行董事、纽约温莎学校董事，香港国际金融资源服务有限公司董事长兼CEO；兼任兴证国际金融集团（香港）独立董事、中国银行业协会教育培训顾问、亚洲金融合作协会战略发展CEO及中银协东方高管研修院投资银行资深专家等职务。曾任荷兰银行集团（香港）执行董事兼中国区金融机构业务主管，中银国际（香港）执行董事兼投资银行金融机构部主管，美国摩根大通银行（纽约）投资银行部金融机构部高级经理等职务

注：2021年8月，经本公司2021年第二次临时股东会选举，沈艺峰先生当选为本公司第六届董事会独立董事。沈艺峰先生独立董事任职资格已经福建银保监局以闽银保监复〔2021〕395号文件核准。

3.3 监事

监事会成员

姓名	职务	性别	年龄（岁）	选任日期	所推举的股东名称	该股东持股比例（%）	简要履历
吕伟	监事长	男	52	2020年9月	本公司职工代表大会	—	现任兴业国际信托有限公司党委委员、纪委书记、监事长、工会主席。曾任兴业银行人事部总经理，北京分行纪委书记、综合部总经理，审计部副总经理，研究规划部副总经理，计划财务部总经理，投资银行部副总经理，石家庄分行行长，重庆分行行长，济南分行行长等职务
冯开猛	监事	男	53	2019年2月	南平市投资担保中心	0.8333	现任南平市金融控股有限公司（南平资产投资运营管理有限公司）党委书记、董事长、总经理，南平市投资担保中心法定代表人。曾任南平市财政局会计集中核算中心副主任科员，南平市财政会计集中管理办公室副主任、主任，南平市财政局驻南平市交通局财务专员，政和县外贸乡党委书记，南平市审计局纪检组长，南平市国资副主任，南平绿发集团有限公司党委书记、董事长等职务
谢炳华	职工监事	男	49	2019年2月	本公司职工代表大会	—	现任兴业国际信托有限公司福建业务一部总经理。曾任兴业国际信托有限公司直属业务总部总经理、审计部总经理等职务

3.4 高级管理人员

高级管理人员

姓名	职务	性别	年龄（岁）	选任日期	金融从业年限（年）	学历	专业	简要履历
郭晓恺	总裁	男	53	2021年12月	31	本科	金融	现任兴业国际信托有限公司党委委员、董事、总裁。曾任中国工商银行票据营业部营销管理部总经理，兴业银行沈阳分行党委委员、副行长，兴业银行宁波分行党委委员、副行长，兴业银行投资银行部副总经理等职务
司斌	副总裁	男	49	2019年2月	27	本科	金融	现任兴业国际信托有限公司党委委员、副总裁。曾任兴业银行公司业务部总经理助理、郑州分行副行长等职务
徐静	副总裁	女	52	2019年2月	30	本科	金融	现任兴业国际信托有限公司党委委员、副总裁。曾任兴业银行福州分行福兴支行副行长、行长，福州分行华林支行行长，福州分行总行营业部总经理，福州分行副行长等职务
张小坚	总裁助理	男	52	2019年4月	20	硕士	工商管理	现任兴业国际信托有限公司党委委员、总裁助理，兴业国信资产管理有限公司董事长。曾任兴业证券有限公司投资银行总部副总经理、国盛证券有限公司北京管理总部总经理、国海证券有限公司副总裁、国海富兰克林基金公司代理董事长、广西有色金属集团有限公司总经理助理、兴业国信资产管理有限公司总经理等职务
杨刚强	总裁助理兼董事会秘书	男	43	2019年2月	21	本科	国际金融	报告期内任兴业国际信托有限公司党委委员、总裁助理兼董事会秘书。曾任兴业银行总行办公室综合处高级副理，兴业国际信托有限公司办公室总经理、人力资源部总经理、董监事会办公室总经理等职务
郑桦舒	总裁助理	男	39	2019年2月	16	本科	国际会计	现任兴业国际信托有限公司党委委员、总裁助理。曾任职于澳门国际银行风险管理部、兴业银行总行风险管理部，曾任兴业国际信托有限公司直属业务总部副总经理、厦门业务部总经理、直属业务总部总经理等职务

注：1.2021年11月，经本公司第六届董事会第八次会议审议通过，聘任郭晓恺先生担任本公司总裁职务。郭晓恺先生总裁任职资格已经福建银保监局以闽银保监复〔2021〕449号文件核准。
2.2022年4月28日，经本公司第六届董事会第十一次会议审议通过，同意杨刚强先生因工作调整原因辞去本公司总裁助理、董事会秘书职务。

3.5 员工情况

截至报告期末，本公司在职正式员工458人，平均年龄为37岁。其中：博士9人，占比为1.9%；硕士219人，占比为47.8%；本科学历227人，占比为49.6%；专科学历3人，占比为0.7%。

4.经营管理

4.1 经营目标、方针、战略规划

4.1.1 经营目标

以习近平新时代中国特色社会主义思想为指导，深入学习贯彻党的十九届历次全会、中央经济工作会议和金融监管政策精神，积极融入兴业银行集团"商行+投行"战略布局，着力调整优化业务结构、培育转型业务专业能力，坚定回归信托本源；持续推进数字化转型和信托文化建设，强化全面风险管理，积极做好消费者权益保护工作，推动公司高质量发展。

4.1.2 经营方针

以市场为导向、以客户为中心、以人才为根本、以创新为动力，综合化经营，专业化服务。

4.1.3 战略规划

坚持稳中求进工作总基调，强化风险底线思维，积极融入兴业银行集团"商行+投行"战略布局，围绕"轻资本、轻资产、高效率"转型方向加快转型、稳健转型，持续推进实施数字化战略，加强业务能力、组织能力、人才资源等核心能力建设和信托文化等保障体系建设，打造"功能型、特色化、创新型"信托公司，开创公司高质量发展新局面。

4.2 所经营业务的主要内容

4.2.1 自营资产运用与分布表

资产运用	金额（万元）	占比（%）	资产分布	金额（万元）	占比（%）
货币资产	85 096.88	3.75	基础产业	64 345.81	2.84
应收账款	26 636.17	1.17	房地产业	437 787.09	19.30
交易性金融资产	1 006 489.26	44.36	证券市场	599 664.17	26.43
债权投资	650 862.89	28.69	实业	—	—
其他债权投资	35 053.38	1.54	金融机构	132 444.37	5.84
长期股权投资	404 516.48	17.83	其他	1 034 629.83	45.59
其他	60 216.21	2.66	—	—	—
资产总计	2 268 871.27	100.00	资产总计	2 268 871.27	100.00

注：资产分布"其他"主要为资管产品及信托基金。

4.2.2 信托资产运用与分布表

资产运用	金额（万元）	占比（%）	资产分布	金额（万元）	占比（%）
货币资产	303 761.44	1.06	基础产业	1 836 055.79	6.37
贷款	4 777 846.16	16.57	房地产	6 981 526.82	24.22
交易性金融资产投资	6 141 485.91	21.30	证券市场	6 387 842.90	22.16
可供出售金融资产投资	12 447 116.60	43.17	实业	7 558 138.66	26.22
持有至到期投资	—	—	金融机构	5 968 871.35	20.70
长期股权投资	3 460 195.95	12.00	其他	98 251.14	0.33
其他	1 700 280.60	5.90			
信托资产总计	28 830 686.66	100.00	信托资产总计	28 830 686.66	100.00

4.3 市场分析

4.3.1 有利因素

一是经济发展和新冠肺炎疫情防控保持全球领先地位。2021年我国成功战胜疫情、汛情等多重挑战，历史性解决贫困问题，经济实力、社会生产力和综合国力稳步提高，改革开放创新深入推进，民生福祉持续提升，实现了"十四五"良好开局，全年GDP增长速度在全球经济体名列前茅，经济规模突破110万亿元，稳居世界第二大经济体。

二是惠民政策持续推进，各地经济按需结构性调整，内外循环继续加速。2021年，在新冠疫情持续影响我国经济的背景下，各地政府迅速出台各类税收支持等惠民政策，继续增强当地市场和企业的信心，科学统筹疫情防范工作，精准支持科技创新企业发展，加强对中小企业发展和民生经济发展的支持力度，构建以国内大循环为主体、国内国际双循环相互促进的新发展格局已成共识。

三是坚持"专精特新"发展路线，数字化进程持续加快。宏观经济政策积极引导和鼓励"专精特新"中小企业实现高质量发展，进一步激发中小企业创新活力，同时，受疫情持续影响全球供应链以及海外局势动荡背景下，数字化转型部署受到广泛重视，数字化进程不断加速。

四是深化绿色改革发展，全面推进乡村振兴。围绕"双碳"目标持续发力，在保障经济社会可持续发展的同时，实现全国生产总值能耗降低2.7%，节约减排成效显著。深化改革，激发乡村振兴内生动力，构建和创新乡村振兴的体制机制，进一步巩固脱贫攻坚成果，促进农业高质高效发展，实现乡村宜居宜业、农民富裕富足目标。

4.3.2 不利因素

一是从宏观经济来看，新冠肺炎疫情区域性暴发以及自然灾害对经济复苏造成一定压力，对部分地域的经济平稳和人民群众的正常生活造成一定影响，加上海外局势更加复杂严峻，我国经济面临需求收缩、供给冲击、预期转弱三重压力。信托行业方面，由于风险事件多发，资产减值压力增大。

二是从业务结构看，行业监管政策持续压降融资类和通道类信托业务规模压降，创新业务与本源业务虽然发展加速，但仍难以扭转因传统业务受限导致的行业增长乏力的现状。

三是从市场环境看，资管新规过渡期结束，但信托公司净值化产品的资金募集能力建设仍面临挑战，加之受内外因素影响，海内外市场波动加剧，投资难度加大，信托公司需要加大投入建设专业投研队伍，并加快提升资产管理能力与金融服务能力，才能真正推进信托公司转型发展。

4.4 内部控制

4.4.1 内部控制环境和内部控制文化

根据国家有关法律和本公司章程，本公司已构建了较为完善的法人治理结构，"三会一层"合理分工、有效制衡的运行机制持续健全，公司治理、业务治理、风险治理机制持续完善。事前防范、事中控制和事后监督形成防范风险有效机制，为本公司营造良好的内部控制环境。

本公司高度重视内部控制文化建设，通过完善内部控制制度、组织业务培训及从业资格认证、开展各类检查和内控自评、遴选宣导业务案例等方式，传导贯彻内部控制理念，培养员工合规理念与风险防范意识，内部控制文化深入人心。

4.4.2 内部控制措施

本公司董事会负责建立并实施充分而有效的内部控制体系。董事会下设审计以及风险控制与关联交易委员会，负责监督公司内部控制的有效实施和内部控制自我评价情况。公司经营管理层下设内部控制委员会，作为公司管理层内部控制的决策机构。报告期内，本公司内部控制工作机制持续完善，经营部门及业务管理职能部门、风险管理部门、内部审计部门三道风险防御体系持续加强，分级授权机制明确有效，风险管理报告体系完整规范，在内部控制环境、程序和措施上遏制各类潜在风险。

本公司严格执行前台、中台、后台分立运行的业务流程：前台负责对业务进行前期立项、初步论证、尽职调查、方案设计和材料收集；中台贯穿业务的决策程序和管理环节，负责业务的合法合规性审核、项目评估和业务审批，负责对业务的运营维护；后台负责对信托业务和自营业务的支持保障，包括财务管理和会计核算、科技支持、审计监督等，对前中台提供支持服务和监督评价等。前台、中台、后台形成高效配合和有效制衡运行机制。

报告期内，本公司规章制度体系持续完善，累计新制订或修订规章制度61项，形成现行有效规章制度391项；有效开展"两项业务"压降，组织开展内控检查工作，开展兴航程"法制体系建设年"活动，建立全流程风险管控机制，加强风险应急预案及处置研究；每年度定期开展内控自评工作，根据评估结果，优化风险控制措施，确保风险可控；积极发挥内部审计监督作用，提高审计工作质量，充分发挥内部审计在防范风险、完善管理和提高前中后台运营效率等方面的作用；进一步加强内部控制管理，定期发布法律法规汇编、有效制度清单，不定期组织开展法律法规、内部控制制度和内部控制流程、风险管理等方面培训，全面强化内部控制制度及操作流程的有效贯彻和执行。

4.4.3 监督评价与纠正

本公司对内部控制建立和执行情况进行定期和不定期的监督检查，评价内部控制有效性，发现内部控制缺陷并及时加以改进，确保内部控制有效运行。

本公司各业务部门对各项业务的经营状况和风险管理情况进行经常性自我评估，及时发现内部控制缺陷并切实整改落实到位。风险管理部作为内控管理职能部门，负责内控评价工作的牵头组织实施，结合内外部监督检查情况，对业务部门的内控自评结果进行抽查、复评、验证内控评价结果的有效性，促进内控评价的客观性、全面性。审计部依照内部审计工作程序开展独立的审计监督活动，出具内部审计报告，督促各部门对审计发现问题进行及时整改并跟踪落实。

4.5 风险管理

4.5.1 风险管理概况

本公司在经营活动中可能遇到的风险主要包括信用风险、市场风险、操作风险、合规风险、声誉风险、外包风险、信息科技风险、战略风险、洗钱风险等。

本公司风险管理遵循合规性、全面性、独立性、制衡性、程序性等基本原则。合规性，即本公司经营活动应遵守所涉及的法律、法规、监管规定及公司规章制度；全面性，即本公司风险管理涵盖各项业务管理各环节，并渗透到各项业务过程中；独立性，即本公司风险管理部门与各业务部门及支持保障部门保持相互独立，可直接向董事会和高级管理层报告，保证风险管理得到切实有效的执行；制衡性，即明确划分相关部门、岗位之间的职责，建立职责分离、横向与纵向相互监督制约的机制；程序性，即本公司风险管理组织系统地安排遵循事前授权审批、事中控制和事后监督三道程序。

在风险管理组织架构建设方面，本公司分别在董事会、经营管理层面设立了相应的风险管理机构，风险防范制度贯穿于业务全过程。

一是在董事会层面设立了审计以及风险控制与关联交易委员会，负责指导本公司的风险控制、管理、监督和评估工作。二是在经营管理层面设立了业务评审委员会，作为本公司经营管理层决定自营业务与信托业务项目的决策机构；设立了风险管理委员会，作为本公司经营管理层决定各类风险管理政策及重大风险事项的决策机构。三是本公司设立专业管理部门，负责所属板块业务的项目立项管理工作；设立风险管理部，负责对所有拟开展的业务项目进行初审，向业务评审委员会提交审查意见，负责履行业务风险管理和合规管理职责；设立运营管理中心，负责履行业务项目存续期事务的集中运营管理职责。四是本公司设立审计部，负责对公司内部控制和业务风险管理状况进行监督评价，并直接向董事会报告。

4.5.2 风险状况

4.5.2.1 信用风险状况

信用风险是指交易对手未能履行合同所带来的经济损失风险。本公司高度关注交易对手的履约能力，针对各类业务特点制定了相应的业务评审指引和操作规程，将信用风险管理运用于贷前调查、贷中审查和贷后管理阶段。

信用风险资产分类情况如下。

一是信托业务方面，截至报告期末，本公司信托资产2 883.07亿元。二是固有业务方面，截至报告期末，本公司信用风险资产总计233.16亿元，其中不良资产金额合计50.43亿元，本公司已按照相关要求足额计提拨备。

本公司一般准备、资产减值准备的计提和信托赔偿准备金提取方法如下。

一是一般准备：根据财政部财金〔2012〕20号《关于印发〈金融企业准备金计提管理办法〉的通知》规定，本公司从当年净利润中提取一般风险准备作为利润分配处理，用于弥补尚未识别的可能性损失的准备。一般风险准备按风险资产期末余额的1.5%提取。二是资产减值准备：计提资产减值准备的范围和方法见会计报表附注。三是信托赔偿准备金：根据《信托公司管理办法》第49条规定，从税后利润中提取5%作为信托赔偿准备金。

对于抵押品确认原则：抵押品必须是抵押人合法所有的或依法有处分权的财产，且须经过有资质的中介机构评估，抵押贷款应签订抵押合同，并按规定到有关部门登记。本公司在参考中介机构评估价值的基础上，结合业务实际情况，综合评判抵押物价值。

4.5.2.2 市场风险状况

市场风险是指因为股价、房价、市场汇率、利率或其他价格因素变动而产生的或可能产生的风险。市场风险具有很强的传导性，某些信用风险的根源可能也来自于交易对手的市场风险。

信托资产方面，截至报告期末，本公司房地产资金信托资产规模222.76亿元，占本公司信托资产总规模的7.73%，该类项目受国家宏观政策影响相对较大，房地产市场价格与销售状况将影响信托项目的资金回笼。本公司集合类房地产信托融资担保较为充足，抵押率均控制在较低水平，融资人违约成本高，各项风险控制措施设置得当。截至报告期末，本公司证券投资信托资产（含股票、债券、基金）规模为638.78亿元，主要运用为债券、二级市场股票和基金投资等。

固有资产方面，本公司固有资产市场风险主要来自权益市场投资，主要为投向二级市场的基金、信托等资管产品以及其他权益类投资。截至报告期末，该类资产投资余额为27.68亿元。

4.5.2.3 操作风险状况

操作风险主要是指因内部控制系统不完善、管理失误、控制缺失或其他一些人为错误而导致的风险。本公司内控制度和操作规程涵盖了所有的业务领域，合理调整组织架构设置，建立岗位相互制衡机制。本公司制订《兴业国际信托有限公司操作风险管理办法》，不断完善操作规程，持续优化业务流程，开展业务连续性管理工作，加强案件风险管控，严格按照本公司问责制度的有关规定对违规操作的人员进行问责，操作风险控制良好。

4.5.2.4 其他风险状况

本公司可能面临的其他风险主要有合规风险、声誉风险、外包风险、信息科技风险、战略风险、洗钱风险等。报告期内本公司未发生此类风险。

4.5.3 风险管理

4.5.3.1 信用风险管理

本公司信用风险管理策略如下。

一是针对各类业务特点制订了相应的评审指引、准入标准和操作规程等管理办法，加强对行业及区域信用风险状况研判。二是加强事前对交易对手的尽职调查，进行事前控制，通过投前尽调充分掌握交易对手及具体项目的风险状况。三是严格落实担保措施，客观、公正地评估抵（质）押物，并通过关注交易对手抵（质）押物情况和资信状况，持续跟踪进行事中和事后控制，持续加强存续期管理措施，通过多种手段加强信用风险识别以及化解能力。四是对所购入的债券进行信用级别限制。五是风险管理部门对业务项目信用风险情况进行全面风险排查，及时发现问题并采取相应措施。六是遵照监管机构及风险管控的要求，进行资产风险分类，实施动态管理。七是严格按财政部和中国银保监会的要求，足额提取包括资产减值准备、一般准备和信托赔偿准备金在内的各项准备金。

4.5.3.2 市场风险管理

本公司市场风险管理策略如下。

一是加强宏观经济形势和重大经济政策的分析预测，评估宏观因素变化可能给投资带来的系统性风险，提出业务主要发展方向和调整方案。二是根据市场行情，加强对交易对手在其所处行业的市场竞争能力分析，准确把握资金进入时机，密切跟踪市场变化，及时调整投资策略，通过资产或投资的合理组合实现风险的有效对冲和补偿，以规避市场风险。三是在业务决策和业务流程管理过程中，通过压力测试和动态监控，对项目进行严格管理。四是积极贯彻落实监管部门有关法律法规精神，及时对相关业务做出风险提示，密切关注市场变化，加强风险防范，确保风险可控。

4.5.3.3 操作风险管理

本公司操作风险管理策略如下。

一是不断健全完善各项规章制度和业务操作流程，构建了职责分离、相互监督制约的组织架构，制定了科学的业务审批程序，并切实加强执行力度。二是实行严格的业务流程审核、复核程序，采用全流程管理系统，严格防范操作风险。三是加强员工教育培训，全面推行内部从业资格考试上岗制度，提升员工的专业知识和专业技能；严格执行问责制度，提高业务合规管理和风险管理质量。四是对内控执行情况和项目合规情况进行定期和不定期检查，并督促及时整改。

4.5.3.4 其他风险管理

针对可能面临的其他风险如合规风险、声誉风险、外包风险、信息科技风险、战略风险、洗钱风险等，本公司通过制订并执行相应的风险控制制度加以防范和化解。

5. 报告期末及上一年度末的比较式会计报表

5.1 自营资产

5.1.1 会计师事务所审计意见全文

审计报告

毕马威华振沪审字第〔2200〕305号

兴业国际信托有限公司董事会：

一、审计意见

我们审计了后附的兴业国际信托有限公司（以下简称兴业信托）财务报表，包括2021年12月31日的合并及母公司资产负债表，2021年度的合并及母公司利润表、合并及母公司所有者权益变动表以及相关财务报表附注。

我们认为，后附的财务报表在所有重大方面按照中华人民共和国财政部颁布的企业会计准则（以下简称企业会计准则）的规定编制，公允反映了兴业信托2021年12月31日的合并及母公司财务状况以及2021年度的合并及母公司经营成果和现金流量。

二、形成审计意见的基础

我们按照中国注册会计师审计准则（以下简称审计准则）的规定执行了审计工作。审计报告的注册会计师对财务报表审计的责任部分进一步阐述了我们在这些准则下的责任。按照中国注册会计师职业道德守则，我们独立于兴业信托，并履行了职业道德方面的其他责任。我们相信，我们获取的审计证据是充分、适当的，为发表审计意见提供了基础。

三、管理层和治理层对财务报表的责任

兴业国际信托有限公司管理层负责按照企业会计准则的规定编制财务报表，使其实现公允反映，并设计、执行和维护必要的内部控制，以使财务报表不存在由于舞弊或错误导致的重大错报。

在编制财务报表时，管理层负责评估兴业信托的持续经营能力，披露与持续经营相关的事项（如适用），并运用持续经营假设，除非兴业信托计划进行清算、终止运营或别无其他现实的选择。

治理层负责监督兴业信托的财务报告过程。

四、注册会计师对财务报表审计的责任

我们的目标是对财务报表整体是否不存在由于舞弊或错误导致的重大错报获取合理保证，并出具包含审计意见的审计报告。合理保证是高水平的保证，但并不能保证按照审计准则执行的审计在某一重大错报存在时总能发现。错报可能由于舞弊或错误导致，如果合理预期错报单独或汇总起来可能影响财务报表使用者依据财务报表作出的经济决策，则通常认为错报是重大的。

在按照审计准则执行审计工作的过程中，我们运用职业判断，并保持职业怀疑。同时，我们也执行以下工作：

（1）识别和评估由于舞弊或错误导致的财务报表重大错报风险，设计和实施审计程序以应对这些风险，并获取充分、适当的审计证据，作为发表审计意见的基础。由于舞弊可能涉及串通、伪造、故意遗漏、虚假陈述或凌驾于内部控制之上，未能发现由于舞弊导致的重大错报的风险高于未能发现由于错误导致的重大错报的风险。

（2）了解与审计相关的内部控制，以设计恰当的审计程序，但目的并非对内部控制的有效性发表意见。

（3）评价管理层选用会计政策的恰当性和作出会计估计及相关披露的合理性。

（4）对管理层使用持续经营假设的恰当性得出结论。同时，根据获取的审计证据，就可能导致对兴业信托持续经营能力产生重大疑虑的事项或情况是否存在重大不确定性得出结论。如果我们得出结论认为存在重大不确定性，审计准则要求我们在审计报告中提请报表使用者注意财务报表中的相关披露；如果披露不充分，我们应当发表非无保留意见。我们的结论基于截至审计报告日可获得的信息。然而，未来的事项或情况可能导致兴业信托不能持续经营。

（5）评价财务报表的总体列报（包括披露）、结构和内容，并评价财务报表是否公允反映相关交易和事项。

（6）就兴业信托中实体或业务活动的财务信息获取充分、适当的审计证据，以对财务报表发表审计意见。我们负责指导、监督和执行集团审计，并对审计意见承担全部责任。

我们与治理层就计划的审计范围、时间安排和重大审计发现等事项进行沟通，包括沟通我们在审计中识别出的值得关注的内部控制缺陷。

毕马威华振会计师事务所（特殊普通合伙）上海分所
中国注册会计师：陈思杰
金 劭

中国·上海　　　　　　　　　2022年4月28日

5.1.2 资产负债表

合并资产负债表

编制单位：兴业国际信托有限公司　　　　　　　　　单位：万元

项目	2021年12月31日	2020年12月31日
资产	—	—
货币资金	937 227.86	655 999.03
衍生金融资产	6.89	889.66
买入返售金融资产	—	15 479.66
应收账款	35 260.19	38 182.71
应收期货保证金	357 405.80	325 056.54
金融投资	—	—
交易性金融资产	4 247 113.35	3 724 345.36
债权投资	811 147.17	934 514.00
其他债权投资	81 153.38	199 554.24
其他权益工具投资	8 000.00	8 000.00
长期股权投资	32 395.40	32 279.75
存货	13 347.04	32 384.32
固定资产	19 881.45	13 588.90
在建工程	462.16	309.87
使用权资产	16 602.20	—
无形资产	4 158.41	3 791.20
商誉	8 602.27	8 602.27
递延所得税资产	74 926.01	62 620.65
其他资产	220 921.90	219 570.23
资产总计	6 868 611.48	6 275 168.39

合并资产负债表（续）

编制单位：兴业国际信托有限公司　　　　　　　　　单位：万元

项目	2021年12月31日	2020年12月31日
负债		
金融机构借款	1 487 881.67	1 378 596.19
拆入资金	300 000.00	250 000.00

续表

项目	2021年12月31日	2020年12月31日
衍生金融负债	—	839.82
交易性金融负债	18 822.18	30 716.78
应付职工薪酬	76 264.59	78 976.95
应交税费	36 552.37	52 663.89
应付债券	1 429 198.78	1 166 576.11
租赁负债	17 741.32	—
应付期货保证金	978 994.93	799 669.10
期货风险准备金	1 706.95	1 626.62
递延收益	947.52	1 524.76
递延所得税负债	15 307.45	6 703.96
其他负债	263 969.16	392 722.22
负债合计	4 627 386.92	4 160 616.40
所有者权益	—	—
实收资本	1 000 000.00	1 000 000.00
资本公积	314 103.18	271 715.14
其他综合收益	1 336.95	158.54
盈余公积	115 899.29	114 231.74
信托赔偿准备	57 838.39	57 004.61
一般风险准备	17 605.23	15 531.21
未分配利润	530 301.78	451 676.88
归属于母公司股东权益合计	2 037 084.82	1 910 318.12
少数股东权益	204 139.74	204 233.87
所有者权益合计	2 241 224.56	2 114 551.99
负债和所有者权益总计	6 868 611.48	6 275 168.39

母公司资产负债表

编制单位：兴业国际信托有限公司　　　　　　　　　单位：万元

项目	2021年12月31日	2020年12月31日
资产	—	—
货币资金	85 096.88	23 964.90
应收账款	26 636.17	27 495.26
金融投资	—	—
交易性金融资产	1 006 489.26	898 768.64
债权投资	650 862.89	562 111.64
其他债权投资	35 053.38	143 846.26
长期股权投资	404 516.48	404 516.48
固定资产	3 289.71	2 217.10
使用权资产	5 792.84	—

续表

项目	2021年12月31日	2020年12月31日
无形资产	2 845.44	2 412.59
递延所得税资产	31 472.33	35 663.84
其他资产	16 815.89	27 066.40
资产总计	2 268 871.27	2 128 063.11
负债	—	—
拆入资金	300 000.00	250 000.00
应付职工薪酬	23 629.51	41 183.66
应交税费	13 671.49	33 290.90
租赁负债	6 446.87	—
其他负债	81 899.00	20 607.56
负债合计	425 646.87	345 082.12
所有者权益	—	—
实收资本	1 000 000.00	1 000 000.00
资本公积	331 816.04	289 428.00
其他综合收益	1 338.74	158.89
盈余公积	115 899.29	114 231.74
信托赔偿准备	57 838.39	57 004.61
一般风险准备	16 461.61	14 983.52
未分配利润	319 870.32	307 174.23
所有者权益合计	1 843 224.40	1 782 980.99
负债和所有者权益总计	2 268 871.27	2 128 063.11

5.1.3 利润表

合并利润表

编制单位：兴业国际信托有限公司　　　　　单位：万元

项目	2021年度	2020年度
一、营业收入	—	—
利息收入	50 834.67	74 333.14
利息支出	(111 974.71)	(84 980.48)
利息净收入	(61 140.04)	(10 647.34)
手续费及佣金收入	171 447.05	234 453.95
手续费及佣金支出	(10 008.28)	(2 578.40)
手续费及佣金净收入	161 438.77	231 875.55
公允价值变动损益	88 612.03	75 288.57
投资收益	166 863.34	118 539.81
其中：对联营企业的投资收益	(194.33)	604.09
汇兑损益	1.66	0.95
其他业务收入	186 082.90	114 735.75

续表

项目	2021年度	2020年度
资产处置收益/(损失)	6.66	33.98
其他收益	5 730.55	4 400.02
营业收入合计	547 595.87	534 227.29
二、营业支出	—	—
税金及附加	(2 618.34)	(2 535.66)
业务及管理费	(92 177.74)	(110 874.11)
研发费用	(75 602.15)	(50 739.62)
信用减值损失	(167 018.03)	(87 639.55)
其他业务成本	(90 937.73)	(49 126.21)
营业支出合计	(428 353.99)	(300 915.15)
三、营业利润	119 241.88	233 312.14
加：营业外收入	1 105.50	403.84
减：营业外支出	(1 184.50)	(209.14)
四、利润总额	119 162.88	233 506.84
减：所得税费用	(25 656.76)	(57 188.94)
五、净利润	93 506.12	176 317.90
按经营持续性分类：	—	—
1.持续经营净利润	93 506.12	176 317.90
2.终止经营净利润	—	—
按所有权归属分类：	—	—
1.归属于母公司所有者的净利润	83 200.25	166 127.77
2.少数股东损益	10 305.87	10 190.13
六、其他综合收益	1 178.41	(2 161.73)
将重分类进损益的其他综合收益	—	—
-其他债权投资公允价值变动的收益	4 964.73	(6 269.25)
-其他债权投资信用减值准备	(3 786.32)	4 156.49
-现金流量套期储备	—	(48.97)
七、综合收益总额	94 684.53	174 156.17
归属于母公司股东综合收益总额	84 378.66	163 966.04
归属于少数股东的综合收益总额	10 305.87	10 190.13

母公司利润表

编制单位：兴业国际信托有限公司　　　　　单位：万元

项目	2021年度	2020年度
一、营业收入	—	—
利息收入	454.07	12 667.88
利息支出	(1 990.22)	(532.94)
利息净收入	(1 536.15)	12 134.94
手续费及佣金收入	110 013.66	195 472.01
手续费及佣金支出	(93.83)	(96.43)

续表1

项目	2021年度	2020年度
手续费及佣金净收入	109 919.83	195 375.58
公允价值变动损益	35 446.64	55 254.83
投资(损失)/收益	34 690.10	11 396.62
其中:对联营企业的投资收益	—	—
其他业务收入	87.69	72.90
资产处置收益	9.94	30.62
其他收益	86.08	605.03
营业收入合计	178 704.13	274 870.52
二、营业支出		
税金及附加	(1 023.47)	(1 416.59)
业务及管理费	(31 127.74)	(53 793.01)
信用减值损失	(130 510.03)	(65 774.16)
营业支出合计	(162 661.24)	(120 983.76)

续表2

项目	2021年度	2020年度
三、营业利润	16 042.89	153 886.76
加:营业外收入	54.60	101.82
减:营业外支出	(494.79)	(76.94)
四、利润总额	15 602.70	153 911.64
减:所得税费用	1 072.82	(37 540.87)
五、净利润	16 675.52	116 370.77
按经营持续性分类:	—	—
-持续经营净利润	16 675.52	116 370.77
六、其他综合收益	1 179.85	(2 206.40)
将重分类进损益的其他综合(损失)/收益	—	—
-其他债权投资公允价值变动的收益	5 211.35	(6 362.89)
-其他债权投资信用减值准备	(4 031.50)	4 156.49
七、综合收益总额	17 855.37	114 164.37

5.1.4 所有者权益变动表

所有者权益变动表(合并)

2021年度 单位:万元

编制单位:兴业国际信托有限公司

项目	实收资本	资本公积	其他综合收益	盈余公积	信托赔偿准备	一般风险准备	未分配利润	少数股东权益	所有者权益合计
一、2021年1月1日余额	1 000 000.00	271 715.14	158.54	114 231.74	57 004.61	15 531.21	451 676.88	204 233.87	2 114 551.99
二、本年增减变动金额	—	—	—	—	—	—	—	—	—
(一)综合收益总额	—	—	1 178.41	—	—	—	83 200.25	10 305.87	94 684.53
(二)股东投入资本	—	42 388.04	—	—	—	—	—	—	42 388.04
(三)利润分配	—	—	—	1 667.55	833.78	2 074.02	(4 575.35)	(10 400.00)	(10 400.00)
1.提取盈余公积	—	—	—	1 667.55	—	—	(1 667.55)	—	—
2.提取信托赔偿准备	—	—	—	—	833.78	—	(833.78)	—	—
3.提取一般风险准备	—	—	—	—	—	2 074.02	(2 074.02)	—	—
4.永续债利息分配	—	—	—	—	—	—	(10 400.00)	—	(10 400.00)
三、2021年12月31日余额	1 000 000.00	314 103.18	1 336.95	115 899.29	57 838.39	17 605.23	530 301.78	204 139.74	2 241 224.56

所有者权益变动表(母公司)

2021年度 单位:万元

编制单位:兴业国际信托有限公司

项目	实收资本	资本公积	其他综合收益	盈余公积	信托赔偿准备	一般风险准备	未分配利润	所有者权益合计
一、2021年1月1日余额	1 000 000.00	289 428.00	158.89	114 231.74	57 004.61	14 983.52	307 174.23	1 782 980.99
二、本年增减变动金额	—	—	—	—	—	—	—	—
(一)综合收益总额	—	—	1 179.85	—	—	—	16 675.52	17 855.37
(二)股东投入资本	—	42 388.04	—	—	—	—	—	42 388.04
(三)利润分配	—	—	—	1 667.55	833.78	1 478.09	(3 979.42)	—
1.提取盈余公积	—	—	—	1 667.55	—	—	(1 667.55)	—
2.提取信托赔偿准备	—	—	—	—	833.78	—	(833.78)	—
3.提取一般风险准备	—	—	—	—	—	1 478.09	(1 478.09)	—
三、2021年12月31日余额	1 000 000.00	331 816.04	1 338.74	115 899.29	57 838.39	16 461.61	319 870.32	1 843 224.40

5.2 信托资产

5.2.1 信托项目资产负债汇总表

信托项目资产负债汇总表

编制单位：兴业国际信托有限公司　　　　　　　　　2021年度　　　　　　　　　　　　　　　　　　单位：万元

信托资产	期初数	期末数	信托负债和信托权益	期初数	期末数
资产：	—	—	负债：	—	—
货币资金	257 105.38	303 761.44	交易性金融负债		
拆出资金			衍生金融负债		
交易性金融资产	5 540 902.53	6 141 485.91	应付受益人收益	76 844.29	14 767.14
衍生金融资产			应交税费	13 512.56	7 152.54
买入返售金融资产	2 955 200.52	1 250 613.12	其他应付款项	341 818.94	289 168.50
应收款项	433 625.00	449 667.48	其他负债		
发放贷款	8 093 706.51	4 777 846.16	信托负债合计	432 175.79	311 088.18
可供出售金融资产	15 286 621.99	12 447 116.60		—	—
持有至到期投资					
长期应收款			信托权益		
长期股权投资	5 278 976.92	3 460 195.95	实收信托	36 494 095.48	27 402 467.87
投资性房地产			资本公积		
固定资产			未分配利润	919 867.58	1 117 130.61
无形资产			所有者权益合计	37 413 963.06	28 519 598.48
其他资产					
资产总计	37 846 138.85	28 830 686.66	负债和所有者权益总计	37 846 138.85	28 830 686.66

5.2.2 信托项目利润及利润分配汇总表

信托项目利润及利润分配表

编制单位：兴业国际信托有限公司　　　　单位：万元

项目	2021年度	2020年度
一、营业收入	2 309 339.57	3 489 279.02
利息收入	1 127 053.74	1 755 845.35
投资收益	1 243 069.71	1 520 110.16
公允价值变动损益	(64 173.29)	211 450.58
租赁收入	—	—
汇兑损益	(29.48)	(55.11)
其他收入	3 418.89	1 928.04
二、营业支出	348 517.49	447 084.99
三、信托净利润	1 960 822.08	3 042 194.03
四、其他综合收益	—	—
五、综合收益	1 960 822.08	3 042 194.03
加：期初未分配信托利润	919 867.58	775 220.05
六、可供分配的信托利润	2 880 689.66	3 817 414.08
减：本期已分配信托利润	1 763 559.05	2 897 546.50
七、期末未分配信托利润	1 117 130.61	919 867.58

6. 会计报表附注

6.1 会计报表编制基准说明

本公司及子公司（以下简称本集团）以持续经营为基础编制财务报表。本公司编制的财务报表符合中华人民共和国财政部（以下简称财政部）颁布的企业会计准则的要求，真实、完整地反映了本公司2021年12月31日的合并财务状况和财务状况、2021年度的合并经营成果和经营成果及合并现金流量和现金流量。本公司编制的会计报表不存在不符合会计核算基本前提的事项。

纳入本公司合并报表范围的子公司情况。

子公司全称	业务性质	注册地	注册资本（万元）	实际出资额（万元）	持股比例（%）	合并期间
兴业国信资产管理有限公司	资产管理业务	上海	340 000	340 000	100.00	2021年度
兴业期货有限公司	期货业务	宁波	50 000	64 516	100.00	2021年度

6.2 或有事项说明

截至资产负债表日，本公司作为信托计划的管理人向信保基金转让有关信托计划债权，并向信保基金提供合同项下差额补足义务合计人民币 2 418 630 000 元（2020年：人民币 3 679 431 652 元）。无其他需要披露的重大或有事项。

6.4 会计报表中重要项目的明细资料

6.4.1 自营资产经营情况

6.4.1.1 信用风险资产情况

信用风险资产五级分类	正常类（万元）	关注类（万元）	次级类（万元）	可疑类（万元）	损失类（万元）	信用风险资产合计（万元）	不良资产合计（万元）	不良率（%）
期初数	1 548 905	577 858	18 500	—	—	2 145 263	18 500	0.86
期末数	1 616 098	211 122	503 811	—	536	2 331 567	504 347	21.63

6.4.1.2 各项资产减值损失准备情况

单位：万元

项目	期初数	本期计提	本期转回	本期核销/卖出资产	期末数
贷款损失准备	—	—	—	—	—
一般准备	—	—	—	—	—
专项准备	—	—	—	—	—
其他资产减值准备	68 202	130 510	5 530	91 487	112 755
债权投资减值准备	57 871	135 201	5 530	91 487	107 115
其他债权投资减值准备	9 917	-5 375			4 542
长期股权投资减值准备	—	—	—	—	—
坏账准备	414	685			1 099
投资性房地产减值准备	—	—	—	—	—

6.4.1.3 固有业务股票投资、基金投资、债券投资、股权投资等投资业务情况

单位：万元

项目	自营股票	基金	债券	长期股权投资	其他投资	合计
期初数	—	197 542	406	404 516	1 464 650	2 067 114
期末数	6 304	402 751	—	404 516	1 390 465	2 204 036

6.4.1.4 自营长期股权投资情况

企业名称	占被投资企业权益的比例（%）	主要经营活动	投资收益（万元）
兴业期货有限公司	100	期货的代理买卖	—
兴业国信资产管理有限公司	100	资产管理	—

6.4.1.5 自营贷款情况

无。

6.4.1.6 表外业务情况

单位：万元

表外业务	期初数	期末数
担保业务	—	—
代理业务（委托业务）	—	—
其他	—	—
合计	—	—

6.3 报告期内重要资产转让及其出售的说明

报告期内，本公司无重要资产转让及出售。

6.4.1.7 2021年度收入结构

收入结构	合并		母公司	
	金额（万元）	占比（%）	金额（万元）	占比（%）
手续费及佣金收入	171 447	25.57	110 014	60.83
其中：信托业务手续费及佣金收入	109 857	16.38	109 857	60.75
顾问和咨询收入	14 856	2.22	65	0.04
资产管理业务管理费收入	23 461	3.50	—	—
期货业务手续费收入	15 579	2.32	—	—
其他	7 694	1.15	92	0.04
利息收入	50 835	7.58	454	0.25
其他业务收入	186 083	27.75	88	0.05
其中：计入信托业务收入部分	—	—	—	—
其他收益	5 731	0.85	86	0.05
资产处置收益	7		10	0.01
汇兑损益	2		—	—
投资收益	166 863	24.88	34 690	19.18
其中：股权投资收益	14 581	2.17	20 041	11.08
证券投资收益	35 842	5.34	13 905	7.69
其他投资收益	116 440	17.37	744	0.41
公允价值变动收益	88 612	13.21	35 447	19.60
营业外收入	1 106	0.16	55	0.03
收入合计	670 686	100.00	180 844	100

本公司合并口径"其他业务收入"主要为信息科技业务服务收入。

6.4.2 信托财产管理情况

6.4.2.1 信托资产情况

单位：万元

信托资产	期初数	期末数
集合	12 707 549	9 939 199
单一	15 677 821	10 667 551
财产权	9 460 769	8 223 937
合计	37 846 139	28 830 687

6.4.2.1.1 主动管理型信托业务情况

单位：万元

主动管理型信托资产	期初数	期末数
证券投资类	2 323 724	2 876 139
股权及其他投资类	1 276 614	2 353 462
融资类	5 332 473	3 068 015
事务管理类	—	—
合计	8 932 811	8 297 616

6.4.2.1.2 被动管理型信托业务情况

单位：万元

被动管理型信托资产	期初数	期末数
证券投资类	4 380 133	3 408 693
股权及其他投资类	4 733 586	2 387 184
融资类	6 622 771	3 985 026
事务管理类	13 176 838	10 752 168
合计	28 913 328	20 533 071

6.4.2.2 报告期内已清算结束的信托项目情况

报告期内，本公司已清算结束的信托项目340个，实收信托金额33 200 510万元，加权平均实际年化收益率6.84%。

6.4.2.2.1 报告期内已清算结束的集合类、单一类资金信托项目和财产管理类信托项目情况

已清算结束信托项目	项目个数（个）	实收信托合计金额（万元）	加权平均实际年化收益率（%）
集合类	176	12 492 121	7.97
单一类	112	14 300 087	6.42
财产管理类	52	6 408 302	5.61

6.4.2.2.2 报告期内已清算结束的主动管理型信托项目情况

已清算结束信托项目（主动管理型）	项目个数（个）	实收信托合计金额（万元）	加权平均实际年化信托报酬率（%）	加权平均实际年化收益率（%）
证券投资类	8	92 469	1.29	18.46
股权及其他投资类	40	1 177 946	1.75	7.62
融资类	121	4 342 677	1.77	6.53
事务管理类	—	—	—	—

6.4.2.2.3 报告期内已清算结束的被动管理型信托项目情况

已清算结束信托项目（被动管理型）	项目个数（个）	实收信托合计金额（万元）	加权平均实际年化信托报酬率（%）	加权平均实际年化收益率（%）
证券投资类	47	13 282 091	0.17	9.34
股权及其他投资类	6	1 283 052	0.06	6.22
融资类	28	3 304 537	0.08	3.87
事务管理类	90	9 717 738	0.14	4.47

6.4.2.3 报告期内新增集合类、单一类和财产管理类信托项目情况

新增信托项目	项目个数（个）	实收信托合计金额（万元）
集合类	166	3 716 795
单一类	680	1 050 621
财产管理类	32	4 267 359
新增合计	878	9 034 775
其中：主动管理型	764	3 595 784
被动管理型	114	5 438 991

6.4.2.4 信托业务创新成果和特色业务有关情况

报告期内，本公司认真贯彻落实国家宏观政策和金融监管要求，以推动业务转型与结构调整为契机，特色转型业务快速发展。

6.4.2.4.1 绿色信托业务继续保持行业前列

报告期内，成功落地福建省首单碳排放权绿色信托计划和行业首单ESG主题证券投资信托；与中华环境保护基金会开展合作成立国内首个以生物多样性保护为主题的绿色慈善信托。在蓝色海洋经济领域落地福建省内首单"蓝色债券"投资业务，积极参与绿色客户债券产品分销工作。截至2021年末，绿色业务存续规模416亿元，继续保持行业前列。

6.4.2.4.2 标品信托产品体系日渐成熟，服务信托本源业务迅速发展

现金管理类产品存续余额接近230亿元，较年初实现增幅16.46%，产品七日年化收益率位居市场同类产品首位；服务信托持续推进，家族信托实现快速增长，截至2021年末，存量管理规模超过160亿元，客户数超过1 000户，业务规模及客户数均实现翻倍增长。薪酬递延业务迅速增长，存续规模较年初增长252%。

6.4.2.4.3 股权投资业务发展势头良好

报告期内，旗下兴业国信资产管理有限公司投资效益和品牌效应不断增强，投资范围覆盖新能源、高端制

造、生物医药、绿色环保等重点领域，新增落地多项PE基金及并购基金类项目，参投企业晶科能源成功登陆科创板上市，孚能科技项目顺利退出。

6.4.2.5 本公司履行受托人义务情况及因本公司自身责任而导致的信托资产损失情况（合计金额、原因等）

本公司在信托财产的管理运用和处分过程中，严格按法律法规、监管规定和信托合同等信托文件的约定对信托财产进行管理，切实履行诚实、信用、谨慎、有效管理的义务，维护受益人的最大利益；报告期内，没有发生因公司自身责任而导致的信托资产损失情况。

6.5 关联方关系及其交易的披露

6.5.1 关联交易方的数量、关联交易总金额及定价政策等

固有业务关联方情况

	关联交易方数量	关联交易金额（万元）	定价政策
合计	3	-214 473.20	依照法律法规、监管要求，以及本公司关于关联交易的内部规定进行定价

信托业务关联方情况

	关联交易方数量	关联交易金额（万元）	定价政策
合计	15	14 478 562.86	依照法律法规、监管要求，以及本公司关于关联交易的内部规定进行定价

6.5.2 关联交易方情况

关系性质	关联方名称	法定代表人	注册地址	注册资本（亿元）	主营业务
股东	兴业银行股份有限公司	吕家进	福建省福州市台江区江滨中大道398号兴业银行大厦	207.74	商业银行业务
子公司	兴业期货有限公司	吴若曼	浙江省宁波市中山东路796号11层1至8室	5	商品期货经纪、金融期货经纪、期货投资咨询、资产管理
子公司	兴业国信资产管理有限公司	张小坚	上海市虹口区广纪路738号2幢430室	34	资产管理，股权投资（项目符合国家宏观经济政策和产业政策要求），实业投资，投资管理，投资顾问
子公司	福建交易市场登记结算中心股份有限公司	杨刚强	平潭综合实验区金井湾片区台湾创业园	1	为地方各类交易场所提供投资者信息、交易信息登记注册、交易资金清（结）算、客户资金存管、交易数据监控服务；为各类合法合规的金融活动提供登记结算、资金存管与清算结算、金融信息服务；开展与上述业务相关的咨询、研究、技术开发研究；计算机系统服务、基础软件服务、应用软件服务、数据处理
子公司	兴业资产管理有限公司	方智勇	福建省福州市马尾区快安路8号6A号（自贸试验区内）	19.5	投资与资产管理；参与省内金融机构不良资产的批量收购、转让和处置业务；收购、转让和处置非金融机构不良资产；债务重组及企业重组；债权转股权，对股权资产进行管理、投资和处置；破产管理；资产证券化业务；企业托管和清算业务；买卖有价证券；同业往来及向金融机构进行商业融资；受托管理各类基金；金融通道业务；财务、投资、风险管理、资产及项目评估咨询和顾问；省政府授权和批准的其他业务
子公司	兴业数字金融服务（上海）股份有限公司	陈翀	中国（上海）自由贸易试验区杨高南路729号第41层	3.5	金融数据处理，经济信息咨询服务，应用软件开发和运营服务，系统集成服务，创业投资，资产管理，投资管理，投资咨询，计算机软硬件开发与销售，从事计算机技术、网络技术、信息技术、机电科技领域内的技术开发、技术咨询、技术转让、技术服务
受控股股东控制的公司	兴业消费金融股份公司	郑海清	福建省泉州市丰泽区丰泽街213号兴业银行大厦第17层	19	发放个人消费贷款；接受股东境内子公司或境内股东的存款；向境内金融机构借款；经批准发行金融债券；境内同业拆借；与消费金融相关的咨询、代理业务；固定收益类证券投资业务；经银监会批准的其他业务
受控股股东控制的公司	兴业财富资产管理有限公司	胡斌	中国（上海）自由贸易试验区银城路167号14层1402室	7.8	特定客户资产管理业务以及中国证监会许可的其他业务
受控股股东控制的公司	兴业金融租赁有限责任公司	陈信健	天津经济技术开发区南港工业区创业路综合服务区办公楼D座一层110-111	90	金融租赁业务；转让和受让融资租赁资产；固定收益类证券投资业务；接受承租人的租赁保证金；吸收非银行股东3个月（含）以上定期存款；同业拆借；向金融机构借款；境外借款；租赁物变卖及处置业务；经济咨询；在境内保税地区设立项目公司开展融资租赁业务；为控股子公司、项目公司对外融资提供担保；中国银监会批准的其他业务。公司经营业务中涉及外汇管理事项的，应当遵守国家外汇管理的有关规定；自营和代理货物进出口、技术进出口
受控股股东控制的公司	兴银理财有限责任公司	顾卫平	福建省福州市鼓楼区五四路75号福建外贸大厦27层	50	面向不特定社会公众公开发行理财产品，对受托的投资者财产进行投资和管理；面向合格投资者非公开发行理财产品，对受托的投资者财产进行投资和管理；理财顾问和咨询服务；经银保监会批准的其他业务。（依法须经批准的项目，经相关部门批准后方可开展经营活动）

续表

关系性质	关联方名称	法定代表人	注册地址	注册资本(亿元)	主营业务
主要股东关联方	福建华鑫通国际旅游业有限公司	徐家宁	厦门市同安区西柯一里六号楼301室	15.36	许可项目：旅游业务；房地产开发经营；货物进出口；餐饮服务；住宿服务；食品经营（销售预包装食品）；食品经营（销售散装食品）；高危险性体育运动（游泳）；理发服务；美容服务；洗浴服务；酒吧服务（不含演艺娱乐活动）（依法须经批准的项目，经相关部门批准后方可开展经营活动，具体经营项目以相关部门批准文件或许可证件为准）一般项目：酒店管理；健身休闲活动；美甲服务；养生保健服务（非医疗）；洗染服务；洗烫服务；办公服务；会议及展览服务；企业管理；信息咨询（不含许可类信息咨询服务）；住房租赁；非居住房地产租赁；工艺美术品及礼仪用品制造（象牙及其制品除外）；服装服饰零售；日用品销售；停车场服务；票务代理服务；体育用品及器材零售；旅行社服务网点旅游招徕、咨询服务
主要股东关联方	福建华通银行股份有限公司	刘丹	平潭综合实验区金井湾商务营运中心6号楼308室（中国（福建）自由贸易试验区平潭片区内）	24	吸收人民币存款；发放短期、中期和长期人民币贷款；办理国内结算；办理票据承兑及贴现；发行金融债券；代理发行、代理兑付、承销政府债券；买卖政府债券、金融债券；从事同业拆借；从事银行卡业务；提供信用证服务及担保；代理收付款项及代理保险业务；提供保管箱服务；经国务院银行业监督管理机构批准的其他业务
主要股东关联方	福建省能源集团财务有限公司	罗振文	福建省福州市鼓楼区五四路75号海西商务大厦28层西侧	10	对成员单位办理财务和融资顾问、信用鉴证及相关的咨询、代理服务；协助成员单位实现交易款项的收付；经批准的保险代理业务；对成员单位提供担保；办理成员单位之间的委托贷款及委托投资；对成员单位办理票据承兑及贴现；办理成员单位之间的内部转账结算及相应的结算、清算方案设计；吸收成员单位的存款；对成员单位办理贷款及融资租赁；从事同业拆借；承销成员单位的企业债券；有价证券投资；对金融机构的股权投资；中国银监会批准的其他业务
主要股东关联方	华福证券有限责任公司	黄金琳	福建省福州市鼓楼区鼓屏路27号1号楼3层、4层、5层	33	许可项目：证券业务；证券投资基金销售服务；证券投资基金托管（依法须经批准的项目，经相关部门批准后方可开展经营活动，具体经营项目以相关部门批准文件或许可证件为准）一般项目：证券公司为期货公司提供中间介绍业务（除依法须经批准的项目外，凭营业执照依法自主开展经营活动）
主要股东关联方	福建海峡银行股份有限公司	俞敏	福建省福州市台江区江滨中大道358号海峡银行大厦	56.34	办理人民币存款、贷款、结算业务；办理票据承兑与贴现；发行金融债券；代理发行、代理兑付、承销政府债券；买卖政府债券、金融债券；基金销售业务；同业人民币拆借；银行卡业务；提供信用证服务及担保；代理收付款项及代理保险业务（代理险种：中国保监会批准和允许销售的人身保险和财产保险）；外汇存款、贷款、汇款；外币兑换；国际结算；同业外汇拆借；外汇票据的承兑和贴现；外汇担保；资信调查、咨询、见证业务；经营结汇、售汇业务；提供保管箱服务；经中国银行业监督管理委员会等监管部门批准的其他业务
主要股东关联方	厦门国贸资产管理有限公司	朱大昕	中国（福建）自由贸易试验区厦门片区翔云一路40号盛通中心之二A区132单元	1	资产管理（法律、法规另有规定除外）；投资管理（法律、法规另有规定除外）；商务信息咨询
主要股东关联方	国贸期货有限公司	朱大昕	福建省厦门市湖里区仙岳路4688号国贸中心A栋16层、15层1单元	5.3	商品期货经纪，金融期货经纪，期货投资咨询，资产管理

注：本公司按照穿透原则，将主要股东及其控股股东、实际控制人、关联人、一致行动人、最终受益人作为本公司关联方管理。

6.5.3 本公司与关联方的重大交易事项

6.5.3.1 固有财产与关联方交易情况

固有财产与关联方关联交易　　单位：万元

项目	期初数	借方发生额	贷方发生额	期末数
贷款	—	—	—	—
投资	—	—	—	—
租赁	0.00	435.60	0.00	435.60
担保	—	—	—	—
应收账款	—	—	—	—
其他	-226 459.10	5 358 933.28	-5 347 382.98	-214 908.80
合计	-226 459.10	5 359 368.88	-5 347 382.98	-214 473.20

注：固有财产与关联方重大交易披露情况详见本公司官网披露的2021年度报告全文版。

6.5.3.2 信托资产与关联方交易情况

信托资产与关联方关联交易　　单位：万元

项目	期初数	借方发生额	贷方发生额	期末数
贷款	79 546.02	79 546.02	—	—
投资				
租赁				

续表

项目	期初数	借方发生额	贷方发生额	期末数
担保	—	—	—	—
应收账款	—	—	—	—
其他	15 468 301.16	8 411 834.12	7 422 095.82	14 478 562.86
合计	15 547 847.18	8 491 380.14	7 422 095.82	14 478 562.86

注：信托财产与关联方重大交易披露情况详见本公司官网披露的2021年度报告全文版。

6.5.3.3 固有财产与信托财产、信托资产与信托财产之间交易情况

6.5.3.3.1 固有财产与信托财产之间的交易情况

固有财产与信托财产相互交易　　　　　单位：万元

项目	期初数	本期发生额	期末数
合计	1 028 129.27	-10 795.83	1 017 333.43

注：固有财产与信托财产重大交易披露情况详见本公司官网披露的2021年度报告全文版。

6.5.3.3.2 信托资产与信托财产之间的交易情况

信托资产与信托财产相互交易　　　　　单位：万元

项目	期初数	本期发生额	期末数
合计	587 077.84	-28 089.37	558 988.47

6.5.4 报告期内，本公司未发生关联方逾期未偿还本公司资金的情况以及本公司为关联方担保发生或即将发生垫款的情况

6.6 会计制度的披露

本公司固有业务从2008年1月1日起执行财政部2006年2月发布的《企业会计准则》；信托业务从2010年1月1日起执行《企业会计准则》。

7. 财务情况说明书

7.1 利润实现和分配情况

本集团2021年度实现净利润93 506.12万元，其中母公司实现净利润16 675.52万元。按照《公司法》《信托公司管理办法》、财政部相关法规以及公司章程的规定，母公司利润分配方案如下：（1）提取法定盈余公积。按照当年税后利润10%的比例提取法定盈余公积1 667.55万元。（2）提取信托赔偿准备。按照当年税后利润5%的比例提取信托赔偿准备833.78万元。（3）提取一般准备。根据财政部《金融企业准备金计提管理办法》（财金〔2012〕20号）的规定，金融企业应当于每年年度终了对承担风险和损失的资产计提一般准备。一般准备余额原则上不得低于风险资产期末余额的1.5%，2021年计提一般风险准备1 478.09万元。（4）2021年度暂不向全体股东派发现金股利，剩余未分配利润319 870.32万元留存以后年度进行分配。

7.2 主要财务指标

指标名称	指标值	
	合并（2021年度）	母公司（2021年度）
资本利润率（%）	4.29	0.92
加权年化信托报酬率（%）	—	0.34
人均净利润（万元）	36.14万元	33.69万元

注：1. 资本利润率=净利润/所有者权益平均余额×100%。
　　2. 信托报酬率=信托业务收入/实收信托平均余额×100%。
　　3. 人均净利润=净利润/年平均人数，平均值采取年初、年末余额简单平均法。

7.3 对本公司财务状况、经营成果有重大影响的其他事项

报告期内，未发生对本公司财务状况、经营成果有重大影响的其他事项。

8. 特别事项简要揭示

8.1 报告期内股东变动情况及原因

报告期内，本公司股东未发生变动。

8.2 董事、监事及高级管理人员变动情况及原因

8.2.1 董事变动情况及原因

报告期内，本公司董事发生以下变动：

2021年5月，因连续担任本公司独立董事满6年，吴世农先生向本公司董事会提交书面辞职函，申请辞去本公司独立董事职务。根据监管规章和本公司章程有关规定，吴世农先生的辞职函在下任独立董事选举产生后生效。2021年8月，本公司2021年第二次临时股东会选举沈艺峰先生接替吴世农先生担任本公司第六届董事会独立董事。2021年11月，沈艺峰先生独立董事任职资格经福建银保监局以闽银保监复〔2021〕395号文件核准并到任履职，吴世农先生正式卸任本公司独立董事职务。

2021年11月，经本公司2021年第三次临时股东会审议通过，郭晓恺先生当选为本公司第六届董事会董事，薛瑞锋先生不再担任本公司董事。2021年12月，郭晓恺先生董事任职资格经福建银保监局以闽银保监复〔2021〕

449号文件核准并到任履职。

8.2.2 监事变动情况及原因

报告期内，本公司监事未发生变动。

8.2.3 高级管理人员变动情况及原因

报告期内，本公司高级管理人员发生以下变动：

2021年4月，经本公司第六届董事会第六次会议审议通过，薛瑞锋先生因工作调整不再担任本公司总裁职务，公司董事长沈卫群先生代为履行总裁职务。

2021年11月，经本公司第六届董事会第八次会议审议通过，聘任郭晓恺先生担任本公司总裁职务。2021年12月，郭晓恺先生总裁任职资格经福建银保监局以闽银保监复〔2021〕449号文件核准并到任履职，沈卫群董事长不再代为履行总裁职务。

8.3 报告期内本公司重大未决诉讼事项

报告期内，本公司无新增重大未决诉讼事项（包括固有及信托）。

8.4 报告期内，毕马威华振会计师事务所（特殊普通合伙）出具了标准无保留意见的审计报告

8.5 报告期内，本公司及董事、监事和高级管理人员受到处罚的情况

报告期内，福建银保监局对本公司作出行政处罚2次，对公司及相关责任人处以罚款及警告。除前述事项外，本公司及董事、监事和高级管理人员没有受到处罚情况。

8.6 银保监会及其派出机构对本公司的检查意见及本公司整改情况

报告期内，福建银保监局通过对本公司的非现场监管及现场检查，对本公司进一步加强信托业务合规管理、加强风险防控、深化整治市场乱象等提出了监管意见。本公司认真按照监管要求，稳步推进业务转型，逐步回归信托本源，强化风险合规管控，规范公司治理和经营管理运行机制，提高服务实体经济质效，加强内控建设及强化问题整改，确保合规稳健经营。

8.7 报告期内重大事项临时报告

2021年4月30日，本公司在《证券时报》第B518版、《上海证券报》第322版发布《兴业国际信托有限公司关于公司总裁变更的公告》，主要内容为：经兴业国际信托有限公司第六届董事会第六次会议审议通过，薛瑞锋先生因工作调整不再担任兴业国际信托有限公司总裁职务，公司董事长沈卫群先生代为履行总裁职务。

2021年8月12日，本公司在《证券时报》第B1版、《上海证券报》第95版发布《兴业国际信托有限公司关于变更住所等事项的公告》，主要内容为：经本公司2021年第一次临时股东会审议通过，并经中国银行保险监督管理委员会福建监管局批准（闽银保监复〔2021〕307号），本公司住所由"福州市鼓楼区五四路137号信和广场25—26层"变更为"福州市鼓楼区五四路137号信和广场23层、25层、26层"。本公司已就上述变更住所事项对《章程》相应条款进行修订。

2022年1月4日，本公司还就郭晓恺总裁到任履职事项在《证券时报》《上海证券报》进行公告披露。

8.8 银保监会及其省级派出机构认定的其他有必要让客户及相关利益人了解的重要信息

无。

9. 消费者权益保护情况

报告期内，本公司持续贯彻"以客户为中心"的消保工作理念，不断提高产品和服务质量，巩固消保体制机制建设，严控消保审查，落实销售适当性，强化个人金融信息保护，创新金融知识宣教模式，优化信息披露内容，畅通投诉渠道，有效保障金融消费者八项基本权益。

将消保工作融入公司经营发展战略。本公司将"努力做好消费者权益保护工作，切实维护消费者合法权益"作为公司治理的重要目标与方向，将消保工作融入公司2021—2025年战略规划，从战略高度强化对消保工作的整体规划和部署，明确了公司未来五年消保工作的整体框架、战略目标、工作安排与要求。公司强化公司党委的引领作用，积极发挥董事会指导和监事会监督作用，在高级管理层的有力部署下，形成各部门紧密配合的消费者权益保护组织体系。

持续推进消费者权益保护合规性工作管理。强化消保审查，在产品设计和审批环节加强对项目合法合规性、风险管理、内部控制等内容的评估审查，在产品发行环节有效落实对产品发行要素、定价、协议文本、营销宣传及销售规范性等合规性、完备性审查要求；着重强化投资者适当性管理，划分金融产品和服务风险等级，明确信托产品及委托人风险等级评估方式和要求，把合适

的产品和服务提供给适合的投资者；完善个人金融信息管控，认真履行信息收集各项工作要求，尊重金融消费者知情权与自主选择权，建立消费者金融信息使用管理措施，运用科技手段保障信息数据存储、转移的安全与稳定；严控金融营销宣传规范性，不断强化营销队伍管理，通过源头把控、事中检查、事后追责对营销推介行为进行全效管控；持续推动线上化、智能化转型，助力销售规范性管控及客户服务水平提升。

稳步提升投资者教育水平，践行信托文化理念。2021年，公司按照投教宣传工作部署，以"线上+线下"组合宣传模式，有效推进公益性金融知识宣传普及活动的开展。投教宣传工作以3月、6月、9月为主并贯穿全年，先后开展了"3.15"金融消费者权益日、"美好生活·民法典相伴""打击治理电信网络诈骗犯罪集中宣传月""普及金融知识守住'钱袋子'""金融知识普及月"等宣传活动。持续探索金融知识普及宣传新形式，通过推出公司消保形象IP、携手新闻广播电台等主流媒体平台开展金融知识普及直播活动、推动消保宣传与公益活动有机结合等，持续提升消保宣传影响力及公司品牌形象。本年度，公司金融宣教多篇自主创作文章和视频被八闽金融微信公众号、信托业协会官方网站、金融消费者权益保护协会视频号与抖音号等平台采用，并被评为"福建银行业保险业2021年集中开展消费者教育宣传活动优秀组织单位"。

细化投诉管理职能，提升投诉处理效率。公司加大内部投诉管理与处置方面的培训与指导力度，完善多元纠纷调解机制，各部门职责分工明确，本着以客户为中心的服务理念，坚持客户至上、实事求是、及时高效、力求满意、落实整改的投诉处理原则，做好客户投诉处理工作。报告期内，本公司共受理客户投诉4起，主要为历史结构化证券投资类项目引发的投诉，未发生负面舆情或重大突发事件。

10.本公司监事会独立意见

报告期内，本公司监事会按照本公司章程、监事会议事规则有关规定，通过列席公司股东会、董事会会议及高级管理层、职工代表会议等相关会议、组织开展调研和审计调查、调阅文件资料等方式，依法对公司依法经营、财务情况、内部控制等事项进行了监督，对下列事项发表独立意见。

10.1 依法经营情况

2021年度，本公司依照《公司法》及有关信托业法律法规、本公司章程等相关规定规范管理运作，董事会能够严格按照有关法律法规和公司治理规则履行职责，董事会决策程序合法有效，公司经营管理规范，经营业绩客观真实。本公司各董事、高级管理人员认真、勤勉履职，未发现董事、高级管理人员在履职时违反国家有关法律法规、本公司章程以及其他损害公司利益、股东利益和委托人、受益人利益的行为。

10.2 财务情况

2021年度，本公司财务会计内控制度健全，管理规范；财务收支真实、合法；公司依法履行受托人职责，信托财产管理状况良好。毕马威华振会计师事务所（特殊普通合伙）对本公司2021年度财务报告进行了审计，并出具了标准无保留意见的审计报告，该报告能真实、公允、完整地反映公司报告期内财务状况和经营成果，不存在虚假记载、误导性陈述或者重大遗漏。

10.3 内部控制情况

2021年度，本公司持续加强全面风险管理，健全完善内部控制体制机制，切实夯实三道风险防线，内部控制情况总体良好。报告期内，本公司《关联交易管理办法》执行情况良好，关联交易依法合规，诚实公允。本公司现有内部控制制度符合我国有关法律法规和监管要求，符合公司当前经营管理实际，在公司重大投资、业务开展、风险控制、内部管理等方面发挥了积极的作用。本公司"三会一层"的职责和运行机制规范有效，决策程序和议事规则民主、科学，内部监督和反馈体系进一步健全。本公司法人治理结构符合法律和监管要求，组织控制、信息披露、财务管理、业务开展、风险管理、内部审计等制定了健全的规章制度并得到了有效而良好的执行，保障了公司内部控制体系完整、有效和公司规范、安全、顺畅运营。

11.净资本管理情况

报告期内，本公司按照中国银保监会《信托公司净资本管理办法》，积极贯彻落实监管要求，优化净资本相关绩效考核指标，引导经营部门加强净资本和风险资本管理意识，加强业务转型和结构调整，提高资本使用效率，各项净资本指标均符合监管要求；截至报告期末，本公司净资产184.32亿元，净资本149.82亿元（监管要求为≥2亿元），各项风险资本之和为53.66亿元，净资本/各项风险资本之和为279%（监管要求为≥100%），净资本/净资产为81%（监管要求为≥40%）。

12. 社会责任履行情况

报告期内，本公司大力倡导以"可持续发展为导向，实施社会责任管理，提升核心竞争力"的发展理念，积极履行社会责任，打造责任文化。注重发挥信托制度功能优势，加强金融创新与履行社会责任相结合，积极承担信托公司的经济功能和社会责任，将社会责任工作融入企业价值观、企业文化、战略规划和经营管理当中，推动公司积极服务国家战略导向、服务实体经济，并在推动开展社会保障事业、社会公益事业发展等方面积极发挥作用。

主动服务于碳中和、绿色低碳、蓝色经济、乡村振兴等国家重大战略。2021年度，公司成功发行福建省首单碳排放权绿色信托计划和行业首单ESG主题证券投资信托，与中华环境保护基金会开展合作成立国内首个以生物多样性保护为主题的绿色慈善信托，在蓝色海洋经济领域落地福建省内首单"蓝色债券"投资业务，积极参与绿色客户债券产品分销工作。截至2021年末，公司（含子公司）绿色业务存续规模416.13亿元，在行业保持前列。围绕粮食收储，乡村产业升级和基础设施改造等方面提供金融支持服务，在乡村振兴领域年内累计投放9.52亿元。

积极助力实体经济和国家重点领域及重点区域建设。报告期内，发挥信托独特功能和多牌照优势，支持长三角一体化、大湾区建设等国家重点区域建设。发挥兴业国信资管私募股权投资平台作用，聚焦新能源、医疗健康、大数据和人工智能等重点领域加大产业链资源的整合力度，积极助力实体企业转型升级和新兴产业可持续发展。

持续深入开展希望小学援建及公益捐赠，助力乡村振兴。2021年，本公司继续助力对口捐助的希望小学开展年度"优秀教师"和"三好学生"评选活动，对63名优秀师生发放捐资助学款3.9万元，关心支持山区教育事业；积极依托兴业银行"兴公益"品牌，与非营利性组织开展合作冠名，开展"三进"（进学校、进社区、进企业）活动，助力乡村振兴工作。2021年4月，公司协同兴业银行总行，赴云南宁蒗彝族自治县翠玉乡开展"兴公益"乡村振兴助学行活动，通过探访助学、中国传统文化推广、普及金融知识、建设爱心电脑教室等形式，为当地二坪完小的小朋友和留守儿童送去温暖。

雪松国际信托股份有限公司

1. 重要提示

1.1 公司董事会及其他董事保证本报告所载资料不存在任何虚假记载、误导性陈述或者重大遗漏，并对其内容的真实性、准确性和完整性承担个别及连带责任。2021年度报告摘要摘自年度报告全文，客户及相关利益人欲了解详细内容，应阅读年度报告全文。

1.2 公司独立董事声明：保证2021年度报告的内容真实、完整、准确。

1.3 公司负责人、主管会计工作负责人及会计主管人员声明：保证年度报告中财务报告的真实、完整。

2. 公司概况

2.1 公司简介

法定中文名称	雪松国际信托股份有限公司
法定英文名称	CEDAR INTERNATIONAL TRUST CO., LTD.
法定代表人	祁绍斌
注册地址	江西省南昌市红谷滩区金融大街777号博能金融中心27—28层
邮政编码	330038
公司网址	https://www.cedartrust.com/
公司电子信箱	xsxtbgs@cedarhd.com
年度报告备置地点	江西省南昌市红谷滩区金融大街777号博能金融中心27—28层
信息披露报纸名称	《上海证券报》
聘请的会计师事务所	中喜会计师事务所（特殊普通合伙）

注：表中信息为报告期末情况。

2.2 组织架构

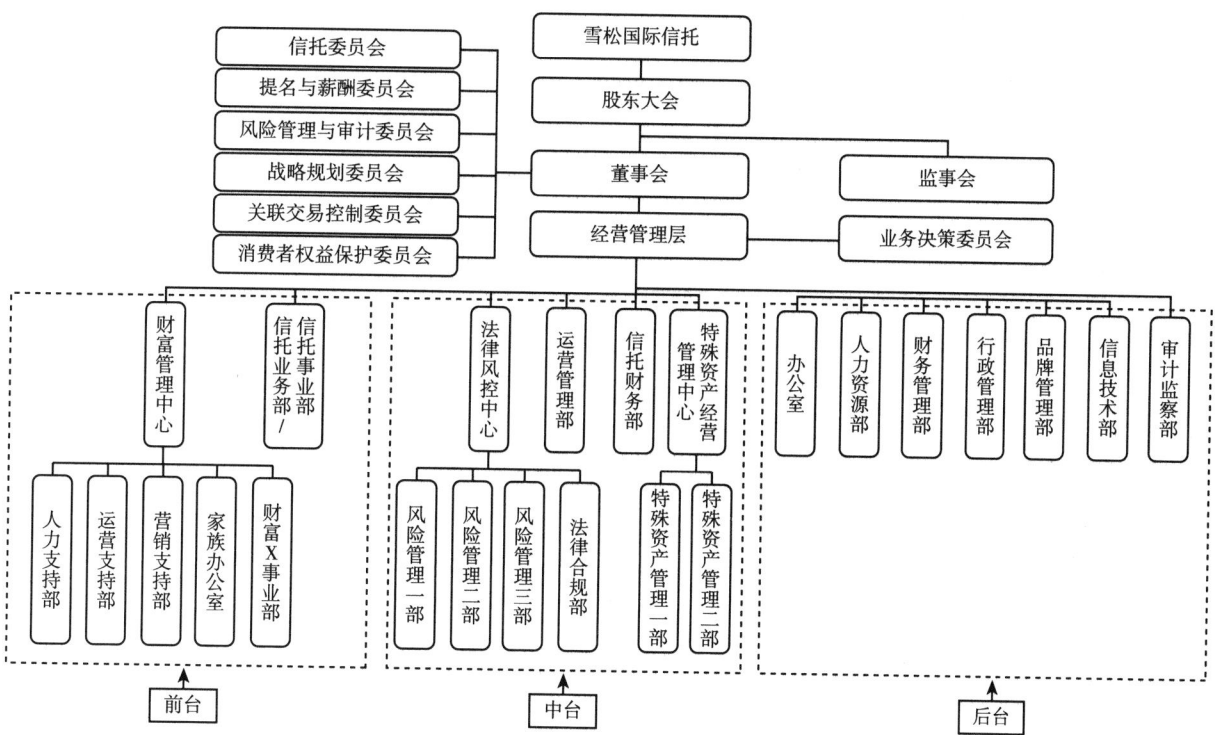

3. 公司治理

3.1 股东

至本报告期末，公司共有10家股东。前三位股东相关情况如下表所示。

股东

股东名称	持股比例(%)	法定代表人	注册资本(万元)	注册地址	主要经营业务
★雪松控股集团有限公司	71.30	张劲	600 000	广州市黄埔区中新广州知识城亿创街1号406房之27	投资管理服务;资产管理(不含许可审批项目);企业管理服务(涉及许可经营项目的除外);企业总部管理
江西省金融控股集团有限公司	20.76	齐伟	506 445.31	江西省南昌市南昌经济技术开发区南昌北郊新祺周大道99号	金融投资及咨询服务;对银行、证券、保险、信托、基金、租赁、典当、担保行业的投资;对非公开交易的股权进行投资以及相关咨询服务;受托管理股权投资企业,从事投资管理及相关咨询服务;投融资及金融研究,企业重组、并购咨询等经营业务;实业经营;资本运作及资产管理;省人民政府或省财政厅安排的重大项目投资,包括重大产业化项目、上市公司培育等项目的引导性投资,科技风险投资及科技成果产业化等项目的开发性投资,重大基础设施建设、能源项目及市政等项目的基础性投资;投资咨询服务;房地产开发经营;物业管理;国内贸易;其他行业的投资及管理(以上项目国家有专项许可的除外)
江西省江信国际大厦有限公司	5.30	解西祥	21 000	江西省南昌市西湖区北京西路88号江信国际大厦25楼	对各类行业的投资及管理;建筑工程;装饰工程;物业管理;房屋租赁;商务服务;科技交流和推广服务;环境管理;城建设施管理;计算机服务;进出口贸易;货物销售(依法须经批准的项目,经相关部门批准后方可开展经营活动)

注:1.★表示公司实际控制人。
2.江西省江信国际大厦有限公司及公司其他股东江西省金象投资有限公司和江西金麒麟信用担保有限公司为同一控制下的三家公司,该三名股东为一致行动人。

3.2 董事会、董事

报告期末,公司董事会、董事相关情况如下表所示。

董事长、董事

姓名	职务	性别	年龄(岁)	选任日期	所代表的股东	股东持股比例(%)	简要履历
祁绍斌	董事长	男	55	2020年9月	雪松控股集团	71.30	西北农林科技大学农业经济管理专业博士,高级经济师;先后在人民银行、山西运城银监分局、山西银监局、天津银行北京分行、重庆国际信托股份有限公司就职;2020年7月入职雪松国际信托,至本报告期末任公司董事长
赵斌	董事	男	43	2020年8月	雪松控股集团	71.30	香港中文大学工商管理硕士(EMBA),先后在中国平安保险、平安证券、华林证券、深圳前海厚生资产管理有限公司就职,2017年6月入职雪松控股集团,历任深圳前海雪松金融服务有限公司首席运营官、董事局主席办公室总经理、副总裁等职务,至本报告期末任公司董事
李楠	董事	男	46	2021年10月	雪松控股集团	71.30	中欧国际工商学院硕士,先后在佛山市陈惠南纪念中学、中国太平洋保险、中国平安人寿保险、平安财富理财管理有限公司、深圳前海雪松金融服务有限公司就职,2019年入职雪松国际信托,历任财富管理中心负责人、公司副总裁,至本报告期末任公司总裁
李婵娟	董事	女	43	2019年6月	雪松控股集团	71.30	沈阳工业大学会计学本科,2003年10月入职雪松控股集团,历任广州市君华物业服务有限公司财务经理助理、财务经理;广州君华汽车销售服务有限公司财务副经理、财务经理;雪松实业集团有限公司财务经理、财务总监;君华集团(香港)有限公司董事,至本报告期末任公司董事
蔡建城	董事	男	58	2019年6月	江西省金融控股集团有限公司	20.76	江西财经大学财政专业本科,1987年参加工作后进入江西省财政厅,先后任副主任科员、主任科员、副处级调研员、副处长、采购办副主任;2017年7月入职江西省金融控股集团有限公司,任纪委副书记兼监察室主任以及审计部负责人,至本报告期末任公司董事

独立董事

姓名	职务	性别	年龄(岁)	选任日期	所推举的股东	股东持股比例(%)	简要履历
朱大旗	独立董事	男	53	2019年6月	江西省江信国际大厦有限公司	5.30	中国人民大学法制史博士研究生,中国人民大学法学院教授、博士生导师
王华	独立董事	男	64	2019年6月	江西省江信国际大厦有限公司	5.30	厦门大学会计学博士研究生,曾任江西财经大学农业经济系副主任;暨南大学博士生导师、副校长、校党委书记兼纪委书记;广东金融学院教授、院长、党委副书记;广东财经大学教授、校长、党委副书记。2016年11月退休
徐枫	独立董事	男	47	2019年6月	江西省江信国际大厦有限公司	5.30	暨南大学金融学博士研究生,华南理工大学经济与贸易学院副院长、金融工程研究中心主任、金融学系教授

3.3 监事会、监事

报告期末,公司监事会成员相关情况如下表所示。

监事

姓名	职务	性别	年龄（岁）	选任日期	所推举的股东	股东持股比例（%）	简要履历
韩伟明	监事	男	57	2020年6月	江西省金象投资有限公司	0.90	厦门大学软件工程专业硕士，先后在中国人民银行江西省分行、武汉分行、江西银监局、江西银监局上饶银监分局、江西银保监局就职，2020年4月入职雪松国际信托股份有限公司，任雪松国际信托监事长
张铁骞	监事	男	42	2019年6月	雪松控股集团	71.30	兰州财经大学法学本科，先后在经济观察报、南方周末名牌杂志、北京乐颐智选网络科技有限公司就职，2016年入职雪松控股集团，历任董事局主席助理，兼任雪松公益基金会秘书长、品牌管理中心总经理、副总裁等职务
王雁	监事	女	48	2019年5月	职工代表	—	北京理工大学工商管理本科，先后任中国银行任佛山市分行办公室主任、人力资源部主任、南沙分行纪委书记、广州珠江支行纪委书记、雪松国际信托人力行政部总经理、行政管理部总经理

3.4 高级管理人员

报告期末，公司高级管理人员相关情况如下表所示。

姓名	职务	性别	年龄（岁）	选任日期	金融从业年限（年）	简要履历
李楠	总裁	男	46	2021年4月	23	陕西师范大学美术教育本科，中欧国际工商学院EMBA，先后在平安信托、诺亚财富等公司就职；2016年9月加入雪松控股；2019年5月加入雪松国际信托担任董事长助理、副总裁，分管财富管理中心；2021年4月起任雪松国际信托股份有限公司总裁
黄昊	副总裁	男	45	2019年10月	27	南昌大学工商管理本科，先后担任江西国际信托股份有限公司金融营业部业务员、办公室文秘、信托三部副总经理、北京金融研发中心首席高级信托经理、北京管理总部总经理等职；2012年起任中江国际信托股份有限公司总经理助理兼北京管理总部总经理；2014年起任中江国际信托股份有限公司副总经理；2019年起任雪松国际信托副总经理、副总裁
陈健	副总裁	男	40	2021年7月	18	河海大学国际经济与贸易本科，上海财经大学EMBA；历任华泰证券投行部高级经理、海通证券投行部高级副总裁、中泰信托业务部总经理等职，2021年5月加入雪松国际信托，任雪松国际信托副总裁
王小涛	首席风险官	男	42	2021年12月	22	天津大学管理科学与工程研究生学历，历任中国银行深圳分行风险管理部审查员、华润信托风险审查部总监、平安信托投资评估部/产品风控部/综合金融董事总经理等职，2020年8月加入雪松国际信托，任公司总裁助理兼法律风控中心总经理，2021年12月起担任雪松国际信托首席风险官

3.5 公司员工

报告期末，公司共有在册员工902人。

项目		2021年度		2020年度	
		人数（人）	比例（%）	人数（人）	比例（%）
年龄分布	25岁以下	12	1.33	38	3.53
	25—29岁	120	13.30	222	20.63
	30—39岁	583	64.63	636	59.11
	40岁以上	187	20.73	180	16.73
性别分布	男	449	49.78	546	50.74
	女	453	50.22	530	49.26
学历分布	博士	3	0.33	4	0.37
	硕士	146	16.19	162	15.06
	本科	558	61.86	665	61.80
	专科	195	21.62	245	22.77

续表

项目		2021年度		2020年度	
		人数（人）	比例（%）	人数（人）	比例（%）
岗位分布	董事、监事及高管人员	7	0.78	14	1.30
	固有业务人员	—	—	—	—
	信托业务人员	99	10.98	117	10.87
	其他人员	796	88.25	945	87.83
合计		902	100	1076	100

4. 经营管理

4.1 经营目标、方针及战略规划

4.1.1 经营目标

4.1.1.1 立足信托本源实现转型发展

重点发展具有直接投资特点的资金信托支持实体经济，在服务信托、证券类信托、慈善信托、家族信托等

本源业务中形成独特的竞争优势。

4.1.1.2 坚持审慎合规提升风控水平

专责部门多措并举全力处置化解历史遗留的风险项目，建立完善全面风险管理体系，大力压降存量风险，有效防控增量风险。

4.1.1.3 践行受托责任重塑品牌形象

忠诚践行"受人之托，忠人之事"的信托文化，为实体经济发展和居民财富增长提供优质服务，成为受人尊敬、值得信赖的信托品牌。

4.1.2 经营方针

4.1.2.1 回归本源

公司推动专业化资产管理和投资研发团队建设，着力强化主动管理能力，以实体经济需求痛点为发展着力点。

4.1.2.2 诚信尽责

公司秉承受益人利益最大化的原则，坚持至诚至信的服务宗旨，为客户创造可持续价值，赢得客户长期信任和托付。

4.1.2.3 审慎合规

公司将始终秉承审慎精细、勤勉尽责的理念处理信托事务，将防范风险和控制风险作为开展各项业务的前提。

4.1.2.4 守正创新

公司在遵循监管规定的基础上，探索特色化、差异化、个性化信托业务领域，提升金融科技的研发、建设和应用水平。

4.1.3 战略规划

公司坚持"守正创新、诚信尽责、稳健合规"的经营理念，积极发挥信托功能，致力于建成特色鲜明、管理精细、风控优良、值得信赖的优质综合金融服务提供者。公司将持续立足信托本源实现转型发展，坚持审慎合规提升风控水平，践行受托责任重塑品牌形象。公司将围绕综合金融服务提供者的目标，坚持走好特色化、差异化、专业化的轻型发展道路 实现稳中求进、质效并举。以规范的公司治理引领转型发展，以稳健的展业策略推动科学发展，以审慎的风险管理实现健康发展。

4.2 经营业务的主要内容

4.2.1 固有资产运用与分布

资产运用	金额（万元）	占比（%）	资产分布	金额（万元）	占比（%）
货币资产	15 128.42	4.09	基础产业	1 415.05	0.38
交易性金融资产	10 099.33	2.73	房地产	5 733.10	1.55
应收款项	74 294.85	20.10	证券市场	25 739.24	6.96

续表

资产运用	金额（万元）	占比（%）	资产分布	金额（万元）	占比（%）
其他权益工具投资	179 368.02	48.53	工商企业	189 012.61	51.14
其他非流动金融资产	82 485.00	22.32	金融机构	135 016.51	36.53
其他	8 209.98	2.22	其他	12 668.59	3.43
自营资产总计	369 585.10	100.00	自营资产总计	369 585.10	100.00

4.2.2 信托资产运用与分布

资产运用	金额（万元）	占比（%）	资产分布	金额（万元）	占比（%）
货币资产	37 792.75	0.61	基础产业	1 300 064.30	20.91
交易性金融资产	204 702.00	3.29	房地产	697 984.34	11.23
贷款	1 622 961.32	26.11	证券	404 540.16	6.51
应收账款	600 822.29	9.66	金融机构	186.72	—
可供出售金融资产	826.90	0.01	工商企业	2 936 920.87	47.24
长期股权投资	2 075 932.89	33.39	供应链	222 192.96	3.57
其他	1 673 935.15	26.93	其他	655 083.95	10.54
信托资产合计	6 216 973.30	100.00	信托资产合计	6 216 973.30	100.00

4.3 市场分析

2021年，既是中国共产党建党100周年，也是"十四五"规划的开局之年和开启全面建设社会主义现代化国家新征程的第一年。疫情持续影响，国际国内经济形势复杂，深化改革步入深水区，产业政策深度调整，信托业及公司发展面临的挑战与机遇共存。

4.3.1 有利因素

2021年是"十四五"规划开局之年，在以习近平同志为核心的党中央的坚强领导下，全党全国各族人民认真贯彻落实党中央决策部署，坚持稳中求进工作总基调，坚持新发展理念，积极推动高质量发展，我国经济稳中向好、长期向好的发展趋势没有改变，为信托业的发展创造了良好的环境；自疫情发生以来，我国宏观调控从财政政策、货币政策、就业政策、产业政策等多角度为防控疫情、恢复经济做出科学判断、精准调度，统筹"立足当前"与"跨周期调节"的关系，积极的财政政策和稳健的货币政策在总量与结构上对稳定经济基本盘仍然具有较大调控操作余地；改革开放40多年来，我国社会财富大幅积累，财富的管理、传承等需求逐渐增强，信托市场需求旺盛，具有很大的发展空间，为发挥信托优势、开展资产管理业务奠定了坚实基础；随着包括"资管新规"在内的一系列监管政策陆续出台，监管部门对于信托业未来的发展定位已经基本清晰，信托业对转型形成共识，信托行业的整体竞争力和社会影响力不断提升；信托业风险总体可控，监管部门加强窗口指导，引导信托业稳健可持续发展，信托公司更加注重风险防范、控制与化解。

4.3.2 不利因素

新冠肺炎疫情仍在全球蔓延，世界经济复苏动能减弱，国际地缘政治影响加剧，国内经济面临需求收缩、供给冲击、预期转弱三重压力，经济金融领域风险有所抬头，存在诸多不确定性和困难；疫情冲击、市场主体经营困难等因素影响，企业债违约风险有所上升，甚至部分企业存在"逃废债"的违法违规行为，房地产等产业政策深度调整，违约事件高发频发，信托公司展业面临更为严峻的挑战；资管机构竞争、行业竞争日趋激烈，信托业财富管理业务面临较大挑战；随着强监督、严监管的金融防风险趋势进一步加强，通道业务、融资类业务和房地产业务管控严格，信托公司的资产规模和盈利能力短期内面临较大冲击，创新转型压力加大。

4.4 风险管理

4.4.1 风险管理概况

报告期内，公司经营活动中可能遇到的风险主要有：信用风险、市场风险、操作风险、合规风险、道德风险、声誉风险。

4.4.2 风险状况

4.4.2.1 信用风险状况

信用风险是指交易对方不履行约定义务而形成的风险。报告期内，受宏观经济结构调整、地方政府隐性债务监管政策变化、房地产融资渠道收紧等多重因素的影响，导致公司部分业务交易对手尤其地产类交易对手再融资能力下降，流动性承压，信用履约能力下降。公司在业务信用风险暴露之前，积极采取各项信用风险防控措施，按信托文件及交易文件的约定履行受托人管理职责，恪尽职守，保障受益人的权益。

4.4.2.2 市场风险状况

市场风险是指在固有及信托业务经营中所面临的因市场参数的波动而产生的风险。报告期内，公司积极应对市场风险严峻形势，从人才、制度、流程等方面发力，严防市场风险。报告期内，公司证券投资类业务未出现因市场风险加剧导致产品收益亏损的情况。

4.4.2.3 操作风险状况

操作风险是指因不完善或有问题的内部程序、人员及系统或外部事件所造成损失的风险。公司操作风险主要来自于内部管理风险、决策风险及信息技术系统风险。报告期内，公司继续强化操作风险管理，规范决策程序，明确操作规程与管理职责，保障了公司平稳运营及信托财产的安全。

4.4.2.4 合规风险状况

合规风险主要是指公司未遵循法律、法规和监管规定而受到法律制裁、监管处罚、重大财务损失和声誉损失的风险。报告期内，公司根据监管政策及监管要求，加强合规管理，不断督促合规整改工作。

4.4.2.5 道德风险状况

道德风险是指市场交易方内部人员违反行业行为准则、道德规范的要求，从而引起或故意导致公司业务处于风险状态的可能性。报告期内，公司继续加强企业文化、员工思想及职业道德教育，通过员工线上宣导培训及考核、员工个人行为排查、职场巡访检查等多种方式，加强案防工作和员工个人行为规范，防范内部道德风险的发生。

4.4.2.6 声誉风险状况

声誉风险是指由公司行为、员工行为或外部事件等导致利益相关方、社会公众、媒体等对公司形成负面评价，从而损害公司品牌价值，不利公司正常经营，甚至影响到整个市场稳定和社会稳定的风险。报告期内，公司不断完善声誉风险管理制度，健全工作响应机制，提升声誉风险主动管理能力，有效防范并化解多项声誉事件风险，促进公司业务稳健发展。

4.4.3 风险管理

4.4.3.1 信用风险管理

公司结合监管最新政策和市场实际，修订《业务决策委员会工作制度》等风险管理关键制度，完善《政信类业务尽职调查报告、审查报告模板》等各类信用风险管理工作模板，出台《家族信托业务操作手册》等一系列新业务制度，构建针对城投类、地产类债券发行人等的内部评级模型，升级风险管理IT系统建设，从风险管理制度、业务策略、流程改造升级、外部数据支持等全方位防控信用风险。不断完善全面风险及专项风险排查机制、项目存续期管理机制、定期风险监控机制等，实现风险排查常态化，切实掌握风险底数，严控新增风险。在具体操作过程中，统一出口管控项目立项，分配风控评审人员和法审人员提前介入引导业务部门开展工作，加强风控文化和政策宣导，设定保证担保、资产抵押、权利质押等多种信用增级方式，细化贷后投后管控措施和要求，做好项目全流程管理。公司安排特殊资产经营管理中心持续专职负责原中江信托时期遗留风险信托项目的风险处置、催收、分配、信息披露和接访投资者工作，全力化解存量项目风险。

4.4.3.2 市场风险管理

公司坚持稳健经营的原则，引入专业人才，建立专门业务团队，完善标品投资业务和投后管理相关制度，合理开展各类证券投资业务，通过对部分拟合作的公募、私募等资产管理机构的调研与入库，选择适合市场环境的交易对手和业务类型，合理配置资产，完善证券投资业务产品线，构建针对各类债券的信用风险预警模型，降低市场风险对证券投资业务投资者的影响，以保障投资者资金安全为前提，有效防范市场波动影响。

4.4.3.3 操作风险管理

公司出台了一系列涉及案防工作、业务决策、投资交易、投后管理、营销宣传行为管理、信息披露、档案印章等新制度及工作细则，对项目全流程管理、销售行为管理和内部管理提出更为明确的要求，规范了相关审批及操作流程，严防操作风险的发生。

4.4.3.4 合规风险管理

公司不断加强内控合规管理建设，全面梳理开展自查自纠及整改工作，不断健全完善内控合规管理机制。大力培育合规文化，以信托文化普及年为契机，通过定期发布《法律风控中心每日资讯》《信托文化建设简报》等强化员工内控合规意识和行动自觉，全力打造"专业、勤勉、尽职"的良好信托文化，增强员工合法合规意识，合规展业。

4.4.3.5 道德风险管理

公司进一步完善内控制度，建立健全各项规章制度。加强员工教育和培训，不断提高员工职业道德和专业技能。持续开展常态化员工行为排查，加强防范员工道德风险，加强对违法违规、道德风险人员的问责管理。规范从业人员行为管理的治理架构，建立覆盖全面、授权明晰、分权制衡的从业人员行为管理体系，设立公司行为管理专职岗位及各部门专兼职行为管理员，不断加强员工行为管理。健全日常管理与监督检查的长效机制，做到警钟长鸣，使员工筑牢思想防线，合法合规执业。

4.4.3.6 声誉风险管理

公司重视声誉风险管理，将其作为公司治理和全面风险管理体系的重要组成部分。报告期内，公司声誉风险管理在前瞻性、全覆盖、有效性原则指引下，组织多次声誉风险排查，拟定舆情应对预案，与相关部门保持联动协调，并通过全面监测、快速响应、及时处置、声誉修复等环节，有效维护公司声誉和品牌形象。

5.报告期末及2020年度的比较式会计报表

5.1 固有资产

5.1.1 会计师事务所审计意见

审计报告

中喜财审2022S01480号

雪松国际信托股份有限公司全体股东：

一、审计意见

我们审计了雪松国际信托股份有限公司（以下简称雪松信托）财务报表，包括2021年12月31日的合并及母公司资产负债表，2021年度的合并及母公司利润表、合并及母公司现金流量表、合并及母公司所有者权益变动表及相关财务报表附注。

我们认为，后附的财务报表在所有重大方面按照企业会计准则的规定编制，公允反映了雪松信托2021年12月31日的合并及母公司财务状况以及2021年度的合并及母公司经营成果和现金流量。

二、形成审计意见的基础

我们按照中国注册会计师审计准则的规定执行了审计工作。审计报告的"注册会计师对财务报表审计的责任"部分进一步阐述了我们在这些准则下的责任。按照中国注册会计师职业道德守则，我们独立于雪松信托，并履行了职业道德方面的其他责任。我们相信，我们获取的审计证据是充分、适当的，为发表审计意见提供了基础。

三、其他信息

雪松信托管理层（以下简称管理层）对其他信息负责。其他信息包括2021年度报告中涵盖的信息，但不包括财务报表和我们的审计报告。

我们对财务报表发表的审计意见不涵盖其他信息，我们也不对其他信息发表任何形式的鉴证结论。

结合我们对财务报表的审计，我们的责任是阅读其他信息，在此过程中，考虑其他信息是否与财务报表或我们在审计过程中了解到的情况存在重大不一致或者似乎存在重大错报。

基于我们已执行的工作，如果我们确定其他信息存在重大错报，我们应当报告该事实。在这方面，我们无任何事项需要报告。

四、管理层和治理层对财务报表的责任

管理层负责按照企业会计准则的规定编制财务报表，使其实现公允反映，并设计、执行和维护必要的内部控制，以使财务报表不存在由于舞弊或错误导致的重大错报。

在编制财务报表时，管理层负责评估雪松信托的持续经营能力，披露与持续经营相关的事项（如适用），并运用持续经营假设，除非管理层计划清算、终止运营或别无其他现实的选择。

雪松信托治理层（以下简称治理层）负责监督雪松信托的财务报告过程。

五、注册会计师对财务报表审计的责任

我们的目标是对财务报表整体是否不存在由于舞弊或错误导致的重大错报获取合理保证，并出具包含审计意见的审计报告。合理保证是高水平的保证，但并不能保证按照审计准则执行的审计在某一重大错报存在时总能发现。错报可能由于舞弊或错误导致，如果合理预期错报单独或汇总起来可能影响财务报表使用者依据合并财务报表作出的经济决策，则通常认为错报是重大的。

在按照审计准则执行审计工作的过程中，我们运用职业判断，并保持职业怀疑。同时，我们也执行以下工作：

（1）识别和评估由于舞弊或错误导致的财务报表重大错报风险，设计和实施审计程序以应对这些风险，并获取充分、适当的审计证据，作为发表审计意见的基础。由于舞弊可能涉及串通、伪造、故意遗漏、虚假陈述或凌驾于内部控制之上，未能发现由于舞弊导致的重大错报的风险高于未能发现由于错误导致的重大错报的风险。

（2）了解与审计相关的内部控制，以设计恰当的审计程序，但目的并非对内部控制的有效性发表意见。

（3）评价管理层选用会计政策的恰当性和作出会计估计及相关披露的合理性。

（4）对管理层使用持续经营假设的恰当性得出结论。同时，根据获取的审计证据，就可能导致对雪松信托持续经营能力产生重大疑虑的事项或情况是否存在重大不确定性得出结论。如果我们得出结论认为存在重大不确定性，审计准则要求我们在审计报告中提请报表使用者注意财务报表中的相关披露；如果披露不充分，我们应当发表非无保留意见。我们的结论基于截至审计报告日可获得的信息。然而，未来的事项或情况可能导致雪松信托不能持续经营。

（5）评价财务报表的总体列报、结构和内容（包括披露），并评价财务报表是否公允反映相关交易和事项。

（6）就雪松信托中实体或业务活动的财务信息获取充分、适当的审计证据，以对财务报表发表审计意见。我们负责指导、监督和执行集团审计，并对审计意见承担全部责任。

我们与治理层就计划的审计范围、时间安排和重大审计发现等事项进行沟通，包括沟通我们在审计中识别出的值得关注的内部控制缺陷。

中喜会计师事务所（特殊普通合伙）

中国注册会计师：蒋建友

中国注册会计师：宋剑波

中国·北京　　　　　　　　　二〇二二年七月一日

5.1.2 资产负债表

资产负债表

编制单位：雪松国际信托股份有限公司　　2021年12月31日　　单位：万元

项目	2021年12月31日		2020年12月31日	
	合并	母公司	合并	母公司
资产：	—	—	—	—
货币资金	15 330.42	15 128.42	85 997.74	76 604.91
交易性金融资产	17 237.22	10 099.33	—	—
应收账款	5 189.63	5 189.63	4 545.89	4 545.89
预付款项	185.68	185.68	123.19	123.19
其他应收款	67 279.40	69 104.72	58 797.31	61 256.89

续表

项目	2021年12月31日		2020年12月31日	
	合并	母公司	合并	母公司
发放贷款和垫款	56 213.97	—	85 768.40	—
可供出售金融资产	—	—	261 408.77	350 003.70
其他权益工具投资	179 368.02	179 368.02	—	—
其他非流动金融资产	37 129.07	82 485.00	—	—
固定资产	179.75	179.75	248.95	248.95
使用权资产	7 351.99	7 351.99	—	—
无形资产	143.59	143.59	152.89	152.89
长期待摊费用	348.97	348.97	540.97	540.97
其他资产	950.78	—	27 788.35	—
资产总计	386 908.49	369 585.10	525 372.46	493 477.39
负债:	—	—	—	—
预收款项	—	—	25 373.08	25 373.08
合同负债	12 312.85	12 312.85	—	—
应付职工薪酬	5 992.07	5 992.07	11 331.82	11 331.82
应交税费	578.53	578.53	3 573.13	3 560.57
其他应付款	220 967.77	220 323.67	274 593.22	274 593.17
一年内到期的非流动负债	3 669.78	3 669.78	—	—
租赁负债	3 889.06	3 889.06	—	—
预计负债	5 820.54	5 820.54	13 788.95	13 788.95
其他非流动负债	19 962.36	—	38 407.46	—
负债合计	273 192.96	252 586.50	367 067.66	328 647.59
所有者权益:	—	—	—	—
实收资本(或股本)	300 505.17	300 505.17	300 505.17	300 505.17
资本公积	62 428.86	62 428.86	62 428.86	62 428.86
其他综合收益	-46 503.79	-46 503.79	40 072.65	40 072.65
盈余公积	45 985.82	45 985.82	45 985.82	45 985.82
一般风险准备	5 450.52	5 193.70	6 506.44	6 168.91
信托赔偿准备金	14 829.28	14 829.28	14 829.28	14 829.28
未分配利润	-268 980.33	-265 440.44	-312 023.42	-305 160.89
所有者权益合计	113 715.53	116 998.60	158 304.80	164 829.80
负债和所有者权益总计	386 908.49	369 585.10	525 372.46	493 477.39

5.1.3 利润表

利润表

编制单位：雪松国际信托股份有限公司　　2021年度　　单位：万元

项目	2021年度		2020年度	
	合并	母公司	合并	母公司
一、营业总收入	57 634.91	57 664.64	61 376.94	60 670.66
利息收入	241.21	222.86	2 624.54	2 292.59
手续费及佣金收入	57 393.70	57 441.78	58 752.38	58 378.05

续表

项目	2021年度 合并	2021年度 母公司	2020年度 合并	2020年度 母公司
其他业务收入	—	—	0.02	0.02
二、营业总成本	57 099.30	56 402.49	75 481.72	75 551.13
利息支出	9 797.45	9 797.45	13 699.56	13 699.56
手续费及佣金支出	1 972.46	1 972.46	—	—
其他业务成本	—	—	3 961.51	3 961.51
税金及附加	250.40	250.40	420.42	416.69
业务及管理费	45 078.99	44 382.18	57 400.23	57 473.37
加：其他收益	100.39	100.39	80.34	80.34
投资收益（损失以"-"号填列）	-1 656.60	-1 638.38	-17 263.61	-46 764.16
公允价值变动收益（损失以"-"号填列）	-904.91	-17 373.27	—	—
信用减值损失（损失以"-"号填列）	-1 696.12	-1 563.95	—	—
资产减值损失（损失以"-"号填列）	-12 349.49	—	-37 528.90	-78 072.14
资产处置收益（损失以"-"号填列）	131.38	131.38	0.15	0.15
三、营业利润	-15 839.74	-19 081.68	-68 816.80	-139 636.28
加：营业外收入	7 996.45	7 996.45	16.82	16.82
减：营业外支出	34.60	34.60	4 048.72	4 048.72
四、利润总额	-7 877.89	-11 119.83	-72 848.70	-143 668.18
减：所得税费用	—	—	—	—
五、净利润	-7 877.89	-11 119.83	-72 848.70	-143 668.18

5.1.4 所有者权益变动表

所有者权益变动表（合并）

编制单位：雪松国际信托股份有限公司　　2021年度　　单位：万元

项目	股本	资本公积	其他综合收益	盈余公积	一般风险准备	信托赔偿准备金	未分配利润	股东权益合计
一、上年年末余额	300 505.17	62 428.86	40 072.65	45 985.82	6 506.44	14 829.28	-312 023.42	158 304.80
加：会计政策变更	—	—	-49 865.06	—	—	—	49 865.06	—
前期差错更正	—	—	—	—	—	—	—	—
二、本年年初余额	300 505.17	62 428.86	-9 792.41	45 985.82	6 506.44	14 829.28	-262 158.36	158 304.80
三、本年增减变动金额	—	—	-36 711.38	—	-1 055.92	—	-6 821.97	-44 589.27
（一）综合收益总额	—	—	-36 711.38	—	—	—	-7 877.89	-44 589.27
（二）股东投入和减少资本	—	—	—	—	—	—	—	—
（三）利润分配	—	—	—	—	-1 055.92	—	1 055.92	—
1.提取盈余公积	—	—	—	—	—	—	—	—
2.提取风险准备	—	—	—	—	-1 055.92	—	1 055.92	—
3.对股东的分配	—	—	—	—	—	—	—	—
4.其他	—	—	—	—	—	—	—	—
（四）股东权益内部结转	—	—	—	—	—	—	—	—
（五）专项储备	—	—	—	—	—	—	—	—
（六）其他	—	—	—	—	—	—	—	—
四、本年末余额	300 505.17	62 428.86	-46 503.79	45 985.82	5 450.52	14 829.28	-268 980.33	113 715.53

所有者权益变动表（合并）

编制单位：雪松国际信托股份有限公司　　　　　　　　　　　　　　2020年度　　　　　　　　　　　　　　　　　　　　　　单位：万元

项目	股本	资本公积	其他综合收益	盈余公积	一般风险准备	信托赔偿准备金	未分配利润	股东权益合计
一、上年年末余额	300 505.17	62 428.86	13 819.73	45 985.82	4 717.94	14 829.28	−237 386.22	204 900.58
加：会计政策变更	—	—	—	—	—	—	—	—
前期差错更正	—	—	—	—	—	—	—	—
二、本年年初余额	300 505.17	62 428.86	13 819.73	45 985.82	4 717.94	14 829.28	−237 386.22	204 900.58
三、本年增减变动金额	—	—	26 252.92	—	1 788.50	—	−74 637.20	−46 595.78
（一）综合收益总额	—	—	26 252.92	—	—	—	−72 848.70	−46 595.78
（二）股东投入和减少资本	—	—	—	—	—	—	—	—
（三）利润分配	—	—	—	—	1 788.50	—	−1 788.50	—
1.提取盈余公积	—	—	—	—	—	—	—	—
2.提取风险准备	—	—	—	—	1 788.50	—	−1 788.50	—
3.对股东的分配	—	—	—	—	—	—	—	—
4.其他	—	—	—	—	—	—	—	—
（四）股东权益内部结转	—	—	—	—	—	—	—	—
（五）专项储备	—	—	—	—	—	—	—	—
（六）其他	—	—	—	—	—	—	—	—
四、本年末余额	300 505.17	62 428.86	40 072.65	45 985.82	6 506.44	14 829.28	−312 023.42	158 304.80

所有者权益变动表（母公司）

编制单位：雪松国际信托股份有限公司　　　　　　　　　　　　　　2021年度　　　　　　　　　　　　　　　　　　　　　　单位：万元

项目	股本	资本公积	其他综合收益	盈余公积	一般风险准备	信托赔偿准备金	未分配利润	股东权益合计
一、上年年末余额	300 505.17	62 428.86	13 819.73	45 985.82	4 717.94	14 829.28	−160 041.74	282 245.06
加：会计政策变更	—	—	—	—	—	—	—	—
前期差错更正	—	—	—	—	—	—	—	—
二、本年年初余额	300 505.17	62 428.86	13 819.73	45 985.82	4 717.94	14 829.28	−160 041.74	282 245.06
三、本年增减变动金额	—	—	26 252.92	—	1 450.97	—	−145 119.15	−117 415.26
（一）综合收益总额	—	—	26 252.92	—	—	—	−143 668.18	−117 415.26
（二）股东投入和减少资本	—	—	—	—	—	—	—	—
（三）利润分配	—	—	—	—	1 450.97	—	−1 450.97	—
1.提取盈余公积	—	—	—	—	—	—	—	—
2.提取风险准备	—	—	—	—	1 450.97	—	−1 450.97	—
3.对股东的分配	—	—	—	—	—	—	—	—
4.其他	—	—	—	—	—	—	—	—
（四）股东权益内部结转	—	—	—	—	—	—	—	—
（五）专项储备	—	—	—	—	—	—	—	—
（六）其他	—	—	—	—	—	—	—	—
四、本年末余额	300 505.17	62 428.86	40 072.65	45 985.82	6 168.91	14 829.28	−305 160.89	164 829.80

所有者权益变动表（母公司）

编制单位：雪松国际信托股份有限公司　　　　　　　　　　　　　　2020年度　　　　　　　　　　　　　　　　　　　　　　单位：万元

项目	股本	资本公积	其他综合收益	盈余公积	一般风险准备	信托赔偿准备金	未分配利润	股东权益合计
一、上年年末余额	300 505.17	62 428.86	13 819.73	45 985.82	4 717.94	14 829.28	−160 041.74	282 245.06
加：会计政策变更	—	—	—	—	—	—	—	—

续表

项目	股本	资本公积	其他综合收益	盈余公积	一般风险准备	信托赔偿准备金	未分配利润	股东权益合计
前期差错更正	—	—	—	—	—	—	—	—
二、本年年初余额	300 505.17	62 428.86	13 819.73	45 985.82	4 717.94	14 829.28	-160 041.74	282 245.06
三、本年增减变动金额	—	—	26 252.92	—	1 450.97	—	-145 119.15	-117 415.26
（一）综合收益总额	—	—	26 252.92	—	—	—	-143 668.18	-117 415.26
（二）股东投入和减少资本	—	—	—	—	—	—	—	—
（三）利润分配	—	—	—	—	1 450.97	—	-1 450.97	—
1.提取盈余公积	—	—	—	—	—	—	—	—
2.提取风险准备	—	—	—	—	1 450.97	—	-1 450.97	—
3.对股东的分配	—	—	—	—	—	—	—	—
4.其他	—	—	—	—	—	—	—	—
（四）股东权益内部结转	—	—	—	—	—	—	—	—
（五）专项储备	—	—	—	—	—	—	—	—
（六）其他	—	—	—	—	—	—	—	—
四、本年末余额	300 505.17	62 428.86	40 072.65	45 985.82	6 168.91	14 829.28	-305 160.89	164 829.80

5.2 信托资产

5.2.1 信托项目资产负债汇总表

资产负债表

编制单位：雪松国际信托股份有限公司　　　　　　单位：万元

项目	2021年12月31日	2020年12月31日
信托资产：	—	—
货币资金	37 792.75	154 050.23
交易性金融资产	204 702.00	70 342.83
应收款项	600 822.29	892 130.74
买入返售资产	210 830.50	270 509.88
长期股权投资	2 075 932.89	2 328 683.76
客户贷款	1 622 961.32	2 800 420.42
可供出售金融资产	826.90	4 500.00
其他资产	1 463 104.65	1 610 475.60
信托资产总计	6 216 973.30	8 131 113.46
信托负债和信托权益：	—	—
应付受益人收益	85.83	26.52
其他应付款	48 688.42	100 275.56
应交税金	1 586.76	4 615.94
应付账款	1 200.95	240.92
信托负债合计	51 561.96	105 158.94
信托权益：	—	—
实收信托	6 172 111.34	8 020 338.46
资本公积	—	—
未分配利润	-6 700.00	5 616.06
信托权益合计	6 165 411.34	8 025 954.52
信托负债和信托权益总计	6 216 973.30	8 131 113.46

5.2.2 信托项目利润及利润分配汇总表

利润及利润分配表

编制单位：雪松国际信托股份有限公司　　　　　　单位：万元

项目	2021年度	2020年度
一、营业收入	250 798.27	525 800.30
利息收入	108 753.73	191 733.05
投资收益	139 157.04	345 534.34
公允价值变动损益	123.59	-12 216.84
其他收入	2 763.91	749.75
二、营业费用	49 528.96	69 946.47
三、营业税金及附加	1 121.31	1 830.11
四、扣除资产损失前的信托利润	200 148.00	454 023.72
减：资产减值损失	66 023.66	—
五、扣除资产损失后的信托利润	134 124.34	454 023.72
加：其他综合收益	21 628.34	6 598.82
六、综合收益	155 752.68	460 622.54
加：期初未分配信托利润	5 616.07	129 783.10
七、可供分配的信托利润	161 368.75	590 405.64
减：本期已分配信托利润	168 068.75	584 789.57
八、期末未分配信托利润	-6 700.00	5 616.07

6. 会计报表附注

6.1 会计报表编制基准不符合会计核算基本前提的说明

公司报告期内会计报表无不符合会计核算基本前提

的事项。

6.2 重要会计政策和会计估计说明

6.2.1 合并财务报表的编制方法

6.2.1.1 合并财务报表范围

合并财务报表的合并范围以控制为基础予以确定，包括公司、公司控制的子公司及受公司控制的结构化主体。控制，是指公司拥有对被投资单位的权力，通过参与被投资单位的相关活动而享有可变回报，并且有能力运用对被投资单位的权力影响其回报金额。

6.2.1.2 合并财务报表的编制方法

合并财务报表以公司和子公司的财务报表为基础，根据其他有关资料，由公司编制。在编制合并财务报表时，公司和子公司的会计政策和会计期间要求保持一致，公司间的重大交易和往来余额予以抵销。所有纳入合并财务报表合并范围的子公司、结构化主体所采用的会计政策、会计期间与公司一致，如子公司、结构化主体采用的会计政策、会计期间与公司不一致的，在编制合并财务报表时，按公司的会计政策、会计期间进行必要的调整。

在报告期内因同一控制下企业合并增加的子公司以及业务，视同该子公司以及业务自同受最终控制方控制之日起纳入公司的合并范围，将其自同受最终控制方控制之日起的经营成果、现金流量分别纳入合并利润表、合并现金流量表中。

在报告期内因非同一控制下企业合并增加的子公司以及业务，将该子公司以及业务自购买日至报告期末的收入、费用、利润纳入合并利润表，将其现金流量纳入合并现金流量表。

子公司、结构化主体少数股东分担的当期亏损超过了少数股东在该子公司、结构化主体期初所有者权益中所享有份额而形成的余额，冲减少数股东权益。

6.2.1.3 购买子公司少数股东股权

因购买少数股权新取得的长期股权投资成本与按照新增持股比例计算应享有子公司自购买日或合并日开始持续计算的净资产份额之间的差额，以及在不丧失控制权的情况下因部分处置对子公司的股权投资而取得的处置价款与处置长期股权投资相对应享有子公司自购买日或合并日开始持续计算的净资产份额之间的差额，均调整合并资产负债表中的资本公积（股本溢价），资本公积不足冲减的，调整留存收益。

6.2.1.4 丧失子公司控制权的处理

因处置部分股权投资或其他原因丧失了对原有子公司控制权的，剩余股权按照其在丧失控制权日的公允价值进行重新计量；处置股权取得的对价与剩余股权公允价值之和，减去按原持股比例计算应享有原有子公司自购买日开始持续计算的净资产账面价值的份额与商誉之和，形成的差额计入丧失控制权当期的投资收益。

与原有子公司的股权投资相关的其他综合收益等，在丧失控制权时转入当期损益，由于被投资方重新计量设定收益计划净负债或净资产变动而产生的其他综合收益除外。

6.2.2 金融工具

公司成为金融工具合同的一方时确认一项金融资产或金融负债。

6.2.2.1 金融资产

6.2.2.1.1 金融资产分类、确认依据和计量方法

公司根据管理金融资产的业务模式和金融资产的合同现金流特征，将金融资产分类为以摊余成本计量的金融资产、以公允价值计量且其变动计入其他综合收益的金融资产、以公允价值计量且其变动计入当期损益的金融资产。

公司将同时符合下列条件的金融资产分类为以摊余成本计量的金融资产。一是管理该金融资产的业务模式是以收取合同现金流量为目标。二是该金融资产的合同条款规定，在特定日期产生的现金流量，仅为对本金和以未偿付本金金额为基础的利息的支付。此类金融资产按照公允价值进行初始计量，相关交易费用计入初始确认金额；以摊余成本进行后续计量。除被指定为被套期项目的，按照实际利率法摊销初始金额与到期金额之间的差额，其摊销、减值、汇兑损益以及终止确认时产生的利得或损失，计入当期损益。

公司将同时符合下列条件的金融资产分类为以公允价值计量且其变动计入其他综合收益的金融资产。一是管理该金融资产的业务模式既以收取合同现金流量为目标又以出售该金融资产为目标。二是该金融资产的合同条款规定，在特定日期产生的现金流量，仅为对本金和以未偿付本金金额为基础的利息的支付。此类金融资产按照公允价值进行初始计量，相关交易费用计入初始确认金额。除被指定为被套期项目的，此类金融资产，除信用减值损失或利得、汇兑损益和按照实际利率法计算的该金融资产利息之外，所产生的其他利得或损失，均

计入其他综合收益；金融资产终止确认时，之前计入其他综合收益的累计利得或损失应当从其他综合收益中转出，计入当期损益。

公司按照实际利率法确认利息收入。利息收入根据金融资产账面余额乘以实际利率计算确定，但下列两点情况除外。一是对于购入或源生的已发生信用减值的金融资产，自初始确认起，按照该金融资产的摊余成本和经信用调整的实际利率计算确定其利息收入。二是对于购入或源生的未发生信用减值、但在后续期间成为已发生信用减值的金融资产，在后续期间，按照该金融资产的摊余成本和实际利率计算确定其利息收入。

公司将非交易性权益工具投资指定为以公允价值计量且其变动计入其他综合收益的金融资产。该指定一经作出，不得撤销。公司指定的以公允价值计量且其变动计入其他综合收益的非交易性权益工具投资，按照公允价值进行初始计量，相关交易费用计入初始确认金额；除了获得股利（属于投资成本收回部分的除外）计入当期损益外，其他相关的利得和损失（包括汇兑损益）均计入其他综合收益，且后续不得转入当期损益。当其终止确认时，之前计入其他综合收益的累计利得或损失从其他综合收益中转出，计入留存收益。

除上述分类为以摊余成本计量的金融资产和分类为以公允价值计量且其变动计入其他综合收益的金融资产之外的金融资产，公司将其分类为以公允价值计量且其变动计入当期损益的金融资产。此类金融资产按照公允价值进行初始计量，相关交易费用直接计入当期损益。此类金融资产的利得或损失，计入当期损益。

6.2.2.1.2 金融资产转移的确认依据和计量方法

公司将满足下列条件之一的金融资产予以终止确认。一是收取该金融资产现金流量的合同权利终止。二是金融资产发生转移，公司转移了金融资产所有权上几乎所有风险和报酬。三是金融资产发生转移，公司既没有转移也没有保留金融资产所有权上几乎所有风险和报酬，且未保留对该金融资产控制的。

金融资产整体转移满足终止确认条件的，将所转移金融资产的账面价值，与因转移而收到的对价及原直接计入其他综合收益的公允价值变动累计额中对应终止确认部分的金额（涉及转移的金融资产的合同条款规定，在特定日期产生的现金流量，仅为对本金和以未偿付本金金额为基础的利息的支付）之和的差额计入当期损益。

金融资产部分转移满足终止确认条件的，将所转移金融资产整体的账面价值，在终止确认部分和未终止确认部分之间，按照各自的相对公允价值进行分摊，并将因转移而收到的对价及应分摊至终止确认部分的原计入其他综合收益的公允价值变动累计额中对应终止确认部分的金额（涉及转移的金融资产的合同条款规定，在特定日期产生的现金流量，仅为对本金和以未偿付本金金额为基础的利息的支付）之和，与分摊的前述金融资产整体账面价值的差额计入当期损益。

6.2.2.2 金融负债

6.2.2.2.1 金融负债分类、确认依据和计量方法

公司的金融负债于初始确认时分类为以公允价值计量且其变动计入当期损益的金融负债和其他金融负债。

以公允价值计量且其变动计入当期损益的金融负债，包括交易性金融负债和初始确认时指定为以公允价值计量且其变动计入当期损益的金融负债（相关分类依据参照金融资产分类依据进行披露）。按照公允价值进行后续计量，公允价值变动形成的利得或损失以及与该金融负债相关的股利和利息支出计入当期损益。

其他金融负债（根据实际情况进行披露具体金融负债内容）。采用实际利率法，按照摊余成本进行后续计量。除下列各项外，公司将金融负债分类为以摊余成本计量的金融负债。一是以公允价值计量且其变动计入当期损益的金融负债，包括交易性金融负债（含属于金融负债的衍生工具）和指定为以公允价值计量且其变动计入当期损益的金融负债。二是不符合终止确认条件的金融资产转移或继续涉入被转移金融资产所形成的金融负债。三是不属于以上两种情形的财务担保合同，以及不属于以上第一种情形的、以低于市场利率贷款的贷款承诺。

6.2.2.2.2 金融负债终止确认条件

当金融负债的现时义务全部或部分已经解除时，终止确认该金融负债或义务已解除的部分。公司与债权人之间签订协议，以承担新金融负债方式替换现存金融负债，且新金融负债与现存金融负债的合同条款实质上不同的，终止确认现存金融负债，并同时确认新金融负债。公司对现存金融负债全部或部分的合同条款作出实质性修改的，终止确认现存金融负债或其一部分，同时将修改条款后的金融负债确认为一项新金融负债。终止确认部分的账面价值与支付的对价之间的差额，计入当期损益。

6.2.2.2.3 金融资产和金融负债的公允价值确定方法

公司以主要市场的价格计量金融资产和金融负债的

公允价值，不存在主要市场的，以最有利市场的价格计量金融资产和金融负债的公允价值，并且采用当时适用并且有足够可利用数据和其他信息支持的估值技术。公允价值计量所使用的输入值分为三个层次，即第一层次输入值是计量日能够取得的相同资产或负债在活跃市场上未经调整的报价；第二层次输入值是除第一层次输入值外相关资产或负债直接或间接可观察的输入值；第三层次输入值是相关资产或负债的不可观察输入值。公司优先使用第一层次输入值，最后再使用第三层次输入值。公允价值计量结果所属的层次，由对公允价值计量整体而言具有重大意义的输入值所属的最低层次决定。

公司对权益工具的投资以公允价值计量。但在有限情况下，如果用以确定公允价值的近期信息不足，或者公允价值的可能估计金额分布范围很广，而成本代表了该范围内对公允价值的最佳估计的，该成本可代表其在该分布范围内对公允价值的恰当估计。

6.2.2.2.4 金融资产和金融负债的抵销

公司的金融资产和金融负债在资产负债表内分别列示，不相互抵销。但同时满足下列条件时，以相互抵销后的净额在资产负债表内列示。一是公司具有抵销已确认金额的法定权利，且该种法定权利是当前可执行的。二是公司计划以净额结算，或同时变现该金融资产和清偿该金融负债。

6.2.2.2.5 金融负债与权益工具的区分及相关处理方法

公司按照以下原则区分金融负债与权益工具。一是如果公司不能无条件地避免以交付现金或其他金融资产来履行一项合同义务，则该合同义务符合金融负债的定义。有些金融工具虽然没有明确地包含交付现金或其他金融资产义务的条款和条件，但有可能通过其他条款和条件间接地形成合同义务。二是如果一项金融工具须用或可用公司自身权益工具进行结算，需要考虑用于结算该工具的公司自身权益工具，是作为现金或其他金融资产的替代品，还是为了使该工具持有方享有在发行方扣除所有负债后的资产中的剩余权益。如果是前者，该工具是发行方的金融负债；如果是后者，该工具是发行方的权益工具。在某些情况下，一项金融工具合同规定公司须用或可用自身权益工具结算该金融工具，其中合同权利或合同义务的金额等于可获取或需交付的自身权益工具的数量乘以其结算时的公允价值，则无论该合同权利或义务的金额是固定的，还是完全或部分地基于除公司自身权益工具的市场价格以外的变量（例如利率、某种商品的价格或某项金融工具的价格）的变动而变动，该合同分类为金融负债。

公司在合并报表中对金融工具（或其组成部分）进行分类时，考虑了集团成员和金融工具持有方之间达成的所有条款和条件。如果集团作为一个整体由于该工具而承担了交付现金、其他金融资产或者以其他导致该工具成为金融负债的方式进行结算的义务，则该工具应当分类为金融负债。

金融工具或其组成部分属于金融负债的，相关利息、股利（或股息）、利得或损失，以及赎回或再融资产生的利得或损失等，公司计入当期损益。

金融工具或其组成部分属于权益工具的，其发行（含再融资）、回购、出售或注销时，公司作为权益的变动处理，不确认权益工具的公允价值变动。

6.2.3 固定资产

6.2.3.1 固定资产确认条件

固定资产指为生产商品、提供劳务、出租或经营管理而持有的，使用寿命超过一个会计年度的有形资产。同时满足以下条件时予以确认：与该固定资产有关的经济利益很可能流入企业；该固定资产的成本能够可靠地计量。

6.2.3.2 固定资产的初始计量

公司固定资产按成本进行初始计量。其中，外购的固定资产的成本包括买价、进口关税等相关税费，以及为使固定资产达到预定可使用状态前所发生的可直接归属于该资产的其他支出。自行建造固定资产的成本，由建造该项资产达到预定可使用状态前所发生的必要支出构成。投资者投入的固定资产，按投资合同或协议约定的价值作为入账价值，但合同或协议约定价值不公允的按公允价值入账。购买固定资产的价款超过正常信用条件延期支付，实质上具有融资性质的，固定资产的成本以购买价款的现值为基础确定。实际支付的价款与购买价款的现值之间的差额，除应予资本化的以外，在信用期间内计入当期损益。

6.2.3.3 固定资产的分类和折旧方法

公司固定资产主要分为：房屋建筑物、机械设备、电子设备、运输设备等；折旧方法采用年限平均法。根据各类固定资产的性质和使用情况，确定固定资产的使用寿命和预计净残值。并在年度终时，对固定资产的使用寿命、预计净残值和折旧方法进行复核，如与原先估计数存在差异的,进行相应的调整。除已提足折旧仍继续使用的固定资产和单独计价入账的土地之外,公司对所有固定资产计提折旧。

资产类别	预计使用寿命(年)	预计净残值率(%)	年折旧率(%)
房屋及建筑物	20—40	3	2.425—4.85
运输设备	5—8	3	12.125—19.4
电子设备	3—10	3	9.7—32.33
其他设备	3—10	3	9.7—32.33

6.2.3.4 固定资产的后续支出

与固定资产有关的后续支出,符合固定资产确认条件的,计入固定资产成本;对于被替换的部分,终止确认其账面价值;不符合固定资产确认条件的,如固定资产日常修理和大修理,在发生时计入当期损益。

6.2.3.5 固定资产处置

当固定资产被处置、或者预期通过使用或处置不能产生经济利益时,终止确认该固定资产。固定资产出售、转让、报废或毁损的处置收入扣除其账面价值和相关税费后的金额计入当期损益。

6.2.4 无形资产

6.2.4.1 无形资产的计价方法

公司无形资产按照成本进行初始计量。购入的无形资产,按实际支付的价款和相关支出作为实际成本。投资者投入的无形资产,按投资合同或协议约定的价值确定实际成本,但合同或协议约定价值不公允的,按公允价值确定实际成本。自行开发的无形资产,其成本为达到预定用途前所发生的支出总额。

公司无形资产后续计量方法分别为:使用寿命有限无形资产采用直线法摊销,并在年度终了,对无形资产的使用寿命和摊销方法进行复核,如与原先估计数存在差异的,进行相应的调整;使用寿命不确定的无形资产不摊销,但在年度终了,对使用寿命进行复核,当有确凿证据表明其使用寿命是有限的,则估计其使用寿命,按直线法进行摊销。

6.2.4.2 使用寿命不确定的判断依据

公司将无法预见该资产为公司带来经济利益的期限,或使用期限不确定等无形资产确定为使用寿命不确定的无形资产。使用寿命不确定的判断依据为:来源于合同性权利或其他法定权利,但合同规定或法律规定无明确使用年限;综合同行业情况或相关专家论证等,仍无法判断无形资产为公司带来经济利益的期限。

每年末,对使用寿命不确定无形资产使用寿命进行复核,主要采取自下而上的方式,由无形资产使用相关部门进行基础复核,评价使用寿命不确定判断依据是否存在变化等。

6.2.5 长期待摊费用

公司长期待摊费用是指已经支出,但受益期限在一年以上(不含一年)的各项费用。长期待摊费用按费用项目的受益期限分期摊销。若长期待摊的费用项目不能使以后会计期间受益,则将尚未摊销的该项目的摊余价值全部转入当期损益。

6.2.6 长期资产减值

长期股权投资、固定资产、在建工程、无形资产、商誉等长期资产于资产负债表日存在减值迹象的,进行减值测试。减值测试结果表明资产的可收回金额低于其账面价值的,按其差额计提减值准备并计入减值损失。

可收回金额为资产的公允价值减去处置费用后的净额与资产预计未来现金流量的现值两者之间的较高者。资产减值准备按单项资产为基础计算并确认,如果难以对单项资产的可收回金额进行估计的,以该资产所属的资产组确定资产组的可收回金额。资产组是能够独立产生现金流入的最小资产组合。

在财务报表中单独列示的商誉,无论是否存在减值迹象,至少每年进行减值测试。减值测试时,商誉的账面价值分摊至预期从企业合并的协同效应中受益的资产组或资产组组合。测试结果表明包含分摊的商誉的资产组或资产组组合的可收回金额低于其账面价值的,确认相应的减值损失。减值损失金额先抵减分摊至该资产组或资产组组合的商誉的账面价值,再根据资产组或资产组组合中除商誉以外的其他各项资产的账面价值所占比重,按比例抵减其他各项资产的账面价值。

上述资产减值损失一经确认,以后期间不予转回价值得以恢复的部分。

6.2.7 收入

收入在经济利益很可能流入公司、且金额能够可靠计量,并同时满足各项经营活动的特定收入确认标准时予以确认。公司收入确认原则如下。

6.2.7.1 手续费及佣金收入

公司作为信托业务受托人取得的信托报酬,包括固定管理费收入和浮动管理费收入。其中,固定管理费收入按合同或协议约定的受托人报酬率及提供服务的会计期间确认手续费及佣金收入。浮动管理费收入,公司会进行重大转回可能性评估，对于收取金额的计算要素均已明确时，确认收入。

6.2.7.2 利息收入

利息收入金额，按照他人使用本企业货币资金的时间和实际利率计算确定。实际利率是指按金融工具的预计存续期间或更短期间将其预计未来现金流入折现至其金融资产账面净值的利率。利息收入的计算需要考虑金融工具的合同条款并且包括所有归属于实际利率组成部分的费用和所有交易成本，但不包括未来贷款损失。当单项金融资产或一组类似的金融资产发生减值，利息收入将按原实际利率和减值后的账面价值计算。

6.2.7.3 投资收益

投资收益包含各项投资产生的利息收入、股息收入、分红收入以及除以公允价值计量且其变动计入当期损益的金融资产等由于公允价值变动形成的应计入公允价值变动损益之外的已实现利得或损失。

6.2.7.4 公允价值变动损益

公允价值变动损益是指以公允价值计量且其变动计入当期损益的金融资产的公允价值变动形成的应计入当期损益的利得或损失。

6.2.7.5 其他业务收入

其他业务收入包括房屋租赁收入在内的除上述收入以外的其他经营活动实现的收入。

6.2.8 所得税

6.2.8.1 公司所得税的会计核算采用资产负债表债务法

根据资产、负债的账面价值与其计税基础之间的差额（未作为资产和负债确认的项目按照税法规定可以确定其计税基础的，确定该计税基础为其差额），按照预期收回该资产或清偿该负债期间的适用税率计算确认递延所得税资产或递延所得税负债。

6.2.8.2 递延所得税资产的确认以很可能取得用来抵扣可抵扣暂时性差异的应纳税所得额为限

资产负债表日，有确凿证据表明未来期间很可能获得足够的应纳税所得额用来抵扣可抵扣暂时性差异的，确认以前会计期间未确认的递延所得税资产。如未来期间很可能无法获得足够的应纳税所得额用以抵扣递延所得税资产的，则减记递延所得税资产的账面价值。

6.2.9 会计政策变更及前期差错更正

6.2.9.1 会计政策变更

本公司自2021年1月1日根据《企业会计准则第22号——金融工具确认和计量（财会〔2017〕7号）》《企业会计准则第23号——金融资产转移（财会〔2017〕8号）》《企业会计准则第24号——套期会计（财会〔2017〕9号）》《企业会计准则第37号——金融工具列报（财会〔2017〕14号）》相关规定，调整年初留存收益及财务报表其他相关项目金额，对可比期间信息不予调整。

首次执行新金融工具准则，对原在"可供出售金融资产"中核算的金融工具，分类调整至"交易性金融资产""债权投资""其他权益工具投资""其他非流动金融资产"中核算，会计政策变更导致影响如下。

单位：元

科目	合并财务报表		母公司财务报表	
	2020年12月31日	2021年1月1日	2020年12月31日	2021年1月1日
交易性金融资产	—	79 829 085.76	—	79 829 085.76
债权投资	—	—	—	80 000 000.00
其他权益工具投资	—	2 161 265 463.68	—	2 161 265 463.68
其他非流动金融资产	—	372 993 178.73	—	1 178 942 450.97
可供出售金融资产	2 614 087 728.17	—	3 500 037 000.41	—
其他综合收益	400 726 514.24	-97 924 111.27	400 726 514.24	-97 924 111.27
未分配利润	-3 120 234 195.66	-2 621 583 570.15	-3 051 608 911.76	-2 552 958 286.25
合计	-105 419 953.25	-105 419 953.25	849 154 602.89	849 154 602.89

财政部于2017年颁布了修订后的《企业会计准则第14号——收入（财会〔2017〕22号）》（以下统称新收入准则），本公司已采用上述准则编制2021年度财务报表，调整首次执行本准则当年年初留存收益及财务报表其他相关项目金额，对可比期间信息不予调整。

公司自2021年1月1日起执行新收入准则，会计政策变更导致影响如下。

单位：元

科目	合并财务报表		母公司财务报表	
	2020年12月31日	2021年1月1日	2020年12月31日	2021年1月1日
预收账款	253 730 799.51	—	253 730 799.51	—
合同负债	—	253 730 799.51	—	253 730 799.51
合计	253 730 799.51	253 730 799.51	253 730 799.51	253 730 799.51

财政部于2018年颁布了修订后的《企业会计准则第21号——租赁》（以下简称新租赁准则）。本公司已采用上述准则编制2021年度财务报表，调整首次执行本准则当年初留存收益及财务报表其他相关项目金额，对可比期间信息不予调整。

公司作为承租人对于首次执行日已存在的经营租赁的调整，会计政策变更导致影响如下。

单位：元

科目	合并财务报表		母公司财务报表	
	2020年12月31日	2021年1月1日	2020年12月31日	2021年1月1日
使用权资产	—	107 572 217.17	—	107 572 217.17
租赁负债	—	71 954 148.59	—	71 954 148.59
一年内到期的非流动负债	—	35 618 068.58	—	35 618 068.58

6.2.9.2 前期差错更正

公司本期无重要的会计差错更正。

6.3 或有事项说明

本公司与国盛金控就国盛证券有限责任公司（以下简称国盛证券）业绩承诺事项存在争议，在2020年度报告中已详细披露了相关过程。公司秉承审慎原则，在以前年度已根据该争议事项的情况进行了分析、估计，并据此确认了财务报表相关数据。国盛金控就本公司与其之间的业绩承诺事项向南昌仲裁委员会提交了《仲裁申请书》，南昌仲裁委于2022年4月21日受理（受理通知书案号为〔2022〕洪仲案受字第0231号）。由于仲裁尚未开庭审理，目前无法就该事项对公司可能发生的损失或收益作出准确的预估。公司已成立专项工作领导小组，选聘专业代理律所，全力应对仲裁事项，维护股东及公司合法权益。

6.4 重要资产转让及其出售的说明

报告期内，公司无重大资产转让及出售事项。

6.5 会计报表中重要项目的明细资料

6.5.1 固有资产经营情况

6.5.1.1 信用风险资产五级分类情况

按照《中国银行业监督管理委员会关于非银行金融机构全面推行资产质量五级分类管理的通知》的分类标准，本年度公司固有资产质量情况如下。

信用资产五级分类	正常类（万元）	关注类（万元）	次级类（万元）	可疑类（万元）	损失类（万元）	信用风险资产合计（万元）	不良资产合计（万元）	不良率（%）
期初数	191 227.48	59 630.33	31 487.79	117 577.86	15 883.01	415 806.47	164 948.66	39.67
期末数	179 363.18	15 441.60	22 860.93	114 995.65	13 585.34	346 246.70	151 441.92	43.74

注：按净值计算，不良资产合计=次级类+可疑类+损失类。

6.5.1.2 资产减值准备情况

单位：万元

项目	期初数	本期计提	本期转回	本期核销	期末数
贷款损失准备	—	—	—	—	—
一般准备	—	—	—	—	—
专项准备	—	—	—	—	—
其他资产减值准备	108 535.13	1 563.95	—	—	110 099.08
可供出售金融资产减值准备	—	—	—	—	—
持有至到期投资减值准备	—	—	—	—	—

续表

项目	期初数	本期计提	本期转回	本期核销	期末数
长期股权投资减值准备	—				
坏账准备	108 535.13	1 563.95			110 099.08
投资性房地产减值准备					

6.5.1.3 固有股票投资、基金投资、债券投资、长期投资等投资情况

单位：万元

项目	固有股票	基金	债券	长期投资	其他投资	合计
期初数	29 548.36	2 834.69	—	112 974.82	204 645.83	350 003.70
期末数	25 739.24	1 657.15	—	112 974.82	131 581.14	271 952.35

6.5.1.4 表外业务的期初数、期末数

单位：万元

表外业务	期初数	期末数
担保业务	—	—
代理业务（委托业务）		
其他	22 565.45	15 639.91
合计	22 565.45	15 639.91

注：其他为用于融资质押的股票，质押到期日为办理解除质押登记之日。

6.5.1.5 公司当年的收入结构

收入结构	合并		母公司	
	金额（万元）	占比（%）	金额（万元）	占比（%）
手续费及佣金收入	57 393.70	103.71	57 441.78	103.80
其中：信托手续费收入	57 393.70	103.71	57 441.78	103.80
投资银行业务收入	—	—	—	—
利息收入	241.21	0.44	222.86	0.40
其他业务收入				
其中：计入信托业务收入部分	—	—	—	—
投资收益	-1 656.60	-2.99	-1 638.38	-2.96
其中：股权投资收益	29.33	0.05	29.33	0.05
证券投资收益	1 413.46	2.55	1 413.46	2.55
其他投资收益	-3 099.39	-5.60	-3 081.17	-5.57
其他收益	100.39	0.18	100.39	0.18
公允价值变动收益（损失以"-"号填列）	-904.91	-1.64	-17 373.27	-31.39
资产处置收益（损失以"-"号填列）	131.38	0.24	131.38	0.24
营业外收入	34.60	0.06	34.6	0.06
收入合计	55 339.77	100.00	38 919.36	100.00

6.5.2 披露信托资产管理情况

6.5.2.1 信托资产的期初数、期末数

单位：万元

信托资产	期初数	期末数
集合	3 888 136.47	3 267 519.80
单一	3 703 476.52	2 196 330.83
财产权	539 500.47	753 122.67
合计	8 131 113.46	6 216 973.30

6.5.2.2 主动管理型信托业务期初数、期末数

单位：万元

主动管理型信托资产	期初数	期末数
投资类	1 815 997.15	1 684 750.62
融资类	2 168 417.97	1 701 766.15
合计	3 984 415.12	3 386 516.77

6.5.2.3 被动管理型信托业务期初数、期末数

单位：万元

被动管理型信托资产	期初数	期末数
投资类	2 065 407.44	2 015 563.50
融资类	2 081 290.90	814 893.03
合计	4 146 698.34	2 830 456.53

6.5.2.4 2021年度已清算结束的信托项目个数、实收信托合计金额、加权平均实际年化收益率

2021年度已清算结束的集合类、单一类信托项目和财产管理类信托项目个数、金额、加权平均实际年化收益率。

已清算结束信托项目	项目个数（个）	合计金额（万元）	加权平均实际年化收益率（%）
集合类	45	5 949 189.31	7.81
单一类	32	4 447 053.32	6.12
财产管理类	4	255 246.70	0.00
合计	81	10 651 489.33	6.92

2021年度已清算结束的主动管理型信托项目个数、合计金额、加权平均实际年化收益率。

已清算结束主动管理型信托项目	项目个数（个）	合计金额（万元）	加权平均实际年化收益率（%）
证券投资类	5	635 522.98	10.12
其他投资类	13	3 922 333.21	7.50
融资类	27	2 089 399.16	8.19
合计	45	6 647 255.35	7.97

2021年度已清算结束的被动管理型信托项目个数、合计金额、加权平均实际年化收益率。

已清算结束被动管理型信托项目	项目个数（个）	合计金额（万元）	加权平均实际年化收益率（%）
证券投资类	2	740 666.28	5.12
其他投资类	4	255 246.70	0.00
融资类	30	3 008 321.00	5.65
合计	36	4 004 233.98	5.19

2021年度新增的集合类、单一类和财产管理类信托项目个数、合计金额。

新增信托项目	项目个数（个）	合计金额（万元）
集合类	35	1 252 330.13
单一类	6	28 720.02
财产管理类	6	470 014.91
新增合计	47	1 751 065.06
其中：主动管理型	34	1 220 239.76
被动管理型	13	530 825.30

6.5.2.5 公司履行受托人义务情况

公司按照《中华人民共和国信托法》《信托公司管理办法》和《信托公司集合资金信托计划管理办法》的规定，严格履行受托人的义务，严格遵守信托文件的规定，恪尽职守，履行诚实、信用、谨慎、有效管理的义务，为受益人的最大权益处理信托事务。

6.5.2.6 信托赔偿准备的提取、使用和管理情况

公司信托赔偿准备金报告期期末余额14 829.28万元。本报告期内，公司正常管理信托赔偿准备金，由于亏损无需计提信托赔偿准备金，未使用该准备金。

6.6 关联方关系及其交易的披露

6.6.1 关联交易方的数量、关联交易的总金额及关联交易的定价政策

项目	关联方交易数量	关联交易金额（万元）	定价政策
合计	3	9 924.74	市场交易价格

6.6.2 关联交易方与公司的关系性质、关联交易方的名称、法定代表人、注册地址、注册资本及主营业务

关系性质	关联方名称	法定代表人	注册地址	注册资本（万元）	主营业务
控股股东	雪松控股集团有限公司	张劲	广州市黄埔区中新广州知识城亿创街1号406房之27	600 000	投资管理服务；资产管理（不含许可审批项目）；企业管理服务（涉及许可经营项目的除外）；企业总部管理
参股股东	江西省江信国际大厦有限公司	解西祥	江西省南昌市西湖区北京西路88号江信国际大厦25楼	21 000	对各类行业的投资及管理；建筑工程；装饰工程；物业管理；房屋租赁；商务服务；科技交流和推广服务；环境管理；城建设施管理；计算机服务；国内贸易，进出口贸易；货物销售（依法须经批准的项目，经相关部门批准后方可开展经营活动）
控股股东之子公司	广州雪松文化旅游投资有限公司	陈晖	广州市黄埔区开创大道2511号1001室、1002室、1003室	150 000	企业总部管理；酒店管理；物业管理；柜台、摊位出租；停车场服务；房地产咨询；以自有资金从事投资活动

6.6.3 公司与关联方的重大交易事项

6.6.3.1 固有财产与关联方

固有与关联方关联交易 单位：万元

交易方式	期初数	本期增加	本期减少	期末数
贷款	272 502.38	9 433.52	63 950.00	217 985.90
投资	—	—	—	—
租赁	28.31	491.22	508.34	11.19
担保	—	—	—	—
应收账款	—	—	—	—
其他	—	—	—	—
合计	272 530.69	9 924.74	64 458.34	217 997.09

注：贷款事项为关联方向公司提供流动性支持款。

6.6.3.2 信托资产与关联方交易

信托与关联方关联交易 单位：万元

交易方式	期初数	本期增加	本期减少	期末数
贷款	—	—	—	—
投资	4 000.00	—	4 000.00	—
租赁	—	—	—	—
担保	—	—	—	—
应收账款	—	—	—	—
其他	33 100.00	—	33 100.00	—
合计	37 100.00	—	37 100.00	—

6.6.3.3 固有财产和信托财产之间的交易

固有财产与信托财产相互交易 单位：万元

项目	期初数	本期发生额	期末数
合计	259 458.86	-62 513.37	196 945.49

6.6.3.4 信托财产与信托财产之间的交易

信托财产与信托财产相互交易 单位：万元

项目	期初数	本期发生额	期末数
合计	—	—	—

6.6.4 关联方逾期未偿还公司资金的详细情况以及公司为关联方担保发生或即将发生垫款的情况

报告期内，关联方无逾期不偿还公司资金的情况，公司无为关联方担保发生或即将发生垫款情况。

7. 财务情况说明书

7.1 利润实现和分配情况

公司报告期合并报告层面期初未分配利润为-31.20亿元，报告期内因会计政策变更调增4.99亿元，净亏损0.79亿元，冲回一般风险准备1 055.92万元。报告期末，公司合并报告层面未分配利润为-26.90亿元。报告期亏损主要是公司处置不良资产及对历史逾期风险项目减值所致。

7.2 主要财务指标

指标名称	指标值	
	合并	母公司
资本利润率（%）	-5.79	-7.89
人均利润率（万元）	-8.04	-11.35

注：资本利润率=净利润/所有者权益平均余额×100%；人均净利润=净利润/年平均人数；平均值采取期初、期末余额简单平均法。

7.3 对公司财务状况、经营成果有重大影响的其他事项

报告期内，无对公司财务状况、经营成果有重大影响的其他事项。

8. 特别事项揭示

8.1 前五名股东报告期内变动情况及原因

报告期内，公司前五名股东未发生变动。

8.2 董事、监事及高管人员变动情况及原因

报告期内，原董事黄旭斌、李尚荣辞任。公司于2021年8月13日召开了2021年第一次股东大会，选举产生非独立董事李楠，李楠董事任职资格于2021年10月25日取得江西银保监局核准。

根据工作需要，公司于2021年2月25日召开第三届董事会2021年第三次会议，聘任李楠担任公司总裁，李楠总裁任职资格于2021年4月7日取得江西银保监局核准。公司于2021年5月31日召开第三届董事会2021年第五次会议，聘任陈健担任副总裁，陈健副总裁任职资格于2021年7月13日取得江西银保监局核准。公司于2021年9月13日召开第三届董事会2021年第七次会议，聘任王小涛担任首席风险官。

截至本报告披露日，公司已与原副总裁曾海解除劳动合同，其不再担任公司高管。

8.3 变更注册资本、变更注册地或公司名称、公司分立合并事项

无。

8.4 公司的重大诉讼事项

8.4.1 重大未决诉讼事项

截至报告期末，公司主动管理类信托项目通过司法途径进行债权清收，其中诉讼未决项目3起；公司固有业务项下未决重大诉讼案件1起。

8.4.2 以前年度发生并于本报告年度内终结的重大诉讼事项

截至报告期末，公司主动管理类信托项目通过司法途径进行债权清收，其中以前年度发生并于本报告年度内终结的诉讼事项3起；以前年度发生并于本报告年度内终结的固有业务项下重大诉讼案件1起。

8.4.3 本报告年度发生并于本报告年度内终结的重大诉讼事项

无。

8.5 公司及其高级管理人员受到处罚的情况

报告期内，公司原副总裁曾海被有关机关采取刑事强制措施，所涉事项均发生于原中江信托及以前时期。

8.6 银保监会及其派出机构对公司检查后提出整改意见的，应简单说明整改情况

报告期内，江西银保监局对公司开展风险管理及内控有效性现场检查。公司高度重视此次现场检查及整改工作，按照监管意见，结合公司实际制定整改方案，明确各项问题整改责任人员、整改措施，建立整改台账，定期跟踪整改进展。对于能立行立改的问题，迅速行动

整改到位，对于历史原因遗留问题，短期内无法整改到位的，制定整改方案，从强化内部控制和风险管理等方面入手，建立长效机制，扎实推进内控合规建设。

8.7 本年度重大事项临时报告的简要内容、披露时间、所披露的媒体及其版面

"雪松国际信托股份有限公司关于公司总裁变更的公告"，2021年4月12日披露于《上海证券报》信息披露56版。

8.8 其他有必要让客户及相关利益人了解的重要信息

截至本报告披露日，公司收到相关法院送达的协助执行通知书及控股股东通知，获悉控股股东持有的公司全部股权被冻结。上述相关股权被司法冻结事项与公司无关，被冻结事项暂未对公司的控制权、股权结构等产生影响。公司将密切关注上述事项的进展及影响情况。

9.公司监事会意见

报告期内，公司监事会根据相关法律法规的规定，对公司依法运作情况及财务状况进行了监督检查，认为公司能够按照合法决策程序对重大事项进行决策，未发现在职董事、高级管理人员履行职责时有违法、违纪及有损公司和股东利益的行为。财务报告真实反映了公司的财务状况和经营成果。

英大国际信托有限责任公司

1. 重要提示

1.1 本公司董事会及董事保证本报告所载资料不存在任何虚假记载、误导性陈述或者重大遗漏，并对其内容的真实性、准确性和完整性承担个别及连带责任。

1.2 本公司董事长王剑波、总经理俞华军、财务负责人李芳声明：保证年度报告中财务报告的真实、准确、完整。

1.3 本公司独立董事石俊志、徐卫晖、江迎春对年度报告内容的真实性、准确性、完整性无异议。

2. 公司概况

2.1 公司简介

英大国际信托有限责任公司的前身为济南市国际信托投资公司，成立于1987年3月。2001年12月31日，经中国人民银行银复〔2001〕264号文批复，获得《中华人民共和国信托机构法人许可证》，注册资本增至5亿元人民币，名称变更为英大国际信托投资有限责任公司。2003年11月26日，经中国银监会山东监管局核准，获得《中华人民共和国金融许可证》。2006年，公司实施增资扩股，国家电网有限公司成为第一大股东，注册资本增至15亿元。2007年9月，经中国银监会审批，公司换发金融许可证，名称变更为英大国际信托有限责任公司。2009年9月，国家电网有限公司将持有的公司股权划转至国网资产管理有限公司（现已更名为"国网英大国际控股集团有限公司"），国网资产管理有限公司成为控股股东。2010年7月，经监管及政府部门批准，公司注册地迁至北京。2012年12月，公司注册资本由15亿元增加至18.22亿元。2015年8月，公司注册资本变更为30.22亿元。2018年2月，公司引入战略投资者，注册资本增加至40.29亿元。2020年2月，国网英大国际控股集团有限公司等4家股东单位将持有的公司73.49%股权转让给上海置信电气股份有限公司（现已更名为国网英大股份有限公司），国网英大股份有限公司成为控股股东。

公司中文名称：英大国际信托有限责任公司
英文：YINGDA INTERNATIONAL TRUST CO., LTD.
缩写：英大信托
法定代表人：王剑波
注册地址：北京市东城区建国门内大街乙18号院1号楼英大国际大厦4层
邮编：100005
互联网网址：www.yditc.sgcc.com.cn
电子信箱：yditc@yditc.sgcc.com.cn
信息披露负责人：翟红卫
信息披露联系人：黄焕
联系电话：010-51960320
传真：010-51960222
电子信箱：xinxipilu@yditc.sgcc.com.cn
信息披露媒体：《上海证券报》《金融时报》
公司年报备置地点：北京市东城区建国门内大街乙18号院1号楼英大国际大厦4层
聘请的会计师事务所：信永中和会计师事务所（特殊普通合伙）
住所：北京市东城区朝阳门北大街8号富华大厦A座8层
聘请的律师事务所：兰台律师事务所
住所：北京市朝阳区曙光西里甲一号B座29层

2.2 组织结构

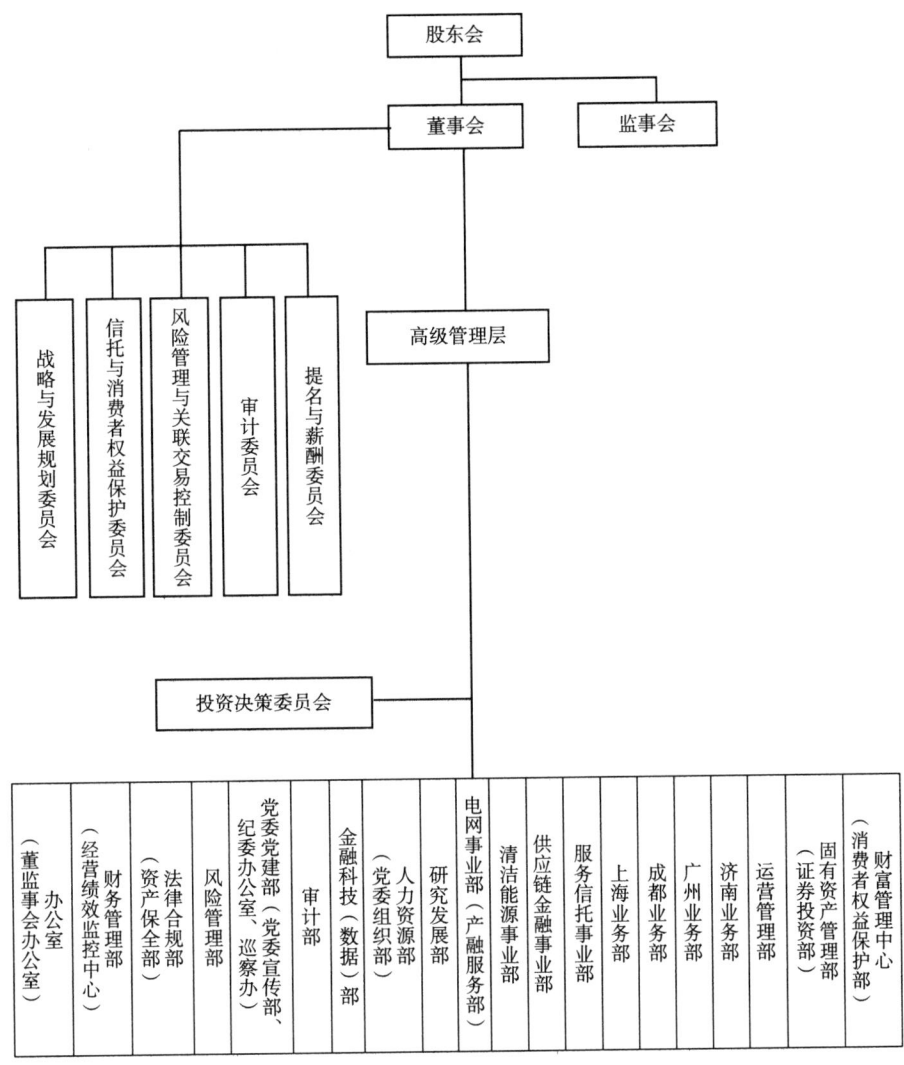

3.公司治理

3.1 公司治理结构

3.1.1 股东

报告期末股东总数为4家，实收资本40.29亿元，持股比例超过10%的两名股东情况如下表所示。

股东名称	持股比例（%）	法人代表	注册资本（万元）	注册地址	主要经营业务
国网英大股份有限公司	73.49	谭真勇	571 843.5744	中国（上海）自由贸易试验区国耀路211号C座9层	投资管理，资产管理，企业管理，商务信息咨询服务，投资咨询服务，投资顾问，电气（母线槽、高低压柜、开关柜、变压器、箱式变电站、电缆、输配电工具及材料）领域、节能环保领域、电子信息科技领域的技术开发、技术转让、技术咨询、技术服务；电力设备及系统、输配电设备及配件、节能环保设备、仪器仪表的销售；货物进出口；技术进出口；电力设施承装、承修、承试；各类工程建设活动
南方电网资本控股有限公司	25.00	周鹏举	950 000	广东省广州市南沙区横沥镇明珠一街1号404房-R31	股权投资，实业投资，投资管理及咨询

3.1.2 董事、董事会及其下属委员会

董事长及董事

姓名	职务	性别	年龄（岁）	选任日期	所推举的股东名称	该股东持股比例（%）	简要履历
王剑波	董事长	男	57	2015年3月	国网英大股份有限公司	73.49	中南财经大学财务会计专业本科，现任英大国际信托有限责任公司董事长
俞华军	董事	男	45	2020年10月	国网英大股份有限公司	73.49	阿肯色大学工商管理硕士研究生，现任英大国际信托有限公司董事、总经理
赵现军	董事	男	46	2019年12月	国网英大股份有限公司	73.49	北京大学金融学专业硕士，现任国网英大国际控股集团有限公司副总经理
张彤宇	董事	男	52	2008年12月	国网英大股份有限公司	73.49	厦门大学审计学专业本科，现任国网英大股份有限公司资产管理业务部主任
周鹏举	董事	男	55	2018年7月	南方电网资本控股有限公司	25.00	西南财经大学会计学专业硕士研究生，现任南方电网资本控股有限公司董事长
马亚军	职工董事	男	50	2019年4月	—	—	西安交通大学应用经济学专业博士研究生，现任英大国际信托有限责任公司副总经理

独立董事

姓名	性别	年龄（岁）	选任日期	所推举的股东名称	该股东持股比例（%）	简要履历
石俊志	男	68	2021年11月	—	—	中国人民银行总行金融研究所金融学博士研究生，现任石嘴山银行股份有限公司独立董事
徐卫晖	男	51	2018年7月	—	—	中国人民大学商学院工商管理专业硕士研究生，现任联美集团副总裁
江迎春	女	52	2018年7月	—	—	华东政法学院法学专业本科，现任北京市隆安律师事务所高级合伙人

董事会下属委员会

董事会下属委员会名称	职责	组成人员	
战略与发展规划委员会	负责公司长期发展战略规划，对公司重大投资、重大资本运作和资产运营等事项进行研究，提出建议	主任委员	王剑波
		委员	俞华军
		委员	石俊志
信托与消费者权益保护委员会	督促公司依法履行受托职责，当公司或股东利益与受益人利益发生冲突时，保证公司为受益人的最大利益服务。监督公司金融消费者权益保护工作，确保消费者权益保护战略目标和政策得到有效执行	主任委员	徐卫晖
		委员	赵现军
		委员	周鹏举
风险管理与关联交易控制委员会	监督、评估公司的风险管理状况，提出完善风险管理和内部控制的意见。负责关联交易管理及政策制定，审批关联交易事项，控制关联交易风险	主任委员	石俊志
		委员	江迎春
		委员	马亚军
审计委员会	负责检查风险及合规状况、会计政策、财务状况，审核内部审计管理制度、财务信息及披露，监督公司内、外部审计工作，提出审计工作改进意见	主任委员	江迎春
		委员	张彤宇
		委员	马亚军
提名与薪酬委员会	负责审核公司的人事与薪酬管理制度，监督公司人力资源管理工作，对人力资源管理及绩效考核等工作提出建议和意见	主任委员	赵现军
		委员	周鹏举
		委员	徐卫晖

3.1.3 监事、监事会及其下属委员会

监事会成员

姓名	职务	性别	年龄（岁）	选任日期	所推举的股东名称	该股东持股比例（%）	简要履历
史厚云	监事会主席	男	50	2015年3月	国网英大股份有限公司	73.49	中国社科院研究生院工商管理专业硕士研究生，现任国家电网有限公司审计部副主任
苗苗	监事	女	41	2020年8月	济钢集团有限公司	0.82	中央财经大学财政学专业硕士，现任济钢集团有限公司财务部副经理
冯书	职工监事	女	50	2019年1月	—	—	西北大学政治经济学系硕士研究生，现任英大国际信托有限责任公司运营管理部主任

3.1.4 高级管理人员
高级管理人员

姓名	职务	性别	年龄（岁）	选任日期	金融从业年限（年）	学历	专业	简要履历
俞华军	总经理	男	45	2020年10月	17	硕士	工商管理	1996年7月参加工作，2020年10月加入公司，曾任英大泰和财产保险股份有限公司副总经理、总会计师，现任英大国际信托有限责任公司总经理
王迎新	副总经理	男	53	2013年12月	21	硕士	工商管理	1992年7月参加工作，1999年12月加入公司，曾任英大国际信托有限责任公司总经理助理，现任英大国际信托有限责任公司副总经理
邓春岚	副总经理	男	52	2020年12月	17	本科	会计学	1991年7月参加工作，2020年10月加入公司，曾任南方电网资本控股有限公司总会计师，现任英大国际信托有限责任公司副总经理
马亚军	副总经理	男	50	2020年10月	14	博士	应用经济学	1990年7月参加工作，2018年8月加入公司，曾任英大泰和人寿保险股份有限公司总经理助理兼发展策划部总经理，现任英大国际信托有限责任公司副总经理
李芳	总会计师	女	46	2020年10月	1.5	硕士	会计专业	2000年8月参加工作，2020年9月加入公司，曾任南瑞集团有限公司（国网电力研究院有限公司）副总会计师，现任英大国际信托有限责任公司总会计师
李翔宇	总经理助理	男	40	2016年3月	13	硕士	工商管理	2004年7月参加工作，2015年10月加入公司，曾任中融信托有限公司基础设施及能源产业部总经理，现任英大国际信托有限责任公司总经理助理兼服务信托事业部总经理
左土民	总经理助理	男	47	2020年4月	9	硕士	工商管理	1993年9月参加工作，2012年10月加入公司，曾任英大国际信托有限责任公司电网事业部总经理，现任英大国际信托有限责任公司总经理助理
翟红卫	董事会秘书	女	54	2018年6月	33	硕士	工商管理	1987年7月参加工作，1992年9月加入公司，曾任英大国际信托有限责任公司办公室（董监办）主任，现任英大国际信托有限责任公司董事会秘书、总法律顾问

3.1.5 公司员工

项目		2021年度		2020年度	
		人数（人）	比例（%）	人数（人）	比例（%）
年龄分布	20岁及以下	—	—	—	—
	20—29岁	43	20.48	39	19.80
	30—39岁	87	41.42	83	42.13
	40岁及以上	80	38.10	75	38.07
学历分布	博士	5	2.38	5	2.54
	硕士	155	73.81	144	73.10
	本科	38	18.10	36	18.27
	专科	7	3.33	7	3.55
	其他	5	2.38	5	2.54
岗位分布	董事、监事及其他高管人员	10	4.76	10	5.08
	自营业务人员	10	4.76	10	5.08
	信托业务人员	96	45.72	93	47.20
	其他人员	94	44.76	84	42.64
合计		210	100	197	100

3.1.6 根据《信托公司股权管理暂行办法》需要披露的相关信息

3.1.6.1 报告期末公司股东出资额情况

序号	股东名称	出资情况	
		出资额（万元）	持股比例（%）
1	国网英大股份有限公司	296 089.65	73.49
2	南方电网资本控股有限公司	100 725.15	25.00
3	济钢集团有限公司	3 317.41	0.82
4	山东网瑞物产有限公司	2 768.38	0.69
合计		402 900.59	100

3.1.6.2 报告期末主要股东及其控股股东、实际控制人、关联方、一致行动人、最终受益人情况

根据《信托公司股权管理暂行办法》相关规定，我公司主要股东包括：国网英大股份有限公司、南方电网资本控股有限公司、济钢集团有限公司。

国网英大股份有限公司出资比例73.49%，对公司经营管理存在重大影响。认定依据：持有公司73.49%股权。

南方电网资本控股有限公司出资比例25.00%，对公司经营管理存在重大影响。认定依据：持有公司25.00%股权。

济钢集团有限公司出资比例：0.82%，对公司经营管理存在重大影响。认定依据：向公司派驻监事。

3.1.6.2.1 国网英大股份有限公司

控股股东：国网英大国际控股集团有限公司；

实际控制人：国家电网有限公司；

关联方：同受国家电网有限公司控制的国网北京市电力公司、国网天津市电力公司等67家企业；国网英大股份有限公司成员单位英大证券有限责任公司、国网英大碳资产管理（上海）有限公司等6家企业；

一致行动人：无；

最终受益人：国家电网有限公司。

3.1.6.2.2 南方电网资本控股有限公司

控股股东：中国南方电网有限责任公司；

实际控制人：中国南方电网有限责任公司；

关联方：子公司广东电网有限责任公司等27家企业；拥有表决权不足50%但能对其形成控制的云南文山电力股份有限公司等8家企业；

一致行动人：无；

最终受益人：中国南方电网有限责任公司。

3.1.6.2.3 济钢集团有限公司

控股股东：济南市人民政府国有资产监督管理委员会；

实际控制人：济南市人民政府国有资产监督管理委员会；

关联方：子公司山东钢铁集团济钢板材有限公司、山东济钢环保新材料有限公司等7家企业；

一致行动人：无；

最终受益人：济南市人民政府国有资产监督管理委员会。

3.1.6.3 报告期内公司发生的关联交易情况

内容详见本报告6.6部分。

3.1.6.4 报告期内股东违反承诺质押公司股权或以股权及其受（收）益权设立信托等金融产品的情况

无。

3.1.6.5 报告期内股东提名董事监事情况

董事提名情况：公司董事会提名石俊志担任第十一届董事会独立董事。

3.1.6.6 已向国务院银行业监督管理机构或其派出机构提交行政许可申请但尚未获得批准的事项

无。

3.1.6.7 国务院银行业监督管理机构规定的其他信息

无。

3.2 公司治理信息

3.2.1 年度内召开股东会情况

本年度公司共召开了三次股东会会议，其中股东年会1次，临时股东会会议两次。

3.2.2 董事会及其下属委员会履行职责情况

本年度公司共召开了四次董事会会议。

3.2.2.1 独立董事履职情况

报告期内，公司独立董事石俊志、徐卫晖、江迎春严格行使独立董事职责，按时参加董事会及专业委员会会议，认真履行相关职责，对公司战略规划、制度设计、投资计划、风险管理、审计内控、信息披露等重大决策、重要机制提出客观、公正、专业的意见与建议，促进公司依法合规稳健运行，有力指导和支持了公司经营管理和改革发展稳定各项工作取得新突破。

3.2.3 监事会履行职责情况

3.2.3.1 监事会召开会议情况

2021年度公司共召开了两次监事会会议。

3.2.3.2 监事会独立意见

报告期内，公司认真贯彻执行国家经济金融政策，业务经营活动符合法律法规规定，按照监管要求不断健全和完善内部控制体系。董事会运作规范、决策合理、程序合法，高级管理层落实高效、经营审慎、管理规范。董事及高级管理人员诚信勤勉、恪尽职守、履职尽责，不存在违反法律法规或损害公司利益的行为。信永中和会计师事务所（特殊普通合伙）出具的2021年度"标准无保留意见"审计报告，真实、客观地反映了公司的财务管理状况和经营成果。

3.2.4 高级管理人员履行职责情况

报告期内，公司高级管理层认真贯彻执行股东会、董事会工作部署，立足"根植主业、服务实业、以融强产、创造价值"定位，以建设具有能源特色行业领先的现代信托公司为目标，落实"十四五"发展规划，推进"1235"战略实施，实现"三个中心"功能应用，深化"三项制度"改革，开展"揭榜挂帅"创新创效活动，做优研发机制，完善评审机制，加快财富分中心布局，全面加强业务管理，取得多项创新业务首单记录，不断提高价值创造能力及核心竞争力。报告期末，公司经营质效突出，行业评级继续保持最高等级A级，荣获地方政府抗击疫情先进集体荣誉称号，获颁金融时报"年度最佳服务实体经济信托公司"、证券时报"年度突破成长信托公司"、上海证券报"诚信托——成长优势奖"、中国信登"信托登记优秀机构"等十余项行业奖项，央企产业金融标杆形象持续提升。

4. 经营管理

4.1 战略规划、经营方针和经营目标

4.1.1 战略规划

以公司"1235"发展战略为统领，坚持"根植主业、服务实业、以融强产、创造价值"战略定位，坚持稳中求进工作总基调，坚持服务电网主业、服务能源行业、服务绿色低碳发展，不断提高价值创造能力和核心竞争力，以深化产融协同为主线，以深化融融协同为支撑，以深化金融科技协同为动力，坚决防控金融风险，致力于"建设具有能源特色行业领先的现代信托公司"。

4.1.2 经营方针

坚持"依法合规、稳健经营"的理念，建立健全以风险控制为核心的业务管理制度，完善全方位、多层次的全面风险管理体系。强化合规理念宣导，坚持推进合规管理建设。优化高效的运营机制，通过制度建设优化，严格规范公司各项经营管理活动，使公司业务发展和基础管理各项活动流畅运转。构建联动的协同机制，以全面提升价值为目标，加大对管理要素和业务资源整合，进一步提升配置效率。完善严格的监督约束机制，建立健全以事前防范与事后查处相结合的审计内控监察制度。

4.1.3 经营目标

全面建立战略定位清晰、业务结构优化、治理结构完善的现代企业制度，持续强化风险防控和合规建设，不断优化市场化体制机制，激活内生发展动力，全面提升发展水平。坚定产业金融功能定位，进一步提升市场竞争力，围绕以电力能源为中心的产业链、价值链，加大特色金融服务和产品供给，围绕绿色信托、综合金融、服务信托和风险管控实现"三转型一升级"，打造电力行业的产融结合典范、能源绿色发展的金融服务排头兵、信托行业的专业化发展标杆。

4.2 所经营业务的主要内容

4.2.1 自营资产运用与分布表

资产运用	金额（万元）	占比（%）	资产分布	金额（万元）	占比（%）
货币资产	13 329.76	1.13	基础产业	—	—
贷款及应收款	3 742.44	0.32	房地产业	—	—
交易性金融资产	939 037.73	79.65	证券市场	324 578.23	27.53

续表

资产运用	金额（万元）	占比（%）	资产分布	金额（万元）	占比（%）
债权投资	35 913.55	3.04	实业	—	—
其他债权投资	84 279.96	7.15	金融机构	781 492.98	66.28
长期股权投资	—	—	其他	72 920.37	6.19
其他	102 688.14	8.71		—	—
资产总计	1 178 991.58	100.00	资产总计	1 178 991.58	100.00

4.2.2 信托资产运用与分布表

资产运用	金额（万元）	占比（%）	资产分布	金额（万元）	占比（%）
货币资产	145 724.80	0.22	基础产业	55 410 965.23	83.28
贷款	8 656 160.35	13.01	房地产	108 974.17	0.16
交易性金融资产	605 024.04	0.91	证券市场	5 108.67	0.01
可供出售金融资产	1 321.43	0.01	实业	6 683 755.64	10.05
持有至到期投资	693 182.64	1.04	金融机构	3 200.00	0.01
长期股权投资	149 754.17	0.23	其他	4 316 228.29	6.49
其他	56 277 064.57	84.58			
信托资产总计	66 528 232.00	100.00	信托资产总计	66 528 232.00	100.00

4.3 市场分析

4.3.1 有利因素

2021年是资管新规过渡期的最后一年，信托业务环境发生着深刻变化，信托业转型发展进入结构性调整的深化阶段。新的经济环境和金融环境下，金融强监管严监管成为常态，有助于夯实信托业转型发展的基础，信托行业发展更加注重质量和效益，在提升服务实体经济能力的同时向高品质的受托人定位转变，以实现行业长远持续发展，行业整体进入高质量发展的历史机遇期。

4.3.2 不利因素

在宏观经济下行压力和新冠肺炎疫情冲击下，信托公司经营业绩继续承压，行业积极探索、求存求进，也对信托公司发展提出了更高要求。信托行业面临激烈竞争，信托公司展业逻辑面临重塑，竞争优势和业务格局在发生新的变化，传统业务领域已经无法承载信托行业新的发展需求，但新的驱动尚未形成，大资管行业内同质化竞争严重，信托需进一步开拓多元化业务与服务，寻求差异化发展。

4.4 内部控制

4.4.1 内部控制环境和内部控制文化

4.4.1.1 内部控制环境

根据国家有关法律法规和公司章程，公司构建了以

股东会、董事会、监事会、高级管理层"三会一层"为主体的公司治理架构。"三会一层"严格依照法律法规和公司制度规定议事决策、履行职责，形成决策科学、执行有力、监督有效、运转规范的运行机制。公司设立董事会风险管理与关联交易控制委员会及全面风险管理委员会，统筹风险、内控、合规管理工作，健全内控体系工作机制，落实内控体系有效运行责任，强化内控体系监管部门职责，构建起法律、合规、风控、运营、审计多维一体的内控体系。

4.4.1.2 内部控制文化

公司大力倡导和弘扬人人守纪律、重程序、知畏惧、守底线的内控文化，着力营造"尊重内控、支持内控、自觉接受内控约束"的良好内控环境。多层次、广覆盖开展管理和业务人员内控合规风险文化建设和宣贯，建立健全内控培训长效机制，增强内控管理理念，提高风险意识，将内控管理转化为全体员工的自觉行动。

4.4.2 内部控制措施

报告期内，公司以"后台硬管理、中台强管控、前台稳发展"为目标定位，着力提升职能部门效能，筑牢"三道防线"，强化内控体系。公司将内控管理要求嵌入业务流程和日常管理，编制《业务指引及操作流程手册》增强流程刚性约束，提升业务流程科学精益管理水平。持续提升内控监督评价水平，修订《内部控制监督评价手册（试行）》进一步明确控制措施和评价标准，并开展内控有效性评价，评价制度体系设立和执行情况等。完善全面风险管理机制，进一步建立健全风险预警体系、风险评估机制，加强投贷后检查、业务风险自查，加强风险过程管理。持续优化"四层三级"制度体系，通过制度执行监督检查及定期制定规章制度建设计划，查找制度体系短板弱项，查找流程中的制度盲点，综合评估制度架构、管理机制以及制度内容，及时做好制度"废、改、立"工作，制度建设涵盖16个大类，进一步夯实公司在风险管理、风险责任认定、业务操作、资产保全、贷后管理等方面的制度管理基础。

4.4.3 信息交流与反馈

公司建立了有效的信息交流、反馈机制和平台。公司定期召开股东会、董事会、监事会，将公司经营管理信息及时准确地传递给股东、董事及监事；通过召开总办会及投决会等形式，各管理部门及业务部门向高级管理层及时汇报经营管理动态；公司建立了清晰完整的报告流程，通过持续加大信息化建设力度，保障系统安全稳定运行，确保各个部门和员工相关工作信息能够顺畅反馈；公司严格按照监管部门要求，规范报送相关数据和信息；在官方网站等媒体上及时发布公司年报、披露重大事项，并根据文件约定向投资者披露项目信息，加强与客户的交流。

4.4.4 监督评价与纠正

报告期内，公司严格落实监管及股东单位要求，全面加强内控体系建设与监督，优化问题整改预防机制，完善内部制度管控体系，夯实内控监督评价体系，完善重大风险评估机制，开展风险内控文化建设与宣贯，提升内控建设的信息化支撑能力，实现内控体系全面覆盖、全员参与、全程管控、高效协同、防范有力。

报告期内，公司各项业务健康发展，内控制度执行良好，各条线履行职责充分，监督及反馈机制运行有效，未出现违法违规事件。

4.5 风险管理

4.5.1 风险管理概况

4.5.1.1 公司经营活动中可能遇到的风险

基于金融行业运营环境和信托业特征，公司在经营过程中可能面临的风险主要有：信用风险、市场风险、操作风险、合规风险、流动性风险、其他风险等。

4.5.1.2 公司风险管理的基本原则

健全性原则：风险控制覆盖公司各项业务、各个部门和各级人员，并渗透到决策、执行、监督、反馈等各个经营环节。

相互制约原则：公司内部部门和岗位的设置权责分明、相互制约。

及时性原则：风险管理在业务发生时能准确迅速响应，及时地对风险点予以识别、控制和管理。

成本效益原则：风险控制在考虑重要性的前提下，保证以合理的管理成本达到最佳的风险管理效果。

4.5.1.3 公司风险管理组织体系与职责

公司紧跟市场和政策变化，围绕总体经营和发展战略目标持续推进全面风险管理体系建设，按照架构健全、职责清晰、纵向延伸、横向覆盖的原则，逐步建立了以董事会为核心的全方位、多层次的风险管理组织体系。

公司董事会是公司风险管理架构的最高决策机构，负责管理和监控公司的整体风险，承担全面风险管理的最终责任，对股东会负责。董事会下设风险管理与关联交易控制委员会，作为风险管理与关联交易方面的专门工作机构，对公司风险状况和风险管理能力及水平进行评价，提出完善公司风险管理和内部控制的意见和建议。

监事会承担全面风险管理的监督责任，负责监督检查董事会、经营层在风险管理方面的履职尽责情况并督促整改。

经营层负责公司全面风险管理的日常运行，承担全面风险管理的实施责任，负责执行公司风险管理政策，定期审查监督风险管理的程序以及具体的操作规程；定期向董事会、监事会报告风险管理情况。

公司建立并不断完善覆盖前台、中台、后台的风险管理组织架构，具体执行风险管理策略和制度，落实风险管理责任，形成前台业务管理、中台风险审查、后台审计监督"三道防线"。其中，业务部门承担风险管理第一道防线职责，负责承担业务经营活动所承担的风险，实施积极主动的管理，严格执行公司的风险偏好、风险管理政策、程序和集中度限额，确保业务活动不偏离风险管理要求。风险管理部、法律合规部、运营管理部为第二道防线。风险管理部是公司全面风险管理工作的牵头管理部门，统筹开展公司全面风险管理工作。全面参与项目审核、决策审批、事中风险管理等环节，保障业务实施的合法性和合规性。组织实施项目风险排查，通过对信托资产存续期内各类风险的监测、识别、预警、化解。法律合规部负责规章制度管理、制定并组织实施制度建设计划，负责规章制度委员会日常工作。牵头负责合规管理体系与管理机制的建设与完善工作。牵头负责评价内部控制制度的完整性和合理性以及内部控制制度执行的有效性，监督并促进内控体系的有效运转。运营管理部负责执行项目存续期管理事务性工作，牵头负责信托项目日常信息披露相关工作。审计部为第三道防线，负责公司经营管理活动的内部审计工作，履行公司"第三道"风险防控职责，负责信托项目的全过程审计工作，负责公司风险管理和内部控制等相关审计评价工作。

在公司风险管理中，各层级、各部门相互衔接、有效制衡，在职责范围内严格履行风险管理职责，将风险管理工作贯穿到公司经营管理的各个环节中，对业务经营的全过程进行风险识别、评估、监测和控制，确保公司稳健经营。

4.5.2 风险状况

4.5.2.1 信用风险状况

信用风险是指借款人因各种原因未能及时、足额履行约定契约中的义务而造成经济损失的风险。在信托公司，信用风险主要发生在主动管理类信托业务及固有业务中，发生违约时，债权人或信托公司将因为未能得到预期的收益而承担财务上的损失。

报告期内，公司严格履行受托人尽职管理职责，信托业务和固有业务整体运行情况良好，全年未发生重大经营风险，公司总体信用风险基本可控。

4.5.2.2 市场风险状况

市场风险是指信托公司在投资经营中因股市价格、利率、汇率等变动而导致价值未预料到的潜在损失的风险。市场风险可以分为利率风险、汇率风险（包括黄金）、股票价格风险和商品价格风险，分别是指由于利率、汇率、股票价格和商品价格的不利变动所带来的风险。市场风险可能导致市场波动，从而影响收益，甚至造成公司财产损失。

报告期内，公司坚持稳健运营的策略，密切关注宏观政策导向，充分深入调研，对有价证券投资管理状况进行实时监测，建立各类分析模型测算资产风险控制指标的变化，控制总体证券投资规模和比例，设置限制性指标和止损限额，通过投资组合分散投资风险。

4.5.2.3 操作风险状况

操作风险是指由于内控程序不完善、信息系统障碍、人员操作环节的过错疏忽等造成影响或损失的风险。

报告期内，公司通过加强内控体系建设，严格执行岗位分离控制、授权审批、业务流程控制等，未发生因操作风险造成的损失。

4.5.2.4 合规风险状况

合规风险是指因没有遵循法律、规则和准则可能遭受法律制裁、监管处罚、重大财务损失和声誉损失的风险。

报告期内，公司根据监管政策要求和导向持续完善合规管理体系建设。公司积极践行中国银保监会"内控合规管理建设年"活动，认真落实中国信托业协会发布的《中国信托业内控合规管理建设倡议书》，制订《英大信托"内控合规管理建设年"行动方案》，严格落实各项规章制度，着力补齐内控合规机制明显短板，将内控管理和合规管理要求嵌入业务流程，促使公司依法合规开展各项经营活动。

4.5.2.5 流动性风险状况

流动性风险是指公司的流动性支付能力存在不确定性，无法以合理成本及时获得充足资金，用于偿付到期债务、履行其他支付义务和满足正常业务开展的其他资金需求的风险。

报告期内，公司净资本充足，能够覆盖各项业务的风险资本和满足信托公司流动性的要求，变现能力和资金周转能力强，流动性风险较小。

4.5.2.6 其他风险状况

公司面临的其他风险还有声誉风险、关联交易风险等。声誉风险是指公司经营管理行为导致外部负面评价的风险。关联交易风险是指在关联交易控制过程中，由于关联方界定不准确、关联交易定价不合理以及关联交易活动中断等原因导致的风险。

报告期内，公司根据中国银保监会《银行保险机构声誉风险管理办法（试行）》等法律法规，制定声誉风险管理办法。明确公司声誉风险管理职责分工，压实主体责任；建立健全管理工作流程，落实声誉事件分级管理要求；建立声誉风险管理的常态化工作机制，定期开展隐患排查、情景模拟、应急演练，加强管理联动，强化责任追究。公司严格按照上市后的监管形势和合规管理要求，多维精益关联交易管理，控制关联交易风险，确保公司关联交易全面满足银保监机构及证监机构要求，促进公司安全、稳健运行。

4.5.3 风险管理

风险管理的目标是在风险和收益间取得适当平衡，将风险对公司经营业绩的负面影响降到最低水平，使股东及其他权益投资者利益最大化。基于该风险管理目标，公司风险管理工作紧密围绕战略及业务特点，持续优化风险管理体系，建立适当的风险承受底线，并及时可靠地对各种风险进行监督；把握业务风险特征，采取差异化管控措施；加强资产准入管理，严守风险底线。

4.5.3.1 信用风险管理

针对信用风险，公司不断健全制度体系和操作流程，在尽职调查、制定方案、专业审核、严格审批、过程管理、风险监控等关键环节加强管控，以切实降低信用风险发生的概率。

公司对于信用风险管理主要采取的措施包括以下三点。一是持续推进业务结构转型，控制公司信用风险敞口暴露。二是持续加强制度管理，完善风控标准。报告期内，公司修订并完善了《信托项目尽职调查指引》《风险项目管理办法》等，在项目风险管理制度层面进一步夯实管理要求。三是夯实项目贷后管理。加强信托资金投放管控，夯实投后风险排查管理，提升不良处置力度，避免"重审批、轻投贷后"下的风险暴露。

4.5.3.2 市场风险管理

公司对于市场风险管理主要采取的措施包括以下三点。一是持续加强策略研究，提升回撤管理能力。二是加强制度建设，强化投资全流程风险管控。三是继续加强投资市场风险管理工作。通过多元化资产配置分散风险，严格执行投资预警和平仓止损要求等措施为投资风险的有效管控和公司平稳运行提供有力保障。

4.5.3.3 操作风险管理

公司对于操作风险管理主要采取的措施包括以下三点。一是推动"三个中心"（经营绩效监控中心、数据集成共享中心、信托项目运营监控中心、）建设，提升公司数字化运营水平。二是持续加快核心业务系统建设，提升科技对业务支撑能力。三是加强数据治理，提升数据质量。建立数据标准及管理规范。开展业务数据定源定责，建立数据监测指标。完善数据监测手段，建设数据质量监测系统，实现数据质量在线自动监测。

4.5.3.4 合规风险管理

公司始终坚持"依法合规、稳健经营"的理念，建立健全以风险控制为核心的业务管理制度，强化合规理念宣导，严格执行银保监会、人民银行等监管机构的各项规定，深入研究合规性要求，及时进行监管沟通，重点把握好公司团队管理、融资类信托业务、反洗钱、关联交易、信息披露等方面合规性问题，在确保合规的前提下开展相关业务。

4.5.3.5 流动性风险管理

公司对于流动性风险管理主要采取的措施包括以下两点。一是建立健全公司层面流动性风险管理机制。完善流动性风险管理办法，加强资金头寸管理、流动性风险监测，逐步提升优质流动性储备水平，健全流动性风险应急预案，实现流动性风险的体系化管理。二是健全产品兑付层面流动性风险控制机制。加强固有业务项目的风险排查，积极进行项目风险预警，加强计划管理，确保固有资金再投资的充足性。

4.5.3.6 其他风险管理

声誉风险管理方面。一是严格落实公司信息披露制度的要求。二是建立积极、有效的声誉风险管理机制。适时引入第三方专业机构提供舆情监测服务，将声誉风险纳入公司治理及全面风险管理体系。三是强化员工声誉风险意识。将声誉构建与公司发展战略和企业文化进行有机结合，对可能影响公司声誉的业务坚决予以回避，强化公司品牌文化建设，塑造公司专业和诚信的社会形象。四是加强信用风险管理与风险项目处置，避免因事态扩大导致声誉风险。持续健全风险资产处置的常态化工作机制，积极维护投资人的合法权益，将受托人的职责履行到位。

关联交易风险管理方面。公司严格执行银保监会对于关联交易的监管报告要求，持续加强信息披露管理，做好日常关联交易规模监控。

4.6 2021年净资本、风险资本及风险控制指标状况

公司按照《信托公司净资本管理办法》有关要求，对净资本及风险资本进行有效管理。报告期内，公司净资本风险控制指标持续符合监管要求。2021年12月31日，公司净资本及各项相关风控指标情况如下表所示。

指标	2021年末数	监管指标要求
净资本（亿元）	96.22	≥2
风险资本（亿元）	21.70	—
净资本/各项业务风险资本之和（%）	443.47	≥100
净资本/净资产（%）	87.11	≥40

4.7 社会责任履行情况

公司认真贯彻落实党的十九大及历次全会精神，以习近平新时代中国特色社会主义思想为指引，在国家电网公司党组的领导下，始终坚持服务党和国家工作大局，主动承担社会责任。报告期内，公司统筹推进疫情防控和经济社会发展各项部署，坚持服务实体经济和产融结合，积极服务电力能源发展；认真践行绿色发展理念，大力支持清洁能源发展；坚持依法合规稳健经营，忠实履行受托人义务，切实保障投资者合法权益；不断提升和创新财富管理水平，为投资者实现保值增值，为社会提供更高质量、更有效率的金融服务，为全面建设社会主义现代化国家、推动经济高质量发展作出积极贡献。

坚持服务实体经济，支持国家新基建项目建设和中小企业发展。依托电网股东背景，坚持产融结合，充分发挥信托制度的优势和灵活性大力支持我国能源互联网、特高压、智能电网建设和农村电网改造升级工程，服务电网规模超过四千亿元。

巩固脱贫攻坚成果，将服务乡村振兴工作放在重要位置，通过信托专属服务模式，助力农业农村现代化。成立公司首单以乡村振兴为专项信托目的的慈善信托"东城德融乡村振兴慈善信托"，着力帮扶内蒙古化德县的教育、卫生、基础设施建设，通过为居民社区安装路灯提升当地宜居程度，通过设置教师奖励基金激励教师队伍人才建设，通过提供医疗急救设备为新生命保驾护航，通过扶持产业发展推动当地经济发展，持续推动脱贫攻坚成果巩固拓展同乡村振兴有效衔接，以信托力量支持内蒙古化德县实现乡村振兴。持续加大慈善信托研究和实践，在现有法规制度政策框架下积极探索，争取更多慈善信托项目落地，惠及社会。

支持清洁能源发展，助推我国经济结构调整和发展方式转变。实行基金化、平台化运作，更好地为我国经济社会发展和环境保护贡献力量。成功发行碳中和资产证券化产品，深耕绿色信托，绿色金融业务多向发力，高效支持实现"双碳"目标和新型电力系统建设。

5.报告期末及上一年度末的比较式会计报表

5.1 自营资产

5.1.1 会计师事务所审计意见全文

审计报告

XYZH/2022BJAB20396

英大国际信托有限责任公司董事会：

一、审计意见

我们审计了英大国际信托有限责任公司（以下简称英大信托公司）财务报表，包括2021年12月31日的合并及母公司资产负债表，2021年度的合并及母公司利润表、合并及母公司现金流量表、合并及母公司所有者权益变动表，以及相关财务报表附注。

我们认为，后附的财务报表在所有重大方面按照企业会计准则的规定编制，公允反映了英大信托公司2021年12月31日的合并及母公司财务状况以及2021年度的合并及母公司经营成果和现金流量。

二、形成审计意见的基础

我们按照中国注册会计师审计准则的规定执行了审计工作。审计报告的"注册会计师对财务报表审计的责任"部分进一步阐述了我们在这些准则下的责任。按照中国注册会计师职业道德守则，我们独立于英大信托公司，并履行了职业道德方面的其他责任。我们相信，我们获取的审计证据是充分、适当的，为发表审计意见提供了基础。

三、管理层和治理层对财务报表的责任

英大信托公司管理层（以下简称管理层）负责按照

企业会计准则的规定编制财务报表。使其实现公允反映，并设计、执行和维护必要的内部控制，以使财务报表不存在由于舞弊或错误导致的重大错报。

在编制财务报表时，管理层负责评估英大信托公司的持续经营能力，披露与持续经营相关的事项（如适用），并运用持续经营假设，除非管理层计划清算英大信托公司、终止运营或别无其他现实的选择。

治理层负责监督英大信托公司的财务报告过程。

四、注册会计师对财务报表审计的责任

我们的目标是对财务报表整体是否不存在由于舞弊或错误导致的重大错报获取合理保证，并出具包含审计意见的审计报告。合理保证是高水平的保证，但并不能保证按照审计准则执行的审计在某一重大错报存在时总能发现。错报可能由于舞弊或错误导致，如果合理预期错报单独或汇总起来可能影响财务报表使用者依据财务报表作出的经济决策，则通常认为错报是重大的。

在按照审计准则执行审计工作的过程中，我们运用职业判断，并保持职业怀疑。同时，我们也执行以下工作：

（1）识别和评估由于舞弊或错误导致的财务报表重大错报风险，设计和实施审计程序以应对这些风险，并获取充分、适当的审计证据，作为发表审计意见的基础。由于舞弊可能涉及串通、伪造、故意遗漏、虚假陈述或凌驾于内部控制之上，未能发现由于舞弊导致的重大错报的风险高于未能发现由于错误导致的重大错报的风险。

（2）了解与审计相关的内部控制，以设计恰当的审计程序，但目的并非对内部控制的有效性发表意见。

（3）评价管理层选用会计政策的恰当性和作出会计估计及相关披露的合理性。

（4）对管理层使用持续经营假设的恰当性得出结论。同时，根据获取的审计证据，就可能导致对英大信托公司持续经营能力产生重大疑虑的事项或情况是否存在重大不确定性得出结论。如果我们得出结论认为存在重大不确定性，审计准则要求我们在审计报告中提请报表使用者注意财务报表中的相关披露；如果披露不充分，我们应当发表非无保留意见。我们的结论基于截至审计报告日可获得的信息。然而，未来的事项或情况可能导致英大信托公司不能持续经营。

（5）评价财务报表的总体列报、结构和内容，并评价财务报表是否公允反映相关交易和事项。

（6）就英大信托公司中实体或业务活动的财务信息获取充分、适当的审计证据，以对财务报表发表审计意见。我们负责指导、监督和执行集团审计，并对审计意见承担全部责任。

我们与治理层就计划的审计范围、时间安排和重大审计发现等事项进行沟通，包括沟通我们在审计中识别出的值得关注的内部控制缺陷。

信永中和会计事务所（特殊普通合伙）

中国注册会计师：易小莎

中国注册会计师：胡丽娅

中国·北京 二〇二二年四月十九日

5.1.2 资产负债表

合并资产负债表

编制单位：英大国际信托有限责任公司　　　　2021年12月31日　　　　单位：万元

资产	期末余额	年初余额	负债和所有者权益（或股东权益）	期末余额	年初余额
资产：	—	—	负债：	—	—
货币资金	14 102.53	28 547.81	短期借款	—	—
结算备付金	—	—	拆入资金	—	—
贵金属	—	—	交易性金融负债	30 313.01	—
拆出资金	—	—	衍生金融负债	—	—
衍生金融资产	—	—	卖出回购金融资产款	—	—
应收账款	—	—	应付职工薪酬	1 004.81	2 240.81
预付款项	1.20	111.60	应交税费	42 508.90	29 056.17
其他应收款	3 742.44	2 262.90	其他应付款	598.52	98 607.34
其中：应收利息	—	—	其中：应付利息	—	—
应收股利	275.46	—	应付股利	—	73 919.14

续表

资产	期末余额	年初余额	负债和所有者权益（或股东权益）	期末余额	年初余额
合同资产	—	—	应付账款	—	—
买入返售金融资产	46 839.96	9 970.18	合同负债	—	—
持有待售资产	—	—	持有待售负债	—	—
发放贷款和垫款	—	1 867.85	长期借款	—	—
金融投资	1 088 775.34	1 136 948.55	应付债券	—	—
交易性金融资产	968 581.83	935 753.84	其中：优先股	—	—
债权投资	35 913.55	110 245.16	永续债	—	—
其他债权投资	84 279.96	90 949.54	预计负债	—	—
其他权益工具投资	—	—	租赁负债	29 503.85	27 388.16
长期股权投资	—	—	递延所得税负债	728.08	444.52
投资性房地产	—	—	其他非流动负债	—	77 067.00
固定资产	1 571.97	1 000.94	负债合计	104 657.16	234 804.00
在建工程	1 736.44	—	股东权益：		
使用权资产	28 074.86	27 388.16	实收资本	402 900.60	402 900.60
无形资产	1 084.97	299.44	其他权益工具	—	—
长期待摊费用	18.90	18.90	其中：优先股	—	—
递延所得税资产	23 359.83	6 953.83	永续债	—	—
—	—	—	资本公积	146 161.25	146 161.25
—	—	—	减：库存股	—	—
—	—	—	其他综合收益	2 246.95	1 396.77
—	—	—	盈余公积	88 394.52	76 055.13
—	—	—	一般风险准备	61 507.56	54 065.29
—	—	—	未分配利润	403 440.40	299 987.11
—	—	—	归属于母公司股东权益合计	1 104 651.28	980 566.15
—	—	—	少数股东权益	—	—
—	—	—	股东权益合计	1 104 651.28	980 566.15
资产总计	1 209 308.44	1 215 370.15	负债和股东权益总计	1 209 308.44	1 215 370.15

法定代表人：王剑波　　　　主管会计工作负责人：李芳　　　　会计机构负责人：李臻茹

资产负债表

编制单位：英大国际信托有限责任公司　　2021年12月31日　　单位：万元

资产	期末余额	年初余额	负债和所有者权益（或股东权益）	期末余额	年初余额
资产：	—	—	负债：		
货币资金	13 329.76	27 968.00	短期借款	—	—
结算备付金	—	—	拆入资金	—	—
贵金属	—	—	交易性金融负债	—	—
拆出资金	—	—	衍生金融负债	—	—
衍生金融资产	—	—	卖出回购金融资产款	—	—
应收账款	—	—	应付职工薪酬	1 004.81	2 240.81
预付款项	1.20	111.60	应交税费	42 508.90	29 056.17
其他应收款	3 742.44	2 262.90	其他应付款	594.50	96 557.99
其中：应收利息	—	—	其中：应付利息	—	—
应收股利	275.46	—	应付股利	—	73 919.14

续表

资产	期末余额	年初余额	负债和所有者权益（或股东权益）	期末余额	年初余额
合同资产	—	—	应付账款	—	—
买入返售金融资产	46 839.96	9 970.18	合同负债	—	—
持有待售资产	—	—	持有待售负债	—	—
发放贷款和垫款	—	1 867.85	长期借款	—	—
金融投资：	1 059 231.24	1 058 253.22	应付债券	—	—
交易性金融资产	939 037.73	950 253.84	其中：优先股	—	—
债权投资	35 913.55	17 049.84	永续债	—	—
其他债权投资	84 279.96	90 949.54	预计负债	—	—
其他权益工具投资	—	—	租赁负债	29 503.85	27 388.16
长期股权投资	—	—	递延所得税负债	728.08	444.52
投资性房地产	—	—	其他非流动负债	—	—
固定资产	1 571.97	1 000.94	负债合计	74 340.13	155 687.65
在建工程	1 736.44	—	股东权益：		
使用权资产	28 074.86	27 388.16	实收资本	402 900.60	402 900.60
无形资产	1 084.97	299.44	其他权益工具	—	—
长期待摊费用	18.90	18.90	其中：优先股	—	—
递延所得税资产	23 359.83	6 953.83	永续债	—	—
—	—	—	资本公积	146 161.25	146 161.25
—	—	—	减：库存股	—	—
—	—	—	其他综合收益	2 246.95	1 396.77
—	—	—	盈余公积	88 394.52	76 055.13
—	—	—	一般风险准备	61 507.56	54 065.29
—	—	—	未分配利润	403 440.57	299 828.32
—	—	—	股东权益合计	1 104 651.45	980 407.36
资产总计	1 178 991.58	1 136 095.01	负债和股东权益总计	1 178 991.58	1 136 095.01

法定代表人：王剑波　　　　主管会计工作负责人：李芳　　　　会计机构负责人：李臻茹

5.1.3 利润表

合并利润表

编制单位：英大国际信托有限责任公司　　2021年度　　单位：万元

项目	本期金额	上期金额
一、营业总收入	190 976.07	211 300.05
利息净收入	12 202.83	5 616.88
其中：利息收入	13 862.31	11 042.03
利息支出	1 659.48	5 425.15
手续费及佣金净收入	211 315.07	169 203.19
其中：手续费及佣金收入	211 315.07	169 203.19
手续费及佣金支出	—	—
投资收益（损失以"-"号填列）	32 587.58	36 185.47
其中：对联营企业和合营企业的投资收益	—	—
以摊余成本计量的金融资产终止确认收益	—	—
净敞口套期收益（损失以"-"号填列）	—	—
其他收益	534.24	589.55

续表1

项目	本期金额	上期金额
公允价值变动收益（损失以"-"号填列）	-65 661.47	-277.27
汇兑收益（损失以"-"号填列）	-14.42	-42.85
其他业务收入	7.09	13.28
资产处置收益（损失以"-"号填列）	5.15	11.80
二、营业总成本	31 233.94	25 779.23
税金及附加	1 756.36	1 884.29
业务及管理费用	27 223.65	22 510.81
信用减值损失	2 253.92	1 384.13
其他资产减值损失	—	—
其他业务成本	—	—
三、营业利润（亏损以"-"号填列）	159 742.13	185 520.83
加：营业外收入	600.67	—
减：营业外支出	103.35	22 224.77
四、利润总额（亏损总额以"-"号填列）	160 239.45	163 296.06

续表2

项目	本期金额	上期金额
减：所得税费用	37 004.49	39 531.91
五、净利润（净亏损以"-"号填列）	123 234.95	123 764.16
（一）按经营持续性分类	123 234.95	123 764.16
1.持续经营净利润（净亏损以"-"号填列）	123 234.95	123 764.16
2.终止经营净利润（净亏损以"-"号填列）	—	—
（二）按所有权归属分类	123 234.95	123 764.16
1.归属于母公司所有者的净利润（净亏损以"-"号填列）	123 234.95	123 764.16
2.少数股东损益（净亏损以"-"号填列）	—	—
六、其他综合收益的税后净额	850.18	432.12
归属母公司所有者的其他综合收益的税后净额	850.18	432.12
（一）不能重分类进损益的其他综合收益	—	—
1.重新计量设定受益计划变动额	—	—
2.权益法下不能转损益的其他综合收益	—	—
3.其他权益工具投资公允价值变动	—	—
4.企业自身信用风险公允价值变动	—	—
5.其他	—	—
（二）将重分类进损益的其他综合收益	850.18	432.12
1.权益法下可转损益的其他综合收益	—	—
2.其他债权投资公允价值变动	850.67	401.53
3.金融资产重分类计入其他综合收益的金额	—	—
4.其他债权投资信用减值准备	-0.49	30.59
5.现金流量套期储备（现金流量套期损益的有效部分）	—	—
6.外币财务报表折算差额	—	—
7.其他	—	—
归属于少数股东的其他综合收益的税后净额	—	—
七、综合收益总额	124 085.13	124 196.27
归属于母公司股东的综合收益总额	124 085.13	124 196.27
归属于少数股东的综合收益总额	—	—
八、每股收益：		
（一）基本每股收益（元/股）	—	—
（二）稀释每股收益（元/股）	—	—

法定代表人：王剑波　　主管会计工作负责人：李芳　　会计机构负责人：李臻茹

利润表

编制单位：英大国际信托有限责任公司　　2021年度　　单位：万元

项目	本期金额	上期金额
一、营业总收入	190 848.58	211 748.64
利息净收入	11 069.00	3 487.01
其中：利息收入	11 069.00	3 487.01
利息支出	—	—
手续费及佣金净收入	211 965.37	169 851.62
其中：手续费及佣金收入	211 965.37	169 851.62
手续费及佣金支出	—	—

续表

项目	本期金额	上期金额
投资收益（损失以"-"号填列）	33 195.25	38 115.49
其中：对联营企业和合营企业的投资收益	—	—
以摊余成本计量的金融资产终止确认收益	—	—
净敞口套期收益（损失以"-"号填列）	—	—
其他收益	534.24	589.55
公允价值变动收益（损失以"-"号填列）	-65 913.10	-277.27
汇兑收益（损失以"-"号填列）	-14.42	-42.85
其他业务收入	7.09	13.28
资产处置收益（损失以"-"号填列）	5.15	11.80
二、营业总成本	30 947.50	25 694.88
税金及附加	1 746.85	1 846.09
业务及管理费用	26 946.72	22 464.67
信用减值损失	2 253.92	1 384.13
其他资产减值损失	—	—
其他业务成本	—	—
三、营业利润（亏损以"-"号填列）	159 901.09	186 053.76
加：营业外收入	600.67	—
减：营业外支出	103.35	22 224.77
四、利润总额（亏损总额以"-"号填列）	160 398.40	163 828.99
减：所得税费用	37 004.49	39 531.91
五、净利润（净亏损以"-"号填列）	123 393.91	124 297.09
（一）持续经营净利润（净亏损以"-"号填列）	123 393.91	124 297.09
（二）终止经营净利润（净亏损以"-"号填列）	—	—
六、其他综合收益的税后净额	850.18	432.12
（一）不能重分类进损益的其他综合收益	—	—
1.重新计量设定受益计划变动额	—	—
2.权益法下不能转损益的其他综合收益	—	—
3.其他权益工具投资公允价值变动	—	—
4.企业自身信用风险公允价值变动	—	—
5.其他	—	—
（二）将重分类进损益的其他综合收益	850.18	432.12
1.权益法下可转损益的其他综合收益	—	—
2.其他债权投资公允价值变动	850.67	401.53
3.金融资产重分类计入其他综合收益的金额	—	—
4.其他债权投资信用减值准备	-0.49	30.59
5.现金流量套期储备（现金流量套期损益的有效部分）	—	—
6.外币财务报表折算差额	—	—
7.其他	—	—
七、综合收益总额	124 244.09	124 729.20
八、每股收益：		
（一）基本每股收益（元/股）	—	—
（二）稀释每股收益（元/股）	—	—

法定代表人：王剑波　　主管会计工作负责人：李芳　　会计机构负责人：李臻茹

5.1.4 所有者权益变动表

合并股东权益变动表

编制单位：英大国际信托有限责任公司　　2021年度　　单位：万元

项目	本期金额										
	股本	其他权益工具			资本公积	减：库存股	其他综合收益	专项储备	盈余公积	一般风险准备	未分配利润	股东权益合计
		优先股	永续债	其他								
一、上年年末余额	402 900.60	—	—	—	146 161.25	—	1 396.77	—	76 055.13	54 065.29	299 987.11	980 566.15
加：会计政策变更	—	—	—	—	—	—	—	—	—	—	—	—
前期差错更正	—	—	—	—	—	—	—	—	—	—	—	—
同一控制下企业合并	—	—	—	—	—	—	—	—	—	—	—	—
其他	—	—	—	—	—	—	—	—	—	—	—	—
二、本年年初余额	402 900.60	—	—	—	146 161.25	—	1 396.77	—	76 055.13	54 065.29	299 987.11	980 566.15
三、本年增减变动金额（减少以"-"号填列）	—	—	—	—	—	—	850.18	—	12 339.39	7 442.28	103 453.29	124 085.13
（一）综合收益总额	—	—	—	—	—	—	850.18	—	—	—	123 234.95	124 085.13
（二）股东投入和减少资本	—	—	—	—	—	—	—	—	—	—	—	—
1.股东投入的普通股	—	—	—	—	—	—	—	—	—	—	—	—
2.其他权益工具持有者投入资本	—	—	—	—	—	—	—	—	—	—	—	—
3.股份支付计入股东权益的金额	—	—	—	—	—	—	—	—	—	—	—	—
4.其他	—	—	—	—	—	—	—	—	—	—	—	—
（三）利润分配	—	—	—	—	—	—	—	—	12 339.39	7 442.28	-19 781.67	—
1.提取盈余公积	—	—	—	—	—	—	—	—	12 339.39	—	-12 339.39	—
2.提取一般风险准备	—	—	—	—	—	—	—	—	—	7 442.28	-7 442.28	—
3.对股东的分配	—	—	—	—	—	—	—	—	—	—	—	—
4.其他	—	—	—	—	—	—	—	—	—	—	—	—
（四）股东权益内部结转	—	—	—	—	—	—	—	—	—	—	—	—
1.资本公积转增股本	—	—	—	—	—	—	—	—	—	—	—	—
2.盈余公积转增股本	—	—	—	—	—	—	—	—	—	—	—	—
3.盈余公积弥补亏损	—	—	—	—	—	—	—	—	—	—	—	—
4.设定受益计划变动额结转留存收益	—	—	—	—	—	—	—	—	—	—	—	—
5.其他综合收益结转留存收益	—	—	—	—	—	—	—	—	—	—	—	—
6.其他	—	—	—	—	—	—	—	—	—	—	—	—
（五）专项储备	—	—	—	—	—	—	—	—	—	—	—	—
1.本年提取	—	—	—	—	—	—	—	—	—	—	—	—
2.本年使用	—	—	—	—	—	—	—	—	—	—	—	—
（六）其他	—	—	—	—	—	—	—	—	—	—	—	—
四、本年年末余额	402 900.60	—	—	—	146 161.25	—	2 246.95	—	88 394.52	61 507.56	403 440.40	1 104 651.28

法定代表人：王剑波　　主管会计工作负责人：李芳　　会计机构负责人：李臻茹

合并股东权益变动表（续）

编制单位：英大国际信托有限责任公司　　2021年度　　单位：万元

项目	上期金额										
	股本	其他权益工具			资本公积	减：库存股	其他综合收益	专项储备	盈余公积	一般风险准备	未分配利润	股东权益合计
		优先股	永续债	其他								
一、上年年末余额	402 900.60	—	—	—	146 161.25	—	964.65	—	63 625.42	45 751.18	285 447.63	944 850.73
加：会计政策变更	—	—	—	—	—	—	—	—	—	—	—	—

续表

项目	上期金额											股东权益合计
	股本	其他权益工具			资本公积	减：库存股	其他综合收益	专项储备	盈余公积	一般风险准备	未分配利润	
		优先股	永续债	其他								
前期差错更正	—	—	—	—	—	—	—	—	—	—	—	—
同一控制下企业合并	—	—	—	—	—	—	—	—	—	—	—	—
其他	—	—	—	—	—	—	—	—	—	—	—	—
二、本年年初余额	402 900.60	—	—	—	146 161.25	—	964.65	—	63 625.42	45 751.18	285 447.63	944 850.73
三、本年增减变动金额（减少以"-"号填列）	—	—	—	—	—	—	432.12	—	12 429.71	8 314.11	14 539.48	35 715.41
（一）综合收益总额	—	—	—	—	—	—	432.12	—	—	—	123 764.16	124 196.27
（二）股东投入和减少资本	—	—	—	—	—	—	—	—	—	—	—	—
1.股东投入的普通股	—	—	—	—	—	—	—	—	—	—	—	—
2.其他权益工具持有者投入资本	—	—	—	—	—	—	—	—	—	—	—	—
3.股份支付计入股东权益的金额	—	—	—	—	—	—	—	—	—	—	—	—
4.其他	—	—	—	—	—	—	—	—	—	—	—	—
（三）利润分配	—	—	—	—	—	—	—	—	12 429.71	8 314.11	−109 224.68	−88 480.86
1.提取盈余公积	—	—	—	—	—	—	—	—	12 429.71	—	−12 429.71	—
2.提取一般风险准备	—	—	—	—	—	—	—	—	—	8 314.11	−8 314.11	—
3.对股东的分配	—	—	—	—	—	—	—	—	—	—	−88 480.86	−88 480.86
4.其他	—	—	—	—	—	—	—	—	—	—	—	—
（四）股东权益内部结转	—	—	—	—	—	—	—	—	—	—	—	—
1.资本公积转增股本	—	—	—	—	—	—	—	—	—	—	—	—
2.盈余公积转增股本	—	—	—	—	—	—	—	—	—	—	—	—
3.盈余公积弥补亏损	—	—	—	—	—	—	—	—	—	—	—	—
4.设定受益计划变动额结转留存收益	—	—	—	—	—	—	—	—	—	—	—	—
5.其他综合收益结转留存收益	—	—	—	—	—	—	—	—	—	—	—	—
6.其他	—	—	—	—	—	—	—	—	—	—	—	—
（五）专项储备	—	—	—	—	—	—	—	—	—	—	—	—
1.本年提取	—	—	—	—	—	—	—	—	—	—	—	—
2.本年使用	—	—	—	—	—	—	—	—	—	—	—	—
（六）其他	—	—	—	—	—	—	—	—	—	—	—	—
四、本年年末余额	402 900.60	—	—	—	146 161.25	—	1 396.77	—	76 055.13	54 065.29	299 987.11	980 566.15

法定代表人：王剑波　　　　　主管会计工作负责人：李芳　　　　　会计机构负责人：李臻茹

所有者权益变动表

编制单位：英大国际信托有限责任公司　　　　2021年度　　　　单位：万元

项目	本期金额											股东权益合计
	股本	其他权益工具			资本公积	减：库存股	其他综合收益	专项储备	盈余公积	一般风险准备	未分配利润	
		优先股	永续债	其他								
一、上年年末余额	402 900.60	—	—	—	146 161.25	—	1 396.77	—	76 055.13	54 065.29	299 828.32	980 407.36
加：会计政策变更	—	—	—	—	—	—	—	—	—	—	—	—
前期差错更正	—	—	—	—	—	—	—	—	—	—	—	—
其他	—	—	—	—	—	—	—	—	—	—	—	—
二、本年年初余额	402 900.60	—	—	—	146 161.25	—	1 396.77	—	76 055.13	54 065.29	299 828.32	980 407.36
三、本年增减变动金额（减少以"-"号填列）	—	—	—	—	—	—	850.18	—	12 339.39	7 442.28	103 612.25	124 244.09

续表

项目	本期金额										
	股本	其他权益工具			资本公积	减：库存股	其他综合收益	专项储备	盈余公积	一般风险准备	未分配利润	股东权益合计
		优先股	永续债	其他								
（一）综合收益总额	—	—	—	—	—	—	850.18	—	—	—	123 393.91	124 244.09
（二）股东投入和减少资本	—	—	—	—	—	—	—	—	—	—	—	—
1.股东投入的普通股	—	—	—	—	—	—	—	—	—	—	—	—
2.其他权益工具持有者投入资本	—	—	—	—	—	—	—	—	—	—	—	—
3.股份支付计入股东权益的金额	—	—	—	—	—	—	—	—	—	—	—	—
4.其他	—	—	—	—	—	—	—	—	—	—	—	—
（三）利润分配	—	—	—	—	—	—	—	—	12 339.39	7 442.28	-19 781.67	—
1.提取盈余公积	—	—	—	—	—	—	—	—	12 339.39	—	-12 339.39	—
2.提取一般风险准备	—	—	—	—	—	—	—	—	—	7 442.28	-7 442.28	—
3.对股东的分配	—	—	—	—	—	—	—	—	—	—	—	—
4.其他	—	—	—	—	—	—	—	—	—	—	—	—
（四）股东权益内部结转	—	—	—	—	—	—	—	—	—	—	—	—
1.资本公积转增股本	—	—	—	—	—	—	—	—	—	—	—	—
2.盈余公积转增股本	—	—	—	—	—	—	—	—	—	—	—	—
3.盈余公积弥补亏损	—	—	—	—	—	—	—	—	—	—	—	—
4.设定受益计划变动额结转留存收益	—	—	—	—	—	—	—	—	—	—	—	—
5.其他综合收益结转留存收益	—	—	—	—	—	—	—	—	—	—	—	—
6.其他	—	—	—	—	—	—	—	—	—	—	—	—
（五）专项储备	—	—	—	—	—	—	—	—	—	—	—	—
1.本年提取	—	—	—	—	—	—	—	—	—	—	—	—
2.本年使用	—	—	—	—	—	—	—	—	—	—	—	—
（六）其他	—	—	—	—	—	—	—	—	—	—	—	—
四、本年年末余额	402 900.60	—	—	—	146 161.25	—	2 246.95	—	88 394.52	61 507.56	403 440.57	1 104 651.45

法定代表人：王剑波　　主管会计工作负责人：李芳　　会计机构负责人：李臻茹

所有者权益变动表（续）

编制单位：英大国际信托有限责任公司　　2021年度　　单位：万元

项目	上期金额										
	股本	其他权益工具			资本公积	减：库存股	其他综合收益	专项储备	盈余公积	一般风险准备	未分配利润	股东权益合计
		优先股	永续债	其他								
一、上年年末余额	402 900.60	—	—	—	146 161.25	—	964.65	—	63 625.42	45 751.18	284 755.92	944 159.02
加：会计政策变更	—	—	—	—	—	—	—	—	—	—	—	—
前期差错更正	—	—	—	—	—	—	—	—	—	—	—	—
其他	—	—	—	—	—	—	—	—	—	—	—	—
二、本年年初余额	402 900.60	—	—	—	146 161.25	—	964.65	—	63 625.42	45 751.18	284 755.92	944 159.02
三、本年增减变动金额（减少以"-"号填列）	—	—	—	—	—	—	432.12	—	12 429.71	8 314.11	15 072.40	36 248.34
（一）综合收益总额	—	—	—	—	—	—	432.12	—	—	—	124 297.09	124 729.20
（二）股东投入和减少资本	—	—	—	—	—	—	—	—	—	—	—	—
1.股东投入的普通股	—	—	—	—	—	—	—	—	—	—	—	—
2.其他权益工具持有者投入资本	—	—	—	—	—	—	—	—	—	—	—	—
3.股份支付计入股东权益的金额	—	—	—	—	—	—	—	—	—	—	—	—

续表

项目	上期金额											
	股本	其他权益工具			资本公积	减：库存股	其他综合收益	专项储备	盈余公积	一般风险准备	未分配利润	股东权益合计
		优先股	永续债	其他								
4.其他	—	—	—	—	—	—	—	—	—	—	—	—
（三）利润分配	—	—	—	—	—	—	—	—	12 429.71	8 314.11	-109 224.68	-88 480.86
1.提取盈余公积	—	—	—	—	—	—	—	—	12 429.71	—	-12 429.71	—
2.提取一般风险准备	—	—	—	—	—	—	—	—	—	8 314.11	-8 314.11	—
3.对股东的分配	—	—	—	—	—	—	—	—	—	—	-88 480.86	-88 480.86
4.其他	—	—	—	—	—	—	—	—	—	—	—	—
（四）股东权益内部结转	—	—	—	—	—	—	—	—	—	—	—	—
1.资本公积转增股本	—	—	—	—	—	—	—	—	—	—	—	—
2.盈余公积转增股本	—	—	—	—	—	—	—	—	—	—	—	—
3.盈余公积弥补亏损	—	—	—	—	—	—	—	—	—	—	—	—
4.设定受益计划变动额结转留存收益	—	—	—	—	—	—	—	—	—	—	—	—
5.其他综合收益结转留存收益	—	—	—	—	—	—	—	—	—	—	—	—
6.其他	—	—	—	—	—	—	—	—	—	—	—	—
（五）专项储备	—	—	—	—	—	—	—	—	—	—	—	—
1.本年提取	—	—	—	—	—	—	—	—	—	—	—	—
2.本年使用	—	—	—	—	—	—	—	—	—	—	—	—
（六）其他	—	—	—	—	—	—	—	—	—	—	—	—
四、本年年末余额	402 900.60	—	—	—	146 161.25	—	1 396.77	—	76 055.13	54 065.29	299 828.32	980 407.36

法定代表人：王剑波　　　　　主管会计工作负责人：李芳　　　　　会计机构负责人：李臻茹

5.2 信托资产

5.2.1 信托项目资产负债汇总表

信托项目资产负债表

编制单位：英大国际信托有限责任公司　　　2021年12月31日　　　单位：万元

信托资产	年初数	期末数	信托负债和信托权益	年初数	期末数
信托资产：	—	—	信托负债：	—	—
货币资金	23 877.11	145 724.80	交易性金融负债	—	—
拆出资金	—	—	衍生金融负债	—	—
存出保证金	—	—	应付受托人报酬	123.68	658.63
交易性金融资产	300 000.00	605 024.04	应付托管费	—	—
衍生金融资产	—	—	应付受益人收益	2.44	4 872.33
买入返售金融资产	—	—	应交税费	54.90	148.01
应收款项	588.56	851.43	应付销售服务费	—	—
发放贷款	7 011 109.43	8 656 160.35	其他应付款项	17 124.38	54 712.39
可供出售金融资产	1 271.00	1 321.43	预计负债	—	—
持有至到期投资	1 099 716.20	693 182.64	其他负债	—	—
长期应收款	47 367 783.72	54 926 553.29	信托负债合计	17 305.40	60 391.38
长期股权投资	706 862.30	149 754.17			
投资性房地产	—	—	信托权益：	—	—
固定资产	—	—	实收信托	57 376 746.83	66 433 470.59
无形资产	—	—	资本公积	—	—

续表

信托资产	年初数	期末数	信托负债和信托权益	年初数	期末数
长期待摊费用	—	—	外币报表折算差额	—	—
其他资产	914 177.36	1 349 659.85	未分配利润	31 333.44	34 370.03
减：各项资产减值准备	—	—	信托权益合计	57 408 080.27	66 467 840.62
信托资产总计	57 425 385.68	66 528 232.00	信托负债及信托权益总计	57 425 385.67	66 528 232.00

5.2.2 信托项目利润及利润分配汇总表

信托项目利润表

编制单位：英大国际信托有限责任公司　　2021年12月31日　　单位：万元

项目	2020年	2021年
1.营业收入	2 058 081.66	2 429 680.94
1.1利息收入	1 863 700.37	2 235 541.79
1.2投资收益	194 381.21	194 077.13
1.3公允价值变动损益	—	62.02
1.4租赁收入	—	—
1.5汇兑损益	—	—
1.6其他收入	—	0.08
2.支出	206 424.12	234 700.26
2.1营业税金及附加	7 045.87	8 533.57
2.2受托人报酬	174 251.82	218 726.87
2.3托管费	554.93	439.86
2.4投资管理费	—	—
2.5销售服务费	—	—
2.6交易费用	—	—
2.7资产减值损失	—	—
2.8其他费用	24 571.49	6 999.97
3.信托净利润	1 851 657.54	2 194 980.67
4.其他综合收益	—	—
5.综合收益	1 851 657.54	2 194 980.67
6.加：期初未分配信托利润	6 422.44	31 333.44
7.可供分配的信托利润	1 858 079.98	2 226 314.11
8.减：本期已分配信托利润	1 826 746.54	2 191 944.08
9.期末未分配信托利润	31 333.44	34 370.03

6.会计报表附注

6.1 会计报表编制基准不符合会计核算基本前提的说明

6.1.1 公司无会计报表编制基准不符合会计核算基本前提的情况

6.1.2 公司无拥有表决权超过半数但未纳入合并范围的被投资单位；本期公司将6个结构化主体纳入合并报表范围

6.2 重要会计政策和会计估计说明

6.2.1 重要会计政策变更

本公司自2021年1月1日起执行财政部于2018年修订的《企业会计准则第21号——租赁》（以下简称新租赁准则），按照新租赁准则的过渡条款，本公司未重述2020报告年度的比较数字，因采用新租赁准则而做出的重分类及调整在2021年1月1日期初资产负债表内确认，该准则的采用未对本公司财务报表产生重大影响。

本公司首次施行新租赁工具准则日为2021年1月1日。该变化构成了会计政策变更，且相关金额的调整已经确认在财务报表中。在首次执行新租赁准则的过程中，本公司使用了该准则允许采用的下列实务简易处理方法：对具有合理相似特征的租赁组合采用单一折现率；截至本公司2021年1月1日的剩余租赁期短于12个月的经营租赁作为短期租赁处理，不确认使用权资产和租赁负债，对财务报表无显著影响。

对资产负债表影响列示如下表所示。

单位：万元

项目	2020年12月31日	调整	2021年1月1日
资产：	—	—	—
使用权资产	—	273 881 613.39	
负债：	—	—	—
租赁负债	—	273 881 613.39	

使用权资产根据与租赁负债相等的金额计量，并按照2020年12月31日资产负债表内确认的与该租赁相关的预付或计提的租赁付款额予以调整。本公司的租赁合同均为非亏损合同，不需要在首次执行日对使用权资产进行调整。于2021年1月1日，本公司在计量租赁负债时，对于具有相似特征的租赁合同采用同一折现率，所采用的增量借款利率为4.75%—4.9%。

于2021年1月1日，本公司将原租赁准则下披露的尚未支付的最低经营租赁付款额调整为新租赁准则下确认的租赁负债的调节表如下表所示。

单位：万元

2020年12月31日未来最低经营租赁付款额	422 281 951.79
按首次执行日增量借款利率折现计算的租赁负债	148 400 338.40
减：采用简化处理的租赁付款额	—
2021年1月1日确认的租赁负债	273 881 613.39

6.2.2 重要会计估计变更

本公司本年无重要会计估计变更。

6.2.3 重要前期差错更正及影响

本公司本年无重要前期差错更正。

6.3 或有事项

截至2021年12月31日，本公司无须披露的或有事项。

6.4 重要资产转让及其出售的说明

无。

6.5 会计报表中重要项目的明细资料

6.5.1 自营资产经营情况

6.5.1.1 资产风险分类

信用风险资产五级分类	正常类（万元）	关注类（万元）	次级类（万元）	可疑类（万元）	损失类（万元）	信用风险资产合计（万元）	不良合计（万元）	不良率（％）
期初数	1 083 633.64	—	3 735.69	65 962.82	1 345.19	1 154 677.35	71 043.71	1.52
期末数	1 123 316.00	—	—	—	3 697.55	1 127 013.55	3 697.55	—

6.5.1.2 资产损失准备

单位：万元

项目	期初数	本期计提	本期转回	本期转销	期末数
贷款损失准备	1 867.85	—	—	1 867.85	—
其他资产减值准备	258.28	4 129.28	—	—	4 387.56
债权投资减值准备	172.22	3 888.09	—	—	4 060.31
长期股权投资减值准备	—	—	—	—	—
坏账准备	86.06	241.18	—	—	327.25

6.5.1.3 投资

单位：万元

项目	自营股票	基金	债券	其他投资	合计
期初数	113 309.44	504 076.34	209 451.02	243 254.44	1 070 091.24
期末数	101 851.86	581 395.85	175 906.24	246 917.25	1 106 071.21

6.5.1.4 前五名自营长期股权投资情况

无。

6.5.1.5 前五名自营贷款情况

无。

6.5.1.6 表外业务的期初数、期末数；按照代理业务、担保业务和其他类型表外业务分别披露

无。

6.5.1.7 公司当年的收入结构

项目	母公司		并表口径	
收入结构	金额（万元）	占比（％）	金额（万元）	占比（％）
手续费及佣金收入	211 965.37	82.36	211 315.07	81.62
其中：托管及其他受托业务佣金	211 965.37	82.36	211 315.07	81.62
证券承销业务	—	—	—	—

续表

收入结构	金额（万元）	占比（％）	金额（万元）	占比（％）
利息收入	11 069.00	4.30	13 862.31	5.35
其他业务收入	7.09	—	7.09	—
投资收益	33 195.25	12.90	32 587.58	12.59
资产处置收益	5.15	—	5.15	—
其他收益	534.24	0.21	534.24	0.21
营业外收入	600.67	0.23	600.67	0.23
合计	257 376.77	100.00	258 912.11	100.00

6.5.2 信托资产管理情况

6.5.2.1 信托资产的期初数、期末数

单位：万元

信托资产	期初数	期末数
集合	1 347 734.02	897 551.54
单一	7 635 481.74	9 321 882.19
财产权	48 442 169.91	56 308 798.27
合计	57 425 385.67	66 528 232.00

6.5.2.1.1 主动管理型信托业务的信托资产期初数、期末数

单位：万元

主动管理型信托资产	期初数	期末数
证券投资类	—	—
股权投资类	189 781.99	148 974.17
融资类	627 799.25	205 012.30
事务管理类	114 148.57	50 090.54
合计	1 458 831.26	972 323.97

6.5.2.1.2 被动管理型信托业务期初数、期末数

单位：万元

被动管理型信托资产	期初数	期末数
证券投资类		
股权投资类	517 080.31	780.00
融资类	135 000.12	135 006.19
事务管理类	55 314 468.20	65 420 121.84
合计	55 966 554.41	65 555 908.03

6.5.2.2 本年度已清算结束的信托项目个数、实收信托合计金额、加权平均实际年化收益率

6.5.2.2.1 本年度已清算结束的集合类、单一类资金信托项目和财产管理类信托项目个数、实收信托金额、加权平均实际年化收益率

已清算结束信托项目	项目个数（个）	实收信托合计金额（万元）	加权平均实际年化收益率（%）
集合类	19	434 057.49	7.39
单一类	30	762 844.79	4.74
财产管理类	34	1 026 399.06	4.51

6.5.2.2.2 本年度已清算结束的主动管理型信托项目个数、实收信托合计金额、加权平均实际年化收益率

已清算结束信托项目	项目个数（个）	实收信托合计金额（万元）	加权平均实际年化信托报酬率（%）	加权平均实际年化收益率（%）
证券投资类	—	—	—	—
股权投资类	4	66 864.99	1.68	7.62
融资类	19	316 469.47	2.01	6.73
事务管理类				

6.5.2.2.3 本年度已清算结束的被动管理型信托项目个数、实收信托合计金额、加权平均实际年化收益率

已清算结束信托项目	项目个数（个）	实收信托合计金额（万元）	加权平均实际年化信托报酬率（%）	加权平均实际年化收益率（%）
证券投资类	—	—	—	—
股权投资类	12	517 900.31	0.10	4.87
融资类				
事务管理类	48	1 322 066.57	0.17	4.76

6.5.2.3 本年度新增的集合类、单一类和财产管理类信托项目个数、实收信托合计金额

新增信托项目	项目个数（个）	实收信托合计金额（万元）
集合类	1	5 043.00
单一类	19	304 770.00
财产管理类	27	3 215 402.28
新增合计	47	3 525 215.28
其中：主动管理型	2	5 343.00
被动管理型	45	3 519 872.28

6.5.2.4 信托业务创新成果和特色业务有关情况

一是推进业务创新开拓，助力电网企业提质增效。公司于年内成功发行国内首单"碳中和"资产证券化产品——国网国际融资租赁有限公司2021年度第一期绿色资产支持商业票据（碳中和债），发行国内首单公募碳中和资产支持商业票据（ABCP）——南网融资租赁有限公司2021年度融资租赁第一期绿色资产支持商业票据（碳中和债），发行国内首单生物质发电类ABN项目——国能生物发电集团有限公司2021年度第一期绿色资产支持票据（碳中和债），通过资产证券化业务模式盘活存量债权资产；二是把握主业工作重点，大力开展服务"双碳"业务，设计了针对电网主业单位的"双碳"专项电费收益权信托业务；三是将标品投资信托作为公司业务转型升级的重要方向，年内发行公司首单TOF项目；四是创新服务社会经济，响应监管要求，向公益（慈善）等服务信托转型，年内成立公司首单乡村振兴慈善信托；五是深耕绿色信托、拓展碳金融业务，年内公司首单暨浙江省首单碳配额绿色信托落地。

6.5.2.5 本公司履行受托人义务情况及因本公司自身责任而导致的信托资产损失情况（合计金额、原因等）

公司严格落实监管要求，深化制度建设，加强合规管理，完善风险控制闭环管理。一是在项目成立之初，多方面探寻业务模式创新性，多角度论证项目合规性、安全性、可行性等问题，提前辨别项目实质风险点。二是在项目存续期间，强化实时监测风险工作机制，进一步提高风险管理快速反应能力，做到更加高效精准识别风险，确保风险预警启动及时、执行有力。组织开展多轮次专项现场检查和风险排查工作，掌握信托资金使用情况、信托资产风险状况、抵质押物状况、融资方及相关企业经营管理状况等内外部信息，为做好风险应对打下坚实基础。三是坚持发现、整改、预防并重，着眼提高审计监督效能，落实应审尽审、凡审必严、严肃问责要求，明确问责机制、严肃执纪标准。

公司按照"诚实、信用、谨慎、有效"原则，以受益人利益最大化为目标，对受托管理的全部信托财产履行了尽职管理义务，对信托财产与固有财产实行了分账管理，对每个信托项目实现了专户核算，并对信托项目的经营状况及存续期间发生的重大事项及时进行信息披露，不存在受托人侵占信托财产或利用信托财产谋取利益的情况。

6.6 关联方关系及其交易

6.6.1 关联交易的数量、关联交易的总金额及关联交易的定价政策

项目	关联交易数量	关联交易金额（万元）	定价政策
合计	547	40 639 272.90	市场公允

6.6.2 关联交易方与本公司的关系性质、关联交易方的名称、法定代表人、注册地址、注册资本及主营业务

关联性质	关联方名称	法人代表	注册地址	注册资本（亿元）	主营业务
股东单位及受同一单位控制	国家电网公司及下属企业	辛保安	北京	8 295	电力
股东单位及受同一单位控制	中国南方电网公司及下属企业	孟振平	广东省广州市	600	电力

6.6.3 逐笔披露本公司与关联方的重大交易事项

6.6.3.1 固有财产与关联方：贷款、投资、租赁、应收账款担保、其他方式等期初汇总数、本期借方和贷方发生额汇总数、期末汇总数

固有与关联方关联交易   单位：万元

项目	期初数	借方发生额（新增）	贷方发生额（清算）	期末数
贷款	—	—	—	—
投资	339 594.30	70 180.17	136 746.85	273 027.62
租赁	—	—	—	—
担保	—	—	—	—
应收账款	—	—	—	—
其他	—	—	—	—
合计	339 594.30	70 180.17	136 746.85	273 027.62

6.6.3.2 信托与关联方：贷款、投资、租赁、应收账款、担保、其他方式等期初汇总数、本期发生额汇总数、期末汇总数

信托与关联方关联交易   单位：万元

项目	期初数	借方发生额（清算）	贷方发生额（新增）	期末数
贷款	6 681 108.00	4 321 781.00	6 293 000.00	8 652 327.00
投资	531 400.00	—	—	531 400.00
租赁	—	—	—	—
担保	—	—	—	—
应收账款	428 350.00	—	—	428 350.00
其他	47 148 986.34	25 804 001.29	34 126 530.57	55 471 515.62
合计	54 789 844.34	30 125 782.29	40 419 530.57	65 083 592.62

6.6.3.3 信托公司自有资金运用于自己管理的信托项目（固信交易）、信托公司管理的信托项目之间的相互（信信交易）交易金额，包括余额和本报告年度的发生额

6.6.3.3.1 固有财产与信托财产之间的交易金额期初汇总数、本期发生额汇总数、期末汇总数

固有财产与信托财产相互交易   单位：万元

项目	期初数	本期发生额	期末数
合计	61 390.85	−31 269.15	30 121.70

6.6.3.3.2 信托资产与信托财产之间的交易金额期初汇总数、本期发生额汇总数、期末汇总数

信托资产与信托财产相互交易   单位：万元

项目	期初数	本期发生额	期末数
合计	550 520.00	68 453.03	616 973.03

6.6.4 逐笔披露关联方逾期未偿还本公司资金的详细情况以及本公司为关联方担保发生或即将发生垫款的详细情况

报告期内公司无关联方逾期未偿还本公司资金的情况及本公司为关联方担保发生或即将发生垫款的情况。

6.7 会计制度的披露

公司固有业务和信托业务均执行财政部颁布的《企业会计准则》及相关规定。

7. 财务情况说明书

7.1 利润实现和分配情况

2021年公司合并口径实现利润总额为160 239.45万元，净利润123 234.95万元，利润分配明细如下：提取法定盈余公积12 339.39万元；提取一般风险准备1 272.58万元；提取信托赔偿准备6 169.70万元；合并口径未分配利润余额为403 440.40万元。

2021年公司母公司口径实现利润总额为160 398.40万元，净利润123 393.91万元，利润分配明细如下：提取法定盈余公积12 339.39万元；提取一般风险准备1 272.58万元；提取信托赔偿准备6 169.70万元；母公司口径未分配利润余额为403 440.57万元。

2021年，公司按照已决策利润分配方案分配现金股利73 919.14万元；2022年，公司拟按2021年净利润30%的比例向全体股东分配现金股利36 972.38万元。

7.2 主要财务指标

指标名称	母公司指标值	并表指标值
资本利润率（%）	11.84	11.82
加权年化信托报酬率（%）	0.34	0.34
人均净利润（万元）	613.90	613.11

7.3 本报告期内未发生对本公司财务状况、经营成果有重大影响的其他事项

8. 特别事项揭示

8.1 前五名股东变动情况及原因

根据《北京银保监局关于英大国际信托有限责任公司变更股权的批复》（京银保监复〔2021〕687号），批复同意中国南方电网有限责任公司将其持有的公司25.00%股权转让至南方电网资本控股有限公司。2021年8月27日，公司完成工商变更登记手续。

8.2 董事、监事及高级管理人员变动情况及原因

8.2.1 董事变动情况及原因

2021年11月2日，经股东会审议，同意选举石俊志担任公司独立董事。2021年12月24日，石俊志经北京银保监局核准任职资格后正式履职，原独立董事金李不再继续履职。

8.2.2 高级管理人员变动情况及原因

2020年12月25日，经董事会审议，同意聘任邓春岚担任公司副总经理。2021年7月2日，邓春岚经北京银保监局核准任职资格后正式履职。

8.3 变更注册资本、变更注册地或公司名称、公司分立合并事项

无。

8.4 公司的重大诉讼事项

无。

8.5 公司及其董事、监事和高级管理人员受到处罚的情况

无。

8.6 银保监会及其派出机构对公司检查后提出整改意见的，应简单说明整改情况

报告期内，公司高度重视并认真落实各项监管政策及监管要求。收到北京银保监局下发的《英大国际信托有限责任公司2020年度监管意见书》，根据监管意见，逐项落实整改方案，明确期限，责任到人，建账管理，确保实效。根据监管要求，开展存量房地产信托业务风险排查、落实"内控合规管理建设年"系列工作、按目标完成"两项业务"压降及风险资产处置、完成资管新规存量业务过渡期整改、按季度实施全面风险排查，各项工作扎实有效，为公司实现创新转型、继续推进高质量发展夯实了基础。

8.7 本年度重大事项临时报告的简要内容、披露时间、所披露的媒体及其版面

无。

8.8 银保监会及其省级派出机构认定的其他有必要让客户及相关利益人了解的重要信息

无。

云南国际信托有限公司

1. 重要提示

1.1 本公司董事会及董事保证本报告所载资料不存在任何虚假记载、误导性陈述或者重大遗漏，并对其内容的真实性、准确性和完整性承担个人及连带责任。

1.2 独立董事意见：本公司独立董事龙超对本报告内容的真实性、准确性和完整性表示认可。

1.3 本公司负责人董事长甘煜、总裁及主管会计工作负责人舒广、主管信托会计工作负责人李峥及会计机构负责人杨春和、雷瑷保证：本年度报告中的财务报告真实、完整。

2. 公司概况

2.1 公司简介

2.1.1 公司历史沿革

云南国际信托有限公司（以下简称云南信托或公司）是2003年经中国人民银行"银复〔2003〕33号"文批准，由原云南省国际信托投资公司增资改制后重新登记的非银行金融机构。公司注册资本为4亿元。2007年，根据《信托公司管理办法》的有关规定，公司经原中国银行业监督管理委员会"银监复〔2007〕315号"文批准同意，换领《中华人民共和国金融许可证》。2013年，经原中国银行业监督管理委员会云南监管局以"云银监复〔2013〕293号"文批准同意，公司变更注册资本为10亿元。2017年，经原中国银行业监督管理委员会云南监管局以"云银监复〔2017〕249号"文批准同意变更注册资本为12亿元。

2.1.2 公司法定名称

中文名称：云南国际信托有限公司
中文缩写：云南信托
英文名称：YUNNAN INTERNATIONAL TRUST CO., LTD.
英文缩写：YNTRUST
公司法定代表人：甘煜
公司注册地址：云南省昆明市南屏街（云南国托大厦）
邮政编码：650021
公司国际互联网网址：http：//www.yntrust.com
电子信箱：ynxt@yntrust.com
公司信息披露事务负责人：舒广
联系人：秦少敏
联系电话：0871-63173981
传真：0871-63152142
电子信箱：ynxt@yntrust.com
公司选定的信息披露报纸名称：《金融时报》
公司年度报告备置地点：云南省昆明市南屏街4号A座33层
公司聘请的会计师事务所：信永中和会计师事务所（特殊普通合伙）昆明分所
住所：昆明市西山区人民西路315号云投财富商业广场B2幢19层
公司聘请的律师事务所：云南八谦律师事务所
住所：云南省昆明市滇池路914号摩根道5栋

2.2 组织结构

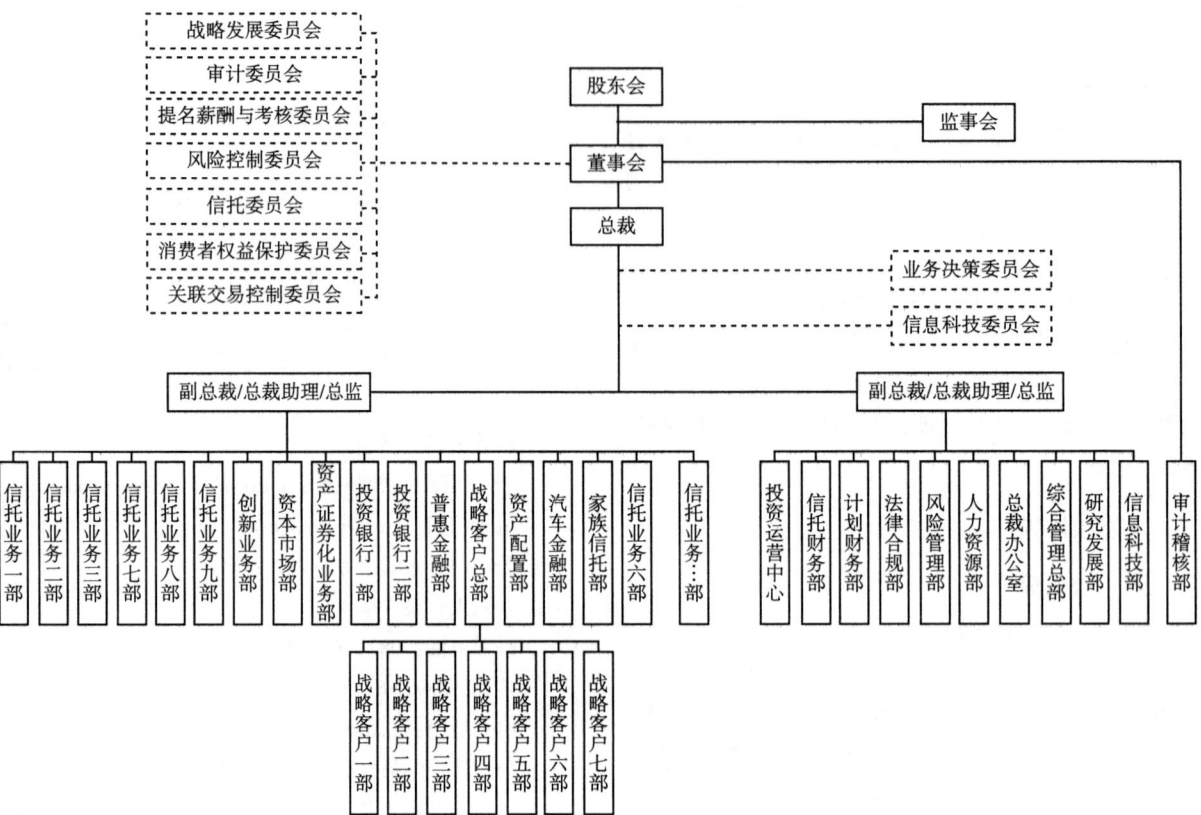

3.公司治理结构

3.1 股东

股东名称	持股比例（%）	出资额（万元）	法人代表	注册资本（万元）	控股股东	注册地址	主要经营业务及主要财务情况
云南省国有金融资本控股集团有限公司	25.0	30 000	迟中华	1 500 000	云南省财政厅	云南省昆明市西山区人民西路277号	主营业务：国有金融资本投资、运营、管理；资本运作和资产管理；受托管理专项资金；金融研究、商业数据及信用等金融信息采集和管理咨询；与公司经营有关的投融资业务（依法须经批准的项目，经相关部门批准后方可开展经营活动）主要财务情况：截至2021年末，总资产176.52亿元，所有者权益154.27亿元
★涌金实业（集团）有限公司	24.5	29 400	杨利华	20 000	陈金霞	中国（上海）自由贸易试验区陆家嘴环路958号1711室	主营业务：旅游资源开发，国内贸易（除国家明令禁止经营的商品），实业投资咨询，商务信息咨询，食用农产品的销售（除专项审批外），图文制作设计，展览展示服务（依法须经批准的项目，经相关部门批准后方可开展经营活动）主要财务情况：截至2021年末，总资产66.45亿元，所有者权益51.61亿元
上海纳米创业投资有限公司	23.0	27 600	刘明	30 000	陈金霞	中国（上海）自由贸易试验区陆家嘴环路958号1701室	主营业务：实业投资、资产管理（非金融业务）、科技项目开发及以上相关业务的咨询服务，国内贸易（专项、专控商品除外）（依法须经批准的项目，经相关部门批准后方可开展经营活动）主要财务情况：截至2021年末，总资产8.31亿元，所有者权益8.16亿元
北京知金科技投资有限公司	17.5	21 000	杨利华	15 000	涌金实业（集团）有限公司	北京市怀柔区雁栖工业开发区三区16号	主营业务：投资管理；投资咨询。（企业依法自主选择经营项目，开展经营活动；依法须经批准的项目，经相关部门批准后批准的内容开展经营活动；不得从事本市产业政策禁止和限制类项目的经营活动）主要财务情况：截至2021年末，总资产7.04亿元，所有者权益5.83亿元

续表

股东名称	持股比例（%）	出资额（万元）	法人代表	注册资本（万元）	控股股东	注册地址	主要经营业务及主要财务情况
深圳中民电商控股有限公司	7.5	9 000	苗健	10 000	北京市利宇投资有限公司	深圳市南山区南头街道大汪山社区南光路286号水木一方大厦1栋1903	主营业务：计算机软件及互联网领域的技术开发；投资兴办信息技术企业；投资咨询（不含限制项目）；财务管理咨询（以上法律、行政法规、国务院决定禁止的项目除外，限制的项目须取得许可后方可经营）主要财务情况：截至2021年末，总资产4.18亿元，所有者权益5 844.89万元
云南合和（集团）股份有限公司	2.5	3 000	景峰	600 000	红塔烟草（集团）有限责任公司	云南省玉溪市红塔区凤凰路116号	主营业务：实业投资、项目投资及对所投资项目进行管理（依法须经批准的项目，经相关部门批准后方可开展经营活动）主要财务情况：截至2021年末，总资产2 761.05亿元，所有者权益1 116.40亿元

注：1.★为控股股东。
2.以上财务数据未经审计。

本公司股东之中，涌金实业（集团）有限公司、上海纳米创业投资有限公司及北京知金科技投资有限公司之间存在关联关系，互为一致行动人。本公司实际控制人为陈金霞女士。公司股东最终受益人即实际享有公司股权收益的人为股东自身。

公司前三位股东的主要情况：
（1）云南省国有金融资本控股集团有限公司。
（2）涌金实业（集团）有限公司主要股东：陈金霞50%。
（3）上海纳米创业投资有限公司主要股东：陈金霞75%。

报告期内未发现公司股东违反承诺质押信托公司股权或以股权及其受（收）益权设立信托等金融产品的情况，报告期内公司无向国务院银行业监督管理机构或其派出机构提交行政许可申请但尚未获得批准的事项。

按照《信托公司股权管理暂行办法》，公司关联方为：
（1）公司实际控制人：陈金霞。

（2）公司主要股东：云南省国有金融资本控股集团有限公司、涌金实业（集团）有限公司、上海纳米创业投资有限公司、北京知金科技投资有限公司、深圳中民电商控股有限公司、云南合和（集团）股份有限公司。

（3）公司主要股东的控股股东：云南省财政厅、陈金霞、北京市利宇投资有限公司、红塔烟草（集团）有限责任公司。

（4）实际控制人控制的其他企业：长沙涌金（集团）有限公司、涌金投资控股有限公司、上海涌铧投资管理有限公司、山南泓泰企业管理咨询有限公司、国金证券股份有限公司、国金基金管理有限公司、上海行列秩智能科技有限公司、国金涌富资产管理有限公司、宁波梅山保税港区涌云铧信创业投资合伙企业（有限合伙）、上海以康二期股权投资合伙企业（有限合伙）、上海涌源铧氢创业投资合伙企业（有限合伙）等陈金霞控制的其他企业。

（5）其他关联自然人：公司实际控制人近亲属、公司关键管理人员及其近亲属。

3.2 董事、董事会及其下属委员会

董事长、副董事长、董事

姓名	职务	性别	年龄（岁）	选任日期	所推举的股东名称	该股东持股比例（%）	简要履历
甘煜	董事长	男	45	2021年9月	涌金实业（集团）有限公司	24.5	博士研究生。曾就职于中国人民银行银行管理司准入一处；原中国银监会银行二部，历任非现场监管处主任科员、现场检查处副处长、市场准入处副处长；原中国银监会国际部国际研究处处长；原中国银监会办公厅秘书处正处级秘书；平安银行监事、纪委委员、法律合规部总经理。现任云南国际信托有限公司董事长
田泽望	副董事长	男	50	2021年9月	涌金实业（集团）有限公司	24.5	研究生学历。高级经济师，历任云南国际信托有限公司总裁助理、总裁。现任云南国际信托有限公司副董事长
甘泽	董事	男	32	2021年9月	涌金实业（集团）有限公司	24.5	研究生学历。曾任职于涌金实业（集团）有限公司。现任上海涌铧投资管理有限公司法务总监、沪江教育科技（上海）股份有限公司董事、云南国际信托有限公司董事
段例	拟任董事	男	41	2021年9月	云南省财政厅	25.0	研究生学历。曾任职于云南省财政厅。现任云南省国有金融资本控股集团有限公司资本运营部副总经理；云南国际信托有限公司董事（拟任）

续表

姓名	职务	性别	年龄（岁）	选任日期	所推举的股东名称	该股东持股比例（%）	简要履历
舒广	董事	男	43	2021年9月	上海纳米创业投资有限公司	23.0	研究生学历。历任云南国际信托有限公司总裁办公室主任、合规工作部总经理、公司副总裁。现任云南国际信托有限公司总裁、董事会秘书、董事
刘峥	董事	女	50	2021年9月	北京知金科技投资有限公司	17.5	研究生学历。曾任云南国际信托有限公司副总裁。现任涌金实业（集团）有限公司投资部总经理、云南国际信托有限公司董事

独立董事

姓名	所在单位及职务	性别	年龄（岁）	选任日期	所推举的股东名称	该股东持股比例（%）	简要履历
龙超	云南财经大学金融研究院教授，博士生导师	男	57	2021年9月	云南省财政厅	25.0	经济学博士。历任云南财经大学图书馆副馆长（主持工作）、金融发展研究所副所长、金融学院院长。现任云南财经大学金融研究院教授、博士生导师；兼任云南旅游、昆明川金诺等上市公司独立董事；云南国际信托有限公司独立董事
王瑞华（拟任）	中央财经大学粤港澳大湾区（黄埔）研究院执行院长，商学院教授，博士生导师	男	60	2021年9月	涌金实业（集团）有限公司	24.5	管理学博士。历任中央财经大学研究部副主任、商学院院长兼MBA教育中心主任；北京农商银行外部监事。现任中央财经大学粤港澳大湾区（黄埔）研究院执行院长、商学院教授、博士生导师；北京银行独立董事；云南国际信托有限公司独立董事（拟任）
冉克平（拟任）	武汉大学法学院教授，博士生导师	男	43	2021年9月	上海纳米创业投资有限公司	23.0	民商法博士。历任华中科技大学法学院教授、博士生导师。现任武汉大学法学院教授，博士生导师；云南国际信托有限公司独立董事（拟任）

董事会下属委员会

委员会名称	职责	组成人员姓名及职务
董事会战略发展委员会	对公司的发展战略规划进行研究并提出建议	主任委员：甘煜 委　　员：田泽望
董事会审计委员会	监督公司的内部审计制度及其实施	主任委员：龙超 委　　员：刘峥、甘泽
董事会风险控制委员会	研究、考核公司的风险控制制度，并提出建议	主任委员：待拟任独立董事之任职资格经监管部门核准后选任 委　　员：舒广、甘泽
董事会提名、薪酬与考核委员会	研究董事、高管、董事会秘书以及由总裁提请董事会认定的其他管理人员的选择标准和程序及考核标准，并提出建议	主任委员：待拟任独立董事之任职资格经监管部门核准后选任 委　　员：刘峥、甘煜
董事会信托委员会	督促公司依法履行受托人职责，当公司或股东利益与受益人利益发生冲突时保证公司为受益人的最大利益服务	主任委员：待拟任独立董事之任职资格经监管部门核准后选任 委　　员：刘峥、田泽望
董事会消费者权益保护委员会	制定消费者权益保护工作战略、指导督促高管有效执行和落实消费者权益保护相关工作	主任委员：待拟任独立董事之任职资格经监管部门核准后选任 委　　员：舒广、甘泽
董事会关联交易控制委员会	负责公司关联交易的管理，控制关联交易风险	主任委员：龙超 委　　员：田泽望 待拟任独立董事之任职资格经监管部门核准后补充成员至不少于三人

3.3　监事、监事会及其下属委员会

监事会成员

姓名	职务	性别	年龄（岁）	选任时间	所推举的股东名称	该股东持股比例（%）	简要履历
李国青	监事长	男	49	2021年9月	云南省财政厅	25.0	在职研究生。历任云南省财政厅预算局联络处处长（副处级）；云南省财政厅债务管理处副处长。现任云南国际信托有限公司监事长
穆越	监事	女	31	2021年9月	涌金实业（集团）有限公司	24.5	研究生学历。现任涌金实业（集团）有限公司投资经理；云南国际信托有限公司监事
许悦	监事	女	31	2021年9月	上海纳米创业投资有限公司	23.0	研究生学历。曾任涌金实业（集团）有限公司法律部经理。现任上海纳米创业投资有限公司合规风控负责人；云南国际信托有限公司监事

续表

姓名	职务	性别	年龄（岁）	选任时间	所推举的股东名称	该股东持股比例（%）	简要履历
文俊	监事	男	35	2021年9月	云南合和(集团)股份有限公司	2.5	经济学硕士。历任红云红河集团昆明卷烟厂生产三部生产运行室科员、市场营销中心黑龙江市场部营销员；云南中烟营销中心黑龙江市场部市场经理；云南合和（集团）股份有限公司金融资产部挂职科员、金融资产部项目管理专员；红塔证券股份有限公司投资管理总部副总经理（挂职）；云南诚源投资股份有限公司董事。现任云南合和集团发展研究中心项目研究专员；云南国际信托有限公司监事
苏颖	职工监事	女	43	2021年9月	—		大专学历。现任云南国际信托有限公司北京联络处高级行政经理、职工监事
杨永忠	职工监事	男	53	2021年9月	—		大专学历。现任云南国际信托有限公司工会主席、职工监事
张相启	职工监事	男	40	2021年9月	—		研究生学历。历任复旦大学教师；浙江沪鑫律师事务所上海分所律师；北京大成律师事务所上海分所律师；兴业国际信托有限公司风险与合规法律合规科负责人、副科长；云南国际信托有限公司合规风控副总经理（主持工作）、总经理。现任云南国际信托有限公司法律合规部总经理、职工监事

3.4 高级管理人员

高级管理人员

姓名	职务	性别	年龄（岁）	选任日期	金融从业年限（年）	学历	专业	简要履历
舒广	总裁	男	43	2021年10月	14	硕士	法律	研究生学历。历任云南国际信托有限公司总裁办公室主任、合规工作部总经理、公司副总裁。现任云南国际信托有限公司总裁、董事会秘书、董事
许荣华	副总裁	男	55	2021年10月	31	硕士	经济系统工程	研究生学历。历任兴业银行厦门分行海沧支行行长、文滨支行行长、温州分行行长、南平分行行长、兴业银行总行同业部副总经理。现任云南国际信托有限公司副总裁
贾岩	总裁助理	男	43	2021年10月	14	硕士	管理学	研究生学历。历任云南国际信托有限公司信托业务总部信托经理；云晨期货有限公司信息部主管；国金证券昆明营业部大客户经理；昆明玖言理财咨询有限公司副总经理；云南国际信托有限公司信托业务二部总经理。现任云南国际信托有限公司总裁助理
李峥	总裁助理	女	47	2021年10月	24	硕士	工商管理	研究生学历。曾任云南国际信托有限公司信托财务部及投资运营中心部门负责人。现任云南国际信托有限公司总裁助理
毛剑辉	总裁助理	男	38	2021年10月	14	硕士	电机与电器	研究生学历。历任中国民生银行总行金融市场部交易员、私人银行部产品经理；浦发银行总行资金总部资深产品经理；国泰君安证券固定收益事业部总经理兼首席结构金融师。现任云南国际信托有限公司总裁助理

3.5 公司员工

本报告期内，公司实有员工281人，平均年龄为35岁。其中具有大专以上学历的员工277人（其中：博士2人，硕士162人，本科100人，大专13人），占总人数的98.58%；其他学历的员工4人，占总人数的1.42%。

4. 经营管理

4.1 经营目标、方针、战略规划

4.1.1 经营目标

我们秉承"客户第一、拥抱变化、团结协助、敬业进取、信诚重诺、平等尊重"的价值理念，提供优质、高效、特色的资产管理服务，致力于实现客户价值、员工价值、股东价值和社会价值的最大化。公司的使命是用科技让金融更简单，愿景是成为卓越的科技金融服务平台，实现细分市场领先、特色业务突出、专业能力精深的发展目标。

4.1.2 经营方针

遵循"紧跟市场步伐、深耕可持续业务、坚持风险与收益对等、聚焦重点领域"的基本原则，以新技术与新产业为核心，不断创新进取，坚持服务实体经济，回归金融机构本源，追求风险可控下的最大投资回报。充分整合运用多种金融工具，选择银行、地产、消费贷款、多元金融、建筑业、交通物流、互联网及金融科技、汽车及零部件制造、民生消费这九大产业深耕。

4.1.3 战略规划

围绕战略目标，公司在充分研判内外部环境的基础上，制定"一体两翼四轮"的战略规划，其中"一体"

指的是聚焦泛金融机构，成为同业及金融市场领先服务商；"两翼"指的是以人才支撑、科技赋能为主线；"四轮"指的是标品资管与服务、另类资产管理与服务、财富管理、服务信托四大业务板块。未来，公司将在转型过程中处理好战略基石型业务、战略培育型业务和市场机遇型业务的关系，发挥战略基石业务对于收入的支撑作用，投入资源、人力、资金大力扶持战略培育业务对于未来收入的贡献作用。

4.2 公司经营业务的主要内容

报告期内，公司经营的业务主要包括以下三点。

一是自营业务：包括证券一级市场投资、股权投资、债券投资、信托受益权投资、经营性租赁业务等方面。二是信托业务：包括证券投资类信托业务、贷款融资类信托业务、财产权类信托业务、消费金融类信托业务、股权投资类信托业务、信贷资产转让类信托业务、房地产及基础设施类信托业务等。

4.2.1 自营资产运用与分布表

资产运用	金额（万元）	占比（%）	资产分布	金额（万元）	占比（%）
货币资产	39 349.84	8.11	基础产业	—	—
贷款	—	—	房地产业	—	—
短期投资	89 600.00	18.47	证券	89 600.00	18.47
长期投资	—	—	实业	—	—
其他	356 097.08	73.42	其他	395 446.92	81.53
资产总计	485 046.92	100.00	资产总计	485 046.92	100.00

4.2.2 信托资产运用与分布表

资产运用	金额（万元）	占比（%）	资产分布	金额（万元）	占比（%）
货币资产	284 820.57	0.86	基础产业	2 105 356.50	6.34
贷款	7 950 297.63	23.93	房地产业	1 163 209.37	3.50
交易性金融资产	3 069 440.34	9.24	证券	3 312 753.62	9.97
长期投资	502 935.95	1.52	金融机构	303 336.74	0.91
买入返售资产	555 900.52	1.67	工商企业	18 696 489.51	56.28
其他	20 856 793.11	62.78	其他	7 639 042.38	23.00
资产总计	33 220 188.12	100.00	资产总计	33 220 188.12	100.00

4.3 市场分析

4.3.1 影响本公司业务发展的有利因素

2021年，面对复杂严峻的发展环境，我国疫情防控和经济社会发展继续保持全球领先地位，构建新发展格局迈出新步伐，高质量发展取得新成效，较好地完成了全年经济社会发展主要目标任务，"十四五"实现了良好开局。

高净值人群及资产持续增长，促进财富管理业务发展。中国高净值人群规模及其持有的可投资资产，增速较往年均持续上涨。2020年，中国高净值人群数量与2018年相比增加了约65万人，年均复合增长率由2016—2018年的12%升至2018—2020年的15%。到2021年底，中国高净值人群数量预计约为296万人，可投资资产总规模突破90万亿。

金融科技发展迅猛，促进资产管理能力提升。金融科技是基于数据分析、信息系统乃至各类互联网新兴技术驱动的创新金融业务，具体到公司层面是指基于数据和科技运营，发掘不可交易金融资产并使之可交易化的创新信托业务。公司紧跟科技浪潮，投入资金、人力支持金融科技体系建设，自主开发了普惠金融服务系统、在线网签系统、标品管理系统、舆情监测系统及合规信息披露平台。

信托行业转型窗口与方向已相对明确。中国信托业协会发布的2021年四季度行业数据表明，行业下行态势已经显示趋稳，业务结构也发生显著变化，新发展格局正在形成，2021年度或将成为信托业本轮调整的一个转折时点，从而成为又一个对信托业具有历史意义的关键时间窗口。

4.3.2 影响本公司业务发展的不利因素

我国宏观经济增长步入"6"时代。我国宏观经济自"十二五"规划开始放缓增长速度，据测算，"十四五"期间我国经济潜在增长率在5%到6%。同时，在供给侧结构性改革步入深水区、资管新规出台的背景下，信托牌照"优势"逐步减弱，面临券商、基金、保险资管、银行理财子公司的竞争。

从市场风险管理看，近五年公开债券违约情况不断恶化，信托业风险暴露压力也在加大。宏观经济增长减速，企业经营效益不佳，导致金融市场风险逐渐加大，出现了债务违约等一系列风险事件。针对信托业本身，无论是信托风险项目个数还是项目规模，都呈现出逐年走高的趋势，行业整体风险增加。

到2021年底，信托功能已经发生了重大变化。在信托管理功能上，2018—2021年间，主动管理信托呈现持续上升趋势，事务管理类信托呈现持续下降趋势，但无论是主动管理类信托还是事务管理类信托，其内部结构也在持续发生分化，主动管理信托中的融资类信托加速下降，投资类信托则持续上升，事务管理类信托中的通道信托加速下降，而服务信托则快速上升，对于中小企业信托公司而言，如何在新一轮业务发展周期中发挥主动管理能力获得业务发展挑战巨大。

4.4 内部控制

4.4.1 内部控制环境和内部控制文化

公司根据国家有关法律法规和公司章程，建立了规范的公司治理结构和议事规则，明确了决策、执行、监督等方面的职责权限，形成科学有效的职责分工和制衡机制。公司结合业务特点和内部控制要求设置内部机构，明确职责权限，将权利与责任落实到各部门，通过编制岗位职责说明和内部规章制度，使全体员工掌握内部机构设置、岗位职责、业务流程等情况，明确权责分配，正确行使职权。

公司遵循"诚信、谨慎、勤勉、高效"的原则，依法经营、科学管理，以维护信托财产及股东权益为经营宗旨；秉承"诚信引领未来、专业创造价值"的企业经营理念，以"标品资管与服务、另类资产管理与服务、财富管理、服务信托"为核心竞争力，致力于最大化地实现客户价值、社会价值、员工价值和股东价值，创造良好的公司治理文化和股东信用文化。

4.4.2 内部控制措施

4.4.2.1 健全有效议事决策机制

公司建立了业务决策委员会并制定《业务决策委员会工作细则》。对于公司拟实施的每个项目，都必须按照《业务决策委员会工作细则》规定的程序审批通过后才能组织实施。超出业务决策委员会审议权限的项目，业务决策委员会通过后，还需提请董事会信托委员会、风险控制委员会行使该项目的最终风险审查权，从而加强对公司项目的事前风险控制。

4.4.2.2 建立内部分工明确、相互监督制衡的职责构架

公司设立相对独立的内部审计稽核部门，直接对董事会负责，由其负责对公司自营业务至少每半年进行一次稽核，对终止的信托项目逐月进行审计稽核，对存续信托项目按季度进行抽样审计，随时对业务开展过程中发现的问题进行稽核，并将稽核情况及时向董事会报告。

公司的法律合规部及风险管理部独立行使职能，对公司业务开展事前、事中、事后的合规及风险审查、控制和监督并出具独立意见。

4.4.2.3 强化行业政策贯彻与业务同步

公司严格按照中国银行保险监督管理委员会规定，执行信托业务与自营业务分岗、分账独立运行，分别对自营业务和信托业务制定业务流程、操作规程和风险控制制度，保证各项业务的前中后台相对独立，建立健全内外部防火墙。

2021年，公司继续深化内控体系建设，通过对业务制度、流程、岗位职责、操作规程等各项制度的梳理与完善，确保各项制度的规范性、实用性和有效性，并着力抓好各项制度的监督执行与落实，从整体上提高了工作效率。制度约束力覆盖所有部门、所有业务，并贯彻落实到每个具体岗位，有效提升了公司内控能力。

4.4.3 信息交流与反馈

公司进一步优化了内部信息交流和反馈机制的平台，公司股东会、董事会、监事会、经营层可及时了解公司的经营状况和风险情况。员工的工作情况信息能顺畅到达经营层，经营层的相关反馈信息也能够及时传递给相关的员工和部门。公司建立了有效的内部控制报告机制，业务部门、职能部门发现的内部控制的问题，均有畅通的报告渠道。

4.4.4 监督评价与纠正

公司设立独立的审计稽核部，履行对内部控制的监督检查职能，根据监督检查结果提出内部控制缺陷及改进建议提交董事会、经营管理层，并负责对有关部门和岗位对改进建议的落实情况进行监督检查。公司股东会、董事会、经营管理层按照《中华人民共和国审计法》等法律法规的要求，积极支持审计稽核部开展内部控制的检查监督和评价工作。公司按照《中国银行业监督管理法》等法律法规的要求，积极配合监管机构及外部审计机构对公司内部控制情况的检查和评价。公司建立健全内部控制缺陷的纠正机制，使公司能根据内部控制过程和结果的评价，提出整改意见和纠正措施并逐步落实。

4.5 风险管理

4.5.1 风险管理概况

风险管理是指围绕公司战略目标，由公司各职能部门和业务部门共同实施，在管理环节和经营活动中通过识别、评估、管理各类风险，执行风险管理基本流程、培育良好风险管理文化、建立健全风险管理体系，把风险控制在公司可承受范围内的系统管理过程。

4.5.1.1 公司经营活动中可能遇到的风险

根据信托行业的风险特性以及公司自身情况，公司在经营活动中可能遇到的风险包括法律与合规风险、声誉风险、信用风险、操作风险、道德风险、市场风险以及其他风险等。

4.5.1.2 公司风险管理的基本原则与政策

公司的风险管理遵循以下几点原则。

一是全面性原则，即风险管理涵盖公司的所有部门和岗位，渗透到各项业务和环节中，贯穿于每项业务全过程。通过不断提高员工对风险的识别和防范能力，树立全员风险意识。二是有效性原则，即在全面风险管理的理念下，建设全面反映公司风险状况的风险控制体系，确保该体系能有效指导业务，并能有效防范和化解风险。三是防范和控制原则，即风险控制关口前移，努力在前期做好风险管理工作，加强风险的事前预防和统筹管理，并能在风险发生时及时识别和处理。四是独立性原则，即承担风险管理监督检查职能的部门独立于公司其他部门，确保监督检查工作的独立性。五是审慎性原则，即风险管理策略及方法根据公司经营战略、经营方针等内部环境的变化和国家法律法规等外部环境的改变及时进行完善，对各项创新业务及产品方案审慎出具风险评估意见。六是成本效益原则，即风险管理充分考虑成本与效益的关系，公司保持足够的风险管理投入以降低风险损失。同时在保证风险可控的前提下，尽量减少冗余步骤，提高处理效率。

4.5.1.3 公司风险管理组织结构及职责划分

公司根据各内部机构在全面风险管理中的作用和功能不同，建立健全一个职责明确、功能健全、信息沟通顺畅的四道全面风险管理体系。

公司的风险管理工作实行分级管理，风险管理组织体系如下。

4.5.1.3.1 董事会风险控制委员会

公司在董事会层面设立风险控制委员会，负责进行公司风险控制制度的建设、审查公司重大业务的风险、在公司内部长期进行风险教育等。

4.5.1.3.2 业务决策委员会

公司的业务决策委员会是董事会领导授权下的负责日常业务决策的最高机构，由总裁召集，负责讨论并通过公司的各项业务管理制度、业务流程、审核决定公司拟推出的各项信托产品。

4.5.1.3.3 风险管理部门

公司承担风险管理职能的部门主要是风险管理部、法律合规部、审计稽核部、信托财务部。风险管理部是公司全面风险管理工作的归口管理部门，负责建立健全公司风险防范制度体系，负责公司风险管理制度执行情况的监督，对公司拟开展的各项信托产品进行风险审查，对公司经营管理活动中的各类风险实施有效的事前评估和过程监控，有效防范、化解和降低公司运营风险。法律合规部负责有效识别和管理公司所面临的合规风险，监督落实监管政策执行情况，通过进行法律文件审核、案件防控管理、法律培训、诉讼处理等工作不断提升公司合规管理水平与专业能力。审计稽核部负责对公司内部控制和各项业务风险管理状况进行监督评价，并按照公司规定向董事会报告。信托财务部负责信托项目的资金划拨、清算、收益计算、到期兑付以及公司规定的其他职责。

4.5.1.3.4 各业务部门及投资运营中心

公司各信托业务部门以及投资运营中心承担一线风险管理职责，负责按照公司风险管理制度与业务操作流程开展信托业务、固有业务，在尽职调查、产品设计、资金募集、贷后投后管理、信息披露、终止清算等整个业务过程中对主要业务风险进行识别和管理。

4.5.2 风险分类

4.5.2.1 法律与合规风险

法律与合规风险是指公司因没有遵循法律、规则、准则和法律文件约定，可能遭受法律制裁、监管处罚、重大财务损失和声誉损失的风险。

4.5.2.2 声誉风险

声誉风险是指由于公司内部管理、信托产品出现问题等而引起公司的外部社会名声、信誉和公众信任度下降，从而对公司的外部市场地位产生消极和不良影响的风险。

4.5.2.3 信用风险

信用风险是指由于交易对手违约造成损失的风险。主要表现为公司在开展固有业务和信托业务时，可能会因交易对手违约而给公司或信托财产带来风险。

4.5.2.4 操作风险

操作风险是指因公司的内部控制系统不完善、管理失误、控制缺失、或其他一些人为错误而导致的风险。具体可以细分为执行风险、流程风险、信息风险、人员风险、系统事件风险等。

4.5.2.5 道德风险

道德风险是指公司员工在执行业务过程中，由于法律意识淡漠、自律性差、责任心不强等因素的影响，可能存在的违法违规、操作失误等行为而给公司造成损失损害的风险。

4.5.2.6 市场风险

市场风险是指公司在运营过程中可能因市场的利率、汇率或所投资的产品价格的波动而引起投资亏损的风险。这些风险可能影响信托财产的价值及信托收益水平，也可能影响公司固有资产价值或导致损失。

4.5.2.7 其他风险

其他风险主要包括流动性风险等。

流动性风险是指信托财产、信托受益权或以信托财产为基础开发的具体信托产品的流动性不足导致的风险。

4.5.3 风险管理

4.5.3.1 法律与合规风险管理

公司坚持"合规人人有责，合规创造价值"的基本理念，按照国家法律法规和监管部门的有关要求开展业务，在识别和管理法律与合规风险过程中，注重将原则性和灵活性相结合。2021年，公司加强了对业务可行性分析、交易结构设计、法律文件审查等环节的法律与合规风险的审查和管理，确保公司在依法合规的前提下审慎展业。

4.5.3.2 声誉风险管理

公司重视声誉风险管理，将其纳入公司治理和全面风险管理体系，强调在依法合规经营和健康有序发展的基础上，主动、有效、灵活地防范和管理声誉风险。报告期内，公司采取了一系列具体措施加强声誉风险及舆情管理。针对媒体因误解、信息不对称而导致的误报、错报等新闻舆情，公司主动对接媒体进行了沟通，减少后续蔓延态势。公司强化媒体关系管理，加大了对媒体记者、中高层的拜访和沟通力度，定期举办高管参与的媒体见面会，同时强化媒体信息互通的机制，增进互信。目前，部分主流财经媒体已经增强了对公司业务合规情况的了解，且主动、正面对公司服务实体经济的亮点业务进行了报道，一定程度上提升了品牌声誉。

4.5.3.3 信用风险管理

公司高度重视交易对手的信用情况，通过以下多种措施加强信用风险管理。

一是结合公司业务开展的实际情况，针对特定业务类型制定了相应的业务审批指引、准入标准和操作规程等风控制度。二是结合项目具体情况，加强对交易对手的事前尽职调查和项目可行性分析，审慎选择交易对手，进行事前控制。三是严格落实项目审批条件和担保措施，客观、公正地评估抵（质）押物，并通过关注交易对手担保物情况和资信状况，持续跟踪进行事中和事后控制。四是风险管理归口部门对公司开展项目的信用风险情况进行不定期的风险排查，及时发现问题并采取相应措施。五是遵照外部监管机关及公司内部风险管控的要求，持续压降存量融资业务规模。建立完善压力测试常态化机制，进行资产风险分类，实施动态管理。六是严格按财政部和中国银保监会的要求，足额提取包括呆账准备金、信托赔偿准备金在内的各项准备金，足额计提资产减值准备。

4.5.3.4 操作风险管理

公司通过完善规章制度、细化业务操作流程、加强员工专业培训及奖惩激励、设定计算机业务系统操作权限、制定应急预案等措施控制操作风险。

公司通过以下多种措施加强操作风险管理。

一是不断完善各项规章制度和业务操作流程，持续完善操作风险管理机制，切实提高业务管理的精细化水平。二是实行严格的发起、复核、审核程序，严格防范操作风险。三是加强对员工的培训、教育，增强员工责任感和道德水平，执行问责制度，提高操作风险管理质量。

4.5.3.5 道德风险管理

公司通过完善公司治理结构、健全内控制度、规范合理分工及有效制衡的操作流程、加强员工职业道德的培养、提高员工对公司的热爱和对岗位的热情来控制道德风险。并强化审计监督，完善风险预警机制。

4.5.3.6 市场风险管理

公司的市场风险管理策略包括以下几点。

一是注重研究和防范宏观经济、金融形势等系统性风险，制定公司的主要业务发展方向。二是根据市场行情，密切跟踪市场变化，及时调整业务开展策略，通过资产或投资的合理组合实现风险的有效对冲和补偿，以规避市场风险。三是加强业务审批管理，持续完善产品投资决策及投资监控体系建设。在业务存续期管理过程中，通过压力测试、资产动态监控，业绩归因等方式对项目进行严格管理。四是积极贯彻落实监管部门下发的有关法律法规和监管政策，及时对特定业务作出风险提示，加强风险防范，确保风险可控。

4.5.3.7 其他风险管理

其他风险主要是流动性风险。公司在流动性风险的管理工作中，采取多种有效手段检测流动性风险，如通过定期开展压力测试工作检测公司及其产品的承压能力，识别判断公司的流动性风险。

4.5.4 主要风险管理事项概述

公司作为受托人设立的云涌系列集合资金信托计划项下融资人的实际控制人及担保人罗静涉嫌合同诈骗（目前处于刑事诉讼过程中），可能导致信托财产遭受重大损失。在极端情况下，云涌系列项目可能无法收回信托本金，存在不能向投资者分配信托利益的风险。因融资人未按照合同约定还款，目前云涌系列项目根据信托合同约定自动延期，公司已将云涌系列项目信托资产认定为次级类资产。云涌系列项目共计11个信托产品，实收信托规模合计15.83亿元，信托资金用于受让广东中诚实业控股有限公司、广东康安贸易有限公司持有的以苏宁易购集团股份有限公司苏宁易购采购中心作为付款人的应收账款。

进展情况：被告人罗静、罗岚合同诈骗、对非国家工作人员行贿，被告人石勉乾、刘晓琴、梁志斌、冯国锋、王珺、赵遵记、刘华、刘豪、胡斌、李甫合同诈骗一案于上海市第二中级人民法院开庭审理【案号：（2020）沪02刑初83号】，法院于2021年12月22、23、24日开庭审理。

风险管理情况：公司成立了云涌系列项目风险处置小组，积极采取包括向公安部门报案、向法院提起民事诉讼等各项救济措施。具体举措包括以下几点。

一是向公安机关报案并积极配合刑事侦查工作。公司在获悉江苏博信的公告后，即向云南省公安机关报案，并积极配合相关的刑事侦查工作。

二是向人民法院提起民事诉讼。为维护投资者合法权益，公司就11个项目向云南省昆明市中级人民法院提起民事诉讼。同时，公司还向法院提交了诉讼保全申请。有关云涌系列项目的民事诉讼安排，公司仍需等待人民法院的进一步通知。

三是其他措施。公司还采取了积极向有关部门汇报云涌系列项目进展情况、制定投资者接待方案、对云涌系列项目按照信托合同约定进行延期、聘请专业律师协助处理民事、刑事事务等措施，尽最大努力维护信托财产安全。

4.5.4.1 期后事项

被告人罗静、罗岚合同诈骗、对非国家工作人员行贿，被告人石勉乾、刘晓琴、梁志斌、冯国锋、王珺、赵遵记、刘华、刘豪、胡斌、李甫合同诈骗一案于上海市第二中级人民法院开庭审理【案号：（2020）沪02刑初83号】，法院于2022年1月13、14、17日、2022年2月8、9日继续开庭审理，庭审流程已结束，法院将择期宣判。

5.财务会计报表

5.1 自营资产

5.1.1 会计师事务所审计意见全文

审计报告

XYZH / 2022KMAA40049

云南国际信托有限公司：

一、审计意见

我们审计了云南国际信托有限公司（以下简称云南信托）财务报表，包括2021年12月31日的资产负债表，2021年度的利润表、现金流量表、所有者权益变动表，以及相关财务报表附注。

我们认为，后附的财务报表在所有重大方面按照企业会计准则的规定编制，公允反映了云南信托2021年12月31日的财务状况以及2021年度的经营成果和现金流量。

二、形成审计意见的基础

我们按照中国注册会计师审计准则的规定执行了审计工作。审计报告的"注册会计师对财务报表审计的责任"部分进一步阐述了我们在这些准则下的责任。按照中国注册会计师职业道德守则，我们独立于云南信托，并履行了职业道德方面的其他责任。我们相信，我们获取的审计证据是充分、适当的，为发表审计意见提供了基础。

三、管理层和治理层对财务报表的责任

云南信托管理层（以下简称管理层）负责按照企业会计准则的规定编制财务报表，使其实现公允反映，并设计、执行和维护必要的内部控制，以使财务报表不存在由于舞弊或错误导致的重大错报。

在编制财务报表时，管理层负责评估云南信托的持续经营能力，披露与持续经营相关的事项（如适用），并运用持续经营假设，除非管理层计划清算云南信托、终止运营或别无其他现实的选择。

治理层负责监督云南信托的财务报告过程。

四、注册会计师对财务报表审计的责任

我们的目标是对财务报表整体是否不存在由于舞弊或错误导致的重大错报获取合理保证，并出具包含审计意见的审计报告。合理保证是高水平的保证，但并不能保证按照审计准则执行的审计在某一重大错报存在时总能发现。错报可能由于舞弊或错误导致，如果合理预期错报单独或汇总起来可能影响财务报表使用者依据财务报表作出的经济决策，则通常认为错报是重大的。

在按照审计准则执行审计工作的过程中，我们运用职业判断，并保持职业怀疑。同时，我们也执行以下工作：

（1）识别和评估由于舞弊或错误导致的财务报表重大错报风险，设计和实施审计程序以应对这些风险，并获取充分、适当的审计证据，作为发表审计意见的基础。由于舞弊可能涉及串通、伪造、故意遗漏、虚假陈述或凌驾于内部控制之上，未能发现由于舞弊导致的重大错报的风险高于未能发现由于错误导致的重大错报的风险。

（2）了解与审计相关的内部控制，以设计恰当的审计程序，但目的并非对内部控制的有效性发表意见（如果接受委托，结合财务报表审计对内部控制有效性发表意见，应取消此句表述）。

（3）评价管理层选用会计政策的恰当性和作出会计估计及相关披露的合理性。

（4）对管理层使用持续经营假设的恰当性得出结论。同时，根据获取的审计证据，就可能导致对云南信托持续经营能力产生重大疑虑的事项或情况是否存在重大不确定性得出结论。如果我们得出结论认为存在重大不确定性，审计准则要求我们在审计报告中提请报表使用者注意财务报表中的相关披露；如果披露不充分，我们应当发表非无保留意见。我们的结论基于截至审计报告日可获得的信息。然而，未来的事项或情况可能导致云南信托不能持续经营。

（5）评价财务报表的总体列报、结构和内容，并评价财务报表是否公允反映相关交易和事项。

我们与治理层就计划的审计范围、时间安排和重大审计发现等事项进行沟通，包括沟通我们在审计中识别出的值得关注的内部控制缺陷。

信永中和会计师事务所(特殊普通合伙)　　中国注册会计师：时丽红
昆明分所　　中国注册会计师：蒋东蛾
中国·昆明　　二〇二二年三月二十五日

5.1.2 资产负债表

资产负债表

编制单位：云南国际信托有限公司　　2021年12月31日　　单位：元

项目	序号	年末余额	年初余额	项目	序号	年末余额	年初余额
货币资金	1	393 498 354.74	323 835 765.50	短期借款	21	—	—
拆出资金	2	—	—	拆入资金	22	—	—
衍生金融资产	3	—	—	交易性金融负债	23	—	—
应收款项	4	57 778 713.35	38 630 072.46	衍生金融负债	24	—	—
买入返售金融资产	5	896 000 000.00	250 000 000.00	应付款项	25	300 000.00	600 000.00
持有待售资产	6	—	—	应付职工薪酬	26	380 679 466.01	353 532 336.96
贷款	7	—	—	应交税费	27	72 118 058.46	54 774 968.66
金融投资：	8	3 273 909 805.26	3 351 402 646.79	租赁负债	28	43 024 785.20	—
交易性金融资产	9	3 026 674 233.34	2 991 428 448.02	持有待售负债	29	—	—
债权投资	10	247 235 571.92	359 974 198.77	预计负债	30	—	—
其他债权投资	11	—	—	递延所得税负债	31	38 086 015.07	22 382 041.02
其他权益工具投资	12	—	—	其他负债	32	588 634 894.10	419 826 994.39
长期股权投资	13	—	—	负债合计	33	1 122 843 218.84	851 116 341.03
投资性房地产	14	23 470 020.50	26 188 834.46	实收资本	34	1 200 000 000.00	1 200 000 000.00
固定资产	15	13 846 670.58	16 954 110.80	资本公积	35	174 345.00	174 345.00
在建工程	16	—	—	其他综合收益	36	—	—
使用权资产	17	44 762 167.80	—	盈余公积	37	359 745 158.62	321 722 323.32
无形资产	18	7 104 691.78	10 987 384.72	一般风险准备	38	72 757 037.25	62 974 670.50
递延所得税资产	19	102 370 032.74	88 007 429.62	信托赔偿准备金	39	198 430 197.01	175 616 495.83

续表

项目	序号	年末余额	年初余额	项目	序号	年末余额	年初余额
其他资产	20	37 728 693.40	92 507 675.01	未分配利润	40	1 896 519 193.43	1 586 909 743.68
—	—	—	—	所有者权益合计	41	3 727 625 931.31	3 347 397 578.33
资产总计	20	4 850 469 150.15	4 198 513 919.36	负债及所有者权益总计	42	4 850 469 150.15	4 198 513 919.36

法定代表人：甘煜　　　　　　　　　　　　主管会计工作负责人：舒广　　　　　　　　　　　　会计机构负责人：杨春和

5.1.3　利润表

利润表

编制单位：云南国际信托有限公司　　　　　　　　　　2021年度　　　　　　　　　　单位：元

项目	序号	本年发生数	上年发生数
营业总收入	1	902 213 389.92	745 888 866.24
利息净收入	2	27 764 852.02	11 996 887.68
利息收入	3	27 830 142.08	11 996 887.68
利息支出	4	65 290.06	—
手续费及佣金净收入	5	728 626 909.89	596 473 035.91
手续费及佣金收入	6	743 220 851.44	620 879 326.52
其中：信托项目手续费及佣金收入	7	730 828 589.01	610 588 527.58
手续费及佣金支出	8	14 593 941.55	24 406 290.61
其中：信托项目手续费及佣金支出	9	5 514 005.44	4 350 619.11
投资收益（损失以"-"号填列）	10	78 433 303.98	124 907 475.10
其中：对联营企业及合营企业的投资收益	11	—	—
以摊余成本计量的金融资产终止确认产生的收益(损失以"-"号填列)	12	—	—
汇兑收益（损失以"-"号填列）	13	—	—
公允价值变动收益（损失以"-"号填列）	14	62 567 928.05	8 034 058.53
净敞口套期收益（损失以"-"号填列）	15	—	—
资产处置收益（损失以"-"号填列）	16	—	—
其他收益	17	730 672.30	—
其他业务收入	18	4 089 723.68	4 477 409.02
营业总支出	19	394 862 558.70	324 549 674.92
税金及附加	20	6 536 197.29	5 536 323.06
业务及管理费	21	359 175 050.67	315 320 870.00
信用减值损失	22	29 151 310.74	3 692 481.86
其他资产减值损失	23	—	—
营业利润	24	507 350 831.22	421 339 191.32
加：营业外收入	25	85 998.10	1 000 000.65
减：营业外支出	26	500 062.20	1 123 055.18
利润总额	27	506 936 767.12	421 216 136.79
减：所得税费用	28	126 708 414.14	101 709 685.87
净利润	29	380 228 352.98	319 506 450.92
（一）持续经营净利润	30	380 228 352.98	319 506 450.92
（二）终止经营净利润	31	—	—
其他综合收益的税后净额	32	—	—
（一）不能重分类进损益的其他综合收益	33	—	—
1.重新计量设定受益计划变动额	34	—	—

续表

项目	序号	本年发生数	上年发生数
2.权益法下不能转损益的其他综合收益	35	—	—
3.其他权益工具投资公允价值变动	36	—	—
4.企业自身信用风险公允价值变动	37	—	—
（二）将重分类进损益的其他综合收益	38	—	—
1.权益法下可转损益的其他综合收益	39	—	—
2.其他债权投资公允价值变动	40	—	—
3.金融资产重分类计入其他综合收益的金额	41	—	—
4.其他债权投资信用损失准备	42	—	—
5.现金流量套期储备	43	—	—
6.外币财务报表折算差额	44	—	—
综合收益总额	45	380 228 352.98	319 506 450.92
每股收益	46	—	—
（一）基本每股收益	47	—	—
（二）稀释每股收益	48	—	—

法定代表人：甘煜　　　　　　　　　主管会计工作负责人：舒广　　　　　　　　　会计机构负责人：杨春和

5.1.4 所有者权益变动表

所有者权益变动表

编制单位：云南国际信托有限公司　　　　　2021年度　　　　　单位：元

项目	行次	本年金额							
		归属于母公司所有者权益							所有者权益合计
		实收资本	资本公积	其他综合收益	盈余公积	一般风险准备	信托赔偿准备金	未分配利润	
栏次		1	5	7	8	9	10	11	13
一、上年年末余额	1	1 200 000 000.00	174 345.00	—	321 190 306.64	62 866 635.96	175 297 285.82	1 582 548 838.11	3 342 077 411.53
加：会计政策变更	2	—	—	—	532 016.68	108 034.54	319 210.01	4 360 905.57	5 320 166.80
前期差错更正	3	—	—	—	—	—	—	—	—
二、本年年初余额	4	1 200 000 000.00	174 345.00	—	321 722 323.32	62 974 670.50	175 616 495.83	1 586 909 743.68	3 347 397 578.33
三、本年增减变动金额（减少以"－"号填列）	5	—	—	—	38 022 835.30	9 782 366.75	22 813 701.18	309 609 449.75	380 228 352.98
（一）综合收益总额	6	—	—	—	—	—	—	380 228 352.98	380 228 352.98
（二）所有者投入和减少资本	7	—	—	—	—	—	—	—	—
1.所有者投入资本	8	—	—	—	—	—	—	—	—
2.其他权益工具持有者投入资本	9	—	—	—	—	—	—	—	—
3.股份支付计入所有者权益的金额	10	—	—	—	—	—	—	—	—
4.其他	11	—	—	—	—	—	—	—	—
（三）利润分配	12	—	—	—	38 022 835.30	9 782 366.75	22 813 701.18	−70 618 903.23	—
1.提取盈余公积	13	—	—	—	38 022 835.30	—	—	−38 022 835.30	—
2.提取一般风险准备	14	—	—	—	—	9 782 366.75	—	−9 782 366.75	—
3.提取信托赔偿准备	15	—	—	—	—	—	22 813 701.18	−22 813 701.18	—
4.对所有者（或股东）的分配	16	—	—	—	—	—	—	—	—
5.其他	17	—	—	—	—	—	—	—	—
（四）所有者权益内部结转	18	—	—	—	—	—	—	—	—
1.资本公积转增资本（或股本）	19	—	—	—	—	—	—	—	—
2.盈余公积转增资本（或股本）	20	—	—	—	—	—	—	—	—

续表

项目	行次	本年金额							
		归属于母公司所有者权益							所有者权益合计
		实收资本	资本公积	其他综合收益	盈余公积	一般风险准备	信托赔偿准备金	未分配利润	
3.盈余公积弥补亏损	21	—	—	—	—	—	—	—	—
4.一般风险准备弥补亏损	22	—	—	—	—	—	—	—	—
5.设定受益计划变动额结转留存收益	23	—	—	—	—	—	—	—	—
6.*其他综合收益结转留存收益	24	—	—	—	—	—	—	—	—
7.其他	25	—	—	—	—	—	—	—	—
四、本年年末余额	26	1 200 000 000.00	174 345.00	—	359 745 158.62	72 757 037.25	198 430 197.01	1 896 519 193.43	3 727 625 931.31

法定代表人：甘煜　　　　　主管会计工作负责人：舒广　　　　　会计机构负责人：杨春和

所有者权益变动表（续）

编制单位：云南国际信托有限公司　　　　　2021年度　　　　　单位：元

项目	行次	上年金额							
		归属于母公司所有者权益							所有者权益合计
		实收资本	资本公积	其他综合收益	盈余公积	一般风险准备	信托赔偿准备金	未分配利润	
栏次		14	18	20	21	22	23	24	26
一、上年年末余额	1	1 200 000 000.00	174 345.00	—	289 239 661.55	53 826 772.49	156 126 898.76	1 323 203 282.81	3 022 570 960.61
加：会计政策变更	2	—	—	—	—	—	—	—	—
前期差错更正	3	—	—	—	—	—	—	—	—
二、本年年初余额	4	1 200 000 000.00	174 345.00	—	289 239 661.55	53 826 772.49	156 126 898.76	1 323 203 282.81	3 022 570 960.61
三、本年增减变动金额（减少以"-"号填列）	5	—	—	—	31 950 645.09	9 039 863.47	19 170 387.06	259 345 555.30	319 506 450.92
（一）综合收益总额	6	—	—	—	—	—	—	319 506 450.92	319 506 450.92
（二）所有者投入和减少资本	7	—	—	—	—	—	—	—	—
1.所有者投入资本	8	—	—	—	—	—	—	—	—
2.其他权益工具持有者投入资本	9	—	—	—	—	—	—	—	—
3.股份支付计入所有者权益的金额	10	—	—	—	—	—	—	—	—
4.其他	11	—	—	—	—	—	—	—	—
（三）利润分配	12	—	—	—	31 950 645.09	9 039 863.47	19 170 387.06	-60 160 895.62	—
1.提取盈余公积	13	—	—	—	31 950 645.09	—	—	-31 950 645.09	—
2.提取一般风险准备	14	—	—	—	—	9 039 863.47	—	-9 039 863.47	—
3.提取信托赔偿准备	15	—	—	—	—	—	19 170 387.06	-19 170 387.06	—
4.对所有者（或股东）的分配	16	—	—	—	—	—	—	—	—
5.其他	17	—	—	—	—	—	—	—	—
（四）所有者权益内部结转	18	—	—	—	—	—	—	—	—
1.资本公积转增资本（或股本）	19	—	—	—	—	—	—	—	—
2.盈余公积转增资本（或股本）	20	—	—	—	—	—	—	—	—
3.盈余公积弥补亏损	21	—	—	—	—	—	—	—	—
4.一般风险准备弥补亏损	22	—	—	—	—	—	—	—	—
5.设定受益计划变动额结转留存收益	23	—	—	—	—	—	—	—	—
6.*其他综合收益结转留存收益	24	—	—	—	—	—	—	—	—
7.其他	25	—	—	—	—	—	—	—	—
四、本年年末余额	26	1 200 000 000.00	174 345.00	—	321 190 306.64	62 866 635.96	175 297 285.82	1 582 548 838.11	3 342 077 411.53

法定代表人：甘煜　　　　　主管会计工作负责人：舒广　　　　　会计机构负责人：杨春和

5.1.5 现金流量表

现金流量表

编制单位：云南国际信托有限公司　　　　2021年度　　　　单位：元

项目	行次	本年数	上年数	项目	行次	本年数	上年数
一、经营活动产生的现金流量：	1	—	—	购建固定资产、无形资产和其他长期资产支付的现金	22	4 257 379.51	6 098 222.87
客户存款和同业存放款项净增加额	2	—	—	支付其他与投资活动有关的现金	23	2 000 000.00	—
向中央银行借款净增加额	3	—	—	投资活动现金流出小计	24	9 903 646 432.41	6 174 950 322.87
向其他金融机构拆入资金净增加额	4	—	—	投资活动产生的现金流量净额	25	−55 579 275.86	−179 744 153.38
收取利息、手续费及佣金的现金	5	866 940 002.63	732 636 250.80	三、筹资活动产生的现金流量：	26	—	—
收到其他与经营活动有关的现金	6	2 131 130 782.79	1 917 018 693.52	吸收投资收到的现金	27	—	—
经营活动现金流入小计	7	2 998 070 785.42	2 649 654 944.32	其中：子公司吸收少数股东投资收到的现金	28	—	—
客户贷款及垫款净增加额	8	—	—	发行债券收到的现金	29	—	—
存放中央银行和同业款项净增加额	9	—	—	收到其他与筹资活动有关的现金	30	—	—
支付利息、手续费及佣金的现金	10	7 871 088.34	24 406 290.61	筹资活动现金流入小计	31	—	—
支付给职工以及为职工支付的现金	11	267 594 151.65	226 917 959.09	偿还债务支付的现金	32	—	—
支付的各项税费	12	100 655 815.37	141 457 626.65	分配股利、利润或偿付利息支付的现金	33	—	—
支付其他与经营活动有关的现金	13	2 448 307 864.96	1 870 096 073.89	其中：子公司支付给少数股东的股利、利润	34	—	—
经营活动现金流出小计	14	2 884 428 920.32	2 262 877 950.24	支付其他与筹资活动有关的现金	35	—	—
经营活动产生的现金流量净额	15	113 641 865.10	386 776 994.08	筹资活动现金流出小计	36	—	—
二、投资活动产生的现金流量：	16	—	—	筹资活动产生的现金流量净额	37	—	—
收回投资收到的现金	17	9 776 211 143.26	5 821 397 523.22	四、汇率变动对现金及现金等价物的影响	38	—	—
取得投资收益收到的现金	18	69 856 013.29	173 897 835.38	五、现金及现金等价物净增加额	39	58 062 589.24	207 032 840.70
收到其他与投资活动有关的现金	19	2 000 000.00	10 810.89	加：期初现金及现金等价物余额	40	323 835 765.50	116 802 924.80
投资活动现金流入小计	20	9 848 067 156.55	5 995 206 169.49	六、期末现金及现金等价物余额	41	381 898 354.74	323 835 765.50
投资支付的现金	21	9 897 389 052.90	6 168 852 100.00	—	—	—	—

法定代表人：甘煜　　　　主管会计工作负责人：舒广　　　　会计机构负责人：杨春和

5.2 信托业务

5.2.1 信托项目资产负债汇总表

信托项目资产负债汇总表

编制单位：云南国际信托有限公司　　　　2021年度　　　　单位：万元

项目	2021年末数	2021年初数
信托资产：	—	—
货币资金	284 820.57	274 017.19
拆出资金	—	—
存出保证金	24 283.92	22 316.44
交易性金融资产	3 069 440.34	1 811 935.41
衍生金融资产	—	—
买入返售金融资产	555 900.52	572 023.73
其中：买入返售证券	180 181.09	93 136.21
买入返售信贷资产	—	—
应收款项	192 267.77	164 551.60
贷款	7 950 297.63	11 658 016.06

续表

项目	2021年末数	2021年初数
可供出售金融资产	10 141 073.66	4 505 368.50
持有至到期投资	6 063 445.86	1 948 876.05
长期应收款	—	—
长期股权投资	502 935.95	593 588.45
投资性房地产	—	—
固定资产	—	—
无形资产	—	—
长期待摊费用	—	—
其他资产	4 435 721.90	3 703 594.86
信托资产总计	33 220 188.12	25 254 288.29
信托负债：	—	—
交易性金融负债	—	—
衍生金融负债	—	—
应付受托人报酬	4 768.01	3 033.38

续表

项目	2021年末数	2021年初数
应付托管费	787.42	481.01
应付受益人收益	53 937.06	54 881.74
应交税费	4 385.59	9 944.98
应付销售服务费	2.37	18.32
其他应付款项	187 649.69	139 763.37
其他负债	—	—
信托负债合计	251 530.14	208 122.80
信托权益:		
实收信托	33 118 740.72	24 895 090.72
其中:资金信托	28 204 833.80	21 197 373.22
财产信托	4 913 906.92	3 697 717.50
资本公积	-33 811.86	-129 407.69
外币报表折算差额	—	—
未分配利润	-116 270.88	280 482.46
信托权益合计	32 968 657.98	25 046 165.49
信托负债及信托权益总计	33 220 188.12	25 254 288.29

法定代表人:甘煜　主管会计工作负责人:李岭　财务经理:雷瑗　制表:靳佳慧

5.2.2 信托项目利润及利润分配汇总表

信托项目利润及利润分配汇总表

编制单位:云南国际信托有限公司　　　　　　　　单位:万元

项目	2021年度	2020年度
一、营业收入	1 803 050.84	1 588 840.04
利息收入	933 011.36	912 423.28
投资收益	1 119 729.33	494 647.27
公允价值变动损益	-249 703.63	181 591.37
租赁收入	—	—
汇兑损益	—	—
其他收入	13.78	178.12
二、营业支出	189 619.36	181 361.82
税金及附加	6 082.30	5 952.49
受托人报酬	77 874.50	52 945.13
托管费	20 873.94	13 046.14
投资管理费	15 199.67	8 932.29
销售服务费	2 705.29	609.03
交易费用	2 950.63	3 387.79
资产减值损失	3 964.01	47 483.46
其他费用	59 969.02	49 005.49
三、信托净利润	1 613 431.48	1 407 478.22
四、其他综合收益	95 632.95	83 346.14
五、综合收益	1 709 064.43	1 490 824.36
加:期初未分配信托利润	280 482.46	99 276.02

续表

项目	2021年度	2020年度
加:未分配信托利润平准金	-189 187.96	-5 130.32
六、可供分配的信托利润	1 704 725.99	1 501 623.92
减:本期已分配信托利润	1 820 996.86	1 221 141.45
七、期末未分配信托利润	-116 270.88	280 482.47

法定代表人:甘煜　主管会计工作负责人:李岭　财务经理:雷瑗　制表:靳佳慧

6.财务报表附注

6.1 财务报表编制基础

本公司的财务报表编制以持续经营假设作为基础,根据实际发生的交易和事项,按照财政部颁布的《企业会计准则》及其他相关法规的有关规定,并基于会计政策和会计估计进行编制。本财务报告编制不存在不符合会计核算基本前提的事项。

6.2 会计政策和会计估计变更以及差错更正的说明

6.2.1 会计政策变更及影响

本公司本年度采用了财政部于2018年修订颁布的《企业会计准则第21号——租赁》(2018年12修订),该变化构成了会计政策变更,该准则于2021年1月1日起施行。

本公司本年度采用了财政部于2017年修订颁布的《企业会计准则第22号——金融工具确认和计量》(财会〔2017〕7号)、《企业会计准则第23号——金融资产转移》(财会〔2017〕8号)、《企业会计准则第24号——套期会计》(财会〔2017〕9号)和《企业会计准则第37号——金融工具列报》(财会〔2017〕14号)(以下简称新金融工具准则),该准则的首次执行日为2021年1月1日。该变化构成了会计政策变更,且相关金额的调整已经确认在财务报表中。

实施新金融工具准则也导致金融资产和金融负债的确认、分类和计量,以及金融资产减值的相关会计政策发生了变化。

本公司采用了财政部于2018年颁布的《关于修订印发2018年度金融企业财务报表格式的通知》(财会〔2018〕36号),相关格式变化已经反映在财务报表中。

本公司采用财政部2018年颁布的《关于修订印发2018年度金融企业财务报表格式的通知》(财会〔2018〕36号)及执行新金融工具准则,上年度报表与新的报表格式衔接如下表所示。

云南国际信托有限公司

单位：万元

原报表项目	2020年末金额	金融企业财务报表项目	2020年末金额	执行新金融工具调整金额	2021年1月1日调整后金额
货币资金	323 835 765.50	货币资金	323 835 765.50	—	323 835 765.50
交易性金融资产	250 000 000.00	买入返售金融资产	250 000 000.00		250 000 000.00
应收账款	67 706 182.23	应收款项	38 630 072.46	—	38 630 072.46
		交易性金融资产	23 402 818.80	—	23 402 818.80
		债权投资	5 539 397.27		5 539 397.27
		其他资产	133 893.70		133 893.70
其他应收款	83 799 526.89	其他资产	83 799 526.89		83 799 526.89
预付款项	6 374 738.34	其他资产	6 374 738.34	—	6 374 738.34
应收利息	1 612 082.04	交易性金融资产	1 612 082.04		1 612 082.04
可供出售金融资产	719 500 000.00	交易性金融资产	719 500 000.00	-571 003.63	718 928 996.37
投资性房地产	26 188 834.46	投资性房地产	26 188 834.46	—	26 188 834.46
固定资产	16 954 110.80	固定资产	16 954 110.80		16 954 110.80
无形资产	10 987 384.72	无形资产	10 987 384.72		10 987 384.72
信托受益权	2 000 393 770.83	交易性金融资产	1 644 713 770.83	8 862 360.87	1 653 576 131.70
		债权投资	355 680 000.00	-1 245 198.50	354 434 801.50
递延所得税资产	87 696 130.00	递延所得税资产	87 696 130.00	311 299.62	88 007 429.62
长期待摊费用	2 130 489.56	长期待摊费用	2 130 489.56	—	2 130 489.56
其他资产	593 930 048.63	交易性金融资产	593 861 022.11	47 397.00	593 908 419.11
		其他资产	69 026.52	—	69 026.52
合计	4 191 109 064.00	合计	4 191 109 064.00	7 404 855.36	4 198 513 919.36
应付账款	600 000.00	应付款项	600 000.00	—	600 000.00
其他应付款	224 122 103.81	其他负债	224 122 103.81	—	224 122 103.81
预收账款	91 220 454.07	其他负债	91 220 454.07		91 220 454.07
应付职工薪酬	353 532 336.96	应付职工薪酬	353 532 336.96	—	353 532 336.96
应交税费	159 259 405.17	应交税费	54 774 968.66	—	54 774 968.66
		其他负债	104 484 436.51	—	104 484 436.51
递延所得税负债	20 297 352.46	递延所得税负债	20 297 352.46	2 084 688.56	22 382 041.02
合计	849 031 652.47	合计	849 031 652.47	2 084 688.56	851 116 341.03
实收资本	1 200 000 000.00	实收资本	1 200 000 000.00		1 200 000 000.00
资本公积	174 345.00	资本公积	174 345.00		174 345.00
盈余公积	321 190 306.64	盈余公积	321 190 306.64	532 016.68	321 722 323.32
信托赔偿准备	175 297 285.82	信托赔偿准备	175 297 285.82	108 034.54	175 405 320.36
一般风险准备	62 866 635.96	一般风险准备	62 866 635.96	319 210.01	63 185 845.97
未分配利润	1 582 548 838.11	未分配利润	1 582 548 838.11	4 360 905.57	1 586 909 743.68
合计	3 342 077 411.53	合计	3 342 077 411.53	5 320 166.80	3 347 397 578.33

6.2.2 会计估计变更
本公司本期无会计估计变更事项。

6.2.3 前期差错更正
本公司本期无前期差错更正事项。

6.3 或有事项说明
本公司除重要诉讼（详见8.4）外，无其他重大或有事项。

6.4 重要资产转让及其出售的说明
本公司本期无重要资产转让及出售事项。

6.5 会计报表中重要项目的说明

6.5.1 自营资产经营情况

6.5.1.1 按信用风险五级分类结果披露信用风险资产的期初数、期末数

以下"期末"是指2021年12月31日，"期初"是指2021年1月1日；"本期数"是指2021年1月1日至2021年12月31日的发生额，"上期数"是指2020年1月1日至2020年12月31日的发生额。

信用风险资产余额

信用风险资产五级分类	正常类（万元）	关注类（万元）	次级类（万元）	可疑类（万元）	损失类（万元）	信用风险资产合计（万元）	不良合计（万元）	不良率（%）
期初数	403 785.19	—	1 318.74	—	—	405 103.93	1 318.74	0.33
期末数	455 587.00	12 403.00	1 318.74	—	—	469 308.74	1 318.74	0.28

注：本公司信用风险资产的范围包括货币资金、应收账款、预付账款、其他应收款、应收利息、交易性金融资产、债权投资、买入返售金融资产等。次级类资产为应收云涌系列项目管理费、应收自营投资云涌项目投资收益以及自营投资云涌项目本金。

6.5.1.2 各项风险减值损失准备

单位：万元

	期初余额	本期计提	本期转回	本期核销	期末余额
贷款损失准备	—	—	—	—	—
债权投资减值准备	496.52	2 915.13	—	—	3 411.65
其他债权投资减值准备	—	—	—	—	—
长期股权投资减值准备	—	—	—	—	—
坏账准备	23.62	—	—	—	23.62
投资性房地产减值准备	—	—	—	—	—
合计	520.14	2 915.13	—	—	3 435.27

注："债权投资减值准备"为按照新金融工具会计准则的减值计提要求计提的预期信用损失。

6.5.1.3 自营股票投资、基金投资、理财投资、股权投资、信托产品投资等投资业务的期初数、期末数

单位：万元

	股票	债券	基金	理财	股权	信托受益权	其他	合计
期初数	—	—	55 950.00	—	16 000.00	200 039.38	—	264 242.44
期末数	—	—	14 516.00	—	16 728.58	181 056.99	100.00	212 401.57

注：按照新金融工具准则重新分类自营投资业务，投资金额仅为投资成本余额，不包括公允价值变动及应计利息。

6.5.1.4 本公司2021年度无自营长期股权投资

6.5.1.5 本公司2021年度无自营贷款业务

6.5.1.6 本公司2021年度表外业务

经股东会授权批准，公司通过担保方式参与增信业务，存出保证金100万元，当前业务开展正常，风险可控。公司严格控制对外担保风险，除此之外无其他表外业务事项。

6.5.1.7 本公司当年的收入结构

项目	本期发生额（万元）	占比（%）
手续费及佣金净收入	72 862.69	80.76
其中：信托业务净收入	72 531.46	80.39
利息净收入	2 776.49	3.08
其他业务净收入	408.97	0.45

续表

项目	本期发生额（万元）	占比（%）
投资收益	7 843.33	8.69
其中：股权投资收益	—	—
证券投资收益	—	—
其他投资收益	7 843.33	8.69
公允价值变动收益	6 256.79	6.94
其他收益	73.07	0.08
合计	90 221.34	100.00

6.5.2 披露信托资产管理情况

6.5.2.1 信托资产的期初数、期末数

单位：万元

信托资产	期初数	期末数
集合	5 277 602.01	6 984 613.39
单一	16 196 828.65	21 272 998.41
财产权	3 779 857.63	4 962 576.32
合计	25 254 288.29	33 220 188.12

6.5.2.1.1 主动管理型信托业务的信托资产期初数、期末数，分证券投资、股权投资、其他投资、融资、事务管理类分别披露

单位：万元

主动管理型信托资产	期初数	期末数
证券投资类	2 278 339.19	3 646 002.35
股权投资类	62 437.91	9 510.81
其他投资类	6 362 114.03	15 934 628.17
融资类	3 632 086.58	2 224 529.29
事务管理类	—	—
合计	12 334 977.71	21 814 670.62

6.5.2.1.2 被动管理型信托业务的信托资产期初数、期末数，分证券投资、股权投资、其他投资、融资、事务管理类分别披露

单位：万元

被动管理型信托资产	期初数	期末数
证券投资类	—	—
股权投资类	—	—
其他投资类	—	—
融资类	—	—
事务管理类	12 919 310.58	11 405 517.50
合计	12 919 310.58	11 405 517.50

6.5.2.2 本年度已清算结束的信托项目个数、实收信托合计金额、加权平均实际年化收益率

6.5.2.2.1 本年度已清算结束的集合类、单一类资金信托项目和财产管理类信托项目个数、实收信托金额、加权平均实际年化收益率

已清算结束信托项目	项目个数（个）	实收信托合计金额（万元）	加权平均实际年化收益率（%）
集合类	77	3 321 433.15	17.23
单一类	262	8 998 392.95	5.72
财产管理类	57	5 205 724.13	11.77

注：1. 收益率是指信托项目清算后，给受益人赚取的实际收益水平。
2. 加权平均实际年化收益率=（信托项目1的实际年化收益率×信托项目1的实收信托+信托项目2的实际年化收益率×信托项目2的实收信托+…信托项目n的实际年化收益率×信托项目n的实收信托）/（信托项目1的实收信托+信托项目2的实收信托+…信托项目n的实收信托）×100%。

6.5.2.2.2 本年度已清算结束的主动管理型信托项目个数、实收信托合计金额、加权平均实际年化收益率，分证券投资、股权投资、其他投资、融资、事务管理类分别计算并披露

已清算结束信托项目	项目个数（个）	实收信托合计金额（万元）	加权平均实际年化信托报酬率（%）	加权平均实际年化收益率（%）
证券投资类	27	944 125.96	0.30	17.77
股权投资类	1	60 000.00	0.50	4.70
其他投资类	167	5 644 650.42	0.34	9.41
融资类	78	2 078 290.38	0.63	7.25
事务管理类	—	—	—	—

注：加权平均实际年化信托报酬率=（信托项目1的实际年化信托报酬率×信托项目1的实收信托+信托项目2的实际年化信托报酬率×信托项目2的实收信托+…信托项目n的实际年化信托报酬率×信托项目n的实收信托）/（信托项目1的实收信托+信托项目2的实收信托+…信托项目n的实收信托）×100%。

6.5.2.2.3 本年度已清算结束的被动管理型信托项目个数、实收信托合计金额、加权平均实际年化收益率，分证券投资、股权投资、其他投资、融资、事务管理类分别计算并披露

已清算结束信托项目	项目个数（个）	实收信托合计金额（万元）	加权平均实际年化信托报酬率（%）	加权平均实际年化收益率（%）
证券投资类	—	—	—	—
股权投资类	—	—	—	—
其他投资类	—	—	—	—
融资类	—	—	—	—
事务管理类	123	8 798 483.47	0.14	9.08

6.5.2.3 本年度新增的集合类、单一类和财产管理类信托项目个数、实收信托合计金额

新增信托项目	项目个数(个)	实收信托合计金额(万元)
集合类	100	3 977 983.38
单一类	499	15 996 151.50
财产管理类	50	4 514 387.48
新增合计	649	24 488 522.36
其中：主动管理型	532	17 727 310.53
被动管理型	117	6 761 211.83

注：本年新增信托项目指在本报告年度内累计新增的信托项目个数和金额。包含本年度新增并于本年度内结束的项目和本年度新增至报告期末仍在持续管理的信托项目。

6.5.2.4 信托业务创新成果和特色业务有关情况

2021年，公司积极响应监管号召，坚定推动信托业务转型，回归信托业务本源，大力发展家族信托、资产配置、标品资管、汽车金融等战略培育型业务，夯实资本市场综合服务、Pre-ABS等战略基石型业务。通过全体员工的不懈努力，公司的行业排名持续提升，营业收入、净利润及净资产均持续稳步增长。

转型标品资管业务，股票、债券、定增、资产配置等模式多管齐下。2021年强化主动管理债券投研体系搭建，完善债券主体库、完成主动管理体系基础框架建设，促进信评与舆情系统能支撑业务发展。探索资产配置能力塑造，持续对资产配置整体板块进行研究，优化资产配置实现步骤和方法、配置模型选用、标的筛选和评价体系、再平衡、业绩评价体系和风险管理等。运用自营资金投资半导体、新能源、新材料领域，不断探索权益资产管理的发展路径。

深耕家族信托业务领域。家族财富业务凭借定制化产品服务方式，打开私募、律所合作服务渠道，积极探索中小渠道客户服务展业机会。完成了全市场首单股权家族信托作为上市公司股东IPO过审的案例。完成公司首单股权家族信托并实现转增资本操作，完成公司首单保险金信托签约。

汽车金融领域成立专业部门。目前已完成全套业务流程管理方式和操作指引，实现多家经销商准入审核，已备案地区为新疆、内蒙古、福建漳州等多地。汽车金融部门成立不到半年，完成放款过亿，汽车金融模式继续推进。

6.5.2.5 本公司履行受托人义务情况及因公司自身责任而导致的信托资产损失情况

本公司根据《信托法》《信托公司管理办法》《信托公司集合资金信托计划管理办法》等相关法律法规的规定，在管理或处置信托财产时，恪尽职守，履行了诚实、信用、谨慎、有效管理的义务。具体如下。一是遵守信托文件的规定，为受益人的最大利益处理信托事务的义务。二是将受托人的固有财产与信托财产进行分别管理、分别记账，并将不同委托人的信托财产分别管理、分别记账的义务。

6.5.2.6 信托赔偿准备金的提取、使用和管理情况

单位：万元

项目	期初余额	本期增加	本期减少	期末余额
信托赔偿准备金	17 561.65	2 281.37	—	19 843.02

注：本公司按税后利润的6%计提信托赔偿准备金，本公司2021年度税后利润38 022.84万元，按6%计提信托赔偿准备金2 281.37万元。

6.6 关联方关系及交易

6.6.1 关联交易方的数量、关联交易的总金额及定价政策

项目	关联交易方数量	关联交易金额(万元)	定价政策
合计	4	6 329.00	市价

注：本表内关联交易是指信托公司以自有资产、信托资产为关联方提供投融资等服务，或以担保等方式为关联方融资提供便利的业务。

6.6.2 关联交易方与本公司的关系性质、关联交易方的名称、法人代表、注册地址、注册资本及主营业务等

关系性质	关联方名称	法定代表人/执行事务合伙人	注册地址	注册资本(万元)	主营业务
股东关联企业	宁波梅山保税港区涌云铧信创业投资合伙企业（有限合伙）	上海涌新投资合伙企业（有限合伙）	浙江省宁波市北仑梅山七星路88号1幢401室B区J0313	14 100	创业投资及相关咨询服务。（未经金融等监管部门批准不得从事吸收存款、融资担保、代客理财、向社会公众集（融）资等金融业务）（依法须经批准的项目 经相关部门批准后方可开展经营活动）
股东关联企业	上海行列秩智能科技有限公司	赵杨	上海市静安区江场三路238号1601室（集中登记地）	556	从事智能、计算机科技领域内的技术开发、技术咨询、技术转让、技术服务，数据处理服务，网络工程，企业管理咨询，商务信息咨询，动漫设计、广告设计、制作、代理、发布、市场信息咨询与调查、会展服务，电子商务，计算机软硬件及辅助设备的销售
股东关联企业	上海以康二期股权投资合伙企业（有限合伙）	上海涌泰投资合伙企业（有限合伙）	上海市浦东新区陆家嘴环路958号1711室	23 300	股权投资，股权投资管理，投资咨询

续表

关系性质	关联方名称	法定代表人/执行事务合伙人	注册地址	注册资本（万元）	主营业务
股东关联企业	上海涌源铧氢创业投资合伙企业（有限合伙）	上海涌钻投资合伙企业（有限合伙）	中国（上海）自由贸易试验区陆家嘴环路958号1711室	26 120	创业投资

注：本表内关联方是指信托公司以自有资产、信托资产为其提供投融资等服务，或以担保等方式为其融资提供便利的关联企业。

6.6.3 本年度公司与关联方重大交易事项

6.6.3.1 固有财产与关联方交易情况：贷款、投资、租赁、担保、应收账款、其他方式等期初汇总数、本期借方和贷方发生额汇总数、期末汇总数

单位：万元

项目	期初数	借方发生额	贷方发生额	期末数
贷款	—	—	—	—
投资	—	—	—	—
租赁	—	—	—	—
担保	—	—	—	—
应收账款	—	—	—	—
其他	5 000.00	3 000.00	2 271.00	5 729.00
合计	5 000.00	3 000.00	2 271.00	5 729.00

注："其他"项为公司投资宁波梅山保税港区涌云铧信创业投资合伙企业（有限合伙）、上海以康二期股权投资合伙企业（有限合伙）、上海涌源铧氢创业投资合伙企业（有限合伙）三家股东关联企业股权，投资事项经董事会审议通过并已向监管机构报备。投资于宁波梅山保税港区涌云铧信创业投资合伙企业（有限合伙）股权期初投资余额5 000万元，2021年根据基金合伙协议决定返还出资款2 271万元，期末投资余额2 729万元。本年新增两笔对股东关联企业的股权投资，投资于上海以康二期股权投资合伙企业（有限合伙）1 000万元，投资于上海涌源铧氢创业投资合伙企业（有限合伙）2 000万元。公司非投融资的其他关联交易情况如下。一是公司在国金证券开立的自营证券投资交易资金账户买卖变动数据：期初余额26万元，借方发生额295 150万元，贷方发生额295 174万元，期末余额2万元。二是公司向关联方支付第三方服务费80万元，委托关联方代缴部分异地员工社保公积金等168万元。

6.6.3.2 信托与关联方交易情况：贷款、投资、租赁、应收账款、担保、其他方式等期初汇总数、本期借方和贷方发生额汇总数、期末汇总数

信托与关联方关联交易

单位：万元

项目	期初数	借方发生额	贷方发生额	期末数
贷款	—	—	—	—
投资	600.00	—	—	600.00
租赁	—	—	—	—
担保	—	—	—	—
应收账款	—	—	—	—
其他	—	—	—	—
合计	600.00	—	—	600.00

注：上表中信托与关联方关联交易的情况为：我司发行之一信托计划的信托资金投资上海行列秩智能科技有限公司的股权 合计金额600.00万元。非投融资的其他关联交易情况如下。一是关联方以其合法资金加入我公司管理的信托产品，年初余额6 293.02万元，年内申购实收信托920.58万元，年内赎回实收信托539.17万元，年末余额6 674.43万元，年内分配信托收益合计247.32万元。二是我公司信托产品向关联方支付资产服务费238.56万元，支付交易佣金63.99万元，支付咨询服务费27.31万元，支付技术及信息服务费12.56万元。

6.6.3.3 信托公司自有资金运用于自己管理的信托项目（固信交易）、信托公司管理的信托项目之间的相互（信信交易）交易金额，包括余额和本报告年度的发生额

6.6.3.3.1 固有财产与信托财产之间的交易金额期初汇总数、本期发生额汇总数、期末汇总数

单位：万元

期初余额	借方发生额	贷方发生额	期末余额
192 292.44	499 664.67	529 716.98	162 240.13

注：以上交易均为固有资金投资公司自己管理的信托项目受益权。

6.6.3.3.2 信托项目之间的交易金额期初汇总数、本期发生额汇总数、期末汇总数

信托资产与信托财产相互交易

单位：万元

期初数	借方发生额	贷方发生额	期末数
309 917.74	221 715.17	360 243.09	171 389.82

注：以公司受托管理的一个信托项目的资金购买自己管理的另一个信托项目的受益权或信托项下资产均应纳入统计披露范围。

6.6.4 关联方逾期未偿还本公司资金的详细情况以及本公司为关联方担保发生或即将发生垫款的详细情况

本公司无上述情况。

6.7 会计制度的披露

公司固有业务及信托业务均执行2006年财政部颁布的《企业会计准则》。2021年1月1日起固有业务施行财政部颁布的"新金融工具准则"，对公司财务报表产生重大影响，构成会计政策变更。

7.财务情况说明

7.1 利润的实现和分配情况

单位：万元

项目	期末余额
本年净利润	38 022.84
加：年初未分配利润	158 690.97

续表

项目	期末余额
减：提取法定盈余公积	3 802.28
减：提取任意盈余公积金	—
减：信托赔偿准备金	2 281.37
减：一般风险准备	978.24
减：应付普通股股利	—
减：未分配利润转增实收资本	—
年末未分配利润	189 651.92

7.2 主要财务指标

指标名称	指标值
资本利润率（%）	10.75
加权年化信托报酬率（%）	0.28
人均净利润（万元）	135

注：1. 资本利润率＝净利润/所有者权益平均余额×100%。
2. 加权年化信托报酬率＝（信托项目1的实际年化信托报酬率×信托项目1的实收信托＋信托项目2的实际年化信托报酬率×信托项目2的实收信托＋…信托项目n的实际年化信托报酬率×信托项目n的实收信托）/（信托项目1的实收信托＋信托项目2的实收信托＋…信托项目n的实收信托）×100%。
3. 人均净利润＝净利润/年平均人数。
4. 平均值采取年初、年末余额简单平均法，公式为：a（平均）＝（年初数＋年末数）/2。

7.3 对本公司财务状况、经营成果有重大影响的其他事项

本公司无上述情况。

8. 特别事项揭示

8.1 前五名股东报告期内变动情况及原因

根据《云南省财政厅关于云南国际信托有限公司股权划转云南省国有金融资本控股集团有限公司的通知》后，公司召开了2020年度第一次临时股东会审议通过了股权划转事项，并于2021年11月经《云南银保监局关于云南国际信托有限公司股权变更的批复》同意，原股东云南省财政厅持有的本公司25%的股权划转至云南省国有金融资本控股集团有限公司持有，公司对公司章程相关条款进行了相应修改。其后，公司完成了工商备案登记及后续信息披露事项。

8.2 董事、监事及高级管理人员变动情况及原因

8.2.1 本报告期内，董事变动情况

2021年第一次临时股东会审议通过了《关于董事会换届选举的议案》，选举出公司第七届董事会董事，具体如下。

独立董事：龙超、王瑞华、冉克平

董事：段俐、甘煜、甘泽、刘峥、田泽望、舒广

原沈思独立董事、梁旻松独立董事、赵志清董事不再担任公司董事。王瑞华先生、冉克平先生、段俐先生待取得国务院银行业监督管理机构或其派出机构核准后正式履职。

8.2.2 本报告期内，监事变动情况

2021年第一次临时股东会审议通过了《关于监事会换届选举股东监事的议案》，选举出公司第七届监事会股东监事为：李国青、穆越、许悦、文俊。第七届监事会股东监事均为第六届监事会股东监事连选连任。

2021年，原职工监事朱炜明先生辞去职工监事职务，公司职工代表大会选举出公司新一届职工监事：张相启、杨永忠、苏颖。其中，张相启职工监事为新选任职工监事，杨永忠职工监事、苏颖职工监事为连选连任。

8.2.3 本报告期，高管变动情况

无。

8.3 变更注册资本、变更注册地或公司名称、公司分立合并事项

无。

8.4 公司重大诉讼事项

8.4.1 云涌系列集合资金信托计划民事诉讼情况

公司作为受托人设立的云涌系列集合资金信托计划项下融资人的实际控制人及担保人罗静涉嫌合同诈骗（目前处于刑事诉讼过程中），可能导致信托财产遭受重大损失。在极端情况下，云涌系列项目可能无法收回信托本金，存在不能向投资者分配信托利益的风险。为维护前述云涌系列产品受益人权益，公司代表信托计划对相关方提起民事诉讼，具体如下表所示。

单位：元

序号	信托名称	原告	被告人	案由	诉讼标的	进展情况
1	云涌1号	云南信托	广东中诚实业控股有限公司、罗静、苏宁易购集团股份有限公司苏宁采购中心	合同纠纷	58 814 521.53	2021年4月25日，公司收到云南省昆明市中级人民法院作出的11份《民事裁定书》，法院认为本案所涉纠纷涉嫌经济犯罪且公司亦已通过刑事报案的方式启动了刑事诉讼程序，应当移送侦查机关处理，故依据《中华人民共和国民事诉讼法》等相关规定裁定驳回公司起诉。针对该《民事裁定书》，公司向云南省高级人民法院提起上诉
2	云涌7号	云南信托	广东中诚实业控股有限公司、罗静、苏宁易购集团股份有限公司苏宁采购中心	合同纠纷	65 232 502.09	
3	云涌8号	云南信托	广东中诚实业控股有限公司、罗静、苏宁易购集团股份有限公司苏宁采购中心	合同纠纷	387 632 395.45	
4	云涌10号	云南信托	广东中诚实业控股有限公司、罗静、苏宁易购集团股份有限公司苏宁采购中心	合同纠纷	386 151 496.82	
5	云涌11号	云南信托	广东中诚实业控股有限公司、罗静、苏宁易购集团股份有限公司苏宁采购中心	合同纠纷	153 882 242.94	
6	云涌12号	云南信托	广东中诚实业控股有限公司、苏宁易购集团股份有限公司苏宁采购中心	合同纠纷	261 225 353.62	
7	云涌13号	云南信托	广东中诚实业控股有限公司、苏宁易购集团股份有限公司苏宁采购中心	合同纠纷	196 562 351.70	
8	云涌15号	云南信托	广东康安贸易有限公司、广东中诚实业控股有限公司、苏宁易购集团股份有限公司苏宁采购中心	合同纠纷	64 623 274.18	
9	云涌16号	云南信托	广东康安贸易有限公司、广东中诚实业控股有限公司、苏宁易购集团股份有限公司苏宁采购中心	合同纠纷	155 143 295.33	
10	云涌17号	云南信托	广东康安贸易有限公司、广东中诚实业控股有限公司、苏宁易购集团股份有限公司苏宁采购中心	合同纠纷	154 600 890.51	
11	云涌18号	云南信托	广东康安贸易有限公司、广东中诚实业控股有限公司、苏宁易购集团股份有限公司苏宁采购中心	合同纠纷	191 526 800.66	
			广东康安贸易有限公司、广东中诚实业控股有限公司、罗静	合同纠纷	153 781 052.00	二审

8.4.2 关于云涌18号项目民事诉讼情况的特别说明

2019年8月5日，公司就云涌18号项目诉广东康安贸易有限公司、广东中诚实业控股有限公司、罗静合同纠纷一案被云南省昆明市中级人民法院受理。

2020年3月16日，公司收到法院作出的一审《民事裁定书》，法院认为昆明市公安局已于2019年8月5日对罗静等人以涉嫌合同诈骗进行立案侦查，侦查范围涵盖了本案事实，故认定本案不属于经济纠纷案件而有经济犯罪嫌疑，而裁定驳回公司的起诉。公司已于2020年3月24日就该裁定向云南省高级人民法院提起上诉。

同时，为切实保护投资者信托利益，公司已按照相关法律规定，变更诉讼请求后另行对广东中诚实业控股有限公司、广东康安贸易有限公司及苏宁易购集团股份有限公司苏宁采购中心提起诉讼，该案已于2020年4月7日正式立案，后续进展有待云南省高级人民法院进一步通知。

8.4.3 期后事项

2022年2月23日、25日，公司收到云南省高级人民法院作出的二审民事裁定，撤销云涌11个项目原一审驳回起诉的裁定，指令云南省昆明市中级人民法院继续审理。

8.5 公司及其董事、监事和高级管理人员受到处罚的情况

8.5.1 本期受到处罚的情况

2021年12月，因违规以信托资金发放土地储备贷款，经《中国银保监会云南监管局行政处罚决定书》（云银保监罚决字〔2021〕84号）对公司作出罚款50万元的行政处罚；经《中国银保监会云南监管局行政处罚决定书》（云银保监罚决字〔2021〕85号）对高级管理人员舒广作出给予警告并处罚款10万元的行政处罚。

8.5.2 期后受到处罚的情况

2022年1月，因未对第三方合作机构向借款人额外收费行为进行有效管控、个人贷款业务严重不审慎，经《中国银保监会云南监管局行政处罚决定书》（云银保监罚决字〔2022〕12号）对公司作出罚款80万元的行政处罚。

2022年1月，因应停用用户未及时停用、个人客户的不良信息在上报金融信用信息基础数据库前未告知信息主体本人，经《行政处罚决定书》〔（昆银）罚字〔2022〕第5号〕对公司作出罚款22.5万元的行政处罚。

8.6 银保监会及其派出机构对公司检查后的整改情况

无。

8.7 本年度净资本管理情况

2021年度，公司按照中国银保监会《信托公司净资本管理办法》规定，积极推进净资本管理，进一步确立了以净资本管理为核心的业务发展模式和管理体系，各项净资本指标均符合监管要求。

截至2021年末，本公司净资产37.28亿元，净资本32.75亿元（监管要求为≥2亿元），各项风险资本之和

为24.78亿元，净资本/各项风险资本之和为132%（监管要求为≥100%），净资本/净资产为88%（监管要求为≥40%）。

8.8 本年度重大事项临时报告的简要内容、披露时间、所披露的媒体及其版面

8.8.1 2021年4月23日《金融时报》第7、第8版刊登《云南国际信托有限公司2020年年度报告摘要》

8.8.2 2021年9月3日《金融时报》第7版刊登《云南国际信托有限公司关于修改公司章程的公告》

8.8.3 2021年11月19日《金融时报》第6版刊登《云南国际信托有限公司关于股权变更的公告》

8.9 银保监会及其省级派出机构认定的其他有必要让客户及相关利益人了解的重要信息

社会责任履行情况如下。

2021年，公司党委继续发挥在群众中的政治核心作用，党委联合工会引导带动公司员工积极参与公益事业建设，党群工作形成合力和聚合效应。自2018年开展"大爱星火"植树造林志愿者公益活动以来，党委连续四年联合工会组织发起公司员工及家属共260余人次参加植树造林公益活动，在昆明市五华区西翥街道办事处桃园社区长虫山和龙池山开辟了"云信林"，共植树造林14亩，栽种树木1 000余株，牢固树立了广大员工的社会主义生态文明观和云南信托"大爱星火"公益活动的良好形象，在推动人与自然和谐发展、保护生态环境、履行企业社会责任方面作出贡献。按照党中央国务院和省委省政府关于乡村振兴工作的决策部署，公司党委切实贯彻"四不摘"原则，脱贫不脱钩，继续做好大理州祥云县普淜镇云里厂村的定点帮扶工作，建立健全巩固拓展脱贫攻坚成果促乡村振兴的长效机制，明确了未来五年的定点帮扶原则、帮扶方向、帮扶策略及整体框架，为新时期新阶段巩固拓展脱贫攻坚成果同乡村振兴有效衔接工作奠定了坚实基础。

慈善信托方面，公司和云南省青少年发展基金会担任共同受托人成功设立了"扬梦助学慈善信托"，成为我国慈善法正式实施以来首支在云南省落地的慈善信托，截至2021年末该信托项目已成功发行两期，款项用于购买成都七中网络课程，支持云南省丽江市玉龙纳西族自治县田家炳民族中学的教学工作。田家炳中学从2020年9月入学的初一学生中，筛选了一个班作为实验班使用本信托资助的远程录播课程，经过两个学期的学习，实验班期中、期末和次学年期中三次考试的整体学习成绩均有明显提高，与成都育才中学本校成绩差距逐渐缩小。公司成立的抗疫专项慈善信托——云慈济善慈善信托向昆明市儿童医院呼吸科定向捐赠了一批规格为TF30和TF42的可视电子软镜，用于诊断新冠病毒无症状感染者，有效缓解了抗疫一线的物资紧缺。

公司作为专业化财富管理机构，充分发挥信托制度优势，积极开发符合社会和市场需求的信托业务及信托理财产品，不断创新服务方式，积极探索盈利模式，以信托功能满足社会理财需求，秉承"受人之托、忠人之事"的原则开展信托业务，恪尽职守，履行诚实、信用、谨慎、有效的管理义务，维护受益人的合法权益。2021年公司向受益人兑付的信托本金及收益共计2 837.21亿元，其中信托收益227.69亿元，涉及信托项目1 262个。

公司始终把消费者权益保护工作作为公司经营发展的重要战略，已建立了较为完善的消费者权益保护体系。2021年度我公司严格贯彻监管各项规定，落实消费投诉处理工作的主体责任，畅通渠道，接受社会监督，全年共计受理投诉154件，全部消费投诉均在办理期限内办结并将处理结果告知投诉人，未发生重大投诉和舆情。上述投诉，按照投诉业务办理渠道分类，电话渠道受理43件，第三方渠道转送受理111件；按照投诉业务类型分类，消费金融业务相关投诉144件，其他业务相关投诉10件；全部154件投诉都在公司注册地昆明统一受理、登记、处理并答复。

同时，公司坚决履行反洗钱义务，报告年度公司建立组织健全、结构完整、职责明确的反洗钱和反恐怖融资管理架构。持续优化反洗钱系统，加强识别、评估洗钱和恐怖融资风险。进一步加强对社会公众的反洗钱宣传，增强社会公众的反洗钱意识。

公司诚信经营，自觉履行纳税义务，以履行社会责任为重要导向，不仅利用信托制度优势向实体企业提供金融服务，还在信托法律文件的签署过程中履行社会责任告知义务。同时，将履行社会责任纳入内部控制体系，从制度层面、业务开展层面确立其重要地位。

公司未来会继续在多方面践行企业的社会责任。

9.监事会对公司运作及财务报告的独立意见

9.1 公司依法运作情况

报告期内，监事会严格按照《公司法》、公司章程

和有关法律，从切实维护公司利益和股东权益出发，认真履行了监督职责，列席、出席了所有股东会和董事会会议，认为董事会能够忠实勤勉履行股东会的有关决议，未出现损害公司、股东及受益人利益的行为；董事会的各项决议符合《公司法》等法律法规和公司章程的要求。经审查，对公司董事会提交股东会审议的各项报告和提案无异议。

报告期内，未出现董事及高级管理人员在履行职务过程中违反法律法规或公司章程的行为，未出现滥用职权损害公司、股东、受益人或职工利益的情况。

9.2 财务报告的真实性

报告期内，监事会对公司的财务制度和财务状况进行了认真、细致的检查，公司年度财务报告客观公允，真实反映了公司报告期内的财务状况和经营成果。年度财务报告的编制和审议程序符合国家法律、法规和公司章程，报告的内容和格式，符合中国银保监会的规定。年度财务报告经信永中和会计师事务所（特殊普通合伙）昆明分所出具了"标准无保留审计意见"审计报告结论，符合公司的客观实际情况。

9.3 高级管理人员履职情况

报告期内，经营班子围绕公司《经营计划》积极落实股东及董事会的工作要求，带领全体员工共同努力，总资产及净资产均做到了稳中有升，顺利完成了年初制定的各项经营指标，公司稳健发展的基础正逐步夯实。自有资产保持了合理的流动性，信托项目运行总体正常，云涌系列产品存在不能向投资者分配信托利益的风险，公司正积极化解风险并及时进行信息披露。报告期内，公司经营班子认真执行董事会的各项决议，严格执行各项监管规定，内部控制制度不断完善，建立了较完善的经营、决策、合规、风控、内审之间的内控制约机制。

浙商金汇信托股份有限公司

1. 重要提示

1.1 本公司董事会及董事保证本报告所载资料不存在任何虚假记载、误导性陈述或者重大遗漏，并对其内容的真实性、准确性和完整性承担个别及连带责任。

1.2 本公司独立董事认为，本报告的内容真实、准确、完整。

1.3 大华会计师事务所（特殊普通合伙）为本公司出具了标准无保留意见的审计报告。

1.4 董事长余艳梅女士、总经理戴俊先生、财务总监朱晓平先生、计划财务部负责人王凤毅先生声明：保证年度报告中财务报告的真实、完整。

2. 公司概况

2.1 公司简介

浙商金汇信托股份有限公司在原金信信托投资股份有限公司重整的基础上于2011年6月经中国银保监会核准开业经营。公司注册资本为人民币17亿元，注册地在浙江省杭州市，公司各股东及持股比例为：浙江东方金融控股集团股份有限公司持股78%，中国国际金融股份有限公司持股17.5%，传化集团有限公司持股4.5%。

中文名称	浙商金汇信托股份有限公司（简称浙金信托）
英文名称	Zheshangjinhui Trust Co., Ltd.（简称ZHEJIN TRUST）
法定代表人	余艳梅
注册地址	浙江省杭州市江干区香樟街39号26—28层
邮政编码	310006
国际互联网网址	http://www.zhejintrust.com
电子邮箱	zjtrust@zjtrust.com
负责信息披露事务的负责人	杨光
负责信息披露联系人	洪炜飞
联系电话	0571-86030778
传真	0571-87386123
电子邮箱	hongwf@zjtrust.com
选定的信息披露报纸名称	《证券时报》
年度报告备置地点	公司办公室
聘请的会计师事务所名称及住所	大华会计师事务所（特殊普通合伙） 北京市海淀区西四环中路16号院7号楼1101
聘请的律师事务所名称及住所	上海市锦天城律师事务所 上海市浦东新区银城中路501号上海中心大厦11层、12层

2.2 组织结构

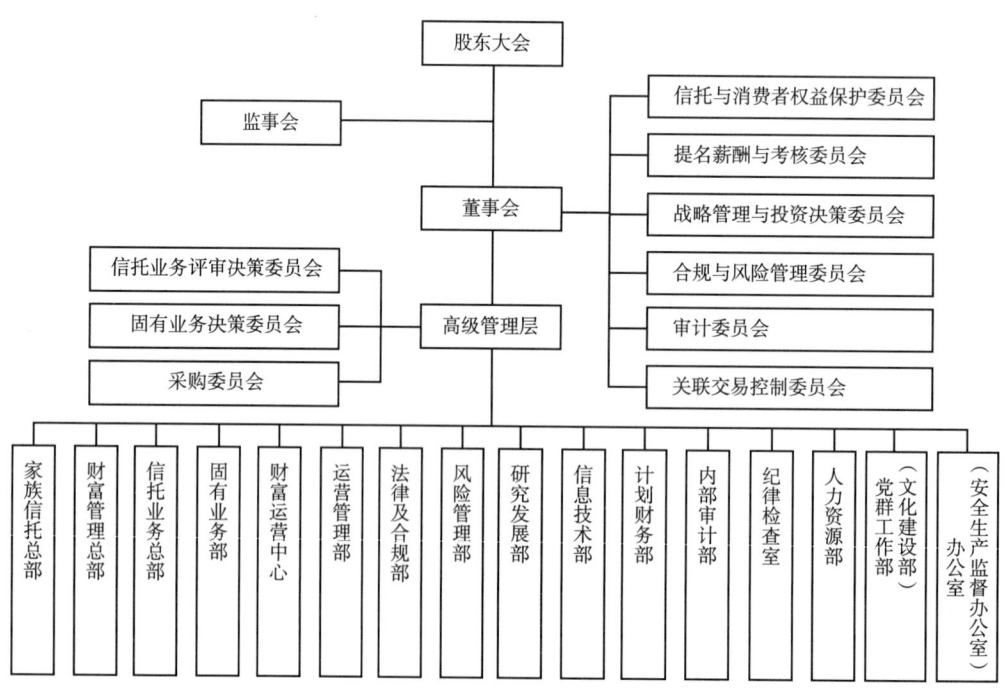

3. 公司治理

3.1 公司治理结构

报告期内，公司股东共有3家，浙江省国际贸易集团有限公司为实际控制人。

股东基本情况

股东名称	持股比例(%)	法人代表	注册资本(万元)	注册地址	主要经营业务情况
浙江东方金融控股集团股份有限公司	78	金朝萍	289 632.3121	杭州市西湖大道12号	主营业务：资产管理，实业投资，私募股权投资，投资管理，企业管理咨询服务，投资咨询，供应链管理，电子商务技术服务，进出口贸易（按商务部核定目录经营），进口商品的国内销售，纺织辅料、百货、五金交电、工艺美术品、化工产品（不含危险品及易制毒品）、机电设备、农副产品、金属材料、建筑材料、贵金属、矿产品（除专控）、医疗器械的销售，承包境外工程和境内国际招标工程，上述境外工程所需的设备、材料出口，对外派遣工程、生产及服务行业的劳动人员（不含海员），房地产开发经营，房屋租赁，设备租赁，经济技术咨询。（未经金融等监管部门批准，不得从事向公众融资存款、融资担保、代客理财等金融服务）（依法须经批准的项目，经相关部门批准后方可开展经营活动）
中国国际金融股份有限公司	17.5	沈如军	482 725.6868	北京市朝阳区建国门外大街1号国贸大厦2座27层及28层	主营业务：一、人民币特种股票、人民币普通股票、境外发行股票，境内外政府债券、公司债券和企业债券的经纪业务；二、人民币普通股票、人民币特种股票、境外发行股票，境内外政府债券、公司债券和企业债券的自营业务；三、人民币普通股票、人民币特种股票、境外发行股票，境内外政府债券、公司债券和企业债券的承销业务；四、基金的发起和管理；五、企业重组、收购与合并顾问；六、项目融资顾问；七、投资顾问及其他顾问业务；八、外汇买卖；九、境外企业、境内外商投资企业的外汇资产管理；十、同业拆借；十一、客户资产管理。十二、网上证券委托业务；十三、融资融券业务；十四、代销金融产品；十五、证券投资基金代销；十六、为期货公司提供中间介绍业务；十七、证券投资基金托管业务；十八、经金融监管机构批准的其他业务。（依法须经批准的项目，经相关部门批准后依批准的内容开展经营活动）
传化集团有限公司	4.5	徐冠巨	80 000	浙江省杭州萧山宁围街道	主营业务：批发、零售：化肥、农药（除危险化学品及易制毒化学品）、农机具、日用化工产品及精细化工产品（除化学危险品及易制毒化学品），农副产品，以及其他无需报经审批的一切合法项目；销售有色金属；出口本企业自产的化工产品，化工原料，化纤原料；进口本企业生产、科研所需的原辅材料，机械设备，仪器仪表及零配件；实业投资；软件开发；现代物流服务（国家专项审批的除外）；企业咨询服务（依法须经批准的项目，经相关部门批准后方可开展经营活动）

3.2 董事

董事长、董事

姓名	职务	性别	年龄(岁)	选任日期	所推举的股东名称	该股东持股比例(%)	简要履历
余艳梅	董事长	女	51	2020年8月	浙江东方金融控股集团股份有限公司	78	曾在淳安县财政局、浙江省审计厅任职。现任浙江东方金融控股集团股份有限公司董事，浙商金汇信托股份有限公司党委书记、董事长
戴俊	董事	男	45	2020年8月	浙江东方金融控股集团股份有限公司	78	曾在金信托投资股份有限公司、浙江国贸金信资产经营有限公司任职。现任浙商金汇信托股份有限公司党委副书记、董事、总经理
谢蔚然	董事	男	57	2020年8月	浙江东方金融控股集团股份有限公司	78	曾在浙江省国际贸易集团有限公司、中韩人寿保险有限公司任职。现任浙江省国际贸易集团有限公司财务管理部（资金运营中心）总经理
陈新忠[①]	董事	男	58	2022年1月	浙江东方金融控股集团股份有限公司	78	曾在浙江省外经贸厅、浙江荣大集团控股有限公司、浙江国际贸易集团有限公司、浙江国贸东方房地产有限公司任职。现任浙商金汇信托股份有限公司党委副书记
刘钊	董事	男	50	2021年11月	中国国际金融股份有限公司	17.5	曾在中金资本运营有限公司、中金佳成投资管理有限公司、中国国际金融股份有限公司、渣打银行、北京动感空间信息技术有限公司任职。现任中金资本运营有限公司董事总经理
杨柏樟	董事	男	64	2020年8月	传化集团有限公司	4.5	曾在万向集团有限公司、浙江华通集团等公司任职。现任传化集团财务有限公司董事长，浙江传化江南大地发展有限公司副总裁

---

① 2022年1月4日，公司收到中国银保监会浙江监管局《关于陈新忠任职资格的批复》（浙银保监复〔2022〕2号），核准了陈新忠先生的公司董事任职资格。

独立董事

姓名	职务	性别	年龄（岁）	选任日期	所推举的股东名称	该股东持股比例（%）	简要履历
王维安	独立董事	男	56	2020年8月	浙江东方金融控股集团股份有限公司	78	曾在浙江大学经济系、金融与商贸学院任教。现任浙江大学经济学院教授、博士生导师、浙江大学金融研究所所长
童杰	独立董事	男	43	2020年8月	中国国际金融股份有限公司	17.5	曾在中华人民共和国商务部条约法律司、中华人民共和国驻英国大使馆、英国安理国际律师事务所任职。现任北京达辉律师事务所合伙人律师
程卫东	独立董事	男	53	2021年4月	浙江东方金融控股集团股份有限公司	78	现任中国社会科学院欧洲研究所研究员，中国社会科学院研究生院教授、博士研究生导师，中国欧洲学会欧洲法律研究分会会长，新财道财富管理股份有限公司高级顾问，新财道家族学院特约研究员

3.3 监事

监事会成员

姓名	职务	性别	年龄（岁）	选任日期	所推举的股东名称	该股东持股比例（%）	简要履历
李庆玲	监事会主席	女	47	2020年8月	浙江东方金融控股集团股份有限公司	78	曾在浙大图灵计算机系统工程公司、杭州雷鸟软件有限公司、义乌南都房地产开发有限公司、浙江物产国际贸易有限公司、浙江省国际贸易集团有限公司任职。现任浙商金汇信托股份有限公司党委委员、纪委书记、监事会主席
张逢伟	监事	男	54	2020年8月	中国国际金融有限公司	17.5	曾在美国美一银行北京分行、中国国际金融股份有限公司、浙商金汇信托股份有限公司任职，现任中国国际金融股份有限公司首席风险官
蔡晓利	监事	男	45	2020年8月	传化集团有限公司	4.5	曾在华立集团、传化物流、传化集团任职。现任传化集团资本投资事业部总经理
赵丹明	职工监事	男	60	2020年8月	公司职工代表大会	—	曾在中国人民银行江西省分行、江西省证券登记公司、中国农业发展银行江西省分行、天安保险股份有限公司、中韩人寿保险公司任职。现任浙商金汇信托股份有限公司党委委员、工会副主席
文舟	职工监事	女	41	2020年8月	公司职工代表大会	—	曾在东亚银行、中建投信托有限责任公司任职。现任浙商金汇信托股份有限公司内部审计部副总经理

3.4 高级管理人员

姓名	职务	性别	年龄（岁）	选任日期	金融从业年限（年）	学历	专业
戴俊	总经理	男	45	2019年8月	23	硕士	工商管理
李永良	副总经理	男	41	2021年11月	13	硕士	经济学
朱晓平	财务总监	男	53	2011年6月	26	本科	金融学
许向华	风险总监	男	45	2020年4月	21	硕士	管理科学与工程
黄永庆	总经理助理	男	42	2021年5月	19	硕士	工商管理
杨光①	董事会秘书	男	38	2022年1月	12	硕士	法学
刘征②	总经理助理	男	36	2022年1月	13	硕士	会计学

3.5 公司员工

报告期内职工总数265人，平均年龄36周岁，各项分布比率如下表所示。

---

① 2022年1月27日，公司收到中国银保监会浙江监管局《关于杨光任职资格的批复》（浙银保监复〔2022〕38号），核准了杨光先生的公司董事会秘书任职资格。

② 2022年1月27日，公司收到中国银保监会浙江监管局《关于刘征任职资格的批复》（浙银保监复〔2022〕37号），核准了刘征先生的公司总经理助理任职资格。

项目		2021年度		2020年度	
		人数（人）	比例（%）	人数（人）	比例（%）
年龄分布	20岁以下	—	—	—	—
	20—29岁	28	10.57	19	7.66
	30—39岁	185	69.81	182	73.39
	40岁以上	52	19.62	47	18.95
学历分布	博士	3	1.13	2	0.81
	硕士	124	46.79	107	43.14
	本科	138	52.08	139	56.05
	专科	—	—	—	—
	其他	—	—	—	—
岗位分布	董事、监事及其高管人员	10	3.77	8	3.23
	自营业务人员	2	0.75	1	0.40
	信托业务人员	85	32.08	66	26.61
	其他人员	168	63.40	173	69.76

4. 经营管理

4.1 经营目标、方针、战略规划

4.1.1 经营目标

为发展成为独具特色的财富管理旗舰机构，公司致力于围绕客户和市场需求，灵活运用信托功能，充分发挥自身优势，培育满足各类财富管理需求的综合能力，打造特色鲜明的总体业务架构和核心竞争优势，构建持续高质量发展的管理运作体系。实现主要财务指标、资产配置能力、专业服务水平位居行业领先地位的目标，使公司成为一家深受客户信赖、社会尊敬、政府信任、股东认可、员工认同，有能力引领中国财富管理事业伴随中华民族伟大复兴不断发展的财富管理旗舰机构。

4.1.2 经营方针

公司将秉持信托国企属性，忠实履行受托职责，服务实体经济，勇担社会责任，为信托功能效率发挥、为社会财富积累传承、为地方经济社会发展、为人民美好生活需要持续创造浙金价值。

诚信：公司将固守信托之本，时刻遵循受益人利益最大化原则，诚实守信，勤勉尽责，以信用自律、信用管理、信用交易和信用服务，取信于市场、立足于市场。

创新：公司将以客户需求为中心，时刻保持高度市场嗅觉，在依法合规、严控风险的前提下积极创新、大胆实践，不断推进产品、管理和服务创新，形成可持续发展的核心能力。

共赢：公司将与客户、社会、股东、员工结成利益和命运共同体，在平稳推进公司持续高质量发展的过程中实现客户、社会、股东、员工四位一体的互利共赢。

4.1.3 战略规划

立足客户需求，深耕浙江，面向全国，坚持创新驱动和科技赋能，聚焦开拓家族信托（+慈善信托）、五大类资金信托（特殊资产投资信托、证券投资信托、基础产业及不动产信托、资产配置信托、私募股权投资信托）、服务信托的"1+5+1"核心业务，实施"服务+产品"双向互动发力，重构经营专业化、客户高端化、管理系统化的"三化协同"运营体系，为广大客户提供优质高效的财富管理综合服务，助力实体经济发展和推进共同富裕。

4.2 所经营业务的主要内容

4.2.1 自营资产运用与分布表

资产运用	金额（万元）	占比（%）	资产分布	金额（万元）	占比（%）
货币资产	1 226.89	0.27	基础产业	—	—
贷款及应收款	—	—	房地产业	—	—
交易性金融资产	251 117.31	55.62	证券市场	52 550.18	11.64
可供出售金融资产	—	—	实业	—	—
持有至到期投资	—	—	金融机构	353 971.43	78.40
长期股权投资	—	—	其他	44 991.07	9.96
其他	251 117.31	44.11	—	—	—
资产总计	451 512.68	100.00	资产总计	451 512.68	100.00

4.2.2 信托资产运用与分布表

资产运用	金额（万元）	占比（%）	资产分布	金额（万元）	占比（%）
货币资产	117 236.17	2.02	基础产业	792 080.00	13.64
贷款	2 211 699.95	38.08	房地产	1 591 304.38	27.40
以公允价值计量且其变动计入当期损益的金融资产投资	249 955.47	4.30	证券市场	309 218.08	5.32
可供出售金融资产投资	76 839.44	1.32	实业	659 974.66	11.37
持有至到期投资	2 637 601.04	45.41	金融机构	2 442 243.72	42.05
长期股权投资	440 757.18	7.59	其他	13 477.80	0.23
其他	74 209.39	1.28	—	—	—
信托资产总计	5 808 298.64	100.00	信托资产总计	5 808 298.64	100.00

4.3 市场分析

4.3.1 有利因素

目前，我国发展仍处于重要战略机遇期，有完整的产业体系和雄厚的物质技术基础，有超大规模的市场优势

和内需潜力，有庞大的人力资本和人才资源，有持续释放的改革开放红利，有丰富的宏观调控经验和工具，经济稳中向好、长期向好的发展趋势也不会改变。我国信托业也正处于加速转型的关键时期，回归信托本源，转型的方向和格局已经十分明晰，将会持续推动信托行业更加规范发展。同时，我国将加大资本市场建设力度，发展多层次、多种类的资本市场，为信托公司开展相关投资业务提供了广阔空间。我国已经步入中高收入阶段，社会财富的规模在持续增长，催生了巨大的资产管理需求、综合化的财富管理需求以及公益慈善等社会服务需求，为家族信托、服务信托的发展提供良好的基础。信托制度的独特功能和优势将使其在改革发展中发挥越来越重要的作用。

4.3.2 不利因素

我国经济步入新常态后持续面临着"三期叠加"的局面，增长中枢持续下移，特别是近年来，新冠疫情反复，世界经贸环境不稳定、不确定性增大，我国经济发展面临多年未见的需求收缩、供给冲击、预期转弱三重压力，经济下行压力依然较大。固定资产投资增速放缓，制造业投资依旧疲软，在"房住不炒"政策下，地产融资持续收紧的情况下，房地产企业流动性压力明显增大，债务违约事件越发频繁，风险防控压力明显增强。同时，资管新规过渡期结束后，大资管行业的竞争会更加激烈，在标品领域，信托公司普遍主动管理能力偏弱，竞争力不强，行业品牌效应偏弱，配套法律法规需进一步完善，投资者对信托理念有待培育。

4.4 经营管理

4.4.1 内部控制环境和内部控制文化

公司建立了较为完善的法人治理结构，形成了各治理主体之间分工合作、相互协调、互为制衡的运行机制。公司的股东大会、董事会、监事会均按照相关法律、法规、规范性文件及《公司章程》的规定，规范有效地运作。

公司高度重视内控文化建设，全力打造以信任文化为前提，以人本思想为核心，以制度规范为原则，以诚信尽责为准则，以激情创新为源泉的文化体系，创造内部效率、激情、和谐的氛围，树立外部信誉、品牌形象，为实现公司宗旨和发展目标构筑良好发展环境。

4.4.2 内部控制措施

公司董事会负责内控机制的建立健全和有效实施。董事会下设合规与风险管理委员会，作为董事会风险管理工作的专门议事机构。公司设有独立的风险管理部、法律及合规部和内部审计部，对公司内部控制的执行情况进行监督和检查。风险管理部协助公司高级管理层有效预防、识别、评估和管理各类风险。法律及合规部负责识别公司经营活动中的合规风险，计量、检测和评估公司合规政策和程序的适当性。内部审计部负责涉及经营目标、内部控制及财务管理等各方面的审计与稽核工作。公司基本形成了事前、事中、事后"三位一体"的风险管理和监督检查体系。

公司制定了《业务分级授权管理办法》《风险管理办法》《合规风险管理办法》《内部审计管理办法》《信息披露管理办法》《关联交易管理办法》《反洗钱工作办法》《信息安全管理办法》《信息科技管理办法》《固有业务管理办法》《固有业务财务管理办法》《信托业务管理办法》《信托业务财务管理办法》《统计管理办法》《案件处置工作办法》《资产风险分类管理办法》《突发事件应对处置及业务连续性管理办法》《声誉风险管理办法》《舆情管理办法》等规范性文件，公司内控制度已渗透到各项业务过程和各个操作环节，并覆盖所有部门和岗位。公司业务运作基本实现了前台、中台、后台严格分离及各部门之间高效衔接与密切合作。

4.4.3 信息交流与反馈

公司在股东大会、董事会、监事会、高级管理层、各部门之间建立了较为清晰有效的内部沟通交流机制和工作报告制度，并充分利用信息技术，通过邮件、电话会议、内网等方式在公司内部传递信息，确保能够将经营管理战略、政策、制度及相关规定等信息及时传达给员工。

公司严格按照有关规定及时履行向委托人、受益人和社会公众的信息披露，并通过公司外网等的建设，增进与委托人、受益人和社会公众之间的信息交流和沟通，增强公司管理运行的透明度。

根据监管要求，公司及时报送阶段性经营管理报表和动态。对于经营管理重大事项，公司均履行了完备的报备或报批手续。对于监管部门提出的问题、意见和建议，均给予及时、详细的信息反馈，积极落实整改措施。

4.4.4 监督评价与纠正

报告期内，公司内部审计部按计划开展各类专项审计和检查工作，及时发现问题并督促整改。相关审计报告及时送达董事会、监事会和监管机构。

此外，在案件防控工作方面，公司通过建立案件防控制度，加强员工的案防意识。报告期内未发生任何案件风险事件。

4.5 风险管理

4.5.1 风险管理概况

（1）树立全面风险管理理念。全面风险管理的核心在于：风险管理人人有责，无时不在，无处不有，涉及各个环节、各个流程、各项业务、各种风险等，风险管理能够创造价值。公司始终坚持在合规经营、严控风险的前提下促进各项业务稳健发展。

（2）完善风险管理组织架构。由董事会、监事会、高级管理层以及各职能部门构成了公司多层次风险管理组织架构。在此基础上，不断细化和完善各层级组织结构、人员配置和职责分工，使得公司风险管理架构不断调整适应公司业务发展与管理需要。

（3）完善风险管理制度。公司根据监管部门的相关要求和自身业务发展状况，及时制订、修改和完善风险管理制度，确保公司风险管理制度与监管要求一致、与公司业务发展状况相适应，保障公司持续健康发展。

（4）完善风险管理流程。公司不断完善风险识别、评估、监控、管理和报告等全面风险管理流程，通过流程管理合理配置风险管理资源，提高风险管理的效率，形成了"事前防范、事中控制、事后监控"的三道防线，将风险管理落到实处。

（5）丰富风险管理方法和工具。公司积极尝试运用资产组合、风险分级、风险预警、风险资本等各种风险管理方法和工具，定性和定量分析相结合，不断提高风险管理的科学性。

4.5.2 风险状况

公司在经营中可能遇到的风险主要包括：信用风险、市场风险、法律及合规风险、操作风险、流动性风险、声誉风险等。

4.5.2.1 信用风险状况

信用风险是指交易对手不能或不愿按时履约从而造成损失的风险。公司严格落实监管政策和要求，严格执行公司各项业务流程标准，强化信后管理和风险监测。

4.5.2.2 市场风险状况

市场风险是公开市场金融产品或其他产品价格波动导致损失的风险。公司通过严格的业务操作管理、良好的结构化安排和选择合适的投资顾问，能够基本保障资金安全。

4.5.2.3 操作风险状况

操作风险主要是由于失效的或有缺陷的内部程序、系统和人员而导致损失的风险。公司通过规范各项业务流程、加强内控等手段，高度警惕、严格管理操作风险。

4.5.2.4 法律及合规风险状况

法律风险是指因公司违反法律规定、监管规则或者因交易对手产生的合同纠纷，致使公司遭受处罚或者诉讼的风险。

合规风险是指因没有遵循法律、规则和准则可能遭受法律制裁、监管处罚、重大财务损失和声誉损失的风险。

4.5.2.5 流动性风险状况

流动性风险是指无法以市场正常价格成交（市场流动性风险）或者不能履行到期负债支付义务的风险（融资流动性风险）。

4.5.2.6 声誉风险状况

声誉风险主要表现为缺少声誉应急处理能力、不能妥善处理媒体关系以及未建立声誉风险管理机制等造成的风险。

4.5.3 风险管理

4.5.3.1 信用风险管理

公司通过以下五点措施加强信用风险管理。

一是从源头管控风险，实施准入关口把控，完善各类信托业务的准入要求、展业模式和风控措施，依照相关指引和标准筛选合适的项目。强化对重点涉足行业的研究与分析，适时动态调整相关业务指引。

二是规范尽职调查的目的、内容、方法，通过全面、详实、客观的尽职调查获取充足可靠的信息，识别、评估各项风险，分析判断项目的合理性、可行性。

三是加强对实质性风险的审查，重视还款来源的管控，科学设定增信措施和风险处置预案。

四是充分发挥集体决策的有效机制，全面审议项目风险、收益、运营管理等各个方面。

五是规范和加强存续项目管理，根据差别化、专业化、联动化、动态化管理原则，针对不同的项目类型、不同的风险分类对项目实施不同的风险监控措施及监管频率，一旦发现风险预警信号，及时采取有效措施防范和化解信用风险。

4.5.3.2 市场风险管理

努力建立与公司业务发展相匹配的市场风险管理系统、模型和工具，建立健全各项业务操作细则，制定并下发了《现金管理类信托业务指引》《TOF业务管理办法》《TOF业务公募基金标的库管理细则》《权益类证券投资信托业务管理办法》《固定收益证券投资信托业务管理办法》

等制度体系。加强市场研究分析，根据市场风险情况动态调整投资策略，有效管理市场风险。强化科技赋能，搭建信息系统，对投资范围、投资限制、投资比例、投资的品种集中度和价格偏离度等进行风险监控和预警。

4.5.3.3 操作风险管理

加强内控制度建设，不断细化相互制衡的岗位职责和操作规程，强化流程管控，重点防范尽职调查、项目签约、产品推介、划款支付、抵质押办理和抵质押物管理等案件防控重点领域和关键环节的操作风险。

4.5.3.4 法律及合规风险管理

对所有拟开展业务进行合规性审查，与律师事务所等外部机构密切合作，并严格按照公司规定程序进行法律文件的审核、签约等手续，与监管部门保持密切沟通，确保公司业务开展符合国家相关法律法规和监管政策的规定。

4.5.3.5 流动性风险管理

努力保持合理的资产负债结构和较为充足的长期资本，做好流动性储备和应急资金融资安排，并将逐步建立与公司发展相匹配的流动性风险管理监测体系，主动管理流动性风险。实施增资扩股，提升资本实力。定期开展流动性压力测试，确保流动性风险可控可承受。

4.5.3.6 声誉风险管理

公司制定《声誉风险管理办法》，明确董事会、监事会、高级管理层、声誉风险管理领导小组和相关职能部门在声誉风险管理中的职责分工，规范了声誉风险的全流程管理和常态化建设。同时，公司修订完善了《舆情管理办法》，严格落实各层级的舆情管理职责，并组织开展了声誉风险形势分析与学习。公司坚决回避可能影响公司声誉的业务，尽职履行受托人责任，充分披露信息，塑造良好的社会形象。

5. 报告期末及上一年度末的比较式会计报表

5.1 自营资产

5.1.1 会计师事务所审计意见

大华会计师事务所（特殊普通合伙）审计了浙金信托2021年度的财务报表，包括2021年12月31日的合并及母公司资产负债表、2021年度的合并及母公司利润表、合并及母公司现金流量和合并及母公司所有者权益变动表，以及相关财务报表附注，并出具了大华审字〔2022〕008562号审计报告。

审计意见为：浙金信托公司的财务报表在所有重大方面按照企业会计准则的规定编制，公允反映了浙金信托公司2021年12月31日的合并及母公司财务状况以及2021年度的合并及母公司经营成果和现金流量。

5.1.2 资产负债表

资产负债表

编制单位：浙商金汇信托股份有限公司　　　　2021年12月31日　　　　单位：万元

项目	合并		母公司	
	期末余额	年初余额	期末余额	年初余额
资产：	—	—	—	—
现金及银行存款	—	—	—	—
存放中央银行款项	—	—	—	—
贵金属	—	—	—	—
存放联行款项	—	—	—	—
存放同业款项	1 401.92	4 909.69	1 226.89	4 372.68
拆出资金	—	—	—	—
以公允价值计量且其变动计入当期损益的金融资产	—	—	—	—
衍生金融资产	—	—	—	—
买入返售金融资产	52 550.18	63 672.20	52 550.18	63 672.20
持有待售资产	—	—	—	—
应收款项类金融资产	—	—	—	—
应收利息	—	—	—	—
其他应收款	2 324.68	8 834.11	2 324.68	8 834.11
发放贷款和垫款	—	—	—	—
*金融投资：	—	—	—	—
*交易性金融资产	251 303.44	109 817.37	251 117.31	109 995.10
*债权投资	101 627.23	40 464.96	101 627.23	40 464.96
*其他债权投资	—	—	—	—
*其他权益工具投资	—	—	—	—
可供出售金融资产	—	—	—	—
持有至到期投资	—	—	—	—
长期股权投资	—	—	—	—
投资性房地产	—	—	—	—
固定资产	9 113.93	9 369.02	9 113.93	9 369.02
在建工程	—	172.45	—	172.45
使用权资产	1 431.43	1 274.75	1 431.43	1 274.75
无形资产	6 779.32	6 744.07	6 779.32	6 744.07
商誉	—	—	—	—
长期待摊费用	6.64	19.90	6.64	19.90
抵债资产	—	—	—	—
递延所得税资产	20 606.97	20 743.38	20 606.97	20 743.38
其他资产	4 728.11	4 808.17	4 728.10	4 808.17
资产总计	451 873.85	270 830.07	451 512.68	270 470.79

资产负债表（续表）

编制单位：浙商金汇信托股份有限公司　　2021年12月31日　　单位：万元

项目	合并		母公司	
	期末余额	年初余额	期末余额	年初余额
负债：				
向中央银行借款	—	—	—	—
拆入资金	—	—	—	—
以公允价值计量且其变动计入当期损益的金融负债	—	—	—	—
*交易性金融负债	—	—	—	—
应付职工薪酬	10 165.58	11 455.39	10 165.58	11 455.39
应交税费	6 588.57	9 859.71	6 373.76	9 644.90
应付利息	—	—	—	—
其他应付款	8 601.19	10 280.93	8 536.38	10 233.70
租赁负债	1 291.81	1 155.26	1 291.81	1 155.26
应付债券	—	—	—	—
递延所得税负债	30.37	3.15	30.37	3.15
其他负债	8 037.31	9 777.29	8 037.31	9 777.29
负债合计	34 714.83	42 531.73	34 435.21	42 269.69
所有者权益：				
实收资本（或股本）	288 000.00	170 000.00	288 000.00	170 000.00
其他权益工具	—	—	—	—
资本公积	51 920.00	—	51 920.00	—
减：库存股	—	—	—	—
其他综合收益	—	—	—	—
盈余公积	10 137.55	8 241.91	10 137.55	8 241.91
一般风险准备	11 422.19	8 649.82	11 422.19	8 649.82
未分配利润	55 679.28	41 406.61	55 597.73	41 309.37
所有者权益合计	417 159.02	228 298.34	417 077.47	228 201.10
负债和所有者权益总计	451 873.85	270 830.07	451 512.68	270 470.79

企业负责人：余艳梅　　财务负责人：朱晓平　　会计机构负责人：王凤毅　　制表人：连鹏

5.1.3 利润表

利润表

编制单位：浙商金汇信托股份有限公司　　2021年度　　单位：万元

项目	合并		母公司	
	本期金额	上期余额	本期金额	上期余额
一、营业收入	53 401.65	56 753.17	53 325.88	50 962.68
（一）利息净收入	2 585.19	1 291.27	2 583.28	1 287.81
利息收入	2 613.74	1 291.27	2 611.83	1 287.81
利息支出	28.55	—	28.55	—
（二）手续费及佣金净收入	50 543.27	68 569.71	50 543.27	68 569.71
手续费及佣金收入	50 948.78	68 959.30	50 948.78	68 959.30
手续费及佣金支出	405.51	389.59	405.51	389.59
（三）投资收益（损失以"-"号填列）	5 253.66	3 890.91	5 253.66	3 885.15
其中：对联营企业和合营企业的投资收益	—	—	—	—
（四）公允价值变动收益（损失以"-"号填列）	-5 059.71	-17 152.78	-5 133.57	-22 934.05
（五）资产处置收益（损失以"-"号填列）	2.35	4.41	2.35	4.41
（六）汇兑收益（损失以"-"号填列）	—	—	—	—
（七）其他收益	76.89	149.65	76.89	149.65
（八）其他业务收入	—	—	—	—
二、营业支出	28 000.49	42 510.72	27 909.03	36 705.00
（一）税金及附加	525.29	480.11	525.29	480.11
（二）业务及管理费	28 799.37	34 225.58	28 781.77	34 201.13
（三）*信用减值损失（转回金额以"-"号填列）	-1 324.17	7 805.03	-1 398.03	2 023.76
（四）*其他资产减值损失（转回金额以"-"号填列）	—	—	—	—
（五）资产减值损失（转回金额以"-"号填列）	—	—	—	—
（六）其他业务成本	—	—	—	—
三、营业利润（亏损以"-"号填列）	25 401.16	14 242.45	25 416.85	14 257.68
加：营业外收入	0.05	3.00	0.05	3.00
减：营业外支出	25.00	0.45	25.00	0.45
四、利润总额（亏损总额以"-"号填列）	25 376.21	14 245.00	25 391.90	14 260.23
减：所得税费用	6 435.53	3 612.05	6 435.53	3 612.05
五、净利润（净亏损以"-"号填列）	18 940.68	10 632.95	18 956.37	10 648.18
六、其他综合收益的税后净额	—	—	—	—
七、综合收益总额	18 940.68	10 632.95	18 956.37	10 648.18

企业负责人：余艳梅　　财务负责人：朱晓平　　会计机构负责人：王凤毅　　制表人：连鹏

5.1.4 所有者权益变动表

合并所有者权益变动表

编制单位：浙商金汇信托股份有限公司　　　2021年度　　　单位：万元

项目	本年金额							
	实收资本（或股本）	其他权益工具	资本公积	减：库存股	其他综合收益	盈余公积	一般风险准备	未分配利润	所有者权益合计
一、上年年末余额	170 000.00	—	—	—	—	8 241.91	8 649.82	41 406.61	228 298.34
加：会计政策变更	—	—	—	—	—	—	—	—	—
前期差错更正	—	—	—	—	—	—	—	—	—
其他	—	—	—	—	—	—	—	—	—
二、本年年初余额	170 000.00	—	—	—	—	8 241.91	8 649.82	41 406.61	228 298.34
三、本年增减变动金额（减少以"-"号填列）	118 000.00	—	51 920.00	—	—	1 895.64	2 772.37	14 272.67	188 860.68
（一）综合收益总额	—	—	—	—	—	—	—	18 940.68	18 940.68
（二）所有者投入和减少资本	118 000.00	—	51 920.00	—	—	—	—	—	169 920.00
1. 所有者投入的普通股	118 000.00	—	51 920.00	—	—	—	—	—	169 920.00
2. 其他	—	—	—	—	—	—	—	—	—
（三）利润分配	—	—	—	—	—	1 895.64	2 772.37	-4 668.01	—
1. 提取盈余公积	—	—	—	—	—	1 895.64	—	-1 895.64	—
2. 提取一般风险准备	—	—	—	—	—	—	2 772.37	-2 772.37	—
3. 对所有者（或股东）的分配	—	—	—	—	—	—	—	—	—
4. 其他	—	—	—	—	—	—	—	—	—
（四）所有者权益内部结转	—	—	—	—	—	—	—	—	—
1. 资本公积转增资本（或股本）	—	—	—	—	—	—	—	—	—
2. 盈余公积转增资本（或股本）	—	—	—	—	—	—	—	—	—
3. 其他	—	—	—	—	—	—	—	—	—
四、本年年末余额	288 000.00	—	51 920.00	—	—	10 137.55	11 422.19	55 679.28	417 159.02

合并所有者权益变动表

编制单位：浙商金汇信托股份有限公司　　　2020年度　　　单位：万元

项目	上年金额							
	实收资本（或股本）	其他权益工具	资本公积	减：库存股	其他综合收益	盈余公积	一般风险准备	未分配利润	所有者权益合计
一、上年年末余额	170 000.00	—	—	—	—	7 177.09	7 674.50	32 813.80	217 665.39
加：会计政策变更	—	—	—	—	—	—	—	—	—
前期差错更正	—	—	—	—	—	—	—	—	—
其他	—	—	—	—	—	—	—	—	—
二、本年年初余额	170 000.00	—	—	—	—	7 177.09	7 674.50	32 813.80	217 665.39
三、本年增减变动金额（减少以"-"号填列）	—	—	—	—	—	1 064.82	975.32	8 592.81	10 632.95
（一）综合收益总额	—	—	—	—	—	—	—	10 632.95	10 632.95
（二）所有者投入和减少资本	—	—	—	—	—	—	—	—	—
1. 所有者投入的普通股	—	—	—	—	—	—	—	—	—
2. 其他	—	—	—	—	—	—	—	—	—
（三）利润分配	—	—	—	—	—	1 064.82	975.32	-2 040.14	—
1. 提取盈余公积	—	—	—	—	—	1 064.82	—	-1 064.82	—
2. 提取一般风险准备	—	—	—	—	—	—	975.32	-975.32	—
3. 对所有者（或股东）的分配	—	—	—	—	—	—	—	—	—
4. 其他	—	—	—	—	—	—	—	—	—

续表

项目	上年金额									
	实收资本（或股本）	其他权益工具	资本公积	减：库存股	其他综合收益	盈余公积	一般风险准备	未分配利润	所有者权益合计
（四）所有者权益内部结转	—	—	—	—	—	—	—	—	—
1. 资本公积转增资本（或股本）	—	—	—	—	—	—	—	—	—
2. 盈余公积转增资本（或股本）	—	—	—	—	—	—	—	—	—
3. 其他	—	—	—	—	—	—	—	—	—
四、本年年末余额	170 000.00	—	—	—	—	8 241.91	8 649.82	41 406.61	228 298.34

企业负责人：余艳梅　　　　财务负责人：朱晓平　　　　会计机构负责人：王凤毅　　　　制表人：连鹏

母公司所有者权益变动表

编制单位：浙商金汇信托股份有限公司　　　　2021年度　　　　单位：万元

项目	本年金额									
	实收资本（或股本）	其他权益工具	资本公积	减：库存股	其他综合收益	盈余公积	一般风险准备	未分配利润	所有者权益合计
一、上年年末余额	170 000.00	—	—	—	—	8 241.91	8 649.82	41 309.37	228 201.10
加：会计政策变更	—	—	—	—	—	—	—	—	—
前期差错更正	—	—	—	—	—	—	—	—	—
其他	—	—	—	—	—	—	—	—	—
二、本年年初余额	170 000.00	—	—	—	—	8 241.91	8 649.82	41 309.37	228 201.10
三、本年增减变动金额（减少以"-"号填列）	118 000.00	—	51 920.00	—	—	1 895.64	2 772.37	14 288.36	188 876.37
（一）综合收益总额	—	—	—	—	—	—	—	18 956.37	18 956.37
（二）所有者投入和减少资本	118 000.00	—	51 920.00	—	—	—	—	—	169 920.00
1. 所有者投入的普通股	118 000.00	—	51 920.00	—	—	—	—	—	169 920.00
2. 其他	—	—	—	—	—	—	—	—	—
（三）利润分配	—	—	—	—	—	1 895.64	2 772.37	-4 668.01	—
1. 提取盈余公积	—	—	—	—	—	1 895.64	—	-1 895.64	—
2. 提取一般风险准备	—	—	—	—	—	—	2 772.37	-2 772.37	—
3. 对所有者（或股东）的分配	—	—	—	—	—	—	—	—	—
4. 其他	—	—	—	—	—	—	—	—	—
（四）所有者权益内部结转	—	—	—	—	—	—	—	—	—
1. 资本公积转增资本（或股本）	—	—	—	—	—	—	—	—	—
2. 盈余公积转增资本（或股本）	—	—	—	—	—	—	—	—	—
3. 其他	—	—	—	—	—	—	—	—	—
四、本年年末余额	288 000.00	—	51 920.00	—	—	10 137.55	11 422.19	55 597.73	417 077.47

母公司所有者权益变动表

编制单位：浙商金汇信托股份有限公司　　　　2020年度　　　　单位：万元

项目	上年金额									
	实收资本（或股本）	其他权益工具	资本公积	减：库存股	其他综合收益	盈余公积	一般风险准备	未分配利润	所有者权益合计
一、上年年末余额	170 000.00	—	—	—	—	7 177.09	7 674.50	32 701.33	217 552.92
加：会计政策变更	—	—	—	—	—	—	—	—	—
前期差错更正	—	—	—	—	—	—	—	—	—
其他	—	—	—	—	—	—	—	—	—
二、本年年初余额	170 000.00	—	—	—	—	7 177.09	7 674.50	32 701.33	217 552.92
三、本年增减变动金额（减少以"-"号填列）	—	—	—	—	—	1 064.82	975.32	8 608.04	10 648.18
（一）综合收益总额	—	—	—	—	—	—	—	10 648.18	10 648.18

续表

项目	上年金额								
	实收资本（或股本）	其他权益工具	资本公积	减：库存股	其他综合收益	盈余公积	一般风险准备	未分配利润	所有者权益合计
（二）所有者投入和减少资本	—	—	—	—	—	—	—	—	—
1. 所有者投入的普通股	—	—	—	—	—	—	—	—	—
2. 其他	—	—	—	—	—	—	—	—	—
（三）利润分配	—	—	—	—	—	1 064.82	975.32	−2 040.14	—
1. 提取盈余公积	—	—	—	—	—	1 064.82	—	−1 064.82	—
2. 提取一般风险准备	—	—	—	—	—	—	975.32	−975.32	—
3. 对所有者（或股东）的分配	—	—	—	—	—	—	—	—	—
4. 其他	—	—	—	—	—	—	—	—	—
（四）所有者权益内部结转	—	—	—	—	—	—	—	—	—
1. 资本公积转增资本（或股本）	—	—	—	—	—	—	—	—	—
2. 盈余公积转增资本（或股本）	—	—	—	—	—	—	—	—	—
3. 其他	—	—	—	—	—	—	—	—	—
四、本年年末余额	170 000.00	—	—	—	—	8 241.91	8 649.82	41 309.37	228 201.10

企业负责人：余艳梅　　　　财务负责人：朱晓平　　　　会计机构负责人：王凤毅　　　　制表人：连鹏

5.2 信托资产

5.2.1 信托项目资产负债汇总表

信托项目资产负债汇总表

编制单位：浙商金汇信托股份有限公司　　　　2021年12月31日　　　　单位：万元

信托资产	年初数	年末数	信托负债和信托权益	年初数	年末数
信托资产：	—	—	信托负债：		
货币资金	24 159.89	117 236.17	交易性金融负债	—	—
拆出资金	—	—	衍生金融负债	—	—
存出保证金	—	—	应付受托人报酬	4 631.10	4 160.11
以公允价值计量且其变动计入当期损益的金融资产	24 522.59	249 955.47	应付托管费	22.24	33.16
衍生金融资产	—	—	应付受益人收益	3.06	7.23
买入返售金融资产	116 631.00	62 021.00	应交税费	3 915.82	1 468.95
应收款项	39 756.56	12 188.39	应付销售服务费	—	—
发放贷款	3 252 857.49	2 211 699.95	其他应付款项	47 267.41	7 193.09
可供出售金融资产	72 824.60	76 839.44	预计负债	—	—
持有至到期投资	3 654 708.71	2 637 601.04	其他负债	—	—
长期应收款	80 962.94	—	信托负债合计	55 839.63	12 862.54
长期股权投资	529 569.83	440 757.18			
投资性房地产	—	—	信托权益：		
固定资产	—	—	实收信托	7 680 919.00	5 631 355.08
无形资产	—	—	资本公积	1 715.37	5 778.86
长期待摊费用	—	—	损益平准金	—	—
其他资产	—	—	未分配利润	57 519.61	158 302.16
减：各项资产减值准备	—	—	信托权益合计	7 740 153.98	5 795 436.10
信托资产总计	7 795 993.61	5 808 298.64	信托负债及信托权益总计	7 795 993.61	5 808 298.64

企业负责人：余艳梅　　　　财务负责人：朱晓平　　　　会计机构负责人：王凤毅　　　　制表人：倪春晖

注：暂未采用新金融工具准则与新金融企业财务报表格式。

5.2.2 信托项目利润及利润分配汇总表

信托项目利润及利润分配汇总表

编制单位：浙商金汇信托股份有限公司　　　　　　　　单位：万元

项目	2021年度	2020年度
1.营业收入	575 732.93	715 379.37
1.1 利息收入	274 671.29	379 488.79
1.2 投资收益（损失以"-"号填列）	296 842.47	217 651.22
1.2.1 其中：对联营企业和合营企业的投资收益	—	—
1.3 公允价值变动收益（损失以"-"号填列）	4 072.88	66 783.57
1.4 租赁收入	—	—
1.5 汇兑损益（损失以"-"号填列）	—	—
1.6 其他收入	146.29	51 455.79
2.支出	56 970.97	78 824.93
2.1 税金及附加	1 209.34	1 746.99
2.2 受托人报酬	52 244.06	67 958.43
2.3 托管费	1 373.55	1 658.02
2.4 投资管理费	—	—
2.5 销售服务费	621.44	4 651.37
2.6 交易费用	19.68	192.47
2.7 资产减值损失	—	—
2.8 其他费用	1 502.90	2 617.65
3.信托净利润（净亏损以"-"号填列）	518 761.96	636 554.44
4.其他综合收益	4 063.49	4 415.39
5.综合收益	522 825.45	640 969.83
6.加：期初未分配信托利润	57 519.61	-114 858.34
7.可供分配的信托利润	576 281.57	521 696.10
8.减：本期已分配信托利润	417 979.41	464 176.49
9.期末未分配信托利润	158 302.16	57 519.61

企业负责人：余艳梅　　财务负责人：朱晓平　　会计机构负责人：王凤毅　　制表人：倪春晖

注：暂未采用新金融工具准则与新金融企业财务报表格式。

6．会计报表附注

6.1 会计报表编制基准不符合会计核算基本前提的说明

无。

6.1.1 会计报表不符合会计核算基本前提的事项

无。

6.1.2 合并会计报表范围

公司对结构化主体是否应纳入合并范围进行判断，包括本公司作为受托人的结构化主体和本公司投资的由其他机构发行的结构化主体。本期公司认购或受让的信托计划，综合考虑本公司对该等结构化主体拥有的权利及参与该等结构化主体的相关活动而享有可变回报等控制因素，认定将本公司控制的2个结构化主体纳入合并范围。

6.2 或有事项及承诺

或有事项具体见9.4公司的重大诉讼事项。

6.3 重要资产转让及其出售的说明

报告期内公司无重大资产转让及出售事项。

6.4 会计报表中重要项目的明细资料

6.4.1 自营资产经营情况

6.4.1.1 信用风险五级分类结果

单位：万元

信用风险资产五级分类	期初数	期末数
正常类	152 262.38	339 965.88
关注类	74 772.80	73 869.77
次级类	8 098.15	624.73
可疑类	533.62	1 116.23
损失类	7 984.17	7 984.17
信用风险资产合计	243 651.12	423 560.78

6.4.1.2 各项资产减值损失准备情况

单位：万元

项目	期初数	本期计提	本期转回	本期核销	其他变化	期末数
贷款损失准备	—	—	—	—	—	—
其中：一般准备	—	—	—	—	—	—
专项准备	—	—	—	—	—	—
其他资产减值准备	—	—	—	—	—	—
其中：可供出售金融资产减值准备	—	—	—	—	—	—
持有至到期投资减值准备	—	—	—	—	—	—
应收款项类金融资产	—	—	—	—	—	—
长期股权投资减值准备	—	—	—	—	—	—
坏账准备	11 384.42	—	1 398.03	—	—	9 986.39
投资性房地产减值准备	—	—	—	—	—	—

6.4.1.3 按照投资品种分类的自有资金投资情况

单位：万元

项目	自营股票	基金	债券	长期股权投资	其他投资	合计
期初数	—	—	—	—	214 132.27	214 132.27
期末数	—	—	—	—	405 294.72	405 294.72

6.4.1.4 前五名的自营长期股权投资情况

单位：万元

企业名称	占被投资企业权益比例	主要经营活动	投资收益
—	—	—	—
—	—	—	—
—	—	—	—
—	—	—	—
—	—	—	—

6.4.1.5 前五名的自营贷款情况

单位：万元

企业名称	占贷款总额的比例	还款情况
—	—	—
—	—	—
—	—	—
—	—	—
—	—	—

6.4.1.6 表外业务

单位：万元

表外业务	期初数	期末数
担保业务	—	—
代理业务（委托业务）	—	—
其他	—	—
合计	—	—

6.4.1.7 公司当年的收入结构

收入结构	合并 金额（万元）	合并 占比（%）	母公司 金额（万元）	母公司 占比（%）
手续费及佣金收入	50 948.78	86.51	50 948.78	86.51
其中：信托手续费收入	49 686.55	84.37	49 686.55	84.37
投资银行业务收入	—	—	—	—
利息收入	2 613.73	4.44	2 611.83	4.44
投资收益	5 253.66	8.92	5 253.66	8.92
其中：股权投资收益	—	—	—	—
证券投资收益	—	—	—	—
其他投资收益	5 253.66	8.92	5 253.66	8.92
资产处置收益	—	—	—	—
其他收益	76.89	0.13	76.89	0.13
其中：计入信托业务收入部分	—	—	—	—
营业外收入	0.05	0.00	0.05	0.00
收入合计	58 893.11	100.00	58 891.21	100.00

报告期公司实现的信托业务收入全部是以手续费及佣金确认的信托业务收入。

6.4.2 披露信托资产管理情况

6.4.2.1 信托资产的期初数、期末数

单位：万元

信托资产	期初数	期末数
集合	2 940 221.32	2 694 344.91
单一	2 199 646.29	1 613 757.53
财产权	2 656 126.00	1 500 196.20
合计	7 795 993.61	5 808 298.64

6.4.2.1.1 主动管理型信托业务的信托资产期初数、期末数

单位：万元

主动管理型信托资产	期初数	期末数
证券投资类	114 076.14	332 051.94
股权投资类	2 140 635.61	2 563 352.86
融资类	2 250 635.61	1 764 778.31
事务管理类	—	—
合计	4 505 347.36	4 660 183.11

6.4.2.1.2 被动管理型信托业务的信托资产期初数、期末数

单位：万元

被动管理型信托资产	期初数	期末数
证券投资类	—	—
股权投资类	—	—
融资类	—	—
事务管理类	3 290 646.25	1 148 115.53
合计	3 290 646.25	1 148 115.53

6.4.2.2 本年度已清算结束的信托项目个数、实收信托合计金额、加权平均实际年化收益率

6.4.2.2.1 本年度已清算结束的集合类、单一类资金信托项目和财产管理类信托项目个数、实收信托金额、加权平均实际年化收益率

已清算结束信托项目	项目个数（个）	实收信托合计金额（万元）	加权平均实际年化收益率（%）
集合类	73	2 556 997.96	7.82
单一类	39	2 859 904.15	6.92
财产管理类	8	1 556 939.29	7.08

注：收益率是指信托项目清算后，给受益人赚取的实际收益水平。加权平均实际年化收益率＝（信托项目1的实际年化收益率×信托项目1的资产总计+信托项目2的实际年化收益率×信托项目2的资产总计+…+信托项目n的实际年化收益率×信托项目n的资产总计）/（信托项目1的资产总计+信托项目2的资产总计+…+信托项目n的资产总计）×100%。

6.4.2.2.2 本年度已清算结束的主动管理型信托项目个数、实收信托合计金额、加权平均实际年化收益率

已清算结束信托项目	项目个数（个）	实收信托合计金额（万元）	加权平均实际年化信托报酬率（%）	加权平均实际年化收益率（%）
证券投资类	—	—	—	—
股权投资类	12	314 610.00	2.54	7.06
融资类	55	1 779 300.00	2.64	8.21
事务管理类	—	—	—	—

注：加权平均实际年化信托报酬率=（信托项目1的实际年化信托报酬×信托项目1的实收信托+信托项目2的实际年化报酬率×信托项目2的实收信托+…信托项目n的实际年化报酬率×信托项目n的实收信托）/（信托项目1的实收信托+信托项目2的实收信托+…信托项目n的实收信托）×100%。

6.4.2.2.3 本年度已清算结束的被动管理型信托项目个数、实收信托合计金额、加权平均实际年化收益率

已清算结束信托项目	项目个数（个）	实收信托合计金额（万元）	加权平均实际年化信托报酬率（%）	加权平均实际年化收益率（%）
证券投资类	—	—	—	—
股权投资类	—	—	—	—
融资类	—	—	—	—
事务管理类	53	4 879 931.39	0.15	6.96

6.4.2.3 本年度新增的集合类、单一类、财产管理类信托项目个数、实收信托合计金额

新增信托项目	项目个数（个）	实收信托合计金额（万元）
集合类	80	2 062 119.55
单一类	18	522 081.88
财产管理类	22	138 370.00
新增合计	120	2 722 571.43
其中：主动管理型	98	2 211 808.75
被动管理型	22	510 762.68

注：本年新增信托项目指在本报告年度内累计新增的信托项目个数和金额。包含本年度新增并于本年度内结束的项目和本年度新增至报告期末仍在持续管理的信托项目。

6.4.2.4 信托赔偿准备金的提取、使用和管理情况

报告期内公司提取信托赔偿准备金947.82万元，期末余额5 068.77万元。报告期内正常管理信托赔偿准备金，未使用该准备金。

6.5 关联方关系及其交易的披露

6.5.1 关联交易方的数量、关联交易的总金额及关联交易的定价政策等

项目	关联交易方数量	关联交易金额（万元）	定价政策
合计	11	90 418.42	市场交易价格

6.5.2 关联交易方与本公司的关系性质、关联交易方的名称、法定代表人、注册地址、注册资本及主营业务等

关系性质	关联方名称	法定代表人	注册地址	注册资本（亿元）	主营业务
母公司	浙江东方金融控股集团股份有限公司	金朝萍	杭州市西湖大道12号	28.96	商贸流通业务、类金融业务等
实际控制人	浙江省国际贸易集团有限公司	楼晶	杭州市庆春路199号	9.8	进出口业务、国内贸易、实业投资、咨询服务等
受同一实际控制人控制	浙江国贸东方房地产有限公司	陈新忠	杭州市西湖区文三路453号	2.55	房地产开发经营
受同一实际控制人控制	杭州友安物业管理有限公司	孙波	浙江省杭州市下城区中大广场3号十三层1302室	0.03	物业管理，机电设备的维护，家政服务，园林绿化工程，保洁服务，停车场管理，酒店管理等
受同一实际控制人控制	浙江省五金矿产进出口有限公司	陈峰	杭州市中山北路310号	0.5	经营进出口业务、矿产品、金属材料、机电设备、五金、汽车、摩托车配件等
本公司母公司的合营企业	中韩人寿保险有限公司	金朝萍	浙江省杭州市江干区四季青街道香樟街39号国贸金融大厦21—23层	15	人寿保险、健康保险和意外伤害保险等保险业务
受同一实际控制人控制	浙江惠灵对外贸易有限责任公司	任国奎	杭州市中山北路308号	0.30881	经营进出口业务，批发兼零售等
受同一实际控制人控制	浙江省浙商资产管理有限公司	孙建华	杭州市西湖大道193号301室	70.97	参与省内金融企业不良资产的批量转让业务（凭浙江省人民政府文件经营）资产管理 资产投资及资产管理相关的重组、兼并、投资管理咨询服务，企业管理、财务咨询及服务
受同一实际控制人控制	浙江中大技术进出口集团有限公司	陈伟保	杭州市西湖大道58号华顺大厦13—22层	0.5	自营和代理除国家组织统一联合经营的16种出口商品和国家实行核定公司经营的14种进口商品以外的商品及技术的进出口业务；开展"三来一补"、进料加工业务；经营对销贸易和转口贸易；出口商品的外转内和进口商品的国内销售业务

续表

关系性质	关联方名称	法定代表人	注册地址	注册资本（亿元）	主营业务
受同一实际控制人控制	浙江省中医药健康产业集团有限公司	姜巨舫	浙江省庆春路199号408室	20	中药材种植、中药饮片、中成药、中医药流通、中医诊疗服务等领域
受同一实际控制人控制	浙江国贸集团东方机电工程股份有限公司	华爱国	浙江省杭州市庆春路199号	1.20	机电设备成套、机械设备、仪器仪表、轴承、运输设备的销售，机电工程技术咨询

6.5.3 逐笔披露本公司与关联方的重大交易事项

6.5.3.1 固有财产与关联方：贷款、投资、租赁、应收账款担保、其他方式等期初汇总数、本期发生额汇总数、期末汇总数

固有与关联方关联交易 单位：万元

项目	期初数	借方发生额	贷方发生额	期末数
贷款	—	—	—	—
投资	—	—	—	—
租赁	—	65.04	65.04	—
担保	—	—	—	—
应收账款	—	—	—	—
其他	367.27	1 532.37	908.17	991.46
合计	367.27	1 597.41	973.21	991.46

6.5.3.2 信托资产与关联方：贷款、投资、租赁、应收账款、担保、其他方式等期初汇总数、本期发生额汇总数、期末汇总数

信托与关联方关联交易 单位：万元

项目	期初数	借方发生额	贷方发生额	期末数
贷款	1 700.00	—	1 700.00	—
投资	7 200.00	—	—	7 200.00
租赁	—	—	—	—
担保	—	—	—	—
应收账款	—	—	—	—
其他	5 300.00	—	—	5 300.00
合计	14 200.00	—	1 700.00	12 500.00

6.5.3.3 固有财产与信托财产之间的交易金额期初汇总数、本期发生额汇总数、期末汇总数

固有财产与信托财产相互交易 单位：万元

项目	期初数	本期发生额	期末数
合计	199 611.34	206 052.01	405 663.35

注：以固有资金投资公司自己管理的信托项目受益权，或购买自己管理的信托项目的信托资产均应纳入统计披露范围。

6.5.3.4 信托资产与信托财产之间的交易金额期初汇总数、本期发生额汇总数、期末汇总数

信托资产与信托财产相互交易 单位：万元

项目	期初数	本期发生额	期末数
合计	271 909.78	−115 531.00	156 378.78

注：以公司受托管理的一个信托项目的资金购买自己管理的另一个信托项目的受益权或信托项下资产均应纳入统计披露范围。

6.5.4 逐笔披露关联方逾期未偿还本公司资金的详细情况以及本公司为关联方担保发生或即将发生垫款的详细情况

报告期内不存在关联方逾期未偿还本公司资金情况以及本公司为关联方担保发生或即将发生垫款情况。

6.6 会计制度的披露

公司执行中华人民共和国财政部颁布的《企业会计准则——基本准则》和对应的具体会计准则、应用指南、解释、修订以及其他相关规定。

7. 财务情况说明书

7.1 利润实现和分配情况

2021年度公司母公司报表层面实现利润总额为25 391.90万元，所得税费用6 435.53万元，实现净利润18 956.37万元，合并层面实现利润总额为25 376.21万元，所得税费用6 435.53万元，实现净利润18 940.68万元。本年提取信托赔偿准备金947.82万元，提取法定公积金1 895.64万元，提取一般风险准备1 824.55万元。

7.2 主要财务指标

指标名称	指标值	
	合并口径	母公司口径
资本利润率(%)	5.87	5.88
信托报酬率(%)	0.76	0.76
人均营业总收入(万元)	229.16	229.15

注：1. 资本利润率=净利润/所有者权益平均余额×100%。
2. 信托报酬率=信托业务收入/实收信托平均余额×100%。
3. 人均营业总收入=营业收入/年平均人数〔收入取自6.5.1.7中的营业收入（不含营业外收入）〕平均余额采取年初及各季末余额移动算术平均法。
4. 公式为：a（平均）=（a0/2+a1+a2+a3+a4/2）/4。

7.3 对本公司财务状况、经营成果有重大影响的其他事项

报告期内未发生对本公司财务状况、经营成果有重大影响的其他事项。

7.4 公司净资本情况

项目	期末余额（万元）	监管标准
净资本	334 959.45	≥2亿元
固有业务风险资本	79 383.77	—
信托业务风险资本	50 332.99	—
其他业务风险资本	—	—
各项业务风险资本之和	129 716.76	—
净资本/各项业务风险资本之和	258.22%	≥100%
净资本/净资产	80.31%	≥40%

8. 特别事项揭示

8.1 前五名股东报告期内变动情况及原因

报告期内，本公司实施增资扩股，注册资本从17亿元增加至28.8亿元。公司本轮增资由浙江东方金融控股集团股份有限公司认购，增资款于2021年12月7日全部到位。各股东持股金额发生变动，其中，具体股权比例如下：浙江东方金融控股集团股份有限公司持有25.06亿股，占比87.01%，中国国际金融股份有限公司持有2.975亿股，占比10.33%，传化集团有限公司持有0.765亿股，占比2.66%。公司于2022年1月6日完成注册资本变更的工商登记。

8.2 董事、监事及高级管理人员变动情况及原因

8.2.1 董事变动情况及原因

因辛洁先生辞去公司董事职务，2021年4月27日，公司股东大会选举刘钊先生为公司董事，刘钊先生的董事任职资格已获浙江银保监局核准。

因费荣富先生辞去公司董事职务，2021年10月28日，公司股东大会选举陈新忠先生为公司董事，陈新忠先生的董事任职资格已获浙江银保监局核准。

8.2.2 监事变动情况及原因

无。

8.2.3 高级管理人员变动情况及原因

因个人原因，公司原总经理助理张颖锋先生于2021年10月向董事会提出辞去公司总经理助理职务的申请，并经董事会审议同意。

经公司董事会审议通过，同意聘任黄永庆先生为公司总经理助理，2021年5月28日，公司收到中国银保监会浙江监管局《关于黄永庆任职资格的批复》（浙银保监复〔2021〕367号），核准了黄永庆先生的公司总经理助理任职资格。

经公司董事会审议通过，同意聘任李永良先生为公司副总经理，2021年11月22日，公司收到中国银保监会浙江监管局《关于李永良任职资格的批复》（浙银保监复〔2021〕781号），核准了李永良先生的公司副总经理任职资格。

经公司董事会审议通过，同意聘任杨光先生为公司董事会秘书，2022年1月27日，公司收到中国银保监会浙江监管局《关于杨光任职资格的批复》（浙银保监复〔2022〕38号），核准了杨光先生的公司董事会秘书任职资格。

经公司董事会审议通过，同意聘任刘征先生为公司总经理助理，2022年1月27日，公司收到中国银保监会浙江监管局《关于刘征任职资格的批复》（浙银保监复〔2022〕37号），核准了刘征先生的公司总经理助理任职资格。

8.3 变更注册资本、变更注册地或公司名称、公司分立合并事项

2021年12月7日，公司本轮增资所有款项均已到位，注册资本由人民币17亿元增加至人民币28.8亿元。2022年1月6日，领取新的营业执照，完成工商注册变更手续。

8.4 公司的重大诉讼事项

2020年8月4日，"浙金·汇实10号赤山湖PPP集合资金信托计划"受益人联储证券有限责任公司起诉本公司。2021年10月，本公司已获取本案件一审胜诉判决，法院驳回联储证券全部诉讼请求。联储证券提起上诉，截至本报告出具之日该案件尚未获得二审判决。

2021年9月4日，新纪元期货股份有限公司就认购本公司设立的浙金·欣悦1号财产权信托项下的优先级信托受益权损失投资起诉本公司，本项目属于事务管理类信托，本公司不承担主动管理职责，截至报告日，该案件尚未开庭。

8.5 公司及其董事、监事和高级管理人员受到处罚的情况

无。

8.6 银监会及其派出机构对公司检查后提出整改意见的，应简单说明整改情况

浙江银保监局《关于浙商金汇信托股份有限公司2020年度监管的意见》(浙银保监发〔2021〕56号)向公司提出了以下五方面监管意见。

一是强化顶层设计，完善股权结构和公司治理。二是提高政治站位，不折不扣落实监管政策要求。三是健全全周期管理，牢牢守住风险底线。四是守正信托本源，积极塑造转型发展新优势。五是加强内部精细化管理，提升受托履职能力。公司根据监管意见深入开展全面自查，进一步明确努力方向，创新转型稳步推进，"1+5+1"核心业务年内均有突破，细化工作举措，并以此作为内部管理提升的重要抓手，实现了内部管理的全面优化提升，数字化改革全面推进，制度体系更加健全，人力资源管理更加市场化，审计监督更加全面深入，财务管理更加精准，疫情防控、安全生产、节能减排等各项工作均扎实推进，有效保障了公司平稳运营。

8.7 本年度重大事项临时报告的简要内容、披露时间、所披露的媒体及其版面

《浙商金汇信托股份有限公司2020年度报告摘要》在证券时报2021年4月30日第B483版刊登。

《浙商金汇信托股份有限公司关于注册资本变更的公告》在证券时报2022年1月7日第B013版刊登。

8.8 银保监会及其省级派出机构认定的其他有必要让客户及相关利益人了解的重要信息

无。

9.公司监事会意见

监事会认为，报告期内公司依法合规经营，本报告的财务报告真实、客观地反映了公司的财务状况和经营结果。

中诚信托有限责任公司

1. 重要提示

1.1 本公司董事会及董事保证本报告所载资料不存在任何虚假记载、误导性陈述或者重大遗漏，并对其内容的真实性、准确性和完整性承担个别及连带责任。

1.2 未出席董事会董事情况：原董事罗学东未出席2021年第一次临时董事会会议，授权其他董事行使表决权。

1.3 本公司独立董事对年度报告的真实性、准确性、完整性无异议。

1.4 公司董事长李祝用、法定代表人/总裁安国勇、财务负责人沈树忠声明：保证年度报告中财务报告的真实、完整。

2. 公司概况

2.1 公司简介

中诚信托有限责任公司（以下简称公司）初创于1995年11月，原名称为中煤信托投资有限责任公司，注册资本金人民币4亿元（含1 500万美元）；2001年9月，公司成为首家获准重新登记的信托公司；2004年2月，完成增资扩股后，公司注册资本金增加至12亿元，名称变更为中诚信托投资有限责任公司；2007年7月，根据新颁布实施的《信托公司管理办法》，公司完成了重新登记，首批获准直接换发金融许可证，名称变更为中诚信托有限责任公司；2010年10月，公司完成增资扩股后，注册资本金增加至24.57亿元。2022年1月，公司注资资本增加至48.5亿元。

法定中文名称	中诚信托有限责任公司
法定中文缩写名称	中诚信托
公司法定英文名称	CHINA CREDIT TRUST Co., LTD.
法定英文缩写名称	CCT
法定代表人	安国勇
注册地址	北京市东城区安外大街2号
邮政编码	100013
国际互联网网址	http://www.cctic.com.cn
电子信箱	contactus@cctic.com.cn
信息披露事务负责人	魏青，电话：010-84267098；传真：010-84267118 电子信箱：weiqing@cctic.com.cn
选定的信息披露报纸	《证券时报》
公司年报备置地点	北京市东城区安外大街2号
聘请的会计师事务所	天职国际会计师事务所（特殊普通合伙）
聘请的会计师事务所住所	北京市海淀区车公庄西路19号68号楼A-1和A-5区域

2.2 组织结构

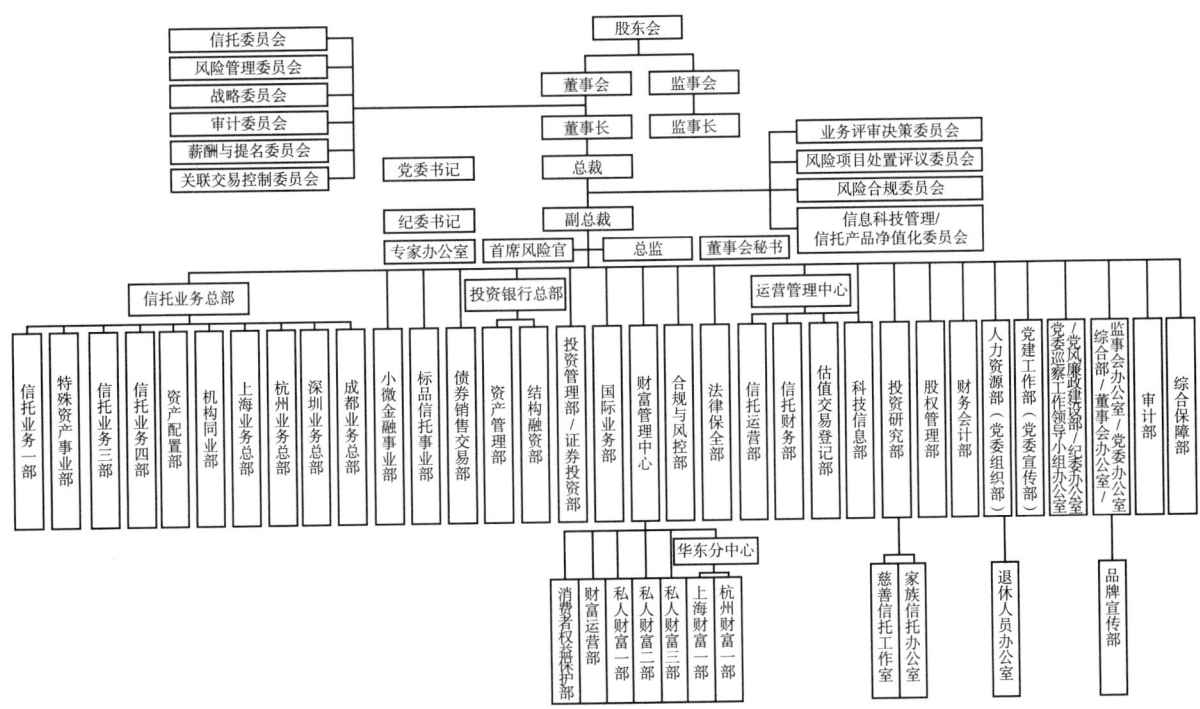

3. 公司治理
3.1 股东

股东名称	出资额（万元）	持股比例（%）	法定代表人	注册资本（万元）	注册地址	主要经营业务及主要财务情况
中国人民保险集团股份有限公司★	80 875	32.92	罗熹	4 422 399.06	北京市西城区西长安街88号1至13层	1.投资并持有上市公司、保险机构和其他金融机构的股份；2.监督管理控股投资企业的各种国内、国际业务；3.国家授权或委托的政策性保险业务；4.经中国保监会和国家有关部门批准的其他业务（依法须经批准的项目，经相关部门批准后方可开展经营活动；不得从事本市产业政策禁止和限制类项目的经营活动）
国华能源投资有限公司	50 000	20.35	刘小奇	561 972.58	北京市东城区东直门南大街3号楼	管理和经营煤代油资金形成的所有资产；对能源、交通项目投资；对金融、医疗卫生行业投资；对信息、生物、电子、环保、新材料高新技术产业投资；对房地产业投资；自有房屋的租赁和物业管理；对燃油的电站锅炉、工业锅炉、工业窑炉设备的改造进行投资；新能源技术的开发、生产；洁净煤技术及相关产品的开发、生产、销售；信息咨询服务（以上项目国家有专项专营规定的除外）。（企业依法自主选择经营项目，开展经营活动；依法须经批准的项目，经相关部门批准后依批准的内容开展经营活动；不得从事本市产业政策禁止和限制类项目的经营活动）
山东能源集团有限公司	25 000	10.18	李伟	2 470 000.00	山东省济南市高新区工业南路57-1号高新万达J3写字楼19层	授权范围内的国有资产经营；开展煤炭等资源性产品、煤电、煤化工、高端装备制造、新能源新材料、现代物流贸易、油气、工程和技术研究及管理咨询、高科技、金融等行业领域的投资、管理；规划、组织、协调集团所属企业在上述行业领域内的生产经营活动。投资咨询；期刊出版，有线广播及电视的安装、开通、维护和器材销售；许可证批准范围内的增值电信业务；对外承包工程资质证书批准范围内的承包与实力、规模、业绩相适应的国外工程项目及对外派遣实施上述境外工程所需的劳务人员。（以下仅限分支机构经营）：热电、供热及发电余热综合利用；公路运输；木材加工；水、暖管道安装、维修；餐饮、旅馆；水的开采及销售；黄金、贵金属、有色金属的地质探矿、开采、选冶、加工、销售及技术服务。广告业务；机电产品、服装、纺织及橡胶制品的销售；备案范围内的进出口业务；园林绿化；房屋、土地、设备的租赁；煤炭、煤化工及煤电铝技术开发服务；建筑材料、硫酸铵（白色结晶粉末）生产、销售；矿用设备、机电设备、成套设备及零配件的制造、安装、维修、销售；装饰装修；电器设备安装、维修、销售；通用零部件、机械配件、加工及销售；污水处理及中水的销售；房地产开发、物业管理；日用百货、工艺品、金属材料、燃气设备销售；铁路货物（区内自备）运输（依法须经批准的项目，经相关部门批准后方可开展经营活动）

注：股东兖矿集团有限公司于2021年3月31日更名为山东能源集团有限公司。

3.2 董事

董事长、董事

姓名	职务	性别	年龄（岁）	选任日期	所推举的股东名称	该股东持股比例（%）	简要履历
李祝用	董事长	男	49	2021年12月	中国人民保险集团股份有限公司	32.92	曾任中国人民保险公司法律部制度条款处副处长、处长；中国人民财产保险股份有限公司董事会秘书局秘书处处长；人保控股公司法律部负责人、副总经理；人保控股公司（中国人民保险集团公司）法律与合规部总经理；中国人民保险集团股份有限公司）风险管理部/法律合规部总经理；中国人民保险集团股份有限公司法律总监兼法律合规部总经理、合规负责人、首席风险官；北京西长安街八十八号发展有限公司董事；中国人民财产保险股份有限公司监事；中盛国际经纪有限责任公司监事；人保金融服务有限公司董事长、党委书记；中国人民保险（香港）有限公司董事 现任中国人民保险集团股份有限公司党委委员、执行董事、副总裁兼董事会秘书；中诚信托有限责任公司董事长；兴业银行股份有限公司董事
牛成立	董事	男	56	2015年3月	中国人民保险集团股份有限公司	32.92	曾任中国人民银行教育司、金融管理司、北京市分行、非银行司干部、副主任科员、主任科员；中国人民银行非银行金融机构监管司副处长、处长；中国银行厦门分行党委委员、副行长（挂职）；中国银监会非银行金融机构监管部处长；中国银监会新疆监管局党委委员、副局长；中国银监会银行监管四部副主任；中国银监会黑龙江监管局党委书记、局长；中国银监会融资性担保业务工作部主任；中诚信托有限责任公司党委委员、总裁；中诚信托有限责任公司党委书记、董事长 现任中诚信托有限责任公司党委书记、董事

续表

姓名	职务	性别	年龄（岁）	选任日期	所推举的股东名称	该股东持股比例（%）	简要履历
安国勇	董事	男	48	2021年9月	—	—	曾任招商银行北京分行职员；中国民航总局金飞民航经济发展中心总经理助理兼证券业务部经理等职；北京城市铁路股份有限公司总经理等职；北京市轨道交通建设管理有限公司副总经理；北京市保障性住房建设投资中心副总经理；中国人民财产保险股份有限公司船舶货运保险部总经理；华夏银行股份有限公司副行长（挂职）；中国人保资产管理有限公司副总裁、党委委员 现任中诚信托有限责任公司党委委员、董事、总裁，兼任嘉实基金管理有限公司联席董事长；兼任中国信托业保障基金有限责任公司董事（2022年1月取得中国银保监会任职资格批复）
刘瑞生	董事	男	54	2017年12月	国华能源投资有限公司	20.35	曾任国家审计署固定资产投资审计司科员、副主任科员、主任科员；国华能源投资有限公司审计部副总经理、总经理；国华能源投资有限公司副总工程师；中诚信托有限责任公司董事、监事 现任国华能源投资有限公司副总经理、投资管理部总经理；中诚信托有限责任公司董事
李青	董事	女	42	2020年6月	国华能源投资有限公司	20.35	曾任江门海关缉私局办公室文秘；国华能源投资有限公司企业管理部金融投资业务员、战略投资专员助理、战略投资专员、副总经理，投资管理部副总经理（主持工作），清洁能源产业基金运营中心总经理 现任国华能源投资有限公司清洁能源产业基金运营中心总经理、国华投资开发资产管理（北京）有限公司董事长、总经理；中诚信托有限责任公司董事、国华能源投资有限公司董事、太钢集团临汾钢铁有限公司董事、淮南矿业（集团）有限公司监事
吕海鹏	董事	男	52	2017年4月	山东能源集团有限公司	10.18	曾任兖矿集团职工大学讲师；兖矿集团财务处副科长；山东新联谊会计师事务所邹城分所副所长；兖矿集团资本部科长；兖矿集团改制办公室主任经济师；兖矿集团投资部副部长；兖矿集团财务管理部副部长；兖矿集团资本管理中心副主任、部委委员 现任上海中期期货经纪有限公司董事、兖矿资本管理有限公司总经理、日照港股份有限公司董事；中垠融资租赁有限公司董事长；中诚信托有限责任公司董事
许跃东	董事	男	51	2020年9月	河南农投金控股份有限公司	5.09	曾任郑州电器装备总厂工程师；中国银河证券股份有限公司投资经理；中国东方信托投资公司郑州文化路营业部总经理；中国银河证券公司经三路营业部投资经理/分析师；河南省中小企业投资担保股份有限公司项目经理、风险控制部经理、总经理助理；河南农投发展有限公司总经理；河南联创融久供应链管理有限公司执行董事；河南农投金控股份有限公司副总经理、董事；农投商业保理（深圳）有限公司执行董事 现任河南农投发展有限公司董事长、总经理、河南农开供应链有限公司董事长；中诚信托有限责任公司董事
王效钉	董事	男	53	2015年3月	招商局中国基金有限公司	3.33	曾任香港海域金融集团投资银行部分析员；Wellkent International Corp.（Vancouver）财务部经理；Smart Sources Technologies（Vancouver）软件工程师；Thrive Media Corporation（Vancouver）高级软件工程师、广西丰林集团股份有限公司首席财务官；广西百合化工股份有限公司副总经理、总裁；招商局中国投资管理有限公司首席投资官 现任招商局中国投资管理有限公司董事及总经理、招商局中国基金有限公司执行董事；中诚信托有限责任公司董事

注：董事的"选任日期"以中国银行业监督管理委员会批复为准。

独立董事

姓名	职务	性别	年龄（岁）	选任日期	所推举的股东名称	该股东持股比例（%）	简要履历
李秉祥	独立董事	男	63	2015年3月	—	—	长期从事金融学领域的教学科研工作，有过两年学习考察和研究欧洲与美国金融市场的经历，曾任数家银行、信托与证券等金融机构的独立董事或顾问 现任百年资管股份有限公司独立董事、葫芦岛银行股份有限公司外部监事；中诚信托有限责任公司独立董事
刘宗义	独立董事	男	63	2015年3月	—	—	曾任贵州省毕节地区劳动人事局干部科科员、贵州财经学院讲师、贵阳新华会计师事务所所长、亚太中汇会计师事务所有限公司贵州分所所长 现任中审亚太会计师事务所（特殊普通合伙）执行合伙人、贵州分所所长；中诚信托有限责任公司独立董事
叶林	独立董事	男	58	2020年6月	—	—	曾任中国人民大学法律系助理讲师、副教授、法学院民商法教研室副主任 现任中国人民大学博士研究生导师、法学院民商法教研室主任、营商环境法治研究中心主任、国际商事争议预防与解决机制研究院常务副院长；中国法学会商法学研究会副会长、北京市法学会民商法学研究会副会长、中国国际经济贸易仲裁委员会仲裁员、专家咨询委员会委员；中国消费者协会专家委员会委员；中国银行间市场交易商协会第二届法律专业委员会委员、北京市消费者权益保护法学会会长；北京首钢股份有限公司独立董事、北京胜昂律师事务所律师（兼）；中国人寿资产管理有限公司独立董事、中诚信托有限责任公司独立董事；首创证券股份有限公司独立董事

续表

姓名	职务	性别	年龄（岁）	选任日期	所推举的股东名称	该股东持股比例（%）	简要履历
黎宗剑	独立董事	男	61	2021年4月	—	—	曾任贵州安顺学院政教系教师；贵州省社会科学院社会学所助理研究员；国家经济体制改革委员会综合规划司副处长；中国人保信托投资公司办公室主任、投行部总经理，兼任中保期货公司董事长，共青团中央中国青年科协专职秘书长；中国再保险公司（现名：中国再保险（集团）股份有限公司）办公室副主任、投资管理中心副总经理；中国保险学会秘书长、《保险研究》主编；太平养老保险股份有限公司副总经理、纪委书记；中央汇金投资有限责任公司保险机构管理部副主任、董事总经理；新华人寿保险股份有限公司董事；新华人寿保险股份有限公司执行董事、副总裁（其间：代理新华人寿保险股份有限公司董事长，兼任新华健康投资管理有限公司董事长）。现任中诚信托有限责任公司独立董事；北京大学中国保险与社会保障研究中心专家委员；肯阳海外投资基金管理（上海）有限责任公司首席顾问；国民养老保险股份有限公司外部监事（拟任，待监管部门资格核准）

注：1.独立董事的"选任日期"以监管部门批复为准。
　　2.2021年11月26日，因任职年限已达法规规定最高年限，经中诚信托2021年第四次临时股东会审议通过，李秉祥、刘宗义不再担任中诚信托独立董事。

3.3 监事

监事会成员

姓名	职务	性别	年龄（岁）	选任日期	所推举的股东名称	该股东持股比例（%）	简要履历
尉维斌	监事长	男	53	2021年6月	中国人民保险集团股份有限公司	32.92	曾任交通部（原）三峡工程航运领导小组办公室副主任科员；国家开发银行华东信贷局正科级行员、甘肃省分行资产保全处副处长、人事处和办公室负责人、湖北省分行信贷三处、客户三处处长、总行评审管理部高级风险管理经理助理；华夏银行授信审查部副总经理、北京分行党委委员、北京信用风险管理部首席信用风险官；人保资本投资管理有限公司首席风控官、副总裁、党委委员 现任中国人民保险集团股份有限公司审计中心纪委书记、副总经理、高级工程师；中诚信托有限责任公司监事长；人保资产审计责任人；人保金服监事
袁管华	副监事长	男	57	2016年11月	—	—	曾任中国人民银行外资金融机构管理司副处长；中国人民银行银行监管一司处长、银监会财务会计部处长；银监会江西监管局副局长、党委委员；银监会财务会计部正局级巡视员 现任中诚信托有限责任公司副监事长
潘红霞	监事	女	47	2017年8月	国华能源投资有限公司	20.35	曾任中日友好医院财务部科员；国华实业有限公司财务部会计；国华能源投资有限公司财务部财务分析专员；国华能源投资有限公司河北分公司财务总监；国华能源投资有限公司财务部副总经理 现任国华投资开发资产管理（北京）有限公司副总经理兼财务总监；中诚信托有限责任公司监事
刘俊光	监事	男	40	2019年12月	中国中煤能源集团有限公司	3.39	曾任中国农业银行总行信贷管理部干部；中国农业银行山西大同新世纪支行行长助理；中国农业银行山西大同分行信贷管理部经理助理；中国农业银行总行信贷管理部高级专员；中煤财务有限责任公司总经理助理 现任中煤财务有限责任公司副总经理；中诚信托有限责任公司监事
张纪军	监事	男	53	2019年4月	冀中能源邢台矿业集团有限责任公司	3.39	曾任冀中能源股份有限公司邢台财务科主管会计师、副科长、科长；寿阳县天泰煤业有限责任公司总会计师、冀中股份天泰煤业工作处副处长；冀中能源邢矿集团审计部部长 现任冀中能源邢台矿业集团有限责任公司副总会计师兼财务部部长；中诚信托有限责任公司监事
袁云鹏	监事	男	45	2020年11月	贵州盘江投资控股（集团）有限公司	3.39	曾任贵州盘江投资控股（集团）有限公司财务管理部副科长、科长；贵州盘江国有资本运营有限公司财务劳资部科长、副（处）长；贵州盘江煤电集团有限责任公司财务管理部（财务结算中心）副部长、副经理 现任贵州盘江煤电集团有限责任公司审计监察副部长；中诚信托有限责任公司监事
赵海龙	监事	男	57	2019年12月	中国平煤神马能源化工集团有限责任公司	3.39	曾任平顶山矿务局六矿财务副科长、科长、副总会计师、总会计师；平煤集团内部银行行长、内部结算中心主任、财务处长、集团副总会计师、总会计师 现任中国平煤神马集团总会计师、董事；中诚信托有限责任公司监事
李家正	监事	男	53	2017年4月	山西焦煤集团有限责任公司	2.54	曾任西山煤电马兰矿财务科科员、副科长、科长；西山煤电计划处副处长、西山煤电五麟煤焦开发公司计划发展部部长、西山煤电审计处处长、西山煤电副总会计师 现任西山煤电专业技术委员会专家；中诚信托有限责任公司监事

续表

姓名	职务	性别	年龄（岁）	选任日期	所推举的股东名称	该股东持股比例（%）	简要履历
吴明清	监事	男	46	2019年12月	山西潞安矿业（集团）有限责任公司	2.54	曾任潞安矿务局石圪节煤矿矿办科员；潞安环能股份公司董事会秘书处科员、法律事务科副科长、科长；潞安环能股份公司董事会秘书处处长、潞安瑞泰投资公司执行董事、总经理 现任潞安瑞泰投资公司董事长、总经理；中诚信托有限责任公司监事
郑建新	监事	男	55	2016年11月	福建省能源集团有限责任公司	2.54	曾任福建建材学校教师；福建省建材工业总公司基建科员、投资部副主任；福建省建材（控股）有限公司资产财务部主任科员、副经理；福建省能源集团有限责任公司改革与综合产业部副经理、经理；福建省能源集团有限责任公司资本运营部经理 现任福建省能源石化集团有限责任公司综合产业部总经理；中诚信托有限责任公司监事
吕少泉	监事	男	53	2019年12月	淮北皖淮投资有限公司	1.70	曾任淮北矿业（集团）有限责任公司朱仙庄矿经营矿长；淮北矿业（集团）有限责任公司青东煤业公司经营副总经理；淮北矿业集团财务有限公司副总经理兼上海淮鑫融资租赁公司董事长 现任淮北皖淮投资有限公司总经理；中诚信托有限责任公司监事
吉祥	监事	男	36	2012年4月	内蒙古兴业矿业股份有限公司	1.63	曾任内蒙古兴业集团股份有限公司总裁助理、副总裁、董事、副董事长 现任内蒙兴业集团常务副总经理，兴业矿业副董事长、董事；中诚信托有限责任公司监事
黄克孟	监事	男	55	2020年11月	—	—	曾任北京岳成律师事务所律师、合伙人；北京市京元律师事务所律师、高级合伙人、执行合伙人；北京市时代九和律师事务所执行主任、执行合伙人；北京市土地学会法律委员会委员、北京房地产学会政策法规专业委员会委员、北京市律师协会建设工程与房地产开发专业委员会委员、北京市律师协会兼并与重组专业委员会委员。现任北京市时代九和律师事务所律师、首席顾问；中诚信托有限责任公司外部监事
王玉国	监事	男	43	2016年11月	—	—	曾任中诚信托有限责任公司战略研究部中级、高级研究员、副经理、总经理；中诚信托有限责任公司总裁办公室负责人、办公室（党委办公室）主任 现任中诚信托有限责任公司综合部/董事会办公室/监事会办公室/党委办公室主任；中诚信托有限责任公司监事
赵明	监事	女	44	2016年11月	—	—	曾任中建装饰工程公司项目经理；北京太合嘉园房地产开发有限公司业务主管、设计主管、工程部主管；中诚信托有限责任公司投资管理部高级经理；中诚信托有限责任公司董事会办公室副主任、主任 现任中诚信托有限责任公司党建工作部总经理（党委宣传部部长）；中诚信托有限责任公司监事
陈学军	监事	男	47	2019年12月	—	—	曾任中诚信托投资有限责任公司计划财务部经理、副总经理 现任中诚信托有限责任公司信托财务部总经理兼信托运管部总经理；中诚信托有限责任公司监事
倪彦若	监事	女	43	2020年1月	—	—	曾任美国友邦保险北京分公司业务副总经理秘书、中诚信托投资有限责任公司信托管理运营部中级、高级经理、总经理助理 现任中诚信托有限责任公司信托运营部总经理；中诚信托有限责任公司监事
梅永文	监事	男	41	2021年3月	—	—	曾任北京市瑾瑞律师事务所、北京市潇然律师事务所、北京市大成律师事务所律师；中融国际信托法律事务部法务经理；中诚信托合规与风控部法务经理、高级法务经理、总经理助理 现任中诚信托有限责任公司法律审查官、部门副总经理；中诚信托有限责任公司监事

3.4 高级管理人员

姓名	职务	性别	年龄（岁）	选任日期	金融从业年限（年）	学历	专业	简要履历
安国勇	总裁	男	48	2021年9月	10	博士	经济	曾任招商银行北京分行职员；中国民航总局金飞民航经济发展中心总经理助理兼证券业务部经理等职；北京城市铁路股份有限公司总经理等职；北京市轨道交通建设管理有限公司副总经理；北京市保障性住房建设投资中心副总经理；中国人民财产保险股份有限公司船舶货运保险部总经理；华夏银行股份有限公司副行长（挂职）；中国人保资产管理有限公司副总裁、党委委员 现任中诚信托有限责任公司党委委员、董事、总裁；兼任嘉实基金管理有限公司联席董事长；兼任中国信托业保障基金有限责任公司董事（2022年1月取得中国银保监会任职资格批复）

续表

姓名	职务	性别	年龄（岁）	选任日期	金融从业年限（年）	学历	专业	简要履历
刘孟革	副总裁	男	55	2016年5月	30	硕士	金融，工商管理	曾任江苏商业管理干部学院财经系教师；南京国际信托投资公司基金经理；中诚信托有限责任公司发展研究部副总经理、投资银行部总经理、总裁特别助理 现任中诚信托有限责任公司党委委员、副总裁，兼任三侨物业管理有限责任公司执行董事、法定代表人
郑海帆	副总裁	男	40	2021年7月	15	硕士	国际贸易，工商管理	曾任中诚信托有限责任公司信托业务总部执行经理、业务团队负责人（MD）、北京信托业务总部副总经理兼信托创新部总经理、业务总监兼标品信托事业部总经理 现任中诚信托有限责任公司党委委员、副总裁，兼任中诚宝捷思货币经纪有限公司董事长、法定代表人
魏青	董事会秘书	男	55	2016年5月	30	硕士	经济信息，高级管理人员工商管理	曾任中国新技术创业投资公司金融部项目经理；南方证券有限公司海南分公司部门经理；华夏证券股份有限公司基金投资部副总经理；富国基金管理有限公司副总经理；深圳中欧瑞博投资管理股份有限公司总经理 现任中诚信托有限责任公司董事会秘书
敖磊	首席风险官	女	49	2017年3月	24	硕士	法律	曾任中诚信托有限责任公司证券总部职员；国都证券有限责任公司法律事务部职员、副总经理，风险控制部副总经理，合规审计与风险管理部总经理；中诚信托有限责任公司风险控制部总经理 现任中诚信托有限责任公司首席风险官
沈树忠	财务总监	男	53	2018年7月	4	硕士	金融，企业管理	曾任中国糖业酒类集团公司财务部科员、财务部副经理、审计部经理、财务部经理、财务总监、副总经理、常务副总经理（主持工作）、法定代表人；兼任北京华堂商场有限公司董事、中日合资成都伊藤洋华堂商场有限公司副董事长、酒鬼酒股份有限公司董事 现任中诚信托有限责任公司财务总监兼财务会计部总经理

注：高级管理人员的"选任日期"以监管部门批复为准。

3.5 公司员工

项目		2021年度		2020年度	
		人数（人）	比例（%）	人数（人）	比例（%）
年龄分布	25岁以下	—	—	—	—
	25—29岁	36	10.56	36	10.53
	30—39岁	200	58.65	199	58.19
	40岁以上	105	30.79	107	31.28
学历分布	博士	12	3.52	14	4.09
	硕士	246	72.14	240	70.18
	本科	72	21.11	77	22.51
	专科	11	3.23	11	3.22
	其他	—	—	—	—
岗位分布	董事、监事及高管人员	10	2.94	15	4.39
	自营业务人员	16	4.69	16	4.68
	信托业务人员	153	44.86	154	45.03
	其他人员	162	47.51	157	45.90

4. 经营管理

4.1 经营目标、方针、战略规划

4.1.1 经营目标

公司坚持"稳字当头、稳中求进"总基调，积极融入集团发展全局，加快风险出清，加快业务转型，系统谋划、精准推进风险应对与化解、转型创新发展"两大攻坚战"，深化体制机制改革，优化资源调配保障，努力实现"三稳三进"目标：发展战略要稳，坚持一张蓝图绘到底，保持"十四五"规划战略方向和目标不变；风险底线要稳，加强房地产风险排查识别，管好流动性风险、信用风险、市场风险和舆情风险；经营业绩要稳，紧跟信托行业发展趋势，实现业务规模、盈利的稳定增长；创新发展取得新进展，聚焦信托服务、资产管理、特殊资产处置三大能力建设，丰富创新业务布局，培育和形成新的业务和盈利模式；资产处置取得新进展，加快风险项目处置，妥善应对和处置重点项目风险；体制机制改革取得新进展，优化完善治理机制，深化市场化体制机制改革，推进重点领域改革创新。

4.1.2 战略规划

公司坚定"受人之托、代人理财"的职能定位，立足新发展阶段，贯彻新发展理念，构建新发展格局，坚持以服务实体经济为方向，积极发展具有直接融资特点的资金信托、以受托管理为特点的服务信托、体现社会责任的公益信托，打造综合信托服务能力和差异化投资管理能力，为客户创造价值，为人保集团战略服务，努力做强、做优、做大，致力于成为综合实力一流、具有核心竞争力、高质量发展的优秀信托公司。

4.2 所经营业务的主要内容

4.2.1 自营资产运用与分布表

资产运用	金额（万元）	占比（%）	资产分布	金额（万元）	占比（%）
货币资产	17 641.17	0.81	基础产业	52 268.54	2.42
贷款及应收款	65 719.54	3.03	房地产业	730 847.85	33.66
交易性金融资产	831 494.88	38.3	证券市场	223 873.35	10.31
债权投资	635 831.20	29.29	实业	33 458.88	1.54
持有至到期投资	—	—	金融机构	913 822.97	42.09
长期股权投资	498 532.53	22.96	其他	216 756.84	9.98
其他	121 809.11	5.61	—	—	—
资产总计	2 171 028.43	100	资产总计	2 171 028.43	100

4.2.2 信托资产运用与分布表

资产运用	金额（万元）	占比（%）	资产分布	金额（万元）	占比（%）
货币资产	591 899.18	2.52	基础产业	704 505.48	3.00
贷款	4 254 271.53	18.09	房地产	6 975 543.61	29.66
交易性金融资产	1 712 200.07	7.28	证券市场	2 167 780.45	9.22
其他债权投资	—	—	实业	9 720 689.79	41.34
债权投资	13 715 179.12	58.32	金融机构	3 164 338.80	13.46
长期股权投资	2 936 963.90	12.49	其他	783 638.09	3.32
买入返售金融资产	130 258.36	0.55	—	—	—
应收款项	175 724.06	0.75	—	—	—
其他	—	—	—	—	—
信托资产总计	23 516 496.22	100	信托资产总计	23 516 496.22	100

4.3 市场分析

4.3.1 有利因素

一是资本市场发展机遇。2020年以来投向证券市场的资金信托增速显著，证券投资信托已成为信托公司的重要发展方向。随着国家金融改革的深化，资本市场发展潜力进一步凸显。中央经济工作会议明确稳健的货币政策要灵活适度，保持流动性合理充裕，货币政策相对宽松，为标品信托业务的拓展提供了有力支持。

二是绿色金融发展机遇。实现碳达峰、碳中和是党中央着眼全局做出的重大战略决策，也是推动中国经济高质量发展的关键之举。截至2020年末，中国本外币绿色贷款余额达到12万亿元，存量规模居世界第一位，绿色债券存量约为8 000亿元，居世界第二位。2021年5月，生态环境部发布《关于发布〈碳排放权登记管理规则（试行）〉〈碳排放权交易管理规则（试行）〉和〈碳排放权结算管理规则（试行）〉的公告》，全国性碳交易市场建设迈出了实质一步。信托公司在碳中和、绿色金融等领域存在股权投资、资产证券化等新的发展机遇。

三是财富管理业务高速发展。招商银行2021年《中国私人财富报告》显示，2020年可投资资产在1 000万元以上的高净值人群数量达262万人，预计到2021年底，中国高净值人群数量预计接近300万人，2020年底个人可投资资产总规模增至241亿元，高净值人群人均持有可投资产约3 209万元。在宏观经济持续向好的前提下，中国财富管理市场也迎来稳健发展态势，以家族信托为核心的财富管理业务具有广阔发展空间。

四是服务信托受到社会更多关注。监管部门鼓励信托公司坚持"发展以受托管理为特点的服务信托"，部分服务信托业务受到了社会的大量关注，如物业信托、破产重整信托、特殊需要服务信托、养老信托等。

4.3.2 不利因素

一是全球经济的不确定因素增加。国际新冠肺炎疫情持续蔓延，全球大宗商品价格大幅上扬，通胀压力持续上升，叠加地缘政治、贸易争端、政策针对性等因素，产业供应链及经济全球化进程遭遇严峻挑战，全球经济复苏进程仍存在很多不确定性。

二是国内宏观经济存在下行压力。中央经济工作会议指出，我国经济发展面临需求收缩、供给冲击、预期转弱三重压力，一方面工业及服务业生产受到疫情、供应链阻塞等多重因素制约增速或将放缓；另一方面消费处于弱复苏状态，导致市场主体预期转弱。逐渐加大的经济增长压力可能造成企业投资更加谨慎。

三是行业依然处于转型调整期。近年来，信托资产规模持续下降，信托公司的营业收入和利润增长可持续性面临较大挑战，机构经营业绩加速分化。在宏观经济下行期间，部分传统行业面临调整压力，迫使信托机构被动加快结构调整及转型步伐，进一步加剧了信托公司在新业务领域的竞争压力，特别是专业人才储备、投资研究能力、金融科技能力等专业能力建设面临一定挑战。

4.4 内部控制

4.4.1 内部控制环境和内部控制文化

完善的公司治理结构是内部控制环境建设的基础。公司已经按照法律规定和公司章程要求建立了以股东会、董事会、监事会以及经营管理层为核心的治理结构，"三会一层"之间分工明确，职责清晰，切实发挥科学激励和约束监督的作用，治理机制规范有效。

内控文化建设不断深化。2021年公司以开展内控合规管理建设年为契机，坚持审慎经营和合规经营的理念，通过组织合规培训，开展合规文化宣传等活动，进一步强化合规意识和风险理念，营造合规环境，积极创造合规氛围，坚决贯彻落实国家宏观政策和金融监管要求，严守风险和合规两条底线，确保公司业务合法、合规开展。

4.4.2 内部控制措施

4.4.2.1 完善公司管理制度建设

为进一步规范公司内部管理，加强内部控制和风险管控，提高经营管理效率，保障公司平稳有序运营，在公司治理层面，已发布全面风险管理办法、授权管理办法等制度，对于重大决策、重要人事任免、重大项目安排和大额度资金运作等"三重一大"事项，坚持集体决策原则；在人员管理方面，发布劳动合同管理办法、从业人员细则等，规范公司员工管理；在财务管理方面，制定分散采购实施细则、财务管理办法等，规范公司采购管理，提升资金使用效率；在行政管理方面，发布档案管理办法、印章管理办法等，完善公司治理基础性制度。

4.4.2.2 加强公司业务控制制度建设

公司已发布信托业务登记管理办法、信保基金操作指引以及信托业务管理办法等制度，规范工作信托业务的开展；为规范信托产品销售，保护消费者合法权益，制定发布了产品发行营销、录音录像管理和销售人员管理的相关制度。

4.4.2.3 加强运营分析控制

公司管理层定期、不定期地根据业务部门、合规与风控部、财务会计部提交的有关报告，对公司运营情况及风险状况进行分析，制订相应解决方案并实施。为了应对经营中可能出现的突发事件和引起公众广泛关注的重大事件，公司还专门制定了突发事件应急预案制度和舆情管理制度。

4.4.2.4 实施绩效考评控制

公司建立了科学的绩效考评制度，合理设定岗位系列，按照岗位职责、任职资格等进行职位价值评估，制定并完善了适合不同专业技术工作特点和岗位特点的考核指标体系。

4.4.3 信息交流与反馈

根据监管要求和规章制度规定，公司制定并实施了信息披露制度，建立了顺畅有效的信息交流与反馈机制。公司根据内部组织之间的关系和各自的职责权限，建立了从上到下的授权流程和从下到上的汇报路径。根据国家有关法规和公司有关文件要求，公司建立了反舞弊机制，对于员工举报的潜在舞弊或违规行为，审计部、纪检监察部门都会及时跟进和调查，并在公司范围内建立并实施了投诉举报机制。公司按监管要求按时报送各类财务及业务报表、报告等，及时向投资者披露信托项目信息，规范投诉受理和处理流程，积极履行受托人职责。

4.4.4 监督评价与纠正

公司建立了多层次的内控监督体系：监事会依法履行监督职能，对公司董事、高级管理层履职情况进行监督；审计部独立行使内部审计监督权；合规与风控部等部门在对内部控制的实施情况进行持续监督的基础上，开展有针对性的专项检查，对于发现的问题提出整改意见和建议。

4.5 风险管理

4.5.1 风险管理概况

公司建立了以董事会、监事会、经营管理层以及下设的风险合规委员会、业务部门、风险管理职能部门和其他承担风险管理职责的部门、内审部门为主线的风险管理组织体系，制定了以《全面风险管理办法》为核心的风险管理规章制度，遵循匹配性、全覆盖、独立性、有效性等全面风险管理原则，风险管理覆盖各个业务条线，覆盖所有部门、岗位和人员，涵盖合规风险、洗钱和恐怖融资风险、信用风险、市场风险、流动性风险、法律风险、操作风险、战略风险、声誉风险、信息科技风险等主要风险，完善公司各方面风险管理制度和内部控制机制的衔接，加强公司风险管理的系统性和有效性，保障公司健康发展和稳健经营。

4.5.2 风险状况

公司经营活动中面临的风险主要有：合规风险、信用风险、市场风险、操作风险及其他风险等。

4.5.2.1 合规风险状况

合规风险是指公司因没有遵守法律、法规和准则而可能遭受法律制裁、监管处罚，从而给公司发展带来重大损失的风险。监管部门不仅持续关注信托公司在房地产、信政等领域的业务风险，提出规范性要求，还通过净资本管理加强对信托公司的资本约束。

4.5.2.2 信用风险状况

信用风险是公司面临的主要风险之一。如果经济增速下降或交易对手所处行业受政府调控等原因，导致交易对手流动性困难，履约能力下降，从而使公司业务开展面临一定风险。或因交易对手经营不善、资金周转不灵甚至恶意欺诈等原因不按期履行合约义务，而给信托财产或公司财产造成损失的风险。

4.5.2.3 市场风险状况

市场风险是指由于市场价格的波动而给信托财产或公司财产带来损失的可能性，常见的风险表现形式包括利率风险、证券价格波动风险、商品价格波动风险和汇率风险等。如果利率变化与公司预期相反，将对公司的贷款以及收益产生不利影响；证券价格、商品价格下跌会对公司相关项目担保物价值带来不利影响；汇率变化也可能使公司外汇资本金和QDII信托资产发生损失的风险。

4.5.2.4 操作风险状况

操作风险是指在经营管理过程中，由于内控机制不健全、内部业务操作程序不完善或操作系统发生故障，从而给公司经营带来隐患的风险。同时，在业务开展过程中，业务人员未能充分获得准确的市场信息，不熟悉市场交易涉及的法律法规，或者工作失误和效率低下都可能会产生操作风险。

4.5.2.5 其他风险状况

其他风险主要还有法律风险、声誉风险、洗钱及恐怖融资风险等。法律风险是由于公司在经营过程中，因为无法满足或违反法律要求，导致不能履行合同而发生争议、诉讼或其他法律纠纷，可能给公司或投资人造成经济损失的风险。声誉风险主要是指由于公司经营、管理及其他行为或外部事件导致利益相关方对公司负面评价的风险。洗钱及恐怖融资风险是指因客户从事或意图从事洗钱及恐怖融资活动而导致的违反国家反洗钱、反恐怖融资法规，而对公司经营管理带来的风险。

4.5.3 风险管理

4.5.3.1 合规风险管理

公司重视合规文化宣导，通过宣传并解读监管政策、合规培训等方式，来营造良好的合规文化氛围，提高全体员工防范风险、合规展业的意识；结合监管部门要求和实际情况，搭建了董事会——经营管理层——合规与风控部——合规岗四个层次的合规管理组织体系；重视内部制度制定过程中的合规审查，确保制度体系的合规有效；根据监管规定，制定了净资本管理的相关制度，成立了净资本管理委员会，对公司净资本管理指标进行动态监督；继续加强业务的合规管理和项目的合规性审查，及时制定和更新公司审查指引和法律文本，贯彻落实法律法规、行业和监管政策的最新要求；不断完善反洗钱相关制度，加强反洗钱系统建设，提升反洗钱工作水平。报告期内，银保监局组织开展了内控合规管理建设年工作，公司及时跟进监管政策要求，扎实开展学制度、自评估、自查自纠相关工作，积极贯彻"回归本源"的监管要求。

4.5.3.2 信用风险管理

公司不断加强对员工业务能力的培训，提高项目甄别和筛选能力；根据业务发展情况，逐步制定各类业务的准入及尽职调查要求，规范重点项目提交审查的报告内容及格式，建立了不同类型项目的审查决策机制，完善了差异化、相对独立的项目准入、审查决策机制；严格审查项目资金使用，逐步推行按风险等级分类对项目运行进行差异化管理；在重点行业风险增大的背景下，公司进一步加强了业务风险动态监测，加大对重点业务领域、重点项目进行监督检查力度，加密风险摸排频率，并逐步完善风险预警机制，强化信用风险的管理。

4.5.3.3 市场风险管理

公司加强对市场、区域及政策的研判，通过设置合理的交易结构，实现对风险的有效对冲和补偿，以规避市场风险；通过加强对证券投资产品单位净值、抵质押物价格变化的日常监控，以防范市场价格波动带来的风险；定期对房地产业务进行压力测试，并持续优化压力测试方法体系，分析在不同风险程度下房地产项目的抗风险能力，从而及时发现并预防市场风险；合理配置外汇资产，防范汇率波动给公司外汇资本金和QDII业务带来的市场风险。

4.5.3.4 操作风险管理

公司定期对业务操作流程进行修订和完善，以业务流程为主线，不断完善前、中、后台的内部控制体系，对重要的业务环节，实行双人双岗复核、审批；建立集中统一的数据备份与验证系统，并及时对业务管理系统和证券交易系统进行升级和测验，更新相关数据；同时加强对新员工在制定合同文本、熟悉业务流程等方面的培训，有效防范操作风险；重视项目的抵质押担保及股权变更手续办理工作，对承担主动管理职责项目由风险管理部门或律师事务所、公证机构参与办理相关手续；公司还定期组织摸排操作风险事件发生情况。

4.5.3.5 其他风险管理

法律风险管理方面，公司高度重视法律风险的防范，定期对合同文本进行更新;不断加强对合同的审查力度,制定合同文本的审核指引,规范重要项目审核要求;出台担保办理相关制度,提高担保措施办理的质量和效率,有效防范相关风险;修订协助执行制度,使协助执行工作更加规范化、程序化;公司聘请外部律师对重大项目出具法律意见,从业务源头和操作环节防范和化解法律风险。

声誉风险管理方面,公司加强舆情管理,制定了舆情管理制度,规范对引发公众广泛关注的重大事件的管理;及时向投资者和监管层进行信息披露,持续关注新闻舆情,通过集团一体化舆情监测平台和公司自主监测,做好舆情预警工作,就重点事件积极采取应对措施,防范和化解声誉风险。

洗钱及恐怖融资风险管理方面,公司根据监管最新要求,不断修订完善公司反洗钱反恐怖融资的相关制度,通过修订信托合同文本,优化业务系统等方式,持续规范客户尽职调查相关工作的开展。

5.报告期末及上一年度末的比较式会计报表

5.1 自营资产

5.1.1 会计师事务所审计意见全文

审计报告

天职业字〔2022〕13446号

中诚信托有限责任公司全体股东:

一、审计意见

我们审计了后附的中诚信托有限责任公司(以下简称中诚信托)财务报表,包括2021年12月31日的合并及母公司资产负债表,2021年度的合并及母公司利润表、合并及母公司现金流量表、合并及母公司所有者权益变动表,以及财务报表附注。

我们认为,后附的财务报表在所有重大方面按照企业会计准则的规定编制,公允反映了中诚信托2021年12月31日的合并及母公司财务状况以及2021年度的合并及母公司经营成果和现金流量。

二、形成审计意见的基础

我们按照中国注册会计师审计准则的规定执行了审计工作。审计报告的"注册会计师对财务报表审计的责任"部分进一步阐述了我们在这些准则下的责任。按照中国注册会计师职业道德守则,我们独立于中诚信托,并履行了职业道德方面的其他责任。我们相信,我们获取的审计证据是充分、适当的,为发表审计意见提供了基础。

三、管理层和治理层对财务报表的责任

管理层负责按照企业会计准则的规定编制财务报表,使其实现公允反映,并设计、执行和维护必要的内部控制,以使财务报表不存在由于舞弊或错误导致的重大错报。

在编制财务报表时,管理层负责评估中诚信托的持续经营能力,披露与持续经营相关的事项(如适用),并运用持续经营假设,除非计划进行清算中诚信托、终止运营或别无其他现实的选择。

治理层负责监督中诚信托的财务报告过程。

四、注册会计师对财务报表审计的责任

我们的目标是对财务报表整体是否不存在由于舞弊或错误导致的重大错报获取合理保证,并出具包含审计意见的审计报告。合理保证是高水平的保证,但并不能保证按照审计准则执行的审计在某一重大错报存在时总能发现。错报可能由于舞弊或错误导致,如果合理预期错报单独或汇总起来可能影响财务报表使用者依据财务报表作出的经济决策,则通常认为错报是重大的。

在按照审计准则执行审计工作的过程中,我们运用职业判断,并保持职业怀疑。同时,我们也执行以下工作:

(1)识别和评估由于舞弊或错误导致的财务报表重大错报风险,设计和实施审计程序以应对这些风险,并获取充分、适当的审计证据,作为发表审计意见的基础。由于舞弊可能涉及串通、伪造、故意遗漏、虚假陈述或凌驾于内部控制之上,未能发现由于舞弊导致的重大错报的风险高于未能发现由于错误导致的重大错报的风险。

(2)了解与审计相关的内部控制,以设计恰当的审计程序,但目的并非对内部控制的有效性发表意见。

(3)评价管理层选用会计政策的恰当性和作出会计估计及相关披露的合理性。

(4)对管理层使用持续经营假设的恰当性得出结论。同时,根据获取的审计证据,就可能导致对中诚信托持续经营能力产生重大疑虑的事项或情况是否存在重大不确定性得出结论。如果我们得出结论认为存在重大不确定性,审计准则要求我们在审计报告中提请报表使用者注意财务报表中的相关披露;如果披露不充分,我们应当发表非无保留意见。我们的结论基于截至审计报告日可获得的信息。然而,未来的事项或情况可能导致中诚信托不能持续经营。

（5）评价财务报表的总体列报、结构和内容，并评价财务报表是否公允反映相关交易和事项。

（6）就中诚信托中实体或业务活动的财务信息获取充分、适当的审计证据，以对财务报表发表审计意见。我们负责指导、监督和执行集团审计，并对审计意见承担全部责任。

我们与治理层就计划的审计范围、时间安排和重大审计发现等事项进行沟通，包括沟通我们在审计中识别出的值得关注的内部控制缺陷。

中国注册会计师：迟文洲
中国注册会计师：彭　泽

中国·北京　　2022年4月27日

5.1.2 资产负债表

合并及公司资产负债表

编制单位：中诚信托有限责任公司　　2021年12月31日　　单位：万元

项目	合并		公司	
	2021年12月31日	2020年12月31日	2021年12月31日	2020年12月31日
资产	—	—	—	—
货币资金	64 075.88	63 074.77	17 641.17	15 188.94
以公允价值计量且其变动计入当期损益的金融资产		9 774.62		9 774.62
交易性金融资产	850 399.90	—	831 494.88	
买入返售金融资产	2 090.01	19 130.16	2 090.01	19 130.16
应收账款	13 996.66	12 721.02	1 229.59	2 758.92
预付款项	1 347.10	1 534.80	1 033.48	1 170.44
其他应收款	49 731.57	58 206.42	49 136.46	57 583.77
存货	52.42	62.49		
发放贷款和垫款	145 620.00	48 080.00	14 320.00	35 880.00
可供出售金融资产	—	1 476 104.34		1 474 174.17
债权投资	497 099.41	—	635 831.20	
其他债权投资				
其他权益工具投资				
长期股权投资	456 073.89	435 316.67	498 532.53	477 506.82
投资性房地产	22 362.53	23 722.22		
固定资产	8 068.82	7 549.77	1 705.67	1 143.95
无形资产	1 911.26	1 409.69	980.19	656.51
使用权资产	3 174.43	—	16 940.58	—
商誉				
长期待摊费用	1 259.30	1 083.40	210.51	464.04
递延所得税资产	102 526.89	45 319.80	99 882.16	42 814.37
其他流动资产	197.40			
资产总计	2 219 987.47	2 203 090.17	2 171 028.43	2 138 246.71
负债				
短期借款	16 000.00	165 000.00	16 000.00	165 000.00
拆入资金				
以公允价值计量且其变动计入当期损益的金融负债				
交易性金融负债	14.97			
应付账款	370.09	28.38		
预收款项	3 855.54	3 804.93	3 583.25	3 583.25
应付职工薪酬	95 189.42	86 768.82	74 576.02	69 879.78

续表

项目	合并		公司	
	2021年12月31日	2020年12月31日	2021年12月31日	2020年12月31日
应交税费	23 710.73	27 949.34	21 021.67	25 482.82
其他应付款	31 606.35	30 852.93	29 432.31	28 864.16
长期借款	180 000.00	—	180 000.00	—
长期应付款	—	750.00	—	—
租赁负债	3 334.95	—	17 106.82	—
递延所得税负债	260.60	846.81	—	662.19
其他流动负债	—	—	—	—
负债合计	354 342.65	316 001.21	341 720.07	293 472.20
所有者权益	—	—	—	—
实收资本	245 666.67	245 666.67	245 666.67	245 666.67
资本公积	270 135.71	270 134.41	270 135.71	270 134.41
其他综合收益	950.88	3 575.22	950.88	3 548.85
盈余公积	127 833.34	127 833.34	127 833.34	127 833.34
一般风险准备	62 198.49	62 198.49	62 198.49	62 198.49
未分配利润	1 149 138.70	1 168 705.48	1 122 523.27	1 135 392.75
归属于母公司所有者权益合计	1 855 923.79	1 878 113.61	1 829 308.36	1 844 774.51
少数股东权益	9 721.03	8 975.35	—	—
所有者权益合计	1 865 644.82	1 887 088.96	1 829 308.36	1 844 774.51
负债及所有者权益合计	2 219 987.47	2 203 090.17	2 171 028.43	2 138 246.71

法定代表人：安国勇　　主管会计工作负责人：沈树忠　　制表人：吴静玲

5.1.3 利润表

合并及公司利润表

编制单位：中诚信托有限责任公司　　2021年度　　单位：万元

项目	合并		公司	
	2021年度	2020年度	2021年度	2020年度
一、营业总收入	289 339.20	282 314.34	233 198.75	239 986.63
（一）利息收入	10 168.94	3 508.33	574.83	2 617.02
（二）手续费及佣金收入	178 512.91	158 658.15	129 377.17	117 425.48
（三）投资收益	122 303.81	112 540.59	131 960.53	119 485.74
其中：对联营企业和合营企业的投资收益	95 254.59	85 286.34	95 254.59	85 444.73
（四）其他收益	64.67	117.87	—	—
（五）公允价值变动收益（损失以"-"号填列）	-28 024.92	631.65	-28 029.21	631.65
（六）资产处置收益（损失以"-"号填列）	—	—	—	—
（七）汇兑收益	-825.94	-338.44	-828.56	-345.88
（八）其他业务收入	7 139.73	7 196.19	143.99	172.62
二、营业总支出	185 010.30	166 271.81	131 769.35	137 888.19
（一）利息支出	12 841.38	23 734.28	4 128.88	23 734.28
（二）手续费及佣金支出	1 178.27	118.86	108.60	125.13
（三）税金及附加	1 942.56	1 833.77	909.95	844.63
（四）业务及管理费	87 959.07	77 875.55	54 629.97	50 415.93
（五）资产减值损	—	60 821.81	—	62 768.22

续表

项目	合并		公司	
	2021年度	2020年度	2021年度	2020年度
（六）信用减值损失	79 205.61	—	71 991.95	—
（七）其他业务成本	1 883.41	1 887.54	—	—
三、营业利润	104 328.90	116 042.53	101 429.40	102 098.44
加：营业外收入	668.20	1 777.00	55.71	1 223.35
减：营业外支出	551.60	214.28	335.53	184.05
四、利润总额（亏损以"-"号填列）	104 445.50	117 605.25	101 149.58	103 137.74
减：所得税费用	4 266.11	6 689.68	-1 744.41	5 801.10
五、净利润（亏损以"-"号填列）	100 179.39	110 915.57	102 893.99	97 336.64
归属于母公司所有者的净利润	96 175.06	107 081.28	102 893.99	97 336.64
少数股东损益	4 004.33	3 834.29	—	—
持续经营净利润（净亏损以"-"号填列）	100 179.39	110 915.57	102 893.99	97 336.64
终止经营净利润（净亏损以"-"号填列）	—	—	—	—
六、其他综合收益的税后净额	-1 206.79	-1 545.12	-1 206.79	-1 550.88
（一）以后将重分类进损益的其他综合收益	-1 206.79	-1 545.12	-1 206.79	-1 550.88
1.权益法下可转损益的其他综合收益	-1 206.79	-1 967.67	-1 206.79	-1 967.67
2.可供出售金融资产公允价值变动损益	—	422.55	—	416.79
3.外币财务报表折算差额	—	—	—	—
归属于母公司股东的其他综合收益的税后净额	-1 206.79	-1 545.12	-1 206.79	-1 550.88
归属于少数股东的其他综合收益的税后净额	—	—	—	—
七、综合收益总额	98 972.60	109 370.45	101 687.20	95 785.76
归属于母公司所有者的综合收益总额	94 968.28	105 536.16	101 687.20	95 785.76
归属于少数股东的综合收益总额	4 004.32	3 834.29	—	—

法定代表人：安国勇　　　　　主管会计工作负责人：沈树忠　　　　　制表人：吴静玲

5.1.4 合并所有者权益变动表

合并所有者权益变动表

编制单位：中诚信托有限责任公司　　　　2021年度　　　　单位：万元

项目	归属于母公司所有者权益合计						少数股东权益	所有者权益合计
	实收资本	资本公积	其他综合收益	盈余公积	一般风险准备	未分配利润		
2019年1月1日年初余额	245 666.67	270 518.60	5 120.34	127 833.34	62 198.49	1 076 364.20	7 063.25	1 794 764.89
会计政策变更	—	—	—	—	—	—	—	—
会计差错更正								
其他								
一、2020年1月1日调整后年初余额	245 666.67	270 518.60	5 120.34	127 833.34	62 198.49	1 076 364.20	7 063.25	1 794 764.89
二、2020年度增减变动金额	—	-384.19	-1 545.12			92 341.28	1 912.10	92 324.07
（一）综合收益总额	—		-1 545.12			107 081.28	3 834.29	109 370.45
1.净利润						107 081.28	3 834.29	110 915.57
2.其他综合收益	—		-1 545.12	—		—	—	-1 545.12
（二）所有者投入和减少资本	—							
（三）利润分配	—					-14 740.00	-1 922.19	-16 662.19
1.提取盈余公积	—							

续表

项目	归属于母公司所有者权益合计						少数股东权益	所有者权益合计
	实收资本	资本公积	其他综合收益	盈余公积	一般风险准备	未分配利润		
2. 提取一般风险准备	—	—	—	—	—	—	—	—
3. 对所有者的分配	—	—	—	—	—	-14 740.00	-1 922.19	-16 662.19
（四）权益法核算被投资单位其他权益变动	—	-384.19	—	—	—	—	—	-384.19
三、2020年12月31日年末余额	245 666.67	270 134.41	3 575.22	127 833.34	62 198.49	1 168 705.48	8 975.35	1 887 088.96
四、2021年1月1日年初会计政策变更金额	—	—	-1 417.56	—	—	-96 088.51	—	-97 506.07
五、2021年1月1日年初余额	245 666.67	270 134.41	2 157.66	127 833.34	62 198.49	1 072 616.97	8 975.35	1 789 582.89
六、2021年度增减变动金额	—	1.30	-1 206.79	—	—	76 521.73	745.69	76 061.93
（一）综合收益总额	—	—	-1 206.79	—	—	96 175.06	4 004.33	98 972.60
1. 净利润	—	—	—	—	—	96 175.06	4 004.33	100 179.39
2. 其他综合收益	—	—	-1 206.79	—	—	—	—	-1 206.79
（二）所有者投入和减少资本	—	—	—	—	—	—	—	—
（三）利润分配	—	—	—	—	—	-19 653.33	-3 258.64	-22 911.97
1. 提取盈余公积	—	—	—	—	—	—	—	—
2. 提取一般风险准备	—	—	—	—	—	—	—	—
3. 对所有者的分配	—	—	—	—	—	-19 653.33	-3 258.64	-22 911.97
（四）权益法核算被投资单位其他权益变动	—	1.30	—	—	—	—	—	1.30
七、2021年12月31日年末余额	245 666.67	270 135.71	950.87	127 833.34	62 198.49	1 149 138.70	9 721.04	1 865 644.82

法定代表人：安国勇　　主管会计工作负责人：沈树忠　　制表人：吴静玲

5.1.5　母公司所有者权益变动表

所有者权益变动表

编制单位：中诚信托有限责任公司　　2021年度　　单位：万元

项目	实收资本	资本公积	其他综合收益	盈余公积	一般风险准备	未分配利润	所有者权益合计
2020年1月1日年初余额	245 666.67	270 518.60	5 099.73	127 833.34	62 198.49	1 052 796.11	1 764 112.94
会计政策变更	—	—	—	—	—	—	—
会计差错更正	—	—	—	—	—	—	—
一、2020年1月1日调整后年初余额	245 666.67	270 518.60	5 099.73	127 833.34	62 198.49	1 052 796.11	1 764 112.94
二、2020年度增减变动金额	—	-384.19	-1 550.88	—	—	82 596.64	80 661.57
（一）综合收益总额	—	—	-1 550.88	—	—	97 336.64	95 785.76
1. 净利润	—	—	—	—	—	97 336.64	97 336.64
2. 其他综合收益	—	—	-1 550.88	—	—	—	-1 550.88
（二）所有者投入和减少资本	—	—	—	—	—	—	—
（三）利润分配	—	—	—	—	—	-14 740.00	-14 740.00
1. 提取盈余公积	—	—	—	—	—	—	—
2. 提取一般风险准备	—	—	—	—	—	—	—
3. 对所有者的分配	—	—	—	—	—	-14 740.00	-14 740.00
（四）权益法核算被投资单位其他权益变动	—	-384.19	—	—	—	—	-384.19
三、2020年12月31日年末余额	245 666.67	270 134.41	3 548.85	127 833.34	62 198.49	1 135 392.75	1 844 774.51
四、2021年1月1日年初会计政策变更金额	—	—	-1 391.18	—	—	-96 110.14	-97 501.32

续表

项目	实收资本	资本公积	其他综合收益	盈余公积	一般风险准备	未分配利润	所有者权益合计
五、2021年1月1日年初余额	245 666.67	270 134.41	2 157.67	127 833.34	62 198.49	1 039 282.61	1 747 273.19
六、2021年度增减变动金额	—	1.30	-1 206.79	—	—	83 240.66	82 035.17
（一）综合收益总额	—	—	-1 206.79	—	—	102 893.99	101 687.20
1. 净利润	—	—	—	—	—	102 893.99	102 893.99
2. 其他综合收益	—	—	-1 206.79	—	—	—	-1 206.79
（二）所有者投入和减少资本	—	—	—	—	—	—	—
（三）利润分配	—	—	—	—	—	-19 653.33	-19 653.33
1. 提取盈余公积	—	—	—	—	—	—	—
2. 提取一般风险准备	—	—	—	—	—	—	—
3. 对所有者的分配	—	—	—	—	—	-19 653.33	-19 653.33
（四）权益法核算被投资单位其他权益变动	—	1.30	—	—	—	—	1.30
七、2021年12月31日年末余额	245 666.67	270 135.71	950.88	127 833.34	62 198.49	1 122 523.27	1 829 308.36

法定代表人：安国勇　　主管会计工作负责人：沈树忠　　制表人：吴静玲

5.2　信托资产

5.2.1　信托项目资产负债汇总表

信托项目资产负债汇总表

编制单位：中诚信托有限责任公司　　2021年12月31日　　单位：万元

资产	期末余额	期初余额	负债和所有者权益	期末余额	期初余额
信托资产：	—	—	信托负债：	—	—
银行存款	591 899.18	332 903.92	应付受托人报酬	1 388.11	2 858.06
交易性金融资产	1 712 200.07	2 151 422.76	应付受益人收益	85.18	22.86
买入返售金融资产	130 258.36	25 520.26	应付信托管费	31.46	61.41
应收账款	—	9 736 590.33	应交税费	2 747.88	702.92
应收利息	—	—	其他应付款	726 208.68	180 340.57
拆出资金	—	—	—	—	—
应收款项	175 724.06	109 516.45	信托负债合计	730 461.31	183 985.82
贷款	4 254 271.53	5 193 658.71			
债权投资	13 715 179.12	—			
其他债权投资	—	—	信托权益：		
长期股权投资	2 936 963.90	3 223 267.18	实收信托	22 623 389.56	20 564 626.74
固定资产	—	—	其他综合收益	259 573.26	50 057.53
在建工程	—	—	未分配利润	-96 927.91	-25 790.48
无形资产	—	—	信托权益合计	22 786 034.91	20 588 893.79
长期待摊费用	—	—			
其他资产	—	—			
资产总计	23 516 496.22	20 772 879.61	负债和所有者权益合计	23 516 496.22	20 772 879.61

5.2.2 信托项目利润及利润分配汇总表

信托项目利润及利润分配表

编制单位：中诚信托有限责任公司　　2021年度　　　　　　单位：万元

项目	本年金额	上年金额
一、营业收入	1 295 576.94	1 369 654.53
利息收入	311 933.66	494 611.37
投资收益	107 783.26	53 354.63
公允价值变动损益	58 072.74	50 319.46
租赁收入	—	—
其他业务收入	820 177.10	774 714.93
汇兑损益	-2 389.82	-3 345.86
二、手续费及佣金支出	—	—
三、业务及管理费	257 087.83	248 790.31
四、营业税金及附加	4 977.38	4 937.93
五、扣除财产损失前的信托利润	1 033 511.73	1 115 926.29
加：以前年度损益调整	—	—
减：资产减值损失	114 551.71	—
六、扣除资产损失后的信托利润	918 960.02	1 115 926.29
加：期初未分配信托利润	-25 790.48	42 855.92
七、可供分配的信托利润	893 169.54	1 158 782.21
减：本期已分配信托利润	990 097.45	1 184 572.69
八、期末未分配利润	-96 927.91	-25 790.48

6. 会计报表附注

6.1 会计报表编制基准不符合会计核算基本前提的说明

6.1.1 会计核算基本前提的说明

公司以持续经营为基础，根据实际发生的交易和事项，按照《企业会计准则——基本准则》和其他各项具体会计准则、应用指南及准则解释的规定进行确认和计量，在此基础上编制财务报表。

公司所编制的会计报表符合企业会计准则的要求，真实、完整地反映了公司的财务状况、经营成果、股东权益变动和现金流量等有关信息。

6.1.2 编制合并会计报表的说明

本期本公司将所有控股公司和结构化主体纳入合并会计报表范围。本公司纳入合并报表范围的控股公司如下表所示。

公司名称	业务性质	注册地	注册资本（万元）	我单位持有的权益性资本的比例（%）	关联方关系
北京三侨物业管理有限责任公司	物业管理	中国北京	25 000	100.00	全资子公司
北京安贞大厦物业管理有限责任公司	物业管理	中国北京	1 000	100.00	三侨物业全资子公司
中诚宝捷思货币经纪有限公司	境内外货币经纪业务	中国北京	5 000	67.00	控股子公司
中诚资本管理（北京）有限公司	项目投资、资本管理	中国北京	10 000	100.00	全资子公司
深圳市中诚云领厚润德投资企业（有限合伙）	企业管理咨询	中国深圳	5 230	99.04	控股子公司
北京鼎泰裕华投资管理有限公司	资产管理	中国北京	1 000	100.00	中诚资本全资子公司
2013年中诚信托无锡锦绣商业广场集合信托计划	信托计划	中国北京	—	100.00	本公司发行的信托计划
2013年中诚信托重庆典雅西区贷款项目集合资金信托计划	信托计划	中国北京	—	100.00	本公司发行的信托计划
2017年中诚信托重庆隆鑫中心项目集合资金信托计划	信托计划	中国北京	—	99.99	本公司发行的信托计划

6.2 或有事项说明

无。

6.3 重要资产转让及其出售的说明

本年公司无重要资产转让及出售事项。

6.4 会计报表中重要事项的明细资料

6.4.1 披露自营资产经营情况

6.4.1.1 按信用风险五级分类的结果披露资产的期初数、期末数

按照《中国银行业监督管理委员会关于非银行金融机构全面推行资产质量五级分类管理的通知》的分类标准，本年度公司固有五级分类资产质量情况如下表所示。

信用风险资产五级分类	正常类（万元）	关注类（万元）	次级类（万元）	可疑类（万元）	损失类（万元）	信用风险资产合计（万元）	不良资产合计（万元）	不良资产率（%）
期初数	1 349 563.03	673 556.58	14 328.28	227 869.55	—	2 265 317.44	242 197.83	3.09
期末数	990 448.73	1 003 036.46	262 826.35	182 456.42	39 308.85	2 481 076.81	487 591.62	2.43

注：不良资产率按净值计算，与报送有关部门的统计口径一致。不良资产合计=次级类+可疑类+损失类。

6.4.1.2 各项资产减值损失准备的期初、本期计提、本期转回、本期核销、期末数

单位：万元

	期初数	本期计提	本期转回	本期核销	期末数
贷款损失准备	53 820.00	6 968.85	—		60 788.85
一般准备	—	—	—		—
专项准备	53 820.00	6 968.85	—		60 788.85
其他资产减值准备	—	—	—		—
债权投资减值准备	161 227.65	63 810.86	—		225 038.51
长期股权投资减值准备	1 591.60	—	—		1 591.60
坏账准备	46 690.18	1 212.25	—		47 902.43
投资性房地产减值准备	—	—	—		—

6.4.1.3 按照投资品种分类，分别披露固有业务股票投资、基金投资、债券投资、股权投资等投资业务的期初数、期末数

单位：万元

	自营股票	基金	债券	股权投资	其他投资	合计
期初数	503.54	84 654.21	—	893 191.74	209 269.28	1 187 618.77
期末数	—	78 122.67	—	876 543.14	375 361.61	1 330 027.42

6.4.1.4 按投资入股金额排序，前五名的自营长期股权投资的企业名称，占被投资企业权益的比例，主要经营活动及投资收益情况

企业名称	占被投资企业权益的比例（%）	主要经营活动	投资收益（万元）
嘉实基金管理有限公司	40.00	基金管理	83 079.94
国都证券股份有限公司	13.33	证券服务	10 636.11
北京三侨物业管理有限责任公司	100.00	物业管理	3 000.00
中诚国际资本有限公司	49.00	项目投资、资本管理	773.50
中诚资本管理（北京）有限公司	100.00	项目投资、资本管理	—

注：投资损益是指按照企业会计准则规定，核算股权投资确认损益并计入披露年度利润表的金额。

6.4.1.5 前五名的自营贷款的企业名称，占贷款总额的比例和还款情况

企业名称	占贷款总额的比例（%）	还款情况
福建顺华置业发展有限公司	52.34	逾期
重庆金阳房地产开发有限公司	47.66	逾期

6.4.1.6 表外业务的期初数、期末数；按照代理业务担保业务和其他类型表外业务分别披露

单位：万元

表外业务	期初数	期末数
担保业务	—	—
代理业务（委托业务）	—	—
其他	—	—
合计	—	—

注：本公司无因客观原因应规范而尚未完成规范的历史遗留委托业务。

6.4.1.7 公司当年的收入结构

收入结构	母公司		合并	
	金额（万元）	占比（%）	金额（万元）	占比（%）
手续费及佣金收入	129 377.17	55.47	178 512.91	61.55
其中：信托手续费收入	127 244.17	54.55	127 244.17	43.88
投资银行业务收入	369.10	0.16	369.10	0.13
利息收入	574.83	0.25	10 168.94	3.51
其他业务收入	-684.57	-0.29	6 378.46	2.20
其中：计入信托业务收入部分	—	—	—	—
投资收益	131 960.53	56.57	122 303.81	42.17
其中：股权投资收益	124 260.19	53.27	114 418.08	39.45
证券投资收益	4 668.73	2.00	4 668.73	1.61
其他投资收益	3 031.61	1.30	3 217.01	1.11
公允价值变动收益	-28 029.21	-12.02	-28 024.92	-9.66
营业外收入	55.71	0.02	668.20	0.23
收入合计	233 254.45	100.00	290 007.39	100.00

6.4.2 披露信托资产管理情况

6.4.2.1 信托资产的期初数、期末数

单位：万元

信托资产	期初数	期末数
集合	10 532 594.19	10 812 631.26
单一	8 196 885.20	7 512 633.57
财产权	2 043 400.22	5 191 231.39
合计	20 772 879.61	23 516 496.22

6.4.2.1.1 主动管理型信托业务的信托资产期初数、期末数

单位：万元

主动管理型信托资产	期初数	期末数
证券投资类	25 995.53	449 893.98
股权投资类	180 634.28	1 985 296.15
其他投资类	3 974 729.06	3 851 326.57
融资类	6 896 151.83	5 516 270.34
事务管理类	480 391.62	611 695.67
合计	11 557 902.32	12 414 482.71

6.4.2.1.2 被动管理型信托业务的信托资产期初数、期末数

单位：万元

被动管理型信托资产	期初数	期末数
证券投资类	715 065.77	1 702 648.51
股权投资类	451 461.45	931 737.38
其他投资类	3 049 393.88	547 892.89
融资类	1 551 513.38	996 377.14
事务管理类	3 447 542.81	6 923 357.59
合计	9 214 977.29	11 102 013.51

6.4.2.2 本年度已清算结束的信托项目个数、实收信托合计金额、加权平均实际年化收益率

6.4.2.2.1 本年度已清算结束的集合类、单一类资金信托项目和财产管理类信托项目数量、合计金额、加权平均实际年化收益率

已清算结束信托项目	项目个数（个）	合计金额（万元）	加权平均实际收益率（%）
集合类	37	2 681 831.80	5.61
单一类	59	4 286 974.85	7.08
财产管理类	16	3 207 557.00	1.50

6.4.2.2.2 本年度已清算结束的主动管理型信托项目个数、实收信托合计金额、加权平均实际年化收益率

已清算结束信托项目	项目个数（个）	实收信托合计金额（万元）	加权平均实际收益率（%）
证券投资类	4	216 642.00	0.65
股权投资类	4	431 270.00	6.17
其他投资类	11	1 066 700.00	5.18
融资类	30	1 885 173.00	5.89
事务管理类	1	32.80	—

6.4.2.2.3 本年度已清算结束的被动管理型信托项目个数、实收信托合计金额、加权平均实际年化收益率

已清算结束信托项目	项目个数（个）	实收信托合计金额（万元）	加权平均实际收益（%）
证券投资类	9	462 583.00	34.72
股权投资类	4	502 378.75	4.00
其他投资类	4	323 450.00	2.52
融资类	18	1 579 707.10	3.47
事务管理类	27	3 708 427.00	1.73

6.4.2.3 本年度新增的集合类、单一类资金信托项目和财产管理类信托项目数量、实收信托合计金额

新增信托项目	项目个数（个）	实收信托合计金额（万元）
单一类	131	3 534 124.25
集合类	56	2 265 385.97
财产管理类	55	5 257 322.69
新增合计	242	11 056 832.91
其中：主动管理型	114	5 056 696.47
被动管理型	128	6 000 136.44

6.4.2.4 信托业务创新成果和特色业务有关情况

面对国内经济复苏放缓、房地产等重点领域风险暴露增加、信托行业持续严监管和传统业务压降、新冠疫情反弹冲击等复杂形势和困难，公司锚定"十四五"战略部署及规划目标，加快推进业务结构调整与转型布局。

在业务创新方面，持续发挥信托功能，坚持回归信托本源，积极推进保险金信托、慈善信托等本源业务领域创新，积极运用信托制度服务国家战略。一是充分发挥人保股东协同资源，积极推进保险金信托业务发展，与人保寿险实现首单保险金信托业务落地。二是在慈善信托领域持续创新业务模式，以"诚善"为公司慈善信托主打品牌，注重与家族信托业务结合，围绕高净值客户需求创新业务模式。三是强化与央企合作，落地基础设施领域股权投资项目，积极推进与中铁股份下属单位开展股权投资项目。四是不断探索信托服务科技创新与绿色环保等国家战略，为高新技术产业园区和新兴产业投资项目提供资金支持，积极推动在绿色环保领域，如新能源、污水处理等领域的项目落地。

在经营转型方面，一是严格执行监管压降要求，持续压降融资类信托业务规模。二是大力推进标品信托业务发展，优化投研支持职能并初步构建了信用评级体系及信用债风险预警机制，优化标品信托运营管理职能。三是股权投资信托业务模式不断丰富，依托在房地产领域专业基础，积极探索股权投资业务开展。四是高端财富管理业务快速发展，紧抓高端财富管理需求快速发展的市场机遇，加大与各类渠道合作力度，家族信托业务规模同比增长超200%。

6.4.2.5 本公司未发生履行受托人义务情况及因本公司自身责任而导致的信托财产损失情况

6.5 关联方关系及其交易的披露

6.5.1 关联交易方的数量、关联交易的总金额及关联交易的定价政策等

	关联交易数量	关联交易金额（万元）	定价政策
自营与关联	6	13 092.14	双方协议确定
信托与关联	48	4 510 650.54	双方协议确定
信托与固有	20	644 582.71	双方协议确定
信托与信托	20	38 213.00	—
合计	94	5 206 538.39	

定价政策：关联交易定价政策以不损伤第三方利益为首要原则，主要定价政策如下。一是根据中国人民银行颁布的指导利率及上下浮动范围确定贷款利率。二是双方协议确定交易价格。三是双方参照证券市场成交价格，协商确定交易价格。四是根据资产账面价值进行交易。五是根据信托委托人指定价格进行交易。六是根据原始投资额及持有期间的应获取的收益确定交易价格。七是依据中介机构评估报告，确定交易价格。

关联方认定：按照《银行保险机构关联交易管理办法》认定关联方。

6.5.2 关联交易方与本公司的关系性质、关联交易方的名称、法定代表人、注册地址、注册资本及主营业务等

6.5.2.1 存在控制关系的关联方及联营企业

关系性质	关联方名称	法定代表人/委派代表	注册地址	实收资本（万元）	主营业务
全资子公司	北京三侨物业管理有限责任公司	刘孟革	中国北京	25 000	物业管理
控股子公司	中诚宝捷思货币经纪有限公司	郑海帆	中国北京	5 000	境内外货币经纪业务
全资子公司	中诚资本管理（北京）有限公司	尤彦媚	中国北京	10 000	资产管理
三侨物业全资子公司	北京安贞大厦物业管理有限责任公司	张伟	中国北京	1 000	物业管理
中诚资本子公司	北京鼎泰裕华投资管理有限公司	王会妙	中国北京	1 000	资产管理
控股子公司	深圳市中诚云领厚润德投资企业（有限合伙）	王其聪	中国深圳	5 230	项目投资；投资咨询；投资管理；企业管理咨询
联营企业	珠海鼎宇股权投资基金合伙企业（有限合伙）	杨杰	广东珠海	17	项目投资
联营企业	中诚国际资本有限公司	—	中国香港	港币 16 814.83万元	项目投资、资本管理
联营企业	国都证券股份有限公司	翁振杰	中国北京	583 000	证券服务
联营企业	嘉实基金管理有限公司	经雷	中国上海	15 000	基金管理
联营企业	国都期货有限公司	叶晓	中国北京	20 000	期货服务
联营企业	中关村兴业（北京）投资管理有限公司	董建邦	中国北京	16 182	资产管理、项目投资
联营企业	旭诚（上海）股权投资基金管理有限公司	张子牛	中国上海	10 000	股权投资管理、资产管理、财务咨询

6.5.2.2 本公司的其他关联方

其他关联方的名称	关联方关系的性质
中国人民人寿保险股份有限公司	股东人保集团之子公司

6.5.3 逐笔披露本公司与关联方的重大交易事项

6.5.3.1 固有财产与关联方：贷款、投资、租赁、应收账款、担保、其他方式等期初汇总数、本期发生额汇总数、期末汇总数

固有与关联方关联交易 单位：万元

项目	期初数	借方发生额	贷方发生额	期末数
贷款	—	—	—	—
投资	203 598.21	7 162.31		210 760.52
租赁	—	2 347.56	2 347.56	—
担保				
应收账款				
其他		3 622.26	3 622.26	
合计	203 598.21	13 132.13	5 969.82	210 760.52

6.5.3.2 信托与关联方交易情况：贷款、投资、租赁、应收账款、担保、其他方式等期初汇总数、本期借方和贷方发生额汇总数、期末汇总数

信托与关联方关联交易 单位：万元

项目	期初数	借方发生额	贷方发生额	期末数
贷款	147 533.84	615 600.00	7 000.00	756 133.84
投资	365 084.90	3 895 050.54	2 047 697.55	2 212 437.89
租赁				
担保				
应收账款	16 000.00		16 000.00	
其他				
合计	528 618.74	4 510 650.54	2 070 697.55	2 968 571.73

关联方认定：按照《银行保险机构关联交易管理办法》认定关联方。

6.5.3.3 信托公司自有资金运用于自己管理的信托项目（固信交易）、信托公司管理的信托项目之间的相互

（信信交易）交易金额，包括余额和本报告年度的发生额

固有与信托财产之间的交易金额期初汇总数、本期发生额汇总数、期末汇总数如下表所示。

固有财产与信托财产相互交易　　单位：万元

项目	期初数	本期发生额	期末数
合计	251 126.91	158 617.98	409 744.89

6.5.4 本年度未发生关联方逾期未偿还本公司资金的情况以及本公司为关联方担保发生或即将发生垫款的情况。

6.6 会计制度的披露

公司固有业务自2008年1月1日起执行财政部2006年2月15日颁布的《企业会计准则》（财会〔2006〕3号）及其后续规定。以持续经营为基础，根据实际发生的交易和事项，按照《企业会计准则——基本准则》和其他各项具体会计准则、应用指南及准则解释的规定进行确认和计量，在此基础上编制财务报表。

7. 财务情况说明书

7.1 利润实现和分配情况

单位：万元

项目	母公司	合并
税前利润	101 149.58	104 445.50
减：所得税	−1 744.41	4 266.11
净利润	102 893.99	100 179.39
其中：归属于母公司所有者的净利润	102 893.99	96 175.06
少数股东损益	—	4 004.33
加：年初未分配利润	1 039 282.61	1 072 616.97
其中：归属于母公司所有者的未分配利润	—	1 072 616.97
少数股东损益	—	—
减：提取法定盈余公积	—	—
减：提取一般准备	—	—
减：股利分配	19 653.33	19 653.33
年末未分配利润	1 122 523.27	1 153 143.03
其中：归属于母公司所有者的未分配利润	1 122 523.27	1 149 138.70
少数股东损益	—	4 004.33

7.2 主要财务指标

指标名称	母公司	合并
资本利润率（%）	5.75	5.29
人均净利润（万元）	300.86	281.21

7.3 本年度对本公司财务状况、经营成果有重大影响的其他事项

无。

8. 特别事项揭示

8.1 报告期内股东变动情况

无。

8.2 董事、监事及高级管理人员变动情况及原因

8.2.1 董事变动情况

2021年2月25日，经中诚信托2021年第一次临时股东会审议通过，罗学东不再担任中诚信托董事。

2021年2月25日，经中诚信托2021年第一次临时董事会审议通过，牛成立不再担任中诚信托董事长。

2021年4月1日，取得《北京银保监局关于中诚信托有限责任公司黎宗剑任职资格的批复》》（京银保监复〔2021〕253号），核准黎宗剑为中诚信托有限责任公司独立董事。

2021年9月9日，取得《北京银保监局关于中诚信托有限责任公司安国勇任职资格的批复》（京银保监复〔2021〕755号），核准安国勇为中诚信托有限责任公司董事。

2021年11月26日，因任职年限已达法规规定的最高年限，经中诚信托2021年第四次临时股东会审议通过，李秉祥、刘宗义不再担任中诚信托独立董事。

2021年12月6日，取得《北京银保监局关于中诚信托有限责任公司李祝用任职资格的批复》（京银保监复〔2021〕1003号），核准李祝用为中诚信托有限责任公司董事长。

8.2.2 监事变动情况

2021年2月25日，经中诚信托2021年第一次临时监事会审议通过，刘耀民不再担任中诚信托监事长职务。

2021年3月26日，公司召开职工代表大会选举梅永文为公司第六届职工监事。

2021年6月7日，中诚信托2021年第二次临时股东会选举尉维斌为中诚信托监事，刘耀民不再担任中诚信托监事。

2021年6月7日，中诚信托2021年第二次临时监事会选举尉维斌为中诚信托监事长。

8.2.3 高级管理人员变动情况

2021年2月25日，经中诚信托2021年第一次临时董

事会批准，秦岭、罗学东、汤淑梅不再担任中诚信托副总裁。

2021年7月19日，取得《北京银保监局关于中诚信托有限责任公司郑海帆任职资格的批复》（京银保监复〔2021〕608号），核准郑海帆为中诚信托有限责任公司副总裁。

2021年9月9日，取得《北京银保监局关于中诚信托有限责任公司安国勇任职资格的批复》（京银保监复〔2021〕755号），核准安国勇为中诚信托有限责任公司总裁。

8.3 报告期内公司发生变更注册资本、变更注册地或公司名称、公司分立合并事项情况

无。

8.4 报告期内公司股东违反承诺质押信托公司股权或以股权及其受（收）益权设立信托等金融产品的情况

无。

8.5 报告期内已向国务院银行业监督管理机构或其派出机构提交行政许可申请但尚未获得批准的事项

无。

8.6 报告期内公司发生重大诉讼事项

无。

8.7 报告期内公司及其董事、监事和高级管理人员受到处罚情况

无。

8.8 报告期内公司收到监管部门关于检查的整改通知情况

无。

8.9 报告期内公司重大事项临时报告披露

2021年9月16日，公司在《金融时报》公开披露了《中诚信托有限责任公司关于聘任总裁的公告》。

2021年10月15日，公司在《金融时报》公开披露了《中诚信托有限责任公司关于修改公司章程和变更法定代表人的公告》。

2021年12月13日，公司在《金融时报》公开披露了《中诚信托有限责任公司关于董事长变更的公告》。

8.10 本年度净资本情况

截至2021年12月31日，公司净资本余额123.12亿元（≥2亿元），净资本/各项业务风险资本之和为229.20%（≥100%），净资本/净资产的比例为67.29%（≥40%），各项指标均符合监管要求。

8.11 履行社会责任情况

2021年，公司切实履行社会责任，努力实现经济、社会和环境的全面协调可持续发展。一是充分发挥信托功能，服务实体经济。二是通过公益捐赠、慈善信托等多种形式支持巩固脱贫攻坚与助推乡村振兴工作。三是开展特色公益活动，打造中诚公益跑品牌，支持教育事业发展。四是推动绿色发展，设立中诚公益林，积极开展节能降耗绿色办公活动，打造资源节约型和环境友好型企业。

8.12 消费者权益保护工作情况

2021年，中诚信托高度重视消费者权益保护工作，严格落实监管及上级部门要求，确保消费者权益保护工作落实的实效性。

8.12.1 制度方面

公司设立了消费者权益保护工作制度体系框架并不断更新完善，现行相关制度37项。2021年度制定及修订制度7项，涉及销售行为、信息披露、消保考核、集合资金信托文件签约、产品发行营销宣传、计划发行等管理办法。

产品与服务管理方面。一是严控合作机构资质，确保产品准入符合标准。二是对发行产品的风险等级评定、投资者的评估与分类等工作做了进一步规范，制定产品风险评级管理、投资者适当性管理、销售人员行为管理等制度文件。三是规范对特殊群体的销售行为，修订信托计划文件中与消保权益相关的条款内容，给予投资者更多的考虑时间等相关内容。四是对营销行为进行引导教育，不断提升消保工作管理水平，年内共计开展内部培训16次。五是各部门协同运营客户服务APP，提高了客户粘合度及忠诚度、增强客户服务体验感。

8.12.2 宣传教育方面

制定了年度消保工作宣传教育计划，定期举行金融知识普及宣教活动，将投资者教育活动贯穿全年，年内开展消费者宣教活动18次，参与人数5.4万余人。二是统一印制并发放消保宣传资料3 500册，发放2 000余册。

三是充分利用营业场所做好消保宣传工作，常态化开展消费者权益保护宣传。此外，增设了消费者权益保护专区。公司获评北京银保监局金融联合宣教活动表现突出组织单位。

8.12.3 消费者投诉方面

公司不断推进相关规章制度及机制建设，建立了明确的客户联络和投诉受理机制，建立消费者投诉台账，并进行统计分析。公司在2021年1月1日至2021年12月31日共收到38起投诉。按照投诉渠道分类：2021年度我司受理北京银行业保险业消费投诉处理管理系统平台转办投诉11起；监管邮箱、电话转办投诉16起；消费者直接拨打我司投诉专线投诉9起，其他渠道2起。针对上述投诉案件，公司已按照相关工作流程进行了处理，并按照投诉管理要求将办理情况反馈至各级监管部门。本年度未发生重大投诉事件及诉讼。

9.公司监事会意见

监事会认为，本报告期内，公司决策程序合法，内部控制制度较为完善，没有发现公司董事、经理和其他高级管理人员在执行公司职务时有违法违纪和有损公司及股东利益的行为。公司财务报告真实地反映了公司的财务状况和经营成果。

中国对外经济贸易信托有限公司

1. 重要提示

1.1 中国对外经济贸易信托有限公司（以下简称公司、中国外贸信托或外贸信托）董事会及董事保证本报告所载资料不存在任何虚假记载、误导性陈述或者重大遗漏，并对其内容的真实性、准确性和完整性承担个别及连带责任。本年度报告摘要摘自年度报告全文，客户及相关利益人欲了解详细内容，应阅读年度报告全文。

1.2 个别董事声明
无。

1.3 本公司独立董事对本报告内容的真实性、准确性、完整性无异议。

1.4 毕马威华振会计师事务所对本公司年度财务报告进行审计，出具了标准无保留意见的审计报告。

1.5 本公司董事长李强、财务总监陈丰声明：保证年度报告中财务报告的真实、完整。

2. 公司概况

2.1 公司简介

2.1.1 公司法定名称
中文：中国对外经济贸易信托有限公司（缩写：中国外贸信托/外贸信托）
英文：CHINA FOREIGN ECONOMY AND TRADE TRUST CO., LTD.（缩写：FOTIC）

2.1.2 法定代表人：李强

2.1.3 注册地址：北京市西城区复兴门内大街28号凯晨世贸中心中座6层
邮政编码：100031

2.1.4 国际互联网网址：www.fotic.com.cn
电子信箱：fotic@sinochem.com

2.1.5 信息披露事务负责人：屈鹏
电话：010-59568808
传真：010-59569888
电子信箱 xtzjb@sinochem.com

2.1.6 信息披露报纸：《上海证券报》

2.1.7 年度报告备置地点：北京市西城区复兴门内大街28号凯晨世贸中心

2.1.8 聘请会计师事务所：毕马威华振会计师事务所（特殊普通合伙）
办公地址：中国北京市东长安街1号东方广场毕马威大楼8层

2.2 组织结构图

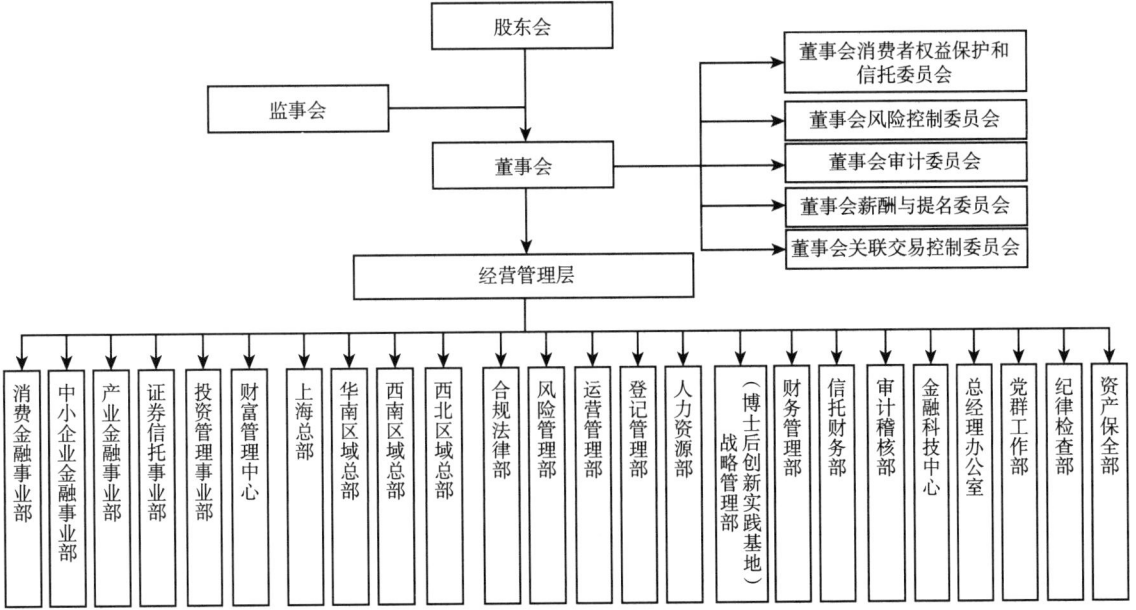

3. 公司治理

3.1 股东

报告期末，本公司股东总数2家，持股比例10%以上的股东有1家，股东结构如下表所示。

股东名称	持股比例及出资额(%)	法定代表人	注册资本(元)	注册地址	主要经营业务及主要财务情况
中化资本有限公司	97.26	李强	人民币6 017 081 113	中国(上海)自由贸易试验区华申路218号B3楼东南部位	投资管理；资产管理；实业投资；企业管理咨询；投资咨询；从事信息科技专业领域内的技术开发、技术转让、技术咨询、技术服务 截至2021年12月31日，公司资产总额(合并)260.63亿元人民币。2021年度，公司实现营业收入(合并)25.29亿元人民币，利润总额(合并)24.07亿元人民币
中化集团财务有限责任公司	2.74	杨林	人民币6 000 000 000元	北京市西城区复兴门内大街28号凯晨世贸中心中座F3层	对成员单位办理财务和融资顾问、信用鉴证及相关的咨询、代理业务；协助成员单位实现交易款项的收付；对成员单位提供担保；办理成员单位之间的委托贷款及委托投资；对成员单位办理票据承兑与贴现；办理成员单位之间的内部转帐结算及相应的结算、清算方案设计；吸收成员单位的存款；对成员单位办理贷款及融资租赁；从事同业拆借；承销成员单位的企业债券；经批准发行财务公司债券；对金融机构的股权投资；有价证券投资；成员单位产品的买方信贷 截至2021年12月31日，财务公司资产总额(合并)407.60亿元人民币；2021年度，财务公司实现营业收入(合并)13.70亿元人民币，利润总额(合并)12.60亿元人民币

注：1. 外贸信托主要股东为中化资本有限公司，实际控制人为中国中化控股有限责任公司。
2. 中化资本有限公司的控股股东为中国中化股份有限公司，实际控制人、最终受益人为中国中化控股有限责任公司，且无一致行动人；报告期内，中化资本有限公司主要关联方共计12家，除实际控制人、控股股东、中化集团财务有限责任公司外，其余均为控股股东以及其他股东控制或者参股的企业；中化资本有限公司未出质我司股权，亦未以股权及其受(收)益权设立信托等金融产品。
3. 中化资本有限公司持有中化集团财务有限责任公司28%的股份，中化资本有限公司、中化集团财务有限责任公司的实际控制人均为中国中化控股有限责任公司。

3.2 董事

3.2.1 董事会成员

姓名	职务	性别	年龄(岁)	选任日期	所推举的股东名称	该股东持股比例(%)	简要履历
李强	董事长	男	50	2021年4月	中化资本有限公司	97.26	曾任中国中化集团有限公司企业发展部规划科副科长、企业发展部规划科经理、战略规划部副总经理、中化管理学院副院长(主持工作)、党组秘书、董事会秘书、办公厅主任，并曾任外贸信托总经理助理、董事、中国中化股份有限公司办公厅主任；现任中化资本有限公司总经理、党委书记
程永	董事	男	48	2019年4月	中化资本有限公司	97.26	历任中国中化集团有限公司战略规划部规划科副经理、经理、战略规划部总经理助理、副总经理、总经理，中化现代农业有限公司党支部书记、总经理，中国中化集团有限公司农业事业部党委委员、党委副书记、副总裁，中国中化股份有限公司人力资源部副总监(主持工作，部门正职待遇)，并曾任外贸信托董事；现任中国中化控股有限责任公司人力资源部总监
张亚蔚	董事	女	49	2021年4月	中化资本有限公司	97.26	历任中化国际(贸易)股份有限公司财务总部副总经理、矿产能源部财务总监、冶金能源事业部副总经理，中化集团财务有限责任公司副总经理、党委委员，中国中化集团有限公司金融事业部财务总监。现任中化资本有限公司副总经理、党委委员，中化商业保理有限公司总经理

3.2.2 独立董事

姓名	所在单位及职务	性别	年龄(岁)	选任日期	所推举的股东名称	该股东持股比例(%)	简要履历
张向东	退休	男	64	2019年6月	中化资本有限公司	97.26	曾任国家外汇管理局条法处副主任科员、主任科员，国家外汇管理局外资司投资处副处长、综合处处长、投资处处长，国家外汇管理局资本司外债处处长，中国人民银行海口中心支行副行长/国家外汇管理局海南省分局副局长，国家外汇管理局综合司副司长(负责国家外汇管理局外汇管理的法规建设工作)、局级巡视员。现已退休

续表

姓名	所在单位及职务	性别	年龄(岁)	选任日期	所推举的股东名称	该股东持股比例(%)	简要履历
成长青	法兴银行(中国)有限公司董事长	男	59	2016年1月	中化资本有限公司	97.26	曾任美国第一银行大中华信贷审批主管、中国市场部总经理，英国渣打银行北京分行副行长、中国企业部主管、企业咨询董事总经理，高盛高华证券有限责任公司董事总经理、驰卓投资有限公司执行董事，拜腾公司首席资本与投资官，现任法兴银行(中国)有限公司董事长
卢力平①	北京国家会计学院教授	男	66	2015年12月	中化资本有限公司	97.26	北京大学经济学院经济学博士、中国社会科学院金融研究所金融学博士后。曾任天津电子仪表局公务员、处长，天津中环集团处长。现任北京国家会计学院教授

3.3 监事(截至2021年12月31日)

姓名	职务	性别	年龄(岁)	选任日期	所推举的股东名称	该股东持股比例(%)	简要履历
王鹤飞	监事会主席	男	54	2020年12月	中化资本有限公司	97.26	先后在中国国际航空公司、中国化工进出口总公司、中化国际化肥公司、中化集团化肥中心、中远房地产开发有限公司、中国种子集团有限公司、北京先农投资管理有限公司、中化商务有限公司任职。现任中国中化控股有限责任公司金融事业部财务总监、党委委员兼金融事业部财务管理部总经理，中化资本有限公司财务总监、党委委员，中化资本投资管理有限公司财务总监，中化保险经纪(北京)有限责任公司执行董事，中宏人寿保险有限公司监事，外贸信托监事会主席
付强强	监事	男	44	2019年1月	中化资本有限公司	97.26	先后在招商银行、中华财务会计咨询有限公司、中化国际、中化集团、中化集团化工事业部任职。现任中国中化控股有限责任公司金融事业部总裁助理、中化资本有限公司总经理助理、中化资本投资管理有限公司总经理助理、中化资本创新投资有限公司执行董事、总经理，外贸信托监事
东岳	监事	男	49	2021年12月	职工代表	—	先后在中国中纺集团、中国人寿财产保险股份有限公司北京市分公司任职，曾任外贸信托投资发展部职员、审计稽核部职员、运营稽核部职员、投资发展部总经理助理、审计稽核部副总经理(主持工作)。时任外贸信托审计稽核部总经理、公司监事

3.4 高级管理人员

姓名	职务	性别	年龄(岁)	选任日期	金融从业年限(年)	学历	专业
王宗尚	党委书记	男	58	2021年6月	1	博士	应用化学
卫濛濛	代行总经理②	女	40	2021年10月	16	硕士	金融学
帅立新③	总经济师	女	55	2009年7月	13	硕士	工商管理
张一冰	副总经理	女	54	2018年11月	31	硕士	金融学
赵照	副总经理	男	48	2017年12月	27	博士	金融学
马绍晶	副总经理④	男	38	2020年5月	13	硕士	统计学
王晓丽	总经理助理	女	40	2017年11月	19	硕士	工商管理
秦江卫	总法律顾问、首席风控官	男	49	2018年11月	18	硕士	法学
王大为	董事会秘书、总经理助理	男	42	2018年11月	11	硕士	市场营销

① 根据《中国对外经济贸易信托有限公司2021年第六次股东会议决议》(外贸信托股决字〔2021〕6号)，卢力平自2021年12月4日起，不再担任中国对外经济贸易信托有限公司独立董事职务。

② 根据《中国对外经济贸易信托有限公司第七届董事会第二十三次会议决议》(外贸信托董决字〔2021〕8号)，由卫濛濛代行公司总经理职责。

③ 截至该报告发布时，帅立新已退休，公司现任财务总监为陈丰。京银保监复〔2022〕280号文，核准陈丰财务总监的任职资格。

④ 根据《中国对外经济贸易信托有限公司第七届董事会第二十五次会议决议》(外贸信托董决字〔2021〕10号)，同意马绍晶拟任公司副总经理。根据京银保监复〔2022〕82号文，北京银保监局于2022年2月9日核准马绍晶副总经理的任职资格。

3.5 公司员工

截至2021年12月31日，公司共有员工591人，平均年龄33.75岁，其中，博士学位8人，占比为1.35%；硕士学位378人，占比为63.96%；本科学历196人，占比为33.16%；专科学历9人，占比为1.52%。

4. 经营管理

4.1 经营目标、方针、战略规划

经营目标：以实现"金融好社会"为宗旨，致力于打造创新引领、服务实体、以人为本的现代金融公司。

经营方针：秉承"因诺致远"的服务理念，"稳健思变、诚客礼才"的核心价值观，坚持打造以客户为中心的产品力、组织力和体系力，践行"合规先行、稳中求进"的风控文化，为客户提供专业金融服务。

战略规划：积极把握国家大政方针，心怀"国之大者"，以"转型升级、稳健发展"为核心，坚持党建引领、顺应政策导向、落实集团要求、回归信托本源，致力于服务实体经济、服务集团主业、服务资本市场与财富管理市场，聚焦投资信托、服务信托、产业金融、小微金融、财富管理等业务领域，为客户提供专业化的综合金融服务，推动实现"平稳、健康、可持续、高质量"的发展目标。

4.2 所经营业务的主要内容

公司聚焦投资信托、服务信托、产业金融、小微金融、财富管理等业务领域：

投资信托领域，公司将标品投资、产业投资作为转型发展重点，持续提升体系化的投研、风控、产品创设与资金对接能力，培育投资文化。在标品投资方面，进一步丰富投资品类与策略，构建不同风险收益特征的产品线，提升投研能力。在产业投资方面，围绕战略新兴产业、"专精特新"领域，探索多种类型的投资业务。

服务信托领域，公司将坚定回归信托本源，提升服务内涵，践行"服务+"，夯实本源业务与服务信托的发展优势。证券信托业务以运营服务为价值牵引，打造机构客户服务特色优势，拓展多渠道多产品综合化经营模式，以数字化转型赋能业务发展，打造独立、专业、高效、领先的基金行政服务商；资产证券化业务以客户为中心，在受托服务基础上，强化全链条服务能力；围绕委托人多元需求，积极探索各类创新型服务信托。

产业金融领域，公司将立足国家经济建设主战场，依托股东产业背景，服务产业升级和产业链的强链、补链、延链需求，服务乡村振兴、新型城镇化、新型基础设施建设等投融资需求，提升产业投研与多金融工具组合运用能力，创新探索股权、基金、标准化债券、资产证券化等模式，提升对实体经济综合服务能力。

小微金融领域，公司将基于"双循环"格局下扩大内需的战略基点，深耕价值链各环节，提升资产服务、资产管理水平，以"链"扩"圈"，构筑共建共生的消费金融生态圈。围绕中小微企业在生产经营、销售流通等供应链环节的融资需求，通过科技赋能提升服务质效，打造中小微企业新型融资模式，助力中小微企业发展。立足于乡村振兴战略，依托两化背景，在农业金融场景持续深耕，不断创新模式与产品，将普惠金融发展到田间地头。

财富管理领域，公司将围绕"共同富裕"的目标，以客户为中心，丰富产品货架，提升投顾、配置能力，为客户提供综合、全面、可持续的财富管理方案。加强科技赋能，构建高效营销与服务流程，打造信托行业领先的财富管理平台。家族信托领域，积极服务委托人多维需求，构建专业服务体系、提升资产配置能力和科技能力，提供全方位、一体化、长周期的方案，成为行业领先、值得托付的家族财富管理服务商。

4.2.1 自营资产运用与分布表

资产运用	金额（万元）	占比（%）	资产分布	金额（万元）	占比（%）
货币资产	184 620.61	8.87	基础产业	127 644.77	6.13
贷款及应收款	54 942.24	2.64	房地产	158 208.24	7.60
交易性金融资产	1 219 477.28	58.58	证券市场	980 157.31	47.09
债权投资	403 853.05	19.40	实业	—	0.00
其他权益工具	48 030.51	2.31	金融机构	114 870.45	5.52
长期股权投资	112 062.45	5.38	其他	700 794.96	33.66
其他	58 689.59	2.82	—	—	—
资产总计	2 081 675.73	100.00	资产总计	2 081 675.73	100.00

4.2.2 信托资产运用与分布表

资产运用	金额（万元）	占比（%）	资产分布	金额（万元）	占比（%）
货币资产	4 029 309.44	3.65	基础产业	465 002.42	0.42
贷款	17 089 396.34	15.46	房地产	1 991 912.79	1.80
交易性金融资产	72 169 161.19	65.30	证券市场	70 982 961.33	64.24
可供出售金融资产	221 746.28	0.20	实业	827 605.10	0.75

续表

资产运用	金额（万元）	占比（%）	资产分布	金额（万元）	占比（%）
持有至到期投资	14 661 466.87	13.27	金融机构	14 416 033.04	13.04
长期股权投资	23 051.80	0.02	其他	21 830 331.23	19.75
买入返售金融资产	741 100.83	0.67	—	—	—
其他	1 578 613.16	1.43	—	—	—
信托资产总计	110 513 845.91	100.00	信托资产总计	110 513 845.91	100.00

4.3 市场分析

4.3.1 影响公司发展的有利因素

国家加快构建新发展格局，"十四五"规划的政策红利将逐步释放，科技创新、产业升级、乡村振兴、扩大内需等战略为信托服务实体经济带来众多机遇。多层次资本市场建设持续深化，市场不断扩容，基础性制度逐步完善。居民资产配置加快向标准化、权益类投资转移。信托公司提升资本市场服务水平与质效，拓展标准化产品投资、资产配置、股权投资等业务的前景广阔。"共同富裕"目标下，信托公司的财富管理、慈善信托、养老信托、服务信托等业务发展迎来良好市场机遇。信托可充分利用制度优势，满足人民群众对美好生活向往，助力社会治理机制的完善。央行出台新阶段金融科技发展规划，金融科技与业务拓展、经营管理的结合，以及在风险管理和运营管理等领域的深化应用，将对信托行业的转型创新起到积极作用。

4.3.2 影响公司发展的不利因素

信托业面临着宏观环境、信用环境、市场环境深刻变化，信托公司的经营管理面临着多重挑战。宏观环境方面，世界百年未有之大变局加速演进，地缘冲突、疫情冲击等对全球供应链稳定造成负面影响，加剧全球资本市场波动和通胀压力。中国经济发展面临需求收缩、供给冲击、预期转弱三重压力。信用环境方面，在复杂的内外部环境下，部分行业的信用风险增加，牢牢守住不发生系统性金融风险的底线仍然是重中之重。对信托业提升风险管理与化解能力、深化全面风险管理与合规体系建设提出更高要求。市场环境方面，资管行业迎来产品全面净值化时代，市场竞争更加激烈，信托的投研、产品、科技等能力面临转型升级压力。

4.4 内部控制概况

公司已建立比较完善的公司治理机制，股东会、董事会、独立董事、监事会及高管层之间权责分明、各司其职。

股东会是公司的最高权力机构，代表股东对公司行使最终的控制权和决策权。

董事会是经营决策的最高权力机构，对股东会负责。

董事会下设专业委员会，包括风险控制委员会、消费者权益保护和信托委员会、审计委员会、薪酬与提名委员会、关联交易控制委员会。其中：风险控制委员会具体职责包括审议公司基本风险管理政策、监督检查公司风险管理政策和制度的执行情况、审议经理层年度业务审批授权事项、审批超出经理层权限的业务事项以及董事会授权的其他职责；消费者权益保护和信托委员会负责消费者权益保护工作并监督、评价消费者权益工作的全面性、及时性和有效性，督促公司依法履行受托职责，对公司信托业务运行情况进行定期评估，当股东利益、公司利益与受益人利益发生冲突时，应保证公司为受益人利益服务，研究提出维护受益人利益的具体措施；审计委员会负责内部及外部审计工作，对公司内部控制管理工作进行监督，核查财务信息披露等；薪酬与提名委员会负责研究、制定高级管理人员人选提名、考核及薪酬管理等管理标准，并对已提名的高级管理人员进行考察；关联交易控制委员会负责审议公司关联交易管理制度并提交意见、评价关联交易管理制度执行有效性、监督、检查关联交易的执行情况，审批重大关联交易。

监事会是公司的监督机构。公司监事会向股东会负责，对公司财务以及公司董事、经理和其他高级管理人员履行职责的合法性进行监督，维护公司及股东的合法权益。监事会依法享有法律法规赋予的知情权、建议权和报告权。公司采取有效措施保障监事的知情权，及时向监事提供必要的信息和资料，以便监事会对公司财务状况和经营管理情况进行有效的监督、检查和评价。

公司高管层是公司的决策执行机构，对董事会负责，在公司章程和董事会授权范围内行使职权，牢固树立了内控优先的风险管理理念，使风险防范意识贯穿到公司各个部门、各个岗位和工作的各个环节。

公司所构建的股东会、董事会、监事会和高管层之间的权力制衡结构，能切实发挥科学激励和约束监督的治理机制，有效抑制"道德风险"的发生，为公司内部控制建设提供良好的环境。

公司始终强化合规经营和尽职管理，重视内部控制以及相关文化的建设，建立充分的信息交流和共享机制，强化内控制度约束。2021年，公司持续完善内部控制体系，包括根据业务实际不断滚动修订和完善相关体系文件，大力提升公司内控管理能力，以及提升员工经营管理的质量意识和程序意识，对巩固和提高公司经营质量发挥积极作用。

公司通过培训和学习等多种途径，不断提升员工的内控合规意识和职业道德，使全体员工熟悉监管法律法规和公司规章制度以及业务操作流程。

4.5 风险管理概况

2021年在经济持续下行、疫情反复叠加、房地产行业违约事件频发等多重压力下，信托行业传统业务风险逐渐暴露，严峻的内外部形势对公司风险防控和风险化解能力提出了更高的要求。公司高度重视国家关于"房住不炒，因城施策促进房地产业良性循环和健康发展"的重大决策部署，积极响应国家政策号召，防范与化解房地产潜在风险，根据监管对房地产行业的政策要求及行业宏观状况，按照"统筹部署、多措并举"的原则，制定差异化应对策略，严控相关风险。面对复杂多变的风险形势，公司多措并举，整体运行平稳。后续，公司将继续贯彻落实国家行业政策，强化责任担当，增强风险敏感性，履行受托责任，践行央企担当。

4.5.1 信用风险状况及管理

公司面临的信用风险主要是指债务人或交易对手未能履行合同所规定的义务或信用质量发生变化，影响金融产品价值，从而给公司造成损失的风险。

固有业务层面，公司保持较低不良资产水平，并严格按照有关规定计提信托赔偿准备金及风险准备。信托业务层面，公司认真履行受托人责任，有效管理信托项目，定期监测融资类信托规模占比、客户集中度等指标，信用风险可控。

2021年，公司持续完善信用风险管理相关制度，在客户管理、集中度管理、标品管理等方面出台风控政策，更新大类业务风控政策，完善以客户管理为框架的信用管理体系，强化管理办法的适用性与引导性。

2021年公司深入前线开展市场调研，全面摸排客户信用风险，对风险及时预警，增强风险敏感性，并深度参与风险缓释工作，多元化手段积极推动重点风险项目化解，着力提升风险防范意识和能力，贯彻落实中央重大决策部署，有效防范和化解重大风险。

4.5.2 市场风险状况及管理

公司面临的市场风险主要体现为在开展信贷业务中由于利率水平的不利变动以及证券投资业务中由于投资标的市场价格的不利变动给公司经营业绩带来的风险。

公司开展的信托类信贷业务，主要为中短期信贷，公司严格执行人民银行的利率政策，能较好地消化利率波动可能产生的风险。在证券投资业务领域，公司区分自营证券投资和证券投资类信托业务，严格按照内外部规章制度开展相关业务，并根据资金属性和风险偏好，针对利率、汇率和股价波动风险设置差异化管理策略。

4.5.3 操作风险状况及管理

公司面临的操作风险主要是指由不完善或有问题的内部程序、员工和信息科技系统，以及外部事件所造成直接或间接损失的风险。

目前，公司已对各项业务活动和管理活动制定系统、规范的业务管理制度和实施细则。在各类信托业务的项目筛选、可行性分析、项目审批、合同签署和账户设立、信托发行、信托资金发放、执行管理等环节，均已建立内部控制制度，总体上执行良好，操作风险可知可控。

4.5.4 流动性风险状况及管理

公司流动性风险包括固有业务的流动性风险和信托项目的流动性风险。

固有业务的流动性风险是指公司虽然有清偿能力，但无法及时获得充足资金或无法以合理成本获得充足资金以应对资本增长或支付到期债务的风险。对此，公司通过合理地进行资产配置及负债管理，加强资金预测和筹划，保持充分而持续的融资能力，对流动性风险进行控制。2021年公司整体经营相对稳定，流动性状况保持平稳，流动性备付充裕，未发生流动性风险事件。

信托项目的流动性风险是指公司无法以合理的市场价格变现信托资产，或者无法以合理的成本及时募集充足的资金或转让信托份额，从而导致信托项目无法按合同约定支付投资者赎回或到期款项的风险。针对该风险，公司通过动态平衡发行节奏、审慎选择交易对手、合理设计交易结构、持续优化资产配置，对信托项目未来现金流进行安排，保证信托业务发展的资金需要和兑付需求，并防止表外流动性风险向表内转化。2021年，公司信托项目运行平稳，未发生流动性风险事件。

4.5.5 法律合规风险状况及管理

法律合规风险主要包括合规风险和法律风险。合规风险方面，公司始终秉持依法合规经营理念，根据监管政策变化，强化合规统筹管理，持续完善合规管理制度、管理流程、合规培训和宣贯工作，加强项目合规性审查，增强全员合规意识。同时加大合规检查力度，加强项目审核及过程管理，防范执行中出现偏差，夯实合规底线；法律风险方面，公司严格执行公司相关诉讼仲裁管理制度，在项目诉讼及处置过程中，及时采取财产保全、证据保全等措施，提前做好诉讼准备，及时提起诉讼，保证实体及程序权利；对于被动涉诉，公司积极主动采取应对措施，积极化解诉讼风险。

4.5.6 其他风险状况及管理

公司面临的其他风险主要包括洗钱风险、信息科技风险和声誉风险。

针对洗钱风险，公司强化了机构洗钱风险自评估机制，建立了反洗钱信息安全管理专项制度，修订了大额交易和可疑交易报告管理专项制度，完成了对机构洗钱风险自评估模型的全面重构。此外，公司大力拓展反洗钱宣传渠道，举办各类反洗钱专题培训，全员反洗钱意识得到强化。

信息科技风险是指信息技术在公司运行过程中，由于自然因素、人为因素、技术漏洞和管理缺陷产生的操作、法律和声誉等风险。公司高度重视信息科技的发展和风险防范，不断加大科技投入，针对核心系统稳定性风险、网络安全风险和信息科技外包风险开展具体工作，促进业务发展和保障生产运营安全。公司定期开展信息科技风险偏好指标监测，为信息科技风险管理提供有效抓手与保障。

声誉风险是指由公司决策、从业人员行为或外部事件等，导致利益相关方、社会公众、媒体等对公司形成负面评价，从而损害公司品牌价值，不利公司正常经营的风险。外贸信托将声誉风险管理纳入公司治理及全面风险管理体系，2021年，公司进一步宣贯声誉风险管理机制，落实舆情监测与预警，优化部门协同处置机制，将主动防范风险和应急处置相结合，有效减少了严重声誉风险事件的发生及声誉事件带来的负面影响。

5.报告期末及上一年度的比较式会计报表

5.1 自营资产

5.1.1 会计师事务所审计结论

毕马威华振审字第2204351号

我们审计了后附的第1页至第76页的中国对外经济贸易信托有限公司（以下简称外贸信托）财务报表，包括2021年12月31日的合并及母公司资产负债表，2021年度的合并及母公司利润表、合并及母公司现金流量表、合并及母公司所有者权益变动表以及相关财务报表附注。

我们认为，后附的财务报表在所有重大方面按照中华人民共和国财政部颁布的企业会计准则（以下简称企业会计准则）的规定编制，公允反映了外贸信托2021年12月31日的合并及母公司财务状况以及2021年度的合并及母公司经营成果和现金流量。

5.1.2 资产负债表

资产负债表

编制单位：中国对外经济贸易信托有限公司　　2021年12月31日　　单位：万元

项目	合并		母公司	
	2021年12月31日	2021年1月1日	2021年12月31日	2021年1月1日
流动资产：	—	—	—	—
货币资金	189 766.48	25 569.08	184 620.61	25 569.08
交易性金融资产	1 214 107.95	762 159.88	1 219 477.28	762 159.87
应收账款	48 032.97	45 004.69	48 284.31	45 004.69
预付款项	3 058.96	2 128.93	3 058.97	2 128.93
其他应收款	3 707.70	15 378.77	3 598.96	15 378.78
买入返售金融资产	800.36	—	—	—
流动资产合计	1 459 474.42	850 241.35	1 459 040.13	850 241.35
非流动资产：	—	—	—	—
债权投资	404 028.69	897 485.13	403 853.05	897 485.13
长期股权投资	112 062.45	103 236.06	112 062.45	103 236.06
其他权益工具投资	47 764.26	61 540.27	48 030.51	61 540.27
固定资产	2 342.37	2 551.13	2 342.37	2 551.13
使用权资产	13 097.16	4 746.17	13 097.16	4 746.17
无形资产	21 992.07	18 704.70	21 992.07	18 704.70
长期待摊费用	839.07	660.77	839.07	660.77
递延所得税资产	20 374.59	16 926.70	20 418.92	16 926.70
非流动资产合计	622 500.66	1 105 850.93	622 635.60	1 105 850.93
资产总计	2 081 975.08	1 956 092.28	2 081 675.73	1 956 092.28
流动负债：	—	—	—	—
合同负债	16 034.88	1 425.87	16 034.88	1 425.87
应付职工薪酬	5 840.72	5 379.46	5 840.72	5 379.46
应交税费	6 937.36	6 497.05	6 829.29	6 497.05
其他应付款	9 192.26	28 078.65	9 133.97	28 078.65
一年内到期的非流动负债	6 385.80	2 254.23	6 385.80	2 254.23
流动负债合计	44 391.02	43 635.26	44 224.66	43 635.26
非流动负债：	—	—	—	—
租赁负债	5 749.42	2 664.99	5 749.42	2 664.99
预计负债	52 751.82	—	52 751.82	—

续表

项目	合并 2021年12月31日	合并 2021年1月1日	母公司 2021年12月31日	母公司 2021年1月1日
递延收益	—	679.02	—	679.02
非流动负债合计	58 501.24	3 344.01	58 501.24	3 344.01
负债合计	102 892.26	46 979.27	102 725.90	46 979.27
所有者权益（或股东权益）:	—	—	—	—
实收资本（或股本）	800 000.00	800 000.00	800 000.00	800 000.00
资本公积	286 591.71	286 591.71	286 591.71	286 591.71
其他综合收益	-11 651.00	430.68	-11 602.62	430.68
盈余公积	176 357.52	159 926.41	176 357.52	159 926.41
一般风险准备	116 793.70	107 868.94	116 793.70	107 868.94
未分配利润	610 990.89	554 295.27	610 809.52	554 295.27
所有者权益合计	1 979 082.82	1 909 113.01	1 978 949.83	1 909 113.01
负债和所有者权益总计	2 081 975.08	1 956 092.28	2 081 675.73	1 956 092.28

5.1.3 利润表

利润表

编制单位：中国对外经济贸易信托有限公司　　2021年度　　单位：万元

项目	合并 本年数	合并 上年数	母公司 本年数	母公司 上年数
一、营业收入	334 764.53	308 938.28	334 382.68	308 938.28
利息净收入	54 911.67	-171.76	53 677.17	-171.76
利息收入	55 547.52	654.07	54 313.02	654.07
利息支出	635.85	825.83	635.85	825.83
手续费及佣金净收入	197 335.51	181 653.35	199 348.69	181 653.35
手续费及佣金收入	197 335.51	181 653.35	199 348.69	181 653.35
手续费及佣金支出	—	—	—	—
投资收益	65 873.34	127 431.62	61 047.89	127 431.62
公允价值变动收益（损失以"-"号填列）	16 717.90	19.79	20 261.17	19.79
汇兑收益（损失以"-"号填列）	-141.38	-59.66	-19.73	-59.66
其他收益	65.02	66.87	65.02	66.87
资产处置收益（损失以"-"号填列）	2.47	-1.93	2.47	-1.93
二、营业支出	105 599.01	124 861.42	105 459.00	124 861.42
税金及附加	1 272.37	1 218.54	1 243.24	1 218.54
业务及管理费	64 744.42	54 580.65	64 736.38	54 580.65
其中：研发费用	1 997.18	1 247.15	1 997.18	1 247.15
信用减值损失（损失以"-"号填列）	1 590.10	-66 073.72	1 590.10	-66 073.72
其他业务成本	41 172.32	2 988.51	41 069.48	2 988.51

续表

项目	合并 本年数	合并 上年数	母公司 本年数	母公司 上年数
三、营业利润（亏损以"-"号填列）	229 165.52	184 076.86	228 923.68	184 076.86
加：营业外收入	186.14	713.27	186.14	713.27
减：营业外支出	16 129.06	50.00	16 129.06	50.00
四、利润总额（亏损总额以"-"号填列）	213 222.60	184 740.13	212 980.76	184 740.13
减：所得税费用	48 730.17	42 678.27	48 669.70	42 678.27
五、净利润（净亏损以"-"号填列）	164 492.43	142 061.86	164 311.06	142 061.86
（一）按所有权归属分类：	—	—	—	—
归属于母公司所有者的净利润	164 492.43	142 061.86	164 311.06	142 061.86
*少数股东损益	—	—	—	—
（二）按经营持续性分类：	—	—	—	—
持续经营净利润	164 492.43	142 061.86	164 311.06	142 061.86
终止经营净利润	—	—	—	—
六、其他综合收益的税后净额	-12 081.68	40 717.53	-12 033.31	40 717.53
（一）以后不能重分类进损益的其他综合收益	—	—	—	—
其中：1.重新计量设定受益计划变动额	—	—	—	—
2.权益法下在被投资单位不能重分类进损益的其他综合收益中所享有的份额	—	—	—	—
3.其他权益工具投资公允价值变动	-12 049.47	—	-12 001.10	—
4.企业自身信用风险公允价值变动	—	—	—	—
（二）以后将重分类进损益的其他综合收益	-32.21	40 717.53	-32.21	40 717.53
其中：1.权益法下在被投资单位以后将重分类进损益的其他综合收益中所享有的份额	-32.21	-27.69	-32.21	-27.69
2.可供出售金融资产公允价值变动损益	—	40 745.22	—	40 745.22
3.持有至到期投资重分类为可供出售金融资产损益	—	—	—	—
4.现金流量套期损益的有效部分	—	—	—	—
5.外币财务报表折算差额	—	—	—	—
七、综合收益总额	152 410.75	182 779.39	152 277.75	182 779.39
归属于母公司所有者的综合收益总额	152 410.75	182 779.39	152 277.75	182 779.39
*归属于少数股东的综合收益总额	—	—	—	—
八、每股收益：				
（一）基本每股收益				
（二）稀释每股收益				

5.1.4 所有者权益变动表

所有者权益变动表（合并）

编制单位：中国对外经济贸易信托有限公司　　2021年度　　单位：万元

项目	2021年（合并）								
	实收资本	资本公积	减：库存股	其他综合收益	专项储备	盈余公积	一般风险准备	未分配利润	所有者权益合计
一、上年年末余额	800 000.00	286 591.71	—	23 929.76	—	156 499.48	106 155.48	525 166.36	1 898 342.79
加：1. 会计政策变更	—	—	—	—	—	—	—	—	—
2. 前期差错更正	—	—	—	—	—	—	—	—	—
3. 其他	—	—	—	-23 499.08	—	3 426.93	1 713.46	29 128.91	10 770.22
二、本年年初余额	800 000.00	286 591.71	—	430.68	—	159 926.41	107 868.94	554 295.27	1 909 113.01
三、本年增减变动金额（减少以"-"号填列）	—	—	—	-12 081.68	—	16 431.11	8 924.76	56 695.62	69 969.81
（一）综合收益总额	—	—	—	-12 081.68	—	—	—	164 492.43	152 410.75
（二）所有者投入和减少资本	—	—	—	—	—	—	—	—	—
1. 所有者投入资本	—	—	—	—	—	—	—	—	—
2. 其他权益工具持有者投入资本	—	—	—	—	—	—	—	—	—
3. 股份支付计入所有者权益的金额	—	—	—	—	—	—	—	—	—
4. 其他	—	—	—	—	—	—	—	—	—
（三）利润分配	—	—	—	—	—	16 431.11	8 924.76	-107 796.81	-82 440.94
1. 提取盈余公积	—	—	—	—	—	16 431.11	—	-16 431.11	—
2. 提取一般风险准备	—	—	—	—	—	—	8 924.76	-8 924.76	—
3. 对所有者（或股东）的分配	—	—	—	—	—	—	—	-82 912.33	-82 912.33
4. 其他	—	—	—	—	—	—	—	471.39	471.39
（四）所有者权益内部结转	—	—	—	—	—	—	—	—	—
1. 资本公积转增资本（或股本）	—	—	—	—	—	—	—	—	—
2. 盈余公积转增资本（或股本）	—	—	—	—	—	—	—	—	—
3. 盈余公积弥补亏损	—	—	—	—	—	—	—	—	—
4. 其他	—	—	—	—	—	—	—	—	—
（五）专项储备提取和使用	—	—	—	—	—	—	—	—	—
1. 提取专项储备	—	—	—	—	—	—	—	—	—
2. 使用专项储备	—	—	—	—	—	—	—	—	—
四、本年年末余额	800 000.00	286 591.71	—	-11 651.00	—	176 357.52	116 793.70	610 990.89	1 979 082.82

所有者权益合并表（母公司）

编制单位：中国对外经济贸易信托有限公司　　2021年12月31日　　单位：万元

项目	2021年（母公司）								
	实收资本	资本公积	减：库存股	其他综合收益	专项储备	盈余公积	一般风险准备	未分配利润	所有者权益合计
一、上年年末余额	800 000.00	286 591.71	—	23 929.76	—	156 499.48	106 155.48	525 166.36	1 898 342.79
加：1. 会计政策变更	—	—	—	—	—	—	—	—	—
2. 前期差错更正	—	—	—	—	—	—	—	—	—
3. 其他	—	—	—	-23 499.08	—	3 426.93	1 713.46	29 128.91	10 770.22
二、本年年初余额	800 000.00	286 591.71	—	430.68	—	159 926.41	107 868.94	554 295.27	1 909 113.01
三、本年增减变动金额（减少以"-"号填列）	—	—	—	-12 033.30	—	16 431.11	8 924.76	56 514.25	69 836.82
（一）综合收益总额	—	—	—	-12 033.30	—	—	—	164 311.06	152 277.76
（二）所有者投入和减少资本	—	—	—	—	—	—	—	—	—

续表

项目	2021年（母公司）								
	实收资本	资本公积	减：库存股	其他综合收益	专项储备	盈余公积	一般风险准备	未分配利润	所有者权益合计
1. 所有者投入资本	—	—	—	—	—	—	—	—	—
2. 其他权益工具持有者投入资本	—	—	—	—	—	—	—	—	—
3. 股份支付计入所有者权益的金额	—	—	—	—	—	—	—	—	—
4. 其他	—	—	—	—	—	—	—	—	—
（三）利润分配	—	—	—	—	—	16 431.11	8 924.76	-107 796.81	-82 440.94
1. 提取盈余公积	—	—	—	—	—	16 431.11	—	-16 431.11	—
2. 提取一般风险准备	—	—	—	—	—	—	8 924.76	-8 924.76	—
3. 对所有者（或股东）的分配	—	—	—	—	—	—	—	-82 912.33	-82 912.33
4. 其他	—	—	—	—	—	—	—	471.39	471.39
（四）所有者权益内部结转	—	—	—	—	—	—	—	—	—
1. 资本公积转增资本（或股本）	—	—	—	—	—	—	—	—	—
2. 盈余公积转增资本（或股本）	—	—	—	—	—	—	—	—	—
3. 盈余公积弥补亏损	—	—	—	—	—	—	—	—	—
4. 其他	—	—	—	—	—	—	—	—	—
（五）专项储备提取和使用	—	—	—	—	—	—	—	—	—
1. 提取专项储备	—	—	—	—	—	—	—	—	—
2. 使用专项储备	—	—	—	—	—	—	—	—	—
四、本年年末余额	800 000.00	286 591.71	—	-11 602.62	—	176 357.52	116 793.70	610 809.52	1 978 949.83

5.2 信托资产

5.2.1 信托项目资产负债汇总表

信托项目资产负债汇总表

编制单位：中国对外经济贸易信托有限公司　　　　2021年12月31日　　　　　　　　　　　　　　单位：万元

信托资产	年末数	年初数	信托负债和信托权益	年末数	年初数
信托资产：	—	—	信托负债：	—	—
现金及存放中央银行款项	—	—	拆入资金	—	—
存放同业款项	4 029 309.44	2 597 153.30	交易性金融负债	—	—
拆出资金	—	—	衍生金融负债	—	—
交易性金融资产	72 169 161.19	31 530 016.82	卖出回购金融资产款	—	—
衍生金融资产	—	—	应付职工薪酬	—	—
买入返售金融资产	741 100.83	575 179.59	应交税金	38 486.83	65 556.97
应收票据	—	—	应付利息	—	—
应收账款	351.07	—	应付股利	334 648.83	272 449.09
预付账款	—	—	应付账款	336 868.18	140 821.80
应收利息	270 396.81	71 616.65	其他应付款	647 450.29	482 990.21
应收股利	18 410.03	19 118.82	代理业务负债	—	—
其他应收款	519 972.36	230 307.56	长期应付款	—	—
发放贷款及垫款	17 089 396.34	16 279 936.74	预计负债	—	—
代理业务资产	—	—	递延所得税负债	—	—
可供出售金融资产	221 746.28	222 627.50	信托负债合计	1 357 454.13	961 818.07
长期应收款	—	—			

续表

信托资产	年末数	年初数	信托负债和信托权益	年末数	年初数
持有至到期投资	14 661 466.87	15 183 548.79	—	—	—
长期股权投资	23 051.80	360 386.80	信托权益:		
固定资产	—	—	实收信托	100 671 047.23	60 360 333.85
固定资产清理	—	—	资本公积	74 804.65	54 556.39
无形资产	—	—	其他综合收益		
商誉	—	—	盈余公积		
长期待摊费用	—	—	信托赔偿准备金		
递延所得税资产	—	—	未分配利润	8 410 539.90	6 136 160.88
其他资产	769 482.89	442 976.62	信托权益合计	109 156 391.78	66 551 051.12
信托资产合计	110 513 845.91	67 512 869.19	信托负债和信托权益合计	110 513 845.91	67 512 869.19

5.2.2 信托项目利润及利润分配表

信托项目利润及利润分配表

编制单位：中国对外经济贸易信托有限公司　　　2021年度　　　单位：万元

项目	本年实际数	上年实际数
一、营业收入	6 532 408.97	7 785 088.05
利息收入	2 380 886.04	1 741 030.80
租赁收益	—	—
投资收益（损失以"-"号填列）	5 002 994.36	3 938 957.12
其中：对联营企业合营企业的投资收益	1 860.02	2 820.97
公允价值变动损益（损失以"-"号填列）	-851 843.49	2 059 512.29
汇兑损益（损失以"-"号填列）	-3 456.35	-4 805.73
其他业务收入	3 828.41	50 393.57
二、营业支出	1 743 879.42	931 236.67
税金及附加	14 323.64	14 797.55
业务及管理费	1 592 896.63	892 444.37
资产减值损失	136 659.15	23 994.75
其他业务成本	—	—
三、营业利润（亏损以"-"号填列）	4 788 529.55	6 853 851.38
加：营业外收入	13 170.46	19 509.25
减：营业外支出	1.13	1 296.95
四、利润总额（亏损总额以"-"号填列）	4 801 698.88	6 872 063.68
减：所得税费用	—	—
五、净利润（净亏损以"-"号填列）	4 801 698.88	6 872 063.68

续表

项目	本年实际数	上年实际数
六、其他综合收益	—	—
七、综合收益总额	4 801 698.88	6 872 063.68
加：期初未分配信托利润	6 136 160.88	3 215 102.23
八、可供分配的信托利润	10 937 859.76	10 087 165.91
减：本期已分配的信托利润	2 527 319.86	3 951 005.03
九、期末未分配信托利润	8 410 539.90	6 136 160.88

6.会计报表附注

6.1 会计报表编制基准说明

本报表符合中华人民共和国财政部颁布的《企业会计准则》的要求，真实、完整地反映了本公司2021年12月31日的财务状况、2021年度的经营成果及现金流量。

6.2 或有事项说明

于2021年12月31日，本公司受托管理的个别信托项目涉及未决诉讼，本公司已按照会计准则有关规定进行了相应的会计处理。

6.3 重要资产转让及其出售的说明

本公司报告期内无重要资产转让及其出售的事项。

6.4 会计报表中重要项目的明细资料

6.4.1 自营资产经营情况

6.4.1.1 资产风险分类结果（以净值列示）

信用风险资产五级分类	正常类（万元）	关注类（万元）	次级类（万元）	可疑类（万元）	损失类（万元）	信用风险资产合计（万元）	不良资产合计（万元）	不良资产率（%）
期初数	1 883 297.61	10 918.36	5 337.10	8 094.95	—	1 907 648.02	13 432.05	0.70
期末数	1 992 545.84	21 436.79	813.48	8 185.49	—	2 022 981.60	8 998.97	0.44

6.4.1.2 资产损失准备计提转回情况

单位：万元

项目	期初数	本期计提	本期转回	本期核销	期末数
贷款损失准备	—	—	—	—	—
一般准备	—	—	—	—	—
专项准备	—	—	—	—	—
其他资产减值准备	—	—	—	—	—
债权投资减值准备	22 597.19	1 214.01	—	—	238 111.20
长期股权投资减值准备	401.79	—	—	—	401.79
坏账准备	4 752.87	24.65	—	2 828.76	1 948.76
投资性房地产减值准备	—	—	—	—	—

6.4.1.3 金融资产和长期股权投资

单位：万元

项目	自营股票	基金	债券	长期股权投资	其他投资
期初数	99 289.12	69 961.82	—	103 236.06	1 551 934.33
期末数	48 066.49	564 163.92	—	112 062.45	1 059 130.42

注：净值列示。

6.4.1.4 前三名的自营长期股权投资的企业名称、占被投资企业权益的比例、主要经营活动及投资收益情况（按持股比例排列）

企业名称	占被投资企业权益的比例（%）	主要经营活动	投资收益（万元）
冠通期货股份有限公司	48.72	期货	1 800.75
诺安基金管理有限公司	40.00	基金管理	12 208.52
宝盈基金管理有限公司	25.00	基金管理	3 568.33

6.4.1.5 前五名的自营贷款的企业名称、占贷款总额的比例和还款情况

无。

6.4.1.6 代理业务的期初数、期末数

无。

6.4.1.7 公司当年的收入结构

单位：万元

收入结构	合并	母公司
手续费及佣金收入	197 335.51	199 348.69
其中：信托手续费收入	197 335.51	199 348.69
投资银行业务收入	—	—
利息收入	55 547.52	54 313.02
其他业务收入	—	—
其中：计入信托业务收入部分	—	—
投资收益	65 873.34	61 047.89
其中：股权投资收益	17 577.59	17 577.59

续表

收入结构	合并	母公司
证券投资收益	2 417.88	2 417.88
其他投资收益	45 877.87	41 052.42
公允价值变动收益	16 717.90	20 261.17
汇兑收益	-141.38	-19.73
其他收益	65.02	65.02
资产处置收益	2.47	2.47
营业外收入	186.14	186.14
收入合计	335 586.52	335 204.67

6.4.2 信托资产管理情况

6.4.2.1 信托资产情况

单位：万元

信托资产	期初数	期末数
集合	47 181 969.13	86 148 461.80
单一	7 751 348.20	6 521 697.23
财产权	12 579 551.86	17 843 686.88
合计	67 512 869.19	110 513 845.91

6.4.2.1.1 主动管理型信托业务情况

单位：万元

主动管理型信托资产	期初数	期末数
证券投资类	26 632 057.50	68 148 819.74
其他投资类	13 663 758.85	12 950 499.00
融资类	8 556 592.15	6 677 304.73
事务管理类	2 718 729.51	4 239 006.30
合计	51 571 138.01	92 015 629.77

6.4.2.1.2 被动管理型信托业务情况

单位：万元

被动管理型信托资产	期初数	期末数
证券投资类	3 915 007.53	2 834 141.59
其他投资类	233 298.24	268 805.35
融资类	—	—
事务管理类	11 793 425.41	15 395 269.20
合计	15 941 731.18	18 498 216.14

6.4.2.2 本年度已清算结束的信托项目情况

6.4.2.2.1 本年度已经清算结束信托项目情况

单位：万元

已清算结束信托项目	项目个数（个）	实收信托合计金额（万元）	加权平均实际年化收益率（%）
集合类	506	10 504 953.60	8.91
单一类	87	2 513 406.95	10.04
财产管理类	95	2 269 838.17	5.17

6.4.2.2.2 本年度已经清算结束的主动管理型信托项目情况

已清算结束信托项目	项目个数（个）	实收信托合计金额（万元）	加权平均实际年化信托报酬率（％）	加权平均实际年化收益率（％）
证券投资类	366	4 591 800.34	0.22	13.40
其他投资类	33	3 572 550.37	0.43	5.47
融资类	131	2 789 214.83	1.43	7.65
事务管理类	77	93 854.11	0.34	5.15

6.4.2.2.3 本年度已经清算结束的被动管理型信托项目情况

已清算结束信托项目	项目个数（个）	实收信托合计金额（万元）	加权平均实际年化信托报酬率（％）	加权平均实际年化收益率（％）
证券投资类	17	461 269.51	0.13	8.47
其他投资类	3	85 559.24	0.27	6.52
融资类	—	—	—	—
事务管理类	61	3 693 950.32	0.24	5.61

6.4.2.3 本年度新增信托项目情况

新增信托项目	项目个数（个）	实收信托合计金额（万元）
集合类	3287	63 981 948.44
单一类	280	2 566 765.67
财产管理类	1077	13 214 523.88
新增合计	4644	79 763 237.99

续表

新增信托项目	项目个数（个）	实收信托合计金额（万元）
其中：主动管理型	4275	65 750 463.83
被动管理型	369	14 012 774.16

6.4.2.4 本公司履行受托人义务情况及因本公司自身责任而导致的信托资产损失情况

公司管理信托财产恪尽职守，履行诚实、信用、谨慎、有效管理的义务。没有因公司自身责任而导致信托资产损失的情况。

6.4.2.5 信托赔偿准备金的提取、使用和管理情况

本公司按照税后利润的5%计提信托赔偿准备金。截至2021年12月31日，信托赔偿准备金余额86 056.55万元。本年度公司未发生信托赔偿准备金使用情况。

6.5 关联方关系及其交易的披露

6.5.1 关联交易方的数量、关联交易的总金额及关联交易的定价政策

固有业务关联方情况

项目	关联交易数量	关联交易金额（万元）	定价政策
合计	13	8 449.47	公允价值定价

信托业务关联方情况

项目	关联交易数量	关联交易金额（万元）	定价政策
合计	2	9 000.00	公允价值定价

6.5.2 关联交易方与本公司的关系性质、关联交易方的名称、法定代表人、注册地址、注册资本及主营业务

固有业务关联方情况

关系性质	关联方名称	法定代表人	注册地	注册资本	主营业务
实际控制人	中国中化控股有限责任公司	宁高宁	北京	5 525 800.00万元	石油、化肥、化工、金融等行业投资
股东	中化资本有限公司	李强	上海	601 708.11万元	投资管理；资产管理；实业投资；企业管理咨询；投资咨询
股东	中化集团财务有限责任公司	杨林	北京	600 000.00万元	财务和融资顾问
同受母公司控制	北京凯晨置业有限公司	李从瑞	北京	10 240.00美元	房地产开发、建设；物业管理
同受母公司控制	中化金茂物业管理（北京）有限公司	谢炜	北京	1 000.00万元	餐饮服务；物业管理顾问咨询；房地产信息咨询
同受母公司控制	中化国际物业酒店管理有限公司	赵进龙	北京	38 760.00万元	餐饮业；经营或出租中化大厦房地产设施；写字间、餐饮、车库等配套服务
同受母公司控制	中化聚缘企业管理（北京）有限公司	杨宏	北京	1 000.00万元	企业管理；餐饮管理；物业管理；企业策划
同受母公司控制	中化信息技术有限公司	赵洋	北京	5 000.00万元	技术开发、技术转让、技术咨询、技术服务；计算机系统服务；基础软件服务

信托业务关联方情况

关系性质	关联方名称	法定代表人	注册地	注册资本（万元）	主营业务
主要股东的关联方	京泰环保科技有限公司	孙劲松	山东省潍坊市滨海区央子街道海旺路002888号1号	5 000.00	危险废物治理；环保技术、新能源技术研发及推广、技术咨询；环保工程总承包；销售：专用设备、化工产品（不含许可产品）、建材；国家允许的货物及技术进出口

续表

关系性质	关联方名称	法定代表人	注册地	注册资本（万元）	主营业务
主要股东的关联方	阜阳中电联环保科技有限公司	杨坚	安徽省阜阳市颍东区插花镇插袁路8号	3 000.00	工业危险废弃物、工业固体废弃物、城市生活垃圾的收集与处置，相关危险废弃物处理设备、设施的设计、建设、投资与运营管理，相关环保设备的生产与销售、技术咨询及配套服务，环卫项目投资建设，市政给水、污水处理项目的设计、投资、承包施工

6.5.3 本公司与关联方的重大交易事项

6.5.3.1 固有财产与关联方：贷款、投资、租赁、应收账款、担保、其他方式等期初汇总数、本期发生额汇总数、期末汇总数

固有财产与关联方关联交易　　　单位：万元

项目	期初数	借方发生额	贷方发生额	期末数
贷款	—	—	—	—
投资	—	—	—	—
租赁	—	—	—	—
担保	—	—	—	—
应收账款	—	—	—	—
其他	1 821.84	11 018.83	—	12 840.67
合计	1 821.84	11 018.83	—	12 840.67

注：固有财产与关联方关联交易主要为房屋租赁费、物业管理用等。

6.5.3.2 信托资产与关联方：贷款、投资、租赁、应收账款、担保、其他方式等期初汇总数、本期发生额汇总数、期末汇总数

信托资产与关联方关联交易　　　单位：万元

项目	期初数	借方发生额	贷方发生额	期末数
贷款	—	9 000.00	—	9 000.00
投资	—	—	—	—
租赁	—	—	—	—
担保	—	—	—	—
应收账款	—	—	—	—
其他	—	—	—	—
合计	—	9 000.00	—	9 000.00

6.5.3.3 信托公司自有资金运用于自己管理的信托项目（固信交易）、信托公司管理的信托项目之间的相互交易金额

6.5.3.3.1 固有财产与信托财产之间的交易金额期初汇总数、本期发生额汇总数、期末汇总数

固有财产与信托财产相互交易　　　单位：万元

项目	期初数	本期发生额	期末数
合计	1 252 937.35	-367 834.34	885 103.01

6.5.3.3.2 信托资产与信托财产之间的交易金额期初汇总数、本期发生额汇总数、期末汇总数

信托资产与信托财产相互交易　　　单位：万元

项目	期初数	本期发生额	期末数
合计	4 886 033.72	7 854 508.83	12 740 542.55

6.5.4 关联方逾期未偿还本公司资金的详细情况以及本公司为关联方担保发生或即将发生垫款的详细情况

固有财产没有关联方逾期未偿还本公司资金及本公司为关联方担保发生或即将发生垫款的事项。

6.6 会计制度的披露

本公司固有业务和信托业务均执行中华人民共和国财政部颁布的《企业会计准则》及相关规定。

7. 财务情况说明书

7.1 利润实现和分配情况

2021年本公司实现净利润164 311.06万元，分配方案如下。

（1）按当年净利润的10%提取法定公积金16 431.11万元。

（2）按当年净利润的5%提取信托赔偿准备金8 215.55万元。

（3）提取一般准备709.21万元。

（4）其他综合收益结转至未分配利润471.39万元。

可供股东分配的利润139 426.58万元。

7.2 主要财务指标

指标名称	指标值
资本利润率（%）	8.45
加权年化信托报酬率（%）	0.38
人均利润（万元）	360.98

7.3 对本公司财务状况、经营成果有重大影响的其他事项

本公司没有对财务状况、经营成果有重大影响的其他事项。

8.特别事项简要揭示

8.1 前五名股东报告期内变动情况及原因

无。

8.2 董事、监事及高级管理人员变动情况及原因

公司2021年第一次股东会议通过决议，同意选举张亚蔚担任外贸信托董事，杨林不再担任外贸信托董事职务。公司2021年第六次股东会议通过决议，免去卢力平外贸信托独立董事职务。公司2021年第一次股东会决定书免去刘剑外贸信托董事职务。公司第七届董事会第十七次会议通过决议，同意李强担任公司董事长，杨林不再担任公司董事长。2021年4月19日，北京银保监局核准张亚蔚董事的任职资格（京银保监复〔2021〕307号）；2021年4月23日，北京银保监局核准李强董事长的任职资格（京银保监复〔2021〕137号）。

2021年外贸信托工会第三届职代会第七次会议通过决议，东岳当选外贸信托职工监事，免去刘郁飞外贸信托职工监事职务。

自2021年4月至10月，公司总经济师帅立新代行公司总经理职责，自2021年10月至报告期截止日，公司副总经理卫濛濛代行公司总经理职责。公司2021年第七届董事会第二十四次会议通过决议，同意免去刘剑外贸信托总经理职务。公司2021年第七届董事会第二十五次会议通过决议，同意马绍晶拟任外贸信托副总经理，免去其担任的外贸信托总经理助理职务。2022年2月9日，北京银保监局核准马绍晶副总经理的任职资格（京银保监复〔2022〕82号）。

8.3 公司重大诉讼事项

无。

8.4 会计师事务对审计报告所出具保留意见、否定意见或无法表现意见的情况

无。

8.5 公司及其董事、监事和高级管理受到处罚的情况

2021年12月，北京银保监局向公司出具《行政处罚决定书》（京银保监罚决字〔2021〕42号）[①]。

8.6 银保监会及其派出机构对公司检查情况

中国银行保险监督管理委员会派出检查组，于2020年对公司进行现场检查，并于2021年向公司下发《中国银行保险监督管理委员会现场检查意见书》。公司已对照监管意见进行各项整改，多措并举强化依法合规经营。

8.7 本报告期内公司重大事项临时报告

因公司变更总经理，公司于2021年2月5日在《上海证券报》第84版和公司官网同时进行重大临时事项的信息披露，发布《中国对外经济贸易信托有限公司关于总经理变更的公告》。

因公司变更董事长、法定代表人，公司于2021年4月30日在《证券时报》B216版和公司官网同时进行重大临时事项的信息披露，发布《中国对外经济贸易信托有限公司关于董事长及法定代表人变更的公告》。

因公司修改公司章程，公司于2021年9月13日在《证券时报》B7版和公司官网同时进行重大临时事项的信息披露，发布《中国对外经济贸易信托有限公司关于修改公司章程的公告》。

因公司总经理发生变动，公司于2021年10月27日在《证券时报》B173版和公司官网同时进行重大临时事项的信息披露，发布《中国对外经济贸易信托有限公司关于总经理变动的公告》。

9.公司监事会意见

9.1 公司依法运作情况

报告期内，公司能够按照合法决策程序对重大事项进行决策，根据国家法律法规、监管规定、公司章程及相关制度不断建立健全风险管理与内部控制体系，结合内外部检查情况持续整改提升，形成闭环管理机制，促进业务高质量发展。董事会确立了稳健的经营理念、价值准则，制定了符合公司情况的发展战略，董事会全体成员及董事会聘任的高级管理人员认真履行了职责，没有损害公司利益、股东利益和委托人利益的行为。

9.2 财务报告的真实性

报告期内，公司财务报告真实反映了公司财务状况和经营成果。

[①] 截至披露日，公司收到北京银保监局向公司出具的行政处罚决定书（京银保监罚决字〔2022〕9号）。

中国金谷国际信托有限责任公司

1. 重要提示

1.1 本公司董事会及董事保证本报告所载资料不存在任何虚假记载、误导性陈述或者重大遗漏，并对其内容的真实性、准确性和完整性承担个别及连带责任。

1.2 本公司独立董事对本报告的真实性、准确性和完整性无异议。

1.3 安永华明会计师事务所（特殊普通合伙）为本公司出具了标准无保留意见的审计报告。

1.4 本公司董事长（代理总经理及法定代表人职务）李洪江、主管财务工作的负责人吴杰声明：保证年度报告中财务会计报告的真实、完整。

2. 公司概况

2.1 公司简介

中国金谷国际信托有限责任公司（以下简称公司或金谷信托，原名中国金谷国际信托投资有限责任公司）是1993年4月经中国人民银行批准成立的非银行金融机构。2008年7月30日，经国务院及财政部同意，原中国银监会批准了中国信达资产管理公司（后改名为中国信达资产管理股份有限公司，以下简称中国信达）对金谷信托实施重组并增资。2009年9月1日，金谷信托经中国银监会批准重新登记，更名为中国金谷国际信托有限责任公司。2009年9月15日，公司在国家市场监督管理总局完成变更登记手续，并换领新的营业执照，注册资本为人民币12亿元。2013年12月20日，金谷信托完成增资，公司注册资本增至人民币22亿元。2013年12月23日，公司在国家市场监督管理总局完成注册资本变更登记手续，股东持股比例：中国信达持有92.29%股权，中国妇女活动中心持有6.25%股权，中国海外工程有限责任公司（以下简称中国海外）持有1.46%股权。

2.1.1 公司名称：
法定中文名称：中国金谷国际信托有限责任公司
中文名称缩写：金谷信托
英文名称：China Jingu International Trust Co., Ltd.
英文名称缩写：Jingu Trust

2.1.2 公司法定代表人：自2021年9月8日起，由公司董事长李洪江代理总经理、法定代表人职务

2.1.3 公司注册资本：人民币22亿元

2.1.4 公司注册地址：
北京市西城区金融大街33号通泰大厦C座10层
邮政编码：100033

2.1.5 公司官方网站网址：www.jingutrust.com

2.1.6 公司信息披露事务负责人：王崇
电话：010-88086819
传真：010-88086546
电子信箱：wangchong@cinda.com.cn

2.1.7 公司选定的信息披露报纸名称：《金融时报》

2.1.8 公司年度报告备置地点：北京市西城区金融大街33号通泰大厦C座10层

2.1.9 公司聘请的会计师事务所：安永华明会计师事务所（特殊普通合伙）
住所：北京市东城区东长安街1号东方广场安永大楼16层

2.1.10 公司聘请的律师事务所：

2.1.10.1 北京市中伦律师事务所
住所：北京市朝阳区金和东路20号院正大中心3号楼南塔23—31层

2.1.10.2 北京市环球律师事务所
住所：北京市朝阳区建国路81号华贸中心1号写字楼15层&20层

2.1.10.3 北京市兰台律师事务所
住所：北京市朝阳区曙光西里甲一号东城大厦B座2903室

2.1.10.4 北京植德律师事务所
住所：北京市东城区东直门南大街1号来福士中心办公楼5层

2.1.10.5 北京市中盛律师事务所
住所：北京市朝阳区建国门外大街8号楼国际财源中心22层

2.1.10.6 上海市方达（北京）律师事务所
住所：北京市朝阳区光华路1号北京嘉里中心北楼27层

2.1.10.7 上海市锦天城律师事务所

住所：上海市浦东新区银城中路501号上海中心大厦9层、11层、12层

2.1.10.8 北京观韬中茂律师事务所

住所：北京市西城区金融大街5号新盛大厦B座18层

2.1.10.9 北京国枫律师事务所

住所：北京市东城区建国门内大街26号新闻大厦7—8层

2.1.11 其他有关资料

公司统一社会信用代码：91110000100013642K

公司金融许可证：K0075H111000001

2.2 股权信息情况

2.2.1 2021年末股东出资额

中国信达资产管理股份有限公司，持股203 040万元，占比92.29%。

中国妇女活动中心，持股13 750万元，占比6.25%。

中国海外工程有限责任公司，持股3 210万元，占比1.46%。

2.2.2 公司主要股东及其控股股东、实际控制人、关联方、一致行动人、最终受益人情况

中国信达资产管理股份有限公司持有公司92.29%股份，根据《信托公司股权管理暂行办法》第七条的规定，为公司主要股东。其控股股东、实际控制人和最终受益人均为财政部，主要关联方包括：中国信达（香港）控股有限公司、中润经济发展有限责任公司、信达证券股份有限公司、信达投资有限公司、信达金融租赁有限公司、南洋商业银行有限公司、中国信达（香港）资产管理有限公司、中国信达基金管理有限公司、中国信达（香港）投资管理有限公司、信达（中国）投资有限公司、中国信达（澳门）资产管理有限公司、华建国际集团有限公司、信达金融控股有限公司、信达期货有限公司、信风投资管理有限公司、信达创新投资有限公司、信达澳银基金管理有限公司、海南建信投资管理股份有限公司、三亚天域实业有限公司、上海同达创业投资股份有限公司、深圳市建信投资发展有限公司、河北信达金建投资有限公司、河南省金博大投资有限公司、信达资本管理有限公司、武汉东方建国大酒店有限公司、信达地产股份有限公司、长淮信达地产有限公司、信达建润地产有限公司、信达国际控股有限公司、北京始于信投资管理有限公司、信达股权投资（天津）有限公司、北京信达房地产开发有限公司、上海泰瓴置业有限公司、芜湖鼎邦房地产开发有限公司、翡翠航空有限责任公司、中国信达（2020）I管理有限公司、信航十五号（天津）飞机租赁有限公司等。

中国妇女活动中心持有公司6.25%股份，根据《信托公司股权管理暂行办法》第七条的规定，为公司主要股东；根据中国妇女活动中心的意见，为公司股东。其控股股东、实际控制人和最终受益人均为中华全国妇女联合会；关联方包括中华全国妇女联合会、金汇投资管理有限公司、北京好苑建国酒店管理有限公司、北京好苑亿润物业管理有限公司。

2.2.3 2021年内股东违反承诺质押信托公司股权或以股权及其受（收）益权设立信托等金融产品的情况

无。

2.2.4 已向国务院银行业监督管理机构或其派出机构提交行政许可申请但尚未获得批准的事项

2022年3月2日，公司向中国银行保险监督管理委员会北京监管局提交了《金谷信托关于申请核准股权结构调整的请示》；中国银行保险监督管理委员会北京监管局已于2022年3月9日受理，截至2022年3月31日，上述行政许可事项正在审批中。

2.2.5 国务院银行业监督管理机构规定的其他信息

无。

2.3 组织结构

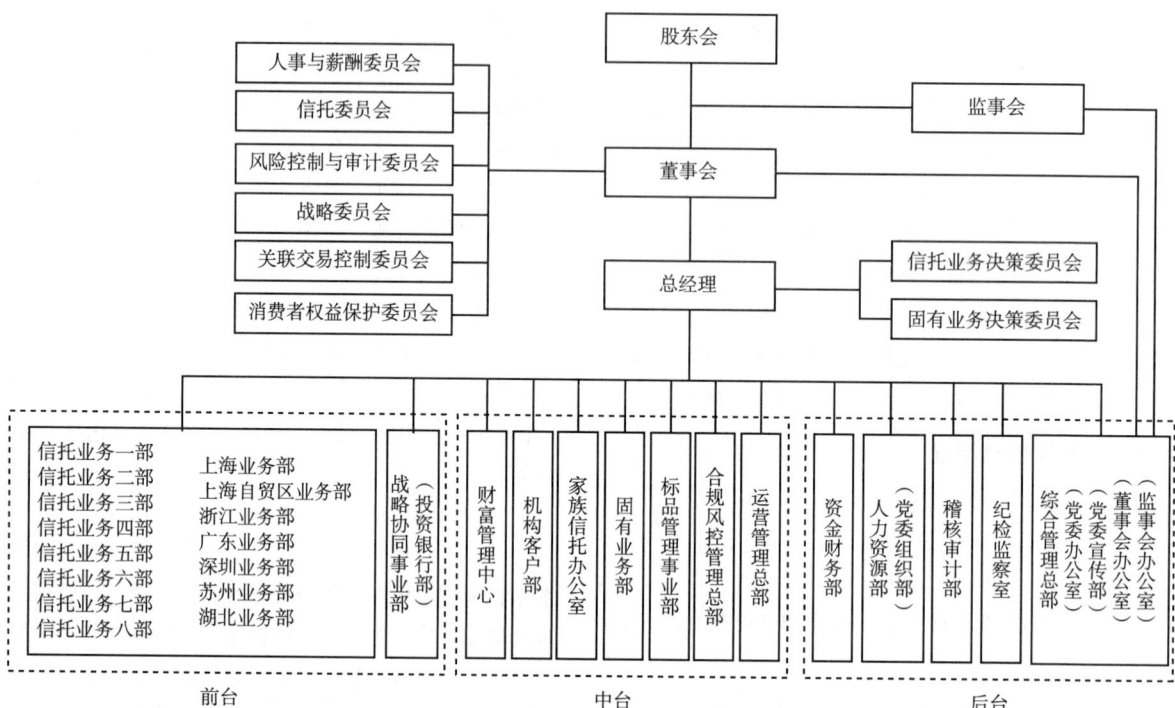

公司在北京、太原、上海、杭州、南京、天津设有财富销售团队。

3. 公司治理

3.1 股东

股东名称	持股比例（%）	法人代表	注册资本（亿元）	注册地址	主要经营业务
中国信达资产管理股份有限公司	92.29	张子艾	381.6454	北京市西城区闹市口大街9号院1号楼	1.收购、受托经营金融机构和非金融机构不良资产，对不良资产进行管理、投资和处置；2.债权转股权，对股权资产进行管理、投资和处置；3.破产管理；4.对外投资；5.买卖有价证券；6.发行金融债券、同业拆借和向其他金融机构进行商业融资；7.经批准的资产证券化业务、金融机构托管和关闭清算业务；8.财务、投资、法律及风险管理咨询和顾问；9.资产及项目评估；10.国务院银行业监督管理机构批准的其他业务（市场主体依法自主选择经营项目，开展经营活动；依法须经批准的项目，经相关部门批准后依批准的内容开展经营活动；不得从事国家和本市产业政策禁止和限制类项目的经营活动）
中国妇女活动中心	6.25	宋胜菊	0.30	北京市东城区建国门内大街19号	餐饮服务（热食类食品制售；冷食类食品制售；糕点类食品制售（含裱花蛋糕）；预包装食品销售（含冷藏冷冻食品，分支经营）；住宿、美容（非医疗美容）、理发、游泳池、商场；本店内零售卷烟、雪茄烟（有效期至2018年7月30日）；房屋出租；洗衣服务；收费停车场；健身健美；服装、日用百货、针纺织品、鞋帽、字画、工艺美术品、机电产品的销售；饭店投资管理；承接国际、国内会议；文化艺术、科技交流活动；物业管理（企业依法自主选择经营项目，开展经营活动；餐饮服务以及依法须经批准的项目，经相关部门批准后依批准的内容开展经营活动；不得从事本市产业政策禁止和限制类项目的经营活动）
中国海外工程有限责任公司	1.46	甘百先	30.00	北京市海淀区紫竹院路1号7号楼	向境外派遣各类劳务人员（不含港澳台地区，有效期至2023年8月3日）；承担各类国外工程和境内外外资工程；外派劳务人员培训；承担各类海外工业、民用建筑工程的勘查、设计和咨询；利用外方资源、资金和技术在境内开展劳务合作；进出口业务；工业与民用建筑工程的总承包；市政工程、装饰工程、水利电力工程、港口建设、道路桥梁工程施工；设备安装；建筑材料、工程机械的销售；自有房屋出租；房地产的开发经营及物业管理（市场主体依法自主选择经营项目，开展经营活动；依法须经批准的项目，经相关部门批准后依批准的内容开展经营活动；不得从事国家和本市产业政策禁止和限制类项目的经营活动）

3.2 董事、董事会及其下属委员会
3.2.1 董事长及董事

姓名	职务	性别	年龄（岁）	选任日期	所推举的股东名称	该股东持股比例（%）	简要履历
李洪江	董事长	男	52	2020年11月	中国信达	92.29	1992年至1998年任职于中国建设银行，2001年至今先后担任中国信达广东分公司副总经理、吉林分公司总经理，中国信达资产经营部总经理等多项职务。现任中国信达党委委员、副总裁，中国金谷国际信托有限责任公司党委书记、董事长
陈振军	董事	男	56	2020年11月	中国信达	92.29	1988年参加工作至今，先后担任中国建设银行天津红桥支行营业部副主任，中国信达天津办事处投资银行部副经理、股权管理部经理、债权四部经理、综合管理部高级副经理，中国信达天津分公司法律事务部高级副经理、业务审核部高级经理，中国信达专职审批人。现任中国信达业务管理部副总经理，中国金谷国际信托有限责任公司董事
叶郁文	董事	男	40	2020年11月	中国信达	92.29	2004年参加工作至今，先后担任普华永道中天会计师事务所重庆分所审计部高级审计员，重庆鑫根股权投资基金管理有限公司投资部总监，中国信达重庆分公司业务二部经理、业务四处高级经理、处长。现任中国信达战略客户四部副总经理，中国金谷国际信托有限责任公司董事

3.2.2 独立董事

姓名	职务	性别	年龄（岁）	选任日期	简要履历
陆益龙	独立董事	男	56	2020年7月	1987年7月至今，先后在安徽省安庆师范大学政教系任教，在中国人民大学社会学系进行博士后研究。现任中国人民大学社会学系教授、博士生导师，中国金谷国际信托有限责任公司独立董事
张鸿波	独立董事	男	52	2021年6月	1992年7月参加工作至今，先后任山东中昊律师事务所专职律师，山东文思达律师事务所创始合伙人、副主任，北京中孚律师事务所合伙人，北京东卫律师事务所合伙人，北京中银律师事务所律师。现任北京瀛和律师事务所高级合伙人、金融业务中心负责人、风控纪律委员会主任，北京市律师协会互联网金融法律事务委员会委员，中国政法大学法学院学生实习导师，中国金谷国际信托有限责任公司独立董事
张圣平	独立董事	男	57	2021年6月	1987年7月参加工作至今，先后任山东大学经济学院助教、讲师、副教授，南开大学经济学博士，北京大学光华管理学院博士后，北京大学光华管理学院金融系讲师、副教授、博士生导师；曾兼任哈尔滨银行股份有限公司独立董事。现任北京大学光华管理学院副院长，昆仑银行股份有限公司独立董事，渤海证券股份有限公司独立董事，中国金谷国际信托有限责任公司独立董事

3.2.3 董事会下属委员会

委员会名称	职责	组成人员
人事与薪酬委员会	负责制定、审查公司高级管理人员的薪酬政策与方案，拟定公司高管人员的考核标准并进行考核，接受董事会授权的其他事项	张圣平（主任）、李洪江、陆益龙
战略委员会	主要负责对公司总体发展战略、重大投资方案及其他影响公司发展的重大事项进行研究并提出建议	李洪江（主任）、张圣平
信托委员会	督促公司依法履行受托职责。当公司或股东利益与受益人利益发生冲突时，信托委员会应保证公司为受益人的最大利益服务	张鸿波（主任）、陈振军、叶郁文
风险控制与审计委员会	负责公司的风险控制、管理、监督和评估以及公司内外部审计的沟通、监督和核查等工作	陆益龙（主任）、叶郁文
关联交易控制委员会	负责对关联方进行确认、在董事会授权范围内及时审查和批准关联交易、控制关联交易风险	张鸿波（主任）、陆益龙、张圣平
消费者权益保护委员会	负责推动对消费者权益的保护工作，当公司或股东利益与消费者权益发生冲突时，保证公司为消费者的最大权益服务	陆益龙（主任）、张鸿波、张圣平

3.3 监事、监事会

姓名	职务	性别	年龄（岁）	选任日期	所推举的股东名称	该股东持股比例（%）	简要履历
张小琦	监事会主席	女	51	2019年7月	中国信达	92.29	1995年至2002年任职于中国建设银行总行信托公司、中国信达信托投资公司，2002年至今先后担任信达投资办公室主任、宣传部部长、董秘，信达地产副总经理、党委委员、董秘、工会主席，中国信达董办副主任、监办主任等职务。现任金谷信托党委副书记、监事会主席

续表

姓名	职务	性别	年龄（岁）	选任日期	所推举的股东名称	该股东持股比例（%）	简要履历
杨莉	监事	女	54	2019年7月	中国信达	92.29	1986年至1999年，任职于北京市财政局、中国投资银行总行、中国信达信托投资公司，1999年至今先后担任中国信达审计部及合规部高级副经理、高级经理，信达财险审计部总经理、职工监事、审计责任人等职务。现任中国信达审计部副总经理、金谷信托监事
张红雨	监事	女	50	2019年7月	中国妇女活动中心	6.25	1994年至今先后担任首钢机电公司设计研究院工程师，金汇投资管理有限公司主管会计，中国妇女活动中心财务主管等职务。现任中国妇女活动中心财务部副部长、金谷信托监事
王娜	职工监事	女	48	2011年6月	—	—	1991年至2001年，任职于北京赛特集团，2001年至今先后担任中国信达托管部经理、金谷信托人力部高级副经理、工会副主席（部门总经理级）等职务。现任金谷信托综合管理总部副总经理、工会副主席（部门总经理级）、职工监事
张谦	职工监事	男	42	2021年12月	—	—	2006年至2014年任职于北京明诚律师事务所、北京金诚同达律师事务所，2014年至今先后担任金谷信托法律部高级副经理、副总经理（主持工作）等职务。现任金谷信托合规风控管理总部副总经理、职工监事

3.4 高级管理人员

姓名	职务	性别	年龄（岁）	选任日期	金融从业年限（年）	学历	专业
吴杰	副总经理	男	51	2017年3月	28	硕士	世界经济
李鹏	总经理助理/首席风险官	男	49	2020年9月	30	硕士	建筑工程工商管理
赵朝晖	总经理助理	男	52	2020年9月	17	本科	贸易经济
王崇	董事会秘书	男	54	2015年12月	26	硕士	国民经济

3.5 公司员工

项目		2020年度		2021年度	
		人数（人）	比例（%）	人数（人）	比例（%）
年龄分布	25岁以下	3	2	5	2
	25—29岁	25	14	38	15
	30—39岁	94	53	145	57
	40岁以上	55	31	67	26
学历分布	博士	10	5	9	4
	硕士	113	65	170	66
	本科	49	27	71	28
	专科及其他	5	3	5	2
岗位分布	董事、监事及高管人员	8	5	7	3
	自营业务人员	2	1	3	1
	信托业务人员	104	59	141	55
	其他	63	35	104	41
合计		177	100	255	100

4. 经营管理

4.1 经营目标、方针、战略规划

4.1.1 经营目标

全面实施市场化改革举措，积极推进引战增资，推动公司稳健快速发展，将公司打造成为一家资产质量优良、盈利能力优异、人才梯队健康、企业文化良好，实现高质量发展并具有鲜明特色的信托公司。

4.1.2 经营方针

秉承"稳健经营、稳步发展"的经营基调，坚持"高质量、专业化"的发展方向，以加强党建为引领，以深化协同为根本，以提高主动管理能力为目的，以探索风险处置新模式为突破，以强化财富管理建设为抓手，以完善体制机制为保障，以受益人的利益最大化为宗旨，坚持专业为基，坚守忠信为本，坚定创造价值。

4.1.3 战略规划

4.1.3.1 指导思想

以习近平新时代中国特色社会主义思想为指导，全面贯彻党的十九大和十九届二中、十九届三中、十九届四中、十九届五中、十九届六中全会精神，增强"四个意识"、坚定"四个自信"、做到"两个维护"，运用好党史学习教育成果，贯彻党中央各项决策部署，落实集团党委关于金谷信托市场化改革的重要战略举措，坚持党对一切工作的领导，以服务实体经济为己任，坚定谋发展、防风险、促改革，坚持投行化、基金化发展，回归

信托本源，践行信托文化，全面推进与股东之间的战略协同，打造具有金谷特色的信托业务体系，成为一家具有鲜明特色和市场竞争优势的信托公司。

4.1.3.2 战略重点

公司将紧紧把握宏观经济和行业发展趋势，不断创新业务模式，高度注重业务协同，积极布局重点产业和重点区域，拓宽自身发展空间，坚持服务优质客户，提升服务实体经济质效，推动自身转型发展。一是明确业务方向，推进战略协同。二是服务实体经济，深化产融结合。三是聚焦国家战略，完善区域布局。四是提升客户质量，夯实发展基础。五是创新产品体系，提升服务价值。六是强化财富建设，形成战略支点。

4.2 所经营业务的主要内容

4.2.1 自营资产运用与分布表

资产运用	金额（万元）	占比（%）	资产分布	金额（万元）	占比（%）
货币资产	82 720.38	17.14	基础产业	—	—
贷款及应收款	27 597.88	5.72	房地产业	61 091.40	12.66
交易性金融资产	254 484.15	52.72	证券市场	—	—
债权投资	90 837.74	18.82	实业	106 827.04	22.13
长期股权投资	—	—	金融机构	137 738.70	28.54
其他	27 036.31	5.60	其他	177 019.32	36.67
资产总计	482 676.46	100	资产总计	482 676.46	100

4.2.2 信托资产运用与分布表

资产运用	金额（万元）	占比（%）	资产分布	金额（万元）	占比（%）
货币资产	208 246.30	1.20	基础产业	1 887 848.54	10.84
贷款	2 072 236.90	11.89	房地产	1 129 985.60	6.49
交易性金融资产	507 713.19	2.91	证券市场	582 321.16	3.34
可供出售金融资产	9 053 501.66	51.97	实业	5 548 095.16	31.85
持有至到期投资	1 987 998.87	11.41	金融机构	294 251.43	1.69
长期股权投资	1 772 124.94	10.17	其他	7 979 605.37	45.79
其他	1 820 285.56	10.45	—	—	—
信托资产总计	17 422 107.26	100.00	信托资产总计	17 422 107.26	100.00

4.3 市场分析

4.3.1 经济形势分析

2021年是国家实施"十四五"规划、开启全面建设社会主义现代化国家新征程的开局之年。面对世界百年未有之大变局和新冠肺炎疫情全球大流行交织影响的复杂局面，我国经济持续复苏、形势向好，国内生产总值114万亿元，同比增长8.1%，实现了"十四五"良好开局。但是，我国经济增速呈现下行态势，从季度经济增速来看，第一、第二、第三、第四季度同比分别增长18.3%、7.9%、4.9%、4.0%，增速逐季放缓，经济发展仍面临需求收缩、供给冲击、预期转弱三重压力。同时，全球经济复苏存在较大不确定性，且分化严重，我国经济高质量发展面临更多困难和挑战。

4.3.2 金融形势分析

2021年，金融调控更加注重前瞻性、精准性，运用公开市场操作和中期借贷便利等工具，保持流动性合理充裕；深化利率市场化改革，推动降低企业融资成本；通过降准、下调支农支小再贷款利率，支持小微企业发展；加强预调微调，发挥货币政策工具的总量和结构双重功能，保持金融对实体经济支持力度的稳固。同时，金融领域改革持续深化，各类金融机构的体制机制改革深入推进，公司治理不断健全，重点领域风险持续得到控制。

4.3.3 影响公司业务发展的有利因素

（1）我国经济发展长期向好的基本面未变。国内经济继续保持稳中向好的态势。我国宏观政策保持连续性针对性，推动经济运行保持在合理区间，稳健的货币政策有效实施，地方政府债务风险防范化解有序推进，重大金融风险事件稳妥处置，为公司发展提供了稳定的金融环境。

（2）财富管理业务发展前景广阔。中国居民财富增速领跑全球，2006—2020年，资产在1 000万元以上的高净值人群数量由18.1万人增至262万人，年复合增速达21%，国民财富的不断积累，提升了居民对资产配置、家族财富传承等个性化财富管理的需求，为公司发展财富管理及家族信托等业务提供了良好机遇。

（3）信托顶层架构和监管举措持续完善，信托业积极顺应监管导向，聚焦服务实体经济、防控金融风险、深化金融改革三项任务，资产结构持续优化、经营绩效不断提升、风险抵御能力逐步夯实，为公司发展提供了良好的行业环境。

4.3.4 影响公司业务发展的不利因素

（1）全球疫情仍在持续，世界经济复苏动力不足，大宗商品价格高位波动，外部环境更趋复杂严峻和不确定性。我国经济发展面临需求收缩、供给冲击、预期转弱三重压力，消费和投资恢复迟缓，经济金融领域风险隐患较多，实现经济稳定增长面临更多困难和挑战。

（2）传统融资类业务持续压降，房地产业务风险加剧，传统展业模式不可持续，信托业转型发展进入攻坚期，对公司在风险防控能力、创新能力、科技能力、运营能力等各方面建设提出了更高要求。

（3）市场竞争日趋激烈。当前信托公司转型提速，加快推进标品信托、股权投资、家族信托等业务布局，更加注重弥补发展短板，加大资本补充力度，加强科技投入，积极吸引专业化人才，市场竞争日趋加剧。

4.4 内部控制概况

4.4.1 内部控制环境和内部控制文化

按照现代企业制度的要求，公司建立了由股东会、董事会、监事会以及经营管理层组成的法人治理结构，努力构建分工明确、权责明晰、合理制衡的内控运行机制。董事会下设有信托委员会、人事与薪酬委员会、风险控制与审计委员会、关联交易控制委员会、战略委员会、消费者权益保护委员会等专门机构。同时，还建立了独立董事制度。公司经营管理层下设有前台业务部门以及中、后台等相关职能部门，努力构建权责明确，合理制衡的内部控制体系。信托业务与固有业务在人员配置、经营决策、会计核算和账务处理上相互独立。

公司建立并培育符合公司发展特点的内控文化。通过业务研讨、讲座、交流和培训等多种形式，不断将最新的政策法规、公司制度、经验和理念传递给公司员工，并将内控工作切实落实到各业务岗位和操作环节，以强化员工的合规和风险防范意识。同时，公司制定的《员工行为规范》，鼓励并要求大家爱岗敬业、诚实守信、遵纪守法。

4.4.2 内部控制措施

为确保实现公司经营目标，防范风险，公司制定了一套比较完整的内部控制制度与操作流程。

公司的基本制度对治理结构、机构设置、权责分配、内部审计等做出了规定，基本满足了内部控制各方面的要求；公司制定并实施了基本涵盖前、中、后台的内部控制制度和操作流程，如：业务经营、业务授权、合规管理、法律管理、风险管理、业务决策、期间管理、稽核审计、财务管理、人力资源、信息技术以及综合管理等，并随着业务的开展持续补充、修订和完善。公司实施了全方位的业务流程内控管理，对于尽职调查、立项审批、合规审查、风险审查、法律审查、项目中后期管理、清算等关键环节实行多人或多部门的交叉审核制，基本保障了公司业务内部控制的有效性。年度内，公司结合监管部门下发的各类监管政策和业务发展需要，调整优化了相关业务流程，对标准化产品的业务审批等关键流程及环节在制度层面进行了优化完善，使业务开展能够符合最新监管要求，提高了项目审批效率。

4.4.3 监督评价与纠正

报告期内，公司内部审计部门持续对经营管理及业务运行过程进行全面监督和评价。一是公司按照财政部、审计署等部门制定、发布的《企业内部控制基本规范》和上级要求，组织开展了年度内控评价工作，对31个管理流程进行测试评价，共发现三处一般缺陷，均为制度执行操作环节缺陷，其中一处缺陷已立行立改，两处尚在整改过程中，公司不存在财务报告和非财务报告内部控制重大缺陷。二是公司内部审计部门按照审计计划对业务经营、内控合规等方面进行审计，排查公司经营管理中存在的漏洞和不足，提出合理的改进建议，积极发挥公司风险管理第三道防线的作用。

4.5 风险管理

4.5.1 风险管理概况

公司以全面、审慎和有效为原则，积极构建和营造全面风险管理文化，主动完善全面风险管理体制机制和业务指标体系建设。同时，进一步加大风险管理绩效考核机制的落实，保证公司各项业务的稳健开展。公司建立了包括董事会、经营层、职能管理部门和各业务部门组成的四级风险管理体系，并形成了事前、事中、事后三条风险管理的主线，针对政策风险、合规风险、集中度风险、信用风险、流动性风险、市场风险、操作风险以及声誉风险等多个方面进行了有效地管理和防控。

4.5.2 风险状况

4.5.2.1 信用风险状况

信用风险主要指由于债务人或交易对手未能或者不愿意按时履行偿债义务，或者其信用状况的不利变动而使公司业务发生损失的风险。信用风险是公司经营过程中面临的主要风险，表现为交易对手、担保人等义务主体在贷款偿还、资产（权益）回购、担保等交易环节中不履行或不全面履行合同义务，从而造成信托、固有财产遭受损失的可能性。公司在报告期内累计清算信托规模694.57亿元，未发生信用风险事件，合计支付投资者收益70.98亿元，持续为投资者创造稳定价值。

4.5.2.2 市场风险状况

市场风险是公司经营过程中面临的风险之一。市场风险是指公司在资产管理业务中，投资具有公开市场价值的金融产品或者其他产品时，由于价格波动导致资产遭受损失的可能性。

截至报告期末，我司存续标品项目42个，主要投资于债券、基金专户、货币市场工具等标的，鉴于持仓债券等标的交易活跃度低，因而采用成本法进行估值，市场利率波动对相关产品影响不大。

4.5.2.3 操作风险状况

操作风险是公司经营过程中面临的风险因素。主要表现在公司内部人员在相关业务办理中，因错误、疏忽或操作失误而出现的风险，以及由于内部控制制度不完善引发的缺乏监控、监督的风险。

公司在报告期内严控操作风险，在业务开展的全过程中实行多人、多部门的交叉管理，完善相关内部控制制度，使执行风险、流程风险、人员风险等操作风险得到有效控制。

4.5.2.4 洗钱风险状况

洗钱风险，主要指通过各种方式掩饰、隐瞒毒品犯罪、黑社会性质的组织犯罪、恐怖活动犯罪、走私犯罪、贪污贿赂犯罪、破坏金融管理秩序犯罪、金融诈骗犯罪等犯罪所得及其收益的来源和性质的洗钱活动。

公司目前能够正确把握反洗钱工作与业务经营发展的关系，避免因业务快速发展时忽视可能存在的洗钱风险。

4.5.2.5 其他风险状况

其他风险主要是指政策风险和声誉风险。政策风险主要是国家政策变化对公司业务发展可能产生的不利影响。声誉风险是指由于经营、管理及其他行为或外部事件导致利益相关方对公司做出负面评价的风险，从而影响公司正常运营和发展。

公司密切关注宏观经济政策及行业监管政策变化，及时研判政策变化可能对公司业务造成的影响，研究采取有效措施，减少政策风险对公司经营的影响。公司设立声誉风险领导小组，对舆情管理工作进行统一领导，并配备舆情管理专岗负责舆情的实时监控与管理，做好声誉风险分析及处置，有效降低舆情负面影响。

4.5.3 风险管理

4.5.3.1 信用风险管理

对于可能发生的信用风险，公司主要采取以下方式进行控制和防范：一是以公司的产品准入标准及信用评级体系作为重要参考依据，注重项目的前期尽职调查，从定性及定量两方面审慎选择交易对手；同时，通过强化期间管理等方式持续关注交易对手的履约能力变化，防范项目信用风险。二是注重通过合理设置交易结构等方式分散信用风险。三是通过在交易结构中设定抵（质）押担保等方式控制信用风险。

2021年，按规定和监管要求，公司开展了多轮次风险排查工作，重点排查了公司存续业务的信用风险，并根据项目风险排查情况，对未到期项目进行了风险识别和研判，制定了相应的应急处置预案，强化了项目期间管理措施等。公司根据市场变化，及时更新了产品准入标准及风险控制措施，优化完善了风险管理体系。同时，公司在交易对手及业务开展区域的选择上更加审慎，并强化了业务抵（质）押等担保措施，动态监测抵押率，将抵押率控制在合理的范围之内。

另外，公司按照监管要求和《固有资产风险分类管理暂行办法》，将固有资产划分为正常、关注、次级、可疑和损失五类。公司按照财政部《金融企业准备金计提管理办法》（财金〔2012〕20号）的规定计提了相关准备金等，包括一般准备和资产减值准备。其中，一般准备余额不低于风险资产期末余额的1.5%。公司按照净利润的5%提取信托赔偿准备。

4.5.3.2 市场风险管理

为了规避可能出现的市场风险，公司着重从以下几个方面采取措施进行防范和控制。

一是注重定期对国家宏观经济形势的研判，把握国家重点调控政策，防范可能发生的市场风险。二是加强对不同行业和区域的市场风险分析，注意建立与公司规模和管理能力相适应的风险管理制度。三是开展与公司发展阶段相适应的业务，积极探索组合投资方案，分散市场风险。四是尽量在相关合同文件中对利率变动进行事前约定，规避利率风险。五是在开展二级市场相关投资业务时，通过采用对冲工具等措施防范市场波动风险。

4.5.3.3 操作风险管理

公司采取了不同的管理策略和解决方案，应对和完善操作风险的管理。通过构建内部控制制度和体系加强尽职风险管理，以严谨的制度流程和清晰的授权体系，明确责任。形成了不同部门、不同岗位之间相互监督制约的关系，从而做到职责明确，各尽其责。在具体项目运作时，公司要求各业务部门严格按照公司内部业务流程操作，以实现委托人的意愿及受益人利益。2021年，公司对核心业务系统及办公平台系统均进行了改造升级，为公司业务流程的标准化和规范化提供技术保障，减少了操作风险发生的可能性。公司还根据各信托产品的具体情况，要求信托专户开户行协助对资金进行监管，以防范和控制操作风险的出现。

4.5.3.4 洗钱风险管理

公司建立了与监管要求和公司发展战略相适应的洗钱风险管理体系，可以有效预防洗钱活动和相关犯罪活动的发生，避免因洗钱风险活动发生对公司造成影响和损失，在合规合法经营的前提下提升了反洗钱工作的有效性。公司制定有《反洗钱工作管理办法》，设置了洗钱风险管理领导小组，各部门作为独立的反洗钱工作责任单元，承担职责范围内的反洗钱工作，可有效从客户和业务源头控制洗钱风险。

4.5.3.5 其他风险管理

公司通过密切关注和研究国家经济形势和政策变化，及时调整经营思路、业务方向和业务策略等，减少政策风险的影响；通过审慎选择交易对手，尽职尽责履行受托人义务，加强和规范全员从业技能与职业道德培训等，维护委托人和受益人的利益，并以此防控道德风险；公司设舆情管理专岗统一负责舆情监控和管理，对舆情管理工作进行实时监控。

公司由声誉风险领导小组对舆情管理工作进行统一领导，做好声誉风险分析及处置，有效降低舆情负面影响。

4.6 社会责任

公司始终以习近平新时代中国特色社会主义思想为指导，全面贯彻党的十九大和十九届历次全会精神，牢记"国之大者"，聚焦服务实体经济、防控金融风险、深化金融改革三项任务，切实履行社会责任，促进经济、社会和环境的全面协调可持续发展。

公司积极顺应监管要求和行业转型趋势，紧密围绕国家产业政策导向，将支持京津冀协同发展、长江经济带、粤港澳大湾区、长三角一体化等国家重大战略区域发展作为展业重点，加大对民生领域、实体企业在疫情后的金融扶持力度，立足国内大循环，支持新能源、现代农业、节能环保等新兴产业发展。

公司积极履行国有金融企业的使命担当，将践行社会责任与信托功能有机结合，与控股股东联合创设"信达大爱"慈善信托品牌，通过在产业、人才、文化、生态等方面开展帮扶，坚决贯彻党中央、国务院关于巩固拓展脱贫攻坚成果、助力乡村振兴的决策部署。截至2021年末，"信达大爱"系列共设立9单慈善信托，累计支出慈善款金额超过4 200万元，覆盖新疆、青海、云南、贵州等十七个省、市和自治区。

公司秉承"受人之托、代人理财"理念，以受益人合法利益最大化为原则，忠实履行受托责任，全年为受益人分配收益70.98亿元，为投资者实现了财产保值增值。

公司不断完善员工关爱体系，推动员工与企业共同成长。通过不断完善培训体系、保障员工职业健康、开展文体活动及员工帮扶活动等，切实增强员工福利，保障员工权益。

公司积极践行低碳环保理念，设立绿色信托产品支持绿色产业发展；利用科技手段，完善信息系统建设，拓展线上金融服务，推广电视电话会议；倡导绿色办公，在办公场所设置回收废旧电池纸箱，在打印室、卫生间张贴标识，引导员工树立节能环保理念；积极开展环保公益活动，组织"垃圾分类宣传活动"，引导员工逐步养成垃圾分类意识，形成珍惜资源、节约能源的生活习惯。

4.7 消费者权益保护

2021年，消费者权益保护作为公司重点工作内容之一，已逐步纳入到公司治理、发展战略及全业务链条之中。公司制定《金谷信托2021年消费者权益保护工作计划》并经董事会审议通过执行；公司增设消费者权益保护委员会，负责消费者权益保护工作战略目标的制定并督促落实；监事会召开专题会议听取财富管理中心关于消费者权益保护工作汇报；纪委对消保工作开展专项监督检查。

公司持续完善制度，修订《消费者权益保护工作管理办法》《客户管理办法》《客户信息管理办法》《信托受益权转让管理办法》等制度规范，清晰部门职责、强化消费者适当性管理、健全客户信息保护措施、完善考评体系，切实保障投资者的各项合法权益。

公司畅通投诉渠道、严格遵循投诉受理、处理原则。2021年度公司保持零投诉。公司积极参加北京银保监局线上培训会、线下轮训，认真学习、领会工作要求并迅速落实到公司制度与流程中，对《客户管理办法》中投诉管理板块内容进行自查、梳理、修订，完善投诉处理流程。

公司组织开展多渠道、多场次的线上线下宣教活动，包括"3·15消费者权益保护教育宣传周""消保守护"小程序推广、"国家反诈中心"官方政务号及APP推广、"金融知识普及月"等；各区域财富中心共开展进社区进商圈进企业集中宣教活动22次，发放宣教资料3 353份，参与员工100人次，受众客户量1 625人次；金谷信托财富管理中心微信公众号及时推送活动动态短视频及风险提示32条，客户端浏览量3 008次。今年宣教次数、受众范围较去年增幅显著，活动的实效性亦有所增强。

5. 报告期末及上一年度末的比较式会计报表

5.1 自营资产

5.1.1 会计师事务所审计意见全文

审计报告

安永华明〔2022〕审字第61236512_A01号

中国金谷国际信托有限责任公司：

一、审计意见

我们审计了中国金谷国际信托有限责任公司的财务报表，包括2021年12月31日的合并及公司的资产负债表、2021年度的合并及公司的利润表、所有者权益变动表和现金流量表以及相关财务报表附注。

我们认为，后附的中国金谷国际信托有限责任公司的财务报表在所有重大方面按照企业会计准则的规定编制，公允反映了中国金谷国际信托有限责任公司2021年12月31日的合并及公司财务状况以及2021年度的合并及公司经营成果和现金流量。

二、形成审计意见的基础

我们按照中国注册会计师审计准则的规定执行了审计工作。审计报告的"注册会计师对财务报表审计的责任"部分进一步阐述了我们在这些准则下的责任。按照中国注册会计师职业道德守则，我们独立于中国金谷国际信托有限责任公司，并履行了职业道德方面的其他责任。我们相信，我们获取的审计证据是充分、适当的，为发表审计意见提供了基础。

三、管理层和治理层对财务报表的责任

中国金谷国际信托有限责任公司管理层负责按照企业会计准则的规定编制财务报表，使其实现公允反映，并设计、执行和维护必要的内部控制，以使财务报表不存在由于舞弊或错误导致的重大错报。

在编制财务报表时，管理层负责评估中国金谷国际信托有限责任公司的持续经营能力，披露与持续经营相关的事项（如适用），并运用持续经营假设，除非计划进行清算、终止运营或别无其他现实的选择。

治理层负责监督中国金谷国际信托有限责任公司的财务报告过程。

四、注册会计师对财务报表审计的责任

我们的目标是对财务报表整体是否不存在由于舞弊或错误导致的重大错报获取合理保证，并出具包含审计意见的审计报告。合理保证是高水平的保证，但并不能保证按照审计准则执行的审计在某一重大错报存在时总能发现。错报可能由于舞弊或错误导致，如果合理预期错报单独或汇总起来可能影响财务报表使用者依据财务报表作出的经济决策，则通常认为错报是重大的。

在按照审计准则执行审计工作的过程中，我们运用职业判断，并保持职业怀疑。同时，我们也执行以下工作：

（1）识别和评估由于舞弊或错误导致的财务报表重大错报风险，设计和实施审计程序以应对这些风险，并获取充分、适当的审计证据，作为发表审计意见的基础。由于舞弊可能涉及串通、伪造、故意遗漏、虚假陈述或凌驾于内部控制之上，未能发现由于舞弊导致的重大错报的风险高于未能发现由于错误导致的重大错报的风险。

（2）了解与审计相关的内部控制，以设计恰当的审计程序。

（3）评价管理层选用会计政策的恰当性和作出会计估计及相关披露的合理性。

（4）对管理层使用持续经营假设的恰当性得出结论。同时，根据获取的审计证据，就可能导致对中国金谷国际信托有限责任公司持续经营能力产生重大疑虑的事项或情况是否存在重大不确定性得出结论。如果我们得出结论认为存在重大不确定性，审计准则要求我们在审计报告中提请报表使用者注意财务报表中的相关披露；如果披露不充分，我们应当发表非无保留意见。我们的结论基于截至审计报告日可获得的信息。然而，未来的事项或情况可能导致中国金谷国际信托有限责任公司不能持续经营。

（5）评价财务报表的总体列报（包括披露）、结构和内容，并评价财务报表是否公允反映相关交易和事项。

（6）就中国金谷国际信托有限责任公司中实体或业务活动的财务信息获取充分、适当的审计证据，以对财务报表发表审计意见。我们负责指导、监督和执行集团审计，并对审计意见承担全部责任。

我们与治理层就计划的审计范围、时间安排和重大审计发现等事项进行沟通，包括沟通我们在审计中识别出的值得关注的内部控制缺陷。

安永华明会计师事务所（特殊普通合伙）

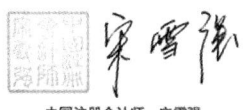
中国注册会计师：宋雪强

中国注册会计师：孙 婧

中国 北京　　　　　2022年4月2日

5.1.2 资产负债表

资产负债表

编制单位：中国金谷国际信托有限责任公司　　2021年12月31日　　单位：万元

项目	合并	母公司		项目	合并	母公司	
	年末数	年末数	年初数		年末数	年末数	年初数
资产				负债			
货币资金	84 759.88	82 720.38	60 663.50	应付职工薪酬	14 664.67	14 664.67	13 848.34
发放贷款和垫款	9 660.00	9 660.00	15 839.75	应交税费	7 889.70	7 828.21	5 619.79
金融投资	—	—	—	其他负债	213 869.85	34 275.83	41 224.35
一交易性金融资产	433 586.27	254 484.15	39 273.54	负债合计	236 424.22	56 768.71	60 692.48
一债权投资	90 837.74	90 837.74	309 928.87	所有者权益	—	—	—
固定资产	752.32	752.32	237.75	实收资本	220 000.00	220 000.00	220 000.00
无形资产	724.79	724.79	337.79	资本公积	23 064.78	23 064.78	23 064.78
递延所得税资产	19 362.96	19 362.96	23 481.26	盈余公积	19 851.08	19 851.08	18 661.97
其他资产	22 648.01	24 134.12	26 414.36	风险准备金	19 757.54	19 757.54	19 162.99
	—	—	—	未分配利润	143 234.35	143 234.35	134 594.60
	—	—	—	所有者权益合计	425 907.75	425 907.75	415 484.34
资产总计	662 331.97	482 676.46	476 176.82	负债及所有者权益总计	662 331.97	482 676.46	476 176.82

5.1.3 利润表

利润表

编制单位：中国金谷国际信托有限责任公司　　2021年度　　单位：万元

项目	合并	母公司	
	2021年度	2021年度	2020年度
营业收入	73 936.47	65 937.93	45 402.38
利息净收入	269.23	49.23	840.44
其中：利息收入	2 049.09	1 829.10	4 406.60
利息支出	1 779.86	1 779.86	3 566.16
手续费及佣金净收入	54 731.98	56 302.26	38 874.55
其中：手续费及佣金收入	55 069.76	56 640.04	38 876.21
手续费及佣金支出	337.78	337.78	1.66
投资收益	16 788.20	7 642.62	1 721.45
公允价值变动损益	2 049.32	1 846.07	3 774.54
资产处置收益	6.08	6.08	2.12
其他收益	30.51	30.51	182.05
其他业务收入	61.15	61.15	7.23
营业支出	57 931.25	49 932.71	29 923.29
税金及附加	463.80	417.24	334.86
业务及管理费	23 733.10	23 450.38	15 203.51
信用减值损失	26 065.09	26 065.09	14 384.92
其他业务成本	7 669.26	—	—
营业利润	16 005.22	16 005.22	15 479.09
加：营业外收入	4.55	4.55	0.04
减：营业外支出	0.36	0.36	30.69
利润总额	16 009.41	16 009.41	15 448.44
减：所得税费用	4 118.30	4 118.30	3 937.13
净利润	11 891.11	11 891.11	11 511.31

5.1.4 所有者权益变动表

所有者权益变动表

2021年度

编制单位：中国金谷国际信托有限责任公司

单位：万元

项目	2021年合并						2021年母公司						2020年母公司					
	实收资本	资本公积	盈余公积	风险准备金	未分配利润	所有者权益合计	实收资本	资本公积	盈余公积	风险准备金	未分配利润	所有者权益合计	实收资本	资本公积	盈余公积	风险准备金	未分配利润	所有者权益合计
一、上年年末余额	220 000.00	23 064.78	18 661.97	19 162.98	134 594.60	415 484.33	220 000.00	23 064.78	18 661.97	19 162.98	134 594.60	415 484.33	220 000.00	23 064.78	17 510.84	18 587.42	125 194.72	404 357.76
加：会计政策变更	—	—	—	—	—	—	—	—	—	—	—	—	—	—	—	—	—	—
前期差错更正	—	—	—	—	—	—	—	—	—	—	—	—	—	—	—	—	—	—
二、本年年初余额	220 000.00	23 064.78	18 661.97	19 162.98	134 594.60	415 484.33	220 000.00	23 064.78	18 661.97	19 162.98	134 594.60	415 484.33	220 000.00	23 064.78	17 510.84	18 587.42	125 194.72	404 357.76
三、本年增减变动金额（减少以"-"号填列）	—	—	1 189.11	594.56	8 639.75	10 423.42	—	—	1 189.11	594.56	8 639.75	10 423.42	—	—	1 151.13	575.56	9 399.88	11 126.58
（一）综合收益总额	—	—	—	—	11 891.11	11 891.11	—	—	—	—	11 891.11	11 891.11	—	—	—	—	11 511.31	11 511.31
（二）利润分配	—	—	1 189.11	594.56	-3 251.36	-1 467.69	—	—	1 189.11	594.56	-3 251.36	-1 467.69	—	—	1 151.13	575.56	-2 111.43	-384.73
1.提取盈余公积	—	—	1 189.11	—	-1 189.11	0.00	—	—	1 189.11	—	-1 189.11	0.00	—	—	1 151.13	—	-1 151.13	—
2.提取风险准备金	—	—	—	594.56	-594.56	0.00	—	—	—	594.56	-594.56	0.00	—	—	—	575.56	-575.57	—
3.对所有者的分配	—	—	—	—	-1 467.69	-1 467.69	—	—	—	—	-1 467.69	-1 467.69	—	—	—	—	-384.73	-384.73
四、本年年末余额	220 000.00	23 064.78	19 851.08	19 757.54	143 234.35	425 907.75	220 000.00	23 064.78	19 851.08	19 757.54	143 234.35	425 907.75	220 000.00	23 064.78	18 661.97	19 162.98	134 594.60	415 484.33

5.2 信托资产

5.2.1 信托项目资产负债汇总表

信托项目资产负债汇总表

编制单位：中国金谷国际信托有限责任公司　　2021年12月31日　　单位：万元

资产	期末余额	期初余额	负债和所有者权益	期末余额	期初余额
信托资产：			信托负债：		
银行存款	208 246.30	80 236.49	应付受托人报酬	1 057.20	—
交易性金融资产	507 713.19	—	应付托管费	8.41	—
买入返售金融资产	22 150.30	—	应付受益人收益	1 305.30	821.97
应收账款	1 633 490.29	1 992 420.40	应交税费	1 159.77	—
应收利息	—	—	其他应付款	28 539.66	60 504.90
拆出资金	—	—			
其他应收款	—	—	信托负债合计	32 070.34	61 326.87
贷款	2 072 236.90	3 356 436.05			
持有至到期投资	1 987 998.87	2 270 578.14			
可供出售金融资产	9 053 501.66	4 768 514.54	信托权益：		
长期股权投资	1 772 124.78	1 505 886.89	实收信托	17 306 011.23	14 146 494.95
固定资产	—	—	资本公积	—	—
在建工程	—	—	未分配利润	84 025.69	91 919.31
无形资产	—	—	信托权益合计	17 390 036.92	14 238 414.26
长期待摊费用	—	—			
其他资产	164 644.97	325 668.62			
资产总计	17 422 107.26	14 299 741.13	负债和所有者权益合计	17 422 107.26	14 299 741.13

5.2.2 信托项目利润及利润分配汇总表

信托项目利润及利润分配汇总表

编制单位：中国金谷国际信托有限责任公司　2021年度　　单位：万元

项目	本年金额	上年金额
一、营业收入	821 464.40	636 197.27
利息收入	251 653.83	257 171.02
投资收益	563 266.39	308 378.41
公允价值变动损益	943.75	64 635.59
租赁收入	—	—
其他业务收入	5 600.43	6 012.25
二、支出	119 514.51	121 511.50
（一）税金及附加	2 755.63	2 157.69
（二）受托人报酬	56 603.53	33 791.82
（三）保管费	1 047.67	2 656.81
（四）资产减值损失	—	—
（五）其他费用	59 107.68	82 905.18
三、信托净利润（净亏损以"-"号填列）	701 949.89	514 685.77
四、其他综合收益	—	—
五、综合收益	701 949.89	514 685.77
六、加：期初未分配信托利润	91 919.31	136 821.64
七、可供分配的信托利润	793 869.20	651 507.41
八、减：本期已分配信托利润	709 843.51	559 588.10
九、期末未分配信托利润	84 025.69	91 919.31

6. 会计报表附注

6.1 会计报表编制基准

6.1.1 会计报表编制基准不符合会计核算基本前提的说明

公司无上述情况。

6.1.2 财务合并报表口径说明

2021年公司将控制的结构化主体纳入合并范围。

公司同时作为信托产品的管理人和/或投资人时，综合评估因持有投资份额而享有的回报以及作为管理人的管理人报酬是否将使本公司所面临的可变回报的影响重大，从而本公司应为主要责任人。如果本公司作为主要责任人，则会合并相应的信托产品。

6.2 重要会计政策和会计估计说明

6.2.1 计提资产减值准备的范围和方法

计提资产减值准备的范围包括：金融资产、长期股权投资、固定资产、无形资产。

计提资产减值准备的方法：金融资产，公司在资产负债表日对除了以公允价值计量且其变动计入当期损益的金融资产外的其他金融资产，以预期信用损失为基础进行减值处理并确认损失准备。非金融资产，公司在资产负债表日检查长期股权投资、固定资产、使用寿命确定的无形资产是否存在可能发生减值的迹象。如果该等资产存在减值迹象，则估计其可收回金额。估计资产的可收回金额以单项资产为基础，如果难以对单项资产的可收回金额进行估计的，则以该资产所属的资产组为基础确定资产组的可收回金额。可收回金额为资产或者资产组的公允价值减去处置费用后的净额与其预计未来现金流量的现值两者之中的较高者。如果资产的可收回金额低于其账面价值，按其差额计提资产减值准备，并计入当期损益。非金融资产减值损失一经确认，在以后会计期间不予转回。

6.2.2 金融资产分类的范围和标准

金融资产于初始确认时根据本公司管理金融资产的业务模式和金融资产的合同现金流量特征分类为：以公允价值计量且其变动计入当期损益的金融资产、以摊余成本计量的金融资产、以公允价值计量且其变动计入其他综合收益的金融资产。金融资产在初始确认时以公允价值计量。对于以公允价值计量且其变动计入当期损益的金融资产，相关交易费用直接计入当期损益，其他类别的金融资产相关交易费用计入其初始确认金额。

6.2.2.1 公允价值的确定方法

公允价值是市场参与者在计量日发生的有序交易中，出售资产所能收到或者转移一项负债所需支付的价格。无论公允价值是可观察到的还是采用估值技术估计的，在财务报表中计量和/或披露的公允价值均在此基础上予以确定。

6.2.2.2 金融资产的转移

公司已将金融资产所有权上几乎所有的风险和报酬转移给转入方的，终止确认该金融资产；保留了金融资产所有权上几乎所有的风险和报酬的，不终止确认该金融资产。

公司既没有转移也没有保留金融资产所有权上几乎所有的风险和报酬的，分别下列情况处理：放弃了对该金融资产控制的，终止确认该金融资产并确认产生的资产和负债；未放弃对该金融资产控制的，按照其继续涉入所转移金融资产的程度确认有关金融资产，并相应确认有关负债。

通过对所转移金融资产提供财务担保方式继续涉入的，按照金融资产的账面价值和财务担保金额两者之中的较低者，确认继续涉入形成的资产。财务担保金额，是指所收到的对价中，将被要求偿还的最高金额。

6.2.3 以摊余成本计量的金融资产核算方法

公司管理该金融资产的业务模式是以收取合同现金流量为目标；该金融资产的合同条款规定，在特定日期产生的现金流量仅为对本金和以未偿付本金金额为基础的利息的支付。此类金融资产以摊余成本进行后续计量，采用实际利率法确认利息收入，其终止确认、修改或减值产生的利得或损失，均计入当期损益。

6.2.4 以公允价值计量且其变动计入其他综合收益的金融资产核算方法

分类为以公允价值计量且其变动计入其他综合收益的金融资产为本公司管理该金融资产的业务模式是既以收取合同现金流量为目标又以出售金融资产为目标；该金融资产的合同条款规定，在特定日期产生的现金流量仅为对本金和以未偿付本金金额为基础的利息的支付。此类金融资产后续以公允价值计量，采用实际利率法确认利息收入。除利息收入、减值损失及汇兑差额确认为当期损益外，其余公允价值变动计入其他综合收益。当金融资产终止确认时，之前计入其他综合收益的累计利得或损失从其他综合收益转出，计入当期损益。

6.2.5 以公允价值计量且其变动计入当期损益的金融资产核算方法

上述以摊余成本计量的金融资产及以公允价值计量且其变动计入其他综合收益的金融资产之外的金融资产，分类为以公允价值计量且其变动计入当期损益的金融资产。对于此类金融资产，采用公允价值进行后续计量，所有公允价值变动计入当期损益。

6.2.6 长期股权投资核算方法

6.2.6.1 长期股权投资的初始计量

长期股权投资在取得时按初始投资成本计量。初始投资成本一般为取得该项投资而付出的资产、发生或承担的负债以及发行的权益性证券的公允价值，并包括直接相关费用。但同一控制下的企业合并形成的长期股权投资，其初始投资成本为合并日取得的被合并方所有者权益在最终控制方合并财务报表中的账面价值的份额。

6.2.6.2 长期股权投资的后续计量

对被投资单位实施控制的长期股权投资采用成本法核算；对联营企业和合营企业的长期股权投资采用权益法核算。长期股权投资采用权益法核算时，对长期股权投资初始投资成本大于投资时应享有被投资单位可辨认净资产公允价值份额的，不调整长期股权投资的初始投资成本；对长期股权投资初始投资成本小于投资时应享有被投资单位可辨认净资产公允价值份额的，其差额计入当期损益，同时调整长期股权投资的成本。投资方在确认应享有被投资单位净损益的份额时，应当以取得投资时被投资单位可辨认净资产的公允价值为基础，对被投资单位的净利润进行调整后确认。

6.2.7 固定资产计价和折旧方法

固定资产是指为生产商品、提供劳务、出租或经营管理而持有的，使用寿命超过一个会计年度的有形资产。固定资产仅在与其有关的经济利益很可能流入本公司，且其成本能够可靠地计量时才予以确认。固定资产按成本进行初始计量。固定资产从达到预定可使用状态的次月起，采用年限平均法在使用寿命内计提折旧。各类固定资产的使用寿命、预计净残值和年折旧率如下表所示。

资产类别	使用年限（年）	残值率（％）	年折旧率（％）
一、房屋建筑物	20	—	5
二、运输设备	6	3	16.17
三、电子设备	3	3	32.33
四、其他设备	5	3	19.40

预计净残值是指假定固定资产预计使用寿命已满并处于使用寿命终了时的预期状态，本公司目前从该项资产处置中获得的扣除预计处置费用后的金额。

当固定资产处于处置状态或预期通过使用或处置不能产生经济利益时，终止确认该固定资产。固定资产出售、转让、报废或毁损的处置收入扣除其账面价值和相关税费后的差额计入当期损益。

公司至少于年度终了对固定资产的使用寿命、预计净残值和折旧方法进行复核，如发生改变则作为会计估计变更处理。

6.2.8 无形资产计价及摊销政策

无形资产按成本进行初始计量。使用寿命有限的无形资产自可供使用时起，对其原值减去预计净残值和已计提的减值准备累计金额在其预计使用寿命内采用直线法分期平均摊销。使用寿命不确定的无形资产不予摊销。

本报告期末，对使用寿命有限的无形资产的使用寿命和摊销方法进行复核，必要时进行调整。

6.2.9 收入确认原则和方法

公司在履行了合同中的履约义务，即在客户取得相关商品或服务控制权时确认收入。取得相关商品或服务的控制权，是指能够主导该商品的使用或该服务的提供并从中获得几乎全部的经济利益。

公司与客户之间的提供服务合同通常包含受托管理信托的履约义务，由于公司履约过程中所提供的服务具有不可替代用途，且公司在整个合同期间内有权就累计至今已完成的履约部分收入款项，公司将其作为在某一时段内履行的履约义务，按照履约进度确认收入，履约进度不能合理确定的除外。公司按照直线法确定提供服务的履约进度。对于履约进度不能合理确定时，公司已经发生的成本预计能够得到补偿的，按照已经发生的成本金额确认收入，直到履约进度能够合理确定为止。

6.2.10 所得税的会计处理方法

6.2.10.1 当期所得税

资产负债表日，对于当期和以前期间形成的当期所得税负债（或资产），以按照税法规定计算的预期应交纳（或返还）的所得税金额计量。公司适用的所得税税率为25%。

6.2.10.2 递延所得税资产及递延所得税负债

公司根据资产与负债于资产负债表日的账面价值与其计税基础之间的差额，以及未作为资产和负债确认但按照税法规定可以确定其计税基础的项目的账面价值与计税基础之间的差额产生的暂时性差异，采用资产负债表债务法确认递延所得税资产及递延所得税负债。

资产负债表日，对于递延所得税资产和递延所得税负债，依据税法规定，按照预期收回该资产或清偿该负债期间的适用税率计量，并反映资产负债表日预期收回资产或清偿负债方式的所得税影响。

6.2.11 信托报酬的确认原则和方法

在收入确认原则基础上，信托业务手续费收入按照信托合同约定的方法确认。

6.2.12 长期待摊费用的摊销政策

长期待摊费用为已经发生但应由本期和以后各期负担的分摊期限在一年以上的各项费用。长期待摊费用在预计受益期间分期平均摊销。

6.3 或有事项说明

截至2021年12月31日，公司共新增4起未决重大诉讼，均为公司开展的通道业务衍生的纠纷。经向专业法律顾问咨询后，公司管理层认为该等诉讼本公司不应承担主动管理责任，故不会对公司的财务状况或经营成果产生重大影响。

6.4 重要资产转让及其出售的说明

无。

6.5 会计报表中重要事项的明细资料

6.5.1 自营资产经营情况

6.5.1.1 信用风险资产五级分类情况

信用风险资产五级分类	正常类（万元）	关注类（万元）	次级类（万元）	可疑类（万元）	损失类（万元）	风险资产合计（万元）	不良资产合计（万元）	不良资产率（%）
期初数	84 056.47	13 800.00	1 047.76	919	376.21	100 199.44	2 342.97	2.34
期末数	138 067.40	—	13 800.00	—	1282.51	153 149.91	15 082.51	9.85

6.5.1.2 资产减值准备情况

单位：万元

项目	期初数	本期计提	本期转回	本期核销	期末数
一、贷款损失准备	2 466.55	2 576.63	—	903.18	4 140.00
二、其他资产减值准备	79 537.96	23 488.45	—	51 608.53	51 417.88
1.债权投资减值准备	79 161.75	20 435.36	—	51 608.53	47 988.58
2.其他减值准备	376.21	3053.09	—	—	3 429.30

6.5.1.3 固有业务股票投资、基金投资、债券投资、长期股权投资等投资业务情况

单位：万元

项目	自营股票	基金	债券	长期股权投资	其他投资	合计
期初数	—	—	—	—	349 202.41	349 202.41
期末数	—	—	—	—	345 321.89	345 321.89

6.5.1.4 长期股权投资情况

无。

6.5.1.5 自营贷款业务情况

企业名称	占贷款总额的比例（%）	还款情况
湖北合能燃气有限公司	100	逾期

6.5.1.6 表外业务情况

无。

6.5.1.7 公司当年的收入结构

项目	合并		母公司	
收入结构	金额（万元）	占比（%）	金额（万元）	占比（%）
手续费及佣金收入	55 069.76	72.40	56 640.04	83.22
其中：信托手续费收入	54 673.03	71.88	56 243.31	82.64
投资银行业务收入	—	—	—	—
利息收入	2 049.09	2.69	1 829.10	2.69
其他业务收入	97.74	0.13	97.74	0.14
其中：计入信托业务收入部分	—	—	—	—
投资收益	16 788.20	22.07	7 642.62	11.23
其中：股权投资收益	—	—	—	—
证券投资收益	—	—	—	—
其他投资收益	16 788.20	22.07	7 642.62	11.23

续表

项目	合并		母公司	
收入结构	金额（万元）	占比（%）	金额（万元）	占比（%）
公允价值变动收益	2 049.32	2.70	1 846.07	2.71
营业外收入	4.55	0.01	4.55	0.01
收入合计	76 058.66	100.00	68 060.12	100.00

6.5.2 信托资产管理情况

6.5.2.1 信托资产的期初数、期末数

单位：万元

信托资产	期初数	期末数
集合	3 762 673.82	5 019 120.67
单一	3 182 331.91	2 073 188.03
财产权	7 354 735.40	10 329 798.56
合计	14 299 741.13	17 422 107.26

6.5.2.1.1 主动管理型信托业务的信托资产期初数、期末数

单位：万元

主动管理型信托资产	期初数	期末数
证券投资类	80 026.18	582 321.16
股权投资类	1 275 001.89	4 654 087.54
融资类	2 880 021.03	836 034.44
事务管理类	—	—
合计	4 235 049.10	6 072 443.14

6.5.2.1.2 被动管理型信托业务的信托资产期初数、期末数

单位：万元

被动管理型信托资产	期初数	期末数
证券投资类	0.14	—
股权投资类	380 341.14	—
融资类	830 748.30	—
事务管理类	8 853 602.45	11 349 664.12
合计	10 064 692.03	11 349 664.12

6.5.2.2 2021年度已清算结束的信托项目个数、实收信托合计金额、加权平均实际年化收益率

6.5.2.2.1 2021年度已清算结束的集合类、单一类资金信托项目和财产管理类信托项目

已清算结束信托项目	项目个数（个）	实收信托合计金额（万元）	加权平均实际年化收益率（%）
集合类	41	3 726 660.54	5.05
单一类	19	1 467 103.58	6.13
财产管理类	13	2 598 712.90	2.96

6.5.2.2.2 2021年度已清算结束的主动管理型信托项目

已清算结束信托项目	项目个数（个）	实收信托合计金额（万元）	加权平均实际年化收益率（%）
证券投资类	1	80 000.00	6.29
股权投资类	19	1 419 692.54	5.64
融资类	21	1 647 314.92	7.21
事务管理类	—	—	—

6.5.2.2.3 2021年度已清算结束的被动管理型信托项目

已清算结束信托项目	项目个数（个）	实收信托合计金额（万元）	加权平均实际年化收益率（%）
证券投资类	—	—	—
股权投资类	—	—	—
融资类	—	—	—
事务管理类	32	4 645 469.56	3.25

6.5.2.3 2021年度新增的集合类、单一类资金信托项目和财产管理类信托项目

新增信托项目	项目个数 新增	项目个数 追加发行	实收信托合计金额（万元）
集合类	123	3	4 403 055.44
单一类	14	—	1 098 835.18
财产管理类	30	2	4 591 588.40
新增合计	167	5	10 093 479.02
其中：主动管理型	127	3	5 436 236.82
被动管理型	40	2	4 657 242.20

6.5.2.4 信托业务创新成果和特色业务有关情况

公司紧密结合监管导向及行业发展趋势，坚持"稳中求进"工作总基调，推动公司业务转型和高质量发展。2021年，继续围绕控股股东信达集团"大不良"主业开展协同业务，在压降信托通道业务及融资类业务规模的监管背景下，以合作投融资、永续债投资、债权财产权、股权他益权、不良资产结构化信托、资产证券化信托等方式，为实体行业的困难企业实现危机救助及金融风险化解。在模式创新方面，公司通过设立结构化财产权信托引入地方政府指定国有企业，共同搭建了不良资产包的处置平台，为地方政府盘活僵尸企业、缓解低效闲置资产。此外，助力信达集团成功在全国银行间债券市场发行近三年最大规模、最低利率的对公不良资产支持证券，该单不良资产证券化项目的顺利发行有助于盘活集团公司的存量资产，更好地发挥金融救助功能，加快金融市场风险化解。

公司顺应行业发展趋势，发展服务信托等本源业务。成功设立首单家族信托"金谷·合馨1号"，标志着公司家族信托业务迈上了新台阶。产品依据高净值人士需求量身打造，为兼具客户个性化需求，由专属经理一对一服务客户，搭配个性化财富规划、资产配置、后期运营三位一体的全景服务团队形成"1+N服务模式"；慈善信托方面，配合信达集团乡村振兴战略，设立"金谷信托2021信达大爱（乡村振兴）系列慈善信托"，该系列慈善信托品牌创设于2017年，是公司联合信达集团将社会责任践行与慈善信托相结合而创设的慈善公益品牌。信托资金多年来持续在产业、人才、文化、生态等方面开展帮扶，巩固拓展脱贫攻坚成果，助力乡村振兴；资产证券化方面，继续强化自身专业服务优势，2021年设立的"北京朝阳合生汇财产权信托"，规模80亿元，为历史最大规模单体购物中心项目，该项目配合专项计划向企业注入资金，极大程度上缓解了商场的运营需求，为后疫情时期促进线下实体经济复苏、刺激消费需求提供了有效的金融支持。

6.5.2.5 披露信托财产的损失情况
无。

6.5.2.6 公司履行受托人义务情况及因公司自身责任而导致的信托资产损失情况
公司勤勉尽责履行受托人义务，未发生因公司自身责任而导致的信托资产损失情况。

6.5.2.7 信托赔偿准备金的提取、使用和管理情况
公司按2021年净利润5%提取信托赔偿准备金594.56万元。2021年公司未使用信托赔偿准备金。

6.6 关联方关系及其交易的披露

6.6.1 关联交易方的数量、关联交易的总金额及关联交易的定价政策等

项目	关联交易方数量	关联交易金额（万元）	定价政策
合计	9	3 106 235.86	按照市场公允价格定价

6.6.2 关联交易方与公司的关系性质、关联交易方的名称、法定代表人、注册地址、注册资本及主营业务等

序号	关系性质	关联方名称	法定代表人	注册地址	注册资本（亿元）	主营业务
1	母公司	中国信达资产管理股份有限公司	张子艾	北京市西城区闹市口大街9号院1号楼	381.6454	（一）收购、受托经营金融机构和非金融机构不良资产，对不良资产进行管理、投资和处置；（二）债权转股权，对股权进行阶段性持有、管理和处置；（三）破产管理、投资外投资；（四）对外投资；（五）买卖有价证券；（六）发行金融债券、同业拆借和向其他金融机构进行商业融资；（七）经批准的资产证券化业务、金融机构托管和关闭清算业务；（八）财务、投资、法律及风险管理咨询和顾问；（九）资产及项目评估；（十）国务院银行业监督管理机构批准的其他业务（市场主体依法自主选择经营项目，开展经营活动；依法须经批准的项目，经相关部门批准后依批准的内容开展经营活动；不得从事国家和本市产业政策禁止和限制类项目的经营活动）
2	联营企业	国任财产保险股份有限公司	房永斌	深圳市罗湖区笋岗街道田心社区梅园路128号招商开元中心1栋B单元25层-29层	40.0715	一般经营项目是：许可经营项目是：财产损失保险、责任保险、信用保险和保证保险、短期健康保险和意外伤害保险、运用自有资金投资、代理销售保险、年金保险、意外伤害保险（企业依法自主选择经营项目、开展经营活动、法律法规、国家法律、法规允许经营的保险业务、依法须经批准的项目、经相关部门批准后依批准的内容开展经营活动）；上述业务（法律法规、国家法律、法规允许经营的）具体经营项目以相关部门批准文件或许可证作为准）
3	同一母公司	南洋商业银行（中国）有限公司	孙建东	中国（上海）自由贸易试验区浦明路898号13层至16层、18层至20层	95	许可项目：在下列范围内经营对各类客户的外汇业务和人民币业务：吸收公众存款；发放短期、中期和长期贷款；办理国内外结算；办理票据承兑与贴现；代理发行、代理兑付、承销政府债券；买卖政府债券；从事同业拆借；买卖、代理买卖外汇；代理代办外汇结算、代理外币贷记卡业务；从事银行卡业务；提供信用证服务及担保；代理收付款项及代理保险业务；提供保管箱服务；提供资信调查和咨询服务；经国务院银行业监督管理部门批准的其它业务（依法须经批准的项目，经相关部门批准后方可开展经营活动）
4	同一母公司	新疆信达银通置业有限公司	王卫东	新疆乌鲁木齐高新技术产业开发区（新市区）北京路370号银通大厦五楼至七楼	1.5162	房地产开发；出售已开发建设的房屋，场地、房屋出租；建筑材料、机械设备的租赁；商品房的销售（依法须经批准的项目，经相关部门批准后方可开展经营活动）
5	同一母公司	海南信达置业有限公司	张敏	海南省海口市龙华区金贸街道滨海大道117号海南滨海国际金融中心A座20-21层	2.3	房地产开发经营，酒店开发经营、建筑材料、商店房的销售，室内外装饰装修工程
6	同一母公司	广东信达地产有限公司	刘瑜	广州市南沙区港江管理区发展路一巷3号一、二层222房（仅限办公用途）	3	场地租赁（不含仓储）；自有自有资金投资；自有房地产经营活动；房屋租赁；房地产咨询服务；房地产中介服务；物业管理；房地产开发经营
7	同一母公司	上海信达银泰置业有限公司	李诚星	中国（上海）自由贸易试验区金卓路58号	4.1827	房地产开发、经营、房地产咨询业务、建筑材料（含钢材、木材、水泥、装饰材料、建筑五金（依法经批准的项目，经相关部门批准后方可开展经营活动）
8	同一母公司	当代节能置业股份有限公司	张鹏	北京市东城区春河街1号10号楼当代节能置业中心三、四层	30	房地产开发；技术中介服务；建设工程项目管理；节能楼宇控制技术服务；建筑节能技术开发、技术推广、技术培训；承包中外合资工程；民用建筑工程的承包；建设工程勘测、设计与施工；利用外国外资贷款；资金境内外境内开展外资合作；工业与民用建筑工程、工程总承包；进出口业务；建筑机械、水力电力工程；市政工程；装修工程；口岸建设；装饰施工；设备安装；开发、经营；自有房屋出租；房地产开发及物业管理（市场主体依法自主选择经营项目，开展经营活动；依法须经批准的项目，经相关部门批准后依批准的内容开展经营活动；不得从事国家和本市产业政策禁止和限制类项目的经营活动）；工艺美术品、针纺织品、日用品、代理、复印、传真、花卉租赁；出租商业用房（高危险性体育项目经营许可证有效期至2024年3月31日）；游泳（卫生许可证有效期至2024年3月31日）、销售餐饮（大型餐馆）热食类食品制售、冷食类食品制售、自制饮品制售、限售食品；散装食品销售、自制糕点食品，含冷藏冷冻食品（食品经营许可证有效期至2022年9月11日、预包装食品、散装食品自主选择经营本市产业政策禁止和限制类项目）
9	本公司投资方	中国海外工程有限责任公司	甘百先	北京市海淀区紫竹院路1号7号楼	30	向境外派遣各类劳务人员（不含港澳台地区，有效期至2023年8月3日），承包各类国外工程和境内外开展内资合作工程；技术开发、技术推广、技术培训；承担外经贸部批准的各类海外工业、民用建筑工程的勘查、设计和施工，利用外方资源、资金从事外境内开发工程；进出口业务；工业与民用建筑工程、建筑材料、工程材料的总承包；市政工程；水力电力工程；装修工程；口岸建设工程；设备安装；开发经营；自有房屋出租；房地产开发及物业管理（市场主体依法自主选择经营项目，开展经营活动；依法须经批准的项目，经相关部门批准后依批准的内容开展经营活动；不得从事国家和本市产业政策禁止和限制类项目的经营活动）

6.6.3 公司与关联方的重大交易事项

6.6.3.1 固有财产与关联方交易情况

单位：万元

项目	期初数	借方发生额	贷方发生额	期末数
贷款	—	—	—	—
投资	—	—	—	—
租赁	—	—	—	—
担保	—	—	—	—
应收账款	—	—	—	—
其他	4 317.37	30 651.91	4 178.27	30 791.01
合计	4 317.37	30 651.91	4 178.27	30 791.01

6.6.3.2 信托资产与关联方交易情况

单位：万元

项目	期初数	借方发生额	贷方发生额	期末数
贷款	—	—	—	—
投资	—	—	—	—
租赁	—	—	—	—
担保	—	—	—	—
应收账款	—	—	—	—
其他	2 556 162.96	2 242 533.25	1 723 251.36	3 075 444.85
合计	2 556 162.96	2 242 533.25	1 723 251.36	3 075 444.85

6.6.3.3 信托公司自有资金运用于自己管理的信托项目（固信交易）、信托公司管理的信托项目之间的相互交易（信信交易）金额，包括余额和本报告年度的发生额

6.6.3.3.1 固有与信托财产之间的交易金额

无。

6.6.3.3.2 信托财产与信托财产之间的交易金额

无。

6.6.4 关联方逾期未偿还本公司资金的详细情况以及本公司为关联方担保发生或即将发生垫款的情况

无。

7. 财务情况说明书

7.1 利润实现和分配情况

2021年度母公司实现净利润11 891.11万元，合并净利润为11 891.11万元。根据公司章程、《信托公司管理办法》和《金融企业准备金计提管理办法》规定，公司对本年实现的母公司净利润11 891.11万元进行分配，其中按照净利润10%提取法定盈余公积金1 189.11万元，按照净利润5%提取信托赔偿准备金594.56万元。

2021年4月29日经本公司股东会审议通过2020年度利润分配方案，决定按持股比例向股东进行分红1 467.69万元。截至2021年末，已向中国信达资产管理股份有限公司分红1 354.53万元，向中国妇女活动中心分红91.73万元，应向中国海外工程有限责任公司分红21.43万元（根据其要求暂未支付）。

7.2 主要财务指标

指标名称	指标值	
	合并	母公司
资本利润率（%）	2.83	2.83
信托报酬率（%）	0.39	0.39
人均净利润（万元）	55.05	55.05

注：1. 资本利润率=净利润/所有者权益平均余额×100%。
2. 信托报酬率=信托业务收入/实收信托平均余额×100%。实收信托平均余额是指年初及各季末实收信托余额的移动算数平均数，公式为：a（平均）=（$a_0/2+a_1+a_2+a_3+a_4/2$）/4。
3. 人均利润=净利润/平均职工人数。

7.3 公司净资本监管指标

公司制定了《净资本管理实施细则》，明确了净资本管理的职责分工，强调了净资本管理的基本原则，规范了数据报送和披露路径。截至2021年末，净资本34.84亿元，净资本与各项业务风险资本之和比例为195.41%，净资本与净资产比例为81.79%，净资本各项指标均符合监管要求。公司净资本逐年增加，风险承受能力不断提高。

指标名称	指标值	监管标准
净资本（亿元）	34.84	≥2
各项业务风险资本之和（亿元）	17.83	—
净资本/各项业务风险资本之和（%）	195.41	≥100
净资本/净资产（%）	81.79	≥40

7.4 2021年度对本公司财务状况、经营成果有重大影响的其他事项

无。

8. 特别事项简要揭示

8.1 前五名股东发生变动情况及原因

报告期内，公司未发生股东变动的情况。

8.2 董事、监事及高级管理人员变动情况及原因

8.2.1 董事变动情况及原因

根据工作需要，经监管批复，2021年2月3日公司聘

任李洪江担任董事、董事长职务；2021年3月5日，公司聘任陈振军、叶郁文担任董事职务；2021年10月22日，公司聘任张鸿波、张圣平担任独立董事职务。

根据工作需要，彭新不再担任董事长、董事职务；陈义斌、沈洪溥不再担任董事职务；夏执东、郭光不再担任独立董事职务。

8.2.2 监事变动情况及原因

根据工作需要，2021年12月28日，公司确认张谦担任职工代表监事职务。

根据工作需要，张林山不再担任监事职务。

8.2.3 高级管理人员变动情况及原因

根据工作需要，经北京银保监局核准，2021年6月21日，公司聘任胡嘉担任首席风险官职务；2021年8月15日，胡嘉不再担任首席风险官职务。根据工作需要，经北京银保监局核准，2021年8月16日，公司聘任李鹏担任首席风险官职务。

根据工作需要，2021年9月8日，徐兵不再担任总经理职务，由李洪江代理总经理、法定代表人职务。

8.3 变更注册资本、变更注册地或公司名称、公司分立合并事项

报告期内，公司未发生变更注册资本、变更注册地、公司名称、公司分立合并的事项。

8.4 公司的重大诉讼事项

8.4.1 新增重大未决信托项目诉讼事项

2021年度，公司新增重大信托项目诉讼事项4起。

委托人北京世宸房地产开发有限公司将其持有的惠州海宸置业有限公司99%股权作为信托财产，委托公司设立了某财产权信托。2021年5月，北京世宸房地产开发有限公司、惠州市海宸置业有限公司以侵权责任纠纷为由，向北京金融法院起诉公司、宁波春鸿二期投资管理合伙企业、中国信达资产管理股份有限公司广东省分公司、广州胜坚集团有限公司，请求判令公司将惠州市海宸置业有限公司99%的股权过户至北京世宸房地产开发有限公司名下，并主张四被告共同支付原告经济损失3 000万元（暂估），该案尚未开庭审理。

2020年9月，公司接受平安道远投资管理（上海）有限公司等关联方委托设立某集合资金信托计划，资金用于认购成都浦兴商贸有限责任公司在天府（四川）联合股权交易中心股份有限公司发行的可转债。风控措施包含德州蓝和房地产开发有限公司或四川蓝光发展股份有限公司指定主体以其持有的济南香江置业有限公司99%股权为可转债的还本付息义务提供质押担保等。2021年3月，上海圳澳国际贸易有限公司起诉中国金谷国际信托有限责任公司、德州蓝和房地产开发有限公司，请求确认案涉的《质押合同》无效，该案尚未开庭审理。

2019年公司接受信达上海分公司委托设立某单一资金信托计划，约定信托资金专项用于受让上海渝康房地产开发有限公司（下称渝康公司）持有的上海叁生资产管理（集团）有限公司100%股权，渝康公司到期回购。项目存续期间因渝康公司未按约履行支付义务，2021年2月公司按照委托人信达上海分公司指令，向北京市二中院起诉，要求渝康公司支付股权回购款等费用合计127 910万余元，并要求上海叁生资产管理（集团）有限公司、重庆协信远创实业有限公司、吴旭、陈靓分别承担担保责任。该案审理过程中被告一提出管辖权异议，北京高院作出终审裁定，驳回异议申请。该案一审判决我司胜诉，后被告提出上诉，二审尚未开庭审理。

委托人九通基业投资有限公司（下称九通基业）将其对湖州鼎鸿园区建设发展有限公司（下称湖州鼎鸿）享有的标的债权委托公司设立某财产权信托。后公司设立资产支持专项计划，专项计划受让上述财产权信托的信托受益权，专项计划管理人为中国国际金融股份有限公司。后按照交易结构公司与九通基业签署《债权转让协议》，受让九通基业依据《债权债务确认协议》对湖州鼎鸿享有的未偿本金金额合计为人民币19.10亿元的债权及相应利息、担保权利及其他相关权益。后因湖州鼎鸿违约，2021年7月，公司依约定向中国贸易仲裁委员会提起仲裁，该案已经开庭审理，尚未出具裁决。

8.4.2 以前年度发生，于本报告年度内终结的信托项目诉讼事项

委托人北京世宸房地产开发有限公司将其持有的惠州海宸置业有限公司99%股权作为信托财产委托公司设立了某财产权信托。2020年1月，北京世宸房地产开发有限公司、惠州海宸置业有限公司及北京金宸合资管理有限公司等主体（以下合称原告）向法院起诉，请求确认信托受益人宁波春鸿二期投资管理合伙企业将其信托受益权转让给广东胜坚集团有限公司的行为无效，并将公司、信达广东分公司列为共同被告，请求确认宁波春鸿

二期投资管理合伙企业向广东胜坚集团有限公司转让其对原告债权的行为无效等。2021年3月，法院裁定准许原告撤回起诉。

8.4.3 本报告年度发生，于本报告年度内终结的信托项目诉讼事项

2016年9月，公司设立某信托计划，向中龙建电力建设股份有限公司发放贷款，包含东莞通明电力有限公司在内等主体提供设备抵押和保证担保。2019年6月，东莞市第一人民法院裁定受理东莞农村商业银行提请的东莞通明电力有限公司破产清算申请，公司立即向破产管理人申报债权。2021年4月，东莞通明电力有限公司向破产法院起诉，诉请不承担相应担保责任，不予执行相应的公证债权文书。该案因原告未按期交纳案件受理费，法院裁定按撤诉处理。

委托人北京世宸房地产开发有限公司（以下简称世宸公司）将其持有的惠州海宸置业有限公司99%股权作为信托财产委托公司设立了某财产权信托。2021年3月，世宸公司向北京市西城区人民法院起诉，称其与公司于2014年10月签订《惠州市海宸置业有限公司股权转让合同》，公司未按约定支付股权受让价款9 000万元，2021年7月因世宸公司未按期交纳案件受理费，法院裁定按撤诉处理。

8.5 公司及高级管理人员受到处罚的情况

8.5.1 公司受到处罚的情况

无。

8.5.2 公司高级管理人员受到处罚的情况

无。

8.6 银保监会及其派出机构现场检查情况

无。

8.7 2021年度重大事项临时报告的简要内容、披露时间、所披露的媒体及其版面

8.7.1 "关于董事长变更的公告"披露简要内容

经公司股东会2020年第六次会议和第八届董事会第二十七次会议审议通过，并中国银行保险监督管理委员会北京监管局核准（核准文件：《北京银保监局关于中国金谷国际信托有限责任公司李洪江任职资格的批复》京银保监复〔2021〕84号，2021年1月29日），2021年2月3日公司聘任李洪江担任董事、董事长，彭新不再担任董事长、董事职务。此变动不会对公司正常经营造成影响。

披露时间：2021年2月8日。

披露媒体及版面：《金融时报》第3版。

8.7.2 "关于总经理变更的公告"披露简要内容

2021年9月8日，公司召开第八届董事会第三十九次会议，鉴于徐兵因个人原因，不能履行公司总经理及法定代表人职务，会议决定免去其公司总经理及法定代表人职务；由公司董事长李洪江代为履行总经理职务，并根据《公司章程》规定，由李洪江代为履行法定代表人职务。此变动不会对公司正常经营造成影响。

披露时间：2021年9月9日。

披露媒体及版面：《金融时报》第8版。

8.7.3 "关于2021年度董事累计变更超过50%的公告"披露简要内容

因工作需要，截至2021年10月22日，公司董事累计变更人数5人，超过董事会成员人数的50%，此变动不会对公司正常经营造成影响。

披露时间：2021年10月26日。

披露媒体及版面：《金融时报》第3版。

8.8 中国银保监会及其省级派出机构认定的其他有必要让客户及相关利益人了解的重要信息

无。

9.监事会意见

按照《信托投资公司信息披露管理暂行办法》规定，监事会应对本公司依法运作情况、财务报告是否真实反映公司的财务状况和经营成果等发表独立意见，并在年度报告摘要中予以披露。

根据监事会了解的情况，现出具如下意见：报告期内，公司高级管理层能认真执行股东会、董事会决议，坚持稳健经营，提升内部管理，加强消费者权益保护，公司转型发展取得成效。公司董事、高级管理人员未受到监管处罚，监事会依据公司内部审计报告，也未发现董事、高级管理人员有损害公司利益的行为。监事会聘请德勤华永会计师事务所开展公司内控体系优化工作，公司内控水平不断提升。2021年度公司财务报告已经安永华明会计师事务所审计并出具无保留意见，真实反映了公司财务状况和经营成果。

中国民生信托有限公司

1. 重要提示

1.1 公司第三届董事会第十六次会议审议通过了《关于公司2021年度报告及报告摘要的议案》，其中董事长张喜芳、董事任凯、独立董事贺强投出弃权票；独立董事王建新投出反对票。相关具体情况可联系公司董事会咨询。

公司董事会及其他董事保证本报告所载资料不存在任何虚假记载、误导性陈述或重大遗漏，并对其内容的真实性、准确性和完整性承担个别及连带责任。

1.2 公司独立董事严法善、张金清对于本年度报告内容的真实性、准确性和完整性无异议。

1.3 公司副董事长赵英伟、总裁林德琼、首席财务总监赵东声明：保证本年度报告中财务报告的真实、完整。

1.4 中兴华会计师事务所（特殊普通合伙）为公司出具了有保留意见的审计报告，公司董事会对相关事项亦有详细说明，请客户及相关利益人注意阅读。

2. 公司概况

2.1 公司简介

2.1.1 公司法定名称

中文：中国民生信托有限公司（简称：中国民生信托）

英文：China MinSheng Trust Co., Ltd.（缩写：CMT）

2.1.2 公司法定代表人：张喜芳

2.1.3 公司注册地址：北京市东城区建国门内大街28号民生金融中心C座19层

邮政编码：100005

公司网址：www.msxt.com

公司电子信箱：minshengtrust@msxt.com

2.1.4 公司信息披露事务负责人：裘骆红

联系电话：8610-85259066

传真：8610-85259080

电子信箱：dshbgs@msxt.com

2.1.5 信息披露报纸：《证券日报》《上海证券报》

2.1.6 年度报告备置地点：公司董事会办公室

2.1.7 聘请会计师事务所：中兴华会计师事务所（特殊普通合伙）

办公地址：北京市丰台区丽泽路20号院1号楼南楼20层

2.2 组织结构

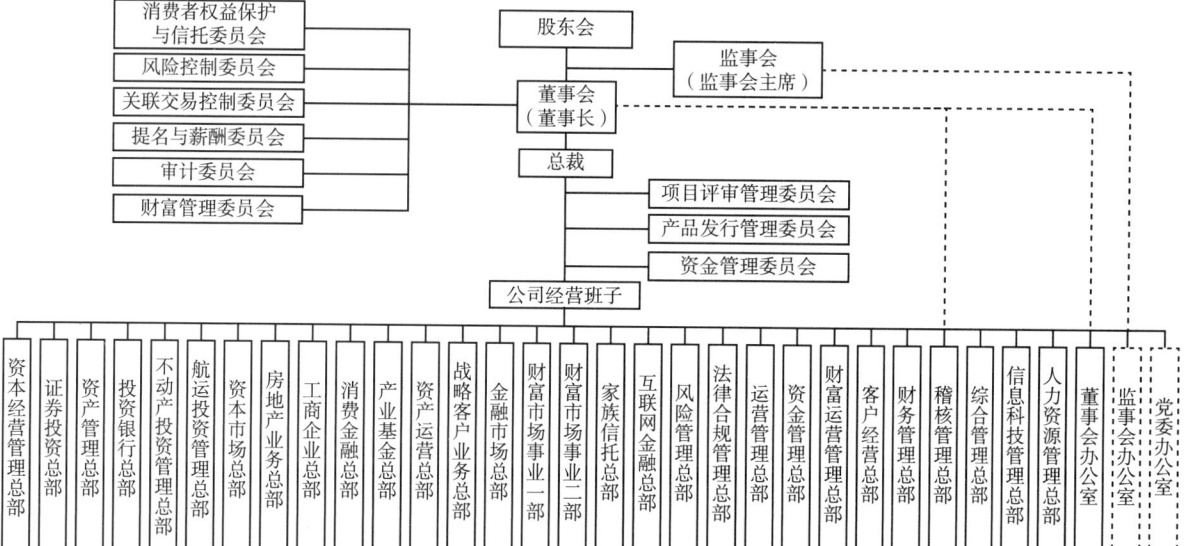

3. 公司治理

3.1 公司股东

3.1.1 报告期内，公司共有六家股东。持股比例10%以上（含10%）的股东两家，具体如下表所示

股东名称	持股比例（%）	法定代表人	注册资本（万元）	注册地址	主要经营业务
武汉中央商务区股份有限公司★	76.76	韩晓生	3 877 889.539886	武汉市江汉区云彩路198号泛海城市广场12层	房地产开发、商品房销售；对科技、文化、教育、金融等产业项目投资；装饰工程、装修工程；建筑及装饰材料销售；基础设施建设；设计、制作、代理、发布国内各类广告；货物进出口、技术进出口、代理进出口业务（国家限制或禁止进出口的货物和技术除外）；商业房屋租赁；停车场服务（依法须经审批的项目，经相关部门审批后方可开展经营活动）
浙江泛海建设投资有限公司	10.71	鲁俊华	180 000	杭州市江干区五星路185号泛海国际中心6幢1单元101室	房地产及基础设施投资、开发、经营，新技术、新产品的投资，酒店管理，物业管理，通信设备、办公自动化设备、建筑装饰材料的销售，经济信息咨询服务

注：1. ★为本公司控股股东。
2. 上述股东之间不存在关联关系。

3.1.2 公司前三位股东的主要股东情况

3.1.2.1 武汉中央商务区股份有限公司主要股东情况

股东名称	出资比例（%）	法定代表人	注册地址	主要经营业务
泛海控股股份有限公司	89.22	栾先舟	北京市东城区建国门内大街28号民生金融中心C座22层	投资及投资管理；资产管理；经营房地产业务及物业管理；自有物业租赁；企业管理咨询；销售建筑材料、装饰材料、机械设备（未经有关部门批准，不得以公开方式募集资金；不得公开开展证券类产品和金融衍生品交易活动；不得发放贷款；不得对所投资企业以外的其他企业提供担保；不得向投资者承诺投资本金不受损失或者承诺最低收益；市场主体依法自主选择经营项目，开展经营活动；依法须经批准的项目，经相关部门批准后依批准的内容开展经营活动；不得从事国家和本市产业政策禁止和限制类项目的经营活动）

3.1.2.2 浙江泛海建设投资有限公司主要股东情况

股东名称	出资比例（%）	法定代表人	注册地址	主要经营业务
杭州融捷企业管理有限公司	100	鲁俊华	浙江省杭州市西湖区文一西路1号益展商务大厦1号楼1208室	一般项目：企业管理（除依法须经批准的项目外，凭营业执照依法自主开展经营活动）；许可项目：房地产开发经营（依法须经批准的项目，经相关部门批准后方可开展经营活动，具体经营项目以审批结果为准）

3.1.2.3 北京首都旅游集团有限责任公司主要股东情况

股东名称	出资比例（%）	法定代表人	注册地址	主要经营业务
北京市人民政府	100	—	—	—

3.2 董事、董事会及其下属委员会

姓名	职务	性别	年龄（岁）	选任日期	所推举的股东名称	该股东持股比例（%）	简要履历
张喜芳	董事长	男	49	2020年5月29日	武汉中央商务区股份有限公司	76.76	工商管理硕士，高级经济师。报告期内，担任民生证券有限公司董事；亚太财产保险有限公司董事；渤海银行股份有限公司董事；中国民生信托有限公司董事长
赵英伟	副董事长	男	50	2019年10月18日	武汉中央商务区股份有限公司	76.76	工程硕士，高级会计师。报告期内，担任中国泛海控股集团有限公司执行董事、执行副总裁、财务总监；泛海控股股份有限公司监事会副主席；泛海投资基金管理有限公司监事会主席；民生控股股份有限公司监事会主席；泛海实业股份有限公司副董事长；中国民生信托有限公司副董事长等
林德琼	董事	男	58	2021年2月26日	武汉中央商务区股份有限公司	76.76	金融工程学博士。报告期内，担任中国民生信托有限公司总裁、董事

续表

姓名	职务	性别	年龄（岁）	选任日期	所推举的股东名称	该股东持股比例（%）	简要履历
任凯	董事	男	38	2021年2月26日	武汉中央商务区股份有限公司	76.76	工商管理硕士，加拿大注册会计师，英国特许注册会计师。报告期内，担任武汉中央商务区股份有限公司副总裁；中国民生信托有限公司董事
张博	董事	男	48	2019年8月26日	武汉中央商务区股份有限公司	76.76	经济学博士。报告期内，担任中国民生信托有限公司董事
马骅	董事	男	52	2019年8月26日	武汉中央商务区股份有限公司	76.76	金融学专业研究生。报告期内，担任中国民生信托有限公司董事
田吉申	董事	男	42	2019年8月26日	武汉中央商务区股份有限公司	76.76	理学硕士（金融学专业）。报告期内，担任中国民生信托有限公司董事
李源光	董事	男	52	2019年8月26日	北京首都旅游集团有限责任公司	6.45	经济学硕士。报告期内，担任北京首都旅游集团有限责任公司运营总监兼股权运营与管理中心总经理；中国民生信托有限公司董事
贺强	独立董事	男	69	2020年9月10日	武汉中央商务区股份有限公司	76.76	经济学硕士、高级研究员、高级经济师、注册会计师。报告期内，担任中央财经大学金融学院教授，博士生导师，证券期货研究所所长；天弘基金管理有限公司独立董事；国元期货有限公司独立董事；中国民生信托有限公司独立董事等
严法善	独立董事	男	70	2019年8月26日	武汉中央商务区股份有限公司	76.76	经济学博士。报告期内，担任复旦大学经济学院教授、博士生导师；中国资本论研究会副秘书长、全国综合大学资本论研究会副会长兼秘书长；上海经济学会副秘书长、上海资本论研究专业委员会主任；中泛控股公司独立非执行董事；中国民生信托有限公司独立董事等
张金清	独立董事	男	56	2019年8月26日	武汉中央商务区股份有限公司	76.76	理学博士、国家社科基金重大项目首席专家。报告期内，担任复旦大学经济学院副院长、教授、博士生导师；金融研究院执行院长；教育部金融创新研究生开放实验室主任；复旦大学应用经济学博士后流动站站长、经济学院学位委员会副主席、经济学院教学指导委员会主席；全国金融专业学位研究生教育指导委员会委员；上海市金融专业学位研究生教育指导委员会常务副主任委员；中国民生信托有限公司独立董事等
王建新	独立董事	男	48	2019年8月26日	武汉中央商务区股份有限公司	76.76	管理学博士，首批全国会计领军人才和学科带头人，"百千万人才工程"国家级人选。报告期内，担任中国财政科学研究院研究员、博士生导师；中国民生信托有限公司独立董事等

注：报告期内，董事马骅、田吉申于2021年2月向公司董事会提出辞任。

3.3 董事会下属专门委员会

董事会下属专门委员会名称	职责	组成人员姓名	职务
消费者权益保护与信托委员会	（1）组织制订公司信托业务发展及消费者权益保护专项规划，指导、督促高级管理层加强消费者权益保护工作，将消费者权益保护纳入公司治理和经营发展战略中 （2）对公司信托业务运行情况及消费者权益保护情况进行定期评估 （3）针对中国银保监会及其派出机构检查公司信托业务及消费者权益保护工作后要求董事会组织整改的问题，研究提出具体措施 （4）指导信托业务部门开展信托业务创新 （5）当公司或股东利益与受益人利益发生冲突时，研究提出维护受益人权益的具体措施 （6）研究公司信托业务部门设置方案 （7）指导对信托从业人员的培训等 （8）审查公司是否侵占受益人利益、获取不当信托报酬行为 （9）关注信托业务的信息披露情况 （10）董事会授予的其他职责	张金清	主任委员
		严法善	副主任委员
		林德琼	委员
		田吉申	委员
		李源光	委员
风险控制委员会	（1）向董事会提交公司全面风险管理年度报告 （2）确定公司风险管理的总体目标、风险偏好、风险承受度、风险管理策略和重大风险管理解决方案 （3）对公司信托业务和自营业务的风险控制及管理情况进行监督 （4）对公司自有财产和信托财产的风险状况进行定期评估 （5）提出完善公司风险管理和内部控制的建议 （6）审议公司风险管理组织机构设置及其职责 （7）为董事会督导公司风险管理文化建设提供建议 （8）董事会授予的其他职责权限	贺强	主任委员
		赵英伟	副主任委员
		张喜芳	委员
		任凯	委员
		王建新	委员

续表

董事会下属专门委员会名称	职责	组成人员姓名	职务
关联交易控制委员会	（1）设计和审议公司整体关联交易控制的组织架构，规划关联交易管理职能 （2）制定完善公司关联交易管理制度；指导和监督关联交易控制委员会职责范围内的关联交易 （3）审查公司年度关联交易专项报告，并报告董事会及监事会审阅 （4）进行关联交易的审核及授权 （5）董事会授予的其他职权	张金清	主任委员
		张喜芳	委员
		赵英伟	委员
		张博	委员
		田吉申	委员
提名与薪酬委员会	（1）研究董事、监事、总裁和其他高级管理人员的薪酬标准，根据董事、监事、总裁和其他高级管理人员的职责与重要性，参考同业相关岗位的薪酬水平，制定薪酬计划或方案并监督薪酬计划或方案的实施 （2）拟定考核标准，审查董事、总裁和其他高级管理人员履行职责情况并对其进行年度绩效考评，提交考核评价意见 （3）负责对公司薪酬制度执行情况进行监督 （4）研究董事、经理层人员的选择标准和程序，并向董事会提出建议 （5）广泛搜寻合格的董事和经理层人员的人选 （6）对董事、经理层人员人选进行审查并提出建议 （7）董事会授权的其他职权	严法善	主任委员
		张喜芳	副主任委员
		林德琼	委员
		张博	委员
		李源光	委员
审计委员会	（1）对公司信息披露的真实、准确、完整和合规性等进行监督 （2）监督公司内部审计制度及其实施 （3）负责内部审计与外部审计之间的沟通 （4）审核公司的财务信息及其披露 （5）提议聘请或更换外部审计机构 （6）董事会授予的其他职责	王建新	主任委员
		赵英伟	副主任委员
		马骅	委员
		贺强	委员
		李源光	委员
财富管理委员会	（1）组织制订公司财富业务发展战略及中长期发展规划，并提交董事会审批 （2）就建立和完善公司财富业务管理制度流程提出建议，在授权范围内对相关制度进行审批 （3）定期对财富管理业务运行情况进行评估，提出调整建议并提交董事会审批 （4）针对外部监管机构和内外部审计机构对财富业务条线提出的需董事会层面组织整改的问题研究提出具体措施 （5）研究制定公司财富业务部门的设置方案及发展规划，并提交董事会审批 （6）指导财富业务部门开展业务创新 （7）就建立与完善财富业务条线考核激励机制提出建议 （8）董事会授予的其他职权	马骅	主任委员
		田吉申	副主任委员
		张喜芳	委员
		赵英伟	委员
		张博	委员

注：报告期内，董事马骅、田吉申于2021年2月向公司董事会提出辞任。

3.4 监事

姓名	职务	性别	年龄（岁）	选任日期	所推举的股东名称	该股东持股比例（%）	简要履历
方舟	监事会主席	男	51	2020年8月12日	武汉中央商务区股份有限公司	76.76	经济学博士，经济师。报告期内，担任泛海控股股份有限公司第十届董事会董事、总裁；中国通海国际金融有限公司执行董事、董事会副主席、执行委员会主席；中国民生信托有限公司监事会主席
程果琦	监事会副主席	男	46	2019年8月26日	武汉中央商务区股份有限公司	76.76	经济学硕士（金融学专业），高级经济师。报告期内，担任中国泛海控股集团有限公司助理总裁；民生财富投资管理有限公司董事长；泛海实业股份有限公司董事；中国民生信托有限公司监事会副主席
刘国升	监事	男	52	2019年8月26日	武汉中央商务区股份有限公司	76.76	经济学硕士，高级会计师。报告期内，担任泛海控股股份有限公司第十届董事会董事、执行副总裁、财务总监；中泛控股有限公司执行董事；中国民生信托有限公司监事
冯壮勇	监事	男	53	2019年8月26日	武汉中央商务区股份有限公司	76.76	法学硕士。报告期内，担任中国泛海控股集团有限公司副总裁、风控法务总监；武汉中央商务区股份有限公司监事；民生财富投资管理有限公司监事；泛海控股股份有限公司监事；泛海实业股份有限公司监事长；中国民生信托有限公司监事
张冬梅	监事	女	51	2019年8月26日	北京首都旅游集团有限责任公司	6.45	经济学学士，高级会计师。报告期内，担任北京首都旅游集团有限责任公司财务总监兼预算与财务管理中心总经理；中国民生信托有限公司监事
高鹭华	外部监事	女	50	2021年2月26日	中国青旅集团有限公司	0.09	经济学学士，会计师，国际金融理财师。报告期内，担任中国青旅集团有限公司党委委员、副总经理；中国民生信托有限公司外部监事

续表

姓名	职务	性别	年龄（岁）	选任日期	所推举的股东名称	该股东持股比例（%）	简要履历
仝昭旸	职工监事	男	42	2021年8月30日	—	—	硕士研究生，美国注册管理会计师。现任中国民生信托有限公司财务副总监、财务管理总部总裁、资本经营管理总部总裁
刘庆振	职工监事	男	38	2021年8月30日	—	—	文学学士。现任中国民生信托有限公司综合管理总部副总裁兼办公室主任
李飒	职工监事	女	45	2021年8月30日	—	—	经济学博士，高级经济师。现任中国民生信托有限公司董事会办公室总部副总裁兼部门总经理

注：截至报告期末，职工监事的工商变更工作正在进行中。

3.5 高级管理人员

姓名	职务	性别	年龄（岁）	选任日期	金融从业年限（年）	学历	专业
林德琼	总裁	男	58	2020年11月6日	17	博士	金融工程专业
陈基建	执行副总裁	男	59	2021年11月18日	17	硕士	高级管理人员工商管理专业
赵东	首席财务总监	男	51	2019年10月18日	23	硕士	会计硕士专业
裘骆红	首席法律合规总监、董事会秘书	女	53	2019年10月18日	30	本科	金融学专业
黄明芳	首席风险控制总监	女	49	2020年9月2日	23	硕士	会计硕士专业
董军	副总裁	女	52	2019年10月18日	19	硕士	经济学专业
邢科峰	副总裁	男	48	2021年9月29日	24	硕士	工商管理专业
鲁乐	助理总裁	男	37	2020年2月19日	15	硕士	工程专业
肖燕明	助理总裁	男	47	2019年10月18日	16	硕士	高级管理人员工商管理专业

3.6 公司员工

项目		报告期年度		上年度	
		人数（人）	比例（%）	人数（人）	比例（%）
年龄分布	20岁以下	—	—	—	—
	20—29岁	65	13.4	94	16.1
	30—39岁	338	69.5	416	71.2
	40岁以上	83	17.1	74	12.7
学历分布	博士	6	1.2	7	1.2
	硕士	220	45.3	286	49.0
	本科	248	51.0	275	47.0
	专科	12	2.5	15	2.6
	其他	—	—	1	0.2
岗位分布	高管人员	9	1.8	9	1.5
	固有业务人员	2	0.4	2	0.4
	信托业务人员	113	23.3	150	25.7
	其他人员	362	74.5	423	72.4
合计		486	—	584	—

4. 经营管理

4.1 经营目标、方针和战略规划

公司以保障委托人的合法权益为最高准则，秉承合规、稳健的经营思路，着力开发优质项目，追求风险可控的经济利益；公司以服务实体经济为目标，为优质企

业和客户提供多样化的金融服务。

公司继续坚持"财富、投资、投行、资管、融资"五大市场定位，努力提升"自主投资能力、资产管理能力、财富管理能力"，打造具有差异化、专业化、盈利化特征的"投资银行管理型金融机构"。

公司致力于回归信托本源，构建基于专业能力提升的主动管理能力体系，践行守正、忠实、专业的受托人文化。在稳步发展优势传统业务的同时，公司将进一步着力发展证券投资、股权投资、资产证券化、家族信托（慈善信托）、绿色信托等信托业务，助力国家实现经济高质量发展。

4.2 所经营业务的主要内容

公司目前经营的业务品种主要包括信托业务和固有业务。

信托业务品种主要包括单一资金信托、集合资金信托、财产信托等。信托财产的运用方式主要有贷款和投资。

固有业务主要是自有资金的同业存款、发放贷款和投资信托产品、资管计划等。

截至2021年末，公司实际管理信托资产1 220.89亿元，管理契约型私募基金资产67.73亿元，公司固有资产总额达到101.66亿元（母公司口径）。

报告期内，公司累计向信托受益人支付的投资收益总额达75.83亿元（含私募基金）。公司严格履行受托人的尽职管理职责，最大化地维护受益人利益。

4.2.1 信托业务

报告期内，公司上年存续信托项目454个，存续信托本金余额2 048.83亿元，报告期末，存续信托项目310个，存续信托本金余额1 207.99亿元，信托资产总额1 220.89亿元。

公司信托资产运用与分布表如下表所示。

信托资产运用与分布表

资产运用	金额（万元）	占比（%）	资产分布	金额（万元）	占比（%）
货币资产	155 312.18	1.27	基础产业	335 367.94	2.75
贷款	2 071 055.21	16.96	房地产	1 118 491.59	9.16
交易性金融资产	257 214.80	2.11	证券市场	1 408 747.62	11.54
可供出售金融资产	3 422 362.26	28.03	工商企业	5 974 337.70	48.93
长期股权投资	1 882 772.27	15.42	金融机构	2 708 797.19	22.19
其他	4 420 206.53	36.21	其他	663 181.20	5.43
信托资产总计	12 208 923.25	100.00	信托资产总计	12 208 923.25	100.00

4.2.2 私募基金业务

截至2021年末，公司存续基金项目13个，存续基金本金余额67.73亿元。

4.2.3 固有业务

公司固有业务主要包括自有资金的同业存款、发放贷款和投资信托产品、资管计划等。报告期内，公司继续秉承谨慎稳健原则，在提高资金运用效率的同时，进一步强化业务风险防范与风险监控，确保公司资产的稳健增长。

报告期末，公司固有资产运用与分布表如下表所示。

固有资产运用与分布表

资产运用	金额（万元）	占比（%）	资产分布	金额（万元）	占比（%）
货币资产	19 260.46	1.89	基础产业	29 057.29	2.86
交易性金融资产	334 404.16	32.89	房地产业	957.33	0.09
贷款	0.00	0.00	工商企业	430 305.48	42.33
其他投资类资产	444 797.91	43.75	金融机构	91 111.29	8.96
其他资产	218 131.23	21.46	其他	465 162.37	45.76
资产总计	1 016 593.76	100.00	资产总计	1 016 593.76	100.00

注：以上数据口径为母公司。

4.3 市场分析

2021年是宏观经济和国际发展形势不断发生变化、充满挑战的一年。新冠肺炎疫情从各个维度严重影响了世界范围内主要经济体的正常运行，供给侧冲击碾轧着全球范围脆弱的供应链体系，叠加国际不同政治形态的对抗向多重领域延伸，全球经济充满变数。在党中央的领导下，中国政府以迅捷、务实、高效的措施，有效控制了疫情，创造并把握住了阶段性、非对称历史性发展机遇，在2021年度保持了经济稳步增长，为世界经济发展、共同抗击疫情做出了贡献。

但与此同时，中国经济发展也面临需求收缩、供给冲击、预期转弱三重压力挑战。从长期趋势看，对外政治、经济领域的"对抗"难以完全回避，对内经济结构调整带来的阵痛长期存在，不确定性与营商环境变迁相伴而行。在双循环经济发展新格局中，以高端智造国产替代、科技成果转换、新基建（数字、信息基础设施）、绿色经济（新能源）等为代表的结构性机会将为中国经济注入新的活力，2022年中国经济有望延续高质量的经济增长。

在金融领域方面，从中央政府及监管层面，通过宏观货币工具运用、金融政策组合拳调节资本市场投放水平，结合积极的财政政策辅以微观监管政策调整引导金融侧供给改革持续推进，倡导金融业回归服务实体经济的初心。信托行业在监管政策的引领下逐步回归本源，以信托文化建设和清廉金融文化建设入手，强调守正、忠实、专业的信托受托人文化，服务实体经济质效不断提升，全行业的风险意识及风险管理体系建设将进一步加强。

4.3.1 影响行业发展的挑战性因素

4.3.1.1 实体经济特别是民营经济受外部因素影响较大

2021年，供给侧改革阵痛叠加国内疫情影响，实体经济中民营经济承压。中期看中国经济结构仍有相当的对外部因素敏感度，在疫情稳定后中国的外贸出口在保持一定韧性的同时，大概率将进入弱区间，实体经济特别是民营企业经营出现波动可能性较大。

4.3.1.2 信托行业风险集中释放

在经历了2009年至2017年的高速发展后，信托资产规模从2009年的2万亿元增至2017年的26万亿元，信托业形成了"融资类信托+通道信托"的发展模式。随着我国经济进入调整期，"资管新规"等各种严监管政策的出台，再叠加疫情冲击，实体企业的资金链紧张，也逐步影响到金融领域，2020年和2021年是信托领域风险事件高发期。据用益金融信托研究院数据，据不完全统计，截至2021年12月29日，全年共计披露违约风险项目277起，涉及金额超过1 435亿元，风险高发领域由2020年的工商企业转移至2021年的房地产行业。

4.3.2 影响行业发展的有利因素

中国政府以迅捷、务实、高效的措施，有效控制疫情，在2021年度保持了经济稳健增长。

"双碳"目标引领下，绿色信托空间广阔。刘鹤副总理在《必须实现高质量发展》文章中指出，高质量发展是全面建设社会主义现代化国家的需要，必须坚持创新、协调、绿色、开放、共享发展相统一。绿色发展是高质量发展的重要组成部分。在我国2035年要实现碳排放达峰，力争2060年前实现碳中和目标引领下，经济社会发展模式必然向绿色低碳转型。从信托业务转型升级的角度来分析，发展绿色信托是信托行业积极适应市场变化、加强自身能力建设、践行"脱虚向实"的重要途径之一，且业务空间广阔。

国内资本市场深化改革，促信托公司转型，金融风险的集中释放，有益于后续行业稳健发展。国内资本市场深化改革，股市稳步推进股票发行注册制，建立常态化退市机制，债市加强监管及制度建设，资产证券化领域摸索公募REITs试点，对信托公司而言应把握上述结构性业务机会积极转型。同时，2021年金融机构风险事件，特别是涉地产、部分政信非标业务的集中释放出清，将促使整体行业对风险管理的把控提升到较高水平，信托行业在化解和处置金融风险过程中，提升了自身风险识别及应对能力，有利于后续行业可持续健康发展。

巨大的财富管理市场。中国已经成为全球最具活力的财富管理市场，市场规模增速领先全球，高净值客户数量也居世界前列，其相应的财富管理需求必将催生出一批具有全球视野、高财富管理能力的金融公司。

4.4 内部控制

4.4.1 内部控制环境和内部控制文化

根据《信托公司治理指引》，公司已建立包括股东会、董事会、监事会、高级管理层在内的"三会一层"治理结构。股东会下设董事会和监事会，董事会下设消费者权益保护与信托委员会、审计委员会、风险控制委员会、提名与薪酬委员会、关联交易控制委员会、财富管理委员会。

公司建立了以公司章程、《股东会议事规则》《董事会议事规则》《监事会议事规则》为基础的公司治理制度体系；明确了股东会、董事会、监事会和高级管理层在决策、执行、监督等方面的职责权限、程序以及应履行的义务，建立了由权力机构、决策机构、监督机构和经营机构组成的治理结构。

公司在董事会及专门委员会授权指导下建立了制度及流程管理体系，覆盖法人治理结构、信托和固有业务管理、发行和销售等财富管理、风险管理、法律合规管理、项目运营管理、资产管理、信息化管理、人力资源及考核管理、合同档案等综合管理、稽核审计管理等前、中、后各个环节。各项规章制度建立目的为确保内部控制有章可循。公司根据经济环境、金融环境、公司市场定位、公司内部管理等需要，建立动态调整机制。

4.4.2 内部控制措施

4.4.2.1 履行内部控制职能的部门

公司已构建内部控制职能体系，实现内部控制职能的分层控制：公司已建立首席风险控制总监和首席法律合规总监管理下的风险控制组织体系，具体由风险管理总部、法律合规管理总部、运营管理总部根据部门职能分工合作；同时，公司建立了稽核管理体系，负责对公司经营、管理的各项活动实施稽核管理，由稽核管理总部具体负责。

4.4.2.2 内部控制的主要政策、制度、程序及执行情况

4.4.2.2.1 内部控制的主要政策

按照各项政策内容，分别由股东会审批、董事会审批、公司审批、各管理总部审批，其中公司治理层面的相关制度及议事规则由股东会审批；公司经营方面的制度，根据具体内容，分别由董事会或公司内部审批；在上述审批制度规定的范围内，各管理总部可制定相关操作规则、指引，明确具体要求。

4.4.2.2.2 业务控制制度

在项目和合同文本审核、资金拨付和执行过程管理方面，公司制定固有和信托两大体系的管理制度。在业务前期审核、资金拨付和执行过程管理等环节，依据《固有业务管理办法》《信托业务管理办法》《合同管理办法》《项目发行及放款管理办法》《投后管理办法》等制度和各类业务操作指引，规范相关工作流程和标准，并根据信托行业发展和经营需要及时予以修订和完善。

4.4.2.2.3 对外担保制度

为规范公司对外担保行为，防范对外担保风险，公司在公司章程及业务审批授权体系中，对于对外担保的权限和信息披露做出明确规定。

4.4.2.2.4 内部监督与问责制度

公司依据《稽核审计管理制度》《内部审计管理办法》和《全员问责制度》，定期开展内部审计工作，并及时将内部审计报告报送公司高级管理层及董事会。

4.4.3 信息交流与反馈

在公司内部信息交流与反馈方面，公司建立了各项规章制度，涵盖相应制度规范报告责任主体、报告形式、报告流程、报告频率等事项，明确了公司自上而下的授权机制和自下而上的报告机制。报告期内，根据监管要求，公司对于信托业务、基金业务、高级管理人员更替等重大事项，履行了报备或报批手续，对于监管部门提出的问题、意见和建议，给予及时、详细的信息反馈。通过公开信息披露机制实现公司与监管部门、委托人及受益人之间的信息交流和沟通。

4.4.4 监督评价与纠正

根据公司的治理结构，公司监督评价与纠正体系体现在多个层次：监事会作为独立的监督机构对公司股东会负责，对公司经营管理层和公司运营情况进行监督；公司首席法律合规总监负责监督检查公司运作的合法合规情况及公司内部风险控制情况，并对董事会和董事会审计委员会负责；稽核管理总部独立行使内部审计监督权；风险管理总部、法律合规管理总部和运营管理总部主要通过现场尽调、法律文本审核、资金拨付审核、过程管理等措施对业务全过程进行监督，并及时提出存在的问题和改进措施。

4.5 风险管理

4.5.1 风险管理概况

4.5.1.1 公司经营活动中可能遇到的风险

基于金融行业运营环境和信托业特征，公司在经营活动中可能遇到的主要风险包括信用风险、市场风险、操作风险和流动性风险，同时还可能承担合规风险、法律风险和声誉风险及战略风险等其他风险。

4.5.1.2 公司风险管理的基本原则和控制政策

公司围绕总体经营和发展战略目标持续推进全面风险管理体系建设，将风险管理工作贯穿到公司经营管理的各个环节中，对业务经营的全过程进行风险识别、评估、监测和控制，确保稳健经营。在董事会的领导下，公司确立了如下风险管理基本原则和政策。

一是匹配性原则。风险管理策略与业务发展战略有机结合，与公司长期发展目标相一致。公司的全面风险管理体系须与风险状况和系统重要性等相适应，并根据环境变化予以调整。

二是全覆盖原则。风险管理工作覆盖各项业务条线和各种业务类型，覆盖所有分支机构、附属机构、部门、岗位和人员，覆盖所面临的所有风险种类和不同风险之间的相互影响，贯穿到各项业务的决策、执行和监督等全部管理环节。

三是独立性原则。风险管理部门独立于业务部门，负责对各项业务独立开展风险管理，各部门和岗位设置权责分明、相互牵制，各项业务操作环节交叉控制或监督，防止操作失误或舞弊发生。

四是有效性原则。各项风险管理规章制度应根据公司经营战略、经营方针、经营理念等内部环境和国家法律法规、市场变化等外部环境的变化进行及时地修改和完善。

五是定性与定量相结合原则。公司逐步建立完备的风险控制指标体系，设定定性与定量相结合的评估标准，使风险管理工作更具科学性和可操作性。

4.5.1.3 公司风险管理的组织结构和职责划分

公司的风险管理组织架构是在公司组织结构的基础上，根据不同职能构建而成，形成了股东会、董事会、监事会和高级管理层"三会一层"管理架构下，业务条线、风险管理条线、稽核审计条线三道主要防线组成的风险管理体系。

公司以"三会一层"为基本管理架构，充分发挥股东会、董事会、监事会以及公司管理层各方职能，建立了良好有效的沟通机制和高度统一的战略共识，为公司的合规经营和风险管理创造良好前提。

公司董事会对股东会负责并承担风险管理最终责任和最高决策职能，负责制定公司风险管理总体战略、风险偏好、风险容忍度、发展规划和重大政策，保障风险管理所需资源，掌握公司总体风险状况，制定重大风险的解决方案，对公司高级管理层的风险管理履职情况进行监督。公司监事会承担全面风险管理的监督责任，负责监督检查董事会和高级管理层在风险管理方面的履职尽责情况。

公司高级管理层承担全面风险管理的实施责任，根据董事会确定的风险管理战略，设立首席风险控制总监、首席法律合规总监。首席风险控制总监负责制定并执行具体的风险管理政策、管理程序和控制制度，指导、协调和监督各管理部门和各业务机构开展风险管理工作，并定期向董事会或其下设的风险控制委员会提交风险管理报告；同时负责监督公司固有、信托和基金项目评审及通过后实施过程的管理和审查，组织制定包括项目持续检查、评价、预警和处置的风险监控制度，指导、协调和监督项目风险排查、紧急预案、风险化解工作，并定期向董事会或公司管理层报送风险排查报告。首席法律合规总监负责组织建立公司法律事务管理和合法合规审核体系及相关制度、政策，指导、协调和监督各管理部门和各业务机构开展法律合规管理工作。

公司风险管理中，业务条线承担风险管理的直接责任；风险管理条线承担制定政策和流程，日常监测和管理风险的责任；稽核管理部门承担业务部门和风险管理部门履责情况的稽核管理和审计责任。

在业务管理方面，公司实施专业化评审和审批执行相分离制度，提高风险识别及把控能力，规范业务审批及决策管理。公司设立项目评审管理委员会，负责对董事会授权范围内的信托业务和固有业务等进行独立评审，并根据审批权限规定最终报有权审批人审批。公司设立独立的风险管理总部、法律合规管理总部、运营管理总部负责全面风险管理，对公司经营和业务活动具体开展风险识别、评估、监控和报告等风险管理日常工作。

公司设立稽核管理总部对公司的风险管理工作进行独立的监督和检查，并将全面风险管理纳入内部稽核审计范畴，定期审查和评价全面风险管理的充分性和有效性，从而改善公司经营管理和风险控制的效果，促进公司稳健发展。

4.5.2 风险状况

4.5.2.1 信用风险状况

信用风险是公司业务面临的主要风险之一，主要是指因交易对手违约而造成财产损失的风险，又称违约风险，主要表现为客户交易违约或借款人信用等级下降等原因，造成交易对手不能或不愿履行合约承诺而使信托财产、基金财产和固有财产遭受潜在损失的可能性。

本报告期内，受宏观经济下行和新冠肺炎疫情等影响，部分交易对手经营情况及流动性状况受到较大影响，信用风险加大。公司持续严格履行受托人职责，进一步优化信用风险评审标准，严格履行内部决策流程，选取具有较高信用资质的交易对手，同时通过抵押、质押、保证、限额管理等措施强化信用风险管理；公司严格落实前期详细尽调、中期独立审查与评估、后期及时跟踪管理，针对存量项目中交易对手违约事件，积极采取必要的措施和法律手段化解风险，及时进行信息披露，最大限度保护受益人合法权益。

4.5.2.2 市场风险状况

市场风险是指因市场价格（利率、汇率、股票价格和商品价格）的不利变动而使公司所开展业务发生损失的风险。公司市场风险主要涉及证券投资和股权投资自营业务、信托业务以及上市公司股权质押融资、不动产投资信托业务等。对于此类业务，公司本着审慎原则，合理配置资产，通过合理的交易安排和严密的管理措施，勤勉、尽职履行受托人职责，最大限度上保障受益人的资金安全。同时，市场风险还具有很强的传导效应，如销售下降、成本上升等因素导致交易对手的信用风险，因此对于此类业务同样采取严格的流程要求以及尽可能取得有效增信措施来防范风险。

4.5.2.3 操作风险状况

操作风险是指由于不完善或有问题的内部程序、员工、信息科技系统或外部事件所造成损失的风险，主要表现为由于公司治理机制、内部控制失效或者有关责任人出现失误、欺诈等问题，公司没有充分及时地做好尽职调查、持续监控、信息披露等工作，未能及时做出应有的反应，或做出的反应明显有失专业和常理，甚至违规违约；公司没有履行勤勉尽职管理的义务，或者无法出具充分有效的证据和记录，证明自己已履行勤勉尽职管理的义务。

对于此类风险，公司建立了有效的风险内控体系，明确并不断优化各项业务的操作规程，同时，由稽核管理总部按期对公司业务开展情况进行稽核，对各职能部门进行管理审计，通过规范各项业务流程、加强内控等手段有效防控操作风险。

4.5.2.4 流动性风险状况

一般来说，流动性风险主要指信托公司主动管理的资管产品无法通过变现资产等途径以合理成本及时获得充足资金，用于满足产品兑付需求、履行其他支付义务的风险，以及公司因无法及时获得充足资金偿付到期债务而造成损失的风险。受外部宏观环境、产品期限结构、内部经营管理等因素的叠加影响，报告期内公司部分项目出现流动性风险。对此，公司高度重视，全面评估各类投资资产的估值计价和变现能力，完善流动性风险管理机制，综合运用多种流动性管理手段，以更好维护投资者合法权益。

4.5.2.5 其他风险状况

信托公司面临的其他风险主要还包括法律风险、合规风险、声誉风险、战略风险等。法律风险是指公司因没有遵守法律、法规等可能遭受的不利法律后果，从而给公司或投资人带来经济损失的风险。合规风险是指因没有遵循法律、法规、监管规定等可能遭受的监管处罚、重大财务损失和声誉损失的风险。声誉风险是指公司经营管理行为导致外部负面评价的风险。

战略风险是指因公司作出不利的经营决策、未妥当地执行决策、或未能对宏观经济及行业变化作出准确反应而可能造成损失的风险。报告期内，公司部分产品出现风险，由此引发的法律风险、声誉风险等均有所增加。

4.5.3 风险管理

公司风险管理工作紧密围绕公司战略及业务特点，持续优化风险管理体系，强化风险策略的适应性；把握业务风险特征，采取差异化管控措施；加强资产准入管理，严守风险底线。

4.5.3.1 信用风险管理

公司严格按照业务流程、制度规定和相应程序开展各项业务，确保决策者充分了解业务涉及的信用风险。公司强调全流程风险管理、强调风险管理关口前置、强调完善信用风险管理的制度体系、强调业务政策的及时调整、强调对交易对手履约情况的持续跟踪，依托严谨的风险管理体系，以各类业务准入政策、业务报审及审批流程等为抓手，持续完善和优化信用风险的事前防范、事中控制和事后检查制度，严控资产质量水平。

由业务部门对交易对手进行全面、深入的信用调查与分析，形成客观、详实的尽职调查报告；法律合规管理总部、风险管理总部和运营管理总部根据业务部门的尽职调查情况，独立开展有关调查，对项目信用风险进行充分的评估和审核，对于融资类业务严格落实贷款担保等措施，对抵（质）押物权属有效性、合法性进行审查，并借助外部专业机构力量客观、公允地评估抵押物价值；对于投资类业务严格按照内部决策流程进行信用评估，选取具有较高资质的交易对手，从多个维度对投资业务设定风险限额，通过分散投资、设置合理投资节点、设置对赌条款等多项措施对信用风险进行防范；业务部门和运营管理总部在项目实施过程中共同负责对项目进行日常跟踪管理，同时密切关注交易对手的信用状况、抵（质）押物价值和保证人担保能力的变化、投资标的经营情况变化和价值变动，并根据具体情况采取有效的应对措施，在项目发生风险预警时，业务部门和运营管理总部及时制定应对措施以防范风险的发生或扩大；稽核管理总部按照制度程序进行稽核审计和项目评价，以进一步提高对项目的信用风险管理水平。

本公司已对风险资产进行五级分类。

4.5.3.2 市场风险管理

公司建立健全市场风险的识别、计量、监测和控制程序，以确保市场风险管理能够与业务的性质、规模、复杂程度和风险特征相适应，与能够承担的总体市场风险水平相一致；同时，加强对宏观经济和市场的研究，及时跟踪市场价格波动情况，对每项业务和产品中的市场风险因素进行分解和分析，以及时准确识别所有业务中市场风险的类别和性质。

公司市场风险管理目标是通过将市场风险控制在公司可承受的合理范围内，实现经风险调整后的收益最大化，主要通过设置合理的收益率对风险进行定价，实现对风险的有效补偿。公司通过严密设计风控条款，取得有效增信措施，以缓释和对冲可能发生的市场风险；加强对证券投资产品单位净值、抵（质）押物价格变化、投资标的价值变化的日常监控，以防范市场价格波动带来的风险；定期对房地产业务进行压力测试，分析在不同风险程度下房地产项目的抗风险能力，从而及时发现并预防市场风险。

4.5.3.3 操作风险管理

公司通过规范业务流程、强化内控基础、优化内控措施，持续提升风险管理体系的运行效率和效果。公司定期对公司内部控制规章制度及业务流程进行梳理和完善，以业务流程为主线，不断完善前台、中台、后台的协作与制约体系，对重要的业务环节，实行双人双岗复核，及时对业务管理系统进行升级，并加强对操作流程的监督、检查，及时排除操作风险隐患，有效防范操作风险。

4.5.3.4 流动性风险管理

公司对流动性风险管理工作高度重视，针对公司经营实际，持续完善流动性风险管理体系，设立资金管理委员会负责统筹协调，指导各职能部门加强公司资金监测、流动性管理工作，丰富流动性管理手段，并在必要时启动专项工作小组全力推进相关工作，从而提高对公司整体和产品承压能力的监测和管理水平。

4.5.3.5 其他风险管理

法律风险管理方面，公司高度重视法律风险的防范，定期对合同范本进行修订，不断加强对合同的审查力度。对于创新及重大项目，公司要求聘请外部律师出具法律意见，从业务源头和操作环节防范和化解法律风险。

合规风险管理方面，公司积极稳妥地推进合规管理体系建设，充分借鉴银行业、证券业和保险业良好的合规管理经验，及时根据最近法律法规及监管机构政策，结合自身合规工作积累，持续更新、完善合规管理的组织框架、管理范围、运行机制和工作流程。

声誉风险管理方面，公司不断完善声誉风险管理机制，将舆情管理纳入全面风险管理体系。公司及时向投资者和监管层进行相关信息披露，保持有效的信息交流和反馈；通过内外部相结合的监测机制，持续关注行业和公司新闻舆情。公司借助信托业协会的《信托资讯》《每日舆情》、新闻媒体以及内部舆情监测报告，全面做好舆情监测，就重点事件积极采取应对措施、及时进行跟踪反馈，防范和化解声誉风险。

战略风险管理方面，公司强调以当前宏观环境、自身实际经营情况及未来发展潜力为基础，建立以风险为导向的战略规划和实施方案，并定期进行修订。同时通过完善治理架构、明确战略导向和风险偏好、设定授权体系、制定调整并充分落实各项内部议事和内控程序等，确保各项政策依程序制定和调整，并得到充分有效执行，确保公司长期战略、短期目标、风险管理措施和相关资源紧密结合。

受新冠肺炎疫情持续发酵、市场调控及中美"贸易战争"等因素影响，2021年国内经济增速在经历上半年的快速反弹后，下半年再次大幅回落，经济下行压力明显加大，部分行业和公司盈利水平大幅下滑，特别是房地产等行业风险加速暴露，公司稳定经营困难程度加剧。

面对上述情况，报告期内公司一方面在主动扩大项目专项风险排查的覆盖面和力度的基础上，进一步全面评估项目信用风险和市场风险，主动收紧传统融资业务审批标准和尽调要求，加强业务和交易主体集中度管控，整体降低了相关市场波动及单一客户信用条件变化的影响；另一方面，强化前中后台协同合作，加强项目后续运营管理工作，不断丰富现场和非现场监控手段，防控操作风险，加强流动性管理。对于出险项目，公司增加人员和资源配置，通过采取追加或处置抵质押物、法律诉讼、债务重组等手段，加强资产清收处置力度，积极推动风险资产的处置化解，全力维护投资者的合法权益。2022年公司将继续严格落实各项风险管理及操作要求，从严把控项目风险审核，严密跟踪项目后续运营管理及风险监控，在确保合规经营、风险可控的前提下，稳步展业。同时加强重点资产和风险资产团队力量，高效有序的推进运营、处置方案的落实，积极推动相关风险处置和化解。

5. 2021年度及上年度比较式会计报表

5.1 固有资产

5.1.1 会计师事务所审计意见全文

审计报告

中兴华审字〔2022〕第012098号

中国民生信托有限公司全体股东：

一、保留意见

我们审计了中国民生信托有限公司（以下简称贵公司）财务报表，包括2021年12月31日的合并及母公司资产负债表，2021年度的合并及母公司利润表、合并及母公司现金流量表、合并及母公司股东权益变动表以及相关财务报表附注。

我们认为，除"形成保留意见的基础"部分所述事项产生的影响外，后附的财务报表在所有重大方面按照企业会计准则的规定编制，公允反映了贵公司2021年12月31日合并及母公司的财务状况以及2021年度合并及母公司的经营成果和现金流量。

二、形成保留意见的基础

如财务报表附注十二所述，截至2021年12月31日，贵公司因营业信托纠纷等原因引发多宗诉讼，涉诉信托项目规模余额277.19亿元。如财务报表附注六（16）所述，2021年12月31日，贵公司管理层针对其中二审未决诉讼计提了预计负债；针对一审未判决的诉讼及尚未进入司法程序的潜在营业信托纠纷等事项，因无法判断承担相关责任的可能性，贵公司管理层未就这些事项确认预计负债。我们无法就贵公司上述诉讼及潜在诉讼事项可能导致的损失金额获取充分、适当的审计证据，也无法确定是否有必要对相关财务报表金额及披露进行调整。

我们按照中国注册会计师审计准则的规定执行了审计工作。审计报告的"注册会计师对财务报表审计的责任"部分进一步阐述了我们在这些准则下的责任。按照中国注册会计师职业道德守则，我们独立于贵公司，并履行了职业道德方面的其他责任。我们相信，我们获取的审计证据是充分、适当的，为发表保留意见提供了基础。

三、与持续经营相关的重大不确定性

我们提醒财务报表使用者关注，如财务报表附注二（2）所述，贵公司2020年度及2021年度分别发生净亏损4.49亿元、38.33亿元；此外，本公司因部分信托项目未能按期兑付引发投资人诉讼，面临较大流动性风险。如财务报表附注二所述，贵公司在有关部门指导下筹划风险化解重大事项，积极围绕"领导机制、风险化解、稳定队伍、引入战投"等重点方面开展工作，应对当前的不利局面。

上述事项或情况表明存在可能导致对贵公司持续经营能力产生重大疑虑的重大不确定性。该事项不影响已发表的审计意见。

四、关键审计事项

关键审计事项是我们根据职业判断，认为对本期财务报表审计最为重要的事项。这些事项的应对以对财务报表整体进行审计并形成意见为背景，我们不对这些事项单独发表意见。除"形成保留意见的基础"部分及"与持续经营相关的重大不确定性"部分所述事项外，我们确定下列事项是需要在审计报告中沟通的关键审计事项。

（一）以公允价值计量的金融工具的估值

1.事项描述

截至2021年12月31日，贵公司持有以公允价值计量的金融资产的账面价值为人民币38.63亿元。

贵公司于资产负债表日对持有的以公允价值计量的金融资产进行公允价值评估。由于以公允价值计量的金融资产金额重大，其公允价值评估时对不可观察输入值作为关键假设需要管理层做出重大判断，因此我们将上述金融资产公允价值评估认定为关键审计事项。

2.审计应对

我们评估和测试了贵公司以公允价值计量的金融资产公允价值评估流程的内部控制设计、运行的有效性。

我们通过选取样本，针对贵公司金融资产评估执行了以下审计程序：

（1）查阅贵公司持有的金融资产的相关合同，了解相关投资条款，并识别与金融资产估值相关的条款；

（2）对管理层在计量金融资产公允价值时采用的不可观察输入值及可观察输入值的合理性进行复核。

另外，我们还评价了财务报表中针对以公允价值计量的金融资产的相关披露是否满足企业会计准则的要求。

（二）以摊余成本计量的金融资产减值

1.事项描述

截至2021年12月31日，贵公司持有债权投资的账面价值为人民币35.77亿元，其中账面原值为人民币65.53亿元、减值准备余额为29.76亿元。

债权投资信用损失准备余额反映了管理层在资产负债表日采用《企业会计准则第22号——金融工具确认和计量》预期信用损失模型，对相关金融资产预期信用损失的最佳估计。

管理层通过评估债权投资的信用风险自初始确认后是否显著增加，运用三阶段减值模型计量预期信用损失。预期信用损失计量模型包含重大管理层判断和假设，贵公司就预期信用损失计量建立了相关流程和控制。

考虑到债权投资金融资产的识别和损失准备评估过程均涉及重大的管理层判断，该事项被确定为关键审计事项。

2.审计应对

我们对债权投资的减值评估和减值计算相关内部控制设计和运行的有效性进行了评估和测试。

我们抽取样本，就借款人财务状况、非财务信息及其他因素方面复核管理层做出的评估结果是否合理。我们复核了管理层对前瞻性计量的方法和结果。

基于上述审计程序结果，考虑到债权投资的预期信用损失评估的固有不确定性，管理层在减值评估中所使用的重大假设和判断及计量结果是可接受的。

（三）手续费及佣金收入

1.事项描述

2021年度，贵公司确认手续费及佣金收入9.18亿元，较上年同期减少32.19%。

贵公司管理层对公司管理的信托计划交易对手状况、可供分配信托利益等因素进行评估，认为由于公司管理的部分信托计划因交易对手未能正常按照合同约定支付信托报酬，虽然贵公司依据信托合同约定有权提取信托报酬，但是暂无充分证据表明相关信托报酬能如期收到，贵公司对该部分信托项目未确认或未足额确认信托报酬。

贵公司针对信托报酬可回收情况的评估过程涉及重大的管理层判断，该事项被确定为关键审计事项。

2.审计应对

我们对信托报酬的提取和确认相关内部控制设计和运行的有效性进行了评估和测试。

获取并阅读信托合同、交易合同、投贷后管理报告等文件主要条款，并执行重新计算程序。

获取未足额提取信托报酬项目清单，了解分析未足额提取信托报酬的原因。

基于上述审计程序结果，管理层对信托报酬可回收情况的判断和估计是可接受的。

五、管理层和治理层对财务报表的责任

管理层负责按照企业会计准则的规定编制财务报表，使其实现公允反映，并设计、执行和维护必要的内部控制，以使财务报表不存在由于舞弊或错误导致的重大错报。

在编制财务报表时，管理层负责评估贵公司的持续经营能力，披露与持续经营相关的事项（如适用），并运用持续经营假设，除非管理层计划清算贵公司、终止运营或别无其他现实的选择。

治理层负责监督贵公司的财务报告过程。

六、注册会计师对财务报表审计的责任

我们的目标是对财务报表整体是否不存在由于舞弊或错误导致的重大错报获取合理保证，并出具包含审计意见的审计报告。合理保证是高水平的保证，但并不能保证按照审计准则执行的审计在某一重大错报存在时总能发现。错报可能由舞弊或错误导致，如果合理预期错报单独或汇总起来可能影响财务报表使用者依据财务报表作出的经济决策，则通常认为错报是重大的。

在按照审计准则执行审计的过程中，我们运用了职业判断，保持了职业怀疑。同时，我们也执行以下工作：

（1）识别和评估由于舞弊或错误导致的财务报表重大错报风险，设计和实施审计程序以应对这些风险，并获取充分、适当的审计证据，作为发表审计意见的基础。由于舞弊可能涉及串通、伪造、故意遗漏、虚假陈述或凌驾于内部控制之上，未能发现由于舞弊导致的重大错报的风险高于未能发现由于错误导致的重大错报的风险。

（2）了解与审计相关的内部控制，以设计恰当的审计程序。

（3）评价管理层选用会计政策的恰当性和作出会计估计及相关披露的合理性。

（4）对管理层使用持续经营假设的恰当性得出结论。同时，根据获取的审计证据，就可能导致对贵公司持续经营能力产生重大疑虑的事项或情况是否存在重大不确定性得出结论。如果我们得出结论认为存在重大不确定性，审计准则要求我们在审计报告中提请报表使用者注意财务报表中的相关披露；如果披露不充分，我们应当发表非无保留意见。我们的结论基于截至审计报告日可获得的信息。然而，未来的事项或情况可能导致贵公司不能持续经营。

（5）评价财务报表的总体列报、结构和内容，并评价财务报表是否公允反映相关交易和事项。

（6）就贵公司中实体或业务活动的财务信息获取充分、适当的审计证据，以对财务报表发表意见。我们负责指导、监督和执行集团审计。我们对审计意见承担全部责任。

我们与治理层就计划的审计范围、时间安排和重大审计发现等事项进行沟通，包括沟通我们在审计中识别出的值得关注的内部控制缺陷。

我们还就已遵守与独立性相关的职业道德要求向治理层提供声明，并与治理层沟通可能被合理认为影响我们独立性的所有关系和其他事项，以及相关的防范措施（如适用）。

从与治理层沟通过的事项中，我们确定哪些事项对本期财务报表审计最为重要，因而构成关键审计事项。我们在审计报告中描述这些事项，除非法律法规禁止公开披露这些事项，或在极少数情形下，如果合理预期在审计报告中沟通某事项造成的负面后果超过在公众利益方面产生的益处，我们确定不应在审计报告中沟通该事项。

中兴华会计师事务所（特殊普通合伙）

中国·北京

中国注册会计师：彭文恒

中国注册会计师：王春仁

2022年4月26日

5.1.2 资产负债表(母公司)

资产负债表(母公司)

编制单位:中国民生信托有限公司　　2021年12月31日　　单位:万元

项目	期末余额	期初余额	项目	期末余额	期初余额
资产:			负债:		
货币资金	19 260.46	47 410.58	拆入资金	—	10 005.44
拆出资金	—	—	应付职工薪酬	69 743.03	56 190.86
衍生金融资产	—	—	应交税费	43 704.76	34 019.09
应收票据	—	—	预计负债	2 901.75	60 600.21
应收款项	13 453.94	13 106.23	租赁负债	12 803.81	13 110.29
金融投资:			递延所得税负债	—	8 524.65
交易性金融资产	334 404.16	554 828.04	其他负债	243 746.65	169 071.62
债权投资	—	116 114.35	负债合计	372 900.00	351 522.15
其他债权投资	—	—	所有者权益:		
其他权益工具投资	10 000.00	10 000.00	实收资本	700 000.00	700 000.00
长期股权投资	2 060.40	2 018.90	资本公积	168 720.00	168 720.00
固定资产	981.43	1 381.65	其他综合收益	3.28	—
在建工程	665.28	749.65	盈余公积	54 141.80	54 141.80
无形资产	848.00	1 430.11	一般风险准备	19 648.21	20 855.35
使用权资产	10 843.15	13 993.86	信托赔偿准备	27 070.90	27 070.90
递延所得税资产	191 339.42	70 614.01	未分配利润	-325 890.42	23 286.72
其他资产	432 737.51	513 949.54	所有者权益合计	643 693.76	994 074.77
资产总计	1 016 593.76	1 345 596.92	负债和所有者权益总计	1 016 593.76	1 345 596.92

资产负债表(合并)

资产负债表(合并)

编制单位:中国民生信托有限公司　　2021年12月31日　　单位:万元

项目	期末余额	期初余额	项目	期末余额	期初余额
资产:			负债:		
货币资金	29 128.22	52 799.51	拆入资金	—	10 005.44
应收款项	13 175.86	13 040.93	应付职工薪酬	69 743.03	56 190.86
金融投资:	—	—	应交税费	43 704.76	34 023.50
交易性金融资产	386 299.71	587 028.69	预计负债	2 189.25	4 040.21
债权投资	357 734.42	671 958.64	租赁负债	12 803.81	13 110.29
其他债权投资	—	—	递延所得税负债	—	8 466.17
持有至到期投资	—	—	其他负债	293 796.00	420 607.31
其他权益工具投资	10 000.00	10 000.00	负债合计	422 236.85	546 443.77
长期股权投资	2 060.40	2 018.90	所有者权益:	—	—
投资性房地产	—	—	实收资本	700 000.00	700 000.00
固定资产	981.43	1 381.65	资本公积	168 720.00	168 720.00
使用权资产	10 843.15	13 993.86	其他综合收益	3.28	—
在建工程	665.28	749.65	盈余公积	54 141.80	54 141.80
无形资产	848.00	1 430.11	一般风险准备	19 648.21	20 855.35
递延所得税资产	173 347.49	74 310.73	信托赔偿准备	27 070.90	27 070.90
其他资产	21 293.47	101 765.47	未分配利润	-385 443.61	13 246.32
	—	—	归属于母公司所有者权益	584 140.57	984 034.37
	—	—	少数股东权益	—	—
	—	—	所有者权益合计	584 140.57	984 034.37
资产总计	1 006 377.43	1 530 478.14	负债和所有者权益总计	1 006 377.43	1 530 478.14

5.1.3 利润表

利润表（母公司）

编制单位：中国民生信托有限公司　　2021年度　　单位：万元

项目	本期金额	上期金额
一、营业总收入	-109 062.92	198 097.06
利息净收入	-4 505.94	7 282.43
利息收入	253.34	10 105.43
利息支出	4 759.27	2 823.00
手续费及佣金净收入	92 358.48	136 319.52
手续费及佣金收入	92 461.40	136 931.78
手续费及佣金支出	102.91	612.26
投资收益（损失以"-"号填列）	10 462.74	-17 824.97
其中：对联营企业和合营企业的投资收益	38.22	18.90
其他收益	317.06	474.07
公允价值变动收益（损失以"-"号填列）	-214 099.65	41 616.59
资产处置收益（损失以"-"号填列）	—	-1.87
汇兑收益（损失以"-"号填列）	—	—
其他业务收入	6 404.39	30 231.30
二、营业总成本	354 555.56	246 446.27
税金及附加	734.68	1 071.76
业务及管理费用	66 303.43	64 911.20
信用减值损失（损失以"-"号填列）	287 517.46	180 463.31
三、营业利润（亏损以"-"号填列）	-463 618.49	-48 349.21
加：营业外收入	819.22	810.34
减：营业外支出	2 383.67	3 156.81
四、利润总额（亏损总额以"-"号填列）	-465 182.93	-50 695.67
减：所得税费用	-114 798.65	-11 772.47
五、净利润（净亏损以"-"号填列）	-350 384.29	-38 923.20
（一）持续经营净利润（净亏损以"-"号填列）	-350 384.29	-38 923.20
（二）终止经营净利润（净亏损以"-"号填列）	—	—
六、其他综合收益的税后净额	3.28	—
七、综合收益总额	-350 381.01	-38 923.20

利润表（合并）

编制单位：中国民生信托有限公司　　2021年度　　单位：万元

项目	本期金额	上期金额
一、营业总收入	-280 962.50	224 738.84
利息净收入	-18 613.68	-19 075.42
利息收入	6 319.24	25 397.54
利息支出	24 932.91	44 472.96
手续费及佣金净收入	91 806.71	135 396.75
手续费及佣金收入	91 909.93	136 009.01
手续费及佣金支出	103.22	612.26
投资收益（损失以"-"号填列）	-71 633.77	36 564.62
其中：对联营企业和合营企业的投资收益	38.22	18.90
其他收益	317.06	474.07
公允价值变动收益（损失以"-"号填列）	-288 939.70	41 382.67
资产处置收益（损失以"-"号填列）	—	-1.87
汇兑收益（损失以"-"号填列）	-303.50	-233.27
其他业务收入	6 404.39	30 231.30
二、营业总成本	193 792.12	282 826.58
税金及附加	961.08	1 157.20
业务及管理费用	68 389.99	70 230.61
信用减值损失（损失以"-"号填列）	124 441.05	211 438.78
三、营业利润（亏损以"-"号填列）	-474 754.62	-58 087.74
加：营业外收入	819.22	810.34
减：营业外支出	2 383.67	3 156.81
四、利润总额（亏损总额以"-"号填列）	-476 319.06	-60 434.20
减：所得税费用	-93 051.51	-15 527.67
五、净利润（净亏损以"-"号填列）	-383 267.55	-44 906.53
（一）按经营持续性分类：	—	—
1.持续经营净利润（净亏损以"-"号填列）	-383 267.55	-44 906.53
2.终止经营净利润（净亏损以"-"号填列）	—	—
（二）按所有权归属分类：		
1.归属于母公司股东的净利润（净亏损以"-"号填列）	-383 267.55	-44 906.53
2.少数股东损益（净亏损以"-"号填列）	—	—
六、其他综合收益的税后净额	3.28	—
（一）归属母公司所有者的其他综合收益的税后净额	3.28	—
（二）归属于少数股东的其他综合收益的税后净额	—	—
七、综合收益总额	-383 264.28	-44 906.53
（一）归属于母公司所有者的综合收益总额	-383 264.28	-44 906.53
（二）归属于少数股东的综合收益总额	—	—

5.1.4 所有者权益变动表

所有者权益变动表（母公司）

编制单位：中国民生信托有限公司　　2021年度　　单位：万元

项目	实收资本	资本公积	其他综合收益	一般风险准备	信托赔偿准备	盈余公积	未分配利润	所有者权益合计
2020年年初余额	700 000.00	168 720.00	—	18 552.50	27 070.90	54 141.80	127 512.78	1 095 997.98
2020年增减变动金额（减少以"-"号填列）	—	—	—	2 302.85	—	—	-104 226.06	-101 923.20
（一）综合收益总额	—	—	—	—	—	—	-38 923.20	-38 923.20
（二）所有者投入和减少资本	—	—	—	—	—	—	—	—
（三）利润分配	—	—	—	2 302.85	—	—	-65 302.85	-63 000.00

续表

项目	实收资本	资本公积	其他综合收益	一般风险准备	信托赔偿准备	盈余公积	未分配利润	所有者权益合计
1.提取盈余公积	—	—	—	—	—	—	—	—
2.提取一般风险准备	—	—	—	2 302.85	—	—	-2 302.85	—
3.提取信托赔偿准备	—	—	—	—	—	—	—	—
4.对所有者的分配	—	—	—	—	—	—	-63 000.00	-63 000.00
5.其他	—	—	—	—	—	—	—	—
2020年末余额	700 000.00	168 720.00	—	20 855.35	27 070.90	54 141.80	23 286.72	994 074.77
2021年初余额	700 000.00	168 720.00	—	20 855.35	27 070.90	54 141.80	23 286.72	994 074.77
2021年增减变动金额（减少以"-"号填列）	—	—	3.28	-1 207.14	—	—	-349 177.14	-350 381.01
（一）综合收益总额	—	—	3.28	—	—	—	-350 384.29	-350 381.01
（二）所有者投入和减少资本	—	—	—	—	—	—	—	—
（三）利润分配	—	—	—	-1 207.14	—	—	1 207.14	—
1.提取盈余公积	—	—	—	—	—	—	—	—
2.提取一般风险准备	—	—	—	-1 207.14	—	—	1 207.14	—
3.提取信托赔偿准备	—	—	—	—	—	—	—	—
4.对所有者的分配	—	—	—	—	—	—	—	—
5.其他	—	—	—	—	—	—	—	—
2021年末余额	700 000.00	168 720.00	3.28	19 648.21	27 070.90	54 141.80	-325 890.42	643 693.76

所有者权益变动表（合并）

编制单位：中国民生信托有限公司　　2021年度　　单位：万元

项目	实收资本	资本公积	其他综合收益	一般风险准备	信托赔偿准备	盈余公积	未分配利润	所有者权益合计
2020年初余额	700 000.00	168 720.00	—	18 552.50	27 070.90	54 141.80	127 595.59	1 096 080.79
2020年增减变动金额（减少以"-"号填列）	—	—	—	2 302.85	—	—	-114 349.28	-112 046.42
（一）综合收益总额	—	—	—	—	—	—	-44 906.53	-44 906.53
（二）所有者投入和减少资本	—	—	—	—	—	—	—	—
（三）利润分配	—	—	—	2 302.85	—	—	-65 302.85	-63 000.00
1.提取盈余公积	—	—	—	—	—	—	—	—
2.提取一般风险准备	—	—	—	2 302.85	—	—	-2 302.85	—
3.提取信托赔偿准备	—	—	—	—	—	—	—	—
4.对所有者的分配	—	—	—	—	—	—	-63 000.00	-63 000.00
5.其他	—	—	—	—	—	—	—	—
2020年末余额	700 000.00	168 720.00	—	20 855.35	27 070.90	54 141.80	13 246.32	984 034.37
2021年初余额	700 000.00	168 720.00	—	20 855.35	27 070.90	54 141.80	13 246.32	984 034.37
2021年增减变动金额（减少以"-"号填列）	—	—	3.28	-1 207.14	—	—	-398 689.93	-399 893.79
（一）综合收益总额	—	—	3.28	—	—	—	-383 267.55	-383 264.28
（二）所有者投入和减少资本	—	—	—	—	—	—	—	—
（三）利润分配	—	—	—	-1 207.14	—	—	1 207.14	—
1.提取盈余公积	—	—	—	—	—	—	—	—
2.提取一般风险准备	—	—	—	-1 207.14	—	—	1 207.14	—
3.提取信托赔偿准备	—	—	—	—	—	—	—	—
4.对所有者的分配	—	—	—	—	—	—	—	—
5.其他	—	—	—	—	—	—	—	—
2021年末余额	700 000.00	168 720.00	3.28	19 648.21	27 070.90	54 141.80	-385 443.61	584 140.57

5.2 信托资产

5.2.1 信托项目资产负债汇总表

信托项目资产负债汇总表

编制单位：中国民生信托有限公司　　　　　　　　　　　　单位：万元

信托资产	2021年12月31日	2020年12月31日
信托资产：		
货币资金	155 312.18	343 567.68
拆出资金	—	—
存出保证金	—	—
交易性金融资产	257 214.80	1 042 685.02
衍生金融资产	—	—
买入返售金融资产	375 093.91	436 947.79
应收款项	446 561.72	645 119.43
发放贷款	2 071 055.21	4 231 520.07
可供出售金融资产	3 422 362.26	6 405 480.02
持有至到期投资	—	—
长期应收款	335 750.51	1 353 459.00
长期股权投资	1 882 772.27	1 964 707.06
投资性房地产	—	—
固定资产	—	—
无形资产	—	—
长期待摊费用	—	1 606.45
其他资产	3 262 800.39	4 168 834.05
减：各项资产减值准备	—	—
信托资产总计	12 208 923.25	20 593 926.57
信托负债和信托权益	2021年12月31日	2020年12月31日
信托负债：		
交易性金融负债	—	—
衍生金融负债	—	—
应付受托人报酬	9 081.15	14 488.41
应付托管费	558.70	437.07
应付受益人收益	67 205.90	25 104.84
应交税费	2 885.50	9 525.26
应付销售服务费	1 597.37	1 176.37
其他应付款项	683 181.28	264 329.88
预计负债	—	—
其他负债	—	—
信托负债合计	764 509.90	315 061.83
信托权益：		
实收信托	12 079 885.61	20 488 335.03
资本公积	5 678.83	22 847.00
外币报表折算差额	—	—
未分配利润	-641 151.09	-232 317.29
信托权益合计	11 444 413.35	20 278 864.74
信托负债及信托权益总计	12 208 923.25	20 593 926.57

5.2.2 信托项目利润及利润分配汇总表

信托项目利润及利润分配汇总表

编制单位：中国民生信托有限公司　　　　　　　　　　　　单位：万元

项目	2021年度	2020年度
1.营业收入	394 880.46	1 355 110.75
1.1利息收入	367 663.65	545 470.34
1.2投资收益	190 809.65	898 370.50
对联营企业和合营企业的投资收益	—	—
1.3公允价值变动损益	-187 026.42	-177 765.54
1.4租赁收入	—	—
1.5汇兑损益	—	—
1.6其他收入	23 433.58	89 035.45
2.支出	126 655.91	246 149.05
2.1税金及附加	1 963.34	3 132.00
2.2受托人报酬	56 354.92	110 649.19
2.3托管费	2 331.27	3 159.88
2.4投资管理费	—	—
2.5销售服务费	51 878.67	81 803.94
2.6交易费用	942.5	938.45
2.7资产减值损失	—	—
2.8其他费用	13 185.21	46 465.59
3.信托净利润	268 224.55	1 108 961.71
4.其他综合收益	—	—
5.综合收益	268 224.55	1 108 961.71
6.加：期初未分配信托利润	-232 317.29	-87 899.41
7.可供分配的信托利润	53 448.71	1 220 621.70
8.减：本期已分配信托利润	694 599.80	1 452 938.99
9.期末未分配信托利润	-641 151.09	-232 317.29

6.会计报表附注

6.1 会计报表编制基本前提的说明

本公司会计报表编制基准不存在不符合会计核算基本前提的情况。

6.1.1 会计报表的编制基础

本会计报表按照财政部颁布的《企业会计准则》（财会〔2006〕3号）及其后续应用指南、解释及其他有关规定（统称企业会计准则）编制。

本会计报表以持续经营为基础列报。

本公司会计核算以权责发生制为基础。除某些金融工具外，本财务报表均以历史成本为计量基础。

6.1.2 遵循企业会计准则的声明

本会计报表符合企业会计准则的要求，真实、完整地反映了本公司2021年12月31日的财务状况以及2021年度的经营成果和现金流量等有关信息。

6.1.3 会计期间

本公司会计期间采用公历年度，即每年自1月1日起至12月31日止。

6.1.4 记账本位币

本公司以人民币为记账本位币。本公司编制本会计报表时所采用的货币为人民币。

6.2 重要会计政策和会计估计说明

6.2.1 重要会计政策、会计估计的变更

6.2.1.1 重要会计政策变更

2018年12月，财政部修订发布了《企业会计准则21号——租赁》（财会〔2018〕35号）（以下简称新租赁准则），要求在境内外同时上市的企业以及在境外上市并采用国际财务报告准则或企业会计准则编制财务报表的企业，自2019年1月1起施行；其他执行企业会计准则的企业自2021年1月1日起施行。

2021年4月30日，本公司之控股股东泛海控股股份有限公司披露《关于会计政策变更的公告》，公告编号为2021-065。本公司于2021年1月1日起执行新租赁准则。根据新旧准则转换的衔接规定，公司首次执行该新租赁准则的累积影响数调整2021年期初留存收益及财务报表其他相关项目金额，对可比期间信息不予调整。

6.2.1.2 重要会计估计变更

本公司本期不存在应披露的重要会计估计变更。

6.2.2 同一控制下和非同一控制下企业合并的会计处理方法

企业合并，是指将两个或两个以上单独的企业合并形成一个报告主体的交易或事项。企业合并分为同一控制下企业合并和非同一控制下企业合并。

6.2.2.1 同一控制下企业合并

参与合并的企业在合并前后均受同一方或相同的多方最终控制，且该控制并非暂时性的，为同一控制下的企业合并。同一控制下的企业合并，在合并日取得对其他参与合并企业控制权的一方为合并方，参与合并的其他企业为被合并方。合并日，是指合并方实际取得对被合并方控制权的日期。

公司在企业合并中取得的资产和负债，按照合并日被合并方资产、负债（包括最终控制方收购被合并方形成的商誉）在最终控制方合并财务报表中的账面价值计量；取得的净资产账面价值与支付的合并对价账面价值（或发行股份面值总额）的差额，调整资本公积中的股本溢价，资本公积中股本溢价不足冲减的，调整留存收益。

合并方为进行企业合并发生的各项直接费用，于发生时计入当期损益。

6.2.2.2 非同一控制下企业合并

参与合并的企业在合并前后不受同一方或相同的多方最终控制的，为非同一控制下的企业合并。非同一控制下的企业合并，在购买日取得对其他参与合并企业控制权的一方为购买方，参与合并的其他企业为被购买方。购买日，是指为购买方实际取得对被购买方控制权的日期。

对于非同一控制下的企业合并，合并成本包含购买日购买方为取得对被购买方的控制权而付出的资产、发生或承担的负债以及发行的权益性证券的公允价值，为企业合并发生的审计、法律服务、评估咨询等中介费用以及其他管理费用于发生时计入当期损益。购买方作为合并对价发行的权益性证券或债务性证券的交易费用，计入权益性证券或债务性证券的初始确认金额。所涉及的或有对价按其在购买日的公允价值计入合并成本，购买日后12个月内出现对购买日已存在情况的新的或进一步证据而需要调整或有对价的，相应调整合并商誉。购买方发生的合并成本及在合并中取得的可辨认净资产按购买日的公允价值计量。合并成本大于合并中取得的被购买方于购买日可辨认净资产公允价值份额的差额，确认为商誉。合并成本小于合并中取得的被购买方可辨认净资产公允价值份额的，首先对取得的被购买方各项可辨认资产、负债及或有负债的公允价值以及合并成本的计量进行复核，复核后合并成本仍小于合并中取得的被购买方可辨认净资产公允价值份额的，其差额计入当期损益。

购买方取得被购买方的可抵扣暂时性差异，在购买日因不符合递延所得税资产确认条件而未予确认的，在购买日后12个月内，如取得新的或进一步的信息表明购买日的相关情况已经存在，预期被购买方在购买日可抵扣暂时性差异带来的经济利益能够实现的，则确认相关的递延所得税资产，同时减少商誉，商誉不足冲减的，差额部分确认为当期损益；除上述情况以外，确认与企业合并相关的递延所得税资产的，计入当期损益。

通过多次交易分步实现的非同一控制下企业合并，根据《财政部关于印发企业会计准则解释第5号的通知》

（财会〔2012〕19号）和《企业会计准则第33号——合并财务报表》第五十一条关于"一揽子交易"的判断标准，判断该多次交易是否属于"一揽子交易"。属于"一揽子交易"的，参考本部分前面各段描述及6.2.9"长期股权投资的确认和计量"进行会计处理；不属于"一揽子交易"的，区分个别财务报表和合并财务报表进行相关会计处理：

在个别财务报表中，以购买日之前所持被购买方的股权投资的账面价值与购买日新增投资成本之和，作为该项投资的初始投资成本；购买日之前持有的被购买方的股权涉及其他综合收益的，在处置该项投资时将与其相关的其他综合收益采用与被购买方直接处置相关资产或负债相同的基础进行会计处理（即，除了按照权益法核算的在被购买方重新计量设定受益计划净负债或净资产导致的变动中的相应份额以外，其余转入当期投资收益）。

在合并财务报表中，对于购买日之前持有的被购买方的股权，按照该股权在购买日的公允价值进行重新计量，公允价值与其账面价值的差额计入当期投资收益；购买日之前持有的被购买方的股权涉及其他综合收益的，与其相关的其他综合收益应当采用与被购买方直接处置相关资产或负债相同的基础进行会计处理（即，除了按照权益法核算的在被购买方重新计量设定受益计划净负债或净资产导致的变动中的相应份额以外，其余转为购买日所属当期投资收益）。

6.2.3 合并财务报表的编制方法

6.2.3.1 合并财务报表范围的确定原则

合并财务报表的合并范围以控制为基础予以确定。控制是指本公司拥有对被投资方的权力，通过参与被投资方的相关活动而享有可变回报，并且有能力运用对被投资方的权力影响该回报金额。合并范围包括本公司、本公司控制的子公司及受本公司控制的结构化主体。

一旦相关事实和情况的变化导致上述控制定义涉及的相关要素发生了变化，本公司将进行重新评估。

6.2.3.2 合并财务报表编制的方法

从取得子公司的净资产和生产经营决策的实际控制权之日起，本公司开始将其纳入合并范围；从丧失实际控制权之日起停止纳入合并范围。对于处置的子公司，处置日前的经营成果和现金流量已经适当地包括在合并利润表和合并现金流量表中；当期处置的子公司，不调整合并资产负债表的期初数。非同一控制下企业合并增加的子公司，其购买日后的经营成果及现金流量已经适当地包括在合并利润表和合并现金流量表中，且不调整合并财务报表的期初数和对比数。同一控制下企业合并增加的子公司及吸收合并下的被合并方，其自合并当期期初至合并日的经营成果和现金流量已经适当地包括在合并利润表和合并现金流量表中，并且同时调整合并财务报表的对比数。

在编制合并财务报表时，子公司与本公司采用的会计政策或会计期间不一致的，按照本公司的会计政策和会计期间对子公司财务报表进行必要的调整。对于非同一控制下企业合并取得的子公司，以购买日可辨认净资产公允价值为基础对其财务报表进行调整。

公司内所有重大往来余额、交易及未实现利润在合并财务报表编制时予以抵销。

子公司的股东权益及当期净损益中不属于本公司所拥有的部分分别作为少数股东权益及少数股东损益在合并财务报表中股东权益及净利润项下单独列示。子公司当期净损益中属于少数股东权益的份额，在合并利润表中净利润项目下以"少数股东损益"项目列示。少数股东分担的子公司的亏损超过了少数股东在该公司期初股东权益中所享有的份额，仍冲减少数股东权益。

当因处置部分股权投资或其他原因丧失了对原有子公司的控制权时，对于剩余股权，按照其在丧失控制权日的公允价值进行重新计量。处置股权取得的对价与剩余股权公允价值之和，减去按原持股比例计算应享有原有子公司自购买日开始持续计算的净资产的份额之间的差额，计入丧失控制权当期的投资收益。与原有子公司股权投资相关的其他综合收益，在丧失控制权时采用与被购买方直接处置相关资产或负债相同的基础进行会计处理（即，除了在该原有子公司重新计量设定受益计划净负债或净资产导致的变动以外，其余一并转为当期投资收益）。其后，对该部分剩余股权按照《企业会计准则第2号——长期股权投资》或《企业会计准则第22号——金融工具确认和计量》等相关规定进行后续计量，详见6.2.5"金融工具的分类和确认方法"或6.2.9"长期股权投资的确认和计量"。

本公司通过多次交易分步处置对子公司股权投资直至丧失控制权的，需区分处置对子公司股权投资直至丧失控制权的各项交易是否属于一揽子交易。处置对子公司股权投资的各项交易的条款、条件以及经济影响符合以下一种或多种情况，通常应将多次交易事项作为一揽子交易进行会计处理：（1）这些交易是同时或者在考虑了彼此影响的情况下订立的；（2）这些交易整体才能达成一项完整的商业结果；（3）一项交易的发生取决于其他至少一项交易的发生；（4）一项交易单独看是不经济的，但是和其他交易一并考虑时是经济的。不属于一揽子交易的，对其中的每一项交易视情况分别按照"不丧失控制权的情况下部分处置对子公司的长期股权投资"和"因处置部分股权投资或其他原因丧失了对原有子公司的控制权"（详见前段）适用的原则进行会计处理。

处置对子公司股权投资直至丧失控制权的各项交易属于一揽子交易的，将各项交易作为一项处置子公司并丧失控制权的交易进行会计处理；但是，在丧失控制权之前每一次处置价款与处置投资对应的享有该子公司净资产份额的差额，在合并财务报表中确认为其他综合收益，在丧失控制权时一并转入丧失控制权当期的损益。

6.2.4 计提资产减值准备的范围和方法

6.2.4.1 本公司计提减值准备范围

以公允价值计量且其变动计入当期损益的金融资产以外的金融资产、长期股权投资、投资性房地产、固定资产、无形资产等。

6.2.4.2 计提减值准备的方法

6.2.4.2.1 金融资产的减值

本公司需确认减值损失的金融资产系以摊余成本计量的金融资产、以公允价值计量且其变动计入其他综合收益的债务工具投资，主要包括应收账款、其他应收款、债权投资等。此外，对部分财务担保合同，也按照本部分所述会计政策计提减值准备和确认信用减值损失。

（1）减值准备的确认方法。本公司以预期信用损失为基础，对上述各项目按照其适用的预期信用损失计量方法（一般方法或简化方法）计提减值准备并确认信用减值损失。

信用损失是指本公司按照原实际利率折现的、根据合同应收的所有合同现金流量与预期收取的所有现金流量之间的差额，即全部现金短缺的现值。其中，对于购买或源生的已发生信用减值的金融资产，本公司按照该金融资产经信用调整的实际利率折现。

（2）信用风险自初始确认后是否显著增加的判断标准。如果某项金融资产在资产负债表日确定的预计存续期内的违约概率显著高于在初始确认时确定的预计存续期内的违约概率，则表明该项金融资产的信用风险显著增加。除特殊情况外，本公司采用未来12个月内发生的违约风险的变化作为整个存续期内发生违约风险变化的合理估计，来确定自初始确认后信用风险是否显著增加。

（3）已发生信用减值的金融资产的判断标准。当对金融资产预期未来现金流量具有不利影响的一项或多项事件发生时，该金融资产成为已发生信用减值的金融资产。

（4）以组合为基础评估预期信用风险的组合方法本公司基于共同风险特征将金融资产划分为不同的组别，在组合的基础上评估信用风险。本公司采用资产风险分类法，将金融资产分为正常、关注、次级、可疑和损失五类，后三类合称为不良资产，其中：正常类计提比例为1%；关注类计提比例为2%；次级类计提比例为25%；可疑类计提比例为50%，损失类计提比例为100%。

（5）金融资产减值的会计处理方法。报告期末，本公司计算各类金融资产的预计信用损失，如果该预计信用损失大于其当前减值准备的账面金额，将其差额确认为减值损失；如果小于当前减值准备的账面金额，则将差额确认为减值利得。

6.2.4.2.2 长期股权投资的减值

长期股权投资运用个别方法评估减值损失。长期股权投资发生减值时，本公司将此长期股权投资的账面价值，与按照类似金融资产当时市场收益率对未来现金流量折现确定的现值之间的差额，确认为减值损失，计入当期损益。

6.2.4.2.3 其他非金融长期资产的减值

本公司在资产负债表日根据内部及外部信息以确定下列资产是否存在减值的迹象，包括：固定资产、无形资产、采用成本模式计量的投资性房地产。

本公司对存在减值迹象的资产进行减值测试，估计资产的可收回金额。可收回金额的估计结果表明，资产的可收回金额低于其账面价值的，资产的账面价值会减记至可收回金额，减记的金额确认为资产减值损失，计入当期损益，同时计提相应的资产减值准备。

6.2.5 金融工具的分类和确认方法

在本公司成为金融工具合同的一方时确认一项金融资产或金融负债。本公司遵循本报告中6.2.1所述"新金融工具准则"对金融工具进行初始和后续计量。

6.2.5.1 金融资产的分类、确认和计量

本公司根据管理金融资产的业务模式和金融资产的合同现金流量特征，将金融资产划分为：以摊余成本计量的金融资产；以公允价值计量且其变动计入其他综合

收益的金融资产；以公允价值计量且其变动计入当期损益的金融资产。

金融资产在初始确认时以公允价值计量。对于以公允价值计量且其变动计入当期损益的金融资产，相关交易费用直接计入当期损益；对于其他类别的金融资产，相关交易费用计入初始确认金额。因销售产品或提供劳务而产生的、未包含或不考虑重大融资成分的应收账款或应收票据，本公司按照预期有权收取的对价金额作为初始确认金额。

6.2.5.2 金融负债的分类、确认和计量

金融负债于初始确认时分类为以公允价值计量且其变动计入当期损益的金融负债和其他金融负债。对于以公允价值计量且其变动计入当期损益的金融负债，相关交易费用直接计入当期损益，其他金融负债的相关交易费用计入其初始确认金额。

6.2.5.3 金融资产和金融负债的公允价值确定方法

公允价值，是指市场参与者在计量日发生的有序交易中，出售一项资产所能收到或者转移一项负债所需支付的价格。金融工具存在活跃市场的，本公司采用活跃市场中的报价确定其公允价值。活跃市场中的报价是指易于定期从交易所、经纪商、行业协会、定价服务机构等获得的价格，且代表了在公平交易中实际发生的市场交易的价格。金融工具不存在活跃市场的，本公司采用估值技术确定其公允价值。估值技术包括参考熟悉情况并自愿交易的各方最近进行的市场交易中使用的价格、参照实质上相同的其他金融工具当前的公允价值、现金流量折现法和期权定价模型等。在估值时，公司采用在当前情况下适用并且有足够可利用数据和其他信息支持的估值技术，选择与市场参与者在相关资产或负债的交易中所考虑的资产或负债特征相一致的输入值，并尽可能优先使用相关可观察输入值。在相关可观察输入值无法取得或取得不切实可行的情况下，使用不可输入值。

6.2.6 金融资产的确认和计量

6.2.6.1 以摊余成本计量的金融资产

本公司管理以摊余成本计量的金融资产的业务模式为以收取合同现金流量为目标，且此类金融资产的合同现金流量特征与基本借贷安排相一致，即在特定日期产生的现金流量，仅为对本金和以未偿付本金金额为基础的利息的支付。本公司对于此类金融资产，采用实际利率法，按照摊余成本进行后续计量，其摊销或减值产生的利得或损失，计入当期损益。

6.2.6.2 以公允价值计量且其变动计入其他综合收益的金融资产

本公司管理此类金融资产的业务模式为既以收取合同现金流量为目标又以出售为目标，且此类金融资产的合同现金流量特征与基本借贷安排相一致。本公司对此类金融资产按照公允价值计量且其变动计入其他综合收益，但减值损失或利得、汇兑损益和按照实际利率法计算的利息收入计入当期损益。

此外，本公司将部分非交易性权益工具投资指定为以公允价值计量且其变动计入其他综合收益的金融资产。本公司将该类金融资产的相关股利收入计入当期损益，公允价值变动计入其他综合收益。当该金融资产终止确认时，之前计入其他综合收益的累计利得或损失将从其他综合收益转入留存收益，不计入当期损益。

6.2.6.3 以公允价值计量且其变动计入当期损益的金融资产

本公司将上述以摊余成本计量的金融资产和以公允价值计量且其变动计入其他综合收益的金融资产之外的金融资产，分类为以公允价值计量且其变动计入当期损益的金融资产。此外，在初始确认时，本公司为了消除或显著减少会计错配，将部分金融资产指定为以公允价值计量且其变动计入当期损益的金融资产。对于此类金融资产，本公司采用公允价值进行后续计量，公允价值变动计入当期损益。

6.2.6.4 金融资产转移的确认依据和计量方法

满足下列条件之一的金融资产，予以终止确认。一是收取该金融资产现金流量的合同权利终止。二是该金融资产已转移，且将金融资产所有权上几乎所有的风险和报酬转移给转入方。三是该金融资产已转移，虽然企业既没有转移也没有保留金融资产所有权上几乎所有的风险和报酬，但是放弃了对该金融资产的控制。

6.2.7 金融负债的确认和计量

6.2.7.1 以公允价值计量且其变动计入当期损益的金融负债

以公允价值计量且其变动计入当期损益的金融负债，包括交易性金融负债（含属于金融负债的衍生工具）和初始确认时指定为以公允价值计量且其变动计入当期损益的金融负债。

交易性金融负债（含属于金融负债的衍生工具），按照公允价值进行后续计量，除与套期会计有关外，公允价值变动计入当期损益。

被指定为以公允价值计量且其变动计入当期损益的金融负债，该负债由本公司自身信用风险变动引起的公允价值变动计入其他综合收益，且终止确认该负债时，计入其他综合收益的自身信用风险变动引起的其公允价值累计变动额转入留存收益。其余公允价值变动计入当期损益。若按上述方式对该等金融负债的自身信用风险变动的影响进行处理会造成或扩大损益中的会计错配的，本公司将该金融负债的全部利得或损失（包括企业自身信用风险变动的影响金额）计入当期损益。

6.2.7.2 其他金融负债

除金融资产转移不符合终止确认条件或继续涉入被转移金融资产所形成的金融负债、财务担保合同外的其他金融负债分类为以摊余成本计量的金融负债，按摊余成本进行后续计量，终止确认或摊销产生的利得或损失计入当期损益。

6.2.7.3 金融负债的终止确认

金融负债（或其一部分）的现时义务已经解除的，本公司终止确认该金融负债（或该部分金融负债）。本公司（借入方）与借出方签订协议，以承担新金融负债的方式替换原金融负债，且新金融负债与原金融负债的合同条款实质上不同的，终止确认原金融负债，同时确认一项新金融负债。本公司对原金融负债（或其一部分）的合同条款作出实质性修改的，终止确认原金融负债，同时按照修改后的条款确认一项新金融负债。

金融负债（或其一部分）终止确认的，本公司将其账面价值与支付的对价（包括转出的非现金资产或承担的负债）之间的差额，计入当期损益。

6.2.8 长期股权投资的确认和计量

长期股权投资按取得时的初始投资成本入账，初始投资成本的确定遵循《企业会计准则第2号——长期股权投资》的有关规定。

根据《企业会计准则第2号——长期股权投资》的规定，本公司对于纳入合并范围的子公司采用成本法核算，编制合并报表时按照权益法进行调整；对于具有共同控制和重大影响的长期股权投资，采用权益法核算。

长期股权投资的后续计量，遵循《企业会计准则第2号——长期股权投资》的有关规定。

6.2.9 使用权资产的确认和计量

6.2.9.1 使用权资产确认条件

使用权资产是指公司作为承租人可在租赁期内使用租赁资产的权利。

在租赁期开始日，公司将其可在租赁期内使用租赁资产的权利确认为使用权资产，包括：租赁负债的初始计量金额；在租赁期开始日或之前支付的租赁付款额，存在租赁激励的，扣除已享受的租赁激励相关金额；承租人发生的初始直接费用；承租人为拆卸及移除租赁资产、复原租赁资产所在场地或将租赁资产恢复至租赁条款约定状态预计发生的成本。

6.2.9.2 使用权资产的折旧方法

公司采用直线法对使用权资产计提折旧，自租赁期开始的当月计提折旧。公司能够合理确定租赁期届满时取得租赁资产所有权的，在租赁资产剩余使用寿命内计提折旧；公司无法合理确定租赁期届满时能够取得租赁资产所有权的，在租赁期与租赁资产剩余使用寿命两者孰短的期间内计提折旧。

6.2.9.3 使用权资产的减值准备计提方法

在租赁期开始日后，公司对使用权资产是否发生减值进行测试，其减值测试方法和减值准备计提方法详见6.2.4计提资产减值准备的范围和方法。

本公司的使用权资产类别为房屋建筑物及交通运输工具。

6.2.10 租赁负债的确认和计量

在租赁期开始日，公司将尚未支付的租赁付款额的现值确认为租赁负债，短期租赁和低价值资产租赁除外。在计算租赁付款额的现值时，公司采用租赁内含利率作为折现率；无法确定租赁内含利率的，采用本公司增量借款利率作为折现率。租赁付款额包括：

扣除租赁激励相关金额后的固定付款额及实质固定付款额；取决于指数或比率的可变租赁付款额；在本公司合理确定将行使该选择权的情况下，租赁付款额包括购买选择权的行权价格；在租赁期反映出本公司将行使终止租赁选择权的情况下，租赁付款额包括行使终止租赁选择权需支付的款项；根据本公司提供的担保余值预计应支付的款项。

本公司按照固定的折现率计算租赁负债在租赁期内各期间的利息费用，并计入当期损益，但另有规定计入相关资产成本的除外。

未纳入租赁负债计量的可变租赁付款额于实际发生时计入当期损益，但另有规定计入相关资产成本的除外。

租赁期开始日后，当实质固定付款额发生变动、担保余值预计的应付金额发生变化、用于确定租赁付款额的指数或比率发生变动、购买选择权、续租选择权或终止选择权的评估结果或实际行权情况发生变化时，本公司按照变动后的租赁付款额的现值重新计量租赁负债。

6.2.11 固定资产的确认和计量

本公司固定资产是指为生产商品、提供劳务、出租或经营管理而持有的使用寿命超过一个会计年度的有形资产。

6.2.11.1 固定资产在同时满足以下两点条件时，按照成本进行初始计量。一是与该固定资产有关的经济利益很可能流入企业时。二是固定资产的成本能够被可靠地计量时。

6.2.11.2 固定资产折旧

与固定资产有关的后续支出，符合规定的固定资产确认条件的计入固定资产成本；不符合规定的固定资产确认条件的在发生时直接计入当期损益。

本公司的固定资产折旧方法为年限平均法。

各类固定资产的使用年限、残值率、年折旧率列示如下表所示。

类别	预计使用年限（年）	残值率（%）	年折旧率（%）
办公电子设备	3	5	31.67
办公用具	3	5	31.67
器具工具家具	5	5	19.00

本公司在每个会计年度终了，对固定资产的使用寿命、预计净残值和折旧方法进行复核。使用寿命与原先估计数有差异的，调整固定资产使用寿命；预计净残值预计数与原先估计数有差异的，调整预计净残值；与固定资产有关的经济利益预期实现方式有重大改变的，改变固定资产折旧方法。固定资产使用寿命、预计净残值和折旧方法的改变作为会计估计变更。

6.2.12 无形资产的确认和计量

6.2.12.1 无形资产的确认

公司将企业拥有或者控制的没有实物形态，并且与该资产相关的预计未来经济利益很可能流入企业、该资产的成本能够可靠计量的可辨认非货币性资产确认为无形资产。

6.2.12.2 初始计量

外购无形资产的成本，包括购买价款、进口关税和其他税费以及直接归属于使该项资产达到预定用途所发生的其他支出。

投资者投入的无形资产，按照投资合同或协议约定的价值作为成本，但合同或协议预定价值不公允的除外。

6.2.12.3 无形资产的摊销

土地使用权按土地使用权证所列的使用年限平均摊销；外购的专业软件在估计的其能够带来经济利益的期限内平均摊销。

资产负债表日公司将对使用寿命有限的无形资产的使用寿命及摊销方法进行复核。无形资产的使用寿命及摊销方法与以前估计不同的，可改变其摊销期限和摊销方法。

6.2.13 长期待摊费用的确认和计量

长期待摊费用是指已经支出且金额大于3万元，且受益期限在1年以上（不含1年）的各项费用，长期待摊费用在受益期限内平均摊销，受益期限不能预测的，按3年摊销。如果长期待摊费用项目不能使以后会计期间受益的，则将其尚未摊销的摊余价值全部转入当期损益。

6.2.14 收入的确认和计量

本公司收入是在与交易相关的经济利益很可能流入本企业，且有关收入的金额可以可靠地计量时，按以下原则确认：

6.2.14.1 利息收入

（1）发放贷款和垫款利息收入。按照客户使用本公司货币资金的时间和实际利率计算确定。实际利率与合同约定利率差别较小的，按合同约定利率确认为当期收入。

（2）存放同业利息收入。活期存款按结息日实际收到的金额计入利息收入；定期存款按存款利率和存款时间计算确认利息收入。

6.2.14.2 手续费及佣金收入

（1）信托报酬收入。被动管理型信托业务的报酬收入按有关合同、协议规定的时间和方法确认信托报酬收入的实现。主动管理型信托业务的报酬收入按信托存续期间平均分摊确认收入。

（2）基金管理费收入。按基金业务存续期间平均分摊确认收入。

（3）直销费收入。按照有关合同或协议约定，在项目发行完毕并收到相关款项时确认收入。

6.2.14.3 其他业务收入

其他业务收入包括财务顾问及咨询费收入，按照有关合同或协议约定，在向客户提供相关服务并收到款项时确认收入。

6.2.14.4 投资收益

公司持有交易性金融资产期间取得的利息或现金股利确认为当期收益；处置交易性金融资产时其公允价值与初始入账金额之间的差额，确认为投资收益，同时调整公允价值变动收益。

采用成本法核算的长期股权投资，被投资单位宣告分派的现金股利或利润，确认为当期投资收益；采用权益法核算的长期股权投资，根据被投资单位实现的净利润或经调整的净利润计算应享有的份额确认投资收益。

6.2.15 所得税的会计处理方法

公司的所得税采用资产负债表债务法核算。当公司的可抵扣暂时性差异在可预见的未来很可能转回且未来很可能获得用来抵扣可抵扣暂时性差异的应纳税所得额时，确认递延所得税资产；当公司存在应纳税暂时性差异时，确认为递延所得税负债。

在资产负债表日，对于当期和以前期间形成的当期所得税负债（或资产），按照税法规定计算的预期应交纳（或返还）的所得税金额计量；对于递延所得税资产和递延所得税负债，根据税法规定，按照预期收回该资产或清偿该负债期间的适用税率计量。

资产负债表日，公司对递延所得税资产的账面价值进行复核。除企业合并、直接在所有者权益中确认的交易或者事项产生的所得税外，公司当期所得税和递延所得税作为所得税费用或收益计入当期损益。

6.2.16 信托业务核算方法

根据《中华人民共和国信托法》《信托公司管理办法》等规定，公司将固有财产与信托财产分别管理、分别核算，并将不同委托人的信托财产分别管理，以每个信托项目作为独立的会计核算主体，单独核算，分别记账，其资产、负债及损益不列入本财务报表。

6.2.17 信托赔偿准备金和一般风险准备金的计提

（1）根据中国银监会颁布的《信托公司管理办法》有关规定，公司按当年税后净利润的5%计提信托赔偿准备金，该赔偿准备金累计总额达到公司注册资本的20%时，可不再提取。

（2）根据财政部《金融企业准备金计提管理办法》（财金〔2012〕20号）规定，为了防范经营风险，增强金融企业抵御风险能力，金融企业应提取一般风险准备金作为利润分配处理，并作为股东权益的组成部分。一般风险准备金的计提比例由金融企业综合考虑所面临的风险状况等因素确定，原则上一般风险准备金余额不低于风险资产期末余额的1.5%。

6.2.18 信托业保障基金

根据中国银行业监督管理委员会、财政部于2014年12月10日颁布的"银监发〔2014〕50号"《信托业保障基金管理办法》的相关规定，信托业保障基金认购执行下列统一标准。一是信托公司按照净资产余额的1%认购，每年4月底前以上年度末的净资产余额为基数动态调整。二是资金信托按新发行金额的1%认购，其中：属于购买标准化产品的投资性资金信托的，由信托公司认购；属于融资性资金信托的，由融资者认购。在每个资金信托产品发行结束时，缴入信托公司信保基金专户，由信托公司按季向保障基金公司集中划缴。三是新设立的财产信托按信托公司收取报酬的5%计算，由信托公司认购。

6.3 或有事项说明

报告期内本公司无对外担保及其他或有事项。

6.4 重要资产转让及其出售的说明

报告期内本公司无重要资产转让及出售事项。

6.5 会计报表中重要项目的明细资料

6.5.1 固有资产经营情况

6.5.1.1 信用风险资产五级分类情况

单位：万元

信用风险资产五级分类	正常类	关注类	次级类	可疑类	损失类	信用风险资产合计	不良合计	不良率（%）
期初数	403 810.21	—	301 813.03	192 905.00	—	898 528.24	494 718.03	55
期末数	196 438.40	78 785.59	39 751.91	381 890.18	7 750.59	625 831.09	429 392.69	61

6.5.1.2 资产损失准备情况

单位：万元

项目	期初数	本期计提	本期转回	本期注销	期末数
贷款损失准备	1 166.69	7 343.31	—		8 510.00
一般准备	1 166.69	7 343.31	—		8 510.00
专项准备	—	—	—		—
其他资产减值准备	179 549.30	510 266.41	180 592.03		509 223.69
其他非流动资产减值准备	178 386.61	503 691.22	180 592.03		501 485.80
坏账准备	1 162.69	6 575.20	—		7 737.89
投资性房地产减值准备	—	—	—		—

6.5.1.3 股票投资、基金投资、债券投资、股权投资等投资业务情况

单位：万元

项目	自营股票	基金	债券	长期股权投资	其他投资	合计
期初数	—	—	—	2 018.90	331 407.41	333 426.31
期末数	—	—	—	2 060.40	183 515.91	185 576.31

6.5.1.4 公司当年的收入结构

6.5.1.4.1 收入结构（母公司）

收入结构	金额（万元）	占比（%）
手续费及佣金收入	92 358.48	-84.68
其中：信托手续费收入	92 358.48	-84.68
投资银行业务收入	—	—
利息净收入	-4 505.94	4.13
其他业务收入	6 404.39	-5.87
其中：计入信托业务收入部分	6 404.39	-5.87
投资收益	10 462.74	-9.59
公允价值变动收益	-214 099.65	196.31
汇兑收益	—	—
其他收益	317.06	-0.29
营业收入合计	-109 062.92	100.00
营业外收支净额	-1 564.45	—
收入合计	-110 627.37	

6.5.1.4.2 收入结构（合并）

收入结构	金额（万元）	占比（%）
手续费及佣金收入	91 806.71	-32.68
其中：信托手续费收入	91 806.71	-32.68
投资银行业务收入	—	—
利息净收入	-18 613.68	6.62
其他业务收入	6 404.39	-2.28
其中：计入信托业务收入部分	6 404.39	-2.28
投资收益	-71 633.77	25.50
公允价值变动收益	-288 939.70	102.84
汇兑收益	-303.50	0.11
其他收益	317.06	-0.11
营业收入合计	-280 962.50	100.00
营业外收支净额	-1 564.45	—
收入合计	-282 526.95	

6.5.2 信托资产管理情况

6.5.2.1 信托资产的期初数、期末数

单位：万元

信托资产	期初数	期末数
集合类	18 735 517.89	11 223 600.81
单一类	1 741 336.69	891 173.25
财产权类	117 071.99	94 149.19
合计	20 593 926.57	12 208 923.25

6.5.2.1.1 主动管理型信托业务的信托资产期初数、期末数

单位：万元

主动管理型信托资产	期初数	期末数
证券投资类	2 636 901.80	573 882.60
股权投资类	2 636 400.23	2 325 534.53
融资类	4 943 829.80	2 977 927.80
事务管理类	—	—
其他投资	9 152 827.68	5 983 864.07
合计	19 369 959.51	11 861 209.00

6.5.2.1.2 被动管理型信托业务的信托资产期初数、期末数

单位：万元

被动管理型信托资产	期初数	期末数
证券投资类	—	—
股权投资类	—	—
融资类	—	—
事务管理类	1 223 967.06	347 714.25
其他投资	—	—
合计	1 223 967.06	347 714.25

6.5.2.2 2021年度已清算结束的信托项目个数、实收信托合计金额、加权平均实际年化收益率

6.5.2.2.1 2021年度已清算结束的集合类、单一类资金信托项目和财产管理类信托项目个数、实收信托金额、加权平均实际年化收益率

已清算结束信托项目	项目数（个）	实收信托合计金额（万元）	加权平均实际年化收益率（%）
集合类	168.00	5 857 999.47	6.0151
单一类	11.00	1 403 680.00	4.6923
财产管理类	—	—	—

注：1.收益率是指信托项目清算后，给受益人赚取的实际收益水平。加权平均实际年化收益率=（信托项目1的实际年化收益率×信托项目1的实收信托+信托项目2的实际年化收益率×信托项目2的实收信托+…信托项目n的实际年化收益率×信托项目n的实收信托）/（信托项目1的实收信托+信托项目2的实收信托+…信托项目n的实收信托）×100%。

2.2021年度清算金额为本年信托项目到期规模，本期新增包含本年新成立项目和开放式项目新增规模，故期初余额-本期清算+本期新增≠期末余额。

6.5.2.2.2 2021年度已清算结束的主动管理型信托项目个数、实收信托合计金额、加权平均实际年化收益率

已清算结束信托项目	项目个数（个）	实收信托合计金额（万元）	加权平均实际年化收益率（%）
证券投资类	52	2 248 135.40	4.1004
股权投资类	14	473 480.00	7.7395
融资类	28	1 485 773.50	7.9373
其他投资	71	1 422 957.92	6.1062
事务管理类	—	—	—

6.5.2.2.3 2021年度已清算结束的被动管理型信托项目个数、实收信托合计金额、加权平均实际年化收益率

已清算结束信托项目	项目个数（个）	实收信托合计金额（万元）	加权平均实际年化收益率（%）
证券投资类	—	—	—
股权投资类	—	—	—
融资类	—	—	—
事务管理类	14	1 631 332.65	5.1848

6.5.2.3 2021年度新增的集合类、单一类和财产管理类信托项目个数、实收信托合计金额

新增信托项目	项目个数（个）	实收信托合计金额（万元）
集合类	16	3 598 959.80
单一类	3	127 123.52
财产管理类	16	44 776.96
新增合计	35	3 770 860.28
其中：主动管理型	34	3 664 777.67
被动管理型	1	106 082.61

注：上述统计中的新增项目个数为当年度新成立项目，新增规模包括新增项目及存续的开放式信托项目本年度内发生的申购金额。

6.6 关联方关系及其交易的披露

6.6.1 关联交易方的数量、关联交易的总金额及关联交易的定价原则等

项目	关联交易方数量	关联交易金额（万元）	定价政策
合计	15	180 963.80	市场公允价格

6.6.2 关联交易方情况

关系	关联方名称	法定代表人	注册地	注册资本（万元）	主营业务
间接控股股东	泛海控股股份有限公司	栾先舟	北京市东城区	519 620.07	投资及投资管理；资产管理；经营房地产业务及物业管理等
间接控股股东	中国泛海控股集团有限公司	卢志强	北京市东城区	2 000 000.00	资本经营、资产管理
同一控股股东	浙江泛海建设投资有限公司	鲁俊华	杭州市江干区	180 000.00	房地产开发
同一控股股东	亚太财产保险有限公司	臧炜	深圳市福田区	400 138.30	财产损失保险等
同一实际控制人	泛海物业管理有限公司	潘瑞平	北京市朝阳区	5 000.00	物业管理
同一实际控制人	泛海物业管理武汉有限公司	郑翼龙	武汉市江汉区	1 000.00	物业管理
同一实际控制人	泛海能源控股股份有限公司	李明海	北京市东城区	200 000.00	能源、资源投资及管理
同一实际控制人	北京经观文化传媒有限公司	刘坚	北京市房山区	5 000.00	广告服务
同一实际控制人	泛海酒店投资管理有限公司	孟蝶	北京市东城区	10 000	投资管理、酒店管理、企业管理、经济信息咨询
同一实际控制人	泛海实业股份有限公司	李明海	潍坊市高新区	2 400 000	自有资产投资、参股、控股；房地产及基础设施项目的投资、开发经营
同一实际控制人	武汉中央商务区运营发展有限公司	李书孝	武汉市江汉区	100 000	办公用房、商业用房租赁、物业管理、酒店管理
同一实际控制人	泛海股权投资管理有限公司	潘瑞平	北京市东城区	500 000	投资管理、资产管理、项目投资等
同一实际控制人	泛海不动产投资管理有限公司	潘瑞平	北京市东城区	100 000	投资管理、资产管理、项目投资等
本公司非控股股东之子公司	江苏洋河投资管理有限公司	尹秋明	江苏省宿迁市	300 000	对外投资、资产管理、投资咨询等
公司董事任职	中国民生银行股份有限公司天津分行	鞠伟宇	天津市和平区	—	吸收公众存款；发放短期、中期和长期贷款等

注：仅列示本年度有关联交易发生的主体。

6.6.3 本公司与关联方的重大交易事项

6.6.3.1 固有与关联方交易情况

单位：万元

项目	期初数	本期发生额	期末数
贷款	—	—	—
投资	—	—	—
采购商品劳务	—	648.84	
租赁费用	—	4 805.19	
应收项目	1 959.31	−737.73	1 221.58

续表

项目	期初数	本期发生额	期末数
应付项目	2 055.50	225 067.63	227 123.13
租赁负债	10 652.44	−1 233.86	9 418.58
其他			
合计	14 667.25	228 532.12	243 199.38

6.6.3.2 信托与关联方交易情况

单位：万元

项目	期初数	本期发生额	期末数
关联方投入信托本金	819 624.58	-56 052.18	763 572.40
向关联方分配信托收益	—	8 300.93	—
向关联方支付费用	—	182.93	—

6.6.3.3 公司固有资金运用于本公司管理的信托项目和基金（固信交易）交易金额，本公司管理的信托、基金项目之间的相互（信信交易）交易金额，包括余额和本报告年度的发生额

6.6.3.3.1 固有资金与本公司管理的信托财产之间的交易

单位：万元

项目	期初数	本期发生额	期末数
投资本金	710 721.66	468 585.91	1 179 307.57
投资收益	—	1 144.47	—

6.6.3.3.2 固有资金与本公司管理的基金财产之间的交易

单位：万元

项目	期初数	本期发生额	期末数
投资本金	237 523.53	-13 541.72	223 981.81
投资收益	—	7 256.26	—

6.6.3.3.3 本公司管理的信托、基金项目之间的交易

单位：万元

项目	期初数	本期发生额	期末数
合计	2 359 888.40	-438 323.52	1 921 564.88

7.财务情况说明书

7.1 利润实现和分配情况

7.1.1 母公司情况

2021年公司实现净利润-350 384.29万元，根据公司章程、《金融企业准备金计提管理办法》《信托公司管理办法》的规定，由于净利润为负，无需提取盈余公积和信托偿付准备，提取风险资产一般准备金-1 207.14万元；2021年末未分配利润累计为-325 890.42万元。

7.1.2 合并情况

2021年公司实现合并报表口径净利润-383 267.55万元。

7.2 主要财务指标

指标名称	指标值-母公司	指标值-合并
资本利润率（%）	—	—
信托年化报酬率（%）	0.49	0.49
人均净利润（万元）	—	—

注：1.资本利润率=净利润/所有者权益平均余额×100%。
2.信托报酬率=信托业务收入/实收信托平均余额×100%。
3.人均净利润=净利润/年平均人数。
4.平均值采取年初、年末余额简单平均法。
5.公式为A（平均）=（A0/2+A1+A2+A3+A4/2）/4。

7.3 对本公司财务状况、经营成果有重大影响的其他事项

报告期内无上述事项。

8.特别事项揭示

8.1 前五名股东报告期内变动情况及原因

报告期内，公司股东增至六名。2021年8月6日，《北京银保监局关于中国民生信托有限公司变更股权及调整股权结构的批复》（京银保监复〔2021〕668号）同意武汉中央商务区股份有限公司持有的5.9455%股权转让至江苏洋河酒厂股份有限公司，江苏洋河酒厂股份有限公司成为公司股东。2021年12月，公司完成工商登记变更。

8.2 董事、监事及高级管理人员变动情况及原因

2021年1月29日、2021年2月26日，分别经公司第三届董事会第十次会议、2021年第一次临时股东会会议审议通过，选举林德琼、任凯担任第三届董事会董事职务，舒高勇、陈基建不再担任董事职务。

2021年2月2日、2月7日，马骁、田吉申分别向公司董事会提交了辞任董事及相应的董事会下设专门委员会委员职务的辞职报告。

2021年3月3日，经公司第三届董事会第十一次会议审议通过，聘任李世朝担任首席法律合规总监职务，首席法律合规总监、董事会秘书（拟任）裘骆红不再担任首席法律合规总监职务。

2021年9月29日，经公司第三届董事会第十三次会议审议通过，聘任陈基建担任执行副总裁职务，聘任邢科峰、龚刚担任副总裁职务。

2021年12月16日，经公司第三届董事会第十四次会议审议通过，聘任肖燕明担任公司副总裁职务。

2021年1月14日、2021年2月26日，分别经公司第三届监事会第五次会议、2021年第一次临时股东会会议审议通过，选举高鹭华担任第三届监事会外部监事职务，赵岩不再担任第三届监事会监事职务。

2021年8月30日，经公司职工代表大会2021年第一次会议审议通过，选举全昭旸、刘庆振、李飒担任职工监事职务，欧阳燕红、马世崧、李世朝不再担任职工监事职务。

2021年1月27日，总裁林德琼的任职资格经北京银保监局核准批复（京银保监复〔2021〕71号）。

2021年4月15日，董事会秘书裘骆红的任职资格经北京银保监局核准批复（京银保监复〔2021〕305号）。

2021年4月27日，董事林德琼的任职资格经北京银保监局核准批复（京银保监复〔2021〕330号）。

2021年6月2日，董事任凯的任职资格经北京银保监局核准批复（京银保监复〔2021〕472号）。

2021年12月24日，副总裁邢科峰的任职资格经北京银保监局核准批复（京银保监复〔2021〕1057号）。

2021年4月20日，罗苓宁不再担任副总裁职务。

2021年7月14日，石俊鹏不再担任副总裁职务。

除上述事项外，报告期内无其他应揭示事项。

8.3 变更注册资本、注册地或公司名称及公司分立合并事项

报告期内无上述事项。

8.4 公司的重大诉讼事项

报告期内，公司累计收到投资人诉讼案件99起，规模247 699.54万元。截至报告期末仍未办结的投资人诉讼92件，规模241 799.53万元，已结案（撤诉）的投资人诉讼7件，规模5 900万元。

报告期内，公司对存续信托项目进行了自查，同时公司正在采取各种措施清收有关项目底层资产，化解相关风险。在相关风险彻底化解之前，预计仍会产生新的投资人诉讼。

8.5 公司及其董事、监事和高级管理人员受到处罚的情况

报告期内无上述事项。

8.6 对银保监会及其省级派出机构所提监管意见的整改情况

2021年4月28日，北京银保监局下发了《中国民生信托有限公司2020年度监管意见书》。公司对照监管意见制定了整改落实方案，并按照方案认真落实整改。

2021年9月1日至11月30日，北京银保监局进行了中国民生信托有限公司风险管理与内控有效性现场检查，并于2021年12月31日下发了现场检查意见书，公司对照监管要求制定了整改方案，认真推动落实。

8.7 重大事项临时报告情况

2021年1月14日，公司在《证券日报》D17版发布《中国民生信托有限公司修改公司章程的公告》。

2021年2月3日，公司在《证券日报》A4版发布《中国民生信托有限公司总裁林德琼到任履职的公告》。

2021年12月22日，公司在《证券日报》D37版、《上海证券报》04版发布《中国民生信托有限公司关于股权变更及修改公司章程的公告》。

8.8 消费者权益保护工作

2021年，公司将消费者权益保护作为经营战略和企业文化的重要组成部分，持续深化消费者权益保护各项工作。董事会从总体规划上指导消费者权益保护与信托委员会认真开展消费者权益保护工作，公司高级管理层不断优化消费者权益保护工作机制，不断完善公司消费者保护工作体系。与此同时，公司持续加大消费者权益保护的舆情监督，就重点事件积极采取应对措施，防范和化解声誉风险。公司有计划地开展日常消费者宣传与教育工作，积极开展"3·15消费者权益保护教育宣传周活动""金融知识普及月 金融知识进万家"等宣传活动，通过线上线下相结合的方式，向金融消费者普及金融常识与投资理念、揭示市场风险、提高消费者对金融产品和服务的认知能力，强化消费者权责意识和风险意识，引导消费者依法、理性维权。在投诉处理方面，公司重视倾听消费者声音，进一步通畅投诉渠道，进一步完善投诉管理体系，在公司官网、微信和APP客户端均公示投诉信息，便于客户获取投诉受理途径信息；公司优化消费者投诉处理信息化系统，实现对消费者投诉的线上审批管理，进一步提高客户投诉处理效率。2021年，公司受理各渠道客户投诉共1 233笔，其中12378消保热线转办194笔，公司组织相关部门按处理时限及时与投诉客户进行了联系。

8.9 社会责任履行情况

公司始终秉持"得益于社会，奉献于社会"的核心

价值观。2021年，受疫情反复和宏观政策调整等影响，信托行业面临着严峻的市场环境和展业压力，风险时有发生，公司也面临着复业以来最大的经营压力。面对困难，公司上下一心，以保障委托人的合法权益为原则，贯彻落实监管要求，完成融资类、金融同业通道类业务规模压降任务。在发展节奏上，公司从追求速度转变为讲求质量，在加快存量风险处置化解、积极引进战略投资者的同时，顺应资管时代的发展趋势，加速回归信托本源，深入开展证券市场投资和股权投资等投资类业务，持续发展财富管理业务，积极布局拓展资产证券化、家族信托等服务信托业务，服务实体经济。

2021年，公司在展业过程中始终践行普惠金融的理念，重视发挥作为金融机构的社会责任，积极尝试以开展慈善信托的方式助力脱贫攻坚工作和拥军优属工作：民生信托发起设立"中国民生信托·2021边防烈士抚恤慈善信托"，由30余位自然人捐赠出资并担任委托人，民生信托担任受托人，信托财产共计12万元，目的用于抚恤国防边防烈士及其家属。2022年初，经由中国退役军人关爱基金会，实现第一笔信托善款10万元的拨付；民生信托发起设立"中国民生信托·2021拥军优属慈善信托"，由2 600余名中国泛海集团及其下属子公司员工出资，邀请上海拥军优属基金会担任委托人，信托财产共计50万元，目的用于支持中国人民解放军边防军人抚恤优待。2021年，由民生信托出资并设立的"中国民生信托—2018甘肃临洮民生精准扶贫慈善信托"正常管理和运作，并于当年9月14日支付信托财产13万元，用于临洮县两操场地改造项目，本项目符合本慈善信托帮扶临洮县困难群众和助学之目的。

在职工权益保护方面，本年度共组织员工培训8场，参训200人次，主要培训方向为家族信托产品体系搭建、信托公司信息技术转型、资产证券化非标转标、非住宅热门地产投资与运营、劳动争议案件证据种类及举证规则评析、舆情管理等方面，取得了一定的培训效果，员工通过参与各项专业培训，增强了能力，提升了认同感与归属感。公司通过为员工提供节日慰问、生日祝福、疾病慰问、婚育礼金，组织丰富多彩的员工活动等，提升员工福利水平，同时还为员工投保了补充医疗保险、意外伤害险两种商业保险，每年组织员工进行健康体检，每月为员工提供午餐补贴和通信补贴等，疫情期间还为员工购买了口罩、酒精、消毒液等防疫用品。

8.10 银保监会及其省级派出机构认定的其他有必要让客户及相关利益人了解的重要信息

报告期内无上述事项。

9.监事会意见

公司建立了较为完善的公司法人治理结构，进一步加强了内部控制和风险管理的体系建设，持续优化内部管理制度、业务流程和审计稽核制度。公司决策事项程序合法，公司董事及高级管理人员能够按照有关法律、法规、公司章程及监管部门的要求，认真履行相关职责，勤勉工作，积极维护股东利益、公司利益和客户利益。

公司财务管理制度及会计制度运行规范，会计处理严格遵循《企业会计准则》和国家有关法规的规定。公司审计稽核制度运行有效，能够及时预防、发现及纠正公司经营过程中可能出现的重大问题。

中海信托股份有限公司

1. 重要提示

1.1 公司董事会及董事保证本报告所载资料不存在任何虚假记载、误导性陈述或者重大遗漏，并对其内容的真实性、准确性和完整性承担个别及连带责任。

1.2 公司独立董事声明：保证本报告内容的真实、准确、完整。

1.3 立信会计师事务所对本公司出具了标准无保留意见的审计报告。

1.4 公司董事长汤全荣先生、总裁张德荣先生、会计机构负责人张海玲女士声明：保证2021年度报告中财务报告的真实、完整。

2. 公司概况

2.1 公司简介

中海信托股份有限公司（以下简称中海信托或公司）系由中国海洋石油集团有限公司（以下简称中国海油）和中国中信有限公司（以下简称中信有限）共同投资设立的国有非银行金融机构。

1988年7月，中国国际信托投资公司独家发起设立公司前身中信上海公司。

1993年2月，公司更名为中信上海信托投资公司。

1997年9月，中国海油增资入股1.5亿元，公司改制并更名为中海信托投资有限责任公司。公司注册资本为人民币2.5亿元，其中，中国海油出资60%，中信集团（中信有限前身）出资40%。

1999年11月，中国海油与中信集团按原出资比例增加资本金人民币2.5亿元，增资后公司注册资本为人民币5亿元。

2002年2月，经中国人民银行批准重新登记，公司成为国内首批获准重新登记的信托投资公司之一。

2004年7月，公司成功实施中信集团以退股冲减不良资产、中国海油增资扩股方案，注册资本增加至8亿元，中国海油与中信集团分别持有95%和5%的股权。

2007年7月，中国海油与中信集团按原出资比例增加资本金人民币4亿元，公司注册资本增加至人民币12亿元。

2007年9月，公司更名为中海信托有限责任公司，成为信托业"新两规"出台后较早换取新牌照的信托公司之一。

2007年12月，公司整体改制为股份有限公司，名称变更为中海信托股份有限公司。

2011年11月，公司注册资本增至25亿元人民币，资本实力进一步增强。公司股权结构保持不变，中国海油和中信集团各持95%和5%股份。

2012年12月，公司股东中信集团变更为中国中信股份有限公司。本次股权变更后，公司注册资本与股权结构保持不变。

2013年11月，公司办公场所由上海市黄浦区中山东二路15号7楼迁至上海市黄浦区蒙自路763号36楼。

2014年10月，因中信集团整体上市，公司股东中信股份有限公司更名为中国中信有限公司。

2017年11月，公司股东中国海洋石油总公司改制为国有独资公司，并正式更名为中国海洋石油集团有限公司。

中海信托秉承"诚信稳健、忠人所托"的经营理念，坚持"风控优先"的业务发展路径，经过多年的探索和实践，资产管理能力持续提升。2021年底，公司资产总额为55.44亿元，净资产为46.25亿元，管理信托资产余额为3 498.86亿元，全年累计管理信托资产规模为5 776.67亿元。鉴于公司对四川信托有限公司的长期股权投资已发生较大风险，根据《企业会计准则》相关规定，基于审慎原则，公司在2021年末对其全额计提减值准备。2021年公司对其确认投资损失1.23亿元和减值损失20.79亿元，对公司2021年损益影响合计为-22.02亿元。受此因素影响，2021年公司利润总额为-13.98亿元，净利润为-15.74亿元。如剔除四川信托因素影响，公司主营业务利润总额达8.04亿元，净利润6.28亿元，自身经营仍保持健康稳定。

2.1.1 公司情况简表

公司名称（简称）	中海信托股份有限公司（中海信托）
公司英文名称（缩写）	Zhonghai Trust Co. Ltd.（ZHTRUST）
公司法定代表人	张德荣
主要注册地址	上海市黄浦区蒙自路763号36楼
公司网站	http://www.zhtrust.com

2.1.2 主要联系人及联系方式

信息披露负责人	朱玲
联系电话	021-23191688
传真	021-63086070
电子信箱	zhtrust@cnooc.com.cn
联系地址	上海市黄浦区蒙自路763号36楼
邮政编码	200023

2.1.3 其他事项

2.1.3.1 公司选定《中国证券报》《上海证券报》《证券时报》作为本次信息披露的报纸。公司年报全文将备置在公司营业场所及网站供查询

2.1.3.2 公司年报审计会计师事务所：立信会计师事务所（特殊普通合伙）
联系地址：北京市朝阳区安定路5号院7号楼中海国际中心A座17—20层
邮政编码：100029

2.1.3.3 公司常年法律顾问：上海市锦天城律师事务所
联系地址：上海市浦东新区银城中路501号上海中心大厦9楼、11楼、12楼
邮政编码：200120

2.2 组织结构

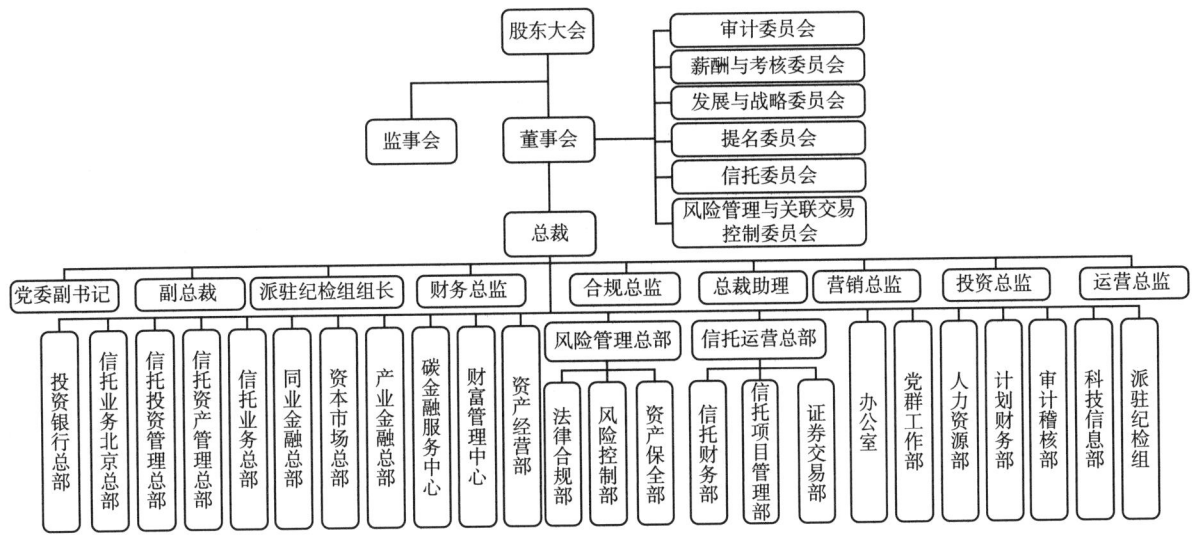

3. 公司治理结构

3.1 股东

股东

股东名称	持股比例（%）	法人代表	注册资本（亿元）	注册地址	主要经营业务
中国海洋石油集团有限公司★	95	汪东进	1 138	北京市东城区朝阳门北大街25号	组织石油、天然气、煤层气、页岩油、页岩气勘探、开发、生产及销售，石油炼制、石油化工和天然气的加工利用及产品的销售和仓储，液化天然气项目开发、利用，石油、天然气管道管网输送，化肥、化工产品的开发、生产和销售及相关业务，为石油、天然气及其他气矿产品的勘探、开采提供服务，工程总承包，与石油天然气的勘探、开发和生产相关的科技研究、技术咨询、技术服务和技术转让，原油、成品油进口，补偿贸易、转口贸易；汽油、煤油、柴油的批发（限销售分公司经营）；承办中外合资经营；合作生产；机电产品国际招标；风能、生物质能、水合物、煤化工和太阳能等新能源生产、销售及相关服务（企业依法自主选择经营项目，开展经营活动；依法须经批准的项目，经相关部门批准后依批准的内容开展经营活动）；不得从事本市产业政策禁止和限制类项目的经营活动）

续表

股东名称	持股比例(%)	法人代表	注册资本(亿元)	注册地址	主要经营业务
中国中信有限公司	5	朱鹤新	1 390	北京市朝阳区新源南路6号	1.投资和管理金融业，包括：投资和管理境内外银行、证券、保险、信托、资产管理、期货、租赁、基金、信用卡等金融类企业及相关产业。2.投资和管理非金融业，包括：（1）能源、交通等基础设施；（2）矿产、林木等资源开发和原材料工业；（3）机械制造；（4）房地产开发；（5）信息产业：信息基础设施、基础电信和增值电信业务；（6）商贸服务及其他产业：环境保护；医药、生物工程和新材料；航空、运输、仓储、酒店、旅游业；国际贸易和国内贸易、进出口业务、商业；教育、出版、传媒、文化和体育；咨询服务。3.向境内外子公司发放股东贷款；资本运营；资产管理；境内外工程设计、建设、承包及分包和劳务输出，及经批准的其他业务（该企业于2014年7月22日由内资企业转为外商投资企业；依法须经批准的项目，经相关部门批准后依批准的内容开展经营活动）

注：公司控股股东中国海油直属于国务院国有资产监督管理委员会，中信有限为中国中信股份有限公司（SEHK：00267）全资子公司，后者最终控股股东为中国中信集团有限公司，由财政部代表国务院履行出资人职责。

3.2 董事、董事会及其下属委员会

董事长、副董事长、董事

姓名	职务	性别	年龄（岁）	选任日期	所推举的股东名称	该股东持股比例(%)	简要履历
汤全荣	董事长	男	57	2021年2月	中国海油	95	2006年12月起任中国海洋石油总公司审计监察部公司审计调查经理、审计监察一处处长；2009年12月起任中国海洋石油总公司监事会主席；2013年12月起任山东海化集团有限公司副总经理、总会计师兼山东海化股份有限公司董事长；2016年起任中国海洋石油集团有限公司审计部副总经理；其中，2019年3月至2020年3月兼任中海石油财务有限责任公司监事会主席；2019年10月起任中国海洋石油集团有限公司审计部副总经理兼北方审计中心主任；2021年1月起，任公司党委书记；2021年4月起，任公司党委书记、董事长
王华	董事	女	46	2017年9月	中信有限	5	2001年7月起任中信公司财务部财务管理处副主管；2004年5月起任中国中信集团公司财务部财务计划处高级财务分析师；2011年12月起，任中国中信股份有限公司财务部财务计划处高级财务分析师；2012年8月起任中国中信集团有限公司财务部税务处处长；2016年8月起，任中国中信集团有限公司财务部经理助理兼税务处处长（其间，2016年12月至2017年12月挂职中信云网有限公司财务总监）；2020年11月起任中国中信集团有限公司财务部副总经理兼税务处处长；2020年12月至今任中国中信集团有限公司财务部副总经理
张芙雅	董事	女	54	2019年6月	中国海油	95	2008年12月起任中海石油（中国）有限公司资金财务部结算中心主任；2010年12月起任中海石油（中国）有限公司资金财务部资金结算中心主任，兼现金管理处处长（经理）；2012年1月起任中国海洋石油总公司（有限公司）资金部集团现金管理处处长；2013年8月起任中国海洋石油总公司（有限公司）资金部副总经理；2016年6月至2018年6月任中海石油化工进出口有限公司财务总监；2018年6月至今，任中国海洋石油集团有限公司（有限公司）资金部总经理
张德荣	董事	男	57	2018年10月	中国海油	95	1994年起历任律师事务所律师、创始合伙人、执行主任；2007年12月起任中海信托股份有限公司独立董事（2011年2月离任）；2010年8月起任大业信托有限责任公司副总经理兼首席风控官；2013年7月起任公司副总裁；2016年8月起兼任公司合规总监（2019年3月不再兼任）；2017年起任公司党委委员；2018年12月起任公司党委委员、总裁；2021年3月起任公司党委书记、总裁
朱闻达	董事	男	53	2021年11月	中国海油	95	1999年10月起任中国海洋石油总公司办公厅副处长；2002年起任中海石油天然气及发电有限责任公司规划发展部总经理；2004年起任中海浙江宁波液化天然气有限公司总经理；2007年起任中海石油天然气及发电有限责任公司工程部总经理；2008年起先后担任中海石油气电集团公司管网信息监控中心总工程师、副总经理、天津浮式LNG筹备组组长、山东浮式LNG筹备组组长；2012年12月起任中海油天津液化天然气有限责任公司总经理；2016年1月起任中海石油气电集团有限责任公司交通新能源事业部总经理。2020年10月起任公司党委副书记、工会主席

注：1."选任日期"以公司内部有权机关选任董事、监事、高管时间为口径进行统计，下同。
2. 经公司股东大会2021年第三次临时会议审议通过，选举朱闻达先生担任公司董事职务。2022年2月16日，朱闻达董事的任职资格获得上海银保监局核准。

独立董事

姓名	所在单位及职务	性别	年龄（岁）	选任日期	所推举的股东名称	该股东持股比例(%)	简要履历
徐丹	退休	女	68	2017年9月	—	—	1993年12月起任中国石化上海金山实业公司财务处副处长；1997年10月起任上海金山实业投资发展有限公司总会计师；1999年12月起任上海市金山区财政局党组成员、副局长；2000年4月起任中国石化上海浦东开发办财务处处长；2003年10月起任上海工业投资（集团）有限公司副总会计师；2006年1月起任上海工业投资（集团）有限公司总会计师；2010年7月正式退休

续表

姓名	所在单位及职务	性别	年龄（岁）	选任日期	所推举的股东名称	该股东持股比例（%）	简要履历
刘凯湘	北京大学法学院教授、博士生导师	男	58	2018年4月	—	—	1984年毕业于西南政法大学，获法学学士学位；1987年毕业于北京大学，获法学硕士学位；2001年毕业于北京大学，获法学博士学位；1987年起在北京工商大学法学院任教；1999年5月起至今在北京大学法学院任教，现为北京大学法学院教授、博士生导师
殷醒民	复旦大学信托研究中心主任，经济学院荣休教授	男	69	2020年8月	—	—	1994年7月毕业于英国萨塞克斯大学，获博士学位；1982年8月起担任中共宁波市委干事；1987年8月起在浙江大学经济学系任讲师；1994年8月至2018年11月任复旦大学经济学院二级教授，博士生导师；2013年11月至今，担任复旦大学信托研究中心主任；2018年12月至今，任复旦大学经济学院荣休教授

3.3 监事、监事会及其下属委员会

监事会成员

姓名	职务	性别	年龄（岁）	选任日期	所推举的股东名称	该股东持股比例（%）	简要履历
金伟根	监事会主席	男	55	2020年4月	中国海油	95	2010年1月起任中海石油（中国）有限公司审计监察部联合作业审计处处长（经理）；2011年8月起任中海石油乌干达有限公司副总裁；2019年12月至今，任中国海洋石油集团有限公司专职监事
陆隽	监事	男	42	2021年5月	中信有限	5	2005年6月起任德勤华永会计师事务所有限公司北京分所高级审计员；2008年6月起历任中国中信集团有限公司稽核审计部业务三处主审、高级主审、业务二处高级主审、业务二处处长（其间：2014年5月至2015年4月挂职中信金属有限公司风险管理部副总经理）；2018年8月起至今任中国中信集团有限公司稽核审计部业务一处处长
汪婧	职工监事	女	41	2021年6月	职工监事	—	2006年7月起任中海石油基地集团有限责任公司计划管理部董事会办公室管理秘书；2008年7月加入公司，历任投资管理部综合管理岗、办公室综合业务岗、人事经理、人力资源部临时牵头人、人力资源部副经理，2017年3月起任人力资源部总经理，2021年12月至今公司人力资源部总经理、党委组织部部长

3.4 高级管理人员

高级管理人员

姓名	职务	性别	年龄（岁）	选任日期	金融从业年限（年）	学历	专业
张德荣	党委副书记、总裁	男	57	2018年9月	33	硕士	北京大学法学理论专业
卓新桥	党委委员、副总裁	男	52	2017年4月	23	硕士	暨南大学产业经济学专业
张悦	党委委员、副总裁、合规总监	女	52	2021年3月	17	硕士	中国石油大学管理工程专业
余庆军	总裁助理	男	50	2013年2月	27	硕士	南开大学工商管理专业
朱玲	董事会秘书、运营总监	女	49	2021年8月	24	本科	陕西财经学院国际会计专业

3.5 公司员工

公司员工

项目		2021年度		2020年度	
		人数（人）	比例（%）	人数（人）	比例（%）
年龄分布	20岁以下	—	—	—	—
	20—29岁	51	23.29	46	21.60
	30—39岁	109	49.77	119	55.87
	40岁以上	59	26.94	48	22.53
学历分布	博士	4	1.83	4	1.88
	硕士	131	59.82	132	61.97
	本科	82	37.44	75	35.21
	专科	2	0.91	2	0.94
	其他	—	—	—	—

4.经营管理

4.1 经营目标、方针、战略规划

经营目标：中海信托将以服务实体经济为根本，以风险防控和稳健运营为前提，以回归信托本源和提升主动管理能力为业务发展方向，努力把公司打造成为风格稳健、受人尊敬、具有鲜明业务特色和发展活力的国内一流信托公司。

经营方针：以保障委托人、受益人合法利益为最高准则，秉承"诚信稳健、忠人所托"的经营理念，建立和完善全面风险管理体系，完善金融服务功能，走创新型金融发展道路，追求风险可控的经济效益。

战略规划：公司坚持党的全面领导，以中国海油"1534"发展思路和"五个战略"为指引，结合行业特点和自身优势，制定了风控优先、守正创新、服务主业、人才兴企、IT引领的战略，稳妥推进战略目标的实现。

4.2 所经营业务的主要内容

公司经营原中国银行业监督管理委员会核准的信托业务及自有业务。信托业务主要包括信托贷款、信贷资产证券化、结构化证券投资、私募股权基金、股权信托、财务顾问等业务。自有业务包括金融股权投资、证券投资、特定金融产品投资、存放同业、自用固定资产投资、贷款等业务。

4.2.1 自营资产运用与分布表

资产运用	金额（万元）	占比（%）	资产分布	金额（万元）	占比（%）
货币资金	52 218.73	9.42	基础产业	167 600.00	30.23
发放贷款	187 677.00	33.85	房地产业	—	—
交易性金融资产	223 527.88	40.32	证券市场	166 163.10	29.97
其他权益工具投资	4 716.28	0.85	实业	20 000.00	3.61
长期股权投资	48 054.13	8.67	金融机构	171 411.41	30.92
其他资产	38 177.30	6.89	其他	29 196.81	5.27
资产总计	554 371.32	100.00	资产总计	554 371.32	100.00

4.2.2 信托资产运用与分布表

资产运用	金额（万元）	占比（%）	资产分布	金额（万元）	占比（%）
货币资产	569 352.93	1.63	基础产业	2 739 510.00	7.83
贷款	1 715 802.08	4.90	房地产	489 950.00	1.40
交易性金融资产投资	5 619 723.28	16.06	其他实业	2 102 871.40	6.01
可供出售金融资产投资	26 156 971.71	74.76	证券市场	7 009 868.00	20.03
持有到期投资	0.00	0.00	金融机构	22 061 983.30	63.05
长期股权投资	349 676.46	1.00	其他	584 419.80	1.68
其他	577 076.04	1.65	—	—	—
信托资产合计	34 988 602.50	100.00	信托资产总计	34 988 602.50	100.00

4.3 市场分析

4.3.1 有利因素

坚持服务实体经济、回归信托本源的基本定位以及信托文化的培育建设为信托业务市场发展壮大提供了强大的推动力。

随着金融市场改革的有序推进、金融监管政策的日益完善、金融供给侧结构性改革的不断深化以及信托行业创新转型升级的持续探索，为公司提供了更广阔的业务拓展空间。

公司秉承"诚信稳健、忠人所托"的经营理念，风险控制体系日趋完善，专业化的资产管理团队成为公司可持续发展的基础。公司以稳健经营和专业理财能力树立了良好的品牌形象，积累了一批优质的机构客户和高净值个人客户资源，客户忠诚度较高。

4.3.2 不利因素

经济结构调整、金融市场波动、监管政策变化以及信托行业转型发展等外部环境的变化，将对公司原有业务模式形成较大挑战。

随着资产管理业务监管规则和标准的统一，金融同业、行业内部的竞争日益激烈，公司发展将面临深度转型的压力。长期股权投资企业的风险处置，将对公司经营发展带来一定负面影响。

4.4 内部控制

4.4.1 内部控制环境和内部控制文化

内部控制是指由公司董事会、监事会、管理层和全体员工实施的，通过制定和实施系统化的制度、流程和方法，实现控制目标的动态过程和机制。公司依据《公司法》《信托法》《信托公司管理办法》等有关法律法规、部门规章及公司章程的有关规定，制定《内部控制大纲》，作为公司内部控制的纲领性文件，为公司建立运行高效、控制严密的内部控制机制，制定合理、切实有效的各项内部控制制度提供指引。

公司按照现代企业制度和信托业务特点，建立健全治理结构，公司法人治理结构完善，建立了科学、清晰且符合公司特点的组织架构，前台、中台、后台形成有效的制衡机制，确保股东大会、董事会、监事会、管理层、公司内部各职能部门和机构职责明晰，各司其职，营造了健康的内部控制环境。

公司坚持以人为本，重视内控文化建设，积极倡导并培育员工的合规意识，强化合规理念、意识和行为准则，强化执行力文化建设。通过打造内控管理平台，实时发布公司最新内控制度，滚动发布内控宣贯简报、内控要点，甄选公司内部优秀讲师，打造内控网络课程，强化在线学习等形式，加强内控宣贯，形成了良好的内部控制文化。

4.4.2 内部控制措施

公司将内控体系建设和全面风险管理体系构建与实施规划相融合，结合金融企业的特点，建立了一套由"制度—办法—细则"构成的相对成熟的内控制度体系(操作流程直接嵌入其中),由12大类、163项制度组成,具体包括党(团)建制度、公司治理制度、基本管理制度、固有资金运用管理制度、信托业务管理制度、财务会计管理制度、行政及综合管理制度、人力资源管理制度、信息化管理制度、审计监督制度、纪检监察制度、相关业务指引十二个子系统,全面覆盖公司主要业务领域和日常管理领域。

公司根据业务发展、外部环境变化以及监管要求实时滚动修订内控制度,逐步形成内控制度持续改进机制。同时,公司还建立了内部控制优化机制,在日常经营中不断改进风险管理手段与方法,完善风险识别、评估和控制措施。公司的内部控制措施不断完善,建立了多层次的分级有限授权制度;在开展具体业务时遵循前中后台分离的原则;在开办新业务前,均在公司内外部进行充分论证、沟通和调研,并遵循制度和流程先行的原则,确保了对潜在风险的有效防范和控制;通过明晰各部门职责,保证了内部运营体系的健康有效;以信息化建设为依托,逐步建立起覆盖各个业务领域的数据库和业务支持系统,有力地支持了公司业务的健康发展。

4.4.3 信息交流与反馈

公司建立起信息交流与反馈机制,搭建起畅通的信息交流渠道。

公司作为首批进行年报披露的信托公司,已连年在指定权威媒体公开公司年度经营信息和经营业绩,并通过公司官网及时、准确地披露公司经营的重大事项。

根据有关监管要求,对于董事高管更替等重大事项,公司均履行了完备的报备或报批手续。对于监管机构提出的问题或建议,公司均给予及时、详细的信息反馈或认真加以整改。

公司能够严格执行向委托人、受益人披露信托事务处理信息的有关制度,确保相关当事人的知情权。

4.4.4 监督评价与纠正

公司建立了有效的内部监督评价与纠正机制,对公司内控制度的建设及执行情况进行持续的监督,保证内控制度的有效贯彻和执行。公司风险管理和内部控制能够贯穿、覆盖到每一个部门、每一类业务和每一个员工,同时保持随时跟踪和监控。公司针对信托和自有业务制定了风险识别、计量、监测和控制的具体制度、程序和方法,全程监督业务运作的各个阶段。公司设立独立的审计稽核部,通过开展内部审计,对公司的经营活动和风险状况进行独立、客观的监督和评价,通过监督和检查发挥督导作用。同时,公司高度重视各项外部检查及审计工作,对内外部审计和各项检查中发现的问题能够及时整改,不断提升管理水平,切实改善公司经营管理。

4.5 风险管理

4.5.1 风险管理概况

风险控制体系和风险管理能力是金融企业最核心、最重要的能力之一,公司的理念是"只有风险可控的发展才是可持续发展"。公司建立了较健全的风险控制组织结构和机制,形成了前台、中台、后台相分离、信托资金运作与自有资金运作相分离的风险管理框架。

风险管理组织结构图

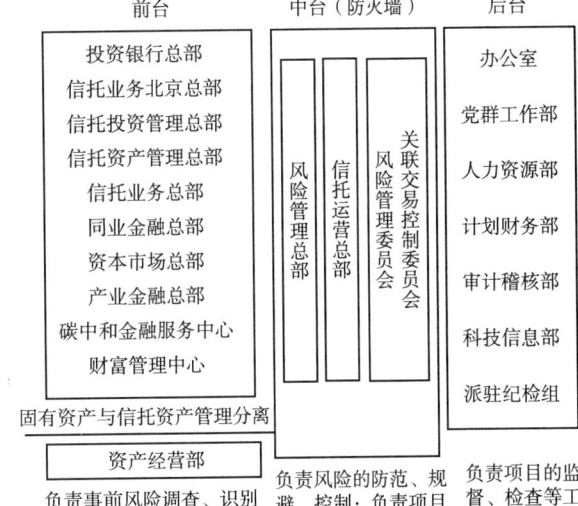

公司的前台由投资银行总部、信托业务北京总部、信托投资管理总部、信托资产管理总部、信托业务总部、同业金融总部、资本市场总部、产业金融总部、碳中和金融服务中心、财富管理中心和资产经营部构成,分别负责信托业务开拓、财富销售管理和固有资产管理。

公司的中台由风险管理总部、信托运营总部和风险管理委员会、关联交易控制委员会两个非常设的委员会组成,主要作用是集体决策和事中控制。风险管理总部的职责是建立健全内部风险管理体系、业务风险防控、风险环境评估等。信托运营总部的职责是信托资金托管清算、财务核算、项目管理、数据管理、证券交易等事中控制。两个委员会的主要职责是对公司业务和关联交易事项进行审议,并在相关授权范围内进行决策。公司制定了上述两个委员会的议事规则,明确了职责和议事程序。

公司的后台由办公室、党群工作部、人力资源部、计划财务部、审计稽核部、科技信息部、派驻纪检组构成，其职责分别为党建工作、审计监督、行政人事等后台支持。

2021年底，公司资产总额55.44亿元，净资产46.25亿元；净资本35.57亿元，各项业务风险资本16.53亿元，净资本/各项业务风险资本之和为215.21%，净资本/净资产为76.92%。

4.5.2 风险状况

4.5.2.1 信用风险状况

信用风险是指交易对手未能履行约定契约中的义务而造成经济损失的风险。公司面临的信用风险具体表现为：在开展信托业务或固有业务时，交易对手或融资方违约造成的风险。2021年，信托行业风险频发，各家信托公司面临的信用风险主要是国内外政治形势极其错综复杂、国内经济面临需求收缩、供给冲击、预期转弱三重压力、部分行业信用风险累积后持续暴露，交易对手的违约风险上升。公司选择项目、甄别客户、识别信用风险的工作量及压力大增，公司信用风险管理能力在复杂的经济形势中面临考验；交易对手经营活动出现较大变化，公司开展贷后管理难度增加。

4.5.2.2 市场风险状况

市场风险是指由于证券价格波动、商品价格波动、利率变化、汇率变动等金融市场波动而导致公司自营或信托资产损失的风险。2021年，公司密切关注各类市场风险，及时调整投资策略。

4.5.2.3 操作风险状况

操作风险是指公司由于内部程序、人员、系统的不完善或失误，以及外部事件而导致公司自营或信托资产损失的风险。公司进一步优化操作流程，加强内控管理，2021年，公司未发生因操作风险造成的直接或间接损失。

4.5.2.4 其他风险状况

公司面临的其他风险主要表现为法律风险与合规风险。法律风险是由于违反有关法律法规、监管规定及合同等原因可能造成经济损失或企业信誉损失的风险。合规风险是指因未能遵循法律、监管规定、规则、自律性组织制定的有关准则以及适用于自身业务活动的行为准则而可能遭受法律制裁或监管处罚、重大财务损失或声誉损失的风险。

4.5.3 风险管理

4.5.3.1 信用风险管理

公司按工作职能划分设立信托业务部门、资产经营部、风险管理总部、信托运营总部、审计稽核部等部门，通过前中后台机构分离，强化制衡机制；通过流程优化，标准化程序设计，完善了事前识别评估、事中控制应对、事后检查评价的风险控制流程；持续加强对政策环境、市场环境、监管环境的研判；通过建立客户关系管理系统，持续关注交易对手的资信状况、履约能力及其变化，防范信用风险；通过实行重点客户、区域倾斜、保持一定程度的客户集中度；充分运用多种信用增级手段，切实降低信用风险；通过法律条款的设定，借助外部律师的专业意见，提高抵御信用风险的能力。

4.5.3.2 市场风险管理

通过定期对政策趋势、宏观经济运行和证券市场走势等方面进行跟踪研究，及时形成研究报告，为投资决策提供依据等方式实现对市场风险的管控。公司对证券投资业务采用限额管理，确保市场风险控制在可以承受的合理范围内。市场风险限额包括交易限额、止损限额等，风险限额设定后不得随意突破。公司通过压力测试评估市场风险亏损承受能力。证券交易部门在制定主动管理的投资方案时明确各证券品种止损线、警示线、止盈线等量化指标，当证券类项目出现异常交易、跌破预警线或止损线时，由信托运营总部发起通知流程，由各相关部门及时采取处置措施。

4.5.3.3 操作风险管理

公司已经建立了以恒生一体化系统、固定收益分析系统、SAP系统等为核心的业务管理平台，业务开展及后台支持均通过上述平台完成，减少了手工操作失误可能导致的损失；公司部署了指令自动生成机器人、网银流水机器人、发票验真机器人等，减少人工操作，切实提高工作效率。持续完善公司的内控制度，以"强内控、防风险、促合规"为管控目标，根据国家法律法规最新变化、各业务领域风险变化情况，以及公司年度重点工作及业务发展方向，从管理实际出发，梳理内控制度的短板弱项，及时将法律法规等外部监管要求转化为公司内部制度，不断深化内控管理与各项业务工作的有机结合。制定了各种业务管理办法和岗位职责制度，对公司每一项业务内容，均制定了操作细则和操作流程，明确流程中每一环节的责任及权限；对各个环节规定了严格的岗位标准，在强化目标管理的同时坚持过程控制，防范人为因素带来的经营风险。同时，公司依据行业监管要求从每年的税后利润中充分计提信托赔偿准备金，用以弥补由于公司的可能过失而导致的信托业务损失，充分保证受益人利益。

4.5.3.4 其他风险管理

公司所有重要合同均通过法律合规部审核同意，并出具独立的法律意见；重大、创新和复杂项目均聘请专业外部律师事务所进行审查，并出具无保留意见的法律意见书后方予实施。公司设有合规总监和总法律顾问，合规总监负责全面协调信托公司合规风险的识别和管理、监督合规管理部门履行职责，总法律顾问负责公司的法律事务管理工作、参与公司重大经营决策、并对相关法律风险提出意见等。目前，由合规总监代为履行总法律顾问的相应职责。

5.报告期末及上一年度末的比较式会计报表

5.1 自营资产

5.1.1 会计师事务所审计意见全文

审计报告

信会师报字〔2022〕第2G20043号

中海信托股份有限公司：

一、审计意见

我们审计了中海信托股份有限公司（以下简称贵公司）财务报表，包括2021年12月31日的资产负债表，2021年度的利润表、现金流量表、所有者权益变动表，2021年12月31日的资产减值准备情况表以及相关财务报表附注。

我们认为，后附的财务报表在所有重大方面按照企业会计准则的规定编制，公允反映了贵公司2021年12月31日的财务状况以及2021年度的经营成果和现金流量。

二、形成审计意见的基础

我们按照中国注册会计师审计准则的规定执行了审计工作。审计报告的"注册会计师对财务报表审计的责任"部分进一步阐述了我们在这些准则下的责任。按照中国注册会计师职业道德守则，我们独立于贵公司，并履行了职业道德方面的其他责任。我们相信，我们获取的审计证据是充分、适当的，为发表审计意见提供了基础。

三、管理层和治理层对财务报表的责任

贵公司管理层（以下简称管理层）负责按照企业会计准则的规定编制财务报表，使其实现公允反映，并设计、执行和维护必要的内部控制，以使财务报表不存在由于舞弊或错误导致的重大错报。

在编制财务报表时，管理层负责评估贵公司的持续经营能力，披露与持续经营相关的事项（如适用），并运用持续经营假设，除非计划清算、终止运营或别无其他现实的选择。

治理层负责监督贵公司的财务报告过程。

四、注册会计师对财务报表审计的责任

我们的目标是对财务报表整体是否不存在由于舞弊或错误导致的重大错报获取合理保证，并出具包含审计意见的审计报告。合理保证是高水平的保证，但并不能保证按照审计准则执行的审计在某一重大错报存在时总能发现。错报可能由于舞弊或错误导致，如果合理预期错报单独或汇总起来可能影响财务报表使用者依据财务报表作出的经济决策，则通常认为错报是重大的。

在按照审计准则执行审计工作的过程中，我们运用职业判断，并保持职业怀疑。同时，我们也执行以下工作：

（1）识别和评估由于舞弊或错误导致的财务报表重大错报风险，设计和实施审计程序以应对这些风险，并获取充分、适当的审计证据，作为发表审计意见的基础。由于舞弊可能涉及串通、伪造、故意遗漏、虚假陈述或凌驾于内部控制之上，未能发现由于舞弊导致的重大错报的风险高于未能发现由于错误导致的重大错报的风险。

（2）了解与审计相关的内部控制，以设计恰当的审计程序，但目的并非对内部控制的有效性发表意见。

（3）评价管理层选用会计政策的恰当性和作出会计估计及相关披露的合理性。

（4）对管理层使用持续经营假设的恰当性得出结论。同时，根据获取的审计证据，就可能导致对贵公司持续经营能力产生重大疑虑的事项或情况是否存在重大不确定性得出结论。如果我们得出结论认为存在重大不确定性，审计准则要求我们在审计报告中提请报表使用者注意财务报表中的相关披露；如果披露不充分，我们应当发表非无保留意见。我们的结论基于截至审计报告日可获得的信息。然而，未来的事项或情况可能导致贵公司不能持续经营。

（5）评价财务报表的总体列报（包括披露）、结构和内容，并评价财务报表是否公允反映相关交易和事项。

我们与治理层就计划的审计范围、时间安排和重大审计发现等事项进行沟通，包括沟通我们在审计中识别出的值得关注的内部控制缺陷。

2022年4月25日

5.1.2 资产负债表

资产负债表

编制单位：中海信托股份有限公司 　　　　　2021年12月31日 　　　　　单位：万元

项目	2021年12月31日	2020年12月31日	项目	2021年12月31日	2020年12月31日
流动资产：			流动负债：		
现金及存放中央银行存款	3	0.5	向中央银行借款	—	—
存放同业存款	52 215.73	103 030.54	同业及其他金融机构存放款项	—	—
贵金属	—	—	拆入资金	—	—
拆出资金	—	—	以公允价值计量且其变动计入当期损益的金融负债	—	—
交易性金融资产	223 527.88	228 291.31	衍生金融负债	—	—
应收账款	—	—	卖出回购金融资产款	—	—
应收利息	—	—	应付职工薪酬	17 382.39	16 616.49
其他应收款	1 520.10	2 654.44	应交税费	66 247.53	56 497.84
衍生金融资产	—	—	应付利息	—	—
买入返售金融资产	24 500.00		应付股利	—	—
一年内到期的非流动资产	—	—	一年内到期的非流动负债	2 137.60	
流动资产合计	301 766.71	333 976.79	其他应付款	778.66	417.18
非流动资产：	—	—	流动负债合计	86 546.18	73 531.51
发放贷款和垫款	187 677.00	93 750.38	非流动负债：		
其他权益工具投资	4 716.28	4 583.29	预计负债	—	—
持有至到期投资	—	—	应付债券	—	—
长期股权投资	48 054.13	265 579.56	递延收益	2.00	6 833.7
固定资产	647.58	668.96	租赁负债	2 862.81	—
使用权资产	4 643.73	6 837.30	递延所得税负债	2 519.56	995.4
在建工程	149.5	—	非流动负债合计	5 384.37	7 829.1
无形资产	2 006.94	2 098.80	负债合计	91 930.55	81 360.61
长期待摊费用	—	92.27	所有者权益：		
递延所得税资产	4 709.45	4 726.52	股本	250 000.00	250 000.00
非流动资产合计	252 604.61	378 337.08	其他权益工具	—	—
	—	—	资本公积	—	—
	—	—	△减：库存股	—	—
	—	—	其他综合收益	−5 421.09	−5 509.14
	—	—	专项储备	—	—
	—	—	盈余公积	106 433.92	106 433.92
	—	—	△一般风险准备	62 218.96	68 009.35
	—	—	未分配利润	49 208.98	212 019.13
	—	—	所有者权益合计	462 440.77	630 953.26
资产总计	554 371.32	712 313.87	负债和所有者权益总计	554 371.32	712 313.87

5.1.3 利润表

利润表
2021年度

编制单位：中海信托股份有限公司　　　　　　　　　　　　　　　　　　　　　　　　　　　　　　　　单位：万元

项目	2021年度	2020年度	项目	2021年度	2020年度
一、营业总收入	93 639.51	67 557.47	四、利润总额（亏损总额以"-"号填列）	-139 849.26	51 656.16
利息净收入	11 401.07	7 414.13	减：所得税费用	17 566.22	21 656.18
利息收入	11 588.47	7 414.13	五、净利润（净亏损以"-"号填列）	-157 415.48	29 999.98
利息支出	187.41	—	归属于母公司所有者的净利润	-157 415.48	29 999.98
手续费及佣金净收入	62 524.23	68 623.69	少数股东损益	—	—
手续费及佣金收入	62 524.23	68 623.69	持续经营损益	-157 415.48	29 999.98
手续费及佣金支出	—	—	终止经营损益	—	—
其他收益	13 650.19	10 670.76	六、其他综合收益的税后净额	88.05	-3 371.34
投资收益（损失以"-"号填列）	-24.74	-17 878.58	（一）以后不能重分类进损益的其他综合收益	99.75	—
其中：对联营企业和合营企业的投资收益	-9 291.68	-39 043.58	其中：1.重新计量设定受益计划净负债或净资产的变动	—	—
公允价值变动收益（损失以"-"号填列）	6 416.75	-261.33	2.其他权益工具投资公允价值变动	99.75	—
资产处置收益（损失以"-"号填列）	—	—	（二）以后能重分类进损益的其他综合收益	-11.7	-3 371.34
汇兑收益（损失以"-"号填列）	-328.84	-1 011.20	其中：1.权益法下在被投资单位以后将重分类进损益的其他综合收益中享有的份额	-11.7	11.7
其他业务收入	0.85	—	2.其他权益工具投资公允价值变动损益	—	-3 383.04
二、营业成本	233 235.73	15 853.35	3.持有至到期投资重分类为可供出售金融资产损益	—	—
税金及附加	504.41	656.44	4.现金流量套期损益的有效部分	—	—
业务及管理费	24 637.29	15 233.67	5.外币财务报表折算差额	—	—
信用减值损失	207.67	—	6.一揽子交易处置对子公司股权投资在丧失控制权之前产生的投资收益	—	—
资产减值损失	207 874.35	-93.9	七、综合收益总额	-157 327.43	26 628.64
其他业务成本	12.01	57.13	八、每股收益	—	—
三、营业利润（亏损以"-"号填列）	-139 596.22	51 704.12	基本每股收益	—	—
加：营业外收入	6.86	11.44	稀释每股收益	—	—
其中：非流动资产处置损失	—	—		—	—
减：营业外支出	259.9	59.4		—	—
其中：非流动资产处置损失	—	—		—	—

5.1.4 所有者权益变动表

所有者权益变动表
2021年度

编制单位：中海信托股份有限公司　　　　　　　　　　　　　　　　　　　　　　　　　　　　　　　　单位：万元

项目	股本	其他权益工具	资本公积	减：库存股	其他综合收益	专项储备	盈余公积	一般风险准备	未分配利润	其他	所有者权益合计
栏次	1	2	3	4	5	6	7	8	9	10	11
一、上年年末余额	250 000.00	—	—	—	-2 002.35	—	105 929.03	67 756.90	207 727.52	—	629 411.10
加：会计政策变更	—										
前期差错更正	—										
其他					-3 506.79		504.90	252.45	4 291.61	—	1 542.17
二、本年年初余额	250 000.00				-5 509.14		106 433.92	68 009.35	212 019.13		630 953.27
三、本年增减变动金额（减少以"-"号填列）					88.05			-5 790.38	-162 810.16		-168 512.50
（一）综合收益总额					88.05				-157 415.48		-157 327.44

续表

项目	股本	其他权益工具	资本公积	减：库存股	其他综合收益	专项储备	盈余公积	一般风险准备	未分配利润	其他	所有者权益合计
（二）所有者投入和减少资本	—	—	—	—	—	—	—	—	—	—	—
1.所有者投入资本	—	—	—	—	—	—	—	—	—	—	—
2.其他权益工具持有者投入资本	—	—	—	—	—	—	—	—	—	—	—
3.股份支付计入所有者权益的金额	—	—	—	—	—	—	—	—	—	—	—
4.其他	—	—	—	—	—	—	—	—	—	—	—
（三）专项储备提取和使用	—	—	—	—	—	—	—	—	—	—	—
1.提取专项储备	—	—	—	—	—	—	—	—	—	—	—
2.使用专项储备	—	—	—	—	—	—	—	—	—	—	—
（四）利润分配	—	—	—	—	—	—	—	—	—	—	—
1.提取盈余公积	—	—	—	—	—	—	—	—	—	—	—
其中：法定公积金	—	—	—	—	—	—	—	—	—	—	—
任意公积金	—	—	—	—	—	—	—	—	—	—	—
#储备基金	—	—	—	—	—	—	—	—	—	—	—
#企业发展基金	—	—	—	—	—	—	—	—	—	—	—
#利润归还投资	—	—	—	—	—	—	—	—	—	—	—
2.提取一般风险准备	—	—	—	—	—	—	—	−5 790.38	5 790.38	—	—
3.对所有者（或股东）的分配	—	—	—	—	—	—	—	—	−11 185.06	—	−11 185.06
4.其他	—	—	—	—	—	—	—	—	—	—	—
（五）所有者权益内部结转	—	—	—	—	—	—	—	—	—	—	—
1.资本公积转增资本（或股本）	—	—	—	—	—	—	—	—	—	—	—
2.盈余公积转增资本（或股本）	—	—	—	—	—	—	—	—	—	—	—
3.盈余公积弥补亏损	—	—	—	—	—	—	—	—	—	—	—
4.结转重新计量设定受益计划净负债或净资产所产生的变动	—	—	—	—	—	—	—	—	—	—	—
5.其他	—	—	—	—	—	—	—	—	—	—	—
四、本年年末余额	250 000.00	—	—	—	−5 421.09	—	106 433.92	62 218.97	49 208.97	—	462 440.77

注：2021年实施新会计准则，对期初数进行调整。

所有者权益变动表

单位：中海信托股份有限公司　　　　2020年度　　　　单位：万元

项目	股本	其他权益工具	资本公积	减：库存股	其他综合收益	专项储备	盈余公积	一般风险准备	未分配利润	其他	所有者权益合计
栏次	1	2	3	4	5	6	7	8	9	10	11
一、上年年末余额	250 000.00	—	—	—	1 368.99	—	102 929.03	63 127.04	216 553.80	—	633 978.86
加：会计政策变更	—	—	—	—	—	—	—	—	—	—	—
前期差错更正	—	—	—	—	—	—	—	—	—	—	—
其他	—	—	—	—	—	—	—	—	—	—	—
二、本年年初余额	250 000.00	—	—	—	1 368.99	—	102 929.03	63 127.04	216 553.80	—	633 978.86
三、本年增减变动金额（减少以"−"号填列）	—	—	—	—	−3 371.34	—	3 000.00	4 629.86	−8 826.28	—	−4 567.76
（一）综合收益总额	—	—	—	—	−3 371.34	—	—	—	29 999.98	—	26 628.65
（二）所有者投入和减少资本	—	—	—	—	—	—	—	—	—	—	—

续表

项目	股本	其他权益工具	资本公积	减：库存股	其他综合收益	专项储备	盈余公积	一般风险准备	未分配利润	其他	所有者权益合计
1.所有者投入资本	—	—	—	—	—	—	—	—	—	—	—
2.其他权益工具持有者投入资本	—	—	—	—	—	—	—	—	—	—	—
3.股份支付计入所有者权益的金额	—	—	—	—	—	—	—	—	—	—	—
4.其他	—	—	—	—	—	—	—	—	—	—	—
（三）专项储备提取和使用	—	—	—	—	—	—	—	—	—	—	—
1.提取专项储备	—	—	—	—	—	—	—	—	—	—	—
2.使用专项储备	—	—	—	—	—	—	—	—	—	—	—
（四）利润分配	—	—	—	—	—	—	3 000.00	4 629.86	-38 826.26	—	-31 196.41
1.提取盈余公积	—	—	—	—	—	—	3 000.00	—	-3 000.00	—	—
其中：法定公积金	—	—	—	—	—	—	3 000.00	—	-3 000.00	—	—
任意公积金	—	—	—	—	—	—	—	—	—	—	—
#储备基金	—	—	—	—	—	—	—	—	—	—	—
#企业发展基金	—	—	—	—	—	—	—	—	—	—	—
#利润归还投资	—	—	—	—	—	—	—	—	—	—	—
2.提取一般风险准备	—	—	—	—	—	—	—	4 629.86	-4 629.86	—	—
3.对所有者（或股东）的分配	—	—	—	—	—	—	—	—	-31 196.41	—	-31 196.41
4.其他	—	—	—	—	—	—	—	—	—	—	—
（五）所有者权益内部结转	—	—	—	—	—	—	—	—	—	—	—
1.资本公积转增资本（或股本）	—	—	—	—	—	—	—	—	—	—	—
2.盈余公积转增资本（或股本）	—	—	—	—	—	—	—	—	—	—	—
3.盈余公积弥补亏损	—	—	—	—	—	—	—	—	—	—	—
4.结转重新计量设定受益计划净负债或净资产所产生的变动	—	—	—	—	—	—	—	—	—	—	—
5.其他	—	—	—	—	—	—	—	—	—	—	—
四、本年年末余额	250 000.00	—	—	—	-2 002.35	—	105 929.03	67 756.90	207 727.52	—	629 411.10

5.2 信托资产

5.2.1 信托项目资产负债汇总表

信托项目资产负债表

编制单位：中海信托股份有限公司　　　　2021年12月31日　　　　单位：万元

信托资产	期末数	期初数	一、信托负债	期末数	期初数
货币资金	569 352.93	696 406.98	交易性金融负债	—	—
拆出资金	—	—	应付利息	—	—
交易性金融资产	5 619 723.28	6 850 110.99	应付受托人报酬	9 469.82	55 926.81
买入返售金融资产	319 307.57	633 658.55	应付托管费	2 773.16	3 413.36
应收款项	257 474.16	288 399.34	应付受益人收益	18 744.53	22 435.37
发放贷款和垫款	1 715 802.08	2 848 874.86	其他应付款	178 990.24	129 334.10

续表

信托资产	期末数	期初数	一、信托负债	期末数	期初数
可供出售金融资产	26 156 971.71	21 322 181.85	应交税费	7 607.02	10 694.70
持有至到期投资	—	—	卖出回购金融资产款	—	—
长期股权投资	349 676.46	1 767 936.99	信托负债合计	217 584.77	221 804.34
固定资产			二、信托权益		
无形资产	—	—	实收信托	34 233 260.42	33 840 037.32
长期应收款			资本公积	9 747.87	116 689.70
其他资产	294.31	294.61	未分配利润	528 009.44	229 332.81
			信托权益合计	34 771 017.73	34 186 059.83
信托资产总计	34 988 602.50	34 407 864.17	信托负债及信托权益总计	34 988 602.50	34 407 864.17

5.2.2 信托项目利润及利润分配汇总表

信托项目利润及利润分配表

编制单位：中海信托股份有限公司　　　　　　　　单位：万元

项目	2021年度	2020年度
一、营业收入	1 912 050.46	1 905 509.84
利息收入	1 776 403.74	1 431 303.43
投资收益	39 625.81	494 387.14
公允价值变动损益	95 043.13	-19 522.09
租赁收入	—	—
其他收入	977.78	-658.64
二、营业费用	309 871.58	251 853.08
三、营业税金及附加	7 241.24	9 216.76
四、扣除资产损失前的信托利润	1 594 937.64	1 644 440.00
减：资产减值损失	—	—
五、扣除资产损失后的信托利润	1 594 937.64	1 644 440.00
加：期初未分配信托利润	229 332.81	252 385.78
六、可供分配的信托利润	1 824 270.45	1 896 825.78
减：本期已分配信托利润	1 296 261.01	1 667 492.98
七、期末未分配信托利润	528 009.44	229 332.81

6. 会计报表附注

6.1 简要说明报告年度会计报表编制基准、会计政策、会计估计和核算方法发生的变化

6.1.1 会计报表编制基准不符合会计核算基本前提的说明

6.1.1.1 会计报表不符合会计核算基本前提的事项

本公司会计报表不存在不符合会计核算基本前提的情况。

6.1.1.2 2021年度未纳入合并报表范围的公司

本公司2021年度无未纳入合并报表范围的公司。

6.1.2 重要会计政策和会计估计说明

6.1.2.1 会计期间

本公司会计期间采用公历年度，即每年自1月1日起至12月31日止。

6.1.2.2 记账本位币

本公司以人民币为记账本位币。

6.1.2.3 记账基础和计价原则

本公司会计核算以权责发生制为基础。除某些金融工具外，本财务报表均以历史成本为计量基础。资产如果发生减值，则按照相关规定计提相应的减值准备。

6.1.3 会计政策、会计估计变更及差错更正

6.1.3.1 会计政策变更

6.1.3.1.1 新金融工具准则

财政部于2017年发布了《企业会计准则第22号——金融工具确认和计量（修订）》《企业会计准则第23号——金融资产转移（修订）》《企业会计准则第24号——套期会计（修订）》及《企业会计准则第37号——金融工具列报（修订）》（以下统称新金融工具准则），本公司自2021年1月1日起执行新金融工具准则，对会计政策相关内容进行了调整。

6.1.3.1.2 新收入准则

财政部于2017年发布了《企业会计准则第14号——收入（修订）》（以下简称新收入准则），本公司自2021年1月1日起执行该准则，对会计政策相关内容进行了调整。

6.1.3.1.3 新租赁准则

财政部于2018年发布了《企业会计准则第21号——

租赁（修订））》（以下简称新租赁准则），本公司自2021年1月1日起执行该准则，对会计政策相关内容进行了调整。

6.1.3.2 会计估计变更
本公司2021年度无应披露的会计估计变更事项。

6.2 或有事项说明

本公司在四川信托有限公司股权转让项目中，因与拥有优先购买权的四川信托有限公司股东四川濠吉食品集团有限公司转让交易未能取得监管部门批准，本公司依约解除股权转让协议，并于2018年根据合同约定向违约方收取了违约金。2022年1月，四川公安机关在办理涉四川信托有限公司刑事案件过程中，发现四川濠吉涉嫌利用违法所得支付上述违约金，故采取了冻结本公司5亿元金融资产的措施。本公司坚定认为该股权转让项目中收取的违约金为善意获得资金，不属应冻结资金范围，并已依法向案件审理公安机关的上级机构提起申请解除冻结申诉，同时对违约方四川濠吉也提起了相应的民事诉讼，全力维护本公司合法权益。

6.3 重要资产转让及其出售的说明

本公司2021年无此事项。

6.4 会计报表中重要项目的明细资料

以下项目除特别注明外，"年初"指2021年1月1日，"年末"指2021年12月31日，"上年"指2020年度，"本年"指2021年度。以下金额单位若未特别注明者均为人民币万元。

6.4.1 披露自营资产经营情况

6.4.1.1 按信用风险五级分类结果披露信用风险资产的期初数、期末数。公司期初信用风险资产695 838.09万元中，正常类455 932.10万元，关注类239 905.99万元，无不良；期末计提减值后信用风险资产542 562.51万元，正常类534 872.81万元，关注类7 689.70万元，无不良。

各项资产减值损失准备的期初、本期计提、本期转回、本期核销、期末数；贷款的一般准备、专项准备和其他资产减值准备应分别披露。

单位：万元

项目	期初数	本期增加	本期转回	本期核销	期末数
贷款损失准备	143.72	207.67	—		351.39
一般准备					
专项准备		—			

续表

项目	期初数	本期增加	本期转回	本期核销	期末数
其他资产减值准备	—	207 874.35	—		207 874.35
可供出售金融资产减值准备					
持有至到期投资减值准备					
长期股权投资减值准备	—	207 874.35	—		207 874.35
坏账准备					
投资性房地产减值准					

6.4.1.2 自营股票投资、基金投资、债券投资、股权投资等投资业务的期初数、期末数

单位：万元

项目	自营股票	基金	债券	长期股权投资	其他投资	合计
期初数	4 779.03	76 346.25	38 968.29	265 579.56	326 640.74	712 313.87
期末数	28 779.43	97 258.48		48 054.13	380 279.28	554 371.32

注：2021年实施新会计准则，期初数据有相应调整。

6.4.1.3 前五名的自营长期股权投资的企业名称、占被投资企业权益的比例、主要经营活动及投资收益情况等（从大到小顺序排列）

企业名称	占被投资企业权益的比例（%）	主要经营活动	投资收益（万元）
中海基金管理有限公司	41.591	基金募集、基金销售、资产管理、中国证监会许可的其他业务（涉及行政许可的凭许可证经营）	309.37
国联期货股份有限公司	39.00	商品期货经纪、金融期货经纪、期货投资咨询、期货资产管理及中国证监会批准的其他业务	2 731.83
四川信托有限公司	30.253 4	信托、投资基金业务	-12 332.88

6.4.1.4 前五名的自营贷款的企业名称、占贷款总额的比例和还款情况等（从大到小顺序排列）

企业名称	占贷款总额的比例（%）	还款情况
青岛胶州城市发展投资有限公司	29.32	正常
连云港市城建控股集团有限公司	13.33	正常
石家庄市地产集团有限公司	10.66	正常
珠海铧国商贸有限公司	10.66	正常
淮安市中盛投资发展有限公司	9.38	正常

6.4.1.5 表外业务的期初数、期末数；按照代理业务、担保业务和其他类型表外业务分别披露

表外业务	期初数	期末数
担保业务	—	—
代理业务（委托业务）		
其他		
合计		

注：代理业务主要反映因客观原因规范而尚未完成规范的历史遗留委托业务，包括委托贷款和委托投资。

6.4.1.6 公司当年的收入结构

收入结构	金额（万元）	占比（%）
手续费及佣金收入	62 524.23	66.40
利息收入	11 588.47	12.31
其他业务收入	0.85	0.00
其他收益	13 650.19	14.50
投资收益	-24.74	-0.03
其中：股权投资收益	-9 291.68	-9.87
证券投资收益	3 555.80	3.78
其他投资收益	5 711.14	6.07
公允价值变动收益	6 416.75	6.81
资产处置收益	—	—
营业外收入	6.86	0.01
收入合计	94 162.61	100.00

注：手续费及佣金收入、利息收入、其他业务收入、投资收益、营业外收入均应为损益表中的科目，其中手续费及佣金收入、利息收入、营业外收入为未抵减掉相应支出的全年累计实现收入数。

6.4.2 披露信托资产管理情况

6.4.2.1 信托资产的期初数、期末数

单位：万元

信托资产	期初数	期末数
集合	13 083 456.00	9 934 900.00
单一	4 265 427.00	2 379 343.00
财产权	17 058 981.00	22 674 360.00
合计	34 407 864.00	34 988 603.00

6.4.2.1.1 主动管理型信托业务期初数、期末数，分证券投资、股权投资、融资、事务管理类分别披露

主动管理型信托资产	期初数	期末数
证券投资类	6 809 870.00	5 615 305.00
股权投资类	273 077.00	338 265.00
融资类	5 089 603.00	3 146 274.00
事务管理类	—	—
合计	12 172 550.00	9 099 844.00

6.4.2.1.2 被动管理型信托业务期初数、期末数，分证券投资、股权投资、融资、事务管理类分别披露

单位：万元

被动管理型信托资产	期初数	期末数
证券投资类	—	—
股权投资类	—	—
融资类	—	—
事务管理类	22 235 314.00	25 888 759.00
合计	22 235 314.00	25 888 759.00

6.4.2.2 2021年度已清算结束的信托项目个数、实收信托合计金额

6.4.2.2.1 2021年度已清算结束的集合类、单一类资金信托项目和财产管理类信托项目个数、金额

已清算结束信托项目	项目个数（个）	实收信托金额合计（万元）	加权平均年化收益率（%）
集合类	123	7 074 134.11	5.8151
单一类	39	3 090 755.20	5.3873
财产管理类	14	1 468 597.91	4.7091

6.4.2.2.2 2021年度已清算结束的主动管理型信托项目个数、合计金额，分证券投资、股权投资、融资、事务管理类分别披露

已清算结束信托项目	项目个数（个）	实收信托合计金额（万元）
证券投资类	43	3 583 812.03
股权投资类	1	35 350.00
融资类	72	2 451 887.00
事务管理类	—	—

6.4.2.2.3 2021年度已清算结束的被动管理型信托项目个数、合计金额，分证券投资、股权投资、融资、事务管理类分别披露

已清算结束信托项目	项目个数（个）	实收信托合计金额（万元）
证券投资类	—	—
股权投资类	—	—
融资类	—	—
事务管理类	60	5 562 438.19

6.4.2.3 2021年度新增的集合类、单一类和财产管理类信托项目个数、实收信托合计金额

新增信托项目	项目个数（个）	实收信托合计金额（万元）
集合类	122	2 457 495.00
单一类	6	169 330.00
财产管理类	15	11 219 096.00
新增合计	143	13 845 921.00
其中：主动管理型	125	2 603 195.00
被动管理型	18	11 242 726.00

注：本年新增信托项目指在报告年度内累计新增的信托项目个数和金额。包含本年度新增并于本年度内结束的项目和本年度新增至报告期末仍在持续管理的信托项目。

6.4.2.4 信托业务创新成果和特色业务有关情况

报告期内，公司充分发挥信托专业优势，立足金融板块战略定位，积极探索稳健灵活高效的金融服务模式，推进产融结合，助力主业发展。

2021年，公司落地全国首单CCER碳中和服务信托，充分发挥信托专业性和灵活性优势，把握机遇抢占碳金

融业务领域先机，获得了业内外的广泛关注，产生了良好的社会效应。

供应链金融业务规模创历史新高。截至2021年末，公司年内新成立34期供应链金融项目，新增业务规模2.30亿元。

报告期内，为"统筹完善社会救助、社会福利、慈善事业、优抚安置等制度"尽自己的一份力量，公司"伴你成长"慈善信托项目完成第二批捐助，帮助重病儿童支付医疗费用并鼓励他们勇敢面对病魔。

6.4.2.5 本公司履行受托人义务情况及因本公司自身责任而导致的信托资产损失情况

本公司无因自身责任而导致信托资产损失的情况。

6.4.2.6 信托赔偿准备金的提取、使用和管理情况

根据《信托公司管理办法》规定，公司每年从税后利润中提取5%作为信托赔偿准备金。截至报告期末，信托赔偿准备金累计总额55 796.85万元。同时，根据财政部印发的《金融企业准备金计提管理办法》规定，本公司对发放贷款和垫款、其他权益工具投资、长期股权投资、存放同业和其他应收款项等风险资产计提一般风险准备金，期末将一般风险准备金计提至风险资产期末余额的1.5%，报告期末，一般风险准备金6 422.11万元。两项合计金额为62 218.96万元。截至报告期末，公司未动用信托赔偿准备金。

6.5 关联方关系及其交易的披露

以下明细表格除特别注明外，金额单位为人民币万元，期初指2021年1月1日，期末指2021年12月31日。

6.5.1 关联交易方数量、关联交易的总金额及关联交易的定价政策等

项目	关联交易方数量	关联交易金额（万元）	定价政策
合计	22个	2 869 490.74	本公司的关联交易以公平的市场价格定价

注："关联交易"定义应以《公司法》和《企业会计准则第36号——关联方披露》有关规定为准。上述关联交易金额系本年度固有、信托与关联方的发生额。

6.5.2 关联交易方与本公司的关系性质、关联交易方的名称、法定代表人、注册地址、注册资本及主营业务等

关系性质	关联方名称	法定代表人	注册地址	注册资本（万元）	主营业务
母公司	中国海洋石油集团有限公司	汪东进	中国北京	11 380 000	组织石油、天然气、煤层气、页岩油、页岩气勘探、开发、生产及销售，石油炼制，石油化工和天然气的加工利用及产品的销售和仓储，液化天然气项目开发、利用，石油、天然气管道管网输运，化肥、化工产品的开发、生产和销售及相关业务，为石油、天然气及其他地矿产品的勘探、开采提供服务，工程总承包，与石油天然气的勘探、开发和生产相关的科技研究、技术咨询、技术服务和技术转让，原油、成品油进口，补偿贸易、转口贸易；汽油、煤油、柴油的批发（限销售分公司经营）；承办中外合资经营；合作生产；机电产品国际招标；风能、生物质能、水合物、煤化工和太阳能等新能源生产、销售及相关服务（企业依法自主选择经营项目，开展经营活动；依法须经批准的项目，经相关部门批准后依批准的内容开展经营活动；不得从事本市产业政策禁止和限制类项目的经营活动）
同受一方控制	中海油信息科技有限公司上海分公司	刘玮	中国上海	—	通信信息网络系统的技术开发和维护 通信工程勘察、设计、监理及技术咨询
同受一方控制	中海油能源物流有限公司上海分公司	黄道禹	中国上海	—	从事货物进出口及技术进出口业务，仓储服务（除危险品），货物装卸搬运，货物运输代理，自有设备租赁（除金融租赁），会务服务，建筑材料、装潢材料、日用百货的销售
同受一方控制	中海油能源发展股份有限公司上海安全环保分公司	张利军	中国上海	—	石油行业安全、环保领域内的服务及相关产品、设备、系统的研发、设计、安装、销售、检验、检测、维修（安装、维修上门服务），石油行业安全、环保领域内的技术开发、技术咨询、技术转让，机械设备、电气设备及仪表仪器技术检测（除认证），劳防用品、安全技术防范设备的销售，计算机图文设计、制作及安装，企业管理咨询，会务服务，翻译服务
同受一方控制	中海油信息科技有限公司信息技术分公司	许刚强	中国天津	—	通信信息网络系统的技术开发和维护；通信工程勘察、设计、监理及技术咨询
同受一方控制	中海油安全技术服务有限公司上海分公司	张利军	中国上海	—	石油行业安全技术咨询、服务；安全环保技术咨询；安全环保技术产品研发
同受一方控制	天津市海洋石油物业管理有限公司	孙万岭	中国天津	6 000	许可项目：餐饮服务；食品经营；道路货物运输（不含危险货物）；施工专业作业；住宿服务；烟草制品零售；文件、资料等其他印刷品印刷；食品生产（依法须经批准的项目，经相关部门批准后方可开展经营活动，具体经营项目以相关部门批准文件或许可证件为准）。一般项目：物业管理；人力资源服务（不含职业中介活动、劳务派遣服务）；居民日常生活服务；未经加工的坚果、干果销售；水产品批发；水产品零售；日用百货销售；五金产品批发；五金产品零售；办公用品销售；家用电器销售；图文设计制作；办公服务；打字复印；礼仪服务；会议及展览服务；酒店管理；停车场服务；专业保洁、清洗、消毒服务；家政服务；建筑物清洁服务；园林绿化工程施工；城市绿化管理；档案整理服务；信息技术咨询服务；社会经济咨询服务；非居住房地产租赁；住房租赁；摄影扩印服务；住宅室内装饰装修；通用设备修理；电气设备修理；专用设备修理；露营地服务；汽车租赁；办公设备租赁服务；机械设备租赁；广告设计、代理；广告制作；票务代理服务；健康咨询服务（不含诊疗服务）；技术服务、技术开发、技术咨询、技术交流、技术转让、技术推广；养老服务（除依法须经批准的项目外，凭营业执照依法自主开展经营活动）

续表

关系性质	关联方名称	法定代表人	注册地址	注册资本（万元）	主营业务
同受一方控制	中海油能源发展股份有限公司北京人力资源服务分公司	孙鹏	中国北京	—	人才中介服务；技术推广服务；计算机技术培训
同受一方控制	中国海洋石油东海有限公司	柯吕雄	中国上海	7 475	物资器材供应，石油化工材料，自营和代理各类商品和技术的进出口（但国家限定公司经营或禁止进出口的商品和技术除外），天然气，液化石油气，国内沿海及长江中下游各港间液化气船运输，自有房屋租赁（含办公楼），物业管理，房地产经纪，停车场（库）经营，从事建筑科技、环保科技领域内的技术咨询、技术服务，商务信息咨询，日用百货的销售，会务会展服务，汽车租赁
同受一方控制	中海油安全技术服务有限公司	刘怀增	中国天津	5 555.56	石油行业安全技术咨询、评估、评价、审核、审查、服务；安全环保技术咨询
同受一方控制	中海油企业年金理事会	—	中国北京	—	企业年金管理
同受一方控制	中海石油气电集团有限责任公司	石成刚	中国北京	3 565 913.34	投资及投资管理；组织和管理以下经营项目：石油天然气［含液化天然气（LNG）］、油气化工有关的技术开发、技术服务和咨询；石油天然气［含液化天然气（LNG）］工程设计、开发、管理、维护和运营有关的承包服务；石油天然气及其副产品的加工、储运、利用和销售；石油天然气管网建设、管理和运营；煤层气、煤化工项目的开发、利用及经营管理；电力开发、生产、供应及相关承包服务、技术开发、技术服务和咨询；自营和代理液化天然气（LNG）及油气相关产品、相关设备和技术及劳务的进出口（国家限定公司经营或禁止进出口的商品和技术除外）；新能源和可再生能源的研究、开发、利用及相关业务；船舶租赁；以下项目限分公司经营：批发（无存储、租赁仓储及物流行为）工业生产二类1项易燃气体（剧毒、监控、一类易制毒化学品除外）；技术转让；机械设备租赁（企业依法自主选择经营项目，开展经营活动；依法须经批准的项目，经相关部门批准后依批准的内容开展经营活动；不得从事本市产业政策禁止和限制类项目的经营活动）
同受一方控制	中海石油化工进出口有限公司	刘松	中国北京	113 243.04	成品油（柴油、汽油、航空煤油、蜡油、石脑油、燃料油等）国营贸易进出口经营业务；成品油及其他化学品共计73种（有效期至2021-12-05）；自营和代理各类商品及技术的进出口业务（国家限定公司经营或禁止的商品及技术除外）；经营进料加工和"三来一补"业务；经营对销贸易和转口贸易；经济贸易咨询（企业依法自主选择经营项目，开展经营活动；依法须经批准的项目，经相关部门批准后依批准的内容开展经营活动；不得从事本市产业政策禁止和限制类项目的经营活动）
同受一方控制	中海油（北京）贸易有限责任公司	刘大平	中国北京	10 000	销售化工产品（不含危险化学品）；货物进出口；技术进出口；代理进出口；仓储服务；货运代理；经济贸易咨询；投资咨询；不带有储存设施经营成品油：汽油、煤油，其他危险化学品：石脑油，石油原油，苯（危险化学品经营许可证有效期至2020年5月22日）；原油销售（原油销售经营批准证书有效期至2023年12月28日。企业依法自主选择经营项目，开展经营活动；依法须经批准的项目，经相关部门批准后依批准的内容开展经营活动；不得从事本市产业政策禁止和限制类项目的经营活动）
同受一方控制	中海油中石化联合国际贸易有限责任公司	刘松	中国北京	20 000	经营原油出口业务；经营成品油出口业务；货物进出口；技术进出口；代理进出口（企业依法自主经营项目，开展经营活动；依法须经批准的项目，经相关部门批准后依批准的内容开展经营活动；不得从事本市产业政策禁止和限制类项目的经营活动）
同受一方控制	中海油大榭贸易有限公司	杨勇	中国浙江	13 612	许可项目：危险化学品经营；原油批发；货物进出口；技术进出口；进出口代理（依法须经批准的项目，经相关部门批准后方可开展经营活动，具体经营项目以审批结果为准）。一般项目：化工产品销售（不含许可类化工产品）；石油制品销售（不含危险化学品）；国际货物运输代理；国内货物运输代理；信息咨询服务（不含许可类信息咨询服务）；信息技术咨询服务（除依法须经批准的项目外，凭营业执照依法自主开展经营活动）
同受一方控制	中海油（山东）贸易有限责任公司	周振华	中国山东	500	柴油、汽油、石油气、易燃液体；1,2-二甲苯、1,3-二甲苯、1,4-二甲苯、二甲苯异构体混合物、甲醇汽油、甲基叔丁基醚、石脑油、石油原油、乙醇汽油批发（禁止储存）（有效期以许可证为准），国内一般贸易，自营和代理各类商品及技术的进出口业务，经营对销贸易和转口贸易，贸易咨询服务（依法须经批准的项目，经相关部门批准后方可开展经营活动）
同受一方控制	中海石油财务有限责任公司	陈浩鸣	中国北京	400 000	对成员单位办理财务和融资顾问、信用鉴证及相关的咨询、代理业务；协助成员单位实现交易款项的收付；对成员单位提供担保；办理成员单位之间的委托贷款及委托投资；对成员单位办理票据承兑与贴现；办理成员单位之间的内部转帐结算及相应的结算、清算方案设计；吸收成员单位的存款；对成员单位办理贷款及融资租赁；从事同业拆借；经批准发行财务公司债券；承销成员单位的企业债券；对金融机构的股权投资；有价证券投资；成员单位产品的买方信贷及融资租赁（企业依法自主选择经营项目，开展经营活动；依法须经批准的项目，经相关部门批准后依批准的内容开展经营活动；不得从事本市产业政策禁止和限制类项目的经营活动）
同受一方控制	中海油国际融资租赁有限公司	侯晓	中国天津	270 000	融资租赁业务；租赁业务；向国内外购买租赁财产；租赁财产的残值处理及维修；租赁交易咨询；兼营与主营业务相关的保理业务
联营企业	国联期货股份有限公司	秦顺达	中国江苏	45 000	商品期货经纪，金融期货经纪，期货投资咨询，资产管理

续表

关系性质	关联方名称	法定代表人	注册地址	注册资本（万元）	主营业务
同受一方控制	中海油能源发展股份有限公司	朱磊	中国北京	1 016 510.42	技术开发、技术转让、技术咨询、技术服务；投资及投资管理；石油、化工、电力设备设施和船舶的维修、保养；油田管道维修、涂敷；油田生产配套服务；油田工程建设；人员培训；劳务服务；仓储服务；货物进出口、技术进出口、代理进出口；通信信息网络系统集成服务；油田作业监督、监理服务；承包境外港口与海岸、海洋石油工程和境内国际招标工程；国际货运代理；下列项目仅限分公司经营：物业管理；出租办公用房；再生资源回收、批发；船舶油舱清洗及配套维修服务；环境治理；垃圾箱、污水罐舱租赁；起重机械、压力管道的安装、检测、维修；海洋工程测量、环境调查及环境影响评价咨询；工程防腐技术服务；弱电工程设计及施工；数据处理；压力容器制造；油田管道加工；对外派遣实施上述境外工程所需的劳务人员；下列项目仅限分公司经营：制造、销售石油化工产品、油品化工产品（剧毒品、易制毒品除外）；危险化学品（具体项目以许可文件为准）；餐饮服务；普通货运；经营电信业务。（1.未经有关部门批准，不得以公开方式募集资金；2.不得公开发行证券类产品和金融衍生品交易活动；3.不得发放贷款；4.不得对所投资企业以外的其他企业提供担保；5.不得向投资者承诺投资本金不受损失或承诺最低收益；市场主体依法自主选择经营项目，开展经营活动；依法须经批准的项目，经相关部门批准后依批准的内容开展经营活动；不得从事国家和本市产业政策禁止和限制类项目的经营活动）
同受一方控制	中化建国际招标有限责任公司	李占旺	中国北京	1 000	经营国际金融组织和外国政府贷款及赠款项下国际招标采购业务；利用国外贷款和国内资金采购机电产品的国际招标业务及其它国际招标采购业务；建设工程项目管理；货物进出口；技术进出口；代理进出口；政府采购业务代理（市场主体依法自主选择经营项目，开展经营活动；依法须经批准的项目，经相关部门批准后依批准的内容开展经营活动；不得从事国家和本市产业政策禁止和限制类项目的经营活动）

6.5.3 逐笔披露本公司与关联方的重大交易事项

6.5.3.1 固有与关联方交易情况

固有与关联方关联交易　　　　　　　　　单位：万元

项目	期初数	借方发生额	贷方发生额	期末数
贷款	—	—	—	—
投资	—	—	—	—
租赁	—	—	—	—
担保	—	—	—	—
应收账款	—	—	—	—
其他	—	—	—	—
合计	—	—	—	—

注：2021年度固有从关联方购货338.78万元、提供劳务0.85万元、收到利息收入0.29万元和申购联营企业中海基金发行的基金5 000万元。

6.5.3.2 信托与关联方交易情况：贷款、投资、租赁、应收账款、担保、其他方式等期初汇总数、本期借方和贷方发生额汇总数、期末汇总数

信托与关联方关联交易　　　　　　　　　单位：万元

项目	期初数	借方发生额	贷方发生额	期末数
贷款	—	—	—	—
投资	—	—	—	—
租赁	—	—	—	—
担保	—	—	—	—
应收账款	—	—	—	—
其他	4 678 423.51	2 869 151.96	5 299 711.94	2 247 863.53
合计	4 678 423.51	2 869 151.96	5 299 711.94	2 247 863.53

6.5.3.3 信托公司自有资金运用于自己管理的信托项目（固信交易）、信托公司管理的信托项目之间的相互（信信交易）交易金额，包括余额和本报告年度的发生额

6.5.3.3.1 固有与信托财产之间的交易金额期初汇总数、本期发生额汇总数、期末汇总数

固有财产与信托财产相互交易　　　　　单位：万元

项目	期初数	本期发生额	期末数
合计	76 100.00	−23 270.00	52 830.00

注：以固有资金投资公司自己管理的信托项目受益权，或购买自己管理的信托项目的信托资产均应纳入统计披露范围。本期购买2 730.00万元，清算结束26 000.00万元。

6.5.3.3.2 信托项目之间的交易金额期初汇总数、本期发生额汇总数、期末汇总数

信托财产与信托财产相互交易　　　　　单位：万元

项目	期初数	本期发生额	期末数
合计	751 752.72	66 724.05	818 476.77

注：以公司受托管理的一个信托项目的资金购买自己管理的另一个信托项目的受益权或信托项下资产均应纳入统计披露范围。本期购买356 179.91万元，清算结束289 455.86万元。

6.5.4 逐笔披露关联方逾期未偿还本公司资金的详细情况以及本公司为关联方担保发生或即将发生垫款的详细情况

报告期内，公司关联方无逾期未偿还本公司资金的情况，无本公司为关联方担保发生或即将发生垫款的情况。

6.6 会计制度的披露

本公司财务报表以持续经营为基础列报。本公司财务报表按照财政部颁布的企业会计准则及其应用指南、

解释及其他有关规定（统称企业会计准则）编制。

7. 财务情况说明书

7.1 利润实现和分配情况

本公司2021年利润总额为-139 849.26万元，税后净利润为-157 415.48万元。2021年，公司根据相关股东会决议，按照股东持股比例向股东分配利润为11 185.06万元。

7.2 主要财务指标

指标名称	指标值
信托资产规模（亿元）	3 498.86
人均信托资产规模（亿元）	16.12
资本利润率（%）	-28.79
人均净利润（万元）	-725.42
不良资产率（%）	0

注：1. 资本利润率＝净利润/所有者权益平均余额×100%。
2. 人均净利润＝净利润/年平均人数。
3. 平均值采取年初、年末简单平均法，公式为：a（平均）=（年初数＋年末数）/2。

7.3 对本公司财务状况、经营成果有重大影响的其他事项

无。

8. 特别事项揭示

8.1 前五名股东报告期内变动情况及原因

报告期内，公司股东人数无变动，持股比例无变动，无质押公司股权或以股权及其受（收）益权设立信托等金融产品的情况。

8.2 董事、监事及高级管理人员变动情况及原因

8.2.1 董事变更

2021年2月，经公司股东大会2021年第一次临时会议、第四届董事会第三十三次会议审议通过，选举汤全荣先生担任公司董事、董事长职务。2021年4月19日，汤全荣董事、董事长的任职资格获得上海银保监局核准。黄晓峰先生不再担任公司董事、董事长职务。

2021年5月，经公司2020年度股东大会审议通过，杨楠先生不再担任公司董事职务。

2021年11月，经公司股东大会2021年第三次临时会议审议通过，选举朱闻达先生担任公司董事职务。2022年2月16日，朱闻达董事的任职资格获得上海银保监局核准。

8.2.2 监事变更

2021年5月，经公司2020年度股东大会审议通过，选举陆隽先生担任公司第五届监事会监事职务。陈素婷女士不再担任公司监事职务。

2021年6月，公司第二届职工代表大会2021年第一次临时会议选举汪婧担任公司第五届监事会职工监事。石枫不再担任公司职工监事。

8.2.3 高级管理人员变更

2021年4月，经公司第四届董事会第三十五次会议审议通过，同意聘任张悦担任公司副总裁职务。2021年7月，张悦副总裁的任职资格获得上海银保监局核准。

2021年6月，经公司第五届董事会第二次会议、第三次会议审议通过，同意聘任朱玲担任公司董事会秘书、运营总监职务。2021年8月，朱玲董事会秘书、运营总监的任职资格获得上海银保监局核准。

2021年12月，经公司第五届董事会第八次会议审议通过，同意免去刘显忠公司财务总监职务。

8.3 公司的重大未决诉讼事项

报告期内，公司四川信托股权投资项目出现相关方违法、违约情形，为积极维护公司合法权益，我司已提起了相应的民事诉讼。

8.4 对会计师事务所出具的有保留意见、否定意见或无法表示意见的审计报告的，公司董事会应就所涉及事项做出说明

立信会计师事务所对本公司出具了标准无保留意见的审计报告。

8.5 公司及其董事、监事和高级管理人员受到处罚的情况

2021年3月5日，中国人民银行上海分行向公司下发《中国人民银行上海分行行政处罚决定书》（上海银罚字〔2021〕1号），公司由于固有贷款业务统计错误、资金信托业务统计错误，中国人民银行上海分行决定对公司给予警告，并处罚款70.2万元。

2019年12月27日，经江苏省高级人民法院终审裁定，公司原副总裁魏志刚因犯受贿罪（受贿行为发生于2009年、2013年），被判处有期徒刑十年六个月，并处

罚金人民币50万元。2020年2月，公司党委根据有关规定，批准给予魏志刚开除党籍、行政开除处分。2021年5月8日，中国银保监会上海监管局向公司下发《中国银保监会上海监管局行政处罚决定书》（沪银保监罚决字〔2021〕50号），公司由于未能发现并纠正魏志刚的违法行为，中国银保监会上海监管局决定对公司责令改正，并处罚款50万元。

8.6 银保监会及其派出机构对公司检查后提出整改意见的，应简单说明整改情况

2021年9月9日至12月20日，上海银保监局对公司进行现场检查。2021年12月，公司收到《上海银保监局关于中海信托股份有限公司2021年全面现场检查的意见》，公司高度重视，积极部署，在公司治理、业务管理、内控管理等方面开展了积极整改，同时开展了严肃问责工作，切实落实各项监管意见。

8.7 2021年度重大事项临时报告的简要内容、披露时间、所披露的媒体及其版面

2021年4月24日，公司在上海证券报发布《中海信托股份有限公司关于董事长变更的公告》，披露经上海银保监局任职资格核准，汤全荣先生正式担任公司董事、董事长职务，黄晓峰先生不再担任公司董事、董事长职务。

8.8 银保监会及其省级派出机构认定的其他有必要让客户及相关利益人了解的重要信息

2021年1月4日，在中央国债登记结算有限责任公司发布的《2020年度中债成员综合评定结果》中，中海信托获评"优秀发行机构"。

2021年4月26日，中海信托荣获"上海市黄浦区2020年度百强重点企业"第八位。

2021年7月13日，在《上海证券报》第十四届"诚信托"奖项评选中，中海信托荣获"管理团队奖"，"中海油供应链金融债权投资集合资金信托计划"荣获"最佳创新信托产品奖"。

2021年10月29日，"中海油供应链金融债权投资信托计划"荣获《证券时报》"2021年度优秀服务实体信托计划"。

8.9 社会责任履行情况报告

公司始终坚持把维护受益人的合法权益放在首位，切实履行诚实、信用、谨慎、有效管理的义务，把好风险关，承担起国有金融企业维护金融稳定的社会责任。截至2021年底，公司存续信托规模3 498.86亿元，未发生一笔因公司违反信托目的处分信托财产或者因违背管理职责、处理信托事务不当而损害委托人、受益人利益的情况。同时，公司发挥信托制度优势，成立了一批规模大、期限长的信托项目，有效支持了实体经济发展。

公司积极响应国家"双碳"目标，不断探索碳金融业务，落地了全国首单CCER碳中和服务信托，产生了良好的社会效果。在此基础上，公司趁势而上，成立碳中和金融服务中心，在集团内外部积极拓展碳金融业务资源，目前已有多个项目同时推进，并将于2022年陆续落地。

公司积极响应国家号召，助力乡村振兴建设，向内蒙古卓资县旗下营中心学校提供援助资金，与崇明区建设镇富安村党支部开展党组织结对帮扶，为崇明区建成世界级生态岛作出贡献。公司积极组织公益活动和"蔚蓝力量"青年志愿服务活动，推出手机APP"惠老版"模式，切实承担起央企社会责任，用心用情办好民生实事。

公司积极回归信托本源，探索"信托公司+公益组织"的双受托人慈善信托模式。2019年末，公司设立"中海信托——伴你成长慈善信托"。2020年，该慈善信托完成首批捐助。2021年，河南特大洪涝灾害发生后，公司通过"中海信托——伴你成长慈善信托"向3名河南省大病儿童完成40 707元捐款，用以灾后大病儿童的治疗和生活救助。

公司深入贯彻落实全国金融工作会议、中央经济工作会议以及习近平总书记关于大力支持民营企业发展壮大的讲话精神，致力于缓解小微企业金融服务供给不充分问题。2021年，公司小微金融业务成立规模12.73亿元，支持小微企业主2 605户，以优质金融服务履行信托公司社会责任，有效促进了地方经济可持续发展。

8.10 消费者权益保护情况报告

2021年，公司积极构建消费者权益保护工作顶层设计，稳步提升"以客户为中心"的服务体系，全面落实消费者权益保护责任。一是在公司顶层设计中，明确将金融消费者权益保护纳入到公司治理、企业文化建设和经营发展战略中。二是完善消费者权益保护制度体系，从制度层面维护消费者合法权益。三是加强员工日常培训与行为规范建设，在日常工作中不断强化公司员工消费者权益保护意识与行为管理。四是抓好宣传教育

活动。公司积极制定并落实消保年度教育宣传工作计划，本年度开展5次主题消费者宣传教育系列活动，参与人数达24 966人，深化金融知识的普及和推广，提升消费者金融安全和风险防范意识。五是持续加强消保信息披露。公司投诉电话公示线上渠道覆盖公司官网、手机APP及客服电话，线下渠道覆盖公司营业场所。六是积极化解消费投诉。本年度共收到22件消费投诉（重复投诉7件），其中个人生产经营性贷款业务21件、其他业务1件，投诉地区均为上海，上述投诉事项均已根据公司消费投诉处理流程进行处理并全部办结。

9.公司监事会意见

监事会认为公司建立了较为完善的内部控制制度，决策程序符合法律、法规和公司章程的规定。公司董事、管理层认真履行职责，未发现其在执行职务时有违反法律、法规、公司章程或损害公司利益的行为。公司财务报告经立信会计师事务所审计，监事会认可其出具的标准无保留意见的2021年度审计报告。

中航信托股份有限公司

1.重要提示

1.1 本公司董事会及董事保证本报告所载资料不存在任何虚假记载、误导性陈述或者重大遗漏,并对其内容的真实性、准确性和完整性承担个别及连带责任。本年度报告摘要摘自年度报告全文,客户及相关利益人欲了解详细内容,应阅读年度报告全文。

1.2 本公司独立董事对年度报告内容的真实性、准确性、完整性无异议。

1.3 本公司董事长姚江涛、总经理周祺(报告年度兼任总会计师)保证年度报告中财务会计内容的真实和完整。

2.公司概况

2.1 公司简介

2.1.1 公司法定名称
中文:中航信托股份有限公司
英文:AVIC Trust Co.,Ltd.

2.1.2 公司法定代表人:姚江涛

2.1.3 公司注册地址:江西省南昌市红谷滩新区会展路1009号航信大厦

邮编:330038
互联网网址:www.avictc.com
电子邮箱:zhxt@avictc.com

2.1.4 公司负责信息披露事务的高级管理人员:罗国华
办公电话:0791-86667992
办公传真:0791-86772268
电子邮箱:zhxt@avictc.com

2.1.5 公司选定的信息披露报纸:《金融时报》《证券时报》《上海证券报》

2.1.6 年报备置地点:江西省南昌市红谷滩新区会展路1009号航信大厦

2.1.7 公司聘请的会计师事务所:大华会计师事务所(特殊普通合伙)
办公地址:北京丰台区西四环中路78号院首汇广场10号楼

2.1.8 公司聘请的律师事务所:北京市君泽君律师事务所
办公地址:北京市西城区金融大街9号金融街中心南楼6层

2.2 组织结构

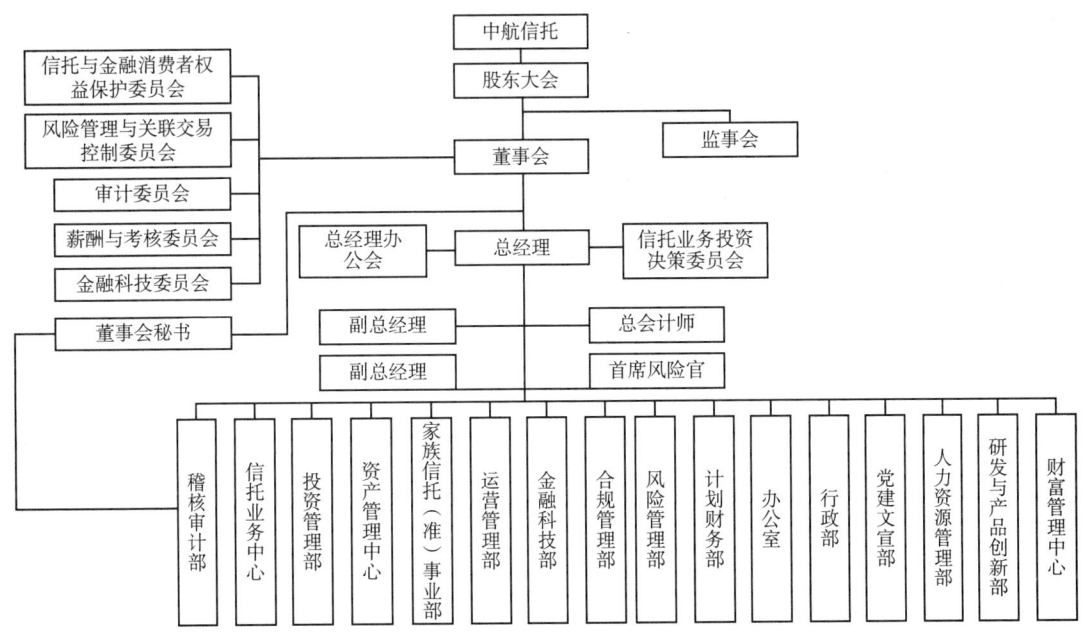

3. 公司治理
3.1 股东

股东名称	持股数（万股）	比例（%）	法人代表	注册资本（亿元）	注册地址	主要经营业务及主要财务情况
中航投资控股有限公司	545 882.2063	84.42	姚江涛	120.21	北京市朝阳区望京东园四区2号中航产融大厦42层	主要经营业务为实业投资；股权投资，投资咨询。2021年财务状况良好，持续盈利
华侨银行有限公司	100 731.0248	15.58	黄三光	新币137.5	65 Chulia Street#09-00 OCBC Centre Singapore 049513	主要经营业务为个人业务、公司业务、投资业务、私人银行业务、交易银行业务、资金业务、保险、资产管理和股票经纪业务。2021年财务状况良好，持续盈利
合计	646 613.2311	100	—	—	—	—

注：中国航空工业集团有限公司是本公司的实际控制人。中航投资控股有限公司为中航工业产融控股股份有限公司（以下简称中航产融，证券代码：600705）的控股子公司，中航产融为中国航空工业集团有限公司控股子公司。

3.2 董事
董事会成员

姓名	职务	性别	年龄（岁）	选任日期	所推举的股东名称	该股东持股比例（%）	简要履历
姚江涛	董事长	男	59	2016年4月	中航投资控股有限公司	84.42	东北财经大学国民经济专业硕士研究生，现任中航产融董事长、党委书记、总经理；中航信托董事长
张戈	董事	男	48	2013年10月	中航投资控股有限公司	84.42	北京大学经济学院金融学专业硕士研究生，高级经济师，现任中航产业投资有限公司副总经理
贾鸿鹏	董事	男	42	2018年5月	中航投资控股有限公司	84.42	对外经贸大学工商管理学专业硕士研究生，高级工程师，现任中航产融人力资源部部长
于庆伟	董事	男	45	2019年4月	中航投资控股有限公司	84.42	南京航空航天大学飞机设计专业学士，现任中航产融规划发展部部长
王克	董事	男	54	2021年2月	华侨银行有限公司	15.58	美国西北大学工商管理硕士学位，现任华侨永亨银行（中国）有限公司董事兼首席执行官

独立董事

姓名	职务	性别	年龄（岁）	选任时间	工作单位	简要履历
朱武祥	独立董事	男	55	2014年8月	清华大学	数量经济学专业博士研究生，清华大学经济管理学院金融系教授、博士生导师
胡援成	独立董事	男	69	2018年4月	江西财经大学	江西财经大学金融学资深教授、博士生导师
程炼	独立董事	男	46	2022年1月	中国社会科学院金融研究所	中国社会科学院金融研究所研究员，综合研究部主任，《金融评论》编辑部主任
苏中兴	独立董事	男	45	2022年1月	中国人民大学	中国人民大学教授，博士生导师，人力资源管理系主任

注：朱武祥先生于2022年1月不再担任中航信托独立董事职务。

3.3 监事

姓名	职务	性别	年龄（岁）	选任时间	所推举的股东名称	该股东持股比例（%）	简要履历
刘明志	监事会主席	男	59	2020年4月	中航投资控股有限公司	84.42	中国人民大学工商管理专业硕士，现任中航信托监事会主席
廖晓春	监事	男	59	2018年1月	职工监事	—	旅游管理大专毕业，现任中航信托稽核审计部总经理
杨志芳	监事	男	41	2018年1月	职工监事	—	法学专业硕士研究生，现任中航信托风险管理部总经理
陈君枫	监事	女	38	2020年11月	职工监事	—	法学专业硕士研究生，现任中航信托合规管理部总经理
肖小和	监事	男	65	2022年1月	外部监事	—	经济学硕士研究生，高级经济师

3.4 高级管理人员

姓名	性别	职务	选任时间	金融从业年限（年）	学历	专业	年龄
周祺	男	总经理、总会计师	2019年11月	24	硕士	工商管理	56
李鹏	男	副总经理	2019年7月	25	硕士	MBA	45
何唐兵	男	副总经理	2021年7月	20	硕士	经济学	43
魏颖晖	男	副总经理	2013年10月	26	硕士	工商管理	50
范华	女	副总经理	2017年10月	34	硕士	货币银行学	56
张瑰	女	副总经理	2020年6月	17	硕士	会计学	45
罗国华	男	董事会秘书	2009年12月	34	硕士	工商管理	58
郭若强	男	首席风险官	2010年9月	30	硕士	应用金融	57
严固	女	总经理助理	2018年6月	34	本科	农业财务	54
刘文庆	男	总经理助理	2015年8月	33	本科	经济学	53
姜燕	女	总经理助理	2019年4月	23	硕士	国际金融	47

3.5 公司员工

报告期末，公司信托业务从业人员529人，具体分布如下表所示。

项目		2021年度	
		人数（人）	比例（%）
年龄分布	20—30岁	182	34.40
	30—40岁	270	51.04
	40—50岁	53	10.02
	50岁以上	24	4.54
学历分布	博士	9	1.70
	硕士	376	71.08
	本科	133	25.14
	专科	9	1.70
	其他	2	0.38
岗位分布	董事、监事及高管人员	16	3.02
	固有业务人员	4	0.76
	信托业务人员	345	65.03
	其他人员	164	31

4. 经营管理

4.1 经营目标、方针、战略规划

经营目标：成为"备受信赖 专业领先 广获尊重的金融整合服务商"

经营方针：持续转型、优化组织、防化风险、稳健发展

战略规划：以实现可持续增长和高质量发展为目标，积极践行ESG理念，塑造另类投资、资产管理、资产服务信托和财富管理四大战略业务的核心能力与专业品牌，及与之相匹配的组织运营体系，通过智慧与资源的整合，为客户提供专业化、全方位的金融解决方案，实现客户、社会、股东和员工"四位一体"的分享型价值创造和价值增长。

4.2 所经营业务的主要内容

报告期内，公司主要开展业务分为信托业务和固有业务。

4.2.1 固有资产运用与分布表

资产运用	金额（万元）	占比（%）	资产分布	金额（万元）	占比（%）
货币资产	342 775.58	17.45	基础产业	36 664.88	1.87
交易性金融资产	1 381 230.74	70.32	房地产业	245 214.26	12.49
贷款及应收款项等	87 164.21	4.44	证券市场	309 769.59	15.77
其他权益工具投资	78 919.96	4.02	工商企业	435 266.86	22.16
固定资产	48 302.41	2.46	金融机构	582 179.76	29.64
其他	25 675.07	1.31	其他	354 972.62	18.07
资产合计	1 964 067.97	100.00	资产合计	1 964 067.97	100.00

4.2.2 信托资产运用与分布表

资产运用	金额（万元）	占比（%）	资产分布	金额（万元）	占比（%）
货币资产	3 132 467.13	4.62	基础产业	2 342 531.12	3.46
贷款	9 979 557.63	14.73	房地产	9 384 769.27	13.85
交易性金融资产	6 168 796.09	9.11	证券市场	10 425 760.71	15.39
可供出售金融资产	19 790 107.25	29.21	实业	21 576 696.13	31.85
持有至到期投资	1 873 988.23	2.77	金融机构	7 818 310.62	11.54
长期股权投资	12 195 833.34	18.00	其他	16 199 015.16	23.91
其他	14 606 333.34	21.56	—	—	—
信托总资产	67 747 083.01	100.00	信托总资产	67 747 083.01	100.00

4.3 市场分析

2021年，我国从容应对百年变局和世纪疫情，奋力完成改革发展艰巨任务，实现"十四五"良好开局。经济发展依然保持全球领先地位，国家战略科技力量加快发展，产业链韧性和优势得到提升，改革开放向纵深推进。

展望2022年，乃至整个"十四五"期间，转型是我国经济增长的长期关键词，我国经济将在"双循环"新发展格局下，构筑以共同富裕为核心、以科创和双碳为两翼的政策铁三角。

4.4 内部控制

根据国家有关法律法规和公司章程，公司构建了完备的法人治理结构，"三会一层"分工明确并相互制衡、各司其职、规范运作。根据自身业务特点和内部控制要求，公司设立了科学、规范的机构及岗位，明确界定了各部门、各岗位的职责和权限；构建了完善的内部控制架构，并制定各层级之间的控制程序，保证董事会及高级管理人员下达的指令能够被严格执行。

4.5 风险管理

4.5.1 风险管理概况

公司注重风险控制管理，坚持积极稳健的经营原则，规范运作，建立运行有效的风险管理组织体系，搭建由股东大会、董事会、经营管理层和风险管理职能部门组成的风险管理防线并进行垂直管理，以应对公司经营中面对的各类风险，逐步形成"事前防范、事中控制、事后监督"的风险管理规程，制定了系统的风险控制制度，持续深化应用现代科技手段赋能全面风险管理，不断提升风险管理水平。报告期内，公司加强全面风险管理，优化风险管理机制体制。年度新增6项基本风险管理制度，编制16项业务指引，修订10余项风险管理规定，进一步完善公司风险管理制度体系，持续提升风险防控能力，助力公司战略与经营目标实现。

4.5.2 风险状况

公司在经营过程中可能遇到的风险主要有：信用风险、市场风险、操作风险、合规风险、流动性风险、声誉风险、其他风险等。其中，信用风险是公司存续项目面临的主要风险。在加强信用风险管理方面，公司持续保持高度重视，坚持以合规、审慎的原则，从风险识别、计量、监测和控制四个维度入手，落实流动性风险预警机制，保证流动性波动平稳。报告期内，未发生因信用风险、市场风险、操作风险、合规风险、声誉风险等风险造成的损失。

4.5.3 净资本管理状况

2021年末公司净资产173.78亿元，净资本149.78亿元，各项业务风险资本90.07亿元，净资本与各项业务风险资本之和之比为166.29%，净资本与净资产之比为86.19%。报告期内，公司各项净资本风险控制指标均符合监管政策要求。

4.6 绿色信托

2021年，公司始终坚持贯彻落实国家绿色发展理念，积极助力我国碳达峰与碳中和目标。公司治理层面，在制定公司"十四五"规划过程中，公司以实现可持续增长和高质量发展为目标，将ESG评价体系纳入战略制定与管理全流程。专题研究层面，在行业内首次系统性提出绿色信托理念，连续5年发布绿色信托专题研究报告。报告期内，公司成功发布《绿色建筑信托标准评价体系（2020—2021）》。经营发展层面，公司设立全国首单"碳中和"主题绿色信托计划，公司绿色生态慈善信托支持的保护苤碧莲案例成功入选"生物多样性100+全球典型案例"，汇编成册并在COP15大会期间广泛宣传。截至2021年底，公司绿色信托所投产业已覆盖《绿色产业指导目录（2019）》的六大分类，累计资产规模逾428.08亿元。信息披露层面，公司结合ESG评级指标体系，科学、及时、有效地向社会公众开展信息披露，于2021年4月发布了首份《2020年度ESG报告》。

4.7 企业社会责任

公司秉承航空报国、航空强国的股东文化，积极履行社会责任，以实际行动持续为社会、为客户、为股东创造价值。一是有效做好脱贫攻坚与乡村振兴的衔接，重新组建驻村工作队，选派3名优秀青年干部分别担任驻村第一书记与工作队员，通过建立乡村振兴慈善信托、援建中草药种植基地等，累计投入近100万元；整合社会力量，支持集团定点帮扶贵州省紫云、关岭、镇宁、普定，陕西省西乡县，累计协调引入帮扶项目资金607余万元；通过走访慰问、结对帮扶、党建调研等方式，吸引社会帮扶力量到贫困地区。二是主动投身社会公益实践，连续6年冠名善行者活动，连续5年组织员工和客户参加善行者公益徒步活动，累计倡导社会筹集善款1 500余万元。三是发挥信息化优势，着重扩大消保覆盖面。充分发挥微信公众号等新型线上媒体平台的优势，邀请知名学者、行业专家相继推出多场精彩纷呈、内容翔实的直播公开课，累积近10 000人次参与，进一步拓展消保宣传教育的广度、深度。四是坚持以人为本，强化民主管理，通过建设多层次培训体系，完善职工晋升通道、丰富职工文体活动、强化职工健康保障等举措，不断提升职工的安全感、获得感和幸福感。

5.报告期末及上一年度末的比较式会计报表

5.1 固有资产

5.1.1 大华会计师事务所（特殊普通合伙）审计意见

中航信托股份有限公司财务报表在所有重大方面按照企业会计准则的规定编制，公允反映了中航信托股份有限公司2021年12月31日的财务状况以及2021年度的经营成果和现金流量。

5.1.2 资产负债表

资产负债表

编制单位：中航信托股份有限公司　2021年12月31日　　　　　单位：万元

项目	2021年12月31日 合并	2021年12月31日 母公司	2020年12月31日 合并	2020年12月31日 母公司
货币资金	342 775.68	332 188.91	235 058.03	233 354.30
应收款项	615.03	615.03	2 788.79	2 788.79
预付款项	2 061.09	2 061.09	239.44	239.44
其他应收款	45 785.66	50 045.66	49 216.33	48 956.27
发放贷款和垫款	38 702.43	38 702.43	40 892.57	40 892.57
交易性金融资产	1 381 230.74	631 033.19	1 203 421.47	1 023 544.12
其他权益工具投资	78 919.96	78 919.96	111 200.00	111 200.00
投资性房地产	16 294.26	16 294.26	2 969.53	2 969.53
固定资产	24 580.61	24 580.61	2 932.27	2 932.27
使用权资产	10 448.67	10 448.67	6 956.77	6 956.77
无形资产	7 427.54	7 427.54	1 085.59	1 085.59
长期待摊费用	793.07	793.07	1 207.08	1 207.08
递延所得税资产	14 066.67	14 066.67	7 763.52	7 763.52
其他资产	366.55	613 832.83	934.38	169 146.66
资产总计	1 964 067.97	1 821 009.93	1 666 665.76	1 653 036.91
应付职工薪酬	1 759.35	1 759.35	11 303.06	11 303.06
应交税费	34 213.01	33 569.65	45 849.36	45 842.84
应付股利	16 890.92	16 890.92	105 323.08	105 323.08
其他应付款	20 522.62	12 581.56	71 221.33	70 834.96
合同负债	—	3 811.11	—	3 811.11
租赁负债	9 618.81	9 618.81	6 956.77	6 956.77

续表

项目	2021年12月31日 合并	2021年12月31日 母公司	2020年12月31日 合并	2020年12月31日 母公司
递延所得税负债	9 012.46	9 012.46	16 800.00	16 800.00
其他负债	134 473.62	—	13 235.97	—
负债合计	226 490.80	83 432.76	274 500.67	260 871.82
实收资本	646 613.23	646 613.23	465 726.71	465 726.71
资本公积	136 588.46	136 588.46	117 474.98	117 474.98
其他综合收益	27 037.39	27 037.39	50 400.00	50 400.00
盈余公积	141 303.91	141 303.91	124 426.44	124 426.44
一般风险准备	103 023.03	103 023.03	94 333.27	94 333.27
未分配利润	683 011.15	683 011.15	539 803.69	539 803.69
所有者权益合计	1 737 577.17	1 737 577.17	1 392 165.09	1 392 165.09
负债和所有者权益总计	1 964 067.97	1 821 009.93	1 666 665.76	1 653 036.91

法定代表人：姚江涛　　主管会计工作的负责人：周祺　　会计机构负责人：刘燕

5.1.3 利润表

利润表

编制单位：中航信托股份有限公司　2021年度　　　　　单位：万元

项目	2021年度 合并	2021年度 母公司	2020年度 合并	2020年度 母公司
一、营业总收入	348 804.35	348 680.22	376 851.91	376 462.14
利息净收入	3 778.98	3 778.98	−1 862.95	−1 869.58
利息收入	5 363.29	5 363.29	2 327.94	2 321.31
利息支出	1 584.31	1 584.31	4 190.89	4 190.89
手续费及佣金净收入	394 333.46	395 002.27	382 603.45	382 603.45
手续费及佣金收入	394 803.99	395 472.80	382 856.35	382 856.35
手续费及佣金支出	470.52	470.52	252.90	252.90
投资收益	38 682.79	22 206.90	69 733.94	66 485.84
公允价值变动收益	−88 833.47	−73 150.52	−73 742.71	−70 877.74
汇兑收益	−2.15	−2.15	−2.68	−2.68
其他业务收入	836.56	836.56	121.31	121.31
资产处置收益	8.17	8.17	1.54	1.54
二、营业总支出	127 419.62	127 295.49	114 715.97	114 326.20
税金及附加	2 432.36	2 432.36	2 642.95	2 642.95
业务及管理费	114 962.47	114 838.34	104 795.90	104 406.14
研发费用	4 743.36	4 743.36	488.29	488.29
信用减值损失	4 963.47	4 963.47	6 767.05	6 767.05
其他业务成本	317.96	317.96	21.78	21.78
三、营业利润	221 384.73	221 384.73	262 135.94	262 135.94
加：营业外收入	32.95	32.95	26.75	26.75
减：营业外支出	431.89	431.89	693.90	693.90
四、利润总额	220 985.78	220 985.78	261 468.79	261 468.79
减：所得税费用	53 098.91	53 098.91	63 390.47	63 390.47
五、净利润	167 886.88	167 886.88	198 078.32	198 078.32

法定代表人：姚江涛　　主管会计工作的负责人：周祺　　会计机构负责人：刘燕

5.1.4 所有者权益变动表(合并)

所有者权益变动表(合并一)

编制单位：中航信托股份有限公司　　2021年度　　单位：万元

项目	股本	资本公积	其他综合收益	盈余公积	一般风险准备	未分配利润	所有者权益合计
一、上年年末余额	465 726.71	117 474.98	50 400.00	124 426.44	94 333.27	539 803.69	1 392 165.09
加：会计政策变更							
二、本年年初余额	465 726.71	117 474.98	50 400.00	124 426.44	94 333.27	539 803.69	1 392 165.09
三、本年增减变动金额	180 886.52	19 113.48	−23 362.61	16 877.47	8 689.75	143 207.47	345 412.08
(一)综合收益总额	—	—	−22 474.79	—	—	167 886.88	145 412.08
(二)所有者投入和减少资本	63 411.54	136 588.46	—	—	—	—	200 000.00
所有者投入的普通股	63 411.54	136 588.46	—	—	—	—	200 000.00
(三)利润分配	—	—	—	16 788.69	8 689.75	−25 478.44	—
1.提取盈余公积	—	—	—	16 788.69	—	−16 788.69	—
2.提取一般风险准备	—	—	—	—	8 689.75	−8 689.75	—
3.对所有者的分配	—	—	—	—	—	—	—
(四)所有者权益内部结转	117 474.98	−117 474.98	−887.81	88.78	—	799.03	—
1.资本公积转增股本	117 474.98	−117 474.98	—	—	—	—	—
2.盈余公积转增股本	—	—	—	—	—	—	—
3.其他综合收益结转留存收益	—	—	−887.81	88.78	—	799.03	—
(五)其他	—	—	—	—	—	—	—
四、本年年末余额	646 613.23	136 588.46	27 037.39	141 303.91	103 023.03	683 011.15	1 737 577.17

法定代表人：姚江涛　　主管会计工作的负责人：周祺　　会计机构负责人：刘燕

所有者权益变动表(合并二)

编制单位：中航信托股份有限公司　　2020年度　　单位：万元

项目	股本	资本公积	其他综合收益	盈余公积	一般风险准备	未分配利润	所有者权益合计
一、上年年末余额	465 726.71	117 474.98	59 698.62	104 618.61	84 089.27	449 367.27	1 280 975.46
加：会计政策变更							
二、本年年初余额	465 726.71	117 474.98	59 698.62	104 618.61	84 089.27	449 367.27	1 280 975.46
三、本年增减变动金额	—	—	−9 298.62	19 807.83	10 244.00	90 436.41	111 189.63
(一)综合收益总额	—	—	−9 298.62	—	—	198 078.32	188 779.70
(二)所有者投入和减少资本	—	—	—	—	—	—	—
所有者投入的普通股	—	—	—	—	—	—	—
(三)利润分配	—	—	—	19 807.83	10 244.00	−107 641.90	−77 590.07
1.提取盈余公积	—	—	—	19 807.83	—	−19 807.83	—
2.提取一般风险准备	—	—	—	—	10 244.00	−10 244.00	—
3.对所有者的分配	—	—	—	—	—	−77 590.07	−77 590.07
(四)所有者权益内部结转	—	—	—	—	—	—	—
1.资本公积转增股本	—	—	—	—	—	—	—
2.盈余公积转增股本	—	—	—	—	—	—	—
(五)其他	—	—	—	—	—	—	—
四、本年年末余额	465 726.71	117 474.98	50 400.00	124 426.44	94 333.27	539 803.69	1 392 165.09

法定代表人：姚江涛　　主管会计工作的负责人：周祺　　会计机构负责人：刘燕

所有者权益变动表（母公司一）

编制单位：中航信托股份有限公司　　2021年度　　单位：万元

项目	股本	资本公积	其他综合收益	盈余公积	一般风险准备	未分配利润	所有者权益合计
一、上年年末余额	465 726.71	117 474.98	50 400.00	124 426.44	94 333.27	539 803.69	1 392 165.09
加：会计政策变更							
二、本年年初余额	465 726.71	117 474.98	50 400.00	124 426.44	94 333.27	539 803.69	1 392 165.09
三、本年增减变动金额	180 886.52	19 113.48	−23 362.61	16 877.47	8 689.75	143 207.47	345 412.08
（一）综合收益总额	—	—	−22 474.79	—	—	167 886.88	145 412.08
（二）所有者投入和减少资本	63 411.54	136 588.46	—	—	—	—	200 000.00
所有者投入的普通股	63 411.54	136 588.46	—	—	—	—	200 000.00
（三）利润分配	—	—	—	16 788.69	8 689.75	−25 478.44	—
1.提取盈余公积	—	—	—	16 788.69	—	−16 788.69	—
2.提取一般风险准备	—	—	—	—	8 689.75	−8 689.75	—
3.对所有者的分配	—	—	—	—	—	—	—
（四）所有者权益内部结转	117 474.98	−117 474.98	−887.81	88.78	—	799.03	—
1.资本公积转增股本	117 474.98	−117 474.98	—	—	—	—	—
2.盈余公积转增股本	—	—	—	—	—	—	—
3.其他综合收益结转留存收益	—	—	−887.81	88.78	—	799.03	—
（五）其他							
四、本年年末余额	646 613.23	136 588.46	27 037.39	141 303.91	103 023.03	683 011.15	1 737 577.17

法定代表人：姚江涛　　主管会计工作的负责人：周祺　　会计机构负责人：刘燕

所有者权益变动表（母公司二）

编制单位：中航信托股份有限公司　　2020年度　　单位：万元

项目	股本	资本公积	其他综合收益	盈余公积	一般风险准备	未分配利润	股东权益合计
一、上年年末余额	465 726.71	117 474.98	59 698.62	104 618.61	84 089.27	449 367.27	1 280 975.46
加：会计政策变更							
二、本年年初余额	465 726.71	117 474.98	59 698.62	104 618.61	84 089.27	449 367.27	1 280 975.46
三、本年增减变动金额	—	—	−9 298.62	19 807.83	10 244.00	90 436.41	111 189.63
（一）综合收益总额	—	—	−9 298.62	—	—	198 078.32	188 779.70
（二）所有者投入和减少资本	—	—	—	—	—	—	—
所有者投入的普通股	—	—	—	—	—	—	—
（三）利润分配	—	—	—	19 807.83	10 244.00	−107 641.90	−77 590.07
1.提取盈余公积	—	—	—	19 807.83	—	−19 807.83	—
2.提取一般风险准备	—	—	—	—	10 244.00	−10 244.00	—
3.对所有者的分配	—	—	—	—	—	−77 590.07	−77 590.07
（四）所有者权益内部结转	—	—	—	—	—	—	—
1.资本公积转增股本	—	—	—	—	—	—	—
2.盈余公积转增股本	—	—	—	—	—	—	—
（五）其他	—	—	—	—	—	—	—
四、本年年末余额	465 726.71	117 474.98	50 400.00	124 426.44	94 333.27	539 803.69	1 392 165.09

法定代表人：姚江涛　　主管会计工作的负责人：周祺　　会计机构负责人：刘燕

5.2 信托资产

5.2.1 信托项目资产负债表

资产负债表

编制单位：中航信托股份有限公司　　2021年12月31日　　单位：万元

信托资产	2021年12月31日	信托负债和信托权益	2021年12月31日
信托资产：	—	信托负债：	—
货币资金	3 132 467.13	交易性金融负债	—
拆出资金	—	衍生金融负债	—
存出保证金	—	应付受托人报酬	21 348.97
交易性金融资产	6 168 796.09	应付托管费	1 028.35
衍生金融资产	—	应付受益人收益	11 934.06
买入返售金融资产	658 795.82	应交税费	26 160.45
应收款项	572 804.41	应付销售服务费	35 407.79
发放贷款	9 979 557.63	其他应付款项	1 043 389.73
可供出售金融资产	19 790 107.25	预计负债	—
持有至到期投资	1 873 988.23	其他负债	959.36
长期应收款	729 828.88	—	—
长期股权投资	12 195 833.34	信托负债合计	1 140 228.70
投资性房地产	—	—	—
固定资产	—	信托权益：	—
无形资产	—	实收信托	65 883 311.87
长期待摊费用	1 983.52	资本公积	51 284.30
其他资产	12 642 920.70	未分配利润	672 258.14
减：各项资产减值准备	—	信托权益合计	66 606 854.31
信托资产总计	67 747 083.01	信托负债及信托权益总计	67 747 083.01

注：实收信托合计金额是信托本金累计给付额。

5.2.2 信托项目利润及利润分配表

利润及利润分配表

编制单位：中航信托股份有限公司　　2021年度　　单位：万元

项目	2021年度
1.营业收入	4 933 396.19
1.1利息收入	2 373 637.43
1.2投资收益（损失以"-"号填列）	1 978 100.52
1.2.1其中：对联营企业和合营企业的投资收益	—
1.3公允价值变动收益（损失以"-"号填列）	65 570.24
1.4租赁收入	—
1.5汇兑损益（损失以"-"号填列）	—
1.6其他收入	516 088.01
2.支出	746 140.34
2.1营业税金及附加	12 107.29
2.2受托人报酬	266 317.91
2.3托管费	14 207.13
2.4投资管理费	548.33
2.5销售服务费	77 718.47
2.6交易费用	952.48
2.7资产减值损失	11 044.60
2.8其他费用	363 244.13
3.信托净利润（净亏损以"-"号填列）	4 187 255.85
4.其他综合收益	-46 650.00
5.综合收益	4 140 605.85
6.加：期初未分配信托利润	330 589.28
7.可供分配的信托利润	4 471 195.12
8.减：本期已分配信托利润	3 798 936.98
9.期末未分配信托利润	672 258.14

6.会计报表附注

6.1 自营资产经营情况

6.1.1 信用风险资产五级分类情况

信用资产五级分类	正常类（万元）	关注类（万元）	次级类（万元）	可疑类（万元）	损失类（万元）	信用风险资产合计（万元）	不良资产合计（万元）	不良率（%）
期初数	1 458 669.70	170 433.66	12 142.00	—	—	1 641 245.36	12 142.00	0.74
期末数	1 599 615.00	152 422.12	900.00	8 836.00	—	1 761 773.12	9 736.00	0.55

注：不良资产合计＝次级类＋可疑类＋损失类。

6.1.2 资产减值准备情况

单位：万元

项目	期初数	本期计提	本期转回	本期核销	期末数
贷款损失准备	350.00	40.00	—	—	390.00
一般准备	350.00	40.00	—	—	390.00
专项准备	—	—	—	—	—
其他资产减值准备	9 063.57	4 923.48	—	—	13 987.05

续表

项目	期初数	本期计提	本期转回	本期核销	期末数
持有至到期投资减值准备	—	—	—	—	—
长期股权投资减值准备	—	—	—	—	—
坏账准备	9 063.57	4 923.48	—	—	13 987.05
投资性房地产减值准备	—	—	—	—	—

6.1.3 固有股票投资、基金投资、债券投资、长期投资等投资情况

单位：万元

项目	自营股票	基金	债券	长期投资	其他投资	合计
期初数	—	—	1 000.00	317 398.94	984 557.45	1 302 956.39
期末数	78 919.96	—	1 195.88	196 475.49	1 046 828.11	1 323 419.44

6.1.4 长期投资的前五名

企业名称	占被投资企业权益的比例（%）	主要经营活动	投资收益（万元）
中国信托业保障基金有限责任公司	8.70	保障基金管理	5 700.00
天风证券股份有限公司	2.25	证券服务	—
南昌农村商业银行股份有限公司	4.42	银行服务	1 023.12
新余农村商业银行股份有限公司	4.42	银行服务	567.10
中国信托登记有限责任公司	3.33	信托登记	—

6.1.5 固有贷款项目

企业名称	占贷款总额的比例（%）	还款情况
重庆融创津湘房地产经纪有限公司	48.72	正常
爱康健康科技集团有限公司	25.64	正常
湖南棕榈浔龙河生态城镇发展有限公司	25.64	正常

6.1.6 表外业务的期初数、期末数

报告期内，本公司未开展除信托业务以外的表外业务及担保、代理等其他业务。

6.1.7 公司当年的收入结构

收入结构	合并		母公司	
	金额（万元）	占比（%）	金额（万元）	占比（%）
手续费及佣金收入	394 803.99	112.52	395 472.80	112.76
其中：信托手续费收入	394 803.99	112.52	395 472.80	112.76
投资银行业务收入	—	—	—	—
利息收入	5 363.29	1.53	5 363.29	1.53
其他业务收入	836.56	0.24	836.56	0.24
投资收益	38 682.79	11.03	22 206.90	6.33
其中：股权投资收益	8 772.67	2.50	8 772.67	2.50
证券投资收益	—	—	—	—
其他投资收益	29 910.12	8.53	13 434.23	3.83
公允价值变动收益	-88 833.47	-25.32	-73 150.52	-20.86
汇兑收益	-2.15	—	-2.15	—
资产处置收益	8.17	—	8.17	—
收入合计	350 859.18	100.00	350 735.05	100.00

6.2 披露信托资产管理情况

6.2.1 信托资产的期初数、期末数对比分析

信托资产	2021年12月31日	2020年12月31日	增减变动额（万元）	增减幅度（%）
集合	47 813 750.74	47 110 320.61	703 430.13	0.01
单一	7 690 118.48	15 276 538.70	-7 586 420.22	-0.50
财产权	12 243 213.80	4 266 157.26	7 977 056.54	1.87
合计	67 747 083.01	66 653 016.57	1 094 066.44	0.02

6.2.1.1 主动管理型信托业务的信托资产期初数、期末数对比分析

主动管理型信托资产	2021年12月31日	2020年12月31日	增减变动额（万元）	增减幅度（%）
投资类	41 197 186.74	37 874 623.04	3 322 563.70	0.09
融资类	12 700 546.06	16 219 460.19	-3 518 914.13	-0.22
事务管理类	—	—	—	—
合计	53 897 732.80	54 094 083.23	-196 350.43	—

6.2.1.2 被动管理型信托业务的信托资产期初数、期末数对比分析

被动管理型信托资产	2021年12月31日	2020年12月31日	增减变动额（万元）	增减幅度（%）
投资类	—	—	—	—
融资类	—	—	—	—
事务管理类	13 849 350.21	12 558 933.34	1 290 416.87	0.10
合计	13 849 350.21	12 558 933.34	1 290 416.87	0.10

6.2.2 本年已清算结束的信托项目情况

6.2.2.1 本年度已清算结束的集合类、单一类资金信托项目和财产管理类信托项目情况

已清算结束信托项目	项目个数（个）	实收信托合计金额（万元）	加权平均实际年化收益率（%）
集合	325	34 326 350.62	6.04
单一	191	15 608 110.74	6.3
财产权	29	3 500 596.05	5.25

6.2.2.2 本年度已清算结束的主动管理型信托项目情况

已清算结束信托项目	项目个数（个）	实收信托合计金额（万元）	加权平均实际年化报酬（%）	加权平均实际年化收益率（%）
投资类	242	26 442 327.54	0.64	5.52
融资类	121	8 657 886.50	1.13	8.09
事务管理类	—	—	—	—

6.2.2.3 本年度已清算结束的被动管理型信托项目情况

已清算结束信托项目	项目个数（个）	实收信托合计金额（万元）	加权平均实际年化报酬（%）	加权平均实际年化收益率（%）
投资类	—	—	—	—
融资类	—	—	—	—
事务管理类	182	18 334 843.37	0.18	5.89

6.2.3 本年度新增的集合类、单一类资金信托项目和财产管理类信托项目情况

新增信托项目	项目个数（个）	实收信托合计金额（万元）
集合	365	12 518 409.48
单一	631	1 503 763.81
财产权	161	9 952 117.68
合计	1 157	23 974 290.98
其中：主动管理型	589	14 245 700.39
被动管理型	568	9 728 590.59

6.2.4 信托业务创新成果和特色业务有关情况

近年来，中航信托持续推动业务转型与创新。报告期内，中航信托在转型创新发展方面迈出了更大的步伐，在绿色信托、服务信托、航空供应链、家族信托等创新业务领域取得新突破。一是金融助力航空主业发展。依托数字化平台，推出"订单贷+应收账款流转"模式，通过供应链金融方式为航空工业体系内核心企业的各级供应商提供系统性融资支持。二是积极发展绿色信托，与中国节能协会碳交易产业联盟、上海宝碳新能源联合设立了全国首单"碳中和"主题绿色信托计划，投资绿色产业发展。三是创新开拓服务信托业务。形成"揭榜挂帅"机制、建立敏捷组织、支持服务信托业务创新发展，报告期内成功落地国内首单社区发展基金管理服务信托和"双受托制"物业管理服务信托，助力社区发展与共治。四是以财富管理服务促进"共同富裕"。报告期内，成功落地永续型开放式慈善信托产品"君子伙伴慈善信托"；以"鲲账户"为载体，在行业首推鲲筑养老信托、鲲晟股权信托、天鲲企业财富管理信托等受托服务，让客户畅享一站式的财富管理解决方案；发布"航殊恒爱特殊需要信托"，致力于通过受托服务模式创新为失能失智、心智障碍等特殊需要人群家庭提供综合解决方案；五是以客户为中心，积极提升资产配置能力，推出并迭代"指北针"资产配置体系，深耕"中航严选·私募证券""中航研选·长期股权"两大资产配置子品牌，为投资者创造长期稳健的财富价值；六是不断推进本土家族信托的创新与发展。依托鲲鹏家族办公室，先后开拓了股权信托、不动产信托、慈善信托、员工福利信托等家族信托新领域，创新性地满足了家族客户多元金融与服务需求，为企业（家族）提供一站式家企综合服务解决方案。

6.2.5 本公司履行受托人义务情况及因公司自身责任而导致的信托资产损失情况

报告期内，未发生因公司自身责任导致信托资产损失及赔付等情况。

6.2.6 信托赔偿准备的提取、使用和管理情况

公司从2021年税后利润中提取5%的信托赔偿准备金8 394.34万元，累计提取70 607.56万元。报告期内公司未使用信托赔偿准备金。

6.3 关联方及其交易的披露

6.3.1 关联交易方的数量、关联交易的总金额及关联交易的定价原则等

6.3.1.1 固有业务关联方情况

项目	关联交易数量	关联交易金额（万元）	定价政策
合计	11	11 555.75	按市场价格交易，或按公允原则，以不优于对非关联方同类交易的条件定价

6.3.1.2 信托业务关联方情况

项目	关联交易数量	关联交易金额（万元）	定价政策
合计	6	146 549.56	按市场价格交易，或按公允原则，以不优于对非关联方同类交易的条件定价

6.3.2 公司与关联方的重大交易事项

6.3.2.1 固有财产与关联方

单位：万元

项目	期初数	借方发生额	贷方发生额	期末数
贷款	—	—	—	—
投资	—	—	—	—
租赁		2 710.51	2 710.51	
担保	—	—	—	—
其他应收款				
其他		8 845.24	8 845.24	
合计		11 555.75	11 555.75	

注：固有财产与关联方关联交易主要是咨询费和业务收入。

6.3.2.2 信托与关联方交易情况

单位：万元

项目	期初数	借方发生额	贷方发生额	期末数
贷款	97 331.36	12 723.2	15 000.00	95 054.56
投资	—	—	—	—

续表

项目	期初数	借方发生额	贷方发生额	期末数
租赁	—			
担保	—			
其他应收款			—	
其他	57 783.50		6 288.50	51 495.00
合计	155 114.86	12 723.2	21 288.50	146 549.56

6.3.2.3 固有财产和信托财产之间的交易金额期初汇总数、本期发生额汇总数、期末汇总数

固有财产与信托财产相互交易   单位：万元

项目	期初数	本期发生额	期末数
合计	883 548.73	76 238.06	959 786.79

6.3.3 关联方逾期未偿还本公司资金的详细情况以及本公司为关联方担保发生或即将发生垫款的情况

报告期内本公司无关联方逾期未偿还本公司资金的情况，没有为关联方提供担保。

6.4 会计制度的披露

公司固有业务、信托业务均按照财政部于2006年2月15日及以后期间颁布的《企业会计准则——基本准则》、各项具体会计准则及相关规定编制。

7. 财务情况说明书

7.1 利润实现和分配情况

公司2021年初未分配利润539 803.69万元，2021年实现净利润167 886.87万元，从其他综合收益结转未分配利润799.03万元，计提法定盈余公积金16 788.69万元，计提信托赔偿准备8 394.34万元，计提一般准备295.41万元，截至2021年12月31日，公司未分配利润为683 011.15万元。

7.2 主要财务指标

指标名称	合并	母公司	计算公式
净资产收益率（%）	10.73	10.73	净利润/所有者权益平均数×100%
信托报酬率（%）		0.66	[∑项目合同总收入（信托报酬+财务顾问收入）/信托项目总月份×12]/信托资产总规模
人均利润（万元）	579.75	579.75	利润总额/年平均人数

8. 特别事项揭示

8.1 前五大股东变动情况及原因

无。

8.2 董事、监事及高级管理人员变动情况及原因

8.2.1 董事、监事变动情况及原因

因个人工作安排原因，林文坚先生于2021年2月不再担任本公司董事、董事会信托与金融消费者权益保护委员会委员；王克于2021年2月起担任本公司董事。

因董事会换届，程炼先生、苏中兴先生于2022年1月1日起担任本公司独立董事，朱武祥先生因任期届满不再担任本公司独立董事及董事会专门委员会委员。

因监事会换届，并优化监事会成员构成，肖小和先生2022年1月1日起担任公司外部监事。

8.2.2 高级管理人员变动情况及原因

因充实公司高级管理人员，何唐兵先生于6月30日起正式履职公司副总经理。因工作岗位变动，叶海涛女士于12月24日起不再担任公司运营总监。

8.3 变更注册资本、住所或公司名称、公司分立合并事项

6月30日，根据《江西银保监局关于中航信托股份有限公司注册资本及股权结构变更的批复》（赣银保监复〔2021〕199号）以及江西省市场监督管理局核准，公司注册资本变更为646 613.2311万元。

8.4 公司的重大诉讼事项

无。

8.5 公司及其董事、监事和高级管理人员受到处罚情况

无。

8.6 对银保监会及其派出机构对公司检查后提出的整改意见简要说明整改情况

报告期内，公司高度重视并认真落实监管部门的监管意见要求，及时向江西银保监局报告了公司资管新规整改、"两压一降"、房地产信托业务管控、证券业务排查等多方面的工作措施及成效。报告期内，银保监会及其派出机构未对公司开展现场检查。

8.7 银保监会及其省级派出机构认定的其他有必要让客户及相关利益人了解的重要信息

无。

8.8 报告期内重大事项临时报告

8月4日,公司在《证券时报》B002版刊登《中航信托股份有限公司关于变更注册资本的公告》。

12月14日,公司在《证券时报》B002版刊登《中航信托股份有限公司关于变更公司章程的公告》。

9.监事会意见

本报告期内公司依法运作,决策程序,内部控制较为完善。2021年度报告中披露的财务信息真实准确地反映了公司的财务状况和经营成果。

中建投信托股份有限公司

1.重要提示

1.1 本公司董事会及董事保证本报告所载资料不存在任何虚假记载、误导性陈述或者重大遗漏,并对其内容的真实性、准确性和完整性承担个别及连带责任。

1.2 独立董事钱毅、严宁声明:保证本年度报告的内容真实、完整、准确。

1.3 董事长刘功胜、总经理谭硕、主管会计工作负责人自晓佳及计划财务部负责人周志祥声明:保证本年度报告中财务会计报告的真实、完整、准确。

2.公司概况

2.1 公司简介

中建投信托股份有限公司的前身是浙江省国际信托投资公司。浙江省国际信托投资公司创建于1979年8月,1983年12月经中国人民银行批准成为非银行金融机构,是国内最早经营信托投资业务的公司之一。2002年6月,公司更名为"浙江省国际信托投资有限责任公司",成为浙江省首家获准重新登记的信托公司。

2007年3月,中国建银投资有限责任公司收购浙江省国际信托投资有限责任公司原股东持有的全部股权。2007年11月,经原中国银监会(现更名为中国银保监会,下同)批准,浙江省国际信托投资有限责任公司更名为中投信托有限责任公司,注册资本为5亿元。2010年1月,公司股东中国建银投资有限责任公司对公司增资,公司注册资本增至15亿元。2013年6月,经原中国银行业监督管理委员会浙江监管局(现更名为中国银行保险监督管理委员会浙江监管局,下同)批复同意,公司更名为中建投信托有限责任公司。2013年10月,经中国银行业监督管理委员会浙江监管局批复同意,公司英文名称更名为"JIC Trust Co., Ltd.",英文名称简称更名为"JIC Trust"。

2013年12月,经中国银行业监督管理委员会浙江监管局批复同意,公司注册资本增至16.6574亿元。其中:中国建银投资有限责任公司出资金额为15亿元,持有公司90.05%的股权;建投控股有限责任公司出资金额为1.6574亿元,持有公司9.95%的股权。2014年1月,公司在浙江省工商行政管理局完成工商登记变更手续,领取新的营业执照。2014年12月,经中国银行业监督管理委员会浙江监管局批复同意,公司住所变更为浙江省杭州市教工路18号世贸丽晶城欧美中心1号楼(A座)18—19层C、D区及1层C区103、105室。

2018年4月,经中国银行业监督管理委员会浙江监管局批复同意,公司更名为中建投信托股份有限公司,注册资本增至50亿元。增资后,各股东持股比例保持不变。公司住所变更为杭州市教工路18号世贸丽晶城欧美中心1号楼(A座)18—19层C、D区。2018年5月,公司在浙江省工商行政管理局完成工商登记变更手续,领取新的营业执照。

中文名称	中建投信托股份有限公司
英文名称	JIC Trust Co. Ltd.
英文名称简称	JIC Trust
法定代表人	刘功胜
注册地址	杭州市教工路18号世贸丽晶城欧美中心1号楼(A座)18—19层C区、D区
邮政编码	310012
国际互联网网址	http://www.jictrust.cn/
电子信箱	gs_zh@jictrust.cn
负责信息披露的高管	谭硕
负责信息披露联系人	朱智跃
联系电话	0571-89891700
传真	0571-89891517
电子信箱	zhuzhiyue@jictrust.cn
公司信息披露报纸名称	《上海证券报》
年度报告备置地点	中建投信托股份有限公司综合办公室
聘请的会计师事务所及住所	安永华明会计师事务所(特殊普通合伙) 住所:北京市东城区东长安街1号东方广场安永大楼16层
聘请的律师事务所及住所	浙江天册律师事务所 住所:浙江省杭州市杭大路1号黄龙世纪广场A座11楼

2.2 组织结构

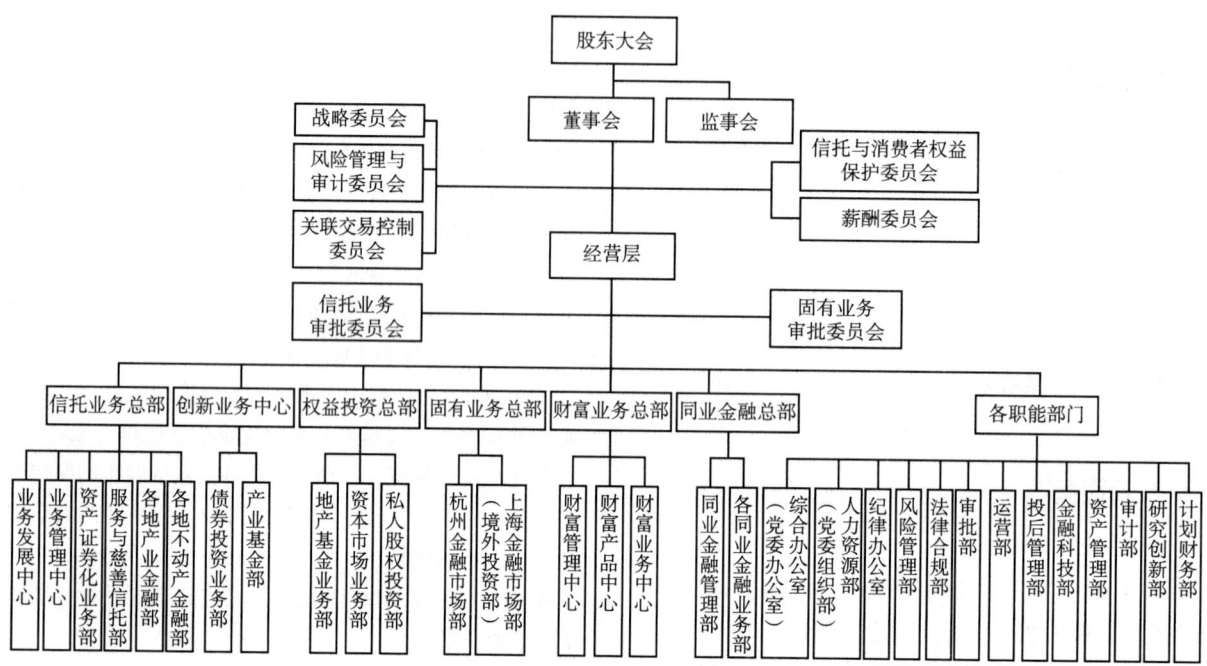

3. 公司治理

3.1 公司治理结构

3.1.1 公司股东

报告期末，公司股东数为2家，详情如下表所示。

股东名称	持股比例（%）	法人代表	注册资本（万元）	注册地址	主要经营业务及主要财务情况
★中国建银投资有限责任公司	90.05	董弑	2 069 225	北京市西城区闹市口大街1号院2号楼7—14层	投资与投资管理；资产管理与处置；企业管理；房地产租赁；咨询 2021年，中国建投实现合并营业收入139亿元，归属于母公司净利润45.89亿元
建投控股有限责任公司	9.95	万建发	200 000	北京市西城区宣武门外大街8号楼3层301—2330	项目投资；投资管理；酒店管理；房地产开发；物业管理；企业咨询；设备租赁 2021年，建投控股实现合并营业收入15.58亿元，归属于母公司净利润0.62亿元

报告期末，报告期末主要股东关联方名单如下表所示。

股东名称	关联方名单
中国建银投资有限责任公司	中央汇金投资有限责任公司、建投投资有限责任公司、建投嘉昱（上海）投资有限公司、中建投信托股份有限公司、中建投租赁股份有限公司、建投控股有限责任公司、建投华文投资有限责任公司、建投华科投资股份有限公司、国泰基金管理有限公司、中国投资咨询有限责任公司、中国建投（香港）有限公司、中投财富辛卯（天津）创业投资合伙企业（有限合伙）、江苏中比欧洲科创产业基金（有限合伙）、中万宏源集团股份有限公司、上海银行股份有限公司、西南证券股份有限公司、安徽江淮汽车股份有限公司、麦克奥迪（厦门）电气股份有限公司、Nature's Care Holdings Pty Limited、中安网脉（北京）技术股份有限公司、南京莱斯信息技术股份有限公司、瑞能半导体科技有限公司、上海医药大健康云商股份有限公司、北京时代凌宇科技股份有限公司、西安向阳航天材料股份有限公司、新星出版社有限责任公司、中粮（北京）农业产业股权投资基金（有限合伙）、江苏龙蟠石化有限公司、Bright Food Global Distribution Company Limited、建银国际医疗产业股权投资有限公司、中央汇金投资有限责任公司旗下公司
建投控股有限责任公司	中国建银投资有限责任公司、厦门建投建业资产管理有限公司、天津建投嘉昱物业服务有限公司、青海建银宾馆业有限公司、武汉建银房地产开发有限责任公司、常州市建投经济发展有限公司、北京金虹达航空机票代售中心、建投嘉昱置地股份有限公司、建投嘉昱实业投资发展有限公司、建投嘉昱置业股份有限公司、建投嘉浩（天津）股权投资基金管理有限公司、建银饭店有限公司、建投享老有限公司、上海嘉投长健院管理有限公司、陕西建苑大厦、无锡嘉投酒店有限公司、中建投信托有限公司、中国建设银行股份有限公司、中建投租赁有限公司、建投咨询有限责任公司、北京建投科信科技发展股份有限公司、中建投融资租赁（上海）有限公司、建投嘉昱（上海）投资有限公司、中国投资咨询有限公司、西安建投产业发展有限公司、建投数据科技股份有限公司、建投华科投资股份有限公司

报告期内，公司股东均未在公司股权设置任何抵质押或其他第三方权益。

3.1.2 董事、董事会及其专门委员会

董事长、董事

姓名	职务	性别	年龄（岁）	选任日期	所推举的股东名称	该股东持股比例(%)	简要履历
刘功胜	董事长	男	54	2020年8月	中国建银投资有限责任公司	90.05	曾任职于中国建银投资有限责任公司、建投控股有限责任公司、中投科信科技股份有限公司、中国投资咨询有限责任公司。现任中建投信托股份有限公司党委书记、董事长
谭硕	董事	男	50	2018年8月	中国建银投资有限责任公司	90.05	曾任职于中国建设银行等。现任中建投信托股份有限公司党委委员、董事、总经理
王勇华	董事	男	42	2017年12月至2021年10月	中国建银投资有限责任公司	90.05	曾任职于中国出口信用保险公司、中国建银投资有限责任公司、中投科信科技股份有限公司。现任中建投信托股份有限公司董事会秘书、副总经理
李纪军	董事	男	56	2021年12月	中国建银投资有限责任公司	90.05	曾任职于中国建设银行、中投科信科技股份有限公司、中国建银投资有限责任公司。现任中建投信托股份有限公司董事
李昇	董事	男	48	2019年9月	中国建银投资有限责任公司	90.05	曾任职于中国建设银行。现任中国建银投资有限责任公司财务资金部副总经理、金融市场投资部经理，中建投信托股份有限公司董事
刘原	董事	男	47	2020年9月至2021年10月	建投控股有限责任公司	9.95	曾任职于永恒商贸（悉尼）公司、北京普华永道中天会计师事务所、中国建银投资有限责任公司。2020年9月至2021年10月，任中建投信托股份有限公司董事
王进	董事	男	47	2021年12月	建投控股有限责任公司	9.95	曾任职于中国建设银行、中国建银投资有限责任公司、中国投资咨询有限责任公司。现任建投控股有限责任公司副总经理，中建投信托股份有限公司董事

独立董事

姓名	职务	性别	年龄（岁）	选任日期	所推举的股东名称	该股东持股比例（%）	简要履历
钱毅	独立董事	男	65	2017年12月	中国建银投资有限责任公司	90.05	曾任职于湖北财经学院、中南政法学院、中国工商银行。现任中建投信托股份有限公司独立董事
严宁	独立董事	男	64	2017年12月	中国建银投资有限责任公司	90.05	曾任职于中国银行、中国农村信托投资公司、中国投资银行、国家开发银行、中信银行等。现任中建投信托股份有限公司独立董事

职工董事

姓名	职务	性别	年龄（岁）	选任日期	所推举的股东名称	该股东持股比例（%）	简要履历
陈枫	职工董事	女	39	2017年12月至2021年11月	—	—	曾任职于中国银行、上海国际信托有限公司，中建投信托股份有限公司风险管理部。2017年12月至2021年11月任中建投信托股份有限公司职工监事
孟世欣	职工董事	女	47	2021年12月	—	—	曾任职于黑龙江通讯软件工程局、浙江省国际信托投资有限责任公司、中投信托有限责任公司，现任中建投信托股份有限公司党委组织部部长、人力资源部总经理，职工董事

董事会专门委员会

董事会下属委员会名称	职责	组成人员姓名	职务
战略委员会	1.研究国家经济金融政策变化和行业发展趋势等对公司经营、业务发展等的影响；2.组织拟订公司发展规划，对公司年度经营计划提出建议；3.组织评估公司发展规划执行情况；4.组织拟订公司数据治理战略规划，评估规划执行情况，对数据治理相关的重大事项提出建议；5.董事会授权的其他事宜	刘功胜	主任委员
		谭硕	委员
		李纪军	委员
		王进	委员
		钱毅	委员
信托与消费者权益保护委员会	1.审议公司信托业务发展规划，提出意见和建议；2.对公司依法履行受托人职责情况进行督促，提出改进意见和建议；3.当公司或公司股东利益与受益人利益的冲突时，确保优先保障受益人利益；4.审议消费者权益保护工作计划、工作报告等事项，指导开展消费者权益保护相关工作；5.董事会授权的其他职责	严宁	主任委员
		谭硕	委员
		李昇	委员

续表

董事会下属委员会名称	职责	组成人员姓名	职务
风险管理与审计委员会	1.根据公司发展战略，制订、审核公司风险管理工作规划，评价公司战略目标和经营计划所涉及的风险因素，并向董事会提出建议；2.定期审核、评议风险管理政策，促进风险管理政策的合法合规和及时有效；3.从风险控制角度，监督公司各项规章制度的执行情况，并对公司重大经营决策进行风险预测和评价；4.审阅公司风险管理工作报告，对风险管理工作提出改善意见和建议；5.审核、批准公司的风险控制流程与风险计量模型和方法的监测、调整等相关工作；6.监督公司合规管理的有效实施，了解合规政策实施情况和存在问题，并向董事会提出建议；7.审阅公司年度合规管理工作计划及年度合规管理报告；8.审阅公司反洗钱工作年度报告和反洗钱基本制度，了解重大洗钱风险事件及处理情况，并向董事会提出洗钱风险管理建议；9.审核、评议公司年度审计工作规划；10.负责对公司内部审计制度的有效性及其执行情况进行监督；11.负责内部审计与外部审计之间的沟通与协调；12.提议聘请或更换外部审计机构；13.董事会授权的其他事宜	钱毅	主任委员
		李纪军	委员
		严宁	委员
薪酬委员会	1.研究、拟订董事及高级管理人员业绩考核办法和薪酬管理办法并提交董事会；2.研究并提出董事和高级管理人员的年度薪酬方案，依据公司高级经营管理人员的业绩，拟订薪酬及奖惩建议方案并提交董事会；3.监督董事及高级管理人员薪酬制度与奖惩制度的执行情况；4.董事会授权的其他事宜	严宁	主任委员
		李纪军	委员
		孟世欣	委员
关联交易控制委员会	1.接受公司关于关联方名单及其更新的备案；2.审查和批准关联交易；3.审议批准公司经营管理层关于关联交易管理的年度报告；4.听取内外部审计机构关于公司关联交易的审计报告；5.董事会授权的其他事宜	钱毅	主任委员
		严宁	委员
		孟世欣	委员

3.1.3 监事、监事会

监事会成员

姓名	职务	性别	年龄（岁）	选任日期	所推举的股东名称	该股东持股比例(%)	简要履历
崔建	监事会主席	男	56	2018年3月至2021年10月	中国建银投资有限责任公司	90.05	曾任职于中国建设银行、中国建银投资有限责任公司。2018年3月至2021年11月任中建投信托股份有限公司监事会主席
张毅	监事会主席	男	49	2021年10月	中国建银投资有限责任公司	90.05	曾任职于中国建设银行、中国建银投资有限责任公司、建投股份有限责任公司、建投华科投资股份有限公司。现任中建投信托股份有限公司纪委书记、监事会主席
梁家琦	监事	男	39	2017年12月	中国建银投资有限责任公司	90.05	曾任职于毕马威会计师事务所、昆吾九鼎投资管理有限公司。现任中国建银投资有限责任公司审计部审计二处处长、中建投信托股份有限公司监事
李爱玲	监事	女	46	2017年12月至2021年10月	建投控股有限责任公司	9.95	曾任职于山东莱芜市经济技术协作办公室、山东莱芜市招商局、中华财务咨询有限公司，建投控股有限责任公司。2017年12月至2021年11月，任中建投信托股份有限公司监事
张晓凯	监事	女	34	2021年10月	建投控股有限责任公司	9.95	曾任职于建嘉昱事业投资发展股份有限公司，现任建投控股有限责任公司资金财务部副总理、中建投信托股份有限公司监事
谢悦	职工监事	女	50	2017年12月至2021年11月	—	—	曾任职于浙江省水利水电高等专科学校、浙江省国信集团、浙江省国际信托投资有限责任公司，中建投信托股份有限公司法律合规部。2017年12月至2021年10月，任中建投信托股份有限公司职工监事
张红文	职工监事	男	39	2021年11月	—	—	曾任职于上海源泰律师事务所、兴业证券股份有限公司，现任中建投信托股份有限公司法律合规部总经理、职工监事
袁路	职工监事	男	38	2017年12月至2021年12月	—	—	曾任职于工信部软件与集成电路促进中心、Intel（上海）技术开发有限公司，中建投信托股份有限公司研究创新部。2017年12月至2021年11月，任中建投信托股份有限公司职工监事
王嘉宇	职工监事	女	37	2021年12月	—	—	曾任职于普华永道中天会计师事务所、杭州宋都房地产集团有限公司、浦发银行，现任中建投信托股份有限公司审计部副总经理、职工监事

注：本届监事会未设下属委员会。

3.1.4 高级管理人员

高管层

姓名	职务	性别	年龄（岁）	选任日期	金融从业年限（年）	学历	专业	简要履历
谭硕	总经理	男	50	2018年11月	29	博士	经济学	曾任职于中国建设银行等。现任中建投信托股份有限公司党委委员、董事、总经理
自晓佳	副总经理	女	50	2021年11月	14	硕士	会计学	曾任职于中国建设银行、中国建银投资有限责任公司。现任中建投信托股份有限公司党委委员、副总经理、工会主席
王勇华	副总经理	男	42	2021年12月	9	博士	法学	曾任职于中国出口信用保险公司、中国建银投资有限责任公司、中投科信科技股份有限公司。现任中建投信托股份有限公司党委委员、董事会秘书、副总经理
余海	副总经理	男	47	2013年3月至2021年8月	22	硕士	国际银行及金融学	曾任职于中信银行、平安信托。因个人原因离职，已于2021年8月不再担任中建投信托股份有限公司副总经理
张昳	副总经理[1]	男	50	2013年12月至2021年12月	29	本科	金融学	曾任职于浙江省国际信托投资公司
侯春枫	首席风险官[2]	男	48	2015年12月至2021年8月	24	硕士	工商管理	曾任职于中国建设银行、金信信托等
高峻峰	总经理助理	男	45	2018年7月至2021年12月	15	硕士	工商管理	曾任职于中粮集团、平安信托等。因个人原因离职，已于2022年1月起不再担任中建投信托股份有限公司总经理助理
邱旭天	总经理助理	男	42	2018年7月至2021年9月	23	硕士	金融学	曾任职于中国建设银行、招商银行、中国民生银行。因个人原因离职，已于2021年9月起不再担任中建投信托股份有限公司总经理助理

注：1. 经中建投信托股份有限公司第一届董事会第三十七次会议审议通过，自2022年1月1日起，张昳不再担任公司副总经理。
2. 经中建投信托股份有限公司第一届董事会第三十四次会议审议通过，自2021年8月27日起，侯春枫不再担任公司首席风险官。

3.1.5 公司员工

项目		2021年度		2020年度	
		人数（人）	比例（%）	人数（人）	比例（%）
年龄分布	25岁以下	3	0.77	8	1.87
	25—29岁	37	9.49	53	12.35
	30—39岁	275	70.51	309	72.03
	40岁以上	75	19.23	59	13.75
学历分布	博士	11	2.82	10	2.33
	硕士	205	52.57	219	51.05
	本科	166	42.56	189	44.06
	专科	8	2.05	10	2.33
	其他	0	0	1	0.23
岗位分布	董事、监事及高管人员	7	1.79	11	2.56
	自营业务人员	8	2.05	10	2.33
	信托业务人员	120	30.77	124	28.91
	其他人员	255	65.39	284	66.20

4. 经营管理

4.1 经营目标、方针、战略规划

4.1.1 经营目标

按照资本实力强、风控能力强、管理规范的总体目标，推动建设有质量、有特色、有品牌的资产管理平台。

公司坚守"受人之托、忠人之事"定位，积极践行金融工作三大任务，做好"六稳"工作，落实"六保"任务，提高政治站位，服务发展大局，增强风险防控能力，履行使命担当，不断提升受托服务质量和水平，坚定不移推进高质量转型发展。

4.1.2 经营方针

稳健经营。以高质量发展为中心，坚持稳健经营和质量优先，把握好稳增长与防风险的关系，保持经营发展稳健向好。

转型发展。坚守信托本源，深化受托服务，在资产管理、财富管理与服务信托等领域，拓展投资渠道，丰富资产配置，优化业务结构，履行国企担当。

文化培育。以受益人合法利益最大化为公司最高价值取向，以依法合规守信和恪守受托义务为行事准则，以服务实体经济、满足民生需要、推动社会进步为使命，树立信托文化品牌。

4.1.3 战略规划

以高质量发展为中心，坚持稳健经营和质量优先，牢牢守住不发生重大金融风险的底线。坚定不移推进信托业务转型步伐，聚焦细分产业，优化业务结构，完善

综合金融服务，推动建设有质量、有特色、有品牌的资产管理平台，实现做优做强。

4.2 所经营业务的主要内容

4.2.1 自营资产运用与分布表

资产运用	金额（万元）	占比（%）	资产分布	金额（万元）	占比（%）
货币资产	279 938.14	22.49	基础产业	1 665.45	0.13
贷款及应收款	78 238.50	6.28	房地产业	50 002.84	4.02
交易性金融资产	616 375.04	49.51	证券市场	185.39	0.01
债权投资	139 859.81	11.23	实业	—	—
长期股权投资	7 216.06	0.58	金融机构	935 481.66	75.14
其他	123 337.55	9.91	其他	257 629.76	20.70
资产总计	1 244 965.10	100.00	资产总计	1 244 965.10	100.00

4.2.2 信托资产运用与分布表

资产运用	金额（万元）	占比（%）	资产分布	金额（万元）	占比（%）
货币资产	261 250.54	1.52	基础产业	1 510 222.87	8.77
贷款	5 022 875.27	29.17	房地产	3 404 497.05	19.77
交易性金融资产	221 902.47	1.29	证券市场	1 381 761.18	8.03
可供出售金融资产	4 998 496.13	29.03	实业	741 272.33	4.31
持有至到期投资	891 139.51	5.18	金融机构	1 256 425.57	7.30
长期股权投资	492 997.32	2.86	其他	8 922 789.64	51.82
其他	5 328 307.40	30.95	—	—	—
信托资产总计	17 216 968.64	100.00	信托资产总计	17 216 968.64	100.00

4.3 市场分析

4.3.1 有利因素

目前国家经济发展平稳，国家发展仍然处于重要战略机遇期。当前深入实施"双碳"及共同富裕等国家战略，给公司发展带来了良好的市场机遇。

金融供给侧结构性改革持续推进，金融法治持续强化，反垄断和防止资本无序扩张进一步被强调，金融创新在审慎前提下进行。

资管新规过渡期安排持续稳妥推进，信托行业的监管体系、保障体系和业务分类体系日益完善，信托文化建设进一步加强。监管引导不断加强，转型方向进一步明晰。

4.3.2 不利因素

近年来，国际经济秩序格局继续变化，叠加外部冲突及新冠肺炎疫情影响，全球经济环境更加严峻复杂。

国内经济面临的风险压力持续存在，在经济转型和结构调整过程中，一些区域性、行业性的风险问题仍将持续暴露。

随着金融供给侧结构性改革稳步推进，房地产等产业领域依然面临严格监管。同时，在市场环境和监管政策环境不断调整的背景下，信托公司在转型期发展不确定性增大。

4.4 内部控制

4.4.1 内部控制环境和内部控制文化

公司治理结构完善，建立了各项决策、执行、监督和激励约束机制，形成了股东大会、董事会、监事会、经营层各负其责、有效制衡、协调运作的公司治理体系。为防范各类风险，内部机构设置健全，前、中、后台各部门权责明晰，已建立风险、合规、运营、财务、审计等多部门联动的内部控制格局和风险隔离机制。

公司高度重视企业内控文化的建设，以合规、稳健和专业化经营为基本原则，秉承"诚信为本，合规经营"的核心理念，发挥信托制度优势，提升资产管理能力和风险管理能力，积极构建资本充实、内控严密、管理规范、具有较强发展能力和竞争能力的专业信托机构。

4.4.2 内部控制措施

4.4.2.1 流程控制

公司内部控制流程分为前台业务部门、中台风控部门、后台职能支持三大模块，实行前、中、后台分离原则。内部控制制度覆盖公司业务全流程，前台部门按照公司各项业务受理、审查和操作规程开展业务，实现内控流程的前端落实；中台部门以公司风险偏好和业务指引为准绳，对业务进行决策和事中控制，做好项目存续期间风险的动态监控；后台部门以公司内控制度和流程管理为遵循，对各项业务和经营活动进行维护和支持，实现内控流程的后端控制。

4.4.2.2 组织控制

公司严格按照法律法规及监管要求，建立了组织架构完善、权责清晰、分工明确的内部控制体系。公司董事会负责内部控制的建立健全和有效实施，下设战略、信托与消费者权益保护、风险管理与审计、薪酬及关联交易控制等专门委员会，协助董事会履行职责。监事会负责对董事会建立与实施的内部控制进行监督。

2021年，公司持续优化组织架构和部门职责分工。加强财富业务总部垂直穿透一体化管理，优化财富业务管理体系，推动财富管理专业化和客户服务体系升级。优化运营部职责，构建高效集约运营管理模式，提升部门职能定位与公司战略实施的适配性。

4.4.2.3 制度控制

公司建立较为系统、完善的内控制度体系，覆盖主要业务领域及管理事项，保障内部管理的规范性和业务发展的合规性。根据法律法规、监管规定、内部经营管理实际等要求，推动制度体系更新迭代。2021年，公司系统化开展制度管理体系优化，重点强化风险管理制度建设，加强负面清单、集中度限额控制、客户准入和评级等重点领域制度规范，建立健全创新业务相关制度，提升制度体系的规范性、完整性及有效性。

4.4.3 信息交流与反馈

4.4.3.1 完整的报告体系

公司建立有多层次、多途径的报告体系，通过划分部门和人员职责、确立清晰完整的报告线路，明确员工、部门负责人、经营层、董事会和监事会的职责范围及报告路径。

4.4.3.2 信息交流与共享平台的搭建

公司通过OA平台、综合业务系统、CRM系统、财务管理系统等电子化信息交流渠道，建立综合管理信息技术系统，实现"统一平台、信息共享、操作简便、安全高效"的管理目标，保障公司董事会和经营层及时了解和掌握公司的经营和内控情况。

4.4.3.3 外部信息共享机制

公司建立有多渠道的信息披露机制，通过官方网站、客户APP、微信公众号等发布公告或书面文件等方式，畅通与委托人、受益人及社会公众的信息沟通与交流。

4.4.3.4 监管信息沟通机制

公司通过定期报告、临时报告、事前报备、信托计划成立报告、非现场监管报告等方式，及时向监管部门报告公司相关信息，认真落实监管部门政策要求，建立良好的监管信息交流体系。

4.4.4 监督评价与纠正

公司持续推进大监督体系建设，通过建立监督工作联席会议制度，整合纪检、组织、审计等部门的监督资源，实现信息共享，凝聚监督合力。监事会负责监督董事会、董事、高级管理人员的履职情况，检查、监督公司的财务活动；纪检部门以巡查整改为契机，将政治监督、专项监督和日常监督统筹安排、一体推进，精准用好执纪问责，强化纪律规矩和制度刚性约束；审计部以风险为导向独立行使监督评价职能，通过常规审计与专项审计相结合的方式，持续对各类经营管理活动进行监督评价，对管理人员实施经济责任审计，对内控的健全有效性开展专项审计，注重问题的整改跟踪，确保审计建议的有效落实。

4.5 风险管理

4.5.1 风险管理概况

公司坚持"规范经营、稳健发展"的风险合规理念，持续加强全面风险管理，建立组织架构健全、权责边界清晰的风险治理体系，构建"三层式"风险管理组织架构，并在此基础上建立风险管理三道防线，涵盖对主要类别风险的识别评估、监测报告、应对处置。

报告期内，公司深入贯彻落实党中央国务院决策部署，坚决打好防范化解重大风险攻坚战。紧密围绕"防风险、促转型、夯基础"的工作总目标，严格落实上级单位"1+N"风险管理要求，持续深化全面风险管理体系建设，大力推进风险资产的防范化解。

4.5.1.1 公司经营活动中可能遇到的风险

包括：信用风险、市场风险、流动性风险、操作风险、法律合规风险、声誉风险、战略风险等。

4.5.1.2 风险管理的基本原则与政策

公司全面风险管理坚持全面性、独立性、协调性、有效性和适时性原则，以现代化治理理念为指导，以建立完善的风险管理机制为目标，以"去存量、遏增量、防变量"为重点，持续优化管理策略，引入先进技术工具，实现风险有效控制与业务转型发展的协调统一。

4.5.1.3 风险管理组织结构与职责划分

公司构建科学有效、职责清晰的风险管理组织架构，建立以董事会（下设风险管理与审计委员会）、监事会，经营层，风险管理职能部门为主的自上而下三层式风险管理架构，并在此基础上构建以业务条线、风险条线、审计条线为主的风险管理三道防线。

风险管理与审计委员会作为董事会授权的风险管理和审计监督机构，主要负责：制订、审核、评估风险合规管理政策；监督规章制度执行情况；审阅风险合规管理工作报告；审核、评议审计工作规划；监督审计制度有效性及其执行情况等。

风险管理职能部门是公司全面风险及专项风险的主要管理部门。报告期内，公司持续优化风险管理职能部门组织架构，加强风险条线管理主动性和专业化分工。

风险管理部是公司履行全面风险管理职责的牵头部门，负责组织推动各专项风险主责部门就各类风险进行识别、评估、监测、计量、应对、处置及报告，主责信用风险、市场风险等专项风险，拟定相关风险政策和管理程序，落实风险管理要求。

法律合规部是公司法律合规风险的主责部门，负责合规风险政策和程序的拟订、适当性评估，以及内控管理机制的评估与优化等。

审批部是公司信托和固有业务审批工作的牵头部门，负责建立审议机制、拟定审批制度，以及组织会议、审核材料、落实意见、监管报审等相关工作。

投后管理部是公司操作风险的主责部门，负责拟订项目投后管理规章制度，落实公司操作风险管理机制建设，具体实施项目投后管理工作。

运营部是公司基础运营工作的执行部门，负责落实包括面签核保、收贷收息、档案管理、信息披露、信托登记管理、信托会计核算、征信数据报送与查询等相关工作。

资产管理部是公司特殊资产业务的归口管理部门，负责推动特殊资产的处置化解及相关管理机制的建立。

审计部是公司内部审计工作的主责部门，负责对公司经营活动进行全面审计以及对公司内控管理、风险管理的健全性和有效性进行评价及分析，并提出整改建议。

4.5.2 风险状况

2021年，国内需求收缩、供给冲击、预期转弱的三重压力依旧显著，国际环境更加趋于复杂严峻和不确定。叠加新冠肺炎疫情反复和金融监管加码，市场整体风险持续积聚。信托行业监管主基调依旧严字当头，资管新规过渡期正式结束，"两压一降"工作持续推进，信托公司依旧面临风险防范和业务转型双重压力。

4.5.2.1 信用风险状况

信用风险是指由于投资对象、交易对手等违约或履约能力发生不利变化，而造成的公司资产价值损失的风险。报告期内，部分交易对手风险暴露，公司总体信用风险防控压力有所上升。

4.5.2.2 市场风险状况

市场风险是指利率、汇率、股价和商品价格等市场因素变动，而导致公司资产价值损失的风险。报告期内，公司房地产业务受市场政策调控承压明显，证券投资业务项下产品业绩出现一定波动。

4.5.2.3 流动性风险状况

流动性风险是指公司虽有清偿能力，但无法及时获得或者无法以合理成本获得充足资金，以偿付到期债务、履行其他支付义务和满足正常业务开展所需资金的风险。

报告期内，公司未发生重大流动性风险事件。

4.5.2.4 操作风险状况

操作风险是指由于人为错误、流程缺陷或不利的外部事件等，造成公司资产价值或声誉损失的风险。报告期内，公司未发生重大操作风险事件。

4.5.2.5 法律合规风险状况

法律合规风险是指公司或员工的经营管理行为，违反有关法律、国际条约、监管规定、行业准则、商业惯例、道德规范或公司依法制定的章程及规章制度等，遭受法律制裁、监管处罚、重大财产损失或声誉损失以及其他负面影响的风险。报告期内，浙江银保监局对公司出具《行政处罚决定书》，对公司贷前贷后审查不严导致大额信托贷款资金回流借款人他行账户并最终导致贷款资金用途与信托贷款合同约定不一致，未按照相关监管规定准确反映信托业务风险状况的情况作出行政处罚，合计罚款人民币75万元，并对时任首席风险官侯春枫予以警告并处罚款5万元。

4.5.2.6 其他风险状况

除以上五类风险外，公司还可能面临的风险包括战略风险、声誉风险及信息技术风险等。报告期内，公司战略规划稳步推进，舆情事件妥善应对，信息系统正常运行。

4.5.3 风险管理策略

针对公司经营过程中可能存在的各类风险，结合全面风险管理体系建设工作，在充分反映风险偏好、风险状况以及市场环境变化的前提下，公司持续完善风险管理策略和防范控制措施。

报告期内，公司坚持稳健审慎的风险偏好，大力夯实风险抵御能力，主动调整风险管理策略，积极应对内外部压力。针对经营过程中可能存在的各类风险，公司结合全面风险管理体系建设目标，不断提升重点业务领域风险管控水平，加大风险管理技术工具的探索运用；进一步优化项目存续期管控机制，明确落实投后管控要点；持续提升风险防范意识，培育全员风险合规文化。

4.5.3.1 信用风险管理策略

2021年，公司重点从制度建设、管控机制及管理工具等方面强化信用风险防控。

在制度建设层面，公司深入贯彻上级单位"1+N"风险管理要求，重点提升信用风险领域制度体系完备性。制定或修订《内部信用评级管理办法》《负面清单管理指引》《集中度风险限额控制指引》等专项风险管理办法，强化信用风险管理制度保障。

在管控机制层面，公司不断夯实风险监测和排查机制。坚持稳健审慎的风险态度，明确各专项风险偏好限额指标，按月开展风险偏好指标监测工作；进一步加大风险排查工作频次和力度，在常态化排查机制基础上，针对重点业务领域密切开展专项排查，夯实第一还款来源，强化项目期间管理和现场管理，扎实做好信用风险防范。

在管控工具层面，公司持续深化信用评级、集中度授信及负面清单等管理工具的应用。根据房地产市场最新情况，开展地产客户信用评级重估，从严制定交易对手准入标准，并完成城投评级模型的构建；完善集中度限额指标，根据信用评级重估结果，重新测算房地产客户授信额度；建立并动态更新负面清单，细化制定二级管理清单，强化项目风险源头管理。

4.5.3.2 市场风险管理策略

公司涉及市场风险的业务主要为房地产及证券投资业务，主要通过调整业务策略、加强风险研判等手段，切实防范市场风险。

针对房地产业务，公司坚定不移推动业务结构调整，加大重点区域市场监测，防范房地产市场风险冲击。公司持续强化行业限额管理，逐步压降房地产信托业务规模及占比。

针对证券投资业务，公司着力开展市场研判和策略研究，积极搭建证券产品综合评价体系；定期召开宏观与大类资产配置研究会议，对宏观经济走势、货币市场及资本市场趋势进行研判；加大不同策略资产组合的研发和配置，并基于市场趋势预期，实施动态管理；按日监测投资标的市值，加强预警管理，防范市场波动风险。

4.5.3.3 流动性风险管理策略

报告期内，公司持续优化流动性指标监测，重点加强流动性应急管理，防范流动性风险事件的发生。

在常态化管控中，公司通过头寸管理、指标监控及压力测试等多种手段，不断优化表内外流动性风险管理框架。具体管控手段上，公司建立日常头寸余额监测机制，逐日登记头寸，每周汇报流动性风险水平，按月开展流动性压力测试，合理预见各种可能出现的风险。

为应对可能出现的资金缺口，公司持续完善流动性风险应急管控机制，修订流动性应急预案，定期开展突发事件应急演练，并做好复盘总结。

4.5.3.4 操作风险管理策略

2021年，公司不断完善操作风险管控机制，持续强化业务全流程管控，切实提升全员操作风险管理意识。

管控机制上，公司重点加强操作风险事项管理，制定管理指引，明确管控标准，并建立专员报送机制，持续开展操作风险事项的汇总、分析和跟踪落实整改。

操作规范上，公司持续夯实重点业务全流程管控，开展资产证券化及债券业务复盘，评估全流程管理有效性，提升重点环节操作规范性。

教育宣贯上，公司开展操作风险专项培训，强化操作风险事项报送，落实操作风险管控在考核中的应用，提升全员操作风险管理意识。

4.5.3.5 法律风险管理策略

报告期内，公司全面优化制度体系，重点加强合规引领，提升全员合规意识。

在管控制度方面，公司开展制度管理体系全面优化工作，稳步推进业务及风险管理制度"废改立"；完成制度管理信息系统上线，持续完善制度分层分类查询及展示等功能。

在引领业务方面，公司深化创新业务合规专题研究，以研究成果引领、指导业务转型和风险防控；针对具体创新业务审批，公司持续优化合规管控手段，明确合规要点，加强合规意见跟踪管理。

在合规意识方面，公司积极推进风险合规文化建设，系统开展"内控合规管理建设年"专项活动，开展内控合规问题自查自纠，密切跟踪落实整改。

4.5.3.6 其他风险管理策略

针对其他专项风险，公司持续完善管控策略，不断升级管控措施。强化战略管理，明确制定2021—2025年战略规划，扎实推进稳步执行；优化声誉风险管控机制，提升舆情应对处置专业化管理能力；加强信息安全建设，加大数据系统建设投入。

4.6 企业社会责任

公司秉承"价值创造、以人为本、和谐发展"的社会责任理念，立足发展中各利益相关方的普遍诉求，积极服务经济发展、产业转型、结构升级与社会进步的可持续发展大局，致力实现企业发展、员工发展、社会发展的和谐统一。

回归信托本源，积极履行企业发展责任。公司积极服务国家战略，围绕国家重大区域发展战略提供资金合计126亿元。积极提升资本运营和资产经营能力，截至2021年末，公司（母公司）总资产124.50亿元，较好地实现了国有资产保值增值。发挥信托制度优势，积极服务实体经济，落实"六稳""六保"，不断拓展中小企业融资渠道，降低企业融资成本。

坚持以人为本，认真履行员工发展责任。公司全面优化重塑人力资源体系，拓宽员工职业发展通道，优化完善薪酬考核体系，建立内部人才市场，构建和谐劳动关系。广泛开展员工关爱活动，连续5年组织实施"员工入司周年"（星辰计划）文化纪念活动，推动和提升企业文化凝聚力，培育共商共建共享共担企业文化。

多措并举，保护金融消费者合法权益。2021年，公司认真落实消费者权益保护主体责任，完善消费者权益保护体制机制建设，修订完善《消费者权益保护管理办法》《消费投诉处理实施细则》等管理制度，健全消费者权益保护全流程管控机制，强化完善个人信息保护工作。积极响应监管号召，开展"3·15"宣传周、金融知识普及万里行等宣教活动，并结合"正直力量 诚信信托"主题，通过专家反诈骗直播"金融知识进社区""金融知识进校园"等宣教活动，普及宣传信托文化，强化投资风险意识，提升消费者金融素养，积极履行社会责任。重视客户服务质效，积极回应客户诉求，妥善办结消费投诉6起，持续优化完善产品设计、信息披露、客户服务等工作。

践行社会公益，积极履行社会发展责任。公司充分发挥信托制度优势，2021年新增慈善信托项目5单，合计管理规模1 174.39万元。截至2021年末，公司设立的慈善信托项目涵盖扶贫、防汛抗灾、教育、关爱儿童、环境保护、抗击疫情等领域，充分践行《慈善信托管理办法》中五大慈善目的，助力推动公益慈善事业可持续发展。

5. 2021年度及2020年度的比较式会计报表

5.1 自营资产

5.1.1 会计师事务所审计意见全文

审计报告

安永华明〔2022〕审字第61316039_A01号
中建投信托股份有限公司董事会：

一、审计意见

我们审计了中建投信托股份有限公司的财务报表，包括2021年12月31日的合并及公司资产负债表，2021年度的合并及公司利润表、所有者权益变动表和现金流量表以及相关财务报表附注。

我们认为，后附的中建投信托股份有限公司的财务报表在所有重大方面按照企业会计准则的规定编制，公允反映了中建投信托股份有限公司2021年12月31日的合并及公司财务状况以及2021年度的合并及公司经营成果和现金流量。

二、形成审计意见的基础

我们按照中国注册会计师审计准则的规定执行了审计工作。审计报告的"注册会计师对财务报表审计的责任"部分进一步阐述了我们在这些准则下的责任。按照中国注册会计师职业道德守则，我们独立于中建投信托股份有限公司，并履行了职业道德方面的其他责任。我们相信，我们获取的审计证据是充分、适当的，为发表审计意见提供了基础。

三、管理层和治理层对财务报表的责任

中建投信托股份有限公司管理层负责按照企业会计准则的规定编制财务报表，使其实现公允反映，并设计、执行和维护必要的内部控制，以使财务报表不存在由于舞弊或错误导致的重大错报。

在编制财务报表时，管理层负责评估中建投信托股份有限公司的持续经营能力，披露与持续经营相关的事项（如适用），并运用持续经营假设，除非计划进行清算、终止运营或别无其他现实的选择。

治理层负责监督中建投信托股份有限公司的财务报告过程。

四、注册会计师对财务报表审计的责任

我们的目标是对财务报表整体是否不存在由于舞弊或错误导致的重大错报获取合理保证，并出具包含审计意见的审计报告。合理保证是高水平的保证，但并不能保证按照审计准则执行的审计在某一重大错报存在时总能发现。错报可能由于舞弊或错误导致，如果合理预期错报单独或汇总起来可能影响财务报表使用者依据财务报表作出的经济决策，则通常认为错报是重大的。

在按照审计准则执行审计工作的过程中，我们运用职业判断，并保持职业怀疑。同时，我们也执行以下工作：

（1）识别和评估由于舞弊或错误导致的财务报表重大错报风险，设计和实施审计程序以应对这些风险，并获取充分、适当的审计证据，作为发表审计意见的基础。

由于舞弊可能涉及串通、伪造、故意遗漏、虚假陈述或凌驾于内部控制之上，未能发现由于舞弊导致的重大错报的风险高于未能发现由于错误导致的重大错报的风险。

（2）了解与审计相关的内部控制，以设计恰当的审计程序，但目的并非对内部控制的有效性发表意见。

（3）评价管理层选用会计政策的恰当性和作出会计估计及相关披露的合理性。

（4）对管理层使用持续经营假设的恰当性得出结论。同时，根据获取的审计证据，就可能导致对中建投信托股份有限公司持续经营能力产生重大疑虑的事项或情况是否存在重大不确定性得出结论。如果我们得出结论认为存在重大不确定性，审计准则要求我们在审计报告中提请报表使用者注意财务报表中的相关披露；如果披露不充分，我们应当发表非无保留意见。我们的结论基于截至审计报告日可获得的信息。然而，未来的事项或情况可能导致中建投信托股份有限公司不能持续经营。

（5）评价财务报表的总体列报（包括披露）结构和内容，并评价财务报表是否公允反映相关交易和事项。

（6）就中建投信托股份有限公司中实体或业务活动的财务信息获取充分、适当的审计证据，以对财务报表发表审计意见。我们负责指导、监督和执行集团审计，并对审计意见承担全部责任。

我们与治理层就计划的审计范围、时间安排和重大审计发现等事项进行沟通，包括沟通我们在审计中识别出的值得关注的内部控制缺陷。

安永华明会计师事务所（特殊普通合伙）

中国注册会计师：余师印

中国注册会计师：果立宇

中国　北京　　　　　　　　　　2022年4月8日

5.1.2　资产负债表

资产负债表

编制单位：中建投信托股份有限公司　2021年12月31日　　　　单位：万元

项目	2021年12月31日		2020年12月31日	
	合并	母公司	合并	母公司
资产	—	—	—	—
货币资金	299 134.64	279 938.14	65 971.84	58 857.30
买入返售金融资产	100.01	—	不适用	不适用
交易性金融资产	659 543.88	616 375.04	不适用	不适用

续表

项目	2021年12月31日		2020年12月31日	
	合并	母公司	合并	母公司
以公允价值计量且其变动计入当期损益的金融资产	不适用	不适用	33 873.22	—
应收账款	27 445.97	30 288.93	39 250.07	41 668.81
应收利息	不适用	不适用	11 553.57	11 532.88
发放贷款和垫款	47 949.57	47 949.57	88 955.61	88 955.61
债权投资	117 957.46	139 859.81	不适用	不适用
可供出售金融资产	不适用	不适用	372 045.19	523 469.45
应收款项类投资	不适用	不适用	554 853.23	402 728.57
长期股权投资	7 216.06	7 216.06	7 180.40	7 180.40
投资性房地产	5 020.38	5 020.38	14 955.07	14 955.07
固定资产	651.42	651.42	451.97	451.97
使用权资产	5 975.82	5 975.82	不适用	不适用
无形资产	3 813.84	3 813.84	3 590.93	3 590.92
递延所得税资产	73 792.12	74 478.22	53 578.54	54 123.02
其他资产	37 864.62	33 397.87	7 015.94	6 096.70
资产总计	1 286 465.79	1 244 965.10	1 253 275.58	1 213 610.70
负债	—	—	—	—
拆入资金	185 000.00	185 000.00	157 500.00	157 500.00
应付账款	174.05	174.05	174.05	174.05
预收款项	154.46	154.46	11 391.04	11 391.04
合同负债	381.47	381.47	不适用	不适用
应付利息	不适用	不适用	301.03	301.03
应付职工薪酬	47 429.95	47 429.95	50 354.27	50 354.27
应交税费	31 372.24	31 372.24	38 416.95	38 416.95
租赁负债	6 026.65	6 026.65	不适用	不适用
预计负债	10 406.85	10 406.85	9 406.85	9 406.85
其他负债	102 258.84	56 000.67	105 225.04	61 929.12
负债合计	383 204.51	336 946.34	372 769.23	329 473.31
所有者权益	—	—	—	—
股本	500 000.00	500 000.00	500 000.00	500 000.00
资本公积	19 398.36	19 398.36	19 398.36	19 398.36
其他综合收益	−684.87	—	1 012.37	−621.09
盈余公积	36 369.86	36 369.86	33 474.46	33 474.46
信托赔偿准备	38 153.04	38 153.04	36 705.34	36 705.34
一般风险准备	33 971.83	33 971.83	33 971.83	33 971.83
未分配利润	276 053.06	280 125.67	255 943.99	261 208.49
所有者权益合计	903 261.28	908 018.76	880 506.35	884 137.39
负债和所有者权益总计	1 286 465.79	1 244 965.10	1 253 275.58	1 213 610.70

法定代表人：刘功胜　　主管会计工作负责人：自晓佳　　会计机构负责人：周志祥

5.1.3 利润表

利润表

编制单位：中建投信托股份有限公司　　2021年度　　单位：万元

项目	2021年度 合并	2021年度 母公司	2020年度 合并	2020年度 母公司
一、营业收入	154 671.38	151 667.36	222 741.29	224 888.64
利息净收入	-3 267.16	-3 267.16	2 584.65	2 584.65
利息收入	726.89	726.89	8 622.72	8 622.72
利息支出	3 994.05	3 994.05	6 038.07	6 038.07
手续费及佣金净收入	127 473.93	129 591.54	167 350.12	169 391.15
手续费及佣金收入	127 473.93	129 591.54	167 359.82	169 400.85
手续费及佣金支出	—	—	9.70	9.70
投资收益	49 473.94	35 768.21	54 381.54	52 481.89
公允价值变动损益	-19 415.20	-10 831.10	-2 005.97	—
汇兑损益	-2.67	-2.67	-8.04	-8.04
资产处置收益	-130.55	-130.55	—	—
其他业务收入	539.09	539.09	438.99	438.99
二、营业支出	114 314.80	112 908.03	154 094.58	152 004.24
税金及附加	1 074.44	1 074.44	1 402.40	1 402.40

续表

项目	2021年度 合并	2021年度 母公司	2020年度 合并	2020年度 母公司
业务及管理费	47 046.58	46 864.53	56 009.26	55 598.62
信用减值损失	64 664.80	64 664.80	不适用	不适用
资产减值损失	不适用	不适用	94 537.95	94 537.95
其他业务成本	1 528.98	304.26	2 144.97	465.27
三、营业利润	40 356.58	38 759.33	68 646.71	72 884.40
加：营业外收入	—	—	—	—
减：营业外支出	125.46	125.46	95.00	95.00
四、利润总额	40 231.12	38 633.87	68 551.71	72 789.40
减：所得税费用	10 085.26	9 679.90	18 406.82	18 406.82
五、净利润	30 145.86	28 953.97	50 144.89	54 382.58
六、其他综合收益	-684.87	—	-2 371.25	-4 700.42
七、综合收益总额	29 460.99	28 953.97	47 773.64	49 682.16

法定代表人：刘功胜　　主管会计工作负责人：自晓佳　　会计机构负责人：周志祥

5.1.4 所有者权益变动表

所有者权益变动表（合并）

编制单位：中建投信托股份有限公司　　2021年度　　单位：万元

2021年度（合并）	股本	资本公积	其他综合收益	盈余公积	信托赔偿准备	一般风险准备	未分配利润	所有者权益合计
一、2020年12月31日余额	500 000.00	19 398.36	1 012.37	33 474.46	36 705.34	33 971.83	255 943.99	880 506.35
会计政策变更	—	—	-1 012.37	—	—	—	-5 693.69	-6 706.06
2021年1月1日余额	500 000.00	19 398.36	—	33 474.46	36 705.34	33 971.83	250 250.30	873 800.29
二、本年增减变动金额	—	—	-684.87	2 895.40	1 447.70	—	25 802.76	29 460.99
（一）综合收益总额	—	—	-684.87	—	—	—	30 145.86	29 460.99
（二）利润分配	—	—	—	2 895.40	1 447.70	—	-4 343.10	—
1.提取盈余公积	—	—	—	2 895.40	—	—	-2 895.40	—
2.提取信托赔偿准备	—	—	—	—	1 447.70	—	-1 447.70	—
三、2021年12月31日余额	500 000.00	19 398.36	-684.87	36 369.86	38 153.04	33 971.83	276 053.06	903 261.28
2020年度（合并）	股本	资本公积	其他综合收益	盈余公积	信托赔偿准备	一般风险准备	未分配利润	所有者权益合计
一、2020年1月1日余额	500 000.00	19 398.36	3 383.62	28 036.20	33 986.21	19 384.43	228 543.89	832 732.71
二、本年增减变动金额	—	—	-2 371.25	5 438.26	2 719.13	14 587.40	27 400.10	47 773.64
（一）综合收益总额	—	—	-2 371.25	—	—	—	50 144.89	47 773.64
（二）利润分配	—	—	—	5 438.26	2 719.13	14 587.40	-22 744.79	—
1.提取盈余公积	—	—	—	5 438.26	—	—	-5 438.26	—
2.提取信托赔偿准备	—	—	—	—	2 719.13	—	-2 719.13	—
3.提取一般风险准备	—	—	—	—	—	14 587.40	-14 587.40	—
三、2020年12月31日余额	500 000.00	19 398.36	1 012.37	33 474.46	36 705.34	33 971.83	255 943.99	880 506.35

法定代表人：刘功胜　　主管会计工作负责人：自晓佳　　会计机构负责人：周志祥

所有者权益变动表（母公司）

编制单位：中建投信托股份有限公司　　2021年度　　单位：万元

2021年度（母公司）	股本	资本公积	其他综合收益	盈余公积	信托赔偿准备	一般风险准备	未分配利润	所有者权益合计
一、2020年21月31日余额	500 000.00	19 398.36	-621.09	33 474.46	36 705.34	33 971.83	261 208.49	884 137.39
会计政策变更	—	—	621.09	—	—	—	-5 693.69	-5 072.60
2021年1月1日余额	500 000.00	19 398.36	—	33 474.46	36 705.34	33 971.83	255 514.80	879 064.79
二、本年增减变动金额	—	—	—	2 895.40	1 447.70	—	24 610.87	28 953.97
（一）综合收益总额	—	—	—	—	—	—	28 953.97	28 953.97
（二）利润分配	—	—	—	2 895.40	1 447.70	—	-4 343.10	—
1.提取盈余公积	—	—	—	2 895.40	—	—	-2 895.40	—
2.提取信托赔偿准备	—	—	—	—	1 447.70	—	-1 447.70	—
三、2021年12月31日余额	500 000.00	19 398.36	—	36 369.86	38 153.04	33 971.83	280 125.67	908 018.76
2020年度（母公司）	股本	资本公积	其他综合收益	盈余公积	信托赔偿准备	一般风险准备	未分配利润	所有者权益合计
一、2020年1月1日余额	500 000.00	19 398.36	4 079.33	28 036.20	33 986.21	19 384.43	229 570.70	834 455.23
二、本年增减变动金额	—	—	-4 700.42	5 438.26	2 719.13	14 587.40	31 637.79	49 682.16
（一）综合收益总额	—	—	-4 700.42	—	—	—	54 382.58	49 682.16
（二）利润分配	—	—	—	5 438.26	2 719.13	14 587.40	-22 744.79	—
1.提取盈余公积	—	—	—	5 438.26	—	—	-5 438.26	—
2.提取信托赔偿准备	—	—	—	—	2 719.13	—	-2 719.13	—
3.提取一般风险准备	—	—	—	—	—	14 587.40	-14 587.40	—
三、2020年12月31日余额	500 000.00	19 398.36	-621.09	33 474.46	36 705.34	33 971.83	261 208.49	884 137.39

法定代表人：刘功胜　　主管会计工作负责人：自晓佳　　会计机构负责人：周志祥

5.2 信托资产

5.2.1 信托项目资产负债汇总表

信托项目资产负债表

编制单位：中建投信托股份有限公司　　2021年12月31日　　单位：万元

信托资产	年末数	年初数	信托负债和信托权益	年末数	年初数
信托资产			信托负债		
货币资金	261 250.54	188 197.49	交易性金融负债	—	—
拆出资金	—	—	衍生金融负债	—	—
存出保证金	—	—	应付受托人报酬	3 603.11	1 748.80
交易性金融资产	221 902.47	143 525.35	应付托管费	204.31	137.04
衍生金融资产	—	—	应付受益人收益	1 263.12	161.72
买入返售金融资产	348 686.98	360 760.37	应交税费	260.74	390.84
应收款项	580 536.70	766 335.31	应付销售服务费	852.73	374.95
发放贷款	5 022 875.27	7 289 347.60	其他应付款项	70 493.92	42 193.37
可供出售金融资产	4 998 496.13	2 665 523.49	预计负债	—	—
持有至到期投资	891 139.51	1 114 471.87	其他负债	—	—
长期应收款	—	—	信托负债合计	76 677.93	45 006.72
长期股权投资	492 997.32	640 786.24		—	—
投资性房地产	—	—	信托权益		
固定资产	—	—	实收信托	16 977 665.13	14 759 878.08
无形资产	—	—	资本公积	13 230.44	3 330.10

续表

信托资产	年末数	年初数	信托负债和信托权益	年末数	年初数
长期待摊费用	—	—	损益平准金		
其他资产	4 399 083.72	1 842 878.60	未分配利润	149 395.14	203 611.42
减：各项资产减值准备	—	—	信托权益合计	17 140 290.71	14 966 819.60
信托资产总计	17 216 968.64	15 011 826.32	信托负债和信托权益总计	17 216 968.64	15 011 826.32

法定代表人：刘功胜　　　　　主管信托会计工作负责人：王勇华　　　　　信托会计机构负责人：陆琴琴

5.2.2 信托项目利润及利润分配汇总表

信托项目利润及利润分配表

编制单位：中建投信托股份有限公司　　2021年12月31日　　单位：万元

项目	2021年累计数	2020年累计数
1.营业收入	862 288.80	1 239 977.14
1.1 利息收入	603 804.16	938 999.62
1.2 投资收益（损失以"-"号填列）	257 719.98	294 613.01
其中：对联营企业和合营企业的投资收益	—	—
1.3 公允价值变动收益（损失以"-"号填列）	764.21	56.47
1.4 租赁收入	—	—
1.5 汇兑损益（损失以"-"号填列）	—	—
1.6 其他收入	0.45	6 308.04
2.支出	173 370.97	254 874.55
2.1 税金及附加	2 679.01	4 122.36
2.2 受托人报酬	148 904.33	196 579.83
2.3 托管费	4 146.47	6 119.42
2.4 投资管理费	887.94	64.57
2.5 销售服务费	11 861.03	29 750.01
2.6 交易费用	23.18	11.34
2.7 资产减值损失	—	—
2.8 其他费用	4 869.01	18 227.02
3.信托净利润（净亏损以"-"号填列）	688 917.83	985 102.59
4.其他综合收益	—	—
5.综合收益	688 917.83	985 102.59
6.加：期初未分配信托利润	203 611.42	205 974.29

续表

项目	2021年累计数	2020年累计数
7.可供分配的信托利润	892 529.25	1 191 076.88
8.减：本期已分配信托利润	743 134.11	987 465.46
9.期末未分配信托利润	149 395.14	203 611.42

法定代表人：刘功胜　　主管信托会计工作负责人：王勇华　　信托会计机构负责人：陆琴琴

6.会计报表附注

6.1 会计报表编制基准不符合会计核算基本前提的说明

公司会计报表编制基准无不符合会计核算基本前提的事项。

6.2 重要会计政策和会计估计说明

公司从2021年1月1日起执行《企业会计准则第14号——收入》《企业会计准则第21号——租赁》《企业会计准则第22号——金融工具确认和计量》和《企业会计准则第37号——金融工具列报》等准则。

6.3 或有事项说明

无。

6.4 重要资产转让及其出售的说明

无。

6.5 会计报表中重要项目的明细资料

6.5.1 自营资产经营情况

6.5.1.1 按信用风险五级分类结果披露信用风险资产的期初数、期末数

信用资产五级分类	正常类（万元）	关注类（万元）	次级类（万元）	可疑类（万元）	损失类（万元）	信用风险资产合计（万元）	不良合计（万元）	不良率（%）
期初数	855 749.44	83 482.18	359 892.18	2 521.07	8 020.19	1 309 665.06	370 433.44	15.31
期末数	912 975.38	95 034.54	350 128.24	4 940.25		1 363 078.41	355 068.49	9.60

注：1.不良资产合计=次级类+可疑类+损失类。
2.固有信用风险不良率按中国信托业协会行业评级口径确定，即固有信用风险不良率=（不良资产总额-已计提减值准备）/信用风险资产总额。

6.5.1.2 各项资产减值损失准备的期初、本期计提、本期转回、本期核销、期末数

单位：万元

项目	期初数[1]	本期计提	本期转回	本期核销	期末数
贷款损失准备	24 590.61	31 740.03	—	—	56 330.64
债权投资	137 897.89	32 487.68	—	2 920.19	167 465.38
长期股权投资减值准备	—	—	—	—	—
坏账准备	—	437.09	—	—	437.09
投资性房地产减值准备	—	—	—	—	—

注：1.因新金融工具准则期初转换影响，原应收款项类投资及可供出售金融资产减值准备7 422.16万元转换为交易性金融资产公允价值变动。

6.5.1.3 按照投资品种分类，分别披露固有业务股票投资、基金投资、债券投资、股权投资等投资业务的期初数、期末数

单位：万元

项目	自营股票	基金	债券	长期股权投资	其他投资	合计
期初数	332.86	15 152.54	3 600.00	7 180.40	907 112.62	933 378.42
期末数	185.39	150.16	12 256.23	7 216.06	743 643.07	763 450.91

6.5.1.4 按投资入股金额排序，前五名的自营长期股权投资的企业名称、占被投资企业权益的比例、主要经营活动及投资收益情况等（从大到小顺序排列）

企业名称	持股比例（%）	主要经营活动	2021年度投资收益（万元）
国泰元鑫资产管理有限公司	24.30	特定客户资产管理业务以及中国证监会许可的其他业务	35.66

6.5.1.5 前五名的自营贷款的企业名称、占贷款总额的比例和还款情况等（从贷款金额大到小顺序排列）

企业名称	占贷款总额的比例（%）	还款情况
郑州中盟文化生态旅游开发有限公司	67.12	已于2022年3月还款2 015.27万元
泉州华大泰禾广场投资有限公司	26.23	—
保定市秀兰混凝土搅拌有限公司	4.79	—
佳源创盛控股集团有限公司	1.80	已于2022年1月还款1 060.38万元
盾安控股集团有限公司	0.06	—

6.5.1.6 代理业务（委托业务）期初数、期末数

单位：万元

项目	期初数	期末数
担保业务	—	—
代理业务（委托业务）	4 446.77	4 406.16
其他	—	—
合计	4 446.77	4 406.16

6.5.1.7 公司2021年的收入结构

收入结构	合并 金额（万元）	合并 占比（%）	母公司 金额（万元）	母公司 占比（%）
手续费及佣金收入	127 473.93	82.42	129 591.54	85.44
其中：信托手续费收入	127 473.93	82.42	129 591.54	85.44
投资银行业务收入	—	—	—	—
利息收入	-3 267.16	-2.11	-3 267.16	-2.15
其他业务收入	405.87	0.26	405.87	0.27
其中：计入信托业务收入部分	—	—	—	—
投资收益	49 473.94	31.98	35 768.21	23.58
其中：股权投资收益	2 145.32	1.39	2 145.32	1.41
证券投资收益	—	—	—	—
其他投资收益	47 328.62	30.59	33 622.89	22.17
公允价值变动收益	-19 415.20	-12.55	-10 831.10	-7.14
营业外收入	—	—	—	—
收入合计	154 671.38	100.00	151 667.36	100.00

6.5.2 信托财产管理情况

6.5.2.1 信托资产的期初数、期末数

单位：万元

信托资产	期初数	期末数
集合	8 606 733.89	6 583 619.33
单一	2 247 334.72	1 759 606.07
财产权	4 157 757.71	8 873 743.24
合计	15 011 826.32	17 216 968.64

6.5.2.1.1 主动管理型信托业务的信托资产期初数、期末数，分证券投资、股权投资、融资、事务管理类分别披露

单位：万元

主动管理型信托资产	期初数	期末数
证券投资类	1 475 858.31	1 735 925.39
股权投资类	436 650.08	95 833.85
其他投资类	730 789.70	616 963.93
融资类	6 231 418.70	4 337 507.42
事务管理类	982 808.60	1 367 141.00
合计	9 857 525.39	8 153 371.59

6.5.2.1.2 被动管理型信托业务的信托资产期初数、期末数，分证券投资、股权投资、融资、事务管理类分别披露

单位：万元

被动管理型信托资产	期初数	期末数
证券投资类	68 030.20	30.23
股权投资类	12 540.26	11 540.24

续表

被动管理型信托资产	期初数	期末数
其他投资类	—	—
融资类	—	—
事务管理类	5 073 730.47	9 052 026.58
合计	5 154 300.93	9 063 597.05

6.5.2.2 本年度已清算结束的信托项目个数、实收信托合计金额、加权平均实际年化收益率

6.5.2.2.1 本年度已清算结束的集合类、单一类资金信托项目和财产管理类信托项目个数、实收信托金额、加权平均实际年化收益率

已清算结束信托项目	项目个数（个）	实收信托合计金额（万元）	加权平均实际年化收益率（%）
集合类	119	5 063 738.00	8.06
单一类	21	1 516 777.53	7.29
财产管理类	22	1 971 221.28	5.22

6.5.2.2.2 本年度已清算结束的主动管理型信托项目个数、实收信托合计金额、加权平均实际年化收益率。分证券投资、股权投资、融资、事务管理类分别计算并披露

已清算结束信托项目	项目个数（个）	实收信托合计金额（万元）	加权平均实际年化收益率（%）
证券投资类	1	8 030.00	-2.68
股权投资类	11	402 888.00	7.35
其他投资类	1	340 000.00	7.83
融资类	106	4 458 560.00	8.02
事务管理类	8	845 746.32	10.59

6.5.2.2.3 本年度已清算结束的被动管理型信托项目个数、实收信托合计金额、加权平均实际年化收益率。分证券投资、股权投资、融资、事务管理类分别计算并披露

已清算结束信托项目	项目个数（个）	实收信托合计金额（万元）	加权平均实际年化收益率（%）
证券投资类	1	68 000.00	2.28
股权投资类	1	1 000.00	7.35
其他投资类	—	—	—
融资类	—	—	—
事务管理类	33	2 427 512.49	4.82

6.5.2.3 本年度新增的集合类、单一类和财产管理类信托项目个数、实收信托合计金额

新增信托项目	项目个数（个）	实收信托合计金额（万元）
集合类	112	7 964 841.84
单一类	18	611 074.57

续表

新增信托项目	项目个数（个）	实收信托合计金额（万元）
财产管理类	52	6 570 542.37
新增合计	182	15 146 458.78
其中：主动管理型	130	9 215 326.53
被动管理型	52	5 931 132.25

6.5.2.4 信托业务创新成果和特色业务有关情况

2021年，公司密切关注宏观经济形势及信托行业发展变化，认真贯彻落实各项监管政策要求，加快推动业务转型发展，在资产证券化、债券投资、地产股权、资本市场、慈善信托、财富管理及家族信托等领域取得积极进展。

资产证券化业务方面，公司参与发行的证券化项目涵盖多种基础资产类型，2021年在多领域实现突破：成功发行首笔碳中和资产证券化产品，成功发行数笔ABCP创新产品。此外，公司在2021年成功发行信托产品主动投资于银登中心开展的信贷资产证券化产品，逐步发展成为集资产生成、受托管理、主动投资为一体的专业化参与者。

慈善信托方面，公司积极响应监管部门的号召，2021年设立了专业团队开展公益与慈善信托业务，年度内新增项目5单，覆盖扶贫济困、防汛抗灾、乡村振兴、生态环保等领域。年度内成为杭州市基金会发展促进会会员单位，承办"钱塘善潮—慈善信托分论坛"，受杭州市民政局邀请参加"杭州市慈善信托专项改革试点工作"课题组，共同参与制定慈善信托的工作指引，为扎实推进杭州市高质量发展慈善信托贡献力量。

资本市场业务投资方面，公司聚焦监管导向下的业务模式转型，在固收投资、权益投资、产业投资三个方向持续发力。加深与领先券商、优秀基金管理人等专业机构的合作，搭建专业化团队，完善风控合规体系建设，持续强化主动管理能力，深化多元布局，打造满足高净值客户需求的资本市场特色品牌产品，积极稳妥把握资本市场投资方向，2021年陆续发行多单固收及"固收+"、TOF、FOF、可交债等创新类产品。

财富管理方面，公司持续推进财富业务总部运营优化工作，打造财富产品体系、客户经营体系、财富团队体系三大体系建设。公司完成家族办公室的初步搭建，成立了首批自主管理的全委型信托。持续丰富优化

权益类产品体系，涵盖阳光私募、指数增强、量化私募、可交债等产品；权益类产品募集规模均取得较大突破，2021年权益类产品募集额增长率为197%。

6.5.2.5　本公司履行受托人义务情况及因本公司自身责任而导致的信托资产损失情况（合计金额、原因等）

公司按照国家法律、法规和信托文件的约定管理、运用和处分信托财产。2021年，公司恪尽职守，履行诚实、信用、谨慎、有效管理的义务，维护受益人的最大利益。年度内所涉信托纠纷案件中，尚无认定公司因自身责任而导致信托资产损失的情况。

6.5.2.6　信托赔偿准备金的提取、使用和管理情况

单位：万元

项目	期初数	本年增加	本年减少	期末数
信托赔偿准备金	36 705.34	1 447.70	—	38 153.04
合计	36 705.34	1 447.70	—	38 153.04

6.6　关联方关系及其交易的披露

6.6.1　关联交易方的数量、关联交易的总金额及关联交易的定价政策等

单位：万元

项目	关联交易方数量	关联交易金额（万元）	定价政策
合计	20	1 079 396.99	按商业原则，协商确定

6.6.2　关联交易方与本公司的关系性质、名称、法定代表人、注册地址、注册资本及主营业务等

关系性质	关联方名称	法定代表人	注册地址	注册资本（万元）	主营业务
控股股东	中国建银投资有限责任公司	董轼	北京市西城区闹市口大街1号院2号楼7—14层	2 069 225	投资与投资管理；资产管理与处置；企业管理；房地产租赁；咨询
控股股东之子公司	建投嘉昱（上海）投资有限公司	龚国强	上海市虹口区公平路18号8号楼三层B单元	500 000	实业投资，投资管理，资产管理，房地产经营，物业管理，自有房屋租赁，商务咨询，企业管理及咨询
受同一母公司控制的其他企业	建投书店投资有限公司	王洋	上海市虹口区公平路18号8号楼101室、下夹层01室、2层	19 000	销售办公用品、日用百货、服装、工艺礼品、电子产品、家具；投资管理，商务咨询，设计、制作、代理、发布各类广告，文化艺术交流活动策划，会展会务服务，企业管理咨询，出版物经营，食品流通、餐饮服务［零售预包装食品（含冷藏冷冻食品）、自制饮品制售。依法须经批准的项目，经相关部门批准后方可开展经营活动］
受同一母公司控制的其他企业	建投投资有限责任公司	杜鹏飞	北京市西城区闹市口大街1号院2号楼7层	500 000	投资及投资管理
受同一母公司控制的其他企业	建投控股有限责任公司	万建发	北京市西城区闹市口大街一号院4号楼9F、9G	200 000	项目投资；投资管理；酒店管理；物业管理；企业管理咨询；设备租赁（1.未经有关部门批准，不得以公开方式募集资金；2.不得公开开展证券类产品和金融衍生品交易活动；3.不得发放贷款；4.不得对所投资企业以外的其他企业提供担保；5.不得向投资者承诺投资本金不受损失或者承诺最低收益；市场主体依法自主选择经营项目，开展经营活动；以及依法须经批准的项目，经相关部门批准后依批准的内容开展经营活动；不得从事国家和本市产业政策禁止和限制类项目的经营活动）
受同一母公司控制的其他企业	北京建银出租汽车有限责任公司	梁净	北京市门头沟区石龙南路6号1幢6-246室	400	出租汽车客运；机械设备租赁；汽车租赁（不含九座以上客车。企业依法自主选择经营项目，开展经营活动；依法须经批准的项目，经相关部门批准后依批准的内容开展经营活动；不得从事本市产业政策禁止和限制类项目的经营活动）
受同一母公司控制的其他企业	大连建投中连实业有限责任公司	由晓林	辽宁省大连市中山区解放路48号	500	物业管理；中餐；劳务派遣；人力资源供求信息的收集、整理、储存、发布和咨询服务；接受金融机构委托从事金融信息技术外包服务；接受金融机构委托从事金融业务流程外包服务；接受金融机构委托从事金融知识流程外包服务；设备租赁；房屋租赁；系统内房屋及配套维修；国内一般贸易；为企业、机关提供后勤服务（依法须经批准的项目，经相关部门批准后方可开展经营活动）
受同一母公司控制的其他企业	中国投资咨询有限责任公司	聂敏	上海市虹口区公平路18号8号楼12层	18 838.98	提供投资、贷款项目的咨询、评估，提供投资有关的咨询服务和信息服务，投资与投资管理，财务顾问，招投标代理，工程咨询，企业管理咨询（依法须经批准的项目，经相关部门批准后方可开展经营活动）
受同一母公司控制的其他企业	建投华文投资有限责任公司	杜鹏飞	北京市朝阳区东三环中路1号1幢2单元2001内15—16号单元	200 000	项目投资；投资管理；资产管理；投资咨询；经济信息咨询（不含中介服务）；设计、制作、代理、发布广告；会议服务；承办展览展示活动；企业策划、设计；销售文化用品；企业管理培训（不以公开方式募集资金；不得公开交易证券类产品和金融衍生品；不得发放贷款；不得向所投资企业以外的其他企业提供担保；不得向投资者承诺投资本金不受损失或者承诺最低收益。企业依法自主选择经营项目，开展经营活动；依法须经批准的项目，经相关部门批准后依批准的内容开展经营活动；不得从事本市产业政策禁止和限制类项目的经营活动）

续表

关系性质	关联方名称	法定代表人	注册地址	注册资本(万元)	主营业务
受同一母公司控制的其他企业	建投嘉昱实业投资发展股份有限公司	蒋亚宁	北京市海淀区复兴路17号国海广场A座1401—1404	23 000	物业管理;项目投资;投资管理;企业管理;投资咨询(1.未经有关部门批准,不得以公开方式募集资金;2.不得公开开发证券类产品和金融衍生品交易活动;3.不得发放贷款;4.不得对所投资企业以外的其他企业提供担保;5.不得向投资者承诺投资本金不受损失或者承诺最低收益;企业依法自主选择经营项目,开展经营活动;依法须经批准的项目,经相关部门批准后依批准的内容开展经营活动;不得从事本市产业政策禁止和限制类项目的经营活动)
受同一母公司控制的其他企业	江苏建投物业管理有限公司	张勇	南京市秦淮区瑞金路33号	1 800	物业管理;房地产开发经营;资产管理;自有房屋租赁;自有汽车租赁;金融外包服务;提供劳务服务;室内装饰;百货、建筑材料、金属材料、五金交电、水暖器材、针纺织品销售;旅游咨询服务(依法须经批准的项目,经相关部门批准后方可开展经营活动)
受同一母公司控制的其他企业	广东建投嘉昱物业服务有限责任公司	杨风华	广州市越秀区东风中路509号	1 000	一般经营范围:餐饮管理;信息技术咨询服务;技术服务、技术开发、技术咨询、技术交流、技术转让、技术推广;房地产咨询;非居住房地产租赁;住房租赁;单位后勤管理服务;企业管理咨询;房地产经纪;工程管理服务;软件开发;以自有资金从事投资活动;网络技术服务;园林绿化工程施工;信息系统集成服务;人力资源服务(不含职业中介活动、劳务派遣服务);数据处理和存储支持服务;招投标代理服务;城市公园管理;城市绿化管理;汽车租赁;社会经济咨询服务;市场营销策划;工程技术服务(规划管理、勘察、设计、监理除外);物业管理;城乡市容管理;合同能源管理;市场调查(不含涉外调查);计算机及办公设备维修;外卖递送服务;食品经营(仅销售预包装食品);计算机软硬件及辅助设备批发;电线、电缆经营;电力电子元器件销售;家用电器销售;音响设备销售;停车场服务 许可经营范围:各类工程建设活动;建筑智能化工程施工;住宅室内装饰装修;城市生活垃圾经营性服务;餐饮服务
受同一母公司控制的其他企业	陕西建投实业有限责任公司	徐旺国	陕西省西安市碑林区南大街15号	1 000	通用设备修理;供冷服务;农副产品销售;机械设备销售;日用品销售;电子专用设备销售;制冷、空调设备销售;新能源原动设备销售;互联网数据服务;远程健康管理服务;软件开发;信息技术咨询服务;物业管理;住房租赁;非居住房地产租赁;机械设备租赁;汽车租赁;运输设备租赁服务;租赁服务(不含出版物出租);特种设备出租;酒店管理;信息咨询服务(不含许可类信息咨询服务);会议及展览服务;票务代理服务;企业管理咨询;规划设计管理;合同能源管理;居民日常生活服务;供暖服务;电子、机械设备维护(不含特种设备);接受金融机构委托从事信息技术和流程外包服务(不含金融信息服务)。(除依法须经批准的项目外,凭营业执照依法自主开展经营活动)许可项目:食品经营(销售预包装食品);食品经营;道路货物运输(不含危险货物);餐饮服务;旅游业务(依法须经批准的项目,经相关部门批准后方可开展经营活动,具体经营项目以审批结果为准)
受同一母公司控制的其他企业	厦门建投物业管理有限公司	林金翔	厦门市鹭江道98号23楼(2301—2303、2305—2309)	350	物业管理;国内劳务派遣服务;营利性养老机构服务;房地产中介服务(不含评估);停车场管理;建筑装修业;汽车租赁(不含营运);单位后勤管理服务;其他未列明批发业(不含需经许可审批的经营项目)
受同一母公司控制的其他企业	天津仁发实业发展有限责任公司	黄成	天津市河西区南京路19号增1号	500	设备租赁;建筑材料、金属材料、机电产品(不含小轿车)、汽车配件、五金、交电、化工(易燃、易爆、易致毒危险品除外)、计算机、文体办公用品、电子配件批发兼零售;技术咨询、信息咨询;家居装饰;房屋租赁;清洁服务(依法须经批准的项目,经相关部门批准后方可开展经营活动)
受同一母公司控制的其他企业	宁波建投实业有限责任公司	张培华	宁波市高新区扬帆广场8.20.32号(9-5)室-037	1 800	其他印刷品印刷、复印,打字。大厦物业服务;五金、交电、金属、建材、针纺织品、日用品、计算机及配件、印刷材料的批发、零售;房屋租赁;花木租赁;楼宇清洗;家电制造,金融机械修理(限分支机构经营);汽车租赁;房地产开发、经营;室内外装潢;劳务外包服务
受同一母公司控制的其他企业	泉州市建投物业管理有限公司	陈艺兵	泉州市丰泽区丰泽街建行大厦11楼	100	接受业主的委托,对其物业进行管理及综合配套服务,并提供相应的劳务用工;房屋租赁;设备租赁服务(依法须经批准的项目,经相关部门批准后方可开展经营活动)

续表

关系性质	关联方名称	法定代表人	注册地址	注册资本（万元）	主营业务
受同一母公司控制的其他企业	建投嘉昱置地股份有限公司	刘原	北京市西城区宣武门外大街8号楼3层301—2329	25 000	施工总承包；销售自行开发的商品房；项目投资、投资管理；投资咨询；房地产开发（1.未经有关部门批准，不得以公开方式募集资金；2.不得公开开展证券类产品和金融衍生品交易活动；3.不得发放贷款；4.不得对所投资企业以外的其他企业提供担保；5.不得向投资者承诺投资本金不受损失或者承诺最低收益；领取本执照后，应到住房城乡建设部、市住房和城乡建设委员会、区县住房和城乡建设委员会取得行政许可；企业依法自主选择经营项目，开展经营活动；依法须经批准的项目，经相关部门批准后依批准的内容开展经营活动；不得从事本市产业政策禁止和限制类项目的经营活动）
受同一母公司控制的其他企业	国泰基金管理有限公司	邱军	中国（上海）自由贸易试验区浦东大道1200号2层225室	11 000	基金设立、基金业务管理、及中国证监会批准的其他业务
受同一母公司控制的其他企业	国泰元鑫资产管理有限公司	梁之平	上海市虹口区东大名路558号新华保险大厦11楼01-04区域	12 348.39	特定客户资产管理业务以及中国证监会许可的其他业务；投资管理，实业投资，投资咨询，商务咨询，企业管理咨询，市场营销策划

6.6.3 逐笔披露本公司与关联方的重大交易事项

6.6.3.1 固有与关联方交易情况：贷款、投资、租赁、应收账款、担保、其他方式等期初汇总数、本期借方和贷方发生额汇总数、期末汇总数

固有与关联方关联交易 单位：万元

项目	期初数	借方发生额	贷方发生额	期末数
贷款	—	—	—	—
投资	—	—	—	—
租赁	—	3 309.95	—	—
担保	—	—	—	—
应收账款	—	—	—	—
其他	—	—	—	—
合计	—	3 309.95	—	—

关联交易金额合计3 309.95万元，为房屋租赁等相关支出。具体组成如下。

建投嘉昱（上海）投资有限公司1 535.30万元。

中国建银投资有限责任公司1 774.65万元。

本公司与上述关联方按一般企业关系进行业务往来。

6.6.3.2 信托与关联方交易情况：贷款、投资、租赁、应收账款、担保、其他方式等期初汇总数、本期借方和贷方发生额汇总数、期末汇总数

信托与关联方关联交易 单位：万元

项目	期初数	借方发生额	贷方发生额	期末数
贷款	—	—	—	—
投资	5 890.00	83 944.00	9 918.41	79 915.59
租赁	—	—	—	—
担保	—	—	—	—
应收账款	—	—	—	—
其他	1 037 740.45	992 143.04	1 148 088.07	881 795.42
合计	1 043 630.45	1 076 087.04	1 158 006.48	961 711.01

6.6.3.3 信托公司自有资金运用于自己管理的信托项目（固信交易）、信托公司管理的信托项目之间的相互（信信交易）交易金额，包括余额和本报告年度的发生额

6.6.3.3.1 固有与信托财产之间的交易金额期初汇总数、本期发生额汇总数、期末汇总数

固有资产与信托资产相互交易 单位：万元

项目	期初数	本期发生额	期末数
合计	417 298.07	44 639.93	461 938.00

6.6.3.3.2 信托项目之间的交易金额期初汇总数、本期发生额汇总数、期末汇总数

信托资产与信托财产相互交易 单位：万元

项目	期初数	本期发生额	期末数
合计	1 085 012.29	-307 433.11	777 579.18

6.6.4 逐笔披露关联方逾期未偿还本公司资金的情况以及本公司为关联方担保或即将发生垫款情况

无。

6.7 会计制度的披露

公司固有业务、信托业务均执行财政部颁布的企业会计准则及相关规定。

7.财务情况说明书

7.1 利润实现和分配情况

公司2021年初未分配利润为261 208.49万元，会计政策变更调整未分配利润-5 693.69万元，调整后公司2021年初未分配利润为255 514.80万元。公司2021年度实现净利润28 953.97万元，计提法定盈余公积2 895.40万元，计提信托赔偿准备金1 447.70万元。截至2021年

12月31日，公司未分配利润280 125.67万元。

7.2 主要财务指标

指标名称	指标值
资本利润率（%）	3.23
人均净利润（万元）	72.52

7.3 对本公司财务状况、经营成果有重大影响的其他事项

无。

7.4 公司净资本情况

指标名称	指标值	监管标准
净资产（万元）	908 018.76	—
净资本（万元）	591 105.12	≥20 000
各项业务风险资本之和（万元）	319 862.35	—
净资本/各项业务风险资本之和（%）	184.80	≥100
净资本/净资产（%）	65.10	≥40

以上指标均符合《信托公司净资本管理办法》（中国银监会令〔2010〕第5号）各项监管要求。

8. 特别事项揭示

8.1 本报告期内股东变动的情况

无。

8.2 本报告期内董事、监事及高级管理人员变动情况

董事变动情况：

2021年10月，经公司2021年第六次临时股东大会审议通过，后报经中国银行保险监督管理委员会浙江监管局（简称浙江银保监局）核准（浙银保监复〔2021〕853号），李纪军任公司董事，王勇华不再担任公司董事。

2021年10月，经公司2021年第六次临时股东大会审议通过，后报经浙江银保监局核准（浙银保监复〔2021〕854号），王进任公司董事，刘原不再担任公司股东董事。

2021年11月，经公司第一届职工代表大会第十三次会议选举，后报经浙江银保监局核准（浙银保监复〔2021〕805号），孟世欣任职工代表董事，陈枫不再担任职工代表董事。

监事变动情况：

2021年10月，经公司2021年第六次临时股东大会审议通过，张毅任公司监事，崔建不再担任公司监事。

2021年10月，经公司2021年第六次临时股东大会审议通过，张晓凯任公司监事，李爱玲不再担任公司监事。

2021年11月，经公司第一届职工代表大会第十三次会议选举，张红文任职工代表监事，谢悦不再担任职工代表监事。

2021年12月，经公司第一届职工代表大会第十六次会议选举，王嘉宇任职工代表监事，袁路不再担任职工代表监事。

高级管理人员变动情况：

2021年8月，因个人原因离职，余海不再担任公司副总经理。

2021年8月，经公司第一届董事会第三十四次会议审议通过，侯春枫不再担任公司首席风险官。

2021年9月，因个人原因离职，邱旭天不再担任公司总经理助理。

2021年11月，经报浙江银保监局核准（浙银保监复〔2021〕782号），自晓佳任公司副总经理。

2021年12月，经报浙江银保监局核准（浙银保监复〔2021〕803号），王勇华任公司副总经理、董事会秘书。

2021年12月，经公司第一届董事会第三十七次会议审议通过，张昳不再担任公司副总经理。

8.3 本报告期内变更注册资本、变更注册地、公司名称变更事项

无。

8.4 公司的重大诉讼事项

8.4.1 重大未决诉讼事项

报告期内，公司新增未决诉讼案件5件（公司均为原告），均处于一审审理阶段。

8.4.2 以前年度发生，于本报告年度内终结的诉讼事项

报告期内，公司共2件诉讼案件终结诉讼程序。其中1件诉讼案件通过拍卖资产清偿后，终结执行结案；另1件诉讼案件通过债权转让形式，诉讼主体变更为债权受让人，公司退出诉讼程序。

8.4.3 本报告年度发生，于本报告年度内终结的诉讼事项

报告期内，公司新增未决诉讼案件5件（公司均为原告），均处于一审审理阶段，未有案件在报告年度内终结。

8.5　本报告期内公司及其董事、监事和高级管理人员受到处罚的情况

2021年1月，浙江银保监局对公司出具《行政处罚决定书》，罚款人民币75万元，并对时任首席风险官予以警告并处罚款5万元。公司高度重视监管处罚意见，针对所涉问题切实落实整改措施，严肃追究责任人员。截至报告日，上述问题均按照监管要求完成整改。

8.6　本报告期内中国银保监会及其派出机构对公司检查后提出监管意见的情况

公司于2021年5月收到《中国银保监会浙江监管局关于中建投信托股份有限公司2020年度监管的意见》（浙银保监发〔2021〕106号）。收到上述监管意见后，公司高度重视，认真部署，积极与监管部门沟通，明确整改任务，提升整改成效，于2021年6月及11月上报了《中建投信托股份有限公司关于2020年度监管意见整改措施制订情况的报告》和《中建投信托股份有限公司关于2020年度监管意见整改落实情况的报告》。公司坚持"当下改"和"长久立"有机结合，坚持解决具体问题与破解共性问题有机结合，坚持举一反三、深化拓展，标本兼治，以改促建。通过对监管意见的贯彻落实，公司治理体系及内控机制进一步健全和完善，各项监管问题整改成效显著。

8.7　本报告期内重大事项临时报告

无。

8.8　本报告期内中国银保监会及其省级派出机构认定的其他有必要让客户及相关利益人了解的重要信息

无。

中粮信托有限责任公司

1. 重要提示

1.1 公司董事会及董事保证本报告所载资料不存在任何虚假记载、误导性陈述或者重大遗漏，并对其内容的真实性、准确性和完整性承担个别及连带责任。本年度报告摘要摘自年度报告全文，客户及相关利益人欲了解详细内容，应阅读年度报告全文。

1.2 公司独立董事对年度报告内容的真实性、准确性和完整性无异议。

1.3 信永中和会计师事务所（特殊普通合伙）对公司出具了标准无保留意见的审计报告。

1.4 公司董事长孙彦敏先生、总经理刘燕松先生、财务总监杨屹先生声明：保证年度报告中财务会计报告的真实、完整。

2. 公司概况

2.1 公司简介

中粮信托有限责任公司（以下简称中粮信托、公司或本公司）是2009年7月经中国银监会批准设立的非银行金融机构，注册地为北京市。

公司注册资本为2 830 954 182元，现有股东3家分别为：中粮资本投资有限公司持股80.51%，蒙特利尔银行持股16.24%，中粮财务有限责任公司持股3.25%。

2.1.1 公司情况简表

公司名称（简称）	中粮信托有限责任公司（中粮信托）
公司英文名称（缩写）	COFCO Trust Co. Ltd.（COFCO TRUST）
公司法定代表人	刘燕松
注册地址	北京市朝阳区朝阳门南大街8号中粮福临门大厦11层
邮政编码	100020
公司网站	http://www.cofco-trust.com

2.1.2 主要联系人及联系方式

信息披露负责人	刘燕松
联系人	于泳
联系电话	010-86378188
传真	010-85638655
电子信箱	trustco@cofco.com

2.1.3 其他事项

2.1.3.1 公司选定《证券时报》作为本次信息披露的报纸。公司年报全文将备置在公司注册地址及网站供查询

2.1.3.2 公司聘请的会计师事务所：信永中和会计师事务所（特殊普通合伙）

联系地址：北京市东城区朝阳门北大街8号富华大厦A座8层

2.2 组织结构

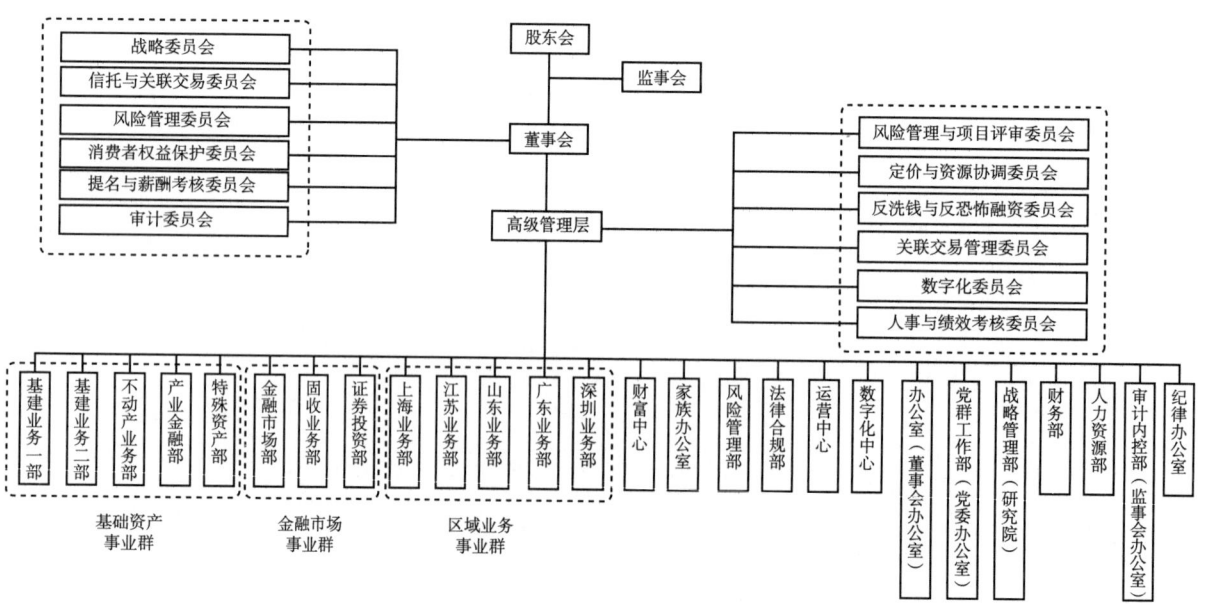

3. 公司治理

3.1 公司治理结构

3.1.1 股东

报告期末公司股东共计3名，其中主要股东为中粮资本投资有限公司（以下简称中粮资本）、蒙特利尔银行。公司的控股股东为中粮资本，实际控制人为国务院国有资产监督管理委员会。

股东名称	出资比例（%）	法定代表人	注册资本（万元）	注册地址	主要经营业务
中粮资本投资有限公司	80.51	孙彦敏	133 700.14	深圳市前海深港合作区南山街道桂湾片区二单元前海卓越金融中心（一期）8号楼904	投资与资产管理；企业管理；投资策划及咨询服务等
蒙特利尔银行	16.24	不适用	—	加拿大安大略省多伦多市帝王西街100号第一加拿大广场	商业银行业务
中粮财务有限责任公司	3.25	粟健	100 000.00	北京市朝阳区朝阳门南大街8号中粮福临门大厦19层	集团内存贷款、资金管理、融资咨询、债券承销等

3.1.1.1 中粮资本

报告期末中粮资本的控股股东为中粮资本控股股份有限公司，持股比例为100%；中粮资本控股股份有限公司的控股股东为中粮集团有限公司，持股比例为62.78%；中粮集团有限公司的唯一出资人为国务院国有资产监督管理委员会。中粮资本的实际控制人和最终受益人为国务院国有资产监督管理委员会。除中粮信托外，报告期末中粮资本投资有限公司其他关联方如下表所示。

关联方
中粮资本控股股份有限公司
中粮资本投资管理有限公司
中粮基金管理（天津）有限公司
中英人寿保险有限公司
中粮农业产业基金管理有限责任公司
上海富悦股权投资基金管理有限公司
中粮资本（香港）有限公司
中粮资产管理（国际）有限公司
中粮私募基金管理（海南）有限公司
中粮期货有限公司
中粮祈德丰（北京）商贸有限公司
上海祈德丰投资有限公司
中粮祈德丰投资服务有限公司
中粮期货（国际）有限公司
中粮资本（天津）商业保理有限公司
中粮资本科技有限责任公司
龙江银行股份有限公司
中英益利资产管理股份有限公司
中粮集团有限公司
中粮集团有限公司其他下属单位
弘毅弘量（深圳）股权投资基金合伙企业（有限合伙）
广东温氏投资有限公司

报告期末中粮资本与中粮信托股东中粮财务有限责任公司为关联方，中粮资本是中粮信托有限责任公司的控股股东，不存在通过协议或其他安排扩大所能支配中粮信托有限责任公司表决权的一致行动人。

中粮资本在报告期内不存在将其所持有的中粮信托股权进行质押或以股权及其受（收）益权设立信托等金融产品的情况。

3.1.1.2 蒙特利尔银行

蒙特利尔银行注册地为加拿大，系境外上市公司，无控股股东或实际控制人，最终受益人为其全体股东。蒙特利尔银行与中粮信托有限责任公司其他股东不存在一致行动的关系。

除中粮信托外，报告期末蒙特利尔银行的其他关联方如下表所示。

关联方
BMO Capital Markets Limited
Bank of Montreal Holding Inc.
BMO Investments Limited
BMO Reinsurance Limited
BMO Nesbitt Burns Inc.
BMO Investments Inc.
BMO Investor Line Inc.
Bank of Montreal Europe plc
Bank of Montreal Mortgage Corporation
BMO Mortgage Corp.
BMO Financial Corp.
BMO Asset Management Corp.
BMO Capital Markets Corp.
BMO Harris Bank National Association
BMO Harris Investment Company LLC

关联方
BMO Harris Financing Inc.
BMO Family Office LLC
BMO Life Insurance Company
BMO Life Holdings（Canada）ULC
BMO Life Assurance Company
BMO Trust Company
富国基金管理有限公司
Litech Digital Limited
Arclinks Group Limited
Boholo Holding Ltd
Winbest Holding Group Ltd
Sabai Sabai Kitchenand Bar
Medi Pharm Labs Corp.
Alipay（Hong Kong）Investment Limited

关联方
Ant Bank（Hong Kong）Limited
Shaw College of the Chinese University of Hong Kong Shenzhen
First Mortgage GP Inc.
First Mortgage Limited Partnership
蒙特利尔银行（中国）有限公司

蒙特利尔银行在报告期内不存在将其所持有的中粮信托股权进行质押或以股权及其受（收）益权设立信托等金融产品的情况。

3.1.1.3 中粮财务有限责任公司

中粮集团有限公司持有公司第三大股东中粮财务有限责任公司83.74%股权；中粮财务有限责任公司与中粮资本投资有限公司为关联方。中粮财务有限责任公司在报告期内不存在将其所持有的中粮信托股权进行质押或以股权及其受（收）益权设立信托等金融产品的情况。

3.1.2 董事会

董事会成员

姓名	职务	性别	年龄（岁）	选任日期	所代表的股东名称	该股东持股比例（%）	简要履历
孙彦敏	董事长	男	55	2020年4月	中粮资本投资有限公司	80.51	曾任中粮财务有限责任公司总经理、中粮集团有限公司财务部总经理。现任中粮资本控股股份有限公司董事长、总经理、中粮信托有限责任公司董事长
俞宁	董事	男	51	2020年4月	中粮资本投资有限公司	80.51	曾任中英人寿保险有限公司资深副总裁；现任中粮资本控股股份有限公司董事、中英人寿保险有限公司总裁、中粮信托有限责任公司董事
吴浩军	董事	男	53	2020年4月	中粮资本投资有限公司	80.51	曾任中粮期货有限公司总经理助理、副总经理、总经理、中粮信托有限责任公司总经理；现任中粮资本控股股份有限公司董事、中粮信托有限责任公司董事
姜正华	董事	女	47	2020年4月	中粮资本投资有限公司	80.51	曾任中粮集团有限公司战略部并购部总经理助理、副总经理、中粮资本控股股份有限公司董事会秘书；现任中粮资本控股股份有限公司副总经理、中粮信托有限责任公司董事
Albert Chun-Ming Yu（余俊明）	董事	男	60	2020年4月	蒙特利尔银行	16.24	2009年至今任BMO银行金融集团亚洲区首席执行官，蒙特利尔银行（中国）有限公司行长；2012年10月至今兼任中粮信托有限责任公司董事

独立董事

姓名	职务	性别	年龄（岁）	选任日期	简要履历
柯卡生	独立董事	男	57	2020年4月	曾任中国人民银行广州分行副行长、中国银监会广东监管局筹备组成员、副局长、中国银监会非银行金融机构监管部主任、中国华融资产管理股份有限公司执行董事、总裁等职务。现任中粮信托有限责任公司独立董事
陈国钢	独立董事	男	62	2020年4月	曾任中国中化集团公司总会计师、新华人寿保险股份有限公司副总裁、首席财务官、中国民生投资集团副总裁、深圳前海金融资产交易所首席执行官等职务。现任中粮信托有限责任公司独立董事
潘慧峰	独立董事	男	47	2020年9月	对外经济贸易大学金融学院教授，兼任中粮信托有限责任公司独立董事

3.1.3 监事会
监事会成员

姓名	职务	性别	年龄（岁）	选任日期	所代表的股东名称	该股东持股比例（%）	简要履历
卢勇	监事会主席	男	57	2021年4月	中粮资本投资有限公司	80.51	曾任中粮信托有限责任公司业务部总经理、业务总监、资深独立审批人等职务。现任中粮信托有限责任公司监事会主席
初丰城	监事	男	58	2020年4月	中粮财务有限责任公司	3.25	曾任中粮集团财务部会计管理部总经理；现任中粮集团财务部副总监，兼任中粮信托有限责任公司监事
张晓燕	监事	女	57	2017年11月	蒙特利尔银行	16.24	2014年至今担任蒙特利尔银行亚洲区和蒙特利尔银行（中国）有限公司首席风险官；2017年11月至今兼任中粮信托有限责任公司监事
江元军	职工代表监事	男	51	2020年4月	职工代表大会	—	曾任海军总医院审计办公室主任、"048工程"战场建设指挥部财务处副团职助理等职务，现任中粮信托有限责任公司审计纪检部专职纪检干部、职工代表监事
沈慧	职工代表监事	女	49	2020年10月	职工代表大会	—	曾任中粮信托有限责任公司综合管理部负责人等职务，现任中粮信托有限责任公司办公室主任、职工代表监事

目前公司监事会暂未设下属委员会。

3.1.4 高级管理人员

姓名	职务	性别	年龄（岁）	选任日期	金融从业年限（年）	学历	专业	简要履历
刘燕松	总经理	男	41	2021年4月	18	本科	金融学	曾任中国对外经济贸易信托有限公司副总经理、紫金信托有限责任公司董事、总裁等职务；现任中粮信托有限责任公司总经理
于泳	副总经理兼董事会秘书	男	41	2020年11月（副总）2021年6月（董秘）	11	博士	国民经济管理学	曾任中粮期货有限公司人力资源部负责人、监事会办公室负责人、董事会秘书、总经理助理；曾挂职四川省阿坝州委员、常委、阿坝州人民政府副州长；现任中粮信托有限责任公司副总经理兼董事会秘书
刘荣华	副总经理（常务）	男	39	2019年9月	15	硕士	法学	曾任中融国际信托有限公司金融市场部副总经理、金融同业部总经理等职务；现任中粮信托有限责任公司副总经理（常务）
马建泽	副总经理	男	49	2016年3月	25	本科	国际金融	曾任中粮（美国）金融资本公司任投资部经理、中粮集团有限公司金融事业部项目发展部总经理助理；现任中粮信托有限责任公司副总经理
徐谦	副总经理兼首席风险官	男	46	2021年4月	24	硕士	工商管理	曾任中国建设银行四川分行办公室副主任、中国建设银行成都第五支行副行长、建信信托有限责任公司业务评审总监兼业务评审及管理部总经理等职务；现任中粮信托有限责任公司副总经理兼首席风险官
杨屹	财务总监	男	33	2020年11月	8	硕士	金融学	曾任中粮财务有限责任公司职员、中粮资本财务部总经理助理、中粮资本风控合规部副总经理等职务；现任中粮信托有限责任公司财务总监
陈众	副总经理	男	49	2018年1月	25	博士	会计学	曾任安徽丰原生物化学股份有限公司财务副总监、中粮信托有限责任公司总经理助理；现任中粮信托有限责任公司副总经理
吴江	总经理助理	男	48	2016年3月	25	硕士	财政学	曾任渤海银行总行金融同业部总经理；现任中粮信托有限责任公司总经理助理

3.1.5 报告期内公司员工

项目		2021年度		2020年度	
		人数（人）	比例（%）	人数（人）	比例（%）
年龄分布	20岁以下	—	—	—	—
	20—29岁	41	15.36	51	15.89
	30—39岁	157	58.80	188	58.57
	40岁以上	69	25.84	82	25.54
学历分布	博士	15	5.62	15	4.67
	硕士	154	57.68	183	57.01
	本科	95	35.58	116	36.14
	专科	3	1.12	7	2.18
	其他	—	—	—	—
岗位分布	高管人员	8	3.00	7	2.18
	自营业务人员	2	0.75	—	—
	信托业务人员	157	58.80	208	64.80
	其他人员	100	37.45	106	33.02
合计		267	100	321	100

4. 经营管理

4.1 经营目标、方针、战略规划

4.1.1 愿景与使命

中粮信托的愿景是：成为有产业特色、有行业美誉的一流资产管理和财富管理平台。

中粮信托的使命是：做服务实体经济的源头活水，做助力共同富裕的春风润雨。

4.1.2 经营策略

2021年，中粮信托在监管环境进一步趋严，信托行业转型进入攻坚期的背景下，顺应宏观经济发展趋势和监管要求，坚守服务实体经济定位，坚定转型方向，加快转型步伐，积极推进体制改革和业务转型，以高质量党建引领高质量发展，搭建四大业务体系、四大赋能支撑体系，推进七大保障模块建设，确保主营业务持续稳健发展。

中粮信托优化行业布局和业务组合，重塑业务体系，搭建了基础资产、金融市场、资产管理和财富管理四大业务体系，确定重点业务发展方向，在聚焦业务领域深耕客户，形成可持续的业务发展模式。基础资产板块专注不动产、基础设施、产业金融和特殊资产领域，通过传统赛道新打法，实现专业赋能、细分领先。金融市场板块聚焦资产证券化、权益、固收等业务，以产品赋能、差异竞争的策略，做大做精金融市场版块业务。资产管理板块从家族办公室、资产配置业务开始，逐步实现大类资产全市场覆盖，并通过特色化赋能，形成公司新的利润增长点。财富管理板块全力推进销售管理、产品管理、客群管理、营销管理和组织管理体系建设，逐步实现从产品销售到财富管理转变，使财富中心从成本中心变为利润中心。

为适应经营转型需要，体现公司转型发展导向，提升专业能力和核心竞争力，公司进行了组织架构及业务分工的优化调整，搭建全面风险管理体系、人力资源管理体系、运营管理体系及数字化体系四大赋能支撑体系，在推进专业分工的同时，强化跨部门协同。公司开展全面风险管理体系2.0建设，强化风险管控和质量控制，提升中台审批质量和效率，努力实现前瞻性风险管控，提高新业务领域风控能力。公司优化选人用人机制，狠抓人才队伍建设，激发组织活力，提升组织能力。公司确立"大运营"的发展方向，通过组织架构设置，将标品运营从传统信托运营中切割开来、独立发展，设立交易室，逐步提高标品领域运营能力。公司根据需求特点及自身实际情况，建设更加全面的、服务公司发展战略的数字化体系，明确数字化发展采用"自研+外采"相结合的发展模式，升级金融数字化。

此外，中粮信托提升公司治理，强化内控管理，推进战略管理、资本管理、研究支撑、行政管理、品牌建设、质量控制和纪检监察等七大保障模块建设，为公司发展赋能，实现行稳致远。

4.2 所经营业务的主要内容

4.2.1 固有资产运用与分布表（母公司）

资产运用	金额（万元）	占比（%）	资产分布	金额（万元）	占比（%）
货币资产	57 614.64	7.26	基础产业	—	—
贷款及应收款	20 194.98	2.55	房地产业	—	—
交易性金融资产	614 106.38	77.40	证券市场	39 405.00	4.97
可供出售金融资产	—	—	实业	—	—
持有至到期投资	—	—	金融机构	557 893.95	70.32
长期股权投资	2 510.00	0.32	其他	196 101.19	24.71
其他	98 974.14	12.47			
资产总计	793 400.14	100.00	资产总计	793 400.14	100.00

4.2.2 信托资产运用与分布表（母公司）

资产运用	金额（万元）	占比（%）	资产分布	金额（万元）	占比（%）
货币资产	163 814.38	1.12	基础产业	1 702 050.00	11.65
贷款	4 323 602.47	29.60	房地产	732 995.51	5.02

续表

资产运用	金额（万元）	占比（%）	资产分布	金额（万元）	占比（%）
交易性金融资产	361 385.64	2.47	证券市场	2 247 736.57	15.39
可供出售金融资产	2 378 488.70	16.29	实业	6 008 988.65	41.14
持有至到期投资	485 181.14	3.32	金融机构	3 558 086.01	24.37
长期股权投资	4 429 770.42	30.33	其他	355 330.47	2.43
其他	2 462 944.46	16.87	—	—	—
信托总资产	14 605 187.21	100.00	信托总资产	14 605 187.21	100.00

4.3 市场分析

2021年，信托行业监管政策、市场环境与展业逻辑发生着深刻变化。监管部门持续加强银行保险机构股东股权监管，清理规范信托公司非金融子公司业务，切实提升信托公司治理水平；引导信托公司遵循监管导向坚定转型，有序压降融资和通道类业务，坚守风险合规底线，持续提升风险管控能力，实现行业稳健转型。

信托行业作为金融业中的重要组成部分，始终坚持以服务实体经济为导向，充分发挥金融优化资源配置功能，促进经济增长。尽管面临着较大的转型发展压力，但行业将会遵循监管导向，继续有序压降融资和通道类业务，深化结构性转型，立足受托人定位，建设受托文化，全面深化受托服务，回归信托本源，推动高质量发展。

4.3.1 有利因素

2021年，在复杂严峻的国内外经济环境下，我国顶住了压力，防住了风险，经济保持持续恢复发展态势，并以相对较小的政策成本实现了经济较快增长和较低通胀的优化组合，国内生产总值达114.4万亿元，同比增长8.1%，两年平均增长5.1%。中等收入群体持续扩大，为财富管理和资产管理业务提供了广阔市场空间。

当前经济结构的转型调整给信托行业带来持续的挑战和机遇。在结构政策引导高质量发展下，信托行业迎来共同富裕、乡村振兴、制造强国等发展机遇。各家信托公司以金融供给侧结构性改革为根本导向，积极融入国家新发展格局，升级业务模式，创新产品和服务手段，努力为自身可持续发展和行业转型探索有效路径，更好地服务国家战略及实体经济高质量发展。

为了增强金融体系服务经济结构转型升级的能力，国家深化资本市场建设，鼓励直接融资与标准化转型。信托公司积极拥抱资本市场，把握资本市场发展新机遇，构建差异化的资管能力，发展固收、证券投资等标准化业务，满足投资者多元化的资产配置及财富管理需求。

此外，碳交易市场正式启动，实现碳达峰、碳中和将引发广泛而深刻的经济社会变革。在"双碳"目标的指引下，中国经济将迎来绿色低碳转型，绿色信托发展空间将进一步扩展，为信托公司的业务转型带来新的机遇。信托公司应充分发挥信托制度优势，灵活运用信托工具，积极参与碳市场交易，探索绿色信托、慈善信托支持绿色公益等多种方式，助力实现"双碳"目标。

4.3.2 不利因素

经济发展面临需求收缩、供给冲击、预期转弱三重压力；信托行业面临较大信用风险、市场风险、流动性风险；信托公司资产结构面临挑战，业务模式面临重塑。

监管对于信托行业保持着强监管、严监管态势，进一步压降融资类、通道类信托业务规模。信托行业资产规模持续压降，资产结构、业务模式都在发生快速变化，信托公司面临转型发展的压力较大。

同时，由于宏观经济增速下行以及地产等部分行业面临结构性调整，金融市场风险事件不断曝露以及信托业务深化转型，信托公司既面临着存量风险管理压力增加，同时又面临流动性风险、操作风险、声誉风险等新领域风险压力持续提升。

另外，随着金融行业供给侧结构性调整的深入，资管新规的正式实施，信托公司面临大资管领域其他金融机构的激烈竞争。相较其他资管同业，信托公司在标准化投资领域投入与积累较少，在产品资源、渠道资源、专业人才等方面仍有一定差距。信托公司需丰富产品线和服务线，提升投研能力，提高风险管控能力，打造核心竞争力。

4.4 内部控制概况

4.4.1 内部控制环境和内部控制文化

公司高度重视内部控制建设与完善，以保证经营管理合法合规、资产安全、财务报告及相关信息真实完整，提升公司的经营效率和效果，提高合规意识，树立合规理念，维护公司的信誉和形象，促进公司战略发展目标的实现。

公司严格按照《公司法》《信托法》《信托公司管理办法》等法律法规，建立完善了公司的治理结构、议事规则和运行模式，形成股东会、董事会、监事会和经营管理层相互分离、合理制衡的机制，明确划分治理层和管理层间的权限；董事会下设战略委员会、信托与关联交易委员会、风险管理委员会、审计委员会、消费者权益保护委员会、提名与薪酬考核委员会，各自履行相应职责；建立健全内部控制制度，做到有规可循；完善流程控制和运行机制，做到有据可依。

公司持续加强内部控制文化的建设，组织高管和员工参加行业培训，学习同业先进经验；通过定期举办内部培训讲座、发放内部宣传刊物、线上学习、项目复盘等形式，树立员工合规意识和风险意识，有效提升员工合规观念和职业道德操守，使员工内部控制意识不断增强。

4.4.2 内部控制措施

4.4.2.1 内控制度体系

公司建立了权责分明、分工明确的内部控制体系，实现了对公司决策层、管理层和操作层的全面监督和控制。内部控制相关组织架构及职能部门主要包括：股东会、董事会及下设各专门委员会、管理层及下设各专业委员会、风险管理部、法律合规部、运营中心、财富中心、人力资源部、办公室、数字化中心、审计内控部和纪委办公室等。

4.4.2.2 内部控制措施

机制保障。构建完善的公司内部控制体系，明确各部门的权限与职责，设置严格的内部管控流程，实现业务操作和内部管理的规范化、科学化。

制度完善。根据市场环境变化及业务发展情况，对公司现行的制度及操作流程中与公司现阶段发展不符或不适合的规定、要求及时修订。

强化监督。结合外部监管要求及公司实际业务发展情况，以风险为导向开展年度内部控制独立评价，加强对公司内部控制的监督。

推动整改。积极推进公司内部控制缺陷整改工作，定期对内部控制评价工作发现的缺陷，逐个确认相关风险点并制定相应的整改措施，并对缺陷整改情况进行核实，推进公司内部控制工作的健全和完善。

信息化建设。公司不断加强信息化建设，通过对信托业务系统、自营业务系统、财富管理系统、办公系统及其他主要系统等逐步优化，提升审批效率，将关键控制点纳入系统管理，提高公司风险控制能力。

4.4.3 信息交流与反馈

公司建立了良好的信息交流与反馈机制，定期召开股东会、董事会、监事会，以定期报告的形式将公司经营管理信息传递给股东、董事和监事；通过召开经营及项目评审会议，各职能部门和业务部门将经营管理动态向高级管理人员进行及时汇报。

公司按照监管部门要求，严格执行授权审批和流程审批，认真按时报送各类业务信息、报告和报表，对监管机构提出的问题或建议，公司给予及时、详细的信息反馈或制定整改措施。

公司严格按照相关法规中有关信息披露的要求，真实、准确、完整地向外部利益相关者披露信息。在公司官方网站等媒体上及时发布公司年报、披露重大事项，同时公司通过热线电话系统，加强与外部客户的交流，接受客户意见反馈。

4.4.4 监督评价与纠正

公司通过各项日常会议，实现管理层对业务的持续监管。董事会通过听取高管层工作报告、月度、季度运行分析报告等，检查公司的日常工作，监督高管层的日常经营；监事（会）列席董事会、总经理办公会，对董事、高管层的行为实施监督；高管层通过各部门月度、季度运行分析报告、部门日常汇报、签署业绩合同、绩效考核等形式，保障公司各部门的正常运转，通过督导会和问责会，对有关问题及时处理，有效纠正运行中偏差。

审计内控部作为公司独立监督部门，负责对公司内部控制制度、业务经营、财务活动等实施评价监督。根据《企业内部控制基本规范》及其配套应用指引的要求，参照《信托公司管理办法》《商业银行内部控制指引》等制度规定，审计内控部制定了年度内部控制独立评价工作计划，对公司重点内控环节开展全面评价工作，关注市场风险、信用风险、操作风险、法律合规风险、流动性风险、战略风险、声誉风险等，排查公司经营管理中存在的内控缺陷，提出切实可行的意见和建议并追踪核查，逐一落实问题整改。

4.5 风险管理

4.5.1 风险管理概况

报告期内，公司严守风险底线回归信托本源，进一步完善公司全面风险管理体系建设，不断完善全面风险管理政策落实，针对经营活动中的合规风险、信用风险、市场风险、操作风险、流动性风险、政策风险、声誉风险，完善风险管理的组织架构和流程。以风险识别、风险评估、风险决策、风险监测、风险处置、风险问责六个环节为重点，彼此紧密联系，形成了有机的管理闭环；

以良好的风险管理环境为基础，承载和支撑着整个风险管理体系的顺利运行。扎实开展项目评审与中后期管理工作，完善风险防控报告及督导机制，严控新增风险。严守合规底线，依法合规开展各项经营活动。加强信托专业素质培训和职业道德教育，积极培育"忠实、良益、信任、托付"信托经营理念，保障公司业务健康发展。

4.5.2 风险状况

4.5.2.1 合规风险

合规风险指公司开展信托和固有业务时，因没有遵循法律、规则和准则可能遭受法律制裁、监管处罚、重大财务损失和声誉损失的风险。

报告期内，公司未发生合规风险事项。

4.5.2.2 信用风险状况

信用风险指交易对手因履约意愿和履约能力发生变化出现的不能履约导致交易资产价值损失的风险。主要表现为在贷款、资产回购、后续资金安排、担保、履约承诺等交易过程中，借款人、担保人、保管人等交易对手不能或不愿履行合约承诺而使信托财产和固有财产遭受损失。

报告期内，公司存续项目信用风险整体可控。

4.5.2.3 市场风险状况

市场风险主要是指在开展资产管理业务过程中，投资于有公开市场价值的金融产品或者其他产品时，金融产品或者其他产品的价格发生波动导致资产遭受损失的可能性，即公司因股价、市场汇率、利率及其他价格因素变动而产生的风险。同时，市场风险还具有很强的传导效应，市场风险很可能引发交易对手的信用风险。

报告期内，公司未发生重大市场风险事项。

4.5.2.4 操作风险状况

操作风险是指由不完善或有问题的管理制度、内部程序、人员岗位和信息科技系统，以及外部事件所造成损失的风险。

报告期内公司未发生重大操作风险事件。

4.5.2.5 流动性风险状况

流动性风险是指公司短期内资金周转困难无法偿付到期债务而造成损失的风险。

报告期内公司未发生流动性风险事件。

4.5.2.6 政策风险

政策风险主要表现为宏观政策以及行业政策的变动对公司经营环境和发展所造成的影响。

报告期内，房地产行业政策趋紧，城投平台公司债券发行政策趋严，公司提前预判并积极应对，未发生因政策变化造成的风险事件。

4.5.2.7 声誉风险状况

声誉风险指由于公司操作失误、违反有关规定、资产质量下降、不能按期兑付、不能向公众提供高质量的综合金融服务和管理不善等原因，对公司外部市场地位和声誉产生消极不良影响。

报告期内，公司未发生声誉风险。

4.5.3 风险管理

4.5.3.1 合规风险管理

公司专门设置法律合规部作为合规风险的主责部门，持续完善确保合规工作正常开展的内控制度和操作流程，确保公司日常合规管理计划得以有效实施；项目合规审查与实质风险审查同步开展，确保每个项目的设立均能满足外部/内部合规要求；配套建立合规绩效考核机制和问责与激励机制，确保合规责任落实到人，实现合规管理工作有章可依、违规必究。

4.5.3.2 信用风险管理

针对信用风险，公司对项目投前审查、投中放款、投后管理实施全流程风险管控。投前审查根据不同类型业务的客户和项目特征、监管要求变化等适时修订更新业务指引，明确风险偏好与风险策略，有针对性地匹配风险管控措施。投中放款严格执行放款流程，确保资金合法依规使用；投后管理严格执行风险监测，确保管控措施落实到位，关注重点业务交易对手与项目运营情况，做到风险隐患早发现、早预警、早应对、早化解。

2021年，面对新冠肺炎疫情反复、房地产市场下行、证券市场波动加剧等外部风险，公司进一步加强风险预判、风险监测和风险应对，保持了业务平稳发展，信用风险整体可控。

4.5.3.3 市场风险管理

针对市场风险，公司主要采取了如下管理策略：一是及时调整投资策略和投资组合，注重低风险多元化对冲策略配置，密切关注经济运行状况。关注金融产品的市场价值变动，严格遵循组合投资、分散风险的原则，通过投资组合分散投资风险并提前做好防范措施。二是积极发挥信息系统在证券投资及风险管理方面的功能作用，提高证券估值效率和风险评估的科学性，强化预警平仓等风险防范措施。

4.5.3.4 操作风险管理

公司持续完善管理制度体系建设、提升内部控制流程设计有效性和执行有效性，对所开展的业务工作进行操作流程优化。公司按产品线全面梳理、检视各类产品中后期管理中的缺陷与风险点，重点厘清了重点业务操作风险管理工作；开展内部审计工作，充分揭示各业务环节存在的问题和风险；持续优化业务内控管理制度，提升制度时效性、灵活性；加强系统建设，优化系统审批流程和数据报送等功能，进一步提高操作风险管理能力和水平。

4.5.3.5 流动性风险管理

公司坚持稳健运营的基本原则，合理制定固有资产投资策略，审慎进行固有资产的投资，在固有资产配置上以流动性和安全性为首要原则，提高流动性资产的配置比例，在确保流动性及安全性的基础上取得了较好的经营成效。

4.5.3.6 政策风险管理

公司始终认真贯彻落实政策风险管理，坚持认真研究宏观经济政策，紧密结合政策变化导向和公司实际，适时调整业务发展方向、制定展业经营策略。定期选取与国家政策引导方向相契合且与公司业务发展需求相关联的课题进行深度调研，研究新业务领域的风险演化规律和趋势，提高风险管理水平。

4.5.3.7 声誉风险管理

公司高度重视声誉风险管理，将公司声誉构建与公司发展战略、企业文化进行有机结合，对可能影响公司声誉的业务坚决予以回避，尽职管理受托资产并进行充分信息披露。加强舆情监测，不断完善舆情管理体系与舆情处理能力，积极维护公司良好的声誉和企业形象。

4.6 净资本管理概况

指标	期末数	监管指标
净资本	550 125.98万元	≥2亿元
各项业务风险资本之和（万元）	270 771.97	—
净资本/各项业务风险资本之和（%）	203.17	≥100
净资本/净资产（%）	80.03	≥40

5. 报告期末及上一年度末的比较式会计报表

5.1 自营资产

5.1.1 会计师事务所审计意见全文

审计报告

XYZH/2022BJAB20424

中粮信托有限责任公司董事会：

一、审计意见

我们审计了中粮信托有限责任公司（以下简称中粮信托公司）财务报表，包括2021年12月31日的合并及母公司资产负债表，2021年度的合并及母公司利润表、合并及母公司现金流量表、合并及母公司所有者权益变动表，以及相关财务报表附注。

我们认为，后附的财务报表在所有重大方面按照企业会计准则的规定编制，公允反映了中粮信托公司2021年12月31日的合并及母公司财务状况以及2021年度的合并及母公司经营成果和现金流量。

二、形成审计意见的基础

我们按照中国注册会计师审计准则的规定执行了审计工作。审计报告的"注册会计师对财务报表审计的责任"部分进一步阐述了我们在这些准则下的责任。按照中国注册会计师职业道德守则，我们独立于中粮信托公司，并履行了职业道德方面的其他责任。我们相信，我们获取的审计证据是充分、适当的，为发表审计意见提供了基础。

三、其他信息

中粮信托公司管理层（以下简称管理层）对其他信息负责。其他信息包括中粮信托公司2021年年度报告中涵盖的信息，但不包括财务报表和我们的审计报告。

我们对财务报表发表的审计意见不涵盖其他信息，我们也不对其他信息发表任何形式的鉴证结论。

结合我们对财务报表的审计，我们的责任是阅读其他信息，在此过程中，考虑其他信息是否与财务报表或我们在审计过程中了解到的情况存在重大不一致或者似乎存在重大错报。

基于我们已执行的工作，如果我们确定其他信息存在重大错报，我们应当报告该事实。在这方面，我们无任何事项需要报告。

四、管理层和治理层对财务报表的责任

管理层负责按照企业会计准则的规定编制财务报表，使其实现公允反映，并设计、执行和维护必要的内部控制，以使财务报表不存在由于舞弊或错误导致的重大错报。

在编制财务报表时，管理层负责评估中粮信托公司的持续经营能力，披露与持续经营相关的事项（如适用），并运用持续经营假设，除非管理层计划清算中粮信托公司、终止运营或别无其他现实的选择。

治理层负责监督中粮信托公司的财务报告过程。

五、注册会计师对财务报表审计的责任

我们的目标是对财务报表整体是否不存在由于舞弊

或错误导致的重大错报获取合理保证，并出具包含审计意见的审计报告。合理保证是高水平的保证，但并不能保证按照审计准则执行的审计在某一重大错报存在时总能发现。错报可能由于舞弊或错误导致，如果合理预期错报单独或汇总起来可能影响财务报表使用者依据财务报表作出的经济决策，则通常认为错报是重大的。

在按照审计准则执行审计工作的过程中，我们运用职业判断，并保持职业怀疑。同时，我们也执行以下工作：

（1）识别和评估由于舞弊或错误导致的财务报表重大错报风险，设计和实施审计程序以应对这些风险，并获取充分、适当的审计证据，作为发表审计意见的基础。由于舞弊可能涉及串通、伪造、故意遗漏、虚假陈述或凌驾于内部控制之上，未能发现由于舞弊导致的重大错报的风险高于未能发现由于错误导致的重大错报的风险。

（2）了解与审计相关的内部控制，以设计恰当的审计程序，但目的并非对内部控制的有效性发表意见。

（3）评价管理层选用会计政策的恰当性和作出会计估计及相关披露的合理性。

（4）对管理层使用持续经营假设的恰当性得出结论。同时，根据获取的审计证据，就可能导致对中粮信托公司持续经营能力产生重大疑虑的事项或情况是否存在重大不确定性得出结论。如果我们得出结论认为存在重大不确定性，审计准则要求我们在审计报告中提请报表使用者注意财务报表中的相关披露；如果披露不充分，我们应当发表非无保留意见。我们的结论基于截至审计报告日可获得的信息。然而，未来的事项或情况可能导致中粮信托公司不能持续经营。

（5）评价财务报表的总体列报、结构和内容，并评价财务报表是否公允反映相关交易和事项。

（6）就中粮信托公司中实体或业务活动的财务信息获取充分、适当的审计证据，以对财务报表发表审计意见。我们负责指导、监督和执行集团审计，并对审计意见承担全部责任。

我们与治理层就计划的审计范围、时间安排和重大审计发现等事项进行沟通，包括沟通我们在审计中识别出的值得关注的内部控制缺陷。

信永中和会计师事务所(特殊普通合伙)

中国注册会计师

中国 北京　　　　　　　　　二〇二二年四月十一日

5.1.2 资产负债表

合并资产负债表

编制单位：中粮信托有限责任公司　　2021年12月31日　　　　　　单位：元

资产	2021年12月31日	2020年12月31日
资产：		
货币资金	925 312 723.11	100 833 553.57
结算备付金	—	—
拆出资金	—	—
交易性金融资产	6 467 601 034.38	2 969 950 914.64
合同资产	—	—
买入返售金融资产	—	191 489 306.18
应收账款	194 894 416.10	69 775 539.01
预付账款	23 765 153.79	10 095 302.42
其他应收款	498 602 182.27	627 576 691.37
其中：应收股利	—	—
发放贷款及垫款	988 163 980.93	1 065 636 815.48
债权投资	9 897 467.50	9 897 467.50
其他债权投资	—	—

续表

资产	2021年12月31日	2020年12月31日
长期应收款	—	—
长期股权投资	—	—
固定资产	4 211 956.54	3 542 511.94
在建工程	—	—
生产性生物资产	—	—
使用权资产	139 580 713.83	—
无形资产	10 172 714.21	8 005 927.23
商誉	—	—
递延所得税资产	296 323 462.58	318 384 534.02
长期待摊费用	460 186.31	1 006 540.13
其他资产	289 318.41	284 514.02
资产总计	9 559 275 309.96	5 376 479 617.51

法定代表人：刘燕松　　主管会计工作负责人：杨屹　　会计机构负责人：丁明

合并资产负债表（续）

编制单位：中粮信托有限责任公司　　2021年12月31日　　单位：元

负债和所有者权益	2021年12月31日	2020年12月31日
负债：		
短期借款	—	—
交易性金融负债	1 090 544 294.40	126 523 315.53
应付账款		
预收账款		
合同负债	173 439 198.71	22 723 581.15
衍生金融负债		
应付职工薪酬	140 610 576.94	136 677 669.28
应交税费	80 251 063.35	79 898 705.36
租赁负债	133 386 244.51	
其他应付款	163 637 111.18	54 382 049.43
其中：应付股利	—	—
预计负债		
长期借款		
递延所得税负债	—	—
卖出回购金融资产款		
其他负债	783 074 369.19	118 709 909.76
负债合计	2 564 942 858.28	538 915 230.51
所有者权益：		
实收资本	2 830 954 182.00	2 300 000 000.00
资本公积	1 499 396 438.10	430 350 620.10
减：库存股	—	—
其他综合收益	—	—
盈余公积	305 625 223.59	246 424 120.91
一般风险准备	618 840 762.18	547 665 162.19
未分配利润	1 667 034 401.86	1 241 023 298.65
归属于母公司股东权益合计	6 921 851 007.73	4 765 463 201.85
少数股东权益	72 481 443.95	72 101 185.54
所有者权益合计	6 994 332 451.68	4 837 564 387.00
负债和所有者权益合计	9 559 275 309.96	5 376 479 617.51

法定代表人：刘燕松　　主管会计工作负责人：杨屹　　会计机构负责人：丁明

资产负债表

编制单位：中粮信托有限责任公司　　2021年12月31日　　单位：元

资产	2021年12月31日	2020年12月31日
资产：		
货币资金	576 146 378.88	62 581 665.16
结算备付金	—	—
拆出资金	—	—
应收股利		
交易性金融资产	6 141 063 826.58	3 586 684 761.53
合同资产		

续表

资产	2021年12月31日	2020年12月31日
买入返售金融资产	—	191 489 306.18
应收账款	201 949 798.18	79 351 169.16
预付账款	23 745 353.79	10 095 302.42
其他应收款	505 123 563.14	640 981 249.23
其中：应收股利	—	—
发放贷款及垫款	—	—
债权投资		
其他债权投资		
应收款项类投资		
长期股权投资	25 100 000.00	25 100 000.00
固定资产	4 129 418.47	3 472 241.93
在建工程		
生产性生物资产		
使用权资产	139 065 950.33	
无形资产	10 172 714.21	8 005 927.23
递延所得税资产	307 171 600.41	329 681 339.59
长期待摊费用	332 766.31	960 594.96
其他资产		
资产总计	7 934 001 370.30	4 938 403 557.39

法定代表人：刘燕松　　主管会计工作负责人：杨屹　　会计机构负责人：丁明

资产负债表（续）

编制单位：中粮信托有限责任公司　　2021年12月31日　　单位：元

负债和所有者权益	2021年12月31日	2020年12月31日
负债：		
短期借款	—	—
应付账款		
预收账款		
合同负债	173 338 374.64	22 723 581.15
衍生金融负债		
应付职工薪酬	136 850 694.59	133 179 518.27
应交税费	80 032 712.23	79 863 272.70
租赁负债	132 869 371.89	
应付手续费及佣金		
其他应付款	127 289 689.03	20 857 017.52
其中：应付股利	—	—
预计负债		
长期借款		
递延所得税负债	—	—
卖出回购金融资产款		
其他非流动负债	409 829 333.35	—
负债合计	1 060 210 175.73	256 623 389.64
所有者权益：		

续表

负债和所有者权益	2021年12月31日	2020年12月31日
实收资本	2 830 954 182.00	2 300 000 000.00
资本公积	1 499 233 295.00	430 187 477.00
减：库存股	—	—
其他综合收益	—	—
盈余公积	305 625 223.59	246 424 120.91
一般风险准备	618 840 762.18	547 665 162.19
未分配利润	1 619 137 731.80	1 157 503 407.65
所有者权益合计	6 873 791 194.57	4 681 780 167.75
负债和所有者权益合计	7 934 001 370.30	4 938 403 557.39

法定代表人：刘燕松　　主管会计工作负责人：杨屹　　会计机构负责人：丁明

5.1.3 利润和利润分配表

合并利润表

编制单位：中粮信托有限责任公司　　2021年度　　单位：元

项目	2021年度	2020年度
一、营业收入	1 173 636 397.28	1 134 944 234.38
手续费及佣金净收入	975 548 048.65	808 087 646.77
利息净收入	−3 868 339.51	7 600 127.54
其中：利息收入	12 283 057.68	16 734 127.53
利息支出	16 151 397.19	9 133 999.99
其他收益	961 052.30	816 980.12
投资收益（损失以"−"号填列）	87 147 862.15	352 790 175.09
其中：对联营企业和合营企业的投资收益	—	—
公允价值变动收益（损失以"−"号填列）	113 962 708.03	−34 062 551.07
汇兑收益（损失以"−"号填列）	−114 934.34	−348 321.06
资产处置收益（损失以"−"号填列）	—	—
其中：非流动资产处置收益（损失以"−"号填列）	—	—
其他业务收入	—	60 176.99
二、营业支出	408 724 103.88	691 371 280.11
税金及附加	6 140 697.29	5 452 717.80
业务及管理费	385 880 276.99	337 279 244.99
信用减值损失	16 744 521.08	348 641 014.01
其他业务成本	−41 391.48	−1 696.69
三、营业利润	764 912 293.40	443 572 954.27
加：营业外收入	1.12	565 012.91
减：营业外支出	7 426 540.18	1 440 023.93
四、利润总额	757 485 754.34	442 697 943.25
减：所得税费用	200 717 689.66	110 665 185.20
五、净利润	556 768 064.68	332 032 758.05
（一）按经营持续性分类：	556 768 064.68	332 032 758.05
1.持续经营净利润（净亏损以"−"号填列）	556 768 064.68	332 032 758.05
2.终止经营净利润（净亏损以"−"号填列）	—	—
（二）按所有权归属分类：	556 768 064.68	332 032 758.05
1.少数股东损益（净亏损以"−"号填列）	380 258.80	3 138 923.27
2.归属于母公司股东的净利润（净亏损以"−"号填列）	556 387 805.88	328 893 834.78

续表

项目	2021年度	2020年度
六、其他综合收益的税后净额	—	—
归属于母公司所有者的其他综合收益的税后净额	—	—
（一）以后不能重分类进损益的其他综合收益	—	—
（二）以后将重分类进损益的其他综合收益	—	—
其中：可供出售金融资产公允价值变动损益	—	—
归属于少数股东的其他综合收益的税后净额	—	—
七、综合收益总额	556 768 064.68	332 032 758.05
归属于母公司所有者的综合收益总额	556 387 805.88	328 893 834.78
归属于少数股东的综合收益总额	380 258.80	3 138 923.27

法定代表人：刘燕松　　主管会计工作负责人：杨屹　　会计机构负责人：丁明

利润表

编制单位：中粮信托有限责任公司　　2021年度　　单位：元

项目	2021年度	2020年度
一、营业收入	1 187 897 204.50	782 683 000.75
手续费及佣金净收入	964 279 580.69	798 696 715.55
利息净收入	4 110 143.85	5 480 746.77
其中：利息收入	12 041 253.34	14 614 746.76
利息支出	16 151 397.19	9 133 999.99
其他收益	939 431.69	783 090.68
投资收益（损失以"−"号填列）	112 180 342.87	307 279 189.39
公允价值变动收益（损失以"−"号填列）	114 607 993.10	−329 616 918.63
汇兑收益（损失以"−"号填列）	—	—
资产处置收益（损失以"−"号填列）	—	—
其中：非流动资产处置收益（损失以"−"号填列）	—	—
其他业务收入	—	60 176.99
二、营业支出	387 972 783.52	379 983 684.66
税金及附加	5 956 867.87	5 231 558.90
业务及管理费	372 583 479.26	315 546 016.23
信用减值损失	9 432 436.39	59 206 109.53
其他业务成本	—	—
三、营业利润	799 924 420.98	402 699 316.09
加：营业外收入	1.12	565 000.05
减：营业外支出	7 426 540.18	1 440 023.93
四、利润总额	792 497 881.92	401 824 292.21
减：所得税费用	200 486 855.10	101 058 806.25
五、净利润	592 011 026.82	300 765 485.96
1.持续经营净利润（净亏损以"−"号填列）	592 011 026.82	300 765 485.96
2.终止经营净利润（净亏损以"−"号填列）	—	—
六、其他综合收益	—	—
七、综合收益总额	592 011 026.82	300 765 485.96

法定代表人：刘燕松　　主管会计工作负责人：杨屹　　会计机构负责人：丁明

5.1.4 所有者权益变动表

合并权益变动表

编制单位：中粮信托有限责任公司　　2021年度　　单位：元

项目	实收资本	资本公积	其他综合收益	盈余公积	一般风险准备	未分配利润	小计	少数股东权益	所有者权益合计
一、上年年末余额	2 300 000 000.00	430 350 620.10	—	246 424 120.91	547 665 162.19	1 241 023 298.65	4 765 463 201.85	72 101 185.15	4 837 564 387.00
加：会计政策变更	—	—	—	—	—	—	—	—	—
前期差错更正	—	—	—	—	—	—	—	—	—
其他	—	—	—	—	—	—	—	—	—
二、本年年初余额	2 300 000 000.00	430 350 620.10	—	246 424 120.91	547 665 162.19	1 241 023 298.65	4 765 463 201.85	72 101 185.15	4 837 564 387.00
三、本年增减变动金额（减少以"-"号填列）	530 954 182.00	1 069 045 818.00	—	59 201 102.68	71 175 599.99	426 011 103.21	2 156 387 805.88	380 258.80	2 156 768 064.68
（一）综合收益总额	—	—	—	—	—	556 387 805.88	556 387 805.88	—	556 387 805.88
（二）所有者投入和减少资本	530 954 182.00	1 069 045 818.00	—	—	—	—	1 600 000 000.00	—	1 600 000 000.00
1.所有者投入的普通股	530 954 182.00	1 069 045 818.00	—	—	—	—	1 600 000 000.00	—	1 600 000 000.00
2.其他权益工具持有者投入资本	—	—	—	—	—	—	—	—	—
3.股份支付计入所有者权益的金额	—	—	—	—	—	—	—	—	—
4.其他	—	—	—	—	—	—	—	—	—
（三）利润分配	—	—	—	59 201 102.68	71 175 599.99	-130 376 702.67	—	—	—
1.提取盈余公积	—	—	—	59 201 102.68	—	-59 201 102.68	—	—	—
其中：法定公积金	—	—	—	59 201 102.68	—	-59 201 102.68	—	—	—
2.提取一般风险准备	—	—	—	—	71 175 599.99	-71 175 599.99	—	—	—
3.对所有者的分配	—	—	—	—	—	—	—	—	—
4.其他	—	—	—	—	—	—	—	—	—
（四）所有者权益内部结转	—	—	—	—	—	—	—	—	—
1.资本公积转增资本	—	—	—	—	—	—	—	—	—
2.盈余公积转增资本	—	—	—	—	—	—	—	—	—
3.盈余公积弥补亏损	—	—	—	—	—	—	—	—	—
4.设定受益计划变动额结转留存收益	—	—	—	—	—	—	—	—	—
5.其他综合收益结转留存收益	—	—	—	—	—	—	—	—	—
6.其他	—	—	—	—	—	—	—	—	—
四、本年年末余额	2 830 954 182.00	1 499 396 438.10	—	305 625 223.59	618 840 762.18	1 667 034 401.86	6 921 851 007.73	72 481 443.95	6 994 332 451.68

法定代表人：刘燕松　　主管会计工作负责人：杨屹　　会计机构负责人：丁明

合并权益变动表

2020年度

编制单位：中粮信托有限责任公司　　　单位：元

项目	归属于母公司所有者权益								少数股东权益	所有者权益合计
	实收资本	资本公积	其他综合收益	盈余公积	一般风险准备	未分配利润		小计		
一、上年末余额	2 300 000 000.00	430 203 568.68	—	216 347 572.31	543 336 914.57	946 534 260.09		4 436 422 315.65	69 177 844.10	4 505 600 159.75
加：会计政策变更	—	—	—	—	—	—		—	—	—
前期差错更正	—	—	—	—	—	—		—	—	—
其他	—	—	—	—	—	—		—	—	—
二、本年年初余额	2 300 000 000.00	430 203 568.68	—	216 347 572.31	543 336 914.57	946 534 260.09		4 436 422 315.65	69 177 844.10	4 505 600 159.75
三、本年增减变动金额（减少以"-"号填列）	—	147 051.42	—	30 076 548.60	4 328 247.62	294 489 038.56		329 040 886.20	2 923 341.05	331 964 227.25
（一）综合收益总额	—	147 051.42	—	—	—	328 893 834.78		328 893 834.78	3 138 923.27	332 032 758.05
（二）所有者投入和减少资本	—	147 051.42	—	—	—	—		147 051.42	145 879.70	292 931.12
1.所有者投入的普通股	—	—	—	—	—	—		—	—	—
2.其他权益工具持有者投入资本	—	—	—	—	—	—		—	—	—
3.股份支付计入所有者权益的金额	—	—	—	—	—	—		—	—	—
4.其他	—	147 051.42	—	—	—	—		147 051.42	145 879.70	292 931.12
（三）利润分配	—	—	—	30 076 548.60	4 328 247.62	-34 404 796.22		—	-361 461.92	-361 461.92
1.提取盈余公积	—	—	—	30 076 548.60	—	-30 076 548.60		—	—	—
其中：法定公积金	—	—	—	30 076 548.60	—	-30 076 548.60		—	—	—
2.提取一般风险准备	—	—	—	—	4 328 247.62	-4 328 247.62		—	—	—
3.对所有者的分配	—	—	—	—	—	—		—	-361 461.92	-361 461.92
4.其他	—	—	—	—	—	—		—	—	—
（四）所有者权益内部结转	—	—	—	—	—	—		—	—	—
1.资本公积转增资本	—	—	—	—	—	—		—	—	—
2.盈余公积转增资本	—	—	—	—	—	—		—	—	—
3.盈余公积弥补亏损	—	—	—	—	—	—		—	—	—
4.设定受益计划变动额结转留存收益	—	—	—	—	—	—		—	—	—
5.其他综合收益结转留存收益	—	—	—	—	—	—		—	—	—
6.其他	—	—	—	—	—	—		—	—	—
四、本年年末余额	2 300 000 000.00	430 350 620.10	—	246 424 120.91	547 665 162.19	1 241 023 298.65		4 765 463 201.85	72 101 185.15	4 837 564 387.00

法定代表人：刘燕松　　主管会计工作负责人：杨屹　　会计机构负责人：丁明

母公司权益变动表

编制单位：中粮信托有限责任公司　　2021年度　　单位：元

项目	实收资本	资本公积	其他综合收益	盈余公积	一般风险准备	未分配利润	所有者权益合计
一、上年年末余额	2 300 000 000.00	430 187 477.00	—	246 424 120.91	547 665 162.19	1 157 503 407.65	4 681 780 167.75
加：会计政策变更	—	—	—	—	—	—	—
前期差错更正	—	—	—	—	—	—	—
其他	—	—	—	—	—	—	—
二、本年年初余额	2 300 000 000.00	430 187 477.00	—	246 424 120.91	547 665 162.19	1 157 503 407.65	4 681 780 167.75
三、本年增减变动金额（减少以"-"号填列）	530 954 182.00	1 069 045 818.00	—	59 201 102.68	71 175 599.99	461 634 324.15	2 192 011 026.82
（一）综合收益总额	—	—	—	—	—	592 011 026.82	592 011 026.82
（二）所有者投入和减少资本	530 954 182.00	1 069 045 818.00	—	—	—	—	1 600 000 000.00
1.所有者投入的普通股	530 954 182.00	1 069 045 818.00	—	—	—	—	1 600 000 000.00
2.其他权益工具持有者投入资本	—	—	—	—	—	—	—
3.股份支付计入所有者权益的金额	—	—	—	—	—	—	—
4.其他	—	—	—	—	—	—	—
（三）利润分配	—	—	—	59 201 102.68	71 175 599.99	-130 376 702.67	—
1.提取盈余公积	—	—	—	59 201 102.68	—	-59 201 102.68	—
其中：法定公积金	—	—	—	59 201 102.68	—	-59 201 102.68	—
2.提取一般风险准备	—	—	—	—	71 175 599.99	-71 175 599.99	—
3.对所有者的分配	—	—	—	—	—	—	—
4.其他	—	—	—	—	—	—	—
（四）所有者权益内部结转	—	—	—	—	—	—	—
1.资本公积转增资本	—	—	—	—	—	—	—
2.盈余公积转增资本	—	—	—	—	—	—	—
3.盈余公积弥补亏损	—	—	—	—	—	—	—
4.设定受益计划变动额结转留存收益	—	—	—	—	—	—	—
5.其他综合收益结转留存收益	—	—	—	—	—	—	—
6.其他	—	—	—	—	—	—	—
四、本年年末余额	2 830 954 182.00	1 499 233 295.00	—	305 625 223.59	618 840 762.18	1 619 137 731.80	6 873 791 194.57

法定代表人：刘燕松　　主管会计工作负责人：杨屹　　会计机构负责人：丁明

母公司权益变动表

编制单位：中粮信托有限责任公司　　2020年度　　单位：元

项目	实收资本	资本公积	其他综合收益	盈余公积	一般风险准备	未分配利润	所有者权益合计
一、上年年末余额	2 300 000 000.00	430 187 477.00	—	216 347 572.31	543 336 914.57	891 142 717.91	4 381 014 681.79
加：会计政策变更	—	—	—	—	—	—	—
前期差错更正	—	—	—	—	—	—	—
其他	—	—	—	—	—	—	—
二、本年年初余额	2 300 000 000.00	430 187 477.00	—	216 347 572.31	543 336 914.57	891 142 717.91	4 381 014 681.79
三、本年增减变动金额（减少以"-"号填列）	—	—	—	30 076 548.60	4 328 247.62	266 360 689.74	300 765 485.96
（一）综合收益总额	—	—	—	—	—	300 765 485.96	300 765 485.96
（二）所有者投入和减少资本	—	—	—	—	—	—	—
1.所有者投入的普通股	—	—	—	—	—	—	—
2.其他权益工具持有者投入资本	—	—	—	—	—	—	—

续表

项目	实收资本	资本公积	其他综合收益	盈余公积	一般风险准备	未分配利润	所有者权益合计
3.股份支付计入所有者权益的金额	—	—	—	—	—	—	—
4.其他	—	—	—	—	—	—	—
（三）利润分配	—	—	—	30 076 548.60	4 328 247.62	−34 404 796.22	—
1.提取盈余公积	—	—	—	30 076 548.60	—	−30 076 548.60	—
其中：法定公积金	—	—	—	30 076 548.60	—	−30 076 548.60	—
2.提取一般风险准备	—	—	—	—	4 328 247.62	−4 328 247.62	—
3.对所有者的分配	—	—	—	—	—	—	—
4.其他	—	—	—	—	—	—	—
（四）所有者权益内部结转	—	—	—	—	—	—	—
1.资本公积转增资本	—	—	—	—	—	—	—
2.盈余公积转增资本	—	—	—	—	—	—	—
3.盈余公积弥补亏损	—	—	—	—	—	—	—
4.设定受益计划变动额结转留存收益	—	—	—	—	—	—	—
5.其他综合收益结转留存收益	—	—	—	—	—	—	—
6.其他	—	—	—	—	—	—	—
四、本年年末余额	2 300 000 000.00	430 187 477.00	—	246 424 120.91	547 665 162.19	1 157 503 407.65	4 681 780 167.75

法定代表人：刘燕松　　　主管会计工作负责人：杨屹　　　会计机构负责人：丁明

5.2 信托资产

5.2.1 信托项目资产负债汇总表

信托项目资产负债表

编制单位：中粮信托有限责任公司　　2021年12月31日　　单位：万元

信托资产	年初数	年末数	信托负债和信托权益	年初数	年末数
信托资产：			信托负债：		
货币资金	56 761.85	163 814.38	交易性金融负债	—	—
拆出资金	—	—	衍生金融负债	—	—
存出保证金	—	—	应付受托人报酬	663.80	5 832.40
交易性金融资产	6 139.07	361 385.64	应付托管费	2.13	25.28
衍生金融资产	—	—	应付受益人收益	—	—
买入返售金融资产	130.01	12 440.06	应交税费	7 848.34	7 402.53
应收款项	282 518.38	108 080.64	应付销售服务费	—	25.31
发放贷款	4 775 720.57	4 323 602.47	其他应付款项	64 179.08	71 970.44
可供出售金融资产	1 403 462.42	2 378 488.70	预计负债	—	—
持有至到期投资	155 204.84	485 181.14	其他负债	—	—
长期应收款	—	—	信托负债合计	72 693.35	85 255.96
长期股权投资	5 052 081.50	4 429 770.42		—	—
投资性房地产	—	—	信托权益：		
固定资产	—	—	实收信托	15 554 805.36	14 289 724.31
无形资产	—	—	资本公积	−2 187.96	29 345.92
长期待摊费用	—	—	损益平准金	—	—
其他资产	4 027 647.52	2 342 423.76	未分配利润	134 355.41	200 861.02
减：各项资产减值准备	—	—	信托权益合计	15 686 972.81	14 519 931.25
信托资产总计	15 759 666.16	14 605 187.21	信托负债及信托权益总计	15 759 666.16	14 605 187.21

5.2.2 信托项目利润及利润分配汇总表

信托项目利润及利润分配表

编制单位：中粮信托有限责任公司　　2021年度　　　　　　单位：万元

项目	2021年累计数	2020年累计数
1.营业收入	1 026 569.23	1 106 833.72
1.1利息收入	357 921.25	254 030.34
1.2投资收益（损失以"-"号填列）	667 928.58	851 282.92
其中：对联营企业和合营企业的投资收益	—	—
1.3公允价值变动收益（损失以"-"号填列）	-79.35	655.90
1.4租赁收入	—	—
1.5汇兑损益（损失以"-"号填列）	—	—
1.6其他收入	798.75	864.56
2.支出	147 994.51	99 803.60
2.1营业税金及附加	3 324.39	3 495.72
2.2受托人报酬	73 733.94	73 815.49
2.3托管费	913.52	901.79
2.4投资管理费	—	—
2.5销售服务费	55.87	170.94
2.6交易费用	143.55	348.99
2.7资产减值损失	—	—
2.8其他费用	69 823.24	21 070.67
3.信托净利润（净亏损以"-"号填列）	878 574.72	1 007 030.12
4.其他综合收益	—	—
5.综合收益	878 574.72	1 007 030.12
6.加：期初未分配信托利润	134 355.41	99 572.68
7.可供分配的信托利润	1 012 930.13	1 106 602.80
8.减：本期已分配信托利润	812 069.11	972 247.39
9.期末未分配信托利润	200 861.02	134 355.41

6.会计报表附注

6.1 会计报表编制基准不符合会计核算基本前提的说明

6.1.1 会计政策变更情况

财政部于2018年12月7日发布《关于修订印发〈企业会计准则21号——租赁〉的通知》（以下简称新租赁准则），本集团自2021年1月1日起执行新租赁准则。

根据新租赁准则的衔接规定，应当根据首次执行新租赁准则的累积影响数，调整首次执行新租赁准则当年年初留存收益及财务报表其他相关项目金额，对可比期间信息不予调整。执行新租赁准则对公司2021年初的资产负债表相关项目的影响列示如下表所示。

单位：元

项目	2020年12月31日	2021年1月1日	调整数
非流动资产：			
使用权资产	—	29 652 341.97	29 652 341.97
其中：使用权资产	—	29 652 341.97	29 652 341.97
累计折旧	—	—	—
非流动负债：			
租赁负债	—	29 652 341.97	29 652 341.97
其中：租赁付款额	—	30 359 156.58	30 359 156.58
未确认融资费用	—	-706 814.61	-706 814.61

上述会计政策变更对本报告期的公司财务报表无重大影响。

6.1.2 会计估计变更情况

2021年度，本集团无重要会计估计变更事项。

6.1.3 前期会计差错更正情况

2021年度，本集团未发生重要前期差错更正事项。

6.2 或有事项说明

国投财务有限公司营业信托纠纷案：

因营业信托纠纷，国投财务有限公司以本公司为被告提起诉讼，涉案金额7 429.59万元。2022年1月13日，北京市东城区人民法院作出（2021）京0101民初15649号民事判决书判决：驳回原告国投财务有限公司的全部诉讼请求。国投财务有限公司不服一审判决，上诉至北京金融法院，目前案件正在二审审理中。

截至2021年12月31日，除上述事项外，本集团无需披露的其他重大或有事项。

6.3 重要资产转让及其出售的说明

2021年度，本集团未发生重要资产转让及其出售事项。

6.4 会计报表中重要项目的明细资料

6.4.1 披露自营资产经营情况

6.4.1.1 按信用风险五级分类结果披露信用风险资产的年初数、年末数

信用风险资产五级分类	正常类（万元）	关注类（万元）	次级类（万元）	可疑类（万元）	损失类（万元）	信用风险资产合计（万元）	不良合计（万元）	不良率（%）
年初数	348 622.09	50 250.42	96 405.90	72 307.31	—	567 585.72	168 713.21	29.72
年末数	734 004.49	50 272.94	38 625.04	31 310.72	—	854 213.19	69 935.76	8.19

注：不良资产合计=次级类+可疑类+损失类。

6.4.1.2 各项资产减值损失准备的年初、本年计提、本年转回、本年核销、年末数；贷款的一般准备、专项准备和其他资产减值准备应分别披露

单位：万元

项目	年初数	本年计提	本年转回	本年核销	年末数
贷款损失准备	—	—	—	—	—
一般准备	—	—	—	—	—
专项准备	—	—	—	—	—
其他资产减值准备	—	—	—	—	—
可供出售金融资产减值准备	—	—	—	—	—
持有至到期投资减值准备	—	—	—	—	—
长期股权投资减值准备	—	—	—	—	—
坏账准备	17 471.36	943.24	—	—	18 414.60
投资性房地产减值准备	—	—	—	—	—

6.4.1.3 自营股票投资、基金投资、债券投资、股权投资等投资业务的年初数、年末数

单位：万元

项目	自营股票	基金	债券	长期股权投资
年初数	16 774.41	—	926.78	2 510.00
年末数	—	39 405.00	826.78	2 510.00

6.4.1.4 前五名的自营长期股权投资的企业名称、占被投资企业权益的比例、主要经营活动及投资收益情况等

企业名称	占被投资企业权益的比例（%）	主要经营活动	投资收益（万元）
中粮农业产业基金管理有限责任公司	50.20	基金管理	—

6.4.1.5 前五名的自营贷款的企业名称、占贷款总额的比例和还款情况等

无。

6.4.1.6 表外业务的年初数、年末数，按照代理业务、担保业务和其他类型表外业务分别披露

单位：万元

表外业务	年初数	年末数
担保业务	—	—
代理业务（委托业务）	—	—
其他	—	—
合计	—	—

注：代理业务主要反映因客观原因应规范而尚未完成规范的历史遗留委托业务，包括委托贷款和委托投资。

6.4.1.7 公司当年的收入结构

收入结构	金额（万元）	占比（%）
利息净收入	-411.01	-0.38
手续费收入	96 427.96	89.84
投资收益	11 218.03	10.45
资产处置收益	—	—
其他收益	93.94	0.09
收入合计	107 328.92	100.00

6.4.2 披露信托资产管理情况

6.4.2.1 信托资产的年初数、年末数

单位：万元

信托资产	年初数	年末数
集合	8 584 058.00	7 632 150.33
单一	4 554 134.58	3 643 858.35
财产权	2 621 473.58	3 329 178.53
合计	15 759 666.16	14 605 187.21

6.4.2.1.1 主动管理型信托业务年初数、年末数，分证券投资、股权投资、融资、事务管理类分别披露

单位：万元

主动管理型信托资产	年初数	年末数
证券投资类	1 117 908.49	2 156 058.53
股权投资类	202 822.85	221 162.56
融资类	4 074 523.67	2 337 382.85
事务管理类	651.00	651.10
其他投资类	1 034 397.26	1 717 968.09
合计	6 430 303.27	6 433 223.13

6.4.2.1.2 被动管理型信托业务年初数、年末数，分证券投资、股权投资、融资、事务管理类分别披露

单位：万元

被动管理型信托资产	年初数	年末数
证券投资类	—	—
股权投资类	4 734 069.17	2 227 927.90
融资类	1.19	0.84
事务管理类	4 569 838.34	5 944 035.34
其他投资类	25 454.19	—
合计	9 329 362.89	8 171 964.08

6.4.2.2 2021年度已清算结束的信托项目个数、实收信托合计金额、加权平均实际年化收益率

6.4.2.2.1 2021年度已清算结束的集合类、单一类资金信托项目和财产管理类信托项目个数、金额、加权平均实际年化收益率

已清算结束信托项目	项目个数（个）	合计金额（万元）	加权平均实际年化收益率（%）
集合类	59	2 732 728.53	8.51
单一类	8	245 700.00	6.41
财产管理类	7	502 496.71	7.12

注：1. 加权平均实际年化收益率=（信托项目1的实际年化收益率×信托项目1的资产总计+信托项目2的实际年化收益率×信托项目2的资产总计+…信托项目n的实际年化收益率×信托项目n的资产总计）/（信托项目1的资产总计+信托项目2的资产总计+…信托项目n的资产总计）×100%。
2. 包含已完成兑付但截至2021年末尚未完成银行销户手续的项目。

6.4.2.2.2 本年度已清算结束的主动管理型信托项目个数、合计金额、加权平均实际年化收益率，分证券投资、股权投资、融资、事务管理类分别披露

已清算结束信托项目	项目个数（个）	合计金额（万元）	加权平均实际年化收益率（%）
证券投资类	—	—	—
股权投资类	2	53 015.00	7.12
融资类	36	1 195 593.68	9.84
事务管理类	—	—	—
其他投资类	16	655 449.85	8.69

6.4.2.2.3 本年度已清算结束的被动管理型信托项目个数、合计金额、加权平均实际年化收益率，分证券投资、股权投资、融资、事务管理类分别披露

已清算结束信托项目	项目个数（个）	合计金额（万元）	加权平均实际年化收益率（%）
证券投资类	—	—	—
股权投资类	—	—	—
融资类	—	—	—
事务管理类	20	1 576 866.71	6.72
其他投资类	—	—	—

6.4.2.3 本年度新增的集合类、单一类和财产管理类信托项目个数、合计金额

新增信托项目	项目个数（个）	合计金额（万元）
集合类	68	2 632 032.80
单一类	9	163 541.32
财产管理类	30	4 291 358.96
新增合计	107	7 086 933.08
其中：主动管理型	66	2 705 786.52
被动管理型	41	4 381 146.56

6.4.2.4 信托业务创新成果和特色业务有关情况

作为中粮集团下属信托公司，公司积极服务集团主业，不断探索并逐步聚焦业务发展模式，重点推进玉米、甜菜、棉花等合作种植项目，助力集团上游供应链的自主可控；同时，公司稳步开展仓单质押、股权激励、下游供应商融资等业务，推动集团相关业务板块的提质增效。

随着宏观经济和监管政策的变化，公司逐步发力资产管理业务，大力开发标准化信托产品。在固收领域，业务团队依托中粮信托投研体系，充分发挥信托优势，立足专业化主动管理，已经打造出覆盖现金管理类、纯债类、增厚收益类（固收+）等全品类、多资产、收益稳健、倍具市场竞争力的资管产品体系。在权益领域，公司搭建拥有丰富的大类资产配置、行业和上市公司研究、基金研究、量化跟踪、风险控制及投资组合等管理经验的业务团队；构建了全面覆盖股票、公募基金、私募基金及衍生品投研框架体系；建立了分别投资于公募基金和私募基金的TOF、股票直投、收益凭证类、事件驱动类等五大产品线，通过专业的资产配置、投资组合管理和投资研究，为客户创造价值。在资产证券化领域，公司布局ABS、ABN等多个业务品种，对REITs也投入关注力度；汽车抵押贷款资产支持证券业务已树立公司市场品牌，2021年400亿元的新增发行额位居行业前列。

此外，在家族信托领域，公司已建立标准化家族信托、定制化家族信托、保险金信托、企业账户管理信托等服务体系；家族办公室业务系统已全面上线；家族办公室品牌建设迈入新阶段。

6.4.2.5 公司履行受托人义务情况及因公司自身责任而导致的信托资产损失情况（合计金额、原因等）

公司在报告期未发生因本公司自身责任导致的信托资产损失。

6.5 关联方关系及其交易的披露

6.5.1 关联交易方的数量、关联交易的总金额及关联交易的定价政策等

项目	关联交易方数量（个）	关联交易金额（万元）	定价政策
合计	15	1 154 830.79	本公司与关联方之间的交易采用公平市场价格进行定价

6.5.2 关联交易方与公司的关系性质、关联交易方的名称、法定代表人、注册地址、注册资本及主营业务等

关系性质	关联方名称	法定代表人	注册地址	注册资本（万元）	主营业务
同一母公司	中粮期货有限公司	王庆	北京	84 620.00	商品期货经纪；金融期货经纪、期货投资咨询、资产管理
母公司股东	中粮资本控股股份有限公司	孙彦敏	河南	230 410.5575	投资与资产管理
与公司同一实际控制人	中国食品集团有限公司	郭军勇	北京	17 741.332394	销售食品；相关机械设备、材料、专用工具及零配件的代购、代销；进出口业务等
与公司同一实际控制人	中粮营养健康研究院有限公司	郝小明	北京	25 000.00	食品、生物化工技术推广、技术服务等
与公司同一实际控制人	北京中粮广场发展有限公司	王军	北京	3 330美元	经营写字楼、公寓、会议室、多功能厅；出租商场铺面等
与公司同一实际控制人	中粮阳光企业管理（北京）有限公司	邵芳	北京	300.00	企业管理；企业管理咨询
与公司同一实际控制人	深圳中粮商贸服务有限公司	陈轼彬	深圳	5 000.00	投资咨询、物流信息咨询、风险管理咨询、粮油贸易

公司涉及关联交易方数量为15个，主要关联交易方为以上7个主体。

6.5.3 逐笔披露公司与关联方的重大交易事项

6.5.3.1 固有财产与关联方：贷款、投资、租赁、应收账款、担保、其他方式等年初汇总数、本年发生额汇总数、年末汇总数

固有财产与关联方关联交易 单位：万元

项目	年初数	本期发生额	年末数
贷款	—	—	—
投资	—	—	—
租赁	—	1 686.17	—
担保	—	—	—
应收账款	—	—	—
其他应收	405.32	29.37	434.69
其他应付	0.60	-0.60	—
合计	405.92	1 714.94	434.69

6.5.3.2 信托资产与关联方：贷款、投资、租赁、应收账款、担保、其他方式等年初汇总数、本年发生额汇总数、年末汇总数

单位：万元

项目	年初数	本期发生额	年末数
贷款	85 302.02	—	85 302.02
投资	27 904.00	92 768.63	120 672.63
其他	60 602.24	-14 200.00	46 402.24
合计	173 808.26	78 568.63	252 376.89

6.5.3.3 固有财产与信托财产之间的交易金额年初汇总数、本年发生额汇总数、年末汇总数

固有财产与信托财产相互交易 单位：万元

项目	年初数	本期发生额	年末数
合计	270 555.14	113 756.10	384 311.24

6.5.3.4 信托资产与信托财产之间的交易金额年初汇总数、本年发生额汇总数、年末汇总数

信托资产与信托财产相互交易 单位：万元

项目	年初数	本期发生额	年末数
合计	—	—	—

6.5.4 逐笔披露关联方逾期未偿还公司资金的详细情况以及公司为关联方担保发生或即将发生垫款的详细情况

无。

6.6 会计制度的披露

公司固有业务和信托业务，同时执行财政部2006年2月15日颁布的《企业会计准则》及2014年颁布的八项具体准则和一项基本准则的有关规定。

7. 财务情况说明书

7.1 利润实现和分配情况

2021年度，公司实现净利润592 011 026.82元。提取法定盈余公积59 201 102.68元，提取一般风险准备41 575 048.65元，提取信托赔偿准备29 600 551.34元，向股东分配利润182 244 661.82元。

7.2 主要财务指标

指标名称	指标值
资本利润率（%）	10.25
人均净利润（万元）	201.36

注：1. 资本利润率=净利润/所有者权益平均余额×100%。
2. 人均净利润=净利润/年平均人数。

7.3 对公司财务状况、经营成果有重大影响的其他事项

公司无上述事项。

8. 特别事项揭示

8.1 前五名股东报告期内变动情况及原因

报告期内公司股东未发生变动。

8.2 董事、监事及高级管理人员变动情况及原因

8.2.1 董事变动情况及原因

2021年9月，因个人原因，董事Edgar Normund Legzdins（李凯昇）辞去公司董事职务。

8.2.2 监事变动情况及原因

2021年4月，因工作安排调整，李德罡不再担任公司监事，经中粮资本投资有限公司提名，卢勇任公司监事，公司监事会主席由李德罡变更为卢勇。

8.2.3 高级管理人员变动情况及原因

8.2.3.1 新任职情况

姓名	新任职务	内部决议	时间	原因
刘燕松	总经理	第四届董事会第四次会议	2021年4月	工作安排
于泳	副总经理	第四届董事会第三次会议	2020年11月	工作安排
于泳	董事会秘书	第四届董事会2021年第二次临时会议	2021年6月	工作安排
徐谦	副总经理、首席风险官	第四届董事会第四次会议	2021年4月	工作安排
杨屹	财务总监	第四届董事会第三次会议	2020年11月	工作安排

8.2.3.2 免职情况

姓名	免去职务	内部决议	时间	原因
吴浩军	总经理	第四届董事会第四次会议	2021年4月	工作安排
马建泽	董事会秘书	第四届董事会2021年第二次临时会议	2021年6月	工作安排
张雪	财务总监	第四届董事会第三次会议	2020年11月	工作安排
张勇	副总经理	第四届董事会2021年第四次临时会议	2021年10月	个人原因

8.3 变更注册资本、变更注册地或公司名称、公司分立合并事项

报告期内未发生变更注册地或公司名称、公司分立合并事项。

报告期内公司注册资本变更情况如下：

公司已在《中粮信托有限责任公司2020年度报告》及其摘要披露了公司2020年12月28日获得北京银保监局有关注册资本增加并股权结构调整的批复的情况。公司本次增资并调整股权结构获得批复后，公司注册资本为2 830 954 182元，股东名称、出资金额（注册资本）和出资比例如下：

1. 中粮资本投资有限公司，出资金额人民币2 279 172 682元，出资比例80.51%；
2. Bank of Montreal（蒙特利尔银行），出资金额人民币459 770 000元，出资比例16.24%；
3. 中粮财务有限责任公司，出资金额人民币92 011 500元，出资比例3.25%。

2021年5月18日，中粮资本投资有限公司向公司实缴16亿元全部到位。本次增资并调整股权结构立足于公司整体发展战略和信托行业转型背景，有利于公司拓展业务发展空间，推动业务转型，提升盈利能力。

公司就本次增资并股权结构调整事项相应修改了公司章程，于2021年2月10日完成了相关事项的工商变更登记及备案手续，并于2021年2月19日在《证券时报》发布了《中粮信托有限责任公司关于增加注册资本并调整股权结构的公告》。

8.4 公司的重大诉讼事项

8.4.1 重大未决诉讼事项

截至本报告期末，公司固有业务不涉及重大未决诉讼事项，公司信托业务共涉及2起重大未决诉讼，具体情况如下表所示。

序号	原告/申请人	被告/被申请人	起诉日期	涉案金额（万元）
1	中粮信托	万和证券股份有限公司	2021年4月25日	7 787.85
2	国投财务有限公司	中粮信托	2021年8月18日	7 429.59

8.4.2 以前年度发生，于本报告期内终结的重大诉讼事项

本报告期内，公司终结四起信托业务重大诉讼，其中两起为最高人民法院驳回再审申请，两起为公司作为原告在信托项目项下对融资人提起的诉讼获得生效判决。

8.4.3 本报告年度发生，于本报告期内终结的诉讼事项

无。

8.5 对会计师事务所出具的有保留意见、否定意见或无法表示意见的审计报告的，公司董事会应就所涉及事项作出说明

会计师事务所对公司出具了标准无保留意见的审计报告。

8.6 公司及其董事、监事和高级管理人员受到处罚的情况

无。

8.7 银保监会及其派出机构对公司检查后提出整改意见的，应简单说明整改情况

无。

8.8 本年度重大事项临时报告的简要内容、披露时间、所披露的媒体及其版面

2月19日，公司在《证券时报》第B53版刊登了关于增加注册资本并调整股权结构的公告。

5月27日，公司在《证券时报》第B1版刊登了关于总经理变更的公告。

8.9 银保监会及其省级派出机构认定的其他有必要让客户及相关利益人了解的重要信息

无。

9.社会责任履行情况

报告期内，公司坚持服务实体经济、服务民生、服务投资者，认真贯彻国家经济金融政策和监管要求，加快转型和创新步伐，满足客户多样化金融需求，积极践行企业社会责任；公司始终坚持依法合规、稳健经营，不断完善风险防控体系，有效履行受托人职责和义务，维护受益人利益最大化。

9.1 金融赋能农业，服务乡村产业发展

公司充分发挥信托制度优势，围绕集团主业，重点在粮食、糖业、棉花、养殖等板块，通过多种金融工具强化金融产品和服务方式创新，为产业链上下游的农业经营主体提供资金支持，切实解决农业经营主体普遍存在的"融资难""融资贵"的问题。

9.2 金融知识培训，推动农业产业化

公司2021年为江西修水县进行两次金融知识专场培训，介绍如何运用金融产品推动农业产业化，打造农产品产业链，促进乡村产业的发展，修水县农业农村局和部分村干部、农业技术人员、种养大户、合作社人员超过100人参加了培训。

9.3 落实对口支援资金，助力乡村振兴

公司2021年落实助力乡村振兴和对口支援资金计划，向青海门源县拨付99万元；同时采购扶贫产品6万多元。

9.4 筹集暖冬物资，开展阿坝红原帮扶行动

2021年10月，公司发起2021年赴阿坝红原暖冬行动倡议，全体员工热烈响应，积极行动，在中粮集团兄弟公司以及社会爱心人士的参与支持下，共募集了13万多元的物资。10月28日，公司领导带队赶赴红原县，为700名红原麦洼中心校的孩子、16位草原上的单身母亲及退伍军人送去了生活用品和慰问金，让他们能过上一个"暖心"的冬天。

9.5 开展主题宣传，践行金融为民理念

2021年3月，公司坚持为群众办实事，践行金融为民理念，通过举办消费者权益保护教育宣传周，多措并举持续开展金融知识普及宣传活动，坚持"行动有力度、宣教有温度"，切实增强消费者的金融决策力、风险防范意识。

2021年4月，公司成功举办"反洗钱反恐怖融资"主题宣传月。本次主题宣传月累计参与宣传活动891人次。通过丰富的活动形式，向广大金融消费者普及了反洗钱反恐怖融资的相关知识，使社会公众对反洗钱反恐怖融资工作有了更加深入的了解，有利于维护金融秩序稳定，增强社会各界的守法意识，形成全社会共同参与反洗钱反恐怖融资、打击洗钱恐怖融资犯罪的良好氛围。

9.6 战疫专项慈善信托，资助一线防疫人员

2021年1月，北京出现多点零星散发病例和局部聚集性疫情，忠良慈光1号慈善信托决策委员会紧急启动相关资助流程，筛选了由区社管中心、疾控中心、紧急救援中心推荐的奋战在战疫一线、表现突出的防疫人员作为首批资助对象，给予鼓励。中粮信托·忠良慈光1号2020年战疫关怀专项慈善信托资助首批启动会在朝阳举行，为朝阳区6名奋战在战疫一线、表现突出的防疫人员颁发了资助证书。

9.7 消费者权益保护

2021年公司一如既往地奉行"忠实良益，信托托付"的金融消费者权益保护理念，切实保护金融消费者的合法权益。公司不断提高服务质量，完善产品与服务，持续推进消费者权益保护工作深入开展。第一，全面梳理各项消费者保护制度，建立长效工作机制。根据最新监管规定结合工作实际情况，修订或新增了相应的管理办法，清晰职责，明确分工，强化落实，为公司各条线开展工作，提供了坚实的制度依据。第二，在满足"新冠疫情"的防疫要求下，公司持续开展金融知识普及宣传活动，不断增强金融消费者自我保护意识。公司重视日

常宣教与集中宣教相结合，有效利用线上与线下渠道，坚持原创，不断尝试创新。第三，公司畅通投诉渠道，不断提升服务水平，持续加强客户投诉管理。第一时间倾听客户投诉或建议，注重投诉工作的溯源整改，不断优化产品与服务，提升客户的满意度。2021年，公司收到监管机构转送消费者投诉1件，自收投诉4件，合计5件，均已妥善解决。第四，规范金融营销行为，强化信息披露管理，加强客户信息安全保护。公司进一步加强了产品和服务售前、售中及售后的全流程管控，切实保障金融消费者的合法权益。

10.公司监事会意见

监事会认为报告期内，公司依法运作、决策程序合法有效，没有发现公司董事、高级管理层履行职务时有违法违规、违反公司章程或损害公司股东利益的行为。公司财务报告经信永中和会计师事务所（特殊普通合伙）审计，真实反映了公司财务状况和经营成果。

中融国际信托有限公司

1. 重要提示

1.1 本公司董事会及董事保证本报告所载资料不存在任何虚假记载、误导性陈述或者重大遗漏，并对其内容的真实性、准确性和完整性承担个别及连带责任。2021年度报告摘要摘自年度报告全文，客户及相关利益人欲了解详细内容，请阅读年度报告全文。

1.2 本公司独立董事保证本报告所载资料不存在任何虚假记载、误导性陈述或者重大遗漏，并对其内容的真实性、准确性和完整性承担个别及连带责任。

1.3 公司董事长刘洋先生、首席财务官董继红先生声明：保证年度报告中财务报告的真实、完整。

2.公司概况

2.1 公司简介

法定中文名称：中融国际信托有限公司（简称中融信托，以下称公司或本公司）

法定英文名称：ZHONGRONG INTERNATIONAL TRUST CO., LTD.（缩写：ZRT）

法定代表人：刘洋

注册地址：哈尔滨市松北区科技创新城创新二路277号

邮政编码：150028

公司国际互联网网址：www.zritc.com

电子邮箱：zritc@zritc.com

公司信息披露事务负责人姓名：王强

信息披露事务联系人：朱熹妍

联系电话：010-50860127

传真：010-50861299

电子信箱：zritc@zritc.com

公司选定的信息披露报纸名称：《金融时报》《上海证券报》

年度报告备置地点：黑龙江省哈尔滨市松北区科技创新城创新二路277号哈投大厦25层；北京市朝阳区东风南路三号院中融信托北京园区B座

公司聘请的会计师事务所名称：大信会计师事务所（特殊普通合伙）

住所：北京市海淀区知春路1号学院国际大厦1504室

公司聘请的律师事务所名称：北京市中伦（上海）律师事务所

住所：上海市浦东新区世纪大道8号国金中心二期10—11楼

2.2 组织结构

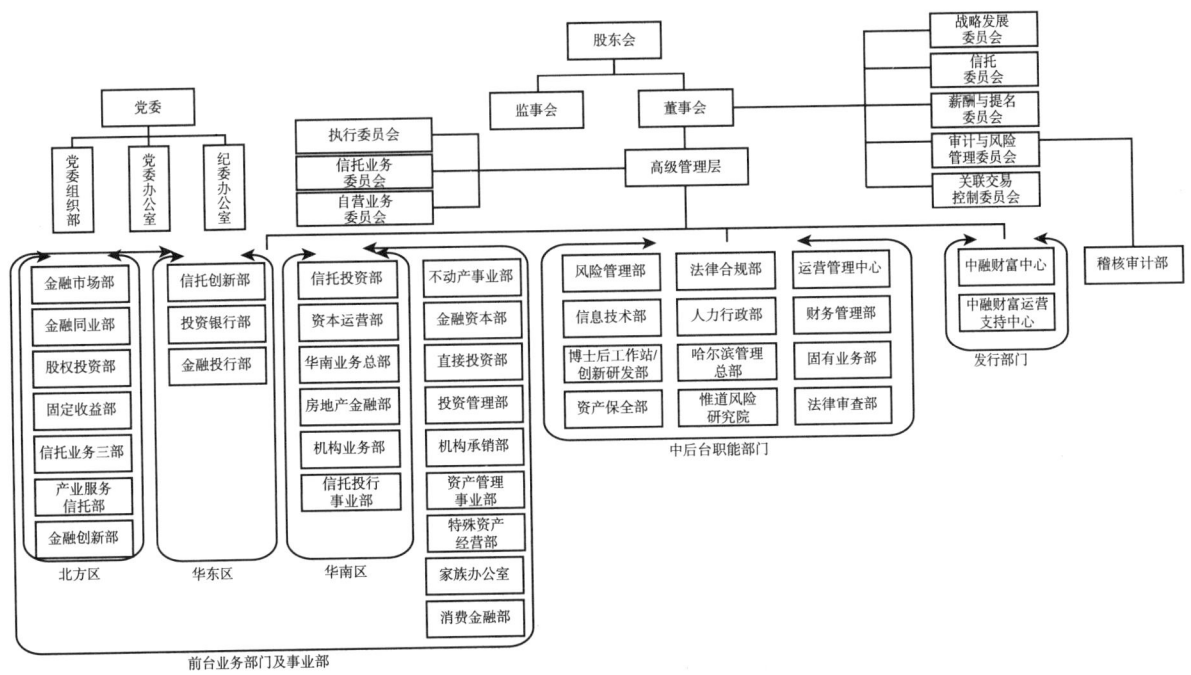

3. 公司治理结构

3.1 股东

2021年度末，本公司由四家股东共同出资构成，经纬纺织机械股份有限公司为控股股东，股东情况如下表所示。

股东

股东名称	出资比例(%)	法人代表
★经纬纺织机械股份有限公司	37.47	吴旭东
中植企业集团有限公司	32.99	刘秀坤
哈尔滨投资集团有限责任公司	21.54	赵洪波
沈阳安泰达商贸有限公司	8.01	李菲

注：★号代表本公司控股股东，实际控制人为中国机械工业集团有限公司，最终受益人为国务院国有资产监督管理委员会。

3.2 董事

董事长、副董事长、董事

姓名	职务	性别	年龄(岁)	选任日期	所推举的股东名称	所推举的股东持股比例(%)	简要履历
刘洋	董事长	男	46	2016年3月	经纬纺织机械股份有限公司	37.47	自2016年3月起任本公司董事长，2016年5月起任本公司党委副书记，2018年3月至今兼任中国信托登记有限责任公司董事。曾任中植企业集团有限公司副总裁，本公司党委书记，北京中融鼎新投资管理有限公司董事，中融基金管理有限公司董事
姚育明	副董事长	男	60	2010年8月	经纬纺织机械股份有限公司	37.47	自2010年8月起任本公司副董事长，2015年4月起任本公司党委书记。曾任经纬纺织机械股份有限公司常务副总经理、董事、总经理、党委书记，中国恒天集团有限公司党委委员
张向晖	副董事长	女	44	2015年12月	经纬纺织机械股份有限公司	37.47	自2015年12月起任本公司副董事长，2015年12月至今兼任中融国际资本管理有限公司董事长。曾任兴业银行资金营运中心财富管理处副处长，兴业银行投资银行部发行承销处处长，兴业银行投资银行部副总经理
张东	董事	男	49	2015年5月	经纬纺织机械股份有限公司	37.47	自2015年5月起任本公司董事、总裁，2015年10月起任本公司党委副书记，2021年3月起兼任中融基金管理有限公司董事，2021年8月起兼任北京中融鼎新投资管理有限公司董事长。曾任天元证券经纪有限公司信息技术部总经理，江海证券经纪有限公司信息技术部副总经理，本公司行政总监、执行总裁、副总裁，北京中融鼎新投资管理有限公司总裁
游宇	董事	男	47	2021年6月	经纬纺织机械股份有限公司	37.47	自2013年6月起任本公司常务副总裁，2021年6月起任本公司董事，2018年12月起兼任中国信托业协会第四届理事会副会长，2020年7月起兼任中国信托业保障基金有限责任公司董事。曾任职于中国人民银行、中国银监会，2017年6月-2021年5月兼任本公司董事会秘书
张宪军	董事	男	47	2015年1月	哈尔滨投资集团有限责任公司	21.54	自2015年1月起任本公司董事，现任哈尔滨哈投投资股份有限公司副董事长、总经理，兼任江海证券有限公司董事、哈尔滨经济开发投资有限公司董事、哈尔滨银行董事、黑龙江金信融资租赁公司董事。曾任哈尔滨投资集团有限责任公司长远发展规划处科长、办公室秘书、办公室副主任、办公室正部级员、金融资产管理部部长

独立董事

姓名	所在单位及职务	性别	年龄(岁)	选任日期	所推举的股东名称	所推举的股东持股比例(%)	简要履历
汤小青	—	男	67	2021年6月	—	—	自2021年6月起任本公司独立董事，兼任广发银行独立董事、厦门金融租赁公司独立董事。曾任中国人民银行非银行司、合作司副司长，中国银监会内蒙古监管局党委书记、局长，中国银监会山西监管局党委书记、局长，中国银监会监管一部主任，财务会计部主任，招商银行总行副行长、纪委书记、党委委员
王卫	中国投资发展促进会秘书长兼法定代表人	男	55	2021年6月	—	—	自2021年6月起任本公司独立董事，现任中国投资发展促进会秘书长兼法定代表人，兼任北京恒成创业科技有限公司执行董事、总经理。曾任中国投资发展促进会学术部、咨询部、国际合作部部长，中国投资发展促进会副秘书长、常务副秘书长
黄琳	民建北京东城金融委主任、北京大学经济学院金融系硕士研究生校外导师	女	56	2021年6月	—	—	自2021年6月起任本公司独立董事。现任民建北京东城金融委主任、北京大学经济学院金融系硕士研究生校外导师、中央民族大学经济学院硕士研究生校内兼职导师、北京工商大学经济学院硕士研究生校外导师、深圳光韵达光电科技股份有限公司独立董事。曾任长江证券北京代表处研发部负责人，东吴证券北京营业部副总经理、研究所所长、公司高级经济学家、研究所高级督导

3.3 监事

监事

姓名	职务	性别	年龄（岁）	选任日期	所推举的股东名称	该股东持股比例（%）	简要履历
高兴山	监事长	男	58	2019年1月	中植企业集团有限公司	32.99	自2019年1月起任本公司监事长，曾任中植企业集团有限公司副总裁、董事局主席，中融国际信托有限公司董事长
毛发青	监事	男	52	2010年7月	经纬纺织机械股份有限公司	37.47	自2010年7月起任本公司监事。现任经纬纺织机械股份有限公司董事、总经理；兼任香港华明有限公司董事长、新湖财富投资管理有限公司董事、中国纺织机械和技术进出口有限公司董事等职；曾任经纬纺织机械股份有限公司财务部会计、财务室副主任、财务部部长、财务副总监、财务总监、副总经理等职
邵武	监事	男	39	2019年2月	职工监事	—	自2019年2月起任本公司职工监事，现任本公司稽核审计部总经理，曾任毕马威华振会计师事务所审计经理、本公司稽核审计部副总经理

3.4 高级管理人员

高级管理人员

姓名	职务	性别	年龄（岁）	选任日期	金融从业年限（年）	学历	专业
张东	总裁	男	49	2015年5月	23	本科	焊接工艺及设备
游宇	常务副总裁	男	47	2013年6月	24	硕士	工商管理
刘香玉	行政副总裁	女	46	2021年3月	11	硕士	工商管理
何志强	副总裁	男	46	2011年12月	16	硕士	工商管理
金庆浩	副总裁	男	52	2016年11月	29	硕士	工商管理
刘炜	副总裁	男	49	2017年2月	25	本科	国际经济
庚磊	副总裁	男	37	2016年6月	13	本科	法学
杨莉	副总裁	女	39	2021年3月	17	硕士	工商管理
郎波	副总裁	女	40	2021年3月	14	博士	金融学
王强	首席合规官 总法律顾问 董事会秘书	男	45	2020年12月 2018年3月 2021年6月	15	博士	经济法学
侯春琳	总稽核	女	46	2020年12月	11	硕士	工商管理
董继红	首席财务官	男	53	2020年12月	2	本科	会计学
毛得贵	运营总监	男	43	2021年3月	10	本科	国际企业管理
王鹏辉	投资总监	男	36	2021年3月	13	硕士	工商管理

3.5 公司员工

公司员工

项目		2021年度		2020年度	
		人数（人）	比例（%）	人数（人）	比例（%）
年龄分布	25岁以下	2	0.98	2	0.86
	25—29岁	31	15.2	41	17.67
	30—39岁	95	46.57	116	50
	40岁以上	76	37.25	73	31.47
学历分布	博士	3	1.47	3	1.29
	硕士	80	39.22	92	39.66
	本科	110	53.92	126	54.31
	专科	11	5.39	11	4.74
	其他	0	0	0	0

续表

项目		2021年度		2020年度	
		人数（人）	比例（%）	人数（人）	比例（%）
岗位分布	董事、监事及高管人员	24	11.49	21	8.9
	自营业务人员	1	0.48	1	0.42
	信托业务人员	180	86.12	210	88.98
	其他人员	4	1.91	4	1.7

注：1.董事、监事及高管人员的24人中，有5人不包含在正式编制204人中，岗位分布总人数应为正式编制+编制外董事/监事共计209人。

2.自营业务人员是指按照岗位分工，专门或至少主要从事固有资金使用和固有资产管理有关业务的职工；信托业务人员是指按照岗位分工，专门从事或者主要从事信托资金使用和信托资产管理各项业务的职工；对于人力行政部等类似无法明确区分的综合部门归为其他人员。

4.经营管理

4.1 经营目标、方针、战略规划

公司充分履行受托管理责任，做好投资者服务与陪伴，不断提升投资者的投资体验和参与感，围绕投资者的切身需求定制产品，用专业化的管理回报客户的信任。公司秉承与优秀企业共同成长的投资理念，依托专业的资产管理和投资研发团队，以综合金融服务为企业提供个性化投融资解决方案。公司制定了《2021—2025年战略发展规划》，将紧紧围绕一个中心，聚焦三大业务板块，推动三大变革，完成三项提升，打造五大品牌形象。

4.2 经营业务的主要内容

4.2.1 经营概况

2021年，公司按照既定的战略转型方案，积极推动各业务板块稳健发展。截至2021年末，公司自有资产327.16亿元（合并），公司及各子公司受托管理资产总规模8 123.08亿元，实现营业总收入58.58亿元（合并）。公司本部净资产193.08亿元，净资本150.79亿元，净资本覆盖率144.55%，净资本盈余46.47亿元。

4.2.2 信托业务

2021年，公司坚持为实体经济提供多元化金融服务的宗旨，根据市场需求和公司战略，持续调整并优化业务结构，重点围绕新基建建设、传统产业改造升级及新兴产业投资扶持、住房建设与存量物业升级改造等方向开展业务。2021年末，存续信托计划1 187个，受托管理资产6 387.30亿元，规模同比有所下降，业务结构进一步优化，风险整体可控。报告期末，信托资产运用与投向的明细情况如下表所示。

4.2.3 信托资产运用与分布表

资产运用	金额（万元）	占比（%）	资产分布	金额（万元）	占比（%）
货币资产	1 757 382.42	2.75	基础产业	5 329 076.64	8.34
贷款	14 667 181.26	22.96	房地产	8 955 549.48	14.02
交易性金融资产投资	2 108 570.66	3.30	证券市场	2 166 466.42	3.39
可供出售金融资产投资	16 419 804.29	25.71	实业	25 941 285.73	40.61
持有至到期投资	264 646.81	0.41	金融机构	20 774 177.02	32.52
长期股权投资	19 290 640.53	30.20	其他	706 445.22	1.12
其他	9 364 774.54	14.67	—	—	—
信托资产总计	63 873 000.51	100.00	信托资产总计	63 873 000.51	100.00

4.2.4 自营业务

2021年度，公司自有资金主要以保持高流动性原则进行管理，同时为满足保值和增值的需要，在一定范围内进行投资，主要反映为交易性金融资产及其他债权投资。

4.2.5 自营资产运用与分布表

资产运用	金额（万元）	占比（%）	资产分布	金额（万元）	占比（%）
货币资产	870 356.44	26.60	基础产业	500.00	0.02
贷款及应收款	119 908.91	3.67	房地产	13 319.06	0.41
交易性金融资产投资	965 472.75	29.51	证券市场	918 668.16	28.08
债权投资	—	—	实业	256 986.22	7.85
其他债权投资	871 273.61	26.63	金融机构	951 917.36	29.10
其他权益工具投资	1 942.24	0.06	其他	1 130 238.26	34.55
长期股权投资	233 828.92	7.15	—	—	—
其他	208 846.18	6.38	—	—	—
资产总计	3 271 629.05	100.00	资产总计	3 271 629.05	100.00

4.3 市场分析

4.3.1 有利因素

2021年，我国经济体量进一步增大、韧性进一步增强，应对外部冲击的能力显著提升。我国金融双向开放深入推进，跨境资金双向流动特征明显，人民币资产吸引力增强，资本市场活力和韧性正在增强。

金融监管机构自2017年以来开展的一系列金融乱象整治工作取得良好效果，金融行业整体杠杆率进一步降低，风险积聚得到有效遏制，个别风险机构和事件得到妥善处置和化解，金融环境整体健康。

随着国民财富的不断积累，国民消费逐渐升级，消费金融、供应链金融、财富管理类信托、家族信托、服务信托等均具有较大的发展潜力，信托公司在这些行业的投入逐渐增加并形成自身优势，未来这些业务将成为信托行业稳定发展的动力和源泉。

4.3.2 不利因素

2021年，受新冠肺炎疫情等因素影响，全球经济总体增长缓慢，百年变局加速演进，外部环境更趋复杂严峻和不确定，我国经济发展仍面临需求收缩、供给冲击、预期转弱三重压力，经济下行的压力有所上升。

受经济下行压力影响，社会整体信用风险暴露几率增加，资管行业不良资产上升，优质资产获取难度增大，存续资产风险管控难度提升。

金融行业强严监管形势持续加码，控杠杆、控地产、去通道、去嵌套等监管要求贯穿全年始终，信托公司合规展业压力持续增加。此外，信托行业转型虽初见成效，多种创新业务仍处于初步阶段或探索阶段，信托公司面临的转型压力并未减少。

资管行业竞争加剧，银行理财子公司纷纷设立，券商保险资管公司、私募基金管理人等凭借自身禀赋和制度优势，参与资管市场份额，信托公司在资产管理领域面临着更加激烈的竞争。

4.4 内部控制概况

4.4.1 内部控制环境和内部控制文化

公司高度重视内部控制体系建设，不断改善内部控制环境，建立了合理的组织架构及规范的公司治理机制。本报告期内，公司严格落实各项监管要求，以合规运营为基础，风险识别为导向，信息技术建设为支撑，构建以规章制度体系和内控评价体系为主要内容的内部控制体系。公司十分关注并逐步培育"管理层高度重视、内控人人有责、违规必受追究"的内控文化，积极引进金融同行先进的管理经验，内部控制的有效性得到提升。

4.4.2 内部控制措施

公司建立了较为科学、严谨的内部控制体系，持续健全完善内部控制制度，优化公司治理机制，加强企业文化建设，始终保持良好的内部控制环境。公司内部控制制度体系形成了以《公司内部控制制度》为总体制度，《公司内部控制管理手册》为具体内容，《公司内部控制评价手册》为评价标准的三个层次。

4.4.3 监督评价与纠正

公司持续对经营管理及业务运行过程进行全面地监督和评价，并通过外部检查督促公司不断完善内部控制体系建设。一是公司接受监管部门的监督和评价，按年接受会计师事务所的审计，积极落实检查意见和建议。二是公司内部审计部门稽核审计部对业务经营、内控合规、财务收支等方面进行多项审计，排查公司经营管理中存在的漏洞和不足，并积极推动整改措施落到实处。

4.5 风险管理概况

4.5.1 风险状况

4.5.1.1 信用风险状况

信用风险是公司信托项目面临的主要风险之一，主要指交易对手不能或不愿按时履约而对公司业务经营所造成的风险。2021年以来，公司业务所面临的信用风险仍处于较高水平，市场整体的流动性压力、再融资难度一定程度上导致交易对手的履约能力有所下降，信用风险持续存在。报告期内，公司严格按照财政部和中国银保监会的要求提足各项准备金，抵御信用风险可能造成的损失，公司总体信用风险可控。

4.5.1.2 市场风险状况

市场风险是公开市场金融产品或其他产品价格波动导致公司财产或信托财产遭到损失的可能性。公司市场风险主要涉及证券投资自营业务、信托业务以及上市公司股权收益权信托业务等。2021年末，证券投资信托资产规模占全部信托资产的3.39%。对于此类业务，公司本着审慎原则，合理配置资产，通过严密管理措施，勤勉、尽职履行受托人职责，始终确保受益人的资金安全。

4.5.1.3 操作风险状况

操作风险是指由于公司内部程序、人员、系统的不完善或失误，或外部事件而引发的风险。一方面，公司不断梳理和规范业务流程，加强内部控制，从制度上尽可能避免操作风险的产生；另一方面，公司也注重培养员工的责任心，提升其业务水平和专业素质，尽量杜绝因为员工自身能力或责任心不足而导致的操作风险。报告期内，公司使用一般风险准备金和信托赔偿准备金对操作风险所带来的损失积极予以了赔付。

4.5.1.4 其他风险状况

公司面临的其他风险主要有法律风险、合规风险及声誉风险等。法律风险是指因公司违反法律规定或因合同纠纷，致使公司遭受处罚或者诉讼的风险。合规风险是指因公司没有遵循法律、规则和准则而遭受法律制裁、监管处罚、出现重大损失的风险。公司面临的声誉风险是指因缺少声誉应急处理能力、不能妥善处理媒体关系以及未建立声誉风险管理机制而导致声誉损失的风险。目前，公司的法律风险、合规风险及声誉风险均处于较低水平。

4.5.2 风险管理

4.5.2.1 信用风险管理

公司信用风险管理的具体措施：一是完善信用风险管理制度体系；二是完善信用风险限额管理；三是完善行业研究和准入机制；四是加大存续项目信用风险的监控力度；五是完善投资业务的信用风险防范措施。

4.5.2.2 市场风险管理

证券投资信托业务的风险管理严格遵循组合投资、分散风险的原则，制定投资范围、比例，采用逐日盯市的方法，实时掌控风险状况；选择经验丰富、业绩优秀的投资顾问，以更好地识别市场变化中的潜在风险；设置科学、操作性强的警戒与止损机制并严格执行，确保风险始终处于可控状态。

4.5.2.3 操作风险管理

公司建立了操作风险管理制度框架，明确了职能部门和人员配置的标准，搭建了完善的操作风险管理组织架构。一是持续完善操作风险管理制度，制定并实施各类型操作事项的具体管理办法。二是进一步完善项目管理相关系统以及流程，逐步形成了实时监测、定向预警、定量控制的风险管理流程。三是通过强化内控基础，优化内控措施，持续提升三道防线体系的运行效率和效果。

4.5.2.4 其他风险管理

4.5.2.4.1 法律风险

在业务类合同的风险防范方面，公司成立了专门负责业务类合同文本审查的法律审查部，极大地提高了法律审查的工作效率，提高了业务类合同文本的质量。在法律制度的建设和落实方面，公司已根据相关法律法规制定了覆盖各类项目"募""投""管""退"等关键环节的一系列规章制度，建立了较为完善的法律风险制度防范体系。

4.5.2.4.2 合规风险

公司坚持"合规创造价值、合规人人有责和合规从高管做起"的管理理念，持续完善合规管理体系建设。加强员工行为合规培训，积极推动公司信托文化建设和合规文化建设；设立投资者教育专区，推动投资者教育和金融消费者权益保护工作。

4.5.2.4.3 声誉风险

公司由品牌中心负责牵头落实公司品牌和声誉风险管理工作部署，对声誉风险事件进行主动防范、全面监测、及时反应、有效处理，及时进行复盘和问责，维护公司品牌形象。

4.6 获得荣誉情况

报告期内，公司相继得到新闻媒体及社会各方的积极评价，获得主要荣誉如下：中国信托登记有限责任公司"2021年信托登记优秀机构"、《证券时报》"2021年度中国优秀信托公司"、《金融时报》"2021年度最佳财富管理信托公司"、《上海证券报》"诚信托——卓越公司奖"、《中国经营报》"卓越竞争力家族信托品牌"。

5. 报告期末及上一年度末的比较式会计报表

5.1 自营资产

5.1.1 会计师事务所审计意见

大信审字〔2022〕第1-05065号审计报告审计意见：中融信托财务报表在所有重大方面按照企业会计准则的规定编制，公允反映了2021年12月31日的合并及母公司财务状况以及2021年度的合并及母公司经营成果和现金流量。

5.1.2 资产负债表

资产负债表

编制单位：中融国际信托有限公司　　　　　　2021年12月31日　　　　　　单位：元

项目	合并		母公司	
	期末余额	年初余额	期末余额	年初余额
货币资金	8 703 564 394.28	10 749 069 857.17	2 852 526 383.85	7 624 437 639.84
结算备付金	—	384 439.64		
拆出资金	74 220 793.43	25 734 347.69		
交易性金融资产	9 654 727 493.94	10 568 882 566.97	6 332 163 649.04	7 618 118 781.36

续表

项目	合并 期末余额	合并 年初余额	母公司 期末余额	母公司 年初余额
应收账款	310 742 402.44	128 092 100.61	68 485 218.24	65 271 493.78
预付款项	2 723 693.62	4 962 022.18	—	—
应收利息	184 435 847.69	5 177 016.56	184 435 847.69	—
应收股利				
其他应收款	89 398 889.61	109 847 273.24	66 217 603.77	43 191 485.54
买入返售金融资产	—	9 601 712.36		
存货	415 890 948.38	216 459 080.47		
合同资产	—	—		
持有待售资产	—	—		
发放贷款及垫款	614 511 968.69	1 358 275 076.22	477 412 580.42	509 221 917.81
债权投资	—	—		
其他债权投资	8 712 736 112.89	2 312 174 649.78	7 181 211 309.43	1 290 709 514.72
长期应收款				
长期股权投资	2 338 289 167.87	2 269 644 105.02	5 717 789 175.37	4 652 144 105.02
其他权益工具投资	19 422 388.28	19 439 276.28		
投资性房地产				
固定资产	21 998 210.93	28 774 394.81	12 071 819.43	19 519 156.39
使用权资产	705 629 498.23	798 016 124.28	667 203 957.09	717 475 485.70
在建工程	—	—	—	—
无形资产	76 552 160.09	72 981 158.98	61 775 199.72	61 007 231.69
开发支出	2 859 862.23	1 618 023.62	2 859 862.23	1 618 023.62
商誉	23 947 504.99	23 947 504.99		
长期待摊费用	32 556 551.80	52 838 876.89	23 442 506.40	43 061 238.80
递延所得税资产	696 019 480.61	585 804 102.15	613 995 713.72	529 291 510.46
其他资产	36 063 121.71	14 048 225.04	9 271 695.74	4 724 595.97
资产合计	32 716 290 491.71	29 355 771 934.95	24 270 862 522.14	23 179 792 180.70

法定代表人：刘洋　　　　主管会计工作负责人：董继红　　　　会计机构负责人：汪松

资产负债表（续表）

编制单位：中融国际信托有限公司　　2021年12月31日　　单位：元

项目	合并 期末余额	合并 年初余额	母公司 期末余额	母公司 年初余额
短期借款	639 414 888.00	—	—	—
拆入资金	601 586 666.67	—	601 586 666.67	—
应付账款	82 535 095.46	17 861 695.65		
合同负债	51 458 887.22	13 055 753.73	10 930 341.86	9 016 546.27
代理买卖证券款	1 916 418 167.87	485 971 925.81	—	—
应付职工薪酬	2 502 123 759.50	2 578 900 229.50	1 783 628 238.90	1 929 726 153.66
应交税费	689 606 159.52	591 254 241.48	566 892 108.43	496 995 221.82
应付利息	—	—	—	—
应付股利	—	—	—	—
其他应付款	48 929 000.14	57 457 757.39	646 071 189.12	572 066 223.82

续表

项目	合并		母公司	
	期末余额	年初余额	期末余额	年初余额
持有待售负债	—	—	—	—
长期借款	638 415 243.52	653 511 242.52	—	—
应付债券	2 403 723 903.12	2 406 231 631.09	—	—
租赁负债	730 765 628.39	798 016 124.28	691 600 151.04	717 475 485.70
长期应付职工薪酬	555 781 206.87	390 424 535.89	555 781 206.87	390 424 535.89
预计负债	38 632 082.95	—	—	—
递延收益	103 500 000.00	—	103 500 000.00	—
递延所得税负债	5 192 081.04	6 333 662.42	2 690 342.66	2 665 781.45
其他负债	1 107 164.52	226 831.91	—	—
负债合计	11 009 189 934.79	7 999 245 631.67	4 962 680 245.55	4 118 369 948.61
实收资本（或股本）	12 000 000 000.00	12 000 000 000.00	12 000 000 000.00	12 000 000 000.00
其他权益工具	—	—	—	—
资本公积	255 153 478.23	250 803 413.59	247 144 695.74	243 783 584.08
其他综合收益	-230 984 240.48	-18 340 984.47	-105 523 539.32	4 049 959.31
其中：外币报表折算差额	-28 333 210.56	-11 315 591.92		
盈余公积	2 088 572 735.42	1 960 570 855.04	2 088 572 735.42	1 960 570 855.04
一般风险准备	1 214 935 603.04	1 334 811 991.12	1 214 935 603.04	1 334 811 991.12
未分配利润	5 672 548 795.83	5 151 898 023.82	3 863 052 781.71	3 518 205 842.54
归属于母公司所有者权益（或股东权益）合计	21 000 226 372.04	20 679 743 299.10	—	—
※少数股东权益	706 874 184.88	676 783 004.18	—	—
所有者权益（或股东权益）合计	21 707 100 556.92	21 356 526 303.28	19 308 182 276.59	19 061 422 232.09
负债和所有者权益（或股东权益）总计	32 716 290 491.71	29 355 771 934.95	24 270 862 522.14	23 179 792 180.70

法定代表人：刘洋　　　　主管会计工作负责人：董继红　　　　会计机构负责人：汪松

5.1.3 利润表

利润表

编制单位：中融国际信托有限公司　　　2021年度　　　单位：元

项目	合并		母公司	
	本期金额	上期金额	本期金额	上期金额
一、营业总收入	5 857 789 352.30	5 499 999 938.59	4 903 485 459.70	4 563 955 058.71
利息净收入	77 117 377.56	170 219 372.12	20 946 945.81	73 166 116.45
利息收入	87 172 683.12	170 467 149.91	31 002 251.37	73 413 894.24
利息支出	10 055 305.56	247 777.79	10 055 305.56	247 777.79
手续费及佣金净收入	5 170 810 578.96	4 442 482 381.83	4 452 100 309.55	3 923 522 090.24
手续费及佣金收入	5 170 810 578.96	4 442 482 381.83	4 452 100 309.55	3 923 522 090.24
手续费及佣金支出	—	—	—	—
投资收益（损失以"-"号填列）	797 559 065.81	949 323 196.06	572 485 621.74	600 919 436.21
其中：对联营企业和合营企业的投资收益	169 826 576.00	160 580 360.95	169 826 583.50	160 590 595.67
公允价值变动收益（损失以"-"号填列）	-210 500 091.53	-90 666 724.20	-146 573 416.34	-55 952 394.42
汇兑收益（损失以"-"号填列）	-12 164 042.71	-5 655 424.27	-10 756.55	-166 359.39

续表

项目	合并		母公司	
	本期金额	上期金额	本期金额	上期金额
其他业务收入	21 831 068.27	5 988 819.70	90 055.50	135 444.44
资产处置收益（损失以"-"号填列）	608 814.21	135 444.44	1 266 685.19	2 930 786.84
其他收益	12 526 581.73	28 172 872.91	3 180 014.80	19 399 938.34
二、营业总支出	3 982 302 076.13	3 822 329 493.42	3 302 450 518.78	3 124 571 233.55
税金及附加	33 458 604.35	27 045 806.78	14 487 973.65	11 271 077.97
业务及管理费	3 917 070 339.62	3 741 708 644.02	3 256 083 344.73	3 113 300 155.58
信用减值损失	30 685 855.08	53 429 161.67	31 879 200.40	—
资产减值损失	—	—	—	—
其他业务成本	1 087 277.08	145 880.95	—	—
三、营业利润（亏损以"-"号填列）	1 875 487 276.17	1 677 670 445.17	1 601 034 940.92	1 439 383 825.16
加：营业外收入	37 300 278.23	33 598 635.59	10 358 119.91	4 516 839.96
减：营业外支出	41 461 402.84	4 565 632.44	1 668 719.87	4 024 526.59
四、利润总额（亏损以"-"号填列）	1 871 326 151.56	1 706 703 448.32	1 609 724 340.96	1 439 876 138.53
减：所得税费用	384 758 960.01	327 620 246.54	329 705 537.18	299 790 947.08
五、净利润（净亏损以"-"号填列）	1 486 567 191.55	1 379 083 201.78	1 280 018 803.78	1 140 085 191.45
归属于母公司所有者的净利润	1 446 791 862.60	1 337 672 830.18	1 280 018 803.78	1 140 085 191.45
※少数股东损益	39 775 328.95	41 410 371.60	—	—
持续经营损益	1 486 567 191.55	1 379 083 201.78	1 280 018 803.78	1 140 085 191.45
终止经营损益	—	—	—	—
六、其他综合收益的税后净额	-212 594 635.05	-40 227 721.31	-109 573 498.63	1 636 416.03
归属于母公司所有者的其他综合收益的税后净额	-212 643 256.01	-39 919 003.10	—	—
1.以后不能重分类进损益的其他综合收益	-12 666.00	-4 426 418.29	—	—
（1）权益法下不能重分类进损益的其他综合收益	—	—	—	—
（2）其他权益工具投资公允价值变动	-12 666.00	-4 426 418.29	—	—
2.以后将重分类进损益的其他综合收益	-212 630 590.01	-35 492 584.81	-109 573 498.63	1 636 416.03
（1）权益法下将重分类进损益的其他综合收益	1 717 375.19	1 636 416.03	1 717 375.19	1 636 416.03
（2）其他债权投资公允价值变动	-210 370 290.28	2 342 563.13	-111 290 873.82	—
（3）金融资产重分类计入其他综合收益的金额	—	—	—	—
（4）其他债权投资信用减值准备	13 039 943.72	-282 564.67	—	—
（5）现金流量套期损益的有效部分	—	—	—	—
（6）外币财务报表折算差额	-17 017 618.64	-39 188 999.30	—	—
归属于少数股东的其他综合收益的税后净额	48 620.96	-308 718.21	—	—
七、综合收益总额	1 273 972 556.50	1 338 855 480.47	1 170 445 305.15	1 141 721 607.48
归属于母公司所有者的综合收益总额	1 234 148 606.59	1 297 753 827.08	—	—
*归属于少数股东的综合收益总额	39 823 949.91	41 101 653.39	—	—

法定代表人：刘洋　　　　主管会计工作负责人：董继红　　　　会计机构负责人：汪松

5.2 信托资产

5.2.1 信托项目资产负债汇总表

资产负债汇总表

编制单位：中融国际信托有限公司　　2021年12月31日　　单位：万元

项目	2021年12月31日	2020年12月31日
信托资产：		
货币资金	1 757 382.42	1 622 407.19
交易性金融资产	2 108 570.66	1 717 766.59
买入返售金融资产	137 132.99	205 281.68
应收款项	2 773 715.53	3 317 693.87
发放贷款	14 667 181.26	23 435 368.28
可供出售金融资产	16 419 804.29	16 672 574.04
长期股权投资	19 290 640.53	14 118 379.68
长期待摊费用	157.53	787.27
其他资产	6 718 415.30	10 672 764.73
信托资产总计	63 873 000.51	71 763 023.33
信托负债：		
应付受托人报酬	6 848.52	6 527.15
应付托管费	3 941.33	5 204.66
应付受益人收益	217 509.87	359 756.21
应付销售服务费	5 602.65	249.90
其他应付款项	1 041 722.69	1 101 617.81
其他负债	47 484.20	34 990.39
信托负债合计	1 323 109.26	1 508 346.12
信托权益：		
实收信托	64 322 952.49	71 252 080.49
资本公积	-24 863.62	-4 248.16
未分配利润	-1 748 197.62	-993 155.12
信托权益合计	62 549 891.25	70 254 677.21
信托负债和信托权益总计	63 873 000.51	71 763 023.33

5.2.2 信托项目利润及利润分配汇总表

利润及利润分配汇总表

编制单位：中融国际信托有限公司　　2021年度　　单位：万元

项目	2021年度	2020年度
营业收入	5 243 649.95	6 484 173.93
利息收入	1 771 591.01	2 723 551.68
投资收益	3 408 891.28	3 380 273.22
公允价值变动收益	-105 439.25	118 903.47
其他收入	168 606.91	261 445.56

续表

项目	2021年度	2020年度
支出	1 032 451.66	1 171 726.28
受托人报酬	229 674.29	158 279.27
托管费	9 618.55	12 955.15
投资管理费	19 081.27	41 726.46
销售服务费	468 821.78	486 122.70
交易费用	6 538.73	4 585.94
其他费用	298 717.04	468 056.76
信托净利润	4 211 198.29	5 312 447.65
其他综合收益	-44 663.62	-53 262.35
综合收益	4 166 534.67	5 259 185.30
加：期初未分配信托利润	-993 155.12	-800 641.48
可供分配的信托利润	3 272 602.97	4 476 087.57
减：本期已分配信托利润	5 020 800.59	5 469 242.69
期末未分配信托利润	-1 748 197.62	-993 155.12

6. 会计报表附注

6.1 会计报表编制基准、会计政策等情况

本公司财务报表以持续经营为基础，根据实际发生的交易和事项，按照财政部颁布的《企业会计准则——基本准则》和具体会计准则等规定，并基于相应重要会计政策、会计估计进行编制。

6.2 或有事项说明

幸福蓝海影视文化集团股份有限公司于2019年6月3日向南京市中级人民法院提起诉讼，要求本公司子公司北京中融鼎新投资管理有限公司（以下简称"中融鼎新"）返还已收到的股权转让款及利息合计3 436.37万元。南京市中级人民法院受理案件后冻结中融鼎新银行存款3 436.37万元，目前中融鼎新已聘请律师应诉。截至2021年12月31日，该案件已作出一审判决，撤销《股权转让协议》，中融鼎新须返还股权转让款3 231.125万元及利息，案件受理费、保全费由各方负担。中融鼎新已依法上诉，二审尚未开庭。

6.3 重要资产转让及其出售的说明

报告期内，本公司无相关说明事项。

6.4 会计报表中重要项目的明细资料

6.4.1 自营资产经营情况

6.4.1.1 按信用风险五级分类结果披露信用风险资产的期初数、期末数

信用风险资产五级分类	正常类（万元）	关注类（万元）	次级类（万元）	可疑类（万元）	损失类（万元）	信用风险资产合计（万元）	不良合计（万元）	不良率（%）
期初数	1 194 806	43 348	—	—	—	1 238 154	—	—
期末数	936 899	61 060	—	—	—	997 959	—	—

注：不良资产合计=次级类+可疑类+损失类。

6.4.1.2 各项资产减值损失准备的期初、本期计提、本期转回、本期核销、期末数

单位：万元

项目	期初数	本期计提	本期转回	本期核销	其他减少	期末数
贷款损失准备	1 268	3 350	818	—	—	3 789
一般准备	—	—	—	—	—	—
专项准备	—	—	—	—	—	—
其他资产减值准备	921	163	892	—	8	184
其他债权投资减值准备	28	1 294	27	—	988	307
其他权益工具投资减值准备	—	—	—	—	—	—
长期股权投资减值准备	—	—	—	—	—	—
坏账准备	3 621	—	—	—	88	3 533

6.4.1.3 自营股票投资、基金投资、债券投资、股权投资等投资业务的期初数、期末数

单位：万元

项目	自营股票	基金	债券	长期股权投资
期初数	4 853.19	775 872.33	225 601.99	226 964.41
期末数	3 174.16	733 095.19	201 491.97	233 828.92

6.4.1.4 自营长期股权投资的企业名称、占被投资企业权益的比例、主要经营活动及投资收益情况

企业名称	占被投资企业权益的比例（%）	主要经营活动	投资损益（万元）
中国信托业保障基金有限责任公司	13.04	基金管理服务	13 613.96
哈尔滨农村商业银行股份有限公司	9.90	银行	3 332.57
中国信托登记有限责任公司	3.33	信托登记业务	36.13
北京普惠国富私募基金管理有限公司	30.00	私募基金管理	—

注：投资损益是指按照企业会计准则规定，核算股权投资确认损益并计入披露年度利润表的金额。

6.4.1.5 前五名的自营贷款的企业名称、占贷款总额的比例和还款情况

序号	企业名称	贷款企业名称	贷款金额（万元）	占贷款总额的比例（%）	还本付息情况
1	中融国际信托有限公司	北京景华伟业商贸有限公司	47 741.26	77.69	已收回本息
2	中融平安财务有限公司	国瑞置业有限公司	13 319.06	21.67	抵押物充足，陆续还款中
3	中融平安财务有限公司	Blackhawk Investment Partnership LP	390.88	0.64	按时还本付息

6.4.1.6 表外业务的期初数、期末数；按照代理业务、担保业务和其他类型表外业务分别披露

单位：万元

表外业务	期初数	期末数
担保业务	—	—
代理业务（委托业务）	—	—
其他	—	—
合计	—	—

注：代理业务主要反映因客观原因应规范而尚未完成规范的历史遗留委托业务，包括委托贷款和委托投资。

6.4.1.7 公司当年的收入结构

收入结构	金额（万元）	占比（%）
手续费及佣金收入	517 081	87.56
其中：信托手续费收入	439 600	74.44
利息收入	8 717	1.48

续表

收入结构	金额（万元）	占比（%）
其他业务收入	2 183	0.37
投资收益	79 756	13.51
其中：股权投资收益	16 906	2.86
其他投资收益	62 849	10.64
公允价值变动收益	-21 050	-3.56
汇兑损益	-1 216	-0.21
资产处置收益	61	0.01
其他收益	1 253	0.21
营业外收入	3 730	0.63
收入合计	590 514	100.00

注：手续费及佣金收入、利息收入、其他业务收入、投资收益、营业外收入均应为损益表中的一级科目，其中手续费及佣金收入、利息收入、营业外收入为未抵减掉相应支出的全年累计实现收入数。报告年度实现信托业务收入的总额，其中以手续费及佣金确认的信托业务收入金额，以业绩报酬形式确认的信托业务收入金额和以其他形式确认的信托业务收入金额。

6.4.2 披露信托资产管理情况
6.4.2.1 信托资产的期初数、期末数

单位：万元

信托资产	期初数	期末数
集合	63 093 616.81	59 711 659.44
单一	5 234 655.24	1 357 992.35
财产权	3 434 751.28	2 803 348.72
合计	71 763 023.33	63 873 000.51

6.4.2.1.1 主动管理型信托业务的信托资产期初数、期末数

单位：万元

主动管理型信托资产	期初数	期末数
证券投资类	1 926 159.72	2 013 293.09
股权投资类	13 490 056.11	19 352 599.93
其他投资类	26 265 176.74	24 486 040.38
融资类	20 499 176.33	15 950 196.43
事务管理类	6 015.12	1 109.47
合计	62 186 584.02	61 803 239.30

6.4.2.1.2 被动管理型信托业务的信托资产期初数、期末数

单位：万元

被动管理型信托资产	期初数	期末数
证券投资类	—	—
股权投资类	—	—
其他投资类	348 282.44	—
融资类	—	—
事务管理类	9 228 156.87	2 069 761.21
合计	9 576 439.31	2 069 761.21

6.4.2.2 本年度已清算结束的信托项目情况
6.4.2.2.1 本年度已清算信托项目情况

已清算结束信托项目	项目个数（个）	合计金额（万元）	加权平均实际年化收益率（%）
集合类	250	14 306 127.90	7.84
单一类	67	3 437 982.73	10.60
财产管理类	27	1 576 857.69	4.55

注：加权平均实际年化收益率=（信托项目1的实际年化收益率×信托项目1的资产总计+信托项目2的实际年化收益率×信托项目2的资产总计+…信托项目n的实际年化收益率×信托项目n的资产总计）/（信托项目1的资产总计+信托项目2的资产总计+…信托项目n的资产总计）×100%。

6.4.2.2.2 本年度已清算结束的主动管理型信托项目情况

已清算结束信托项目	项目个数（个）	合计金额（万元）	信托报酬率（%）	加权平均实际年化收益率（%）
证券投资类	15	110 891.04	0.74	14.40
股权投资类	27	2 680 739.91	2.28	8.00

续表

已清算结束信托项目	项目个数（个）	合计金额（万元）	信托报酬率（%）	加权平均实际年化收益率（%）
其他投资类	38	1 720 496.05	0.66	8.06
融资类	181	7 758 299.27	1.42	8.15
事务管理类	2	6 000.00	—	—

6.4.2.2.3 本年度已清算结束的被动管理型信托项目情况

已清算结束信托项目	项目个数（个）	合计金额（万元）	信托报酬率（%）	加权平均实际年化收益率（%）
证券投资类	—	—	—	—
股权投资类	—	—	—	—
其他投资类	2	205 239.34	0.08	5.84
融资类	—	—	—	—
事务管理类	79	6 839 302.71	0.35	7.93

6.4.2.3 本年度新增信托项目情况

新增信托项目	项目个数（个）	合计金额（万元）
集合类	261	10 697 370.94
单一类	27	379 325.54
财产管理类	161	898 125.47
新增合计	449	11 974 821.94
其中：主动管理型	434	11 142 575.03
被动管理型	15	832 246.91

6.4.2.4 信托业务创新成果和特色业务有关情况

公司高度重视创新研发能力建设，不断加大创新产品开发力度，持续提升研发团队研究水平，紧跟资管行业前沿动态，充分挖掘创新产品的潜在机会，以模式创新、风险可控、投资者认可作为产品设计的基础，将产品创新提升到新的战略高度，树立公司资产管理、财富管理的品牌优势。公司于2020年获得国家人社部和全国博管会批准，设立公司博士后科研工作站。截至2021年末，工作站已与中国人民大学、对外经贸大学、深圳大学、中国政法大学等高校流动站建立合作关系，公司创新研发能力将得到进一步提升。

6.4.2.5 本公司履行受托人义务情况及因本公司自身责任而导致的信托资产损失情况

报告期内，本公司认定公司在"中融——北京星城置业经营性物业抵押贷款集合资金信托计划"财产管理运用过程中，在对市场风险的研判等方面存在一定的决策失当行为，公司对于此操作风险所带来的损失积极予

以弥补，经公司董事会和股东会审议，使用一般风险准备金和信托赔偿准备金赔付信托资产损失约5.27亿元。

6.5 关联方关系及其交易的披露

6.5.1 关联交易方的数量、关联交易的总金额及关联交易的定价政策

项目	关联交易方数量	关联交易金额（万元）	定价政策
合计	19	513 197.27	本公司2021年度发生的关联方交易均根据一般正常的交易条件进行，并以市场价格作为定价依据

6.5.2 关联交易方基本情况

报告期涉及关联交易的关联方情况如下：

关联性质	关联方名称	法定代表人	注册地址	注册资本（万元）	主营业务
股东单位	哈尔滨投资集团有限责任公司	赵洪波	哈尔滨市南岗区汉水路172号	500 000	从事固定资产、基础设施、能源、供热、高新技术产业、资源开发项目投资与投资信息咨询等
股东单位	中植企业集团有限公司	刘秀坤	北京市朝阳区东四环中路39号A单元1515	500 000	资产投资及资产管理等
股东关联子公司	横琴人寿保险有限公司	兰亚东	珠海市横琴新区十字门中央商务区珠海横琴金融产业发展基地2号楼	200 000	普通型保险，包括人寿保险和年金保险、健康保险、意外伤害保险等
股东关联子公司	漳州恒天物流有限公司	谷景虎	福建省漳州市龙文区朝阳镇龙江北路海峡农博汇	5 000	道路运输、仓储、货物包装、货运代理等
股东关联子公司	恒天嘉华非织造有限公司	何苏义	仙桃市彭场镇仙彭公路西侧1号厂房幢	43 480	非织造布、非织造布制品等
股东关联子公司	融钰集团股份有限公司	陆璐	吉林省吉林市船营区迎宾大路98号	84 000	资产管理、控股公司企业管理服务等
股东关联子公司	北京首拓融盛投资有限公司	宋丽娜	北京市石景山区兴实大街30号院3号楼2层	20 810	资产投资及资产管理等
非控股联营企业	中国信托业保障基金有限责任公司	肖璞	北京市西城区月坛南街1号院5号楼20层—23层	1 150 000	受托管理保障基金等经相关部门批准后依批准的内容开展经营活动
非控股联营企业	哈尔滨农村商业银行股份有限公司	郭俊秋	哈尔滨市道里区经纬二道街65号	200 000	吸收公众存款、发放贷款、办理国内结算等
控股子公司	北京中融鼎新投资管理有限公司	张东	北京市石景山区八大处高科技园区西井路3号2号楼268号房	300 000	项目投资、资产管理、投资咨询等
控股子公司	达孜县鼎诚资本投资有限公司	张东	西藏拉萨市达孜县工业园区珠峰大业203号房	200	投资管理、资产管理等
控股子公司	北京中融汇智人力资源有限公司	刘香玉	北京市石景山区实兴大街30号院3号楼11层东南区域	1 000	劳务派遣、人才推荐、人才招聘等
控股子公司	上海辉致人力资源有限公司	刘香玉	中国（上海）自由贸易试验区银城中路8号801、812室	200	人才中介、劳务派遣、商务信息咨询等
控股子公司	中融（北京）资产管理有限公司	王瑶	北京市门头沟区石龙经济开发区永安路20号3号楼1层107室	20 000	特定客户资产管理业务以及中国证监会许可的其他业务
控股子公司	中融基金管理有限公司	王瑶	深圳市福田区福田街道岗厦社区金田路3088号中洲大厦3202、3203B	75 000	基金募集、基金销售、特定客户资产管理、资产管理和中国证监会许可的其他业务
控股子公司	哈尔滨中融鼎新置业有限公司	金庆浩	哈尔滨市松北区创新二路277号2518室	10 000	房地产开发
控股子公司	北京中融恒睿资本投资管理有限公司	高远	北京石景山区实兴大街30号院3号楼2层-D-0663房间	10 000	投资管理、资产管理等
控股子公司	北京中融稳达资产管理有限公司	马镇	北京市石景山区实兴大街30号院3号楼2层D-0605房间	10 000	资产管理、项目投资、投资咨询等
控股子公司	绍融投资管理（上海）有限公司	高远	中国（上海）自由贸易试验区富特北路211号302部位368室	200	资产管理、项目投资、投资咨询等

6.5.3 本公司与关联方的重大交易事项

6.5.3.1 固有财产与关联方关联交易

固有与关联方关联交易　　　　　单位：万元

项目	期初数	借方发生额	贷方发生额	期末数
贷款	—	—	—	—
投资	383 432.99	10 048.16	87 993.50	305 487.64
租赁	—	258.15	6.15	—
担保	—	—	—	—
应收账款	—	—	—	—
拆入资金	—	—	—	—
其他	0.90	233 442.91	33 898.70	0.90
合计	383 433.89	243 749.21	121 898.35	305 488.54

6.5.3.2 信托资产与关联方关联交易

信托与关联方关联交易　　　　　单位：万元

项目	期初数	借方发生额	贷方发生额	期末数
贷款	—	—	—	—
投资	126 998.31	20 329.85	104 560.70	42 767.46
租赁	—	—	—	—
担保	—	—	—	—
应收账款	—	—	—	—
其他	205 000.00	—	205 000.00	—
合计	331 998.31	20 329.85	309 560.70	42 767.46

6.5.3.3 固有财产与信托财产之间的交易情况

固有财产与信托财产相互交易　　　单位：万元

项目	期初数	本期发生额	期末数
合计	219 785.25	520 431.50	740 216.75

6.5.3.4 信托资产与信托财产之间的交易情况

信托资产与信托财产相互交易　　　单位：万元

项目	期初数	本期发生额	期末数
合计	2 142 596.74	160 145.76	2 302 742.50

6.5.4 关联方逾期未偿还本公司资金的详细情况以及本公司为关联方担保发生或即将发生垫款的详细情况

报告期内，关联方无逾期不偿还本公司资金情况，本公司无为关联方担保发生或即将发生垫款情况。

6.6 会计制度的披露

本公司执行财政部2006年颁布的《企业会计准则》及2014年颁布的八项具体准则和一项基本准则的有关规定，并根据财政部2017年后修订的《企业会计准则》第14号、第21号、第22号、第23号、第24号、第37号等准则，对财务数据进行了重新分类。

7. 财务情况说明书

7.1 利润实现和分配情况

2021年共实现利润总额187 132.62万元，净利润148 656.72万元，计提盈余公积12 800.19万元，计提信托赔偿准备金6 400.09万元，计提一般风险准备34 316.90万元。

7.2 主要财务指标

指标名称	指标值
资本利润率（%）	6.85
人均净利润（万元）	685.84

注：1.资本利润率＝净利润/所有者权益平均余额×100%。
2.人均净利润＝净利润/年平均人数。
3.平均值采取年初及各季末余额移动算术平均法，公式为：a（平均）＝$(a_0/2+a_1+a_2+a_3+a_4/2)/4$。

7.3 对本公司财务状况、经营成果有重大影响的其他事项

报告期内，无相关事项。

8. 特别事项揭示

8.1 股东及其持股报告期内变动情况及原因

报告期内，本公司股东及其持股比例没有发生变动。

8.2 董事、监事及高级管理人员变动情况及原因

8.2.1 董事变动情况及原因

离任董事情况表

姓名	前任职位	离任时间	离职原因及内部决议
李辉	独立董事	2021年5月	辞任，2020年度股东会
李华杰	独立董事	2021年5月	辞任，2020年度股东会

新任董事情况表

姓名	职位	新任时间	任职原因及内部决议
游宇	董事	2021年6月	股东推荐，2020年度股东会
汤小青	独立董事	2021年6月	董事会提名，2020年度股东会
王卫	独立董事	2021年6月	董事会提名，2020年度股东会
黄琳	独立董事	2021年6月	董事会提名，2020年度股东会

8.2.2 监事变动情况及原因

报告期内，本公司监事人员没有变动。

8.2.3 高级管理人员变动情况及原因

离任高级管理人员情况表

姓名	前任职位	离任时间	离职原因及内部决议
游宇	董事会秘书	2021年5月	职务调整，第六届董事会第二十次会议
高全	总裁助理	2021年10月	个人原因，第六届董事会第二十三次会议

新任高级管理人员情况表

姓名	职位	新任时间	任职原因及内部决议
刘香玉	行政副总裁	2021年3月	职务调整，第六届董事会第十七次会议
杨莉	副总裁	2021年3月	职务调整，第六届董事会第十七次会议
郎波	副总裁	2021年3月	总裁提名，第六届董事会第十七次会议
毛得贵	运营总监	2021年3月	总裁提名，第六届董事会第十七次会议
王鹏辉	投资总监	2021年3月	总裁提名，第六届董事会第十七次会议
王强	董事会秘书	2021年6月	新增职务，第六届董事会第二十次会议

8.3 公司的重大诉讼事项

报告期内，公司无重大诉讼事项。

8.4 公司及其董事、监事和高级管理人员受到处罚的情况

报告期内，公司及董事、监事和高级管理人员未发生受到处罚的情况。

8.5 银保监会及其派出机构对公司检查后提出的整改意见及公司整改情况

2021年，黑龙江银保监局对公司开展了现场检查，检查范围包括公司治理、信托业务、消费者权益保护以及内部控制等。根据检查情况，公司对存在瑕疵的项目制定了相应的整改计划，按照"内控合规建设年"相关文件要求，进一步加强了公司治理、风险处置、信息披露等相关工作，确保公司业务经营管理始终满足监管法规各项要求。

8.6 本年度重大事项临时报告的简要内容、披露时间、所披露的媒体

报告期内，公司重大事项临时报告的披露媒体为《上海证券报》《证券日报》，本年度合计刊登各类公告两则，具体如下表所示。

临时披露重大事项

披露时间	披露公告名称	披露内容	披露媒体
2021年1月19日	中融国际信托有限公司关于修改公司章程的公告	本公司及董事会全体成员保证本公告内容真实、准确和完整，没有虚假记载、误导性陈述或重大遗漏。本公司根据《信托公司行政许可事项实施办法》等监管要求，结合实际经营管理需要，对公司章程第四十二条、第七十二条、第七十四条相应内容进行了修改。上述章程修改事宜已经本公司2020年第四次临时股东会审议通过，并经中国银保监会黑龙江监管局核准（黑银保监复〔2021〕9号）。公司已于2021年1月13日完成工商登记备案手续	《上海证券报》
2021年9月28日	中融国际信托有限公司关于修改公司章程的公告	本公司及董事会全体成员保证本公告内容真实、准确和完整，没有虚假记载、误导性陈述或重大遗漏。本公司根据《信托公司股权管理暂行办法》《信托公司行政许可事项实施办法》等监管要求，结合实际经营管理需要，对公司章程第四十一条、第五十三条内容进行了修改。上述章程修改事宜已经本公司2020年度股东会审议通过，并经中国银保监会黑龙江监管局核准（黑银保监复〔2021〕293号）。公司已于2021年9月26日完成工商备案手续	《证券日报》

8.7 银保监会及其省级派出机构认定的其他有必要让客户及相关利益人了解的重要信息

报告期内，没有银保监会及其省级派出机构认定的其他有必要让客户及相关利益人了解的重要信息。

9. 监事会意见

监事会认为，公司财务报告真实反映了公司的财务状况和经营成果。

中泰信托有限责任公司

1. 重要提示

1.1 本公司董事会及董事保证本报告所载资料不存在任何虚假记载、误导性陈述或者重大遗漏，并对其内容的真实性、准确性和完整性承担个别及连带责任。本年度报告摘要摘自年度报告全文，客户及相关利益人欲了解详细内容，应阅读年度报告全文。

1.2 史亚政董事根据其代表利益的深圳市易建科技有限公司和桥润资产管理有限公司的要求弃权，认为：关于合规管理及风险控制描述不符合银保监局监管意见。请客户及相关利益人特别关注。

注：本报告按照《中国银监会办公厅关于修订信托公司年报披露格式、规范信息披露有关问题的通知》（银监办发〔2009〕407号）及《信托公司股权管理暂行办法》（中国银保监会令〔2020〕4号）相关要求编制。

1.3 独立董事袁东生、熊焰、朱青、鲍治认为本年度报告真实、准确、完整。

1.4 中审亚太会计师事务所（特殊普通合伙）对本公司2021年度财务会计报告出具了标准无保留意见的审计报告。

1.5 公司董事长吴庆斌、总裁胡杰、主管会计工作负责人吴庆斌及财务会计部负责人隋新声明：保证年度报告中财务会计报告的真实、完整。

2. 公司概况

2.1 公司简介

公司的法定中文名称：中泰信托有限责任公司

公司的法定英文名称：ZHONGTAI TRUST CO., LTD.

法定代表人：吴庆斌

注册地址：上海市黄浦区北京东路666号F区（西座）32层和33层（2021年3月，经监管机关批准，公司注册地址和实际办公地已由原上海市黄浦区中华路1600号17、18楼迁至此处）

邮政编码：200001

国际互联网网址：www.zhongtaitrust.com

电子信箱：zhongtai@zhongtaitrust.com

信息披露事务负责人及联系人：赵凤英

联系电话：021-63872058

传真：021-63872700

电子信箱：zhaofengying@zhongtaitrust.com

公司选定的信息披露报纸名称：《上海证券报》《金融时报》

公司年度报告备置地点：上海市黄浦区北京东路666号F区（西座）33层办公室

公司聘请的会计师事务所：中审亚太会计师事务所（特殊普通合伙）

地址：北京市海淀区青云里满庭芳园小区9号楼青云当代大厦22层

公司聘请的律师事务所：北京市天铎律师事务所

地址：北京市西城区官园国英1号3楼

2.2 组织结构

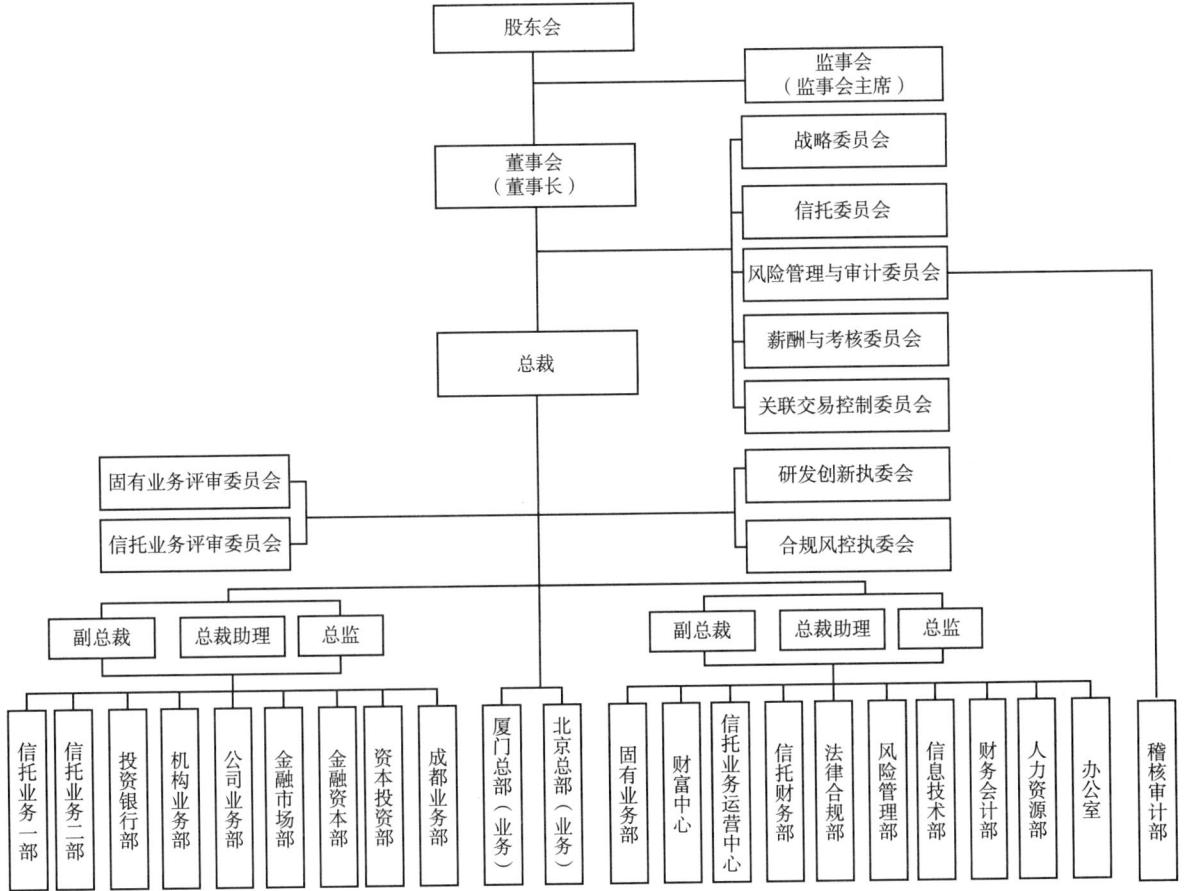

3. 公司治理结构

3.1 股东

报告期末，股东总数六家；持有公司15%以上股份的股东情况如下表所示。

股东名称	持股比例（%）	法人代表
中国华闻投资控股有限公司	31.57	辛宇晖
上海新黄浦实业集团股份有限公司	29.97	赵峥嵘
广联（南宁）投资股份有限公司	20	吴庆斌

公司前三位股东的主要股东情况如下表所示。

股东名称	主要股东	出资比例（%）	法人代表	注册资本（万元）	注册地址	主要经营业务及主要财务情况
中国华闻投资控股有限公司（华闻控股）	北京国际信托有限公司（德瑞股权投资基金集合资金信托计划）	100	周瑞明	220 000	北京市朝阳区安立路30号院1、2号楼	资金信托；动产信托；不动产信托；企业资产重组等。财务状况良好
上海新黄浦实业集团股份有限公司（新黄浦）	上海新华闻投资有限公司	25.07	辛宇晖	50 000	上海市闸北区天目中路383号501室	实业投资、资产经营及管理（非金融业务）、国内贸易等。财务状况一般
广联（南宁）投资股份有限公司（广联投资）	中国华闻投资控股有限公司	65.69	辛宇晖	120 000	北京市朝阳区东三环北路38号院1号楼康金融大厦25层2501内5室	实业投资等。财务状况一般

注：公司股东华闻控股、广联投资与新黄浦存在关联关系。北京国际信托有限公司（德瑞股权投资基金集合资金信托计划）持有华闻控股100%股权，华闻控股持有广联投资65.69%股权，华闻控股及广联投资分别持有上海新华闻投资有限公司（上海新华闻）50%的股权，上海新华闻持有新黄浦25.07%股权，为其第一大股东。

3.2 董事
3.2.1 董事

姓名	职务	性别	年龄（岁）	选任日期	所推举的股东名称	该股东持股比例（%）	简要履历
吴庆斌	董事长	男	48	2014年7月15日	华闻控股、广联投资	31.57、20	毕业于清华大学水利水电工程系水利水电建筑工程专业及法学专业，获得双学士学位。先后任职于北京国际信托有限公司等机构，并担任重要管理职务，具有近二十年金融工作及管理经验
穆瞳	董事	女	38	2014年11月21日	华闻控股、广联投资	31.57、20	毕业于西北工业大学自动化专业和宾夕法尼亚大学电子工程专业，先后任职于GroGroup投资管理公司、天行国际集团、日盛嘉富证券及华闻控股，并担任管理职务，积累了相当的市场及金融相关领域工作经验
陆却非	董事	男	65	2014年7月15日	新黄浦	29.97	毕业于中国科技大学，博士研究生学历，先后在中科院上海生理研究所、上海新黄浦实业集团股份有限公司等机构工作，并担任高级管理职务，具有三十余年的经济及管理工作经验
史亚政	董事	男	51	2014年7月15日	华闻控股、广联投资	31.57、20	毕业于浙江大学无线电系无线电技术专业，获得学士学位，后毕业于电子科技大学计算机学院软件工程领域工程专业，获得硕士学位。长期从事金融及经济管理工作，实践经验丰厚，先后任职于江泰保险经纪有限公司、中惠保险经纪有限公司及广联投资等机构，并担任高级管理职务，具有逾二十年的金融及企业管理工作经验
叶桂峰	董事	男	43	2014年7月15日	华闻控股、广联投资	31.57、20	毕业于江西财经大学法律系国际经济法专业，获得学士学位，后毕业于中国人民大学法学院民商法专业，并先后获得硕士及博士学位。长期从事经济及金融法律实践工作，先后任职于北京市创天律师事务所、北京市宝盈律师事务所及华闻控股等机构，且具有多年金融及法律合规管理工作经验

3.2.2 独立董事

姓名	所在单位及职务	性别	年龄（岁）	选任日期	所推举的股东名称	该股东持股比例（%）	简要履历
袁东生	已退休	男	70	2014年11月12日	华闻控股	31.57	先后于中共山西省委党校、西安交通大学管理学院学习，取得工商管理硕士学位，长期从事金融及企业管理工作，先后任职于山西信托有限责任公司、山西国信投资（集团）公司等机构，并担任高级管理职务，具有近二十年的金融及企业管理工作经验
熊焰	北京国富资本有限公司董事长	男	65	2015年7月9日	华闻控股	31.57	毕业于哈尔滨工业大学无线电工程系通信专业，获得学士学位，后毕业于该校管理学院经济学专业，获得硕士学位。长期从事金融及企业管理工作，实践经验深厚，先后任职于中国共产主义青年团中央委员会、北京产权交易所有限公司、北京金融资产交易所有限公司及北京国富资本有限公司等机构，并担任高级管理职务，具有二十余年的金融及企业管理工作经验
朱青	中国人民大学财政金融学院教授、博士生导师	男	64	2014年7月15日	华闻控股	31.57	毕业于北京经济学院财贸系财政专业获得学士学位，后就读于中国人民大学财政金融学院财政系财政专业，先后获得经济学硕士及博士学位。长期从事财政金融和社会保障领域的教学和研究工作，具有相当的财税知识，先后任职于中国人民大学财政金融学院等单位，担任学术委员会主任、教授、博士生导师等重要职务，积累了深厚的财政金融和社会保障领域工作经验
鲍治	北京奋迅律师事务所负责人	男	44	2014年7月15日	华闻控股	31.57	毕业于安徽大学法学院法律系法学专业，后先后毕业于华东政法大学研究生院民商法学专业及美国加州大学伯克利分校法学院法学硕士专业，并分别获得硕士学位。长期从事金融、贸易相关法律领域工作，先后任职于中华人民共和国商务部、北京市君合律师事务所及北京市奋迅律师事务所，积累了相当的金融法律相关领域工作经验

3.3 监事

姓名	职务	性别	年龄(岁)	选任日期	所推举的股东名称	该股东持股比例	简要履历
焦远超	监事会主席	男	54	2020年12月29日	华闻控股 广联投资	31.57、20	毕业于北京大学、哈佛大学，获得国际关系专业硕士、公共管理硕士学位，先后在国务院新闻办、世界银行总部、黑龙江省金融办、哈尔滨市委市政府等机构任职，并担任重要管理职务，具备近三十年的管理工作经验
王红梅	股东代表监事	女	53	2016年11月7日	华闻控股	31.57	毕业于华中科技大学、武汉工业大学，获得工学学士、硕士学位，后毕业于新加坡国立大学，获得工商管理硕士（EMBA）学位。先后在建设银行、武汉三镇实业控股股份有限公司等机构任职，并担任重要管理职务，具备二十余年经济及管理工作经验
隋新	职工代表监事	女	43	2018年4月12日	—	—	毕业于东北林业大学、上海理工大学，获经济学学士、硕士学位，先后在东北林业大学、深圳农村商业银行、平安集团内控管理中心、上海国际信托、中泰信托等机构任职

3.4 高级管理人员

姓名	职务	性别	年龄(岁)	选任日期	金融从业年限(年)	学历	专业
胡杰	总裁 合规总监	男	37	2019年5月10日至2020年12月30日	15	本科	经济学
余钧	副总裁	男	54	2015年4月9日	32	本科	国际金融学
沈烁	副总裁	男	49	2015年4月9日	24	本科	经济法
杨红	副总裁	女	55	2022年2月14日	24	博士	管理学

注：报告期内，公司高级管理人员未发生变动。2022年2月，经公司董事会会议决定，并经上海银保监局核准，杨红女士就任公司副总裁。

3.5 公司员工

截至2021年12月31日，公司共有员工82人（不含外部董事、监事），平均年龄38岁，大部分员工具有大学本科以上学历。

	项目	2021年度		2020年度	
		人数(人)	比例(%)	人数(人)	比例(%)
年龄分布	25岁以下	1	1.22	—	—
	25—29岁	11	13.41	15	16.13
	30—39岁	40	48.78	50	53.76
	40岁以上	30	36.59	28	30.11
学历分布	博士	2	2.44	2	2.15
	硕士	50	60.98	57	61.29
	本科	21	25.61	24	25.81
	专科	5	6.10	6	6.45
	其他	4	4.88	4	4.3
岗位分布	董事、监事及其他高管	3	3.66	3	3.23
	自营业务人员	2	2.44	2	2.15
	信托业务人员	34	41.46	40	43.01
	其他人员	43	52.44	48	51.61

4. 经营管理

4.1 经营目标、方针、战略规划

公司秉承诚信服务、专业理财、创新思维、理性投资的精神，坚持与新老客户、核心产业和区域经济一起成长的理念，注重提高创新能力，正确处理发展与规范管理、规模结构与效益之间的关系。在信托业务、创新产品构建、资产管理业务、信托产品销售能力建设、基础管理工作方面充分发展的基础上，深化公司治理及运营体系的优化调整工作。

公司将认真贯彻落实国家宏观经济政策和金融监管要求，建立规范、高效的公司内控体系，不断提高对各种风险的识别、防范和控制能力。以深化信托行业转型、强化创新和夯实管理为抓手，促进业务转型升级和结构调整。始终坚持市场化、差异化、规模化的发展路线，致力于在明晰的发展战略指导下，依托优秀的企业文化和价值观、人力资本体系、法人治理结构，构建运转流畅的资产管理体系和财富管理体系，着力提升资产管理能力、风险控制能力和财富管理能力，真正将"受人之托、代人理财"的理念注入业务实践当中，形成多层次多纬度的信托产品，推动公司信托业务回归信托本源，为实体经济服务，为各利益相关者创造价值。

公司未来将继续贴近市场，加强研发，以业务和产品创新为核心，提高创新能力，形成新的创新业务布局，强化对市场的前瞻性判断和对业务的准确把握，为今后的发展创造条件。公司将立足受托人本位，探索创新以

受托服务为核心的服务信托,将金融服务与财富管理服务相结合,在家族信托、员工利益信托、资产证券化信托、账户管理信托等方面积极开拓,运用金融科技结合具体场景,满足客户多元需求,提高信托服务的效率和效果。将公司建设成为制度健全、内控到位、管理科学、经营规范的,具有核心竞争力的专业金融机构。

4.2 所经营业务的主要内容

报告期内,固有业务除长期金融股权投资外,主要运用是活期存款、固定收益类产品投资、国债回购等,2021年实现投资收益17 286.56万元、利息净收入260.82万元、其他业务收入1 422.64万元。

截至2021年12月31日,公司资产总计49.84亿元,负债总计1.81亿元,所有者权益为48.03亿元,净资产收益率为1.80%,净资本为40.32亿元,净资本/净资产的比率为83.95%,净资本/各项风险资本之和的比率为769.20%,均远高于40%及100%的监管标准。公司的净资产保持稳定和充足,公司资产保持较高的流动性水平,信托业务运行平稳,为公司下一步大力拓展业务奠定了良好的基础。

4.2.1 自营资产运用与分布表

资产运用	金额(万元)	占比(%)	资产分布	金额(万元)	占比(%)
货币资产	11 766.33	2.36	基础产业	—	—
贷款及应收款	12 763.94	2.56	房地产业	—	—
交易性金融资产投资	191 230.43	38.37	证券市场	31 080.00	6.24
抵债资产	8 418.00	1.69	实业	—	—
债权投资	30 950.66	6.21	金融机构	224 196.41	44.98
长期股权投资	224 196.41	44.98	其他	243 117.51	48.78
其他	19 068.15	3.83	—	—	—
资产总计	498 393.92	100.00	资产总计	498 393.92	100.00

2021年度,公司新发行信托产品17个,成立信托本金38.54亿元,包括存续产品分期发行和开放式产品申购在内本年新增信托本金合计56.86亿元;清算信托产品26个,清算信托本金78.58亿元,包括存续产品部分结束和开放式产品赎回在内本年兑付信托本金合计125.43亿元。全年向受益人分配信托收益16.02亿元。

4.2.2 信托资产运用与分布表

资产运用	金额(万元)	占比(%)	资产分布	金额(万元)	占比(%)
货币资产	9 920.81	0.52	基础产业	266 771.00	14.05
贷款	468 829.61	24.70	房地产	28 980.00	1.53
交易性金融资产投资	113 748.30	5.99	证券市场	125 548.31	6.61

续表

资产运用	金额(万元)	占比(%)	资产分布	金额(万元)	占比(%)
可供出售金融资产投资	239 397.58	12.61	实业	826 716.09	43.55
持有至到期投资	29 143.00	1.54	金融机构	31 122.00	1.64
长期股权投资	209 201.92	11.02	其他	619 252.30	32.62
其他	828 148.48	43.62	—	—	—
信托资产总计	1 898 389.70	100.00	信托资产总计	1 898 389.70	100.00

注:"资产分布"项下"其他"主要为对固定收益类金融产品投资。

2021年,在企业社会责任方面,公司以专业能力支持实体经济发展、支持民生保障类事业发展、保护投资者权益等工作。2021年是信托文化建设的普及年,公司在报告期内完成了各利益相关者的宣传引导工作,针对投资者,在9月"投资者教育月"时,公司设置了专门的信托文化专题内容宣传。

报告期内,公司消费者权益保护工作委员会和消费者权益保护小组积极工作,公司组织包括"3·15"消费者权益保护日、"远离非法集资,守好您的钱袋子"防范非法集资宣传月活动、反洗钱宣传教育活动和"金融知识普及月 金融知识进万家 争做理性投资者 争做金融好网民"活动,并在日常工作中审慎、妥善履行企业的社会责任、及时处理投资者的咨询、投诉和建议意见。

4.3 市场分析

4.3.1 有利因素

4.3.1.1 经济结构转型为信托提供新机会

经济结构转型为新常态下信托业的转型创新、加速发展提出了全新的要求,同时带来了难得的历史机遇。信托业既应着眼长远的体制机制创新,又要满足"产业优化、消费升级、财富管理、新型城镇化、经济出海"等新兴发展主题持续产生的投融资需求,协调推进自身发展模式改革的深化,提高服务实体经济的效率。在中国经济逐步由高速增长转向高质量增长的过程中,伴随着发展方式转变、经济结构优化、增长动力转换以及供给侧结构性改革的进一步深化,未来的产业发展将出现新一轮结构调整,企业将出现并购重组潮流。对于信托而言,研发产业引导基金与并购基金能够有效对接经济转型中企业的需求,推动资产证券化等创新业务有效地盘活存量,为企业发展注入流动性。信托业应站在战略发展的高度,发挥制度优势,积极探索创新业务模式,为实业转型提供全方位的投融资服务,在服务实体经济的同时,完成自身转型升级的历史性飞跃。

4.3.1.2 国内居民财富的快速积累，信托财富管理前景广阔

得益于中国经济持续数十年的高速增长，中国高净值客户数量迅猛增长，已成为全球仅次于美国的高净值家庭数量第二多的国家和地区。通过近年数据比较，中国高净值人群数量及其可投资资产规模均呈现快速扩张的态势。这预示着资管行业迅速发展的态势没有变化，在未来相当长的时间内，信托业的财富管理领域具有广阔前景。

4.3.1.3 新冠肺炎疫情后经济实现快速复苏

虽然疫情有第二次、第三次暴发的可能性，海外短期经济数据受到扰动，大宗商品价格有所回撤，但对于经济的影响将边际降低。疫苗接种照常推进，全球走出疫情影响的时间表预期暂未变化。两会公布的财政政策显示出了政策在特殊的疫情背景下满满的逆周期调节的诚意，预算内赤字扩张1万亿元、政府专项债额度扩张1.6万亿元、额外新增特别国债1万亿元等，单纯的债务扩张工具就已经有3.6万亿元的规模，同时考虑到公共财政支出计划新增8126亿元和2.5万亿元的减税，粗略计算财政逆周期调节的总盘子接近11万亿元。在经济恢复的背景下，信托公司将在监管政策的指引下，回归本源，进一步提升主动管理能力，履行主动管理职责，加强风险监管，合规经营，坚持市场化导向，进行资源的优化配置，更好地服务于实体经济。

4.3.1.4 科技赋能金融服务

新技术、新模式为信托公司的差异化发展带来新的可能，也将显著的缩短信托公司的成长曲线。金融科技不断重塑金融行业，信托公司可以在此背景下，在合规前提下，充分利用科技，发展各类线上渠道，改善客户体验；通过建设更高效的运营平台，提高企业的经营效率和市场响应速度，并在生态化发展、开放式发展的大环境下，聚合资源，实现协同发展。

4.3.2 不利因素

4.3.2.1 "去通道""降融资"背景下，行业经营压力加大

2021年是资管新规过渡期的最后一年，以资管新规为基础，去通道、去刚兑、去杠杆、回归服务实体经济仍是2021年信托业监管的主要内容。资管新规对行业的规范发展具有正确的指导意义，并且影响深远。强监管、严监管正常态化，体现了监管层意在督促信托业回归本源、积极支持实体经济发展的清晰政策导向。这意味着传统的业务都将成为过去，信托业转型是大势所趋。多方因素的影响，包括经济新常态背景下实体经济增速放缓带来的资产质量下降风险，资管机构竞争和行业内业务竞争风险，以及供给侧结构性改革背景之下监管趋严所带来的合规风险和流动性风险，使当前信托业的发展总体上面临着较大的压力。

4.3.2.2 房地产信托风险集中暴露，行业运行风险加大

2021年是房地产行业风险集中暴露的一年，从"房住不炒、因城施策"到"三条红线"，再到银行贷款收紧，来自各方的压力屡见不鲜。2021年中国的房地产行业，遇到了史无前例的难关。行业巨变，在中国发展多年、一直红红火火的地产经济开始重新洗牌。随着房地产企业的不断违约，房地产信托的风险逐渐暴露，尽管部分信托公司采取诉讼追偿、提前终止、延期兑付等处置方案，但在房地产融资政策再收紧预期下，依然存在很大隐忧。当下房地产融资难题有增无减，在严控房地产信托业务和违约风险频发的夹击下，信托公司要严选交易对手，提高房企交易对手门槛，严格审查融资方的经营能力和现金流水平。

4.3.2.3 业务收缩，行业转型上下求索

在通道和融资类业务不断收缩的情况下，寻找新的利润增长点无疑已经成为各家公司优先级最高的任务。从短期来看，信托公司主动管理能力仍有待提高，存续业务中通道业务、房地产业务占比过高，业务结构单一而且有待优化。对于信托来说，深耕服务信托、回归本源和受托人定位正"迫在眉睫"，在未来的信托业务中，服务信托将占据一席之地。资产证券化信托已具有相对成熟的业务模式，特别是资产支持票据信托（ABN）业务，相比传统型ABN，其受信托法律关系的约束，由信托公司作为SPV载体，信托公司拓展该项业务具有独特的优势。

4.4 内部控制概况

4.4.1 内部控制环境和内部控制文化

公司根据法律法规和公司章程，建立了较为完备的法人治理结构，通过建立规范的公司治理结构和议事规则，明确决策、执行、监督等方面的职责权限，形成较为科学有效的职责分工和制衡机制。

股东会、董事会和监事会依照法律和公司章程分别履行决策、执行和监督职责。股东会是公司的权力机构，

在股东会的授权下，董事会是公司的决策及执行机构，监事会是公司的监督机构。董事会下设战略委员会、信托委员会、风险管理与审计委员会、薪酬与考核委员会、关联交易控制委员会五个专门委员会，在公司发展战略、受益人利益保护、重要岗位人员任职与考核、风险控制、信息披露等方面发挥专业作用，为进一步完善治理结构、促进董事会科学高效决策提供支持。

公司明确界定各部门、各岗位的目标、职责和权限，建立相应的授权、检查和逐级问责制度，确保不相容岗位的相互分离及其在授权范围内履行职能，完善各层级间的授权与管理体系，保证各项决策能够被有效执行。

公司内部树立合规优先，严守风险底线的内控文化，并结合业务特点和内部控制的要求来设置公司各内部机构，明确职责权限分配，落实各部门权利与责任。公司内部控制的目标是合理保证经营合法合规、资产安全、财务报告及相关信息真实完整，提高经营效率，促进公司发展战略的实现。

4.4.2 内部控制措施

风险管理部、法律合规部和稽核审计部作为公司内控管理的主要职能部门，负责拟定和修订内控制度，监督检查和评价内部控制措施的科学性、规范性和可操作性。公司通过修订并不断完善各项管理制度，针对不同业务和管理事项优化内部控制措施，形成事前、事中、事后紧密衔接的内控防线。

公司按照前台、中台、后台划分，制定了相应的规章制度、操作规程和风险管理制度，使得各项业务开展都具备比较详细的业务流程规范。在业务流程上，公司通过事前、事中、事后控制三者结合防范风险，强调即时过程控制。各部门发生异常情况后即时汇报，识别风险并采取相应措施，确保公司内部控制的有效性。

公司固有业务和信托业务相互分离，部门设置和业务人员、业务信息相互独立，分别建账，分别核算。针对信托业务和固有业务的业务特性，分别成立信托业务评审委员会和固有业务评审委员会进行项目评审，根据具体业务的不同特点，采取既有共性又有个性的具体内部控制对策。通过内部控制的环境、程序和措施防范各项业务风险。经营授权方面，实行逐级授权体系，公司内部相关的不同级次、不同部门之间有明确的授权关系和报告关系。

报告期内，公司根据经营发展环境的变化，结合内部控制管理的实际，进一步加强公司内部控制制度及流程建设，制定、梳理和修订了内部控制制度及各类业务指引。公司开展了系统性的风险管理体系自评估工作，以"中泰信托"的法律人格为基本范畴，从可能导致公司经营损失的现实风险点出发，从项目开展生命周期中存在的点状问题切入，进行从问题到危害再到解决措施的系统性分析。随着制度的不断完善，公司董事会、管理层、各相关部门和人员能够按照公司各项制度和业务操作流程履行风险的管理和监控职责，各项业务基本做到前中后台操作上的相对独立和相互制衡。

4.4.3 信息交流与反馈

公司建立了信息传递、披露和反馈的机制，明确内部控制相关信息的处理和传递程序，确保信息及时沟通，促进内部控制有效运行。

公司明确管理层、各部门和员工的职责范围和报告路径，通过定期工作报告和会商，确保经营管理层及时了解经营信息和风险状况。通过OA系统和业务管理系统建立了贯穿各部门的共享信息平台，及时准确地传递管理信息和数据。加大对信息化系统的投入力度，在业务流程、行政审批流程等方面的系统集成功能不断改进和完善。

公司严格按照监管要求，建立对外信息披露制度，规范对投资者、公众、监管部门等的披露方式和流程。定期或及时披露年度报告、年度报告摘要、重大事项临时报告等公司信息。通过网站公告、书面通知等多种方式，依法对委托人和受益人披露信托产品信息。事前向监管部门报送拟开展信托业务的基本信息、关联交易信息、集合资金信托异地推介信息。定期提交非现场监管报告，及时报送临时事项报告等经营信息。报告期内，公司信息交流与反馈机制规范。

4.4.4 监督评价与纠正

公司稽核审计部独立行使对公司内部控制情况的监督和评价职能。每半年对公司开展一次全面审计，囊括公司财务、业务、人事行政及综合等各个方面，对公司经营活动全过程实施监督；信托项目稽核是通过对项目整体所有环节运作的动态审计并进行合规性评价；专项审计则针对重点风险项目或监管要求不定期开展；公司中高级管理人员及公司要求的关键岗位人员的离职必须经过稽核审计部门的审计。

通过公司核心业务系统中稽核审计流程审批节点的控制，持续对审计项目的整改情况进行监督检查及复核直至整改结束，公司的跟踪检查及纠正机制得以持续执行。

公司各项审计工作均通过审计报告提出意见和建议，并对整改情况进行持续跟踪检查，督促整改落实，使公司能够及时、有的放矢地对各项工作进行规范和管理，有效提升内部控制管理水平，为公司持续稳健运营保驾护航。

4.5 风险管理概况

公司严格执行银保监会关于信托公司风险监管的指导意见，坚持防范化解风险和推动转型发展并重的原则，切实加强潜在风险防控，加强尽职管理，加强风险评估，优化业务管理，严防道德风险和案件风险，建立风险防控长效机制。

公司经营活动面临的主要风险包括信用风险、市场风险、操作风险和其他风险。公司风险管理坚持全面性、独立性、连续性、审慎性、有效性等基本原则，以风险最小化、风险成本最低化为目标，坚持以风险管理为核心开展经营活动，平衡业务发展与风险管理之间的关系，建立并逐步完善了基于制度规范和流程控制的风险管理制度体系。基本形成了前台、中台、后台相分离、信托资金运作与自有资金运作相分离的风险管理框架，力求将风险管理制度与措施贯穿到公司各项业务、各个部门、各个岗位，实现风险管理覆盖公司运营的全过程。同时，通过建立有效的风险管理组织体系，保障风险管理制度的有效适用，并根据国家政策、法律及公司经营发展战略的变化，定期对公司相关风险管理制度进行修订和补充。

公司的风险管理组织架构由公司董事会、风险管理与审计委员会、管理层、固有/信托业务评审委员会、风险管理部门、各业务部门及相关职能部门组成。具体来说，形成了由董事会及管理层直接领导，以风险管理部门为依托，相关职能部门配合，与各个业务部门全面联系的风险管理机制。具体风险管理职责划分情况如下。

一是董事会进行公司风险管理战略、偏好、政策、最高风险承受水平设定和风险管理决策制定，监控和评价风险管理的全面性、有效性以及高级管理层在风险管理方面的履职情况，审批重大业务项目实施方案，倡导公司全员风险管理意识和风险管理文化，并对公司风险管理承担最终责任。

二是风险管理与审计委员会。针对公司总体风险管理体系的建立和运行情况向董事会提供咨询意见；对公司业务风险控制及管理情况进行监督。

三是管理层负责定期审查和监督执行公司风险管理政策、程序以及具体操作规程，不断完善公司各项风险管理措施，确保公司风险管理体系的有效性；及时了解公司各类风险水平及其管理状况，确保通过恰当的风险管理战略、政策和程序来有效地识别、计量、监测和控制各项业务所承担的各类风险。

四是固有/信托业务评审委员会。具体负责公司各项业务风险的事前管理和控制，与承担风险的业务部门保持相对独立。对公司所有经立项的固有/信托业务项目进行评审，识别其各项风险水平，在综合风险分析和可行性论证后给出评审意见，通过集体决策实现业务项目风险的事前管理和有效控制。

五是风险管理部根据公司发展战略，定位于中、前端风险管控，建立集中型的风险管理模式，将信用风险、市场风险、操作风险等纳入统一的风险管理体系。负责公司各类投融资业务的风险审查，实现业务决策与风险管理的适度分离，风险管理覆盖公司的全部经营活动与过程，与业务部门的风险自律形成制衡。对公司经营管理活动中的各类风险实施有效的事前评估和过程监控，有效化解和降低公司运营风险。

六是稽核审计部通过实行重大业务项目流程稽核，对单个业务项目进行事中和事后风险管理监督，开展定期全流程的全面内部审计，对公司各项经营管理活动进行检查，并向公司董事会及上级监管单位提交内部审计报告。

七是法律合规部负责监管部门（包括但不限于银保监局、金融办、人民银行）的监管要求、监管文件、监管意见和公司内部各类业务的合规准入标准、操作规范等事务的牵头、组织、优化、落实等工作，并围绕信托业务项目全生命周期开展工作，并为公司固有业务开展提供法律事务服务。

八是业务部门。业务部门是公司风险管理的第一道防线，研判项目风险和设计风险控制措施，构建调研、决策和管理职责相互分离的风险自律体系，承担与其项目相关的风险管理责任。

4.5.1 信用风险状况

信用风险主要来自于债务人或交易对手未能或不愿履行其承诺，或者其信用等级下降时给公司权益或金融产品持有人造成损失的风险。

公司2021年末信用风险资产账面余额共523 566.75

万元，固有不良信用风险资产期初数为58 833.91万元，期末数为64 115.34万元，贷款损失准备30 716.06万元，其他各项减值准备21 819.34万元，均已按《资产五级分类管理办法》的规定足额计提。故上述不良信用风险资产不影响公司资产质量。

公司通过事前评估、事中控制、事后监督的风险管理体系来防范和规避信用风险。具体来说，对交易对手进行前期现场风险尽调、综合信用分析，对信托资金的投向区域、行业进行合理布局，避免信用风险的规模化爆发。通过定期风险评估等手段，监控交易对手信用风险的变化，对交易对手进行动态管理。在资金发放后，业务部门、风险管理部等定期或不定期地进行贷后检查和抽查，形成检查报告，发现问题及时预警、及时处理。报告期内，公司各类业务均履行了严格的内部评审程序，合法合规，担保措施充足，交易对手信用等级较高，信用风险可控。

4.5.2　市场风险状况

公司制定与业务性质、规模、复杂程度和风险特征相适应的，与公司总体业务发展战略、管理能力、资本实力和能够承担的总体风险水平相一致的市场风险管理战略。信托业务方面，通过信托产品的结构化设计和组合投资，严格执行权限设定和止损操作，最大限度地降低市场风险对投资人权益的影响。另外，公司建立充足的风险准备金，制定风险处置预案、锁定项目退出风险。公司本着审慎的原则，对固有资金进行合理配置。公司固有业务及信托业务尚未涉及外汇业务，受市场汇率变动的直接影响不明显。其他风险，如利率风险、通货膨胀等因素，对公司经营无明显影响。

报告期内，公司密切关注各类市场风险，及时调整投资策略，积极发展创新业务，勤勉尽职地履行受托人职责，市场风险可控。

4.5.3　操作风险状况

操作风险是公司履行受托人勤勉、审慎和尽职责任，在运营和业务开展各个环节可能面临的最为普遍的风险。公司操作风险管理主要是加强内控制度建设，坚持内控优先、制度先行，全面分析公司经营环节和业务流程，合理设置体现制衡原则的前台、中台、后台岗位职责。通过管理层专项调研会，汇总前台、中台、后台对流程优化的意见和建议，持续总结整理各项业务规范，梳理操作流程。通过加强资源配置、完善制度建设、优化系统建设等举措全面提高风险管理能力。

报告期内公司操作风险管控能力不断提升，内控制度体系基本覆盖公司经营的每一个过程和环节，各项制度和流程能够得到有效的执行，并通过"大运营"体系的建立进一步提高了信托业务管控水平。报告期内无该类风险的发生。

4.5.4　其他风险状况

除上述风险类型外，公司还可能面临合规与法律风险、声誉风险等其他风险。

公司合规与法律风险管理包括严格按照相关法律法规、监管规定，对所有拟开展的业务进行合规性审查，明确各类业务合规标准。重视交易安排和法律文件的有效性，强调各类救济措施的可操作性。在信托产品运行和管理过程中，根据信托资金的具体管理、运用和处分方式，严格遵守法律规定和监管要求。提高公司全员的法律合规意识，及时掌握外部金融法律动态和监管政策，严格在现有政策允许范围内开展业务。报告期内，业务整体合规和法律风险管理水平持续提升。

公司声誉风险管理策略包括将公司声誉风险管理机制的构建与公司发展战略、企业文化建设等进行结合，提升专业能力，强化风险意识，审慎经营和诚信发展。公司高度重视防范在业务开展过程中出现的各种声誉风险，强调在稳健经营和持续发展的基础上，主动有效地进行声誉风险管控和应对，进行充分的信息披露，积极履行公司的社会责任，提升公司的社会形象。

5.报告期末及上年度末的比较式会计报表

5.1　自营资产（经审计）

5.1.1　会计师事务所审计全文

审计报告

中审亚太审字〔2022〕003560号

中泰信托有限责任公司：

一、审计意见

我们审计了中泰信托有限责任公司（以下简称贵公司）财务报表，包括2021年12月31日的资产负债表，2021年度的利润表、现金流量表、所有者权益变动表以及相关财务报表附注。

我们认为，后附的财务报表在所有重大方面按照企业会计准则的规定编制，公允反映了贵公司2021年12月31日的财务状况以及2021年度的经营成果和现金流量。

二、形成审计意见的基础

我们按照中国注册会计师审计准则的规定执行了审

计工作。审计报告的"注册会计师对财务报表审计的责任"部分进一步阐述了我们在这些准则下的责任。按照中国注册会计师职业道德守则,我们独立于贵公司,并履行了职业道德方面的其他责任。我们相信,我们获取的审计证据是充分、适当的,为发表审计意见提供了基础。

三、管理层和治理层对财务报表的责任

贵公司管理层(以下简称管理层)负责按照企业会计准则的规定编制财务报表,使其实现公允反映,并设计、执行和维护必要的内部控制,以使财务报表不存在由于舞弊或错误导致的重大错报。

在编制财务报表时,管理层负责评估贵公司的持续经营能力,披露与持续经营相关的事项(如适用),并运用持续经营假设,除非管理层计划清算贵公司、终止运营或别无其他现实的选择。

治理层负责监督贵公司的财务报告过程。

四、注册会计师对财务报表审计的责任

我们的目标是对财务报表整体是否不存在由于舞弊或错误导致的重大错报获取合理保证,并出具包含审计意见的审计报告。合理保证是高水平的保证,但并不能保证按照审计准则执行的审计在某一重大错报存在时总能发现。错报可能由于舞弊或错误所导致,如果合理预期错报单独或汇总起来可能影响财务报表使用者依据财务报表作出的经济决策,则通常认为错报是重大的。

在按照审计准则执行审计的过程中,我们运用职业判断,并保持职业怀疑。同时,我们也执行以下工作:

(一)识别和评估由于舞弊或错误导致的财务报表重大错报风险,设计和实施审计程序以应对这些风险,并获取充分、适当的审计证据,作为发表审计意见的基础。由于舞弊可能涉及串通、伪造、故意遗漏、虚假陈述或凌驾于内部控制之上,未能发现由于舞弊导致的重大错报的风险高于未能发现由于错误导致的重大错报的风险。

(二)了解与审计相关的内部控制,以设计恰当的审计程序。

(三)评价管理层选用会计政策的恰当性和作出会计估计及相关披露的合理性。

(四)对管理层使用持续经营假设的恰当性得出结论。同时,根据获取的审计证据,就可能导致对贵公司持续经营能力产生重大疑虑的事项或情况是否存在重大不确定性得出结论。如果我们得出结论认为存在重大不确定性,审计准则要求我们在审计报告中提请报表使用者注意财务报表中的相关披露;如果披露不充分,我们应当发表非无保留意见。我们的结论基于截至审计报告日可获得的信息。然而,未来的事项或情况可能导致贵公司不能持续经营。

(五)评价财务报表的总体列报、结构和内容(包括披露),并评价财务报表是否公允反映相关交易和事项。

我们与治理层就计划的审计范围、时间安排和重大审计发现等事项进行沟通,包括沟通我们在审计中识别出的值得关注的内部控制缺陷。

 中国注册会计师:袁报湘(项目合伙人)

中国注册会计师:崔伟英

中国·北京 二〇二二年四月十八日

5.1.2 资产负债表

资产负债表

编制单位:中泰信托有限责任公司 2021年12月31日 单位:万元

项目	期末余额	上期期末余额	项目	期末余额	上期期末余额
资产:			负债:		
现金	5.33	5.19	拆入资金	—	—
银行存款	10 888.85	9 498.07	交易性金融负债		
其他货币资金	872.14	3 300.41	衍生金融负债		
拆出资金	—	—	卖出回购金融资产款		
交易性金融资产	191 230.43	141 095.84	应付手续费及佣金	—	—
衍生金融资产	—	—	应付职工薪酬	7 280.92	9 185.56
买入返售金融资产	—	—	应交税费	2 185.42	2 962.14
应收手续费及佣金			应付利息		

续表

项目	期末余额	上期期末余额	项目	期末余额	上期期末余额
应收利息	430.73	367.69	应付股利	470.63	470.63
应收股利	5 494.50	25 542.00	其他应付款	501.47	719.71
其他应收款	6 838.71	17 582.43	预计负债	—	—
合同资产	—	—	租赁负债	1 959.19	—
抵债资产	8 418.00	—	递延收益	—	—
发放贷款和垫款	—	—	递延所得税负债	5 652.57	7 498.99
债权投资	30 950.66	—	其他负债	—	—
其他债权投资	—	—	负债合计	18 050.20	20 837.02
可供出售金融资产	—	56 495.29	所有者权益：		
持有至到期投资	—	7 767.58	实收资本	51 660.00	51 660.00
长期股权投资	224 196.41	215 658.27	资本公积	3 367.40	3 367.40
投资性房地产	—	—	减：库存股	—	—
固定资产	1 199.85	1 322.65	其他综合收益	-692.04	16 517.76
无形资产	461.85	631.91	盈余公积	27 584.18	27 584.18
使用权资产	1 856.41	—	一般风险准备	8 910.08	7 636.82
商誉	—	—	信托赔偿准备金	10 332.00	10 332.00
长期待摊费用	971.34	907.85	未分配利润	379 182.09	355 121.48
递延所得税资产	14 578.70	12 881.48	外币报表折算差额	—	—
其他资产	—	—	所有者权益合计	480 343.72	472 219.65
资产总计	498 393.92	493 056.66	负债和所有者权益总计	498 393.92	493 056.66

法定代表人：吴庆斌　　　　主管会计工作负责人：吴庆斌　　　　会计机构负责人：隋新

5.1.3 利润表

利润表

编制单位：中泰信托有限责任公司　　2021年度　　单位：万元

项目	本期金额	上期金额
一、营业收入	18 244.12	35 401.64
利息净收入	260.82	419.94
利息收入	369.29	419.94
利息支出	108.47	—
手续费及佣金净收入	6 659.75	7 187.97
手续费及佣金收入	6 661.38	7 189.37
手续费及佣金支出	1.64	1.40
投资收益（损失以"-"号填列）	17 286.56	21 712.60
其中：对联营企业和合营企业的投资收益	14 599.37	15 677.17
公允价值变动收益（损失以"-"号填列）	-7 385.65	3 190.14
汇兑收益（损失以"-"号填列）	—	—
其他业务收入	1 422.64	2 891.00
资产处置收益	—	—
其他收益	—	—
二、营业支出	18 869.21	13 672.47
税金及附加	74.51	70.13
业务及管理费	6 102.11	9 360.13
信用减值损失	12 130.25	—
资产减值损失	—	2 761.03
其他业务成本	562.33	1 481.18
三、营业利润（亏损以"-"号填列）	-625.08	21 729.17
加：营业外收入	6 825.66	1 737.39

续表

项目	本期金额	上期金额
减：营业外支出	150.00	51.18
四、利润总额（亏损总额以"-"号填列）	6 050.58	23 415.38
减：所得税费用	-2 584.73	1 816.27
五、净利润（净亏损以"-"号填列）	8 635.31	21 599.11
其中：持续经营净利润	8 635.31	21 599.11
终止经营净利润	—	—
六、其他综合收益的税后净额	-511.24	-4 632.46
（一）以后不能重分类进损益的其他综合收益	—	—
1.重新计量设定受益计划净负债净资产的变动	—	—
2.权益法下在被投资单位不能重分类进损益的其他综合收益中享有的份额	—	—
（二）以后将重分类进损益的其他综合收益	-511.24	-4 632.46
1.权益法下在被投资单位以后将重分类进损益的其他综合收益中享有的份额	-511.24	-299.15
2.可供出售金融资产公允价值变动损益	—	-4 333.31
3.持有至到期投资重分类为可供出售金融资产损益	—	—
4.现金流量套期损益的有效部分	—	—
5.外币财务报表折算差额	—	—
七、综合收益总额	8 124.07	16 966.65

法定代表人：吴庆斌　　　　主管会计工作负责人：吴庆斌　　　　会计机构负责人：隋新

5.1.4 所有者权益变动表

所有者权益变动表

编制单位：中泰信托有限责任公司　　　　　　2021年度　　　　　　单位：万元

项目	本期发生额									
	实收资本	资本公积	减：库存股	其他综合收益	专项储备	盈余公积	一般风险准备	信托赔偿准备	未分配利润	所有者权益合计
一、上年期末余额	51 660.00	3 367.40	—	16 517.76	—	27 584.18	7 636.82	10 332.00	355 121.48	472 219.65
加：会计政策变更	—	—	—	-16 698.57	—	—	—	—	16 698.57	—
前期差错更正	—	—	—	—	—	—	—	—	—	—
其他	—	—	—	—	—	—	—	—	—	—
二、本年期初余额	51 660.00	3 367.40	—	-180.80	—	27 584.18	7 636.82	10 332.00	371 820.05	472 219.65
三、本期增减变动金额（减少以"-"号填列）	—	—	—	-511.24	—	—	1 273.26	—	7 362.04	8 124.07
（一）综合收益总额	—	—	—	-511.24	—	—	—	—	8 635.31	8 124.07
（二）所有者投入和减少资本	—	—	—	—	—	—	—	—	—	—
1.股东投入的普通股	—	—	—	—	—	—	—	—	—	—
2.其他权益工具持有者投入资本	—	—	—	—	—	—	—	—	—	—
3.股份支付计入所有者权益的金额	—	—	—	—	—	—	—	—	—	—
4.其他	—	—	—	—	—	—	—	—	—	—
（三）利润分配	—	—	—	—	—	—	1 273.26	—	-1 273.26	—
1.提取盈余公积	—	—	—	—	—	—	—	—	—	—
2.提取一般风险准备金	—	—	—	—	—	—	1 273.26	—	-1 273.26	—
3.提取信托赔偿准备金	—	—	—	—	—	—	—	—	—	—
4.对所有者（或股东）的分配	—	—	—	—	—	—	—	—	—	—
5.其他	—	—	—	—	—	—	—	—	—	—
（四）所有者权益内部结转	—	—	—	—	—	—	—	—	—	—
1.资本公积转增资本（或股本）	—	—	—	—	—	—	—	—	—	—
2.盈余公积转增资本（或股本）	—	—	—	—	—	—	—	—	—	—
3.盈余公积弥补亏损	—	—	—	—	—	—	—	—	—	—
4.其他	—	—	—	—	—	—	—	—	—	—
（五）专项储备	—	—	—	—	—	—	—	—	—	—
1.本期提取	—	—	—	—	—	—	—	—	—	—
2.本期使用	—	—	—	—	—	—	—	—	—	—
（六）其他	—	—	—	—	—	—	—	—	—	—
四、本期期末余额	51 660.00	3 367.40	—	-692.04	—	27 584.18	8 910.08	10 332.00	379 182.09	480 343.72

法定代表人：吴庆斌　　　　主管会计工作负责人：吴庆斌　　　　会计机构负责人：隋新

5.2 信托资产

5.2.1 信托项目资产负债汇总表

资产负债汇总表

编制单位：中泰信托有限责任公司　　　　　　2021年度　　　　　　单位：万元

信托资产	期末数	期初数	信托负债和信托收益	期末数	期初数
信托资产：			信托负债：		
货币资金	9 920.81	15 950.56	交易性金融负债	—	—
拆出资金	—	—	衍生金融负债	—	—
存出保证金	—	—	应付受托人报酬	150.67	196
交易性金融资产	113 748.30	125 328.92	应付托管费	2.97	17.29

续表

信托资产	期末数	期初数	信托负债和信托收益	期末数	期初数
衍生金融资产	—	—	应付受益人收益		
买入返售资产	11 800.00	17 800.00	应交税费	93.31	203.9
应收款项	729 815.98	392 103.83	应付销售服务费		
发放贷款	468 829.61	1 205 165.47	其他应付款项	24 811.70	33 429.50
可供出售金融资产	239 397.58	417 625.41	其他负债		
持有至到期投资	29 143.00	43 273.00	信托负债合计	25 058.65	33 846.69
长期应收款	44 032.50	45 000.00			
长期股权投资	209 201.92	292 854.35	信托权益	—	—
投资性房地产			实收信托	1 714 083.95	2 399 826.47
固定资产			资本公积	80 000.00	80 000.00
无形资产	42 500.00	42 500.00	外币报表折算差额		
长期待摊费用			未分配利润	79 247.10	83 928.38
其他资产			信托权益合计	1 873 331.05	2 563 754.85
信托资产总计	1 898 389.70	2 597 601.54	信托负债及信托权益总计	1 898 389.70	2 597 601.54

法定代表人：吴庆斌　　　　　　　　财务负责人：吴庆斌　　　　　　　　会计机构负责人：杨阳

5.2.2　信托项目利润及利润分配汇总表

利润及利润分配汇总表

编制单位：中泰信托有限责任公司　　2021年度　　单位：万元

信托资产	本年数	上年数
一、营业收入	172 072.44	229 096.32
利息收入	70 294.02	104 435.15
投资收益	93 557.44	121 472.73
其中：对联营企业和合营企业的投资收益	—	—
公允价值变动收益（损失以"-"号填列）	—	-231.01
租赁收入	1 508.77	2 899.52
汇兑损益（损失以"-"号填列）		
其他收入	6 712.21	519.93
二、营业支出	16 507.53	28 748.99
营业税金及附加	—	
受托人报酬	7 051.03	7 882.42
托管费	961.94	1 927.80
投资管理费		
销售服务费		
交易费用		
资产减值损失	4 246.04	12 187.01
其他费用	4 248.52	6 751.76
三、信托净利润（净亏损以"-"号填列）	155 564.91	200 347.33
四、其他综合收益		
五、综合收益	155 564.91	200 347.33
加：期初未分配信托利润	83 928.38	81 709.63
六、可供分配的信托利润	239 493.29	282 056.96
减：本期已分配信托利润	160 246.19	198 128.58
七、期末未分配信托利润	79 247.10	83 928.38

法定代表人：吴庆斌　　财务负责人：吴庆斌　　会计机构负责人：杨阳

6. 会计报表附注

6.1　本会计报表无不符合会计核算基本前提的事项

6.2　或有事项说明

本公司对发放的已逾期的贷款提起诉讼，全部已判决并胜诉，公司正积极对相关债权进行追讨。

单位：万元

或有事项项目	期初金额	期末金额
合计	30 716.06	30 716.06

6.3　重要资产转让及其出售的有关说明

报告期内公司无重要资产转让或出售。

6.4　会计报表中重要项目的明细资料

6.4.1　自营资产经营情况

6.4.1.1　信用风险资产情况

中国银行业监督管理委员会自2016年1月起调整了信用风险资产的统计范围，主要为将长期股权投资、交易性金融资产、可供出售金融资产和持有至到期投资等新纳入信用风险资产范围。按信用风险资产五级分类，报告期末，公司不良信用风险资产合计为64 115.34万元，信用风险资产合计为523 566.75万元（其中正常类459 451.41万元、次级类2 942.85万元、可疑类18 745.62万元、损失类42 426.87万元）。公司已足额计提拨备，全面覆盖不良信用风险资产，故上述不良信用风险资产不影响公司资产质量。2021年度，信用风险资产不良率为12.25%。信用风险资产不良率仅反映报告期内公司信用风险资产相关情况。

注：1.不良信用风险资产合计=次级类+可疑类+损失类。
2.信用风险资产合计=正常类+关注类+次级类+可疑类+损失类。
3.信用风险资产不良率=不良信用风险资产合计/信用风险资产合计×100%。

6.4.1.2 资产减值损失准备情况

单位：万元

项目	期初数	本期计提	本期转回	本期核销	期末数
贷款损失准备	30 716.06	—	—	—	30 716.06
一般准备	7 636.82				8 910.08
专项准备	—	—	—	—	—
其他资产减值准备					
以摊余成本计量金融资产的减值准备	8 741.33	7 615.34		6 248.14	10 108.53
其他减值准备	5 155.26	6 684.48			11 839.74
坏账准备	—	—	—	—	—
长期股权投资减值准备					
投资性房地产减值准备					

6.4.1.3 投资业务情况

单位：万元

项目	自营股票	基金	债券	长期股权投资	其他投资	合计
期初数	38 589.00	—		204 930.25	143 836.13	387 355.38
期末数	31 517.50		5 011.50	215 658.27	168 829.72	421 016.99

6.4.1.4 自营长期股权投资情况

企业名称	占被投资企业权益的比例（%）	主要经营活动	投资损益（万元）
大成基金管理有限公司	50.00	公募基金的募集和管理	19 219.97
都邦财产保险股份有限公司	19.07	保险业务	-4 620.60

6.4.1.5 前三名的自营贷款的企业名称、占贷款总额的比例和还款情况等

企业名称	占贷款总额的比例（%）	还款情况
深圳市凯泰隆实业发展有限公司	22.79	逾期
海南金盟发实业有限公司	22.79	逾期
黄山长江徽杭高速公路有限公司	22.79	逾期

6.4.1.6 表外业务情况

单位：万元

表外业务	期初数	期末数
担保业务	—	—
代理业务（委托业务）	—	—
其他		
合计	—	—

6.4.1.7 本公司2021年的收入结构

收入结构	金额（万元）	占比（%）
利息收入	369.29	1.47
手续费及佣金收入	6 661.38	26.46
其中：信托手续费收入	6 661.38	26.46
投资收益	17 286.56	68.65
公允价值变动收益	-7 385.65	-29.33
汇兑损益	—	—
其他业务收入	1 422.64	5.65
资产处置收益		
其他收益		
营业外收入	6 825.66	27.11
合计	25 179.89	100

2021年度本公司信托业务收入为6 661.38万元，均为以手续费及佣金确认的信托业务收入。

6.4.2 披露信托财产管理情况

6.4.2.1 信托资产的期初数、期末数

单位：万元

信托资产	期初数	期末数
集合	645 111.42	509 677.37
单一	1 659 320.87	800 211.06
财产权	293 169.25	588 501.27
合计	2 597 601.54	1 898 389.70

6.4.2.1.1 主动管理型信托业务

单位：万元

主动管理型信托资产	期初数	期末数
证券投资类	0.00	
股权投资类	20 800.04	—
融资类	203 594.39	266 145.18
事务管理类	95 370.09	509 341.88
其他类	363 415.06	—
合计	683 179.58	775 487.06

6.4.2.1.2 被动管理型信托业务

单位：万元

被动管理型信托资产	期初数	期末数
证券投资类	—	984.29
股权投资类	—	—
融资类	140 877.26	18.00
事务管理类	1 773 544.7	1 121 889.25
其他类	—	11.10
合计	1 914 421.96	1 122 902.64

6.4.2.2 2021年度已清算结束的信托项目个数、实收信托合计金额、加权平均实际年化收益率

6.4.2.2.1 2021年度已清算结束的集合类、单一类资金信托项目和财产管理类信托项目个数、实收信托金额、加权平均实际年化收益率

已清算结束信托项目	项目个数（个）	实收信托合计金额（万元）	加权平均实际年化收益率（%）
集合类	3	19 458.20	4.56
单一类	23	766 292.95	6.31
财产管理类	—	—	—

6.4.2.2.2 2021年度已清算结束的主动管理型信托项目个数、实收信托合计金额、加权平均实际年化收益率

已清算结束信托项目	项目个数（个）	实收信托合计金额（万元）	加权平均实际信托报酬率（%）	加权平均实际年化收益率（%）
证券投资类	—	—	—	—
股权投资类	1	20 800.00	0.38	5.95
融资类	2	13 190.00	0.90	3.85
事务管理类	1	6 000.00	—	1.64
其他类	2	19 268.20	3.23	10.51

注："其他类"指除投向证券及股权外的其他投资类业务。

6.4.2.2.3 2021年度已清算结束的被动管理型信托项目个数、实收信托合计金额、加权平均实际年化收益率

已清算结束信托项目	项目个数（个）	实收信托合计金额（万元）	加权平均实际信托报酬率（%）	加权平均实际年化收益率（%）
证券投资类	—	—	—	—
股权投资类	—	—	—	—
融资类	—	—	—	—
事务管理类	19	717 117.95	0.45	6.26
其他类	1	9 375.00	2.05	18.44

6.4.2.3 2021年度新增的集合类、单一类和财产管理类信托项目个数、实收信托合计金额

新增信托项目	项目个数（个）	实收信托合计金额（万元）
集合类	—	—
单一类	13	129 575.00
财产管理类	4	255 799.70
新增合计	17	385 374.70
其中：主动管理型	—	—
被动管理型	17	385 374.70

6.4.2.4 信托业务创新成果和特色业务有关情况

2021年，我司基于业务发展外部环境和自身能力，持续探索业务创新。公司立足受托人本位并回归信托本源，探索创新以受托服务为核心的服务信托，将金融服务与财富管理服务相结合，探索服务信托、家族信托、标品信托等重要方向，在家族信托、慈善信托、标品信托、资产证券化信托、账户管理信托等方面积极开拓，完善产品线设置，深挖客户需求，提升管理能力与多样化协调能力，以专业能力获得客户信任等方面着力，满足客户除财产保值增值外的其他需求，如资产配置、财务咨询、税务咨询、财产分配、慈善捐赠等，增加客户黏性，提升收益水平。

6.4.2.5 报告期内，本公司依法依规审慎履行受托人职责，未发生因本公司自身责任导致信托资产损失的情况

截至2021年12月31日，本公司信托赔偿准备金累计金额为10 332万元，已达注册资本的20%。根据《信托公司管理办法》第四十九条，信托赔偿金累计金额达到公司注册资本的20%时，可不再提取。因未发生管理失职的情况，本年度未使用信托赔偿准备金。公司按照银保监会的有关规定管理信托赔偿准备金。

6.5 关联方关系及其交易的披露

6.5.1 关联交易方的数量、关联交易的总金额及关联交易的定价政策等

项目	关联交易方数量	关联交易金额	定价政策
合计	6	17 233.30	按照市场公允价格确定

注：1."关联交易"定义以《公司法》和《企业会计准则第36号——关联方披露》有关规定为准。具体定价政策：首先，按照市场公允价格确定；如果缺乏市场公允价格的，比照相关类似业务或资产的市价确定；如果上述两种价格都不存在，则按照中介机构出具的评估价确定。

2.关联交易除了本年度内大成基金应付股利有新增和前期股利收回外，其余均为历史形成。

6.5.2 关联交易方与本公司的关系性质、关联交易方的名称、法定代表人、注册地址、注册资本及主营业务等

关系性质	关联方名称	法人代表	注册地址	注册资本（万元）	主营业务
股东	中国华闻投资控股有限公司	幸宇晖	北京市朝阳区东三环北路38号院1号泰康金融大厦25层2501内5室	120 000	实业投资、机械电子建材销售等
股东	广联（南宁）投资股份有限公司	吴庆斌	南宁市民族大道38-2号18层	13 900	对高新技术产业、金融业、证券、期货业的投资等
股东	上海新黄浦实业集团股份有限公司	赵峥嵘	上海市北京东路668号东楼32层	67 339.6786	房地产经营、旧危房改造，室内外建筑装潢，物业管理，房产咨询，机械设备安装，餐饮业等
受同一股东控制	上海新华闻投资有限公司	幸宇晖	上海市闸北区天目中路383号501室	50 000	实业投资、资产经营及管理等
受同一股东控制	上海嘉庆投资管理有限公司	王磊	上海市浦东新区牡丹路60号A2001室	16 000	实业投资、企业管理咨询等
受同一股东控制	厦门联信投资管理有限公司	许盾	厦门思明区湖滨南路299-309号裙楼201室	500	投资咨询
受同一股东控制	上海久峰投资咨询有限公司	马威	上海市松江区松汇西路1558号A-287	1 000	企业投资咨询、商务咨询、财务管理咨询、企业管理咨询服务
合营企业	大成基金管理有限公司	吴庆斌	深圳市福田区深南大道7088号招商银行大厦32层	20 000	基金募集；基金销售；资产管理及中国证监会许可的其他业务
联营企业	都邦财产保险股份有限公司	郑国如	吉林省吉林市吉丰东路388号	270 000	财产损失保险、责任保险、信用保险和保证保险；短期健康保险和意外伤害保险；上述业务的再保险业务；国家法律、法规允许的保险资金运用业务；经银保监会批准的其他业务

6.5.3 本公司与关联方的重大交易事项

6.5.3.1 固有与关联方交易情况

固有与关联方关联交易 单位：万元

项目	期初数	借方发生额	贷方发生额	期末数
贷款	—	—	—	—
投资	—	—	—	—
租赁	—	—	—	—
担保	—	—	—	—
应收账款	37 435.14	5 550.00	25 800.00	17 185.14
其他	48.16	—	—	48.16
合计	37 483.30	5 550.00	25 800.00	17 233.30

6.5.3.2 信托与关联方交易情况

信托与关联方关联交易 单位：万元

项目	期初数	借方发生额	贷方发生额	期末数
贷款	5 315.50	—	—	5 315.50
投资	5 022.50	—	—	5 022.50
租赁	—	—	—	—
担保	—	—	—	—
应收账款	—	—	—	—
其他	—	—	—	—
合计	10 338.00	—	—	10 338.00

6.5.3.3 信托公司自有资金运用于自己管理的信托项目（固信交易）、信托公司管理的信托项目之间的相互（信信交易）交易金额，包括余额和本报告年度的发生额

6.5.3.3.1 固信交易情况

固有财产与信托财产相互交易 单位：万元

项目	期初数	本期发生额		期末数
		借方发生额	贷方发生额	
合计	20 320.35	—	9 553.44	10 766.91

6.5.3.3.2 信信交易情况

信托资产与信托财产相互交易 单位：万元

项目	期初数	本期发生额	期末数
合计	—	—	—

6.5.4 本公司本期无关联方逾期未偿还本公司资金的情况，且没有为关联方担保发生垫款的事项

6.6 会计制度的披露

6.6.1 固有业务执行的会计制度

本公司固有业务从2008年1月1日起执行财政部发布的《企业会计准则——基本准则》（财政部令第33号发布、财政部令第76号修订）、于2006年2月15日及其后颁布和修订的42项具体会计准则、企业会计准则应用指南、企业会计解释以及其他相关规定（统称企业会计准则）。

本公司固有业务自2021年1月1日起执行。财政部于2017年度修订的《企业会计准则第22号——金融工具确认和计量》《企业会计准则第23号——金融资产转移》《企业会计准则第24号——套期会计》和《企业会计准则第37号——金融工具列报》。财政部于2017年7月5日发布的《企业会计准则第14号——收入（2017年修订）》（财会〔2017〕22号）（以下简称新收入准则）。财政部于2018年12月7日发布的《企业会计准则第21号——租赁（2018年修订）》（财会〔2018〕35号）（以下简称新租赁准则）。

6.6.2 信托业务执行会计制度

本公司信托业务从2010年1月1日起执行财政部2006年2月颁布的《企业会计准则——基本准则》和38项具体会计准则、其后颁布的应用指南、解释以及其他相关规定（统称企业会计准则）。

7. 财务情况说明书

7.1 利润实现和分配情况

7.1.1 利润实现情况

2021年度实现利润总额为6 050.58万元，实现净利润为8 635.31万元。

单位：万元

项目	金额
营业利润	-625.08
利润总额	6 050.58
所得税	-2 584.73
净利润	8 635.31

7.1.2 利润分配情况

单位：万元

项目	金额
本年度净利润	8 635.31
上年未分配利润	355 121.47
本年其他转入	-16 698.57
可供分配的利润	380 455.35
提取法定盈余公积	—
提取法定公益金	—
提取信托赔偿准备金	—
提取一般准备金	1 273.26
可供投资者分配利润	379 182.09
未分配利润	379 182.09

7.2 主要财务指标

指标名称	指标值
资本利润率（%）	1.81
加权年化信托报酬率（%）	0.50
人均净利润（万元）	98.69

注：1. 资本利润率＝净利润/所有者权益平均余额×100%。
2. 加权年化信托报酬率＝（信托项目1的实际年化信托报酬率×信托项目1的实收信托＋信托项目2的实际年化信托报酬率×信托项目2的实收信托＋…信托项目n的实际年化信托报酬率×信托项目n的实收信托）/（信托项目1的实收信托＋信托项目2的实收信托＋…信托项目n的实收信托）。
3. 人均净利润＝净利润/平均人数。
4. 平均值采取年初、年末余额简单平均法，公式为：a（平均）＝（年初数＋年末数）/2。

7.3 对本公司财务状况、经营成果有重大影响的其他事项

无。

8. 特别事项简要揭示

8.1 报告期内本公司股东未发生变动

8.2 董事、监事及高级管理人员变动情况及原因

报告期内，公司董事会成员、监事会成员未发生变动。

2022年2月，经公司董事会会议决定，并经上海银保监局核准，杨红女士就任公司副总裁。

8.3 报告期内本公司变更了公司住所

2021年3月，经公司股东会审议通过，并经上海银保监局核准，公司住所由原"上海市黄浦区中华路1600号17楼、18楼"变更至"上海市黄浦区北京东路666号F区（西座）32层和33层"。我司已换领新的金融许可证、营业执照并完成公司章程变更及工商备案手续。

8.4 公司的重大诉讼事项

8.4.1 信托项下诉讼

8.4.1.1 重大未决诉讼

2020年，公司"中泰·弘泰21号集合资金信托计划"交易对手未按合同约定还款。公司于2020年5月向上海金融法院起诉遵义和平投资建设有限责任公司、贵州苟江经济开发区管理委员会、遵义苟江投资建设有限责任公司、遵义市播州区城市建设投资经营（集团）有限公司，并请求法院进行财产保全。上海金融法院已受理此

案，截至目前，尚未开庭审理。

8.4.1.2 以前年度发生，于本报告年度内终结的诉讼事项

2019年，公司"中泰·弘泰11号集合资金信托计划"交易对手未按合同约定还款。公司于2020年2月向上海金融法院起诉都匀经济开发区管理委员会，并请求法院进行财产保全。2021年3月12日，上海金融法院已开庭审理本案，并于6月9日作出一审判决，判决我司胜诉。都匀经济开发区管理委员会于2021年6月上诉至上海市高级人民法院，因未交诉讼费，上海高院于8月16日裁定驳回上诉，一审判决书已生效。

8.4.1.3 本报告年度发生，于本报告年度内终结的诉讼事项

公司"中泰·贵州遵义播州国投融资租赁集合资金信托计划"因融资出现违约情形，公司于2021年2月向上海金融法院起诉遵义市播州区城市建设投资经营（集团）有限公司、遵义市播州区国有资产投资经营（集团）有限责任公司，要求被告向我司承担还款义务，并申请了财产保全。2021年12月30日，上海金融法院判决被告应当向我司履行支付融资租赁本金、租金、违约金义务。

8.4.2 固有项下诉讼

2018年，财富证券有限责任公司因争议向湖南高院对公司提起诉讼并申请财产保全。后最高人民法院作出终审判决，驳回其诉讼请求，并判决两审的案件受理费由其承担。我司于2020年3月就财富证券恶意起诉我司并保全我司财产、对我司财产造成损失一案，向湖南高院提起诉讼，要求财富证券赔偿我司在财产保全中所遭受的全部损失。2021年，湖南高院将该案移送至长沙中院审理，长沙中院于2021年7月29日开庭审理，并于12月15日出具判决书，我已向湖南高院提起上诉。

2021年9月，上海新华闻投资有限公司因股东资格确认纠纷向上海金融法院起诉我司并以首都机场集团有限公司作为第三人，要求判令我司9.99%股权及投资权益为原告所有，并要求我司配合办理股权变更登记。上海金融法院已于2022年1月24日开庭审理此案，截至目前，尚未出具判决。

8.5 公司及其董事、监事和高级管理人员在报告期内受处罚情况

报告期内，我司董事、监事和高级管理人员未受处罚。

报告期内，中国银行保险监督管理委员会上海监管局向我司出具行政处罚决定书，责令改正并处罚款150万元。公司已据此落实相关事项并通过制定制度、完善机制等手段完成整改。

8.6 银保监会及其派出机构对公司检查整改意见落实情况

2021年11月，公司收到上海银保监局下发的《现场检查意见书》，对公司股东阳光化等15个问题提出了意见，公司收到后立即上报董事会，并认真制订了整改计划，目前已部分完成整改。后续，公司将严格落实监管要求，积极推进整改进度。对于监管部门关注的阳光化工作，我司一直高度重视，持续积极敦促公司股东等方面按时落实监管要求，后续将继续按要求推进公司股东阳光化工作。

8.7 本年度公司重大事项临时报告

公司于2021年3月9日分别在《上海证券报》和《金融时报》发布《关于住所变更的公告》，于2021年3月25日分别在《上海证券报》和《金融时报》发布《关于公司章程变更的公告》。

8.8 报告期内，公司未发生中国银保监会及其省级派出机构认定的其他有必要让客户及相关利益人了解的重要信息

9.监事会意见

公司监事会认为：报告期内，公司决策程序合法，内部控制实施符合监管要求，公司董事、高级管理人员履职行为过程中未见违法违纪或有损公司及股东利益的行为。

中审亚太会计师事务所（特殊普通合伙）为公司2021年度财务报告出具了标准无保留意见的审计报告。监事会认为该财务报告真实反映公司的财务状况和经营成果。

中铁信托有限责任公司

1. 重要提示

1.1 本公司董事会及董事保证本报告所载资料不存在任何虚假记载、误导性陈述或者重大遗漏,并对其内容的真实性、准确性和完整性承担个别及连带责任。本年度报告摘要摘自年度报告全文,客户及相关利益人欲了解详细内容,应阅读年度报告全文。

1.2 本公司董事会和股东会等议事决策主体对本年度报告进行了审议。

1.3 本公司独立董事张晓玫女士、陈永生先生、龙宗智先生声明:保证年度报告内容的真实性、准确性和完整性。

1.4 普华永道中天会计师事务所(特殊普通合伙)根据中国注册会计师独立审计准则对本公司年度财务报告进行审计,出具了标准无保留意见的审计报告。

1.5 本公司董事长马永红先生、总经理陈赤先生、财务负责人李正斌先生和会计机构负责人(会计主管人员)马笑薇女士声明:保证年度报告中财务报告的真实、完整。

2. 公司概况

2.1 公司简介

2.1.1 公司法定中文名称:中铁信托有限责任公司
中文名称缩写:中铁信托
公司法定英文名称:CHINA RAILWAY TRUST CO., LTD.
英文名称缩写:CRTC

2.1.2 法定代表人:马永红

2.1.3 经营范围:资金信托;动产信托;不动产信托;有价证券信托;其他财产或财产权信托;作为投资基金或者基金管理公司的发起人从事投资基金业务;经营企业资产的重组、购并及项目融资、公司理财、财务顾问等业务;受托经营国务院有关部门批准的证券承销业务等

2.1.4 注册地址:成都市武侯区航空路1号国航世纪中心B座20层、21层、22层

2.1.5 邮政编码:610041

2.1.6 公司国际互联网网址:www.crtrust.com

2.1.7 电子信箱:crtc@crtrust.com

2.1.8 公司负责信息披露事务的高级管理人员:丁宁
联系人:白华祥
电话/传真:028-82570966
电子信箱:baihuaxiang@crtrust.com

2.1.9 客服和投诉电话:4008-085-085

2.1.10 公司选定的信息披露报纸:《上海证券报》《证券时报》

2.1.11 公司年度报告备置地点:成都市航空路1号国航世纪中心B座25楼

2.1.12 公司聘请的会计师事务所名称:普华永道中天会计师事务所(特殊普通合伙)
住所:中国(上海)自由贸易试验区陆家嘴环路1318号星展银行大厦507单元01室

2.1.13 公司聘请的律师事务所名称:泰和泰律师事务所
住所:成都市高新区天府大道中段199号棕榈泉国际中心16楼、17楼

2.2 组织结构

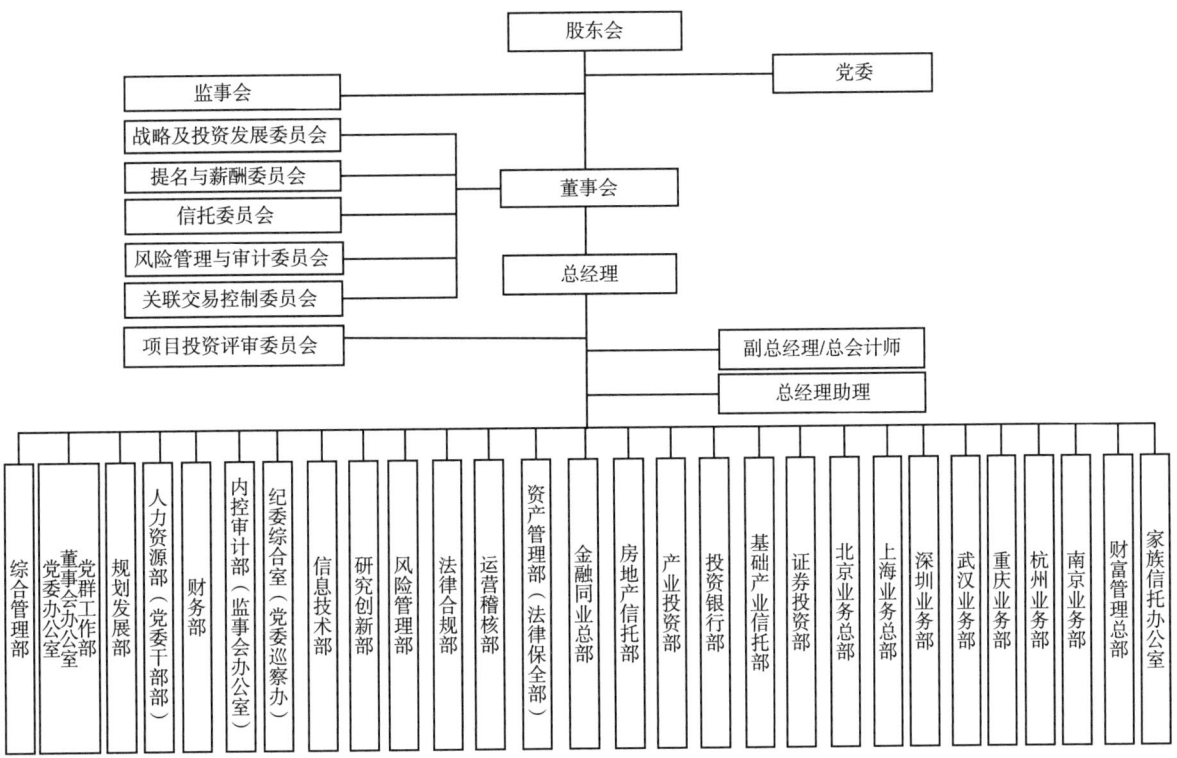

3.公司治理结构

3.1 股东

3.1.1 报告期末股东总数为16家，出资比例15%以上的股东情况

股东名称	出资比例（%）	法人代表
中国中铁股份有限公司	78.91	陈云

3.1.2 公司第一大股东的主要股东情况

公司第一大股东名称	第一大股东的主要股东	出资比例（%）	法人代表
中国中铁股份有限公司	中国铁路工程集团有限公司	47.21	陈云

3.2 董事

2021年，公司启动董事会换届工作。公司二届四次职代会联席会议2021年第1次会议选举解义才、舒军华为公司第六届董事会职工董事；公司股东会2021年第7次（临时）会议选举马永红、余赞、陈赤、余力担任公司第六届董事会董事，选举张晓玫、王柏林、鲍恩斯担任公司第六届董事会独立董事；公司第六届董事会拟任成员为：马永红、余赞、陈赤、余力、张晓玫、王柏林、鲍恩斯、解义才、舒军华。截至2021年末，新拟任董事余力、张晓玫、王柏林、鲍恩斯、舒军华的任职资格正在中国银保监会四川监管局核准过程中。

3.2.1 董事会成员

姓名	职务	性别	年龄	选任日期	所推举的股东名称	该股东持股比例（%）	简要履历
马永红	董事长	男	55	2018年1月	中国中铁股份有限公司	78.91	历任中华人民共和国铁道部第三工程局处长，中铁三局集团有限公司董事、副总会计师、总会计师、总法律顾问，中铁置业集团有限公司董事、财务总监、副总经理，中铁信托有限责任公司党委书记、纪委书记、监事长。现任中铁信托有限责任公司董事长、中国中铁股份有限公司财务与金融管理部部长
余赞	董事	男	48	2021年11月	中国中铁股份有限公司	78.91	历任中国铁路工程总公司财务处机关财务科副科长、财务分部经理、团委副书记，中铁工程香港公司会计机构负责人、副总经理、财务总监，中国中铁股份有限公司董事会办公室副主任，中铁隧道集团公司总会计师、董事、总法律顾问，中铁高新工业股份有限公司副总经理、董事会秘书、总法律顾问、工会主席、党委副书记。现任中铁信托有限责任公司党委书记、董事

续表

姓名	职务	性别	年龄	选任日期	所推举的股东名称	该股东持股比例（%）	简要履历
陈赤	董事	男	55	2018年12月	中国中铁股份有限公司	78.91	历任西南财经大学政治经济学教研室副主任，四川省信托投资公司峨眉山办事处总经理助理，衡平信托有限责任公司总经理助理，中铁信托有限责任公司副总经理、董事会秘书。现任中铁信托有限责任公司党委副书记、总经理、董事
解义才	职工董事	男	52	2021年6月	—	—	历任中铁二局股份有限公司财务部副部长、证券部部长，中铁二局集团有限公司财务部部长、副总会计师，中铁信托有限责任公司董事、职工董事、总会计师、副总经理、监事长、纪委书记、党委副书记。现任中铁信托有限责任公司党委副书记、副总经理、工会主席、职工董事

3.2.2 独立董事

姓名	所在单位及职务	性别	年龄（岁）	选任日期	所推举的股东名称	该股东持股比例（%）	简要履历
周国华	西南交通大学教授	男	55	2018年1月	—	—	历任西南交通大学经济管理学院院长助理、副院长。现任西南交通大学企业与项目管理研究所所长，中国高铁国际化发展协同创新中心（四川省2011计划）执行主任，教授、博士生导师，中铁信托有限责任公司独立董事、董事会提名与薪酬委员会主任委员
陈永生	西南财经大学教授	男	58	2018年1月	—	—	历任西南财经大学经济研究所助理研究员、副研究员，西南财经大学金融学院副教授、教授。现任西南财经大学金融学院教授，中铁信托有限责任公司独立董事、董事会信托委员会主任委员
龙宗智	四川大学教授	男	67	2018年1月	—	—	历任解放军38师班长、排长、原成都军区直属军事检察院检察员、副检察长、检察长，原成都军区检察院副检察长，四川大学法学院教授，西南政法大学校长，重庆市人大内司委副主任。现任四川大学法学院教授、博士生导师，中铁信托有限责任公司独立董事、董事会风险管理与审计委员会主任委员及关联交易控制委员会主任委员

3.3 监事

2021年，公司启动监事会换届工作。公司二届四次职代会联席会议2021年第1次会议选举魏红霞为公司第六届监事会职工监事；公司股东会2021年第7次（临时）会议选举黄仕为公司第六届监事会股东监事、李强为公司第六届监事会外部监事；公司第六届监事会成员为：魏红霞、黄仕、李强；2022年1月6日，公司第六届监事会第一次会议选举魏红霞为公司第六届监事会主席。

姓名	职务	性别	年龄（岁）	选任日期	所推举的股东名称	该股东持股比例（%）	简要履历
魏红霞	监事会主席	女	53	2022年1月，任期至第六届监事会届满	—	—	历任四川省化工行办综合处副处长、处长、机关党委副书记、纪委书记，四川省国资委人事处副处长、处长、群工处负责人、企业团工委书记，四川省国资委办公室（党委办公室）主任，四川省政府国有企业监事会主席，四川省国资委二级巡视员，四川旅游投资集团公司副总经理。现任中铁信托有限责任公司纪委书记、监事会主席
黄仕	监事	男	50	2021年12月，任期至第六届监事会届满	攀钢集团成都钢铁有限责任公司	0.83	历任攀钢公司棒材厂财务科副科长、财务部成本科副科长，攀钢集团成都钢钒有限公司财务部主任工程师，攀成钢公司计划财务部部长（主持工作），攀成钢财务部副部长（主持工作），攀成钢计划财务部部长，攀成钢财务部副部长，攀成钢（攀成钢铁）财务部部长。现任攀钢综合部部长（攀成钢铁财务部部长）
李强	监事	男	41	2021年12月，任期至第六届监事会届满	—	—	历任电子科技大学经济与管理学院经济学与金融系系主任、学院学科建设委员会下设办公室副主任。现任电子科技大学教授、博士生导师

3.4 高级管理人员

姓名	职务	性别	年龄（岁）	选任日期	金融从业年限（年）	学历	专业
陈赤	总经理	男	55	2018年12月	23	博士	金融学
王兴	副总经理	男	53	2013年12月	23	博士	会计学
舒军华	副总经理	男	48	2014年4月	17	硕士	管理学
严震	副总经理	男	45	2019年1月	20	硕士	金融学

续表

姓名	职务	性别	年龄（岁）	选任日期	金融从业年限（年）	学历	专业
王云飞	副总经理	男	41	2021年3月	15	硕士	管理学
解义才	副总经理	男	52	2021年6月	16	硕士	会计学
李正斌	总会计师	男	48	2017年7月	12	本科	会计学
李京	总经理助理	男	51	2020年7月	13	硕士	管理学

3.5 公司员工

学历分布	人数（人）	比例（%）
博士	8	2.75
硕士	135	46.39
本科	135	46.39
专科	9	3.09
其他	4	1.38

4. 经营管理

4.1 经营目标、企业品格、战略规划

4.1.1 经营目标

公司坚持以新发展理念为引领，以国家宏观调控和监管政策为导向，牢牢把握"稳中求进、推进高质量发展"工作总基调，紧紧围绕"保增长、促转型、控风险"三条经营主线，全力提高资本市场业务占比、扩大产融结合业务范围，大力打造"资产管理+信托融资"双主业和"服务信托+投资银行"双辅业，升级信托业务的基本模式，实现从卖方业务"刚性兑付"的信用中介，全面转向买方业务"卖者尽责、买者自负"的资产管理和财富管理机构，用改革突破发展障碍，用转型拓展发展空间，奋力谱写企业转型发展新篇章。

4.1.2 企业品格

公司所秉承的企业品格是：允执其中、守信如铁。

4.1.3 战略规划

"十四五"期间，公司的战略规划是：全面加强党的领导和党的建设，坚持"稳中求进、追求高质量发展"的工作总基调，通过实施"资产管理+信托融资"双主业和"服务信托+投资银行"双辅业，打造综合金融服务的集成平台、创新升级的孵化平台、高效有力的管控平台，抓好公司治理体系、治理能力和品牌文化建设，统筹补短板、促改革、调结构，稳步推进业务创新转型，打造行业内独具中国中铁特色的竞争优势，努力把中铁信托建设成为行业一流的现代综合金融服务企业，充分保障客户权益、股东价值和员工利益。

4.2 所经营业务主要内容

公司业务分为自营业务和信托业务。

4.2.1 自营业务

主要包括自营贷款、自营证券、金融产品投资等。

自营资产运用与分布表

资产运用	金额（万元）	占比（%）	资产分布	金额（万元）	占比（%）
货币资产	345 314	22.36	基础产业	—	—
贷款及应收款	320 943	20.78	房地产业	—	—
交易性金融资产	139 124	9.01	证券市场	97 130	6.29
其他非流动金融资产	449 755	29.13	实业	—	—
长期股权投资	180 589	11.69	金融机构	496 926	32.18
递延所得税资产	76 977	4.99	其他	950 185	61.53
其他	31 539	2.04	—	—	—
资产总计	1 544 241	100.00	资产总计	1 544 241	100.00

4.2.2 信托业务

信托业务是本公司的主营业务和主要收入来源，主要包括集合资金信托、单一资金信托、财产信托等。

信托资产运用与分布表

资产运用	金额（万元）	占比（%）	资产分布	金额（万元）	占比（%）
贷款	5 687 929	22.91	基础产业	1 328 441	5.35
交易性金融资产	33 914	0.14	房地产	4 920 357	19.82
可供出售金融资产及持有至到期投资	6 313 163	25.42	证券市场（股票）	—	—
长期股权投资	5 328 561	21.46	证券市场（债券）	841 933	3.39
租赁	—	—	证券市场（基金）	23 828	0.10
买入返售	—	—	金融机构	2 067 533	8.33
存放同业	201 134	0.81	工商企业	7 028 894	28.31
其他	7 265 867	29.26	其他	8 619 580	34.71
信托资产合计	24 830 568	100.00	信托资产合计	24 830 568	100.00

4.3 市场分析

4.3.1 外部环境机遇和挑战并存

国际环境方面，海外新冠肺炎疫情愈演愈烈，由于冬季低温、奥密克戎变异病毒等因素影响，新增确诊不

断创出新高。首先，疫情对贸易往来的影响方面，由于海外疫情再度恶化、多国升级封锁措施，欧美交通拥堵指数普遍下降。其中，欧洲拥堵指数延续回落，美国虽逆势回升但仍不及疫情前水平。其次，疫情对人员活动的影响方面，美国人员活动明显改善，欧洲有所分化，日本稳中有升，韩国在正常水平之上。最后，疫情对政策调控的影响方面，虽然美国目前就业状况已基本满足加息的条件，但疫情的不确定性仍会对美联储加息形成制约，且当前美国通胀水平实际上和"大滞胀"时期基本相当，仅靠一到两次加息很难真正改变现状。

国内环境方面，2021年我国名义GDP首次突破110万亿元。从结构看，工业生产高位回落，地产先升后降，出口保持强势，制造业稳步复苏，消费基建维持低迷，其中工业和地产是经济波动的主因。从节奏看，经济三驾马车的两年平均累计增速相对平稳，但2021年下半年经济运行超预期下行。微观层面，一是房地产调控政策适度调整，支持合理住房需求和房企的正常开发、并购等融资需求，加快长租房市场和保障房市场发展建设。二是能耗"双控"政策调整，防止运动式"减碳"。三是强化就业优先导向，提高经济增长的就业带动力。总的说来，中国的经济转型之路并不因疫情而停顿，贯彻"五位一体"发展道路和高质量发展是持续的追求。

4.3.2 信托行业发展面临转型

制度层面，资管新规过渡期即将结束，推动信托行业回归本源。2021年是资管新规过渡期最后一年，信托行业面临提升打破刚兑与净值化之后的资金募集能力，寻求非标监管政策收紧与市场需求萎缩下新的利润增长点等诸多考验。此外，2021年信托行业加速出清，风险项目规模和数量持续上升，在金融监管高压和房地产债务风险蔓延下，信托公司首当其冲受到冲击，纷纷遭遇"地产劫"，行业转型已进入"深水区"。

监管层面，在去通道、严监管背景下，信托行业资金投向结构持续优化。2017年以来"两压一降"工作持续开展，2021年的主要目标包括融资类信托规模必须继续压降约20%的比例，违规金融同业通道清零；房地产规模不超过2020年末等。2021年10月，《中国银保监会办公厅关于整顿信托公司异地部门有关事项的通知（征求意见稿）》下发，意在通过强化信托公司组织机构设立监管的方式，限制信托公司粗放式发展，提升风险防控能力。在严守风险底线的基础上，监管部门督导信托公司立足受托人定位，通过弘扬履职尽责、灵活创新的信托文化，激活全社会对信托本源业务的市场需求。

业务层面，信托公司在有序压降通道及融资类业务规模的同时，也在主动谋求转型。首先，积极开展证券投资信托业务，向投资类信托转型，并回归"受人之托、代人理财"的受托人定位，更好地回应监管导向与市场需求，逐步解决融资类业务潜在的"刚性兑付"问题。其次，大力发展资产证券化，提高业务价值，并有效盘活存量资产、降低融资成本、拉长融资期限，从而在经济内循环中起到积极的促进作用。最后，拓展财富管理业务，加快从"以产品为中心"向"以客户为中心"的转变，借助其牌照上的优势与完善的产品矩阵，优化资产配置并强化投研能力，实现收益回报率的不断提升。

4.4 内部控制概况

4.4.1 内部控制环境和内部控制文化

公司按照银保监会"内控合规管理建设年"活动的总体要求和工作部署，结合国资委开展"风险内控法律合规"四个一体化体系建设的相关规定，在组织架构上构建了层次清晰、覆盖完整的风险管理和内部控制体系。通过建立和完善组织架构、发展战略、授权体系、人力资源、企业文化、社会责任、内部规章及监督评价体系，形成了研究、决策、执行、监督相互制衡的风险控制机制，并通过事前、事中、事后控制结合，进行综合防范，营造了合规、完整、有序的内控环境。

在公司治理方面，公司建立了规范的治理结构。股东会、董事会、监事会、经理层"三会一层"分工明确并相互制衡、各司其职、规范运作。公司董事会下设战略及投资发展委员会、信托委员会、风险管理与审计委员会、提名与薪酬委员会、关联交易控制委员会，通过中铁信托有限责任公司章程、《董事会议事规则》《监事会议事规则》《总经理工作规则》等规章制度规范董事会运作。各治理主体议事规则完备，职责规定明确，并根据发展情况及时修订，为公司法人治理结构的规范运行提供了制度保证。

在授权管理方面，公司建立了完善的授权管理体系。制定出台了《董事会向经理层授权管理办法》《股东会、董事会决议执行跟踪检查与评价办法》，明确了总经理对董事会负责、向董事会报告的工作机制。经理层实行总经理负责制，在董事会授权范围内，对日常业务进行风险管理和控制。通过授权管理，形成了一套由公司分级授权的逐级审查、分级审批的分工明确和权力相互制衡的授权体系。

在监管要求落地方面,公司协调组织各部门对最新监管政策文件予以执行、反馈,结合业务发展情况,制定标准化规范、指引,进一步提升内控管理水平,优化内部控制管理能力;在完善内控建设的同时,公司三道防线充分发挥内部控制监督职责,对内部控制的有效性进行监督、检查,并有效组织开展内控评价工作,对监、检、评中发现的内部控制问题,按照内部控制管理工作程序进行报告、整改、完善;为进一步加强完善内部控制工作,有效规划内控体系的发展,公司指定专门部门对现有内部控制管理体系与管理制度进行梳理、规划,牵头各部门逐步开展内控建设与完善,将监管现场检查及日常检查、公司接受巡视审计以及内部巡察发现的问题,纳入风险点识别,并采取相应针对性措施,形成有效控制及长效机制,确保内控体系的持续更新完善。

在文化建设方面,公司将品牌建设融入信托文化建设中,打造"允执其中,守信如铁"的企业品牌,体现"受托人尽职履责"的信托文化内涵;公司积极倡导和推进合规风控文化建设,持续实施多层次的合规宣导、培训,开展廉洁从业教育活动,提高员工的合规意识,培育全员参与的合规风控文化。

4.4.2 内部控制措施

公司高度重视内控体系建设工作,认真对标行业先进企业内控管理工作开展情况及企业实际,全面梳理公司内控体系建设。一是加强组织领导,成立内控体系建设领导小组,统筹推进内控管理工作。二是强化资源配置,层层落实内控管理职责。公司指定专门部门具体负责内控体系健全及过程管控的牵头工作,同时对公司内各部门的内控管理职责进行明确和落实。三是充分借助外脑,有效提升内控管理效能。通过聘请外部专业咨询机构等方式,对公司内控体系建设进行全面梳理。四是建立完善规章制度,督促内控管理有效落实。五是紧密结合实际,坚持内控管理服务企业发展。

4.4.3 监督评价与纠正

公司构建了多层次、多渠道、共同监督的内部控制有效性督查体系。

监事会依法履行监督职责,并就监督过程中发现的公司治理及经营管理中需要关注的问题,及时与董事会和经理层沟通。董事会及其风险管理与审计委员会不定期召开会议,积极发挥专业作用,有效确保内控监督的落地执行。经理层高度重视内部控制以及各职能部门和监管机构的报告及建议,对于发现的问题采取措施及时纠正,控制运行中产生的偏差,不断提高公司内部控制管理水平。运营稽核部和内控审计部负责对公司日常经营行为进行过程稽核和审计监督。纪委发挥监督保障作用,加强对职能部门履职的再监督,构建企业内部大监督格局,形成监督合力,提升监督效能。

4.5 风险管理

4.5.1 风险管理概况

经营活动中面临信用风险、市场风险、操作风险、政策法律风险、道德风险等类型的风险,为此公司依据《信托法》《信托公司管理办法》等法律法规构建风控体系。公司风险管理组织结构及其职责如下:

董事会对股东会负责,根据股东会和公司章程授予的职权,依法行使决策权。

董事会信托委员会的主要职责如下。一是负责督促公司依法履行受托职责,对公司信托业务运行情况进行评估,当公司或股东利益与受益人利益发生冲突时,研究提出维护受益人最大利益的具体措施。二是研究信托行业的发展趋势及运行规律,对公司信托业务的发展方向和专项规划进行研究并提出建议。三是对中国银保监会或其派出机构检查公司信托业务后要求董事会组织整改的问题进行研究并提出建议等。四是初审需董事会审议的信托项目,委员会认为有必要到现场的,经理层应给予配合。五是指导有关部门开展信托创新活动。六是如有必要,可以聘请外部专家或中介机构为其提供专业咨询服务。七是监管机构要求履行的职责。八是董事会授予的其他职权。

董事会风险管理与审计委员会的主要职责如下。一是监督高级管理层关于信用风险、流动性风险、市场风险、操作风险、合规风险和声誉风险等风险的控制情况,对公司风险政策、管理状况及风险承受能力进行定期评估,提出完善风险管理和内部控制的意见。二是检查公司风险及合规状况、会计政策、财务报告程序和财务状况。三是负责公司年度审计工作,提出外部审计机构的聘请与更换建议,并就审计后的财务报告信息真实性、准确性、完整性和及时性作出判断性报告,提交董事会审议。四是监管机构要求履行的职责。五是董事会授予的其他职权。

董事会关联交易控制委员会的主要职责如下。一是主要负责关联交易的管理,审查和批准关联交易,控制关联交易风险。二是对公司涉及关联交易的项目、制度等事宜进行初审，向董事会提出建议。三是研究实施其他涉及公司关联交易的重大事宜。四是对董事会审议批准的有关关联交易的各项规划，督促经理层及相关部门予以认真实施，定期或不定期地检查实施的进度、评价规划实施的效果，并将检查结果与公司高级管理人员年度绩效考核评价相挂钩。五是监管机构要求履行的职责。六是董事会授予的其他职权。

公司经理层在董事会的领导下，执行董事会决议并负责公司的日常经营管理。经理层实行总经理负责制。

投资评审委员会在总经理授权范围内对集合资金信托业务、单一资金信托业务、财产信托业务、自营业务等进行风险评估、可行性评审和操作实施方案的审议，最终形成公司集体审议意见。

风险管理部主要负责固有业务和主动管理类信托业务的信用风险、操作风险及市场风险揭示，负责组织投资评审委员会的召开。

法律合规部主要负责公司资产证券化、慈善信托、服务信托等事务管理类信托业务的中台审查；牵头对接四川银保监局；处理公司日常非经营性法律事务工作；牵头组织公司反洗钱工作。

运营稽核部主要负责信托项目的账户、资金、收入及费用、财务报表、估值、清算分配、会计核算及财务管理；负责主动管理集合项目的后期管理稽核及风险评估、结束稽核；负责销售合规监督、销售价格政策制定、销售资金管理、合同权证及信托受益权管理。

4.5.2 风险状况

4.5.2.1 信用风险状况

信用风险是指交易对手未能履行合同，所带来的经济损失风险。公司所面临的信用风险主要表现为：在信托融资、资产回购、后续资金安排、担保、履约承诺等交易过程中，借款人、担保人、保管人（托管人）等交易对手不履行承诺，不能或不愿履行合约承诺而使信托财产和固有财产遭受潜在损失的可能性。

公司一般准备、专项准备的计提方法和统计方法为：合理估计资产风险程度和可能发生的损失，并按照财政部规定的准备金提取范围对风险资产计提资产损失准备。

公司的抵质押品确认原则如下。一是合法性，即要求抵押物和质押物必须符合国家法律规定，产权或处分权合法清晰，抵押品他项权利登记合法有效。二是保证能力充足性，即公司根据抵押物、质押物的保值能力和变现难易程度对不同抵押、质押物设置不同的抵押率，对于需要估价的抵（质）押财产，必须经过公司认可的资产评估中介机构进行估价，价值认定和评估真实准确。三是可操作性，即要求抵（质）押财产标的明确、易于保管、转让和变现。

公司对保证贷款的管理原则如下。一是保证人资格必须合法有效，对其拥有的财产享有所有权或依法处分权。二是保证人应具备良好的资信状况，有信誉，有充足的还款能力，有良好的还款记录，经营业绩稳定，财务状况良好，具备足够的担保能力。三是担保文件合法有效。四是公司对保证人加强保证的后期管理，对其资信状况和偿债能力及保证合同的履行情况定期进行检查，督促保证人按照保证合同的约定按期提交有关材料并履行各项义务。

4.5.2.2 市场风险状况

市场风险是指公司在信托和自营业务中，因股价、汇率、利率及其他价格因素变动对公司盈利能力和财务状况的影响，其可以分为金融资产价格风险、汇率风险、利率风险等。

4.5.2.2.1 股价变动对公司盈利能力和财务状况的影响分析

2021年，公司在证券二级市场开展的业务量在信托总规模中占比持续维持在较小的比例，因此证券市场的股价变动对公司的盈利和财务状况的影响有限。

4.5.2.2.2 汇率变动对公司盈利能力和财务状况的影响分析

公司目前暂未开展外汇业务，汇率变动不会给公司的盈利和财务状况造成影响。

4.5.2.2.3 利率变动对公司盈利能力和财务状况的影响分析

公司信贷业务的执行利率多数为固定利率，因此利率变动对公司盈利能力和财务状况的直接影响较小。

4.5.2.2.4 其他价格因素变动对公司盈利能力和财务状况的影响分析

公司的主营业务之一是信托业务，主要业务收入来源于信托报酬收入，因而其行业费率的变动（特别是监管政策的变化及同业竞争）对公司的盈利能力和财务状况具有一定影响。

4.5.2.3 操作风险状况

操作风险是指由于不完善或有问题的内部操作过程、人员、系统或外部事件而导致的直接或间接损失的风险，包含了法律风险。

公司持续加强业务操作流程化、标准化和规范化，构建了合规管理体系，在操作层面进一步防范合规性风险；对信托合同及项目合同进行了修改完善，进一步提高合同标准化程度，降低合同风险；梳理优化业务审批流程、用印等流程管控和相关制度，严格业务、反洗钱等各项合规审查。

在政策法律风险管理方面，公司根据国家法律法规和银保监会要求制定公司规章和内控制度，针对监管政策以及信托行业的形势变化，及时调整经营策略，以规范业务行为。

4.5.2.4 其他风险状况

其他风险主要是指公司业务开展中的声誉风险、道德风险等。

声誉风险是指由机构经营、管理及其他行为或外部事件导致利益相关方对机构负面评价的风险。道德风险是指公司员工在获取信息不对称的情况下，采取以自身效用最大化的自私行为，侵占公司和客户的利益，给公司财产和信托财产带来的损失。

4.5.3 风险管理

4.5.3.1 信用风险管理

公司的信用风险控制策略是通过规范对交易对手的尽职调查进行事前控制；通过设定抵质押担保措施、引入风险转移措施、风险定价等手段规避或减少信用风险。公司强调积极实施主动管理类信托业务，将风险管理前移，加大信息化系统建设，强化稽核审计及风险管理，以控制信用风险。

4.5.3.2 市场风险管理

公司市场风险管理的策略如下。一是通过多领域的业务组合来分散风险。业务开展中，在公司较为擅长的业务领域内，逐渐建立较为稳定的固定业务关系客户群，减少因不熟悉行业情况而造成的风险和损失。二是加强对交易对手在其所处行业的市场竞争能力的分析，准确把握资金进入时机，密切跟踪市场，及时调整投资策略和投资组合，密切关注经济运行状况，规避宏观政策调控带来的不良影响。三是根据项目的期限长短以及交易对手的财务状况和资金调剂能力，合理约定信托资金的还款方式、价格、期限及内控措施，避免市场风险带来的信托财产收益的不确定性。

4.5.3.3 操作风险管理

公司操作风险管理的策略如下。一是建立科学的风险内控体系，明确各项业务的操作规程，形成良好的操作风险监测和报告路线。二是持续加强公司治理体系建设，从议事决策机制上严防操作风险。三是积极培育全员风险管理文化，强化全员风险防范意识。四是优化内部风险管控模式，努力建立覆盖全业务、全部门的信息管理系统。

4.5.3.4 其他风险管理

在声誉风险管理方面，从完善内部控制体系、强化声誉风险管理意识、完善制度机制及积极维护传播渠道等入手，加强对声誉风险的识别、预警、监测和控制。

在道德风险管理方面，一是继续强化合法合规经营的理念，建立健全各项规章制度，通过严格的内控体系对员工的行为进行规范。二是完善人事管理制度，建立奖惩制度并严格执行。三是加强思想政治和职业道德教育，增强员工的工作责任心，强化勤勉尽责和敬畏守规意识。四是加强内部稽核和审计监督，对违规违纪员工进行问责处理。

4.6 薪酬管理

4.6.1 薪酬管理架构及决策程序

4.6.1.1 管理架构

根据管理授权，公司董事会批准公司薪酬管理制度、年度薪酬预算，审定公司领导及高级管理人员、所属企业负责人薪酬考核分配方案；公司董事会提名与薪酬委员会审议公司薪酬管理制度和政策，拟定公司领导及高级管理人员、所属企业负责人薪酬考核分配方案，向董事会提出薪酬方案建议，监督公司经理层制定年度绩效薪酬管理考核方案的实施及薪酬水平评估；公司经理层制定薪酬管理的具体管理办法及操作流程，拟定年度薪酬预算，制定员工年度绩效薪酬考核分配方案并组织实施。公司人力资源部是薪酬管理、绩效考核的牵头负责部门，在履行内部决策程序后组织实施。

4.6.1.2 提名与薪酬委员会结构

2021年度，公司董事会提名与薪酬委员会由1名主任委员、2名委员组成，主任委员由外部独立董事担任。

4.6.1.3 决策程序

公司人力资源部按照相关管理制度规定，拟定员工薪酬绩效方案，根据管理权限要求和决策程序规定履行相应审批流程。对涉及公司董事会决策事项，按照议事规则，由公司董事会提名与薪酬委员会对相关事项进行研究讨论，提出建议，提交公司董事会审议通过后执行。

4.6.2 年度薪酬总量、受益人及薪酬结构分布

2021年度,公司员工薪酬总量整体趋稳,与以往年度相比,未进行重大调整,全体从业人员的固定薪酬支出占比为34%,与业绩贡献、岗位目标挂钩考核的可变浮动薪酬支出占比为66%。

4.6.3 薪酬与业绩衡量、风险调整的标准

4.6.3.1 公司领导及高管人员

公司领导及高管人员绩效薪酬考核指标体系包括"合规经营""风险管理""经营效益""发展转型""社会责任"五类指标,其中业绩衡量类指标考核权重50%,风险调整类指标考核权重40%。公司主要领导人员年度绩效薪酬按50%比例、其他领导及高管人员按40%比例,在三年内递延支付,延迟期内按等分原则挂钩合规经营、风险管理等指标考核兑现。

4.6.3.2 其他员工

根据条线划分,公司前台业务部门员工绩效薪酬主要挂钩项目收入、项目风险成本等考核分配,按不低于40%比例延期支付,并对风险项目建立追索扣回已计薪业绩收入、提高延期支付提留比例等考核机制;前台销售部门员工绩效薪酬主要挂钩项目销售规模、项目资金成本等考核分配,按不低于30%比例延期支付;中后台职能部门员工绩效薪酬主要挂钩岗位目标业绩考核分配,中台部门按不低于15%比例、后台部门按不低于10%比例延期支付。各部门员工延期薪酬递延支付期限三年,延迟期内按等分原则挂钩合规风险、项目风险等指标考核兑现。

各部门员工若发生合规风险、项目风险,公司按事故定级管理办法扣减应发绩效薪酬,若审计发现存在业绩弄虚作假、出现重要监管指标严重不达标、发生重大风险事件等事项,公司有权追索扣回相应期限内已兑现的部分或全部绩效薪酬。

4.6.4 关键人员薪酬信息与薪酬延期支付情况

4.6.4.1 董监事会成员

根据公司相关制度,公司董监事按固定标准发放董监事津贴,2021年在公司领取董监事津贴共有6人,其中,非独立董事1人、独立董事3人、职工监事2人。

4.6.4.2 公司领导及高管人员

公司领导及高管人员实行"年薪制"管理,基本年薪按月发放,绩效年薪在年度业绩考核评价后,根据董事会审定的年薪结算标准兑现。2021年,按照董事会审定标准,兑现公司领导及高管人员2020年度绩效年薪,预发2021年度基本年薪,绩效年薪占年度应发薪酬的比例为55%,延期薪酬整体提留比例为42%。

4.6.4.3 其他员工

对风险有重要影响的关键岗位员工主要包括信托业务人员等。公司按月计发固定薪酬,根据年度业绩贡献和岗位贡献考核结果计发效薪酬,其中固定薪酬占全年应发薪酬的35%;绩效薪酬占全年应发薪酬的65%。提留延期支付薪酬占全年应发绩效薪酬的31%。

4.6.5 非现金薪酬情况

2021年度,公司员工非现金薪酬主要由住房公积金和企业年金两部分组成,其中,住房公积金支出占比51%;企业年金支出占比49%。

4.6.6 年度薪酬方案制定及经济、风险和社会责任指标完成考核情况

4.6.6.1 公司领导及高管人员

按照相关薪酬管理制度规定,公司领导及高管人员年度薪酬根据中国中铁公布的年度企业经营业绩考核结果和公司经理层成员年度经营业绩责任书考核结果确定。截至目前,中国中铁对所属二级企业的2021年度经营业绩考核工作仍在进行中,考核结果暂未公布,公司领导及高管人员2021年度薪酬结算方案暂未制定。

4.6.6.2 其他员工

根据相关薪酬管理制度规定,按照公司经济、风险和社会责任指标完成考核情况,公司制定除领导及高管人员以外的其他员工2021年度绩效薪酬考核分配方案,履行内部决策程序后,依据审定标准进行兑现。一是根据经济指标完成考核情况,核算公司其他员工2021年度薪酬总额,受行业周期波动影响公司经济效益较往年度有所下降,员工薪酬总额同向下降。二是根据风险指标完成考核情况,对存有风险项目的业务部门绩效薪酬进行了扣回以往年度已计薪业绩收入、计提项目风险成本、冻结延期薪酬。三是根据社会责任指标完成考核情况,2021年度未发生有应扣罚员工绩效薪酬事项。

4.6.7 超出原定薪酬方案的例外情况

2021年度公司严格执行相关薪酬管理制度规定,严格履行内部决策程序,未出现超出原定薪酬方案的例外情况。

4.7 社会责任

4.7.1 积极服务实体经济

公司积极发挥信托制度优势,服务实体经济和民生

项目。一方面，大力开展服务信托，积极响应中央"房住不炒"的大政方针，在北京、上海开发长租房服务信托规模达26亿元，有效发挥信托服务职工群众的强大功能；另一方面，支持众多产业发展，既服务于工商企业资金需求，又对节能环保、生物医疗、高端装备制造等新兴产业提供资金支持。2021年度公司引导社会资金投向各类工商企业总额573.71亿元，支持实体企业和实体经济发展。

公司积极与地方战略全面对接，参与成都等市州基础设施建设、棚户区改造和新兴产业发展。2021年度公司引导社会资金投向四川各类工商企业和地方建设总额159.11亿元，荣获"成都服务业100强""地方税收贡献100强企业"。

公司十分珍惜投资者的托付，忠实履行受托人责任，持续为广大的信托投资者创造出稳定的收益，2021年交付到期信托财产2 156亿元，分配收益140亿元，以实实在在的业绩诠释"让财富健康生长"的企业使命。

4.7.2 助力乡村振兴

公司主动融入国家乡村振兴战略，被选为四川省乡村振兴促进会副会长单位。主动响应国家和银保监会关于对口帮扶乡村振兴号召，2021年11月到对口的四川省甘孜藏族自治州得荣县调研乡村振兴，双方举行座谈会并签订乡村振兴合作协议，正式拉开对口帮扶序幕，双方将以农业高质高效、乡村宜居宜业、农民富裕富足为出发点，全力构建地方政府与金融机构携手并行的工作体系，在人才帮扶、招商帮扶、慈善信托、基建帮扶、消费帮扶等方面积极开展帮扶工作，不断巩固拓展脱贫攻坚成果，推进乡村全面振兴，2021年度累计采购得荣县扶贫产品共计31.7万元。

4.7.3 热心公益慈善

2021年，公司在践行党中央关于实现共同富裕、做好三次分配的决策部署上行稳致远，持续布局发力慈善信托，获成都市"2021年度最具爱心企业"称号；荣获《上海证券报》第十四届"诚信托——最佳慈善信托产品奖"、《中国银行保险报》"十佳社会责任机构"。

首先，持续打造和完善五大系列慈善信托品牌方阵。自2017年启动慈善信托以来，公司陆续发起设立明德系列、弘文系列、明道系列、致远系列与大同系列等五大系列慈善信托品牌，累计设立慈善信托12单，规模达到890万元。其中，明德系列慈善信托是专注于环保公益，弘文系列是与成都杜甫草堂开展合作专注优秀传统文化传播，明道系列慈善信托是与成都武侯祠开展合作弘扬"忠诚守信"的武侯精神，致远系列慈善信托是与西南财大、电子科大等高校合作开展的信托文化研究，大同系列慈善信托是专注乡村振兴。2021年，公司设立慈善信托5单，规模总计100万元。

其次，推进慈善信托参与乡村振兴、文化教育、关爱儿童活动。乡村振兴方面，公司积极响应国家乡村振兴号召，前往对口的甘孜州得荣县考察调研乡村振兴，并签订合作协议，在人才、招商、慈善、基建、消费等方面开展帮扶，促进得荣县乡村振兴发展。文化教育方面，弘文2号慈善信托资助的"弘扬李杜精神校园行公益活动"先后走进成都列五中学、青白江大湾中学、都江堰向峨小学、成都市草堂小学、崇州市大划镇小学等五所中小学校，总计捐赠5块杜甫《茅屋为秋风所破歌》诗刻石、杜甫千诗碑诗集20套、各类书画作品20件、相关书籍200套等。关爱儿童方面，参与成都市慈善总会2021年第七届"成都儿童保护周"活动，向贫困儿童进行了"小小心愿"爱心捐赠。

最后，建立慈善信托业务的长效机制。机制设计方面，公司在研究创新部下设慈善信托业务分部，统筹管理公司的慈善信托业务开展；决定并通过信托计划募集资金设立慈善信托，开展公益活动。培训宣传方面，公司大力宣传慈善信托，参加四川省民政厅与成都市民政局组织的慈善信托调研座谈，且应四川省民政厅的邀请，在全省慈善工作培训班举办慈善信托专题讲座，向各地市州民政局及全省慈善组织宣传慈善信托业务模式及功能优势。日常工作方面，公司广泛对接慈善组织及爱心企业，2021年，公司当选为四川省乡村振兴促进会副会长单位，与中国青年创业就业基金会、中国志愿服务基金会、四川省残疾福利基金会、成都市慈善总会、四川省完美春天公益慈善促进会等10余家慈善组织及爱心企业建立联系，共商慈善信托事业发展大计。

4.7.4 疫情防控有为有效

公司高度重视疫情防控工作，认真按照地方政府等有关要求遵守管控规定，快速反应、科学施策、积极应对，始终坚持"外防输入、内防反弹"，坚决打赢疫情防控阻击战。截至目前，公司未出现一例新冠肺炎确诊病情。2021年公司根据防控动态，出台9期指引，及时通过工作群播报最新疫情信息，组织上门核酸检测10次，集中组织疫苗接种率超过90%，采购发放超过15万元疫情防疫物资，按时向上级、政府及监管报送疫情防控情况。

5. 报告期末及上一年度末的比较式会计报表

5.1 自营资产

5.1.1 会计师事务所审计结论

普华永道中天会计师事务所（特殊普通合伙）认为，中铁信托财务报表在所有重大方面按照企业会计准则的规定编制，公允反映了中铁信托2021年12月31日的公司及合并财务状况以及2021年度的公司及合并经营成果和公司及合并现金流量。

5.1.2 资产负债表

合并资产负债表

编制单位：中铁信托有限责任公司　　2021年12月31日　　单位：元

资产	2021年12月31日	2020年12月31日
货币资金	4 373 041 771.85	6 176 526 528.15
发放贷款和垫款	2 649 261 945.07	3 687 740 634.08
金融投资：	—	—
交易性金融资产	8 169 575 382.68	6 990 994 518.37
债权投资	2 231 359 855.45	1 667 104 523.57
长期股权投资	24 916 325.63	54 757 481.98
投资性房地产	11 793 586.16	12 864 639.44
固定资产	39 526 739.85	42 070 528.04
使用权资产	57 078 552.94	78 660 079.40
无形资产	65 688 120.46	64 981 247.20
递延所得税资产	830 541 472.41	779 824 596.92
其他资产	400 313 981.02	271 631 684.77
资产总计	18 853 097 733.52	19 827 156 461.92
负债	—	—
合同负债	2 501 274 049.55	2 502 919 121.13
交易性金融负债	53 857 191.87	64 902 331.11
应付职工薪酬	222 244 963.37	190 222 505.75
应交税费	773 172 725.16	774 874 025.26
递延所得税负债	419 959.63	
租赁负债	64 856 081.89	83 667 657.95
其他负债	4 030 513 449.81	5 571 625 252.90
负债合计	7 646 338 421.07	9 188 210 894.10
所有者权益	—	—
实收资本	5 000 000 000.00	5 000 000 000.00
资本公积	15 563 200.00	15 563 200.00
盈余公积	1 190 412 992.60	1 113 211 165.18
一般风险准备	2 129 146 879.48	1 919 959 381.30
未分配利润	2 600 320 584.89	2 339 579 482.47
归属于母公司所有者权益合计	10 935 443 656.97	10 388 313 228.95
少数股东权益	271 315 655.48	250 632 338.87
所有者权益合计	11 206 759 312.45	10 638 945 567.82
负债和所有者权益总计	18 853 097 733.52	19 827 156 461.92

合并资产负债表（续表）

编制单位：中铁信托有限责任公司　　2021年12月31日　　单位：元

资产	2021年12月31日	2020年12月31日
货币资金	3 453 142 791.17	5 404 293 060.29
金融投资：		
交易性金融资产	5 888 796 572.01	5 672 684 022.50
债权投资	3 209 431 041.62	1 826 985 267.29
长期股权投资	1 805 893 036.22	2 202 914 098.04
固定资产	31 713 799.27	35 011 343.98
使用权资产	34 709 232.62	39 391 423.58
无形资产	61 735 576.60	61 269 288.04
递延所得税资产	769 771 672.32	728 076 148.58
其他资产	187 212 234.32	187 502 793.02
资产总计	15 442 405 956.15	16 158 127 445.32
负债	—	—
合同负债	2 731 377 676.69	2 819 410 136.83
应付职工薪酬	141 639 752.48	118 552 823.54
应交税费	742 313 463.74	753 464 296.59
租赁负债	40 175 870.29	42 056 470.78
其他负债	1 459 774 719.57	2 612 967 518.35
负债合计	5 115 281 482.77	6 346 451 246.09
所有者权益	—	—
实收资本	5 000 000 000.00	5 000 000 000.00
资本公积	15 563 200.00	15 563 200.00
盈余公积	1 192 049 344.80	1 114 847 517.38
一般风险准备	1 741 003 914.26	1 581 253 363.04
未分配利润	2 378 508 014.32	2 100 012 118.81
所有者权益合计	10 327 124 473.38	9 811 676 199.23
负债和所有者权益总计	15 442 405 956.15	16 158 127 445.32

法定代表人：马永红　　主管会计工作负责人：李正斌　　会计机构负责人：马笑薇

5.1.3 利润和利润分配表

合并利润表

编制单位：中铁信托有限责任公司　　2021年12月31日　　单位：元

项目	2021年度	2020年度
一、营业收入	—	—
利息净支出	83 146 424.11	185 504 782.16
利息收入	187 259 474.23	183 629 713.42
利息支出	270 405 898.34	369 134 495.58

续表

项目	2021年度	2020年度
手续费及佣金净收入	2 130 514 750.86	1 967 024 292.00
手续费及佣金收入	2 140 095 252.17	1 978 277 825.62
手续费及佣金支出	9 580 501.31	11 253 533.62
投资收益	294 593 357.01	335 038 529.84
其中：对联营企业的投资损益	158 843.65	853 113.09
公允价值变动损益	433 325 824.01	145 399 004.38
其他业务收入	3 416 912.65	1 873 495.97
合计	1 912 052 772.40	2 263 830 540.03
二、营业支出	—	—
税金及附加	15 870 004.94	17 379 563.94
业务及管理费	712 947 111.70	664 573 557.41
研发费用	4 719 726.76	2 999 821.97
信用减值损失	119 150 687.79	83 590 512.48
其他业务成本	1 071 053.28	1 071 053.28
合计	853 758 584.47	769 614 509.08
三、资产处置损益	10 589 179.07	23 063.43
四、其他收益	1 403 122.69	2 281 063.12
五、营业利润	1 070 286 489.69	1 496 520 157.50
加：营业外收入	372 314.45	286 619.84
减：营业外支出	1 644 543.75	1 730 322.74
六、利润总额	1 069 014 260.39	1 495 076 454.60
减：所得税费用	229 630 515.76	361 509 565.41
七、净利润	839 383 744.63	1 133 566 889.19
—归属于母公司所有者的净利润	803 700 428.02	1 102 846 786.39
—少数股东损益	35 683 316.61	30 720 102.80
八、其他综合收益的税后净额	—	—
九、综合收益总额	839 383 744.63	1 133 566 889.19
—归属于母公司所有者的综合收益总额	803 700 428.02	1 102 846 786.39
—归属于少数股东的综合收益总额	35 683 316.61	30 720 102.80

利润表

编制单位：中铁信托有限责任公司　　2021年度　　单位：元

项目	2021年度	2020年度
一、营业收入	—	—
利息净收入	61 628 663.14	9 847 398.13
利息收入	101 372 071.60	81 563 136.39
利息支出	39 743 408.46	71 715 738.26
手续费及佣金净收入	1 598 221 079.45	1 524 563 554.98
手续费及佣金收入	1 607 801 580.76	1 535 817 088.60
手续费及佣金支出	9 580 501.31	11 253 533.62
投资收益	115 607 393.57	361 686 305.33
其中：对联营企业的投资损益	158 843.65	853 113.09
公允价值变动损益	173 408 038.21	92 372 960.83

续表

项目	2021年度	2020年度
其他业务收入	382 142.85	1 648 491.27
合计	1 602 431 240.80	1 990 118 710.54
二、营业支出	—	—
税金及附加	12 340 168.96	14 258 689.29
业务及管理费	269 476 854.62	245 797 915.03
研发费用	4 719 726.76	2 999 821.97
信用减值损失	435 402 052.72	220 558 684.16
资产减值损失	91 282 186.50	99 028 573.15
合计	813 220 989.56	582 643 683.60
三、资产处置损益	10 478 262.88	23 063.43
四、营业利润	799 688 514.12	1 407 498 090.37
加：营业外收入	369 183.08	285 170.19
减：营业外支出	166 350 559.31	80 513 251.97
五、利润总额	966 408 256.51	1 327 270 008.59
减：所得税费用	194 389 982.36	321 351 555.35
六、净利润	772 018 274.15	1 005 918 453.24
七、其他综合收益的税后净额	—	—
八、综合收益总额	772 018 274.15	1 005 918 453.24

法定代表人：马永红　　主管会计工作负责人：李正斌　　会计机构负责人：马笑薇

5.1.4　公司及合并现金流量表

合并现金流量表

编制单位：中铁信托有限责任公司　　2021年度　　单位：元

项目	2021年度	2020年度
经营活动产生的现金流量	—	—
收到咨询费和手续费取得的现金	1 672 822 866.67	1 997 876 775.70
收到基金管理费取得的现金	519 102 235.08	475 669 135.90
收到贷款利息取得的现金	66 902 104.28	87 214 754.27
收到金融企业往来利息取得的现金	106 352 527.42	82 631 890.55
客户贷款及垫款净减少额	1 130 040 015.99	—
收到其他与经营活动有关的现金	2 838 262 005.37	1 927 816 258.44
经营活动现金流入小计	6 333 481 754.81	4 571 208 814.86
支付利息、手续费及佣金的现金	217 292 840.62	207 983 974.60
支付给职工以及为职工支付的现金	340 892 887.98	299 687 200.15
支付的各项税费	994 587 775.75	1 386 668 904.06
客户贷款及垫款净增加额	—	619 966 993.13
债权投资净增加额	778 967 346.67	62 453 379.73
支付其他与经营活动有关的现金	2 664 615 583.17	1 321 492 895.79
经营活动现金流出小计	4 996 356 434.19	3 898 253 347.46
经营活动产生的现金流量净额	1 337 125 320.62	672 955 467.40
投资活动产生的现金流量	—	—
收回投资收到的现金	5 716 107 474.33	5 690 019 849.91
取得投资收益收到的现金	219 387 162.48	446 518 669.67

续表

项目	2021年度	2020年度
处置固定资产、无形资产和其他长期资产收回的现金净额	14 903 300.00	56 500.00
处置子公司及其他营业单位收到的现金净额	30 000 000.00	—
投资活动现金流入小计	5 980 397 936.81	6 136 595 019.58
投资支付的现金	5 592 210 428.80	6 175 956 956.97
购建固定资产、无形资产和其他长期资产支付的现金	22 910 508.50	20 215 160.01
投资活动现金流出小计	5 615 120 937.30	6 196 172 116.98
投资活动产生的现金流量净额	365 276 999.51	59 577 097.40
筹资活动产生的现金流量	—	—
取得借款所收到的现金	2 550 000 000.00	7 663 000 000.00
筹资活动现金流入小计	2 550 000 000.00	7 663 000 000.00
偿还债务所支付的现金	4 053 818 591.79	7 130 000 000.00
分配股利、利润或偿付利息支付的现金	304 858 533.56	317 936 594.39
其中：子公司支付给少数股东的股利	15 000 000.00	—
支付的其他与筹资活动有关的现金	28 952 008.37	31 418 289.33
筹资活动现金流出小计	4 387 629 133.72	7 479 354 883.72
筹资活动产生的现金流量净额	1 837 629 133.72	183 645 116.28
现金及现金等价物的变动净额	135 226 813.59	797 023 486.28
加：年初现金及现金等价物余额	3 754 717 898.55	2 957 694 412.27
年末现金及现金等价物余额	3 619 491 084.96	3 754 717 898.55

合并现金流量表（续表）

编制单位：中铁信托有限责任公司　　2021年度　　单位：元

项目	2021年度	2020年度
经营活动产生的现金流量	—	—
收到咨询费和手续费取得的现金	1 731 481 075.02	1 988 454 524.49
收到金融企业往来利息取得的现金	101 372 071.60	81 563 136.39
收到其他与经营活动有关的现金	2 752 746 662.95	1 900 717 060.54
经营活动现金流入小计	4 585 599 809.57	3 970 734 721.42

续表

项目	2021年度	2020年度
支付利息、手续费及佣金的现金	9 580 501.31	11 253 533.62
支付给职工以及为职工支付的现金	188 804 892.65	177 638 137.53
支付的各项税费	897 652 125.78	1 322 380 081.47
支付其他与经营活动有关的现金	2 590 080 818.05	1 046 837 923.47
经营活动现金流出小计	3 686 118 337.79	2 558 109 676.09
经营活动产生的现金流量净额	899 481 471.78	1 412 625 045.33
投资活动产生的现金流量	—	—
收回投资收到的现金	5 809 077 802.55	5 722 191 486.08
取得投资收益收到的现金	288 283 900.83	466 729 592.39
处置固定资产、无形资产和其他长期资产收回的现金净额	14 903 300.00	56 500.00
处置子公司及其他营业单位收到的现金净额	30 000 000.00	—
投资活动现金流入小计	6 142 265 003.38	6 188 977 578.47
投资支付的现金	6 704 667 184.53	6 940 205 494.78
购建固定资产、无形资产和其他长期资产支付的现金	9 949 910.88	16 630 700.49
投资活动现金流出小计	6 714 617 095.41	6 956 836 195.27
投资活动产生的现金流量净额	572 352 092.03	767 858 616.80
筹资活动产生的现金流量	—	—
取得借款所收到的现金	2 550 000 000.00	7 663 000 000.00
筹资活动现金流入小计	2 550 000 000.00	7 663 000 000.00
偿还债务所支付的现金	2 883 000 000.00	7 130 000 000.00
分配股利、利润或偿付利息支付的现金	289 858 533.56	317 936 594.39
支付的其他与筹资活动有关的现金	10 421 115.31	11 293 782.07
筹资活动现金流出小计	3 183 279 648.87	7 459 230 376.46
筹资活动产生的现金流量净额	633 279 648.87	203 769 623.54
现金及现金等价物的变动净额	306 150 269.12	848 536 052.07
加：年初现金及现金等价物余额	3 559 293 060.29	2 710 757 008.22
年末现金及现金等价物余额	3 253 142 791.17	3 559 293 060.29

法定代表人：马永红　　主管会计工作负责人：李正斌　　会计机构负责人：马笑薇

5.1.5 所有者权益变动表

合并所有者权益变动表

编制单位：中铁信托有限责任公司　　2021年度　　单位：元

项目	归属于母公司所有者权益					少数股东权益	合计
	实收资本	资本公积	盈余公积	一般风险准备	未分配利润		
一、2020年12月31日余额	5 000 000 000.00	15 563 200.00	1 113 211 165.18	1 919 959 381.30	2 339 579 482.47	250 632 338.87	10 638 945 567.82
二、本年增减变动金额	—	—	—	—	—	—	—
（一）净利润	—	—	—	—	803 700 428.02	35 683 316.61	839 383 744.63
（二）其他综合收益	—	—	—	—	—	—	—
综合收益总额	—	—	—	—	803 700 428.02	35 683 316.61	839 383 744.63
（三）利润分配	—	—	—	—	—	—	—
1.提取盈余公积	—	—	77 201 827.42	—	77 201 827.42	—	—
2.提取信托赔偿准备金	—	—	77 201 827.42	—	77 201 827.42	—	—
3.提取一般风险准备	—	—	—	131 985 670.76	131 985 670.76	—	—
4.对股东的分配	—	—	—	—	256 570 000.00	15 000 000.00	271 570 000.00
三、2021年12月31日余额	5 000 000 000.00	15 563 200.00	1 190 412 992.60	2 129 146 879.48	2 600 320 584.89	271 315 655.48	11 206 759 312.45

合并所有者权益变动表(续)

编制单位:中铁信托有限责任公司　　　　2020年度　　　　单位:元

项目	归属于母公司所有者权益					少数股东权益	合计
	实收资本	资本公积	盈余公积	一般风险准备	未分配利润		
一、2019年12月31日余额	5 000 000 000.00	15 563 200.00	1 012 619 319.86	1 772 956 413.16	1 735 527 509.54	219 912 236.07	9 756 578 678.63
二、本年增减变动金额	—	—	—	—	—	—	—
(一)净利润	—	—	—	—	1 102 846 786.39	30 720 102.80	1 133 566 889.19
(二)其他综合收益	—	—	—	—	—	—	—
综合收益总额	—	—	—	—	1 102 846 786.39	30 720 102.80	1 133 566 889.19
(三)利润分配							
1.提取盈余公积	—	—	100 591 845.32	—	100 591 845.32	—	—
2.提取信托赔偿准备金	—	—	—	100 591 845.32	100 591 845.32	—	—
3.提取一般风险准备	—	—	—	46 411 122.82	46 411 122.82	—	—
4.对股东的分配	—	—	—	—	251 200 000.00	—	251 200 000.00
三、2020年12月31日余额	5 000 000 000.00	15 563 200.00	1 113 211 165.18	1 919 959 381.30	2 339 579 482.47	250 632 338.87	10 638 945 567.82

公司所有者权益变动表

编制单位:中铁信托有限责任公司　　　　2021年度　　　　单位:元

项目	实收资本	资本公积	盈余公积	一般风险准备	未分配利润	合计
一、2020年12月31日余额	5 000 000 000.00	15 563 200.00	1 114 847 517.38	1 581 253 363.04	2 100 012 118.81	9 811 676 199.23
二、本年增减变动金额	—	—	—	—	—	—
(一)净利润	—	—	—	—	772 018 274.15	772 018 274.15
(二)其他综合收益	—	—	—	—	—	—
综合收益总额	—	—	—	—	772 018 274.15	772 018 274.15
(三)利润分配						—
1.提取盈余公积	—	—	77 201 827.42	—	77 201 827.42	—
2.提取信托赔偿准备金	—	—	—	77 201 827.42	77 201 827.42	—
3.提取一般风险准备	—	—	—	82 548 723.80	82 548 723.80	—
4.对股东的分配	—	—	—	—	256 570 000.00	256 570 000.00
三、2021年12月31日余额	5 000 000 000.00	15 563 200.00	1 192 049 344.80	1 741 003 914.26	2 378 508 014.32	10 327 124 473.38

公司所有者权益变动表(续)

编制单位:中铁信托有限责任公司　　　　2020年度　　　　单位:元

项目	实收资本	资本公积	盈余公积	一般风险准备	未分配利润	合计
一、2019年12月31日余额	5 000 000 000.00	15 563 200.00	1 014 255 672.06	1 468 997 578.11	1 558 141 295.82	9 056 957 745.99
二、本年增减变动金额	—	—	—	—	—	—
(一)净利润	—	—	—	—	1 005 918 453.24	1 005 918 453.24
(二)其他综合收益	—	—	—	—	—	—
综合收益总额	—	—	—	—	1 005 918 453.24	1 005 918 453.24
(三)利润分配						
1.提取盈余公积	—	—	100 591 845.32	—	100 591 845.32	—
2.提取信托赔偿准备金	—	—	—	100 591 845.32	100 591 845.32	—
3.提取一般风险准备	—	—	—	11 663 939.61	11 663 939.61	—
4.对股东的分配	—	—	—	—	251 200 000.00	251 200 000.00
三、2020年12月31日余额	5 000 000 000.00	15 563 200.00	1 114 847 517.38	1 581 253 363.04	2 100 012 118.81	9 811 676 199.23

法定代表人:马永红　　　　主管会计工作负责人:李正斌　　　　会计机构负责人:马笑薇

5.2 信托资产

5.2.1 信托项目资产负债汇总表

信托项目资产负债汇总表

编制单位：中铁信托有限责任公司　　　　　　　　　　2021年12月31日　　　　　　　　　　　　　　　　单位：万元

信托资产	期初数	期末数	信托负债和信托权益	期初数	期末数
信托资产	—	—	信托负债	—	—
货币资金	244 446	201 134	应付受托人报酬		
拆出资金	—	—	应付保管费		
交易性金融资产	12 863	33 914	应付受益人收益		
买入返售金融资产			其他应付款项	1 495 430	231 790
应收款项	4 992 688	7 206 657	应交税费	2 760	4 520
发放贷款	15 479 071	5 687 929	应付销售服务费		
可供出售金融资产	7 355 694	6 172 099	其他负债		
持有至到期投资	250 995	141 064	信托负债合计	1 498 190	236 310
长期应收款					
长期股权投资	4 199 789	5 328 561	信托权益		
固定资产	—	—	实收信托	30 995 466	24 571 884
无形资产			资本公积		
长期待摊费用	—	—	未分配利润	101 100	22 374
其他资产	59 210	59 210	信托权益合计	31 096 566	24 594 258
信托资产总计	32 594 756	24 830 568	信托负债及信托权益总计	32 594 756	24 830 568

法人代表：马永红　　　　　　信托财务部负责人：马东开　　　　　　制表：郭磊，吕大

5.2.2 信托项目利润及利润分配汇总表

信托项目利润及利润分配表

编制单位：中铁信托有限责任公司　　2021年度　　　　　　单位：万元

项目	本期数	上期数
一、营业收入	1 635 375	2 087 124
利息收入	661 445	1 079 931
投资收益	710 243	758 812
公允价值变动收益	1 992	1 197
其他收入	261 695	247 184
二、营业支出	194 355	302 133
三、扣除资产减值准备前的信托利润	1 441 020	1 784 991
减：资产减值损失		
四、扣除资产减值准备后的信托利润	1 441 020	1 784 991
五、损益平准金	—	—
六、综合收益	2 204 510	1 784 991
加：期初未分配利润	101 100	408 765
七、可供分配的信托利润	1 542 120	2 193 756
减：本期已分配信托利润	1 519 746	2 092 656
八、期末未分配信托利润	22 374	101 100

法人代表：马永红　　信托财务部负责人：马东开　　制表：曹庭瑜

6. 会计报表附注

6.1 简要说明报告年度会计报表编制基准、会计政策、会计估计和核算方法发生的变化

本公司本年度无会计政策、报表编制基础、会计估计、核算方法的变化。

6.2 或有事项说明

截至2021年12月31日，本公司并无其他重大的担保事项及其他需要说明的或有事项。

6.3 重要资产转让及其出售的说明

本年度无重要资产转让及出售事宜。

6.4 会计报表中重要项目的明细资料

6.4.1 自营资产经营情况

6.4.1.1 按信用风险五级分类结果披露信用风险资产的期初数、期末数

信用风险资产五级分类	正常类（万元）	关注类（万元）	次级类（万元）	可疑类（万元）	损失类（万元）	信用风险资产合计（万元）	不良合计（万元）	不良率（%）
期初数	1 589 315	33 127	100 932	—	—	1 723 373	100 932	5.85
期末数	1 565 881	32 727	94 452	—	—	1 693 060	94 452	5.58

注：不良资产合计=次级类+可疑类+损失类。

6.4.1.2 各项资产减值损失准备的期初、本期计提、本期转回、本期核销、期末数；贷款的一般准备、专项准备和其他资产减值准备应分别披露

单位：万元

项目	期初数	本期计提	其他增加	本期转回	本期转销	其他减少	期末数
贷款损失准备	—	—	—	—	—	—	—
一般准备	—	—	—	—	—	—	—
专项准备	—	—	—	—	—	—	—
其他资产减值准备	51 756	68 887	30 091	24 947	3 778	—	122 009
可供出售金融资产减值准备	—	—	—	—	—	—	—
持有至到期投资减值准备	—	—	—	—	—	—	—
长期股权投资减值准备（并表结构化主体）	113 310	9 128			4 663	30 091	87 684
坏账准备	33 127	—		400			32 727
投资性房地产减值准备	—	—					

6.4.1.3 自营股票投资、基金投资、债券投资、股权投资等投资业务的期初数、期末数

单位：万元

项目	自营股票	基金	债券	长期股权投资
期初数	118 125	20 669		98 917
期末数	97 130	—		96 473

6.4.1.4 按投资入股金额排序，前五名的自营长期股权投资的企业名称、占被投资企业权益的比例、主要经营活动及投资收益情况等（从大到小顺序排列）

企业名称	占被投资企业权益的比例（%）	主要经营活动	投资收益（万元）
中国信托业保障基金有限责任公司	4.35	其他金融业	2 850
宝盈基金管理有限公司	75	基金管理	4 500
富滇银行股份有限公司	0.8	银行金融业	100
上海中胜达资产管理有限公司	30	资本投资	16

6.4.1.5 前五名的自营贷款的企业名称、占贷款总额的比例和还款情况等（从大到小顺序排列）

无。

6.4.1.6 表外业务的期初数、期末数；按照代理业务、担保业务和其他类型表外业务分别披露

单位：万元

表外业务	期初数	期末数
担保业务	—	—
代理业务（委托业务）	3 626	3 621
其他	—	—
合计	3 626	3 621

6.4.1.7 公司当年的收入结构

收入结构	金额（万元）	占比（%）
手续费及佣金收入	160 780	88.08
利息收入	10 137	5.55
其他业务收入	38	0.02
投资收益	11 561	6.33
营业外收入	37	0.02
收入合计	182 553	100.00

6.4.2 信托资产管理情况

6.4.2.1 信托资产的期初数、期末数

单位：万元

信托资产	期初数	期末数
集合	9 338 589	8 471 558
单一	15 950 101	6 606 872
财产权	7 306 066	9 752 138
合计	32 594 756	24 830 568

6.4.2.1.1 主动管理型信托业务期初数、期末数。分证券投资、股权投资、融资、事务管理类分别披露

单位：万元

主动管理型信托资产	期初数	期末数
证券投资类	2 863	38 238
股权投资类	2 786 874	4 262 199
其他投资类	8 188 110	9 089 933
融资类	4 688 940	3 680 740
事务管理类		256 698
合计	15 666 787	17 327 808

6.4.2.1.2 被动管理型信托业务期初数、期末数。分证券投资、股权投资、融资、事务管理类分别披露

单位：万元

被动管理型信托资产	期初数	期末数
证券投资类	—	—
股权投资类	—	—
其他投资类	—	—
融资类	—	—
事务管理类	16 927 969	7 502 760
合计	16 927 969	7 502 760

6.4.2.2 本年度已清算结束的信托项目个数、实收信托合计金额、加权平均实际年化收益率

6.4.2.2.1 本年度已清算结束的集合类、单一类资金信托项目和财产管理类信托项目个数、金额、加权平均实际年化收益率

已清算结束信托项目	项目个数（个）	合计金额（万元）	加权平均实际年化收益率（%）
集合类	343	2 907 644	6.89
单一类	210	12 612 431	5.70
财产管理类	32	3 422 067	4.59

6.4.2.2.2 本年度已清算结束的主动管理型信托项目个数、合计金额、加权平均实际年化收益率。分证券投资、股权投资、融资、事务管理类分别披露

已清算结束信托项目	项目个数（个）	合计金额（万元）	信托报酬率（%）	加权平均实际年化收益率（%）
证券投资类	—	—	—	—
股权投资类	10	448 498	1.78	6.95
其他投资类	201	4 476 209	0.27	5.20
融资类	164	1 369 917	1.59	7.78
事务管理类	—	—	—	—

6.4.2.2.3 本年度已清算结束的被动管理型信托项目个数、合计金额、加权平均实际年化收益率。分证券投资、股权投资、融资、事务管理类分别披露

已清算结束信托项目	项目个数（个）	合计金额（万元）	信托报酬率（%）	加权平均实际年化收益率（%）
证券投资类	—	—	—	—
股权投资类	—	—	—	—
其他投资类	—	—	—	—
融资类	—	—	—	—
事务管理类	209	12 607 518	0.43	5.68

6.4.2.3 本年度新增的集合类、单一类和财产管理类信托项目个数、合计金额

新增信托项目	项目个数（个）	合计金额（万元）
集合类	221	4 359 397
单一类	68	4 095 527
财产管理类	46	6 686 120
新增合计	335	15 141 044
其中：主动管理型	282	9 524 686
被动管理型	53	5 616 358

6.4.2.4 本公司履行受托人义务情况及因本公司自身责任而导致的信托资产损失情况（合计金额、原因等）

本公司作为信托项目的受托人，严格按照《中华人民共和国信托法》《信托公司管理办法》《信托公司集合资金信托计划管理办法》等法律法规的规定及信托合同等文件的约定，恪尽职守，诚实、信用、谨慎、有效地管理信托财产，严格履行受托人的义务，为受益人的最大利益处理信托事务，公平、公正地处置信托财产。本年度没有因本公司自身责任而导致的信托资产损失。

6.5 关联方关系及其交易的披露

6.5.1 关联交易方的数量、关联交易的总金额及关联交易的定价政策

项目	关联交易方数量	关联交易金额（万元）	定价政策
合计	13	1 300 668.06	均根据一般正常的交易条件进行，并以市场价格作为定价依据，按公允价格定价关联方交易

6.5.2 关联交易方与本公司的关系性质、关联交易方的名称、法定代表人、注册地址、注册资本及主营业务等

关系性质	关联方名称	法定代表人	注册地址	注册资本（万元）	主营业务
合并子公司	宝盈基金管理有限公司	马永红	深圳市福田区深圳特区报业大厦第15层	10 000.00	发起设立基金，基金管理业务
母公司控制的公司	中铁五局集团有限公司	蒲青松	贵州省贵阳市云岩区枣山路23号	561 515.15	基建建设及其他业务
母公司控制的公司	中铁一局集团有限公司	马海民	陕西省西安市碑林区雁塔北路1号	615 210.00	基建建设及其他业务
母公司控制的公司	中铁七局集团有限公司	王珂平	郑州市航海东路1225号	260 000.00	建设工程施工，房屋建筑和市政基础设施项目工程总承包及其他业务

续表

关系性质	关联方名称	法定代表人	注册地址	注册资本（万元）	主营业务
母公司控制的公司	中铁南方投资集团有限公司	赵勇	深圳市南山区中心路3333号中铁大厦	500 000.00	项目投资、建设项目管理、基础设施建设、房地产开发、设计咨询、工程咨询、股权投资及其他业务
母公司控制的公司	中铁二局集团有限公司	汪海旺	成都市金牛区通锦路16号	769 292.04	基建建设、房地产开发以及其他业务
母公司控制的公司	中铁四局集团有限公司	刘勃	安徽省合肥市包河区望江东路96号	827 269.94	基建建设及其他业务
母公司控制的公司	中铁隧道局集团有限公司	于保林	广州市南沙区明珠湾起步区工业四路西侧自编2号（仅限办公用途）（自主申报）（MZ）	299 768.83	基建建设及其他业务
母公司施加重大影响的法人或其他组织	成都中铁天圆房地产有限公司	朱健	中国（四川）自由贸易试验区成都市天府新区宁波路东段377号1栋5层11号	5 000.00	房地产开发、物业管理、房屋租赁、土地整理
母公司施加重大影响的法人或其他组织	中铁崇州市政工程有限公司	赵碧云	崇州市崇阳街道永安中路19号4栋5层1号	3 000.00	项目投资，设计咨询工程管理及服务，建筑安装工程
母公司控制的公司	中铁电气化局集团有限公司	豆保信	北京市丰台区丰台路139号202室	440 928.00	工程设计，施工总承包，专业承包，技术开发，技术转让及其他业务
母公司控制的公司	中铁文化旅游投资集团有限公司	穆亦龙	贵州省贵阳市南明区龙洞堡电子商务港A栋2单元6号6号	500 000.00	文化旅游，文化娱乐，体育运动，主题公园，基础设施投资，房地产投资及其他业务
母公司控制的公司	中铁城市发展投资集团有限公司	黄天德	四川省成都市天府新区宁波路东段377号中铁卓越中心	500 000.00	建设项目管理及运营，公路工程施工，市政公用工程施工及其他业务

注：表6.5.2所指的母公司为本公司控股股东中国中铁股份有限公司；中铁四局集团有限公司为本公司股东，持股比例1.54%，认缴资本7 714.87万元。

6.5.3 本公司与关联方的重大交易事项

6.5.3.1 固有财产与关联方交易情况：贷款、投资、租赁、应收账款、担保、其他方式等期初汇总数、本期借方和贷方发生额汇总数、期末汇总数

固有与关联方关联交易　　　　单位：万元

项目	期初数	借方发生额	贷方发生额	期末数
贷款	—	—	—	—
投资	20 000.00	360.00	20 120.00	240.00
租赁	—	—	—	—
担保	—	—	—	—
应收款项	—	—	—	—
其他	—	—	—	—
合计	20 000.00	360.00	20 120.00	240.00

6.5.3.2 信托资产与关联方交易情况：贷款、投资、租赁、应收账款、担保、其他方式等期初汇总数、本期借方和贷方发生额汇总数、期末汇总数

信托与关联方关联交易　　　　单位：万元

项目	期初数	借方发生额	贷方发生额	期末数
贷款	89 500.00	50 000.00	—	139 500.00
投资	324 736.00	52 650.00	186 386.00	191 000.00
租赁	—	—	—	—

续表

项目	期初数	借方发生额	贷方发生额	期末数
担保	—	—	—	—
应收款项	—	—	—	—
其他	—	—	—	—
合计	414 236.00	102 650.00	186 386.00	330 5000.00

6.5.3.3 信托公司自有资金运用于自己管理的信托项目（固信交易）、信托公司管理的信托项目之间的相互（信信交易）交易金额，包括余额和本报告年度的发生额

6.5.3.3.1 固有财产与信托财产之间的交易金额期初汇总数、本期发生额汇总数、期末汇总数

固有财产与信托财产相互交易　　　　单位：万元

项目	期初数	本期发生额	期末数
合计	766 004.49	203 923.57	969 928.06

6.5.3.3.2 信托项目之间的交易金额：期初汇总数、本期发生额汇总数、期末汇总数

信托资产与信托财产相互交易　　　　单位：万元

项目	期初数	本期发生额	期末数
合计			

6.5.3.4 报告期内重大关联交易事项

交易主体	关联交易方	交易方式	交易内容	交易金额（万元）	定价原则	是否存在逾期未偿还情况
中铁信托·中铁四局资产证券化一期单一资金信托	中铁四局集团有限公司	投资	信托资金用于投向关联方发起的标准化金融产品	14 000.00	按公允价格定价关联方交易	否
中铁信托·中铁四局资产证券化二期单一资金信托	中铁四局集团有限公司	投资	信托资金用于投向关联方发起的标准化金融产品	11 550.00	按公允价格定价关联方交易	否
中铁信托·西南总部基地2号单一资金信托	成都中铁天圆房地产有限公司	贷款	信托资金用于向关联方发放信托贷款	40 000.00	按公允价格定价关联方交易	否
中铁信托·中铁崇州市政工程公司贷款项目单一资金信托	中铁崇州市政工程有限公司	贷款	信托资金用于向关联方发放信托贷款	49 500.00	按公允价格定价关联方交易	否
中铁信托·陶邑文化单一资金信托	中铁四局集团有限公司	贷款	接受关联方委托人资金，设立单一信托	50 000.00	按公允价格定价关联方交易	否
中铁信托·山东泰东高速项目单一资金信托	中铁四局集团有限公司	投资	接受关联方委托人资金，设立单一信托	20 000.00	按公允价格定价关联方交易	否
中铁信托·西安机场城际轨道土建项目单一资金信托	中铁四局集团有限公司	投资	接受关联方委托人资金，设立单一信托	40 000.00	按公允价格定价关联方交易	否
中铁信托·西安机场城际轨道机电项目单一资金信托	中铁电气化局集团有限公司	投资	接受关联方委托人资金，设立单一信托	38 000.00	按公允价格定价关联方交易	否

6.5.4 关联方逾期未偿还本公司资金的详细情况以及本公司为关联方担保发生或即将发生垫款的详细情况

无。

6.6 会计制度的披露

本财务报表按照财政部于2006年2月15日及以后期间颁布的《企业会计准则——基本准则》、各项具体会计准则及相关规定（合称企业会计准则）编制。

7. 财务情况说明书

7.1 利润实现和分配情况

2020年末，母公司未分配利润为210 001万元，2021年实现净利润为77 202万元，按规定计提法定盈余公积为7 720万元、一般风险准备为8 255万元、信托赔偿准备金为7 720万元，分配股利为25 657万元。综上，2021年末，母公司未分配利润为237 851万元。

2020年末，公司合并未分配利润为233 958万元，2021年公司合并实现净利润为83 938万元，其中实现合并归属母公司净利润为80 370万元，按规定计提盈余公积为7 720万元、一般风险准备为13 199万元、信托赔偿准备金为7 720万元，分配股利为25 657万元。综上，2021年末，公司合并未分配利润为260 032万元。

7.2 主要财务指标

指标名称	指标值
资本利润率（%）	7.67
信托报酬率（%）	0.64
人均净利润（万元）	269

7.3 对本公司财务状况、经营成果有重大影响的其他事项

报告期内，公司未发生对财务状况、经营成果有重大影响的其他事项。

8. 特别事项简要揭示

8.1 前五名股东报告期内变动情况及原因

8.1.1 前五名股东变更

报告期内，股东成都工投资产经营有限公司名称变更为成都产业资本控股集团有限公司。

8.1.2 控股股东变更

无。

8.2 董事、监事、高级管理人员变动情况及原因

8.2.1 董事变更

公司二届三次职代会联席会议2020年第3次会议选举解义才为公司第五届董事会职工董事。2021年6月，中国银保监会四川监管局核准解义才中铁信托有限责任公司董事的任职资格，解义才正式履行公司职工董事职责。

经公司股东会2021年第三次会议、第五届董事会第五十九次会议审议通过，同意魏道洪不再担任本公司董事。

经公司股东会2021年第三次会议审议通过，2021年11月，中国银保监会四川监管局核准余赞中铁信托有限责任公司董事的任职资格，余赞正式履行公司董事职责。

经公司股东会2021年第4次（临时）会议审议通过，同意增补张晓玫为公司独立董事。

经公司二届四次职代会联席会议2021年第1次会议选举，解义才、舒军华为公司第六届董事会职工董事。

2021年12月，公司股东会2021年第7次（临时）会议选举马永红、余赞、陈赤、余力、解义才、舒军华为公司第六届董事会董事；选举张晓玫、王柏林、鲍恩斯为公司第六届董事会独立董事。公司第六届董事会拟任成员为：马永红、余赞、陈赤、余力、张晓玫、王柏林、鲍恩斯、解义才、舒军华。截至2021年末，新拟任董事余力、张晓玫、王柏林、鲍恩斯、舒军华的任职资格正在中国银保监会四川监管局核准过程中。

8.2.2 监事变更

因工作调动原因，公司股东会2021年第2次会议审议通过，同意侯社中不再担任公司监事。

经公司二届四次职代会联席会议2021年第1次会议选举，魏红霞为公司第六届监事会职工监事。

经公司第五届监事会第十八次会议审议通过，同意推荐李强为公司第六届监事会外部监事候选人。

经公司第五届监事会第十九次会议审议通过，同意丁宁不再担任公司第五届监事会监事、监事长。

经公司股东会2021年第7次（临时）会议选举，黄仕为公司第六届监事会股东监事、李强为公司第六届监事会外部监事。公司第六届监事会成员为：魏红霞、黄仕、李强。

2022年1月6日，经公司第六届监事会第一次会议选举，魏红霞为公司第六届监事会主席。

8.2.3 高级管理人员变更

经公司第五届董事会第四十二次会议聘任，王云飞为公司副总经理。2021年3月，中国银保监会四川监管局核准王云飞中铁信托有限责任公司副总经理的任职资格。

经公司第五届董事会第四十七次会议聘任，解义才为公司副总经理。2021年6月，中国银保监会四川监管局核准解义才中铁信托有限责任公司副总经理的任职资格。

8.3 变更注册资本、变更注册地或公司名称、公司分立合并事项

本年度公司注册资本、注册地址、公司名称未发生变更，公司未发生分立合并事项。

8.4 公司的重大未决诉讼事项

本年度公司无新发生重大诉讼和被诉案件。

8.5 公司及其董事、监事和高级管理人员受到处罚的情况

本年度公司及公司董事、监事和高级管理人员未受到处罚。

8.6 银保监会及其派出机构对公司检查后提出整改意见的整改情况说明

2021年6月，公司收到《中国银行保险监督管理委员会现场检查意见书》，提出了以下六项监管意见：一是加强政策理论学习，提高整体合规意识；二是完善公司治理架构，提升公司治理能力；三是严格落实监管要求，加强关联交易管理；四是有效执行内控制度，健全风险管理体系；五是强化业务管控能力，完善信息披露内容；六是切实履行受托责任，审慎开展银信合作。

公司对监管指出的现存问题、监管意见和整改要求高度重视，立即组织认真学习，提高政治站位，加强党建引领，突出问题导向，立查立改与持续深化相结合，把落实检查整改作为公司的重点和中心工作，下大力气抓紧抓实，全面深入地落实银保监会的要求。截至2021年末，现场检查指出问题的整改完成率已达到90%。

8.7 本年度重大事项临时报告的简要内容、披露时间、所披露的媒体及其版面

公司于2021年4月30日在《证券时报》B292版和《上海证券报》83版进行了2020年年度报告摘要的公开信息披露。

8.8 本年度净资本管理情况

项目	期初余额	期末余额	监管标准
净资本（万元）	800 370.66	810 980.12	≥20 000
净资产（万元）	981 167.62	1 032 712.45	≥30 000
固有业务风险资本（万元）	111 601.40	141 819.85	—
信托业务风险资本（万元）	163 253.38	166 223.36	—
其他业务风险资本（万元）	—	—	—
各项业务风险资本之和（万元）	274 854.78	308 043.21	—
净资本/各项业务风险资本之和（%）	291.19	263.27	≥100
净资本/净资产（%）	81.57	78.53	≥40

8.9 银保监会及其省级派出机构认定的其他有必要让客户及相关利益人了解的重要信息

无。

9.公司监事会意见

公司监事会认为,本报告期内,董事会运作规范、决策合理、程序合法;公司董事、高管人员能够认真执行董事会、股东会决议,忠实履行诚信勤勉义务,未发现公司董事、高管人员在执行公司职务时违反法律法规、公司章程或损害公司、股东、员工和信托受益人利益的行为;公司建立了较为完善的内部控制体系,并具有合法性、合理性和有效性;公司关联交易公平、公正,交易价格合理,未发现违规关联交易;公司财务报告真实地反映了公司财务状况和经营成果,聘请的会计师事务所出具的审计报告客观真实;公司严格执行信息披露相关规定,认真履行信息披露人的义务和责任,真实、准确、完整、及时披露公司应披露的信息。

中信信托有限责任公司

1. 重要提示

1.1 本公司董事会及董事保证本报告所载资料不存在任何虚假记载、误导性陈述或者重大遗漏，并对其内容的真实性、准确性和完整性承担个别及连带责任。

1.2 本公司独立董事林义相、徐经长、张宏久对年度报告内容的真实性、准确性、完整性无异议。

1.3 本公司董事长刘正均、副董事长兼总经理李子民、主管会计工作的副总经理、董事会秘书涂一锴保证年度报告中财务报告的真实和完整。

2. 公司概况

2.1 公司简介

2.1.1 公司历史沿革

中信信托有限责任公司是经中国人民银行批准设立的非银行金融机构。其前身是成立于1988年3月1日的中信兴业信托投资公司，注册地为北京市。2002年经中国人民银行批复，中信兴业信托投资公司经重组、改制，更名为"中信信托投资有限责任公司"，并承接中信集团公司信托类资产、负债及业务。2007年，根据原中国银行业监督管理委员会《关于中信信托投资有限责任公司变更公司名称和业务范围的批复》，公司名称变更为中信信托有限责任公司。

公司分别于2005年、2006年、2014年、2019年增资2.92亿元、4亿元、88亿元、29.70亿元，目前公司注册资本112.76亿元（其中外汇2 300万美元）。

2.1.2 公司的法定名称

中文：中信信托有限责任公司（缩写：中信信托）

英文：CITIC TRUST CO., LTD.

2.1.3 公司法定代表人：李子民

2.1.4 公司注册地址：北京市朝阳区新源南路6号京城大厦

邮政编码：100004

公司互联网网址：https://www.citictrust.com.cn

2.1.5 公司负责信息披露事务的高级管理人员：涂一锴

办公电话：010-59902807

办公传真：010-84861380

电子信箱：djb@citictrust.com.cn

2.1.6 公司选定的信息披露报纸：《金融时报》

2.1.7 年报备置地点：北京市朝阳区新源南路6号京城大厦

2.1.8 公司聘请的会计师事务所：信永中和会计师事务所（特殊普通合伙）

地址：北京市东城区朝阳门北大街8号富华大厦A座9层

2.1.9 公司聘请的律师事务所：北京市嘉源律师事务所

地址：北京市西城区复兴门内大街158号远洋大厦F407室

2.2 组织结构

股东会
├── 监事会
│   └── 信托与消费者权益保护委员会
├── 董事会
│   ├── 薪酬与提名委员会
│   ├── 风险管理委员会
│   ├── 审计与关联交易控制委员会
│   └── 战略规划委员会
└── 高级管理层
    ├── 管理层风险管理委员会
    │   ├── 信托业务审查委员会
    │   ├── 固有证券投资业务决策委员会
    │   ├── 固有业务审查委员会
    │   └── 固有产品投资决策委员会
    ├── 信息科技委员会
    ├── 监督工作委员会
    ├── 招标与采购委员会
    ├── 安全委员会
    ├── 保密委员会
    └── 考评委员会

资源支持与保障部门
- 总经理办公室 — 协同工作部
- 工会办公室
- 计划财务部
- 信息技术部
- 人力资本部
- 党委组织部
- 党风廉政办公室
- 纪委办公室
- 党委办公室
- 董事会监事办公室

审查与运营管理部门
- 稽核审计部
- 信托财务部
- 投资运营部
- 市场管理部
- 运营管理中心
  - 综合部
  - 运营保障部
  - 资管运营部
  - 风控交易部
  - 项目运营部
- 法律保全部
- 合规管理部
- 风险管理部
- 业务评审部

产品承销部门
- 财富管理部
  - 机构业务中心
  - 区域财富中心

业务开发与产品设计部门
- 特殊资产业务部
- 结构融资部
- 资产管理部
  - 综合部
  - 债券业务部
  - 多策略投资部
- 投资银行部
- 证券投资业务部
- 家族信托业务部
  - 家族信托部
  - 客户关系维系部及管理
- 养老金事业部
  - 企业年金部
  - 职业年金部
- 创新业务部
- 国际业务部
- 信托业务部

3. 公司治理

3.1 公司治理结构

3.1.1 股东

股东名称	持股比例(%)	法定代表人	注册资本(亿元)	注册地址	主要经营业务及主要财务情况
中国中信有限公司	82.26	朱鹤新	1 390.00	北京市朝阳区光华路10号院1号楼中信大厦89—102层	金融、实业，2021年底净资产为8 183亿元
中信兴业投资集团有限公司	17.74	张坚	26.00	上海市虹口区四川北路859号55楼	实业投资与贸易，2021年底净资产为254亿元

注：中信兴业投资集团有限公司是中国中信有限公司的全资子公司。中国中信集团有限公司为本公司最终实际控制人。

3.1.2 董事、董事会

董事长、董事

姓名	职务	性别	年龄(岁)	选任日期	所推举的股东名称	该股东持股比例(%)	简要履历
刘正均	董事长	男	56	2020年12月	中国中信有限公司	82.26	南开大学经济学博士，1988年7月参加工作，曾任审计署党组成员、法规司司长，现任中国中信集团有限公司党委委员、副总经理，中国中信股份有限公司和中国中信有限公司副总经理，兼任中信信托董事长
李子民	副董事长	男	50	2017年10月	中国中信有限公司	82.26	中国科学院大学管理学博士，1994年7月参加工作并入职本公司，历任部门总经理、业务总监、公司副总经理，现任公司党委书记、副董事长、总经理
薄伟康	副董事长	男	51	2019年1月	中国中信有限公司	82.26	中国人民大学经济学博士，1996年7月参加工作，先后在农业农村部、国务院办公厅就职；2015年2月入职本公司任公司副总经理，现任公司党委副书记、副董事长
赵文海	董事	男	54	2019年3月	中国中信有限公司	82.26	清华大学硕士，1989年7月参加工作，先后在中国教育电子公司、中国中信集团有限公司任职，现任中国中信集团有限公司战略发展部副总经理
俞国容	董事	男	48	2021年12月	中信兴业投资集团有限公司	17.74	上海财经大学工商管理硕士，1995年8月参加工作，先后在中信上海(集团)有限公司、中信华东(集团)有限公司、中信兴业投资集团有限公司就职，现任中信兴业投资集团有限公司副总经理

注：选任日期以监管批复为准。

独立董事

姓名	职务	性别	年龄(岁)	选任日期	所推举的股东名称	该股东持股比例(%)	简要履历
林义相	独立董事	男	57	2008年6月	中国中信有限公司	82.26	法国巴黎第十大学应用宏观经济学博士，天相投资顾问有限公司董事长兼总经理
徐经长	独立董事	男	56	2008年6月	中国中信有限公司	82.26	中国人民大学经济学博士，中国人民大学商学院教授、博士生导师
张宏久	独立董事	男	67	2016年8月	中国中信有限公司	82.26	北京大学法学硕士，北京市竞天公诚律师事务所合伙人

注：选任日期以监管批复为准。

3.1.3 监事、监事会

姓名	职务	性别	年龄(岁)	选任日期	所推举的股东名称	该股东持股比例(%)	简要履历
吕君芳	监事会主席	女	50	2013年10月	中国中信有限公司	82.26	浙江大学文学博士，1992年8月参加工作，先后在浙江教育学院、浙江工商大学、中信资产管理有限公司就职，2013年5月入职本公司，现任公司党委副书记、监事会主席、纪委书记
关颐	监事	男	53	2006年1月	中国中信有限公司	82.26	对外经济贸易大学毕业，1990年7月参加工作，先后在中国国际信托投资公司、中信集团就职，2006年1月任公司监事，现任中国中信集团有限公司稽核审计部总经理助理
李东	监事	女	49	2015年10月	职工代表	—	中央财经大学经济学硕士，1994年7月参加工作并进入审计署，2013年11月入职本公司，现任公司纪委办公室主任

注：本届监事会未设立下属委员会。

3.1.4 高级管理人员

姓名	职务	性别	年龄（岁）	选任日期	金融从业年限（年）	学历	专业	简要履历
李子民	总经理	男	50	2014年6月	27	博士	管理科学与工程	1994年7月入职本公司，历任部门总经理、业务总监、公司副总经理，现任公司党委书记、副董事长、总经理
蔡成维	副总经理	男	52	2015年3月	18	硕士	法律	1991年9月参加工作，先后在山东某市农业局、检察院、建设银行山东省分行、中国中期投资有限公司就职，2006年7月入职本公司，历任部门副总经理、部门总经理、合规总监，现任公司党委委员、副总经理
刘寅	副总经理	男	46	2017年7月	22	硕士	经济学	1999年4月参加工作，先后在中国银行、国泰君安证券公司、原中国银监会（现中国银保监会）就职，2017年7月入职本公司，现任公司党委委员、副总经理
涂一锴	副总经理	男	45	2015年3月	19	硕士	企业管理	2002年4月参加工作并进入中信银行，2008年12月入职本公司，历任部门副总经理、部门总经理、业务总监，现任公司副总经理、董事会秘书
刘小军	副总经理	男	45	2016年5月	19	硕士	金融学	2002年7月参加工作并进入中国建设银行，2006年4月入职本公司，历任部门副总经理、部门总经理、业务总监，现任公司副总经理
戴家凯	副总经理	男	49	2018年7月	28	硕士	工商管理	1992年7月参加工作并进入北京市粮食局，1993年11月入职本公司，历任部门总经理、部门总经理、风险总监、财务总监，现任公司副总经理

3.1.5 公司员工

报告期末，公司职工人数为694人。

项目		2021年度		2020年度	
		人数（人）	比例（%）	人数（人）	比例（%）
年龄分布	25岁以下	7	1	9	1
	25—29岁	106	15	148	20
	30—39岁	415	60	435	58
	40岁以上	166	24	160	21
性别分布	男	376	54	408	54
	女	318	46	344	46
学历分布	博士	21	3	23	3
	硕士	490	71	525	70
	本科	170	24	187	25
	专科	13	2	17	2
岗位分布	董事、监事及高管人员	17	2	17	2
	固有业务人员	27	4	22	3
	信托业务人员	578	84	643	86
	其他人员	72	10	70	9
合计		694	100	752	100

4. 经营管理

4.1 经营目标、方针、战略规划

4.1.1 经营目标：致力于成为国家放心、客户信赖、员工幸福的卓越信托公司。

4.1.2 经营方针：秉持"无边界服务、无障碍运行，有炽热情怀、有责任担当"的核心价值理念，以信托资产管理为主业，以服务客户为中心，以资本充足为基石，以优秀人才队伍为驱动，以协同创新为模式，以金融科技为载体，以价值创造和风险管理为目标，依法合规稳健经营，推动公司持续健康发展。

4.1.3 战略规划：坚持创新、协调、绿色、开放、共享的新发展理念，以"实体经济的助推器、人民财富的守护者、信托服务的践行人"为发展使命，遵循信托公司行业发展规律，持续优化业务结构，适应市场变化，推进数字化转型，紧跟客户需要努力提升资产管理和财富管理水平，强化综合金融服务能力，全心全意为信托金融消费者服务，切实承担消费者权益保护主体责任，不断提升消保工作质效，保持行业领先地位。

4.1.4 公司荣誉：报告期内，公司在服务实体经济、监管评级、业务创新、公益扶贫、品牌影响等方面赢得了监管部门、专业机构及市场的高度赞誉。公司连续五年取得监管评级、行业评级的双最高评级；获得"2021年度最佳信托公司""年度中国优秀信托公司""最佳服务实体经济信托公司"等十余项业内奖项。

4.2 经营业务

公司经营业务：信托业务、固有业务和专业子公司资产管理业务。报告期内，面对复杂困难的外部形势，公司主动适变应变，积极调整业务结构，稳步推进业务转型，持续优化资产质量，努力化解项目风险，继续保持稳健业绩：公司实现营业总收入85.85亿元，其中，手续费及佣金收入57.81亿元，净利润35.02亿元，上缴国家各项税金39.44亿元。

4.2.1 信托业务

信托业务是指公司作为受托人，按照委托人的意愿，

基于受益人利益或特定目的，对信托财产进行管理、处分的业务。2021年末，公司信托资产余额为9 788亿元。报告期内，公司新增信托项目2 225个，实收信托规模3 300亿元；为受益人分配信托收益455亿元。信托资产中主动管理型信托资产规模占比73%，涵盖基础设施、金融市场、文化科技、工业制造等领域。公司家族信托、保险金信托和慈善信托服务客户超过3 600名，合作渠道超30家，受托资产规模近560亿元，同比增长13%。

4.2.1.1 投资银行业务

投资银行业务是指主要利用债券、权益等投融资工具，为企业、政府部门、金融同业机构等卖方客户，提供灵活多元的综合融资方案。报告期内，公司全面落实金融服务实体经济、科技创新、绿色发展的理念，充分发挥中信集团"金融+实业"的综合优势，积极践行中信集团"双碳"路线图，支持绿色环保产业项目建设，协同兄弟单位推动可续期债权、公募REITs等业务模式落地。如，我司自2017年入股中国宏桥后，助力企业完善治理结构、布局产业升级，积极推动中信金属、中信戴卡等集团子公司与中国宏桥形成业务协同；积极推动企业与中国科学院大学建立产学研全面合作，多项"卡脖子"高新技术已完成成果转化；响应国家政策号召，优化能源结构，向云南转移203万吨电解铝产能，帮扶云南文山州脱贫。

4.2.1.2 资产管理业务

资产管理业务是指公司为满足买方客户的投资需求，按照约定的投资范围和策略，将客户交付的信托资金配置到各类金融产品的业务。公司持续提升资本市场配置管理能力，重塑业务条线与流程，组建复合型专业团队，依托自主投研能力，结合TOF业务，构建类现金管理、纯债、固收+、市场中性、多策略均衡、指数增强、股票多头等不同风险和收益特征的标品产品货架。公司自主决策型TOF全系列在9月突破100亿元，总规模行业领先，其中睿信稳健TOF获评"优秀证券投资信托计划奖""诚信托·最佳证券投资信托产品奖"等奖项。

4.2.1.3 财富管理业务

财富管理业务是面向高端个人客户和机构客户提供的多元化资产配置与理财服务，金融产品配置包括货币、固定收益、权益类投资等，并根据不同的客户类群提供家族信托、保险金信托、慈善信托、专户理财等差异化的细分服务。目前，公司在北京、上海、广州、深圳、天津、杭州、厦门、西安、成都、南京等地设立了12个财富中心，为客户提供专业化、综合化的财富管理服务。

公司家族信托和保险金信托继续领跑全行业，通过持续创新，不断拓宽信托财产类型、丰富信托服务场景，满足客户多样化的财富管理和传承需求，让更优质的信托服务惠及更多家庭。公司推出"信托+遗嘱"服务，将家族信托、保险、遗嘱三大传承工具结合，帮助委托人更好地规划身后财产安排；在非现金财产领域，公司推出行业首单债权资产保险金信托，实现了客户家庭资产统筹管理和传承的目标。

4.2.1.4 服务信托业务

服务信托业务是指以信托财产独立性为前提，以资产账户和权益账户为载体，以信托财产安全持有为基础，为客户提供账户管理、财产保管/登记、交易、监督、结算/清算、估值、权益登记/分配、信息披露、合同保管等托管运营类金融服务的信托业务。

在资产证券化领域，公司拥有首批非金融企业债务融资工具承销商资格、资产证券化业务管理人资格以及非金融企业债务融资工具受托管理业务资质。报告期内，公司资产证券化规模989亿元，有力支持了供应链中小企业、苏南煤电企业等发展，蝉联中债登颁发的"优秀ABS发行机构"荣誉称号。

公司积极推进特殊资产业务战略布局，成立特殊资产业务部，开展特殊资产处置服务信托、特殊资产投资和不良资产交易及受托处置业务。该类业务充分发挥信托制度优势，在资产价值重构、企业重整等方面，为客户提供定制化专业化服务及综合解决方案。现特殊资产服务信托业务受托规模已近160亿元。

在年金管理领域，公司成功延续企业年金基金受托管理机构资格，成为市场上唯一一家持有企业年金受托牌照的信托公司；继广东、浙江之后，公司正式成为辽宁省职业年金受托管理人。

公司持续拓展慈善信托业务，报告期内成立"中信信托·2021芳梅教育慈善信托"，为当年境内最大规模慈善信托。

4.2.1.5 公司信托资产运用与分布表

资产运用	金额（万元）	占比（%）	资产分布	金额（万元）	占比（%）
货币资产	9 644 341.21	9.85	基础产业	12 409 043.84	12.68
拆出资金	1 205 000.00	1.23	房地产	16 008 574.80	16.36
贷款	33 156 480.81	33.88	证券市场	11 684 592.58	11.94
交易性金融资产投资	17 904 302.22	18.29	工商企业	19 710 525.46	20.14
可供出售金融资产投资	11 707 661.71	11.96	金融机构	22 746 725.48	23.24

续表

资产运用	金额（万元）	占比（%）	资产分布	金额（万元）	占比（%）
持有至到期投资	2 680 482.43	2.74	其他	15 318 297.95	15.64
长期股权投资	9 090 319.20	9.29	—	—	—
其他	12 489 172.53	12.76	—	—	—
信托资产总计	97 877 760.11	100.00	信托资产总计	97 877 760.11	100.00

4.2.2 固有业务

固有业务在净资本覆盖率等监管指标的约束下，遵循公司资产配置策略，处理好资产与负债、风险与收益、短期目标与中长期战略之间的关系，实现固有资产增值，支持信托业务及子公司业务发展，为股东创造更大价值。公司优化固有资金配置结构，增加标准化产品投资，进一步提升盈利质量；积极支持符合国家发展战略的高科技产业及高成长企业，助力增强产业链供应链自主可控能力，推动航天、网信、芯片、智能制造领域发展。

报告期末，公司本部固有资产总额365亿元，同比增长5%；固定收益投资收益保持平稳。

资产运用	金额（万元）	占比（%）	资产分布	金额（万元）	占比（%）
货币资产	319 103.70	9	基础产业及实业	146 885.28	4
发放贷款和垫款	143 194.81	4	房地产业	283 467.10	8
买入返售金融资产	—	—	证券市场	1 473 059.02	40
交易性金融资产	1 895 302.89	52	金融机构	1 119 161.87	31
债权投资	259 872.21	7	其他	627 324.19	17
其他权益工具投资	200 010.49	5	—	—	—
长期股权投资	395 281.04	11	—	—	—
其他	437 132.31	12	—	—	—
资产总计	3 649 897.45	100	资产总计	3 649 897.45	100.00

4.2.3 专业子公司资产管理业务

公司为提升资产管理服务能力，设有中信信惠国际资本有限公司（中信信惠）、中信聚信（北京）资本管理有限公司（中信聚信）、中信保诚基金管理有限公司（中信保诚基金）等专业下属公司，打造集海外资产管理、私募股权投资基金、公募证券投资基金等业务为一体的金融服务平台。

作为中国信托公司第一个境外平台，中信信惠持有香港证监会核准的第一、四、九类牌照，香港公司注册处颁发的信托牌照、放债人牌照和中国证监会核准的合格境外投资者（QFII/RQFII）资格。公司积极服务大湾区建设，支持两地企业开拓跨境市场，报告期末，管理资产规模13.57亿美元，境外信托业务取得重大进展，新增规模6 000万美元。

中信聚信是经中国基金业协会登记的私募股权、创业投资基金管理人，主营私募股权投资基金管理业务。报告期末，管理资产规模448亿元。公司深耕权益类市场投资，形成以高端装备制造、新能源、文化、消费为主要投资领域的产业布局。报告期内，高端制造投资基金成效显著，已投的商业航天、工业软件等项目估值大幅提升，期内新增微波射频、芯片设计、红外装备多个"专精特新"项目。

中信保诚基金是中信信托与英国保诚集团合作设立的中国第一批中外合资基金管理公司之一，主营公募证券投资基金管理业务和特定资产管理业务。报告期内，公司基金管理业务大幅增长，管理资产规模1 623亿元，权益类基金表现优异，多支产品业绩同类领先。

4.3 市场分析

4.3.1 影响业务发展的不利因素

4.3.1.1 百年变局加剧全球经济不稳定状况

新冠肺炎疫情全球大流行和世界百年未有之大变局相互影响，全球经济不稳定因素加剧，持续下行震荡；国内经济虽然在低基数和强外需推动下实现逆势上扬，但由于需求收缩、供给冲击、预期转弱等因素，增长压力巨大。

4.3.1.2 行业新旧动能转换不畅

在新发展形势下，传统信托业务规模持续下滑，对信托公司的经营业绩产生较大影响；另一方面创新类业务多处于起步阶段，短期内难以形成业绩支柱，例如：服务信托业务在很多业务场景中还缺少必要的配套制度支撑，同时也面临着前期投入大、市场竞争不规范等诸多挑战。

4.3.1.3 业务领域风险形势较严峻

房地产、城投融资等重点领域的风险上升较快，信托产品的兑付压力增大，信托公司需要进一步增强风险防范、化解和抵补能力，在妥善平衡业务创新发展、保护受益人合法利益、维护股东权益等诸多诉求上存在压力和挑战。

4.3.2 促进业务发展的有利因素

4.3.2.1 "十四五"良好开局显示出我国经济规模大、韧性强、潜力大的巨大优势

中央经济工作会议强调稳字当头、稳中求进，扎实推进"六稳""六保"工作，调整政策和推动改革要把握好时度效，准确把握质的稳步提升和量的合理增长的深刻内涵及工作重点，推动经济实现高质量发展。积极稳定的宏观环境为信托业转型发展提供了扎实的基础和良好的机遇。

4.3.2.2 信托业转型发展步伐加快

资管新规出台后,信托业迎来新的发展格局,业务转型带来新的发展动能,资产管理市场将进一步专业化分工,信托业正在步入更加规范、健康的发展轨道,从以往过度偏重卖方驱动的非标融资业务,向兼顾买方驱动、标准化资产配置的均衡方向发展,信托业有望迎来新的发展机遇。

4.3.2.3 中信集团协同战略助力公司转型发展

"十四五"期间,中信集团全面推进"五五三"战略,努力实现"十百千万"发展目标。集团已向中国人民银行提交设立中信金控的申请并获受理,公司作为中信集团的金融子公司,将抓住集团协同战略的有利契机,在"一个中信、一个客户"的架构体系下,进一步整合客户资源,丰富产品种类,拓展服务领域,加快业务转型升级步伐,持续提升资产管理核心竞争力。

4.4 内部控制

4.4.1 内部控制环境与内部控制文化

公司按照《公司法》《信托公司管理办法》《信托公司治理指引》等法律规章以及公司章程相关要求,建立了由股东会、董事会、监事会、高级管理层组成的分工明确、权责对等、合理制衡的公司治理结构。

公司重视内部控制文化建设,以依法合规经营为根本准则,坚持"业务发展、内控先行"管理理念,建立了涵盖企业价值观、经营理念、运行原则、操守规范的内控文化体系;不断优化人力资本配置,健全人力资本开发与管理体系;从环境文化、制度文化、组织文化、行为文化等多层次切入,通过多种方式营造良好的合规经营和风险防范的内控文化氛围。

4.4.2 内部控制措施

公司内控制度体系涵盖公司治理、风险合规、稽核审计、财务管理、业务管理、人力资本、市场营销、信息技术、行政管理等,明确了各部门及岗位的职责权限、各业务流程的控制节点及控制要求。报告期内,公司全面开展制度体系的清理、规范工作,现行制度体系更加完善、高效,有效保证公司经营管理顺畅运行。

公司通过分级授权审批控制、不相容职务分离控制、会计系统控制、财务预算控制、招标采购控制、绩效考评控制、业务预警及应急机制等措施,有效发挥内控在经营管理中的实质性作用;始终遵循前、中、后台分离原则,将监督制衡贯穿全业务流程;持续加大信息技术投入,优化综合业务管理平台等系统,实现自动控制与人工控制有机结合,加强对关键风险点的自动化管控和监督;强化销售合规管理,建立售前、售中、售后全流程管控机制;认真履行反洗钱社会责任,不断优化反洗钱工作流程、信息系统、评估模型及监测规则等。

公司坚持"防火墙"机制,严格落实信托业务和固有业务之间部门、人员、财务和管理的分离原则;分别设立信托业务审查委员会和固有业务审查委员会,对信托业务和固有业务进行独立评审。

报告期内,公司扎实开展"内控合规管理建设年"活动,围绕"公司治理""子公司内控合规管理""重要岗位关键人员管理""内部问责标准和流程体系""内部控制监督"等十方面深入查找内控合规薄弱环节,通过强化制度体系建设、完善业务管理流程、加强重要岗位管理、发挥联合监督机制等措施,内控合规管理水平持续提升。

4.4.3 信息交流与反馈

公司建立起高效通畅的信息交流与反馈机制。内部各层级之间明确报告路线,上下级之间、前中后台之间通过定期经营分析会议、各类业务系统、管理系统和办公系统等渠道建立信息共享机制;倡导高管与基层的无障碍沟通,通过公司领导接待日、高管访谈、纪委委员片区联系会议、谈心谈话等机制广泛听取意见。

公司按照监管要求,及时报送各类财务及业务报表、事前及事后报告、关联交易报告等;积极履行受托人职责,向投资者及时、准确地披露各类业务信息;加强消费者权益保护工作管理,规范投诉受理和处理流程,设立400客服热线及现场投诉等渠道,保障金融消费者的信息知情权;建立《新闻发言人制度》《品牌声誉管理办法》等制度,通过官方网站、APP、微信公众号等渠道发布有关信息,确保公司对外交流的及时性、有效性、规范性。

4.4.4 监督评价与纠正

公司坚持以风险为导向、以合规为底线原则,独立行使审计监督职能,发挥风险控制第三道防线作用;运用多种审计方式,持续对各类经营管理活动进行监督,对内部控制有效性开展客观评价;加强重要岗位、关键人员的监督,适时对管理人员实施任期经济责任审计;提高内外部检查发现问题整改跟踪力度,规范整改认定标准及验收流程,强化审计成果运用。

公司坚持全面监督、日常监督、长期监督的理念,紧紧依靠群众,持续推动和充分发挥大监督工作体系的效用。报告期内组织四期聚焦主题的监督信息报送,收集到基层员工意见建议453条，按照"大监督八步工作法"逐条处理、落实整改，促进了公司风清气正的工作氛围的形成，有效保障了公司的"肌体健康"。

4.5 风险管理

4.5.1 风险管理概况

公司坚持"以风险管理服务业务发展，以风险管理促进价值提升"的核心理念，遵循全面性、匹配性、有效性、独立性、协调性的全面风险管理总体原则，依托"四层三道"风险管理组织架构、"归口部门专业化管理"的立体化风险管理模式，持续、有效地监控和管理公司面临的各类风险，切实履行"受人之托、忠人之事"的信托本源，严守风险合规底线，确保公司稳健发展。

报告期内，公司制定了《完善全面风险管理体系的行动方案》，通过组织、政策、流程、技术、文化五个维度，优化升级全面风险管理体系。公司进一步明确了"四层三道"组织架构的管理职责；全面梳理风险管理范畴，涵盖信用风险、市场风险、流动性风险、法律合规风险、操作风险、声誉风险等11大主要风险；进一步优化业务和风控流程，强化对各类风险的管控措施；围绕"员工行为、法律意识、合规意识、风险意识"，加强风险合规文化宣贯。同时，公司明确整体风险偏好，建立了2021年风险偏好和限额体系，做到保持充足的净资本，保持充裕的流动性，满足监管各项合规管理要求，维护公司良好声誉，确保具备可承受各类风险的能力。

4.5.2 风险状况

4.5.2.1 信用风险状况

信托业务的信用风险主要来自传统的融资类信托业务。报告期内，伴随房地产行业深度调整和城投公司出现区域性风险，融资类信托业务的信用风险呈现上升趋势。公司严格履行受托人尽职管理职责，积极采取多项措施化解风险，及时进行信息披露，必要时将采取法律手段，最大程度维护委托人合法权益。年内公司顺利完成174个融资类信托项目的终止清算，累计分配信托本金1 450亿元，履行了受托人的尽职管理职责。

固有业务信用风险主要来自固定收益类资产。报告期内，公司在业务审批及投贷后管理各环节做好信用风险的识别、研判、缓释与化解工作，定期评估固有资产质量，执行资产五级分类，计提了充足的拨备。

4.5.2.2 市场风险状况

信托业务的市场风险主要来自证券投资类信托业务。报告期内，公司严格依据信托合同进行投资运营，确保各项风险控制措施有效执行，证券投资类信托产品整体运行平稳。

固有业务的市场风险主要来自固有权益类资产。报告期内，公司积极应对市场风险不利变化，通过投资组合分散投资风险，公司固有资产投资的市场风险情况正常。

4.5.2.3 操作风险状况

公司持续对已有制度和流程进行梳理和跟踪，建立健全调整更新机制，据实对所开展的主要业务流程进行优化；在业务部门设置内控岗，加强员工操作风险意识的培养，注重提高员工素质和责任心，避免人为主观因素引发操作风险。报告期内，公司未发生较大的操作风险事件。

4.5.2.4 合规与法律风险状况

公司严格落实监管政策要求，持续健全合规制度体系，着力加强政策研究与宣贯，积极开展合规文化建设，不断提升依法合规经营能力。报告期内，公司未产生重大合规与法律风险。

4.5.2.5 道德风险状况

公司通过组织全员培训和宣导教育活动，增加内部监察和审计频率，提高全体员工的职业操守和道德水平。报告期内，公司未发生因员工道德问题导致受托管理资产或固有财产遭到损失的情形。

4.5.2.6 声誉风险状况

公司高度重视声誉风险，在制度建设、流程优化、文化培养、宣传培训等方面采取多项措施，积极做好声誉风险管理工作。报告期内，公司未发生重大负面舆情、案件和群体事件，维护了良好的品牌声誉。

4.5.3 风险管理

4.5.3.1 信用风险管理

面对复杂严峻的风险形势，公司严格履行受托人职责，高度重视信用风险的防范和管理，不断加强风险管理的前瞻性和引领性，强化过程管理和风险预警处置，及时转移、释放和化解信用风险。一是严格落实监管政策和指导要求，持续推进政策体系建设，及时调整和优化各项业务政策，制定融资集中度和风险限额管理方案，着力构建和完善信用风险管理体系。二是及时制定或修订承担信用风险的重点业务的系列指引，重点关注项目准入、细化尽职调查工作要求。三是建立和完善投后管理、风险监测分析等各项机制，及时防范和化解信用风险。四是每季度开展全面风险大排查，不定期落实现场和非现场检查和排查，通过严格的风险排查实现风险隐患的早发现、早处置。五是综合施策、创新手段、精准化解项目风险。公司综合运用直接催收、诉讼清收、债权转让、引入第三方合作、公证强制执行、债务重组等多种措施，在合法合规的前提下，有效化解项目风险，最大程度维护委托人合法权益。

4.5.3.2 市场风险管理

公司持续完善市场风险管理体系，优化制度、限额管理、业务流程、监控报告及日常管控流程，提高市场风险管理的针对性和有效性。一是在项目投资方案的设计和审批中，抓住大类资产配置的核心风控逻辑，遵循组合投资、分散风险的原则，限制单一资产集中度，限制高风险资产的配置比例，限制对冲策略的风险敞口。二是在产品销售过程中，注重客户风险适应性匹配，强化风险揭示、风险教育等环节，确保客户明确知晓和独立承担市场风险。三是在资金运用过程中，注重每日盯盘、预警、止损监控以外，不断加强资产配置比例监控、交易记录监控、业绩回报评价、净值波动分析、业绩归因分析等多种市场风险监测措施，依靠科学的量化指标体系，更准确地把握资金运用效果和业绩改善空间。四是成立证券投资事业部，集中力量，加强证券投资业务的基础设施建设，增强市场风险的专业化管理能力。

4.5.3.3 操作风险管理

公司加强内控制度和风险管理制度的落实，不断提升业务操作的规范化水平，有效管理各类操作风险。一是进行合理的岗位设置和有效的职责分离，各利益相关方在授权范围内独立运作的同时，加强彼此之间的协同配合，避免信息不对称。二是结合最新监管规定及自身发展战略，不断修订和完善内部各项规章制度，在业务尽职调查、审批决策、风险监控、信息披露等方面不断细化管理要求、规范操作流程，消除操作风险隐患。三是加强对公司员工行为的规范管理和宣导，强化员工的规范意识和责任意识。四是加快信息系统建设步伐，根据业务发展实际需求，搭建便于操作、权限分明的业务系统，切实降低操作风险。

4.5.3.4 合规与法律风险管理

公司坚持"不碰红线、不越底线"原则，依法合规经营。报告期内，公司严格落实各项监管要求，深入开展"内控合规管理建设年""合规文化提升年"活动，持续健全合规机制建设，全力提升合规经营能力。公司有序推进法律风险管理体系建设，健全规章制度体系，优化法律审查流程，强化法律队伍建设，提高法律服务质效，全面提升依法经营能力。

4.5.3.5 道德风险管理

公司严控道德风险，严格要求员工加强经营理念、政策法规和业务操作等技能的学习，加强职业道德和风险防范意识的培养，要求员工全面掌握有关法律法规、各项管理制度和风险防控措施，并在各部门设立观察员岗位，定期向公司汇报有悖于从业操守规范的倾向性问题。报告期内，公司多维度提升了内控管理，通过开展党员学习、主题教育、企业文化视频宣传等多种方式，提升员工守纪律讲规矩的自觉性。公司以"弘扬清风廉韵，增色百年风华"为主题举办第八届"清廉文化月"活动，举办5期清廉文化讲堂和"清廉文化进家庭"系列活动；组织开展警示教育活动，开展加强干部职工担当作为、履职尽责警示教育活动，发布《关于重申清廉从业纪律、落实相关管理措施的通知》，发布24期企业微信公众号"纪委小课堂"分享中央精神以及违法违纪典型案例等内容，引导全员持续加强和巩固纪律规矩意识。

4.5.3.6 声誉风险管理

公司重视声誉风险管理，将之作为公司治理和全面风险管理体系的重要组成部分，不断完善声誉风险管理机制，实现了对声誉风险的识别、监测、预警、控制和化解。报告期内，公司严格按照监管要求和中信集团相关规定，修订《声誉风险管理办法》并发布《声誉风险管理办法实施细则》，明确重大声誉风险事项向公司党委报告的机制，落实多部门"联防联控"要求，对声誉风险预警实施"看板"管理模式，进一步落实主责部门的责任。

4.6 净资本管理概况

公司高度重视净资本管理，保证资本扩充与业务发展匹配。报告期末，公司注册资本为113亿元，公司净资本余额为221亿元，净资本覆盖率达189%，高于100%的监管标准，各项指标均处于监管要求的较好水平。

指标	2021年度	2020年度
净资本（亿元）	221	220
各项风险资本之和（亿元）	117	110
净资本覆盖率（%）	189	200
净资本/净资产（%）	69	72

4.7 消费者权益保护

公司一直以来高度重视消费者权益保护工作，将消费者权益保护纳入企业经营战略，不断完善消费者权益保护制度体系，建立健全消费者权益保护工作体制机制，向公司全员贯彻消费者权益保护理念。

报告期内,公司成立了消费者权益保护工作委员会、建立了专门的消保审查制度、积极开展消保培训和消费者教育宣传、妥善处理各类投诉。公司积极与投诉人保持沟通,依法依规处理投诉事件,未发生因投诉处理不及时而引起大规模投诉的情形,不存在虚报、瞒报等重大问题。

5. 报告期末及比较式会计报表

5.1 固有资产

5.1.1 会计师事务所审计意见

信永中和会计师事务所认为,公司财务报表在所有重大方面按照企业会计准则的规定编制,公允反映了公司2021年12月31日的合并及母公司财务状况以及2021年度的合并及母公司经营成果和现金流量。

5.1.2 资产负债表

资产负债表

编制单位:中信信托有限责任公司　　2021年12月31日　　单位:万元

项目	合并 2021年12月31日	合并 2020年12月31日	母公司 2021年12月31日	母公司 2020年12月31日
资产:				
货币资金	25 428.02	15 336.42	1.03	1.03
存放同业款项	398 953.96	525 965.26	319 102.67	489 430.83
应收款项	58 235.24	52 152.64	52 968.35	21 329.27
其他应收款	192 426.02	198 691.08	188 754.73	192 892.21
买入返售金融资产	4 995.03	4 710.41	—	3 610.00
发放贷款和垫款	210 623.73	576 179.81	143 194.81	567 779.87
金融投资:				
交易性金融资产	2 412 498.84	1 110 863.58	1 895 302.89	776 166.47
债权投资	373 247.39	1 063 040.15	259 872.21	763 061.78
其他权益工具投资	200 010.49	195 259.92	200 010.49	195 259.92
长期股权投资	857 978.05	809 644.90	395 281.04	325 364.78
投资性房地产	—	—	—	—
固定资产	2 330.49	2 638.07	2 144.13	2 409.44
使用权资产	5 254.34	3 663.06	4 207.47	2 012.84
无形资产	8 875.07	7 182.61	8 860.10	7 162.40
商誉	36.21	36.21	—	—
递延所得税资产	170 915.61	131 293.83	170 901.80	129 985.25
其他资产	10 598.39	14 757.25	9 295.73	13 821.14
资产总计	4 932 406.88	4 711 415.20	3 649 897.45	3 490 287.23
负债:				
借款	506 255.29	233 193.17	—	—
交易性金融负债	348 372.34	180 851.60	—	—
应付职工薪酬	148 194.99	154 022.29	144 842.25	148 334.99
应交税费	70 584.89	85 483.86	69 157.82	78 215.64
应付款项	1 838.37	8 018.02	—	—
其他应付款	34 905.78	86 005.14	14 091.07	66 889.26
预计负债	202 684.53	156 905.90	194 994.33	148 165.93
应付债券	1 282.52	433 477.54	—	—

续表

项目	合并 2021年12月31日	合并 2020年12月31日	母公司 2021年12月31日	母公司 2020年12月31日
租赁负债	5 451.45	3 797.13	4 379.52	2 134.97
合同负债	17 171.19	1 514.21	16 958.29	1 422.89
递延所得税负债	1 129.91	1 480.79	—	—
其他负债	8 555.07	8 560.71	—	—
负债合计	1 346 426.34	1 353 310.38	444 423.28	445 163.68
所有者权益				
实收资本	1 127 600.00	1 127 600.00	1 127 600.00	1 127 600.00
资本公积	171 534.09	171 534.09	169 400.00	169 400.00
其他综合收益	45 425.84	46 315.03	30 007.86	26 444.94
盈余公积	356 975.54	329 153.92	356 975.54	329 153.92
一般风险准备	56 537.66	54 460.50	56 537.66	54 460.50
信托赔偿准备	176 561.09	162 650.28	176 561.09	162 650.28
未分配利润	1 650 870.48	1 466 035.61	1 288 392.02	1 175 413.90
归属于母公司所有者权益合计	3 585 504.70	3 357 749.44	3 205 474.17	3 045 123.55
少数股东权益	475.84	355.38	—	—
所有者权益合计	3 585 980.54	3 358 104.82	3 205 474.17	3 045 123.55

公司法定代表人:李子民　主管会计工作的公司负责人:涂一锴　公司会计机构负责人:胡楠

5.1.3 利润表

利润表

编制单位:中信信托有限责任公司　　2021年度　　单位:万元

项目	合并 2021年度	合并 2020年度	母公司 2021年度	母公司 2020年度
一、营业收入	858 506.19	874 585.81	671 959.04	707 270.15
手续费及佣金净收入	578 065.69	614 189.02	564 200.00	578 607.76
利息净收入	79 418.57	93 968.75	62 957.77	96 787.88
投资收益	236 790.40	163 349.44	53 105.18	35 068.10
其他收益	60.93	—	44.89	0.00
公允价值变动收益	-39 496.88	-4 318.87	-12 139.37	-10 620.05
汇兑净收益	-115.18	233.14	-2.41	416
资产处置收益	—	—	—	—
其他业务收入	3 782.66	7 164.34	3 792.99	7 010.47
二、营业支出	414 757.35	375 691.17	305 882.82	406 972.39
税金及附加	4 512.66	4 529.62	4 412.69	4 419.35
业务及管理费	110 102.49	200 276.49	93 688.06	275 710.97
信用减值损失	185 026.08	118 415.02	123 519.88	121 956.61
其他资产减值损失	36 703.37	47 584.58	5 849.43	—
其他业务成本	78 412.75	4 885.46	78 412.75	4 885.46
三、营业利润	443 748.84	498 894.65	366 076.22	300 297.77
加:营业外收入	1 105.87	1 707.40	1 076.99	1 706.41
减:营业外支出	1 866.37	8 833.24	1 865.48	8 626.66
四、利润总额	442 988.34	491 768.81	365 287.73	293 377.52
减:所得税费用	92 745.71	106 231.57	87 071.58	90 080.59
五、净利润	350 242.63	385 537.23	278 216.15	203 296.93
归属于母公司所有者的净利润	350 072.91	385 487.15	278 216.15	203 296.93
少数股东损益	169.72	50.08	—	—

公司法定代表人:李子民　主管会计工作的公司负责人:涂一锴　公司会计机构负责人:胡楠

5.1.4 所有者权益变动表

编制单位：中信信托有限责任公司　　2021年度　　单位：万元

2021年度（合并）

项目	实收资本	资本公积	归属于母公司所有者权益 其他综合收益	盈余公积	一般风险准备	信托赔偿准备	未分配利润	少数股东权益	所有者权益合计
2020年12月31日余额	1 127 600.00	171 534.09	46 315.04	329 153.92	54 460.50	162 650.28	1 466 035.61	355.38	3 358 104.82
会计政策变更	—	—	—	—	—	—	—	—	—
2021年1月1日余额	1 127 600.00	171 534.09	46 315.04	329 153.92	54 460.50	162 650.28	1 466 035.61	355.38	3 358 104.82
本年增减变动金额									
1.综合收益总额	—	—	−889.20	—	—	—	350 072.91	169.72	349 353.43
2.所有者投入和减少资本	—	—	—	—	—	—	—	—	—
3.利润分配	—	—	—	27 821.62	2 077.16	13 910.81	−165 238.03	—	−121 428.45
提取盈余公积	—	—	—	27 821.62	—	—	−27 821.62	—	—
对所有者的分配	—	—	—	—	—	—	−121 428.45	—	−121 428.45
提取一般风险准备	—	—	—	—	2 077.16	—	−2 077.16	—	—
提取信托赔偿准备	—	—	—	—	—	13 910.81	−13 910.81	—	—
4.其他	—	—	—	—	—	—	—	−49.26	−49.26
上述1至4小计	—	—	−889.20	27 821.62	2 077.16	13 910.81	184 834.88	120.46	227 875.72
2021年12月31日余额	1 127 600.00	171 534.09	45 425.84	356 975.54	56 537.66	176 561.08	1 650 870.49	475.84	3 585 980.54

2021年度（母公司）

项目	实收资本	资本公积	其他综合收益	盈余公积	一般风险准备	信托赔偿准备	未分配利润	所有者权益合计
2020年12月31日余额	1 127 600.00	169 400.00	26 444.94	329 153.92	54 460.50	162 650.28	1 175 413.91	3 045 123.55
会计政策变更	—	—	—	—	—	—	—	—
2021年1月1日余额	1 127 600.00	169 400.00	26 444.94	329 153.92	54 460.50	162 650.28	1 175 413.91	3 045 123.55
本年增减变动金额								
1.综合收益总额	—	—	3 562.92	—	—	—	278 216.15	281 779.08
2.所有者投入和减少资本	—	—	—	—	—	—	—	—
3.利润分配	—	—	—	27 821.62	2 077.16	13 910.81	−165 238.03	−121 428.45
提取盈余公积	—	—	—	27 821.62	—	—	−27 821.62	—
对所有者的分配	—	—	—	—	—	—	−121 428.45	−121 428.45
提取一般风险准备	—	—	—	—	2 077.16	—	−2 077.16	—
提取信托赔偿准备	—	—	—	—	—	13 910.81	−13 910.81	—
4.其他	—	—	—	—	—	—	—	—
上述1至4小计	—	—	3 562.92	27 821.62	2 077.16	13 910.81	112 978.12	160 350.62
2021年12月31日余额	1 127 600.00	169 400.00	30 007.86	356 975.54	56 537.66	176 561.08	1 288 392.03	3 205 474.17

编制单位：中信信托有限责任公司

所有者权益变动表（续表）

2020年度

单位：万元

项目	2020年度（合并）										2020年度（母公司）							
	归属于母公司所有者权益							少数股东权益	所有者权益合计		实收资本	资本公积	其他综合收益	盈余公积	一般风险准备	信托赔偿准备	未分配利润	所有者权益合计
	实收资本	资本公积	其他综合收益	盈余公积	一般风险准备	信托赔偿准备	未分配利润											
2019年12月31日余额	1 127 600.00	171 534.09	28 702.49	308 824.23	49 494.97	152 485.43	1 246 253.48	438.76	3 085 333.45		1 127 600.00	169 400.00	22 626.43	308 824.23	49 494.97	152 485.43	1 137 822.00	2 968 253.06
会计政策变更	—	—	—	—	—	—	—	—	—		—	—	—	—	—	—	—	—
2020年1月1日余额	1 127 600.00	171 534.09	28 702.49	308 824.23	49 494.97	152 485.43	1 246 253.48	438.76	3 085 333.45		1 127 600.00	169 400.00	22 626.43	308 824.23	49 494.97	152 485.43	1 137 822.00	2 968 253.06
本年增减变动金额																		
1.综合收益总额	—	—	17 612.55	—	—	—	385 487.15	50.08	403 149.78		—	—	3 818.51	—	—	—	203 296.93	207 115.44
2.所有者投入和减少资本	—	—	—	—	—	—	—	—	—		—	—	—	—	—	—	—	—
3.利润分配	—	—	—	20 329.69	4 965.53	10 164.85	-165 705.02	-133.46	-130 378.41		—	—	—	20 329.69	4 965.53	10 164.85	-165 705.02	-130 244.95
提取盈余公积	—	—	—	20 329.69	—	—	-20 329.69	—	—		—	—	—	20 329.69	—	—	-20 329.69	—
对所有者的分配	—	—	—	—	—	—	-130 244.95	-133.46	-130 378.41		—	—	—	—	—	—	-130 244.95	-130 244.95
提取一般风险准备	—	—	—	—	4 965.53	—	-4 965.53	—	—		—	—	—	—	4 965.53	—	-4 965.53	—
提取信托赔偿准备	—	—	—	—	—	10 164.85	-10 164.85	—	—		—	—	—	—	—	10 164.85	-10 164.85	—
4.非同一控制下企业合并调整	—	—	—	—	—	—	—	—	—		—	—	—	—	—	—	—	—
上述1至4小计	—	—	17 612.55	20 329.69	4 965.53	10 164.85	219 782.13	-83.38	272 771.37		—	—	3 818.51	20 329.69	4 965.53	10 164.85	37 591.91	76 870.49
2020年12月31日余额	1 127 600.00	171 534.09	46 315.04	329 153.92	54 460.50	162 650.28	1 466 035.61	355.38	3 358 104.82		1 127 600.00	169 400.00	26 444.94	329 153.92	54 460.50	162 650.28	1 175 413.91	3 045 123.55

公司法定代表人：李子民　　主管会计工作的公司负责人：涂一锴　　公司会计机构负责人：胡楠

5.2 信托资产

5.2.1 信托项目资产负债汇总表

资产负债汇总表

编制单位：中信信托有限责任公司　　2021年度　　单位：万元

信托资产	2021年12月31日	2020年12月31日
信托资产：	—	—
存放同业款项	9 644 341.21	11 007 580.30
拆出资金	1 205 000.00	1 205 000.00
交易性金融资产	17 904 302.22	12 108 073.70
买入返售金融资产	340 980.51	300 041.98
应收账款	11 093 895.61	16 900 698.19
应收利息	414 511.59	422 732.94
应收股利	80 180.09	72 425.26
其他应收款	557 859.38	743 331.73
贷款	33 156 480.81	44 193 353.84
可供出售金融资产	11 707 661.71	18 026 917.03
持有至到期金融资产	2 680 482.43	4 183 935.83
长期股权投资	9 090 319.20	13 301 749.17
其他资产	1 745.35	54.60
信托资产总计	97 877 760.11	122 465 894.57
信托负债和信托权益	2021年12月31日	2020年12月31日
信托负债：	—	—
应交税费	57 094.27	98 928.75
其他应付款	507 669.83	862 611.10
应付账款	444 599.89	212 681.28
信托负债合计	1 009 363.99	1 174 221.13
信托权益：	—	—
实收信托	96 027 470.02	118 128 026.65
资本公积	48 320.09	648 156.72
未分配利润	792 606.01	2 515 490.07

续表

信托资产	2021年12月31日	2020年12月31日
信托权益合计	96 868 396.12	121 291 673.44
信托负债及权益总计	97 877 760.11	122 465 894.57

法定代表人：李子民　　主管信托财务负责人：涂一锴　　会计机构负责人：杜永生

注：按照《关于进一步贯彻落实新金融工具相关会计准则的通知》（财会〔2020〕22号）的要求，公司信托项目于2022年1月1日起执行新金融工具准则（2017年版本），因此2021年末信托项目资产负债汇总表中的金融资产仍按旧金融工具准则（2006年版本）列示。

5.2.2 信托项目利润及利润分配汇总表

利润及利润分配汇总表

编制单位：中信信托有限责任公司　　2021年度　　单位：万元

项目	2021年度	2020年度
一、营业收入	5 799 020.90	10 037 465.07
利息收入	2 498 229.63	4 031 875.15
投资收益	3 984 199.48	4 485 949.27
公允价值变动损益	-732 764.41	1 338 430.47
汇兑损益	-6 416.95	-11 181.32
其他收入	55 773.15	192 391.50
二、营业费用	1 152 995.93	1 364 660.20
三、税金及附加	16 003.33	28 144.02
四、扣除资产损失前的信托利润	4 630 021.64	8 644 660.85
减：资产减值损失	1 828 683.15	171 765.52
五、扣除资产损失后的信托利润	2 801 338.49	8 472 895.33
加：期初未分配信托利润	2 545 456.60	862 955.42
六、可供分配的信托利润	5 346 795.09	9 335 850.75
减：本期已分配信托利润	4 554 189.08	6 820 360.68
七、期末未分配信托利润	792 606.01	2 515 490.07

法定代表人：李子民　　主管信托财务负责人：涂一锴　　会计机构负责人：杜永生

注：2021年度信托项目利润及利润分配汇总表中的资产减值损失约183亿元，为公司按照资管新规和会计准则的要求，出于对信托项目信用风险状况的谨慎性判断，于2021年在信托项目账面计提的资产减值损失准备。由于该减值准备是依据目前的业务情况进行的预估，不代表委托人/受益人的实际损失。

6.会计报表附注

6.1 会计报表编制基准

6.1.1 会计报表不符合会计核算基本前提的事项

本公司无上述情况。

6.1.2 纳入公司合并会计报表范围的子公司情况

子公司名称	业务性质	注册地	注册资本	实际投资额（万元）	母公司持有的权益性资本的比例（%）	合并期间
中信聚信（北京）资本管理有限公司	服务业	北京	50 000万元	50 000	100	2012年4月至2021年12月
中信信惠国际资本有限公司	金融业	香港	242 637万港币	207 781.89	100	2014年10月至2021年12月

注：2012年，公司出资20 000万元设立全资子公司中信聚信（北京）资本管理有限公司，并将其纳入合并会计报表范围，纳入合并报表的基准日为2012年4月17日。2014年，公司以现金方式向中信聚信增加注册资本20 000万元，变更后注册资本为40 000万元。2017年，公司以现金方式向中信聚信增加注册资本10 000万元，变更后注册资本为50 000万元。2014年，公司出资15.83万元受让中信信惠国际资本有限公司（以下简称中信信惠）51%股权，并将其纳入合并会计报表范围，纳入合并报表的基准日为2014年10月31日。2015年3月，公司以现金3 173.83万元向中信信惠增资。2015年10月，公司以现金3 073.82万元购买中信信惠少数股权（占该公司股份的49%），由此取得对中信信惠100%股权。2018年公司以现金方式向中信信惠增资137 833.40万元。2021年公司以现金方式向中信信惠增资63 685.00万元。

6.2 重要会计政策和会计估计说明

公司自2018年1月1日起执行《企业会计准则第14号——收入》《企业会计准则第22号——金融工具确认和计量》《企业会计准则第23号——金融资产转移》《企业会计准则第24号——套期会计》和《企业会计准则第37号——金融工具列报》等准则。

6.3 或有事项说明

报告期末，公司无对外担保。

6.4 重要资产转让及其出售的说明

报告期内，公司没有重要资产转让及其出售。

6.5 会计报表中重要项目的明细资料

6.5.1 固有资产经营情况

6.5.1.1 按信用风险五级分类结果披露信用风险资产的期初数、期末数

信用风险资产五级分类	正常类（万元）	关注类（万元）	次级类（万元）	可疑类（万元）	损失类（万元）	信用风险资产合计（万元）	不良资产合计（万元）	不良资产率（%）
期初数	1 940 411.76	219 663.28	—	13 900.00	150 248.56	2 324 223.60	164 148.56	7.06
期末数	838 767.29	398 336.40	—	31 000.00	—	1 268 103.69	31 000.00	2.44

注：不良资产合计=次级类+可疑类+损失类。

6.5.1.2 资产减值准备情况

单位：万元

项目	期初数	本期计提	本期转回	本期核销	期末数
坏账及其他资产减值准备	32 354.33	29 413.30	5 111.91	15 678.10	40 977.62
发放贷款和垫款减值准备	186 390.93	92 356.87	48 010.25	69 052.04	161 685.51
金融资产投资减值准备	63 238.56	117 432.42	56 848.04	21 091.88	102 731.06
其中：债权投资减值准备	63 238.56	117 432.42	56 848.04	21 091.88	102 731.06
长期股权投资减值准备	—	—	—	—	—
合计	281 983.82	239 202.59	109 970.20	105 822.03	305 394.18

6.5.1.3 固有股票投资、基金投资、债券投资、长期股权投资等投资情况

单位：万元

项目	固有股票	基金	债券	长期股权投资	其他投资	合计
期初数	13 533.87	55 401.83	29 807.07	325 364.78	1 635 745.41	2 059 852.96
期末数	59 193.54	945 041.50	52 739.36	395 281.04	1 298 211.19	2 750 466.63

6.5.1.4 固有长期股权投资的前五名

企业名称	占被投资企业权益的比例(%)	主要经营活动	投资收益（万元）
中信聚信（北京）资本管理有限公司	100.00	私募基金管理	并表子公司
中信信惠国际资本有限公司	100.00	资产管理	并表子公司
中信保诚基金管理有限公司	49.00	证券投资基金管理	10 746.73
中信信诚资产管理有限公司	45.00	资产管理	-1 553.02
中信消费金融有限公司	34.90	消费金融	2 285.80

6.5.1.5 固有贷款前五名

企业名称	占贷款总额的比例(%)	所在地域
昆明嘉丽泽旅游文化有限公司	53.75	西南地区
济南万达城建设有限公司	29.52	华东地区
六盘水市城市建设投资有限责任公司	10.17	西南地区
金科地产集团股份有限公司	6.56	西南地区

6.5.1.6 表外业务的期初数、期末数

单位：万元

表外业务	期末数	期初数
担保业务	—	—
代理业务（委托业务）	72 527.79	72 527.79
其他	—	—
合计	72 527.79	72 527.79

6.5.1.7 公司当年的收入结构

项目	合并		母公司	
收入结构	金额（万元）	占比（%）	金额（万元）	占比（%）
手续费及佣金净收入	578 065.69	67.25	564 200.00	83.83
其中：信托手续费收入	564 200.00	65.63	564 200.00	83.83
投资银行业务收入	—	—	—	—

续表

项目	合并		母公司	
收入结构	金额（万元）	占比（%）	金额（万元）	占比（%）
利息净收入	79 418.57	9.24	62 957.77	9.35
其他业务收入	3 782.66	0.44	3 792.99	0.56
其中：计入信托业务收入部分	—		—	
投资收益	236 790.40	27.55	53 105.18	7.89
其中：股权投资收益	178 919.35	20.81	—	—
证券投资收益				
其他投资收益				
公允价值变动收益	−39 496.88	−4.59	−12 139.37	−1.80
其他收益	60.93	0.01	44.89	0.16
营业外收入	1 105.87	0.13	1 076.99	0.16
汇兑损益	−115.18	−0.01	−2.41	−0.00
收入合计	859 612.06	100.00	673 036.03	100

6.5.2 披露信托资产管理情况

6.5.2.1 信托资产的期初数、期末数

单位：万元

信托资产	期初数	期末数
集合	69 986 159.88	51 572 836.31
单一	40 434 155.13	33 150 353.83
财产权	12 045 579.56	13 154 569.97
合计	122 465 894.57	97 877 760.11

6.5.2.1.1 主动管理型信托业务期初数、期末数，分证券投资、股权投资、融资、事务管理类分别披露

单位：万元

主动管理型信托资产	期初数	期末数
证券投资类	25 297 823.28	30 716 542.82
股权投资类	7 110 540.06	16 764 407.64
融资类	33 482 398.95	24 042 687.68
事务管理类	—	—
合计	65 890 762.29	71 523 638.14

6.5.2.1.2 被动管理型信托业务期初数、期末数，分证券投资、股权投资、融资、事务管理类分别披露

单位：万元

被动管理型信托资产	期初数	期末数
证券投资类	—	—
股权投资类	—	—
融资类	—	—
事务管理类	56 575 132.28	26 354 121.97
合计	56 575 132.28	26 354 121.97

6.5.2.2 本年度已清算结束的信托项目个数、实收信托合计金额、加权平均实际年化收益率

6.5.2.2.1 本年度已清算结束的集合类、单一类资金信托项目和财产管理类信托项目个数、金额、加权平均实际年化收益率

已清算结束信托项目	项目个数（个）	合计金额（万元）	加权平均实际年化收益率（%）
集合类	297	26 636 863.03	6.27
单一类	194	9 576 766.67	6.17
财产管理类	41	10 460 828.86	4.96

6.5.2.2.2 本年度已清算结束的主动管理型信托项目个数、合计金额、加权平均实际年化收益率，分证券投资、股权投资、融资、事务管理类分别披露

已清算结束信托项目	项目个数（个）	合计金额（万元）	加权平均实际年化收益率（%）
证券投资类	148	3 285 312.99	5.26
股权投资类	20	4 298 832.05	7.14
融资类	174	14 500 719.19	7.45
事务管理类	—	—	—

6.5.2.2.3 本年度已清算结束的被动管理型信托项目个数、合计金额、加权平均实际年化收益率，分证券投资、股权投资、融资、事务管理类分别披露

已清算结束信托项目	项目个数（个）	合计金额（万元）	加权平均实际年化收益率（%）
证券投资类	—	—	—
股权投资类	—	—	—
融资类	—	—	—
事务管理类	190	24 589 594.33	4.96

6.5.2.3 本年度新增的集合类、单一类和财产管理类信托项目个数、合计金额

新增信托项目	项目个数（个）	合计金额（万元）
集合类	639	25 110 553.18
单一类	690	1 909 837.96
财产管理类	896	5 977 228.62
新增合计	2 225	32 997 619.76
其中：主动管理型	1 774	25 678 111.01
被动管理型	451	7 319 508.75

注：上述统计未包括尚未清算的开放式信托项目本年度内发生的申购和赎回金额，故期初余额−本期清算+本期新增≠期末余额。

6.5.2.4 信托创新成果

公司积极推进业务创新，在证券投资信托、家族信

托与保险金信托、企业/职业年金受托管理业务、特殊资产管理业务、涉众性社会资金受托服务业务等领域取得模式突破和新的展业成果。

6.5.2.4.1 证券投资信托

公司重塑业务条线与流程，组建复合型专业团队，依托自主投研能力，结合TOF业务，构建类现金管理、纯债、固收+、市场中性、多策略均衡、指数增强、股票多头等不同风险和收益特征的标品产品货架，自主决策型TOF全系列总规模已行业领先。

6.5.2.4.2 家族信托与保险金信托

公司不断拓宽信托财产类型、丰富信托服务场景，满足客户多样化的财富管理和传承需求，让更优质的信托服务惠及更多家庭。在丰富服务场景方面，"信托+遗嘱"服务综合家族信托、保险、遗嘱三大传承工具优势，帮助委托人更好地规划身后财产安排。在受托财产类型方面，可管理运用的财产类型丰富多样，包括了现金、非上市公司股权、上市公司股票、不动产、债权、保险合同受益权等。

6.5.2.4.3 企业/职业年金受托管理业务

公司拓展年金受托管理业务，成立养老金事业部，持续完善系统、梳理制度、扩充团队。在企业年金领域，公司成功延续企业年金基金受托管理机构资格，成为市场上唯一一家持有年金受托牌照的信托公司；在职业年金领域，继广东、浙江之后，公司正式成为辽宁省职业年金受托管理人。

6.5.2.4.4 特殊资产管理业务

公司紧跟后疫情时代，特殊资产领域"红海深远，蓝海广阔"的特点，积极推进特殊资产业务战略布局，成立特殊资产业务部。遵循回归本源、服务实体经济的政策导向，进一步聚焦特殊资产投资、特殊资产服务信托业务。基于信托制度本身的财产安排灵活、资源集成整合、风险有效隔离作用，在企业重整信托服务方面取得了积极成效。后续将在项目流动性纾困、债券特殊机会投资、困境债务重组、不良债权投资、特殊资产证券化等方面做深入探索，以期实现业务转型突破。

6.5.2.4.5 涉众性资金受托服务业务

公司深入探索运用信托机制管理涉众性社会资金，致力于解决社会生活中"受托人职责缺位、交易信用缺失"问题，先后探索旅游、养老、殡葬、劳务结算等涉众性资金管理场景；自主研发保管服务信托业务管理系统，支持高频、实时、大量、非标准的信息交互传递和处理，构建场景交易与信托运营之间的纽带，有效隔离风险。

6.5.2.5 本公司履行受托人义务情况

公司严格按照《信托法》《信托公司管理办法》《信托公司集合资金信托计划管理办法》等法律法规的规定，恪尽职守，诚实、信用、谨慎、有效管理运用信托财产。公司严格执行信托合同约定，按照受益人利益最大化原则处理信托事务，全面履行受托人义务。公司建立健全金融消费者权益保护机制和管理体系，切实保障金融消费者合法权益。

6.5.2.6 信托赔偿准备的提取、使用和管理情况

公司从2021年的税后利润提取5%的信托赔偿准备金，即13 910.81万元，余额达176 561.09万元。公司2021年度未发生需要使用信托赔偿准备金的事件，也未使用信托赔偿准备金。

6.6 关联方关系及其交易的披露

6.6.1 关联交易方的数量、关联交易的总金额及关联交易的定价原则等

项目	关联交易方数量	关联交易金额（万元）	定价政策
合计	34	89 523.46	1.遵循市场价格的原则，有客观的市场价格作为参照的一律以市场价格为准。2.如果没有市场价格，按照成本加成定价。3.如果既没有市场价格，也不适合采用成本加成价的，按照协议价定价

6.6.2 关联交易方与本公司的关系性质、关联交易方的名称、法定代表人、注册地址、注册资本及主营业务等

关系性质	关联方名称	法定代表人	注册地址	注册资本（亿元）	主营业务
母公司	中国中信有限公司	朱鹤新	北京市朝阳区光华路10号院1号楼中信大厦89—102层	1 390.00	金融、实业
同一母公司	中信银行股份有限公司	朱鹤新	北京市朝阳区光华路10号院1号楼6—30层、32—42层	489.35	银行业务
母公司对其有重大影响	中信证券股份有限公司	张佑君	广东省深圳市福田区中心三路8号卓越时代广场（二期）北座	129.27	证券经纪、投行业务

注：公司本年度共有关联方34个，主要来自中信集团内部，表中为公司主要关联方。

6.6.3 公司与关联方的重大交易事项

6.6.3.1 固有财产与关联方：贷款、投资、租赁、应收账款、担保、其他方式等期初汇总数、本期发生额汇总数、期末汇总数

固有与关联方关联交易　　　　　　单位：万元

项目	期初数	借方发生额	贷方发生额	期末数
贷款	—	—	—	—
投资	5 619.11	30 501.60	30 097.62	6 023.08
租赁	35.16	35.16		
担保				
应收账款	3 196.33			3 196.33
其他	682.83	5 690.47	6 368.33	4.97
合计	9 533.43	36 227.23	36 465.96	9 224.38

6.6.3.2 信托资产与关联方：贷款、投资、租赁、应收账款、担保、其他方式等期初汇总数、本期发生额汇总数、期末汇总数

信托与关联方关联交易　　　　　　单位：万元

项目	期初数	借方发生	贷方发生	期末数
贷款	21 285.19	—	2 000.00	19 285.19
投资	23 412.88	—	23 412.88	—
合计	44 698.07	—	25 412.88	19 285.19

注：此外，还包括支付给关联方中信银行的托管费8 979.05万元。

6.6.3.3 固有财产和信托财产之间的交易金额期初汇总数、本期发生额汇总数、期末汇总数

固有财产与信托财产相互交易　　　　　　单位：万元

项目	期初数	本期发生额	期末数
合计	456 015.41	93 569.02	549 584.43

6.6.3.4 信托资产与信托财产之间的交易金额期初汇总数、本期发生额汇总数、期末汇总数

信托资产与信托财产相互交易　　　　　　单位：万元

项目	期初数	本期发生额	期末数
合计	6 334 616.27	-1 044 507.65	5 290 108.62

6.6.4 关联方逾期未偿还本公司资金的详细情况以及本公司为关联方担保发生或即将发生垫款的情况

关联方没有逾期不偿还本公司资金情况，本公司没有为关联方担保发生或即将发生垫款情况。

6.7 会计制度的披露

本公司固有业务和信托业务均执行财政部颁布的企业会计准则及相关规定。

7. 财务情况说明

7.1 利润实现和分配情况

2021年母公司净利润为278 216.15万元，合并净利润为350 242.63万元。

依据《公司法》《信托公司管理办法》和公司章程，公司对本年实现的母公司净利润278 216.15万元进行分配，其中：提取10%法定盈余公积金27 821.62万元，提取5%信托赔偿准备13 910.81万元。

7.2 主要财务指标

指标名称	指标值	
	合并	母公司
资本利润率（%）	10.09	8.90
人均净利润（万元）	489.51	350.18

注：1. 资本利润率＝净利润/所有者权益平均余额×100%。
2. 人均净利润＝净利润/年平均人数。
3. 平均值采取期初、期末余额简单平均法，公式为：a（平均）=（期初数+期末数）/2。

7.3 对本公司财务状况、经营成果有重大影响的其他事项

报告期内，公司没有对财务状况、经营成果产生重大影响的其他事项。

8. 特别事项揭示

8.1 股东报告期内变动情况及原因

报告期内，本公司没有发生股东变动。

8.2 董事、监事及高级管理人员变动情况及原因

2021年8月，王爱明因工作原因不再担任公司董事职务。

2021年8月，张立因工作原因不再担任公司董事职务，股东会选举俞国容担任公司董事；2021年12月，俞国容董事任职资格获北京银保监局核准。

2021年10月，王道远因工作原因不再担任公司常务副总经理职务。

8.3 变更注册资本、注册地或公司名称、公司分立合并事项

无。

8.4 公司的重大诉讼事项

无。

8.5 公司及其董事、监事和高级管理人员受到处罚情况

报告期内，北京银保监局就一笔业务对公司做出50万元罚款的行政处罚；国家外汇管理局北京外汇管理部就一笔业务对公司做出没收违法所得并处58万元罚款的行政处罚。公司已完成处罚事项所涉问题的整改。

除上述事项外，公司及其董事、监事和高级管理人员无其他受到处罚的情况。

8.6 银保监会及其派出机构对公司进行检查及提出整改意见的情况

报告期内，北京银保监局对公司非现场监管报表数据质量进行检查，对公司数据质量提出进一步要求。公司已按照监管要求落实整改工作，数据治理能力和水平得到进一步提高。

8.7 重大事项临时报告情况

2021年7月23日，公司在《上海证券报》第23版发布了《关于修改公司章程和变更法定代表人的公告》，内容如下。

经公司2021年第一次股东会审议通过，同意修改公司章程。本次修改内容主要包括：完善党的建设相关条款，完善股权管理、消费者权益保护相关条款，公司法定代表人变更为公司总经理担任，完善"三会"会议召开程序与方式，规范法律用语等。本次修改章程已获得中国银行保险监督管理委员会北京监管局核准（京银保监复〔2021〕591号）。根据本次修改后的章程，公司法定代表人变更为总经理李子民先生。本次章程修改备案和法定代表人变更已于2021年7月21日在北京市市场监督管理局完成。

8.8 银保监会及其派出机构认定的其他有必要让客户及相关利益人了解的重要信息

无。

9.公司监事会意见

监事会根据有关法律、法规，监督检查了公司重大决策、重大经营活动情况及财务状况，认为公司董事会和高级管理层能够严格执行《公司法》、公司章程和监管政策的相关规定，坚持依法合规经营、积极践行国家战略、主动调整业务结构、不断提升业务质效、持续推进业务创新。董事与高级管理人员等在履行公司职务时未有违反法律、法规、公司章程或损害公司利益的行为，年度报告真实反映了公司的财务状况和经营成果。

中原信托有限公司

1.重要提示

本公司董事会及董事保证本报告所载资料不存在任何虚假记载、误导性陈述或者重大遗漏,并对其内容的真实性、准确性和完整性承担个别及连带责任。

独立董事冯根福先生、徐长生先生、瞿强先生认为本报告内容是真实、准确、完整的。

本公司总裁崔泽军、主管会计工作的副总裁李信凤及计划财务部负责人鲁耀声明:保证年度报告中财务报告的真实、完整。

2.公司概况

2.1 公司简介

中原信托有限公司于1985年8月经河南省人民政府和中国人民银行批准成立。2002年10月中国人民银行《关于中原信托投资公司重新登记有关事项的批复》(银复〔2002〕285号)批准公司重新登记,并改制为有限责任公司,成为专门从事信托业务的信托金融机构。2007年10月中国银监会《关于中原信托投资有限公司变更公司名称和业务范围的批复》(银监复〔2007〕468号)批准公司变更名称为现名,并核准了新的业务范围,换发了《中华人民共和国金融许可证》。2008年5月中国银监会《关于批准中原信托有限公司增加注册资本及变更股权的批复》(银监复〔2008〕164号)批准公司增资扩股,注册资本由59 227.2万元增加到120 200万元(其中外汇1 500万美元)。2008年8月中国银监会《关于中原信托有限公司特定目的信托受托机构资格的批复》(银监复〔2008〕349号)核准公司特定目的信托受托机构资格,2010年10月获得固有资产从事股权投资业务资格。2012年6月注册资本增加至15亿元。2014年12月以利润转增形式将注册资本由15亿元增加至25亿元。2016年12月注册资本金由人民币25亿元变更为人民币36.5亿元。2019年6月注册资本金由人民币36.5亿元变更为人民币40亿元。

公司中文名称:中原信托有限公司
中文简称:中原信托
英文名称:Zhongyuan Trust Co.,Ltd.
英文缩写:Zhongyuan Trust
注册地址:中国河南省郑州市商务外环路24号中国人保大厦
邮政编码:450016
公司互联网网址:http://www.zyxt.com.cn
电子信箱:info@zyxt.com.cn
信息披露事务负责人:刘飞
信息披露联系人:张进
电话(传真):0371-88861888
电子信箱:info@zyxt.com.cn
信息披露报纸:《上海证券报》《证券时报》
年度报告备置地点:办公室(郑州市商务外环路24号中国人保大厦27层)
公司聘请的会计师事务所:中证天通会计师事务所(特殊普通合伙)
地址:北京市海淀区西直门大街甲43号1号楼13层
公司聘请的律师事务所:河南仟问律师事务所
地址:郑州市郑东新区平安大道189号正商环湖国际12层

2.2 组织结构

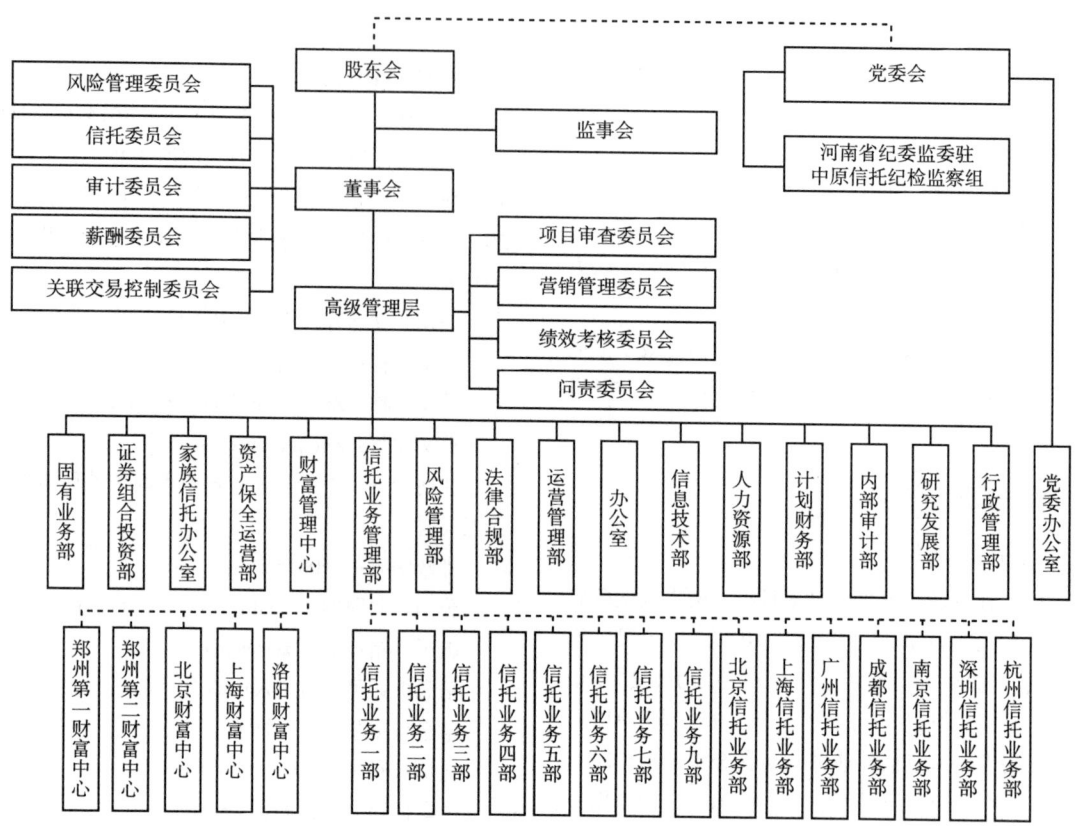

3. 公司治理

3.1 股东

3.1.1 截至报告期末公司股东共三家。股东情况如下表所示

股东名称	持股比例（%）	法定代表人
河南投资集团有限公司	58.96536	刘新勇
河南中原高速公路股份有限公司	31.91032	马沉重
河南省豫粮粮食集团有限公司	9.12405	张培贤

3.1.2 公司第一大股东的主要股东的情况如下表所示

股东名称	其主要股东	出资比例（%）	注册资本	股东之主要股东的主要经营业务及主要财务情况
河南投资集团有限公司	河南省人民政府	100	—	—

3.2 董事

公司董事会成员的基本情况如下表所示。

姓名	职务	性别	年龄（岁）	选任日期	所推举的股东名称	该股东持股比例（%）	简要履历
李明	董事	男	47	2021年6月	河南投资集团有限公司	58.97	历任河南电力试验研究院工程师、河南投资集团有限公司发展规划部高级业务经理、安彩高科股份有限公司董事会秘书、河南投资集团有限公司资本运营部主任，现任河南投资集团副总经理
张秋云	董事	女	49	2020年9月	河南投资集团有限公司	58.97	历任开封市第一中学教师、河南省发展改革委财政金融处副调研员、副处长，河南省宏观经济研究院党支部书记，中国（河南）自由贸易试验区郑州片区管委会常务副主任，现任河南投资集团有限公司金融管理部主任

续表

姓名	职务	性别	年龄（岁）	选任日期	所推举的股东名称	该股东持股比例（%）	简要履历
张东红	董事	男	46	2020年9月	河南投资集团有限公司	58.97	历任河南安彩集团公司党委办公室主管、专业技术人员管理办公室副主任、人力资源部部长、企业策划部部长，河南投资集团人力资源部业务经理、副主任兼任河南汇融人力资源管理有限公司总经理，现任河南投资集团企业策划部主任兼河南汇融人力资源管理有限公司总经理
彭武华	董事	男	50	2020年9月	河南中原高速公路股份有限公司	31.91	历任河南高速公路发展有限公司洛阳分公司财务科长、安新公司改建工程项目部财务处长、河南高速公路发展有限公司会计结算中心副主任；副经理、湖南岳常公司董事、副总经理、财务总监，财务资产部副部长、部长，河南交通投资集团有限公司财务管理部一级职员；财务管理部副部长；河南高速房地产开发有限公司副处级干部；现任河南中原高速公路股份有限公司总会计师
岳道贵	董事	男	47	2020年9月	河南中原高速公路股份有限公司	31.91	历任郑州黄河公路大桥管理处财务部主管会计、中原高速大桥分公司财务部主管会计、中原高速平顶山分公司财务经理、中原高速股份有限公司财务资产部副经理，现任中原高速股份有限公司财务资产部经理、河南交投中原高速郑安建设有限公司总经理
魏华阳	董事	男	51	2020年9月	河南省豫粮粮食集团有限公司	9.12	历任河南省油脂公司贸易发展部副总经理、贸易开发部经理、销售部经理、副总经理，河南世通油物贸易公司副总经理，河南长城粮油食品有限公司党总支书记，河南省国有资产控股运营集团有限公司发展规划部部长，现任河南省国有资产控股运营集团有限公司副总经理
崔泽军	董事	男	58	2015年12月	职位董事兼职工董事	—	历任郑州粮食学院教师、中原信托有限公司财务部经理、副总经理、总经理，现任中原信托有限公司总裁

独立董事

姓名	所在单位及职务	性别	年龄（岁）	所推举的股东名称	该股东持股比例（%）	简要履历
冯根福	西安交通大学教授	男	64	—	—	西安交通大学经济与金融学院二级教授，博士生导师，国家级突出贡献专家，享受国务院政府特殊津贴。西安交通大学"领军人才"，应用经济学学科和产业经济学学科学术带头人
徐长生	华中科技大学教授	男	58	—	—	华中科技大学经济学院教授，博士生导师，教育部经济学教学指导委员会委员，中华外国经济学研究会理事暨经济学分会副会长。德国杜伊斯堡大学客座教授，美国哈佛大学高级访问学者
瞿强	中国人民大学教授	男	55	—	—	中国人民大学财政金融学院教授，博士生导师，入选教育部"新世纪优秀人才支持计划"和北京市"教学名师"，中国金融学会理事、中国金融40人论坛（F40）特邀会员、中国工商银行外部监事、北京银行外部监事、国家开发银行特聘专家

3.3 监事会成员

公司监事会成员的基本情况如下表所示。

姓名	职务	性别	年龄（岁）	选任日期	所推举的股东名称	该股东持股比例（%）	简要履历
宋东	监事长	男	52	2021年2月	河南中原高速公路股份有限公司	31.91	历任河南省财政厅办公室、预算处干部，河南省财政厅预算处、社会保障处、农业处副处长，河南省财政厅监督检查六处主任，河南省三门峡市财政局局长、党组书记、二级巡视员，现任中原信托有限公司党委委员、监事长
杨德伟	监事	男	40	2020年9月	河南投资集团有限公司	58.97	历任郑州升达经贸管理学院教师、河南投资集团有限公司证券事务所、资本运营部职员、资本运营部副主任，现任河南投资集团发展计划部主任
郑强	监事	男	37	2020年9月	河南省豫粮粮食集团有限公司	9.12	历任许昌县人民检察院反渎职侵权局副局长、河南省国有资产控股运营集团有限公司审计监察部副部长、纪检监察部部长、审计部部长，现任河南省国有资产控股运营集团有限公司纪委委员兼风险合规部经理
张亮	职工监事	男	50	2020年9月	—	—	历任中原信托有限公司投资银行部高级主管、信托业务四部高级主管、投资管理二部高级主管、信托业务一部总经理、信托业务五部（北京部）总经理、信托业务九部总经理，现任中原信托有限公司风险管理部总经理
山岩	职工监事	女	53	2020年9月	—	—	历任中原信托有限公司存款营业部、总经理办公室职员、计划财务部副经理，现任中原信托有限公司内部审计部总经理

3.4 高级管理人员

姓名	职务	性别	年龄（岁）	选任日期	金融从业年限（年）	学历	专业	简要履历
崔泽军	总裁	男	58	2015年12月	30	博士	西方经济学	历任郑州粮食学院教师、中原信托有限公司财务部经理、副总经理、总经理，现任中原信托有限公司总裁
姬宏俊	副总裁	男	58	2015年12月	21	硕士	工商管理	历任河南省计经委财金处、外经处副主任科员、主任科员、投资处、财金处副处长，国家开发银行河南省分行客户一处副处长、中原信托有限公司副总经理，现任中原信托有限公司副总裁
薛怀宇	副总裁	男	53	2015年12月	30	博士	西方经济学	历任人行河南省分行货币信贷处副科长、人行郑州中心支行非银处信托科科长、中原信托有限公司副总经理，现任中原信托有限公司副总裁
李信凤	副总裁兼总会计师	女	56	2015年12月	33	硕士	工商管理	历任中原信托有限公司金融部、财务部经理、总裁助理，现任中原信托有限公司副总裁兼总会计师
赵阳	副总裁	男	50	2015年12月	26	硕士	工商管理	历任中保信期货经纪有限公司郑州期货业务部总经理、中原信托有限公司证券营业部总经理、信托市场部经理、信托业务管理总部总经理、信托综合部经理、风险管理部经理、总裁助理，现任中原信托有限公司副总裁

3.5 公司员工

项目		2021年度		2020年度	
在职员工数（人）		285		267	
		人数（人）	比例（%）	人数（人）	比例（%）
年龄分布	20岁以下	—	—	—	—
	20—29岁	27	9.5	39	14.6
	30—39岁	189	66.3	163	61.1
	40岁以上	69	24.2	65	24.3
学历分布	博士	4	1.4	4	1.5
	硕士	211	74	196	73.4
	本科	63	22.1	58	21.7
	专科	6	2.1	8	3
	其他	1	0.4	1	0.4
岗位分布	董事、监事及其高管人员	12	4.2	14	5.2
	自营业务人员	10	3.5	11	4.1
	信托业务人员	175	61.4	160	60.0
	其他人员	87	30.5	82	30.7

4. 经营管理

4.1 经营目标、方针、战略规划

经营目标：实现信托业务结构转型升级，产品创新能力提高，固有资产配置优化，经济效益和管理水平持续提升。

经营方针：坚持"守正创新控风险 转型调整促发展"总基调，走诚信、合规、创新、可持续发展道路。

战略规划：有效整合资源，提供专业化资产配置和财富管理服务，服务中国机构和高端个人客户需求，切实履行消费者权益保护职责。

4.2 经营业务的主要内容

本公司的业务主要是资产管理、财富管理类信托业务和自营资产管理业务。报告期内，信托业务项下提供的主要理财产品有中原财富——金石系列、精益系列、宏利系列、丰利系列、天添利系列、宏业系列、成长系列、鑫福系列、安益系列、安惠系列信托产品以及家族信托、家庭信托、资产证券化信托、公益信托、企业年金信托、PE投资信托等信托产品以及服务机构和高端个人客户特定需求的信托业务等；自营资产管理业务主要包括股权投资、金融产品投资等。

4.2.1 自营资产运用与分布表

资产运用	金额（万元）	占比（%）	资产分布	金额（万元）	占比（%）
货币资产	104 986.09	10.21	基础产业	—	—
贷款及应收款	77 558.18	7.55	房地产业	22 932.61	2.23
交易性金融资产投资	194 557.31	18.93	证券市场	6 290.21	0.61
债权投资	209 465.76	20.38	实业	9 250.63	0.90
其他权益工具投资	142 970.05	13.91	金融机构	716 831.29	69.75
长期股权投资	256 292.01	24.94	其他	272 453.45	26.51
其他	41 928.79	4.08			
资产总计	1 027 758.19	100	资产总计	1 027 758.19	100

4.2.2 信托资产运用与分布表

资产运用	金额（万元）	占比（%）	资产分布	金额（万元）	占比（%）
货币资产	93 869.93	0.31	基础产业	2 184 663.48	7.12
贷款	5 748 252.90	18.73	房地产	3 651 052.99	11.90
交易性金融资产投资	134 638.91	0.44	证券市场	186 036.40	0.61
可供出售金融资产投资	1 803 503.41	5.88	实业	13 045 362.99	42.58
持有至到期投资	80 110.00	0.26	金融机构	2 412 209.36	7.86

续表

资产运用	金额（万元）	占比（%）	资产分布	金额（万元）	占比（%）
长期股权投资	1 253 258.81	4.08	其他	9 206 815.03	30.00
其他	21 572 506.29	70.30	—	—	—
信托资产总计	30 686 140.25	100	信托资产总计	30 686 140.25	100

4.3 市场分析

4.3.1 影响公司经营发展的有利条件

2021年，我国经济稳中向好、长期向好的基本趋势没有改变，改革开放以来积累的雄厚物质技术基础，超大规模的市场优势和内需潜力，庞大的人力资本和人才资源，为信托业的发展创造了良好的环境；我国继续实施积极的财政政策、稳健的货币政策，引导资金投向先进制造、民生建设、基础设施短板等领域，为信托展业提供了更多的机遇；随着我国经济多年的高速发展，社会财富的绝对存量大幅度增加，因而社会对财富传承、财富管理、税务筹划等需求逐渐增强，这为发挥信托优势、开展资产管理业务奠定了坚实基础；《银行保险机构声誉风险管理办法（试行）》《银行保险机构恢复和处置计划实施暂行办法》等顶层制度不断出台和完善，推动信托行业逐步规范，增强信托公司抵御风险的能力，提升信托行业的整体竞争力。

4.3.2 影响公司经营发展的不利条件

新冠肺炎疫情仍在持续，疫情对全球经济产生广泛的影响，经济复苏仍存在较大不确定性；信托行业面临严监管的政策，通道业务和房地产业务管控严格，信托公司的盈利能力短期内面临较大压力；受疫情以及由此导致的经济下行影响，报告期内，房地产行业风险暴露增多，信托公司风险管控压力增大。

4.4 内部控制

4.4.1 内部控制环境和内部控制文化

公司不断优化内部控制体系，持续强化科学、严谨的风控理念，内控制度已贯穿部门、岗位和工作的各个环节之中，并且通过考核制度和问责制度确保内部控制的各项要求得到监督和落实。

公司法人治理结构健全，股东会、董事会、监事会、高级管理层形成分工明确、职责清晰、制衡有序、运行规范的公司治理机制。

董事会及高级管理层下设风险管理委员会、审计委员会、信托委员会、薪酬委员会、关联交易控制委员会、项目审查委员会、营销管理委员会、绩效考核委员会、问责委员会、信托证券投资委员会等多个专业委员会，各专业委员会各司其职，各负其责，充分发挥评审、决策、监督、评价等职能，有效防范和化解了各类风险。

公司持续推进全面风险管理体系建设，明确尽职调查和风险管理的问责机制，确保公司风险管理能够实现事前有防范、事中有控制、事后有评价与反馈，建立了"顺序递进、权责统一、严格有效"的监控防线。

2021年，公司以信托文化年为契机，坚持受益人合法利益最大化原则，大力弘扬信托文化，努力让"诚信重诺、值得托付"成为每名员工的价值追求，让信托文化渗透到员工的一言一行以及具体业务操作过程中，让履行内控职责成为每名员工的行动自觉。公司通过制定、完善和实施各类岗位人员行为准则，全面加强员工行为管理，增强内控制度执行力，积极营造文化引导与规范约束有机结合的内部控制环境。

4.4.2 内部控制措施

建立了由公司章程、各项规章制度、岗位职责说明书等共同构建的内控制度体系。规章制度包括业务管理、公司治理、内部审计、计划财务、人力资源、党建、行政管理等各个方面，涵盖了业务发展、风险管理、资产管理、部门设置、人员安排、事前决策与防范、事中执行与控制、事后监督、反馈纠正、问责等管理环节，确保公司各项经营有规可依。2021年度，根据市场形势变化及监管政策调整，不断完善公司制度体系，制定了《证券投资信托业务管理办法》《家族信托业务管理办法》等27项制度，修订完善了《项目审批办法》《新股询价和申购业务管理办法及操作流程》等39项制度。

对各部门、岗位制定了明确的职责和权限，严格按照不相容岗位相互分离的原则设定岗位职责，信托业务和固有业务部门分设，信托业务和固有业务全面实现人、财、物相互独立，确保内控制度有效实施。

公司发行的信托产品需依次经风险管理部与法律合规部初评审、业务部门分管副总裁、公司项目审查委员会、公司总裁审批。各级评审决策机制各司其职、各负其责，坚持业务发展和风险管控"双轮驱动"，准确把握业务发展和风险管理的辩证统一关系，把业务风险控制在公司可承受的范围内。

4.4.3 信息交流与反馈

4.4.3.1 外部信息交流与反馈

公司建立了高效、畅通的外部信息交流与反馈机制。

公司指定专职人员负责官方网站维护和信息收集整理，所有对外披露的业务信息和其他信息依据有关规定在外部网站发布，实现信息披露的及时、规范和完整；公司指定专人负责在微信平台上发布产品成立信息及公司新闻，增加信息发布及与客户沟通交流的渠道；与监管部门建立了良好的信息报告反馈机制，业务开展、风险状况、内外部审计情况及合规管理等方面的问题均能够及时完整地向监管部门报告，及时落实监管部门监管意见；建立了舆情监测制度，及时收集舆情，解答客户疑问，不断提升金融服务水平；建立了新闻发言人制度，保持与外界及广大客户良好沟通；遵循受益人合法利益最大化处理信托事务的原则，通过问卷调查、客户面谈、电话沟通等方式，对委托人进行适应性调查，并对各信托产品进行了充分的风险揭示和信息披露。

4.4.3.2 内部信息交流与反馈

公司在各项业务活动中，根据相关制度规定了清晰、高效的报告路线，董事会、监事会、高管层能够及时获取相关信息，同时前、中、后台通过信息的交流形成监督制约机制；针对经营过程中可能发生的重大事项专门制定了《请示报告制度》，对请示报告的受理机构、请示报告的事项范围、请示报告的一般行文规则、项目管理内部报告制度、其他工作汇报制度、责任追究等内容作了明确规定；建立了信托业务管理系统、财务管理系统、CRM系统、人力资源管理系统和协同办公等应用系统，2021年持续升级优化了核心业务系统和办公管理系统，新上线数据库一体化管理系统和网上营销管理系统，进一步规范了信息交流与反馈机制。

4.4.4 监督评价与纠正

公司通过内控机制的动态调整和不断完善，形成了以风险管理、合规管理和内部审计为主，业务授权控制、会计控制、业务流程控制以及信息化控制等相互作用的内控监督评价与纠正机制，实现了内控缺陷的及时发现和纠正。监督评价机制的适时跟进，不仅完善和优化了操作流程，提高了内部运行的合理性和工作效率，而且增强了对操作风险的实时掌控能力，使内部监督制约机制更加健全有效。在日常管理过程中，无论监管部门提出的监管意见，还是内部审计或有关部门提出改进工作、加强管理的建议，公司管理层均高度重视，并迅速责成相关部门进行整改落实，推动了内控制度的执行和完善，保证了整个内部控制体系的长效运行。

2021年度，为发挥内部审计的监督和指导作用，着力提升公司的经营管理和风险控制水平，公司内部审计部以"促进公司合规经营、防范风险、堵塞漏洞、强化尽职管理"为工作重点，提高审计站位，强化责任担当，共开展了包括固有业务管理、信托业务管理、产品营销与客户管理、反洗钱、征信业务、信息科技建设与管理、关联交易和员工离职离职等28项内部审计工作，涉及项目209个，提出各类审计意见或管理建议112条，并持续跟踪审计整改落实情况，有效推进公司各条线进一步加强制度执行力度、提高风险防范意识、补足制度漏洞、完善工作流程、提升精细化管理水平。

4.5 风险管理

4.5.1 风险管理概况

公司风险管理的基本原则：强化风险管理意识，明确风险管理责任，提高识别、量化和控制风险的能力，建立涵盖公司业务发展、资产管理、部门设置、人员安排以及决策、执行、监督、反馈等各个内控环节的风险管理系统，实行全面风险管理，把风险控制在公司可承担范围之内。

公司实行风险管理责任制，风险管理组织结构与职责划分按照信托业务部门与固有财产管理部门分设，信托业务操作过程前台、中台、后台分设的原则设置，横向与纵向相互监督制约，明确各个部门、各个环节风险管理的责任。

4.5.2 风险状况

4.5.2.1 信用风险状况

信用风险指因交易对手未能履行合同约定所带来的经济损失风险。公司业务运营中主要的交易对手为房地产企业、城投公司、一般工商企业等。报告期内，受地产调控、地方政府隐性债务监管、新冠疫情等多重因素叠加，我国经济面临一定下行压力，同时信托行业面临严监管态势。公司始终坚持稳健经营原则，从严筛选交易对手，审慎确定授信额度，根据政策变化、市场环境和企业经营情况对授信额度和集中度进行动态调整管理，规范交易流程和管理流程，采用土地及房产抵押、股权或上市公司股票质押、商业物业与在建工程抵押等多重风险防范措施做实项目担保，严格控制抵（质）押率，结合项目实际情况追加实际控制人或有实力第三方连带责任担保、监管项目公司等措施，并加大项目存续期间信用风险监控力度，最大限度减少信用风险可能带来的损失。

报告期末，公司固有业务信用风险资产（包括贷款、拆借、租赁）按照资产五级分类标准分类的情况为：正常零万元、关注 22 932.61 万元、次级零万元、可疑 4 600 万元、损失零万元。其中，不良信用资产的期初数为零万元，期末数为 4 600 万元。

4.5.2.2　市场风险状况

市场风险是指因证券价格、利率、汇率等的变动而导致价值未预料到的潜在损失的风险。公司面临的市场风险主要是股票二级市场波动风险，主要影响证券投资类信托业务。报告期内，公司开展证券投资类信托业务严格依据信托合同进行投资运营，确保各项风险控制措施有效执行，整体风险相对可控。

4.5.2.3　操作风险状况

操作风险是指公司治理机制、内控制度不健全或失效、业务操作流程不完善、操作系统故障或有关责任人出现失误，从而给公司经营带来直接或间接损失的风险。公司可能面临的操作风险主要是流程风险、执行风险、信息风险、人员风险等。目前公司实行规范化、标准化、制度化管理，各项内控制度比较健全，并能根据监管政策的变化不断修订和完善；实行岗位职责和相互监督检查相结合，并制订了相关制度对失职、越权或者违规操作的人员进行问责，强化执行力；不断加强各类业务系统的升级改造和人员培训，加强相关业务的信息化管理；强化项目事中监督与审计，及时发现、控制潜在风险，及时整改不规范的操作行为。总体上，公司操作风险管理工作比较扎实，报告期内未发生操作风险。

4.5.2.4　其他风险状况

本公司面临的其他风险主要有合规风险、法律风险、流动性风险、声誉风险等。公司能够根据外部监管政策和法律法规的变化及时调整公司相关制度，主动配合监管部门对公司业务的监管，没有发生重大的合规风险和法律风险。截至 2021 年末，公司净资本对各项业务风险资本的覆盖率为 149.63%，净资本/净资产指标为 81.16%，净资本指标处于较好水平，流动性风险可控。公司重视品牌建设和声誉风险管理，勤勉尽职履行受托人责任，与受益人建立了良好的沟通渠道，报告期内没有发生重大声誉风险。

4.5.3　风险管理

4.5.3.1　信用风险管理

公司管理信用风险的主要策略包括以下四点。一是优选交易对手，公司制定有主要业务的授信原则，明确了各类业务的交易对手准入门槛，不符合要求的交易对手不予合作。二是优选抵质押物，审慎确定抵质押率。抵质押物以选取不存在所有权争议、市场价值可测、易于管理、易于变现的资产为原则；抵质押率的确定根据项目具体情况和抵质押资产特点而定。三是扎实开展项目风险排查，公司制定有风险排查制度，对每类业务的风险排查频率、方式等做出具体规定。四是对后期管理中发现的潜在风险进行逐一核实，通过日常风险排查，做到风险苗头早发现、早预警、早处置。

根据年度经营情况，公司未计提一般准备，按净利润的 5% 计提信托赔偿准备金，报告期内计提 2021 年度信托赔偿准备金 1 642.56 万元，期末信托赔偿准备金累计 28 519.80 万元，报告期内未使用信托赔偿准备金，所提取信托赔偿准备金存放于商业银行。

4.5.3.2　市场风险管理

公司管理市场风险的主要策略包括以下四点。一是对市场风险实行限额管理，将固有资金投资股票的比重控制在与公司的投资管理和风险承受能力相适应的水平。二是加强对宏观经济形势和特定行业趋势、区域金融环境的整体判断研究，关注政策变化可能引发的风险，避免进入限制类行业和相关项目，增强证券投资决策的预见性和前瞻性，提高反应速度。三是利用证券投资及风险管理系统，提高证券估值效率和风险评估的科学性，强化止盈止损等风险防范措施。四是建立股票质押项目风险预警台账，逐日盯市，动态监测项目安全边际，做实保证金、股票追加机制。

4.5.3.3　操作风险管理

公司管理操作风险的主要策略包括以下四点。一是根据监管政策变化，动态修订和完善内控制度体系，细化业务操作流程，明确岗位职责，规范管理要点，确保各项操作有规可依。二是加强业务流程的信息化管理，实现各项流程操作的规范化、自动化。三是持续加强员工培训，增强员工责任意识，提升员工道德水准。四是持续推进精细化管理，强化监督检查和处罚问责。

4.5.3.4　其他风险管理

报告期内，公司深入开展"内控合规管理建设年"活动，全面加强内控组织体系和制度体系建设，进一步强化关联交易、重点业务领域法律合规风险管理以及关键岗位人员管理，不断夯实合规经营根基。公司认真履行受托职责，多措并举加强业务流程风险管控，严格防范受托责任；加大审计监督和考核问责力度，确保各项内控合规管理制度得到有效执行。公司高度重视合规文化建设，建立了常态化的全员合规培训、重点人员专项合规培训和新员工岗前教育培训机制，引导员工牢固树立合规经营意识。

4.6 净资本管理指标

截至2021年末，公司净资本69.42亿元，各项风险资本之和46.40亿元，净资本对风险资本的覆盖率达到149.63%，净资本/净资产指标为81.16%，各项指标均达到监管标准。

4.7 履行社会责任情况

报告期内，公司主动融入国家和河南省"十四五"发展大局，坚持服务实体经济和服务人民美好生活两大使命，全面发挥公司社会价值，稳步推进公司战略布局，谱写新时代中原更加出彩绚丽篇章。2021年，公司向京津冀、大湾区、长三角等地区累计发放资金1 275亿元，助力国家打造创新平台和新增长极。截至年底，投向河南省内地区的信托项目存续规模达到693亿元，为黄河流域生态保护和高质量发展、中部地区高质量发展、高质量建设现代化河南做出了一定贡献，展现了地方国有金融企业的使命担当。在暴雨灾情面前，中原信托党委坚持人民至上、生命至上，以上率下、勇毅担当。2021年7月郑州特大暴雨灾情发生后，公司按照省委省政府防汛抗灾部署，启动应急处置预案，临危不乱、积极应对，确保人员安全、业务畅通。最艰难的时刻，公司党委主要负责人与员工坚守在一起，共渡难关。7月22日，公司党委动议发挥信托制度优势，尽快成立抗汛救灾慈善信托。7月23日经上级同意后，公司党委迅速发起设立了"中原信托·中原大爱慈善信托"，短短24小时之内募集捐款564万元，有力支持抗灾抢险和灾后重建。中原大爱慈善信托是此次河南暴雨灾害设立的慈善信托中规模最大、实际捐款最多的一只，亦成为中原信托履行社会责任担当的闪亮品牌。

报告期内，公司秉持"诚信重诺、值得托付"的经营理念，按照"信托文化普及年"的工作要求，将信托文化建设指导思想、核心内容与中原信托企业文化相结合，把信托文化融入各项制度和流程，坚持"以客户为中心"的服务理念，以维护"受益人合法利益最大化"为根本宗旨，竭诚为客户提供优质、高效、专业的资产管理和财富管理服务。截至2021年末，中原信托累计管理信托财产11 375亿元，按时足额交付到期信托财产8 325亿元，累计向客户分配信托收益1 036亿元。报告期内，共开通网上信托约1 000个，通过网上信托签约3 700人次，签约规模约79亿元，网上信托签约率和签约规模占比七成左右。开通信托受益权账户和投资者综合服务账户约200个。2021年，先后荣获第十四届诚信托奖"行业文化奖"、2021中国优秀信托公司评选"2021优秀社会责任信托公司"、领航中国"杰出区域影响力信托公司奖"、领航中国"杰出区域影响力信托公司奖"、普益标准GRA金誉奖"卓越资产管理能力信托公司"和"优秀证券投资信托产品"等奖项。

5. 报告期末及上一年度末的比较式会计报表

5.1 自营资产

5.1.1 会计师事务所审计结论

中证天通会计师事务所（特殊普通合伙）审计了中原信托有限公司2021年度财务报表，出具了标准无保留意见的审计报告书。

5.1.2 资产负债表

资产负债表

编制单位：中原信托有限公司　　　　　　　　　　　2021年12月31日　　　　　　　　　　　　　　　　单位：万元

资产	期末数	期初数	负债及所有者权益	期末数	期初数
流动资产：	—	—	流动负债：	—	—
货币资金	104 986.09	38 630.71	短期借款	—	—
拆出资金	—	—	拆入资金	—	—
交易性金融资产	21 697.41	6 001.34	交易性金融负债	—	—
衍生金融资产	—	—	衍生金融负债	—	—
买入返售金融资产	—	—	卖出回购金融资产款	—	—
应收账款	5 693.80	1 344.09	应付账款	—	—
预付款项	—	—	预收款项	—	—
应收利息	—	—	应付职工薪酬	17 018.33	17 822.04
应收股利	—	—	应交税费	11 144.17	6 480.25

续表

资产	期末数	期初数	负债及所有者权益	期末数	期初数
其他应收款	44 331.77	55 447.67	应付利息	—	—
存货	—	—	应付股利	—	—
一年内到期的非流动资产	—	—	其他应付款	129 966.15	60 369.46
其他流动资产	—	—	一年内到期的非流动负债	675.96	133.05
流动资产合计	176 709.07	101 423.81	其他流动负债	—	—
非流动资产:			流动负债合计	158 804.61	84 804.80
发放贷款及垫款	27 532.61	—	非流动负债:		
债权投资	209 465.76	261 589.35	长期借款	—	—
其他债权投资	—	—	租赁负债	790.81	1 466.76
长期应收款	—	—	预计负债	1 950.25	1 950.25
长期股权投资	256 292.01	236 684.29	递延所得税负债	10 834.46	5 304.92
其他权益工具投资	142 970.05	118 452.13	其他非流动负债	—	—
其他非流动金融资产	172 859.90	172 126.98	非流动负债合计	13 575.52	8 721.93
投资性房地产	1 549.81	1 689.22	负债合计	172 380.13	93 526.73
固定资产	7 752.73	7 957.19	所有者权益:		
在建工程	17 032.56	12 728.48	实收资本	400 000.00	400 000.00
工程物资	—	—	资本公积	174 532.37	174 532.37
固定资产清理	—	—	减:库存股		
无形资产	4 644.62	4 614.64	其他综合收益	5 408.72	10 025.04
使用权资产	1 514.52	1 678.14	盈余公积	57 156.81	53 871.68
递延所得税资产	8 978.05	1 297.77	一般风险准备	28 801.60	27 159.03
抵债资产	427.85	427.85	未分配利润	189 478.56	161 555.00
长期待摊费用	28.65	0	外币报表折算差额		
非流动资产合计	851 049.12	819 246.04	所有者权益合计	855 378.06	827 143.12
资产总计	1 027 758.19	920 669.85	负债及所有者权益总计	1 027 758.19	920 669.85

财务经理:鲁耀　　　　　　　　　　　复核:鲁耀　　　　　　　　　　　制表:邓燕

5.1.3 利润和利润分配表

利润及利润分配表

编制单位:中原信托有限公司　　2021年度　　单位:万元

项目	当年数	上年数
一、营业收入	107 073.18	83 307.23
利息净收入	-4 889.75	-2 955.43
利息收入	287.43	813.40
利息支出	5 177.18	3 768.83
手续费及佣金净收入	90 781.57	61 853.48
手续费及佣金收入	90 781.57	61 853.48
手续费及佣金支出	—	—
投资收益(损失以"-"号填列)	23 467.81	24 053.84
其中:对联营企业和合营企业的投资收益	19 182.80	20 237.29
资产处置收益(损失以"-"号填列)	0.36	0.58
公允价值变动收益(损失以"-"号填列)	-2 662.78	0.34
汇兑收益(损失以"-"号填列)	—	—
其他业务收入	375.97	354.42
二、营业支出	57 425.90	41 641.06
税金及附加	838.38	560.00
业务及管理费	22 998.86	20 791.75

续表

项目	当年数	上年数
信用减值损失	33 449.24	—
资产减值损失	—	20 149.89
其他业务成本	139.42	139.42
三、营业利润(亏损以"-"号填列)	49 647.28	41 666.17
加:营业外收入	4.25	95.83
减:营业外支出	230.46	50
四、利润总额(亏损以"-"号填列)	49 421.07	41 712.00
减:所得税费用	16 569.82	10 384.41
五、净利润(净亏损以"-"号填列)	32 851.25	31 327.59
六、每股收益		
(一)基本每股收益	—	—
(二)稀释每股收益	—	—
减:其他调整事项	—	—
七、其他综合收益	-4 616.31	-4 843.65
八、综合收益总和	28 234.94	26 483.94

财务经理:鲁耀　　　　　　　　　　　复核:鲁耀　　　　　　　　　　　制表:邓燕

5.1.4　所有者权益变动表

所有者权益变动表

编制单位：中原信托有限公司　　　　　　2021年度　　　　　　单位：万元

项目	本年金额						
	实收资本	资本公积	其他综合收益	盈余公积	未分配利润	一般风险准备	所有者权益合计
一、上年年末余额	400 000.00	174 532.37	-4 789.71	63 211.78	240 945.81	31 829.08	905 729.33
加：会计政策变更	—	—	14 814.74	-9 340.10	-79 390.81	-4 670.04	-78 586.21
前期差错更正	—	—	—	—	—	—	—
二、本年年初余额	400 000.00	174 532.37	10 025.03	53 871.68	161 555.00	27 159.04	827 143.12
三、本年增减变动金额（减少以"-"号填列）	—	—	-4 616.31	3 285.13	27 923.56	1 642.56	28 234.94
（一）综合收益总额	—	—	-4 616.31	—	32 851.25	—	28 234.94
（二）所有者投入和减少资本	—	—	—	—	—	—	—
1.所有者（或股东）投入的普通股	—	—	—	—	—	—	—
2.其他权益工具持有者投入资本	—	—	—	—	—	—	—
3.股份支付计入所有者权益的金额	—	—	—	—	—	—	—
4.其他	—	—	—	—	—	—	—
（三）利润分配	—	—	—	3 285.13	-4 927.69	1 642.56	—
1.提取盈余公积	—	—	—	3 285.13	-3 285.13	—	—
2.提取一般风险准备	—	—	—	—	-1 642.56	1 642.56	—
3.对所有者（或股东）的分配	—	—	—	—	—	—	—
4.其他	—	—	—	—	—	—	—
（四）所有者权益内部结转	—	—	—	—	—	—	—
1.资本公积转增本（或实收资本）	—	—	—	—	—	—	—
2.盈余公积转增资本（或实收资本）	—	—	—	—	—	—	—
3.盈余公积弥补亏损	—	—	—	—	—	—	—
4.其他	—	—	—	—	—	—	—
四、本年年末余额	400 000.00	174 532.37	5 408.72	57 156.81	189 478.56	28 801.60	855 378.06

财务经理：鲁耀　　　　　　复核：鲁耀　　　　　　制表：邓燕

所有者权益变动表（续表）

编制单位：中原信托有限公司　　　　　　2021年度　　　　　　单位：万元

项目	上年金额						
	实收资本	资本公积	其他综合收益	盈余公积	未分配利润	一般风险准备	所有者权益合计
一、上年年末余额	400 000.00	178 567.56	53.94	60 079.02	214 317.36	30 262.70	883 280.58
加：会计政策变更	—	—	—	—	—	—	—
前期差错更正	—	—	—	—	—	—	—
二、本年年初余额	400 000.00	178 567.56	53.94	60 079.02	214 317.36	30 262.70	883 280.58
三、本年增减变动金额（减少以"-"号填列）	—	-4 035.19	-4 843.65	3 132.76	26 628.45	1 566.38	22 448.75
（一）综合收益总额	—	-4 035.19	-4 843.65	—	31 327.59	—	22 448.75
（二）所有者投入和减少资本	—	—	—	—	—	—	—
1.所有者（或股东）投入的普通股	—	—	—	—	—	—	—
2.其他权益工具持有者投入资本	—	—	—	—	—	—	—
3.股份支付计入所有者权益的金额	—	—	—	—	—	—	—
4.其他	—	—	—	—	—	—	—
（三）利润分配	—	—	—	3 132.76	-4 699.14	1 566.38	—

续表

项目	上年金额						
	实收资本	资本公积	其他综合收益	盈余公积	未分配利润	一般风险准备	所有者权益合计
1.提取盈余公积	—	—	—	3 132.76	-3 132.76	—	—
2.提取一般风险准备	—	—	—	—	-1 566.38	1 566.38	—
3.对所有者(或股东)的分配	—	—	—	—	—	—	—
4.其他	—	—	—	—	—	—	—
(四)所有者权益内部结转	—	—	—	—	—	—	—
1.资本公积转增本(或实收资本)	—	—	—	—	—	—	—
2.盈余公积转增资本(或实收资本)	—	—	—	—	—	—	—
3.盈余公积弥补亏损	—	—	—	—	—	—	—
4.其他	—	—	—	—	—	—	—
四、本年年末余额	400 000.00	174 532.37	-4 789.71	63 211.78	240 945.81	31 829.08	905 729.33

财务经理：鲁耀　　　　复核：鲁耀　　　　制表：邓燕

5.2　信托资产

5.2.1　信托项目资产负债汇总表

信托项目资产负债表

编制单位：中原信托有限公司　　　2021年12月31日　　　单位：万元

信托资产	期末数	期初数	信托负债和信托权益	期末数	期初数
信托资产：	—	—	信托负债：	—	—
货币资金	93 869.93	213 332.55	交易性金融负债	—	—
拆出资金	—	—	衍生金融负债	—	—
存出保证金	—	—	应付受托人报酬	5 525.04	1 620.93
交易性金融资产	134 638.91	11 792.62	应付托管费	934.83	63.78
衍生金融资产	—	—	应付受益人收益	2 252.74	259.84
买入返售金融资产	767 828.59	914 299.50	应交税费	1 674.82	255.74
应收款项	114 569.45	59 528.11	应付销售服务费	6.23	0.00
发放贷款	5 748 252.90	12 576 417.41	其他应付款项	99 938.34	212 340.87
可供出售金融资产	1 803 503.41	1 368 799.14	预计负债	—	—
持有至到期投资	80 110.00	0.00	其他负债	—	—
长期应收款	11 778 750.10	1 095 480.50	信托负债合计	110 332.00	214 541.16
长期股权投资	1 253 258.81	627 384.31			
投资性房地产	—	—	信托权益：		
固定资产	—	—	实收信托	30 498 922.66	20 249 812.32
无形资产	—	—	资本公积	5 582.41	2 370.96
长期待摊费用	—	70.32	外币报表折算差额	—	—
其他资产	8 911 358.15	3 623 871.85	未分配利润	71 303.18	24 251.87
减：各项资产减值准备	—	—	信托权益合计	30 575 808.25	20 276 435.15
信托资产总计	30 686 140.25	20 490 976.31	信托负债及信托权益总计	30 686 140.25	20 490 976.31

财务经理：鲁耀　　　　复核：王醒　　　　制表：孙婉玮

5.2.2 信托项目利润及利润分配汇总表

信托项目利润及利润分配表

编制单位：中原信托有限公司　　2021年度　　单位：万元

项目	当年数	上年数
1.营业收入	1 436 807.33	1 143 310.84
1.1利息收入	725 926.99	933 494.06
1.2投资收益（损失以"-"号填列）	704 909.72	207 579.52
其中：对联营企业和合营企业的投资收益	—	—
1.3公允价值变动收益（损失以"-"号填列）	-1 220.78	1 739.25
1.4租赁收入		
1.5汇兑损益（损失以"-"号填列）		
1.6其他收入	7 191.40	498.01
2.支出	162 106.86	122 083.52
2.1营业税金及附加	4 853.44	3 813.89
2.2受托人报酬	91 780.48	64 201.62
2.3托管费	16 115.59	18 801.66
2.4投资管理费	—	—
2.5销售服务费	80.49	
2.6交易费用	53.74	48.29
2.7资产减值损失		
2.8其他费用	49 223.12	35 218.06
3.信托净利润（损失以"-"号填列）	1 274 700.47	1 021 227.32
4.其他综合收益	3 181.30	1 027.32
5.综合收益	1 277 881.77	1 022 254.64
6.加：期初未分配信托利润	24 251.87	14 850.03
7.可供分配的信托利润	1 298 952.34	1 036 077.35
8.减：本期已分配信托利润	1 227 649.16	1 011 825.48
9.期末未分配信托利润	71 303.18	24 251.87

财务经理：鲁耀　　复核：王醒　　制表：孙婉玮

6. 会计报表附注

6.1 会计报表编制基准不符合会计核算基本前提的说明

本报告期会计报表编制基准不存在不符合会计核算基本前提的事项。

6.2 简要说明报告年度会计报表编制基准、会计政策、会计估计和核算方法发生的变化

2021年1月1日起，公司固有业务开始执行财政部财会〔2017〕7号、8号、14号文修订的《企业会计准则第22号——金融工具确认和计量》《企业会计准则第23号——金融资产转移》《企业会计准则第37号——金融工具列报》。

2021年1月1日起，公司固有业务开始执行《企业会计准则第14号——收入》。

2021年1月1日起，公司固有业务开始执行《企业会计准则第21号——租赁》。

6.3 或有事项说明

本会计期未发生对外担保及其他或有事项。

6.4 重要资产转让及其出售的说明

本会计期无重要资产转让及其出售。

6.5 会计报表中重要项目的明细资料

6.5.1 自营资产经营情况

6.5.1.1 按信用风险五级分类结果披露信用风险资产的期初数、期末数

信用风险资产五级分类	正常类（万元）	关注类（万元）	次级类（万元）	可疑类（万元）	损失类（万元）	信用风险资产合计（万元）	不良合计（万元）	不良率（%）
期初数	—	—	—	—	—	—	—	—
期末数	—	22 932.61	—	4 600	—	27 532.61	4 600	16.71

注：不良资产合计=次级类+可疑类+损失类。

6.5.1.2 各项资产减值损失准备的期初、本期计提、本期转回、本期核销、期末数；贷款的一般准备、专项准备和其他资产减值准备

单位：万元

项目	期初数	本期计提	本期转回	本期核销	其他变化	期末数
贷款损失准备	—	-1 736.01			90 808.80	89 072.79
一般准备	—	-1 736.01			90 808.80	89 072.79
专项准备						
其他资产减值准备	197 027.19	25 414.42			-90 808.80	131 632.81
债权投资减值准备	188 296.02	19 609.73			-94 618.77	113 286.98
长期股权投资减值准备						
坏账准备	8 731.17	5 804.69			3 809.97	18 345.83

6.5.1.3 自营股票投资、基金投资、债券投资、其他投资等投资业务的期初数、期末数

单位：万元

项目	自营股票	基金	债券	其他投资
期初数	8 252.22	4 878.55	—	545 039.04
期末数	6 290.20	12 610.22	—	528 092.71

6.5.1.4 前五名的自营长期股权投资的企业名称、占被投资企业权益的比例、主要经营活动及投资收益情况

企业名称	占被投资企业权益的比例（%）	主要经营活动	投资收益（万元）
长城基金管理有限公司	17.6470	基金管理	877.97
上海临芯投资管理有限公司	12.0000	投资管理	765.00
洛银金融租赁股份有限公司	10.0000	金融租赁	5 067.24
河南资产管理有限公司	10.0000	资产管理	4 463.16
郑州银行股份有限公司	3.5050	商业银行	9 652.39

6.5.1.5 前五名的自营贷款的企业名称、占贷款总额的比例和还款情况

企业名称	占贷款总额的比例（%）	还款情况
南通五洲国际投资有限公司	83.29	逾期
贵人鸟投资有限公司	16.71	逾期

6.5.1.6 表外业务的期初数、期末数；按照代理业务、担保业务和其他类型表外业务

单位：万元

表外业务	期初数	期末数
担保业务	—	—
代理业务（委托业务）	—	—
其他	—	—
合计	—	—

6.5.1.7 公司当年的收入结构

收入结构	金额（万元）	占比（%）
手续费及佣金收入	90 781.57	80.87
其中：信托手续费收入	90 781.57	80.87
投资银行业务收入	—	—
利息收入	287.43	0.26
资产处置收益	0.36	—
其他业务收入	375.97	0.33
其中：计入信托业务收入部分	—	—
投资收益	23 467.81	20.91
其中：股权投资收益	21 241.92	18.92
其他投资收益	2 225.89	1.99
公允价值变动收益	-2 662.78	-2.37
营业外收入	4.25	—
收入合计	112 254.61	100

6.5.2 信托资产管理情况

6.5.2.1 信托资产的期初数、期末数

单位：万元

信托资产	期初数	期末数
集合	8 610 337.92	20 127 846.54
单一	8 328 965.12	2 231 905.31
财产权	3 551 673.27	8 326 388.40
合计	20 490 976.31	30 686 140.25

6.5.2.1.1 主动管理型信托业务期初数、期末数，分证券投资、其他投资、融资、事务管理类分别披露

单位：万元

主动管理型信托资产	期初数	期末数
证券投资类	88 131.93	425 373.55
其他投资类	5 762 061.28	16 960 669.10
融资类	3 952 500.69	3 056 339.30
事务管理类	4 058 226.46	6 061 860.95
合计	13 860 920.36	26 504 242.90

6.5.2.1.2 被动管理型信托业务期初数、期末数，分证券投资、其他投资、融资、事务管理类分别披露

单位：万元

被动管理型信托资产	期初数	期末数
证券投资类	—	—
其他投资类	1 744 272.07	965 294.57
融资类	—	0.15
事务管理类	4 885 783.88	3 216 602.63
合计	6 630 055.95	4 181 897.35

6.5.2.2 2021年度已清算结束的信托项目个数、实收信托合计金额、加权平均实际年化收益率

6.5.2.2.1 2021年度已清算结束的集合类、单一类资金信托项目和财产管理类信托项目个数、金额、加权平均实际年化收益率

已清算结束信托项目	项目个数（个）	合计金额（万元）	加权平均实际年化收益率（%）
集合类	96	3 230 187.22	5.99
单一类	187	5 610 006.37	6.23
财产管理类	26	978 056.59	6.00

注：加权平均实际年化收益率=（信托项目1的实际年化收益率×信托项目1的资产总计+信托项目2的实际年化收益率×信托项目2的资产总计+…+信托项目n的实际年化收益率×信托项目n的资产总计）/（信托项目1的资产总计+信托项目2的资产总计+…+信托项目n的资产总计）×100%。

6.5.2.2.2　2021年度已清算结束的主动管理型信托项目个数、合计金额、加权平均实际年化收益率，分证券投资、其他投资、融资、事务管理类分别披露

已清算结束信托项目	项目个数（个）	合计金额（万元）	加权平均实际年化收益率（%）
证券投资类	10	85 122.00	12.13
其他投资类	35	1 610 931.33	5.66
融资类	79	1 477 481.41	6.70
事务管理类	31	1 450 209.74	6.36

6.5.2.2.3　2021年度已清算结束的被动管理型信托项目个数、合计金额、加权平均实际年化收益率，分证券投资、其他投资、融资、事务管理类分别披露

已清算结束信托项目	项目个数（个）	合计金额（万元）	加权平均实际年化收益率（%）
证券投资类	—	—	—
其他投资类	11	608 802.50	5.54
融资类	—	—	—
事务管理类	143	4 585 703.20	6.00

6.5.2.3　2021年度新增的集合类、单一类和财产管理类信托项目个数、合计金额

新增信托项目	项目个数（个）	合计金额（万元）
集合类	256	15 943 616
单一类	26	486 916
财产管理类	111	7 066 012
新增合计	393	23 496 544
其中：主动管理型	328	20 045 814
被动管理型	65	3 450 730

6.5.2.4　信托业务创新成果和特色业务有关情况

报告期内，公司高度重视转型发展及创新工作，转型业务取得明显突破和进展。其中证券投资类产品形成了较为完整的体系，包括雪球系列、金石系列、精诚系列、精益系列、天添利系列、丰利系列等；资产证券化业务方面较上年有所增长，全年新增资产证券化产品33单，基础资产不仅有信贷资产，还新增了金融租赁和消费金融类资产；另外家族信托、薪酬福利信托、慈善信托、绿色信托均有多个项目成立，年内发布了"中原大爱"慈善信托品牌，各项创新业务稳步推进。

6.5.2.5　信托赔偿准备金的提取、使用和管理情况

公司按净利润的5%计提信托赔偿准备金，报告期内计提2021年度信托赔偿准备金1 642.56万元，期末信托赔偿准备金28 519.80万元，报告期内未使用信托赔偿准备金，公司所提取信托赔偿准备金存放于商业银行。

6.6　关联方关系及其交易的披露

6.6.1　关联交易方的数量、关联交易的总金额及关联交易的定价政策等

项目	关联交易数量	关联交易金额（万元）	定价政策
合计	183	1 100 066.74	市场公平价格

注：关联交易是指信托公司以自有资产、信托资产为关联方提供投融资等服务，或以担保等方式为关联方融资提供便利的业务。关联交易的统计范围应基本与银监会非现场监管信息系统中关于关联交易的范围和口径一致，也可增加为关联方提供咨询等其他非投融资业务服务的信息。

6.6.2　关联交易方与本公司的关系性质、关联交易方的名称、法定代表人、注册地址、注册资本及主营业务等

关系性质	关联方名称	法定代表人	注册地址	注册资本（万元）	主营业务
公司股东	河南投资集团有限公司	刘新勇	郑州市	1 200 000	项目投资管理
公司股东	河南中原高速公路股份有限公司	马沉重	郑州市	224 737	交通设施投资
公司股东	河南省豫粮粮食集团有限公司	张培贤	郑州市	100 000	粮食收购、加工

6.6.3　本公司与关联方的重大交易事项

6.6.3.1　固有财产与关联方：贷款、投资、租赁、应收账款、担保、其他方式等期初汇总数、本期发生额汇总数、期末汇总数

固有财产与关联方关联交易　　　　单位：万元

项目	期初	发生额	期末
贷款	—	—	—
投资	—	—	—
租赁	—	—	—
担保	—	—	—
应收账款	—	—	—
其他	—	—	—
合计	—	—	—

6.6.3.2　信托资产与关联方：贷款、投资、租赁、应收账款、担保、其他方式等期初汇总数、本期发生额汇总数、期末汇总数

信托资产与关联方关联交易　　　　单位：万元

项目	期初	发生额	期末
贷款	28 000.00	-28 000.00	0.00
投资	—	—	—
租赁	—	—	—
担保	—	—	—

续表

项目	期初	发生额	期末
应收账款	—	—	—
其他	—	—	—
合计	28 000.00	-28 000.00	—

6.6.3.3 固有财产与信托财产之间的交易金额期初汇总数、本期发生额汇总数、期末汇总数

固有财产与信托财产相互交易　　　单位：万元

项目	期初数	本期发生额	期末数
合计	652 397.73	-301 529.96	350 867.77

6.6.3.4 信托资产与信托财产之间的交易金额期初汇总数、本期发生额汇总数、期末汇总数

信托资产与信托财产相互交易　　　单位：万元

项目	期初数	本期发生额	期末数
合计	574 063.50	175 135.47	749 198.97

6.6.4 逐笔披露关联方逾期未偿还本公司资金的详细情况以及本公司为关联方担保发生或即将发生垫款的详细情况

报告期内无关联方逾期未偿还本公司资金的情况，未有本公司为关联方担保发生或即将发生垫款的情况。

6.7 会计制度的披露

6.7.1 自营业务

2021年1月1日起，公司固有业务开始执行财政部财会〔2017〕7号、8号、14号文修订的《企业会计准则第22号——金融工具确认和计量》《企业会计准则第23号——金融资产转移》《企业会计准则第37号——金融工具列报》。

2021年1月1日起，公司固有业务开始执行《企业会计准则第14号——收入》。

2021年1月1日起，公司固有业务开始执行《企业会计准则第21号——租赁》。

6.7.2 信托业务

本公司执行2006年财政部颁发的《企业会计准则》及相关规定。

7.财务情况说明

7.1 利润实现和分配情况

2021年度公司实现利润总额49 421.07万元，所得税费用16 569.82万元，实现净利润32 851.25万元，按10%计提法定盈余公积3 285.13万元，按5%计提信托赔偿准备金1 642.56万元，加上以前年度未分配利润后，期末未分配利润余额为189 478.56万元。

7.2 主要财务指标

指标名称	指标值
资本利润率（%）	3.91
加权年化信托报酬率（%）	0.47
人均净利润（万元）	119.13

7.3 对本公司财务状况、经营成果有重大影响的其他事项

无。

8.特别事项揭示

8.1 前五名股东报告期内变动情况及原因

无。

8.2 董事、监事及高级管理人员变动情况及原因

2021年6月，中国银行保险监督管理委员会河南监管局《关于核准李明中原信托有限公司董事资格的批复》（豫银保监复〔2021〕293号）核准李明先生担任公司董事的资格。

8.3 变更注册资本、变更注册地或公司名称、公司分立合并事项

无。

8.4 公司的重大诉讼事项

报告期内，本公司作为原告提起重大诉讼案件1件，为本公司向相关债务人追偿债权而提起的诉讼；因抵押权纠纷，本公司作为被告的诉讼案件1件，报告期内原告已撤诉。上述诉讼预期不会对本公司财务状况或经营业绩造成重大不利影响。

8.5 公司及其高级管理人受到处罚的情况

2021年8月16日，公司收到中国银行保险监督管理委员会河南监管局下发的行政处罚决定书（豫银保监罚决字〔2021〕38号）。

8.6 银保监会及其派出机构对公司检查后提出整改意见的整改情况

报告期内，公司对中国银行保险监督管理委员会河

南监管局在监管通报及业务开展中提出的有关监管意见高度重视，逐项制定整改措施，认真整改落实。一是培育良好的内控合规文化。公司坚守受托人职能定位，将守正、忠实、专业等受托人文化嵌入发展战略、业务规划、经营行为中，通过常态化的全员合规教育培训，大力培育受托人文化，不断增强员工的合规意识和红线意识，使合规经营成为内化于心、外化于行的自觉行动。二是加大风控体系建设力度，持续完善风控管理机制，不断提升公司内控合规管理的精细化和专业化水平，确保各类风险有效管控。三是积极推进"金融同业业务""融资业务"压降工作和风险资产处置，完成了压降目标。同时大力开展转型业务，回归信托本源。通过整改落实各项监管意见和建议，公司的内控管理、公司治理、经营管理等各项能力水平进一步提高，公司内部控制体系更加完善，为公司高质量发展打下了坚实基础。

8.7 本年度股东违反承诺质押信托公司股权或以股权及其受（收）益权设立信托等金融产品的情况

无。

8.8 本年度重大事项临时报告的简要内容、披露时间、所披露的媒体及其版面

无。

8.9 银保监会及其省级派出机构认定的其他有必要让客户及相关利益人了解的重大信息

无。

9.公司监事会意见

报告期内，公司经营运作规范，重大决策合法有效；财务管理严格规范，审计机构对公司2021年度财务报告出具了标准无保留意见审计报告；公司董事、高级管理人员子经营管理和决策过程中谨慎、认真、勤勉、尽职，为公司业务发展和管理提升做出了贡献，维护了全体股东和信托受益人合法利益，未发现严重违反法律法规、公司章程和损害公司及股东利益的行为。

紫金信托有限责任公司

1.重要提示

1.1 紫金信托有限责任公司董事会及董事保证本报告所载资料不存在任何虚假记载、误导性陈述或者重大遗漏,并对其内容的真实性、准确性和完整性承担个别及连带责任。

1.2 公司股东会已建立独立董事制度,独立董事保证本报告内容真实、完整和准确。

1.3 公司编制的2021年度财务报告已经立信中联会计师事务所(特殊普通合伙)审计,并出具了标准无保留意见的审计报告。

1.4 公司法定代表人陈峥、主管会计部门负责人高晓俊和会计部门负责人杨黎文声明并保证年度报告中财务报告的真实、完整。

2.公司概况

2.1 公司简介

紫金信托有限责任公司(以下简称紫金信托或公司)前身为南京市信托投资公司,成立于1992年。在历经股权变更后,2010年,经原中国银行业监督管理委员会批准,公司实施增资重组,并重新登记,更名为紫金信托有限责任公司(《中国银监会关于南京市信托投资公司重新登记等有关事项的批复》银监复〔2010〕485号)。公司控股股东为国资全资设立的南京紫金投资集团有限责任公司,引入国际著名的信托金融机构日本三井住友信托银行(Sumitomo Mitsui Trust Bank, Limited)以及多家国内知名企业作为战略投资者,确立了"国有资本把方向、境外资本扩视野、多元化资本增活力"的混合所有制结构。公司注册资本金32.71亿元。

紫金信托秉持"行远者,必有信"的企业价值观,践行"责任、专业、开放、分享"的企业文化,围绕成为"为客户提供定制式服务的财富管理人"的愿景,不断迈进建设"特征鲜明的细分市场领军企业"步伐。公司坚守受托人定位,立足信托主业,回归信托本源,围绕"固收+"战略提供差异化的固收产品,以及体系化、数字化的信托服务,满足客户不断发展和变化的资产管理与财富管理需求。

公司法定中文名称:紫金信托有限责任公司
中文缩写:紫金信托
公司法定英文名称:Zijin Trust Co., Ltd.
英文缩写:ZJT
法定代表人:陈峥
注册地址:江苏省南京市鼓楼区中山北路2号紫峰大厦30层
邮编:210008
公司国际互联网网址:HTTPS://WWW.ZJTRUST.COM.CN
公司电子邮箱:BGS@ZJTRUST.COM.CN
公司负责信息披露事务的高级管理人员:高晓俊
联系人姓名:高晓俊
联系电话:025-66775859
传真:025-66770666
电子信箱:GAOXIAOJUN@ZJTRUST.COM.CN
公司选定的信息披露报纸名称:《证券时报》
公司年度报告备置地点:南京市鼓楼区中山北路2号紫峰大厦30层
公司聘请的会计师事务所:
立信中联会计师事务所(特殊普通合伙)
地址:天津市南开区宾水西道333号万豪大厦10层
公司聘请的律师事务所:
上海市锦天城(南京)律师事务所
地址:南京市建邺区江东中路347号国金中心一期27层、28层
北京大成(南京)律师事务所
地址:南京市鼓楼区集慧路18号联创科技大厦A座7楼、8楼、9楼、10楼

2.2 组织结构

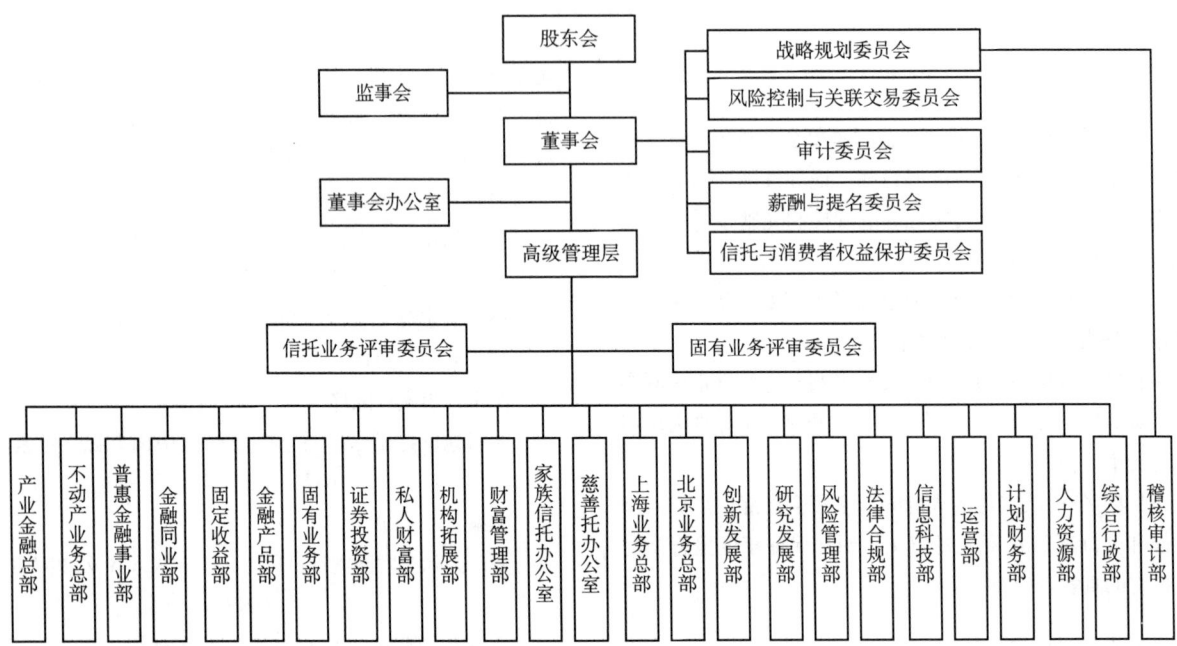

3. 公司治理

3.1 股东

股东名称	持股比例(%)	出资额(元)	法人代表	注册资本	注册地址	主要经营业务
★南京紫金投资集团有限责任公司	50.67	1 657 345 300.00	李方毅	50亿元	南京市建邺区江东中路377号金融城一期10号楼27F	股权投资；实业投资；资产管理；财务咨询、投资咨询（依法须经批准的项目，经相关部门批准后方可开展经营活动）
三井住友信托银行股份有限公司	20.00	654 215 100.00	大山一也	3 420亿日元	东京都千代田区丸之内1-4-1	信托业务；商业银行业务；证券投资咨询；资产管理运用；房地产咨询及中介业务等
江苏宁沪高速公路股份有限公司	20.00	654 215 100.00	成晓光	50.38亿元	江苏省南京市仙林大道6号	江苏省境内收费路桥的投资、建设、经营及管理，并开发高速公路沿线的服务区配套经营业务
南京新工投资集团有限责任公司	5.50	180 000 000.00	王雪根	41.74亿元	南京市玄武区唱经楼西街65号	新型工业化项目投资、运营；风险投资；实业投资；资产经营、资本运作、不良资产处置；资产委托经营；企业咨询；项目开发；物业管理；财务顾问等
三胞集团有限公司	3.83	125 300 000.00	袁亚非	20亿元	南京市雨花台区软件大道68号01幢	房地产开发经营；电子计算机网络工程；家电维修；实业投资；投资管理；商品和技术的进出口；生物医疗技术服务；医疗服务等

3.2 董事

3.2.1 董事长、副董事长、董事

姓名	职务	性别	年龄(岁)	选任日期	所推举的股东名称	该股东出资比例(%)
陈峥	董事长	女	54	2018年1月	南京紫金投资集团有限责任公司	50.67
山胁徹哉	副董事长	男	60	2018年1月	三井住友信托银行股份有限公司	20.00
胡苏迪	董事	男	42	2019年11月	南京紫金投资集团有限责任公司	50.67
赵磊	董事	男	42	2018年1月	三胞集团有限公司	3.83

3.2.2 独立董事

姓名	职务	性别	年龄（岁）	选任日期	所推举的股东名称	该股东出资比例（%）
夏亮	上海市通力律师事务所律师、合伙人	男	47	2018年1月	南京紫金投资集团有限责任公司	50.67
陈景善	中国政法大学民商经济法学院教授、博士生导师	女	53	2019年3月	三井住友信托银行股份有限公司	20.00

3.2.3 董事会成员履历

陈峥	女，1968年5月出生，硕士，正高级经济师。历任上海星火制浆造纸厂技术员、助理工程师，南京国际信托投资公司部门经理，南京市国有资产投资管理控股（集团）有限责任公司部门经理、总经理助理、副总经理，南京紫金投资控股有限公司副总经理兼任紫金信托有限责任公司总经理。现任南京紫金投资集团有限责任公司董事、总经理，紫金信托有限责任公司董事长，南京证券股份有限公司董事，南京银行股份有限公司董事
山胁彻哉	男，1962年1月出生，MBA。历任住友信托银行首尔代表处首席代表，住友信托财务香港公司总经理，住友信托银行信用投资业务部副部长，住友信托银行新加坡分行行长，三井住友信托银行新加坡分行行长、亚洲地区支配人。现任三井住友信托银行上席理事，紫金信托有限责任公司副董事长
胡苏迪	男，1980年7月出生，中共党员，理学博士，金融学博士后，高级经济师，江苏省产业教授、江苏省"333高层次人才培养工程"中青年科技带头人，南京市中青年拔尖人才。曾任职于中国平安、中诚人寿、兴业证券等多家知名机构，现任南京国资混改基金有限公司总经理、南京市信息化投资控股有限公司董事长、紫金信托有限责任公司董事
赵磊	男，1980年11月出生，学士。历任日本瑞穗投资咨询有限公司咨询业务部投资分析师，三胞集团有限公司董事长助理，三胞集团有限公司投资管理中心总监，南京万商商务服务有限公司法定代表人、总经理，三胞集团有限公司金融事业部副总裁、助理总裁，三胞集团南京投资管理有限公司总经理，现任上海氪信信息技术有限公司副总裁、紫金信托有限责任公司董事
夏亮	男，1975年1月出生，硕士。历任上海市毅石律师事务所律师助理，中伦金通律师事务所上海分所律师助理，上海市通力律师事务所律师，北京市金杜律师事务所上海分所律师，现任上海市通力律师事务所律师、合伙人，紫金信托有限责任公司独立董事
陈景善	女，1969年7月出生，博士。历任早稻田大学法学院助教、早稻田大学助教。现任中国政法大学教授、博士生导师，东亚企业并购与重组法制研究中心主任，中国银行法学会理事，保险法学会常务理事，北京市金融服务法学会监事，北京市破产法学会理事，东亚破产再建协理事，北京市比较法学会理事（主要研究日韩东亚比较法），北京市网络法学会副会长，北京市债法学会副会长兼秘书长，紫金信托有限责任公司独立董事

3.3 监事

3.3.1 监事会成员

姓名	职务	性别	年龄（岁）	选任日期	所推举的股东名称	该股东出资比例（%）
李颖	监事会主席	女	40	2020年9月	南京紫金投资集团有限责任公司	50.67
许慧	监事	女	34	2020年4月	—	—
蒋一雷	职工监事	男	47	2019年5月	—	—

3.3.2 监事会成员履历

李颖	女，1982年5月出生，学士。历任南京市国有资产经营公司财务部出纳，南京市国资集团资产运营中心办公室助理主管、计划财务部会计，紫金投资集团计划财务部会计、计划财务部总经理助理，紫金资管公司财务部经理，紫金投资集团计划财务部副部长。现任紫金投资集团计划财务部部长兼审计监察部部长，南京紫金融资租赁有限责任公司监事会主席，利安人寿保险股份有限公司董事，南京通汇融资租赁股份有限公司监事，紫金信托有限责任公司监事会主席
许慧	女，1988年12月出生，学士。历任淮安市城市资产经营有限公司资金处科员、资金处处长助理，淮安市国有联合投资发展集团有限公司资金处处长助理、投融资一副部长、融资处副处长，南京江北新区产业投资集团有限公司财务金融部融资管理岗。现任南京江北新区产业投资集团有限公司战略投资部副部长（主持工作），紫金信托有限责任公司监事
蒋一雷	男，1975年9月出生，硕士。历任苏州信托有限公司助理总裁，苏州沙冬青资产管理有限公司副总经理，紫金信托有限责任公司信托业务总监、上海信托业务总部总经理。现任紫金信托有限责任公司风控总监、风险管理部总经理兼法律合规部总经理，紫金信托有限责任公司职工代表监事

3.4 高级管理人员

姓名	职务	性别	年龄（岁）	选任日期	金融从业年限（年）	学历	专业
韩何	总裁	男	51	2021年10月	31	硕士	工商管理
高晓俊	党总支书记、副总裁	男	50	2015年4月	20	硕士	工商管理
顾怀宇	副总裁	男	48	2015年11月	26	硕士	公共管理
长谷川宽树	副总裁	男	51	2018年10月	29	本科	经济学
伍兵	总裁助理	男	55	2013年9月	33	博士	技术经济及管理
李薇	总裁助理	女	42	2019年5月	21	硕士	工商管理

3.5 公司员工

项目		2021年度		2020年度	
		人数（人）	比例（%）	人数（人）	比例（%）
年龄分布	25岁以下	—	—	1	0.53
	25—29岁	18	9.14	26	13.68
	30—39岁	126	63.96	113	59.47
	40岁以上	53	26.90	50	26.32
学历分布	博士	2	1.02	3	1.58
	硕士	107	54.31	96	50.53
	本科	85	43.15	88	46.31
	专科	2	1.02	2	1.05
	其他	1	0.51	1	0.53
岗位分布	董事、监事及高管	8	4.06	8	4.21
	自营业务人员	5	2.54	5	2.63
	信托业务人员	108	54.82	106	55.79
	其他人员	76	38.58	71	37.37
总人数		197		190	

4. 经营管理

4.1 经营目标、方针、战略规划

2021年度经营目标：以党的建设为引领，加强信托文化建设，推动公司高质量发展。经营方针：按照"固收+"业务架构，"坚持赛道，换工具"，通过优化组织、发挥自身优势，巩固非标业务，做大标品业务；"坚持方向，换思路"，完善产品、服务体系，更好地满足客户财富管理需求，推进新一轮战略规划更好落地。战略规划：坚持"为客户提供定制式服务的财富管理人"的发展愿景，致力于成为中产家庭美好生活的坚定守护者、实体经济高质量发展的有力推动者。

4.2 经营业务的主要内容

4.2.1 公司经营业务和品种

经中国银行保险监督管理委员会批准，公司许可经营项目为：资金信托；动产信托；不动产信托；有价证券信托；其他财产或财产权信托；作为投资基金或者基金管理公司的发起人从事投资基金业务；经营企业资产的重组、购并及项目融资、公司理财、财务顾问等业务；受托经营国务院有关部门批准的证券承销业务；办理居间、咨询、资信调查等业务；代保管及保管箱业务；以存放同业、拆放同业、贷款、租赁、投资方式运用固有财产；以固有财产为他人提供担保；从事同业拆借；中国法律法规规定或中国银保监会批准的其他业务。（外资比例低于25%）

一般经营项目：无。

4.2.2 公司资产组合和分布

4.2.2.1 自营资产运用与分布表

资产运用	金额（万元）	占比（%）	资产分布	金额（万元）	占比（%）
货币资产	52 845.54	6.26	基础产业	—	—
贷款及应收款	26 018.71	3.08	房地产业	25 000.00	2.96
交易性金融资产	129 609.80	15.35	证券市场	116 554.28	13.80
债权投资	546 670.45	64.73	实业	—	—
其他权益工具投资	5 530.00	0.65	金融机构	696 684.15	82.50
长期股权投资	58 458.04	6.92	其他	6 246.09	0.74
其他	25 351.98	3.01			
总计	844 484.52	100.00	总计	844 484.52	100.00

4.2.2.2 信托资产运用与分布表

资产运用	金额（万元）	占比（%）	资产分布	金额（万元）	占比（%）
货币资产	80 059.39	0.70	基础产业	2 998 068.05	26.14
贷款	2 686 546.67	23.43	工商业	3 556 291.94	31.01
交易性金融资产	—	—	房地产业	868 440.00	7.57
买入返售金融资产	59 898.34	0.52	证券市场	2 399 686.79	20.93
可供出售金融资产	8 299 555.57	72.37	金融机构	1 584 897.92	13.82
持有至到期投资	—	—	其他	61 020.65	0.53
长期投资	267 416.00	2.33			
其他	74 929.38	0.65			
总计	11 468 405.35	100.00	总计	11 468 405.35	100.00

4.3 市场分析

4.3.1 影响公司发展的有利因素

4.3.1.1 宏观经济保持稳健发展，为信托业提供了良好的发展环境

2021年通过实施积极的财政政策和稳健的货币政策，中国宏观经济继续保持稳健发展，全年GDP同比增长8.1%，实现了"十四五"良好开局，为信托业健康发展提供了良好的外部条件。

4.3.1.2 资本市场改革深入实施，有利于信托业更好发挥直接融资作用

以注册制改革为重点，2021年中国资本市场改革持续推进，多层次股权市场体系进一步完善，债券市场平稳运行。资本市场深化改革为信托公司带来了标准化资产投资机遇，有利于信托公司拓展直接融资业务，促进金融市场更好服务实体经济高质量发展。

4.3.1.3 财富管理需求提高，有利于信托发挥本源优势

2021年虽然受到疫情不利影响，但是全国居民人均可支配收入仍然保持较快增长。与此相应，居民财富管理需求不断提高。凭借资产隔离和灵活性等信托制度本源优势，信托公司在财富管理市场的地位继续提升。

4.3.1.4 扎实促进共同富裕，慈善信托承担历史使命

以习近平同志为核心的党中央把握发展阶段新变化，提出把逐步实现全体人民共同富裕摆在更加重要的位置上。慈善信托是助力解决贫困问题、缩小收入差距、促进共同富裕的新型慈善工具，是我国慈善事业的重要组成部分，在实现第三次分配过程中承担了重要的历史使命。

4.3.2 影响公司发展的不利因素

信托业开拓资本市场，核心竞争力有待增强。顺应监管导向，信托公司2021年加快发展资本市场业务。面对券商、基金、银行理财等机构的强势竞争，信托公司尚需通过实践探索，强化主动管理能力，建立具有自身特色的产品线，打造细分领域差异化竞争优势。

信托业部分业务领域风险水平上升，对信托公司风控能力提出更高要求。以房地产领域为重点，2021年金融监管部门和地方政府对房地产行业的调控政策持续推进，财务杠杆过高的房地产企业违约事件有所抬头。信托公司在房地产领域的展业风险提升，对于风控体系建设和全周期风控能力提出更高要求。

4.4 内部控制

4.4.1 内部控制环境和内部控制文化

公司按照《公司法》《信托公司管理办法》《信托公司治理指引》和监管部门的要求，明确股东会、董事会和监事会的权责和制约关系，董事会、监事会、经营班子的权责和授权制约关系。公司高级管理层与下属部门形成了有效的授权分责关系。

公司坚持"风险管理创造价值"的风险文化理念，建立"平衡、奇正、预防、权变"的全面风险管理体系，坚守风险底线，顺应业务发展需要和市场变化，将防范风险作为风险管控的核心，实现风险管控与业务发展的平衡。面对各类风险高发的外部环境，始终秉承"风控至上、合规于心"的内控文化底色，不断提升风险防控能力。公司坚持依法合规经营的理念和风险控制优先的原则，形成业务不断发展和风险有效控制的运行机制，营造良好的合规经营环境。

4.4.2 内部控制措施

公司董事会下设风险控制与关联交易委员会负责内部控制体系的建设、完善、有效实施。公司的内部控制职能部门为风险管理部和法律合规部。

公司坚持"内控优先、稳健运行"管理理念，持续加强内控制度体系建设和完善细化工作，不断完善有关基础管理和业务管理制度，全面覆盖信托业务、固有业务和基础管理工作。公司建立健全各项业务决策机构和决策程序。公司主要业务部门之间建立并逐步健全严格的隔离制度，实现四个分离：即信托业务与固有业务相分离；不同的信托财产之间相分离；同一信托财产运用与保管相分离；业务操作岗与风险管控岗相分离。

对于信托业务，在信托项目尽职调查、业务审批、产品销售、存续管理、信息披露、清算核算、风险管控等各环节分别制定了管理办法和操作规程，业务运行规范化程度显著提高。在设立环节，公司通过制定各专项业务项目的尽职调查指引，建立科学有效的信托业务决策机制，严格按照公司制度和流程开展信托项目审查审批，根据法律法规制定规范的信托文件等措施实现内部控制；在运用环节，公司对信托财产运用严格遵守法律法规规定，实现信托财产的审批、运用和保管（托管）分离等措施；在管理环节，公司初步建立各类信托业务风险识别、评估、监测、报告控制体系，公司信托业务的前台、中台、后台信息交流保持渠道畅通和信息对称，建立信托项目及时分析、跟踪检查的管理制度，设立业务管理台账做好记录，实现内部控制；在清算终止环节，公司严格依据法律法规、信托文件制作处理信托事务的清算报告，及时向委托人、受益人进行披露，同时规范信托业务档案管理机制，以实现内部控制。

对于固有业务，公司全面加强资金投放的事前、事中和事后管理，业务运行继续保持良好。遵循谨慎原则，建立健全固有业务决策机构和决策程序，制定年度自有资金配置计划与风险容忍度，严格按照董事会的有关规定及公司相关制度规定的程序与决策权限进行报审与审批，加强对固有业务的投资策略、规模、品种、结构、期限等的决策管理；公司坚持自有资金"低风险、高流动"的配置要求，根据经济形势、市场情况的变化，适时进行固有业务投资策略的调整。公司通过合理的预警机制、严密的账户管理、严格的资金审批调度、规范的交易操作及完善的业务档案管理制度等，控制固有业务

的运作风险。

4.4.3 信息交流与反馈

公司建立了良好的信息共享、传递、披露和反馈的制度体系。

公司内部建立了清晰完整的报告线，明确公司股东会、董事会及其专门委员会、监事会、高级管理层、职能部门和员工的职责范围和报告路径。

对客户和社会公众，公司通过公司网站、公众号、经营场所等多种方式，从公司和业务两个层面依法进行信息披露，与委托人和社会公众实现信息共享。

对监管部门，公司通过非现场监管报告、信托业务事前报告、关联交易报告、临时事项报告等方式报告有关信息。

4.4.4 监督评价与纠正

公司建立了多层次的内控监督体系：监事会依法履行监督职能，对公司董事、高级管理层履职情况进行监督；稽核审计部独立行使内部审计监督权，有权直接向董事会及审计委员会、监事会和公司管理层进行报告；公司建立了规范的审计检查及后续整改跟踪机制，管理层高度重视审计发现问题及其整改落实情况，通过定期的审计交流，确保对审计过程中发现的内部控制缺陷及时予以整改完善，持续提升公司的内控水平。

2021年，公司内部审计通过常规审计与专项审计相结合的方式，持续对各类经营管理活动进行监督评价，从问题出发，以风险为导向，持续加固管理闭环的质量，使公司的内部控制更加有效、趋于完善。

4.5 风险管理

4.5.1 风险管理概况

报告期内，公司紧跟国家经济、金融政策方向，按照监管部门全面风险管理指引的要求，逐步建立与健全公司全面风险管理体系，全年密切围绕年初董事会制定的风险管理目标，统一部署，审慎经营管理。公司固有和受托资产总体风险可控，圆满完成风险管理目标任务。

公司根据监管部门要求，不断优化资产结构，主动调整各项信托业务规模，控制融资类业务，压降事务管理类信托规模，在落实监管要求的同时，提升全面风险防控能力。整体业务运行保持平稳，各项管控业务均在限额指标以内，总体风险可控。公司形成"全面、全员、全覆盖、全流程、全市场"的风险管控体系，对风险的管控包含在项目投前、投中、投后全流程，覆盖信用风险、市场风险、流动性风险、操作风险、声誉风险等。

4.5.2 风险状况

4.5.2.1 信用风险状况

信用风险是由于交易对手不履行义务而给公司带来潜在损失的风险。主要表现为：在贷款、资产回购、后续资金安排、担保、履约承诺等交易过程中，借款人、担保人、保管人（托管人）等交易对手不履行承诺，不能或不愿履行合约承诺而使信托财产和固有财产遭受潜在损失的可能性。

公司根据财政部、人民银行、银保监会的相关要求，制定了《紫金信托有限责任公司风险资产管理办法》，办法中确定了资产风险分类标准，将资产分为正常、关注、次级、可疑和损失五类。风险资产的减值准备计提比例以五级分类结果为基础，形成计提基准比例。

报告期内，公司严格履行受托人尽职管理职责，全年信托产品均如期兑付，未发生兑付风险，全部现有存量固有、信托资产安全受控，未发现重大风险隐患。

4.5.2.2 市场风险状况

市场风险主要指市场利率、汇率或金融产品等价格变动给公司造成损失的风险。主要表现为：股票、债券、票据、外汇等资产因价格变动而带来损失的风险。

报告期内，公司通过优选交易对手、谨慎选择项目或标的物、严格的投后管理措施、对股票类标的物进行实时盯盘及设置预警机制，确保市场风险可控。

4.5.2.3 操作风险状况

操作风险是指由不完善或有问题的内部程序、员工和信息科技系统，以及外部事件所造成损失的风险。

报告期内，公司未出现重大操作风险事项。

4.5.2.4 其他风险状况

包括流动性风险、声誉风险和集中度风险。

流动性风险：报告期内，公司面临的兑付集中度和清算压力较小，流动性风险低。

声誉风险：报告期内，公司未有任何信托项目赔付，存量信托项目运行正常，潜在赔偿责任风险较小。

集中度风险：信托资金运用涉及公共设施管理业、城市公共交通业、商务服务业、环境管理业、水利管理业、批发业、零售业、银行业、房地产业、其他金融活动等行业，资金运用投向较为丰富，集中度风险较低。

4.5.3 风险管理

4.5.3.1 信用风险管理

（1）完善信用风险管理制度体系。公司执行标准化的管理流程，覆盖从客户尽职调查、信用评估、风险资本测算、风险审查审批、资金划拨至融资后监控的全部环节，业务种类覆盖产业金融、不动产、普惠金融、资本市场、投资银行、金融同业等不同业务品种。

（2）完善信用风险限额管理。为减少单一主体信用恶化对公司的财务影响，降低集中度风险，公司在融资业务领域中的基础产业板块设置了严格的区域限额管控，在不动产业务板块推行单一主体风险限额管理。根据交易对手信用状况，严格控制抵质押率，保证足够的安全边际，确保抵质押品安全可控。

（3）严格按照国家宏观调控政策和产业政策导向，研究行业发展趋势、市场机会及风险特征，制定内部行业投融资政策，充分利用客户分类、名单制管理和行业限额等多种手段，严格审查行业和客户的准入资质，防范行业风险。

（4）加大存续项目信用风险的监控力度。设置科学合理的监控指标，提高监控频度，通过多方面信息的监控和整合，及时掌握交易对手信用状况的变化，并根据监控信息采取不同的应对措施，有效防范和化解风险。

（5）多方位引入新型风险管理工具。

4.5.3.2 市场风险管理

（1）关注宏观经济及金融市场对业务的影响，遵循组合投资、分散风险的投资原则，注意防范系统性风险。

（2）审慎推进有市场风险敞口的投资业务，对投资类业务设置准入门槛及禁入领域，并由评审会授权证券投资决策小组对证券投资业务进行专家把关。

（3）在资本市场中，对股票质押类、证券投资类等业务进行了专项风险排查，从风控阈值安全边际、价格波动性、质押率、风险影响等多个角度进行风险评估。

4.5.3.3 操作风险管理

（1）完善各项制度规定并持续完善操作风险管理机制，针对关键操作环节和跨部门协同环节，重点强化操作风险防控。

（2）在操作风险首问负责制基础上，法律合规部对操作风险管理内容、操作风险报告进行扎口管理，及时报告操作风险事件。

（3）通过建设计算机系统及管理机制，不断完善核心业务系统、CRM系统和财务系统的功能性建设和优化，加强网络安全管理。

（4）从内部举报、案件防控、合规问责等各个层面，加强案件防控及员工行为的管理和监督，切实防范和降低操作风险。

（5）加强检查监督工作，通过法律合规部的扎口管理、稽核审计部的定期检查，做到操作风险早发现、早处理。

4.5.3.4 其他风险管理

其他风险管理举措包括流动性风险管理、声誉风险管理和集中度风险管理等，其中重点为管理流动性风险，具体举措包括以下四点。

（1）坚持审慎性原则，充分识别、有效计量、持续监测和主动控制公司整体及相关产品的流动性风险。风险管理部牵头，充分研究、实证求验、利用多种流动性管理工具基础上，形成多部门统一协作的公司流动性管理的整体框架，多管理阈值、多层次的流动性管理的处理机制。

（2）定期对存续项目的偿付风险进行排查，对交易对手的资金安排情况进行调查评估，以做到流动性风险的尽早掌握和及时预防。关注资金市场变化，及时根据资金面的变化调整业务期限策略，控制长期限产品的投放。

（3）针对现金管理类产品，进行重点流动性监控，实时测算现金缺口，审慎评估每笔投资实施后的流动性风险变化情况，加强对资金和资产的期限匹配管理，从公司整体层面考量，从严管控现金缺口，防范流动性风险。

（4）按照审慎原则定期开展流动性压力测试，评估流动性储备的充足性，确定其应当采取的风险缓释策略和流动性应急措施。

4.6 净资本管理情况

截至2021年12月末，公司净资本678 328.57万元，符合该项指标需大于等于2亿元的监管要求。固有业务风险资本122 553.57万元，信托业务风险资本85 246.69万元，各项业务风险资本之和207 800.26万元。净资本/各项业务风险资本之和为326.43%，符合该项指标需大于等于100%的监管要求，净资本/净资产为88.71%，符合该项指标需大于等于40%的监管要求。

公司净资本和风险资本满足所有监管指标要求，抵御风险能力良好。基于业务发展的前瞻性考虑，加强了各项业务以及未来业务发展耗用净资本的管理，安排了专人进行净资本的测算及复核，根据净资本承载能力制定相应业务策略，审慎进行净资本耗用的预测，为业务发展提供前置引导。

5. 报告期末及上一年末的比较式会计报表

5.1 自营资产

5.1.1 会计师事务所审计意见全文

审计报告

立信中联审字〔2022〕D-0014号

紫金信托有限责任公司全体股东：

一、审计意见

我们审计了紫金信托有限责任公司（以下简称紫金信托）财务报表，包括2021年12月31日的资产负债表，2021年度的利润表、现金流量表、所有者权益变动表以及相关财务报表附注。

我们认为，后附的财务报表在所有重大方面按照企业会计准则的规定编制，公允反映了紫金信托2021年12月31日的财务状况以及2021年度的经营成果和现金流量。

二、形成审计意见的基础

我们按照中国注册会计师审计准则的规定执行了审计工作。审计报告的"注册会计师对财务报表审计的责任"部分进一步阐述了我们在这些准则下的责任。按照中国注册会计师职业道德守则，我们独立于紫金信托，并履行了职业道德方面的其他责任。我们相信，我们获取的审计证据是充分、适当的，为发表审计意见提供了基础。

三、管理层和治理层对财务报表的责任

紫金信托管理层（以下简称管理层）负责按照企业会计准则的规定编制财务报表，使其实现公允反映，并设计、执行和维护必要的内部控制，以使财务报表不存在由于舞弊或错误导致的重大错报。

在编制财务报表时，管理层负责评估紫金信托的持续经营能力，披露与持续经营相关的事项（如适用），并运用持续经营假设，除非管理层计划清算紫金信托、终止运营或别无其他现实的选择。

治理层负责监督紫金信托的财务报告过程。

四、注册会计师对财务报表审计的责任

我们的目标是对财务报表整体是否不存在由于舞弊或错误导致的重大错报获取合理保证，并出具包含审计意见的审计报告。合理保证是高水平的保证，但并不能保证按照审计准则执行的审计在某一重大错报存在时总能发现。错报可能由于舞弊或错误导致，如果合理预期错报单独或汇总起来可能影响财务报表使用者依据财务报表作出的经济决策，则通常认为错报是重大的。

在按照审计准则执行审计工作的过程中，我们运用职业判断，并保持职业怀疑。同时，我们也执行以下工作：

（1）识别和评估由于舞弊或错误导致的财务报表重大错报风险，设计和实施审计程序以应对这些风险，并获取充分、适当的审计证据，作为发表审计意见的基础。由于舞弊可能涉及串通、伪造、故意遗漏、虚假陈述或凌驾于内部控制之上，未能发现由于舞弊导致的重大错报的风险高于未能发现由于错误导致的重大错报的风险。

（2）了解与审计相关的内部控制，以设计恰当的审计程序，但目的并非对内部控制的有效性发表意见。

（3）评价管理层选用会计政策的恰当性和作出会计估计及相关披露的合理性。

（4）对管理层使用持续经营假设的恰当性得出结论。同时，根据获取的审计证据，就可能导致对紫金信托持续经营能力产生重大疑虑的事项或情况是否存在重大不确定性得出结论。如果我们得出结论认为存在重大不确定性，审计准则要求我们在审计报告中提请报表使用者注意财务报表中的相关披露；如果披露不充分，我们应当发表非无保留意见。我们的结论基于截至审计报告日可获得的信息。然而，未来的事项或情况可能导致紫金信托不能持续经营。

（5）评价财务报表的总体列报、结构和内容（包括披露），并评价财务报表是否公允反映相关交易和事项。

我们与治理层就计划的审计范围、时间安排和重大审计发现等事项进行沟通，包括沟通我们在审计中识别出的值得关注的内部控制缺陷。

立信中联会计师事务所（特殊普通合伙）　中国注册会计师：
　　　　　　　　　　　　　　　　　　　（项目合伙人）
　　　　　　　　　　　　　　　　　　　中国注册会计师：

中国·天津市　　　　　　　　　　　　　2022年3月2日

5.1.2 资产负债表

资产负债表

编制单位：紫金信托有限责任公司　　2021年12月31日　　单位：元

项目	附注	期末余额	年初余额
资产：	—	—	—
现金及存放中央银行款项	五、（一）	7 358.07	4 978.07
存放同业款项	五、（一）	528 447 987.94	86 133 746.66
结算备付金	—	—	—
存放同业款项	—	—	—
贵金属	—	—	—
拆出资金	五、（二）	200 000 000.00	—
衍生金融资产	—	—	—
应收款项	—	—	—
合同资产	—	—	—
买入返售金融资产	—	1 246 003.60	38 698 000.00
持有待售资产	—	—	—
发放贷款和垫款	五、（三）	250 000 000.00	—
金融投资：	—	—	—
交易性金融资产	五、（四）	1 296 098 014.00	1 479 289 271.71
债权投资	五、（五）	5 466 704 474.45	2 973 822 248.25
其他债权投资	—	—	—
其他权益工具投资	五、（六）	55 300 000.00	55 300 000.00
长期股权投资	五、（七）	584 580 417.20	524 044 257.37
投资性房地产	—	—	—
固定资产	五、（八）	48 900 009.32	51 173 222.75
在建工程	—	—	—
无形资产	五、（九）	943 788.95	2 066 995.04
递延所得税资产	—	—	—
其他资产	五、（十）	12 617 116.87	11 728 832.80
资产总计	—	8 444 845 170.40	5 222 250 552.65

公司法定代表人：陈峥　　主管会计工作负责人：高晓俊　　会计机构负责人：杨黎文

资产负债表（续）

编制单位：紫金信托有限责任公司　　2021年12月31日　　单位：元

项目	附注	期末余额	年初余额
负债：	—	—	—
短期借款	—	—	—
向中央银行借款	—	—	—
同业及其他金融机构存放款项	—	—	—
拆入资金	—	—	—
交易性金融负债	—	—	—
衍生金融负债	—	—	—
卖出回购金融资产款	—	—	—
吸收存款	—	—	—
应付职工薪酬	五、（十一）	442 363 945.71	354 340 493.28
应交税费	五、（十二）	223 738 339.61	260 937 738.22
应付款项	—	56 439 059.00	21 799 771.00
合同负债	—	—	—
持有待售负债	—	—	—
预计负债	—	—	—
长期借款	—	—	—
应付债券	—	—	—
其中：优先股	—	—	—
永续债	—	—	—
递延所得税负债	—	—	—
其他负债	五、（十三）	76 095 572.80	74 837 806.54
负债合计	—	798 636 917.12	711 915 809.04
所有者权益（或股东权益）：	—	—	—
实收资本（或股本）	五、（十四）	3 271 075 500.00	2 453 000 000.00
其他权益工具	—	—	—
其中：优先股	—	—	—
永续债	—	—	—
资本公积	五、（十五）	1 669 834 500.00	—
减：库存股	—	—	—
其他综合收益	—	—	—
盈余公积	五、（十六）	412 610 623.75	333 278 272.78
一般风险准备	五、（十七）	125 888 460.21	77 496 095.35
信托赔偿准备	五、（十八）	206 305 311.89	166 639 136.41
未分配利润	五、（十九）	1 960 493 857.43	1 479 921 239.07
所有者权益（或股东权益）合计	—	7 646 208 253.28	4 510 334 743.61
负债和所有者权益（或股东权益）总计	—	8 444 845 170.40	5 222 250 552.65

公司法定代表人：陈峥　　主管会计工作负责人：高晓俊　　会计机构负责人：杨黎文

5.1.3 利润表

利润表

编制单位：紫金信托有限责任公司　　2021年度　　单位：元

项目	附注	本期金额	上期金额
一、营业总收入	五、（二十）	1 413 422 631.66	1 165 172 976.77
利息收入	—	18 825 879.15	1 939 551.43
手续费及佣金收入	—	972 267 556.12	855 732 407.08
投资收益（损失以"-"号填列）	—	376 018 425.57	368 523 297.46
净敞口套期收益（损失以"-"号填列）	—	—	—
其他收益	—	—	—
公允价值变动收益（损失以"-"填列）	—	53 394 042.97	-61 021 004.92
汇兑收益（损失以"-"填列）	—	-7 083 272.15	-1 274.28

续表1

项目	附注	本期金额	上期金额
其他业务收入		—	—
资产处置收益（损失以"-"号填列）		—	—
二、营业总支出	五、（二十一）	438 676 678.40	413 259 495.28
利息支出		—	—
手续费及佣金支出		—	—
税金及附加		10 116 893.14	10 021 935.25
业务及管理费		333 606 897.91	275 440 300.35
信用减值损失		94 952 887.35	127 797 259.68
其他资产减值损失		—	—
其他业务成本		—	—
三、营业利润（亏损以"-"号填列）		974 745 953.26	751 913 481.49
加：营业外收入	五、（二十二）	70 771 000.00	50 772 000.00
减：营业外支出	五、（二十三）	2 002 699.40	1 500 274.57
四、利润总额（亏损总额以"-"号填列）		1 043 514 253.86	801 185 207.22
减：所得税费用	五、（二十四）	250 190 744.19	221 083 612.89
五、净利润（净亏损以"-"号填列）		793 323 509.67	580 101 594.33
（一）持续经营净利润（净亏损以"-"号填列）		793 323 509.67	580 101 594.33
（二）终止经营净利润（净亏损以"-"号填列）		—	—
六、其他综合收益的税后净额		—	—

续表2

项目	附注	本期金额	上期金额
（一）不能重分类进损益的其他综合收益		—	—
1.重新计量设定受益计划变动额		—	—
2.权益法下不能转损益的其他综合收益		—	—
3.其他权益工具投资公允价值变动		—	—
4.企业自身信用风险公允减值变动		—	—
（二）将重分类进损益的其他综合收益		—	—
1.权益法下可转损益的其他综合收益		—	—
2.其他债权投资公允价值变动		—	—
3.金额资产重分类计入其他综合收益的金额		—	—
4.其他债权投资信用损失准备		—	—
5.现金流量套期储备		—	—
6.外币财务报表折算差额		—	—
七、综合收益总额		793 323 509.67	580 101 594.33
八、每股收益			
（一）基本每股收益		—	—
（二）稀释每股收益		—	—

法定代表人：陈峥　　主管会计工作负责人：高晓俊　　会计机构负责人：杨黎文

5.1.4 所有者权益变动表

所有者权益变动表

编制单位：紫金信托有限责任公司　　2021年度　　单位：元

项目	本年金额						
	实收资本（或股本）	资本公积	盈余公积	一般风险准备	信托赔偿准备	未分配利润	所有者权益合计
一、上年年末余额	2 453 000 000.00	—	333 278 272.78	77 496 095.35	166 639 136.41	1 479 921 239.07	4 510 334 743.61
加：会计政策变更	—	—	—	—	—	—	—
前期差错更正	—	—	—	—	—	—	—
其他	—	—	—	—	—	—	—
二、本年年初余额	2 453 000 000.00	—	333 278 272.78	77 496 095.35	166 639 136.41	1 479 921 239.07	4 510 334 743.61
三、本年增减变动金额（减少以"-"号填列）	818 075 500.00	1 669 834 500.00	79 332 350.97	48 392 364.86	39 666 175.48	480 572 618.36	3 135 873 509.67
（一）综合收益总额	—	—	—	—	—	793 323 509.67	793 323 509.67
（二）所有者投入和减少资本	818 075 500.00	1 669 834 500.00	—	—	—	—	2 487 910 000.00
1.所有者投入的普通股	818 075 500.00	1 669 834 500.00	—	—	—	—	2 487 910 000.00
2.其他权益工具持有者投入资本	—	—	—	—	—	—	—
3.股份支付计入所有者权益的金额	—	—	—	—	—	—	—
4.其他	—	—	—	—	—	—	—
（三）利润分配	—	—	79 332 350.97	48 392 364.86	39 666 175.48	-312 750 891.31	-145 360 000.00
1.提取盈余公积	—	—	79 332 350.97	—	—	-79 332 350.97	—
2.提取一般风险准备	—	—	—	48 392 364.86	—	-48 392 364.86	—

续表

项目	本年金额						
	实收资本（或股本）	资本公积	盈余公积	一般风险准备	信托赔偿准备	未分配利润	所有者权益合计
3.提取信托赔偿准备	—	—	—	—	39 666 175.48	-39 666 175.48	—
4.对所有者（或股东）的分配	—	—	—	—	—	-145 360 000.00	—
5.其他	—	—	—	—	—	—	—
（四）所有者权益内部结转	—	—	—	—	—	—	—
1.资本公积转增资本（或股本）	—	—	—	—	—	—	—
2.盈余公积转增资本（或股本）	—	—	—	—	—	—	—
3.盈余公积弥补亏损	—	—	—	—	—	—	—
4.设定受益计划变动额结转留存收益	—	—	—	—	—	—	—
5.其他综合收益结转留存收益	—	—	—	—	—	—	—
6.其他	—	—	—	—	—	—	—
四、本年年末余额	3 271 075 500.00	1 669 834 500.00	412 610 523.75	125 888 460.21	206 305 311.89	1 960 493 857.43	7 646 208 253.28

法定代表人：陈峥　　　　　　　　　　主管会计工作负责人：高晓俊　　　　　　　　　　会计机构负责人：杨黎文

所有者权益变动表（续）

编制单位：紫金信托有限责任公司　　　2021年度　　　单位：元

项目	上年金额						
	实收资本（或股本）	资本公积	盈余公积	一般风险准备	信托赔偿准备	未分配利润	所有者权益合计
一、上年年末余额	2 453 000 000.00	—	275 268 113.35	68 926 279.46	137 634 056.69	1 129 274 699.78	4 064 103 149.28
加：会计政策变更	—	—	—	—	—	—	—
前期差错更正	—	—	—	—	—	—	—
其他	—	—	—	—	—	—	—
二、本年年初余额	2 453 000 000.00	—	275 268 113.35	68 926 279.46	137 634 056.69	1 129 274 699.78	4 054 103 149.28
三、本年增减变动金额（减少以"-"号填列）	—	—	58 010 159.43	8 569 815.89	29 005 079.72	350 646 539.29	446 231 594.33
（一）综合收益总额	—	—	—	—	—	580 101 594.33	580 101 594.33
（二）所有者投入和减少资本	—	—	—	—	—	—	—
1.所有者投入的普通股	—	—	—	—	—	—	—
2.其他权益工具持有者投入资本	—	—	—	—	—	—	—
3.股份支付计入所有者权益的金额	—	—	—	—	—	—	—
4.其他	—	—	—	—	—	—	—
（三）利润分配	—	—	58 010 159.43	8 569 815.89	29 005 079.72	-229 455 055.04	-133 870 000.00
1.提取盈余公积	—	—	58 010 159.43	—	—	-58 010 159.43	—
2.提取一般风险准备	—	—	—	8 569 815.89	—	-8 569 815.89	—
3.提取信托赔偿准备	—	—	—	—	29 005 079.72	-29 005 079.72	—
4.对所有者（或股东）的分配	—	—	—	—	—	-133 870 000.00	-133 870 000.00
5.其他	—	—	—	—	—	—	—
（四）所有者权益内部结转	—	—	—	—	—	—	—
1.资本公积转增资本（或股本）	—	—	—	—	—	—	—
2.盈余公积转增资本（或股本）	—	—	—	—	—	—	—
3.盈余公积弥补亏损	—	—	—	—	—	—	—
4.设定受益计划变动额结转留存收益	—	—	—	—	—	—	—
5.其他综合收益结转留存收益	—	—	—	—	—	—	—
6.其他	—	—	—	—	—	—	—
四、本年年末余额	2 453 000 000.00	—	333 278 272.78	77 496 095.35	166 639 136.41	1 479 921 239.07	4 510 334 743.61

法定代表人：陈峥　　　　　　　　　　主管会计工作负责人：高晓俊　　　　　　　　　　会计机构负责人：杨黎文

5.2 信托资产

5.2.1 信托项目资产负债汇总表

信托项目资产负债汇总表

编制单位：紫金信托有限责任公司　　2021年12月31日　　单位：万元

信托资产	期末余额	年初余额	信托负债和信托权益	期末余额	年初余额
信托资产	—	—	信托负债	—	—
货币资金	80 059.39	98 082.24	交易性金融负债	—	—
拆出资金	—	—	衍生金融负债	—	—
存出保证金	—	—	应付受托人报酬	66 694.13	11 832.03
交易性金融资产	—	—	应付托管费	40.42	40.67
衍生金融资产	—	—	应付受益人收益	—	—
买入返售金融资产	59 898.34	30 990.01	应交税费	—	—
应收款项	74 899.08	22 518.21	应付销售服务费	—	—
发放贷款	2 686 546.67	5 447 786.22	应付手续费及佣金	—	—
可供出售金融资产	8 299 555.57	6 123 771.28	其他应付款项	3 171.15	4 468.90
持有至到期投资	—	—	其他负债	—	—
长期应收款	—	—	信托负债合计	69 905.70	16 341.60
长期股权投资	267 416.00	884 265.33			
投资性房地产	—	—	信托权益		
固定资产	—	—	实收信托	11 091 108.59	12 348 369.04
无形资产	—	—	资本公积	—	—
长期待摊费用	—	—	损益平准金	—	—
其他资产	30.30	30.30	未分配利润	307 391.06	242 732.95
减：各项资产减值准备	—	—	信托权益合计	11 398 499.65	12 591 101.99
信托资产总计	11 468 405.35	12 607 443.59	信托负债和信托权益总计	11 468 405.35	12 607 443.59

法定代表人：陈峥　　主管会计工作负责人：高晓俊　　会计机构负责人：沈心怡

5.2.2 信托项目利润及利润分配汇总表

信托项目利润及利润分配汇总表

编制单位：紫金信托有限责任公司　　2021年度　　单位：万元

项目	本期发生额	上期发生额
一、营业收入	776 627.39	994 852.21
1.1 利息收入	366 250.08	437 924.24
1.2 投资收益	410 377.31	556 927.97
1.2.1 其中：对联营企业和合营企业的投资收益	—	—
1.3 公允价值变动收益	—	—
1.4 租赁收入	—	—
1.5 汇兑损益（损失以"-"号填列）	—	—
1.6 其他收入	—	—
二、支出	145 900.72	132 879.85
2.1 营业税金及附加	2 742.50	3 186.89
2.2 受托人报酬	102 878.41	97 721.32
2.3 托管费	2 484.14	4 393.26

续表

项目	本期发生额	上期发生额
2.4 手续费及佣金	—	—
2.5 销售服务费	—	—
2.6 交易费用	173.80	64.92
2.7 资产减值损失	—	—
2.8 其他费用	37 621.87	27 513.46
三、信托净利润（净亏损以"-"号填列）	630 726.67	861 972.36
四、其他综合收益	—	—
五、综合收益	630 726.67	861 972.36
六、加：期初未分配信托利润	242 732.95	159 536.52
七、可供分配的信托利润	873 459.62	1 021 508.88
八、减：本期已分配信托利润	566 068.56	778 775.93
九、期末未分配信托利润	307 391.06	242 732.95

法定代表人：陈峥　　主管会计工作负责人：高晓俊　　会计机构负责人：沈心怡

续表

项目	本年金额						
	实收资本(或股本)	资本公积	盈余公积	一般风险准备	信托赔偿准备	未分配利润	所有者权益合计
3.提取信托赔偿准备	—	—	—	—	39 666 175.48	-39 666 175.48	—
4.对所有者(或股东)的分配	—	—	—	—	—	-145 360 000.00	—
5.其他	—	—	—	—	—	—	—
(四)所有者权益内部结转	—	—	—	—	—	—	—
1.资本公积转增资本(或股本)	—	—	—	—	—	—	—
2.盈余公积转增资本(或股本)	—	—	—	—	—	—	—
3.盈余公积弥补亏损	—	—	—	—	—	—	—
4.设定受益计划变动额结转留存收益	—	—	—	—	—	—	—
5.其他综合收益结转留存收益	—	—	—	—	—	—	—
6.其他	—	—	—	—	—	—	—
四、本年年末余额	3 271 075 500.00	1 669 834 500.00	412 610 523.75	125 888 460.21	206 305 311.89	1 960 493 857.43	7 646 208 253.28

法定代表人:陈峥　　主管会计工作负责人:高晓俊　　会计机构负责人:杨黎文

所有者权益变动表(续)

编制单位:紫金信托有限责任公司　　2021年度　　单位:元

项目	上年金额						
	实收资本(或股本)	资本公积	盈余公积	一般风险准备	信托赔偿准备	未分配利润	所有者权益合计
一、上年年末余额	2 453 000 000.00	—	275 268 113.35	68 926 279.46	137 634 056.69	1 129 274 699.78	4 064 103 149.28
加:会计政策变更	—	—	—	—	—	—	—
前期差错更正	—	—	—	—	—	—	—
其他	—	—	—	—	—	—	—
二、本年年初余额	2 453 000 000.00	—	275 268 113.35	68 926 279.46	137 634 056.69	1 129 274 699.78	4 054 103 149.28
三、本年增减变动金额(减少以"-"号填列)	—	—	58 010 159.43	8 569 815.89	29 005 079.72	350 646 539.29	446 231 594.33
(一)综合收益总额	—	—	—	—	—	580 101 594.33	580 101 594.33
(二)所有者投入和减少资本	—	—	—	—	—	—	—
1.所有者投入的普通股	—	—	—	—	—	—	—
2.其他权益工具持有者投入资本	—	—	—	—	—	—	—
3.股份支付计入所有者权益的金额	—	—	—	—	—	—	—
4.其他	—	—	—	—	—	—	—
(三)利润分配	—	—	58 010 159.43	8 569 815.89	29 005 079.72	-229 455 055.04	-133 870 000.00
1.提取盈余公积	—	—	58 010 159.43	—	—	-58 010 159.43	—
2.提取一般风险准备	—	—	—	8 569 815.89	—	-8 569 815.89	—
3.提取信托赔偿准备	—	—	—	—	29 005 079.72	-29 005 079.72	—
4.对所有者(或股东)的分配	—	—	—	—	—	-133 870 000.00	-133 870 000.00
5.其他	—	—	—	—	—	—	—
(四)所有者权益内部结转	—	—	—	—	—	—	—
1.资本公积转增资本(或股本)	—	—	—	—	—	—	—
2.盈余公积转增资本(或股本)	—	—	—	—	—	—	—
3.盈余公积弥补亏损	—	—	—	—	—	—	—
4.设定受益计划变动额结转留存收益	—	—	—	—	—	—	—
5.其他综合收益结转留存收益	—	—	—	—	—	—	—
6.其他	—	—	—	—	—	—	—
四、本年年末余额	2 453 000 000.00	—	333 278 272.78	77 496 095.35	166 639 136.41	1 479 921 239.07	4 510 334 743.61

法定代表人:陈峥　　主管会计工作负责人:高晓俊　　会计机构负责人:杨黎文

5.2 信托资产

5.2.1 信托项目资产负债汇总表

信托项目资产负债汇总表

编制单位：紫金信托有限责任公司　　2021年12月31日　　单位：万元

信托资产	期末余额	年初余额	信托负债和信托权益	期末余额	年初余额
信托资产	—	—	信托负债	—	—
货币资金	80 059.39	98 082.24	交易性金融负债	—	—
拆出资金	—	—	衍生金融负债	—	—
存出保证金	—	—	应付受托人报酬	66 694.13	11 832.03
交易性金融资产	—	—	应付托管费	40.42	40.67
衍生金融资产	—	—	应付受益人收益	—	—
买入返售金融资产	59 898.34	30 990.01	应交税费	—	—
应收款项	74 899.08	22 518.21	应付销售服务费	—	—
发放贷款	2 686 546.67	5 447 786.22	应付手续费及佣金	—	—
可供出售金融资产	8 299 555.57	6 123 771.28	其他应付款项	3 171.15	4 468.90
持有至到期投资	—	—	其他负债	—	—
长期应收款	—	—	信托负债合计	69 905.70	16 341.60
长期股权投资	267 416.00	884 265.33			
投资性房地产	—	—	信托权益		
固定资产	—	—	实收信托	11 091 108.59	12 348 369.04
无形资产	—	—	资本公积	—	—
长期待摊费用	—	—	损益平准金	—	—
其他资产	30.30	30.30	未分配利润	307 391.06	242 732.95
减：各项资产减值准备	—	—	信托权益合计	11 398 499.65	12 591 101.99
信托资产总计	11 468 405.35	12 607 443.59	信托负债和信托权益总计	11 468 405.35	12 607 443.59

法定代表人：陈峥　　主管会计工作负责人：高晓俊　　会计机构负责人：沈心怡

5.2.2 信托项目利润及利润分配汇总表

信托项目利润及利润分配汇总表

编制单位：紫金信托有限责任公司　　2021年度　　单位：万元

项目	本期发生额	上期发生额
一、营业收入	776 627.39	994 852.21
1.1 利息收入	366 250.08	437 924.24
1.2 投资收益	410 377.31	556 927.97
1.2.1 其中：对联营企业和合营企业的投资收益	—	—
1.3 公允价值变动收益	—	—
1.4 租赁收入	—	—
1.5 汇兑损益（损失以"-"号填列）	—	—
1.6 其他收入	—	—
二、支出	145 900.72	132 879.85
2.1 营业税金及附加	2 742.50	3 186.89
2.2 受托人报酬	102 878.41	97 721.32
2.3 托管费	2 484.14	4 393.26

续表

项目	本期发生额	上期发生额
2.4 手续费及佣金	—	—
2.5 销售服务费	—	—
2.6 交易费用	173.80	64.92
2.7 资产减值损失	—	—
2.8 其他费用	37 621.87	27 513.46
三、信托净利润（净亏损以"-"号填列）	630 726.67	861 972.36
四、其他综合收益	—	—
五、综合收益	630 726.67	861 972.36
六、加：期初未分配信托利润	242 732.95	159 536.52
七、可供分配的信托利润	873 459.62	1 021 508.88
八、减：本期已分配信托利润	566 068.56	778 775.93
九、期末未分配信托利润	307 391.06	242 732.95

法定代表人：陈峥　　主管会计工作负责人：高晓俊　　会计机构负责人：沈心怡

6. 会计报表附注

6.1 会计报表编制基准、会计政策、会计估计和核算方法发生的变化

与上一期年度报告相比，会计政策、会计估计和核算方法发生了以下变化。

本公司自2021年1月1日起执行财政部2017年修订的《企业会计准则第22号——金融工具确认和计量》《企业会计准则第23号——金融资产转移》《企业会计准则第24号——套期会计》和《企业会计准则第37号——金融工具列报》（以上四项统称〈新金融工具准则〉）、《企业会计准则第14号——收入》、2018年12月7日，财政部以财会〔2018〕35号修订了《企业会计准则第21号——租赁》。

执行上述新准则对本期期初资产负债表影响如下表所示。

单位：万元

项目	新准则下 2021年1月1日余额	原准则下 2020年12月31日余额
可供出售金融资产	—	2 545 790 019.96
持有至到期投资	—	513 332 248.25
以公允价值计量且其变动计入当期损益的金融资产	—	1 449 289 251.75
交易性金融资产	1 479 289 271.71	—
债权投资	2 973 822 248.25	—
其他权益工具投资	55 300 000.00	—
合计	4 508 411 519.96	4 508 411 519.96

6.2 或有事项说明

本公司无需要披露的或有事项。

6.3 重要资产转让及其出售的说明

报告期内，公司未发生重要资产转让及出售行为。

6.4 会计报表中重要项目的明细资料

6.4.1 自营资产经营情况

6.4.1.1 按信用风险五级分类结果披露信用风险资产的期初数、期末数

信用风险资产五级分类	正常类（万元）	关注类（万元）	次级类（万元）	可疑类（万元）	损失类（万元）	信用风险资产合计（万元）	不良合计（万元）	不良率（%）
期初数	537 303.97	6 831.00	—	—	—	544 134.97	—	—
期末数	839 256.40	—	—	—	—	839 256.40	—	—

注：不良资产合计=次级类+可疑类+损失类。

6.4.1.2 各项资产减值损失准备的期初、本期计提、本期转回、本期核销、期末数

项目	期初数（万元）	本期计提（万元）	本期转回（万元）	本期核销（万元）	期末数（万元）
贷款损失准备	—	—	—	—	—
一般准备	—	—	—	—	—
专项准备	—	—	—	—	—
其他资产减值准备	27 494.33	9 495.29	—	23 989.05	13 000.56
以摊余成本计量金融资产的减值准备	27 494.33	9 495.29	—	23 989.05	13 000.56
以公允价值计量且其变动计入其他综合收益金融资产的减值准备	—	—	—	—	—
其他减值准备	—	—	—	—	—
坏账准备	—	—	—	—	—
投资性房地产减值准备	—	—	—	—	—

6.4.1.3 固有业务股票投资、基金投资、债券投资、股权投资等投资的期初数、期末数

项目	自营股票（万元）	基金（万元）	债券（万元）	长期股权投资（万元）	其他投资（万元）	合计（万元）
期初数	36 438.01	7 590.92	3 869.80	52 404.43	406 812.22	507 115.38
期末数	42 924.45	11 938.17	15 171.79	58 458.04	611 900.44	740 392.89

6.4.1.4 自营长期股权投资的企业名称、占被投资企业权益的比例、主要经营活动及投资收益情况

企业名称	占被投资单位权益的比例（%）	主要经营活动	投资损益（万元）
南京银行股份有限公司	0.64	吸收公众存款；发放贷款；发放国内外结算；从事同业拆借等	8 553.18
南京证券股份有限公司	0.28	证券经纪、证券承销、证券自营、客户资产管理、财务顾问等	136.29

注：投资损益是指按照企业会计准则规定，核算股权投资确认损益并计入披露年度利润表的金额。

6.4.1.5 自营贷款的企业名称、占贷款总额的比例和还款情况

企业名称	贷款金额（万元）	占贷款总额的比例（%）	还款情况
温岭市骏泰置业有限公司	25 000.00	100.00	按期支付利息，贷款本金尚未到期

6.4.1.6 表外业务的期初数、期末数；按照代理业务、担保业务和其他类型表外业务分别披露

表外业务	期初数（万元）	期末数（万元）
担保业务	—	—
代理业务（委托业务）	—	—
其他	—	—
合计	—	—

注：代理业务主要反映因客观原因应规范而尚未完成规范的历史遗留委托业务，包括委托贷款和委托投资。

其他表外业务余额如超过5 000万元，需详细说明业务品种。

6.4.1.7 公司当年的收入结构

收入结构	金额（万元）	占比（%）
手续费及佣金收入	97 226.76	65.51
其中：信托手续费收入	97 226.76	65.51
投资银行业务收入	—	—
利息收入	1 882.59	1.27
其他业务收入	—	—
其中：计入信托业务收入部分	—	—
投资收益	37 601.84	25.33
其中：股权投资收益	8 783.60	5.92
证券投资收益	8 120.35	5.47
其他投资收益	20 697.89	13.94
公允价值变动收益	5 339.40	3.60
汇兑损益	-708.33	-0.48
营业外收入	7 077.10	4.77
收入合计	148 419.36	100.00

注：手续费及佣金收入、利息收入、其他业务收入、投资收益、营业外收入均应为损益表中的科目，其中手续费及佣金收入、利息收入、营业外收入为未抵减掉相应支出的全年累计实现收入数。

6.4.2 信托资产管理情况
6.4.2.1 信托资产的期初数、期末数

信托资产	期初数（万元）	期末数（万元）
集合	8 178 516.63	6 207 952.58
单一	2 220 013.49	769 883.68
财产权	2 208 913.47	4 490 569.09
合计	12 607 443.59	11 468 405.35

6.4.2.1.1 主动管理型信托业务期初数、期末数

主动管理型信托资产	期初数（万元）	期末数（万元）
证券投资类	1 114 117.59	2 771 170.85
股权投资类	20 000.00	0.00
其他投资类	1 688 236.59	1 032 018.24
融资类	3 600 845.47	2 707 080.23
事务管理类	101 412.52	25 080.44
合计	6 524 612.17	6 535 349.76

6.4.2.1.2 被动管理型信托业务期初数、期末数，分证券投资、股权投资、融资、事务管理类分别披露

被动管理型信托资产	期初数（万元）	期末数（万元）
证券投资类	—	—
股权投资类	—	—
其他投资类	40 429.70	163 048.66
融资类	—	—
事务管理类	6 042 401.72	4 770 006.93
合计	6 082 831.42	4 933 055.59

6.4.2.2 本年度已清算信托项目个数、实收信托合计金额、加权平均实际年化收益率

6.4.2.2.1 本年度已清算信托项目（按集合类、单一类、财产管理类分别计算）

已清算结束信托项目	项目个数（个）	实收信托合计金额（万元）	加权平均实际年化收益率（%）
集合类	114	7 924 799.91	5.7662
单一类	68	2 018 150.84	5.6344
财产管理类	13	2 672 238.02	6.7078

注：收益率是指信托项目清算后，给受益人赚取的实际收益水平。加权平均实际年化收益率＝（信托项目1的实际年化收益率×信托项目1的实收信托+信托项目2的实际年化收益率×信托项目2的实收信托+……信托项目n的实际年化收益率×信托项目n的实收信托）/（信托项目1的实收信托+信托项目2的实收信托+……信托项目n的实收信托）×100%。

6.4.2.2.2 本年度已清算主动管理型信托项目

已清算结束信托项目	项目个数（个）	实收信托合计金额（万元）	加权平均实际年化信托报酬率（%）	加权平均实际年化收益率（%）
证券投资类	2	45 400.00	0.1811	4.6350
股权投资类	1	20 000.00	2.9077	8.6818
其他投资类	16	2 146 194.34	0.5186	5.3229
融资类	75	2 886 547.00	2.5964	7.4405
事务管理类	1	40.03	0.00	0.00

注：加权平均实际年化信托报酬率＝（信托项目1的实际年化信托报酬率×信托项目1的实收信托+信托项目2的实际年化信托报酬率×信托项目2的实收信托+……信托项目n的实际年化信托报酬率×信托项目n的实收信托）/（信托项目1的实收信托+信托项目2的实收信托+……信托项目n的实收信托）×100%。

6.4.2.2.3 本年度已清算被动管理型信托项目

已清算结束信托项目	项目个数（个）	实收信托合计金额（万元）	加权平均实际年化信托报酬率（％）	加权平均实际年化收益率（％）
证券投资类	—	—	—	—
股权投资类	—	—	—	—
其他投资类	3	740 000.00	0.2943	7.1518
融资类	—	—	—	—
事务管理类	97	6 777 007.40	0.1436	5.3732

6.4.2.3 本年度新增的集合类、单一类和财产管理类信托项目个数、实收信托合计金额

新增信托项目	项目个数（个）	实收信托合计金额（万元）
集合	119	3 293 093.83
单一	27	628 515.47
财产权	34	4 162 807.25
新增合计	180	8 084 416.55
其中：主动管理型	136	3 595 499.22
被动管理型	44	4 488 917.33

注：本年新增信托项目指在本报告年度内累计新增的信托项目个数和金额。包含本年度新增并于本年度内结束的项目和本年度新增至报告期末仍在持续管理的信托项目。

6.4.2.4 信托业务创新成果和特色业务有关情况

6.4.2.4.1 创新服务乡村振兴

2021年公司坚持贯彻实施中央提出的全面推进乡村振兴战略，聚焦推进农业现代化、加快发展乡村产业、健全现代农业经营体系等重点领域，创设了"振兴系列"产品，以金融活水润泽农业发展。拳头产品振兴4号集合资金信托计划，创新性地将现金收益和老淮猪消费权益结合起来，一方面为现代化养殖设施更新和饲料采购提供了资金支持，推动东海老淮猪特色产业向规模化、集约化和现代化方向迈进，另一方面，以消费权益的形式带动消费，提高了东海老淮猪的市场认知度，给企业提供了综合性金融服务支持。

6.4.2.4.2 深耕绿色信托

在"双碳"目标指引下，公司积极发挥信托制度优势，不断创新产品和服务模式，为国家"双碳"目标达成提供新路径和新动能。2021年，公司以绿色债券投资的方式为企业光伏发电项目和污水处理管网改造工程项目提供了有力的资金支持，预期投放资金每年可节约标准煤3 395吨、减排二氧化碳7 982吨、二氧化硫2.86吨。此外，公司受托的南京公共交通（集团）有限公司2021年度第一期绿色资产支持票据成功发行。该项目是行业内首批公募绿色公交客票收费权ABN，发行规模17亿元，基础资产为公交运输收费收益权及相关权益，募集资金用于南京公交集团将部分公交线路的燃油公交车更新为新能源车，有效践行了绿色发展理念，助力南京低碳智慧型城市建设。

6.4.2.4.3 探索资产配置业务

伴随行业转型加速，资产配置业务成为行业转型发展的重点方向之一。2021年，公司紧抓时代发展机遇，以TOF业务为切入点持续探索标品业务新路径，为发展以资产配置为核心的财富管理业务夯实根基。基于对高净值客户投资需求的深刻理解，公司通过对投资顾问、子基金管理人开展广泛细致的市场调研，成功推出了首只多资产多策略型TOF产品——稳盛1号。该TOF产品配置了市场中性、套利、CTA和指增四大策略，实现了对股票、债券、商品及金融衍生品等主要资产的有效覆盖，并将根据市场变化动态调整，有效把握资产轮动机会，实现波动控制和收益增强。

6.4.2.5 本公司履行受托人义务情况及因本公司自身责任而导致的信托资产损失情况

本公司已为受益人最大利益行事为基本职责，认真履行以下义务。一是诚实信用、谨慎和有效管理义务。二是忠实义务。三是分别管理义务。四是亲自管理义务。五是保存记录义务。六是定期报告义务。七是依法保密的义务。八是向受益人支付信托利益的义务。

截至2021年12月31日，本公司未发生因自身责任而导致的信托资产损失情况。

6.4.2.6 信托赔偿准备金的提取、使用和管理情况

报告期内，公司计提信托赔偿准备金为3 966.62万元。截至报告期末，信托赔偿准备金余额为20 630.53万元。报告期内未使用，均存放于经营稳健、具有一定实力的境内中资商业银行。

6.5 关联方系及其交易

6.5.1 关联交易方的数量、关联交易的总金额及关联交易的定价政策等

项目	关联交易方数量	关联交易金额（万元）	定价政策
合计	9	263 141.01	—

6.5.2 关联交易方与本公司的关系性质、关联交易方的名称、法人代表、注册地址、注册资本及主营业务等

关系性质	关联方名称	法定代表人	注册地址	注册资本（亿元）	主营业务
本公司控股股东	南京紫金投资集团有限责任公司	李方毅	江苏省南京市	50	实业投资、资产管理、财务咨询、投资咨询
本公司控股股东母公司	南京市国有资产投资管理控股（集团）有限责任公司	李方毅	江苏省南京市	50	授权资产的营运与监管、资本运营、资产委托经营、产权经营等
本公司控股股东的联营企业	南京银行股份有限公司	胡升荣	江苏省南京市	100.07	吸收存款、发放贷款等
本公司控股股东的子公司	南京证券股份有限公司	李剑锋	江苏省南京市	36.86	证券经纪、证券承销、证券自营、客户资产管理、财务顾问等
本公司控股股东子公司	南京市紫金科技小额贷款有限公司	王永盛	江苏省南京市	3	面向科技型中小企业发放贷款、创业投资、提供融资性担保等
本公司控股股东的子公司	南京紫金融资租赁有限责任公司	张亚波	江苏省南京市	3	以融资租赁等租赁业务为主营业务等
本公司控股股东的联营企业	南京通汇融资租赁股份有限公司	张霆	江苏省南京市	5	以融资租赁等租赁业务为主营业务等
本公司股东的控股股东的子公司	江苏金融租赁股份有限公司	熊先根	江苏省南京市	29.87	融资租赁业务；转让和受让融资租赁资产；固定收益类证券投资业务等
本公司股东的子公司	南京二机齿轮机床有限公司	尹仁华	江苏省南京市	1.40	金属切削机床、齿轮智能制造装备、车库与仓储机器人搬运器等

6.5.3 本公司与关联方的重大交易事项

6.5.3.1 固有财产与关联方：贷款、投资、租赁、应收账款担保、其他方式等期初汇总数、本期借方和贷方发生额汇总数、期末汇总数

项目	期初数（万元）	借方发生额（万元）	贷方发生额（万元）	期末数（万元）
贷款	—	—	—	—
投资	1 470.63	15 047.19	—	16 517.82
租赁	—	157.78	—	157.78
担保	—	—	—	—
应收账款	—	—	—	—
其他	0.17	—	—	0.17
合计	1 470.80	15 204.97	—	16 675.77

6.5.3.2 信托资产与关联方：贷款、投资、租赁、应收账款、担保、其他方式等期初汇总数、本期借方和贷方发生额汇总数、期末汇总数

项目	期初数（万元）	借方发生额（万元）	贷方发生额（万元）	期末数（万元）
贷款	147 200.00	161 800.00	143 500.00	165 500.00
投资	—	—	—	—
租赁	—	—	—	—
担保	—	—	—	—
应收账款	—	—	—	—
其他	43 745.04	68 998.90	31 778.70	80 965.24
合计	190 945.04	230 798.90	175 278.70	246 465.24

6.5.3.3 信托公司自有资金运用于自身管理的信托项目（固信交易）、信托公司管理的信托项目之间的相互（信信交易）交易金额

6.5.3.3.1 固有财产与信托财产之间的交易金额期初汇总数、本期发生额汇总数、期末汇总数

单位：万元

项目	期初数	本期发生额	期末数
合计	202 098.00	309 972.94	512 070.94

注：以固有资金投资公司自身管理的信托项目受益权，或购买自身管理的信托项目的信托资产均纳入统计披露范围。

6.5.3.3.2 信托项目之间的交易金额期初汇总数、本期发生额汇总数、期末汇总数

单位：万元

项目	期初数	本期发生额	期末数
合计	673 026.25	−129 026.25	544 000.00

注：以公司受托管理的一个信托项目的资金购买自己管理的另一个信托项目的受益权或信托项下资产均纳入统计披露范围。

6.5.4 逐笔披露关联方逾期未偿还本公司资金的详细情况以及本公司为关联方担保发生或即将发生垫款的详细情况

截至2021年12月31日，本公司未发生关联方逾期未偿还本公司资金的情况，也无本公司为关联方担保发生或即将发生垫款的情况。

6.6 会计制度的披露

本公司固有业务、信托业务执行的会计制度为财政部新修订颁布的《企业会计准则》及其应用指南。

7. 财务情况说明书

7.1 利润实现和分配情况

经立信中联会计师事务所（特殊普通合伙）审计，2021年公司实现净利润79 332.35万元。按规定计提法定盈余公积7 933.23万元、计提信托赔偿准备3 966.62万元、计提一般风险准备金4 839.24万元，2021年实现可供分配利润为62 593.26万元。2022年度拟分配现金红利为2021年当年实现可供分配利润的30%，取整后即18 778万元。

7.2 主要财务指标

指标名称	指标值
资本利润率（%）	13.99
加权年化信托报酬率（%）	0.8798
人均净利润（万元）	402.70

注：1.资本利润率=净利润/所有者权益平均余额×100%。
2.平均所有者权益＝（a0/2＋a1＋a2＋a3＋a4/2）/4。
3.人均净利润=净利润/年平均人数，公式为：a（平均）＝（年初数+年末数）/2。

7.3 对本公司财务状况、经营成果有重大影响的其他事项

无。

8. 特别事项揭示

8.1 前五名股东报告期内变动情况及原因

报告期内，经中国银保监会江苏监管局批复核准，公司完成增资扩股和股权结构调整。公司注册资本新增81 807.55万元，江苏宁沪高速公路股份有限公司作为新股东认购65 421.51万元注册资本，股东三井住友信托银行股份有限公司新增认购16 386.04万元注册资本，公司股东南京紫金投资集团有限责任公司受让公司原股东南京江北新区产业投资集团有限公司、江苏金智科技股份有限公司所持公司全部股份。公司股权结构调整如下表所示。

股东名称	原股权结构 出资比例（%）	现股权结构 出资比例（%）
南京紫金投资集团有限责任公司	60.01	50.67
三井住友信托银行股份有限公司	19.99	20.00
南京新工投资集团有限责任公司	7.34	5.50
三胞集团有限公司	5.11	3.83
江苏宁沪高速公路股份有限公司	—	20.00
南京江北新区产业投资集团有限公司	5.00	—
江苏金智科技股份有限公司	2.55	—
合计	100.00	100.00

8.2 董事、监事及高级管理人员变动情况及原因

2021年3月17日，紫金信托有限责任公司第三届董事会第二十一次会议听取《关于刘燕松不再担任公司董事、总裁的报告》，刘燕松先生不再担任公司董事、总裁职务。

2021年7月12日，紫金信托有限责任公司第三届董事会第二十三次会议审议通过《关于紫金信托有限责任公司高级管理层相关岗位聘任的议案》，聘任韩何为公司总裁。2021年10月23日，中国银保监会江苏监管局核准韩何先生紫金信托有限责任公司总裁任职资格（苏银保监复〔2021〕443号）。

8.3 变更注册资本、变更注册地或公司名称、公司分立合并事项

2021年9月22日，经中国银保监会江苏监管局批准（苏银保监复〔2021〕404号），公司注册资本由245 300万元增至327 107.55万元，并于9月30日完成了工商变更登记及备案。

8.4 公司的重大诉讼事项

8.4.1 重大未决诉讼事项

报告期内，公司新发生重大未决诉讼事项1项。该事项是以公司作为原告方的信托业务诉讼事项，涉诉金额141 737 250元，该事项不会对公司经营造成重大不利影响。

8.4.2 以前年度发生，于本报告年度内终结的诉讼事项

报告期内，该类诉讼事项共计1项。该事项是以公司作为原告方的信托业务诉讼，于2019年5月10日立案，2021年2月23日结案，涉诉金额289 935 740.27元。判决结果支持原告的诉讼请求。

8.4.3 本报告年度发生，于本报告年度内终结的诉讼事项

无。

8.5 公司及其董事、监事和高级管理人员受到处罚的情况

2021年7月14日，中国银保监会江苏监管局下发《行政处罚决定书》，对公司和相关责任人作出行政处罚。

8.6 银保监会及其派出机构对公司检查及整改情况

江苏银保监局于2021年5月19日至5月21日对公司

开展了监管评级检查,对公司资本要求、资产质量、风险治理等方面提出监管意见。公司已落实整改。

8.7 本年度重大事项临时报告所披露情况

2021年2月3日,在《证券时报》B47版对《紫金信托有限责任公司关于修改公司章程的公告》进行了相应信息披露。

2021年3月23日,在《证券时报》B175版对《紫金信托有限责任公司关于公司总裁刘燕松离任的公告》进行了相应信息披露。

2021年10月9日,在《上海证券报》13版对《紫金信托有限责任公司关于增资、调整股权结构及修改公司章程的公告》进行了相应信息披露。

2021年11月6日,在《银行保险报》6版对《紫金信托有限责任公司关于总裁任职的公告》进行了相应信息披露。

8.8 银保监会及其省级派出机构认定的其他有必要让客户及相关利益人了解的重要信息

无。

8.9 已向国务院银行业监督管理机构或其派出机构提交行政许可申请但尚未获得批准的事项

无。

9.监事会意见

公司股东会、董事会、监事会、经营管理层职责明确,有效行使了公司权力机构、决策机构、监督机构和执行机构的职能。

2021年公司董事会发挥科学决策职能,严格遵守《公司法》、公司章程和相关法规开展工作。公司能够严格按照《信托法》《信托公司管理办法》《信托公司集合资金信托计划管理办法》等有关法律、法规规定,规范运作,依法决策,严格管理。本报告期内董事会认真执行了股东会的决议,忠实勤勉履行了诚信义务,未发现董事及高级管理人员在执行公司职务时有违法违纪和有损公司及股东利益的行为。

公司2021年度财务报告客观真实地反映了公司的实际财务状况和经营成果。